政治危機部

王朝列國盛衰轉折點分部

夏孔甲始衰

綜述

《史記》卷二《夏本紀》 中康崩，子帝相立。帝相崩，子帝少康立。帝少康崩，子帝予立。帝予崩，子帝槐立。帝槐崩，子帝芒立。帝芒崩，子帝泄立。帝泄崩，子帝不降立。帝不降崩，弟帝扃立。帝扃崩，子帝廑立。帝廑崩，立帝不降之子孔甲，是爲帝孔甲。帝孔甲立，好方鬼神，事淫亂。夏后氏德衰，諸侯畔之。天降龍二，有雌雄，孔甲不能食，未得豢龍氏。陶唐既衰，其後有劉累，學擾龍于豢龍氏，以事孔甲。孔甲賜之姓曰御龍氏，受豕韋之後。龍一雌死，以食夏后。夏后使求，懼而遷去。

又 卷二八《封禪書》 至帝孔甲，淫德好神，神瀆，二龍去之。

《國語·周語下》 孔甲亂夏，四世而隕。

《竹書紀年·帝孔甲》 王好事鬼神，肆行淫亂，諸侯化之，夏政始衰。

唐·杜佑《通典》卷七《食貨七·歷代盛衰戶口》 塗山之會，諸侯承唐虞之盛，執玉帛者萬國。男女耕織，不奪其時，故公家有三十年之積，私家有九年之儲。及其衰也，弃稷不務，續有有窮、孔甲之亂，遭桀行暴，諸侯相兼，逮湯受命，其能存者三千餘國，方於塗山，十損其七。

宋·劉恕《通鑑外紀》卷二 孔甲淫亂，好鬼神，德衰，諸侯多叛。

論說

《晉書》卷一四《地理志上》 自孔甲之後，以至于桀，諸侯相兼，其能存者三千餘國，方於塗山，十損其七矣。

《宋史》卷六一《五行志一上》 孔甲好鬼神，二龍降自天，而諸侯相繼畔夏。

藝文

宋·楊簡《慈湖遺書》卷六《歷代詩·夏》 王泄不降王扃立，王廑孔甲何淫荒。

雜録

《呂氏春秋》卷六《季夏紀·音初》 夏后氏孔甲田于東陽萯山，天大風晦盲，孔甲迷惑，入于民室。主人方乳，或曰：「后來，是良日也，之子是必大吉。」或曰：「不勝也，之子是必有殃。」后乃取其子以歸，曰：「以爲余子，誰敢殃之！」子長成人，幕動坼橑，斧斫斬其足，遂爲守門者。孔甲曰：「嗚呼！有疾，命矣夫！」乃作爲《破斧》之歌，實始爲東音。

商帝甲淫亂

綜述

《尚書·周書·無逸》 其在祖甲，鄭玄注：武丁子帝甲也。不義惟王，

舊爲小人。馬融注：祖甲有兄祖庚，而祖甲賢，武丁欲立之。祖甲以王廢長立少不義，逃亡民間。故曰『不義惟王，久爲小人』也。武丁死，祖庚立。祖庚死，祖甲立。祖甲有兄祖庚，賢，武丁欲廢兄立弟，祖甲以此爲不義，逃於人間。故云『久爲小人』。孫星衍疏：《周語》衛彪傒曰：『玄王勤商，十四世而興，帝甲亂之，七世而隕。』注云：『帝甲，湯後五世也。亂湯之法，至紂七世而亡也。』是帝甲非令主，然或以能讓，且知小民之艱難，故見稱於書，古人不求備之道也。作其既位，爰知小人之依，能保惠于庶民，不敢侮鰥寡。

《國語・周語下》 帝甲亂之，七世而隕。

《史記》卷三《殷本紀》 帝祖庚崩，弟祖甲立，是爲帝甲。帝甲淫亂，殷復衰。

論説

清・馬驌《繹史》卷一六《太戊盤庚之賢》 帝甲一君，《史》以爲淫亂，《書》又以爲保惠者也。

雜録

宋・林之奇《尚書全解》卷三二《多士》 祖甲，湯孫大甲也。大甲者，大戊之祖。論世次之先後，則先大甲，次大戊，次武丁，令乃以祖甲列於武丁之後者。先儒曰：『此以德優劣、立年多少爲先後。』故祖甲在下。而蘇氏之説尤爲明白。其説曰：『此方論享國之長短，故先言享國之最長者，非世次也。』此説爲得周公之本意。而鄭康成乃以祖甲爲武丁子帝甲。案：《殷本紀》『武丁崩，子祖庚立。祖庚崩，弟祖甲立，是爲帝甲。帝甲淫亂，殷復衰。』殷之君既有祖甲，而又其世次在於武丁之後，則其説似爲勝。然帝甲既以淫亂而殷道衰，則非無逸之君，周公豈取之哉？康成之説以謂，帝甲有兄祖庚，賢，武丁欲廢兄立弟，祖甲以爲不義，逃於人間，故曰『久爲小人』。此説蓋本於馬融，無所經見，難以憑信。陳少南亦以此説爲信，而以司馬《史記》爲誣。且謂，周公言『自殷王中宗，及高宗，及祖甲，及我周文王』，此其文不可謂不以世次先後言之也。夫周公既以享國之長短爲先後而列序其事於上矣，其曰『自殷王中宗，及高宗，及祖甲，及我周文王』，蓋因前之文也，非其世次也。唐孔氏引《國語》曰：『帝甲亂之，七代而殞。』則司馬氏以帝甲爲淫亂之主，不爲無據。豈可謂之誣哉？觀《太甲》之篇曰『茲乃不義，習與性成』，又曰『予小子不明于德，自底不類，欲敗度，縱敗禮，以速戾于厥躬』，正所謂『不義惟王，舊爲小人』。則以祖甲爲太甲，豈不明甚！

宋・魏了翁《尚書要義》卷一五《多士》 王肅亦以祖甲爲太甲。鄭玄云：『祖甲，武丁子帝甲也。有兄祖庚，賢，武丁欲廢兄立弟，祖甲以此爲不義，逃於人間。故云「久爲小人」。』案：《殷本紀》云：『武丁崩，子祖庚立。祖庚崩，弟祖甲立，是爲帝甲，淫亂，殷道復衰。』《國語》説殷事云：『帝甲亂之，七代而殞』。則帝甲是淫亂之主，起亡殷之源，寧當與二宗齊名，舉之以戒《無逸》？武丁賢王，祖庚復賢。以武丁之明，無容廢長立少。祖庚之賢，誰所傳説？武丁廢子，事出何書？妄造此語，是負武丁而誣祖甲也！

明・王樵《尚書日記》卷一三《無逸》 孔氏曰：『湯孫太甲，爲王不義，久爲小人之行。伊尹放之桐，在桐三年，起就王位，太甲亦以知小人之依，故得久年。』此以德優劣、立年多少爲先後。故祖甲在下，殷家亦祖其功，故稱祖。鄭玄曰：『祖甲，武丁子帝甲也。有兄祖庚，賢，武庚欲廢兄立弟，祖甲以此爲不義，逃于人間，故云「久爲小人」。』《史記》云：『武丁崩，子祖庚立。祖庚崩，弟祖甲立，是爲帝甲，淫亂，殷道復衰。』《國語》説殷事云：『帝甲亂之，七代而殞。』按：祖甲之説不同。孔穎達以鄭玄爲妄造，蔡仲默以《國語》爲承譌。大抵説《經》且當以《經》爲據。必欲取證于傳記、雜説，多有不合，亦難盡信。商賢聖之君六、七作，周公獨舉中宗、高宗、祖甲三人言之，凡再，且曰『茲四人迪哲』，則祖甲者，二宗文王之流，其爲太甲或武丁之後，有賢君爲祖甲。而非傳記之所及，皆不可知。要當取信于經而已。

據經祖甲未嘗稱宗。據《史》，惟太甲稱太宗。殷家所宗，太甲居首，而祖甲不與。周公不應舍太甲而稱祖甲。但欲決以爲太甲，則又未有據。

孔氏謂太甲，殷家亦祖其功，故稱祖者。謬説也。

殷王之稱甲者五，以太、以小、以沃、以陽、以祖別之，不應有二祖甲，蔡氏此説良是。其曰：『要以周公之言爲正者。』誠確論也！

『爰知小人之依』，『爰』字本『舊爲小人，來能保惠于庶民』。『能』字又本上『知』字。『來』，周公之宗也。考之《經世書》，太甲、祖甲在位皆三十三年，太甲之立必蚤此。雖無他證，然太甲湯孫繼湯而立必在沖年，以此知周公之稱『三宗』，固以其德，亦取其享國之最求者言之，此太甲之所以不與也。武丁之後有祖甲之賢，知『小人之依，能保惠于庶民，不敢侮鰥寡』，周公之言炳炳可據。如此乃爲《國語》、遷《史》所誣，後儒不能辯正。又，從意非謂人主必嘗居民間而後能知小人之依也。在高宗祖甲，則其事實如此，故亦据其實而言爾。『不敢侮鰥寡』謂于庶民中尤敬及鰥寡，此皆本于身歷閭閻，備嘗民之艱苦而得之。『能』字最有力，非鰥寡庶民實受其賜而可謂之能哉？

三宗壽數不可考，以《經》文推之，中宗卽位，必蚤高宗，次之祖甲，則在中身後。蓋使祖甲卽位而蚤，則在位三十三年未足爲壽。惟文王壽數明見于《經》，曰：『受命惟中身厥，享國五十年。』蓋欲人以是而知三。而遷就其說豈不可罪也哉！

明·陳第《尚書疏衍》卷四《其在祖甲》 虞、夏、商、周之書皆史也。《無逸》作於周公，信史哉！無逸之言曰：『其在祖甲，不義惟王，舊爲小人。作其卽位，爰知小人之依，能保惠于庶民，不敢侮鰥寡。肆祖甲之享國三十有三年。』又曰：『自殷王中宗，及高宗，及祖甲，及我周文王，茲四人迪哲。』夫以商周之世，數其四王以訓孺子，不浮不誣可知也已。《國語》乃云：『帝甲亂之，七代而殞。』及讀《殷本紀》：『帝武丁崩，子帝祖庚立。帝祖庚崩，弟祖甲立，是爲帝甲。帝甲淫亂，殷治衰。』何其與《無逸》矛盾也？太史公曰：『余以頌次契之事，自成湯[以]來，采於《書》、《詩》。』豈論敍祖甲，采之《國語》而未及《無逸》歟？孔安國以祖甲爲太甲，誤矣！鄭玄云：『祖甲，武丁子帝甲也，有兄祖庚，賢，武丁欲廢兄立弟，祖甲以此爲不義，逃於民間。故曰「不義惟王」。』玄之言意與經合。故君子據《經》而《國語》、《史記》不足信矣！

周昭王南征

綜　述

《令簋》 唯王于伐楚伯，在炎。

《㺇雙簋》 㺇馭從王南征，伐楚荆，有得，用作父戊寶尊彝。

《過伯簋》 過伯從王伐反荆，孚金，用作宗室寶尊彝。

《鴻叔簋》 鴻叔從王員征楚荆，在成周，誨作寶簋。

《鼒簋》 鼒從王伐荆，孚，用作鼒簋。

《史牆盤》 弦魯（郡）[昭]王，廣能楚荆，隹南行。

《史記》卷四《周本紀》 康王卒，子昭王瑕立。昭王之時，王道微缺。昭王南巡狩不返，卒於江上。其卒不赴告，諱之也。立昭王子滿，是爲穆王。穆王卽位，春秋已五十矣。王道衰微，穆王閔文武之道缺，乃命伯臩申誡太僕國之政，作臩命。復寧。

又 卷三二《齊太公世家》 三十年春，（齊桓公）伐楚。楚成王興師問曰：『何故涉吾地？』管仲對曰：『昔召康公命我先君太公曰：「五侯九伯，若實征之，以夾輔周室。」賜我先君履，東至海，西至河，南至穆陵，北至無棣。楚貢包茅不入，王祭不具，是以來責。昭王南征不復，是以來問。』

《世本·周世系》 成王生康王，康王生昭王。宋衷注：昭王南伐楚，辛由靡爲右，涉漢中流而隕，由靡逐王，遂卒不復。周乃侯其後于西翟。

晉·皇甫謐《帝王世紀》 昭王在位五十一年，以德衰南征。及濟于漢，楚人惡之，乃以膠船進王，王御船至中流，膠液船解，王及祭公俱沒于水中而崩。其右辛游靡長臂且多力，游拯得王，周人諱之。王室於是乎大微。

唐·徐堅等《初學記·地部下》 《紀年》曰：周昭王十六年，伐楚荆，涉漢，遇大兕。【略】

《紀年》曰：周昭王十九年，天大曀，雉兔皆震，喪六師於漢。

宋·李昉等《太平御覽》卷八七四《咎徵部·天光》　《竹書紀年》曰：周昭王末年，夜有五色光貫紫微。其年，王南巡不返。

論説

宋·蘇軾《書傳》卷一八《君牙》　嗚呼！予讀穆王之書一篇，然後知周德之衰有以也。夫昭王南征而不復，至齊桓公乃以問楚，是終穆王之世，君弑而賊不討也。而王初無憤耻之意，乃欲以車轍馬迹周於天下。今觀《君牙》、《伯冏》二書皆無哀痛。

宋·魏了翁《春秋左傳要義》卷一四《昭王南征不復非一説》　昭王，成王之孫，《周本紀》文也。《呂氏春秋·季夏紀》云：『周昭王親將征荆蠻，辛餘靡長且多力，爲王右，還反涉漢，梁敗，王及祭公隕于漢中。辛餘靡振王北濟，反振祭公。』高誘注引此《傳》云：『昭王之不復，君其問諸水濱。』由此言之，昭王爲没於漢，辛餘靡焉得『振王北濟』也？振王爲虚，誠如高誘之注。又稱『梁敗』，復非船壞。舊説皆言漢濱之人以膠膠船，故得水而壞，王溺焉。不知本出何書。《楚世家》：成王封熊繹於楚，以子男之田，國居丹陽。宋仲子云：『丹陽，南郡枝江縣也。』枝江去漢，其路甚遙，昭王時漢非楚竟，故不受罪也。

藝文

《楚辭·天問》　昭后成遊，南土爰底。厥利惟何，逢彼白雉？

清·彭定求等《全唐詩》卷二〇三《[唐]梁洽〈觀漢水〉》　發源自嶓冢，東注經襄陽。一道入溟渤，別流爲滄浪。求思詠游女，投弔悲昭王。水濱不可問，日暮空湯湯。

唐·杜甫《杜工部集》卷一三《秋日荆南述懷三十韻》　望帝傳應實，昭王問不迴。

宋·黄公度《知稼翁集》卷上《擬上張丞相》　唐祚興靈武，昭王問水濱。

王位君位爭奪分部

太康失國（羿浞代夏）

綜述

《左傳·襄公四年》　昔有夏之方衰也，后羿自鉏遷于窮石，因夏民以代夏政。杜預注：禹孫大康淫放失國，夏人立其弟仲康。仲康亦微弱。仲康卒，子相立，羿遂代相，號曰有窮。恃其射也，不脩民事，而淫于原獸；棄武羅、伯因、熊髡、尨圉，而用寒浞。寒浞，伯明氏之讒子弟也，伯明后寒棄之，夷羿收之，信而使之，以爲己相。浞行媚于内，而施賂于外，愚弄其民，而虞羿于田。樹之詐慝，以取其國家，外内咸服。羿猶不悛，將歸自田，家衆殺而亨之，以食其子，其子不忍食諸，死于窮門。靡奔有鬲氏。浞因羿室，生澆及豷；恃其讒慝詐僞，而不德于民，使澆用師，滅斟灌及斟尋氏。處澆于過，處豷于戈。靡自有鬲氏，收二國之燼，以滅浞而立少康。

《史記》卷二《夏本紀》　帝太康失國，裴駰《集解》引孔安國曰：『盤于遊田，不恤民事，爲羿所逐，不得反國。』昆弟五人，須于洛汭，作《五子之歌》。裴駰《集解》引孔安國曰：『太康五弟與其母待太康于洛水之北，怨其不反，故作歌。』

漢·王符《潛夫論》卷八《五德志》　啓子太康、仲康更立。兄弟五人，皆有昏德，不堪帝事，降須洛汭，是謂五觀。孫相嗣位，夏道浸衰。於是后羿自鉏遷於窮石，因夏民以代夏政，滅相。

晉·皇甫謐《帝王世紀》　太康無道，在位二十九年，失政而崩。帝相一名相安，自太康已來，夏政凌遲，帝相爲羿所逐。乃徙都商邱，依同姓諸侯斟灌氏、斟尋氏。羿遂襲帝號，是爲羿帝。

帝羿有窮氏，未聞其姓，其先帝嚳，以上世掌射正，至嚳賜以彤弓素矢，封之於鉏，爲帝司射。歷唐及虞夏。至羿學射於吉甫，其臂左長，故亦以善射聞。與吳賀北遊，賀使羿射雀，羿曰：『生之乎？殺之乎？』賀曰：『射其左目。』羿引弓射之，誤中右目，抑首而愧，終身不忘。故羿之善射，至今稱之。及有夏之衰，羿自鉏遷于窮石，因夏民之不附，以代夏政，逼篡帝位，故號有窮氏。帝相徙于商邱，依同姓諸侯斟尋。羿恃其善射，不修民事，淫於田獸，棄其良臣武羅、伯姻、熊髡、龍圉，而信寒浞。寒浞伯明氏之讒子，伯明后以讒棄之，而羿以爲己相。寒浞殺羿於桃梧，而烹之以食其子，其子不忍食之，死于窮門。浞遂代夏，立爲帝。

寒浞有窮氏既篡帝位，復襲有窮之號，浞因羿之室，生奡及豷。奡多力，能陸地行舟。浞使奡率師滅斟灌、斟、尋氏，殺夏帝相，封奡於過，封豷於戈。恃其詐力，不恤民事。初奡之殺帝相也，妃有仍氏女曰后緡方娠，逃出自竇，歸于有仍，生少康焉。初，夏之遺臣曰靡，事羿，羿死，逃奔有鬲氏，收斟尋二國餘燼，殺寒浞而立少康，滅奡於過。后杼滅豷於戈，有窮遂亡。

唐·吳兢《貞觀政要》卷三《封建》 未堪羿浞之災。夏帝相既立，后羿有窮氏篡位。帝相徙商邱。羿躭于畋獵，信用寒浞。浞後殺羿自立爲帝，因羿之室，生子奡。奡弒帝相。夏之貴臣殺浞，後滅奡，立帝相子，是爲少康。

宋·鄭樵《通志》卷三《五帝紀》 帝太康。元年丙辰。太康尸位，以逸豫滅厥德。黎民咸貳，乃盤遊無度，畋于有洛之表，十旬弗反。有窮后羿距之于河。厥弟五人，御其母徯于洛之汭，述大禹之戒而作《五子之歌》。羿之祖世爲射官，天子賜之弓矢，使司射。夏之衰也，自鉏遷于窮石，號有窮氏。太康不得入國，羿遂廢之，立其弟仲康。太康在位二十九年，失國而崩。

宋·羅泌《路史》卷二三《夷羿傳》 夷羿有窮氏，窮國之侯也。偃［姓］以女偃出皋陶。或云姓鬲，非也。《世紀》云：『不聞其姓。』失之。左臂脩而善射。《淮南子》、《隨巢子》。

元·馬端臨《文獻通考》卷二六一《后羿》 ［羿］，有窮氏之君。太康盤游失德，羿距之於河，遂廢之而立仲康，自鉏遷於窮石，因夏人代夏政，信用寒浞，爲浞所殺。

又《寒浞》 伯明氏之讒子弟，羿信之，以爲己相。浞行媚於內而施賂於外，樹之詐慝，以取其國家，內外咸服，乃殺羿而代之。夏遺臣有鬲氏，收斟灌、斟尋餘燼，滅浞，立少康。

又《有仍氏》 寒浞滅夏殺帝相，妃仍氏女曰后緡，歸有仍，生少康。

又《有鬲氏》 夏爲羿、浞所代，夏之遺臣靡奔有鬲氏，自有鬲氏率遺民滅浞，立少康。有鬲，今平原鬲縣。

又《斟灌斟尋氏》 二國夏同姓諸侯。仲康之子后相所依。浞命其子澆用師滅之。斟灌故城在青州壽光縣東，斟尋故城在青州北海縣。

又《過戈》 寒浞處其子澆於過、豷於戈。靡既滅浞，立少康，少康乃滅澆於過，后杼少康子。滅豷於戈。有窮因是遂亡。過在東萊掖縣，戈在宋、鄭之間。

元·胡一桂《史纂通要》卷一《夏》 太康立，啓于元年癸巳，在位二十九年。以逸豫滅厥德，黎民咸貳，乃盤遊無度，畋于洛表，十旬弗反。有窮后羿，窮，國名。羿，君名。距于河而廢之。厥弟五人，作《五子之歌》以致其怨。

論說

宋·曾鞏《元豐類稿》卷一〇《進太祖皇帝總序並狀》 三代盛矣，然禹之孫太康失國，湯之孫太甲放廢。

宋·林栗《周易經傳集解》卷一四《大過》 自古危亂之朝、將亡之國，猶有聖人賢士，貴賤其庭而爲之謀者，其本未亡而其君可輔也。羿浞之亂，夏幾亡矣！其遺臣靡，收有夏之燼，以滅浞而立少康。有田一成，有衆一旅，卒能祀夏配天，不失舊物。

宋·羅泌《路史》卷二三《夷羿傳》 成敗不難見哉！夫與死同病者，越人所不醫。與亡同政者，屠黍所不處。用賢則治，有德則昌。此不易之理也。是故古人論病以及國，原診以知政。秦爲暴虐，羽親滅之，而暴虐益甚。陳爲淫侈，隨親滅之，而淫侈益甚。是安得不亡哉！夫以繼

體之君，艱難不知而抵于敗，是故不足怪。今也躬自伐之而躬自爲之，躬自成之而躬自敗之，此何爲也邪？甚矣，夫人之愚也，湛于酒色，小病大死。人舉知之而人舉甘之，好任小人，大亡小亂，理之必然，而小人必用。今世固有誨人以酒色亡身而自溺于酒色，諫彼以小人破國而自惑于小人者矣。是非不知戒也，知思于憂患而死安佚也。武王之鏡銘曰：『以鏡自照者，見形容；以人自照者，見吉凶。』鄉使文皇非魏徵之徒，朝夕勉之，以隋爲監，則唐之爲唐，未可知也。太康以佚豫作禽荒，般游亡度而亡其國，此羿所親滅也。而羿不知戒，復恃射而忘國，卹淫于原獸，是又一太康也。家衆亨之，顧非其不幸矣。嗚呼！服留黄，醉紅裙，豈其不知戒哉！而卒自蹈之。故君子非苟知之。

又《寒浞傳》 夷羿之不道，以臣逐君，絶后夔，而其妻與其相浞亦能賂龐蒙而殺羿，子亦死于窮門；浞能弑相，而伯靡卒能滅浞。陽推五福以類升，陰幽六極以類降。天道好還，豈不明甚矣哉！予觀慶封、蒲嬖之於崔杼，慶舍、蒲癸之於慶封與夫元昊訛嚨等事，而益嘆羿浞之會，舉天理自然者。故曰：『愛出者，愛入。福往者，福來。鶴鳴于陰，其子和之。』三后之裔皆王而有吴者，卒夷昧之，子孫視履考祥諶哉！

元・胡一桂《史纂通要》卷一一《夏》 嘗觀禹之《訓》曰：『内作色荒，外作禽荒。甘酒嗜音，峻宇雕墻。』有一於此，未或不亡。太康一犯禽荒之戒，而竟以失邦。皇祖之訓，豈欺我哉？羿立太康弟仲康，元年壬戌，在位十三年。身爲之相。仲康肇位，四海首命。胤侯掌六師，惟時羲和，沈亂于酒，遐棄厥司，至於日食大變，尚罔聞知。王命胤侯往征之，作《胤征》。林氏曰：『羿廢太康而立仲康，其篡乃在相之世。』是則仲康猶有以制之也。羿之立仲康也，方將執其禮樂征伐之權，以號令天下。而仲康卽位之始，卽命胤侯掌六師以收其兵權。羲和之罪雖曰沈亂于酒，然黨惡於羿，同惡相濟。故胤侯丞王命往征之，以剪羿羽翼。故終仲康之世，羿不得以逞。使仲康盡失其權，則羿之篡夏豈待相而後敢耶？王崩子王相立，元年乙亥，在位二十七年。權已歸羿，相爲羿所逐，居商丘，依同姓諸侯斟灌、斟鄩氏。羿恃善射，不修民事，淫于原獸，好獵。棄武羅、伯姻、熊髡、龍圉而用寒浞。浞，伯明后寒之讒子弟也。寒，國名。伯明后寒弃浞于夷，羿收之。使相己。浞行媚于内，宫人。施賂于外，愚弄其民，娱羿于畋。外内咸服，羿猶不悛。將歸自畋，家衆殺而烹之。夏遺臣靡奔有鬲氏。國名。浞自立，壬寅，浞篡。是年少康生。浞終辛巳，共四十年。因羿室生澆及豷。使澆滅斟灌、斟鄩氏，殺后相，處澆于過，處豷于戈。過、戈二國名。宋、鄭間。后緡方娠，王相后。逃出自竇，歸于有仍。后緡，仍國女。生少康，爲仍牧正。牧官之正。澆使椒求之，椒，澆臣。奔有虞，商均所封之國。爲之庖正。虞君思妻之二姚而邑諸綸。虞邑。有田一成，方十里。衆一旅。五百人。能布德兆，謀收夏衆，撫其官職。靡自有鬲，收二國之燼，灌、鄩遺民。以滅浞而立少康。元年壬午，在位二十二年。少康使臣女艾滅澆于過，后杼滅豷于戈。卽壬杼也。有窮遂亡。自王相至此，並見《左》襄四年。少康崎嶇亂離之間復禹。

清・顧炎武《日知録》卷二《厥弟五人》 夏、商之世，天子之子，其封國而爲公侯者，不見於經。

以太康之尸位，而有厥弟五人，使其並建茅土，爲國屏翰，羿何至篡夏哉！富辰言：『周公弔二叔之不咸，故封建親戚，以蕃屏周。』而少康封其庶子於會稽，以奉守禹祀，二十餘世，至於越之句踐，卒霸諸侯，有禹之遺烈，夫亦監於太康孤立之禍而然與？若乃孔子所謂『大道既隱，天下爲家，各親其親，各子其子』者，亦從此而可知之矣。

又《惟彼陶唐有此冀方》 堯、舜、禹皆都河北，故曰『冀方』。至太康始失河北，而五子御其母以從之，於是僑國河南，再傳至相，卒爲浞所滅。

清・朱鶴齡《尚書埤傳》卷七《有窮后羿》 《左傳》魏絳曰：『昔夏之方衰，后羿自鉏遷于窮石，《史記正義》、《括地志》云：『故鉏城在滑州衛城縣東十里。』《晉地記》云：『河南有窮谷，蓋本有窮氏所遷也。』因夏民以代夏政。恃其射也，不脩民事，而淫于原獸，棄武羅、伯因、熊髡、龍圉，而用寒浞。注：寒國在北海平源，縣東有寒亭。以爲己相。浞行媚于内，施賂于外。虞『娱』通。羿于田，以取其國家，内外咸服。羿猶不悛，將歸自田。家衆殺而烹之，以食其子，子不忍食，殺于窮門。靡奔有鬲氏。注：靡，夏遺臣事羿者。鬲，國在今平原縣。浞因羿室生澆及豷，使澆用師滅斟灌及斟鄩氏，遂滅后相。注：樂安壽光縣東南有灌亭。北海平壽縣東南有斟亭。二國，夏同姓諸侯，皆仲康子后相所依。處澆于過，處豷于戈。注：東萊掖縣北有過鄉。

戈，在宋、鄭之間。靡自有鬲氏，收二國之燼，以滅浞而立少康。少康，后相子。少康滅澆于過，后杼少康子。滅豷于戈，有窮由是遂亡。』注：浞因羿室，故不改有窮之號。鄒季友曰：『許太康失邦，及少康紹國，向有百載，乃滅有窮。據此《傳》文，夏亂甚矣！而《夏本紀》云：「仲康崩，子相立。相崩，子少康立。」都不言羿、浞之事，是馬遷之疏也。』

藝文

《楚辭·天問》 帝降夷羿，革孽夏民。胡䠶夫河伯，而妻彼雒嬪？馮珧利決，封豨是䠶。何獻蒸肉之膏，而后帝不若？浞娶純狐，眩妻爰謀。何羿之䠶革，而交吞揆之？

《後漢書》卷五二《崔駰傳》 黎、共奮以跋扈兮，羿、浞狂以恣睢。

唐·司馬貞《史記索隱·述贊》 五子作《歌》，太康失政。羿浞斯侮，夏室不競。

唐·同谷子《五子之歌》 惆悵太康荒墜後，覆宗絶祀滅其門。仇讎萬姓遂無依，顔厚何曾解忸怩。五子既歌邦已失，一場前事悔難追。

唐·周曇《詠史詩·太康》 師保何人爲琢磨，安知父祖苦辛多，酒酣禽色方爲樂。

雜録

宋·鄭樵《通志·五帝紀》 臣謹按：許慎曰：『羿，帝嚳射官也。』又按：《淮南子》：『堯時十日，羿射九烏。』又曰：『羿除天下之害，死爲宗布。』《楚辭·天問》曰：『羿焉彃日，烏焉解羽？』《博物志》曰：『羿與鑿齒戰于疇華之野，羿持弓，鑿齒持矛，羿殺之。或曰，河泊溺殺人，羿射其左目；風伯壞人屋室，羿射中其膝。』舊云帝嚳、堯時各有羿，羿乃善射之號也。臣按：其字從「羽」，從「廾」，「廾」卽「拱」字，「拱」、「羽」爲「羿」，與「伊尹」之「伊」相類。「伊」從「人」，從「尹」，以其人能尹正天下。「伊」與「羿」皆是指其人之名而制字也。竊觀今之庸俗，以般輸善掄才，凡古屋壯麗者，皆曰魯般造，殊不知般爲何代之人。羿必太康時人，以射得名。堯、嚳之時亦有善射之人，世之訛者，以爲羿也。

宋·吳仁傑《兩漢刊誤補遺》卷四 《表》于第八刊逢門子，第九列羿、浞、奡。師古曰：『羿，有窮君也。』《楚辭》所謂「澆」者也。』仁傑按：《説文》：『羿，射官也。』陶唐、夏后氏各有一羿。孟氏書：逢蒙學射于羿，思天下惟羿爲愈己，而殺羿。此堯時羿也。寒浞虞羿于田，殺而烹之。此有窮后羿也。二人俱嘗爲射官，又皆不得其死，故世或以爲一人，正自不然。而奡亦非所謂澆者。奡在禹稷之前，與堯時羿並世。澆則寒浞因有窮后羿之室而生者也。《書》稱『無若丹朱傲，惟慢游是好。傲虐是作』，『罔水行舟』，『朋淫于家』。按此文，上云『丹朱傲』，下又云『傲虐』，傲雖凶德，一言足以盡之，何至申言之乎？陸德明《音義》于『丹朱傲』云：『字又作「奡」』，乃知丹朱、奡爲兩人名。『朋淫』云者，指此兩人言之。南宫适言『奡盪舟』，則『罔水行舟』之事。是已，奡在禹前，故禹舉之以戒舜，南宫适舉之亦先羿奡而後禹稷。然則《表》于堯世，當列一羿，自于夏世，列有窮后羿。堯世，列奡次子羿，而夏世，列澆次子浞，如此爲名。石林云：『南宫适言羿善射，孟子言羿死于逢蒙，特强有力之人耳。篡夏之事，蓋無有，出于野人之言。』如石林之説，是合兩羿爲一人。且不悟有窮后羿之爲諸侯也。《書》言其距太康于河，則豈特一强有力之人而止耶？

宋·王應麟《困學紀聞》卷二《考史》 《夏本紀》：『太康崩，弟仲康立。仲康崩，子相立。相崩，子少康立。』《左傳》正義曰：『太康失邦，及少康紹國，尚有百載，乃滅有窮。《本紀》不言羿、浞之事，是遷説之疏。』

清·汪越《讀史記十表·讀三代世表補》 讀《甘誓》，知唐虞之風微，商周之運至矣！

羿浞篡立，不書，削也。《索隱》曰：『帝相既逐，中間歷羿、浞二氏，凡三四十年，而史表不載。』《本民》直云『帝相崩，子少康立』，疏畧之甚。按：《史》之所以不載者，初，帝相尚在灌、鄩，繼則少康生于有仍，故直削之。但《夏本紀》亦當敍其事，不應全闕。徐孚遠云：『史遷時《左傳》未顯，不知羿浞事。』此或然也。

清・陳祖範《經咫》 黄東發云：『《史記》載「太康失國」，「太康崩，弟仲康立」，若太康而立其弟，豈待太康之崩耶？近世孫季和主薛士龍之説，謂考以地理，羿距太康據其都，太康不知所終，仲康乃之洛地自立，今洪州太康縣是也。仲康既在五弟之數，徯於洛汭，不在舊邦？不爲羿所立明矣。是以太康失國自在河北，仲康別立自在河南。相遷於帝丘，後竟滅之。相后方身逃歸有仍，生少康，夏乃中興。此説與《經》文「距於河」、「五子御其母以從」合。』

商代九世之亂

綜述

《史記》卷三《殷本紀》 自中丁以來，廢適而更立諸弟子，弟子或爭相代立，比九世亂，於是諸侯莫朝。

論説

宋・林之奇《尚書全解》卷一八《盤庚上》 九世之亂雖自於弟適爭立，然亦由仲丁自亳遷于囂之後，失成湯根本之地。故數百年間，無有勃然興者。

雜録

宋・胡宏《皇王大紀》卷七三《商成湯論》 太史公《陽甲之紀》曰：『自仲丁以來，廢嫡而更立諸弟子，諸弟子或爭相代立，比九世亂。』以其世考之，自沃丁至陽甲立弟者九世，則知仲丁之名誤也。沃丁既以廢嫡立諸弟子，生亂爲罪，則成湯未嘗立外丙、仲壬明矣！

齊五子爭立

綜述

《左傳・僖公二年》 齊寺人貂始漏師於多魚。

又 《僖公十七年》 齊侯之夫人三，王姬、徐嬴、蔡姬，皆無子。齊侯好內，多內寵，內嬖如夫人者六人。公子雍。公與管仲屬孝公於宋襄公，以爲太子。

雍巫有寵于衛共姬，因寺人貂以薦羞於公，亦有寵，公許之立武孟。管仲卒，五公子皆求立。冬十月乙亥，齊桓公卒。易牙入與寺人貂因內寵以殺群吏，而立公子無虧。孝公奔宋。十二月乙亥赴，辛巳夜殯。

又 《僖公十八年》 十八年春，宋襄公以諸侯伐齊。三月，齊人殺無虧。【略】

齊人將立孝公，不勝，四公子之徒遂與宋人戰。夏五月，宋敗齊師於甗，立孝公而還。

秋八月，葬齊桓公。

又 《僖公二十五年》 衛人平莒於我。十二月，盟于洮，修衛文公之好，且及莒平也。

又 《僖公二十六年》 二十六年春，王正月，公會莒茲平公、甯莊子盟于向，尋洮之盟也。齊師侵我西鄙，討是二盟也。【略】

東門襄仲、臧文仲如楚乞師，臧孫見子玉而道之伐齊、宋，以其不臣也。【略】

公以楚師伐齊，取穀。凡師能左右之曰『以』。置桓公子雍于穀，易牙奉之以爲魯援。楚申公叔侯戍之。桓公之子七人，爲七大夫于楚。

又 《僖公二十七年》 夏，齊孝公卒。有齊怨，不廢喪紀，禮也。

又 《文公十四年》 子叔姬齊昭公，生舍。叔姬無寵，舍無威。公子商人驟施於國，而多聚士，盡其家，貸於公、有司以繼之。夏五月，昭公卒，舍即位。【略】

秋七月乙卯夜，齊商人弒舍而讓元。元曰：『爾求之久矣。我能事爾，爾不可使多蓄憾。將免我乎，爾爲之。』【略】

齊人定懿公，使來告難，故書以九月。齊公子元不順懿公之爲政也，終不曰『公』，曰『夫己氏』。

襄仲使告于王，請以王寵求昭姬於齊。曰：『殺其子，焉用其母？請受而罪之。』冬，單伯如齊，請子叔姬。齊人執之。又執子叔姬。

又　**《文公十五年》**　十五年春，季文子如晉，爲單伯與子叔姬故也。【略】

夏，曹伯來朝，禮也。諸侯五年再相朝，以修王命，古之制也。【略】

齊人許單伯請而赦之，使來致命。書曰：『單伯至自齊。』貴之也。

【略】

秋，齊人侵我西鄙，故季文子告於晉。【略】

齊人來歸子叔姬，王故也。

齊侯侵我西鄙，謂諸侯不能也。遂伐曹，入其郛，討其來朝也。季文子曰：『齊侯其不免乎。己則無禮，而討於有禮者，曰：「女何故行禮！」禮以順天，天之道也，己則反天，而又以討人，難以免矣。《詩》曰：「胡不相畏，不畏於天？」君子之不虐幼賤，畏於天也。在《周頌》曰：「畏天之威，於時保之。」不畏于天，將何能保？以亂取國，奉禮以守，猶懼不終，多行無禮，弗能在矣！』

又　**《文公十六年》**　十六年春，王正月，及齊平。公有疾，使季文子會齊侯於陽穀，請盟。齊侯不肯，曰：『請俟君間。』【略】

公使襄仲納賂於齊侯，故盟於郪丘。

又　**《文公十七年》**　齊侯伐我北鄙。襄仲請盟。六月，盟於穀。

【略】

襄仲如齊，拜穀之盟。復曰：『臣聞齊人將食魯之麥。以臣觀之，將不能。齊君之語偷。臧文仲有言曰：「民主偷必死。」』

又　**《文公十八年》**　十八年春，齊侯戒師期而有疾，醫曰：『不及秋，將死。』公聞之，卜曰：『尚無及期。』惠伯令龜，卜楚丘占之曰：『齊侯不及期，非疾也。君亦不聞。令龜有咎。』二月丁丑，公薨。

齊懿公之爲公子也，與邴歜之父爭田，弗勝。及即位，乃掘而刖之，而使歜僕。納閻職之妻，而使職驂乘。夏五月，公游于申池。二人浴于池，歜以撲抶職。職怒。曰：『人奪女妻而不怒，一抶女庸何傷！』職曰：『與刖其父而弗能病者何如？』乃謀弒懿公，納諸竹中。歸，舍爵而行。齊人立公子元。

《韓非子》卷一六《難三》　人有設桓公隱者，曰：『一難，二難，三難，何也？』桓公不能射，以告管仲。管仲對曰：『一難也，近優而遠士。二難也，去其國而數之海。三難也，君老而晚置太子。』桓公曰：『善。』不擇日而廟禮太子。

或曰：管仲之射隱不得也。士之用不在近遠，而俳優侏儒固人主之所與燕也。則近優而遠士而以爲治，非其難者也。夫處勢而不能用其有。而悖不去國，是以一人之力禁一國。以一人之力禁一國者，少能勝之。明能照遠姦而見隱微，必行之令，雖遠於海內必無變。然則去國之海而不劫殺，非其難者也。楚成王置商臣以爲太子，又欲置公子職，商臣作難，遂弒成王。公子宰，周太子也，公子根有寵，遂以東州反，分而爲兩國。此皆非晚置太子之患也。夫分勢不二，庶孽卑，寵無藉，雖處耄老，晚置太子可也。然則晚置太子，庶孽不亂，又非其難也。物之所謂難者，必借人成勢，而勿使侵害己，可謂一難也。貴妾不使二后，二難也。愛孽不使危正適，專聽一臣而不敢隅君，此則可謂三難也。

又　**卷一五《難一》**　管仲有病，桓公往問之，曰：『仲父病，不幸卒於大命，將奚以告寡人？』管仲曰：『微君言，臣故將謁之。願君去豎刁，除易牙，遠衞公子開方。易牙爲君主味，君惟人肉未嘗，易牙烝其子首而進之；夫人情莫不愛其子，今弗愛其子，安能愛君？君妒而好內，豎刁自宮以治內；人情莫不愛其身，身且不愛，安能愛君？開方事君十五年，齊、衞之間不容數日行，棄其母，久宦不歸；其母不愛，安能愛君？臣聞之：「矜僞不長，蓋虛不久。」願君去此三子者也。』管仲卒死，而桓公弗行。及桓公死，蟲出屍不葬。

或曰：管仲所以見告桓公者，非有度者之言也。所以去豎刁、易牙者，以不愛其身，適君之欲也。曰：『不愛其身，安能愛君？』然則臣有盡死力以爲其主者，管仲將弗用也。曰『不愛其死力，安能愛君？』是欲君去忠臣也。且以不愛其身度其不愛其君，是將以管仲之不能死公子糾度其

不死桓公也，是管仲亦在所去之域矣。明主之道不然，設民所欲以求其功，故爲爵祿以勸之；設民所惡以禁其姦，故爲刑罰以威之。慶賞信而刑罰必，故君舉功於臣，而姦不用於上，雖有豎刁，其奈君何？且臣盡死力以與君市，君垂爵祿以與臣市，君臣之際，非父子之親也，計數之所出也。君有道，則臣盡力而姦不生；無道，則臣上塞主明而下成私。管仲非明此度數於桓公也，使去豎刁，一豎刁又至，非絶姦之道也。且桓公所以身死蟲流出屍不葬者，是臣重也；臣重之實，擅主也。有擅主之臣，則君令不下究，臣情不上通，一人之力能隔君臣之間，使善敗不聞，禍福不通，故有不葬之患也。明主之道：一人不兼官，一官不兼事。卑賤不待尊貴而進論，大臣不因左右而見。百官修通，羣臣輻湊。有賞者君見其功，有罰者君知其罪。見知不悖於前，賞罰不弊於後，安有不葬之患？管仲非明此言於桓公也，使去三子，故曰：『管仲無度矣。』

《呂氏春秋》卷一《孟冬紀・貴公》 管仲有病，桓公往問之，曰：『仲父之病矣，漬甚，國人弗諱，寡人將誰屬國？』管仲對曰：『昔者臣盡力竭智，猶未足以知之也，今病在於朝夕之中，臣奚能言？』桓公曰：『此大事也，願仲父之教寡人也。』管仲敬諾，曰：『公誰欲相？』公曰：『鮑叔牙可乎？』管仲對曰：『不可。夷吾善鮑叔牙，鮑叔牙之爲人也：清廉潔直，視不己若者，不比於人；一聞人之過，終身不忘。』『勿已，則隰朋其可乎？』『隰朋之爲人也：上志而下求，醜不若黄帝，而哀不己若者；其於國也，有不聞也；其於物也，有不知也；其於人也，有不見也。勿已乎，則隰朋可也。』夫相，大官也。處大官者，不欲小察，不欲小智，故曰：大匠不斲，大庖不豆，大勇不鬥，大兵不寇。桓公行公去私惡，用管子而爲五伯長；行私阿所愛，用豎刀而蟲出於戶。

又 卷一六《先識覽・知接》 管仲有疾。桓公往問之曰：『仲父之疾病矣，將何以教寡人？』管仲曰：『齊鄙人有諺曰：「居者無載，行者無埋。」今臣將有遠行，胡可以問？』桓公曰：『願仲父之無讓也。』管仲對曰：『願君之遠易牙、豎刀、常之巫、衛公子啓方。』公曰：『易牙烹其子以慊寡人，猶尚可疑邪？』管仲對曰：『人之情，非不愛其子也，其子之忍，又將何有於君？』公又曰：『豎刀自宮以近寡人，猶尚可疑邪？』管仲對曰：『人之情，非不愛其身也，其身之忍，又將何有於君？』公又曰：『常之巫審於死生，能去苛病，猶尚可疑邪？』管仲對曰：『死生命也，苛病失也。君不任其命、守其本，而敢歸巫，彼將以此無不爲也。』公又曰：『衛公子啓方事寡人十五年矣，其父死而不哭，猶尚可疑邪？』管仲對曰：『人之情，非不愛其父也，其父之忍，又將何有於君？』公曰：『諾。』管仲死，盡逐之，食不甘，宮不治，苛病起，朝不肅。居三年，公曰：『仲父不亦過乎？孰謂仲父盡之乎？』於是皆復召而反。明年，公有病，常之巫從中出曰：『公將以某日薨。』易牙、豎刀、常之巫相與作亂，塞宮門，築高牆，不通人，矯以公令。有一婦人逾垣入，至公所。公曰：『我欲食。』婦人曰：『吾無所得。』公又曰：『我欲飲。』婦人曰：『吾無所得。』公曰：『何故？』對曰：『常之巫從中出曰：「公將以某日薨。」易牙、豎刀、常之巫相與作亂，塞高牆，不通人，故無所得。衛公子啓方以書社四十下衛。』公慨焉歎涕出曰：『嗟乎！聖人之所見，豈不遠哉？若死者有知，我將何面目以見仲父乎？』蒙袂而絶乎壽宮。蟲流出於戶，上蓋以楊門之扇，三月不葬。此不卒聽管仲之言也。桓公非輕難而惡管子也，無由接見也。無由接，固卻其忠言，而愛其所尊貴也。

《管子》卷一六《小問》 桓公問管仲曰：『寡人欲霸，以二三子之功，既得霸矣。今吾有欲王，其可乎？』管仲對曰：『公當召叔牙而問焉。』管仲知桓公不可王，難以實對，故推令問叔牙。鮑叔至，公又問焉。鮑叔對曰：『公當召賓胥無而問焉。』賓胥無趨而進，公又問焉。賓胥無對曰：『古之王者，其君豐，其臣教。君豐臣教，則君能制臣，故可以王也。今君之臣豐。』言德豐於君也。公遵遁繆然遠，二三子遂徐行而進。言公之所遵行者，皆流遁繆妄之事，無所比，可謂遠於二三子。但當徐而漸以取進耳。欲王天下，恐未可。公曰：『昔者大王賢，王季賢，文王賢，武王賢。武王伐殷，克之，七年而崩。周公旦輔成王而治天下，僅能制於四海之内矣。今寡人之子不若寡人，寡人不若二三子。以此觀之，則吾不王必矣。』

又 卷一〇《戒》 管仲寢疾，桓公往問之。曰：『仲父之疾甚矣，若不可諱也，不幸而不起此疾，彼政我將安移之？』管仲未對。桓公曰：『鮑叔之爲人如何？』管仲對曰：『鮑叔，君子也。千乘之國，不以其道予之，不受也。雖與千乘之國，不以其道，彼必不受。雖然，不可以爲政。其

爲人也，好善而惡惡已甚，己，猶太也。言曾惡惡人太甚。見一惡終身不忘。』桓公曰：『然則孰可？』管仲對曰：『隰朋可。朋之爲人，好上識而下問。好上識，謂好知遠大之事。臣聞之：以德予人者，謂之仁。以財予人者，謂之良。以善勝人者，未有能服人者也。以善勝人，人亦生勝己之心，故不服。以善養人者，未有不服人者也。於國有所不知政，於家有所不知事，必則朋乎！若皆知之，則事鍾於己，將不勝任而敗。朋能有所不知，故可以移政。且朋之爲人也，居其家不忘公門，居公門不忘其家，事君不二其心，亦不忘其身。舉齊國之幣，握路家五十室，其人不知也。大仁也哉，其朋乎！』握，持也。或有舉齊國之幣，持與路旁之家五十室，其事大而且易顯，此皆自有主司，朋能不干預，而强知此，所謂於國有所不知政，合於天地之無不容載，故曰『大仁哉，其朋乎』也。公又問曰：『不幸而失仲父也，二三大夫者，其猶能以國寧乎？』管仲對曰：『君請矍已乎。矍已，謂有所驚懼而問未止也。鮑叔牙之爲人也，好直。賓胥無之爲人也，好善。寧戚之爲人也，能事。孫在之爲人也，善言。』公曰：『此四子者，其孰能一人之上也？寡人并而臣之，則其不以國寧，何也？』言四子皆有超絶之材，無人能過其上。今吾并得臣之，國尚不寧，何也？對曰：『鮑叔之爲人，好直而不能以國詘。不能爲國以屈其直也。賓胥無之爲人也，好善而不能以國詘。寧戚之爲人，能事而不能以足息。寧戚善於農植，貪於積聚，不能知足而息也。孫在之爲人，善言而不能以信默。其所陳言，既見信用，不能尚默。凡此四子，皆矜其能太過，不能與時屈申，故國不寧也。臣聞之，消息盈虛，與百姓詘信，然後能以國寧。勿已者，朋其可乎！朋之爲人也，動必量力，舉必量技。』言終，喟然而嘆曰：『天之生朋，以爲夷吾舌也。其身死，舌焉得生哉！』言朋亦將隨己早亡，不得久理齊政，故哀歎也。以先知未然，夷吾所以稱聖也。管仲曰：『夫江、黄之國近於楚，爲臣死乎，二國既近於楚，必臣於楚，豈爲齊臣而死乎？君必歸楚而寄之。以二國歸楚，若寄託然，則楚不得爲私，而齊猶有望。君不歸楚，必私之，私之而不救也則不可，救之則亂自此始矣。』楚既私二國，二國有難，齊必不救。一爲不救，則不可救。此救彼不臣，則構怨矣，故曰『亂自此始』。桓公曰：『諾。』管仲又言曰：『東郭有狗嘊嘊，旦暮欲齧，我猳而不使也。今夫易牙，子之不能愛，將安愛君？君必去之。』公曰：『諾。』東郭之狗，喻易牙。言其人殘忍。同於狗矣。猳，謂以木連狗，取聲爲義，即國家也。言易牙終能亡國滅家，此不當使，必須去之也。管子又言曰：『北郭有狗嘊嘊，旦暮欲齧，我猳而不使也。今夫豎刁，其身之不愛，焉能愛君？君必去之。』公曰：『諾。』管子又言曰：『西郭有狗嘊嘊，旦暮欲齧，我猳而不使也。今夫衛公子開方，去其千乘之太子而臣事君，是所願也得於君者，是將欲過其千乘也。開方在衛，當嗣君之位，今棄而事齊，則所望不只千乘也，其意必得齊國，然後稱所望也。君必去之。』桓公曰：『諾。』管子遂卒。卒十月，隰朋亦卒。

《公羊傳·僖公十八年》 五月，戊寅，宋師及齊師戰於甗，齊師敗績。戰不言伐，此其言伐何？宋公與伐而不與戰，故言伐。《春秋》伐者爲客，伐者爲主。曷爲不使齊主之？與襄公之征齊也。曷爲與襄公之征齊？桓公死，豎刀、易牙爭權不葬，爲是故伐之也。

又《僖公二十六年》 齊人侵我西鄙。公追齊師至嶲，弗及。其言至嶲弗及何？侈也。

公子遂如楚乞師。乞者何？卑辭也。曷爲以外内同若辭？重師也。曷爲重師？師出不正反，戰不正勝也。【略】

公以楚師伐齊，取穀。公至自伐齊。此已取穀矣，何以致伐？未得乎取穀也。曷爲未得乎取穀？患之起，必自此始也。

又《文公十四年》 齊公子商人弑其君舍。此未逾年之君也，其言弑其君舍何？已立之，已殺之，成死者而賤生者也。【略】

冬，單伯如齊。齊人執單伯。齊人執子叔姬。執者曷爲或稱行人？或不稱行人？稱行人而執者，以其事執也。不稱行人而執者，以己執也。單伯之罪何？道淫也。惡乎淫？淫乎子叔姬。然則曷爲不言齊人執單伯及子叔姬？内辭也，使若異罪然。【略】

十有二月，齊人來歸子叔姬。其言來何？閔之也。此有罪，何閔爾？父母之於子，雖有罪，猶若其不欲服罪然。【略】

齊侯侵我西鄙，遂伐曹，入其郛。郛者何？恢郭也。入郛書乎？曰：不書。入郛不書，此何以書？動我也。動我者何？内辭也。其實我動焉爾。

又《文公十六年》 十有六年，春，季孫行父會齊侯于陽穀，齊侯弗及盟。其言弗及盟何？不見與盟也。

《穀梁傳·僖公十七年》 冬，十有二月，乙亥，齊侯小白卒。此不正，其日之，何也？其不正前見矣。其不正之前見何也？以不正入虛國，故稱嫌焉爾。

又《僖公十八年》 十有八年，春，王正月，宋公、曹伯、衛人、邾人伐齊。非伐喪也。

夏，師救齊。善救齊也。

五月，戊寅，宋師及齊師戰於甗。齊師敗績。戰不言伐，客不言及。言及，惡宋也。狄救齊。善救齊也。

又《僖公二十五年》 冬，十有二月，癸亥，公會衛子、莒慶盟於洮。莒無大夫，其曰莒慶，何也？以公之會目之也。

又《僖公二十六年》 齊人侵我西鄙。公追齊師至巂，弗及。人，微者也。侵，淺事也。公之追之，非正也。至巂，急辭也。弗及者，弗與也，可以及而不敢及也。其侵也曰人，其追也曰師，以公之弗及，大之也。弗及，內辭也。

公子遂如楚乞師。乞，重辭也。何重焉？重人之死也，非所乞也。師出不必反，戰不必勝，故重之也。

公以楚師伐齊，取穀。以者，不以者也。民者，君之本也。使民以其死，非其正也。安有驅民於死地，以共假借之役乎？

公至自伐齊。惡事不致，此其致之何也？危之也。

又《文公十四年》 齊公子商人弒其君舍。舍未逾年，其曰君何也？成舍之爲君，所以重商人之弒也。商人其不以國氏何也？不以嫌代嫌也。舍之不日，何也？未成爲君也。【略】

齊人執子叔姬。叔姬同罪也。【略】

單伯至自齊。大夫執則致，致則名，此其不名何也？天子之命大夫也。【略】

秋，齊人侵我西鄙。其曰鄙，遠之也。其遠之何也？不以難介我國也。【略】

十有二月，齊人來歸子叔姬。其曰子叔姬，貴之也。其言來歸，何也？父母之于子，雖有罪，猶欲其免也。

又《文公十六年》 十有六年，春，季孫行父會齊侯于陽穀。齊侯弗及盟。弗及者，內辭也。行父失命矣，齊得內辭也。【略】

六月，戊辰，公子遂及齊侯盟于師丘。復行父之盟也。

《史記》卷三二《齊太公世家》 管仲病，桓公問曰：『羣臣誰可相者？』管仲曰：『知臣莫如君。』公曰：『易牙如何？』對曰：『殺子以適君，非人情，不可。』公曰：『開方如何？』對曰：『倍親以適君，非人情，難近。』公曰：『豎刀如何？』對曰：『自宮以適君，非人情，難親。』管仲死，而桓公不用管仲言，卒近用三子，三子專權。【略】

桓公病，五公子各樹黨爭立。及桓公卒，遂相攻，以故宮中空，莫敢棺。桓公屍在床上六十七日，屍蟲出於戶。十二月乙亥，無詭立，乃棺赴。辛巳夜，斂殯。

桓公十有餘子，要其後立者五人：無詭立三月死，無謚；次孝公；次昭公；次懿公；次惠公。孝公元年三月，宋襄公率諸侯兵送齊太子昭而伐齊。齊人恐，殺其君無詭。齊人將立太子昭，四公子之徒攻太子，太子走宋，宋遂與齊人四公子戰。五月，宋敗齊四公子師而立太子昭，是爲齊孝公。宋以桓公與管仲屬之太子，故來征之。以亂故，八月乃葬齊桓公。【略】

十年，孝公卒，孝公弟潘因衛公子開方殺孝公子而立潘，是爲昭公。昭公，桓公子也，其母曰葛嬴。【略】

十九年五月，昭公卒，子舍立爲齊君。舍之母無寵於昭公，國人莫畏。昭公之弟商人以桓公死爭立而不得，陰交賢士，附愛百姓，百姓說。及昭公卒，子舍立，孤弱，卽與衆十月卽墓上弒齊君舍，而商人自立，是爲懿公。懿公，桓公子也，其母曰密姬。

懿公四年春，初，懿公爲公子時，與丙戎之父獵，爭獲不勝，及卽位，斷丙戎父足，而使丙戎僕。庸職之妻好，公內之宮，使庸職驂乘。五月，懿公游於申池，二人浴，戲。職曰：『斷足子！』戎曰：『奪妻者！』二人俱病此言，乃怨。謀與公遊竹中，二人弒懿公車上，棄竹中而亡去。

懿公之立，驕，民不附。齊人廢其子而迎公子元於衛，立之，是爲惠公。惠公，桓公子也。其母衛女，曰少衛姬，避齊亂，故在衛。

論　説

宋・洪咨夔《洪氏春秋説》卷二五《昭公三》　夏四月乙丑，天王崩。六月，叔鞅如京師，葬景王，王室亂。天下之禍莫大於牽閨門之愛，而壞室家之法。獻公以嬖故殺適立庶，亂晉者數世。桓公以嬖故五子爭立，亂齊者亦數世。父不父，子不子，兄不兄，弟不弟，雖有家不能一朝處矣。景王以太子壽蚤世愛庶子朝，欲立之，會崩。單子、劉子立太子母弟猛爲王，而朝作亂，西土不靜，亦惟在王宫邦君室。其以室言，蓋治亂安危皆由内始，未有身正而家不齊，家齊而國不治，天下不平者也。《春秋》大正本反，自貴者始，書王室亂，所以示家法不立，風化不正，爲萬世人君溺嬖縱欲，徇私斁倫之戒，且示諸侯莫有勤王。叔鞅目擊其亂而不之圖魯，罪其首也。

元・鄭玉《春秋闕疑》卷一五《僖公》　（十七年）冬十有二月乙亥，齊侯小白卒。

齊侯之夫人三：王姬、徐嬴、蔡姬，皆無子。齊侯好内，多内寵，内嬖如夫人者六人。長衛姬，生武孟；少衛姬，生惠公；鄭姬，生孝公；葛嬴，生昭公；密姬，生懿公；宋華子，生公子雍。公與管仲屬孝公于宋襄公，以爲太子。雍巫有寵于衛共姬，因寺人貂以薦羞于公，亦有寵，公許之立武孟。管仲卒，五公子皆求立。冬十月乙亥，齊桓公卒。易牙入，與寺人貂因内寵以殺群吏，而立公子無虧。孝公奔宋。十二月乙亥赴。辛巳夜殯。愚按孔子曰：『管仲相桓公，霸諸侯，一匡天下，民到于今受其賜。』又曰：『桓公九合諸侯，一匡天下，管仲之力也。如其仁，如其仁！』又曰：『齊桓公正而不譎。』孟軻氏：『五霸，三王之罪人也。』又曰：『仲尼之徒，無道桓文之事者。』誦此則齊桓之行事可知，而功過不得相掩矣。蓋王者之學，至誠無僞，純亦不已，故商周之盛，傳世之遠，至七八百年，澤猶未泯。霸者之術，假公濟私，始勤終怠。故桓公身死未幾，五子爭立，國内大亂，誠僞之分。禍福如此，可不畏哉？

明・王介之《春秋四傳質》卷上《僖公・葬齊桓公》　觀於桓公之薨，諸侯競尋兵於齊，而置其殯於弗恤，知高子存魯之説，爲不然矣。以大義而言，則立孝公爲負恩，救無虧爲報德；以桓公之遺志而言，則伐無虧爲懷惠而欲撫其孤，拒孝公爲乘亂以自逞其志。是故衛從宋以伐齊，《木瓜》之志感非虚也；魯偕狄以救齊，《鹿門》之謳思非實也。子般之弑，僖公已長矣。齊與爲婚姻者，再世而方伯中國，以令諸侯。舍僖立閔，利其幼而思圖其國。仲子、高子交馳於道路，以窺伺而思乘之。僖公既立，雖屈於勢而不得不從之征伐，而豈嘗旦夕忘其夙怨哉？桓公死，五子爭，夫今而後得反之也。援其所不欲立以拒其所欲立，使其國分裂紛爭，殯宫無主六十七日而後歛，十有七月而後葬，魯人之志愜矣，皆桓公昔所持魯使爭之故智也。嗚呼！以術制人者，授人以術而制已。司馬懿相國，九錫之謀，曹操之已迹也。蘇子瞻『烏臺詩案』之禍，章惇之覆轍也。而胡氏曰：功利之在人淺矣。夫桓亦何功於魯，而魯蒙其利哉？互相助亂而已。

清・朱鶴齡《讀左日鈔》卷三　齊桓公卒，易牙入，與寺人貂因内寵以殺羣吏，而立公子無虧。

蘇軾曰：管仲死，豎貂、易牙、開方用，桓公薨於亂，五子爭立，齊無寧歲。三子固亂人國，然其使桓公得用三子者，管仲也。仲之疾也，公問之相。吾以仲且舉天下之賢者以對，而其言乃不過曰：『三子非人情，不可近』而已。見《史記》。仲以爲桓公果能不用三子乎？桓公聲色不絶于耳，目非三子則無以遂其欲。其初之不用者，徒以有仲焉耳。一旦無仲，則三子者且彈冠相慶，仲以爲將死之言，可以縶桓公之手足耶？雖桓公幸而聽仲，屏此三人，而其餘者，仲能悉數而去之耶？因桓公之問，舉天下之賢以自代，則仲雖死而齊國未爲無仲也。夫何患三子者？五霸莫盛于桓、文，文公之才不及桓公，其臣又皆不及仲。晉襲文之餘威，爲盟主百餘年，何者？其君雖不肖，尚有老成人焉。桓公之死，一敗不復振，無惑也。彼獨恃一管仲，而仲死矣，賢者不悲其身之死，而憂其國之衰，故必復有賢者而後可以死。彼管仲者，何以死哉？愚按《管子》曰：仲寢疾，桓公問曰：『仲父不幸而不起，政將安移？』對曰：『隰朋可。朋之爲人，事君不二其心，亦不忘其身，大仁也哉！』公又問。仲曰：『鮑叔好直而不能以國詘，賓須無好善，而不能以國詘，寧戚能事而不能以足息，孫在善言而不能以信默，朋其可乎？』據此，則仲非不舉

賢以代也。仲死而隰朋亦旋死，則仲所不及料也。獨仲不能定桓公家嗣，致齊有五子爭立之禍，夫子所以小其器也歟？

清·馬驌《繹史》卷四八《齊五子爭立》 齊桓公有夫人三人，皆無子，如夫人者六人，皆有子，均非適也，其孰當立，以長則無虧矣，其次則惠公元也。管仲既歿，五子爭寵，桓公廢長立少，自孝公已爲不順，潘與商人之徒，咸懷覬覦矣。孝公卒，昭公殺其子以自立，《春秋》略而不書。殺人之子者，人亦殺其子，齊國內亂，久見爭端，昭之得國，知非以義立者也。昭既得位，事晉惟謹，是以享國二十年，克終其世。既而昭卒，舍立，商人肯甘心下之乎？用小惠以聚士，弑國君而執國母，四年之中，三侵魯鄙，違逆王命，蔑棄霸主，即其行事，是寡謀輕動，弗能靖國者也。申池難發，國人未嘗過而問焉，蓋懿實不道，內外棄之，二賊舍爵而後行，固知其寡助之至爾。諸子盡死，惠公順國人之請，而居君位，納竹之罪，亦無討焉。夫商人之不仁，元也惡之久矣，始雖讓立，心實不平。邴閻之爲賊，未必非惠公志也。初，管仲寢疾，桓公往問之，管仲曰：『願君之遠易牙、豎刁、開方也。』桓公不聽，使三子專權，又多內嬖，卒啓五子之爭，以至弑奪相尋者四十餘年，皆由內外多寵，而不用仲父之言也。《周書》曰：『美男破舌，美女破老。』信哉斯言，有國者可以鑑矣。

衛孫寧廢立

綜　述

《左傳·成公七年》 衛定公惡孫林父。冬，孫林父出奔晉。衛侯如晉，晉反戚焉。

又 《成公十四年》 十四年春，衛侯如晉，晉侯强見孫林父焉，定公不可。夏，衛侯既歸，晉侯使郤犨送孫林父而見之。衛侯欲辭，定姜曰：『不可。是先君宗卿之嗣也，大國又以爲請，不許，將亡。雖惡之，不猶愈于亡乎？君其忍之！安民而有宗卿，不亦可乎？』衛侯見而復之。【略】

衛侯有疾，使孔成子、寧惠子立敬姒之子衎以爲太子。冬十月，衛定公卒。夫人姜氏既哭而息，見太子之不哀也，不內酌飲。歎曰：『是夫也，將不唯衛國之敗，其必始于未亡人！嗚呼！天禍衛國也夫！吾不獲鱄也使主社稷。』大夫聞之，無不聳懼。孫文子自是不敢舍其重器于衛，盡寘諸戚，而甚善晉大夫。

又 《襄公七年》 衛孫文子來聘，且拜武子之言，而尋孫桓子之盟。公登亦登。叔孫穆子相，趨進曰：『諸侯之會，寡君未嘗後衛君。今吾子不後寡君，寡君未知所過。吾子其少安！』孫子無辭，亦無悛容。穆叔曰：『孫子必亡。爲臣而君，過而不悛，亡之本也。詩曰：「退食自公，委蛇委蛇。」謂從者也。衡而委蛇必折。』

衛獻公戒孫文子、寧惠子食，皆服而朝。日旰不召，而射鴻於囿。二子從之，不釋皮冠而與之言。二子怒。孫文子如戚，孫蒯入使。公飲之酒，使大師歌巧言之卒章。大師辭，師曹請爲之。初，公有嬖妾，使師曹誨之琴，師曹鞭之。公怒，鞭師曹三百。故師曹欲歌之，以怒孫子以報公。公使歌之，遂誦之。

蒯懼，告文子。文子曰：『君忌我矣，弗先，必死。』并帑於戚，而入見蘧伯玉曰：『君之暴虐，子所知也。大懼社稷之傾覆，將若之何？』對曰：『君制其國，臣敢奸之？雖奸之，庸知愈乎？』遂行，從近關出公使子蟜、子伯、子皮與孫子盟於丘宮，孫子皆殺之。

四月己未，子展奔齊。公如鄄，使子行於孫子，孫子又殺之。公出奔齊，孫氏追之，敗公徒於阿澤。鄄人執之。初，尹公佗學射於庾公差，庾公差學射於公孫丁。二子追公，公孫丁御公。子魚曰：『射爲背師，不射爲戮，射爲禮乎。』射兩軥而還。尹公佗曰：『子爲師，我則遠矣。』乃反之。公孫丁授公轡而射之，貫臂。子鮮從公。

及竟，公使祝宗告亡，且告無罪。定姜曰：『無神何告？若有，不可誣也。有罪，若何告無？舍大臣而與小臣謀，一罪也。先君有冢卿以爲師保，而蔑之，二罪也。余以巾櫛事先君，而暴妾使余，三罪也。告亡而已，無告無罪。』

公使厚成叔弔於衛，曰：『寡君使瘠，聞君不撫社稷，而越在他竟，若之何不弔？以同盟之故，使瘠敢私於執事曰：「有君不弔，有臣不敏，

君不赦宥，臣亦不帥職，增淫發洩，其若之何？」』衛人使大叔儀對曰：『群臣不佞，得罪於寡君。寡君不以卽刑而悼棄之，以爲君憂。君不忘先君之好，辱弔群臣，又重恤之。敢拜君命之辱，重拜大貺。』厚孫歸，復命，語臧武仲曰：『衛君其必歸乎！有大叔儀以守，有母弟鱄以出，或撫其內，或營其外，能無歸乎？』

齊人以郲寄衛侯。及其復也，以郲糧歸。右宰穀從而逃歸，衛人將殺之。辭曰：『余不説初矣，余狐裘而羔袖。』乃赦之。衛人立公孫剽，孫林父、寧殖相之，以聽命於諸侯。

衛侯在郲。臧紇如齊，唁衛侯。衛侯與之言，虐。退而告其人曰：『衛侯其不得入矣！其言糞土也，亡而不變，何以復國？』子展、子鮮聞之，見臧紇，與之言，道。臧孫説，謂其人曰：『衛君必入。夫二子者，或輓之，或推之，欲無入，得乎？』【略】

師曠侍於晉侯。晉侯曰：『衛人出其君，不亦甚乎？』對曰：『或者其君實甚。良君將賞善而刑淫，養民如子，蓋之如天，容之如地。民奉其君，愛之如父母，仰之如日月，敬之如神明，畏之如雷霆，其可出乎？夫君，神之主而民之望也。若困民之主，匱神乏祀，百姓絶望，社稷無主，將安用之？弗去何爲？天生民而立之君，使司牧之，勿使失性。有君而爲之貳，使師保之，勿使過度。是故天子有公，諸侯有卿，卿置側室，大夫有貳宗，士有朋友，庶人、工、商、皁、隸、牧、圉皆有親暱，以相輔佐也。善則賞之，過則匡之，患則救之，失則革之，自王以下，各有父子兄弟，以補察其政。史爲書，瞽爲詩，工誦箴諫，大夫規誨，士傳言，庶人謗，商旅於市，百工獻藝。故《夏書》曰：「遒人以木鐸徇於路。官師相規，工執藝事以諫。」正月孟春，於是乎有之，諫失常也。天之愛民甚矣。豈其使一人肆於民上，以從其淫，而棄天地之性？必不然矣。』【略】

晉侯問衛故於中行獻子，對曰：『不如因而定之，衛有君矣。伐之，未可以得志而勤諸侯。史佚有言曰：「因重而撫之。」仲虺有言曰：「亡者侮之，亂者取之，推亡固存，國之道也。」君其定衛以待時乎！』冬，會於戚，謀定衛也。

又 **《襄公十七年》** 衛孫蒯田於曹隧，飲馬於重丘，毁其瓶。重丘人閉門而詢之，曰：『親逐而君，爾父爲厲。是之不憂，而何以田爲？』夏，衛石買、孫蒯伐曹，取重丘。曹人訴於晉。

又 **《襄公十八年》** 夏，晉人執衛行人石買於長子，執孫蒯於純留，爲曹故也。

又 **《襄公十九年》** 衛石共子卒，悼子不哀。孔成子曰：『是謂蹷其本，必不有其宗。』

又 **《襄公二十年》** 衛寧惠子疾，召悼子曰：『吾得罪於君，悔而無及也。名藏在諸侯之策，曰：「孫林父、寧殖出其君。」君入則掩之。若能掩之，則吾子也。若不能，猶有鬼神，吾有餒而已，不來食矣。』悼子許諾，惠子遂卒。

又 **《襄公二十五年》** 晉侯使魏舒、宛没逆衛侯，將使衛與之夷儀。崔子止其帑，以求五鹿。【略】秋，衛獻公入于夷儀。【略】

冬，衛獻公自夷儀使與寧喜言，寧喜許之。大叔文子聞之，曰：『烏乎！《詩》所謂「我躬不説，皇恤我後」者，寧子可謂不恤其後矣。將可乎哉？殆必不可。君子之行，思其終也，思其復也。《書》曰：「慎始而敬終，終以不困。」《詩》曰：「夙夜匪解，以事一人。」今寧子視君不如奕棋，其何以免乎？奕者舉棋不定，不勝其耦。而况置君而弗定乎？必不免矣。九世之卿族，一舉而滅之。可哀也哉！』

又 **《襄公二十六年》** 衛獻公使子鮮爲復，辭。敬姒强命之。對曰：『君無信，臣懼不免。』敬姒曰：『雖然，以吾故也。』許諾。初，獻公使與寧喜言，寧喜曰：『必子鮮在，不然必敗。』故公使子鮮。子鮮不獲命於敬姒，以公命與寧喜言曰：『苟反，政由寧氏，祭則寡人。』寧喜告蘧伯玉，伯玉曰：『瑗不得聞君之出，敢聞其入。』遂行，從近關出。告右宰穀，右宰穀曰：『不可。獲罪於兩君，天下誰畜之？』悼子曰：『吾受命於先人，不可以貳。』穀曰：『我請使焉而觀之。』遂見公於夷儀。反曰：『君淹恤在外十二年矣，而無憂色，亦無寬言，猶夫人也。若不已，死無日矣。』悼子曰：『子鮮在。』右宰穀曰：『子鮮在，何益？多而能亡，於我何爲？』悼子曰：『雖然，弗可以已。』孫文子在戚，孫嘉聘於齊，孫襄居守。

二月庚寅，寧喜、右宰穀伐孫氏，不克。伯國傷。寧子出舍於郊。伯

國死，孫氏夜哭。國人召寧子，寧子復攻孫氏，克之。辛卯，殺子叔及大子角，書曰：『寧喜弒其君剽。』言罪之在寧氏也。孫林父以戚如晉。書曰：『入於戚以叛。』罪孫氏也。臣之祿，君實有之。義則進，否則奉身而退，專祿以周旋，戮也。甲午，衛侯入。書曰：『復歸。』國納之也。大夫逆于竟者，執其手而與之言。道逆者，自車揖之。逆於門者，頷之而已。

公至，使讓大叔文子曰：『寡人淹恤在外，二三子皆使寡人朝夕聞衛國之言，吾子獨不在寡人。古人有言曰：「非所怨勿怨。」寡人怨矣。』對曰：『臣知罪矣！臣不佞，不能負羈絏，以從扞牧圉，臣之罪一也。有出者，有居者。臣不能貳，通外内之言以事君，臣之罪二也。有二罪，敢忘其死。』乃行，從近關出。公使止之。

衛人侵戚東鄙，孫氏訴於晉，晉戍茅氏。殖綽伐茅氏，殺晉戍三百人。孫蒯追之，弗敢擊。文子曰：『厲之不如！』遂從衛師，敗之圉。雍鉏獲殖綽。復訴于晉。【略】

晉人爲孫氏故，召諸侯，將以討衛也。夏，中行穆子來聘，召公也。六月，公會晉趙武、宋向戌、鄭良霄、曹人于澶淵以討衛，疆戚田。取衛西鄙懿氏六十以與孫氏。趙武不書，尊公也。向戌不書，後也。鄭先宋，不失所也。於是衛侯會之。晉人執寧喜、北宮遺，使女齊以先歸。衛侯如晉，晉人執而囚之於士弱氏。【略】

秋七月，齊侯、鄭伯爲衛侯故，如晉，晉侯兼享之。晉侯賦《嘉樂》。國景子相齊侯，賦《蓼蕭》。子展相鄭伯，賦《緇衣》。叔向命晉侯拜二君曰：『寡君敢拜齊君之安我先君之宗祧也，敢拜鄭君之不貳也。』

國子使晏平仲私於叔向曰：『晉君宣其明德於諸侯，恤其患而補其闕，正其違而治其煩，所以爲盟主也。今爲臣執君，若之何？』叔向告趙文子，文子以告晉侯。晉侯言衛侯之罪，使叔向告二君。國子賦《轡之柔矣》，子展賦《將仲子兮》，晉侯乃許歸衛侯。【略】叔向曰：『鄭七穆，罕氏其後亡者也。子展儉而壹。』【略】

鄭伯歸自晉，使子西如晉聘，辭曰：『寡君來煩執事，懼不免於戾。使夏謝不敏。』君子曰：『善事大國。』【略】

衛人歸衛姬于晉，乃釋衛侯。君子是以知平公之失政也。

又《襄公二十七年》 衛寧喜專，公患之。公孫免餘請殺之。公曰：『微寧子不及此，吾與之言矣。事未可知，祇成惡名，止也。』對曰：『臣殺之，君勿與知。』乃與公孫無地、公孫臣謀，使攻寧氏。弗克，皆死。公曰：『臣也無罪，父子死余矣。』夏，免餘復攻寧氏，殺寧喜及右宰穀，尸諸朝。石惡將會宋之盟，受命而出。衣其尸，枕之股而哭之。欲斂以亡，懼不免，且曰：『受命矣。』乃行。

子鮮曰：『逐我者出，納我者死，賞罰無章，何以沮勸？君失其信，而國無刑，不亦難乎！且鱄實使之。』遂出奔晉。公使止之，不可。及河，又使止之。止使者而盟於河，託於木門，不鄉衛國而坐。木門大夫勸之仕。不可。曰：『仕而廢其事，罪也。從之，昭吾所以出也。將誰訴乎？吾不可以立於人之朝矣。』終身不仕。公喪之，如稅服，終身。

公與免餘邑六十，辭曰：『唯卿備百邑，臣六十矣，下有上祿，亂也。臣弗敢聞。且寧子唯多邑，故死。臣懼死之速及也。』公固與之，受其半。以爲少師。公使爲卿，辭曰：『大叔儀不貳，能贊大事。君其命之！』乃使文子爲卿。

又《襄公二十八年》 衛人討寧氏之黨，故石惡出奔晉。衛人立其從子圃以守石氏之祀，禮也。

又《昭公七年》 秋八月，衛襄公卒。晉大夫言於范獻子曰：『衛事晉爲睦，晉不禮焉，庇其賊人而取其地，故諸侯貳。《詩》曰：「鶺鴒在原，兄弟急難。」又曰：「死喪之威，兄弟孔懷。」兄弟之不睦，於是乎不弔，況遠人，誰敢歸之。今又不禮於衛之嗣，衛必叛我，是絶諸侯也。』獻子以告韓宣子。宣子説，使獻子如衛弔，且反戚田。衛齊惡告喪于周，且請命。王使成簡公如衛弔。且追命襄公曰：『叔父陟恪，在我先王之左右，以佐事上帝。余敢忘高圉、亞圉？』

《禮記》卷一〇《檀弓下》 衛獻公出奔，反於衛，及郊，將班邑於從者而後入。柳莊曰：『如皆守社稷，則孰執羈靮而從？如皆從，則孰守社稷？【略】君反其國而有私也，毋乃不可乎！』弗果班。

衛有大史曰柳莊，寢疾。公曰：『若疾革，雖當祭必告。』公再拜稽首，請於尸曰：『有臣柳莊也者，非寡人之臣，社稷之臣也。聞之死，請往。』不釋服而往，遂以襚之。與之邑裘氏與縣潘氏，書而納諸棺曰：『世世萬子孫毋變也。』

《孔叢子》卷上《記義》 子貢問曰：『昔孫文子以衛侯哭之不哀，知其將爲亂，不敢舍其重器而行，盡寘諸戚而善晉大夫二十人，或稱其知，何如？』孔子曰：『人知其爲知也，吾未知其爲知也。』子貢曰：『敢問何謂也？』子曰：『食其禄者，必死其事，孫子知衛君之將不君，不念伏死以爭，而素規去就，尸利携貳，非人臣也。臣而有不臣之心，明君所不赦。幸哉！孫子之以此免戮也。』

《呂氏春秋》卷二〇《恃君覽・觀表》 郈成子爲魯聘於晉，過衛，右宰穀臣止而觴之，陳樂而不樂，酒酣而送之以璧，顧反，過而弗辭，其僕曰：『嚮者右宰穀臣之觴吾子也甚懽，今侯渫過而弗辭？』郈成子曰：『夫止而觴我，與我懽也；陳樂而不樂，告我憂也；酒酣而送之我以璧，寄之我也。若由是觀之，衛其有亂乎？』倍衛三十里，聞寧喜之難作，右宰穀臣死之。還車而臨，三舉而歸。至，使人迎其妻子，隔宅而異之，分禄而食之，其子長而反其璧。孔子聞之曰：『夫智可以微謀，仁可以託財者，其郈成子之謂乎！』郈成子之觀右宰穀臣也，深矣妙矣，不觀其事而觀其志，可謂能觀人矣。

《公羊傳・襄公二十五年》 衛獻公入于陳儀。陳儀者何？衛之邑也。曷爲不言入于衛？諼君以弑也。

又 《襄公二十六年》 甲午，衛侯衎復歸于衛。此諼君以弑也，其言復歸何？惡剽也。曷爲惡剽？剽之立，於是未有説也。然則曷爲不言剽之立？不言剽之立者，以惡衛侯也。

晉人執衛寧喜。此執有罪，何以不得爲伯討？不以其罪執之也。

又 《襄公二十七年》 衛殺其大夫寧喜。衛侯之弟鱄出奔晉。傳衛殺其大夫寧喜，則衛侯之弟鱄曷爲出奔晉？爲殺寧喜出奔也。曷爲爲殺寧喜出奔？衛寧殖與孫林父逐衛侯而立公孫剽。寧殖病將死，謂喜曰：『黜公者，非吾意也。孫氏爲之。我即死，女能固納公乎？』喜曰：『諾。』寧殖死，喜立爲大夫，使人謂獻公曰：『黜公者，非寧氏也，孫氏爲之。吾欲納公，何如？』獻公曰：『子苟納我，吾請與子盟。』喜曰：『無所用盟，請使公子鱄約之。』獻公謂公子鱄曰：『寧氏將納我，吾欲與之盟，其言曰「無所用盟，請使公子鱄約之」，子固爲我與之約矣。』公子鱄辭曰：『夫負羈縶，執鈇鑕，從君東西南北，則是臣僕庶孽之事也。若夫約言爲信，則非臣僕庶孽之所敢與也。』獻公怒曰：『黜我者，非寧氏與孫氏，凡在爾。』公子鱄不得已而與之約。已約，歸至，殺寧喜。公子鱄挈其妻子而去之。將濟于河，携其妻子而與之盟，曰：『苟有履衛地，食衛粟者，昧雉彼視。』

《穀梁傳・襄公二十六年》 二十有六年，春，王二月，辛卯，衛寧喜弑其君剽。此不正，其日何也？殖也立之，喜也君之，正也。衛孫林父入于戚以叛。

甲午，衛侯衎復歸于衛。日歸，見知弑也。

又 《襄公二十七年》 衛殺其大夫寧喜。稱國以殺，罪累上也。寧喜弑君，其以累上之辭言之，何也？嘗爲大夫，與之涉公事矣。寧喜由君弑君，而不以弑君之罪罪之者，惡獻公也。

衛侯之弟專出奔晉。專，喜之徒也。專之爲喜之徒，何也？已雖急納其兄，與人之臣謀弑其君，是亦弑君者也。專其曰弟，何也？專有是信者。君賂不入乎喜而殺喜，是君不直乎喜也，故出奔晉。織絇邯鄲，終身不言衛。專之去，合乎《春秋》。

又 《昭公七年》 秋，八月，戊辰，衛侯惡卒。鄉曰衛齊惡，今曰衛侯惡，此何爲君臣同名也？君子不奪人名，不奪人親之所名，重其所以來也，王父名子也。

漢・陸賈《新語》卷下《明誡》 《春秋》書衛侯之弟鱄出奔晉，書鱄絶骨肉之親，棄大夫之位，越先人之境，附他人之域，窮涉寒飢，織履而食，不明之效也。

漢・劉向《古列女傳》卷一《衛姑定姜》 定姜者，衛定公之夫人，公子之母也。公子既娶而死，其婦無子，定姜歸，其婦自送之，至於野，乃賦詩曰：『燕燕于飛，差池其羽，之子于歸，遠送于野，瞻望不及，泣涕如雨。』送去婦，泣而望之，又作詩曰：『先君之思，以畜寡人。』君子謂定姜爲慈姑。

論說

宋・洪咨夔《洪氏春秋説》卷二五《昭公三》 （二十二年）宋華

亥、向寧、華定自宋南里出奔楚。

衛孫、寧逐其君而入於戚以叛，恃晉主之也；宋華、向劫其君而入南里以叛，恃楚主之也。逆無黨莫濟其逆，姦無朋莫容其姦，故《春秋》於朋姦黨逆之罪爲尤嚴。方宋三大夫奔陳，以陳乃楚所封，奔之可得楚助，釋君而臣是助，太宰犯既以諫楚，（子）［不］亢不衷，以獎亂人，宋人又以拒薳越使無楚主。其叛跋扈猖獗雖甚，何至出入國都，如無人之境哉？始書出奔陳，繼書自陳入以叛，又書自宋南里出奔楚。其入也，有所助；其出也，有所受。所以深討主叛之罪也。叛臣莫或主之庶乎？不敢輕動於惡，此聖人維持人極之至意。

清・馬驌《繹史》卷六七《衛孫寧廢立》 衛孫氏以武公之裔，爲國正卿，良夫執政，其子林父繼之，世禄驕恣，定公惡其專也，於是懷私邑以出奔，既又挾大國以求復，怙惡無君，自定公之世而已極矣。乃殖也以寧俞之孫、賢大夫之後，而專國不臣，比於林父，父子弒逆，宗祀忽諸，是以君子惜焉。夫獻公無道，居喪不慼，林父聞之，寘重器於私邑，懷二心，是事君，奚復能久？射鴻小失，遂啓釁端，巧言之謔，輒謀廢立。雖且公之出也，戎由孫氏，殺公子而敗公徒，試問之殖，殖固弗與聞也。雖名在諸侯之策，孫、寧同誅，若論首惡，端歸林父，寧氏於此，無乃有悔心乎？既已偕立殤公，難以變計，瀕死戒子務期掩惡，曰：『若能納君，則吾子也，否則，鬼不來食矣。』其辭哀切，寧喜聽焉，背剽迎衎，再犯大逆，從父命而乖臣節，然猶曰殤之賊、獻之勳也，彼林父何如哉？奉殤不終，讎獻不忘，據邑叛國，終無悛志。乃獻公之於寧喜，輒以其專殺之，晉克，鄭瑕，前後一轍，而孫氏獨洋洋自得，坐享懿氏之六十，奏樂擊鐘，無所顧慮，澶淵之會，獻曾無一言以祈翦滅焉。子鱄致怨而託木門，石惡懼禍而適異國，賞罰無章，其誰服之？雖然，孫氏之所以不誅，實由晉庇之也。昔良夫之執政也，事晉惟堅，而結於晉之卿大夫尤固，窶之戰，則從郤克矣，嗇咎如之伐，則從荀庚矣，林父之始出奔也，以戚屬晉，及其歸衛之後，晉厲公爲會，則盟于戚，悼公謀鄭，則會于戚，城虎牢則會于戚，通吳則會于戚，以孫氏之食采，忽爲諸侯之孔道，無非倚霸國之勢重，以震動其君；既而逐獻立殤，晉爲之會，獻入出奔，晉爲之主，凡晉國之君臣，皆孫氏黨也，獻公何能問乎？晉既不能納獻，又聽林父之訴，爲臣執君，是平公之再失政也。故孫、寧無君，其惡一也。林父附晉則親之，喜背晉則執之，殖、喜無君，其惡一也。殖附晉則縱之，喜背晉則殺之，晉之於人國也，罪其不附己者而已矣。

清・高士奇《左傳紀事本末》卷三九《衛孫寧廢立》 臣士奇曰：觀定姜數衛衎之三罪，與師曠答平公逐君之説，則衎之自絶於衛，非獨孫、寧之過也。然人臣於君，雖甚無道，亦必竭股肱之力，加之以忠貞，彌縫匡救，至於必不悛改，而後引身以退。其宗老大臣，或以社稷存亡之故；不能遠引，亦必有道以處此矣。於桐之放，昌邑之廢，蓋不得已之權也。林父聞定姜之歎，卽置其重器於戚，而甚善晉大夫，是明以戚爲狡兔之窟。晉爲叛主之援，而無一念之忠於所事矣。當林父之聘魯也，公登亦登，見誚於叔孫穆子，既不辭，亦無悛容。其跋扈不臣之氣已見，不至於逐君不已。由是觀之，豈得曰其君實甚哉？況衎之奔而復入，於義未絶。有太叔儀以守，有母弟鱄以出。或撫其内，或營其外，鄰國之大夫皆知其必歸，則衎雖無道，非孫、寧之所能逐矣。寧殖懼惡名之在策，没而屬其子以反正，曰：『若能掩之，則吾子也。不能，猶有鬼神，吾有餒而已。』其言臣可謂慘痛，然不知何以處夫衛剽也。衎出，得罪於一君；剽弒，且得罪於二君。舉棋之不慎，雖悔於終，不若審之於始。使以是問殖，殖仍餒而矣。寧喜承易簀之言，欲以晚蓋。仗子鮮之信，徼幸於必不可信之昏主，其殺身，蓋亦有由焉。夫君之所以爲君者，政而已。今曰『政由寧氏，祭則寡人』，是徒擁虛位耳，束縛幽囚之耳，奚取乎爲君？其言先不可信矣。卒殺寧氏。使子鮮抱賣友之憾，竄身木門，是誰之過與？林父怙終稔惡，竊禄叛君，晉爲主盟，反助之焰，其亦未知君父之大義哉！終能反戚，猶善補過者也。

衛莊公出公爭國

綜　述

《左傳・定公十四年》 衛侯爲夫人南子召宋朝，會于洮。大子蒯聵

獻盂于齊，過宋野。野人歌之曰：『既定爾婁豬，盍歸吾艾豭。』大子羞之，謂戲陽速曰：『從我而朝少君，少君見我，我顧，乃殺之。』速曰：『諾。』乃朝夫人。夫人見大子，大子三顧，速不進。夫人見其色，啼而走，曰：『蒯聵將殺余。』公執其手以登臺。大子奔宋，盡逐其黨。故公孟彄出奔鄭，自鄭奔齊。大子告人曰：『戲陽速禍余。』戲陽速告人曰：『大子則禍余。大子無道，使余殺其母。余不許，將戕於余。若殺夫人，將以余說。余是故許而弗爲，以紓余死。諺曰「民保於信。」吾以信義也。』

又《哀公二年》 初，衛侯遊于郊，子南僕。公曰：『余無子，將立女。』不對。他日，又謂之。對曰：『郢不足以辱社稷，君其改圖。』君夫人在堂，三揖在下。『君命祇辱。』夏，衛靈公卒。夫人曰：『命公子郢爲大子，君命也。』對曰：『郢異於他子。且君沒於吾手，若有之，郢必聞之。且亡人之子輒在。』乃立輒。六月乙酉，晉趙鞅納衛大子于戚。宵迷，陽虎曰：『右河而南，必至焉。』使大子絻，八人衰絰，偽自衛逆者。告於門，哭而入，遂居之。

又《哀公三年》 三年春，齊、衛圍戚，求援于中山。

又《哀公十一年》 冬，衛大叔疾出奔宋。初，疾娶于宋子朝，其娣嬖。子朝出。孔文子使疾出其妻而妻之。疾使侍人誘其初妻之娣，置於犂，而爲之一宫，如二妻。文子怒，欲攻之。仲尼止之，遂奪其妻。或淫于外州，外州人奪之軒以獻。耻是二者，故出。衛人立遺，使室孔姞。疾臣向魋納美珠焉，與之城鉏。宋公求珠，魋不與，由是得罪。及桓氏出，城鉏人攻大叔疾，衛莊公復之。使處巢，死焉。殯於鄖，葬於少禘。初，晉悼公子慭亡在衛，使其女僕而田。大叔懿子止而飲之酒，遂聘之，生悼子。悼子既位，故夏戊爲大夫。悼子亡，衛人翦夏戊。

又《哀公十五年》 衛孔圉取大子蒯聵之姊，生悝。孔氏之豎渾良夫，長而美，孔文子卒，通於内。大子在戚，孔姬使之焉。大子與之言曰：『苟使我入獲國，服冕乘軒，三死無與。』與之盟。爲請於伯姬。閏月，良夫與大子入，舍於孔氏之外圃。昏，二人蒙衣而乘，寺人羅御，如孔氏。孔氏之老欒寧問之，稱姻妾以告。遂入，適伯姬氏。既食，孔伯姬杖戈而先，大子與五人介，輿豭從之。迫孔悝於廁，强盟之，遂劫以登臺。欒寧將飲酒，炙未熟，聞亂，使告季子。召獲駕乘車，行爵食炙，奉衛侯輒來奔。季子將入，遇子羔將出，曰：『門已閉矣。』季子曰：『吾姑至焉。』子羔曰：『弗及，不踐其難。』季子曰：『食焉，不辟其難。』子羔遂出。子路入，及門，公孫敢門焉，曰：『無入爲也。』季子曰：『是公孫也，求利焉而逃其難。由不然，利其祿，必救其患。』有使者出，乃入。曰：『大子焉用孔悝，雖殺之，必或繼之。』且曰：『大子無勇，若燔臺半，必舍孔叔。』大子聞之懼，下石乞、盂黶敵子路。以戈擊之，斷纓。子路曰：『君子死，冠不免。』結纓而死。孔子聞衛亂，曰：『柴也其來，由也死矣。』孔悝立莊公。莊公害故政，欲盡去之。先謂司徒瞞成曰：『寡人離病於外久矣，子請亦嘗之。』歸告褚師比，欲與之伐公，不果。

又《哀公十六年》 十六年春，瞞成、褚師比出奔。

衛侯使鄢武子告于周，曰：『蒯聵得罪于君父君母，逋竄于晉。晉以王室之故，不棄兄弟，置諸河上。天誘其衷，獲嗣守封焉。使下臣肸敢告執事。』王使單平公對曰：『肸以嘉命，來告余一人。往謂叔父，余嘉乃成世，復爾禄次，敬之哉。方天之休，弗敬弗休，悔其可追。』【略】

六月，衛侯飲孔悝酒於平陽，重酬之，大夫皆有納焉。醉而送之，夜半而遣之。載伯姬於平陽而行。及西門，使貳車反祏於西圃。子伯季子初爲孔氏臣，新登于公。請追之，遇載祏者，殺而乘其車。許公爲反祏，遇之，曰：『與不仁人爭，明無不勝。』必使先射，射三發，皆遠許爲。許爲射之，殪。或以其車從，得祏於橐中。孔悝出奔宋。【略】

衛侯占夢嬖人，求酒於大叔僖子。不得，與卜人比而告公曰：『君有大臣在西南隅，弗去，懼害。』乃逐大叔遺。遺奔晉。衛侯謂渾良夫曰：『吾繼先君而不得其器，若之何？』良夫代執火者而言曰：『疾與亡君，皆君之子也。召之而擇材焉可也。若不材，器可得也。』豎告大子。大子使五人輿豭從己，劫公而强盟之。且請殺良夫。公曰：『其盟免三死。』曰：『請三之後，有罪殺之。』公曰：『諾哉！』

又《哀公十七年》 十七年春，衛侯爲虎幄於藉圃，成，求令名者，而與之始食焉。大子請使良夫。良夫乘衷甸兩牡，紫衣狐裘，至，袒裘，不釋劍而食。大子使牽以退，數之以三罪而殺之。【略】

晉趙鞅使告于衛曰：『君之在晉也，志父爲主。請君若大子來，以免志父。不然，寡君其曰，志父之爲也。』衛侯辭以難。大子又使椓之。夏六月，趙鞅圍衛。齊國觀、陳瓘救衛，得晉人之致師者。子玉使服而見之，曰：『國子實執齊柄，而命瓘曰：「無辟晉師。」豈敢廢命。子又何辱？』簡子曰：『我卜伐衛，未卜與齊戰。』乃還。【略】

衛侯夢于北宮，見人登昆吾之觀，被髮北面而譟曰：『登此昆吾之虛，緜緜生之瓜。余爲渾良夫，叫天無辜。』公親筮之，胥彌赦占之，曰：『不害。』與之邑，置之，而逃奔宋。衛侯貞卜，其繇曰：『如魚竀尾，衡流而方羊裔焉。大國滅之，將亡。闔門塞竇，乃自後逾。』

冬十月，晉復伐衛，入其郛。將入城，簡子曰：『止。叔向有言曰，怙亂滅國者無後。』衛人出莊公而與晉平，晉立襄公之孫般師而還。十一月，衛侯自鄄入，般師出。

初，公登城以望，見戎州。問之，以告。公曰：『我姬姓也，何戎之有焉？』翦之。公使匠久。公欲逐石圃，未及而難作。辛巳，石圃因匠氏攻公，公闔門而請，弗許。逾于北方而隊，折股。戎州人攻之，大子疾、公子青逾從公。戎州人殺之。公入于戎州己氏。初，公自城上見己氏之妻髮美，使髡之，以爲吕姜髢。既入焉，而示之璧，曰：『活我，吾與女璧。』己氏曰：『殺女，璧其焉往？』遂殺之而取其璧。衛人復公孫般師而立之。十二月，齊人伐衛，衛人請平。立公子起，執般師以歸，舍諸潞。

又《哀公十八年》 夏，衛石圃逐其君起，起奔齊。衛侯輒自齊復歸，逐石圃而復石魋與大叔遺。

又《哀公二十五年》 二十五年夏五月庚辰，衛侯出奔宋。衛侯爲靈臺于籍圃，與諸大夫飲酒焉。褚師聲子韤而登席。公怒。辭曰：『臣有疾，異於人。若見之，君將㱿之。是以不敢。』公愈怒。大夫辭之，不可。褚師出，公戟其手曰：『必斷而足。』聞之，褚師與司寇亥乘曰：『今日幸而後亡。』公之入也，奪南氏邑，而奪司寇亥政。公使侍人納公文懿子之車于池。

初，衛人翦夏丁氏，以其帑賜彭封彌子。彌子飲公酒，納夏戊之女，嬖，以爲夫人。其弟期，太叔疾之從孫甥也，少畜於公，以爲司徒。夫人寵衰，期得罪。公使三匠久。公使優狡盟拳彌，而甚近信之。故褚師比、公孫彌牟、公文要、司寇亥、司徒期因三匠與拳彌以作亂，皆執利兵，無者執斤。使拳彌入于公宮，而自太子疾之宮譟以攻公。鄄子士請禦之。彌援其手曰：『子則勇矣，將若君何？不見先君乎？君何所不逞欲？且君嘗在外矣，豈必不反。當今不可，衆怒難犯，休而易間也。』乃出。將適蒲，彌曰：『晉無信，不可。』將適鄄，彌曰：『齊、晉爭我，不可。』將適泠，彌曰：『魯不足與，請適城鉏以鉤越，越有君。』乃適城鉏。彌曰：『衛盜不可知也，請速，自我始。』乃載寶以歸。公爲支離之卒，因祝史揮以侵衛。衛人病之。懿子知之，見子之，請逐揮。文子曰：『無罪。』懿子曰：『彼好專利而妄。夫見君之入也，將先道焉。若逐之，必出於南門而適君所。夫越新得諸侯，將必請師焉。』揮在朝，使吏遣諸其室。揮出信，弗内。五日，乃館諸外里。遂有寵，使如越請師。

又《哀公二十六年》 二十六年夏五月，叔孫舒帥師會越皐如、后庸、宋樂茷，納衛侯。文子欲納之。懿子曰：『君愎而虐，少待之，必毒於民，乃睦於子矣。』師侵外州，大獲。出禦之，大敗。掘褚師定子之墓，焚之于平莊之上。文子使王孫齊私於皐如曰：『子將大滅衛乎，抑納君而已乎？』皐如曰：『寡君之命無他，納衛君而已。』文子致衆而問焉，曰：『君以蠻夷伐國，國幾亡矣。請納之。』衆曰：『勿納。』曰：『彌牟亡而有益，請自北門出。』衆曰：『勿出。』重賂越人，申開守陴而納公，公不敢入。師還，立悼公。南氏相之。以城鉏與越人。公曰：『期則爲此。』令苟有怨於夫人者，報之。司徒期聘於越，公攻而奪之幣。期告王，王命取之。期以衆取之。公怒，殺期之甥之爲太子者。遂卒于越。【略】

衛出公自城鉏使以弓問子贛，且曰：『吾其入乎？』子贛稽首受弓，對曰：『臣不識也。』私於使者曰：『昔成公孫於陳，寧武子、孫莊子爲宛濮之盟而君入；獻公孫於齊，子鮮、子展爲夷儀之盟而君入。今君再在孫矣，内不聞獻之親，外不聞成之卿，則賜不識所由入也。詩曰：「無競惟人，四方其順之。」若得其人，四方以爲主，而國於何有？』

《戰國策》卷三二《宋衛》 犀首伐黄，過衛，使人謂衛君曰：『弊邑之師，過大國之郊，曾無一介之使以存之乎？敢請其罪！今黄城將下矣！已，將移兵而造大國之城下！』衛君懼，束組三百緄，黄金三百鎰，

以隨使者。南文子止之，曰：『是勝黄城，必不敢來；不勝，亦不敢來。是勝黄城，則功大名美，内臨其倫。夫在中者惡臨議其事，蒙大名，挾成功，坐御以待中之議，犀首雖愚，必不爲也。是不勝黄城，破心而走，歸恐不免於罪矣。彼安敢攻衛以重其不勝之罪哉？』果勝黄城，帥師而歸，遂不敢過衛。

《禮記》卷四九《祭統》 衛孔悝之鼎銘曰：『六月丁亥，公假于大廟。公曰：「叔舅，乃祖莊叔，左右成公，成公乃命莊叔，隨難于漢陽，卽宫于宗周，奔走無射。啓右獻公，獻公乃命成叔，纂乃祖服。乃考文叔，興舊耆，欲，作率慶士，躬恤衛國，其勤公家，夙夜不解，民咸曰休哉！」公曰：「叔舅，予女銘，若纂乃考服。」悝拜稽首曰：「對揚以辟之，勤大命，施于烝彝鼎。」』此衛孔悝之鼎銘也。

《公羊傳·哀公二年》 晉趙鞅帥師，納衛世子蒯聵于戚。戚者何？衛之邑也。曷爲不言入於衛？父有子，子不得有父也。

又 《哀公三年》 三年，春，齊國夏、衛石曼姑帥師圍戚。齊國夏曷爲與衛石曼姑帥師圍戚？伯討也。此其爲伯討奈何？曼姑受命乎靈公而立輒。以曼姑之義，爲固可以距之也。

輒者曷爲者也？蒯聵之子也。然則曷爲不立蒯聵而立輒？蒯聵爲無道，靈公逐蒯聵而立輒，然則輒之義可以立乎？曰可。其可奈何？不以父命辭王父命，以王父命辭父命，是父之行乎子也。不以家事辭王事，以王事辭家事，是上之行乎下也。

《穀梁傳·哀公二年》 晉趙鞅帥師納衛世子蒯聵于戚。納者，内弗受也。帥師而後納者，有伐也，何用弗受也？以輒不受也。以輒不受父之命，受之王父也。信父而辭王父，則是不尊王父也。其弗受，以尊王父也。

又 《哀公三年》 三年，春，齊國夏、衛石曼姑帥師圍戚。此衛事也，其先國夏何也？子不圍父也。不繫戚於衛者，子不有父也。

《孔叢子》卷一《記義》 衛出公使人問孔子曰：『寡人之任臣，無大小一一自觀察之，猶復失人，何故？』答曰：『如君之言，此卽所以失之也。人既難知，非言問所及，觀察所盡。且人君之慮者多，多慮則意不精，以不精之意，察難知之人，宜其有失也。君未之聞乎？昔者，舜臣堯，官才任士，堯一從之。左右曰：「人君用士，當自任耳目，而取信于人，無乃不可乎？」堯曰：「吾之舉舜，已耳目之矣，今舜所舉人，吾又耳目之，是則耳目人終無已時也。君苟付可付，則已不勞，而賢才不失矣。」』

又 卷二《刑論》 孔子適衛，衛將軍文子問曰：『吾聞魯公父氏不能聽獄，信乎？』孔子答曰：『不知其不能也。夫公父氏之聽獄，有罪者懼，無罪者耻。』文子曰：『有罪者懼，是聽之察，刑之當也；無罪者耻，何乎？』孔子曰：『齊之以禮，則民耻矣。刑以止刑，則民懼矣。』文子曰：『今齊之以刑，刑猶弗勝，何禮之齊？』孔子曰：『以禮齊民，譬之于御則轡也，以刑齊民，譬之于御則鞭也。執轡于此，而動于彼，御之良也；無轡而用策，則馬失道矣。』文子曰：『以御言之，左手執轡，右手運策，不亦速乎？若徒轡無策，馬何懼哉？』孔子曰：『吾聞古之善御者，執轡如組，兩驂如舞，非策之助也。是以先王盛于禮而薄于刑，故民從命。今也，廢禮而尚刑，故民彌暴。』文子曰：『吴、越之俗，無禮而亦治，何也？』孔子曰：『夫吴、越之俗，男女無别，同厠而浴，民輕相犯，故其刑重而不勝，由無禮也。中國之教，爲外内以别男女，異器服以殊等類，故其民篤而法，其刑輕而勝，由有禮也。』

論説

宋·蘇轍《欒城集第三集》卷六《策問一十五首》 問：賢不肖之不能相及，雖父子兄弟之間，有不免焉。堯舜之朱、均，周公之管、蔡，蓋無足疑者。至於孔子，門弟子三千餘人，其所謂賢者，十人而已。此十人者，與孔子周旋於天下，久者數十年，其歷試而詳觀之者審矣。然子路事衛出公，莊公自晉反衛，劫孔悝而盟之。子路爲孔悝攻莊公於臺上，不知父子之爭國不可也。田常亂齊，宰我助田氏，以陷於大戮。此二人者，亦何爲立於孔氏之門乎？

清·馬驌《繹史》卷九二《衛莊公出公父子爭國》 衛靈公之無道也，宫中蕩亂，夫人宣淫，桑中有狐之刺，不若是其甚也。大子蒯聵，耻於《婁豬》之歌，憤欲除淫，敗而出走，其仁孝未逮於申生，而受譖不假精，以不精之意，察難知之人，宜其有失也。君未之聞乎？昔者，舜臣

於毒胙，輕動寡謀，適自敗耳。靈公薨，命傳位庶子郢，郢不受而立亡人之子輒。爲出公者，暫守宗祧，迎父致國可矣；乃貪位犯逆，稱兵拒父，穀梁氏曰：『輒不受父之命，所以尊王父也。』嗚呼！天下有無父之國哉！南子設絺帷以見孔子，聽璘車而識蘧瑗，其才智類有能過人者，故婦行雖薄，而善惑君心，朝士大夫，亦交助焉。蒯聵之奔，坐以殺母之名，錮以嚴君之命，歷年不返，國人忘之，輒假王父之命，衆共樂從，仲尼之徒，且有願爲之死者，迷而不反，所自來也。出公立十三年而莊公蒯聵入，莊公立二年而出公輒又入。蒯聵之入也，晉趙鞅助之，其再出也，趙鞅伐之。輒之入也，齊人助之，其再出也，羣臣共逐之矣。蒯聵之殺於己氏，輒之死於越也，父子相驅，喪身亡國，孰謂非靈公之貽謀不臧，亂命以胎禍者乎？靈公之世，公孫戍、北宮結奔魯，趙陽奔齊，公孟彄奔鄭，皆畏夫人也。莊公立，瞞成、褚師比、孔悝皆奔宋，大叔遺奔晉。出公復立，而逐石圃。其君廢置不定，其臣奔走弗遑，衛國之亂，越三世而不靖，二十餘年而未寧也。夫子之急欲正名，豈無謂與！

季君之亂

綜　述

《史記》卷五《秦本紀》　武王元年，與魏惠王會臨晉。《解集》徐廣曰：『表云哀王。』《正義》按：魏惠王卒已二十五年矣。誅蜀相壯。張儀、魏章皆東出之魏。伐義渠、丹、犂。二年，初置丞相，《集解》應劭曰：『丞，承也。相，助也。』樗里疾、甘茂爲左右丞相。張儀死於魏。三年，與韓襄王會臨晉外。《正義》外謂晉城外。『外「字一作」水』。南公揭卒，樗里疾相韓。武王謂甘茂曰：『寡人欲容車通三川，窺周室，死不恨矣。』其秋，使甘茂、庶長封伐宜陽，斬首六萬。涉河，城武遂。《集解》徐廣田：『《正義》在河南府福昌縣東十四里，故韓城是也。此韓之大郡，伐取之，三川路乃通也。』四年，拔宜陽，韓邑也。《正義》按：此邑本屬韓，近仐陽。《韓世家》云『貞子居平陽，九世至哀侯，從奠』。《楚世家》云『而韓猶服事秦者，以先王墓在平陽』。而秦之武遂去之七十里，故知近平陽。魏太子来朝。武王有力好戲，力士任鄙、烏獲、孟説皆至大官。王與孟説舉鼎，絶臏。《集解》徐廣曰：『一作「脉」。』《正義》絶，斷也。臏，脛骨也。八月，武王死。《集解》：《皇覽》曰：『秦武王塚在扶風安陵縣西北，畢陌中大塚是也。人以爲周文王塚，非也。周文王塚在杜中。』《正義》：《括地志》云：『秦悼武王陵在雍州咸陽縣西北十五里也。』族孟説。武王取魏女爲后，無子。立異母弟，是爲昭襄王。《索隱》名則，一名稷。昭襄母楚人，姓芈氏，號宣太后。武王死時，昭襄王爲質於燕，燕人送歸，得立。

昭襄王元年，嚴君疾爲相。《正義》蓋封蜀郡嚴道縣，因號嚴君。疾，名也。甘茂出之魏。二年，彗星見。庶長壯與大臣、諸侯、公子爲逆，皆誅，及惠文后皆不得良死。《集解》徐廣曰：『迎婦於楚者。』悼武王后出歸魏。三年，王冠。

又　卷七二《穰侯列傳》　穰侯魏冉者，秦昭王母宣太后弟也。《索隱》宣太后之異父長弟也，姓魏，名冉，封之穰。《地理志》穰縣在南陽。宣太后者，惠王之妃，姓芈氏，曰芈八子者是也。其先楚人，姓芈氏。

秦武王卒，無子，立其弟爲昭王。昭王母故號爲芈八子，及昭王卽位，芈八子號爲宣太后。宣太后非武王母。武王母號曰惠文后，先武王死。《索隱》：《秦本紀》云：『昭王二年，庶長壯與大臣公子爲逆，皆誅，及惠文后皆不得良死。』又按：《紀年》云『秦内亂，殺其太后及公子雍、公子壯』是也。宣太后二弟：其異父長弟曰穰侯，姓魏氏，名冉；同父弟曰芈戎，爲華陽君。《索隱》華陽，韓地，後屬秦。芈戎後又號新城君。《正義》司馬彪云：『華陽，亭名，在洛州密縣。』又故華城在鄭州管城縣南三十里，卽此。而昭王同母弟曰高陵君、《索隱》名顯。涇陽君。《索隱》名悝。而魏冉最賢，自惠王、武王時任職用事。武王卒，諸弟爭立，唯魏冉力爲能立昭王。昭王卽位，以冉爲將軍，衛咸陽。誅季君之亂，《集解》徐廣曰：『年表曰季君爲亂，誅。本紀曰庶長壯與大臣公子謀反。伏誅。』《索隱》按：季君卽公子壯，僭立而號曰季君。穰侯力能立昭王，爲將軍，衛咸陽，誅季君及惠文后，故《本紀》言『伏誅』。又云『及惠文后皆不得良死』，蓋謂惠文后時黨公子壯，欲立之，及壯誅而太后憂死，故云『不得良死』，亦史諱之也。又逐武王后出之魏，亦事勢然也。而逐武王后出之魏，昭王諸兄弟不善者皆滅之，威振秦國。昭王少，宣太后自治，任魏冉爲政。

雜　録

宋・司馬光《資治通鑑》卷三《周紀三・慎靚王十年》　秦宣太后異父弟曰穰侯魏冉，同父弟曰華陽君芈戎；王之同母弟曰高陵君、涇陽君。魏冉最賢，自惠王、武王時，任職用事。武王薨，諸弟爭立，唯魏冉力能立昭王。昭王即位，以冉爲將軍，衛咸陽。是歲，庶長壯及大臣、諸公子謀作亂，魏冉誅之；及惠文后皆不得良死，悼武王后出歸於魏，王兄弟不善者，魏冉皆滅之。王少，宣太后自治事，任魏冉爲政，威震秦國。

沙丘宫變

綜　述

《史記》卷四三《趙世家》　（趙武靈王）二十七年五月戊申，大朝於東宫，傳國，立王子何以爲王。王廟見禮畢，出臨朝。大夫悉爲臣，肥義爲相國，並傅王。是爲惠文王。惠文王，惠后吳娃子也。武靈王自號爲主父。【略】

（趙惠文王）四年，朝羣臣，安陽君亦來朝。主父令王聽朝，而自從旁觀窺羣臣宗室之禮。見其長子章儽然也，反北面爲臣，詘於其弟，心憐之，於是乃欲分趙而王章於代，計未決而輟。

主父及王遊沙丘，異宫，《正義》在邢州平鄉縣東北二十里也。公子章即以其徒與田不禮作亂，詐以主父令召王。肥義先入，殺之。高信即與王戰。公子成與李兑自國至，乃起四邑之兵入距難，殺公子章及田不禮，滅其黨賊而定王室。公子成爲相，號安平君，李兑爲司寇。公子章之敗，往走主父，主主開之，《索隱》開謂開門而納之。俗本亦作『聞』字者，非也。譙周及孔衍皆作『閉之』，閉謂藏之也。《正義》謂不責其反叛之罪，容其入宫藏也。成、兑因圍主父宫。公子章死，公子成、李兑謀曰：『以章故圍主父，即解兵，吾屬夷矣。』乃遂圍主父。令宫中人『後出者夷』，宫中人悉出。主父欲出不得，又不得食，探爵鷇而食之，《集解》綦毋邃曰：『鷇，爵子也。』《索隱》按：曹大家云『鷇，雀子也。生受哺者謂之鷇』。三月餘而餓死沙丘宫。《集解》應劭曰：『武靈王葬代郡靈丘縣。』《正義》：《括地志》云：『趙武靈王墓在蔚州靈丘縣東三十里。』應説是也。主父定死，乃發喪赴諸侯。

是時王少，成、兑專政，畏誅，故圍主父。主父初以長子章爲太子，後得吳娃，愛之，爲不出者數歲，生子何，乃廢太子章而立何爲王。吳娃死，愛弛，憐故太子，欲兩王之，猶豫未決，故亂起，以至父子俱死，爲天下笑，豈不痛乎！《集解》徐廣曰：『或無此十四字。』

論　説

宋・司馬光《稽古録》卷一一　又曰：武靈王不顧流俗，變胡服，習騎射，以制林胡，滅中山，大啓土宇，威加强秦，可謂賢君矣。及溺於嬖寵，欲分國以王二子，卒餒死沙丘宫。佚欲为之，敗也如此。夫趙於三晉爲最强。及貪上黨之田，以喪長平之師；用郭開之讒，而棄廉頗、李牧，使宗廟不血食，言之可爲長欷矣。

宋・司馬光《資治通鑑》卷四《周紀四・周赧王二十年》　趙主父封其長子章於代，號曰安陽君。安陽君素侈，心不服其弟。主父使田不禮相之。李兑謂肥義曰：『公子章强壯而志驕，黨衆而欲大，田不禮忍殺而驕，二人相得，必有陰謀。夫小人有欲，輕慮淺謀，徒見其利，不顧其害，難必不久矣。子任重而勢大，亂之所始而禍之所集也。子奚不稱疾毋出而傳政於公子成，毋爲禍梯，不亦可乎！』肥義曰：『昔者主父以王屬義也，曰：「毋變而度，毋易而慮，堅守一心，以歿而世。」義再拜受命而籍之。今畏不禮之難而忘吾籍，變孰大焉！諺曰：「死者復生，生者不愧。」吾欲全吾言，安得全吾身乎！子則有賜而忠我矣。雖然，吾言已在前矣，終不敢失！』李兑曰：『諾。子勉之矣！吾見子已今年耳。』涕泣而出。李兑數見公子成以備田不禮。肥義謂信期曰：『公子章與田不禮聲善而實惡，内得主而外爲暴，矯令以擅一旦之命，不難爲也。今吾憂之，夜而忘寐，飢而忘食，盜出入不可不備。自今以來，有召王者必見吾面，我將以身先之。無故而後王可入也。』信期曰：『善。』

主父使惠文王朝羣臣而自從旁窺之，見其長子傫然也，反北面爲臣。詘於其弟，心憐之，於是乃欲分趙而王公子章於代，計未決而輟。主父及王遊沙丘，異宮，公子章、田不禮以其徒作亂，詐以主父令召王。肥義先入，殺之。高信卽與王戰。公子成與李兌自國至，乃起四邑之兵入距難，殺公子章及田不禮，滅其黨。公子成爲相，號安平君；李兌爲司寇。是時惠文王少，成、兌專政。公子章之敗也，往走主父，主父開之。成、兌因圍主父宮。公子章死，成、兌謀曰：『以章故，圍主父；卽解兵，吾屬夷矣！』乃遂圍之，令：『宮中人後出者夷！』宮中人悉出。主父欲出不得，又不得食，探雀鷇而食之。三月餘，餓死沙丘宮。主父定死，乃發喪赴諸侯。主父初以長子章爲太子，後得吳娃，愛之，爲不出者數歲。生子何，乃廢太子章而立之。吳娃死，愛馳；憐故太子，欲兩王之，猶豫未決，故亂起。

藝文

元・王惲《秋澗先生大全文集》卷二七《沙丘宮》　齊梁霸趙何雄壯，探鷇因鋒遽懦庸。千古興亡酷相似，武靈而後有莊宗。

后妃亂政分部

妺喜亂夏政

綜述

《國語・晉語一》　昔夏桀伐有施，有施人以妺喜女焉喜有寵，於是乎與伊尹比而亡夏。

漢・劉向《列女傳》卷七《夏桀末喜》　末喜者，夏桀之妃也。美於色，薄於德，亂孽無道。女子行丈夫心；佩劍帶冠。桀既棄禮義，淫於婦人，求美女，積之於後宮，收倡優、侏儒、狎徒，能爲奇偉戲者，聚之於旁。造爛漫之樂，日夜與末喜及宮女飲酒，無有休時。置末喜於膝上，聽用其言，昏亂失道，驕奢自恣。爲酒池可以運舟，一鼓而牛飲者三千人，輢其頭而飲之於酒池，醉而溺死者，末喜笑之以爲樂。

龍逢進諫曰：『君無道，必亡矣。』桀曰：『日有亡乎？日亡而我亡。』不聽，以爲妖言而殺之。造瓊室、瑤臺以臨雲雨，殫財盡幣，意尚不饜。召湯囚之於夏臺，已而釋之。諸侯大叛。於是湯受命而伐之，戰於鳴條，桀師不戰，湯遂放桀與末喜嬖妾同舟，流於海，死於南巢之山。詩曰：『懿厥哲婦，爲梟爲鴟。』此之謂也。

漢・王符《潛夫論》卷二《潛歎》　昔紂好色，九侯聞之，乃獻厥女。紂則大喜以爲天下之麗莫若此也，以問妲己。妲己懼進御而奪己愛也，乃僞俯而泣曰：『君王年卽耆邪？明既衰邪？何貌惡之若此而覆謂之好也？』紂於是渝而以爲惡。妲己恐天下之愈進美女者，因白『九侯之不道也，乃欲以此惑君王也。王而弗誅，何以革後？』紂則大怒，遂脯厥女而烹九侯。自此之後，天下之有美女者，乃皆重室晝閉，惟恐紂之聞也。

又《志氏姓》　紂有蘇氏以妲己女而亡殷。

宋・李昉等《太平御覽》卷一三五《皇親部》　《紀年》曰：後桀伐岷山，岷山女于桀二人，曰琬、曰琰。桀受二女，無子，刻其名于苕華之玉，苕是琬，華是琰。而棄其元妃于洛，曰末喜氏。末喜氏以與伊尹交，遂以間夏。

論說

《史記》卷四九《外戚世家》　自古受命帝王及繼體守文之君，非獨內德茂也，蓋亦有外戚之助焉。夏之興也以塗山，而桀之放也以末喜。

漢・劉向《列女傳》卷三《魏曲沃負》　自古聖王，必正妃匹。妃匹正則興，不正則亂。夏之興也以塗山，亡也以末喜。

《漢書》卷九七《外戚傳上》　夏之興也以塗山，而傑之放也用末喜。

《舊唐書》卷九一《桓彦範傳》 桀奔南巢，禍階妹喜。

藝文

《楚辭·天問》 桀伐蒙山，何所得焉？妹嬉何肆，湯何殛焉？

漢·劉向《列女傳》卷七《夏桀末喜》 頌曰：『末喜配桀，維亂驕揚。桀既無道，又重其荒。姦軌是用，不恤法常。夏后之國，遂反爲商。』

妲己亂商政

綜述

《尚書·周書·牧誓》 王曰：『古人有言曰：「牝鷄無晨，牝鷄之晨，惟家之索。」今商王受惟婦言是用，昏棄厥肆祀弗答，昏棄厥遺王父母弟不迪。乃惟四方之多罪逋逃是崇、是長，是信、是使，是以爲大夫、卿士，俾暴虐于百姓，以姦宄于商邑。』

《國語·晉語一》 殷辛伐有蘇，有蘇氏以妲己女焉，妲己有寵，於是乎與膠鬲比而亡殷。

《呂氏春秋》卷一六《先識覽》 殷内史向摯見紂之愈亂迷惑也，於是載其圖法，出亡之周。武王大説，以告諸侯曰：『商王大亂，沈于酒德，辟遠箕子，爰近姑與息，妲己爲政，賞罰無方，不用法式，殺三不辜，民大不服，守法之臣，出奔周國。』

《史記》卷三《殷本紀》 （紂）愛妲己，妲己之言是從。

漢·劉向《列女傳》卷七《孽嬖傳·殷紂妲己》 妲己者，殷紂之妃也，嬖幸於紂。紂【略】好酒淫樂，不離妲己。妲己之所譽貴之，妲己之所憎誅之。

作新淫之聲，北鄙之舞，靡靡之樂，收珍物積之於後宫，諛臣羣女咸獲所欲。積糟爲邱，流酒爲池，懸肉爲林，使人裸形相逐其間，爲長夜之飲。妲己好之，百姓怨望，諸侯有畔者。紂乃爲炮烙之法，膏銅柱，加之炭。令有罪者行其上，輒墮炭中，妲己乃笑。比干諫曰：『不脩先王之典法，而用婦言，禍至無日。』紂怒以爲妖言，妲己曰：『吾聞聖人之心有七竅。』於是剖心而觀之。囚箕子，微子去之。

武王遂受命興師伐紂，戰於牧野，紂師倒戈。紂乃登廪臺，衣寶玉衣而自殺。於是武王遂致天之罰，斬妲己頭，懸於小白旗，以爲亡紂者是女也。

《書》曰：『牝雞無晨，牝雞之晨，惟家之索。』《詩》云：『君子信盗，亂是用暴。匪其止共，維王之邛。』此之謂也。

頌曰：妲己配紂，惑亂是修，紂既無道，又重相謬。指笑炮炙，諫士刳囚，遂敗牧野，反商爲周。

漢·王符《潛夫論》卷二《潛歎》 昔紂好色，九侯聞之，乃獻厥女。紂則大喜，以爲天下之麗，莫若此也。以問妲己，妲己懼進御而奪己愛也，乃僞俯而泣曰：『君王年既耆邪，明既衰邪，何貌惡之若此，而復謂之好也？』紂於是渝而以爲惡。妲己恐天下之愈進美女者，因白：『九侯之不道也，乃欲以此惑君王也，王而弗誅，何以革後？』紂則大怒，遂脯厥女而烹九侯。自此之後，天下之有美女者，乃皆重室晝閉，唯恐紂之聞也。

論説

《荀子》卷一五《解蔽篇》 昔人君之蔽者，夏桀、殷紂是也。桀蔽於末喜、斯觀，而不知關龍逢，以惑其心而亂其行。紂蔽於妲己、飛廉，而不知微子啓，以惑其心而亂其行。故羣臣去忠而事私，百姓怨非而不用，賢良退處而隱逃。此其所以喪九牧之地而虚宗廟之國也。桀死於亭山，紂縣於赤旆，身不先知又莫之諫，此蔽塞之禍也。

《史記》卷四九《外戚世家》 自古受命帝王及繼體守文之君，非獨内德茂也，蓋亦有外戚之助焉。夏之興也以塗山，而桀之放也以末喜；殷之興也以有娀，紂之殺也嬖妲己；周之興也以姜原及大任，而幽王之

禽也，淫於褒姒。故《易》基《乾》、《坤》，《詩》始《關雎》，《書》美釐降，《春秋》譏不親迎。夫婦之際，人道之大倫也。

漢·劉向《列女傳》卷三《仁智傳·魏曲沃婦》 殷之興也以有㜪，亡也以妲己。

《漢書》卷九七上《外戚傳上》 殷之興也，以有娀，而紂之滅也，嬖妲己。顔師古注：妲己，紂之妃，有蘇氏女也，美好辯辭，興於姦宄，嬖幸於紂。紂用其言，毒虐衆庶。於是武王伐紂。

唐·林慎思《伸蒙子》卷中《辯惑》 設使君如堯舜，臣如夷齊，士如顔、閔，前設糟邱酒池之樂，後陳鹿臺銅山之貨，左右列妲己、褒姒之容，安能亂堯舜之德，污夷齊之風，染顔、閔之行，而至喪亡乎？

《舊五代史》卷四九《唐書·后妃傳》 史臣曰：三代之興亡，雖由於帝皇，亦繫於妃后。故夏之興也，以塗山；及其亡也，以妺喜。商之興也，以簡狄；及其亡也，以妲己。周之興也，以文母；及其亡也，以褒氏。

宋·李覯《盱江集》卷五《周禮致太平論·內治第一》 今夫數口之家，猶以婦傾，或靡敝財用，或離析骨肉，速刑召禍，至無可救者多矣。況乎后妃，同體於王，其次嬪御，亦所愛幸。一發言，一舉事，足以旋轉天地，薄蝕日月，其爲禍福，可勝言哉！貴則爲驕，富則爲侈，並寵則妬，不答則怨，憎則有讒言，愛則有私謁，府庫或爲之空，刑賞或爲之濫，姦邪或爲之昌，忠良或爲之剝，宗室或爲之棄，冢嗣或爲之易，帷薄或爲之不脩，社稷或爲之不食。妺喜之放桀，妲己之殺紂，此類豈少哉？

宋·劉敞《公是弟子記》卷二 或問伊尹比乎妺喜以滅夏，膠鬲比乎妲己以滅商，有諸？曰：否。此非智者之言也。桀爲無道，嬖妺喜而殺其良臣，棄先世之典而絶百姓之命，百姓弗堪，伊尹爲是相湯以滅夏，放桀于南巢。紂爲無道，嬖妲己，妲己之所悦而爵之，所惡而殘之，殺比干以遂其怒，百姓弗能忍，武王爲是伐紂而殺之。當是時，膠鬲諫而不入，使之問師期，期後，武王趨而救之，猶紂臣也。吾聞得天下者，得其民心者也；有天下者，不利天下者也。如湯武因人之變，以取其國，是利之也，何以爲湯武？鄭穆公將伐胡，則妻之。句踐有吳之怨，入西子焉。夫搆人於禍而後殘之，陷人于危而後幸之，此不仁者之所爲也，而謂湯、武爲之乎？

宋·真德秀《大學衍義》卷三三《荒淫之戒》 臣按《列女傳》，受好酒淫樂，不離妲己，所舉者貴之，所憎者誅之，惟其言是用。受之心既昏於色矣，於是神祇當祀者不之祀，昆弟當恤者不之恤，而惟四方罪戾、逋亡之人崇長信使，俾之肆毒於民。受病之本，皆由『昏』之一字。

臣按史蘇曰：『有男戎，必有女戎。』斯言也，古今之至言也。然謂妺喜與伊尹比，妲己與膠鬲比，何邪？伊尹相湯伐桀者也，妺喜敗桀之德，速桀之亡，是亦伐之也。伊尹伐於外，妺喜伐於內，故以比言之。無妺喜之伐，則無伊尹之伐矣。妲己之比膠鬲，亦然。嗚呼！人知有邊境之寇而不知有宫闈之寇。堅甲利兵，獸奔豕突者，邊境之寇也。冶容妖色，狐媚蠱惑者，宫闈之寇也。邊境之寇，擾吾於外，膚革之疾也。宫闈之寇，賊吾於內，腹心之災也。理膚革之疾易，而去腹心之災難。臣故曰：史蘇之言，古今之至言也。

宋·羅大經《鶴林玉露》卷一〇 荆公詩云：『謀臣本自繫安危，賤妾何能作禍基。但願君王誅宰嚭，不愁宫裏有西施。』夫妲己者，飛廉、惡來之所寄也；褒姒者，聚子、膳夫之所寄也；太真者，林甫、國忠之所寄也。女寵蠱君心，而後憸壬階之以進，依之以安。大臣格君之事，必以遠聲色爲第一義。

明·胡居仁《居業録》卷四《帝王》 女色之害甚酷，小則亡身，大則亡國。紂嬖一妲己，而殷之宗廟社稷滅亡。幽王嬖一褒姒，宗周喪滅。文姜淫而殺魯桓，齊襄二君，宣姜淫而衛爲狄滅。女色之害，可勝言哉！

明·賀欽《醫閭集》卷一《言行録》 論文王之化者，必序后妃之《葛覃》；數獨夫之惡者，必以作奇巧悦婦人爲言。戒俗而法古，敦本而抑末，固君子之責也。古人云：『縱不能行之天下，猶可驗之一鄉。』今縱不能行之一鄉，不可驗之一家乎？

明·張志淳《南園漫録》卷三《女色》 女色敗國，固不俟論。然觀自古以色著名者，多不善終。如妺喜、妲己、褒姒、戚夫人、趙飛燕、趙合德、潘淑妃、張麗華、楊太真、宋劉貴妃之類，不可枚舉。

藝文

《楚辭》卷三《屈原〈天問〉》　殷有惑婦，何所譏？

漢・劉向《列女傳》卷七《殷紂妲己》　頌曰：『妲己配紂，惑亂是脩。紂既無道，又重相謬。指笑炮炙，諫士刳囚。遂敗牧野，反商爲周。』

唐・柳宗元《柳河東集》卷一四《天對》　妲滅淫商，痡民以亟去。

唐・李白《李太白集》卷九《雪讒詩贈友人》　妲己滅紂，褒女惑周。天維蕩覆，職此之由。

清・彭定求等《全唐詩》卷七二八《周曇〈詠史詩・太公・又吟〉》　千妖萬態逞妍姿，破國亡家更是誰？匡政必能除苟媚，去邪當斷勿狐疑。

《全唐詩補編・續拾》卷五七《佚名〈湘妃廟席上妲己賦詩〉》　歡樂平生自縱心，武王兵起勢難任。自兹宗社傾危後，方悟當時酷暴深。

宋・梅堯臣《宛陵集》卷一五《觀何君寶畫》　復觀鹿臺獨夫受，妲己不笑何由娱。酒池肉林騎行炙，剖心斮脛堪悲吁。

宋・汪元量《湖山類稿》卷三《把酒聽歌行》　君把酒，聽我歌。美人美人美如此，傾城傾國良有以。周惑褒姒烽火起，紂惑妲己賢人死。

元・楊維楨《鐵崖古樂府》卷九《妲己圖》　小白竿頭血，新圖入漢庭。宫中雙燕子，齊作牝雞鳴。

明・王冕《竹齋集》卷上《讀史》　耿耿青燈照青史，坐看興廢眼前來。亡秦未必非胡亥，滅趙終然是郭開。三國英雄由將相，六朝人物只嬰孩。商之孫子寧無論，妲己端端是禍胎。

明・朱誠泳《小鳴稿》卷二《感寓》　嗟嗟今古人，滔滔迷女色。焉知粉髑髏，亡身更亡國。妲己商紂危，褒姒周幽惑。西施吳子亡，太真三郎踣。於維高世王，持身能自克。寵姬欲同輦，無寧虧盛德。予心本沖素，萬慮恒自息。深居養太和，於焉趨壽域。

清・倪濤《六藝之一録》卷三九〇《明賢墨迹・豐南禺〈詠史並登瑞石山詩帖〉》　殷宗墜妲己，陳祀傾夏姬。緑珠滅季倫，碧玉戕知之。造端察天地，禽獸決幾希。王道由慎獨，長坐捐美姬。草廬志寧静，醜婦焉足嗤。

明・王世貞《弇州四部稿》卷五《擬古樂府・善哉行》　大白帝辛，小白妲己。毋言臣分，實示君軌。

宋・胡寅《斐然集》卷一《原亂賦》　監自古與在昔兮，懿哲后之御極，儼動作於威儀兮，起風化于衽席。故妹喜妲己兮，滅夏商之祀；飛燕太真兮，傾漢唐之國。何覆轍之荒忽兮，邇聲色而縱極。曼三十六宫之蛾眉兮，承倩盼而弗懌。慚柏谷之主人兮，託富平之貴客。朝貰酒乎新豐兮，暮更衣乎綺陌。湛露瀼瀼乎草茨兮，孔鸞雍雍乎枳棘。九侯爭寵以迅衆兮，五家競麗於淫泆。靡夜宴而絶纓兮，姱大庭而衷衵寵。光爛以相紛兮，莫敢指乎東霓。故沫鄉采葑菲於要期兮，溱洧贈芍藥於戲劇。三綱蕩而淪胥兮，此所以啓亂萌者一也。

明・梅鼎祚《東漢文紀》卷一四《崔琦〈外戚箴〉》　暴辛惑婦，拒諫自孤，蝠蛇其心，縱毒不辜，諸父是殺，孕子是刳。天怒地忿，人謀鬼圖，甲子昧爽，身首分離。初爲天子，後爲人螭。【略】末嬉喪夏，褒姒斃周，妲己亡殷，趙靈沙丘。

宋・薛季宣《浪語集》卷三二《周永巷箴》　在后末喜，臣莫不憎，坐膝王朝而夏家乃傾。王受即位，淫樂沙丘，對于妲己而懸頭二白之旗。殷監不遠，近有先王。

宋・沈遼《雲巢編》卷七《紂錫妲己冠帔圖》　昔殷王紂寵嬖之妃，名曰妲己。時在沙丘，錫之冠服，姱示以禮，婧婧其容，洌洌其止，二嬪侍側，龍皺金几。巧工圖焉，窮其俊美。其工伊何？維周昉氏。

明・王褘《王忠文集》卷一九《演連珠》　臣聞女德無極，婦怨無終。治容者，亂之媒；尤物者，禍之宗。是以徵舒宣淫而陳國亡，妲己肆悦而殷祚崩。

雜録

《漢書》卷一〇〇上《敘傳上》　時乘輿幄坐，張畫屏風，畫紂醉踞妲己，作長夜之樂。上以伯新起，數目禮之，因顧指畫而問伯：『紂爲無道，至於是乎？』伯對曰：『《書》云乃用婦人之言，何有踞肆於朝？所謂衆惡歸之，不如是之甚者也。』上曰：『苟不若此，此圖何戒？』伯

曰：『沈湎於酒，微子所以告去也；式號式謼，《大雅》所以流連也。《詩》、《書》淫亂之戒，其原皆在於酒。』上乃喟然歎曰：『吾久不見班生，今日復聞讜言。』

漢・佚名《論語比考讖》 殷惑妲己玉馬走。宋均注：女妲己，有美色也。玉馬，喻賢臣奔去也。任昉《牋》云：玉馬駿奔，喪微子之兆。

《後漢書》卷七〇《孔融傳》 初，曹操攻屠鄴城，袁氏婦子多見侵略，而操子丕私納袁熙妻甄氏。融乃與操書，稱『武王伐紂，以妲己賜周公。』操不悟，後問出何經典。對曰：『以今度之，想當然耳。』

《隋書》卷四一《高熲傳》 及陳平，晉王欲納陳主寵姬張麗華。熲曰：『武王滅殷，戮妲己。今平陳國，不宜取麗華。』乃命斬之。王甚不悅。

晉・崔豹《古今注》卷上《輿服》 太公以玄鉞斬妲己，故婦人以爲戒。

晉・王嘉《拾遺記》卷七《魏》 咸熙二年，宮中夜異獸白色光潔，繞宮而行。閹官見之，以聞於帝。帝曰：『宮闈幽密。若有異獸，皆非祥也。』使宦者伺之。果見一白虎子遍房而走，候者以戈投之，即中左目。比往取視，惟見血在地，不復見虎。搜檢宮內及諸池井，不見有物。次檢寶庫中，得一玉虎頭枕，眼皆傷，血痕尚濕。帝該古博聞，云漢誅梁冀，得一玉虎頭枕，云單池國所獻。檢其頷下，有篆書字，云是帝辛之枕，嘗與妲己同枕之。是殷時遺寶也。又按《五帝本紀》云，帝辛，殷代之末。至咸熙，多歷年所，代代相傳。凡珍寶久則生精靈，必神物憑之也。

宋・樂史《太平寰宇記》卷五六《河北道・衛縣》 苑城在縣北四十里。有沙丘臺，俗稱妲己臺。又東二里，南臨淇水，有上宮臺。《詩》云『要我於上宮』，即此也。

清・許容等［雍正］《甘肅通志》卷五《山川・靈臺縣》 妲己川，在縣西七十里。舊傳妲己生於此，即達溪之訛也。

明・張萱《疑耀》卷三《妲己》 妲己，古書有作『䵣己』者。《説文》：白而有黑曰䵣。《字統》：黑而有黠曰䵣。二説皆不離一『黑』字，則妲己之貌，斷非瑩白矣。古有玄妻，亦云其貌如漆，有光可鑑。晉惠帝賈后短形，青黑色。南漢主劉鋹得波斯女，黑腯而慧黠，鋹嬖之，賜號媚豬。此皆以黑見寵者。世廟有尚妃者，貌亦黑，宮人稱爲黑木娘娘，寵冠一時。則䵣己、玄妻，當不誣也。

明・方以智《通雅》卷二〇《姓名》 妲改䵣己，即妲己。《字統》作䵣己。《説文》有改女字也，自當爲妲己而設。

褒姒亂周政

綜 述

《國語・晉語一》 周幽王伐有褒，褒人以褒姒女焉，褒姒有寵，生伯服。於是乎與虢石甫比，逐太子宜臼而立伯服。太子出奔申，申人、鄫人召西戎以伐周，周於是乎亡。

漢・劉向《列女傳》卷七《周幽褒姒》 褒姒者，童妾之女，周幽王之后也。【略】長而美好，褒人姁有獄，獻之以贖，幽王受而嬖之，遂釋褒姁，故號曰褒姒。既生子伯服，幽王乃廢后申侯之女，而立褒姒爲后，廢太子宜咎而立伯服爲太子。幽王惑於褒姒，出入與之同乘，不卹國事，驅馳弋獵不時，以適褒姒之意。飲酒流湎，倡優在前，以夜續晝。褒姒不笑，幽王乃欲其笑，萬端故不笑。幽王爲熢燧，大鼓，有寇至則舉，諸侯悉至而無寇，褒姒乃大笑。幽王欲悅之，數爲舉熢火，其後不信，諸侯不至。忠諫者誅，唯褒姒言是從。

上下相諛，百姓乖離。申侯乃與繒西夷、犬戎共攻幽王，幽王舉熢燧徵兵莫至，遂殺幽王於驪山之下，虜褒姒盡取周賂而去。於是諸侯乃即申侯，而共立故太子宜咎，是爲平王。自是之後，周與諸侯無異。

《呂氏春秋》卷二二《慎行論》 周宅酆、鎬近戎人，與諸侯約，爲高葆禱於王路，置鼓其上，遠近相聞，即戎寇至，傳鼓相告，諸侯之兵皆至，救天子。戎寇當至，幽王擊鼓，諸侯之兵皆至，褒姒大説喜之。幽王欲褒姒之笑也，因數擊鼓，諸侯之兵數至而無寇。至於後戎寇真至，幽王擊鼓，諸侯兵不至，幽王之身乃死於驪山之下，爲天下笑。

論說

《呂氏春秋》卷二二《慎行論》　褒姒之敗，乃令幽王好小説以致大滅，故形骸相離，三公九卿出走。此褒姒之所用死，而平王所以東徙也。

《史記·外戚世家》　周之興也以姜原及大任，而幽王之禽也，淫於褒姒。

漢·劉向《列女傳》卷七《周幽褒姒》　詩曰：『赫赫宗周，褒姒滅之。』此之謂也。

又《魏曲沃負》　周之興也以太姒，亡也以褒姒。

藝文

《楚辭·天問》　妖夫曳衒，何號于市？周幽誰誅？

漢·劉向《列女傳》卷七《周幽褒姒》　頌曰：『褒神龍變，實生褒姒。興配幽王，廢后太子。舉烽致兵，笑寇不至。申侯伐周，果滅其祀。』

唐·李白《李太白集》卷八《雪讒詩贈友人》　嗟予沈迷，猖獗已久。五十知非，古人嘗有。立言補過，庶存不朽。包荒匿瑕，蓄此頑醜。月出致譏，貽愧皓首。感悟遂晚，事往日遷。白璧何辜？青蠅屢前。群輕折軸，下沈黄泉。衆毛飛骨，上凌青天。萋斐暗成，貝錦粲然。泥沙聚埃，珠玉不鮮。洪焰爍山，發自纖煙。蒼波蕩日，起于微涓。交亂四國，播于八埏。拾塵掇蜂，疑聖猜賢。哀哉悲夫！誰察予之貞堅。

彼婦人之倡狂，不如鵲之彊彊。彼婦人之淫昏，不如鶉之奔奔。坦蕩君子，無悦簧言。擢發續罪，罪乃孔多。傾海流惡，惡無以過。人生實難，逢此織羅。積毀銷金，沈憂作歌。天未喪文，其如余何，妲己滅紂，褒女惑周。天維蕩覆，職此之由。漢祖吕氏，食其在傍。秦皇太后，毒亦淫荒。螮蝀作昏，遂掩太陽。萬乘尚爾，匹夫何傷！辭殫意窮，心切理直。如或妄談，昊天是殛。子野善聽，離婁至明。神靡遁響，鬼無逃形。不我遐棄，庶昭忠誠。

唐·唐彦謙《鹿門詩集》卷七《登興元城觀烽火》　漢川城上角三呼，扈蹕防邊列萬夫。褒姒冢前烽火起。不知泉下破顔無。

宋·張嵲《紫微集》卷六《褒城縣雨中》　嶺雲方笠覆，簷雨已盆傾。山氣晝浸幔，灘聲夜入城。子真空舊隱，褒姒謾垂名。訪古多磨滅，秋風山樹赬。

宋·鄭清之《安晚堂集》卷六《偶記賦王昭君謾録之》　伐國曾聞用女戎，忍留妖麗漢宫中。如知褒姒貽周患，須信巫臣爲楚忠。

文姜亂魯政

綜述

《詩經·齊風·南山》　《南山》，刺襄公也。鳥獸之行，淫乎其妹，大夫遇是惡，作詩而去之。

南山崔崔，雄狐綏綏。魯道有蕩，齊子由歸。既曰歸止，曷又懷止？

葛屨五兩，冠緌雙止。魯道有蕩，齊子庸止。庸，用也。既曰庸止，曷又從止？

蓺麻如之何？衡從其畝。取妻如之何？必告父母。既曰告止，曷又鞠止？

析薪如之何？匪斧不克。取妻如之何？匪媒不得。既曰得止，曷又極止？

又《敝笱》　《敝笱》，刺文姜也。齊人惡魯桓公微弱，不能防閑文姜，使至淫亂，爲二國患焉。

敝笱在梁，其魚魴鰥。齊子歸止，其從如雲。

敝笱在梁，其魚魴鱮。齊子歸止，其從如雨。

敝笱在梁，其魚唯唯。齊子歸止，其從如水。

又《載驅》　《載驅》，齊人刺襄公也。無禮義故，盛其車服，疾驅於通道大都，與文姜淫播其惡於萬民焉。

載驅薄薄，簟茀朱鞹。魯道有蕩，齊子發夕。

四驪濟濟，垂轡濔濔。

汶水湯湯，行人彭彭。魯道有蕩，齊子翱翔。

汶水滔滔，行人儦儦。魯道有蕩，齊子游敖。

又《猗嗟》 《猗嗟》，刺魯莊公也。齊人傷魯莊公有威儀技藝，然而不能以禮防閑其母，失子之道，人以爲齊侯之子焉。

猗嗟昌兮！頎而長兮。抑若揚兮，美目揚兮。巧趨蹌兮，射則臧兮！

猗嗟名兮！美目清兮，儀既成兮。終日射侯，不出正兮。展我甥兮！

猗嗟孌兮！清揚婉兮。舞則選兮，射則貫兮。四矢反兮，以禦亂兮！

《禮記・檀弓下》 齊告王姬之喪，魯莊公爲之大功。或曰：『由魯嫁，故爲之服姊妹之服。』或曰：『外祖母也，故爲之服。』

《左傳・桓公三年》 公子翬如齊逆女。

九月，齊侯送姜氏於讙。公會齊侯於讙。夫人姜氏至自齊。

冬，齊侯使其弟年來聘。

有年。

秋，公子翬如齊逆女。修先君之好，故曰公子。齊侯送姜氏，非禮也。凡公女嫁于敵國，姊妹則上卿送之，以禮於先君；公子則下卿送之；于大國，雖公子亦上卿送之；于天子，則諸卿皆行，公不自送；于小國，則上大夫送之。

冬，齊仲年來聘，致夫人也。

芮伯萬之母芮姜惡芮伯之多寵人也，故逐之，出居於魏。

又《桓公六年》 九月丁卯，子同生。以大子生之禮舉之，接以大牢，卜士負之，士妻食之。公與文姜、宗婦命之。

公問名于申繻。對曰：『名有五：有信，有義，有象，有假，有類。以名生爲信，以德命爲義，以類命爲象，取於物爲假，取于父爲類。不以國，不以官，不以山川，不以隱疾，不以畜牲，不以器幣。周人以諱事神，名終將諱之。故以國則廢名，以官則廢職，以山川則廢主，以畜牲則廢祀，以器幣則廢禮。晉以僖侯廢司徒，宋以武公廢司空，先君獻、武廢二山，是以大物不可以命。』公曰：『是其生也，與吾同物，命之曰同。』

又《桓公十八年》 十八年春，公將有行，遂與姜氏如齊。申繻曰：『女有家，男有室，無相瀆也，謂之有禮。易此必敗。』公會齊侯于濼，遂及文姜如齊。齊侯通焉。公謫之，以告。

魯人告于齊曰：『寡君畏君之威，不敢寧居，來修舊好，禮成而不反，無所歸咎，惡于諸侯。請以彭生除之。』齊人殺彭生。

又《莊公元年》 元年春，不稱即位，文姜出故也。

三月，夫人孫于齊。不稱姜氏，絶不爲親，禮也。

又《莊公二年》 二年冬，夫人姜氏會齊侯於禚。書奸也。

三年春，溺會齊師伐衛，疾之也。

又《莊公七年》 七年春，文姜會齊侯于防，齊志也。

又《莊公八年》 八年春，治兵於廟，禮也。夏，師及齊師圍郕。郕降于齊師。仲慶父請伐齊師。公曰：『不可。我實不德，齊師何罪？罪我之由。《夏書》曰：「臯陶邁種德，德乃降。」姑務修德以待時乎。』秋，師還。君子是以善魯莊公。

《公羊傳・桓公三年》 公子翬如齊逆女。

九月，齊侯送姜氏於讙。何以書？譏。何譏爾？諸侯越竟送女，非禮也。此入國矣，何以不稱夫人？自我言齊，父母之於子，雖爲鄰國夫人，猶曰吾姜氏。

公會齊侯於讙。夫人姜氏至自齊。翬何以不致？得見乎公矣。

又《桓公六年》 九月，丁卯，子同生。子同生者孰謂？謂莊公也。何言乎子同生？喜有正也。未有言喜有正者，此其言喜有正何？久無正也。子公羊子曰：『其諸以病桓與？』

又《桓公十八年》 十有八年，春，王正月，公會齊侯於濼。公與夫人姜氏遂如齊。公何以不言及夫人？夫人外也。夫人外者何？内辭也。其實夫人外公也。

夏，四月，丙子，公薨於齊。丁酉，公之喪至自齊。

秋，七月。

冬，十有二月，己丑，葬我君桓公。賊未討，何以書葬？讎在外也。讎在外，則何以書葬？君子辭也。

又《**莊公元年**》　元年，春，王正月。公何以不言即位？《春秋》君弑，子不言即位。君弑則子何以不言即位？隱之也。孰隱？隱子也。

三月，夫人孫于齊。孫者何？孫，猶孫也。內諱奔，謂之孫。夫人固在齊矣，其言孫于齊何？念母也。正月以存君，念母以首事。夫人何以不稱姜氏？貶。曷爲貶？與弑公也。其與弑公奈何？夫人譖公於齊侯，公曰：『同非吾子，齊侯之子也。』齊侯怒，與之飲酒。於其出焉，使公子彭生送之。於其乘焉，搚幹而殺之。念母者，所善也。則曷爲於其念母焉貶？不與念母也。

夏，單伯逆王姬。單伯者何？吾大夫之命乎天子者也。何以不稱使？天子召而使之也。逆之者何？使我主之也。曷爲使我主之？天子嫁女乎諸侯，必使諸侯同姓者主之。諸侯嫁女于大夫，必使大夫同姓者主之。

秋，築王姬之館於外。何以書？譏。何譏爾？築之，禮也；于外，非禮也。於外何以非禮？築於外，非禮也。其築之何以禮？主王姬者，必爲之改築？於路寢則不可，小寢則嫌。羣公子之舍，則以卑矣。其道必爲之改築者也。

冬，十月，乙亥，陳侯林卒。

王使榮叔來錫桓公命。錫者何？賜也。命者何？加我服也。其言桓公何？追命也。

王姬歸於齊。何以書？我主之也。【略】

秋，七月，齊王姬卒。外夫人不卒，此何以卒？録焉爾。曷爲録焉爾？我主之也。

又《**莊公三年**》　三年，春，王正月，溺會齊師伐衛。溺者何？吾大夫之未命者也。

又《**莊公四年**》　冬，公及齊人狩于郜。公曷爲與微者狩？齊侯也。齊侯則其稱人何？諱與讎狩也。前此者有事矣，後此者有事矣。則曷爲獨於此焉譏？於讎者將壹譏而已，故擇其重者而譏焉，莫重乎其與讎狩也。於讎者則曷爲將壹譏而已？讎者無時焉可與通，通則爲大譏，不可勝譏，故將壹譏而已，其餘從同同。

又《**莊公八年**》　八年，春，王正月，師次於郎，以俟陳人、蔡人。次不言俟，此其言俟何？託不得已也。

甲午，祠兵。祠兵者何？出曰祠兵，入曰振旅，其禮一也，皆習戰也。何言乎祠兵？爲久也。曷爲爲久？吾將以甲午之日，然後祠兵於是。

夏，師及齊師圍成，成降于齊師。成者何？盛也。盛則曷爲謂之成？諱滅同姓也。曷爲不言降吾師？辟之也。

秋，師還。還者何？善辭也。此滅同姓，何善爾？病之也。曰：師病矣。曷爲病之？非師之罪也。

又《**莊公二十二年**》　二十有一年，春，王正月，肆大省。肆者何？跌也。大省者何？災省也。肆大省，何以書？譏。何譏爾，譏始忌省也。

癸丑，葬我小君文姜。文姜者何？莊公之母也。

《**穀梁傳・桓公三年**》　公子翬如齊逆女。逆女，親者也。使大夫，非正也。

九月，齊侯送姜氏于讙。禮：送女，父不下堂，母不出祭門，諸母兄弟不出闕門。父戒之曰：『謹慎從爾舅之言。』母戒之曰：『謹慎從爾姑之言。』諸母般申之曰：『謹慎從爾父母之言。』送女逾竟，非禮也。

公會齊侯於讙。無譏乎？曰，爲禮也。齊侯來也，公之逆而會之可也。

夫人姜氏至自齊。其不言翬之以來，何也？公親受之于齊侯也。子貢曰：『冕而親迎，不已重乎？』孔子曰：『合二姓之好，以繼萬世之後，何謂已重乎？』

又《**桓公六年**》　九月，丁卯，子同生。疑，故志之。云『疑，故志之』。時曰，同乎人也。

又《**桓公十八年**》　十有八年，春，王正月，公會齊侯於濼。公與夫人姜氏遂如齊。濼之會，不言及夫人，何也？以夫人之伉，弗稱數也。

夏，四月，丙子，公薨于齊。其地，於外也。薨稱公，舉上也。

丁酉，公之喪至自齊。

秋，七月。

冬，十有二月，己丑，葬我君桓公。葬我君，接上下也。君弑，賊不

討，不書葬，此其言葬，何也？不責逾國而討於是也。桓公葬而後舉謚，謚所以成德也，於卒事乎加之矣。知者慮，義者行，仁者守。有此三者備，然後可以會矣。

元年，春，王正月。繼弑君，不言卽位，正也。繼弑君不言卽位之爲正，何也？曰，先君不以其道終，則子不忍卽位也。

三月，夫人孫于齊。孫之爲言，猶孫也，諱奔也。接練時，録母之變，始人之也。不言氏姓，貶之也。人之於天也，以道受命；於人也，以言受命。不若於道者，天絶之也。不若於言者，人絶之也。臣子大受命。

夏，單伯逆王姬。單伯者何？吾大夫之命乎天子者也。命大夫，故不名也。其不言如，何也？其義不可受于京師也。其義不可受于京師，何也？曰，躬君弑于齊，使之主婚姻，與齊爲禮，其義固不可受也。

秋，築王姬之館於外。築，禮也。于外，非禮也。

築之爲禮，何也？主王姬者，必自公門出。於廟則已尊，於寢則已卑，爲之築，節矣。築之外，變之正也。築之外，變之爲正，何也？仇讎之人，非所以接婚姻也。衰麻，非所以接弁冕也。其不言齊侯之來逆，何也？不使齊侯得與吾爲禮也。【略】

王使榮叔來錫桓公命。禮有受命，無來錫命。錫命，非正也。生服之，死行之，禮也。生不服，死追錫之，不正甚矣。【略】

秋，七月，齊王姬卒。爲之主者，卒之也。

又《**莊公二年**》冬，十有二月，夫人姜氏會齊侯於禚。婦人既嫁，不逾竟，逾竟，非正也。婦人不言會，言會，非正也。饗，甚矣。

又《**莊公三年**》三年，春，王正月，溺會齊侯伐衛。溺者何也？公子溺也。其不稱公子，何也？惡其會仇讎而伐同姓，故貶而名之也。

又《**莊公四年**》四年，春，王二月，夫人姜氏饗齊侯于祝丘。饗，甚矣。饗齊侯，所以病齊侯也。

冬，公及齊人狩于郜。齊人者，齊侯也。其曰人，何也？卑公之敵，所以卑公也。何爲卑公也？不復仇而怨不釋，刺釋怨也。

又《**莊公五年**》五年，春，王正月。

夏，夫人姜氏如齊師。師而曰如，衆也。婦人既嫁不逾竟，逾竟，非禮也。

又《**莊公七年**》七年，春，夫人姜氏會齊侯於防。婦人不會，會，非正也。

又《**莊公八年**》八年，春，王正月，師次於郎，以俟陳人、蔡人。次，止也。俟，待也。

甲午，治兵。出曰治兵，習戰也。入曰振旅，習戰也。而陳、蔡不至矣。兵事以嚴終，故曰善陳者不戰，此之謂也。善爲國者不師，善師者不陳，善陳者不戰，善戰者不死，善死者不亡。

夏，師及齊師圍郕，郕降于齊師。其曰降于齊師何？不使齊師加威於郕也。

秋，師還。還者，事未畢也，遁也。

又《**莊公十五年**》夏，夫人姜氏如齊。婦人既嫁，不逾竟，逾竟，非禮也。

又《**莊公十九年**》夫人姜氏如莒。婦人既嫁不逾竟，逾竟，非正也。

又《**莊公二十一年**》秋，七月，戊戌，夫人姜氏薨。婦人弗目也。

《**管子·大匡第十八**》魯桓公夫人文姜，齊女也。公將如齊，與夫人皆行。公，謂桓公。申俞諫曰：『不可，申俞，魯大夫也。女有家，男有室，女有夫之家，男有妻之室。無相瀆也，謂之有禮。』公不聽，遂以文姜會齊侯於濼。文姜通于齊侯，桓公聞，責文姜。文姜告齊侯，齊侯怒，饗公，使公子彭生乘魯侯，脅之，乘，謂扶公升車。拉其脅而殺之。公薨于車。豎曼曰：豎曼，齊大夫也。『賢者死忠以振疑，百姓寓焉。振，救也。賢者死於忠義，以救當時之疑，故百姓有所託焉。寓，寄託也。智者究理而長慮，身得免焉。智者既盡理，而謀慮又長，故免於危亡。今彭生二於君，不以正道輔君，而從之於昏，故曰二。無盡言而諛行，以戲我君，使我君失親戚之禮命，無盡言，謂不忠諫。襄公通其妹，故曰失親戚之禮命。又力成吾君之禍，以構二國之怨，恃其多力，拉殺魯君，故曰力成吾君之禍。彭生其得免乎，禍理屬焉！禍敗之理，屬於彭生。夫君以怒遂禍，君怒魯桓，彭生則遂成其禍。不畏惡親，聞容昏生。無醜也。君而通妹，是謂惡親。不畏此事遠聞，而容忍之，然此昏愚之生

於不識其類。故曰昏生無醜。醜，類也。豈及彭生而能止之哉！及，如也。禍由彭生，則彭生力能之。今而成禍，故當誅之。魯若有誅，必以彭生爲說。」二月，魯人告齊曰：「寡君畏君之威，不敢寧居，來修舊好，禮成而不反，無所歸死，請以彭生除之。」齊人爲殺彭生，以謝于魯。

《史記》卷三三《魯周公世家》　三十二年，初，莊公築臺臨黨氏，見孟女，説而愛之，許立爲夫人，割臂以盟。孟女生子斑。斑長，説梁氏女，往觀。圉人犖自墻外與梁氏女戲。斑怒，鞭犖。莊公聞之，曰：「犖有力焉，遂殺之，是未可鞭而置也。」斑未得殺。會莊公有疾。莊公有三弟，長曰慶父，次曰叔牙，次曰季友。莊公取齊女爲夫人曰哀姜。哀姜無子。哀姜娣曰叔姜，生子開。莊公無適嗣，愛孟女，欲立其子斑。莊公病，而問嗣於弟叔牙。叔牙曰：「一繼一及，魯之常也。慶父在，可爲嗣，君何憂？」莊公患叔牙欲立慶父，退而問季友。季友曰：「請以死立斑也。」莊公曰：「曩者叔牙欲立慶父，奈何？」季友以莊公命命牙待於鍼巫氏，使鍼季劫飲叔牙以鴆，曰：「飲此則有後奉祀；不然，死且無後。」牙遂飲鴆而死，魯立其子爲叔孫氏。八月癸亥，莊公卒，季友竟立子斑爲君，如莊公命。侍喪，舍於黨氏。

先時慶父與哀姜私通，欲立哀姜娣子開。及莊公卒而季友立斑，十月己未，慶父使圉人犖殺魯公子斑於黨氏。季友奔陳。慶父竟立莊公子開，是爲湣公。

湣公二年，慶父與哀姜通益甚。哀姜與慶父謀殺湣公而立慶父。慶父使卜齮襲殺湣公於武闈。季友聞之，自陳與湣公弟申如邾，請魯求內之。魯人欲誅慶父。慶父恐，奔莒。於是季友奉子申入，立之，是爲釐公。釐公亦莊公少子。哀姜恐，奔邾。季友以賂如莒求慶父，慶父歸，使人殺慶父，慶父請奔，弗聽，乃使大夫奚斯行哭而往。慶父聞奚斯音，乃自殺。齊桓公聞哀姜與慶父亂以危魯，及召之邾而殺之，以其屍歸，戮之魯。魯釐公請而葬之。【略】

（魯文公）十八年二月，文公卒。文公有二妃：長妃齊女爲哀姜，生子惡及視；次妃敬嬴，嬖愛，生子俀。俀私事襄仲，襄仲欲立之，叔仲曰不可。襄仲請齊惠公，惠公新立，欲親魯，許之。冬十月，襄仲殺子惡及視而立俀，是爲宣公。哀姜歸齊，哭而過市，曰：「天乎！襄仲爲不道，殺適立庶！」市人皆哭，魯人謂之「哀姜」。魯由此公室卑，三桓彊。

論説

宋·王宗傳《童溪易傳》卷一〇《蠱·九二》　魯莊公之有威儀技藝也，然而不能防閑文姜，故詩人爲之賦《猗嗟》也。其卒章曰：「四矢反兮，以禦亂兮」，蓋其不及中道也。

宋·李杞《用易詳解》卷八《家人·初九》　「大德不踰閑」者，有以防之而使之不敢踰之謂也。然防閑之道，貴乎其始，始而不防，待其心志已變而後圖之，則有悔矣。夫家所以爲閑者，何也？禮之謂也。《記》曰：「夫禮，禁亂之所從生，猶防止水之所自來也。」又曰：「故禮之教化也微，其止邪也于未形。」然則閑家之道，其可不于其志之未變而預爲防哉？齊人惡魯桓公微弱不能防閑，文姜使至淫亂，爲二國患焉。而《敝笱》之詩作，若魯桓公者，是不知閑有家之義也。

宋·歐陽修《詩本義》卷四《南山》　論曰：《南山》，刺齊襄與魯文姜之事。毛、鄭得之多矣。其曰：「葛屨五兩，冠緌雙止」，毛但云：「葛屨，服之賤者。冠緌，服之尊者。」而不究其説。鄭謂：「葛屨五兩，喻文姜與姪、娣、傅、姆同處。冠緌，喻襄公。文姜與姪、娣、傅、姆五人爲奇襄公往從而雙之。詩人之意必不如此，然本義已失矣。故闕其所未詳。

又　卷一三《取舍義》　《敝笱》，刺文姜也。魯桓公微弱不能防閑，文姜使至淫亂。其詩曰：「敝笱在梁，其魚魴鰥。」毛謂：鰥，大魚也。鄭謂：鰥，魚子也。孔穎達《正義》引《孔叢子》言：鰥魚之大盈車。則毛謂大魚，不無據矣。鄭改『鰥』字爲『鯤』，遂以爲魚子，其義得失不較可知也。詩人之意本以魯桓弱不能制强，則《敝笱》不能制大魚是其本義。苟如鄭説，則小猶不能制大，則可知義亦可通，然鰥爲大魚，非毛臆説。又其下文言從者如雲雨，是其黨衆盛，恣行無所畏忌，以見齊子强盛，宜以大魚爲比。皆當從毛。

《載驅》：齊人刺襄公也。盛其車服與，文姜淫播其惡於萬民焉。其詩曰：「四驪濟濟，垂轡濔濔。魯道有蕩，齊子豈弟。」毛云「言文姜於

是樂易然』者，謂文姜爲淫穢之行，曾不畏忌人。而襄公乘驪垂轡而行魯道，文姜安然樂易，無慚耻之色也。其義甚明。鄭改『豈』字爲『闓』，轉引《古文尚書》以『弟』爲『圛』，而訓『圛』爲明，以爲闓明猶發夕也，迂疏甚矣。當從毛。

宋·李樗、黄櫄《毛詩集解》卷一一《南山》 李曰：『南山崔崔，雄狐綏綏。魯道有蕩，齊子由歸。』崔崔，高大也。綏綏，匹行也。所謂有狐綏綏者是也。『南山崔崔，雄狐綏綏』，言人君尊嚴當如南山，而仰之高大乃如雄狐之匹行也。孔氏曰：雄當配雌，理當然也。今雌雄無別，失陰陽之匹，以喻夫當配妻。今襄公兄與妹淫，亦失陰陽之匹。此非也。雄狐亦如雄雉于飛，言鳥獸之雄也，惟雌之匹而無別也。『魯道有蕩，齊子由歸』。蕩，平易也。齊子，魯桓公夫人文姜也。婦人謂嫁曰歸。懷，思也。蓋言魯道平易，齊女既由此道而歸於魯，何乃又思襄公而爲淫污之行乎？『葛屨五兩』，喻文姜與姪、娣、及傅、姆同處。冠緌，喻襄公也。五人爲奇，而襄公往從而雙之。歐陽公曰：詩人之意必不如此。王氏曰：言匹之，尤不當也。今且從王氏之說。『魯道有蕩，齊子庸止』者，言文姜既用此道以嫁於魯，何又從襄公以爲淫污之行乎？庸，用也。用此道以嫁於魯也。『蓺麻如之何，衡從其畝』。衡，古『横』字也。蓺，樹也。樹麻者必東西踐躡其畝，亦猶娶妻必告父母。以娶於齊也，曷爲使窮極其姦以至是哉？鞠，窮也。『析薪如之何，匪斧不克』者，析薪者必用斧，亦猶娶妻必用媒既而得之矣。其禮如是之重，曷爲使極其姦以至於是哉？極至也。後兩章蓋譏齊襄公、魯桓公。齊襄失爲兄之道，魯桓失爲夫之道，皆所當譏也。黄講同。

又《敝笱》 李曰：蓋言桓公之孱弱，不能制其文姜，使至淫亂在魯，則其君爲齊所殺；在齊則襄公播其惡於民，而卒亦不免。此其爲二國患也。笱，捕魚器也。鰥，毛氏以爲大魚，鄭氏以爲小魚。以爲大魚者，蓋據《孔叢子》云：『衛人釣於河，得鰥魚焉，其大盈車。』則是鰥魚，大魚也。歐陽氏曰：毛氏以爲大魚，不無所據。鄭氏以爲小魚，其得失不較可知。『敝笱在梁，其魚魴鰥』者，蓋言敝敗之笱，在於魚梁，而魚乃是大魚，非敝笱之所能制。敝笱則譬桓公之微弱，魴鰥則譬文姜之勢盛。敝笱之不制魴鰥，亦猶桓公之不能制文姜也。魴鱮，毛氏以爲大魚，鄭氏以爲弱鱗。陸璣注云：鱮似魴，厚而頭大，魚之不美者。故里語曰：『網魚得鱮，不如啗茹其頭』。尤大而肥者，徐州人謂之鰱，或謂之鱅，幽州人鴞鴞或謂之胡鱅，惟其肥而至大，則知爲大魚也。唯唯，出入不制也。如雲，毛氏曰：盛也，其説得之矣。『齊子歸止，其從如雲』，蓋言齊子之嫁於魯，從之盛者。如此恣行而無忌憚也。如雨，毛氏以爲多也。如水，毛氏以爲衆也。如雲、如雨、如水，皆一意也。鄭氏以『如雲』爲『如雲之行，順風耳』。『如雨，言無常，天下之則下，天不下則止』。『如水』爲『水之性，可停可行』。其説不如毛氏簡而當也。言魯桓公之從文姜，如雲之從風，如雨之從天，如水之就下。王氏則以『泛』字爲從字，皆不足取。陸農師則曰：『其從如雲無定，從風而已，雲合而爲雨，故以雨繼之。雨降而成水，故以水繼之。』皆是屋上架屋也。論曰：在《易》之《恒卦·六五》曰：『恒其德，貞。婦人吉，夫子凶。《象》曰：婦人貞吉，從一而終也。夫子制義，從婦凶也。』夫君之爲國也，威令所施，當及於一國，乃近不行於室。家惟婦人是從，豈不凶哉？《春秋》書『公與夫人姜氏遂如齊』。夫《春秋》未嘗書『與』；書『與』而不書『及』者，以見文姜之與公伉也。使其書『及』，則是桓公及之以行，文姜適從之爾。知《春秋》書『與』之意，則知《敝笱》之刺文姜也。黄講同。

又《載驅》 李曰：通道大都，蓋十目所視，十手所指之地，而襄公於此爲淫亂之行，則其無耻甚矣。『載驅薄薄』，疾驅之聲也。『簟茀朱鞹』，毛氏曰：簟，方文席也。茀，車之蔽曰茀。諸侯之路車，有朱鞹之質而羽飾。孔氏曰：用竹爲席，其文必方。茀，車之後席名也。此詩曰『簟茀朱鞹』，則明其以簟爲蔽，亦通爲席也。蓋言齊襄公疾驅其車於通道大都，有簟以爲茀蔽，又有朱色之革爲車之飾，言盛其衣服如此而來，與文姜會也。『魯道有蕩，齊子發夕』，蕩，平也，言魯國之道平蕩。而『齊子發夕』者，從夕發而至旦也。『四驪濟濟，垂轡瀰瀰』，驪，馬黑色，或曰鐵也。『四驪濟濟』然而美也，『垂轡瀰瀰』然而衆也，是皆盛其車服也。『魯道有蕩，齊子豈弟』，毛氏曰：豈弟，樂易也。歐陽曰：安然樂易，而無慚愧之色也。『汶水湯湯，行人彭彭』，彭彭，多也，言行人之多，如此以見其無耻也。翱翔，猶彷徉。翱翔、遊敖，皆是安行無禮而

無耻也。滔滔，《説文》曰：水漫而流貌，瀌瀌衆貌。汶水，出萊蕪縣西南，至東平壽張入濟。

論曰：《春秋・莊公二年》書『夫人姜氏會齊侯于禚』。《四年》書『夫人享齊侯于祝丘』。曰會曰享，雖其爲姦，猶有會享之名，至於《五年》書『夫人姜氏如齊師』，以師旅所在而夫人往淫之，是爲無耻之甚也。詩言『行人儦儦』，疾驅於通道大都，則與《春秋》『如齊師』同也。楊國忠與虢國夫人通，頗爲人知，不耻。每入謁，並驅道中，從監侍姆百有餘騎，炬密如晝。夫楊國忠於虢國夫人，亦猶齊襄之於文姜也。並馳道中，卽所謂通道大都也。夫爲惡於隱微之中，猶有避諱之心，然至於通道大都，則其無耻甚矣。爲人而至於如此，則不可救藥。然則爲善者，當謹於微可也。黄講同。

又《猗嗟》 李曰：《禮記》曰：『婦人從夫者也，夫死從子。』桓公既卒，莊公當以禮防閑其母。今也不然，徒有威儀技藝。若詩所謂『美目揚兮』『美目清兮』『清揚婉兮』，所謂威儀也；『射則臧兮』『射則貫兮』，所謂技藝也。徒有威儀技藝，而不能防閑其母，失人子之道，是其大節既失，則區區於小技，何足道哉？此詩所以刺之也。考之《春秋・桓公十八年》書『公與夫人姜氏如齊』，雖以譏文姜之淫，亦以桓公失爲夫之道也；《莊公二年》書『夫人姜氏會齊侯于禚』，《四年》書『夫人姜氏享齊侯于祝丘』，《五年》書『夫人姜氏如齊師』，《七年》『春夫人姜氏會齊侯于防。冬，夫人姜氏會齊侯于陽穀。』雖以譏文姜之淫，亦皆以譏莊公失爲子之道也。人以謂齊侯之子者，若所謂徵舒似女，亦似公之説也。『猗嗟昌兮』，猗嗟，歎辭也。若所謂猗嗟，卽與猗與、漆沮之類，皆是歎辭也。昌，盛也，所謂子之昌兮。頎，長貌也，所謂碩人其頎是也。『抑若揚兮』，毛氏曰：抑，美色。揚，廣揚也。孔曰：揚是顙之別名，言其顙之美也。『美目揚兮』，言其好目揚眉也。凡此皆是面貌之美也。『巧趨蹌兮』，言其巧爲步趨而蹌蹌然。又《曲禮》云：『蹌蹌者，巧趨之貌也。』『射則臧兮』，臧，善也。『猗嗟名兮』『美目清兮』，目上爲名，目下爲清，言其目上之名、目下之清，皆美也。『儀既成兮』，成，備也，言其威儀之全。『終日射侯，不出正兮』，言終日射侯不出於正之内。正侯，中所射處也。《周官・射人氏》曰：『諸侯三正』。注云：『正之言正也，射者内志正，外體直，則能至。畫五正之侯，中朱，次白，次蒼，次黄，玄居外。三正者，損玄、黄。二正者，去白、蒼，而畫以朱、緑，其外之廣，皆居侯中三分之一也。』展，誠也，誠是我之甥也。姊妹之子曰甥。鄭氏曰：誠我齊之甥，言誠者，拒時人言齊侯之子。『猗嗟孌兮』，孌，壯好貌。『清揚婉兮』，言其清揚眉目之間，婉然而美也。『舞則選兮』，選者，謂於倫等最上也。貫，毛氏以爲中，鄭氏以爲習，當從毛氏之説。《大射禮》曰：『不貫不釋』，言不中鵠則不憚選也。『四矢反兮』，反，復也。每射四矢皆得其故處也，以言其善射也，所貴乎射者，所以禦亂也。今也文姜之淫，莊公不能制，徒知射之能禦亂，而不知所以禦亂。此詩與《大叔于田》詩相類。《猗嗟》則惟言其威儀之美，技藝之習；《大叔于田》則惟言其射御之精。若《大叔于田》之詩，以『將叔無狃，戒其傷女』二句，是可以見其不義得衆；此詩則言『展我甥兮，以禦亂兮』，可以見其失人子之道。學《詩》者，於此反覆求《詩》之意，則可以言《詩》矣。夫射者固所當習，然而非所貴也。大宰問於子貢曰：『夫子聖者歟？何其多能也。』子貢曰：『固天縱之將聖，又多能也。』子聞之曰：『大宰知我乎？吾少也賤，故多能鄙事。君子多乎哉？不多也。』牢曰：子云：『吾不試，故藝。』夫使聖人而爲多能不害其爲聖，常人有多能而無其本則不過爲鄙事爾。子曰：『志於道，據於德，依於仁』，本也；『遊於藝』，末也。君子以道德仁爲本，以藝則遊之而已。後世乃專心於此，而忘其本，非孔子之意。故莊公有威儀技藝，而不免《猗嗟》之刺；昭公習儀以亟，而不能止乾侯之禍；漢成善修容儀，升車正立，不内顧，不疾言，不親，指不能制趙氏之横，雖多材多藝，而不能務本，何所補哉！

黄曰：《趙氏春秋》曰：或曰：子何以制母乎？曰：夫死從子，況國君乎？君者，人神之主也，風教之本也。不能正家如正國，何若莊公者？哀痛以思其父，誠敬以事其母，夫人能徒往乎？夫人之往也，則君之威命不行而誠敬不至耳。噫！《凱風》之孝子，能安其母欲嫁之心。而莊公不能防閑其母如齊之惡，詩人之刺也固宜。

宋・劉敞《春秋權衡》卷三《莊公》 元年正月。《左氏》曰：不稱卽位，文姜出故也。非也。此年三月文姜始遜於齊。此時未出，何故不卽

位？原《傳》此意當爲文姜與桓俱行，未有至文，故云出耳。不知夫人行不以正者，至皆不書也。且文姜弑君，自絶於魯，莊公何故不忍卽位乎？莊公不忍卽位，文姜感之而還，則莊公已忘文姜弑其父矣，何以文姜又遜於齊乎？實説桓公薨于齊，禍起於文姜，而成於齊侯，而死於彭生。魯人知彭生之殺公，而不知齊侯之怒公，故於赴齊日請以彭生除之。齊人殺彭生，魯人則以謂怨已報矣。久之事泄，乃始責讓文姜，文姜用是遜于齊也。若桓公之喪獨歸文姜不隨，則魯人固以知文姜之殺其君，何有獨請於齊誅彭生而已，又何能遷延明年三月乃始責文姜而出之？

夫人孫于齊。《左氏》曰：不稱姜氏，絶不爲親，禮也。杜氏云：姜氏，齊姓。於文姜之義，宜與齊絶，而復奔齊，故於其奔，去姜氏以示義。非也。尋《左氏》之意，似云『魯絶文姜，不以爲親，乃中禮』；尋杜氏之意則云『文姜絶齊，不以爲親，乃中禮。』杜氏非也。夫文姜親弑其君，今事覺出走，假令不奔齊，猶不足以自贖，《春秋》豈爲此示法哉？今復有一文姜通其兄弟，謀殺其夫而出奔異國者，寧可爲禮邪？宋襄之母，獲罪於君，歸其父母之國。及襄卽位，欲一見之而義不可得，作《河廣》之詩以自悲。然宋襄亦不迎而致也。爲嘗獲罪於先，君不可以私廢命也。孔子論其詩而著之，以爲宋姬不爲不慈，襄公不爲不孝，況文姜之罪大，絶不爲親，何嫌於義哉？

元·程端學《春秋或問》卷四《僖公八年》 或問曰：禘于太廟用致夫人，先儒之説多矣，子獨有取於趙氏，何邪？曰：用致夫人，《左氏》謂哀姜，東萊君舉存耕諸儒從之，《穀梁》謂成風，董子、劉向、范氏、孫氏、胡氏、劉氏、康侯葉氏、張氏、朴鄉諸儒從之。《公羊》謂齊媵女，趙氏謂時君之妻聲姜，高氏又謂五世之夫人，莘老又謂聲姜、哀姜、成風。凡六説。獨《公羊》之説其謬易見，餘五説意略近似。然魯之禘祭，文王、周公二位而已。魯之祫，則自周公、伯禽以下已毁，未毁之主皆祭之。若僖公致仲子、子氏、文姜、哀姜、成風者，必用祫祭，告於羣主，或特祭告於昭穆之廟。今止曰禘，則趙氏謂時君之妻聲姜，因其至而特設禘禮以爲榮觀者，近理矣。又惟夫人自至某而告廟可以言致，如《經》書公至自某者，《三傳》亦以致言也，若立仲子、成風之妾爲正夫人，與升子氏、文姜、哀姜於廟，《經》當異其文，如躋僖公之義，不可以致言也。況子氏、文姜、哀姜已祔於正廟，仲子已別有宮，而成風猶未死。以此考之，則聲姜之説斷不易矣。曰：《經》何以不曰夫人姜氏也？曰：《春秋》本義在於禘以致夫人，而不在於聲姜之氏姓也。況失禮在僖公而不在聲姜，而書姜氏則不成文乎？予於本義已言之矣。曰：娶聲姜何以不書納幣親迎與夫人姜氏至自齊乎？曰：得禮則爲常事，而不書獨此非禮，故書之也。十二公夫人不書者多矣，何獨疑於此哉？

元·鄭玉《春秋闕疑》卷五《桓公十八年》 公會齊侯於濼。公與夫人姜氏遂如齊。

春，公將有行，遂與姜氏如齊。申繻曰：女有家，男有室，無相瀆也。謂之有禮，易此必敗。公會齊侯於濼，遂及文姜如齊，齊侯通焉。公讁之以告。張氏曰：濼之會不言夫人者，夫人不與行會，禮也。謝氏曰：與者，彼欲行而我從之也。遂者，彼欲行而我弗能制也。《春秋》書與書遂，罪其微弱也。女子以幽靜爲德正位於內而已，故女子與外事則專修外禮則放馴致其欲，必爲大患。文姜之弗率婦行也，既與之出會於濼，又與之出適于齊，人君正家之道掃地盡矣。女子一失防閑，其亂有如此者，然則閨門袵席之間，可不慎哉？胡氏曰：與者，許可之辭，罪在公也。按《齊詩》惡魯桓微弱不能防閑文姜，使至淫亂，爲二國患，而其辭曰：『敝笱在梁，其魚唯唯。齊子歸止，其從如水。』言公於齊姜委曲順從，若水從地，無所不可。故爲亂者文姜，而《春秋》罪桓公，治其本也。《易》曰：『夫夫婦婦而家道正。』夫不夫，則婦不婦矣。乾者，夫道也，以乘御爲才；坤者，婦道也，以順從爲事。《易》著於《乾》《坤》，述其理，《春秋》施於桓公，見其用。

又 卷六《莊公元年》 《公羊氏》曰：孫，猶遜也。內諱奔謂之孫。夫人何以不稱氏？與弑公也。《左氏》曰：不稱姜氏，絶不爲親。胡氏曰：夫人，文姜也。桓公之弑，姜氏與焉。爲魯臣子者義，不共戴天矣。嗣君，夫人所出也，恩如之何？狥私情則害天下之大義，舉王法則傷母子之至恩。此國論之難斷者也。經書『夫人孫于齊』而恩義之輕重審矣。梁人有繼母殺其父者，而其子殺之，有司欲當以大逆。孔季彦曰：文姜與弑魯桓，《春秋》去其姜氏。《傳》謂絶不爲親，夫絶不爲親者，卽凡人爾。宜以非司寇而擅殺當之，不得以逆論也，人以爲允。故通于《春

秋》，然後能權天下之大事矣。孫者，順讓之辭，使若不爲人子所逐以全恩也。高郵孫氏曰：文姜之孫則去其氏，哀姜之孫則不去氏。文姜殺其夫桓公，哀姜殺其子閔公，姦惡之迹同，而殺君之罪等，然其氏或去或不去者，聖人之意也。文姜之惡可見矣，其孫于齊是宜見絶于齊也，不稱姜氏所以許齊絶之也。齊侯則是與夫人爲惡者矣，然許齊絶之者，非爲齊襄設也，以明骨肉之親、罪惡之大，至其害義雖其親得絶之也。哀姜之惡可知矣，其孫于邾，邾非哀姜之國，非所宜往也，特曰姜氏，所以明邾得絶之也。文姜，齊女，齊絶之則有疏骨肉之嫌。聖人辨其嫌，使之得絶也，故不稱姜氏，而書曰夫人孫于齊。哀姜孫于邾，邾非其族，以明邾不當受異姓之女，他國之夫人來則絶之爾，故書曰夫人姜氏孫于邾。愚按胡氏謂絶不爲親，蓋謂魯，非謂齊也。若云謂魯，當去夫人之號而存姜氏之姓，不當去姓而存號也。蓋文姜弑桓，魯人當絶，不待《春秋》之文，惟齊人當絶，則非聖人察見至微、斷以大義不能識也。故其書法若此，以哀姜不去氏，而互觀之則可見矣。

明・葉山《葉八白易傳》卷五《蠱・九二》 九二：幹母之蠱，不可貞，何也？葉子曰：父之壞常也，母之壞天下之大變也。治父之壞可守常也，治母之壞而不通天下之變，可乎？吕后死而平、勃誅諸吕以安劉，吕后則無及矣。武曌之禍，古所未有也，張柬之等第知反正廢主，而不能以大義處非常之變，爲唐室討罪人。君子安得而不謂其膠常守故，不學無術，而無以善其終始乎？是故處天下之大變者，不可不執天下之大義；知天下之大義者，然後不泥天下之大常；不泥天下之大常者，然後爲得天下之大中。故文姜與弑魯桓，莊公卽位，外之不能復父之仇，内之不能禁母之淫，復使會于禚，會于師，享于祝丘，再次如莒，公卿大臣不能使之討，齊車馬僕從不能使之不出魯。此不過匹夫之行，而非達孝之道也。是故觀于夫子《春秋》所書文姜、哀姜而幹母之大權，可以得之矣。《易》曰：幹母之蠱，不可貞。

又 卷一〇《家人・初九》 初九：閑有家，悔亡。何也？葉子曰：『教婦初來，併踞可排。教子嬰孩，啐語何來。』何也？志意純一，則教施而規矩，日就心不變，更則法行而恩義不傷，故君子之善於世也，莫急於家道之理；其善於理也，莫急於初始之防。謹其始而慮其後，則一日之正，終身之正也，何他患哉？舜之觀刑於二女，以格頑嚚；文之刑于寡妻，以至兄弟，可以見已。文姜瀆亂周公之禮，莊公不知閑之，使魯人習之三十餘年，而莫之覺，卒至子般、閔公荐弑而後止；武曌敗壞太宗之典，高宗不知閑之，使唐室坐視三十餘年而莫之禁，卒至韋氏、楊氏煽焰而未已。故曰：『嘻笑之積，其流爲淫。淫亂之漸，其變爲簒。』不可以不慎也。《易》曰：閑有家，悔亡。

明・季本《詩説解頤正釋》卷八《南山》 《經旨》曰：此詩魯人所作，刺文姜恣意如齊，而不知耻也。何以知其作於魯人乎？以詩稱齊子，則知之矣。桓公如齊不返，魯人絶不爲親。故《春秋》於《莊公元年》夫人如齊原魯人本心而去其姜氏，今稱爲齊子，使若宋女然正此意爾。舊説以爲刺齊襄公也，則此詩語意似不爲齊。或又以爲刺桓公，則此詩作於桓公既没之後，亦有不通焉者。蓋桓公四年始娶文姜以庇紀，故與齊絶無往來，凡十四年而始與文姜同往，終桓公之身，文姜僅一如齊，公又在焉。其時襄公未宜有懷私之心，而桓公亦安得有縱淫之事？及桓公既没，文姜乃始恣行，安可謂桓公爲縱乎？雖襄公後有鳥獸之行，不爲無罪然，詩人本爲魯而發，所重則在文姜耳。然則此詩豈非《魯風》而誤入於齊者邪。【略】

南山，齊南山也。崔崔，猶崔嵬，言高也。綏綏，安舒相待之意。蓋狐妖媚之獸，故以喻齊人，待文姜之來也。文姜之與齊人淫者，不知幾人，不可專以爲襄公也。蕩，平曠也。歸，嫁而歸魯也。懷，謂文姜思齊也。

明・朱謀瑋《詩故》卷三《敝笱》 《敝笱》，刺文姜也。不獨刺文姜也，正以刺魯莊公也。莊公不能制母之欲，使之瀆亂于齊，如敝笱不能止細魚耳。鰥與鯤通，魚禁鯤鮞，鳥翼鷇卵，皆其微也。鄭箋訓義是『已盈車之鰥』，事出《孔叢》，又因是詩而生其説耳。

又 《載驅》 《載驅》，齊人刺襄公也。非刺襄也，刺文姜也。蓋莊公五年『夫人如齊師』時事也。薄薄，輕疾貌。發夕者，急于赴齊，卽夕啓行，不能待旦也。豈弟，訓爲樂易，謂其得行志意，内快于已，無有阻之者。

明・張志淳《南園漫録》卷六《文姜》 幼時讀《春秋》，至於『夫

人姜氏薨』，『葬我小君文姜』，便不可曉。及長，而問之治《春秋》者，不過本胡氏說，以先書『夫人孫於齊』及『哀姜薨於夷，齊人以歸爲謹之』於始而已。恐是說終牽强不可通也。夫以文姜之通兄、弑夫，其淫惡與武曌埒，而聖人書法僅僅若此。朱子謂平生不敢說《春秋》，又謂《春秋》自難理會，其謂是夫？

明·崔銑《洹詞休集》卷八《史論十首·魯莊公論》 崔子曰：《春秋》志文姜之惡極矣。莊公擅一國之命，帖然從之，古未之有也。論者失其情而衍於辭，且欲制其僕從，胡得爲篤論哉？夫季友之祥，慶父之才，皆可君魯也。文姜失行，國人耻之，故《敝笱》諸刺興焉。齊襄立莊以示德，莊公藉舅以自固。文姜挾宗國以愚其子，懾其下。彼淫邪之迷，不惜其夫之弑，奚有於子之廢？是故狩禚圍郕，伐衛歸俘，待齊女之長，主王姬之昏，僕僕焉甘役於齊。蓋襄公之威重矣，文姜之術狡矣，尚何僕從之制哉？夫篤於義者利害不較其等，全其仁者存亡不酌其取，一其重者昵戚不槩於中。如莊公者痛父復讎而已，他無所忌焉。是故居文姜而餼其養，責襄公而絶其使，枕戈袵干，衣衰食糲，號泣於王，求助於與國，明大義於魯之臣。庶治兵畜鋭觀釁而東以身委之。天下之惡一也，寧無惻我之不幸者乎？彼楚旅一言士如挾纊秦紿、懷王、項羽猶得而假之，況乎父子君臣之相爲實人心之不容已者哉？惜乎莊公既幼而愚，又無石碏、子犯之臣。庶公子者，方觀變而徐圖其利，幸其小安忘其大怨，悲夫！右下篇。

崔子曰：魯桓公，孰弑之？文姜弑之也。桓公謫夫人之淫，夫人以告齊襄，而公薨於車，蓋夫人與謀也。魯桓弑兄而立，每自危焉。結昏於齊，歸田於鄭，成亂於宋，汲汲焉授三强以自固，尤屬望者齊也，其受凌於夫人久矣。故曰：弑君非一朝一夕之故也。公薨，夫人孫於齊，畏魯人討之也。當是時，魯有良臣，以其君義無利國之心，人思奮戈而爲之刃讐，則夫人戢其恣。齊襄失其挾矣。母子雖至恩也，然文姜大惡，無所容於天地之間，子不得母，臣不得君，聲斯大義，夫人終孫於齊矣。不然，寘諸别宫，俟其自謀可也。魯方幸安佚賊，夫人何憚焉。如齊如莒，宣淫於衆而無惡容，是相安而習獸行。莊之家政泯如也。夫藉人以利者，害斯隨之；怙强以立者，削斯及之。彼見利而後利我，彼有取而後强我，苟其力之足致者，毋弗飫也。般卒閔弑，魯再罹婦禍也；殺惡立接，齊三成魯亂也。其不亡者幸耳，故循義爲利者不窒，强禮以立者無敵。《詩》曰：『自求多福』，大國何與力之有？右下篇。

清·傅恆等《御纂詩義折中》卷六《南山》 《南山》，刺内亂也。《春秋·桓公三年》：公子翬如齊逆女，齊侯送姜氏於讙，所謂『齊子由歸』也。夫人姜氏至自齊，所謂『既曰得止』也。十有七年，公會齊侯、紀侯，盟於黄平齊、紀也。齊欲滅紀，曷爲與紀平？欲媚魯以會文姜也，所謂『曷又懷止』也。十有八年，公會齊侯於濼，齊侯邀文姜也，所謂『曷又從止』也。公與夫人姜氏遂如齊，夫人在會也，公令夫人在會，是養姦也，所謂『曷又鞠止』也。會畢而遂如齊，公從夫人也，夫人從齊侯，公從夫人，是縱姦也，所謂『曷又極止』也。因是而公薨於齊，迨其後也，齊襄亦被弑矣。《新臺》《南山》之事，聖人所不忍言，而《經》存之者，所以示戒也。淫亂之禍，不弑則亡，是故《新臺》賦而衛滅，《株林》賦而陳亡，《南山》賦而魯桓弑於前，齊襄弑於後。天有顯道固若，是其不爽也，可不戒哉？

又《敝笱》 《敝笱》，刺法壞也。哀姜與弑閔公，而孫於邾。僖之元年，夫人姜氏薨於夷，齊人討之也。取之於邾而殺之於夷也。不書殺，無譏也，以爲當殺也。書齊人以歸，譏之也。與乎弑，則義已絶，不可以附葬，不可以祔廟，則不歸可也。文姜之罪甚於哀姜，而乃縱之歸，齊襄固不容誅，抑魯人亦有過焉。宋襄公之母被出尚且終身不歸，況與弑而孫焉者乎？孫而又容其歸則無以處之矣，異日之會齊侯，自此歸始也。《春秋》不書文姜之歸，國史失之也。刪《詩》而存《敝笱》，所以補《春秋》之闕也。故曰：《詩》與《春秋》相表裏者也。

又《載驅》 《載驅》，刺文姜也。公然播其惡於衆也，齊襄、文姜無責耳矣，是魯莊之罪也。文姜義當絶，乃使歸爲夫人，歸已非矣，又使出會齊侯，是重辱國也。《春秋》：桓公十八年，公與夫人姜氏遂如齊，公薨於齊。莊公元年，夫人遜於齊。二年，夫人姜氏會齊侯於禚。四年，夫人姜氏享齊侯於祝丘。五年，夫人姜氏如齊師。七年，夫人姜氏會齊侯於防，又會齊侯於穀。比事以書，而莊公之罪著矣。

清·姜炳璋《詩序補義》卷八《南山》 或曰：文姜以桓三年歸，

十四年而齊僖卒。諸侯之女適於諸侯，父母在歲一歸寧，則姜已歸寧十度矣，《經》以常事不書耳。仁山金氏亦云：雄狐之事，文姜在室已然，而抑知非也。按：桓三年書「姜氏至自齊」。其年冬，齊侯使其弟年來聘，致文姜也。自是齊、魯絶少聘問，蓋齊方謀紀，而魯睦於紀，又爲王逆后於紀。至十年而齊侯、衛侯、鄭伯來戰于郎。十三年，魯復會紀侯、鄭伯，與齊、宋、衛、燕戰，而四國敗績，則齊、魯之絶好久矣。終僖之世，公不朝齊，姜不歸寧，《經》、《傳》可覆按也。男女之際，《春秋》必謹。文九年，書「夫人姜氏如齊，歸寧也。」其嫁他國而歸魯者，則書某伯姬歸、某叔姬歸，豈文姜歸寧而聖筆不書？如或之説，則子同之生可疑矣。豈知同非吾子，乃《公羊子》之謬言，即「展我甥兮」，亦《詩》辭之偶合，未聞夫人歸魯已三年，而子同之生猶有《傳》爲齊侯之子者。然則雄狐之事，當自濼始耳。或又疑文姜嫁已一周，而其兄始娶王姬，因以姜爲襄之姊，亦非也。襄之娶王姬，安知其非再娶耶？《春秋》之再娶多矣，何疑于襄耶？

又《敝笱》 文姜身與於弑，義所當絶者也。當其遜齊之日，使魯有石碏之臣，聲其罪而拒之。於是請之天王告之列國，率吾臣民發憤復讐，則吾魯中如曹劌之善謀，公子偃之善戰，必起而助我。彼曲我直，彼竭我盈，雖不得斷諸兒之首，洒涕告墓而大義既申，諸兒自無以立於天地之間，無知之弑固不俟貝丘之田也。乃失此機會，聽其返魯，强奴悍婢，簇擁而歸。莊公當十三四歲之孺子，直玩於股掌之上，其如齊何哉？故前《南山》篇是刺襄公，作於公薨之日也。此篇是刺文姜，蓋作於遜齊返魯之日也。

清・馬驌《繹史》卷三六《魯文姜之亂》 《春秋》於齊魯爲昏之事，詳書於經傳者，曰成昏送逆，咸不以正，始合失禮，安得善終，是固無足論。若夫齊僖小伯，雄長東方，而於國儲無世子之教，愛女無公宫之訓，文姜一嫁，兩國行穢，《春秋》病襄，兼以病僖也。當隱、桓之際，中國之壤地甲兵，未有如齊僖者，瓦屋之會，則參盟矣，伐宋之役，則連諸侯矣。參盟者，主盟之漸也，連諸侯者，摟諸侯以伐諸侯之漸也。乃計不出此，唯亂國是親，魯桓篡立，且與爲昏，且親送之，僖公之志，不在諸侯矣。然而仲年既聘以後，齊使中絶，戰鬬相加，兩國名爲昏姻，勢漸讎敵，襄公嗣位，侵疆戰奚，亦未嘗與魯深相結好也。俄而夫婦如齊，誰使然與？讀桓公之《春秋》，王室三聘，列國六朝，以爲弑逆之賊，天王無問罪之師，鄰國無致討之義，不知正以驕淫其志，與一婦人招揺人國，謂若我何，而醜章雄狐，禍成揹幹，天實厭逆，陰奪其魄，非一日矣。莊公既立，不能爲親復讎，反聽齊命，田狩則從，征伐則偕，爲文姜者，豈弟翺翔，宣淫如志，而莊公不知耻也。故《南山》刺襄公，而繼之《敝笱》以刺魯桓，《載驅》刺襄公，而繼之《猗嗟》以刺魯莊。魯有一文姜，而再世蒙耻，亂賊篡弑，禍流子孫，可畏也哉。

清・高士奇《左傳紀事本末》卷七《魯文姜之亂》 臣士奇曰：文姜淫恣，爲鳥獸之行，與弑桓公，狂走無忌。論者謂莊公不能盡防閑之道，桓公不能慎有家之戒，禍成於于濼而穢極于如莒。竊謂不然。禮首冠、昏，以其爲人道之始也。合兩姓之好，以爲宗廟社稷主，蓋莫重乎親迎矣。魯與齊密邇，親迎之禮尤便。躬自圖昏于嬴，而使公子翬逆女，齊侯溺愛，越禮以送，而桓公初未受室，于姜氏之祧，何輕重之倒置也。且羽父，弑君之賊也。昏姻，吉禮之大者，而以凶人從事其間，公子彭生之兆成矣。公惟不能慎其始，因不能正其終，先王所爲致謹于大昏之際也。夫觀子同之生，而公與文姜、宗婦命之。文姜此際亦似少嫻于禮者。迨如齊姦成，而淫奔之行遂至于不可制。然則使桓能從申繻之訓，豈其至此乎！桓公弑兄，魯不能討，而假手於齊人，持以文姜爲之媒，此亦似有天道不知其然而然者也。莊公忘父之讎，不能興一旅問罪之師，僅以一彭生塞責，而靦然主王姬之昏，同伐衛之舉。及圍郕，而郕降于齊師，仲慶父請擊齊，猶欲引修德待時之義以自解。天下之無人心者，亦至此哉！

藝文

元・王惲《秋澗集》卷二四《七言絶句・冬日與吕丈讀毛詩二十二首・敝笱》 婦道防閑貴有初，文姜失御從雲如。何殊笱敝梁空在，秋水誠多得計魚。《敝笱》

服御鮮明擬大君，轔轔轂擊汶陽春。載驅既匪勤王事，隱惡能無播萬民。《載驅》

濟濟威儀美且都，詩人流詠入嗟吁。齊家爲失防閑禮，禦亂無多金僕姑。《猗嗟》

明·李東陽《懷麓堂集》卷一《詩稿一·古樂府·避火行》 夫人避火，避火不可。婦人不下堂，下堂羞殺我。夫人避火，避火不可。我身有傅還有姆，傅姆不來心獨苦。君不見宋姬一卒春秋悲，文姜辱死《南山》詩。

驪姬亂晉政

綜　述

《詩經·唐風·采苓》 《采苓》刺晉獻公也，獻公好聽讒焉。

采苓采苓，首陽之巔。人之爲言，苟亦無信。舍旃舍旃，苟亦無然。人之爲言，胡得焉。采苦采苦，首陽之下。人之爲言，苟亦無與。舍旃舍旃，苟亦無然。人之爲言，胡得焉。采葑采葑，首陽之東。人之爲言，苟亦無從。舍旃舍旃，苟亦無然。人之爲言，胡得焉。

又 《秦風·渭陽》 《渭陽》，康公念母也。康公之母，晉獻公之女。文公遭麗姬之難，未反，而秦姬卒。穆公納文公，康公時爲太子，贈送文公于渭之陽，念母之不見也。我見舅氏，如母存焉。及其卽位，思而作是詩也。

我送舅氏，曰至渭陽。何以贈之？路车乘黃。我送舅氏，悠悠我思，何以贈之？瓊瑰玉佩。

《左傳·莊公二十八年》 晉獻公娶于賈，無子。烝于齊姜，生秦穆夫人及大子申生。又娶二女於戎，大戎狐姬生重耳，小戎子生夷吾。晉伐驪戎，驪戎男女以驪姬。歸生奚齊。其娣生卓子。

驪姬嬖，欲立其子，賂外嬖梁五，與東關嬖五，使言於公曰：「曲沃，君之宗也。蒲與二屈，君之疆也。不可以無主。宗邑無主則民不威，疆埸無主則啓戎心。戎之生心，民慢其政，國之患也。若使大子主曲沃，而重耳、夷吾主蒲與屈，則可以威民而懼戎，且旌君伐。」使俱曰：「狄之廣莫，于晉爲都。晉之啓土，不亦宜乎？」晉侯説之。夏，使大子居曲沃，重耳居蒲城，夷吾居屈。羣公子皆鄙，唯二姬之子在絳。二五卒與驪姬譖羣公子而立奚齊，晉人謂之「二五耦」。

又 《閔公元年》 （冬）晉侯作二軍，公將上軍，大子申生將下軍。趙夙御戎，畢萬爲右，以滅耿、滅霍、滅魏。

還，爲大子城曲沃。賜趙夙耿，賜畢萬魏，以爲大夫。士蔿曰：「大子不得立矣，分之都城而位以卿，先爲之極，又焉得立。不如逃之，無使罪至，爲吴大伯，不亦可乎。猶有令名，與其及也。且諺曰：『心苟無瑕，何恤乎無家。』天若祚大子，其無晉乎。」

又 《閔公二年》 （冬）晉侯使大子申生伐東山皋落氏。里克諫曰：「大子奉冢祀社稷之粢盛，以朝夕視君膳者也，故曰冢子。君行則守，有守則從。從曰撫軍，守曰監國，古之制也。夫帥師，專行謀，誓軍旅，君與國政之所圖也，非大子之事也。師在制命而已。稟命則不威，專命則不孝。故君之嗣適，不可以帥師。君失其官，帥師不威，將焉用之。且臣聞皋落氏將戰，君其舍之。」公曰：「寡人有子，未知其誰立焉。」不對而退。見大子，大子曰：「吾其廢乎？」對曰：「告之以臨民，教之以軍旅，不共是懼，何故廢乎？且子懼不孝，無懼弗得立，修己而不責人，則免於難。」

大子帥師，公衣之偏衣，佩之金玦。狐突御戎，先友爲右。梁餘子養御罕夷，先丹木爲右。羊舌大夫爲尉。先友曰：「衣身之偏，握兵之要。在此行也，子其勉之。偏躬無慝，兵要遠災，親以無災，又何患焉！」狐突歎曰：「時，事之徵也。衣，身之章也。佩，衷之旗也。故敬其事則命以始，服其身則衣之純，用其衷則佩之度。今命以時卒，閟其事也；衣之龍服，遠其躬也；佩以金玦，棄其衷也。服以遠之，時以閟之，龍涼冬殺，金寒玦離，胡可恃也？雖欲勉之，狄可盡乎？」梁餘子養曰：「帥師者受命於廟，受脤於社，有常服矣。不獲而龍，命可知也。死而不孝，不如逃之。」罕夷曰：「龍奇無常，金玦不復，雖復何爲，君有心矣。」先丹木曰：「是服也，狂夫阻之。曰『盡敵而反』，敵可盡乎！雖盡敵，猶有內讒，不如違之。」狐突欲行。羊舌大夫曰：「不可。違命不孝，棄事不忠，雖知其寒，惡不可取，子其死之。」大子將戰，狐突諫

曰：『不可。昔辛伯諗周桓公云：「內寵並后，外寵二政，嬖子配適，大都耦國，亂之本也。」周公弗從，故及於難。今亂本成矣，立可必乎？孝而安民，子其圖之，與其危身以速罪也。』

又《僖公四年》 初，晉獻公欲以驪姬爲夫人，卜之不吉。筮之吉。公曰：『從筮。』卜人曰：『筮短龜長，不如從長。且其繇曰：「專之渝，攘公之羭。一薰一蕕，十年尚猶有臭。」必不可。』弗聽。立之。生奚齊。其娣生卓子。及將立奚齊，既與中大夫成謀，姬謂大子曰：『君夢齊姜，必速祭之。』大子祭于曲沃，歸胙於公。公田，姬置諸宮六日。公至，毒而獻之。公祭之地，地墳；與犬，犬斃；與小臣，小臣亦斃。姬泣曰：『賊由大子。』大子奔新城。公殺其傅杜原款。或謂大子：『子辭，君必辯焉。』大子曰：『君非姬氏，居不安，食不飽。我辭，姬必有罪。君老矣，吾又不樂。』曰：『子其行乎！』大子曰：『君實不察其罪，被此名也以出，人誰納我？』十二月戊申，縊於新城。姬遂譖二公子曰：『皆知之。』重耳奔蒲，夷吾奔屈。

又《僖公五年》 晉侯使以殺大子申生之故來告。初，晉侯使士蒍爲二公子築蒲與屈，不慎，置薪焉。夷吾訴之。公使讓之。士蒍稽首而對曰：『臣聞之，無喪而戚，憂必仇焉。無戎而城，仇必保焉。寇仇之保，又何慎焉！守官廢命不敬，固仇之保不忠，失忠與敬，何以事君？《詩》云：「懷德惟寧，宗子惟城。」君其修德而固宗子，何城如之？三年將尋師焉，焉用慎？』退而賦曰：『狐裘龍茸，一國三公，吾誰適從？』及難，公使寺人披伐蒲。重耳曰：『君父之命不校。』乃徇曰：『校者吾仇也。』逾垣而走。披斬其袪，遂出奔翟。

又《僖公六年》 六年春，晉侯使賈華伐屈，夷吾不能守，盟而行。將奔狄。郤芮曰：『後出同走，罪也。不如之梁。梁近秦而幸焉。』乃之梁。

又《僖公九年》 九月，晉獻公卒，里克、丕鄭欲納文公，故以三公子之徒作亂。

初，獻公使荀息傅奚齊，公疾，召之，曰：『以是藐諸孤，辱在大夫，其若之何？』稽首而對曰：『臣竭其股肱之力，加之以忠貞。其濟，君之靈也；不濟，則以死繼之。』公曰：『何謂忠貞？』對曰：『公家之利，知無不爲，忠也。送往事居，耦俱無猜，貞也。』及里克將殺奚齊，先告荀息曰：『三怨將作，秦、晉輔之，子將何如？』荀息曰：『將死之。』里克曰：『無益也。』荀叔曰：『吾與先君言矣，不可以貳。能欲復言而愛身乎？雖無益也，將焉辟之？且人之欲善，誰不如我？我欲無貳而能謂人已乎？』

冬十月，里克殺奚齊於次。書曰：『殺其君之子。』未葬也。荀息將死之，人曰：『不如立卓子而輔之。』荀息立公子卓以葬。十一月，里克殺公子卓于朝，荀息死之。君子曰：『《詩》所謂「白圭之玷，尚可磨也；斯言之玷，不可爲也，」荀息有焉。』【略】

晉郤芮使夷吾重賂秦以求入，曰：『人實有國，我何愛焉。入而能民，土于何有。』從之。齊隰朋帥師會秦師，納晉惠公。秦伯謂郤芮曰：『公子誰恃？』對曰：『臣聞亡人無黨，有黨必有讎。夷吾弱不好弄，能鬥不過，長亦不改，不識其他。』

公謂公孫枝曰：『夷吾其定乎？』對曰：『臣聞之，唯則定國。《詩》曰：「不識不知，順帝之則。」文王之謂也。又曰：「不僭不賊，鮮不爲則。」無好無惡，不忌不克之謂也。今其言多忌克，難哉！』公曰：『忌則多怨，又焉能克？是吾利也。』

又《僖公十年》 夏四月，周公忌父、王子黨會齊隰朋立晉侯。晉侯殺里克以說。將殺里克，公使謂之曰：『微子則不及此。雖然，子弒二君，與一大夫，爲子君者不亦難乎？』對曰：『不有廢也，君何以興？欲加之罪，其無辭乎？臣聞命矣。』伏劍而死。於是丕鄭聘于秦，且謝緩賂，故不及。

晉侯改葬共大子。秋，狐突適下國，遇大子，大子使登僕而告之曰：『夷吾無禮，余得請於帝矣。將以晉畀秦，秦將祀余。』對曰：『臣聞之，神不歆非類，民不祀非族，君祀無乃殄乎？且民何罪。失刑乏祀，君其圖之。』君曰：『諾。吾將復請。七日新城西偏，將有巫者而見我焉。』許之，遂不見。及期而往，告之曰：『帝許我罰有罪矣，敝于韓。』

丕鄭之如秦也，言于秦伯曰：『呂甥、郤稱、冀芮實爲不從，若重問以召之，臣出晉君，君納重耳，蔑不濟矣。』

冬，秦伯使冷至報問，且召三子。郤芮曰：『幣重而言甘，誘我也。』

遂殺丕鄭、祁舉及七輿大夫：左行共華、右行賈華、叔堅、騅顓、累虎、特宮、山祁，皆里、丕之黨也。丕豹奔秦，言于秦伯曰：『晉侯背大主而忌小怨，民弗與也，伐之必出。』公曰：『失衆，焉能殺。違禍，誰能出君。』

又《僖公十一年》 十一年春，晉侯使以丕鄭之亂來告。天王使召武公、內史過賜晉侯命。受玉惰。過歸，告王曰：『晉侯其無後乎。王賜之命而惰於受瑞，先自棄也已，其何繼之有？禮，國之幹也。敬，禮之輿也。不敬則禮不行，禮不行則上下昏，何以長世？』

又《僖公十三年》 冬，晉薦饑，使乞糴于秦。秦伯謂子桑：『與諸乎？』對曰：『重施而報，君將何求。重施而不報，其民必攜，攜而討焉，無衆必敗。』謂百里：『與諸乎？』對曰：『天災流行，國家代有，救災恤鄰，道也。行道有福。』

丕鄭之子豹在秦，請伐晉。秦伯曰：『其君是惡，其民何罪？』秦於是乎輸粟于晉，自雍及絳，相繼。命之曰泛舟之役。

又《僖公十四年》 秋八月辛卯，沙鹿崩。晉卜偃曰：『期年將有大咎，幾亡國。』

冬，秦饑，使乞糴于晉，晉人弗與。

慶鄭曰：『背施無親，幸災不仁，貪愛不祥，怒鄰不義。四德皆失，何以守國？』虢射曰：『皮之不存，毛將安傅？』慶鄭曰：『棄信背鄰，患孰恤之？無信患作，失援必斃，是則然矣。』虢射曰：『無損於怨而厚於寇，不如勿與。』慶鄭曰：『背施幸災，民所棄也。近猶仇之，況怨敵乎？』弗聽。退曰：『君其悔是哉！』

又《僖公十五年》（秋）晉侯之入也，秦穆姬屬賈君焉，且曰：『盡納羣公子。』晉侯烝于賈君，又不納羣公子，是以穆姬怨之。晉侯許賂中大夫，既而皆背之。賂秦伯以河外列城五，東盡虢略，南及華山，內及解梁城，既而不與。晉饑，秦輸之粟；秦饑，晉閉之糴，故秦伯伐晉。

卜徒父筮之，吉。涉河，侯車敗。詰之。對曰：『乃大吉也，三敗必獲晉君。其卦遇《蠱》，曰：「千乘三去，三去之餘，獲其雄狐。」夫狐蠱，必其君也。《蠱》之貞，風也；其悔，山也。歲云秋矣，我落其實而取其材，所以克也。實落材亡，不敗何待？』三敗及韓。

晉侯謂慶鄭曰：『寇深矣，若之何？』對曰：『君實深之，可若何？』公曰：『不孫。』卜右，慶鄭吉，弗使。步揚御戎，家僕徒爲右，乘小駟，鄭入也。慶鄭曰：『古者大事，必乘其產，生其水土而知其人心，安其教訓而服習其道，唯所納之，無不如志。今乘異產以從戎事，及懼而變，將與人易。亂氣狡憤，陰血周作，張脈僨興，外强中乾。進退不可，周旋不能，君必悔之。』弗聽。

九月，晉侯逆秦師，使韓簡視師，復曰：『師少於我，鬭士倍我。』公曰：『何故？』對曰：『出因其資，入用其寵，饑食其粟，三施而無報，是以來也。今又擊之，我怠秦奮，倍猶未也。』公曰：『一夫不可狃，況國乎。』遂使請戰，曰：『寡人不佞，能合其衆而不能離也。君若不還，無所逃命。』秦伯使公孫枝對曰：『君之未入，寡人懼之，入而未定列，猶吾憂也。苟列定矣，敢不承命。』韓簡退曰：『吾幸而得囚。』

壬戌，戰于韓原，晉戎馬還濘而止。公號慶鄭。慶鄭曰：『愎諫違卜，固敗是求，又何逃焉。』遂去之。梁由靡御韓簡，虢射爲右，輅秦伯，將止之。鄭以救公誤之，遂失秦伯。秦獲晉侯以歸。晉大夫反首拔舍從之。秦伯使辭焉，曰：『二三子何其戚也？寡人之從君而西也，亦晉之妖夢是踐，豈敢以至。』晉大夫三拜稽首曰：『君履后土而戴皇天，皇天后土實聞君之言，羣臣敢在下風。』

穆姬聞晉侯將至，以大子罃、弘與女簡、璧登臺而履薪焉。使以免服衰絰逆，且告曰：『上天降災，使我兩君匪以玉帛相見，而以興戎。若晉君朝以入，則婢子夕以死；夕以入，則朝以死。唯君裁之。』乃舍諸靈臺。

大夫請以入。公曰：『獲晉侯，以厚歸也，既而喪歸，焉用之？大夫其何有焉？且晉人戚憂以重我，天地以要我。不圖晉憂，重其怒也；我食吾言，背天地也。重怒難任，背天不祥，必歸晉君。』公子縶曰：『不如殺之，無聚慝焉。』子桑曰：『歸之而質其大子，必得大成。晉未可滅而殺其君，祇以成惡。且史佚有言曰：「無始禍，無怙亂，無重怒。」重怒難任，陵人不祥。』乃許晉平。

晉侯使郤乞告瑕呂飴甥，且召之。子金教之言曰：『朝國人而以君命賞，且告之曰：「孤雖歸，辱社稷矣。其卜貳圉也。」』衆皆哭。晉於是乎

作爰田。呂甥曰：『君亡之不恤，而羣臣是憂，惠之至也。將若君何？』衆曰：『何爲而可？』對曰：『征繕以輔孺子，諸侯聞之，喪君有君，羣臣輯睦，甲兵益多，好我者勸，惡我者懼，庶有益乎！』衆說。晉於是乎作州兵。

初，晉獻公筮嫁伯姬于秦，遇《歸妹》䷵之《睽》䷥。史蘇占之曰：『不吉。其繇曰：「士刲羊，亦無衁也。女承筐，亦無貺也。西鄰責言，不可償也。《歸妹》之《睽》，猶無相也。」《震》之《離》，亦《離》之《震》，爲雷爲火。爲嬴敗姬，車說其輹，火焚其旗，不利行師，敗于宗丘。《歸妹》《睽》孤，寇張之弧，侄其從姑，六年其逋，逃歸其國，而棄其家，明年其死於高梁之虚。』

及惠公在秦，曰：『先君若從史蘇之占，吾不及此夫。』韓簡侍，曰：『龜，像也；筮，數也。物生而後有象，像而後有滋，滋而後數。先君之敗德及，可數乎？史蘇是占，勿從何益？《詩》曰：「下民之孽，匪降自天，僔遝背憎，職競由人。」』【略】

十月，晉陰飴甥會秦伯，盟于王城。秦伯曰：『晉國和乎？』對曰：『不和。小人恥失其君而悼喪其親，不憚征繕以立圉也，曰：「必報讎，寧事戎狄。」君子愛其君而知其罪，不憚征繕以待秦命，曰：「必報德，有死無二。」以此不和。』秦伯曰：『國謂君何？』對曰：『小人戚，謂之不免。君子恕，以爲必歸。小人曰：「我毒秦，秦豈歸君？」君子曰：「我知罪矣。秦必歸君。貳而執之，服而舍之，德莫厚焉，刑莫威焉，服者懷德，貳者畏刑。此一役也，秦可以霸。納而不定，廢而不立，以德爲怨，秦不其然。」』秦伯曰：『是吾心也。』改館晉侯，饋七牢焉。

蛾析謂慶鄭曰：『盍行乎？』對曰：『陷君於敗，敗而不死，又使失刑，非人臣也。臣而不臣，行將焉入？』十一月晉侯歸。丁丑，殺慶鄭而後入。

是歲，晉又饑，秦伯又餼之粟，曰：『吾怨其君而矜其民。且吾聞唐叔之封也，箕子曰：「其後必大。」晉其庸可冀乎！姑樹德焉以待能者。』於是秦始征晉河東，置官司焉。

又《僖公十七年》 夏，晉大子圉爲質于秦，秦歸河東而妻之。惠公之在梁也，梁伯妻之。梁嬴孕過期，卜招父與其子卜之。其子曰：『將生一男一女。』招曰：『然。男爲人臣，女爲人妾。』故名男曰圉，女曰妾。及子圉西質，妾爲宦女焉。

又《僖公二十二年》 （秋）晉大子圉爲質于秦，將逃歸，謂嬴氏曰：『與子歸乎？』對曰：』子，晉大子，而辱于秦，子之欲歸，不亦宜乎？寡君之使婢子侍執巾櫛，以固子也。從子而歸，棄君命也。不敢從，亦不敢言。』遂逃歸。

又《僖公二十三年》 九月，晉惠公卒。懷公命無從亡人。期，期而不至，無赦。狐突之子毛及偃從重耳在秦，弗召。冬，懷公執狐突曰：『子來則免。』對曰：『子之能仕，父教之忠，古之制也。策名委質，貳乃辟也。今臣之子名在重耳，有年數矣。若又召之，教之貳也。父教子貳，何以事君？刑之不濫，君之明也，臣之願也。淫刑以逞，誰則無罪？臣聞命矣。』乃殺之。卜偃稱疾不出，曰：『《周書》有之：「乃大明服。」己則不明而殺人以逞，不亦難乎？民不見德而唯戮是聞，其何後之有？』【略】

晉公子重耳之及於難也，【略】遂奔狄。【略】過衛。【略】及齊，【略】及曹。【略】及宋。【略】及鄭。【略】及楚。【略】及送諸秦。

又《僖公二十四年》 二十四年春，王正月，秦伯納之，不書，不告入也。及河，子犯以璧授公子曰：『臣負羈絏從君巡於天下，臣之罪甚多矣。臣猶知之，而況君乎。請由此亡。』公子曰：『所不與舅氏同心者，有如白水。』投其璧於河。濟河，圍令狐，入桑泉，取臼衰。二月甲午，晉師軍于廬柳。秦伯使公子縶如晉師，師退，軍於郇。辛丑，狐偃及秦、晉之大夫盟于郇。壬寅，公子入于晉師。丙午，入于曲沃。丁未，朝于武宮。戊申，使殺懷公於高梁。不書，亦不告也。

呂、郤畏逼，將焚公宮而弑晉侯。寺人披請見，公使讓之，且辭焉。曰：『蒲城之役，君命一宿，女卽至。其後余從狄君以田渭濱，女爲惠公來求殺余，命女三宿，女中宿至。雖有君命，何其速也。夫袪猶在，女其行乎。』對曰：『臣謂君之入也，其知之矣。若猶未也，又將及難。君命無二，古之制也。除君之惡，唯力是視。蒲人、狄人，余何有焉。今君卽位，其無蒲、狄乎？齊桓公置射鉤而使管仲相，君若易之，何辱命焉？行者甚衆，豈唯刑臣。』公見之，以難告。三月，晉侯潛會秦伯于王城。

己丑晦，公宮火，瑕甥、郤芮不獲公，乃如河上，秦伯誘而殺之。晉侯逆夫人嬴氏以歸。秦伯送衛于晉三千人，實紀綱之僕。

初，晉侯之豎頭須，守藏者也。其出也，竊藏以逃，盡用以求納之。及入，求見，公辭焉以沐。謂僕人曰：『沐則心覆，心覆則圖反，宜吾不得見也。居者爲社稷之守，行者爲羈紲之僕，其亦可也，何必罪居者？國君而仇匹夫，懼者甚衆矣。』僕人以告，公遽見之。【略】

晉侯賞從亡者，介之推不言祿，祿亦弗及。推曰『獻公之子九人，唯君在矣。惠、懷無親，外内棄之。天未絶晉，必將有主。主晉祀者，非君而誰。天實置之，而二三子以爲己力，不亦誣乎？竊人之財，猶謂之盜，况貪天之功以爲己力乎？下義其罪，上賞其奸，上下相蒙，難與處矣！』其母曰：『盍亦求之，以死誰懟？』對曰：『尤而效之，罪又甚焉，且出怨言，不食其食。』其母曰：『亦使知之若何？』對曰：『言，身之文也。身將隱，焉用文之？是求顯也。』其母曰：『能如是乎？與女偕隱。』遂隱而死。晉侯求之，不獲，以綿上爲之田，曰：『以志吾過，且旌善人。』

《國語》卷七《晉語一》 獻公卜伐驪戎，史蘇占之，曰：『勝而不吉。』公曰：『何謂也？』對曰：『遇兆，挾以銜骨，齒牙爲猾，戎、夏交捽。交捽，是交勝也，臣故云。且懼有口，攜民，國移心焉。』公曰：『何口之有！口在寡人，寡人弗受，誰敢興之？』對曰：『苟可以攜，其入也必甘受，逞而不知，胡可壅也？』公弗聽，遂伐驪戎，克之。獲驪姬以歸，有寵，立以爲夫人。公飲大夫酒，令司正實爵與史蘇，曰：『飲而無肴。夫驪戎之役，女曰「勝而不吉」，故賞女以爵，罰女以無肴。克國得妃，其有吉孰大焉！』史蘇卒爵，再拜稽首曰：『兆有之，臣不敢蔽。蔽兆之紀，失臣之官，有二罪焉，何以事君？大罰將及，不唯無肴。抑君亦樂其吉而備其凶，凶之無有，備之何害？若其有凶，備之爲瘳。臣之不信，國之福也，何敢憚罰。』

飲酒出，史蘇告大夫曰：『有男戎必有女戎。若晉以男戎勝戎，而戎亦必以女戎勝晉，其若之何！』里克曰：『何如？』史蘇曰：『昔夏桀伐有施，有施人以妹喜女焉，妹喜有寵，於是乎與伊尹比而亡夏。殷辛伐有蘇，有蘇氏以妲己女焉，妲己有寵，於是乎與膠鬲比而亡殷。周幽王伐有褒，褒人以褒姒女焉，褒姒有寵，生伯服，於是乎與虢石甫比，逐太子宜臼而立伯服。太子出奔申，申人、鄫人召西戎以伐周，周於是乎亡。今晉寡德而安俘女，又增其寵，雖當三季之王，不亦可乎？且其兆云：「挾以銜骨，齒牙爲猾。」我卜伐驪，龜往離散以應我。夫若是，賊之兆也，非吾宅也，離則有之。不跨其國，可謂挾乎？不得其君，能銜骨乎？若跨其國而得其君，雖逢齒牙，以猾其中，誰云不從？諸夏從戎，非敗而何？從政者不可以不戒，亡無日矣！』

郭偃曰：『夫三季王之亡也宜。民之主也，縱惑不疚，肆侈不違，流志而行，無所不疚，是以及亡而不獲追鑑。今晉國之方，偏侯也。其土又小，大國在側，雖欲縱惑，未獲專也。大家、鄰國將師保之，多而驟立，不其集亡。雖驟立，不過五矣。且夫口，三五之門也。是以讒口之亂，不過三五。且夫挾，小鯁也。可以小戕，而不能喪國，當之者戕焉，于晉何害？雖謂之挾，而猾以齒牙，口弗堪也，其與幾何？晉國懼則甚矣，亡猶未也。商之衰也，其銘有之曰：「嗛嗛之德，不足就也，不可以矜，而祇取憂也。嗛嗛之食，不足狃也，不能爲膏，而祇罹咎也。」雖驪之亂，其罹咎而已，其何能服？吾聞以亂得聚者，非謀不卒時，非人不免難，非禮不終年，非義不盡齒，非德不及世，非天不離數。今不據其安，不可謂能謀；行之以齒牙，不可謂得人；廢國而向己，不可謂禮；不度而迂求，不可謂義；以寵賈怨，不可謂德；少族而多敵，不可謂天。德義不行，禮義不則，棄人失謀，天亦不贊。吾觀君夫人也，若爲亂，其猶隸農也。雖獲沃田而勤易之，將不克饗，爲人而已。』

士蔿曰：『誡莫如豫，豫而後給。夫子誡之，抑二大夫之言其皆有焉。』既，驪姬不克，晉正于秦，五立而後平。

驪姬賂二五，使言於公曰：『夫曲沃，君之宗也；蒲與二屈，君之疆也，不可以無主。宗邑無主，則民不威；疆埸無主，則啓戎心。戎之生心，民慢其政，國之患也。若使太子主曲沃，而二公子主蒲與屈，乃可以威民而懼戎，且旌君伐。』使俱曰：『狄之廣莫，于晉爲都。晉之啓土，不亦宜乎？』公説，乃城曲沃，太子處焉；又城蒲，公子重耳處焉；又城二屈，公子夷吾處焉。驪姬既遠太子，乃生之言，太子由是得罪。

獻公伐驪戎，克之，滅驪子，獲驪姬以歸，立以爲夫人，生奚齊。其娣生卓子。驪姬請使申生主曲沃以速懸，重耳處蒲城，夷吾處屈，奚齊處

絳，以儆無辱之故。公許之。史蘇朝，告大夫曰：「二三大夫其戒之乎，亂本生矣！日，君以驪姬爲夫人，民之疾心固皆至矣。昔者之伐也，興百姓以爲百姓也，是以民能欣之，故莫不盡忠極勞以致死也。今君起百姓以自封也，民外不得其利，而內惡其貪，則上下既有判矣；然而又生男，其天道也？天強其毒，民疾其態，其亂生哉！吾聞君之好好而惡惡，樂樂而安安，是以能有常。伐木不自其本，必復生；塞水不自其源，必復流；滅禍不自其基必復亂。今君滅其父而畜其子，禍之基也。畜其子，又從其欲，子思報父之耻而信其欲，雖好色，必惡心，不可謂好。好其色，必授之情。彼得其情以厚其欲，從其惡心，必敗國且深亂。亂必自女戎，三代皆然。」驪姬果作難，殺太子而逐二公子。君子曰：「知難本矣。」

驪姬生奚齊，其娣生卓子。公將黜太子申生而立奚齊。里克、丕鄭、荀息相見，里克曰：「夫史蘇之言將及矣！其若之何？」荀息曰：「吾聞事君者，竭力以役事，不聞違命。君立臣從，何貳之有？」丕鄭曰：「吾聞事君者，從其義，不阿其惑。惑則誤民，民誤失德，是棄民也。民之有君，以治義也。義以生利，利以豐民，若之何其民之與處而棄之也？必立太子。」里克曰：「我不佞，雖不識義，亦不阿惑，吾其靜也。」三大夫乃別。

蒸于武公，公稱疾不與，使奚齊莅事。猛足乃言于太子曰：「伯氏不出，奚齊在廟，子盍圖乎！」太子曰：「吾聞之羊舌大夫曰：『事君以敬，事父以孝。』受命不遷爲敬，敬順所安爲孝。棄命不敬，作令不孝，又何圖焉？且夫間父之愛而嘉其貺，有不忠焉；廢人以自成，有不貞焉。孝、敬、忠、貞，君父之所安也。棄安而圖，遠於孝矣，吾其止也。」

獻公田，見翟柤之氛，歸寢不寐。郤叔虎朝，公語之。對曰：「床笫之不安邪？抑驪姬之不存側邪？」公辭焉。出遇士蔿，曰：「今夕君寢不寐，必爲翟柤也。夫翟柤之君，好專利而不忌，其臣競諂以求媚，其進者壅塞，其退者拒違。其上貪以忍，其下偷以幸，有縱君而無諫臣，有冒上而無忠下。君臣上下各饜其私，以縱其回，民各有心而無所據依。以是處國，不亦難乎！君若伐之，可克也。吾不言，子必言之。」蔿以告，公悅，乃伐翟柤。郤叔虎將乘城，其徒曰：「棄政而役，非其任也。」郤叔虎曰：「既無老謀，而又無壯事，何以事君？」被羽先升，遂克之。【略】

十六年，公作二軍，公將上軍。太子申生將下軍以伐霍。師未出，士蔿言于諸大夫曰：「夫太子，君之貳也，恭以俟嗣，何官之有？今君分之土而官之，是左之也。吾將諫以觀之。」乃言於公曰：「夫太子，君之貳也，而帥下軍，無乃不可乎？」公曰：「下軍，上軍之貳也。寡人在上，申生在下，不亦可乎？」士蔿對曰：「下不可以貳上。」公曰：「何故？」對曰：「貳若體焉，上下左右，以相心目，用而不倦，身之利也。上貳代舉，下貳代履，周旋變動，以役心目，故能治事，以制百物。若下攝上，與上攝下，周旋不動，以違心目，其反爲物用也，何事能治？故古之爲軍也，軍有左右，闕從補之，成而不知，是以寡敗。若以下貳上，闕而不變，敗弗能補也。變非聲章，弗能移也。聲章過數則有釁，有釁則敵入，敵入而凶，救敗不暇，誰能退敵？敵之如志，國之憂也，可以陵小，難以征國。君其圖之！」公曰：「寡人有子而制焉，非子之憂也。」對曰：「太子，國之棟也，棟成乃制之，不亦危乎！」公曰：「輕其所任，雖危何害？」士蔿出語人曰：「太子不得立矣。改其制而不患其難，輕其任而不憂其危，君有異心，又焉得立？行之克也，將以害之；若其不克，其因以罪之。雖克與否，無以避罪。與其勤而不入，不如逃之，君得其欲，太子遠死，且有令名，爲吳太伯，不亦可乎？」太子聞之，曰：「子輿之爲我謀，忠矣。然吾聞之：爲人子者，患不從，不患無名；爲人臣者，患不勤，不患無祿，今我不才而得勤與從，又何求焉？焉能及吳太伯乎？」太子遂行，克霍而反，讒言彌興。

優施教驪姬夜半而泣謂公曰：「吾聞申生甚好仁而強，甚寬惠而慈於民，皆有所行之。今謂君惑於我，必亂國，無乃以國故而行強於君。君未終命而不歿，君其若之何？盍殺我，無以一妾亂百姓。」公曰：「夫豈惠其民而不惠于其父乎？」驪姬曰：「妾亦懼矣。吾聞之外人之言曰：爲仁與爲國不同。爲仁者，愛親之謂仁；爲國者，利國之謂仁。故長民者無親，衆以爲親。苟利衆而百姓和，豈能憚君？以衆故不敢愛親，衆況厚之，彼將惡始而美終，以晚蓋者也。凡民利是生，殺君而厚利衆，衆孰沮之？殺親無惡於人，人孰去之？苟交利而得寵，志行而衆悅，欲其甚矣，孰不惑焉？雖欲愛君，惑不釋也。今夫以君爲紂，若紂有良子，而

先喪紂，無章其惡而厚其敗。鈞之死也，無必假手于武王，而其世不廢，祀至於今，吾豈知紂之善否哉？君欲勿恤，其可乎？若大難至而恤之，其何及矣！』公懼曰：『若何而可？』驪姬曰：『君盍老而授之政。彼得政而行其欲，得其所索，乃其釋君。且君其圖之，自桓叔以來，孰能愛親？唯無親，故能兼翼。』公曰：『不可與政。我以武與威，是以臨諸侯。未歿而亡政，不可謂武；有子而弗勝，不可謂威。我授之政，諸侯必絕；能絕於我，必能害我。失政而害國，不可忍也。爾勿憂，吾將圖之。』

驪姬曰：『以皋落狄之朝夕苛我邊鄙，使无日以牧田野，君之仓廪固不實，又恐削封疆。君盍使之伐狄，以觀其果於衆也，與衆之信輯睦焉。若不勝狄，雖濟其罪，可也；若勝狄，則善用衆矣，求必益廣，乃可厚圖也。且夫勝狄，諸侯驚惧，吾邊鄙不儆，仓廪盈，四鄰服，封疆信，君得其賴，又知可否，其利多矣。君其圖之！』公説。是故使申生伐東山，衣之偏裻之衣，佩之以金玦。僕人贊聞之，曰：『太子殆哉！君賜之奇，奇生怪，怪生無常，無常不立。使之出征，先以觀之，故告之以離心，而示之以堅忍之權，則必惡其心而害其身矣。惡其心，必内險之；害其身，必外危之。危自中起，難哉！且是衣也，狂夫阻之衣也。其言曰：「盡敵而反。」雖盡敵，其若内讒何！』申生勝狄而反，讒言作於中。君子曰：『知微。』十七年冬，公使太子伐東山。里克諫曰：『臣聞皋落氏將戰，君其释申生也！』公曰：『行也！』里克对曰：『非故也。君行，太子居，以監國也；君行，太子從，以撫軍也。今君居，太子行，未有此也。』公曰：『非子之所知也。寡人聞之，立太子之道三：身鈞以年，年同以愛，愛疑決之以卜、筮。子无謀吾父子之間，吾以此觀之。』公不説。里克退，見太子。太子曰：『君賜我以偏衣、金玦，何也？』里克曰：『孺子惧乎？衣躬之偏，而握金玦，令不偷矣。孺子何惧！夫为人子者，惧不孝，不惧不得。且吾聞之曰：「敬賢于請。」孺子勉之乎！』君子曰：『善處父子之間矣。』

太子遂行，狐突御戎，先友爲右，衣偏衣而佩金玦。出而告先友曰：『君與我此，何也？』先友曰：『中分而金玦之權，在此行也。孺子勉之乎！』狐突歎曰：『以厖衣純，而玦之以金銑者，寒之甚矣，胡可恃也？雖勉之，狄可盡乎？』先友曰：『衣躬之偏，握兵之要，在此行也，勉之而已矣。偏躬無慝，兵要遠災，親以無災，又何患焉？』至於稷桑，狄人出逆，申生欲戰。狐突諫曰：『不可。突聞之：國君好艾，大夫殆；好内，適子殆，社稷危。若惠于父而遠于死，惠於衆而利社稷，其可以圖之乎？況其危身于狄以起讒於内也？』申生曰：『不可。君之使我，非歡也，抑欲測吾心也。是故賜我奇服，而告我權。又有甘言焉。言之大甘，其中必苦。譖在中矣，君故生心。雖蝎譖，焉避之？不若戰也。不戰而反，我罪滋厚；我戰死，猶有令名焉。』果敗狄于稷桑而反。讒言益起，狐突杜門不出。君子曰：『善深謀也。』

又 卷八《晉語二》 反自稷桑，處五年，驪姬謂公曰：『吾聞申生之謀愈深。日，吾固告君曰得衆，衆不利，焉能勝狄？今矜狄之善，其志益廣。狐突不順，故不出。吾聞之，申生甚好信而强，又失言於衆矣，雖欲有退，衆將責焉。言不可食，衆不可弭，是以深謀。君若不圖，難將至矣！』公曰：『吾不忘也，抑未有以致罪焉。』

驪姬告優施曰：『君既許我殺太子而立奚齊矣，吾難里克，奈何！』優施曰：『吾來里克，一日而已。子爲我具特羊之饗，吾以從之飲酒。我優也，言無郵。』驪姬許諾，乃具，使優施飲里克酒。中飲，優施起舞，謂里克妻曰：『主孟啗我，我教兹暇豫事君。』乃歌曰：『暇豫之吾吾，不如鳥烏。人皆集于苑，己獨集於枯。』里克笑曰：『何謂苑？何謂枯？』優施曰：『其母爲夫人，其子爲君，可不謂苑乎？其母既死，其子又有謗，可不謂枯乎？枯且有傷。』優施出，里克辟奠，不飧而寢。夜半，召優施，曰：『曩而言戲乎？抑有所聞之乎？』曰：『然。君既許驪姬殺太子而立奚齊，謀既成矣。』里克曰：『吾秉君以殺太子，吾不忍。通復故交，吾不敢。中立其免乎？』優施曰：『免。』

旦而里克見丕鄭，曰：『夫史蘇之言將及矣！優施告我，君謀成矣，將立奚齊。』丕鄭曰：『子謂何？』曰：『吾對以中立。』丕鄭曰：『惜也！不如曰不信以疏之，亦固太子以攜之，多爲之故，以變其志，志少疏，乃可間也。今子曰中立，況固其謀也，彼有成矣，難以得間。』里克曰：『往言不可及也，且人中心唯無忌之，何可敗也！子將何如？』丕鄭曰：『我無心。是故事君者，君爲我心，制不在我。』里克曰：『弑君

以爲廉，長廉以驕心，因驕以制人家，吾不敢。抑撓志以從君，爲廢人以自利也，利方以求成人，吾不能。將伏也！」明日，稱疾不朝。三旬，難乃成。

驪姬以君命命申生曰：『今夕君夢齊姜，必速祠而歸福。』申生許諾，乃祭于曲沃，歸福於絳。公田，驪姬受福，乃寘鴆於酒，寘堇於肉。公至，召申生獻，公祭之地，地墳。申生恐而出。驪姬與犬肉，犬斃；飲小臣酒，亦斃。公命殺杜原款。申生奔新城。

杜原款將死，使小臣圉告于申生，曰：『款也不才，寡智不敏，不能教導，以至於死。不能深知君之心度，棄寵求廣土而竄伏焉；小心狷介，不敢行也。是以言至而無所訟之也，故陷於大難，乃逮於讒。然款也不敢愛死，唯與讒人鈞是惡也。吾聞君子不去情，不反讒，讒行身死可也，猶有令名焉。死不遷情，强也。守情説父，孝也。殺身以成志，仁也。死不忘君，敬也。孺子勉之！死必遺愛，死民之思，不亦可乎？』申生許諾。

人謂申生曰：『非子之罪，何不去乎？』申生曰：『不可。去而罪釋，必歸於君，是怨君也。章父之惡，取笑諸侯，吾誰鄉而入？內困于父母，外困于諸侯，是重困也。棄君去罪，是逃死也。吾聞之：「仁不怨君，智不重困，勇不逃死。」若罪不釋，去而必重。去而罪重，不智。逃死而怨君，不仁。有罪不死，無勇。去而厚怨，惡不可重，死不可避，吾將伏以俟命。』

驪姬見申生而哭之，曰：『有父忍之，況國人乎？忍父而求好人，人孰好之？殺父以求利人，人孰利之？皆民之所惡也，難以長生！』驪姬退，申生乃雉經於新城之廟。將死，乃使猛足言於狐突曰：『申生有罪，不聽伯氏，以至於死。申生不敢愛其死，雖然，吾君老矣，國家多難，伯氏不出，奈吾君何？伯氏苟出而圖吾君，申生受賜以至於死，雖死何悔！』是以謚爲共君。

驪姬既殺太子申生，又譖二公子曰：『重耳、夷吾與知共君之事。』公令閹楚刺重耳，重耳逃于狄；令賈華制夷吾，夷吾逃于梁。盡逐羣公子，乃立奚齊焉。始爲令，國無公族焉。

二十二年，公子重耳出亡，及柏谷，卜適齊、楚。狐偃曰：『無卜焉。夫齊、楚道遠而望大，不可以困往。道遠難通，望大難走，困往多悔。困且多悔，不可以走望。若以偃之慮，其狄乎！夫狄近晉而不通，愚陋而多怨，走之易達。不通可以竄惡，多怨可與共憂。今若休憂于狄，以觀晉國，且以監諸侯之爲，其無不成。』乃遂之狄。

處一年，公子夷吾亦出奔，曰：『盍從吾兄竄于狄乎？』冀芮曰：『不可。後出同走，不免於罪。且夫偕出偕入難，聚居異情惡，不若走梁。梁近于秦，秦親吾君。吾君老矣，子往，驪姬懼，必援于秦。以吾存也，且必告悔，是吾免也。』乃遂之梁。居二年，驪姬使奄楚以環釋言。四年，復爲君。【略】

二十六年，獻公卒。里克將殺奚齊，先告荀息曰：『三公子之徒將殺孺子，子將如何？』荀息曰：『死吾君而殺其孤，吾有死而已，吾蔑從之矣！』里克曰：『子死，孺子立，不亦可乎？子死，孺子廢，焉用死？』荀息曰：『昔君問臣事君於我，我對以忠貞。君曰：「何謂也？」我對曰：「可以利公室，力有所能，無不爲，忠也。葬死者，養生者，死人復生不悔，生人不媿，貞也。」吾言既往矣，豈能欲行吾言而又愛吾身乎？雖死，焉避之？』

里克告丕鄭曰：『三公子之徒將殺孺子，子將何如？』丕鄭曰：『荀息謂何？』對曰：『荀息曰「死之」。』丕鄭曰：『子勉之。夫二國士之所圖，無不遂也。我爲子行之。子帥七輿大夫以待我。我使狄以動之，援秦以摇之。立其薄者可以得重賂，厚者可使無入。國，誰之國也！』里克曰：『不可。克聞之，夫義者，利之足也；貪者，怨之本也。廢義則利不立，厚貪則怨生。夫孺子豈獲罪於民？將以驪姬之惑蠱君而誣國人，讒羣公子而奪之利使君迷亂，信而亡之，殺無罪以爲諸侯笑，使百姓莫不有藏惡於其心中，恐其如壅大川，潰而不可救禦也。是故將殺奚齊而立公子之在外者，以定民弭憂，于諸侯且爲援，庶幾曰諸侯義而撫之，百姓欣而奉之，國可以固。今殺君而賴其富，貪且反義。貪則民怨，反義則富不爲賴。賴富而民怨，亂國而身殆，懼爲諸侯載，不可常也。』丕鄭許諾。於是殺奚齊、卓子及驪姬，而請君于秦。

既殺奚齊，荀息將死之。人曰：『不如立其弟而輔之。』荀息立卓子。里克又殺卓子，荀息死之。君子曰：『不食其言矣。』

既殺奚齊、卓子，里克及丕鄭使屠岸夷告公子重耳于狄，曰：『國亂

民擾，得國在亂，治民在擾，子盍入乎？吾請爲子鉥。』重耳告舅犯曰：『里克欲納我。』舅犯曰：『不可。夫堅樹在始，始不固本，終必槁落。夫長國者，唯知哀樂喜怒之節，是以導民。不哀喪而求國，難；因亂以入，殆，以喪得國，則必樂喪，樂喪必哀生。因亂以入，則必喜亂，喜亂必怠德。是哀樂喜怒之節易也，何以導民？民不我導，誰長？』重耳曰：『非喪誰代？非亂誰納我？』舅犯曰：『偃也聞之，喪亂有小大。大喪大亂之剡也，不可犯也。父母死爲大喪，讒在兄弟爲大亂。今適當之，是故難。』公子重耳出見使者，曰：『子惠顧亡人重耳，父生不得供備灑掃之臣，死又不敢蒞喪以重其罪，且辱大夫，敢辭。夫固國者，在親衆而善鄰，在因民而順之。苟衆所利，鄰國所立，大夫其從之。重耳不敢違。』

呂甥及郤稱亦使蒲城午告公子夷吾于梁，曰：『子厚賂秦人以求入，吾主子。』夷吾告冀芮曰：『呂甥欲納我。』冀芮曰：『子勉之。國亂民擾，大夫無常，不可失也。非亂何入？非危何安？幸苟君之子，唯其索之也。方亂以擾，孰適禦我？大夫無常，苟衆所置，孰能勿從？子盍盡國以賂外內，無愛虛以求入，既入而後圖聚。』公子夷吾出見使者，再拜稽首許諾。

呂甥出告大夫曰：『君死自立則不敢，久則恐諸侯之謀，徑召君於外也，則民各有心，恐厚亂，盍請君于秦乎？』大夫許諾。乃使梁由靡告于秦穆公曰：『天降禍於晉國，讒言繁興，延及寡君之紹續昆裔，隱悼播越，託在草莽，未有所依。又重之以寡君之不祿，喪亂並臻。以君之靈，鬼神降衷，罪人克伏其辜，羣臣莫敢寧處，將待君命。君若惠顧社稷，不忘先君之好，辱收其逋遷裔胄而建立之，以主其祭祀，且鎮撫其國家及其民人，雖四鄰諸侯之聞之也，其誰不儆懼於君之威，而欣喜於君之德？終君之重愛，受君之重貺，而羣臣受其大德，晉國其誰非君之羣隸臣也？』

秦穆公許諾，反使者，乃召大夫子明及公孫枝，曰：『夫晉國之亂，吾誰使先，若夫二公子而立之？以爲朝夕之急。』大夫子明曰：『君使縶也。縶敏且知禮，敬以知微。敏能竄謀，知禮可使；敬不墜命，微知可否。君其使之。』

乃使公子縶弔公子重耳于狄，曰：『寡君使縶弔公子之憂，又重之以喪。寡人聞之，得國常於喪，失國常於喪。時不可失，喪不可久，公子其圖之！』重耳告舅犯。舅犯曰：『不可。亡人無親，信仁以爲親，是故置之者不殆。父死在堂而求利，人孰仁我？人實有之，我以徼幸，人孰信我？不仁不信，將何以長利？』公子重耳出見使者，曰：『君惠弔亡臣，又重有命。重耳身亡，父死不得與於哭泣之位，又何敢有他志以辱君義？』再拜不稽首，起而哭，退而不私。公子縶退，弔公子夷吾于梁，如弔公子重耳之命。夷吾告冀芮曰：『秦人勤我矣！』冀芮曰：『公子勉之。亡人無狷潔，狷潔不行，重賂配德，公子盡之，無愛財！人實有之，我以徼幸，不亦可乎？』公子夷吾出見使者，再拜稽首，起而不哭，退而私于公子縶曰：『中大夫里克與我矣，吾命之以汾陽之田百萬。丕鄭與我矣，吾命之以負蔡之田七十萬。君苟輔我，蔑天命矣！亡人苟入掃宗廟，定社稷，亡人何國之與有？君實有郡縣，且入河外列城五。豈謂君無有，亦爲君之東游津梁之上，無有難急也。亡人之所懷挾纓纕，以望君之塵垢者。黄金四十鎰，白玉之珩六雙，不敢當公子，請納之左右。』

公子縶反，致命穆公。穆公曰：『吾與公子重耳，重耳仁。再拜不稽首，不没爲後也。起而哭，愛其父也。退而不私，不没於利也。』公子縶曰：『君之言過矣。君若求置晉君而載之，置仁不亦可乎？君若求置晉君以成名於天下，則不如置不仁以猾其中，且可以進退。臣聞之曰「仁有置，武有置。仁置德，武置服。」』是故先置公子夷吾，實爲惠公。

穆公問冀芮曰：『公子誰恃于晉？』對曰：『臣聞之，亡人無黨，有黨必有讎。夷吾之少也，不好弄戲，不過所復，怒不及色，及其長也弗改。故出亡無怨于國，而衆安之。不然，夷吾不佞，其誰能恃乎？』君子曰：『善以微勸也。』

《禮記》卷六《檀弓上》　晉獻公將殺其世子申生，公子重耳謂之曰：『子蓋言子之志於公乎！』世子曰：『不可，君安驪姬，是我傷公之心也。』曰：『然則蓋行乎？』世子曰：『不可，君謂我欲弑君也。天下豈有無父之國哉！吾何行如之？』使人辭於狐突曰：『申生有罪，不念伯氏之言也，以至於死。申生不敢愛其死。雖然，吾君老矣，子少，國家多難。伯氏不出而圖吾君，伯氏苟出而圖吾君，申生受賜而死。』再拜稽首，乃卒。是以爲恭世子也。

《公羊傳・僖公五年》 五年，春，晉侯殺其世子申生。曷爲直稱晉侯以殺？殺世子母弟直稱君者，甚之也。

又《僖公九年》 冬，晉里克弒其君之子奚齊。此未逾年之君，其言弒其君之子奚齊何？杀未逾年君之號也。

又《僖公十年》 晉里克弒其君卓子，及其大夫荀息。及者何？累也。弒君多矣，舍此無累者乎？曰有，孔父、仇牧皆累也。舍孔父、仇牧無累者乎？曰有。有則此何以書？賢也。何賢乎荀息？荀息可謂不食其言矣。其不食其言奈何？奚齊、卓子者，驪姬之子也，荀息傳焉。驪姬者，國色也。獻公愛之甚，欲立其子，於是殺世子申生。申生者，里克傅之。獻公病將死，謂荀息曰：『士何如，則可謂之信矣？』荀息對曰：『使死者反生，生者不愧乎其言，則可謂信矣。』獻公死，奚齊立。里克謂荀息曰：『君殺正而立不正，廢長而立幼，如之何？原與子慮之。』荀息曰：『君嘗訊臣矣，臣對曰：「使死者反生，生者不愧乎其言，則可謂信矣。」』里克知其不可與謀，退，弒奚齊。荀息立卓子，里克弒卓子，荀息死之。荀息可謂不食其言矣。【略】

晉殺其大夫里克。里克弒二君，則曷爲不以討賊之辭言之？惠公之大夫也。然則孰立惠公？里克也。里克弒奚齊、卓子，逆惠公而入。里克立惠公，則惠公曷爲殺之？惠公曰：『爾既殺夫二孺子矣，又將圖寡人。爲爾君者，不亦病乎？』於是殺之。然則曷爲不言惠公之入？晉之不言出入者，踊爲文公諱也。齊小白入于齊，則曷爲不爲桓公諱？桓公之享國也長，美見乎天下，故不爲之諱本惡也。文公之享國也短，美未見乎天下，故爲之諱本惡也。

《穀梁傳・僖公五年》 五年，春，晉侯殺其世子申生。目晉侯，斥殺，惡晉侯也。

又《僖公九年》 冬，晉里克殺其君之子奚齊。其君之子云者，國人不子也。國人不子，何也？不正其殺世子申生而立之也。

又《僖公十年》 晉殺其大夫里克。稱國以殺，罪累上也。里克弒二君與一大夫，二君：奚齊，卓子。一大夫：荀息。其以累上之辭言之，何也？據有罪。其殺之不以其罪也。其殺之不以其罪，奈何？里克所爲殺者，爲重耳也。殺奚齊、卓子者，欲以重耳爲君。『是又將殺我乎？』故殺之，不以其罪也。其爲重耳弒奈何？晉獻公伐虢，得麗姬，獻公私之。有二子，長曰奚齊，稚曰卓子。麗姬欲爲亂，亂謂殺申生而立其子。麗姬，伐虢所得，《左氏》伐麗戎所得。故謂君曰：『吾夜者夢夫人趨而來曰：「吾苦畏！」夫人，申生母。胡不使大夫將衛士而衛冢乎？』公曰：『孰可使？』曰：『臣莫尊於世子，則世子可。』故君謂世子曰：『麗姬夢夫人趨而來曰：「吾苦畏！」女其將衛士而往衛冢乎！』世子曰：『敬諾！』築宮，宮成。麗姬又曰：『吾夜者夢夫人趨而來曰：「吾苦饑！」世子之宮已成，則何爲不使祠也？』故獻公謂世子曰：『其祠！』世子祠。已祠，致福於君。君田而不在。麗姬以酖爲酒，藥脯以毒。獻公田來，麗姬曰：『世子已祠，故致福於君。』君將食，麗姬跪曰：『食自外來者，不可不試也。』覆酒於地而地賁。賁，沸起也。酖，以鴆鳥毛畫酒。以脯與犬，犬死。麗姬下堂而啼，呼曰：『天乎，天乎！國，子之國也，子何遲於爲君？』君喟然歎曰：『吾與女未有過切，吾與女未有雖不對大子發歎，而爲此言也。是何與我之深也？』使人謂世子曰：『爾其圖之！』世子之傅里克謂世子曰：『入自明！入自明則可以生，不入自明則不可以生。』世子曰：『吾君已老矣，已昏矣。吾若此而入自明，則麗姬必死，麗姬死，則吾君不安。所以使吾君不安者，吾不若自死，吾寧自殺以安吾君，以重耳爲寄矣。』慮麗姬又譖重耳，故以托里克，使保全之。刎脰而死。脰，頸也。故里克所爲弒者，爲重耳也。夷吾曰：『是又將殺我也。』

《史記》卷三九《晉世家》 （晉獻公）五年，伐驪戎，得驪姬、驪姬弟，俱愛幸之。【略】

十二年，驪姬生奚齊。獻公有意廢太子，乃曰：『曲沃吾先祖宗廟所在，而蒲邊秦，屈邊翟，不使諸子居之，我懼焉。』於是使太子申生居曲沃，公子重耳居蒲，公子夷吾居屈。獻公與驪姬子奚齊居絳。晉國以此知太子不立也。太子申生，其母齊桓公女也，曰齊姜，早死。申生同母女弟爲秦穆公夫人。重耳母，翟之狐氏女也。夷吾母，重耳母女弟也。獻公子八人，而太子申生、重耳、夷吾皆有賢行。及得驪姬，乃遠此三子。【略】

（二十年）獻公私謂驪姬曰：『吾欲廢太子，以奚齊代之。』驪姬泣曰：『太子之立，諸侯皆已知之，而數將兵，百姓附之，奈何以賤妾之故廢適立庶？君必行之，妾自殺也。』驪姬詳譽太子，而陰令人譖惡太子，

而欲立其子。

論説

宋・蘇轍《詩集傳》卷六《唐風・渭陽》　《渭陽》，康公念母也。

我送舅氏，曰至渭陽。何以贈之？路車乘黄。我送舅氏，悠悠我思。何以贈之？瓊瑰玉佩。

母之兄弟曰舅。康公之母，晉獻公之女而文公之姊也。文公遭驪姬之難，未反。而秦姬卒，穆公之納文公，而康公送之渭陽，傷母之不及見，而作是詩。

宋・李樗、黄櫄《毛詩集解》卷四《緑衣》　李曰：並后匹嫡，大都偶國，亂之本也。並后爲亂之本者，如幽王以申后爲后繼，而又寵褒姒，晉獻公之寵驪姬，唐高宗之寵武后，皆爲國家之禍。如齊桓公可謂賢矣，以内寵如夫人者六人，雖有九合之功，卒不免有五公子爭立之禍，其死也尸蟲出於户外，經時而殯。則嫡庶之分，不可不明也。夫子於《詩》《春秋》皆詳著之，如此詩與《白華》之詩。隱元年書『天王使宰咺來歸惠公、仲子之賵。』僖八年書『禘于太廟，用致夫人。』皆所以正嫡庶之分也。莊姜者，莊公之夫人也，美而無子。公子州吁，乃嬖人之子也。妾上僭者謂公子州吁之母子也，惟州吁之母上僭，故莊姜之所以失位。此詩之所以作也。【略】

蓋以女比黄緑者，如序嫡妾之分如此之不明，此君之罪也。古人，鄭氏謂：『制禮者，不必以爲制禮也。』言古人之能正嫡妾之分，故我思古人能使人無過差之行。妾之所以上僭嫡者，非妾之罪，國君使之然也；妾之所以能知尊卑之禮，亦非妾之賢，乃國君使之然也。絺、綌，所以當暑，今乃當凄風之時以待寒，以喻莊公所以御莊姜者，非其道也。思古之人能使嫡妾貴賤各得其序，此所以實得我之心也。黄魯直以爲《緑衣》，莊姜傷己之詩也。由後世言之，則必曰：『夫何使我至於此極也！』今莊姜之辭，如此其心可知矣。《緑衣》之詩，但言妾上僭，夫人失位，以刺莊公不能正嫡妾之分，而其辭意不失之迫切。欲知詩之敦厚者，當以刺詩觀之，方其美之，則未足以見其敦厚。惟其刺之然，亦辭不迫切，故可以知其敦厚也。

黄曰：並后匹嫡，大都偶國，亂之本也。如幽王寵褒姒，晉獻公寵驪姬，唐高宗之寵武后，皆爲國家之禍。齊桓公内寵如夫人者六人，雖以九合之功，卒不免五公子爭立之禍。孔子於《詩》於《春秋》著之甚詳，以此爲亂亡之基也。漢高帝欲立趙王如意，若非張良、四皓，漢祚危矣。故莊姜此詩亦是憂國之辭，非但傷己而已。且傷己之詩，則當曰：『夫何使我至於此極也！』今莊姜辭不迫切，而有憂國之念，欲知詩人敦厚者，尤當於刺詩觀之。

宋・范處義《詩補傳》卷一〇《唐風・采苓》　苓，大苦，即甘草也；苦，苦菜也；葑，須菜也，以喻讒人之言。首陽，山名；之巔，山上也；之下，山下也；之東，山陽也，皆顯明之地。凡譖人者，懼君之不見聽，反受其禍，必於幽闇之地，徐進其説。今獻公既好聽矣，故讒人不復懼，乃於顯明之地，公然言之。苓之味美，苦之味惡，葑之味上美而下惡。蓋善爲讒者，始以甘言，投之以譬，則苓也；繼以苦言，動之以譬，則苦也；終則甘苦之言，並進以譬，則葑也。讒言如此，則不聽者鮮矣，況好聽者乎？采苓，采苦，采葑，皆重言之，亦以見讒人之言，不一而足也。案《國語》：驪姬始請申生處曲沃，重耳處蒲城，夷吾處屈，奚齊處絳，以儆無辱。此以甘言投之也。繼以夜半而泣曰：『申生甚好仁而彊，甚寬惠而慈。謂君惑於我，必亂國，無乃行彊於君。盍殺我，無以一妾亂百姓。』此以苦言動之也。終則曰：『若紂有良子，而先喪紂，無章其惡而厚其敗。鈞之死也，無必假手於武王。君盍老而授之政，而行其欲，乃其釋君。』此甘苦之言並進也。申生亦謂狐突曰：『言之大甘，其中必苦。譖在中矣，君故生心。』獻公果殺申生，逐羣公子。詩人之言，信如蓍龜，不可忽也。三章申言人之言，不可苟信，不可苟與，不可苟從。固當舍之，然亦不可。苟不然其言，而但已當察其言，胡爲而得？則讒者，當知懼矣。詩人刺其好而戒其審，庶幾其悟也。是詩三章，皆比而賦之也。

宋・衛湜《禮記集説》卷一五《檀弓上第三》　鄭氏曰：獻公信驪姬之譖，重耳欲使世子言見譖之意。蓋皆當爲盍。盍，何不也。志，意也。世子謂言其意，則驪姬必誅重耳。曰『盍行乎？』行，猶去也。世子

謂『天下豈有無父之國？』言人有父，則皆惡欲弑父者。使人辭於狐突，辭猶告也。前此獻公使申生伐東山皋落氏，狐突謂申生欲使之行，今言不念伯氏之言，謝之也。伯氏，狐突别氏。子少，謂驪姬之子奚齊。圖，猶謀也。不出，謂狐突自皋落氏反後懼而稱疾焉。賜，猶惠也。既告狐突，乃雉經。申生言行如此，可以爲恭於孝，則未之有。重耳，申生異母弟，後立爲文公。驪姬，獻公伐驪戎所獲女也，申生之母，蚤卒。驪姬嬖焉狐突，申生之傅舅犯之父也。

孔氏曰：此一節論獻公殺申生之事。案：僖四年，《左傳》云：姬謂太子曰：『君夢齊姜，必速祭之。』太子歸胙於公。公田，姬寘諸宮，六日，毒而獻之。公祭之地，地墳；與犬，犬斃；與小臣，小臣亦斃。姬泣曰：『賊由太子。』是驪姬譖申生之事也。《左傳》又云：或謂太子曰：『子辭，君必辯焉。』杜預註：『以六日之狀自理。』謂毒酒經宿輒敗，若申生初置毒，何以經六日其酒尚好，明臨至加藥焉。此重耳欲使言見譖之意也。《左傳》又云：太子曰：『君非驪姬，居不安，食不飽。君老矣，吾又不樂。』謂我若自理，驪姬必誅，姬死之後，君無復歡樂。此云：『是我傷公之心』是也。雉，牛鼻繩也。申生以牛繩自縊死，或謂雉性耿介，被人所獲，必自屈折其頭而死。《漢書》載趙人貫高自絶亢而死，申生當亦然也。孝子不陷親於不義，申生但能恭順於父事而已。《謚法》曰：『敬順事上曰恭。』

長樂陳氏曰：君子之於親，有言以明己，有諫以明事，諫則以幾爲順，以孰爲敬，幾而不入，則至於孰，孰而不入，則至於號，號而將至於見殺，則亦有義以逃之。是雖於親有所不從，而於義無所不順，於親或不我愛，而於鄉閭無所得罪，此古之所謂孝子也。彼不善事親者，以小愛賊恩，姑息賊德，於己可以言而不言，於事可以諫而不諫，依違隱忍，惟意是從，以至隕身於其親之命而陷親於不義之名。是將以安親而反危之，將以悦親而反辱之，此君子之所不取也。晉獻公將殺其世子申生，申生於親可言而不言，而且懼傷公之心於義；可逃而不逃，而且謂天下豈有無父之國以至忘其躬之不閲，而且卹國家之多難不顧死生之大節，而且謹再拜之末儀，是恭而已非孝也。《春秋》書『晉侯殺其世子申生』，蓋書晉侯以明晉侯之無道，書申生以明申生之罪也。雖然春秋之時，臣弑其君，子弑其父，如衛輒拒父而爭國，楚商臣弑君而簒位。則申生之行，蓋可哀而恕之也。孔子曰：『苟志於仁，無惡也。』故《禮》不以申生爲不孝，而以之爲恭。猶《詩》不以伋、壽爲不孝，而以之爲不瑕也。然以《春秋》禮義之法繩之，則申生不足以爲孝矣。

馬氏曰：昔幽王惑於褒姒而逐太子宜臼，奔于申。太子之傅作《小弁》以刺之。然君子不責宜臼以出奔之罪，而謂《小弁》有孝子之道。申生之事，蓋與宜臼無以異也，而申生失之，特不知止於先王之禮義而已。若衛宣公之二子爭相爲死，雖有殺身以成仁之志，而其死之亦非義也。然國人以其相爲於禍難之中，亦自作詩以思之。而申生愛君父，恤國難，猶有善於彼，雖非孝也，而謂之恭則宜矣。

廬陵胡氏曰：案春秋自閔二年至僖二十三年狐突事晉未嘗去，此云不出，記《禮》者誤。

宋・劉敞《春秋傳》卷五《僖公》 五年春，晉侯殺其世子申生，曷爲直稱晉侯以殺？殺世子母弟，直稱君者，甚之也。甚之奈何？晉獻公之夫人曰齊姜，生太子申生，又娶二女于戎。大戎狐姬，生重耳。小戎子生夷吾。晉伐驪戎，驪戎男女以驪姬歸，生奚齊，其娣生卓子。驪姬嬖，欲立其子，賂外嬖梁五與東關嬖五，使言于公曰：『曲沃，君之宗也，蒲與二屈，君之疆也，不可以無主。宗邑無主，則民不威；疆埸無主，則啓戎心。戎之生心，民慢其政，國之患也。若使太子主曲沃，而重耳、夷吾主蒲與屈，則可以威民而懼戎，且旌君伐。』使俱曰：『狄之廣莫，於晉爲都。晉之啓土，不亦宜乎？』公説，使太子居曲沃，重耳居蒲，夷吾居屈。羣公子俱鄙，唯二姬之子在絳。晉始作二軍，公將上軍，太子將下軍。士蔿曰：『太子不得立矣，分之都城而位以卿，先爲之極，又焉得立。不如逃之，無使罪至。爲吳太伯，不亦可乎？猶有令名，與其及也。太子弗從，驪姬既譖太子而疏之。謂太子曰：『君夢齊姜，必速祭之。』太子祭於曲沃，歸胙于公。公田，驪姬寘諸宫六日。公至，毒而獻之。公祭諸地，地墳；與犬，犬斃；與小臣，小臣亦斃。姬泣曰：『賊由太子。』太子奔新城。公殺其傅杜原款。而急太子，或謂太子：『子辭，君必辯焉。』太子曰：『君非姬氏，居不安，食不飽。我辭，姬必有罪。君老矣，吾又不樂。』『然則其行乎？』太子曰：『君實不察其罪，被此名也

以出，人誰納我？』乃縊而死。申生可謂輕其死矣，語孝則未也。杞伯姬來朝其子，何以書？譏。何譏爾？杞伯姬來朝其子，非禮也。伯姬爲志乎朝其子，則是杞伯失夫之道也。諸侯相見曰朝，以待人父之道待人之子，内失正矣，參譏之。夏，公孫兹如牟。公及齊侯、宋公、陳侯、衛侯、鄭伯、許男、曹伯會王世子于首止。曷爲殊會王世子？世子貴也，世子猶世世子也。秋八月，諸侯盟于首止，無中事復舉諸侯，何也？尊王世子而不敢與盟也。尊則其不敢與盟何也？盟者不相信，故謹信也。不敢以所不信而加於尊者，故不敢盟也。此一地也，曷爲再言首止？善是盟也。曷爲善之？王將以爱易世子。桓公爲是，率諸侯會而盟之，王室以安，則是正乎？不正，不正則其嘉之何也？王將以愛易世子，諸侯莫知以爭，則不可以諫，則不得。桓公控大國，扶小國，會世子于首止，以尊天王爲之也。然而諸侯以睦，天王以尊，後嗣以定，一會而父子君臣之道皆得焉。故孔子曰：『正而不譎』，此之謂也。鄭伯逃歸不盟，其言逃歸何？去其衆也。國君去其衆，猶曰匹夫之行也。楚人滅弦，弦子奔黄。九月戊申朔，日有食之。冬，晋人執虞公。此滅也，何以不言滅？虞之滅于晋久矣，非一日之積也。此入而執也，何以不言以歸？地之緼於晋久矣，國非其國也，自滅夏陽始焉。

宋・吕祖謙《左氏傳説》卷二《僖公・驪姬欲殺申生四年》 驪姬之殺申生，《國語》所載甚詳。看《左氏》與《國語》相爲表裏，而《晋語》中所載本末具備。中大夫里克也，《左氏》則載將立奚齊，既與中大夫成謀，而《晋語》中則載當時驪姬欲殺申生而立奚齊，所難者，尚有里克使優施以酒飲，里克欲以優言説之。觀優施以言動克言：『人皆集於苑，已獨集於枯』，是言申生之勢已自摧死，不可倚恃。里克却言：『吾秉君以殺太子，吾不忍。通復故交，吾不敢，中立其免乎？』優施曰：『免則驪姬之計行矣。』故優施得里克之語，以告驪姬。姬聞優施之言，遂肆行而無忌。以《國語》所載論之，所謂里克不同謀殺申生，但對優施言。然《左氏》直書『中大夫成謀』。當時姬難里克，里克若能守正不奪，則殺申生之謀必不成。克既有中立之言，故姬得以肆其謀而無憚，雖不預驪姬謀，謂之成謀亦可也。大抵姦人作亂，不必要人依附，則且持兩端中立，以爲無所與於其間，則姦人便可以成謀。《左氏》斷所以歸中大夫之罪，到後面一段使之歸胙於獻公。當時驪姬殺申生之謀，獻公已許他了。今特造此一段事，爲罪名而已。然則殺申生不是獻公不知，當驪姬譖君之際，論來太子合當便行。當時太子謂『我辭，姬必有罪，或使之行。』謂『君實不察其罪』，皆是不知獻公之心。然此時太子既是不出亡，甘心待死而已。辦一死了以正理論，固是成父之過，然而犯逆死罪了已自不是。太子合卽便就死，又却奔歸於所封之邑，須當看這一節這箇不是。變生倉卒時無措，如此申生既不畏死，尚自當倉卒之變奔歸於邑，又不是要恃城郭以作亂。以此見處，死却易，從容就死則難。此無他元無工夫，且則是小心不忍，便至倉卒無措，其不近道理亦自可見。

宋・魏了翁《春秋左傳要義》卷二二《宣公元年至四年上・無畜羣公子，非驪姬詛，乃國人詛》 服虔曰：『驪姬與獻公及諸大夫詛無畜羣公子，欲令其二子專國。』杜雖不注，義似不然。若驪姬身爲此詛，姬死卽應復常，何得比至於今？國無公族，豈復文襄之霸，遂踵驪姬法乎？蓋爲奚齊、卓子以庶篡適，晋國創其爲亂，不用復畜公子。案檢《傳》文及《國語》，文公之子雍在秦，樂在陳，黑臀在周，襄公之孫談在周，則是晋之公子悉皆出在他國，是其因行而不改，成公今始革之。故《傳》本其初也，則是國内因驪姬之亂，乃設此詛，非驪姬自爲詛也。若驪姬爲詛，不須言驪姬之亂，以言之亂，知其創驪姬也。自此之後，雖立公族而顯者亦少，唯有悼公之弟楊干，悼公之子憖，二人名見於《傳》。昭十八年，鄭人救火，『子産辭晋公子，公孫於東門之。』外更無其人，良由逼於六卿，不被任用故耳。

元・程端學《春秋本義》卷一〇《僖公》 五年春，晋侯殺其世子申生。

《左氏》曰：晋獻公娶于賈，無子。烝於齊姜，生秦穆夫人及太子申生。又娶二女於戎，大戎狐姬生重耳，小戎子生夷吾。晋伐驪戎，驪戎男女以驪姬，歸，生奚齊，其娣生卓子。驪姬嬖，欲立其子，賂外嬖梁五與東關嬖五，使言於公曰：『曲沃，君之宗也；蒲與二屈，君之疆也；不可以無主。若使太子主曲沃，而重耳、夷吾主蒲與屈，則可以威民而懼戎。』晋侯悦之。夏，使太子居曲沃，重耳居蒲城，夷吾居屈。羣公子皆鄙，唯二姬之子在絳。二五卒與驪姬譖羣公子而立奚齊。晋作二軍，公將

上軍，太子申生將下軍。以滅耿、滅霍、滅魏。還，爲太子城曲沃。士蔿曰：『太子不得立矣。分之都城，而位以卿，先爲之極，又焉得立？不如逃之，無使辠至。爲吳太伯，不亦可乎？』晉侯使太子申生伐東山皋落氏。里克諫曰：『太子奉冢祀，社稷之粢盛，以朝夕視君膳者也，故曰冢子。君行則守，有守則從。從曰撫軍，守曰監國，古之制也。夫帥師，專行謀，誓軍旅，君與國政之所圖也，非大子之事也。師在制命而已，禀命則不威，專命則不孝，故君之嗣適不可以帥師。君失其官，帥師不威，將焉用之？且臣聞皋落氏將戰，君其舍之。』公曰：『寡人有子，未知其誰立焉。』不對而退。太子帥師，公衣之偏衣，佩之金玦。狐突歎曰：『時，事之徵也。雖欲勉之，狄可盡乎？』梁餘子養曰：『死而不孝，不如逃之。』罕夷曰：『君有心矣。』狐突欲行，羊舌大夫曰：『不可。違命不孝，棄事不忠。子其死之。』太子將戰，狐突諫曰：『不可，昔辛伯諗周桓公云：『内寵並后，外寵二政，嬖子配適，大都耦國，亂之本也。』周公弗從，故及於難。今亂本成矣，立可必乎？孝而安民，子其圖之，與其危身以速辠也。』初，晉獻公欲以驪姬爲夫人，卜人不可。弗聽，立之。生奚齊，其娣生卓子。及將立奚齊，既與中大夫成謀。姬謂太子曰：『吾夢齊姜，必速祭之。』太子祭於曲沃，歸胙於公。公田，姬寘諸宮六日。公至，毒而獻之。公祭之地，地墳；與犬，犬斃；與小臣，小臣亦斃。姬泣曰：『賊由太子。』大子奔新城。事又見《國語》。公殺其傅杜原款。或謂大子：『子辭，君必辯焉。』太子曰：『君非姬氏，居不安，食不飽。我辭，姬必有辠。君老矣，吾又不樂。』曰：『子其行乎？』大子曰：『君實不察其辠，被此名也以出，人誰納我？』十二月戊申，縊於新城。姬遂譖二公子曰：『皆知之。』重耳奔蒲，夷吾奔屈。晉侯使以殺大子申生之故來告。陸氏曰：『申生雖有愛父之心，而乃陷父於不義，俾讒人得志，國以亂離。古人云：「小仁，大仁之賊也。」』愚謂晉獻雖不操刃以殺申生，然置之必死之地，而不暇辨讒言之曲直，非晉侯殺之而誰哉？首惡之名不得辭矣，此亦魯史之直筆，而聖人録之，以示教者也。莘老孫氏曰：申生之事見於傳記備矣，晉侯之惡見矣。然人子之道至於見殺，則不爲孝矣。舜之事瞽瞍，瞽瞍亦允若而卒免於禍。申生之於獻公也，獻公聽讒，申生死之。《春秋》舉重者言之，斥言晉侯，而申生未免有辠也。朴鄉吕氏曰：董子曰：『有國者不可以不知《春秋》，前有讒而不見，後有賊而不知。爲人臣者不可以不通《春秋》，守經事而不知其宜，遭變事而不知其權。』若獻公者，其諸所謂『前有讒而不見』，此所以蒙首惡之名；若申生者，其諸所謂『遭變事而不知其權』，此所以陷父於不義。康侯胡氏曰：《春秋》，端本澄源之書也，尸此者其誰乎？《春秋》書之，使後世有欲紊妃妾之名，亂適庶之位，縱人欲，滅天理，以敗其家國者知所戒焉。以此防民，猶有以堯母名門，使姦臣探逆其意，有危皇太子之心，以成巫蠱之禍者。

又　卷一一《僖公》（九年）冬，晉里克殺其君之子奚齊。殺，《公羊》作弒。

里克，世子申生之傅也。其君之子，里克之君之子也。居喪稱子之義。奚齊，晉獻庶子驪姬所出，疑荀息欲立奚齊，而諸大夫不從，故奚齊未立，而里克殺之。奚齊既非嫡嗣，而又未立，則固其君之子也，故不書曰『弒其君』。《奚齊外傳》曰：驪姬將殺申生，而難太子之傅里克，謀於優施。飲里克酒，爲『烏烏集枯』之歌，以感動里克。里克欲中立以免難，稱疾不朝。驪姬遂得以成其殺申生之謀。及獻公卒，乃殺奚齊、卓子而欲納重耳。《左氏》曰：獻公卒，里克、丕鄭欲納文公，故以三公子之徒作亂。初，獻公使荀息傅奚齊，公疾，召之，曰：『以是藐諸孤，辱在大夫，其若之何？』稽首而對曰：『臣竭其股肱之力，加之以忠貞。其濟，君之靈也；不濟，則以死繼之。』公曰：『何謂忠貞？』對曰：『公家之利，知無不爲，忠也。送往事居，耦俱無猜，貞也。』及里克將殺奚齊，先告荀息曰：『三怨將作，秦、晉輔之，子將何如？』荀息曰：『將死之。』里克曰：『無益也。』荀叔曰：『吾與先君言矣，不可以貳。能欲復言而愛身乎？雖無益也，將焉辟之？且人之欲善，誰不如我？我欲無貳而能謂人已乎？』冬十月，里克殺奚齊於次。荀息將死之，人曰：『不如立卓子而輔之。』荀息立公子卓以葬。愚謂里克爲申生傅，當晉獻殺申生時，不以死爭而欲中立，免難偷生失節矣。及晉獻死，乃旋爲申生報怨而殺奚齊。夫奚齊雖庶孽，乃其君之子也，若不當立，宜別立君，而處奚齊於一所。且殺申生者，晉獻也，非奚齊也。一旦殺奚齊，則是臣報君怨，非里克殺其君之子而何哉？朱子曰：里克事只以《左傳》所書，未

見其是非。《國語》載驪姬陰託里克之妻，其後里克守不定，遂有中立之說。他當時只難里克，里克不變，太子可安。由是觀之，里克之辠明矣。又曰：他倒了處便在那中立上，天下無中立之事。自家若排得他便用排退，他若奈何不得，便用自死。今一許驪姬中立，他事便了，便是他求生避禍。

明·朱朝瑛《讀詩畧記》卷二《采苓》　《序》曰：刺晉獻公也。獻公好聽讒言，按《左傳》：獻公聽士蔿之謀，則去富子殺游氏二子及游氏之族，乃城聚羣公子而盡殺之；聽驪姬之譖，則殺其太子盡逐其諸子。天下之聽信讒言，爲禍酷烈，未有如獻公之甚者也。

明·湛若水《春秋正傳》卷一三《僖公》　（十年）晉殺其大夫里克。

《正傳》曰：書晉殺其大夫里克，則討罪之義隱矣。何以隱？若里克者，志在重耳撥亂反正，以報太子申生也。其大夫云者，重耳之大夫，忠於重耳太子者也。然而克實申生、奚齊、卓子之弑賊矣，是可殺也。何謂可以殺里克？聽驪姬之邪謀而中立，稱疾不朝，以成太子之禍，又不死難，遂弑二君，則可以殺矣。《左氏》曰：夏，四月，周公忌父、王子黨會齊隰朋，立晉侯。晉侯殺里克以說。將殺里克，公使謂之曰：『微子，則不及此。雖然，子弑二君與一大夫，爲子君者，不亦難乎？』對曰：『不有廢也，君何以興？欲加之罪，其無辭乎？臣聞命矣。』伏劍而死。愚謂里克連弑三君，宜尸諸市，朝以正其罪而乃止，如此故曰：『討罪之義隱矣。』穀梁曰：獻公伐虢，得驪姬，獻公私之。有二子，長曰奚齊，稚曰卓子。驪姬欲爲亂，故謂君曰：『吾夜者夢夫人趨而來，曰：吾苦畏。胡不使大夫將衛士而衛冢乎？』公曰：『孰可使？』曰：『臣莫尊於世子，則世子可。』故君謂世子曰：『驪姬夢夫人趨而來曰，吾苦畏女，其將衛士而往衛冢乎？』世子曰：『敬諾。』築宮，宮成，驪姬又曰：『吾夜者夢夫人趨而來曰：吾苦飢！世子之宮已成，則何爲不使祠也？』故獻公謂世子曰：『其祠！』世子祠。已祠，致福於君。君田而不在。驪姬以酖爲酒，藥脯以毒。獻公田來，驪姬曰：『世子已祠，故致福於君。』君將食，驪姬跪曰：『食自外來者，不可不試也。』覆酒於地而地賁，以脯與犬犬死。驪姬下堂而啼呼曰：『天乎！天乎！國子之國也，子何遲於爲君？』君喟然歎曰：『吾與女未有過切，是何與我之深也！』使人謂世子曰：『爾其圖之。』世子之傅里克謂世子曰：『入自明，則可以生。』世子曰：『吾君已老矣，已昏矣。吾若此而入自明，則驪姬必死。驪姬死，則吾君不安。所以使吾君不安者，吾不若自死。吾寧自殺以安吾君。』以重耳爲寄矣，刎脰而死。故里克所爲弑者，爲重耳也。夷吾曰：『是又將殺我也。』胡氏曰：若惠公既立，而謂克曰：先君命大夫爲世子傅，世子死非其罪，而大夫不之恤。若奚齊者，既有先君之命矣，而大夫又殺之，以及卓大夫雖殺之，獨不念先君之命乎？則克必再拜而死，不復有言矣。

明·楊愼《升菴集》卷六八《伐國之女》　李德裕云：自古得伐國之女以爲妃，后未嘗不致危亡之患，何也？亡國之餘，焉能無怨氣？其開基之先，皆一時之傑。其瀆鬼嶽祇，愛其血食，忿其滅亡，故能爲厲，必生妖美之色，以蠱惑其君而危亡之。晉之驪姬、楚之夏姬、息嬀、苻堅之清河公主、侯景之溧陽公主、隋文帝之陳夫人皆是物也。史蘇所謂『我以男戎勝彼，彼必以女戎勝我』。《隋書》曰：『興門之男，衰門之女。』信矣。《杜牧集》載陳希烈、桂娘事尤異。

清·愛新覺羅·玄燁《聖祖仁皇帝御製文第三集》卷二六《雜著·古文評論·左傳》　晉獻公嬖驪姬。莊公二十八年。

觀獻公之行事，雖非驪姬二五，亦無不亂之理，此人事亦天道也。

清·馬驌《左傳事緯》卷二《晉驪姬之亂》　《唐風·采苓》之篇，刺信讒也，曰：『人之爲言，苟亦無信。』夫知爲讒而猶信者寡矣。父子之親，其天性也，捧負提攜，畏其不壽，而謂信讒以殺之，有是理哉？嗟乎！讒人亦多術矣。陽譽陰譖，以深其謀；歌笑流涕，以堅其說。久之，而令父蹈不慈，子蹈不孝，始因亂而中取其利。牀第之間，爲效尤捷，視彼驕人，亶其可畏已哉？晉獻公滅國開疆，亦雄傑之主也，而不能勝一驪姬之讒，愛色授情，齒牙交捽，二五成耦，三公子出。申生一死，爲禍尤酷，優施教以夜泣，大臣要其中立。銜骨有日，毒胙忽發。然後太子不敢辯，公亦不及察也。申生既縊，羣子易除，不煩多詞，而止曰皆知，重耳、夷吾不敢寧居矣。中大夫日比爲謀，三公子一旦盡黜，驪姬至此，羽翼已成，亡人之徒，越在他國。三怨之伏，非姬氏所知也，惟獻

公猶能知之。荀息忠貞又復多謀，獻公識其可托，屬以奚齊，非必與於廢嫡之謀也，然而公疾方篤，二子久亡，奚齊雖庶，聊主社稷，舍其君而外求君，寧云易乎？既已頓首受命，不得不奉先君之志以周旋。里克痛念大子，深惡女戎，因國人之憤怒以申大義，荀息至是，雖心知其不勝，顧白圭之義，已不可爽矣。重耳賢而且長，以次當立。其出亡也，國士從之。丕、里之徒所欲援立者也。乃惠公乘間許賂幸而得入，二子之志終未愜也。惠公固已先察之矣，里克以弑君正罪，丕鄭以聘秦獲辜。兩害俱涂，惠公之意先定之也。獨是夷吾之所藉以有晉國者，惟恃二臣與秦國耳。儌倖得位，輒復食言，烝賈君而閉公子，背兩賂而忘汎舟，秦晉交絶，夷吾孤矣。韓原被獲，幸而得反，身死而子爲戮，唐叔之祀，幾何不絶。固惠懷之無親，亦天之有以啓霸主也。初，驪姬之爲讒也，曰自桓叔以來，誰能愛親？唯無親故能兼翼。噫！晉之無道，其來舊矣。婦人猶知借以行譖獻公，殺桓莊之族，以求安其國。女戎自招諸子爲戮殘敗之事，胡可長也？爲申生者，遭家多難，進退罹法。處偏鄙則動静咸辜，委彊翟則勝敗交戾，甘己罪而惡傷君之心，稽首再拜，不敢愛死，謂之仁孝可也，寧止共乎？

藝　文

唐·元稹《元氏長慶集》卷二五《樂府·有鳥二十章庚寅》　有鳥有鳥如鶴雀，食蚍抱礜山多大石天姿惡。行經水滸爲毒流，羽拂酒盃爲死藥。漢后忍渴天豈知，驪姬墳地君寧覺。嗚呼爲有白色毛，亦得乘軒謬稱鶴。

宋·魏野《東觀集》卷一〇《寓興七首》　勿謂患至大，君聖民有賴。勿謂事至小，父荒子無告。因思唐堯九年水，少於驪姬數滴泪。

宋·洪芻《西渡集》附録二《芍藥》　蠶老桑柔戴勝鳴，翻階芍藥占春榮。牽風孫壽愁眉破，帶雨驪姬淚眼横。

宋·王十朋《梅溪前集》卷一〇《詠史詩·晉獻公》　齒髮衰殘志慮昏，讒興婦口可心寒。不知尤物能爲禍，却爲驪姬寢食安。

宋·劉克莊《後村集》卷一四《雜詠一百首·申生》　君父如天地，雖逃安所之。可憐共世子，死不恨驪姬。

宋·俞德鄰《佩韋齋集》卷一《遣興十首呈孟兵部使君》　雉鳴朝求雌，木壞疾無枝。仁心秉君子，小弁怨何磯。在昔共世子，待烹慰驪姬。亦有魯閔氏，朔風衣單衣。二賢豈不怨，仁義固良知。夐夐彼投免，跂跂奔鹿斯。道死尚或墐，況乃天性爲。

元·洪焱祖《杏庭摘稾·絶句·題楊妃圖》　自是三郎溺燕私，千年禍水説蛾眉。驪姬殺子九齡去，妾在壽王宫裹時。

明·王世貞《弇州四部稿》卷八《詩部·五言古六十二首·寓懷·其六》　驪姬適晉侯，戎車啼粧濕。入宫與君歡，匡牀愧其泣。才人邯鄲豔，自誇傾城國。朝陪君王薦，夕作厮養匹。履榮仍譏賤，在約方念適。焉知非夢幻，役役勞真則。

聲姬亂齊政

綜　述

《左傳·襄公十九年》　齊侯娶于魯曰顔懿姬，無子。其姪鬲聲姬生光，以爲大子。諸子，仲子、戎子，戎子嬖。仲子生牙，屬諸戎子。戎子請以爲大子，許之。仲子曰：『不可。廢常不祥，間諸侯難。光之立也，列于諸侯矣。今無故而廢之，是專黜諸侯，而以難犯不祥也。君必悔之。』公曰：『在我而已。』遂東大子光，使高厚傅牙以爲大子。夙沙衛爲少傅。

漢·劉向《列女傳》卷七《孽嬖傳·齊靈聲姬》　聲姬者，魯侯之女，靈公之夫人，太子光之母也，號孟子。淫通于大夫慶克，與之蒙衣乘輦而入于閎，鮑牽見之，以告國佐。國佐召慶克，將詢之。慶克久不出，以告孟子曰：『國佐非我。』孟子怒。時國佐相靈公，會諸侯于柯陵，高子、鮑子處内守。及還，將至，閉門而索客。孟子訴之曰：『高、鮑將不内君，而欲立公子角，國佐知之。』公怒，刖鮑牽而逐高子、國佐，二人奔莒。更以崔杼爲大夫，使慶克佐之。乃帥師圍莒，不勝。國佐使人殺慶克。靈公與佐盟而復之。孟子又訴而殺之。及靈公薨，高、鮑皆復遂殺孟子，齊亂乃息。《詩》云：『匪教匪時維婦寺。』此之謂也。

頌曰：齊靈聲姬，厥行亂失。淫于慶克，鮑牽是疾。譖訴高、鮑，遂以奔亡。好禍用亡，亦以事喪。

宋·劉敞《春秋傳》卷一一《襄公》（十有九年）八月丙辰，仲孫蔑卒。齊殺其大夫高厚。稱國以殺大夫者，罪累上也。高厚之累上，奈何齊靈公娶于魯，曰顔懿姬，無子。其姪鬷聲姬，生光，以爲太子。諸子仲子、戎子，戎子嬖。仲子生牙，屬諸戎子焉。戎子請以爲太子，靈公許之。仲子曰：『不可。廢常，不祥；間諸侯，難。光之立也，列於諸侯矣。無故而廢之，是專黜諸侯，而以難犯不祥也。君必悔之。』靈公曰：『在我而已。』使太子光居鄙，以牙爲太子，高厚傅之。靈公疾，崔杼微，逆光疾病而立焉。光殺戎子，執公子牙。靈公卒，光即位，於是殺高厚焉。

宋·吕本中《春秋集解》卷二一《襄公》（十九年）齊殺其大夫高厚。

《左氏傳》：齊侯娶於魯，曰顔懿姬，無子。其姪鬷聲姬，生光，以爲太子。諸子仲子、戎子，戎子嬖。仲子生牙，屬諸戎子。戎子請以爲太子，許之。仲子曰：『不可。光之立也，列於諸侯矣。』公曰：『在我而已。』遂東太子光，使高厚傅，牙以爲太子，夙沙衛爲少傅。齊侯疾，崔杼微，逆光疾病而立之。光殺戎子。秋八月，齊崔杼殺高厚於灑藍，而兼其室。

劉氏《傳》：稱國以殺大夫者，罪累上也。高厚之累上，奈何齊靈公廢太子光，以牙爲太子，高厚傅之。靈公疾，崔杼微，逆光。靈公卒，光即位，於是殺高厚也。

明·傅遜《春秋左傳屬事》卷一三《崔慶之亂》 十九年。 齊侯娶於魯，曰顔懿姬，無子。其姪鬷聲姬，生光，以爲太子。諸子仲子、戎子，戎子嬖。仲子生牙，屬諸戎子。戎子請以爲太子，許之。仲子曰：『不可。廢常，不祥；間諸侯，難。光之立也，列於諸侯矣，今無故而廢之，是專黜諸侯，而以難犯不祥也。君必悔之。』公曰：『在我而已。』遂東太子光，使高厚傅。牙以爲太子，夙沙衛爲少傅。齊侯疾，崔杼微，逆光疾病而立之。光殺戎子，尸諸朝，非禮也。婦人無刑，雖有刑，不在朝市。夏五月壬辰晦，齊靈公卒。莊公即位，執公子牙於句瀆之丘。以夙沙衛易已，衛奔高唐以叛。顔、鬷皆二姬，母姓，因以爲號。懿、聲皆謚。諸子，齊内官號，戎子、戎女，仲子、宋女皆子姓，屬托也。許，齊侯許。常，嫡庶常分。難，事難成也，謂光列於諸侯之會，尊同諸侯矣。東，廢而徙之東鄙微密也。疾病，公疾甚也。無刑，無黥刖之刑，雖犯罪刑不暴其尸。莊公，光也，謂衛教公易已。高唐，齊邑，今山東高唐州。父未瞑目而殺其愛，爲忍已甚，又何論其尸與否乎？秋八月，齊崔杼殺高厚於灑藍，而兼其室。書曰『齊殺其大夫』，從君於昏也。灑藍，齊地。厚從公，廢長立幼，不能諫止，故以國討爲文。齊慶封圍高唐，弗克。冬十一月，齊侯圍之，見衛在城上，號之，乃下。問守備焉，以無備告。揖之，乃登。聞師將傅，食高唐人。殖綽、工僂會夜縋納師，醢衛於軍。齊侯以衛下與已語，且以情告，故揖而禮焉。欲生之衛，志於戰死，故不順而登城。聞齊師將附城，故食高唐人，使共守。殖綽、工僂，齊二士。會昏夜時登城，而高唐人方共食，故不及禦二子。縋納齊師，獲衛而醢之。

論説

元·程端學《春秋本義》卷二二《襄公》（十九年）齊殺其大夫高厚。

《左氏》曰：齊侯娶於魯，曰顔懿姬，無子。其姪鬷聲姬，生光，以爲大子。諸子仲子、戎子。戎子嬖，仲子生牙，屬諸戎子。戎子請以爲大子，許之。仲子曰：『不可。廢常，不祥；間諸侯，難。光之立也，列於諸侯矣，今無故而廢之，是專黜諸侯，而以難犯不祥也。君必悔之。』公曰：『在我而已。』遂東大子光，使高厚傅。牙以爲大子，夙沙衛爲少傅。齊侯疾，崔杼微，逆光疾病而立之。齊靈公卒，莊公即位。執公子牙於句瀆之丘，以夙沙衛易已。衛奔高唐以叛齊。崔杼殺高厚於灑藍，而兼其室。愚案：此必齊光既立之後，崔杼與光共殺之，故以國殺，而又曰殺其大夫也。義見《莊二十六年》：曹殺大夫。木訥趙氏曰：齊之權臣崔與高也。高既誅，齊之權在崔而已，故不旋踵而有崔杼之逆。高之殺，崔之幸，齊之不幸也。

元·鄭玉《春秋闕疑》卷三一《襄公》（十九年）秋七月辛卯，齊侯環卒。

齊侯娶于魯，曰顔懿姬，無子。其姪鬷聲姬，生光，以爲太子。諸子仲子、戎子，戎子嬖。仲子生牙，屬諸戎子。戎子請以爲大子，許之。仲子曰：『不可。廢常，不祥；間諸侯，難。光之立也，列于諸侯矣，今無故而廢之，是專黜諸侯，而以難犯不詳也。君必悔之。』公曰：『在我而已。』遂東大子光，使高厚傅。牙以爲大子，夙沙衛爲少傅。齊侯疾，崔杼微。逆光疾病而立之。光殺戎子，尸諸朝。夏五月壬辰晦，齊靈公卒。莊公卽位。執公子牙于句瀆之丘，以夙沙衛易已。衛奔高唐以叛齊。慶封圍高唐，弗克。冬十一月，齊侯圍之。見衛在城上，號之，乃下。問守備焉，以無備告。揖之，乃登。聞師將傅，食高唐人。殖綽、工僂會夜縋納師，醢衛于軍。二十一年，齊侯使慶佐爲大夫，復討公子牙之黨，執公子買于句瀆之丘。公子鉏來奔，叔孫還奔燕。家氏曰：齊靈廢嫡于兵敗國危之時，齊光篡父于病篤垂死之際。靈之暴，光之逆，所謂凶德參，會萃于一時者也。然迹其事之所從來，正由高厚、崔杼貪于得權，以成此禍耳。厚贊其君伐本幹，樹疣蘖，已爲之傅，思久于其位也。孰知崔杼陰拱其傍，爲謀更深，一朝輔光以篡，殺厚而兼其室，遂相齊，而志猶未饜。復殺光以自媚于晉，亂臣賊子，苟以患失爲心，其禍至于殺身喪邦，覆其家而後已。

明・湛若水《春秋正傳》卷二七《襄公》 （十九年）秋七月辛卯，齊侯環卒。

《正傳》曰：書『齊侯環卒』，志鄰國之大故也，來赴，則書之。《左氏》曰：齊侯娶于魯，曰顔懿姬，無子。其姪鬷聲姬，生光，以爲太子。諸子仲子、戎子，戎子嬖。仲子生牙，屬諸戎子。戎子請以爲太子，許之。仲子曰：『不可。廢常，不祥；間諸侯，難。光之立也，列於諸侯矣，今無故而廢之，是專黜諸侯，而以難犯不祥也。君必悔之。』公曰：『在我而已。』遂東太子光，使高厚傅。牙以爲太子，夙沙衛爲少傅。齊侯疾，崔杼微，逆光疾病而立之。光殺戎子，尸諸朝，非禮也。婦人無刑，雖有刑不在朝市。夏五月壬辰晦，齊靈公卒。莊公卽位，執公子牙於句瀆之丘，以夙沙衛易已。衛奔高唐以叛。愚謂《春秋》特書其卒，而平生之善惡自見矣。

宣姜南子亂衛政

綜　述

《詩經・邶風・凱風》 《凱風》，美孝子也。衛之淫風流行，雖有七子之母，猶不能安其室，故美七子能盡其孝道，以慰其母心，而成其志爾。

凱風自南，吹彼棘心。棘心夭夭，母氏劬勞。

凱風自南，吹彼棘薪。母氏聖善，我無令人。

爰有寒泉，在浚之下。有子七人，母氏勞苦。

睍睆黄鳥，載好其音。有子七人，莫慰母心。

又《雄雉》 雄雉於飛，泄泄其羽。我之懷矣，自詒伊阻！

雄雉於飛，下上其音。展矣君子，實勞我心！

瞻彼日月，悠悠我思！道之云遠，曷云能來？

百爾君子，不知德行。不忮不求，何用不臧？

又《匏有苦葉》 匏有苦葉，濟有深涉。深則厲，淺則揭。

有瀰濟盈，有鷕雉鳴。濟盈不濡軌，雉鳴求其牡。

雝雝鳴雁，旭日始旦。士如歸妻，迨冰未泮。

招招舟子，人涉卬否。人涉卬否，卬須我友。

又《谷風》 《谷風》，刺夫婦失道也。衛人化其上，淫於新昏而棄其舊室，夫婦離絶，國俗傷敗焉。

習習谷風，以陰以雨。黽勉同心，不宜有怒。采葑采菲，無以下體。德音莫違，及爾同死。

行道遲遲，中心有違。不遠伊邇，薄送我畿。誰謂荼苦？其甘如薺。宴爾新昏，如兄如弟。

涇以渭濁，湜湜其沚。宴爾新昏，不我屑以。毋逝我梁，毋發我笱。我躬不閲，遑恤我後。

就其深矣，方之舟之。就其淺矣，泳之遊之。何有何亡，黽勉求之。

凡民有喪，匍匐救之。

不我能慉，反以我爲讎。既阻我德，賈用不售。昔育恐育鞫，及爾顛覆。既生既育，比予於毒。

我有旨蓄，亦以禦冬。宴爾新昏，以我禦窮。有洸有潰，既詒我肄。不念昔者，伊余來塈！

又《衛風·氓》 《氓》，刺時也。宣公之時，禮義消亡，淫風大行，男女無別，遂相奔誘。華落色衰，復相棄背。或乃困而自悔，喪其妃耦，故序其事以風焉。美反正，刺淫泆也。

氓之蚩蚩，抱布貿絲。匪來貿絲，來卽我謀。送子涉淇，至於頓丘。匪我愆期，子無良媒。將子無怒，秋以爲期。

乘彼垝垣，以望復關。不見復關，泣涕漣漣。既見復關，載笑載言。爾卜爾筮，體無咎言。以爾車來，以我賄遷。

桑之未落，其葉沃若。於嗟鳩兮，無食桑葚。於嗟女兮，無與士耽。士之耽兮，猶可説也。女之耽兮，不可説也。

桑之落矣，其黄而隕。自我徂爾，三歲食貧。淇水湯湯，漸車帷裳。女也不爽，士貳其行。士也罔極，二三其德。

三歲爲婦，靡室勞矣。夙興夜寐，靡有朝矣。言既遂矣，至於暴矣。靜言思之，躬自悼矣。

及爾偕老，老使我怨。淇則有岸，隰則有泮。總角之宴，言笑晏晏。信誓旦旦，不思其反。反是不思，亦已焉哉！

又《邶風·式微》 《式微》，黎侯寓於衛，其臣勸以歸也。

式微式微，胡不歸？微君之故，胡爲乎中露？

式微式微，胡不歸？微君之躬，胡爲乎泥中？

又《旄丘》 《旄丘》，責衛伯也。狄人迫逐黎侯，黎侯寓於衛。衛不能脩方伯連率之職，黎之臣子以責於衛也。

旄丘之葛兮，何誕之節兮？叔兮伯兮！何多日也？

何其處也？必有與也。何其久也？必有以也。

狐裘蒙戎，匪車不東。叔兮伯兮！靡所與同。

瑣兮尾兮！流離之子。叔兮伯兮！褎如充耳。

又《簡兮》 《簡兮》，刺不用賢也。衛之賢者仕於伶官，皆可以承事王者也。

簡兮簡兮，方將萬舞。日之方中，在前上處。碩人俁俁，公庭萬舞。有力如虎，執轡如組。左手執籥，右手秉翟。赫如渥赭，公言錫爵。山有榛，隰有苓。云誰之思？西方美人。彼美人兮，西方之人兮！

又《北門》 《北門》，刺仕不得志也。言衛之忠臣不得其志爾。

出自北門，憂心殷殷。終窶且貧，莫知我艱。已焉哉，天實爲之，謂之何哉！

王事適我，政事一埤益我。我入自外，室人交徧讁我。已焉哉，天實爲之，謂之何哉！

王事敦我，政事一埤遺我。我入自外，室人交徧摧我。已焉哉，天實爲之，謂之何哉！

又《北風》 《北風》，刺虐也。衛國並爲威虐，百姓不親，莫不相攜持而去焉。

北風其涼，雨雪其雱。惠而好我，攜手同行。其虚其邪？既亟只且！北風其喈，雨雪其霏。惠而好我，攜手同歸。其虚其邪？既亟只且！

莫赤匪狐，莫黑匪烏。惠而好我，攜手同車。其虚其邪？既亟只且！

又《泉水》 《泉水》，衛女思歸也。嫁於諸侯，父母終，思歸寧而不得，故作是詩以自見也。

毖彼泉水，亦流於淇。有懷于衛，靡日不思。孌彼諸姬，聊與之謀。出宿于泲，飲餞於禰。女子有行，遠父母兄弟。問我諸姑，遂及伯姊。

出宿於干，飲餞於言。載脂載舝，還車言邁。遄臻于衛，不瑕有害？我思肥泉，兹之永歎。

又《靜女》 《靜女》，刺時也。衛君無道，夫人無德。

靜女其姝，俟我於城隅。愛而不見，搔首踟躕。

靜女其孌，貽我彤管。彤管有煒，説懌女美。

自牧歸荑，洵美且異。匪女之爲美，美人之貽。

又《衛風·竹竿》 《竹竿》，衛女思歸也。適異國而不見答，思

而能以禮者也。

籊籊竹竿，以釣於淇。豈不爾思？遠莫致之。

泉源在左，淇水在右。女子有行，遠兄弟父母。

淇水在右，泉源在左。巧笑之瑳，佩玉之儺。

淇水滺滺，檜楫松舟。駕言出遊，以寫我憂。

又《有狐》 《有狐》，刺時也。衛之男女失時，喪其妃耦焉。古者國有凶荒，則殺禮而多昏，會男女之無夫家者，所以育人民也。

有狐綏綏，在彼淇梁。心之憂矣，之子無裳！

有狐綏綏，在彼淇厲。心之憂矣，之子無帶！

有狐綏綏，在彼淇側。心之憂矣，之子無服！

《左傳·桓公十六年》 初，衛宣公烝于夷姜，生急子，屬諸右公子。爲之娶于齊而美，公取之，生壽及朔，屬壽于左公子。夷姜縊。宣姜與公子朔構急子。公使諸齊，使盜待諸莘，將殺之。壽子告之。使行，不可，曰：『棄父之命，惡用子矣！有無父之國則可也。』及行，飲以酒，壽子載其旌以先，盜殺之。急子至，曰：『我之求也。此何罪？請殺我乎！』又殺之。二公子故怨惠公。十一月，左公子洩、右公子職立公子黔牟。惠公奔齊。

又《莊公五年》 冬，伐衛，納惠公也。

又《莊公六年》 六年春王正月，王人子突救衛。

夏，衛侯入，放公子黔牟于周，放寧跪于秦，殺左公子洩、右公子職，乃卽位。君子以二公子之立黔牟爲不度矣。夫能固位者必度於本末而後立衷焉。不知其本，不謀。知本之不枝，弗强。《詩》云：『本枝百世。』

冬，齊人來歸衛寶，文姜請之也。

《公羊傳·桓公十六年》 十有一月，衛侯朔出奔齊。衛侯朔何以名？絶。曷爲絶之？得罪于天子也。其得罪于天子奈何？見使守衛朔，而不能使衛小衆。越在岱陰齊，屬負兹舍，不卽罪爾。

又《莊公五年》 冬，公會齊人、宋人、陳人、蔡人伐衛。納惠公朔。此伐衛何？納朔也，曷爲不言納衛侯朔？辟王也。

又《莊公六年》 六年，春，王三月，王人子突救衛。王人者何？微者也。子突者何？貴也。貴則其稱人何？繫諸人也。曷爲繫諸人？王人耳。

夏，六月，衛侯朔入于衛。衛侯朔何以名？絶。曷爲絶之？犯命也。其言入何？篡辭也。

秋，公至自伐衛。曷爲或言致會，或言致伐？得意致會，衛侯朔入于衛，何以致伐？不敢勝天子也。

冬，齊人來歸衛寶。此衛寶也，則齊人曷爲來歸之？衛人歸之也。衛人歸之，則其稱齊人何？讓乎我也。其讓乎我奈何？齊侯曰：『此非寡人之力，魯侯之力也。』

《穀梁傳·桓公十二年》 丙戌，衛侯晉卒。再稱日，決日義也。

又《桓公十六年》 十有一月，卫侯朔出奔齐。朔之名，恶也，天子召而不往也。

又《莊公五年》 冬，公會齊人、宋人、陳人、蔡人伐衛。是齊侯、宋公也，其曰人，何也？人諸侯，所以人公也。其人公，何也？逆天王之命也。

又《莊公六年》 六年，春，王三月，王人子突救衛。王人，卑者也。稱名，貴之也。善救衛也。救者善，則伐者不正矣。

夏，六月，衛侯朔入于衛。其不言伐衛納朔，何也？不逆天王之命也。入者，内弗受也。何用弗受也？爲以王命絶之也。朔之名，惡也。朔入逆，則出順矣。朔出入名，以王命絶之也。

秋，公至自伐衛。惡事不致，此其致，何也？不致，則無用見公之惡事之成也。

冬，齊人來歸衛寶。以齊首之，分惡於齊也。使之如下齊而來我然，惡戰則殺矣。

《史記》卷三七《衛康叔世家》 十八年，初，宣公愛夫人夷姜，夷姜生子伋，以爲太子，而令右公子傅之。右公子爲太子取齊女，未入室，而宣公見所欲爲太子婦者好，説而自取之，更爲太子取他女。宣公得齊女，生子壽、子朔，令左公子傅之。太子伋母死，宣公正夫人與朔共讒惡太子伋。宣公自以其奪太子妻也，心惡太子，欲廢之。及聞其惡，大怒，乃使太子伋於齊而令盜遮界上殺之，與太子白旄，而告界盜見持白旄者殺

之。且行，子朔之兄壽，太子異母弟也，知朔之惡太子而君欲殺之，乃謂太子曰：『界盜見太子白旄，卽殺太子，太子可毋行。』太子曰：『逆父命求生，不可。』遂行。壽見太子不止，撲盜其滄旄而先馳至界。界盜見其驗，卽殺之。壽已死，而太子伋又至，謂盜曰：『所當殺乃我也。』盜並殺太子伋，以報宣公。宣公乃以子朔爲太子。十九年，宣公卒，太子朔立，是爲惠公。

左右公子不平朔之立也，惠公四年，左右公子怨惠公之讒殺前太子伋而代立，乃作亂，攻惠公，立太子伋之弟黔牟爲君，惠公餎齊。

衛君黔牟立八年，齊襄公率諸侯奉王命共伐衛，納衛惠公，誅左右公子。衛君黔牟餎于周，惠公復立。惠公立三年出亡，亡八年復入，與前通年凡十三年矣。

漢・劉向《列女傳》卷四《黎莊夫人》 黎莊夫人者，衛侯之女，黎莊公之夫人也。既往而不同欲，所務者異，未嘗得見，甚不得意。其傅母閔夫人賢，【略】謂夫人曰：『【略】胡不去乎？』乃作詩曰：『式微式微，胡不歸？』夫人曰：『婦人之道，（壹）［一］而已矣。彼雖不吾以，吾何可以離於婦道乎？』乃作詩曰：『微君之故，胡爲乎中路。』終執貞（壹）［一］，不違婦道，以俟君命，君子故序之以編詩。

論說

宋・歐陽修《詩本義》卷三《牆有茨》 論曰：《牆有茨》，文義皆簡而易明，由毛公一言之失，鄭氏從而附之，遂汩詩之本義。公子頑通乎宣姜，鳥獸之行，人所共惡，當加誅戮。然宣姜是國君之母，誅公子頑則暴宣姜之罪，傷惠公子母之道，故不得而誅爾。詩人乃引蒺藜，人所惡之草，今乃生於牆理，當埽除。然欲埽除，則懼損牆，以比公子頑罪當誅戮，欲誅則懼傷惠公子母之道，其義如此而已。所謂毛公一言之失者，謂牆所以防非常也，且詩人取物比興，本以意有難明假物見意爾。若謂牆以防非常，則雖有蒺藜生其上，何害其防非常也？且所謂牆以防非常者，爲內外之限爾。若上有蒺藜，則人益不可履而踰是，於牆反有助爾，此豈詩人之本意哉？詩人本意但惡公子頑，當誅懼有所傷而不得誅。如蒺藜當去，懼損牆而不得去爾。毛公言去之傷牆，則近矣。

宋・李樗、黃櫄《毛詩集解》卷五《雄雉》 李曰：宣公上烝，夷姜下納，宣姜恣爲淫亂之事，惟其淫亂於聲色，故國事不暇恤，軍旅數起，大夫久役於外，而男女怨曠，故國人患之也。《孟子》曰：『昔者大王好色，愛厥妃。《詩》云：「古公亶父，來朝走馬。率西水滸，至於岐下。爰及姜女，聿來胥宇。」當是時也，內無怨女，外無曠夫。』宣公之淫亂，異於大王之好色，故內有怨女，外有曠夫。宜若古先聖人處宮室則欲民之無流離，立妃嬪則欲民之無怨曠，是其好色與人同也。宣公淫亂而不恤國事，男女怨曠而不自知，此詩人之所以作也。王氏曰：雉善鬬，雖飛不分域，而其交也，有時言軍旅數起，大夫久役，男女怨曠，曾雉之不如也。蘇氏曰：宣公之好用兵，如雄雉之勇於鬬。蓋王氏則以男女怨曠言之，蘇氏則以軍旅數起言之。詳考此詩，雄雉則有求雌之意，蓋以刺其淫亂，如《匏有苦葉》詩曰『雉鳴求其牡』，亦刺其淫亂；《小弁》詩曰『雉之朝雊，尚求其雌』。此謂求雌之意，當從毛鄭之說可也。『泄泄其羽』，鄭氏謂宣公整其衣服而起。奮迅，其狀貌，志在婦人而已。鄭氏多以羽毛喻人之衣服，如『燕燕于飛，差池其羽』，亦以興戴嬀將歸而舒張其羽翼。其說不然，泄泄，自得也，言宣公淫亂而不知也。『下上其音』者，鄭氏以謂興宣公大小其聲，以説婦人，其說亦如《燕燕》之詩。『下上其音』，亦以謂戴嬀將歸，言語感激，聲有小大，其說皆不通。下上者，下上其音，以求其雌我大夫也。阻，難也。懷，安也。鄭氏曰：君之行如是，我安其朝而不去。今從軍旅，久役不得歸，此自遺以患難。此說是也。展，誠也。君子，指古之君子，動必合於禮法，故人受其賜。我思，古之君子不可得見也，此心之所以勞也。王氏以謂男女怨曠之辭，曠於外者，君子也；勞於內者，女也。此說與上下不相合。『瞻彼日月，悠悠我思』，大夫久役不得歸，悠悠然我思之長也。『道之云遠，曷云能來』者，何時而能來，思歸而不可得之辭也。『百爾君子，不知德行。不忮不求，何用不臧』，百爾，君子言凡百君子是也，言百君子之多，我不知其德行如何，惟『不忮不求』，無所往而不爲善也，言古者傷古之如是，哀今之不然也。忮，忿也。求，欲也。不忮能懲忿，不求能窒慾。惟不忮則不至於軍旅數起，不求則不至於淫亂不恤國事矣。宣公之所以然者，以其忮求

也。此詩所以思君子而不得之辭也。孔子曰：「衣敝緼袍與衣狐貉者，立而不耻者其由也歟？」『不忮不求，何用不臧』，子路終身誦之。子曰：『是道也，何足以臧？』世之人徒見夫子謂『不忮不求，何用不臧』易事也，殊不知夫子抑揚反覆，自有深意。子路既能『不忮不求』，而終身誦之，無日新之功，故夫子進之人，苟未至於『不忮不求』之地，則『不忮不求』豈易也哉？善學者當不溺於言語也。夫子以『何用不臧』爲何足以臧，則是不溺於言語之間，知此則可與言《詩》矣。

黄曰：說此詩者，謂詩人以雄雉喻宣公。夫以禽獸喻其君，非作詩者之意。此詩大夫久役，男女怨曠，作此詩者自歎其雄雉之不若，如詩言『士如歸妻』，而先曰『雉鳴求其牡』。言心之憂矣，而曰『雉之朝雊，尚求其雌』。此是喻昏姻之意。牧犢子七十無妻，韓愈作《雉朝飛操》曰：『嗟我雖人，曾不如彼雉雞。生身七十年，無一妻與妃。』是亦此詩怨曠之意也。古者，處宫室則欲民之無流離，立嬪妃則欲民之無怨曠，如『大王好色愛厥妃』，則必使内無怨女，外無曠夫。今宣公淫亂，而使男女怨曠，此詩人之所以刺歟？唐鄭仁基息女美而才，皇后建請爲充華，典冊具。或言己許聘。魏徵諫曰：『陛下處臺榭，則欲民有棟宇；食膏粱，則欲民有飽適；顧嬪御，則欲民有室家。今鄭氏已約昏，陛下取之，豈爲民父母意邪！』乃止。今宣公淫亂而至於使男女怨曠意者，其亦無如徵之臣哉！

又 卷六《鶉之奔奔》 李曰：宣姜通於公子頑，衛人惡之，故作是詩以刺之。言宣姜之行，反鶉鵲之不若也。『鶉之奔奔』，鶉，居也，今之鶴雀。《莊子》有鶉居，詩人有懸鶉。《莊子》曰烏鵲孺。陸農師云：烏鵲傅枝上慾，故謂之孺。鄭氏曰：奔奔、彊彊，言其居有常，匹飛則相隨之貌，以刺宣姜與頑非匹偶。蓋公子頑乃惠公之庶兄也。言鶉鵲尚且如此，人之行乃不如是也，故下文則曰『人之無良，我以爲兄』者，言人之不善，『我以爲兄』，兄公子頑也。頑，乃惠公之庶兄也。『我以爲君』者，人之不善我乃以爲君。君者，宣姜也。夫人稱曰小君，故謂之君。《左傳・襄九年》：筮穆姜曰：『君必速出』，則知小君亦可謂之君也。徐安道曰：一章言『我以爲兄』，斥公子頑，故先言鶉鶉好鬭，以守所匹男子之義也。二章言『我以爲君』，斥宣姜故先言鵲鵲之性，不淫其匹者，婦人之義也。據此詩言鶉鵲，但顛倒其文，而便於押韻爾。陸氏謂，『我以爲兄』，兄，女兄也；『我以爲君』，君，女君也，故《序》曰刺宣姜。曰兄者，妹刺宣姜之辭；曰君者，妾刺宣姜之辭也。其說皆不然。《序》言衛人刺之，亦猶《牆有茨》，《序》言衛人刺之，不必專指妹與妾也。《孟子》曰：『人之所以異於禽獸者幾希，庶民去之，君子存之。舜明於庶物，察於人倫。』人之所以異於禽獸者，以其知人倫故也。禽獸而不知於人倫，所以爲禽獸；人而知人倫，所以爲人。所謂人者，以其爲萬物之靈，苟不能明於人倫，則失其所以爲萬物之靈矣。詩人多以禽獸而比人，如『雄雉于飛，泄泄其羽』，《匏有苦葉》言『有鷕雉鳴，雉鳴求其牡』，《南山》言『南山崔崔，雄狐綏綏』，皆刺其淫亂，故以鳥獸比之也。今此詩《序》曰：衛人以爲宣姜鶉鵲之不若，亦疾之甚也。《大學》言《詩》曰：『緜蠻黄鳥，止于丘隅。』子曰：『於止知其所止，可以人而不如鳥乎？』鳥獸苟能知所止而守其匹，名雖爲禽獸，而其實人也；人苟不能知所止而失其匹，名雖爲人，而其實則禽獸也。以此推之，螻蟻有君臣之義，人而無君臣之義則螻蟻之不若也；虎狼有父子之仁，人而無父子之仁則虎狼之不若也；鴻鴈有兄弟之義，人而無兄弟之義則鴻鴈之不若也。至於一草一木，一蟲一豸，皆有妙理。學者於此類求之，然後可以盡爲人之道也。

黄曰：惟禽獸無禮，故父子聚麀，是故聖人作爲禮以教，使自别於禽獸。又曰：於止知其所止可以人而不如鳥乎？今宣姜瀆亂人倫，故詩人以爲鶉鵲之不若。夫詩本鶉厚，而忍以禽獸喻之，則其君亦可知矣。

宋・范處義《詩補傳》卷四《君子偕老》 衛夷姜、宣姜皆謂之夫人，皆有内亂之醜，其失事君子之道一也。是詩偶繼《牆有茨》之後，故説者以爲宣姜以小君爲人君，雖無它證，理亦可通，自宫中稱之亦可謂之人君矣。宣姜無夫人之德，以稱夫人之服，其不得與《君子偕老》，宜哉。故詩陳古義以刺之。

宋・戴溪《續吕氏家塾讀詩記》卷一《讀鄘風》 《牆有茨》，國人作也。當時必有以『中冓』之事形於詠言，如後世俚語歌行者。故詩人曰：『不可道』、『不可詳』、『不可讀也』。怒其上而猶有掩覆之意，故聖人取焉。

《君子偕老》，國之賢人作也，『如山如河』，非謂宣姜舉動之貌也，使宣姜舉動如山河，則不至於亂矣。言容止若此，則象服是宜，子之不淑如此，盛服何？子曰『人而不仁，如禮何』之意也。『胡然而天也，胡然而帝也』，言有美若此，胡然而然，質之於天也。『子之不淑』、『子之清揚』，指其人而言之，莫知其爲誰也。故末章申言之曰，誠如此人者，乃吾『邦之媛也』，則其人可知矣。

《桑中》，國人述其事而刺時也。沫土之邑，沈湎惟舊，雖以康叔之化，永能盡變也。遭宣姜之故，風俗益壞，淫風盛行。大抵變風之詩，惟鄭與衛多淫風，《桑中》《溱洧》是也。古人所以惡鄭、衛之聲有以也。夫今之樂府道閨闥之情，未必有是事也。《桑中》之詩亦然，沫類東北，類多淫風；孟姜庸弋，類有佚行。豈必盡要《桑中》，盡期上宫，盡送淇之上。詩人傷其衆多云爾。

《鶉之奔奔》，國人刺宣姜并及公子頑也。奔奔、彊彊，皆有介特之意。鶉，性至介。鵲，性不淫。今有人焉，鶉鵲之不若，乃以爲兄如子頑，乃以爲君如宣姜乎？

元・程端學《春秋本義》卷九《閔公二年》　十有二月，狄入衛。

《左氏》曰：狄人伐衛。衛懿公好鶴，鶴有乘軒者，將戰，國人受甲者皆曰：『使鶴，鶴實有禄位，余焉能戰！』公與石祁子玦，與寧莊子矢，使守，曰：『以此贊國，擇利而爲之。』與夫人繡衣，曰：『聽於二子。』及狄人戰於熒澤，衛師敗績，遂滅衛。衛侯不去其旗，是以甚敗。狄入衛，遂從之。又敗諸河。初，惠公之即位也少，齊人使昭伯烝於宣姜，不可，强之。生齊子，戴公、文公、宋桓夫人、許穆夫人。文公爲衛之多患也，先適齊。及敗，宋桓公逆諸河，宵濟。衛之遺民男女七百三十有三人，益之以共，滕之民爲五千人，立戴公以廬於曹。許穆夫人賦《載馳》。齊侯使公子無虧帥車三百乘，甲士三千人以城曹。歸公乘馬，祭服五稱，牛羊豕雞狗皆三百，與門材。歸夫人魚軒，重錦三十兩。莘老孫氏曰：案《左氏》以爲衛滅而遷都，然《春秋》但曰入。蓋狄雖迫衛至於奔亡，而未嘗居有其地。其後衛復見於《經》，非狄滅而取之，故不曰滅爾。皆未詳信否。張氏曰：衛非特懿公好鶴而失人心，蓋自惠公即位，宣姜淫恣耽樂怠政，習實爲常，公又重之，亡形已具，故狄人一至而涣然離散。以衛爲春秋初之大國，方與齊侯胥命才四十年而淪於滅亡。所以治國必齊其家，而淫亂之禍，不簒必滅，可不戒哉！義又見《隱七年》『戎伐凡伯』。

明・陸深《儼山集》卷三二《詩微・匏有苦葉，刺衛宣公也》　右《匏有苦葉》之詩，《序》以爲刺宣公，《傳》以爲刺淫亂之人。衛之宣公淫亂之尤者也，均之刺也，微而人之可也，出之而歸之人不可也。朱子嘗謂：『《詩》之文意事類，可以思而得，其時世名氏，則不可以强而推。』斯言當矣。愚謂義無窮而迹有限，可思而得者，義也；難以世拘不可强而推者，迹也。當從其近。彼序詩者，淺深固不可知，而於時世爲近，若於相近之時，而指爲某人已不足信，則自數千載之後，而斷爲非某人將誰信之。按此詩指爲宣公，當是築臺於河，國人惡之而作，何以明之？夫以匏葉比興而及於濟渡，其臨流即事之端，千載如見，若槩刺淫亂之人，顧何取於河水以爲義耶？其言爲無謂而事爲不情，去詩人之旨遠矣。詩之『淺』、『深』、『厲』、『揭』、『濡軌』、『求牡』，蓋喻不度配偶而犯禮以相求正，指宣公宣姜而言，鴈鳴冰泮以士禮責宣公，招度待友以昏禮責宣姜。詩人委曲之情，不敢顯言其上。此詩之有美有刺，所以爲關於風教政治也。若常事而聖人猶録之，豈所謂存什一於百千乎？謂宣夫人者非是。

又《谷風，刺夫婦失道也》　右《谷風》之詩，《序》、《傳》畧同，棄婦之作也以。今文義考之，又列在《匏葉》之次，疑即宣公之詩爾。按宣公初立愛夫人夷姜而烝之，生伋子，又爲伋娶奪宣姜而嬖之，夷姜失寵而縊。是詩必宣姜始至而夷姜之作也。按詩中『毋逝我梁，毋發我笱』，蓋有自悔誨人之意。與夷姜、宣姜事合。及稱方舟泳游，匍匐救喪之務，類非凡庶之家。觀夫『既生既育』與念昔『禦窮』之詞，知爲夷姜亡疑矣。然恐涉於懸臆也，姑存其說。

明・熊過《春秋明志録》卷二《桓公十六年》　十有一月，衛侯朔出奔齊。

朔，惠公也。立三年，逼于公子職公子洩出奔，往與東海。季明德論《左氏》序急、壽事，明德指其事失實者：衛宣烝夷姜生急子，必不在先君時，及奪妻宣姜生壽及朔，則又當在十七八年後。自隱公壬戌至桓公庚

辰纔十九年，朔雖已生，僅可二三歲耳。然宣卒，朔嗣已在桓十二年，計其時宜甫週歲，尚在襁褓，何以不四年間遂見逐奔齊邪？當宣姜惡急于宣，朔少必不與聞，而謂同搆哉？況宣公殺急及壽，宜如晉申生、宋痤目君以殺，若微者殺之，姓名不登，則亦宜如衛孟縶稱盗矣。《經》一無所書，則急、壽之死何爲者？而二子乘舟亦何所指也？向見陸詹事子淵謂穆伯潜莫能定其疑，蓋與明德實同。竊意宣姜從夫之諡，必如鄭武姜、衛莊姜嫡妻之類，而所奪乎急者，當別一齊女，故記亦不稱宣姜也。朔年已可君，則未必奪急妻以生者。《史記》稱宣公以急爲太子，則或嫡出，未必夷姜所生也。至于乘舟之事，當是不得于宣而出亡以死，朔于次應立。若謂黔牟與弟昭伯頑皆急母弟，爲朔庶兄，則衛人何以不立黔牟、昭伯，而立朔耶？且謂昭伯烝宣姜生戴、文及宋桓、許穆夫人，是昭伯既生二子、二女，則于宣姜豈私烝哉？而朔又方爲君昭伯庶兄，豈有妻其母宣姜之理？且謂齊人使昭伯烝于宣姜不可强之，則益遠于人情矣。姦生子孕宜不育諸公族，安肯奉以爲君，而其女弟宋桓、許穆又豈肯娶以爲夫人乎？《左氏》必不足信也。宣淫亂備載于《詩》，惡本難掩。然急、壽之死，則其自爲，無與于朔。《公羊》不察，乃以王命絶之，則是出于附會，非《春秋》書奔之本意矣。

清·張尚瑗《左傳折諸》卷二《桓公·宣姜與公子朔構急子》 洪容齋曰：衛宣以魯隱四年立，魯桓十二年卒，十有九年。其烝于庶母夷姜也，姑以即位之初便成淫亂。伋即以次年生，勢須十五年，然後娶而奪之，又生壽、朔已能同母譖兄，又能代爲使者越境，非十歲以下兒所能辦此，決無之事，《春秋》好事者爲之耳。原闕。鄒忠辨之曰：夷姜固莊公妾，而宣公非與其父莊公爲代者也。莊卒，而桓立十三年入春秋，至魯隱四年，則衛桓公十六年矣。其春，桓爲州吁所弑。九月，衛人殺州吁，而宣公立。然則宣之烝夷姜，生伋子，當在桓公之世。及宣即位，計伋年且長，因以爲世子。新臺之築，距此時當不遠，其十九年間所生壽、朔，或已幾弱冠。壽之能代兄死，而朔之能同訴兄，固無足怪。容齋考之未悉耳。

清·高士奇《左傳紀事本末》卷三三《衛州吁宣姜之亂》 臣士奇曰：國家之患，莫大於驕淫。驕淫由於寵暱。欲動情肆，而不能裁之以禮義鮮不釀無窮之禍，而寖至於敗亡。州吁，嬖人之子也，莊姜惡之，與武姜之愛叔段相去遠矣。武姜欲立叔段，武公弗許，猶足以致亂；況州吁之憑寵好兵，莊公弗禁，石碏之切諫，棄若罔聞。州吁卒殺桓公而自立，安忍阻兵，毒流四國。衛之禍，莊公爲之也。宣公烝於夷姜，又納子伋之婦，淫昏無道，史冊罕聞。壽子急載旌之難，而惠公不能容一黔牟，連五國之兵，抗王官以入國。柏舟之詩，何不聞焉？昭伯復烝於宣姜，生二子與二夫人，而其由則自齊人使之，廉耻喪矣。上烝下淫，衛於是滅倫傷化者再世，何怪桑間、濮上相習成風而不可止耶？孔子序《詩》，備録《牆茨》《鶉奔》諸什，於《春秋》歷紀夷姜、宣姜中冓之事，以志衛爲狄滅之由。福善禍淫，其應如響。而或以懿公之亡國，緣於好鶴，其亦未之察矣。弘演報使於肝，以身爲褾，千古傷之，而《左氏》失紀。衛當東渡，遺民男女僅七百有三十人，康叔、武公之祀不絶如綫矣。夫人墮《載馳》之淚，公子下盧漕之甲，而戴公短祚，國燼僅存。非文公崇帛冠、布衣之節，務材、訓農、敬教、勸學，以勵精興復爲事，安能舉訾婁之師，而靖邢、狄之難哉？夫一衛也，曩以驕淫敗，後以險勤興，斯亦古今得失之林，而有國者所宜鑑也。

夏姬亂陳政

綜述

《詩經·陳風·株林》 《株林》，刺靈公也。淫乎夏姬，驅馳而往，朝夕不休息焉。胡爲乎株林？從夏南。匪適株林，從夏南。駕我乘馬，說於株野，乘我乘駒，朝食於株。彼澤之陂，有蒲與荷。有美一人，傷如之何。寤寐無爲，涕泗滂沱。彼澤之陂，有蒲與蕑。有美一人，碩大且卷。寤寐無爲，中心悁悁。彼澤之陂，有蒲菡萏。有美一人，碩大且儼。寤寐無爲，輾轉伏枕。

《左傳·宣公九年》 陳靈公與孔寧、儀行父通于夏姬，皆衷其衵服以戲於朝。洩冶諫曰：『公卿宣淫，民無效焉，且聞不令，君其納之。』

公曰：『吾能改矣。』公告二子，二子請殺之，公弗禁，遂殺泄冶。孔子曰：『《詩》云：「民之多辟，無自立辟。」其泄冶之謂乎。』

又 《宣公十年》 陳靈公與孔寧、儀行父飲酒于夏氏。公謂行父曰：『徵舒似女。』對曰：『亦似君。』徵舒病之。公出，自其厩射而殺之。二子奔楚。

又 《宣公十一年》 冬，楚子爲陳夏氏亂故，伐陳。謂陳人無動，將討於少西氏。遂入陳，殺夏徵舒，轘諸栗門，因縣陳。陳侯在晉。申叔時使于齊，反，復命而退。王使讓之曰：『夏徵舒爲不道，弒其君，寡人以諸侯討而戮之，諸侯縣公皆慶寡人，女獨不慶寡人，何故？』對曰：『猶可辭乎？』王曰：『可哉！』曰：『夏徵舒弒其君，其罪大矣，討而戮之，君之義也。抑人亦有言曰：「牽牛以蹊人之田，而奪之牛。」牽牛以蹊者，信有罪矣；而奪之牛，罰已重矣。諸侯之從也，曰討有罪也。今縣陳，貪其富也。以討召諸侯，而以貪歸之，無乃不可乎？』王曰：『善哉！吾未之聞也。反之可乎？』對曰：『可哉！吾儕小人所謂取諸其懷而與之也。』乃復封陳，鄉取一人焉以歸，謂之夏州。故書曰：『楚子入陳，納公孫寧、儀行父于陳。』書有禮也。

《國語・周語中》 定王使單襄公聘于宋。遂假道于陳，以聘于楚。火朝覿矣，道茀不可行，候不在疆，司空不視塗，澤不陂，川不梁，野有庾積，場功未畢，道無列樹，墾田若藝，膳宰不致餼，司里不授館，國無寄寓，縣無施捨，民將築臺于夏氏。及陳，陳靈公與孔寧、儀行父南冠以如夏氏，留賓不見。

單子歸，告王曰：『陳侯不有大咎，國必亡。』王曰：『何故？』對曰：『夫辰角見而雨畢，天根見而水涸，本見而草木節解，駟見而隕霜，火見而清風戒寒。故先王之教曰：「雨畢而除道，水涸而成梁，草木節解而備藏，隕霜而冬裘具，清風至而修城郭宮室。」故《夏令》曰：「九月除道，十月成梁。」其時儆曰：「收而場功，待而畚梮，營室之中，土功其始。火之初見，期於司里。」此先王所以不用財賄，而廣施德於天下者也。今陳國火朝覿矣，而道路若塞，野場若棄，澤不陂障，川無舟梁，是廢先王之教也。

『周制有之曰：「列樹以表道，立鄙食以守路。國有郊牧，疆有寓望，藪有圃草，囿有林池，所以禦災也。其餘無非穀土，民無懸耜，野無奧草。不奪民時，不蔑民功。有優無匱，有逸無罷。國有班事，縣有序民。」今陳國道路不可知，田在草間，功成而不收，民罷于逸樂，是棄先王之法制也。

『周之《秩官》有之曰：「敵國賓至，關尹以告，行理以節逆之，候人爲導，卿出郊勞，門尹除門，宗祝執祀，司里授館，司徒具徒，司空視塗，司寇詰姦，虞人入材，甸人積薪，火師監燎，水師監濯，膳宰致饔，廩人獻餼，司馬陳芻，工人展車，百官以物至，賓入如歸。是故小大莫不懷愛。其貴國之賓至，則以班加一等，益虔。至於王吏，則皆官正莅事，上卿監之。若王巡守，則君親監之。」今雖朝也不才，有分族于周，承王命以爲過賓于陳，而司事莫至，是蔑先王之官也。

『先王之令有之曰：「天道賞善而罰淫，故凡我造國，無從非彝，無即慆淫，各守爾典，以承天休。」今陳侯不念胤續之常，棄其伉儷妃嬪，而帥其卿佐以淫于夏氏，不亦嬻姓矣乎？陳，我大姬之後也。棄袞冕而南冠以出，不亦簡彝乎？是又犯先王之令也。

『昔先王之教，懋帥其德也，猶恐殞越。若廢其教而棄其制，蔑其官而犯其令，將何以守國？居大國之間，而無此四者，其能久乎？』

六年，單子如楚。八年，陳侯殺于夏氏。九年，楚子入陳。

《穀梁傳・宣公九年》 陳殺其大夫泄冶。稱國以殺其大夫，殺無罪也。泄冶之無罪如何？陳靈公通于夏徵舒之家，公孫寧、儀行父亦通其家。或衣其衣，或衷其襦，以相戲於朝。泄冶聞之，入諫曰：『使國人聞之，則猶可，使仁人聞之，則不可。』君愧於泄冶，不能用其言，而殺之。

又 《宣公十一年》 冬，十月，楚人殺陳夏徵舒。此入而殺也。其不言入，何也？外徵舒于陳也。其外徵舒于陳，何也？明楚之討有罪也。

丁亥，楚子入陳。入者，內弗受也。日入，惡入者也。何用弗受也？不使夷狄爲中國也。

納公孫寧、儀行父于陳。納者，內弗受也。輔人之不能民而討猶可，入人之國，制人之上下，使不得其君臣之道，不可。

《史記》卷三六《陳杞世家》 （陳靈公）十四年，靈公與其大夫孔

寧、儀行父皆通於夏姬，衷其衣以戲於朝。泄冶諫曰：『君臣淫亂，民何效焉？』靈公以告二子，二子請殺泄冶，公弗禁，遂殺泄冶。十五年，靈公與二子飲於夏氏。公戲二子曰：『徵舒似汝。』二子曰：『亦似公。』徵舒怒。靈公罷酒出，徵舒伏弩廐門射殺靈公。孔寧、儀行父皆奔楚，靈公太子午奔晉。徵舒自立爲陳侯。徵舒，故陳大夫也。夏姬，御叔之妻，舒之母也。

漢・劉向《說苑》卷一《君道》　陳靈公行僻而言失，泄冶曰：『陳其亡矣！吾驟諫君，君不吾聽，而愈失威儀。夫上之化下，猶風靡草，東風則草靡而西，西風則草靡而東，在風所由，而草爲之靡。是故人君之動，不可不慎也。夫樹曲木者，惡得直景；人君不直其行，不敬其言者，未有能保帝王之號，垂顯令之名者也。《易》曰：「夫君子居其室，出其言，善，則千里之外應之，況其邇者乎？居其室，出其言，不善，則千里之外違之，況其邇者乎？言出於身，加於民；行發乎邇，見乎遠。言行，君子之樞機。樞機之發，榮辱之主，君子之所以動天地，可不慎乎？」天地動而萬物變化。之《詩》曰：「慎爾出話，敬爾威儀，無不柔嘉。」此之謂也。今君不是之慎，而縱恣焉，不亡必弒。』靈公聞之，以泄冶爲妖言而殺之，後果弒于徵舒。

漢・劉向《新序》卷一《雜事第一》　楚莊王既討陳靈公之賊，殺夏徵舒，得夏姬而悅之。將近之，申公巫臣諫曰：『此女亂陳國，敗其羣臣，嬖女不可近也。』莊王從之。令尹又欲取，申公巫臣諫，令尹從之。後襄尹取之，至恭王與晉戰于鄢陵，楚兵敗，襄尹死，其屍不反，數求晉，不與。夏姬請如晉求屍，楚方遣之，申公巫臣將使齊，私說夏姬與謀。及夏姬行，而申公巫臣廢使命，隨夏姬之晉。令尹將徙其族，言于王曰：『申公巫臣諫先王以無近夏姬，今身廢使命，與夏姬逃之晉，是欺先王也，請徙其族。』王曰：『申公巫臣爲先王謀則忠，自爲謀則不忠，是厚于先王而自薄也，何罪于先王？』遂不徙。

漢・劉向《列女傳》卷七《孽嬖傳・陳女夏姬》　陳女夏姬者，陳大夫夏徵舒之母也，其狀美好無匹，內挾伎術，蓋老而復壯者，三爲王后，七爲夫人，公侯爭之，莫不迷惑失意。夏姬之子徵舒爲大夫。公孫寧、儀行父與陳靈公皆通於夏姬，或衣其衣，以戲于朝。泄冶見之，謂曰：『君有不善，子宜掩之。今自子率君而爲之，不待幽閒于朝廷，以戲士民，其謂爾何？』二人以告靈公。靈公曰：『衆人知之吾不善無害也；泄冶知之，寡人恥焉。』乃使人徵賊泄冶而殺之。靈公與二子飲於夏氏，召徵舒也。公戲二子曰：『徵舒似汝。』二子亦曰：『不若其似公也。』徵舒疾此言。靈公罷酒出，徵舒伏弩廐門，射殺靈公。公孫寧、儀行父皆奔楚，靈公太子午奔晉。其明年，楚莊王舉兵誅徵舒，定陳國，立午，是爲成公。莊王見夏姬美好，將納之。申公巫臣諫曰：『不可。王討罪也，而納夏姬，是貪色也。貪色爲淫，淫爲大罰。願王圖之！』王從之，使壞後垣而出之。將軍子反見美，又欲取之。巫臣諫曰：『是不祥人也。殺御叔，弒靈公，戮夏南，出孔、儀，喪陳國。天下多美婦女，何必取是？』子反乃止。莊王以夏姬與連尹襄老。襄老死於邲，亡其屍。其子黑要又通於夏姬。巫臣見夏姬，謂曰：『子歸，我將聘汝。』及恭王卽位，巫臣聘於齊，盡與其室俱，至鄭，使人召夏姬曰：『屍可得也。』夏姬從之。巫臣使介歸幣於楚，而與夏姬奔晉。大夫子反怨之，遂與子重滅巫臣之族，而分其室。《詩》云：『乃如之人兮，懷昏姻也。大無信也，不知命也。』言嬖色殞命也。

頌曰：夏姬好美，滅國破陳。走二大夫，殺子之身。殆誤楚莊，敗亂巫臣。子反悔懼，申公族分。

論說

唐・李德裕《李衛公外集》卷三《評史三・代國論》　自古得代國之女以爲妃未嘗不致危亡之患者。何也？亡國之餘，焉能無怨氣？其立基創業之祖宗，必皆一時之英傑，其社稷山川之鬼神，嘗爲一國之所奉，受其血食，忿其滅亡，故能爲厲矣。必生妖美之色，蠱惑當世之君，使其骨肉相殘以壞於內，君臣相疑以敗於外，危亡之兆，鮮不繇此。史蘇所謂必有女戎，妺喜、妲己、褒姒是也。史蘇言之詳矣，今不復論。是以晉獻得驪戎佚女，太子有雉經之酷，禍及三世；符堅納慕容姊弟，秦宮有鳳兮之謠，敗於五將；梁武取東昏所幸，幾至危國；隋文嬖陳王之妹，終以殞身。此皆禍敗之著明者也。又夏姬入荆，子反疲於奔，命吳人始叛楚

矣；吴嬪至晉，世祖怠於爲政，疆場遂不靖矣。所以王珪者，可謂識微之士，明於禍福矣。

歸妹。君子以求終知敝。

宋・楊萬里《誠齋易傳》卷一四《歸妹》 《象》曰：澤上有雷，

雷興雨則澤益滋，兄舉禮則妹有歸，此《歸妹》之象也。《傳》曰：『昏姻者，禍福之始。』故姜任興周，文哀禍魯，叔姬辱身，董祁訴夫，夏姬滅國。君子於《歸妹》之始，必慮永久之所終，必知其歸之所敝也。豈惟昏姻，忠敝必野，文敝必僿，一代之敝也；革俗必弱，從俗必强，一國之敝也。清必隘，和必不恭，一行之敝也；『兼愛』必无父，『爲我』必无君，一學之敝也。豈惟昏姻？

宋・李樗、黄櫄《毛詩集解》卷一六《株林》 《株林》，刺靈公也。淫乎夏姬，驅馳而往，朝夕不休息焉。【略】

李曰：夏姬，鄭穆公之女，靈公之妹也。嫁於陳大夫公子夏御叔也。生徵舒，字子南。夲姬姓，故以姬爲氏，爲夏氏之婦，故曰夏姬。此言靈公與其大夫孔寧、儀行父通於夏姬，驅馳其車馬而往，自朝至夕未嘗有休息之期焉。『胡爲乎株林』，株林，毛氏曰：夏氏邑曰株林。王氏以爲株林，邑也。邑外曰郊，郊外曰牧，牧外曰野，野外曰林。據詩中曰株林，又曰株野，又曰株，王氏之言是也。此詩上章鄭氏以爲陳人責靈公言，『君何爲之株林，從夏氏子南之母，爲淫泆之行？』下章則以爲『君親乘君乘馬，乘君乘駒，變易其車乘，以至株林。』此説不如王肅曰：『言非欲適株林從夏南之母，反覆言之，疾之也。』孫毓亦以王肅之説爲長。蓋此説當從之。陳人病其君，而相告語曰：『君胡爲而往株林乎？將以從夏南也。』非是適株林也，將以從夏南爾。蓋靈公之適株林也，託他事以往，故有『匪適』之言。孔氏曰：『邑在國外，夏姬在邑，故適邑而從夏姬也。夏南卽徵舒也。實從夏南之母，言從夏南者，婦人，夫死從子。夏南爲其家主，故以夏南言之。』按《左氏傳》：楚莊王縣陳討於少西氏，西氏而謂之夏姬者，孫繫於祖也。夏姬謂之夏南者，母繫於子故也。『駕我乘馬，乘我乘駒』，此言君乘此一乘之馬，朝則説於株林；乘此一乘之駒，朝則食於株，以見其朝夕不休息也。毛氏則以謂大夫乘駒，然大夫乘駒，於《經》無明文。唐孔氏雖引《皇皇者華》言大夫出使，《經》曰『我馬維駒』爲證其義，亦不甚明白。以乘馬爲君，以乘駒爲臣，雖曰靈公之荒淫，然不必以乘馬、乘駒而分也。齊襄公淫於齊姜而『載驅薄薄』，陳靈公淫於夏姬而『駕我乘馬』，其無耻可謂甚矣。陳靈公與孔寧、儀行父衷袒服戲於朝，則非特適於株林而爲淫亂也。故其後卒死於夏姬之禍。蓋父而不父必有子禍，君而不君必有臣禍，天理之必至。齊襄公淫於齊姜，雖未必死於文姜，而其後不免有無知之禍。天網恢恢，疏而不漏，可不戒哉！夏姬其夫曰御叔，御叔早死，故夏姬淫恣。黄講闕。

宋・范處義《詩補傳》卷一二《陳風》 《株林》，刺靈公也。淫乎夏姬，驅馳而往，朝夕不休息焉。

陳靈公與夏姬亂，至與其臣相戲於朝，又驅馳而往，朝夕不休息。其無忌憚之甚，殆與『疾驅於通道大都』者無以異。國人刺之，其辭比他詩爲迫切，奈靈公無羞惡之心何？【略】

林不必爲邑，名殆夏姬所居之地也。國人正辭以詰之曰：『何爲乎株林？豈欲與夏南相從乎？』若非往株林與夏南相從，何故駕乘馬而説乎株野，乘乘駒而朝食于株乎？憂君之意切，故其辭亦切也。不斥夏姬而言夏南，固嫌於褻。然夏南實主其家，國人亦豫，憂其禍必作於夏南也。是詩二章皆賦也。

宋・葉夢得《春秋左傳讞》卷五《成公二年》 楚之討陳夏氏也，莊王欲納夏姬。申公巫臣曰：不可，君召諸侯以討罪也。今納夏姬，貪其色也。

貪色爲淫，淫爲大罰。《周書》曰：『明德慎罰。』文王所以造周也。明德，務崇之之謂也；慎罰，務去之之謂也。若興諸侯，以取大罰，非慎之也。君其圖之！王乃止。楚莊王，賢君也。以夏徵舒之惡討陳而殺之，《經》與之以討賊之辭，豈有復納夏姬者乎？至言君召諸侯以討罪，按《經》但書『楚人殺夏徵舒』，楚子入陳，諸侯無在焉，何召之有？則莊王之納，巫臣之諫皆無實也。

宋・吕本中《春秋集解》卷三《桓公三年》 泰山孫氏曰：孔子曰：『《關雎》樂而不淫，哀而不傷。』孔子之言，豈徒然哉？蓋傷周室陵遲，婚姻失道，無賢女輔佐君子，致《關雎》后妃之德以化天下也。是時文姜亂魯，驪姬惑晉，南子傾衛，夏姬喪陳。上下化之，滔滔皆是，不

可悉舉也。故自隱而下，夫人内女出處之迹，皆詳而録之，以懲以戒，爲萬世法。噫！夫夫婦婦，風教之始，人倫之本也，可不重乎？

宋·吕祖謙《左氏博議》卷七　一息媯而産三國之禍，一夏姬而合四國之爭。甚矣，色者禍之首也。吾嘗考息媯、夏姬之終，始憫之未已，而有所疑焉；疑之未已，而有所感焉。譬女之色者，必曰傾城傾國，嗚呼！此何等不祥語也。有士於此，嘗傾人之城，嘗傾人之國，世必指爲不祥之人矣，必畏而惡之矣。至於女則反夸其傾城傾國，求之惟恐不及焉。在士則爲醜名，在女則爲美名，如息媯、夏姬亡人之身，亡人之國，不可一二數。前車覆，後車隨；前舟溺，後舟進。明知其禍而競逐之，彼碌碌者，猶不足道也。以巫臣之智，叔向之賢，亦皆甘心焉，此吾之所疑也。既而思之，意有所重。則愛有所移，莫親於身，莫厚於族，莫大於國。一念昏惑，醉於聲色之美，尚能棄平日之所甚重者猶敝屣，況醉於理義之味者乎？其見危致命，以碪質爲枕席，以鼎鑊爲池沼，固無足恠。世之求生害仁者，特未知爲善之味耳，此吾之所惑也。抑吾又有所深惑者焉，申公巫臣諫莊王，子反納夏姬，而終挾夏姬以出走。陽以正義拒之而陰取之，其險譎人之所共惡。宜子反欲錮之於晉也。共王則曰『其自爲謀也，則過矣。其爲吾先君謀也，則忠。』人皆以爲險，共王獨以爲忠。何邪？共王之心以謂因彼僞言，成吾眞善，吾蒙其益足矣。彼之行詐，足自損，吾何預焉。在我則益，在彼則損，哀之可也，怨之不可也。深味其言，廣大寬博，凡猜阻忌刻之心，冰觧凍釋，蕩然不留。人君誠佩是言以納諫，則但采葑菲何恤下體，但薦蘋藻何嫌澗濱。吾能納規諫，則爲君之責塞矣。其誠其僞，其狂其訐，皆諫者之事也，非吾事也，吾方急於聽納，求免吾之責，亦何暇憂人之憂哉？雖堯之稽於衆，舜之取諸人，以爲善不能加毫末於此矣。噫！人心之取捨有大不同者，想巫臣之在晉，必竊笑楚國受吾之欺，而夏姬爲吾之所得，是楚失計而我得計也。共王之在楚，亦必切笑巫臣能解先君之惑，而自不免於惑，是巫臣失計而楚得計也。巫臣之笑，共王之笑，孰得孰失，必有能辨之矣。考之於《傳》，巫臣以陽橋之役奔晉，實共王卽位之三年也。共王生十年而卽位，當巫臣之出奔，其齒纔十有三耳。以十有三齡之童子，其發言可爲萬代納諫之法，非有大過人之資，能之乎？共王有大過人之資，不能充養，威權下移，雖知巫臣之無罪，坐視子反之徒屠戮其族，曾莫能制，召怨生敵爲國大患，聰敏之不足恃如此。吾未嘗不慨然深感也。共王雖不能踐是言，然其言實典、謨、訓、誥之所未發，聽言者當寶之，以爲元龜。蓋天欲以是寶遺後世，借共王之口而發之耳。後世之君，盍亦曰『共王自爲謀也，則過矣。其爲後世謀也，則忠。』

元·胡震《周易衍義》卷一三《歸妹》　《象》曰：澤上有雷，歸妹。君子以永終知敝。

雷動于上而澤随于下，《歸妹》之象也。君子體之，以永久其嗣續，以永其終也，戒慎其離隙，以知敝也，當思爲可久可繼之道。楊氏曰：婚姻者，禍福之始。故姜任興周，文哀禍魯，叔姬辱身，夏姬滅國。君子於歸妹之始，必慮永久之所終，必知其歸之所敝也。豈惟婚姻？忠敝必野，文敝必僿，一代之敝也；革俗必弱，從俗必强，一國之敝也。清必隘，和必不恭，一行之敝也；『兼愛』必无父，『爲我』必無君，一學之敝也。豈惟婚姻哉？永終謂生息嗣續，永久其傳也。知敝，謂物物有敝壞，思爲相繼之道也。

元·陳應潤《周易爻變易緼》卷六《姤》　姤，遇也。《姤》與《復》對。《復》以一陽遇五陰，《姤》以一陰遇五陽。能敵五陽，女之壯也。勿用取女，但此等女不淫則悍，難與爲配，配亦不能久。如春秋夏姬之遇九夫，其壯爲何如哉？

明·朱善《詩解頤》卷一《株林》　衛之亂至于《牆有茨》，而極于是有狄入衛之禍；陳之亂至于《株林》，而極于是有楚入陳之禍。然則狄非能入衛也，宣姜實召之也；楚非能入陳也，夏姬實召之也。此所謂女戎也，比事以觀，可以爲淫亂者之戒矣。

明·朱謀瑋《詩故》卷五《株林》　《株林》，刺靈公也。始焉，淫于夏姬，猶有愧心。故月中微行，久之狎習，則車焉驅而就之矣。禮義大防既決，弑逆之禍必至。故作者直斥其事也。

清·連斗山《周易辨畫》卷二三《姤》　《剝》之反爲《復》，《夬》之反爲《姤》。復者，陽生子中，乾交于坤之始，一陽來而五陰去，君子道長，小人道消也；姤者，陰生午中，坤交于乾之始，一陰進而五陽退，小人道長，君子道消也。乃名爲姤者，何也？此卦與《夬卦》相覆，猶

是《夬卦》之一陰在彼，爲決而欲盡者。在此又來，而欲生若有不期而遇者，故曰姤也。夫姤下一陰，巽也，長女也。以一長女而敢于當五陽，是不但爲女長，而且爲女壯矣。昔晉叔向之母之訓叔向曰：『夏姬殺三夫、一君、一子，而亡一國、兩卿矣。』可无懲乎？彼婦人者，尚知戒之爲五陽計，可悦其柔媚而與之親，忽其微弱而與之昵乎？慎勿用取之爲也。

清·范家相《詩瀋》卷九《株林》 靈公淫夏姬，而詩言夏南者。夏南，食邑爲大夫，年非幼稚，乃宣淫其母，朝夕無忌如此。詩人策其禍之不遠也。從者，從夏南而往也，形影相隨道路，爲之寒心矣。

清·馬驌《繹史》卷五六《陳夏氏之亂》 《株林》、《澤陂》、《陳風》所以刺靈公也。靈公無道，政令怠荒，火覿而道茀，水涸而梁不成，廢時墮事，而朝夕説駒於株野，政由夏氏，能免其弑逆乎？洩冶知其將亡，陳諫不阿，使靈公能從其言，則君不没於夏南，國不夷於九縣，忠諫之益於人國也，大矣！二子助惡不悛，卒成廄中之禍。楚人雄視南服，伺釁而動，其素智也，莊王圖霸，鷙乎成、穆，辰陵之盟，陳成公業已從事矣，無端而受孔、儀之訟，宣言討罪，實欲兼陳，詐以濟貪，亦何恤乎神明之胄也？與論不協，猶立夏州，姬氏弗誅，而庇其亂臣，是可謂之霸討乎？夫徵舒弑逆，車裂以徇於國，誠快舉也；孔、儀逢惡，而擅殺忠臣，其罪寧宜末減哉？既誅夏南以謝靈公，亦當誅孔、儀以謝洩冶，乃狃於二子之先託，强納於陳以亂人國，《左氏》以爲有禮，無乃《春秋》所不許與！

藝 文

宋·蘇軾《東坡全集》卷六《戲書吴江三賢畫像三首》 誰將射御教吴兒，長笑申公爲夏姬。却遣姑蘇有麋鹿，更憐夫子得西施。

宋·葛勝仲《丹陽集》卷一六《題柘城懷古亭》 陳本太姬封，卒以夏姬亂。君臣同宣淫，父子並遘患。直諫洩冶死，詐忠巫臣竄。郢兵討少西，昊墟且爲縣。嗚呼女戎禍，陳祚僅如綫。餘波及羊舌，伯石實首難。我行徑株林，懷古一興歎。流波似當時，惟有城東涣。

宋·李曾伯《可齋雜藁》卷二六《五言律詩·題范蠡五湖圖》 色美示來鑑，功成思去謀。桂棹與蘭槳，羔袖而狐裘。夏姬宜去楚，妲己肯歸周。恤緯寸心在，鑄金千古求。

宋·阮閲《詩話總龜後集》卷三六《怨嗟門》 晨牝妖鳴，喪家生亂，自古而然。故夏姬亂陳，費無極亂楚。李義山《詠北齊》云：『小憐玉體横陳夜，已報周師入晉陽。』東坡：『城都畫手開十眉，横雲却月爭新奇。游人指點小顰處，中有漁陽胡馬嘶。』熟味此詩，則吴人何苦怨西施，豈是稱詠史哉？等而下之，凡移於尤物，皆可以爲戒。黄常明。

元·陳樵《鹿皮子集》卷二《樂府·代玉山子荅》 建昌老父吹羌管，背花吹盡風花片。雪中花老花未知，我起開簾納紅燕。夏姬出境春爭妍，房老不出金谷園。花奴鼓急人人顧，砑光帽滑花難住。

元·謝應芳《龜巢稿》卷四《露筋廟詩》 斷臂孤兒事可悲，露筋娘子死尤奇。裙裾不受紅塵污，膏血都充白鳥飢。野燐照人魂斷處，田家妻嫂睡濃時。玉遺香骨天應惜，鐵比真心世共知。宿草埋煙迷古塚，幽花泣雨倚叢祠。碑存米老春秋筆，詩有歐公絶妙詞。尚待姓名傳國史，更看旌表照門楣。古今絶少青雲士，却忍將身作夏姬。

清·彭定求等《全唐詩》卷七二八《周曇〈陳靈公〉》 誰與陳君嫁禍來，孔寧行父夏姬媒。靈公徒認徵舒面，至死何曾識禍胎。

清·沈季友《檇李詩繫》卷二五《讀三大家詩鈔戲爲俳體》 牧老風流肖牧之，紅牋碧硯助吟詩。東山一臥閒絲竹，新得佳人是夏姬。

鄭袖亂楚政

綜 述

《戰國策》卷一六《楚策三·張儀之楚貧章》 張儀之楚，貧。舍人怒而歸。張儀曰：『子必以衣冠之敝，故欲歸。子待我爲子見楚王。』當是之時，南后、鄭袖貴於楚。

張子見楚王，楚王不説。張子曰：『王無所用臣，袖臣請北見晉君。』楚王曰：『諾。』張子曰：『王無求於晉國乎？』王曰：『黄金珠璣犀象

出於楚，寡人無求於晉國。」張子曰：『王徒不好色耳？』王曰：『何也？』張子曰：『彼鄭、周之女，粉白墨黑，立於衢閭，非知而見之者，以爲神。』楚王曰：『楚，僻陋之國也，未嘗見中國之女如此其美也，寡人之獨何爲不好色也？』乃資之以珠玉。

南后、鄭袖聞之大恐，令人謂張子曰：『妾聞將軍之晉國，偶有金千斤，進之左右，以供芻秣。』鄭袖亦以金五百斤。

張子辭楚王曰：『天下關閉不通，未知見日也，願王賜之觴。』王曰：『諾。』乃觴之。張子中飲，再拜而請曰：『非有他人於此也，願王召所便習而觴之。』王曰：『諾。』乃召南后、鄭袖而觴之。張子再拜而請曰：『儀有死罪於大王。』王曰：『何也？』曰：『儀行天下遍矣，未嘗見人如此其美也。而儀言得美人，是欺王也。』王曰：『子釋之。吾固以爲天下莫若是兩人也。』

又 卷一七《楚策四・魏王遺楚王美人章》 魏王遺楚王美人，楚王説之。夫人鄭袖知王之説新人也，甚愛新人：衣服玩好，擇其所喜而爲之；宫室臥具，擇其所善而爲之。愛之甚於王。王曰：『婦人所以事夫者，色也；而妬者，其情也。今鄭袖知寡人之説新人也，其愛之甚於寡人，此孝子之所以事親，忠臣之所以事君也！』

鄭袖知王以己爲不妬也，因謂新人曰：『王愛子美矣。雖然，惡子之鼻。子爲見王，則必掩子鼻。』新人見王，因掩其鼻。王謂鄭袖曰：『夫新人見寡人，則掩其鼻，何也？』鄭袖曰：『妾知也。』王曰：『雖惡必言之。』鄭袖曰：『其似惡聞君王之臭也。』王曰：『悍哉！』令劓之，無使逆命。

《史記》卷四〇《楚世家》 （楚懷王）十八年，秦使使約復與楚親，分漢中之半以和楚。楚王曰：『願得張儀，不願得地。』張儀聞之，請之楚。秦王曰：『楚且甘心於子，奈何？』張儀曰：『臣善其左右靳尚，靳尚又能得事於楚王幸姬鄭袖，袖所言無不從者。且儀以前使負楚以商於之約，今秦楚大戰，有惡，臣非面自謝楚不解。且大王在，楚不宜敢取儀。誠殺儀以便國，臣之願也。』儀遂使楚。

至，懷王不見，因而囚張儀，欲殺之。儀私於靳尚，靳尚爲請懷王曰：『拘張儀，秦王必怒。天下見楚無秦，必輕王矣。』又謂夫人鄭袖曰：『秦王甚愛張儀，而王欲殺之，今將以上庸之地六縣賂楚，以美人聘楚王，以宫中善歌者爲之媵。楚王重地，秦女必貴，而夫人必斥矣。夫人不若言而出之。』鄭袖卒言張儀於王而出之。儀出，懷王因善遇儀，儀因説楚王以叛從約而與秦合親，約婚姻。張儀已去，屈原使從齊來，諫王曰：『何不誅張儀？』懷王悔，使人追儀，弗及。

宋・司馬光《資治通鑑》卷三《周紀三》 （周赧王四年）秦惠王使人告楚懷王，請以武關之外易黔中地。楚王曰：『不願易地，願得張儀而獻黔中地。』張儀聞之，請行。王曰：『楚將甘心於子，奈何行？』張儀曰：『秦強楚弱，大王在，楚不宜敢取臣。且臣善其嬖臣靳尚，靳尚得事幸姬鄭袖，袖之言，王無不聽者。』遂往。楚王囚，將殺之。靳尚謂鄭袖曰：『秦王甚愛張儀，將以上庸六縣及美女贖之。王重地尊秦，秦女必貴而夫人斥矣。』於是鄭袖日夜泣於楚王曰：『臣各爲其主耳。今殺張儀，秦必大怒。妾請子母俱遷江南，毋爲秦所魚肉也！』王乃赦張儀而厚禮之。

藝　文

唐・李白《分類補注李太白詩》卷二五《懼讒》 二桃殺三士，詎假劍如霜。衆女妬娥眉，双花竟春芳。魏姝信鄭袖，掩袂對懷王。一惑巧言子，朱顔成死傷。行將泣團扇，戚戚愁人腸。

李后亂楚政

綜　述

《戰國策》卷一七《楚策四・楚考烈王無子章》 楚考烈王無子，春申君患之，求婦人宜子者進之，甚衆，卒無子。

趙人李園持其女弟欲進之楚王，聞其不宜子，恐又無寵。李園求事春申君爲舍人。已而謁歸，故失期。還謁，春申君問狀，對曰：『齊王遣使

求臣女弟，與其使者飲，故失期。』春申君曰：『聘入乎？』對曰：『未也。』春申君曰：『可得見乎？』曰：『可。』於是園乃進其女弟，即幸於春申君。知其有身，園乃與其女弟謀。

園女弟承間説春申君曰：『楚王之貴幸君，雖兄弟不如。今君相楚王二十餘年，而王無子，即百歲後，將更立兄弟。即楚王更立，彼亦各貴其故所親，君又安得長有寵乎？非徒然也，君用事久，多失禮於王兄弟，兄弟誠立，禍且及身，奈何以保相印、江東之封乎？今妾自知有身矣，而人莫知。妾之幸君未久，誠以君之重而進妾於楚王，王必幸妾。妾賴天而有男，則是君之子爲王也，楚國封盡可得，孰與其臨不測之罪乎？』春申君大然之。乃出園女弟謹舍，而言之楚王。楚王召入，幸之，遂生子男，立爲太子，以李園女弟立爲王后。楚王貴李園，李園用事。

李園既入其女弟爲王后，子爲太子，恐春申君語泄而益驕，陰養死士，欲殺春申君以滅口。而國人頗有知之者。

春申君相楚二十五年，考烈王病。朱英謂春申君曰：『世有無妄之福，又有無妄之禍；今君處無妄之世，以事無妄之主，安不有無妄之人乎？』春申君曰：『何謂無妄之福？』曰：『君相楚二十餘年矣，雖名爲相國，實楚王也。五子皆相諸侯。今王疾甚，旦暮且崩，太子衰弱，疾而不起，而君相少主，因而代立當國，如伊尹、周公。王長而反政，不即遂南面稱孤，因而有楚國。此所謂無妄之福也。』春申君曰：『何謂無妄之禍？』曰：『李園不治國，王之舅也，不爲兵將，而陰養死士之日久矣。楚王崩，李園必先入，據本議，制斷君命，秉權而殺君以滅口。此所謂無妄之禍也。』春申君曰：『何謂無妄之人？』曰：『君先仕臣爲郎中，君王崩，李園先人，臣請爲君劃其胸殺之。此所謂無妄之人也。』春申君曰：『先生置之，勿復言已。李園，軟弱人也，僕又善之，又何至此？』朱英恐，乃亡去。

後十七日，楚考烈王崩，李園果先入，置死士止於棘門之內。春申君後入，止棘門。園死士夾刺春申君，斬其頭，投之棘門外。於是使吏盡滅春申君之家。而李園女弟，初幸春申君有身，而入之王所生子者，遂立爲楚幽王也。

是歲秦始皇立九年矣。嫪毐亦爲亂於秦，覺，夷三族，而呂不韋廢。

續：《越絶書》，《隋·經籍志》稱爲子貢作，今雜記秦、漢事，疑後人所羼，不敢盡信。《史記》、《戰國策》、《列女傳》，不載女環之名，止見於此。其畫策終始，信如此，皆出於女環，尤爲異也。至言烈王死後，李園相春申君，方封於吳，又立其子爲假君，皆與《史記》、《國策》不合。聊記於此，以廣異聞。

《史記》卷七八《春申君列傳》 楚考烈王無子，春申君患之，求婦人宜子者進之，甚衆，卒無子。趙人李園持其女弟，欲進之楚王，聞其不宜子，恐久毋寵。李園求事春申君爲舍人，已而謁歸，故失期。還謁，春申君問之狀，對曰：『齊王使使求臣之女弟，與其使者飲，故失期。』春申君曰：『娉入乎？』對曰：『未也。』春申君曰：『可得見乎？』曰：『可。』於是李園乃進其女弟，即幸於春申君。知其有身，李園乃與其女弟謀。園女弟承間以説春申君曰：『楚王之貴幸君，雖兄弟不如也。今君相楚二十餘年，而王無子，即百歲後將更立兄弟，則楚更立君後，亦各貴其故所親，君又安得長有寵乎？非徒然也，君貴用事久，多失禮於王兄弟，兄弟誠立，禍且及身，何以保相印江東之封乎？今妾自知有身矣，而人莫知。妾幸君未久，誠以君之重而進妾於楚王，王必幸妾；妾賴天有子男，則是君之子爲王也，楚國盡可得，孰與身臨不測之罪乎？』春申君大然之，乃出李園女弟，謹舍而言之楚王。楚王召入幸之，遂生子男，立爲太子，以李園女弟爲王后。楚王貴李園，園用事。

李園既入其女弟，立爲王后，子爲太子，恐春申君語泄而益驕，陰養死士，欲殺春申君以滅口，而國人頗有知之者。

春申君相二十五年，楚考烈王病。朱英謂春申君曰：『世有毋望之福，《正義》無望謂不望而忽至也。又有毋望之禍。《索隱》：《周易》有無妄卦，其義殊也。今君處毋望之世，《正義》謂生死無常。事毋望之主，《正義》謂喜怒不節也。安可以無毋望之人乎？』《正義》謂吉凶忽。春申君曰：『何謂毋望之福？』曰：『君相楚二十餘年矣，雖名相國，實楚王也。今楚王病，旦暮且卒，而君相少主，因而代立當國，如伊尹、周公，王長而反政，不即遂南面稱孤而有楚國？此所謂毋望之福也。』春申君曰：『何謂毋望之禍？』曰：『李園不治國而君之仇也，《索隱》言園是春申之仇也。《戰國策》作『君之舅也』，謂爲王之舅，意異也。不爲兵而養死士之日久矣，楚王卒，李

園必先入據權而殺君以滅口。此所謂毋望之禍也。』春申君曰：『何謂毋望之人？』對曰：『君置臣郎中，楚王卒，李園必先入，臣爲君殺李園。此所謂毋望之人也。』春申君曰：『足下置之，李園，弱人也，僕又善之，且又何至此！』朱英《索隱》朱亥。卽上之朱英也。作『亥』者，史因趙有朱亥誤也。知言不用，恐禍及身，乃亡去。

後十七日，楚考烈王卒，李園果先入，伏死士於棘門之內。《正義》壽州城門。春申君入棘門，園死士俠刺春申君，斬其頭，投之棘門外。《正義》楚考烈王二十五年，秦始皇九年。於是遂使吏盡滅春申君之家。而李園女弟初幸春申君有身而入之王所生子者遂立，是爲楚幽王。《索隱》按：楚悍有母弟猶，猶有庶兄負芻及昌平君，是楚君完非無子，而上文云考烈王無子，誤也。

宋·司馬光《資治通鑑》卷六《秦紀一》（秦始皇九年）楚考烈王無子，春申君患之，求婦人宜子者甚衆，進之，卒無子。趙人李園持其妹欲進諸楚王，聞其不宜子，恐久無寵，乃求爲春申君舍人。已而謁歸，故失期而還。春申君問之，李園曰：『齊王使人求臣之妹，與其使者飲，故失期。』春申君曰：『聘入乎？』曰：『未也。』春申君遂納之。既而有娠，李園使其妹說春申君曰：『楚王貴幸君，雖兄弟不如也。今君相楚二十餘年而王無子，卽百歲後將更立兄弟，彼亦各貴其故所親，君又安得常保此寵乎！非徒然也，君貴，用事久，多失禮於王之兄弟，兄弟立，禍且及身矣。今妾有娠而人莫知，妾幸君未久，誠以君之重，進妾於王，王必幸之。妾賴天而有男，則是君之子爲王也。楚國盡可得，孰與身臨不測之禍哉！』春申君大然之。乃出李園妹，謹舍而言諸楚王。王召入，幸之，遂生男，立爲太子。

李園妹爲王后，李園亦貴用事，而恐春申君泄其語，陰養死士，欲殺春申君以滅口；國人頗有知之者。楚王病，硃英謂春申君曰：『世有無望之福，亦有無望之禍。今君處無望之世，事無望之主，安可以無無望之人乎！』春申君曰：『何謂無望之福？』曰：『君相楚二十餘年矣，雖名相國，其實王也。王今病，旦暮薨，薨而君相幼主，因而當國，王長而反政，不卽遂南面稱孤，此所謂無望之福也。』『何謂無望之禍？』曰：『李園不治國而君之仇也，不爲兵而養死士之日久矣。王薨，李園必先入，據權而殺君以滅口，此所謂無望之禍也。』『何謂無望之人？』曰：『君置臣郎中，王薨，李園先入，臣爲君殺之，此所謂無望之人也。』春申君曰：『足下置之。李園，弱人也，僕又善之。且何至此！』硃英知言不用，懼而亡去。後十七日，楚王薨，李園果先入，伏死士於棘門之內。春申君入，死士俠刺之，投其首於棘門之外；於是使吏盡捕誅春申君之家。太子立，是爲幽王。

倡姬亂趙政

綜述

漢·劉向《古列女傳》卷七《孽嬖·趙悼倡后》 倡后者，趙悼襄王之后也。前日而亂一宗之族。既寡，悼襄王以其美而取之。李牧諫曰：『不可。女之不正，國家所以覆而不安也。此女亂一宗，大王不畏乎？』王曰：『亂與不亂，在寡人爲政。』遂娶之。

初，悼襄王后生子嘉爲太子。倡后既入爲姬，生子遷。倡后既嬖幸於王，陰譖后及太子於王，使人犯太子而陷之於罪，王遂廢嘉而立遷，黜后而立倡姬爲后。及悼襄王薨，遷立，是爲幽閔王。

倡后淫佚不正，通於春平君，多受秦賂，而使王誅其良將武安君李牧。其後秦兵徑入，莫能距遏，遂見虜於秦，趙亡。大夫怨倡后之譖太子及殺李牧，乃殺倡后而滅其家，共立嘉於代，七年，不能勝秦，趙遂滅爲郡。《詩》云：『人而無禮，不死胡俟？』此之謂也。

頌曰：趙悼倡后，貪叨無足，隳廢后適，執詐不愨，淫亂春平，窮意所欲，受賂亡趙，身死滅國。

論説

《史記》卷四三《趙世家論》 吾聞馮王孫曰：『趙王遷，其母倡也，《集解》徐廣曰：『《列女傳》曰邯鄲之倡。』嬖於悼襄王。悼襄王廢適子嘉而立遷。遷素無行，信讒，故誅其良將李牧，用郭開。』豈不繆哉！秦既虜

遷，趙之亡大夫共立嘉爲王，王代六歲，秦進兵破嘉，遂滅趙以爲郡。

太子廢立風波分部

幽王立伯服

綜　述

《史記》卷四《周本紀》　褒姒生子伯服，幽王欲廢太子。太子母申侯女，而爲后。後幽王得褒姒，愛之，欲廢申后，並去太子宜臼，以褒姒爲后，以伯服爲太子。周太史伯陽讀史記曰：『周亡矣。』昔自夏后氏之衰也，有二神龍止於夏帝庭而言曰：『余，褒之二君。』夏帝卜殺之與去之與止之，莫吉。卜請其漦而藏之，乃吉。於是布幣而策告之，龍亡而漦在，櫝而去之。夏亡，傳此器殷。殷亡，又傳此器周。比三代，莫敢發之，至厲王之末，發而觀之。漦流于庭，不可除。厲王使婦人裸而譟之。漦化爲玄黿，以入王後宮。後宮之童妾既齔而遭之，既笄而孕，無夫而生子，懼而弃之。宣王之時童女謡曰：『檿弧箕服，實亡周國。』於是宣王聞之，有夫婦賣是器者，宣王使執而戮之。逃於道，而見鄉者後宮童妾所弃妖子出於路者，聞其夜啼，哀而收之，夫婦遂亡，犇於褒。褒人有罪，請入童妾所弃女子者於王以贖罪。弃女子出於褒，是爲褒姒。當幽王三年，王之後宮見而愛之，生子伯服，竟廢申后及太子，以褒姒爲后，伯服爲太子。太史伯陽曰：『禍成矣，無可奈何！』

又　卷五《秦本紀》　（秦襄公）七年春，周幽王用褒姒廢太子，立褒姒子爲適，數欺諸侯，諸侯叛之。

論　説

《國語・鄭語》　申、繒、西戎方彊，（幽）王室方騷，將以縱欲，不亦難乎？王欲殺太子以成伯服，必求之申，申人弗畀，必伐之。若伐申，而繒與西戎會以伐周，周不守矣！

《漢書》卷六〇《杜欽傳》　夫少，戒之在色，小卞之作，可爲寒心。張晏注：刺幽王廢申后而立褒姒，黜太子宜咎而立伯服也。臣瓚注：《小卞》之詩，太子之傅作也，哀太子之放逐，愍周室之大壞也。顏師古注：二説皆是。

宋・呂本中《呂氏春秋集解》卷一〇《僖公》　人君擅一國之名，寵爲其所子，則當子矣。國人何爲不子也？民至愚，而神是非好惡靡不明。且公也，其所子而弗子者，莫能使人弗之子也。非所子，而子之者，莫能使人之亦子也。周幽王嘗黜（大）［太］子宜臼，子伯服矣，而犬戎殺其身。

宋・嚴粲《詩緝》卷二一《小宛》　《三章》刺黜其子也。幽王黜太子宜臼，宜臼奔申侯。此章刺之，言：『中原有菽，庶民乃采之，而去桑蟲。有子螟蠃，乃持之而去。』喻王有太子，不能撫愛，而申侯乃挾而去之也。王若以宜臼爲不肖，何不教誨之，用善道而使之似續於已乎？

王子朝之亂

綜　述

《左傳・昭公十五年》　六月乙丑，王大子壽卒。秋八月戊寅，王穆后崩。【略】十二月，晉荀躒如周葬穆后，籍談爲介。既葬，除喪，以文伯宴，樽以魯壺。王曰：『伯氏，諸侯皆有以鎮撫王室，晉獨無有，何也？』文伯揖籍談，對曰：『諸侯之封也，皆受明器於王室，以鎮撫其社稷，故能薦彝器於王。晉居深山，戎、狄之與鄰，而遠於王室，王靈不及，拜戎不暇，其何以獻器？』王曰：『叔氏，而忘諸乎！叔父唐叔，

成王之母弟也，其反無分乎？密須之鼓，與其大路，文所以大蒐也。闕鞏之甲，武所以克商也，唐叔受之，以處參虚，匡有戎、狄。其後襄之二路，鏚鉞，秬鬯，彤弓，虎賁，文公受之，以有南陽之田，撫征東夏，非分而何？夫有勳而不廢，有績而載，奉之以土田，撫之以彝器，旌之以車服，明之以文章，子孫不忘，所謂福也。福祚之不登叔父，焉在？且昔而高祖孫伯黶，司晉之典籍，以爲大政，故曰籍氏。及辛有之二子董之，晉於是乎有董史。女，司典之後也，何故忘之？」籍談不能對。賓出，王曰：「籍父其無後乎！數典而忘其祖。」

籍談歸，以告叔向。叔向曰：「王其不終乎。吾聞之，所樂必卒焉。今王樂憂，若卒以憂，不可謂終。王一歲而有三年之喪二焉，於是乎以喪賓宴，又求彝器，樂憂甚矣，且非禮也。彝器之來，嘉功之由，非由喪也。三年之喪，雖貴遂服，禮也。王雖弗遂，宴樂以早，亦非禮也。禮，王之大經也。一動而失二禮，無大經矣。言以考典，典以志經，忘經而多言舉典，將焉用之？」

又《昭公十八年》 十八年春，王二月乙卯，周毛得殺毛伯過而代之。萇弘曰：「毛得必亡，是昆吾稔之日也，侈故之以。而毛得以濟侈於王都，不亡何待！」

三月，曹平公卒。【略】

秋，葬曹平公。往者見周原伯魯焉，與之語，不説學。歸以語閔子馬。閔子馬曰：「周其亂乎？夫必多有是説，而後及其大人。大人患失而惑，又曰，可以無學，無學不害。不害而不學，則苟而可。於是乎下陵上替，能無亂乎？夫學，殖也。不學將落，原氏其亡乎？」

又《昭公二十一年》 二十一年春，天王將鑄無射。泠州鳩曰：「王其以心疾死乎？夫樂，天子之職也。夫音，樂之輿也。而鐘，音之器也。天子省風以作樂，器以鍾之，輿以行之，小者不窕，大者不槬，則和於物。物和則嘉成。故和聲入於耳而藏於心，心億則樂。窕則不咸，槬則不容，心是以感。感實生疾，今鍾槬矣，王心弗堪，其能久乎？」

又《昭公二十二年》 王子朝、賓起有寵於景王。王與賓孟説之，欲立之。劉獻公之庶子伯蚠事單穆公，惡賓孟之爲人也，願殺之。又惡王子朝之言，以爲亂，願去之。賓孟適郊，見雄雞自斷其尾。問之，侍者曰：「自憚其犧也。」遽歸告王，且曰：「雞其憚爲人用乎，人異於是。犧者，實用人，人犧實難，已犧何害？」王弗應。

夏四月，王田北山，使公卿皆從，將殺單子、劉子。王有心疾，乙丑，崩於榮錡氏。戊辰，劉子摯卒，無子，單子立劉蚠。五月庚辰，見王，遂攻賓起，殺之。盟羣王子于單氏。【略】

丁巳，葬景王。王子朝因舊官百工之喪職秩者，與靈、景之族以作亂。帥郊、要、餞之甲，以逐劉子。壬戌，劉子奔揚。單子逆悼王于莊宫以歸。王子還夜取王以如莊宫。癸亥，單子出。王子還與召莊公謀，曰：「不殺單旗，不捷。與之重盟，必來。背盟而克者多矣。」從之。樊頃子曰：「非言也，必不克。」遂奉王以追單子。及領，大盟而復。殺摯荒以説。劉子如劉。單子亡。乙丑，奔于平時，羣王子追之。單子殺還、姑、發、弱、鬷、延、定、稠，子朝奔京。丙寅，伐之。京人奔由，劉子入于王城。辛未，鞏簡公敗績于京。乙亥，甘平公亦敗焉。叔鞅至自京師，言王室之亂也。閔馬父曰：「子朝必不克其所與者，天所廢也。」單子欲告急於晉，秋七月戊寅，以王如平時，遂如圃車，次于皇。劉子如劉。單子使王子處守于王城，盟百工于平宫。辛卯，鄩肸伐皇，大敗，獲鄩肸。壬辰，焚諸王城之市。八月辛酉，司徒醜以王師敗績于前城，百工叛。己巳，伐單氏之宫，敗焉。庚午，反伐之。辛未，伐東圉。冬十月丁巳，晉籍談、荀躒帥九州之戎及焦、瑕、温、原之師，以納王于王城。庚申，單子、劉蚠以王師敗績于郊，前城人敗陸渾于社。十一月乙酉，王子猛卒，不成喪也。己丑，敬王即位，館于子旅氏。十二月庚戌，晉籍談、荀躒、賈辛、司馬督帥師軍于陰，于侯氏，于谿泉，次于社。王師軍于汜，于解，次于任人。閏月，晉箕遺、樂徵、右行詭濟師，取前城，軍其東南。王師軍于京楚。辛丑，伐京，毀其西南。

又《昭公二十三年》 二十三年春，王正月壬寅朔，二師圍郊。癸卯，郊、鄩潰。丁未，晉師在平陰，王師在澤邑。使告間，庚戌，還。【略】

夏四月乙酉，單子取訾，劉子取牆人、直人。六月壬午，王子朝入于尹。癸未，尹圉誘劉佗殺之。丙戌，單子從阪道，劉子從尹道伐尹。單子先至而敗，劉子還。王子朝入于王城，次于左巷。秋七月戊申，鄩羅納諸

莊宮。尹辛敗劉師于唐。丙辰，又敗諸鄩。甲子，尹辛取西闈。丙寅，攻蒯，蒯潰。【略】

八月丁酉，南宮極震。萇弘謂劉文公曰：『君其勉之，先君之力可濟也。周之亡也，其三川震。今西王之大臣亦震，天棄之矣。東王必大克。』

又《昭公二十四年》 二十四年春，王正月辛丑，召簡公、南宮嚚以甘桓公見王子朝。劉子謂萇弘曰：『甘氏又往矣。』對曰：『何害？同德度義。《大誓》曰：「紂有億兆夷人，亦有離德。余有亂臣十人，同心同德。」此周所以興也。君其務德，無患無人。』戊午，王子朝入于鄔。【略】

三月庚戌，晉侯使士景伯涖問周故，士伯立于乾祭而問於介衆。晉人乃辭王子朝，不納其使。【略】

六月壬申，王子朝之師攻瑕及杏，皆潰。

鄭伯如晉，子大叔相，見范獻子。獻子曰：『若王室何？』對曰：『老夫其國家不能恤，敢及王室。抑人亦有言曰：「嫠不恤其緯，而憂宗周之隕，爲將及焉。」今王室實蠢蠢焉，吾小國懼矣。然大國之憂也，吾儕何知焉？吾子其早圖之！《詩》曰：「缾之罄矣，惟罍之耻。」王室之不寧，晉之耻也。』獻子懼，而與宣子圖之。乃徵。

冬十月癸酉，王子朝用成周之寶珪于河。甲戌，津人得諸河上。陰不佞以温人南侵，拘得玉者，取其玉，將賣之，則爲石。王定而獻之，與之東訾。

又《昭公二十五年》 夏，會于黄父，謀王室也。趙簡子令諸侯之大夫，輸王粟，具戍人，曰：『明年將納王。』子太叔見趙簡子，簡子問揖讓周旋之禮焉。對曰：『是儀也，非禮也。』簡子曰：『敢問何謂禮？』對曰：『吉也聞諸先大夫子產，曰：「夫禮，天之經也，地之義也，民之行也。」天地之經，而民實則之。則天之明，因地之性，生其六氣，用其五行。氣爲五味，發爲五色，章爲五聲，淫則昏亂，民失其性。是故爲禮以奉之。爲六畜、五牲、三犧，以奉五味。爲九文、六采、五章以奉五色。爲九歌、八風、七音、六律，以奉五聲。爲君臣、上下，以則地義。爲夫婦、外內，以經二物。爲父子、兄弟、姑姊、甥舅、婚媾、姻婭，以象天明。爲政事、庸力、行務，以從四時。爲刑罰、威獄，使民畏忌，以類其震曜殺戮。爲温慈、惠和，以效天之生殖長育。民有好、惡、喜、怒、哀、樂，生于六氣。是故審則宜類，以制六志。哀有哭泣，樂有歌舞，喜有施舍，怒有戰鬭。喜生於好，怒生於惡。是故審行信令，禍福賞罰，以制死生。生，好物也。死，惡物也。好物，樂也。惡物，哀也。哀樂不失，乃能協於天地之性，是以長久。』簡子曰：『甚哉，禮之大也。』對曰：『禮，上下之紀，天地之經緯也，民之所以生也是以先王尚之。故人之能自曲直以赴禮者，謂之成人。大，不亦宜乎？』簡子曰：『鞅也請終身守此言也。』

宋樂大心曰：『我不輸粟，我於周爲客，若之何使客？』晉士伯曰：『自踐土以來，宋何役之不會，而何盟之不同？曰同恤王室，子焉得辟之？子奉君命，以會大事，而宋背盟，無乃不可乎！』右師不敢對，受牒而退。士伯告簡子曰：『宋右師必亡，奉君命以使，而欲背盟以干盟主，無不祥大焉。』【略】

壬申，尹文公涉于鞏，焚東訾，弗克。

又《昭公二十六年》 四月，單子如晉告急。五月戊午，劉人敗王城之師于尸氏。戊辰，王城人、劉人戰于施谷，劉師敗績。

七月己巳，劉子以王出。庚午，次于渠。王城人焚劉。丙子，王宿于褚氏。丁丑，王次于萑谷。庚辰，王入于胥靡。辛巳，王次于滑。晉知躒、趙鞅帥師納王，使女寬守闕塞。【略】

冬十月丙申，王起師于滑。辛丑，在郊，遂次于尸。十一月辛酉，晉師克鞏，召伯盈逐王子朝。王子朝及召氏之族、毛伯得、尹氏固、南宮嚚奉周之典籍以奔楚。陰忌奔莒以叛。召伯逆王于尸，及劉子、單子盟。遂軍圉澤，次于隄上。癸酉，王入于成周。甲戌，盟于襄宮。晉師使成公般戍周而還。

十二月癸未，王入于莊宮。

王子朝使告于諸侯曰：『昔武王克殷，成王靖四方，康王息民。並建母弟，以藩屏周。亦曰，吾無專享文、武之功，且爲後人之迷敗傾覆，而溺入于難，則振救之。至于夷王，王愆于厥身。諸侯莫不並走其望，以祈王身。至于厲王，王心戾虐，萬民弗忍，居王于彘。諸侯釋位，以間王政。宣王有志，而後效官，至于幽王，天不弔周，王昏不若，用愆厥位。

攜王奸命，諸侯替之，而建王嗣，用遷郟鄏。則是兄弟之能用力於王室也。至于惠王，天不靖周，生頹禍心，施于叔帶，惠、襄辟難，越去王都。則有晉、鄭，咸黜不端，以綏定王家。則是兄弟之能率先王之命也。在定王六年，秦人降妖，曰：「周其有頾王，亦克能修其職。諸侯服享，二世共職。王室其有間王位，諸侯不圖而受其亂災。」至于靈王，生而有頾。王甚神聖，無惡於諸侯。靈王、景王，克終其世。今王室亂，單旗、劉狄，剝亂天下，壹行不若。謂先王何常之有？唯余心所命，其誰敢討之？帥羣不弔之人，以行亂于王室。侵欲無厭，規求無度，貫瀆鬼神，慢棄刑法，倍奸齊盟，傲狠威儀，矯誣先王。晉爲不道，是攝是贊，思肆其罔極。茲不穀震盪播越，竄在荆蠻，未有攸底。若我一二兄弟甥舅，獎順天法，無助狡猾，以從先王之命。毋速天罰，赦圖不穀，則所願也。敢盡布其腹心，及先王之經，而諸侯實深圖之！昔先王之命曰：「王后無適，則擇立長。年鈞以德，德鈞以卜。」王不立愛，公卿無私，古之制也。穆后及太子壽早夭即世，單、劉贊私立少，以間先王，亦惟伯仲叔季圖之？」

又《**昭公二十七年**》　十二月，晉籍秦致諸侯之戍於周，魯人辭以難。

又《**昭公二十九年**》　二月己卯，京師殺召伯盈、尹氏固及原伯魯之子。尹固之復也，有婦人遇之周郊，尤之曰：「處則勸人爲禍，行則數日而反，是夫也，其過三歲乎？」夏五月庚寅，王子趙車入于鄻以叛，陰不佞之敗。

又《**昭公三十二年**》　秋八月，王使用富辛與石張如晉，請城成周。天子曰：「天降禍于周，俾我兄弟並有亂心，以爲伯父憂。我一二親昵甥舅，不皇啓處，於今十年，勤戍五年。余一人無日忘之，閔閔焉如農夫之望歲，懼以待時。伯父若肆大惠，復二文之業，弛周室之憂，徼文、武之福，以固盟主，宣昭令名，則余一人有大願矣。昔成王合諸侯，城成周，以爲東都，崇文德焉。今我欲徼福假靈于成王，修成周之城，俾戍人無勤，諸侯用寧，蝥賊遠屏，晉之力也。其委諸伯父，使伯父實重圖之。俾我一人無徵怨于百姓，而伯父有榮施，先王庸之。」范獻子謂魏獻子曰：「與其戍周，不如城之，天子實云。雖有後事，晉勿與知可也。從王命以紓諸侯，晉國無憂。是之不務，而又焉從事？」魏獻子曰：「善。」使伯音對曰：「天子有命，敢不奉承，以奔告于諸侯。遲速衰序，於是焉在。」

冬十一月，晉魏舒、韓不信如京師，合諸侯之大夫于狄泉，尋盟，且令城成周。魏子南面，衛彪傒曰：「魏子必有大咎，干位以令大事，非其任也。《詩》曰：『敬天之怒，不敢戲豫。敬天之渝，不敢馳驅。』況敢干位以作大事乎？」

己丑，士彌牟營成周，計丈數，揣高卑，度厚薄，仞溝洫，物土方，議遠邇，量事期，計徒庸，慮材用，書餱糧，以令役於諸侯，屬役賦丈，書以授帥，而效諸劉子。韓簡子臨之，以爲成命。

又《**定公元年**》　元年春，王正月辛巳，晉魏舒合諸侯之大夫于狄泉，將以城成周。魏子涖政。衛彪傒曰：「將建天子，而易位以令，非義也。大事奸義，必有大咎。晉不失諸侯，魏子其不免乎。」是行也，魏獻子屬役於韓簡子及原壽過，而田於大陸，焚焉。還，卒於寧。范獻子去其柏槨，以其未復命而田也。

孟懿子會城成周。庚寅，栽。宋仲幾不受功，曰：「滕、薛、郳，吾役也。」薛宰曰：「宋爲無道，絶我小國於周，以我適楚。故我常從宋。晉文公爲踐土之盟，曰：『凡我同盟，各復舊職。』若從踐土，若從宋，亦唯命。」仲幾曰：「踐土固然。」薛宰曰：「薛之皇祖奚仲，居薛以爲夏車正。奚仲遷于邳，仲虺居薛，以爲湯左相。若復舊職，將承王官，何故以役諸侯。」仲幾曰：「三代各異物，薛焉得有舊。爲宋役，亦其職也。」士彌牟曰：「晉之從政者新，子姑受功。歸，吾視諸故府。」仲幾曰：「縱子忘之，山川鬼神其忘諸乎？」士伯怒，謂韓簡子曰：「薛徵於人，宋徵於鬼，宋罪大矣。且已無辭而抑我以神，誣我也。啓寵納侮，其此之謂矣。必以仲幾爲戮。」乃執仲幾以歸。三月，歸諸京師。

城三旬而畢，乃歸諸侯之戍。

齊高張後，不從諸侯。晉女叔寬曰：「周萇弘、齊高張皆將不免。萇叔違天，高子違人。天之所壞，不可支也。衆之所爲，不可奸也。」

又《**定公五年**》　五年春，王人殺子朝于楚。

又《**定公六年**》　周儋翩率王子朝之徒，因鄭人將以作亂于周。鄭

於是乎伐馮、滑、胥靡、負黍、狐人、闕外。六月，晉閻没戍周，且城胥靡。【略】

冬十二月，天王處于姑蕕注姑蕕，辟儋翩之亂也。

又《定公七年》 七年春，周儋翩入于儀栗以叛。

夏四月，單武公、劉桓公敗尹氏于窮谷。

冬十一月戊午，單子、劉子逆王于慶氏。晉籍秦送王。己巳，王入于王城，館于公族黨氏，而後朝于莊宮。

又《定公八年》 二月己丑，單子伐穀城，劉子伐儀栗。辛卯，單子伐簡城，劉子伐盂，以定王室。

又《哀公三年》 劉氏、范氏世爲婚姻，萇弘事劉文公，故周與范氏。趙鞅以爲討。六月癸卯，周人殺萇弘。

《國語》卷三《周語下》 靈王二十二年，穀、洛鬬，將毁王宮。王欲壅之，大子晉諫曰：『不可。晉聞古之長民者，不墮山，不崇藪，不防川，不竇澤。夫山，土之聚也；藪，物之歸也；川，氣之導也；澤，水之鍾也。夫天地成而聚於高，歸物於下。疏爲川谷，以導其氣；陂唐污庳，以鍾其美。是故聚不阤崩，而物有所歸；氣不沈滯，而亦不散越。是以民生有財用，而死有所葬。然則無夭、昏、札、瘥之憂，而無飢、寒、乏、匱之患，故上下能相固，以待不虞，古之聖王唯此之慎。

『昔共工棄此道也，虞于湛樂，淫失其身，欲壅防百川，墮高堙庳，以害天下。皇天弗福，庶民弗助，禍亂並興，共工用滅。其在有虞，有崇伯鯀，播其淫心，稱遂共工之過，堯用殛之于羽山。其後伯禹念前之非度，釐改制量，象物天地，比類百則，儀之于民，而度之于羣生。共之從孫四岳佐之，高高下下，疏川道滯，鍾水豐物，封崇九山，決汩九川，陂鄣九澤，豐殖九藪，汩越九原，宅居九隩，合通四海。故天無伏陰，地無散陽，水無沈氣，火無災燀，神無閒行，民無淫心，時無逆數，物無害生。帥象禹之功，度之于軌儀，莫非嘉績，克厭帝心，皇天嘉之，祚以天下，賜姓曰「姒」、氏曰「有夏」，謂其能以嘉祉殷富生物也。胙四岳國，命爲侯伯，賜姓曰「姜」、氏曰「有吕」，謂其能爲禹股肱心膂，以養物豐民人也。

『此一王四伯，豈緊多寵？皆亡王之後也。唯能釐舉嘉義，以有胤在下，守祀不替其典。有夏雖衰，杞、鄫猶在；申、吕雖衰，齊、許猶在。唯有嘉功，以命姓受祀，迄于天下。及其失之也，必有慆淫之心間之。故亡其氏姓，踣斃不振；絶後無主，堙替隸圉。夫亡者豈緊無寵？皆黄、炎之後也。唯不帥天地之度，不順四時之序，不度民神之義，不儀生物之則，以殄滅無胤，至于今不祀。及其得之也，必有忠信之心間之。度於天地而順於時動，龢於民神而儀於物則，故高朗令終，顯融昭明，命姓受氏，而附之以令名。若啓先王之遺訓，省其典圖刑法，而觀其廢興者，皆可知也。其興者，必有夏、吕之功焉；其廢者，必有共、鯀之敗焉。今吾執政無乃實有所避，而滑夫二川之神，使至於爭明，以妨王宮，王而飾之，無乃不可乎！

『人有言曰：「無過亂人之門。」又曰：「佐饔者嘗焉，佐鬬者傷焉。」又曰：「禍不好，不能爲禍。」《詩》曰：「四牡騤騤，旟旐有翩，亂生不夷，靡國不泯。」又曰：「民之貪亂，寧爲荼毒。」夫見亂而不惕，所殘必多，其飾彌章，民有怨亂，猶不可遏，而況神乎？王將防鬬川以飾宮，是飾亂而佐鬬也，其無乃章禍且遇傷乎？自我先王厲、宣、幽、平而貪天禍，至於今未弭。我又章之，懼長及子孫，王室其愈卑乎？其若之何？

『自后稷以來寧亂，及文、武、成、康而僅克安民。自后稷之始基靖民，十五王而文始平之，十八王而康克安之，其難也如是。厲始革典，十四王矣。基德十五而始平，基禍十五其不濟乎！吾朝夕儆懼，曰：「其何德之修，而少光王室，以逆天休？」王又章輔禍亂，將何以堪之？王無亦鑑于黎、苗之王，下及夏、商之季，上不象天而，下不儀地，中不龢民，而方不順時，不共神祇，而蔑棄五則。是以人夷其宗廟，而火焚其彝器，子孫爲隸，下夷於民，而亦未觀夫前哲令德之則。則此五者而受天之豐福，饗民之動力，子孫豐厚，令聞不忘，是皆天子之所知也。

『天所崇之子孫，或在畎畝，由欲亂民也。畎畝之人，或在社稷，由欲靖民也。無有異焉！《詩》云：「殷鑑不遠，在夏后之世。」將焉用飾宮？其以徼亂也。度之天神，則非祥也。比之地物，則非義也。類之民則，則非仁也。方之時動，則非順也。咨之前訓，則非正也。觀之詩書，與民之憲言，則皆亡王之爲也。上下儀之，無所比度，王其圖之！夫事

大不從象，小不從文。上非天刑，下非地德，中非民則，方非時動而作之者，必不節矣。作又不節，害之道也。」

王卒亹之。及景王多寵人，亂於是乎始生。景王崩，王室大亂。及定王，王室遂卑。

晉羊舌肸聘于周，發幣於大夫及單靖公。靖公享之，儉而敬；賓禮贈餞，視其上而從之；燕無私，送不過郊；語説《昊天有成命》。

單之老送叔向，叔向告之曰：『異哉！吾聞之曰：「一姓不再興？」今周其興乎！其有單子也。昔史佚有言曰：「動莫若敬，居莫若儉，德莫若讓，事莫若咨。」單子之貺我，禮也，皆有焉。夫宫室不崇器，無形鏤，儉也；身聳除潔，外內齊給，敬也；宴好享賜，不踰其上，讓也；賓之禮事，放上而動，咨也。如是，而加之以無私，重之以不殺，能辟怨矣。居儉動敬，德讓事咨，而能辟怨，以爲卿佐，其有不興乎！

『且其語説《昊天有成命》，頌之盛德也。其詩曰：「昊天有成命，二后受之，成王不敢康。夙夜基命宥密，於，緝熙！亶厥心肆其靖之。」是道成王之德也。成王能明文昭，能定武烈者也。夫道成命者，而稱昊天，翼其上也。二后受之，讓於德也。成王不敢康，敬百姓也。夙夜，恭也；基，始也；命，信也；宥，寬也；密，寧也；緝，明也；熙，廣也；亶，厚也；肆，固也；靖，龢也。其始也，翼上德讓，而敬百姓。其中也，恭儉信寬，帥歸於寧。其終也，廣厚其心，以固龢之。始於德讓，中於信寬，終於固龢。故曰成。單子儉敬讓咨，以應成德。單若不興，子孫必蕃，後世不忘。

『《詩》曰：「其類維何？室家之壼。君子萬年，永錫祚胤。」類也者，不忝前哲之謂也。壼也者，廣裕民人之謂也。萬年也者，令聞不忘之謂也。胤也者，子孫蕃育之謂也。單子朝夕不忘成王之德，可謂不忝前哲矣。膺保明德，以佐王室，可謂廣裕民人矣。若能類善物，以混厚民人者，必有章譽蕃育之祚，則單子必當之矣。單若有闕，必茲君之子孫實續之，不出於它矣。』【略】

景王二十一年，將鑄大錢。單穆公曰：『不可。古者，天灾降戾，於是乎量資幣，權輕重，以振救民。民患輕，則爲之作重幣以行之，於是乎有母權子而行，民皆得焉。若不堪重，則多作輕而行之，亦不廢重，於是乎有子權母而行，小大利之。

『今王廢輕而作重，民失其資，能無匱乎？若匱，王用將有所乏，乏則將厚取於民。民不給，將有遠志，是離民也。且夫備有未至而設之，有至而後救之，是不相入也。可先而不備，謂之怠；可後而先之，謂之召灾。周固羸國也，天未厭禍焉，而又離民以佐灾，無乃不可乎？將民之與處而離之，將灾是備禦而召之，則何以經國？國無經，何以出令？令之不從，上之患也，故聖王樹德於民以除之。

『《夏書》有之曰：「關石、龢均，王府則有。」《詩》亦有之曰：「瞻彼旱鹿，榛楛濟濟。愷悌君子，干禄愷悌。」夫旱鹿之榛楛殖，故君子得以易樂干禄焉。若夫山林匱竭，林鹿散亡，藪澤肆既，民力彫盡，田疇荒蕪，資用乏匱，君子將險哀之不暇，而何易樂之有焉？

『且絕民用以實王府，猶塞川原而爲潢污也，其竭也無日矣。若民離而財匱，灾至而備亡，王其若之何？吾周官之於灾備也，其所怠棄者多矣，而又奪之資，以益其灾，是去其藏而翳其人也。王其圖之！』王弗聽，卒鑄大錢。

二十三年，王將鑄無射，而爲之大林。單穆公曰：『不可。作重幣以絕民資，又鑄大鐘以鮮其繼。若積聚既喪，又鮮其繼，生何以殖？且夫鐘不過以動聲，若無射有林，耳不及也。夫鐘聲以爲耳也，耳所不及，非鐘聲也。猶目所不見，不可以爲目也。夫目之察度也，不過步武尺寸之間，其察色也，不過墨丈尋常之間，耳之察龢也，在清濁之間；其察清濁也，不過一人之所勝。是故先王之制鐘也，大不出鈞，重不過石。律度量衡於是乎生，小大器用於是乎出，故聖人愼之。今王作鐘也，聽之弗及，比之不度，鐘聲不可以知龢，制度不可以出節，無益於樂，而鮮民財，將焉用之！

『夫樂不過以聽耳，而美不過以觀目。若聽樂而震，觀美而眩，患莫甚焉。夫耳目，心之樞機也，故必聽和而視正。聽和則聰，視正則明。聰則言聽，明則德昭。聽言昭德，則能思慮純固。以言德於民，民歆而德之，則歸心焉。上得民心，以殖義方，是以作無不濟，求無不獲，然則能樂。夫耳內和聲，而口出美言，以爲憲令，而布諸民，正之以度量，民以心力，從之不倦。成事不貳，樂之至也。口內味而耳內聲，聲味生氣。氣

在口爲言，在目爲明。言以信名，明以時動。名以成政，動以殖生。政成生殖，樂之至也。若視聽不和，而有震眩，則味入不精，不精則氣佚，氣佚則不和。於是乎有狂悖之言，有眩惑之明，有轉易之名，有過慝之度。出令不信，刑政放紛，動不順時，民無據依，不知所力，各有離心。上失其民，作則不濟，求則不獲，其何以能樂？三年之中，而有離民之器二焉，國其危哉！』

王弗聽，問之伶州鳩。對曰：『臣之守官弗及也。臣聞之，琴瑟尚宮，鐘尚羽，石尚角，匏竹利制，大不踰宮，細不過羽。夫宮，音之主也。第以及羽，聖人保樂而愛財，財以備器，樂以殖財。故樂器重者從細，輕者從大。是以金尚羽，石尚角，瓦絲尚宮，匏竹尚議，革木一聲。

『夫政象樂，樂從和，和從平。聲以和樂，律以平聲。金石以動之，絲竹以行之，詩以道之，歌以詠之，匏以宣之，瓦以贊之，革木以節之。物得其常曰樂極，極之所集曰聲，聲應相保曰和，細大不踰曰平。如是，而鑄之金，磨之石，繫之絲木，越之匏竹，節之鼓而行之，以遂八風。於是乎氣無滯陰，亦無散陽，陰陽序次，風雨時至，嘉生繁祉，人民龢利，物備而樂成，上下不罷，故曰樂正。今細過其主妨於正，用物過度妨於財，正害財匱妨於樂。細抑大陵，不容於耳，非和也。聽聲越遠，非平也。妨正匱財，聲不和平，非宗官之所司也。

『夫有和平之聲，則有蕃殖之財。於是乎道之以中德，詠之以中音，德音不愆，以合神人，神是以寧，民是以聽。若夫匱財用，罷民力，以逞淫心，聽之不和，比之不度，無益於教，而離民怒神，非臣之所聞也。』

王不聽，卒鑄大鐘。二十四年，鐘成，伶人告和。王謂伶州鳩曰：『鐘果和矣。』對曰：『未可知也。』王曰：『何故？』對曰：『上作器，民備樂之，則爲和。今財亡民罷，莫不怨恨，臣不知其和也。且民所曹好，鮮其不濟也。其所曹惡，鮮其不廢也。故諺曰：「衆心成城，衆口鑠金。」三年之中，而害金再興焉，懼一之廢也。』王曰：『爾老耄矣！何知？』二十五年，王崩，鐘不和。

王將鑄無射，問律於伶州鳩。對曰：『律所以立均出度也。古之神瞽考中聲而量之以制，度律均鐘，百官軌儀，紀之以三，平之以六，成於十二，天之道也。夫六，中之色也，故名之曰黃鍾，所以宣養六氣、九德也。由是第之：二曰太蔟，所以金奏贊陽出滯也。三曰姑洗，所以修潔百物，考神納賓也。四曰蕤賓，所以安靖神人，獻酬交酢也。五曰夷則，所以詠歌九則，平民無貳也。六曰無射，所以宣布哲人之令德，示民軌儀也。爲之六閒，以揚沈伏，而黜散越也。元閒大呂，助宣物也。二閒夾鐘，出四隙之細也。三閒仲呂，宣中氣也。四閒林鐘，和展百事，俾莫不任肅純恪也。五閒南呂，贊陽秀也。六閒應鐘，均利器用，俾應復也。

『律呂不易，無姦物也。細鈞有鐘無鎛，昭其大也。大鈞有鎛無鐘，甚大無鎛，鳴其細也。大昭小鳴，和之道也。和平則久，久固則純，純明則終，終復則樂，所以成政也，故先王貴之。』

王曰：『七律者何？』對曰：『昔武王伐殷，歲在鶉火，月在天駟，日在析木之津，辰在斗柄，星在天黿。星與日辰之位，皆在北維。顓頊之所建也，帝嚳受之。我姬氏出自天黿，及析木者，有建星及牽牛焉，則我皇妣大姜之姪伯陵之後，逄公之所憑神也。歲之所在，則我有周之分野也。月之所在，辰馬農祥也。我太祖后稷之所經緯也，王欲合是五位三所而用之。自鶉及駟七列也。南北之揆七同也，凡人神以數合之，以聲昭之。數合聲和，然後可同也。故以七同其數，而以律和其聲，於是乎有七律。

『王以二月癸亥夜陳，未畢而雨。以夷則之上宮畢，當辰。辰在戌上，故長夷則之上宮，名之曰羽，所以藩屏民則也。王以黃鍾之下宮，布戎于牧之野，故謂之厲，所以厲六師也。以太蔟之下宮，布令于商，昭顯文德，底紂之多罪，故謂之宣，所以宣三王之德也。反及嬴內，以無射之上宮，布憲施舍於百姓，故謂之嬴亂，所以優柔容民也。』【略】

敬王十年，劉文公與萇弘欲城周，爲之告晉。魏獻子爲政，説萇弘而與之。將合諸侯。

衛彪傒適周，聞之，見單穆公曰：『萇、劉其不歿乎？周詩有之曰：「天之所支，不可壞也。其所壞，亦不可支也。」昔武王克殷，而作此詩也，以爲飫歌，名之曰「支」，以遺後之人，使永監焉。夫禮之立成者爲飫，昭明大節而已，少典與焉。是以爲之日惕，其欲教民戒也。然則夫「支」之所道者，必盡知天地之爲也。不然，不足以遺後之人。今萇、劉欲支天之所壞，不亦難乎？自幽王而天奪之明，使迷亂棄德，而即慆

淫，以亡其百姓，其壞之也久矣。而又將補之，殆不可矣！水火之所犯，猶不可救，而況天乎？諺曰：「從善如登，從惡如崩。」昔孔甲亂夏，四世而隕；玄王勤商，十有四世而興。帝甲亂之，七世而隕。后稷勤周，十有五世而興；幽王亂之，十有四世矣。守府之謂多，胡可興也？夫周，高山、廣川、大藪也，故能生是良材，而幽王蕩以爲魁陵、糞土、溝瀆，其有悛乎？」

單子曰：「其咎孰多？」曰：「萇叔必速及，將天以道補者也。夫天道導可而省否，萇叔反是，以誑劉子，必有三殃：違天，一也；反道，二也；誑人，三也。周若無咎，萇叔必爲戮。雖晉魏子亦將及焉。若得天福，其當身乎？若劉氏，則必子孫實有禍。夫子而棄常法，以從其私欲，用巧變以崇天災，勤百姓以爲己名，其殃大矣。」

是歲也，魏獻子合諸侯之大夫於狄泉，遂田于大陸，焚而死。及范、中行之難，萇弘與之，晉人以爲討，二十八年，殺萇弘。及定王，劉氏亡。

《逸周書》卷九《太子晉解》 晉平公使叔譽于周，見太子晉而與之言。五稱而三窮，逡巡而退，其言不遂。歸告公曰：「太子晉行年十五，而臣弗能與言。君請歸，聲就復與田，若不反，及有天下，將以爲誅。」平公將歸之，師曠不可曰：「請使瞑臣往與之言，若能幪予，反而復之。」

師曠見太子，稱曰：「吾聞王子之語，高於泰山，夜寢不寐，晝居不安，不遠長道，而求一言。」

王子應之曰：「吾聞太師將來，甚喜。埶又懼吾年臣少，見子而慎，盡忘吾其度。」

師曠曰：「吾聞王子，古之君子，甚成不驕，自晉始如周，行不知勞。」

王子應之曰：「聲之君子，其行至慎，委積施關，道路無限，百姓悅之，相將而遠，遠人來歡，視道如咫。」

師曠告善，又稱曰：「古之君子，其行可則，由舜而下，其孰有廣德？」

王子應之曰：「如舜者天，舜居其所以利天下，奉翼遠人，皆得己仁，此之謂天。如禹者，聖勞而不居，以利天下，好取不好與，必度其正，是謂之聖。如文王者，其大道仁，其小道惠。三分天下而有其二，敬人無方，服事于商，既有衆，而返失其身，此之謂仁。如武王者義，殺一人而以利天下，異姓同姓各得其所，是之謂儀。」師曠告善。又稱曰：「宣辨名命，異姓惡之。王侯君公，何以爲尊，何以爲上？」

王子應之曰：「人生而重丈夫，謂之冑子；冑子成人能治上官，謂之士；士率衆時作，謂之曰伯；伯能移善於衆，與百姓同，謂之公；公能樹名生物，與天道俱，謂之侯，侯能成羣，謂之君。君有廣德，分任諸侯而敦信，曰予一人；善至於四海，曰天子，達于四荒曰天王。四荒至，莫有怨訾，乃登爲帝。」

師曠罄然。又稱曰：「温恭敦敏，方德不改，聞物□□，下學以起，尚登帝臣，乃參天子，自古誰？」

王子應之曰：「穆穆虞舜，明明赫赫，立義治律，萬物皆作，分均天財，萬物熙熙，非舜而誰能？」

師曠東躅其足，曰：「善哉，善哉！」王子曰：「太師何舉足驟？」師曠曰：「天寒足跔，是以數也。」

王子曰：「請入坐。」遂敷席注瑟。師曠歌《無射》，曰：「國誠寧矣，遠人來觀，修義經矣，好樂無荒。」乃注瑟于王子，王子歌《嶠》曰：「何自南極，至於北極，絶境越國，弗愁道遠。」

師曠蹶然起，曰：「瞑臣請歸。」王子賜之乘車四馬，曰：「太師亦善御之。」師曠對曰：「御，吾未之學也。」王子曰：「汝不爲夫《詩》？《詩》云：『馬之剛矣，轡之柔矣，馬亦不剛，轡亦不柔，志氣麃麃，取予不疑。』以是御之。」師曠對曰：「瞑臣無見，爲人辯也，唯耳之恃，而耳又寡聞而易窮。王子，汝將爲天下宗乎？」

王子曰：「太師何汝戲我乎？自太昊以下，至於堯舜禹，未有一姓而再有天下者，夫大當時而不伐，天何可得？吾聞汝知人年之長短，告吾。」

師曠對曰：「汝聲清汗，汝色赤白，火色不壽。」

王子曰：「然。吾後三年，將上賓於帝所，汝慎無言，殃將及汝。」

師曠歸，未及三年，告死者至。

又 卷一〇《周書序》 晉侯尚力，侵我王略，叔向聞儲幼而果賢，

□復王位，作《太子晉》。

《公羊傳・昭公二十二年》　王室亂。何言乎王室亂？言不及外也。

劉子、單子以王猛居于皇。其稱王猛何？當國也。

秋，劉子、單子以王猛入于王城。王城者何？西周也。纂辭也。

冬，十月，王子猛卒。此未逾年之君也，其稱王子猛卒何？不與當也。不與當者，不與當父死子繼，兄死弟及之辭也。《春秋》纂成者，皆與使。

又　《昭公二十三年》　晉人圍郊。郊者何？天子之邑也。天子間田，有大夫主之。［疏］魯邑，而不言伐我，故執不知問也。曷爲不繫于周？不與伐天子也。與侵柳同義。【略】

天王居于狄泉。此未三年，其稱天王何？著有天子也。尹氏立王子朝。

又　《昭公二十六年》　冬，十月，天王入于成周。成周者何？東周也。是時王猛自號爲西周，天下因謂。其言入何？不嫌也。

《穀梁傳・昭公二十二年》　王室亂。亂之爲言，事未有所成也。尹氏立子朝，劉氏、單氏立王猛，俱不定也。

劉子、單子以王猛居於皇。皇，地。以者，不以者也，王猛嫌也。

秋，劉子、單子以王猛入於王城。以者，不以者也。入者，內弗受也。【略】

冬，十月，王子猛卒。此不卒者也。未成君也。其曰卒，失嫌也。猛本有當國。

又　《昭公二十三年》　天王居於狄泉。敬王辟子朝。狄泉，周地。始王也。其曰天王，因其居而王之也。天子逾年卽位稱王，敬王逾年而出，尹氏立王子朝。隱四年『衛人立晉』，傳曰『稱人以立，得衆也。』此言尹氏立，明唯尹氏欲立之。立者，不宜立者也，朝之不名，何也？據晉之名惡，今朝亦惡，怪不直名而言王子。別嫌乎尹氏之朝也。若但言尹氏立朝，則嫌朝是尹氏立子，故言王子。

又　《昭公二十六年》　冬，十月，天王入于成周。周有入無出也。

尹氏、召伯、毛伯以王子朝奔楚。遠矣，非也。雍曰『奔纂君之賊，其責遠奔，直奔也。

《史記》卷四《周本紀》　景王十八年，后太子聖而蚤卒。二十年，景王愛子朝，欲立之，會崩，子丐之黨與爭立，國人立長子猛爲王，子朝攻殺猛。猛爲悼王。晉人攻子朝而立丐，是爲敬王。敬王元年，晉人入敬王，子朝自立，敬王不得入，居澤。四年，晉率諸侯入敬王于周，子朝爲臣，諸侯城周。十六年，子朝之徒復作亂，敬王奔于晉。十七年，晉定公遂入敬王于周。

又　卷三九《晉世家》　（晉）頃公六年，周景王崩，王子爭立。

論　説

宋・孫復《春秋尊王發微》卷一〇《昭公》　（二十三年）尹氏立王子朝。

立者，纂辭。嗣子有常位，故不言立。王猛，恭王是也。此言尹氏立王子朝，其惡可知也。尹氏世卿。【略】

（二十六年）尹氏、召伯、毛伯以王子朝奔楚。

立王子朝，獨書。尹氏奔楚，并舉召伯者，明罪本在尹氏，當先誅逆首，後治其徒也。

宋・劉敞《春秋權衡》卷七《昭公》　（二十三年）尹氏立王子朝。

按《左氏》諸稱氏者，皆曰舉族。此豈舉族立王子朝邪？何不云『尹圉立朝』乎？杜雖云『尹氏，周世卿』，亦不云氏，爲世卿發也。意欲私取《公羊》之説，而又牽於《左氏》不忍訟言之。説《經》者，乃如此可憫笑也。【略】

二十六年，尹氏、召伯、毛伯以王子朝奔楚。《傳》曰：召伯盈逐王子朝。杜云：召伯當言召氏，《經》誤。皆非也。召伯既逐王子朝，而歸敬王矣，又何爲以子朝奔乎？若云召伯當作召氏者，則又不與《經》合。且召伯既自歸周，則其族亦必隨之，何故猶奉子朝爲亂乎？且召伯尊也，召族卑也。今召伯不奔，召族自出，法不當書於《經》而敍毛伯之上也，又不得以尹氏爲比。尹氏所以書者，以有尹固也，固尊，自得書耳。召族無盈則卑，卑，何故書乎？

宋・孫覺《春秋經解》卷一一《昭公》　（二十三年）天王居于狄

泉。尹氏立王子朝。

天王者，敬王也。尹氏欲立子朝，天王不安其位，於是出奔狄泉也。狄泉，言居者以天王之尊，天下皆其所有，往則居之爾。尹子世卿，而專廢立。立王子朝者，非周人之意，惟尹氏立之，故曰『尹氏立王子朝』。《春秋》之義，立者，不宜立也。衛、晉得國人之心，國人立之，猶以爲不宜立也，書曰『衛人立晉』，況尹氏立子朝乎？

宋・崔子方《春秋經解》卷一〇《昭公》 （二十三年）尹氏立王子朝。

嗣子有常位，言立，非所當立也。王猛不言立，當是時，嗣子未定，故王猛得假位號以當國。今天王在狄泉矣，而尹氏立王子朝，是篡也，故書立，以見惡焉。衛人立晉，不言公子，今朝言王子，何也？稱衛人立，則疑於當立者也，故不得不貶公子以見之。此獨稱尹氏立，則其不當立明矣。不貶子朝，則尹氏之罪專也。【略】

（二十六年冬十月）尹氏、召伯、毛伯以王子朝奔楚。

曰：尹氏、召伯、毛伯以王子朝奔楚，見其黨也。

宋・葉夢得《葉氏春秋傳》卷一八《昭公二》 （二十三年）尹氏立王子朝。

王子朝何以書立？不正其立也。其言尹氏立者何？見世卿也。朝始敗而奔尹，尹圉誘劉佗殺之。敬王如劉，尹辛復敗劉師，而取西闈，遂以立朝。則立朝者尹氏非一人也。是已王矣，其猶曰王子朝者何？不正其立，則不與其得王稱也，是猶王子朝云爾。

宋・吕本中《春秋集解》卷二五《昭公》 天王居于狄泉。尹氏立王子朝。

《左氏傳》：夏六月壬午，王子朝入於尹。庚寅，單子、劉子、樊齊以王如劉。甲午，王子朝入於王城。秋七月戊申，鄩羅納諸莊宮。於是敬王居狄泉。尹氏立子朝。

《公羊傳》：此未三年，其稱天王何？著有天子也。《穀梁傳》：天王居于狄泉，始王也。尹氏立王子朝立者，不宜立者也。朝之不名，何也？别嫌乎尹氏之朝也。若但言尹氏立朝，則嫌朝是尹氏之子，故言王子以别之。

杜氏注：狄泉，今洛陽城内，大倉西南池水也。時在城外。

劉氏《傳》：此未三年，其稱天王何？臣子辭也。

襄陵許氏曰：《春秋》之法，踰年書王，故敬王踰年卽位，而稱天王。

陸氏《纂例》：大夫稱氏者唯尹氏。武氏、崔氏，皆譏世卿也。言氏則世之意可見也。時世卿既多，不可勝譏。因尹氏私赴不以名，因齊人崔氏出奔，因武氏以子伐父，故特書之。及尹氏立王子朝，并以子朝奔楚，皆以世卿亂王室，故從而書之譏。此數者，足以見世卿之惡也。

泰山孫氏曰：立者，篡辭。嗣子有常位，故不言立。王猛，共王是也。此言尹氏立王子朝，其惡可知也。尹氏世卿。

武夷胡氏《傳》：立者，不宜立也。王猛當立而未能立，故稱大臣以之，而不言立。敬王當立，又能立矣，故直稱居于狄泉，而不言立。子朝庶孽奪正，以賤妨貴，基亂周室，不當立者也，故特稱立。而目尹氏，尹氏，天子之卿也。王朝公卿書爵，而變文稱氏者，見世卿之擅權亂國，爲後戒也。或曰：稱氏者時，以氏稱之也。《詩》云：『王謂尹氏』，此《大雅》美宣王詩也，亦譏世卿歟？爲此説者，誤矣。詩人主文而不以害意，有美而或過，有刺而或深，以意逆之可也。《春秋》所書或稱爵，或稱字，或稱名，或稱氏，或稱子，或稱人，名分所由，正是非所由。定禮義所由出，皆斷自聖心，游夏不能與也。徇時之所稱而稱之，豈其然乎？

吕氏曰：既曰天王居于狄泉，尊無二上，斷可知矣。又曰：尹氏立王子朝，則王子朝之不正而爭立，罪亦明矣。屬辭比事，《春秋》教也。

又　卷二六《昭公》 （二十六年）尹氏、召伯、毛伯以王子朝奔楚。

陸氏《纂例》：王子朝，書尹氏，云『以』者，能制之也。

泰山孫氏曰：立王子朝獨書尹氏奔楚，并舉召伯、毛伯者，明罪本在尹氏，當先誅逆首，後治其徒也。

武夷胡氏《傳》：取國有五，利寵居一焉。子朝有寵於景王，爲之黨者衆矣。卒不能立，至於奔楚，何也？是非有出於人之本心者，不可以私愛是，亦不可以私惡非，卒歸於公而止矣。景王寵愛子朝，將薨於見是，而天下卒不以爲是；疏薄子猛，將薨於見非，而天下卒不以爲非。

徒設此心，兩棄之也。庶孽憑寵爲羣小之所宗，而人心不附；適子恃正爲人心之所向，而羣小不從。故伯服雖殺，而平王亦不能復宗周之盛；申生已死，而奚齊、卓子亦不能勝里克之兵。是兩棄之也。景王不鑑覆車，王猛、子朝之際危亦甚矣。《春秋》詳書，爲後世戒，可謂深切著明也哉！

宋・佚名《春秋通義》（昭公）二十有三年秋七月，天王居于狄泉。尹氏立王子朝。

書『天王居于狄泉』者，正尊位，黜簒逆，示天下以正也，且罪諸侯也。諸侯若無聞也。書『尹氏立王子朝』者，示非天下所立，非周所立，一人所立也，且罪尹氏也。爲周世卿，不輔以正，縱庶奪嫡，逆奸天位，怙亂以終也。【略】

又二十有六年冬十月，天王入于成周。尹氏、召伯、毛伯以王子朝奔楚。

不書出，未入也。書入，始入也。示天位始定也。子朝獨奔楚，楚匿藏也。楚敢納之，隱若兩王也。

元・鄭玉《春秋闕疑》卷三八《昭公》（二十三年）天王居于狄泉。尹氏立王子朝。

夏四月乙酉，單子取訾，劉子取牆人、直人。六月壬午，王子朝入于尹。癸未，尹圉誘劉佗殺之。丙戌，單子從阪道，劉子從尹道伐尹。單子先至而敗，劉子還。己丑，召伯奐、南宫極以成周人戍尹。庚寅，單子、劉子、樊齊以王如劉。甲午，王子朝入于王城，次于左巷。秋七月戊申，鄩羅納諸莊宫。尹辛敗劉師于唐。丙辰，又敗諸鄩。甲子，尹辛取西闈。丙寅，攻蒯，蒯潰。八月丁酉，南宫極震。萇弘謂劉文公曰：『君其勉之！先君之力可濟也。周之亡也，其三川震。今西王之大臣亦震，天棄之矣。東王必大克。』《穀梁氏》曰：天王居狄泉，始王也。尹氏立王子朝，立者，不宜立者也。許氏曰：《春秋》之法，踰年書王，故敬王踰年卽位而稱天王。陸氏《簒例》曰：大夫稱氏者唯尹氏、武氏、崔氏，皆譏世卿也。泰山孫氏曰：立者，簒辭。嗣子有常位，故不言立。王猛，（敬）［恭］王是也。此言尹氏立王子朝，其惡可知也。陳氏曰：曷爲但言尹氏？猶曰獨尹氏所欲立也，將以王天下，獨尹氏立之，則莫之與矣。高氏曰：衞人立公子晉，祇稱晉而已。此稱王子朝，何也？不稱王子，則嫌若尹氏之朝異乎衞之晉也。謝氏曰：王子猛卒，母弟王子匄立，敬王是也。敬王卽位踰年，尹氏作亂未已，故敬王播越在外，尹氏擅立子朝。書『天王居狄泉』，以著天王之所存也。書『尹氏立王子朝』，以著尹氏之大逆也。大東萊吕氏曰：既曰天王居于狄泉，尊無二上，斷可知矣。又曰：尹氏立王子朝，則王子朝之不正而爭立，罪亦明矣。屬辭比事，《春秋》教也。胡氏曰：王猛當立而未能立，故稱大臣以之，而不言立。敬王當立又能立矣，故直稱居于狄泉，而不言立。子朝庶孽奪正，以賤妨貴，甚亂周室，不當立者也，故特稱立。而目尹氏，尹氏天子之卿，王朝公卿書爵，而變文稱氏者，見世卿之擅權亂國，爲後戒也。家氏曰：不書劉、單，以王所以釋劉、單之權也。以者，獨任其事不假他人之力也。前日王猛未立，劉、單獨任天下之重，外無諸侯之援，則劉、單之以王事之不獲已而不得避者也。今王立踰年，晉師又興，則劉、單外假大國之援以成其功，不得言以《春秋》所以釋劉、單之權也。後之爲大臣者，有挾定策功，久專國柄，以此致禍敗者，由不明此義也。敬王雖在狄泉，《春秋》正其名體曰天王；子朝雖得入王城，竊大號，《春秋》削其名體曰尹氏。立王子朝，母弟之立爲正，則孽子之立爲邪。《春秋》于二者之居、之入、之立、之奔，書法詳而不厭，垂大功以示後云耳。【略】

（二十六年）尹氏、召伯、毛伯以王子朝奔楚。

陸氏《簒例》曰：子朝書尹氏『以』者，能制之也。泰山孫氏曰：立子朝，獨書尹氏；奔楚，并舉召伯、毛伯者，明罪本在尹氏，先誅逆首，後治其從也。高氏曰：二十三年，先書『天王居于狄泉』，而後書『尹氏立王子朝』。此年先書『天王入于成周』，而後書『子朝奔楚』者，由嗣君不能立，故亂臣得以乘之。及能反正，然後罪人竄逆。今此書『奔楚』，見天王之令不行于天下，故逋逃罪戾之人。楚敢受之而不歸也。胡氏曰：取國有五，利寵居一焉。子朝有寵于景王，爲之黨者衆矣，卒不能立，至于奔楚，何也？是非有出于人之本心者，不可以私愛是，亦不可以私惡非，卒歸于公而止矣。景王寵愛子朝，將蘄于見是，而天下卒不以爲是；疏薄子猛，將蘄于見非，而天下卒不以爲非。徒設此心，兩棄之也。庶孽憑寵，爲羣小之所宗，而人心不附；適子恃正，爲人心之所

向，而羣小不從。故伯服雖殺，而平王亦不能復宗周之盛；申生已死，而奚齊、卓子亦不能勝里克之兵。是兩棄之也。景王不鑑覆車，王猛、子朝之際，危亦甚矣。家氏曰：春秋二百四十二年，天王三出：莊二十年，惠王以子頹之難出，居于鄭，踰年而虢鄭納王，其出、其歸《春秋》皆不書；僖二十四年，襄王以叔帶之難復出，《春秋》書天王出，居于鄭，明年，晉侯納王，《春秋》不書王入；昭二十二年，王子朝作亂，王猛出，《春秋》書葬景王，王室亂，劉子、單子以王猛居皇，以王猛入王城，其冬，王猛卒，母弟敬王立，復以難出，《春秋》書天王居于狄泉，尹氏立王子朝。天王入成周，尹氏、召伯、毛伯以王子朝奔楚。觀天王三出，《春秋》書法詳畧各異，知聖人于成周之盛衰存亡，深注意焉。惠王之出、之入皆不書者，猶爲周諱也，王者無外不可以出言也；至襄王復不能自植以召狄難，《春秋》于是始書天王出居于鄭，不以狩書而以出書，《春秋》不得爲襄王諱矣。然猶書出不書入，至敬悼之出入，《春秋》始變例而書曰葬景王王室亂。自是五六年間，悼、敬、子朝更出迭入，《春秋》記之不遺，閔周室之傾覆，内難仍作，將無以爲國，不得已而遂書也。定六年，敬王再出，《春秋》不復書，知其無可興復之望，非若初年之諱而不書矣。

明·朱朝瑛《讀春秋畧記》卷一〇《昭公》 天王居于狄泉。尹氏立王子朝。

《易》曰：渙王居，无咎。言天子以天下爲家，分布列國，皆王居也。故《象》曰：王居，无咎，正位也。《春秋》天王在外書居，亦有正位之義。書立者，猶之書衛人立晉，不宜立者也。書尹氏者，斥其爲亂臣之後世濟其惡也。時子朝自京入尹，劉、單伐之而敗。于是以王如劉，子朝遂入王城。尹氏又攻劉而敗之，王乃居狄泉，而尹氏遂立子朝也。其勢亦大決裂矣。不復告急于晉，以晉不足賴也。

清·愛新覺羅·弘曆《御纂春秋直解》卷一〇下《昭公》 （二十三年）尹氏立王子朝。

嗣子有常位，不必言立。立，不宜立者也。衛人立晉，衆立也，責其無王。尹氏立王子朝，簒立也，罪其不正。晉之立，以公子而有次及之勢也，彼既無王，故削公子以示貶而明君臣之義；朝之立，以王子而有匹嫡之寵也，亂起於王，故稱王子以示譏而正父子之道。乃書人，猶公也；書尹氏，更罪其私矣。尹世柄周政，故變文書氏，見宗强也。故曰：『孽子匹嫡，外寵二政，亂之本也。』

清·葉酉《春秋究遺》卷一四《昭公下》 （二十二年）六月，叔鞅如京師，葬景王，王室亂。

王子朝有寵于景王，王欲立之。夏四月乙丑，王崩。丁巳，葬景王。王子朝因舊官百工之喪職秩者，與靈景之族以作亂。按：不曰京師亂，而云王室亂者，言京師，則通于上下；言王室，則其父子兄弟自亂之耳。

【略】

（二十三年）天王居于狄泉。

《傳》：六月壬午，王子朝入于尹。庚寅，單子、劉子以王如劉。甲午，王子朝入于王城。杜註：于是敬王居狄泉。按：居狄泉，入成周，皆單、劉以之，而不書以，何也？望溪先生曰：王猛時，尚未知誰爲當立者，以出入者，獨單、劉耳。敬王之立，則晉人問于介衆而辭子朝，名義顯然，歸心者不獨單、劉矣，此所以不書二子以也。不書出者，《傳》稱王子猛卒，敬王卽位，館于子旅氏。蓋自子旅氏如劉，又自劉而居于狄泉，故不可言出也。【略】

尹氏立王子朝。

立王子朝者，尹圉也。不稱名而稱氏，胡氏謂著世卿之擅權亂國，以爲後戒。其說非也。稱名，則無別于列國之大夫，非所以尊天子矣。稱子，又與劉子、單子同，故不得已而稱氏，亦因時有此稱。《詩》云『王謂尹氏』是也。【略】

（二十六年）尹氏、召伯、毛伯以王子朝奔楚。

杜註：召伯，當言召氏，《經》誤也。尹召族奔非一人，故言氏。《正義》：《傳》言召伯盈逐王子朝，朝及召氏之族奔楚。則召氏族出奔，召伯身不奔也。按《經》稱尹氏，義見『尹氏立王子朝』下，不必以族奔也。以族奔稱氏，則立王子朝，豈亦以族立乎？尹稱氏，召伯、毛伯稱行次，尹首惡，召與毛特從之者耳，然亦不得以子稱矣。召伯《經》書奔，《傳》稱召伯盈逐王子朝，傳聞異辭，聖人必確見所據，杜氏信《傳》而欲改《經》。誤甚。

清·馬驌《繹史》卷八二《王子朝之亂》　讀昭公之《春秋經》，大書曰：『王室亂，劉子、單子以王猛居于皇。』明年又書曰：『天王居于翟泉，尹氏立王子朝。』爲之廢書而歎也，曰：『寵偪之爲禍如是哉！景王初立，殺弟佞夫，問何以故，則儋括欲立之，佞夫弗知也。禍亂未形，急加翦滅，王之自爲謀審矣。顧圖厥後者，乃弗克臧，與子晉蚤死，壽亦無祿，儲位未定，王以暮年昏倦，無社稷之良圖，鑄大錢，作無射，乃心侈矣。殺下門子，謀去單、劉，亂端形矣。王猛以次當立，子朝庶孽，有寵，以故王室諸臣，各思擁立，於是附子猛者則單旗、劉蚠，樊齊諸人也，附子朝者，則召盈、毛得、尹固、原伯魯諸人也，稱兵交戰，亂靡有底，王猛立而尋卒，敬王嗣位，益子朝所未甘心也，於是大臣奉王出奔，子朝復入，時則東西二王，分國以處，天下諸侯，尚懷疑莫知適從也。南宮極震，甘氏又往，子朝之黨，正未衰息焉，衆之所直，晉亦直之，會于黄父率十國之衆，力戰納王，王室始定矣。夫敬王之立也，一年而出，出四年而入，入五年而諸侯城成周。流離數邑。龍戰五載。誰生戾階。則景王之寵爲之也。《春秋》痛而詳書，首曰『王室亂』，在天下爲京師，在國中爲王室，亂自内作，故不曰京師，而曰王室，直若一家之辭也。且王猛之出與入也，則劉、單以之；子朝之奸位也，則尹氏立之，其奔楚也，則尹氏、召毛以之，亂實在下，上何能爲。惟單、劉奉王不貳，動在盟府，其子桓公、武公，克平餘孽，繼有成勞；甘氏則父忠而子叛，召盈則事朝而逆王，尹固則既奔而旋復，反覆詐佞，是又毛、原之罪人也。昔子帶之亂，齊桓爲盟，而世子定。晉文納王，而王室安。敬王之難，歷年不靖者，時無霸也。然晉之頃、定，再世勤王，孰謂非霸之餘烈哉？叛臣誅于京師，子朝就戮于楚，除惡庶盡乎！既而姑蕕播遷，亦越時日，傳固詳記之，終敬之世，亦何嘗寧邪？自定、簡以來，王室多故，經不勝書，故書一王札子殺召伯、毛伯，而周之兩下相殺者不盡書；書一周公出奔楚，而周臣之奔亡者不盡書；書一天王居于翟泉，而敬王之出與居者，亦不盡書也。豈唯不勝書，誠亦不欲盡書哉！

清·高士奇《左傳紀事本末》卷四《王室庶孽之禍》　臣士奇曰：

【略】子朝之難，始于景王之寵，而賓孟實成之。犧雞斷尾，逞其邪說。向使景王不以心疾而殞，單、劉見殺，子猛其不立矣。及王崩，而子朝作亂，召伯奐、南宮極、尹氏、毛伯之徒，羣凶羽助，獨一劉蚠、單旗擁弱主，崎嶇于奔北播遷之中。不幸王猛短世，又改立敬王。出萬死一生，卒定其位，豈不誠忠臣哉？當時東諸侯無有能恤嫠婦之緯者，獨一晉可控告，而亦僅以籍談、荀躒之偏師翱翔其間，無救禍敗。及乾祭洫問，而後辭子朝之使；子太叔正言，而後謀王室之計乃決。不知東王之爲共主，子朝之爲嬖孽。南宮極震，寶珪浮河，天人之意灼然可見。而何嫌何疑之若此也？使晉能早合諸侯，輸王粟，具戍人，相與戮力，以討元凶，豈至久辱草莽，令子朝緩死荆蠻，舉宗周之典籍而隨之以逸耶？至敬王反正，戍之固宜，城之亦宜。而宋爲三恪，乃不受功。魏獻子且曰『與其戍周，不如城之，天子實云。雖有後事，晉勿與知可也』，是何嘗有憂天夾日之誠乎？而衛彪傒乃妄引『天之所壞不可支也』之説深咎萇、劉，以城成周爲大殃，則益悖矣。吁！當世之人心如此，而謂周能復興耶？鄭黨子朝之餘孽，稱兵犯順，致敬王再有姑蕕之辱，其罪與燕、衛均也。歷觀東周王室之亂凡四見，無不始于庶孽，成于嬖寵。論者不省致亂之由，而區區歸之穀、洛之壅、無射之鑄與夫不説學之敝，是知其末而不知其本也。

王權君權旁落分部

伊尹逐太甲

綜　述

《尚書·商書·伊訓》　成湯既没，太甲元年，伊尹作伊訓、肆命、徂后。

惟元祀十有二月乙丑，伊尹祠于先王，奉嗣王祇見厥祖，侯、甸羣后咸在，百官總己以聽冢宰。伊尹乃明言烈祖之成德，以訓于王。

曰：嗚呼！古有夏先后，方懋厥德，罔有天災。山川鬼神，亦莫不寧。暨鳥獸、魚鼈，咸若。于其子孫弗率，皇天降災，假手于我有命。造攻自鳴條，朕哉自亳。惟我商王布昭聖武，代虐以寬，兆民允懷。今王嗣厥德，罔不在初。立愛惟親，立敬惟長；始于家、邦，終于四海。

嗚呼！先王肇修人紀，從諫弗咈，先民時若。居上克明，爲下克忠。與人不求備，檢身若不及，以至于有萬邦。兹惟艱哉！敷求哲人，俾輔于爾後嗣。制官刑，儆于有位。

曰：敢有恒舞于宮、酣歌于室，時謂巫風；敢有殉于貨色、恒于遊畋，時謂淫風；敢有侮聖言、逆忠直、遠耆德、比頑童，時謂亂風。惟兹三風十愆，卿士有一于身，家必喪；邦君有一于身，國必亡。臣下不匡，其刑墨，具訓于蒙士。

嗚呼！嗣王祗厥身，念哉！聖謨洋洋，嘉言孔彰。惟上帝不常。作善，降之百祥；作不善，降之百殃。爾惟德罔小，萬邦惟慶；爾惟不德，罔大，墜厥宗。肆命徂后。

又《太甲上》 太甲既立，不明，伊尹放諸桐。三年，復歸于亳，思庸，伊尹作太甲三篇。

惟嗣王不惠于阿衡，伊尹作書曰：先王顧諟天之明命，以承上下神祇，社稷宗廟，罔不祗肅。天監厥德，用集大命，撫綏萬方。惟尹躬克左右厥辟宅師，肆嗣王丕承基緒。惟尹躬先見于西邑夏，自周有終，相亦惟終。

其後嗣王罔克有終，相亦罔終。嗣王戒哉！祗爾厥辟。辟不辟，忝厥祖。王惟庸，罔念聞。

伊尹乃言曰：先王昧爽丕顯，坐以待旦。旁求俊彥，啓迪後人，無越厥命以自覆。慎乃儉德，惟懷永圖。若虞機張，往省括于度，則釋。欽厥止，率乃祖攸行。惟朕以懌，萬世有辭。王未克變。伊尹曰：兹乃不義，習與性成。予弗狎于弗順，營于桐宮，密邇先王，其訓，無俾世迷。王徂桐宮居憂，克終允德。

又《太甲中》 惟三祀十有二月朔，伊尹以冕服奉嗣王歸于亳，作書曰：民非后，罔克胥匡以生；后非民，罔以辟四方。皇天眷佑有商，俾嗣王克終厥德，實萬世無疆之休。

王拜手稽首曰：予小子不明于德，自底不類，欲敗度，縱敗禮，以速戾于厥躬。天作孽，猶可違；自作孽，不可逭。既往背師保之訓，弗克于厥初，尚賴匡救之德，圖惟厥終。

伊尹拜手稽首，曰：修厥身，允德協于下，惟明后。先王子惠困窮，民服厥命，罔有不悅。並其有邦，厥鄰乃曰：徯我后，后來無罰。王懋乃德，視乃厥祖，無時豫怠。奉先思孝，接下思恭。視遠惟明，聽德惟聰。朕承王之休無斁。

又《太甲下》 伊尹申誥于王曰：嗚呼！惟天無親，克敬惟親。民罔常懷，懷于有仁。鬼神無常享，享于克誠。天位艱哉！德惟治，否德亂。與治同道，罔不興；與亂同事，罔不亡。終始慎厥與，惟明明后。先王惟時懋敬厥德，克配上帝。今王嗣有令緒，尚監兹哉！若升高，必自下；若陟遐，必自邇。無輕民事，惟難；無安厥位，惟危。慎終于始。有言逆于汝心，必求諸道；有言遜于汝志，必求諸非道。

嗚呼！弗慮胡獲，弗爲胡成？一人元良，萬邦以貞。君罔以辯言亂舊政，臣罔以寵利居成功，邦其永孚于休。

《史記》卷三《殷本紀》 帝中壬即位四年，崩，伊尹乃立太丁之子太甲。張守節《正義》引《尚書·孔子序》云「成湯既没，太甲元年」，不言有外丙、仲壬，而太史公採《世本》，有外丙、仲壬，二書不同，當是信則傳信，疑則傳疑。太甲，成湯適長孫也，是爲帝太甲。帝太甲元年，伊尹作伊訓，作肆命，作徂后。裴駰《集解》引鄭玄曰：「肆命者，陳政教所當爲也。徂后者，言湯之法度也。」

帝太甲既立三年，不明，暴虐，不遵湯法，亂德，於是伊尹放之於桐宮。裴駰《集解》引孔安國曰：「湯葬地。」鄭玄曰：「地名也，有王離宮焉。」張守節《正義》引《晉太康地記》云：「尸鄉南有亳阪，東有城，太甲所放處也。」按：尸鄉在洛州偃師縣西南五里也。三年，伊尹攝行政當國，以朝諸侯。

帝太甲居桐宮三年，悔過自責，反善，於是伊尹乃迎帝太甲而授之政。帝太甲修德，諸侯咸歸殷，百姓以寧。伊尹嘉之，乃作太甲訓三篇，褒帝太甲，稱太宗。

宋·林之奇《尚書全解·多士》 太甲之初立，陷於不義，而爲小人之行，故伊尹放之於桐宮，致之於憂患之地，而作其愧耻之心。既三年

矣，則能悔過自責，處仁遷義，以聽伊尹之訓已。故其起而卽位，則能知小人之所依，不爲逸豫，以奪民時而困民力，故能安順於衆，民雖鰥寡不能自存者，皆有以敬而養之。惟其無逸如此，故太甲之享國者三十有三年也。

論説

宋・胡宏《皇王大紀》卷七三《太甲》 孔子曰：『太甲既立，不明，伊尹放諸桐三年。』

論曰：孔子曰：『太甲既立，不明，伊尹放諸桐三年。』夫三年之喪，天下之通喪也。太甲上承其祖，居憂三年，宜矣。何以謂之放乎？曰桐宫非嗣王居憂之常所也，伊尹於是有廢昏立明之意，故特謂之放也。蘇子瞻曰：『湯放桀，伊尹放太甲，聖人將以救天下後世，不得已而爲之者也。』以爲不得已之變，則可以爲道。固當，然則不可。甚矣，其鑿也。興廢，道之常也。聖人當廢、興之際，不得已而有爲者，所以由道也。若非道，固當然而迫於不得已之變，是無本也。本則不立，將何以識輕重、定取舍、濟天下之艱難乎？是故衡陳然後可以決輕重，本立然後可以趨變化。

宋・楊簡《先聖大訓》卷四 伊尹以太甲悔過，而復君之。伊尹義當立太甲，則商之繼卽唐虞之禪也。

清・馬驌《繹史》卷一五《伊尹輔太甲》 《書序》曰：『太甲既立，不明，伊尹放諸桐，三年，復歸于亳，思庸。』公孫丑曰：『賢者之爲人臣也，其君不賢，則固可放與？』孟子曰：『有伊尹之志則可，無伊尹之志則篡也。』昔伊尹佐湯以有天下，經營締造之艱難也，親見夏所以已，商所以興，嗣王不令，丕基將覆，故使之去深宫而親丘墓，君蒿悽愴，以發其哀慕之思，歠粥服衰，以消其驕溢之氣，久之，怨艾自悔，夫是以克終允德焉。第桐宫之放，事屬創聞，其志誠公，而其名則弗順。元聖忠爱，出自至誠，不得已而爲之，既而冕服奉歸，復政厥辟，主臣一心，綿祚永世，然後伊尹之志，天下後世無不共見矣。人臣有其志而無其德，且不可效伊尹之事；苟無其志而懷覬覦以窺神器，當主少危疑之際，操弄國柄，

如莽、操、懿、裕輩，借伊尹爲口實，此篡奪之患不絶於史策，孟子固已灼見而遏絶之矣。抑嘗考羅泌之論曰：『周公之抱沖子，太甲之居桐，皆在諒陰時也。古者，君薨，太子諒陰，百官總己以聽冢宰，三年，滕之父兄曰：「吾先君莫之行，魯先君亦莫之行。」則此禮之廢已久，太甲之事，宜後世弗及知也。元祀十二月，王始居陰，百官聽於冢宰，此喪之常紀，非攝也。嗣王不明，故因其諒陰，處之於桐謂之放者，自内而外之辭，抗世子之謂云爾，非廢也。三年，奉歸于亳，是起復之時爾，非再立也。廢立之説，蓋起於漢霍光將廢昌邑，告田延年曰：「古有之乎？」對曰：「有之。昔伊尹廢太甲以安社稷，後世稱爲忠臣。將軍誠能行之，亦漢室之伊尹也。」光計遂決。夫以光之不學，而投以延年循俗無稽之言，使後世信之，以爲伊尹嘗擅廢立矣。考太甲三篇，曷嘗有廢立之一言哉？前有伊訓以始事，後有咸有一德以終義，且其復甲也，曰：「惟王克終厥德，實萬世無疆之休。」其喜至矣。及其告歸也，曰：「臣罔以寵利居成功。」豈亦將因以爲利哉？故曰：廢立之説，本無其事，惟概以舜、禹君臣之義，則有愧爾。』羅氏之言如此。竊以爲伊尹之在當日，於志無愧，則於義亦無愧。方唐、虞、夏后之世，君明臣良，奚由用放？三聖授受，安事征誅？尹之事商也，伐暴君以救民，輔闇主以允德，匹夫不内於溝中；厥后克俾爲堯、舜，適如其莘野之所樂，見諸親身而止，因時會以變通，舜、禹君臣之義，易地皆然，又何愧哉？故有假禪受以爲篡奪者，非堯、禹之過也；有託征誅以行叛亂者，非湯、武之過也；有擅廢立以危社稷者，亦非伊尹之過也。

藝文

唐・李白《李太白集・紀南陵題五松山》 桐宫放太甲，攝政無愧色。三年帝道明，委質終輔翼。

唐・來鵠《聖政紀頌》 伊尹直心，太甲須聖。

宋・魏野《東觀集》卷一〇《寓興七首》 聖人不避嫌，小人不避耻。伊尹放太甲，董賢居高位。

明・孫承恩《文簡集》卷二一《太甲》 縱欲皇儀喪，風愆祖訓真。猶

多不遠復，幸不竟沉淪。佑啓惟天眷，匡扶亦老臣。處仁遷義美，萬古仰如新。

臣惟太甲，欲敗度，縱敗禮，違厥祖風，愆之訓而居桐。之後乃能自怨自艾，是雖成湯之澤未斬，而伊尹訓迪之功亦不可誣也。夫聖人不貴無過，而貴改過，則太甲之處仁遷義，豈不猶足爲賢君乎？

雜録

清·崔述《夏考信録》卷二《伊尹》　《竹書紀年》云：『仲壬崩，伊尹放太甲于桐，乃自立也。伊尹卽位於太甲七年，太甲潛出自桐，殺伊尹；乃立其子伊陟、伊奮，命復其父之田宅而中分之。』杜氏云：『《左氏傳》「伊尹放太甲而相之，卒無怨色」，然則太甲雖見放還殺伊尹，而猶以其子爲相也。此爲大與《尚書》敍説太甲事乖異。不知老叟之伏生或致昏忘？將此古書亦當時雜記，未足以取審也？』余按：《孟子》云：『太甲悔過，自怨自艾，於桐處仁遷義三年，以聽伊尹之訓己也；復歸於亳。』又云：『太甲賢，又反之，民大悅。』《傳》云：『伊尹放太甲而相之。』《史記》云：『沃丁之時，伊尹卒；既葬伊尹于亳，咎單遂訓伊尹事，作沃丁。』則是伊尹自復太甲，太甲並無潛出之事；太甲復位之後，伊尹仍爲之相，至沃丁時始卒，未嘗死於太甲之世明矣。

共和行政

綜　述

《清華大學藏戰國竹簡·系年》第一章　（東）［厲］王大（瘧）［虐］于周［九］，卿（李）［士］、（者）［諸］正、萬民弗（刃）［忍］于（氐）［厥］心，乃歸（東）［厲］王于（敨）［彘］，（龍）［共］（白）［伯］和立。十又四年，（東）［厲］王生（洹王）［宣王］，宣王］卽（立）［位］，（龏）［共］（白）［伯］和歸于（宋）［宗］。

《史記》卷四《周本紀》　召公、周公二相行政，號曰『共和』。司馬貞《索隱》若《汲冢紀年》則云『共伯和干王位』。共，國；伯，爵；和，其名；干，篡也。言共伯攝王政，故云『干王位』也。張守節《正義》引韋昭云：『彘之亂，公卿相與和而脩政事，號曰共和也。』《魯連子》云：『衛州共城縣本周共伯之國也。共伯名和，好行仁義，諸侯賢之。周厲王無道，國人作難，王犇于彘，諸侯奉和以行天子事，號曰「共和」元年。十四年，厲王死於彘，共伯使諸侯奉王子靖爲宣王，而共伯復歸國于衛也。』世家云：『釐侯十三年，周厲王出犇于彘，共和行政焉。二十八年，周宣王立。四十二年，釐侯卒，太子共伯餘立爲君。共伯弟和襲攻共伯於墓上，共伯入釐侯羨自殺，衛人因葬釐侯旁，謚曰共伯，而立和爲衛侯，是爲武公。』按：此文共伯不得立，而和立爲武公。武公之立在共伯卒後，年歲又不相當，年表亦同，明《紀年》及《魯連子》非也。

又　卷三二《齊太公世家》　武公九年，周厲王出奔，居彘。十年，王室亂，大臣行政，號曰『共和』。二十四年，周宣王初立。

又　卷三三《魯周公世家》　（魯）眞公十四年，周厲王無道，出奔彘，共和行政。

又　卷三七《衛康叔世家》　四十二年，釐侯卒，太子共伯餘立爲君。共伯弟和有寵於釐侯，多予之賂；和以其賂賂士，以襲攻共伯於墓上，共伯入釐侯羨自殺。衛人因葬之釐侯旁，謚曰共伯，而立和爲衛侯，是爲武公。

《晉書》卷五一《束晳傳》　《紀年》：（幽）［厲］王既亡，有共伯和者攝行天子事。

唐·劉知幾《史通》卷五一《雜説上》　引《竹書紀年》共伯名和。

宋·劉恕《通鑑外紀》卷三　引《汲冢紀年》：共國之伯名和，行天子政。

論　説

《呂氏春秋》卷二一《開春論》　共伯和修其行，好賢仁，而海内皆以來爲稽矣。高誘注：共，國。伯，爵。夏時諸侯也。以好賢仁而人歸之，皆以來附爲稽遲也。高誘引《竹書紀年》：『厲王十二年奔彘，十三年共伯和攝行天子事，至二十六年宣王立，共伯和遂歸國。』畢沅注：誘時《竹書》未出，故説此多訛。

宋・歐陽修《歐陽文忠公全集》卷九《明正統論》 昔周厲王之亂，天下無君，周公、邵公共行其政十四年，而後宣王立。是周之統，嘗絶十四年而復續。然爲周史者，記周、邵之年，謂之共和，而太史公亦列之於《年表》。

宋・鄭樵《通志》卷三《三王紀下》 臣謹按：共和者，周、召二公共行政而無相違戾者也。《汲冢紀年》及《魯連子》曰：『共，國之伯名。和，行天子政。』

清・崔述《豐鎬考信録》卷七《厲王》 《竹書紀年》稱『共伯和干王位』。蘇氏《古史》采之，云：『厲王居彘，諸侯無所適從；共伯和者，時之賢諸侯也，諸侯皆往宗焉，因以名其年，謂之共和。』余按人君在外，大臣代之出政，常也。襄公之執，子魚攝宋。昭公之奔，季孫攝魯。厲王既出，周、召共攝周政，事固當然，不足異也。若以諸侯而行天子之事，則天下之大變也。《傳》曰：『干王之位，禍孰大焉！』又曰：『周德雖衰，天命未改。』共伯果賢諸侯，詎應如是！春秋至閔、僖以後，天下之不知有王久矣，然齊桓、晉文猶藉天子之命以服諸侯，不敢公然攝天子事也；况西周之世，烏得有此事！

朝權之爭分部

東周王臣爭政

綜述

《左傳・文公十四年》 十四年春，頃王崩。周公閲與王孫蘇爭政，故不赴。凡崩、薨，不赴則不書。禍、福，不告亦不書。懲不敬也。

又《宣公十五年》 王孫蘇與召氏、毛氏爭政，使王子捷殺召戴公及毛伯衛。卒立召襄。

又《宣公十六年》 秋，郯伯姬來歸，出也。爲毛、召之難故，王室復亂。王孫蘇奔晉，晉人復之。冬，晉侯使士會平王室，定王享之，原襄公相禮，殽烝。武子私問其故。王聞之，召武子曰：『季氏，而弗聞乎？王享有體薦，宴有折俎。公當享，卿當宴，王室之禮也。』武子歸而講求典禮，以修晉國之法。

又《成公十一年》 周公楚惡惠、襄之偪也，且與伯與爭政，不勝，怒而出。及陽樊，王使劉子復之，盟於鄄而入。三日，復出奔晉。

又《成公十二年》 十二年春，王使以周公之難來告。書曰：『周公出奔晉。』凡自周無出，周公自出故也。

又《襄公十年》 （冬）王叔陳生與伯輿爭政。王右伯輿，王叔陳生怒而出奔。及河，王復之，殺史狡以説焉。不入，遂處之。晉侯使士匄平王室，王叔與伯輿訟焉。王叔之宰與伯輿之大夫瑕禽坐獄於王庭，士匄聽之。王叔之宰曰：『篳門閨竇之人而皆陵其上，其難爲上矣！』瑕禽曰：『昔平王東遷，吾七姓從王，牲用備具。王賴之，而賜之騂旄之盟，曰：「世世無失職。」若篳門閨竇，其能來東底乎？且王何賴焉？今自王叔之相也，政以賄成，而刑放於寵，官之師旅，不勝其富。吾能無篳門閨竇乎？唯大國圖之！下而無直，則何謂正矣？』范宣子曰：『天子所右，寡君亦右之。所左，亦左之。』使王叔氏與伯輿合要，王叔氏不能舉其契。王叔奔晉。不書，不告也。單靖公爲卿士，以相王室。

宋・王當《春秋臣傳》卷九《僖公・周王孫滿》 王孫滿，周大夫也。三十三年，秦師襲鄭，過周北門，左右免冑而下，超乘者三百乘。滿尚幼，觀之，言於王曰：『秦師輕而無禮，輕則寡謀，無禮則脱。入險而脱，又不能謀，能無敗乎？』卒敗于殽。宣公三年，楚莊王伐陸渾之戎，遂至于雒，觀兵于周疆。定王使滿勞楚子。楚子問鼎之大小輕重焉。對曰：『在德不在鼎。夏之方有德也，遠方圖物，貢金九牧，鑄鼎象物，百物爲之備，使民知神、姦。故民入川澤、山林，不逢不若。魑魅魍魎，莫能逢之。用能協于上下，以承天休。桀有昏德，鼎遷于商，載祀六百。商紂暴虐，鼎遷于周。德之休明，雖小，重也。其姦回昏亂，雖大，輕也。天祚明德，有所底止。成王定鼎于郟鄏，卜世三十，卜年七百，天所命也。周德雖衰，天命未改。鼎之輕重，未可問也。』周公閲者周冢宰也，

與滿同時。三十年，天王使宰周公來聘，饗有昌歜、白、黑、形鹽，辭曰：『國君，文足昭也，武可畏也，則有備物之享以象其德。薦五味，羞嘉穀，鹽虎形，以獻其功。吾何以堪之？』文公十四年，閱與王孫蘇爭政，訟于晉，王叛王孫蘇，而使尹氏與聃啓訟周公于晉。晉趙宣子平王室而復之。

論說

宋・葉夢得《葉氏春秋傳》卷一三《宣公三》（十五年六月）秦人伐晉。王札子殺召伯、毛伯。

王札子者何？王之子札也。召伯、毛伯者何？王之上大夫也。兩下相殺不書，此何以書？不正，其矯君命以殺二卿也。何以曰王札子？王之所親貴者也。何以知其爲矯？王命而殺之，則當書天王殺其大夫某子，札忿怒而殺之，則《春秋》所不書也。蓋王孫蘇與毛召爭政，使札子殺焉。生殺，王之大柄也，札子得矯命而行之。王之爲王者，無幾矣。召伯、毛伯何以不名？札子殺之也。葉子曰：吾何以知札子之爲王親貴者歟？王子而爲卿大夫，以邑爵見者書邑爵，以氏字見者書氏字，其未爲大夫則繫之王而已。子瑕，子虎是也。然而晉人親貴卓，則有曰卓子者焉；衛人親貴伋壽，則有曰伋子壽子者焉。當時之辭也，札子其猶是乎？故得竊君命而矯用之，《春秋》所以因而不革也。

宋・葉夢得《春秋左傳讞》卷四《宣公》（十五年）王札子殺召伯、毛伯。

王孫蘇與召氏、毛氏爭政，使王子捷殺召戴公及毛伯衛，卒立召襄。

王子捷，杜預以爲王札子不言子札，《傳》文倒『札』字。非也。《公羊》以爲長庶之號，亦非是。唯《穀梁》以爲當上之辭者，近之。《穀梁》謂『大夫兩下相殺，不志乎《春秋》』，今《春秋》見書者三：陳侯之弟招殺陳世子偃師，此自以親貴之也；若楚公子棄疾殺公子比，與此，《穀梁》皆以爲當上之辭。當上者，謂專殺臣而任其君之事者也。故曰『矯君命而殺之，非忿怒相殺也。』楚比非實弒其君者，不可以討賊之辭加之，故言公子棄疾者，以公子棄疾當上也。召伯、毛伯，非得罪於君者，不可以君殺大夫之辭加之。言王札子者，以王札子當上也。棄疾，不言楚人，以其與蔡人殺陳佗者異，故不變文。而王札子言王子札，則與王子虎、王子朝同，疑其爲兩下相殺，故特變文加名於子之上，見其親貴，如晉卓子、衛伋子、壽子云爾，此《穀梁》之意而《經》之義也。今謂王孫蘇與召氏、毛氏爭政，使札子殺之，札子爲之殺，而復立召伯之子襄。使權不在，札子不足以任其君之事，失《經》意遠矣。此蓋不知札子變文之義也。

宋・吕本中《春秋集解》卷一八《成公》十有二年春，周公出奔晉。

《左氏傳》：周公楚惡惠襄之偪也，且與伯輿爭政，不勝，怒而出，及陽樊，王使劉子復之，盟于鄄而入，三日，復出奔晉。十二年春，王使以周公之難來告。書曰『周公出奔晉』，凡自周無出，周公自出故也。

《公羊傳》：周公者何？天子之三公也。王者無外，此其言出何？自其私土而出也。

《穀梁傳》：周有入無出。其曰出，上下一見之也。范氏注：鄭嗣曰：上謂僖二十四年，天王出居于鄭，下謂今周公出奔上下，皆一見之。無以存也，上雖失之下，孰敢有之？今上下皆失之矣。

陸氏《纂例》：啖子曰：天子公卿奔者不言出，天下皆周土也，唯周公自絕於王，故書出，罪之也。

常山劉氏曰：以周室衰微，《黍離》變爲《國風》，號令不行乎天下，則畿外皆非王有，故始於周公之奔，特書曰出。以王者無外，『溥天之下，莫非王土』之義也。故後於子朝、子瑕之奔，而止書曰奔，由天子之令不行於諸侯，故逋逃罪戾之人。晉楚敢受書之，而晉楚之罪亦昭然矣。

武夷胡氏《傳》：案《左氏》：周公楚惡惠襄之偪，且與伯輿爭政，不勝怒而出，王使劉子復之，盟于鄄而入，三日，復出奔晉。夫人主無誠慤之心，而下要大臣盟，是謂君不君；人臣無忠信之實，而上與人主盟，是謂臣不臣。既已要質鬼神以入矣，又叛盟失信而出奔，則是自絕於天地。自周無出而書曰出者，見周室衰微，刑政號令不行於天下爾。

襄陵許氏曰：平、桓之《詩》，夷於《國風》，是以《春秋》王公書出也。雖然各一見之而已，後不復書，以存周也。

宋・高閌《春秋集註》卷二三《宣公三》　（十五年）王札子殺召伯、毛伯。

王孫蘇與毛伯、召伯爭政，使王子札殺之。札者，名也。矯王命以殺大臣，宜名之，以著其罪。然書札而不書王子，則與内臣無異，若柔溺翬挾之類矣。書王子札，則與王子虎同，無以見其罪，故變文以別之。夫生殺之柄，天子所持，毛伯、召伯，王之卿士，今王札子乃敢擅殺，而定王不能禁，失政刑矣，是以《春秋》惡而志之。舜爲天子，瞽瞍殺人，則臯陶執之，何王子之有？

又　卷二六《成公三》　十有二年春，周公出奔晉。

周無出也，天下皆周也。周公出奔晉者，周公自絶于周也。爲天子三公而不能同寅恊恭，乃與伯輿爭政，不勝而出。王既復之，又違命而奔于諸侯之國，故書出，以爲萬世之戒。當是時，王室衰微，號令不行于天下。故逋逃罪戾之臣，諸侯敢受之，書此而晉罪亦昭然矣。

宋・李明復《春秋集義》卷三七《成公》　十有二年春，周公出奔晉。

程氏學曰：周公書出奔，王子瑕、王子朝奔不書出，義與天王出居于鄭略同。以周室衰弱，《黍離》變爲《國風》，號令不行乎天下，則畿外皆非王有，故始於周公之奔，特書曰出，以王者無外，『溥天之下，莫非王土』也。故後於子瑕、子朝之奔而止書曰奔，由天子之令不行於諸侯，故逋逃罪戾之人。晉、楚敢受書之，而晉楚之罪亦自昭然矣。

謝湜曰：王畿之外，皆非王土，故周公奔晉書出，天王在鄭書出居，以明王室下同列國也。周公奔晉書出奔，以明王臣下同列國大夫也。

胡安國曰：按《左氏》：周公楚惡惠、襄之逼，且與伯輿爭政，不勝，怒而出。王使劉子復之，盟于鄄而入，三日，復出奔晉。夫人主無誠愨之心而下與大臣盟，是謂君不君；人臣無忠信之實而上與人主盟，是謂臣不臣。既已要質鬼神以入矣，又叛盟失信而出奔，則是自絶于天也。自周無出而書曰出者，見周室衰微，刑政號令不行於天下爾。

元・程端學《春秋本義》卷一九《成公》　十有二年春，周公出奔晉。

《公羊》曰：周公者，天子之三公也。《左氏》曰：周公惡惠、襄之偪也，且與伯輿爭政，不勝，怒而出，及陽樊。王使劉子復之，盟于鄄而入，三日，復出奔晉。愚謂周公爲天子三公而出奔，臯不待言矣。然三公至於出奔，周之無政亦可知也。晉厲爲諸侯且居喪，次首受逋逃之臣，晉之臯著矣。宋氏曰：王臣出奔諸侯，當執以歸京師。晉納亡命，而主逋逃無所畏避，天子夷諸侯京師同列國也。

元・鄭玉《春秋闕疑》卷二四《宣公》　（十五年）王札子殺召伯、毛伯。

王孫蘇與召氏、毛氏爭政，使王子捷殺召戴公及毛伯衛，卒立召襄。十六年，爲毛召之難故，王室復亂，王孫蘇奔晉，晉人復之。冬，晉侯使士會平王室，定王享之，原襄公相禮，殽烝。武子私問其故。王聞之，召武子曰：『季氏，而弗聞乎？王享有體薦，宴有折俎。公當享，卿當宴，王室之禮也。』武子歸而講求典禮，以修晉國之法。杜氏曰：王札子，王子札也。泰山孫氏曰：王札子，文誤倒爾。《穀梁氏》曰：此其志何也？矯王命以殺之也。爲天下主者，天也。繼天者，君也。君之所存者，命也。爲人臣而侵其君之命而用之，是不臣也。爲人君而失其命，是不君也。君不君，臣不臣，天下所以傾也。《家氏》曰：《左傳》謂王孫蘇與毛召爭政，使札子殺毛、召，則首亂者孫蘇。然非札子則無以成其亂。非王寵札子而假之以權，則札子亦無以爲亂。故書王札子殺召伯、毛伯，譏在王也。胡氏曰：邢侯專殺雍子于朝，叔向以殺人不忌爲賊請施邢侯，君子以爲義。王札子之罪當服此刑，而天王不能施之，無政刑矣，何以保其國而不替也？

又　卷二六《成公》　十有二年春，周公出奔晉。

周公楚惡惠、襄之偪也，且與伯輿爭政，不勝，怒而出，及陽樊。王使劉子復之，盟于鄄而入，三日，復出奔晉。《公羊氏》曰：周公者，天子之三公也。《左氏》曰：凡自周無出，周公自出故也。師氏曰：春秋季，世爲諸侯者，不復知有周室，自視列國若己固有。而晉于是時主盟中國，天下惟知有盟主。是以周公奔晉，以謂盟主可以庇其身而無敢誰何也。書曰出奔，不特罪周公自絶于周，抑亦罪諸侯之絶周也。高郵孫氏曰：《春秋》之義，自周無出，天下一周也。天王居鄭，周公奔晉，特異之者，孔子之意也。王之所以爲王，以有其位而天下皆其有也。王得言

出，則是自絶其位而不能有天下也。天下非其所有，則雖居鄭不可不言出也。周公之所以爲公，以左右天王而與王共治也，爲三公而得罪天王，至于奔晉，則是絶于王而不能有三公之位也。三公之位非其所有，則雖止奔于晉，猶若出于四海之外也。謝氏曰：天王在鄭，書出居，以明王室下同列國也。周公奔晉，書出奔晉，明王臣下同列國大夫也。《家氏》曰：周公，王朝大臣，與强族爭政，王不能裁，則引而退可也。今以爭不能勝，怒而出，王既復之，與之盟。盟而入，入而又奔，是其心欲挾霸國以脅天子。《春秋》書出、書奔，絶之王朝，其爲誅斥也大矣。

明・湛若水《春秋正傳》卷二一《宣公》　（十五年）王札子殺召伯、毛伯。

《正傳》曰：王札子者，《公羊》以爲長庶之號也。書王札子殺召伯、毛伯，則其專殺之罪，王朝之亂，不待書字、書子而自見矣。《左氏》曰：王孫蘇與召氏、毛氏爭政，使王子捷殺召戴公及毛伯衛，卒立召襄。《穀梁》曰：王札子者，當上之辭也。殺召伯、毛伯，不言其何也？兩下相殺也。兩下相殺不志乎《春秋》，此其志何也？矯王命以殺之，非忿怒相殺也，故曰以王命殺也。以王命殺則何志焉？爲天下主者天也，繼天者君也，君之所存者命也。爲人臣而侵其君之命而用之，是不臣也。爲人君而失其命是不君也。君不君，臣不臣，此天下所以傾也。胡氏曰：邢侯專殺雍子於朝，叔向以殺人不忌爲賊請施邢侯，君子以爲義。王札子之罪當服此刑，而天王不能施之，無政刑矣，何以保其國而不替乎？

又　卷二四《成公》　（十二年）春，周公出奔晉。

《正傳》曰：周公名楚，天子之三公也。何以書？《左氏》曰：王使以周公之難來告。書曰周公出奔晉，凡自周無出，周公自出故也。愚謂君臣之義，無所逃於天地之間者也，況王者無外，將焉逃乎？背君，無上之罪不可逃矣。胡氏曰：按《左氏》：周公楚惡惠、襄之偪，且與伯輿爭政，不勝，怒而出。王使劉子復之，盟于鄄而入，三日，復出奔晉。夫人主無誠慤之心而下要大臣盟，是謂君不君。人臣無忠信之實而上與人主盟，是謂臣不臣。既以要質鬼神以入矣，又叛盟失信而出奔，則是自絶于天也。

清・張尚瑗《左傳折諸》卷一一《宣公・王孫蘇與召氏毛氏爭政》

宛斯曰：春秋自定、簡以來，王室多故，《經》不勝書。書一王子札殺召伯，而周大夫之相殺不盡書；書一周公出奔晉，而周大夫之出奔者不盡書；書一天王居于狄泉，而敬王之出居者亦不盡書。豈惟不勝書，亦不欲書爾。

清・葉酉《春秋究遺》卷九《宣公》　王札子殺召伯、毛伯。

《傳》：王孫蘇與召氏、毛氏爭政，使王子捷殺召戴公及毛伯衛。杜註：王子札，《經》文倒『札子』。按：兩下相殺不志于《春秋》故，或稱人殺，如文九年晉趙盾之殺三大夫是也。或稱國殺，如文六年晉狐射姑之殺陽處父，成八年晉欒書之殺胥童，昭十四年莒蒲餘侯之殺公子意恢是也。或稱盜殺，如襄十年鄭尉止五族之殺公子騑、公子發、公孫輒是也。此獨稱名以殺者，蓋王室由此而復亂，例應稱國殺，而周非列國比，不可曰周殺其大夫也，故稱名以殺詞，蓋有所窮焉爾。稱名以殺，故不稱大夫。

又　卷一〇《成公》　十有二年春，周公出奔晉。

《傳》：周公楚惡惠、襄之偪也，且與伯輿爭政，不勝，怒而出，及陽樊。王使劉子復之，盟于鄄而入，三日，復出奔晉。按：奔必書出者，史之常文。先儒謂自周無出，果如其説，天王何以書出，居于鄭乎？彼其所以爲此説者，殆由見王子朝及尹氏召伯、毛伯、子瑕之奔，皆不書出耳。不知子朝與敬王分國而居，三族奉之，敗而奔楚，不可以出言也。子瑕于《傳》無考，以内大夫敖、歸父及晉，先蔑奔秦不書出之文例之，必在外而奔者也。不得執彼以疑此。

清・馬驌《繹史》卷六三《王臣亂亡》　昔者，厲王流彘，周、召共政，號曰共和。或曰，共伯名和，攝行天子事也。其時，王室昏亂，大臣猶能和睦，以安定國家。宣王中興，則有若甫侯、若樊仲、若召武、方叔，詩人美焉。降而東遷，天子慎選三公，嘗兼冢宰，猶遵先王之舊制，故會盟出使，必繫之宰，重其任也。王臣私交，始於祭伯之來，諸侯用王師，始於單伯之伐宋，《春秋》謹而書之，以記世道之變。鄭，號爲卿士，廢置在王，樊皮之叛，旋就執焉，未有如匡、定、簡、靈以後，爭訟繁興，專殺相尋，《左史》所記，何若是紛紛也。周公，天子之三公也，召、

毛，周室之世臣也，自王孫蘇亂之，一朝而尸二卿，《經》曰王札子，《傳》曰蘇實使之，《春秋》著兩下相殺之文，明乎殺二臣者，在下不在上也。嗣是以後，單子、甘、鞏，皆相繼弗獲考死矣。自伯與亂之，大臣不安其位，怒而不反，《春秋》惡其自絶，書曰出奔，然而周公不繫之宰，權號去矣。卽尹、劉之會，諸侯無異於晉六卿、魯三桓也。嗣是以後，王叔、原伯皆相繼而越在侯國矣。景王初立，殺其弟佞夫，儋括之欲爲亂也，佞夫弗知，王之翦之也，亦甚亟矣。至於暮年，儲位不定，用生子朝之亂，日見兄弟之戕害，大臣之分爭也。終乎春秋之世，亂靡有止，周室尚可爲哉？然則周之衰也，不在諸侯之不睦，而在大臣之不和，不在大臣之不和，而在骨肉之相殘也。《春秋》歷十有二王，而崩而不赴者三，大臣之顯者十餘族，而或奔或亡者九，自莊迄敬，二百年而王子之亂者六，總由王室之無政也。《春秋》之作，閔魯兼以閔周也，有以夫！

清·高士奇《左傳紀事本末》卷三《王臣之事》 臣士奇曰：人臣之于國家，無委脱之事，而亦無偏據之權。虛公以奉國，和衷以取濟，則庶績咸熙，而天下享無事之福。周之興也，周、召同心而治。其再振也，共和相倚而亦治。其東也，鄭、虢爭政，而王室遂微。自是以後，覆轍相尋，未有不由于大臣之水火，而國勢亦隨之者也。夫權者，天下之大柄也。偏據則必爭，爭則交傷而兩敗，凶于而家，害于而國，歷有顯徵。就使其未至于甚害，而以有用之精神，不爲國家建功樹策，徒擲之蜩螗門户中，甚可惜也。樊皮、蘇子之叛逆，自取滅亡，無論矣。頃王方經大故，而周公閱與王孫蘇者，乃以爭政不行告赴之禮。知有勢利而不知有大義，周室幾何而不陵夷耶？王黨周公而叛王孫蘇，至使尹聃訟周公于晉，趙簡子平王室而復之。進退不能自操，而仰重于霸國，王靈替矣。其後王孫蘇又與召氏、毛氏爭政，而殺召公、毛伯，王室復亂，士會平之。周公又與伯輿爭政，怒而出，王使盟之，卒奔晉而不復也。迨王叔陳生又與伯輿爭政，王心直伯輿，而不能斷，至煩霸國之老，坐獄于王庭，而後定之。則當時王臣之營私植黨，莫有奉公憂國者，其爲衰削之由，于此可見，而王之贅疣亦可知矣。王叔陳生之貳心于狄也，不獨與伯輿忿爭爲可罪也。儋括之欲立王子佞夫，佞夫不知，而劉、單諸人輒殺之，是失刑也。原伯絞以虐被逐，甘過以欲去成、景之族，反爲所害，而原、甘之族微也。毛得殺毛伯過而代之，其汰已甚也。鞏簡公之棄子弟而用遠人，與單獻公之棄親用羈，其失一也。而一死子弟之手，一死襄、頃之族，何其無所忌也！成子之受脤不敬，與單子之視下言徐，皆衰氣也。劉康公知民之所由生，詹桓伯伸爭田之辨，愆期察儋括之難，萇弘識毛得之亡，蓋亦王臣之矯矯者，而究無裨于禍敗，豈所謂大厦非一木之支者耶？若夫凡伯之見辱于楚丘，王師之敗北于徐吾，雖有郊垂之勝，未足爲榮。晉先平戎于王，而以閻田之故，又率陰戎以伐潁，不義甚矣。吁！平、桓以下，王室蠢蠢，威福下移，相傾相軋，棼若亂絲，而不可理也，是誰之過歟！

末世敗政部

夏桀荒亂分部

綜　述

《左傳·昭公四年》 夏桀爲仍之會，有緡叛之。

《尸子》卷下 昔夏桀之時，至德滅而不揚，帝道掩而不興，容臺振而掩覆，犬羣而入泉，彘銜藪而席隩，美人婢首墨面而不容，曼聲吞炭内閉而不歌。飛鳥鎩翼，走獸決蹄。山無峻幹，澤無佳水。【略】

昔者桀紂縱欲長樂，以苦百姓。珍怪遠味，必南海之葷，北海之鹽，西海之菁，東海之鯨。此其禍天下亦厚矣。

又 卷一七《先識覽》 夏桀迷惑，暴亂愈甚，太史令終古乃出奔如商。

《呂氏春秋》卷一六《審分覽》 桀用羊辛，**【略】**而天下知其亡。

《史記》卷一六《夏本紀》 孔甲崩，子帝皋立。帝皋崩，子帝發立。

帝發崩，子帝履癸立，是爲桀。帝桀之時，自孔甲以來而諸侯多畔夏，桀不務德而武傷百姓，百姓弗堪。乃召湯而囚之夏臺，已而釋之。湯修德，諸侯皆歸湯，湯遂率兵以伐夏桀。桀走鳴條，遂放而死。桀謂人曰：『吾悔不遂殺湯於夏臺，使至此。』湯乃踐天子位，代夏朝天下。湯封夏之後，至周封於杞也。

漢・韓嬰《韓詩外傳》卷四　桀爲酒池，可以運舟，糟丘足以望十里，一鼓而牛飲者三千人，關龍逢進諫曰：『古之人君，身行禮義，愛民節財，故國安而身壽。今君用財若無窮，殺人若恐弗勝。君若弗革，天殃必降，而誅必至矣。君其革之。』立而不去朝。桀囚而殺之。君子聞之曰：『天之命矣。』

晉・皇甫謐《帝王世紀》　帝桀淫虐，有才力，能伸鉤索鐵，手能搏熊虎，多求美女以充後宮，爲瓊室瑶臺金柱三千，始以瓦爲屋，以望雲雨，大進侏儒倡優，爲爛漫之樂，設奇偉之戲，縱靡靡之聲。日夜與妹喜及宫女飲酒，常置妹喜於膝上。妹喜好聞裂繒之聲而笑，桀爲發繒裂之，以順適其意。以人駕車，肉山脯林，以酒爲池，使可運舟，一鼓而牛飲者三千餘人，醉而溺水。以虎入市，而視其驚。諸侯叛桀，關龍逢引皇圖而諫，桀殺之。伊尹舉觴造桀諫曰：『君王不聽羣臣之言，亡無日矣。』桀間然折，啞然歎曰：『子又妖言矣！天之有日，由吾之有民，日亡吾乃亡也。』兩日鬭蝕，攝提移處，五星錯行，伊洛水竭，鬼呼於國，桀醉不寤。湯來伐桀，以乙卯日戰於鳴條之野，桀未戰而敗績。湯追至大涉，遂禽桀於焦放之歷山，乃與妹喜及諸嬖妾同舟，浮海奔于南巢之山而死。

晉・張華《博物志》卷一〇《異聞》　夏桀之時，爲長夜宫於深谷之中，男女雜處，十旬不出聽政，天乃大風揚沙，一夕填此宫谷。又曰石室瑶臺，關龍逢諫，桀言曰：『吾之有民，如天之有日，日亡我則亡。』以爲龍逢妖言而殺之。其後山復於谷下及在上，耆老相與諫，桀又以爲妖言而殺之。

南朝梁・蕭統《文選》卷三《東京賦》　《竹書紀年》：夏桀作傾宫、瑶臺，殫百姓之財。

宋・李昉等《太平御覽》卷八八〇《咎徵部》　《竹書紀年》：夏桀末年，社坼裂，其年爲湯所放。

論　説

《管子・形勢解》　紂之爲主也，勞民力，奪民財，危民死，冤暴之令加於百姓，憯毒之使施於天下，故大臣不親，小民疾怨。天下畔之，而願爲文王臣者，紂自取之也。故曰：紂之失也。無儀法程式，蜚搖而無所定，謂之蜚蓬之問。

《尸子》卷下　六馬登糟丘，方舟泛酒池。伯夷、叔齊飢死首陽，無地故也；桀放於歷山，紂殺於鄗宫，無道故也。有道無地則餓，有地無道則亡。

藝　文

《宋書》卷二一《樂志三》　默默施行違，厥罰隨事來。末喜殺龍逢，桀放於鳴條。

明・孫承恩《文簡集》卷二《桀王》　帝桀窮凶惡，貪殘虐萬民。矯誣空自託，怨毒茀招嗔。天豈培凶德，民應屬至仁。南巢奔竄日，民怨爾時伸。

臣惟桀，以暴戾失人心，乃託天以誑惑其衆，而致時日害喪之怨。然天卒不可誣，民卒不可强，南巢之竄，又何避乎？

商紂淫湎暴虐分部

綜　述

《尚書・西伯戡黎》　西伯既戡黎，祖伊恐，奔告于王，曰：『天子！天既訖我殷命，格人元龜，罔敢知吉。非先王不相我後人，惟王淫戲用自絶。故天棄我，不有康食，不虞天性，不迪率典。今我民罔弗欲

喪，曰：「天曷不降威，大命不摯？今王其如台？」』王曰：『嗚呼！我生不有命在天？』祖伊反，曰：『嗚呼！乃罪多，參在上，乃能責命于天？殷之即喪，指乃功，不無戮于爾邦。』

又《微子》 微子若曰：『父師、少師！殷其弗或亂正四方？我祖底遂陳于上。我用沈酗于酒，用亂敗厥德于下。殷罔不小大，好草竊姦宄，卿士師師非度。凡有辜罪，乃罔恒獲。小民方興，相爲敵讎。今殷其淪喪，若涉大水，其無津涯。殷遂喪，越至于今。』【略】

父師若曰：『王子！天毒降災荒殷邦，方興沈酗于酒，乃罔畏畏。咈其耇長，舊有位人。今殷民乃攘竊神祇之犧牷牲，用以容，將食無災。降監殷民，用乂讎斂，召敵讎不怠。罪合于一，多瘠罔詔。』

又《牧誓》 王曰：『古人有言曰：「牝雞無晨，牝雞之晨，惟家之索。」今商王受，惟婦言是用。昏棄厥肆祀弗答，昏棄厥遺王父母弟不迪，乃惟四方之多罪逋逃是崇是長，是信是使，是以爲大夫卿士，俾暴虐於百姓，以姦宄於商邑。』

又《泰誓上》 今商王受，弗敬上天，降災下民。沈湎冒色，敢行暴虐。罪人以族，官人以世。惟宫室臺榭陂池侈服，以殘害于爾萬姓。焚炙忠良，刳剔孕婦。

惟受罔有悛心，乃夷居弗事上帝神祇，遺厥先宗廟弗祀，犧牲粢盛既於凶盜，乃曰吾有民有命，罔懲其侮。

受有臣億萬，惟億萬心。【略】商罪貫盈，天命誅之。

又《泰誓中》 今商王受，力行無度，播棄犂老，昵比罪人，淫酗肆虐。臣下化之，朋家作仇，脅權相滅，無辜籲天，穢德彰聞。

惟受罪，浮於桀。剝喪元良，賊虐諫輔，謂己有天命，謂敬不足行，謂祭無益，謂暴無傷。【略】受有億兆夷人，離心離德。

又《泰誓下》 今商王受，狎侮五常，荒怠弗敬，自絶於天，結怨於民。斮朝涉之脛，剖賢人之心，作威殺戮，毒痡四海。崇信姦回，放黜師保，屏棄典刑，囚奴正士。郊社不修，宗廟不享。作奇技淫巧，以悦婦人。上帝弗順，祝降時喪。【略】古人有言曰：『撫我則后，虐我則讎。』獨夫受，洪惟作威，乃汝世讎。

又《武成》 今商王受無道，暴殄天物，害虐烝民，爲天下逋逃主，萃淵藪。

又《酒誥》 在今後嗣王，酣身厥命，罔顯於民祇，保越怨不易。誕惟厥縱，淫泆於非彝，用燕喪威儀，民罔不衋傷心。惟荒腆於酒，不惟自息乃逸。厥心疾很，不克畏死，辜在商邑，越殷國滅無罹。弗惟德馨香祀，登聞於天，誕惟民怨。庶羣自酒，腥聞在上。故天降喪於殷，罔愛於殷，惟逸。天非虐，惟民自速辜。

又《召誥》 天既遐終大邦殷之命，兹殷多先哲王在天，越厥後王後民，兹服厥命。厥終，智藏瘝在。夫知保抱攜持厥婦子，以哀籲天，徂厥亡，出執。

我不敢知曰：有殷受天命，惟有歷年。我不敢知曰：不其延，惟不敬厥德，乃早墜厥命。

又《多士》 在今後嗣王，誕罔顯於天，矧曰其有聽念於先王勤家？誕淫厥泆，罔顧於天顯民祇。惟時上帝不保，降若兹大喪。

又《無逸》 無若殷王受之迷亂，酗於酒德哉！

又《多方》 乃惟爾商後王，逸厥逸，圖厥政不蠲烝，天惟降時喪。

又《立政》 其在受德，暋惟羞刑暴德之人，同於厥邦；乃惟庶習逸德之人，同于厥政。

《史記》卷四《周本紀》 引《太誓》：今殷王紂，乃用其婦人之言，自絶於天；毁壞其三正，離逷其王父母弟；乃斷棄其先祖之樂，乃爲淫聲，用變亂正聲；怡説婦人。

《殷周金文集成釋文》卷二《大盂鼎》 王若曰：【略】我聞殷墜命，唯殷邊侯甸雩殷正百辟，率肆於酒，故喪師巳。

《逸周書》卷三《酆保解》 商爲無道，棄德刑範，欺侮羣臣，辛苦百姓，忍辱諸侯。莫大之綱福其亡，亡人惟庸。

又《大開武解》 十淫：一、淫政破國，動不時，民不保。二、淫好破義，言不協，民乃不和。三、淫樂破德，德不純，民乃失常。四、淫動破醜，醜不足，民乃不讓。五、淫中破禮，禮不同，民乃不協。六、淫采破服，服不度，民乃不順。七、淫文破典，典不式，教民乃不類。八、淫權破故，故不法，官民乃無法。九、淫貨破職，百官令不承。十、

淫巧破用，用不足，百意不成。嗚呼，十淫不違，危哉！今商維茲，其唯第茲，念不承殆哉！

又　卷四《克殷解》　殷末孫受德，迷先成湯之明，侮滅神祇不祀，明暴商邑百姓。其彰顯聞於昊天上帝。

又　卷五《商誓解》　今在商紂，昏憂天下，弗顯上帝，昏虐百姓，奉天之命，上帝弗顯，乃命朕文考曰殪商之多罪紂。

又　卷八《史記解》　嚴兵而不仁者，其臣懾；其臣懾，而不敢忠；不敢忠，則民不親其吏。刑始於親，遠者寒心。殷商以亡。

《詩經·大雅·蕩》　文王曰咨，咨女殷商，曾是彊禦，曾是掊克，曾是在位，曾是在服，天降慆德，女興是力。《詩義折中》：比而賦也。此設爲文王之詞，歎紂之不克終也。彊禦，暴虐也。掊克，聚斂也。服，事。慆，慢。興，起也。力，用力也。言文王當日曾咨嗟而謂紂曰：彊禦掊克，人之所惡。汝乃使之居官任事，是天所降之慆德，而汝用力以興之，違天命而拂人性也。

文王曰咨，咨女殷商，而秉義類，彊禦多懟，流言以對，寇攘式內，侯作侯祝，靡屆靡究。《折中》：比而賦也。而，爾也。懟，怨。攘，奪也。作讀爲詛，祝讀爲咒，詛咒，怨謗也。言汝興彊禦有故也。天命之性，仁柔義剛，爾稟義類，不能全其天德之剛，而流於血氣之勇，是以亦彊禦而善怒，人畏其怒而流轉其言以對汝，所謂詭隨也。人詭隨以謾汝，汝乃用之於內，故能盜汝之權而奪民之財，所謂寇虐也。寇虐肆行，則怨謗紛起，莫知底止，而亦不可究詰矣。

文王曰咨，咨女殷商，女炰烋於中國，斂怨以爲德，不明爾德，時無背無側，爾德不明，以無陪無卿。《折中》：比而賦也。炰烋，武健貌。背，反；側，傾也；陪，貳也，王之貳，則三公也；卿，六卿也。言汝興掊克有故也，汝彊禦而寇攘式內，故汝之臣皆虐民，而爲汝斂財，斂財是斂怨也。汝乃以爲才而用之，是斂怨以爲德也。夫是非之心，人皆有之，所謂明德也。爾以貪暴之習，昏其本性，是以小人斂怨，雖反側已露，而且謂無有君子布德，雖堪爲陪卿，而終於不用也。顔師古曰：言不別善惡，有逆背傾側者，有堪爲卿貳者，皆不知之也。

文王曰咨，咨女殷商，天不湎爾以酒，不義從式，既愆爾止，靡明靡晦，式號式呼，俾晝作夜。《折中》：比而賦也。湎，沉也。式，用也。言爾德不明，多由於酒，然非天湎爾以酒也，因爾於不義之人從其言而用之，故沉溺於此。容止皆愆，號呼無度而晝夜不分。其鮮克有終者，皆由於人，非天爲之也。

文王曰咨，咨女殷商。如蜩如螗，如沸如羹。小大近喪，人尚乎由行。內奰於中國，覃及鬼方。《折中》：比而賦也。蜩，蟬屬。沸，水湧也。如蜩如螗，言之亂也，謀夫孔多，發言盈廷也。如沸如羹，政之亂也，號令紛起，如水之沸，錯互無章，如羹之雜也。先王之法，無小無大，近皆喪失，而舉國之人，惟以率由遵行爲尚，莫敢違，亦莫敢諫也。奰，本作𡘋，多其目以視之也。《國語》曰：王得衛巫，使監謗者，道路以目是也。鬼方，蠻方也。史稱厲王暴虐，熊渠畏之，去其王號是也。

文王曰咨，咨女殷商。匪上帝不時，殷不用舊。雖無老成人，尚有典刑。曾是莫聽，大命以傾。《折中》：比而賦也。老成人，舊人也。典刑，舊法也。言蜩螗沸羹，時不善矣，然非上帝爲此不善之時也。昔殷之盛時，人與法俱善，今皆不用，乃政變，非時變也。然舊人雖無，舊政尚在，但人有以典型告者，汝皆不聽，是以大命將傾耳。設一聽而用之，未嘗不可轉亂爲治也。

文王曰咨，咨女殷商。人亦有言：顛沛之揭，枝葉未有害，本實先撥。殷鑑不遠，在夏后之世。《折中》：比而賦也。顛沛，僕也。揭，蹶起之貌。撥，絕也。言大木將僕，枝葉未害，而本根先撥，是以揭然而僕耳。四方猶枝葉也，民心則本根也。夏商之末，諸侯未叛，桀紂暴虐，以失民心，自絕於天。今周德若二代之季矣，故言殷鑑不遠，在於夏世，則周鑑不遠，在於殷世可知也。無一語及於時事，而能令聞之者惕然知戒，亦可謂善於立言矣。《蕩》，召穆公諫厲王也。厲王之行，有似於紂，故設爲文王咨紂之詞，非徒指危亡以示儆，其反覆於天人之際，望王之改過易亂者，一篇之中，三致意焉。今夫國何以亡？其本僕也。本何以僕？失其民也。民何以失？用貪暴以斂怨也。何以用貪暴？其德不明也。德何以不明？由湎於酒也。然而天不湎爾以酒也，靡不有初，爾之明德自具也；猶有典型，匪上帝不時也；但使戒爾沉湎，以明爾德，則掊克之斂怨，彊禦之寇攘，皆能知之，斥遠小人，蠲除苛政，得民心而培國本，反覆手之間耳。本實既固，聽老成而用典型，可次第舉也。

《左傳·莊公十一年》　禹、湯罪己，其興也浡焉；桀、紂罪人，其亡也忽焉。

又　《宣公三年》　桀有昏德，鼎遷於商，載祀六百；商紂暴虐，鼎遷於周。

又　《宣公十二年》　紂之百克，而卒無後。

又　《宣公十五年》　夫恃才與衆，亡之道也。商紂由之，故滅。

又　《昭公四年》　紂作淫虐，文王惠和。殷是以隕，周是以興。夏桀爲仍之會，有緡叛之；商紂爲黎之蒐，東夷叛之；周幽爲大室之盟，戎狄叛之。所以示諸侯汏也，諸侯所由棄命也。

又 《昭公七年》 昔武王數紂之罪，以告諸侯，曰『紂爲天下逋逃主、萃淵藪。』故夫致死焉。

又 《昭公九年》 桀克有緡，以喪其國；紂克東夷，而隕其身。

《國語》卷四《魯語上》 若以邪臨民，陷而不振，用善不肯專，則不能使，至於殄滅而莫之恤也。將安用之？桀奔南巢，紂踣於京，厲流於彘，幽滅於戲，皆是術也。

《上海博物館藏戰國楚竹書二·容成氏》 湯王天下三十又一世而受作。受不述其先王之道，自爲芑爲。亓政絧而不賞，官而不箴，無萬於民而絧圝不㕜，古曰：殹及□是虐乎作爲九城之臺，視盂炭亓下，加儇木於亓上，思民道之。能述者述，不能述者內而死；不從命者，從而桎梏之。於是虐作爲金桎三千。既爲金桎，或爲酒池，該樂於酉，專亦日以爲槿，不聖亓邦之正。

《墨子》卷五《非攻下》 逮至乎商王紂，天不序其德，祀用失時，兼夜中十日，雨土於薄，九鼎遷止，婦妖宵出，有鬼宵吟，有女爲男，天雨肉，棘生乎國道，王兄自縱也。

又 卷七《天志中》 夫憎人賊人，反天之意，得天之罰者，誰也？曰：若昔者三代暴王桀、紂、幽、厲者是也。桀、紂、幽、厲焉所從事？曰：從事別，不從事兼。別者處大國則攻小國，處大家則亂小家。强劫弱，衆暴寡，詐謀愚，貴傲賤。觀其事，上不利乎天，中不利乎鬼，下不利乎人。三不利，無所利，是謂天賊。聚斂天下之醜名而加之焉。曰此非仁也，非義也。憎人賊人，反天之意，得天之罰者也。

又 卷八《明鬼下》 昔者殷王紂，貴爲天子，富有天下，上詬天侮鬼，下殃虐天下之萬民，播棄黎老，賊誅孩子，楚毒無罪，刳剔孕婦，庶舊鰥寡，號咷無告也。

又 卷九《非命下》 昔三代暴王桀、紂、幽、厲，貴爲天子，富有天下，於此乎不矯其耳目之欲，而從其心意之辟，外之驅騁田獵畢弋，內湛於酒樂，而不顧其國家百姓之政，繁爲無用，暴逆百姓，遂失其宗廟。

《管子》卷一一《小稱》 今夫桀、紂不然，有善則反之於身，有過則歸之於民，歸之於民則民怒，反之於身則身驕，往怒民，來驕身，此其所以失身也。故明王懼聲以感耳，懼氣以感目，以此二者有天下矣，可毋慎乎！

又 卷一七《七臣七主》 土地不毛則人不足，人不足則逆氣生，逆氣生則令不行，然彊敵發而起，雖善者不能存。何以效其然也？曰：昔者桀、紂是也。誅賢忠，近讒賊之士而貴婦人。好殺而不勇，好富而忘貧，馳獵無窮，鼓樂無厭。瑤臺玉餔不足處，馳車千駟不足乘。材女樂三千人，鐘石絲竹之音不絕。百姓罷乏，君子無死，卒莫有人，人有反心。遇周武王，遂爲周氏之禽，此營於物而失其情者也，愉於淫樂而忘後患者也。

又 卷二〇《形勢解》 紂之爲主也，勞民力，奪民財，危民死，冤暴之令加於百姓，憯毒之使施於天下，故大臣不親，小民疾怨，天下叛之，而願爲文王臣者，紂自取之也，故曰紂之失也。

《晏子春秋》卷一《內篇·諫上第一》 昔夏之衰也，有推侈、大戲；殷之衰也，有費仲、惡來。足走千里，手裂兕虎，任之以力，凌轢天下，威戮無罪，崇尚勇力，不顧義理，是以桀、紂以滅，殷、夏以衰。夫樂亡而禮從之，禮亡而政從之，政亡而國從之，國衰臣懼。君之逆政之行，有歌。紂作北里幽厲之聲，顧夫淫以鄙而偕亡。君奚輕變夫故哉？

又 卷二《內篇·諫下第二》 古者之爲宮室也，足以便生，不以爲奢侈也。故節於身，謂於民。及夏之衰也，其王桀背棄德行，爲璿室玉門。殷之衰也，其王紂作爲傾宮靈臺，卑狹者有罪，高大者有賞，是以身及焉。

又 卷七《外篇上》 君不推此而苟營內好私，使財貨偏有所聚，菽粟幣帛腐於囷府，惠不遍加於百姓，公心不周乎萬國，則桀、紂之所以亡也。

《尸子》卷下 飛廉惡來，力角犀兕，勇搏熊犀也。

清·馬驌《繹史》卷二〇《武王克殷》 引《尸子》紂有臣曰王子須，務爲諂諛，使其君樂須臾之樂而忘終身之憂，棄黎老之言而用姑息之謀。

漢·劉向《戰國策》卷二〇《趙三》 昔者鬼侯、鄂侯、文王，紂之三公也。鬼侯有子而好，故入之於紂，紂以爲惡，醢鬼侯，鄂侯爭之急，

辨之疾，故脯鄂侯。文王聞之，喟然而歎，故拘之於牖里之庫，百日而欲令之死。

《古本竹書紀年·殷紀》 帝辛受居殷。

殷紂作瓊室，立玉門。

帝辛受時，天大曀。

《今本竹書紀年》卷上《帝辛》 名受。元年己亥，王即位，居殷。命九侯、周侯、邘侯。三年，有雀生鸇。四年，大蒐於黎。作炮烙之刑。五年，夏，築南單之臺。雨土於亳。【略】九年，王師伐有蘇，獲妲己以歸。作瓊室，立玉門。十年，夏六月，王畋於西郊。十七年，【略】冬，王遊於淇。【略】二十一年冬，大蒐於渭。二十三年，囚西伯於羑里。二十九年，釋西伯。【略】三十三年，【略】王錫命西伯，得專征伐。【略】三十九年，大夫辛甲出奔周。【略】王使膠鬲求玉於周。【略】四十三年，春，大閱。嶢山崩。【略】四十七年，內史向摯出奔周。四十八年，夷羊見。二日並出。五十一年，【略】王囚箕子，殺王子比干，微子出奔。五十二年庚寅，周始伐殷。【略】湯滅夏以至於受，二十九王，用歲四百九十六年。

《荀子》卷九《臣道篇》 闇主妬賢畏能而滅其功，罰其忠，賞其賊，夫是之謂至闇。桀、紂所以滅也。

若曹觸龍之於紂者，可謂國賊矣。

過而同情，和而無經，不恤是非，不論曲直，偷合苟容，迷亂狂生，夫是之謂禍亂之從聲，飛廉、惡來是也。

又 卷一〇《議兵篇》 紂刳比干，囚箕子，爲炮烙刑，殺戮無時，臣下凜然，莫必其命，然而周師至，而令不行乎下，不能用其民。是豈令不嚴，刑不繁也哉？其所以統之者，非其道故也。

《韓非子》卷三《十過》 昔者桀爲有戎之会而有緡叛之，紂爲黎丘之蒐而戎狄叛之，由無禮也。

師曠曰：『此師延之所作與？紂爲靡靡之樂也，及武王伐紂，師延東走，至於濮水而自投。故聞此聲者，必於濮水之上。先聞此聲者，其國必削。』

又 卷七《喻老》 昔者紂爲象箸而箕子怖，以爲象箸必不加於土鉶，必將犀玉之杯；象箸玉杯必不羹菽藿，必旄象豹胎；旄象豹胎必不衣短褐而食於茅屋之下，則錦衣九重，廣室高臺。吾畏其卒，故怖其始。居五年，紂爲肉圃，設炮烙，登糟丘，臨酒池，紂遂以亡。故箕子見象箸，以知天下之禍。

又 《說林上》 紂爲長夜之飲，懼以失日，問其左右，盡不知也。乃使人問箕子，箕子謂其徒曰：『爲天下主而一國皆失日，天下其危矣。一國皆不知，而我獨知之，吾其危矣。』辭以醉而不知。

又 卷一五《難一》 昔者紂爲炮烙，崇侯、惡來又曰斬涉者之脛也，奚分於紂之謗？

又 卷一七《說疑》 昔者有扈氏有失度，讙兜氏有孤男，三苗有成駒，桀有侯侈，紂有崇侯虎，晉有優施。此六人者，亡國之臣也。言是如非，言非如是，內險以賊，其外小謹，以徵其善，稱道往古，使良事沮，善禪其主，以集精微。亂之以其所好，此夫郎中左右之類者也。

《呂氏春秋》卷五《侈樂》 夏桀、殷紂，作爲侈樂，大鼓鐘磬管簫之音，以鉅爲美，以衆爲觀，俶詭殊瑰，耳所未嘗聞，目所未嘗見，務以相過，不用度量。

又 卷一五《貴因》 武王入殷，聞殷有長者。武王往見之，而問殷之所以亡。殷長者對曰：『王欲知之，則請以日中爲期。』武王與周公旦明日早要期，則弗得也。武王怪之，周公曰：『吾已知之矣。此君子也，取不能其主，有以其惡告王，不忍爲也。若夫期而不當，言而不信，此殷之所以亡也，已以此告王矣。』

又 卷一六《先識》 殷內史向摯，見紂之愈亂迷惑也，於是載其圖法，出亡之周。武王大說，以告諸侯曰：『商王大亂，沈於酒德，辟遠箕子，爰近姑與息。妲己爲政，賞罰無方。不用法式，殺三不辜。民大不服，守法之臣出奔周國。』

又 卷一九《適威》 令苛則不聽，禁多則不行。桀、紂之禁，不可勝數，故民因而身爲戮。

又 卷二三《過理》 亡國之主一貫，天時雖異，其事雖殊，所以亡同者，樂不適也。樂不適，則不可以存。糟丘酒池，肉圃爲格，雕柱而桔諸侯，不適也；刑鬼侯之女而取其環，截涉者脛而視其髓，殺梅伯而遺

文王其醢，不適也。文王貌受，以告諸侯。作爲琁室，築爲頃宮，剖孕婦而觀其化，殺比干而視其心，不適也。孔子聞之曰：『其竅通，則比干不死矣。』夏、商之所以亡也。

《世本・作篇》 紂爲玉牀。

《大戴禮記》卷一一《用兵》 夏桀、商紂羸暴於天下，暴極不辜，殺戮無罪，不祥於天，粒食之民，布散厥親。疏遠國老，幼色是與，而暴慢是親，饞貸處穀，法言法行處辟。殀替天道，逆亂四時，禮樂不行，而幼風是御。曆失制，攝提失方，鄒大無紀。不頒朔於諸侯，玉瑞不行諸侯，力政不朝於天子，六蠻四夷交伐於中國。於是降之災，水旱臻焉，霜雪大滿，甘露不降，百草蔫黃，五穀不升，民多夭疾，六畜餼眥，此太上之不論不議也。殀傷厥身，失墜天下。夫天下之報殃於無德者，必與其民。

又 《少閒》 武丁既崩，殷德大破，九世乃有末孫紂卽位。紂不率先王之明德，乃上祖夏桀行，荒耽於酒，淫泆於樂，德昏政亂，作宮室高臺，汙池土察，以爲民虐，粒食之民，忽然幾亡。

《禮記・明堂位》 昔殷紂亂天下，脯鬼侯以饗諸侯，是以周公相武王以伐紂。

又 《大學》 堯、舜率天下以仁，而民從之；桀、紂率天下以暴，而民從之。其所令，反其所好，而民不從。

《六韜》卷二《武韜・發啓》 今彼有商，衆口相惑，紛紛渺渺，好色無極。此亡國之證也。吾觀其野，草菅勝穀；吾觀其衆，邪曲勝直，吾觀其吏，暴虐殘賊，敗法亂刑，上下不覺。此亡國之時也。

《太公金匱》 紂嘗以六月，獵於西土，發民逐禽。民諫曰：『今六月，天務覆施，地務長養。今盛夏發民逐禽，而元元懸於野。君踐一日之苗，而民百日不食。天子失道，後必無福。』紂以爲妖言而誅之。後數月，天暴風雨，發屋折樹。

武王伐殷，得二大夫，而問之曰：『殷國將亡，亦有妖乎？』一人曰：『殷國常雨血，雨灰石，小者如雞子，大者如箕。常六月而雨雪，深尺餘。』武王曰：『大哉妖也。』殷人對曰：『非殷國之大妖也。殷國大妖，三十六章。殷君喜射人，喜以人食餧虎，喜剖人心，喜殺孕婦。以信者爲不信，以誣者爲真，以忠者爲不忠，忠諫者死，阿諛者賞。以君子爲下，以小人爲上，以佞辯爲相，以女子爲政。急令暴取，萬民愁苦。喜田獵，走狗試馬，出入不時，不避大風甚雨，不避寒暑。喜修治池臺，日夜無已。喜爲酒池肉丘，牛飲者三千人，飲之以金鼓。坐起無長幼之序、貴賤之禮。聽讒用譽，無功者賞，無德者富，所愛專制擅令。無禮義，無聖人，無賢士，無衡概，無升斛，無尺寸，無錙銖。有罪放，無罪誅。此殷國之大妖，其餘不可勝數，臣言不能盡。』

漢・袁康等《越絶書》卷一二《內經九術》 昔桀起靈門，紂起鹿臺，陰陽不和，五穀不時，天與之災，邦家空虛，遂以之亡。

又 卷一三《外傳枕中》 古者天子及至諸侯，自滅至亡，漸漬乎滋味之費，没溺於聲色之類，牽攣於珍怪貴重之器，故其邦空虛，困其士民，以爲須臾之樂，百姓皆有悲心，瓦解而倍畔者，桀、紂是也。身死邦亡，爲天下笑。此謂行奢侈而亡也。

漢・賈誼《新書》卷七《君道》 紂作梏數千，睨諸侯之不諂己者，杖而梏之。文王桎梏於羑里，七年而後得免。

漢・韓嬰《韓詩外傳》卷五 紂之爲主，勞民力，寃酷之令加於百姓，憯悽之惡施於大臣，羣下不信，百姓疾怨，故天下叛而願爲文王臣，紂自取之也。夫貴爲天子，富有天下，及周師至，而令不行乎左右，悲夫！當是之時，索爲匹夫，不可得也。《詩》曰：『天位殷，適使不俠四方。』

漢・劉安《淮南子》卷二《俶真訓》 逮至夏桀、殷紂，燔生人，辜諫者，爲炮烙，鑄金柱，剖賢人之心，析才士之脛，醢鬼侯之女，菹梅伯之骸。當此之時，嶢山崩，三川涸，飛鳥鎩翼，走獸擠脚。

又 卷八《本經訓》 晚世之時，帝有桀紂，爲琁室瑤臺，象廊玉牀。紂爲肉圃酒池，燎焚天下之財，罷苦萬民之力，刳諫者，剔孕婦，攘天下，虐百姓。

又 卷九《主術訓》 紂殺王子比干而骨肉怨，斮朝涉者之脛而萬民叛，再舉而天下失矣。

又 卷一三《氾論訓》 《詩》云：『乃眷西顧，此惟與宅。』言去殷而遷於周也。故亂國之君，務廣其地而不務仁義，務高其位而不務道

德，是釋其所以存而造其所以亡也。故桀囚於焦門，而不能自非其所行，而悔不殺湯於夏臺。紂居於宣室，而不反其過，而悔不誅文王於羑里。二君處彊大勢位，修仁義之道，湯、武救罪之不給，何謀之敢當？若上亂三光之明，下失萬民之心，雖微湯、武，孰弗能奪也？今不審其在己者，而反備之於人。天下非一湯、武也，殺一人，則必有繼之者也；且湯、武之所以處小弱而能以王者，以其有道也；桀、紂之所以處彊大而見奪者，以其無道也。

漢・董仲舒《春秋繁露》卷四《王道》 桀、紂皆聖王之後，驕溢妄行。侈宮室，廣苑囿，窮五采之變，極飾材之工，困野獸之足，竭山澤之利，食類惡之獸，奪民財食。高雕文刻鏤之觀，盡金玉骨象之工，盛羽族之飾，窮白黑之變，深刑妄殺以淩下。聽鄭衛之音，充傾宮之志，靈虎兕文采之獸，以希見之意，賞佞賜讒。以糟爲邱，以酒爲池，孤貧不養。殺聖賢而剖其心，生燔人，聞其臭，剔婦孕，見其化，斮朝涉之足，察其拇，殺梅伯以爲醢，刑鬼侯之女取其環。誅求無已，天下空虛，羣臣畏恐，莫敢盡忠。紂愈自賢，周發兵，不期會於孟津之上者八百諸侯，共誅紂，大亡天下，《春秋》以爲戒，曰『亳社災』。

漢・董仲舒《董膠西集・賢良策二》 至於殷紂，逆天暴物，殺戮賢知，殘賊百姓。伯夷、太公皆當世賢者，隱處而不爲臣。守職之人皆奔走逃亡，入於河海。天下秏亂，萬民不安，故天下去殷而從周。

《史記》卷三《殷本紀》 帝乙長子曰微子啓，啓母賤，不得嗣。少子辛，辛母正后，辛爲嗣。帝乙崩，子辛立，是爲帝辛，天下謂之紂。

帝紂資辨捷疾，聞見甚敏；材力過人，手格猛獸；知足以距諫，言足以飾非；矜人臣以能，高天下以聲，以爲皆出己之下。好酒淫樂，嬖於婦人。愛妲己，妲己之言是從。於是使師涓作新淫聲，北里之舞，靡靡之樂。厚賦稅以實鹿臺之錢，而盈鉅橋之粟。益收狗馬奇物，充仞宮室。益廣沙丘苑臺，多取野獸蜚鳥置其中。慢於鬼神。大冣樂戲於沙丘，以酒爲池，縣肉爲林，使男女倮相逐其間，爲長夜之飲。百姓怨望而諸侯有畔者，於是紂乃重辟刑，有炮烙之法。

以西伯昌、九侯、鄂侯爲三公。九侯有好女，入之紂。九侯女不憙淫，紂怒，殺之，而醢九侯。鄂侯爭之彊，辨之疾，并脯鄂侯。西伯昌聞之，竊歎。崇侯虎知之，以告紂，紂囚西伯羑里。西伯之臣閎夭之徒求美女奇物善馬以獻紂，紂乃赦西伯。【略】而用費中爲政。費中善諛好利，殷人弗親。紂又用惡來。惡來善毀讒，諸侯以此益疏。【略】王子比干諫，弗聽。商容賢者，百姓愛之，紂廢之。【略】

紂愈淫亂不止。微子數諫不聽，乃與太師、少師謀，遂去。比干曰：『爲人臣者，不得不以死爭。』乃强諫紂。紂怒曰：『吾聞聖人心有七竅。』剖比干，觀其心。箕子懼，乃詳狂爲奴，紂又囚之。殷之太師、少師乃持其祭樂器奔周。周武王於是遂率諸侯伐紂。紂亦發兵，距之牧野。甲子日，紂兵敗。紂走，入登鹿臺，衣其寶玉衣，赴火而死。

又 卷二四《樂書》 凡音由於人心，天之與人，有以相通，如景之象形，響之應聲。故爲善者，天報之以福；爲惡者，天與之以殃：其自然者也。故舜彈五弦之琴，歌《南風》之詩，而天下治。紂爲朝歌、北鄙之音，身死國亡。舜之道何弘也，紂之道何隘也！夫《南風》之詩者，生長之音也。舜樂好之，樂與天地同意，得萬國之驩心，故天下治也。夫朝歌者，不時也；北者，敗也；鄙者，陋也。紂樂好之，與萬國殊心，諸侯不附，百姓不親，天下畔之，故身死國亡。

又 卷一二八《龜策列傳》 紂有諛臣，名爲左彊，誇而目巧，教爲象郎，將至於天。又有玉牀犀玉之器，象箸而羹。聖人剖其心，壯士斬其胻。箕子恐死，被髮佯狂。

桀、紂爲暴彊也，固以爲常。桀爲瓦室，紂爲象郎。徵絲灼之，務以費民，賦斂無度。殺戮無方，殺人六畜，以韋爲囊，囊盛其血，與人懸而射之，與天帝爭彊。逆亂四時，先百鬼嘗。諫者輒死，諛者在傍，聖人伏匿，百姓莫行。天數枯旱，國多妖祥，螟蟲歲生，五穀不成。民不安其處，鬼神不享。飄風日起，正晝晦冥，日月並蝕，滅息無光，列星奔亂，皆絶紀綱。

漢・焦贛《易林》卷一《益》 商紂牧野顛敗，所在賦斂重數，黎元愁苦。

又 卷二《姤》 行如桀、紂，雖禱不祐。命衰絶周，文君乏祀。

又 《漸》 桀、紂之主，悖不堪輔，貪榮爲人，必定其咎。聚斂積實，野在都邑，未來我室。

又　卷三《升》　高樓無柱，顛僵不久。紂失三仁，身死牧野。

又　《大畜》　匿痼不醫，亂政生災。紂作淫虐，商破其墟。

又　《賁》　經棗整冠，意盈不厭。桀、紂迷惑，讒佞傷賢，使國亂傾。

漢·劉向《説苑》卷一《君道》　昔堯、舜之爲君也，唯恐言而人不違；桀、紂之爲君也，唯恐言而人違之。

又　卷一九《修文》　昔舜造《南風》之聲，其興也勃焉。至今王公，述而不釋。紂爲北鄙之聲，其廢也忽焉。至今王公，以爲笑。彼舜以匹夫積正合仁，履中行善，而卒以興。紂以天子好慢淫荒，剛厲暴賊，而卒以滅。

又　卷二〇《反質》　紂爲鹿臺糟丘，酒池肉林，宫牆文畫，彫琢刻鏤，錦繡被堂，金玉珍瑋，婦女優倡，鐘鼓管絃，流漫不禁而天下愈竭，故卒身死國亡，爲天下戮。

漢·劉向《新序》卷二《雜事二》　夏桀、殷紂不定國是，而以合其取捨者爲是，以不合其取捨者爲非，故致亡而不知。

又　卷六《刺奢》　紂爲鹿臺，七年而成，其大三里，高千尺，臨望雲雨。

漢·劉向《别録》　辛甲，故殷之臣，事紂。蓋七十五諫而不聽，去至周。召公與語，賢之，告文王。文王親自迎之，以爲公卿，封長子。

漢·王充《論衡》卷二四《卜筮篇》　紂，至惡之君也。當時災異繁多，七十卜而皆凶。故祖伊曰：『格人元龜，罔敢知吉。』賢者不舉，大龜不兆，災變亟至。

《漢書》卷二二《禮樂志》　世衰民散，小人乘君子，心耳淺薄，則邪勝正。故《書》序殷紂，斷棄先祖之樂，乃作淫聲，用變亂正聲，以説婦人，樂官師瞽抱其器而犇散，或適諸侯，或入河海。

漢·王逸《楚辭章句》卷三《天問》　雷開，佞臣也，阿順於紂，乃賜之金玉而封之也。

晉·皇甫謐《帝王世紀》卷四《殷商》　六月，發民獵於西山。居期年，天下大風雨，飄牛馬，壞屋樹，天火燒其宫，兩日並盡，或鬼哭，或山鳴。紂不懼，愈慢神，誅諫士，爲長夜之飲，七日七夜，失忘曆數，不知甲乙。

又　《周》　文王雖在諸侯之位，襲父爲西伯。紂既囚文王，文王之長子曰伯邑考，質於殷，爲紂御。紂烹以爲羹，賜文王，曰：『聖人當不食其子羹。』文王得而食之，紂曰：『誰謂西伯聖者？食其子羹，尚不知也。』

晉·王嘉《拾遺記》卷二《殷湯》　紂之昏亂，欲討諸侯，使飛廉、惡來誅戮賢良，取其寶器，埋於瓊臺之下。使飛廉等於所近之國，侯服之内，使烽燧相續。紂登臺，以望火之所在，乃興師往伐其國，殺其君，囚其民，收其女樂，肆其淫虐，神人憤怨。時有朱鳥銜火，如星之照耀，以亂烽燧之光，紂乃回惑，使諸國滅其烽燧，於是億兆夷民乃歡，萬國已靜。及武王伐紂，樵夫牧竪探高鳥之巢，得赤玉璽文，曰：『水德將滅，木祚方盛。』文皆大篆，紀殷之世曆已盡，而姬之聖德方隆，是以三分天下而其二歸周，故蚩蚩之類，嗟殷亡之晚，恨周來之遲矣。

師延者，殷之樂人也。設樂以來，世遵此職。至師延精述陰陽，曉明象緯，莫測其爲人。【略】及紂淫於聲色，乃拘師延於陰宫，欲極刑戮。師延既被囚縶，奏清商、流徵、滌角之音，司獄者以聞於紂。紂猶嫌曰：『此乃淳古遠樂，非余可聽説也。』猶不釋師延。乃更奏迷魂淫魄之曲，以歡脩夜之娱，乃得免炮烙之害。

北魏·酈道元《水經注》卷九《淇水》　淇水又東，右合泉源水，水有二源，一水出朝歌城西北，東南流。老人晨將渡水，而沈吟難濟。紂問其故，左右曰：『老者髓不實，故晨寒也。』紂乃於此，斮脛而視髓也。

南朝梁·蕭繹《金樓子》卷一《箴戒篇》　帝紂垂胡，長尺四寸，手格猛獸。愛妲己色，重師涓聲。狗馬奇物，充牣後庭。使男女裸形相隨，爲長夜之飲。時人爲之語曰：『車行酒，騎行炙，百二十日爲一夜。』

帝紂時，木林之地宵陷爲池，池生淫魚，取而食之。池一夜而竭，得淫魚數百，大悦之。錫之宫人，宫人悉淫亂。

《周易·明夷·象》　利艱貞，晦其明也。内難而能正其志，箕子以之。

又　《明夷·六五》　箕子之明夷，利貞。《象》曰：箕子之貞明，不可息也。

《論語・微子》　微子去之，箕子爲之奴，比干諫而死。孔子曰：『殷有三仁焉。』

《尸子》卷下　箕子胥餘，漆體而爲厲，披髮佯狂，以此免也。

《大戴禮記》卷三《保傅》　紂殺王子比干，而箕子被髮陽狂。靈公殺泄治，而鄧元去陳，以族從。自是之後，殷并于周，陳亡于楚。以其殺比干與泄治，而失箕子與鄧元也。

漢・韓嬰《韓詩外傳》卷四　紂作炮烙之刑，王子比干曰：『主暴不諫，非忠也；畏死不言，非勇也。見過卽諫，不用卽死，忠之至也。』遂諫，三日不去朝。紂囚殺之。《詩》曰：『昊天太憮，予慎無辜。』

又　卷六　比干諫而死，箕子曰：『知不用而言，愚也；殺身以彰君之惡，不忠也。二者不可，然且爲之，不祥莫大焉。』遂解髮佯狂而去。君子聞之曰：『勞矣箕子！盡其精神，竭其忠愛，見比干之事免其身，仁知之至。』《詩》曰：『人亦有言，靡哲不愚。』

又　卷一〇　天子有爭臣七人，雖無道，不失其天下。昔殷王紂，殘賊百姓，絕逆天道，至斮朝涉，刳孕婦，脯鬼侯，醢梅伯，然所以不亡者，以其有箕子、比干之故。微子去之，箕子執，囚爲奴，比干諫而死，然後周加兵而誅絕之。

《史記》卷三八《宋微子世家》　微子開者，殷帝乙之首子而紂之庶兄也。紂既立，不明，淫亂於政。微子數諫，紂不聽。及祖伊以周西伯昌之修德，滅阢國，懼禍至，以告紂。紂曰：『我生不有命在天乎？是何能爲？』於是微子度紂終不可諫，欲死之，及去，未能自決，乃問於太師、少師，【略】曰：『太師、少師，我其發出往？吾家保於喪？今女無故告予，顛躋，如之何其？』太師若曰：『王子，天篤下葘亡殷國，乃毋畏畏，不用老長。今殷民乃陋淫神祇之祀。今誠得治國，國治身死不恨。爲死，終不得治，不如去。』遂亡。

箕子者，紂親戚也。紂始爲象箸，箕子歎曰：『彼爲象箸，必爲玉桮；爲桮，則必思遠方珍怪之物而御之矣。輿馬宮室之漸自此始，不可振也。』紂爲淫泆，箕子諫不聽。人或曰：『可以去矣。』箕子曰：『爲人臣，諫不聽而去，是彰君之惡而自說於民，吾不忍爲也。』乃被髮佯狂而爲奴。遂隱而鼓琴以自悲，故傳之曰《箕子操》。

王子比干者，亦紂之親戚也。見箕子諫不聽而爲奴，則曰：『君有過而不以死爭，則百姓何辜！』乃直言諫紂，紂怒曰：『吾聞聖人之心有七竅，信有諸乎？』乃遂殺王子比干，刳視其心。

微子曰：『父子有骨肉，而臣主以義屬。故父有過，子三諫不聽，則隨而號之；人臣三諫不聽，則其義可以去矣。』於是太師、少師乃勸微子去，遂行。周武王伐紂克殷，微子乃持其祭器，造於軍門，肉袒面縛，左牽羊，右把茅，膝行而前以告。於是武王乃釋微子，復其位如故。【略】武王既克殷，訪問箕子。【略】於是武王乃封箕子於朝鮮而不臣也。其後箕子朝周，過故殷虛，感宮室毁壞，生禾黍，箕子傷之，欲哭則不可，欲泣爲其近婦人，乃作《麥秀》之詩以歌詠之。其詩曰：『麥秀漸漸兮，禾黍油油。彼狡僮兮，不與我好兮！』所謂狡童者，紂也。殷民聞之，皆爲流涕。

漢・桓譚《新論》卷一六《琴道篇》　《微子操》，微子傷殷之將亡，終不可奈何，見鴻鵠高飛，援琴作操，操似鴻雁詠之聲。《微子操》，其聲清以淳。《箕子操》，其聲淳以激。

論說

《論語・子張》　子貢曰：『紂之不善，不如是之甚也。是以君子惡居下流，天下之惡皆歸焉。』

漢・孔融《孔北海集・肉刑論》　紂斮朝涉之脛，天下謂爲無道。

南朝梁・皇侃《論語集解義疏》卷一〇《子張》　注：孔安國曰：紂爲不善，以喪天下，後世憎甚之，皆以天下之惡歸之於紂也。疏：紂者，殷家無道君也。無道失國，而後世經是惡事，皆云是紂昔所爲，然紂昔者爲惡，實不應頓如此之甚，故云不如是之甚也。下流，謂爲惡行而處人下者也。言紂不偏爲衆惡，而天下之惡事，皆云是紂所爲，故君子立身，惡爲居人下流，若一居下流，則天下之罪並歸之也。蔡謨曰：聖人之化，由羣賢之輔；闇主之亂，由衆惡之黨。是以有君無臣，宋襄以敗；衛靈無道，夫奚其喪。言一紂之不善，其亂不得如是之甚。身居下流，天下惡人皆歸之，是故亡也。若如蔡謨意，是天下惡人皆助紂爲惡，

故失天下耳。若直置一紂，則不能如此甚也。

宋・邢昺《論語注疏》卷一九《子張》 《正義》曰：此章戒人爲惡也。紂名辛，字受，商末世之王也。爲惡不道，周武王所殺。《謚法》：殘義損善曰紂。言商紂雖爲不善，以喪天下，亦不如此之甚也，乃後人憎甚之耳。下流者，謂爲惡行而處人下，若地形卑下，則衆流所歸，人之爲惡處下，衆惡所歸。是以君子當爲善，不爲惡，惡居下流故也。紂爲惡行，居下流，則人皆以天下之惡歸之於紂也。

宋・張九成《孟子傳》卷四 余讀此章，誦孟子之對，毛髮森聳，何其勁厲如此哉？及思子貢之説，曰『紂之不善，不如是之甚也。是以君子惡居下流，天下之惡皆歸焉。』何其忠恕若此哉！夫孔門之恕紂如此，而孟子直以一夫名之，不復以君臣論，其可怪也。予昔觀史，紂爲武王所迫，自燔於火而死。武王入至紂所，自射之三發，而後下車，親以劍擊之，以黄鉞斬紂之頭，懸之太白之旗。余讀之，掩卷不忍，至於流涕。曰：嗚呼！武王雖聖，人臣也；紂雖無道，君也。武王嘗北面事之，何忍爲此事也？或曰：此武王行天意，慰人心也。嗚呼！天道乃使臣下行此事，豈天理也哉？人心乃欲臣下行此事，豈人心也哉？反覆求其説而不得。

將以武王爲非乎？而孔子曰：『湯武革命，順乎天而應乎人。』《中庸》曰：『武王、周公，其達孝矣乎！夫孝者，善繼人之志，善述人之事者也。』敢以武王爲非耶，抑以武王爲當然耶？隱之於心，慘怛而不安，驗之於事，則親弑君首，懸之於旗，可乎？而孟子更不以君臣論，其意直曰：行仁義者乃吾君，殘賊仁義者乃一夫耳。雖尊臨宸極，位居九五，不論也。嗚呼！使孟子當武王之時，必爲誅紂之事矣。夫其心既見其爲一夫，不見其爲人主，將何所不至哉？且湯放桀，武王伐紂，周公殺兄，石碏殺子，皆聖賢之不幸也。不知古人之見，直與今人不同乎？抑無乃此心之震悼，乃人欲，非天理乎？不然，孟子何以勁辭直言，略無委曲耶？孟子，亞聖也，豈有失道之言乎！而又孔子如此説，《中庸》如此説。

觀衛國逐獻公，晉悼公謂師曠曰：『衛人逐其君，不亦甚乎？』對曰：『或者其君，實甚也。夫天生民而立之君，使司牧之，無使失性。』又曰：『夫君，神之主而民之望也。』天之愛民甚矣，豈使一人肆於民上，以縱其淫而棄天地之性乎？必不然矣。若困民之性，乏神之祀，百姓絶望，社稷無主，將焉用之，不去何爲？是知古人直不以放弑逐君爲過當也。嗚呼，言之且不可，況爲之乎！夫湯之放桀，與夫衛之逐君，顧臣子所不當爲矣。而武王乃至親射之，以劍擊之，以鉞斬之。孟子至謂之誅一夫，而孔子、《中庸》又稱大之。余讀聖賢之書，無不一一合於心，獨於此而慘慄。若以爲不當爲者，余一介鄙夫，豈能望武王、周公、孔子、《中庸》之道萬分之一乎，而獨如此何哉？然而有子貢之説爲之據，而孔子又無誅一夫之説，此余所以不敢決是非，俟世之有道君子爲之開警也。

宋・張栻《癸巳論語解》卷一〇《子張篇》 下流如川澤是也。川澤處卑，衆水畢萃。紂之不道，可謂極矣，其曰不如是之甚者，言其始亦未至若是之甚，惟其爲不善，而天下之惡，皆將歸之，是以若此其極也。《書》稱受爲天下逋逃主、萃淵藪，而飛廉、惡來之徒，皆集於朝，不善之積，日累月成，以至於貫盈。是豈不猶川澤所居者下而衆水皆歸之者乎？故君子惡居下流，强爲善而已矣。

宋・朱熹《論語集注》卷一〇《子張》 下流，地形卑下之處，衆流之所歸，喻人身有汙賤之實，亦惡名之所聚也。子貢言此，欲人常自警省，不可一置其身於不善之地，非謂紂本無罪而虚被惡名也。

宋・朱熹《論語精義》卷一〇上《子張》 范曰：武王數紂之罪，非誣之也。後世言紂之惡，有溢於《泰誓》者焉。天下之善，舉歸於堯舜；天下之惡，舉歸於桀紂，皆其所自取也。呂曰：君子貴者，下流賤者也。紂貴爲天子，至貴而自爲至賤之行，人情之所惡，故天下之惡皆歸焉。謝曰：不善皆歸焉，居下流故也。是以君子貴强爲善。若能脩身見乎世，則人雖欲以不善加之，亦不可得。楊曰：與人爲善，則天下之善歸之；與爲惡者也，故天下之惡皆歸焉，下流之謂也。侯曰：紂之惡，固已貫盈矣，然而非盡天下之惡也，而天下之惡咸歸焉，以其居下，而衆流歸之，故君子貴强爲善也。尹曰：是以君子不可以惡及其身。

宋・戴溪《石鼓論語答問》卷下《子張》 言不善者，必歸於桀紂，然則紂之不善，其初豈若是然哉？朋而和之者，衆矣。是故趨向之初，不可以不謹；一入於下流，則天下之爲惡者皆歸之，陷溺日深而不能自

出也。故曰紂爲天下逋逃主、萃淵藪。

宋・鄭汝諧《論語意原》卷四《子張》 子貢方人，夫子誨之以我則不暇；以終身可行爲問，又告之以其恕乎。子貢服膺斯言，至晚年盡化其氣質矣。不善莫如紂，而子貢猶恕之。回視前日方人之心，蓋已洗滌無餘矣。

金・王若虛《滹南集》卷七《論語辨惑四》 晦庵曰：卑下之處，衆流之所歸；不善之地，惡名之所聚。言人當常自警省，不可一置其身於不善之地，非謂紂無罪而虛被惡名也。其説甚佳。東坡以爲子貢言此者，蓋不許武王伐紂之事；而張無垢亦稱其有恕紂之心，賢於孟子賊仁殘義之説。皆繆見也。子貢之意，在使人慎所居，而二子乃爲恕紂而甚武王，不亦異乎？子貢雖惡稱人之惡者，亦何至湔洗桀、紂，以爲忠厚哉？湯、武大義，聖人固有定論矣。今乃妄生訾毀，而爲獨夫地，是亦惑之甚也。

明・蔡清《四書蒙引》卷八 子貢云，今天下之言不善者，一歸於紂，原來紂之不善，不至如此之甚也，只緣紂自致其身於下流之地耳。是以君子惡居下流，一居下流，天下之惡皆歸焉。子貢言此，欲人常自警省，不可一致其身於不善之地，而虛被惡名也。『下流』二字，極有意味。

明・劉宗周《論語學案》卷一〇 古今誅不善者，莫如商紂。紂之不善，宜不如是之甚也，而天下之惡皆歸之，則身自處於不善也。是以君子惡居下流，天下之惡皆歸焉。惟聖罔念作狂，狂則甚矣，自取之也。然則紂之不善，果如是之甚者也；紂之不善，不如是之甚夫？曰：不如是之甚者，欲人謹惡於微，而杜下流之勢也。孟子曰：『道二：仁與不仁而已矣。』不爲堯、舜，則爲桀、紂，而且自寬，曰我之暴惡，未至爲紂之甚也，則紂亦有可原者矣。後之視今，亦猶今之視昔也。悲夫！

清・孫奇逢《四書近指》卷一三《紂之不善章》 衆惡皆歸，便難洗滌，甚矣。人當警省，非爲紂分解也。此段情事，古今皆然，虧賜也明眼拈得出。或曰天下之惡皆歸，就長惡不悛上看，非惡名歸之也。《易》曰：『惡不積，不足以滅身。』《語》曰：『勿以惡小而爲之。』亦此意。

清・庫勒納等《日講四書解義》卷一二《論語下之五》 此一章書是子貢借紂以警戒後人之意。子貢曰：古今言淫虐無道者，莫過於紂。以予觀之，紂之不善，殆不如言者之甚也。蓋因紂當日爲惡彰著，故天下不善之名悉歸之，譬如地形卑下之處，衆水於此鍾聚，雖欲卻之，其道無由。是以君子知上達之難，下流之易，時時省察，在在制防，誠恐忽不及持，一陷身於下流，則凡天下敗名失檢、棄理畔義之事，盡以歸之，至於獨蒙惡聲，不可解免，亦其所處汙下，有以致之使然也。可見天下善惡兩途，如冰炭之不相入。苟以善小而弗爲，以惡小而爲之，積而不返，遂成不可復回之勢。惟知之明，斷之勇，謹小慎微，塞源拔本，以入於堯舜之道，不難矣。

清・何焯《義門讀書記》卷四《論語下・紂之不善章》 甚，多也。《公羊傳》云：『曹伯之罪何？甚惡也。其甚惡奈何？不可以一罪言也。』

《荀子》卷三《非相篇》 古者桀、紂，長巨姣美，天下之傑也。筋力越勁，百人之敵也。然而身死國亡，爲天下大僇。後世言惡，則必稽焉。是非容貌之患也，聞見之不衆，論議之卑。

漢・王充《論衡》卷七《語增篇》 傳語曰：聖人憂世，深思事勤，愁擾精神，感動形體，故稱堯若臘，舜若腒。桀、紂之君，垂腴尺餘。夫言聖人憂世念人，身體羸惡，不能身體肥澤，可也。言堯、舜若臘與腒，桀、紂垂腴尺餘，增之也。

紂爲長夜之飲，糟邱酒池，沈湎於酒，不舍晝夜。是必以病，病則不甘飲食，不甘飲食則肥腴不得至尺。經曰：『惟湛樂是從，時亦罔有克壽。』魏公子無忌爲長夜之飲，困毒而死。紂雖未死，宜羸臞矣。然桀、紂同行，則宜同病，言其腴垂過尺餘，非徒增之，又失其實矣。

傳語曰：紂沈湎於酒，以糟爲丘，以酒爲池，牛飲者三千人，爲長夜之飲，亡其甲子。夫紂雖嗜酒，亦欲以爲樂。令酒池在中庭乎，則不當言爲長夜之飲。坐在深室之中，閉牕舉燭，故曰長夜。令坐於室乎，每當飲者起之中庭，乃復還坐，則是煩苦相踖藉，不能甚樂。令池在深室之中，則三千人宜臨池坐前，俛飲池酒，仰食肴膳，倡樂在前，乃爲樂耳。如審臨池而坐，則前飲害於肴膳，倡樂之作不得在前。夫飲食既不以禮，臨池牛飲，則其啖肴不復用杯，亦宜就魚肉而虎食，則知夫酒池牛飲，非其實也。

傳又言：紂懸肉以爲林，令男女倮而相逐其間。是爲醉樂淫戲，無節度也。夫肉當内於口，口之所食，宜潔不辱。今言男女倮相逐其間，何等潔者？如以醉而不計潔辱，則當其浴於酒中，而倮相逐於肉間，何爲不肯浴於酒中？以不言浴於酒，知不倮相逐於肉間。傳者之説，或言車行酒，騎行炙，百二十日爲一夜。夫言用酒爲池，則言其車行酒非也。言其懸肉爲林，即言騎行炙非也。或時紂沈湎，覆酒滂沲於地，即言以酒爲池。釀酒，糟積聚，則言糟爲丘。懸肉以林，則言肉爲林。林中幽冥，人時走戲其中，則言倮相逐。或時載酒用鹿車，則言車行酒，騎行炙。或時十數夜，則言其百二十。或時醉不知問日數，則言其亡甲子。周公封康叔，告以紂用酒，期於悉極，欲以戒之也，而不言糟丘酒池，懸肉爲林，長夜之飲，亡其甲子。聖人不言，殆非實也。

傳言曰：紂非時與三千人，牛飲於酒池。夫夏官百，殷二百，周三百。紂之所與相樂，非民必臣也，非小臣必大官，其數不能滿三千人。傳書家欲惡紂，故言三千人，增其實也。

又　卷一八《齊世篇》　世常以桀、紂與堯、舜相反，稱美則説堯、舜，言惡則舉桀、紂。孔子曰：『紂之不善，不若是之甚也。』則知堯、舜之德，不若是其盛也。堯、舜之禪，湯、武之誅，皆有天命，非優劣所能爲，人事所能成也。使湯、武在唐虞，亦禪而不伐；堯、舜在殷周，亦誅而不讓。蓋有天命之實，而世空生優劣之語。

又　卷一七《治期篇》　世謂古人君賢，則道德施行，施行則功成治安；人君不肖，則道德頓廢，頓廢則功敗治亂。古今論者，莫謂不然。何則？見堯、舜賢聖致太平，桀、紂無道致亂得誅。如實論之，命期自然，非德化也。

必謂水旱，政治所致，不能爲政者，莫過桀、紂。桀、紂之時，宜常水旱。案桀、紂之時，無饑耗之災，災至自有數，或時反在聖君之世。實事者説，堯之洪水，湯之大旱，皆有遭遇，非政惡之所致。説百王之害，獨謂爲惡之應，此見堯、湯德優百王劣也。審一足以見百，明惡足以照善。堯、湯證百王，至百王遭變，非政所致，以變見而明禍福，五帝致太平，非德所就明矣。

漢・應劭《風俗通義》卷二《正失》　孔子曰：『衆善焉，必察之；衆惡焉，必察之。』孟軻云：『堯、舜不勝其美，桀、紂不勝其惡。』傳言失指，圖景失形，衆口鑠金，積毁消骨，久矣，其患之也。

又　《孝文帝》　世之毁譽，莫能得實。審形者少，隨聲者多，或至以無爲有。故曰『堯、舜不勝其善，桀、紂不勝其惡。』桀、紂非殺父與君也，而世有殺君父者，人皆以爲無道如桀、紂，此不勝其惡。

宋・羅泌《路史》卷一四《黄帝紀上》　民者，君之天也，天能違乎？舜、禹之得天下，非天與之，民與之也。桀、紂之失天下，非天取之，民取之也。『撫我則后，虐我則讐』，此民之通言也。

又　卷三七《發揮六》　凡事出於千百載之下，不幸而不知其詳，則宜疑以傳疑，何至妄爲之説哉？【略】大抵書傳所記桀、紂之事，多出模倣。如《世紀》等倒拽九牛，撫梁易柱，引鈎申索，握鐵流湯，傾宫瑶室，與夫瑶臺三里，金柱三千，車行酒，騎行炙，酒池糟丘，脯林肉圃，宫中九市，牛飲三千，丘鳴鬼哭，山走石泣，兩日並出，以人食獸，六月獵西山，以百二十日爲夜等事。紂爲如是，而謂桀亦如是，是豈其俱然哉？【略】

大抵文人説士，喜相倣撰，以悦流俗。飽食終日，無所用心，則描前摸古，甘隨人後，而不自病其妄也。言桀、紂者，特類於此。昔祖伊始謫於紂也，惟曰淫戲自絶而已。及武王數之，斮涉剖賢，炙忠剔孕，斯已甚矣。而史傳復有醢鬼脯鄂之文，《六韜》更出刳心等三十有七章焉。故子貢曰：『紂之不道，不如是之甚也。』

宋・楊萬里《誠齋集》卷九二《庸言四》　或問紂之惡，不如是之甚也。子貢之言，無乃已恕歟？楊子曰：紂不可恕也，亦可恕也。周師之入，自焚而死，前有亡國之罪，後有死國之節。嗟夫！後而已矣，猶紂也；前而已矣，紂也乎？

清・崔述《商考信録》卷二《紂》　《戰國策》稱紂醢九侯，脯鄂侯。《史記》稱紂有酒池肉林，倮逐之戲，炮烙之刑。《新序》稱紂爲鹿臺，七年而成，其大三里，高千尺，臨望雲雨。《帝王世紀》稱紂剖比干妻以視其胎，烹伯邑考爲羹以賜文王。《水經注》稱老人晨將渡水而沈吟難濟，左右曰：『老者髓不實故也。』紂乃斮脛而視髓。由是《僞古文尚書》遂以『焚炙忠良，刳剔孕婦，斮朝涉之脛』等語入《泰誓》中。

余按：紂之不善，《尚書・微子》、《牧誓》等篇言之詳矣。約其大概有五：一曰聽婦言，《牧誓》所謂『牝雞之晨』者也。二曰荒酒，《酒誥》所謂『酣身』，《微子》所謂『酗酒』者也。三曰怠祀，《牧誓》所謂『昏棄肆祀』，《微子》所謂『攘竊犧牷牲』者也。四曰斥逐貴戚老成，《牧誓》所謂『昏棄王父母弟』，《微子》所謂『耄遜於荒，咈其耇長』者也。五曰收用憸邪小人，《牧誓》所謂『多罪逋逃是信是使』，《立政》所謂『羞刑暴德同於厥邦』，《微子》所謂『草竊姦宄，罪合於一』者也。

《論語》之稱『三仁』，《晉語》之述妲己，皆於此合。即《大雅・蕩》之篇爲後人之託言，而其譏切紂失，亦不外此五端。蓋惟迷於酒色，是以不復畏天念祖，以致忠直逆耳，讒人倖進，故《牧誓》必推本於『婦言』，《酒誥》悉歸咎於『荒腆』，惟仁賢不用而掊克在位，是以民罹其殃，故《召誥》於『徂亡出執』必推本於『智藏瘝在』也。經傳之文互相印證，紂之不善了然可見，初無世俗所傳云云也。然則世所傳紂之事，猶今人語讖必歸之諸葛孔明、劉伯温，語姦詐必歸之曹操也；猶以周新折獄之事盡加之海瑞也。其意不過欲甚紂之惡耳，不知君子之論貴於持平，不但當爲聖王辨其誣，亦不必爲暴主增其罪。且使人知紂之惡，未至如世所傳而已足以亡國，其爲後世炯戒，不更大乎！

清・李慈銘《越縵堂文集》卷一《紂之不善論》 子貢謂『紂之不善，不如是之甚也。』吾嘗三復斯言，而歎聖賢救世之心，何其深且切也。夫言紂之不善者，偽《尚書》古文之言，不足據。若《西伯戡黎》、《微子》、《坶誓》、《大誥》、《酒誥》、《多士》、《多方》之篇，《史記・周本紀》所載《大誓》古文，及《論語》、《孟子》所言，不過謂其淫戲酗酒，遺棄耆舊，寵信奸回，喜用婦言，昬棄肆祀，指爲天喪，名爲獨夫；而其事之顯箸者，則比干之死，箕子之囚，妲己之寵，崇侯之譖及文王之拘而已。較之後世孫皓、劉聰、石虎、苻生、慕容熙、劉子業、劉彧、劉昱、蕭鸞、蕭寶卷、高洋、高湛、高緯、楊廣、朱温、劉龑、劉鋹、完顔亮之窮凶極暴，隳滅三綱，其罪固百不逮一。即以視秦始皇、漢武帝、後漢靈帝、宋孝武、魏太武、明成祖、世宗之誅殺臣下如刈草菅，亦爲少勝焉。而亡國之罪獨縣，以爲百世之鑑。子貢乃猶原之，以爲下流歸惡者。

蓋傳記百家之説，如《史記》所謂九侯之女不喜淫，殺之而醢九侯，脯鄂侯，《淮南子》謂幷脯其女。《史記》又謂剖比干而觀其心，皇甫謐謂剖比干妻以視其胎。《淮南子》謂斮朝涉之脛，劉向謂爲炮格俗作烙。之法以悦妲己，賈誼謂作梏數千，睨諸侯之不諂己者，杖而梏之。凡此慘酷無人理之事，春秋時蓋已有道之者。孔子刪定周書，雖削而不箸，而子貢猶恐後世人主或聞其言也，下愚之流敨而不知畏，且以國之亡也，委於氣運之適然，而姑以逞其生性之忍，一日之怒，則天地將日以睢剌，而淫刑荼毒之滋增，不知其所止矣。此惟辭而辟之，以見其不足信；即或有其事，而惟表其大端，以示戒於天下後世，不必窮其形相，以爲殘賊者導之觀而樹之型，庶後之爲人君者知亡國之易，益凜凜於無道之不可爲，則中人以下皆得長保其社稷，而倫常綱紀猶得以不絶於天下。嗚呼！此聖賢之立言，其苦心無一不系於君與民者也。蓋其事之已著者，戮諫臣，棄親戚，溺嬖寵，近殘賊，不得而諱者也。其葅醢之法，横決之毒，以及房幃隱微醜悖之行，則太史所不書，下民所不悉；且事非衆箸，安知其有不出於誣者？故子貢之言，非徒以示忠厚，欲爲商紂寬其罪也。前之夏桀，後之幽、厲，其行事載於聖賢之經傳者，皆絶無不忍睹聞如漢以後之所紀，而其禍皆足以覆國人，亦未有以其被放被流被殺爲過者，則以舉其大者，已足以示戒也。

後世史官不知此意，於前代亡國之主必備列罪狀，披抉隱私，以見其惡之萬無可逭；又或阿其世主，景飾增加，以快所欲。吾觀楊衒之述趙逸之言曰：晉時十六國之君，皆目見其事；國滅之後，觀其史書，皆非實録，莫不推過於人，引善自向。苻生雖好勇嗜酒，亦仁而不殺。苻堅自是賢主。賊君取位，妄書生惡。凡諸史官，皆此類也。又元好問述賈益謙之言曰：世宗大定三十年中，能暴陵蟄惡者得美仕，史官修《實録》，誣其淫毒狠鷙，遺臭無窮。自今觀之，百無一信。又稱衛王勤儉，慎惜名器，較其行事，中材不能及者多。今試由此而推之，宋前廢帝之惡，明帝爲之也；明帝蒼梧之惡，齊人爲之也；齊鬱林之惡，齊明帝爲之也；齊明帝東昏之惡，梁人爲之也；北齊高氏之惡，周人爲之也；隋煬帝之惡，唐人爲之也。蓋諸君之童昏狂暴，其罪萬不足原。至於遊戲之穢褻，誅夷之慘鷙，以及蒸報淫亂之醜，有梟獍所不爲、犬彘所不食者，此則朝野無所質證，宫商無所發揚。如其有之，亦非君子之所忍言也；如其無

之，則彼其人已大則亡國，次則殺身，次則絕嗣矣，不足以益其罪也。徒使不肖之君觀其所行，以爲我之惡尚未至於此，可以益縱其所爲；且其人亦有非及身而亡者，尤將諉之我躬不閱，遑恤我後，而力行其豺狼之心，以肆毒於畢世。此其爲禍於生民，不更大哉？嗚呼！謂人君不可觀史者，奸人之言也。吾獨以爲後世如《南北史》、《宋書》、《齊書》、《北齊書》，及今所行之《十六國春秋》、《十國春秋》等，誠非人主所宜觀也。惜乎司馬氏之《資治通鑑》於三國、六朝、五代諸君之事，猶不能慎之又慎，別擇而書之也。孟子曰：『盡信《書》，則不如無《書》。』君子觀子貢之言，而可以觀史法矣。

《墨子》卷一《所染》 夏桀染於干辛、推哆，殷紂染於崇侯、惡來，厲王染於厲公長父、榮夷終，幽王染於傅公夷、蔡公穀。此四王者，所染不當，故國殘身死，爲天下僇。舉天下不義辱人，必稱此四王者。

又《七患》 夫桀無待湯之備，故放；紂無待武王之備，故殺。桀、紂貴爲天子，富有天下，然而皆滅亡於百里之君者，何也？有富貴而不爲備也。

又《親士》 臣下重其爵位而不言，近臣則喑，遠臣則唫，怨結於民心。諂諛在側，善議障塞，則國危矣。桀、紂不以其無天下之士邪，殺其身而喪天下？故曰歸國寶，不若獻賢而進士。

又　卷二《尚賢中》 然則富貴爲暴，以得其罰者，誰也？曰：若昔者三代暴王桀、紂、幽、厲者是也。何以知其然也？曰：其爲政乎天下也，兼而憎之，從而賤之。又率天下之民，以詬天侮鬼，賤傲萬民，是故天鬼罰之，使身死而爲刑戮，子孫離散，室家喪滅，絕無後嗣。萬民從而非之曰：暴王至今不已，則此富貴爲暴而以得其罰者也。

又　卷七《天志上》 然則桀、紂、幽、厲得其罰，何以也？子墨子言曰：其事上詬天，中誣鬼，下賤人，故天意曰：此之我所愛，別而惡之；我所利，交而賊之。惡人者，此爲之博也；賊人者，此爲之厚也。故使不得終其壽，不歿其世，至今毀之，謂之暴王。

又　卷九《非命下》 昔桀之所亂，湯治之；紂之所亂，武王治之。當此之時，世不渝而民不易，上變政而民改俗，存乎桀、紂而天下亂，存乎湯、武而天下治。天下之治也，湯、武之力也；天下之亂也，桀、紂之罪也。若以此觀之，夫安危治亂，存乎上之爲政也，則夫豈可謂有命哉？

《尸子》卷上《貴言》 臣天下，一天下也。一天下者，令於天下則行，禁焉則止。桀、紂令天下而不行，禁焉而不止，故不得臣也。

又《處道》 桀、紂之有天下也，四海之內皆亂，而關龍逢、王子比干不與焉；而謂之皆亂，其亂者衆也。

又　卷下 伯夷、叔齊飢死首陽，無地故也。桀放於歷山，紂殺於鄗宮，無道故也。有道無地則餓，有地無道則亡。

《慎子・君人》 王者有易政而無易國，有易君而無易民。湯、武非得伯夷之民以治，桀、紂非得蹠、蹻之民以亂也。民之治亂在於上，國之安危在於政。

《孟子・離婁上》 孟子曰：桀、紂之失天下也，失其民也；失其民者，失其心也。得天下有道，得其民斯得天下矣；得其民有道，得其心斯得民矣；得其心有道，所欲與之聚之，所惡勿施爾也。民之歸仁也，猶水之就下，獸之走壙也。故爲淵敺魚者，獺也；爲叢敺爵者，鸇也；爲湯、武敺民者，桀與紂也。今天下之君有好仁者，則諸侯皆爲之敺矣。雖欲無王，不可得已。

《莊子》卷六《秋水》 當堯、舜而天下無窮人，非知得也；當桀、紂而天下無通人，非知失也。時勢適然。

又　卷九《外物》 外物不可必。故龍逢誅，比干戮，箕子狂，惡來死，桀、紂亡。

《文子》卷上《道德》 有道德則夙夜不懈，戰戰兢兢，常恐危亡；無道德則縱欲怠惰，其亡無時。使桀、紂循道行德，湯、武雖賢，無所建其功也。

故以道蒞天下，天下之德也；無道蒞天下，天下之賊也。以一人與天下爲讎，雖欲長久，不可得也。堯、舜以是昌，桀、紂以是亡。

又　卷下《下德》 所謂得天下者，非謂其履勢位，稱尊號，言其運天下心，得天下力也。有南面之名，無一人之譽，此失天下也。故桀、紂不爲王，湯、武不爲放。

又《上仁》 昔者夏、商之臣，反讎桀、紂而臣湯、武。宿沙之民

自攻其君，歸神農氏。故曰：人之所畏，不可不畏也。

《戰國策》卷七《秦五》 桀聽讒而誅其良將，紂聞讒而殺其忠臣，至身死國亡。

又 卷二二《魏一》 殷紂之國，左孟門而右漳釜，前帶河，後被山。有此險也，然爲政不善，而武王伐之。

《荀子》卷三《仲尼篇》 文王載百里地而天下一，桀、紂舍之，厚於有天下之埶，而不得以匹夫老。

又 卷一一《彊國篇》 夫桀、紂，聖王之後子孫也，有天下者之世也。埶籍之所存，天下之宗室也。土地之大，封内千里，人之衆，數以億萬。俄而天下倜然舉去桀、紂而犇湯、武，反然舉惡桀、紂而貴湯、武，是何也？夫桀、紂何失而湯、武何得也？曰：是無他故焉。桀、紂者，善爲人所惡也；而湯、武者，善爲人所好也。人之所惡何也？曰汙漫爭奪，貪利是也。人之所好者何也？曰禮義辭讓，忠信是也。今君人者，辟稱比方，則欲自並乎湯、武，若其所以統之則無以異於桀、紂，而求有湯、武之功名，可乎？

固處勝人之勢，行勝人之道，天下莫忿，湯、武是也。處勝人之勢，不以勝人之道，厚於有天下之勢，索爲匹夫不可得也，桀、紂是也。然則得勝人之勢者，其不如勝人之道遠矣。

古者禹、湯本義務信而天下治，桀、紂棄義倍信而天下亂。

又 卷一二《正論篇》 世俗之爲説者曰：桀、紂有天下，湯、武簒而奪之，是不然。以桀、紂爲常有天下之籍，則然；親有天下之籍，則不然；天下謂在桀、紂，則不然。

能用天下之謂王，湯、武非取天下也。脩其道，行其義，興天下之同利，除天下之同害，而天下歸之也。桀、紂非去天下也，反禹、湯之德，亂禮義之分，禽獸之行積其凶，全其惡，而天下去之也。天下歸之之謂王，天下去之之謂亡。故桀、紂無天下，而湯、武不弒君，由此效之也。湯、武者，民之父母也；桀、紂者，民之怨賊也。今世俗之爲説者，以桀、紂爲君而以湯、武爲弒，然則是誅民之父母而師民之怨賊也，不祥莫大焉。以天下合爲君，則天下未嘗合於桀、紂也。然則以湯、武爲弒，則天下未嘗有説也，直墮之耳。

桀、紂者，其知慮至險也，其志意至闇也，其行之爲至亂也，親者疏之，賢者賤之，生民怨之，禹、湯之後也而不得一人之與。刳比干，囚箕子，身死國亡，爲天下之大戮。後世之言惡者，必稽焉。是不容妻子之數也。故至賢疇四海，湯、武是也；至罷不容妻子，桀、紂是也。今世俗之爲説者，以桀、紂爲有天下而臣湯、武，豈不過甚矣哉？譬之是猶傴巫跛匡，大自以爲有知也。

《韓非子》卷一《愛臣》 昔者紂之亡，周之卑，皆從諸侯之博大也。

又 卷一七《難勢》 今桀、紂南面而王天下，以天子之威，爲之雲霧，而天下不免乎大亂者，桀、紂之材薄也。

桀、紂爲高臺深池以盡民力，爲炮烙以傷民性。桀、紂得乘肆行者，南面之威爲之翼也。使桀、紂爲匹夫，未始行一，而身在刑戮矣。勢者，養虎狼之心而成暴亂之事者也。此天下之大患也。

今以國位爲車，以勢爲馬，以號令爲轡，以刑罰爲鞭筴，使堯、舜御之，則天下治；使桀、紂御之，則天下亂。則賢不肖，相去遠矣。

《呂氏春秋》卷四《用衆》 雖桀、紂，猶有可畏可取者，而況於賢者乎！

又 卷一四《必己》 紂爲不善於商，而禍充天地，和調何益？

又 卷一七《知度》 夫成王霸者固有人，亡國者亦有人。桀用羊辛，紂用惡來，宋用駃唐，齊用蘇秦，而天下甚亡。

又 卷一九《舉難》 責人則以義，自責則以人。責人以義則難瞻，難瞻則失親，自責以人則易爲，易爲則行苟。故天下之大而不容也，身取危，國取亡焉。此桀、紂、幽、厲之行也。

又 卷二四《貴當》 湯、武修其行而天下從，桀、紂慢其行而天下畔，豈待其言哉？君子審在己者而已矣。

《大戴禮記》卷八《盛德》 故今之稱惡者，必比之于夏桀、殷紂，何也？曰：法誠不德，其德誠薄。

《禮記·曲禮上》 敖不可長，欲不可從，志不可滿，樂不可極。漢鄭玄注：四者慢遊之道，桀、紂所以自禍。

《鄧子·轉辭篇》 至於栗陸氏殺東里子，宿沙氏戮箕文，桀誅龍逄，紂刳比干。四主者，亂君，故其疾賢若仇，是以賢愚之相覺，若百丈之谿

與萬仞之山，若九地之下與重山之巔。

《列子》卷二《黄帝》　夏桀、殷紂、魯桓、楚穆，狀貌七竅皆同於人，而有禽獸之心，而衆人守一狀以求至智，未可幾也。

又　卷七《楊朱》　然而萬物齊生齊死，齊賢齊愚，齊貴齊賤。十年亦死，百年亦死，仁聖亦死，凶愚亦死。生則堯、舜，死則腐骨；生則桀、紂，死則腐骨。腐骨一矣，孰知其異？且趣當生，奚遑死後？

桀藉累世之資，居南面之尊，智足以距羣下，威足以震海内，恣耳目之所娱，窮意慮之所爲，熙熙然以至於死，此天民之逸蕩者也。紂亦藉累世之資，居南面之尊，威無不行，志無不從，肆情於傾宫，縱欲於長夜，不以禮義自苦，熙熙然以至於誅，此天民之放縱者也。彼二凶也，生有從欲之歡，死被愚暴之名，實者固非名之所與也，雖毁之不知，雖稱之弗知，此與株塊，奚以異矣。

又　卷八《説符》　湯、武愛天下，故王；桀、紂惡天下，故亡。此所稽也。

桀、紂唯重利而輕道，是以亡。

《孔子家語》卷四《六本》　孔子曰：『良藥苦於口而利於病，忠言逆於耳而利於行。湯、武以諤諤而昌，桀、紂以唯唯而亡。君無爭臣，父無爭子，兄無爭弟，士無爭友，無其過者，未之有也。』

又　卷六《執轡》　今人言惡者，必比之於桀、紂，其故何也？其法不聽，其德不厚，故民惡其殘虐，莫不吁嗟，朝夕祝之，升聞於天。上帝不蠲，降之以禍罰，災害並生，用殄厥世。

又　卷八《辯樂解》　殷紂好爲北鄙之聲，其廢也忽焉。至於今，王公大人舉以爲誡。夫舜起布衣，積德含和，而終以帝；紂爲天子，荒淫暴亂，而終以亡。非各所修之致乎？

漢·孔鮒《孔叢子》卷上《抗志》　文王葬枯骨而天下知仁，商紂斬朝涉而天下稱暴。夫義者，不必徧利天下也；暴者，不必盡虐海内也。以其所施而觀其意，民乃去就焉。

漢·陸賈《新語》卷下《明誡》　堯、舜不易日月而興，桀、紂不易星辰而亡，天道不改而人道易也。

漢·賈誼《新書》卷五《保傅》　臣竊聞之曰：善不可謂小而無益，不善不可謂小而無傷。夫牛之爲胎也，細若鼷鼠。紂損天下，自象箸始。故小惡大惡，一類也。過敗雖小，皆紂之罪也。

下主者，桀、紂是也。隰侯、惡來，進與爲惡則行，比干、龍逢欲引而爲善則誅。故可與爲惡而不可爲善。

又　卷九《大政上》　故行而不緣道者，其言必不顧義矣。故紂自謂天王也，桀自爲天子也，已滅之後，民以相罵也。

漢·韓嬰《韓詩外傳》卷五　昔者禹以夏王，桀以夏亡；湯以殷王，紂以殷亡。故無常安之國，宜治之民。得賢則昌，不肖則亡。自古及今，未有不然者也。

夫土地之生不益，山澤之出有盡。懷不富之心而求不益之物，挾百倍之欲而求有盡之財，是桀、紂之所以失其位也。《詩》曰：『大風有隧，貪人敗類。』

又　卷七　夫舜亦賢聖矣，南面而治天下，惟其遇堯也。使舜居桀、紂之世，能自免於刑戮之中，則爲善矣，亦何位之有？桀殺關龍逢，紂殺王子比干。當此之時，豈關龍逢無知而王子比干不慧乎哉？此皆不遇時也。故君子務學，修身端行，而須其時者也。子無惑焉。《詩》曰：『鶴鳴於九皋，聲聞於天。』

又　卷八　貴爲天子，富有四海，而德不謙，以亡其身者，桀、紂是也，而況衆庶乎！

漢·劉安《淮南子》卷一三《氾論訓》　夏桀、殷紂之盛也，人迹所至，舟車所通，莫不爲郡縣。然而身死人手而爲天下笑者，有亡形也。故聖人見化，以觀其徵。德有盛衰，風先萌焉。故得王道者，雖小必大；有亡形者，雖成必敗。

夫夏之將亡，太史令終古先奔於商，三年而桀乃亡。殷之將敗也，太史令向藝先歸文王，朞年而紂乃亡。故聖人之見存亡之迹，成敗之際也，非待鳴條之野，甲子之日也。

又　卷一五《兵略訓》　殫天下之財而贍一人之欲，禍莫深焉。使夏桀、殷紂有害於民而立被其患，不至於爲炮烙。

又　卷二〇《泰族訓》　禹以夏王，桀以夏亡；湯以殷王，紂以殷亡。非法度不存也，紀綱不張，風俗壞也。

《史記》卷二五《律書》 夏桀、殷紂，手搏豺狼，足追四馬，勇非微也；百戰克勝，諸侯懾服，權非輕也。秦二世宿軍無用之地，連兵於邊陲，力非弱也；結怨匈奴，絓禍於越，勢非寡也。及其威盡勢極，閭巷之人爲敵國。咎生窮武之不知足，甘得之心不息也。

又 卷一三〇《太史公自序》 非兵不彊，非德不昌。黄帝、湯、武以興，桀、紂、二世以崩，可不慎歟？

漢·桓寬《鹽鐵論》卷五《相刺》 紂之時，内有微、箕二子，外有膠鬲、棘子。故其不能存，言而不用，諫而不聽。雖賢，惡得有益於治也？

又 卷一二《大論》 湯、武非得伯夷之民以治，桀、紂非得蹠、蹻之民以亂也，故治亂不在於民。

漢·焦贛《易林》卷一《渙》 惡來呼伯，煩驚外客。中守閑宅，以備凶黠。臨折之憂，雖滅無災。

漢·劉向《説苑》卷五《貴德》 殷紂之國，左孟門而右太行，常山在其北，太河經其南，修政不德，武王伐之。由此觀之，在德不在險。

又 卷一〇《敬慎》 夫貴爲天子，富有四海，不謙者先天下亡其身，桀、紂是也。可不慎乎？

漢·王符《潛夫論》卷一《論榮》 夫桀、紂者，夏、殷之君王也；崇侯、惡來，天子之三公也，而猶不免於小人者，以其心行惡也。

又 卷三《慎微》 故仲尼曰：湯、武非一善而王也，桀、紂非一惡而亡也。三代之廢興也，在其所積。積善多者，雖有一惡，是謂過失，未足以亡。積惡多者，雖有一善，是謂誤中，未足以存。人君聞此可以悚懼，布衣聞此可以改容。

漢·荀悦《申鑒》卷二《時事》 桀、紂不易民而亂，湯、武不易民而治，政也。

又 卷四《雜言上》 或問曰：孟軻稱人皆可以爲堯、舜，其信矣。曰：人非下愚，則皆可以爲堯、舜矣。寫堯、舜之貌，同堯、舜之姓，則否。服堯之制，行堯之道，則可矣。行之於前，則古之堯、舜也；行之於後，則今之堯、舜也。或曰：人皆可以爲桀、紂乎？曰：行桀、紂之事，是桀、紂也。堯舜、桀紂之事，常並存於世，唯人所用而已。

漢·徐幹《中論》卷下《慎所從》 昔齊桓公從管仲而安，二世從趙高而危；帝舜違四凶而治，殷紂違三仁而亂。故不知所從而好從人，不知所違而好違人，其敗一也。

《三國志》卷二五《魏志·高堂隆傳》 隆疾篤，口占上疏曰：【略】臣常疾世主莫不思紹堯、舜、湯、武之治，而蹈踵桀、紂、幽、厲之迹；莫不嗤笑季世惑亂亡國之主，而不登踐虞、夏、殷、周之軌。悲夫！以若所爲，求若所致，猶緣木求魚，煎水作冰，其不可得明矣。尋觀三代之有天下也，聖賢相承，歷載數百，尺土莫非其有，一民莫非其臣，萬國咸寧，九有有截。鹿臺之金，巨橋之粟，無所用之，仍舊南面。夫何爲哉！然癸、辛之徒，恃其旅力，知足以拒諫，才足以飾非，諂諛是尚，臺觀是崇，淫樂是好，倡優是説，作靡靡之樂，安濮上之音，上天不蠲，眷然回顧，宗國爲墟，下夷于隸。紂縣白旗，桀放鳴條；天子之尊，湯、武有之。豈伊異人？皆明王之胄也。

晉·傅玄《傅子·矯違篇》 正道之不得行，常由佞人亂之也。故桀信其佞臣推侈，以殺其正臣關龍逢，而夏以亡。紂信其佞臣惡來，以剖其正臣王子比干之心，而殷以亡。

隋·王通《中説》卷九《立命篇》 昔舜、禹繼軌而天下朴，夏桀承之而天下詐；成湯放桀而天下平，殷紂承之而天下陂。

唐·李世民《帝範》卷三《崇儉》 以是知驕出於志，不節則志傾；慾生於心，不遏則身喪。故桀、紂肆情而禍結，堯、舜約己而福延，可不務乎！

唐·李世民《金鏡》 古人言舜、禹不愛於聲，不貪於色，予謂不然，將謂愛也。人云桀、紂躭於聲色，予將謂不好也。何以然？桀、紂命不終於天年，樂不終於一世，以此知爲不好也。舜、禹命壽於終，樂畢於世，予謂之愛也。

觀夏桀、商辛，嗟其悖惡之甚，猶時令不行，寒暄失序，則猛獸肆毒，蟊蝗爲害。夏桀、商辛，豈非猛獸之儔乎？

輕陵天地，衆精顯其妖；忽慢神靈，風雨應其暴。是以帝乙有震雷之禍，殷紂致飛沙之焚。多營池觀，遠求異寶，民不得耕耘，女不得蠶織，田荒業廢，兆庶凋殘。見其飢寒，不爲之哀；覩其勞苦，不爲之感。

苦民之君也，非治民之主也。

唐·道宣《廣弘明集》卷六《敘列代王臣滯惑解》 古人有言：堯、舜未必全聖，桀、紂何能極愚？然而並歸咎於夏、殷，尊嚴於唐、虞者，偏黨不倫之詭經也。

又 卷一四《辨有佛政虐》 夫殷喪大寶，災興妲己之言；周失諸侯，禍由褒姒之笑。三代之亡，皆此物也。三乘之教，豈斯尚乎？佛之爲道，慈悲喜護，齊物我而等怨親，與安樂而救危苦。古之所以得其民者，佛既弘之矣；民之所以逃其上者，經甚戒之矣。羲、軒、舜、禹之德，在六度而包籠；羿、浞、癸、辛之咎，總十惡以防禁。向使桀弘少欲之教，紂順大慈之道，伊、呂無以用其謀，湯、武焉得行其討？可使鳴條免去國之禍，牧野息倒戈之亂，夏后從洛汭之歌，楚子違乾溪之難。然則釋氏之化，爲益非小，延福祚於無窮，遏危亡於未兆。

唐·劉蛻《文泉子集》卷三《刪方策》 古之記惡，將以鑑惡，而後世爲昏諛淫逆徒，而將徵於古，謂古不盡善。若其涕泣以信其詐，罪己以固其恩，陰謀反覆，從書以滋其智矣。然而記惡者，將以懼民也，去善者不足懼。昔紂讀是夏書，而嘗笑其亡國。嗚呼！惡既不足以鑑，則刑可也。古無其迹可也，無其迹可也。

唐·林愼思《續孟子》卷下《陳臻》 陳臻問曰：堯有天下，皆謂比屋可封，然而四凶在庭，亦可封邪？紂有天下，皆謂比屋可誅，然而三仁在側，亦可誅邪？孟子曰：以其大而舉之不，以其小而廢之也。堯之仁也化天下，皆如堯之仁矣，不以四凶不可封而廢天下可封也。紂之戾也化天下，皆如紂之戾矣，不以三仁不可誅而廢天下可誅也。且舉目于洪海，必曰水瀰天矣，雖旁有洲島，豈能廢瀰天之言乎？馳心于巨嶽，必曰勢接霄漢矣，雖上隔空虛，豈能廢接霄漢之言乎？比屋可封，若洪海瀰天也，四凶猶洲島矣。遥望瀰天，孰計洲島邪？比屋可誅，若巨嶽接霄漢也，三仁猶虛空矣。仰見霄漢，孰計虛空邪？所謂以其大而舉之，不以其小而廢之，不亦昭昭歟！

清·董誥等《全唐文》卷八九五《羅隱〈救夏商二帝〉》 夏之癸、商之辛，雖童子婦人，皆知其爲理矣。然不知皆當其時則受其弊，居其後則賴其名。夫能極善惡之名，皆教化之一端也。善者俾人慕之，惡者俾人懼之。慕之者必俟其力有餘，懼之者雖寢食不忘之也。癸與辛，所謂死其身以穴過者也，極其名以横惡者也。故千載之後，百王有聞其名者，必縮項掩耳；聞堯、舜者，必氣躍心跳。慕之名與懼之名顯然矣，而慕之者未必能及，懼之者庶幾至焉。是故堯、舜以仁聖法天，而桀、紂以殘暴爲助。

宋·王開祖《儒志編》 堯、舜之仁，未必不用刑也，蓋有恩以勝之。桀、紂之暴，未必不用恩也，蓋有刑以勝之。恩勝刑，謂之仁；刑勝恩，謂之暴。仁、暴之分，在恩、刑之相勝耳。

堯之朝，四凶黜，非一舜之力也，蓋賢者衆焉耳。紂之朝，三仁黜，非一崇侯之力也，蓋邪者盛焉耳。

宋·邵雍《皇極經世書》卷一二《觀物篇五十七》 自古庸君之盛，未有如商紂之世，小人何其多耶！時非無君子也，是難其爲君子，故小人多也。所以雖有三仁，不能遂其善。是知君擇臣，臣擇君者，是繫乎人也。君得臣，臣得君者，是非繫乎人也，繫乎天者也。

宋·劉恕《資治通鑑外紀》卷二《夏商紀·商》 劉恕曰：世之賤者衆而貴者鮮，愚者多而賢者少。物情艱於自知，不遇則生怨懟。故知者，强名曰命，以杜無妄之求。中人安于擯棄，俟時而不競。蓋聖人以此籠羣愚而息爭端也。夫謂之命，則有命之者，安可生而默定哉？桀、紂據禹、湯之資，不善守而亡之民，斯爲下矣。其能不曰命哉？

宋·范祖禹《帝學》卷一 貴爲天子，富有天下，苟不學，則無聞於後，人君可不勉哉？如夏之桀、商之紂，昏亂其德，覆宗絶祀，後世言惡，則必稽焉。豈其性不可爲善哉？由不法先王，不親賢，不務學也。《書》曰：『惟聖罔念作狂，惟狂克念作聖。』聖、狂之分，惟在念與不念而已，可不戒哉？

宋·楊時《龜山集》卷八《聞誅一夫》 三仁未去，紂非獨夫也。三仁去，則天下不以爲君矣。是誅一夫也，何弑君之有？世儒有謂湯、武非聖人也。有南史之筆，則鳴條、牧野之事，當書曰篡弑。蓋其智不足以知聖人而妄論之矣。

宋·胡宏《知言》卷二 人皆有良心，故被之以桀、紂之名，雖匹夫不受也。夫桀、紂，萬乘之君，而匹夫羞爲之，何也？以身不親其奉而

知其行醜也。

宋·胡宏《皇王大紀》卷九《三王紀·帝乙》 論曰：帝乙亦賢君也，泥於立嫡而不知紂之足以亡天下也，亦不慎不知變之過矣。孔子作《春秋》，鑑觀前代，賢可與則以天下爲官，嫡可與則以天下爲家。此萬世無弊之法也。使帝乙而知道，商之卜世，猶未可知矣。

宋·王觀國《學林》卷三《古今人表》 《前漢書·古今人表》列九等之敍，而最下第九等，謂之愚人。班固以不道之君、逆惡之臣，皆置之九等，此貶惡勸善之意也。桀、紂、妲己、管、蔡、幽、厲、州吁、趙高之徒，皆在九等，宜矣。

宋·呂祖謙《左氏博議》卷二《鄭伯侵陳大獲》 嗚呼！君子之論，常得其本；衆人之論，常得其末。凡人臣之深戒人君者，必曰暴虐也，淫侈也，拒諫也，黷武也，皆人君之大禁也。至於論桀、紂、幽、厲之惡，亦必以前數者歸之。殊不知是數者，皆末也。其本果安在哉？人君必謂民怨何能爲，故敢暴虐；必謂財匱何能爲，故敢淫侈；必謂爭臣何能爲，故敢拒諫；必謂窮兵何能爲，故敢黷武。是則何能爲者，萬惡之所從生也。苟不探其本，則何能爲之言，雖有致亂之端而未有致亂之形，雖有可畏之實而未有可畏之迹。非知幾之君子，孰能遏滔天之浪於涓涓之始乎？深矣哉，左氏之論也。

又 卷六《禹湯罪己桀紂罪弔》 近禹、湯者，莫如桀、紂。禹、湯，大聖也；桀、紂，大惡也。其相去之遠，不啻天淵，何爲其相近也？禹、湯，善之極；桀、紂，惡之極。善惡，二也，其所以行之者，一也。禹、湯歸功於人，桀、紂亦歸罪於人。禹、湯功冠天下，皆推而歸之人，曰此左右之功，此羣臣之功，此諸侯之功，此萬姓之功，自視不見有一毫之功焉。桀、紂罪冠天下，皆推而歸之人，曰此左右之罪，此羣臣之罪，此諸侯之罪，此萬姓之罪，自視不見有一毫之罪焉。然則禹、湯歸功之心，非卽桀、紂歸罪之心乎！禹、湯歸罪於己，桀、紂亦歸功於己。禹、湯引天下之罪而歸之己，曰此我之愆，非汝之愆；此我之責，非汝之責。欲以一身，盡代天下之罪焉。桀、紂引天下之功而歸之己，曰此我之謀，非汝之謀；此我之力，非汝之力。欲以一身，盡攘天下之功焉。然則禹、湯歸罪之心，豈非桀、紂歸功之心乎！

由是觀之，禹、湯之所以爲善，乃桀、紂之所以爲惡者也。使禹、湯移歸功之心爲歸罪之心，則桀、紂矣；使桀、紂移歸罪之心爲歸功之心，則禹、湯矣。惟聖罔念作狂，惟狂克念作聖。旦聖暮狂，特翻覆手耳。人之所甚尊而不敢仰望者，禹、湯也；人之所甚賤而不足比數者，桀、紂也。平居自期，以爲吾雖自奮，必不能爲禹、湯；吾雖自晝，必不至爲桀、紂。今觀自狂入聖，如此之易，則吾有時而禹、湯矣，安得而不喜？自聖入狂，亦如此之易，則吾有時而爲桀、紂矣，安得而不懼？一念之是，咫尺禹、湯；一念之非，咫尺桀、紂。誘於前，迫於後，則善豈待勉，惡豈待戒哉？

凡人之學，太高則驕，太卑則怠，二者學者之大病也。苟思去禹、湯爲甚近，怠烏乎生？又思去桀、紂爲甚近，驕烏乎生？聖、狂二法，更相懲勸；驕、怠二病，更相掃除。或輓之，或推之，此顔子所以欲罷不能也。久矣，世之不知此理也。而臧文仲獨知之，曰：『禹、湯罪己，其興也勃焉；桀、紂罪人，其亡也忽焉。』判禹、湯與桀、紂，自人、己之兩語，意者古之遺言歟！至其論公子御説之宜爲君，則流入於瞽史之學，惜乎狐裘而羔袖也。

吾又嘗論之，禹、湯能收天下之惡，桀、紂能長天下之惡。天下之人忿爭貪暴，衆惡蔓延，徧布海內，禹、湯皆斂之於己，以爲己罪。人見禹、湯之罪己，忿者平，爭者息，貪者愧，暴者悔。禹、湯一罪己，而盡收天下之惡，使歸於善，天下皆歸於善，是亦禹、湯之善也。雖曰罪己，然天下功，孰有居禹、湯之右者哉！禹、湯所收者惡，所得者善，所引者罪，所得者功，何耶？蓋既除稂莠，何必復求稼之茂；既除塵垢，何必復求鏡之明。但收其惡，不必求善，惡既盡，則善將焉往哉？此所以收惡而得善也，引罪而得功也。桀、紂安於爲惡，不自咎而咎人，天下亦從而相咎。本所犯者，一惡耳。諱其惡而不自咎，詐也；嫁其惡而咎人，險也。變一惡而數惡日滋月長，自十而百，自百而千，自千而萬，覆國亡身，遺臭後世，由不能收天下之惡而長天下之惡也。禹、湯受其罪，而終不能汙；桀、紂辭其罪，而終不能逃。一興一亡，邈然遼絶，揆厥本原，不過差之辭、受之間而已。吾是以益知其相近。雖然，大聖大惡相近若此，屠酤盜賊翻然爲善者，尚多有之。未聞有既聖而復爲惡者，何也？

曰：河之險，入則死，出則生，死生之分纔跬步。人固有陷其中而得脱者矣，豈有既出而復肯入者哉？

又　卷二〇《周公王孫蘇訟於晉》　大抵能害人者，必能利人；能殺人者，必能生人。紂雖下愚不移，然操柄猶未盡失。使其移比干之戮於崇侯，移崇侯之寵於比干，朝發鹿臺之財，暮發鉅橋之粟，烏知其不祈天永命，編名六七君之列乎！至於匡王，枵然建空名於六服之上，禮樂刑政，舉不在己，雖欲自奮，其道何由？是將僨之商，猶有復起之望；未墜之周，已如既隕之時也。左支廢，右支緩，奄奄餘息，綿百世而閱千齡，樂乎哉！周過其曆之言，吾未敢信。

宋・劉荀《明本釋》卷下　紂曰：『我生不有命在天！』此商之所以亡也。

宋・黎靖德《朱子語類》卷六一《孟子十一・盡心下》　富貴之極，可以無所不爲，然亦有限制裁節，又當安之於理。如紂之酒池肉林，卻是富貴之極而不知限節之意。若以其分言之，固無不可，爲但道理，卻恁地不得。

宋・時瀾《增修東萊書説》卷一四《泰誓上》　推原紂爲惡之本也，惡有所本，而流派則不一矣。紂之惡，本於不敬。上不知有天，下豈知有民乎？天雖在上，紂既不敬，謂蒼蒼者塊然之物耳，則蠢然無知之民，何難於降災？爲惡如是，方且於惡之中，日用其力，沈湎冒色，敢行暴虐。敢者，果敢之謂，行之愈力，無所忌憚也。紂之惡，此心不過於私而已。惟其私，故但知七尺之軀，外此皆壅蔽隔塞。所惡者極其惡，及其族而後已；所愛者極其愛，及其世而後已。學者欲知仁，可於此子細看。大抵公則有節，私則何節？紂全用私心，故喜怒皆到極處。既如此，但惟宫室臺榭，陂池侈服，以殘害於爾萬姓。如賈山言：率七國之衆，以奉始皇一人，猶不足也。焚炙忠良，刳剔孕婦，天理滅盡，人所不忍爲者，紂亦爲之矣，故皇天從而震怒。天本無怒，紂之惡極，天之怒亦與之俱極也。

又　卷二四《多士》　積治之後，雖有失道之君，亦未易動摇也。紂襲聖賢之餘業，而其亡忽焉者，積累之雖深，戕敗之亦大也。誕罔顯於天者，言紂天理昏蔽之極。其本既亡矣，況曰其有聽念于先王勤勞邦家，而思所以保之乎？先言不明天理，次言不念祖宗者，蓋天理猶有毫髮之存，則追惟前人櫛風沐雨之艱難，必不忍淫泆以蕩覆之也。善惡吉凶之理，天道之甚顯，民心之共祇者也。紂大淫厥泆，而皆不顧焉。天也，祖宗也，民也，自古帝王之所共畏也。紂不聽念于先王勤家，則不畏祖宗矣；罔顧於天顯，則不畏天矣；罔顧於民祇，則不畏民矣。三畏既除，舉無忌憚，窮凶極惡，故惟時上帝弗保，降若兹大喪也。惟天不畀不明厥德者，推本紂所以爲天所絶者，不明其德而已。明德，天之所賦也；明其德者，人之盡乎天者也。紂雖下愚，亦豈無是德哉？惟昏蔽蠱惑，不能明其德，人欲日肆，故其惡如上所陳也。序紂惡而以是終之，探其本也。凡四方小大邦喪，罔非有辭於罰者，言國未嘗無故而亡。泛觀前後亡國者，其致罰之由必有可言者，況周之奉辭伐紂乎！爾頑民，亦可以自反矣。

宋・蔡沈《書經集傳》卷四《泰誓下》　天有至顯之理，其義類甚明。至顯之理，即典常之理也。紂於君臣父子兄弟夫婦典常之道，褻狎侮慢，荒棄怠惰，無所敬畏，上自絶于天，下結怨于民。

宋・真德秀《大學衍義》卷六《明道術》　武王數紂之罪，曰暴殄天物。人君享天下之奉，苟徇其侈欲之心，用物無節，是則所謂暴殄也，是則所謂不孝也。物猶如此，況於骨肉之親，民生之類。其親之仁之，又當何若邪？

明・丘濬《大學衍義補》卷九七《備規制・工作之用》　臣按虞廷九官，共工居其一，是則工師之官所掌之事。雖若輕而小，而其所以關係者，君心之收斂放蕩存焉。嗚呼！國家之患，孰有大於君心之蕩者哉？人君一心，萬化之本。天下安危，生靈休戚，皆由乎此耿耿方寸間耳。使其常囿於禮法之中，則必不肯輕費民財，輕勞民力。財不費則斂於民也薄，力不勞則役於民也輕，而天下安矣。苟其心蕩焉，出於禮法之外，宫室之奉必欲其壯麗，服飾之奉必欲其華美，器用之奉必欲其精緻，則必費財而勞民，而人有不堪者矣。然是心也，斂之則難，蕩之則易。其始也，未嘗不起於細微；其終也，乃至於滔天而不可救止焉。此箕子所以於紂之用象箸，知其必爲玉杯。噫！玉杯尚可，其後乃至於瓊宫瑤臺，而無已焉。由是以觀，古人防未然之欲而必謹於其微，其意深矣，其慮遠矣。

明・周琦《東溪日談録》卷一三《史系談上・商》　紂之才，資辨捷

疾，手格猛獸，智足以拒諫，言足以飾非，不幸而居君人之位，則無所不至。故其政暴於商民，寵加於妲己，天下怨之，惡與桀並，商安得而不亡乎？

明·胡居仁《居業録》卷二《學問》 仁義既滅，敗亡亦至。昔成湯不殖貨利而富有四海，桀、紂聚鹿臺之財，終至亡國。榮辱可見矣。

明·陳耀文《正楊》卷四《鯤》 余嘗謂天地乃一大戲場，堯、舜爲古今正生，桀、紂爲古今大丑，莊、列爲古今大淨。千載而下，不得其解，皆矮人觀場也。

明·呂坤《呻吟語摘》卷下《外篇·治道》 夫民懷敢怒之心，畏不敢犯之法，以待可乘之釁。衆心已離，而上之人且恣其虐以甚之，此桀、紂之所以亡也。

清·馬驌《繹史》卷二〇《武王克殷》 讀《戡黎》、《微子》之篇，知殷之所以亡；讀《泰誓》、《牧誓》之辭，知周之所以興。《序》曰：『殷始咎周，周人乘黎。』黎者，殷圻内國也。昔文王受命，征伐西方之國，自關河以東，未有事焉，況圻内乎！武王嗣爲西伯，亦猶然服事之心，遲至九年，然後觀兵孟津，猶以爲天命未可，還歸去之。戡黎，其在兹時乎！《傳》稱紂有黎之蒐，則黎，紂之黨也。戡黎，以警紂，示以剝牀及膚之勢，而紂不悟，祖伊情迫語峻，明告以阽危，而莫之省也，殷尚可以不亡乎？三仁，皆戚臣也，屢諫不聽，誠不忍見家國之傾覆，宗廟之不血食，心煩慮亂，莫知適從，徘回去處之間，有甚於痛哭流涕者。紂方恣睢自賢，罔有悛心，殷之亡尚可以待乎？於時微子去矣，箕子、比干囚且死矣，天下之人迫於水火之深熱，望我後之來蘇。武王於此，灼見天命民心之歸，已不可辭也。曰：予弗順天，厥罪惟鈞。紂一日不亡，民一日不生，民不生，則天心弗忍。取殘救民之責，武王又安所讓哉？是故文、武之心，一也。文事武伐，其道同也，視天與人而已矣。

問者曰：克殷者，周也。當其事勢已迫，祖伊之告，何獨責紂而不咎周？微子、箕子，又何獨歎殷之必亡，而不謀所以禦周？曰：木之顛也，本自撥；牆之踣也，基自壞。周蓋輔本而扶基者，非覆本扣基者也。紂之無道，億兆離心久矣，文武不興，八百諸侯孰非伺隙而乘之者？惟文王率天下以事殷，武王遲之，又久不得已，而後從事，則殷紂數十年之天下，周實延之。商之臣子於周，何尤哉？紂若不死，武王爲民請命，亦放廢之而已，未必遽推刃於其頸，既而紂已自焚，遂封武庚，以奉其先祀。周之於殷，可不謂仁之至、義之盡與？

問者曰：立國象賢，所以永世。微子之去，抱祭器以奔周。蘇子《古史》，固取其説矣。《傳》又稱武王克商，微子面縛銜璧，衰絰輿櫬，武王禮而命之，使復其所。是周之滅殷，微子已歸周矣。舍微立庚，俾後有三監之畔。武於此，爲失明乎？曰：微子歸周之説，非實也。孔子曰：微子去之。初不言其何之。按《史·殷本紀》：微子數諫不入，與太師、少師謀而去。其後比干剖，箕子囚，二師乃持其祭器奔周。二師不言何名，而《周本紀》則以爲疪與彊也。是當日蓋有持器以歸周者，而非微子矣。至《宋世家》，則又謂武王伐紂，微子持祭器造於軍門。遷之自爲牴牾如此，詎可信邪？夫微子之去，其自籌審矣。度紂終不可諫，諫必不我聽，身爲懿親，固不欲爲苟去，姑遜避於荒野，君或感悟。箕子、比干，庶可藉以施其匡救。卽其『自靖』之言觀之，惓惓忠愛，恐一旦溘先朝露，則無以觳我先王，惟是各盡其所自獻，未暇計及身之禍福，顧忍以重器適他人乎？若夫面縛銜璧，楚臣權辭，以導其君，是又未可據也。況入殷之後，釋箕子囚，封比干墓，恩禮偏舉，獨不及微子，以微子遜荒，未之獲也。迨武庚既叛而誅，始封微子於宋，賓王家以備三恪，然後微子於此，義固不可辭爾。

方紂之昏狂，箕子、比干其强諫，一也。比干適逢其怒而見殺，箕子偶不見殺而囚，而後世之説者以爲箕子不死，欲傳道也。夫道在可死，而曰吾姑以不死傳道，且豫知武王之訪己，留身以待之。此其妄謬不經，無足深辯。又或爲比干諫而剖心，生於亂世，不能以智自免，故三仁之中，比干爲下。噫！聖賢之所爲，以一身爲萬世法。若殷之三仁，不幸而遭亂世，其忠君愛國之心無不同，而生死去就之義或各異。後之人見其迹，不見其心，又從而誣罔，以資口實，其亦未取孔子之言而重思之乎？

清·顧炎武《日知録》卷二《殷紂之所以亡》 自古國家承平日久，法制廢弛，而上之令不能行於下，未有不亡者也。紂以不仁而亡天下，人人知之，吾謂不盡然。紂之爲君，沈湎於酒，而逞一時之威，至於刳孕斮脛，蓋齊文宣之比耳。商之衰也久矣，一變而《盤庚》之書，則卿大夫不

從君令；再變而《微子》之書，則小民不畏國法，至於攘竊神祇之犧牷牲，用以容，將食無災，可謂民玩其上而威刑不立者矣。《史記》燕王喜遺樂閒書曰：紂之時，民志不入，獄囚自出。即以中主守之，猶不能保，而況以紂之狂酗昏虐，又祖伊奔告而不省乎！文宣之惡，未必滅於紂，而齊以强；高緯之惡，未必甚於文宣，而齊以亡者，文宣承神武之餘，紀綱粗立而又有楊愔輩爲之佐，主昏於上而政清於下也。至高緯，而國法蕩然矣，故宇文得而取之。然則論紂之亡，武之興，而謂以至仁伐至不仁者，偏辭也，未得爲窮源之論也。

又　卷二《酒誥》　酒爲天之降命，亦爲天之降威。紂以酗酒而亡，文王以不腆於酒而興。興亡之幾，其原皆在於酒，則所以保天命而畏天威者，後人不可不謹矣。

又　卷六《桀紂帥天下以暴》　《仲虺之誥》篇曰：『簡賢附勢，實繁有徒。』《多方》篇曰：『叨懫日欽，劓割夏邑。』此桀民之從暴也。《微子》篇曰：『殷罔不小大，好草竊姦宄。卿士師師非度。凡有辜罪，乃罔恒獲，小民方興，相爲敵讎。』此紂民之從暴也。故曰『幽厲興，則民好暴。』古之人所以胥訓告，胥保惠，胥教誨，而不使民之陷於邪僻者，何哉？上無禮，下無學，賊民興，喪無日矣。《天保》之詩皆祝其君以受福之辭，而要其指歸，不過曰『民之質矣，日用飲食，羣黎百姓，徧爲爾德。』然則人君爲國之存亡計者，其可不致審於民俗哉？

又　卷一二《財用》　財聚於上，是謂國之不祥。不幸而有此，與其聚於人主，無寧聚於大臣。昔殷之中年，有亂政。同位具乃貝玉，總於貨寶，貪濁之風亦已甚矣。有一盤庚出焉，遂變而成中興之治。及紂之身，用乂讐斂。鹿臺之錢，鉅橋之粟，聚於人主，《史記・殷本紀》厚賦稅以實鹿臺之錢。而前徒倒戈，自燔之禍至矣。

清・愛新覺羅・玄燁《聖祖仁皇帝御製文集》卷二七《講筵緒論》

觀古廢興之際，如夏、商之桀、紂，周之幽、厲，所以墜失天命，皆其自取。

清・李鍇《尚史》卷四《商本紀》　贊曰：甚矣，天道其若車輪乎！紂踵桀轍而周乘殷軌，以此始，以此終也。殷道中興，粤有二宗，然祥桑雊雉，天若惕之；使凶德若獨夫受，且不必告也。殷以之亡。

清・愛新覺羅・弘曆《樂善堂全集定本》卷一《上下交而其志同論》

《書》曰：『紂有臣億萬，惟億萬心；予有臣三千，惟一心。』夫紂之所與朝夕共處者，豈無股肱心膂之寄哉？然不交正人，而所交皆小人，故殷以之亡。

又　卷二《嘉言罔攸伏論》　納諫聽言，顧不亟哉？桀、紂、幽、厲、始皇之亡也，其時之嘉言，無聞焉。豈果無嘉言之臣哉？龍逄有嘉言而桀殺之，比干有嘉言而紂殺之。厲王設監謗之巫，始皇有妖言之禁。夫舜、禹君臣兢兢焉，惟恐嘉言之伏，而此數君者，方遏之絶之，又從而罪之。欲其不亡，豈可得乎？尚論者所以遊心於都俞籲咈之世也。

又　卷五《褚遂良論》　正士忠臣，世不乏人，而人君信用與不信用，實相爲感召也。是故有堯、舜之君，必有皋、夔、稷、契之臣；有桀、紂之君，必有飛廉、惡來之臣。堯、舜在上，則雖有飛廉、惡來之徒，必竄之于遠方；桀、紂在上，則雖有皋、夔、稷、契之臣，亦屏而不用。雲從龍，風從虎，其氣相感，其理固不易也。

《莊子》卷二《人間世》　且昔者桀殺關龍逄，紂殺王子比干，是皆修其身，以下傴拊人之民，以下拂其上者也。故其君因其修以擠之，是好名者也。

又　卷九《盜跖》　世之所謂忠臣者，莫若王子比干、伍子胥。子胥沉江，比干剖心。此二子者，世謂忠臣也，然卒爲天下笑。自上觀之，至於子胥、比干，皆不足貴也。

《鶡冠子》卷下《備知》　費仲、惡來得辛紂之利，而不知武王之伐之也。比干、子胥好忠諫，而不知其主之煞之也。費仲、惡來者，可謂知心矣，而不知事；比干、子胥者，可謂知事矣，而不知心。聖人者，必兩備而後，能究一世。

《韓非子》卷八《説林下》　崇侯、惡來知不適紂之誅也，而不見武王之滅之也。比干、子胥知其君之必亡也，而不知身之死也。故曰：崇侯、惡來，知心而不知事；比干、子胥，知事而不知心。聖人其備矣。

又　卷二〇《人主》　昔關龍逄説桀，而傷其四肢；王子比干諫紂，而剖其心；子胥忠直夫差，而誅於屬鏤。此三子者，爲人臣非不忠而説非不當也；然不免於死亡之患者，主不察賢智之言而蔽於愚不肖之患也。

《孔子家語》卷五《子路初見》 子曰：『比干於紂，親則諸父，官則少師，忠報之心在於宗廟而已，固必以死爭之，冀身死之後，紂將悔悟。其本志情，在於仁者也。』

漢・袁康等《越絶書》卷一五《敘外傳記》 微子去者，痛殷道也；比干死者，忠於紂也；箕子亡者，正其紀也。皆忠信之至，相爲表裏耳。

漢・桓寬《鹽鐵論》卷二《非鞅》 比干剖心，子胥鴟夷，非輕犯君以危身，强諫以干名也。憯怛之忠，誠心動於內，忘患之禍發於外，志在匡君救民，故身死而不怨。君子能行是不能禦非，雖在刑戮之中，非其罪也。是以比干死而殷人怨，子胥死而吳人恨。

漢・劉向《説苑》卷一七《雜言》 夫桀殺關龍逢，而紂殺王子比干。當是時，豈關龍逢無知，而比干無慧哉？此桀、紂無道之世然也。

漢・王充《論衡》卷三《偶會篇》 夏、殷之朝適窮，桀、紂之惡適稔；商、周之數適起，湯、武之德適豐。關龍逢殺，箕子、比干囚死，當桀、紂惡盛之時，亦二子命訖之期也。

又 卷六《龍虚篇》 傳曰：紂作象箸而箕子泣。泣之者，痛其極也。夫有象箸，必有玉杯，玉杯所盈，象箸所挾，則必龍肝豹胎。夫龍肝可食，其龍難得，難得則愁下，愁下則禍生，故從而痛之。如龍神，其身不可得殺，其肝何可得食？

漢・徐幹《中論》卷上《智行》 殷有三仁：微子介於石，不終日；箕子內難而能正其志；比干諫而剖心。君子以微子爲上，箕子次之，比干爲下。故《春秋》大夫見殺，皆譏其不能以智自免也。

唐・林慎思《伸蒙子》卷中《演忠》 如愚子曰：『比干何如臣乎？』伸蒙子曰：『忠也。』曰：『比干諫不止，致辛有否賢之罪，名落千古而爲後代之所醜。斯實陷君于不義，惡爲忠乎？』曰：『辛爲君，塗炭生民。是時天下之心皆欲亡商興周，蓋商之朝猶有賢人，賢人存則商不亡，商未亡爲天下僇。是以比干知存無益，故力諫以就死，惡不爲忠乎？』曰：『知存無益，胡不逃去？逃去則商無賢人，無賢人則辛自亡矣。惡有剖賢人之罪，爲千古醜歟？』曰：『苟使逃去，則無忠臣死諫之名垂于後代也；且比干非不知辛禍胎已長，勢不可止，蓋不忍不止，則竭忠諫之；諫之不聽，亦欲垂明鏡于後代，則辛有剖賢人之罪，得無鑑戒于後代邪？是以比干之忠，不獨忠于一時，而亦忠于後代矣。』

宋・呂祖謙《宋文鑑》卷一一一《張庭堅〈自靖人自獻于先王〉》 君子之去就死生，其志在於天下國家，而不在於一身，故其死者非沽名，其生者非懼禍，而引身以求去者，非要利以忘君也。仁之所存，義之所主，鬼神其知之矣。昔商之三仁，或生或死，或爲之奴，而皆無愧於宗廟社稷，豈非謀出於此歟！此其相戒之言曰：自靖，人自獻于先王。蓋於是時，紂欲亡而未寤也，其臣若飛廉、惡來者，皆道王爲不善而不與圖存。若伯夷、太公，天下可謂至賢者，則潔身退避，而義不與俱亡。夫爲商之大臣，而且於王爲親，惟王子比干、箕子、微子也。三人者，欲退而視其敗則不忍，欲進而與王圖存則不可與言，雖有忠孝誠慤之心，其誰達之哉？顧思先王創業垂統，以遺其子孫，設爲職業祿位，以處天下之賢俊，俾相與左右而扶持之，期不至於危亡而後已。子孫弗率，亡形既見，而忠臣義士之徒，猶不忘先王所以爲天下後世之意，以爲志不上達，道與時廢，亂者弗可治也，傾者弗可支也，而臣子所以報先王者，惟各以其能，自獻可也。

雖然，君子之志不同，而欲死生去就，各當於義，不獲罪於先王，非人所能爲之謀，其在於自靖乎！蓋若商祀之顛隮，則微子以爲心憂而辱於臣僕，不與其君俱亡者，箕子、比干之所羞爲也。微子抱祭器適周以請後，則奉先王之孝得矣。比干諫不從，故繼以死，則事君之節盡矣。箕子以父師爲囚奴，猶眷眷不去，則愛君之仁至矣。其死者若愚，其囚者若汙，而其輒去者若背叛非忠也。然三子皆安然行之，不以所不能爲自愧，而亦不以所能爲愧人，更相勸勉，以求合於義，而不期於必同。大謂先王所以望於後世臣子者，惟忠與孝也。故微子之去，自獻以其孝；比干以諫死，箕子以正囚，則自獻以其忠。則是三子之非苟爲也。處垂亡之世，猶眷眷乎天下國家，而不在一身，故其志之所謀，各出其所欲爲，以期先王之知耳。古所謂較然不欺其志者，非斯人之謂乎！

雖然，《書》載微子與箕子相告戒之辭，而比干不與焉，何哉？人臣之義，莫易明於死節，莫難明於去國，而屈辱用晦者，亦所難辨者也。比干以死無足疑，故不必以告人；而箕子、微子不免云云者，重去就之義而厚之故也。不然，安得並稱三仁哉？

宋・張九成《横浦集》卷八《微子論》 嗚呼！觀《微子》一篇，則人臣去就之義見矣。商之亂，至此極矣，無可爲者，然三人之心，尚庶幾其萬一焉。故微子之去國以警紂，比干則直諫以警紂。紂殺比干，至箕子獨佯狂而不死者，尚庶幾紂之警悔，吾可以成就之也，紂終不悔而死。此三人者，一存宗祀，一守死節，一陳《洪範》。去者非叛，死者非激，生者非偷。故孔子表而出之曰：『殷有三仁焉。』以此知臣子之處心，當究觀《微子》一篇可也；又以知所謂仁者或去，或死，或留，皆仁也。倘以去爲是而留爲非，以死爲是而生爲非，皆常人之客氣，而非聖人之道也。第顧其心於宗社如何爾。

宋・羅泌《路史》卷三五《發揮四・明微子》 賢者以一身爲萬世法，有不幸而遭世之亂，其所以潔身而去之者，亦已難矣。而世之君子弗之或察，又從而誣之，遂使去就之義不明見于天下後世，而姦人倍叛得以迹其誣而資口實，真可謂不幸矣。微子，紂之庶兄也。其去商也，蓋以紂錯天命，蟄亡將至而將不免者，于是不忍坐視其壓，不得已而去之。故孔子曰：『商有三仁，微子去之。』初不明其何之，而説者乃以爲抱祭器以歸周。吁，有是哉？按《商本紀》：數諫不入，乃與太師、少師謀而去之。及比干以諫死，箕子奴，而後商太師、少師挾祭樂器以奔周武，于是乘以東伐于商。二師初不明誰何人，至《周本紀》則以爲太師庛，少師强，事本《周書》。當時蓋有挾器去者，而非箕子、微子也。惟《宋世家》始言武之伐商，微子自持祭器，伏于軍門，可謂擇焉而不精矣。至蘇《古史》，遂正以爲商紂之亂，微子卽持祭器以降于周。果可實乎？夫微子之去也，豈苟然哉？其謀之箕、比也熟矣，故其言曰：『我其發出狂，吾家耄遜于荒』，而父師之詔亦曰『王子出迪』，則微子之去志，决已久矣。其所以遲吾行者，特欲二子之一言，鍵其决爾。所謂去之者，特不在其朝，而其所謂遜于荒者，直亦盤庚之出遯荒野，以自免于刑戮而已矣，何至挾祭器降周哉？

抑嘗稽之：箕、比、微子皆紂之懿親，位尊地近，而與紂同休戚者也。紂之不道，固不得而苟去今也。卽其『自靖』之語觀之，則知三子固恐一旦溘先倐夜，則無以觳先王，而欲各盡其忠以自獻者，顧忍以先王重器適他人乎？紂雖暴虐，吾之天屬，宗國雖危，猶未泯也。孰有宗國未泯遽倍天屬，挾彝器而屬之異姓之仇乎？覬成敗，賣宗戚，此項伯之所以爲利，鄉里自好者有所不爲，而謂仁人爲之乎？且微子之辱身而急歸周，將有益于國乎，抑無益乎？使周而成，果行王政，則成湯且不廢禹之祀，武王其肯絶湯祀乎？使其不有存繼之心而遽挾此危亂不祥之器，以趣新造之邦，祇以蒙詬而貽戮，曷補于國？辱其身無益宗國，雖甚戆有不爲，而謂微子爲之乎？方商佔危，微爲重親，使潔身以去之，則爲仁；若棄商而歸周，則爲叛。謂仁人者決不叛君親于危迫之際，而叛君親于危迫之際者，决非仁人。二者甚冰炭也，況以重器歸他人乎！

僖公之六年，楚人克許。許子面縛啣璧，衰絰輿櫬見楚子。楚子問焉，逢伯對曰：『昔武王克商，微子啓如是；武王親釋其縛，受其璧而祓之；焚其櫬，禮而命之，使復其所。』是則微子之歸周，在商之既滅而禄父已封之後，其去商也，蓋當邦之未喪，箕、比無恙之時矣。其遯去者，特以跧伏隱晦，以俟紂之改若，宗國之復存爾。及紂不悛，箕奴比死，武王舉而踣之。當此之時，微子在野，俱無一毫豫于問也。何以覸之？微子、武庚尊卑賢否，正相邈也。使商未亡，微子先降于周，則已在武王之側矣。以武王之賢，而吕望、周公實相之，二子在側，詎肯捨長立幼，棄賢而植不肖，以遺後世之憂哉？蓋武克商，急于大義，未及下車而亟求商後，故卽武庚而立之，未暇于微子也。及夫武庚已國，微子始見王，乃祓而復之微。暨武王崩，成王幼，管、蔡挾武庚以叛周，周公誅之，然後訪微子而立之。其始終去就，正如是也。面縛啣璧，曷嘗有祭器之抱持哉？

雖然，史遷《本紀》以爲微子去而後比干死，比干死而後箕子奴，于是太師、少師始奔周。《世家》則謂箕子不忍彰君之惡，佯狂爲奴；比干見其奴，乃諫而死；于是太師、少師乃諫，微子乃去。其先後正衡决與孔子之言，學者固折衷于孔子，然而賢者之去就，有未大明，則將有以資亂，故幷覈。

宋・陳亮《龍川集》卷一三《義士傳序》 昔三代之王也，賢聖之君商爲多，敷政出令，不拂民欲，惇德行化，以固民心，雖暴如紂，而民未厭商也。故文王抑畏，以全至德。孔子曰：『三分天下有其二，以服事殷。』豈不大哉？至武王不忍天下之亂而卒廢之，雖違商而周者十室而

八，然商之餘民睠念先王之舊澤，執義以自守，雖諄復喻之，囂乎其不肯順從也，而周家卒以不敢刑罰驅之，不惟不敢，亦其心有所愧而不忍，故惟遵商之舊政，以漸服其心，歷三世而後帖然從周。推此之時，稚者已壯，壯者已老，老者已死，耆舊强壯之民卒不肯從而從之者，皆生長於周之民也，可不謂義乎！然猶見稱頑民，則周人之言也，於商義矣。夫伯夷叔齊，孔子以爲義而許之，而商民之事亦詳見於《書》。夷、齊是，則商民不非矣。夫夷、齊非以一死爲足以存商，明君臣之義，雖有聖者不可易也。商民非以不肯順從爲足以拒周，顧先王之德澤有以使之，而弗克自已也。

夫義者，立人之大節，而愛生憚死，人之情也。其不以此而易彼者，誠知所處矣。由商而降，惟東漢之治，惇節義，尚廉退，有商之遺風。故其亡也，義士亦略如之，然亦可以爲流涕也已。若夫王蠋、申包胥之倫，皆非有所激而興，故特行其志而從之者不衆也，然使夫人氣沮而膽褫，則其功效豈少哉？嗟夫！商遠矣，其名之姓氏不得詳也，故序存之；而傳夷、齊，以爲義士首；於東漢之士加詳焉，其他時起者附之。庶乎有聞風而興者，豈徒補觀覽而已哉？

宋・黎靖德《朱子語類》卷四八《論語三十・微子篇》 問：三仁皆出於至誠惻怛之公，若箕子不死而爲之奴，何以見惻怛之心？曰：箕子與比干，心只一般。箕子也嘗諫紂，偶不逢，紂大怒，不殺他，也不是要爲奴，只被紂囚繫在此，因佯狂爲奴，然亦不須必死於事。蓋比干既死，若更死諫也無益，適足長紂殺諫臣之罪，故因得佯狂，然他處此最難。微子去卻易，比干則索性死，他在半上半下處，最是難。所以《易》中特説『箕子之明夷，利艱貞，晦其明也。內難而能正其志。』外雖佯狂，而心卻守得定。

宋・方大琮《鐵菴集》卷二四《殷有三仁論》 事有不同所處而同其心，仁者爲之，聖人知之。夫天下之變故無窮，而仁人君子之用心無二道也。間有當其會而際其窮，苟無異道，則所處者宜一，而死生去就之不同，是誠何心哉？嗟乎，無聖人之論仁人君子之心，其誰知之？彼其設心措慮，夫豈素有所定？而變故之來，不獲盡如吾意，要必有以處之。其去就或異向，死生不同道，形迹疑似之間，若不能以概定。而仁人君子之所爲，揆之理而正，質諸心而安，百世以俟聖人而不惑。是豈淺鮮者所能窺測哉？知此，則得孔子論三仁之旨矣。殷有三仁焉，請申夫子之意。

嘗聞夫子之言曰：『有殺身以成仁，無求生以害仁。』則人必殺身，然後爲仁。又曰：『可以死，可以無死。死非其地，尤所不可。』由世俗之論，則管仲之仁，豈非所謂求生以害仁者乎！伯夷之仁，豈非所謂可以死，可以無死者乎！而夫子皆不以是論也。況夫世變適有所遭，而仁人君子之心隨遇而隨定。《柏舟》之仁人，不能奮飛；《羔裘》之大夫，以道去國；乘舟之二子，爭相爲死。一死一生，或去或就，無非行此心之正，以達天下之變，非曰苟同苟異也。誠使天下有道，君臣同心，則斯人也爲皋、夔，爲稷、契，爲伊、傅、周、召，雍容進退，以其君顯吾身，無仁人之名而天下享仁人之福。曾謂世變不可概定耶？故周公之心，不見于左右輔王之日，而見于跋前疐後之時；屈原之志，不見于議國是、出號令之時，而見于憔悴江濱之日。仁人君子，每于危疑變故之際見之，知此則知夫子論三仁之旨矣。

夫王之懿親，恩莫隆焉；國之元老，位莫崇焉。方殷之將喪，自夫人言之，固已不勝其中心之哀，況休戚相關耶？即三子之時，以逆三子之志，察其所處之異，以求其所同，則知三子不公言于朝，而私議于家，不顯謀于國，而陰計其身。三子所處，誠有大不獲已者。向使牧野之師一舉，殷家之鼎遂移，而相顧痛嗟，繼之以死，則六百載之宗祀絶矣，而三子何忍以死邀名耶？死生去就，要必有道，而三仁之稱，非夫子其誰知之？

且夫微子之去也，非棄其君也，非愛其身也，而成湯之不祀有深懼焉。讀『吾家耄遜于荒』之言，寧忍負君，不忍負宗社，恝然而去，人其謂吾何？而『王子出迪』之語，箕子雖深信之，而復不同所趨焉。諫而不聽，或得一當以自勉，何至佯狂以辱其身？意者天啓其衷，君之惡不稔，而猶足與爲善。其所以隱忍于此者，不以語諸人，而『自靖』一語，天地鬼神寔臨之。此王子所以決于行遯，而比干亦自知所處矣。存亡繼絶，微子任其責；傍皇俟命，箕子當其事。故惟終始忠諫，以盡吾臣節所當爲，其濟社稷之靈不濟，死不敢惜。是豈匹夫匹婦之爲諒哉？不原其心，則三子之事，吾恐後世以異觀之。非夫子，誰知其心之共歸于

仁乎？

雖然，三子豈樂有此名也？天不殄商，王速念亂，則吾之仁，何自見？去就之決，死生之審，終無救商之亡；而既獲仁人，『焚炙忠良』適以爲奉辭伐罪者所藉口，則吾何以仁名爲哉？或者猶謂囚奴横死，爲三子之不幸，而他日禮訪褒封，爲三子之幸。嗟乎！若三子者，其可以幸不幸論哉？天不祚殷，固三子之所甚戚，而天命有歸，吾心亦釋焉，此其所以爲仁。雖夫子不能以語人，吾何以論其幸不幸云。

元・熊禾《勿軒文集》卷四《商有三仁兩義士論》 天下之治亂繫風俗，風俗之美惡繫人心。三代固皆有道之長也，而商之一代風俗爲最美。每讀《商書》至終篇，紂之亡，三仁寧死，寧遯，寧佯狂爲奴，所以自靖自獻者，不敢負先王之心。伯夷扣馬一諫，凛凛乎萬世君臣之大義，雖聖人復起，不可易也。或言微子先抱祭器歸周者，非也。《書》所謂『我不顧行遯，我罔爲臣僕』者，去而避紂，曷嘗有去商卽周之事哉？歸周以全宗祀，自是商亡以後事。比干之死，固已安之。箕子之佯狂，後來武王下車訪道，授聖大法而終不爲之臣，朝鮮長往，用廣宗祀。此其志何如哉！

不但是也，當時爲商之臣若民者，大率有不肯臣周之心。《大誥》、《洛誥》、《多方》、《多士》諸篇，班班可睹。雖周人目之爲頑，在商則不失爲義矣。陳同父所謂歷三紀而後，世變風移。蓋當康王之世，歸周且四十年，壯者已老，老者已死，其逋播遺黎，真是至死不貳，亦可見商一代之人心風俗矣。夏末之前聞也，周平王以後奄奄如一尩羸病廢之人，略無能出一匕强劑，以起其生，則所謂養成一代之人心風俗，有王者作，誠不可已也。

明・陳謨《海桑集》卷三《通塞論》 知通而不知塞，貪寵之民也；知塞而不知通，執一之見也。然則孰爲近？曰：塞而知其通焉，不膠於塞；通而知其塞焉，不流於通，斯近矣。昔者周時未至，殷祀未殄，微子，殷王元子也，非殷士比，又非商孫子羣庶比，而不待其亡，先抱祭器適周。由昧者拘者之見，則以子不得爲孝，以臣不得爲忠，而孔子顧獨以爲仁，又以爲三仁稱首，然則孔子非歟？微子惟知殷之必不可諫，知殷之必亡，此知塞也；於是去之，以存宗祀，其心誠有不忍者，不謂之塞而知通者乎？箕子、比干，其爲紂諸父，一也；知塞之不可復通，一也；比干以諫死爲仁人，箕子以佯狂爲奴爲仁人，亦一也。其後箕子爲武王陳《洪範》，《洪範》者，堯舜禹湯上自羲農相承之大經大法也。天將使自我而傳，不可自我而絶，使武王而不傳，則無可傳者矣。微子誠不忍殷家宗祀之無傳，箕子誠不忍羲、農、堯、舜、禹、湯道統之無傳，其心一也，不皆謂之塞而知通可乎？箕子封於朝鮮，迄不臣於武王；微子建上公於宋，於周爲嘉客。其事又相類，不皆謂之知通而不流於通又可乎？

或曰：伯夷、叔齊如之何？曰：夷齊、三仁之節同。夷齊之非周，猶三仁之悼殷，其節同，其心同，而事不必同也。後世拘儒曲士，高揖遜之水，下干戈之粟，不知微子之宋，箕子之朝鮮，夷齊之西山，猶得爲殷之土乎，抑周土而殷人食之也。甚者以謂不死敵，不爲節；不罵敵，不爲節；不引決自盡，不爲節。夫是數者，與將死鼓，士死綏，社稷之臣死社稷，封疆之臣死封疆者同，固臣子之大分，天地之常經也，然而不皆盡然也，聖賢不非也。孟津之會，諸侯不期而會者八百，皆有社稷封疆之守；牧野鷹揚，前徒倒戈者皆有死鼓死綏之責。此人倫之大變，古今之通義也。是故比干死於紂，非死於周爲高節；夷齊非周而不食周禄，亦爲高節；微子以存殷祀爲高節，箕子以陳《洪範》亦爲高節。不必皆死。孔子不皆韙其死，通謂之仁。仁者全體，而死者一節也。故知天地之常經，斯可正臣子之大分；知古今之通義，斯可處人倫之大變。此惟通而不流、塞而不膠者能之。吾故表以爲論，以告夫今之貪寵與執一者。

明・劉炳《劉彦昺集》卷九《殷之三子説》 微子去之，不亦知乎！箕子爲之奴，不亦仁乎！比干諫而死，不亦勇乎！三子者不同道，其心一也。一者何也？曰仁也。君子亦仁而已矣，何必同？

明・張寧《方洲集》卷一三《奉使録下・天順四年春予以使事至朝鮮道經平壤謁箕子廟瞻拜仰止退書所見於大同館》 唐柳宗元以『正蒙難、法授聖、化及民』三者敍箕子廟碑，大人之能事畢矣。獨其所謂『紂惡未稔而自斃，武庚念亂以圖存，國無其人，誰與興理』之論，竊不自揆，未能無疑。夫比干未死，天下猶商。先生以王室父師，乃不肯正救於未然，而欲僥倖於不測，斯亦難言也。借使果有是心，卒之亂亡相襲，機事無成，此尤中智所不爲，而謂大賢君子爲之乎？矧三仁告語之際，腎腸心

腹，皎然相敷，而先生之幾微，曾不少見於此，是其佯狂不諫之心，固已審有定見矣。及周之興，武王訪之而卽言，封之而亦就，故都之民不忘殷，武庚之心欲繼緒，而亦未嘗一致意於其間，惟條法教民，聿興禮讓，裕焉處此東土，若固有之者。且其初封之時，朝鮮始克通道。及成王之世，傳稱西踐東服，乃至東魯聖人，亦有『君子何陋』之語。苟非先生安土導民之力，其化遽能如是哉？卽其終之事，可以知其始之心矣。

然則先生豈將果於忘殷而樂於從周耶？是不然。商之亡，天也；周之興，天也；《洪範》之道幾絶而復傳，幾塞而復通，亦天也；知其在天而且晦身以自辱，不爲周臣者，斯亦天也。蓋天者，理而已。聖賢之言語動靜，皆所不違，况其大者乎！全盡此理而處之，必當用之無私，施之卽準，此聖人所謂仁也。雖然，頑民反側，武庚之監不遠，况乎材足以濟事，德足以動人，道足以立世如先生，不惟不致意於其間，而且終始遂其不臣之志，斂大惠施於一方，傳之萬世。彝倫禮樂之澤，至於今不衰，世受封錫，享國長久，而先生亦永有享祀者，皆中國周之賜也。於虖！周亦仁矣哉。

明・周琦《東溪日談録》卷九《經傳談上・書》　箕子抱大道以事紂，紂何足以知之邪？箕子不違道以事之，而紂亦安知箕子之不違道也哉？有道者之遇無道，其如是夫！

清・湯斌《湯子遺書》卷一《語録》　商之天下已失，而武王於箕子之囚則釋之。此時爲箕子者，審乎天理人情之安，惟不仕於周，卽其所以報商者也。乃其時道統在上而不在下，箕子以一身荷堯舜以來相傳之道，不容泯没無傳。王訪於箕子，箕子安得不爲萬世存道統？爲萬世存道統，安得不爲武王陳《洪範》？聖人審天命人事之歸，其心公天下，而不以一毫私意與於其間。道可傳則傳之，義不可仕則弗仕之。武王亦亟於訪道而不强箕子以仕，故封於朝鮮而不臣也。嗚呼！可謂仁之至，義之盡矣。

藝文

《楚辭》卷三《屈原〈天問〉》　授殷天下，其位安施？反成乃亡，其罪伊何？

彼王紂之躬，孰使亂惑？何惡輔弼，讒諂是服？比干何逆，而抑沈之？雷開阿順，而賜封之？何聖人之一德，卒其異方？梅伯受醢，箕子佯狂？

唐・柳宗元《柳河東集》卷一四《天對》　位庸庇民，仁克莅之。紂淫以害，師殛圮之。

紂無誰使惑，惟志爲首。逆圖倒視，輔讒以僇寵。干異召死，雷濟克后。文德邁以被，芮鞫順道。醢梅奴箕，忠咸喪以醜厚。

《荀子》卷一八《成相篇》　世之災，妒賢能。飛廉知政任惡來。卑其志意，大其園囿，高其臺榭。

武王怒，師牧野，紂卒易鄉啓乃下。武王善之，封之於宋立其祖。

世之衰，讒人歸，比干見刳箕子累。武王誅之，呂尚招麾殷民懷。

宋・郭茂倩《樂府詩集》卷三七《瑟調曲・折楊柳行》　祖伊言不用，紂頭懸白旄。指鹿用爲馬，胡亥以喪軀。二解。

又　卷五一《梁雅歌・積惡篇》　積惡在人，猶酖處腹，酖成形亡，惡積身覆。殷辛再離，温舒五族，責必及嗣，財豈潤屋？斯川既往，逝命不復，鏡兹餘殃，幸修多福。

又　卷五七《琴曲歌辭・箕子操》　嗟嗟，紂爲無道殺比干。嗟重復嗟，獨奈何？漆身爲厲，被髮以佯狂，今奈宗廟何？天乎天乎！欲負石，自投河。嗟復嗟，奈社稷何？

又　《拘幽操》　殷道溷溷浸濁煩兮，朱紫相合不别分兮。迷亂聲色信讒言兮，炎炎之虐使我愆兮。幽閉牢阱由其言兮，無辜桎梏誰所宣兮。進我四人憂勤勤兮，得此珍玩且解大患兮。倉皇迆命遺後昆兮，作此象變兆在昌兮。欽承祖命天不喪兮，遂臨下土在聖明兮，討暴除亂誅逆王兮。

又　《傷殷操》　麥秀漸漸兮，禾黍油油。彼狡童兮，不我好仇。

《先秦漢魏晉南北朝詩・魏詩》卷一〇《阮籍〈四言詠懷詩〉》　泯泯亂昏，在昔二王。瑤臺璇室，長夜金梁。殷氏放夏，周翦紂商。於戲後昆，可爲悲傷。

唐・陳子昂《陳拾遺集》卷一《感遇詩》　臨岐泣世道，天命良悠悠。昔日殷王子，玉馬遂朝周。寶鼎淪伊谷，瑤臺成古丘。西山傷遺老，東陵有故侯。

唐・吴筠《宗玄集》卷下《覽古詩》 閒居覽前載，惻彼商與秦。所殘必忠良，所寶皆凶嚚。昵諛方自聖，不悟禍滅身。箕子作周輔，孫通爲漢臣。《洪範》及禮儀，後王用經綸。

唐・胡曾《詠史詩》卷上《鉅橋》 積粟成塵竟不開，誰知拒諫剖賢才。武王兵起無人敵，遂作商郊一聚灰。

宋・范仲淹《范文正集》卷三《詠史・商人》 履癸昆吾禍莫移，應天重造帝王基。子孫何事爲炮烙，不念嘻吁祝網時。

宋・王十朋《梅溪前集》卷一〇《詠史詩・紂》 釀酒爲池肉作林，深宫長夜恣荒淫。何如早散橋倉粟，結取臣民億萬心。

宋・陳造《江湖長翁集》卷三《戒飲》 毒痡痛受辛，斬刈憎暴秦。杜康與儀狄，賊物其罪均。商毒烈火炎，岐鎬方陽春。秦暴虓虎搏，歐粤無顰呻。二子起酒禍，古今同湛身。計實乃鴆葛，適口良甘醇。文錦覆深阱，病媒鬼之鄰。剿殺不遺迹，辛政猶爲仁。今子知所戒，浮俗豈其倫。生世千金軀，況復富席珍。

宋・許及之《涉齋集》卷一七《朝歌城》 魯墻絲竹千年在，寂寞朝歌莽一丘。突有浮屠延望眼，何因駐得墨家流。

宋・羅公升《羅滄州集》卷一《觀獵》 詭御羞禽獲，隨車忍獸呼。爲毆煩桀紂，競逐欠陳吾。

金・王寂《拙軒集》卷三《朝歌城》 獨夫亡國固宜哉！不省雞聲是禍胎。辛苦朝歌城下土，暫成宫殿卻成灰。

金・元好問《遺山集》卷一二《北歸經朝歌感寓三首》 南來山勢漸坡陀，蕩蕩川塗接大河。馬上哦詩無好語，聊從白塔記朝歌。

黄屋何曾土作階，禍基休指九層臺。書生不見千年後，枉爲君王泣玉杯。

墨翟區區不近情，迴車曾此避虚名。采薇唯有西山老，不逐時人信《武成》。

元・郝經《陵川集》卷一一《朝歌行》 壯哉兹城冠河山，老玉回抱青孱顏。建邦立極古有制，何乃獨在河朔間。獨夫智力制天下，睥視中原强王霸。誰知天與六州王，八百諸侯已從化。摘星樓頭醉未醒，酒池一夜蚩血驚。成湯高宗遂不祀，珠宫瑤臺爲土平。我來感歎重延佇，驅車不入朝歌路。陰風莽蒼吹短衣，落日投文比干墓。

元・王惲《秋澗集》卷一四《過朝歌》 山勢西來擁廢宫，荒煙回首接南鄘。緬懷藝祖初經野，忍見狂童到覆宗。野水作聲知客恨，幽花含露爲誰容。千年快意商郊戰，流謗爭教有四凶。

元・侯克中《艮齋詩集》卷二《商》 成湯放桀尚包羞，豈料商辛在後頭。方訝雉飛升祭鼎，俄聞魚躍入王舟。九重自謂爲君長，四海皆如疾寇讎。不是武王容不得，三分天下二分周。

元・馬祖常《石田文集》卷四《朝歌》 霧黯山沉樹，風號路起塵。朝歌醉王死，周室又歸秦。

元・傅若金《傅與礪詩集》卷五《淇州》 湯陰縣前秋氣悲，路人爲説紂亡時。比干死諫猶存墓，西伯拘幽尚有祠。草没廢城牛牧遠，樹侵官道烏飛遲。西風落葉成多感，行過朝歌卻賦詩。

明・張烈《元音遺響》卷一《胡布〈詠史・其九〉》 獨夫亂天事，毁信崇惡機。詭智足拒諫，巧言能飾非。天下奉一己，凶人日孜孜。怠忲斂衆怨，委棄鹿臺資。七竅哀忠良，斮脛虐無遺。萬民塗肝腦，嗛嗛中顧私。龜毛兔亦角，河竭兆其危。寶玉衣自焚，聰明致愚嗤。

明・劉基《誠意伯文集》卷一《前有尊酒行》 前有尊酒芳以飴，舉杯欲飲且置之。丈夫有志可帥氣，胡爲受此麴糵欺。禹惡旨酒，玄德上達，桀作酒池而南巢是蔡。商辛、惡來以白日爲夜，糟丘肉林相枕藉，瑤臺倏忽成灰塵，流毒猶且遷殷民。夫差酗而納施，楚國酣而放屈，姑蘇臺上麋鹿遊，鄢郢宫中狐兔出。灌夫罵坐，禍延魏其，竹林稱賢，神州蓁蓁。亡家破國有如此，酒有何好而嗜之？前有尊酒醲以清，酌之白日成晦冥，眼花耳熱亂言語，元氣耗斁肝膽傾。乃知酒是喪身物，衛武之戒所以垂休聲。

明・孫承恩《文簡集》卷二《鑑古韻語・紂王》 紂惡仍浮桀，驕誇妄自賢。漫云生有命，不道罪彌天。殺戮忠良遠，奇淫妾婦憐。倒戈躬衣玉，牧野看當年。

臣惟紂以小才私智自矜，慢天虐民，殺戮忠諫，作奇技淫巧以悦妲己。其暴戾若此，而乃責命於天，何其誕妄也！牧野之事，豈非自取哉？

明・王世貞《弇州四部稿》卷五《擬古樂府・善哉行》　唯昔帝辛，任志淫刑。三分失二，施然自矜。

清・愛新覺羅・弘曆《御製詩二集》卷七八《泣思直臣》　層臺俯洪波，酣飲樂乃泣。舍死無諤諤，紂亡在默默。邑君尚憶忠，天王可遠直？

清・愛新覺羅・顒琰《全史詩・讀尚書・西伯戡黎》　修德基業興，偕德家國亂。寶命本難諶，民心大可憚。戡黎周日昌，進諫竭忠幹。自絶速其亡，淫戲忘患難。衆志盡乖離，飾非徒嗟歎。先幾哲士知，天人理一貫。

宋・祖無擇《龍學文集》卷二《微子廟》　億兆夷人困獨夫，惟君先見得良圖。爲仁始欲扶商祚，去國終能啓宋都。鈇鑕豈甘因諫死，髡鉗仍免作官奴。千年廟食應無愧，知退知亡卽聖徒。

宋・張方平《樂全集》卷二《微子廟》　西伯已招二大老，東鄰更棄三仁人。元龜遂訖商家命，白馬永爲周室賓。抱器倖存天鳳祀，喪邦都爲牝鷄晨。可憐長發源流遠，舊國猶存廟樹春。

宋・林同《孝詩・微子》　豈計身封宋，祗愁祀絶殷。不惟稱克孝，亦自有三仁。

金・王寂《拙軒集》卷三《微子廟》　比干忠諫死如歸，箕子佯狂脱禍機。君厭殷辛高謝去，三仁誰是定誰非。

明・王翰《梁園寓稿》卷一《謁微子祠》　朝登微子嶺，上有微子祠。我來拜堂下，升堂瞻聖儀。三人儼相向，衣冠肖古時。嗟此崇黎地，何以知祀兹。好德本彝性，公議孰掩之。林木交蔭翳，岡巒互參差。泉脈且甘冽，周道通四馳。我欲告邑人，好刻銅盤詞。

明・楊爵《楊忠介集》卷一二《讀微子篇》　開卷悠悠憶昔賢，知將人事委蒼天。千年王子憂心在，老淚而今墮簡編。

清・愛新覺羅・顒琰《全史詩・讀尚書・微子》　殷紂日癲狂，幽深述微子。綱紀已蕩然，小大肆奸宄。淪亡至於今，何策救傾圮？父師言天災，氣數應如此。存祀宜出奔，受敗義當止。三仁各安常，彰明去就理。

晉・陶潛《陶淵明集》卷五《讀史述九章・箕子》　去鄉之感，猶有遲遲。矧伊代謝，觸物皆非。哀哀箕子，云胡能夷？狡童之歌，悽矣其悲。

《全宋詩》卷三二一《張九成〈論語絶句〉》　既能委曲存商後，又不區區愛此身。以至爲奴作《洪範》，仲尼稱謂有三仁。

元・王惲《秋澗集》卷一五《箕子廟》　刳剔忠良詫肉林，當年愁絶父師心。道傳未害奴爲辱，俗古方知化獨深。上念聖湯思自獻，下逢周武是知音。野煙無地尋遺廟，空詠芃芃麥秀吟。

元・宋褧《燕石集》卷二《送高麗進士李仁復東分題得箕子廟》　皇矣錫疇衍，已焉鼓琴悲。列封出異代，主教開東陲。道義三仁稱，德澤萬世思。遺像儼珪袞，巍宫肅籩彝。頫臨幘溝漊，奔走高句驪。宇宙相終窮，肹蠁無已時。之子誦經籍，賓興膺爵縻。龍光粲冠裳，鹿鳴奏歌詩。睠此承帝恩，實由文化施。歸與下車拜，報稱恒念兹。

清・朱彝尊《明詩綜》卷四九《魏時亮〈平壤拜箕子墓幷訪井田遺迹〉》　禹範留西土，先生獨向東。道無浮海歎，義與采薇同。舊井存殷畫，冔冠尚古風。荒丘平壤外，麥秀想遺宫。

又　卷六一《王士騏〈送顧太史使朝鮮〉》　徹天火樹照邊陲，軟繡肩輿坐自移。到日定知春麥秀，請看箕子廟前碑。

宋・李昉等《文苑英華》卷三〇六《[唐]徐彦伯〈比干墓〉》　大位天下寶，維賢國之鎮。殷道微而在，受辛纂頽胤。山鳴鬼又哭，地裂川亦震。媟黷皆佞謏，虔劉盡英雋。孤卿帝叔父，特進貞而順。玉床逾皓潔，銅柱方歊焮。奉國歷三朝，覯竅明一瞬。季代倡狂主，蓄怒提白刃。之子彌忠讜，憤然更勇進。撫膺誓隕越，知死故不吝。已矣竟剖心，哲婦亦同殉。驪龍暴雙骨，太嶽摧孤仞。周發次商郊，寃骸悲莫殣。鋒劍剿遺孽，報復一何迅。駐罕歌淑靈，命徒封旅櫬。自爾銜幽酷，于嗟流景駿。丘墳被宿莽，壇阯緣飛磷。貞觀戒北征，維皇念忠信。荒墳護草木，刻桷吹煨燼。代遠恩更崇，身頹名益振。帝詞書樂石，國饌羅芳釁。偉哉烈士圖，奇英千古徇。

唐・孟郊《孟東野詩集》卷一〇《弔比干墓》　殷辛帝天下，厭爲天下尊。乾綱既一斷，賢愚無二門。佞是福身本，忠是喪己源。餓虎不食子，人無骨肉恩。日影不入地，下埋寃死魂。有骨不爲土，應作直木根。今來過此鄉，下馬弔此墳。靜念君臣間，有道誰敢論。

宋·洪邁《萬首唐人絶句》卷七四《汪遵〈覽古·比干墓〉》 國亂時危道不行，忠賢諫死勝謀生。一沉冤骨千年後，壠水雖平恨未平。

唐·釋貫休《禪月集》卷二四《比干傳》 昏王亡國豈堪陳，只見明誠不見身。想得先生也知自，欲將留與後來人。

宋·邵雍《擊壤集》卷二〇《過比干墓》 精誠皎於日，發出爲忠辭。方寸已盡破，獨夫猶不知。高墳臨大道，老木無柔枝。千古存遺像，翻爲諂子嗤。

清·覺羅石麟等［雍正］《山西通志》卷二〇二《藝文四十·［宋］趙瞻〈比干臺〉》 九閽大壞一木支，勢知不可誠不欺。商之三仁異所歸，死諫不欲狂囚爲。賢哉萬世忠臣師，比干而已前其誰。諫不當顯何所持，忠必愛君無拂辭。帝舜載賡歌康際，風雅比興陳盛衰。君賢臣聖流《書》、《詩》，光華榮輝同葳蕤。扶起不欲憂顛危，剖心血頸鼎鑊糜。此意不獨在一時，死者一傳星日垂。猶有佞人乘其機，順正逢惡稱諷規。甘言好語解人頤，如鼷食角寢不觜。聰明蔽密蔀莫知，微、干之節世亦疑。章華非不窮峩巍，姑蘇一同宗社移。名與土滅埽無遺，但爲世鑑那足譏。玆臺巍巍存遺基，尚覺清風灑肝脾。妖狐狡兔不敢依，飛沙落日予心悲。

宋·林希逸《鬳齋續集》卷一七《封比干墓》 埋恨非埋骨，生前怨不逢。比干猶有墓，周室合增封。一死身奚惜？孤忠憤所鍾。清朝加顯澤，終古誌遺蹤。寵辱嗟何意，興亡記所從。誰甘遊地下，攀檻敢嬰龍。

宋·汪元量《湖山類稿》卷三《比干墓》 衛州三十里，荒墩草無數。忽聽路人言，此葬比干處。下馬拊石碑，三歎不能去。斐然成歌章，聊書墓頭樹。我弔比干心，不弔比干墓。世間賢與愚，同盡成黄土。斯人亦人爾，千千萬萬古。

元·郝經《陵川集》卷一一《比干墓》 斫脛河南比干墓，崔嵬尚是武王土。一丘直欲壓太行，一死能令重千古。國亡突兀見真純，龍逢與君冠夏殷。無人語與魏鄭公，良臣不幸爲忠臣。已醢九侯紂猶怒，箕子佯狂微子去。三仁一仁獨殺身，剖心庶使王心悟。王終不悟國遂亡，朝歌無人至今荒。行人只拜比干墓，有殷賢臣獨不亡。

元·王惲《秋澗集》卷二《陪總管陳公肇祀商少師比干廟》 元化形萬彙，浩浩無時無。云何忠貞氣，大畀先生軀。念昔有殷季，天步移獨夫。淫酗蕩祀典，下民爲毒痡。所崇盡奸回，啓邇箕子奴。師保乃云爾，餘敢編其鬚。炎炎鹿臺火，已兆明珠襦。先生豈不知？蔓草不可圖。顧親叔父尊，以位仍三孤。强諫誠我任，剖心不爲瘉。自靖曁殺身，要之宗社扶。所以宣父筆，三仁同一途。繄公存亡間，所係重有殊。堂堂柱天手，能禦火德烏。當時戡黎兵，所侵良及膚。周雖彼蒼眷，加翼十亂謨。令其諫少行，終鄙西人居。稱師止觀政，安取商郊車？一朝歎云亡，宗國隨之墟。丹誠皎白日，餘烈光八區。卒爾來代臣，大節知所趨。嗚呼介士歎，萬萬狂童且。今來二千載，殷周兩榛蕪。巍然一丘土，高與西山俱。清霜九月節，肇祀陪干旟。肅拜列階下，精爽動佩裾。世道有淪喪，一忠千萬諛。商歌振林樾，日下悲風徂。

又 卷二四《比干墓》 玉骨琅琅盡古丘，凜然英氣尚横秋。朱游訕訐何爲者？敢辱先生地下遊。

元·歐陽玄《圭齋文集》卷二《比干墓》 獨夫臺上醉紅裙，七竅丹心豈忍聞。白日已隨流水没，青山猶護太師墳。忠肝一片埋秋草，直氣千年起暮雲。我亦停驂薦蘋藻，太行落木正紛紛。

元·周伯琦《近光集》卷三《比干墓》 殺身非爲欲成仁，忍見殷宗入鎬豳。黼冔祼將憐大雅，墓田華表媿諛臣。

明·張烈《元音遺響》卷一〇《劉紹〈殷大師比干墓下〉》 層城帶河流，坑坎延邐迤，城門一凝望，突兀孤墳峙。故老向我言，曾聞比干死。商辛昔昏戾，社稷見傾圮，直諫有斯人，龍逢事堪擬。想當批逆鱗，誠惻吐臧否，改過冀君情，捐生非爲己。先王我同出，去此吾焉止。顛覆忍見之，含悽向泉裏。我來屬多難，感激在千禩。靖獻人自謀，忠仁孰能企。摩挲仲尼書，朗詠道傍誄。玄陰黯中陵，莽蒼寒吹起。他日牧野師，誰憐商鼎徙。

明·楊爵《楊忠介集》卷一二《謁比干祠》 人心天意轉岐豳，夫子安能不殺身？一死祇將殷祀絶，空教千古弔三仁。

明·唐順之《荆川集》卷二《汲縣謁比干墓》 下馬登丘壠，蓁林曲隧通。碑因元魏樹，地是有周封。酒散荒池上，人行秀麥中。故宫無可問，徒此對松風。

明·孫承恩《文簡集》卷一四《使郢過比干祠》 孤墳鬱嵯峨，屹立

古道右。危祠亦虛敞，綽楔出疏柳。使節偶經過，一步一稽首。仰瞻義烈姿，千載尚不朽。憶當商季時，忠佞雜紛揉。君道固匪臧，臣職甘就剖。雖無心七竅，實有血三斗。皇天表忠赤，並示百代後。茲墳不數仞，嵩、華等高厚。畜君義何尤，戮諫邦必覆。古訓炳日星，芳名垂宇宙。

明・郭諫臣《鯤溟詩集》卷三《經牧野弔比干墓》 牧野荒荒落日低，愁雲深鎖比干祠。寧將血濺商家土，忍見頭懸太白旗。麥秀春郊麋鹿走，花殘夜月杜鵑悲。古來忠直多磨滅，千載令人淚滿頤。

明・釋正勉《古今禪藻集》卷二四《［明］覺澄〈過比干廟〉》 匹馬東風古道傍，忠臣此地有祠堂。犯顔竟不辭君去，剖腹寧堪爲國亡。銅柱沉沙芳草合，鉅橋流水野花香。褒封祀典神猶在，細讀殘碑欲斷腸。

清・施閏章《學餘堂詩集》卷四一《比干墓》 積蘚殘碑峙廟門，何人捫讀爲聲吞。宗臣不死終遺憾，荒墓雖封轉斷魂。六百祀亡偏俎豆，千秋血諫總兒孫。可憐劫火難銷盡，尼父留題字尚存。

清・魏裔介《兼濟堂文集》卷一八《殷太師比干墓》 商受荒厥緒，毒痡遍九土。賢聖六七君，感慨成今古。太師懷忠烈，殺身對宗祖。世運幾千年，巍峩崇廟廡。不馨周俎豆，獨沐殷風雨。我聞尼父筆，龍圖豁聾瞽。倘聽諫輔言，八百豈敢侮？空明七竅心，不悟淫酗主。碧血化白虹，鷹揚已耀武。馬鬣比華崧，箕尾照淇滸。既仁亦且聖，憑弔過南浦。

清・田文鏡等［雍正］《河南通志》卷七四《藝文三・［清］許作梅〈比干廟〉》 憑弔蘇門麓，孤臣墓草枯。云何七竅血，不獻九疇圖？山麓湯孫樹，粢盛宋子墟。焉能戊午日，慷慨固殷都！

清・愛新覺羅・弘曆《御製詩二集》卷二一《過殷比干墓》 天地之經，君臣之義，貴戚異姓，同歸一致。與社稷共，逝將焉避？執丁其難，孰丁其易？嗟哉斯人，遭殷之季，罔爲臣僕，先王獻自，披瀝以陳，甘於殞棄。五畝佳城，千秋弗墜。夫子適周，載經柏隧。早許三仁，詎惟四字。

《楚辭》卷一《屈原〈離騷〉》 彼堯、舜之耿介兮，既遵道而得路。何桀、紂之昌被兮，夫唯捷徑以窘步。

后辛之菹醢兮，殷宗用而不長。

又 卷四《屈原〈九章・涉江〉》 忠不必用兮，賢不必㠯。伍子逢殃兮，比干菹醢。與前世而皆然兮，吾又何怨乎今之人。

《古文苑》卷二《［楚］宋玉〈釣賦〉》 宋玉進曰：「今察玄洲之釣，未可謂能持竿也，又烏足爲大王言乎？」王曰：「子之所謂善釣者何？」玉曰：「臣所謂善釣者，其竿非竹，其綸非絲，其鈎非鍼，其餌非螾也。」王曰：「願遂聞之。」宋玉對曰：「昔堯、舜、禹、湯之釣也，以賢聖爲竿，道德爲綸，仁義爲鈎，祿利爲餌，四海爲池，萬民爲魚。釣道微矣，非聖人，其孰能察之？」王曰：「迅哉説乎！其釣不可見也。」宋玉對曰：「其釣易見，王不能察爾。昔殷湯以七十里，周文以百里，興利除害，天下歸之，其餌可謂芳矣。南面而掌天下，歷載數百，到今不廢，其綸可謂紉矣。羣生寖其澤，民氓畏其罰，其鈎可謂拘矣。功成而不隳，名立而不改，其竿可謂强矣。若夫竿折綸絶，餌墜鈎決，波涌魚失，是則夏桀、商紂，不通夫釣術也。今察玄洲之釣也，左挾魚罶，右執槁竿，立乎潢汙之涯，倚乎楊柳之間，精不離乎魚喙，思不出乎鮒鯿，形容枯槁，神色憔悴，樂不役勤，獲不當費，斯乃水濱之役夫也已。君王又何稱焉？王若見堯、舜之洪竿，摅禹、湯之脩綸，投之於瀆，視之於海，漫漫羣生，孰非吾有？其爲大王之釣，不亦樂乎！」

《荀子》卷一八《賦篇》 皇天隆物，以示下民，或厚或薄，帝不齊均。桀、紂以亂，湯、武以賢。

天下不治，請陳佹詩。【略】螭龍爲蝘蜓，鴟梟爲鳳皇。比干見刳，孔子拘匡，昭昭乎其知之明也，郁郁乎其遇時之不祥也，拂乎其欲禮義之大行也，闇乎天下之晦盲也。

漢・賈誼《賈長沙集・惜誓》 梅伯數諫而至醢兮，來革順志而用國。悲仁人之盡節兮，反爲小人之所賊。比干忠諫而剖心兮，箕子被髮而佯狂。

漢・劉向《劉子政集・九歎・離世》 背玉門以犇騖兮，蹇離尤而干詬。若龍逢之沈首兮，王子比干之逢醢。念社稷之幾危兮，反爲讐而見怨。思國家之離沮兮，躬獲愆而結難。

宋・李昉等《文苑英華》卷六〇《［唐］謝偃〈惟皇誡德賦并序〉》

臣聞理忘亂，安忘危，逸忘勞，得忘失，此四者，莫不皆然。是以夏桀以瑤臺瓊室爲麗，而不悟鳴條南巢之禍；殷辛以象箸玉杯爲華，而不知牧

野白旗之敗。當其盛也，謂四海爲己力，及其衰焉，乃匹夫之不制。故當其信也，謂天下爲一心，及其疑焉，則顧盼皆爲讎敵。是知必有其德，則誠結戎夷，化行荒裔；苟失其度，則變生骨肉，釁起腹心矣。是以爲人主者，不可忘初。處殿堂者則思前主之所以失，朝萬國者則思今己之所以貴，巡府庫則思今日之所以得，視功臣則思其爲己之始，見名將則思其用力之初。苟弗忘舊，則人無易心，則何患乎天下之不化？故朝行之，則爲堯舜；暮失之，則爲桀紂，豈異人哉？其辭曰：

周墳籍以遐觀，總宇宙而一窺，結繩往而莫紀，書契來而可知。惟皇王之迭代，信步驟之恒規，莫不慮失者常得，懷安者必危。是以戰戰慄慄，日慎一日，守勤守儉，去奢去逸，外無荒禽，內無荒色，唯賢是授，唯人斯恤，則四皇不足五，六帝不足七。若夫恃聖驕力，狠戾倔彊，忠良是棄，諂佞斯獎，構崇臺以造天，穿深池以絶壤，厚賦重斂，積寶藏鏹，無罪加刑，有功不賞，則夏桀可二，殷辛易兩。在危所恃，居勿亡想，功臣無逐，故人無放，放故者亡，逐功者喪。四海岌岌，九土漫漫，覆之甚易，存之實難。是以一人有悅，萬國同歡，一人失所，兆庶俱殘，喜則嚴寒爲熱，怒則盛夏成寒，一動而八方亂，一言而天下安。舉君過者爲忠，述主美者爲佞。苟承顔以順旨，必蔽視而掩聽。動雖非而謂神，言縱失而稱聖。故曲者亂直，邪者醜正，披華服以就朝，變雅音而入鄭。雖往古之軌躅，亦當今之龜鏡。崔巍鸞殿，赫奕鳳門，包四海而稱聖，冠天下而獨尊。既兄日而姊月，亦父乾而母坤。視則金翠溢目，聽則絲竹盈耳，信賞罰之在躬，實榮辱之由己。謂羲皇而易匹，言堯舜之可擬，驕志自此而生，侈心因兹而起。常懼顛而懼覆，必思足而思止。勿忘潛龍之初，當懷布衣之始。在位稱寶，居器曰神，鼓鐘庭設，玉帛階陳。得必有兆，失必有因，一替一立，或周或秦。既承前代，當思後人，唯德可久，道無常親。

宋·呂祖謙《宋文鑑》卷三〇《鮮于侁〈九誦·箕子〉》 偉夫子之正諒兮，適遭世以離尤。悼祖宗之累積兮，大命顛而逢憂。忠良屏遠兮，讒諛寖昌。神龜在塗兮，虺蜴升堂。紫鸞竄置兮，鴆羽飛揚。騶虞潛遯兮，豺虎縱横。江蘺鉏割兮，鈎吻日滋。芳荃不御兮，蔓草難圖。比干剖心兮，夫子佯狂。蒙以正兮，大明其傷。靈修不察兮，國以云亡。舊邦維新兮，武功以成。囚奴釋辱兮，作賓於王。九疇演繹兮，大法以彰。五事欽明兮，君道日隆。彝倫攸敍兮，庶政其凝。朝鮮分封兮，夷貊化行。傳國中山兮，蕃子以孫。廟貌有嚴兮，祀典攸存。歲時奉事兮，斯千萬年。

又《九誦·微子》 肇公孫之璿源兮，元鳥降而生商。並禹稷之聖賢兮，實惟桓撥之王。歷嬀姒之世數兮，道日躋於武湯。始伐罪於仇餉兮，人怨咨而徯來。顧寬仁之宜民兮，天俾式於九圍。諒除殘而代虐兮，猶云德之有慚。賴燕翼於孫謀兮，治克舉於三宗。老成不怨於不以兮，隱處不傷於厄窮。世四十有六而下衰兮，豈天命之將隳。實遭家之不嗣兮，顧麗色之惟微。念社稷之顛傾兮，七廟無所憑依。帝眷在於有周兮，抱祭器而焉歸。雖白馬之見廟兮，聊血食於商丘。偉夫子一言兮，誠有取於三仁。

清·黄宗羲《明文海》卷二〇《祁順〈謁箕子廟賦使朝鮮作〉》 有商之衰兮，大道沈淪。女戎煽處兮，積粟成塵。荒亡敗度兮，虐焰肆氛。藐天威之不戒兮，遠忠言而罔聞。嗟哉夫子兮，遭時孔疚。義爲大臣兮，親則諸父。視祖烈其至重兮，敢恝然而安處。翳象箸之始造兮，憂未流之莫支。進藥石於俞緩兮，冀沈痼之可醫。羌狡童其弗悟兮，嗜堇薺而如飴。耿余衷之激切兮，獨遑遑乎何之？顧微子之已去兮，余安忍復肖其君也。歎比干之既死兮，余安可徒隕其身也。甘隱忍以晦遯兮，乃佯狂而爲奴。傷宗社之覆墜兮，抱鳴琴而歎吁。夷羊滿野兮，麥秀故都。非夫子之不力兮，良天運之已徂。維朝鮮僻在東土兮，實夫子之封國。祠宇久而彌新兮，儼清風之如昨。服八條之教令兮，安蠶織而耕鑿。信德順以流光兮，足廉頑而敦薄。吾生數千載下兮，偶奉使而謁兹。想儀型以起敬兮，懷不盡之遐思。《書》有九疇兮，《易》有《明夷》。仲尼有贊兮，宗元有碑。斯夫子之道大兮，又奚用贅乎一辭！

唐·封演《封氏聞見記》卷八《羑里城》 曹子建《誥紂文》云：崇侯何功？乃用爲輔。西伯何辜？囚之囹圄。囹圄既成，負土既盈。興立炮烙，賊害忠貞。

唐·黄滔《黄御史集》卷八《雜文·噫》 芝蘭草也，松桂木也，喻於君子而榮之。桀、紂君也，李斯大臣也，盜蹠華胄也，喻於小人而耻之。則知蛇克銜珠而奚蛇，龍苟醢身而匪龍。噫！

宋・劉敞《公是集》卷四九《商周二賢贊》　劉子曰：儒者或稱殷道衰，微子抱祭器入周。紂殺比干，箕子懼，佯狂爲奴。孔子皆賢此兩人，兩人殊行而同名。總其實，不然。自殷之末亂，微子諫不用，欲去，誥父師、少師曰：殷其弗或正四方，我出爲狂，自遯於荒野。古者同姓，雖危不去國。微子，紂庶兄也，何入周之有？及紂殺比干，箕子諫之尤力，紂遂囚箕子而奴辱之。武王告諸侯曰：紂乃囚正士，可伐矣。武王伐紂，敗之牧野，紂自殺。武王則使人釋箕子囚，載與俱歸，而作《洪範》。由是言之，箕子之不死，幸耳，豈自苟全須臾者哉？然微子所以能去者，以先其未亂也，雖去，猶不逾國，斯仁矣。如已亂無爲去也，必去之，是逃也，非仁者也。

明・李夢陽《空同集》卷六〇《三仁贊》　殷喪厥馭，姦宄師師。天乎下菑，神罔攸依。國既顛越，我寧獨支？何其發慨，決於二師。三諫遂行，允哉睿思。右微子

於維哲人，知微知彰。譬如滔天，涓涓是防。象箸道奢，瓊宫兆亡。鼓琴自悲，過衢佯狂。洪疇翊聖，朝鮮錫昌。右箕子

箕啓存祀，干以殺身。殷稱七竅，孔贊三仁。烈烈太師，實惟國楨。人之云亡，邦是用傾。鹿臺玉焚，麥秀吞聲。右比干

宋・薛尚功《歷代鐘鼎彝器款識法帖》卷一六《周器款識・封比干墓銅槃銘》　右林左泉，後岡前道。萬世之寧，兹焉是保。

宋・姚鉉《唐文粹》卷五三《李翰〈殷太師比干碑〉》　太宗文皇帝既一海内，明君臣之義，貞觀十九年東征島夷，師次殷墟，乃下詔追贈殷少師比干爲太師，謚曰忠烈公，遣大臣持節弔贈，申命郡縣，封墓葺祠，置守冢五家，以少牢時享，著於甲令，刻于金石，故比干之忠益彰，臣子得以述其志也。

昔商王受，毒痛于四海，德悖於三正，肆厥淫虐，下罔敢諫，於是微子去之，箕子囚之，而公獨死之。非捐生之難，處死之難；非處死之難，得死之難。故不可死而死之，是輕其生，非孝也；得其死而不死，是重其死，非忠也。王之叔父，親莫至焉；國之元臣，位莫崇焉。崇高不可以觀其危，親昵不可以忘其祖，則我成湯之業將墜於泉，商王之命將絶於天，整扶其顛，遂諫而死。剖心非痛，殷亡是痛，公之忠烈也，其若是乎！故能獨立危邦，横抗興運。周武以三分之業有諸侯之師，資十亂之謀，總一心之衆，當公之存也則戢彼西土，及公之喪也乃觀於盟津。公存而殷存，公喪而殷喪，興亡所繫，豈不重歟？且聖人立教，懲惡勸善而已矣；人倫大統，父子君臣而已矣。太師存則正其統，殁則垂其教，奮乎千古之上，行乎百王之末，俾夫淫者懼，佞者慚，睿者思，忠者勸。其爲式也，不亦大哉！而夫子稱殷有三仁，豈無微旨？

嘗敢賾之曰：存其身，存其祀，亦仁也；亡其身，存其國，亦仁也。若進死者，退生者，狂狷之士將奔走焉；褒生者，貶死者，宴安之人將寘力焉。故同歸諸仁，各順其志，殊途而一揆，異行而齊致，俾後之人優柔而自得焉，蓋《春秋》微婉之義也。必將建皇極，敍彝倫，弘在三之規，垂不二之訓，以昭於世，則夫人臣者既移孝於親，而致之於君焉。有聞親失而不爭，覩親危而不救，從容安地而稱得禮，甚不然矣。夫孝於其親者，人之親皆願其爲子；忠於其君者，人之君皆欲其爲臣。故歷代帝王，莫不旌顯。周武下車而封其墓，魏氏南遷而創其祠。我太宗有天下，禋百神而盛其禮，追贈太師，謚曰忠烈，申命郡縣，封墓葺祠，致守冢五家，以少牢時享，著於甲令，刻于金石。於戲！哀傷列辟，主食舊封，德爲神明，秩視羣望，身滅而名益大，世絶而祀愈長，然後知忠烈之道，其感激天人深矣。

天寶十祀，余尉於衛。拜乎祠堂，魄感精動，而廟在鄴邑，官非軾閭，刋石銘美，以志丕烈。詞曰：

麋軀非仁，蹈難非智。死於其死，然後爲義。忠無二體，烈有餘氣。正直聰明，至今猶視。咨爾來代，爲臣不易。

又《賈至〈微子廟碑〉》　昔者高宗既殁，殷始錯命，政有斁倫敗紀，事有梗神虐天。迄于獨夫，稼懕乃稔；武庚不化，茅土再血。玄鳥之祀，宜其忽諸！噫，湯之德未衰，故微子復興于宋矣。微子諱啓，實帝乙元子。帝乙懵賢之故，而神器不集於君。君肅恭神人，恪慎克孝，才兼八元之偉，德首三仁之列。始在擇嗣，箕子贊焉；尹兹東夏，周公嘉焉；殁而不朽，仲尼稱焉。覩其進思盡忠，則作主以竭諫；退將保祀，則全身以逃難。去就生死之塗，沈吟出處之域，有以見聖達之情也。若乃受爲不道，暴殄天物，剖諫輔之心，解忠良之骨，億兆墜於塗

炭，宗祧困於[illegible][illegible]。而君崎嶇險阻，避迹藏時，免身龍戰之郊，解縛鷹揚之帥，卒能修復舊物，統承先祀，七百餘年，歆我神祇。非明德至仁，其孰能與於此？於戲！國之興亡，不獨天命。向使帝乙捨受而立啓，前箕子而後少師，則文王未可專征於諸侯，武王未可誓師於牧野。雖周公之聖，不過子產善相矣；太公之賢，不過穰苴之法矣。是太王立季歷而昌，帝乙捨微子而亡。成敗繫本，不其昭彰！

皇帝三十有一載，予作吏于宋，思其先聖遺事，求於古老輿人，則得君之祠廟存焉。盛衰紛綸，年祀超忽，喬木老矣，靈儀儼然。椽欒茨塈者月繼，蘋蘩牲幣者日接，何百代之後而仁風獨揚乎！留連廟庭，乃作頌曰：

天革元命，皇符在木。玄天降災，上慘下黷。人怨神怒，川崩鬼哭。赫赫周邦，如臨深谷。遏矣微子，逢時顛沛。居亡念存，處否求泰。諫以明節，仁而遠害。作《誥》父師，全身而退。龍戰于野，鳥焚其巢。桓桓周王，奄有商郊。面縛就執，牽羊投庖。祀商修器，啓宋分茅。嗟爾宋人，來蘇是仰。穆如雨潤，靄若春養。以戴以翼，是宗是長。茫茫舊封，千載餘響。我來祠廟，永挹遺芬。荒堦蔓草，古木垂雲。惆悵懷賢，徘徊日曛。鐫石紀德，用流斯文。

唐·柳宗元《柳河東集》卷五《箕子碑》 凡大人之道有三：一曰正蒙難，二曰法授聖，三曰化及民。殷有仁人曰箕子，實具茲道，以立於世。故孔子述六經之旨，尤慇懃焉。當紂之時，大道悖亂，天威之動不能戒，聖人之言無所用。進死以併命，誠仁矣，無益吾祀，故不爲；委身以存祀，誠仁矣，與去吾國，故不忍。具是二道，有行之者矣。是用保其明哲，與之俯仰，晦是謨範，辱於囚奴，昏而無邪，隤而不息，故在《易》曰：『箕子之明夷』，正蒙難也。及天命既改，生人以正，乃出大法，用爲聖師。周人得以序彝倫而立大典，故在《書》曰：『以箕子歸，作《洪範》』，法授聖也。及封朝鮮，推道訓俗，惟德無陋，惟人無遠，用廣殷祀，俾夷爲華，化及民也。率是大道，藂於厥躬，天地變化，我得其正，其大人歟？

於戲！當其周時未至，殷祀未殄，比干已死，微子已去，向使紂惡未稔而自斃，武庚念亂以圖存，國無其人，誰與興理？是固人事之或然者也。然則先生隱忍而爲，此其有志於斯乎！唐某年作廟汲郡，歲時致祀，嘉先生獨列於《易》象，作是頌云：

蒙難以正，授聖以謨，宗祀用繁，夷民其蘇。憲憲大人，顯晦不渝。聖人之仁，道合隆污。明哲在躬，不陋爲奴。沖讓居禮，不盈稱孤。高而無危，卑不可踰。非死非去，有懷故都。時詘而伸，卒爲世模。《易》象是列，文王爲徒。大明宣昭，崇祀式乎。古闕頌辭，繼在後儒。

清·嚴可均《全後魏文》卷七《孝文帝〈弔殷比干墓文〉》 唯皇構遷中之元載，歲御次乎閹茂，望舒會于星紀，十有四日，日唯甲申。予揚和淇右，蹀駟鄘西，指崧原而摇步，順京途以啓征。路歷商區，轄屆衞壤，泛目睇川，縱覽觀陸，遂傍睨古迹，游瞰曩風，睹殷比干之墓，悵然悼懷焉。乃命馭駐輪，策驥躬矚，荆棘荒朽，工爲綿蕘，而遺猷明密，事若對德。慨狂后之猖穢，傷貞臣之婞節，聊興其韻，貽弔云爾。曰：

三才之肇元兮，敷五靈以扶德。含剛柔于金木兮，資明闇於南北。重離耀其炎暉兮，曾坎司玄以秉黑。伊稟常之懷生兮，昏睿遞其啓則。晝皎皎其何朗兮，夜幽幽而致弊。哲人昭昭而澄光兮，狂夫默默其若翳。咨堯舜之耿介兮，何桀紂之猖敗。沈湎而不知甲兮，終或已以貽戾。謇謇兮比干，藉胄兮殷宗。含精兮誕立，寘樹兮英風。稟蘭露以滌神，飡菊英而儆容。茹薜荔以蕩識，佩江蘺以麗躬。履霜以結冰兮，卒窘忠而彌濃。于金豈其吾珍兮，皇舋實余所鍾。奮誠諫而爈軀兮，導危言以釁鋒。嗚呼哀哉，嗚呼哀哉！

惟子在殷，實爲樑棟。外贊九功，内徽辰共。匡率衮職，德音遐洞。周師還旆，非子誰貢。否哉悖運，遘此不辰。三綱道没，七曜輝泯。負乘竊器，怠棄天倫。懷誠齎怒，讜言焉陳。嵬侯已醢，子不見歟？邢侯已脯，子不聞歟？微子去矣，子不知歟？箕子奴矣，子不覺歟？何其輕生，一致斯歟！何其愛義，勇若歸歟！遺體既灰，不其惜歟！永矣無返，不其痛歟！嗚呼哀哉，嗚呼哀哉！

夫天地之長遠兮，嗟人生短多殃。往者子弗及兮，來者子不厥當。胡契闊之屯亶兮，值昏化而永良。曷不相時以卷舒兮，徒委質而巔亡。雖虛名空傳於千載，詎何勳之可揚。奚若騰魂以遠逝，飛足而歸昌，得比肩于尚父，卒同協于周王，建鴻績于盛辰，啓骨宇于齊方，闡穆音乎萬祀，傳

冤業以修長。而乃自受茲斃，視竅殷親，剖心無補，迷機喪身。脫非武發，封墓誰因？嗚呼介士，胡不我臣！

唐·徐堅《初學記》卷一七《人部·忠·［北周］李孝貞〈爲宣帝祭比干文〉》 自獨夫肆虐，天下崩離，觀竅剖心，固守誠節，忠踰白日，義概秋天，羲皇已來，一人而已。見馬卿之賦，恨不同時；聞李牧之名，願以爲將。九原不作，恨深千古。聊伸薄祭，君其饗諸！

又《［唐］太宗文皇帝〈祭比干文〉》 道喪時昏，奸邪並用，暴君虐主，正直難居。雖識鑑存亡，詎能遺凶殘之累？智周萬物，不能離顛沛之間。然則大厦將崩，非一木之能正；天道去矣，豈一賢之能全！奮不顧身，有死無二，蹈斯節者，罕有其人。所以悽愴風烟，靡尋餘迹，暄涼丘壟，空有其名。雖古今殊塗，年代冥寞，式遵故實，爰贈太師，謚忠烈公。清酌少牢，以陳薄禮，游魄髣髴，昭此嘉誠。

元·王惲《秋澗集》卷三六《殷少師比干廟肇祀記》 總管趙郡陳公治衛之明年，政平訟理，一日謂僚佐曰：『太師比干之神，古今之盛烈也。以視事之初，未遑致祭。爲守臣者，是殆闕如。況在明詔，又當寅奉神。不于其祭，吾烏乎用吾祭意？斯典之廢久矣，禮失而野，當以義起。且四時以秋爲金，五行以金爲義，而太師之徽烈，忠貞剛毅，蓋與秋律一也。今以秋令祀之，庶幾氣可應而神來格也。』僉曰：『俞！』

公于是擇穀旦，謹齋沐，得秋九月十有四日戊戌夜漏下四十刻，公乃延郡之宾友，府之幕屬，畢集于祠下。質明，公斂衽以入，乃卽厥事。鼓鐘既陳，賓從就列，籩豆靜嘉，牲醪香腯，奠獻禮成，泠風穆然，忻忻康樂，神具醉飽。從祀者凡十有九人，對越靈威，精魂動盪，殆肅如也。既闔戶，賓主序位，主人示曠度，略苛禮，歌管交奏，饜沃神貺。公乃詠擬《騷》之《九誦》，賦《伐木》之卒章，洗爵揚觶，以極歡暢。顧謂坐客曰：『祀以秋期，肇自于是可乎？』客乃聞而贊之，爲之歌曰：『沈寥兮九秋，神粹兮一氣。百卉兮具腓，貞松兮勁厲。來雲兮度帘，迴風兮滿旆。坎坎兮蹲蹲，人神兮具醉。雨暘兮時若，神賜兮屢歲。爰祀兮清商，自公兮無替。』宴既終，賓主揖而退繹之。明夜大雨，信宿乃止，咸曰『時雨之應，豈非公之至誠所感耶？』公以謙撝自牧，乃謝不敏曰：『適雨與會，予何德以致之？』既而府從事李端告予曰：『公自下車，迹其善政，有不可揜焉者。其于事神治人，可謂備矣。宜文諸廟石，以旌厥美。』衛人王惲韙其言而嘉之，于是乎記。至元丁卯冬十月也。

又 卷六六《殷乳鼎銘》 韓生弘以瓦鼎示予，制極古而可愛。余曰：『此從何而得？』曰：『得之於帝辛之故墟，然不知其爲何制也。』余曰：『此殷之乳鼎也。』卽爲之銘曰：

惟殷墟，廢已久，代所居，止野叟，歿而葬，此何有？其爲物，故商埴，千年後，見白日。乳至四，宜蟄蟄，萬有生，皆此出。取爲形，穀瑑璧，媿龍觚，飲而食。秋澗銘，渾沌鑿，韓生藏，深夜壑，後來者，見必作。

又《牴牻贊并序》 郡譙門兩根下有石獸，左曰牴，右曰牻。爲狀特異，隱其齒而吻張，崩其角而顛兀，頂髮雲委，垂卷兩膊，世傳殷宮中故物，自衛縣移置於此。考之《集韻》云，秉心甚靈，蓋忠直獸也。彼物爾，得氣之偏者也。何以識其性之云然？以屈軼指佞，神羊觸邪，麟趾厚而不踐，虎蜼仁而有威，是以忠與直可得而推也。其所以表之以爲世儀者，古人制物有所取而垂戒焉。蓋忠者衛上之謂，直者不骫之稱，此則臣子之所固有而所當爲者。物能如是，可以人而不如獸之云乎？作《牴牻贊》，并序。

贊曰：吁奇龐，三代制，賢其德，與獸異。體具存，神則逝。逐比干而下遊，悲獨夫之狂猘。牴兮牻兮，無效麟之出非時兮，使吾拭面而反袂。

雜録

《呂氏春秋》卷一一《當務》 紂之同母三人：其長曰微子啓，其次曰中衍，其次曰受德，受德乃紂也，甚少矣小。紂母之生微子啓與中衍也，尚爲妾，已而爲妻，而生紂。紂之父、紂之母欲置微子啓以爲太子，太史據法而爭之，曰：『有妻之子，而不可置妾之子。』紂故爲後。用法若此，不若無法。

漢·蔡邕《獨斷》卷下《帝謚》 殘人多壘曰桀，殘義損善曰紂。

宋·朱熹《二程遺書》卷二三 何似休因問：桀紂是謚否？曰：

不是。天下自謂之桀紂。

宋・羅璧《識遺》卷一《書史訛名》 殷史：帝乙崩，子辛立，是爲紂。則紂名辛，非受也。《尚書・西伯戡黎》及《武成》皆言商王受，二孔釋《書》，謂受、紂音相亂。鄭玄謂紂轉爲受。及《立政》曰：其在受德。孔文釋受德，紂字。余按殷人名其惡曰紂，其轉紂爲受，或者僞書者過也。至謚法以殘善損義爲紂，亦未詳殷無謚法而妄爾。

《左傳・昭公九年》 辰在子卯，謂之疾日。晉杜預注：疾，惡也。紂以甲子喪，桀以乙卯亡，故國君以爲忌日。

《儀禮・喪禮》 朝夕哭，不辟子卯。漢鄭玄注：子卯，桀紂亡日，凶事不辟，吉事闕焉。唐賈公彦疏：云子卯桀紂亡日者，《詩》云『韋顧既伐，昆吾夏桀。』《左傳》云：乙卯，昆吾稔之日。昆吾與夏桀同時誅，則桀以乙卯亡。案《尚書・牧誓序》云：時甲子昧爽。武王伐紂之日，是紂以甲子日死，王者以爲忌日。云凶事不辟者，卽此經是也。云吉事闕焉者，《檀弓》云『子卯不樂』，是吉事闕也。

《禮記・檀弓下》 子卯不樂。漢鄭玄注：紂以甲子死，桀以乙卯亡，王者謂之疾日。不以舉樂爲吉事，所以自戒懼。

《史記》卷五《秦本紀》 自太戊以下，中衍之後，遂世有功，以佐殷國，故嬴姓多顯，遂爲諸侯。其玄孫曰中潏，在西戎，保西垂。生蜚廉，蜚廉生惡來。惡來有力，蜚廉善走，父子俱以材力事殷紂。周武王之伐紂，並殺惡來。是時蜚廉爲紂石北方，還，無所報，爲壇霍太山而報，得石棺，銘曰：『帝令處父不與殷亂，賜爾石棺以華氏。』死，遂葬於霍太山。

宋・周密《齊東野語》卷一《書史載箕子比干不同》 《書・微子》篇曰：『父師少師！殷其弗或亂正四方。』孔注：『父師，太師三公箕子也；少師，孤卿比干也。』《史記・殷紀》乃云：紂淫亂不止，微子數諫不聽，與太師少師謀，遂去。比干曰：『爲人臣者，不得不以死爭。』乃强諫，紂剖比干心。箕子懼，乃佯狂爲奴，紂又囚之。殷之太師、少師，乃持其祭器奔周。《周紀》又云：紂殺比干，囚箕子，太師疵、少師强抱其樂器奔周。又《宋世家》：微子數諫，紂弗聽，欲死之，及去，未能自決，乃問於太師、少師。箕子披髮佯狂爲奴，比干諫，紂剖其心，太師、少師乃勸微子去，遂行。注但云：『時比干已死，而云少師者，似誤。』蓋三處皆以太師、少師非箕子、比干，獨《周紀》明言太師名疵，少師名强。《漢・古今人物表》亦有太師疵、少師强，殊與孔注不合。然二子同武帝時人，何以見異而言不同歟？及蘇子由作《古史》，乃用安國之説；劉道原作《通鑑外紀》則又從史記之言。二公必各有所見故耳。

明・陳士元《論語類考》卷七《人物考・紂》 元按：《尚書》稱『商王受』。《史記・殷本紀》云：『帝乙崩，子辛立，是爲帝辛，天下謂之紂。紂資辨捷疾，聞見甚敏，才力過人，手格猛獸。』又《帝王世紀》云：『紂倒曳九牛，撫梁易柱。』而《泰誓》舉紂之罪，更不言其絶力也，曰沈湎冒色，敢行暴虐，曰穢德彰聞，曰罪浮於桀，又甚則稱之爲讎，稱之爲獨夫。今觀史鑑所載，淫虐之行，天下之惡何加焉！而子貢乃謂紂之不善，不如是之甚，何也？竊疑《周書》之過其實也。希烏有言：文王拘羑里，武王羈玉門。《呂氏春秋》云季歷困死，文王苦之，不忘羑里之醜；至武王事之，亦不忘玉門之辱。羅泌氏云：文王見辱玉門，顔色不變，而武王卒擒紂於牧野。釋諒闇而卽戎，載木主而示述。武王於紂，蓋有怨辭焉，豈謂《泰誓》耶？孔子云武未盡善，子貢云紂惡未甚，其意將以儆戒於君臣之際，而蘇氏遂以武王非聖人。吁！非所以論世矣。

又《微子》 元按：微子啓，《家語》及《路史》皆作『魏子啓』。《史記》云：『微子開者，殷帝乙首子而紂之庶兄也。紂既立，不明，淫亂於政。微子數諫不聽，乃問於太師、少師，遂亡。』然《尚書》作微子啓而《史記》作微子開者，避漢景帝諱也。食采於微，故曰微子。《呂氏春秋》云：『紂母生微子與仲衍，其時尚爲妾，改而爲妻，生紂。紂父欲立微子啓爲太子，太史據法而爭曰：「有妻之子，不可立妾之子。」故立紂爲後。』《史記》云：『啓母賤，辛母正后。』是二母也。若謂啓、辛同母，則妻從夫貴，而所生之子亦從而貴，啓不得稱嫡長子乎！此呂氏之謬也。《論語》謂『微子去之』，未嘗明言其何往，而孔安國氏乃有奔周之説。《左傳》又有面縛銜璧、衰絰輿櫬之説，《史記》又有持祭器造於軍門，肉袒面縛，膝行而前之説。真厚誣微子也。羅泌、王柏、金履祥輩皆有辨矣。《一統志》云：墓在歸德州西南一十二里。

又《箕子》 元按：《宋世家》云：『箕子，紂親戚也。紂爲淫泆，箕子諫不聽，乃被髮佯狂而爲奴，遂隱而鼓琴以自悲，是爲《箕子操》。』《世家》以箕子爲紂之親戚，未嘗言其爲父爲兄。鄭玄、王肅皆云

紂之諸父，朱子《集注》從之，而服虔、杜預則又以爲紂之庶兄，其説不同如此。箕子名無考，惟司馬彪注《莊子》云：『箕子名胥餘。』不知何據。

又《比干》 元按：《宋世家》云：『王子比干者，紂之親戚。直言諫紂，紂怒，殺之，刳其心。』《家語》亦云比干是紂之親，而馬融以比干爲紂之諸父，微子爲庶兄。然《孟子》云：『以紂爲兄之子且以爲君，而有微子啓、王子比干。』是微子、比干，皆諸父矣。夫孟子以微子、比干並稱，微子之爲紂庶兄，確乎有明徵也，而比干豈得爲諸父哉？故金履祥謂孟子所謂兄之子者，『兄』當作『乙』，謂均是帝乙之子也，言一時一家而善惡之相遠也。若然，則比干非紂諸父，乃庶兄矣。《一統志》云：墓在衛輝府城北一十里，即武王所封者，題曰『殷太師比干之墓』。又河南府偃師縣西北，亦有比干墓。

清·俞正燮《癸巳存稿》卷七《心竅》 《史記·周本紀》、《宋世家》並云：紂曰：『吾聞聖人心有七竅。』剖比干，觀其心。《莊子》云：混沌『日鑿一竅，七日而混沌死。』言一日一竅，喻聖人心七竅，以智治天下也。《列子·仲尼》篇云：『七孔四支之所覺。』言外七竅。又云：『子心六孔流通，一孔不達。』則言心七竅。蓋商周時皆言心七竅，內外相應，而醫書《明堂》未嘗言之。《南史·沈攸之傳》云：『或割其腹，心有五竅。』《元史·儒學·伯顏傳》云：伯顏死于磁，『或剖其腹，見其心數孔。』是心竅不能定，故《明堂》不言也。梁元帝《金樓子》云：比干心十二穴。《梁史·范縝傳》云：『比干之心，七竅列角。』嘗疑其時君臣所言奇異。今檢西洋羅雅谷《人身圖説》云：『心竅左右各二，有十一小耳，則小穴十一。』其言與《金樓子》、范縝合，蓋本之佛書。《金樓子》取其十一穴，今本訛爲十二；范縝取其小耳，以爲列角，因以附之比干。西洋《人身圖説》，則本佛西國書也。

北魏·酈道元《水經注》卷九《淇水》 其水南流東屈，逕朝歌城南。《晉書地道記》曰：本沬邑也。《詩》云『爰采唐矣，沬之鄉矣。』殷王武丁，始遷居之，爲殷都也。紂都在《禹貢》冀州大陸之野，即此矣。有糟丘酒池之事焉，有新聲靡樂，號邑朝歌。晉灼曰：《史記·樂書》紂作朝歌之音。朝歌者，歌不時也。故墨子聞之，惡而迴車，不逕其邑。《論語比考讖》曰：邑名朝歌，顏淵不舍，七十弟子掩目，宰予獨顧，由蹩墮車。宋均曰：子路患宰予顧視凶地，故以足蹩之，使墮車也。今城內有殷鹿臺，紂昔自投於火處也。《竹書紀年》曰：武王親禽帝受辛于南單之臺，遂分天之明。南單之臺，蓋鹿臺之異名也。武王以殷之遺民，封紂子武庚於茲邑，分其地爲三，曰邶、鄘、衛，使管叔、蔡叔、霍叔輔之，爲三監。叛周討平，以封康叔爲衛。箕子佯狂自悲，故《琴操》有《箕子操》。逕其墟，父母之邦也，不勝悲，作《麥秀歌》。後乃屬晉地，居河淇之間，戰國時皆屬於趙。男女淫縱，有紂之餘風。

唐·李吉甫《元和郡縣圖志》卷二〇《衛州·汲縣》 比干墓及廟，在縣北十里。

宋·樂史《太平寰宇記》卷五六《河北道·汲縣》 比干墓，在縣北十里餘，有石題銘，云『殷大夫比干之墓』。魏太和中，孝文皇帝南巡，親幸其墳弔焉，刊石於墓。

又《衛縣》 鹿臺，在縣西二十里。《帝王世紀》云紂造，飾以美玉，七年乃成，大三里，高千仞。餘址宛然在城內，即紂自投火處。《紀年》曰武王擒紂于南單之臺，蓋鹿臺之異名耳。朝歌故城，在今縣西二十二里，紂之所都，漢以爲縣，後魏移朝歌於今衛縣東一里，此城因廢。糟丘酒池，《冀州圖》云在朝歌南一里，土人依約識之。陽河水，在縣西北平地，即紂斮朝涉之脛處也。

又 卷五八《曲周縣》 巨橋倉，紂所積倉，《尚書》『發巨橋之粟』是也。

宋·王存等《元豐九域志》卷二《衛州汲郡防禦·古迹》 朝歌，紂都也。鹿臺，《史記》云紂厚賦稅，以實鹿臺之錢是也。酒池，《史記》云紂以酒爲池。商太師廟，比干廟也，唐太宗朝贈太師。比干墓。

又《洺州廣平郡防禦·古迹》 古邸閣城，《圖經》云紂所積倉，《書》云武王克商，發巨橋之粟是也。《水經》云：衡漳水又北，經邸閣西。

清·黃生《義府》卷下《隸釋·四王廟孫根碑釋文》 比干墓在衛州汲縣，俗立三仁像併商紂，謂之四王廟。以四月四日爲比干誕日，祠具甚盛。夫比干廟立三仁像，宜矣，卻攜帶商紂，亦得血食。或曰：卻是商

紂攜帶三仁，不然，父師少師，三公爾，非商紂安得並膺王號耶？一笑。大抵俚俗侗而且願，其心止知徼福，不必其所祀之果合祀典與否。君臣並祀且不可，況因臣以及其君耶！況因比干以及商紂耶！

《國語》卷七《晉語一》 優施教驪姬夜半而泣謂公曰：『今夫以君爲紂，若紂有良子而先喪紂，無章其惡而厚其敗，鈞之死也，無必假手於武王，而其世不廢祀至於今，吾豈知紂之善否哉？君欲勿恤，其可乎？若大難至而恤之，其何及矣。』公懼曰：『若何而可？』驪姬曰：『君盍老而授之政？彼得政而行其欲，得其所索，乃其釋君。且君其圖之：自桓叔以來，孰能愛親？唯無親，故能兼翼。』公曰：『不可與政。我以武與威，是以臨諸侯。未沒而亡政，不可謂武；有子而不勝，不可謂威。我授之政，諸侯必絶。能絶於我，必能害我。失政而害國，不可忍也。爾勿憂，吾將圖之。』

《戰國策》卷三一《燕三》 燕人大敗，樂間入趙。燕王以書且謝焉，曰：**【略】**『寡人雖不肖乎，未如殷紂之亂也。君雖不得意乎，未如商容、箕子之累也。然則不內，蓋寡人而明怨於外，恐其適足以傷於高而薄於行也，非然也。苟可以明君之義，成君之高，雖任惡名，不難受也。本欲以爲明寡人之薄而君不得厚，揚寡人之辱而君不得榮，此一舉而兩失也。』**【略】**樂間、乘怨不用其計，二人卒留趙，不報。

又 卷七《秦五》 秦王與中期爭論不勝，秦王大怒，中期徐行而去。或爲中期說秦王曰：『悍人也。中期適遇明君故也。向者遇桀紂，必殺之矣。』秦王因不罪。

《孔子家語》卷三《觀周》 孔子觀乎明堂，睹四門，墉有堯、舜與桀、紂之象，而各有善惡之狀，興廢之誡焉。

漢・趙曄《吳越春秋》卷四《句踐入臣外傳》 子胥諫吳王曰：『昔桀囚湯而不誅，紂囚文王而不殺，天道還反，禍轉成福，故夏爲湯所誅，殷爲周所滅。今大王既囚越君而不行誅，臣謂大王惑之深也，得無夏殷之患乎？』

漢・韓嬰《韓詩外傳》卷七 簡子曰：『大夫皆無罪。昔者吾有周舍，有言曰：「千羊之皮，不若一狐之腋；衆人諾諾，不若一士之諤諤。」昔者商紂默默而亡，武王諤諤而昌。今自周舍之死，吾未嘗聞吾過也，吾亡無日矣，是以寡人泣也。』

《史記》卷八七《李斯列傳》 李斯拘執束縛，居囹圄中，仰天而歎曰：『嗟乎悲夫！不道之君，何可爲計哉？昔者桀殺關龍逢，紂殺王子比干，吳王夫差殺伍子胥。此三臣者，豈不忠哉？然而不免於死，身死而所忠者非也。今吾智不及三子，而二世之無道，過於桀紂、夫差，吾以忠死，宜矣。』

《漢書》卷三九《蕭何傳》 是日，使使持節赦出何。何年老，素恭謹，徒跣入謝。上曰：『相國休矣。相國爲民請苑，吾不許，我不過爲桀紂主，而相國爲賢相。吾故繫相國，欲令百姓聞吾過。』

又 卷四二《周昌傳》 昌爲人强力，敢直言，自蕭、曹等皆卑下之。昌嘗燕入奏事，高帝方擁戚姬，昌還走，高帝逐得，騎昌項上，問曰：『我何如主也？』昌仰曰：『陛下卽桀紂之主也。』於是上笑之，然尤憚昌。

唐・吳兢《貞觀政要》卷二《任賢》 太宗謂玄素曰：『卿以我不如煬帝，何如桀紂？』對曰：『若此殿卒興，所謂同歸於亂。』太宗歎曰：『我不思量，遂至於此。』

又 卷三《君臣鑑戒》 貞觀六年，太宗謂侍臣曰：『朕又聞桀、紂，帝王也，以匹夫比之，則以爲辱。顏、閔，匹夫也，以帝王比之，則以爲榮。此亦帝王深恥也。朕每將此事，以爲鑑戒，常恐不逮，爲人所笑。』魏徵對曰：『臣聞魯哀公謂孔子曰：「有人好忘者，移宅乃忘其妻。」孔子曰：「又有好忘甚於此者。丘見桀紂之君，乃忘其身。」願陛下每以此爲慮，庶免後人笑爾。』

又 卷六《奢縱》 貞觀十一年，侍御史馬周上疏陳時政，曰：『故人主每見前代之亡，則知其政教之所由喪，而皆不知其身之有失。是以殷紂笑夏桀之亡，而幽、厲亦笑殷紂之滅，隋帝大業之初又笑周、齊之失國。然今之視煬帝，亦猶煬帝之視周、齊也。』

宋・王讜《唐語林》卷五《補遺》 中宗正位後，有武當縣丞壽春周憬慷慨有節義，乃與王駙馬同皎謀誅武三思。事發，同皎見害。憬逃於比干廟中刎死，臨死謂曰：『比干，紂之忠臣也。儻神道有知，明我以忠見殺。』

《元史》卷一四三《庫庫傳》 帝暇日欲觀古名畫，庫庫卽取郭忠恕《比干圖》以進，因言商王受不聽忠臣之諫，遂亡其國。

清・顧炎武《日知録》卷二一《畫》 古人圖畫，皆指事爲之，使觀者可法可戒。上自三代之時，則周明堂之四門，墉有堯舜之容、桀紂之象，有周公相成王負斧扆南面以朝諸侯之圖，《孔子家語》。楚有先王之廟及公卿祠堂，圖畫天地、山川、神靈琦瑋僪佹及古賢聖怪物行事。王逸《楚辭章句》。秦漢以下見於史者，如周公負成王圖、《霍光傳》。成慶畫、《景十三王傳》。猶言《成慶圖》，非成慶所畫也。紂醉踞妲己圖、《敍傳》。屏風圖畫列女、《宋弘傳》。戴逵畫南都賦圖《世説》。之類，未有無因而作。逮乎隋唐，尚沿其意。

周厲王好利弭謗分部

綜述

《國語・周語上》 厲王虐，國人謗王。邵公告曰：『民不堪命矣！』王怒，得衛巫，使監謗者以告，則殺之。國人莫敢言，道路以目。

王喜，告邵公曰：『吾能弭謗矣，乃不敢言。』

邵公曰：『是障之也。防民之口，甚於防川。川壅而潰，傷人必多，民亦如之。【略】』王不聽，於是國莫敢出言，三年，乃流王於彘。

《左傳・昭公二十六年》 至于厲王，王心戾虐，萬民弗忍，居王于彘。諸侯釋位，以間王政。

《清華大學藏戰國楚竹簡・系年》第一章 （至于）（東『王』）［厲王，厲王］大（瘧）［虐］于周，卿（李）［士］、（者）［諸］正、萬民弗（刃）［忍］于（氒）［厥］心，乃歸（東）［厲］王于（敵）［彘］。

《史記》卷四《周本紀》 夷王崩，子厲王胡立。厲王卽位三十年，好利，近榮夷公。大夫芮良夫諫厲王曰：『王室其將卑乎？夫榮公好專利而不知大難。夫利，百物之所生也，天地之所載也，而有專之，其害多矣。天地百物皆將取焉，何可專也？所怒甚多，而不備大難。以是教王，王其能久乎？夫王人者，將導利而布之上下者也。使神人百物無不得極，猶日怵惕懼怨之來也。故頌曰「思文后稷，克配彼天，立我蒸民，莫匪爾極」。大雅曰：「陳錫載周」。是不布利而懼難乎，故能載周以至于今。今王學專利，其可乎？匹夫專利，猶謂之盗；王而行之，其歸鮮矣。榮公若用，周必敗也。』厲王不聽，卒以榮公爲卿士，用事。

王行暴虐侈傲，國人謗王。召公諫曰：『民不堪命矣。』王怒，得衛巫，使監謗者，以告則殺之。其謗鮮矣，諸侯不朝。三十四年，王益嚴，國人莫敢言，道路以目。厲王喜，告召公曰：『吾能弭謗矣，乃不敢言。』召公曰：『是鄣之也。防民之口，甚於防水。水壅而潰，傷人必多，民亦如之。是故爲水者決之使導，爲民者宣之使言。故天子聽政，使公卿至於列士獻詩，瞽獻曲，史獻書，師箴，瞍賦，矇誦，百工諫，庶人傳語，近臣盡規，親戚補察，瞽史教誨，耆艾脩之，而後王斟酌焉，是以事行而不悖。民之有口也，猶土之有山川也，財用於是乎出；猶其有原隰衍沃也，衣食於是乎生。口之宣言也，善敗於是乎興。行善而備敗，所以產財用衣食者也。夫民慮之於心而宣之於口，成而行之，若壅其口，其與能幾何？』王不聽。於是國莫敢出言，三年，乃相與畔，襲厲王。厲王出奔於彘。【略】

共和十四年，厲王死于彘。

又 卷五《秦本紀》 周厲王無道，諸侯或叛之。

論說

《詩經・大雅・板序》 厲王無道，天下蕩蕩然無綱紀文章。

漢・王符《潛夫論》卷一《遏利》 周厲王好專利，芮良夫諫而不入，退賦《桑柔》之詩以諷，言是大風也，必將有隧；是貪民也，必將敗其類。王又不悟，故遂流死於彘。

《宋史》卷三二一《高宗紀九》 周傳九世而厲王死于彘。

藝 文

《詩經·大雅·民勞》 民亦勞止，汔可小康。惠此中國，以綏四方。無縱詭隨，以謹無良。式遏寇虐，憯不畏明？柔遠能邇，以定我王！

民亦勞止，汔可小休。惠此中國，以爲民逑。無縱詭隨，以謹惛怓。式遏寇虐，無俾民憂。無棄爾勞，以爲王休！

民亦勞止，汔可小息。惠此京師，以綏四國。無縱詭隨，以謹罔極。式遏寇虐，無俾作慝。敬慎威儀，以近有德！

民亦勞止，汔可小愒。惠此中國，俾民憂泄。無縱詭隨，以謹醜厲。式遏寇虐，無俾正敗。戎雖小子，而式弘大！

民亦勞止，汔可小安。惠此中國，國無有殘。無縱詭隨，以謹繾綣。式遏寇虐，無俾正反。王欲玉女！是用大諫。

又《板》 上帝板板！下民卒癉。出話不然，爲猶不遠。靡聖管管，不實于亶。猶之未遠，是用大諫！

天之方難，無然憲憲。天之方蹶，無然泄泄。辭之輯矣，民之洽矣。辭之懌矣，民之莫矣。

我雖異事，及爾同寮。我即爾謀，聽我囂囂。我言維服，勿以爲笑。先民有言：詢于芻蕘！

天之方虐，無然謔謔。老夫灌灌，小子蹻蹻。匪我言耄，爾用憂謔。多將熇熇，不可救藥！

天之方懠，無爲夸毗。威儀卒迷，善人載尸。民之方殿屎，則莫我敢葵？喪亂蔑資，曾我惠我師？

天之牖民，如壎如篪；如璋如圭；如取如攜。攜無曰益，牖民孔易，民之多辟，無自立辟！

价人維藩，大師維垣，大邦維屏，大宗維翰。懷德維寧，宗子維城。無俾城壞，無獨斯畏！

敬天之怒，無敢戲豫。敬天之渝，無敢馳驅。昊天曰明，及爾出王！昊天曰旦，及爾游衍！

又《蕩》 蕩蕩上帝！下民之辟。疾威上帝！其命多辟？天生烝民，其命匪諶？靡不有初，鮮克有終！

文王曰咨！咨女殷商。曾是彊禦？曾是掊克？曾是在位？曾是在服？天降滔德，女興是力！

文王曰咨！咨女殷商。而秉義類，彊禦多懟。流言以對，寇攘式內。侯作侯祝，靡届靡究！

文王曰咨！咨女殷商。女炰烋于中國，斂怨以爲德。不明爾德，時無背無側！爾德不明，以無陪無卿！

文王曰咨！咨女殷商。天不湎爾以酒，不義從式。既愆爾止，靡明靡晦：式號式呼，俾晝作夜！

文王曰咨！咨女殷商。如蜩如螗如沸如羹。小大近喪，人尚乎由行。內奰于中國，覃及鬼方！

文王曰咨！咨女殷商。匪上帝不時，殷不用舊。雖無老成人，尚有典刑。曾是莫聽？大命以傾！

文王曰咨！咨女殷商。人亦有言：顛沛之揭，枝葉未有害，本實先撥。殷鑒不遠，在夏后之世！

又《抑》 抑抑威儀！維德之隅。人亦有言：靡哲不愚。庶人之愚，亦職維疾。哲人之愚，亦維斯戾。

無競維人，四方其訓之。有覺德行，四國順之。訏謨定命，遠猶辰告。敬慎威儀，維民之則！

其在于今，興迷亂于政！顛覆厥德，荒湛于酒。女雖湛樂從，弗念厥紹？罔敷求先王，克共明刑！

肆皇天弗尚！如彼泉流，無淪胥以亡。夙興夜寐，洒掃廷內。維民之章：修爾車馬，弓矢戎兵。用戒戎作，用逷蠻方。

質爾人民，議爾侯度，用戒不虞。慎爾出話，敬爾威儀，無不柔嘉。白圭之玷，尚可磨也。斯言之玷，不可爲也！

無易由言，無曰苟矣！莫捫朕舌，言不可逝矣！無言不讎，無德不報。惠于朋友，庶民小子。子孫繩繩，萬民靡不承！

視爾友君子，輯柔爾顏，不遐有愆？相在爾室，尚不愧于屋漏？無曰不顯，莫予云覯！神之格思，不可度思，矧可射思！

辟爾爲德，俾臧俾嘉。淑慎爾止，不愆于儀。不僭不賊，鮮不爲則。

投我以桃，報之以李。彼童而角，實虹小子！

荏染柔木，言緡之絲。温温恭人，維德之基。其維哲人，告之話言，順德之行。其維愚人，覆謂我僭，民各有心！

於乎小子！未知臧否。匪手攜之，言示之事。匪面命之，言提其耳。借曰未知，亦既抱子！民之靡盈，誰夙知而莫成？

昊天孔昭！我生靡樂。視爾夢夢，我心慘慘。誨爾諄諄，聽我藐藐。匪用爲教，覆用爲虐。借曰未知，亦聿既耄！

於乎小子！告爾舊止。聽用我謀，庶無大悔。天方艱難，曰喪厥國。取譬不遠，昊天不忒。回遹其德，俾民大棘？

又《桑柔》 菀彼桑柔，其下侯旬，捋采其劉。瘼此下民，不殄心憂。倉兄填兮！倬彼昊天，寧不我矜。

四牡騤騤，旟旐有翩。亂生不夷，靡國不泯。民靡有黎，具禍以燼。於乎有哀！國步斯頻。

國步蔑資，天不我將。靡所止疑，云徂何往？君子實維：秉心無競。誰生厲階，至今爲梗？

憂心慇慇，念我土宇。我生不辰，逢天僤怒。自西徂東，靡所定處。多我覯痻，孔棘我圉。

爲謀爲毖，亂況斯削。告爾憂恤，誨爾序爵。誰能執熱，逝不以濯？其何能淑，載胥及溺？

如彼遡風，亦孔之僾。民有肅心，荓云不逮？好是稼穡，力民代食稼穡維寶，代食維好！

天降喪亂，滅我立王。降此蟊賊，稼穡卒痒。哀恫中國！具贅卒荒？靡有旅力，以念穹蒼！

維此惠君！民人所瞻。秉心宣猶，考慎其相。維彼不順！自獨俾臧。自有肺腸，俾民卒狂。

瞻彼中林，甡甡其鹿。朋友已譖，不胥以穀。人亦有言：進退維谷！

維此聖人！瞻言百里。維彼愚人！覆狂以喜。匪言不能，胡斯畏忌？

維此良人！弗求弗迪。維彼忍心！是顧是復。民之貪亂，寧爲荼毒？

大風有隧，有空大谷。維此良人！作爲式穀。維彼不順！征以中垢。

大風有隧，貪人敗類。聽言則對，誦言如醉。匪用其良，覆俾我悖！

嗟爾朋友！予豈不知而作？如彼飛蟲，時亦弋獲。既之陰女，反予來赫？

民之罔極，職涼善背！爲民不利，如云不克？民之回遹，職競用力！

民之未戾，職盜爲寇，涼曰不可。覆背善詈，雖曰匪予，既作爾歌！

又《崧高》 崧高維嶽，駿極于天。維嶽降神！生甫及申。維申及甫！維周之翰。四國于蕃，四方于宣。

亹亹申伯！王纘之事。于邑于謝，南國是式。王命召伯：定申伯之宅。登是南邦，世執其功。

王命申伯：式是南邦。因是謝人，以作爾庸。王命召伯：徹申伯土田。王命傅御：遷其私人。

申伯之功，召伯是營。有俶其城，寢廟既成。既成藐藐，王錫申伯：四牡蹻蹻，鉤膺濯濯。

王遣申伯，路車乘馬：我圖爾居，莫如南土。錫爾介圭，以作爾寶。往近王舅！南土是保。

申伯信邁，王餞于郿。申伯還南，謝于誠歸。王命召伯：徹申伯土疆？以峙其粻，式遄其行。

申伯番番！既入于謝，徒御嘽嘽。周邦咸喜：戎有良翰。不顯申伯？王之元舅，文武是憲！

申伯之德，柔惠且直。揉此萬邦，聞于四國。吉甫作誦，其詩孔碩。其風肆好，以贈申伯！

《後漢書》卷七二《董卓傳》 論曰：【略】崑岡之火，自茲而焚，《版》、《蕩》之篇，於焉而極。

周幽王昏惑釀變分部

綜　述

《左傳・昭公四年》　周幽爲大室之盟，戎狄叛之。

《清華大學藏戰國楚竹簡・系年》第二章　周幽王取妻于西（繡）[申]，生（坪）[平]（王）[王。王]或（叡）[取]（孚）[褒]人之女，是（孚）[褒]（忞）[姒]，生（白）[伯]盤。（孚）[褒]（忞）[姒]（辟）[嬖]于（王）[王，王]與（白）[伯]盤（达）[逐]（坪『王』）[平王，平王]走西（繡）[申]。幽王起（自）[師]，（回）[圍]（坪）[平]王于西（繡）[申，申]人弗（敳）[畀]，（曾）[繒]人乃降西戎，以攻（幽『王』）[幽王，幽王]及（白）（伯）盤乃滅，周乃亡。

《史記》卷四《周本紀》　四十六年，宣王崩，子幽王宫涅立。幽王二年，西周三川皆震。伯陽甫曰：『周將亡矣。』【略】

三年，幽王嬖愛褒姒。司馬貞《索隱》：褒，國名，夏同姓，姓姒氏。【略】褒姒不好笑，幽王欲其笑萬方，故不笑。幽王爲熢燧大鼓，有寇至則舉燧火。諸侯悉至，至而無寇，褒姒乃大笑。幽王説之，爲數舉熢火。其後不信，諸侯益亦不至。

幽王以虢石父爲卿，用事，國人皆怨。石父爲人佞巧善諛好利，王用之。又廢申后，去太子也。申侯怒，與繒、西夷犬戎攻幽王。幽王舉燧火徵兵，兵莫至。遂殺幽王驪山下，虜褒姒，盡取周賂而去。

論　説

《左傳・昭公二十六年》　至于幽王，天不弔周，王昏不若，用愆厥位。

《國語・周語下》　自幽王而天奪之明，使迷亂棄德，而即慆淫以亡其百姓，其壞之也久矣。而又將補之，殆不可矣！水火之所犯，猶不可救，而況天乎？

又《鄭語》　（幽）王棄高明昭顯，而好讒慝暗昧；惡角犀豐盈，而近頑童窮固。【略】

虢石父讒諂巧從之人也，而立以爲卿士，與剸同也；棄聘后而立内妾，好窮固也；侏儒戚施，實御在側，近頑童也；周法不昭，而婦言是行，用讒慝也；不建立卿士，而妖試幸措，行暗昧也。

《呂氏春秋》卷二二《疑似》　周宅酆、鎬近戎人，與諸侯約，爲高葆禱於王路，置鼓其上，遠近相聞，即戎寇至，傳鼓相告，諸侯之兵皆至，救天子。戎寇當至，幽王擊鼓，諸侯之兵皆至，褒姒大説喜之。幽王欲褒姒之笑也，因數擊鼓，諸侯之兵數至而無寇。至於後戎寇真至，幽王擊鼓，諸侯兵不至，幽王之身乃死於麗山之下，爲天下笑。此夫以無寇失真寇者也。賢者有小惡以致大惡。褒姒之敗，乃令幽王好小説以致大滅，故形骸相離，三公九卿出走。此褒姒之所用死，而平王所以東徙也；秦襄、晉文之所以勞王勞而賜地也。

《漢書》卷二七《五行志》　幽王之敗，女亂其内，夷攻其外。

宋・王應麟《困學紀聞》卷三《書》　《文王》之詩曰：『文王孫子，本支百世。凡周之士，不顯亦世。』此周所以興也，宣王之後爲幽王，《斯干》之祥，《黍離》之萌也。太師皇父之後爲皇父卿士，尹吉甫之後爲尹氏太師，蹶父之後爲蹶維趣馬，申伯之後爲申侯，則與犬戎滅宗周矣。君臣皆弗克绍，周焉得不替乎！【略】

『尹氏不平』，此幽王所以亡。《春秋》於平王之末書『尹氏卒』，見權臣之繼世也。於景王之後書『尹氏立王子朝』，見權臣之危國也。《詩》之所刺，《春秋》之所譏，以此坊民，猶有五侯擅漢、三馬食曹之禍。

清・崔述《豐鎬考信録》卷七《幽王》　世皆謂申侯啓戎，戎遂克周，殺幽王驪山下。夫周之王畿號爲千里，有百二山河之險，關東諸侯皆堪徵調；戎雖强大，豈能一旦而遂破之！蓋其來有漸矣。觀《雨無正》之二章，則諸侯固已多不至者矣。觀《召旻》之卒章，則戎之蠶食亦非一日矣。周已衰微不振，是以戎得一舉而滅之。

清・馬驌《繹史》卷三〇《周室東遷》　女謁之亡人國也，自古然

矣。傳曰：『夏亡以妹喜，殷以妲己，周以褒姒。』然周之所以亡，復與夏殷異，桀、紂恃其才智，暴虐聚斂，殺戮諫臣，其政皆足以亡國，女寵特一端爾，而又際湯、武之聖。至幽王則不然，亦惟昏愚信讒，嬖爱奪適，構釁牀第之間，小醜乘而難作，遂使赫赫宗周，竟殲滅於褒姒已。且姒之爲禍，其兆明矣，龍漦之孽，遠起於夏庭，《檿弧》之謡，近聞於宣世，盡人而知之，幽獨不知，何也？豈深山大澤之龍蛇，工讒善匿，不聞此亡國之言邪？抑尤物移人，王心蠱惑，卽亡亦所不恤邪？夫笑亦人之常情，裂繒非美聲也，褒姒之好惡與人殊，而幽王必欲説之，不如是不足以絶諸侯之援，致戎寇之人，不如是不足以滅周也。方幽王之廢申后，黜太子，太子出奔申，母子離怨，白華、鵞斯之詩，足以徵矣。申召繒、戎以伐周，遂有驪山之禍，於是諸侯共立太子，奉之以東遷，而周不復西矣。

藝文

《詩經·小雅·節南山》　節彼南山，維石巖巖。赫赫師尹，民具爾瞻。憂心如惔，不敢戲談。國既卒斬，何用不監？

節彼南山，有實其猗。赫赫師尹，不平謂何？天方薦瘥，喪亂弘多。民言無嘉，憯莫懲嗟！

尹氏大師！維周之氐。秉國之均，四方是維。天子是毗，俾民不迷。不弔昊天！不宜空我師。

弗躬弗親，降此大戾。弗問弗仕，勿罔君子？式夷式已，無小人殆？瑣瑣姻亞，則無膴仕？

昊天不傭！降此鞫訩。昊天不惠！降此大戾。君子如届，俾民心闋。君子如夷，惡怒是違。

不弔昊天！亂靡有定。式月斯生，俾民不寧。憂心如酲，誰秉國成？不自爲政，卒勞百姓！

駕彼四牡，四牡項領。我瞻四方，蹙蹙靡所騁！

方茂爾惡，相爾矛矣！既夷既懌，如相醻矣！

昊天不平！我王不寧。不懲其心，覆怨其正。

家父作誦，以究王訩。式訛爾心，以畜萬邦！

又《正月》　正月繁霜，我心憂傷。民之訛言，亦孔之將。念我獨兮，憂心京京！哀我小心，癙憂以痒！

父母生我，胡俾我瘉？不自我先，不自我後。好言自口，莠言自口。憂心愈愈，是以有侮！

憂心惸惸，念我無祿。民之無辜，并其臣僕。哀我人斯！于何從祿？瞻烏爰止，于誰之屋？

瞻彼中林，侯薪侯蒸。民今方殆，視天夢夢。既克有定，靡人弗勝。有皇上帝！伊誰云憎？

謂山蓋卑？爲岡爲陵。民之訛言，寧莫之懲？召彼故老，訊之占夢。具曰予聖，誰知烏之雌雄？

謂天蓋高？不敢不局。謂地蓋厚？不敢不蹐。維號斯言，有倫有脊。哀今之人！胡爲虺蜴？

瞻彼阪田，有菀其特。天之扤我，如不我克，彼求我則，如不我得。執我仇仇，亦不我力！

心之憂矣，如或結之。今茲之正，胡然厲矣？燎之方揚，寧或滅之？赫赫宗周，褒姒威之？

終其永懷，又窘陰雨。其車既載，乃棄爾輔。載輸爾載：將伯助予！

無棄爾輔，員于爾輻。屢顧爾僕，不輸爾載。終踰絶險：曾是不意？

魚在于沼，亦匪克樂。亦孔之炤。憂心慘慘，念國之爲虐！

彼有旨酒，又有嘉殽。洽比其鄰，昏姻孔云。念我獨兮，憂心慇慇！

佌佌彼有屋，蔌蔌方穀。民今之無祿，夭夭是椓。哿矣富人，哀此惸獨！

又《十月之交》　十月之交，朔月辛卯。日有食之，亦孔之醜！彼月而微，此日而微？今此下民，亦孔之哀！

日月告凶，不用其行；四國無政，不用其良。彼月而食，則維其常。此日而食，于何不臧！

爗爗震電，不寧不令：百川沸騰，山冢崒崩。高岸爲谷，深谷爲陵。

哀今之人，胡憯莫懲？

皇父卿士，番維司徒。家伯維宰，仲允膳夫。聚子內史，蹶維趣馬。楀維師氏，豔妻煽方處！

抑此皇父！豈曰不時？胡爲我作，不卽我謀？徹我牆屋，田卒汙萊。曰予不戕，禮則然矣！

皇父孔聖！作都于向。擇三有事，亶侯多藏！不憖遺一老，俾守我王。擇有車馬，以居徂向。

黽勉從事，不敢告勞。無罪無辜，讒口囂囂。下民之孽，匪降自天。噂沓背憎，職競由人！

悠悠我里，亦孔之痗。四方有羨，我獨居憂。民莫不逸，我獨不敢休。天命不徹，我不敢傚我友自逸！胡憯莫懲？

又《雨無正》　浩浩昊天！不駿其德？降喪饑饉，斬伐四國。昊天疾威，弗慮弗圖？舍彼有罪，若此無罪，淪胥以鋪。

周宗既滅，靡所止戾？正大夫離居，莫知我勩？三事大夫，邦君諸侯，庶曰式臧，覆出爲惡。

如何昊天，辟言不信。如彼行邁，則靡所臻。凡百君子，各敬爾身。胡不相畏，不畏于天？

戎成不退，飢成不遂。曾我暬御，憯憯日瘁。凡百君子，莫肯用訊。聽言則答，譖言則退。

哀哉不能言！匪舌是出，維躬是瘁。哿矣能言！巧言如流，俾躬處休。

維曰于仕，孔棘且殆。云不可使，得罪于天子。亦云可使，怨及朋友。

謂爾遷于王都，曰予未有室家。鼠思泣血，無言不疾。昔爾出居，誰從作爾室？

又《小旻》　旻天疾威！敷于下土。謀猶回遹，何日斯沮？謀臧不從，不臧覆用。我視謀猶，亦孔之邛。

潝潝訿訿，亦孔之哀！謀之其臧，則具是違。謀之不臧，則具是依。我視謀猶，伊于胡底？

我龜既厭，不我告猶。謀夫孔多，是用不集。發言盈庭，誰敢執其咎？如匪行邁謀，是用不得于道。

哀哉爲猶！匪先民是程，匪大猶是經。維邇言是聽，維邇言是爭。如彼築室于道謀，是用不潰于成！

國雖靡止，或聖或否。民雖靡膴，或哲或謀，或肅或艾。如彼泉流，無淪胥以敗！

不敢暴虎，不敢馮河。人知其一，莫知其他。戰戰兢兢，如臨深淵，如履薄冰！

又《小宛》　宛彼鳴鳩，翰飛戾天。我心憂傷，念昔先人。明發不寐，有懷二人。

人之齊聖，飲酒溫克。彼昏不知，壹醉日富。各敬爾儀，天命不又。

中原有菽，庶民采之。螟蛉有子，蜾蠃負之。教誨爾子，式穀似之！

題彼脊令！載飛載鳴。我日斯邁，而月斯征。夙興夜寐，毋忝爾所生！

交交桑扈，率場食粟。哀我塡寡，宜岸宜獄？握粟出卜，自何能穀？

溫溫恭人，如集于木！惴惴小心，如臨于谷！戰戰兢兢，如履薄冰！

又《小弁》　弁彼鸒斯，歸飛提提。民莫不穀，我獨于罹。何辜于天，我罪伊何？心之憂矣，云如之何？

踧踧周道，鞫爲茂草。我心憂傷，惄焉如擣。假寐永歎，維憂用老。心之憂矣，疢如疾首！

維桑與梓，必恭敬止。靡瞻匪父，靡依匪母。不屬于毛，不罹于裏？天之生我，我辰安在？

菀彼柳斯，鳴蜩嘒嘒。有漼者淵，萑葦淠淠。譬彼舟流，不知所屆。心之憂矣，不遑假寐。

鹿斯之奔，維足伎伎。雉之朝雊，尚求其雌。譬彼壞木，疾用無枝。心之憂矣，寧莫之知？

相彼投兔，尚或先之。行有死人，尚或墐之。君子秉心，維其忍之！心之憂矣，涕既隕之！

君子信讒，如或醻之。君子不惠，不舒究之。伐木掎矣，析薪扡矣。

舍彼有罪，予之佗矣！

莫高匪山，莫浚匪泉。君子無易由言，耳屬于垣！無逝我梁，無發我笱。我躬不閲，遑恤我後！

又《巧言》　悠悠昊天！曰父母且。無罪無辜。亂如此憮。昊天已威！予慎無罪。昊天泰憮！予慎無辜。

亂之初生，僭始既涵。亂之又生，君子信讒。君子如怒，亂庶遄沮。君子如祉，亂庶遄已。

君子屢盟，亂是用長。亂是用暴。亂是用暴。盜言孔甘，亂是用餤。匪其止共，維王之邛！

奕奕寢廟，君子作之。秩秩大猷，聖人莫之。他人有心，予忖度之。躍躍毚兔，遇犬獲之！

荏染柔木，君子樹之。往來行言，心焉數之。蛇蛇碩言，出自口矣！巧言如簧，顔之厚矣！

彼何人斯？居河之麋。無拳無勇，職爲亂階。既微且尰，爾勇伊何？爲猶將多，爾居徒幾何？

又《巷伯》　萋兮斐兮！成是貝錦。彼譖人者，亦已大甚！哆兮侈兮！成是南箕。彼譖人者，誰適與謀？

緝緝翩翩！謀欲譖人。慎爾言也！謂爾不信。

捷捷幡幡！謀欲譖言。豈不爾受？既其女遷！

驕人好好，勞人草草。蒼天蒼天！視彼驕人，矜此勞人！

彼譖人者，誰適與謀？取彼譖人，投畀豺虎！豺虎不食，投畀有北！有北不受，投畀有昊！

楊園之道，猗于畝丘。寺人孟子，作爲此詩。凡百君子，敬而聽之！

又《穀風》　習習谷風，維風及雨。將恐將懼，維予與女。將安將樂，女轉棄予！

習習谷風，維風及頹。將恐將懼，寘予于懷。將安將樂，棄予如遺！

習習谷風，維山崔嵬。無草不死，無木不萎。忘我大德，思我小怨！

又《蓼莪》　蓼蓼者莪，匪莪伊蒿。哀哀父母！生我劬勞。

蓼蓼者莪？匪莪伊蔚。哀哀父母！生我勞瘁。

缾之罄矣，維罍之耻。鮮民之生，不如死之久矣！無父何怙？無母何恃？出則銜恤，入則靡至！

父兮生我，母兮鞠我，拊我畜我，長我育我，顧我復我，出入腹我。欲報之德，昊天罔極！

南山烈烈，飄風發發。民莫不穀，我獨何害？

南山律律，飄風弗弗。民莫不穀，我獨不卒！

又《大東》　有饛簋飧，有捄棘匕。周道如砥，其直如矢。君子所履，小人所視。睠言顧之，潸焉出涕！

小東大東！杼柚其空！糾糾葛屨，可以履霜？佻佻公子，行彼周行。既往既來，使我心疚！

有冽氿泉，無浸穫薪。契契寤歎，哀我憚人！薪是穫薪，尚可載也。哀我憚人，亦可息也！

東人之子，職勞不來？西人之子，粲粲衣服！舟人之子，熊羆是裘？私人之子，百僚是試？

或以其酒；不以其漿？鞙鞙佩璲；不以其長？維天有漢！監亦有光？跂彼織女，終日七襄？

雖則七襄，不成報章？睆彼牽牛，不可以服箱？東有啓明，西有長庚。有捄天畢，載施之行？

維南有箕！不可以簸揚？維北有斗！不可以挹酒漿？維南有箕！載翕其舌？維北有斗！西柄之揭？

又《四月》　四月維夏，六月徂暑，先祖匪人，胡寧忍予！

秋日淒淒，百卉具腓。亂離瘼矣！爰其適歸？

冬日烈烈，飄風發發。民莫不穀，我獨何害？

山有嘉卉，侯栗侯梅。廢爲殘賊，莫知其尤！

相彼泉水，載清載濁。我日構禍，曷云能穀？

滔滔江漢，南國之紀。盡瘁以仕，寧莫我有？

匪鶉匪鳶，翰飛戾天！匪鱣匪鮪，潛逃于淵！

山有蕨薇，隰有杞桋。君子作歌，維以告哀！

又《北山》　陟彼北山，言采其杞。偕偕士子，朝夕從事。王事靡盬，憂我父母！

溥天之下，莫非王土。率土之濱，莫非王臣。大夫不均，我從事

獨賢！

四牡彭彭，王事傍傍。嘉我未老：鮮我方將，旅力方剛，經營四方。

或燕燕居息，或盡瘁事國。或息偃在牀，或不已于行。

或不知叫號，或慘慘劬勞。或棲遲偃仰，或王事鞅掌。

或湛樂飲酒，或慘慘畏咎。或出入風議，或靡事不爲。

又《鐘鼓》 鼓鐘將將，淮水湯湯，憂心且傷。淑人君子，懷允不忘！

鼓鐘喈喈，淮水湝湝，憂心且悲。淑人君子，其德不回！

鼓鐘伐鼛，淮有三洲？憂心且妯。淑人君子，其德不猶！

鼓鐘欽欽，鼓瑟鼓琴，笙磬同音。以《雅》以《南》，以《籥》不僭！

又《楚茨》 楚楚者茨，言抽其棘。自昔何爲？我蓺黍稷。我黍與與，我稷翼翼。我倉既盈，我庾維億。以爲酒食，以享以祀，以妥以侑，以介景福！

濟濟蹌蹌！絜爾牛羊，以往烝嘗。或剝或亨，或肆或將。祝祭于祊，祀事孔明。先祖是皇，神保是饗，孝孫有慶：報以介福，萬壽無疆！

執爨踖踖，爲俎孔碩，或燔或炙。君婦莫莫，爲豆孔庶。爲賓爲客，獻酬交錯。禮儀卒度，笑語卒獲。神保是格：報以介福，萬壽攸酢！

我孔熯矣！式禮莫愆。工祝致告，徂賚孝孫，苾芬孝祀，神嗜飲食。卜爾百福，如幾如式。既齊既稷，既匡既敕。永錫爾極，時萬時億！

禮儀既備，鐘鼓既戒。孝孫徂位，工祝致告：神具醉止，皇尸載起。鼓鐘送尸，神保聿歸。諸宰君婦，廢徹不遲。諸父兄弟，備言燕私。

樂具入奏，以綏後祿。爾殽既將，莫怨具慶。既醉既飽，小大稽首。神嗜飲食，使君壽考。孔惠孔時，維其盡之。子子孫孫，勿替引之！

又《信南山》 信彼南山，維禹甸之。畇畇原隰，曾孫田之。我疆我理，南東其畝。

上天同雲，雨雪雰雰。益之以霢霂，既優既渥，既霑既足，生我百穀。

疆埸翼翼，黍稷彧彧。曾孫之穡，以爲酒食。畀我尸賓，壽考萬年！

中田有廬，疆埸有瓜。是剝是菹，獻之皇祖。曾孫壽考，受天之祜！

祭以清酒，從以騂牡，享于祖考。執其鸞刀，以啓其毛，取其血膋。

是烝是享，苾苾芬芬，祀事孔明。先祖是皇：報以介福，萬壽無疆！

又《大田》 大田多稼，既種既戒，既戒乃事，以我覃耜，俶載南畝。播厥百穀，既庭且碩，曾孫是若。

既方既皁，既堅既好，不稂不莠。去其螟螣，及其蟊賊。無害我田穉！田祖有神，秉畀炎火！

有渰萋萋，興雨祁祁。雨我公田，遂及我私。彼有不穫穉，此有不斂穧；彼有遺秉，此有滯穗：伊寡婦之利！

曾孫來止！以其婦子，饁彼南畝，田畯至喜。來方禋祀：以其騂黑，與其黍稷。以享以祀，以介景福！

又《菀柳》 有菀者柳，不尚息焉？上帝甚蹈，無自暱焉。俾予靖之，後予極焉！

有菀者柳，不尚愒焉？上帝甚蹈，無自瘵焉。俾予靖之，後予邁焉！

有鳥高飛？亦傅于天。彼人之心，于何其臻？曷予靖之，居以凶矜？

又《大雅・瞻卬》 瞻卬昊天！則不我惠？孔塡不寧，降此大厲！邦靡有定，士民其瘵。蟊賊蟊疾，靡有夷屆。罪罟不收，靡有夷瘳！

人有土田，女反有之。人有民人，女覆奪之。此宜無罪，女反收之。彼究有罪，女覆説之。

哲夫成城，哲婦傾城。懿厥哲婦！爲梟爲鴟。婦有長舌，維厲之階。亂匪降自天，生自婦人。匪教匪誨，時維婦寺！

鞫人忮忒，譖始竟背。豈曰不極，伊胡爲慝？如賈三倍，君子是識；婦無公事，休其蠶織？

天何以刺？何神不富？舍爾介狄，維予胥忌？不弔不祥，威儀不類。人之云亡，邦國殄瘁！

天之降罔，維其優矣？人之云亡，心之憂矣！天之降罔，維其幾矣？人之云亡，心之悲矣！

觱沸檻泉，維其深矣？心之憂矣，寧自今矣。不自我先，不自我後！藐藐昊天，無不克鞏。無忝皇祖，式救爾後！

又《召旻》 旻天疾威！天篤降喪。瘨我饑饉，民卒流亡，我居圉卒荒！

天降罪罟！蟊賊内訌。昏椓靡共，潰潰回遹，實靖夷我邦？

臯臯訿訿，曾不知其玷？兢兢業業，孔塡不寧，我位孔貶？

如彼歲旱，草不潰茂，如彼棲苴。我相此邦，無不潰止！

維昔之富，不如時！維今之疚，不如茲！彼疏斯粺，胡不自替？職兄斯引！

池之竭矣，不云自頻。泉之竭矣，不云自中。溥斯害矣！職兄斯弘，不烖我躬？

昔先王受命，有如召公。日辟國百里，今也日蹙國百里。於乎哀哉！維今之人，不尚有舊？

清·彭定求等《全唐詩》卷七二八《［唐］·周曇〈詠史詩·幽王〉》 狼煙篝火爲邊塵，烽候那宜悅婦人。厚德未聞聞厚色，不亡家國幸亡身。

明·孫承恩《文簡集》卷二《幽厲王》 赫赫宗周盛，人謀還自傾。力行窮暴戾，滅德肆驕矜。嬖寵彝倫斁，征勞怨刺興。《桑柔》瞻卬什，千古鑑分明。

臣惟周之王業，厲王既壞於前，幽王大壞於後，俱以暴虐侈傲。厲則征役不息，而致民之怨嗟，見於《桑柔》之詩；幽則寵褒姒、任奄人而易太子，見於《瞻卬之什》。豈非千古之明鑑哉！

雜録

清·崔述《豐鎬考信録》卷七《幽王》 《史記》稱幽王三年，見褒姒而愛之。雖其年未必有確據，然觀《正月》、《十月》二詩所稱，則褒姒之寵固當在六年日食前也。故次於『三川震』之後。

衛懿公亡國分部

綜述

《詩經·衛風·芄蘭》 《芄蘭》，刺惠公也。驕而無禮，大夫刺之。

芄蘭之支，童子佩觿。雖則佩觿，能不我知！容兮遂兮，垂帶悸兮。芄蘭之葉，童子佩韘。雖則佩韘，能不我甲！容兮遂兮，垂帶悸兮。

又《鄘風·牆有茨》 《牆有茨》，衛人刺其上也，公子頑通乎君母，國人疾之而不可道也。

牆有茨，不可襄也。中冓之言，不可詳也。所可詳也，言之長也。

牆有茨，不可束也。中冓之言，不可讀也。所可讀也，言之辱也。

又《君子偕老》 《君子偕老》，刺衛夫人。夫人淫亂，失事君子之道，故陳人君之德，服飾之盛，宜與君子偕老也。

君子偕老，副笄六珈，委委佗佗，如山如河，象服是宜。子之不淑，云如之何？玼兮玼兮，其之翟也，鬒髮如雲，不屑髢也，玉之瑱也，象之揥也，揚且之皙也。胡然而天也？胡然而帝也。瑳兮瑳兮，其之展也，蒙彼縐絺，是紲袢也；子之清揚，揚且之顔也，展如之人兮，邦之媛也。

又《桑中》 桑中，刺奔也。衛之公室淫亂，男女相奔，至于世族在位，相竊妻妾，期於幽遠，政散民流而不可止。

爰采唐矣，沬之鄉矣，云誰之思？美孟姜矣。期我乎桑中，要我乎上宫，送我乎淇之上矣。爰采麥矣，沬之北矣，云誰之思？美孟弋矣。期我乎桑中，要我乎上宫，送我乎淇之上矣。爰采葑矣，沬之東矣。云誰之思？美孟庸矣。期我乎桑中，要我乎上宫，送我乎淇之上矣。

又《鶉之奔奔》 《鶉之奔奔》，刺衛宣姜也。衛人以爲，宣姜，鶉鵲之不若也。爰采葑矣，沬之東矣。云誰之思？美孟庸矣。期我乎桑中，要我乎上宫，送我之上矣。鶉之奔奔，鵲之彊彊，人之無良，我以爲兄。鵲之彊彊，鶉之奔奔；人之無良，我以爲君。

又《鄭風・清人》 清人，刺文公也。高克好利而不顧其君，文公惡而欲遠之不能。使高克將兵而禦狄于竟，陳其師旅，翱翔河上。久而不召，衆散而歸，高克奔陳。公子素惡高克進之不以禮，文公退之不以道，危國亡師之本，故作是詩也。

清人在彭，駟介旁旁，二矛重英，河上乎翱翔。清人在消，駟介麃麃，二矛重喬，河上乎逍遙。清人在軸，駟介陶陶，左旋右抽，中軍作好。

又《衛風・木瓜》 《木瓜》，美齊桓公也。衛國有狄人之敗，出處于漕，齊桓公救而封之，遺之車馬器服焉。衛人思之，欲厚報之，而作是詩也。

投我以木瓜，報之以瓊琚，匪報也，永以爲好也。投我以木桃，報之以瓊瑤，匪報也，永以爲好也。投我以木李，報之以瓊玖，匪報也，永以爲好也。

又《鄘風・定之方中》 《定之方中》，美衛文公也。衛爲狄所滅，東徙渡河，野處漕邑。齊桓公攘戎狄而封之。文公遷居楚丘，始建城市而營宫室，得其時制，百姓説之，國家殷富焉。

定之方中，作于楚宫，揆之以日，作于楚室，樹之榛栗，椅桐梓漆，爰伐琴瑟。升彼虚矣，以望楚矣，望楚與堂，景山與京，降觀于桑，卜云其吉，終焉允臧。靈雨既零，命彼倌人，星言夙駕，説于桑田，匪直人也，秉心塞淵，騋牝三千。

又《蝃蝀》 《蝃蝀》，止奔也。衛文公能以道化其民，淫奔之耻，國人不齒也。

蝃蝀在東，莫之敢指。女子有行，遠兄弟父母。朝隮於西，崇朝其雨。女子有行，遠兄弟父母。乃如之人也，懷昏姻也，大無信也，不知命也。

又《相鼠》 《相鼠》，刺無禮也。衛文公能正其羣臣，而刺在位承先君之化無禮儀也。

相鼠有皮，人而無儀；人而無儀，不死何爲？相鼠有齒，人而無止；人而無止，不死何俟？相鼠有體，人而無禮；人而無禮，胡不遄死。

又《干旄》 《干旄》，美好善也，衛文公臣子多好善，賢者樂告以善道也。

孑孑干旄，在浚之郊，素絲紕之，良馬四之。彼姝者子，何以畀之？孑孑干旟，在浚之都，素絲組之，良馬五之。彼姝者子，何以予之？孑孑干旌，在浚之城，素絲祝之，良馬六之。彼姝者子，何以告之？

《禮記》卷一〇《檀弓下》 石駘仲卒。無適子，有庶子六人，卜所以爲後者，曰：「沐浴佩玉則兆。」五人者皆沐浴佩玉。石祁子曰：「孰有執親之喪而沐浴佩玉者乎？」不沐浴佩玉。石祁子兆，衛人以龜爲有知也。

《竹書紀年》卷下《周惠王》 晉獻公十七年，衛懿公及赤狄戰於洞澤。

《左傳・閔公二年》 冬十二月，狄人伐衛。衛懿公好鶴，鶴有乘軒者。將戰，國人受甲者皆曰：「使鶴，鶴實有祿位，余焉能戰！」公與石祁子玦，與寧莊子矢，使守，曰：「以此贊國，擇利而爲之。」與夫人繡衣，曰：「聽於二子。」渠孔御戎，子伯爲右，黄夷前驅，孔嬰齊殿。及狄人戰於熒澤，衛師敗績，遂滅衛。衛侯不去其旗，是以甚敗。狄人囚史華龍滑與禮孔以逐衛人。二人曰：「我大史也，實掌其祭，不先，國不可得也。」乃先之。至則告守曰：「不可待也。」夜與國人出。狄入衛，遂從之，又敗諸河。

初，惠公之卽位也少，齊人使昭伯烝于宣姜。不可，强之。生齊子、戴公、文公、宋桓夫人、許穆夫人。文公爲衛之多患也，先適齊。及敗，宋桓公逆諸河，宵濟。衛之遺民男女七百有三十人，益之以共、滕之民爲五千人，立戴公以廬于曹。許穆夫人賦《載馳》。齊侯使公子無虧帥車三百乘、甲士三千人以戍曹。歸公乘馬，祭服五稱，牛羊豕雞狗皆三百，與門材。歸夫人魚軒，重錦三十兩。

鄭人惡高克，使帥師次於河上，久而弗召，師潰而歸。高克奔陳。鄭人爲之賦《清人》。【略】

僖之元年，齊桓公遷邢於夷儀。二年，封衛於楚丘。邢遷如歸，衛國忘亡。

衛文公大布之衣，大帛之冠，務材訓農，通商惠工，敬教勸學，授方

任能。元年革車三十乘，季年乃三百乘。

又《僖公十二年》 十二年春，諸侯城衛楚丘之郛，懼狄難也。

又《僖公十八年》 冬，邢人、狄人伐衛，圍菟圃。衛侯以國讓父兄子弟及朝衆曰：「苟能治之，燬請從焉。」衆不可，而後師于訾婁。狄師還。

又《僖公十九年》 秋，衛人伐邢，以報菟圃之役。於是衛大旱，卜有事於山川，不吉。甯莊子曰：「昔周饑，克殷而年豐。今邢方無道，諸侯無伯，天其或者欲使衛討邢乎？」從之，師興而雨。

又《僖公二十年》 秋，齊、狄盟于邢，爲邢謀衛難也。於是衛方病邢。

又《僖公二十四年》 衛人將伐邢，禮至曰：「不得其守，國不可得也。我請昆弟仕焉。」乃往，得仕。

又《僖公二十五年》 二十五年春，衛人伐邢，二禮從國子巡城，掖以赴外，殺之。正月丙午，衛侯燬滅邢，同姓也，故名。禮至爲銘曰：「余掖殺國子，莫余敢止。」

《韓非子》卷一四《外儲說右下》 衛君入朝于周，周行人問其號，對曰：「諸侯辟疆。」周行人卻之曰：「諸侯不得與天子同號。」衛君乃自更改曰「諸侯燬。」而後内之。仲尼聞之曰：「遠哉禁逼，虚名不以借人，況實事乎！」

《呂氏春秋》卷一一《仲冬紀・忠廉》 衛懿公有臣曰弘演，有所於使。翟人攻衛，其民曰：「君之所予位祿者，鶴也；所貴富者，宮人也。君使宮人與鶴戰，余焉能戰？」遂潰而去。翟人至，及懿公於榮澤，殺之，盡食其肉，獨捨其肝。弘演至，報使於肝，畢，呼天而啼，盡哀而止，曰：「臣請爲襮。」因自殺，先出其腹實，内懿公之肝。桓公聞之曰：「衛之亡也，以爲無道也。今有臣若此，不可不存。」於是復立衛於楚丘。弘演可謂忠矣，殺身出生以徇其君。非徒徇其君也，又令衛之宗廟復立，祭祀不絶，可謂有功矣。

《穀梁傳・閔公二年》 鄭棄其師。惡其長也。兼不反其衆，則是棄其師也。

又《僖公十八年》 冬，邢人、狄人伐衛。狄其稱人，何也？善累而後進之。伐衛，所以救齊也，功近而德遠矣。

又《僖公二十年》 秋，齊人、狄人盟于邢。邢爲主焉爾。邢小，其爲主何也？其爲主乎救齊。

《公羊傳・閔公二年》 鄭棄其師。鄭棄其師者何？惡其將也。鄭伯惡高克，使之將，逐而不納，棄師之道也。

《史記》卷一四《十二諸侯年表》 （衛懿公九年）好鶴，士不戰，滅我國。國怨，惠公亂，滅其後，更立黔牟弟。

又卷三七《衛康叔世家》 （衛）懿公即位，好鶴，淫樂奢侈。九年，翟伐衛，衛懿公欲發兵，兵或畔。大臣言曰：「君好鶴，鶴可令擊翟。」翟於是遂入，殺懿公。【略】

初，翟殺懿公也，衛人憐之，思復立宣公前死太子伋之後，伋子又死，而代伋死者子壽又無子。太子伋同母弟二人：其一曰黔牟，黔牟嘗代惠公爲君，八年復去；其二曰昭伯。昭伯、黔牟皆已前死，故立昭伯子申爲戴公。戴公卒，復立其弟燬爲文公。

文公初立，輕賦平罪，身自勞，與百姓同苦，以收衛民。

漢・賈誼《新書》卷六《春秋》 衛懿公喜鶴，鶴有飾以文繡者，賦斂繁多而不顧其民，貴優而輕大臣。羣臣或諫，則面叱之。及翟伐衛，寇挾城堞矣，衛君垂涙而拜其臣民曰：「寇迫矣，士民其勉之！」士民曰：「君亦使君之貴優，將君之愛鶴，以爲君戰矣。我儕棄人也，安能守戰？」乃潰門而出走，翟寇遂入，衛君奔死，遂喪其國。

又卷二《審微》 昔者，衛侯朝於周，周行問其名，曰：「衛侯辟强。」周行還之曰：「啓强、辟强，天子之號也，諸侯弗得用。」衛侯更其名曰燬，然後受之。

漢・劉向《列女傳》卷三《仁智傳・許穆夫人》 許穆夫人者，衛懿公之女，初，許求之，齊亦求之，懿公將與許，女因其傅母而言曰：「古者，諸侯之有女子也，所以繫援於大國也。今許小而遠，齊大而近。如使邊境有寇戎之事，控告大國，妾在，不猶愈乎？」衛侯不聽，其後翟人攻衛，大破之，而許不能救，許夫人馳驅而弔唁衛侯，因疾之而作詩，君子善其慈惠而遠識也。

論說

宋・林之奇《尚書全解》卷一二《夏書・五子之歌》 昔衛懿公好鶴，鶴有乘軒者。及狄人伐衛，國人授甲者皆曰：使鶴，鶴實有祿位，予焉能戰？遂敗於滎澤，爲狄所滅。夫衛懿公之所以亡者，豈必兼此數者而後亡哉？惟有好鶴之一事耳，而其受禍已如此之慘矣，而況太康之逸，豫滅厥德，盤遊無度，畋於有洛之表，十旬弗反，則於是數者幾於兼備之矣。欲其無亡得乎？

宋・朱熹《詩序》卷上《載馳》 《載馳》，許穆夫人作也。閔其宗國顛覆，自傷不能救也。衛懿公爲狄人所滅，國人分散露於漕邑。許穆夫人閔衛之亡，傷許之小力不能救，思歸唁其兄，又義不得。故賦是詩也。

宋・崔子方《崔氏春秋經解》卷四《閔公》 （元年）十有二月，狄入衛。

此滅也，何以不言滅？爲桓公諱也。《春秋》爲賢者諱。夫桓公主諸侯之盟，任天下之重，攘寇亂，安中國。今狄滅衛而不能救，宜桓公以爲耻也。桓公之所耻，故《春秋》爲之諱矣。莊公之季年，狄伐邢，齊人於是乎救邢。會明年，魯有內亂，桓公外平狄於邢，內治難於魯。區區二年之間，君臣會盟聘問之好，曾無虚月。狄于是間齊之有事于東方也，乃乘間而伐衛。衛懿公不得於國人，敵至而不支，一戰而遂亡。然則齊人未暇於謀衛，而衛已亡矣，此固桓公之所爲耻也。雖然爲之諱，必將有見焉。僖二年，書城楚丘。城楚丘，以封衛也；以封衛，則衛之滅明矣。《國風》存《載馳》之詩，則衛之滅不患乎不見於後世。

宋・葉夢得《葉氏春秋傳》卷八《僖公一》 二年春王正月，城楚丘。

楚丘，衛邑也。外城邑不書，此何以書？城衛也。狄入衛，殺衛懿公。戴公、文公廬于曹而不能國，齊侯與諸侯遷衛於楚丘而城之。何以不言城衛？不與諸侯之得專封也。諸侯城之，則何以獨言城楚丘？衛非諸侯所得城，故爲之辭，若城其內邑。然古者大封諸侯，告於后土，頒祀於其國土其地，而制其域爲之畿疆，而設其社稷，非天子莫之敢爲也。上無天子，下無方伯，天下有相滅亡，諸侯力能救而救之；與之則亂，法不與則滅，國無與興也。故與其實不與其文，以楚丘言之云。

宋・呂本中《呂氏春秋集解》卷八《閔公》 （二年）十有二月，狄入衛。

《左氏傳》：冬十二月，狄人伐衛。衛懿公好鶴，鶴有乘軒者。將戰，國人受甲者皆曰：『使鶴，鶴實有祿位，余焉能戰？』及狄人戰於熒澤，衛師敗績，遂滅衛。初，惠公之卽位也少，齊人使昭伯烝於宣姜，不可，强之。生齊子、戴公、文公、宋桓夫人、許穆夫人。及敗，衛之遺民立戴公以廬於曹，杜氏注：曹衛下邑。戴公名申，立其年卒而立文公。齊侯使公子無虧帥車三百乘，甲士三千人，以戍曹。

《武夷胡氏傳》：衛康叔之後，蓋北州大國。狄何以能入乎？臣昔嘗謂河南劉奕曰：『史氏《記》繁而《志》寡，如班固載諸王淫亂等事，盡削之可也。』奕曰：『必若此言，仲尼刪《詩》如《牆有茨》、《鶉之奔奔》、《桑中》諸篇，何以録於《國風》而不削乎？』臣不能答，後以問延平楊時，時曰：『此載衛爲戎狄所滅之因也。』故在《定之方中》之前，因以是說。考於歷代凡淫亂者，未有不至於殺身敗家而亡其國者也。然後知古詩垂戒之大，而近世有獻議乞於經筵不以《國風》進讀者，殊失聖經之旨矣。

宋・呂祖謙《左氏博議》卷九《衛懿公好鶴》 閔二年十二月，狄人伐衛。衛懿公好鶴，鶴有乘軒者。將戰，國人受甲者皆曰：『使鶴，鶴實有祿位，余焉能戰？』公與石祁子玦，與寧莊子矢，使守，曰：『以此贊國，擇利而爲之。』及戰，衛師敗績，遂滅衛。僖公二年，齊桓公封衛於楚丘。

懿公以鶴亡其國，玩一禽之微，而失一國之心，人未嘗不撫卷而切笑者。吾以爲懿公未易輕也，世徒見丹其頂、素其羽，二足而六翮者謂之鶴耳；抑不知浮華之士，高自標置而實無所有者，外貌雖人其中亦何異於鶴哉？稷下之盛，列第相望，大冠長劍，褒衣博帶，談天雕龍之辨，蠭起泉湧，禹行舜趍者，肩相摩於道；然擢筋之難，松柏之囚，曾無窺左足而先應者。見《史記・齊世家》。是亦懿公之鶴也。鴻都之興，鳥迹蟲篆，自衒鬻者日至；受爵拜官，光寵赫然，若可以潤色皇猷。及黃巾之起，天下震動，未聞有畫半策杖一戈，佐國家之急。見《後漢・靈帝紀》。是亦懿

公之鶴也。永嘉之季，清言者滿朝，一觴一詠，傲睨萬物，曠懷雅量，獨立風塵之表，神峰雋拔，珠璧相照，而五胡之亂，屠之不啻如机上肉，見《晉紀》。是亦懿公之鶴也。普通之際，朝談釋而暮言老，環坐聽講，迭問更難，國殆成俗，一旦侯景逼臺城，士大夫習於驕惰，至不能跨馬，束手就戮，莫敢枝梧，見《南史・梁武帝紀》。是亦懿公之鶴也。是數國者，平居暇日所尊用之人，玩其辭藻，望其威儀，接其議論，挹其風度，可嘉可仰，可慕可親，卒然臨之以患難，則異於懿公之鶴者幾希，豈可獨輕懿公之鶴哉？所用非所養，所養非所用。使親者處其安，而使疎者處其危；使貴者受其利，而使賤者受其害。未有不蹈懿公之禍者也。抑吾又有所深感焉，鶴之爲禽，載於《易》，播於《詩》，雜出於詩人墨客之詠，其爲人之所貴重，非凡禽比也。懿公乘之以軒，而舉國疾之，視猶鴟梟然，豈人之憎愛遽變於前耶？罪在於處非其據而已，以鶴之素爲人所貴，一非其據，已爲人疾惡如此。苟他禽而處非其據，則人疾惡之者復如何耶？吾於是乎有感。

元・劉瑾《詩傳通釋》卷三《詩・朱子集傳・鄘一之四・定之方中》

按《春秋傳》：衛懿公九年冬，狄入衛。懿公及狄人戰于熒澤，而敗死焉。宋桓公迎衛之遺民，渡河而南立。宣姜子申以廬於漕，是爲戴公。是年卒，立其弟燬，是爲文公。于是齊桓公合諸侯以城楚丘，而遷衛焉。文公大布之衣，大帛之冠，務材訓農，通商惠工，敬教勸學，授方任能。元年，革車三十乘，季年乃三百乘。程子曰：一章言建國之事，次章方言相土度地之初，屬文之勢然也。今文首言其事，然後言其初者多矣。既度其可，然後卜以決之，卜洛亦然，人謀臧則龜筮從矣。卒章則叙其勤勞，以致殷富。愚按《春秋》紀事用周月，定星中時乃周之十二月。衛懿公九年十二月，狄滅衛，戴公立而卒，文公繼立，以次年爲元年，至文公三年歲首之月，齊桓始城楚丘。則詩人所指定星方中，其在文公元年之終。楚丘未城之先歟？然詩言終然允臧騋牝三千，則是詩蓋作于文公之季，言而追言其始遷時事耳。故二章以前皆本其始，二章以後則要其終也。

《序》：美衛文公也。衛爲狄所滅，東徙涉河，野處漕邑。齊桓公攘戎狄而封之。文公徙居楚丘，始建城市而營宮室，得其時制，百姓説悦之，國家殷富焉。

元・程端學《春秋本義》卷九《閔公二年》 十有二月狄入衛。

《左氏》曰：狄人伐衛，衛懿公好鶴，鶴有乘軒者。將戰，國人受甲者皆曰：『使鶴，鶴實有祿位，余焉能戰？』公與石祁子玦，與甯莊子矢。使守，曰：『以此贊國，擇利而爲之。』與夫人繡衣，曰：『聽於二子。』及狄人戰於熒澤，衛師敗績，遂滅衛。衛侯不去其旗，是以甚敗。狄入衛，遂從之，又敗諸河。初，惠公之卽位也少，齊人使昭伯烝於宣姜，不可，强之。生齊子戴公、文公、宋桓夫人、許穆夫人。文公爲衛之多患也，先適齊，及敗，宋桓公逆諸河，宵濟。衛之遺民男女七百三十有三人，益之以共滕之民爲五千人立戴公，以廬於曹。許穆夫人賦《載馳》，齊侯使公子無虧帥車三百乘、甲士三千人以城曹。歸公乘馬，祭服五稱，牛羊豕雞狗皆三百，與門材。歸夫人魚軒，重錦三十兩。莘老孫氏曰：案《左氏》以爲衛滅而遷都，然《春秋》但曰『入』，蓋狄雖迫衛，至於奔亡，而未嘗居有其地。其後衛復見於《經》，非狄滅而取之，故不曰『滅』爾。皆未詳信否。張氏曰：衛非特懿公好鶴而失人心，蓋自惠公卽位，宣姜淫恣，耽樂忘政，習實爲常，公又重之，亡形已具。故狄人一至而渙然離散。以衛爲春秋初之大國，方與齊侯胥命才四十年而淪於滅亡，所以治國必齊其家。而淫亂之禍不篡必滅，可不戒哉！義又見隱七年『戎伐凡伯』。

元・鄭玉《春秋闕疑》卷一二《閔公二年》 十有二月狄入衛。

狄人伐衛，衛懿公好鶴，鶴有乘軒者。將戰，國人受甲者皆曰：『使鶴，鶴實有祿位，余焉能戰？』公與石祁子玦，與甯莊子矢，使守，曰：『以此贊國，擇利而爲之。』與夫人繡衣，曰：『聽于二子。』渠孔御戎，子伯爲右，黄夷前驅，孔嬰齊殿。及狄人戰于熒澤，衛師敗績，遂滅衛。衛侯不去其旗，是以甚敗。初，惠公之卽位也少，齊人使昭伯烝于宣姜，不可，强之。生齊子戴公、文公、宋桓夫人、許穆夫人。文公爲衛之多患也，先適齊，及敗，宋桓公逆諸河，宵濟。衛之遺民男女七百有三十人，益之以共滕之民爲五千人，立戴公以廬于曹。許穆夫人賦《載馳》，齊侯使公子無虧帥車三百乘、甲士三千人以戍曹，歸公乘馬、祭服、牛羊豕雞狗與門材，歸夫人魚軒重錦。衛文公大布之衣，大帛之冠，務材訓農，通商惠工，敬教勸學，授方任能。元年，革車三十乘，季年乃三百乘。謝氏曰：狄人入衛也，國人分散，衛已滅矣。自文公徙居楚丘，建城市，營宮室，而衛國復興，則狄未能滅衛而有之。故入衛不書滅。張氏曰：衛

之滅，非特懿公好鶴而失人心。蓋自惠公即位以來，宣姜淫恣，躭樂亡政，習以爲常，故狄人一至而涣然國隨以亡。非齊桓救而封之，則康叔之後，至此無噍類矣。衛在春秋時初爲大國，與齊侯胥命才四十年而淪于亡滅，所以治國先齊家，而淫亂之禍不篡必滅。可不戒哉？

明・劉基《誠意伯文集》卷一七《靈丘丈人第四》　衛懿公好禽，見觝牛而悦之，禄其牧人。如中士寧子諫曰：『不可，牛之用在耕不在觝，觝其牛，耕必廢。耕，國之本也，其可廢乎？臣聞之：君人者不以欲妨民。』弗聽。於是衛牛之觝者賈十倍於耕牛，牧牛者皆釋耕而教觝，農官弗能禁。邶有馬，生駒不能走，而善鳴。公又悦而納諸廄。寧子曰：『是妖也，君不寤，國必亡。夫馬齊力者也，鳴非其事也。邦君爲天牧民，設官分職以任其事，廢事失職，厥有常刑，故非事之事。君不舉焉，杜其源也。妖之興也，人實召之。自今以往，衛國必多不耕之夫，不織之婦矣。君必悔之。』又弗聽。明年，狄伐衛，衛侯將登車而御，失其轡；將戰，士皆不能執弓矢，遂敗於滎澤，滅懿公。

明・季本《詩説解頤正釋》卷四《載馳》　經旨曰：衛懿公時狄入衛，懿公死而戴公代之，東徙渡河，野處漕邑。戴公者，宣姜之子而許穆夫人之兄也。夫人以諸侯無救之者，閔其將亡而思歸唁之，其欲爲衛圖存之情切矣。特爲大夫所阻不得遂焉，故作是詩也。舊説本於《左傳》，大畧得之矣。

清・馬驌《繹史》卷四三《衛懿公亡國》　衛宣公納婦而授國於惠，則是淫亂者之可以享國也。惠公奪適而傳位於懿，則是竊立者之可以長世也。福善禍淫之道，不幾爽乎！是不然。爲惡者不必有近刑，懿公見殺於翟人，滅國殄世，猶是宣、惠之餘殃也。夫好鶴宜若爲小失耳，遂使百姓散離，敵未至而奔潰恐後，華禮夜與國人出，臣民皆叛，寇來使麋鹿觸之，懿必不能，食肉舍肝，曷爲視死弗救也？此無他，衛人之惡惠公而憐急、壽久矣，惡惠公則不願懿公之有國，急、壽無後，則凡可以立爲君者，無不可以代懿公也。矧懿公拒諫貴優，復無幹蠱之德，而昭伯實急子之母弟，有子而立，足以慰民望焉。齊桓公因民所欲，益之民而封其國，於是存亡繼絶之義，昭然於天下矣。方翟人之入衛也，亦復病邢，齊人既遷邢，又復封衛，然則邢、衛之國同病也，夷儀與楚丘，其相依猶唇齒也，衛與邢之相救，非相爲賜，勢不得不然爾。奈何桓公既没，而邢、衛交惡，衛且昧弘恩而伐齊，邢乃助翟人以攻衛，邢固不道，衛亦不仁，讓國衆從，興師雨降，史氏之辭，不無溢美。二禮委質以濟其謀，張儀事楚事魏之智，實權輿焉。夫邢爲姬姓，周公之胤也，衛之視邢，則爲同姓，魯之視邢，則爲同宗，滅同姓，《春秋》惡之，滅同宗，魯之《春秋》惡之，此生而書名，《春秋》所由僅見與？且衛自宣、惠以來，文公則誠賢君矣，《定之方中》，詩人專美，布衣帛冠，國用富彊，養餘力以報翟，邢可親而不可伐也，胡爲計不出此，矜張奮怒，終成貪德，亦思控大邦而歎誰極，衛難方殷，邢實共之，忘同患而長寇讎，生名之貶，所由來乎！

藝　文

宋・蘇軾《東坡全集》卷三六《放鶴亭記》　熙寧十年秋，彭城大水，雲龍山人張君之草堂，水及其半扉。明年春，水落，遷於故居之東，東山之麓。升高而望，得異境焉，作亭於其上。彭城之山，岡嶺四合，隱然如大環，獨缺其西南面，而山人之亭適當其缺。春夏之交，草木際天；秋冬雪月，千里一色；風雨晦明之間，俯仰百變。山人有二鶴，甚馴而善飛，旦則望西山之缺而放焉。縱其所如，或立於陂田，或翔於雲表，莫則傃東山而歸，故名之曰放鶴亭。郡守蘇軾時從賓客僚吏，往見山人，飲酒於斯亭而樂之。揖山人而告之曰：『子知隱居之樂乎？雖南面之君未可與易也。《易》曰：「鳴鶴在陰，其子和之。」《詩》曰：「鶴鳴于九皐，聲聞于天。」蓋其爲物，清遠閒放，超然于塵垢之外，故《易》、《詩》人以比賢人君子。隱德之士，狎而玩之，宜若有益而無損者。然衛懿公好鶴則亡其國，周公作《酒誥》，衛武公作抑戒以爲荒惑敗亂無若酒者，而劉伶、阮籍之徒，以此全其真而名後世。嗟夫！南面之君，雖清遠閒放如鶴者，猶不得好，好之，則亡其國；而山林遁世之士，雖荒惑敗亂如酒者，猶不能爲害，而況於鶴乎？由此觀之，其爲樂未可以同日而語也。』山人忻然而笑曰：『有是哉？』乃作放鶴招鶴之歌曰：

鶴飛去兮，西山之缺。高翔而下覽兮，擇所適。翻然斂翼，婉將集兮，忽何所見？矯然而復擊；獨終日於澗谷之間兮，琢蒼苔而履白石。

鶴歸來兮，東山之陰。其下有人兮，黄冠草履，葛衣而鼓琴。躬耕而食兮，其餘以汝飽。歸來歸來兮，西山不可以久留。元豐元年十一月初八日記。

元·胡祇遹《紫山大全集》卷一《五言古詩·薛稷鶴賈參議家藏》

衛懿公好鶴，華寵使乘軒。鶴慘不爲樂，戰士生怨言。賈侯蓄畫鶴，持卷求佳篇。詩流喜題詠，不盡主人賢。所好良一爾，是非何其偏。所養非所用，國君豈宜然。賈侯偶閒適，雅興在林泉。一見物寓意，寧爲物所牽。新詩與佳畫，過眼皆蹄筌。

明·貝瓊《清江文集》卷九《兩峰集·鳴鶴軒記》

《傳》稱衛懿公好鶴，余嘗爲之解曰：鶴誠有可好者，夫巧於萬變，觸笙竽而鼓琴瑟，不如百族之蠱人。然潔而不可污，介而不可狎，類乎士之有道者。當天寒夜半，白露初降，則引吭長鳴，洪而遠，清而亮，足以破啁啾之聲，殆非百族之所及。故《詩》曰：『鶴鳴於九臯，聲聞于天。』以其處乎近而達乎遠也。《易》曰：『鳴鶴在陰，其子和之。』以其出乎此而應乎彼也。宜懿公之好之，有乘軒者，亦異乎衆人之好已。衆人之好鸚也，翠也，鸜鵒也，惡知鶴之爲可好。然以鶴之異於百族，至於乘軒，則天下之士將慕而歸之，可以守其國而四鄰懼。寇至授甲而莫肯爲之戰，實衛有可亡之道，鶴惡能亡之也哉！使不好鶴其國有不亡者乎？彼不是察而尤其好鶴，豈不愈於蠱人之百族耶？惟其由鶴而亡，亦鶴之不幸已，故知衛之亡非好鶴之過也。時未有發余之説者，錫山楊君德中嘗畜一鶴，以鳴鶴顔其讀書之軒，蓋將以鶴自況，且求余爲之記。余交德中三十年，實吴之奇才也。始由州佐史擢於風憲，歷江東、浙西二道，不以好而同，不以仇而異，故一時上官咸敬而憚之。及張士誠入吴，卽引而去之，隱於殳山之陽，義不苟禄，日與鳴鶴爲伍，抑無愧於鶴之潔而介者。其視陸平原當主昏國亂，不能如季鷹之高，及收而思聞華亭清唳，何見幾之不早耶？故既辯非鶴之亡衛，且美德中之獨高也。是爲記。

明·羅倫《一峰文集》卷四《竹鶴軒記》

盤谷居士有竹鶴癖，所至種竹與居，攜鶴以遊。客過之曰：『子何癖乎？昔衛懿公好鶴，鶴有乘軒者，卒亡其國。子猷好竹，至呼之爲君，而子猷不成於晉，子何癖乎？』居士曰：『凡物，好之而不忘，則癖。仁者樂山，忘其山也；知者樂水，忘其水也。若人之見也，樵者亦樂山，漁者亦樂水乎。目癖乎色，不忘乎色也；耳癖乎聲，不忘乎聲也。癖乎富貴，不忘乎富貴者也。堯舜桀紂皆有天下也，堯舜有天下而不與焉，忘天下者也；桀紂有天下至於忘其身。堯舜忘也，桀紂癖也。懿公之亡，桀紂之癖也，鶴能忘其國乎？凡物，好之而不忘則癖，忘則神。熒河之圖，伏羲忘其爲馬；洛中之書，神禹忘其爲龜。茂叔忘於蓮，伊川忘於梅，陶淵明忘於菊。張旭之爲書也，忘其爲書而後神也。好事者種菊一籬，植蓮一池，號於人曰：「吾愛菊也，愛蓮也。」猶童子執筆而爲旭之書號於人曰：「吾旭也。」其能旭乎？子猷之於竹也，好之亦若是歟？是故天之生物也，忘其生也；物之生也，忘其所以爲生也。今夫鶴，俛而飲，仰而啄，招之而來，放之而去，忘其鶴也。今夫竹，貫四時而不改，干雲霄而不撓，虚中而直外，毋矜色，毋傲態，忘其竹也。吾以一老頽乎二物之間，方其境與神會，心與物冥，天地吾不知其大，日月吾不知其明，鬼神吾不知其幽，千駟萬鍾吾不知其富，布褐蓬茅吾不知其貧，心腹腎腸耳目鼻口吾不知其爲我也，而況於二物乎？吾將燒竹煮鶴而遊於無何之鄉矣，吾何癖！吾何癖！』居士閉口，隱几而卧。客不能難，跼蹴而退。居士姓某名某。

明·尹臺《洞麓堂集》卷四《留鶴亭記》

君子不留情於物，一有所留，則其害道也甚大。惟能留而無留，乃可游於物爾。往余之有以留鶴名兹亭也，病未申著其義，故今齋暇因追爲之記云。蓋鶴天下之美禽也，潔清迅舉，翛然羽儀，天漢之表，而引吭中夜，曾不暫忘其儆露之心，可謂物類之有德操者，故鳴臯在陰，《經》以警訓象，而我國家制品服加寵中外，文僚時取。是禽爲高貴之首，凡二京大省廨靡不珍畜之玩，對比高潔，非虚列爲觀狎具也，則古之常以一自隨者。其留情亦必有在，何名害道？噫！是可不深思其故與？夫人心物理，本不因形有間，惟憎好先作於中，則廓然順應之幾，鮮不爲所牿化已。若斯鶴又留省中，與衆同忻好，則奚害道之有？一或稍攖情顧念間，卽小物皆足爲道深累，而獨斯鶴也乎？昔文王築靈臺，鶴嘗游聚其囿，民樂誦至今。衛懿公挾偏好鶴，至有乘軒者，狄入而民曰『使鶴』，國因是敗亡。則聖愚相遠之效何如也！故君子情慎所留，天下無遺善矣。余始佐南銓，日宅嘗畜二鶴。既陟柄今曹，睹省庭獨無鶴，遂捐之爲公畜也。省後故有他亭久圮，思前聞

人遺迹不忍廢，命工少葺治。適成，乃扁寓斯名，識不忘後。余考績北上友人，有爲海州守者，復餽二鶴。余不欲重行載，令省中人並畜之。會余去，而四鶴損一矣。魯郡望湖吴公來爲禮書，憫其單無匹，舉以畀他省署。今秋余再至，則二鶴翩翩時翔舞。余側眄盼，若故識然，蓋追計其時十年矣。亭亦漸就枋敝，余仍令葺之。而感今懷故，聊記厥始末刻石焉於戲。後之君子覽是，將無嗤余言之近陋也夫。

清・愛新覺羅・弘曆《御製詩集四集》卷九八《古今體一百五首癸卯六・鶴》 山莊白鶴豢以夙，弗翦翅翎任飛伏。有時意喜舞蹁躚，鮑賦盡之言不復。軒載反增其拘束，書豈可盡信而讀。

《左傳》衛懿公之事，或其好鶴而不愛士，卒以致敗，則有之。若云乘軒賦祿，實非鶴之所性喜也。《左氏》浮誇於此見一端。因詠鶴故及之。

政治家部

商湯分部

傳記

《史記》卷三《殷本紀》 殷契，母曰簡狄，有娀氏之女，爲帝嚳次妃。三人行浴，見玄鳥墮其卵，簡狄取吞之，因孕生契。契長而佐禹治水有功。帝舜乃命契曰：『百姓不親，五品不訓，汝爲司徒而敬敷五教，五教在寬。』對於商，賜姓子氏。契興於唐、虞、大禹之際，功業著於百姓，百姓以平。

契卒，子昭明立。昭明卒，子相土立。相土卒，子昌若立。昌若卒，子曹圉立。曹圉卒，子冥立。冥卒，子振立。振卒，子微立。微卒，子報丁立。報丁卒，子報乙立。報乙卒，子報丙立。報丙卒，子主壬立。主壬卒，子主癸立。主癸卒，子天乙立，是爲成湯。【略】

湯歸至於泰卷陶，中壘作誥。既絀夏命，還亳，作湯誥：『維三月，王自至於東郊。告諸侯羣后：「毋不有功於民，勤力迺事。予乃大罰殛女；毋予怨。」曰：「古禹、皋陶久勞於外，其有功乎民，民乃有安。東爲江，北爲濟，西爲河，南爲淮，四瀆已修，萬民乃有居。后稷降播，農殖百穀。三公咸有功於民，故后有立。昔蚩尤與其大夫作亂百姓，帝乃弗予，有狀。先王言不可不勉。」曰：「不道，毋之在國，女毋我怨。」』以令諸侯。伊尹作咸有一德，咎單作明居。

晉・皇甫謐《帝王世紀》 殷出自帝嚳，子姓也。主癸之妃曰扶都，見白氣貫月，意感以乙日生湯。故名履。字天乙。是謂成湯。一名帝乙。豐下鋭上，皙而有髯。倨身而揚聲。長九尺。臂四肘。有聖德。諸侯有不義者。湯從而征之，誅其君，弔其民，天下咸悦。故東征則西夷怨，南征則北狄怨。曰：『奚爲而後我？』故仲虺誥曰：『徯我后』，后來其蘇者也。凡二十七征，而德施於諸侯焉。出見羅者，方祝，湯問之曰：『爾之祝何也？』羅者曰：『從天下者，從地出者，從四方來者，皆入吾網！』湯聞曰：『嘻，盡之矣！非桀其孰能爲此哉？』乃下車，命解其三面，而置其一面，更教之祝曰：『昔蛛蝥作罔，今人學結。欲左者左，欲右者右，欲高者高，欲下者下，吾取其犯命者！』漢南諸侯聞之，咸曰：『湯之德至矣！澤及禽獸，況於人乎？』一時歸湯者三十六國。及夏桀無道，辠諫者。湯使人哭之，桀因湯於夏臺。而後釋之，諸侯由是咸叛桀附湯，同日貢職者五百國，三年而天下悉服。將伐桀，先滅韋顧、昆吾，遂戰於鳴條之野。桀奔於南巢之山，湯乃即天子之位，以水承金，始居亳，遂遷九鼎於亳。至大坰而有慚德。湯自伐桀後，大旱七年，洛川竭，使人持三足鼎祝於山川曰：『政不節耶？使民疾耶？苞苴行耶？讒夫昌耶？宫室營耶？女謁行耶？何不雨之極耶？』殷史卜曰：『當以人禱。』湯曰：『吾所爲請雨者民也，若必以人禱，吾請自當。』遂齋戒翦髮斷爪，以己爲牲，禱於桑林之社。曰：『唯予小子履，敢用元牡。告於上天后土！』曰：『萬方有罪，罪在朕躬。朕躬有罪，無及萬方。無以一人之不敏，使上帝鬼神傷民之命。』言未已，而大雨至方數千里。湯即位十七年，

而踐天子位，爲天子十三年，年百歲而崩。湯娶有莘氏女爲正妃，生太子丁、外丙、仲壬，太子早卒，外丙代立。

綜　述

《墨子·貴義》　昔者湯將往見伊尹，令彭氏之子御，彭氏之子半道而問曰：『君將何之？』湯曰：『將往見伊尹。』彭氏之子曰：『伊尹，天下之賤人也。君若欲見之，亦令召問焉，彼受賜矣。』湯曰：『非女所知也。今有藥於此，食之則耳加聰，目加明，則吾必説而强食之。今夫伊尹之於我國也，譬之良醫善藥也，而子不欲吾善也。』因下彭氏之子，不使御。

《孟子·滕文公下》　湯居亳，與葛爲鄰。葛伯放而不祀，湯使人問之曰：『何爲不祀？』曰：『無以供犧牲也。』湯使遺之牛羊，葛伯食之，又不以祀。

湯又使人問之曰：『何爲不祀？』曰：『無以供粢盛也。』湯使亳衆往爲之耕，老弱饋食。葛伯率其民，要其有酒食黍稻者奪之，不授者殺之。有童子以黍肉餉，殺而奪之。書曰『葛伯仇餉』，此之謂也。

爲其殺是童子而征之，四海之内皆曰：『非富天下也，爲匹夫匹婦復讎也。』

湯始征，自葛載，十一征而無敵於天下，東面而征西夷怨，南面而征北狄怨，曰『奚爲後我』？民之望之，若大旱之望雨也。歸市者弗止，芸者不變，誅其君，弔其民，如時雨降，民大悦。

《尸子》卷下　湯之救旱也，乘素車白馬，著布衣，身嬰白茅，以身爲牲，禱於桑林之野。當此時也，絃歌鼓舞者禁之。

《呂氏春秋》卷八《簡選》　桀既奔走，於是行大仁慈，以恤黔首，反桀之事，遂其賢良，順民所喜，遠近歸之，故王天下。

漢·賈誼《新書》卷九《修政語上》　湯曰：『學聖王之道者，譬其如日；静思而獨居，譬其若火。夫人舍學聖王之道而静居獨思，譬其若去日之明於庭，而就火之光於室也，然可以小見，而不可以大知。』是故明君而君子，貴尚學道而賤下獨思也。故諸君得賢而舉之，得賢而與之，譬其若登山乎；得不肖而舉之，得不肖而與之，譬其若下淵乎。故登山而望，其何不臨而何不見？淩遲而入淵，其孰不陷溺？是以明君慎其舉，而君子慎其與，然後福可必歸，菑可必去矣。

湯曰：『藥食嘗於卑，然後至於貴；藥言獻於貴，然後聞於卑。』故藥食嘗於卑然後至於貴，教也；藥言獻於貴然後聞於卑，道也。故使人味食然後食者，其得味也多；使人味言然後聞者，其得言也少。故以是明上之於言也，必自也聽之，必自也擇之，必自也聚之，必自也藏之，必自也行之。故道以數取之爲明，以數行之爲章，以數施之萬姓爲藏。是故求道者不以目而以心，取道者不以手而以耳，致道者以言，入道者以忠，積道者以信，樹道者以人。故人主有欲治安之心而無治安之政者，雖欲治安顯榮也，弗得矣。故治安不可以虚成也，顯榮不可以虚得也。故明君敬士、察吏、爱民以參其極，非此者，則四美不附矣。

漢·劉安《淮南子》卷一九《務修訓》　湯夙興夜寐，以致聰明；輕賦薄斂，以寬民氓；布德施惠，以振困窮；弔死問疾，以養孤孀。百姓親附，政令流行，乃整兵鳴條，困夏南巢，譙以其過，放之歷山。

漢·韓嬰《韓詩外傳》第三十章　湯作護，聞其宫聲，使人温良而寬大。聞其商聲，使人方廉而好義。聞其角聲，使人惻隱而愛仁。聞其徵聲，使人樂養而好施。聞其羽聲，使人恭敬而好禮。詩曰：『湯降不遲，聖敬日躋。』

漢·劉向《説苑》卷一三《權謀》　湯欲伐桀。伊尹曰：『請阻令貢職以觀其動。』桀怒，起九夷之師以伐之。伊尹曰：『未可。彼尚猶能起九夷之師，是罪在我也。』湯乃謝罪請服，復入貢職。明年，又不供貢職。桀怒，起九夷之師，九夷之師不起。伊尹曰：『可矣。』湯乃興師，伐而殘之。遷桀南巢氏焉。

漢·桓寬《鹽鐵論》卷八《結和》　湯、武伐夏、商，誅桀、紂而爲王。【略】以伐成孝。

漢·袁康等《越絶書》卷三《越絶吴内傳第四》　之伯者，荆州之君也。湯行仁義，敬鬼神，天下皆一心歸之，當是時，荆伯未從也。湯於是乃飾犧牛以事。荆伯乃媿然曰：『失事聖人禮。』乃委其誠心。此謂湯獻牛荆之伯也。

論説

《論語・顏淵》 湯有天下，選於衆，舉伊尹，不仁者遠矣。

《上海博物館藏楚竹書・緇衣》第三章 子曰：『爲上可（斉）［望］而（盁）［知］也，爲下可（槓）［述］而（𦐇）［志］也。則君不（㤅）［疑］（亓）［其］（臣）［臣，臣］不（或）［惑］於君。』《（旹）［詩］》（員）［云］：『（𠳵）［弔，淑］人孝［君子］，（亓）［其］（義）［儀］不（弋）［忒］。』《［尹］（頁）［誥］》（員）［云］：『（隹）［惟］尹［躳］（躬）及（康）［湯］，（咸）［咸］（又）［有］一（悳）［德］。』

《墨子・非命上》 古者湯封於亳，絶長，方地百里。與其百姓兼相愛，交相利，移則分。率其百姓，以上尊天事鬼。是以天鬼富之，諸侯與之，百姓親之，賢士歸之，未殁其世，而王天下，政諸侯。

《管子・輕重甲》 昔者桀之時，女樂三萬人，端譟晨樂，聞於三衢，是無不服文繡衣裳者。伊尹以薄之游女工文繡篡組一純得粟百鍾於桀之國。夫桀之國者，天子之國也。桀無天下憂，飾婦女鍾鼓之樂，故伊尹得其粟而奪之流。此之謂來天下之財。

《尸子》卷下 湯復於湯丘，文王幽於羑里，武王羈於玉門，越王役於會稽，秦穆公敗於殽塞，齊桓公遇賊，晉文公出走。故三王资於辱，而五伯得於困也。

《韓非子・難言》 上古有湯至聖也，伊尹至智也。夫至智説至聖，然且七十説而不受，身執鼎俎爲庖宰，昵近習親，而湯乃僅知其賢而用之。故曰：以至智説至聖未必至而見受，伊尹説湯是也。

《呂氏春秋》卷一三《孟夏紀》 湯欲繼禹而不成，既足以服四荒矣。

又《仲秋紀》 殷湯良車七十乘，必死六千人，以戊子戰於郕，遂禽推移、大犧，登自鳴條，乃入巢門，遂有夏。桀既奔走，於是行大仁慈，以恤黔首，反桀之事，遂其賢良，順民所喜，遠近歸之，故王天下。

漢・劉安《淮南子》卷一二《道應訓》 昔夏、商之臣，反讎桀、紂而臣湯、武，宿沙之民，皆自攻其君而歸神農，此世之所明知也。

宋・祝泌《觀物篇解》卷五 脩夫仁者，有虞之謂也。修夫禮者，夏禹之謂也。修夫義者，商湯之謂也。修夫智者，周發之謂也。修夫性者，文王之謂也。修夫情者，武王之謂也。修夫形者，周公之謂也。修夫體者，召公之謂也。

藝文

《詩經・小雅・殷武》 撻彼殷武！奮伐荆楚。罙入其阻，裒荆之旅。有截其所，湯孫之緒！

維女荆楚！居國南鄉。昔有成湯：自彼氐羌，莫敢不來王，莫敢不來享，曰商是常！

天命多辟，設都於禹之績。歲事來辟，勿予禍適！稼穡匪解！

天命降監，下民有嚴。不僭不濫，不敢怠遑。命於下國，封建厥福。

商邑翼翼，四方之極。赫赫厥聲，濯濯厥靈。壽考且寧，以保我後生！

松柏丸丸，是斷是遷，方斲是虔。松桷有梴，旅楹有閑，寢成孔安！

唐・韓愈《韓昌黎集》卷一《赴江陵途中，寄贈王二十補闕、李十一拾遺、李二十七員外翰林三學士》 殷湯閔禽獸，解網祝蛛蝥。

唐・胡曾《詠史詩・商郊》 鶯囀商郊百草新，殷湯遺迹在荒榛。誰知繼桀爲天子，便是當初祝網人。

清・朱彝尊《明詩綜》卷八一《慶成宴》 夏王厭芳醴，商湯遠色聲。聖人示深戒，千春垂令名。

雜録

明・陳士元《論語類考》卷七《人物考》 元按：商湯子姓，契之後。《商本紀》云：『天乙立，是爲成湯。』自契至湯十四代，凡入遷。湯始居亳，放桀於南巢。歸於亳，踐天子位，號曰商，自盤庚遷殷。張晏云：『禹、湯皆字也。』《謚法》云：『除殘去虐曰湯。』然湯名履。《書》云『予小子』，履是也。孔安國云：『湯初名天乙，爲王時改名履。』譙周

云：『夏、殷之禮，生稱王，死稱廟。主皆以帝名配之天。亦，帝也，殷人尊湯，故曰天乙。』又，《易》曰：『帝乙歸妹』。《易傳》亦以帝乙爲湯名。是天乙卽帝乙也。若然，紂之父亦曰帝乙，是祖孫同名矣。商王多以十干取名，湯之父曰主癸，主癸之父曰主壬，主壬之父曰報丙，報丙之父曰報乙。湯之後王又有祖乙，有小乙，有武乙。然則帝乙爲湯名，豈待後世稱廟主而始有帝乙之名哉？又，湯亦稱武王。《詩》云：『武王載旆』。毛《傳》云：『武王，湯也。』又，《尚書璇璣鈐》云：『湯受金符、帝籙，白狼銜鉤。』《世紀》云：『湯有聖德。諸侯不義者，湯從而征之，一時歸者三十六國。踐位十三年，壽百歲卒，葬亳北之濟陰。』

伊尹分部

傳記

《史記》卷三《殷本紀》　伊尹名阿衡。司馬貞《索隱》：《孫子兵書》：『伊尹名摯。』孔安國亦曰『伊摯』。然解者以阿衡爲官名。阿衡欲奸湯而無由，乃爲有莘氏媵臣，負鼎俎，以滋味説湯，致於王道。或曰，伊尹處士，湯使人聘迎之，五反然後肯往從湯，言素王及九主之事。湯舉任以國政。伊尹去湯適夏。既醜有夏，復歸於亳。入自北門，遇女鳩、女房，作《女鳩》、《女房》。【略】

帝太甲既立三年，不明，暴虐，不遵湯法，亂德，於是伊尹。

綜述

《墨子・尚賢中》　伊摯，有莘氏女之私臣，親爲庖人，湯得之，舉以爲己相，與接天下之政，治天下之民。

《尚書・商書・咸有一德》　伊尹作《咸有一德》。

伊尹既復政厥辟，將告歸，乃陳戒於德。

曰：嗚呼！天難諶，命靡常。常厥德，保厥位。厥德匪常，九有以亡。

夏王弗克庸德，慢神虐民。皇天弗保，監於萬方，啓迪有命，眷求一德，俾作神主。惟尹躬暨湯咸有一德，克享天心，受天明命，以有九有之師，爰革夏正。

非天私我有商，惟天佑於一德。非商求於下民，惟民歸於一德。

德惟一，動罔不吉；德二三，動罔不凶。惟吉凶不僭，在人；惟天降災祥，在德。

今嗣王新服厥命，惟新厥德。終始惟一，時乃日新。

任官惟賢材，左右惟其人。臣爲上爲德，爲下爲民。其難其愼，惟和惟一。

德無常師，主善爲師；善無常主，協於克一。俾萬姓咸曰：大哉！王言。

又曰：哉！王心。克綏先王之祿，永底烝民之生。

嗚呼！七世之廟，可以觀德；萬夫之長，可以觀政。后非民罔使，民非后罔事。無自廣以狹人。匹夫、匹婦不獲自盡，民主罔與成厥功。【略】

伊陟相太戊，亳有祥，桑、穀共生於朝，伊陟贊於巫咸，作咸乂四篇。

《尸子》卷下　湯問伊尹曰：『壽可爲耶？』伊尹曰：『王欲之，則可爲；弗欲，則不可爲也。』

《呂氏春秋》卷三《季春紀》　湯問於伊尹曰：『欲取天下，若何？』伊尹對曰：『欲取天下，天下不可取。可取，身將先取。』

又　卷一五《愼大覽》　桀爲無道，暴戾頑貪，天下顫恐而患之，言者不同，紛紛分分，其情難得。干辛任威，凌轢諸侯，以及兆民，賢良鬱怨。殺彼龍逢，以服羣凶，衆庶泯泯，皆有遠志，莫敢直言，其生若驚。大臣同患，弗周而畔。桀愈自賢，矜過善非，主道重塞，國人大崩。湯乃惕懼，憂天下之不寧，欲令伊尹往視曠夏，恐其不信，湯由親自射伊尹。伊尹奔夏三年，反報於亳，曰：『桀迷惑於末嬉，好彼琬、琰，不恤其衆，衆志不堪，上下相疾，民

心積怨，皆曰：「上天弗恤，夏命其卒。」』

湯謂伊尹曰：『若告我曠夏盡如詩。』湯與伊尹盟，以示必滅夏。伊尹又復往視曠夏，聽於末嬉。末嬉言曰：『今昔天子夢西方有日，東方有日，兩日相與鬭，西方日勝，東方日不勝。』伊尹以告湯。商涸旱，湯猶發師，以信伊尹之盟，故令師從東方出於國，西以進。未接刃而桀走，逐之至大沙，身體離散，爲天下戮。

又 卷二四《孝行覽》 （伊尹）長而賢。湯聞伊尹，使人請之有侁氏。有侁氏不可。伊尹亦欲歸湯，湯於是請取婦爲婚。有侁氏喜，以伊尹媵女。【略】

湯得伊尹，祓之於廟，爝以爟火，釁以犠猳。明日，設朝而見之。説湯以至味。

湯曰：可對而爲乎？對曰：君之國小，不足以具之，爲天子然後可具。夫三羣之蟲，水居者腥，肉獲者臊，草食者羶，凡味之本，水最爲始。五味三材，九沸九變，火爲之紀。

時疾時徐，滅腥去臊除羶，必以其勝，無失其理。調和之事，必以甘酸苦辛鹹，先後多少，其齊甚微，皆有自起。鼎中之變，精妙微纖，口弗能言，志不能喻，若射御之微，陰陽之化，四時之數。故久而不弊，熟而不爛，酸而不酷，鹹而不減，辛而不烈，澹而不薄，肥而不脥。肉之美者：猩猩之脣，貛貛之炙，雋觾之翠，旄象之約。流沙之西，丹山之南，有鳳之丸，沃民所食。魚之美者：洞庭之鱄，東海之鮞。

醴水之魚，名曰朱鼈，六足，有珠百碧。雚水之魚，名曰鰩，其狀若鯉而有翼，常從西海夜飛游於東海。菜之美者：崑崙之蘋，壽木之華。指姑之東，中容之國，有赤木、玄木之葉焉。餘瞀之南，南極之崖，有菜，其名曰嘉樹，其色若碧。陽華之芸。雲夢之芹。具區之菁。浸淵之草，名曰土英。

和之美者：陽樸之薑，招摇之桂，越駱之菌，鱣鮪之醢，大夏之鹽。宰揭之露，其色如玉。長澤之卵。飯之美者：玄山之禾，不周之粟，陽山之穄，南海之秬。水之美者：三危之露，崑崙之井。沮江之丘，名曰摇水。曰山之水。高泉之山，其上有涌泉焉，冀州之原。

果之美者：沙棠之實。常山之北，投淵之上，有百果焉，羣帝所食。箕山之東，青鳥之所，有甘櫨焉。

江浦之橘，雲夢之柚，漢上石耳。所以致之，馬之美者，青龍之匹，遺風之乘。

非先爲天子，不可得而具。天子不可彊爲，必先知道。道者，止彼在己，己成而天子成，天子成則至味具。故審近所以知遠也，成己所以成人也，聖人之道要矣，豈越越多業哉！

漢·劉向《新序》卷六《刺奢》 桀作瑤臺，罷民力。殫民財，爲酒池糟隄，縱靡靡之樂，一鼓而牛飲者三千人，羣臣相持歌曰：『江水沛沛兮，舟楫敗兮，我王廢兮，趣歸薄兮，薄亦大兮。』又曰：『樂兮樂兮，四牡蹻兮，六轡沃兮，去不善而從善，何不樂兮？』伊尹知天命之至，舉觴而告桀曰：『君王不聽臣之言，亡無日矣。』桀拍然而作，唖然而笑曰：『子何妖言，吾有天下，如天之有日也，日有亡乎？日亡吾亦亡矣。』於是接履而趣，遂適湯，湯立爲相。故伊尹去官入殷，殷王而夏亡。

論説

《孫子兵法·用間》 殷之興也，伊摯在夏。

《呂氏春秋》卷二《當染》 墨子見染素絲者而歎曰：『染於蒼則蒼，染於黄則黄，所以入者變，其色亦變，五入而以爲五色矣，故染不可不慎也。』

非獨染絲然也，國亦有染。舜染於許由、伯陽，禹染於皋陶、伯益，湯染於伊尹、仲虺，武王染於太公望、周公旦。此四王者所染當，故王天下。

又 卷四《尊師》 神農師悉諸，黄帝師大撓，帝顓頊師伯夷父，帝嚳師伯招，帝堯師子州支父，帝舜師許由，禹師大成贄，湯師小臣。高誘注：小臣謂伊尹。

漢·陸賈《新語》卷上《慎微》 夫建大功於天下者必先修於閨門之內，垂大名於萬世者必先行之於纖微之事。

是以伊尹負鼎，居於有莘之野，修道德於草廬之下，躬執農夫之作，意懷帝王之道，身在衡門之裏，志圖八極之表，故釋負鼎之志，爲天子之佐，剋夏立商，誅逆征暴，除天下之患，辟殘賊之類，然後海內治，百姓寧。

南朝梁・徐陵《徐孝穆集・爲貞陽侯重與王太尉書》 伊尹庖廚賤宰，【略】論其世業，較彼勤勞，書契已來，但有明德。

宋・王欽若等《冊府元龜》卷四八《帝王部・從人欲》 以人爲心，蓋帝王之盛德也。至若一夫不獲，有商所以啓其基；小物不遺，宗周所以隆其祚。以阿衡師保之助，宣股肱佐佑之力，足以永固鴻業，垂光無窮。

宋・李樗、黄櫄《毛詩李黄集解》卷二二《小雅》 伊尹之相湯也，思天下之民匹夫、匹婦不被其澤，若推而納之溝中。匹夫匹婦無不被其澤，然後爲之至。故鰥寡無不得其所，然後可以爲中興之盛也。

宋・胡宏《五峰集》卷四《伊尹幡然》 下士而上，天位也。天位，聖人之大寶也。義則貴，利則賤。伊尹之所以不從湯命者，恐其以爲利也。三聘幡然而起者，知其非爲利也。居天位者，慎毋以爵禄期人哉！其有棄天下如敝屣、視富貴如浮雲者，必望望然去之矣。所得而官使者，皆異事功、求温飽之士，亡國敗家率由於此矣。

宋・林之奇《尚書全解》卷一四《湯誥》 伊尹既醜有夏以歸，而桀之作惡不悛，終無改過之意。於是相湯伐夏，救民也。湯之伐桀，必得伊尹歸亳而後决者，蓋以臣伐君，聖人之慙德也。苟非有大不得已者，則聖人豈肯爲是慙德之舉以爲萬世亂臣賊子之口實也哉！故湯得伊尹於莘野，必使之就桀而輔以正之。至於五反而桀終不改，然後伐之。文王三分天下有二，以服事商，終其世而紂之惡蓋自若也。然後其子武王不得已率諸侯而伐之。伊尹事桀，文王事紂，其意一也。湯之伐桀，武王伐紂，其出於不得已而不可以已者，其意蓋可見於此。故雖以臣伐君，而身不失天下之顯名者，以天下後世知湯之伐桀、武王之伐紂，非其本心也。孟子曰：『五就湯，五就桀，伊尹也。』蓋伊尹之難，莫難於此。彼以伊尹爲湯作間於夏者，此乃戰國之士，以己之私意臆度伊尹者也。

清・馬驌《繹史》卷一五《伊尹輔太甲》 書序曰：『太甲既立，不明，伊尹放諸桐，三年，復歸於亳，思庸。』公孫丑曰：『賢者之爲人臣也，其君不賢，則固可放與？』孟子曰：『有伊尹之志則可，無伊尹之志則篡也。』昔伊尹佐湯以有天下，經營締造之艱難也，親見夏所以已，商所以興，嗣王不令，丕基將覆，故使之去深宫而親丘墓，君蒿悽愴，以發其哀慕之思，歠粥服衰，以消其驕溢之氣，久之，怨艾自悔，夫是以克終允德焉。第桐宫之放，事屬創聞，其志誠公，而其名則弗順。元聖忠愛，出自至誠，不得已而爲之，既而冕服奉歸。復政厥辟，主臣一心，綿祚永世，然後伊尹之志，天下後世無不共見矣。人臣有其志而無其德，且不可效伊尹之事；苟無其志而懷覬覦以窺神器，當主少危疑之際，操弄國柄，如莽、操、懿、裕輩，借伊尹爲口實，此篡奪之患不絶於史策，孟子固已灼見而遏絶之矣。抑嘗考羅泌之論曰：『周公之抱沖子，太甲之居桐，皆在諒陰時也。』古者，君薨，太子諒陰，百官總己以聽冢宰，三年，滕之父兄曰：『吾先君莫之行，魯先君亦莫之行。』則此禮之廢已久，太甲之事，宜後世弗及知也。元祀十二月，王始居陰，百官聽於冢宰，此喪之常紀，非攝也。嗣王不明，故因其諒陰，處之於桐謂之放者，自内而外之辭，抗世子之謂云爾，非廢也。三年，奉歸於亳，是起復之時爾，非再立也。廢立之説，蓋起於漢霍光將廢昌邑，告田延年曰：『古有之乎？』對曰：『有之。昔伊尹廢太甲以安社稷，後世稱爲忠臣。將軍誠能行之，亦漢室之伊尹也。』光計遂決。夫以光之不學，而投以延年循俗無稽之言，使後世信之，以爲伊尹嘗擅廢立矣。考太甲三篇，曷嘗有廢立之一言哉？前有《伊訓》以始事，後有《咸有一德》以終義，且其復甲也，曰：『惟王克終厥德，實萬世無疆之休。』其喜至矣。及其告歸也，曰：『臣罔以寵利居成功。』豈亦將因以爲利哉？故曰：廢立之説，本無其事，惟概以舜、禹君臣之義，則有愧爾。羅氏之言如此。竊以爲伊尹之在當日，於志無愧，則於義亦無愧。方唐、虞、夏后之世，君明臣良，奚由用放？三聖授受，安事征誅？尹之事商也，伐暴君以救民，輔闇主以允德，匹夫不内於溝中；厥后克俾爲堯、舜，適如其莘野之所樂，見諸親身而止，因時會以變通，舜、禹君臣之義，易地皆然，又何愧哉？故有假禪受以爲篡奪者，非堯、舜之過也；有託征誅以行叛亂者，非湯、武之過也；有擅廢立以危社稷者，亦非伊尹之過也。

藝文

《楚辭・天問》 緣鵠飾玉，后帝是饗。何承謀夏桀，終以滅喪？

《晉書》卷六五《王導傳》 飛龍御天，故資雲雨之勢；帝王興運，必俟股肱之力。軒轅，聖人也，杖師臣而授圖；商湯，哲后也，託負鼎而成業。

唐・李白《李太白集》卷二〇《紀南陵題五松山》 伊尹生空桑，捐庖佐皇極。

唐・柳宗元《柳河東集》卷一九《伊尹五就桀贊》 聖有伊尹，思德於民。往歸湯之仁，曰仁則仁矣，非久不親。退思其速之道，宜夏是因。就焉不可，復反亳殷。猶不忍其遲，亟往以觀。庶狂作聖，一日勝殘。至千萬冀一，卒無其端。五往不疲，其心乃安。遂升自陑，黜桀尊湯，遺民以完。

唐・陳子昂《陳伯玉集》卷六《我府君有周居士文林郎陳公墓誌銘》 湯與伊尹合，天下歸之五百年。

唐・李商隱《樊南文集》卷八《讓非賢人事》 湯故時非無臣也，然其卒佐湯，有升陑之役，鳴條之戰，竟何人哉，非伊尹不可也。

雜録

明・陳士元《論語類考》卷七《人物考》 朱子曰：『伊尹，湯之相也。』

元按：《呂氏春秋》云：『有侁氏女採得嬰兒於空桑，後居伊水，命曰伊尹。』尹，正也。謂湯使之正天下也。皇甫謐氏云：『伊尹，力牧之後。生於空桑。空桑，地名』。《史記》云：『伊尹名阿衡。阿衡欲干湯而無由，乃爲有莘媵臣，負鼎俎以滋味説湯，致於王道。』或云伊尹從湯，『言素王及九主之事』。今觀《尚書》所載，尹豈有是哉？《竹書紀年》云：『伊尹壽百二十歲。』《路史》云：『伊姓出於炎帝，下及湯代，有伊摯，爲之左相，是爲保衡。』《孫子兵書》：『伊尹名摯。』孔安國氏亦云：『伊摯。』而《國名紀》又有『伊國』，註云：『伊摯所尹也。』則伊又爲地名，而非姓矣。《英賢傳》以伊尹爲空桑氏，尤妄。《外紀》『太乙氏之後有空桑氏』，然空桑之地有二，其一在兗。《干寶記》云：『徵在生孔子於空桑之地。』孔廟《禮器碑》云：『顔育，空桑是也。其一在莘、陝之間。』共工氏振洪水以薄空桑，伊尹生於空桑是也。故《地記》謂，陳留有伊尹村。伊尹卒，大霧三日。至太戊時，其子伊陟爲相。《統志》云：『伊尹墓在開封府歸德州城東南四十里。』又：『河南府偃師縣西亦有伊尹墓。』

明・楊慎《丹鉛餘録》卷二 伊尹負鼎以干湯，謂尹有鼎鼐之才也，猶《書》曰『迓衡』云耳。横議者遂謂伊尹爲庖人。若然，則衡秤也。尹曰『迓衡』，其亦舞秤權之市魁乎？

清・崔述《商考信録》卷七《伊尹》 《帝王世紀》云：『伊摯豐下鋭上，色黑而短，僂身而下聲，年七十而不遇。湯聞其賢，設朝禮而見之。』余按：伊尹相湯以王天下，其在湯朝必歷有年所，其後又相外丙、仲壬、太甲、沃丁，不下數十餘年，則伊尹之遇湯當在中年；以爲七十，謬矣！

武丁分部

傳記

《史記》卷三《殷本紀》 帝小乙崩，子帝武丁立。帝武丁即位，思復興殷，而未得其佐。三年不言，政事決定於冢宰，以觀國風。【略】帝武丁祭成湯，明日，有飛雉登鼎耳而呴，武丁懼。祖己曰：『王勿憂，先修政事。』祖己乃訓王曰：『唯天監下典厥義，降年有永有不永，非天夭民，中絶其命。民有不若德，不聽罪，天既附命正厥德，乃曰其奈何。嗚呼！王嗣敬民，罔非天繼，常祀毋禮於弃道。』武丁修政行德，天下咸驩，殷道復興。

綜述

《尚書・無逸》 其在高宗，時舊勞於外，爰暨小人。馬融注：武丁爲太

子時，其父小乙使行役，有所勞苦於外，與小人從事，知小人艱難勞苦也。鄭玄注：武丁爲太子時，殷道衰，爲其父小乙將師役於外，與小人之故，言知其憂勞也。

作其卽位，乃或亮陰，三年不言。其惟不言，言乃雍。不敢荒寧，嘉靖殷邦。至於小大，無時或怨。

《甲骨文合集》六四八三片正《征伐國》 癸丑卜，爭，貞：自今至于丁巳我弗其𢦏宙？ 癸丑卜，爭，貞：自今至于丁巳我𢦏宙？ 王固曰：『丁巳我毋其𢦏，于來甲子𢦏。』旬又一日癸亥車弗𢦏，之夕皿。甲子允𢦏。

《周易·既濟》 高宗伐鬼方，三年克之，小人勿用。

又《未濟》 震用伐鬼方，三年有賞於大邦。

《禮記·喪服四制第四十九》 書曰『高宗諒闇，三年不言』，善之也。王者莫不行此禮，何以獨善之也？曰：高宗者，武丁。武丁者，殷之賢王也。繼世卽位，而慈良於喪。當此之時，殷衰而復興，禮廢而復起，故善之。善之，故載之書中而高之，故謂之『高宗』。三年之喪，君不言。《書》云：『高宗諒闇，三年不言。』此之謂也。

漢·劉向《説苑》卷一《君道》 高宗者，武丁也，高而宗之，故號高宗，成湯之後，先王道缺，刑法違犯，桑穀俱生乎朝，七日而大拱，武丁召其相而問焉，其相曰：『吾雖知之，吾弗得言也。聞諸祖己，桑穀者野草也，而生於朝，意者國亡乎？』武丁恐駭，飭身修行，思先王之政，興滅國，繼絶世，舉逸民，明養老。三年之後，蠻夷重譯而朝者七國，此之謂存亡繼絶之主，是以高而尊之也。

論說

《禮記·喪服四制》 武丁者，殷之賢王也。繼世卽位，而慈良於喪。當此之時，殷衰而復興，禮廢而復起。

《孟子·公孫丑上》 由湯至於武丁，賢聖之君六七作，天下歸殷久矣，久則難變也。武丁朝諸侯，有天下，猶運之掌也。紂之去武丁，未久也。其故家遺俗，流風善政，猶有存者。

《史記》卷二八《封禪書》 帝武丁得傳説爲相，殷復興焉。

《漢書》卷六四《賈捐之傳》 武丁、成王，殷、周之大仁也，然地東不過江、黄，西不過氐、羌，南不過蠻荆，北不過朔方。

唐·史徵《周易口訣義》卷三二《兑卦》 高宗者，武丁之號。殷之賢王，挺濟衰世，能伐遠方。

宋·林之奇《尚書全解》卷三二《無逸》 武丁未卽位之前，其父小乙欲其和稼穡艱難、人民疾苦，故使之出居民閒，勞苦於外，及小人共事。故曰『舊勞於外，爰暨小人』。諸家説者，無不以《説命》言『既乃遯於荒野，入宅於河，自河徂亳』，爲高宗『舊勞於外』之證據。《説命》『既乃遯於荒野』以下之文乃甘盤逃遯而去，匿迹晦名，不知其所終。故高宗欲傳説之訓朕志，非是高宗『舊勞於外』之事也。高宗既久居民閒，親履其勞，是以起而卽天子位，則不敢逸豫，居喪則亮陰而三年不言，其篤於孝道如此。既免喪則可以言矣，故言而天下莫不雍和。蓋惟其不言，故言則天下信之矣。而高宗之所以治民者，則亦如中宗不敢荒寧，故能善治商邦，或小或大，皆得其歡心，無有怨之者。

清·馬驌《繹史》卷一七《武丁中興》 盤庚没而殷衰。及武丁之爲太子也，舊勞於外，具明哲之資，卽位之初，甘盤爲相，王居亮陰，百官總己以聽冢宰，三年，免喪而猶弗言。是時，甘盤告老歸政，以高宗之賢，可以言而不言，敬畏慎重，必求聖佐，以隆殷道，至誠所動，夢得良弼，總百官，資斆學，用能興起禮樂，嘉靖殷邦，朝諸侯而有天下也。夫惟傳説之相業：比於阿衡，故武丁之君德，光於烈祖，商人尊而高之，是謂高宗。書載説命，以紀其始：易繫鬼方，以志其功：詩録玄鳥、殷武，以歌咏稱頌其德。蓋商自中葉衰微，戎、狄交侵，荆楚之梗化尤甚。高宗奮伐有截，動莫隆焉，豈楚俗家爲巫祝，神民雜糅，是所謂鬼方者邪？抑獯鬻方爲西北患，古公猶遷都避之，是卽高宗所伐，而詩易各載其事與？非高宗修德行政，剛以用師，則不能三年勝此勞。

藝文

《詩經·商頌·殷武》 撻彼殷武！奮伐荆楚。罙入其阻，裒荆之旅。有截其所，湯孫之緒！維女荆楚！居國南鄉。昔有成湯：自彼氐

羌，莫敢不來享，莫敢不來王，曰商是常！

唐・李覯《李元賓文集・高宗夢得説賦》 殷之哲王，唯政是恤。夜分而寢，夢獲良弼。雖神悸而若驚，冀形求而勿失。

唐・胡曾《詠史詩傅巖》 巖前版築不求伸，方寸那希據要津。自是武丁安寢夜，一宵宮裏夢賢人。

宋・陳普《石堂先生遺集》卷一五《歷代傳授歌》 太甲太戊及武丁，三宗有商爲專美。

傅説分部

傳記

《史記》卷三《殷本紀》 武丁夜夢得聖人，名曰説。以夢所見視羣臣百吏，皆非也。於是乃使百工營求之野，得説於傅險中。是時説爲胥靡，築於傅險。見於武丁，武丁曰是也。得而與之語，果聖人，舉以爲相，殷國大治。故遂以傅險姓之，號曰傅説。

綜述

《尚書・尚書・説命上》 高宗夢得説。孔安國注：盤庚弟、小乙子，名武丁。德高可尊，故號高宗。夢得賢相，其名曰説。

《墨子・尚賢中》 傅説被褐帶索，庸築乎傅巖，武丁得之，舉以爲三公，與接天下之政，治天下之民。

論説

《呂氏春秋》卷二二《尊師》 伊尹，庖厨之臣也；傅説，殷之胥靡也，皆上相天子，至賤也。

宋・劉恕《通鑑外紀》卷二《商》 武丁卽位之初，殷道中衰，甘盤遯世，朝多具臣。傅説賢而隱於胥靡，一旦舉而用之，出於微賤，衆必駭怪。故託於夢寐，旁求天下，置諸左右，如天所授。羣臣莫之疑懼，而傅説之道得行也。

元・陳悦道《書義斷法》卷三《説命上》 古昔王者寤寐賢才之心，不特取其形象之相似，必期於心迹之相親。蓋形象之似，所以求賢，不嫌於地之遠。而心迹之相親，所以親賢，不嫌於地之近。故以山林巖穴之士，一旦舉而加諸上位，非以職任尊隆爲貴，而以朝夕左右爲尚。庶幾正論。日聞而君德可成，不特想像其形像而已。高宗之求傅説，史臣蓋能紀其事。高宗之所命傅説，則後世尤不可不究其心也。

清・愛新覺羅・弘曆《御製樂善堂全集定本・傅説論》 昔在高宗，舊勞於外，爰知小人之依。舊學《甘盤》，乃切求賢之意，用能恭默思道，帝賚良弼而嘉靖殷邦。論者謂高宗素知傅説，假以夢寐，乃聖人之神道設教耳。夫高宗苟知説可相矣，以人君之力何難於擢用，而爲此詭詐之行哉？誠以精誠通於神明，純一不二，與天無間，故夢寐之間，帝賚之以良弼，亦如舜之見堯於羹墻，文王之卜得呂望，孔子之夢周公，此皆非機心巧術之所能爲，乃聖人至誠感通之妙道也。説以版築之人，一朝履相位，左右殷宗，首以從繩從諫，進説用能，啓沃王心，納誨輔德。迹其交勉之言，皆經世綜物之要，克副鹽梅舟楫之任。君臣相得益彰，豈不堪與帝廷之賡歌比隆哉？或謂《君奭》之篇稱武丁、甘盤而不及傅説者，何也？蓋成就君德則盤先於説，綏民治世則説多於盤。且周公推本高宗求賢之美而歸其功於甘盤耳。至若招俊乂而列庶位，暨海邦而仰皇風，紹乃辟於先王對天子之休命，則舍説，孰克當其任哉？

宋・鄭樵《通志》卷三《三王紀・商》 臣謹按：孔安國曰：『傅氏之巖在虞、虢之間。通道所經，有澗水壞道，常使胥靡刑人築其道。説賢而代胥靡之築，以售食焉。』又按：皇甫謐曰：『高宗夢天賜賢人，胥靡之衣蒙之而來曰：「我徒也，姓傅名説。得我者，豈徒也哉！」武丁寤而推之曰：「傅者，相也。説者，懽説也。天下當有相我而説民者哉！」明日審夢以示百官，皆非也。乃使百工寫其形象，求諸天下，果見築者胥

靡，衣褐帶索，執役於虞、虢之間，傅巖之野，名説。以其得之傅巖，謂之傅説。』然謚既曰姓傅名説，又曰得之傅巖，謂之傅説，何也？又按：《墨子》曰：『傅説居北海之州，國土之上，衣褐帶索，售築於傅巖之城。』臣按：築者，築室也。依巖築室，其隱者與？懷才抱道，應時而起，非役徒也。以士君子之身，何自苦而衣胥靡之衣，爲刑人之事乎？

藝文

唐・高適《高常侍集》卷七《留上李右相》　傅説明殷道，蕭何律漢刑。

唐・李白《李太白集》卷一六《酬張卿夜宿南陵見贈》　傅説未夢時，終當起巖野。

清・彭定求等《全唐詩》卷六〇〇《［唐］公乘億〈賦得郎官上應列宿〉》　佐商依傅説，仕漢笑馮唐。

雜録

明・楊慎《丹鉛餘録》卷二　秦漢以前書籍之文言多譬況，當求於意外，如《尚書》云，説築傅巖之野。築之爲言居也，後世猶有卜築之稱。求其説而不得，遂謂傅説起於板築，雖孟子亦誤矣。

周文王姬昌分部

傳記

《史記》卷四《周本紀》　古公有長子曰太伯，次曰虞仲。太姜生少子季歷，季歷娶太任，皆賢婦人。生昌有聖瑞，古公曰：『我世當有興者，其在昌乎！』長子太伯、虞仲知古公欲立季歷以傳昌，乃二人亡如荆蠻，文身斷髮，以讓季歷。

古公卒，季歷立，是爲公季。公季修古公遺道，篤於行義，諸侯順之。公季卒，子昌立，是爲西伯。西伯曰文王，遵后稷、公劉之業，則古公、公季之法，篤仁，敬老，慈少。禮下賢者，日中不暇食以待士，士以此多歸之。伯夷叔齊在孤竹，聞西伯善養老，盍往歸之。太顛、閎夭、散宜生、鬻子、辛甲大夫之徒，皆往歸之。

崇侯虎譖西伯於殷紂曰：『西伯積善累德，諸侯皆嚮之，將不利於帝。』帝紂乃囚西伯於羑里。閎夭之徒患之，乃求有莘氏美女，驪戎之文馬，有熊九駟，他奇怪物，因殷嬖臣費仲而獻之紂。紂大悦，曰：『此一物足以釋西伯，况其多乎！』乃赦西伯，賜之弓矢斧鉞，使西伯得征伐。曰：『譖西伯者，崇侯虎也。』西伯乃獻洛西之地，以請紂去炮烙之刑，紂許之。

西伯陰行善，諸侯皆來決平。於是虞、芮之人有獄不能決，乃如周。入界，耕者皆讓畔，民俗皆讓長。虞、芮之人未見西伯，皆慚，相謂曰：『吾所爭，周人所耻，何往爲？秖取辱耳。』遂還，俱讓而去。諸侯聞之，曰『西伯蓋受命之君。』

明年，伐犬戎。明年，伐密須。明年，敗耆國。殷之祖伊聞之，懼以告帝紂。紂曰：『不有天命乎？是何能爲！』明年，伐邘。明年，伐崇侯虎而作豐邑，自岐下而徙都豐。明年，西伯崩，太子發立，是爲武王。

西伯蓋即位五十年。其囚羑里，蓋益《易》之八卦爲六十四卦。詩人道西伯，蓋受命之年稱王而斷虞、芮之訟。後七年而崩，謚爲文王。改法度，制正朔矣。追尊古公爲太王，公季爲王季，蓋王瑞自太王興。

綜述

《周易・明夷・象》　明入地中，明夷。内文明而外柔順，以蒙大難，文王以之。

《尚書・大誥》　天休于寧王，興我小邦周。寧王惟卜用，克綏受茲命。

又　《康誥》　惟乃丕顯考文王，克明德慎罰。不敢侮鰥寡，庸庸，

祗祗，威威，顯民，用肇造我區夏，越我一二邦，以修我西土。惟時怙冒，聞於上帝，帝休，天乃大命文王，殪戎殷，誕受厥命越厥邦厥民，惟時敍，乃寡兄勗。

乃其速由文王作罰，刑茲無赦。

乃由裕民，惟文王之敬忌。

又《酒誥》 乃穆考文王，肇國在西土。厥誥毖庶邦庶士越少正御事朝夕曰：祀茲酒。惟天降命，肇我民，惟元祀。天降威，我民用大亂喪德，亦罔非酒惟行；越小大邦用喪，亦罔非酒惟辜。文王誥教小子有正有事：無彝酒，越庶國，飲惟祀，德將無醉。惟曰我民迪小子惟土物愛，厥心臧。聰聽祖考之彝訓，越小大德。

我西土棐徂，邦君御事小子尚克用文王教，不腆於酒，故我至於今，克受殷之命。

又《無逸》 厥亦惟我周太王、王季，克自抑畏。文王卑服，即康功田功。徽柔懿恭，懷保小民，惠鮮鰥寡。自朝至於日中昃，不遑暇食，用咸和萬民。文王不敢盤于遊田，以庶邦惟正之供。文王受命惟中身，厥享國五十年。

自殷王中宗及高宗及祖甲及我周文王，茲四人迪哲。厥或告之曰：『小人怨汝詈汝』，則皇自敬德；厥愆，曰『朕之愆允若時』，不啻不敢含怒。

又《君奭》 天不可信，我道惟寧王德延，天不庸釋于文王受命。

在昔上帝割申勸寧王之德，其集大命於厥躬？惟文王尚克修和我有夏，亦惟有若虢叔，有若閎夭，有若散宜生，有若泰顛，有若南宮括。又曰無能往來，茲迪彝教，文王蔑德降於國人。亦惟純佑秉德，迪知天威，乃惟時昭文王迪見冒，聞於上帝，惟時受有殷命哉！武王惟茲四人尚迪有祿。後暨武王誕將天威，咸劉厥敵，惟茲四人昭武王惟冒，丕單稱德。

又《立政》 亦越文王武王，克知三有宅心，灼見三有俊心，以敬事上帝，立民長伯。立政：任人、準夫、牧作三事；虎賁、綴衣、趣馬、小尹、左右攜僕、百司庶府；大都小伯、藝人、表臣百司；太史、尹伯、庶常吉士；司徒、司馬、司空、亞旅；夷、微、盧烝；三亳阪尹。文王惟克厥宅心，乃克立茲常事司牧人，以克俊有德。文王罔攸兼於庶言；庶獄庶慎，惟有司之牧夫是訓用違；庶獄庶慎，文王罔敢知於茲。亦越武王，率惟敉功，不敢替厥義德，率惟謀從容德，以並受此丕丕基。

自古商人亦越我周文王立政，立事、牧夫、準人則克宅之，克由繹之，茲乃俾乂。國則罔有立政用憸人，不訓于德，是罔顯在厥世。

又《顧命》 昔君文王武王，宣重光，奠麗陳教，則肄肄不違，用克達殷集大命。在後之侗，敬迓天威，嗣守文、武大訓，無敢昏逾。

又《康王之誥》 昔君文武丕平，富不務咎，厎至齊信，用昭明於天下。則亦有熊羆之士，不二心之臣，保乂王家，用端命於上帝。皇天用訓厥道，付畀四方。乃命建侯樹屏，在我後之人。

又《文侯之命》 丕顯文、武，克慎明德，昭升於上，敷聞在下，惟時上帝集厥命于文王。亦惟先正克左右昭事厥辟，越小大謀猷罔不率從，肆先祖懷在位。

又《泰誓下》 惟我文考，若日月之照臨，光于四方，顯於西土，惟我有周，誕受多方。

又《武成》 惟先王建邦啓土，公劉克篤前烈，至於太王肇基王迹，王季其勤王家。我文考文王克成厥勳，誕膺天命，以撫方夏，大邦畏其力，小邦懷其德。惟九年，大統未集。予小子，其承厥志。

又《畢命》 惟文王武王，敷大德於天下，用克受殷命。

又《君牙》 丕顯哉！文王謨。丕承哉！武王烈。啓佑我後人，咸以正罔缺。爾惟敬明乃訓，用奉若于先王，對揚文、武之光命，追配於前人。

又《冏命》 昔在文、武，聰明齊聖，小大之臣，咸懷忠良。其侍御僕從，罔匪正人，以旦夕承弼厥辟。出入起居，罔有不欽；發號施令，罔有不臧。下民祗若，萬邦咸休。

《逸周書》卷一〇《周書序》 昔在文王，商紂並立，困于虐政，將弘道以弼無道，作《度訓》。殷人作教，民不知極，將明道極，以移其俗，作《命訓》。紂作淫亂，民散無性習常，文王惠和化服之，作《常訓》。上失其道，民散無紀，西伯脩仁，明耻示教，作《文酌》。上失其道，民失其業，□□凶年，作《糴匡》。文王立，西距昆夷，北備玁狁，謀武以昭

威懷，作《武稱》。武以禁暴，文以綏德，大聖允兼，作《允文》。武有七德，文王作《大武》、《大明武》、《小明武》三篇。【略】

文王唯庶邦之多難，論典以匡謬，作《劉法》。文王卿士諗發教禁戒，作《文開》。維美公命于文王，修身觀天，以謀商難，作《保開》。文王訓乎武王以繁害之戒，作《文繁》。文王在酆，命周公謀商難，作《酆保》。文啓謀乎後嗣，以脩身敬戒，作《大開》、《小開》二篇。文王有疾，告武王以民之多變，作《文儆》。文王告武王以序德之行，作《文傳》。

又 卷二《大匡解》 維周王宅程三年，遭天之大荒，作《大匡》，以詔牧其方。三州之侯咸率，王乃召冢卿、三老、三吏、大夫百執事之人，朝于大庭，問罷病之故，政事之失，刑罰之戾，哀樂之尤，賓客之盛，用度之費，及關市之征，山林之匱，田宅之荒，溝渠之害，怠惰之過，驕頑之虐，水旱之菑。曰：『不穀不德，政事不時，國家罷病，不能胥匡。二三子尚助不穀。官考厥職，鄉問其人，因其耆老，及其總害，慎問其故，無隱乃情。及某日，以告于廟。有不用命，有常不赦。』王既發命，入食不舉，百官質方，□不食饔。及期日，質明，王麻衣以朝，朝中無采衣。官考其職，鄉問其利，因謀其菑，旁匡於衆，無敢有違。詰退驕頑，方收不服，慎惟怠惰，什伍相保。動勸游居，事節時茂。農夫任戶，戶盡夫出。農廩分鄉，鄉命受糧。程課物徵，躬競比藏，藏不粥糴，糴不加均。賦洒其弊，鄉正保貸。成年不償，信誠匡助。以輔殖財，財殖足食。克賦爲征，數口以食，食均有賦。外食不贍，開關通糧。糧窮不轉，孤寡不廢。滯不轉留，戍城不留，□足以守。出旅分均，馳車送逝，旦夕運糧□。於是告四方：遊旅旁生忻通，津濟道宿，所至如歸。幣租輕，乃作母以行其子。易資貴賤以均，遊旅使無滯。無粥熟，無室市。權內外，以立均。無蚤暮，閭次均行。均行衆從，積而勿□。以罰助均，無使之窮。平均無乏，利民不淫。無播蔬，無食種。以數度多少，省用。祈而不賓祭，服漱不制。車不雕飾，人不食肉，畜不食穀。國不鄉射，樂不牆合，牆屋有補無作。資農不敗務。非公卿不賓，賓不過具。哭不留日，登降一等。庶人不獨葬，伍有植。送往迎來亦如之。有不用命，有常不違。

又 《程典解》 維三月既生魄，文王合六州之侯，奉勤于商。商王用宗讒，震怒無疆，諸侯不娛，逆諸文王，文王弗忍，乃作《程典》，以命三忠。曰：助余體民，無小不敬。如毛在躬，拔之痛，無不省。政失患作，作而無備，死亡不誡，誡在往事。備必慎備，思地思地。慎制思制，慎人思人。慎德德開，開乃無患。慎德必躬恕，恕以明德，德當天而慎下。下爲上貸，力競以讓。讓德乃行，慎下必翼上。上中立而下比爭，省和而順，慎同。携乃爭，和乃比。比事無政，無政無選，無選民乃頑，頑乃害上。故選官以明訓，頑民乃順。慎守其教，小大有度，以備菑寇。協其三族，固其四援，明其伍侯，習其武誡。依其山川，通其舟車，利其守務。士大夫不雜於工商。士之子不知義，不可以長幼。工不族居，不足以給官。族不鄉別，不可以入惠。爲上不明，爲下不順，無醜。輕其行，多其患，不習。慎地必爲之圖，以舉其物。物其善惡，度其高下，利其陂溝。愛其農時，修其等列，務其土實。差其施賦，設得其宜，宜協其務，務應其趣。慎用必愛。工攻其材，商通其材，百物鳥獸魚鼈無不順時。生穡省用，不濫其度。津不行火，藪林不伐。牛羊不盡齒不屠。土勸不極美，美不害用。用乃思慎，□備不敬，不意多□。用寡立親，用勝懷遠，遠格而邇安。於安思危，於始思終，於邇思備，於遠思近，於老思行。不備，無違嚴戒。

又 卷末附《佚文》 文王在鎬，召太子發曰：『嗚呼！我身老矣。吾語汝我所保與我所守，傳之子孫。吾厚德而廣惠，忠信而志愛。吾不爲驕侈，不爲泰靡，不淫於美。吾栝柱而茅茨，吾爲民愛費也。』

《詩經·大雅·文王》 《序》：《文王》，文王受命作周也。

文王在上，於昭於天。周雖舊邦，其命維新。有周不顯，帝命不時。文王陟降，在帝左右。

亹亹文王，令聞不已。陳錫哉周，侯文王孫子。文王孫子，本支百世。凡周之士，不顯亦世。

世之不顯，厥猶翼翼。思皇多士，生此王國。王國克生，維周之楨。濟濟多士，文王以寧。

穆穆文王，於緝熙敬止。假哉天命，有商孫子。商之孫子，其麗不億。上帝既命，侯于周服。

侯服于周，天命靡常。殷士膚敏，祼將於京。厥作祼將，常服黼冔。王之藎臣，無念爾祖。

無念爾祖，聿修厥德。永言配命，自求多福。殷之未喪師，克配上帝。宜鑒于殷，駿命不易。

命之不易，無遏爾躬。宣昭義問，有虞殷自天。上天之載，無聲無臭。儀刑文王，萬邦作孚。宋朱熹《集傳》：今按此詩，一章言文王有顯德而上帝有成命也。二章言天命集於文王，則不唯尊榮其身，又使其子孫百世爲天子諸侯也。三章言命周之福，不唯及其子孫，而又及其羣臣之後嗣也。四章言天命既絶於商，則不唯誅罰其身，又使其子孫亦來臣服于周也。五章言絶商之禍，不唯及其子孫，而又及其羣臣之後嗣也。六章言周之子孫臣庶，當以文王爲法而以商爲監也。七章又言當以商爲監而以文王爲法也。其於天人之際，興亡之理，丁寧反覆，至深切矣。故立之樂官，而因以爲天子諸侯朝會之樂。蓋將以戒乎後世之君臣，而又以昭先王之德於天下也。《國語》以爲兩君相見之樂，特舉其一端而言耳。然此詩之首章，言文王之昭於天，而不言其所以昭；次章言其令聞不已，而不言其所以聞；至於四章，然後所以昭明而不已者，乃可得而見焉。然亦多詠歎之言，而語其所以爲德之實，則不越乎『敬』之一字而已。然則後章所謂脩厥德而儀刑之者，豈可以他求哉？亦勉於此而已矣。

又《緜》　《序》：《緜》，文王之興，本由大王也。

虞、芮質厥成，文王蹶厥生。予曰有疏附，予曰有先後，予曰有奔奏，予曰有禦侮。

又《棫樸》　《序》：《棫樸》，文王能官人也。

芃芃棫樸，薪之槱之。濟濟辟王，左右趣之。

濟濟辟王，左右奉璋。奉璋峨峨，髦士攸宜。

淠彼涇舟，烝徒楫之。周王于邁，六師及之。

倬彼雲漢，爲章于天。周王壽考，遐不作人。

追琢其章，金玉其相。勉勉我王，綱紀四方。

又《思齊》　《序》：《思齊》，文王所以聖也。

思齊大任，文王之母。思媚周姜，京室之婦。大姒嗣徽音，則百斯男。

惠于宗公，神罔時怨，神罔時恫。刑于寡妻，至於兄弟，以御于家邦。

雝雝在宮，肅肅在廟。不顯亦臨，無射亦保。

肆戎疾不殄，烈假不瑕。不聞亦式，不諫亦入。

肆成人有德，小子有造。古之人無斁，譽髦斯士。

又《皇矣》　《序》：《皇矣》，美周也。天監代殷，莫若周。周世世修德，莫若文王。

皇矣上帝，臨下有赫。監觀四方，求民之莫。維此二國，其政不獲。維彼四國，爰究爰度。上帝耆之，憎其式廓。乃眷西顧，此維與宅。

作之屏之，其菑其翳。修之平之，其灌其栵。啓之辟之，其檉其椐。攘之剔之，其檿其柘。帝遷明德，串夷載路。天立厥配，受命既固。

帝省其山，柞棫斯拔，松柏斯兑。帝作邦作對，自大伯王季。維此王季，因心則友，則友其兄。則篤其慶，載錫之光。受祿無喪，奄有四方。

維此王季，帝度其心，貊其德音。其德克明，克明克類，克長克君。王此大邦，克順克比。比于文王，其德靡悔。既受帝祉，施於孫子。

帝謂文王，無然畔援，無然歆羡，誕先登於岸。密人不恭，敢距大邦，侵阮徂共。王赫斯怒，爰整其旅，以按徂旅。以篤于周祜，以對於天下。

依其在京，侵自阮疆。陟我高岡，無矢我陵，我陵我阿。無飲我泉，我泉我池。度其鮮原，居岐之陽，在渭之將。萬邦之方，下民之王。

帝謂文王，予懷明德。不大聲以色，不長夏以革。不識不知，順帝之則。帝謂文王，詢爾仇方，同爾兄弟。以爾鉤援，與爾臨衝，以伐崇墉。

臨衝閑閑，崇墉言言。執訊連連，攸馘安安。是類是禡，是致是附，四方以無侮。臨衝茀茀，崇墉仡仡。是伐是肆，是絶是忽，四方以無拂。

又《靈臺》　《序》：《靈臺》，民始附也。文王受命而民樂其有靈德，以及鳥獸昆蟲焉。

經始靈臺，經之營之。庶民攻之，不日成之。

經始勿亟，庶民子來。王在靈囿，麀鹿攸伏。

麀鹿濯濯，白鳥翯翯。王在靈沼，於牣魚躍。

虡業維樅，賁鼓維鏞。於論鼓鍾，於樂辟廱。

於論鼓鍾，於樂辟廱。鼉鼓逢逢，矇瞍奏公。

又《文王有聲》　《序》：《文王有聲》，繼伐也。武王能廣文王之聲，卒其伐功也。

文王有聲，遹駿有聲。遹求厥寧，遹觀厥成。文王烝哉！

文王受命，有此武功。既伐於崇，作邑於豐。文王烝哉！築城伊減，作豐伊匹。匪棘其欲，遹追來孝。王后烝哉！王公伊濯，維豐之垣。四方攸同，王后維翰。王后烝哉！

又**《周頌·清廟》** 《序》：《清廟》，祀文王也。周公既成洛邑，朝諸侯，率以祀文王焉。

於穆清廟，肅雝顯相。濟濟多士，秉文之德。對越在天，駿奔走在廟。不顯不承，無射於人斯。

又**《維天之命》** 《序》：《維天之命》，太平，告文王也。

維天之命，於穆不已。於乎不顯，文王之德之純。假以溢我，我其收之。駿惠我文王，曾孫篤之。

又**《維清》** 《序》：《維清》，奏象舞也。

維清緝熙，文王之典。肇禋，迄用有成，維周之禎。

又**《天作》** 《序》：《天作》，祀先王先公也。

天作高山，大王荒之。彼作矣，文王康之。彼岨矣，岐有夷之行，子孫保之。

又**《我將》** 《序》：《我將》，祀文王於明堂也。

我將我享，維羊維牛，維天其右之。儀式刑文王之典，日靖四方。伊嘏文王，既右饗之。我其夙夜，畏天之威，於時保之。

又**《雝》** 《序》：《雝》，禘大祖也。

有來雝雝，至止肅肅。相維辟公，天子穆穆。於薦廣牡，相予肆祀。假哉皇考，綏予孝子。宣哲維人，文、武維后。燕及皇天，克昌厥後。綏我眉壽，介以繁祉。既右烈考，亦右文母。

《左傳·僖公五年》 虢仲、虢叔，王季之穆也，爲文王卿士。勳在王室，藏於盟府。

又**《僖公九年》** 唯則定國。《詩》曰：『不識不知，順帝之則。』文王之謂也。

又**《僖公十九年》** 文王聞崇德亂而伐之，三旬不降，退脩教而復伐之，因壘而降。

又**《宣公十一年》** 非德莫如勤，非勤何以求人？能勤有繼，其從之也。《詩》曰『文王既勤止。』文王猶勤，況寡德乎！

又**《宣公十五年》** 文王所以造周，不是過也。故《詩》曰：『陳錫載周。』能施也。率是道也，其何不濟？

又**《成公二年》** 《周書》曰：『明德慎罰。』文王所以造周也。明德，務崇之之謂也；慎罰，務去之之謂也。

《詩》曰：『濟濟多士，文王以寧。』夫文王猶用衆，況吾儕乎！

又**《襄公四年》** 文王帥殷之叛國以事紂，唯知時也。

又**《襄公三十一年》** 《周書》數文王之德曰：『大國畏其力，小國懷其德。』言畏而愛之也。《詩》云：『不識不知，順帝之則。』言則而象之也。紂囚文王七年，諸侯皆從之囚，紂於是乎懼而歸之。可謂愛之。文王伐崇再駕而降爲臣，蠻夷帥服。可謂畏之。文王之功，天下誦而歌舞之。可謂則之。文王之行，至今爲法，可謂象之。有威儀也。

又**《昭公七年》** 周文王之法，曰有亡荒閱，所以得天下也。

又**《昭公十五年》** 密須之鼓與其大路，文所以大蒐也。

《國語》卷一〇《晉語四》 文王在母不憂，在傅弗勤，處師弗煩，事王不怒，孝友二虢而惠慈二蔡，刑於大姒，比于諸弟。《詩》云：『刑于寡妻，至於兄弟，以御於家邦。』於是乎用四方之賢良。及其即位也，詢于八虞而咨於二虢，度於閎夭而謀於南宮，諏於蔡原而訪於辛尹，重之以周召畢榮，億寧百神而柔和萬民。故《詩》曰：『惠于宗公，神罔時恫。』若是，則文王非專教誨之力也。

又**卷一七《楚語上》** 《周書》曰：『文王至於日中昃，不皇暇食。』惠於小民，唯政之恭。

《上海博物館藏戰國楚竹書（二）·容成氏》 於是乎九邦叛之：豐、鎬、郍、𨟻、于、鹿、耆、崇、密須氏。文王聞之，曰：『雖君無道，臣敢勿事乎？雖父無道，子敢勿事乎？孰天子而可反？』紂聞之，乃出文王于夏臺之下而問焉，曰：『九邦者，其可來乎？』文王曰：『可。』文王於是乎素端褰裳，以行九邦。七邦來服，豐、鎬不服。文王乃起師以鄉豐、鎬，三鼓而進之，三鼓而退之，曰：『吾所知多廌，一人爲無道，百姓其何罪？』豐、鎬之民聞之，乃降文王。文王持故時而教民時，高下肥磽之利盡知之。知天之道，知地之利，使民不疾。昔者文王之佐紂也，如是狀也。

《墨子》卷二《尚賢上》　文王舉閎夭、泰顛於罝罔之中，授之政，西土服。

又　卷四《兼愛中》　昔者文王之治西土，若日若月，乍光於四方，於西土。不爲大國侮小國，不爲衆庶侮鰥寡，不爲暴勢奪穡人黍稷狗彘。天屑臨文王慈。是以老而無子者，有所得終其壽；連獨無兄弟者，有所雜於生人之間；少失其父母者，有所放依而長。

又　卷九《非命上》　昔者文王封於岐周，絶長繼短，方地百里，與其百姓兼相愛，交相利，則是以近者安其政，远者歸其德。聞文王者，皆起而趨之。罷不肖，股肱不利者，處而願之曰：『奈何乎使文王之地及我吾，則吾利，豈不亦猶文王之民也哉？』是以天鬼富之，諸侯與之，百姓親之，賢士歸之，未殁其世而王天下，政諸侯。

《管子》卷二〇《形勢解》　濟濟者，誠莊事斷也；多士者，多長者也。周文王誠莊事斷，故國治。其羣臣明理以佐主，故主明。主明而國治，竟内被其利澤，殷民舉首而望文王，願爲文王臣。故曰『濟濟多士，殷民化之。』

《晏子春秋》卷三《内篇·問上》　古者文王，修德不以要利，滅暴不以順紂，干崇侯之暴而禮梅伯之醢，是以諸侯明乎其行，百姓通乎其德，故君民而不危，用國而不弱也。

《尸子》卷上《治天下》　文王之見太公望也，一日五反。【略】此所以國甚僻小，身至穢污，而爲正於天下也。

《孟子·梁惠王上》　文王以民力爲臺爲沼，而民歡樂之，謂其臺曰靈臺，謂其沼曰靈沼，樂其有麋鹿魚鼈。古之人與民偕樂，故能樂也。

又　《梁惠王下》　惟仁者爲能以大事小，是故湯事葛，文王事昆夷。

《詩》云：『王赫斯怒，爰整其旅。以遏徂莒，以篤周祜，以對於天下。』此文王之勇也。文王一怒而安天下之民。

昔者文王之治岐也，耕者九一，仕者世祿，關市譏而不征，澤梁無禁，罪人不孥。老而無妻曰鰥，老而無夫曰寡，老而無子曰獨，幼而無父曰孤。此四者，天下之窮民而無告者。文王發政施仁，必先斯四者。《詩》云：『哿矣富人，哀此煢獨。』

取之而燕民不悦則勿取，古之人有行之者，文王是也。

又　《離婁上》　孟子曰：伯夷辟紂，居北海之濱，聞文王作興，曰：『盍歸乎來？吾聞西伯善養老者。』太公辟紂，居東海之濱，聞文王作興，曰：『盍歸乎來？吾聞西伯善養老者。』伯，養老，二人皆老矣，往歸文王也。二老者，天下之大老也，而歸之，是天下之父，歸之也。天下之父歸之，其子焉往？

又　《盡心上》　所謂西伯善養老者，制其田里，教之樹畜，導其妻子，使養其老。五十非帛不煖，七十非肉不飽，不煖不飽，謂之凍餒。文王之民無凍餒之老者，此之謂也。

《荀子》卷八《君道篇》　夫文王，非無貴戚也，非無子弟也，非無便辟也，倜然乃舉太公於州人而用之，豈私之也哉？以爲親邪？則周姬姓也，而彼姜姓也。以爲故邪？則未嘗相識也。以爲好麗邪？則夫人行年七十有二，齫然而齒墜矣。然而用之者，夫文王欲立貴道，欲白貴名，以惠天下而不可以獨也。非於是子，莫足以舉之，故舉是子而用之。於是乎貴道果立，貴名果明，兼制天下，立七十一國，姬姓獨居五十三人。周之子孫，苟不狂惑者，莫不爲天下之顯諸侯。如是者，能愛人也。故舉天下之大道，立天下之大功，然後隱其所憐所愛，其下猶足以爲天下之顯諸侯。故曰：『唯明主爲能愛其所愛，闇主則必危其所愛。』此之謂也。

又　卷一五《解蔽篇》　文王鑑於殷紂，故主其心而慎治之，是以能長用呂望而身不失道，此其所以代殷王而受九牧也。

《韓非子》卷一《難言》　以智説愚，必不聽，文王説紂是也。故文王説紂，而紂囚之，翼侯炙，鬼侯臘，比干剖心梅伯醢。

又　卷七《喻老》　周有玉版，紂令膠鬲索之，文王不予；費仲來求，因予之。是膠鬲賢而費仲無道也。周惡賢者之得志也，故予費仲。文王舉太公於渭濱者，貴之也；而資費仲玉版者，是愛之也。

又　卷一〇《内儲説下》　文王資費仲而遊於紂之旁，令之諫紂而亂其心。

又　卷一二《外儲説左下》　費仲説紂曰：『西伯昌賢，百姓悦之，諸侯附焉，不可不誅。不誅必爲殷患。』紂曰：『子言義主何可誅？』費仲曰：『冠雖穿弊，必戴於頭；履雖五采，必踐之於地。今西伯昌，人

臣也，修義而人向之，卒爲天下患。其必昌乎！人人欲以其賢爲其主，非可不誅也。且主而誅臣焉，有過。」紂曰：『夫仁義者，上所以勸下也。今昌好仁義，誅之不可。』三説不用，故亡。

文王伐崇，至鳳黄，虚韤繫解，因自結。太公望曰：『何爲也？』王曰：『君與處，皆其師，中皆其友，下盡其使也。今皆先君之臣，故無可使也。』

又 卷一五《難二》 昔者文王侵盂，克莒，舉酆，三舉事而紂惡之。文王乃懼，請入洛西之地，赤壤之國方千里，以請解炮烙之刑，天下皆説。仲尼聞之曰：『仁哉文王！輕千里之國而請解炮烙之刑。智哉文王！出千里之地而得天下之心。』

或曰：仲尼以文王爲智也，不亦過乎？夫智者，知禍難之地而辟之者也，是以身不及於患也。使文王所以見惡於紂者，以其不得人心耶，則雖索人心以解惡可也。紂以其大得人心而惡之，己又輕地以收人心，是重見疑也，固其所以桎梏，囚於羑里也。鄭長者有言：體道無爲無見也。此最宜於文王矣，不使人疑之也。仲尼以文王爲智，未及此論也。

又 卷一九《五蠹》 古者文王處豐、鎬之間，地方百里，行仁義而懷西戎，遂王天下。

《呂氏春秋》卷六《制樂》 周文王立國八年，歲六月，文王寢疾，五日而地動，東西南北不出國郊。百吏皆請曰：『臣聞地之動，爲人主也。今王寢疾，五日而地動四面，不出周郊。羣臣皆恐，曰請移之。』文王曰：『若何其移之也？』對曰：『興事動衆，以增國城，其可以移之乎？』文王曰：『不可。夫天之見妖也，以罰有罪也。我必有罪，故天以此罰我也。今故興事動衆，以增國城，是重吾罪也。不可。』文王曰：『昌也請改行重善以移之，其可以免乎！』於是謹其禮秩，皮革以交諸侯；飭其辭令，幣帛以禮豪士；頒其爵列等級田疇，以賞羣臣。無幾何，疾乃止。文王即位八年而地動，已動之後四十三年，凡文王立國五十一年而終。此文王之所以止殃翦妖也。

又 卷九《順民》 文王處岐事紂，冤侮雅遜，朝夕必時，上貢必適，祭祀必敬。紂喜，命文王稱西伯，賜之千里之地。文王載拜稽首而辭曰：『願爲民請炮烙之刑。』文王非惡千里之地，以爲民請炮烙之刑，必欲得民心也。得民心則賢於千里之地，故曰文王智矣。

又 卷一〇《異用》 周文王使人扣池，得死人之骸，吏以聞於文王。文王曰：『更葬之。』吏曰：『此無主矣。』文王曰：『有天下者，天下之主也；有一國者，一國之主也。今我非其主也？』遂令吏以衣棺更葬之。天下聞之曰：『文王賢矣，澤及髊骨，又況於人乎！』或得寶以危其國，文王得朽骨以喻其意，故聖人於物也，無不材。

又 卷二〇《行論》 昔者紂爲無道，殺梅伯而醢之，殺鬼侯而脯之，以禮諸侯於廟。文王流涕而咨之，紂恐其畔，欲殺文王而滅周。文王曰：『父雖無道，子敢不事父乎？君雖不惠，臣敢不事君乎？孰王而可畔也！』紂乃赦之。天下聞之，以文王爲畏上而哀下也。

又 卷二一《開春》 昔王季歷葬於渦山之尾，欒水齧其墓，見棺之前和。文王曰：『譆！先君必欲一見羣臣百姓也，天故使欒水見之。』於是出而爲之張朝，百姓皆見之，三日而後更葬。此文王之義也。

《大戴禮記》卷一〇《文王官人》 王曰：太師！慎維深思，內觀民務，察度情僞，變官民能，歷其才藝，女維敬哉！女何慎乎非倫，倫有七屬，屬有九用，用有六徵：一曰觀誠，二曰考志，三曰視中，四曰觀色，五曰觀隱，六曰揆德。

王曰：於乎！女因方以觀之。富貴者，觀其禮施也；貧窮者，觀其有德守也；嬖寵者，觀其不驕奢也；隱約者，觀其不懾懼也。其少，觀其恭敬好學而能弟也；其壯，觀其絜廉務行而勝其私也；其老，觀其意憲慎，强其所不足而不踰也。父子之間，觀其孝慈也；兄弟之間，觀其和友也；君臣之間，觀其忠惠也；鄉黨之間，觀其信憚也。省其居處，觀其義方；省其喪哀，觀其貞良；省其出入，觀其交友；省其交友，觀其任廉。考之以觀其信，絜之以觀其知，示之難以觀其勇，煩之以觀其治，淹之以利以觀其不貪，藍之以樂以觀其不寧，喜之以物以觀其不輕，怒之以觀其重，醉之以觀其不失也，縱之以觀其常，遠使之以觀其不貳，邇之以觀其不倦，探取其志以觀其情，考其陰陽以觀其誠，覆其微言以觀其信，曲省其行以觀其備成。此之謂觀誠也。

二曰：方與之言，以觀其志。志殷如湙，其氣寬以柔，其色儉而不諂，其禮先人，其言後人，見其所不足，曰日益者也。如臨人以色，高人

以氣，賢人以言，防其不足，伐其所能，曰日損者也。其貌直而不侮，其言正而不私，不飾其美，不隱其惡，不防其過，曰有質者也。其貌固嘔，其言工巧，飾其見物，務其小徵，以故自說，曰無質者也。喜怒以物而色不作，煩亂之而志不營，深道以利而心不移，臨懾以威而氣不卑，曰平心而固守者也。喜怒以物而變易知，煩亂之而志不裕，示之以利而易移，臨懾以威而易懾，曰鄙心而假氣者也。執之以物而遨驚，決之以卒而度料，不紊而性辨，曰有慮者也。難投以物，難說以言，知一如不可以解也，困而不知其止，無辨而自慎，曰愚戇者也。營之以物而不虞，犯之以卒而不懼，置義而不可遷，臨之以貨色而不可營，曰絜廉而果敢者也。易移以言，存志不能守固，已諾無斷，曰弱志者也。順與之弗爲喜，非奪之弗爲怒，沈靜而寡言多，稽而儉貌，曰質靜者也。辨言而不固行，有道而先困，自慎而不讓，失當而强之，曰妬誣者也。微情而能發，度察而能盡，曰志治者也。華而誣，巧言令色，足恭，一也，皆以無爲有者也。此之謂考志也。

三曰：誠在其中，此見於外，以其見，占其隱，以其細，占其大，以其聲，處其氣。氣初生物，物生有聲，聲有剛有柔，有濁有清，有好有惡，咸發於聲也。心氣華誕者，其聲流散；心氣順信者，其聲順節；心氣鄙戾者，其聲斯醜；心氣寛柔者，其聲温好。信氣中易，義氣時舒，智氣簡備，勇氣壯直。聽其聲，處其氣，考其所爲，觀其所由，以其前占其後，以其見占其隱，以其小占其大。此之謂視中也。

四曰：民有五性，喜怒欲懼憂也。喜氣內畜，雖欲隱之，陽喜必見。怒氣內畜，雖欲隱之，陽怒必見。欲氣內畜，雖欲隱之，陽欲必見。懼氣內畜，雖欲隱之，陽懼必見。憂悲之氣內畜，雖欲隱之，陽憂必見。五氣誠於中，發形於外，民情不隱也。喜色由然以生，怒色拂然以侮，欲色嫗然以偷，懼色薄然以下，憂悲之色纍然而靜。誠智必有難盡之色，誠仁必有可尊之色，誠勇必有難懾之色，誠忠必有可親之色，誠絜必有難污之色，誠靜必有可信之色。質色皓然，固以安；偽色縵然，亂以煩。雖欲故之，中色不聽也，雖變可知。此之謂觀色也。

五曰：生民有陰陽，人多隱其情，飾其偽，以賴於物，以攻其名也。有隱於仁質者，有隱於知理者，有隱于文藝者，有隱於廉勇者，有隱于忠孝者，有隱于交友者。如此者，不可不察也。小施而好大得，小讓而好大爭，言願以爲質，偽愛以爲忠，面寛而貌慈，假節以示之，故其行以攻其名。如此者，隱於仁質也。推前恃忠府知物焉，首成功，少其所不足，慮誠不及，佯爲不言，內誠不足，色示有餘，故知以動人，自執而不讓，錯辭而不遂，莫知其情。如是者，隱於知理者也。素動人以言，涉物而不終，問則不對，詳爲不窮，色示有餘有道而自順用之，物窮則爲深。如此者，隱于文藝者也。廉言以爲氣，矯厲以爲勇，內恐外悖，無所不至，敬再其說，以詐臨人。如此者，隱於廉勇者也。自事其親，好以告人，乞言勞醉而面於敬愛，飾其見物，故得其名，名揚於外，不誠於內，伐名以事其親戚，以故取利，分白其名，以私其身。如此者，隱于忠孝者也。陰行以取名，比周以相譽，明知賢可以徵，與左右不同而交，交必重己，心説之而身不近之，身近之而實不至，而懽忠不盡，懽忠盡見於衆而貌克。如此者，隱于交友者也。此之謂觀隱也。

六曰：言行不類，終始相悖，陰陽克易，外內不合，雖有隱節見行，曰非誠質者也。其言甚忠，其行甚平，其志無私，施不在多，靜而寡類，莊而安人，曰有仁心者也。事變而能治，物善而能説，浚窮而能達，錯身立方而能遂，曰廣知者也。少言而行，恭儉以讓，有知而不伐，有施而不置，曰慎謙良者也。微忽之言，久而可復，幽閒之行，獨而不克，行其亡，如其存，曰順信者也。貴富雖尊，恭儉而能施，衆强嚴威，有禮而不驕，曰有德者也。隱約而不懾，安樂而不奢，勤勞之不變，喜怒之而度晰，曰有守者也。直方而不毀，廉絜而不戾，强立而無私，曰有經者也。正靜以待命，不召不至，不問不言，言不過行，行不過道，曰沈靜者也。忠愛以事其親，歡欣以致之，盡力而不面，敬以安人，以故名不生焉，曰忠孝者也。合志而同方，共其憂而任其難，行忠信而不相疑，迷隱遠而不相舍，曰至友者也。心色辭氣，其入人甚俞，進退工故，其與人甚巧，其就人甚速，其叛人甚易，曰位志者也。飲食以親，貨賄以交，接利以合，故得望譽征利而依隱於物，曰貪鄙者也。質不斷，辭不至，少其所不足，謀而不已，曰偽詐者也。言行亟變，從容謬易，好惡無常，行身不類，曰無誠志者也。小知而不大決，小能而不大成，顧小物而不知大論，亟變而多私，曰華誕者也。規諫而不類，道行而不平，曰巧名者也。故事阻者不

夷，畸鬼者不仁，面譽者不忠，飾貌者不情，隱節者不平，多私者不義，揚言者寡信。此之謂揆德。

王曰：太師！女推其往言，以揆其來行；聽其來言，以省其往行。觀其陽以考其陰，察其内以揆其外。是故隱節者可知，僞飾無情者可辨，質誠居善者可得，忠惠守義者可見也。

王曰：於乎敬哉！女何慎乎非心，何慎乎非人。人有六徵，六徵既成，以觀九用，九用既立。一曰取平仁而有慮者，二曰取慈惠而有理者，三曰取直湣而忠正者，四曰取順直而察聽者，五曰取臨事而絜正者，六曰取慎察而絜廉者，七曰取好謀而知務者，八曰取接給而廣中者，九曰取猛毅而度斷者。此之謂九用也。平仁而有慮者，使是治國家而長百姓。慈惠而有理者，使是長鄉邑而治父子。直湣而忠正者，使是蒞百官而察善否。慎直而察聽者，使是長民之獄訟，出納辭令。臨事而絜正者，使是守内藏而治出入。慎察而絜廉者，使是分財臨貨，主賞賜。好謀而知務者，使是治壤地而長百工。接給而廣中者，使是治諸侯而待賓客。猛毅而度斷者，使是治軍事，衛邊境。因方而用之，此之謂官能也。九用有徵，乃任七屬。一曰國則任貴，二曰鄉則任貞，三曰官則任長，四曰學則任師，五曰族則任宗，六曰家則任主，七曰先則任賢。

正月，王親命七屬之人曰：於乎！慎維深思，内觀民務，本慎在人。女平心去私，慎用六證，論辨九用，以交一人，予亦不私。女廢朕命，亂我法，罪致不赦。三戒然後及論，王親受而考之，然後論成。

又 卷一一《少閒》 文王卒受天命，作物配天，制無用，行三明，親親尚賢，民明教，通于四海。海之外肅慎、北發、渠搜、氐羌來服。

《禮記·文王世子》 文王之爲世子，朝於王季，日三。鷄初鳴而衣服，至於寢門外，問内豎之御者曰：『今日安否何如？』内豎曰：『安。』文王乃喜。及日中，又至，亦如之。及莫，又至，亦如之。其有不安節，則内豎以告文王，文王色憂，行不能正履。王季復膳，然後亦復初。食上，必在視寒暖之節；食下，問所膳。命膳宰曰：『末有原。』應曰：『諾。』然後退。

又 《祭義》 文王之祭也，事死者如事生，思死者如不欲生。忌日必哀，稱諱如見親，祀之忠也；如見親之所愛，如欲色然。其文王與！《詩》云：『明發不寐，有懷二人。』文王之詩也。祭之明日，明發不寐，饗而致之，又從而思之。祭之日，樂與哀半，饗之必樂，已至必哀。

《鬻子·原序》 鬻子名熊，楚人，周文王之師也。年九十見文王，王曰：『老矣。』鬻子曰：『使臣捕獸逐麋，已老矣。使臣坐策國事，尚少也。』文王師之。

又 《大道文王問第八》 政曰：昔者文王問於鬻子：『敢問人有大忘乎？』對曰：『有。』文王曰：『敢問大忘奈何？』鬻子曰：『知其身之惡而不改也，以賊其身，乃喪其軀。其行如此，是謂之大忘。』

《列子》卷六《力命》 鬻熊語文王曰：『自長非所增，自短非所損，算之所亡若何？』

《今本竹書紀年》卷上《帝辛》 六年，西伯初禴于畢。【略】十七年，西伯伐翟。【略】二十一年，春正月，諸侯朝周。伯夷、叔齊自孤竹歸于周。【略】二十三年，囚西伯于羑里。二十九年，釋西伯。諸侯逆西伯，歸于程。三十年，春三月，西伯率諸侯入貢。

三十一年，西伯治兵于畢，得呂尚，以爲師。三十二年，五星聚于房。有赤鳥集于周社。密人侵阮，西伯帥師伐密。三十三年，密人降于周師，遂遷于程。王錫命西伯，得專征伐。三十四年，周師取耆，及邦，遂伐崇，崇人降。冬十二月，昆夷侵周。三十五年，周大饑。西伯自程遷於豐。三十六年，春正月，諸侯朝于周，遂伐昆夷。西伯使世子發營鎬。三十七年，周作辟雍。三十九年，大夫辛甲出奔周。四十年，周作靈臺。【略】四十一年，春三月，西伯昌薨。

漢·伏勝《尚書大傳》卷二《西伯戡黎傳》 文王治岐施政，而物皆聽。

周文王至磻溪，見呂望，文王拜之尚父。望釣，得玉璜，刻曰：『周受命，呂佐檢，德合於今昌來提。』

西伯既戡黎，紂囚之羑里。太公之羑里，見文王。散宜生遂至犬戎氏，取美馬駮身、朱鬣、雞目者；之西海之濱，取白狐青翰；之於陵氏，取怪獸，尾倍其身，名曰虞；之有參氏，取美女；之江淮之浦，取大貝，如車渠。陳於紂庭，紂悅，曰：『非子罪也，崇侯也。』遂遣西伯伐崇。

又 **《周傳》** 虞人與芮人質其成於文王，入文王之境，則見其人萌讓爲士大夫；入其國，則見士大夫讓爲卿。二國相謂曰：『此其君，亦讓以天下而不居也。』讓其所爭，以爲閒田。

文王受命，一年斷虞、芮之訟，二年伐邘，三年伐密須，四年伐犬戎，五年伐耆，六年伐崇，七年而崩。

漢・賈誼《新書》卷七《諭誠》 文王晝臥，夢人登城而呼己曰：『我東北陬之槁骨也，速以王禮葬我！』文王曰：『諾。』覺，召吏視之，信有焉。文王曰：『速以人君葬之。』吏曰：『此無主矣，請以五大夫。』文王曰：『吾夢中已許之矣，奈何其倍之也？』士民聞之曰：『我君不以夢之故，不倍槁骨，況於生人乎！』於是下信其上。

又 **《君道》** 文王有志爲臺，令近規之。民聞之者，贏裹而至，問業而作之，日日以衆，故弗趨而疾，弗期而成，命其臺曰靈臺，命其囿曰靈囿，謂其沼曰靈沼，愛敬之至也。

又 **卷九《修政語下》** 周文王問於粥子曰：『敢問君子將入其職，則其於民也何如？』粥子對曰：『唯疑，請以上世之政詔於君王。故曰君子將入其職，則其於民也旭旭然如日之始出也。』文王曰：『受命矣。』曰：『君子既入其職，則其於民也何若？』對曰：『君子既入其職，則其於民也暯暯然如日之正中。』文王曰：『受命矣。』曰：『君子既去其職，則其於民也何若？』對曰：『君子既去其職，則其於民也暗暗然如日之已入也。故君子將入而旭旭者，義先聞也；既入而暯暯者，民保其福也；既去而暗暗者，民失其教也。』文王曰：『受命矣。』

漢・劉安《淮南子》卷一二《道應訓》 文王砥德修政，三年而天下二分歸之。紂聞而患之，曰：『余夙興夜寐，與之競行，則苦心勞形，縱而置之，恐伐余一人。』崇侯虎曰：『周伯昌行仁義而善謀，太子發勇敢而不疑，中子旦恭儉而知時。若與之從，則不堪其殃；縱而赦之，身必危亡。冠雖弊，必加於頭。及未成，請圖之屈商。』乃拘文王於羑里。於是散宜生乃以千金，求天下之珍怪，得騶虞雞斯之乘，玄玉百工，大貝百朋，玄豹黄羆，青犴白虎文皮千合，以獻於紂，因費仲而通。紂見而説之，乃免其身，殺牛而賜之。文王歸，乃爲玉門，築靈臺，相女童，擊鍾鼓，以待紂之失也。紂聞之曰：『周伯昌改道易行，吾無憂矣。』乃爲炮烙，剖比干，剔孕婦，殺諫者。文王乃遂其謀。

又 **卷一八《人間訓》** 文王葬死人之骸，而九夷歸之。

漢・劉向《説苑》卷一《君道》 虞人與芮人質其成於文王，入文王之境，則見其人民之讓爲士大夫；入其國，則見其士大夫讓爲公卿。二國者相謂曰：『其人民讓爲士大夫，其士大夫讓爲公卿，然則此其君亦讓以天下而不居矣。』二國者未見文王之身，而讓其所爭，以爲閒田而反。孔子曰：『大哉，文王之道乎！其不可加矣。不動而變，無爲而成，敬慎恭己，而虞、芮自平。故《書》曰「惟文王之敬忌」，此之謂也。』

又 **卷一五《指武》** 文王欲伐崇，先宣言曰：『余聞崇侯虎蔑侮父兄，不敬長老，聽獄不中，分財不均，百姓力盡，不得衣食。余將來征之，唯爲民。』乃伐崇，令毋殺人，毋壞室，毋填井，毋伐樹木，毋動六畜。有不如令者，死無赦。崇人聞之，因請降。

漢・劉向《新序》卷五《雜事第五》 周文王作靈臺，及爲池沼，掘地得死人之骨，吏以聞於文王。文王曰：『更葬之。』吏曰：『此無主矣。』文王曰『有天下者，天下之主也；有一國者，一國之主也。寡人固其主，又安求主？』遂令吏以衣棺更葬之。天下聞之，皆曰：『文王賢矣。澤及枯骨，又況於人乎！』或得寶以危國，文王得朽骨以喻其意，而天下歸心焉。

《周易・乾鑿度》卷下 昌以西伯受命，入戊午部。二十九年伐崇侯，作靈臺，改正朔，布王號於天下，受録應河圖。

《尚書・中候》 文王廢伯邑考，立發爲太子。王曰：『修我度，導德紀，後恒稱太子發。』

漢・袁康等《越絶書》卷三《吳内傳》 文王以務爭者。紂爲天下殘賊，奢佚不顧邦政。文王百里，見紂無道，誅殺無刑，賞賜不當，文王以聖事紂，天下皆盡誠知其賢聖，從之，此謂文王以務爭也。紂以惡刑爭，文王行至聖，以仁義爭，此之謂也。

漢・桓譚《新論》卷一六《琴道篇》 《文王操》者，文王之時，紂無道，爛金爲格，溢酒爲池，宫中相殘，骨肉成泥，璇室瑶臺，藹雲翳風，鐘聲雷起，疾動天地。文王躬被法度，陰行仁義，援琴作操，故其聲紛以擾，駭角震商。

宋・胡宏《皇王大紀》卷一〇《三王紀・紂》　二十三祀，西伯寢疾病，謂世子曰：『見善勿怠，時至勿疑，去非勿處，此三者，道之所以止也。柔而定，恭而敬，屈而强，忍而剛，此四者，道之所以起也。』世子再拜受。西伯薨，葬于畢。

宋・金履祥《資治通鑑前編》卷五《殷高宗武丁》　丁未，紂辛元祀。六祀，西伯初禴于畢。【略】十有二祀，西伯演《易》於羑里。十有三祀，釋西伯。西伯獻洛西之地，請除炮烙之刑，遂賜西伯弓矢鈇鉞，使專征伐。十有四祀，虞、芮質成于周。十有五祀，西伯伐犬戎。西伯得呂尚。十有六祀，西伯伐密須，遂都於郢。十有七祀，西伯伐耆。十有八祀，西伯伐邘。十有九祀，西伯伐崇，作豐邑，徙都之。西伯立靈臺。二十祀，西伯昌薨。子發嗣。

《周易・繫辭下》　《易》之興也，其於中古乎？作《易》者，其有憂患乎？

《易》之興也，其當殷之末世，周之盛德邪？當文王與紂之事邪？是故其辭危。危者使平，易者使傾。其道甚大，百物不廢。懼以終始，其要無咎，此之謂《易》之道也。

《史記》卷一二七《日者列傳》　自伏羲作八卦，周文王演三百八十四爻，而天下治。

漢・揚雄《法言・問神篇》　或曰：『經可損益歟？』曰：『《易》始八卦，而文王六十四，其益可知也。』

《漢書》卷三〇《藝文志・易》　《易》曰：『宓戲氏仰觀象於天，俯觀法於地，觀鳥獸之文與地之宜，近取諸身，遠取諸物，於是始作八卦，以通神明之德，以類萬物之情。』至于殷周之際，紂在上位，逆天暴物，文王以諸侯順命而行道，天人之占可得而效，於是重《易》六爻，作上下篇。孔氏爲之《彖》、《象》、《繫辭》、《文言》、《序卦》之屬十篇。故曰《易》道深矣，人更三聖，世歷三古。及秦燔書，而《易》爲筮卜之事，傳者不絶。

漢・徐幹《中論》卷上《智行》　伏羲作八卦，文王增其辭，斯皆窮神知化，豈徒特行善而已乎？

三國魏・阮籍《阮步兵集・通易論》　庖犧氏布演六十四卦之變，後世聖人觀而因之，象而用之。禹湯之經皆在，而上古之文不存；至乎文王，故係其辭，於是歸藏氏逝而周典經興，上下無常，剛柔相易，不可爲典要，惟變所適，故謂之《易》。

唐・陸德明《經典釋文》卷一《序録・易・注解傳述人》　宓犧氏之王天下，【略】始畫八卦，或云因《河圖》而畫八卦。因而重之爲六十四。文王拘於羑里作卦辭，周公作爻辭。

唐・孔穎達《周易正義》卷首《論重卦之人》　重卦之人，諸儒不同，凡有四説：王輔嗣等以爲伏犧畫卦，鄭玄之徒以爲神農重卦，孫盛以爲夏禹重卦，史遷等以爲文王重卦。

又《論卦辭爻辭誰作》　其《周易》繫辭，凡有二説：一説所以卦辭、爻辭並是文王所作。【略】鄭學之徒，並依此説也。二以爲驗爻辭，多是文王後事。【略】又《左傳》韓宣子適魯，見《易象》，云：『吾乃知周公之德。』周公被流言之謗，亦得爲憂患也。驗此諸説，以爲卦辭文王，爻辭周公。馬融、陸績等並同此説。

論説

《論語・泰伯》　孔子曰：【略】『三分天下有其二，以服事殷。周之德，其可謂至德也已矣。』

又《子張》　子貢曰：『文、武之道，未墜於地，在人。賢者識其大者，不賢者識其小者，莫不有文、武之道焉。』

《孟子・公孫丑上》　曰：『若是，則弟子之惑滋甚。且以文王之德，百年而後崩，猶未洽於天下。武王、周公繼之，然後大行。今言王若易，然則文王不足法與？』曰：『文王何可當也？由湯至於武丁，賢聖之君六七作，天下歸殷久矣，久則難變也。武丁朝諸侯，有天下，猶運之掌也。紂之去武丁未久也，其故家遺俗，流風善政，猶有存者；又有微子、微仲、王子比干、箕子、膠鬲，皆賢人也，相與輔相之，故久而後失之也。尺地莫非其有也，一民莫非其臣也，然而文王猶方百里起，是以難也。』

又《離婁下》　孟子曰：『舜生於諸馮，遷於負夏，卒於鳴條，東

夷之人也。文王生於岐周，卒於畢郢，西夷之人也。地之相去也，千有餘里；世之相後也，千有餘歲。得志行乎中國，若合符節。先聖後聖，其揆一也。」

又《盡心下》 由湯至於文王，五百有餘歲。若伊尹、萊朱，則見而知之；若文王，則聞而知之。

《荀子》卷一五《解蔽篇》 文王鑑於殷紂，故主其心而慎治之，是以能長用呂望而身不失道，此其所以代殷王而受九牧也。

《呂氏春秋》卷一五《報更》 國雖小，其食足以食天下之賢者，其車足以乘天下之賢者，其財足以禮天下之賢者，與天下之賢者爲徒，此文王之所以王也。

《禮記·雜記下》 張而不弛，文、武弗能也；弛而不張，文、武弗爲也；一張一弛，文、武之道也。

又《中庸》 子曰：「無憂者，其惟文王乎！以王季爲父，以武王爲子；父作之，子述之。」

漢·韓嬰《韓詩外傳》卷五 用大儒，則百里之地久而三年，天下諸侯爲臣用，萬乘之國則舉錯定於一朝之間。《詩》曰：「周雖舊邦，其命維新。」文王亦可謂大儒已矣。

漢·劉安《淮南子》卷九《主術訓》 文王智而好問，故聖。武王勇而好問，故勝。

漢·董仲舒《董膠西集·賢良策二》 文王順天理物，師用賢聖，是以閎夭、太顛、散宜生等，亦聚於朝廷。愛施兆民，天下歸之。故太公起海濱，而即三公也。當此之時，紂尚在上，尊卑昏亂，百姓散亡，故文王悼痛而欲安之，是以日昃而不暇食也。

漢·桓寬《鹽鐵論》卷一〇《論勇》 所謂金城者，非謂築壤而高土，鑿地而深池也。所謂利兵者，非謂吴越之鋌，干將之劍也。言以道德爲城，以仁義爲郭，莫之敢攻，莫之敢入，文王是也。以道德爲軸，以仁義爲劍，莫之敢當，莫之敢禦，湯、武是也。

漢·揚雄《法言·問道篇》 或問道。曰：「道也者，通也無不通也。」或曰：「可以適他歟？」曰：「適堯、舜、文王者，爲正道。非堯、舜、文王者，爲他道。君子正而不他。」

又《問明篇》 成湯，丕承也；文王，淵懿也。或問：「丕承。」曰：「由小致大，不亦丕乎！革夏以天，不亦承乎！」「淵懿。」曰：「重《易》六爻，不亦淵乎！寖以光大，不亦懿乎！」

漢·劉向《説苑》卷一《君道》 孔子曰：「文王似元年，武王似春王，周公似正月。文王以王季爲父，乙太任爲母，乙太姒爲妃，以武王、周公爲子，以泰顛、閎夭爲臣，其本美矣。」

漢·王符《潛夫論》卷二《潛歎》 文王遊畋，遇姜尚於渭濱，察言觀志而見其心，不諂左右，不詢羣臣，遂載反歸，委之以政，用能造周。故堯參鄉黨以得舜，文王參己以得呂尚。豈若殷辛秦政，既得賢人，反決滯於讎誅，殺正直而進任姦臣之黨哉？

漢·徐幹《中論》卷下《審大臣》 又有不因衆譽而獲大賢，其文王乎！畋於渭水邊，道遇姜太公皤然皓首，方秉竿而釣。文王石而與之言，則帝王之佐也，乃載之歸，以爲太師。姜太公當此時貧且賤矣，年又老矣，非有貴顯之舉也，其言誠當乎賢君之心，其術誠合乎致平之道。文王之識也，灼然若披雲而見日，霍然若開霧而覩天，斯豈假之於衆人哉？

宋·姚鉉《唐文粹》卷四二《梁肅〈西伯受命稱王議〉》 太史公曰：詩人道西伯以受命之年稱王，而斷虞、芮之訟，遂追王太王、王季，改正朔，易服色，十年而崩。或謂《大雅序》「文王受命作周」，《泰誓序》「十有一年，武王伐殷」，妄徵二經，以實其説。予以爲反經非聖，不可以訓，莫此爲甚焉。

嘗試言之：夫惟聖人無作，作則爲萬代法。仲尼美文王之德，曰「三分天下有其二，以服事殷」，又曰「内文明而外柔順，以蒙大難，文王以之」。未有南面稱王而謂之服事，易姓創制而謂之柔順。仲尼稱武王之烈，曰「湯武革命」，又曰「武王末受命，未有父受之而子復革命，父爲天子而子云末受」。當武王之會孟津也，告諸侯曰：汝未知天命，未可以誓師也，曰惟我文考，大統未集，予小子，其承厥志。孰有王者出征，復俟天命？大統既改，而復云未集？《禮·大傳》稱牧野之師既事而退，遂柴于上帝，追王太王、王季、文王，改正朔，殊徽號。若虞芮之歲稱王，則不應復云追王；王制既行，則不應復云改殊。是皆反經者也。

夫大者天地，其次君臣。聖人知定位之不可易也，故制爲上下之禮，

財成天地之道，使各當其分而不相間。若億兆之去留，天命之與奪，則存乎其時。聖人順而行之，故謳歌所歸，而舜禹揖讓；桀紂惡盈，則湯武放伐。所謂後天而奉天時，不得已而爲之者也。若殷道未絶，紂凶未極，而遂稱王，以令天下，則不可謂至德也已，此其非聖者也。

予以爲《大雅》作周之義，蓋取夫積德累仁，爲海内所歸往，武王因之，遂成大業，非所謂革命易姓爲作周也。《泰誓》紀年，蓋武王、周公追考前文，陳王業之盛，自虞、芮始，故斷爲受命之歲。仲尼憲章文、武，故因而敍之，曰『十有一年，武王伐殷』，非所謂自稱王而爲之數也。文王既殁，經義斯在。如曰不然，以俟君子。

唐・張弧《素履子》卷上《履德》　太上貴德。德者，衆善所歸，百福所集。昔舜有羶德而人歸之，如蟻羶不慕蟻而蟻慕羶，舜不慕民而民慕德。文王爲西伯，三分天下，歸周者二。西伯之德，猶種竹以待禽。竹不慕禽，禽爲鸇所逐，而自來投竹。周不慕民，民爲紂所虐，而自來投周。是知德可施而虐不可肆。

唐・佚名《無能子》卷中《文王説》　呂望釣於渭濱，西伯將畋，筮之，其繇曰：『非熊非羆，天遺爾師。』及畋，得望，西伯再拜，望釣不輟。西伯拜不止，望箕踞笑曰：『汝何爲來哉？』西伯曰：『殷政荒矣，生民荼矣。愚將拯之，思得賢士。』望曰：『殷政自荒，生民自荼，胡與於汝？汝胡垢予爲？』西伯曰：『夫聖人不藏用，以獨善於己，必盡智以兼濟萬物。豈無是邪？』望曰：『夫人與鳥獸昆蟲，共浮於天地中，一炁而已。猶乎天下城郭屋舍，皆峙於空虚者也。盡壞城郭屋舍，其空常空，若盡殺人及鳥獸昆蟲，其炁常炁。殷政何能荒邪？生民何謂荼邪？雖然，城郭屋舍不必壞，生民已形不必殺。予將拯之矣。』乃許西伯，同載而歸。

太顛、閎夭私於西伯曰：『公劉、后稷之積德累功，以及於王。王之德，充乎祖宗矣。今三分天下，王有其二，亦可謂隆矣。呂望，漁者爾，王何爲下之甚邪？』西伯曰：『夫無爲之德，包裹天地；有爲之德，開物成事。軒轅、陶唐之爲天子也，以有爲之德謁廣成子於崆峒，叩許由於箕山，而不獲其一顧，矧吾之德未進乎！軒、堯而卑無爲之德乎？』太顛、閎夭曰：『如王之説，望固无爲之德也，何爲從王之有爲邪？』西伯曰：『天地无爲也，日月星辰運於晝夜，雨露霜雪隕於秋冬，江河流而不息，草木生而不止，故无爲則能無滯，若滯於有爲，則不能無爲矣。』呂望聞之，知西伯實於憂民，不利於得殷天下，於是乎卒與之興周焉。

宋・孫復《孫明復小集・文王論》　《春秋左氏傳》：吴公子季札來聘，請觀於周樂，見舞《象箾》、《南籥》者，曰：『美哉！猶有憾。』説者曰：憾，恨也。文王恨不及己致太平。意以爲文王不能夷商紂於當時，取天下於己手，有遺憾焉。愚甚，惑焉！竊謂季子之是言也，非知樂者也，厚誣於聖人矣。若果如是季子之言也，則是文王懷二心以事上，匿怨以伺其間，包藏禍心，乃亂臣賊子矣。何者？文王受封商室，列爲諸侯，紂雖無道，君也，安得爲人之臣而有無君之心哉？矧以文王爲西伯，位於諸侯之上，賜之弓矢鈇鉞，使得征伐。紂之有德於文王也，厚矣。文王宜乎竭力盡能，夙夜匪懈，以事於紂也，又豈可背惠忘施，以怨報德，將成干紀亂常之事哉？噫！事必不然，章章矣。觀乎紂既失德，毒流四海，諸侯咸叛，而文王事之，獨無二心。故孔子曰：『三分天下有其二，以服事商。周之德，其可謂至德也已矣。』又曰：『下之事上也，雖有庇民之大德，不敢有君民之心，仁之厚也。』有庇民之大德，有事君之小心，其舜、禹、文王、周公之謂歟？若文王猶有憾也，則夫子何以謂之至德與仁厚者乎？

或曰：《史記・齊世家》敍太公之迹，其後亦言西伯昌之脱羑里，與呂尚陰謀脩德，以傾商政，其事多兵權與奇計。若文王果無憾也，則何得與太公陰謀脩德，以傾商政，其事多兵權奇計之如是哉？由是觀之，季子之言又何誣也？曰：此蓋秦火之後，簡編錯亂，司馬子長脩《史記》，敍太公之迹也，不能實録善事，乃散取雜亂不經之説，以廣其異聞爾。斯固不足疑於聖人也。嗚呼！古稱季札賢明博達，觀樂卽能知興衰，而於此也，何蒙暗頓惑之若是耶？逮乎杜預、服虔之徒，復無卓識絶見以發明之，斯又乖謬之甚者也。

宋・李覯《盱江集》卷三四《常語下》　如使紂能悔過，武王不得天下，則文王之爲西伯，霸之盛者而已矣。西伯霸而粹，桓、文霸而駁者也。三代王而粹，漢、唐王而駁者也。

或曰：文王受命稱王，有諸？曰：否。不得已而伐紂，可也。紂

猶未伐，功未加於民而遽自立，以昭其私焉。孰謂文王乃爾？武王舉兵建大號，追考虞、芮訟息之年以爲受命之始，故曰『惟九年，大統未集。』『十有三年春，大會于盟津。』非西伯實改元也。《文王世子》：『西方有九國焉，君王其終撫諸。』後人追爲之辭，非西伯實稱王也。《大傳》『牧之野，武王之大事也。既事而退，追王太王亶父、王季歷、文王昌』是也。康成取緯候以亂之，過矣。

或曰：紂囚文王七年，諸侯皆從之囚，紂於是乎懼而歸之，有諸？曰：紂以崇侯譖，囚西伯，謂其得衆也。諸侯又從之囚，其疑膠矣。彼諸侯之力，足以勝紂邪？盟津之會者八百，武王猶退師。當此時也，固未足以勝紂矣。力不足而從之囚，徒使其疑且怒耳。紂能脯鬼侯而不能殺西伯邪？是好事者之語也。若夫三子獻寶，則有之矣。然則聖人以賂免邪？曰：狄人侵邠，太王以皮幣、犬馬、珠玉事之矣，文王曷不可？況三子者之愛其君邪！君親之難，何所不爲也？

或曰：文王獻洛西之地，赤壤之田，請紂除炮烙之刑，有諸？曰以炮烙爲是邪，非邪？是則不可以除之矣，非而請除之，則發紂之惡也，賣恩於民也。羑里之囚既免，又激怒之，豈人情邪？彼惟恐昭昭之不晦，圭角之不刓也。《易》曰：『內文明而外柔順，以蒙大難，文王以之。』其斯之謂矣。

或曰：湯、文王雖爲二伯，其國不出百里也。曰：唐之刺史有一州耳，其領節度、觀察則連十數州有之矣。彼中分天下而治之，威權所及，百里而已乎？後雖三分有二，其益者未多也。

宋·歐陽修《詩本義》卷一〇《文王》　論曰：嗚呼！語有之曰：『衆口鑠金，積毀銷骨。』豈虛言也哉？文王之甚盛德，所以賢於湯武者，事殷之大節爾。而後世誣其與紂並立而稱王。原其始，蓋出於疑似之言，而衆說咻然附益之，遂爲世惑，可不慎哉？《泰誓》曰：『惟十有三年，師渡孟津。』《武成》曰：『誕膺天命，惟九年大統未集。』此所謂疑似之言也。而毛、鄭於《詩》，謂文王天命之以爲王，又謂文王聽虞、芮之訟，而天下歸者四十餘國。說者因以爲受命之年，乃改元而稱王。由是以來，司馬遷《史記》及諸讖緯符命怪妄之說，不勝其多。本欲譽文王而尊之，其實積毀之言也。

然而學者可以斷然而不惑者，以孔子之言爲信也。孔子曰：『三分天下有其二，以服事殷。』此一言者，楊子所謂衆辭淆亂，質諸聖者也。至於虞、芮質成，毛、鄭之說雖疑過實，然考《傳》及《箋》，初無改元稱王之事，未害文王之爲文王也。惟《雅》之《序》言文王受命，毛以爲受天命而王天下，鄭又謂天命之以爲王云者，惑後學之尤甚者也。詩人之意，以謂周自上世以來，積功累仁，至於文王，攻伐諸國，威德並著，周國自此盛大，至武王因之，遂伐紂滅商而有天下。然以盛德爲天所相而興周者，自文王始也。其義如此而已。故《序》但言『受命作周』，不言受命稱王也。且詩人述作周之業，歸功於其父，而言國之興也，有命自天，此古今之常理，初無怪妄之說也。《書》曰『天之曆數在爾躬』，又曰『天既訖殷命』，又曰『勦絕天命』之類，其言甚多。蓋古人於興亡之際，必推天以爲言者，尊天命也。如毛、鄭之注《文王》，則是天諄諄命西伯稱王爾，此所以失《詩》本義，而使諸家得肆其怪妄也。

說者但言殷未滅時，文王自稱王於一國之中，理已爲不可，況毛、鄭於此詩，言商之子孫衆多，有國者皆在文王九服之中，又言殷之諸侯來助文王祭者，皆自服殷之服。此二者，皆是殷已滅之事。若如毛、鄭之說，是文王已滅殷而盡有天下矣。此又厚誣文王之甚者也。

宋·張載《張子全書》卷三《正蒙·作者篇》　虞芮質厥成訟獄者，不之紂而之文王。文王之生，所以縻縶於天下，由多助於四友之臣爾。以杞包瓜，文王事紂之道也。厚下以防中潰，盡人謀而聽天命者與？上天之載，無聲臭可象，正惟儀刑文王，當冥契天德而萬邦信悅。故《易》曰：『神而明之，存乎其人。』不以聲色爲政，不革命而有中國，默順帝則而天下自歸者，其惟文王乎！

又　卷四《經學理窟·詩書》　文王之於天下，都無所與焉。『文王陟降，在帝左右。』只觀天意如何耳。觀《文王》一篇，便知文王之美：有君人之大德，有事君之小心。

《靈臺》，民始附也，先儒指以爲文王受命之年，此極害義理。又如司馬遷稱文王自羑里歸，與太公行陰德，以傾紂天下。如此，則文王是亂臣賊子也。惟董仲舒以爲文王閔悼紂之不道，故至於日昃不假食。至於韓退之，亦能識聖人，作《羑里操》，有『臣罪當誅兮，天王聖明』之語。文

王之於紂，事之極盡道矣。先儒解經如此，君臣之道且不明，何有義理哉？如《考槃》之詩『永矢弗過弗告』，解以『永不復告君過君』，豈是賢者之言？

宋·朱熹《二程遺書》卷五　天命不已，文王純於天道亦不已。純則無二無雜，不已則無間斷先後。

又　卷一八　韓退之作《羑里操》，云『臣罪當誅兮，天王聖明。』道得文王心出來。此文王至德處也。

宋·范祖禹《帝學》卷一《帝舜有虞氏》　其在《易》曰：進德修業，學以聚之，問以辨之。其在《書》曰：若稽古。其在《詩》曰：正家以風天下。此文王之學也。

宋·劉子翬《屏山集》卷一《文王》　天有力，故行健；地有力，故博載；日月有力，故運照而不息。惟人亦然。矚洞幽渺，目之力也；聽別洪纖，耳之力也；握持運掉，手之力也；趯盪趍蹌，足之力也。惟心亦然。人知充其力於四體，而不知充其力於一心。心之力，藏於恍惚，發於精微，失其養則凋耗弱懦，不能勝微，得其養則運量酬酢，動無與抗。心苟無力，何事能集？文王，其聖流之冠冕乎，何其力之大也！商紂季世，事之方殷，以眇然之躬，憂勤經理，日昃而食不御焉。他人觀之，其中襟豈能頃刻靜謐耶？然而不磷不緇，養成聖德，淵懿純一，曾不以膠膠擾擾爲妨；自非摻之有道，未易能也。

夫事物之交，茫然自失，小者出入而不純，甚者放僻而不反，於是有避世自全，遠塵見獨者。其心非不定也，一有接焉，又憒憒矣。蓋力之大也，由其心之精也。以火鍊金則金精，以事鍊心則心精，烏貴乎烈然謝事哉？心之不精，非特外物汩之也，亦中襟受之也。中苟不受，彼將安寄？均曰性也，惟聖人能性其性，彼不能者，情雜之也。均曰神也，惟聖人能神其神，彼不能者，意雜之也。情性神意，混爲一區，若同而異，若異而同，遇事紛然，迭爲主宰，烏知其爲雌雄者？蓋由鍊之不精也。是以方寸之地，精之則爲靈明虛凈之府，雜之則爲塵垢滓穢之囊。慎其所養，動無與抗，故心有兼人之力者，應對起居而不亂；力又倍者，喜怒哀樂而不亂；又倍者，死生憂患而不亂。

文王羑里之囚，死生憂患之至矣，而從容演《易》，安時處順，無異凝旒端冕，南面而居。蓋其平昔涵養之功，正在事物變遷之際，與之循習，無所駭異也。昔晉文公欲爲襄公擇傅，胥臣曰：『文王在傅不勤，處師不煩，非專教誨之力也。』彼言稟之於天，從容自合云耳。殊不知聖稟雖異，未有不因涵養而成者，譬之甘泉珍木，滌其源則益清，培其根則滋茂。此文王之純，亦不已也。胥臣又曰：『若有邪質，教將不入，猶矇瞽之不可使視聽也。』既不知聖之所以聖，又不知愚之所以愚，絕學棄類，傷教爲大。予讀《國語》，未嘗不歎息於斯也。且善潛心文王者，莫如孔子。孔子之聖，固天縱之也，而造次顛沛，未嘗舍是，自志學至從心，十年一化。大聖自脩猶節節而進，況他人乎！

宋·張九成《橫浦集》卷八《書傳統論·西伯戡黎論》　《史記》以謂紂賜弓矢鈇鉞與文王，使得征伐爲西伯。西伯陰修德行善，諸侯多叛紂而往歸西伯。夫修德行善，臣子之常，何以陰爲哉？此蓋紂矜人臣以能，高天下以勢，以爲皆出己之下，文王豈敢顯然修德行善，以取其誅戮乎？既而紂日夜失人心，文王日夜得人心，故諸侯叛紂而歸西伯。西伯雖欲辭焉，不可得也。諸侯聽西伯號令者，皆有志於爲善。黎侯乃恃紂爲惡，略不畏天下公論，故西伯仗義以征之，其意亦以警紂也。

夫紂所恃以暴虐者，天下也。今天下既歸文王，至文王敢稱兵伐近王圻之國，亦可警畏而修省矣。使紂修省，文王則將率天下諸侯北面而就諸臣之位，不疑也。祖伊見西伯戡黎，此所以恐而奔告於受也。祖伊以天命將絕，格人元龜，罔敢知吉，民罔弗欲喪之事告之，事亦迫矣。是天命將歸西伯矣，紂乃偃然自以謂不有命在天？與桀對伊尹之言同，乃知亡國之君，其心符合如此。單于曰：『我天之驕子也。』無知之人，大抵安於爲惡，以天自大。嗚呼！天豈爲無道之淵藪乎？其亦可謂愚矣。祖伊忠國愛君之心甚切。余上遡其心，爲之流涕，而不忍讀此書也。

宋·胡宏《五峰集》卷四《皇王大紀論·文王受命》　論曰：君子小人之不可相處，如水火也，況文王大聖，受辛下愚乎！惟文王陟降，在帝左右，致紂敬信，得專征伐。紂雖名爲天子，其實與天下諸侯，下及萬民，均入化育之中矣。此文王受命之實也。先儒不識天道，乃以改元稱王爲受命，陋之甚也。文王得征伐之柄，九年而薨，故《泰誓》曰：『皇天震怒，命我文考，肅將天威，惟九年大統未集。』既曰大統未集，則安

有改元稱王之事？故《泰誓》三篇，皆只稱文考；及《武成》，然後稱我文考文王。先儒不本經文推原理，而妄生此論，是以文王爲曹操，司馬懿之流矣。吁，操與懿尚不改元稱帝，而謂文王爲之，甚哉！

又《葬朽骨負暍者》 子產聽鄭國之政，以其乘輿，濟人於溱洧，孟氏以不知爲政譏焉。今記文王葬朽骨，得無近似之乎？夫施於人而望其報者，情之常也。朽骨無主，則無爲望其報。於此見文王之心，無一毫在於利也。心無一毫在於利，真天下之君也，此所以記之也。有載武王遇暍者於道，負置蔭樾之下，左擁而右扇之者。夫武王克相上帝，寵綏四方之君也，豈陵遲無政，姑息如此哉？乃道路妄庸之言耳。

宋·佚名《十先生奥論注前集》卷一《呂祖謙〈歷代聖君論·文王〉》

古今論無憂者，必曰文王；憂之深者，亦莫若文王。夫文王果無憂也而奚憂？曰：憂不在於文王者，深憂也；憂而在焉，非憂也。人咸知有憂之憂，而不知無憂之憂。無憂之憂，深憂也。憂不在堯而有驩兜之憂者，堯之深憂；憂不在舜而有瞽瞍之憂者，舜之深憂。然則文王之憂者，亦不于其身于其人者乎！

人皆曰父王季而子武王者，文王可以無憂也。予則曰：無王季之父，無武王之子，無憂也；父而季也，子而武也，文王之所以深憂也。何者？王季宜王而不王者也，武王宜王而未王者也。彼天下之人思其所不王，而疑其所未王，文王之憂何如也？雖然，是憂也，文王以爲憂也。易之他人，則非憂也，幸也。廣土衆民，君子欲之，人所同然也，而文王則顧以爲憂。嗟乎！文王之憂，其異乎人之心歟？

天下之生久矣，尊卑之分不可易也，而紂爲之君。夫紂誠君也，文王誠臣也，臣不可加乎其君者，理也，而天下亦必知其王。夫文王，固宜王也，而文王之心，則以爲我奚王也？岐山之民，王之民也；江漢之民，王之民也；東海北海，亦王之民也。無王則無岐，無江漢，無東海北海，而予奚得以君之也？今岐之民則曰：是文王之仁也；江漢之民則曰：是文王之化也；東海北海則曰：是文王之善養老也。嗟乎！我何有於天下？而天下顧知有我也已。而虞、芮不質成於王而質成於我，昆夷不遺聘於王而遺聘於我。甚矣，文王其無以謝天下也。吾將有以率邠岐之民，江漢之民，東海北海之民與夫虞、芮之臣，昆夷之聘而歸之王，可也。

是故羑里之囚，人皆以爲文王之不幸也，而文王則以爲宜也。我無以取信於君而得罪焉者，宜也，君奚過哉？是故《易》之書，爲明大分而作也。自夫文王安於羑里之囚而不敢以過紂，明夷養晦，益堅事上之小心，然後天下皆曰文王聖人也。聖如文王，而且不敢過紂，我何有哉？是以當時之人怨不至於叛，憤不至於激者，皆文王以身挽之也。雖然，文王固可以身挽之也，然文王能挽之於其身而不能挽之於其子孫，能使其民之不叛而不能使紂之必改，能遏汝墳之怨而不能遏孟津之畢集，能率天下以事紂而不能止牧野之投戈。是則文王之憂，至此而終不可釋也。吾固曰：憂不在於文王者，深憂也；不在其身而在其子孫者，尤文王之深憂也。

文王望道之心，何如哉？惜也文王有此心，而不得以如其時也。昔者堯以天下與舜，舜逃之；舜以天下與禹，禹逃之。二聖人者，逃之而不能免焉者也。禹以天下與益，而益之避，卒得以遂其志。吾嘗謂舜禹之心之不得以如益也。使文王而生於此時，則堯自堯，舜自舜，禹自禹，文王自文王，交相忘於無事之域；縱有不得已焉，則猶可以爲益之避，而得以遂其心。惜也文王不生於舜禹之時而生於商也。

宋·魏天應《論學繩尺》卷二《危科〈文武之道同伏羲論〉》 論曰：天下之樸既散，而聖人之天常全者，此時變而道不變也。蓋聖人之出，不能違天下之時，而天下之時，亦不能變聖人之道。人徒見聖人居夫適至之時，迫之而必應，求之而必供，其政迹，其文爲，炳然著見於天下，則謂後之聖人深異乎淳古淡泊之爲者。嗚呼，此殆未能以天而觀聖人也。時之適至，雖聖人不能避；樸之既散，雖聖人不能凝固也。而聖人之道，則非與世而爲之旋轉也。往往一以會其異，靜以鎮其騖，必於萬有並形、百爲昭晰之中，而有所謂渾然不露之道體在焉。果能以是觀之，則千載猶一日也，百慮猶一致也。孰謂文、武之道不同於伏羲乎？文、武之道同伏羲，愚請有以實荀子之説。

嘗謂聖人之天猶太虛然，太虛之中雨暘寒暑，與時代謝，固不一也，而太虛之體，則未嘗變。聖人之出，損益盈虛，與時偕行，至不一也，而聖人之天，則未嘗變。羲、黄處於聖人之秘，堯、舜處於聖人之盛，伊、

周處於聖人之任，孔、孟處於聖人之窮。秘者時實隱之，盛者時實顯之，任者時實勞之，窮者時實否之，是皆不得不爾者；而數聖人之天，則混然於不隱、不顯、不勞、不否之中，非可以差殊觀之。而或者則曰：世變既激，則天下無全質；文爲既盛，則中古無淳風。嗚呼！萬燈一火，萬粟一粒，是理混融，本無間斷，豈以古往今來而爲之盈縮哉？且後世而不能追還古人之懿者，惟懼夫吾有以斲天下之朴也。若夫以一而運天下，以道而適時變，智鑿未用，真體不分，使斯世莫得而損益之，則天下之樸雖散，猶未散也。

吾觀堯舜之道，一中之外無餘説；及舜以命禹，則演而爲精一之傳。夫子之道，一貫之外無緒言，及曾子以告門人，則廣而爲忠恕之理。始者舉其要，終者極其詳，前者肇其端，後者備其極，疑於其理益岐而其體裂也。及統而歸之，脈而一之，則精一之詳於一中，未虧也；忠恕之極於一貫，未散也。嗚呼！孰謂文、武之道不同於伏羲乎？

試以八卦九疇合而論之。方伏羲之畫八卦，於天地之理，微有端倪；至文王重爲六十四，則天地之理，始盡形於天下。文王之《易》已多矣，而武王加之九疇焉。然卦而重之，君子不以爲睽道之全；疇而九之，君子不以爲裂道之體。何則？時欲顯，聖人不能使之隱；時欲彰，聖人不能使之晦。至所恃以不變者，則有道存焉。今夫以迹觀之，則伏羲之時，文籍生而未詳，法度隱而未著，禮義之習差見而洪荒之習尚遺，網罟之制雖設而結繩之風猶在。其與文、武禮制之修，干戈之用，居天下極文之世而爲仁義禮樂之主者，莫不大有逕庭。惟夫自其天而觀之，則文、武之有爲者，猶其伏羲無爲之至體也；文、武之已形者，猶其伏羲未發之妙用也。何以明之？文籍備矣，而卦演疇敍之後，天下莫得以名其文；干戈用矣，而牛散馬歸之後，天下莫得以名其武；以至儀刑之孚，初無煩文，《雅》、《頌》之作，其意簡古，而天下莫得以名其禮樂之盛。往往文、武之道，每每於形不能自晦，迹不能自秘之際，而韜光剗華，潛真守一，宛然淳古之風在焉。吾是以知惟天下之至動，可以觀其至靜；惟天下之至異，可以觀其至同也。

始嘗觀諸伏羲之初，如空未雲，如水未波，如玉未琢，而其與世相忘於不可爲，與道相融於不可作，是固然也。及文、武之世，天下之求於聖人者日益衆，聖人之迹其著於天下也日益暴白，非可以無爲爲之矣。今也雲興波動而清明不移，璞分質剖而渾厚猶在，是難能也。然則欲觀聖人之天者，不觀於此而奚觀？抑嘗論之，文、武處中古之治而心遊太樸，迫之而必應也，而惟恐晦之而不深；求之而必供也，而惟恐斂之而不秘。是則其著見於天下者，皆非其心爲之。奈何後世之運天下者，則必欲窮吾力之所可到，以盡古人之所未爲，於是典章文物粲然畢具，制度繩檢靡有不周。故後世皆以是爲極文之世，而不知天下之文固極於此；而周後爲秦之不可繼者，亦未必不在於此。天下之樸，其不可斲也如是哉！憂國者試思之。謹論。

又　卷七《林斯光〈仲尼潛心文王論〉》　論曰：知有聖人之道而又知有聖人之時，然後可以論聖人之心矣。夫道統之相傳，聖人實宗主之，然天下不能皆堯、舜、禹、湯之日，而適遭其變者，其遂已於道乎！達而在上則行之，窮而在下則明之，苟不幸而居其窮，則聖人之憂斯道者，雖異世而均此心也。文王之與孔子，其居聖人之窮者乎！文王之窮，則道不在天下而在《易》；孔子之窮，則心不潛於堯、舜、禹、湯之數聖人而潛於文王。蓋其所同者，道也；其不幸而同者，時也。使孔子而非文王之時，則此心此道，固已默契於數聖人耳，而何獨潛心於文王哉？揚子雲曰：仲尼潛心文王。請發其旨。

且夫精微一理，三聖相授，吾見聖人之心也，未見聖人之潛其心也。嗚呼！是豈無所用其心哉？蓋是時，治化足以相因，道統足以相承，而天地生民之經紀，未嘗一日不脩明於天下。夫是以聖人之道有隆而無汚，聖人之心有相孚之實而無向慕之勤者，其所遭之時然也。後之有聖人之道，而無聖人之時。如文王、孔子，其心始有不獲遂者矣。文王窮於商者也，孔子窮於周者也，然文王之道既不以其不行於天下而已於心，則孔子其可以不文乎？羑里之囚，文王之變，亦已亟矣，而演《易》之旨，以闡斯文，以極天地萬物之變，文果何心哉？文王之心，蓋謂吾身可窮，而吾之道不可窮；可使吾之德教終未洽於天下，而不可使天下一日無斯文。是時文王之時，非昔者數聖人之時，而文王之心，即數聖人之心也，特其時有不得已焉耳。

洙泗素王，以文王之所以憂道者爲《春秋》慮，爲萬世慮，則其心，

欲不同，得乎？琴有襄，禮有聃，官名有郯子，皆孔子之心也，而其潛不在是也。去文王於五百載，而聞知之；讚《易》道於六十四卦，而十翼之。蓋自轍環不遇，退而脩教，而夫子之心潛於重《易》之聖人久矣。故夫韋編三絶，人見其勤於《易》也，而不知其所以勤者非《易》也。文王也，仰而思之，夜以繼日；夫子之於文王也，其亦幸而有文王之《易》，以使斯文之不墜，而又幸有孔子者，同此心也。『文王既没，文不在兹乎！』觀此，則文而非孔子，文王不得其傳矣。故嘗謂禮樂有制，志於興周，則夫子之夢在周公。大道不行，安可遂廢？則夫子之心在文王。以夫子之祖述堯、舜，憲章文、武，其精神未始不會於數聖人之世。觀『加我數年』之語，夫『吾衰』之歎誠悲，其獨潛於文王者，蓋晚而不遇之思也。雖然，潛心之説，亦揚子雲之言云爾。要之，由孔子而上求其所謂心者，當以傳心論之。謹論。

清·徐乾學等《古文淵鑒》卷五八《[宋]陳傅良〈文王論〉》 吾於《書》得聖人之人，於《易》得聖人之天。堯、舜之《典》直而大，湯、武之《誓》曲而重，伊尹之《訓》峻厲，周公之《誥》優柔。聖人之事，亦略盡矣。蓋至於《易》，然後喟然歎曰：天下之難，極於文王。文王之心，見於《易》。

古之聖人迫之而後動，求之而後得者，吾聞之矣；迫之而愈不動，求之而愈不可得者，吾未之聞也。於此得文王之天。且天下之不能謝者，時也；萬物之不能逃者，數也。日之夕也暝，月之晦也魄，露之朝也晞，冰之春也泮。其時至，其數窮也，固也。彼天之雷，獨何爲其然耶？方一陽之《復》，五陰之《剥》也。以理推之，陰猶怙其盛，而不卻以遜陽；陽有寖隆之勢，而無忌於陰。《剥》、《復》之交，則陰陽之相戰也。雷之擊，宜先於陰陽之戰，而乃伏其聲於杳冥無用之表，蟄跳踉叫號之物於不食不飲而不病以死之中；又進而《臨》，進而《泰》，凡天地之間風之披，雨之偃，形不能自緘，氣不能自秘，而雷猶偃然。

文王取焉，以重《易》之《復》而微其意，於繫之辭曰：『出入無疾，朋來无咎。』噫！彼之數也宜出，此之時也宜入，天下之勢又方來而不容御，從而爲之則於道虧，卻而不爲則於民病。出入之交，必有受其傷者矣。犯出入之機而不傷，雖朋來也而可無咎，惟《易》之《復》也有之，故用其至神。伏其道而蟄其民，謝適至之時而逃既窮之數。

噫！禹不能避謳歌訟獄之歸，湯不能使徯者之無怨。故禹而辭歸者，弗受之也，則天下必以爲異；湯而徯死者，弗恤之也，則天下必以爲忍。夫使一人而有異禹之言，而後禹從而聽之，則人將以禹爲要己；使一人而有怨湯之言，而後湯從而爲之，則人將以湯爲要己。夫如是，則歸天下而不可以居。是故禹不敢忍，而後天下安夏；湯不敢忍，而後天下安商。周文王也，夷其明於虞、芮質成之後，而避禹之所不能避，化《汝墳》之婦人，悲王室之如燬而無異心，而使怨湯者無敢怨。避禹之所不能避，使怨湯者無敢怨而没其身。以臣於商，迫之而不能動，求之而愈不可得，而天下之民率立武王而君之，曰西伯之子也，而不曰其要我也，其厲我也。噫！禹、湯猶人也，文王其天矣哉！

宋·吕喬年《麗澤論説集録》卷二《明夷》 文王當紂昏亂之時，雖囚於羑里而以柔順處之，終不能害己。柔順、文明，本非二事。内之文明，則外自然柔順；外之躁動者，卽内之無文明，亦非韜光埋彩之謂也。日之在地中，世上元不覺有日。文王之在殷，紂元不覺有文王，此所以能蒙大難也。

又《家人》 文王刑于寡妻，其於治家之道，無纖毫不至。家道既至，則天下不勞而自治矣。

宋·林亦之《網山集》卷三《文王》 古之人有不幸而處君臣杌隉之際，而終焉無可愧之事者，其唯文王乎！商之季年，天地如膏火，生民如麋鹿，亦所不拒也。後之爲人臣者，功高業鉅，事涉可疑，則有不朝者，有召之而不至者，况欲殺之，而可致之乎？文王者，諸侯也，人臣也。生死之際，非文王所敢知也。如范蠡之扁舟遁去，張子房之閉門謝事，雖或可以保身，然亦非文王所敢知也。范蠡之去，似可全身，然卒使後世君臣猜忌百出，無一日相安者，其患自范蠡始也。越王之不可與處，想未必如紂之甚也。紂而可事，則天下無不可事之君。文王之事，盛德之事也。舜不以天下而動其心，文王亦不以天下動其心。故嘗謂武王似湯，文王似舜，其是之謂也。非其所學俱至於是，則其出處，何以如是之同也？作《文王論》。

宋·朱熹《晦庵集》卷三九《書·答徐元聘》 文王無伐紂之心，而

天與之，人歸之，其勢必誅紂而後已。故有『肅將天威，大勳未集』之語。但紂惡未盈，天命未絶，故文王猶得以三分之二而服事紂。若使文王未崩，十二三年，紂惡不悛，天命已絶，則孟津之事，文王亦豈得而辭哉？以此見文、武之心，未嘗不同，皆無私意，視天與人而已。

宋·黎靖德《朱子語類》卷三五《論語十七·泰伯篇》 問：三分天下有其二，以服事商。使文王更在十三四年，將終事紂乎，抑爲武王牧野之舉乎？曰：看文王，亦不是安坐不做事底人。如《詩》中言『文王受命，有此武功。既伐於崇，作邑於豐，文王烝哉！』武功皆是文王做來，《詩》載武王武功卻少，但卒其武功耳。觀文王一時氣勢如此，度必不終竟休了，一似果實，文王待他十分黃熟，自落下來，武王卻似生拍破一般。

若紂之惡極，文王未死，也只得征伐救民。

因説文王事商，曰：文王但是做得從容不迫，不便去伐商太猛耳。東坡説文王只是依本分做，諸侯自歸之。或問：此有所據否？曰：這也見未得在。但是文王伐崇、戡黎等事，又自顯然。

宋·林岊《毛詩講義》卷七《文王論》 天下未嘗無士也，文王獨稱多士者，養之以敬，用之以敬也。何謂養之以敬？周公爲《雅》以戒成王，其辭若曰文王之敬德，不特周之子孫茂其本支，而周之士亦世守而昌盛。商紂之喪德，不特商之孫子失其祿位，而商之士亦轉移而之他。夫古之聖人，修身無斁，純亦不已，皇自敬德。人才涵養於斯時也，鳶飛魚躍者，高深之適性；金相玉質者，追琢之成文。所謂『雍雍在宮，肅肅在廟，成人有德，小子有造』者是也。文王養士之敬，當於無聲無臭求之矣。

何謂用之以敬？周公爲《書》，以戒成王，其辭若曰『文王敬事上帝，三宅三俊之心，灼見而克知之，庶言庶獄庶謹，罔攸兼而罔敢知之。』夫古之聖人，有天下而不與，用人猶己蔑德，降于國人。人才奮用於斯時也，往來茲迪彝教，小大咸懷忠良，侍御僕從，罔非正人，夷微盧烝，庶常吉士。所謂『庸庸，祗祗，威威，顯民，用肇造我區夏』者是也。文王用士之敬，又當於不識不知求之矣。

嗚呼！自朝至於日中昃，不遑暇食，文王則勞於思治矣。然堯、舜無爲而無所不爲，急親賢也；文王罔攸知而無所不知，樂與賢也。至誠樂與賢者，則士生王國，如槱之積，如魚之烝，如《菁莪》之喜樂，如《卷阿》之來遊來歌，皆氣類之感召耳。文王之心，在帝左右，惟此敬也。敬者，萬化之原，一身之本。推而養士者以此，推而用士者亦以此。養之而以此正己也，用之而以此虚己也。正己以率之，則美化行；虚己以任之，則庶事備。周世世多士，《詩》、《書》稱文王獨盛者，豈無故而然歟？

元·胡一桂《史纂通要》卷三《周》 三分天下有其二，以服事殷。孔子曰：『周之德，其可謂至德也已矣。』史乃謂其陰行善，諸侯皆來決平，毋乃以小人之心度君子之腹者乎！愚嘗讀《周頌》，至太王『實始剪商』；讀《魯論》，至文王『三分天下有其二』，未嘗不慨後之論者，皆不能不以辭害意也。何以言之？太王蓋當祖甲之時，去高宗中興未遠也。後一百有六年，殷始亡。且武王十三年以前，尚無非事商之心。則剪商之云太王，非但不出之於其口，亦決不萌之於其心；特以其有賢子聖孫，有傳之志，於以望其國祚之綿洪焉爾，豈有一毫覬覦之私心哉？議者乃謂太王有是心，太伯不從，遂逃荆蠻，則是太王固已嘗形之於言矣。夫以唐高祖，尚能駭世民之言，曾謂太王之賢，反不逮之乎？《詩》稱『實始剪商』，特謂王季、文王之立，由於太王，以至武王有天下。推原其故，則剪商實自太王始爾，非謂太王真有剪商之心也。

至於文王三分有二之説，夫文王雖大聖，諸侯也，紂雖下愚，天子也，安得以諸侯而有天子三分有二之天下哉？縱使果有之，以紂之暴惡，肯容之乎？以崇侯虎之鷙害，乃不譖毁之乎？此必無之事也，而夫子有是言者，特以文王之聖，道化所及，極其形容之廣云爾，豈謂天下三分有二之版圖，誠歸之於周哉？且以虞、芮一質成之後，歸文王者四十餘國。四十國之疆土，未必爲文王有，而四十國之諸侯，四十國之人心，則歸文王矣。蓋至於武王孟津之會，諸侯不期而集者八百國。豈八百國之疆土人民，先爲武王有哉？亦心悦誠服，而趨之者如歸市爾。文、武之心，蓋有推之而不能去、逃之而不能免者矣。如必曰太王實始剪商，必曰文王三分天下有其二，聖賢立言之意胥失之矣。請得以暴白二王之心於千百載之上者。

元·梁寅《石門集》卷七《周文王》　夫善言聖人之德者，莫如《詩·大雅》。其言文王之德也，曰『帝謂文王，予懷明德。』則其德，天德也。言文王之征伐，則曰『帝謂文王，詢爾仇方。』則其討，天討也。言文王之以德服人，曰『維此文王，小心翼翼』，『厥德不回，以受方國。』則文王之德，純而不已，而天命之，人歸之，皆自然之效也。若史之稱文王，皆以爲有意而爲之矣。

夫聖人之爲善，固未嘗求人之知也，然則善而日章，亦自有不可掩者。今曰西伯陰行善，諸侯歸之，是謂文王陰行善以結人心而畏紂之知也，是則文王之得人心，亦若齊之田氏而已。殊不知天下之畔商歸周者，政緣紂之日爲惡，文王日爲善，故人自去彼而就此耳。文王豈有意於傾紂哉？若《武成》云『九年，大統未集』者，言紂命文王爲方伯凡九年也。《泰誓》言『惟十有三年，大會于孟津』者，言武王卽位十三年也。而漢孔氏謬謂文王以虞、芮質成之歲爲受命之元年而改元稱王，又謂武王卽位之年卽觀兵，三年卽伐紂，遂謂十三年者乃通文王之九年而數之，先儒辨之詳矣。

今《史》言受命之君，不知果何命乎？以爲受商紂斧鉞之命，則不待虞、芮之質成然後爲受命之君；以爲受命爲天子，則至武王克商然後可謂之受命；以文王之天德、天討爲受命，則文王自始至終無非奉順天命，亦不專於是年也。《史記》之繆如此。

明·劉寅《三略直解》卷上　文王囚於羑里之庫，其臣南宮适、散宜生求美女善馬，獻紂而出之，是能柔也。伐崇伐密，一怒而安天下，是能剛也。如日月之照臨，光於四方，顯於西土，其國豈不光乎！

明·方孝孺《遜志齋集》卷四《西伯伐崇》　爲史氏者之言西伯之囚羑里，崇侯虎實譖之；及西伯得賜斧鉞，專征伐而歸，五年果伐崇侯虎。果若其言，是西伯挾天子之柄而報私怨也，此必不然。聖人之於賞罰，豈嘗容心於其間哉？觀人之善惡何如耳。其善可旌也，雖平生之所讐怨，烏得不賞之？其惡誠可誅也，雖懿親近戚，吾烏敢避焉。蓋此法者，非吾之所私有，乃天子之法，受之於先王而與天下共之者也。竊天子之法賞無功，則爲祐惡；罰無罪，則爲戕善。此二者，必誅於聖王之世。紂之無道久矣，諸侯豈無不臣服者乎？其以斧鉞錫西伯，受而行之，宜自不臣服者始，必不悻悻然蓄私怨而圖伐之也。

崇侯之事遠，不可知其詳矣。吾意其人必比凶黨，惡不供職於天子而侵害其與國，殺虐其民人，棄蔑其宗廟，故西伯伐之，必不以其譖己也。苟憾其譖己，是微量淺智之人，齊桓、晉文之流之所爲，豈足爲聖人哉？且羑里之事，不經見，史所稱獻美女、善馬、珍怪之説，皆戰國之末好妄言者意搆之詞，非其事之實也。妄言者見《詩》歌伐崇，求其罪而不得，遂誣其譖西伯，以爲伐崇之端，而不自知其謬也。西伯嘗伐犬戎、密、耆及邘矣，則此四國者，又豈皆譖西伯者耶？故謂西伯伐崇者是也，謂崇侯譖西伯以女、馬賂紂得脱者皆非也。曰：然則史氏所述西伯之事，亦有足信者歟？曰：惟獻地請去炮烙之刑者近之，餘皆無足取焉耳。

明·李夢陽《空同集》卷六六《事勢篇》　據《詩》、《書》載記，文王非無意於商也。曰：文王受命，曰大業未集，如後車載姜，三齡與武、勘黎伐崇等事，誠非無意者，特時未可耳。孟子曰：『取之而燕民不悅，則勿取，古之人有行之者，文王是也。』亦謂時未可耳。然孔子則謂文王無意。

明·呂柟《涇野子内篇》卷一五《鷲峰東所語》　象先問：文王能使家國天下皆化，竟不能化紂，莫不是紂下愚不移否？先生曰：此大有説。紂固下愚難移，且當時前後左右，莫非妲己、飛廉之流，雖有善言，無由而入，況文王身且不能見容。若非散宣生、閎夭之徒處置出來，幾不能免矣。

象先問：散宣生之事，文王知否？先生曰：文王在羑里中，怎麼得知？然此亦是聖賢善用權處。蓋宜生知紂之惡不可回，文王之聖不可死，故如此處置。孟子嘗稱太公望、散宜生則見而知之，他也是聖賢了。惟其如是，故紂解文王之囚，且賜之斧鉞，得專征伐。文因得以伐密戡黎，去崇侯虎。當時天下，所以不得深受其害。故聖賢一時之權，實天下之利。其用心如此。

明·王世貞《弇州四部稿》卷一一一《閎夭不賂紂辨》　《史記》：紂囚西伯於羑里，閎夭之徒患之，乃求有莘氏美女，驪戎之文馬，有熊九駟，他奇怪物，因殷嬖臣費仲而獻之紂。紂大悅，曰：『此一物，足以釋西伯，況其多乎！』乃赦西伯，賜之弓矢斧鉞。宋儒曰：毋也，西伯必

不以賂免。王子曰：否否，西伯必以賂免。

于何知之？曰：紂知之。紂也嘗醢九侯而脯鄂侯矣，于西伯何有？以無罪請也，欲加之罪，其患無辭？且紂庸俟罪乎！以聖德請也，聖人之心有七竅，請視諸，夫紂何聖之恤？嗜艷妖色，騁駿奇技淫巧，其素也驟赦而驟喜。其所欲僇之人，此必有以探其素而深中其嗜，明矣。然則閎夭之徒非歟？曰：何可非也？內文明，外柔順，俟命正志，生死不易，文王之德也。委曲萬變，以出其主而任其過，顛、夭之德也。文王之德，臣德也，身謀之也；顛、夭之德，亦臣德也，爲君謀之者也。《巽》之《九二》曰：巽在牀下，用史巫紛若，吉。夫子贊之曰：《巽》以行權。嗚呼至哉！

清·馬驌《繹史》卷一九《文王受命》 文王之爲西伯，舊矣。紂十三年，乃賜弓矢鈇鉞，得專征伐。《詩》曰：『文王受命，有此武功。』《書》曰：『文王受命，惟中身。』受命云者，一受殷命而征諸侯，一受天命而興周室。蓋天眷有德，命之去留，介在微茫。以文王之至聖，受辛之至愚，雖文王小心昭事，無失臣節，然而殷命已違天意，民心俱歸於有周矣。故曰『周雖舊邦，其命維新。』兹受命之實也。明年，虞、芮質成；明年，伐犬戎；明年，伐密須；明年，敗耆國；明年，伐邘；明年，伐崇侯虎，遂作豐邑，立靈臺，建辟雍，逾年而薨。蓋自羑里之出，至是九年矣。當是時，國有三仁，猶冀殷命之長也。故其言曰：『父雖無道，子不敢不孝；君雖無道，臣不敢不忠。』率畔國以事紂，守臣禮以終身，誠所謂至德哉！

而説者以爲：西伯於受命之年稱王改元，斷虞、芮之訟，後十年而崩。武王立，不改元，居喪二年，伐紂。《泰誓》稱十有三年者，因文王之年也。吁，何其言之妄邪！《詩》、《書》所稱文王，皆後世追述之辭。武王追王三王，實在牧野既事之後，且元年者，人君卽位之始年也。古未有一君而再元者，若文王之中年，不宜改元而改，武王之初年，宜改元而不改，不幾於秦漢之蔽惑，五季之簡陋乎！故《泰誓》所稱，卽武王十三年也。《史記·周本紀》云：武王卽位九年，祭文王之墓於畢，然後觀兵盟津；而《伯夷列傳》，復有父死不葬之説。進退無據，俾後世俗儒不本經而信傳記，以厚誣聖人，紛紛異端之説，所由來矣。

清·邵泰衢《史記疑問》卷上《周紀·附澤及枯骨》 王政養生送死，無憾力之所及者。比使之相保，族使之相葬，又安有不衣冠之殣骨乎？《呂覽》曰『扣池得死人骸，而更葬之』，曰『有天下者，天下之主也』。此仁之微者耳，烏足爲文王重哉？賈氏《新書》曰：夢曰『我東北之槁骨也，速以王禮葬我！』而文王以人君禮葬之。噫！文王於夢中而以王禮許人，醒而踐夢，以王禮葬槁骨。文王之迷於夢而疏於禮，一至是哉？是阿鬼以不正之封，而罔民以非義之信也。扣池得骸，而始爲之主，以更葬之；不及見者，未必不多也。以是爲仁，吾恐文王之仁不如是之小也。

藝　文

《楚辭》卷三《屈原〈天問〉》 伯昌號衰，秉鞭作牧，何令徹彼岐社，命有殷國？

受賜兹醢，西伯上告，何親就上帝罰，殷之命以不救？

師望在肆，昌何識？鼓刀揚聲，后何喜？

唐·柳宗元《柳河東集》卷一四《天對》 伯鞭於西，化江漢滸。易岐社以太，國之命以祚武。

肉梅以頒，烏不台訴。孰盈癸惡，兵躬殄祀。

牙伏牛漁，積內以外萌。岐目厥心，瞭眂顯光。奮刀屠國，以髀髖厥商。

《荀子》卷一八《成相篇》 基必施，辨賢罷，文、武之道同伏戲。由之者治，不由者亂何疑爲？

宋·郭茂倩《樂府詩集》卷五七《琴曲歌辭·文王操》 將亡兮，蒼蒼之天始有萌兮。五神連精，合謀房兮。興我之業，望羊來兮。

唐·韓愈《昌黎集》卷一《琴操·拘幽操》 目窈窈兮，其凝其盲。耳肅肅兮，聽不聞聲。朝不日出兮，夜不見月與星。有知無知兮，爲死爲生。嗚呼！臣罪當誅兮，天王聖明。

清·彭定求等《全唐詩》卷七二八《周曇〈詠史詩·文王〉》 昭然明德報天休，禴祭惟馨勝殺牛。二老五侯何所詐，不歸商受盡歸周。

宋·王十朋《梅溪前集》卷一〇《詠史詩·周文王》 民疾商辛若寇讎，三分天下二歸周。文王終世全臣節，不念前時羑里囚。

宋·林同《孝詩·文王》 問安寢門外，旦旦俟雞鳴，以至日中昃，居常盡此誠。

宋·王柏《魯齋集》卷一《四言古詩·疇依》 於穆文王，順帝之則。身蒙大難，小心翼翼。三分有二，以服事殷。可謂至德，萬邦儀刑。

明·程敏政《篁墩文集》卷六一《結韈子》 文王伐崇，至鳳凰之墟而韈係解，文王自結之。太公問焉，文王曰：『吾聞亡君所與處，弗盡其役。寡人雖不肖，所與處皆先君之人也，故無令結之。』

有崇不道干天誅，西伯杖鉞登戎車。夜發渭水濱，曉至岐山隅。朱絲履結忽自解，玉帳彳亍難爲趨。左顧顛、适右閎、散，冠劍濟濟非庸奴。低頭自結雙帶子，大聖自與常人殊。嗚呼大聖自與常人殊，溺冠騎項將何如？

明·孫承恩《文簡集》卷二一《鑑古韻語·周文王》 穆穆文王聖，《詩》稱敬止功。謙卑靡侈泰，徽懿見柔恭。求道心何切，仁民意莫窮。勛華卓相望，異代儼同風。

臣惟文王以穆穆深遠之德，無所不敬，而止於至善。謙沖抑損，聖不自聖，柔而非懦，恭而克誠。其求道也，則已至而猶若未見；其愛民也，則已安而猶若有傷。何其德之盛也！宋儒程頤言文王之德似堯、舜，豈不信哉？

清·愛新覺羅·弘曆《御製詩四集》卷四九《周文王》 古公云興當在昌，小心翼翼昭事允。至於爲政首惠鮮，鰥寡孤獨懷先軫。敬天仁民君道該，三分服事德備盡。究其所以云在何？於穆不已天地準。

宋·范成大《范石湖集》卷一二《羑里城》 陵谷遷移尚故墟，天盈商罪未蠲除。古今行客同嗤罵，何止三篇《泰誓》書。

又《文王廟》 堂堂十亂欲興周，肯使君王死作囚。巧笑入宫天亦笑，可憐元不費深謀。

宋·許及之《涉齋集》卷一七《羑里城》 扁公墓下艾猶榮，羑里城中草不生。豈是聖賢遺恨在，只應天自不能平。

又《文王廟》 聖賢多難古來同，《易》數身更羑里中。甲子既周屯既復，不應天數竟終窮。

宋·樓鑰《攻媿集》卷七《湘州道中》 千古興亡一夢驚，就中物理似持衡。茜花空染朝歌血，荒草猶祠羑里城。但見反身知自咎，誰言修政欲相傾。知音只有昌黎《操》，臣罪當誅主聖明。

元·陳孚《陳剛中詩集》卷二《羑里歌》 若有人兮羑里，玄端兮玉几。昔炮烙兮將纍以死，今閟宫兮百世紀。望糟丘兮朝歌，彼罔有悛兮奈何，横流汙兮滂沱。河有龍兮洛有龟，藐余繇兮明夷。人弗問兮，上帝臨之。帝獨闞兮漳之渚，水曾波兮神靈雨。已矣乎！文不在兹兮，使我心苦。

元·周伯琦《近光集》卷三《羑里》 消息盈虚久已知，三分天下肯輕爲。偶因象《易》傳心學，千古清祠表永思。

明·張烈編《元音遺響》卷一《胡布〈詠史·其十〉》 崇虎譖既息，羑里脱樊籠。茀祿懋承天，駿命畀至公。漢、汝遠被化，虞、芮質成功。期頤歸善養，貊矣德音洪。寰區三有二，服事禮彌恭。大善德不形，典則嗣惟崇。藝王積有素，錫利載周封。至治穆烝哉，拳拳夢飛熊。

又 卷一〇《劉紹〈羑里祠〉》 陳迹使人感，天秋一登臨。高堂肅遺像，孰識千古心。伊昔植昏暴，披猖肆邪淫，宫鄰縱金虎，大聖逢幽禁。縲絏豈我罪？天行敢無欽！鞠躬待王誅，苦節明斷金。遐想狴犴艱，圜扉鬱森沈。天昏慘無人，殺氣吹冥陰。怨慕日罪己，明夷以沈吟。至今臣道難，帝命惟棐忱。明祀仰萬古，我行適幽尋。蘋蘩愧無奠，肅拜偕朋簪。白日照殷甸，霜風疑遙岑。高歌昌黎詞，感慨徵在今。

明·鄭嶽《山齋文集》卷一《湯陰羑里文王廟》 商辛肆淫虐，諸侯多就誅。西周秉臣節，亦乃遭囚拘。憂思鬱以深，默焉悟玄虛。羲畫闡幽秘，至理諒無餘。天地豈不寬？臣迹不敢踰。日月豈不明？君怒或可舒。進女事解脱，遷史何其誣！

明·楊爵《楊忠介集》卷一二《謁羑里祠》 後天剖破見精深，都是周王至德心。拜罷遺容思往事，直教客淚滿裳襟。

清·田文鏡等［雍正］《河南通志》卷七四《藝文三·［明］鄭滂〈演易臺有感〉》 古樹荒臺夕照斜，登臨不忍聽悲笳。當年蒙難存《三易》，今日思文得五家。雲影離離封斷碣，風聲淅淅起寒鴉。但觀羑水長

如此，且學希夷老歲華。

又　《［清］魏行學〈登演易臺〉》　偶過羑里地，瞻仰意何殷！千載推周德，殘碑識禹文。虬龍飛古柏，煙雨咽寒雲。惝恍幾終日，微風鳥語聞。

清・愛新覺羅・弘曆《御製詩二集》卷二一《演易臺謁周文王祠》

洹蕩之間曰羑里，演《易》聖人昔拘此。天高地下皆《易》理，《彖》辭闡發權輿是。天王聖明罪當誅，千載而下真知己。巍巍之臺近尺咫，夙凜師承惟四字。常謂文王『視民如傷』四字，足爲千古帝王心法。無憂其常憂暫耳，王季爲父武爲子。《牧誓》諒非心所喜，叩馬村在河之涘，夷、齊首肯吾斯語。

宋・李昉等《文苑英華》卷五三《［唐］徐元弼〈靈囿賦以仁及禽獸惠均樵牧爲韻〉》　代間秦餘，地仍周舊，俯皇都之近域，有文王之古囿。遥縈林麓之表，遠抱川原之秀，沼莫辨於窮流，臺靡遺於層構。往往歸鳥，依依顧獸，逢時之慶雖鍾，思古之懷亦疚。當昔周德資始，靈臺是新，繚以斯囿，洽其至仁。使芻牧畢入，而獝狘皆馴。目以靈知，感通於異類；大其囿見，惠洽於蒸人。固以垂耿光，本亭育，無私公共而有俟，勿亟子來而以築。不麛不卵，仁叶於羽毛；以薪以蒸，惠昭於郊牧。覆露功溥，誠明感深，遂天性於物性，卽人心於己心。白鳥不驚，匪觀於狎物；非熊已兆，奚事於從禽？嗟乎！遺址全平，餘風可挹，想千古之蹤未昧，歎三代之英不及。猶欲恣窺臨，淹佇立，微茫似隔乎烟水，邐迤半臨於井邑。見魚躍，想坎窞於泉流；聞鹿鳴，訪陂池於原隰。竟以陰壑蕭條，荒榛寂寥，無人試問，有路通樵，悵望風烟之景，沉吟黍稷之苗。今國家以榮古爲心，宗周是繼，且欲儲休祉，降嘉惠，園苑資靈囿之規，宫室擬靈臺之制。是以愛物之誠溥，好生之德均，仁政潛施於上苑之内，靈德已播於率土之濱。然簡弋遊於暇日，縱芻詞於賤臣。稽制度於盛王，百里猶小；嗣風流於前古，千載爲鄰。

又　卷四二《［唐］白行簡〈文王葬枯骨賦以德及枯骨天下歸心爲韻〉》　骨雖無知，葬以表德，展厚禮於九原，示深仁於萬國。惠加於鬼，則遊岱之魂有依；義感於人，故歸周之心不忒。原夫靈臺肇建，璧池是穿，宛彼枯骨，委兹窮泉，既靡覩其銘誌，曾莫知夫歲年。西伯乃色變靄爾，涕流泫然，爰命從者，將收瘞焉。俾夫惻隱之心，因形骸而下至於地；升聞之德，隨精魄而上動於天。徒觀其年代超忽，英靈淪没，土變豐肌，苔封朽骨，於是惠霑生死，澤及榮枯，遺奠有加於蘋藻，備物無闕於芻塗。幽壤始開，見佳城於白日；靈丘是啓，旋卜宅於青烏。既而遷彼古埏，葬之中野，推誠於重泉之内，昭德於普天之下。念此窮塵之骨，尚或墐之，欲使行路之人，不得見也。且夫聖人哀死，君子表微，用之於國而上下忻戴，書之於史而載籍光輝。諸侯感而思服，百姓從而知歸。以之理人，而人自化；以之奉天，而天不違。故能掩骼教行，送終義立，澤靡不浸，仁無不及，恩加師旅而同德數千，慶延子孫而卜代三十。且封比干之墓，惟德是欽；護信陵之塚，其仁未深。曷若我罔辨名氏，莫知古今，招亡散之魂，復於棺槨；收無主之骨，歛以衣衾。蓋所以感鬼神而動天地，豈止夫三分天下而二者歸心！

唐・徐夤《釣磯文集》卷三《文王葬枯骨賦》　因掘地以及泉，見窮塵之委骨，陳葬禮以外備，實仁心之内發。義之克著，幽可貫於鬼神；德之孔彰，明可爭於日月。初其取象茫洋，開蕪鑿荒，幽宅幾壞，遺骨遂彰。伊彼役者，奏於文王，王乃掩袂而矚，興懷而傷。莫不蔓草縈白，陰苔染蒼，恐是往古豪傑，昔時聖哲，澤物名，光忠烈，宛是其死，誰曰不然？骨肉歸土，神魂升天。深谷爲陵，彼可知而蔑爾；佳城不見，爲我主以收焉。於是召有司，具明享，賻以衿襚，蓋諸泉壤。以遐返邇，飛聲走響，遂使億兆民庶以來歸，八百諸侯之企仰。設若不逢君子，倏遇小人，必應視同塵土，棄若灰塵。既丘墟而莫問，在封樹以無因，則烏鳶是啄，螻蟻是親。幸將不遇小人，獲遭君子，而乃睹之而骨驚，感之以心死。爰拾之於彼，葬之於此。蓋將斯骨以喻我，以己不欲而行之於彼，可使見之者悲，聞之者喜，以至誠賓萬國之臣，若滄海走百川之水。嗟夫！存歿殊塗，幽陰鑑乎？爾魂奚在，爾肌以枯，何得上惻於睿哲，而再向其塗芻？則宗周之仁也，不獨及於有情，而必軫於觸類。祝網之帝，不足以言其仁；泣辜之君，焉可以棄其義？得不啓之十代，延之百祀，俾後之制禮垂教，將掩骼埋胔者也。且王於邦而至大，骨於物而至微。我不以大而自貴，不以微而有違，以仁不足爲我罪，以物失所爲我非。是以勞瘁無斁，皇寧甚稀，骨尚惻於窮泉下土，豈惟於獸走禽飛。故得九齡者上

帝所錫，九國者西方允歸。以孝治天下也，亘萬古以光輝。

清・陳元龍等《歷代賦彙》卷九四《［唐］薛勝之〈孔子彈文王操賦以審音知人前後一揆爲韻〉》 文王有聲，惟聖能審。初彈雅操，知德音而有懷；稍奏遺音，覺儀形之可稟。黮然之狀已究，鏘然之響可尋，述而不作，載好其音。德必不孤，諒前聖合於後聖；道乃無二，誠此心達於彼心。其神也邂逅相遇，其慮也罔或不欽，則知掩四方而氣正，加一絃而義深。曲引烝哉，調吟皇矣，穆穆乎順帝之則，洋洋乎令聞不已。同聲相應，雖千古而會徽音；異日而論，猶萬邦而聆遺美。所以聖賢不遠，古今一揆，且將合於心，豈獨盈乎耳。既而温故知新，若聖與仁。千里同風，自冥契於風韻；千年一聖，當間出於聖人。玉指迴軫，朱絃應律，運八風而吹萬，迭五音而不一。既而文德在兹，以寧王道，宥密斯操也，必俟後賢，吾無間然。陟降因我而著，昭穆因我而宣。符盍徹之言，無毫釐乖。於是葉同音之理，豈合度差於前。是謂惟神所受，繼聖之後，自得於心，匪傳於口。稽帝謂之意，勤止豈無；非天縱之才，生知何有？無音不合，無德不宜，翼翼之心因心而會，亹亹之善盡善而知。師襄於是作而言曰：子聖人也，與文王而同規。

宋・方大琮《鐵菴集》卷二三《文武之道上同伏羲賦》 文、武相授，古今並推，既躬任于道統，宜上同于伏羲。載觀述作之朝，所傳者正；允合神明之主，無間于斯。古初之民極既開，前後之聖人更造。惟互相啓發，此理有助；故均是源流，迄今可考。猗歟文、武，雖時非太古之時；論及本原，此道即伏羲之道。皇矣命受，承哉烈丕，嗣續乎相傳之統，扶持于未墜之秋。陰陽之理祕，六畫著矣；正直之義隱，九疇見之。知一道由來于古昔，故二君相與以維持。承烈顯謨，共發心傳之祕旨；肇端立極，有如皇極之初基。均是倫也，肇于前，明于後；莫非極也，敦于古，建于今。二聖人之抽關啓鑰，千萬世之重規疊矩。爻所當重，非求合于卦八；皇本自建，豈强參于數五。有能求是道于古初，不必異伏羲于文、武。宅心而後，以身續萬世之傳；此理孰開，在昔有三皇之祖。大抵自昔凡幾君，以述作自任；有功于吾道，則初終亦同。使開闢至今，一聖而止，恐流續正理，數傳則窮。惟立極，剖玄于其始；復敍彝，演《易》于其終。俾後世獲見精微之旨，皆昔人互相發越之功。數具三三，總括三百爻之內；法存六六，包羅五六字之中。故嘗以精微授受之時，想朴略鴻荒之世。不見其異，莫測其合；既無所述，亦無所創。惟夫《易》微矣，不得以不演；倫斁矣，不容以不修。是道至周室而大明，故人謂伏羲之再王。語其深矣，豈無意于孟堅？論及由之，抑有取于荀況。向使洛書未作，復畜于武；卦爻未陳，不詳自文。是吾心有歉于千載，豈向者所期于二君？蓋發明之責，求以自塞；而異同之論，判而不聞。後人當論其道合，或者毋事于迹分。勿謂作爻，止合取諸之離象；凡其敷誥，可追大也之皇《墳》。觀子輿論，若合之始終；與韓子序，相傳之綱目。皆于皇道以獨略，惟至周人而三復。然則羲氏遠矣，後世因文、武有考焉，吾故曰觀周即伏也。

三國魏・曹植《曹子建集》卷七《周文王贊》 於赫聖德，寔惟文王。三分有二，猶服事商。化加虞芮，傍暨四方。王業克昭，武嗣遂光。

又 《赤雀賦贊》 西伯積德，天命攸顧。赤雀銜書，爰集昌戶。瑞爲天使，和氣所致。嗟爾後王，昌期而至。

晉・摯虞《摯太常集・周文王贊》 周文翼翼，儀刑體教。上帝是臨，神明是勞。東鄰之昏，西鄰之曜。九有既集，以聖易暴。

明・孫承恩《文簡集》卷四一《古像贊・周文王》 於穆文王，純一不已。道接羲皇，重爻演義。神化無迹，至德不形。大哉乾元，穹然高明。

宋・夏竦《文莊集》卷二五《洛西銘》 商祚不永，帝辛失御，百神受其嫚褻，生民墮於塗炭。西伯昌既脱羑里之禍，陰圖王業，將欲以利易其心，以德勝其暴。以爲罷長夜之飲，卻靡靡之樂，省其狗馬，陋其苑囿，皆不足以警天下之觖望，懷百姓之歡心，乃獻洛西之地，請除炮烙之法，紂許之。夫以仁義而勝殘虐，以洛西而易天下，萬民之心已歸於周，而獨夫莫知之也。吁君殺而臣宥，上斂而下施者，鮮不易地而處矣。使西伯先堯舜之世，修諸侯之德猶不暇，況天子之事乎！蓋飢者易哺，寒者易衣，凋敝之民易歸，亂世之惠易行。爲人君者，其慎德歟？君子曰：牧野不能亡紂，亡紂者，炮烙也。岐陽不能興周，興周者，洛西也。有經其地者，立碑以載辭，修辭以達意，庶千載之後，知文王之心哉！

銘曰：

獨夫驕矜，牝雞晨鳴，炮烙之刑，虐生靈兮。文王翼翼，憮然心戚，獻我疆場，去非辟兮。紂得其地，周得其義，兆民之意，知險易兮。惟洛之右，商禍之首，諸侯心疚，天絶受兮。惟洛之西，周德之基，四海心歸，天祚姬兮。洛郊如砥，周道如矢，德音不已，垂千祀兮。

元・郝經《陵川集》卷三三《羑里周文王廟碑》　相之南屬邑曰湯陰，去朝歌五十里而遠，故殷紂畿内地也。湯陰之北，道右有古城，圮復之餘，猶峻絶屹然。以其隘小而逼，故土實其中，幾與堞平，乃紂拘文王羑里之庫也。前有文王廟，祇存數楹，一碑斷，碎不可讀。然過者望望，必披荆棘，拜謁咨嗟而去，莫不尤紂之凶，閔聖之厄。於是屬諸相臺總管蕭侯，使新其廟，以勗斯民善善惡惡之心。【略】銘曰：

業業埌土兮，至今崔嵬，適以彰聖德兮，驅天下之歸。《易》之多戒辭兮，憂世之衰，而繩己之違。不入於朝歌兮，吁嗟乎羑里之祠。周雖舊邦，其命維新，廟其可不新兮！

元・胡祗遹《紫山大全集》卷一〇《重修羑里文王廟記》　天地文明之運，至中古而盛；先聖後聖之德，至文王而備。文王之盛德大功，皦如日之在天，愈久而愈光，不以廟貌香火廢興厚薄而汙隆焉。然千百世而下，凡曰有知，追慕聖人之功德自不能已，或以聖人里門之所在，都邑之所營建，車輪馬迹之所嘗涉歷，則必垣而宫之，像貌而冠冕之，時和歲豐，春奠秋薦，儀誠兼至，不威而嚴，不率而齊，莫不鼓舞而踴躍歡忭，事死如事生。兹非龐恩厚澤淪浹于人心，孰能使之然哉？

湯陰北十里道右孤城如塊，土人傳曰羑里文王之廟在焉。考其事迹，蓋太史公所謂羑里之庫者也。兵後祠宇焚蕩，某年某月某日邑人彰德路詳議劉敬文卿倡鄉里之好事者，前楹後寢，創爲一新，凝旒端冕，神復以宇，居者樂於祈年報本，過者喜於下車瞻聖；且求文石，以識其歲月。無知小子，惡乎敢言哉？

至於聖人之出處，則有《明夷》之彖辭，《易》之大傳，太史公書，韓文公之《羑里操》，有耳目者孰不聞知，尚何言哉！所可懷而慕、傷而喜者，八百年文物之周，賴是城以興；伏羲先天之心畫，賴是城以明。在聖人明夷於一時，而發瞽開聾，垂裕後人，昭昭於億萬世之無窮。若然，則聖人一時之不幸，而爲後世無窮之幸，雖聖人亦不自以爲不幸。向使獨夫惡不貫盈，文王之化行乎西土，不過潤及於一時一隅。配禹湯，成三代禮樂典章，貽則來世者，未可知已；《易經》之衍明，亦未可知矣。兹城也，蒙囚聖之惡名，後之君天下者存而弗毁，良有以也。

劉敬以篤敬之誠，復完祀事，方之助淫祠，崇異端，處身聖人之門而張皇非聖人之法者邈矣。是又可喜者也，惡得而不書？至元六年夏十有二日，太常博士借注戶部員外郎兼應奉翰林文字武安胡祗遹記。

清・方苞《啓禎四書文》卷七《黄淳耀〈文王之囿〉》　即以囿論，而仁、暴分矣。夫古之爲囿也，所以行仁；今之爲囿也，所以行暴。然則古固無囿，而今亦豈有囿哉？古者生民之道，多途也，雖遊戲之時亦生；今者殺民之道，多途也，雖遊戲之時亦殺。生與殺，皆有所不自知，而受者知之，並其不及受者，亦無異其身受之而已。昔文有靈囿，其小大可以意揣也，而宣王之言，以爲方七十里，異哉問也。於《傳》有之，文王以百里。果若王言，是割十之七以爲囿也。於《傳》有之，文王之城十里。果若王言，是分囿之餘以爲城也。此其有無，殆不足辨。夫既不足辨矣，則王謂有之，孟子亦以爲有之，可也。《傳》未必有之，設以《傳》爲有之，可也。至於以四十里之齊囿，爲小於文囿，則大不可夫！文安得囿直周民之藪耳澤耳，王安得囿直齊民之機耳網耳。今夫文王之囿，以豳地爲基址，以雍岐爲結搆，以江漢爲藩籬，以六州爲門戶。薪之樵之，名材多矣；肅肅兔罝，漁獵多矣。夫然後規磽確之地，審面勢之宜，以爲觀望勞形之所。當斯時也，天下熙熙，皆爲囿來；天下攘攘，皆爲囿往。是故民氣樂而頌聲作也。今王之爲囿也，則不然。絶陂池水澤之利，棄桑麻梨栗之盛，擴荆棘之林，廣狐兔之苑，高高下下，以羅民於臨淄。雖羇旅遠人欲覽於高明，而惴惴焉懼有大戮。嗚呼！是尚得稱囿耶？且夫麋鹿不可以耕耘，而令耕耘者養食之。養麋鹿者，或誤殺麋鹿，而又殺其養麋鹿者以謝之。四十里之外，民以賦斂死，以戰爭死，不知凡幾矣。四十里之内，民又以殺麋鹿死，是無往而不得死也。彼民畏威遠罪，不敢直斥爲阱，而但曰王之囿太大。此其意，亦可深念矣，而王尚曰小乎？王一旦恫其苦斯，慨然悔悟，廢鐘鼓帷帳之具，罷馳騁遊獵之娛，慰安元元，復其壤土，然後修文之明堂，而坐以治之，民惟恐王之不爲囿也。

又　卷六《羅萬藻〈文武之政〉》　聖人對魯君問政，動以法祖之思

焉。夫政莫有善於文、武者也，方策在焉，而謂無可守乎？且王道興衰之故，大矣。一王之政，一代之治，今昔之際，有不勝言者焉。學人道古以諷意，常主乎發先王之德，所以明治也。君而問政乎！夫文、武之政，其大端光明俊偉，敦朴仁厚，以承乎二代之遺。其及於人也，至於田夫野老，薄海内外，無不歌詠二王之澤，而君乃無意乎哉？文當如燬之世，其爲政存乎安民救時，以厚周家之德。昔周之先也，夫豈無哲王，然而播越之餘也，自后稷始基靖民，文始平之。故周人祖文王，而丕顯之謨著焉。蓋大其天命之所以受也，乃其政則居然方策之際矣。武當革命之後，其爲政及於制禮作樂，以開太平之基。昔文之盛也，夫豈有遺德，然而侯服之舊也，惟九年大統未集，武實纘之。故周人宗武王，而丕承之烈光焉。蓋知其卜世之所以長也，乃其政亦居然方策之際矣。積功累仁之爲，固其精神意氣之所不能遽散，故厲宣之禍，幽平之難，而一王之紀綱法度未殫焉。開天明道之事，亦其學士大夫之所能共留，故國乘可稽，野説可採，而一代之人心風俗共睹焉。乃君得無意乎哉？周德雖衰，天命未改，德澤之所縮結，教化之所維持，未可誣也。文、武雖往，道猶未墜，下泉之所以寤歎，西方之所以興思，弗可斁也。君而問政乎！反衰世之淩夷，繼周氏之絶業，將於是乎在。無變不正，無危不扶，惻怛斯世，而欲已其亂焉，文、武之心也夫！

清·方苞《本朝四書文》卷一《李光地〈詩云穆穆文王〉》　立止至善之凖，而詳其止之之功焉。蓋聖如文王，善斯至矣。其次則能止於至善者，孰非由其功之懋哉！故《大學》兩引《詩》以明其意也。謂夫至善者，事理當然之極，而止至善者，知行并進之功。吾嘗誦《大雅》之詩，而知立至善之凖者，無如文王焉。蓋穆穆者，敬之容也，緝熙者，敬之純而止者，敬之安也。常明故常敬，而不息其命之流，此文王之心所爲性與天合也。常敬故常止，而各盡其倫之分，此文王之行所以動爲世師也。故君臣父子與國人交之際，人之大端也。如文王焉，可以無譏矣。仁敬孝慈信之懿，衆善之目也。如文王焉，亦可以止矣。所謂止於至善者，其則豈遠哉？夫聖人，固天下萬世之標凖也，然學之者，當何如？衛詩之詠菉竹也，興其茂也，其稱有斐之君子也，美其文也。爲之歌切磋琢磨，則喻其學修之勤而繼也。爲之歌瑟僩赫喧，則形其恂慄威儀之積而盛也。爲之載歌有斐，而云終不可諠兮，則道其德之盛，善之至，有相感以秉彝者。民雖欲忘之，亦安能忘之哉？由此觀之，自其聞大道之要，以動至德之光，則知聖人之可學而至也。修己於宥密之中，而風動於四方之遠，則知天下之可得而治也。蓋不特自昭明德者，至此而無以加，而所謂新民之無不用其極者，亦不外是而得之矣。

又《熊伯龍〈此文王之勇也〉》　勇之大者，一見於周文焉。夫文非期乎勇也，而勇亦自著，然則文之不可及者，豈以不勇之故哉？且堯舜後聖人而無憾者，文王而已。《詩》、《書》所載，詳於德化，略於武功，故當時鮮怨惡而後之窮兵者，亦無所挾以爲資識者。深歎其臣節之終，蓋由乎此，而亦未嘗不疑其戡亂之才，或有所未逮也。讀《皇矣》之詩，而知儒者之論，固不足以測聖人矣。天下有勇而不必爲聖人者，未有聖人而不勇者。凡人所爲，自始至終，皆得以勇名之，而一值頹敗，中藏立見者，此以人從勇，有幸有不幸也。然人以一概觀之，有終身見其爲勇者焉。文王所爲，自始至終，一勇不足以名之，而時當憤發、大滿人意者，此以勇從人，有露有不露也。然人以一概觀之，有終身忘其爲勇者焉。試觀赫怒，整旅如此，此非文王之勇乎？自古安常之局，惟勇可以破之。其先固有事獯鬻之法，而所處之勢異矣。文王有大於人之氣，豈援祖宗以自便乎？當其時曲直之形既分，彼己之情亦審，而智至此而無所用，豈非乘勢以立功者哉？自古度外之事，惟勇可以濟之。其身亦有事昆夷之法，而所値之時異矣。文王有大於人之志，豈狃夙昔以養寇乎？當其時依京挾風雨之勢，涉河失險阻之形，而仁至此而不欲施，豈非趨時如響赴者哉？與人同功，無以爲威，予懷明德以後，皆稱天以重之也。赫赫者天，而憑爲誕告旅師之本，蓋才力所不能爭矣。夫養晦雖其素蓄，觀乎此，而英略不已過人歟？等勢齊量，無以爲武，方伯專征以來，皆君道以治之也。業業者君，而奉其弓矢斧鉞之靈，蓋剛柔所不能較矣。夫觀兵豈其初志，觀乎此，而盛威不在千古歟？嗟乎！古未有以勇言文王者，而自臣言之。天下自是知征伐不可廢，而文王之心亦或以此傷矣。雖然，三代以下猶願其爲文王之勇也夫！

又　卷一〇《韓菼〈文王發政施仁〉》　王政有先施，仁心之所及也。夫文王之仁政，自有其大者，豈能一一於窮民而先之，亦曰其心之所至則

然耳。且夫王者之立政，其於緩急輕重之故，詳之久矣。初非有煦煦小惠，自結於民之術也，然而王政亦本乎人情。夫人情所同，惻然之處而王者之心不汲汲焉，是其仁心爲質，反不若恒人之用情也，亦不足以舉乎其政矣。文王之治岐，王政也，即仁政也。今觀九一諸法，可得發政施仁之大概矣。此自遠觀乎，一國之勢必先行其寬大，而非有要約人心之私，益假史臣以行善之説。此自謹念夫，立國之規必早定其經制，而亦非有自居父母之意，益形朝廷以如燬之傷。若是而謂文王以其至公之心，與其政之至大者，而必沾沾於鰥寡孤獨無告之民，毋亦有其所不暇。且此固惠術也，非政體也。然臣謂必先焉者何也？人情遇夫俯仰快然者，未必仁心之動也。有一蹙然者，其情不假躊躇而後悲。由是而思聖人。

雜録

《尚書·立政》 其克詰爾戎兵，以陟禹之迹，方行天下，至於海表，罔有不服，以覲文王之耿光，以揚武王之大烈。

又《顧命》 太史秉書，由賓階隮，御王冊命，曰：『皇后憑玉几，道揚末命，命汝嗣訓，臨君周邦，率循大卞，燮和天下，用答揚文、武之光訓。』

又《蔡仲之命》 爾尚蓋前人之愆，惟忠惟孝，爾乃邁迹，自身克勤無怠，以垂憲乃後，率乃祖文王之彝訓，無若爾考之違王命。

《論語·子罕》 子畏於匡，曰：『文王既没，文不在兹乎？天之將喪斯文也，後死者不得與於斯文也。天之未喪斯文也，匡人其如予何？』

《左傳·桓公六年》 以德名爲義。唐孔穎達《正義》：《周本紀》稱：大王見季歷生昌，有聖瑞，乃言曰：『我世當有興者，其在昌乎！』則是大王見其有瑞，度其當興，故名之曰昌，欲令昌盛周也。

又《僖公三十二年》 殽有二陵焉。其南陵，夏后皋之墓也。其北陵，文王之所辟風雨也。

《孟子·滕文公上》 公明儀曰：『文王，我師也。周公豈欺我哉？』

又《離婁上》 孟子曰：『今也小國師大國，而耻受命焉，是猶弟子而耻受命於先師也。如耻之，莫若師文王。師文王，大國五年，小國七年，必爲政於天下矣。』

孟子曰：『諸侯有行文王之政者，七年之内，必爲政於天下矣。』

又《盡心上》 孟子曰：『待文王而後興者，凡民也。若夫豪傑之士，雖無文王，猶興。』

又《盡心下》 高子曰：『禹之聲尚文王之聲。』孟子曰：『何以言之？』曰：『以追蠡。』曰：『是奚足哉？城門之軌，兩馬之力與？』

《禮記·檀弓上》 昔者文王舍伯邑考而立武王，微子舍其孫腯而立衍也。

《孔子家語》卷八《辯樂解》 黮而黑，頎然長，曠如望羊，掩有四方，非文王，其孰能爲此？

漢·孔鮒《孔叢子》卷上《嘉言》 陳侯默而退，遂竊赦所執吏，既而見夫子，問曰：『昔周作靈臺，亦戮人乎？』答曰：『文王之興，附者六州，六州之衆，各以子道來，故區區之臺，未及期日而已成矣，何戮之有乎？夫以少少之衆，能立大大之功，惟君爾。』

又《論書》 孟懿子問：『《書》曰「欽四鄰」，何謂也？』孔子曰：『王者前有疑，後有丞，左有輔，右有弼，謂之四近。言前後左右近臣，當畏敬之，不可以非其人也。周文王胥附、奔輳、先後、禦侮，謂之四鄰，以免乎羑里之害。』懿子曰：『夫子亦有四鄰矣。』孔子曰：『吾有四友焉。自吾得回也，門人加親，是非胥附乎？自吾得賜也，遠方之士日至，是非奔輳乎？自吾得師也，前有光，後有輝，是非先後乎？自吾得仲由也，惡言不至於門，是非禦侮乎？』

又《雜訓》 穆公問於子思曰：『立太子有常乎？』答曰：『有之。在周公之典。』公曰：『昔文王舍適而立其次，微子舍孫而立其弟，是何法也？』子思曰：『殷人質而尊其尊，故立弟；周人文而親其親，故立子，亦各其禮也。文質不同，其禮則異。文王舍適立次，權也。』公曰：『苟得行權，豈唯聖人唯賢與愛立也？』子思曰：『聖人不以權教，故立制垂法，順之爲貴。若必欲犯，何有於異？』公曰：『舍賢立聖，舍愚立賢，何如？』子思曰：『唯聖立聖，其文王乎！不及文王者，則各賢其所愛，不殊於適，何以限之？必不能審賢愚之分，請父兄羣臣卜于祖廟，亦權之可也。』

漢·韓嬰《韓詩外傳》卷五　孔子學鼓琴於師襄子而不進，師襄子曰：『夫子可以進矣。』孔子曰：『丘已得其曲矣，未得其數也。』有間，曰：『夫子可以進矣。』曰：『丘已得其數矣，未得其意也。』有間，復曰：『夫子可以進矣。』曰：『丘已得其人矣，未得其類也。』有間，曰：『邈然遠望，洋洋乎，翼翼乎！必作此樂也。默然思，戚然而悵，以王天下，以朝諸侯者，其惟文王乎！』師襄子避席再拜曰：『善。師以爲文王之《操》也。』故孔子持文王之聲，知文王之爲人。師襄子曰：『敢問何以知其文王之《操》也？』孔子曰：『然。夫仁者好偉，和者好粉，智者好彈，有慇懃之意者好麗。丘是以知文王之《操》也。』

漢·揚雄《法言·問神篇》　昔仲尼潛心於文王矣，達之。宋咸曰：文王演《易》，仲尼盡得其道而讚之。又曰『文王既歿，文不在兹乎！』是達也。吳祕曰：文王作《易》繫辭，以盡天人之幾。孔子五十以學《易》，而作《十翼》，無不通也。

漢·劉向《古列女傳》卷一《母儀傳·周室三母》　太任者，文王之母，摯任氏中女也。王季娶爲妃。太任之性，端一誠莊，惟德之行。及其有娠，目不視惡色，耳不聽淫聲，口不出敖言，能以胎教，溲於豕牢而生文王。文王生而明聖，太任教之，以一而識百。君子謂太任爲能胎教。古者婦人妊子，寢不側，坐不邊，立不蹕，不食邪味。割不正不食，席不正不坐，目不視於邪色，耳不聽於淫聲，夜則令瞽誦詩，道正事。如此則生子形容端正，才德必過人矣。故妊子之時，必慎所感，感於善則善，感於惡則惡。人生而肖萬物者，皆其母感於物，故形音肖之。文王母，可謂知肖化矣。

《三國志》卷四七《吳志·吳主權》裴松之注引《江表傳》　是冬，羣臣以權未郊祀，奏議曰：『頃者嘉瑞屢臻，遠國慕義，天意人事，前後備集，宜修郊祀，以承天意。』權曰：『郊祀當於土中，今非其所，於何施此？』重奏曰：『普天之下，莫非王土，王者以天下爲家。昔周文、武，郊於酆、鎬，非必土中。』權曰：『武王伐紂，卽阼於鎬京，而郊其所也。文王未爲天子，立郊於酆，見何經典？』復書曰：『伏見《漢書·郊祀志》匡衡奏從甘泉、河東，郊於酆。』權曰：『文王性謙讓，處諸侯之位，明未郊也。經傳無明文，匡衡俗儒意説，非典籍正義，不可用也。』

又　裴松之注引《志林》　吳王糾駮郊祀之奏，追貶匡衡，謂之俗儒。凡在見者，莫不慨然，以爲統盡物理，達於事宜。至於稽之典籍，乃更不通。毛氏之説云：堯見天因邰而生后稷，故國之於邰，命便事天。故《詩》曰：『后稷肇祀，庶無罪悔，以迄于今。』言自后稷以來，皆得祭天，猶魯人郊祀也。是以《棫樸》之作，有積燎之薪。文王郊酆，經有明文，匡衡豈俗而枉之哉？文王雖未爲天子，然三分天下而有其二。伐崇戡黎，祖伊奔告，天既棄殷，乃眷西顧。太伯三讓，以有天下，文王爲王，於義何疑？

唐·封演《封氏聞見記》卷八《羑里城》　相州湯陰縣北有羑里城，周回可三百餘步。其中平實，高于城外地丈餘，北開一門，相傳文王演《易》之所。曹子建《誥紂文》云：『崇侯何功？乃用爲輔。西伯何辜？囚之囹圄。囹圄既成，負土既盈。興立炮烙，賊害忠貞。』觀此意，見文王見囚之地，紂使負土實此城也，未詳子建所據。今按此東頓丘、臨黃諸縣多有古小城，或周一里，或三百步，其中皆實。郭緣生《述征記》云：彭城郡有秺城，云是崇侯家。自淮迄于淮河上，城而實秺，丘壟可阻，謂之固。然則小城而實，皆古人因依立家，以爲保固。子建所云『負土既盈』，或承流俗之傳耳。大曆中，湯陰有一尉姓張，與數人同行，過羑里城。或問：『此是何城？』張尉答曰：『此是郭令公圍相州時所築。』或曰：『此是羑里城，紂囚文王之處，何關郭令公築？』張尉曰：『某此在河南，是不知文王與紂事，只將謂令公所築也。』

唐·丘光庭《兼明書》卷二《毛詩·補新宮》　由此而論，則《新宮》爲文王之詩，亦已明矣。或問曰：文王既非天子，又非諸侯，爲何事也？答曰：周室本爲諸侯，文王身有聖德。當殷紂之代，三分天下之衆，二分歸周，而文王猶服事紂。武王剋殷之後，謚之曰文，追尊爲王。其詩有《風》焉，《周》、《召南》是也；有《小雅》焉，《鹿鳴》、《南陔》之類是也；有《大雅》焉，《大明》、《棫樸》之類是也；有《頌》焉，《清廟》、《我將》之類是也。四始之中皆有《詩》者，以其國爲諸侯，身行王道，薨後追尊故也。《新宮》既爲《小雅》，今依其體，以補之云爾。

明·陳士元《論語類考》卷七《人物考·文王》　元按：文王姬姓，名昌，太王之孫，季歷之子也。上世出於后稷，至公劉立國於豳，亶父自

豳遷岐，改號曰周。《周本紀》云：季歷卒，子昌立，是爲西伯。崇侯虎譖於紂，囚之羑里，乃演《易》。閎夭之徒求有莘氏美女及文馬以獻紂，紂赦西伯，賜弓矢斧鉞，使專征伐。於是伐犬戎，伐密須而都於程。又伐耆，伐邘，伐崇，乃作豐邑，遷都於豐。年九十七而崩，謚爲文王。史遷云西伯陰行善，豈文王以服事殷之心哉？

清・顧炎武《日知録》卷七《文王以百里》 湯以七十里，文王以百里，孟子爲此言，以證王之不待大爾。其實文王之國，不止百里。周自王季伐諸戎，疆土日大。文王自岐遷豐，其國已跨三四百里之地；伐崇伐密，自河以西，舉屬之周。未克商以前，無滅國者，但臣屬而已。至於武王，而西及梁、益，庸、蜀、羌、髳、微、盧、彭、濮。東臨上黨，戡黎。無非周地。紂之所有，不過河内殷墟；其從之者，亦但東方諸國而已。一舉而克商，宜其如振槁也。《書》之言文王曰：『大邦畏其力。』文王何嘗不藉力哉！

清・俞正燮《癸巳存稿》卷一《文王重卦》 《管子・輕重戊》云：『伏羲作造六峜，以迎陰陽，作九九之數，以合天道。周人之王，循六峜，行陰陽。』峜卽計，策畫也。周王循六峜，則伏羲已有六畫卦矣。《史記・周本紀》云：文王『囚羑里，蓋益《易》之八卦爲六十四卦』云。《正義》云：『太史公言「蓋」者，疑辭也。文王著演《易》，不敢專言重《易》也。』按《日者列傳》：『伏羲作八卦，文王演三百八十四爻』不疑者，褚先生文也。或『蓋』亦不是疑詞。《郊特牲正義》引《鄭志》云：『言「蓋」者，無別意，如「仲尼之歎，蓋歎魯也」之「蓋」。』

周武王姬發分部

傳　記

《史記》卷四《周本紀》 武王卽位，太公望爲師，周公旦爲輔，召公、畢公之徒左右王，師修文王緒業。九年，武王上祭於畢。東觀兵，至於盟津。爲文王木主，載以車，中軍。武王自稱太子發，言奉文王以伐，不敢自專。乃告司馬、司徒、司空、諸節：『齊栗，信哉！予無知，以先祖有德臣，小子受先功，畢立賞罰，以定其功。』遂興師。師尚父號曰：『總爾衆庶，與爾舟楫，後至者斬。』武王渡河，中流，白魚躍入王舟中，武王俯取以祭。既渡，有火自上復于下，至於王屋，流爲烏，其色赤，其聲魄云。是時諸侯不期而會盟津者，八百諸侯。諸侯皆曰：『紂可伐矣。』武王曰：『女未知天命，未可也。』乃還師歸。

居二年，聞紂昏亂暴虐滋甚，殺王子比干，囚箕子，太師疵、少師彊抱其樂器而犇周，於是武王徧告諸侯曰：『殷有重罪，不可以不畢伐。』乃遵文王，遂率戎車三百乘，虎賁三千人，甲士四萬五千人，以東伐紂。

十一年十二月戊午，師畢渡盟津，諸侯咸會，曰：『孳孳無怠！』武王乃作《太誓》，告於衆庶：『今殷王紂，乃用其婦人之言，自絶於天；毁壞其三正，離逷其王父母弟；乃斷棄其先祖之樂，乃爲淫聲，用變亂正聲，怡説婦人。故今予發，維共行天罰。勉哉夫子！不可再，不可三。』二月甲子昧爽，武王朝至於商郊牧野，乃誓。【略】

誓已，諸侯兵會者車四千乘，陳師牧野。帝紂聞武王來，亦發兵七十萬人，距武王。武王使師尚父與百夫致師，以大卒馳帝紂師。紂師雖衆，皆無戰之心，心欲武王亟入。紂師皆倒兵以戰，以開武王。武王馳之，紂兵皆崩畔紂。紂走反入，登于鹿臺之上，蒙衣其珠玉，自燔於火而死。

武王持大白旗，以麾諸侯，諸侯畢拜武王，武王乃揖諸侯，諸侯畢從。武王至商國，商國百姓咸待於郊。於是武王使羣臣告語商百姓曰：『上天降休！』商人皆再拜稽首，武王亦答拜。遂入，至紂死所。武王自射之，三發而後下車，以輕劍擊之，以黄鉞斬紂頭，縣大白之旗。已而至紂之嬖妾二女，二女皆經自殺。武王又射三發，擊以劍，斬以玄鉞，縣其頭小白之旗。武王已乃出復軍。【略】

封商紂子禄父殷之餘民。武王爲殷初定未集，乃使其弟管叔鮮、蔡叔度相禄父治殷。【略】乃罷兵西歸。行狩，記政事，作《武成》。封諸侯，班賜宗彝，作《分殷之器物》。

武王追思先聖王，乃襃封神農之後於焦，黄帝之後於祝，帝堯之後於薊，帝舜之後於陳，大禹之後於杞。於是封功臣謀士，而師尚父爲首封。

封尚父於營丘，曰齊。封弟周公旦於曲阜，曰魯。封召公奭於燕。封弟叔鮮於管，弟叔度於蔡。餘各以次受封。

武王徵九牧之君，登豳之阜，以望商邑。武王至于周，自夜不寐。周公旦即王所，曰：『曷爲不寐？』王曰：『告女：維天不饗殷，自發未生於今六十年，麋鹿在牧，蜚鴻滿野。天不享殷，乃今有成。維天建殷，其登名民三百六十夫，不顯亦不賓滅，以至今。我未定天保，何暇寐？』王曰：『定天保，依天室，悉求夫惡，貶從殷王受。日夜勞來定我西土，我維顯服，及德方明。自洛汭延于伊汭，居易毋固，其有夏之居。我南望三塗，北望嶽鄙，顧詹有河，粵詹雒、伊，毋遠天室。』營周居於雒邑而後去。縱馬於華山之陽，放牛於桃林之虛；偃干戈，振兵釋旅，示天下不復用也。

武王已克殷，後二年，問箕子殷所以亡。箕子不忍言殷惡，以存亡國宜告。武王亦醜，故問以天道。武王病。天下未集，羣公懼，穆卜，周公乃祓齋，自爲質，欲代武王，武王有瘳。後而崩。太子誦代立，是爲成王。

綜　述

《尚書·洪範》 《序》：武王勝殷殺受，立武庚。以箕子歸，作《洪範》。

惟十有三祀，王訪於箕子。王乃言曰：『嗚呼箕子！惟天陰騭下民，相協厥居。我不知其彝倫攸敘。』箕子乃言曰：『我聞在昔，鯀陻洪水，汨陳其五行，帝乃震怒，不畀洪範九疇，彝倫攸斁，鯀則殛死。禹乃嗣興，天乃錫禹洪範九疇，彝倫攸敘。』

《逸周書》卷一〇《周書序》 文王既没，武王嗣位，告周公禁五戒，作《柔武》。武王忌商，周公勤天下於《大》、《小開武》二篇。武王評周公維道以爲寶，作《寶典》。商謀啓平周，周人將興師以承之，作《酆謀》。武王將起師伐商，寤有商儆，作《寤儆》。周將伐商，順天革命，申喻武義，以訓乎民，作《武順》、《武穆》二篇。武王將行大事乎商郊，乃明德□衆，作《和寤》、《武寤》二篇。武王率六州之兵車三百五十乘以滅殷，作《剋殷》。

武王作剋商，建三監以救其民，爲之訓範。□□□□□□□□作《大聚》。□□□□□□□□□□武王既釋箕子囚，俾民辟寧之以王，作《箕子》。武王秉天下，論德施□而□位以官，作《考德》。武王命商王之諸侯綏定厥邦，申義告之，作《商誓》。武王平商，維定保天室，規擬伊洛，作《度邑》。武王有疾□□□□□□□□□□，命周公輔小子，告以正要，作《五權》。

又　卷四《和寤解》 王乃出，圖商，至于鮮原，召邵公奭、畢公高。王曰：『嗚呼，敬之哉！無競惟人，人允忠，惟事惟敬。小人難保，后降惠于民，民罔不格。惟風行賄賄，無成事。緜緜不絶，蔓蔓若何？毫末不掇，將成斧柯。』王乃厲翼于尹氏八士，唯固允讓德降爲，則振于四方。行有令問，成和不逆，加用禱巫，神人允順。

又　《武寤解》 王赫奮烈，八方咸發，高城若地，商庶若化。約期于牧，案用師旅，商不足滅。分禱上下，王食無疆。王不食言，庶赦定宗。尹氏八士，太師三公，咸作有績。神無不饗，王克配天，合于四海，惟乃永寧。

又　卷五《商誓解》 王若曰：『告爾伊舊何父。□□□□幾、耿、肅、執，乃殷之舊官人序文□□□□及太史比，小史昔，及百官里居獻民□□□來尹師之敬諸戒，疾聽朕言，用胥生蠲尹。』王曰：『嗟爾衆，予言若敢顧天命，予來致上帝之威命明罰。今惟新誥命爾，敬諸！朕話言，自一言至于十話言，其惟明命爾。』

王曰：『在昔后稷，惟上帝之言，克播百穀，登禹之績。凡在天下之庶民，罔不維后稷之元穀用烝享。在商先哲王，明祀上帝，□□□□亦維我后稷之元穀用告和，用胥飲食。肆商先哲王維厥故，斯用顯我西土。今在商紂，昏憂天下，弗顯上帝，昏虐百姓，奉天之命，上帝弗顯，乃命朕文考曰殪商之多罪紂。肆予小子發，弗敢忘天命。朕考胥翕稷政，肆上帝曰必伐之。予惟甲子，剋致天之大罰。□帝之來，革紂之□，予亦無敢違大命。敬諸！昔在我西土，我其有言。胥告商之百無罪，其惟一夫。予既殛紂承天命，予亦來休命。爾百姓里居君子，其周即命。□□□□□□□□□□□□□□□□□□□□□□□爾冢邦

君，無敢其有不告見于我有周。其比冢邦君我無攸愛，上帝曰必伐之。今予惟明告爾：予其往追□紂，達驀集之于上帝。天王其有命，爾百姓獻民其有綴艿。夫自敬其有斯天命，不令爾百姓無告。西土疾勤，其斯有何重？天維用重勤，興起我，罪勤我，無克乃一心。爾多子其人自敬，助天永休于我西土。爾百姓其亦有安處在彼。宜在天命□及惻興亂。予保奭其介有斯。勿用天命，若朕言在周，曰商百姓無罪，朕命在周。其乃先作，我肆罪疾。予惟以先王之道御復正爾百姓，越則非朕，負亂惟爾在我。』

王曰：『百姓！我聞古商先哲王成湯克辟上帝，保生商民，克用三德，疑商民弗懷，用辟厥辟。今紂棄成湯之典，肆上帝命我小國曰革商國。肆予明命汝百姓，其斯弗用朕命，其斯爾冢邦君商庶百姓，予則□劉滅之。』

王曰：『靃予天命維既，咸汝克承天休于我有周，斯小國于有命不易。昔我盟津，帝休辨商，其有何國？命予小子，肆我殷戎。亦辨百度，□□美左右予，予肆劉殷之命，今予維篤祐爾。予史太史違我，史視爾靖疑，胥敬請。其斯一話，敢逸僭，予則上帝之明命。予爾拜拜□百姓，越爾庶義庶刑。予維及西土，我乃其來即刑。乃敬之哉！庶聽朕言，罔胥告。』

又《度邑解》 維王剋殷國，君諸侯，乃厥獻民徵主九牧之師見王于殷郊。王乃升汾之阜，以望商邑，永歎曰：『嗚呼！不淑兑天對，遂命一日，維顯畏弗忘。』王至于周，自□至于丘中，具明不寢。王小子御告叔旦，叔旦亟奔即王，曰：『久憂勞，問周不寢。』曰：『安予告汝。』王曰：『嗚呼旦！惟天不享于殷。發之未生，至于今六十年，夷羊在牧，飛鴻過野。天自幽，不享于殷，乃今有成。維天建殷，厥徵天民名三百六十夫。弗顧亦不賓成，用戾于今。嗚呼！于憂茲難，近飽于卹，辰是不室。我來所定天保，何寢能欲？』

王曰：『旦！予克致天之明命，定天保，依天室。志我共惡，俾從殷王紂。四方赤宜未定我于西土。我維顯服及德之方明。』叔旦泣涕于常，悲不能對。王□□傅于後。王曰：『旦！汝維朕達弟，予有使汝，汝播食不遑暇食，矧其有乃室！今維天使子，惟二神授朕靈期。于未致予休，□近懷予朕室。汝維幼子，大有知。昔皇祖底于今，勗厥遺得顯義，告期付于朕身。肆若農服田，饑以望穫。予有不顯，朕卑皇祖不得高位于上帝。汝幼子庚厥心，庶乃來班朕大環，茲于有虞意。乃懷厥妻子，德不可追于上，民亦不可答于朕。下不賓在高祖，維天不嘉，于降來省。汝其可瘳于茲。乃今我兄弟相後，我筮龜其何所即？今用建庶建。』

叔旦恐，泣涕共手。王曰：『嗚呼！旦。我圖夷茲殷，其惟依天。其有憲命，求茲無遠。天有求繹，相我不難。自洛汭延于伊汭，居陽無固，其有夏之居。我南望過于三塗，我北望過于有嶽，丕願瞻過于河，宛瞻于伊洛，無遠天室。其曰茲，曰度邑。』

又《武儆解》 惟十有二祀四月，王告夢。丙辰，出金枝郊寶《開》、《和》細書，命詔周公旦立後嗣，屬小子誦文及《寶典》。王曰：『嗚呼，敬之哉！汝勤之無蓋。□周未知所周，不周商□無也。朕不敢望，敬守勿失。以詔賓小子曰：「允哉！汝夙夜勤心之無窮也。」』

又《五權解》 維王不豫，于五日，召周公旦。曰：『嗚呼，敬之哉！昔天初降命于周，維在文考，克致天之命。汝維敬哉！先後小子，勤在維政之失。政有三機五權，汝敬格之哉！克中無苗，以保小子于位。三機：一疑家，二疑德，三質士。疑家無授衆，疑德無舉士，質士無遠齊。吁，敬之哉！天命無常，敬在三機。五權：一曰地，地以權民；二曰物，物以權官；三曰鄙，鄙以權庶；四曰刑，刑以權常；五曰食，食以權爵。不遵承括，食不宣，不宣授臣；極賞則淈，淈得不食；極刑則仇，仇至乃別；鄙庶則奴，奴乃不滅；國大則驕，驕乃不給；官無庶則荷，荷至乃辛；物庶則爵乃不和；地庶則荒，荒則聶；人庶則匱，匱乃匿。嗚呼，敬之哉！汝慎和稱五權，維中是以，以長小子于位，實維永寧。』

《殷周金文集成釋文》卷二《大盂鼎》 王若曰：盂！丕顯文王受天有大命，在武王嗣文作邦，闢厥慝，匍有四方，畯正厥民。在于御事，戲酒無敢酗，有柴烝祀無敢醻，故天翼臨子，法保先王，□有四方。

《詩經・大雅・文王有聲》 《序》：《文王有聲》，繼伐也。武王能廣文王之聲，卒其伐功也。

豐水東注，維禹之績。四方攸同，皇王維辟。皇王烝哉！

鎬京辟廱，自西自東，自南自北，無思不服。皇王烝哉！

考卜維王，宅是鎬京。維龜正之，武王成之。武王烝哉！

豐水有芑，武王豈不仕？詒厥孫謀，以燕翼子。武王烝哉！

又《周頌·武》《序》：《武》，奏《大武》也。

於皇武王，無競維烈。允文文王，克開厥後。嗣武受之，勝殷遏劉，耆定爾功。

又《賚》《序》：賚，大封於廟也。賚，予也，言所以錫予善人也。

文王既勤止，我應受之。敷時繹思，我徂維求定，時周之命。於繹思！

又《時邁》《序》：《時邁》，巡守告祭柴望也。

時邁其邦，昊天其子之，實右序有周。薄言震之，莫不震疊。懷柔百神，及河喬嶽。允王維後，明昭有周，式序在位。載戢干戈，載櫜弓矢。我求懿德，肆于時夏，允王保之。

又《桓》《序》：《桓》，講武類禡也。

綏萬邦，屢豐年，天命匪解。桓桓武王，保有厥士，于以四方，克定厥家。於昭於天，皇以間之。

又《載見》《序》：《載見》，諸侯始見乎武王廟也。

載見辟王，曰求厥章。龍旂陽陽，和鈴央央。鞗革有鶬，休有烈光。率見昭考，以孝以享，以介眉壽。永言保之，思皇多祜。烈文辟公，綏以多福，俾緝熙於純嘏。

《論語·堯曰》 周有大賚，善人是富。雖有周親，不如仁人。百姓有過，在予一人。

謹權量，審法度，修廢官，四方之政行焉。興滅國，繼絶世，舉逸民，天下之民歸心焉。

所重：民、食、喪、祭。

《左傳·昭公二十四年》 夫文，『止戈』爲『武』。武王克商，作《頌》曰：『載戢干戈，載櫜弓矢。我求懿德，肆于時夏，允王保之。』又作《武》，其卒章曰：『耆定爾功。』其三曰：『鋪時繹思，我徂維求定。』又其六曰：『綏萬邦，屢豐年。』夫武，禁暴、戢兵、保大、定功、安民、和衆、豐財者也。故使子孫無忘其章。

《國語》卷一《周語上》 至於武王，昭前之光明，而加之以慈和，事神保民，莫不欣喜。商王帝辛，大惡于民，庶民弗忍，欣戴武王，以致戎于商牧。是先王非務武也，勤恤民隱而除其害也。

又 卷三《周語下》《周詩》有之曰：『天之所支，不可壞也。其所壞，亦不可支也。』昔武王克殷而作此詩也，以爲飫歌，名之曰《支》，以遺後之人，使永監焉。

又 卷五《魯語下》 昔武王克商，通道於九夷百蠻，使各以其方賄來貢，使無忘職業。於是肅慎氏貢楛矢石砮，其長尺有咫。先王欲昭其令德之致遠也，以示後人，使永監焉，故銘其括曰『肅慎氏之貢矢』，以分大姬配虞胡公而封諸陳。古者分同姓以珍玉，展親也；分異姓以遠方之職貢，使無忘服也。故分陳以肅慎氏之貢。

《墨子》卷一《三辯》 武王勝殷殺紂，環天下自立，以爲王事成，功立無大後患，因先王之樂，又自作樂，命曰《象》。

又 卷四《兼愛中》 昔者武王將事泰山，隧傳曰：『泰山有道，曾孫周王有事。大事既獲，仁人尚作，以祗商夏，蠻夷醜貉。雖有周親，不若仁人。萬方有罪，維予一人。』

又 卷八《明鬼下》 昔者武王之攻殷誅紂也，使諸侯分其祭，曰：使親者受內祀，疏者受外祀。

《管子》卷二四《輕重乙》 武王問於癸度曰：『賀獻不重，身不親於君，左右不足友，不善於羣臣，故不欲收穡戶籍而給左右之用，爲之有道乎？』癸度對曰：『吾國者，衢處之國也，遠秸之所通，游客蓄商之所道，財物之所遵。故苟入吾國之粟，因吾國之幣，然後載黃金而出，故君請重重而衡輕輕，運物而相因，則國筴可成。故謹毋失其度，未與民可治。』武王曰：『行事奈何？』癸度曰：『金出於汝、漢之右衢，珠出於赤野之末光，玉出於禺氏之旁山。此皆距周七千八百餘里，其塗遠，其至阨，故先王度用於其重，因以珠玉爲上幣，黃金爲中幣，刀布爲下幣。故先王善高、下、中幣，制下上之用，而天下足矣。』

《商君書》卷四《賞刑》 昔湯封於贊茅，文王封於岐周，方百里。湯與桀戰於鳴條之野，武王與紂戰於牧野之中，大破九軍，卒爲列諸侯。

士卒坐陳者，里有書社，車休息不乘。縱馬華山之陽，縱牛於農澤，縱之老而不收，此湯、武之賞也。

湯、武既破桀、紂，海内無害，天下大定，築五庫，藏五兵，偃武事，行文教，倒載戟戈，搢笏作爲樂，以申其德。當此時也，賞祿不行而民整齊。

《尸子》卷下　武王已戰之後，三革不累，五刃不砥，牛馬放之歷山，終身弗乘也。

《孟子·梁惠王下》　取之而燕民悦則取之，古之人有行之者，武王是也。

《戰國策》卷二〇《趙三》　昔者文王之拘於牖里，而武王羈於玉門，卒斷紂之頭而縣於太白者，是武王之功也。

《呂氏春秋》卷五《古樂》　武王即位，以六師伐殷，六師未至，以鋭兵克之於牧野。歸乃薦俘馘於京太室，乃命周公作爲《大武》。

《禮記·文王世子》　武王帥而行之，不敢有加焉。文王有疾，武王不説冠帶而養。文王一飯，亦一飯；文王再飯，亦再飯。旬有二日，乃間。

又《大傳》　牧之野，武王之大事也。既事而退，柴於上帝，祈於社，設奠於牧室，遂率天下諸侯執豆籩，逡奔走，追王大王亶父、王季歷、文王昌，不以卑臨尊也。上治祖禰，尊尊也；下治子孫，親親也；旁治昆弟，合族以食，序以昭繆，別之以禮義，人道竭矣。

又《樂記》　賓牟賈侍坐於孔子，孔子與之言及樂，曰：『夫《武》之備戒之已久，何也？』對曰：『病不得其衆也。』『詠歎之，淫液之，何也？』對曰：『恐不逮事也。』『發揚蹈厲之已蚤，何也？』對曰：『及時事也。』『《武》坐，致右憲左，何也？』對曰：『非《武》坐也。』『聲淫及商，何也？』對曰：『非《武》音也。』子曰：『若非《武》音，則何音也？』對曰：『有司失其傳也。若非有司失其傳，則武王之志荒矣。』子曰：『唯丘之聞諸萇弘，亦若吾子之言是也。』

賓牟賈起，免席而請曰：『夫《武》之備戒之已久，則既聞命矣。敢問遲之遲而又久，何也？』子曰：『居，吾語汝。夫樂者，象成者也。總干而山立，武王之事也；發揚蹈厲，太公之志也；《武》亂皆坐，周、召之治也。且夫《武》始而北出，再成而滅商，三成而南，四成而南國是疆，五成而分，周公左，召公右，六成復綴，以崇天子。夾振之而駟伐，盛威於中國也；分夾而進，事蚤濟也；久立於綴，以待諸侯之至也。且女獨未聞牧野之語乎！武王克殷反商，未及下車，而封黄帝之後於薊，封帝堯之後於祝，封帝舜之後於陳；下車而封夏后氏之後於杞，投殷之後於宋。封王子比干之墓，釋箕子之囚，使之，行商容而復其位。庶民弛政，庶士倍祿。濟河而西，馬散之華山之陽而弗復乘，牛散之桃林之野而弗復服，車甲釁而藏之府庫而弗復用，倒載干戈，包之以虎皮，將帥之士，使爲諸侯，名之曰建櫜，然後天下知武王之不復用兵也。散軍而郊射，左射貍首，右射騶虞，而貫革之射息也。裨冕搢笏，而虎賁之士説劍也。祀乎明堂而民知孝，朝覲然後諸侯知所以臣，耕藉然後諸侯知所以敬。五者，天下之大教也。食三老五更於大學，天子袒而割牲，執醬而饋，執爵而酳，冕而總干，所以教諸侯之弟也。若此，則周道四達，禮樂交通，則夫《武》之遲久，不亦宜乎！』

《今本竹書紀年》卷下《周武王》　名發。十二年辛卯，王率西夷諸侯伐殷，敗之於坶野，王親禽受于南單之臺，遂分天之明，立受子祿父，是爲武庚。夏四月，王歸於豐，饗於太廟，命監殷，遂狩於管。作《大武》樂。十三年，巢伯來賓。薦殷於太廟，遂大封諸侯。秋，大有年。十四年，王有疾，周文公禱於壇墠，作《金縢》。十五年，肅慎氏來賓。初狩方岳，誥於沬邑。冬，遷九鼎於洛。十六年，箕子來朝。秋，王師滅蒲姑。十七年，命王世子誦于東宮。冬十有二月，王陟。年九十四。

漢·伏勝《尚書大傳》卷二《洪範五行傳》　武王釋箕子之囚，箕子不忍周之釋，走之朝鮮，武王聞之，因以朝鮮封之。箕子既受周之封，不得無臣禮，故於十二祀來朝，武王因其朝，而問《洪範》。

漢·賈誼《新書》卷九《修政語下》　周武王問於粥子曰：『寡人願守而必存，攻而必得，戰而必勝，則吾爲此奈何？』粥子曰：『唯攻守而戰乎！同器而和與嚴其備也。故曰和可以守而嚴可以守，而嚴不若和之固也；和可以攻而嚴可以攻，而嚴不若和之德也；和可以戰而嚴可以戰，而嚴不若和之勝也，則惟由和而可也。故諸侯發政施令，政平於人者，謂之文政矣；諸侯接士而使吏，禮恭於人者，謂之文禮也；諸侯聽

獄斷治，治陳仁於行，而由此守而不存，攻而不得，戰而不勝者，自古而至于今，自天地之辟也，未之嘗聞也。今也君王欲守而必存，攻而必得，戰而必勝，則唯由此也爲可也。』武王曰：『受命矣。』

漢・劉安《淮南子》卷九《主術訓》 武王伐紂，發鉅橋之粟，散鹿臺之錢，封比干之墓，表商容之閭，朝成湯之廟，解箕子之囚，使各處其宅，田其田，無故無新，唯賢是親，用非其有，使非其人，晏然若故有之。由此觀之，則聖人之志大也。

又 卷一一《齊俗訓》 昔武王執戈秉鉞，以伐紂勝殷；搢笏杖殳，以臨朝。

又 卷一二《道應訓》 昔武王伐紂，破之牧野。【略】破鼓折枹，弛弓絶絃，去舍露宿，以示平易，解劍帶笏，以示無仇。於此天下歌謠而樂之，諸侯執幣相朝，三十四世不奪。

又 卷一八《人間訓》 武王蔭暍人於樾下，左擁而右扇之，而天下懷其德。

又 卷二一《要略》 天下未定，海內未輯，武王欲昭文王之令德，使夷狄各以其賄來貢。遼远未能至，故治三年之喪，殯文王於兩楹之間，以俟远方。

漢・劉向《説苑》卷五《貴德》 武王克殷，召太公而問曰：『將奈其士衆何？』太公對曰：『臣聞愛其人者，兼屋上之烏；憎其人者，惡其餘胥。咸劉厥敵，使靡有餘，何如？』王曰：『不可。』太公出，邵公入，王曰：『爲之奈何？』邵公對曰：『有罪者殺之。無罪者活之，何如？』王曰：『不可。』邵公出，周公入，王曰：『爲之奈何？』周公曰：『使各居其宅，田其田，無變舊新，唯仁是親。百姓有過，在予一人。』武王曰：『廣大乎！平天下矣。』凡所以貴士君子者，以其仁而有德也。

漢・班固《白虎通義》卷八《瑞贄》 《周頌》曰：『烈文辟公，錫兹祉福。』言武王伐紂，定天下，諸侯來會，聚於京師受法度也，遠近莫不至。受命之君，天之所興，四方莫敢違，夷狄咸率服故也。

宋・金履祥《資治通鑑前編舉要》卷一 己卯。周武王十有三年一月癸巳，于征伐商，告于皇天后土、所過名山大川，大会于孟津。戊午，次於河朔，羣后以師畢會，王乃徇師而誓。己未，王巡六師，明誓衆士。二月癸亥，陳于商郊。甲子，紂帥其旅，會于牧野。紂前徒倒戈，攻于後以北，紂反登鹿臺，自燔死。王入商，乃反商政，封紂子武庚爲殷侯，使管叔、蔡叔、霍叔監殷。閏月三月，諸弟以次受封，封康叔于殷東。四月，王來自商，諸侯受命于周。丁未，祀于周廟，追王大王、王季、文王，因定謚法。庚戌，柴望，大告武成。王訪于箕子。是年，伯夷、叔齊去周，死于首陽山。十有四年，西旅獻獒。王有疾。十有九年十有二月，王崩。子誦踐位。周公位冢宰，正百工。

論説

《論語・八佾》 子謂《韶》：『盡美矣，又盡善也。』謂《武》：『盡美矣，未盡善也。』

又 《泰伯》 舜有臣五人而天下治。武王曰：『予有亂臣十人。』孔子曰：『才難，不其然乎！唐虞之際，於斯爲盛。有婦人焉，九人而已。』

《管子》卷二〇《形勢解》 古者武王，地方不過百里，戰卒之衆不過萬人，然能戰勝攻取，立爲天子，而世謂之聖王者，知爲之之術也。桀、紂貴爲天子，富有海內，地方甚大，戰卒甚衆，而身死國亡，爲天下僇者，不知爲之之術也。故能爲之，則小可爲大，賤可爲貴；不能爲之，則雖爲天子，人猶奪之也。故曰巧者有餘而拙者不足也。

古者武王，天之所助也，故雖地小而民少，猶之爲天子也。桀、紂，天之所違也，故雖地大民衆，猶之困辱而死亡也。故曰天之所助，雖小必大；天之所違，雖大必削。

《尸子》卷下 夫堯、舜所起，至治也；湯、武所起，至亂也。問其成功孰治？則堯、舜治；問其孰難？則湯、武難。

《孟子・梁惠王下》 《書》曰：『天降下民，作之君，作之師。惟曰其助上帝，寵之四方。有罪無罪惟我在，天下曷敢有越厥志？』一人衡行於天下，武王耻之。此武王之勇也。而武王亦一怒而安天下之民。

《荀子》卷二一《榮辱篇》 陋也者，天下之公患也，人之大殃大害也。

故曰人者好告示人。告之示之，靡之儇之，鈆之重之，則夫塞者俄且通也，陋者俄且僩也，愚者俄且知也。是若不行，則湯武在上曷益，桀紂在上曷損？湯武存則天下從而治，桀紂存則天下從而亂。如是者，豈非人之情，固可與如此，可與如彼也哉？

又　卷七《王霸篇》　以國齊義，一日而白，湯、武是也。湯以亳，武以鄗，皆百里之地，天下爲一，諸侯爲臣，通達之屬莫不從服，無它故焉，以濟義矣，是所謂義立而王也。

湯、武者，修其道，行其義，興天下同利，除天下同害，天下歸之。

又　卷九《臣道篇》　奪然後義，殺然後仁，上下易位然後貞，功參天地，澤被生民，夫是之謂權險之平，湯、武是也。

《呂氏春秋》卷一四《首時》　有湯、武之賢而無桀、紂之時，不成；有桀、紂之時而無湯、武之賢，亦不成。聖人之見時，若步之與影不可離。

又　《長攻》　凡治亂存亡，安危彊弱，必有其遇，然後可成，各一則不設。故桀、紂雖不肖，其亡遇湯、武也，遇湯、武，天也，非桀、紂之不肖也。湯、武雖賢，其王遇桀、紂也，遇桀、紂，天也，非湯、武之賢也。若桀、紂不遇湯、武，未必亡也；桀、紂不亡，雖不肖，辱未至於此。若使湯、武不遇桀、紂，未必王也；湯、武不王，雖賢，顯未至於此。

又　《慎人》　夫湯遇桀，武遇紂，天也。湯、武修身，積善爲義，以憂苦於民人也。

又　卷七《振亂》　夫攻伐之事，未有不攻無道而伐不義也；攻無道而伐不義，則福莫大焉，黔首利莫厚焉。禁之者，是息有道而伐有義也，是窮湯、武之事而遂桀、紂之過也。

《禮記・中庸》　武王纘大王、王季、文王之緒，壹戎衣而有天下，身不失天下之顯名，尊爲天子，富有四海之內，宗廟饗之，子孫保之。

漢・劉安《淮南子》卷一四《詮言訓》　湯、武之王也，遇桀、紂之暴也。桀、紂非以湯、武之賢暴也，湯、武遭桀、紂之暴而王也。故雖賢王，必待遇。遇者能遭於時而得之也，非智能所求而成也。

又　卷二〇《泰族訓》　湯放桀，武王誅紂，以爲天下去殘除賊，可謂惠君，而未可謂忠臣矣。

漢・劉向《說苑》卷一《君道》　武王正其身以正其國，正其國以正天下，伐無道，刑有罪，一動天下正，其事正矣。

漢・孔融《孔少府集・周武王漢高祖論》　周武王從后稷以來至其身，相承積五十世，俱有魚鳥之瑞。至高祖一身修德，瑞遽有四：呂公望形而薦女；呂后見雲知其處；白蛇分，神母哭；西入關，五星聚。又武王伐紂，斬而刺之。高祖入秦，赦子嬰而遺之。是寬裕又不如高祖也。

宋・李昉等《文苑英華》卷七四三《〔唐〕楊夔〈倒戈論〉》　予讀《周書》，至武王滅紂，倒戈歸馬，示天下不復用。迹其事，惑焉。以武王之聖，有望、旦之輔，滅獨夫紂，旌其功於一時可矣，且曰終不復用。其未然乎？夫上古淳，結繩知禁；中古樸，赭衣懷畏；末俗巧，嚴法不化。故淳散而朴，樸散而巧，巧之變，萬詐生焉。則内荏外剛之心，詎革於干戚之舞乎？周之祚七百，誠曰永久。然以臣臨君，以兵向闕者，多矣。齊桓南伐楚，北伐戎，晉文取叔帶於温，定襄王於鄭。非二國崇示大順，尊奬王室，則周之社稷，存若綴旒。

自漢而下，有國者罔不以兵力。秦以黷武而滅，梁以無備而亡。我太宗究滅亡之源，委房、杜以政。房、杜以天下之大，不敢決於胸臆，於是敢諫則先王、魏，論兵則讓英、衛，深謀宏法，來代有準。洎林甫卽明皇既安之日，隨旨順色，以稔君惡，乃以羯夷勇暴之卒，專我兵柄，竟使獸心，爲國禍本。其爲黷亂國常，褻慢武義，不亦甚乎？且蒐苗獮狩，所以講武經，閱戎事也。故曰預備其不虞，有備而無患。則武之道，豈可一日而忘諸？嗚呼！班子之善斷，不能以鉛刀攻其堅；造父之善御，不能以朽索制其逸。則有國者，可以棄兵乎？

宋・王開祖《儒志編》　或曰：武王之爲樂，而孔子曰『未盡善』者，何也？曰：善哉問乎！斯古人之猶難言也。武王以數十世之仁，一朝伐紂，變天下之政，若自我得之，而樂又以《武》名。孔子雖欲善之，患後世將曰：先王有以武取天下，自以爲功者。是以未盡善也。《韶》不可幾，其亦異乎湯之《濩》矣。

宋・劉敞《公是集》卷四〇《湯武論》　說者曰：湯、武非放弒，

是不然，是不及知聖人之權，不以至公之道待聖人，疑其有利天下之心。疑其有利天下之心，是以惡其有放弑之名，是以矯爲之説，僞爲之辭。其意則善矣，其義則不可通。凡惡放弑之名者，爲其利之也。大則利天下，小則利一國，是以斥其所以取之之狀，貶其所以奪之之罪。今湯、武者，聖人也，大有天下，小有一國，無利之之心，無求之之意，然則何疑矣。果不足疑，尚何諱夫有放弑之名已哉！以爲湯、武非放弑，是不及知聖人之權，不以至公之道待聖人，率其私心而爲之隱者也，是蔽惑之説，非湯、武之本指也。湯、武之本指，在乎隆至公之道，以立放弑之業；受放弑之名，以一至公之義。是以昔者湯放桀，惟有慚德。武王作《大武》之樂，盡其美，不敢盡其善。苟不以放弑爲名，湯尚何慚？武尚何未善哉？夫帝王之事，有變有常。常事，禮也；變事，權也。堯授舜，舜授禹，湯放桀，武王伐紂，是皆所謂權也。權者反於經，而後善。故必自貶損，然後中權矣。故堯、舜不辭外禪之非，湯、武不惡逆取之名，貶而益明，損而益隆者也，尚何疑而諱哉！

説者曰：湯、武非放弑。問之曰：湯、武聖賢而桀、紂大惡也？應之曰：然則以湯、武爲非臣，以桀、紂爲非君乎！夫放弑者，正君臣之名也，非正善惡之名也。桀、紂雖不善，其位君也；湯、武雖善，其位臣也。以臣伐君而不謂之放弑，是去君臣，亂上下之道也。苟無君臣，焉可也？如有君臣，則桀、紂乃所謂君，湯、武乃所謂臣也。故桀、紂，天下之惡而已矣；湯、武，天下之賢而已矣。湯、武之有天下，不利之耳，不求之耳，至放桀而伐紂，誰得而避之哉？故謂湯、武非放弑，則去君臣而亂上下矣。天下之賢者將起，而掖其君以奪之矣；深非其君以罪，而厚自榮以名矣。故善言道者不然彼湯、武者，真放弑者也。明白其道，所以序聖人之心；貶損其名，所以受天下之垢。受天下之垢而名不辱，百姓不疑，萬世不非，是乃聖人之所以爲聖也。謂湯、武非放弑，是不及知聖人之權，不以至公之道待聖人，率其私心而爲之隱者也。是去夫君臣上下，喪名實者也，矯爲之説，僞爲之辨者也。

昔者晉靈公爲不道，誅國人，辱士大夫，支解膳宰，逐大臣趙盾，趙盾出奔。趙穿因民之不悦，執公弑之，然而董狐書曰趙盾。盾曰：『弑者，非我也。』董狐曰：『子爲正卿，亡不出境，入不討賊，非子弑君則誰哉？』孔子曰：『董狐，良史也；趙盾，良大夫也。』由是觀之，盾非不知弑君之名也，爲法受惡也。爲法受惡者，所以崇君臣之義，厲上下之敍也。然而謂湯、武非放弑者，是謂湯、武無趙盾之德，無孔子之志也。

宋·蘇軾《東坡志林》卷五《論古·武王非聖人》 蘇子曰：武王非聖人也。昔孔子蓋罪湯、武，顧自以爲殷之子孫而周人也，故不敢，然數致意焉。曰：『大哉！巍巍乎堯、舜也。』『禹，吾無間然。』其不足於湯、武也，亦明矣。曰：『《武》盡美矣，未盡善也。』又曰：『三分天下有其二，以服事殷。周之德，其可謂至德也已矣。』伯夷、叔齊之於武王也，蓋謂之弑君，至恥之不食其粟，而孔子予之。其罪武王也，甚矣。此孔氏之家法也。世之君子，苟自孔氏，必守此法，國之存亡，民之死生，將於是乎在。其孰敢不嚴？而孟軻始亂之，曰：『吾聞武王誅獨夫紂，未聞弑君也。』自是學者以湯、武爲聖人之正若當然者，皆孔氏之罪人也。使當時有良史如董狐者，南巢之事必以叛書，牧野之事必以弑書，而湯、武仁人也，必將爲法受惡。周公作《無逸》曰『殷王中宗及高宗及祖甲及我周文王，兹四人迪哲。』上不及湯，下不及武王，亦以是哉！文王之時，諸侯不求而自至，是以受命稱王，行天子之事。周之王不王，不計紂之存亡也。使文王在，必不伐紂，紂不見伐，而以考終，或死於亂，殷人立君以事周，命爲二王後，以祀殷。君臣之道，豈不兩全也哉！武王觀兵於孟津而歸，紂若改過，否則殷改立君，武王之待殷，亦若是而已矣。

天下無王，有聖人者出，而天下歸之，聖人所以不得辭也。而以兵取之，而放之，而殺之，可乎？漢末大亂，豪傑並起。荀文若，聖人之徒也，以爲非曹操莫與定海内，故起而佐之。所以與操謀者，皆王者之事也。文若豈教操反者哉？以仁義救天下，天下既平，神器自至，將不得已而受之，不至不取也，此文王之道，文若之心也。及操謀九錫，則文若死之。故吾嘗以文若爲聖人之徒者，以其才似張子房而道似伯夷也。殺其父，封其子，其子非人也，則可使；其子而果人也，則必死之。楚人將殺令尹子南，子南之子棄疾爲王馭士，王泣而告之。既殺子南，其徒曰：『行乎？』曰：『吾與殺吾父，行將焉入？』『然則臣王乎？』曰：『棄父事讎，吾弗忍也。』遂縊而死。武王親以黄鉞誅紂，使武庚受封而不叛，豈復人也哉？故武庚之必叛，不待智者而後知也。武王之封，蓋亦有不

得已焉耳。殷有天下六百年，賢聖之君六七作。紂雖無道，其故家遺民，未盡滅也。三分天下有其二，殷不伐周而周伐之，誅其君，夷其社稷，諸侯必有不悦者，故封武庚以慰之。此豈文之意哉？故曰：武王非聖人也。

宋・胡宏《五峰集》卷四《皇王大紀論・揖讓征伐》 論曰：揖讓征伐，以安天下，皆聖人之所爲也。或以爲揖讓近厚，征伐近薄，言湯、武之德不如堯、舜，則非矣。若以征伐爲啓後世爭奪之門者，自漢氏而後，英雄咸假揖讓，成其篡竊，而未有能明白行湯、武之事者也。雖謂揖讓不如征伐，亦可矣。或曰：『《韶》盡美矣，又盡善也；《武》盡美矣，未盡善也。』然則孔子之言，何耶？曰：此謂樂耳。《韶》之樂，德盡美矣，其音聲節奏，又盡善也。《武》之樂，德盡美矣，其音聲節奏，未盡善也。觀聖人者，盍亦審諸？

宋・王十朋《梅溪前集》卷一二《武王論》 事有出於千載之遠而傳聞之不同，吾將奚所考信邪？愚曰：聖人之言可信，而時人親見之言亦可信也。千載之事，必存之於《書》，是《書》出於聖人則可信，不出於聖人則可疑。吾非信《書》而信聖人。聖人之言如此，吾是以知其如此也。千載之事，當時必有親見之者。親見之言可信，傳聞之言可疑。吾惟親見之是信，而缺傳聞之疑可也。彼有聖人之言與時人親見之言，兩不同焉，則吾將誰信？亦曰概之以理而已矣。

《書》載武王伐商之事，與時人親見之言不同，學者疑之，異論興焉，此固宜概之以理者。《泰誓》曰：『惟十有一年，武王伐殷。』是十有一年者，果誰之年邪？上不繫之文王，是必武王十有一年也。武王果即位十有一年而後伐商耶？《史記》載夷、齊扣馬之諫曰：『父死不葬，爰及干戈，可謂孝乎？』武王必不歷十有一年之久而不葬其父也。《書》出於夫子之所序，萬世之所取信，而夷、齊又武王同時之人，亦不可以不信。二者俱可信，而其説不同，則學者不得不疑而異論不得不興也。

漢儒之説曰：文王之時，虞、芮二國質成于周，諸侯並附，以爲文王受命之年。文王自受命九年而卒，故武王曰『惟九年大勳未集』是也。武王終三年之喪，然後賡文王之聲，卒其伐功。故並文王受命之年而數之，稱十有一也。嗚呼！果如是説，則是文王受命稱王於商紂在位之時，孔子何以稱其三分天下有其二以服事殷乎？是求十有一年之説不通，而誣文王於不臣之地也。近世大儒歐陽子作《泰誓論》，斷然惟《書》之是信，而破漢儒之説曰：十有一年者，武王即位之十有一年耳，復何疑哉？歐陽子之言甚辯而近正，然不信遷史載伯夷之諫，非《春秋》所謂以信傳信者。

愚竊謂《書》之所載者是，遷史所記亦不虚。十有一年者，非武王即位十有一年，周家受命之十有一年也。或曰：子方繆漢儒之誣文王，何爲復取受命之説乎？曰：文王非受命於天，受命於商也。文王自羑里之囚還，而紂以弓矢斧鉞賜之，使得專征伐。自是而後，文王始居方伯連帥之職，五侯九伯得以征之，於是有遏密、伐莒、戡黎之事。自受專征之命至九年而卒，然則文王受命者，是受商命以專征伐，非受天命以自王也。武王嗣位二年，繼文王征伐而觀政于商。《泰誓》之作，在周家專征十有一年之日，武王未有天下之初。不曰惟武王十有一年，而曰惟十有一年武王伐商，則其旨可見矣。是則《書》與《史記》之年皆可信，而漢儒之論，歐陽子之所疑者，皆可得而決也。

或曰：子信聖人之《書》與時人之言，而孟子不信《武成》，非邪？曰：孟子非誠不信《書》也，以不信而救弊也。武王雖以至仁伐不仁，然兩兵之交，寧無血刃者乎？『血流漂杵』，雖記事者未免文勝質，而不可謂之盡無也。當戰國之時，有爭地爭城之戰，盈城盈野之殺。好兵之主與夫貪功樂禍之臣，蓋有以牧野之戰藉口者矣。故孟子以不信而救之也。《春秋》之法，信以傳信者也，疑以傳疑者也，不敢以其所傳聞忽其所親見，是亦教天下之信也；況歐陽信《書》，馬遷信史，理有足信者乎！愚故曰：聖人之《書》與時人親見之言皆可信，而二説不同者，概之以理而已。

宋・佚名《十先生奥論注前集》卷一《呂祖謙〈歷代聖君論・武王〉》

天下不可一日無君也。一日無君者，固武王之憂，亦伯夷之憂也。武王憂今日之無君，而伯夷憂後世之無君，憂不同而君一也。吾嘗讀《泰誓》之書，未嘗不悲武王有無君之心也。然武王之無君，天下之有君也。武王得無君之非，而天下獲有君之幸。以己之非而幸易天下之幸，奚不可也？而伯夷則不之恕也。吾觀湯之慚，未釋於伐夏之日，而仲虺則釋之。武王

自謂于湯有光，而伯夷則非之，何者？湯無伯夷則慚，而武王之臣皆虺，故非也。慚不見於湯，則非必見於夷；光未見於武王，則釋先見於虺。湯之慚，夷之非，武王之光，虺之釋，皆同此憂也。無武之光，無虺之釋，則天下無善治；無夷之非，無湯之慚，則後世無寧君。吾固謂數聖賢者，同乎其憂，不同乎一世、萬世之憂也。

雖然，湯爲之而身慚，而武王則假於人者，何也？處武王之勢然也。文王蓋嘗有慚矣，非徒爲湯之慚而且慚乎爲湯也；使武王而復慚焉，是視天下之無其主也。故武王任無君之非，而有伯夷非無君之責，使今日有得君之利而後世無從亂之虞。嗟乎！武王之意亦深矣，而其迹則逆也，其理則悖也，而亦難以孚乎人。今觀數紂之辭則詳而明，誓衆之辭則曲而直，援文王之辭則大而著。意者明紂之罪，直取其心而著文王之德，期以取信於天下而已。吁！以己之意而求以孚乎人，人亦既德矣，而況於援親之德而强以説人，吾未始不爲武王病也。雖然，武王誠病也，文王之德天下皆知之，而亦何俟於予言？然不如是，則人無以取信於我也。

《泰誓》之書，吾嘗略其數紂之辭而考其自誓之辭，然後可以見武王之心。且其言曰：『天視自我民視，天聽自我民聽。百姓有過，在予一人。』曰『予克受，非予武，惟朕文考無罪；受克予，非朕文考有罪。惟予小子無良。』意者以天下之意如此，其孚文考之德如此。其著今日之過，非天人也，非文考也，乃予一人之過也。夫以必勝之辭而伐至不仁之紂，天眷人予，而猶懼其有差。吾以是知武王之心也，不怨天，不尤人，不咎文考之過，不知當時之非，不避後世之議，以天下之責而萃於一己。天下何與於武王？而武王爲之若是力也，誠不忍視天下之病，而自居其身以忠也。是以放牛歸馬爲天下也，散財發粟爲天下也，武王何與焉？吁！蓋至是而後見武王之心。

昔者夫子序《洪範》之書則曰：『武王勝商殺紂，立武庚，以箕子歸，作《洪範》。』《洪範》者，大法也。訪大法於亡國之臣，吾固謂非武王則不訪，非箕子則莫陳也。而夫子則詳直而序之者，意者以謂可勝則勝，非求勝也；可殺則殺，非過殺也。可立則立，立之所以爲仁；可歸則歸，歸之所以爲義。而武王一以無心處之，斯其所以爲皇極之君也歟？吁！蓋至是而後，益見武王之心。

宋·佚名《十先生奥論注後集》卷五《陳傅良〈七聖論·武王〉》

聖人之始爲天下也，同之而已矣，而未始震之也；其次則震之也已，而未始愚之也；又其次則愚之也矣，而未始媚之也。媚天下焉以利，而厭其心，而幸其不叛，而聖人之術，蓋至於治周而已窮。嗚呼！亦其風俗之世薄也。古者君近民以寬，而民之待君以嚴。故聖人之治，簡而直，安而無忌；天下之情亦愿而聽命，懽愉而無怨。是以堯舜之於天下，取之不謝，捨之不請，儻然受之，當時不怪其無故之獲，悶然釋之，亦不尤其爲是苟異也。

自商以來，上之人不固也，以懼下之心未孚也以疑。夫上日以懼，雖欲有專焉而不敢肆意，以爲下日以疑，則少有不慊於其中也，已族而竊議於其後。聖人遭風俗之會，亦因以其術維之而已，幸而便於治。今則雖欲留焉以資後人，亦不可得。吾於周之治，蓋悲武王、周公之居其已甚，而出於其無可爲。而説者曰：是其所以爲能，亦惑也已。孔子論商民之敝，曰『蕩而不静，勝而無耻』；周民之敝曰『利而巧，文而不慚』。嗚呼！盡之矣。

武王之所以偃兵而自疏其非忍，散財發粟以致其愛，多其文章，綢繆其禮樂以調伏其怒，蓋皆治之以歡，揉之以柔，以鎮其靜，而滿足其無耻之俗之心。而其弊也，則利而巧，雖歡之而不德也；文之而不慚，雖柔之而不情也。則雖有武王、周公者承之，天下且不可以復見，況乎其無武王、周公者承之也。子貢贖人不受金，孔子過之曰：『魯自是不復贖人矣。』以賜之賢，贖人而不利焉，宜好名之趍也，而遂至於不贖，何也？天下之情，惟期乎己勝者。不可以復加者，則亦莫之勝也。己莫之勝者無繼，則魯之人不贖也果矣。周之道，其所以不可勝者，是其所以不可繼也。

宋·魏天應《論學繩尺》卷六《陳傅良〈子謂武未盡善論〉》　論曰：聖人之心，苟有所不足於中者，無隱也。以聖人之心，何至於有所不足者？而事變之來，不能盡如意也。事變之來，不能以盡如吾意，而吾適遭其所窮，不得已焉而冒爲之，聖人之心始病矣。夫惟其病於此者，而天下之大，無足以解吾之戚然愧然之意，蓋將所在乎見之而不能以自禁，見之而不能以自禁，而又何暇乎文之以爲欺。嗚呼！兹其爲盛德之

事也。

武王之《武》所以爲未盡善，而吾夫子所以深察其心也。大凡人之不幸而犯不韙之名者，其辭氣容色，必有所諱晦者也。於其辭氣容色有所諱晦，則君子必以爲犯是不韙也，必其本心爲之而非有所隱詘。何者？吾心果有所詘，則亦何畏乎天下後世之共知也。古之聖人所自見者吾心，而非所恤於天下後世之辨吾與否。故雖有負俗之累而蒙人之疑，亦以爲吾取之而不辭。嗚呼！兹武王之《武》也，所以見武王之心，而亦足以悲武王之不遇也。

固矣文王之宜王也，文王宜王而不王者也，然文王能逃諸其身而不能逃諸其子，能不興周而不能保商之不亡，能止《汝墳》之怨而不能遏孟津之集，則夫武王之事，誠有所大不得已者。天下之美名，豈惟夫人樂得之，聖人亦樂得之。武王亦何爲安於居天下之謗，而使夫後之人得藉以自便其無忌憚之爲者？武王而安於居天下之謗，則必其身後之名有所不忍計，而後爲之而非其所欲。蓋使吾身獲廉退之名，而斯民被不可一朝居之禍，則是一人病天下也。武王寧以天下之故病一人，無寧以一人之故病天下，則牧野之師，豈必待伯夷非之而後知？雖武王固自非之，而不得不爲之。吁！武王之勢極矣。

象成之樂，無亦爲周之王天下而作者邪？以周之王天下而至於作象成之樂，而武王之志尤怛然甚矣。於此乎有不足之意焉，固非武王之耻，亦非武王之謙也。武王之心，猶湯之心也。湯之慚，見於言，而武王之未盡善，見於樂。聖人豈固以聲色欺人者？蓋其胸中之藏與天地並，固不肯以其心之知而忌夫人之知也。後世或有察焉，蓋將緣是而得吾之微，而吾亦庶乎其有辭於天下。後世而不吾察，則將叢謗於吾身，吾無憾焉爾。嗚呼！世之察不察不足道，而武王之心則見矣。

魯昭公之爲人，皆知其非禮，則黨君之責其過也無疑。故夫陳司之有言也，夫子亦安受之，曰『邱也幸苟有過，人必知之。』夫以過聞天下，而夫子以幸言之，則亦寧有所避？而或者後世必有知吾言之非黨者也。然則武王之樂，其未盡善也，固武王之不幸；而周衰焉，有夫子焉知之，乃武王之幸也。謹論。

又　卷七《陳子頤〈唐虞於斯爲盛論〉》　論曰：人才不以多寡爲盛衰，顧所得者何如耳。夫物多爲盛少爲衰，古今通義也。至於人才，乃獨不然，何哉？蓋古之所謂才者，與後世異。一技一能，後世名之以爲才，而古之才則不如是也。自其稟天地，扶輿清淑之氣，固已卓立於生民之表，而又益之以學問，磨之以師友，迨其成也，大用之，則足以勝天下國家之重，而小亦優於一職投之所向，皆綽乎其有餘裕。如此，雖一人而已足爲盛，況以十計乎！孔子稱才難，而有及於武王之十亂，且曰唐虞之際，於斯爲盛。謂周世人才之多，惟唐、虞較此爲盛耳，夏、商所不論也。夫舉四海之人物，而僅得十人焉，已不足以言盛，乃復以舜之五臣爲盛，而周之十亂爲益寡矣。然則聖人之所謂才者，顧不可以意推乎？唐、虞於斯爲盛，此當以全才論者也。

盆成括以有才而敗於才，中行氏以智名而滅於智。故論者每曰：才德殊塗，君子小人之辨也。一薛居州，如宋王何？六千君子，以句踐伯。故論者又曰：一多一寡，人才盛衰之候也。吁，有是哉？愚爲易之曰：惟君子，然後能有才。取人之廣，非盛也，衰也。蓋古者以成德爲才，後世以一技爲才。古之才全，故一人而可以周天下之務。舉天下而得如此者數人焉，則沛乎而有餘。後之才偏，故一人而止於任一事。舉天下而非一事也，則雖聚數十百人，亦不能給。雖謂之衰，可也。而況後世之所謂才者，又未必皆君子乎！

古之君子，未有不以才名者。以周公之聖，而孔子但稱之曰之才之美。《左氏》載元、凱之事，亦惟以才子稱之。必周公、元、凱，而後才之；非周公、元、凱，而亦才之，宜乎後世之多才也。五行麗天，與攙搶、枉矢、飛流瑣細者，皆謂之星；巍巍九鼎，與瓶罍、甕盎、升斗勺合者，皆謂之器。君子稽乾文，識坤珍，不知將以何者爲大乎！舜之五人，五行也；周之九人，九鼎也。使虞周之臣不足以言盛，則五行、九鼎亦不得以爲大矣。

嘗以周之亂臣考之，自周公、太公、畢公而下，至於邑姜，列名凡十。閨門之懿，姑置勿論，則九人而已。周會孟津，諸侯八百，同心同德之臣至於三千。以此九人者，列於其間，蓋如太倉之一粟，萬馬之一騮，亦何盛之有？聖人又引而上之，至於夏商，皆無稱焉。若是則合千八百年之間，獨有此九人耳，是猶可也。舜五臣也以五方，十僅其半也。若取

數之多而言，十已不足，何況於五！而聖人又以唐、虞之才較周爲盛，豈其愈寡則愈盛，物固以少爲貴乎？

嗟夫！多寡者數也，盛衰者才也。環天下之才，一一以較其長，儒者文墨，武者介胄，纖嗇者理財，鈎距者聽訟。一人一官，一士一職，天下之事，如絲紛蝟密，不可勝舉，雖竭天下之才而治之，益見其少也。虞、周之臣，皆所謂千人之英，萬人之俊，以一而可以敵萬，則所謂五人者，固已多矣，況倍而十之，豈不爲盛耶？然虞、周之才，何爲而能若是也？其生也，間氣而殊稟，培之以山嶽之渾厚，瀹之以江漢之清明。其少長也，則父兄師保以淑其質，序庠學校以養其心，仁義禮樂以充其學，歲月齒髮以老其才。媲如奇植之材，朝培而暮溉之，數十年之後，其崇干霄，其大十圍。採擢其一，則棟梁之用備矣。其視九畹之蘭，百畝之蕙，何足道哉？春秋之世，雖號多才，然與九畹百畝者何異？此吾夫子所以發才難之歎，而思古之不可及也。

後春秋而有漢焉，武帝之世，疇咨俊茂，才人並出，班固亦爲之贊曰：漢之得人，於斯爲盛。是以夫子贊虞、周之意，而贊漢也。及求其所謂得人，乃皆芻牧賈孺、奴僕降虜之餘。噫，異哉！其所謂盛也。若斯人而謂之盛，吾見其衰也久矣。固曰漢之得人，於斯爲盛；吾則曰漢之得人，於斯爲衰。謹論。

宋・朱熹《晦庵集》卷七三《李公常語下》 文王在豐，亦小國也。文王之於紂與湯之於桀，事體均也。其所以異者，時焉而已。觀其得太公而師事之，伐崇，遏莒，戡黎，雖曰三分天下有其二，以服事殷，亦以曆數未歸，得以盡其臣節。至武王，則赫然有剪商之志，又況商紂罪惡貫盈又過於桀，而此十亂之賢爲之輔相，雖欲率諸侯遵文考之道而事紂，莫可得矣。此所以興牧野之師而建王業也。

宋・林岊《毛詩講義》卷七《武王論》 古之記《禮》者以《文王世子》名篇，終始記夫問安視膳之事，然言文王之爲世子者二，教世子者一，然後及于武王、周公，此則周人教太子之書也。夫以文王孝于王季，武王師而行之，不敢有加焉。問安視膳，固子職之常，抑文王之爲世子與？其教世子者，國有學校，學有官師，官有法制威儀，皆講學之要，不可不論。夫所謂學校者，東序、瞽宗、上庠之類；官師者，太傅、少傅、入保、出師之類；法制威儀者，有書禮之學，有樂舞之學，有釋奠釋菜之禮，有養老乞言之禮，有合語論説之禮，有大合樂之禮。雖其備于太平六官之日，要自靈臺辟廱、鎬京辟廱中來。古者太子，入在閨門，恭爲子職，出居學校，必親師傅。周公之告君奭曰：『文王修和我有夏，亦惟有若虢叔，有若閎夭，有若散宜生，有若泰顛，有若南宮适。』又曰：『無能往來，茲迪彝教。』武王惟茲四人，尚迪有祿，惟茲四人，昭武王惟冒丕單稱德。是師、保、疑、丞在武王之側，從容輔翼者。日聞正論，日見正人，武王固有聖德矣。八九十年之間，不倦於孝，亦不倦於學，其昭哉！嗣服能廣文王之聲，有由也。

記《禮》者，述三王之教世子，虞、夏、商、周之設四輔三公，則又述夫周公之教成王，抗世子法于伯禽，世子齒於學，而使人知父子君臣長幼之道，則又述夫庶子之官，公族之恩義，與夫天子視學，祭先師先聖，先老而養三老五更之禮。其所語，亦皆父子君臣長幼之道。嗚呼！文、武、成王父子祖孫之間，尊德性而道問學，無非此教。君子觀成王之求助，羣臣之進戒，賈誼之策，元稹之書，周人輔太子者，益信教法之原于《文王世子》也。

宋・真德秀《西山文集》卷三一《問文王至德》 范氏曰：『孔子因武王之言而及文王之至德，其指微矣。』此言孔子微有不滿武王之意也。文、武，皆聖人也。文王之時，紂之惡未熟，故文王猶得以事之；至於武王之時，則紂之惡已極，殺比干，囚箕子，微子紂之庶兄也，抱祭器而歸周。武王於此，雖欲不伐商，有不可得者，豈武王之心哉？

文王、武王均爲聖人，但所處之時既異，故所行之道不同。文王所處，乃君臣之常；武王所處，乃君臣之變。常固正也，變而不失其正，是亦常而已矣。然常道，人皆可爲變，則非聖人不可爲，故聖人於湯、武之事，每微有不足之意。如論樂，則以《武》爲未盡善；論泰伯之讓天下，文王之事殷，皆稱其爲至德；伯夷則謂求仁而得仁。此非貶湯、武也，蓋惜其不幸而爲此不獲已之舉也。然恐後世遂以湯武爲非，故又曰『湯武革命，順乎天而應乎人』，言湯之變夏命，武王之變殷命，皆順乎人心而應乎天命也。蓋桀、紂之暴，非湯、武出而征之，則生民之類皆將糜

滅而後已，又豈天之心哉？故湯曰『予畏上帝，不敢不正。』武王曰：『予不順天，厥罪惟鈞。』

《論語》微有不滿之意者，恐後世亂臣賊子借湯、武之名，以窺伺神器也。《易》發『革命』之義者，恐後世亂君肆行於上，而無所憚也。聖人立言，其爲後世慮深矣。東坡乃謂湯武非聖人，蓋但見一偏，而不知聖人或抑或揚，皆有微指也。

明·劉炳《劉彦昺集》卷九《聖人無私説》 武王訪於箕子，箕子乃陳《洪範》九疇。夫武王，革命之君也；箕子，亡國之臣也。可謂不共戴天矣。然則武王、箕子之心，何以哉？曰：武王之訪，以道也；箕子之陳，亦以道也。皆聖人之大公，非一己之私也。

明·周琦《東溪日談録》卷一三《史系談上·周》 武王承文王三分有二之天下，以取文王之不取者，周之德至是而極，紂之惡至是而稔。武王之身，未嘗親臣於紂，不失天下之顯名。故武王之征伐也，雖不得如堯、舜之禪授，則亦不失其令名矣。

明·胡應麟《少室山房集》卷九九《西伯辯》 自文王釋羑里之囚，紂錫之弓矢，得專征伐，世遂以文王爲西伯，至戡黎一事，咸曰文王是舉，將以震紂而萌其悔心也。噫！文王三分有二，以服事殷。仲尼至德之歎，蓋惓惓焉。一旦甫釋囚繫，而輒有戡黎之舉，若句踐以美女豢吳而兵隨其後者，孰謂文王之德顧爲是耶？且紂當文王之時，三仁未亡，天命未絶，諸侯八百未會，而文王遽稱兵，以獵其郊，視後世亂臣賊子舉晉陽以清君側者，復奚異哉？元儒金吉甫氏獨引膠革之言，直以戡黎繫之于武，而文之心始暴白于天下萬世。然膠革之言，足以証西伯之爲武而不足以証戡黎之爲武也。

余考《汲冢竹書》，帝辛四十一年，西伯昌薨。四十二年，西伯發受丹書于呂尚。四十四年，西伯發伐黎。自武王之立以至殷亡，始終西伯之外，無别稱焉。于是始信戡黎之舉，灼然出于武王，而文之以服事殷，没齒皦無纖芥，可以刷百代之疑矣。金氏《前編》，多引《竹書》，獨茲事關涉非眇，而《紀年》所載彰明較著，特爲愉快人心，而偶未之引，豈考覈有所未至耶？

清·顧炎武《日知録》卷二《武王伐紂》 武王克商，天下大定，裂土奠國，乃不以其故都封周之臣，而仍以封武庚，降在侯國，而猶得守先人之故土。《蔡仲之命》曰：『乃致辟管叔於商。』武庚未亂，猶謂之商。武王無富天下之心，而不以叛逆之事疑其子孫，所以異乎後世之篡弑其君者，於此可見矣。及武庚既畔，乃命微子啓代殷而必於宋焉，謂大火之祀，商人是因，弗遷其地也。是以知古聖王之征誅也，取天下而不取其國，誅其君，弔其民，而存先世之宗祀焉，斯已矣。高誘《淮南子注》曰：『天子不滅國，諸侯不滅姓，古之政也。』

武王豈不知商之臣民其不顯爲周者，皆故都之人，公族世家之所萃，流風善政之所存，一有不靖，易爲摇動，而必以封其遺類，蓋不以叛逆疑其子孫，而明告萬世以取天下者，無滅國之義也。故宋公朝周，則曰臣也；周人待之，則曰客也。自天下言之，則侯服於周也；自其國人言之，則以商之臣，事商之君，無變於其初也。平王以下，去微子之世遠矣，而曰孝惠娶於商，《左氏》哀二十四年《傳》。曰天之棄商久矣，僖二十二年《傳》。曰利以伐姜，不利子商。哀九年《傳》。吾是以知宋之得爲商也。《國語》：『吳王夫差闕爲深溝，通於商魯之間。』《莊子》：『商太宰蕩問仁於莊子。』《韓非子》：『子圉見孔子於商太宰，商太宰使少庶子之市。』《逸周書·王會篇》：『堂下之左，商公、夏公立焉。』《樂記》：『《商》者，五帝之遺聲也，商人識之，故謂之《商》。』鄭氏注曰：『《商》，宋詩也。』蓋自武庚誅而宋復封，於是商人曉然知武王、周公之心，而君臣上下，各止其所，無復有怨懟不平之意，與後世之人主一戰取人之國，而毁其宗廟，遷其重器者異矣。《樂記》曰『投殷之後於宋』，此本之《呂氏春秋》，乃戰國時人之妄言；以武王下車即封微子，更誤。

清·愛新覺羅·弘曆《御製文二集》卷三《湯武論》 世之論湯、武者，多是湯而非武王，亦有曲爲武王解者。曲爲武王解者，莫若王柏之《書疑》。其言以爲，周之以王自處久矣，故其辭迫，其禮傲，勢使之然。審如是，則殷未滅而周先自王，益見其非，此不必論。即是湯而非武王者，多以湯放桀，武王斬紂，爲優劣之分。然武之斬紂，實不見於《書》，而見於《史記》。《史記》好奇乖舛，以是右武王者，得以闢《史記》之踳而以証武王之烏有其事。

予以爲《史記》固不足徵，而足徵者仍莫過於《書》。湯之言曰：『非台小子，敢行稱亂。』又曰：『予恐來世，以台爲口實。』何其恭也！

武之言曰：『我伐用張，於湯有光。』又曰：『撫我則后，虐我則讎。』何其矜也！且湯放桀之後，天下晏然，卽太甲自底不類，伊尹放之於桐，亦未聞有乘時搆亂，爲夏反正者。何則？湯之德入人者深也。武王甫喪，而三叔之流言，且生於鬩墻，邦君御事，或賫其違卜。比事觀辭，不且章章易明乎！予故曰：徵之《書》，足以見湯、武之優劣，固不必信《史記》過甚之辭。始定其爲：武之不及湯也。

藝文

宋・郭茂倩《樂府詩集》卷五七《琴曲歌辭・剋商操》 上告皇天兮，可以行乎？

宋・李昉等《文苑英華》卷一八五《〔唐〕白行簡〈歸馬華山〉》 牧野功成後，周王戰馬閒。驅馳休伏皁，飲齕任依山。逐日朝仍去，隨風暮自還。冰生疑隴坂，葉落似榆關。躞蹀仙峰下，騰驤渭水灣。幸逢時偃武，不復鼓鼙間。

清・彭定求等《全唐詩》卷七二八《周曇〈詠史詩・武王〉》 文王寢膳武王隨，內豎言安色始怡。七載豈堪囚羑里，一夫爲報亦何疑。

宋・釋惠洪《石門文字禪》卷五《補東坡遺三首題武王非聖人論後》 青燈照華髮，掩卷成嗟咨。事有世共見，而意復難知。殺父子受封，殆非人所爲。孟津觀兵者，非天尚誰欺？孔子蓋周人，而爲殷宗枝，欲辨則不敢，亟口稱夷齊。使彼果聖乎，古今無異詞，則其罪武王，明甚無可疑。呶呶與世辨，泛濫驚羣兒。惜不經柳子，爲一剖擊之。知誰千載下，擊節讀吾詩。

宋・王十朋《梅溪前集》卷一〇《武王》 八百諸侯會孟津，民心天意總歸仁。須知不食干戈粟，自有登山采蕨人。

《全宋詩》卷一七九六《張九成〈論語絶句〉》 能謀雖似周公聖，於紂興亡特未分。及至當時獲微子，武王方始決成勳。

明・程敏政《新安文獻志》卷五六《〔宋〕趙戣〈詠史二十二首・周武〉》 大邑周新造，曾孫武始王。伯夷方馬諫，尚父已鷹揚。

宋・林同《孝詩・武王》 經言事父孝，所以事天明。疾間加再飯，夢中與九齡。

宋・王柏《魯齋集》卷一《四言古詩・疇依》 武王達孝，善繼善述。盟津既誓，干戈載戢。訪於箕子，《洪範》以陳。惟皇建極，反覆丁寧。

元・丁復《檜亭集》卷二《題洪範圖》 《洪範》世逾遠，混沌日以鑿。皇天若有憂，聖人茲乃作。貽訓本無言，靈物惟所托。龍馬既出河，神龜復于洛。天道諒繇布，人文遂斯灼。羲圖闢深閟，禹書啓重籥。八卦木維條，九疇綠在絡。彝倫攸秩序，後繼實矩矱。殷后有衰德，箕父且狂奴。朝歌一倒戈，鎬京已旋車。宗器效微子，祀事綿宗都。而此繫者天，顧可泯然歟？是以《洪範》陳，固與正義俱。□懷皇極建，永爲萬世圖。亦於仁之行，曷敢議其餘？吳興念先軌，亳社慨新墟。秖今翰墨珍，豈止觀覽娛！惟應玩意表，政在援毫初。

元・黃溍《文獻集》卷二《武王扇暍圖》 一夫偶爾獲清涼，四海仁風孰奉揚。有道曾孫不忘遠，幸均此施遍羣方。

清・張照等《石渠寶笈》卷一五《〔明〕沈周〈春郊散犢圖〉》 又祝允明題云：周武除殘紂已擒，駕牛亦使放桃林。今看圖畫宛如昔，筆筆都含太古心。枝山老樵題

明・孫承恩《文簡集》卷二《鑑古韻語・武王》 赫赫維周武，巍巍稱大君。慎官崇激勸，厚俗正彝倫。仁德躬行盛，謙虛訪道親。皇風動遐裔，五位澹凝神。

臣惟武王之爲君也，任賢用能而官使慎，崇德報功而激勸明，重五教以正彝倫，敦信義以厚風俗。邇不泄，遠不忘，而極仁德之盛；訪天道，受《丹書》，而盡求道之誠。此所以皇風遠被，垂拱而天下治也。

明・王世貞《弇州四部稿》卷五《擬古樂府・善哉行》 唯周王發，純心嚮賢。諸侯八百，虎賁三千。二解

清・愛新覺羅・弘曆《御製詩四集》卷四九《周武王》 聞誅一夫紂，可以息口吻，方諸服事殷，自弗如文謹。《洪範》彝倫敘，《丹書》敬義厘，因之作諸銘，質語攄道蘊。劉向傳《五行》，分配失飾粉。蔡注袪穿鑿，足破羣疑紊。箕子陳疇，由五行以及五事，推而至於嚮用五福，威用六極，而皇極之建，尤爲一篇要旨。蓋本天道以驗之君身，惟當修而用之。其理平正無奇，

所以爲治天下之大法。自劉向作《五行傳》，分配類應，各舉其事以實之。後世宗其說，專以之覘察機祥，幾入讖緯之學，失《洪範》之本義矣。惟蔡氏《集注》謂休咎之應，乃自然之理，必曰某事得則某休徵應，某事失則某咎徵應，斯亦膠固而不通，而不足語造化之妙。其論甚醇，可以破羣疑而訂經訓。夫惟一戎衣，垂拱治猶敏。乃有夷、齊者，避向首陽隱。

清・愛新覺羅・顒琰《全史詩・讀尚書・洪範》　致誠訪賢哲，安民執大猷。箕子陳《洪範》，傳道不仕周。神禹治洪水，天乃錫九疇。五行敍五事，八政協紀修。建極用三德，稽疑念咎休。訓行盡遵道，福極皆自求。

宋・王禹偁《小畜集》卷二七《歸馬華山賦》　聖人以文德昭彰，放戎馬兮功齊。武王望三峰而縱逸，見萬騎以騰驤。噴雪眠沙，罷飲長城之窟；嘶風齕草，咸歸華嶽之陽。當其鎔鑄五兵，蕩平九野，舞朱干以在上，振木鐸而化下，于以來遠人，于以却走馬。塞垣既靜，何爲夙駕之虖？國步方清，莫有生郊之者。所以散屈産之乘，解渥洼之駒，嘶北風而何益，患南牧以應無。朔吹生時，免聽隴頭之水；秋霜落處，寧銜關上之榆。已而血汗休墜，蘭筋不貫，出皂棧以弄影，入青山而解轡。芙蓉峰畔，爭翻歷塊之蹤；邏迆城邊，詎見防秋之事。是何驌驌騑騑，星分電飛，十二就之華纓不御，五千仞之翠嶺如歸！過岫幌以長鳴，乍來天廄；出雲關而互躍，似突兵圍。永別戎車，長隨野獸，玄黄之病何有，赭白之紋自瘦。既無取於代勞，亦奚資于禦寇？空疑旌旆，映片片之朝霞；更誤鍚鑾，響泠泠之山溜。寧載驅而載馳，任自東而自西。散亂浮雲之景，奔騰逐日之蹄。認巨靈于按轡，想石鼓于聞鼙。免隨掉鞅之人，揚塵紫塞；非有敝帷之費，朽骨清溪。美矣夫！帝道方行，王師既鑠，取威罔在於凶器，耀德唯矜於朽索。有以見太平之業兮邁前王，可登封於泰岳。

三國魏・曹植《曹子建集》卷七《周武王贊》　桓桓武王，繼世滅殷。咸任尚父，且作商臣。功冒四海，救世濟民。天下宗周，萬國是賓。

晉・摯虞《摯太常集・周武王贊》　於皇武王，天命是鍾。七德既曜，莫不率從。奄清宇宙，盪商之縱。

明・孫承恩《文簡集》卷四一《古像贊・武王》　赫赫周武，巍巍大君。奉天伐罪，訪道明倫。聖闡其化，皇立其極。於惟烝哉，萬古承德。

清・劉於義等〔雍正〕《陝西通志》卷九一《藝文七・〔宋〕盧多遜《周武王廟碑》》　古者聖人體乾坤，樹道德，功濟天下，法施民生。歷代咸欲稱其名，美其事，或樂章以歌之，或畫像以讚之，亦以爲宣揚前烈，敦摩王化。其有濟黔首倒懸之命，成域中太平之績，盛德洪業，垂光《典》、《墳》，傳萬代而不朽者，其惟周武王乎！嘗觀樂音，《大武》將闋，其歌云『於皇武王，無競維烈。』又觀畫讚，黄初舊文，其詞云『桓桓武王，救世濟民。』皆謂追美，褒揚遺德。歷被千祀，止聞虚詞，曾未若崇一時之典章，振列聖之耿光，訪陵寢以奉之，祈户人以守之，乃建祠廟，乃崇祀典，先王不能有其制，前代未能行其事，出自我應天廣運聖文神武明道至德仁孝皇帝，冠絶古今之聖德也。將以事實，刊於貞珉，乃命微臣對敭休烈，謹再拜而稱曰：

伊昔皇風，肇興西土。磻溪協德，時雨降而山川出雲；孟津會盟，天機發而龍蛇起陸。既而威加四海，化成天下，武王之德可得言焉。若乃戎車虎賁，右旄左鉞。赤烏止屋，表天命也；白魚入舟，象人事也。仗大義而平定，依純誠而臨御。旌賢人而示來者，所以表商容之閭；重烈士而悼云亡，所以封比干之墓。先濟民而後國用，所以散鹿臺之財；輕積粟而重物情，所以發鉅橋之粟。暴斂殘毒，自我而息，遂致羣心翕然，義道斯應。海内黎庶，捨塗炭而登春臺；寰中歌謠，釋豐蔀而見白日。及乎敦治本，澄化源，封五帝之後嗣，削五虐之弊政。命周公日營成周而卜洛，命太公望授賜履而封齊。分治西陝，委召伯之共功；保釐東郊，有畢公之繼德。宇内由是安泰，民風所以和暢，豈直放牛歸馬，但美於偃兵；保泰建功，空歌於成德者哉！揚積世之大業，成後嗣之丕基，生民以來，鮮能踰者。

我皇所以覽虎觀之史籍，披職方之圖誌，酆邑故地，得其舊陵，因命守臣，躬往省視。乃曰陵寢如故，而荒榛之地弗禁於樵採；廟宇甚陋，而牲牢之奠無聞於俎饌。上言至止，帝曰吁哉！以爲修廢寢園，無以褒聖王之德教；守無人户，無以奉古陵之封植。既而封植有所，守奉有户，必嚴肅於廟貌，何崇重於瞻仰？於是下明詔，命有司，梗楠杞梓集其材，公輸匠石規其制。將作圖畫，永錫宸扆，臨觀而命使；廷臣受詔，軺車

載馳，揆程鳩功，不日而就徒。觀其殿宇巍巍，丹楹赤墀，瑤軒藻井，金堦寶砌，迴廊環周，彤亭對飛，朱欄綺疏，交錯光輝，何修奉之所至，而輪奐之若是！則知武王以大聖之德，恩濟於人民；我皇以不刋之典，光揚於祭享，使彼功不昧而我德愈盛。

大牢致奠，極崇重也；二時行禮，立典制也。嗚呼！天本無親，惟有德而能親之；神非常享，惟克誠而能享之。足使陰助景福，而明垂令典。豈止犧象元酒，江文通稱薦德之辭；簠簋香萁，陳叔達動八齊之作？徵諸舊典，謹爲銘云：

卜世其昌，卜年其長，以德嗣德，天鍾武王；景祚無疆，神智無方，以聖觀聖，時惟我皇。褒盛德而振起，追遺風而載揚。讀《武成》於《周書》兮，其功未彰；歌《下武》於《周頌》兮，其道未光。不若因我朝崇廟享，億萬世與國史而同芳。

清·方苞《化治四書文》卷四《楊慈〈武王纘大王〉》 惟聖人能繼先業，以成武功，故能得聲譽之盛而備諸福之隆也。夫前人之所爲，後人之所當繼也。苟不能然，則名且不足，尚何諸福之有哉？古之人有行之者，其有周之武王乎！自今觀之，太王肇荒作之基，王季勤王家之事，則周之王業，固始於此矣。文王誕膺天命之隆，以撫方夏之衆，則周之王業，已創於此矣。然太王、王季雖爲王業之始，而其功則未成也。所以繼其業者，非武王乎？文王雖有造周之名，而大勳則未集也。所以承厥志者，非武王乎？武王於是因累世締造之功，而爲一旦弔伐之舉。牧野之師方会，而前徒已倒戈；華陽之馬既歸，而天下遂大定。則前人之業於是而始成，而前人之心於是而始慰矣。夫以武王伐紂，宜若失其名也，然人皆知其爲應天順人之舉，而無利天下之心，則武王之名於是而益顯。當是時也，四方攸同，皇王維辟，則天下之民莫非其臣，其尊又何如？東西南北，無思不服，則四海之地莫非其有，其富又何如？由是而祀乎其先，則假哉皇考，綏予孝子，莫不以格而以享。由是而傳之於後，則穆穆皇皇，宜君宜王，莫不是繼而是承。則聲譽之盛，諸福之隆，武王一身萃之而有餘矣。雖然，自非其能繼先業以成武功，又何以臻此哉？夫武王能成變伐之功於天下未定之時，周公能制典禮之懿於天下既定之後。武王以武，周公以文，其爲繼述，則一而已。噫，莫爲之先，後將何述？莫爲之後，前將何傳？夫以太王、王季、文王既有以作之，而武王、周公又有以述之，吾於是不惟有以贊武王能成之孝，而文王之所以無憂者，亦於是見矣。

清·方苞《正嘉四書文》卷六《瞿景淳〈武王不泄邇〉》 聖人之心，合遠近而一於敬也。夫聖王以天下爲度，而遠也近也，皆其敬之所及也。武王兼之，而一無所忽焉。此其有得於心法之精歟？孟子敍羣聖之統，而及於武王，蓋曰帝王之統一天下也，天下之事皆其事，天下之人皆其人，而處之有未當者，則以心學之不講，而爲勢所移也。武王其善治心者乎！蓋天下之不一者，遠近之勢也；至一者，吾心之理也。自夫人之有見於遠，無見於近也，則以其勢之親而狎昵之，私或生其間矣。唯我武王，則雖人之所易泄者，莫如邇也，而亦不之泄焉。敬以勝怠，而不安於燕僻之私；義以勝欲，而不移於積習之溺。綴衣虎賁，皆知恤也，而燕朝無惰容；刀劍戶牖，皆箴銘也，而幽獨無惰行。蓋雖耳目之習見，而此心之慎以密者，則惟恐細行之不矜，以累夫大德者矣，又安知其爲邇而泄之耶？自夫人之有見於邇，無見於遠也，則以其勢之隔而遺忘之，弊或乘其後矣。唯我武王，則雖人之所易忘者，莫如遠也，而亦不之忘焉。道濟天下，而常切夫範圍之思；知周萬物，而每軫夫曲成之慮。建侯樹屏，所必飭也，而計之爲甚詳；燕翼貽謀，所必預也，而慮之爲甚遠。蓋雖事機之未形，而此心之重以周者，則惟恐先事之不圖，以貽夫後悔者矣，又安知其爲遠而忘之耶？夫無忽於遠，易能也，近而不忽，則非德之盛不能矣。無忘於近，可能也，遠而不忘，則非仁之至不能矣。此固武王之聖，而亦孰非此心之憂勤者爲之哉？

清·方苞《本朝四書文》卷一〇《劉子壯〈此武王之勇也〉》 以勇安民，若無異於前王矣。夫一怒安民，文王已見於前事，而援《書》所引，卽武王亦有然者，其勇寧有遜哉？嘗讀《有聲》之詩，以武功稱文王，至於武王，則曰『皇王維辟，無思不服』而已。論者以文王造其始，而續而終之爲無難，又以見文王之文，非不足於武，而武王之有天下，非以力取之也。顧我之論武王，有進焉。武以兵有天下，神武之略同符古湯，則其勇無俟乎表而揚之也。詩人深沒其詞而歸功於文，所以爲其承厥志之義，抑武以兵有天下，服事之德幾傷穆考，則其勇固宜乎深而隱之

也。史臣盛引其說，而專美乎武所以爲無慚於父之辭，則就《書》所云而斷之曰：此武王之勇也，而武王亦怒而安天下之民，有不異乎文王者。夫文之征伐，皆稟於殷商，則戰勝不有其功。孰與夫奏耆定而朝諸侯者乎？而武王則不敢，若曰文之所安，我亦安之。載主而東出，若以托乎在天之靈，而勉小子之無良，明文考之無罪，則干戈之援及，非以誇夫予。武在父子之間，亦足以明其無異事矣。文之訊馘，無過乎阮密，則才武未極其雄。孰與夫胥如林而奏罔敵者乎？而武王則不忍，若曰我之所怒，亦文王之所怒。宗祀而教孝，若以請乎明堂之命，而伐密爲王功之始，伐崇爲王功之終，即會朝之清明，初不過乎因壘。合《詩》、《書》而論，亦可以見其有同揆矣。世徒見斧鉞之專，商實倒授以柄，而不知周家兵雄天下，本自司馬之法。蓋武王以仁義之師，一戎衣而底定，則教戰教耕，皆原於養兵不試之意。一旦奮發，伍兩卒旅皆先朝之簡服，而質重氣鷙，亦託王靈而有貔虎之威。世徒見兵法之授，臣實曉暢其機，而不知周家世處西陲，素有昆夷之喙。且武王以沉毅之姿，幾百年而舉事，則麾旄仗鉞，已藏於遵時養晦之中。一旦稱兵，羌戎尹尉胥穆考之留遺，而發揚蹈厲，亦依聖武而奏鷹揚之績。吾於是知武之述文，不必在取天下也，意主乎安。即藩臣可老，而天與人齊，可以明前人無教子逆節之理，則大勛未集，與實始翦商同論。武王之安天下，有不得已，而一怒也，事止乎安。即建櫜猶後，而憤與望迫，可以見聖人有輕身徇民之心，則勝殷遏劉，與講學行禮同功。即取《有聲》之詩以合《書》，而文、武之勇不異論而同乎！

雜録

《左傳・桓公六年》 以德名爲義。唐孔穎達《正義》：服虔云：謂若大王度德，命文王曰昌，文王命武王曰發，似其有舊説也。舊説以爲文王見武王之生，以爲必發兵誅暴，故名曰發。

《古本竹書紀年・周紀》 （武王）年四十五。 武王年五十四。

漢・劉向《古列女傳》卷一《母儀傳・周室三母》 太姒者，武王之母，禹後有莘姒氏之女。仁而明道，文王嘉之，親迎於渭，造舟爲梁。及入，太姒思媚太姜、太任，旦夕勤勞，以進婦道。太姒號曰文母，文王治外，文母治內。太姒生十男：長伯邑考，次武王發，次周公旦，次管叔鮮，次蔡叔度，次曹叔振鐸，次霍叔武，次成叔處，次康叔封，次聃季載。太姒教誨十子，自少及長，未嘗見邪僻之事。及其長，文王繼而教之，卒成武王、周公之德。君子謂太姒仁明而有德。《詩》曰：『大邦有子，俔天之妹。文定厥祥，親迎於渭。造舟爲梁，不顯其光。』又曰：『太姒嗣徽音，則百斯男。』此之謂也。

頌曰：周室三母，太姜任姒。文武之興，蓋由斯起。太姒最賢，號曰文母。三姑之德，亦甚大矣。

晉・張華《博物志》卷八《史補》 太姒夢見商之庭產棘，乃小子發，取周庭梓樹，樹之於闕間，梓化爲松柏棫柞。覺驚，以告文王。文王曰：『慎勿言。冬日之陽，夏日之陰，不召而萬物自來。天道尚左，日月西移；地道尚右，水潦東流。天不享于殷，自發之生，於今十年。夷羊在牧，水潦東流，天下飛蝗滿埜。命之在周，其信然乎！』

《禮記・中庸》 哀公問政。子曰：『文、武之政，布在方策。其人存則其政舉，其人亡則其政息。』

《史記》卷五五《留侯世家》 食其未行，張良從外來，謁漢王，方食，曰：『子房前，客有爲我計橈楚權者。』具以酈生語，告於子房，曰：『何如？』良曰：『誰爲陛下畫此計者？陛下事去矣。』漢王曰：『何哉？』張良對曰：『臣請藉前箸，爲大王籌之。』曰：『昔者湯伐桀而封其後於杞者，度能制桀之死命也。今陛下能制項籍之死命乎？』曰：『未能也。』『其不可一也。武王伐紂封其後於宋者，度能得紂之頭也。今陛下能得項籍之頭乎？』曰：『未能也。』『其不可二也。武王入殷，表商容之閭，釋箕子之拘，封比干之墓。今陛下能封聖人之墓，表賢者之閭，式智者之門乎？』曰：『未能也。』『其不可三也。發鉅橋之粟，散鹿臺之錢，以賜貧窮。今陛下能散府庫，以賜貧窮乎？』曰：『未能也。』『其不可四矣。殷事已畢，偃革爲軒，倒置干戈，覆以虎皮，以示天下不復用兵。今陛下能偃武行文，不復用兵乎？』曰：『未能也。』『其不可五矣。休馬華山之陽，示以無所爲。今陛下能休馬無所用乎？』曰：『未能也。』『其不可六矣。放牛桃林之陰，以示不復輸積。今陛下能放牛不復輸積

乎？』曰：『未能也。』『其不可七矣。且天下游士，離其親戚，棄墳墓，去故舊，從陛下游者，徒欲日夜望咫尺之地。今復六國，立韓魏、燕趙、齊楚之後，天下游士各歸事其主，從其親戚，反其故舊墳墓。陛下與誰取天下乎？其不可八矣。且夫楚唯無彊，六國立者復橈而從之，陛下焉得而臣之？誠用客之謀，陛下事去矣。』漢王輟食吐哺，罵曰：『豎儒！幾敗而公事。』令趣銷印。

唐·吳兢《貞觀政要》卷八《辨興亡》 貞觀初，太宗從容謂侍臣曰：『周武平紂之亂，以有天下；秦皇因周之衰，遂吞六國。其得天下不殊，祚運長短，若此之相懸也。』尚書右僕射蕭瑀進曰：『紂爲無道，天下苦之，故八百諸侯不期而會。周室微，六國無罪，秦氏專任智力，吞食諸侯。平定雖同，人情則異。』太宗曰：『不然。周既克殷，務弘仁義；秦既得志，專行詐力。非但取之有異，抑亦守之不同。祚之修短，意在茲乎！』

後唐·馬縞《中華古今注》卷上《櫜鞬三仗》 起自周武王之制也。武王代紂，散鹿臺之財，發巨橋之粟，歸馬於華山之陽，放牛于桃林之野，鑄劍戟以爲農器，示天下不復用兵。武王以安必防危，理必防亂，故彀弓匣劍以軍儀，示不忘武也。舊儀韜韇三仗，首襪額紅，謂之櫜鞬三仗也。

宋·王溥《唐會要》卷二二《前代帝王》 元和十四年正月勑：周文王、武王祠宇在咸陽縣，宜令有司精加修飾。

明·陳士元《論語類考》卷七《人物考·武王》 元按：武王名發，西伯昌之子也。昌娶於有莘氏，曰太姒。生十子：長曰伯邑考，早卒。次曰發，發生於帝乙之二十三祀壬辰。西伯薨，子發嗣，爲西伯。乃伐紂，踐天子位，七年而崩。墓在京兆長安東杜。《禮記·文王世子》篇：文王謂武王曰：『我百，爾九十。吾與爾三焉。』文王九十七乃終，武王九十三而終。且如其言，則文王十五而生武王，前此已有伯邑考矣。武王八十一而生成王，後此又生唐叔虞焉。此理所無者。蓋《戴記》之附會也。《竹書紀年》云：武王年五十四而卒。似爲近理。

太公呂尚分部

傳記

《史記》卷三二《齊太公世家》 太公望呂尚者，東海上人。其先祖嘗爲四嶽，佐禹平水土，甚有功，虞夏之際封於呂，或封於申，姓姜氏。夏、商之時，申、呂或封枝庶子孫，或爲庶人，尚其後苗裔也。本姓姜氏，從其封姓，故曰呂尚。

呂尚蓋嘗窮困，年老矣，以魚釣奸周西伯。西伯將出獵，卜之，曰『所獲非龍非彲，非虎非羆；所獲霸王之輔。』於是周西伯獵，果遇太公於渭之陽，與語大説，曰：『自吾先君太公曰「當有聖人適周，周以興」。子真是邪？吾太公望子久矣。』故號之曰『太公望』，載與俱歸，立爲師。

或曰，太公博聞，嘗事紂。紂無道，去之。游説諸侯，無所遇，而卒西歸周西伯。或曰，呂尚處士，隱海濱，周西伯拘羑里，散宜生、閎夭素知而招呂尚。呂尚亦曰『吾聞西伯賢，又善養老，盍往焉』。三人者爲西伯求美女奇物，獻之於紂，以贖西伯。西伯得以出，反國。言呂尚所以事周雖異，然要之爲文、武師。

周西伯昌之脱羑里歸，與呂尚陰謀修德以傾商政，其事多兵權與奇計，故後世之言兵及周之陰權皆宗太公爲本謀。周西伯政平，及斷虞、芮之訟，而詩人稱西伯受命曰文王。伐崇、密須、犬夷，大作豐邑。天下三分，其二歸周者，太公之謀計居多。

文王崩，武王即位。九年，欲修文王業，東伐以觀諸侯集否。師行，師尚父左杖黄鉞，右把白旄以誓，曰：『蒼兕蒼兕，總爾衆庶，與爾舟楫，後至者斬！』遂至盟津。諸侯不期而會者八百諸侯。諸侯皆曰：『紂可伐也。』武王曰：『未可。』還師，與太公作此《太誓》。

居二年，紂殺王子比干，囚箕子。武王將伐紂，卜，龜兆不吉，風雨暴至。羣公盡懼，唯太公彊之勸武王，武王於是遂行。十一年正月甲子，

誓於牧野，伐商紂。紂師敗績，紂反走，登鹿臺，遂追斬紂。明日，武王立於社，羣公奉明水，衞康叔封布采席，師尚父牽牲，史佚策祝，以告神討紂之罪。散鹿臺之錢，發鉅橋之粟，以振貧民。封比干墓，釋箕子囚。遷九鼎，修周政，與天下更始，師尚父謀居多。

於是武王已平商而王天下，封師尚父於齊營邱。東就國，道宿行遲。逆旅之人曰：『吾聞時難得而易失。客寢甚安，殆非就國者也。』太公聞之，夜衣而行，犂明至國。萊侯來伐，與之爭營邱。營邱邊萊。萊人，夷也，會紂之亂而周初定，未能集遠方，是以與太公爭國。

太公至國，修政，因其俗，簡其禮，通商工之業，便魚鹽之利，而人民多歸齊，齊爲大國。及周成王少時，管、蔡作亂，淮夷畔周，乃使召康公命太公曰：『東至海，西至河，南至穆陵，北至無棣，五侯九伯，實得征之。』齊由此得征伐，爲大國，都營邱。

綜述

《上海博物館藏戰國楚竹書（七）·武王踐阼》 武王問于師尚父曰：『不知黃帝、顓頊、堯、舜之道在乎？意微喪不可得而睹乎？』師尚父曰：『在《丹書》。王如欲觀之，盍齋乎？將以書見。』武王齋三日，端服冕，踰堂微，南面而立。師尚父曰：『夫先王之書不與北面。』武王西面而行，曲折而南，東面而立。師尚父奉書，道書之言曰：『怠勝義則喪，義勝怠則長；義勝欲則從，欲勝義則凶。仁以得之，仁以守之，其運百世；不仁以得之，仁以守之，其運十世；不仁以得之，不仁以守之，及於身。』武王聞之恐懼，爲銘于席之四端，曰：『安樂必戒。』右端曰：『毋行可悔。』席後左端曰：『民之反側，亦不可志。』後右端曰：『所諫不遠，見邇所代。』爲機曰：『皇皇惟謹，怠生敬，口生詬，慎之□□。』鑑銘曰：『見其前，必慮其後。』盤銘曰：『與其溺于人，寧溺於淵。溺於淵，猶可游；溺於人，不可救。』楹銘誨：『毋曰何傷，徽將長；毋曰胡害，徽將大；毋曰何殘，徽將延。』枝銘誨曰：『惡危？危於忿縺。惡失？失道於嗜欲。惡忘？忘於貴福。』牖銘誨曰：『位難得而易失，士難得而易外。毋勤弗志，曰余知之。毋。』武王聞于太公望曰：『亦有不盈於十言而百世不失之道，有之乎？』太公望答曰：『有。』武王曰：『其道可得以聞乎？』太公望答曰：『身則君之臣，道則聖人之道。君齋將道之，君不齋，則弗道。』武王齋七日，大公望奉《丹書》以朝，太公南面，武王北面而復問。太公答曰：『《丹書》之言有之曰：「志勝欲則利，欲勝志則喪；志勝欲則從，欲勝志則凶；敬勝怠則吉，怠勝敬則滅。不敬則不定，弗力則枉，枉者敗，而敬者萬世。使民不逆而順成，百姓之爲聽。」《丹書》之言有之。』

《大戴禮記》卷六《武王踐阼》 武王踐阼三日，既王之後，召士大夫而問焉，曰：『惡有藏之約，行之行，萬世可以爲子孫恒者乎？』諸大夫對曰：『未得聞也。』然後召師尚父而問焉。曰：『黃帝顓頊之道存乎意，亦忽不可得見與？』師尚父曰：『在《丹書》。王欲聞之，則齊矣。』

王齊三日，端冕奉書而入，負屏而立。王下堂，南面而立。師尚父曰：『先王之道，不北面。』王行西，折而南，東面而立。師尚父西面道書之言，曰：『「敬勝怠者强，怠勝敬者亡。義勝欲者從，欲勝義者凶。凡事不强則枉，不敬則不正，枉者滅廢，敬者萬世。」藏之約，行之行，可以爲子孫恒者，此言之謂也。且臣聞之，以仁得之，以仁守之，其量百世；以仁得之，以不仁守之，其量十世；以不仁得之，以不仁守之，必及其世。』

王聞書之言，惕若恐懼，退而爲戒書，于席之四端爲銘焉，於機爲銘焉，於鑑爲銘焉，於盥槃爲銘焉，於楹爲銘焉，於杖爲銘焉，於帶爲銘焉，於履屨爲銘焉，於觴豆爲銘焉，於牖爲銘焉，於劍爲銘焉，於弓爲銘焉，於矛爲銘焉。

《逸周書》卷末附《佚文》 文王昌曰：『吾聞之：無變古，無易常，無陰謀，無擅制，無更創，爲此則不祥。』太公曰：『夫天下，非常一人之天下也；天下之國，非常一人之國也。莫常有之，惟有道者取之。古之王者未使民民化，未賞民民勸，不知怒，不知喜，愉愉然其如赤子。此古善爲政也。』

《尉繚子》卷二《武議》 太公望年七十，屠牛朝歌，賣食盟津，過七十餘而主不聽，人人謂之狂夫也。及遇文王，則提三萬之衆，一戰而天下定。非武議，安能此合也？故曰良馬有策，遠道可致；賢士有合，大

道可明。

《韓非子》卷一三《外儲説右上》 太公望東封於齊，齊東海上有居士曰狂矞、華士昆弟二人者立議曰：『吾不臣天子，不友諸侯，耕作而食之，掘井而飲之，吾無求於人也。無上之名，無君之祿，不事仕而事力。』太公望至於營丘，使吏執殺之，以爲首誅。

周公旦從魯聞之，發急傳而問之曰：『夫二子，賢者也。今日饗國而殺賢者，何也？』太公望曰：『是昆弟二人立議曰：「吾不臣天子，不友諸侯，耕作而食之，掘井而飲之，吾無求於人也。無上之名，無君之祿，不事仕而事力。」彼不臣天子者，是望不得而臣也；不友諸侯者，是望不得而使也；耕作而食之，掘井而飲之，無求於人者，是望不得以賞罰勸禁也。且無上名，雖知，不爲望用；不仰君祿，雖賢，不爲望功。不仕則不治，不任則不忠，且先王之所以使其臣民者，非爵祿則刑罰也。今四者不足以使之，則望當誰爲君乎？不服兵革而顯，不親耕耨而名，又非所以教於國也。今有馬於此，如驥之狀者，天下之至良也。然而驅之不前，却之不止，左之不左，右之不右，則臧獲雖賤，不託其足。臧獲之所願託其足於驥者，以驥之可以追利辟害也。今不爲人用，臧獲雖賤，不託其足焉。已自謂以爲世之賢士而不爲主用，行極賢而不用於君，此非明主之所臣也，亦驥之不可左右矣。是以誅之。』

一曰：太公望東封於齊，海上有賢者狂矞。太公望聞之，往請焉，三却馬於門，而狂矞不報見也。太公望誅之。當是時也，周公旦在魯，馳往止之，比至，已誅之矣。周公旦曰：『狂矞，天下賢者也。夫子何爲誅之？』太公望曰：『狂矞也議不臣天子，不友諸侯。吾恐其亂法易教也，故以爲首誅。今有馬於此，形容似驥也，然驅之不往，引之不前，雖臧獲不託足以旋其軫也。』

《呂氏春秋》卷一一《長見》 呂太公望封於齊，周公旦封於魯。二君者，甚相善也，相謂曰：『何以治國？』太公望曰：『尊賢上功。』周公旦曰：『親親上恩。』太公望曰：『魯自此削矣。』周公旦曰：『魯雖削，有齊者亦必非呂氏也。』其後齊日以大，至於霸，二十四世而田成子有齊國。魯公以削，至於覲存，三十四世而亡。

《六韜》卷一《文韜・文師》 文王將田，史編布卜曰：『田於渭陽，將大得焉。非龍非彲，非虎非羆，兆得公侯，天遺汝師，以之佐昌，施及三王。』文王曰：『兆致是乎？』史編曰：『編之太祖史疇，爲舜占得皋陶，兆比於此。』文王乃齋三日，乘田車，駕田馬，田於渭陽，卒見太公，坐茅以漁。文王勞而問之，曰『子樂漁耶？』太公曰：『君子樂得其志，小人樂得其事。今吾漁，甚有似也。』文王曰：『何謂其有似也？』太公曰：『釣有三權：祿等以權，死等以權，官等以權。夫釣以求得也，其情深，可以觀大矣。』文王曰：『願聞其情。』太公曰：『源深而水流，水流而魚生之情也；根深而木長，木長而實生之情也；君子情同而親合，親合而事生之情也。言語應對者，情之飾也；言至情者，事之極也。今臣言至情不諱，君其惡之乎？』文王曰：『惟仁人能受正諫，不惡至情。何爲其然？』太公曰：『緡微餌明，小魚食之；緡綢餌香，中魚食之；緡隆餌豐，大魚食之。夫魚食其餌，乃牽於緡；人食其祿，乃服於君。故以餌取魚，魚可殺；以祿取人，人可竭；以家取國，國可拔；以國取天下，天下可畢。』

《太公金匱》 太師、少師抱其祭器、樂器奔周，內史向摯載其圖法亦奔周。武王問太公曰：『殷已亡三人，可伐乎？』太公曰：『臣聞之：知天者不怨天，知己者不怨人。先謀後事者昌，先事後謀者亡。且天與不取，反受其殃；非時而至，是謂妄成。故夏條可結，冬冰可釋。時難得而易失也。』

武王平殷還，問太公曰：『今民吏未安，賢者未定，如何？』太公曰：『無故無新，如天如地。得殷之財，與殷之民共之，則商得其賈，農得其田也。一目視則不明，一耳聽則不聰，一足步則不行。選賢自代，上下各得其所。』

武王問：『五帝之戒，可得聞乎？』太公曰：『黃帝云：余在民上，搖搖恐夕不至朝。故金人三緘其口，慎言語也。堯居民上，振振如臨深淵。舜居民上，兢兢如履薄冰。禹居民上，慄慄如恐不滿。湯居民上，翼翼懼不敢息。道自微而生，禍自微而成，慎終與始，完如金城。』

漢・伏勝《尚書大傳》卷二《西伯戡黎傳》 散宜生、閎夭、南宮括三子者，學於太公。太公見三子之爲賢人，遂酌酒切脯，除爲師學之禮，約爲朋友。

散宜生、南宫適、閎夭三子相與學訟於太公，四子遂見西伯於羑里，獻寶以免文王。孔子曰：『文王得四臣，吾亦得四友。自吾得回也，門人加親，是非胥附耶！自吾得賜也，遠方之士日至，是非奔奏耶！自吾得師也，前有光，後有輝，是非先後耶！自吾得繇也，惡言不至門，是非禦侮耶！文王有四臣以免虎口，丘亦有四友以禦侮。』

漢・賈誼《新書》卷五《傳職》 天子不諭於先聖王之德，不知君國畜民之道，不見禮義之正，不察應事之理，不博古之典傳，不嫺於威儀之數，《詩》、《書》、《禮》、《樂》無經，天子學業之不法，凡此其屬太師之任也。古者齊太公職之。

又 卷九《修政語下》 師尚父曰：『吾聞之於政也，曰天下壙壙然，一人有之；萬民叢叢，一人理之。故天下者，非一家之有也，有道者之有也。故夫天下者，唯有道者理之，唯有道者紀之，唯有道者使之，唯有道者宜處而久之。故夫天下者，難得而易失也，難常而易亡也。故守天下者，非以道則弗得而長也。故夫道者，萬世之寶也。』周武王曰：『受命矣。』

漢・韓嬰《韓詩外傳》卷七 呂望行年五十，賣食棘津，年七十屠於朝歌，九十乃爲天子師，則遇文王也。

又 卷八 太公望少爲人婿，老而見去，屠牛朝歌，賃於棘津，釣於磻溪。文王舉而用之，封於齊。

太公躬行仁義，七十二年逢文王，得行其說，封於齊，七百歲而不絶。此士之所以日夜孜孜修學行道，不敢止也。

漢・劉安《淮南子》卷一二《道應訓》 武王問太公曰：『寡人代紂天下，是臣殺其主而下伐其上也。吾恐後世之用兵不休，鬭爭不已，爲之奈何？』太公曰：『甚善，王之問也！夫未得獸者，唯恐其創之小也；已得之，唯恐傷肉之多也。王若欲久持之，則塞民於兑，道全爲無用之事，煩擾之教。彼皆樂其業，供其情，昭昭而道冥冥。於是乃去其瞀而載之木，解其劍而帶之笏。爲三年之喪，令類不蕃。高辭卑讓，使民不爭。酒肉以通之，竽瑟以娱之，鬼神以畏之。繁文滋禮以弇其質，厚葬久喪以亶其家，含珠鱗、施綸組以貧其財，深鑿高壟以盡其力。家貧族少，慮患者寡。以此移風，可以持天下弗失。』

又 卷二一《要略》 文王之時，紂爲天子，賦斂無度，戮殺無止，康梁沉湎，宫中成市，作爲炮烙之刑，刳諫者，剔孕婦，天下同心而苦之。文王四世纍善，修德行義，處岐周之間，地方不過百里，天下二垂歸之。文王欲以卑弱制强暴，以爲天下去殘除賊，而成王道，故太公之謀生焉。文王業之而不卒，武王繼文王之業，用太公之謀，悉索薄賦，躬擐甲胄，以伐無道而討不義，誓師牧野，以踐天子之位。

漢・董仲舒《春秋繁露》卷一三《五行相勝》 水者，司寇也。司寇爲亂，足恭小謹，巧言令色，聽謁受賂，阿黨不平，慢令急誅，誅殺無罪，則司營誅之，營蕩是也。爲齊司寇。太公封於齊，問焉以治國之要，營蕩對曰：『任仁義而已。』太公曰：『任仁義奈何？』營蕩對曰：『仁者愛人，義者尊老。』太公曰：『愛人尊老奈何？』營蕩對曰：『愛人者，有子不食其力；尊老者，妻長而夫拜之。』太公曰：『寡人欲以仁義治齊，今子以仁義亂齊，寡人立而誅之，以定齊國。』

《史記》卷三三《魯周公世家》 魯公伯禽之初受封之魯，三年而後報政周公。周公曰：『何遲也？』伯禽曰：『變其俗，革其禮，喪三年然後除之，故遲。』大公亦封於齊，五月而報政周公。周公曰：『何疾也？』曰：『吾簡其君臣禮，從其俗爲也。』及後聞伯禽報政遲，乃歎曰：『嗚呼！魯後世其北面事齊矣。夫政不簡不易，民不有近；平易近民，民必歸。』

又 卷一二九《貨殖列傳》 原大則饒，原小則鮮。上則富國，下則富家。貧富之道，莫之奪予，而巧者有餘，拙者不足。故太公望封于營丘，地潟鹵，人民寡，於是太公勸其女功極技巧，通魚鹽，則人物歸之，繦至而輻湊。故齊冠帶衣履天下，海岱之間，斂袂而往朝焉。

漢・桓寬《鹽鐵論》卷四《輕重》 昔太公封於營丘，辟草萊而居焉。地薄人少，於是通利末之道，極女紅之巧，是以鄰國交於齊，財畜貨殖，世爲彊國。

漢・焦贛《易林》卷三《坤》 太公避紂，七十隱處，卒逢聖文，爲王室輔。

漢・劉向《説苑》卷八《尊賢》 太公望，故老婦之出夫也，朝歌之屠佐也，棘津迎客之舍人也。年七十而相周，九十而封齊。故《詩》曰：

『緜緜之葛，在於曠野。良工得之，以爲絺紵。良工不得，枯死於野。』

又 卷一《君道》 武王問太公曰：『舉賢而以危亡者，何也？』太公曰：『舉賢而不用，是有舉賢之名，而不得真賢之實也。』武王曰：『其失安在？』太公望曰：『其失在君好用小善而已，不得真賢也。』武王曰：『好用小善者何如？』太公曰：『君好聽譽而不惡讒也，以非賢爲賢，以非善爲善，以非忠爲忠，以非信爲信。其君以譽爲功，以毀爲罪，有功者不賞，有罪者不罰，多黨者進，少黨者退。是以羣臣比周而蔽賢，百吏羣黨而多姦，忠臣以誹死於無罪，邪臣以譽賞於無功，其國見於危亡。』武王曰：『善。吾今日聞誹譽之情矣。』

武王問太公曰：『得賢敬士，或不能以爲治者，何也？』太公對曰：『不能獨斷，以人言斷者，殃也。』武王曰：『何爲以人言斷？』太公對曰：『不能定所去，以人言去；不能定所取，以人言取；不能定所爲，以人言爲；不能定所罰，以人言罰；不能定所賞，以人言賞。賢者不必用，不肖者不必退，而士不必敬。』武王曰：『善。其爲國何如？』太公對曰：『其爲人惡聞其情而喜聞人之情，惡聞其惡而喜聞人之惡，是以不必治也。』武王曰：『善。』

又 卷七《政理》 文王問於呂望曰：『爲天下若何？』對曰：『王國富民，霸國富士，僅存之國富大夫，亡道之國富倉府，是謂上溢而下漏。』文王曰：『善。』對曰：『宿善不祥。』是日也，發其倉府，以振鰥寡孤獨。

武王問於太公曰：『治國之道若何？』太公對曰：『治國之道，愛民而已。』曰：『愛民若何？』曰：『利之而勿害，成之勿敗，生之勿殺，與之勿奪，樂之勿苦，喜之勿怒，此治國之道，使民之誼也，愛之而已矣。民失其所務，則害之也；農失其時，則敗之也。有罪者重其罰，則殺之也；重賦斂者，則奪之也。多徭役以罷民力，則苦之也；勞而擾之，則怒之也。故善爲國者，遇民如父母之愛子，兄之愛弟，聞其飢寒爲之哀，見其勞苦爲之悲。』

武王問於太公曰：『賢君治國何如？』對曰：『賢君之治國，其政平，其吏不苛，其賦斂節，其自奉薄；不以私善害公法，賞賜不加於無功，刑罰不施於無罪，不因喜以賞，不因怒以誅；害民者有罪，進賢舉過者有賞；後宮不荒，女謁不聽；上無淫慝，下不陰害；不華宮室以費財，不多觀游臺池以罷民，不彫文刻鏤以逞耳目；官無腐蠹之藏，國無流餓之民。此賢君之治國也。』武王曰：『善哉！』

武王問於太公曰：『爲國而數更法令者，何也？』太公曰：『爲國而數更法令者，不法；法以其所善爲法者也，故令出而亂，亂則更爲法，是以其法令數更也。』

又 卷一五《指武》 文王曰：『吾欲用兵，誰可伐？密須氏疑於我，可先往伐。』管叔曰：『不可。其君天下之明君也，伐之不義。』太公望曰：『臣聞之，先王伐枉不伐順，伐嶮不伐易，伐過不伐不及。』文王曰：『善。』遂伐密須氏，滅之也。

武王將伐紂，召太公望而問之曰：『吾欲不戰而知勝，不卜而知吉，使非其人，爲之有道乎？』太公對曰：『有道。王得衆人之心，以圖不道，則不戰而知勝矣。以賢伐不肖，則不卜而知吉矣。彼害之，我利之，雖非吾民，可得而使也。』武王曰：『善。』

《雒書靈准聽》 文王獨坐，屏去左右，深念遠慮，召太公望曰：『帝王猛暴無文，强梁好武，侵凌諸侯，苦勞天下，百姓之怨心生矣。其灾，予奚行而得免於無道乎？』太公曰：『因其所爲，但興其化；上知天道，中知人事，下知地理，乃可以有國焉。』

《漢書》卷二四下《食貨志下》 凡貨，金錢布帛之用，夏殷以前其詳靡記云。太公爲周立九府圜法：黄金方寸，而重一斤；錢圜函方，輕重以銖；布帛廣二尺二寸爲幅，長四丈爲匹。故貨寶於金，利於刀，流於泉，布於布，束於帛。太公退，又行之於齊。

《李衛公問對》卷上 周之始興，則太公實繕其法。始於岐都，以建井畝。戎車三百兩，虎賁三千人，以立軍制；六步七步，六伐七伐，以教戰法。陳師牧野，太公以百夫制師，以成武功。以四萬五千人，勝紂七十萬衆。

又 卷中 武王伐紂，虎賁各掌三千人，每陣六千人，共三萬之衆。此太公畫地之法也。

唐·李筌《太白陰經》卷一《賢有遇時篇》 太公朝歌之鼓刀，棘津之賣漿，周得之於垂綸之下，殺紂而立武。

《舊唐書》卷二四《禮儀志四》 開元十九年，於兩京置太公尚父廟一所，以漢留侯張良配饗。天寶六載，詔諸州武舉人上省，先謁太公廟。拜將帥，亦告太公廟。至肅宗上元二年閏四月，又尊爲武成王，選歷代良將爲十哲。

《新唐書》卷一五《禮樂志第五》 開元十九年，始置太公尚父廟，以留侯張良配。中春、中秋上戊祭之，牲樂之制，如文宣。出師命將，發日引辭於廟。仍以古名將十人爲十哲配享。天寶六載，詔諸州武舉人上省，先謁太公廟。【略】上元元年，尊太公爲武成王，祭典與文宣王比，以歷代良將爲十哲象坐侍。【略】建中三年，禮儀使顔真卿奏：「治武成廟，請如《月令》春秋釋奠。【略】其追封以王，宜用諸侯之數，樂奏軒縣。」詔史館考定可配享者，列古今名將凡六十四人，圖形焉。【略】

貞元二年，刑部尚書關播奏：「太公古稱大賢，下乃置亞聖，義有未安。而仲尼十哲，皆當時弟子，今以異時名將，列之弟子，非類也。請但用古今名將配享，去亞聖、十哲之名。」自是唯享武成王及留侯，而諸將不復祭矣。

四年，兵部侍郎李紓言：「開元中，太公廟以張良配，以太常卿、少卿三獻，祝文曰：『皇帝遣某敢昭告。』至上元元年贈太公以王爵，祭典同文宣，有司遂以太尉獻，祝版親署。夫太公，周之太師；張良，漢之少傅。今至尊屈禮於臣佐，神何敢歆？且文宣百世所宗，故樂以宮縣，獻以太尉，尊師崇道也。太公述作止《六韜》，勳業著一代，請祝辭不進署，改昭告爲敬祭，留侯爲致祭，獻官用太常卿以下。」百官議之，多請如紓言。

左司郎中嚴涚等議曰：「按紓援典訓尊卑之節，當矣，抑猶有未盡。夫大名徽號，不容虛美，而太公兵權奇計之人耳。當殷之失德，諸侯歸周，遂爲佐命。祀典不云乎！『法施於人則祀之。』如仲尼祖述堯舜，憲章文武，刪《詩》、《書》，定禮樂，使君君、臣臣、父父、子子皆宗之，法施於人矣。貞觀中，以太公兵家者流，始令磻溪立廟。開元漸著上戊釋奠禮，其進不薄矣。上元之際，執事者苟意於兵，遂封王爵，號擬文宣，彼於聖人非倫也。謂宜去武成王號，復爲太公廟。奠享之制，如紓請。」

刑部員外郎陸淳等議曰：「武成王，殷臣也，紂暴不諫，而佐周傾之。夫尊道者，師其人，使天下之人入是廟，登是堂，稽其人，思其道，則立節死義之士，安所奮乎？聖人宗堯舜，賢夷齊，不法桓文，不贊伊尹，殆謂此也。武成之名與文宣偶，非不刊之典也。臣愚謂罷上元追封立廟，復磻溪祠，有司以時享，斯得矣。」

左領軍大將軍令狐建等二十四人議曰：「兵革未靖，宜右武以起忠烈。今特貶損，非勸也。且追王爵，以時祠，爲武教主，文武並宗，典禮已久，改之非也。」乃詔以將軍爲獻官，餘用紓奏。自是以上將軍、大將軍、將軍爲三獻。

宋·王溥《五代會要》卷三《武成王廟》 後唐長興三年五月七日，國子博士蔡同文奏：【略】奉敕：「武成王廟四壁英賢，自此每祀至釋奠，准《郊祀録》各陳脯、醢諸物以祭。」周顯德五年閏七月，兵部申：「春秋上戊釋奠武成王廟，每祭差獻官三員：初獻官，上將軍充；亞獻官，上將軍充；終獻官，將軍充。於漢乾祐三年奉中書門下指揮，帶使相上將軍不差。自後祗差大將軍行事，仍改亞獻爲再獻官，終獻爲三獻官。」

《宋史》卷一〇五《禮志·吉禮八》 建隆三年，詔修武成王廟，與國學相對，命左諫議大夫崔頌董其役，仍令頌檢閲唐末以來謀臣名將勳績尤著者以聞。四年四月，帝幸廟，歷觀圖壁，指白起曰：「此人殺已降，不武之甚，何受享於此？」命去之。景德四年，詔西京擇地建廟，如東京制。大中祥符元年，加謚昭烈。【略】

元豐中，國子司業朱服言：「釋奠文宣王，以國子祭酒、司業爲初獻，丞爲亞獻，博士爲終獻，大祝、奉禮並以監學官充。及上戊釋奠武成王，以祭酒、司業爲初獻，其亞獻、終獻及讀祝、捧幣，令三班院差使臣充之。官制未行，武學隸樞密院，學官員數少，故差右選。今武學隸國子監，長、貳、丞、簿，官屬已多，請並以本監官充攝行事，仍令太常寺修入《祀儀》。」【略】

紹興七年五月，太常博士黃積厚乞以仲春、仲秋上戊日行禮。十一年五月，國子監丞林保奏：「竊見昭烈武成王享以酒脯而不用牲牢，雖曰時方多事，禮用綿蕝，然非所以右武而勵將士也。乞今後上戊釋奠用牲牢，以管仲至郭子儀十八人祀於殿上。」從之。

《金史》卷三五《禮志八・武成王廟》　泰和六年，詔建昭烈武成王廟於闕庭之右麗澤門內。其制一遵唐舊禮，三獻官以四品官以下，儀同中祀，用二月上戊。【略】其祭武成王、宗翰、子房，各羊一豕一，餘共用羊八，無豕。宣宗遷汴，於會朝門內闕庭之右，營廟如制，春秋上戊之祭仍舊。

《元史》卷七六《祭祀志・武成王》　武成王立廟於樞密院公堂之西，以孫武子、張良、管仲、樂毅、諸葛亮以下十人從祀。每歲春秋仲月上戊，以羊一豕一，犧尊象尊，籩豆俎爵，樞密院遣官，行三獻禮。

明・李東陽等《明會典》卷八四《祭祀五・事例》　（洪武）二十年，令武成王從祀帝王廟，罷其舊廟，仍去王號。

《明史》卷五〇《禮志・吉禮四》　初，太公望有武成王廟，嘗遣官致祭，如釋奠儀。至是罷廟祭，去王號。

論説

《孫子兵法・用間》　昔殷之興也，伊摯在夏；周之興也，呂牙在商。故明君賢將，能以上智爲間者，必成大功。

《孟子・盡心下》　由文王至於孔子五百有餘歲，若太公望、散宜生，則見而知之；若孔子，則聞而知之。

《鬼谷子・忤合》　古之善背向者，乃協四海，包諸侯，忤合天地而化轉之，然後以之求合。故伊尹五就湯，五就桀，然後合於湯；呂望三就文王，三入殷，而不能有所明，然後合於文王。此知天命之箝，故歸之不疑也。

《戰國策》卷五《秦三》　始時呂尚之遇文王也，身爲漁父而釣於渭陽之濱耳。若是者，交疏也。已一説而立爲太師，載與俱歸者，其言深也。故文王果收功於呂尚，卒擅天下，而身立爲帝王。即使文王疏呂望而弗與深言，是周無天子之德，而文、武無與成其王也。

《呂氏春秋》卷一三《謹聽》　太公釣於滋泉，遭紂之世也，故文王得之。而文王，千乘也；紂，天子也。天子失之而千乘得之，知之與不知也。

漢・劉安《淮南子》卷六《覽冥訓》　紂爲無道，左強在側。太公並世，故武王之功立。

又　卷一〇《繆稱訓》　太公望、周公旦，天非爲武王造之也；崇侯、惡來，天非爲紂生之也。有其世，有其人也。

《史記》卷三二《齊太公世家》　太史公曰：吾適齊，自泰山屬之琅邪，北被于海，膏壤二千里。其民闊達多匿知，其天性也。以太公之聖，建國本；桓公之盛，修善政，以爲諸侯會盟，稱伯，不亦宜乎？洋洋哉，固大國之風也！

又　卷一三〇《太史公自序》　申、呂肖矣，尚父側微。卒歸西伯，文、武是師。功冠羣公，繆權于幽。番番黄髮，爰饗營丘。【略】作《齊太公世家第二》。

漢・劉向《説苑》卷一七《雜言》　太公田不足以償種，漁不足以償網，治天下有餘智。

漢・王充《論衡》卷一〇《非韓篇》　凡人禀性也，清濁貪廉，各有操行，猶草木異質，不可復變易也。狂譎、華士不仕於齊，猶段干木不仕於魏矣。性行清廉，不貪富貴，非時疾世，義不苟仕，雖不誅此人，此人行不可隨也。太公誅之，韓子是之，是謂人無性行，草木無質也。太公誅二子，使齊有二子之類，必不爲二子見誅之故，不清其身；使無二子之類，雖養之，終無其化。堯不誅許由，唐民不皆樔處；武王不誅伯夷，周民不皆隱餓；魏文侯式段干木之閭，魏國不皆闔門。

由此言之，太公不誅二子，齊國亦不皆不仕。何則？清廉之行，人所不能爲也。夫人所不能爲，養使爲之，不能使勸；人所能爲，誅以禁之，不能使止。然則太公誅二子，無益於化，空殺無辜之民。賞無功，殺無辜，韓子所非也。太公殺無辜，韓子是之，以韓子之術殺無辜也。夫執不仕者，未必有正罪也，太公誅之。如出仕未有功，太公肯賞之乎？賞須功而加，罰待罪而施。使太公不賞出仕未有功之人，則其誅不仕未有罪之民，非也。而韓子是之，失誤之言也。

且不仕之民，性廉寡欲；好仕之民，性貪多利。利欲不存於心，則視爵祿猶糞土矣。廉則約省無極，貪則奢泰不止。奢泰不止，則其所欲，不避其主。案古篡畔之臣，希清白廉潔之人。貪，故能立功；憍，故能

輕生。積功以取大賞，奢泰以貪主位。太公遺此法而去，故齊有陳氏劫殺之患。太公之術，致劫殺之法也。韓子善之，是韓子之術亦危亡也。

晉・葛洪《抱朴子外篇》卷一《逸民》　呂尚長於用兵，短於爲國，不能儀玄黄以覆載，擬海嶽以博納，褒賢貴德，樂育人才，而甘於刑戮，不修仁義，故其劫殺之禍萌於始封。周公聞之，知其無國也。夫攻守異容，道貴知變，而呂尚無烹鱗之術，出致遠之御，推戰陣之法，嫉高尚之士，可謂賴甲胄以完刃，又兼之浮泳，以射走之儀，又望求之於準的者也。夫傾庶鳥之巢，則靈鳳不集；漉魚鼈之池，則神虬遐逝；刳凡獸之胎，則麒麟不峙其郊；害一介之士，則英傑不踐其境。呂尚創業垂統，以示後人，而張苛酷之端，開殘賊之軌，適足以驅俊民以資他國，逐賢能以遺讐敵也。去彼市馬骨以致駿足，軾陋巷以退秦兵者，不亦遠乎？

凡民雖復笞督之，危辱之，使追狷、華，猶必不肯，乃反憂其壞俗耶？呂尚思不及此，以軍法治平世，枉害賢人，酷誤已甚矣。賴其功大，不便以至顛沛耳。且呂尚之未遇文王也，亦曾隱於窮賤，凡人易之，老婦逐之，賣傭不售，屠釣無獲，曾無一人慕之。其避世也，何獨慮狷、華之沮衆邪？設令殷紂以尚逃遁，收而斂之，尚臨死，豈能自謂罪所應邪？

宋・石介《徂徠集》卷一一《伊呂論》　人稱之曰：伊、呂以其道相近，心相合，功相同也。余以爲伊、呂之功則同，其道與心則有異者。其君無道，其國將必亡，於畎畝之中，不以其君無道而遂忘其君，不以其國將必亡而遂棄其國，五往就之見其君，進其説，欲其君之克念，冀其國之不亡，使禹不泯祀者，伊尹之心也。其君無道，其國將必亡，遂棄其國，不往就之見其君，進其説，晏安坐於磻溪之中，忍其君不道，俟其國將亡者，呂望之心也。然伊尹卒不得見聽，桀卒不能知善，夏卒不能復存，終歸於湯；而放桀滅夏，先就其君而君不從，不忍其民之塗炭，然後歸湯，得君子去就之道矣。

向若桀能納伊尹之謀，克念作聖，夏之祀未殄矣。望之心，曷嘗及於此乎？君暴虐於上，民塗炭於下，國之祀日且墜矣，不一起往説其君，救其民，存其國祀，直以歸於文王，佐武伐紂滅商。不一就見其君，進其説，安知其君之不受，其説之不行？直棄絶之，望之心不如伊尹之心，望之道不若伊尹之道。萬分之一紂有悔亂改過之心，以望爲太公，黜其惡政而從於善，湯之社未遷矣。惜乎望之不一往也。

宋・劉敞《公是集》卷四七《伊呂問》　讀《鬼谷書》，以伊尹在夏，呂望在商，爲忤合。讀《孫武書》，又以二人爲反間。夫世衰道敝，天下語權變者宗鬼谷，語奇正者宗孫武。學者既無以拒之，而復假聖人以自耀，將使澆薄之俗，甘心于詐僞。予甚懼焉，作《伊呂問》。

或問：人有言曰，伊尹五就桀，五就湯；太公三就紂，三就西伯。有諸？曰：有之。曰：然則爲忤而合者歟？曰：否，不然也。昔者伊尹避桀，耕于有莘之野，不以耒耜爲可賤也，以須天下之平，卒不可得，湯聞其賢，往聘而起焉。太公避紂，釣于渭水之上，不以漁之事爲可薄也，以須天下之平，卒不可得，文王聞其賢，往獵而起焉。二子者，皆聖人之仇也。知不以久幽爲不賢，而曾紛紛以求合，爲賢乎？且吾聞之，伊尹歸于商而爲之相，太公歸于周而爲之師。二子者，法堯、舜者也。以堯、舜之道不可以臣伐君，可以臣輔君，成湯察焉。古者諸侯，歲一貢士于天子，湯因是焉而貢之，故伊尹入于夏，夏不能用。古者士不得其職則去，諫不用其言則去，伊尹數諫而不入，識夏之可醜也，歸于亳；湯又貢之，貢而反者五，知其不足與有爲，然後終相之。當此之時，伊尹乃自亳之北門入，遇汝鳩、汝方于徐，而作《汝鳩》、《汝方》之書。

伊尹、太公，其臣均也；成湯、文王，其主均也；夏桀與紂，其亂均也。以伊尹之入于夏，故亦知太公之入于商；以伊尹之入于夏爲湯貢之故，亦知太公之入于商由文王貢之也。則二子者，皆願爲而不得者，非作之而後合者也；且作而後合者，若蘇秦者乎？昔者蘇秦嘗爲燕謀齊，而僞得罪于燕者，以納于齊，齊人剝而裂之，天下莫不笑。故圖爲作合者，蘇秦也不免于死，而謂伊、呂之聖人爲之乎哉？

曰：伊、呂之不求于合，則吾信之矣。若乃湯貢之，文王貢之者，非間歟？曰：惡是何言也？且以湯之得天下也，爲得桀而得歟，爲得道而得歟？文王之得天下也，爲得紂而得歟，爲得道而得歟？湯之得天下也，自其伐葛；文王之得天下也，自其伐崇。湯伐葛而莫之逆者，而桀喪其天下矣；文王伐崇而莫之違者，而紂喪其天下矣。且子謂湯之得桀也，伊尹間之，其得葛也，孰間之乎？文王之得紂也，太公間之，其得崇也，孰間之乎？聖人之爲聖也，爲其正而已矣，是以衆人爲不可

及；必以間而有天下，則其所以爲聖也，不亦衆人而可爲之歟？

曰：然則世之有是言也，何出？曰：出乎貪勢而好利者。貪勢者樂縱横，好利者喜用兵。其于術，猶號而售之也，是以私自託于聖人。

宋・劉敞《公是弟子記》卷二 或問曰：太公治齊，尊賢而尚能，周公曰：『後世必有篡奪之臣。』周公治魯，尊尊而親親，太公曰：『後世寖弱矣。』若是乎，聖賢之無益于治亂之數也。曰：否，此非聖賢之語也，致功兼幷者文其過之言爾。齊不用太公之法，故齊奪；魯不用周公之政，故魯弱。尊賢尚能，非所以啓篡也；尊尊親親，非所以致弱也。齊桓公修太公之法而霸天下，魯僖公修周公之政詩人頌之，以比三王，惡在其無益于治亂也？

或曰：人有言太公封于齊，五月而報政；伯禽封于魯，三年而報政。周公喟然歎曰：『嗚呼，魯後世其北面齊乎！夫政不簡不易，民不有近，平易近民，民則歸之。』信有諸乎？曰：否，此非周公之語，致功兼幷者欲速之言耳。孔子曰：『無欲速，無見小利。欲速則不達，見小利則大事不成。』古之人，豈不欲簡易哉？又惡欲速？速非所以簡易也，簡易者未嘗速也。民之爲道，信而後可使，富而後可教，安而後可保，此所以爲達也。三年之爲亟矣，齊先魯亡，何魯之北面哉？孔子曰：『齊一變，至于魯；魯一變，至于道。』

宋・葛勝仲《丹陽集》卷七《齊論》 昔太公望釣海濱而夾輔周室，武王國之彊齊，使表東海，其豐功盛德，必有大過人者。而司馬遷爲《齊世家》，言文王拘羑里，太公求美女奇物，獻之於紂，以贖西伯，西伯歸，而與呂尚陰謀修德，以傾商政，其事多兵權與奇計焉。嗚呼！審如此，則《書》、《詩》所載，反妄邪？且太公之嫉紂而欲亡之者，何也？爲其侈麗淫湎而毒天下也。使其一旦幡然悔悟，咎前之爲，更爲善政，以幸天下，則豈不偃兵息謀，恬然臣服之耶？詎肯以尤物蠱其心而稔其惡乎？且太公之過紂也，曰收天下美女、金寶、繒帛也。武王之過紂也，曰作奇技淫巧，以悦婦人也。如是，而以貨色惑之，是助其亡道，抱薪趨火也。其賢於紂，幾何哉？又況陷君於惡而已。則圖利，太公詎忍爲之耶？藉使太公爲之，文王其安受之耶？

嘗聞秦以女樂間戎矣，又聞吳以珍貨惑魏矣，未聞聖賢亦爲是詭譎也。此遷之繆，一也。夫紂之積惡久矣，文王積善亦久矣，上帝下民，去彼而就此，非一日也。孰謂陰謀修德，以傾商政哉？《詩》曰：周世世修德，莫若文王。則是周之德，不待商而修也。《書》曰：獨夫紂，洪惟作威，乃汝世讎。則是商之政，不待周而傾也。今奈何曰陰謀修德，以傾商政耶？夫在己之德則修之，而使人附；在人之政則傾之，而使衆離，是乃田常、王莽篡齊盜漢之術爾，太公豈肯以是導文王乎？此遷之繆，二也。且紂有臣億萬，武王亂臣十人而已。紂兵七十萬，武王虎賁三千而已。然而牧野之戰，前徒倒戈而勢若拉朽者，何也？逆順之勢異也。太公雖有兵權，何所施？雖有奇計，安所用？嘗觀《六韜》萬有餘言，大抵皆修仁行義、聽諫用賢之説耳。雖有《陰謀》之篇，而惟以戒懼謙下爲言也。今奈何曰多兵權與奇計乎？此遷之繆，三也。嗚呼！遷之言，必有稽證，然百子虛濫之説，不能逆斷而力排之，猥存諸書，以傳疑於後，亦遷之過也。

宋・史堯弼《蓮峰集》卷五《六韜與詩書異》 幸承師問，請因是而論太公《六韜》之法焉。嗚呼！鬱鬱乎，洋洋乎，洸洸乎，周文王、武王之治也！紀於《書》，詠於《詩》，雜出於傳，百家之言，昭如也。有道德焉，有仁義焉，有禮樂焉，有教化焉，有法度焉。其休功駿烈，裕如也；其深恩美澤，藹如也；其典章文物，燦如也；其紀綱制度，炳如也。其所以治天下之法，何其仁！其所以除天下之暴，何其義！雖寥寥千百載之後，可端拜而議焉，然尚有可疑者。

今兵家者流，有《六韜》之書，文武、太公答問之辭也。有《文韜》，有《武韜》，有《龍韜》，有《虎韜》，有《豹韜》，有《犬韜》，自《文師》至《戰步》，其二君一相軍旅答問，凡六十篇；以至兵車樓櫓，糧草器械，山川險要，風雲天象，無不備論而詳説；其間又雜以權謀之言。夫《詩》、《書》，亦文、武之書也；《六韜》亦文、武之答問也。何《六韜》與《詩》、《書》相反戾之若是耶？豈文、武之功兼權謀而用乎？抑非太公所作，而後世好事之人妄傳乎？試折衷之。

夫仁義者，常行之道；權謀者，輔助之術。時可以用仁義則用之，時可以尚權謀則尚之。譬如造大厦焉，其柱石棟樑既已具矣，而榱椽楹桷亦存之，豈以其微小屈曲而遽廢其用哉！仁義者，棟柱也；權謀者，榱

桷也，兩不可廢也。然而仁義爲其本，權謀爲其末，是故三代之君有以行仁義之兵，而亦參用焉。何者？成湯之伐桀，民有來蘇之望，亦可謂仁義之兵矣。然《湯誓》之篇乃曰：『升自陑。』而孔安國謂『從陑，出其不意』，則權術亦用焉。商高宗伐荆楚，克鬼方，與天下除殘暴之害，豈非仁義之兵乎？而《商武》之詩乃曰：『罙入其阻。』而鄭康成謂『冒入其險阻』，則權術亦用焉。周宣王内修政事，外攘夷狄，勞徠萬民，豈非仁義之兵乎？而《常武》之詩，歌曰『如飛如翰。』而鄭康成以謂『嘽嘽然疾如飛，鷙如翰』，則奇兵亦用焉。蓋其以仁義爲本，而以權謀輔之焉。推是三君之事，則文、武從可知矣。

今取《六韜》之書而觀之，無非出此也。蓋王者之兵，專用仁義，故必進賢，退不肖，以清其源，賞功罰罪，以修其政，利而無害，成而勿敗，惟以愛民爲心，此仁義之術也。不然，何以《六韜》之篇，獨首之以仁義耶？及不得已而用兵，方且選將練卒，料敵應變，上得天時，中得地利，下得人和，深思而熟計之，此權謀之術也。不然，何以《陰符》之篇，獨首之以權謀耶？則其兼而用之，亦明矣。

噫！向使文王、武王非仁義，則何以退修文德，崇虎來降；八百諸侯不期而会，雲合響應哉？向使非權謀，則何以破牧野之旅，降崇墉之人哉？意其必出於太公之言也。夫兵，凶器也；戰，危事也；戎，國之大事也。故古人必審謹而用之。一舉而有功，則禁暴除亂，安民和衆，混一區宇，一怒而安天下之民。用而無功，則海内虛耗，人民流離，大兵之後，必至凶年，而民受其殃。故善人教民七年，然後卽戎，蓋如是審也。文、武當虐君之時，思欲有以拯天下之溺而除天下之殘，然而知兵之不可輕用也，故丁寧反覆，問於太公，詳悉細究，知其必然，故方舉兵以除暴。孰謂《六韜》而後人妄傳乎？

仁義譬之五穀，可以養生，而不可以伐病；權謀譬之藥石，可以伐病，而不可以養生。文、武之時，海内未寧，知權謀之可以伐病也，故以仁義爲本，以權謀爲末而參用之。及天下已平，四方無事，知權謀之不可以養生也，遂偃武修文，歸馬華山之陽，放牛桃林之野，干戈包以虎皮，將帥使爲諸侯，示天下不復用武，亦《六韜》之微意也。自斯以降，宋襄公棄權謀而行仁義，故卒敗於泓；秦始皇捨正道而專詭譎，故二世而亡。向使二君知太公之書，仁義、權謀兼而用之，則烏得爲三王之罪人乎？惟張子房之用黄石，亦可謂造其閫域矣。承學荒殘，姑誦所聞，以塞明問。幸執事裁之。

宋·韓元吉《南澗甲乙稿》卷一七《太公論》　太公論用兵之事，有制有法而又有道。積人以爲伍，積伍以爲兩，積兩以爲卒，積卒以爲旅，積旅以爲軍；甲以副步，步以衞軍，此所謂制。教之以戰陣，嚴之以鼓鐸，表之以旗物，辨之以號名，勸之以賞罰，此所謂法。度彼己之强弱，較事理之順逆，量仁義之有無，明利害之輕重，此所謂道。嗟乎！後之用兵者其詳于制與法者有矣，而知其道者幾何人哉？太古之論兵，天下皆曰黄帝。黄帝之兵，其制與法，不可得而見矣。其可見者，不過曰去天下之害云爾，非若戰國之士角其詐力，以朝夕從事于軍旅者也。使太公而有言，亦用兵之道而已。

文王、武王，得太公而爲輔者也。文王之用兵，載于《書》者曰戡黎，載于《詩》者曰伐崇，曰侵阮徂共。武王之用兵，亦曰戎車三百兩，虎賁三千人，四伐、五伐、六伐、七伐而已，未嘗久暴師用衆也。然則太公之武功，于是可見矣。故詩人稱之曰：『維師尚父，時維鷹揚。凉彼武王，肆伐大商，會朝清明。』是太公之功，特相武王伐商之事也。伐商之事，其用兵亦略矣。戰國之時，天下方以兵爭也。好兵之士，思寓其説而不可得，凡用兵之説，乃舉而歸諸太公。然則太公者，其亦好兵者哉？而又有甚不可者，任詐與術，反覆機變之論，從而著之于書，以爲此太公所以造周者也。天下從而信之，後世從而師之，曰是真太公之言云爾。

今也請無問其他，彼其所謂十二節者，有曰養其亂臣以迷之，進美女淫聲以惑之，遺良犬馬以勞之，時與大勢而誘之。然則紂之無道，皆太公有以訹之歟？文王、武王其以是而謀之歟？是非特文王、武王不以是而謀，雖戰國之君，未有以是謀之而成者也。其以是而成者，僅見于句踐之亡吳，有近于兒女子之戲，非夫差之闇，其亦覺矣。嗚呼！而謂太公爲之乎？後世徒見其書，有以窺天道，察地利，明人事，謹符節，嚴號令，潛謀應猝，變化若神，車旗、器械、溝壘、糗糧之具纖悉備見，遂以爲三代聖人之兵，亦復出此，不知聖人用兵之有道也。昔孟子稱太公以比伯夷，曰天下之二老，又曰太公望見而知之。是孟子以太公同于聖人，從後

世之言，則僅足爲孫、吳之輩矣。

宋・羅泌《路史》卷三三《發揮二・論太公》 正道之不明，自戰國之急於功利者滑之，而漢儒不能明，後世不能討也。太公，亞聖之大賢也。其仕于周也，亦不苟矣。孟子曰：太公避紂，居東海之濱，聞文王作興，曰：『盍歸乎來！吾聞西伯善養老者。』賢者之去就，可知矣。而大史公乃以爲漁隱于渭，文王卜畋於渭之陽，載與俱歸，爰立爲師；且以爲西伯昌囚羑里，尚隱茲泉，其臣閎夭、散宜生、南宮括者，相與學訟於公。四子於是見西伯于羑里，而復相與求美女、文馬、白狐、奇物以獻紂，而脱其囚，歸而與之陰謀修德，以傾商政。其然乎？夫太公之爲人果如是，何耶？其出處之際，必有義，而其致君也，亦有道矣。何至操切譎詭，爲憸人之舉哉？《鬼谷》之《午合》曰：昔者伊尹五就桀，五就湯，然後合；呂尚三入商朝，三就文王，然後合。聖賢之出處，惟可知也。

今夫閭閻小子之愛其君，必有道矣。公之所學者王術，而其所事者聖人也，顧不若閭閻小子之愛其君者乎？方紂在上，播棄黎老，而文王思皇多士，欲盡得天下英材而用之，而天下之英材亦莫不心而願爲之用矣。故其《詩》有疏附，有先後，而又有奔走禦侮之臣。孰有天下之士歸之如此，有如太公而猶伏於漁者耶？且太公之漁也，有意於天下乎，抑無意于天下乎？有意于天下，當文王而不出，何時而出？無意於天下，則雖俱載以歸，猶將鑿坯而遁，而又奚以師爲？遷之言，蓋取之戰國一時辨士之説而不知決擇者也。且既曰畋得之矣，而又曰四子於隱所相與見西伯於羑里。其相盭，乃如此。且《君奭》之言文王之脩和有夏也，時則有若虢叔，若閎夭，若泰顛，散宜生、南宮括，曾不及于太公。而孟子論五百歲聖人出，則以太公望、散宜生於文王爲見而知之，然則公之聞道，實有自文王矣。此武王言予有亂臣十人，而説者始以爲太公在焉，是太公未嘗爲文王師也。《詩》云『維師尚父，時維鷹揚』，則公之在當時，特將帥之任爾。劉向《別録》云：師之，尚之，父之，合三元以爲名。則非必太公也。至《維師謀》，乃以爲號師尚父，則亦本諸此也。

夫學訟而脱人之囚與陰謀以傾人之國，皆兵謀詭計出於後世所謂太公《六韜》書者。其果信邪？《六韜》之書，顧非必太公也。班固述權謀，不見其書，《志》雖有《太公兵謀》，而乃列之道家。儒家有《六弢》六篇，則又周史所作，定襄時人，或曰顯王之世。故《崇文》自謂漢世無有。今觀其言，蓋雜出於春秋戰國兵家之説爾。自墨翟來，以太公于文王爲午合，而孫武之徒謂之用間，故權謀者每並緣以自見。蓋以嘗職征伐，故言兵者本之以爲説。騎戰之法著于武靈之伐，而今書首列其説。要之楚漢之際好事者之所掇，豈其本哉？君子于此，其可不審所取而讕説之是狥耶？

又《太公舟人説》 昔之人有負鼎以干世者，人見其爲鼎而不知其所以爲鼎，因曰庖人也。然則太公負釣以干世，而或謂之舟人，亦宜。太公望，河内汲人也。其爲人也，博聞而内智。蓋亦嘗事紂矣，紂之不道，去而游于諸侯，退居東海之濱。聞文王作興，翻然起曰：『吾道信矣。』或曰傺七十餘主而不遇，人皆曰狂丈夫也，文王獵而得之。嗟夫，風雲之會，不約而合，豈繄俗所窺哉？

方公之遇文王，説者謂其陰謀詭計以午合，此既失之；而或者因其釣合，復以爲之舟人漁父。《韓詩傳》云：文王舉之舟人，七十二矣。其果然邪？夫太公于文王，孟子之説最爲近之。始其來也，蓋以釣道説爾。陳以釣道，豈世俗所謂漁哉？迹文王畋於渭之陽也，太公鉤餌手竿，而蹲于茅。王問焉，曰：『子樂漁邪？』對曰：『君子樂其志，小人樂其事。吾漁，非樂之也。』『然則奚其餌？』對曰：『魚求於餌，乃牽其緡；人食於禄，乃服於君。故以餌取魚，魚可揭；以禄取人，人可殺。以小釣釣川，而禽其魚；中釣釣國，則禽其萬國諸侯。』是以公之爲釣，非舟人也，明矣。伊尹之負鼎俎，蓋亦以滋味説，豈庖人哉？滋味之説，鹽梅之説也，具之《呂覽・本味》之篇。由此語之，太公之事，益可知矣。然則莊子謂湯以庖人籠伊尹，而范睢以太公爲漁父。厥有由也。《鬼谷子》云：尚三就于文王，然後合于文王。必其知之至，而後歸之而不疑，豈苟合邪？辭棘津，西入渭，其亦知文王之所以興矣。知其興而來，以求合其道，則其所以釣，釣文王者，豈在魚乎？

雖然，卜畋之事，我知之矣。太公之賢，文王既雅知之，豈又懼夫世不之知而我異故，於是爲之畋且卜耶？胥靡之賢，武丁豈不之知，而必曰『夢帝賚予』者，武丁雖已知之，而天下未之知，天下未之知，故不得

不託之夢。然則文王之不得不託之于卜也，審矣。知武丁之夢爲非夢，則知文王之卜爲非卜矣。武丁之夢，文王之卜，是或一道也。

宋·真德秀《大學衍義》卷二《帝王爲學之本·堯舜禹湯文武之學》

臣按：武王之始克商也，訪《洪範》於箕子；其始踐阼也，又訪《丹書》於太公，可謂急于聞道者矣。而太公望所告，不出敬與義之二言。蓋敬則萬善俱立，怠則萬善俱廢；義則理爲之主，欲則物爲之主，吉凶存亡之所由分。上古聖人已致謹於此矣。武王聞之，惕若戒懼而銘之器物，以自警焉。蓋恐斯須不存，而怠與欲得乘其隙也。

元·吴海《聞過齋集》卷七《題太公釣渭圖》 古之豪傑之士，不幸遭時之否，而隱乎崆峒之野，寂寞之鄉，與草木同腐而不悔。及值時之亨，則出而經綸天地，品育萬彙，使三綱九疇得其敘，昆蟲草木遂其性。其出處固自有道，豈容易議哉？如夏伊尹、商伯夷、呂望是已。下如商山四老、魯兩生、嚴光之徒，皆進退不辱；至皇甫希之、周顒、盧藏用輩，當時之譏不免，況後世耶！方山山人持《太公釣渭圖》求題一言，語稱呂望釣于渭濱，年八十矣。遇西伯出獵，載之以歸；至武王時，有牧野鷹揚之舉，拯民水火，以安天下，其功不細矣。然孟子言世無文王，則終焉。後世如是圖者罕見，豈無太公耶？抑無文王耶？拊卷三歎。

元·梁寅《石門集》卷七《武王》 《史記》言『西伯以太公望爲師，與陰謀修德以傾商政，其事多兵權與奇計，故後世之言兵及周之陰權皆宗太公。』吁！爲此言者，安知聖賢之道哉？夫以文王之聖而師於太公，則太公之德之學非常人所及者也。自《史》有是言，後世莫不以太公爲好勇之夫；凡言用兵詭計者，皆曰太公兵法。何太公之見誣若此哉！觀《丹書》之言純粹切要，太公以師道自居於此可見；而武王之尊禮師臣，進德不倦，尤足以見其自强之心云。

明·胡居仁《居業録》卷四《帝王》 文王得太公，便載之後車。是相知相契深，故敬之至，禮之重。

明·王世貞《弇州四部稿》卷一一〇《史論·太公》 管仲非太公儔也，然而吾嘗爲之説曰：爲管仲難，爲太公易。夫何以言太公易也？文王之聖，而有天下三分之二，武王繼之。紂之虐，失天下三分之二，而其一，亦且心叛矣。即無太公，商寧不周也？無太公，而周畢、閎、散之輩以將紂師，不倒戈乎否也。故曰無太公，商寧不周也？夫齊桓，中材主也。管仲以羈旅之匹夫而爲之相，屈高、國世卿之威，而惟吾使，北攘狄，南懲楚，彼方彊武整一，以方張之勢而我率孱諸侯以抑之，而若承蜩，此非有過人之材，不能也。吾故曰：爲管仲難，爲太公易。

夫太公，非直易也。凡太公之所爲，多陰謀秘術見於《金匱》、《六韜》諸篇者。先儒以其異於道而斥之，以非太公作，不盡爾也。夫齊之後强於魯，而益遠於道，誰使之？太公使之也。故孔子津津焉推仁於管仲，而太公之不及。抑不特此也，武王之滅商，若畿內畿外之國，以封同姓及功臣凡數十。彼其君，豈盡徇紂於虐，若飛廉、惡來者？蓋歸附之，稱後則滅之耳。夫豈亦崩角而就服者哉？凡武而稱無戰，則周、畢功也，太公不得稱功臣。太公而稱功臣，則不得不任術。太公之任術也，與武王之爲武也，夫子知而隱之。若宋儒，則以爲無之矣。

清·魏裔介《兼濟堂文集》卷一四《太公論》 自古帝王之興，必有佐命之臣爲之定其謀猷，立其規模，而後從事。是以禹征三苗，尹伐有夏，漢有三傑，唐用房、杜、李靖等。雖王霸不同，其勳伐一也。觀《史記》所載，則伐紂之事，太公之謀爲多；而《泰誓》、《牧誓》總衆庶與舟楫，嚴步伐止齊之法，率虎貔熊羆之士，太公之於行軍戰陣，固仁義而兼紀律者也。其爲周室元功，顧不偉哉？然以文王之聖，即奉尚父爲師，而武王從之，受《丹書》之道『敬勝義勝』，直接『危微』之傳，此其於先王之道講求之，必非一日也。乃世因太公之知兵，一切陰謀詭計，皆附會於太公。又謂太公爲朝歌之逐夫，譙周曰：呂望常屠牛於朝歌，賣販於孟津。夫太公歸周，未幾而以女邑姜妻武王，生成王誦，則其室家素著，刑于之化可知，而豈有惡妻逐夫之事哉？

《六韜》所載，多戰國權詐之言，非盡太公本指也。孟子曰：太公避紂，居東海之濱，聞文王作興，曰『盍歸乎來！吾聞西伯善養老者。』西伯以養老致太公，太公以大老歸西伯。文王之服事殷，武王之伐紂，太公皆左右其間，蓋識時順命之聖人也，而豈陰謀詭計一切功利之徒所可及哉？是不可以不辨。

清·李鍇《尚史》卷二五《周諸臣傳·太公望》 論曰：《易》曰：『盤桓利，居貞，利建侯。』方呂尚之屠釣殷墟，槃桓困約，何其劣也！

及合德一朝，垂老傳翼，遂以建周啓齊，居貞之效與？若乃建堂堂之旗，扶義而東，置有禮，覆昏暴，固其宜也。說者陰謀譎智，歸諸道家，誣矣。世所傳太公兵法，韜略庸鄙，牽合不足録。所著有《子牙子》。

藝文

《宋書》卷二二《樂志四·釣竿》 《釣竿》言聖皇德配堯舜，又有呂望之佐，以濟大功，致太平也。

釣竿何冉冉，甘餌芳且鮮。臨川運思心，微綸沈九淵。太公寶此術，乃在《靈祕》篇。機變隨物移，精妙貫未然。遊魚驚著釣，潛龍飛戾天。戾天安所至？撫翼翔太清。太清一何異，兩儀出渾成。玉衡正三辰，造化賦羣形。退願輔聖君，與神合其靈。我君弘遠略，天人不足幷。天人初幷時，昧昧何芒芒。日月有徵兆。文象興二皇。蚩尤亂生民，黄帝用兵征萬方。逮夏禹而德衰，三代不及虞與唐。我皇聖德配堯舜，舜禪卽祚享天祥。率土蒙祐，靡不肅，庶事康。庶事康，穆穆明明。荷百祿，保無極，永泰平。

唐·李白《李太白集》卷三《梁甫吟》 長嘯梁甫吟，何時見陽春。君不見朝歌屠叟辭棘津，八十西來釣渭濱。寧羞白髮照淥水，逢時吐氣思經綸，廣張三千六百釣，風期暗與文王親。大賢虎變愚不測，當年頗似尋常人。

又 卷四《鞠歌行》 朝歌鼓刀叟，虎變蟠溪中。一舉釣六合，遂荒營丘東。平生渭水曲，誰識此老翁。奈何今之人，雙目送飛鴻。

《常建詩》卷二《太公哀晚遇》 日出渭流白，文王畋獵時。釣翁在蘆葦，川澤無熊羆。詔書起遺賢，匹馬令致辭。因稱江海人，臣老筋力衰。遲遲詣天車，快快悟靈龜。兵馬更不獵，君臣皆共怡。同車至咸陽，心影無磷緇。四牡玉墀下，一言爲帝師。王侯擁朱門，軒蓋曜長逵。古來榮華人，遭遇誰知之？落日懸桑榆，光景有頓虧。倏忽天地人，雖貴將何爲？

宋·郭茂倩《樂府詩集》卷七《[唐]于邵〈釋奠武成王樂章〉》 唐釋奠武成王，舊以文宣王樂章用之。德宗貞元中，詔于邵補造。

迎神 卜畋不從，兆發非熊。乃傾荒政，爰佐一戎。盛烈載垂，命祀惟崇。日練上戊，宿嚴閟宮。迎奏嘉至，感而遂通。

奠幣登歌 管磬升，壇薌集。上公進，嘉幣執。信以通，僾如及。恢帝功，錫后邑。四維張，百度立。綿億載，邈難挹。

迎俎酌獻 五齊絜，九牢碩。梡槩循，罍斝滌。進具物，揚鴻勣。和奏發，高靈寂。虔告終，繁祉錫。昭秩祀，永無易。

亞獻終獻 貳觴以獻，三變其終。顧此非馨，尚達斯衷。茅縮可致，神歆載融。始神翊周，拯溺除凶。時維降祐，永絶興戎。

送神 明祀方終，備樂斯闋。黝纁就瘞，豆籩告撤。肸蠁尚餘，光景云滅。返歸虛極，神心則悦。

唐·歐陽詹《歐陽行周文集》卷三《讀周太公傳》 論兵去商虐，講德興周道。屠沽未遇時，豈異茲川老。

宋·姚鉉《唐文粹》卷一四上《李涉〈詠古〉》 大智思濟物，道行心始休。垂綸自消息，歲月任春秋。紂虐武既賢，風雲固可求。順天行殺機，所向協良謀。況以丈人師，將濟安川流。何勞問枯骨，再取陰陽籌。霸國不務人，兵戈恣相酬。空令渭水迹，千古獨悠悠。

唐·胡曾《詠史詩》卷上《渭濱》 岸草青青渭水流，子牙曾此獨垂鉤。當時未入非熊兆，幾向斜陽歎白頭。

清·彭定求等《全唐詩》卷七二八《周曇〈詠史詩·太公〉》 昌獵關西紂獵東，紂憐崇虎棄非熊。危邦自謂多麟鳳，肯把王綱取釣翁。

又 《再吟》 東鄰不事事西鄰，御物卑和物自親。天下言知天下者，兆人無主屬賢人。

又 《子牙妻》 陵柏無心竹變秋，不能同戚擬同休。歲寒焉在空垂涕，覆水如何欲再收！

又 卷七四〇《孟賓于〈蟠溪懷古〉》 良哉呂尚父，深隱始歸周。釣石千年在，春風一水流。松根盤蘚石，花影臥沙鷗。誰更懷韜術，追思古渡頭。

唐·羅隱《羅昭諫集》卷四《題蟠溪垂釣圖》 呂望當年展廟謨，直鈎釣國更誰如？若教生在西湖上，也是須供使宅魚。

唐·李中《碧雲集》卷上《感興》 漁休渭水興周日，龍起南陽相蜀

時。不遇文王與先主，經天才業擬何爲？

宋・洪邁《萬首唐人絶句》卷四七《高駢〈太公廟〉》　青山長在境長新，寂寞持竿一水濱。及得王師身已老，不知辛苦爲何人。

《宋史》卷一三七《樂志・樂章六・景祐釋奠武成王六首》　迎神，《凝安》　維師尚父，賜履分封。靈神峻密，祀事寅恭。蕭薌祇薦，飈馭排空。如幾如式，福祿來崇。

太尉升降，《同安》　上公攝事，袞服斯皇。禮容濟濟，佩響鏘鏘。靈斿惚恍，嘉薦令芳。神具醉止，降福穰穰。

奠幣，《明安》　四嶽之裔，涼彼武王。發揚蹈厲，周室用昌。追封廟食，簡冊增芳。升幣以奠，磬筦鏘鏘。

酌獻，《成安》　獵渭之陽，理冥嘉應。非龍非虎，聿求元聖。平易近民，五月報政。祀典之崇，於斯爲盛。

飲福，《綏安》　神機經武，隆周之寓。表海分封，邁燕超魯。耽耽廟貌，俎豆有序。薦福邦家，維師尚父。

送神，《迎安》　聖朝稽古，崇兹武經。禮交樂舉，於神之庭。嘉栗旨酒，既饗芳馨。永嚴列象，劍舄簪纓。

又　《熙寧祀武成王一首》　初獻升降，《同安》　武德洸洸，日靖四方。百王所祀，休有烈光。命官攝事，佩玉鏘鏘。思皇多祜，以惠無疆。

又　《大觀祀武成王一首》　酌獻，《成安》　涼彼周王，君臣相遇。終謀其成，諸侯來許。洋洋神靈，尊載酒醑。新聲爲侑，笙簫備舉。

又　《紹興釋奠武成王七首》　迎神，《凝安》　姑洗爲宮　於赫烈武，光昭古今。載嚴祀事，敕備惟欽。既潔其牲，既諧其音。神之格思，來顧來歆。

初獻升殿，《同安》　肅肅廟中，有嚴階墄。匪棘匪徐，進退可則。冕服是儀，環珮有節。神之鑑觀，率履不越。

奠幣，《明安》　祀率舊典，禮崇駿功。齊明衷正，肹蠁豐融。量幣肅備，周旋鞠躬。神其昭受，幽贊無窮。

正位酌獻，《成安》　赫赫尚父，時維鷹揚。神潛韜略，襟抱帝王。談笑致主，竹帛流芳。國有嚴祀，載稽典常。

留侯位酌獻　眷彼留侯，奇籌贊漢。依乘風雲，勒成功旦。克配明禋，儀刑有煥。英氣如生，來格來衎。

亞、終獻，《正安》　道助文德，言爲世師。功名不泯，祀事無遺。旨酒惟馨，具醉在兹。有嘉累獻，神其燕娭。

送神　日惟上戊，神顧精純。禮備三獻，樂成七均。奄留洋洋，流福無垠。言還恍惚，空想如存。

宋・張方平《樂全集》卷四《過齊篇》　有叟羈窮垂白頭，潛神密理同天遊。朝歌鼓刀既屠紂，渭濱垂鈎來釣周。晚遭西伯與同載，首封東海荒營丘。洋洋大風僅千祀，當年固乃屠釣儔。世變後有薛公文，館中多坐倜儻人。魯連節重輕丘山，馮驩氣高微風雲。丈夫志義絶流俗，豈與屑屑雞鼠羣。楚漢興亡事已微，後世傾奪奚足譏。龍韜豹略苦迂闊，使公復生將安歸？

宋・楊傑《無爲集》卷七《呂望》　舉世無人用直鈎，直鈎到底是良謀。孟津再擲磻溪餌，八百諸侯盡愛周。

宋・方嶽《秋崖集》卷一四《三禽言》　呂望非熊亦非龍，後車載歸作三公。龐眉皓髮八十翁，幾何日月土一叢。盍不徑老磻溪風，以文見醫方自功。西山之人不爾容，君不見秋崖無才終不逢，長年垂釣煙波中，公非熊，同不同。

宋・陳普《石堂遺集》卷二〇《尚父伯夷》　春來秋葉在枯枝，底用端蓍更拂龜。二老東來元並轡，馬前何害不相知！

宋・鄭思肖《一百二十四圖詩集・呂望垂釣圖》　八十老翁心尚孩，渭濱癡坐弄徘徊。當初若是逃名者，誰要文王上釣來。

金・元好問《中州集》卷一〇《李講議汾〈磻溪〉》　封侯輸與曲如鉤，冷坐磻溪到白頭。老婦廚中莫彈鋏，白魚留待躍王舟。

元・耶律楚材《湛然居士集》卷七《和王巨川題武成王廟》　商辛自底滅亡期，堡障全空聚繭絲。誰識華山歸馬日，易於渭水釣魚時？

元・王惲《秋澗集》卷二六《渡渭有感》　當年尚父欲誰親？八十西來釣渭濱。馬上行人應未了，莫教虛負百年身。

元・王旭《蘭軒集》卷九《觀獵》　非熊一獲渭陽田，定鼎宗周八百年。千載獵賢人不遇，長楊空賦射熊篇。

元・陳孚《陳剛中詩集》卷二《淇州》　聯鑣下淇澳，煙淡草紛紛。綠竹已秋色，白旄空暮雲。殘陽孟津渡，落葉比干墳。尚想鷹揚叟，當年此策勳。

元・袁桷《清容居士集》卷一五《再次韻玉堂畫壁》　維昔師尚父，垂老鬢眉雪。突兀江海姿，韜精忘歲月。坐石投其竿，秘籥時一發。載車與之歸，在德不在軏。念昔經濟人，事定始功閥。寒江眇風濤，乘桴可知筏。

元・宋褧《燕石集》卷七《太公遇文王圖》　狂王喪心醉其上，老叟避世居渭濱。出獵初非取獸意，垂鈎豈是求魚人？千年茅土有終始，一時際遇無比倫。韓、彭烏合成俎醢，三顧猶堪繼後塵。

明・張烈《元音遺響》卷《胡布〈讀武成王傳〉》　子牙獵渭水，葉夢爲帝師。望重名益崇，太公俟子來。殷授太阿柄，興王闡鴻基。一怒天下安，熊羆實佐之。如何上古書，誓命無一辭。聖道薄武功，用變當天時。窮兵非得已，凶術尚誰咨。黄帝革不享，揚威樹旄旗。堯民服四罪，干戈寢已墮。孔聖鄙軍旅，尚力德已衰。脩德保宗社，教民戰無違。熙熙安耕鑿，此道寧可期。

元・戴良《九靈山房集》卷八《過營丘》　營邱古齊國，綿歷幾千春。軌路偶經從，延瞰一悲辛。邦郭盡阡陌，濠隍半烟雲。旦摇禾黍實，暮走狐兔羣。陵遲世祀忽，變換民居新。廟寢想餘基，文物憶前人。在昔商政熄，於時周德聞。聖賢相濟會，文武共經綸。太公扶大業，伯夷守其仁。首陽遺節義，東海爵功勳。功勳誰獨久，節義兩同湮。物理有感觸，長歎迴吾輪。

元・葉顒《樵雲獨唱》卷四《磻溪釣圖二首》　渭水風生兩鬢秋，平生意在釣吞舟。如何八百封侯國，也逐鯨魚競上鈎。

白髮荒凉釣渭濱，宅心非是爲金鱗。不知絲線長多少，牽掣江山八百春。

明・劉基《誠意伯文集》卷五《題太公釣渭圖》　璇室羣酣夜，璜溪獨釣時。浮雲看富貴，流水淡鬢眉。偶應非熊兆，尊爲帝者師。軒裳如固有，千載起人思。

明・胡奎《斗南老人集》卷五《呂望釣魚圖》　磻谿手弄一絲秋，夢入非熊雪滿頭。釣得周家有何物？白魚躍入後王舟。

又《呂望釣魚》　白髮蕭蕭老渭川，非熊夢入九重天。安知一片溪邊石，釣得周家八百年。

明・程敏政《篁墩文集》卷八一《題雜畫・渭水非熊圖》　落日秋風渭水湄，天教西伯共心期。憑誰敢道鷹揚勇，鶴髮漁翁有此奇。

明・曹學佺《石倉歷代詩選》卷四〇〇《明詩次集・陳昌〈太公釣魚圖〉》　炮烙煙生醢鄂侯，人心天命已歸周。如何未入非熊兆，尚向磻溪下直鈎。

明・韓邦奇《苑洛集》卷一〇《渭濱叟》　西伯本事商，後車載老人。豈期牧之野，空有十亂臣。我獨負鷹揚，談笑誅商辛。峩峩首陽山，其下渭之濱。

清・劉於義等［雍正］《陝西通志》卷九六《藝文十二・［明］張鍊〈磻溪宫〉》　丹厓迴遶翠微宫，十度溪橋一徑通。雙鶴歸巢元圃暗，三花過雨石壇空。林梢落月聞啼鳥，磯上浮雲想釣翁。聖主卽今懷隱逸，還應有夢到非熊。

清・愛新覺羅・玄燁《聖祖仁皇帝御製詩》卷三九《詠史》　尚父抱奇略，壯齡運不偶。一竿清渭濱，經綸在其手。志欲網九州，吞舟非所取。卜兆示先幾，龍彲載車後。白旄師既陳，青社符還剖。偉哉八百基，肇自一釣叟。

宋・劉過《龍洲集》卷一一《清平樂》　新來塞北，傳到真消息。赤地居民無一粒，更五單于爭立。　維師尚父鷹揚，熊羆百萬堂堂。看取黄金假鉞，歸來異姓真王。

《全元散曲・薛昂夫〈朝天曲〉》　子牙，鬢華，才上非熊卦。爭些老死向天涯，只恁垂鉤罷。滿腹天機，天人齊發，武王任不差。用他，討罰，一怒安天下。

又　《查德卿〈蟾宫曲・懷古〉》　問從來誰是英雄？一個農夫，一個漁翁。晦迹南陽，棲身東海，一舉成功。八陣圖名成臥龍，《六韜》書功在非熊。霸業成空，遺恨無窮。蜀道寒雲，渭水秋風。

《楚辭》卷一《屈原〈離騷〉》　說操築於傅巖兮，武丁用而不疑。呂望之鼓刀兮，遭周文而得舉。

宋・李昉等《文苑英華》卷一二四《〔唐〕頻喻〈畋獲非熊賦以有開必先是膺明盛爲韻〉》 畋者所以講武，賢者所以輔弼，能順時以弘閲，逢命世之間出。得賢於蒐狩之場，效獲乎霸王之術，且以展時巡之明義，昭至化之陰隲，將入林之有期，寧卽鹿而無必哉？是以賦車攻，練吉日，駕駟牡之既閑，儼七騶以齊蹕，於是列卒滿路，張罟竟天，傾藪刮野，搜林蕩川，小殷湯之教祝，同周文之獵賢。治國之規，必聞獻可，從禽之樂，寧假獻豣？如斯則沃心之期乎説啓，乃入夢之知夫兆先。觀夫獵車未貫，大綏將弭，得賢之繇既符，非熊之姿宛是。馬足不極，皮軒遽迴，解雲羅之周布，廣天仗以全開。用割鮮之能，我則曾事於屠釣；誇染輪之味，我則將和於鹽梅。且夫博採爲聖，旁求斯盛，寧知校獵之遊，更展弓旌之命。白駒皎皎，無煩空谷之維；束帛戔戔，不待中園之聘。薄狩有隟，畋遊有恒，陳《虞箴》以炯戒，得呂望以光膺。馳騖乎道德之囿，故逸飛之遺走。將賢能之是擇，在麋鹿而何有。十旬失位，悲夫洛汭之歌；三品充庖，詎比渭濱之叟。此威容兮，我武既成；彼非熊兮，惟時之英。來儀則邁種靡怨，佐理則日月宣明。盛哉三驅之致用也，永代垂聲。

又《〔唐〕佚名〈呂望釣玉璜賦以道濟天下神符告休爲韻〉》 昔太公之未遇也，隱於渭之濱，釣於渭之津，坐磻石而不易其操，垂直鈎而不撓其神，波萬重而我心惟一，歲三周而吾道方申。既而寒潭曉霽，莫不遺乎巨細，兀忘形而有待，引經綸而不替，期陰隲以旁行，忽冥符而下濟。於是拔深泉，激細漣，振錦鱗而雲霞煥若，獲玉璜而篆籀昭然。皎皎霜淨，亭亭月懸。表蒼兕之期，功鄰造化；騰白虹之氣，理契先天。所以耀川靈，所以誇漁者，徘徊自適，憤惋俱寫，臨清流而素彩熒煌，昭白日而祥光上下。公乃起川隅，懷寶符，顒昂志氣，振奮泥塗。捧抵鵲之容，彌彰潔白；入非熊之兆，寧掩瑕瑜。衆皆釣其名，我則釣其道；衆皆釣其魚，我則釣其寶。故知神全者不辭於貧賤，志大者不歎於枯槁。皤皤兮白髮，湜湜兮清流，其來也釣於周。所謂運良謀，擁神休，豈芳餌而能獲，匪嘉魚而足求。異和氏之功，疵瑕受戮；賤詹何之術，溪澗空投。然則道感其誠，德亦有報，天以我爲忠告。客有悦其性者，莫不望茲川而高蹈。

元・楊維楨《麗則遺音》卷三《太公璜賦》 客有浮乎東海之疆，渭水之陽，考申呂之封裔兮，見大風之泱泱。夫惟老漁之人兮，蹇齫齒而番髮。逝辟地於危邦兮，紛獨守此姱節。歲月不我與兮，哀朕時之不當。彼神魚之出水兮，孰從孕夫瑞璜。自夏后氏之名珍兮，實取形於半璧。曰大國之是錫兮，非夫人之苟得。何直鉤之寓意兮，乃珍物之見貽。具神工之成刻兮，知剞劂之莫施。曰姬受命兮，呂佐之功之成兮報在齊。惟良弼之間生兮，天固有所賚也。韜吾珍而不耀兮，時固有所待也。五百祀之膺會兮，龍雲而虎風。尚父之望兮，望吾先公。元龜示兆兮，非羆非熊。傾一見於大騩兮，神合而道同。躋後載而西歸兮，登師臣於三事。爾無覥色兮，我無貳志。人無間言兮，總百寮於極位。錫公袞之被服兮，解朝歌之鼓刀。邁洗耳之廢義兮，配審象之神交。貨通九府兮，兵衍《六韜》。一戎定治兮，鷹揚牧郊。自師文而傅武兮，洎幼沖之左翼。勒景襄之殊勳兮，銘昆吾之偉績。首營邱之報功兮，兼五侯之封域。信神物之開先兮，協蓍蔡而罔忒。嗟神魚之久化兮，吾固莫質其是非。吾獨悲夫符命之興兮，襲劉秀之僞辭。讖梁而夢鄧兮，紛卜鬼而稽疑。彼夢臧之曠議兮，又恍惘其奚知。雖其神道之託兮，不既治道之賊也。吾固知評璜刻九字之書兮，不若佩尚父《丹書》二十字之刻也。誶曰：蒼姬受命兮呂佐生，玉璜示兆兮吾何憑。取人以身兮聖有經，放勳示法兮揚仄陋而明明。

元・楊維楨《鐵崖賦稿》卷下《九府圜法賦》 維聖人之創物，心化工之範模。夏后貢赤銅於州郡，殷湯鑄莊金于國都，務國用之通變，實幣金之權輿。蒼姬大老，載於後車，鷹揚牧野之郊，馬躍孟津之渚。爰建大功，爰立嘉謨，遂立九府之圜法，曰輕重焉以銖。想夫陰陽爲炭，天地爲爐，奇銅成聚，寶貨刻圖，仰觀俯察，錢制是區。外圜而實，內方而虛，圓象天體，方象地隅，積如疊葉之荷，散如落莢之榆。便通遠近，貿易有無，流行於市井，充滿于里閭。故當時之貨，寶于金，利于刀，流于泉，布于布，束于帛，莫不充然而有餘。而況九府立法，九式均輸，一公制作，周官掌諸！職金職幣之黨，掌財掌帛之徒，或操或縱，或斂或紓，宜其用之於天下以足貨食，傳之於一國以富貯儲。

北周・庾信《庾子山集》卷一〇《文王見呂尚讚》 言歸養老，垂釣西川。岸止磻石，溪惟小船。風雲未感，意氣怡然。有此相望，於茲幾年？

又《師尚父授〈丹書〉讚》　尚父一遇，周王是親。赤雀既下，《丹書》已陳。自論秉鉞，長別垂綸。獨有磻石，留名渭濱。

清・董誥等《全唐文》卷一三二《王績〈太公釣渭濱贊〉》　棲遲養老，寂寞何爲？地接皇澗，溪連灞池。釣舟始泊，漁竿半垂。君王先兆，還應先知。

唐・王勃《王子安集》卷一六《補遺・太公遇文王贊》　姬昌好德，呂望潛華。城闕雖近，風雲尚賒。漁舟倚石，釣浦橫沙。路幽山僻，溪深岸斜。豹韜攘惡，龍鈐辟邪。雖逢相識，猶待安車。君王握手，何其晚耶！

明・王直《抑菴文後集》卷三七《太公贊》　隱以待時，顯以致用。揚于商郊，仁者有勇。敬勝則吉，義勝則從。煌煌《丹書》，百世所宗。

明・孫承恩《文簡集》卷四一《古像贊・太公望》　尚父鷹揚，實維王佐。行義達道，拯民水火。輔德訓告，厥有《丹書》。義利之言，萬世莫渝。

宋・姚鉉《唐文粹》卷六六《梁肅〈磻溪銘并序〉》　陰陽和而萬物生，聖賢合而天下平。和者，時也；合者，運也。在昔堯、舜合禹，抑洪水而天下平者四百年；湯合伊尹，革桀驁而天下平者六百年；文、武合太公，一戎衣而天下平者八百年。與夫風雨寒暑，五行四時，佐天生物，一也。天之數不可以不變，時則有懷山襄陵、浩浩滔天之災；君之運不可以不極，時則有作威殺戮、毒痡四海之變。變則通，時則有四載之庸；極則反，時則有放伐之功。於戲！惟尚父鍾其運而遇其主，躡其機而作其合者歟？于後伯陽不顯，仲尼旅人，其不合者歟？故曰君子得其時則大行，不得其時則龍蟠也。嘉尚父之動静，不失其時，作《磻谿銘》。曰：

至人無心，與道出處，處則土木，出則雷雨。惟殷道絶，粤有尚父，爰宅于幽，盤桓草莽。天地闔闢，陰陽運行，明極而昏，昏極而明。遇主水濱，謨泰八紘，牧野桓桓，一麾而平。惟彼日月，得天而光；惟彼聖賢，得時而彰。獨夫昏迷，我乃豹藏；文、武作周，我乃鷹揚。故曰大道無體，大人無方，運用變通，至虚而常。作銘磻溪，今古茫茫。

元・吳萊《淵穎集》卷七《磻溪銘》　有瀏斯溪，惟石之磻。誰歟漁者？伯夷之孫。自彼東海，曰徂周原。我志非魚，我人之完。天錫有周，君臣相懽。爰底于牧，爰取厥殘。我咨我謀，皇旅嘽嘽。既定周鼎，却開齊藩。方韜汝光，如龍之蜿。我獵我人，非畋之盤。既顯諸用，如鷹斯□。發揚蹈厲，亦總其干。惟古之道，孰測其端？勿謂伊人，漁釣是奸。我懷于今，不古是觀。己雖不能，民之艱難。有磻斯石，惟溪之湍。我勒我銘，昭示不刊。

宋・徐鉉《騎省集》卷一〇《武成王廟碑》　下臣伏讀前史，窮探政經，莫不以兵戰爲危事。目干戈爲凶器，異達人之格論，蓋曲士之常談。若乃上考洪荒，遐觀儀象，九疇垂範，何當棄從革之功？五緯麗天，詎可淪長庚之耀？春生夏長，非秋無以收成；雷動風行，非霜不能肅殺。先王設教，誰敢渝之？垂衣裳以正其本，爲弧矢以申其用，板泉戡難，所以見軒后之神明；丹浦庇人，所以成帝堯之光宅。七旬來格，本由舞羽之仁；八百同辭，始自葬枯之惠。故修文廟堂之上者。武功之始；折衝千里之外者，文德之形。如仁而忘兵，則西夏、偃王，以之而殞；恃力而棄義，則夫差、嬴政，由是而亡。乃知文德不修，則武功不立；武功不試，則文德不昭。相須而成，其揆一也。

故立其教者謂之聖，大其業者謂之賢。聖則應天順人，西伯受代殷之任；賢則開物成務，太師有佐命之功。當其偃息朝歌，盤桓渭水，量恢宇宙，既處困而能通；才冠生民，亦俟時而後動。雲雷之屯已亨，天人之契冥符，曆數有歸，君臣相遇，投釣而起，同車以還。尊爲王者之師，我無慚德；加之百官之上，人絶異言。大矣哉！聖哲膺期，無得而稱已。故能式遏亂略，大拯橫流，把白旄而誓師，操黄鉞而助斷，解倒懸之困，釋比屋之誅。大統既集，天保已定，然後式廬表墓，歸馬牧牛，申義風于夷、齊，授成事于旦、奭，宏開四履，高視五侯。及其德澤將衰，風流已远，猶使紀侯大去，不遺九世之讎；周室既卑，更賴一匡之業。自非道充四表，功濟三才，孰能丕顯光烈，若斯之盛者也。

其後聖人既没，真風漸漓，戰國如焚，羣生殄瘁，先王利器，舉爲爭奪之資；闕里諸生，率用縱横之說。遂使中都憤歎，聿興末學之辭；柱史傷嗟，始發不祥之論。流遁忘返，積習生常，則我《武》、《濩》之音，將墜於地。夫至公所以應羣動，上德所以綜萬殊。達其旨，則左右咸宜；

迷其本，則弛張兩失。自漢參霸道，魏濟奸雄，藐爾千年，荒哉七德。國家參墟發命，扈水膺圖，羣黎興徯后之辭，八表有宅心之地。高祖奉天革政，扇牧野之高風；太宗屈己師臣，躡渭濱之盛軌。施其法，則致其報；入其國，則思其人。貞觀年中，始於磻溪立廟。玄宗祇若先訓，奮發神謀，平内難于女戎，翩鴻圖於代邸，永言遺範，重祀嚴禋。開元中，詔京師及天下州府並立太公廟，著良辰於上戊，抗縟禮於虞庠，而復歷選前修，式崇配享。得其體者，參入室升堂之列；蹈其迹者，儼摳衣函丈之容。穆矣皇風，焕乎甲令。肅宗來朝走馬，初嚴避敵之師；九五飛龍，遂荷在天之命。澆戈既戮，商奄猶驕，方資戡定之勤，更舉褒崇之詔。禮尊南面，位極真王，取其大告之稱，以定易名之典。歷代之闕文備矣，聖皇之能事烝哉！故得靈鑑孔昭，羣臣競勸，諸侯供職，函夏同文，中興之功，配天齊古。雖復運逢興替，時有安危，造周之德既隆，思漢之人常在。

烈祖沉潛剛克，神武有徵，靜氛癘於蕭墻，功高匝正；掃攙搶於丹徼，業茂賓門。由是四海樂推，三靈眷命，光復舊物，洪惟至公，大道將行，皇猷累洽。今上允文允武，克長克君，自出震見離，發號施令，雷行天下，豐宜日中，信及豚魚，仁霑行葦。若夫尚齒尊賢之教，宵衣旰食之勤，制禮作樂之文，返朴斲雕之質，固已紛綸帝籙，掩映瑶編，猶復協比臧謀，疇咨庶政，以爲五材並用，廢一不可，天下雖平，忘戰必危。是故簡萬乘之人，申九伐之令，六官聯事，百度惟貞。

副君以介弟之尊，當撫軍之任，威而不猛，動必以仁。大元帥齊王明德茂親，由諸王而宿衛。副元帥燕王敦《詩》説《禮》，以長子而帥師。用能啓迪大中，張皇下武。其餘西京名將，霧集星羅，北府奇兵，飈馳電鶩，並列雲臺之像，咸開長水之營。地利人和，思深慮遠，域中無事，則用之于進賢興功；四方有變，則用之于弔民伐罪。故出車甌駱，則係以長纓；鞠旅衡湘，則舉爲内地。皆所以拯其塗炭之患，息其沈閼之爭，非徒夸大兵威，兼幷土宇而已。至于篁竹萑蒲之聚，田昭屈景之宗，或粗舉先聲，或聊分偏校，莫不厥角稽顙，請命卽刑，史不絶書，野無遺寇。斯乃聲明文物之外，廟堂帷幄之間，思未半之功已倍矣。

加以爲而不宰，讓德於天，潔粢豐盛，靡違於時事；春蘭秋菊，遠被於無文。乃顧戎韜，式嚴邦政，以爲三王四代之事，罔不從師；前哲令德之人，必將崇祀。列聖盛典，實啓孫謀，乃復舊章，爰作新廟。於是宗伯建位，梓人授規，入端門而右迴，旁太學以西顧，瞰康莊而列屏，因爽塏而營基。他山之石咸移，中伐之材畢萃。成之不日，自比靈臺，揆彼方中，寧慚楚室？崇堂屹以特起，高門豁其洞開，筵有籩豆之區，階有賓主之位。干戈在序，鐘鼓在庭，繹然觀藝之場，藹爾致誠之地。春秋二仲，時和氣清，醴醆交羞，牲牷不疾。雄冠礌劍，展告虔薦信之儀；玉戚朱干，儼象德達神之列。中軍元帥，出建靈旗，六郡良家，來登勇爵。旆旌鐃吹，桓桓推轂之威；金石絲簧，穆穆燕毛之序。觀之者，亂臣知懼。比夫漢尊黄老，詎臻清淨之源？秦用刑名，徒有深刻之弊。中庸之德，其在兹乎！

嗟夫，聖人没而微言絶，王澤竭而頌聲息。奚斯露寢，諸侯之事何觀？吉甫清風，衰世之音孰尚！豈若帝圖光赫，聖祚宏新，人知鼓篋之方，家識止戈之漸。固可著之金石，列在鼎彝。微臣學愧常師，用慚兼備，承明再入，固無經國之才；宣室徵還，幸對受釐之問。將使延州聽樂，長聞雅正之聲；圯上受書，世出帝王之佐。敢揚丕訓，敬勒貞珉。其銘曰：

於惟基命，建用皇極，實有武備，以昭文德。弗惠弗迪，是糾是殛。天地剛柔，惟帝之則。是則是效，文王武王。惟師尚父，時維鷹揚。匡正天下，綏爰四方，微禹之烈，於湯有光。肅肅牽牲，皇皇表海，簡禮從質，因民不改。難老曰壽，專征爲大。泱泱之風，至今猶在。大道既隱，明王不遭，走鹿爭逐，赬魚告勞。泯若四履，紛吾六韜。我思古人，心焉忉忉。天或愛民，物無終否。率此叛國，歸於聖帝。自葛初征，至牧乃誓。君子萬年，本支百世。鴻圖再造，二聖重光。亦既大賚，寧惟小康！六事允釐，四維孔張。夢寐卜獵，咨嗟釣璜。虎踞之陽，龍藏之涘。爰作新廟，畢崇明祀。設祇交戟，朱門納陛，嵬崔穹崇，重深奥祕。名光大告，禮重真王。侑神祀食，入室升堂。威儀文物，容貌采章。列聖有作，兹焉不忘。膠庠既成，教義既明。三湘卽序，百越來庭。馬無南牧，人怨東征。烈烈政典，洋洋頌聲。商郊車騎，灌壇風雨。績用不泯，威神若睹。鏤金石以表德，薦馨香而受祜。春蘭兮秋菊，無絶兮終古。

元・郝經《陵川集》卷三三《齊太公廟碑》　齊有兩太公：姜姓，

四嶽之後，國于呂，遂以國氏，太公其後也。當殷帝乙及紂虐亂，聞西伯善養老而歸之，釣於渭濱，以俟天下之清。西伯畋而遇之，載與俱歸，使佐理其國，時年已八十矣。武王卽位，尊爲尚父而師事之，稱師尚父，遂幷將八百諸侯之師，誅紂救民。周有天下，遂爲太師，而封之齊。五侯九伯，得專征伐，而在周、召之右。及薨，葬於周。子丁公伋嗣，復相成、康，五世皆葬於周。齊以其始受封之君，稱爲太公廟，爲始祖，而世祀之。至桓公爲五霸首，尊周抑楚，王室賴以復存，是爲姜齊之太公。當陳禦寇之亂，公子完奔齊，其後爲田氏，又以國氏稱陳。至田常專齊，周安王命常之孫和爲諸侯，滅姜齊而代之。及卒，亦稱太公。至威王僭號稱王，後爲秦所滅，是爲田齊之太公。

齊人以姜齊有大功於天下，故不祀太公和而特祀周太師太公。由漢迄唐，廟享於故齊都臨淄，以故姜齊祖廟，尚不絶。唐開元間，又特立太公廟于京師，以名將留侯等十人爲十哲配享，其後又進爵爲武成王，號爲武廟，禮秩與孔子廟同。宋金以來，遂爲大典。金亡，而臨淄之廟廢。今大行臺李公總統山東淮南道，開府于益都。東海西河，穆陵無棣，四履盡在統內，遂於臨淄復立姜齊太公廟，請碑其事，爲之論次云。

夫太公，聖人也。其相武王伐紂救民，亦一伊尹也。《詩》曰：『維師尚父，時維鷹揚。亮彼武王，肆伐大商，會朝清明。』特言其功烈之美而不言其所以聖。至武王既受命，進《丹書》謂『敬勝怠者昌，怠勝敬者亡』，乃見其所以聖者。其言舉於『緝熙敬止』，『敬之敬之，天惟顯思』，『不顯亦臨，無射亦保』，『相在爾室，尚不愧於屋漏』等，共爲周家心傳家法。以受天命而維王統，同夫堯、舜之『允執厥中，惟精惟一』兢業之道，聖之事也。故孟子謂：『若文王則聞而知之，太公則見而知之。』知之者何？知堯、舜、禹、湯所傳之道也。知堯、舜、禹、湯所傳之道而爲文、武師臣，非聖而何？後世兵家者流，乃以《六韜》書爲太公作，皆陰謀狙詐功利之説，謂以是佐周取殷而埒於孫、吳。嗚呼！豈知太公者哉？後世又推爲武臣之首，而與起、翦並以一將待聖人，則又誣太公甚矣。武成之號，公有所不受也，故不書。繫之詩，載揚公之所以聖，以侑神云。

渢渢乎大哉，齊之風乎！表東海者，其太公乎！顯與西土，而國之東乎！不顯惟德，祇稱其功乎！敬勝乎怠，神道之充乎！心存不忘，堯、舜之中乎！乃武乃文，聖德之同乎！於乎不能忘，三代之隆乎！

清・方苞《啓禎四書文》卷八《金聲〈二老者天下之大老也〉》　周得二老，非天下之凡老也。夫西伯所養之老，皆老也，獨二老乃天下之大老，大老二而已矣，可多得哉？且古今不乏英少之才，而先王獨重老成之士，故先王之於老，莫不養也，而亦有異焉。衣帛食肉之老，先王所以教天下之孝，而非必其盡有用也。有在鄉之老焉，有在國之老，在朝之老焉，則隨其等而致其尊。有不從力政之老焉，有不與服戎之老，不與賓客之老焉，則念其衰而休其力，而皆不可以語於天下之大老也。伯夷、太公之歸西伯也，皤皤乎其二老也，是則天下之大老矣。遜國釣濱，二老無室家妻子之奉，初不異文王無告之民。不知其毛裏天下之心，蓄積於東海、北海之日，而莫可告語者，固非爲一身之飽煖，而深爲族姓之飢寒也。老各有家，而二老合四海爲大家也。咈耇荒耄，二老當子姬興廢之會，亦不過商周數十年之人。不知其揣摩天下之變，達觀於興存廢亡之理，而莫之或爽者，固上下今古之照，而非趨避一時之識也。老各有年，而二老通往來，爲大年也。蓋識練於老而後，觀變知微，非淺薄之腸；養重於老而後，確去確就，無佻達之習。故挾少年之聰明才辨，以出入諸侯之國，而操其禍福之權者，莫不互消互長於一時，而靡有底定。無如二老之練以重，避則亡裔而興則明王。然識練於老，而精神血氣之類，或亦隨老以俱怠。養重於老，而豪毅英果之用，或亦隨老以俱減。則非挾大老之天錫天挺，以奔走風塵之地，而堅其益壯之槩者，莫不苟安遷就於目前，而難有遠志。就如二老之神以鋭，忽則海濱而忽則岐西。厥後雖僅壽鷹揚於青齊，而餓孤竹於西山，而周之始王，實在於此。今之諸侯，安可以無大老而王哉！

雜録

《孟子・告子下》　太公之封於齊也，亦爲方百里也，地非不足也，而儉於百里。

《古本竹書紀年・周紀》　康王六年，齊太公望卒。

《禮記・檀弓上》　太公封於營丘，比及五世，皆反葬於周。君子

曰：樂，樂其所自生。禮，不忘其本。古之人有言曰：『狐死正丘首，仁也。』

漢・劉向《説苑》卷末附《佚文》 呂望年七十，釣於渭渚，三日三夜，魚無食者。望卽忿脱其衣冠。上有農人者古之異人，謂望曰：『子姑復釣，必細其綸，芳其餌，徐徐而投之，無令魚駭。』望如其言。初下，得鮒，次得鯉。刳魚腹得書，書文曰：『呂望封於齊。』望知其異。

晉・崔豹《古今注》卷上《曲蓋》 太公所作也。武王伐紂，大風折蓋，太公因折蓋之形而制曲蓋焉。戰國常以賜將帥。自漢朝，乘輿用四，謂爲輣軿，蓋有軍號者，賜其一也。

漢・孔鮒《孔叢子》卷上《記問》 楚王使使奉金幣聘夫子，宰予、冉有曰：『夫子之道，至是行矣。』遂請見，問夫子曰：『太公勤身苦志，八十而遇文王，孰與許由之賢？』夫子曰：『許由獨善其身者也，太公兼利天下者也。然今世無文王之君也，雖有太公，孰能識之？』乃歌曰：『大道隱兮禮爲基，賢人竄兮將待時，天下如一欲何之？』

《史記》卷五五《留侯世家》 五日，良夜未半往。有頃，父亦來，喜曰：『當如是。』出一編書，曰：『讀此則爲王者師矣。後十年興。十三年孺子見我濟北，穀城山下黄石卽我矣。』遂去，無他言，不復見。旦日視其書，乃《太公兵法》也。良因異之，常習誦讀之。

《漢書》卷二八下《地理志下》 初太公治齊，脩道術，尊賢智，賞有功，故至今其士多好經術，矜功名，舒緩闊達而足智。其失誇奢朋黨，言與行繆，虛詐不情，急之則離散，緩之則放縱。

《後漢書》卷四七《班超傳》 超自以久在絶域，年老思土，十二年上疏曰：『臣聞太公封齊，五世葬周。狐死首丘，代馬依風。夫周、齊同在中土，千里之間，況於遠處絶域，小臣能無依風首丘之思哉？』

又 卷六九《何進傳》 五年，天下滋亂。望氣者以爲京師當有大兵，兩宫流血。大將軍司馬許涼、假司馬伍宕説進曰：『太公《六韜》有天子將兵事，可以威厭四方。』進以爲然，入言之於帝。於是乃詔進大發四方兵，講武於平樂觀下。

又 卷六〇下《蔡邕傳》 董卓賓客部曲議欲尊卓，比太公，稱尚父。卓謀之於邕，邕曰：『太公輔周，受命翦商，故特爲其號。今明公威德，誠爲巍巍，然比之尚父，愚意以爲未可。宜須關東平定，車駕還反舊京，然後議之。』卓從其言。

《三國志》卷六四《吳志・諸葛恪傳》 命恪行酒，至張昭前。昭先有酒色，不肯飲，曰：『此非養老之禮也。』權曰：『卿其能令張公辭屈，乃當飲之耳。』恪難昭曰：『昔師尚父九十，秉旄仗鉞，猶未告老也。今軍旅之事，將軍在後；酒食之事，將軍在先。何謂不養老也？』昭卒無辭，遂爲盡爵。

《晉書》卷一一四《載記第十四・苻堅下》 堅常從容謂猛曰：『卿夙夜匪懈，憂勤萬幾。若文王得太公，吾將優遊以卒歲。』猛曰：『不圖陛下知臣之過，臣何足以擬古人？』堅曰：『以吾觀之，太公豈能過也？』

《魏書》卷六〇《程駿傳》 顯祖屢引駿與論《易》、《老》之義，顧謂羣臣曰：『朕與此人言，意甚開暢。』又問駿曰：『卿年幾何？』對曰：『臣六十有一。』顯祖曰：『昔太公旣老，而遭文王。卿今遇朕，豈非早也？』駿曰：『臣雖才謝呂望，而陛下尊過西伯。覬天假餘年，竭六韜之效。』

清・孫承澤《春明夢餘録》卷九《文華殿》 宣德二年丁未二月，御文華殿，講《孟子》，至《二老歸文王章》，問曰：『伯夷、太公皆處東海而歸文王，及武王伐紂，太公佐之，伯夷叩馬而諫，所見何以不同？』講官對曰：『太公以救民爲心，伯夷以君臣爲重。』上曰：『太公之心在當時，伯夷之心在萬世，無非爲天下生民也。』

北魏・酈道元《水經注》卷九《清水》 又東過汲縣北。縣故汲郡治，晉太康中立。城西北有石夾水，飛湍濬急，人亦謂之磻溪，言太公嘗釣于此也。城東門北側有太公廟，廟前有碑，碑云太公望者，河内汲人也。縣民故會稽太守杜宣白令崔瑗曰：『太公本生於汲，舊居猶存。君與高、國同宗太公，載在經傳。今臨此國，宜正其位，以明尊祖之義。』於是國老王喜、廷掾鄭篤、功曹邠勤等咸曰：『宜之。』遂立壇祀，爲之位主。城北三十里有太公泉，泉上又有太公廟，廟側高林秀木，翹楚競茂，相傳云太公之故居也。晉太康中，范陽盧無忌爲汲令，立碑于其上。太公避紂之亂，屠隱市朝，遯釣魚水。何必渭濱，然後磻溪？苟愜神心，曲

諸則可磻溪之名，斯無嫌矣。

又　卷一七《渭水》　渭水之右，磻溪水注之。水出南山兹谷，乘高激流，注於溪中。溪中有泉，謂之兹泉。泉水潭積，自成淵渚，卽《呂氏春秋》所謂太公釣兹泉也，今人謂之丸谷。石壁深高，幽隍邃密，林障秀阻，人迹罕交。東南隅有一石室，蓋太公所居也。水次平石釣處，卽太公垂釣之所也。其投竿跽餌，兩膝遺迹猶存，是有磻溪之稱也。其水清泠神異，北流十二里注於渭。

唐·李吉甫《元和郡縣圖志》卷二〇《衛州·汲縣》　太公廟，在縣西北二十五里，太公卽河内汲人也。

宋·樂史《太平寰宇記》卷五六《河北道·汲縣》　太公廟，在縣西南二十五里。《水經》云汲城東門北側有太公廟，廟前碑云太公望者，河内汲人。又有太公泉。

宋·王存等《元豐九域志》卷二《衛州汲郡防禦·古迹》　太公廟。又有太公泉。

宋·王楙《野客叢書》卷二八《太公之年》　《嬾真子》曰：太公八十遇文王，世所知也。然宋玉《楚詞》曰：太公九十乃顯榮。東方朔云：太公七十有二，設謀於文、武。僕謂二説多有之，不特此也。如荀子曰：舉太公於州人，行年七十有二。鄒子曰：太公年七十而相周，九十而封齊。《説苑》曰：呂望行年五十，賣食於棘津；行年七十，屠牛朝歌；行年九十，爲天子師。《淮南子》曰：呂望年七十，始學兵書，九十佐武王伐紂。《魏志》曰：尚父九十秉旄鉞。白詩曰：七十遇文王。此類甚多。然太公遇文王之歲月，無經典正文。蓋嘗求之諸説，互有不同。《雒師謀》注云：文王既誅崇侯，乃得呂尚於磻谿之厓。是太公遇文王於伐崇之年。《書傳》云：散宜生、南宫括、閎夭三子，相與學於太公，四人遂見西伯於羑里。是太公遇文王於被囚之年。《史記·齊世家》云：西伯政平，及斷虞芮之訟，伐崇，大作豐邑，天下三分歸其二，太公之謀居多。則是太公歸周，又在斷虞芮之前也。《左傳》稱呂伋爲王舅，則武王之后，太公女也。文王既得太公，相知之深，然後以武王娶其女。文王受命之年，武王已八十二矣，不應是時方娶其女。此尤汗漫，難以稽考。

又　卷二五《夏商鑄錢》　世言錢起於周太公九府圜法。《前漢志》云：凡貨，金錢布帛爲用，夏殷以來，其詳靡記。漢《鹽鐵論》亦曰：夏后以貝，殷以紫石，後世或金錢刀布，是周以前未用錢。僕觀《太公六韜》曰：武王入殷，散鹿臺之金錢，以與殷民。《史記》曰：紂厚賦斂，以入鹿臺之錢。又曰：散鹿臺之錢，以賑濟貧民。高誘之亦曰：昔禹遭大水，以歷山金鑄錢，救人之困。湯遭大旱，以莊山之金鑄錢，贖人之賣子。是三代皆已鑄錢，不但周也。

明·楊慎《升菴集》卷四四《丹書》　《大戴禮》：武王踐阼三日，召師尚父而問曰：『黄帝、顓頊之道存乎？意亦不可得而見與？』師尚父曰：『在《丹書》。』其言曰：『敬勝怠者吉，怠勝敬者滅；義勝欲者從，欲勝義者凶。』注不解《丹書》爲何物。按《左傳·襄公二十三年》：『斐豹，隸也，著於丹書。』注：『犯罪没爲官奴，以丹書其罪。』近世魏律，緣坐没配爲工樂雜户者，皆用赤紙爲籍，其卷以鉛爲軸，此亦古人丹書之遺法。據此，則《丹書》，古人之法律書名也。蓋戒人之怠與欲，而勉以敬、義，失敬、義則入怠、欲，而隸於刑矣。然以法律之書而陳敬、義之訓，先王以道治天下而不恃乎法，其亦異乎鄭書、晉鼎乎？

清·顧炎武《日知録》卷六《太公五世反葬于周》　太公汲人也，聞文王作，然後歸周。史之所言，已就封於齊矣，其復入爲太師，薨而葬於周。事未可知，使其有之，亦古人因薨而葬不擇地之常爾。《記》以『首丘』喻之，亦已謬矣；乃云『比及五世，皆反葬于周』。夫齊之去周二千餘里，而使其已化之骨跋履山川，觸冒寒暑，自東徂西，以葬於封守之外，於死者爲不仁。古之葬者，祖於庭，塴於墓，反哭於其寢，故曰葬日虞，弗忍一日離也。使齊之孤，重趼送葬，曠月淹時，不獲遵五月之制，速反而虞，於生者爲不孝；且也入周之境而不見天子，則不度；離其喪次而以衰絰見，則不祥；若其孤不行而使卿攝之，則不恭；勞民傷財，則不惠。此數者，無一而可。禹葬會稽，其後王不從，而殽之南陵有夏后皋之墓。豈古人不達禮樂之義哉？體魄則降，知氣在上，故古之事其先人於廟而不於墓，聖人所以知幽明之故也。然則太公無五世反葬之事，明矣。《水經注》淄水下有胡公陵，青州刺史傅玄仁言得銅棺隸書處。胡公，太公之玄孫，未嘗反葬於周。

清·邵泰衢《史記疑問》卷上《周紀》　太公封于齊，乃齊之太公

也，如田和之爲齊太公是也。曰周公旦，曰召公奭，以名配爵號而稱者也。曰『吾太公望子久矣』，故名之曰『太公望』。試問誰爲太公，且望之欲何爲也？豈文王萌不臣之念，而古公亶父久有圖殷之望，於是呂尚乃爲伐紂之舉而出，非聞文王之善養老而來歸者乎？殆非服事至德之心也。蓋太公者，大賢也，孟子所謂『見而知之』者也，居東海而來歸者也。今曰奸西伯，以美女奇物獻紂，陰謀以傾商政，周之陰權皆宗太公。噫！太公何至譎詭爲憸人舉如是哉？

閭閻之子愛其君者，必有道矣。公之所學者王道，所事者聖人，況大老來歸，其子焉往？而後、先、疏、附之莫不有其才也。孰謂太公猶伏漁以待獵乎？且太公之漁也，有意於天下乎，無意于天下乎？有意則文王興而自當歸矣，無意則鑿壞而遯，文王其能載而師之乎？且既曰畋得之矣，又曰四子於隱所相與見西伯于羑里，矛盾如此。況武王曰：『予有亂臣十人』，太公在焉，則太公爲武王臣而未嘗爲文王師也。《詩》曰『惟師尚父』者，乃師中之師，《易》所謂『丈人』是也；尚者，公之字也；父者，《禮》之所謂某甫也。天子而以父爲臣乎？臣居然稱父而仍臣列乎？學訟以脱人之囚，陰謀以傾人之國，儀、秦輩之詭也，曾太公而若是？至所謂《六韜》者，非真太公之書，蓋雜出於戰國用兵者之邪説，楚漢之際好事者之所爲也。君子可不審取而讕説之是狥耶？

清·黄中松《詩疑辨證》卷五《維師尚父》 《毛傳》曰：師，太師也；尚父，可尚可父。《鄭箋》曰：尚父，呂望也，尊稱也。是師爲呂望之官名，而尚父者，尊呂望而號之也。考《史記·齊世家》：太公望呂尚者，東海上人。西伯出獵得之，曰『吾太公望子久矣。』故號之曰『太公望』，載與俱歸，立爲太師。鄭康成《泰誓》注云：師尚父，文王於磻溪所得聖人，立以爲太師。則太公果爲太師之官也。《泰誓》曰：司馬在前。王肅云：司馬，太公也。劉向《别録》云：師之，尚之，父之，故曰師尚父。則太公爲司馬，不爲太師，師亦尊之之號也。

《中候雒師謀》曰：呂尚釣崖。又曰：望公七年，尚立變名。注云：尚，名也，變名爲望。是太公本名尚，因望久而改名望也。《孫子兵法》云：呂牙在殷。則大公又名牙矣。《雒師謀》注云：文王既誅崇侯，乃得呂尚於磻溪之厓。是文王於伐崇後，始得尚也。《書傳》曰：散宜生、南宫適、閎夭三子，相與學訟於大公，四子遂見西伯於羑里。是文王被囚時，即得太公也。《史記》於《周本紀》謂虞、芮決平，在文王受命之年，而《齊世家》云：西伯政平，及斷虞、芮之訟，伐崇、密須、犬夷，大作豐，天下三分其二歸周，太公之謀計居多。則文王未受命，已得太公也。

太史公馳騁古今，博學多識，然不能折衷羣説，以歸於一。故《齊世家》云：呂尚蓋嘗窮困年老矣，以漁釣奸周，西伯出獵得之。或曰太公嘗事紂，紂無道去之，游諸侯，無所遇，而卒西歸周西伯。或曰呂尚隱海濱，周西伯拘羑里，散宜生等知而招尚，曰：『吾聞西伯善養老，盍往歸焉？』歷舉三説，迄無所定。夫太公翼佐文、武，身有殊勳，世祚太公，以表東海，唯有大功故也。若伐崇後始得之，文王於時基宇已宏，太公無所宣力，何功業之有？武王承父舊業，太公因人成事。牧野一戰，英賢多矣，仗鉞之勞，不足稱述，何經傳頌揚若此？而古書殘缺，難以據信。聊述所聞，以俟考。

清·朱彝尊《曝書亭集》卷四八《晉汲縣齊太公二碑跋》 汲縣，古朝歌地，相傳師尚父舊居也，遺碑一表，一表在縣治西南隅。晉武帝太康十年三月，尚父裔孫范陽盧无忌來爲汲令刻石。碑在縣西北三十里廟中。北魏孝靜帝武定八年四月立石，司農卿穆子容正書。按李白詩云：『朝歌屠叟辭棘津，八十西來釣渭濱』，而韓嬰《詩外傳》稱文王舉太公時，公年七十二，與李詩不合。无忌表曰：康王六年，齊太公望卒。按《尚書·顧命》有『齊侯呂伋』文，則汲已嗣公爲侯，非卒于康王時也。然則金石之文，亦有不足信者。

周公姬旦分部

傳記

《史記》卷三三《魯周公世家》 周公旦者，周武王弟也。自文王在

時，旦爲子孝，篤仁，異於羣子。及武王卽位，旦常輔翼武王，用事居多。武王九年，東伐至盟津，周公輔行。十一年，伐紂，至牧野，周公佐武王，作《牧誓》。破殷，入商宮。已殺紂，周公把大鉞，召公把小鉞，以夾武王，釁社，告紂之罪于天，及殷民。釋箕子之囚。封紂子武庚祿父，使管叔、蔡叔傅之，以續殷祀。徧封功臣同姓戚者。封周公旦於少昊之虛曲阜，是爲魯公。周公不就封，留佐武王。

武王克殷二年，天下未集，武王有疾，不豫，羣臣懼，太公、召公乃繆卜。周公曰：『未可以戚我先王。』周公於是乃自以爲質，設三壇，周公北面立，戴璧秉圭，告于太王、王季、文王。史策祝曰：『惟爾元孫王發，勤勞阻疾。若爾三王是有負子之責於天，以旦代王發之身。旦巧能，多材多藝，能事鬼神。乃王發不如旦多材多藝，不能事鬼神。乃命于帝庭，敷佑四方，用能定汝子孫于下地，四方之民罔不敬畏。無墜天之降葆命，我先王亦永有所依歸。今我其卽命於元龜，爾之許我，我以其璧與圭歸，以俟爾命。爾不許我，我乃屏璧與圭。』周公已令史策告太王、王季、文王，欲代武王發，於是乃卽三王而卜。卜人皆曰吉，發書視之，信吉。周公喜，開籥，乃見書遇吉。周公入賀武王曰：『王其無害。旦新受命三王，維長終是圖。茲道能念予一人。』周公藏其策金縢匱中，誡守者勿敢言。明日，武王有瘳。

其後武王既崩，成王少，在强葆之中。周公恐天下聞武王崩而畔，周公乃踐阼代成王攝行政當國。管叔及其羣弟流言於國曰：『周公將不利於成王。』周公乃告太公望、召公奭曰：『我之所以弗辟，而攝行政者，恐天下畔周，無以告我先王太王、王季、文王。三王之憂勞天下久矣，於今而后成。武王蚤終，成王少，將以成周，我所以爲之若此。』於是卒相成王，而使其子伯禽代就封於魯。周公戒伯禽曰：『我文王之子，武王之弟，成王之叔父，我於天下亦不賤矣。然我一沐三捉髮，一飯三吐哺，起以待士，猶恐失天下之賢人。子之魯，慎無以國驕人。』

管、蔡、武庚等果率淮夷而反。周公乃奉成王命，興師東伐，作《大誥》。遂誅管叔，殺武庚，放蔡叔。收殷餘民，以封康叔於衛，封微子於宋，以奉殷祀。寧淮夷東土，二年而畢定。諸侯咸服宗周。

天降祉福，唐叔得禾，異母同穎，獻之成王，成王命唐叔以餽周公於東土，作《餽禾》。周公既受命禾，嘉天子命，作《嘉禾》。東土以集，周公歸報成王，乃爲詩貽王，命之曰《鴟鴞》。王亦未敢訓周公。

成王七年二月乙未，王朝步自周，至豐，使太保召公先之雒相土。其三月，周公往營成周雒邑，卜居焉，曰吉，遂國之。

成王長，能聽政。於是周公乃還政於成王，成王臨朝。周公之代成王治，南面倍依以朝諸侯。及七年後，還政成王，北面就臣位，匔匔如畏然。

初，成王少時，病，周公乃自揃其蚤沈之河，以祝於神曰：『王少未有識，奸神命者乃旦也。』亦藏其策於府。成王病有瘳。及成王用事，人或譖周公，周公奔楚。成王發府，見周公禱書，乃泣，反周公。

周公歸，恐成王壯，治有所淫佚，乃作《多士》，作《毋逸》。《毋逸》稱：『爲人父母，爲業至長久，子孫驕奢忘之，以亡其家，爲人子可不慎乎！故昔在殷王中宗，嚴恭敬畏天命，自度治民，震懼不敢荒寧，故中宗饗國七十五年。其在高宗，久勞于外，爲與小人，作其卽位，乃有亮闇，三年不言，言乃讙，不敢荒寧，密靖殷國，至于小大無怨，故高宗饗國五十五年。其在祖甲，不義惟王，久爲小人于外，知小人之依，能保施小民，不侮鰥寡，故祖甲饗國三十三年。』多士稱曰：『自湯至于帝乙，無不率祀明德，帝無不配天者。在今後嗣王紂，誕淫厥佚，不顧天及民之從也。其民皆可誅。』『文王日中昃不暇食，饗國五十年。』作此以誡成王。

成王在豐，天下已安，周之官政未次序，於是周公作周官，官別其宜。作《立政》，以便百姓。百姓說。

周公在豐，病，將沒，曰：『必葬我成周，以明吾不敢離成王。』周公既卒，成王亦讓，葬周公於畢，從文王，以明予小子不敢臣周公也。

周公卒後，秋未穫，暴風雷[雨]，禾盡偃，大木盡拔。周國大恐。成王與大夫朝服以開金縢書，王乃得周公所自以爲功代武王之說。二公及王乃問史百執事，史百執事曰：『信有，昔周公命我勿敢言。』成王執書以泣，曰：『自今後其無繆卜乎！昔周公勤勞王家，惟予幼人弗及知。今天動威以彰周公之德，惟朕小子其迎，我國家禮亦宜之。』王出郊，天乃雨，反風，禾盡起。二公命國人，凡大木所偃，盡起而築之。歲則大孰。於是成王乃命魯得郊祭文王。

綜　述

《尚書·周書·立政》　周公作《立政》。

周公若曰：拜手稽首告：嗣天子王矣。用咸戒于王曰：王左右常伯、常任、準人、綴衣、虎賁。周公曰：嗚呼，休兹！知恤，鮮哉！

古之人迪，惟有夏，乃有室大競，籲俊尊上帝。迪知忱恂于九德之行，乃敢告教厥后曰：拜手稽首后矣。曰：宅乃事，宅乃牧，宅乃準，兹惟后矣。謀面，用丕訓德，則乃宅人。兹乃三宅無義民。桀德惟乃弗作，往任是惟暴德，罔後。

亦越成湯陟，丕釐上帝之耿命。乃用三有宅，克即宅。曰三有俊，克即俊，嚴惟丕式，克用三宅、三俊。其在商邑，用協于厥邑。其在四方，用丕式見德。

嗚呼！其在受德，暋惟羞刑，暴德之人同于厥邦，乃惟庶習逸德之人同于厥政。帝欽罰之，乃伻我有夏式商受命，奄甸萬姓。亦越文王、武王，克知三有宅心，灼見三有俊心，以敬事上帝，立民長伯。

立政，任人、準夫、牧作三事。虎賁、綴衣、趣馬小尹，左右攜僕、百司庶府，大都小伯，藝人表臣、百司，太史、尹伯，庶常吉士，司徒、司馬、司空、亞旅，夷微、盧烝，三亳、阪尹。

文王惟克厥宅心，乃克立兹常事，司牧人以克俊有德。

文王罔攸兼于庶言、庶獄、庶慎，惟有司之牧夫。是訓用違，庶獄、庶慎，文王罔敢知于兹。

亦越武王，率惟敉功，不敢替厥義德。率惟謀從容德，以並受此丕丕基。

嗚呼，孺子王矣！繼自今，我其立政、立事、準人、牧夫，我其克灼知厥若，丕乃俾亂。相我受民，和我庶獄、庶慎，時則勿有間之。自一話一言，我則末惟成德之彦，以乂我受民。

嗚呼！予旦已受人之徽言，咸告孺子王矣。繼自今文子文孫，其勿誤于庶獄、庶慎，惟正是乂之。自古商人亦越我周文王，立政、立事、牧夫、準人，則克宅之，克由繹之，兹乃俾乂。

國則罔有立政用憸人，不訓于德，是罔顯在厥世。

繼自今立政，其勿以憸人，其惟吉士，用勱相我國家。

今文子文孫，孺子王矣，其勿誤于庶獄，惟有司之牧夫。

其克詰爾戎兵，以陟禹之迹。方行天下，至于海表，罔有不服。以覲文王之耿光，以揚武王之大烈。嗚呼！繼自今後王立政，其惟克用常人。

周公若曰：太史，司寇蘇公式敬爾由獄，以長我王國。兹式有慎，以列用中罰。

晋·皇甫謐《帝王世紀》　成王元年，周公居冢宰攝政。王年少未能治事，故號曰孺子。八年春正月朔，王始躬親王事。以周公爲太師封伯禽于魯，父子並命。周公拜于前，魯公拜于後。王以周公有勳勞于天下，故加魯以四等之上，兼二十四附庸，地方七百里，革車千乘。

《尸子》卷下　昔者武王崩，成王少，周公旦踐東宮，履乘石，祀明堂，假爲天子七年。

《吕氏春秋》卷五《仲夏紀》　周文王處岐，諸侯去殷三淫而翼文王。散宜生曰：『殷可伐也。』文王弗許。周公旦乃作詩曰：『文王在上，於昭于天，周雖舊邦，其命維新。』以繩文王之德。

武王即位，以六師伐殷。六師未至，以鋭兵克之於牧野。薦俘馘于京太室，乃命周公爲作大武。

成王立，殷民反，反，叛。王命周公踐伐之。商人服象，爲虐于東夷。周公遂以師逐之，至于江南，乃爲三象，以嘉其德。

又　卷一一《仲冬紀》　吕太公望封於齊，周公旦封於魯，二君者甚相善也，相謂曰：『何以治國？』太公望曰：『尊賢上功。』周公旦曰：『親親上恩。』太公望曰：『魯自此削矣。』

周公旦曰：『魯雖削，有齊者亦非吕氏也。』其後齊日以大，至於霸，二十四世而田成子有齊國。

宋·蘇軾《古史·魯周公世家》　周公旦者，周文王之子而武王之弟也。武王同母兄弟十人，母曰太姒，文王之正妃也。其長子曰伯邑考，次曰武王發，次曰管叔鮮，次曰周公旦，次曰蔡叔度，次曰曹叔振鐸，次曰成叔武，次曰霍叔處，次曰康叔封，次曰冉季載。兄弟唯旦長且賢。逮文

王世，任以國事，邑之于周。凡周之內治，始於室家，而至於國人者，屬之周公。凡周之外治，所以交接四鄰，至於江漢之國者，屬之召公。故文王之《風》、周人之《詩》謂之《周南》，諸侯之《詩》謂之《召南》，言二公之治自北而南也。

論説

《左傳・定公四年》 昔武王克商，成王定之，選建明德，以蕃屏周。故周公相王室，以尹天下。

《禮記・文王世子第八》 成王幼，不能涖阼。鄭玄注：涖，視也。不能視阼階，行人君之事。周公相，踐阼而治。鄭玄注：踐，履也。代成王履阼階，攝王位，治天下也。抗世子法於伯禽，欲令成王之知父子、君臣、長幼之道也。鄭玄注：抗猶舉也。謂舉以世子之法，使與成王居而學之。成王有過，則撻伯禽，所以示成王世子之道也。鄭玄注：以成王之過擊伯禽，則足以感喻焉。文王之爲世子也。孔穎達疏：武王既終，成王幼弱，不能涖阼階行人君之事，周公乃輔相成王，令成王且在學，學世子之道。周公代成王踐履阼階，攝王位而臨天下，乃興舉世子之法於伯禽，伯禽舉行世子之法以示成王，欲令成王觀而法之，使知父子君臣長幼之道。

《尸子》卷下 昔周公反政，孔子非之，曰：『周公其不聖乎？以天下讓，不爲兆人也。』

《荀子・儒效篇》 大儒之效：武王崩，成王幼，周公屏成王而及武王以屬天下，惡天下之倍周也。聽天下之斷，偃然如固有之，而天下不稱貪焉；殺管叔，虛殷國，而天下不稱戾焉；兼制天下，立七十一國，姬姓獨居五十三人，而天下不稱偏焉。教誨開導成王，使諭於道，而能揜迹於文、武。周公歸周，反籍於成王，而天下不輟事周，然而周公北面而朝之。天子也者，不可以少當也，不可以假攝爲也。能則天下歸之，不能則天下去之，是以周公屏成王而及武王以屬天下，惡天下之離周也。成王冠，成人，周公歸周反籍焉，明不滅主之義也。周公無天下矣，鄉有天下，今無天下，非擅也；　奪也：　變執次序節然也。【略】

武王崩，成王幼，周公屏成王而及武王，履天子之籍，負扆而坐，諸侯趨走堂下。當是時也，夫又誰爲恭矣哉！兼制天下，立七十一國，姬姓獨居五十三人焉，周之子孫苟不狂惑者，莫不爲天下之顯諸侯，孰謂周公儉哉！

《史記》卷三三《魯周公世家》 魯有天子禮樂者，以褒周公之德也。

漢・袁康等《越絶書・越絶吴内傳第四》 周公以盛德。武王封周公，使傳相成王。

成王少，周公臣事之。當是之時，賞賜不加於無功，刑罰不加於無罪；天下家给人足，禾麥茂美！使人以時，説之以禮；上順天地，澤及夷狄。於是管叔、蔡叔不知周公而讒之成王。周公乃辭位出，巡狩於邊一年，天暴風雨，日夜不休，五穀不生，樹木盡偃。成王大恐，乃發金縢之櫃，察周公之册，知周公乃有盛德。王乃夜迎周公。流涕而行。周公反國，天應之福，五穀皆生，樹木皆起，天下皆實，此周公之盛德也。

宋・蘇轍《古史・魯周公世家》 蘇子曰：世俗之説曰舜囚堯不得其死，禹逐舜終於蒼梧之野，周公將篡成王，二叔譏之乃免於亂。彼以小人之情度君子之心，亦何所不至哉？今夫聖人，雖與世同處，而其中浩然與天地同量，彼其食粟衣帛蓋有不得已耳，而況與人爭利哉？諸葛孔明受托昭烈以相孺子，雖使取而代之，蜀人安焉。然君臣之義，没身不替，孔明尚然，而況於聖人乎？被小人何足以知之！

宋・朱熹《論孟精義》卷二《論語精義・八佾》 周公東征，四國是皇。是時周室幾再造矣！其功顧不大哉！至於致辟管叔於商，豈其所欲乎？武之未盡善其事類如此矣！

宋・黄倫《尚書精義》卷三九《周公作〈無逸〉》 周氏曰：天下常情莫不好逸而惡勞，故聖賢之自處，必以憂勤爲監，而以安逸爲戒。蓋憂勤則其興也勃焉，安逸則其亡也忽焉，古今必然之理也。克勤于邦，而夏禹以興；坐以待旦，而商湯以興。禹、湯之所以興者，憂勤而興之也。有衆率怠，而夏桀以亡；荒腆自恣，而商紂以亡。桀、紂之所以亡者，安逸而亡之也。是故人臣之愛君者，必以《無逸》爲戒，罔遊于逸，伯益所以戒舜也；無教逸欲，臯陶所以戒禹也；無時豫怠，伊尹所以誥太甲也；不敢逸豫，傅説所以進高宗也；罔或不勤，太保所以訓武王也。周公之心何以異於此哉？

元・朱倬《詩經疑問・附録》 成王聖主，周公聖臣。

清·顧炎武《日知録》卷二《周公居東》 主少，國疑，周公又出居於外，而上下安寧，無腹心之患者，二公之力也。武王之誓衆曰『予有亂臣十人，同心同德』，於此見之矣。《荀子》曰：二公『仁智，且不蔽，故能持周公，而名利福禄與周公齊』。

清·馬驌《繹史》卷二二《周公攝政》 武王滅殷，七年而崩，成王幼，不能涖阼，周公攝位以聽政，處危疑而不辭，未遑爲身計也。既而四國流言，公居東以辟之；天誘其衷，成王感悟迎歸，爰始東征，以靖殷亂。向使當日，王疑不釋，周公不歸，東山之斧不破，殷孽之氛不除，骨肉之難作，疆埸之變起，周室尚可問乎？議者以武、周滅殷而封武庚，其謀爲不審，命監而使三叔，其智爲不足。噫，此以成敗論事，非武、周之心也。周之弔民伐罪，惡惡止其身而已，不欲絶其世也。故立武庚以存殷祀；倘以爲可疑而置之，是殷祀不得存也。於是分殷故都爲三監，監之，因殷制也，而所使又吾之昆弟懿親，倘以其將畔而疑之，孰不可疑者，是殷祀猶不得存也。惟武、周以仁義立武庚，故以誠信使三叔，不幸沖子嗣位，周公居内攝政，管叔乃從而閒之，君死之謂何。又因以爲利吾非嗣王之叔父乎？此管叔之不肖也，而武庚實嗾之；播流言以惎王室，武庚瞯其内難，以爲殷緒可乘而復，三叔可閒而用，此武庚之愚也，而管叔實藉之。同惡相濟，訛言煽惑，淮夷、徐、奄，羣起而附之矣。當其叛也，同叛而不同情，武庚意在復殷，必且激其頑民以中興恢復之名，而資三監爲羽翼。管叔意在撼周，必且惑其國人以除惡君側之説，而借武庚爲聲援。淮夷、徐、奄，又意在取魯，必且外張應殷之勢，内窺新造之邦，而倚武庚三監爲犄角，相挺而起，以亂助亂，同歸於亂周而已。當是時，周禍烈矣，邦君御事懷艱大之疑，王宫君室謀自守之計，若然，將棄東國於不問，養寇資敵，患莫大焉。焰焰不滅，炎炎若何，是以周公大誥，決策東征，匪龜卜之是恃也，亦惟釋羣疑而作忠勇之氣，期於殄賊而已矣。惟時，魯公誓師征淮，以離四國之黨；而康叔守邦於衛，史稱其扞禄父之難，四國所以不能長驅西指，旋就誅滅者，安知非康叔牽制之力哉。抑大誥之書，言殷亂而不及管、蔡，何也？不忍言也；不忍言而卒誅之，何也？爲王室也。象欲殺舜，止於亂家，舜得而全之；管叔以殷畔，至於亂國，周公不得而全之。故黜殷，天下之公義，誅管、蔡，亦天下之公義，公義之不得以私親掩，是周公之不幸也。亂既平矣，周室復寧，於是營洛作都，以成武王之意，三塗、嶽鄙之閒，居天下土中，以爲四方朝貢道里均也。遷殷庶於新邑，使之丕作趨事，而誥告之辭，不勝其諄切豈弟焉。以微子紹殷後而封于宋，宋故亳都，亦商之舊國也，成王、周公方且坦然命之而不疑，卒奉桑林以克永世，非聖人之盛德，能如是乎？抑又考之，《書》載《大誥》、《康誥》、《酒誥》、《梓材》、《召誥》、《洛誥》、《多士》、《多方》，雖所誥不同，大抵爲殷人作也。讀《泰誓》、《武成》，見周之馭殷甚易，及讀八誥，又見周之安殷甚難。豈其紂虐方熾，民迫於膏火，故歸周如流，不暇念先王之德；及天下既定，乃徐思殷王之世澤，而不能忘乎？若是，則周之頑民，殷之義士，即再四申諭，革面未必革心，周之隱憂，正未已也。然考殷、周之際，實有不盡然者。殷自武乙再徙河北，國尤衰弊者四五十年，至紂立，又三十年，乃決潰而蹙其斃。周則世德日積，仁聲日著，殷則惡德日增，虐政口聞，故殷之天下，非周取之也，殷棄而周得之也。當時，殷之良民，未嘗不服田力穡，安居説服，而頑嚚梗化者，特喧豗酗酒，逋逃姦宄之流，未服厥辜者耳。加以紂所寵任豪室巨族，怨周之不己用也，借復殷之名，鼓倡浮言，羣不逞從而和之，故曰頑民，頑固難化之名也，周不忍輕殺，必欲使之變移歸心而後止，不憚反覆誥戒，此所以爲忠厚之至也。周公之東征也，黜殷踐奄，三年然後定，歸而治官營洛，誥告庶殷，蓋日不遑暇焉。若其遭變辟位，陳《七月》之詩，致政歸老，進《無逸》之訓，忠愛勤勞，歷常變初，終如一日也。故周家之業，文王經之，武王定之，成王成之，而先後輔翼之，則周公也。化洽政治，卜世靈長，非公其孰與歸。

藝文

《楚辭·天問》 列擊紂躬，叔旦不嘉。何親揆發，定周之命以咨嗟？

三國魏·阮籍《阮籍集·爲鄭沖勸晉王牋》 周公藉已成之勢，據既安之業，光宅曲阜，奄有龜蒙。

晉·陸機《陸機集》卷一《豪士賦》 君奭鞅鞅，不悦公旦之舉；

高平師師，側目博陸之勢。

清・彭定求等《全唐詩》卷七二八《周曇〈詠史詩・周公〉》 文武傳芳百代基，幾多賢哲守成規，仍聞吐握延儒素。

唐・温庭筠《温庭筠全集・上蕭舍人啓》 某聞周公當國，東伐淮夷；陸抗持權，北臨江漢。或陳師鞠旅，或築室反耕。然後王府圖功，台庭陟恪。猶垂壯烈，尚播雄圖。

宋・文彦博《文潞公集》卷一《孝者善繼人之志賦》 稽《禮》經之垂訓，見孝子之奉親。俾繼襲於先志，蓋博諭於後人。必學爲箕，既顯奉親之要，無改於父，克彰務本之因，得不載考。斯文深窮秘旨，非徒樹彼教本。蓋以勗於人子，欲令不悖於親，固在必從於始，克纘丕緒，始則揚武王之休，追祀先公，次則顯周旦之美。

宋・陳襄《古靈先生文集》卷二一《周公成文武之德賦》 天開周道，臣有姬公，滅管、蔡流言之亂，成文、武盛德之風，攝政宣謀，纂徽柔之懿鑠；勤王致理，集保定之元功，足以劭重光於有後，揚休命於無窮者也！

宋・范仲淹《范文正公文集》卷一《四民詩》 前王詔《多士》，咸以德爲先。【略】

先王教百工，作爲天下器。周旦意不朽，刊之考工記。

又《堯舜率天下以仁賦》 穆穆虞舜，巍巍帝堯，伊二聖之仁，化致四海之富饒，協和萬邦。

召公姬奭分部

傳記

《史記》卷四《周本紀》 武王卽位，太公望爲師，周公旦爲輔，召公、畢公之徒左右王，師脩文王緒業。

成王在豐，使召公復營洛邑，如武王之意。【略】

成王將崩，懼太子釗之不任，乃命召公、畢公率諸侯以相太子而立之。成王既崩，二公率諸侯，以太子釗見於先王廟，申告以文王、武王之所以爲王業之不易，務在節儉，毋多欲，以篤信臨之，作《顧命》。【略】

封召公奭於燕。張守節《正義》：封帝堯之後於薊，封召公奭於燕，觀其文稍似重也。

又 卷三四《燕召公世家》 召公奭與周同姓，姓姬氏。周武王之滅紂，封召公於北燕。

其在成王時，召公爲三公：自陝以西，召公主之；自陝以東，周公主之。成王既幼，周公攝政，當國踐祚，召公疑之，作《君奭》。《君奭》不說周公。周公乃稱『湯時有伊尹，假于皇天；在太戊時，則有若伊陟、臣扈，假于上帝，巫咸治王家；在祖乙時，則有若巫賢；在武丁時，則有若甘般：率維兹有陳，保乂有殷』。於是召公乃說。

召公之治西方，甚得兆民和。召公巡行鄉邑，有棠樹，決獄政事其下，自侯伯至庶人各得其所，無失職者。召公卒，而民人思召公之政，懷棠樹不敢伐，哥詠之，作《甘棠》之詩。

綜述

《尚書・周書・君奭》 召公爲保，周公爲師，相成王，爲左右。召公不說，周公作君奭。

周公若曰：『君奭，弗弔，天降喪于殷，殷既墜厥命，我有周既受，我不敢知曰厥基永孚于休，若天棐忱，我亦不敢知曰其終出于不祥。

『嗚呼！君已曰時我，我亦不敢寧于上帝命。弗永遠念天威越我民，罔尤違惟人（在）[哉]！我後嗣子孫大弗克恭上下，遏佚前人光在家，不知天命不易，天難諶，乃其墜命，弗克經歷嗣前人恭明德。

『在今予小子旦，非克有正，迪惟前人光，施于我沖子。』

又曰：『天不可信。我道惟寧王德延。天不庸釋于文王受命。』

公曰：『君奭，我聞在昔成湯既受命，時則有若伊尹，格于皇天。在太甲，時則有若保衡。在太戊，時則有若伊陟、臣扈，格于上帝；巫咸乂王家。在祖乙，時則有若巫賢。在武丁，時則有若甘盤。率惟兹有陳，

保乂有殷，故殷禮陟配天，多歷年所。天惟純佑命，則商實百姓、王人，罔不秉德明恤小臣、屏侯、甸，矧咸奔走。惟兹惟德稱，用乂厥辟。故一人有事于四方，若卜筮，罔不是孚。』

公曰：君奭，天壽平格，保乂有殷，有殷嗣，天滅威。今汝永念，則有固命。厥亂，明我新造邦。

公曰：君奭，在昔上帝，割申勸寧王之德，其集大命于厥躬。惟文王尚克修和我有夏，亦惟有若虢叔，有若閎夭，有若散宜生，有若泰顛，有若南宫括。

又曰：無能往來。兹迪彝教文王蔑德，降于國人。亦惟純佑秉德，迪知天威，乃惟時昭文王。迪見冒聞于上帝，惟時受有殷命哉。

武王惟兹四人，尚迪有禄。後暨武王，誕將天威，咸劉厥敵。惟兹四人昭武王，惟冒，丕單稱德。

今在予小子旦，若游大川。予往暨汝奭其濟小子，同未在位，誕無我責。收罔勗不及，耇造德不降，我則鳴鳥不聞，矧曰其有能格？

公曰：嗚呼！君，肆其監于兹，我受命無疆惟休，亦大惟艱。告君：乃猷裕，我不以後人迷。

公曰：前人敷乃心，乃悉命汝，作汝民極。曰：汝明勗偶王，在亶乘兹大命。惟文王德，丕承無疆之恤。

公曰：君，告汝朕允。保奭，其汝克敬以予監于殷喪大否，肆念我天威，予不允，惟若兹誥，予惟曰襄我二人。汝有合哉！言曰在時二人，天休滋至，惟時二人弗戡。其汝克敬德，明我俊民在讓，後人于丕時。

嗚呼！篤棐時二人，我式克至于今日休。我咸成文王功于不怠，丕冒海隅出日，罔不率俾。

公曰：君，予不惠若兹多誥，予惟用閔于天越民。

公曰：嗚呼！君，惟乃知民德，亦罔不能厥初，惟其終。祗若兹，往敬用治。

漢・韓嬰《韓詩外傳》卷一《第二十八章》 昔者周道之盛，邵伯在朝，有司請營邵以居。邵伯曰：『嗟！以吾一身而勞百姓，此非吾先君文王之志也。』於是出而就蒸庶於阡陌隴畝之間而聽斷焉。邵伯暴處遠野，廬於樹下，百姓大説，耕桑者倍力以勸。於是歲大稔，民給家足。

漢・賈誼《新書・保傅》 昔者周成王幼在繈褓之中，召公爲太保，周公爲太傅，太公爲太師。保，保其身體【略】。

潔廉而切直，匡過而諫邪者謂之拂。拂者，拂天子之過者也，常立於右，是召公也。

清・嚴可均《全上古三代文》卷三《燕召公》 公名奭，周之支族，食邑于召，因稱召公。武王克商，封北燕伯，未就封，故《詩》稱召伯。成王卽位，以太保主陝以西，周公主陝以東。故《詩》有《周南》、《召南》。薨。謚曰康公。子孫世爲卿士，仍稱召公，亦稱召伯。

論説

《詩經・國風・甘棠》序 召伯之教，明於南國。

《逸周書》卷五《作洛解》 周公、召公内弭父兄，外撫諸侯。

《上海博物館藏楚竹書・孔子詩論・分論國風》 《甘棠》之（蟋）[愛]，（巳）[以]邵公也。

漢・劉向《説苑》卷五《貴德》 召公述職當桑蠶之時，不欲變民事，故不入邑中，舍于甘棠之下而聽斷焉，陝間之人皆得其所。是故後世思而歌詠之，善之，故言之；言之不足，故嗟嘆之；嗟嘆之不足，故歌詠之。

唐・杜牧《樊川文集》卷七《唐故江西觀察使武陽公韋公遺愛碑》 周召伯治人於陝西，召穆公有武功於宣王時，仲尼採《甘棠》、《江漢》之詩，絃而歌之，列于《風》、《雅》。

宋・蘇轍《古史》卷一一《燕召公世家》 召公奭，周之同姓，食采於召。文王起於岐周而化行於南方江漢之國。召公實掌其諸侯之政，故《詩》曰『文武受命』，有如召公之臣，曰闢國百里。召公之治諸侯，甚得民和，親聽男女之訟，止於甘棠之下，以決事。及召公没而民思之，愛其某棠，不忍伐也。故《召南》有《甘棠》、《行露》之詩。武王克商封召公於北燕，而留爲周太保。西旅獻契，召公作《旅契》，以戒武王。武王崩，管、蔡以殷叛，周公東伐，召公與太公開成王，明周公無罪。成王乃逆周公於東。及成王將宅洛邑，使召公先相宅，召公以庶殷攻位于洛汭，位成

而周公至，召公作誥以戒成王。周公亦作《洛誥》而歸政焉。成王既涖政，二公爲左右相。自陜以東周公主之，自陜以西召公主之。

宋·林之奇《尚書全解》卷二〇《説命上》 《君奭》之《序》曰『召公爲保，周公爲師，相成王爲左右』者，置相其任，非特統百官、均四海而已。蓋將使之左右爲之師保，以輔翼成就其德，而引之於當道。故古之宰相必處師保之任。周、召相成王而左右之，蓋以師保之尊而兼宰相之職也。

宋·王應麟《困學紀聞》卷三《書》 《風》終於周公，《雅》終於召旻。有周、召之臣，則變者可以復於正。

藝文

《詩經·國風·甘棠》 蔽芾甘棠，勿翦勿伐。召伯所茇！蔽芾甘棠，勿翦勿敗。召伯所憩！蔽芾甘棠，勿翦勿拜。召伯所説！厭浥行露。豈不夙夜？謂行多露！誰謂雀無角？何以穿我屋？誰謂女無家？何以速我獄？雖速我獄室家不足！誰謂鼠無牙？何以穿我墉？誰謂女無家？何以速我訟？雖速我訟，亦不女從！

唐·李商隱《李義山詩集》卷四《武侯廟古柏》 大樹思馮異，甘棠憶召公。

唐·温庭筠《温飛卿集》卷六《上宰相啓二首》 劉尹秣陵之柳，尚有清風；召公陜服之棠，空留美蔭。

唐·李德裕《會昌一品集》卷四《贈裴度太師制》 周之元老召公，流美於成康。永惟其人，是屬良相。

宋·方信儒《南海百詠·廣平堂》 撤茅易瓦利無窮，盍種甘棠比召公。

雜録

宋·夏僎《夏氏尚書詳解》卷一九《召誥》 豐，文王所都，文王之廟在焉。時成王將作洛故往豐告文王廟，既告廟，乃使召公先周公而往洛相所居。周自成王既立，時周公攝政已七年，意將營此洛邑，之後即歸政于成王。召公謂王將親總萬幾，欲其戒慎恐懼，以祈天永命，故告王以歷年享國之長短，無不自己求之之意。其書作于召公，故謂之《召誥》。然《序》止言成王在豐，欲宅洛，使召公先相宅，作《召誥》，而不及于告成王之意。蓋《序》言其略故也。

又《君奭》 説者徒見《旅獒》有『太保作《旅獒》』之語，而《召誥》有『太保先周公相宅』之語，遂謂召公自武王之世已爲太保。殊不知武王之時，太公爲太師，有周公在，尚未得爲太師，名公豈得遽超周公而爲保哉？是前所謂太保者，乃史官敍書追稱耳。如《書序》稱成王，皆未崩前已稱謚，豈非追叙之乎？

管仲分部

傳記

《史記》卷六二《管晏列傳》 管仲夷吾者，潁上人也。少時常與鮑叔牙游，鮑叔知其賢。管仲貧困，常欺鮑叔，鮑叔終善遇之，不以爲言。已而鮑叔事齊公子小白，管仲事公子糾。及小白立爲桓公，公子糾死，管仲囚焉。鮑叔遂進管仲。管仲既用，任政於齊，齊桓公以霸，九合諸侯，一匡天下，管仲之謀也。

管仲曰：『吾始困時，嘗與鮑叔賈，分財利多自與，鮑叔不以我爲貪，知我貧也。吾嘗爲鮑叔謀事而更窮困，鮑叔不以我爲愚，知時有利不利也。吾嘗三仕三見逐於君，鮑叔不以我爲不肖，知我不遭時也。吾嘗三戰三走，鮑叔不以我怯，知我有老母也。公子糾敗，召忽死之，吾幽囚受辱，鮑叔不以我爲無耻，知我不羞小節而耻功名不顯于天下也。生我者父母，知我者鮑子也。』

鮑叔既進管仲，以身下之。子孫世祿於齊，有封邑者十餘世，常爲名大夫。天下不多管仲之賢而多鮑叔能知人也。

管仲既任政相齊，以區區之齊在海濱，通貨積財，富國强兵，與俗同好惡。故其稱曰：『倉廩實而知禮節，衣食足而知榮辱，上服度則六親固。四維不張，國乃滅亡。下令如流水之原，令順民心。』故論卑而易行。俗之所欲，因而予之；俗之所否，因而去之。

其爲政也，善因禍而爲福，轉敗而爲功。貴輕重，慎權衡。桓公實怒少姬，南襲蔡，管仲因而伐楚，責包茅不入貢於周室。桓公實北征山戎，而管仲因而令燕修召公之政。於柯之會，桓公欲背曹沫之約，管仲因而信之，諸侯由是歸齊。故曰：『知與之爲取，政之寶也。』

管仲富擬於公室，有三歸、反坫，齊人不以爲侈。管仲卒，齊國遵其政，常彊於諸侯。後百餘年而有晏子焉。

宋·蘇轍《古史》卷二五《管晏傳第二》 管夷吾仲者，潁上人也。少時嘗與鮑叔牙游，鮑叔知其賢。管仲貧困，常欺鮑叔，鮑叔終善遇之，不以爲言。已而鮑叔事齊公子小白，管仲事公子糾。及小白立爲齊侯，公子糾死，管仲囚。鮑叔遂進管仲。管仲既用，任政於齊，桓公以霸，九合諸侯，一匡天下，管仲之謀也。管仲曰：『始吾困時，嘗與鮑叔賈，分財利多自予，鮑叔不以我爲貪，知我貧也；吾嘗爲鮑叔謀事，而更窮困，鮑叔不以我爲愚，知時有利不利也；吾嘗三仕三見逐於君，鮑叔不以我爲不肖，知我不遭時也；吾嘗三戰三走，鮑叔不以我爲怯，知我有老母也；公子糾敗，召忽死之，吾幽囚受辱，鮑叔不以我爲無耻，知我不羞小節而耻功名不顯於天下也。生我者父母，知我者鮑子也。』鮑叔既進管仲，以身下之。子孫世禄於齊，有封邑者十餘世，嘗爲名大夫。天下不多管仲之賢而多鮑叔能知人也。管仲以區區之齊在海濱，通貨積財，富國强兵，故其稱曰『倉廩實而知禮節，衣食足而知榮辱，上服度則六親固。四維不張，國乃滅亡。下令如流水之源』。『俗之所欲，因而予之；俗之所否，因而去之』。令順民心，故論卑而易行。刑賞必當，不以其私，『故奪伯氏駢邑三百，飯蔬食，没齒無怨言。』其於諸侯，抑强暴，扶寡弱，來之以禮，服之以義，不以力勝，不求苟得。是以諸侯順服，無與爭者。狄滅邢衛，言於桓公，與諸侯救而封之。甯母之會，復言於公，修禮於諸侯，諸侯官受方物。鄭子華將以鄭爲内臣，却而不受，於是鄭伯從之乞盟，此其所以霸也。管仲封於小穀，魯莊公德之，爲築其城。嘗聘於周王，以上卿之禮饗之。管仲辭曰：『有天子之二守國、高在，若節春秋，來承王事，何辱命焉？』卒受下卿之禮而還。然管仲家富侈擬於公室，塞門反坫、三歸，官事不攝。而桓公亦上僭王室内嬖如夫人者六人，終以此敗，故孔子譏其不知禮。管仲既没，齊國因其遺業常强於諸侯。至戰國之際，諸子著書，因管子之説而益增之。其廢情任法，遠於仁義者，多申韓之言，非管子之正也。至其甚者，言治國則以智欺其民，言治外則以術傾鄰國。於是有不訾之寶，石壁菁茅之謀。使管仲而信然，則天下亦將以欺奪報之，尚何以霸哉？管仲之後，於齊無聞，有管修者，事楚爲賢大夫，白公之亂死焉。《史記》稱管仲善因禍爲福，轉敗爲功。桓公實怒少姬，南襲蔡，管仲因而伐楚，責包茅之不入。桓公實比伐山戎，管仲因而令燕修召公之政。於柯之會，桓公欲背曹沫之盟，管仲因而信之，諸侯由是歸齊。今考之此二説，皆非也。桓公二十九年，會諸侯于陽穀，爲鄭謀。楚是歲有蕩舟之事，故明年伐楚，因遂侵蔡。蔡在楚之北，故《春秋》先書侵蔡，其實本爲伐楚動也。山戎病燕，故桓公爲燕伐之，非不義也。亦何待令燕修召公之政而後可哉？如曹沫之事，蓋出於戰國之雜説，《公羊》不推本末而信之，太史公又以爲然。今《刺客傳》論之備矣，皆不可信，故不取也。

蘇子曰：孔子稱管仲相桓公，『九合諸侯不以兵車，民到于今受其賜，以仁許之。』至於子路稱其『果而已曰仁』，則吾不知也。然《孟子》以爲子路、曾子之所畏，而管仲、曾西之所不爲，何哉？夫管仲之所以爲其國者，至矣。然其所以不若三代者，蓋求而後得之，非其有餘而自及之也。《孟子》有言：『居下位不獲於上，民不可得而治也。獲於上有道，不信於友，弗獲於上矣；信於友有道，事親弗悦，弗信於友矣；悦親有道，反身不誠，弗悦於親矣。』故人必先自信，自信之餘而後親信之，親信之餘而後友信之，友信之餘而後君信之，君信之餘而後能治民。皆以其有餘及之，未有不能誠身而能治民者也。雖或能之，民之報之也。必粗夫子路自其誠身而爲之矣，而其功未足以及民。管仲其功足以及民矣，而其身未嘗自信也。故三歸、反坫，子路之所不爲，而九合諸侯，子路之所不能也。由子路之道，惟其不成成。則堯舜是也，由管仲之道，止於是而已矣。此孔子之所以取之，而孟子之所以不予也。

綜　述

《管子》卷一《牧民第一》　凡有地牧民者，務在四時，四時所以生成萬物也。守在倉廩。食者，人之天也。國多財則遠者來，地辟舉則民留處，舉，盡也。言地盡闢則人留而安居處也。倉廩實則知禮節，衣食足則知榮辱，上服度則六親固，服，行也。上行禮度則六親各得其所，故能感恩而結固之。四維張則君令行。故省刑之要，在禁文巧；文巧者，刑罰所由生。守國之度，在節四維；順民之經，在明鬼神，祇山川，鬼神、山川皆有尊卑之序，故敬明之。敬宗廟，恭祖舊。謂恭承先祖之舊法。不務天時則財不生，不務地利則倉廩不盈。野蕪曠則民乃菅。菅，當爲姦。上無量則民乃安。文巧不禁則民乃淫，不璋兩原則刑乃繁，璋，當爲章。章，明也。兩原，謂妄之原，上無量也；淫之原，不禁文巧也。能明此法者則刑簡。不明鬼神則陋民不悟，不悟鬼神有尊卑之異也。不祇山川則威令不聞，言能登封降禪，祇祀山川，則威令遠聞。不敬宗廟則民乃上校。校，效也。君無所尊，人亦效之。不恭祖舊則孝悌不備，四維不張，國乃滅亡。

右國頌頌，容也，謂陳爲國之形容。

國有四維，一維絶則傾，二維絶則危，三維絶則覆，四維絶則滅。傾可正也，危可安也，覆可起也，滅不可復錯也。何謂四維？一曰禮，二曰義，三曰廉，四曰耻。禮不踰節，義不自進，自進，謂不由薦舉也。廉不蔽惡，隱蔽其惡，非貞廉也。耻不從枉。詭隨邪枉，無羞之人。故不踰節則上位安，不自進則民無巧詐，不蔽惡則行自全，不從枉則邪事不生。

右四維

政之所興，在順民心；政之所廢，在逆民心。民惡憂勞，我佚樂之；民惡貧賤，我富貴之；民惡危墜，我存安之；民惡滅絶，我生育之。能佚樂之則民爲之憂勞，君於平康，能佚樂人，及其危，人必爲之憂勞，下三順皆然。能富貴之則民爲之貧賤，能存安之則民爲之危墜，能生育之則民爲之滅絶。故刑罰不足以畏其意，殺戮不足以服其心。畏意、服心，在於順其所欲，不在刑罰殺戮。故刑罰繁而意不恐，則令不行矣。殺戮衆而心不服，則上位危矣。故從其四欲，則遠者自親；行其四惡，則近者叛之。故知予之爲取者，政之寶也。謂與之生全，取其死難也。

右四順

錯國於不傾之地，積於不涸之倉，涸，竭也。藏於不竭之府，下令於流水之原。使民於不爭之官，明必死之路，開必得之門。不爲不可成，不求不可得，不處不可久，不行不可復。錯國於不傾之地者，授有德也。積於不涸之倉者，務五穀也。藏於不竭之府者，養桑麻、育六畜也。下令於流水之原者，令順民心也。使民於不爭之官者，使各爲其所長也。各長其所長，則順而悦，故不爭也。明必死之路者，嚴刑罰也。開必得之門者，信慶賞也。不爲不可成者，量民力也。不求不可得者，不彊民以其所惡也。不處不可久者，不偷取一世也。謂所處必可使百代常行。不行不可復者，不欺其民也。復，重也。欺民之事，不可重行也。故授有德則國安，務五穀則食足，養桑麻、育六畜則民富，令順民心則威令行，使民各爲其所長則用備，嚴刑罰則民遠邪，信慶賞則民輕難。量民力則事無不成，不彊民以其所惡則詐僞不生，不偷取一世則民無怨心，不欺其民則下親其上。

右士經　士，事也。經，常也。謂陳事之可以常行者也。

以家爲鄉，鄉不可爲也。言有家之親，斥以爲鄉之疏，必生怨，故不可爲也。下三事同此。以鄉爲國，國不可爲也。以國爲天下，天下不可爲也。以家爲家，一親也。以鄉爲鄉，二親也。以國爲國，三親也。以天下爲天下。四親也。毋曰不同生，遠者不聽。謂家也。言有家之親，而謂之曰不與汝同家而生，用此以相疏遠者必不聽，下同。毋曰不同鄉，遠者不行。毋曰不同國，遠者不從。如地如天，何私何親？五親也。如日如月，唯君之節。六親也。天地日月，取其耀臨。言人君親下，當如天地日月之無私也。御民之轡，在上之所貴。言人從上之所貴，若馬之從轡。道民之門，在上之所先。上所先行，人必行。人必從之，若由門矣。召民之路，在上之所好惡。故君求之則臣得之，君將求之，臣已先索得之也。君嗜之則臣食之，君好之則臣服之。君惡之則臣匿之。毋蔽汝惡，毋異汝度，汝，君也。賢者將不汝助。言室滿室，言堂滿堂，是謂聖王。二法也。言堂室事而令滿，取其露見不隱也。城郭溝渠不足以固守，兵甲彊力不足以應敵，博地多財不足以有衆。言城郭、兵甲、博地不足以固守、應敵、有衆。其固守、應敵、有衆，更在有道者也。唯有道者能備患於未形也，故禍不萌。三法也。天下不患無臣，患無君以使之。天下不患無

財，患無人以分之。可以分與財者，賢人也。故知時者可立以爲長，無私者可置以爲政。審於時而察於用而能備官者，可奉以爲君也。四法也。緩者後於事，吝於財者失所親，信小人者失士。五法也。

又《權修第三》 萬乘之國，兵不可以無主。無所主，則無所統一也。土地博大，野不可以無吏。無吏，則不屬於墾闢。百姓殷衆，官不可以無長。無長，則無所稟命也。操民之命，朝不可以無政。地博而國貧者，野不辟也。民衆而兵弱者，民無取也。兵無主，故無所取則。故末產不禁則野不辟，賞罰不信則民無取。野不辟，民無取，外不可以應敵，內不可以固守。故曰：有萬乘之號，而無千乘之用，而求權之無輕，不可得也。國號萬乘，及其兵用，不滿於千，如此者，權必自輕也。

地辟而國貧者，舟輿飾，臺榭廣也。賞罰信而兵弱者，輕用衆，使民勞也。舟車臺榭廣，則賦斂厚矣。輕用衆，使民勞，則民力竭矣。賦斂厚則下怨上矣，民力竭則令不行矣。下怨上，令不行，而求敵之勿謀已，不可得也。

欲爲天下者，必重用其國。欲爲其國者，必重用其民。欲爲其民者，必重盡其民力。重爲矜惜之也。無以畜之，則往而不可止也。往，謂亡去也。無以牧之，則處而不可使也。人雖留處，無畜牧之道，故不可使也。遠人至而不去，則有以畜之也。民衆而可一，則有以牧之也。見其可也，喜之有徵；徵，驗也。必有恩錫以驗，見喜無空然矣。見其不可也，惡之有刑，賞罰信於其所見，雖其所不見，其敢爲之乎！所見之處，賞罰既信，則所不見，懼而從教，不敢爲非。見其可也，喜之無徵；見其不可也，惡之無刑，賞罰不信於其所見，而求其所不見之爲之化，不可得也。厚愛利足以親之，明智禮足以教之。上身服以先之，服，行也。凡所欲教人，在上必身自行之，所以率先於下也。審度量以閑之，所以防閑其姦僞也。鄉置師以說道之，然後申之以憲令，勸之以慶賞，振之以刑罰，振，整也。故百姓皆說爲善，則暴亂之行無由至矣。

地之生財有時，民之用力有倦，而人君之欲無窮。以有時與有倦，養無窮之君，而度量不生於其間，度量不生，則賦役無限也。則上下相疾也。上疾下之不供，下疾上之無窮。是以臣有殺其君，子有殺其父者矣。故取於民有度，用之有止，國雖小必安。取於民無度，用之不止，國雖大必危。地之不辟者，非吾之地也。民之不牧者，非吾民也。凡牧民者，以其所積者食之，不可不審也。其積多者其食多，其積寡者其食寡，無積者不食。或有積而不食者，則民離上；有積多而食寡者，則民不力；有積寡而食多者，則民多詐；有無積而徒食者，則民偷幸。故離上、不力、多詐、偷幸，舉事不成，應敵不用。故曰：察能授官，班祿賜予，使民之機也。

野與市爭民，民務本業，則野與市爭民。家與府爭貨，下務藏積，則家與府爭貨。金與粟爭貴，所寶惟穀，故金與粟爭貴。鄉與朝爭治。官各務其職，故鄉與朝爭治。故野不積草，農事先也。府不積貨，藏於民也。市不成肆，家用足也。朝不合衆，鄉分治也。故野不積草，府不積貨，市不成肆，朝不合衆，治之至也。人情不二，故民情可得而御也。審其所好惡，則其長短可知也；觀其交游，則其賢不肖可察也。二者不失，則民能可得而官也。二者，謂好惡、交游也。地之守在城，城之守在兵，兵之守在人，人之守在粟，故地不辟則城不固。有身不治，奚待於人？待，謂將治之。言身既不能自治，則無以治人也。有人不治，奚待於家？有家不治，奚待於鄉？有鄉不治，奚待於國？有國不治，奚待於天下？天下者，國之本也。國者，鄉之本也。鄉者，家之本也。家者，人之本也。人者，身之本也。身者，治之本也。故上不好本事則末產不禁，末產不禁則民緩於時事而輕地利，輕地利而求田野之辟，倉廩之實，不可得也。商賈在朝則貨財上流，若桓、靈之賣官也。婦言人事則賞罰不信，婦者所以休其蠶織，此之不爲，輒言人事，婦人之性險詖，故賞罰不信矣。男女無別則民無廉恥。貨財上流，賞罰不信，民無廉恥，而求百姓之安難，兵士之死節，不可得也。朝廷不肅，貴賤不明，長幼不分，度量不審，衣服無等，上下凌節，而求百姓之尊主政令，不可得也。上好詐謀間欺，間，隔也。有所隔礙而欺誑也。臣下賦斂競得，使民偷壹，偷取一時之快。則百姓疾怨，而求下之親上，不可得也。有地不務本事，本事，謂農。君國不能壹民，而求宗廟社稷之無危，不可得也。

上恃龜筮，好用巫醫，則鬼神驟祟。故功之不立，名之不章，爲之患者三：苟功不立，名不章，必爲三患，下獨王、貧賤、日不足，是也。有獨王者，謂無黨也。有貧賤者，有日不足者。有日不足之費也。一年之計，莫如樹穀；十年之計，莫如樹木；終身之計，莫如樹人。樹人，謂濟我而立之。一樹一穫者，穀也。一樹十穫者，木也。果木過十年漸就枯悴，故曰十穫也。

一樹百穫者，人也。人有百年之壽。雖使無百年，子孫亦有嗣之而報德者，故曰百穫也。我苟種之，如神用之，一種百穫，近識者莫能測其由，故曰如神用也。舉事如神，唯王之門。王者貴神，道設教也。

凡牧民者，使士無邪行，女無淫事。士無邪行，教也。女無淫事，訓也。教訓成俗而刑罰省，數也。凡牧民者，欲民之正也。欲民之正，則微邪不可不禁也。微邪者，大邪之所生也。微邪不禁，而求大邪之無傷國，不可得也。凡牧民者，欲民之有禮也。欲民之有禮，則小禮不可不謹也。小禮不謹於國，而求百姓之行大禮，不可得也。凡牧民者，欲民之有義也。欲民之有義，則小義不可不行。小義不行於國，而求百姓之行大義，不可得也。凡牧民者，欲民之有廉也。欲民之有廉，則小廉不可不脩也。小廉不脩於國，而求百姓之行大廉，不可得也。凡牧民者，欲民之有恥也。欲民之有恥，則小恥不可不飾也。小恥不飾於國，而求百姓之行大恥，不可得也。凡牧民者，欲民之脩小禮，行小義，飾小廉，謹小恥，禁微邪，此厲民之道也。民之脩小禮，行小義，飾小廉，謹小恥，禁微邪，治之本也。

凡牧民者，欲民之可御也。欲民之可御，則法不可不審。法者，將立朝庭者也。將立朝庭者，則爵服不可不貴也。爵服加于不義，則民賤其爵服；民賤其爵服，則人主不尊；人主不尊，則令不行矣。法者，將用民力者也。將用民力者，則祿賞不可不重也。祿賞加于無功，則民輕其祿賞；民輕其祿賞，則上無以勸民；上無以勸民，則令不行矣。法者，將用民能者也。將用民能者，則授官不可不審也。授官不審，則民間其治；民間其治，則理不上通；理不上通，則下怨其上；下怨其上，則令不行矣。法者，將用民之死命者也。用民之死命者，則刑罰不可不審。刑罰不審，則有辟就；有辟就，則殺不辜而赦有罪；殺不辜而赦有罪，則國不免於賊臣矣。故夫爵服賤，祿賞輕，民間其治，賊臣首難，此謂敗國之教也。

又《立政第四》 國之所以治亂者三，殺戮刑罰不足用也。三，謂三本也，謂治、亂法各有三也。國之所以安危者四，城郭險阻不足守也。四，謂四固。國之所以富貧者五，輕稅租，薄賦歛不足恃也。五，謂五事。治國有三本，而安國有四固，而富國有五事。五事，五經也。自『三本』已上總其目。君之所審者三：一曰德不當其位，二曰功不當其祿，三曰能不當其官。此三本者，治亂之原也。故國有德義未明於朝者，則不可加于尊位；功力未見於國者，則不可授以重祿；臨事不信於民者，則不可使任大官。故德厚而位卑者謂之過，德薄而位尊者謂之失。寧過於君子，而毋失於小人。過於君子，其爲怨淺；失於小人，其爲禍深。是故國有德義未明於朝而處尊位者，則良臣不進；有功力未見於國而有重祿者，則勞臣不勸；有臨事不信於民而任大官者，則材臣不用。三本者審，則下不敢求。三本者不審，則邪臣上通，而便辟制威，如此則明塞於上而治壅於下，正道捐棄而邪事日長。三本者審，則便辟無威於國，道塗無行禽，無禽獸之行。疏遠無蔽獄，孤寡無隱治，故曰刑省治寡，朝不合衆。

右三本【略】

君之所慎者四：一曰大德不至仁，不可以授國柄。德雖大而仁不至，或包藏禍心，故不可授國柄。二曰見賢不能讓，不可與尊位。三曰罰避親貴，不可使主兵。四曰不好本事，不務地利而輕賦歛，不可與都邑。此四務者，安危之本也。故曰：卿相不得衆，國之危也。大臣不和同，國之危也。兵主不足畏，國之危也。民不懷其産，國之危也。故大德至仁，則操國得衆；見賢能讓，則大臣和同；罰不避親貴，則威行於鄰敵；好本事，務地利，重賦歛，則民懷其産。

右四固【略】

分國以爲五鄉，鄉爲之師。分鄉以爲五州，州爲之長。分州以爲十里，里爲之尉。分里以爲十游，游爲之宗。十家爲什，五家爲伍，什伍皆有長焉。築障塞匿，匿，隱。一道路，博出入，審閭閈，慎筦鍵，筦藏于里尉，置閭有司，以時開閉。閭有司觀出入者，以復于里尉。復，白。凡出入不時，衣服不中，圈屬羊豕之類也。羣徒衆作役也。不順於常者，閭有司見之，復無時。若在長家子弟、臣妾、屬役、賓客，則里尉以譙于游宗，游宗以譙于什伍，什伍以譙于長家。譙敬而勿復，既譙，能敬而從命，無事可白，則是教令行。一再則宥，三則不赦。凡孝悌、忠信、賢良、儁材，若在長家子弟、臣妾、屬役、賓客，則什伍以復于游宗，游宗以復于里尉，里尉以復于州長，州長以計于鄉師，鄉師以著于士師。凡過黨，其在家屬，及于長家；其在長家，及于什伍之長；其在什伍之長，及于游

宗；其在游宗，及于里尉；其在里尉，及于州長；其在州長，及于鄉師；其在鄉師，及于士師。三月一復，六月一計，十二月一著。凡上賢不過等，謂上賢雖才用絶倫，無得過其勞級。使能不兼官，罰有罪不獨及，罪必有首從及黨與也。賞有功不專與。孟春之朝，君自聽朝，論爵賞校官，終五日。季冬之夕，君自聽朝，論罰罪刑殺，亦終五日。正月之朔，百吏在朝，君乃出令布憲于國，五鄉之師，五屬大夫，皆受憲于太史。大朝之日，五鄉之師，五屬大夫，皆身習憲于君前。太史既布憲，入籍于太府，入籍者，入取籍於太府也。憲籍分于君前。五鄉之師出朝，遂于鄉官，致于鄉屬，及于游宗，皆受憲。憲所以察時令，籍所以視功過。憲既布，乃反致令焉，致令於君。然後敢就舍。憲未布，令未致，不敢就舍，就舍謂之留令，死罪不赦。五屬大夫，皆以行車朝，出朝不敢就舍，遂行。至都之日，五屬之都。遂於廟，致屬吏，皆受憲。憲既布，乃發使者，致令以布憲之日，蚤晏之時。憲既布，使者已發，然後敢就舍。憲未布，使者未發，不敢就舍，就舍謂之留令，罪死不赦。憲既布，有不行憲者，謂之不從令，罪死不赦。考憲而有不合于太府之籍者，曰侈專制，不足曰虧令，罪死不赦。首憲歲朝之憲。既布，然後可以布憲。憲，謂月朝之憲。

右首憲【略】

期而致，使而往，百姓舍己，以上爲心者，教之所期也。始於不足見，終於不可及，一人服之，萬人從之，訓之所期也。謂君將行令，始獨發於心，故不足見。終則功成事遂，故不可及也。未之令而爲，未之使而往，上不加勉而民自盡竭，俗之所期也。君能盡心於俗，所以能期於此也。好惡形於心，百姓化於下，罰未行而民畏恐，賞未加而民勸勉，誠信之所期也。君之好惡纔形於心，百姓已化於天下。爲而無害，成而不議，得而莫之能爭，天道之所期也。君能奉順天道，所以能期於此。爲之而成，求之而得，上之所欲，小大必舉，事之所期也。令則行，禁則止，憲之所及，俗之所被，被，合也，謂俗與憲合。如百體之從心，政之所期也。

又　卷二《版法第七》　凡將立事，立經國之事。正彼天植，謂順天道以種植，必令得其正。風雨無違，君道不虧，則風雨無違也。遠近高下各得其嗣。高下，猶多少也。謂君之賦稅，因其遠近之別，以多少之差，輕重合宜，故可嗣之以常行。嗣，續也。三經既飭，君乃有國。三經，謂上天植、風雨、高下也。是三者既以飭整，故君可以有國也。喜無以賞，怒無以殺。喜以賞，怒以殺，怨乃起，令乃廢。驟令而不行，民心乃外。有外叛之心也。外之有徒，禍乃始牙。徒，謂黨與也。外叛者有黨與，禍由是生，故曰始牙。衆之所忿，置不能圖。衆忿難犯，故必置之，誰能圖之。

舉所美必觀其所終，凡人之情，靡不有初，鮮克有終，故須觀之。廢所惡必計其所窮。蜂蠆有毒，故必計其所窮。知困獸猶鬬，其所終將何爲也？慶勉敦敬以顯之，人有敦敬，則慶勉以顯之也。富禄有功以勸之，人之有功，則富貴以勸之。爵貴有名以休之。賢者有名，則爵貴以休之。兼愛無遺，謂君。必先順教，萬民鄉風。上之敦敬，有功名之士，必爵禄順而與之，所以教之急也。如此，則民向風而從化。旦暮利之，衆乃勝任。有功名之士，既旦暮得利，衆自厲而勝任。取人以己，成事以質。將欲取人，必先審己才畧能用彼不。質，謂準的。將欲成事，必先立其準的。事不違質，然後爲善。審用財，慎施報，察稱量。故用財不可以嗇，用力不可以苦。用財嗇則費，嗇於用財，不以賞賜，則立功之士懈怠，敵人來侵，其費更多。嗇，悋。用力苦則勞。民不足，令乃辱；民不足則令不行，故辱也。民苦殃，令不行。施報不得，禍乃始昌；禍昌不寤，民乃自圖。謀爲叛己。正法直度，罪殺不赦。夫正直之法度，罪殺有過，終不免赦。殺僇必信，民畏而懼。武威既明，令不再行。頓卒怠倦以辱之，頓卒，猶困苦。其有怠倦不勤，則困苦以辱。罰罪宥過以懲之，殺僇犯禁以振之。植固不動，倚邪乃恐。言執法者必當深植而固守，則不可動移。若乃頓倚而邪，則法亂而身危，故可恐也。倚革邪化，令往民移。既能正倚化邪，歸於正直。如此化出，令纔往則民移。法天合德，天之資始，無有私德。象地無親，地之資生，無所私親。參於日月，日月無私耀也。佐於四時。賞以春夏，刑以秋冬。悦在施有，將悦於下，在於施無令有。衆在廢私，將欲齊衆，在於廢私。召遠在修近，修近則遠者至。閉禍在除怨，除怨則禍端塞。修長在乎任賢，任賢則國祚長。安高在乎同利。與下同利則高位安。

又　卷九《霸形第二十二》　桓公在位，管仲、隰朋見，立有閒，有貳鴻飛而過之。桓公嘆曰：『仲父，今彼鴻鵠有時而南，有時而北，有時而往，有時而來，四方無遠，所欲至而至焉。非唯有羽翼之故，是以能通其意於天下乎？』管仲、隰朋不對。桓公曰：『二子何故不對？』管子對曰：『君有霸王之心，而夷吾非霸王之臣也，是以不敢對。』桓公曰：

『仲父胡爲然，盍不當言，寡人其有鄉乎？何不陳當言，令寡人有所歸向。寡人之有仲父也，猶飛鴻之有羽翼也，若濟大水有舟楫也。仲父不一言教寡人，寡人之有耳，將安聞道而得度哉？』言何以自度得至於霸王哉？

管子對曰：『君若將欲霸王，舉大事乎，則必從其本事矣。』桓公變躬遷席，拱手而問曰：『敢問何謂其本？』管子對曰：『齊國百姓，公之本也。人甚憂飢，而税斂重。人甚懼死，而刑政險。人甚傷勞，而上舉事不時。公輕其税斂，則人不憂飢。緩其刑政，則人不懼死。舉事以時，則人不傷勞。』桓公曰：『寡人聞仲父之言，此三者聞命矣。不敢擅也，將薦之先君。』不敢專擅，自發此命，將進之宗廟，告先君而後行。所謂以神道設教者也。於是令百官有司，削方墨筆，方，謂版牘也。凡此欲書其所定令也。明日皆朝於太廟之門。朝定，令於百吏。因朝廟而定百吏之令也。使税者百一鍾，假令百石而取一鍾。孤幼不刑，澤梁時縱，放人入，不設禁。關譏而不征，市書而不賦。書，謂録其名籍。近者示之以忠信，遠者示之以禮義。行此數年，而民歸之如流水。

此其後，宋伐杞，狄伐邢、衛。桓公不救，裸體紉胸稱疾。紉，猶摩也。自摩其胸，若有所痛患也。召管仲曰：『寡人有千歲之食，而無百歲之壽，今有疾病，姑樂乎？』管子曰：『諾。』於是令之縣鍾磬之榱，榱所以嚴飾之。陳歌舞竽瑟之樂，日殺數十牛者數旬。羣臣進諫曰：『宋伐杞，狄伐邢、衛，君不可不救。』桓公曰：『寡人有千歲之食，而無百歲之壽，今又疾病，姑樂乎！且彼非伐寡人之國也，伐鄰國也，子無事焉。』宋已取杞，狄已拔邢、衛矣。桓公起行筍虡之閒，管子從，至大鍾之西，桓公南面而立，管仲北鄉對之。大鍾鳴。桓公親管子曰：『樂夫，仲父！』管子對曰：『此臣之所謂哀，非樂也。臣聞之，古者之言樂於鍾磬之閒者，不如此。言脱於口，而令行乎天下，脱，出也。游鍾磬之閒，而無四面兵革之憂。今君之事，言脱於口，令不得行於天下，在鐘磬之間，而有四面兵革之憂。此臣之所謂哀，非樂也。』桓公曰：『善。』於是伐鍾磬之縣，伐，謂斫斷也。併歌舞之樂，併，除也。宮中虛無人。不令人掌守之。桓公曰：『寡人以伐鍾磬之縣，併歌舞之樂矣，請問所始，於國將爲何行？』管子對曰：『宋伐杞，狄伐邢、衛，而君之不救也，臣請以慶。以不救爲是，故慶之。臣聞之：諸侯爭於彊者，勿與分於彊。若救三國，是分於彊。今君何不定三君之處哉？』三君既失國，當定其居處也。於是桓公曰：『諾。』因命以車百乘，卒千人，以緣陵封杞。車百乘，卒千人，以夷儀封邢。車五百乘，卒五千人，以楚丘封衛。桓公曰：『寡人以定三君之居處矣，今又將何行？』管子對曰：『臣聞諸侯貪於利，勿與分於利，君何不發虎豹之皮、文錦以使諸侯，令諸侯以縵帛、鹿皮報。』桓公曰：『諾。』於是以虎豹皮、文錦使諸侯，諸侯以縵帛、鹿皮報，則令固始行於天下矣。

此其後，楚人攻宋、鄭。燒焫熯焚鄭地，使城壞者不得復築也，屋之燒者不得復葺也，令其人有喪雌雄，失男女之偶。居室如鳥鼠處穴。要宋田夾塞兩川，使水不得東流，楚人又遮取宋田，夾兩川築堤而壅塞之，故水不得東流。兩川，蓋睢、汴也。東山之西，水深滅垝，垝，敗墻也。四百里而後可田也。楚欲吞宋、鄭而畏齊，日思人衆兵彊能害己者必齊也，於是乎楚王號令於國中曰：『寡人之所明於人君者，莫如桓公。所賢於人臣者，莫如管仲。明其君而賢其臣，寡人願事之。既以其君臣爲明賢，故願事之。誰能爲我交齊者，寡人不愛封侯之君焉。』於是楚國之賢士，皆抱其重寶幣帛以事齊。桓公之左右，無不受重寶幣帛者。於是桓公召管仲曰：『寡人聞之，善人者，人亦善之。今楚王之善寡人一甚矣，寡人不善，將拂於道，拂，違也。若不報善之，是違於道也。仲父何不遂交楚哉？』管子對曰：『不可。楚人攻宋、鄭，燒焫熯焚鄭地，使城壞者不得復築也，屋之燒者不得復葺也。令人有喪雌雄，居室如鳥鼠處穴。要宋田夾塞兩川，使水不得東流，東山之西，水深滅垝，四百里而後可田也。楚欲吞宋、鄭，思人衆兵彊而能害己者必齊也，是欲以文克齊，以寶幣賂齊，而齊自服，故曰以文克齊。而以武取宋、鄭也。楚取宋、鄭而不止禁，是失宋、鄭也。禁之則是又不信於楚也。知失於内，兵困於外，非善舉也。』桓公曰：『善。然則若何？』管子對曰：『請興兵而南存宋、鄭。而令曰：無攻楚。言與楚王遇，冬會曰遇。至於遇上，而以鄭城與宋水爲請。楚若許，則是我以文令也。楚若不許，則遂以武令焉。』桓公曰：『善。』於是遂興兵而南存宋、鄭，與楚王遇於召陵之上，而令於遇上曰：『毋貯粟，毋曲隄，無擅廢適子，毋置妾以爲妻。』因以鄭城與宋水爲請於楚。楚人不許，遂退七十里而舍。使軍人城鄭南之地，立百代城焉。取其雖百代而無敢毀者也。曰：『自此而北，至於河者，鄭自城之。』而楚不敢隳也。東發宋田，夾兩川，

使水復東流，而楚不敢塞也。遂南伐，及踰方城，濟於汝水，望汶山，汶音岷。岷山，江水所從出。南致楚、越之君，而西伐秦，北伐狄，東存晉公於南，自伐秦而遂存晉。於晉之南，故曰東存。北伐孤竹，還，存燕公。兵車之會六，乘車之會三，九合諸侯，反位已霸，脩鐘磬而復樂。管子曰：『此臣之所謂樂也。』

又《霸言第二十三》　霸王之形，象天則地，謂象天明，則地義。化人易代，謂美教化，移風俗。創制天下，與之更始。等列諸侯，列爵惟五，各得其宜。賓屬四海，賓禮四夷，以恩屬之。時匡天下。時一會而正之。大國小之，曲國正之，彊國弱之，重國輕之，亂國并之，并亂所以總其威權。暴王殘之。其王之凶暴者則殘滅之，於國則戮其首罪，卑其爵列，維持其人衆。僇其罪，卑其列，維其民，然後王之。其王之凶暴者則殘滅之。夫豐國之謂霸，但自豐其國者，霸也。兼正之國之謂王。兼能正他國者王。夫王者有所獨明，德共者不取也，道同者不王也。夫能王天下者，必有獨見之明，羣物之所不違。若彼德與我共，彼道與我同，則不取而且不王。夫爭天下者，以威易危，暴王之常也。若以兵威易彼危亂，此固暴王之常也，非霸王之道也。君人者有道，有常道也。霸王者有時。必遇其時，然後霸王。國脩而鄰國無道，霸王之資也。我脩而彼暴，可以取亂侮亡，故曰資也。夫國之存也，鄰國有焉。雖存而國小弱，必事鄰國以爲安，故曰鄰國有焉。國之亡也，鄰國有焉。因其亡而取之。鄰國有事，鄰國得焉。鄰國有征伐之事，因而敗績，故鄰國得焉。鄰國有事，鄰國亡焉。或有征伐之事，大勝而多獲，遂亡鄰國。天下有事，則聖王利也。必有非常之事，然後有非常之人。國危則聖人知矣。懷獨見之明，故先知。夫先王所以王者，資鄰國之舉不當也。舉事皆當，則我無因爲功。舉而不當，此鄰國敵之所以得意也。不當所以資我，故得意也。

夫欲用天下之權者，必先布德諸侯。諸侯懷德而歸，欲求無權，其可得乎。是故先王有所取，有所與，所謂將欲取之，必姑與之。有所詘，有所信，所謂尺蠖之屈，以求伸也。然後能用天下之權。妙於前四事，故能用天下之權。夫兵幸於權，權幸於地。兵幸在於有權，權從在於得地，幸，猶勝也。故諸侯之得地利者，權從之。失地利者，權去之。夫爭天下者，必先爭人。人惟邦本。明大數者得人，審小計者失人。得天下之衆者王，得其半者霸。是故聖王卑禮以下天下之賢而王之，均分以釣天下之衆而臣之，既王有地，均分其禄，用此以引天下之衆，故可得而臣之也。故貴爲天子，富有天下，而伐不謂貪者，其大計存也。得地均分，可以臣彼。地自利彼，於我何貪。此其大計也。以天下之財，利天下之人。以明威之振，利天下之人，還用天下之財，於我無所減削，更可以明威權之振，所謂惠而不費者也。合天下之權。合天下之權，皆令在己。權總則德遂，德遂則親成也。以遂德之行，結諸侯之親。以姦佞之罪，刑天下之心。所謂懲一而勸百。因天下之威，以廣明王之伐。因天下所欲亡而亡之，則明王之伐自廣。攻逆亂之國，賞有功之勞，封聖賢之德，明一人之行，而百姓定矣。賞加一人而天下勸，罰加一人而天下畏，故曰：明一人之行而百姓定矣。

夫先王取天下也術。非術則無以取天下也。術乎，大德哉！物利之謂也。術可以取天下，故曰大德。然術之所歸，在於令物得利也。夫使國常無患，而名利並至者，神聖也。神聖則多所感致。國在危亡，而能壽者，明聖也。明聖則不失事機。是故先王之所師者，神聖也。其所賞者，明聖也。賞，謂樂翫也。夫一言而壽用其言，故壽也。國，不聽而國亡。若此者，大聖之言也。

夫明王之所輕者馬與玉，其所重者政與軍。若失主不然，輕與人政，而重予人馬；輕予人軍，而重予人玉。重宮門之營，而輕四竟之守，所以削也。夫權者，神聖之所資也。獨明者，天下之利器也。獨斷者，微密之營壘也。謂獨斷可以自營而卽定，故曰營壘。此三者，聖人之所則也。聖人畏微，而愚人畏明。聖人能知吉凶之先見，故曰畏微。愚人近火方知熱，履冰乃知寒，故曰畏明也。聖人之憎惡也內，愚人之憎惡也外。聖人知心胸之姦謀，故憎惡內。愚人兵在頸方懼，故憎惡外也。聖人將動必知，愚人至危易辭。聖人之動必闇知。愚者至危不知禍之將至，尚有慢易之辭。然後湯、武之師起也。聖人能輔時，不能違時。聖人能因時來，輔成其事，不能違時而立功。不有桀、紂之暴，則無湯、武之功。知者善謀，不如當時。精時者，日少而功多。夫謀無主則困，事無備則廢。是以聖王務具其備，而慎守其時。以備待時，以時興事。時至而舉兵，絶堅而攻國，其兵超絶而又堅利，故能攻國。破大而制地，大本而小標，標，末也。本大而末小，則難崩。埊近而攻遠。所全之地近，故能攻遠而有歸。若高光之有關中、河内也。以大牽小，以彊使弱，以衆致寡。德利百姓，威振天下，令行諸侯而不拂。近無不服，遠無不聽。

夫明王爲天下正理也，修正理而動，故能成天下之功也。案彊助弱，按，抑也。圉暴止貪，存亡定危，繼絶世。此天下之所載也，德義如此，故爲天

下所載。諸侯之所與也，與，親也。百姓之所利也。是故天下王之。天下樂推以爲王。知蓋天下，繼最一世，其繼敗續亡，能成天下之功也。材振四海，王之佐也。千乘之國，可得其守，諸侯可得而臣，天下可得而有也。萬乘之國失其守，國非其國也。天下皆理，己獨亂，國非其國也。諸侯皆令，皆從霸者之令。己獨孤，國非其國也。鄰國皆險，己獨易，易，平易，不牢固，謂無守禦之備也。國非其國也。此三者，亡國之徵也。夫國大而政小者，國從其政。小政蹴國，故國從其政。國小而政大者，國益大。大政開國，故國益大。大而不爲者復小，大而不爲則日損，故復小。彊而不理者復弱，彊而不理，則綱紀亂，故復弱也。衆而不理者復寡，衆而不理，則人散，故復寡。貴而無禮者復賤，貴而無禮，則位奪，故復賤也。重而凌節者復輕，重而凌節，則威喪，故復輕。富而驕肆者復貧。富而驕肆，則財竭，故復貧也。故觀國者觀君，君爲化主。觀君者觀將，將爲兵本。觀備者觀野。野有障塞，則國不侵。其君如明而非明也，外明而内暗。其將如賢而非賢也，外賢而内愚。其人如耕者而非耕也，雖耕而鹵莽。三守既失，國非其國也。三守，謂明賢耕。既失，謂是而非。地大而不爲，命曰土滿。謂土滿而功狹也。人衆而不理，命曰人滿。謂人多而政少。兵威而不止，命曰武滿。謂人亢之爲言也，知進而不知退也。三滿而不止，國非其國也。三滿不止，敗亡立至。地大而不耕，非其地也。地大不耕則無所獲。卿貴而不臣，非其卿也。卿貴不臣，化爲敵也。謂卿大夫。人衆而不親，非其人也。人衆不親，欲亡者也。夫無土而欲富者憂，無土欲富，猶緣木而求魚，故憂。無德而欲王者危，無德而王，猶欲進而却行，故危。施薄而求厚者孤。施薄求厚，人必不應，故孤。夫上夾而下苴，苴，苞，裹也。上既狹，故爲下所苞。國小而都大者弑。此二者，常有篡弑之禍。主尊臣卑，上威下敬，令行人服，理之至也。使天下兩天子，天下不可理也。一國而兩君，一國不可理也。一家而兩父，一家不可理也。凡此所謂兩雄必争，亂之本也。夫令不高不行，不摶不聽。摶，聚也。君命不高不聚而聽之。堯、舜之人，非生而理也。化之而理。桀、紂之人，非生而亂也。效之而亂。故理亂在上也。夫霸王之所始也，以人爲本。本理則國固。本亂則國危。故上明則下敬，政平則人安，士教和則兵勝敵，使能則百事理，親仁則上不危，任賢則諸侯服。霸王之形，説霸王之形容。德義勝之，智謀勝之，兵戰勝之，地形勝之，動作勝之，故王之。有此五勝，故可以王。夫善用國者，因其大國之重，以其勢小之。因彊國之權，以其勢弱之。因重國之形，以其勢輕之。凡大彊重，皆國之盈盛者也。然盛者有時而衰，盈者有時而息，故因其衰息之勢，大者小之，彊者弱之，重者輕之。弱國衆，合彊以攻弱，以圖霸。謂時彊國衆多，吾國雖彊，適可圖霸。彊國少，合小以攻大，以圖王。謂時彊國既少，我則合衆聚小，以攻彊大之國，如此者，可以圖王。彊國衆而言王勢者，愚人之智也。非言王之時。彊國少而施霸道者，敗事之謀也。非施霸之時。夫神聖視天下之形，知動静之時，視先後之稱，知禍福之門。彊國衆，先舉者危，後舉者利。彊國衆，先舉必爲彊者所圖，故危。彊國少，先舉者王，後舉者亡。戰國衆，後舉可以霸。戰國少，先舉可以王。夫王者之心方，而不最心雖方直，未爲其最。列，不讓賢雖列爵位，不讓賢俊。賢，不齒弟擇衆，雖稱爲賢，無優劣齒弟，又非選衆而舉也。是貪大物也。大物，謂大寶之位。有此數者，是定貪大位之利，而無得位之實也。是以王之形大也。不可以小數得。夫先王之争天下也以方心，心方而最，故可以争天下也。其立之也以整齊，整而齊之，故可立也。其理之也以平易。平而易之，故可理。立政出令用人道，政令須合人心。施爵禄用地道，地道平而無私。舉大事用天道。心應天時，然後可以舉大事。是故先王之伐也，伐逆不伐順，伐險不伐易，伐過不伐不及。伐其太過者。四封之内，以正使之。以正使之，則人無怨。諸侯之會，以權致之。以權致之，則不敢不來。近而不服者，以地患之。侵削其地則自服。遠而不聽者，以刑危之。興師以征之。一而伐之，武也。守一不移，興師伐之，此其武也。服而舍之，文也。既服舍之，綏之以德，此其文也。文武具滿，德也。唯文教武，功可以滿其德。

又《問第二十四》凡立朝廷，問有本紀。所問之事，必有根本綱紀。爵授有德，則大臣興義。禄予有功，則士輕死節。上帥士以人之所戴，則上下和。上帥其士所爲者，皆人之所戴仰，故上下和。授事以能，則人上功。有能然後得事，故人上功。審刑當罪，則人不易訟。易，猶交也。所刑皆當其罪，故人不交相訟。無亂社稷宗廟，則人有所宗。社稷宗廟，各得其正，則人知所宗。毋遺老忘親，則大臣不怨。大臣非國老，則君親令不遺忘，故不怨。舉知人急，則衆不亂。行此道也，急，謂困難也。舉困難之事以示人，則人不復行此道。國有常經，人知終始，此霸王之術也。國有常經，則人知終始之所歸，如此者，霸王之術也。然後問事。事先大功，先問大功，則勞臣悦。政自小始。爲政先小，

從微而至著。

問死事之孤，其未有田宅者有乎？未有則給與之，死事孤，謂死王事之子孫。問少仕而未勝甲兵者幾何人？知其數，則預有所準。問死事之寡，其餼稟何如？寡，謂其妻。餼稟，言給其餼稟。餼，生食。稟，米粟之屬。問國之有功大者，何官之吏也？問何官之吏，欲知其材之所當。問州之大夫也，何里之士也？問何州里，欲知其風俗所好尚。今吏亦何以明之矣？問吏所明，欲知其優賞厚薄。問刑論有常，以行不可改也，今其事之久留也何若？罪既論決，國有常科，當奉而行之。此不可改易者也。今乃久留其事，將如之何？問五官有度制，官都其有常斷，今事之稽也何待？官都，謂總攝諸司者也。五官既各有制度，官都復自有常斷，今稽其事而不行，將何待乎？問獨夫、寡婦、孤寡、疾病者幾何人也？知其人數，當有所稟餼。問國之棄人，何族之子弟也？棄人，謂有過不齒，投之四裔者也。問之其族，欲有所收也。問鄉之良家，其所牧養者幾何人矣？良家，謂善營生以致富者。牧養，謂其人不能自存，良家全活之。知其所養之數，欲有所復除也。問邑之貧人，債而食者幾何家？債而食，謂從富者出息以供食。知其家數，欲有所矜免也。問理園圃而食者幾何家？人之開田而耕者幾何家？士之身耕者幾何家？問鄉之貧人，何族之別也？知從何族而別，或從公族，當有所收恤也。問宗子之牧昆弟者，以貧從昆弟者幾何家？以貧故從昆弟以求養者，與之從者各有幾家也。餘子仕而有田邑，今入者幾何人？謂收入其稅者。子弟以孝聞於鄉里者幾何人？餘子父母存，不養而出離者幾何人？出離，謂父母在分居者。士之有田而不使者幾何人？吏惡何事？不使，謂不用。其吏不惡此等，當惡何事？士之有田而不耕者幾何人？身何事？既不耕，此人身爲何事？君臣有位而未有田者幾何人？外人之來從而未有田宅者幾何家？國子弟之游於外者幾何人？貧士之受責於大夫者幾何人？貧士無資而被大夫責者有幾人。官賤行書身士，以家臣自代者幾何人？其人居官，乃賤自行文書，身任士職，輒以家臣自代，亦須知其數也。官承吏之無田餼而徒理事者幾何人？承吏，謂攝官無餼而空理事。羣臣有位事官大夫者幾何人？羣臣自有位事，乃左官於大夫。外人來游在大夫之家者幾何人？外人，謂外國人。鄉子弟力田爲人率者幾何人？既自力田，又能率人。國子弟之無上事，衣食不節，率子弟不田弋獵者幾何人？既無上事，乃率子弟不田農，但弋獵。男女不整齊，亂鄉子弟者有乎？謂不以禮交者。問人之貸粟米有別券者幾何家？別券，謂分契也。問國之伏利，其可應人之急者幾何所也？伏利，謂貨利隱蔽不見，若銅銀山及溝瀆可決而溉灌者。

人之所害於鄉里者何物也？人之爲害者何物？問士之有田宅，身在陳列者幾何人？餘子之勝甲兵，有行伍者幾何人？問男女有巧伎，能利備用者幾何人？能利備器之用。處女操工事者幾何人？能操女工之事，謂綺繡之屬也。冗國所開口而食者幾何人？言其不農作，直開口仰食。問一民有幾年之食也？問兵車之計，幾何乘也？牽家馬、軶家車者幾何乘？牽家馬，言直有馬。軶家車，言直有車。相配以成乘。處士修行，足以教人，可使帥衆莅百姓者幾何人？士之急難可使者幾何人？謂士之可以急難使者。工之巧，出足以利軍伍，處可以修城郭，補守備者幾何人？其人既有技巧，出用則能利軍，居處則可以修城補備也。城粟軍糧，其可以行幾何年也？行，由經也。城粟，謂守城之粟。軍糧，謂出軍之糧。二者可經幾年？吏之急難可使者幾何人？大夫疏器，疏，謂飾畫也。甲兵、兵車、旌旗、鼓鐃、帷幕帥車之載幾何乘？載，謂其車蓋。疏藏器，疏畫而可以藏者。弓弩之張，弓弩之可以張者。衣夾鋏，鋏，兩刃鈹也。衣夾，謂其衣也。鈎弦之造，鈎弦所以挽弦。戈戟之緊，緊，謂其堅彊者。其厲何若？其淬厲可用何如？其宜修而不修者故何視？視，比也。其器物宜修者，於故物何比？而造修之官，出器處器之具，宜起而未起者何待？出器，謂可出用之器。處器，謂貯庫而爲備者。起，謂其材所經日月可起用者也。鄉師車輜造脩之具，其繕何若？輜，謂車之有防蔽可以重載者。工尹伐材用，毋於三時，羣材乃植，而造器定冬，完良備用必足。工尹，工官之長。三時，謂春、夏秋。此時木方生植，不堅，故不可伐材。其伐材必以冬也。人有餘兵詭陳之行，以慎國常。方戰，有餘兵不用，且詭而陳之，以爲行伍，當慎而聽命，遵國之常令也。時簡稽帥馬牛之肥膌，其老而死者皆舉之。軍之統帥，常時簡選稽考之，以知其能不，而有黜陟。至於馬牛肥膌，及老而死者，皆舉之，以知其數也。其就山藪林澤食薦者幾何？薦，草之美者。出入死生之會幾何？會，謂合其數。若夫城郭之厚薄，溝壑之淺深，門閭之尊卑，宜脩而不脩者，上必幾之。幾，察也。君必察知之。守備之伍，器物不失其具，淫雨而各有處藏。器物遇雨不藏，必致腐敗，故當有藏處。問兵官之吏，國之豪士，其急難足以先後者幾何人？官吏國豪，有急難可令之先後者，當知其數。相導前後曰先後。《詩》曰：『予曰有先後。』夫兵事者，危物也，不時而

勝，不義而得，未爲福也。必合於時義然後爲福。失謀而敗，國之危也，慎謀乃保國。問所以教選人者何事？其教人其選人者，問以何事，欲知其勤，且觀其材用也。問執官都者，其位事幾何年矣？執官都之職者，問其官位及執事，并建立之年數。所辟草萊有益於家邑者幾何矣？所封表以益人之生利者何物也？謂其事業最可以益人者，遂封表以示之，問知是何物也。所築城郭，脩牆閉，絶通道阨闕，深防溝，以益人之地守者何所也？牆閉，謂築牆有所遮閉，雖通路而爲妨礙者，絶塞之。阨闕，空之處亦當絶之。凡此，守地者所以省其功費，故曰益地守。所捕盜賊，除人害者幾何矣？

制地。君曰，理國之道，地德爲首。當制地之時，君爲此言，故言曰：法地以爲政。故曰『地德爲首』。君臣之禮，地有高下，君臣之禮也。父子之親，高地下覆，下地上承，父子之親也。覆育萬人，百貨出於地，人得以生焉，故曰覆育萬人。官府之藏，彊兵保國，城郭之險，外應四極。四極，謂國之四鄙也。自官府已下，非地則無所容居。具取之地，凡此皆因地而成，故曰具取之地。而市者天地之財具也，求天地之財，不登山，不入海，於市求而得之，故曰天地之財具。而萬人之所和而利也，和，謂交易也。萬人因市交易而得利。正是道也。言市正合道之理。民荒無苛，人盡地之職。一保其國，欲理荒人，無得苛虐，但使盡地之職，自然齊一而保國也。各主異位，毋使讒人亂普而德，營九軍之親。自君以下，其位既異，當各主之，無使讒人交亂，普廢其德。如此，則九軍之親自營也。關者，諸侯之陬隧也，謂陬隅之道也。而外財之門户也，他國之財，因之而入。萬人之道行也。謂因此出入。明道以重告之，當明道路之令，再重而告之。征於關者勿征於市，征於關，謂行商。征於市者勿征於關，征於市，謂坐賈。虚車勿索，索虚車，益其煩擾。徒負勿入，徒負貨既寡，故勿令入其征。以來遠人，關政如此，可以來遠人。十六道同。齊國凡有十六道，皆置關，並同此令。身外事謹，則聽其名，謂出入於關者，身之外事既謹，而從令則當聽其名之真偽也。視其名，視其色，既知其名，又須視其色之是非。是其事，稽其德，既知其色，又須是正其事，以考合其德也。以觀其外，既知其德，又觀其外，以校量之。則無敦於權人，以困貌德，敦，猶厚也。校察如此，則權詐之人無以成其厚。校察行，則困厚姦非因而不生，故曰以困貌德。國則不惑，行之職也。國無姦人，所以不惑。凡此掌行者之職。問於邊吏曰，小利害信，小怒傷義，邊信傷德，邊人失信，故傷德也。厚和構四國，以順貌德，敦厚而和，可以構結四國。四國之來，皆以誠信，故曰以順貌德。后鄉四極。既結四國，然後向四極而撫安之。令守法之官曰，行又令守法之官，日行邊鄙與關塞。度必明，失經常。其巡行之時，必明其制度，無得失於經常。

又 卷一〇《君臣上第三十》

爲人君者，修官上之道，而不言其中。君在衆官之上，但修此官上之道而已。至於官中之事，則有司存，非所言也。爲人臣者，比官中之事，而不言其外。比，謂校次之也。若言官外，則爲越職。君道不明，則受令者疑。權度不一，則修義者惑。民有疑惑貳豫之心，而上不能匡，則百姓之與閒。閒，謂隔礙不通也。人心有疑，君不能正，故其所與爲多礙而不通也。猶揭表而令之止也。揭，舉也。表，謂以木爲標，有所告示也。既使舉於表，又令止之，是亦不一也，故以況人心之疑也。是故能象其道於國家，加之於百姓，而足以飾官化下者，明君也。象，法也，謂能本道而立法。能上盡言於主，下致力於民，而足以修義從令者，忠臣也。上惠其道，下敦其業，上下相希，言相希准以爲法也。若望參表，則邪者可知也。參表，謂立表所以參驗曲直。吏嗇夫任事，吏嗇夫，謂檢束羣吏之官也，若督郵之比也。人嗇夫任教。人嗇夫，亦謂檢束百姓之官。教在百姓，論在不撓，謂百姓有不從教，論其罪罰，不撓法以行私。賞在信誠。體之以君臣，其誠也以守戰，既賞信罰，必君臣合體，莫不致誠，故入可以守城，出可以野戰也。如此則人嗇夫之事究矣。吏嗇夫盡有訾程事律，訾，限也。程，准也。事律，謂每事據律而行也。論法辟衡權斗斛，文劾不以私論，而以事爲正，辟，刑也。文劾，言據文而舉劾。謂論法刑已下，皆據事以爲正，不曲從其私也。如此則吏嗇夫之事究矣。人嗇夫成教，吏嗇夫成律，之後，則雖有敦慤忠信者不得善也，人嗇夫之教既成，則人皆忠信，故無有獨得善者也。而戲豫怠傲者不得敗也，吏嗇夫之律既成，人皆懼法，不敢爲非，雖有豫怠，不得爲敗也。如此則人君之事究矣。是故爲人君者，因其業，謂因人嗇夫之業也。乘其事，謂乘吏嗇夫之事。而稽之以度。又以國之法度考此二者。有善者，賞之以列爵之尊，田地之厚，而民不慕也。善自應賞，故不善者不敢横慕。有過者，罰之以廢亡之辱，僇死之刑，而民不疾也。過自應罰，故人不敢疾怒。殺生不違，而民莫遺其親者，或罰而殺之，或賞而生之，皆不違其理，則人知主德之有常，不輕爲去就，故人不遺其親也。此唯上有明法，而下有常事也。

天有常象，懸象著明，不改其貞。地有常刑，山澤通氣，不改其靜。人有常

禮，尊君父，卑臣子，其儀不易。一設而不更，此謂三常。兼而一之，人君之道也。人君無官，兼統衆官，故曰『兼而一之』。分而職之，各有司存。人臣之事也。君失其道，無以有其國。臣失其事，無以有其位。然則上之畜下不妄，而下之事上不虛矣。上之畜下不妄，所出法則制度者明也。下之事上不虛，則循義從令者審也。上明下審，上下同德，代相序也。代，更也。謂上明下審，更相序。君不失其威，下不曠其產，而莫相德也。君以威覆下，下以產供上，各有所恃，故不相德。是以上之人務德，而下之人守節。義禮成形於上，而善下通於民，則百姓上歸親於主，而下盡力於農矣。故曰：君明、相信、五官肅、士廉、農愚、商工愿，則上下體上下各得其體也。而外內別也。民性因而三族制也。三族，謂農、商、工也。言因上下有體，內外有別，故此三族各得其制也。夫爲人君者，廕德於人者也。君者以德廕人。爲人臣者，仰生於上者也。臣者仰君而生。爲人上者，量功而食之以足。量其功之多少，制祿以食之，各得足也。爲人臣者，受任而處之以教。受任者必設教。布政有均，民足於產，則國家豐矣。以勞授祿，則民不幸生。有勞者必得祿，人則致死以立功，不僥倖而偷生也。刑罰不頗，則下無怨心。名正分明，則民不惑於道。刑名職分明，則人於道不惑也。道也者，上之所以導民也，是故道德出於君，德從君出。制令傳於相，令因相傳。事業程於官。官各以其事業程於君也。百姓之力也。胥令而動者也。胥，視也。視令而動，則所舉不妄。

是故君人也者，無貴如其言，君以言制下，無言，則下無所稟令，故言最貴也。人臣也者，無愛如其力。臣則宣力事君，故其力最可愛也。言下力上，君言下於臣，臣力上於君也。而臣主之道畢矣。是故主畫之，相守之；畫，謂分別其所授事。君既盡其事，相則守而行之也。相畫之，官守之；官畫之，民役之。官既畫之，人則役力以行其事。則又有符節、印璽、典法、筴籍以相揆也，符節印璽，所以示其信也。典法筴籍，所以示之制也。凡此，可以考其真僞，定其是非，故曰『以相揆也』。此明公道而滅姦僞之術也。論材量能，謀德而舉之，謀知其德，然後舉用之。上之道也。專意一心，守職而不勞，不以職事爲勞苦。下之事也。爲人君者，下及官中之事，則有司不任。下及官中之事，則君奪臣職，故有司不任也。爲人臣者，上共專於上，則人主失威。臣當上供，從君之命，令乃專上之權，故主失威。是故有道之君，正其德以莅民，而不言智能聰明。智能聰明者，下之職也。所以用智能聰明者，上之道也。謂用下之智能聰明。上之人明其道，下之人守其職，上下之分不同任，而復合爲一體。君爲元首，臣爲股肱，故曰一體。是故知善，人君也。知善則謀慮深遠，故可以爲人君也。身善，人役也。身善則材能可任，故爲人役也。君身善則不公矣。君身善，則智淺，故不公人也。人君不公，常惠於賞而不忍於刑，不公，則不識理之正，故惠賞而不忍刑也。是國無法也。治國無法，則民朋黨而下比，飾巧以成其私。法制有常，則民不散而上合，竭情以納其忠。是以不言智能，而順事治，國患解，大臣之任也。不言於聰明，而善人舉，姦僞誅，視聽者衆也。是以爲人君者，坐萬物之原，而官諸生之職者也。謂授諸生之官，而任之以職也。生，謂知學之士也。選賢論材而待之以法，舉而得其人，坐而收其福，不可勝收也。得人則福多，故不可勝收。官不勝任，犇走而奉，其敗事不可勝救也。不勝任，則敗廣，故不可勝救。而國未嘗乏於勝任之士，上之明適不足以知之。是以明君審知勝任之臣者也。故曰：主道得，賢材遂，百姓治，治亂在主而已矣。故曰：主身者，正德之本也。官治者，耳目之制也。官稟君命而後行，若耳目待心制而後用，故曰『官者耳目之制』。身立而民化，德正而官治。治官化民，其要在上。是故君子不求於民。立身正德而已。是以上及下之事謂之矯，及，猶預也。矯，僞也。上預下事，則僞有餘而實不足也。下及上之事謂之勝。下預上事，則威權勝君故也。爲上而矯，悖也。爲下而勝，逆也。國家有悖逆反忤之行，忤，背。有土主民者失其紀也。

是故別交正分之謂理，別上下之交，正君臣之分。順理而不失之謂道，道德定而民有軌矣。有道之君者，善明設法而不以私防者也。而無道之君，既已設法，則舍法而行私者也。爲人上者，釋法而行私，則爲人臣者，援私以爲公。公道不違，則是私道不違者也。臣之所以爲公者，乃是私也。名曰不違公道，更是不違私道也。行公道而託其私焉，寖久而不知，姦心得無積乎？既久行私而不知，則是姦心之積也，故言姦心豈復無積乎！姦心之積也，其大者有侵偪殺上之禍，其小者有比周內爭之亂。此其所以然者，由主德不立，而國無常法也。主德不立，則婦人能食其意。君意委曲，隨於女謁。若食之充口，故曰『婦人能食其意』。國無常法，則大臣敢侵其勢。大臣假於女之能以規主情，假，因也。因女之能食主意，以規度主之情也。婦人嬖寵假於男之知以援外權，婦人既得君之嬖寵，又因大臣之智以引其外權，則何爲而不成

也？於是乎外夫人而危太子，女寵既隆，又挾大臣之助，故夫人被外，太子見危。兵亂內作，以召外寇，此危君之徵也。

是故有道之君，上有五官以牧其民，則衆不敢踰軌而行矣。下有五橫以揆其官，則有司不敢離法而使矣。橫，謂糾察之官得入人罪者也。五官各有其橫，曰五橫。朝有定度衡儀以尊主位，衡，正。衣服緷絻盡有法度，緷絻，古袞冕字。則君體法而立矣。體，猶依也。君據法而出令，有司奉命而行事，百姓順上而成俗，著久而爲常，著明而且久，積習而爲常也。犯俗離教者，衆共姦之，衆以離教爲姦而罪之也。則爲上者佚矣。天子出令於天下，諸侯受令於天子，大夫受令於君，子受令於父母，下聽其上，弟聽於兄，此至順矣。衡石一稱，斗斛一量，丈尺一綧制，所謂同律度量衡也。綧，古准字。准節律度量也，謂丈尺各有准限也。戈兵一度，書同名，車同軌，此至正也。從順獨逆，從正獨辟，此猶夜有求而得火也。衆皆從順，而有獨逆者；衆皆從正，而有獨僻者，必爲順正者所伏也。姦僞之人，無所伏矣。此先王之所以一民心也。是故天子有善，讓德於天。諸侯有善，慶之於天子。諸侯有善，讓於天子而慶也。大夫有善，納之於君。民有善，本於父，慶之於長老。此道法之所從來，是治本也。道法以讓爲主。是故歲一言者，君也。謂正歲之朝，布政縣象。時省者，相也。月稽者，官也。務四支之力，修耕農之業以待令者，庶人也。是故百姓量其力於父兄之間，聽其言於君臣之義，而官論其德能而待之。謂百吏之官，各論其德能，以待君命。大夫比官中之事，不言其外，而相爲常具以給之。具論衆官之法制也。相總要者，相無常官，所以總統百吏之要。官謀士，量實義美，匡請所疑。士，事也。官各謀其職事也。又當量實宜其有美善者，用匡於所疑，必陳而請之也。而君發其明府之法瑞以稽之，府，謂百吏所居之官曹也。立府必有明法，故曰『明府之法』。瑞，君所與臣爲信者，珪璧之屬也。又必合其瑞以考之也。立三階之上，南面而受要。君之路寢前有三階，要，謂百吏之目也。是以上有餘日，上唯受要，故有餘日。而官勝其任，各理其職，故能勝任。時令不淫，而百姓肅給，言其敬而供上。唯此上有法制，下有分職也。

道者，誠人之姓也，非在人也。姓，生也。言道立人之生，人之所從出，故非在人。而聖王明君善知而道之者也。道，猶言也。聖王善知道理，故言而相告也。是故治民有常道，而生財有常法。道也者，萬物之要也。爲人君者，執要而待之，則下雖有姦僞之心，不敢殺也。不敢殺君。夫道者虛設，道無形而善應，故曰『虛設』。其人在則通，其人亡則塞者也，非茲是無以理人，非茲是無以生財。前茲是，謂是道。民治財育，其福歸於上，是以知明君之重道法而輕其國也。得道之真以理身，緒餘以理國家，故重道而輕國。故君一國者，其道君之也。道可爲君，故君一國。王天下者，其道王之也。道可王，故王天下。大王天下，小君一國，其道臨之也。其道足以臨國與天下也。是以其所欲者，能得諸民。君之所欲，人則順之令得。其所惡者，能除諸民。君之所惡，亦順之而除。所欲者，能得諸民，故賢材遂。所惡者，能除諸民，故姦僞省。如冶之於金，陶之於埴，制在工也。廢置之由君，若金埴之由工也。

是故將與之，惠厚不能供。謂欲與人，雖有惠厚之意，財不能供。將殺之，嚴威不能振。謂欲殺人以致其理，然而嚴威銷縮，不能振起也。嚴威不能振，惠厚不能供，聲實有間也。或有聲無實，或有實無聲，聲實間礙，故不供不振也。有善者不留其賞，故民不私其利。善必得賞，私利何爲？有過者不宿其罰，故民不疾其威。宿，猶停也。罰得其過，則人不疾其威。疾，怨也。威罰之制，無踰於民，因人所欲罰而罰之故不踰於人也。則人歸親於上矣。如天雨然，澤下尺，生上尺。澤從上降，潤有一尺，則苗從下生，上引一尺。澤下降，苗上引，猶君恩下流，人心上就也。是以官人不官，事人不事，獨立而無稽者，人主之位也。君者與人之官而不自官，授人之事而不自事，獨立於無過之地，臣下莫得而稽之，如此者，人主之位也。先王之在天下也，民比之神明之德，先王善牧之於民者也。夫民別而聽之則愚，合而聽之則聖。別而聽之，則各信其一方，暗莫之發，故愚。合而聽之，則得失相輔，可否相濟。芻蕘之言，賢聖不能易，故聖也。雖有湯、武之德，復合於市人之言。是以明君順人心，安情性，而發於衆心之所聚。聚，謂所同歸湊。是以令出而不稽，稽，留也。刑設而不用。人不犯法，故無所用刑。先王善與民爲一體。以百姓心爲心，故言一體。與民爲一體，則是以國守國，以民守民也。一國同一意，萬人同一心。然則民不便爲非矣。爲非則失利，故不便。雖有明君，百步之外，聽而不聞。耳聽有所極。間之堵牆，窺而不見也。目視有所窮。而名爲明君者，君善用其臣，臣善納其忠也。君能善用，臣能善納，則何聽而不聞，何視而不見。耳目不壅，非明而何也。信以繼信，善以傳善，君信而臣繼之，君善而臣傳之。是以四海之內，可得而治。是以明君之舉其下也，盡知其短長，知其所不能益，若任之以

事。夫任人以事者，必擇其可否。君之舉臣，亦猶是也。賢人之臣其主也，盡知短長，與身力之所不至。謂知君之短長及其身力所不至也。若量能而授官。天授人官者，亦擇其可否。臣之擇事，亦猶是也。上以此畜下，擇其可畜而畜之。下以此事上，擇其可事而事之。上下交期於正，君有賢臣，臣有令主，欲求不正，其可得乎。則百姓男女皆與治焉。君臣正，則百姓無自爲淫僻也。

又 卷一一《君臣下第三十一》 古者未有君臣上下之別，未有夫婦妃匹之合，獸處羣居，以力相征。若野獸之處，以羣而居，力彊者征於弱也。於是智者詐愚，彊者凌弱，老幼孤獨不得其所，故智者假衆力以禁強虐，而暴人止。智者，卽聖王也。爲民興利除害，正民之德，正人之邪德。而民師之。師智者也。是故道術德行出於賢人，賢人，知道術德行者也。其從義理兆形於民心，則民反道矣。道術既出，故莫不從義而順理。理之極，則無姦僻之事，始見於人心，則人無不道矣。名物處違是非之分，則賞罰行矣。人既反道，故以正其善惡之物，處其背理之違，則爲是非者自分矣。是非既分，故行賞罰以當其功過也。上下設，民生體，而國都立矣。上下既設，人則生其貴賤之禮，故國都立也。是故國之所以爲國者，民體以爲國。貴賤成禮，方乃爲國。君之所以爲君者，賞罰以爲君。無賞罰，則君不足貴。致賞則匱，賞而不已則匱。致罰則虐。罰而無節則虐。財匱而令虐，所以失其民也。是故明君審居處之教，而民可使，人從教，故可使。居治戰勝守固者也。居處既治，戰則勝，守則固。夫賞重則上不給也，賞重則費用多，故不給也。罰虐則下不信也。令虐，則人無所措手足，故不信也。是故明君飾食飲弔傷之禮，飲食，謂享燕。傷，謂喪祭也。而物屬之者也。禮行則物親也。是故厲之以八政，八政，謂《洪範》之八政。旌之以衣服，衣服所以表貴賤也。富之以國裹，裹，謂財貨所苞裹而藏也。貴之以王禁，禁令行，然後知常者之可貴也。則民親君，可用也。民用，則天下可致也。

天下道其道則至，君得君道，則天下至。不道其道則不至也。夫水，波而上，盡其搖而復下，其勢固然者也。言水波湧而上，既盡其勢，還復搖動歸下而止。此自然之勢，喻人懷德而來，畏威不去者也。故德之以懷也，威之以畏也，則天下歸之矣。有道之國，發號出令，而夫婦盡歸親於上矣。布法出憲，而賢人列士盡功能於上矣。千里之內，束布之罰，束，謂帛也。布，謂錢也。古者罰刑或令出錢帛也。一畝之賦，盡可知也。賢人爲之視聽，故無不知。治斧鉞者不敢讓刑，讓，猶拒也。當其罪，不敢讓刑也。治軒冕者不敢讓賞。賞當其功，故不讓也。墳然若一父之子，若一家之實，義禮明也。墳，順貌。或刑賞之，莫敢違逆。若子之從父，家之從長。如此者，禮義明故也。夫下不戴其上，臣不戴其君，則賢人不來。上下不交，則賢人隱。賢人不來，則百姓不用。百姓無賢人，則不知所歸，故百姓不用也。百姓不用，則天下不至。百姓不用，則天下無邦，將何至哉！故曰：德侵則君危，君德見侵，不危何待。論侵則有功者危，論議侵理則功過不明，故有功者危。令侵則官危，令侵則法不行，故官危也。刑侵則百姓危，刑侵則無辜受戮，故百姓危也。而明君者，審禁淫侵者也。上無淫侵之論，則下無冀幸之心矣。

爲人君者，倍道棄法而好行私，謂之亂。爲人臣者，變故易常而巧官以諂上，謂之騰。亂至則虐，騰，謂凌駕於君。騰至則北。騰至則摧降故敗北。四者有一至，敗，敵人謀之。四者，則上之四危也。則故施舍優猶以濟亂，則百姓悅。言施恩厚，舍罪罰，二者優厚，雖非用法，猶能濟亂，故百姓悅之也。選賢遂材而禮孝弟，則姦僞止。遂，達。要淫佚，別男女，則通亂隔。要，謂遮止之也。言能止淫佚，別男女，則先雖通亂，今能隔阨也。貴賤有義，倫等不踰，則有功者勸。國有常式，故法不隱，則下無怨心。隱，謂喪而不行。此五者，興德匡過，存國定民之道也。

夫君人者有大過，臣人者有大罪。國所有也，國之所有也。民所君也，民者，己之所君。有國君民，而使民所惡制之，此一過也。言民惡君之制己，此亦君之過。民有三務不布，其民非其民也。三務，謂春夏秋務農。人不務三，則餒餓成變，故民非其民也。民非其民，則不可以守戰。此君人者二過也。夫臣人者，受君高爵重祿，治大官。倍其官，遺其事，穆君之色，穆，猶悅也。從其欲，阿而勝之，阿，曲也。巧言令色，委曲從君，至於動也。剛漸以勝之，其終或至於篡殺，故曰阿而取勝之也。此臣人之大罪也。君有過而不改謂之倒，臣當罪而不誅謂之亂。君爲倒君，臣爲亂臣，國家之衰也，可坐而待之。是故有道之君者執本，相執要，大夫執法，以牧其羣臣。羣臣盡智竭力，以役其上。謂給上之役也。四守者，得則治，易則亂，故不可不明設而守固。明設上四法，固而守之。昔者，聖王本厚民生，審知禍福之所生，是故慎小事微，違非索辯以根之。謂有違非，必尋索分辯，得其根而止之也。然則躁作姦邪僞詐之人，不敢試也。不敢爲非以嘗君。此禮正民之道也。制

禮者，用此道以正人也。

古者有二言，牆有耳，伏寇在側。牆有耳者，微謀外泄之謂也。伏寇在側者，沈疑得民之道也。微謀之泄也，狡婦襲主之請而資游慝也。襲，入也。謂狡婦妖蠱人主，遂行請謁。謂所請既從外資游説爲姦慝者也。沈疑者，得民者也。前貴而後賤者，爲之驅也。所驅役之人，前得貴寵，今怨淪賤，然賤者必思貴，常伺君以興禍，故謂之伏寇也。明君在上，便僻不能食其意，便僻者不能諂君以得意，故曰『不能食其意』也。刑罰亟近也。既不能得君意，故刑罰數也。大臣不能侵其勢，不能侵君之勢。比黨者誅，明也。君明，故比黨者誅之。爲人君者，能遠讒諂，廢比黨，淫悖行食之徒，行食，游食。無爵列於朝者，此止詐拘姦厚國存身之道也。爲人上者，制羣臣百姓，通中央之人和。中央之人，謂君之左右也。左右與君和之也。是以中央之人，臣主之參，左右之人，在臣主之間參會其事者也。制令之布於民也，必由中央之人。中央之人，以緩爲急，急可以取威；君雖曰緩，左右行之乃爲急，故能取威也。以急爲緩，緩可以惠民。君雖曰急，左右行之爲緩，故能惠人。威惠遷於下，則爲人上者危矣。賢不肖之知於上，必由中央之人。財力之貢於上，必由中央之人。能易賢不肖，而可威實賢謂之不肖，實不肖謂之賢，故曰『易賢不肖』也。黨於下。有能以民之財力，上陷其主，而可以爲勞於下。用人財力，上以陷主，卽於下以爲勞。兼上下以環其私，上則擅君之柄，下則用人材力，上下之利皆用遶身，故曰『環其私』也。爵制而不可加，則爲人者上危矣。

先其君以善者，侵其賞而奪之實者也。先君行善，則是侵君之賞，奪君之富實也。先其君以惡者，侵其刑而奪之威者也。訛言於外者，脅其君者也。假説妖妄之言以惑衆，如此者，欲脅君也。鬱令而不出者，幽其君者也。鬱，塞也。君之令而不出行者，將欲幽君也。四者一作，而上下不知也，則國之危可坐而待也。

神聖者王，仁智者君，武勇者長，此天之道，人之情也。天道人情，通者質，寵者從，此數之因也。質，主也。能通於天道人情者，可以爲主。其不能通，但寵貴之者，可以爲從，謂臣也。言臣主數，因此通而立也。是故始於患者，不與其事；親其事者，不規其道。言初始謀慮而憂患者，乃行其事，令人爲之，而不自預，此謂君也。是以爲人上者，患而不勞也；百姓，勞而不患也。君臣上下之分素，有謀慮之患無別，謂上患而不勞也。則禮制立矣。是故以人役上，人，謂百姓。百姓勞其身，供上之役也。以力役明，謂臣勤力役，用其明而理職位。以刑役心，刑，法也。君則役心以出法制也。此物之理也。心道進退，心則度量可不，故進退也。而刑道滔迂。滔，謂充也。迂，謂逡巡曲也。設法有當不，故有合成也。進退者主制，君心進退，所以主爲制令。滔迂者主勞。主勞者方，主制者圓。君臣之道主得制者，其事必有方有圓也。圓者運，運者通，通則和。圓，謂君道也。圓而不滯，必運而無碍，通者必暢，故和之也。方者執，執者固，固則信。方，謂臣道也。方而有常，故執而不舍則固，固而不妄則信也。君以利和，君道和則利也。臣以節信，臣則守節。則上下無邪矣。故曰：君人者制仁，臣人者守信，此言上下之禮也。君之在國都也，若心之在身體也。道德定於上，則百姓化於下矣。戒心形於內，戒慎之心，成形於內。則容貌動於外矣。正也者，所以明其德。必正然後德明。知得諸己，知得諸民，從其理也。於己既不失，於人必不妄，如此者，從理故也。知失諸民，退而脩諸己，反其本也。有失於人，必脩己自責，如此者，反其本也。所求於己者多，故德行立。求己多者，必進德脩業，故德行立也。所求於人者少，故民輕給之。求人少者，必薄賦歛，故人輕於給也。故君人者上注，臣人者下注。上注者，紀天時，務民力。上注，謂注意於上天，故紀要天時，務全人力也。下注者，發地利，足財用也。下注，謂注意於下地，故發興地利，足於財用也。故能飾大義，審時節，上以禮神明，下以義輔佐者。所用輔佐，皆得其宜。明君之道，能據法而不阿，上以匡主之過，下以振民之病者，忠臣之所行也。

明君在上，忠臣佐之，則齊民以政刑。牽於衣食之利，君明臣忠則國理，國理則人重生，故人皆以養其形，而牽係於衣食之利也。故愿而易使，愚而易塞。塞，止也。易用法止也。君子食於道，小人食於力，分民。食道力不同，故曰分民也。威無勢也無所立，必有勢然後有所立。事無爲也無所生，必有爲然後有所生。若此則國平而姦省矣。君子小人既食於道力，邪惡之人復無所立生，故國平而姦省。君子食於道，則義審而禮明。義不審，則無所食也。義審而禮明，則倫等不踰，雖有偏卒之大夫，不敢有幸心，則上無危矣。國既明禮義，倫等不踰，雖有大夫偏獨出，伏罪而怨，不敢有幸亂心。齊民食於力，作本。作本者衆，農以聽命。是以明君立世，民之制於上，猶草木之制於時也。草木必得時然後生。故民迂則流之，人太迂曲不行，則流通之。民流通則迂之。人太流蕩，則迂屈之。決之則行，塞之則止。雖有明君能決之，又能塞之。決之則

君子行於禮，塞之則小人篤於農。君子行於禮，則上尊而民順。小民篤於農，則財厚而備足。上尊而民順，財厚而備足，四者備體，謂備具而成體。頃時而王，不難矣。四肢六道，身之體也。四肢，謂手足也。六道，謂上有四竅，下有二竅也。四正五官，國之體也。四正，謂君臣父子。五官，謂五行之官也。四肢不通，六道不達，曰失。四正不正，五官不官，曰亂。是故國君聘妻於異姓，設爲姪娣命婦宮女，盡有法制，所以治其內也。明男女之別，昭嫌疑之節，所以防其姦也。是以中外不通，讒慝不生，婦言不及官中之事，而諸臣子弟無宮中之交，此先王所以明德圉姦，昭公威私也。明妾寵設，不以逐子傷義。明立正嫡，設其貴寵子，不令逐而廢之，故不傷義也。禮私愛驩，勢不並倫。嫡子者，所以傳重也，故禮許私愛，雖驩之超異，可也。餘子之勢，終不得與之並倫也。爵位雖尊，禮無不行。言嫡子爵位雖復尊異，必須行之以禮也。選爲都佼，冒之以衣服，旌之以章旗，所以重其威也。所立之嫡，必選其都雅佼好者，又以美衣麗服覆冒之，章表旗幟旌異之。凡此，皆所以重嫡子之威也。然則兄弟無間郄，讒人不敢作矣。嫡威重則兄弟和，故讒人無所作其讒矣。故其立相也，陳功而加之以德，論勞而昭之以法，參伍相德而周舉之，尊勢而明信之。其謂國相，則功德兩兼，勞法獲美，於此四者，参驗伍偶，相與俱得。其事既周，然後舉用之。既用之，尊勢而明信之也。是以下之人無諫死之記，君明相賢，必從説如流，故無諫死之忌也。而聚立者無鬱怨之心，聚立，謂天下會同也。若得其所，故無怨望也。如此則國平而民無慝矣。慝，姦惡者也。其選賢遂材也，舉德以就列，不類無德。舉有德者以就列位，不以無德之人爲類。舉能以就官，不類無能。以德弇勞，不以傷年。有德者超於上列，使在有功勞者之前，故曰有德掩勞。苟有德，雖年未至，而亦將用之，不以年少爲之傷也。如此則上無困而民不幸生矣。有功能必賞用之，故人不以苟生爲幸也。

國之所以亂者四，其所以亡者二。內有疑妻之妾，此宮亂也。庶有疑適之子，此家亂也。朝有疑相之臣，此國亂也。任官無能，此衆亂也。四者無別，無別，謂妻妾嫡庶等不分別也。主失其體，羣官朋黨以懷其私，則失族矣。國亡則宗族隨之，故曰失族也。國之幾臣，陰約閉謀以相待也，則失援矣。爲國之機，臣下陰爲要結，其所謀者，閉而不泄，以此相待，人必懷疑，而不相親矣，故失其援也。失族於內，失援於外，此二亡也。故妻必定，子必正，相必直立以聽，官必中信以敬。故曰：有宮中之亂，有兄弟之亂，有大臣之亂，有中民之亂，中民，謂百吏之屬也。有小人之亂，五者一作，則爲人上者危矣。宮中亂曰妬紛，言積妬紛然，所以亂。兄弟亂曰黨偏，黨偏，則强弱相凌，故亂也。大臣亂曰稱述，各稱述其己德之長而不相讓，則亂也。中民亂曰讋諄，謂以智詐讋恐諄質則亂。小民亂曰財匱。賦税重，則財匱，故亂。財匱生薄，財不供，則禮義息，故薄也。讋諄生慢，不重淳質，而智詐讋恐之，此其慢也。稱述、黨偏、妬紛生變。此三者或生，簒君殺主，能爲大變也。故正名稽疑，刑殺亟近，則內定矣。正嫡庶之名，稽妻妾之疑，不正者之黨數，取其偪近者而刑殺之，如此，則黨偏妬紛之變息，故內定。順大臣以功，順中民以行，順小民以務，順用其務農也。則國豐矣。三者各稱其所順，故國豐也。審天時，天時各有宜也。物地生，以輯民力。禁淫務，繡文刻鏤，淫務。勸農功，以職其無事，無事者皆令得職也。則小民治矣。上稽之以數，謂上欲有所徵發，必考其定數以命之也。下十伍以徵，既得其定數，下其什伍名以徵之也。近其罪伏，以固其意。日期既近，尚有不供者，則加之罪，以權伏之，所以固供者之意。鄉樹之師，以遂其學，每鄉必立之師，以遂之也。官之以其能，及年而舉，則士反行矣。舉而有材能者，則授之以官。既有年矣，則舉其功過而考察之，如此，則皆反其行矣。稱德度功，勸其所能，若稽之以衆風，若任以社稷之任，既稱其德，又度其功，則其材能不可不知矣。既知其能，順而考之，或使之莅衆，以立風化。其材能九高者，或授之以社稷之任者也。若此，則士反其情矣。有能必任之以職，故士反於情也。

又 卷一五《正世第四十七》 古之欲正世調天下者，必先觀國政，料事務，察民俗，本治亂之所生，知得失之所在，然後從事。從，爲。故法可立而治可行。夫萬民不和，國家不安，失非在上，則過在下。今使人君行逆不修道，誅殺不以理。重賦斂，得民財，急使令，罷民力。使令急，故人力疲也。財竭則不能毋侵奪，人財竭，則侵奪以共上税也。力罷則不能毋墮倪。倪，傲也。謂疲墮而傲從也。民已侵奪墮倪，因以法隨而誅之，則是誅罰重而亂愈起。夫民勞苦困不足，則簡禁而輕罪，如此，則失在上。失在上而上不變，則萬民無所託其命。今人主輕刑政，寬百姓，薄賦斂，緩使令，然民淫躁行私而不從制，飾智任詐，負力而爭，則是過在下。過在下，人君不廉而變，廉，察也。則暴人不勝，邪亂不止。暴人不勝，邪亂不止，則君人者勢傷而威日衰矣。故爲人君者，莫貴於勝，所謂勝者，法

立令行之謂勝。法立令行，故羣臣奉法守職，百官有常，法不繁匿，萬民敦慤，反本而儉力。謂廉嗇而勤力也。故賞必足以使，謂使人從善也。威必足以勝，謂勝禁姦邪也。然後下從。故古之所謂明君者，非一君也。五帝三王，俱曰明君，故曰非一。其設賞有薄有厚，其立禁有輕有重，迹行不必同，非故相反也，皆隨時而變，因俗而動。夫民躁而行僻，則賞不可以不厚，禁不可以不重。既躁而僻則難化，須厚賞以誘之，重禁以威之。故聖人設厚賞，非侈也；立重禁，非戾也。賞薄則民不利，禁輕則邪人不畏。設人之所不利，欲以使，則民不盡力。立人之所不畏，欲以禁，則邪人不止。是故陳法出令，而民不從，故賞不足勸，則士民不爲用；刑罰不足畏，則暴人輕犯禁。民者，服於威殺然後從，見利然後用，被治然後正，得所安然後靜者也。

夫盜賊不勝，邪亂不止，彊劫弱，衆暴寡，此天下之所憂，萬民之所患也。憂患不除，則民不安其居。民不安其居，則民望絶於上矣。夫利莫大於治，害莫大於亂。夫五帝三王所以成功立名顯於後世者，以爲天下致利除害也。事行不必同，所務一也。莫不務於理也。夫民貪行躁而誅罰輕，罪過不發，有罪過者，不發舉也。則是長淫亂而便邪僻也。有愛人之心，而實合於傷民，輕刑以愛人，姦多反傷人也。此二者不可不察也。二者，謂愛與傷人。夫盜賊不勝，則良民危。良人爲盜所害，故危。法禁不立，則姦邪繁。故事莫急於當務，每事當其務，則理也。治莫貴於得齊。齊，謂無非人也。制民，急則民迫，民迫則窘，窘則民失其所葆；葆，謂所恃爲生者也。緩則縱，縱則淫，淫則行私，行私則離公，離公則難用。故治之所以不立者，齊不得也，謂上有非人也。齊不得則治難行。故治民之齊，不可不察也。

聖人者，明於治亂之道，習於人事之終始者也。其治人民也，期於利民而止，至於利人，則止而勿理也。故其位齊也。不慕古，不留今，留，謂守常不變。與時變，與俗化。夫君人之道，莫貴於勝。勝故君道立，勝則無不服，故君道立也。君道立然後下從，下從故教可立而化可成也。夫民不心服體從，則不可以禮義之文教也。君人者不可以不察也。

又《治國第四十八》 凡治國之道，必先富民，民富則易治也，民貧則難治也。奚以知其然也？民富則安鄉重家，安鄉重家則敬上畏罪，敬上畏罪則易治也。民貧則危鄉輕家，危，謂不安其所居也。危鄉輕家則敢陵上犯禁，陵上犯禁則難治也。故治國常富，而亂國必貧。是以善爲國者，必先富民，然後治之。昔者七十九代之君，法制不一，號令不同，然俱王天下者，何也？必國富而粟多也。夫富國多粟，生於農，故先王貴之。

凡爲國之急者，必先禁末作文巧。末作文巧禁，則民無所游食，則必農。謂必務農。民事農則田墾，田墾則粟多，粟多則國富，國富者兵彊，兵彊者戰勝，戰勝者地廣。是以先王知衆民、彊兵、廣地、富國之必生於粟也，故禁末作，止奇巧，而利農事。今爲末作奇巧者，一日作而五日食。言取一日之利，可供五日之食也。農夫終歲之作，不足以自食也。然則民舍本事而事末作。捨本事而事末作，則田荒而國貧矣。

凡農者，月不足而歲有餘者也。而上徵暴急無時，謂徭稅不以時。則民倍貸以給上之徵矣。倍貸，謂貸一還二也。耕耨者有時，而澤不必足，謂雨澤不足也。則民倍貸以取庸矣。澤不足則歲凶，富者倍貸於貧不能還其倍價者，則計所倍而取庸矣。秋糴以五，春糶以束，是又倍貸也。謂富者秋時以五糴之，至春出糶，便收其束矣。此亦倍貸之類也。束，十疋也。故以上之徵而倍取於民者四。謂上無時之徵，一也。澤不足，二也。秋糴春糶，三也。下足關市府庫之徵，四也。關市之租，府庫之徵，粟什一，厮輿之事，此四時亦當一倍貸矣。府庫，謂府之庫新有徵稅，言人供關市府庫之徵，亦用粟之什一計。四時常有所用，故亦當一倍貸之。夫以一民養四主，四主，即上四倍貸也。故逃徙者刑，謂有刑罰。而上不能止者，粟少而民無積也。常山之東，河、汝之間，蚤生而晚殺，五穀之所蓄熟也。四種而五穫，四種，謂四時皆種。五穫，謂五穀皆宜而有所穫。中年畝二石，一夫爲粟二百石。今也倉廩虛而民無積，農夫以粥子者，上無術以均之也。故先王使農士商工四民交能易作，交能易作，謂雖士亦善於農工，雖農亦通於士業也。終歲之利，無道相過也，道，從也。四人均能，故其利無從相過之也。是以民作一而得均。四人交能易作，故曰一也。民作一則田墾，姦巧不生。田墾則粟多，粟多則國富。姦巧不生則民治，富而治，此王之道也。不生粟之國亡，粟生而死者霸，霸者或不能廣積粟，故人有不生而致死者也。粟生而不死者王。王者積粟既多，故人保其生，無復致死者也。粟也者，民之所歸也。粟也者，財之所歸也。有粟則人歸之。粟也者，地之所歸也。積粟既多，或有入地歸降者也。粟多，則天下之物盡至矣。故舜一徙成

邑，貳徙成都，參徙成國。舜非嚴刑罰，重禁令，而民歸之矣；去者必害，謂背舜而去者。從者必利也。先王者，善爲民除害興利，故天下之民歸之。所謂興利者，利農事也。所謂除害者，禁害農事也。農事勝則入粟多，入粟多則國富，國富則安鄉重家，安鄉重家，則雖變俗易習，謂改易其常習。敺衆移民，至於殺之而民不惡也。此務粟之功也。上不利農則粟少，粟少則人貧，人貧則輕家，輕家則易去，易去則上令不能必行，上令不能必行，則禁不能必止，禁不能必止，則戰不必勝，守不必固矣。夫令不必行，禁不必止，戰不必勝，守不必固，命之曰寄生之君。謂暫寄爲生，不能長久。此由不利農少粟之害也。粟者，王之本事也，人主之大務，有人之塗，謂保有其人，其塗因粟也。治國之道也。

又　卷一七《七臣七主第五十二》　或以平虛，請論七主之過，謂平意虛心也。七主，據下唯有六者，皆過主。能無此六者過，則爲一是主也。過主六，是主一，故曰七主也。得六過一是，以還自鏡，以知得失。得六過則爲一是，以自鑑，得失可知也。以繩七臣，得六過一是。呼嗚美哉，成事疾。疾，美也。繩，謂彈正也。言以六過繩七臣，令臣無六過，是故爲一。君臣咸有一德，故能成美也。申主任勢守數以爲常，申，謂陳用法令。周聽近遠以續明，遠近之事，周而聽之，則其明不絶。皆要審則法令固，賞罰必則下服度，事皆得要而詳審，則法令固，賞罰必，則下皆服其法度也。不備待而得和，則民反素也。謂以道德理世之君，至仁感物。德和自此而至，故人皆反於樸素，今申主不能然，故以爲過也。惠主豐賞厚賜以竭藏，赦姦縱過以傷法。藏竭則主權衰，法傷則姦門闓。故曰：泰則反敗矣。謂爲惠太過，故反成敗也。侵主好惡反法以自傷，越法行事謂之侵。所好所惡，皆反於法，故自傷。喜決難知以塞明，決難知則理不當，故明塞也。從狙而好小察，狙，伺也。謂既任臣有所爲，必從而伺之。事無常而法令申。不啎則國失勢。啎，古伍字，謂偶合也。言雖申布法令，於事不合，法既不行，所以失勢也。芒主目伸五色，耳常五聲，芒，謂芒然不曉識之貌。伸，謂放恣也。四鄰不計，四鄰與已爲隣，計度而知之也。司聲不聽，司聲之官，隨君所好，不爲聽其理亂之音也。則臣下恣行，而國權大傾。不啎則所惡及身。所爲既不合理，故惡還及身。勞主不明分職，上下相干，言失任臣之理，勞而無功，故曰勞主。臣主同則，刑振以豐，豐振以刻，臣主同勢，則俱奮威權，故刑罰大振，而且豐多。刑豐而又妄振，非刻而何也？去之而亂，臨之而殆，則後世何得。權臣振主，君欲去之，必爲亂。任而臨之，必危殆。既亂且危，敗亡必及，故後代無得也。振主喜怒無度，嚴誅無赦，動發威嚴，謂之振也。臣下振怒，不知所錯，則人反其故。故謂先君之理。不啎則法數日衰，而國失固。舉措既不合理，故數衰而國失固。芒主通人情以質疑，故臣下無信，盡自治其事則事多，既不自曉，故下通人情，以問所疑，則臣下無所取信，皆自任胸臆，以理其事，人人生事，故事多也。多則昏，昏則緩急俱植。植，立也。既昏而不明，故緩急之事俱可立。不啎則見所不善，所爲既不合理，故其所見之事皆不善。餘力自失而罰。尚有執權餘力，已不自責，乃遷怒而罰之。故主虞而安，虞，度也。主能度宜而行故安。但主能度而安，則致下數事。吏肅而嚴，民樸而親，官無邪吏，朝無姦臣，下無侵爭，世無刑民。凡此皆主虞而安故也。

故一人之治亂在其心，在其心之邪正。一國之存亡在其主。在其主之智愚。天下得失，道一人出。道，從也。一人爲主也，明主得，闇主失。主好本，則民好墾草萊。本，謂農桑也。主好貨，則人賈市。主好宮室，則工匠巧。主好文采，則女工靡。夫楚王好小腰，而美人省食。吳王好劍，而國士輕死。死與不食者，天下之所共惡也。然而爲之者何也？從主之所欲也，而況愉樂音聲之化乎！

夫男不田，女不緇，緇，謂黑繒。工技力於無用，謂勤力於無用之器物也。而欲土地之毛，毛，謂嘉苗。倉庫滿實，不可得也。土地不毛，則人不足。人不足，則逆氣生。不足則怨怒，故逆上之氣生。逆氣生，則令不行。然彊敵發而起，雖善者不能存。謂善爲計謀。何以效其然也？曰：昔者桀、紂是也。誅賢忠，近讒賊之士，而貴婦人，好殺而不勇，好富而忘貧，馳獵無窮，鼓樂無厭，瑤臺玉餔不足處，玉餔，猶玉食。馳車千駟不足乘材。女樂三千人，謂有材能之女樂也。鐘石絲竹之音不絶。百姓罷乏，君子無死，言不爲君致死。卒莫有人，人有反心。遇周武王，遂爲周氏之禽。爲周所禽獲也。此營於物而失其情者也，物，謂臺榭車馬所以爲侈靡者。愉於淫樂而忘後患者也。故設用無度，國家踣。踣，謂散亡。舉爭不時，必受其菑。

夫倉庫非空虛也，必侈費無度，故空。商宦非虛壞也，必棄本逐末，故壞也。法令非虛亂也，必上替下陵，故亂。國家非虛亡也。必倒道背理，故亡也。彼時有春秋，歲有敗凶，政有急緩。政有急緩，故物有輕重。政急物輕，政緩物重。歲有敗凶，故民有義不足。歲既敗凶，雖有義事，不足以行其禮。時有

春秋，故穀有貴賤，春穀貴，秋穀賤。而上不調淫，故游商得以什伯其本也。淫，過也。謂穀物過於貴賤，則上當收散以調之。此之不爲，故游商得什伯之贏，以棄其本也。百姓之不田，貧富之不訾，皆用此作。訾，限也。皆從不調淫而作也。城郭不守，兵士不用，皆道此始。道，從。夫亡國踣家者，非無壤土也，其所事者，非其功也。夫凶歲雷旱，非無雨露也，其燥濕，非其時也。亂世煩政，非無法令也，其所誅賞者，非其人也。暴主迷君，非無心腹也，其所取舍，非其術也。

故明主有六務四禁。六務者何也？一曰節用，二曰賢佐，三曰法度，四曰必誅，五曰天時，六曰地宜。四禁者何也？春無殺伐，無割大陵，割，謂掘徙之也。倮大衍，倮，謂焚燒令蕩然俱盡。伐大木，斬大山，行大火，誅大臣，收穀賦。凡此春之禁也。夏無遏水，達名川，謂堰塞小水合大水。塞大谷，動土功，射鳥獸。凡此夏之禁。秋無赦過釋罪緩刑。冬無賦爵賞禄，傷伐五藏。五穀之藏。故春政不禁，則百長不生。夏政不禁，則五穀不成。秋政不禁，則姦邪不勝。冬政不禁，則地氣不藏。四者俱犯，則陰陽不和，風雨不時，大水漂州流邑，漂，流。謂滿溢於堤防，故漂流城邑。大風漂屋折樹，火暴焚，地燋草，旱甚則草燋。天冬雷，地冬霆。霆，震。草木夏落而秋榮，蟄蟲不藏，宜死者生，宜蟄者鳴，苴多螣蟇，苴，謂草之翳薈。山多蟲蟁，蟁，卽蚊。六畜不蕃，民多夭死，國貧法亂，逆氣下生。故曰：臺榭相望者，亡國之廡也。馳車充國者，追寇之馬也。追，猶召也。言馳車所以召寇。羽劍珠飾者，斬生之斧也。文采纂組者，燔功之窑也。明王知其然，故遠而不近也。能去此取彼，則人主道備矣。

夫法者，所以興功懼暴也。律者，所以定分止爭也。令者，所以令人知事也。法律政令者，吏民規矩繩墨也。夫矩不正，不可以求方。繩不信，不可以求直。法令者，君臣之所共立也。權勢者，人主之所獨守也。故人主失守則危，臣吏失守則亂。罪決於吏則治，有罪者，吏必能決，決之，故理。權斷於主則威，民信其法則親。是故明王審法慎權，下上有分。下慎罰，上執權，各有其分也。

夫凡私之所起，必生於主。主不好本則私生。夫上好本，則端正之士在前。本，謂道德之政。上好利，則毀譽之士在側。好利則傾巧，故毀譽之士在側。上多喜善賞不隨其功，則士不爲用。雖曰好善，及其有功則不能賞，故曰『士不爲用』。數出重法而不克其罪，則姦不爲止。克，謂勝伏。明王知其然，故見必然之政，立必勝之罰，故民知所必就，而知所必去。推則往，召則來，如墜重於高，如瀆水於地。以譬招來之易也。故法不煩而吏不勞，民無犯禁。故有百姓無怨於上，上亦法臣法，言亦爲臣立法。斷名決，無誹譽。依名而斷決，則理當而事愜，故無誹譽。故君法則主位安，臣法則貨賂止，而民無姦。嗚呼美哉！名斷言澤。依名而斷，則其言順而澤。

飾臣克親貴以爲名，虚名求實之飾。克，勝也。謂不求親貴以自克勝，特此爲名。恬爵禄以爲高。佯棄爵禄，以自安恬，以此爲高。好名則無實，美名外揚，內實必喪。爲高則不御。恬爵禄者，君不能御也。故記曰：無實則無勢，勢必自實生。失轡則馬焉制。制馬必以轡，制臣必以禄。侵臣事小察以折法令，枉法行事謂之侵。好佼反而行私請。佼，謂很詐也。背理爲反。故私道行則法度侵，不侵法度，則無以成其私。刑法繁則姦不禁，主嚴誅則先民心。亂臣多則造鐘鼓，衆飾婦女，以惛上故。上惛則隟不計而司聲直禄，上既惛暗，雖有危亡之隟，不能計度而知之。其司聲之官，直得禄而已，不憂其職務也。是以諂臣貴而法臣賤，此之謂微孤。諂貴法賤，則危亡日至，故其君哀微而孤獨。愚臣深罪厚罰以爲行，深文入罪，厚致其罰，此愚臣之行。重賦斂，多兑道，以爲上，兑，悦也。謂多賦斂以悦道於君。使身見憎而主受其謗。厚罰多斂，人必憎之。故記稱之曰：愚忠讒賊，此之謂也。愚臣雖有忠於主，乃比之讒賊。姦臣痛言人情以驚主，痛，甚極之辭。開罪黨以爲讎。開引罪黨，上聞於君，與之爲讎。除讎則罪不辜，彼但讎耳，未必皆有罪。今而除之，則罪不辜之人也。罪不辜則與讎居。既殺不辜，則人皆讎己，故所與居者，莫非讎也。故善言可惡以自信，而主失親。好言可惡之事以告於君，此求君之信己也。君果信之，則失其所親也。亂臣自爲辭功禄，明爲下請厚賞，己有功，當得禄，則佯辭之，以爲名。其下未必當賞，則明然爲之請，以求衆心也。居爲非母，動爲善棟，其居也，與衆非者爲母。其動也，與佯爲善者爲棟梁也。以非買名，以是傷上，其所以買名者用非道，雖曰爲之必傷於上。而衆人不知，之謂微攻。言爲僞善漸攻於君。

又《禁藏第五十三》

禁藏於胸脅之內，而禍避於萬里之外，能以此制彼者，唯能以己知人者也。夫冬日之不濫，非愛冰也。濫，謂泛冰於水以求寒，所謂濫槳。夏日之不煬，非愛火也。爲不適於身，便於體也。冬之冰，夏之火，皆於身體不適便。夫明王不美宮室，非喜小也。不聽鐘鼓，非惡

樂也。爲其傷於本事，而妨於教也。美宮室，聽鐘鼓，則傷事而妨教。故先慎於己而後彼，官亦慎内而後外，内則本務，外則末業，君慎之則臣效。民亦務本而去末。官慎之則民效也。居民於其所樂，居其所樂，則敦土而不遷。事之於其所利，事其所利，則不勸而自勵。賞之於其所善，賞其所善，則皆悦而立功。罰之於其所惡，罰其所惡，則忌慎而無犯。信之於其所餘財，君人者莫不有餘財，期賞而必，故曰信。功之於其所無誅。必勝殘息誅，然後可以爲成功。於下無誅者，必誅者也。有罪必誅，故能息。所謂以刑止刑，以殺止殺也。有誅者，不必誅者也。有罪不必誅，故誅不息也。以有刑至無刑者，其法易而民全。刑兹無赦，人不敢犯，故曰『以有刑至無刑』。若此者，其法簡易，而民完全。以無刑至有刑者，其刑煩而姦多。緩誅宥死，人則輕而犯之，故曰『無刑至有刑』。若此者，其刑煩漫，而姦人多。夫先易者後難，無刑至有刑，故曰『先易而後難』。先難而後易，有刑至無刑，故曰『先難而後易』。萬物盡然。皆同之於用法。明王知其然，故必誅而不赦，必賞而不遷者，非喜予而樂其殺也，所以爲人致利除害也。賞不遷，非喜與。誅不赦，非樂殺。然必其誅賞，則爲人致利除害故也。於以養老長弱，完活萬民，莫明焉。言養老活人，無明於必誅賞。夫不法法則治。言不法者，必以法正之，故治。法者，天下之儀也，儀，謂表也。所以決疑而明是非也，百姓所縣命也，刑罰一差，人無所措手足，故曰縣命。故明王慎之。不爲親戚故貴易其法，故，謂恩舊。吏不敢以長官威嚴危其命，危，謂毁敗。民不以珠玉重寶犯其禁。所謂君無欲焉，雖賞之不竊。故主上視法嚴於親戚，不爲親戚易法，故法嚴。吏之舉令，敬於師長。不爲師長危令，故令敬也。民之承教，重於神寶。不爲重寶犯禁，故教重。夫寶有靈，故曰神寶。故法立而不用，刑設而不行也。無犯之人，則無所用其刑法。夫施功而不鈞，位雖高，爲用者少。施功，謂施恩於有功者。施恩不鈞，則有功者怨，故雖有高位，人不爲用。赦罪而不一，德雖厚，不譽者多。赦罪不一，則毒流不辜，雖有厚德，人誰譽之。舉事而不時，力雖盡，其功不成。方冬植禾，雖勤似后稷，不能成其嘉苗。刑賞不當，斷斬雖多，其暴不禁。夫公之所加，罪雖重，下無怨氣。私之所加，賞雖多，士不爲歡。行法不道衆，民不能順。有道之人，必順於道。舉措不當衆，民不能成。衆尚不成，況無衆乎。不攻不備，夫設備者，必防攻也。當今爲愚人。

故聖人之制事也，能節宮室、適車輿以實藏，不費於宮室車輿，則庫藏自實也。則國必富，位必尊。能適衣服、去玩好以奉本，本，謂農桑。而用必贍，身必安矣。能移無益之事，無補之費，通幣行禮，而黨必多，交必親矣。移無益無補之費而行禮，故黨多交親也。夫衆人者，多營於物，而苦其力，勞其心，故困而不贍。營物過分，故勞而不贍。大者以失其國，小者以危其身。凡人之情，得所欲則樂，逢所惡則憂，此貴賤之所同有也。近之不能勿欲，謂所好之物。遠之不能勿忘，人情皆然，而好惡不同。各行所欲，各以所欲行之。而安危異焉，適理而欲則安，背理而欲則危。然後賢不肖之形見也。夫物有多寡，而情不能等。賢者欲寡，不肖者欲多也。事有成敗，而意不能同。賢者意多成，不肖者意多敗也。行有進退，而力不能兩也。賢者能進，不肖者唯退也。故立身於中，謂多寡成敗進退之中也。養有節。宮室足以避燥濕，食飲足以和血氣，衣服足以適寒温，禮儀足以別貴賤，游虞足以發歡欣，棺槨足以朽骨，衣衾足以朽肉，墳墓足以道記。道識其處，各有記也。不作無補之功，雖曰有功，於身無補。不爲無益之事，故意定而不營氣情。氣情不營，則耳目穀，穀，善也。謂聰明不虧。衣食足。耳目穀，衣食足，則侵爭不生，怨怒無有，上下相親，兵刃不用矣。

故適身行義，儉約恭敬，其唯無福，禍亦不來矣。禍福兩無，乃善之至。驕傲侈泰，離度絶理，其唯無禍，福亦不至矣。禍福兩有，乃禍之至。是故君子上觀絶理者，以自恐也。觀絶理者致禍，故恐。下觀不及者，以自隱也。隱，度也。度己有不及之事，當效之也。故曰：譽不虛出，必出於行善。而患不獨生，必生於爲惡。福不擇家，雖賤家行善，福亦來矣。禍不索人，雖貴人行惡，福亦至矣。此之謂也。凡此，欲令修己以致福，無恃貴以招禍。能以所聞瞻察，則事必明矣。謂耳所聞。

故凡治亂之情，皆道上始。道，從也。事明財理，反是則亂也。故善者圉之以害，牽之以利，有害則圉，有利則牽。能利害者，財多而過寡矣。利害由己，則避害而取利。取利則財多，避害故過寡矣。夫凡人之情，見利莫能勿就，見害莫能勿避。其商人通賈，倍道兼行，夜以續日，千里而不遠者，利在前也。疾至則得利，故速行而不倦也。漁人之入海，海深萬仞，就波逆流，謂海潮起，則水逆流。乘危百里，宿夜不出者，利在水也。故利之所在，雖千仞之山，無所不上，深源之下，無所不入焉。故善者，勢利之在，而民自美安，勢利在身，則人美而安之。不推而往，不引而來，不煩不擾，而民自

富。凡此，皆勢利之所致。如鳥之覆卵，無形無聲，而唯見其成。夫勢利致人，若鳥之覆卵焉，雖無形聲，俄見其成也。

夫爲國之本，得天之時而爲經，經所以本之也。得人之心而爲紀。紀所以總之也。法令爲維綱，維綱所以張也。吏爲網罟，網罟所以苞也。什伍以爲行列，行列所以開具之也。賞誅爲文武。賞則文，誅則武。繕農具當器械，農具既繕，則器械可修也。耕農當攻戰，耕農之不怠，若攻戰之不退也。推引銚耨以當劍戟，用銚耨者，必推引之，若劍戟擊刺。被蓑以當鎧鑐，蓑，雨衣。被著之，所以禦雨露。若武備之有鎧鑐，著甲周身若褐炙，故曰鑐。菹笠以當盾櫓。取菹澤草以爲笠，若武備之有盾櫓也。故耕器具則戰器備，具耕器，則備戰用也。農事習則功戰巧矣。習農，則當功戰。當春三月，萩室熯造，熯，謂以火乾也。三月之時，陽氣盛發，易生瘟疫。楸木欝臭，以辟毒氣，故燒之於新造之室，以禳祓也。鑽燧易火，杼井易水，所以去兹毒也。四時易火，至春則取榆柳之火，春時之井，又當復杼之，以易其水。凡此，皆去時滋長之毒。舉春，祭塞久禱，以魚爲牲，以糵爲酒，相召，久禱而未報者，當享塞之。相召，謂因此時召親賓。所以屬親戚也。毋殺畜生，毋拊卵，拊，謂擊剥之也。毋伐木，毋夭英，英，爲草木之初生也。毋拊竿，竿，笋之初生也。所以息百長也。所以生息百物之長。賜鰥寡，振孤獨，貸無種，與無賦，所以勸弱民。謂勸勉貧弱之人也。所發五正，正，謂五官正也。赦薄罪，出拘民，解仇讎，仇讎者和解令反去。所以建時功，施生穀也。謂及時立農功，施力爲生穀。凡此，皆春令。夏賞五德，五德，謂五常之德。滿爵禄，遷宮位，禮孝弟，復賢力，所以勸功也。賢而有功，當復除之。此皆夏令。秋行五刑，誅大罪，所以禁淫邪，止盜賊。凡此皆秋令。冬收五藏，五穀之藏。最萬物，最、聚。所以内作民也。凡此皆冬令。四時事備，而民功百倍矣。於四時事皆備，故人有百倍之功。故春仁，夏忠，秋急，冬閉，生者，仁也。長者，忠也。收當急也，藏當閉也。順天之時，約地之宜，忠人之和。忠，猶稱也。事稱人理則和。故風雨時，五穀實，草木美多，六畜蕃息，國富兵彊，民材而令行，人多材藝而順上命，故令行也。内無煩擾之政，外無彊敵之患也。夫動静順然後和也，不失其時然後富，不失其法然後治。故國不虚富，必不失财，然後富也。民不虚治。必不失法，然後治。不治而昌，不亂而亡者，自古至今，未嘗有也。昌必國理，亡必國亂。反是者，古今所未有。

故國多私勇者其兵弱，私勇則怯於公戰，故兵弱。吏多私智者其法亂，私智則營己而背公，故多亂。民多私利者其國貧。私利則積之於家，故國貧。故德莫若博厚，使民死之。博厚則感人深，故死之也。賞罰莫若必成，使民信之。夫善牧民者，非以城郭也。輔之以什，司之以伍。謂什長、伍長。伍無非其人，雖伍長亦選能者爲之也。人無非其里，謂無客寄。里無非其家。言不離居他人家。故奔亡者無所匿，遷徙者無所容。有什伍司之，不容他寄也。不求而約，不召而來，亡徙無所容匿，故不求召而自來。故民無流亡之意，吏無備追之憂。人不流亡，何所備而追之？故主政可往於民，民心可繫於主。謂繫屬於主。

夫法之制民也，猶陶之於埴，冶之於金也。人之從法，若埴、金之從陶、冶也。故審利害之所在，民之去就，如火之於燥濕，水之於高下。火，水之就燥，下，猶人之就利。夫民之所生，衣與食也。食之所生，水與土也。所以富民有要，食民有率。率三十畝而足於卒歲，歲兼美惡，畝取一石，則人有三十石。果蓏素食當十石，果蓏不以火化而食，故曰素食。糠粃六畜當十石，則人有五十石。布帛麻絲，旁入奇利，未在其中也。奇，餘。言不在五十石之中也。故國有餘藏，民有餘食。每年人有五十石，故藏皆餘也。夫叙鈞者，所以多寡也。叙鈞，謂叙比其鈞平。權衡者，所以視重輕也。户籍田結者，所以知貧富之不訾也。謂每户置籍，每田結其多少，則貧富不依訾限者可知也。故善者必先知其田，乃知其人。田多則人多，田少則人少。田備然後民可足也。

凡有天下者，以情伐者帝，謂深知敵之内情而伐者，帝也。以事伐者王，見於其事有失而伐者，王。以政伐者霸。見其政有失而伐者，霸。而謀有功者五：謂計謀可以成功。一曰視其所愛以分其威。令敵國之所愛者各權，則其威分也。一人兩心，其内必衰也。威分，則每人各懷二心，心二則力不齊，故内衰也。臣不用，其國可危。臣既不爲君用力，故其國可危。二曰視其陰所憎。厚其貨賂，得情可深。視敵所憎者多與賂，令以國情告己，故深得其情。身内情外，其國可知。謂所憎者身在國内，情乃告外，其國可知也。三曰聽其淫樂，以廣其心。使之聽淫樂，心廣於嗜欲。遺以竽瑟美人，以塞其内。躭於竽瑟美女，則心惑亂，故其内閉塞也。遺以諂臣文馬，以蔽其外。耳惑於諂臣，目惑於文馬，則耳目喪矣，故其外蔽也。外内蔽塞，可以成敗。内外蔽塞，則理擁而見惑，故之

敗之莫不閉。四曰必深親之，如典之同生。典，常也。若常與之同生也。陰內辯士使圖其計，私俠辯士，令與敵國圖計。內勇士使高其氣，彼得勇士，則恃而氣高也。內人他國使倍其約，絶其使，拂其意。更納人於他國，令背絶，使兩國之意相違也。是必士鬬，兩國相敵，必承其弊。亦既相疑，其士必鬬。兩國敵則小傷，大國以承其弊，乃有一舉兩獲之功也。五曰深察其謀，欲知其謀得失也。謹其忠臣，欲知其臣之用不。揆其所使，欲知其所使賢不肖。令內不信，使有離意，內既不信相疑，則使其君臣之意絶。離氣不能令，必內自賊。君臣意離別，不可使令。既不命，則自相殘殺。忠臣已死，故政可奪。人之云亡，邦國殄瘁，故其政可奪。此五者，謀功之道也。

又 卷一八《入國第五十四》 入國四旬，五行九惠之教。旬，即巡也。謂四面五方行而施九惠之教。一曰老老，以養老之禮養老者。二曰慈幼，三曰恤孤，四曰養疾，五曰合獨，六曰問疾，七曰通窮，八曰振困，九曰接絶。所謂老老者，凡國都皆有掌老。謂置掌老之官。年七十已上，一子無征，不預國之征役。三月有饋肉。謂官饋之肉。八十已上，二子無征，月有饋肉。九十已上，盡家無征，日有酒肉。死，上共棺槨，勸子弟，精膳食，問所欲，求所嗜。問老者何所欲求，訪其所嗜以嗜欲而供也。此之謂老老。所謂慈幼者，凡國都皆有掌幼。士民有子，子有幼弱不勝養爲累者，勝，堪也。謂不堪自養，故爲累。有三幼者無婦征，四幼者盡家無征，五幼又予之葆。葆，今之教母。受二人之食，官給二人之食。能事而後止。幼者漸長，能自管事，然後止其養。此之謂慈幼。所謂恤孤者，凡國都皆有掌孤。士人死，子孤幼，無父母，所養既無父母，又無所養之親也。不能自生者，屬之其鄉黨知識故人。養一孤者，一子無征。養二孤者，二子無征。養三孤者，盡家無征。掌孤數行問之，必知其食飲飢寒。身之膌勝，而哀憐之。膌，瘦也。勝，肥也。此之謂恤孤。所謂養疾者，凡國都皆有掌養疾。聾盲喑啞，跛躄偏枯握遞，遞，著也。謂兩手相拱著而不申者，謂之握遞。不耐自生者，上收而養之。疾，既養之，又與療疾。官而衣食之，謂官給之衣食。殊身而後止。殊，猶離也。疾離身而後止其養。此之謂養疾。所謂合獨者，凡國都皆有掌媒。丈夫無妻曰鰥，婦人無夫曰寡，取鰥寡而合和之，予田宅而家室之，三年然後事之。事，謂供國之職役也。此之謂合獨。所謂問疾者，凡國都皆有掌病。士人有病者，掌病以上令問之。九十以上，日一問。八十以上，二日一問。七十以上，三日一問。衆庶五日一問。疾甚者以告，上身問之。掌病行於國中，以問病爲事。此之謂問病。所謂通窮者，凡國都皆有通窮。若有窮夫婦無居處，窮賓客絶糧食，居其鄉黨，以聞者有賞，不以聞者有罰。此之謂通窮。所謂振困者，歲凶，庸人訾厲，訾，疾也。厲，病也。多死喪。弛刑罰，赦有罪，散倉粟以食之。此之謂振困。所謂接絶者，士民死上事，死戰事，使其知識故人受資於上資，謂財用。而祠之。此之謂接絶也。

又 《九守第五十五》 安徐而靜，人君居位，當安徐而又靜默。柔節先定，以和柔爲節，先能定己，然後可定人。虛心平意以待須。虛其心，平其意，以待臣之諫説。須，亦待也。

右主位人主居位當如此。

目貴明，耳貴聰，心貴智。以天下之目視，則無不見也。以天下之耳聽，則無不聞也。以天下之心慮，則無不知也。輻湊並進，則明不塞矣。言聖人不自用其聰明思慮，而任之天下，故明者爲之視，聰者爲之聽，智者爲之謀，輻湊並進，不亦宜乎？故曰『明不可塞。』

右主明　主明，在於用天下耳目視聽之。

聽之術，曰勿望而距，勿望而許。聽言之術，必須審察，不可望風即有所距，有所許也。許之則失守，距之則閉塞。既未審察，輒有距而許之，故或失守，或閉塞。高山仰之，不可極也。深淵度之，不可測也。不審察者，常爲彼所知，故戒之當如高山深淵，不可極而測之。神明之德，正靜其極也。既如山淵，則其德配神明，而正且靜，如此者，其有窮極矣。

右主聽

用賞者貴誠，用刑者貴必。刑賞信必於耳目之所見，則其所不見，莫不闇化矣。誠暢乎天地，通於神明，見姦僞也。既暢天地，通於神明，故有姦僞必能見之。

右主賞

一曰天之，二曰地之，三曰人之，言三才之道，幽邃深遠，必問於賢者，而後行之。四曰上下左右前後凡此皆有順逆之宜，故須問之。熒惑，其處安在？又須知法星所在也。

右主問

心不爲九竅，九竅治。心任九竅，九竅自治。君不爲五官，五官治。君任五官，故五官自治之。爲善者君予之賞，爲非者君予之罰。君因其所以來，因而予之，則不勞矣。自來而又得賞，何勞之有！聖人因之，故能掌之。掌，主也。因來而賞，物皆屬己，故能主之。因之修理，故能長久。

右主因

寂乎其無端也，慎密者當如是。外内不通，安知所怨？外内不通，則事不泄，故無怨。關閈不開，善否無原。既不開其關閈，故善之與不善，不得知其原矣。

右主周

一曰長目，二曰飛耳，三曰樹明。明知千里之外，隱微之中，曰動姦。姦動則變更矣。姦在隱微，其理將動。姦既動矣，自然變更。

右主參

脩名而督實，按實而定名。名實相生，反相爲情。名實當則治，不當則亂。名生於實，實生於德，德生於理，理生於智，智生於當。

右督名

又《度地第五十七》 昔者桓公問管仲曰：『寡人請問度地形而爲國者，其何如而可？』管仲對曰：『夷吾之所聞：能爲霸王者，蓋天子聖人也。故聖人之處國者，必於不傾之地。言其處深厚岡原復壯者，謂之不傾。而擇地形之肥饒者，鄉山，左右經水若澤，其國都或在山左，或向山右，及緣水澤然後建。内爲落渠之寫，因大川而注焉。謂於都内更爲落水之渠，以注於大川。乃以其天材，地之所生利，養其人以育六畜。天材，謂五穀之屬因天時而植者也。天下之人，皆歸其德而惠其義，惠，順。乃别制斷之。乃分别其地，制之斷之。州者謂之術，地數充爲州者，謂之術。不滿術者謂之里。不成術而餘者，謂之里。故百家爲里，里十爲術，術十爲州，州十爲都，都十爲霸國，不如霸國者國也，不成於霸國者，諸侯之國也。以奉天子。霸國率諸侯以奉天子也。天子有萬諸侯也，其中有公侯伯子男焉，天子中而處。此謂因天之固，所處之地，自然不傾，故曰因之。歸地之利，内爲之城，城外爲之郭，郭外爲之土閬，閬，謂隍。地高則溝之，下則堤之，命之曰金城。樹以荆棘，上相穡著者，所以爲固也。穡，鈎也。謂荆棘刺條相鉤連也。歲脩增而毋已，時脩增而無已，福及孫子。此謂人命萬世無窮之利，人君之葆守也。謹置國都，繕脩城郭，此人君所保全而守。臣服之以盡忠於君，君體有之，以臨天下。故能爲天下之民先也，此宰之任，則臣之義也。

故善爲國者，必先除其五害，人乃終身無患害而孝慈焉。桓公曰：『願聞五害之説。』管仲對曰：『水一害也，旱一害也，風霧雹霜一害也，厲一害也，蟲一害也，厲疾，病也。此謂五害。五害之屬，水最爲大。五害已除，人乃可治。』桓公曰：『願聞水害。』管仲對曰：『水有大小，又有遠近。水之出於山而流入於海者，命曰經水。言爲衆水之經。水别於他水，謂從他水分流，若江别爲沱。入於大水及海者，命曰枝水。言水之枝。山之溝，一有水，一毋水者，命曰谷水。水之出於他水溝，流於大水及海者，命曰川水。出地而不流者，命曰淵冰。此五水者，因其利而往之可也，謂因地之勢，疏引以溉灌。因而扼之可也。扼，塞也。恐其泛溢而塞之，亦可也。而不久常，有危殆矣。』謂卒有暴溢，或能漂没居人，故危殆也。桓公曰：『水可扼而使東西南北及高乎？』管仲對曰：『可。夫水之性，以高走下則疾，至於漂石。謂能漂浮於石。而下向高，即留而不行，故高其上領瓴之，尺有十分之三，里滿四十九者，水可走也。上謂水從來處。高之者欲注下，取勢也。瓴，謂瓴甂也。言欲令水上高，必大爲瓴甂，私空其中，使前後相受，以尺爲分，每領而有十尺，即長一丈也。分之於三里，間之每里，滿此四十九。如此，則水可走上矣。乃迂其道而遠之，以勢行之。迂，曲也。謂迂曲水道，遠張其勢，而以行水。水之性，行至曲必留退，滿則後推前。謂水至處，必流而却退。其處既滿，則後水推前水令去。地下則平，行地高即控，控，謂頓也。言水頓挫而却。杜曲則擣毁，杜，猶衝也。擣，觸也。言水行至曲，則衝而觸，有所毁傷。杜曲激則躍，躍則倚，倚、排也。謂前後相排也。倚則環，環則中，前後相排，則圓流生，空若環之中，所謂齊。中則涵，圓流無所通，則相涵激也。涵則塞，塞則移，移則控，塞、亦控也。空則水妄行，水妄行則傷人，傷人則困，困則輕法，輕法則難治，難治則不孝，不孝則不臣矣。

『故五害之屬，傷殺之類，禍福同矣。知備此五者，人君天地矣。』

又 卷二二《山權數第七十五》 桓公問管子曰：『請問權數。』管子對曰：『天以時爲權，地以財爲權，人以力爲權，君以令爲權。失天之權，則人地之權亡。』桓公曰：『何爲失天之權則人地之權亡？』管子對曰：『湯七年旱，禹五年水，民之無饘賣子者。湯以莊山之金鑄幣，而贖

民之無糧賣子者。禹以歷山之金鑄幣，而贖民之無糧賣子者。故天權失，人地之權皆失也。故王者歲守十分之參，三年與少半成歲。三十一年而藏十一年，與少半藏參之，一不足以傷民，而農夫敬事力作，故天毀埊古地字。凶旱水泆，民無入於溝壑乞請者也。此守時以待天權之道也。』桓公曰：『善。』

『吾欲行三權之數，爲之奈何？』管子對曰：『梁山之陽綪絤，夜石之幣，天下無有。管子曰：以守國穀。歲守一分，以行五年，國穀之重，什倍異日。管子曰：請立幣。國銅，以二年之粟顧之，立黔落，力重與天下調。彼重則見射，輕則見泄，故與天下調。泄者，失權也。見射者，失筴也。不備天權下相求，備准下陰相隸，此刑罰之所起，而亂之之本也。故平則不平，民富則不如貧，委積則虛矣。此三權之失也已。』桓公曰：『守三權之數奈何？』管子對曰：『大豐則藏分，阨亦藏分。』桓公曰：『阨者，所以益也，何以藏分？』管子對曰：『隘則易益也。一可以爲十，十可以爲百。以阨守豐，阨之准數一上十，豐之筴數十去九，則吾九爲餘。於數筴豐，則三權皆在君。此之謂國權。』

桓公問於管子曰：『請問國制。』管子對曰：『國無制，地有量。』桓公曰：『何謂國無制，地有量？』管子對曰：『高田十石，間田五石，庸田三石，其餘皆屬諸荒田，地量百畝，一夫之力也。粟賈一，粟賈十，粟賈三十，粟賈百。其在流筴者，百畝從中千畝之筴也。然則百乘從千乘也，千乘從萬乘也。故地有量，國無筴。』桓公曰：『善。』『今欲爲大國，大國欲爲天下，不通權筴，其無能者矣！』桓公曰：『今行權奈何？』管子對曰：『君通於廣狹之數，不以狹畏廣，通於輕重之數，不以少畏多。此國筴之大者也。』桓公曰：『善。蓋天下，視海內，長譽而無止，爲之有道乎？』管子對曰：『有。曰軌守其數，准平其流，動於未形，而守事已成。物一也而十，是九爲用。徐疾之數，輕重之筴也。一可以爲十，十可以爲百，引十之半而藏四，以五操事，在君之決塞。』桓公曰：『何謂決塞？』管子曰：『君不高仁，則國不相被。君不高慈孝，則民簡其親而輕過。此亂之至也，則君請以國筴十分之一者，樹表置高，鄉之孝子聘之幣，孝子兄弟衆寡不與師旅之事。樹表置高，而高仁慈孝，財散而輕。乘輕而守之以筴，則十之五有在上。運五如行事，如日月之終復。此長有天下之道，謂之准道。』

桓公問於管子曰：『請問教數。』管子對曰：『民之能明於農事者，置之黃金一斤，直食八石。民之能蕃育六畜者，置之黃金一斤，直食八石。民之能樹蓺者，置之黃金一斤，直食八石。民之能樹瓜瓠葷菜百果使蕃袞者，置之黃金一斤，直食八石。民之能已民疾病者，置之黃金一斤，直食八石。民之知時，曰歲且阨，曰某穀不登，曰某穀豐者，置之黃金一斤，直食八石。民之通於蠶桑，使蠶不疾病者，皆置之黃金一斤，直食八石。謹聽其言而藏之官，使師旅之事無所與，此國筴之者也。國用相靡而足，相因揲而咨，然後置四限高下，令之徐疾，敺屏萬物，守之以筴，有五官技。』桓公曰：『何謂五官技？』管子曰：『詩者，所以記物也。時者，所以記歲也。春秋者，所以記成敗也。行者，道民之利害也。易者，所以守凶吉成敗也。卜者，卜凶吉利害也。民之能此者，皆一馬之田，一金之衣。此使君不迷妄之數也。六家者，卽見其時，使豫先蚤閑之日受之。故君無失時，無失筴，萬物興豐無失利。遠占得失以爲末教，詩記人無失辭，行殫道無失義，易守禍福凶吉不相亂，此謂君棅。』《說文》與柄同。

桓公問於管子曰：『權棅之數，吾已得聞之矣。守國之固奈何？』曰：『能皆已官，時皆已官，得失之數，萬物之終始，君皆已官之矣。其餘皆以數行。』桓公曰：『何謂以數行？』管子對曰：『穀者，民之司命也。智者，民之輔也。民智而君愚，下富而君貧，下貧而君富，此之謂事名二。國機，徐疾而已矣。君道，度法而已矣。人心，禁繆而已矣。』桓公曰：『何謂度法？何謂禁繆？』管子對曰：『度法者，量人力而舉功。禁繆者，非往而戒來。故禍不萌通，而民無患咎。』桓公曰：『請問心禁。』管子對曰：『晉有臣不忠於其君，慮殺其主，謂之公過。諸公過之家，毋使得事君。此晉之過失也。齊之公過，坐立長差。惡惡乎來刑，善善乎來榮，戒也。此之謂國戒。』

桓公問管子曰：『輕重准施之矣，筴盡於此乎？』管子曰：『未也。將御神用寶。』桓公曰：『何謂御神用寶？』管子對曰：『北郭有掘闕而得龜者，掘，穿也。穿地至泉曰闕。此檢數百里之地也。』檢，猶比也。以此龜爲用者，其數可比百里之地。桓公曰：『何謂得龜百里之地？』管子對曰：

『北郭之得龜者，令過之平盤之中。過之，猶置之也。平盤者，大盤也。君請起十乘之使，百金之提，起，發也。提，裝也。命北郭得龜之家曰：「賜若服中大夫。」若，汝也。中大夫，齊爵也。曰：「東海之子類於龜，東海之子，其狀類龜，假言此龜東海之子耳。東海之子者，海神之子也。託舍於若。託舍，猶寄居也。賜若大夫之服以終而身，而，若也。勞若以百金。」勞，賜也。之龜爲無貲，之，是也。是龜至寶而無貲也。無貲，無價也。而藏諸泰臺，泰臺，高臺也。一日而釁之以四牛，立寶曰無貲。立龜爲寶，號曰無貲。還四年，伐孤竹。還四年，後四年。丁氏之家粟丁氏，齊之富人，所謂丁惠也。可食三軍之師行五月，食音嗣。下以意取。行五月，經五月。召丁氏而命之曰：「吾有無貲之寶於此。吾今將有大事，請以寶爲質於子，以假子之邑粟。」卽家粟也。丁氏北鄉再拜，入粟，不敢受寶質。桓公命丁氏曰：「寡人老矣，爲子者不知此數。終受吾質！」丁氏歸，革築室，賦籍藏龜。革，更也。賦，敷也。籍，席也。還四年，伐孤竹，謂丁氏之粟中食三軍五月之食。桓公立貢數：文行中七年龜中四千金，黑白之子當千金。凡貢制，中二齊之壤筴也。用貢，國危出寶，國安行流。』桓公曰：『何謂流？』管子對曰：『物有豫，則君失筴而民失生矣。故善爲天下者，操於二豫之外。』桓公曰：『何謂二豫之外？』管子對曰：『萬乘之國，不可以無萬金之蓄飾。千乘之國，不可以無千金之蓄飾。百乘之國，不可以無百金之蓄飾。以此與令進退，此之謂乘時。』

又《山至數第七十六》　桓公問管子曰：『梁聚謂寡人曰：「古者輕賦稅而肥籍斂，取下無順於此者矣。」梁聚之言何如？』管子對曰：『梁聚之言非也。彼輕賦稅則倉廩虛。肥籍斂則械器不奉，而諸侯之皮幣不衣。倉廩虛，則倳賤無禄。外皮幣不衣於天下，內國倳賤，梁聚之言非也。君有山，山有金，以立幣。以幣准穀而授禄，故國穀斯在上，穀賈什倍。農夫夜寢蚤起，不待見使，五穀什倍。士半禄而死君，農夫夜寢蚤起，力作而無止。彼善爲國者，不曰使之，使不衍得不使；不曰貧之，使不得不用。故使民無有不得不使者。夫梁聚之言非也。』桓公曰：『善。』

桓公又問於管子曰：『有人教我，謂之請士。曰：「何不官百能？」』管子對曰：『何謂百能？』桓公曰：『「使智士盡其智，謀士盡其謀，百工盡其巧。」若此則可以爲國乎？』管子對曰：『請士之言非也。禄肥則士不死，幣輕則士簡賞，萬物輕則士偷幸。三怠在國，何數之有？彼穀十藏於上，三游於下，謀士盡其慮，智士盡其知，勇士輕其死，請士所謂妄言也。不通於輕重，謂之妄言。』

桓公問於管子曰：『昔者周人有天下，諸侯賓服，名教通於天下，而奪於其下，何數也？』管子對曰：『君分壤而貢入，市朝同流。黃金，一筴也。江陽之珠，一筴也。秦之明山之曾青，一筴也。此謂以寡爲多，以狹爲廣，軌出之屬也。』桓公曰：『天下之數盡於軌出之屬也？』『合國穀重什倍而萬物輕，大夫謂賈，之子爲吾運穀而斂財。穀之重一也，今九爲餘。穀重而萬物輕，若此則國財九在大夫矣。國歲反一，財物之九者，皆倍重而出矣。財物在下，幣之九在大夫。然則幣穀羨在大夫也。天子以客行，令以時出，熟穀之人亡，諸侯受而官之，連朋而聚與，高下萬物，以合民用。內則大夫自還而不盡忠，外則諸侯連朋合與，孰穀之人則去亡，故天子失其權也。』桓公曰：『善。』

桓公又問管子曰：『終身有天下而勿失，爲之有道乎？』管子對曰：『請勿施於天下，獨施之於吾國。』桓公曰：『此若言何謂也？』管子對曰：『國之廣狹、壤之肥墝有數，終歲食餘有數，彼守國者，守穀而已矣。』曰：『某縣之壤廣若干，某縣之壤狹若干，國之廣狹肥墝，人之所食多少，其數君素皆知之。則必積委幣，委，蓄也。各於縣州里，蓄積錢幣，所謂萬室之邑，必有萬鍾之藏，藏繦千萬。千室之邑，必有千鍾之藏，藏繦百萬。於是縣州里受公錢。公錢，卽積委之幣。泰秋，國穀去參之一，去，減也。君下令，謂郡縣屬大夫里邑皆籍粟入若干。穀重一也，以藏於上者，一其穀價以收藏之。國穀參分，則二分在上矣。言先貯幣於縣邑，當秋時下令收糴也。則魏李悝行平糴之法，上熟糴三捨一，中熟糴二捨一，下熟中分之，蓋出於此。今言出三之一者，約中熟爲准耳。泰春，國穀倍重，數也。泰夏，賦穀以市橫，民皆受上穀以治田土。泰秋，田穀之存予者若干，今上斂穀以幣，民曰無幣以穀，則民之三有歸於上矣。言當春穀貴之時，計其價，以穀賦與人，秋則斂其幣。雖設此令，本意收其穀入，既無幣，請輸穀，故穀歸於上。重之相因，時之化舉，無不爲國筴。重之相因，若春時穀貴與穀也。時之化舉，若秋時穀賤收穀也。四時之輕重，無不以術權之。君用大夫之委，以流歸於上。君用民，以時歸於君。藏

輕，出輕以重，數也。則彼安有自還之大夫獨委之。彼諸侯之穀十，使吾國穀二十，則諸侯穀歸於吾國矣。諸侯穀二十，吾國穀十，則吾國穀歸於諸侯矣。故善爲天下者，謹守重流，重流，謂嚴守穀價，不使流散。而天下不吾洩矣。洩，散也。吾穀不散出。彼重之相歸，如水之就下。吾國歲非凶也，以幣藏之，故國穀倍重，故諸侯之穀至也。是藏一分以致諸侯之一分，利不奪於天下，大夫不得以富侈。以重藏輕，國常有十，國之筴也。故諸侯服而無正，臣檳從而以忠。此以輕重御天下之道也，謂之數應。』

桓公問於管子曰：『請問國會。』管子對曰：『君失大夫爲無伍，失民爲失下。故守大夫以縣之筴，守一縣以一鄉之筴，守一鄉以一家之筴，守一家以一人之筴。』桓公曰：『其會數奈何？』管子對曰：『幣准之數，一縣必有一縣中田之筴，一鄉必有一鄉中田之筴，一家必有一家直人之用。故不以時守，郡爲無與；不以時守，鄉爲無伍。』桓公曰：『行此奈何？』管子對曰：『王者藏於民，霸者藏於大夫，殘國亡家藏於篋。』桓公曰：『何謂藏於民？』『請散棧臺之錢散諸城陽，鹿臺之布散諸濟陰。君下令於百姓曰：「民富，君無與貧；民貧，君無與富。故賦無錢布，府無藏財，貲藏於民。」歲豐，五穀登，五穀大輕，穀賈去上歲之分，以幣據之，穀爲君，幣爲下。國幣盡在下，幣輕穀重，上分上歲之二分在下，下歲之二分在上，則二歲者四分在上。則國穀之一分在下，穀三倍重。邦布之籍，終歲十錢，人家受食，十畝加十，是一家十户也。出於國穀筴而藏於幣者也。以國幣之分，復布百姓。四減國穀，三在上，一在下，復筴也。大夫旅壅而封，積實而驕上，請奪之以會。』桓公曰：『何謂奪之以會？』管子對曰：『粟之三分在上，謂民萌皆受上粟，度君藏焉。五穀相靡而重，去什三爲餘，以國幣穀准反行，大夫無什於重。君以幣賦祿，什在上，君出穀，什而去七。君斂三，上賦七。散振不資者，仁義也。五穀相靡而輕，數也。以鄉完重而籍國，數也。出實財，散仁義，萬物輕，數也。乘時進退。故曰：王者乘時，聖人乘易。』桓公曰：『善。』

桓公問管子曰：『特命我曰：「天子三百領，泰嗇而散，大夫准此而行。」此如何？』管子曰：『非法家也。大夫高其壟，美其室，此奪農事及市庸，此非便國之道也。民不得以織爲緣綃，而貍之於地。彼善爲國者，乘時徐疾而已矣，謂之國會。』

桓公問管子曰：『請問爭奪之事何如？』管子曰：『以戚始。』桓公曰：『何謂用戚始？』管子對曰：『君人之主，弟兄十人，分國爲十；兄弟五人，分國爲五。三世則昭穆同祖，十世則爲祏，故伏尸滿衍，兵決而無止。輕重之家，復游於其間。故曰：「毋予人以壤，毋授人以財。」財終則有始，與四時廢起。聖人理之以徐疾，守之以決塞，奪之以輕重，行之以仁義，故與天壤同數。此王者之大轡也。』

桓公問管子曰：『請問幣乘馬。』管子對曰：『始取夫三大夫之家，方六里而一乘，二十七人而奉一乘。幣乘馬者，方六里，田之美惡若干，穀之多寡若干，穀之貴賤若干，凡方六里用幣若干，穀之重用幣若干。故幣乘馬者，布幣於國，幣爲一國陸地之數，謂之幣乘馬。』桓公曰：『行幣乘馬之數奈何？』即臣乘馬，所謂筴乘馬者。臣，猶實也。筴者，以幣爲筴，而洩重射輕。管子對曰：『士受資以幣，大夫受邑以幣，人馬受食以幣，則一國之穀貲在上，幣貲在下，國穀什倍，數也。萬物財物去什二，筴也。皮革筋角羽毛竹箭器械財物，苟合于國器君用者，皆有矩券於上。矩券，常券。君實鄉州藏焉，周制，萬二千五百家爲鄉。二千五百家爲州。齊雖伯國，尚用周制。曰：「某月某日，苟從責者，責，讀爲價。鄉決州決。」故曰：就庸一日而決。國筴出於穀，軌國之筴，貨幣乘馬者也。貨，價也。言應合受公家之所給，皆與之幣，則穀之價君上權之，其幣在下，故穀倍重。其有皮革之類堪於所用者，所在鄉州有其數，若今官曹簿帳，人有負公家之債，若耒耜種糧之類者，官司如要器用，若皮革之類者，則與其准納。如要功庸者，令就役一日，除其簿書耳，此蓋君上一切權之也。詳輕重之本旨，摧抑富商兼并之家，隘塞利門，則與奪貧富，悉由號令然，可易爲理也。今刀布藏於官府，巧幣萬物輕重皆在賈之。彼幣重而萬物輕，幣輕而萬物重。彼穀重而穀輕。人君操穀幣金衡而天下可定也。此守天下之數也。』

桓公問於管子曰：『准衡、輕重、國會，吾得聞之矣。請問縣數。』管子對曰：『狼牡以至於馮會之日，龍夏以北至于海莊，禽獸羊牛之地也，何不以此通國筴哉！』桓公曰：『何謂通國筴？』管子對曰：『馮市門一吏書贅直事，若其事唐圉牧食之人，養視不失扞殂者，去其都秩，與其縣秩。大夫不鄉贅合游者，謂之無禮義，大夫幽其春秋，列民幽其門山

之祠，馮會、龍夏牛羊犧牲月賈什倍異日。此出諸禮義，籍於無用之地，因捫牢筴也，謂之通。』

桓公問管子曰：『請問國勢。』管子對曰：『有山處之國，有汜下多水之國，有山地分之國，有水泆之國，有漏壤之國。此國之五勢，人君之所憂也。山處之國，常藏穀三分之一。汜下多水之國，常操國穀三分之一。山地分之國，常操國穀十分之三。水泉之所傷，水泆之國，常操十分之二。漏壤之國，謹下諸侯之五穀，與工雕文梓器，以下天下之五穀。此准時五勢之數也。』

桓公問管子曰：『今有海內，縣諸侯，則國勢不用已乎？』管子對曰：『今以諸侯爲笋，公州之飾焉。以乘四時，行捫牢之筴，以東西南北相彼，用平而准。故曰：爲諸侯，則高下萬物，以應諸侯。偏有天下，則賦幣以守萬物之朝夕，調而已利。有足則行，不滿則有止。王者鄉州以時察之，故利不相傾，縣死其所，君守大奉一，謂之國簿。』

又 卷二三《揆度第七十八》 齊桓公問於管子曰：『自燧人以來，其大會可得而聞乎？』管子對曰：『燧人以來，未有不以輕重爲天下也。共工之王，帝共工氏繼女媧有天下。水處什之七，陸處什之三，乘天勢以隘制天下。至於黄帝之王，謹逃其爪牙，不利其器，藏祕鋒芒，不以示人，行機權之道，使人日用而不知。燒山林，破增藪，焚沛澤，沛，大澤也，一説水草兼處曰沛。逐禽獸，實以益人，然後天下可得而牧也。至於堯、舜之王，所以化海內者，北用禺氏之玉，禺氏，西北戎名，玉之所出。南貴江、漢之珠。其勝禽獸之仇，以大夫隨之。』勝，猶益也。禽獸之仇者，使其逐禽獸如從仇讎也。以大夫隨之者，使其大夫散邑粟財物，隨山澤之人求其禽獸之皮。桓公曰：『何謂也？』管子對曰：『令諸侯之子將委質者，諸國君之子，若衞公子聞方、魯公子季友之類。皆以雙武之皮，雙虎之皮以爲裘。卿大夫豹飾，卿大夫，上大夫也，袖謂之飾。列大夫豹幨。列大夫，中大夫也。襟謂之幨。大夫散其邑粟與其財物，以市武豹之皮。故山林之人刺其猛獸，若從親戚之仇。此君冕服於朝，而猛獸勝於外，大夫已散其財物，萬人得受其流。此堯、舜之數也。』言堯，舜嘗用此數。

桓公曰：『事名二、正名五而天下治。何謂事名二？』對曰：『天筴，陽也；壤筴，陰也。此謂事名二。』『何謂正名五？』對曰：『權也，衡也，規也，矩也，准也。此謂正名五。其在色者，青、黄、白、黑、赤也。其在聲者，宫、商、羽、徵、角也。其在味者，酸、辛、鹹、苦、甘也。二五者，童山竭澤，人君以數制之。人味者，所以守民口也；聲者，所以守民耳也；色者，所以守民目也。人君失二五者亡其國，大夫失二五者亡其勢，民失二五者亡其家。此國之至機也，謂之國機。』

輕重之法曰：『自言能爲司馬不能爲司馬者，殺其身以釁其鼓。自言能治田土不能治田土者，殺其身以釁其社。自言能爲官不能爲官者，劓以爲門父。』故無敢姦能誣祿至於君者矣。故相任寅爲官都，重門擊柝不能去，亦隨之以法。

桓公問於管子曰：『請問大准。』管子對曰：『大准者，天下皆制我而無我焉，此謂大准。』桓公曰：『何謂也？』管子對曰：『今天下起兵加我，臣之能謀厲國定名者，割壤而封；臣之能以車兵進退成功立名者，割壤而封。然則是天下盡封君之臣也，非君封之也。天下已封君之臣十里矣，天下每動，重封君之民二十里。君之民非富也，鄰國富之，鄰國每動，重富君之民。貧者重貧，富者重富，大准之數也。』桓公曰：『何謂也？』管子對曰：『今天下起兵加我，民棄其耒耜，出持戈於外，然則國不得耕。此非天凶也，此人凶也。君朝令而夕求具，民肆其財物與其五穀爲讎，厭而去，賈人受而廩之，然則國財之一分在賈人。師罷，民反其事，萬物反其重，賈人出其財物，國幣之少分廩於賈人。若此則幣重三分，財物之輕重三分。賈人市於三分之間，國之財物盡在賈人，而君無筴焉。民更相制，君無有事焉。此輕重之大准也。』

管子曰：『人君操本，民不得操末。人君操始，民不得操卒。其在涂者，籍之於衢塞。其在穀者，守之春秋。其在萬物者，立貲而行。故物動則應之。故豫奪其涂則民無遵，君守其流則民失其高。故守四方之高下，國無游賈，貴賤相當，此謂國衡。以利相守，則數歸於君矣。』

管子曰：『善正商任者省有肆，省有肆則市朝閒，市朝閒則田野充，田野充則民財足，民財足則君賦歛焉不窮。今則不然，民重而君重，重而不能輕；民輕而君輕，輕而不能重。天下善者不然，民重則君輕，民輕則君重。此乃財餘以滿不足之數也。故凡不能調民利者，不可以爲大治。不察於終始，不可以爲至矣。動左右以重相因，二十，國之筴也。鹽鐵二

十，國之筴也。錫金二十，國之筴也。五官之數，不籍於民。』

桓公問於管子曰：『輕重之數惡終？』管子對曰：『若四時之更舉，無所終。國有患憂，輕重五穀以調用，積餘臧羨以備賞。天下賓服，有海內，以富誠信仁義之士。故民高辭讓，無爲奇怪者。彼輕重者，諸侯不服以出戰，諸侯賓服以行仁義。』

管子曰：『一歲耕，五歲食，粟賈五倍。一歲耕，六歲食，粟賈六倍。二年耕，而十一年食。夫富能奪，貧能予，乃可以爲天下。且天下者，處茲行茲，若此而天下可壹也。夫天下者，使之不使，用之不用。故善爲天下者，毋曰使之，使不得不使；毋曰用之，使不得不用也。』

管子曰：『善爲國者，如金石之相舉，重鈞則金傾，故治權則勢重，治道則勢贏。今穀重於吾國，輕於天下，則諸侯之自泄，如原水之就下。故物重則至，輕則去。有以重至而輕處者。我動而錯之，天下卽已於我矣。物臧則重，發則輕，散則多。幣重則民死利，幣輕則決而不用，故輕重調於數而止。』

『五穀者，民之司命也。刀幣者，溝瀆也。號令者，徐疾也。令重於寶，社稷重於親戚。胡謂也？』對曰：『夫城郭拔，社稷不血食，無生臣。親没之後，無死子。此社稷之所重於親戚者也。故有城無人，謂之守平虛。有人而無甲兵而無食，謂之與禍居。』

桓公問管子曰：『吾聞海内玉幣有七筴，可得而聞乎？』管子對曰：『陰山之礝碈，一筴也。燕之紫山白金，一筴也。發、朝鮮之文皮，一筴也。汝、漢水之右衢黄金，一筴也。江陽之珠，一筴也。秦明山之曾青，一筴也。禺氏邊山之玉，一筴也。此謂以寡爲多，以狹爲廣，天下之數盡於輕重矣。』

桓公問於管子曰：『陰山之馬具駕者千乘。馬之平賈萬也，金之平賈萬也。吾有伏金千斤，爲此奈何？』管子對曰：『君請使與正籍者，皆以幣還於金，吾至四萬。此一爲四矣。吾非埏埴搖鑪橐而立黄金也，今黄金之重一爲四者，數也。珠起於赤野之末光，黄金起於汝、漢水之右衢，玉起於禺氏之邊山。此度去周七千八百里，其涂遠，其至阸，故先王度用其重而因之，珠玉爲上幣，黄金爲中幣，刀布爲下幣。』【略】

管子曰：『匹夫爲鰥，匹婦爲寡，老而無子者爲獨。君問其若有子弟師役而死者，父母爲獨，上必葬之，衣衾三領，木必三寸，鄉吏視事，葬於公壤。若産而無弟兄，上必賜之匹馬之壤。故親之殺其子以爲上用，不苦也。君終歲行邑里。其人力同而宫室美者，良萌也，力作者也，脯二束、酒一石以賜之。力足蕩遊不作，老者譙之，當壯者遣之邊戍。民之無本者，貸之圃彊。故百事皆舉，無留力失時之民。此皆國筴之數也。』

上農挾五，中農挾四，下農挾三。上女衣五，中女衣四，下女衣三。農有常業，女有常事。一農不耕，民有爲之飢者。一女不織，民有爲之寒者。飢寒凍餓，必起於糞土，故先王謹於其始。事再其本，民無檀者賣其子。三其本，若爲食。四其本，則鄉里給。五其本，則遠近通，然後死得葬矣。事不能再其本，而上之求焉無止，然則姦涂不可獨遵，貨財不安於拘。隨之以法，則中内摲民也。輕重不調，無檀之民不可責理，鬻子不可得使，君失其民，父失其子，亡國之數也。

管子曰：『神農之數曰：一穀不登，減一穀，穀之法什倍。二穀不登，減二穀，穀之法再什倍。夷疏滿之，無食者予之陳，無種者貸之新，故無什倍之賈，無倍稱之民。』

又　卷二四《輕重乙第八十一》　桓公曰：『天下之朝夕可定乎？』管子對曰：『終身不定。』桓公曰：『其不定之説，可得聞乎？』管子對曰：『地之東西二萬八千里，南北二萬六千里。天子中而立，國之四面，面萬有餘里，民之入正籍者亦萬有餘里。故有百倍之力而不至者，有十倍之力而不至者，有倪而是者。則遠者疏，疾怨上，邊竟諸侯受君之怨民，與之爲善，缺然不朝。是天子塞其涂，熟穀者去，天下之可得而霸。』桓公曰：『行事奈何？』管子對曰：『請與之立壤列天下之旁，天子中立，地方千里，兼霸之壤三百有餘里，佌諸侯度百里，負海子男者度七十里。若此，則如胸之使臂，臂之使指也。然則小不能分於民，推徐疾羨不足，雖在下不爲君憂。夫海出沸無止，山生金木無息。草木以時生，器以時靡幣，沸水之鹽以日消，終則有始，與天壤爭，是謂立壤列也。』

武王問於癸度曰：『賀獻不重，身不親於君。左右不足，支不善於羣臣。故不欲收穡户籍而給左右之用，爲之有道乎？』癸度對曰：『吾國者，衢處之國也，遠秸之所通，游客蓄商之所道，財物之所遵。故苟入吾國之粟，因吾國之幣，然後載黄金而出。故君請重重而衡輕輕，運物而相

因，則國筴可成。故謹毋失其度，未與民可治。』武王曰：『行事奈何？』癸度曰：『金出於汝、漢之右衢，珠出於赤野之末光，玉出於禺氏之旁山，此皆距周七千八百餘里。其涂遠，其至阨，故先王度用於其重，因以珠玉爲上幣，黃金爲中幣，刀布爲下幣。故先王善高下中幣，制下上之用，而天下足矣。』【略】

管子曰：『泉雨五尺，其君必辱。食稱之國必亡。待五穀者衆也。故樹木之勝霜露者，不受令於天。家足其所者，不從聖人。故奪然後予，高然後下，喜然後怒，天下可舉。』

桓公曰：『强本節用，可以爲存乎？』管子對曰：『可以爲益愈，而未足以爲存也。昔者紀氏之國，强本節用者，其五穀豐滿而不能理也，四流而歸於天下。若是，則紀氏其强本節用，適足以使其民穀盡而不能理，爲天下虜，是以其國亡而身無所處。故可以益愈，而不足以爲存。故善爲國者，天下下我高，天下輕我重，天下多我寡，然後可以朝天下。』

桓公曰：『寡人欲毋殺一士，毋頓一戟，而辟方都二，爲之有道乎？』管子對曰：『涇水十二空，汶淵洙浩滿三之於，乃請以令，使九月種麥，日至日穫，則時雨未下而利農事矣。』桓公曰：『諾。』令以九月種麥，日至而穫。量其艾，一收之積中方都二。故此所謂善因天時，辯於地利，而辟方都之道也。

管子入復桓公曰：『終歲之租金四萬二千金，請以一朝素賞軍士。』桓公曰：『諾。』以令至鼓期，於泰舟之野期軍士。桓公乃即壇而立，寧戚、鮑叔、隰朋、易牙、賓胥無皆差肩而立。管子執枹而揖軍士曰：『誰能陷陳破衆者，賜之百金。』三問不對。有一人秉劍而前，問曰：『幾何人之衆也？』管子曰：『千人之衆。』『千人之衆，臣能陷之。』賜之百金。管子又曰：『兵接弩張，誰能得卒長者，賜之百金。』問曰：『幾何人卒之長也？』管子曰：『千人之長。』『千人之長，臣能得之。』賜之百金。管子又曰：『誰能聽旌旗之所指，而得執將首者，賜之千金。』言能得者壘千人，賜之人千金。其餘言能外斬首者，賜之人十金。一朝素賞，四萬二千金廓然虛。桓公惕然太息曰：『吾曷以識此？』管子對曰：『君勿患。且使外爲名於其內，鄉爲功於其親，家爲德於其妻子。若此，則士必爭名報德，無北之意矣。吾舉兵而攻，破其軍，并其地，則非特四萬二千金之利也。』五子曰：『善。』桓公曰：『諾。』乃誡大將曰：『百人之長，必爲之朝禮。千人之長，必拜而送之，降兩級。其有親戚者，必遺之酒四石，肉四鼎。其無親戚者，必遺其妻子酒三石，肉三鼎。』行教半歲，父教其子，兄教其弟，妻諫其夫，曰：『見其若此其厚，而不死列陳，可以反於鄉乎！』桓公終舉兵攻萊，戰於莒必市里。鼓旗未相望，衆少未相知，而萊人大遁。故遂破其軍，兼其地，而虜其將。故未列地而封，未出金而賞，破萊軍，并其地，禽其君。此素賞之計也。【略】

桓公曰：『吾欲殺正商賈之利，而益農夫之事，爲此有道乎？』管子對曰：『粟重而萬物輕，粟輕而萬物重，兩者不衡立。故殺正商賈之利，而益農夫之事，則請重粟之價金三百。若是則田野大辟，而農夫勸其事矣。』桓公曰：『重之有道乎？』管子對曰：『請以令與大夫城藏，使卿諸侯藏千鍾，令大夫藏五百鍾，列大夫列大夫，中大夫。藏百鍾，富商蓄賈藏五十鍾。內可以爲國委，外可以益農夫之事。』桓公曰：『善。』下令卿諸侯令大夫城藏。農夫辟其五穀，三倍其賈。則正商失其事，而農夫有百倍之利矣。

《史記》卷三二《齊太公世家》 初，襄公之醉殺魯桓公，通其夫人，殺誅數不當，淫於婦人，數欺大臣，羣弟恐禍及，故次弟糾奔魯。其母魯女也。管仲、召忽傅之。次弟小白奔莒，鮑叔傅之。小白母，衛女也，有寵於釐公。小白自少好善大夫高傒。及雍林人殺無知，議立君，高、國先陰召小白於莒。魯聞無知死，亦發兵送公子糾，而使管仲別將兵遮莒道，射中小白帶鉤。小白詳死，管仲使人馳報魯。魯送糾者行益遲，六日至齊，則小白已入，高傒立之，是爲桓公。

桓公之中鉤，詳死以誤管仲，已而載溫車中馳行，亦有高、國內應，故得先入立，發兵距魯。秋，與魯戰于乾時，魯兵敗走，齊兵掩絕魯歸道。齊遺魯書曰：『子糾兄弟，弗忍誅，請魯自殺之。召忽、管仲讎也，請得而甘心醢之。不然，將圍魯。』魯人患之，遂殺子糾于笙瀆。召忽自殺，管仲請囚。桓公之立，發兵攻魯，心欲殺管仲。鮑叔牙曰：『臣幸得從君，君竟以立。君之尊，臣無以增君。君將治齊，即高傒與叔牙足也。君且欲霸王，非管夷吾不可。夷吾所居國國重，不可失也。』於是桓公從之。乃詳爲召管仲欲甘心，實欲用之。管仲知之，故請往。鮑叔牙迎受管

仲，及堂阜而脫桎梏，齋祓而見桓公。桓公厚禮以爲大夫，任政。

桓公既得管仲，與鮑叔、隰朋、高傒修齊國政，連五家之兵，設輕重魚鹽之利，以贍貧窮，祿賢能，齊人皆說。

五年，伐魯，魯將師敗。魯莊公請獻遂邑以平，桓公許，與魯會柯而盟。魯將盟，曹沫以匕首劫桓公於壇上，曰：『反魯之侵地！』桓公許之。已而曹沫去匕首，北面就臣位。桓公後悔，欲無與魯地而殺曹沫。管仲曰：『夫劫許之而倍信殺之，愈一小快耳，而棄信於諸侯，失天下之援，不可。』於是遂與曹沫三敗所亡地於魯。諸侯聞之，皆信齊而欲附焉。七年，諸侯會桓公於甄，而桓公於是始霸焉。【略】

三十年春，齊桓公率諸侯伐蔡，蔡潰。遂伐楚。楚成王興師問曰：『何故涉吾地？』管仲對曰：『昔召康公命我先君太公曰：「五侯九伯，若實征之，以夾輔周室。」賜我先君履，東至海，西至河，南至穆陵，北至無棣。楚貢包茅不入，王祭不具，是以來責。昭王南征不復，是以來問。』

三十五年夏，會諸侯于葵丘。周襄王使宰孔賜桓公文武胙、彤弓矢、大路，命無拜。桓公欲許之，管仲曰『不可』，乃下拜受賜。【略】

是時周室微，唯齊、楚、秦、晉爲彊。晉初與會，獻公死，國內亂。秦穆公辟遠，不與中國會盟。楚成王初收荆蠻有之，夷狄自置。唯獨齊爲中國會盟，而桓公能宣其德，故諸侯賓會。於是桓公稱曰：『寡人南伐至召陵，望熊山；北伐山戎、離枝、孤竹；西伐大夏，涉流沙；束馬懸車登太行，至卑耳山而還。諸侯莫違寡人。寡人兵車之會三，乘車之會六，九合諸侯，一匡天下。昔三代受命，有何以異於此乎？吾欲封泰山，禪梁父。』管仲固諫，不聽；乃說桓公以遠方珍怪物至乃得封，桓公乃止。

三十八年，周襄王弟帶與戎、翟合謀伐周，齊使管仲平戎於周。周欲以上卿禮管仲，管仲頓首曰：『臣陪臣，安敢！』三讓，乃受下卿禮以見。三十九年，周襄王弟帶來奔齊。齊使仲孫請王，爲帶謝。襄王怒，弗聽。

四十一年，秦穆公虜晉惠公，復歸之。是歲，管仲、隰朋皆卒。管仲病，桓公問曰：『羣臣誰可相者？』管仲曰：『知臣莫如君。』公曰：『易牙如何？』對曰：『殺子以適君，非人情，不可。』公曰：『開方如何？』對曰：『倍親以適君，非人情，難近。』公曰：『豎刀如何？』對曰：『自宮以適君，非人情，難親。』管仲死，而桓公不用管仲言，卒近用三子，三子專權。

又 卷三三《魯周公世家》（魯莊公）八年，齊公子糾來奔。九年，魯欲內子糾於齊，後桓公，桓公發兵擊魯，魯急，殺子糾。召忽死。齊告魯生致管仲。魯人施伯曰：『齊欲得管仲，非殺之也，將用之，用之則爲魯患。不如殺，以其屍與之。』莊公不聽，遂囚管仲與齊。齊人相管仲。

十三年，魯莊公與曹沫會齊桓公於柯，曹沫劫齊桓公，求魯侵地，已盟而釋桓公。桓公欲背約，管仲諫，卒歸魯侵地。十五年，齊桓公始霸。二十三年，莊公如齊觀社。

論說

唐·元結《次山集》卷八《管仲論》 自兵興已來，今三年，論者多云，得如管仲者一人，以輔人主，當見天下太平矣。元子異之曰：嗚呼！何是言之誤耶！彼管仲者人耳，正可與議私家畜養之計，正可以修鄉里畎澮之事，如此仲當少容與焉。至如相諸侯，材量亦似不足。致齊及霸，材量極矣。使仲見帝王之道，興國之禮，則天子之國不衰，諸侯之國不盛。如曰不然，請有所說。仲之相齊，及齊彊富，則合請其君，恢復王室，節正諸侯。君若惑之，則引禍福以喻之。君既聽矣，然後約諸侯曰：『今王室將卑，諸侯更彊，文王風化，殘削向盡，武王疆域，割奪無幾。禮樂不知其由，征伐何因而出？我是故謹疆域，勉日夜，望振兵威，可臨列國，得與諸侯會盟。一旦能新復天子之正朔，更定天子之封畿，上奉天子復先王之風化，下令諸侯復先公之制度，以爲何如？若皆不從，我則以兵臨於魯，魯不敢不從。則與魯西臨宋、鄭，宋、鄭從，則與三國北臨燕、衞。燕、衞從，則與諸國西臨秦、晉。秦、晉從，則與七國以尺簡約吳、楚。吳、楚從，則天下無不從之國，然後定約。若有果不從者，則約從者曰：「吾屬以禮義尊天子，以法度正諸侯，使小國不常患弱，大國

不敢怙彊，此誠長世之策。若天子國亡，則諸侯交爭，兵戈相臨，誰爲彊弱？則安得世世禮讓相服、宗廟血食？」我是故力勸諸侯尊天子。』今謀國猶豫，宜往問之。君不從約，則與諸侯率兵伐之，分其疆土，遷其子孫，留百里之地奉其宗社。下爲諸侯廣子孫之業，上爲天子除不順之臣，何如？如此，則諸侯誰敢不從？然後定天子封畿、諸侯疆域、輿服器玩、禮樂法度、征賦貢輸。自齊、魯節正，節正既定，乃共盟曰：『有貳約者，當請命天子，廢其驕凶，以立恭順；廢其荒惑，以立明哲。敢不聽者，伐而分之，如初約制定。』於是諸侯先各造邸於天子之都，諸侯乃相率朝覲。已而從天子齋戒拜宗廟，禮畢，天子誓曰：『於戲！王室之卑久矣。予不敢望皇天后土之所覆載，將旦暮皁隸於諸侯。不可，則願全肌骨下見先王。今諸侯不忘先王之大德，不忘先公之忠烈，共力正王室，俾予主先王宗祀。予若昏荒淫虐，不納諫諍，失先王法度，上不能奉宗祀，下不能安人民。爾諸侯當理爾軍卒，修爾矛戟，約爾列國，罪予凶惡，嗣立明辟。予若能日勉孱弱，力遵先王法度，上奉宗祀，下安人民。爾諸侯當保爾疆域，安爾人民，修爾貢賦，共予郊祀。予有此誓，豈云及予？將及來世，予敢以此誓誓於宗廟，予敢以此誓誓於天地。』諸侯聞天子之誓，相率盟曰：『天子有誓，俾我諸侯世世得力扶王室，使先王先公，德業永長。諸侯其各銘天子之誓，傳之後嗣。我諸侯重自約曰：諸侯有昏惑，當如前盟。若天子昏惑不嗣，虐亂天下，諸侯當力共規諷諫諍。如甚不可，則我諸侯共率禮兵及王之畿，復諫諍如初。又甚不可，進禮兵及王之郊。終不可，進禮兵及王之宮，兵及王之宮矣，當以宗廟之憂咨之，當以人民之怨咨之，當以天子昔誓咨之，當以諸侯昔盟咨之，以不敢欺先王先公告之，以不敢欺皇天后土告之。然後如天子昔誓，如諸侯昔盟。』使管仲能如此，則周之天子，未爲奴矣，諸侯之國，則未亡矣，秦於天下，未至是矣。如曰：仲才及也，君不從也，仲智及也，時不可也，則仲曾是謀也乎？君不從之也歟？仲曾是爲也乎？時之不可也歟？況今日之兵，不可以禮義節制，不可以盟誓禁止。如仲之輩，欲何爲矣？

唐·柳宗元《柳河東集》卷三《論·四維論》 《管子》曰：『國有四維，一維絶則傾，二維絶則危，三維絶則覆，四維絶則滅。傾可正，危可安，覆可起，滅則不可復錯也。何謂四維？一曰禮，二曰義，三曰廉，四曰恥。禮不踰節，義不自進，廉不蔽惡，恥不從枉。故不踰節則上位安，不自進則民無巧詐，不蔽惡則行自全，不從枉則邪事不生。』此《牧民篇》之言也。然公大意謂『廉恥自禮義中出，未有有禮義而無廉恥，有廉恥而無禮義。故云吾見其二維而未見其所以爲四維也。』作之年月未詳。

《管子》以禮、義、廉、恥爲四維，吾疑非管子之言也。彼所謂廉者，曰不蔽惡，世人之命廉者，曰不苟得。所謂恥者曰不從枉，世人之命恥者，曰羞爲非也。然則二者果義歟？非歟？吾見其有二維，未見其所以爲四也。夫不蔽惡者，豈不以蔽惡爲不義而去之乎？夫不苟得者，豈不以苟得爲不義而不爲乎？雖不從枉與羞爲非皆然，然則廉與恥，義之小節也，不得與義抗而爲維。聖人之所以立天下，曰仁義。仁主恩，義主斷。恩者親之，斷者宜之，而理道畢矣。蹈之斯爲道，得之斯爲德，履之斯爲禮，誠之斯爲信，皆由其所之而異名。今管氏所以爲維者，殆非聖人之所立乎？又曰：『一維絶則傾，二維絶則危，三維絶則覆，四維絶則滅。』若義之絶，則廉與恥其果存乎？廉與恥存，則義果絶乎？人既蔽惡矣，苟得而從枉矣，爲非而無羞矣，則義果存乎？使管子庸人也，則爲此言。管子而少知理道，則四維者非管子之言也。

宋·包拯《包孝肅奏議集》卷一《論大臣行迹事》 昔齊桓公問管仲曰：『何者害霸？』曰：『不能知人害霸也，知而不能用害霸也，用而不能信害霸也，既信而又使小人參之害霸也。』夫管仲，一諸侯佐爾，猶慎於信、用、小人，況魏魏盛德復將有所問然乎？

宋·陳襄《古靈集》卷一三《鮑叔薦管仲論》 昔齊桓公自莒入於齊，使鮑叔爲宰，叔乃辭之，以薦管仲。謂其忠信可結於百姓，禮義可法於四方。愚嘗觀鮑叔之言，以管氏行事終始驗之，亦未見忠信禮義之效，竊甚病之，何則？夫忠以爲國，信以結人，盡禮所以事君，見義所以忘利。且管仲因襄公之亂奉子糾以奔魯，公孫無知弒襄公而自立，而管仲不能殺身靖亂，歸子糾而嗣之，非爲國也，豈曰忠乎？洎齊人殺無知而逆子糾，齊大夫又逆小白，而仲不能戮力爲主，先就其國，失齊之望，非哲人也，豈曰信乎？洎小白自莒先入，是爲桓公，遂命魯公以殺子糾，而仲不能刺心刎頸，以厚其報，非事君也，豈曰禮乎？既而桓公遣使於魯以逆管仲，而仲不能高翔遠逝以全其節，反以爲相，非忘利也，豈曰義

乎？四者無一擅，身後之名以爲其實，不亦過乎？至如燕伐齊，王蠋不受萬家之封；趙滅智伯，豫讓卒有賢人之報，然皆不顧其利，其一心殺身以成仁，效節於明主，亦庶幾於忠信禮義之道也。矧管仲沉幾先物，高氣蓋世，當亂國爲良弼，無以夾輔子糾歸於齊國，俾失襄公之嗣，而死魯公之手，而復蒼黃反覆，終始參差，反北面於桓公，失厚報於子糾，而可擅忠信禮義之名乎？厥後雖能霸强齊，尊周室，九合諸侯，一匡天下，皆權詐之力也，烏足道哉！鮑叔之言可謂過矣。

宋·蘇洵《嘉祐集》卷九《管仲論》 管仲相桓公，霸諸侯，攘戎狄，終其身齊國富强，諸侯不叛。管仲死，豎刁、易牙、開方用，桓公薨於亂，五公子爭立，其禍蔓延。訖簡公，齊無寧歲。夫功之成，非成於成之日，蓋必有所由起；禍之作，不作於作之日，亦必有所由兆。則齊之治也，吾不曰管仲，而曰鮑叔；及其亂也，吾不曰豎刁、易牙、開方，而曰管仲。何則？豎刁、易牙、開方三子，彼固亂人國者，顧其用之者，桓公也。夫有舜而後知放四凶，有仲尼而後知去少正卯。彼桓公何人也？顧其使桓公得用三子者，管仲也。仲之疾也，公問之相。當是時也，吾以仲且舉天下之賢者以對，而其言乃不過曰豎刁、易牙、開方三子非人情，不可近而已。嗚呼！仲以爲桓公果能不用三子矣乎？仲與桓公處幾年矣，亦知桓公之爲人矣乎？桓公聲不絶乎耳，色不絶乎目，而非三子者，則無以遂其欲。彼其初之所以不用者，徒以有仲焉耳。一日無仲，則三子者可以彈冠相慶矣。仲以爲將死之言，可以縶桓公之手足耶？夫齊國不患有三子，而患無仲。有仲，則三子者，三匹夫耳。不然，天下豈少三子之徒？雖桓公幸而聽仲，誅此三人，而其餘者，仲能悉數而去之邪？嗚呼！仲可謂不知本者矣！因桓公之問，舉天下之賢者以自代，則仲雖死，而齊國未爲無仲也，夫何患三子者？不言可也。五霸莫盛於桓、文，文公之才，不過桓公，其臣又皆不及仲。靈公之虐，不如孝公之寬厚。文公死，諸侯不敢叛晉，晉襲文公之餘威，得爲諸侯之盟主者百有餘年。何者？其君雖不肖，而尚有老成人焉。桓公之薨也，一亂塗地，無惑也！彼獨恃一管仲，而仲則死矣。夫天下未嘗無賢者，蓋有有臣而無君者矣。桓公在焉，而曰天下不復有管仲者，吾不信也。仲之書有記其將死，論鮑叔、賓須無之爲人，且各疏其短，是其心以爲是，數子者皆不足以託國，而又逆知其將死？則其書誕謾不足信也。吾觀史鰌，以不能進蘧伯玉而退彌子瑕，故有身後之諫，蕭何且死，舉曹參以自代。大臣之用心，固宜如此也。夫國以一人興，以一人亡，賢者不悲其身之死，而憂其國之衰。故必復有賢者，而後可以死。彼管仲者，何以死哉！

宋·蘇軾《東坡全集》卷四二《管仲論》 嘗讀《周官》、《司馬法》，得軍旅什伍之數。其後讀管夷吾書，又得管子所以變周之制。蓋王者之兵，出於不得已，而非以求勝敵也。故其爲法，要以不可敗而已。至於桓、文，非決勝無以定霸，故其法在必勝。繁而曲者，所以爲不可敗也；簡而直者，所以爲必勝也。周之制，萬二千五百人而爲軍。萬之有二千，二千之有五百，其數奇而不齊，唯其奇而不齊，是以知其所以爲繁且曲也。今夫天度三百六十，均之十二辰，辰得三十者，此其正也。五日四分之一者，此其奇也。使天度而無奇，則千載之日，雖婦人孺子，皆可以坐而計。唯其奇而不齊，是故巧曆有所不能盡也。聖人知其然，故爲之章、會、統、元以盡其數，以極其變。《司馬法》曰：『五人爲伍，五伍爲兩，萬二千五百人而爲隊，二百五十，十取三焉而爲奇，其餘七以爲正，四奇四正而八陣生焉。』夫以萬二千五百人而均之八陣之中，宜其有奇而不齊者，是以多爲之曲折，以盡其數，以極其變。鈎聯蟠踞，各有條理。故三代之興，治其兵農軍賦，皆數十百年而後得志於天下。自周之亡，秦、漢陣法不復三代。其後諸葛孔明獨識其遺制，以爲可用以取天下，然相持數歲，魏人不敢決戰，而孔明亦卒無尺寸之功。豈八陣者，先王所以爲不可敗，而非以逐利爭勝者邪！若夫管仲之制其兵，可謂截然而易曉矣。三分其國，以爲三軍。五家爲軌，軌有長。十軌爲里，里有司。四里爲連，連有長。十連爲鄉，鄉有鄉良人。五鄉一帥，萬人而爲一軍。公將其一，高子、國子將其二。三軍三萬人，如貫繩，如畫棊局，疎暢洞達，雖有智者無所施其巧。故其法令簡一，而民有餘力以致其死。昔者嘗讀《左氏春秋》，以爲丘明最好兵法。蓋三代之制，至於列國猶有存者，以區區之鄭，而魚麗鵝鸛之陣，見於其書。及至管仲相桓公，南伐楚，北伐孤竹，九合諸侯，威震天下，而其軍壘陣法，不少槩見者，何哉？蓋管仲欲以歲月服天下，故變古《司馬法》而爲是簡略速勝之兵，是以莫得而見其法也。其後吳、晉爭長於黃池，王孫雄教夫差以三萬人壓晉壘而陣，百人爲行百

行，爲陣，陣皆徹行，無有隱蔽，援枹而鼓之，勇怯盡應，三軍皆譁，晉師大駭，卒以得志。由此觀之，不簡而直，不可以決勝。深惟後世不達繁簡之宜，以取敗亡。而三代什伍之數，與管子所以治齊之兵者，雖不可盡用，而其近於繁而曲者，以之固守，近於簡而直者，以之決戰，則庶乎其不可敗，而有所必勝矣。

又　卷九二《管仲分君謗》　宋君奪民時以爲臺，而民非之，無忠臣以掩其過也。子罕釋相而爲司空，民非子罕而善其君。齊桓公宮中七市，女閭七百，國人非之，管仲故爲三歸之家，以掩公。此《戰國策》之言也。蘇子曰：管仲仁人也，《戰國策》之言，庶幾是乎！然世未有以爲然者也。雖然，管仲之愛其君亦陋矣，不諫其過，而務分謗焉。或曰：『管仲不可諫也。』蘇子曰：用之則行，舍之則藏。諫而不聽，不用而已矣。故孔子曰：『管仲之器小哉！』

又　《管仲無後》　《左氏》云：『管仲之世，祀也宜哉！』謂其有禮也。而管子之後不復見於齊者。予讀其書，大抵以魚鹽富齊耳。然後知管子所以無後於齊者。孔子曰：『管仲相桓公，九合諸侯，一匡天下。微管仲，吾其被髮左衽矣。』又曰：『桓公九合諸侯，不以兵車，管仲之力也。如其仁！如其仁！』夫以孔子稱其仁，丘明稱其有禮，然不救其無後，利之不可與民爭也。如此，桑弘羊滅族，韋堅、王鉷、楊慎矜、王涯之徒，皆不免於禍，孔循誅死，有以也夫。

宋・蘇轍《欒城後集》卷七《管仲》　先君嘗言：管仲九合諸侯，一匡天下，以桓公伯，孔子稱其仁，而不能止五公子之亂，使桓公死不得葬，曰：『管仲蓋有以致此也哉！』管仲身有三歸，桓公内嬖如夫人者六人，而不以爲非，此固適庶爭奪之禍所從起也。然桓公之老也，管仲與桓公爲身後之計，知諸子之必爭，乃屬世子於宋襄公。夫父子之間，至使他人與焉，智者蓋至此乎？於乎，三歸六嬖之害，溺於淫欲而不能自克，無已則人乎！《詩》曰：『無競維人，四方其訓之。』四方且猶順之，而況於家人乎？《傳》曰：『管仲病且死，桓公問誰可使相者。管仲曰：「知臣莫若君。」公曰：「易牙何如？」對曰：「殺子以適君，非人情，不可。」公曰：「開方何如？」「倍親以適君，非人情，難近。」公曰：「豎刁何如？」曰：「自宮以適君，非人情，難親。」管仲死，桓公不用其言，卒近三子，二年而禍作。』夫世未嘗無小人也，有君子以閑之，則小人不能奮其智。《語》曰：『舜有天下，選於衆，舉皋陶，不仁者遠矣。湯有天下，選於衆，舉伊尹，不仁者遠矣。』豈必人人而誅之！管仲知小人之不可用，而無以禦之，何益於事？内既不能治身，外復不能用人，舉易世之憂，而屬之宋襄公，使禍既已成，而彼宋人以干戈正之。於乎殆哉！昔先君之論云爾。

宋・張嵲《紫微集》卷三二《讀管子》　余讀《管子》，然後知莊生、鼂錯、董生之語時出於《管子》也。不獨此耳，凡《漢書》語之雅馴者，率多本《管子》。《管子》，天下之奇文也。所以著見於天下後世者，豈徒其功烈哉？及讀《心術（上下）》《白心（上下）》《内業》諸篇，則未嘗不廢書而歎，益知其功業之所本，然後知世之知《管子》者殊淺也。《管子》書多古字，如專作摶，忒作貣，宥作侑，況作兄，釋作澤，此類甚衆。《大匡》載召忽語曰：『百歲之後，吾君卜世，犯吾命，而廢吾所立，奪吾糾也，雖得天下，吾不生也。兄與我齊國之政也。』而注乃謂召忽呼管仲爲兄。曰『澤命不渝』，而注乃以爲澤恩之命。甚陋不可徧舉。書既雅奥難句，而爲之注者復謬於訓詁，益使後人疑誤，不能究知。世傳房元齡所註，恐非是。予求《管子》書久矣。紹興己未乃從人借得之，伏而讀者累月，始頗究知其義訓，然舛脱甚衆，其所未解尚十二三。用上下文義及參以經史，訓詁頗爲是。正其訛謬疑者表而發之，其所未解者置之不敢以意穿鑿也。既又取其間奥於理切於務者，抄而藏於家，將得善本而卒業焉。

宋・薛季宣《浪語集》卷二七《辨管子》　走讀《筦子》書雜篇，觀其纖巧權詐，變見兩端，要多放利愚民，上欺天子，下傾同列，務强齊國而非遵王之道。仲尼之稱管仲曰：『人也，桓公九合諸侯，不以兵車，管仲之力也。微管仲，吾其被髮左衽矣。』仲而爲此，其民不可得愚，將見人人異心，諸侯瓦解，齊不得霸，周不復王，中國裂矣，何九合之有哉？以人許之，則管於人情非他道已。孔子謂桓公正而不爲譎，管子雖有是説，將何所復施守正而譎行之。且非不譎之謂，桓公猶不是用而仲爲之者乎？往行前言，當以孔子爲信。今夫管氏書者出戰國從衡者流，求售其書，雜之夷吾云爾。夷考其説，皆非實事。孟子不爲管仲，端有以哉，

《左氏》叙桓公以蔡姬興伐蔡之師，亦信書之過。

宋・楊冠卿《客亭類稿》卷八《雜著編二・辨疑問・禮義廉恥》

問：管仲任政於齊，齊桓以霸，九合諸侯，一匡天下，仲之謀也。其書八十六篇，自劉向校其重複，至於今傳焉。向謂其『務於富國安民，而道約言要，有合於經。』今取而讀之，初無甚高難行之説，其《牧民》首篇乃曰：『守國之度在飭四維，四維張則君令行，四維不張國乃滅亡。』彼之所謂四維者，禮義廉恥是也。且人而知夫禮則不踰節而上位安矣，知夫義則不自進而民無巧詐矣，廉則不蔽惡而行自全，恥則不從枉而邪事不生，是豈不爲治之要術乎？竊意齊之所以强，桓公之所以霸，皆管仲斯言維持效也。然唐人之論則曰：『廉與恥，義之小節也，不得與義抗，而爲維聖人之所以立天下曰仁、義。蹈之斯爲道，得之斯爲德，履之斯爲禮，誠之斯爲信，皆由其所之而異名。今管氏所以爲維者，殆非聖人之所立乎？使管子庸人也，則爲此言。管子而少知理道，則四維者，非管子之言也。』信如其言。則廉恥由禮義而生，禮義之維絶則廉恥不復存，廉恥之維存則禮義固自若。四維者，吾見其有二，未見其所以爲四也。《管子》之言不幾於贅乎？然漢人賈誼則曰：『廉恥節義以治君子，上設廉恥禮義以遇其臣，而臣不以節行報其上者，非人類。』諄諄數百言，且有及於《管子》，四維之論又何耶？大抵聖人之治天下，於此四者不可缺一。而爲治也，誠能厲此以御羣臣，則人皆懷德戮力，國家鞏固有金城之勢，此誼所以謂厲廉恥，行禮義所致也。今而去其二，尚可爲治乎？唐人之論是否，果如何，識者其必有見於此矣。近世之士，夫見利則逐，見便則奪，判於禮義而汩喪廉恥者，十嘗八九。若以誼之所謂頑頓亡恥，奊詬亡節，廉恥不立者，伯仲之相去蓋又遠甚。其勢政如痿人之疾，駸駸乎日淪於膏肓而莫之振起。使管子復生於今，視此寧不爲之寒心哉？卽是而論，則四維之厲，在今日誠不可朝夕緩也。聖天子頃下明詔，固嘗以無伏節死義爲深憂而邇之。議臣又欲舉《管子》之四維而厲風俗，勤懇切至誠。當世之急務，上之人亦可謂無負於天下矣。然君子之議尚慮乎忌與怠者，其心之所不樂聞，且以唐人二維之論爲口實，而謂夫四維之言非管子之言，不足以訓。故願與諸友評之，幸道其所以然之故母略。

宋・袁燮《絜齋集》卷七《論・管仲器小論》 桓公得管子於纍囚之中，案桓公原本避宋欽宗諱，作威公，今改正，後倣此。置射鉤之怨，親迎於郊，齋戒十日，禮之于廟，三酌而授政焉。故孟子以爲學焉而後臣之。在春秋時，能盡禮尊賢如桓公者，蓋鮮矣。一則仲父，二則仲父得君又如此其專也，然功烈之卑遊孔門者羞稱之。仲何以得罪於聖門若是耶？嗚呼！仲誠智術有餘者也，而未聞先王之大道，迷其本而勤於末矣。仲之相齊也，舉賢才，明賞罰，令行於諸侯，九合不以兵車，使民離左衽之患，實有大功焉。惜乎其器小而易盈也。孔子曰：『管仲之器小哉。』仲之生平，此一語盡矣。如桓公問仲以行霸用師之道，仲則曰：『公欲定卒伍，修甲兵，則大國亦將爲之，難以速得志於天下，乃作内政而寓軍令焉。』嗚呼！齊大國也，修其軍制，使諸侯畢來取法，皆定卒伍而修甲兵，將復見西周之盛，其規模豈不甚廣？而仲以爲若是則功不可速成，遂使前日功業一朝掃地矣。此皆仲未聞大道，其器小故其功如彼卑也。大抵心之正者所用無不正，而智有餘者足以累其心。由東周以來，士大夫日趨於卑陋，如仲之才，誠不易得矣。然考其行事，蓋智有餘而心不正者也。古之聽訟者，令民入束矢鈞金，非以爲利也。仲依倣其法，亦使民入焉，鑄金爲兵，矯箭爲矢，而甲兵大足，乃因是以爲利，何其與古異耶？古有撢人之官，道王之德意，仲欲圖霸而恐天下不從，乃使游士八十人播其美於諸侯，亦其利心之所發耳。仲非不知經也，惟其機智有餘則竊先王之法以爲己利。仲之心術不正彰彰焉不可逃矣。仲誠有意於治己者，則心術之病固當痛治而力鋤之，惟其胸中所期不過區區功業，足以顯名於諸侯以終吾世而已。心之正不正，非所急也，其心術既差，又豈能正其君之心乎？此皆器小之形也。昔者左丘明最愛管氏，其書所載如辭子華之請，受下卿之禮類，皆可美者。及變古《司馬法》而爲區區之内政，其用心何狹哉？此仲所以爲器小也。仲制其國，士與工、商各自爲鄉，士鄉爲兵，工、商鄉專斡鹽鐵。養兵於此，取利於彼，其爲謀亦巧矣。然用人傷於太多。古昔司徒籍兵雖衆，而司馬調之則寡。孫武言興師十萬寧居七十萬人，是七家而取一卒也。今仲以爲五家爲軌，而一軌出卒五人，是一家而出一卒，何其太甚耶！仲之意以爲不如是則霸業不可以猝就，苟一時之功而廢先王經久之制，此仲之所以爲器小也。大臣之職，莫大于正君心。桓公自言有大邪三，而仲以爲無害，其所以害霸者，惟任賢之不專耳，是仲之意不

過欲其君專任己，而不參以他人則己得以行其所欲爲耳，而不知君心不正則爲治之本不立，功業豈能及遠哉？仲之經營霸業八年而後成，蓋亦勤矣，然功業甫定，而其心侈然，娶三姓女，官事不攝，臺門反坫，用國君禮已爲奢淫，若是又安能止其君之縱欲乎？君心日蠱壞，故仲一死而小人用事。史遷作《夷吾傳》專攻其失，如桓公實怒少姬襲蔡，仲因而伐楚責包茅之不入，桓公實伐山戎，仲因而令燕修召公之政，皆探其心而深排之。然則後人何所取信哉？吾始亦疑之，讀孔、孟之書而後，知孔子雖以仲爲器小爲不知禮，然未嘗不稱其功以爲民，到於今受其賜，且有『吾其左衽』之嘆，其稱之如此。至孟子則不然，曰管仲曾西所不爲，而子爲我願之乎？誅絶之辭略不少貸。孔、孟豈有異旨哉？蓋仲於周衰之際，糾合諸侯，攘卻外裔，有大功焉。孔子與丘明實受其賜，不得不稱其功也。及孟子時，去管仲已遠，遷之世相去又益遠，仲之澤已竭，而其過昭然不可掩矣。正其罪而誅絶之，其理固如此也。雖然，孔子作《春秋》，美桓公之盛，而管仲不見於《經》，豈非桓公尊賢之誠可以引之當道，而仲以區區智術而小之，此固聖人之所貶也。噫！仲真器小，聖人之言真足盡其生平哉！

宋・朱熹《孟子精義》卷三《公孫丑章句上》 公孫丑問曰：夫子當路於齊章。

伊川曰：地不改闢，民不改聚，只修治便是了。

或問：曾西不爲管仲，而於子路則曰『吾先子之所畏』，或曰：羞管仲之所已爲，慕子路之所未就，此説是否？楊氏曰：『孔子曰：「由也，千乘之國可使治其賦也」，使其見於施，爲如是而已，其於九合諸侯，一匡天下，固有所不逮也。』然則如之何？曰：『管仲之功，子路不必能之，然子路譬之御者，則範我馳驅者也。若管仲蓋詭遇耳。』曾西，仲尼之徒也，蓋不道管仲之事。或問曰：衛於王室爲近，懿公爲狄所滅，齊桓公攘戎狄而封之。當時夷狄横而中國微，桓公獨能如此，故孔子曰：『微管仲，吾其被髮左衽矣。』爲其功如此也。觀晉室之亂，劉、石相繼而迭起，當是時，只爲無一管仲，故顛沛如此。然則管仲之功，後世誠難及也。曰：若以後世論之，其功不可謂不大。自王道觀之，則不足以爲大也。今人只爲見管仲有此功，故莫敢輕議，不知孔孟有爲，規模自别，見得孔孟作處，則管仲自小。曰：孔孟如何？曰：必也以《天保》以上治内，以《采薇》以下治外，雖有弗靖，安得遂至横行乎？如《小雅》盡廢，則政事所以自治者俱亡，四夷安得而不交侵？中國安得而不微？方是時，縱能救之于已亂，雖使中國之人不至被髮左衽，蓋猶賢乎周衰之列國耳，何足道哉？如孟子所以敢輕鄙之者，蓋以非王道不行故也。曰：然則孔子何爲深取之？曰：聖人之于人，雖有毫末之善必録之，而況於仲乎？若使孔子得君如管仲，則仲之事蓋不暇爲矣。

問：如管仲之才，使孔子得志行乎天下，還用之否？曰：管仲高才，自不應廢，但紀綱法度不出自他，儘有用處。曰：若不使他自爲，或不肯退聽時，如何？曰：如此則聖人廢之，不問其才，因言王道本於誠意，觀管仲亦有是處，但其意别耳。如伐楚事責之以包茅不貢，其名則是若其意，豈爲楚不勤王，然後加兵但欲楚尊齊耳。尊齊而不尊周，管仲亦莫之詰也。若實尊周專封之事，仲豈宜爲之？故《孟子》曰：『五霸假之也。』蓋言其不以誠爲之也。今蘇州朱冲，施貧度僧，置安樂院，給病者醫藥，人賴以活甚衆，其置物業則厚其直，及其收息則視衆人所取而輕之。此皆是好事，只爲其意正在於規利而竊譽於人，故人終不以好人許之。仲尼之門，無道桓文之事，而孟子直截不比數之，其意亦猶此也。又言：自孟子後，人不敢小管仲，只爲見他不破。近世儒者如荆公，雖知卑管仲，其實亦識他未盡，況於餘人？人若知王良羞與嬖奚比而得禽獸，雖若丘陵弗爲之意，則管仲自然不足道。又言：管仲只爲行詐，故與王者别，若王者純用公道而已。或曰：呂吉甫云：管仲今人未可輕議之，如《論語》稱管仲『奪伯氏駢邑三百，飯疏食，没齒無怨言。』則其所能所爲可謂高矣，如仲者但不如孔子耳，何可輕議？曰：此未見管仲小器之實也，若管仲只不如孔子，曾西何以不爲？又曰：自古狙詐之徒，皆知義足以勝利，然不爲利疚而遷者幾希。如管仲不知義，故所爲多假義而行。自王者之迹熄，天下以詐力相高，故常溺於利而不知反，由孔子而後爲。夫國家不以利言者，唯孟子一人守得定。

宋・韓元吉《南澗甲乙稿》卷一六《讀管子》 《管子》之書，戰國游士之術也。《孟子》曰：『齊桓公之於管仲，學焉而後臣之，故不勞而霸。』則仲之與桓公平日謀國議政者，其亦詳矣。然舉而著之書，者則齊

國之士也。當是時，齊有稷下之邑，蓋亦是堯舜、非桀紂，談道德而言仁義，雖仲之作内政以寓軍令，在於强兵富國而霸齊。今其書則尚權術、務籠絡，要以愚其民而用其力，駁雜爲甚，已有戰國之風，不知仲之説果若是乎？故吾意其爲游士之術也。莊周之言曰：『道術爲天下裂。』蓋《六經》未經聖人之手，則士之談道者不能淳且正。漢興，賈誼、晁錯之流，莫不推尊管氏之書，使是書而得盡用，則亦猶之乎申、韓之刑名，商鞅、李斯之慘刻，豈復先王愛民養人之政哉？嗚呼！孔子之後，猶有孟子，其言王政，皆本於仁義，粹然一出于正。後世推之以爲孔孟，非虚語也。孟子之論管仲，止於以其君霸，而未嘗議其治齊之政，夫是以疑之。淳熙丙午八月，南澗翁書。

宋·鄭汝諧《論語意原》卷一《八佾第三》 諸侯僭天子，大夫僭諸侯，必有無君之心而後動於惡。管仲方以禮與信正桓公，其肯爲是乎？此必齊桓公以仲有大功而賜以邦君之禮，舉國之人皆以爲仲所當得，仲亦偃然受之，不以爲過，所以特明其器之小也。

又 卷三《憲問第十四》 子曰：晉文公譎而不正，齊桓公正而不譎。

横渠曰：『重耳婉而不直，小白直而不婉。』此語極有意味。夫桓、文之霸，非有意於尊周室也，特假是以號令諸侯耳。孟子察見其用心，故每每非之。夫子忠厚之心，不欲正言其失，惟微示其意，若曰『齊晉之事，不甚相遠也。』但文公行之以婉，齊桓行之以直爾。召王河陽責楚不貢，此特一事也。餘皆類此。

子路曰：『桓公殺公子糾，召忽死之，管仲不死，曰：未仁乎？』子曰：『桓公九合諸侯，不以兵車，管仲之力也。如其仁，如其仁！』子貢曰：『管仲，非仁者與？桓公殺公子糾，不能死又相之。』子曰：『管仲相桓公，霸諸侯，一匡天下，民到於今受其賜。微管仲，吾其被髮左衽矣。』豈若匹夫匹婦之爲諒也，自經於溝瀆而莫之知也。

死固人之所難，然不貴於必死也。義所當死，君子死之，可以無死，死則傷勇。召忽之死，匹夫匹婦之諒也。子路之意，以召忽之死爲仁，管仲不死爲未仁。夫子對以『如其仁，如其仁！』謂召忽不如管仲之仁也。程子曰：桓公兄也，子糾弟也。仲私於所事輔之以爭國，非義也。桓公殺之，雖過而糾之死實當。仲始與之同謀，遂與之同死，可也。知輔之爭國爲不義，自免以圖後功，亦可也，故聖人不責其死而稱其功。《春秋》書之，亦曰『公伐齊納糾』，不書『子不當立』也。齊小白入於齊，繫之齊，當有齊也。若使桓弟而糾兄，仲之所輔者正桓奪其國而殺之，乃仲不同世之讐也，必計其後功而與其事桓，則聖人之言，無乃害義之甚。王珪、魏徵之從太宗，後雖有功，何足贖哉？

明·顧允成《小辨齋偶存》卷四《管仲非仁章》 子貢以管仲爲非仁，孔子亦以爲非仁，『相桓』節緊頂『又相』之句來，『豈若』節緊頂『不能死句』來，意原相同，但子貢説得直截，孔子就將子貢的話頭感嘆一番，倍自婉激耳。子貢説『桓公殺公子糾，管仲不能死，又相之，非仁者所爲。』孔子便道果然可惜，那管仲他相桓公，一匡天下，是恁麽樣功業，至今那箇人不知道他？畢竟當初欠了一死，算不得事，豈若那召忽守匹夫、匹婦之諒，自經溝瀆不求人，知不失却匹夫、匹婦的本色也？『豈若』猶嗐云『那裏如得也』。他日與子貢論士，寧取硜硜之小人，而不取今之從政，意亦如此。今之從政近時，説者謂指管仲一輩人，若魯三家之屬，不應子貢問及是也。

管仲一匡天下，召忽一匡自己；管仲救得人被髮左衽，召忽救得自家被髮左衽。程子曰：『不有躬，無攸利。』不立已，後雖向好事，猶爲化物。不得以天地萬物撓己，已立後，自能了得天地萬物。如召忽之死，留下三綱五常與當時後世做榜樣，便是了得天地萬物也。

『自經於溝瀆而莫之知也。』這一句形容志士仁人殺身成仁，心事如畫，要看得活下，箇自字正與莫知相應。大凡人要死節而先使人知之，死必不果，古來此樣人甚多。惟從方寸間，直截果斷，獨往獨來，傍人一毫覷他不破，斯真能死節者也。説箇溝瀆正與大庭廣衆對言，其無墮行於冥冥，乃慎獨嫡血脉也。

上章子路曰：桓公殺公子糾，召忽死之，管仲不死，曰未仁乎？子曰：桓公九合諸侯，不以兵車，管仲之力也。如其仁！如其仁！正與此章同意。如其仁，即何如其知的口氣也。今只將『桓公殺公子糾』、『召忽死之』、『管仲不死』三句，貼在『如其仁』上，諷咏一過，便自了然矣。

明·馮從吾《少墟集》卷二《疑思録三·讀論語》 問：管仲功業

甚大，夫子嘗亟稱之，而又鄙其器小者何？

曰：惟其功業大，所以敢於奢僭；惟其奢僭，所以見得他器小。若是器大，將此功業，不知容在何處，豈肯奢僭至此？

管仲之功，莫大於尊周攘夷；管仲之罪，莫大於樹屏反坫，何也？桓公之於仲卽湯之於尹，不是過而樹屏反坫，仲何忍也？仲方尊周室，明君臣之分，攘荆楚、峻華夏之坊，而樹屏反坫，仲又何悖也！是仲能尊周天子而不能尊齊桓公，能攘荆楚之僭而不能攘自己之僭，仲將何詞以謝桓公哉！仲之得以善始善終者，亦天幸耳。且當時以桓公之威，豈其不能禁仲之樹屏反坫，而甘心任仲之僭也？或者其偏信乎？仲而不知其僭乎？抑一匡九合有所用乎？仲而不得不爲是隱忍之計乎？抑仲自恃其大有功於桓，而謂桓其奈我何乎？不知使桓而偏信乎？仲而不知其僭也，是仲愚桓也，使桓私計有所用乎仲，而不得不爲是隱忍也；是桓愚仲也，使仲自恃其功而謂桓無奈我何也；是仲脅桓也，愚之不可脅之可乎哉？周公憑叔父之親，居冢宰之位，操制作之權，自古人臣功烈權勢未有過此者，而公也吐哺握髮，赤舄几几，曾不以功烈權勢自高。仲誠有功，未必加於周公，顧以周公之所不敢僭者，而仲僭之何也？如曰成大功者略小節，不知樹屏反坫是居然以桓自命也，此而爲之小，孰能爲之大？厥後季氏舞八佾，三家歌雍徹，是仲也爲之作俑矣。仲之功不能掩乎其罪，仲之罪不能掩乎其功，故曰功烈如彼其卑也，功烈本高而自高之則卑，仲固可罪也哉！仲亦可惜也哉！

明·茅坤《唐宋八大家文鈔》卷一二九《東坡文鈔·管仲論一》 子瞻悲亞夫以下八人不得其死，故痛而發論。鄭太子華言於齊桓公，請去三族而以鄭爲内臣，公將許之，管仲不可。公曰：『諸侯有討於鄭，未捷，苟有釁，從之不亦可乎？』管仲曰：『君若綏之以德，加之以訓辭，而率諸侯以討鄭，鄭將覆亡之不暇，豈敢不懼？若總其罪人以臨之，鄭有辭矣。』公辭子華，鄭伯迺受盟。蘇子曰：大哉，管仲之相桓公也。辭子華之請而不違曹沫之盟，皆盛德之事也。齊可以王矣，恨其不學道，不自誠意正心以刑其國，使家有三歸之病而國有六嬖之禍，故桓公不王，而孔子小之，然其予之也亦至矣，曰：『桓公九合諸侯，不以兵車，管仲之力也。如其仁，如其仁！』曰：『仲尼之徒無道桓、文之事者』，孟子蓋過矣。吾讀《春秋》以下史而得七人焉，皆盛德之事，可以爲萬世法，又得八人焉，皆反是，可以爲萬世戒，故具論之。太公之治齊也，舉賢而尚功。周公曰：『後世必有簒弑之臣。』天下誦之，齊其知之矣。田敬仲之始生也，周史筮之，其奔齊也，齊懿氏卜之，皆知其當有齊國也。簒弑之疑，蓋萃於敬仲矣。然桓公、管仲不以是廢之，廼欲以爲卿，非盛德能如此乎？故吾以謂楚成王知晉之必霸而不殺重耳，漢高祖知東南之必亂而不殺吴王濞，晉武帝聞齊王攸之言而不殺劉元海，符堅信王猛而不殺慕容垂，唐明皇用張九齡而不殺安禄山，皆盛德之事也。而世之論者，則以爲此七人者皆失於不殺以啓亂，吾以謂不然。七人者皆自有以致敗亡，非不殺之過也。齊景公不繁刑重賦，雖有田氏，齊不可取；楚成王不用子玉，雖有晉文公，兵不敗；漢景帝不害吴太子，不用鼂錯，雖有吴王濞，無自發；晉武帝不立孝惠，雖有劉元海，不能亂；符堅不貪江左，雖有慕容垂，不能叛；明皇不用李林甫、楊國忠，雖有安禄山亦何能爲？秦之由余，漢之金日磾，唐之李光弼、渾瑊之流，皆蕃種也，何負於中國哉？而獨殺元海、禄山乎？且夫自今而言之，則元海、禄山死有餘罪；自當時而言之，則不免爲殺無罪。豈有天子殺無罪而不得罪於天者？上失其道，塗之人皆敵國也，天下豪傑其可勝既乎？漢景帝以鞅鞅而殺周亞夫，曹操以名重而殺孔融，晉武帝以臥龍而殺嵇康，晉景帝亦以名重而殺夏侯玄，宋明帝以族大而殺王彧，齊後主以謡言而殺斛律光，唐太宗以讖而殺李君羨，武后亦以謡言而殺裴炎，世皆以爲非也。此八人者，當時之慮豈非憂國備亂，與憂元海、禄山者同乎？久矣，世之以成敗爲是非也！故夫嗜殺人者，必以鄧侯不殺楚子爲口實。以鄧之微，無故殺大國之君，使楚人舉國而仇之，其亡不愈速乎？吾以謂爲天下如養生，憂國備亂如服藥：養生者不過慎起居飲食，節聲色而已，節慎在未病之前，而服藥在已病之後。今吾憂寒疾而先服烏喙，憂熱疾而先服甘遂，則病未作而藥殺人矣。彼八人者，皆未病而服藥者也。

明·王世貞《讀書後》卷五《讀管子》 余讀《左氏》所稱《管子》大要佐桓公以正，如伐楚、卻鄭太子、辭上卿禮，彬彬乎德言君子也。卽孔子亦稱之曰：『如其仁，如其仁！』及讀《管子》一書，自定兵制，興魚鹽，諸大莢外，往往擇卑而易行，博小以圖大，轉敗以爲績，巧取而不

匱。愚其君，遂愚其民，以愚天下之諸侯，使翕然用於吾術而不敢背。竊以爲戰國之策士術史，傅會而增益之者，晚而信其然不謬妄也。夫齊積狙之國也，戎與楚積强之虜也。驟而用齊以王，齊必不信驟而加戎楚以王，楚必不絀管子善因時者也。時至三代人猶純如也，及周之衰而人齗齗如也。孟氏曰：『管仲，曾西之所不爲也，而子爲我願之乎？』又曰：『王不待大，文王以百里，湯以七十里。』滕不五十里邪？井田之制，孟氏之言，則既行之矣。至於築薛之問，而後其技窮也。得王而王者周公也，得伯而伯者管子也。能王而不得王者孔子也，不能王而欲王者孟氏也。昔宋之南壓於金若卵矣，而濂、閩之徒，日諄諄以正心誠意之説告其君，至於用略焉，萬一不幸而君任之井吾田、車吾兵不踰時，而社稷餉敵矣。於乎今安得起仲而將相其才，使之南治島，北却敵，徐而置濂、洛諸儒於庠序間，雅步高論，藻飾其所不足邪！

清·方苞《望溪集》卷二《讀子史論文附·讀管子》　《管子》之用《周禮》也，體式之繁重，一變而爲徑捷焉；氣象之寬平，一變而爲嚴急焉。非故欲爲此也，勢也。蓋周公之時，四海一家，制禮於治定功成之後，故紀綱民物可一循其自然之節，以俟其遲久而成。管子承亂，用區區之齊，將以合勢之散，正時之傾，非及其身不能用也，非及其君之身不能用也，而豈可俟哉！惟欲速而苦其難成，故其行之也，亦不得不嚴且急焉，是管子之不得已也。然《周官》之作，依乎天理，以盡萬物之性。而管子之整齊其民也，則將時用以取所求，是則其根源之異也。而讀其書，尚知令行禁勝之，必本於君身聰明，思慮當付之衆人而不自用，則又非諸法家之所能及矣夫！

晏嬰分部

傳　記

《史記》卷六二《管晏列傳》　晏平仲嬰者，萊之夷維人也。事齊靈公、莊公、景公，以節儉力行重於齊。既相齊，食不重肉，妾不衣帛。其在朝，君語及之，卽危言；語不及之，卽危行。國有道，卽順命；無道，卽衡命。以此三世顯名於諸侯。

宋·蘇轍《古史》卷二五《管晏列傳》　晏平仲嬰者，齊之世家也。父曰晏桓子，桓子卒，嬰麄衰斬，草絰帶，杖，菅屨，食粥，居倚廬，寢苫枕草，其老非之，曰：『此非大夫之禮也。』嬰曰：『惟卿爲大夫不自直也。』晏子蓋事齊靈公、莊公、景公三世，以節儉力行重於齊，食不重肉，妾不衣帛，祀其先人豚肩不揜豆，世以爲陋，而晏子行之自若。莊公之納欒盈，晏子諫，不從。莊公卒以是死，方其難作，崔杼閉門，齊人莫敢至者。晏子獨立於其門，其人曰：『死乎？』曰：『獨吾君也乎哉？吾死也。』曰：『行乎？』曰：『吾罪也乎哉，吾亡也？』曰：『歸乎？』曰：『君死，焉歸？君民者，豈以陵民？社稷是主。臣君者，豈以其口食？社稷是養。故君爲社稷死，則死之；爲社稷亡，則亡之。若爲己死，而爲己亡，非其私暱，誰敢任之？且人有君而弑之，吾焉得死之？而焉得亡之？將庸何歸？』門啓而入，枕尸股而哭，三踊而出。人謂崔杼：『必殺之。』杼不敢，曰：『此民之望也。』於是崔杼、慶封盟國人於太宮。曰：『所不予崔慶者。』晏子仰天歎曰：『嬰所不唯忠於君利社稷是予，有如上帝。』乃歃。崔慶既滅欒高，方執齊柄，以邶殿之邑六十予晏子。晏子辭，弗受。吴季札聘於齊，見晏子説之，告之曰：『齊國之政將有所歸，未獲所歸，難未歇也。子速納邑與政乃免於難。』是時，陳氏陰收齊民，季子與晏子知之。晏子嘗以事適晉，晉叔向問齊，故晏子曰：『此季世也。齊其爲陳氏矣。』其後陳桓子卒滅欒高，專齊之政，子孫代有齊國。晏子雖以行義顯齊，然不得任其國政，蓋從容風議時有所匡救焉。晏子之宅近市，景公欲爲更之，晏子曰：『先臣容焉，臣不足以嗣之，於臣侈矣，抑小人近市，朝夕得所求焉。』公曰：『子近市，識貴賤乎？』對曰：『識之。』公曰：『何貴何賤？』於是景公繁於刑，有鬻踊者，對曰：『踊貴屨賤。』景公愀然，爲之省刑。及其適晉，公遂更其室，還使宅人反之，曰：『「匪宅是卜，惟鄰是卜。」二三子先擇鄰矣。其可違乎？』公不得已，從之。公有疾，梁丘據言於公請誅祝史，公以問晏子，晏子曰：『日宋之盟，屈建問范會之德於趙武。武曰：『夫子之家事治，

言於晉國，竭情無私。其祝、史祭祀，陳信不愧。』建以語康王王曰：『神人無怨，宜夫子之光輔五君以爲諸侯主也。』公曰：『子稱是語何故？』對曰：『有德之君，上下無怨，動無違事，其祝史薦信而無愧心。鬼神用享，國受其福，祝、史與焉。其所以蕃祉老壽者，爲信君使也。其適遇淫君，外内頗邪，上下怨疾，神怒民痛，無悛於心，其祝、史薦信，是言罪也。其蓋失數美，是矯誣也。進退無辭，則虚以求媚，是以鬼神不享國受其禍，祝、史與焉。其所以夭昏孤疾者，爲暴君使也。今山林之木，虞衡守之；澤之萑蒲，舟鮫守之；藪之薪蒸，虞候守之；海之鹽蜃，祈望守之。縣鄙之人，入從其政；偪介之關，暴征其私；承嗣大夫，强易其賄；布常無藝，徵斂無度；宫室日更，淫樂不違；内寵之妾肆奪於市，外寵之臣僭令於鄙；私欲養求，不給則應；民人苦病，夫婦皆詛。祝有益也，詛亦有損。聊、攝以東，姑尤以西，其爲人也多矣。雖其善祝，豈能勝億兆人之詛？君欲誅於祝、史，修德而後可。』公説，使有司寬政薄斂。而疾有間，遂田于沛，晏子侍于遄臺，梁丘據在焉。公曰：『惟據與我和夫！』晏子對曰：『據亦同也，焉得爲和？』公曰：『和與同異乎？』對曰：『和如和羹，水火醯醢鹽梅以亨魚肉，燀之以薪，宰夫和之，齊之以味，濟其不及，以洩其過。君子食之，以平其心。君臣亦然，君所謂可，而有否焉？臣獻其否，以成其可。君所謂否，而有可焉？臣獻其可，以去其否。是以政平而不干，民無爭心。《詩》曰：「亦有和羹，既戒既平。鬷假無言，時靡有爭。」先王之齊五味，和五聲，以平其心，成其政也。聲亦如味，一氣、二體、三類、四物、五聲、六律、七音、八風、九歌以相成也。清濁大小，短長疾徐，哀樂剛柔，遲速高下，出入周疏以相濟也。君子聽之，以平其心，心平德和。故《詩》曰：「德音不瑕」。今據不然，君所謂可，據亦曰可；君所謂否，據亦曰否。若以水濟水，誰能食之？若琴瑟之專一，誰能聽之？同之不可也如是。』飲酒樂，公曰：『古而無死，其樂若何？』晏子曰：『古而無死，則古之樂也，君何得焉？昔爽鳩氏始居此地，季萴因之，有逄伯陵因之，蒲姑氏因之，而後太公因之。古若無死，爽鳩氏之樂，非君所願也。』其後復從容爲公言陳氏將代齊，公信之而不能用，其言之不回類如此。越石父賢，在縲紲之中。晏子出，遭之。解左驂贖之，載歸。弗謝，入閨。久之，越石父請絶。晏子戄然，謝之曰：『嬰雖不仁，免子於厄，何子求絶之速也？』石父曰：『吾聞君子屈於不知己而信於知己。方吾在縲紲中，彼不知我也。夫子既已感寤而贖我，是知己；知己而無禮，固不如在縲紲之中。』於是晏子延入爲上客。晏子出，其御之妻闚之。其夫擁大蓋，策駟馬，意氣揚揚，甚自得也。既歸，其妻請去。夫問其故，妻曰：『晏子長不滿六尺，身相齊國，名顯諸侯。今者妾觀其出，志念深矣，常有以自下者。今子長八尺，乃爲人僕，御然子之意，自以爲足，妾是以求去也。』它日夫自抑損，晏子怪而問之，御以實對。晏子薦以爲大夫。晏子死，陳乞逐高國，晏子之子圉奔魯。

蘇子曰：管子以桓公伯，然其家淫侈不能身蹈禮義。晏子之爲人，勇於義，篤於禮，管子蓋有愧焉。然晏子事靈、莊、景公，皆庸君，功業不足道，使晏子而得君如管仲之於桓公，其所成就當與鄭子産比耳。至於糾合諸侯，攘却戎狄，未必能若管子也。唐姚元崇、宋璟皆中興賢相，然元崇好權利，事武后，立於羣枉之中，未嘗有一言犯之。及事明皇帝，時亦有所縱弛，太廟棟毁，巡游東都，以爲無害。至於宋璟，介絜特立於武后世，排斥權倖，身危者數矣，其於明皇帝亦未嘗有取容之言。故世嘗以元崇比管仲，璟比晏子，或庶幾焉。

宋·王當《春秋臣傳》卷一八《齊晏嬰仲平》 晏平仲，名嬰，齊相也，晏桓子之子。崔杼弑莊公，晏子立於崔氏之門外。其人曰：『死乎？』曰：『君爲社稷死則死之，爲社稷亡則亡之，若爲己死而爲己亡乎？』曰：『君爲社稷死則死之，爲社稷亡則亡之，若爲己死而爲己亡，非其私暱，誰敢任之？』門啓而入，枕尸股而哭。興，三踊而出。人謂崔子必殺之，崔子曰：『民之望也，舍之得民。』崔杼、慶封立景公而相之，盟國人於大宫，曰：『所不與崔慶者，有如先君。』晏子仰天嘆曰：『嬰所不唯忠於君利社稷者，是與有如上帝。』乃歃。及慶氏亡，與晏子邶殿，其鄙六十，弗受。子尾曰：『富人之所欲也，何獨弗欲？』對曰：『非惡富也，恐失富也。且夫富如布帛之有幅焉，爲之制度使無遷也。夫民生厚而用利，於是乎正德以幅之。吾不敢貪多，所謂幅也。』初，景公欲更晏子之宅，曰：『子之宅近市，湫隘囂塵，不可以居，請更諸爽塏者。』辭曰：『君之先臣容焉，臣不足以嗣之，於臣侈矣。且小人近市，朝夕得所求，敢煩里旅？』公笑曰：『子近市，識貴賤乎？』對曰：『既

利之，敢不識乎？』公曰：『何貴？何賤？』於是景公繁於刑，有鬻踊者，故對曰：『踊貴屨賤。』景公爲之省刑。《詩》曰：『君子如祉，亂庶遄已。』其是之謂乎？及晏子如晉，公更其宅，反則成矣。既拜乃毁之，而爲里室，皆如其舊，則使宅人反之。且諺曰：『非宅是卜，惟鄰是卜。』二三子先卜鄰矣，違卜不祥，君子不犯非禮，小人不犯不祥，古之制也。吾敢違諸乎？卒復其舊宅。公弗許。因陳桓子以請，乃許之。三年，齊使平仲請繼室於晉，叔向從之宴，相與語。叔向曰：『齊其何如？』曰：『此季世也，齊其爲陳氏矣。公棄其民，而歸於陳氏。齊舊四量：豆、區、釜、鍾。四升爲豆，各自其四，以登於釜，釜十則鍾。陳氏三量皆登一焉。以家量貸，而以公量收之。山木如市，弗加於山；魚鹽蜃蛤，弗加於海。民愛之如父母，歸之如流水。欲無獲民，將焉辟之？』叔向曰：『然。雖吾公室，今亦季世也。庶民敝罷，而宮室滋侈。道殣相望，而女富溢尤。民聞公命，如逃寇讎。民無所依，其能久乎？』十年，欒高氏之亂，平仲端委立于虎門之外，四族召之，無所往，公召之而後入。欒施高强來奔，陳鮑分其室，晏子謂桓子，必致諸公，讓德之主也，讓之謂懿德。凡有血氣，皆有爭心，故利不可强，思義爲愈。義利之本也，蘊利生孽，姑使無蘊乎？可以滋長。二十年，齊侯疥遂痁，期而不瘳。梁邱據言於公曰：『吾事鬼神豐，於先君有加矣。今君疾病，是祝史之罪也。』請誅祝史。晏子曰：『不可，君無違事，其祝史薦信，無愧心矣。是以鬼神用饗，國受其福，祝史與焉。其適遇淫君，動作辟違，從欲厭私，高臺深池，撞鐘舞女，斬刈民力，輸掠其聚，神怒民痛，無悛於心，其祝史薦信，是言罪也。其蓋失數美，是矯誣也進退無辭，則虚以求媚。是以鬼神不饗其國以禍之，祝史與焉。』公曰：『然則若之何？』對曰：『不可爲也。民人苦病，夫婦皆詛，祝有益也，詛亦有損。聊、攝以東，姑、尤以西，其爲人也多矣，雖其善祝，豈能勝億兆人之詛？君若欲誅於祝史，脩德而後可。』公說，使有司寬政，毁關去禁，薄斂已責。十二月，齊侯田于沛，招虞人以弓，不進。公使執之，辭曰：『昔我先君之田也，旃以招大夫，弓以招士，皮冠以招虞人。臣不見皮冠，故不敢進。』乃舍之。仲尼曰：『守道不如守官，君子韙之。』齊侯至自田，晏子侍，子猶馳而造焉。公曰：『惟據與我和夫！』晏子對曰：『據亦同也，焉得爲和？』

公曰：『和與同異乎？』對曰：『異和如羹焉，水火醯醢鹽梅以烹魚肉，燀之以薪，宰夫和之，齊之以味，濟其不及，以洩其過。君子食之，以平其心。君臣亦然，君所謂可，而有否焉？臣獻其否，以成其可。君所謂否，而有可焉？臣獻其可，以去其否。是以政平而不干，民無爭心。故《詩》曰：「亦有和羹，既戒既平。鬷嘏無言，時靡有爭。」先王之濟五味，和五聲也，以平其心，以成其政也。聲亦如味，一氣、二體、三類、四物、五聲、六律、七音、八風、九歌，以相成也。清濁小大，短長疾徐，哀樂剛柔，遲速高下，出入周疏，以相濟也。今據不然，君所謂可據亦曰可，君所謂否據亦曰否。若以水濟水，誰能食之？若琴瑟之專壹，誰能聽之？同之不可也如是。』飲酒樂，公曰：『古而無死，其樂若何？』晏子對曰：『古而無死，則古之樂也，君何得焉？昔爽鳩氏始居此地，季萴因之，有逢伯陵因之，蒲姑氏因之，而後太公因之。古者無死，爽鳩氏之樂，非君所願也。』二十六年，齊有彗星，齊侯使禳之。晏子曰：『無益也。祇取誣焉。天道不謟，不貳其命，若之何禳之？且天之有彗以除穢也，君無穢德，又何禳焉？若德之穢，禳之何損？《詩》曰：「惟此文王，小心翼翼。昭事上帝，聿懷多福。厥德不回，以受方國。」君無違德，方國將至，何患於彗？祝史之爲，無能補也。』公說，乃止。齊侯與晏子坐于路寢，公嘆曰：『美哉！室。』晏子曰：『後世若少惰，陳氏而不亡，則國其國也已。』公曰：『可若何？』對曰：『唯禮可以已之，在禮，家施不及國，民不遷，農不移，工賈不變，士不濫，官不滔，大夫不收公利。』公曰：『善哉！我不能矣。吾今而後知禮之可以爲國也。』對曰：『禮之可以爲國也久矣。與天地並。君令臣共，父慈子孝，兄愛弟敬，夫和妻柔，姑慈婦聽。君令而不違，臣共而不貳，父慈而教，子孝而箴；兄愛而友，弟敬而順；夫和而義，妻柔而正；姑慈而從，婦聽而婉：禮之善物也。』公曰：『善哉！寡人今而後聞此禮之上也。』對曰：『先王所稟於天地，以爲其民也，是以先王上之。』曾子從孔子之齊，景公以下卿之禮聘曾子，曾子固辭。將行，晏子送之，曰：『吾聞君子不遺人以財，惟以善言。今夫蘭本湛之以鹿醢，既成噉之，則易之匹馬，非蘭之本性也，所以湛者美也。願子詳其所湛者。夫君子居必擇處，遊必擇方，仕必擇君。擇君所以求仕，擇方所以脩道，遷風移俗，嗜

欲移性，可不慎乎？」孔子聞之，曰：『晏子之言，君子哉！依賢者固不困，依富者固不窮。馬蚿斬足而復行，以其輔之者衆。』故孔子嘗曰：『夫子産於民爲惠主，於學爲博物，晏子於君爲忠臣，而行爲恭敏。吾皆以兄事之而加愛敬。』又嘗謂子貢曰：『君雖不量於其身，臣不可不忠於其君。是故君擇臣而任之，臣亦擇君而事之。有道順命，無道衡命。』蓋晏平仲之行也。

贊曰：【略】晏嬰爲相，一言而齊侯省刑，諫非不行也。然知患陳氏之逼而不能謀之，知惡梁邱據之佞而不能去之，焉用彼相哉？至於儉以行己，忠以事上，犯顏敢諫，愛民而下士，卓立乎崔慶、陳鮑、欒高之間，而無所從，亦可謂賢矣。史稱景公欲用孔子，晏子沮之，予常疑焉。以越石、御者之賤，晏子猶禮而薦之，況仲尼乎？然見聖而不能由聖，其道一於愚，信有是也。夾谷之會，嬰實相之齊，欲以兵劫定公而害孔子，豈止沮之而已哉？余謂晏子君子之小人，以下士取名，而疾善之出乎己，是依違以固君，矯節以欺世者也。齊之不競，晏子之罪也。

綜　述

《左傳·襄公十七年》 齊晏桓子卒。晏嬰粗縗斬，苴絰帶，杖，菅屨，食鬻，居倚廬，寢苫，枕草。其老曰：『非大夫之禮也。』曰：『唯卿爲大夫。』

又 《襄公三十一年》 莒犂比公生去疾及展輿，既立展輿，又廢之。犂比公虐，國人患之。十一月，展輿因國人以攻莒子，弑之，乃立。去疾奔齊，齊出也。展輿，吳出也。書曰：『莒人弑其君買朱鉏。』言罪之在也。

又 《昭公元年》 莒展輿立，而奪羣公子秩。公子召去疾於齊。秋，齊公子鉏納去疾，展輿奔吳。

叔弓帥師疆鄆田，因莒亂也。於是莒務婁、瞀胡及公子滅明以大厖與常儀靡奔齊。君子曰：『莒展之不立，棄人也夫！人可棄乎？《詩》曰：「無競維人。」善矣。』

又 《昭公三年》 燕簡公多嬖寵，欲去諸大夫而立其寵人。冬，燕大夫比以殺公之外嬖。公懼，奔齊。書曰：『北燕伯款出奔齊，罪之也。』

又 《昭公六年》 十一月，齊侯如晉，請伐北燕也。士匄相士鞅，逆諸河，禮也。晉侯許之。十二月，齊侯遂伐北燕，將納簡公。晏子曰：『不入。燕有君矣，民不貳。吾君賄，左右諂諛，作大事不以信，未嘗可也。』

又 《昭公七年》 七年春，王正月，暨齊平，齊求之也。癸巳，齊侯次於虢。燕人行成曰：『敝邑知罪，敢不聽命？先君之敝器，請以謝罪。』公孫晳曰：『受服而退，俟釁而動，可也。』二月戊午，盟於濡上。燕人歸燕姬，賂以瑤罋、玉櫝、斝耳，不克而還。

又 《昭公十二年》 十二年春，齊高偃納北燕伯款於唐，因其衆也。

又 《昭公十四年》 秋八月，莒著丘公卒，郊公不慼。國人弗順，欲立著丘公之弟庚輿。蒲餘侯惡公子意恢而善於庚輿，郊公惡公子鐸而善於意恢。公子鐸因蒲餘侯而與之謀曰：『爾殺意恢，我出君而納庚輿。』許之。【略】

冬十二月，蒲餘侯茲夫殺莒公子意恢，郊公奔齊。公子鐸逆庚輿於齊。齊隰黨、公子鉏送之，有賂田。

又 《昭公十九年》 秋，齊高發帥師伐莒。莒子奔紀鄣。使孫書伐之。

初，莒有婦人，莒子殺其夫，已爲嫠婦。及老，託於紀鄣，紡焉以度而去之。及師至，則投諸外。或獻諸子占，子占使師夜縋而登。登者六十人，縋絶，師鼓譟。城上之人亦譟。莒共公懼，啓西門而出。七月丙子，齊師入紀。

又 《昭公二十年》 齊侯疥，遂痁，期而不瘳，諸侯之賓問疾者多在。梁丘據與裔款言於公曰：『吾事鬼神豐，於先君有加矣。今君疾病，爲諸侯憂，是祝史之罪也。諸侯不知，其謂我不敬。君盍誅於祝固、史嚚以辭賓？』

公説，告晏子。晏子曰：『日宋之盟，屈建問范會之德於趙武。趙武曰：「夫子之家事治，言於晉國，竭情無私。其祝史祭祀，陳信不愧。其家事無猜，其祝史不祈。」建以語康王，康王曰：「神人無怨，宜夫子之

光輔五君，以爲諸侯主也。」公曰：『據與款謂寡人能事鬼神，故欲誅於祝史。子稱是語，何故？』對曰：『若有德之君，外內不廢，上下無怨，動無違事，其祝史薦信，無愧心矣。是以鬼神用饗，國受其福，祝史與焉。其所以蕃祉老壽者，爲信君使也，其言忠信於鬼神。其適遇淫君，外內頗邪，上下怨疾，動作辟違，從欲厭私。高臺深池，撞鐘舞女，斬刈民力，輸掠其聚，以成其違，不恤後人。暴虐淫從，肆行非度，無所還忌，不思謗讟，不憚鬼神，神怒民痛，無悛於心。其祝史薦信，是言罪也。其蓋失數美，是矯誣也。進退無辭，則虛以求媚。是以鬼神不饗其國以禍之，祝史與焉。所以夭昏孤疾者，爲暴君使也。其言僭嫚於鬼神。』公曰：『然則若之何？』對曰：『不可爲也。山林之木，衡鹿守之。澤之萑蒲，舟鮫守之。藪之薪蒸，虞候守之。海之鹽蜃，祈望守之。縣鄙之人，入從其政。偪介之關，暴征其私。承嗣大夫，强易其賄。布常無藝，徵斂無度，宮室日更，淫樂不違。內寵之妾，肆奪於市。外寵之臣，僭令於鄙。私欲養求，不給則應。民人苦病，夫婦皆詛。祝有益也，詛亦有損。聊、攝以東，姑、尤以西，其爲人也多矣！雖其善祝，豈能勝億兆人之詛？君若欲誅於祝史，修德而後可。』公説，使有司寬政，毁關，去禁，薄斂，已責。

十二月，齊侯田於沛，招虞人以弓，不進。公使執之，辭曰：『昔我先君之田也，旃以招大夫，弓以招士，皮冠以招虞人。臣不見皮冠，故不敢進。』乃舍之。仲尼曰：『守道不如守官，君子韙之。』

齊侯至自田，晏子侍於遄臺。子猶馳而造焉。公曰：『唯據與我和夫！』晏子對曰：『據亦同也，焉得爲和？』公曰：『和與同異乎？』對曰：『異。和如羹焉，水火醯醢鹽梅以烹魚肉，燀之以薪。宰夫和之，齊之以味，濟其不及，以泄其過。君子食之，以平其心。君臣亦然。君所謂可而有否焉，臣獻其否以成其可。君所謂否而有可焉，臣獻其可以去其否。是以政平而不干，民無爭心。故《詩》曰：「亦有和羹，既戒既平。鬷嘏無言，時靡有爭。」先王之濟五味，和五聲也，以平其心，成其政也。聲亦如味，一氣，二體，三類，四物，五聲，六律，七音，八風，九歌，以相成也。清濁，小大，短長，疾徐，哀樂，剛柔，遲速，高下，出入，周疏，以相濟也。君子聽之，以平其心。心平德和。故《詩》曰：「德音不瑕。」今據不然。君所謂可，據亦曰可。君所謂否，據亦曰否。若以水濟水，誰能食之？若琴瑟之專壹，誰能聽之？同之不可也如是。』

飲酒樂。公曰：『古而無死，其樂若何？』晏子對曰：『古而無死，則古之樂也，君何得焉？昔爽鳩氏始居此地，季萴因之，有逢伯陵因之，蒲姑氏因之，而後大公因之。古者無死，爽鳩氏之樂，非君所願也。』

又《昭公二十二年》　二十二年春，王二月甲子，齊北郭啓帥師伐莒。莒子將戰，苑羊牧之諫曰：『齊帥賤，其求不多，不如下之。大國不可怒也。』弗聽，敗齊師於壽餘。齊侯伐莒，莒子行成，司馬竈如莒涖盟。莒子如齊涖盟，盟於稷門之外。莒於是乎大惡其君。

又《昭公二十三年》　莒子庚輿虐而好劍，苟鑄劍，必試諸人。國人患之。又將叛齊。烏存帥國人以逐之。庚輿將出，聞烏存執殳而立於道左，懼，將止死。苑羊牧之曰：『君過之，烏存以力聞可矣，何必以弑君成名？』遂來奔。齊人納郊公。

又《昭公二十六年》　齊有彗星，齊侯使禳之。晏子曰：『無益也，祇取誣焉。天道不諂，不貳其命，若之何禳之？且天之有彗也，以除穢也。君無穢德，又何禳焉？若德之穢，禳之何損？《詩》曰：「惟此文王，小心翼翼。昭事上帝，聿懷多福。厥德不回，以受方國。」君無違德，方國將至，何患於彗？《詩》曰：「我無所監，夏后及商。用亂之故，民卒流亡。」若德回亂，民將流亡，祝史之爲，無能補也。』公説，乃止。

《韓非子》卷九《內儲説上七術》　晏嬰子聘魯，哀公問曰：『語曰：「莫三人而迷。」今寡人與一國慮之，魯不免于亂，何也？』晏子曰：『古之所謂「莫三人而迷」者，一人失之，二人得之，三人足以爲衆矣，故曰「莫三人而迷」。今魯國之羣臣以千百數，一言於季氏之私，人數非不衆，所言者一人也，安得三哉！』

《晏子春秋》卷五《內篇雜上》　景公使晏子爲東阿宰，三年，毁聞於國。景公不説，召而免之。晏子謝曰：『嬰知嬰之過矣，請復治阿，三年而譽必聞於國。』景公不忍，復使治阿，三年而譽聞於國。景公説，召而賞之。景公問其故。對曰：『昔者嬰之治阿也，築蹊徑，急門閭之政，而淫民惡之；舉儉力孝弟，罰偷窳，而惰民惡之；決獄不避，貴彊惡

之；左右所求，法則予，非法則否，而左右惡之；事貴人體不過禮，而貴人惡之。是以三邪毀乎外，二讒毀於內，三年而毀聞乎君也。今臣謹更之，不築蹊徑，而緩門閭之政，而淫民說；不舉儉力孝弟，不罰偷窳，而惰民說；決獄阿貴彊，而貴彊說；左右所求言諾，而左右說；事貴人體過禮，而貴人說。是以三邪譽乎外，二讒譽乎內，三年而譽聞於君也。昔者嬰之所以當誅者宜賞，今所以當賞者宜誅，是故不敢受。』景公知晏子賢，乃任以國政，三年，而齊大興。

又　卷四《內篇問下》　景公問晏子曰：『昔吾先君桓公，從車三百乘，九合諸侯，一匡天下。今吾從車千乘，可以逮先君桓公之後乎？』晏子對曰：『桓公從車三百乘，九合諸侯，一匡天下者，左有鮑叔，右有仲父。今君左爲倡，右爲優，讒人在前，諛人在後，又焉可逮桓公之後者乎？』

又　卷三《內篇問上》　景公問晏子曰：『昔吾先君桓公，有管仲夷吾保乂齊國，能遂武功而立文德，糾合兄弟，撫存翌州，吳越受令，荊楚惛憂，莫不賓服，勤於周室，天子加德。先君昭功，管子之力也。今寡人亦欲存齊國之政於夫子，夫子以佐佑寡人，彰先君之功烈，而繼管子之業。』晏子對曰：『昔吾先君桓公，能任用賢，國有什伍，治遍細民，貴不淩賤，富不傲貧，功不遺罷，佞不吐愚，舉事不私，聽獄不阿，內妾無羨食，外臣無羨祿，鰥寡無飢色；不以飲食之辟害民之財，不以宮室之侈勞人之力；節取於民，而普施之，府無藏，倉無粟，上無驕行，下無諂德。是以管子能以齊國免於難，而以吾先君參乎天子。今君欲彰先君之功烈，而繼管子之業，則無以多辟傷百姓，無以嗜欲玩好怨諸侯，臣孰敢不承善盡力，以順君意？今君疏遠賢人，而任讒諛；使民若不勝，藉斂若不得；厚取於民，而薄其施，多求於諸侯，而輕其禮；府藏朽蠹，而禮悖於諸侯，菽粟藏深，而怨積於百姓；君臣交惡，而政刑無常；臣恐國之危失，而公不得享也。又惡能彰先君之功烈而繼管子之業乎！』【略】

景公問于晏子曰：『治國何患？』晏子對曰：『患夫社鼠。』公曰：『何謂也？』對曰：『夫社，束木而塗之，鼠因往託焉，熏之則恐燒其木，灌之則恐敗其塗，此鼠所以不可得殺者，以社故也。夫國亦有焉，人主左右是也。內則蔽善惡於君上，外則賣權重於百姓，不誅之則亂，誅之則爲人主所案據，腹而有之，此亦國之社鼠也。人有酤酒者，爲器甚潔清，置表甚長，而酒酸不售，問之里人其故，里人云：「公狗之猛，人挈器而入，且酤公酒，狗迎而噬之，此酒所以酸而不售也。」夫國亦有猛狗，用事者是也。有道術之士，欲干萬乘之主，而用事者迎而齕之，此亦國之猛狗也。左右爲社鼠，用事者爲猛狗，主安得無壅，國安得無患乎？』

又　卷四《內篇問下》　景公問晏子曰：『廉政而長久，其行何也？』晏子對曰：『其行水也。美哉水乎清清，其濁無不雩途，其清無不灑除，是以長久也。』公曰：『廉政而遬亡，其行何也？』對曰：『其行石也。堅哉石乎落落，視之則堅，循之則堅，內外皆堅，無以爲久，是以遬亡也。』

又　卷八《外篇下》　景公問晏子曰：『天下有極大乎？』晏子對曰：『有。足游浮雲，背淩蒼天，尾偃天閑，躍啄北海，頸尾咳于天地乎！然而漻漻不知六翮之所在。』公曰：『天下有極細乎？』晏子對曰：『有。東海有蟲，巢于蟁睫，再乳再飛，而蟁不爲驚。臣嬰不知其名，而東海漁者命曰焦冥。』

又　卷三《內篇問上》　景公問晏子曰：『古之盛君，其行何如？』晏子對曰：『薄于身而厚于民，約于身而廣于世。其處上也，足以明政行教，不以威天下；其取財也，權有無，均貧富，不以養嗜欲；誅不避貴，賞不遺賤；不淫于樂，不遁于哀；盡智導民，而不伐焉，勞力歲事，而不責焉；爲政尚相利，故下不以相害，行教尚相愛，故民不以相惡爲名；刑罰中於法，廢罪順於民。是以賢者處上而不華，不肖者處下而不怨，四海之內，社稷之中，粒食之民，一意同欲。若夫私家之政，生有遺教，此盛君之行也。』公不圖。晏子曰：『臣聞問道者更正，聞道者更容。今君稅斂重，故民心離；市買悖，故商旅絶；玩好充，故家貨殫。積邪在于上，蓄怨藏于民，嗜欲備于側，毀非滿于國，而公不圖。』公曰：『善。』于是令玩好不御，公市不豫，宮室不飾，業土不成，止役輕稅，上下行之，而百姓相親。【略】

景公問晏子曰：『謀必得，事必成，有術乎？』晏子對曰：『有。』公曰：『其術如何？』晏子曰：『謀度于義者必得，事因于民者必成。』公曰：『奚謂也？』對曰：『其謀也，左右無所繫，上下無所縻，其聲不

悖，其實不逆，謀于上，不違天，謀于下，不違民，以此謀者必得矣；事大則利厚，事小則利薄，稱事之大小，權利之輕重，國有義勞，民有如利，以此舉事者必成矣。夫逃人而謨，雖成不安；傲民舉事，雖成不榮。故臣聞義謀之法以民事之本也，故及義而謀，信民而動，未聞不存者也。昔三代之興也，謀必度其義，事必因於民。及其衰也，建謀不及義，興事傷民。故度義因民，謀事之術也。』公曰：『寡人不敏，聞善不行，其危如何？』對曰：『上君全善，其次出入焉，其次結邪而羞問。全善之君能制；出入之君時問，雖日危，尚可以沒身；羞問之君，不能保其身。今君雖危，尚可沒身也。』【略】

景公問于晏子曰：『忠臣之事君也何若？』晏子對曰：『有難不死，出亡不送。』公不說，曰：『君裂地而封之，疏爵而貴之，君有難不死，出亡不送，可謂忠乎？』對曰：『言而見用，終身無難，臣奚死焉；謀而見從，終身不出，臣奚送焉。若言不用，有難而死之，是妄死也；謀而不從，出亡而送之，是詐偽也。故忠臣也者，能納善于君，不能與君陷于難。』【略】

景公問晏子曰：『忠臣之行何如？』對曰：『不掩君過，諫乎前，不華乎外；選賢進能，不私乎內；稱身就位，計能定祿；睹賢不居其上，受祿不過其量；不權居以爲行，不稱位以爲忠；不揜賢以隱長，不刻下以諛上；君在不事太子，國危不交諸侯；順則進，否則退，不與君行邪也。』【略】

景公問：『佞人之事君如何？』晏子對曰：『意難，難不至也。明言行之以飾身，偽言無欲以說人，嚴其交以見其愛；觀上之所欲，而微爲之偶，求君逼邇，而陰爲之與；內重爵祿，而外輕之以誣行，下事左右，而面示正公以偽廉；求上采聽，而幸以求進；傲祿以求多，辭任以求重；工乎取，鄙乎予；歡乎新，慢乎故；悋乎財，薄乎施；睹貧窮若不識，趨利若不及；外交以自揚，背親以自厚；積豐義之養，而聲矜卹之義；非譽乎情，而言不行身，涉時所議，而好論賢不肖；有之己，不難非之人，無之己，不難求之人；其言彊梁而信，其進敏遜而順；此佞人之行也。明君之所誅，愚君之所信也。』【略】

景公問晏子曰：『臣之報君何以？』晏子對曰：『臣雖不知，必務報君以德。士逢有道之君，則順其令；逢無道之君，則爭其不義。故君者擇臣而使之，臣雖賤，亦得擇君而事之。』

又　卷四《內篇問下》　景公問晏子曰：『人性有賢不肖，可學乎？』晏子對曰：『《詩》云：「高山仰止，景行行止。」之者其人也。故諸侯並立，善而不怠者爲長；列士並學，終善者爲師。』

又　卷六《內篇雜下》　景公有愛女，請嫁于晏子，公乃往燕晏子之家，飲酒，酣，公見其妻曰：『此子之內子耶？』晏子對曰：『然，是也。』公曰：『嘻！亦老且惡矣。寡人有女少且姣，請以滿夫子之宮。』晏子違席而對曰：『乃此則老且惡，嬰與之居故矣，故及其少且姣也。且人固以壯託乎老，姣託乎惡，彼嘗託，而嬰受之矣。君雖有賜，可以使嬰倍其託乎？』再拜而辭。【略】

景公謂晏子曰：『寡人欲朝夕見，爲夫子築室于閨內可乎？』晏子對曰：『臣聞之，隱而顯，近而結，維至賢耳。如臣者，飾其容止，以待承令，猶恐罪戾也，今君近之，是遠之也，請辭。』【略】

田桓子見晏子獨立于牆陰，曰：『子何爲獨立而不憂？何不求四鄉之學士可者而與坐？』晏子曰：『共立似君子，出言而非也。嬰惡得學士之可者而與之坐？且君子之難得也，若美山然，名山既多矣，松柏既茂矣，望之相相然，盡目力不知厭。而世有所美焉，固欲登彼相相之上，仡仡然不知厭。小人者與此異，若部婁之未登，善，登之無蹊，維有楚棘而已；遠望無見也，俛就則傷嬰，惡能無獨立焉？且人何憂，靜處遠慮，見歲若月，學問不厭，不知老之將至，安用從酒！』田桓子曰：『何謂從酒？』晏子曰：『無客而飲，謂之從酒。今若子者，晝夜守尊，謂之從酒也。』【略】

晏子相齊，衣十升之布，脫粟之食，五卵、苔菜而已。左右以告公，公爲之封邑，使田無宇致臺與無鹽。晏子對曰：『昔吾先君太公受之營丘，爲地五百里，爲世國長，自太公至于公之身，有數十公矣。苟能說其君以取邑，不至公之身，趣齊搏以求升土，不得容足而寓焉。嬰聞之，臣有德益祿，無德退祿，惡有不肖父爲不肖子爲封邑以敗其君之政者乎？』遂不受。【略】

晏子相齊，三年，政平民說。梁丘據見晏子中食，而肉不足，以告景

公，且曰，割地將封晏子，晏子辭不受。曰：『富而不驕者，未嘗聞之。貧而不恨者，嬰是也。所以貧而不恨者，以善爲師也。今封，易嬰之師，師已輕，封已重矣，請辭。』【略】

晏子方食，景公使使者至。分食食之，使者不飽，晏子亦不飽。使者反，言之公。公曰：『嘻！晏子之家，若是其貧也。寡人不知，是寡人之過也。』使吏致千金與市租，請以奉賓客。晏子辭，三致之，終再拜而辭曰：『嬰之家不貧。以君之賜，澤覆三族，延及交遊，以振百姓，君之賜也厚矣！嬰之家不貧也。嬰聞之，夫厚取之君，而施之民，是臣代君君民也，忠臣不爲也。厚取之君，而不施于民，是爲筐篋之藏也，仁人不爲也。進取于君，退得罪于士，身死而財遷于它人，是爲宰藏也，智者不爲也。夫十總之布，一豆之食，足于中免矣。』景公謂晏子曰：『昔吾先君桓公，以書社五百封管仲，不辭而受，子辭之何也？』晏子曰：『嬰聞之，聖人千慮，必有一失；愚人千慮，必有一得。意者管仲之失，而嬰之得者耶？故再拜而不敢受命。』【略】

景公賜晏子邑，晏子辭。田桓子謂晏子曰：『君歡然與子邑，必不受以恨君，何也？』晏子對曰：『嬰聞之，節受于上者，寵長于君；儉居處者，名廣于外。夫長寵廣名，君子之事也。嬰獨庸能已乎？』

又　卷七《外篇》　景公謂晏子曰：『昔吾先君桓公，予管仲狐與穀，其縣十七，著之于帛，申之以策，通之諸侯，以爲其子孫賞邑。寡人不足以辱而先君，今爲夫子賞邑，通之子孫。』晏子辭曰：『昔聖王論功而賞賢，賢者得之，不肖者失之，御德修禮，無有荒怠。今事君而免于罪者，其子孫奚宜與焉？若爲齊國大夫者必有賞邑，則齊君何以共其社稷與諸侯幣帛？嬰請辭。』遂不受。

又　卷六《內篇雜下》　晏子朝，乘弊車，駕駑馬。景公見之曰：『嘻！夫子之祿寡耶？何乘不任之甚也？』晏子對曰：『賴君之賜，得以壽三族，及國遊士，皆得生焉。臣得煖衣飽食，弊車駑馬，以奉其身，于臣足矣。』晏子出，公使梁丘據遺之輅車乘馬，三返不受。公不說，趣召晏子。晏子至，公曰：『夫子不受，寡人亦不乘。』晏子對曰：『君使臣臨百官之吏，臣節其衣服飲食之養，以先國之民；然猶恐其侈靡而不顧其行也。今輅車乘馬，君乘之上，而臣亦乘之下，民之無義，侈其衣服飲食而不顧其行者，臣無以禁之。』遂讓不受。【略】

景公飲酒，田桓子侍，望見晏子，而復于公曰：『請浮晏子。』公曰：『何故也？』無宇對曰：『晏子衣緇布之衣，麋鹿之裘，棧軫之車，而駕駑馬以朝，是隱君之賜也。』公曰：『諾。』晏子坐，酌者奉觴進之，曰：『君命浮子。』晏子曰：『何故也？』田桓子曰：『君賜之卿位以尊其身，寵之百萬以富其家，羣臣其爵莫尊於子，祿莫重於子。今子衣緇布之衣，麋鹿之裘，棧軫之車，而駕駑馬以朝，是則隱君之賜也。故浮子。』晏子避席曰：『請飲而後辭乎，其辭而後飲乎？』公曰：『辭然後飲。』晏子曰：『君之賜卿位以尊其身，嬰非敢爲顯受也，爲行君令也；寵以百萬以富其家，嬰非敢爲富受也，爲通君賜也。臣聞古之賢臣，有受厚賜而不顧其國族，則過之；臨事守職，不勝其任，則過之。君之內隸，臣之父兄，若有離散，在于野鄙，此臣之罪也。君之外隸，臣之所職，若有播亡，在于四方，此臣之罪也。兵革之不完，戰車之不修，此臣之罪也。若夫弊車駑馬以朝，意者非臣之罪乎？且臣以君之賜，父之黨無不乘車者，母之黨無不足于衣食者，妻之黨無凍餒者，國之閑士待臣而後舉火者數百家。如此者，爲彰君賜乎，爲隱君賜乎？』公曰：『善！爲我浮無宇也。』

又　卷一《內篇諫上》　翟王子羨臣于景公，以重駕，公觀之而不說也。嬖人嬰子欲觀之，公曰：『及晏子寢病也。』居囿中臺上以觀之，嬰子説之，因爲之請曰：『厚祿之！』公許諾。晏子起病而見公，公曰：『翟王子羨之駕，寡人甚説之，請使之示乎？』晏子曰：『駕御之事，臣無職焉。』公曰：『寡人一樂之，是欲祿之以萬鍾，其足乎？』對曰：『昔衛士東野之駕也，公説之，嬰子不說，公曰不說，遂不觀。今翟王子羨之駕也，公不説，嬰子説，公因説之；爲請，公許之，則是婦人爲制也。且不樂治人，而樂治馬，不厚祿賢人，而厚祿御夫。昔者先君桓公之地狹于今，修法治，廣政教，以霸諸侯。今君，一諸侯無能親也，歲凶年饑，道途死者相望也。君不此憂耻，而惟圖耳目之樂，不修先君之功烈，而惟飾駕御之伎，則公不顧民而忘國甚矣。且《詩》曰：「載驂載駟，君子所誡。」夫駕八，固非制也，今又重此，其爲非制也，不滋甚乎！且君苟美樂之，國必衆爲之，田獵則不便，道行致遠則不可，然而用馬數倍，

此非御下之道也。淫于耳目，不當民務，此聖王之所禁也。君苟美樂之，諸侯必或效我，君無厚德善政以被諸侯，而易之以僻，此非所以子民、彰名、致遠、親鄰國之道也。且賢良廢滅，孤寡不振，而聽嬖妾以祿御夫以蓄怨，與民爲讎之道也。《詩》曰：「哲夫成城，哲婦傾城。」今君不免成城之求，而惟傾城之務，國之亡日至矣。君其圖之！」公曰：「善。」遂不復觀，乃罷歸翟王子羨，而疏嬖人嬰子。【略】

景公飲酒酣，曰：「今日願與諸大夫爲樂飲，請無爲禮。」晏子蹴然改容曰：「君之言過矣！羣臣固欲君之無禮也。力多足以勝其長，勇多足以弑君，而禮不使也。禽獸以力爲政，彊者犯弱，故日易主，今君去禮，則是禽獸也。羣臣以力爲政，彊者犯弱，而日易主，君將安立矣！凡人之所以貴於禽獸者，以有禮也；故《詩》曰：「人而無禮，胡不遄死。」禮不可無也。」公湎而不聽。少間，公出，晏子不起，公入，不起；交舉則先飲。公怒，色變，抑手疾視曰：「嚮者夫子之教寡人無禮之不可也，寡人出入不起，交舉則先飲，禮也？」晏子避席再拜稽首而請曰：「嬰敢與君言而忘之乎？臣以致無禮之實也。君若欲無禮，此是已！」公曰：「若是，孤之罪也。夫子就席，寡人聞命矣。」觴三行，遂罷酒。蓋是後也，飭法修禮以治國政，而百姓肅也。【略】

景公飲酒，七日七夜不止。弦章諫曰：「君欲飲酒七日七夜，章願君廢酒也！不然，章賜死。」晏子入見，公曰：「章諫吾曰：『願君之廢酒也！不然，章賜死。』如是而聽之，則臣爲制也；不聽，又愛其死。」晏子曰：「幸矣章遇君也！令章遇桀紂者，章死久矣。」於是公遂廢酒。【略】

景公飲酒，醒，三日而後發。晏子見曰：「君病酒乎？」公曰：「然。」晏子曰：「古之飲酒也，足以通氣合好而已矣。故男不羣樂以妨事，女不羣樂以妨功。男女羣樂者，周觴五獻，過之者誅。君身服之，故外無怨治，內無亂行。今一日飲酒，而三日寢之，國治怨乎外，左右亂乎內。以刑罰自防者，勸乎爲非；以賞譽自勸者，惰乎爲善；上離德行，民輕賞罰，失所以爲國矣。願君節之也！」

又　卷二《內篇諫下》　公孫接、田開疆、古冶子事景公，以勇力搏虎聞。晏子過而趨，三子者不起。晏子入見公曰：「臣聞明君之蓄勇力之士也，上有君臣之義，下有長率之倫，內可以禁暴，外可以威敵，上利其功，下服其勇，故尊其位，重其祿。今君之蓄勇力之士也，上無君臣之義，下無長率之倫，內不以禁暴，外不可威敵，此危國之器也，不若去之。」公曰：「三子者，搏之恐不得，刺之恐不中也。」晏子曰：「此皆力攻勍敵之人也，無長幼之禮。」因請公使人少餽之二桃，曰：「三子何不計功而食桃？」公孫接仰天而歎曰：「晏子，智人也！夫使公之計吾功者，不受桃，是無勇也，士衆而桃寡，何不計功而食桃矣。接一搏猏而再搏乳虎，若接之功，可以食桃而無與人同矣。」援桃而起。田開疆曰：「吾仗兵而卻三軍者再，若開疆之功，亦可以食桃，而無與人同矣。」援桃而起。古冶子曰：「吾嘗從君濟于河，黿銜左驂以入砥柱之流。當是時也，冶少不能遊，潛行逆流百步，順流九里，得黿而殺之，左操驂尾，右挈黿頭，鶴躍而出。津人皆曰：『河伯也！』若冶視之，則大黿之首。若冶之功，亦可以食桃而無與人同矣。二子何不反桃！」抽劍而起。公孫接、田開疆曰：「吾勇不子若，功不子逮，取桃不讓，是貪也；然而不死，無勇也。」皆反其桃，挈領而死。古冶子曰：「二子死之，冶獨生之，不仁；恥人以言，而誇其聲，不義；恨乎所行，不死，無勇。雖然，二子同桃而節，冶專其桃而宜。」亦反其桃，挈領而死。使者復曰：「已死矣。」公殮之以服，葬之以士禮焉。

又　卷五《內篇雜上》　景公與晏子立於曲潢之上，晏子稱曰：「衣莫若新，人莫若故。」公曰：「衣之新也，信善矣，人之故，相知情。」晏子歸，負載使人辭於公曰：「嬰故老耄無能也，請毋服壯者之事。」公自治國，身弱于高國，百姓大亂。公恐，復召晏子。諸侯忌其威，而高國服其政，田疇墾辟，蠶桑豢收之處不足，絲蠶于燕，牧馬于魯，共貢入朝。墨子聞之曰：「晏子知道，景公知窮矣。」

又　卷七《外篇》　晏子相景公，其論人也，見賢而進之，不同君所欲；見不善則廢之，不辟君所愛；行已而無私，直言而無諱。有納書者曰：「廢置不周于君前，謂之專；出言不諱于君前，謂之易。專易之行存，則君臣之道廢矣，吾不知晏子之爲忠臣也。」公以爲然。晏子入朝，公色不說，故晏子歸，備載，使人辭曰：「嬰故老悖無能，毋敢服壯者事。」辭而不爲臣，退而窮處，東耕海濱，堂下生藜藿，門外生荊棘。七

年，燕、魯分爭，百姓惛亂，而家無積。公自治國，權輕諸侯，身弱高、國。公恐，復召晏子。晏子至，公一歸七年之祿，而家無藏。晏子立，諸侯忌其威，高、國服其政，燕、魯貢職，小國時朝。晏子没而後衰。

又　卷三《內篇問上》　景公外傲諸侯，內輕百姓，好勇力，崇樂以從嗜欲，諸侯不説，百姓不親。公患之，問于晏子曰：『古之聖王，其行若何？』晏子對曰：『其行公正而無邪，故讒人不得入；不阿黨，不私色，故羣徒之卒不得容；薄身厚民，故聚斂之人不得行；不侵大國之地，不秏小國之民，故諸侯皆欲其尊；不劫人以甲兵，不威人以衆彊，故天下皆欲其彊；德行教訓加於諸侯，慈愛利澤加于百姓，故海內歸之若流水。今衰世君人者，辟邪阿黨，故讒諂羣徒之卒繁；厚身養，薄視民，故聚斂之人行；侵大國之地，秏小國之民，故諸侯不欲其尊；劫人以兵甲，威人以衆彊，故天下不欲其彊；災害加于諸侯，勞苦施于百姓，故讎敵進伐，天下不救，貴戚離散，百姓不興。』公曰：『然則何若？』對曰：『請卑辭重幣，以説于諸侯，輕罪省功，以謝于百姓，其可乎？』公曰：『諾。』于是卑辭重幣，而諸侯附，輕罪省功，而百姓親，故小國入朝，燕魯共貢。墨子聞之曰：『晏子知道，道在人爲，而失爲己。爲人者重，自爲者輕。景公自爲，而小國不與，爲人，而諸侯爲役，則道在爲人，而行在反己矣，故晏子知道矣。』【略】

景公問晏子：『莒與魯孰先亡？』對曰：『以臣觀之也，莒之細人，變而不化，貪而好假，高勇而賤仁，士武以疾，忿急以速竭，是以上不能養其下，下不能事其上，上下不能相收，則政之大體失矣。故以臣觀之也，莒其先亡。』公曰：『魯何如？』對曰：『魯之君臣，猶好爲義，下之妥妥也，奄然寡聞，是以上能養其下，下能事其上，上下相收，政之大體存矣。故魯猶可長守，然其亦有一焉。彼鄒滕雉奔而出其地，猶稱公侯，大之事小，弱之事彊久矣，彼周者，殷之樹國也，魯近齊而親殷，以變小國，而不服于鄰，以遠望魯，滅國之道也。齊其有魯與莒乎？』公曰：『魯與莒之事，寡人既得而聞之矣，寡人之德亦薄，然後世孰踐有齊國者？』對曰：『田無宇之後爲幾。』公曰：『何故也？』對曰：『公量小，私量大，以施于民，其與士交也，用財無筐篋之藏，國人負攜其子而歸之，若水之流下也。夫先與人利，而後辭其難，不亦寡乎！若苟勿辭也，從而撫之，不亦幾乎！』

又　卷四《內篇問下》　晏子使魯，見昭公，昭公説曰：『天下以子大夫語寡人者衆矣，今得見而羨乎所聞，請私而無爲罪。寡人聞大國之君，蓋回曲之君也，曷爲以子大夫之行，事回曲之君乎？』晏子逡循對曰：『嬰不肖，嬰之族又不若嬰，待嬰而祀先者五百家，故嬰不敢擇君。』晏子出，昭公語人曰：『晏子，仁人也。反亡君，安危國，而不私利焉；僇崔杼之尸，滅賊亂之徒，不獲名焉；使齊外無諸侯之憂，內無國家之患，不伐功焉；鍖然不滿，退託于族，晏子可謂仁人矣。』【略】

晏子聘于魯，魯昭公問焉：『吾聞之，莫三人而迷，今吾以魯一國迷慮之，不免于亂，何也？』晏子對曰：『君之所尊舉而富貴，入所以與圖身，出所與圖國，及左右逼邇，皆同于君之心者也。犒魯國化而爲一心，曾無與二，其何暇有三？夫逼邇于君之側者，距本朝之勢，國之所以治也；左右讒諛，相與塞善，行之所以衰也；士者持祿，遊者養交，身之所以危也。《詩》曰：「芃芃棫樸，薪之槱之，濟濟辟王，左右趨之。」此言古者聖王明君之使以善也。故外知事之情，而內得心之誠，是以不迷也。』

又　卷三《內篇問上》　景公舉兵欲伐魯，問于晏子，晏子對曰：『不可。魯好義而民戴之，好義者安，見戴者和，伯禽之治存焉，故不可攻。攻義者不祥，危安者必困。且嬰聞之，伐人者德足以安其國，政足以和其民，國安民和，然後可以舉兵而征暴。今君好酒而辟，德無以安國，厚藉斂，意使令，無以和民。德無以安之則危，政無以和之則亂。未免乎危亂之理，而欲伐安和之國，不可，不若修政而待其君之亂也。其君離，上怨其下，然後伐之，則義厚而利多，義厚則敵寡，利多則民歡。』公曰：『善。』遂不果伐魯。

又　卷五《內篇雜上》　景公伐魯，傅許，得東門無澤，公問焉：『魯之年穀何如？』對曰：『陰水厥，陽冰厚五寸。』不知，以告晏子。晏子對曰：『君子也。問年穀而對以冰，禮也。陰水厥，陽冰厚五寸者，寒溫節，節則刑政平，平則上下和，和則年穀熟。年充衆和而伐之，臣恐罷民弊兵，不成君之意。請禮魯以息吾怨，遣其執，以明吾德。』公曰：『善。』乃不伐魯。【略】

景公予魯君地，山陰數百社，使晏子致之，魯使子叔昭伯受地，不盡受也。晏子曰：『寡君獻地，忠廉也，曷爲不盡受？』子叔昭伯曰：『臣受命于君曰：「諸侯相見，交讓，爭處其卑，禮之文也；交委多，爭受少，行之實也。禮成文于前，行成章于後，交之所以長久也。」且吾聞君子不盡人之歡，不竭人之忠，吾是以不盡受也。』晏子歸報公，公喜笑曰：『魯君猶若是乎。』晏子曰：『臣聞大國貪于名，小國貪于實，此諸侯之通患也。今魯處卑而不貪乎尊，辭實而不貪乎多，行廉不爲苟得，道義不爲苟合，不盡人之歡，不竭人之忠，以全其交，君之道義，殊于世俗，國免于公患。』公曰：『寡人説魯君，故予之地，今行果若此，吾將使人賀之。』晏子曰：『不！君以歡予之地，而賀其辭，則交不親，而地不爲德矣。』公曰：『善。』於是重魯之幣，毋比諸侯，厚其禮，毋比賓客。君子于魯，而後明行廉辭地之可爲重名也。

又　卷四《内篇問下》　晏子使晉，晉平公饗之文室，既靜矣，晏以，平公問焉，曰：『昔吾先君得衆若何？』晏子對曰：『君饗寡君，施及使臣，御在君側，恐懼不知所以對。』平公曰：『聞子大夫數矣，今乃得見，願終聞之。』晏子對曰：『臣聞君子如美，淵澤容之，衆人歸之，如魚有依，極其游泳之樂；若淵澤決竭，其魚動流，夫往者維雨乎，不可復已。』公又問曰：『請問莊公與今孰賢？』晏子曰：『兩君之行不同，臣不敢不知也。』公曰：『王室之正也，諸侯之專制也，是以欲聞子大夫之言也。』對曰：『先君莊公不安靜處，樂節飲食，不好鐘鼓，好兵作武，士與同飢渴寒暑，君之彊，過人之量，有一過不能已焉，是以不免于難。今君大宮室，美臺榭，以辟飢渴寒暑，畏禍敬鬼神，君之善，足以沒身，不足以及子孫矣。』【略】

叔向問晏子曰：『事君之倫，徒處之義奚如？』晏子對曰：『事君之倫，知慮足以安國，譽厚足以導民，和柔足以懷衆，不廉上以爲名，不倍民以爲行，上也；潔于治己，不飾過以求先，不讒諛以求進，不阿以私，不誣所能，次也；盡力守職不怠，奉官從上不敢隋，畏上故不苟，忌罪故不辟，下也。三者，事君之倫也。及夫大賢，則徒處與有事無擇也，隨時宜者也。有所謂君子者，能不足以補上，退處不順上，治唐園，考菲履，共恤上令，弟長鄉里，不誇言，不愧行，君子也。不以上爲本，不以民爲憂，内不恤其家，外不顧其身遊，誇言愧行，自勤于飢寒，不及醜儕，命之曰狂僻之民，明上之所禁也。進也不能及上，退也不能徒處，作窮于富利之門，畢志于畎畝之業，窮通行無常處之慮，佚於心，利通不能，窮業不成，命之曰處封之民，明上之所誅也。有智不足以補君，有能不足以勞民，俞身徒處，謂之傲上，苟進不擇所道，苟得不知所惡，謂之亂賊。身無以與君，能無以勞民，飾徒處之義，揚輕上之名，謂之亂國。明君在上，三者不免罪。』叔向曰：『賢不肖，性夫！吾每有問，而未嘗自得也。』【略】

晏子使于晉，晉平公問曰：『吾子之君，德行高下如何？』晏子對以『小善』。公曰：『否，吾非問小善，問子之君德行高下也。』

晏子蹴然曰：『諸侯之交，紹而相見，辭之有所隱也。君之命質，臣無所隱，嬰之君無稱焉。』平公蹴然而辭送，再拜而反曰：『殆哉吾過！誰曰齊君不肖！直稱之士，正在本朝也。』

又　卷一《内篇諫上》　景公舉兵將伐宋，師過泰山，公瞢見二丈夫立而怒，其怒甚盛。公恐，覺，辟門召占瞢者，至。公曰：『今夕吾瞢二丈夫立而怒，不知其所言，其怒甚盛，吾猶識其狀，識其聲。』占瞢者曰：『師過泰山而不用事，故泰山之神怒也。請趣召祝史祠乎泰山則可。』公曰：『諾。』明日，晏子朝見，公告之如占瞢之言也。公曰：『占瞢者之言曰：「師過泰山而不用事，故泰山之神怒也。」今使人召祝史祠之。』晏子俯有間，對曰：『占瞢者不識也，此非泰山之神，是宋之先湯與伊尹也。』公疑，以爲泰山神。晏子曰：『公疑之，則嬰請言湯伊尹之狀也。湯質皙而長，顔以髯，兑上豐下，倨身而揚聲。』公曰：『然，是已。』『伊尹黑而短，蓬而髯，豐上兑下，僂身而下聲。』公曰：『然，是已。今若何？』晏子曰：『夫湯、太甲、武丁、祖乙，天下之盛君也，不宜無後。今惟宋耳，而公伐之，故湯伊尹怒，請散師以平宋。』景公不用，終伐宋。晏子曰：『伐無罪之國，以怒明神，不易行以續蓄，進師以近過，非嬰所知也。師若果進，軍必有殃。』軍進再舍，鼓毁將殪。公乃辭乎晏子，散師，不果伐宋。

又　卷三《内篇問上》　景公伐斄，勝之，問晏子曰：『吾欲賞于斄何如？』對曰：『臣聞之，以謀勝國者，益臣之祿；以民力勝國者，益

民之利。故上有羨獲，下有加利，君上享其名，臣下利其實。故用智者不偷業，用力者不傷苦，此古之善伐者也。』公曰：『善。』於是破釐之臣，東邑之卒，皆有加利。是上獨擅名，利下流也。

又　卷六《內篇雜下》　晏子使吳，吳王謂行人曰：『吾聞晏嬰，蓋北方辯於辭，習於禮者也。命擯者「客見則稱天子請見。」』明日，晏子有事，行人曰：『天子請見。』晏子蹙然。行人又曰：『天子請見。』晏子蹙然。又曰：『天子請見。』晏子蹙然者三，曰：『臣受命弊邑之君，將使于吳王之所，以不敏而迷惑，入于天子之朝，敢問吳王惡乎存？』然後吳王曰：『夫差請見。』見之以諸侯之禮。

又　卷四《內篇問下》　晏子聘于吳，吳王曰：『子大夫以君命辱在敝邑之地，施貺寡人，寡人受貺矣，願有私問焉。』晏子巡遁而對曰：『嬰，北方之賤臣也，得奉君命，以趨于末朝，恐辭令不審，譏於下吏，懼不知所以對者。』吳王曰：『寡人聞夫子久矣，今乃得見，願終其問。』晏子避席對曰：『敬受命矣。』吳王曰：『國如何則可處，如何則可去也？』晏子對曰：『嬰聞之，親疏得處其倫，大臣得盡其忠，民無怨治，國無虐刑，則可處矣。是以君子懷不逆之君，居治國之位。親疏不得居其倫，大臣不得盡其忠，民多怨治，國有虐刑，則可去矣。是以君子不懷暴君之祿，不處亂國之位。』

又　卷六《內篇雜下》　晏子將至楚，楚聞之，謂左右曰：『晏嬰，齊之習辭者也，今方來，吾欲辱之，何以也？』左右對曰：『爲其來也，臣請縛一人，過王而行，王曰：「何爲者也？」對曰：「齊人也。」王曰：「何坐？」曰：「坐盜。」』晏子至，楚王賜晏子酒，酒酣，吏二縛一人詣王，王曰：『縛者曷爲者也？』對曰：『齊人也，坐盜。』王視晏子曰：『齊人固善盜乎？』晏子避席對曰：『嬰聞之，橘生淮南則爲橘，生于淮北則爲枳，葉徒相似，其實味不同。所以然者何？水土異也。今民生長于齊不盜，入楚則盜，得無楚之水土使民善盜耶？』王笑曰：『聖人非所與熙也，寡人反取病焉。』

又　卷一《內篇諫上》　景公之時，雨雪三日而不霽。公被狐白之裘，坐堂側陛。晏子入見，立有間，公曰：『怪哉！雨雪日而天不寒。』晏子對曰：『天不寒乎？』公笑。晏子曰：『嬰聞古之賢君飽而知人之飢，溫而知人之寒，逸而知人之勞。今君不知也。』公曰：『善！寡人聞命矣。』乃令出裘發粟，與飢寒。令所睹于塗者，無問其鄉；所睹于里者，無問其家；循國計數，無言其名。士既事者兼月，疾者兼歲。孔子聞之曰：『晏子能明其所欲，景公能行其所善也。』【略】

景公之時，霖雨十有七日。公飲酒，日夜相繼。晏子請發粟于民，三請，不見許。公命柏遽巡國，致能歌者。晏子聞之，不說，遂分家粟于氓，致任器於陌，徒行見公曰：『十有七日矣！懷寶鄉有數十，飢氓里有數家，百姓老弱，凍寒不得短褐，飢餓不得糟糠，敝撤無走，四顧無告。而君不卹，日夜飲酒，令國致樂不已，馬食府粟，狗饜芻豢，三保之妾，俱足粱肉。狗馬保妾，不已厚乎？民氓百姓，不亦薄乎？故里窮而無告，無樂有上矣；飢餓而無告，無樂有君矣。嬰奉數之筴，以隨百官之吏，民飢餓窮約而無告，使上淫湎失本而不卹，嬰之罪大矣。』再拜稽首，請身而去，遂走而出。公從之，兼于塗而不能逮，令趣駕追晏子，其家，不及。粟米盡於氓，任器存于陌，公驅及之康內。公下車從晏子曰：『寡人有罪，夫子倍棄不援，寡人不足以有約也，夫子不顧社稷百姓乎？願夫子之幸存寡人，寡人請奉齊國之粟米財貨，委之百姓，多寡輕重，惟夫子之令。』遂拜于途。晏子乃返，命稟巡氓，家有布縷之本而絕食者，使有終月之委；絕本之家，使有期年之食，無委積之氓，與之薪橑，使足以畢霖雨。令柏巡氓，家室不能禦者，予之金；巡求氓寡用財乏者，死三日而畢，後者若不用令之罪。公出舍，損肉撤酒，馬不食府粟，狗不食飦肉，辟拂嗛齊，酒徒減賜。三日，吏告畢上：貧氓萬七千家，用粟九十七萬鍾，薪橑萬三千乘；懷寶二千七百家，用金三千。公然後就內退食，琴瑟不張，鐘鼓不陳。晏子請左右與可令歌舞足以留思虞者退之，辟拂三千，謝于下陳，人待三，士待四，出之關外也。【略】

景公信用讒佞，賞無功，罰不辜。晏子諫曰：『臣聞明君望聖人而信其教，不聞聽讒佞以誅賞。今與左右相說頌也，曰：「比死者勉爲樂乎！吾安能爲仁而愈黥民耳矣！」故內寵之妾，迫奪于國，外寵之臣，矯奪於鄙，執法之吏，並荷百姓。民愁苦約病，而姦驅尤佚，隱情奄惡，蔽詔其上，故雖有至聖大賢，豈能勝若讒哉！是以忠臣之常有災傷也。臣聞古者之士，可與得之，不可與失之；可與進之，不可與退之。臣請逃之

矣。』遂鞭馬而出。公使韓子休追之，曰：『孤不仁，不能順教，以至此極，夫子休國焉而往，寡人將從而後。』晏子遂鞭馬而返。其僕曰：『嚮之去何速？今之返又何速？』晏子曰：『非子之所知也，公之言至矣。』

又　卷二《内篇諫下》　景公藉重而獄多，拘者滿圄，怨者滿朝。晏子諫，公不聽。公謂晏子曰：『夫獄，國之重官也，願託之夫子。』晏子對曰：『君將使嬰敕其功乎？則嬰有壹妄能書，足以治之矣。君將使嬰敕其意乎？夫民無欲殘其家室之生，以奉暴上之僻者，則君使吏比而焚之而已矣。』景公不説，曰：『敕其功則使壹妄，敕其意則比焚，如是，夫子無所謂能治國乎？』晏子曰：『嬰聞與君異。今夫胡狢戎狄之蓄狗也，多者十有餘，寡者五六，然不相害傷。今束雞豚妄投之，其折骨決皮，可立得也。且夫上正其治，下審其論，則貴賤不相踰越。今君舉千鍾爵祿，而妄投之于左右，左右爭之，甚于胡狗，而公不知也。寸之管無當，天下不能足之以粟。今齊國丈夫耕，女子織，夜以接日，不足以奉上，而君側皆雕文刻鏤之觀。此無當之管也，而君終不知。五尺童子，操寸之煙，天下不能足以薪。今君之左右，皆操煙之徒，而君終不知。鐘鼓成肆，干戚成舞，雖禹不能禁民之觀。且夫飾民之欲，而嚴其聽，禁其心，聖人所難也，而況奪其財而飢之，勞其力而疲之，常致其苦而嚴聽其獄，痛誅其罪，非嬰所知也。』【略】

景公爲西曲潢，其深滅軌，高三仞，橫木龍蛇，立木鳥獸。公衣黼黻之衣，素繡之裳，一衣而五綵具焉；帶球玉而冠且，被髮亂首，南面而立，傲然。晏子見，公曰：『昔仲父之霸何如？』晏子抑首而不對。公又曰：『昔管文仲之霸何如？』晏子對曰：『臣聞之，維翟人與龍蛇比，今君橫木龍蛇，立木鳥獸，亦室一就矣，何暇在霸哉！且公伐宮室之美，矜衣服之麗，一衣而五綵具焉，帶球玉而亂首被髮，亦室一容矣，萬乘之君，而壹心於邪，君之魂魄亡矣，以誰與圖霸哉？』公下堂就晏子曰：『梁丘據、裔款以室之成告寡人，是以竊襲此服，與據爲笑，又使夫子及，寡人請改室易服而敬聽命，其可乎？』晏子曰：『夫二子營君以邪，公安得知道哉！且伐木不自其根，則蘖又生也，公何不去二子者，毋使耳目淫焉。』【略】

景公爲巨冠長衣以聽朝，疾視矜立，日晏不罷。晏子進曰：『聖人之服中，侻而不駔，可以導衆，其動作，侻順而不逆，可以奉生，是以下皆法其服，而民爭學其容。今君之服，駔華不可以導衆民，疾視矜立，不可以奉生，日晏矣，君不若脱服就燕。』公曰：『寡人受命。』退朝，遂去衣冠、不復服。【略】

景公爲履，黄金之綦，飾以銀，連以珠，良玉之絇，其長尺，冰月服之以聽朝。晏子朝，公迎之，履重，僅能舉足，問曰：『天寒乎？』晏子曰：『君奚問天之寒也？古聖人製衣服也，冬輕而暖，夏輕而清，今君之履，冰月服之，是重寒也，履重不節，是過任也，失生之情矣。故魯工不知寒温之節，輕重之量，以害正生，其罪一也；作服不常，以笑諸侯，其罪二也；用財無功，以怨百姓，其罪三也。請拘而使吏度之。』公苦，請釋之。晏子曰：『不可。嬰聞之，苦身爲善者，其賞厚；苦身爲非者，其罪重。』公不對。晏子出，令吏拘魯工，令人送之境，使不得入。公撤履，不復服也。【略】

景公問晏子曰：『吾欲服聖王之服，居聖王之室，如此，則諸侯其至乎？』晏子對曰：『法其節儉則可，法其服，居其室，無益也。三王不同服而王，非以服致諸侯也，誠于愛民，果于行善，天下懷其德而歸其義，若其衣服節儉而衆説也。夫冠足以修敬，不務其飾；衣足以掩形禦寒，不務其美。衣不務於隅眦之削，冠無觚羸之理，身服不雜彩，首服不鏤刻。且古者嘗有紩衣攣領而王天下者，其義好生而惡殺，節上而羡下，天下不朝其服，而共歸其義。古者嘗有處橧巢窟穴而不惡，予而不取，天下不朝其室，而共歸其仁。及三代作服，爲益敬也，首服足以修敬，而不重也，身服足以行潔，而不害于動作。服之輕重便于身，用財之費順于民。其不爲橧巢者，以避風也；其不爲窟穴者，以避溼也。是故明堂之制，下之潤溼，不能及也；上之寒暑，不能入也。土事不文，木事不鏤，示民知節也。及其衰也，衣服之侈過足以敬，宮室之美過避潤溼，用力甚多，用財甚費，與民爲讎。今君欲法聖王之服，不法其制，法其節儉也，則雖未成治，庶其有益也。今君窮臺榭之高，極汙池之深而不止，務于刻鏤之巧，文章之觀而不厭，則亦與民而讎矣。若臣之慮，恐國之危，而公不平也。公乃願致諸侯，不亦難乎！公之言過矣。』

又　卷六《内篇雜下》　景公新成柏寢之臺，使師開鼓琴，師開左撫

宮，右彈商，曰：『室夕。』公曰：『何以知之？』師開對曰：『東方之聲薄，西方之聲揚。』公召大匠曰：『室何爲夕？』大匠曰：『立室以宮矩爲之。』於是召司空曰：『立宮何爲夕？』司空曰：『立宮以城矩爲之。』明日，晏子朝公，公曰：『先君太公以營丘之封立城，曷爲夕？』晏子對曰：『古之立國者，南望南斗，北戴樞星，彼安有朝夕哉！然而以今之夕者，周之建國，國之西方，以尊周也。』公蹵然曰：『古之臣乎！』

又　卷二《內篇諫下》　景公成路寢之臺，逢于何遭喪，遇晏子於途，再拜乎馬前。晏子下車挹之，曰：『子何以命嬰也？』對曰：『于何之母死，兆在路寢之臺牖下，願請命合骨。』晏子曰：『嘻！難哉！雖然，嬰將爲子復之，適爲不得，子將若何？』對曰：『夫君子則有以，如我者儕小人，吾將左手擁格，右手梱心，立餓枯槁而死，以告四方之士曰：「于何不能葬其母者也。」』晏子曰：『諾。』遂入見公，曰：『有逢于何者，母死，兆在路寢，當如之何？願請合骨。』公作色不說，曰：『古之及今，子亦嘗聞請葬人主之宮者乎？』晏子對曰：『古之人君，其宮室節，不侵生民之居，臺榭儉，不殘死人之墓，故未嘗聞諸請葬人主之宮者也。今君侈爲宮室，奪人之居，廣爲臺榭，殘人之墓，是生者愁憂，不得安處，死者離易，不得合骨。豐樂侈遊，兼傲生死，非人君之行也。遂欲滿求，不顧細民，非存之道。且嬰聞之，生者不得安，命之曰蓄憂；死者不得葬，命之曰蓄哀。蓄憂者怨，蓄哀者危，君不如許之。』公曰：『諾。』晏子出，梁丘據曰：『自昔及今，未嘗聞求葬公宮者也，若何許之？』公曰：『削人之居，殘人之墓，凌人之喪，而禁其葬，是于生者無施，于死者無禮。《詩》云：「穀則異室，死則同穴。」吾敢不許乎？』逢于何遂葬其母路寢之牖下，解衰去絰，布衣縢履，元冠茈武，踊而不哭，躃而不拜，已乃涕洟而去。

又　卷七《外篇》　景公宿於路寢之宮，夜分，聞西方有男子哭者，公悲之。明日朝，問于晏子曰：『寡人夜者聞西方有男子哭者，聲甚哀，氣甚悲，是奚爲者也？寡人哀之。』晏子對曰：『西郭徒居布衣之士盆成适也。父之孝子，兄之順弟也。又嘗爲孔子門人。今其母不幸而死，祔柩未葬，家貧，身老，子孺，恐力不能合祔，是以悲也。』公曰：『子爲寡人弔之，因問其偏柎何所在？』晏子奉命往弔，而問偏之所在。盆成适再拜，稽首而不起，曰：『偏柎寄于路寢，得爲地下之臣，擁札摻筆，給事宮殿中右陛之下，願以某日送，未得君之意也。窮困無以圖之，布唇枯舌，焦心熱中，今君不辱而臨之，願君圖之。』晏子曰：『然。此人之甚重者也，而恐君不許也。』盆成适蹶然曰：『凡在君耳！且臣聞之，越王好勇，其民輕死；楚靈王好細腰，其朝多餓死人；子胥忠其君，故天下皆願得以爲子。今爲人子臣，而離散其親戚，孝乎哉？足以爲臣乎？若此而得祔，是生臣而安死母也；若此而不得，則臣請輓尸車而寄之于國門外宇霤之下，身不敢飲食，擁轅執輅，木乾鳥栖，袒肉暴骸，以望君愍之。賤臣雖愚，竊意明君哀而不忍也。』晏子入，復乎公，公忿然作色而怒曰：『子何必患若言而教寡人乎？』晏子對曰：『嬰聞之，忠不避危，愛無惡言。且嬰固以難之矣。今君營處爲游觀，既奪人有，又禁其葬，非仁也；肆心傲聽，不恤民憂，非義也。若何勿聽？』因道盆成适之辭。公喟然太息曰：『悲乎哉！子勿復言。』乃使男子袒免，女子髮笄者以百數，爲開凶門，以迎盆成适。适脫衰絰，冠條纓，墨緣，以見乎公。公曰：『吾聞之，五子不滿隅，一子可滿朝，非乃子耶！』盆成适于是臨事不敢哭，奉事以禮，畢，出門，然後舉聲焉。【略】

景公問太卜曰：『汝之道何能？』對曰：『臣能動地。』公召晏子而告之，曰：『寡人問太卜曰：「汝之道何能？」對曰：「能動地。」地可動乎？』晏子默然不對，出，見太卜曰：『昔吾見鉤星在四心之閒，地其動乎？』太卜曰：『然。』晏子曰：『吾言之，恐子死之也；默然不對，恐君之惶也。子言，君臣俱得焉。忠于君者，豈必傷人哉！』晏子出，太卜走入見公，曰：『臣非能動地，地固將動也。』陳子陽聞之，曰：『晏子默而不對者，不欲太卜之死也；往見太卜者，恐君之惶也。晏子，仁人也，可謂忠上而惠下也。』

又　卷五《內篇雜上》　景公之時饑，晏子請爲民發粟，公不許，當爲路寢之臺，晏子令吏重其賃，遠其兆，徐其日，而不趨。三年臺成而民振，故上説乎游，民足乎食。君子曰：『政則晏子欲發粟與民而已，若使不可得，則依物而偶于政。』

又　卷二《內篇諫下》　晏子使于魯，比其返也，景公使國人起大臺

之役，歲寒不已，凍餒之者鄉有焉，國人望晏子。晏子至，已復事，公延坐，飲酒樂，晏子曰：『君若賜臣，臣請歌之。』歌曰：『庶民之言曰：「凍水洗我，若之何！太上靡散我，若之何！」』歌終，喟然歎而流涕。公就止之曰：『夫子曷爲至此？殆爲大臺之役夫！寡人將速罷之。』晏子再拜。出而不言，遂如大臺，執朴鞭其不務者，曰：『吾細人也，皆有蓋廬，以避燥溼，君爲壹臺而不速成，何爲？』國人皆曰：『晏子助天爲虐。』晏子歸，未至，而君出令趣罷役，車馳而人趨。仲尼聞之，喟然歎曰：『古之善爲人臣者，聲名歸之君，禍災歸之身，入則切磋其君之不善，出則高譽其君之德義，是以雖事惰君，能使垂衣裳，朝諸侯，不敢伐其功。當此道者，其晏子是耶！』【略】

景公爲長庲，將欲美之，有風雨作，公與晏子入坐飲酒，致堂上之樂。酒酣，晏子作歌曰：『穗乎不得穫，秋風至兮殫零落，風雨之拂殺也，太上之靡弊也。』歌終，顧而流涕，張躬而舞。公就晏子而止之曰：『今日夫子爲賜而誡於寡人，是寡人之罪。』遂廢酒，罷役，不果成長庲。

又　卷七《外篇》　景公築長庲之臺，晏子侍坐。觴三行，晏子起舞曰：『歲已暮矣，而禾不獲，忽忽矣若之何！歲已寒矣，而役不罷，惙惙矣如之何！』舞三，而涕下沾襟。景公慚焉，爲之罷長庲之役。

又　卷二《內篇諫下》　景公築路寢之臺，三年未息；又爲長庲之役，二年未息；又爲鄒之長塗。晏子諫曰：『百姓之力勤矣！公不息乎？』公曰：『塗將成矣，請成而息之。』對曰：『明君不屈民財者，不得其利；不窮民力者，不得其樂。昔者楚靈王作頃宮，三年未息也；又爲章華之臺，五年又不息也；乾溪之役，八年，百姓之力不足而自息也。靈王死於乾溪，而民不與君歸。今君不遵明君之義，而循靈王之迹，嬰懼君有暴民之行，而不睹長庲之樂也，不若息之。』公曰：『善！非夫子者，寡人不知得罪于百姓深也。』於是令勿委壞，餘財勿收，斬板而去之。

【略】

景公爲臺，臺成，又欲爲鐘。晏子諫曰：『君國者不樂民之哀。君不勝欲，既築臺矣，今復爲鐘，是重斂於民，民必哀矣。夫斂民之哀，而以爲樂，不祥，非所以君國者。』公乃止。

又　卷三《內篇問上》　景公問於晏子曰：『寡人意氣衰，身病甚。今吾欲具珪璋犧牲，令祝宗薦之乎上帝宗廟，意者禮可以干福乎？』晏子對曰：『嬰聞之，古者先君之干福也，政必合乎民，行必順乎神；節宮室，不敢大斬伐，以無逼山林；節飲食，無多畋漁，以無逼川澤；祝宗用事，辭罪而不敢有所求也。是以神民俱順，而山川納祿。今君政反乎民，而行悖乎神；大宮室，多斬伐，以逼山林；羡飲食，多畋漁，以逼川澤。是以民神俱怨，而山川收祿，司過薦罪，而祝宗祈福，意者逆乎！』公曰：『寡人非夫子無所聞此，請革心易行。』於是廢公阜之遊，止海食之獻，斬伐者以時，畋漁者有數，居處飲食，節之勿羡，祝宗用事，辭罪而不敢有所求也。故鄰國忌之，百姓親之，晏子没而後衰。

又　卷一《內篇諫上》　景公疥且瘧，期年不已。召會譴、梁丘據、晏子而問焉，曰：『寡人之病病矣，使史固與祝佗巡山川宗廟，犧牲珪璧，莫不備具，數其常多先君桓公，桓公一則寡人再。病不已，滋甚，予欲殺二子者以説于上帝，其可乎？』會譴、梁丘據曰：『可。』晏子不對。公曰：『晏子何如？』晏子曰：『君以祝爲有益乎？』公曰：『然。』『若以爲有益，則詛亦有損也。君疏輔而遠拂，忠臣擁塞，諫言不出。臣聞之，近臣嘿，遠臣瘖，衆口鑠金。今自聊攝以東，姑尤以西者，此其人民衆矣，百姓之咎怨誹謗，詛君於上帝者多矣。一國詛，兩人祝，雖善祝者不能勝也。且夫祝直言情，則謗吾君也；隱匿過，則欺上帝也。上帝神，則不可欺；上帝不神，祝亦無益。願君察之也。不然，刑無罪，夏商所以滅也。』公曰：『善解余惑，加冠！』命會譴毋治齊國之政，梁丘據毋治賓客之事，兼屬之乎晏子。晏子辭，不得命，受相退，把政，改月而君病悛。公曰：『昔吾先君桓公，以管子爲有力，邑狐與穀，以共宗廟之鮮，賜其忠臣，則是多忠臣者。子今忠臣也，寡人請賜子州款。』辭曰：『管子有一美，嬰不如也；有一惡，嬰不忍爲也，其宗廟之養鮮也。』終辭而不受。

又　卷六《內篇雜下》　景公病水，臥十數日，夜瞢與二日鬬，不勝。晏子朝，公曰：『夕者瞢與二日鬬，而寡人不勝，我其死乎？』晏子對曰：『請召占瞢者。』出于閨，使人以車迎占瞢者。至，曰：『曷爲見召？』晏子曰：『夜者，公瞢二日與公鬬，不勝。公曰：「寡人死乎？」故請君占瞢，是所爲也。』占瞢者曰：『請反具書。』晏子曰：『毋反書。

公所病者，陰也，日者，陽也。一陰不勝二陽，故病將已。以是對。」占夢者入，公曰：『寡人夢與二日鬭而不勝，寡人死乎？』占夢者對曰：『公之所病，陰也，日者，陽也。一陰不勝二陽，公病將已。』居三日，公病大愈，公且賜占夢者。占夢者曰：『此非臣之力，晏子教臣也。』公召晏子，且賜之。晏子曰：『占夢者以占之言對，故有益也。使臣言之，則不信矣。此占夢之力也，臣無功焉。』公兩賜之，曰：『以晏子不奪人之功，以占夢者不蔽人之能。』【略】

景公病疽在背，高子、國子請。公曰：『職當撫瘍。』高子進而撫瘍，公曰：『熱乎？』曰：『熱。』『熱何如？』曰：『如火。』『其色何如？』曰：『如未熟李。』『大小何如？』曰：『如豆。』『墮者何如？』曰：『如屨辨。』二子者出，晏子請見。公曰：『寡人有病，不能勝衣冠以出見夫子，夫子其辱視寡人乎？』晏子入，呼宰人具盥，御者具巾，刷手溫之，發席傅薦，跪請撫瘍。公曰：『其熱何如？』曰：『如日。』『其色何如？』曰：『如蒼玉。』『大小何如？』曰：『如璧。』『其墮者何如？』曰：『如珪。』晏子出，公曰：『吾不見君子，不知野人之拙也。』

又 卷一《內篇諫上》 景公畋於署梁，十有八日而不返。晏子自國往見公。比至，衣冠不正，不革衣冠，望游而馳。公望見晏子，下而急帶曰：『夫子何爲遽？國家無有故乎？』晏子對曰：『不亦急也！雖然，嬰願有復也。國人皆以君爲安野而不安國，好獸而惡民，毋乃不可乎？』公曰：『何哉？吾爲夫婦獄訟之不正乎？則泰士子牛存矣；爲社稷宗廟之不享乎？則泰祝子游存矣；爲諸侯賓客莫之應乎？則行人子羽存矣；爲田野之不僻，倉庫之不實？則申田存焉；爲國家之有餘不足聘乎？則吾子存矣。寡人之有五子，猶心之有四支，心有四支，故心得佚焉。今寡人有五子，故寡人得佚焉，豈不可哉！』晏子對曰：『嬰聞之，與君言異。若乃心之有四支，而心得佚焉，可；得令四支無心，十有八日，不亦久乎！』公於是罷畋而歸。

又 卷二《內篇諫下》 景公獵休，坐地而食，晏子後至，左右滅葭而席。公不說，曰：『寡人不席而坐地，二三子莫席，而子獨搴草而坐之，何也？』晏子對曰：『臣聞介胄坐陳不席，獄訟不席，尸坐堂上不席，三者皆憂也。故不敢以憂侍坐。』公曰：『諾。』令人下席曰：『大夫皆席，寡人亦席矣。』【略】

景公與晏子登寢而望國，公愀然而歎曰：『使後嗣世世有此，豈不可哉！』晏子曰：『臣聞明君必務正其治，以事利民，然後子孫享之。《詩》云：「武王豈不事，貽厥孫謀，以燕翼子。」今君處佚怠，逆政害民有日矣，而猶出若言，不亦甚乎！』公曰：『然則後世孰將把齊國？』對曰：『服牛死，夫婦哭，非骨肉之親也，爲其利之大也。欲知把齊國者，則其利之者邪？』公曰：『然，何以易？』對曰：『移之以善政。今公之牛馬老于欄牢，不勝服也；車蠹于巨戶，不勝乘也；衣裘襦袴，朽弊於藏，不勝衣也；醯醢腐，不勝沽也；酒醴酸，不勝飲也；府粟鬱而不勝食；又厚藉斂于百姓，而不以分餒民。夫藏財而不用，凶也，財苟失守，下其報環至。其次昧財之失守，委而不以分人者，百姓必進自分也。故君人者與其請于人，不如請于己也。』

又 卷一《內篇諫上》 景公遊於牛山，北臨其國城而流涕曰：『若何滂滂去此而死乎！』艾孔、梁丘據皆從而泣。晏子獨笑于旁，公刷涕而顧晏子曰：『寡人今日游悲，孔與據皆從寡人而涕泣，子之獨笑，何也？』晏子對曰：『使賢者常守之，則太公、桓公將常守之矣；使勇者常守之，則莊公、靈公將常守之矣。數君者將守之，則吾君安得此位而立焉？以其迭處之，迭去之，至于君也，而獨爲之流涕，是不仁也。不仁之君見一，諂諛之臣見二，此臣之所以獨竊笑也。』【略】

景公出遊於公阜，北面望睹齊國曰：『嗚呼！使古而無死，何如？』晏子曰：『昔者上帝以人之殁爲善，仁者息焉，不仁者伏焉。若使古而無死，丁公、太公將有齊國，桓、襄、文、武將皆相之，君將戴笠衣褐，執銚耨以蹲行畎畝之中，孰暇患死！』公忿然作色，不說。無幾何而梁丘據御六馬而來，公曰：『是誰也？』晏子曰：『據也。』公曰：『何如？』曰：『大暑而疾馳，甚者馬死，薄者馬傷，非據孰敢爲之！』公曰：『據與我和者夫！』晏子曰：『此所謂同也，所謂和者，君甘則臣酸，君淡則臣鹹。今據也甘君亦甘，所謂同也，安得爲和！』公忿然作色，不說。無幾何，日暮，公西面望睹彗星，召伯常騫，使禳去之。晏子曰：『不可！此天教也。日月之氣，風雨不時，彗星之出，天爲民之亂見之，故詔之妖祥，以戒不敬。今君若設文而受諫，謁聖賢人，雖不去彗，星將自亡。今

君嗜酒而并于樂，政不飾而寬于小人，近讒好優，惡文而疏聖賢人，何暇在彗！茀又將見矣。』公忿然作色，不說。及晏子卒，公出，背而泣曰：『嗚呼！昔者從夫子而游公阜，夫子一日而三責我，今誰責寡人哉！』

【略】

景公之時，熒惑守於虛，期年不去。公異之，召晏子而問曰：『吾聞之，人行善者天賞之，行不善者天殃之。熒惑，天罰也，今留虛，其孰當之？』晏子曰：『齊當之。』公不說，曰：『天下大國十二，皆曰諸侯，齊獨何以當？』晏子曰：『虛，齊野也。且天之下殃，固于富彊，爲善不用，出政不行，賢人使遠，讒人反昌，百姓疾怨，自爲祈祥，録録彊食，進死何傷！是以列舍無次，變星有芒，熒惑回逆，孽星在旁，有賢不用，安得不亡！』公曰：『可去乎？』對曰：『可致者可去，不可致者不可去。』公曰：『寡人爲之若何？』對曰：『盍去冤聚之獄，使反田矣；散百官之財，施之民矣；振孤寡而敬老人矣。夫若是者，百惡可去，何獨是孽乎！』公曰：『善。』行之三月，而熒惑遷。【略】

景公遊於麥丘，問其封人曰：『年幾何矣？』對曰：『鄙人之年八十五矣。』公曰：『壽哉！子其祝我。』封人曰：『使君之年長于胡，宜國家。』公曰：『善哉！子其復之。』曰：『使君之嗣，壽皆若鄙臣之年。』公曰：『善哉！子其復之。』封人曰：『使君無得罪于民。』公曰：『誠有鄙民得罪于君則可，安有君得罪于民者乎？』晏子諫曰：『君過矣！彼疏者有罪，戚者治之；賤者有罪，貴者治之；君得罪于民，誰將治之？敢問：桀紂，君誅乎，民誅乎？』公曰：『寡人固也。』於是賜封人麥丘以爲邑。

又 卷五《内篇雜上》 景公遊於壽宫，睹長年負薪者，而有飢色。公悲之，喟然歎曰：『令吏養之！』晏子曰：『臣聞之，樂賢而哀不肖，守國之本也。今君愛老，而恩無所不逮，治國之本也。』公笑，有喜色。晏子曰：『聖王見賢以樂賢，見不肖以哀不肖。今請求老弱之不養，鰥寡之無室者，論而共秩焉。』公曰：『諾。』於是老弱有養，鰥寡有室。

又 卷一《内篇諫上》 景公出遊于寒塗，睹死胔，默然不問。晏子諫曰：『昔吾先君桓公出游，睹饑者與之食，睹疾者與之財，使令不勞力，籍斂不費民。先君將游，百姓皆說曰：「君當幸遊吾鄉乎！」今君游于寒塗，據四十里之氓，殫財不足以奉斂，盡力不能周役民氓，饑寒凍餒，死胔相望，而君不問，失君道矣。財屈力竭，下無以親上；驕泰奢侈，上無以親下。上下交離，君臣無親，此三代之所以衰也。今君行之，嬰懼公族之危，以爲異姓之福也。』公曰：『然！爲上而忘下，厚藉斂而忘民，吾罪大矣。』於是斂死胔，發粟于民，據四十里之氓，不服政其年，公三月不出游。

又 卷五《内篇雜上》 景公登東門防，民單服然後上，公曰：『此大傷牛馬蹄矣，夫何不下六尺哉？』晏子對曰：『昔者吾先君桓公，明君也，而管仲賢相也。夫以賢相佐明君，而東門防全也，古者不爲，殆有爲也。蚤歲溜水至，入廣門，卽下六尺耳，鄉者防下六尺，則無齊矣。夫古之重變古常，此之謂也。』【略】

景公遊於紀，得金壺，乃發視之，中有丹書，曰：『食魚無反，勿乘駑馬。』公曰：『善哉！知苦言，食魚無反，則惡其鱢也；勿乘駑馬，惡其取道不遠也。』晏子對曰：『不然。食魚無反，毋盡民力乎！勿乘駑馬，則無置不肖于側乎！』公曰：『紀有書，何以亡也？』晏子對曰：『有以亡也。嬰聞之，君子有道，懸之閭。紀有此言，注之壺，不亡何待乎！』

又 卷一《内篇諫上》 景公射鳥，野人駭之。公怒，令吏誅之。晏子曰：『野人不知也。臣聞賞無功謂之亂，罪不知謂之虐。兩者，先王之禁也；以飛鳥犯先王之禁，不可！今君不明先王之制，而無仁義之心，是以從欲而輕誅。夫鳥獸，固人之養也，野人駭之，不亦宜乎！』公曰：『善！自今已後，弛鳥獸之禁，無以苛民也。』

又 卷七《外篇》 景公好弋，使燭鄒主鳥而亡之，公怒，詔吏殺之。晏子曰：『燭鄒有罪三，請數之以其罪而殺之。』公曰：『可。』於是召而數之公前，曰：『燭鄒！汝爲吾君主鳥而亡之，是罪一也；使吾君以鳥之故殺人，是罪二也；使諸侯聞之，以吾君重鳥以輕士，是罪三也。』數燭鄒罪已畢，請殺之。公曰：『勿殺！寡人聞命矣。』

又 卷一《内篇諫上》 景公使圉人養所愛馬，暴死，公怒，令人操刀解養馬者。是時晏子侍前，左右執刀而進，晏子止而問於公曰：『堯舜支解人，從何軀始？』公矍然曰：『從寡人始。』遂不支解。公曰：『以

屬獄。』晏子曰：『此不知其罪而死，臣爲君數之，使知其罪，然後致之獄。』公曰：『可。』晏子數之曰：『爾罪有三：公使汝養馬而殺之，當死罪一也；又殺公之所最善馬，當死罪二也；使公以一馬之故而殺人，百姓聞之必怨吾君，諸侯聞之必輕吾國，汝殺公馬，使怨積於百姓，兵弱於鄰國，汝當死罪三也。今以屬獄。』公喟然歎曰：『夫子釋之！夫子釋之！勿傷吾仁也。』

又 卷二《内篇諫下》 景公走狗死，公令外共之棺，内給之祭。晏子聞之，諫。公曰：『亦細物也，特以與左右爲笑耳。』晏子曰：『君過矣！夫厚藉斂不以反民，棄貨財而笑左右，傲細民之憂，而崇左右之笑，則國亦無望已。且夫孤老凍餒，而死狗有祭，鰥寡不恤，死狗有棺，行辟若此，百姓聞之，必怨吾君，諸侯聞之，必輕吾國。怨聚於百姓，而權輕于諸侯，而乃以爲細物，君其圖之。』公曰：『善。』趣庖治狗，以會朝屬。【略】

景公有所愛槐，令吏謹守之，植木縣之，下令曰：『犯槐者刑，傷之者死。』有不聞令，醉而犯之者，公聞之曰：『是先犯我令。』使吏拘之，且加罪焉。其女子往辭晏子之家，託曰：『負廓之民賤妾，請有道於相國，不勝其欲，願得充數乎下陳。』晏子聞之，笑曰：『嬰其淫於色乎？何爲老而見犇？雖然，是必有故。』令内之。女子入門，晏子望見之，曰：『怪哉！有深憂。』進而問焉，曰：『所憂何也？』對曰：『君樹槐縣令，犯之者刑，傷之者死。妾父不仁，不聞令，醉而犯之，吏將加罪焉。妾聞之，明君莅國立政，不損祿，不益刑，又不以私恚害公法，不爲禽獸傷人民，不爲草木傷禽獸，不爲野草傷禾苗。吾君欲以樹木之故殺妾父，孤妾身，此令行于民而法于國矣。雖然，妾聞之，勇士不以衆彊淩孤獨，明惠之君不拂是以行其所欲。此譬之猶自治魚鱉者也，去其腥臊者而已。昧墨與人比居庾肆，而教人危坐。今君出令于民，苟可法于國，而善益于後世，則父死亦當矣，妾爲之收亦宜矣。甚乎！今之令不然，以樹木之故，罪法妾父，妾恐其傷察吏之法，而害明君之義也。鄰國聞之，皆謂吾君愛樹而賤人，其可乎？願相國察妾言以裁犯禁者。』晏子曰：『甚矣！吾將爲子言之於君。』使人送之歸。明日，早朝，而復于公曰：『嬰聞之，窮民財力以供嗜欲謂之暴，崇玩好，威嚴擬乎君謂之逆，刑殺不辜謂之賊。此三者，守國之大殃。今君窮民財力，以羨餒食之具，繁鐘鼓之樂，極宮室之觀，行暴之大者；崇玩好，縣愛槐之令，載過者馳，步過者趨，威嚴擬乎君，逆之明者也；犯槐者刑，傷槐者死，刑殺不稱，賊民之深者。君享國，德行未見于衆，而三辟著于國，嬰恐其不可以莅國子民也。』公曰：『微大夫教寡人，幾有大罪以累社稷，今子大夫教之，社稷之福，寡人受命矣。』晏子出，公令趣罷守槐之役，拔置縣之木，廢傷槐之法，出犯槐之囚。【略】

景公樹竹，令吏謹守之。公出，過之，有斬竹者焉，公以車逐，得而拘之，將加罪焉。晏子入見，曰：『君亦聞吾先君丁公乎？』公曰：『何如？』晏子曰：『丁公伐曲沃，勝之，止其財，出其民。公日自莅之，有輿死人以出者，公怪之，令吏視之，則其中金與玉焉。吏請殺其人，收其金玉。公曰：「以兵降城，以衆圖財，不仁。且吾聞之，人君者，寬惠慈衆，不身傳誅。」令捨之。』公曰：『善！』晏子退，公令出斬竹之囚。

又 卷七《外篇》 景公登箐室而望，見人有斷雍門之橚者，公令吏拘之，顧謂晏子趣誅之。晏子默然不對。公曰：『雍門之橚，寡人所甚愛也，此見斷之，故使夫子誅之，默然而不應，何也？』晏子對曰：『嬰聞之，古者人君出，則闢道十里，非畏也；冕前有旒，惡多所見也；纊紘琉耳，惡多所聞也；大帶重半鈞，舃履倍重，不欲輕也。刑死之罪，日中之朝，君過之，則赦之，嬰未嘗聞爲人君而自坐其民者也。』公曰：『赦之，無使夫子復言。』

又 卷二《内篇諫下》 景公令兵摶治，當臘冰月之間而寒，民多凍餒，而功不成。公怒曰：『爲我殺兵二人。』晏子曰：『諾。』少間，晏子曰：『昔者先君莊公之伐於晉也，其役殺兵四人，今令而殺兵二人，是師殺之半也。』公曰：『諾！是寡人之過也。』令止之。

又 卷八《外篇》 仲尼曰：『靈公汙，晏子事之以整齊；莊公壯，晏子事之以宣武；景公奢，晏子事之以恭儉：君子也！相三君而善不通下，晏子細人也。』晏子聞之，見仲尼曰：『嬰聞君子有譏於嬰，是以來見。如嬰者，豈能以道食人者哉！嬰之宗族待嬰而祀其先人者數百家，與齊國之閑士待嬰而舉火者數百家，臣爲此仕者也。如臣者，豈能以道食人者哉！』晏子出，仲尼送之以賓客之禮，再拜其辱。反，命門弟子曰：

『救民之姓而不夸，行補三君而不有，晏子果君子也。』

又　卷二《内篇諫下》　梁丘據死，景公召晏子而告之，曰：『據忠且愛我，我欲豐厚其葬，高大其壟。』晏子曰：『敢問據之忠與愛于君者，可得聞乎？』公曰：『吾有喜于玩好，有司未能我具也，則據以其所有共我，是以知其忠也；每有風雨，暮夜求必存，吾是以知其愛也。』晏子曰：『嬰對則爲罪，不對則無以事君，敢不對乎！嬰聞之，臣專其君，謂之不忠；子專其父，謂之不孝；妻專其夫，謂之嫉。事君之道，導親于父兄，有禮于羣臣，有惠于百姓，有信于諸侯，謂之忠；爲子之道，以鍾愛其兄弟，施行于諸父，慈惠于衆子，誠信于朋友，謂之孝；爲妻之道，使其衆妾皆得歡忻於其夫，謂之不嫉。今四封之民，皆君之臣也，而維據盡力以愛君，何愛者之少邪？四封之貨，皆君之有也，而維據也以其私財忠于君，何忠者之寡邪？據之防塞羣臣，擁蔽君，無乃甚乎？』公曰：『善哉！微子，寡人不知據之至於是也。』遂罷爲壟之役，廢厚葬之令，令有司據法而責，羣臣陳過而諫。故官無廢法，臣無隱忠，而百姓大説。【略】

景公之嬖妾嬰子死，公守之，三日不食，膚著于席不去。左右以復，而君無聽焉。晏子入，復曰：『有術客與醫俱言曰：「聞嬰子病死，願請治之。」』公喜，遽起，曰：『病猶可爲乎？』晏子曰：『客之道也，以爲良醫也，請嘗試之。君請屏，潔沐浴飲食，間病者之宫，彼亦將有鬼神之事焉。』公曰：『諾。』屏而沐浴。晏子令棺人入斂，已斂，而復曰：『醫不能治病，已斂矣，不敢不以聞。』公作色不説，曰：『夫子以醫命寡人，而不使視，將斂而不以聞，吾之爲君，名而已矣。』晏子曰：『君獨不知死者之不可以生邪？嬰聞之，君正臣從謂之順，君僻臣從謂之逆。今君不道順而行僻，從邪者邇，導害者遠，讒諛萌通，而賢良廢滅，是以諂諛繁于間，邪行交于國也。昔吾先君桓公用管仲而霸，嬖乎豎刁而滅，今君薄于賢人之禮，而厚嬖妾之哀。且古聖王畜私不傷行，斂死不失愛，送死不失哀。行傷則溺己，愛失則傷生，哀失則害性。是故聖王節之也。即畢斂，不留生事，棺椁衣衾，不以害生養，哭泣處哀，不以害生道。今朽尸以留生，廣愛以傷行，修哀以害性，君之失矣。故諸侯之賓客慚入吾國，本朝之臣慚守其職，崇君之行，不可以導民，從君之欲，不可以持國。且嬰聞之，朽而不斂，謂之僇尸，臭而不收，謂之陳胔。反明王之性，行百姓之誹，而内嬖妾于僇胔，此之爲不可。』公曰：『寡人不識，請因夫子而爲之。』晏子復曰：『國之士大夫，諸侯四鄰賓客，皆在外，君其哭而節之。』仲尼聞之曰：『星之昭昭，不若月之曀曀，小事之成，不若大事之廢，君子之非，賢于小人之是也。其晏子之謂歟！』

《列子》卷六《力命篇》　齊景公游於牛山，北臨其國城而流涕曰：『美哉國乎！鬱鬱芊芊，若何滴滴去此國而死乎？使古無死者，寡人將去斯而之何？』史孔梁丘據皆從而泣曰：『臣賴君之賜，疏食惡肉可得而食，駑馬稜車可得而乘也；且猶不欲死，而況吾君乎？』晏子獨笑於旁。公雪涕而顧晏子曰：『寡人今日之游悲，孔與據皆從寡人而泣，子之獨笑，何也？』晏子對曰：『使賢者常守之，則太公桓公將常守之矣；使有勇者而常守之，則莊公靈公將常守之矣。數君者將守之，吾君方將被蓑笠而立乎畎畝之中，唯事之恤，行假念死乎？則吾君又安得此位而立焉？以其迭處之迭去之，至於君也，而獨爲之流涕，是不仁也。見不仁之君，見諂諛之臣。臣見此二者，臣之所爲獨竊笑也。』景公慚焉，舉觴自罰。罰二臣者各二觴焉。

《史記》卷一四《十二諸侯年表》　（齊莊公三年）晉欒逞來奔，晏嬰曰：『不如歸之。』【略】

（齊莊公五年）畏晉通楚，晏子謀。【略】

（齊景公四年）吳季札來使，與晏嬰歡。【略】

（齊景公九年）晏嬰使晉，見叔向曰：『齊政歸田氏。』叔向曰：『晉公室卑。』【略】

（魯昭公二十年）齊景公與晏子狩，入魯問禮。【略】

（齊景公三十二年）彗星見。晏子曰：『田氏有德於齊，可畏。』

又　卷三二《齊太公世家》　（齊靈公）二十七年，晉使中行獻子伐齊。齊師敗，靈公走入臨菑。晏嬰止靈公，靈公弗從。曰：『君亦無勇矣！』晉兵遂圍臨菑，臨菑城守不敢出，晉焚郭中而去。

莊公三年，晉大夫欒盈奔齊，莊公厚客待之。晏嬰、田文子諫，公弗聽。

（齊）景公立，以崔杼爲右相，慶封爲左相。二相恐亂起，乃與國人

盟曰：『不與崔慶者死！』晏子仰天曰：『嬰所不［獲］唯忠於君利社稷者是從！』不肯盟。慶封欲殺晏子，崔杼曰：『忠臣也，舍之。』

九年，景公使晏嬰之晉，與叔向私語曰：『齊政卒歸田氏。田氏雖無大德，以公權私，有德於民，民愛之。』十二年，景公如晉，見平公，欲與伐燕。十八年，公復如晉，見昭公。二十六年，獵魯郊，因入魯，與晏嬰俱問魯禮。三十一年，魯昭公辟季氏難，奔齊。齊欲以千社封之，子家止昭公，昭公乃請齊伐魯，取鄆以居昭公。

三十二年，彗星見。景公坐柏寢，歎曰：『堂堂！誰有此乎？』羣臣皆泣，晏子笑，公怒。晏子曰：『臣笑羣臣諛甚。』景公曰：『彗星出東北，當齊分野，寡人以爲憂。』晏子曰：『君高臺深池，賦斂如弗得，刑罰恐弗勝，茀星將出，彗星何懼乎？』公曰：『可禳否？』晏子曰：『使神可祝而來，亦可禳而去也。百姓苦怨以萬數，而君令一人禳之，安能勝衆口乎？』是時景公好治宮室，聚狗馬，奢侈，厚賦重刑，故晏子以此諫之。

又　卷三九《晉世家》　（晉）平公元年，伐齊，齊靈公與戰靡下，齊師敗走。晏嬰曰：『君亦毋勇，何不止戰？』遂去。晉追，遂圍臨菑，盡燒屠其郭中。東至膠，南至沂，齊皆城守，晉乃引兵歸。

十九年，齊使晏嬰如晉，與叔嚮語。叔嚮曰：『晉，季世也。公厚賦爲臺池而不恤政，政在私門，其可久乎！』晏子然之。

又　卷四三《趙世家》　文子生景叔。景叔之時，齊景公使晏嬰於晉，晏嬰與晉叔向語。嬰曰：『齊之政後卒歸田氏。』叔向亦曰：『晉國之政將歸六卿。六卿侈矣，而吾君不能恤也。』

又　卷四六《田敬仲完世家》　晉之大夫欒逞作亂於晉，來奔齊，齊莊公厚客之。晏嬰與田文子諫，莊公弗聽。

又　卷六四《司馬穰苴列傳》　司馬穰苴者，田完之苗裔也。齊景公時，晉伐阿、甄，而燕侵河上，齊師敗績。景公患之。晏嬰乃薦田穰苴曰：『穰苴雖田氏庶孽，然其人文能附衆，武能威敵，願君試之。』景公召穰苴，與語兵事，大說之，以爲將軍，將兵扞燕晉之師。

漢·劉向《説苑》卷七《政理》　晏子治東阿，三年，景公召而數之曰：『吾以子爲可，而使子治東阿，今子治而亂，子退而自察也，寡人將加大誅於子。』晏子對曰：『臣請改道易行，而治東阿，三年不治，臣請死之。』景公許之。於是明年上計，景公迎而賀之曰：『甚善矣，子之治東阿也！』晏子對曰：『前臣之治東阿也，屬託不行，貨賂不至，陂池之魚，以利貧民，當此之時，民無飢者，而君反以罪臣；今臣後之治東阿也，屬託行，貨賂至，并會賦斂，倉庫少內，便事左右，陂池之魚，入於權家，當此之時，飢者過半矣，君乃反迎而賀臣。愚不能復治東阿，願乞骸骨，避賢者之路。』再拜便辟。景公乃下席而謝之曰：『子强復治東阿；東阿者，子之東阿也，寡人無復與焉。』

又　卷一《君道》　齊景公問於晏子曰：『寡人欲從夫子而善齊國之政。』對曰：『嬰聞之，國具官而後政可善。』景公作色曰：『齊國雖小，則何爲不具官乎？』對曰：『此非臣之所復也。昔先君桓公身體墮懈，辭令不給，則隰朋侍；左右多過，刑罰不中，則弦章侍；居處肆縱，左右懾畏，則東郭牙侍；田野不修，人民不安，則寧戚侍；軍吏怠，戎士偷，則王子成父侍；德義不中，信行衰微，則筦子侍。先君能以人之長續其短，以人之厚補其薄；是以辭令窮遠而不逆，兵加於有罪而不頓；是故諸侯朝其德而天子致其胙。今君之失多矣，未有一士以聞者也，故曰未具。』景公曰：『善！吾聞高繚與夫子游，寡人請見之。』晏子曰：『臣聞爲地戰者不能成王，爲祿仕者不能成政。若高繚與嬰爲兄弟久矣，未嘗干嬰之過，補嬰之闕，特祿仕之臣也，何足以補君。』

又　卷七《政理》　齊侯問於晏子曰：『爲政何患？』對曰：『患善惡之不分。』公曰：『何以察之？』對曰：『審擇左右，左右善，則百僚各得其所宜而善惡分。』孔子聞之曰：『此言也信矣。善進，則不善無由入矣；不善進，則善無由入矣。』**【略】**

齊人甚好轂擊相犯以爲樂，禁之不止。晏子患之，乃爲新車良馬，出與人相犯也，曰：『轂擊者不祥，臣其祭祀不順，居處不敬乎？』下車棄而去之。然後國人乃不爲。故曰：禁之以制，而身不先行也，民不冒止，故化其心莫若教也。』**【略】**

景公好婦人而丈夫飾者，國人盡服之，公使吏禁之，曰：『女子而男子飾者，裂其衣，斷其帶。』裂衣斷帶相望而不止。晏子見，公曰：『寡人使吏禁女子而男子飾者，裂其衣斷其帶相望而不止者，何也？』對曰：

「君使服之於内，而禁之於外，猶懸牛首於門，而求買馬肉也。公胡不使内勿服，則外莫敢爲也！」公曰：「善。」使内勿服，不旋月，而國莫之服也。

又 卷九《正諫》 景公正晝被髮，乘六馬，御婦人，以出正閨。刖跪擊其馬而反之，曰：「爾非吾君也。」公慚而不朝。晏子睹裔款而問曰：「君何故不朝？」對曰：「昔者，君正晝被髮，乘六馬，御婦人，以出正閨，刖跪擊其馬而反之，曰：『爾非吾君也。』公慚而反，不果出，是以不朝。」晏子入見，公曰：「昔者，寡人有罪，被髮，乘六馬以出正閨，刖跪擊其馬而反之，曰：『爾非吾君也。』寡人以子大夫之賜，得率百姓以守宗廟，今見戮於刖跪，以辱社稷，吾猶可以齊於諸侯乎？」晏子對曰：「君無惡焉。臣聞之，下無直辭，上有隱君，民多諱言，君有驕行。古者，明君在上，下有直辭，君上好善，民無諱言。今君有失行，而刖跪有直辭，是君之福也，故臣來慶。請賞之，以明君之好善；禮之，以明君之受諫！」公笑曰：「可乎？」晏子曰：「可。」於是令刖跪倍資無正，時朝無事。

又 卷二《臣術》 晏子侍於景公，公曰：「朝寒，請進熱食。」對曰：「嬰非君之廚養臣也，敢辭。」公曰：「請進服裘。」對曰：「嬰非君田澤之臣也，敢辭。」公曰：「然。夫子於寡人奚爲者也？」對曰：「社稷之臣也。」公曰：「何謂社稷之臣？」對曰：「社稷之臣，能立社稷；辨上下之宜，使得其理；制百官之序，使得其宜；作爲辭令，可分佈于四方。」自是之後，君不以禮不見晏子也。

又 卷九《正諫》 景公飲酒，移於晏子家，前驅報閭，曰：「君至」。晏子被玄端，立於門，曰：「諸侯得微有故乎？國家得微有故乎？君何爲非時而夜辱？」公曰：「酒醴之味，金石之聲，願與夫子樂之。」晏子對曰：「夫布薦席、陳簠簋者有人，臣不敢與焉。」公曰：「移於司馬穰苴之家。」前驅報閭，曰：「君至。」司馬穰苴介冑操戟，立於門，曰：「諸侯得微有兵乎？大臣得微有叛者乎？君何爲非時而夜辱？」公曰：「酒醴之味，金石之聲，願與夫子樂之。」對曰：「夫布薦席、陳簠簋者有人，臣不敢與焉。」公曰：「移於梁邱據之家。」前驅報閭，曰：「君至」。梁丘據左操瑟，右挈竽，行歌而至，公曰：「樂哉！今夕吾飲酒也。微彼二子者，何以治吾國！微此一臣者，何以樂吾身！君子曰：「賢聖之君，皆有益友，無偷樂之臣，景公弗能及，故兩用之，僅得不亡。」

又 卷一三《權謀》 齊侯問於晏子曰：「當今之時，諸侯孰危？」對曰：「莒其亡乎！」公曰：「奚故？」對曰：「地侵於齊，貨竭於晉，是以亡也。」

又 卷八《尊賢》 齊景公伐宋，至於岐隄之上，登高以望，太息而歎曰：「昔我先君桓公，長轂八百乘，以霸諸侯；今我長轂三千乘，而不敢久處於此者，豈其無管仲歟！」弦章對曰：「臣聞之，水廣則魚大，君明則臣忠。昔有桓公，故有管仲；今桓公在此，則車下之臣盡管仲也。」

又 卷一二《奉使》 晏子使吳，吳王曰：「寡人得寄僻陋蠻夷之鄉，希見教君子之行，請私而毋爲罪！」晏子憱然避位。吳王曰：「吾聞齊君蓋賊以慢，野以暴，吾子容焉，何甚也？」晏子逡巡而對曰：「臣聞之：精事不通，麤事不能者，必勞；大事不得，小事不爲者，必貧；大者不能致人，小者不能至人之門者，必困。此臣之所以仕也。如臣，豈能以道食人者哉？」晏子出，王笑曰：「今日吾譏晏子也，猶倮而訾高橛者。」【略】

晏子使楚，晏子短，楚人爲小門於大門之側而延晏子。晏子不入，曰：「使至狗國者，從狗門入。今臣使楚，不當從此門入。」儐者更道從大門入。見楚王，王曰：「齊無人耶？」晏子對曰：「齊之臨淄三百閭，張袂成帷，揮汗成雨。比肩繼踵而在，何爲無人？」王曰：「然則何爲使子？」晏子對曰：「齊命使各有所主。其賢者使賢主，不肖者使不肖主。嬰最不肖，故宜使楚耳。」【略】

景公使晏子使於楚。楚王進橘置削，晏子不剖而并食之。楚王曰：「橘當去剖。」晏子對曰：「臣聞之，賜人主前者，瓜桃不削，橘柚不剖。今萬乘無教，臣不敢剖；不然，臣非不知也。」

又 卷一八《辨物》 齊大旱之時，景公召羣臣問曰：「天不雨久矣，民且有饑色。吾使人卜之，祟在高山廣水。寡人欲少賦斂以祠靈山，可乎？」羣臣莫對。晏子進曰：「不可，祠此無益也。夫靈山固以石爲身，以草木爲髮，天久不雨，髮將焦，身將熱，彼獨不欲雨乎？祠之無

益。」景公曰：「不然，吾欲祠河伯，可乎？」晏子曰：「不可，祠此無益也。夫河伯以水爲國，以魚鱉爲民；天久不雨，水泉將下，百川將竭，國將亡，民將滅矣，彼獨不用雨乎？祠之何益？」景公曰：「今爲之奈何？」晏子曰：「君誠避宮殿暴露，與靈山、河伯共憂，其幸而雨乎。」於是景公出野暴露，三日，天果大雨，民盡得種樹。景公曰：「善哉！晏子之言，可無用乎？其惟有德也。」

又 卷一四《至公》 齊景公嘗賞賜及後宮，文繡被臺榭，菽粟食鳧鴈。出而見殣，謂晏子曰：「此何爲死？」晏子對曰：「此餧而死。」公曰：「嘻！寡人之無德也何甚矣。」晏子對曰：「君之德著而彰，何爲無德也？」景公曰：「何謂也？」對曰：「君之德及後宮與臺榭；君之玩物，衣以文繡；君之鳧鴈，食以菽粟；君之營內自樂，延及後宮之族；何爲其無德也！顧臣願有請於君，由君之意，自樂之心，推而與百姓同之，則何殣之有？君不推此，而苟營內好私，使財貨偏有所聚，菽粟幣帛，腐於囷府，惠不遍加于百姓，公心不周乎萬國，則桀、紂之所以亡也。夫士民之所以叛，由偏之也。君如察臣嬰之言，推君之盛德，公佈之於天下，則湯、武可爲之，一殣何足恤哉？」

又 卷九《正諫》 晏子復於景公曰：「朝居嚴乎？」公曰：「朝居嚴則曷害於國家哉？」晏子對曰：「朝居嚴，則下無言，下無言則上無聞矣。下無言則謂之瘖，上無聞則謂之聾，聾瘖則非害治國家如何也？且合菽粟之微，以滿倉廩，合疏縷之緯，以成幃幕，太山之高，非一石也，累卑然後高也。夫治天下者，非用一士之言也，固有受而不用，惡有距而不入者哉？」

又 卷一八《辨物》 齊景公爲露寢之臺，成而不通焉。柏常騫曰：「爲臺甚急，臺成君何爲不通焉？」公曰：「然。梟昔者鳴，其聲無不爲也。吾惡之甚，是以不通焉。」柏常騫曰：「臣請禳而去之。」公曰：「何具？」對曰：「築新室爲置白茅焉。」公使爲室，成，置白茅焉。柏常騫夜用事。明日，問公曰：「今昔聞梟聲乎？」公曰：「一鳴而不復聞。」使人往視之，梟當陛布翼，伏地而死。公曰：「子之道若此其明也，亦能益寡人壽乎？」對曰：「能。」公曰：「能益幾何？」對曰：「天子九，諸侯七，大夫五。」公曰：「亦有徵兆之見乎？」對曰：「得壽地且動。」公喜，令百官趣具騫之所求。柏常騫出，遭晏子於塗，拜馬前，辭曰：「騫爲君禳梟而殺之。君謂騫曰：『子之道若此其明也，亦能益寡人壽乎？』騫曰：『能。』今且大祭，爲君請壽，故將往以聞。」晏子曰：「嘻！亦善矣，能爲君請壽也。雖然，吾聞之，惟以政與德順乎神，爲可以益壽。今徒祭可以益壽乎？然則福兆有見乎？」對曰：「得壽地將動。」晏子曰：「騫，昔吾見維星絕，樞星散，地其動，汝以是乎？」柏常騫俯有間，仰而對曰：「然。」晏子曰：「爲之無益，不爲無損也。薄賦斂，無費民，且令君知之！」

又 卷一《君道》 齊景公出獵，上山見虎，下澤見蛇。歸，召晏子而問之曰：「今日寡人出獵，上山則見虎，下澤則見蛇，殆所謂之不祥也？」晏子曰：「國有三不祥，是不與焉。夫有賢而不知，一不祥；知而不用，二不祥；用而不任，三不祥也。所謂不祥，乃若此者也。今上山見虎，虎之室也；下澤見蛇，蛇之穴也。如虎之室，如蛇之穴，而見之，曷爲不祥也！」。

又 卷一七《雜言》 齊景公問晏子曰：「寡人自以坐地，二三子皆坐地，吾子獨搴草而坐之，何也？」晏子對曰：「嬰聞之，唯喪與獄坐於地。今不敢以喪獄之事侍於君矣。」

又 卷一八《辨物》 景公畋於梧邱，夜猶蚤，公姑坐睡，而夢有五丈夫，北面倖盧，稱無罪焉。公覺，召晏子而告其所夢。公曰：「我其嘗殺不辜而誅無罪耶？」晏子對曰：「昔者先君靈公畋，五丈夫罟而駭獸，故殺之。斷其首而葬之，曰『五丈夫之邱』。其此耶？」公令人掘而求之，則五頭同穴而存焉。公曰：「嘻！」令吏葬之。國人不知其夢也，曰：「君憫白骨，而況於生者乎？」不遺餘力矣，不釋余智矣。故曰人君之爲善易矣。

又 卷五《貴德》 景公遊於壽宮，覩長年負薪而有飢色，公悲之，喟然歎曰：「令吏養之。」晏子曰：「臣聞之，樂賢而哀不肖，守國之本也。今君愛老而恩無不逮，治國之本也。」公笑有喜色。晏子曰：「聖王見賢以樂賢，見不肖以哀不肖。今請求老弱之不養，鰥寡之不室者，論而共秩焉。」景公曰：「諾。」於是老弱有養，鰥寡有室。

又 卷九《正諫》 齊景公遊於海上而樂之，六月不歸，令左右曰：

『敢有先言歸者，致死不赦。』顏燭趨進諫曰：『君樂治海上，不樂治國，而六月不歸，彼儻有治國者，君且安得樂此海也？』景公援戟將斫之。顏燭趨進，撫衣待之，曰：『君奚不斫也？昔者桀殺關龍逢，紂殺王子比干；君之賢，非此二主也，臣之材，非此二子也，君奚不斫？以臣參此二人者，不亦可乎？』景公説，遂歸，中道聞國人謀不內矣。

又　卷五《貴德》　景公探爵鷇，鷇弱，故反之。晏子聞之，不待請而入見。景公汗出惕然。晏子曰：『君胡爲者也？』景公曰：『我探爵鷇，鷇弱，故反之。』晏子逡巡北面再拜而賀曰：『吾君有聖王之道矣。』景公曰：『寡人入探爵鷇，鷇弱，故反之，其當聖王之道者何也？』晏子對曰：『君探爵鷇，鷇弱故反之，是長幼也。吾君仁愛，禽獸之加焉，而況於人乎？此聖王之道也。』

漢・劉向《新序》卷五《雜事》　齊侯問於晏子曰：『忠臣之事君，何若？』對曰：『有難不死，出亡不送。』君曰：『列地而與之，疏爵而貴之，君有難不死，出亡不送，可謂忠乎？』對曰：『言而見用，終身無難，臣奚死焉？諫而見從，終身不亡，臣奚送焉？若言而不見用，有難而死，是妄死也；諫不見從，出亡而送，是詐爲也。故忠臣也者，能盡善與君，而不能陷於難。』

又　卷六《刺奢》　齊景公飲酒而樂，釋衣冠自鼓缶，謂侍者曰：『仁人亦樂是夫？』梁丘子曰：『仁人耳目亦猶人也？奚爲獨不樂此也。』公曰：『速駕迎晏子。』晏子朝服以至。公曰：『寡人甚樂此樂也，願與夫子共之，請去禮。』晏子對曰：『君之言過矣，齊國五尺之童子，力盡勝嬰而又勝君，所以不敢亂者，畏禮也。上若無禮，無以使其下；下若無禮，無以事其上。夫麋鹿唯無禮，故父子同麀。人之所以貴於禽獸者，以有禮也，《詩》曰：「人而無禮，胡不遄死？」故禮不可去也。』公曰：『寡人無良，左右淫湎寡人，以至於此，請殺之。』晏子曰：『左右無罪，君若好禮，左右有禮者至，無禮者去。君若惡禮，亦將如之。』公曰：『善。請革衣冠，更受命。』乃廢酒而更尊朝服而坐，觴三行，晏子趨出。

又　卷一《雜事》　晉平公欲伐齊，使范昭往觀焉。景公賜之酒，酣，范昭曰：『願詣君之樽酌。』公曰：『酌寡人之樽，進之於客。』范昭已飲，晏子曰：『徹樽更之，樽觶具矣。』范昭佯醉，不悦而起舞，請太師曰：『能爲我調成周之樂乎？吾爲子舞之。』太師曰：『冥臣不習。』范昭趨而出。

景公謂晏子曰：『晉大國也，使人來，將觀吾政也。今子怒大國之使者，將奈何？』晏子曰：『夫范昭之爲人，非陋而不識禮也，且欲試吾君臣，故絶之也。』景公謂太師曰：『子何不爲客調成周之樂乎？』太師對曰：『夫成周之樂，天子之樂也，若調之，必人主舞之。今范昭人臣也，而欲舞天子之樂，臣故不爲也。』范昭歸以告平公曰：『齊未可伐也。臣欲試其君，而晏子識之；臣欲犯其禮，而太師知之。』仲尼聞之曰：『夫不出於樽俎之間，而知千里之外。』其晏子之謂也。可謂折衝矣，而太師其與焉。

漢・劉向《列女傳》卷六《辨通傳・齊傷槐女》　齊傷槐女者，傷槐衍之女也。名婧。景公有所愛槐，使人守之，植木懸之，下令曰：『犯槐者刑，傷槐者死。』於是衍醉而傷槐，景公聞之曰：『是先犯我令。』使吏拘之，且加罪焉。婧懼，乃造於相晏子之門，曰：『賤妾不勝其欲，願得備陳於下。』晏子聞之，笑曰：『嬰其有淫色乎？何爲老而見奔？殆有説。內之至哉！』既入門，晏子望見之曰：『怪哉，有深憂！』進而問焉。對曰：『妾父衍幸得充城郭爲公民，見陰陽不調，風雨不時，五穀不滋之故，禱祠於名山神水，不勝曲蘖之味，先犯君令，醉至於此，罪故當死。妾聞明君之莅國也，不損祿而加刑，又不以私恚害公法，不爲六畜傷民人，不爲野草傷禾苗。昔者宋景公之時，大旱，三年不雨，召太卜而卜之曰：「當以人祀之。」景公乃降堂，北面稽首曰：「吾所以請雨者，乃爲吾民也。今必當以人祀，寡人請自當之。」言未卒，天大雨，方千里。所以然者，何也？以能順天慈民也。今吾君樹槐，令犯者死，欲以槐之故殺婧之父，孤妾之身，妾恐傷執政之法而害明君之義也。鄰國聞之，皆謂君愛樹而賤人，其可乎？』晏子惕然而悟。明日朝，謂景公曰：『嬰聞之，窮民財力謂之暴，崇玩好，威嚴令謂之逆，刑殺不正謂之賊。夫三者，守國之大殃也。今君窮民財力，以美飲食之具，繁鐘鼓之樂，極宮室之觀，行暴之大者也；崇玩好，威嚴令，是逆民之明者也；犯槐者刑，傷槐者死，刑殺不正，賊民之深者也。』公曰：『寡人敬受命。』晏子出，景公卽時命罷守槐之役，拔植懸之木，廢傷槐之法，出犯槐之囚。君子

曰：傷槐女能以辭免。《詩》云：『是究是圖，亶其然乎！』此之謂也。

漢・韓嬰《韓詩外傳》卷四《第十二章》 晏子聘魯，上堂則趨，授玉則跪。子貢怪之，問孔子曰：『晏子知禮乎？今者晏子來聘魯，上堂則趨，授玉則跪，何也？』孔子曰：『其有方矣。待其見我，我將問焉。』俄而晏子至，孔子問之，晏子對曰：『夫上堂之禮，君行一，臣行二。今君行疾，臣敢不趨乎？今君之授幣也卑，臣敢不跪乎？』孔子曰：『善！禮中又有禮。賜寡使也，何足以識禮也！』《詩》曰：『禮義卒度，笑語卒獲。』晏子之謂也。

又 卷八《第十二章》 齊景公使使於楚，楚王與之上九重之臺，顧使者曰：『齊亦有臺若此者乎？』使者曰：『吾君有治位之堂，土階三等，茅茨不翦，采椽不斲，猶以謂爲之者勞，居之者泰。吾君惡有臺若此者乎？』於是楚王蓋悒如也。使者可謂不辱君命，其能專對矣。

又 《第二十七章》 齊有得罪於景公者。景公大怒，縛置之殿下，召左右肢解之，敢諫者誅。晏子左手持頭，右手磨刀，仰而問曰：『古者明王聖主，其肢解人，不審從何肢始也？』景公離席曰：『縱之！罪在寡人。』《詩》曰：『好是正直。』

又 卷九《第十章》 齊景公出弋昭華之池，使顔斲聚主鳥而亡之。景公怒而欲殺之，晏子曰：『夫斲聚有死罪四，請數而誅之。』景公曰：『諾。』晏子曰：『斲聚！汝爲吾君主鳥而亡之，是罪一也。使吾君以鳥之故而殺人，是罪二也。使四國諸侯聞之，以吾君重鳥而輕士，是罪三也。天子聞之，必將貶絀吾君，危其社稷，絶其宗廟，是罪四也。此四罪者，故當殺無赦，臣請加誅焉。』景公曰：『止！此吾過矣。願夫子爲寡人敬謝焉。』《詩》曰：『邦之司直。』

又 《第二十六章》 晏子之妻布衣紵表。田無宇譏之曰：『出於室何爲者也？』晏子曰：『臣家也。』田無宇曰：『位爲中卿，食田七十萬，何用是人爲畜之？』晏子曰：『棄老取少謂之瞽，貴而忘賤謂之亂，見色而説謂之逆。吾豈以逆亂瞽之道哉。』

又 卷一〇《第十一章》 齊景公遊於牛山之上，而北望齊，曰：『美哉國乎！鬱鬱蓁蓁。使古而無死者，則寡人將去此而何之！』俯而泣下沾襟。國子高子曰：『然！臣賴君之賜，疏食惡肉可得而食也，駑馬柴車可得而乘也，且猶不欲死，而況君乎！』又俯而泣。晏子笑曰：『樂哉，今日嬰之游也！見怯君一而諛臣二。使古而無死者，則太公至今猶存。吾君方今將被蓑笠而立乎畎畝之中，惟農事之恤，何暇念死乎！』景公慙而舉觴自罰，因罰二臣。

又 《第十七章》 齊景公遣晏子南使楚。楚王聞之，謂左右曰：『齊遣晏子使寡人之國，幾至矣。』左右曰：『晏子，天下之辯士也。與之議國家之務，則不如也。與之論往古之術，則不如也。王獨可以與晏子坐，使有司束人過王，王問之，使言齊人善盜，故束之。是宜可以困之。』王曰：『善。』晏子至，卽與之坐。圖國之急務，辨當世之得失，再舉再窮，王默然無以續語。居有間，束徒以過之。王曰：『何爲者也？』有司對曰：『是齊人善盜，束而詣吏。』王欣然大笑曰：『齊乃冠帶之國，辯士之化，固善盜乎？』晏子曰：『然。固取之。王不見夫江南之樹乎？名橘，樹之江北，則化爲枳。何則？土地使然爾。夫子處齊之時，冠帶而立，儼有伯夷之廉，今居楚而善盜，意土地之化使然爾。王又何怪乎？』《詩》曰：『無言不酬，無德不報。』

又 《第二十章》 齊景公出田，十有七日而不反。晏子乘而往。比至，衣冠不正。景公見而怪之曰：『夫子何遽乎？得無有急乎？』晏子對曰：『然，有急。國人皆以君爲惡民所禽。臣聞之：魚鼈厭深淵而就乾淺，故得於釣網。禽獸厭深山而下於都澤，故得於田獵。今君出田十有七日而不反，不亦過乎？』景公曰：『不然。爲賓客莫應待邪？則行人子牛在。爲宗廟而不血食邪？則祝人太宰在。爲獄不中邪？則大理子幾在。爲國家有餘不足邪？則巫賢在。寡人有四子，猶有四肢也，而得代焉，不可患焉！』。晏子曰：『然，人心有四肢而得代焉則善矣，令四肢無心，十有七日不死乎？』景公曰：『善哉言！』遂援晏子之手，與驂乘而歸。若晏子者，可謂善諫者矣。

漢・劉安《淮南子》卷二一《要略》 齊景公内好聲色，外好狗馬，獵射亡歸，好色無辯，作爲路寢之臺，族鑄大鍾，撞之庭下，郊雉皆呴，一朝用三千鍾贛，梁丘據、子家噲導於左右，故晏子之諫生焉。

宋・李昉等《太平御覽》卷九六五《果部二・棗》 《晏子春秋》曰：景公謂晏子曰：『東海之中，有水而赤，其中有棗，華而不實，何

也？」晏子曰：『昔者，秦穆公乘龍理天下，以黄布裹蒸棗，至海而投其棗布，故水赤，蒸棗故華而不實。」公曰：『吾佯問子耳。』對曰：『嬰聞之，佯問者亦佯對。』

又 卷五七五《樂部十三・鐘》 《晏子》曰：齊景公爲大鐘，將懸之，仲尼、柏常騫、晏子三人俱來朝，皆曰：『鍾將毁。』撞之果毁。公召三子問之，晏子曰：『鐘大非禮，是以曰將毁。』仲尼曰：『鐘大懸下，其氣不得上薄，是以曰將毁。』柏常騫曰：『今日庚申，雷日也，陰莫勝於雷，是以曰將毁。』

清・徐乾學《讀禮通考》卷四引《晏子春秋》 晏子，居晏桓子之喪，麤衰斬，苴絰帶杖，菅屨，食粥，居倚廬，寢苫，其家老曰：『非大夫喪父之禮也。』晏子曰：『唯卿爲大夫。』曾子以問孔子，孔子曰：『晏子可謂能遠害矣，不以己之是，駮人之非，遜辭以避咎，義也夫。』

論説

唐・羅隱《兩同書》卷上《强弱第二》 夫强不自强，因弱以奉强；弱不自弱，因强以禦弱。故弱爲强者所伏，强爲弱者所宗。上下相制，自然之理也。然則所謂强者，豈壯勇之謂耶？所謂弱者，豈怯懦之謂耶？蓋在乎有德，不在乎多力也。何以言之？夫金者，天下之至剛也；水者，天下之至柔也。金雖剛矣，折之而不可以續；水雖柔矣，斬之而不可以斷。則水柔能成其剛，金剛不輟其弱也。故晏嬰之侏儒耳，齊國之宰臣；甘羅之童子耳，秦國之良相。僑如，大人也，魯人椿其喉矣；長萬，壯士也，宋華醢其肉矣。晏嬰身短不過人，此非不懦矣；甘羅年未弱冠，此非不幼矣；僑如大可專車，此非不壯矣；長萬力能抉革，此非不勇矣。然則僑如、長萬智不足以全身，晏嬰、甘羅謀可以制一國。豈非德力有異，强弱不同者歟？由是乾以健剛，終有亢極之悔；謙以卑下，能成光大之尊，則其致也。

宋・司馬光《傳家集》卷七三《史剡并序・孔子》 齊景公欲以尼谿田封孔子，晏嬰進曰：『夫儒者，滑稽而不可軌法；倨傲自順，不可以爲下；游説乞貸，不可以爲國。』云云。

剡曰：晏嬰忠信以有禮，愛君而樂善，於晋悦叔向，於鄭悦子皮，於吴悦季札，豈於孔子獨不知而毁之乎？楚昭王將以書社地七百里封孔子，令尹子西曰：『文、武百里之君，卒王天下，今孔丘得據土壤，賢弟子爲佐，非楚之福也。』乃止。

剡曰：子西，楚之賢令尹也。楚國賴之，亡而復存，危而復安。其志猶晏嬰也，其言豈容鄙淺之如是哉？

宋・張載《張子全書》卷一二《語録》 知之於賢者，知人之謂，知賢者當能知人，有於此而不受知於賢者，知不施於賢者也。晏嬰之賢，亦不知仲尼，於仲尼猶吹毛，直欲陷害孔子，如歸女樂之事。

宋・費樞《廉吏傳》卷上《周列國・晏嬰》 論曰：晏子事齊三君，且爲相矣，而節儉如此，蓋嘗有言曰：『義，利之本也。』故思義爲愈藴利生孽。益之以邶殿而不受，自謂曰：『幅利。』世之人但以是知晏子之無藴利爾。觀其與叔向相語，云：『民三其力，二入於公，而衣食其一，公聚朽蠹而三老凍餒。』推晏子之心，豈徒潔其身者哉？故曰：『晏子，民之望也。』信矣。

宋・朱熹《朱子語類》卷六一《孟子十一・盡心下》 問：智之於賢者，或云：『吾既有智，則賢者必見之。』此説如何？曰：如此解，似語勢倒而不順。須從横渠説晏嬰之智，而不知仲尼，豈非命歟？然此『命』字，恐作兩般看。若作所禀之命，則是嬰禀得智之淺者；若作命分之命，則晏子偶然蔽於此，遂不識夫？彼此是作兩般看。賜。

明・湛若水《格物通》卷六五《舉措三》 《説苑》：齊景公出獵，上山見虎，下澤見蛇。歸，召晏子而問之，曰：『今寡人出獵上山則見虎，下澤則見蛇。殆所謂不祥也。』晏子曰：『國有三不祥，是不與焉。夫有賢而不知，一不祥；知而不用，二不祥；用而不任，三不祥也。』

臣若水通曰：孟子言不祥之實蔽賢者，當之。又曰：不用賢則亡。彼見虎蛇者，常耳；若夫不用賢，則危亡隨之。天下之至不祥，莫過於此。晏嬰之言，得孟子之意矣。夫後世之君，犯此三不祥者多矣。可不懼哉。

清・馬驌《繹史》卷七七《晏子相齊下》 晏平仲之在齊也，歷事三君，皆暗主也。崔慶既亡，陳氏得政，所際之時，則季世也。方莊公之

弑，晏子伏尸成禮，大宮之歃，舍命不渝，是可謂仁者之勇矣。景公嗣位，若能委權任用，承霸國之餘烈，晉失諸侯，齊國之興，日可俟也。乃景公固非能大有爲之君也，所寵任者梁丘據、裔款之流，所好者宮室臺榭之祟，聲色狗馬之玩，嬰也隨事補救，以諷諫匡君心者，朝夕不怠，危行言孫，故能身處亂世，顯名諸侯，而齊國賴之以安也。雖然，景固非能大有爲者也，當靈、莊殘暴之餘，國脉漸削，而弗能濟之以仁儉，崔、慶弑逆之時，賊臣亂國，而弗能震之以威權，修桓公之政，則晏嬰可以爲仲父；有馬千駟，則壤地甲兵，不減於九合一匡時也。奈何景公志無遠圖，惟繁刑嗜酒、田獵游觀之是尚，嬰數爲諫之，景數爲違之，欲以紹前烈而逮先君之後，不亦難乎？値晉霸已衰之日，在位日久，雖意存代興，而卒無成業，故子朝亂周而不能定，季氏逐君而不能討，北燕、徐、莒，兵耀小國，以是求伯，勢必無成，況又政在陳氏乎？勢重者人主之淵魚，而囿池之德歸於私家，彗星見于上，祝詛交于下，登牛山而隕涕，其氣衰，其志惰矣。此晏子所由對叔嚮而私憂，亦莫如之何也已。

子產分部

綜述

《左傳・襄公十年》 子孔當國，爲載書，以位序，聽政辟。大夫、諸司、門子弗順，將誅之。子產止之，請爲之焚書。子孔不可，曰：『爲書以定國，衆怒而焚之，是衆爲政也，國不亦難乎？』子產曰：『衆怒難犯，專欲難成，合二難以安國，危之道也。不如焚書以安衆，子得所欲，衆亦得安，不亦可乎？專欲無成，犯衆興禍，子必從之。』乃焚書於倉門之外，衆而後定。

又《襄公十九年》 鄭人使子展當國，子西聽政，立子產爲卿。

又《襄公二十四年》 范宣子爲政，諸侯之幣重。鄭人病之。二月，鄭伯如晉。子產寓書於子西以告宣子，曰：『子爲晉國，四鄰諸侯不聞令德，而聞重幣，僑也惑之。僑聞君子長國家者，非無賄之患，而無令名之難。夫諸侯之賄聚於公室，則諸侯貳。若吾子賴之，則晉國貳。諸侯貳，則晉國壞。晉國貳，則子之家壞。何没没也！將焉用賄？夫令名，德之輿也。德，國家之基也。有基無壞，無亦是務乎！有德則樂，樂則能久。《詩》云：「樂只君子，邦家之基。」有令德也夫！「上帝臨女，無貳爾心。」有令名也夫！恕思以明德，則令名載而行之，是以遠至邇安。毋寧使人謂子：「子實生我」，而謂子浚我以生乎？象有齒以焚其身，賄也。』宣子説，乃輕幣。是行也，鄭伯朝晉，爲重幣故，且請伐陳也。鄭伯稽首，宣子辭。子西相，曰：『以陳國之介恃大國，而陵虐於敝邑，寡君是以請罪焉。敢不稽首。』

又《襄公二十五年》 初，陳侯會楚子伐鄭，當陳隧者，井堙木刊。鄭人怨之。六月，鄭子展、子產帥車七百乘伐陳，宵突陳城，遂入之。陳侯扶其大子偃師奔墓，遇司馬桓子，曰：『載余！』曰：『將巡城。』遇賈獲，載其母妻，下之而授公車。公曰：『舍而母！』辭曰：『不祥。』與其妻扶其母以奔墓，亦免。子展命師無入公宮，與子產親御諸門。陳侯使司馬桓子賂以宗器。陳侯免，擁社。使其衆，男女別而累，以待於朝。子展執縶而見，再拜稽首，承飲而進獻。子美入，數俘而出。祝祓社，司徒致民，司馬致節，司空致地，乃還。【略】

鄭子產獻捷於晉，戎服將事。晉人問陳之罪，對曰：『昔虞閼父爲周陶正，以服事我先王。我先王賴其利器用也，與其神明之後也，庸以元女大姬配胡公，而封諸陳，以備三恪。則我周之自出，至於今是賴。桓公之亂，蔡人欲立其出。我先君莊公奉五父而立之，蔡人殺之。我又與蔡人奉戴厲公，至於莊、宣，皆我之自立。夏氏之亂，成公播蕩，又我之自入，君所知也。今陳忘周之大德，蔑我大惠，棄我姻親，介恃楚衆，以馮陵我敝邑，不可億逞。我是以有往年之告。未獲成命，則有我東門之役。當陳隧者，井堙木刊。敝邑大懼不竟，而耻大姬。天誘其衷，啓敝邑之心。陳知其罪，授手於我。用敢獻功！』晉人曰：『何故侵小？』對曰：『先王之命，唯罪所在，各致其辟。且昔天子之地一圻，列國一同，自是以衰。今大國多數圻矣！若無侵小，何以至焉？』晉人曰：『何故戎服？』對曰：『我先君武、莊，爲平、桓卿士。城濮之役，文公布命曰：「各復舊

職！」命我文公戎服輔王，以授楚捷，不敢廢王命故也。』士莊伯不能詰，復於趙文子。文子曰：『其辭順，犯順不祥。』乃受之。【略】

晉程鄭卒。子產始知然明，問爲政焉。對曰：『視民如子。見不仁者誅之，如鷹鸇之逐鳥雀也。』子產喜，以語子大叔，且曰：『他日吾見蔑之面而已，今吾見其心矣。』子大叔問政于子產。子產曰：『政如農功，日夜思之，思其始而成其終。朝夕而行之，行無越思，如農之有畔。其過鮮矣。』

又《襄公二十六年》 鄭伯賞入陳之功。三月甲寅朔，享子展，賜之先路、三命之服，先八邑。賜子產次路、再命之服，先六邑。子產辭邑，曰：『自上以下，隆殺以兩，禮也。臣之位在四，且子展之功也。臣不敢及賞禮，請辭邑。』公固予之，乃受三邑。公孫揮曰：『子產其將知政矣！讓不失禮。』【略】

印堇父與皇頡戍城麇，楚人囚之，以獻於秦。鄭人取貨於印氏以請之，子大叔爲令正以爲請。子產曰：『不獲。受楚之功而取貨於鄭，不可謂國，秦不其然。若曰：「拜君之勤。鄭國微君之惠，楚師其猶在敝邑之城下。」其可。』弗從，遂行。秦人不予。更幣，從子產而後獲之。【略】

許靈公如楚，請伐鄭，曰：『師不興，孤不歸矣！』八月，卒於楚。楚子曰：『不伐鄭，何以求諸侯？』冬十月，楚子伐鄭。鄭人將禦之，子產曰：『晉、楚將平，諸侯將和，楚王是故昧於一來。不如使逞而歸，乃易成也。夫小人之性，釁於勇，嗇於禍，以足其性而求名焉者，非國家之利也。若何從之？』子展説，不禦寇。

又《襄公二十七年》 鄭伯享趙孟於垂隴，子展、伯有、子西、子產、子大叔、二子石從。趙孟曰：『七子從君，以寵武也。請皆賦以卒君貺，武亦以觀七子之志。』子展賦《草蟲》，趙孟曰：『善哉！民之主也。抑武也不足以當之。』伯有賦《鶉之賁賁》，趙孟曰：『床第之言不逾閾，況在野乎？非使人之所得聞也。』子西賦《黍苗》之四章，趙孟曰：『寡君在，武何能焉！』子產賦《隰桑》，趙孟曰：『武請受其卒章。』子大叔賦《野有蔓草》，趙孟曰：『吾子之惠也。』印段賦《蟋蟀》，趙孟曰：『善哉！保家之主也。吾有望矣。』公孫段賦《桑扈》，趙孟曰：『匪交匪敖，福將焉往？若保是言也，欲辭福祿得乎？』卒享。文子告叔向曰：『伯有將爲戮矣！詩以言志，志誣其上，而公怨之，以爲賓榮，其能久乎？幸而後亡。』叔向曰：『然。已侈！所謂不及五稔者，夫子之謂矣。』文子曰：『其餘皆數世之主也。子展其後亡者也，在上不忘降。印氏其次也，樂而不荒。樂以安民，不淫以使之，後亡，不亦可乎？』

又《襄公二十八年》 蔡侯歸自晉，入於鄭。鄭伯享之，不敬。子產曰：『蔡侯其不免乎？日其過此也，君使子展廷勞於東門之外，而傲。吾曰：「猶將更之。」今還，受享而惰，乃其心也。君小國事大國，而惰傲以爲己心，將得死乎？若不免，必由其子。其爲君也，淫而不父。僑聞之，如是者，恒有子禍。』【略】

九月，鄭游吉如晉，告將朝於楚，以從宋之盟。子產相鄭伯以如楚，舍不爲壇。外僕言曰：『昔先大夫相先君，適四國，未嘗不爲壇。自是至今，亦皆循之。今子草舍，無乃不可乎？』子產曰：『大適小，則爲壇。小適大，苟舍而已。焉用壇？僑聞之，大適小有五美：宥其罪戾，赦其過失，救其菑患，賞其德刑，教其不及。小國不困，懷服如歸。是故作壇以昭其功，宣告後人，無怠於德。小適大有五惡：説其罪戾，請其不足，行其政事，共其職貢，從其時命。不然，則重其幣帛，以賀其福而弔其凶，皆小國之禍也。焉用作壇以昭其禍？所以告子孫，無昭禍焉可也。』

又《襄公二十九年》 十二月己巳，鄭大夫盟於伯有氏。裨諶曰：『是盟也，其與幾何？《詩》曰：「君子屢盟，亂是用長。」今是長亂之道也。禍未歇也，必三年而後能紓。』然明曰：『政將焉往？』裨諶曰：『善之代不善，天命也，其焉辟子產？舉不踰等，則位班也。擇善而舉，則世隆也。天又除之，奪伯有魄。子西卽世，將焉辟之？天禍鄭久矣，其必使子產息之，乃猶可以戾。不然，將亡矣。』

又《襄公三十年》 子產相鄭伯以如晉，叔向問鄭國之政焉。對曰：『吾得見與否，在此歲也。駟、良方爭，未知所成。若有所成，吾得見，乃可知也。』叔向曰：『不既和矣乎？』對曰：『伯有侈而愎，子皙好在人上，莫能相下也。雖其和也，猶相積惡也，惡至無日矣。』【略】

六月，鄭子產如陳莅盟。歸，覆命。告大夫曰：『陳亡國也，不可與也。聚禾粟，繕城郭，恃此二者，而不撫其民。其君弱植，公子侈，大子卑，大夫敖，政多門，以介於大國，能無亡乎？不過十年矣。』【略】

人謂子產：『就直助强！』子產曰：『豈爲我徒。國之禍難，誰知所敝？或主强直，難乃不生。姑成吾所。』辛丑，子產斂伯有氏之死者而殯之，不及謀而遂行。印段從之。子皮止之。衆曰：『人不我順，何止焉？』子皮曰：『夫子禮于死者，況生者乎？』遂自止之。壬寅，子產入。癸卯，子石入。皆受盟於子皙氏。

乙巳，鄭伯及其大夫盟於大宮。盟國人於師之梁之外。伯有聞鄭人之盟己也怒。聞子皮之甲不與攻己也喜，曰：『子皮與我矣。』癸丑，晨，自墓門之瀆入，因馬師頡介於襄庫，以伐舊北門。駟帶率國人以伐之。皆召子產。子產曰：『兄弟而及此，吾從天所與。』伯有死于羊肆，子產襚之，枕之股而哭之，斂而殯諸伯有之臣在市側者。既而葬諸斗城。子駟氏欲攻子產，子皮怒之曰：『禮，國之幹也，殺有禮，禍莫大焉。』乃止。

【略】

鄭子皮授子產政，辭曰：『國小而偪，族大寵多，不可爲也。』子皮曰：『虎帥以聽，誰敢犯子？子善相之，國無小，小能事大，國乃寬。』

子產爲政，有事伯石，賂與之邑。子大叔曰：『國，皆其國也。奚獨賂焉？』子產曰：『無欲實難。皆得其欲，以從其事，而要其成，非我有成，其在人乎？何愛於邑，邑將焉往？』子大叔曰：『若四國何？』子產曰：『非相違也，而相從也，四國何尤焉？《鄭書》有之曰：「安定國家，必大焉先。」姑先安大，以待其所歸。』既，伯石懼而歸邑，卒與之。伯有既死，使大史命伯石爲卿，辭。大史退，則請命焉。復命之，又辭。如是三，乃受策入拜。子產是以惡其爲人也，使次己位。

子產使都鄙有章，上下有服，田有封洫，廬井有伍。大人之忠儉者，從而與之。泰侈者，因而斃之。豐卷將祭，請田焉。弗許，曰：『唯君用鮮，衆給而已。』子張怒，退而徵役。子產奔晉，子皮止之而逐豐卷。豐卷奔晉。子產請其田里，三年而復之，反其田里及其入焉。從政一年，輿人誦之曰：『取我衣冠而褚之，取我田疇而伍之。孰殺子產，吾其與之！』及三年，又誦之曰：『我有子弟，子產誨之。我有田疇，子產殖之。子產而死，誰其嗣之？』

又《襄公三十一年》 公薨之月，子產相鄭伯以如晉，晉侯以我喪故，未之見也。子產使盡壞其館之垣而納車馬焉。士文伯讓之曰：『敝邑以政刑之不修，寇盜充斥，無若諸侯之屬辱在寡君者何？是以令吏人完客所館，高其閈閎，厚其牆垣，以無憂客使。今吾子壞之，雖從者能戒，其若異客何？以敝邑之爲盟主，繕完葺牆，以待賓客，若皆毀之，其何以共命？寡君使匄請命。』對曰：『以敝邑褊小，介於大國，誅求無時，是以不敢寧居，悉索敝賦，以來會時事。逢執之不間，而未得見，又不獲聞命，未知見時，不敢輸幣，亦不敢暴露。其輸之，則君之府實也，非薦陳之，不敢輸也。其暴露之，則恐燥濕之不時而朽蠹，以重敝邑之罪。僑聞文公之爲盟主也，宮室卑庳，無觀臺榭，以崇大諸侯之館。館如公寢，庫廄繕修，司空以時平易道路，圬人以時塓館宮室。諸侯賓至，甸設庭燎，僕人巡宮，車馬有所，賓從有代，巾車脂轄，隸人牧圉，各瞻其事，百官之屬，各展其物。公不留賓，而亦無廢事，憂樂同之，事則巡之，教其不知，而恤其不足。賓至如歸，無寧菑患？不畏寇盜，而亦不患燥濕。今銅鞮之宮數里，而諸侯舍於隸人。門不容車，而不可踰越。盜賊公行，而天厲不戒。賓見無時，命不可知。若又勿壞，是無所藏幣，以重罪也。敢請執事，將何所命之？雖君之有魯喪，亦敝邑之憂也。若獲薦幣，修垣而行，君之惠也，敢憚勤勞？』

文伯覆命，趙文子曰：『信！我實不德，而以隸人之垣以贏諸侯，是吾罪也。』使士文伯謝不敏焉。晉侯見鄭伯有加禮，厚其宴好而歸之。乃築諸侯之館。

叔向曰：『辭之不可以已也如是夫！子產有辭，諸侯賴之，若之何其釋辭也？《詩》曰：「辭之輯矣，民之協矣。辭之繹矣，民之莫矣。」其知之矣。』【略】

子產之從政也，擇能而使之。馮簡子能斷大事，子大叔美秀而文，公孫揮能知四國之爲，而辨於其大夫之族姓、班位、貴賤、能否，而又善爲辭令，裨諶能謀，謀於野則獲，謀於邑則否。鄭國將有諸侯之事，子產乃問四國之爲於子羽，且使多爲辭令。與裨諶乘以適野，使謀可否。而告馮簡子，使斷之。事成，乃授子大叔使行之，以應對賓客。是以鮮有敗事。北宮文子所謂有禮也。

鄭人遊於鄉校，以論執政。然明謂子產曰：『毀鄉校，如何？』子產曰：『何爲？夫人朝夕退而游焉，以議執政之善否。其所善者，吾則行

之。其所惡者，吾則改之。是吾師也，若之何毀之？我聞忠善以損怨，不聞作威以防怨。豈不遽止，然猶防川，大決所犯，傷人必多，吾不克救也。不如小決使道。不如吾聞而藥之也。』然明曰：『蔑也今而後知吾子之信可事也。小人實不才。若果行此，其鄭國實賴之。豈唯二三臣？』仲尼聞是語也，曰：『以是觀之，人謂子產不仁，吾不信也。』

子皮欲使尹何爲邑。子產曰：『少，未知可否？』子皮曰：『願，吾愛之，不吾叛也。使夫往而學焉，夫亦愈知治矣。』子產曰：『不可。人之愛人，求利之也。今吾子愛人則以政，猶未能操刀而使割也，其傷實多。子之愛人，傷之而已，其誰敢求愛於子？子於鄭國，棟也，棟折榱崩，僑將厭焉，敢不盡言。子有美錦，不使人學製焉。大官、大邑，身之所庇也，而使學者製焉。其爲美錦，不亦多乎？僑聞學而後入政，未聞以政學者也。若果行此，必有所害。譬如田獵，射御貫則能獲禽，若未嘗登車射御，則敗績厭覆是懼，何暇思獲？』子皮曰：『善哉！虎不敏。吾聞君子務知大者遠者，小人務知小者近者。我小人也。衣服附在吾身，我知而慎之。大官、大邑所以庇身也，我遠而慢之。微子之言，吾不知也。他日我曰：「子爲鄭國，我爲吾家，以庇焉其可也。」今而後知不足。自今，請雖吾家，聽子而行。』子產曰：『人心之不同，如其面焉。吾豈敢謂子面如吾面乎？抑心所謂危，亦以告也。』子皮以爲忠，故委政焉。子產是以能爲鄭國。

又《昭公元年》 鄭徐吾犯之妹美，公孫楚聘之矣，公孫黑又使強委禽焉。犯懼，告子產。子產曰：『是國無政，非子之患也。唯所欲與。』犯請於二子，請使女擇焉。皆許之。子皙盛飾入，布幣而出。子南戎服入，左右射，超乘而出。女自房觀之，曰：『子皙信美矣，抑子南夫也。夫夫婦婦，所謂順也。』適子南氏。子皙怒。既而櫜甲以見子南，欲殺之而取其妻。子南知之，執戈逐之。及衝，擊之以戈。子皙傷而歸，告大夫曰：『我好見之，不知其有異志也，故傷。』

大夫皆謀之。子產曰：『直鈞，幼賤有罪。罪在楚也。』乃執子南而數之，曰：『國之大節有五，女皆姦之。畏君之威，聽其政，尊其貴，事其長，養其親，五者所以爲國也。今君在國，女用兵焉，不畏威也。姦國之紀，不聽政也。子皙上大夫，女嬖大夫而弗下之，不尊貴也。幼而不忌，不事長也。兵其從兄，不養親也。君曰：「余不女忍殺，宥女以遠。」勉速行乎，無重而罪！』五月庚辰，鄭放游楚於吳。將行子南，子產咨于大叔。大叔曰：『吉不能亢身，焉能亢宗？彼國政也，非私難也。子圖鄭國，利則行之，又何疑焉？周公殺管叔而蔡蔡叔，夫豈不愛？王室故也。吉若獲戾，子將行之，何有於諸游？』【略】

鄭爲游楚亂故，六月丁巳，鄭伯及其大夫盟於公孫段氏。罕虎、公孫僑、公孫段、印段、游吉、駟帶私盟於閨門之外，實薰隧。公孫黑強與於盟，使大史書其名，且曰七子。子產弗討。【略】

晉侯有疾，鄭伯使公孫僑如晉聘，且問疾。叔向問焉，曰：『寡君之疾病，卜人曰：「實沈、臺駘爲祟。」史莫之知，敢問此何神也？』子產曰：『昔高辛氏有二子，伯曰閼伯，季曰實沈，居於曠林，不相能也。日尋干戈，以相征討。后帝不臧，遷閼伯于商丘，主辰。商人是因，故辰爲商星。遷實沈於大夏，主參。唐人是因，以服事夏、商。其季世曰唐叔虞。當武王邑姜方震大叔，夢帝謂己：「余命而子曰虞，將與之唐，屬諸參，而蕃育其子孫。」及生，有文在其手曰：「虞」，遂以命之。及成王滅唐而封大叔焉，故參爲晉星。由是觀之，則實沈，參神也。昔金天氏有裔子曰昧，爲玄冥師，生允格、臺駘。臺駘能業其官，宣汾、洮，障大澤，以處大原。帝用嘉之，封諸汾川。沈、姒、蓐、黃，實守其祀。今晉主汾而滅之矣。由是觀之，則臺駘，汾神也。抑此二者，不及君身。山川之神，則水旱癘疫之災，於是乎禜之。日月星辰之神，則雪霜風雨之不時，於是乎禜之。若君身，則亦出入飲食哀樂之事也。山川星辰之神，又何爲焉？僑聞之，君子有四時：朝以聽政，晝以訪問，夕以修令，夜以安身。於是乎節宣其氣，勿使有所壅閉湫底，以露其體。茲心不爽，而昏亂百度。今無乃壹之，則生疾矣。僑又聞之，內官不及同姓，其生不殖。美先盡矣，則相生疾，君子是以惡之。故《志》曰：「買妾不知其姓，則卜之。」違此二者，古之所慎也。男女辨姓，禮之大司也。今君內實有四姬焉，其無乃是也乎？若由是二者，弗可爲也已。四姬有省猶可，無則必生疾矣。』叔向曰：『善哉！肸未之聞也。此皆然矣。』【略】

楚公子圍使公子黑肱、伯州犁城犨、櫟、郟，鄭人懼。子產曰：『不害。令尹將行大事，而先除二子也。禍不及鄭，何患焉？』【略】

楚靈王卽位，薳罷爲令尹，薳啓彊爲大宰。鄭游吉如楚，葬郟敖，且聘立君。歸，謂子產曰：『具行器矣！楚王汰侈而自説其事，必合諸侯。吾往無日矣。』子產曰：『不數年，未能也。』

又《昭公二年》 秋，鄭公孫黑將作亂，欲去游氏而代其位，傷疾作而不果。駟氏與諸大夫欲殺之。子產在鄙聞之，懼弗及，乘遽而至。使吏數之曰：『伯有之亂，以大國之事，而未爾討也。爾有亂心，無厭，國不女堪。專伐伯有，而罪一也。昆弟爭室，而罪二也。薰隧之盟，女矯君位，而罪三也。有死罪三，何以堪之？不速死，大刑將至。』再拜稽首辭曰：『死在朝夕，無助天爲虐。』子產曰：『人誰不死。凶人不終，命也。作凶事，爲凶人。不助天，其助凶人乎？』請以印爲褚師。子產曰：『印也若才，君將任之。不才，將朝夕從女。女罪之不恤，而又何請焉？不速死，司寇將至。』七月壬寅，縊。尸諸周氏之衢，加木焉。

又《昭公三年》 十月，鄭伯如楚，子產相。楚子享之，賦《吉日》。既享，子產乃具田備，王以田江南之夢。

又《昭公四年》 楚子問於子產曰：『晉其許我諸侯乎？』對曰：『許君。晉君少安，不在諸侯。其大夫多求，莫匡其君。在宋之盟，又曰如一，若不許君，將焉用之？』王曰：『諸侯其來乎？』對曰：『必來。從宋之盟，承君之歡，不畏大國，何故不來？不來者，其魯、衛、曹、邾乎？曹畏宋，邾畏魯，魯、衛偪於齊而親於晉，唯是不來。其餘，君之所及也，誰敢不至？』王曰：『然則吾所求者，無不可乎？』對曰：『求逞於人，不可。與人同欲，盡濟。』【略】

王使問禮於左師與子產。左師曰：『小國習之，大國用之，敢不薦聞？』獻公合諸侯之禮六。子產曰：『小國共職，敢不薦守？』獻伯、子、男會公之禮六。君子謂合左師善守先代，子產善相小國。王使椒舉侍於後，以規過。卒事，不規。王問其故，對曰：『禮，吾所未見者有六焉，又何以規？』【略】

子產見左師曰：『吾不患楚矣，汰而愎諫，不過十年。』左師曰：『然。不十年侈，其惡不遠，遠惡而後棄。善亦如之，德遠而後興。』【略】

鄭子產作丘賦。國人謗之曰：『其父死於路，己爲蠆尾。以令於國，國將若之何？』子寬以告。子產曰：『何害？苟利社稷，死生以之。且吾聞爲善者不改其度，故能有濟也。民不可逞，度不可改。《詩》曰：「禮義不愆，何恤於人言。」吾不遷矣。』渾罕曰：『國氏其先亡乎！君子作法於涼，其敝猶貪，作法於貪，敝將若之何？姬在列者，蔡及曹、滕其先亡乎！偪而無禮。鄭先衛亡，偪而無法。政不率法，而制於心；民各有心，何上之有？』

又《昭公五年》 楚子以屈申爲貳於吳，乃殺之。以屈生爲莫敖，使與令尹子蕩如晉逆女。過鄭，鄭伯勞子蕩於汜，勞屈生於菟氏。晉侯送女於邢丘。子產相鄭伯，會晉侯於邢丘。

又《昭公六年》 三月，鄭人鑄刑書。叔向使詒子產書曰：『始吾有虞於子，今則已矣。昔先王議事以制，不爲刑辟，懼民之有爭心也。猶不可禁禦，是故閑之以義，糾之以政，行之以禮，守之以信，奉之以仁，制爲禄位以勸其從，嚴斷刑罰以威其淫。懼其未也，故誨之以忠，聳之以行，教之以務，使之以和，臨之以敬，涖之以彊，斷之以剛。猶求聖哲之上，明察之官，忠信之長，慈惠之師，民於是乎可任使也，而不生禍亂。民知有辟，則不忌於上，並有爭心，以徵於書，而徼幸以成之，弗可爲矣。夏有亂政而作《禹刑》，商有亂政而作《湯刑》，周有亂政而作《九刑》，三辟之興，皆叔世也。今吾子相鄭國，作封洫，立謗政，制參辟，鑄刑書，將以靖民，不亦難乎？《詩》曰：「儀式刑文王之德，日靖四方。」又曰：「儀刑文王，萬邦作孚。」如是，何辟之有？民知爭端矣，將棄禮而徵於書。錐刀之末，將盡爭之。亂獄滋豐，賄賂並行，終子之世，鄭其敗乎！肸聞之，國將亡，必多制，其此之謂乎！』復書曰：『若吾子之言。僑不才，不能及子孫，吾以救世也。既不承命，敢忘大惠？』

士文伯曰：『火見，鄭其火乎。火未出而作火以鑄刑器，藏爭辟焉。火如象之，不火何爲？』

又《昭公七年》 鄭子產聘于晉。晉侯有疾，韓宣子逆客，私焉曰：『寡君寢疾，於今三月矣，並走羣望，有加而無瘳。今夢黃熊入于寢門，其何厲鬼也？』對曰：『以君之明，子爲大政，其何厲之有？昔堯殛鯀於羽山，其神化爲黃熊，以入于羽淵，實爲夏郊，三代祀之。晉爲盟主，其或者未之祀也乎？』韓子祀夏郊。晉侯有間，賜子產莒之二方鼎。

子產爲豐施歸州田於韓宣子，曰：『日君以夫公孫段爲能任其事，而賜之州田，今無祿早世，不獲久享君德。其子弗敢有，不敢以聞於君，私致諸子。』宣子辭。子產曰：『古人有言曰，其父析薪，其子弗克負荷。施將懼不能任其先人之祿，其況能任大國之賜？縱吾子爲政而可，後之人若屬有疆埸之言，敝邑獲戾，而豐氏受其大討。吾子取州，是免敝邑於戾，而建寘豐氏也。敢以爲請。』宣子受之，以告晉侯。晉侯以與宣子。宣子爲初言，病有之，以易原縣於樂大心。

鄭人相驚以伯有，曰『伯有至矣』，則皆走，不知所往。鑄刑書之歲二月，或夢伯有介而行，曰：『壬子，余將殺帶也。明年壬寅，余又將殺段也。』及壬子，駟帶卒，國人益懼。齊、燕平之月壬寅，公孫段卒，國人愈懼。其明月，子產立公孫洩及良止以撫之，乃止。子大叔問其故。子產曰：『鬼有所歸，乃不爲厲，吾爲之歸也。』大叔曰：『公孫洩何爲？』子產曰：『説也，爲身無義而圖説。從政有所反之，以取媚也。不媚不信。不信，民不從也。』

及子產適晉，趙景子問焉，曰：『伯有猶能爲鬼乎？』子產曰：『能。人生始化曰魄，既生魄，陽曰魂。用物精多，則魂魄强。是以有精爽，至於神明。匹夫匹婦强死，其魂魄猶能馮依於人，以爲淫厲。況良霄我先君穆公之胄，子良之孫，子耳之子，敝邑之卿，從政三世矣。鄭雖無腆，抑諺曰蕞爾國，而三世執其政柄，其用物也弘矣，其取精也多矣。其族又大，所馮厚矣。而强死，能爲鬼，不亦宜乎？』

子皮之族飲酒無度，故馬師氏與子皮氏有惡。齊師還自燕之月，罕朔殺罕魋。罕朔奔晉。韓宣子問其位於子產。子產曰：『君之羈臣，苟得容以逃死，何位之敢擇？卿違，從大夫之位，罪人以其罪降，古之制也。朔於敝邑，亞大夫也，其官，馬師也。獲戾而逃，唯執政所寘之。得免其死，爲惠大矣，又敢求位？』宣子爲子產之敏也，使從嬖大夫。

又《昭公十一年》 秋，會于厥憖，謀救蔡也。鄭子皮將行。子產曰：『行不遠，不能救蔡也。蔡小而不順，楚大而不德，天將棄蔡以壅楚。盈而罰之，蔡必亡矣。且喪君而能守者，鮮矣。三年，王其有咎乎！美惡周必復，王惡周矣。』晉人使狐父請蔡于楚，弗許。

又《昭公十二年》 三月，鄭簡公卒，將爲葬除。及游氏之廟，將毀焉。子大叔使其除徒執用以立，而無庸毀。曰：『子產過女，而問何故不毀，乃曰，不忍廟也！諾，將毀矣！』既如是，子產乃使辟之。司墓之室，有當道者。毀之，則朝而堋；弗毀，則日中而堋。子大叔請毀之，曰：『無若諸侯之賓何？』子產曰：『諸侯之賓，能來會吾喪，豈憚日中？無損於賓，而民不害，何故不爲？』遂弗毀，日中而葬。君子謂：『子產於是乎知禮。禮無毀人以自成也。』【略】

六月，葬鄭簡公。

又《昭公十六年》 三月，晉韓起聘于鄭，鄭伯享之。子產戒之曰：『苟有位於朝，無有不共恪。』孔張後至，立於客間。執政禦之，適客後。又禦之，適縣間。客從而笑之。

事畢，富子諫曰：『夫大國之人，不可不慎也，幾爲之笑而不陵我？我皆有禮，夫猶鄙我。國而無禮，何以求榮？孔張失位，吾子之恥也。』子產怒曰：『發命之不衷，出令之不信，刑之頗類，獄之放紛，會朝之不敬，使命之不聽，取陵於大國，罷民而無功，罪及而弗知，僑之恥也。孔張，君之昆孫，子孔之後也，執政之嗣也。爲嗣大夫，承命以使，周於諸侯，國人所尊，諸侯所知。立於朝而祀於家，有祿於國，有賦於軍，喪祭有職，受脤歸脤，其祭在廟，已有著位，在位數世，世守其業，而忘其所，僑焉得恥之？辟邪之人而皆及執政，是先王無刑罰也。子寧以他規我。』

宣子有環，其一在鄭商。宣子謁諸鄭伯，子產弗與，曰：『非官府之守器也，寡君不知。』子大叔、子羽謂子產曰：『韓子亦無幾求，晉國亦未可以貳。晉國、韓子，不可偷也。若屬有讒人交鬥其間，鬼神而助之，以興其凶怒，悔之何及？吾子何愛於一環，其以取憎於大國也，盍求而與之？』子產曰：『吾非偷晉而有二心，將終事之，是以弗與，忠信故也。僑聞君子非無賄之難，立而無令名之患。僑聞爲國非不能事大字小之難，無禮以定其位之患。夫大國之人，令於小國，而皆獲其求，將何以給之？一共一否，爲罪滋大。大國之求，無禮以斥之，何饜之有？吾且爲鄙邑，則失位矣。若韓子奉命以使，而求玉焉，貪淫甚矣，獨非罪乎？出一玉以起二罪，吾又失位，韓子成貪，將焉用之？且吾以玉賈罪，不亦鋭乎？』

韓子買諸賈人，既成賈矣，商人曰：『必告君大夫。』韓子請諸子產曰：『日起請夫環，執政弗義，弗敢復也。今買諸商人，商人曰，必以聞，敢以爲請。』子產對曰：『昔我先君桓公，與商人皆出自周。庸次比耦，以艾殺此地，斬之蓬蒿藜藿，而共處之。世有盟誓，以相信也，曰：「爾無我叛，我無强賈，毋或匄奪。爾有利市寶賄，我勿與知。」恃此質誓，故能相保，以至于今。今吾子以好來辱，而謂敝邑强奪商人，是教敝邑背盟誓也，毋乃不可乎！吾子得玉而失諸侯，必不爲也。若大國令，而共無藝，鄭，鄙邑也，亦弗爲也。僑若獻玉，不知所成，敢私布之。』韓子辭玉曰：『起不敏，敢求玉以徼二罪？敢辭之。』

夏四月，鄭六卿餞宣子於郊。宣子曰：『二三君子請皆賦，起亦以知鄭志。』子差齒賦《野有蔓草》。宣子曰：『孺子善哉，吾有望矣。』子產賦《鄭之羔裘》。宣子曰：『起不堪也。』子大叔賦《褰裳》。宣子曰：『起在此，敢勤子至於他人乎？』子大叔拜。宣子曰：『善哉，子之言是。不有是事，其能終乎？』子游賦《風雨》，子旗賦《有女同車》，子柳賦《擇兮》。宣子喜曰：『鄭其庶乎。二三君子以君命貺起，賦不出鄭志，皆昵燕好也。二三君子數世之主也，可以無懼矣。』宣子皆獻馬焉，而賦《我將》。子產拜，使五卿皆拜，曰：『吾子靖亂，敢不拜德？』宣子私覲於子產，以玉與馬，曰：『子命起舍夫玉，是賜我玉而免吾死也，敢不藉手以拜？』【略】

鄭大旱，使屠擊、祝款、豎柎有事於桑山。斬其木，不雨。子產曰：『有事於山，蓺山林也；而斬其木，其罪大矣。』奪之官邑。

又 《昭公十七年》 冬，有星孛于大辰，西及漢。申須曰：『彗所以除舊布新也。天事恒象，今除於火，火出必布焉。諸侯其有火災乎？』梓慎曰：『往年吾見之，是其徵也，火出而見。今兹火出而章，必火入而伏。其居火也久矣，其與不然乎？火出，於夏爲三月，於商爲四月，於周爲五月。夏數得天，若火作，其四國當之，在宋、衛、陳、鄭乎？宋，大辰之虚也，陳，大皞之虚也，鄭，祝融之虚也，皆火房也。星孛及漢，漢，水祥也。衛，顓頊之虚也，故爲帝丘。其星爲大水，水，火之牡也。其以丙子若壬午作乎？水火所以合也。若火入而伏，必以壬午，不過其見之月。』鄭裨竈言於子產曰：『宋、衛、陳、鄭將同日火，若我用瓘斝玉瓚，鄭必不火。』子產弗與。

又 《昭公十八年》 夏五月，火始昏見。丙子，風。梓慎曰：『是謂融風，火之始也。七日，其火作乎？』戊寅，風甚。壬午，大甚。宋、衛、陳、鄭皆火。梓慎登大庭氏之庫以望之，曰：『宋、衛、陳、鄭也。』數日，皆來告火。裨竈曰：『不用吾言，鄭又將火。』鄭人請用之。子產不可。子大叔曰：『寶，以保民也。若有火，國幾亡。可以救亡，子何愛焉？』子產曰：『天道遠，人道邇，非所及也，何以知之。竈焉知天道？是亦多言矣，豈不或信？』遂不與，亦不復火。

鄭之未災也，里析告子產曰：『將有大祥，民震動，國幾亡。吾身泯焉，弗良及也。國遷其可乎？』子產曰：『雖可，吾不足以定遷矣。』及火，里析死矣，未葬，子產使輿三十人，遷其柩。火作，子產辭晉公子、公孫于東門。使司寇出新客，禁舊客勿出於宮。使子寬、子上巡羣屏攝，至于大宮。使公孫登徙大龜。使祝史徙主祏於周廟，告於先君。使府人、庫人各儆其事。商成公儆司宮，出舊宮人，寘諸火所不及。司馬、司寇列居火道，行火所焮。城下之人，伍列登城。明日，使野司寇各保其徵。郊人助祝史除於國北，禳火于玄冥、回禄，祈于四鄘。書焚室而寬其征，與之材。三日哭，國不市。使行人告於諸侯。

宋、衛皆如是。陳不救火，許不弔災，君子是以知陳、許之先亡也。

【略】

七月，鄭子產爲火故，大爲社，祓禳於四方，振除火災，禮也。乃簡兵大蒐，將爲蒐除。子大叔之廟在道南，其寢在道北，其庭小。過期三日，使除徒陳於道南廟北，曰：『子產過女而命速除，乃毁於而鄉。』子產朝，過而怒之，除者南毁。子產及衝，使從者止之曰：『毁於北方。』

火之作也，子產授兵登陴。子大叔曰：『晉無乃討乎。』子產曰：『吾聞之，小國忘守則危，况有災乎！國之不可小，有備故也。』既，晉之邊吏讓鄭曰：『鄭國有災，晉君大夫不敢寧居，卜筮走望，不愛牲玉。鄭之有災，寡君之憂也。今執事撊然授兵登陴，將以誰罪？邊人恐懼，不敢不告。』子產對曰：『若吾子之言，敝邑之災，君之憂也。敝邑失政，天降之災。又懼讒慝之間謀之，以啓貪人，薦爲敝邑不利，以重君之憂。幸而不亡，猶可説也。不幸而亡，君雖憂之，亦無及也。鄭有他竟，望走

在晉。既事晉矣，其敢有二心？』

又　《昭公十九年》　是歲也，鄭駟偃卒。子游娶於晉大夫，生絲，弱。其父兄立子瑕。子產憎其爲人也，且以爲不順，弗許，亦弗止。駟氏聳。

他日，絲以告其舅。冬，晉人使以幣如鄭，問駟乞之立故。駟氏懼，駟乞欲逃。子產弗遣。請龜以卜，亦弗予。大夫謀對。子產不待而對客曰：『鄭國不天，寡君之二三臣，札瘥夭昏。今又喪我先大夫偃，其子幼弱，其一二父兄，懼隊宗主，私族於謀而立長親。寡君與其二三老曰：「抑天實剥亂是，吾何知焉？」諺曰：「無過亂門。」民有兵亂，猶憚過之，而況敢知天之所亂。今大夫將問其故，抑寡君實不敢知，其誰實知之。平丘之會，君尋舊盟曰：「無或失職。」若寡君之二三臣，其卽世者，晉大夫而專制其位，是晉之縣鄙也，何國之爲？』辭客幣而報其使。晉人舍之。【略】

鄭大水，龍鬥于時門之外洧淵。國人請爲禜焉，子產弗許，曰：『我鬥，龍不我覿也。龍鬥，我獨何覿焉？禳之，則彼其室也。吾無求於龍，龍亦無求於我。』乃止也。

又　《昭公二十年》　鄭子產有疾，謂子大叔曰：『我死，子必爲政。唯有德者能以寬服民，其次莫如猛。夫火烈，民望而畏之，故鮮死焉。水懦弱，民狎而玩之，則多死焉。故寬難。』疾數月而卒。大叔爲政，不忍猛而寬。鄭國多盜，取人於萑苻之澤。大叔悔之曰：『吾早從夫子，不及此。』興徒兵以攻萑苻之盜，盡殺之。盜少止。

仲尼曰：『善哉，政寬則民慢，慢則糾之以猛。猛則民殘，殘則施之以寬。寬以濟猛，猛以濟寬，政是以和。《詩》曰：「民亦勞止，汔可小康。惠此中國，以綏四方。」施之以寬也。「毋從詭隨，以謹無良。式遏寇虐，慘不畏明。」糾之以猛也。「柔遠能邇，以定我王。」平之以和也。又曰：「不競不絿，不剛不柔。布政優優，百禄是遒。」和之至也。』及子產卒，仲尼聞之，出涕曰：『古之遺愛也。』

又　《定公八年》　鄭駟歂嗣子大叔爲政。

《韓非子》卷一二《外儲説左下》　子產者，子國之子也。子產忠於鄭君，子國譙怒之曰：『夫介異於人臣，而獨忠於主，主賢明能聽汝，不明將不汝聽。聽與不聽未可必知，而汝已離於羣臣；離於羣臣，則必危汝身矣。非徒危己也，又且危父矣。』

又　卷一一《外儲説左上》　鄭簡公謂子產曰：『國小，迫於荆、晉之間。今城郭不完，兵甲不備，不可以待不虞。』子產曰：『臣閉其外也已遠矣，而守其內也已固矣，雖國小，猶不危之也。君其勿憂。』是以沒簡公身無患。子產相鄭，簡公謂子產曰：『飲酒不樂也，俎豆不大，鍾鼓竽瑟不鳴，寡人之事不一；國家不定，百姓不治，耕戰不輯睦，亦子之罪。子有職，寡人亦有職，各守其職。』子產退而爲政五年，國無盜賊，道不拾遺，桃棗之蔭於街者莫援也，錐刀遺道三日可反，三年不變，民無飢也。

又　卷一六《難三》　鄭子產晨出，過東匠之閭，聞婦人之哭，撫其御之手而聽之。有閒，遣吏執而問之，則手絞其夫者也。異日，其御問曰：『夫子何以知之？』子產曰：『其聲懼。凡人於其親愛也，始病而憂，臨死而懼，已死而哀。今哭已死，不哀而懼，是以知其有姦也。』

或曰：子產之治，不亦多事乎！姦必待耳目之所及而後知之，則鄭國之得姦者寡矣。不任典成之吏，不察參伍之政，不明度量，恃盡聰明勞智慮而以知姦，不亦無術乎！且夫物衆而智寡，寡不勝衆，智不足以徧知物，故因物以治物。下衆而上寡，寡不勝衆者，言君不足以徧知臣也，故因人以知人。是以形體不勞而事治，智慮不用而姦得。故宋人語曰：「一雀過羿，羿必得之，則羿誣矣。以天下爲之羅，則雀不失矣。」夫知姦亦有大羅，不失其一而已矣。不修其理，而以己之胸察爲之弓矢，則子產誣矣。《老子》曰：『以智治國，國之賊也。』其子產之謂矣。

又　卷九《內儲説上七術》　有相與訟者，子產離之而無使得通辭，倒其言以告而知之。【略】

子產相鄭病將死，謂游吉曰：『我死後，子必用鄭，必以嚴莅人。夫火形嚴，故人鮮灼；水形懦，故人多溺。子必嚴子之刑，無令溺子之懦。』故子產死，游吉不忍行嚴刑。鄭少年相率爲盜，處於雚澤，將遂以爲鄭禍。游吉率車騎與戰，一日一夜，僅能剋之。游吉喟然歎曰：『吾蚤行夫子之教，必不悔至於此矣！』

《莊子》卷五《內篇・德充符》　申徒嘉，兀者也，而與鄭子產同師

於伯昏无人。子産謂申徒嘉曰：『我先出則子止，子先出則我止。』其明日，又與合堂同席而坐。子産謂申徒嘉曰：『我先出則子止，子先出則我止。今我將出，子可以止乎，其未邪？且子見執政而不違，子齊執政乎？』

申徒嘉曰：『先生之門，固有執政焉如此哉？子而説子之執政而後人者也？聞之曰：「鑑明則塵垢不止，止則不明也。久與賢人處則無過。」今子之所取大者，先生也，而猶出言若是，不亦過乎！』

子産曰：『子既若是矣，猶與堯爭善，計子之德不足以自反邪？』

申徒嘉曰：『自狀其過以不當亡者衆，不狀其過以不當存者寡。知不可奈何而安之若命，唯有德者能之。遊於羿之彀中。中央者，中地也；然而不中者，命也。人以其全足笑吾不全足者多矣，我怫然而怒；而適先生之所，則廢然而反。不知先生之洗我以善邪？吾與夫子遊十九年矣，而未嘗知吾兀者也。今子與我遊於形骸之內，而子索我於形骸之外，不亦過乎！』

子産蹴然改容更貌曰：『子无乃稱！』

《呂氏春秋》卷二二《慎行論・求人》 晉人欲攻鄭，令叔嚮聘焉，視其有人與無人。子産爲之詩曰：『子惠思我，褰裳涉洧，子不我思，豈無他士？』叔嚮歸曰：『鄭有人，子産在焉，不可攻也。秦、荆近，其詩有異心，不可攻也。』晉人乃輟攻鄭。孔子曰：『《詩》云：「無競惟人。」子産一稱而鄭國免。』

又 卷一五《慎大覽・下賢》 子産相鄭，往見壺丘子林，與其弟子坐必以年，是倚其相於門也。夫相萬乘之國而能遺之，謀志論行，而以心與人相索，其唯子産乎？故相鄭十八年，刑三人，殺二人，桃李之垂於行者莫之援也，錐刀之遺於道者莫之舉也。

又 卷一八《審應覽・離謂》 鄭國多相縣以書者。子産令無縣書，鄧析致之。子産令無致書，鄧析倚之。令無窮，則鄧析應之亦無窮矣。是可不可無辨也。可不可無辨，而以賞罰，其罰愈疾，其亂愈疾，此爲國之禁也。故辨而不當理則偽，知而不當理則詐，詐偽之民，先王之所誅也。理也者，是非之宗也。【略】

子産治鄭，鄧析務難之，與民之有獄者約，大獄一衣，小獄襦袴。民之獻衣襦袴而學訟者，不可勝數。以非爲是，以是爲非，是非無度，而可與不可日變。所欲勝因勝，所欲罪因罪。鄭國大亂，民口讙譁。子産患之，於是殺鄧析而戮之，民心乃服，是非乃定，法律乃行。今世之人，多欲治其國，而莫之誅鄧析之類，此所以欲治而愈亂也。

《列子》卷六《力命》 鄧析操兩可之説，設無窮之辭，當子産執政，作《竹刑》。鄭國用之，數難子産之治。子産屈之。子産執而戮之，俄而誅之。然則子産非能用《竹刑》，不得不用；鄧析非能屈子産，不得不屈；子産非能誅鄧析，不得不誅也。

《穀梁傳・昭公十八年》 夏，五月，壬午，宋、衛、陳、鄭災。其志，以同日也。其日，亦以同日也。或曰，人有謂鄭子産曰：『某日有災。』子産曰：『天者神，子惡知之。』是人也，同日爲四國災也。

《史記》卷一四《十二諸侯年表》 （鄭簡公三年）晉率諸侯伐我，楚來救。子孔作亂，子産攻之。【略】

（鄭簡公十二年）子産爲卿。【略】

（鄭簡公十七年）（子産曰）范宣子爲鄭。我請伐陳。【略】

（鄭簡公二十二年）吳季札謂子産曰：『政將歸子，子以禮，幸脱於戹矣。』【略】

（鄭簡公二十三年）諸公子爭寵相殺，（又欲殺）子産，子成止之。【略】

（鄭簡公二十八年）子産曰：『三國不會。』【略】

（鄭定公五年）火，欲禳之，子産曰：『不如脩德。』

又 卷三一《吳太伯世家》 （吳王餘祭四年，吳使季札）去齊，使於鄭。見子産，如舊交。謂子産曰：『鄭之執政侈，難將至矣，政必及子。子爲政，慎以禮。不然，鄭國將敗。』

又 卷四〇《楚世家》 （楚靈王三年）時鄭子産在焉。

又 卷四二《鄭世家》 （鄭簡公）三年，相子駟欲自立爲君，公子子孔使尉止殺相子駟而代之。子孔又欲自立。子産曰：『子駟爲不可，誅之，今又效之，是亂無時息也。』於是子孔從之而相鄭簡公。

十二年，簡公怒相子孔專國權，誅之，而以子産爲卿。十九年，簡公如晉請衛君還，而封子産以六邑。子産讓，受其三邑。二十二年，吳使延

陵季子於鄭，見子產如舊交，謂子產曰：『鄭之執政者侈，難將至，政將及子。子爲政，必以禮；不然，鄭將敗。』子產厚遇季子。二十三年，諸公子爭寵相殺，又欲殺子產。公子或諫曰：『子產仁人，鄭所以存者子產也，勿殺！』乃止。

二十五年，鄭使子產於晉，問平公疾。平公曰：『卜而曰實沈、臺駘爲祟，史官莫知，敢問？』對曰：『高辛氏有二子，長曰閼伯，季曰實沈，居曠林，不相能也，日操干戈以相征伐。后帝弗臧，遷閼伯于商丘，主辰，商人是因，故辰爲商星。遷實沈于大夏，主參，唐人是因，服事夏、商，其季世曰唐叔虞。當武王邑姜方娠大叔，夢帝謂己：「余命而子曰虞，乃與之唐，屬之參而蕃育其子孫。」及生有文在其掌曰「虞」，遂以命之。及成王滅唐而國大叔焉。故參爲晉星。由是觀之，則實沈，參神也。昔金天氏有裔子曰昧，爲玄冥師，生允格、臺駘。臺駘能業其官，宣汾、洮，障大澤，以處太原。帝用嘉之，國之汾川。沈、姒、蓐、黄實守其祀。今晉主汾川而滅之。由是觀之，則臺駘，汾、洮神也。然是二者不害君身。山川之神，則水旱之菑禜之；日月星辰之神，則雪霜風雨不時禜之；若君疾，飲食哀樂女色所生也。』平公及叔嚮曰：『善，博物君子也！』厚爲之禮於子產。

二十七年夏，鄭簡公朝晉。冬，畏楚靈王之彊，又朝楚，子產從。二十八年，鄭君病，使子產會諸侯，與楚靈王盟於申，誅齊慶封。【略】

（定公）四年，晉昭公卒，其六卿彊，公室卑。子產謂韓宣子曰：『爲政必以德，毋忘所以立。』

六年，鄭火，公欲禳之。子產曰：『不如修德。』

聲公五年，鄭相子產卒，鄭人皆哭泣，悲之如亡親戚。子產者，鄭成公少子也。爲人仁愛人，事君忠厚。孔子嘗過鄭，與子產如兄弟云。及聞子產死，孔子爲泣曰：『古之遺愛也！』

漢・孔安國《孔子家語》卷九《正論解》 子游問於孔子曰：『夫子之極言子產之惠也，可得聞乎？』孔子曰：『惠在愛民而已矣。』子游曰：『愛民謂之德教，何翅施惠哉？』孔子曰：『夫子產者，猶衆人之母也，能食之弗能教也。』子游曰：『其事可言乎？』孔子曰：『子產以所乘之輿濟冬涉者，是愛無教也。』

漢・劉向《説苑》卷七《政理》 子產相鄭，簡公謂子產曰：『內政毋出，外政毋入。夫衣裘之不美，車馬之不飾，子女之不潔，寡人之醜也。國家之不治，封疆之不正，夫子之醜也。』子產相鄭，終簡公之身，內無國中之亂，外無諸侯之患也。子產之從政也，擇能而使之，馮簡子善斷事，子太叔善決而文，公孫揮知四國之爲，而辨於其大夫之族姓，變而立至，又善爲辭令，裨諶善謀，於野則獲，於邑則否。有事，乃載裨諶與之適野，使謀可否，而告馮簡子斷之，使公孫揮爲之辭令，成，乃受子太叔行之，以應對賓客，是以鮮有敗事也。

宋・王應麟《困學紀聞》卷一〇 鄭簡公謂子產曰：『飲酒之不樂，鐘鼓之不鳴，寡人之任也；國家之不乂，朝廷之不理，與諸侯交不得志，子之任也。子無入寡人之樂，寡人無入子之朝。』自是以來，子產理鄭，城門不閉，國無盜賊，道無餓人。孔子曰：『若鄭簡公之好樂也，雖抱鐘而朝可也。』

論說

漢・鄭玄《箴膏肓》 子產論伯有。何休曰：孔子不語怪力亂神，以鬼神爲政必惑衆，故不言也。今《左氏》以此令後世信其然，廢仁義而祈福於鬼神，此大亂之道也。子產雖立良止以託繼絶，此以鬼賞罰要，不免於惑衆，豈當述之以示季末。箴曰：伯有，惡人也。其死爲厲鬼。厲者，陰陽之氣相乘不和之名。《尚書・五行傳》六厲是也。人死體魄則降，知氣在上。有尚德者，附和氣而興利，孟夏之月，令雩祀百辟卿士有益於民者，由此也。爲厲者，因害氣而施災，故謂之厲鬼。《月令》民多厲疾，《五行傳》有禦六厲之禮。禮，天子立七祀，有大厲。諸侯立五祀，有國厲。欲以安鬼神，弭其害也。子產立良止，使祀伯有，以弭害，乃禮與《洪範》之事也。子所不語，怪力亂神，謂虛陳靈象，於今無驗也。伯有爲厲鬼，著明若此，而何不語乎？子產固爲衆愚將惑，故并立公孫洩，云：從政有所反之，以取媚也。孔子曰：『民可使由之，不可使知之。』子產達於此也。

宋・劉敞《春秋權衡》卷七《昭公》 十八年，《傳》曰：鄭子產爲

火故，簡兵大蒐，將爲蒐除。子大叔之廟在道南，其寢在道北，其庭小。使除徒陳於道南廟北，曰：『子産過女而命速毁，乃毁於而向。』子産朝，過而怒之，除者南毁。子産及衝，使從者止之。按：近上十二年，鄭簡公卒，將爲葬，除及游氏之廟，將毁焉。子大叔使其除徒執用以立，而無庸毁，曰：『子産過女，而問何故不毁，乃曰：「不忍廟也！諾，將毁矣。」』既如是，子産乃使辟之。竊謂此兩《傳》實一事也。魯、鄭異國，説者不同，或謂葬時事，或謂蒐時事。而丘明則兩記之。何以明其然邪？曰：其忸怏小數而不知已，非子大叔事也。前既不忍毁，以爲惠矣，俄而又自墮之，亦非子産事也。

宋・呂祖謙《左氏傳説》卷八《襄公・程鄭卒，子産始知然明。二十五年》 晉程鄭卒。子産始知然明，問爲政。對曰：『視民如子，見不仁者誅之，如鷹鸇之逐鳥雀也。』子産喜，以語子太叔，曰：『他日吾見蔑之面而已，今吾見其心矣。』子産何故喜之如是之深？蓋子産是箇要人合己者，何故？他卻是箇善善惡惡明白底人。然明如此説話，有以合己，故深喜之。不然，刑書之事，何其聽之不如是之喜？大抵人最怕要人合己，使子産聞，與其殺不辜，寧失不經之言而喜之。如是，則子産是進一步處。

又 卷九《襄公・鄭子産如陳涖盟而知陳亡三十年》 鄭子産如陳涖盟，歸，告大夫曰：『陳亡國也，不可與也。聚禾粟，繕城郭，恃此二者，而不撫其民。其君弱植，公子侈，太子卑，大夫敖，政多門，能無亡乎？』這見子産之觀國與他人不同。常人如拙醫之觀形，子産之觀國如良醫之視脉。自常人觀陳國之形，其聚禾粟則富矣，繕城郭則强矣。子産獨於陳國富强之中，而察一國之脉，知其君弱植，公子侈，大夫敖，政多門。雖有富强之形，而不足恃矣。

又《鄭子皮授子産政三十年》 鄭子皮授子産政。子産爲政始終左右調護，人皆歸功於子皮，非子皮，子産不能自立。信然，考子皮實迹，愈見其難。及子皮四世之望臨政當，子皮而乃退然以遜子産。子産之立於鄭，非子皮不能者三：初，伯有之亂，子産不助子駟攻伯有，子駟欲攻子産，子皮兩止之。及伯有既死，其亂既平，次第當子皮爲政，子皮又授之子産；子産辭以國小，而偪族大多寵子皮，曰：『虎帥以聽，孰敢犯子？』以子皮鄭國之望，帥其人以聽子産，其誰不從？及豐卷將田獵以祭，子産弗許，子張徵役欲攻子産，子産奔晉，子皮又止之而逐豐卷。生子産於既死，還子産於已奔。向使伯有之亂，子産無子皮，則子産不能自保其身；中間無子皮，則子産不得爲政；後來豐卷之亂，子産無子皮，則子産亦不得安於鄭。是子産爲政，始終皆子皮之力。固是如此，然子産所以見知於子皮，子皮所以終始愛護子産，又有可論。觀子皮使尹何爲邑，子産曰：『少，未知可否。』子皮又曰：『使夫往而學焉。』子産又曰：『猶未能操刀而使割也，其傷實多。』子皮一聞子産此言，曰：『善哉！虎不敏。吾聞君子務知大者、遠者，小人務知小者、近者。我，小人也。微子，吾不知也。今而後知不足，自今請雖吾家，聽子而行。』其至誠懇切如此。前面許多事迹，卻不似這一段至誠懇切，開心見意，惜乎其不登聖人之門。使其得登聖人之門，殆未可量。子皮固是虚心如此，又須看子産與子皮道同氣合，略無一毫居功收能處，方且忠告善道，曰：『人心不同如其面焉，吾豈敢謂子面如吾面乎？』子産之謙抑一至於此，此所以感動子皮，致他終始愛護他。看子皮所言，便見得子皮用子産；看子産所對，便見得子産所以用於子皮者。精神骨髓都在此，前面事迹亦都在此。然子産内政，又有可論處。觀其有事伯石賂與之邑，及豐卷既奔，以他罪論來，自當終身不復入鄭可也，子産爲之，其規模甚有次序。其先皆是去委曲相就，蓋當時有强家大族以亂治。如子産賂伯石，人問其故，曰：『安定國家必大焉。』先如伯石三辭卿，子産既惡之，復處之高位。如既逐豐卷三年，而復反其田里以定反側之情，與勸焚載書，皆是一意。當時都是委曲相遂，卻要就這上看紀綱，自外觀之，似若懦弱委靡，如怕强家大族之模稜，殊不知鄭國族大多寵子産，怕他來壞了我紀綱，故外面特先恁地調護他了，然後紀綱可立。至其都鄙有章，上下有服，田有封洫，廬井有伍等事，立經陳紀，大人之忠儉者與之，泰侈者斃之，然後出賞罰，示勸懲，其規模截然有不可犯者。此兩事須當合看，子産之爲政特外面如此示弱他國，中紀綱未嘗不立也。然此只是論子産好處，然子産亦有不是處。觀鄭人遊於鄉校以論執政，然明勸毁鄉校，子産曰：『我聞忠善以損怨，不聞作威以防怨。』這幾句雖三代之名臣所言，亦不過如此。則子産地位不是不高，其後欲鑄刑書，叔向勸之，堅執不從，看這一處與

向時所言大段各別，此是何故？蓋子產才地雖高，不得聖人爲之依歸，此子產所以止於子產，不能無所失。以子產之賢尚如此，此學者不可不勉。

又《昭公·鄭徐吾犯之妹美，公孫楚聘之，公孫黑又使强委禽焉。犯懼，告子產。元年》　鄭子產之爲政，當時强家大族蟠根錯節，勢若難制。然子產卒能削制强族，使政歸君上者，蓋子產爲之自有次序。就當時巨族中觀之，其跋扈難制無如子皙、伯有，然子皙之黨盛，伯有之族孤；子皙之勢强，伯有之勢弱。前此數年，鄭國之所以不盛者，以此二人爲之害也。及子皙既殺伯有，子皙之勢愈强，後來其惡浸長，至於欲殺子南而取其妻。此一段事，以常法斷之，子南之聘在前，子皙之聘在後，自合直子南而曲子皙矣。然今乃執子南而放之，於子皙則置而不問。子產蓋以子皙之族尚强，未可遽加以罪，故委曲斟酌調護，駕其罪於子南也。使子產便殺子皙，則其勢之亟，未必不再有伯有之亂矣。然子產之放子南，其理亦不至於全曲，他當時蓋立得名字好了，何故？布幣之事，子皙直而子南曲，二人互有曲直也。故子產曰直鈞。然子皙是上大夫，子南是嬖大夫，以卑犯尊，以賤陵貴，事出倒置，故子產特立此名字，以歸罪於子南。若名字不正，則放一子南雖可以委曲調護强家大族，然鄭國之紀綱未必不由此壞之。此子產非遽然放子南，必咨之大叔，蓋大叔是子南族最賢者，咨其族而後放之，所以使其族體察子產不得已之意。若不咨而遽然放之，未必不反致怨於遊氏也。此皆權輕重識，事機如此，非有淵深之識，欲做此等事不能到也。及其後，罪盈惡貫，親戚叛之，子產乃乘其機而討之，至於數其犯罪五，與之相抗略無少恕。何前日治之如此之緩，今日治之如此其急也？蓋前日子皙之黨尚盛，治之若急，適所以至於召亂；今日子皙之黨已離，故急乘此機而去之不敢緩。此一段，學者最要看法。

又　卷一〇《昭公·鄭子產作丘賦，國人謗之。四年》　子產作丘賦，國人謗之，是改三代井田之法，如魯作丘甲一般。子寬告之，子產拒，子寬之言甚峻。推原子產爲政，此一段事，蓋自有說。鄭，小國也，中立乎晉楚强國之間前後數年。從晉不從楚，從楚則不從晉，不過但供一邊貢賦而已，則小國尚可支持。到楚靈王方無道，晉平公衰弱，又不能與之校。鄭以蕞爾之小國，事兩霸主，朝廷貢賦與平時所貢之物已添了一倍，所以子產不得已作丘賦。當時，其他諸侯亦莫不供兩霸主貢賦，何故其他諸侯皆能供而不至作丘賦，何獨鄭不能供而作丘賦？須是推原子產所以作丘賦之意。蓋子產爲政，常欲使鄭國整齊有餘，不使到闕乏地位，所以不恤人之謗己而作之。大率子產爲人，必欲要就窄狹中卻示其寬裕，衰弱中卻示其强大，子產之規模多是如此，是以有得力處，有不得力處。其他諸國則是到闕乏時逐旋爲之。子產不肯教國中有困乏之患，於是寧甘心受謗而不顧，所以多取於民，其弊至於如此。故子寬曰：『作法於涼，其弊猶貪。作法於貪，弊將若之何？』寬之言，天下之至言也。大抵士君子要識微慮遠，有高見遠識，而能推原存亡之所以然，方謂之通達國體。若不能如此，只隨事上看，必學有所未至也。子寬見子產不從，遂知國氏先亡，又知蔡及曹、滕無禮而先亡，又知鄭無法而先衛亡。可謂能推原得數百年存亡興衰之迹者，其識甚遠，其見甚明。惜乎子產不能聽也。

宋·呂祖謙《左氏傳説》卷一〇《昭公·鄭人鑄刑書，叔向使詒子產書。六年》　子產鑄刑書，叔向詒子產書，曰：『昔先王議事以制，不爲刑辟。』又曰：『民知爭端矣，將棄禮而徵於書，錐刀之末，將盡爭之。亂獄滋豐，貨賂並行。』子產不從。大抵古者，象以典刑，示《五刑》之大法而已。其條目輕重淺深，生殺一切，付之以人，未嘗立爲定法。民之有罪者，隨其事而權其輕重，故不得乘吾隙以投其姦。後世立法，纖悉曲折盡著於此，便起人爭心，姦人得以執其法，以取必於上。所以叔向言『民知爭端，將棄禮而徵於書，錐刀之末，將盡爭之。』蓋三代之治略示大綱，才略示大綱，刑便無定，所以人心常警動敬戒而不敢犯。當子產未鑄刑書，民但知有《五刑》，而不知有《五刑》條目，故民猶有敬戒之心。及刑書既鑄，民皆可以便己，自營執上之法，而取必於上，開人僞心，堯、舜立法之意都失了。蓋子產只要目前整齊，不爲後計，正緣他規模如此，但要無一法之可議一事之可指，而不知流弊於後世，亦是不曾講學之過。然以作田賦、鑄刑書二者觀之，方其作田賦，渾罕諫之曰：『作法於涼，其弊猶貪。作法於貪，弊將若何？』則不可以無法。其鑄刑書也，叔向諫之，則以爲不爲刑辟。大抵《賦》之與《刑》，二者之用正相反。《賦》不可使之無定，《刑》不可使之有定。蓋《賦》自有中制，不可多取一分，多則大桀小桀；不可少一分，少則大貉小貉，豈可不定？若刑則

不可有定。蓋先王議事以制，不爲刑辟。臨事制刑，人當謹戒，及纖悉既著爲法，則小人執法爲姦。子産於二事正相反。賦不可不守法卻變法，刑不可定法卻作刑書，以此知天下事，治亂相去，正如弈棊，當去東處著卻去西處著了，當去西處著卻去東處著了。以東爲西，以西爲東，則勝負可知。當時，子産能以作田賦之心用之於鑄刑書，必不使之有定法；以鑄刑書之心作田賦，必不使之無定法。

又　卷一一《諸大夫如晉，葬平公也。鄭子皮將以幣行》　晉平公之喪，諸侯遣諸大夫送葬。鄭子皮欲以見新君之禮行，子産止之，以鄭之小，所費不貲，必將盡用，則鄭必困。子皮固請以行。及既葬，諸侯大夫皆欲見新君，惟叔孫昭子以爲非禮。叔向果辭之，諸大夫皆無辭以退，子皮遂盡用其幣而還。一如子産所料，子皮歸，乃自歎，曰：『非知之實難，將在行之。夫子知之矣，我則不足，又言我實縱欲而不自克。』觀子皮數語，能深自克責如此，因觀此一段，見得天下事，聽言甚難。以子皮傾心聽子産言，無不行。初，問授之以政，既以國事歸之；後來，諫尹何爲邑，又曰：『雖吾家，聽子而行。』國事家事既一委心聽之。到用幣一事，卻信子産不過，到得果然有害而無益，方悔其初之不聽。子皮自言『我實縱欲而不能自克』，是的當言語。凡人舉事，或得人勸之，豈謾然不知，正緣私慾不能自克故爾。觀子皮言，雖此一時之語，想後來自克之愈深，以其言有力也。蓋當初聽子産之言，豈不欲從；又恐僥倖可以見新君，看得不真二者交戰於胸中，故終歸一邊去。惟兩者交戰不能自決，此自克工夫所以不能用也。故孔子曰：『吾未見能見其過而內自訟者也。』子皮可謂能自訟矣。

又　卷一三《晉韓宣子有環，其一在鄭商。子産弗與。十六年》　晉韓宣子欲市玉環於鄭商，子産弗與，至於反覆再三請之，子産終弗與。後世之論，皆謂子産能自立，不爲强大威武之所屈。以鄭一區區之小國，介於晉楚之間能自立者，固如此，然亦未知子産之深意所在。當是時，昭公失政，六卿皆貪冒而强。所謂宣子在晉則謂之賢，大夫在習俗中，其貪利亦未能免。子産所以固拒宣子，蓋有深意，何故？晉既失政，六卿又皆貪，次第各求所欲於諸侯；六卿既皆有所求於諸侯，以鄭國之小，豈足以一一供之？使子産一從宣子之請，則趙氏、中行氏必相繼而至。六卿既皆有所求，纔不應副一處，必爲鄭國之禍。觀後來事則可見，宋樂氏以楊楯六十獻趙簡子，范氏怒執宋之使，終身不得反。以此事可見得六卿皆爭求所欲，爲諸侯之禍。唯子産見微而知著，所以不與宣子玉環者，其説有二：一則宣子在晉，居六卿之長，以宣子求之，鄭尚不與，則下於宣子者必不敢求矣，此子産所以痛塞其端；一則宣子在晉居六卿之中，尚知畏義，略識道理，猶可以告語，故子産知其必畏義而服，必不爲鄭之禍，所以敢再三拒之，借宣子以杜六卿誅求之心，而宣子果辭玉。以此見得子産之處，事凡百見微知著，精審詳密如此，讀書者觀子産拒宣子之事，無徒曰『子産能自立』而已。

宋·呂祖謙《左氏續傳説》卷首《綱領》　春秋自子産、叔向死後，氣象頓衰；及到范鞅，全是戰國人。或謂子産、叔向不似春秋時人。非也。子産、叔向只是春秋時賢大夫，只唤作春秋時人可矣。如孟子在戰國，卻是不似當時人也。

看得《左氏》，亦是子産、叔向一等人，其記管、晏、子産、叔向事，皆連當時精神寫出，深知精髓，若不是此等人品，無緣記得如此精妙。只記孔子事，便無意思。以此知杜預謂左丘明受《經》於仲尼，其説難信。

又　卷一〇《昭公》　子産作丘賦。四年。子産作丘賦，只緣子産忒煞要齊整，故一時間雖是暫時做得去，然終是貽禍於後來。然其所以如此，亦緣他恃才之過。觀初間不肯毀鄉校時，便不肯如此斷須要做。故子寬曰：『作法於涼，其弊猶貪。』此義論説甚是。然使子寬執政時，未必做得似子産。只緣在旁邊看得來易分明。【略】

子寧以他規我。十六年。

此一段見子産失處。

子蟜賦《野有蔓草》。十六年。

他繼父之官年雖幼，而居六卿之先。所以在子産上者，蓋子産感子皮之德，故其子代父爲卿，不降其班次，使居己上。如先軫死事，晉侯卽以其子且居將中軍相似，非常禮也。若尋常，父死子代，卽班諸卿下，《春秋》此例甚多。【略】

晉問駟乞之立，故子産不待謀而對客。十九年。

此一段見子産於衆人皇惑之中，獨處得有精神。初間不管他，亦是駟

氏族彊難制；及晉使來，子産卻欲存鄭國體面。

請龜以卜。十九年。

古者諸侯藏龜，家不寶龜。子産以禮治鄭國，所以行古之制。

宋·張耒《柯山集》卷三六《子産論》 天下之大患莫大於不量力，而不量力之患起於好高。今夫使人皆量力而無慕於賢己者，宜若怠惰而無志。而不知夫力之所受於天者，莫不有極强，任而過使之則將有禍。嗚呼！怠惰而無志，不猶愈於禍歟？吾知量力之不可廢也。今夫天下之才，自匹夫以至聖人，其别無窮，然大要有三而已：上智、中人、下愚是也。昔者聖人之治天下，使民畏也有不待刑，使人愛也有不待賞。夫無刑賞，而畏愛行焉，此天下之純德也，夫惟聖人而後能之。而使中人之才，其爲治也，去賞與刑以求天下之畏愛，曰『吾將學聖人也』，則亦敗而已矣。使量力而行之，治刑以明威，信賞以施愛，其誰曰不可？以爲德不及於聖人耶，不猶愈於敗乎！夫烏獲之？力至於舉千鈞而弱者至不舉一石，以一石之力而負千鈞，則膂絶而死，此又天下之所知也。昔者鄭國有災，有勸子産使遷國者。子産曰：『吾不足以定遷矣。』夫遷國以免災，與安坐以待不測之禍，二者孰利也？然子産知其力之不能及，則寧爲安坐之計，姑求其力之所及者而行之，豈其心以爲不能定遷，則其患將甚於安坐而待患歟？蓋子産嘗鑄刑書，而叔向非之，子産卒行之也。彼以爲議事以制不爲刑辟者，非我之所能故也。予讀書至此未，嘗不竊歎古之君子，其智慮深遠而較利害也，詳量分審力而不誘於天下之浮説，而深悲後世之説者。夫宋襄公之求諸侯，徐偃王之行仁義，卒無所就而敗隨之，而世之人遂悲仁義之不效。而予不知二人者果能爲文武之事者歟？非仁義之負二人，二人之負於仁義也。或曰：天下之士不可好卑而務近，而量力之論不可以訓。嗚呼！使無妄學聖人者，是豈使無學其德耶！吾惡夫無其德而僭其事者也。彼聖人之爲聖，豈好高而爲之哉？其中之所有舉而措之而已，使誠有其德，吾何愛聖人之事而不使爲之哉？

宋·張九成《孟子傳》卷一八《離婁章句下》 余讀《左氏》，見子産相鄭，卓乎有賢大夫之風。如衞鄭國之垣牆，論鄭國之供賦，屏楚公子於郊外，軒然有大臣之用。至其爲政也，民歌之曰：『我有田疇，子産殖之。我有子弟，子産教之。子産而死，誰其嗣之？』至孔子入鄭，見之如兄弟，且以兄事之，嘗稱其有君子之道四，至其死也，爲之泣曰：『古之遺愛也。』觀其爲人與夫作用亦盡巧妙矣，乃以其乘輿濟人於溱洧，此特出於一時之事耳。以子産之智，豈不知十一月徒杠成，十二月輿梁成，而區區爲此小惠哉？豈以一時仁心不忍民之徒涉。故輟己之車以濟其急乎？以平昔孔子敬之，何至曰『惠而不知爲政也』？然余細考子産，有仁心仁聞，而不知先王之道者也。觀其論『實沈臺駘爲祟』，使晉平公、叔向稱之爲博物君子，至於先王之學未知講究。以如此資稟而濟之以先王之學，必能大有爲於斯世，相鄭君，尊王室，起文武成康之業，以惠天下矣。唯其學止於如此，所以規模褊小，造作乖踈，如作封洫，立謗政，鑄刑書，皆非大人之造，與不知徒杠輿梁之制，而以乘輿濟人一等也。夫有不忍人之心，必寄之以不忍人之政者。帝王之學也，不忍人之政乃自帝王心中製作，如乾坤之造化，四時之運行，小大隱顯，幽明内外，無不受其鑪錘埏埴之妙。學而不至帝王，而自以私智小識創造法度，非特不合人心，雖勉强力行，終亦不久矣。推乘輿濟人之心，二帝三王之心也，儻能取帝王之法，以行此心，則治天下，可運於掌上矣，而況鄭國哉？所謂帝王之政何也？且以濟人一事言之，歲十一月即夏之九月也，於是時，則爲人徒所行之橋。十二月，夏之十月也，於是時則爲車馬所行之橋。九月十月之間，水潦既退，氣候清涼，民未病涉也。適此時也而爲此役，民不告勞人獲其利，其與區區以乘輿濟人工拙，豈不萬萬相遠哉？先王之政，每事如此，此子産所以可悲也。以子産之賢，而有帝王之學，將進於皐、夔、稷、契、伊尹、周公之地，何止於惠人而已哉？孟子之意非譏之，乃痛惜之也。故曰：『今有仁心仁聞而民不被其澤，不可法於後世者，不行先王之道也。』又曰：『徒善不足以爲政，徒法不能以自行。《詩》云：「不愆不忘，率由舊章。」遵先王之法而過者，未之有也。』深知此説，則子産之失不言可知矣。

宋·鄭汝諧《論語意原》卷三《憲問第十四》 子曰：爲命，裨諶草創之，世叔討論之，行人子羽修飾之，東里子産潤色之。

鄭介於晉、楚之間，事晉則楚伐之，事楚則晉伐之。鄭之被二國之兵者，不知幾年矣。自簡公十二年用子産爲卿，又十年授子産以政，歷定、獻、聲公，凡五十年，鄭未嘗有晉、楚之師。當是之時，一辭命之不善，

而彊國之師已壓境矣。子產用是三人者，草創之，討論之，修飾之。既成，而子產潤色之。故能交鄰事大，解紛息暴，辭之不可已如是，是以深與之。

或問子產。子曰：惠人也。問子西，曰：彼哉，彼哉。

子產作田賦，鑄刑書，當時亦譏之。然其爲政也，都鄙有章，上下有服，田有封洫，廬井有伍。夫子明其用心在於愛民而已，故曰『惠人也。』所謂猶衆人之母，能食之，不能教之，其夫子之微意乎？楚、鄭皆有子西，此必鄭子西也。案：子西，馬融注亦云鄭大夫。或人因夫子言鄭子多賢，故以子產、子西爲問，以二人同聽鄭國之政者也。子西殺子孔而盡分其室，尉止之禍，不儆而出，臣妾多逃，器用多喪，其視子產之政，固有問矣。『彼哉，彼哉』，若曰：『未可與子產同論也。』

宋・朱熹《朱子語類》卷二九《論語十一・子謂子產章》 問：子產溫良慈愷，莫短於才否？曰：孔子稱子產『有君子之道四』，安得謂短於才？子產政事盡做得好，不專愛人。做得不是，他須以法治之。《孟子》所言『惠而不知爲政』者，偶一事如此耳。僩。

問：『使民也義』，是教民以義？先生應。節。

問：『其使民也義』，如『都鄙有章，上下有服，田有溝洫，廬井有伍』之類，謂爲之裁處得是當，使之得其定分也。曰：『義』字說得未是。『義』字有剛斷之意，其養民則惠，使民則義。『惠』字與『義』字相反，便見得子產之政不專在於寬。就『都鄙有章』處，看得見『義』字在子產上，不在民上。南升。

吉甫問：『都鄙有章，上下有服。』曰：『有章』，是有章程條法；『有服』是貴賤衣冠各有制度。鄭國人謂『取我田疇而伍之，取我衣冠而褚之』，是子產爲國時，衣服有定制，不敢著底，皆收之囊中，故曰『取而褚之』。至。蓋卿録云：『有章，一都一鄙各有規矩；有服，是衣冠服用皆有等級高卑。』

又 卷四四《論語二十六・或問子產章》 子產心主於寬，雖說道政尚嚴猛，其實乃是要用以濟寬耳，所以爲惠人。賀孫。

問：管仲曰：『人也。』范楊皆以爲盡人道，《集注》以爲『猶云：此人也』，如何？曰：古本如此說，猶詩所謂『伊人』，《莊子》所謂『之人也』。若作盡人道說，除管仲是箇人，他人便都不是人。更管仲也未盡得人道在，奪伯氏騈邑，『正謂奪爲己有。問：《集注》言管仲，子產之才德。使二人從事於聖人之學，則才德可以兼全否？』曰：若工夫做到極處，也會兼全。寓。

問：孔子所稱管仲奪伯氏邑，『沒齒無怨言』，此最難，恐不但是威力做得。曰：固是。雖然，亦只是霸者事。問：武侯於廖立李平是如何？曰：看武侯事迹，儘有駁雜去處，然事雖未純，卻是王者之心。管仲連那心都不好。程先生稱武侯『有王佐之才』，亦即其心而言之，事迹間有不純也。然其要分兵攻魏，先主將一軍入斜谷，關侯將荆州之衆北向，則魏首尾必不相應，事必集矣。蜀人材難得，都是武侯逐旋招致許多人，不似高祖光武時云合響應也。賀孫。

問：《集注》云：『管仲之德，不勝其才；子產之才，不勝其德，其於聖人之道，槩乎其未有聞也。』若據二子所成之事迹，則誠未知聖人之學。然觀管仲『非鬼神通之，精神之極也』之語，與子產論伯有事，其精思察理如此，恐亦未可謂全不知聖人之學。曰：大處他不知，如此等事，他自知之。且使子路爲鄭國，必須强似子產。觀其自謂三年爲國，『可使有勇，且知方也』，則必不爲强國所服屬矣。廣。

又 卷五七《孟子・離婁下・子產聽鄭國之政章》 鄭之虎牢，即漢之成皋也。虎牢之下，即溱洧之水，後又名爲汜水關，子產以乘輿濟人之所也。聞人務德以爲孟子之言，非是。其說以爲，溱洧之水，其深不可以施梁柱，其淺不可以涉，豈可以濟乘輿？蓋溱洧之水底皆是沙，故不可以施梁柱，但可用舟渡而已。李先生以爲疑，或是偶然橋梁壞，故子產用其車以渡人。然此類亦何必深考。孟子之意，但言爲政者當務民之宜，而不徒以小惠耳。僩。卓録云：『或問：『車輿豈可以涉水？』曰：『想有可涉處。』』聞人，秀州人。

宋・洪邁《容齋隨筆》卷一二《古人重國體》 古人爲邦，以國體爲急，初無小大强弱之異也。其所以自待，及以之待人，亦莫不然。故執言修辭，非賢大夫不能盡。楚申舟不假道於宋而聘齊，宋華元止之，曰：『過我而不假道，鄙我也。鄙我，亡也。殺其使者，必伐我。伐我，亦亡也。亡，一也。』乃殺之。及楚子圍宋既急，猶曰：『城下之盟，有以國斃，不能從也。』鄭三卿爲盜所殺，餘盜在宋，鄭人納賂以請之。師慧

曰：『以千乘之相，易淫樂之矇，宋無人焉故也。』子罕聞之，固請而歸其賂。晉韓宣子有環在鄭商，謁諸鄭伯，子產弗與，曰：『大國之求，無禮以斥之，何饜之有？吾且爲鄙邑，則失位矣。若大國令而共無藝，鄭鄙邑也，亦弗爲也。』晉合諸侯於平丘，子產爭貢賦之次，子大叔咎之。子產曰：『國不競亦陵，何國之爲？』鄭駟偃娶於晉，偃卒，鄭人舍其子而立其弟，晉人來問，子產對客曰：『若寡君之二三臣，其卽世者，晉大夫而專制其位，是晉之縣鄙也，何國之爲？』楚囚鄭印堇父，獻於秦，鄭以貨請之。子產曰：『不獲。受楚之功，而取貨於鄭，不可謂國，秦不其然。若曰鄭國微君之惠，楚師其猶在敝邑之城下。』弗從，秦人不予。更幣，從子產而後獲之。讀此數事，知春秋列國各數百年，其必有道矣。

宋・呂本中《紫微雜説》 古之爲政，皆務委曲以合人情，其置法行令皆出於不得已者也。不得已者，可以施於一時，不可行於長久。鄭葬簡公，將毁遊氏之廟，子產不忍，竟不毁也。其後將爲蒐除遊氏之廟，過期三日不毁，子產復不忍而毁於北方。如使商鞅之徒爲之，不惟必毁遊氏，其不毁且有重辟矣。然則刻核之論，非君子所宜道。信賞必罰，非仁政之先也，然則奈何曰『夫子之道，忠恕而已矣』。子產知之矣。管子所謂『留令者死，不從令者死』之類，皆刻核之論所由出也。豈惟有害聖人之教，蓋亦未知子產之用心矣。

宋・邵博《聞見後録》卷一二 或問子產。子曰：『惠人也。』子產爲鄭作封洫，立謗政，鑄刑書，其死也教太叔以猛，其用法深，其爲政嚴，有及人之近利，而無經國之遠猷。故子罕、叔向皆譏之，而孔子以爲惠人，不以爲仁，蓋小之也。孟子曰：子產以乘輿濟人於溱洧，『惠而不知爲政』。蓋因孔子之言而失之也。子產之於政，整齊其民賦，完治其城郭道路，而以時修其橋梁，則有餘矣。豈有乘輿濟人者哉？《禮》曰：子產，人之母也，能食之而不能教。『此又因孟子之言而失之也。

宋・劉敞《公是集》卷四〇《論・非子產論》 子產聽鄭國之政，有事公孫段賂與之邑。劉子曰：權而不義。子之事親，性也；臣之事君，義也。以性合者諫，不入不去也，戹窮禍患不避也，有功不報也；以義合者諫，不入有以去之，戹窮禍患有以避之，有功有以報之。有功而報之，義也，未有無功而賜者也，無功而賜以爲説也。父不能以使子則不父，子不可使也則不子；君不能使臣則不君，臣不可使也則不臣。故父有使子而無報，君有報臣而無賂。賂臣而使之，不可謂國。三卿、五大夫、二十七士可勝使乎？使而賂之可勝賂乎？臣不見利，必莫之勸也，是君臣上下相率而爲利也。義不足以動之，仁不足以存之，忠不足以論之，信不足以結之，禮不足以明之，幾何相率爲利而國不亡乎？君子爲國家者，修其義，達其禮，君君臣臣父父子子，而安有不行者哉？或曰：子產不得已也。對曰：然。吾固曰非治世之法也。

宋・晁補之《雞肋集》卷四一《春秋左氏傳雜論》 盗殺子駟、子國、子耳。云云。子西聞盗，不儆而出，尸而追盗。盗入於北宮，乃歸，授甲，臣妾多逃，器用多喪。子產聞盗，爲門者，庀羣司，閉府庫，慎閉藏，完守備，成列而後出，兵車十七乘。尸而攻盗於北宮，盗衆盡死。

右襄十年，子西，子駟子也。子產，子國子也。子西之才不及子產，不待此而知也。均人子也，盗戕其父，聞難匍匐遑遽而往，猶恐不及，而責子西以不儆，善子產以庀完，此豈雍容時耶？《傳》失之矣。且言國事，則三執政喋血朝廷，言家事則父暴屍衢巷，而咎臣妾之逃，悼器用之喪，豈但鄙細不知務而已哉？【略】

伯有既死，使大史命伯石爲卿，辭。大史退，則請命焉。復命之，又辭。如是三，乃受策入拜。子產是以惡其爲人也，使次己位。注：畏其作亂，故寵之。

右襄三十年，以子產之賢，察伯石之僞而惡之可以廢矣，顧乃寵之，使次己位，何也？以謂廢之則力未可爲，若耻與同列而己自去耶？則鄭不可以無子產。故寧少假焉，且與之偕，而不自失爲鄭國慮故也。嗚呼！君子之馭小人有道，抑孔子所謂『人而不仁，疾之已甚，亂也。』子產其懼此矣。【略】

鄭徐吾犯之妹美，公孫楚聘之矣，注：子南穆公孫。公孫黑又使强委禽焉。犯懼，告子產。子產曰：『是國無政，非子之患也。』適子南氏。子皙怒，注：子皙公孫黑。既而櫜甲以見子南，欲殺之而取其妻。子南知之，執戈逐之，及衝，擊之以戈。子皙傷而歸。云云。子產曰直鈞幼賤有罪罪在楚也乃執子南而數之放游楚於吴鄭爲游楚亂故公孫黑彊與於盟子產弗討公孫黑將作亂欲去遊氏而代其位傷疾作而不果諸大夫欲殺之子產使吏

數之曰：『以大國之事，而未爾討也。』云云。『昆弟爭室，而罪二也。』『不速死，司寇將至。』七月壬寅，縊。

右昭元年，子產爲鄭，叔向爲晉，晏嬰爲齊，皆三國之季世。而晉、齊甚焉。初，子皮授子產政，辭曰：『國小而偪族大寵多不可爲也。』及爲政，有事伯石，賂與之邑。子大叔曰：『國皆其國也，奚獨賂焉？』子產曰：『無欲實難。』卒與之。夫爲政，而令不行於公族，至有所欲使而用賂，國於何有哉？然子產之所以爲此，抑可言矣。子南、子皙之爭，子南直也。若罪其用戈，則子皙先櫜甲，往殺子南矣；子南用戈，但應之也。而曰『直鈞，幼賤有罪，罪在子南。』杜預以謂力未能討，而歸罪於楚，非權也，不得已而用最下之策也。雖後子皙彊與於盟，亦弗卽討，則其忍可知矣。及子皙獲罪，然後方數以大國之事未爾，討而摘其昆弟爭室，至此則皙之直安在哉？以至棄遽而至迫以縊死，則子產之夲心可見矣。故曰『爲政而令不行於公族，國於何有哉？』然子產之所以爲此，抑可言者。惟初忍而後決，始逆而終伸，事定國靖，而衆方知其心，是乃子產以爲賢而稱於孔子也。昭元年，齊侯使晏嬰請繼室於晉，叔向從之宴，相與語曰：『齊其何如？』晏子曰：『此季世也，吾弗知齊其爲陳氏矣。云云。』叔向曰：『然。雖吾公室，亦季世也。政在家門，民無所依。』夫以鄭、晉、齊三國有臣若是，然至世微政去，皆不能救鄭，未裂於彊臣，子產其猶區區焉，因事正之。晉、齊將亡，賢如叔向、平仲，特相與私語而太息，豈不哀哉？雖然二國所以未遽亡，亦曰有兩人者在。【略】

鄭駟歂殺鄧析，而用其《竹刑》，君子謂子然於是不忠。苟有可以加於國家者，棄其邪可也。云云。故用其道，不棄其人。《詩》曰：『蔽芾甘棠，勿翦勿伐，召伯所茇。』

右定九年，鄭自子產鑄刑書，而叔向難子產，固自以救世，鄧析又改焉，其不得已而用可知矣。鄧析，春秋時亂人之雄也。破律改作，王制之所誅。夫天下無王而諸侯有政，能使亂人不得作，是乃駟歂之所以爲賢也。君子不以人廢言，故鄧析雖邪，《竹刑》有時而或用；不以言取人，故鄧析雖能爲，《竹刑》不足以救死。而《傳》載君子之言，謂子然不忠，夫子然可爲忠矣。誅一邪臣不過忠於鄭，去一亂人之雄，忠於先王後世之人多矣。而又以謂苟可以加於國家者，棄其邪可也，夫謂之邪矣，何可以加於國家哉？召伯之惠政在民，其人賢故民愛而存其《甘棠》。用其道，不棄其人，若召伯可也，以比竹書，異哉。李斯爲秦立法，漢滅秦亦因之不害於治。然漢用李斯可存之法則善，使李斯而在漢，雖欲不棄得乎哉？【略】

《列子》載鄧析被殺，事異而意同，曰：『鄧析操兩可之說，設無窮之詞。當子產爲政，數難子產。子產屈之，俄而誅之。』以謂鄧析非能屈子產，不得不屈；子產非能誅鄧析，不得不誅。雖不云駟歂殺之要，鄧析之不可不誅。《列子》亦云爾也。

金·王若虛《滹南集》卷八《孟子辨惑》　子產以乘輿濟人於溱洧。《孟子》曰：『惠而不知爲政。』夫橋梁之政，野人皆知之，曾謂子產而不及知乎此，必有司之不職，或偶圮壞而子產適見，因以救一時之急，豈專以此爲惠。而孟子亦豈誠譏子產哉？蓋世有不知本末，如移民移粟、遺衣遺食之徒，故借其事以爲戒耳。東坡遂以孟子爲失，張子韶既知其出於一時，而復求子產之病，以實孟子之言，是皆非也。

明·林希元《易經存疑》卷七《革》　人情習於苟安，樂於因循，憚於更改。當改革之初，但見目前之可安，紛更之可厭，不見聖人更改之深意，鮮有不以爲害成而病己者。及夫更革之後，勞事過而逸事來，宿弊革而新利興，然後民始知向之所以更革者，非勞也，我逸也；非害也，我利也。不惟無怨嘆之言，而且有感德之思矣。故曰：『已日乃孚』。鄭子產爲政，民歌之曰：『孰殺子產，吾其與之。』其政既成，民思之曰：『子產而死，誰其嗣之？』此其驗也。『已日乃孚』，以所革之當言也。若所革不當有，終身不能孚者矣。況已日乎？王安石是也。

明·馮時可《左氏釋》卷下《子產不毀司墓之室》　鄭簡公卒，將爲葬，除司墓之室，有當道者，毀之則朝而堋。子太叔請毀之，曰：『無若諸侯之賓何？』子產曰：『諸侯之賓能來會吾喪，豈憚日中？無損於賓而民不害，何故不爲？』遂弗毀，日中而葬。按：司墓，鄭之葬公墓大夫徒屬之家也。其室當殯所由之道，毀之則路徑而可速至，故堋以朝期；弗毀則路迂而緩至，故堋以日中期。堋，是既下棺而掩之以土也。毀民室，以爲除先君所不安也。子產全民之室而成君之德，君子哉！子太叔不忍於游氏之廟也，而忍於人之室，抑何度量之相越也。

明·劉宗周《論語學案》卷七《下論·憲問第十四》　子曰：爲命，

裨諶草創之，世叔討論之，行人子羽修飾之，東里子産潤色之。

鄭國一辭命而人效其長，要於共濟，宛然同寅協恭氣象，其有造於鄭多矣。當時秉國之成者，子産也。集衆思，廣衆益，尤可以爲相天下者法云。

或問子産。子曰：『惠人也。』問子西。曰：『彼哉，彼哉。』問管仲。曰：『人也。奪伯氏駢邑三百，飯疏食，没齒無怨言。』

王降而論伯，夫子隨世以論品矣，非有功於世道者，不足稱也。春秋之時，王室日微，而民生促矣。鄭有子産，庶幾以生民爲念者，其猶存先王之遺愛乎？故曰『惠人也』。楚有子西，則與聞僭王猾夏之惡者，出於人理乎？『彼哉，彼哉』，惡之也。若夫主春秋二百年來之運會，則管仲一人而已。仲之尊周室，攘夷狄，以其君伯天下，即桓公奪伯氏駢邑以與管仲，没齒無怨言，而知仲之功真有以服天下後世之心也，仲真人傑也哉！以視子西，功罪不兩立者也；以視子産，加人一等，瞠乎後矣。夫子此言，春秋人物之權衡乎？

明・程敏政《篁墩文集》卷五《經筵講章・孟子》 子産聽鄭國之政，以其乘輿濟人於溱洧。《孟子》曰：『惠而不知爲政。』歲十一月，徒杠成。十二月，輿梁成。民未病涉也。

子産，是鄭大夫公孫僑。輿，是車。溱、洧，是二水名。惠，是私恩小利。周之十一月即夏之九月，周之十二月即夏之十月。三代時改易正朔是如此。徒，是徒步。杠，是方橋。梁，也是橋。昔子産爲鄭大夫，聽斷一國的政事。他因見溱、洧二水無有橋梁，人往來不便終日，把他所乘的車載往來的人，濟過這溱、洧二水。孟子説這子産這箇人所行只是私恩小利，不知爲政之道。蓋爲政則有公平正大之體，綱紀法度之施，自然使人得所，不在這些小惠利上。且先王之政，每到歲十一月，農功已畢，又將寒凍時節，於是將各處可通步行人往來的方橋都做成了。到十二月，又將各處可通車輛往來的大橋也都做成了。這等則民都便於往來，自不患於徒涉，何必區區以所乘的車來濟人？縱濟得一時一兩處，豈能周遍？故孟子以此爲言，蓋修治橋梁道路，亦王政之一事也。

君子平其政行辟人可也，焉得人人而濟之。故爲政者，每人而悦之，日亦不足矣。

辟，是辟除。孟子因説子産乘輿濟人的事。至此又推説君子若能行先王之政，公平溥徧，使百姓每飽暖安樂都受恩惠，則出行之時，雖辟除了行路的人，使他躲避，也是上下之體所當然，不爲過分。況國中之水當涉者多，不止於溱、洧兩處，豈能一一都把自家所乘的車濟他？故爲政的人，若行私恩小惠，箇箇人都要喜悦他，則人多日少，以有數之日供無窮之人，如何勾得用？這一章是説，爲政當以大德，不當以小惠的意思。

清・愛新覺羅・玄燁《聖祖仁皇帝御製文第三集》卷二六《雜著・古文評論・左傳・鄭子産論重幣襄公二十四年》 潔己澡躬，臣子之義；悖入悖出，古訓所戒。子産『象齒焚身』之論，最爲深切著明，當官者宜銘諸座右。

又《子産然明論政襄公二十五年》 爲政者，保愛善良如農夫之育嘉穀，剪除奸慝如農夫之去惡草。故曰政如農功。

又《衛北宫文子相襄公如楚襄公三十一年》 鄭國多材，亦由子産善於委任，使各用其所長耳。

又《子産不毁鄉校襄公三十一年》 古帝王懸鞀設鐸，以察邇言，正所以通幽隱，廣聞見也。子産不毁鄉校，以達輿情，故孔子稱之。

又《子産論尹何爲邑襄公三十一年》 喻政以美錦，又喻以田獵，所以深著不學而仕之戒，文勢逐段相生，奇峭古雋，如層巒復水，足令尋繹不窮。

又《子産論晉侯疾昭公元年》 子産之論，典而核；醫和之論，奥而博。文特雄奇排宕，古色陸離。

清・傅恒等《御纂詩義折中》卷五《鄭風一之七・子衿》 《詩序》曰：子衿，刺學校廢也。鄭人遊於鄉校，以論執政。然明謂子産曰：『毁鄉校何如？』子産曰：『何爲？夫人朝夕遊焉，以議執政之是否。其所善者，吾則行之；其所惡者，吾則改之。是吾師也，若之何毁之？』仲尼聞是語也，曰：『以是觀之，人謂子産不仁，吾不信也。』道之不明久矣。鄭之執政前乎子産，後乎子産者，皆未必仁也。則學校之廢，有由然矣。夫鄭非無事之國也，需才豈不孔亟？乃日搶攘於干戈會盟之間，而以學校爲緩圖，至使師儒退而獨處，士子散而嬉遊，天地之生才有數，壞之於平日而欲用之於一旦，將安從得之？一日不見而如三月，豈直師

弟朋友之相思哉？以爲學校不可一日而不興，人材不可一日而不育，教化不可一日而不明也。

清・張廷玉等《皇清文穎》卷三《果毅親王允禮・子産論》 春秋之世，成周之政教猶未盡泯，二百四十年之人材皆周公所陶鑄也。故當是時，賢人君子處心制事，執禮陳辭，皆有官禮之遺意焉。管仲與子産又其傑出者矣。管仲治兵，用《周官》之重固而變爲簡易；子産治國，用《周官》之詳密而加以辨察其道，皆主於嚴明。然子産之所爲極難，而規模尤近正，其於管仲蓋有過之無不及焉。管仲用齊，廣土衆民，晉、楚雖漸盛，而各守偏隅，魯、衛、宋、鄭、陳、蔡、曹、滕皆非齊匹也。故節制之師方行，天下而莫之能遏。鄭則傾側於晉、楚之間凡數世矣。以自保其民社且惴惴焉若不能終日，敢有四方之志哉？齊桓公志大而識明，委國於仲，一聽其所爲，舊如鮑叔，重如高國，皆俯首而聽命焉。而鄭簡公非桓匹也，子皮而外，駟良帶楚，皆有爭心，其民辛苦墊隘，而習於慆淫，誣上行私不可曲止，使他人處此，迴翔無主搶攘衡決而國非其國矣。自子産出事，大國則守信而折之以禮，制强家則審幾而斷之以果，靖國人則執法而濟之以威，視管仲之嚴明則又過焉。然丘賦之作，非此不足以禦晉、楚也，刑書之鑄，非此不足以輯萑苻之盜也。故其自稱曰：『僑不材，無以及子孫，吾以救世而已。』觀其入陳有禮，不極逞其夙怨，則滅譚、戎遂、降鄣、遷陽之事，或不忍爲也。以晉之强而不能屈，則召陵之役必將伸大義以折屈完，必不甘陰受其侮而隱忍以就盟也。故曰子産所爲極難而規模則較正焉。若與管仲計功而論效，則蔽於迹而未得其情矣。抑於此，見聖賢之論人也，必探其精神之運，心術之動，而獨見於衆人之表。子産之用心，雖叔向不知，而孔子以爲惠人。蓋火烈難犯，即周公『刑亂國用重典』之義也。諸葛亮治蜀，其規模於子産爲近，而氣象則深遠焉。然終其身，矻矻於兵師刑政之間，而先儒以爲禮樂可興其諸有得於孔子之論子産歟？

清・毛奇齡《詩傳詩説駁義》卷三《鄭・羔求》 《詩傳》：子皮爲政忠直文武，子産美之，賦《羔求》。《詩説》：《羔求》：鄭子皮卒，子産思之，追頌焉，賦也。按：《左傳》：鄭六卿餞韓宣子，子産賦《羔裘》，則此詩先子産有之，故子産取以爲賦，非子産所作明矣。朱子《小序辨説》有云：當時，鄭之大夫如子皮、子産之徒，豈無可以當此詩者？故此卽以子産美子皮實之，其欲竊附朱子而遂忘前此之有《左傳》，亦可嘆也。求字見前。

清・張尚瑗《左傳折諸》卷一八《襄公・鄭子皮授子産政》 《韓詩外傳》：子貢問大臣：孔子曰：齊有鮑叔，鄭有子皮。子貢曰：齊有管仲，鄭有東里子産。子曰：薦賢也。子貢曰：然則薦賢，賢於賢？曰：知賢，智也；推賢，仁也；引賢，義也。有此三者，又何加焉？《家語》同。

又《子産爲政》 國成子治鄭，大畧與諸葛武侯治蜀相方，因綱紀頹壞，民俗驕縱之日，攝之以條教，嚴之以威刑，而能精力猛練扞網不行，民乃始謗而終謳先畏而後愛迨，於化行俗革没有餘。思其自白見於寬猛之論，而夫子一稱之曰仁，再稱之曰遺愛。於《論語》則曰『惠人』，皆表其惠義相成之道，而著其心之所存記，乃曰『衆人之母，能食之不能教』也。學者傳訛，未必聖人之旨。《孟子》又有乘輿濟人之事，至以『惠而不知爲政』譏之。蓋因戰國有此説，而遂緣之以立教，其實子産之用心全不如是。

又《子産是以惡其爲人也使次已位》 晁無咎曰：所謂『人而不仁，疾之已甚，亂也。』子産其懼此矣。

又《子産使壞其館之垣》 《媿菴録》曰：議論激昂，援引典核，足使晉人服罪。然能行其説，恃有文子、叔向在耳。賢人之相成以善也如此。

又 卷一九《昭公・鄭子産作丘賦》 《正義》：丘，十六井，當出馬一匹，牛三頭。《司馬法》之文也。服虔以『子産作丘賦，賦此一丘之田，使之出一馬三牛，復古法耳。此法不行久矣。子産修復，民遂謗之。』但春秋之世，兵革數興，鄭介晉、楚之間，尤當衝劇，止有重於古，豈有從前久輟，而待子産修復之事？故元凱以爲，作丘賦者，於牛馬之外，别賦其田。如哀十一年，季氏之田賦，彼注云：『丘賦之法，因其田財，通出馬一匹，牛三頭。今欲别其田及其家財，各爲一賦。然則，此與彼同賦斂家資，既出牛馬，又别賦其田，使之出粟，是一丘出兩丘之税也。《周禮》有「夫征、家征」。夫征謂出税，家征謂出車徒、給徭役。』案：

後世學者知讀《春秋》爲魯國内事，廢古居多稅畝、丘甲、田賦，累書於《經》，歎其民不堪命。子産則以遺愛爲孔子所許，孰知其搘拄弱國之難？作丘賦、鑄刑書，先則渾罕譏之，後則叔向責之，竟爲商鞅、孔悝刑名征榷兩家之先路。管敬仲之賢，而以筦算鹽莢，君子以言利惡之。善治國者，蓋無全人哉！

又，東萊曰：鄭之丘賦一如魯之丘甲，推原子産此段蓋自有説。鄭小國也，中立乎晉、楚之間，前此數十年從晉不從楚，從楚則不從晉，但供一邊，貢賦小國尚可支持。楚靈、會、申之時，事兩霸主，貢賦添出一倍，所以不得已而作之。他國何獨不加賦？蓋子産爲政，常欲使其國整齊有餘，不使到缺乏地位，所以不得已而作丘賦，甘心受謗而不顧也。

又　卷二〇《昭公·鄭人鑄刑書》　疏：子産鑄刑書而叔向責之，趙鞅鑄刑鼎而仲尼譏之。如此傳文則刑之輕重，不可使民知也。而李悝作法，蕭何造律，頒於天下，懸示兆民，秦、漢以來莫之能革。以今觀之，不可一日而無律也。吏不及古，民僞於昔，聖人作法，不能經遠，古今之政，何有異乎？古者分地建國，諸侯則奕世相承，大夫亦子孫不絶，皆知國爲我土，衆實我民，自有愛吝之心，不生殘賊之意。故得設法以待刑，臨事而議罪。秦、漢以來，長吏以時，遷代其民，非復己有。懦弱則爲殿負，彊猛則爲稱職。且疆域闊遠，戶口滋多，豪橫者陵蹈邦邑，桀健者雄張閭里。故漢世《酷吏傳》任刑誅，或乃肆情好殺，違衆用己，至有積骸滿穽，流血丹野。郅都被蒼鷹之號，延年受屠伯之名。若復任其縱舍，必將喜怒變常，愛憎改意，不得不作法以齊之。所犯當條，則斷之以律，疑不能決，則讞之上府。聖人制法，非不善也。古不可施於今，今人所作，非能聖也。遭時制宜，謂此道也。

又，三代以後，著律之載於史者：後漢建安元年，應劭始删定律令；晉泰始三年，賈充等修律令，合六百三十條，裴頠、張華、杜預注律三十卷；陳武帝令范杲參定律令，北魏則游雅胡方回改定律制，凡三百七十條；隋高熲更定新律，其律名有五：死刑曰絞、斬，以次爲流、徒、杖、笞者也，又制十惡之條，至今言律者，範圍乎此；唐則裴寂譔之，長孫無忌、房玄齡更定之；而開元格爲盧懷慎、宋璟、李林甫等所著，韓文公議復讎，猶曰律，雖本於聖人，然執而行之者，有司也。經之所明者，制有司者也。丁寧其義於經，而深没其文於律，將使法吏一斷於法，而經術之士得引經而議也。漢武帝數遣張湯，從董仲舒問得失，作《春秋決獄》二百三十二事，動以經對。蓋古者象以典刑，示五刑之大法而已。其條目輕重淺深，一切付之其人，未嘗立爲定法。故曰：議事以制。後世立法纖悉，姦人得執其法，以取必於上。民知爭端，棄禮而徵於書。叔向之拳拳，蓋爲此乎？

又　《叔向使詒子産書》　梁任昉集秦漢以來聖君賢士沿著爲文章之始，名之曰《文章緣始》。書則起叔向詒子産書，箴則虞人之箴，誄則魯哀公誄孔子，三者皆出《左傳》。愚按：子産蓋先寓書范宣子。《論語》：孔子有疾，子路請禱，引誄以對。又《檀弓》：魯莊公誄縣賁父，誄已先著，或以其詞脱簡而不取。若子産之書，實先叔向而作，何彦升以叔向遺子産始耶？然其分體哀録詩文，乃《昭明文選》之所自始。

又　卷二六《定公·殺鄧析而用其竹刑》　王伯厚曰：子産鑄刑書，趙鞅、荀寅鑄刑鼎，至鄧析竹刑，則書於竹簡矣。然甫刑云明啓刑書其來已久。漢《杜周傳》：『不循三尺法』，注：謂以三尺竹簡書法律。《鹽鐵論》又云：『二尺四寸之律，古今一也。』按：《論衡》云：周以八寸爲尺，則二尺四寸爲三尺，蓋周之遺制。又曰：子産鑄刑鼎以救敝俗也，叔向猶譏之，況鄧析竹刑，又改刑鼎之舊乎？析著書列刑名家，有曰君父於臣子無厚固不仁者，駟歂殺之，乃其自取，而《左氏》責歂不忠，曷若責其用刑書乎？《淮南子》：『鄧析巧辯而亂法。』《漢藝文志》：法家有《鄧析》二篇。陸貞菴曰：今世有《鄧析子》，書曰《無厚》、《轉詞》者二篇，大抵商鞅、韓非語也。竹刑將非此類乎？子然之殺之，吾以爲後矣。何謂不忠？吾謂子然之不忠，在用竹刑，不在殺鄧析。

清·馬驌《繹史》卷七四《子産相鄭》　國非有彊弱也，得其人則昌，不得其人則亡。鄭小國耳，居南北之衝，自莊、厲以來，晉、楚交躪其地，國之不亡倖矣。乃以五歲卽位之簡公，國家内亂，疆埸外擾，悼、共方爭，邊吏日警，而不數年間，外患以平，内政以修，解甲息民，國家晏然稱治焉，謂非子産之力乎？其始從政也，輿人謗之，同列猜之，迨其後誰嗣歌矣；甚至鑄刑書，作丘賦，而民不怨，賢能任矣！甚至放游楚，殺駟黑，而大夫不怒，使當大國，而權藉馮焉，管仲、蔿獵之功，不

足多也。乃受政之日，惴惴然國偪族寵之是懼，有子皮左右先後之，猶懼弗克勝，無他，春秋之國，鄭稱多事，固難治也。自桓、文霸而鄭始病，自悼、共爭而鄭始危，成公從楚，鄢陵不振，僖公從晉，鄬會不終，鄭蓋不可問矣。齊桓之世，鄭雖受兵，而三良爲政，諸侯莫之敢輕。今則子駟之侈焉而死，子孔之專焉而死，伯有之愎焉而死，伯石、豐卷之流，猶耽耽焉，鄭益不可問矣。子産奔晉，子皮止之，委以大權，而子産乃得行其志。鄭之有子皮，齊之有鮑叔牙也。子産之功，不及管仲者，則以無大國耳。雖然，有幸焉，晉悼霸而鄭人賴以反正，晉、楚成而鄭人得以休息，蕭魚以後，國無外敵，入陳以後，國有兵威，子産爲政，正鄭國化弱爲彊之時也，而子産之賢，足以任之，是以列國之君卿大夫，咸欽其人，而重其才，外交固，內事舉，民賴以安，惠孔厚也。死之日，鄭人丈夫舍玦珮，婦人舍珠珥，丁壯號哭，老人兒啼，曰：『子産去我死乎！民將安歸？』嗚呼！生令民愛，死令民哀，如子産者，所稱古良臣哉！

清・高士奇《左傳紀事本末》卷四四《子産相鄭》　臣士奇曰：鄭之爲國，族大寵多，俗淫而侈，又介晉、楚之間，疆埸日駭，民生墊隘，未易以爲治。而子産之相鄭，則大有可觀矣。方子國、子耳之侵蔡而獲公子燮也，國人皆喜，子産年猶童子，卽慮晉、楚兵爭之禍，固已奇矣。西宮之亂，庀羣司，閉府庫，而後出兵。倉卒之中，具有成畫。子孔載書之誤，則力請焚之，使反側子自安。子皙與子南爭室，子南以戈擊子皙傷，數其五姦，抗法不少貸。及子皙欲去遊氏而代其位，將作亂，使吏切責，尸諸衢而加木焉，刑政肅矣。其治民也，有惠愛之心，而濟之以猛。水濡火烈之喻，殆卽亂國用重典之意乎！他若鑄刑書，制參辟，立謗政，作溝洫，行之一年，而豎子不戲狎，班白不提挈；二年，市不豫賈；三年，門不夜關，道不拾遺；四年，田器不歸；五年，士無尺籍，喪期不令而治。至妖妄誕譎之習，凡可以惑民聽、沮教令者，屏之務絶。伯有之厲，立其祀以安之。龍鬬洧焉，則置而弗問。裨竈請禳火，則始終援天道人道以折之。此其卓識遠見，豈流輩所能及哉？若夫馳詞執禮，以當晉、楚之鋒；徵朝，則歷述比歲之勤；重幣，則寓宣子之書；獻捷，則士莊伯不能詰；壞館垣，則叔向歎其有辭；卻逆女，則楚人垂橐而入；拒玉環之請，則杜無厭之求；申登陴之對，則寢問罪之端；問駟乞之立，則語以縣鄙之懼。而多聞博物，又足以傾動四國之諸侯，而照耀乎壇坫。是以外捍牧圉，內庇民社，而遺愛所被，既没而悲之如亡親戚也。子産不誠賢相矣哉！雖然，無罕虎，則子産之賢不彰；無子大叔，則子産之賢亦不傳。此君子所以重汲引也。

藝文

唐・李華《李遐叔文集》卷一《先賢讚六首・東里子産》　荆王晉侯，虐我小邦。南則荆侵，北則晉攻。捄首捄尾，蹈不能起。當炎獲濯，國氏之子。孤明内斷，頌興謗止。入陳事周，權禮並理。諸侯新睦，霸主悦喜。遺愛不忘，我行溱水。

宋・宋祁《景文集》卷八《五言律詩・鄭子産廟》　不知東里叟，遺迹但堪尋。語愛東家淚，論交季子心。故墳猶有石，遺鼎遂無金。謬政爲邦久，千秋謝所欽。

宋・韓琦《安陽集》卷二三《雜文・三賢贊》　文正王公葬鄭州新鄭縣之臨洧鄉，而與鄭相子産、唐相裴度之塚相左右。其弟刑部侍郎致仕子融乃繪三相之像置於墳之僧院，而屬余以辭。故爲《三賢贊》云：

子産：猗歟國氏，惟鄭卿臣。屈佐列國，道尊四鄰。鄉校勿毁，否吾可詢。輿誦勿斥，誨吾益諄。不改其度，而終感民。及其亡也，如喪所親。昔吾夫子，事若天倫。曰古遺愛，疇云不仁。東里之舊，清風未泯。九原可作，吾從惠人。

宋・劉敞《公是集》卷四九《三賢贊并序》　丞相沂公葬東里子産之墟，而與裴晉公鄰。鄭人以三賢者之行己事上養人，使民其終始同。然則宜相近爲之作祠堂，合而享之，豈所謂尊德樂善，《緇衣》之遺風也歟！

贊曰：賢不常出，曠世而遇。其猶旦暮，如三公者。或相一國，或相天下。善始令終，高明有融。盛德大功，時之遠也。千有餘歲，若相長弟。循迹揆心，死而不忘。孰有古今，其像於此。自鄭人始，有來仰止。嗚呼！若登高山，若浮深淵，夫又孰測焉。

宋・邵雍《擊壤集》卷一六《齊鄭吟》　子産何嘗辭鄭小，晏嬰殊不願齊衰。二賢生若得其地，才業當爲王者師。

宋・王安石《臨川文集》卷三五《正肅吳公挽辭三首。公嘗舉賢良，終河南守，葬鄭。予舉進士時，公知舉》 昔繼吳公治，今從子産遊。里門無舊客，鄉國有新丘。謀讓裨諶遠，文歸賈誼優。此時辜怨寵，西望涕空流。

宋・蘇軾《東坡全集》卷二五《夢中作寄朱行中》 舜不作六器，誰知貴璵璠。哀哉楚狂士，抱璞號空山。相如起睨柱，頭璧相與還。何如鄭子産，有禮國自閑。雖微韓宣子，鄙夫亦辭環。至今不貪寶，凜然照塵寰。

宋・黄庭堅《山谷外集》卷一四《子産廟》 區區小鄭多君子，誰若公孫用意深。監巫執節誅腹誹，不除鄉校獨何心。

宋・文天祥《文山集》卷一八《指南前録・愧故人》 九門一夜漲風塵，何事癡兒竟誤身。子産片言圖捄鄭，仲連本志爲排秦。但知慷慨稱男子，不料蹉跎愧故人。玉勒雕鞍南上去，天高月冷泣孤臣。

金・趙秉文《滏水集》卷五《古詩・鄭子産廟》 晉楚更霸爭雄尊，勢如兩虎挾一豚。玉帛事楚方南轅，晉師已及國北門。鄭有人焉國無小，晉楚雖大談笑了。臨風三嘆酹清罇，注目蒼陂望高鳥。

元・楊弘道《小亨集》卷三《五言律詩・題子産廟》 相鄭稱遺愛，云亡感聖人。養民殊夏日，出涕比祥麟。故國多喬木，虛堂若有神。褰裳病徒涉，歲暮客愁新。

元・楊維楨《東維子集》卷二《送高都事序》 《傳》稱子産爲政，其所能者亡他，能材彼其人焉而已耳。材彼其人，人各能其所能，而子産之能無不能矣。裨諶能謀，子太叔文而能行，馮簡子能斷大事，公孫揮能知四國之爲，且一辯其人之族姓、班位、能否，又善於辭令。子産問四國之爲於子羽，使裨諶謀而簡子斷，然後授太叔行之，是以鄭無敗事，子産善於材使之力也。江浙平章左畣納失公徂征淮夷，總制於金陵，急以材使人才爲首務，曰善謀，曰善斷，曰善行，而善辭令者皆禮羅於幕府，使各竭其所能，此子産氏之善於能人之能也。高子令之秀而文者也，又善知四國之爲與其人之族姓、班位、能否而善於辭令者也。是高子一人而兼古者二人之爲，此總之者之選於子，如子産之選於太叔、公孫揮也，宜其有補於總制，而總制者無有敗事，都之以幙府元僚不爲過已。抑余有詰於高子者，今日之兵有曰貓曰鶻者，罔測甚於寇，兵知以貓鶻禦寇，不知以寇待貓鶻。既有烈於寇者，吁知四國之爲，而辨其人之族姓、班位、能否者，其有不察於此乎？不察不智，察不言不忠，言不力不勇，總制之稱善於材使者，疑不若是，故於高子申以問之。

明・邵寶《容春堂前集》卷七《七言律詩・謁子産祠》 一上高臺萬古情，相君何在但留名。論經孔孟真襃貶，世到春秋有戰爭。西北封疆猶接晉，東南形勢直吞荆。如今想像馳詞地，廬井荒茫畫不成。

明・邵寶《容春堂續集》卷八《春秋諸賢臣論十一首・鄭臣》 論曰：鄭介晉、楚之間，艱而能國，亦惟諸臣是賴。故仲尼善其爲命亟稱子産，子産而下其爲才殊矣。吾於七子之賦得其槩焉，安得起叔譽而通論之。

明・孫承恩《文簡集》卷四一《古像贊・子産》 鄭國聽政，賢者惟子。辭令之善，酬酢之智。以禮治國，諸侯莫加。君子道四，聖人所嘉。

范蠡分部

傳記

《史記》卷四一《越王句踐世家》 范蠡事越王句踐，既苦身戮力，與句踐深謀二十餘年，竟滅吳，報會稽之耻，北渡兵於淮以臨齊、晉，號令中國，以尊周室，句踐以霸，而范蠡稱上將軍。還反國，范蠡以爲大名之下，難以久居，且句踐爲人可與同患，難與處安，爲書辭句踐曰：『臣聞主憂臣勞，主辱臣死。昔者君王辱於會稽，所以不死，爲此事也。今既以雪耻，臣請從會稽之誅。』句踐曰：『孤將與子分國而有之。不然，將加誅于子。』范蠡曰：『君行令，臣行意。』乃裝其輕寶珠玉，自與其私徒屬乘舟浮海以行，終不反。於是句踐表會稽山以爲范蠡奉邑。

范蠡浮海出齊，變姓名，自謂鴟夷子皮，耕于海畔，苦身戮力，父子治産。居無幾何，致産數十萬。齊人聞其賢，以爲相。范蠡喟然嘆曰：

『居家則致千金，居官則至卿相，此布衣之極也。久受尊名，不祥。』乃歸相印，盡散其財，以分與知友鄉黨，而懷其重寶，閒行以去，止于陶，以爲此天下之中，交易有無之路通，爲生可以致富矣。於是自謂陶朱公。復約要父子耕畜，廢居，候時轉物，逐什一之利。居無何，則致貲累巨萬。天下稱陶朱公。

朱公居陶，生少子。少子及壯，而朱公中男殺人，囚於楚。朱公曰：『殺人而死，職也。然吾聞千金之子不死於市。』告其少子往視之。乃裝黄金千溢，置褐器中，載以一牛車。且遣其少子，朱公長男固請欲行，朱公不聽。長男曰：『家有長子曰家督，今弟有罪，大人不遣，乃遺少弟，是吾不肖。』欲自殺。其母爲言曰：『今遣少子，未必能生中子也，而先空亡長男，奈何？』朱公不得已而遣長子，爲一封書遺故所善莊生。曰：『至則進千金于莊生所，聽其所爲，慎無與爭事。』長男既行，亦自私齎數百金。

至楚，莊生家負郭，披藜藋到門，居甚貧。然長男發書進千金，如其父言。莊生曰：『可疾去矣，慎毋留！卽弟出，勿問所以然。』長男既去，不過莊生而私留，以其私齎獻遺楚國貴人用事者。

莊生雖居窮閻，然以廉直聞於國，自楚王以下皆師尊之。及朱公進金，非有意受也，欲以成事後復歸之以爲信耳。故金至，謂其婦曰：『此朱公之金。有如病不宿誡，後復歸，勿動。』而朱公長男不知其意，以爲殊無短長也。

莊生閒時入見楚王，言『某星宿某，此則害於楚』。楚王素信莊生，曰：『今爲奈何？』莊生曰：『獨以德爲可以除之。』楚王曰：『生休矣，寡人將行之。』王乃使使者封三錢之府。楚貴人驚告朱公長男曰：『王且赦。』曰：『何以也？』曰：『每王且赦，常封三錢之府。昨暮王使使封之。』朱公長男以爲赦，弟固當出也，重千金虛棄莊生，無所爲也，乃復見莊生。莊生驚曰：『若不去邪？』長男曰：『固未也。初爲事弟，弟今議自赦，故辭生去。』莊生知其意欲復得其金，曰：『若自入室取金。』長男卽自入室取金持去，獨自歡幸。

莊生羞爲兒子所賣，乃入見楚王曰：『臣前言某星事，王言欲以修德報之。今臣出，道路皆言陶之富人朱公之子殺人囚楚，其家多持金錢賂王左右，故王非能恤楚國而赦，乃以朱公子故也。』楚王大怒曰：『寡人雖不德耳，奈何以朱公之子故而施惠乎！』令論殺朱公子，明日遂下赦令。朱公長男竟持其弟喪歸。

至，其母及邑人盡哀之，唯朱公獨笑，曰：『吾固知必殺其弟也！彼非不愛其弟，顧有所不能忍者也。是少與我俱，見苦，爲生難，故重棄財。至如少弟者，生而見我富，乘堅驅良逐狡兔，豈知財所從來，故輕棄之，非所惜吝。前日吾所爲欲遣少子，固爲其能棄財故也。而長者不能，故卒以殺其弟，事之理也，無足悲者。吾日夜固以望其喪之來也。』

故范蠡三徙，成名於天下，非苟去而已，所止必成名。卒老死于陶，故世傳曰陶朱公。

又　卷一二九《貨殖列傳》　范蠡既雪會稽之耻，乃喟然而歎曰：『計然之策七，越用其五而得意。既已施於國，吾欲用之家。』乃乘扁舟浮於江湖，變名易姓，適齊爲鴟夷子皮，之陶爲朱公。朱公以爲陶天下之中，諸侯四通，貨物所交易也。乃治產積居。與時逐而不責於人。故善治生者，能擇人而任時。十九年之中三致千金，再分散與貧交疏昆弟。此所謂富好行其德者也。後年衰老而聽子孫，子孫脩業而息之，遂至巨萬。故言富者皆稱陶朱公。

《漢書》卷九一《貨殖傳》　昔粤王句踐困於會稽之上，乃用范蠡、計然。計然曰：『知鬬則修備，時用則知物，二者形則萬貨之情可得見矣。故旱則資舟，水則資車，物之理也。』推此類而脩之，十年國富，厚賂戰士，遂報彊吳，刷會稽之耻。范蠡歎曰：『計然之策，十用其五而得意。既以施國，吾欲施之家。』乃乘扁舟，浮江湖，變姓名，適齊爲鴟夷子皮，之陶爲朱公。以爲陶天下之中，諸侯四通，貨物所交易也，乃治產積居，與時逐而不責於人。故善治產者，能擇人而任時。十九年之間三致千金，而再散分與貧友昆弟。後年衰老，聽子孫脩業而息之，遂至鉅萬。故言富者稱陶朱。

綜述

《墨子》卷一《所染第三》　齊桓染於管仲、鮑叔，晉文染於舅犯、

高傴，楚莊染於孫叔、沈尹，吳闔閭染於伍員、文義，越句踐染於范蠡、大夫種。此五君者所染當，故霸諸侯，功名傳於後世。

又　卷九《非儒下第三十九》　孔某之齊，見景公，景公説，欲封之以尼溪，以告晏子。【略】孔某乃恚，怒于景公與晏子，乃樹鴟夷子皮于田常之門，告南郭惠子以所欲爲。

《國語》卷一九《吳語》　吳王夫差既殺申胥，不稔於歲，乃起師北征。闕爲深溝，通於商、魯之閒，北屬之沂，西屬之濟，以會晉公午於黄池。

於是越王句踐乃命范蠡、舌庸，率師沿海泝淮以絕吳路。敗王子友於姑熊夷。越王句踐乃率中軍泝江以襲吳，入其郛，焚其姑蘇，徙其大舟。

【略】

越王句踐乃召吾大夫，曰：『吳爲不道，求殘吾社稷宗廟，以爲平原，不使血食。吾欲與之徼天之衷，唯是車馬、兵甲、卒伍既具，無以行之。吾問於王孫包胥，既命孤矣；敢訪諸大夫，問戰奚以而可？句踐願諸大夫言之，皆以情告，無阿孤，孤將以舉大事。』大夫舌庸乃進對曰：『審賞則可以戰乎？』王曰：『聖。』大夫苦成進對曰：『審罰則可以戰乎？』王曰：『猛。』大夫種進對曰：『審物則可以戰乎？』王曰：『辯。』大夫蠡進對曰：『審備則可以戰乎？』王曰：『巧。』大夫皋如進對曰：『審聲則可以戰乎？』王曰：『可矣。』王乃命有司大令於國曰：『苟任戎者，皆造於國門之外。』王乃命於國曰：『國人欲告者來告，告孤不審，將爲戮不利，及五日必審之，過五日，道將不行。』

又　卷二一《越語下》　越王句踐卽位三年而欲伐吳，范蠡進諫曰：『夫國家之事，有持盈，有定傾，有節事。』王曰：『爲三者，奈何？』對曰：『持盈者與天，定傾者與人，節事者與地。王不問，蠡不敢言。天道盈而不溢，盛而不驕，勞而不矜其功。夫聖人隨時以行，是謂守時。天時不作，弗爲人客；人事不起，弗爲之始。今君王未盈而溢，未盛而驕，不勞而矜其功，天時不作而先爲人客，人事不起而創爲之始，此逆於天而不和於人。王若行之，將妨於國家，靡王躬身。』王弗聽。

范蠡進諫曰：『夫勇者，逆德也；兵者，凶器也；爭者，事之末也。陰謀逆德，好用凶器，始於人者，人之所卒也；淫佚之事，上帝之禁也，先行此者，不利。』王曰：『無是貳言也，吾已斷之矣！』果興師而伐吳，戰於五湖，不勝，棲於會稽。

王召范蠡而問焉，曰：『吾不用子之言，以至於此，爲之奈何？』范蠡對曰：『君王其忘之乎？持盈者與天，定傾者與人，節事者與地。』王曰：『與人奈何？』對曰：『卑辭尊禮，玩好女樂，尊之以名。如此不已，又身與之市。』王曰：『諾。』乃令大夫種行成於吳，曰：『請士女女於士，大夫女女於大夫，隨之以國家之重器。』吳人不許。大夫種來而復往，曰：『請委管籥屬國家，以身隨之，君王制之。』吳人許諾。王曰：『蠡爲我守於國。』對曰：『四封之內，百姓之事，蠡不如種也。四封之外，敵國之制，立斷之事，種亦不如蠡也。』王曰：『諾。』令大夫種守於國，與范蠡入宦於吳。

三年，而吳人遣之。歸及至於國，王問於范蠡曰：『節事奈何？』對曰：『節事者與地。唯地能包萬物以爲一，其事不失。生萬物，容畜禽獸，然後受其名而兼其利。美惡皆成，以養其生。時不至，不可彊生；事不究，不可彊成。自若以處，以度天下，待其來者而正之，因時之所宜而定之。同男女之功，除民之害，以避天殃。田野開闢，府倉實，民衆殷。無曠其衆，以爲亂梯。時將有反，事將有閒，必有以知天地之恆制，乃可以有天下之成利。事無閒，時無反，則撫民保教以須之。』

王曰：『不穀之國家，蠡之國家也，蠡其圖之！』對曰：『四封之內，百姓之事，時節三樂，不亂民功，不逆天時，五穀睦熟，民乃蕃滋，君臣上下交得其志，蠡不如種也。四封之外，敵國之制，立斷之事，因陰陽之恆，順天地之常，柔而不屈，彊而不剛，德虐之行，因以爲常；死生因天地之刑，天因人，聖人因天；人自生之，天地形之，聖人因而成之。是故戰勝而不報，取地而不反，兵勝於外，福生於內，用力甚少而名聲章明，種亦不如蠡也。』王曰：『諾。』令大夫種爲之。

四年，王召范蠡而問焉，曰：『先人就世，不穀卽位。吾年既少，未有恆常，出則禽荒，入則酒荒。吾百姓之不圖，唯舟與車。上天降禍於越，委制於吳。吳人之那不穀，亦又甚焉。吾欲與子謀之，其可乎？』對曰：『未可也。蠡聞之，上帝不考，時反是守，彊索者不祥。得時不成，反受其殃。失德滅名，流走死亡。有奪，有予，有不予，王無蚤圖。夫

吳，君王之吳也，王若蚤圖之，其事又將未可知也。』王曰：『諾。』

又一年，王召范蠡而問焉，曰：『吾與子謀吳，子曰：「未可也」。今吳王淫於樂而忘其百姓，亂民功，逆天時；信讒喜優，憎輔遠弼，聖人不出，忠臣解骨；皆曲相御，莫適相非，上下相偷。其可乎？』對曰：『人事至矣，天應未也，王姑待之。』王曰：『諾。』

又一年，王召范蠡而問焉，曰：『吾與子謀吳，子曰：「未可也」。今申胥驟諫其王，王怒而殺之，其可乎？』對曰：『逆節萌生。天地未形，而先爲之征，其事是以不成，雜受其刑。王姑待之。』王曰：『諾。』

又一年，王召范蠡而問焉，曰：『吾與子謀吳，子曰：「未可也」。今其稻蟹不遺種，其可乎？』對曰：『天應至矣，人事未盡也，王姑待之。』王怒曰：『道固然乎，妄其欺不穀邪？吾與子言人事，子應我以天時；今天應至矣，子應我以人事。何也？』范蠡對曰：『王姑勿怪。夫人事必將與天地相參，然後乃可以成功。今其禍新民恐，其君臣上下，皆知其資財之不足以支長久也，彼將同其力，致其死，猶尚殆。王其且馳騁弋獵，無至禽荒；宮中之樂，無至酒荒；肆與大夫觴飲，無忘國常。彼其上將薄其德，民將盡其力，又使之望而不得食，乃可以致天地之殛。王姑待之。』

至於玄月，王召范蠡而問焉，曰：『諺有之曰：「觥飯不及壺飧。」今歲晚矣，子將奈何？』對曰：『微君王之言，臣故將謁之。臣聞從時者，猶救火、追亡人也，蹶而趨之，唯恐弗及。』王曰：『諾。』遂興師伐吳，至於五湖。

吳人聞之，出而挑戰，一日五反。王弗忍，欲許之。范蠡進諫曰：『夫謀之廊廟，失之中原，其可乎？王姑勿許也。臣聞之，得時無怠，時不再來，天予不取，反爲之災。贏縮轉化，後將悔之。天節固然，唯謀不還。』王曰：『諾。』弗許。

范蠡曰：『臣聞古之善用兵者，贏縮以爲常，四時以爲紀，無過天極，究數而止。天道皇皇，日月以爲常，明者以爲法，微者則是行。陽至而陰，陰至而陽；日困而還，月盈而匡。古之善用兵者，因天地之常，與之俱行。後則用陰，先則用陽；近則用柔，遠則用剛。後無陰蔽，先無陽察，用人無藝，往從其所。剛彊以禦，陽節不盡，不死其野。彼來從我，固守勿與。若將與之，必因天地之災，又觀其民之飢飽勞逸以參之。盡其陽節，盈吾陰節而奪之。宜爲人客，剛彊而力疾；陽節不盡，輕而不可取。宜爲人主，安徐而重固；陰節不盡，柔而不可迫。凡陳之道，設右以爲牝，益左以爲牡，蚤晏無失，必順天道，周旋無究。今其來也，剛彊而力疾，王姑待之。』王曰：『諾。』弗與戰。

居軍三年，吳師自潰。吳王帥其賢良，與其重祿，以上姑蘇。使王孫雒行成於越，曰：『昔者上天降禍於吳，得罪於會稽。今君王其圖不穀，不穀請復會稽之和。』王弗忍，欲許之。范蠡進諫曰：『臣聞之，聖人之功，時爲之庸。得時不成，天有還形。天節不遠，五年復反，小凶則近，大凶則遠。先人有言曰：「伐柯者其則不遠。」今君王不斷，其忘會稽之事乎？』王曰：『諾。』不許。

使者往而復來，辭愈卑，禮愈尊，王又欲許之。范蠡諫曰：『孰使我蚤朝而晏罷者，非吳乎？與我爭三江、五湖之利者，非吳耶？夫十年謀之，一朝而棄之，其可乎？王姑勿許，其事將易冀已。』王曰：『吾欲勿許，而難對其使者，子其對之。』范蠡乃左提鼓，右援枹，以應使者，曰：『昔者上天降禍於越，委制於吳，而吳不受。今將反此義以報此禍，吾王敢無聽天之命，而聽君王之命乎？』王孫雒曰：『子范子，先人有言曰：「無助天爲虐，助天爲虐者不祥。」今吳稻蟹不遺種，子將助天爲虐，不忌其不祥乎？』范蠡曰：『王孫子，昔吾先君固周室之不成子也，故濱於東海之陂，黿鼉魚鱉之與處，而鼃黽之與同渚。余雖靦然而人面哉，吾猶禽獸也，又安知是諓諓者乎？』王孫雒曰：『子范子將助天爲虐，助天爲虐不祥。雒請反辭於王。』范蠡曰：『君王已委制於執事之人矣。子往矣，無使執事之人得罪於子。』

使者辭反。范蠡不報於王，擊鼓興師以隨使者，至於姑蘇之宮，不傷越民，遂滅吳。

反至五湖，范蠡辭於王曰：『君王勉之，臣不復入越國矣。』王曰：『不穀疑子之所謂者何也？』對曰：『臣聞之，爲人臣者，君憂臣勞，君辱臣死。昔者君王辱於會稽，臣所以不死者，爲此事也。今事已濟矣，蠡請從會稽之罰。』王曰：『所不掩子之惡，揚子之美者，使其身無終没於越國。子聽吾言，與子分國。不聽吾言，身死，妻子爲戮。』范蠡對曰：

『臣聞命矣。君行制，臣行意。』遂乘輕舟以浮於五湖，莫知其所終極。

王命工以良金寫范蠡之狀而朝禮之，浹日而令大夫朝之，環會稽三百里者以爲范蠡地，曰：『後世子孫，有敢侵蠡之地者，使無終沒於越國，皇天后土、四鄉地主正之。』

《韓非子》卷六《解老》 夫緣道理以從事者無不能成。無不能成者，大能成天子之勢尊，而小易得卿相將軍之賞祿。夫棄道理而忘舉動者，雖上有天子諸侯之勢尊，而下有猗頓、陶朱、卜祝之富，猶失其民人而亡其財資也。

又 卷七《說林說上》 鴟夷子皮事田成子，田成子去齊，走而之燕，鴟夷子皮負傳而從，至望邑，子皮曰：『子獨不聞涸澤之蛇乎？澤涸，蛇將徙，有小蛇謂大蛇曰：子行而我隨之，人以爲蛇之行者耳，必有殺子，不如相銜負我以行，人以我爲神君也。乃相銜負以越公道，人皆避之，曰：神君也。今子美而我惡，以子爲我上客，千乘之君也；以子爲我使者，萬乘之卿也。子不如爲我舍人。』田成子因負傳而隨之，至逆旅，逆旅之君待之甚敬，因獻酒肉。

又 卷一〇《內儲說下六微》 越王攻吳，王吳王謝而告服，越王欲許之，范蠡、大夫種曰：『不可。昔天以越與吳，吳不受，今天反夫差，亦天禍也。以吳予越，再拜受之，不可許也。』太宰嚭遺大夫種書曰：『狡兔盡則良犬烹，敵國滅則謀臣亡。大夫何不釋吳而患越乎？』大夫種受書讀之，太息而歎曰：『殺之，越與吳同命。』

又 卷一七《說疑》 若夫后稷、皋陶、伊尹、周公旦、太公望、管仲、隰朋、百里奚、蹇叔、舅犯、趙衰、范蠡、大夫種、逢同、華登，此十五人者爲其臣也，皆夙興夜寐，卑身賤體，竦心白意，明刑辟、治官職以事其君，進善言、通道法而不敢矜其善，有成功立事而不敢伐其勞，不難破家以便國，殺身以安主，以其主爲高天泰山之尊，而以其身爲壑谷釜洧之卑，主有明名廣譽於國，而身不難受壑谷釜洧之卑。如此臣者，雖當昏亂之主尚可致功，況於顯明之主乎？此謂霸王之佐也。

《戰國策》卷五《秦策三・蔡澤見逐於趙》 此四子者，成功而不去，禍至於此，此所謂信而不能詘，往而不能反者也。范蠡知之，超然避世，長爲陶朱。

《呂氏春秋》卷四《孟夏紀・尊師》 神農師悉諸，黃帝師大撓，帝顓頊師伯夷父，帝嚳師伯招，帝堯師子州支父，帝舜師許由，禹師大成贄，湯師小臣，文王、武王師呂望、周公旦，齊桓公師管夷吾，晉文公師咎犯、隨會，秦穆公師百里奚、公孫枝，楚莊王師孫叔敖、沈尹巫，吳王闔閭師伍子胥、文之儀，越王句踐師范蠡、大夫種。此十聖人六賢者，未有不尊師者也。今尊不至於帝，智不至於聖，而欲無尊師，奚由至哉？此五帝之所以絕，三代之所以滅。

又 卷一四《孝行覽・長攻》 越國大饑，王恐，召范蠡而謀。范蠡曰：『王何患焉？今之饑，此越之福而吳之禍也。夫吳國甚富而財有餘，其王年少，智寡材輕，好須臾之名，不思後患。王若重幣卑辭以請糴於吳，則食可得也。食得，其卒越必有吳，而王何患焉？』越王曰：『善。』乃使人請食於吳，吳王將與之。伍子胥進諫曰：『不可與也。夫吳之與越，接土鄰境，道易人通，仇讎敵戰之國也，非吳喪越，越必喪吳。若燕、秦、齊、晉，山處陸居，豈能踰五湖九江、越十七阨以有吳哉？故曰非吳喪越，越必喪吳。今將輸之粟，與之食，是長吾讎而養吾仇也。財匱而民恐，悔無及也。不若勿與而攻之，固其數也，此昔吾先王之所以霸。』且夫饑，代事也，猶淵之與阪，誰國無有？吳王曰：『不然。吾聞之：「義兵不攻服，仁者食饑餓。」今服而攻之，非義兵也；饑而不食，非仁體也。不仁不義，雖得十越，吾不爲也。』遂與之食。不出三年而吳亦饑，使人請食於越，越王弗與，乃攻之，夫差爲禽。

又 卷一六《先識覽・悔過》 穴深尋則人之臂必不能極矣，是何也？不至故也。智亦有所不至。所不至，說者雖辯，爲道雖精，不能見矣。故箕子窮于商，范蠡流乎江。

又 卷一八《審應覽・離謂》 洧水甚大，鄭之富人有溺者。人得其死者。富人請贖之，其人求金甚多，以告鄧析。鄧析曰：『安之。人必莫之賣矣。』得死者患之，以告鄧析。鄧析又答之曰：『安之。此必無所更買矣。』夫傷忠臣者，有似於此也。夫無功不得民，則以其無功不得民傷之；有功得民，則又以其有功得民傷之。人主之無度者，無以知此，豈不悲哉？比干、萇弘以此死，箕子、商容以此窮，周公、召公以此疑，范蠡、子胥以此流，死生存亡安危，從此生矣。

漢·劉向《新序》卷五《雜事第五》 呂子曰：『神農學悉老，黄帝學大真，顓頊學伯夷父，帝嚳學伯招，帝堯學州文父，帝舜學許由，禹學大成執，湯學小臣，文王武王學太公望周公旦，齊桓公學管夷吾隰朋，晉文公學咎犯隨會，秦穆公學百里奚公孫支，楚莊王學孫叔敖沈尹竺，吴王闔閭學伍子胥文之儀，越王句踐學范蠡大夫種，此皆聖王之所學也。且夫天生人而使其耳可以聞，不學其聞則不若聾；使其目可以見，不學其見則不若盲；使其口可以言，不學其言則不若喑；使其心可以智，不學其智則不若狂，故凡學非能益之也，違天性也，能全天之所生而勿敗之，可謂善學者矣。』

漢·韓嬰《韓詩外傳》卷九《第二十章》 君子之居也，綏如安裘，晏如覆杅。天下有道，則諸侯畏之。天下無道，則庶人易之。非獨今日，自古亦然。昔者范蠡行遊，與齊屠地居，奄忽龍變，仁義沈浮，湯湯慨慨，天地同憂。故君子居之，安得自若？《詩》曰：『心之憂矣，其誰知之！』

漢·趙曄《吴越春秋》卷七《句踐入臣外傳》 越王句踐五年，五月，與大夫種、范蠡《吕氏春秋》高誘解：『范蠡，楚三户人也，字少伯。大夫種姓文氏，字會，楚之鄒人。』按，鄒本邾子之國，此云楚之鄒人，蓋鄒爲楚所并爾。又，太史公《素王妙論》曰：『范蠡本南陽人。』《列仙傳》云：徐人。《索隱》曰：『大夫，官，種，名也。一云：大夫，姓，猶司馬司空之比。』今按：大夫，官名。如以爲姓也，則大夫逢同，大夫皋如等，豈皆其姓耶？入臣于吴，羣臣皆送至浙江之上。臨水祖道，軍陣固陵。大夫文種前爲祝，其詞曰：『皇天祐助，前沉後揚。禍爲德根，憂爲福堂。威人者滅，服從者昌。王雖牽致，其後無殃。君臣生離，感動上皇。衆夫哀悲，莫不感傷。臣請薦脯，行酒二觴。』

越王仰天太息，舉杯垂涕，默無所言。種復前祝曰：『大王德壽，無疆無極，乾坤受靈，神祇輔翼。我王厚之，祉祐在側。德銷百殃，利受其福。去彼吴庭，來歸越國。觴酒既升，請稱萬歲。』越王曰：『孤承前王餘德，守國于邊，幸蒙諸大夫之謀，遂保前王丘墓。今遭辱耻爲天下笑，將孤之罪耶，諸大夫之責也？吾不知其咎，願二三子論其意。』大夫扶同《史記》作『逢同』曰：『何言之鄙也！昔湯繫于夏臺，《史·夏紀》：桀曰：『吾悔不遂殺湯於夏臺。』《索隱》：『夏臺，嶽名。夏曰鈞臺。』皇甫謐云：『地在陽翟。』伊尹不離其側；文王囚于石室，《地理志》：『河内湯陰有羑里城，西伯所拘處。』此云石室，疑卽所囚之室也。太公不棄其國。興衰在天，存亡繫於人。湯改儀而媚于桀，文王服從而幸於紂；夏殷恃力而虐二聖，兩君屈己以得天道。故湯王不以窮自傷，周文不以困爲病。』越王曰：『昔堯任舜、禹而天下治，雖有洪水之害，不爲人災。變異不及於民，豈況於人君乎？』大夫若成曰：『不如君王之言。天有曆數，德有薄厚。黄帝不讓，堯傳天子。三王臣弑其君，五霸子弑其父。德有廣狹，氣有高下。今之世猶人之市，置貨以設詐。抱謀以待敵。不幸陷厄，求伸而已。大王不覽于斯而懷喜怒？』越王曰：『任人者不辱身，自用者危其國。大夫皆前圖未然之端，傾敵破仇，坐招泰山之福。今寡人守窮若斯，而云湯文困厄後必霸，何言之違禮儀？夫君子爭寸陰而棄珠玉，今寡人冀得免於軍旅之憂，而復反係獲『獲』當作『於』。敵人之手，身爲傭隸，妻爲僕妾，往而不返，客死敵國。若魂魄有，此下當有『知』字。愧於前君。其無知，體骨棄捐。何大夫之言，不合於寡人之意？』於是大夫種、范蠡曰：『聞古人曰：居不幽，志不廣；形不愁，思不遠。聖王賢主，皆遇困厄之難，蒙不赦之耻，身拘而名尊，軀辱而聲榮，處卑而不以爲惡，居危而不以爲薄。五帝德厚而『而』當作『無』。窮厄之恨，然尚有泛濫之憂。此下疑有闕文。三守暴困之辱，不離三獄之囚。泣涕而受冤，行哭而爲隸，演《易》作卦，司馬遷《書》：『西伯拘而演《周易》。』天道祐之。時過於期，否終則泰。諸侯並救王命，見符朱鬣、玄狐，《太公六韜》曰：『商王拘周伯昌於羑里，太公與散宜生以金十鎰求天下珍物，以免君之罪。於是得犬戎氏文馬，豪毛朱鬣，目如黄金，名鷄斯之乘。』又《淮南子》曰：『散宜生以千金得騶虞之乘，玄玉百穀，大貝百朋，玄豹、黄熊、青犴、白虎、文皮千合，獻紂以免西伯羑里之囚。』此云玄狐，當作玄豹。輔臣結髮，拆獄破械，反國修德，遂討其讎。擢假海内，若覆手背，天下宗之，功垂萬世。大王屈厄，臣誠盡謀。夫截骨之劍無削剟之利，臽鐵之矛無分髮之便，建策之士無暴興之說。今臣遂天文，案墜籍，二氣共萌，存亡異處。彼興則我辱，我霸則彼亡。二國爭道，未知所就。君王之危，天道之數，何必自傷哉？夫吉者凶之門，福者禍之根。今大王雖在危困之際，孰知其非暢達之兆哉？』大夫計硯《越絶》『硯』作『倪』。《史·

貨殖傳》：『越王句踐困於會稽之上，乃用范蠡、計然。』註徐廣曰：『計然者，范蠡之師也，名研。故諺曰：研桑心算。』裴駰案：『范子曰計然者，葵丘濮上人，姓辛氏，字文子，其先晉國亡公子也。南游於越，范蠡師事之。』蔡謨曰：『蠡所著書名計然。』蓋非也。《漢書·古今人表》，計然列在第四，『倪』與『研』聲相近而相亂耳。曰：『今君王國於會稽，窮於入吳，言悲辭苦，羣臣泣之。雖則恨悷之心，莫不感動，而君王何爲謾辭譁說，用而相欺？臣誠不取。』越王曰：『寡人將去入吳，以國累諸侯大夫，願各自述，吾將屬焉。』大夫皋如曰：『臣聞大夫種忠而善慮，民親其知，士樂爲用。今委國一人，其道必守。何順心佛命羣臣？』佛，大也。《詩》：『佛時仔肩。』註：亦作『大』，言一人足矣，何必從心所欲，大命羣臣也？大夫曳庸，《左傳》作『后庸』，《國語》作『舌庸』。曰：『大夫文種者，國之梁棟，君之爪牙。夫驥不可與匹馳，日月不可並照，君王委國於種，則萬綱千紀無不舉者。』越王曰：『夫國者，前王之國，孤力弱勢劣，不能遵守社稷，奉承宗廟。吾聞父死子代，君亡臣親。今事棄諸大夫，客官於吳，委國歸民，以付二三子，吾之由也，亦子之憂也。君臣同道，父子共氣，天性自然。豈得以在者盡忠，亡者爲不信乎？何諸大夫論事一合一離，令孤懷心不定也？夫推國任賢，度功績成者，君之命也。奉教順理，不失分者，臣之職也。吾顧諸大夫以其所能，而云委質而已。於乎！悲哉！』計硯曰：『君王所陳者，固其理也。昔湯入夏，付國於文祀。西伯之殷，委國於二老。今懷夏將滯，志在於還。夫適市之妻教嗣糞除，出亡之君勑臣守禦。子問以事，臣謀以能。今君王欲士之所志，各陳其情，舉其能者，議其宜也。』越王曰：『大夫之論是也。吾將逝矣，願『願』下當有『聞』字。諸君之風。』大夫種曰：『夫內修封疆之役，外修耕戰之備。荒無遺土，百姓親附。臣之事也。』大夫范蠡曰：『輔危主，存亡國。不恥屈厄之難，安守被辱之地。往而必反，與君復仇讎，臣之事也。』大夫苦成曰：『發君之令，明君之德。窮與俱厄，進與俱霸。統煩理亂，使民知分。臣之事也。』大夫曳庸曰：『奉令受使，結和諸侯。通命達旨，賂往遺來。解憂釋患，使無所疑。出不忘命，入不被尤。臣之事也。』大夫皓進曰：『一心齊志，上與等之。下不違令，動從君命。修德履義，守信温故。臨非決疑，君誤臣諫。直心不撓，舉過列平。不阿親戚，不私於外。推身致君，終始一分。臣之事也。』大夫諸稽郢曰：『望敵設陳，飛矢揚兵。履腹涉屍，血流滂滂。貪進不退，二師相當。破敵攻衆，威凌百邦。臣之事也。』大夫皋如曰：『修德行惠，撫慰百姓。身臨憂勞，動輒躬親。弔死存疾，救活民命。蓄陳儲新，食不二味。國富民實，爲君養器。臣之事也。』大夫計硯曰：『候天察地，紀歷陰陽。觀變參災，分別妖祥。日月含色，五精錯行。福見知吉，妖出知凶。臣之事也。』越王曰：『孤雖入於北國，爲吳窮虜，有諸大夫懷德抱術，各守一分，以保社稷，孤何憂焉？』遂別於浙江之上，羣臣垂泣，莫不咸哀。越王仰天歎曰：『死者，人之所畏。若孤之聞死，其於心胸中會無怵惕。』遂登船徑去，終不返顧。越王夫人乃據船哭，顧烏鵲啄江渚之蝦，飛去復來，因哭而歌之曰：『仰飛鳥兮烏鳶，凌玄虛號『號』當作『兮』。翩翩。集洲渚兮優恣，啄蝦矯翮兮雲間。任厥此闕一字。兮往還。妾無罪兮負地，有何辜兮譴天。颿颿馬疾步。獨兮西往，孰知返兮何年！心惙惙憂也，《詩》：『憂心惙惙。』兮若割，淚泫泫淚流貌。兮雙懸。』又哀今曰：『彼飛鳥兮鳶烏，已迴翔兮翕蘇。心在專兮素蝦，何居食兮江湖。徊復翔兮游颺，去復返兮於乎！始事君兮去家，終我命兮君都。終來遇兮何幸，『幸』當作『辜』。離我國兮去吳。妻衣褐兮爲婢，夫去冕兮爲奴。歲遙遙兮難極，冤悲痛兮心惻。腸千結兮服膺，於乎哀兮忘食。願我身兮如鳥，身翱翔兮矯翼。去我國兮心摇，情憤惋兮誰識！』越王聞夫人怨歌，心中內慟，乃曰：『孤何憂？吾之六翮備矣！』於是入吳，見夫差，稽首再拜稱臣，曰：『東海賤臣句踐，上愧皇天，下負后土。不裁功力，污辱王之軍士，抵罪邊境。大王赦其深辜，裁加役臣，使執箕帚。誠蒙厚恩，得保須臾之命，不勝仰感俯愧。臣句踐叩頭頓首。』吳王夫差曰：『寡人於子亦過矣，子不念先君之讎乎？』越王曰：『臣死則死矣，惟大王原之。』伍胥在旁，目若熛火，聲如雷霆，乃進曰：『夫飛鳥在青雲之上，尚欲繳生絲縷也。微矢以射之，豈況近卧於華池，集於庭廡乎？今越王放於南山之中，游於不可存之地，幸來涉我壤土，入吾梐梱，此乃廚宰之成事食也，豈可失之乎？』吳王曰：『吾聞誅降殺服，禍及三世。吾非愛越而不殺也，畏皇天之咎，教而赦之。』太宰嚭諫曰：『子胥明於一時之計，不通安國之道。願大王遂其所執，無拘羣小之口。』夫差遂不誅越王，令駕車養馬，秘於宮室之中。三月，吳王召越王入見，

越王伏於前，范蠡立於後。吳王謂范蠡曰：『寡人聞貞婦不嫁破亡之家，仁賢不官絶滅之國。今越王無道，國已將亡，社稷壞崩，身死世絶，爲天下笑。而子及主俱爲奴僕，來歸於吳，豈不鄙乎！吾欲赦子之罪，子能改心自新，棄越歸吳乎？』范蠡對曰：『臣聞亡國之臣不敢語政，敗軍之將不敢語勇。臣在越不忠不信，今越王不奉大王命號，用兵與大王相持，至今獲罪，君臣俱降。蒙大王鴻恩，得君臣相保，願得入備掃除，出給趨走，臣之願也。』此時越王伏地流涕，自謂遂失范蠡矣。吳王知范蠡不可得爲臣，謂曰：『子既不移其志，吾復置子於石室之中。』范蠡曰：『臣請如命。』吳王起入宫中，越王、范蠡趨入石室。越王服犢鼻，着樵頭。夫人衣無緣之裳，施左關之襦。夫斫剉養馬，妻給水、除糞、灑掃。三年不愠怒，面無恨色。吳王登遠臺，望見越王及夫人、范蠡坐於馬糞之旁，君臣之禮存，夫婦之儀具。王顧謂太宰嚭曰：『彼越王者，一節之人。范蠡，一介之士。雖在窮厄之地，不失君臣之禮。寡人傷之。』太宰嚭曰：『願大王以聖人之心，哀窮孤之士。』吳王曰：『爲子赦之。』後三月，乃擇吉日而欲赦之。召太宰嚭謀曰：『越之與吳，同土連域，句踐愚黠，親欲爲賊。寡人承天之神靈，前王之遺德，誅討越寇，囚之石室。寡人心不忍見，而欲赦之，於子奈何？』太宰嚭曰：『臣聞無德不復，大王垂仁恩加越，越豈敢不報哉？願大王卒意。』終其意也。越王聞之，召范蠡告之曰：『孤聞於外，心獨喜之，又恐其不卒也。』范蠡曰：『大王安心，事將有意，在玉門第一，今年十二月戊寅之日，時加日出。戊，囚日也。寅，陰後之辰也。合庚辰歲後會也。夫以戊寅日聞喜，不以其罪罰，日也。時加卯而賊戊，功曹爲騰蛇而臨戊，謀利事在青龍。青龍在，勝先。而臨酉，死氣也。而剋寅，是時剋其日，用又助之，所求之事，上下有憂。此豈非天網四張，萬物盡傷者乎？王何喜焉？』果子胥諫吳王曰：『昔桀囚湯而不誅，紂囚文王而不殺，天道還反，禍轉成福。故夏爲湯所誅，殷爲周所滅。今大王既囚越君而不行誅，臣謂大王惑之深也。得無夏殷之患乎？』吳王遂召越王，久之不見。范蠡、文種憂而占之曰：『吳王見擒也。』有頃，太宰嚭出，見大夫種、范蠡而言越王復拘於石室。伍子胥復諫吳王曰：『臣聞王者攻敵國，克之則加以誅，故後無報復之憂，遂免子孫之患。今越王已入石室，宜早圖之，後必爲吳之患。』太宰嚭曰：『昔者，齊桓割燕所至之地以貺燕公，齊桓公救燕，北伐山戎而還，燕君送桓公出境，桓公因割燕所至地予燕。而齊君獲其美名。宋襄濟河而戰，宋襄公與楚成王戰於泓，目夷曰：『及其未濟，擊之。』公不聽，已濟，陣成，宋人擊之，宋師大敗，公曰：『君子不困人於阨，不鼓不成列。』春秋以多其義。功立而名稱，軍敗而德存。今大王誠赦越王，則功冠於五霸，名越於前古。』吳王曰：『待吾疾愈，方爲大宰赦之。』後一月，越王出「出」當作「坐」。石室，召范蠡曰：『吳王疾，三月不愈。吾聞人臣之道，主疾臣憂。且吳王遇孤，恩甚厚矣。疾之無瘳，惟公卜焉。』范蠡曰：『吳王不死，明矣。到己巳日，當瘳。惟大王留意。』越王曰：『孤所以窮而不死者，賴公之策耳。中復猶豫，豈孤之志哉！可與不可，惟公圖之。』范蠡曰：『臣竊見吳王真非人也，數言成湯之義而不行之。願大王請求問疾，得見，因求其糞而嘗之，觀其顔色，當拜賀焉。言其不死，以瘳起日期之。既言信後，則大王何憂。』越王明日謂太宰嚭曰：『囚臣欲一見問疾。』太宰嚭卽入言於吳王，王召而見之。適遇吳王之便，太宰嚭奉溲惡以出，溲，卽便也，惡，大溲也。大小溲亦曰前後溲，見《史·倉公傳》。逢戶中，越王因拜，請嘗大王之溲，以決吉凶。卽以手取其便與惡而嘗之。因入曰：『下囚臣句踐賀於大王，王之疾至己巳日有瘳，至三月壬申病愈。』吳王曰：『何以知之？』越王曰：『下臣嘗事師聞糞者，順穀味、逆時氣者死，順時氣者生。今者，臣竊嘗大王之糞，其惡味苦且楚酸。是味也，應春夏之氣，臣以是知之。』吳王大悦，曰：『仁人也。』乃赦越王得離其石室，去就其宫室，執牧養之事如故。越王從嘗糞惡之後，遂病口臭，范蠡乃令左右皆食岑草，以亂其氣。《會稽賦》註：『岑草，蕺也，菜名，擷之小有臭氣，凶年民劚其根食之。』《會稽志》：『蕺山在府西北六里，越王嘗採蕺於此。』其後，吳王如越王期日疾愈，心念其忠，臨政之後，大縱酒於文臺。吳王出令曰：『今日爲越王陳北面之坐，羣臣以客禮事之。』伍子胥趨出，到舍上，不御坐。酒酣，太宰嚭曰：『異乎！今日坐者，各有其詞。不仁者逃，其仁者留。臣聞：同聲相和，同心相求。今國相剛勇之人，意者內慚至仁之存也，而不御坐，其亦是乎？』吳王曰：『然。』於是范蠡與越王俱起，爲吳王壽，其辭曰：『下臣句踐從小臣范蠡，奉觴上千歲之壽。辭曰：皇在上，令昭下四時，并心察慈！仁者。大王躬親鴻恩，立義行仁，九德四塞，威

服羣臣。於乎休哉！傳德無極，上感太陽，降瑞翼翼，大王延壽萬歲，長保吴國。四海咸承，諸侯賓服。觴酒既升，永受萬福。』於是吴王大悦。明日，伍子胥入諫曰：『昨日大王何見乎？臣聞内懷虎狼之心，外執美詞之説，但爲外情以存其身。豺不可謂廉，狼不可謂親。今大王好聽須臾之説，不慮萬歲之患。放棄忠直之言，聽用讒夫之語。不滅瀝血之讎，不絶懷毒之怨。猶縱毛爐炭之上幸其『其』當作『不』。焦，投卵千鈞之下望必全，豈不殆哉？臣聞桀登高自知危，然不知所以自安也；前據白刃自知死，而不知所以自存也。惑者知返，迷道不遠。願大王察之。』吴王曰：『寡人有疾三月，曾不聞相國一言，是相國之不慈也。又不進口之所嗜，心不相思，是相國之不仁也。夫爲人臣，不仁不慈，焉何也。能知其忠信者乎？越王迷惑，棄守邊之事，親將其臣民，來歸寡人，是其義也。躬親爲虜，妻親爲妾，不愠寡人，寡人有疾，親嘗寡人之溲，是其慈也。虚其府庫，盡其寶幣，不念舊故，是其忠信也。三者既立，以養寡人。寡人曾聽相國而誅之，是寡人之不智也，而爲相國快私意耶！豈不負皇天乎？』子胥曰：『何大王之言反也？夫虎之卑勢，將以有擊也。狸之卑身，將求所取也。雉以眩移拘於網，魚以有悦死於餌。且大王初臨政，負玉門之第九，誡事之敗，無咎矣。今年三月甲戌，時加鷄鳴。甲戌，歲位之會將也。青龍在酉，德在土，刑在金，是日賊其德也。知父將有不順之子，君有逆節之臣。大王以越王歸吴爲義，以飲溲食惡爲慈，以虚府庫爲仁。是故，爲無愛於人，其不可親。面聽貌觀，以存其身。今越王入臣於吴，是其謀深也。虚其府庫，不見恨色，是欺我王也。下飲王之溲者，是上食王之心也。下嘗王之惡者，是上食王之肝也。大哉！越王之崇吴，吴將爲所擒也。惟大王留意察之，臣不敢逃死以負前王。一旦社稷丘墟，宗廟荆棘，其悔可追乎！』吴王曰：『相國置之，勿復言矣，寡人不忍復聞。』於是，遂赦越王歸國，送於蛇門之外，羣臣祖道。吴王曰：『寡人赦君，使其返國，必念終始。王其勉之。』越王稽首曰：『今大王哀臣孤窮，使得生全還國，與種蠡之徒，願死於轂下。上天蒼蒼，臣不敢負。』吴王曰：『於乎！吾聞君子一言不再，今已行矣，王勉之。』越王再拜跪伏，吴王乃引越王登車，范蠡執御，遂去。至三津之上，仰天歎曰：『嗟乎！孤之屯厄，誰念復生渡此津也？』謂范蠡曰：『今三月甲辰，時加日昳，日昃也。梁元帝《纂要》：『日在未曰昳。』孤蒙上天之命，還歸故鄉，得無後患乎？』范蠡曰：『大王勿疑，直眂道行。越將有福，吴當有憂。』至浙江之上，望見大越山川重秀，天地再清。王與夫人歎曰：『吾已絶望，永辭萬民。豈料再還，重復鄉國。』言竟掩面，涕泣闌干。《文選》註：『闌干，多貌。』此時萬姓咸歡，羣臣畢賀。

又 卷八《句踐歸國外傳》 越王句踐臣吴，至歸越，句踐七年也。《國語》：『句踐與范蠡入臣於吴，三年，而吴人遣之。』當魯哀公五年，是爲句踐七年，正與此合。此書於句踐五年書入吴事，至是歸國，首尾三年也。百姓拜之於道，曰：『君王獨無苦矣！今王受天之福，復於越國，霸王之迹自斯而起。』王曰：『寡人不慎天教，無德於民，今勞萬姓擁於岐路，將何德化以報國人？』顧謂范蠡曰：『今十有二月己巳之日，時加禺中，禺中時加己也。《淮南子》曰：『臻於衡陽，是謂禺中，對於昆吾，是謂正中。』孤欲以此到國，何如？』蠡曰：『大王且留，以臣卜日。』於是范蠡進曰：『異哉，大王之擇日也！王當疾趨，車馳人走。』越王策馬飛輿，遂復宫闕。吴封地百里於越，東至炭瀆，《越舊經》：『炭瀆在會稽縣東六十里。』《越絶》曰：『句踐稱炭聚載，從炭瀆至錬塘。』《會稽志》作『炭浦。』西止周宗，南造於山，北薄於海。越王謂范蠡曰：『孤獲辱連年，勢足以死，得相國之策，再返南鄉。今欲定國立城，人民不足，其功不可以興。爲之奈何？』范蠡對曰：『唐虞卜地，夏殷封國，古公營城，周雒威折萬里，德致八極，豈直欲破强敵收鄰國乎？』越王曰：『孤不能承前君之制，修德自守，亡衆棲於會稽之山，請命乞恩，受辱被耻，囚結吴宫。幸來歸國，追以百里之封，將遵前君之意，復於會稽之上，而宜釋吴之地。』范蠡曰：『昔公劉去邰而德彰於夏；亶父讓地而名發於岐。今大王欲『欲』字下當有『立』字。國樹都，并敵國之境，不處平易之都，據四達之地，將焉立霸王之業？』越王曰：『寡人之計未有決定。欲築城立郭，分設里閭，欲委屬於相國。』於是范蠡乃觀天文，擬法於紫宫，築作小城，周千一百二十二步，一圓三方。西北立龍飛翼之樓，以象天門。東南伏漏石竇，以象地戶。陵門四達，以象八風。外郭築城而缺西北，示服事吴也，不敢壅塞，内以取吴，故缺西北，而吴不知也。北向稱臣，委命吴國，左右易處。不得其位，明臣屬也。城既成，而怪山自生者，琅琊東武海中山也。一夕自來，故名怪山。卽龜山

也，在府東南二里，一名飛來，一名寶林，一名怪山。《越絶》曰：『龜山，句踐所起游臺也。』《寰宇記》：『龜山卽琅琊東武山，一夕移於此。』范蠡曰：『臣之築城也，其應天矣，崑崙之象存焉。』越王曰：『寡人聞崑崙之山乃地之柱，上承皇天，氣吐宇內，下處后土，稟受無外，滋聖生神，嘔養帝會。故『帝』字上當有『五』字。帝處其陽陸，三王居其正地。吾之國也，扁『扁』疑當作『偏』。天地之壤，乘東南之維，斗去極北。非糞土之城，何能與王者比隆盛哉？』范蠡曰：『君徒見外，未見於內。臣乃承天門制城，合氣於后土，嶽象已設，崑崙故出。越之霸也。』越王曰：『苟如相國之言，孤之命也。』范蠡曰：『天地卒號，以著其實。』名東武。起游臺其上，東南爲司馬門，立增樓『增』與『層』同。冠其山巔，以爲靈臺《水經註》：『怪山者。越起靈臺於山上，又作三層樓以望雲物。』起離宮於淮陽，中宿臺在於高平，《越絶》『宿』作『指』，云『中指臺，馬丘周六百步，在高平里。』《越舊經》：『中宿在會稽縣東七里。』駕臺在於成丘，《越絶》：『駕臺馳於離丘。』立苑於樂野，《越絶》曰：『越王弋獵之處大樂，故謂樂野。其山上石室，越王所休謀也。』《十道志》：『樂野，句踐以此野爲苑，今有樂瀆村。』燕臺在於石室，《越舊經》：『宴臺在州東南十里。』齋臺在於襟山。按：越境無襟山。《越絶》曰：『稷山者，句踐齋戒臺也。』既曰齋臺，則『襟』當作『稷』。稷山在會稽縣東五十三里。句踐之出游也，休息室食室於冰廚。一曰『冰室』，所以備膳羞也。越王乃召相國范蠡、大夫種、大夫郢，問曰：『孤欲以今日上明堂，臨國政，專恩致令，以撫百姓，何日可矣？惟三聖謂聖臣也，指上三人而言，子胥曰：『越有聖臣范蠡。』紀綱維持。』范蠡曰：『今日丙午日也。丙，陽將也。是日吉矣。又因良時，臣愚以爲可無始有終，得天下之中。』大夫種曰：『前車已覆，後車必戒。願王深察。』范蠡曰：『夫子故不一二見也。吾王今以丙午復初臨政，解救其本，是一宜。夫金制始，而火救其終，是二宜。蓄金之憂，轉而及水，是三宜。君臣有差，不失其理，是四宜。王相俱起，天下立矣，是五宜。臣願急升明堂臨政。』越王是日立政，翼翼小心。出不敢奢，入不敢侈。越王念復吳讎非一旦也，苦身勞心，夜以接日。目卧則攻之以蓼；足寒則漬之以水。冬常抱冰，夏還握火。愁心苦志，懸膽於戶，出入嘗之，不絶於口。中夜潛泣，泣而復嘯。越王曰：『吳王好服之離體，吾欲采葛，《詩》毛氏箋：『葛所以爲絺綌。』使女工織細布獻之，以求吳王之心，於子何如？』羣臣曰：『善。』乃使國中男女入山采葛，會稽縣東十里有葛山，《越絶》曰：『句踐種葛，使越女治葛布獻吳王。』以作黃絲之布。欲獻之，未及遣使，吳王聞越王盡心自守，食不重味，衣不重綵，雖有五臺之游，未嘗一日登翫。吾欲因而賜之以書，增之以封，東至於勾甬，西至於槜李，南至於姑末，卽春秋越姑蔑之地，姑蔑地名，有二：魯國下縣南有姑蔑城，越之姑蔑至秦屬會稽，爲太末縣，今衢州。北至於平原，《越絶》作『武原』今海鹽縣。縱横八百餘里。越王乃使大夫種索葛布十萬、甘蜜九黨、《韻會》引《吳越春秋》：『越以甘蜜丸欓報吳增封之禮。』謂欓爲越椒，今此書無『丸欓』二字，詳下文文笥之類皆以數計，則『甘蜜』當作『九瓽』。《玉篇》：『瓽，盆也。』此『黨』字誤。文笥七枚、狐皮五雙、晉竹十廋，『廋』當作『搜』，《漢・溝洫志》：『漕船五百搜』。今文作『艘』，船總名也。或作『樓』。以復封禮。吳王得之，曰：『以越僻狄『狄』當作『狹』。之國無珍，今舉其貢貨而以復禮，此越小心念功，不忘吳之效也。夫越本興國千里，吾雖封之，未盡其國。』子胥聞之，退卧於舍，謂侍者曰：『吾君失其石室之囚，縱於南林之中，今但因虎豹之野而與荒外之草，於吾之心，其無損也？』吳王得葛布之獻，乃復增越之封，賜羽毛之飾、機杖、諸侯之服。越國大悅，采葛之婦傷越王用心之苦，乃作苦之詩，《事類賦》引《吳越春秋》曰：『乃作若何之歌。』《會稽賦》註亦引此書曰：『乃作何苦之詩。』曰：『葛不連蔓棻台台，我君心苦命更之。嘗膽不苦甘如飴，《事類賦》及《越舊經》所引皆作『味若飴。』令我采葛以作絲。《文選》註引采葛婦詩，有『饑不遑食四體疲』一句，此書無之，闕文也。女工織兮不敢遲。弱於羅兮輕霏霏，號絺素兮將獻之。越王悅兮忘罪除，吳王歡兮飛尺書。增封益地賜羽奇，機杖茵褥諸侯儀。羣臣拜舞天顏舒，我王何憂能不移！』於是，越王內修其德，外布其道，君不名教，臣不名謀，民不名使，官不名事。國中蕩蕩，無有政令。越王內實府庫，墾其田疇，民富國强，衆安道泰。越王遂師八臣與其四友，時問政焉。大夫種曰：『愛民而已。』越王曰：『奈何？』種曰：『利之無害，成之無敗，生之無殺，與之無奪。』越王曰：『願聞。』種曰：『無奪民所好，則利也。民不失其時，則成之。省刑去罰，則生之。薄其賦歛則與之。無多臺游，則樂之。靜而無苛，則喜之。民失所好，則害之。農失其時，則敗之。有罪不赦，則殺之。重賦厚歛，則奪之。多作臺遊以罷民，則苦之。勞擾民力，則怒

之。詳文意，上文『與之無奪』以下，當有『樂之無苦，喜之無怒』二句。臣聞善爲國者，遇民如父母之愛其子，如兄之愛其弟，聞有飢寒爲之哀，見其勞苦爲之悲。』越王乃緩刑薄罰，省其賦斂。於是，人民殷富，皆有帶甲之勇。

九年，正月，越王召五大夫而告之曰：『昔者，越國遁棄宗廟，身爲窮虜，恥聞天下，辱流諸侯。今寡人念吴，猶躃者不忘走，盲者不忘視。孤未知策謀，惟大夫誨之。』扶同曰：『昔者亡國流民，天下莫不聞知。今欲有計，不宜前露其辭。臣聞擊鳥之動，故前俯伏。此上八字文衍。猛獸將擊，必餌『餌』當作『弭』。毛帖伏。鷙鳥將搏，必卑飛戢翼。聖人將動，必順辭和衆。聖人之謀，不可見其象，不可知其情。臨事而伐，故前無剽過之兵，後無伏襲之患。今大王臨敵破吴，宜損少辭，無令泄也。臣聞吴王兵强於齊晉，而怨結於楚。大王宜親於齊，深結於晉，陰固於楚，而厚事於吴。夫吴之志猛驕而自矜，必輕諸侯而凌鄰國。三國決權，還爲敵國，必角勢交爭。越承其弊，因而伐之，可克也。雖五帝之兵，無以過此。』范蠡曰：『臣聞謀國破敵，動觀其符。孟津之會，諸侯曰可，武王辭之。方今吴楚結讎，構怨不解。齊雖不親，外爲其救。晉雖不附，猶效其義。夫内臣謀而決讎其策，鄰國通而不絶其援，斯正吴之興霸，諸侯之上尊。臣聞峻高者隤，亦作『頽』，下墜也。葉茂者摧。日中則移，月滿則虧。四時不並盛，五行不俱馳。陰陽更唱，『唱』當作『倡』。氣有盛衰。故溢堤之水，不淹其量，熻乾之火，不復其熾。水靜則無漚瀴之怒，火消則無熹毛之熱。今吴乘諸侯之威，以號令於天下，不知德薄而恩淺，道狹而怨廣，權懸而智衰，力竭而威折，兵挫而軍退，士散而衆解。臣請按師整兵，待其壞敗，隨而襲之。兵不血刃，士不旋踵，吴之君臣爲虜矣。臣願大王匿聲，無見其動，以觀其靜。』大夫苦成曰：『夫水能浮草木，亦能沉之。地能生萬物，亦能殺之。江海能下谿谷，亦能朝之。聖人能從衆，亦能使之。今吴承闔閭之軍制、子胥之典教，政平未虧，戰勝未敗。大夫嚭者，狂佞之人，達於策慮，輕於朝事。子胥力於戰伐，死於諫議。二人權，必有壞敗。願王虚心自匿，無示謀計，則吴可滅矣。』大夫浩曰：『今吴君驕臣奢，民飽軍勇，外有侵境之敵，内有爭臣之震，其可攻也。』大夫句如《左傳》、《國語》皆作『皋如』。曰：『天有四時，人有五勝。五德迭相勝也。《史・曆書》：『秦滅六國，頗推五勝，而自以爲獲水德之瑞。』《前漢・律曆志》同。昔湯武乘四時之利而制夏殷，桓繆據五勝之便而列六國。此乘其時而勝者也。』王曰：『未有四時之利，五勝之便，願各就職也。』

又 卷九《句踐陰謀外傳》 越王句踐十年二月，越王深念遠思，侵辱於吴，蒙天祉福，得『得』下當有『返』字。越國。羣臣教誨，各畫一策，辭合意同，句踐敬從，其國已富。反越五年，未聞敢死之友。或謂諸大夫愛其身、惜其軀者。乃登漸臺，望觀其羣臣有憂與否。相國范蠡、大夫種、句如之屬儼然列坐，雖懷憂患，不形顔色。越王卽鳴鐘驚檄『驚』疑當作『警』。而召羣臣，與之盟曰：『寡人獲辱受恥，上愧周王，下慚晉楚。幸蒙諸大夫之策，得返國修政，富民養士。而五年未聞敢死之士，雪仇之臣，奈何而有功乎？』羣臣默然莫對者。越王仰天歎曰：『孤聞主憂臣辱，主辱臣死。今孤親被奴虜之厄，受囚破之恥，不能自輔，須賢任仁，然後討吴，重負諸臣，大夫何易見而難使也？』於是，計硯年少官卑，列坐於後，乃舉手而趨，蹈席而前，進曰：『謬哉！君王之言也。非大夫易見而難使，君王之不能使也。』越王曰：『何謂？』計硯曰：『夫官位、財幣、金賞者，君之所輕也；操鋒履刃，艾命投死者，士之所重也。今王易『易』字不通，疑『[夊/厶]』字之誤，『[夊/厶]』、『吝』同。財之所輕，而責士之所重，何其殆哉？』於是越王默然不悦，面有愧色，卽辭羣臣，進計硯而問曰：『孤之所得士心者何等？』計硯對曰：『夫君人尊其仁義者，治之門也。士民者，君之根也。開門固根，莫如正身。正身之道，謹左右。左右者，君之所以盛衰者也。願王明選左右，得賢而已。昔太公九聲而足其義未詳，或恐字誤。磻溪之餓人也，西伯任之而王；管仲，魯之亡囚，有貪分之毁，管仲曰：『吾始困時，嘗與鮑叔賈，分財利多自與，鮑叔不以我爲貪，知我貧也。』齊桓得之而霸。故傳曰：「失士者亡，得士者昌。」願王審於左右，何患羣臣之不使也？』越王曰：『吾使賢任能，各殊其事，孤虚心高望，冀聞報復之謀，今咸匿聲隱形，不聞其語，厥咎安在？』計硯曰：『選賢實士，各有一等，遠使以難，平聲，試以難事。以效其誠；内告以匿，以知其信；與之論事，以觀其智；飲之以酒，以視其亂。酒能亂性。《論語》：『唯酒無量，不及亂。』指之以使，《曲禮》：『者指使。』註：『指事使人也。』以察其能；示之以色，以别其態。五色以設，士盡其實，人

竭其智。知其智盡實，則君臣何憂？』越王曰：『吾以謀士效實，人盡其智，而士有未盡進辭有益寡人也。』計硯曰：『范蠡明而知內，文種遠以見外。願王請大夫種與深議，則霸王之術在矣。』越王乃請大夫種而問曰：『吾昔日受夫子之言，自免於窮厄之地。今欲奉不羈之計，以雪吾之宿讎，何行而功乎？』大夫種曰：『臣聞高飛之鳥死於美食；深泉之魚死於芳餌。今欲伐吳，必前求其所好，參其所願，然後能得其實。』越王曰：『人之所好，雖其願，何以定而制之死乎？』大夫種曰：『夫欲報怨復讎，破吳滅敵者有九術，《史記》作『七術』。君王察焉？』越王曰：『寡人被辱懷憂，內慚朝臣，外愧諸侯，中心迷惑，精神空虛，雖有九術，安能知之？』大夫種曰：『夫九術者。湯文得之以王，桓穆得之以霸。其攻城取邑，易於脫屣。願大王覽之。』種曰：『一曰尊天事鬼，『鬼』下當有『神』字，下文亦兼鬼神言之。以求其福；二曰重財幣以遺其君，多貨賄以喜其臣；三曰貴糴粟槁以虛其國，利所欲以疲其民；四曰遺美女以惑其心，而亂其謀；五曰遺之巧工良材，使之起宮室，以盡其財；六曰遺之諛臣，使之易伐；七曰强其諫臣，使之自殺；八曰君王國富，而備利器；九曰利甲兵以承其弊。凡此九術，君王閉口無傳，守之以神，取天下不難，而況於吳乎？』越王曰：『善。』乃行第一術，立東郊以祭陽，名曰東皇公，立西郊以祭陰，名曰西王母。祭陵山於會稽，陵山，禹陵之山。先秦古書帝王冢皆不稱陵，陵之名自漢始。祀水澤于江州。今之江州，春秋時爲吳西境，楚東境，越不得祀水澤於其地，兼晉以前，亦未有江州之名。蜀之巴郡，古有江州縣，又去越遼遠，亦非當時祀水澤之地。『州』字義當作『洲』，按《說文》：『州，渚也。』字本作『州』，水中可居者。州，今作洲，蓋後人加水以別州縣之字。事鬼神二年，國不被災。越王曰：『善哉，大夫之術！願論其餘。』種曰：『吳王好起宮室，用工不輟。王選名山神材，奉而獻之。』越王乃使木工三千餘人，入山伐木，一年，師無所幸。作士工作之士。思歸，皆有怨望之心，而歌木客之吟。《水經註》：『句踐使工人伐榮楯，欲以獻吳，久不得歸，工人憂思，作木客吟。一夜柟天生神木一雙，大二十圍，長五十尋。陽爲文梓，陰爲楩柟，巧工施校，制以規繩，雕治圓轉，刻削磨礱，分以丹青，錯畫文章，嬰以白璧，鏤以黃金，狀類龍蛇，文彩生光。乃使大夫種獻之於吳王，曰：『東海役臣臣孤句踐使臣種，敢因下吏聞於左右，賴大王之力，竊爲小殿，有餘材，謹再拜獻之。』吳王大悅。徐天祐曰：天生神木，不假日夜之所息。一夕而大二十圍，長五十尋，有是哉？使茲事而信，越嘗以其木致於吳，而行人之辭乃曰：東海役臣，獻爲殿之餘材。甚非所以禮吳而示有先也。且越有五臺，未嘗敢上吳王，以爲畏法服威。夫既天之產材若是其異，人之致飾若是其都，而名之曰餘材，則越之爲殿亦已侈矣。而特以其遺餘奉吳，何越之失言而吳之易悅耶？子胥諫曰：『王勿受也。昔者桀起靈臺，紂起鹿臺，陰陽不和，寒暑不時，五穀不熟，天與其災，民虛國變，遂取滅亡。大王受之，必爲越王所戮。』吳王不聽，遂受而起姑蘇之臺。三年聚材，五年乃成，高見二百里。臺始基於闔閭，而新作於夫差。《吳地記》曰：『高三百丈，廣八十四丈。』行路之人，道死巷哭，不絶嗟嘻之聲。民疲士苦，人不聊生。越王曰：『善哉！第二術也。』

十一年，越王深念永思，惟欲伐吳，乃請計硯問曰：『吾欲伐吳，恐不能破，早欲興師，惟問於子。』計硯對曰：『夫興師舉兵，必且內蓄五穀，實其金銀，滿其府庫，勵其甲兵。凡此四者，必察天地之氣，原於陰陽，明於孤虛，《史·龜策傳》：『日辰不全，故有孤虛。』《六甲孤虛法》：『甲子旬中無戊亥，戊亥卽爲孤，辰巳卽爲虛。』蓋旬空爲孤，對衝爲虛，餘五句可以類推。劉歆《七略》有《風候孤虛二十卷》。審於存亡，乃可量敵。』越王曰：『「天地存亡」，其要奈何？』計硯曰：『天地之氣，物有死生。原陰陽者，物貴賤也；明孤虛者，知會際也；審存亡者，別真偽也。』越王曰：『何謂死生真偽乎？』計硯曰：『春種八穀，夏長而養，秋成而聚，冬畜而藏。夫天時有生以四時言，則『有生』當作『春生』。而不救種，是一死也；夏長無苗，二死也；秋成無聚，三死也；冬藏無畜，四死也。雖有堯舜之德，無如之何。夫天時有生，勸者老，作者少，反氣應數，不失厥理，一生也；留意省察，謹除苗穢，穢除苗盛，二生也；前時設備，物至則收，國無逋稅，民無失穗，三生也；倉已封塗，除陳入新，君樂臣歡，男女及信，四生也。夫陰陽者，太陰所居之歲，留息三年，貴賤見矣。夫孤虛者，謂天門地户也。存亡者，君之道德也。』越王曰：『何子之年少於物之長也？』計硯曰：『有美之士，不拘長少。』越王曰：『善哉，子之道也！』乃仰觀天文，集察緯宿，天象定者爲經，動者爲緯。故五星亦曰五緯。宿，列星也。曆象四時。以下者上，虛設八倉，從陰收著，置也。望陽

出糶，筴『筴』通作『策』。其極計，三年五倍，越國熾富。句踐歎曰：『吾之霸矣。善！計硯之謀也。』

十二年，越王謂大夫種曰：『孤聞吳王淫而好色，惑亂沉湎，不領政事，因此而謀，可乎？』種曰：『可破。夫吳王淫而好色，宰嚭佞以曳心，往獻美女，其必受之。惟王選擇美女二人而進之。』越王曰：『善。』乃使相者國中，得苧蘿山鬻薪之女，曰西施、鄭旦。《會稽志》：『苧蘿山在諸暨縣南五里。』《輿地志》：『諸暨縣苧蘿山，西施鄭旦所居。』《十道志》：『句踐索美女以獻吳王，得之諸暨苧蘿山，賣薪女也。』西施山下有浣沙石。飾以羅穀，教以容步，習於土城，《越舊經》：『土城在會稽東六里。』臨於都巷。三年學服而獻于吳。乃使相國范蠡進曰：『越王句踐竊有二遺女，越國洿下困迫，不敢稽留，謹使臣蠡獻之大王，不以鄙陋寢容，貌不揚曰寢，通作『寑，陋，又貌醜，或作侵。』《史・魏其傳》：『武安貌侵。』短小，謂醜惡也。願納以供箕帚之用。』吳王大悅，曰：『越貢二女，乃句踐之盡忠于吳之證也。』子胥諫曰：『不可，王勿受也。臣聞五色令人目盲，五音令人耳聾。昔桀易湯而滅，紂易文王而亡，大王受之，後必有殃。臣聞越王朝書不倦，晦誦竟夜，且聚敢死之士數萬，是人不死，必得其願；越王服誠行仁，聽諫進賢，是人不死，必成其名；越王夏被毛裘，冬禦絺綌，是人不死，必爲對隙。臣聞賢士，國之寶，美女，國之咎：夏亡以妹喜，殷亡以妲己，周亡以褒姒。』桀伐有施，有施氏以妹喜女焉，有寵而亡夏。紂伐有蘇，有蘇氏以妲己女焉，有寵而亡殷。幽王伐有褒，有褒人以褒姒女焉，有寵，生伯服，逐太子宜臼。太子奔申，申人與繒，西戎攻幽王，周於是乎亡。吳王不聽，遂受其女。越王曰：『善哉，第三術也。』

十三年，越王謂大夫種曰：『孤蒙子之術，所圖者吉，未嘗有不合也。今欲復謀吳，奈何？』種曰：『君王自陳越國微鄙，年穀不登。願王請糴以入其意。天若棄吳，必許王矣。』越乃使大夫種使吳，因宰嚭求見吳王。辭曰：『越國洿下，水旱不調，年穀不登，人民饑乏，道薦饑餒，願從大王請糴，來歲卽復太倉，惟大王救其窮窘。』吳王曰：『越王信誠守道，不懷二心，今窮歸訴，吾豈愛惜財寶，奪其所願？』子胥諫曰：『不可。非吳有越，越必有吳。吉往則凶來。是養生寇而破國家者也。與之不爲親，不與未成冤。且越有聖臣范蠡，勇以善謀，將有修飾，攻戰，以伺吾間觀越王之使使來請糴者，非國貧民困而請糴也，以入吾國，伺吾王間也。』吳王曰：『寡人卑服越王，而有其衆，懷其社稷，以愧句踐。句踐氣服，爲駕車却行馬前，諸侯莫不聞知。今吾使之歸國，奉其宗廟，復其社稷，豈敢有反吾之心乎？』子胥曰：『臣聞士窮非難抑心下人，其後有激人之色。臣聞越王饑餓，民之困窮，可因而破也，今不用天之道，順地之理，而反輸之食，固君之命，狐雉之相戲也。夫狐卑體，而雉信之，故狐得其志，而雉必死。可不慎哉？』吳王曰：『句踐國憂，而寡人給之以粟，恩往義來，其德昭昭，亦何憂乎？』子胥曰：『臣聞狼子有野心，仇讎之人不可親。夫虎不可餧以食，蝮蟲名，一曰『虺』，善螫人。蛇不恣其意。今大王捐國家之福，以饒無益之讎，棄忠臣之言，而順敵人之欲，臣必見越之破吳，豸蟲無足曰豸，疑當作『豕』。鹿游於姑胥之臺，荆榛蔓於宮闕。願王覽武王伐紂之事也。』太宰嚭從旁對曰：『武王非紂王臣也，率諸侯以伐其君，雖勝殷謂義乎？』子胥曰：『武王卽成其名矣。』太宰嚭曰：『親戮主以爲名，吾不忍也。』子胥曰：『盜國者封侯，盜金者誅。令使武王失其理，則周何爲三家之表？』意謂釋箕子之囚，封比干之墓，表商容之閭也。太宰嚭曰：『子胥爲人臣，徒欲干君之好，咈君之心，以自稱盜滿，君何不知過乎？』子胥曰：『太宰嚭固欲以求其親，前縱石室之囚，受其寶女之遺。外交敵國，內惑於君，大王察之，無爲羣小所侮。今大王譬若浴嬰兒，雖啼無聽宰嚭之言。』吳王曰：『宰嚭是。子無乃聞寡人言，非忠臣之道，類於佞諛之人？』太宰嚭曰：『臣聞鄰國有急，千里馳救，是乃王者，封亡國之後，五霸輔絶滅之末者也。』吳王乃與越粟萬石，而令之曰：『寡人逆羣臣之議而輸於越，年豐而歸寡人。』大夫種曰：『臣奉使返越，歲登誠還吳貸。』大夫種歸越，越國羣臣皆稱萬歲。卽以粟賞賜羣臣，及於萬民。二年，越王粟稔，揀擇精粟而蒸，還于吳，復還斗斛之數，亦使大夫種歸之吳王。王得越粟，長太息，謂太宰嚭曰：『越地肥沃，其種甚嘉，可留使吾民植之。』於是吳種越粟，粟種殺而無生者，吳民大饑。越王曰：『彼以窮居，其可攻也？』大夫種曰：『未可，國始貧耳，忠臣尚在，天氣未見，須俟其時。』越王又問相國范蠡曰：『孤有報復之謀，水戰則乘舟，陸行則乘輿，輿舟之利，頓於兵弩。今子爲寡人謀事，莫不謬者乎？』范蠡對曰：『臣聞古之聖君莫不習戰用

兵，然行陣隊伍軍鼓之事，吉凶決在其工。今聞越有處女，出於南林，《越舊經》：『南林在山陰縣南。』國人稱善。願王請之，立可見。』越王乃使使聘之，問以劍戟之術。處女將北見於王，道逢一翁，自稱曰袁公。問于處女：『吾聞子善劍，願一見之。』女曰：『妾不敢有所隱，惟公試之。』於是，袁公卽杖箖箊竹，箖箊，竹名。《吴都賦》：『其竹則篔簹箖箊。』竹枝上頡橋末墮地，女卽捷末。《藝文類聚》引《吴越春秋》處女善劍事與此小異，曰：『袁公卽挽林内之竹，似枯槁，末折墮地。女接取其末。』按此書『末』字當作『末』，『捷』通作『接』，《易》：『晝日三接。』《禮記》：『太子生接以太牢。』《左傳》：『子同生接以太牢。』袁公則飛上樹，變爲白猿。遂別去。見越王，越王問曰：『夫劍之道則如之何？』女曰：『妾生深林之中，長於無人之野，無道不習，不達諸侯。竊好擊之道，誦之不休。妾非受於人也，而忽自有之。』越王曰：『其道如何？』女曰：『其道甚微而易，其意甚幽而深。道有門户，亦有陰陽。開門閉户，陰衰陽興。凡手戰之道，内實精神，外示安儀，見之似好婦，奪之似懼虎，布形候氣，與神俱往，杳之若日，偏如滕『滕』當作『騰』。兔，追形逐影，光若佛彷，呼吸往來，不及法禁，縱横逆順，直復不聞。斯道者，一人當百，百人當萬。王欲試之，其驗卽見。』越王卽加女號，號曰『越女。』乃命五板之墮長高才習之教軍士。《詩》註：『一丈爲版，五版爲堵。』《左傳》：『五版爲堵，五堵爲雉。』『版』亦作『板』，此『墮』字疑當作『隊』『長』，疑是上聲，『高』或人名也。當世『勝』字上疑當有『莫能』二字。勝越女之劍。於是范蠡復進善射者陳音。音，楚人也。越王請音而問曰：『孤聞子善射，道何所生？』音曰：『臣，楚之鄙人，嘗步於射術，未能悉知其道。』越王曰：『然，願子一二其辭。』音曰：『臣聞弩生於弓，弓生於彈，彈起古之孝子。』越王曰：『孝子彈者奈何？』音曰：『古者，人民朴質，饑食鳥獸，渴飲霧露，死則裹以白茅，投於中野。孝子不忍見父母爲禽獸所食，故作彈以守之，絶鳥獸之害。故歌曰：「斷竹，續竹，飛土逐害」之謂也。於是神農皇帝『皇』當作『黄』。弦木爲弧，剡木爲矢，《世本》：『黄帝臣牟夷作矢。』弧矢之利，以威四方。黄帝之後，楚有弧父。弧父者，生於楚之荆山，生不見父母，爲兒之時，慣用弓矢，所射無脱。以其道傳於羿，羿傳逢蒙，逢蒙傳于楚琴氏，琴氏以爲弓矢不足以威天下。當是之時，諸侯相伐，兵刃交錯，弓矢之威不能制服。琴氏乃横弓着臂，施機設樞，《釋名》：『弩柄曰臂，鈎弦曰牙，牙外曰郭，郭有懸刀，合而名之曰機，言機巧也。亦言如門户之樞機，開闔有節。』加之以力，然後諸侯可服。琴氏傳之楚三侯，《文選》註所引與此略同，但云『琴氏傳大魏，大魏傳楚三侯。』少異耳。所謂句亶、鄂、章，人號麋侯、翼侯、魏侯也。熊渠三子，長子康爲句亶王，紅爲鄂王，少子執疵爲越章王。三侯者，未僭王號時所稱也。自楚之三侯傳至靈王，自稱之楚累世，蓋以桃弓棘矢而備鄰國也。楚右尹子革曰：『惟是桃弧棘矢，以共禦王事』。自靈王之後，射道分流，百家能人用，莫得其正。臣前人受之于楚，五世於臣矣。臣雖不明其道，惟王試之。』越王曰：『弩之狀何法焉？』陳音曰：『郭爲方城，守臣子也；教爲人君，命所起也；牙爲執法，守吏卒也；牛爲中將，主内裏也；關爲守禦，檢去止也；錡爲侍從，聽人主也；臂爲道路，通所使也；弓爲將軍，主重負也；弦爲軍師，禦戰士也；矢爲飛客，主教使也；金爲實敵，往不止也；衛爲副使，正道里也；又爲受教，知可否也；縹爲都尉，執左右也。敵爲百死，不得駭也，鳥不及飛，獸不暇走，弩之所向，無不死也，臣之愚劣，道悉如此。』越王曰：『願聞正射之道。』音曰：『臣聞正射之道，道衆而微。古之聖人，射弩未發而前名其所中。射命中也。臣未能如古之聖人，請悉其要。夫射之道，身若戴板，頭若激卵，左蹉右足横，句。左手若附枝，右手若抱兒，舉弩望敵，翕心咽煙，與氣俱發，得其和平，神定思去，去止分離，右手發機，左手不知，一身異教，豈況雄雌？此正射持弩之道也。』『願聞望敵儀表，投分飛矢之道。』音曰：『夫射之道，從分望敵，合以參連。《周禮》：『五射，二曰參連，前放一矢，後三矢連續而去也。』弩有斗石，矢有輕重，石取一兩，其數乃平，遠近高下，求之銖分。道要在斯，無有遺言。』越王曰：『善。盡子之道，願子悉以教吾國人。』音曰：『道出於天，事在於人，人之所習，無有不神。』於是乃使陳音教士習射於北郊之外，三月，軍士皆能用弓弩之巧。陳音死，越王傷之，葬于國西，號其葬所曰陳音山。在山陰縣西南四里。《寰宇記》曰：『屬上虞縣。』非也。

又　卷一〇《句踐伐吴外傳》　句踐十五年，謀伐吴。【略】

越王復召范蠡謂曰：『吴已殺子胥，道『道』當作『導』。諛者衆。吾國之民又勸孤伐吴。其可伐乎？』范蠡曰：『未可，須明年之春然後可

耳。』王曰：『何也？』范蠡曰：『臣觀吳王北會諸侯于黃池，精兵從王，國中空虛，老弱在後，太子留守。兵始出境未遠，聞越掩其空虛，兵還不難也。不如來春。』其夏六月丙子，句踐復問，范蠡曰：『可伐矣。』乃發習流二千人，俊士四萬，君子六千，諸御千人，《史記》「俊士」作「教士」。《索隱》曰：「《虞書》云：『流宥五刑。』習流謂流放之罪人，使之習戰。教士謂常所教練之兵也。君子謂君所子養有恩惠者，諸御謂諸理事之官，在軍有職掌者。」徐天祐曰：笠澤之戰，越以三軍潛涉，蓋以舟師勝。此所謂習流，是卽習水戰之兵，若曰使罪人習戰，越一小國，流放者何至二千人哉？以乙酉與吳戰，丙戌遂虜殺太子，丁亥入吳，焚姑胥臺。吳告急於夫差，夫差方會諸侯於黃池，恐天下聞之，卽密不令洩。已盟黃池，乃使人請成於越。句踐自度未能滅，乃與吳平。

二十一年，七月，越王復悉國中士卒伐吳。【略】大夫范蠡曰：『審備則可戰。審備慎守，以待不虞，備設守固，必可應難。』王曰：『慎哉！』【略】

越王還于吳，當歸而問于范蠡曰：『何子言之其合於天？』范蠡曰：『此素女之道，一言卽合大王之事。王問爲「爲」當作「焉」。實《金匱》之要在於上下。』越王曰：『善哉！吾不稱王其可悉乎？』蠡曰：『不可。昔吳之稱王，僭天子之號，天變於上，日爲陰蝕。今君遂僭號不歸，恐天變復見。』越王還于吳，置酒文臺，羣臣爲樂。乃命樂作伐吳之曲。樂師曰：『臣聞卽事作操，功成作樂。君王崇德，誨化有道之國，誅無義之人，復讎還恥，威加諸侯，受霸王之功。功可象於圖畫，德可刻於金石，聲可托於絃管，名可留於竹帛。臣請引琴而鼓之。』遂作章暢辭曰：『屯乎！今欲伐吳，可未耶？』大夫種、蠡曰：『吳殺忠臣伍子胥，今不伐吳人「人」當作「又」。何須？』大夫種進祝酒，其辭曰：『皇天祐助，我王受福。良臣集謀，我王之德。宗廟輔政，鬼神承翼。君不忘臣，臣盡其力。上天蒼蒼，不可掩塞。觴酒二升，萬福無極！』於是，越王默然無言。大夫種曰：『我王賢仁，懷道抱德。滅讎破吳，不忘返國。賞無所悋，羣邪杜塞。君臣同和，福祐千億。觴酒二升，萬歲難極！』臺上羣臣大悅而笑，越王面無喜色。范蠡知句踐愛壤土，不惜羣臣之死，以其謀成國定，必復不須功而返國也。故面有憂色而不悅也。范蠡從吳欲去，恐句踐未返，失人臣之義，乃從入越。行謂文種曰：『子來去矣，越王必將誅子。』種不然言。蠡復爲書遺種曰：『吾聞天有四時，春生冬伐；人有盛衰，泰終必否。知進退存亡而不失其正，惟賢人乎！蠡雖不才，明知進退。高鳥已散，良弓將藏；狡兔已盡，良犬就烹。夫越王爲人長頸鳥啄，鷹視狼步。可與共患難而不可共處樂；可與履危，不可與安。子若不去，將害於子，明矣。』文種不信其言。越王陰謀，范蠡議欲去，徼倖。

二十四年，九月丁未，范蠡辭於王曰：『臣聞主憂臣勞，主辱臣死，義一也。今臣事大王，前則無滅未萌之端，後則無救已傾之禍。雖然，臣終欲成君霸國，故不辭一死一生。臣竊自惟，乃使于吳。王之慚辱，蠡所以不死者，誠恐讒於太宰嚭，成伍子胥之事，故不敢前死，且須臾而生。夫恥辱之心不可以大，承上文而言，則「大」當作「久」。流汗之愧不可以忍。幸賴宗廟之神靈，大王之威德，以敗爲成，斯湯武克夏商而成王業者。定功雪恥，臣所以當席日久。臣請從斯辭矣。』越王惻然，泣下霑衣。言曰：『國之士大夫是子，國之人民是子，使孤寄身託號以俟命矣。今子云去，欲將逝矣，是天之棄越而喪孤也，亦無所恃者矣。孤竊有言，公位乎，「位」當作「住」。分國共之，去乎，妻子受戮。』范蠡曰：『臣聞君子俟時，計不數謀，死不被疑，內不自欺。臣既逝矣，妻子何法乎？王其勉之，臣從此辭。』乃乘扁舟，出三江，入五湖，人莫知其所適。范蠡既去，越王愀然變色，召大夫種曰：『蠡可追乎？』種曰：『不及也。』王曰：『奈何？』種曰：『蠡去時，陰畫六，陽畫三，日前之神莫能制者。玄武天空威行，孰敢止者？度天關，涉天梁，後入天一，前翳神光。言之者死，視之者狂。臣願大王勿復追也。蠡終不還矣。』越王乃收其妻子，封百里之地，有敢侵之者，上天所殃。於是，越王乃使良工鑄金象范蠡之形，置之坐側，朝夕論政。自是之後，計硯佯狂，大夫、曳庸、扶同、皋如之徒，日益疏遠，不親於朝。

漢·袁康等《越絕書》卷三《越絕吳內傳第四》　越王句踐欲伐吳王闔廬，范蠡諫曰：『不可。臣聞之，天貴持盈，持盈者，言不失陰陽、日月、星辰之綱紀。地貴定傾，定傾者，言地之長生，丘陵平均，無不得宜。故曰地貴定傾。人貴節事，節事者，言王者已下，公卿大夫，當調陰陽，和順天下。事來應之，物來知之，天下莫不盡其忠信，從其政教，謂

之節事。節事者，至事之要也。天道盈而不溢，盛而不驕者，言天生萬物，以養天下。蠉飛蠕動，各得其性。春生夏長，秋收冬藏，不失其常，故曰天道盈而不溢，盛而不驕者也。地道施而不德，勞而不矜其功者也，言地生長五穀，持養萬物，功盈德博，是所施而不德，勞而不矜其功者矣。言天地之施，大而不有功者也。人道不逆四時者，言王者以下，至於庶人，皆當和陰陽四時之變，順之者有福，逆之者有殃。故曰人道不逆四時之謂也。因惛視動者，言存亡吉凶之應，善惡之敍，必有漸也。天道未作，不先爲客者。」

范蠡值吳伍子胥教化，天下從之，未有死亡之失，故以天道未作，不先爲客。言客者，去其國，入人國。地兆未發，不先動衆，言王者以下，至於庶人，非暮春中夏之時，不可以種五穀、興土利，國家不見死亡之失，不可伐也。故地兆未發，不先動衆，此之謂也。

又　卷五《越絶請糴内傳第六》　居三年，越興師伐吳，至五湖。太宰嚭率徒謂之曰。謝戰者五父。越王不忍，而欲許之。范蠡曰：『君王圖之廊廟，失之中野，可乎？謀之七年，須臾棄之。王勿許。吳易兼也！』越王曰：『諾。』居軍三月，吳自罷。太宰嚭遂亡，吳王率其有祿與賢良遯而去。越追之，至餘杭山，禽夫差，殺太宰嚭。越王謂范蠡殺吳王，蠡曰：『臣不敢殺主。』王曰：『刑之。』范蠡曰：『臣不敢刑主。』越王親謂吳王曰：『昔者上蒼以越賜吳，吳不受也；夫申胥無罪，殺之；進讒諛容身之徒，殺忠信之士，大過者三，以至滅亡。子知之乎？』吳王曰：『知之。』越王與之劍，使自圖之。吳王乃旬日而自殺也。越王葬於卑猶之山，殺太宰嚭，逢同與其妻、子。

又　卷六《越絶外傳紀策考》　范蠡興師戰於就李，闔廬見中於飛矢，子胥還師，中媿於吳，被秦號年。至夫差復霸諸侯，興師伐越，任用子胥。雖夫差驕奢，釋越之圍。子胥諫而誅。宰嚭諛心，卒以亡吳。夫差窮困，請爲匹夫，范蠡不許，滅於五湖。子胥策於吳，可謂明乎！【略】

子胥至直，不同邪曲。捐軀切諫，虧命爲邦；愛君如軀，憂邦如家；是非不諱，直言不休，庶幾正君，反以見疏！讒人間之，身且以誅。范蠡聞之，以爲不通：『知數不用，知懼不去，豈謂智與？』胥聞，歎曰：『吾背楚荆，挾弓以去，義不止窮。吾前獲功，後遇戮，非吾智衰，先遇闔廬，後遭夫差也。胥聞事君猶事父也，愛同也，嚴等也。太古以來，未嘗見人君虧恩，爲臣報仇也。臣獲大譽，功名顯著，胥知分數，終於不去。先君之功，且猶難忘，吾願腐髮弊齒，何去之有？蠡見其外，不知吾內。今雖屈冤，猶止死焉！』子貢曰：『胥執忠信，死貴於生；蠡審凶吉，去而有名；種留封侯，不知令終。二賢比德，種獨不榮。』范蠡智能同均，於是之謂也。【略】

范蠡其始居楚也。生於宛橐，或伍户之虚。其爲結僮之時，一癡一醒，時人盡以爲狂。然獨有聖賢之明，人莫可與語，以内視若盲，反聽若聾。大夫種入其縣，知有賢者，未覩所在，求邑中，不得其邑人，以爲狂夫多賢士，衆賤有君子，汎求之焉。得蠡而悦，乃從官屬，問治之術。蠡修衣冠，有頃而出。進退揖讓，君子之容。終日而語，疾陳霸王之道。志合意同，胡越相從。俱見霸兆出於東南，捐其官位，相要而往臣。小有所虧，大有所成。捐止於吳。或任子胥，二人以爲胥在，無所關其辭。種曰：『今將安之？』蠡曰：『彼爲我，何邦不可乎？』去吳之越，句踐賢之。種躬正内，蠡治出外；内濁不煩，外無不得。臣主同心，遂霸越邦。種善圖始，蠡能慮終。越承二賢，邦以安寧。始有災變，蠡專其明，可謂賢焉，能屈能申。

又　卷七《越絶外傳記范伯第八》　昔者，范蠡其始居楚，曰范伯。自謂衰賤，未嘗世祿，故自菲薄。飲食則甘天下之無味，居則安天下之賤位。復被髮佯狂，不與於世。謂大夫種曰：『三王則三皇之苗裔也，五伯乃五帝之末世也。天運歷紀，千歲一至。黄帝之元，執辰破巳。霸王之氣，見於地户。子胥以是挾弓干吳王。』於是要大夫種入吳。

此時馮同相與，共戒之：伍子胥在，自與不能關其辭。蠡曰：『吳越二邦，同氣共俗，地户之位，非吳則越。』乃入越。越王常與言盡日。大夫石買，居國有權，辯口，進曰：『衒女不貞，衒士不信。客歷諸侯，渡河津，無因自致，殆非真賢。夫和氏之璧，求者不爭賈；騏驥之才，不難阻險之路。□□□□之邦，歷諸侯無所售，道聽之徒，唯大王察之。』於是范蠡退而不言，遊於楚越之間。大夫種進曰：『昔者市偷自衒於晉，晉用之而勝楚；伊尹負鼎入殷，遂佐湯取天下，有智之士，不在遠近取也，謂之帝王求備者亡。《易》曰：「有高世之才，必有負俗之累；有至

智之明者，必破庶衆之議。」成大功者不拘於俗，論大道者不合於衆。唯大王察之。」

於是石買益疏。其後使將兵於外，遂爲軍士所殺。是時句踐失衆，棲於會稽之山，更用種、蠡之策，得以存。故虞舜曰：『以學乃時而行，此猶良藥也。』王曰：『石買知往而不知來，其使寡人棄賢。』後遂師二人，竟以禽吳。

子貢曰：『薦一言，得及身；任一賢，得顯名。』傷賢喪邦，蔽能有殃；負德忘恩，其反形傷。壞人之善毋後世，敗人之成天誅行。故冤子胥僇死，由重譖子胥於吳，吳虛重之，無罪而誅。《傳》曰：『寧失千金，毋失一人之心。』是之謂也。

又 卷一三《越絶外傳枕中第十六》 昔者，越王句踐問范子曰：『古之賢主、聖王之治，何左何右？何去何取？』范子對曰：『臣聞聖主之治，左道右術，去末取實。』越王曰：『何謂道？何謂術？何謂末？何謂實？』范子對曰：『道者，天地先生，不知老；曲成萬物，不名巧，故謂之道。道生氣，氣生陰，陰生陽，陽生天地。天地立，然後有寒暑、燥濕、日月、星辰、四時，而萬物備。術者，天意也。盛夏之時，萬物遂長。聖人緣天心，助天喜，樂萬物之長。故舜彈五絃之琴，歌《南風》之詩，而天下治。言其樂與天下同也。當是之時，頌聲作。所謂末者，名也。故名過實，則百姓不附親，賢士不爲用。而外□諸侯，聖主不爲也。所謂實者，穀□也，得人心，任賢士也。凡此四者，邦之寶也。』

越王曰：『寡人躬行節儉，下士求賢，不使名過實，此寡人所能行也。多貯穀，富百姓，此乃天時水旱，寧在一人耶？何以備之？』范子曰：『百里之神，千里之君。湯執其中和，舉伊尹，收天下雄雋之士，練卒兵，率諸侯兵伐桀，爲天下除殘去賊，萬民皆歌而歸之。是所謂執其中和者。』越王曰：『善哉，中和所致也！寡人雖不及賢主、聖王，欲執其中和而行之。今諸侯之地，或多或少，彊弱不相當。兵革暴起，何以應之？』范子曰：『知保人之身者，可以王天下；不知保人之身，失天下者也。』越王曰：『何謂保人之身？』范子曰：『天生萬物而教之而生。人得穀即不死，穀能生人，能殺人。故謂人身。』

越王曰：『善哉。今寡人欲保穀，爲之奈何？』范子曰：『欲保，必親於野，覩諸所多少爲備。』越王曰：『所少，可得爲因其貴賤，亦有應乎？』范子曰：『夫八穀貴賤之法，必察天之三表，即決矣。』越王曰：『請問三表。』范子曰：『水之勢勝金，陰氣蓄積大盛，水據金而死，故金中有水。如此者，歲大敗，八穀皆貴。金之勢勝木，陽氣蓄積大盛，金據木而死，故木中有火。如此者，歲大美，八穀皆賤。金、木、水、火更相勝，此天之三表者也，不可不察。能知三表，可爲邦寶；不知三表之君，千里之神，萬里之君。故天下之君，發號施令，必順於四時。四時不正，則陰陽不調，寒暑失常。如此，則歲惡，五穀不登。聖主施令，必審於四時，此至禁也。』越王曰：『此寡人所能行也。願欲知圖穀上下貴賤，欲與他貨之内以自實，爲之奈何？』范子曰：『夫八穀之賤也，如宿穀之登，其明也。諦審察陰陽消息，觀市之反覆，雌雄之相逐，天道乃畢。』

越王問范子曰：『何執而昌？何行而亡？』范子曰：『執其中則昌，行奢侈則亡。』越王曰：『寡人欲聞其説。』范子曰：『臣聞古之賢主、聖君，執中和而原其終始，即位安而萬物定矣；不執其中和，不原其終始，即尊位傾，萬物散。文武之業，桀紂之迹，可知矣。古者天子及至諸侯，自滅至亡，漸漬乎滋味之費，没溺於聲色之類，牽攣於珍怪貴重之器，故其邦空虛。困其士民，以爲須臾之樂，百姓皆有悲心，瓦解而倍畔者，桀紂是也。身死邦亡，爲天下笑。此謂行奢侈而亡也。湯有七十里地。務執三表，可謂邦寶；不知三表，身死棄道。』

越王問范子曰：『春肅，夏寒，秋榮，冬泄，人治使然乎？將道也？』范子曰：『天道三千五百歲，壹治壹亂，終而復始，如環之無端，此天之常道也。四時易次，寒暑失常，治民然也。故天生萬物之時，聖人命之曰春。春不生遂者，故天不重爲春。春者，夏之父也。故春生之，夏長之，秋成而殺之，冬受而藏之。春肅而不生者，王德不究也；夏寒而不長者，臣下不奉主命也；秋順而復榮者，百官刑不斷也；冬温而泄者，發府庫賞無功也。此所謂四時者，邦之禁也。』越王曰：『寒暑不時，治在於人，可知也。願聞歲之美惡，穀之貴賤，何以紀之？』范子曰：『夫陰陽錯繆，即爲惡歲；人生失治，即爲亂世。夫壹亂壹治，天道自然。八穀亦壹賤壹貴，極而復反。言亂三千歲，必有聖王也。八穀貴賤更相勝。故死凌生者，逆，大貴；生凌死者，順，大賤。』越王曰：『善。』

越王問於范子曰：『寡人聞人失其魂魄者，死；得其魂魄者，生。物皆有之，將人也？』范子曰：『人有之，萬物亦然。天地之間，人最爲貴。物之生，穀爲貴，以生人，與魂魄無異，可得豫知也。』越王曰：『其善惡可得聞乎？』范子曰：『欲知八穀之貴賤、上下、衰極，必察其魂魄，視其動靜，觀其所舍，萬不失一。』問曰：『何謂魂魄？』對曰：『魂者，橐也；魄者，生氣之源也。故神生者，出入無門，上下無根，見所而功自存，故名之曰神。神主生氣之精，魂主死氣之舍也。魄者主賤，魂者主貴，故當安靜而不動。魂者，方盛夏而行，故萬物得以自昌。神者，主氣之精，主貴而雲行，故方盛夏之時不行，卽神氣槁而不成物矣。故死淩生者，歲大敗；生淩死者，歲大美。故觀其魂魄，卽知歲之善惡矣。』

越王問於范子曰：『寡人聞陰陽之治，不同力而功成，不同氣而物生，可得而知乎？願聞其說。』范子曰：『臣聞陰陽氣不同處，萬物生焉。冬三月之時，草木既死，萬物各異藏，故陽氣避之下藏，伏壯於內，使陰陽得成功於外。夏三月盛暑之時，萬物遂長，陰氣避之下藏，伏壯於內，然而萬物親而信之，是所謂也。陽者主生，萬物方夏三月之時，大熱不至，則萬物不能成。陰氣主殺，方冬三月之時，地不內藏，則根荄不成，卽春無生。故一時失度，卽四序爲不行。』

越王曰：『善。寡人已聞陰陽之事，穀之貴賤，可得而知乎？』范子曰：『陽者主貴，陰者主賤。故當寒而不寒者，穀爲之暴貴；當温而不温者，穀爲之暴賤。譬猶形影、聲響相聞，豈得不復哉！故曰秋冬貴陽氣施於陰，陰極而復貴；春夏賤陰氣施於陽，陽極而不復。』越王曰：『善哉！』以丹書帛，置之枕中，以爲國寶。

越五日，困於吴，請於范子曰：『寡人守國無術，負於萬物，幾亡邦危社稷，爲旁邦所議，無定足而立。欲捐軀出死，以報吴仇，爲之奈何？』范子曰：『臣聞聖主爲不可爲之行，不惡人之謗己；爲足舉之德，不德人之稱己。舜循之歷山，而天下從風。使舜釋其所循，而求天下之利，則恐不全其身。昔者神農之治天下，務利之而已矣。不望其報，不貪天下之財，而天下共富之。所以其智能自貴於人，而天下共尊之。故曰富貴者，天下所置，不可奪也。今王利地貪財，接兵血刃，僵尸流血，欲以顯於世，不亦謬乎？』

越王曰：『上不逮於神農，下不及於堯舜，今子以至聖之道以説寡人，誠非吾所及也。且吾聞之也，父辱則子死，君辱則臣死。今寡人親已辱於吴矣！欲行一切之變，以復吴仇，願子更爲寡人圖之。』范子曰：『君辱則死，固其義也。立死。下士人而求成邦者，上聖之計也。且夫廣天下、尊萬乘之主，使百姓安其居、樂其業者，唯兵。兵之要在於人，人之要在於穀。故民衆，則主安；穀多，則兵疆。王而備此二者，然後可以圖之也。』越王曰：『吾欲富邦疆兵，地狹民少，奈何爲之？』范子曰：『夫陽動於上，以成天文；陰動於下，以成地理。審察開置之要，可以爲富。凡欲先知天門開及地户閉，其術：天高五寸，減天寸六分以成地。謹司八穀，初見出於天者，是謂天門開，地户閉，陽氣不得下入地户。故氣轉動而上下、陰陽俱絶，八穀不成，大貴必應其歲而起，此天變見符也。謹司八穀，初見入於地者，是謂地户閉。陰陽俱會，八穀大成，其歲大賤，來年大饑，此地變見瑞也。謹司八穀，初見半於人者，糴平，熟，無災害。故天倡而見符，地應而見瑞。聖人上知天，下知地，中知人，此之謂天平地平，以此爲天圖。』

越王既已勝吴三日，反邦未至，息，自雄，問大夫種曰：『夫聖人之術，何以加於此乎？』大夫種曰：『不然。王德范子之所言，故天地之符應邦，以藏聖人之心矣。然而范子豫見之策，未肯爲王言者也。』越王愀然而恐，面有憂色。請於范子，稱曰：『寡人用夫子之計，幸得勝吴，盡夫子之力也。寡人聞夫子明於陰陽進退，豫知未形，推往引前，後知千歲，可得聞乎？寡人虚心垂意，聽於下風。』范子曰：『夫陰陽進退，前後幽冥。未見未形，此持殺生之柄，而王制於四海，此邦之重寶也。王而毋泄此事，臣請爲王言之。』越王曰：『夫子幸教寡人，願與之自藏，至死不敢忘！』范子曰：『陰陽進退者，固天道自然，不足怪也。夫陰入淺者卽歲善，陽入深者則歲惡。幽幽冥冥，豫知未形。故聖人見物不疑，是謂知時，固聖人所不傳也。夫堯舜禹湯，皆有豫見之勞，雖有凶年而民不窮。』越王曰：『善。』以丹書帛，置之枕中，以爲邦寶。

范子已告越王，立志入海，此謂天地之圖也。

又　卷一五《越絶篇敍外傳記第十九》　問曰：『子胥、范蠡何人也？』『子胥勇而智，正而信；范蠡智而明；皆賢人。』問曰：『子胥

死，范蠡去，二人行違，皆稱賢，何？」『《論語》曰：「陳力就列，不能者止。」事君以道言耳。范蠡單身入越，主於伯，有所不合，故去也。』問曰：『不合何不死？』曰：『去止，事君之義也。義無死，胥死者，受恩深也。今蠡猶重也，不明甚矣。』問曰：『受恩死，死之善也。臣事君，猶妻事夫，何以去？』『《論語》曰：「三日不朝，孔子行。」行者，去也。《傳》曰：「孔子去魯，燔俎無肉；曾子去妻，藜蒸不熟。」微子去，比干死，孔子並稱仁；行雖有異，其義同。』『死與生，敗與成，其同奈何？』『《論語》曰：「有殺身以成仁。」子胥重其信，范蠡貴其義。信從中出，義從外出。微子去者，痛殷道也；比干死者，忠於紂也；箕子亡者，正其紀也；皆忠信之至，相爲表裏耳。』問曰：『二子孰愈乎？』曰：『以爲同耳。然子胥無爲能自免於無道之楚，不忘舊功，滅身爲主。合，即能以霸；不合，可去則去，可死則死。范蠡遭世不明，被髮佯狂，無正不行，無主不止。色斯而舉，不害於道。億則屢中，貨財殖聚。作詐成伯，不合乃去。三遷避位，名聞海內。去越入齊，老身西陶。仲子由楚，傷中而死。二子行有始終。子胥可謂兼人乎？』

論説

《史記》卷四一《越王句踐世家》　太史公曰：禹之功大矣，漸九川，定九州，至于今諸夏艾安。及苗裔句踐，苦身焦思，終滅彊吳，北觀兵中國，以尊周室，號稱霸王。句踐可不謂賢哉！蓋有禹之遺烈焉。范蠡三遷皆有榮名，名垂後世。臣主若此，欲毋顯得乎！

又　卷一〇四《田叔列傳》　夫月滿則虧，物盛則衰，天地之常也。知進而不知退，久乘富貴，禍積爲祟。故范蠡之去越，辭不受官位，名傳後世，萬歲不忘，豈可及哉！後進者慎戒之。

清・董誥等《全唐文》卷五五〇《韓愈〈范蠡招大夫種議〉》　蠡既辭越到齊，乃移書文種，亦令亡去，以逃其長頸之難，遂使種假疾不朝，竟承賜劍之誅。悲夫！爲人謀而不忠者，范蠡其近之矣。夫君存與存，君亡與亡，備三才之道，未有不顯然而自知矣。句踐奮烏棲之勢，申鼠竄之息，竟能焚姑蘇，虜夫差，方行淮泗之上，以受東諸侯之盟者，范蠡、文種有其力也。既有其力，則宜閉雷霆，藏風雲，截斷三江，叱開四方，高提霸王之器，大宏夏禹之烈，使天下徘徊，知越有人矣。奈何反未及國，則背君而去，既行之於身，又移之於人。人臣之節，合如是耶？且臣之於君，其道在於全大義，宏休烈。生死之際，又何足道哉？況君者天也，天可逃乎？君以長頸之狀，難以同樂，則舉吳之後，還越之日，泛輕身遊五湖者，豈惟范子乎？靜而言之，則知范子有匡君之智，而無事君之義明矣。其所以移文種之書，亦猶投句踐之劍也。句踐何過哉！予所謂爲人謀而不忠者，其在於此也。

唐・佚名《無能子》卷中《范蠡説第六》　范蠡佐越王句踐，滅吳殺夫差，與大夫種謀曰：『吾聞陰謀人者，其禍必復。夫姑蘇之滅，夫差之死，由吾與子陰謀也。況王之爲人也，可與共患，不可共樂；且功成、名遂、身退，天之理也。吾將退，子其偕乎？』

大夫種曰：『夫天地之於萬物也，春生冬殺，萬物豈於冬殺而反禍天地乎？吾聞聖人不貴乎獨善，而貴乎除害成物。苟成於物，除害可也。是以黄帝殺蚩尤，舜去四凶。我今除吳之亂，成越之霸，亦成物除害爾，何禍之復我哉？況王方以滅吳德子與我，必相始終，子無遽於退也！』

范蠡曰：『不然，夫天地無心，且不自宰，況宰物乎？天地自天地，萬物自萬物，春以和自生，冬以寒自殺，非天地使之然也。聖人雖有心，其用也體乎天地。天地雖無心，機動則應，事迫則順，事過則逆，除害成物，無所憎愛。故害除而無禍，物成而無福。今王以怨吳之心，禄我與子以取其謀。我與子利其禄而謀吳，以滅人爲功，以報禄我者。人之姦也，自謂天地之生殺，聖人之除害成物，不其欺耶？』大夫種不悦，疑之不決。

范蠡竟辭句踐，泛扁舟於五湖，俄而越殺大夫種。

宋・蘇軾《東坡全集》卷一〇五《志林十三條・論古》　越既滅吳，范蠡以爲句踐爲人長頸烏喙，可以共患難，不可與共逸樂，乃以其私徒屬浮海而行。至齊，以書遺大夫種曰：『蜚鳥盡，良弓藏；狡兔死，走狗烹。子可以去矣。』蘇子曰：范蠡獨知相其君而已，以吾相蠡，蠡亦烏喙也。夫好貨，天下賤士也。以蠡之賢，豈聚斂積實者？何至耕於海濱，父子力作，以營千金，屢散而復積，此何爲者哉？豈非才有餘而道不足，故功成名遂身退，而心終不能自放者乎？使句踐有大度，能始終用蠡，

蠡亦非清靜無爲以老於越者也。吾故曰：蠡亦鳥喙也。魯仲連既退秦軍，平原君欲封連，以千金爲壽。連笑曰：『所貴於天下士者，爲人排難解紛而無所取也。即有取，是商賈之事，連不忍爲也。』遂去，終身不復見。逃隱於海上，曰：『吾與富貴而詘於人，寧貧賤而輕世肆志焉。』使范蠡之去如仲連，則去聖人不遠矣。嗚呼！春秋以來，用舍進退未有如蠡之全者也，而不足於此，吾是以累嘆而深悲焉。

宋・王宗傳《童溪易傳》卷一五《遯》　上九：肥遯，无不利。《象》曰：肥遯，无不利，无所疑也。

昔揚子雲以范蠡遺文種書而曰：『至蠡策種肥哉！』蓋嘗論之，夫爲人謀而不忠乎？莫若蠡之策種也。而謂之肥可乎？且以蠡之身既遯於五湖之上，其姓名既遯而爲鴟夷子皮，又遯而爲陶朱公矣。三徙成名，貲累鉅萬，散而復積，是遯也，可謂肥矣，可謂无不利矣。然而文種今日得書，明日復得賜劍而不得爲子皮朱公之肥者，蓋教人疑人，是乃所以促人之死也。蠡遺種之書曰：『蜚鳥盡，良弓藏；狡兔死，走狗烹，越王爲人長頸鳥喙，可與共患難，不可與共安樂，子何不去此？』教人疑人也。夫蠡教種疑句踐，是乃教句踐疑種也。種今日得書，明日復得賜劍，又何怪乎？《遯・上九》之《象》曰：『肥遯，无不利，无所疑也。』則以蠡策蠡，可也，所謂无所疑也；以蠡策種，不可也，所謂教種疑句踐也。夫教種疑句踐，是乃教句踐疑種也，豈得謂之无所疑也乎？吾故曰：爲人謀而不忠者，莫若蠡之策種也。子雲身居亂世，竊祿苟容，欲爲遯去之計，如大夫蠡而不可得，日懼文種之禍至，故其取舍留亂，方寸不寧，无惑乎有是云也，然亦可哀也哉！耿希道曰：上九最遠於内，不係於陰，无所疾憊，故稱肥。

宋・李綱《梁谿集》卷一五二《論范蠡張良之謀國處身》　范蠡、張良其所以謀國處身者，何其相似也。方句踐棲于會稽，范蠡勸其卑身以事吴，厚賂太宰嚭以解其難，而謀所以報吴者；及句踐乘吴之弊而伐之，復棲吴王姑蘇之上，求哀請命，而句踐不忍欲赦之。范蠡獨以爲不可，援桴進兵，卒刎其頸；句踐既霸，蠡以書辭句踐，乘舟浮海以行，終身不反，而大夫種遂賜劍以自殺。方高祖困于鴻門，張良勸其屈己以謝項羽，深交項伯以脱于禍，而謀所以破羽者；及高祖還定三秦，與楚相持於滎陽、成皋間，既割鴻溝以爲界，羽解而東，高祖亦欲罷兵歸國，良獨諫曰『此天亡之時，不因幾而遂取之，此養虎自遺患也。』漢兵追羽，卒滅之；高祖既帝，良道引辟穀，杜門不出，欲從赤松子遊，而韓、彭、英、盧皆被葅醢，雖蕭何不免縲紲之患。故夫智謀之士，處困阨之時，能忍辱以伸其志；當事幾之會，能決斷以收其功；功成名遂，能高舉遠引以全其身，微二子，吾誰與歸？

宋・黄震《黄氏日抄》卷五二《讀雜史二・越語》　春秋戰國近五百年，以功名始終者，惟范蠡一人。且其言曰『君辱臣死，昔者君王辱於會稽，所以不死者，爲此事也。今事已濟，請從會稽之罰。』陳誼堅謙而不可破，吴滅即行，曾不留刻，蠡真烈丈夫哉？

又　卷五九《讀文集一・外集》　謂范蠡背君而去，又招大夫種使竟承賜劍之詔，無事君之義，爲人謀而不忠。愚謂種方假疾，句踐即賜劍，蠡稱不可與共安樂之言驗矣。蠡不去，與俱死何益？句踐豈能弘夏禹之烈者哉？明哲保身，蠡未爲無所見種不去而及，豈蠡陷之使然？而曰由拔句踐之劍，其言似微刻也。然則事君不可則去之乎？曰君臣以義合，君辱臣死，處變之義也；功成身退，處常之義也。使句踐棲會稽時蠡舍而去之，又招種欲所去之，蠡則爲萬世罪人。

宋・吴曾《能改齋漫録》卷一《事始・鴟夷子皮》　王觀國《學林新編》論鴟夷子，引《史記・伍子胥傳》及《應劭注》及《前漢・食貨志》及《顔師古注》云：『自號鴟夷者，言若盛酒之鴟夷，多所容受而可卷懷，與時張弛也。鴟夷皮之所爲，故曰子皮。』又引《陳遵傳》載楊雄《酒箴》曰：『鴟夷滑稽，腹大如壺。』然則范蠡自號鴟夷子皮，又號陶朱公，託鄙名以自晦其迹耳。已上皆王説。予按《墨子》曰：『孔子怒景公之不封己，乃樹鴟夷子皮於田常之門。』《孔藂子》嘗作《詰墨》曰：『夫樹人，爲信己也。孔子適齊，惡陳常而終不見，常病之。又陳常弒其君，孔子沐浴而朝，請討之。其終不樹子皮審矣。』此《孔藂子》辯孔子不樹子皮之義也。以是知鴟夷子皮又見於孔子，不獨范蠡也。

元・謝應芳《辨惑編・附録・論吴人不當祀范蠡書》　應芳投老異鄉如龜藏殼，未嘗造公卿大夫之門也。今一造焉，固不敢如方朔自譽，毛遂自薦以求其用，亦非有富國强兵之策，驚世駭俗之論，以售其能特以古人

一事關繫風化，敢請爲閣下陳之。僕近過吳江，嘗遊三高祠，顧瞻遺像，覽前人記載金石之文，見所謂三高者，曰范蠡，曰張翰，曰陸龜蒙，謂其清風峻節，天下共高之，邑人爲東家正而祀之。僕於是竊有感焉，夫季鷹、魯望，吳産也，吳人眎爲東家是已。鴟夷子皮，始終事越，間以行成留矣，其心未嘗一日忘乎越也。進美女，獻寶器，以惑吳之君臣，乘虛進兵，以滅吳之宗社，大率皆蠡之謀。越人論功，蠡居第一，豈非吳之大仇乎？惟其功成名遂，遯迹而去，其識見固高於常人。然浮海之裝，捆載珠玉，在齊復營致千金之産，自齊居陶，父子耕畜，轉物逐利，復積蓄累鉅萬。太史公前後不一書者，蓋深鄙之，非美之也。較諸子房辭漢，翛然從赤松子遊，相去多矣。杜牧之、蘇子瞻皆謂蠡私西施，以申公夏姬爲比。由是觀之，謂其人爲貪爲穢，亦不爲過。尚何風節足慕乎？今也以吳人馨香之黍稷，享敵國貪穢之仇讐，於理其可乎哉？《禮》云：『民不祀非族』，況仇敵乎？或曰：『有其舉之不可廢也。』僕應之曰：『吳有三高，人特未之思耳。若泰伯、仲雍、延陵季子，真天下所共高者也。』凡爲吳人，苟非土木，孰不有高山景仰之思？顧僕流落羈旅，微如草茅，雖欲正之不能，惟當道君子循名責實，改而易之，足以稱三高之名，雪千載之羞，而厭服輿人之心。然斯言也，僕不往告之他人而特聞於閣下者，誠以閣下心正而理明，學廣而識高，見義所在，勇於有爲。凡於正人心，厚風俗之事，知無不行，特此一端，偶未之及，聞僕行説，必不以人廢言。此僕所以發其久箝之口也。惟閣下參秉鈞衡之暇，稽諸祀典，以理裁之，以義決之，爲之改作，尊三讓至德之聖，祠於堂上，配以二賢，仍以季鷹、魯望列之從祀。如此則正前人之謬戾，新斯民之耳目，振高風，崇禮讓，激衰世薄俗，而勸之於風化，豈小補哉？惟大人君子垂察焉。若謂蠡有功而祀之，則越人祀之宜矣。如諸葛武侯之賢，蜀人祀之，吳、魏未嘗有祠焉。斯理之公，古今一致，所謂質諸鬼神而無疑者也。第恐不知者，以僕所言既不足以謀身，又不急於世用，斥其迂而笑之。然僕之心誠無愧焉。古語云：『可與智者道，難爲俗人言。』所恃高明必蒙鑑察。是書上饒公參政，方議移文有司，會世變而止。今姑録之，以俟知者。

明·湛若水《格物通》卷七二《任將上》 《越語》：范蠡曰：『夫勇者，逆德也；兵者，凶器也；爭者，事之末也。陰謀逆德，好用凶器，始於人者，人之所卒也，淫佚之事，上帝之禁也，先行此者，不利。』

臣若水通曰：德尚禮讓，勇則攻奪，德不行然後用武，故曰爭者，事之末也。卒，終也，始於伐人，人終害之；淫佚，放濫也。夫天道先春生而後秋殺，聖人法天，故先德而後刑。夫悖而出者，則亦悖而入，苟陰謀逆德，好用凶器，以始於人，人其不卒反之乎？若范蠡者，始可以將兵矣，使句踐能用之，何至會稽之棲乎？而不然，此范蠡之所以見幾而去也。治天下者，尚其鑑諸。

明·徐伯齡《蟫精雋》卷一《彈范蠡文》 有人作《彈范蠡文》云：『匿怨友人，左丘明耻之，非其鬼祭，聖經是誅。今有竊高人之名，處衆惡之所，有識之士，莫不共憤，無知之魂，豈當久居，可不雪讐耻於千載之前，正禮義於萬世之下！吳江三高，即越之范蠡，晉張季鷹，唐陸魯望也。考之世代，相去甚遠，揆之名節，乃大不同。切見范蠡，越則謀臣，吳爲敵國，以利誘太宰嚭而脱彼句踐，以利誘公孫雄而滅我夫差。既遂厥謀，反疑其主，鄙君如烏喙，累大夫種以伏誅。目已曰鴟夷，載西子而潛遁。且古之隱者，自稱草野，《易》稱「高尚，不事王侯」。如蠡者，致産累數千萬，而變姓名於齊陶；轉位逐什一利，而詭蹤迹於江海。語其高節則未可，謂之智術則有餘。假扁舟五湖之名，居笠澤三高之首。況當無邊勝地之上，著此不共戴天之讐。其視菰菜蓴羹，敝屣名爵，筆牀茶竈，短棹江湖者，豈容與之並駕臨風，鈎簾對雪耶？載觀往證，歷訪邇吟，九江王之廟郴陽，紹興劉頜謂放弑之賊而毁其廟；伍子胥之祀荆楚，南軒張公以讐隙之人而平其祠。事正相符，言不容宣。「可笑吳癡忘越憾，却誇范蠡作三高」，劉清軒見譏良何深；「十年家國無窮恨，只合江邊祀子胥」，黄東浦貽誚尤不淺。得罪名勝，難亞清高。所合褫其祀於祠堂，沈其居於濁水。別議高尚於季鷹、魯望者充其祀，庶幾笠澤之高風益凜，松江之夜月增明。不惟公論可以大伸，抑且風教實非小補。』話腴評云：『此文雖近乎刻，亦有大議論存焉。』《剪燈新話·龍堂靈會録》本此。

藝文

唐·陸龜蒙《甫里集》卷一二《七言絶句·范蠡》 平吳專越禍胎

深，豈是功成有去心。句踐不知嫌鳥喙，歸來猶自鑄良金。

宋・鄭獬《鄖溪集》卷二八《嘲范蠡》　千重越甲夜成圍，宴罷君王醉不知。若論破吴功第一，黄金只合鑄西施。

宋・鄒浩《道鄉集》卷一《范蠡塚》　山棲嘗膽時，禍胎久已孕。欲令蘇臺傾，端俟天人應。夫子實奇才，大事力能勝。中分句踐憂，内外各宜稱。一鼓雪前羞，功名在乘興。向非斷以獨，未必還千乘。荆棘梗寒宫，晨朝露常凝。可憐東門眼，至此不得瞪。鳥喙鮮克終，天道亦惡剩。脱身海上來，嘉言誰與贈。位高金更多，所向豈蹭蹬。況有絶代姿，提携充妾媵。試看劍頭血，何如窮絶磴。由來進退間，處之貴不懵。孤墳忽生疑，文獻良足證。吴人未忘情，高樓時一凭。

宋・王十朋《梅溪前集》卷一〇《范蠡》　久與君王共苦辛，功成身退肯逡巡。五湖渺渺烟波闊，誰是扁舟第二人。

宋・王十朋《東坡詩集註》卷二九《戲書吴江三賢畫像三首・范蠡》

誰將射御教吴兒，長笑申公爲夏姬。援《左傳》：楚莊王欲納夏姬，申公巫臣曰：『不可。』遂以夏姬奔晉，楚殺巫臣之族。巫臣乃通吴於晉，教其射御戰陣，吴始伐楚。却遣姑蘇有麋鹿，厚伍子胥諫吴王夫差，不聽，子胥曰：『臣今見麋鹿遊於姑蘇之臺，宫中生荆棘，露沾衣也。』更憐夫子得西施。

宋・楊萬里《誠齋集》卷二九《范蠡》　霸越亡吴未害仁，不妨報國併酧身。風雲長頸無遺恨，雪月扁舟更絶塵。還了君王採香徑，須饒老子苧羅人。鴟夷若是真高士，張陸何堪作近鄰。

宋・李曾伯《可齋雜藁》卷二六《題范蠡五湖圖》　色美示來鑑，功成思去謀。桂棹與蘭槳，羔袖而狐裘。夏姬宜去楚，妲已肯歸周。恤緯寸心在，鑄金千古求。

美婦天下有，忠臣古來稀。去國不潔名，避世良知幾。寧侶我舟楫，毋著君宫闈。平生萬事足，偕老五湖歸。

江湖存魏闕，翰墨寓規箴。君看龍眠畫，當識鴟夷心。

宋・柴望《秋堂集》卷一《范蠡》　五月菰蒲八月秋，年年洒洒酹江頭。伍胥忿怒三閭怨，爭似鴟夷一釣舟。

宋・孔延之《會稽掇英總集》卷一七《吴處厚・陶朱公廟碑》　窮之與達繫乎命，用之與舍繫乎時，得之與喪在乎天，去之與就在乎我。四者，古君子出處之大節，而公皆得而兼之，不亦智矣乎？公之事業最詳於《國語》、《史記》與《吴越春秋》。當是之時，越與吴相持幾三十年，吴常勝，越常敗。吴譬則虎，越譬則鼠；吴譬則狼，越譬則羊。句踐之命在於夫差掌握中數矣，公力與臯如計倪、諸暨郢、大夫種四人皆越大夫。諸臣間關險阻，未嘗少變其節，乃説句踐卑辭重幣，頓顙屈膝，籍其管庫，質其妻子爲吴奴虜。及囚石室，又説飲溲，嘗惡以媚夫差，而夫差不寤。乃伐齊而赦越，復貪與諸侯會於黄池。及越焚姑蘇入其郛，猶與晉公午爭長，不以爲恤。既而民疲歲飢，禍稔數極，公卒與越之君臣因其困，乘其弊，一舉而滅之，故曰『持盈者與天，定傾者與人，節事者與地』，此之謂乎？君王之耻既雪，霸國之業已成，在於他人則邑萬户，禄萬鍾，爲師尚父，寵之終身，固其宜也。公獨不然，以爲功名不可以多得，富貴不可以長保，瞥然輕舟，飄然五湖，投紳笏如柴柵，棄妻孥如敝屣，冥冥而飛，汩汩而遊，網不能絓，繳不能弋，鳥喙雖長而不能啄，屬鏤雖利而不能割。存耶，亡耶？死風波耶？葬魚鼊耶？泛溟渤、登蓬萊而遂羽而仙耶？俱不可得而知也。徒使越人愛之不忘，念之不足，鑄金而禮其像，環地而封其域。與天貪權冒寵、市禍賈患，而遂脂鼎鑊血、刀鋸爲魚爲肉、爲菹爲醢者，豈同年而語哉？余嘗按越之圖經，得公廟於諸暨陶朱山下，俗説公本諸稽人，今淨觀院即其故宅也。鄉曰陶朱之鄉，巖曰范蠡之巖，井曰鴟夷之井，皆以公而得名也。年祀敻闊不可得詳，廟宇庳窄蕪壞不治，屬歲荐飢，民又乏饗。余嘗至其下徘徊觀覽，惻然於懷者數四。蓋碑者，悲也，君子所以述往事悲來今者也，因書以爲弔焉。其辭曰：越山疊疊兮，越水環環。公有廟貌兮，山水之間。屋三其架兮，門鐍户關。庭墁不治兮，鞠草衰菅。豚蹄乏饗兮，歲歉民慳。香火閴冷兮，巫休祀門。頹廊哽雨兮，古木號寒。餓鼠晝嘯兮，飢鴟暝還。功磨日月兮，名揭丘山。遺像可揖兮，高風莫攀。我來愴古兮，憤涕一潸。秋色著樹兮，霜葉初殷。青史傳信兮，灼不可刪。千古萬古兮，雲凝石頑。

元・劉壎《水雲村稾》卷七《題范蠡泛湖圖》　老范霸越沼吴，功存宗社，蓋一代智士也。世論率謂有大勳勞，宜享大富貴，顧乃慮及鳥喙，翩其鴻冥，不旋踵棄鐘鼎等敝屣，何大早計邪？噫！以功名自見易，以功名自終難。古今功臣弗令終，正坐挾勳吝權，不思勇退，儻此老亦然，

卽黃金之鑄將易爲屬鏤之賜焉。得智：《易》曰『知幾其神乎』，蠡也得之；《老子》曰『功成名遂，身退』，蠡又得之。展卷快覩，神采如生，故爲之賦詩曰：霸越功成早見幾，春風一舸泛鴟夷。丹青半幅人千載，勝似黃金鑄就時。

元·趙孟頫《松雪齋集》卷五《題范蠡五湖杜陵浣花》 功名自古是危機，誰似先生早拂衣。好向五湖尋一舸，霜黃木葉鴈初飛。

春色醺人苦不禁，蹇驢馱醉晚駸駸。江花江草詩千首，老盡平生用世心。

元·王惲《秋澗集》卷二六《跋范蠡歸湖圖》 霸越高勳土苴如，五湖歸隱號陶朱。扁舟共載西施去，却恐時人是厚誣。

元·吳萊《淵穎集》卷四《范蠡宅》 淡淡寒雲鶴影邊，荒山故宅忽千年。大夫已賜平吳劍，西子還隨去越船。白石撑空留罔象，青松落井化蜿蜒。徒憐此地無章甫，只解區區學計然。

元·許有壬《至正集》卷二四《范蠡圖》 平日千金土不如，功成歸去固良圖。扁舟若更無西子，萬古清風滿五湖。

元·葉顒《樵雲獨唱》卷三《范蠡雲舟》 范蠡平吳後，秋風理釣船。情空青嶂下，夢落白鷗邊。

明·宋濂《文憲集》卷二八《補范少伯辭越王書》 臣聞『知足不辱，知止不殆』，古之明戒也。臣雖不佞，竊嘗從事斯語，敢白其私於下執事，唯君王加察焉。臣本南陽一布衣，自謂衰賤，未嘗世祿，故飲食則甘天下之無味，居則安天下之賤位。被髮佯狂，不與於世，而君王待之過禮，寘諸羣臣之列，臣日夜心計之。一介狂士，而上辱君王之知如此，當盡瘁以事國，卽於國事，無所建白，設有不幸，誓伏劍結纓，以報稱萬一，言雖不出諸口，上帝鬼神實鑑臨之。夫椒之役，夫差分其人民之衆，以殘伐吾邦，夷吾宗廟，莽爲空棘。君王以餘兵五千保棲會稽，下守溟海，唯魚鼈是見，困亦甚矣。夫差不道，復追而圍之。大夫種膝行頓首請成，夫差聽申胥讒，毅然不許。君王恚甚，至欲殺妻子，燔寶器，觸戰以死。臣時在左右，憂懼不知所爲，亦屢思克踐前志，所以未忍卽死者，將有所圖也。幸賴先王之靈，夫差悔過，卷旆而旋。君王既反國臣，亦得效犬馬奔走，與大夫柘稽爲質於吳。夫差畏君王之威，不敢久留臣，遣之東歸。君王因與臣及大夫種謀以復讐爲事。食不殺而饜，衣服純素，不袀不玄。內飭其政，外事諸侯。如是者二十餘年，始發習流二千，教士四萬人，君子六千人，諸御千人，有事于吳及其平而還。後四年，復往伐焉。敗之於囿，又敗之於郊，又敗之於津。如是三戰三北，遂圍之，棲夫差姑胥之山。夫差使王孫駱肉袒膝行，請成，君王弗之許。乃被五勝之衣，帶步光之劍，仗屈盧之矛，瞋目大言以執之。夫差懼，太息四顧，引劍而死。君王乃北渡淮與齊晉諸侯會於徐州，致貢於周。周元王使人致胙命爲伯。當是時，越兵橫行江淮東，諸侯畢賀。初，君王之在會稽，其辱爲已甚，臣豈不知主憂則臣勞，主辱則臣死，其不能卽死者，爲此事也。藉君王之威武，二三大夫之用命，一雪其仇，始願從會稽之誅。君王憐臣之愚，不賜臣以死，乃欲與臣分國而治。且臣聞之，四時之序成功者去，天之道也；功成名遂身退，明哲之事也；持祿固位，知進而不知退，危亡之道也。昔晉大夫祁奚爲中軍尉，請老而歸，身名俱全，人以爲知。分申侯有寵於楚鄭之君，楚鄭之君唯其言之是聽，非不可者，卒致首領不保，爲天下萬世笑，何也？不能退也。況臣起自布衣，幸得侍衛左右，何功於越而稱上將軍？大名之下，難以久居，若戀執寵榮而沈溺不返，不有人禍必有天殃。君王幸察臣知止知足之志，賜臣骸骨，得乘扁舟，出三江入五湖，去畊東海之濱，則志願畢矣。唯君留意焉。

明·汪廣洋《鳳池吟稿》卷七《范蠡廟》 越王去國將危日，范蠡歸心用計時。千古君臣難再遇，百年耆老尚興思。空簷暮雨巢乾雀，遺廟春風哭子規。惟有西施灘下水，浪聲東向不勝悲。

明·朱存理《珊瑚木難》卷四《題范蠡歸湖圖》 名遂功成汎五湖，知幾千日擅良圖。向教句踐堪同樂，不識先生肯退無。

明·孫蕡《西菴集》卷七《范蠡》 已作江湖物外仙，歸舟誰遣載嬋娟。登樓有客思傾國，幾度臨風夜不眠。

明·史謹《獨醉亭集》卷下《題范蠡歸湖圖》 吳山嵳峩翠如洗，吳王宮殿空中起。鳳管鸞笙到處聞，共說繁華世無比。前溪一夜越兵來，銜枚競入姑蘇臺。西子含啼出宮掖，吳王抱恨埋蒿萊。一代奇勳歸范蠡，片時雪盡夫椒耻。位重名高不受封，入湖自號鴟夷子。只緣鳥喙難容物，致使將軍就高潔。兩岸青山畫裏看，數行白鷺烟中没。洞庭笠澤隨所之，慣

聽漁笛鷗邊吹。却憐文種不料事，烏喙之心終見疑。

明・龔斅《鵝湖集》卷三《題范蠡扁舟圖》 戰勝歸來萬慮輕，不將身世累浮名。五湖儘有閒風月，兩國今無舊甲兵。遠禍高飛鴻鵠羽，忘機深結鷺鷗盟。春風拂柳吳江上，莫爲西施一動情。

明・程敏政《篁墩文集》卷七一《范蠡歸湖圖爲師魯姪題》 萬頃湖光足釣絲，濟川功了乞歸時。安流不用施篙楫，斂手舷頭任所之。

明・楊慎《升菴集》卷六八《范蠡西施》 世傳西施隨范蠡去，不見所出，只因杜牧「西子下姑蘇，一舸逐鴟夷」之句而附會也。予竊疑之未有可証，以折其是非。一日，讀《墨子》曰：「吳起之裂，其功也；西施之沉，其美也。」喜曰：「此吳亡之後，西施亦死於水，不從范蠡去之一證。」墨子去吳越之世甚近，所書得其真。然猶恐牧之別有見。後檢《修文御覽》，見引《吳越春秋》逸篇云：「吳亡後，越浮西施於江，令隨鴟夷以終。」乃笑曰：「此事正與《墨子》合。杜牧未精審，一時趁筆之過也。」蓋吳既滅，即沉西施於江。浮，沉也，反言耳。隨鴟夷者，子胥之譖死，西施有力焉。胥死，盛以鴟夷。今沉西施，所以報子胥之忠。故云隨鴟夷以終。范蠡去越，亦號鴟夷子。杜牧遂以子胥鴟夷爲范蠡之鴟夷，乃影撰此事，以墮後人於疑網也。既又自笑曰：「范蠡不幸遇杜牧，受誣千載，又何幸遇予而雪之，亦一快哉！」

明・趙完璧《海壑吟稿》卷六《金身范蠡》 報國忠良義自深，幾微早已見君心。金身却恨功成去，不去終難保似金。

清・愛新覺羅・胤禛《世宗憲皇帝御製文集》卷二一《題范蠡載歸圖》 獨有艱危時，方見子臣職。吳越爭雌雄，彼此各努力。夫差好拒諫，只爲紅顏惑。所以范大夫，留之恐傾國。功成載歸湖，斯意無人識。朗然照青史，去住皆可式。

清・愛新覺羅・弘曆《御製詩二集》卷六三《題李公麟吳中三賢圖・范蠡》 事濟飄然避世喧，五湖烟水意行存。種山不聽幾先語，第八徒悲犯玉門。

清・愛新覺羅・弘曆《御製詩五集》卷五《再題李公麟吳中三賢圖・范蠡》 避禍先幾泛五湖，高於文種信誠乎。雖然既識身世累，治産逐時又底須。

清・田雯《古歡堂集》卷一五《題范蠡歸湖圖二首》 賣弄江湖作富民，沼吳霸越歷艱辛。當時作事癡愚甚，絶代尸光送與人。

千載休誇句踐雄，數年便見霸圖空。黄金用盡全無味，不鑄西施鑄范公。

屈原分部

綜　述

《史記》卷八四《屈原賈生列傳》 屈原者，名平，楚之同姓也。《正義》屈、景、昭皆楚之族。王逸云：「楚王始都是，生子瑕，受屈爲卿，因以爲氏。」爲楚懷王左徒。《正義》蓋今左右拾遺之類。博聞彊志，明於治亂，嫻於辭令。入則與王圖議國事，以出號令；出則接遇賓客，應對諸侯。王甚任之。

上官大夫與之同列，爭寵而心害其能。懷王使屈原造爲憲令，屈平屬草稾《索隱》草稾謂創制憲令之本也。《漢書》作「草具」，崔浩謂發始造端也。未定。上官大夫見而欲奪之，《正義》王逸云上官靳尚。屈平不與，因讒之曰：「王使屈平爲令，衆莫不知，每一令出，平伐其功，以爲『非我莫能爲』也。」王怒而疏屈平。

屈平疾王聽之不聰也，讒諂之蔽明也，邪曲之害公也，方正之不容也，故憂愁幽思而作離騷。《索隱》蚪，亦作「騷」。按：楚詞「蚪」作「騷」。應劭云「離，遭也；騷，憂也」。又《離騷序》云「離，別也；騷，愁也」。離騷者，猶離憂也。夫天者，人之始也；父母者，人之本也。人窮則反本，故勞苦倦極，未嘗不呼天也；疾痛慘怛，《正義》慘，毒也。怛，痛也。未嘗不呼父母也。屈平正道直行，竭忠盡智以事其君，讒人間之，可謂窮矣。信而見疑，忠而被謗，能無怨乎？屈平之作離騷，蓋自怨生也。國風好色而不淫，小雅怨誹而不亂。若離騷者，可謂兼之矣。上稱帝嚳，下道齊桓，中述湯武，以刺世事。明道德之廣崇，治亂之條貫，靡不畢見。其文

約，其辭微，其志絜，其行廉，其稱文小而其指極大，舉類邇而見義遠。其志絜，故其稱物芳。其行廉，故死而不容自疏濯淖汙泥之中，蟬蛻於濁穢，《正義》蛻，去皮也。以浮遊塵埃之外，不獲世之滋垢，皭然《集解》徐廣曰：『皭，疏淨之貌。』《索隱》徐廣云『疏淨之貌』。泥而不滓者也。推此志也，雖與日月爭光可也。《正義》言屈平之仕濁世，去其汙垢，在塵埃之外。推此志意，雖與日月爭其光明，斯亦可矣。

屈平既絀，其後秦欲伐齊，齊與楚從親，惠王患之，乃令張儀詳去秦，厚幣委質事楚，曰：『秦甚憎齊，齊與楚從親，楚誠能絶齊，秦願獻商、於之地六百里。』楚懷王貪而信張儀，遂絶齊，使使如秦受地。張儀詐之曰：『儀與王約六里，不聞六百里。』楚使怒去，歸告懷王。懷王怒，大興師伐秦。秦發兵擊之，大破楚師於丹、淅，《索隱》二水名。謂於丹水之北，淅水之南。丹水、淅水皆縣名，在弘農，所謂丹陽、淅。《正義》丹陽，今枝江故城。斬首八萬，虜楚將屈匄，《索隱》屈，姓。匄，名。遂取楚之漢中地。《索隱》徐廣曰：『楚懷王十六年，張儀來相；十七年，秦敗屈匄。』《正義》梁州。懷王乃悉發國中兵以深入擊秦，戰於藍田。魏聞之，襲楚至鄧。《索隱》按：此鄧在漢水之北，故鄧侯城也。楚兵懼，自秦歸。而齊竟怒不救楚，楚大困。

明年，秦割漢中地與楚以和。楚王曰：『不願得地，願得張儀而甘心焉。』張儀聞，乃曰：『以一儀而當漢中地，臣請往如楚。』如楚，又因厚幣用事者臣靳尚，而設詭辯於懷王之寵姬鄭袖。懷王竟聽鄭袖，復釋去張儀。是時屈平既疏，不復在位，使於齊，顧反，諫懷王曰：『何不殺張儀？』懷王悔，追張儀不及。《索隱》按：《張儀傳》無此語也。

其後諸侯共擊楚，大破之，殺其將唐眜。《集解》徐廣曰：『二十八年敗唐眜也。』

時秦昭王與楚婚，欲與懷王會。懷王欲行，屈平曰：『秦虎狼之國，不可信，不如毋行。』《索隱》按：《楚世家》昭睢有此言，蓋二人同諫王，故彼此各隨録之也。懷王稚子子蘭勸王行：『奈何絶秦歡！』懷王卒行。入武關，秦伏兵絶其後，因留懷王，《集解》徐廣曰：『三十年入秦。』以求割地。懷王怒，不聽。亡走趙，趙不內。復之秦，竟死於秦而歸葬。

長子頃襄王立，《索隱》名橫。以其弟子蘭爲令尹。楚人既咎子蘭以勸懷王入秦而不反也。

屈平既嫉之，雖放流，睠顧楚國，繫心懷王，不忘欲反，冀幸君之一悟，俗之一改也。其存君興國而欲反覆之，一篇之中三致志焉。然終無可奈何，故不可以反，卒以此見懷王之終不悟也。人君無愚智賢不肖，莫不欲求忠以自爲，《索隱》此已下太史公傷懷王之不任賢，信讒而不能反國之論也。舉賢以自佐，然亡國破家相隨屬，而聖君治國累世而不見者，其所謂忠者不忠，而所謂賢者不賢也。懷王以不知忠臣之分，故內惑於鄭袖，外欺於張儀，疏屈平而信上官大夫、令尹子蘭。兵挫地削，亡其六郡，身客死於秦，爲天下笑。此不知人之禍也。易曰：『井泄不食，《集解》向秀曰：『泄者，浚治去泥濁也。』《索隱》向秀字子期，晉人，注《易》。爲我心惻，《集解》張璠曰：『可爲惻然，傷道未行也。』《索隱》張璠亦晉人，注《易》也。可以汲。《索隱》按：《京房易章句》言『我道可汲而用也』。王明，並受其福。』《集解》易象曰：『求王明受福也。』《索隱》按：《京房章句》曰『上有明王，汲我道而用之，天下並受其福，故曰「王明並受其福」也。』王之不明，豈足福哉！《集解》徐廣曰：『一云「不足福」。』《正義》言楚王不明忠臣，豈足受福，故屈原懷沙自沈。

令尹子蘭聞之大怒，卒使上官大夫短屈原於頃襄王，頃襄王怒而遷之。《集解》：《離騷序》曰：『遷於江南。』

屈原至於江濱，被髮行吟澤畔。顏色憔悴，形容枯槁。漁父見而問之曰：『子非三閭大夫歟？《集解》：《離騷序》曰：『三閭之職，掌王族三姓，曰昭、屈、景，序其譜屬，率其賢良，以厲國士。』何故而至此？』屈原曰：『舉世混濁而我獨清，衆人皆醉而我獨醒，是以見放。』漁父曰：『夫聖人者，不凝滯於物而能與世推移。舉世混濁，何不隨其流《索隱》按：《楚詞》作『滑其泥』。而揚其波？衆人皆醉，何不餔其糟而啜其醨？何故懷瑾握瑜《索隱》按：《楚詞》此『懷瑾握瑜』作『深思高舉』也。而自令見放爲？』屈原曰：『吾聞之，新沐者必彈冠，新浴者必振衣，人又誰能以身之察察，《集解》王逸曰：『己靜絜。』受物之汶汶者乎！《集解》王逸曰：『蒙垢汙。』《索隱》汶汶者。汶汶猶昏暗也。寧赴常流《索隱》常流猶長流也。而葬乎江魚腹中耳，又安能以皓皓之白而蒙世俗之温蠖乎！』《索隱》温蠖猶惛憒。《楚詞》作『蒙世之塵埃哉』。

乃作懷沙之賦。《索隱》按：《楚詞・九懷》曰『懷沙礫以自沉』，此其義也。其辭曰：

陶陶孟夏兮，草木莽莽。《集解》王逸曰：『陶陶，盛陽貌。莽莽，盛茂貌。』傷懷永哀兮，汩徂南土。《集解》王逸曰：『汩，行貌。』《索隱》王師叔曰：『汩，行貌也。』《方言》曰：『謂疾行也。』眴兮窈窈，《集解》徐廣曰：『眴，眩也。』孔靜幽墨。《集解》王逸曰：『孔，甚也。墨，無聲也。』《正義》孔，甚。墨，無聲。言江南山高澤深，視之眴；野甚清淨，歎無人聲。冤結紆軫兮，離湣之長鞠；《集解》王逸曰：『鞠，窮。紆，屈也。軫，痛也。湣，病也。』《索隱》離湣。湣，病。鞠，窮。撫情效志兮，俯詘以自抑。

刓方以爲圜兮，常度未替；《集解》王逸曰：『刓，削；度，法；替，廢也。言人刓削方木，欲以爲圓，其常法度尚未廢也。』《索隱》刓謂刻刓方木以爲圓，其常法度尚未廢。易初本由兮，君子所鄙。《集解》王逸曰：『由，道也。』《正義》本，常也。鄙，耻也。言人遭世不道，變易初行，違離光道，君子所鄙。章畫職墨兮，前度未改；《集解》王逸曰：『章，明也。度，法也。言工明於所畫，念其繩墨，修前人之法，不易其道，則曲木直而惡木好。』《索隱》章，明也。畫，計畫也。《楚詞》『職』作『志』。志，念也。餘如注所解。內直質重兮，大人所盛。《集解》王逸曰：『言人質性敦厚，心志正直，行無過失，則大人君子所盛美也。』巧匠不斫兮，孰察其揆正？玄文幽處兮，矇謂之不章；《集解》王逸曰：『玄，黑也。矇，盲者也。《詩》云「矇瞍奏公」。章，明也。』離婁微睇兮，瞽以爲無明。《集解》王逸曰：『離婁，古明視者也。瞽，盲也。』《正義》睇，眄也。變白而爲黑兮，倒上以爲下。鳳皇在笯兮，《集解》徐廣曰：『笯，一作「郊」。』駰案：王逸曰『笯，籠落也』。《索隱》徐云一作『郊』。按：籠落謂藤蘿之相籠絡。《正義》：《應瑞圖》云：『黃帝問天老曰：「鳳烏何如？」天老曰：「鴻前而麟後，蛇頸而魚尾，龍文而龜身，燕頷而雞喙，首戴德，頸揭義，背負仁，心入信，翼俟順，足履正，尾繫武，小音金，大音鼓，延頸奮翼，五色備舉。」』雞雉翔舞。《索隱》：《楚詞》『雉』作『鶩』。同糅玉石兮，一概而相量。《集解》王逸曰：『忠佞不異。』夫黨人之鄙妒兮，羌不知吾所臧。《集解》王逸曰：『莫昭我之善意。』《索隱》按：王師叔云『羌，楚人語辭』。言卿何爲也。

任重載盛兮，陷滯而不濟；《集解》王逸曰：『言己才力盛壯，可任用重載，而身陷没沈滯，不得成其本志也。』懷瑾握瑜兮，窮不得余所示。《集解》王逸曰：『示，語也。』邑犬羣吠兮，吠所怪也；誹駿疑桀兮，固庸態也。《集解》王逸曰：『千人才爲俊，一國高爲桀也。庸，廝賤之人也。』《索隱》按：尹文子云『千人曰俊，萬人曰桀』。今乃誹俊疑傑，固是庸人之態也。文質疏內兮，衆不知吾之異采；《集解》徐廣曰：『異，一作「奥」。』駰案：王逸曰『采，文采也』。材樸委積兮，莫知余之所有。重仁襲義兮，謹厚以爲豐；《集解》王逸曰：『重，累也。襲，及也。』重華不可牾兮，《集解》王逸曰：『牾，逢也。』《索隱》：《楚詞》『牾』作『遻』。王師叔云『牾，逢也』。孰知余之從容！古固有不並兮，豈知其故也？《索隱》：《楚詞》作『莫知其何故』。湯禹久遠兮，邈不可慕也。懲違改忿兮，抑心而自彊；離湣而不遷兮，原志之有象。《集解》王逸曰：『象，法也。』進路北次兮，《正義》北次將就。日昧昧其將暮；含憂虞哀兮，《索隱》：《楚詞》作『舒憂娛哀』。娛者，樂也。限之以大故。《集解》王逸曰：『娛，樂也。大故謂死亡也。』

亂曰：《索隱》王師叔曰：『亂者，理也。所以發理辭指，撮總其要，而重理前意也。』浩浩沅、湘兮，《索隱》二水名。按：《地理志》湘水出零陵陽海山，北入江。沅即湘之後流也。《正義》：《說文》云：『沅水出牂柯，東北流入江。湘水出零陵縣陽海山，北入江。』按：二水皆經岳州而入大江也。分流汩兮。《集解》王逸：『汩，流也。』脩路幽拂兮，《索隱》：《楚詞》作『幽蔽』也。道遠忽兮。曾唫恆悲兮，永歎慨兮。世既莫吾知兮，人心不可謂兮。《集解》王逸曰：『謂猶說也。』《索隱》：《楚詞》無『曾唫』已下二十一字。懷情抱質兮，獨無匹兮。伯樂既歿兮，驥將焉程兮？《集解》王逸曰：『程，量也。』人生稟命兮，各有所錯兮。《集解》王逸曰：『錯，安也。』定心廣志，餘何畏懼兮？《索隱》：《楚詞》『餘』並作『余』。曾傷爰哀，永歎喟兮。《集解》王逸曰：『喟，息也。』世溷不吾知，心不可謂兮。知死不可讓兮，原勿愛兮。明以告君子兮，吾將以爲類兮。《集解》王逸曰：『類，法也。』《正義》按：類，例也。以爲忠臣不事亂君之例。

於是懷石遂自（投）［沈］汨羅以死。《集解》應劭曰：『汨水在羅，故曰汨羅也。』《索隱》汨水在羅，故曰汨羅。《地理志》長沙有羅縣，羅子之所徙。《荊州記》『羅縣北帶汨水』。《正義》故羅縣城在岳州湘陰縣東北六十里。春秋時羅子國，秦置長沙郡而爲縣也。按：縣北有汨水及屈原廟。《續齊諧記》云：『屈原以五月五日投汨羅而死，楚人哀之，每於此日以竹筒貯米投水祭之。漢建武中，長沙區回白日忽見一人，自稱三閭大夫。謂回曰：「聞君常見祭，甚善。但常年所遺，並爲蛟龍所竊，今若有惠，可以練樹葉塞上，以五色絲轉縛之，此物蛟龍所憚。」回依其言。世人五月五日作粽，並帶五色絲及練葉，皆汨羅之遺風。』

屈原既死之後，楚有宋玉、唐勒、景差《集解》徐廣曰：『或作「慶」。』

《索隱》按：楊子《法言》及《漢書·古今人表》皆作『景瑳』，今作『差』是字省耳。又按：徐、裴、鄒三家皆無音，是讀如字也。之徒者，皆好辭而以賦見稱；然皆祖屈原之從容辭令，終莫敢直諫。其後楚日以削，數十年竟爲秦所滅。

論説

《史記》卷八四《屈原列傳》 太史公曰：余讀《離騷》、《天問》、《招魂》、《哀郢》，悲其志。適長沙，觀屈原所自沈淵，《索隱》按：《荆州記》云『長沙羅縣，北帶汨水。去縣四十里是原自沈處，北岸有廟也』。未嘗不垂涕，想見其爲人。及見賈生弔之，又怪屈原以彼其材，遊諸侯，何國不容，而自令若是。讀《服鳥賦》，同死生，輕去就，又爽《集解》徐廣曰：『一本作「爽」。』然自失矣。《索隱》：《述贊》屈平行正，以事懷王。瑾瑜比潔，日月爭光。忠而見放，讒者益章。賦騷見志，懷沙自傷。百年之後，空悲弔湘。

漢·王充《論衡》卷三《偶會篇》 命，吉凶之主也。自然之道，適偶之數，非有他氣旁物厭勝感動使之然也。世謂子胥伏劍，屈原自沉，子蘭、宰嚭誣讒，吳、楚之君冤殺之也。偶二子命當絶，子蘭、宰嚭適爲讒，而懷王、夫差適信姦也。君適不明，臣適爲讒，二子之命，偶自不長。二偶三合，似若有之，其實自然，非他爲也。

藝文

宋·司馬光《溫國文正司馬公文集》卷七《醉》 厚於太古暖於春，耳目无營見道真。果使屈原知醉趣，當年不作獨醒人。

雜録

漢·劉向《新序》卷七《節士·屈原》 屈原者，名平，楚之同姓大夫。有博通之知，清潔之行，懷王用之。秦欲吞滅諸侯，并兼天下。屈原爲楚東使於齊，以結强黨。秦國患之，使張儀之楚，貨楚貴臣上官大夫靳尚之屬，上及令子蘭，司馬子椒；內賂夫人鄭袖，共譖屈原。屈原遂放於外，乃作離騷。張儀因使楚絶齊，許謝地六百里。懷王信左右之姦謀，聽張儀之邪說，遂絶强齊之大輔。楚既絶齊，而秦欺以六里。懷王大怒，舉兵伐秦，大戰者數，秦兵大敗楚師，斬首數萬級。秦使人願以漢中地謝懷王，不聽，願得張儀而甘心焉。張儀曰：『以一儀而易漢中地，何愛儀！』請行，遂至楚，楚囚之。上官大夫之屬共言之王，王歸之。是時懷王悔不用屈原之策，以至於此，於是復用屈原。屈原使齊，還聞張儀已去，大爲王言張儀之罪，懷王使人追之，不及。後秦嫁女於楚，與懷王歡，爲藍田之會，屈原以爲秦不可信，願勿會，羣臣皆以爲可會，懷王遂會，果見囚拘，客死於秦，爲天下笑。懷王子頃襄王，亦知羣臣諂誤懷王，不察其罪，反聽羣讒之口，復放屈原。屈原疾闇王亂俗，汶汶嘿嘿，以是爲非，以清爲濁，不忍見於世，將自投於淵，漁父止之。屈原曰：『世皆醉，我獨醒；世皆濁，我獨清。吾獨聞之，新浴者必振衣，新沐者必彈冠。又惡能以其泠泠，更世事之嘿嘿者哉？吾寧投淵而死。』遂自投湘水汨羅之中而死。

北魏·酈道元《水經注》卷三四《江水二》 袁山松曰：屈原有賢姊，聞原放逐，亦來歸，喻令自寬全。鄉人冀其見從，因名曰秭歸，即《離騷》所謂女嬃嬋媛以詈余也。縣城東北，依山即阪，周回二里，高一丈五尺，南臨大江。古老相傳，謂之劉備城，蓋備征吳所築也。縣東北數十里，有屈原舊田宅。雖畦堰縻漫，猶保屈田之稱也。縣北一百六十里，有屈原故宅，累石爲屋基，名其地曰樂平里。宅之東北六十里，有女嬃廟，擣衣石猶存。

范雎分部

綜述

《戰國策》卷五《秦策三·范子因王稽入秦章》 范子因王稽入秦，

獻書昭王曰：『臣聞明主莅正，有功者不得不賞，有能者不得不官；勞大者其祿厚，功多者其爵尊；能治衆者其官大，故不能者不敢當其職焉，能者亦不得蔽隱。使以臣之言爲可，則行而益利其道；若將弗行，則久留臣無爲也。語曰：「人主賞所愛而罰所惡；明主則不然，賞必加於有功，刑必斷於有罪。」今臣之胸不足以當椹質，要不足以待斧鉞，豈敢以疑事嘗試於王乎？雖以臣爲賤而輕辱臣，獨不重任臣者後無反覆於王前耶！

『臣聞周有砥厄，宋有結緑，梁有懸黎，楚有和璞，此四寶者，工之所失也，而爲天下名器。然則聖王之所棄者，獨不足以厚國家乎？

臣聞善厚家者，取之於國；善厚國者，取之於諸侯。天下有明主，則諸侯不得擅厚矣。是何故也？爲其凋榮也。良醫知病人之死生，聖主明於成敗之事，利則行之，害則舍之，疑則少嘗之，雖堯、舜、禹、湯復生，弗能攻已。

『語之至者，臣不敢載之於書；其淺者又不足聽也。意者臣愚而不闔於王心耶？已其言臣者將賤而不足聽耶？非若是也，則臣之志，願少賜遊觀之間，望見足下而入之。』書上，秦王説之，因謝王稽説，使人持車召之。

又《范睢至秦章》 范睢至秦，王庭迎。謂范睢曰：『寡人宜以身受令久矣，今者義渠之事急，寡人日自請太后；今義渠之事已，寡人乃得以身受命。躬竊閔然不敏。』敬執賓主之禮，范睢辭讓。是日見范睢，見者無不變色易容者。

秦王屏左右，宫中虚無人。秦王跪而請曰：『先生何以幸教寡人？』范睢曰：『唯唯。』有間，秦王復請。范睢曰：『唯唯。』若是者三。秦王跽曰：『先生不幸教寡人乎？』范睢謝曰：『非敢然也。臣聞始時呂尚之遇文王也，身爲漁父，而釣於渭陽之濱耳，若是者交疏也。已，一説而立爲太師，載與俱歸者，其言深也。故文王果收功於呂尚，卒擅天下，而身立爲帝王。卽使文王疏呂望而弗與深言，是周無天子之德，而文、武無與成其王也。今臣羈旅之臣也，交疏於王，而所願陳者皆匡君之事，處人骨肉之間，願以陳臣之陋忠，而未知王心也，所以王三問而不對者是也。臣非有所畏而不敢言也，知今日言之於前，而明日伏誅於後。然臣弗敢畏也。大王信行臣之言，死不足以爲臣患，亡不足以爲臣憂，漆身而爲厲，被髪而爲狂，不足以爲臣耻。五帝之聖而死，三王之仁而死，五伯之賢而死，烏獲之力而死，奔、育之勇焉而死。死者，人之所必不免也，處必然之勢。可以少有補於秦，此臣之所大願也，臣何患乎？伍子胥橐載而出昭關，夜行而晝伏，至於蔆水，無以餌其口，坐行蒲服，乞食於吴市，卒興吴國，闔廬爲霸。使臣得進謀如伍子胥，加之以幽囚，終身不復見，是臣説之行也，臣何憂乎？箕子、接輿漆身而爲厲，被髪而爲狂，無益於殷、楚。使臣得同行於箕子、接輿，漆身可以補所賢之主，是臣之大榮也，臣又何耻乎？臣之所恐者，獨恐臣死之後，天下見臣盡忠而身蹶也，是以杜口裹足莫肯卽秦耳。足下上畏太后之嚴，下惑姦臣之態，居深宫之中，不離保傅之手；終身闇惑，無與照姦，大者宗廟滅覆，小者身以孤危。此臣之所恐耳。若夫窮辱之事、死亡之患，臣弗敢畏也。臣死而秦治，賢於生也。』秦王跽曰：『先生是何言也！夫秦國僻遠，寡人愚不肖，先生乃幸至此，此天以寡人慁先生，而存先王之廟也。寡人得受命於先生，此天所以幸先王而不棄其孤也，先生奈何而言若此？事無大小，上及太后，下至大臣，願先生悉以教寡人，無疑寡人也。』范睢再拜，秦王亦再拜。

范睢曰：『大王之國，北有甘泉、谷口，南帶涇、渭，右隴、蜀，左關、阪，戰車千乘，奮擊百萬，以秦卒之勇，車騎之多，以當諸侯，譬若馳韓盧而逐蹇兔也，霸王之業可致。今反閉而不敢窺兵於山東者，是穰侯爲國謀不忠，而大王之計有所失也。』王曰：『願聞所失計。』睢曰：『大王越韓、魏而攻强齊，非計也。少出師則不足以傷齊，多之則害於秦。臣意王之計，欲少出師，而悉韓、魏之兵則不義矣。今見與國之不可親，越人之國而攻，可乎？疏於計矣。昔者齊人伐楚，戰勝，破軍殺將，再辟地千里，膚寸之地無得者，豈齊之欲地哉？形弗能有也。諸侯見齊之罷露，君臣之不親，舉兵而伐之，主辱軍破，爲天下笑。所以然者，以其伐楚而肥韓、魏也。此所謂「藉賊兵而齎盜食」也。王不如遠交而近攻，得寸則王之寸，得尺亦王之尺也。今舍此而遠攻，不亦繆乎？且昔者，中山之地方五百里，趙獨擅之，功成、名立、利附，則天下莫能害。今韓、魏中國之處，而天下之樞也。王若欲霸，必親中國而以爲天下樞，以威

楚、趙。趙强則楚附，楚强則趙附，楚、趙附則齊必懼，懼，必卑辭重幣以事秦，齊附，而韓、魏可虛也。」王曰：『寡人欲親魏，魏多變之國也，寡人不能親。請問親魏奈何？』范雎曰：『卑辭重幣以事之；不可，削地而賂之；不可，舉兵而伐之。』於是舉兵而攻邢丘，邢丘拔，而魏請附。

曰：『秦、韓之地形，相錯如繡。秦之有韓，若木之有蠹，人之病心腹。天下有變，爲秦害者，莫大於韓，王不如收韓。』王曰：『寡人欲收韓，不聽，爲之奈何？』范雎曰：『舉兵而攻滎陽，則成皋之路不通；北斬太行之道，則上黨之兵不下。一舉而攻滎陽則其國斷而爲三。魏、韓見必亡，焉得不聽？韓聽，而霸事可成也。』王曰：『善。』

范雎曰：『臣居山東，聞齊之內有田單，不聞其王；聞秦之有太后、穰侯、涇陽、華陽，不聞其有王。夫擅國之謂王，能專利害之謂王，制殺生之威之謂王。今太后擅行不顧，穰侯出使不報，涇陽、華陽擊斷無諱。四貴備而國不危者，未之有也。爲此四者下，下乃所謂無王已。然則權焉得不傾，而令焉得從王出乎？

『臣聞善爲國者，內固其威，而外重其權。穰侯使者操王之重，決裂諸侯，剖符於天下，征敵伐國，莫敢不聽；戰勝攻取，則利歸於陶，國弊御於諸侯；戰敗則怨結於百姓，而禍歸社稷。《詩》曰：「木實繁者披其枝，披其枝者傷其心，大其都者危其國，尊其臣者卑其主。」淖齒管齊之權，縮閔王之筋，縣之廟梁，宿昔而死。李兑用趙，減食主父，百日而餓死。今秦太后、穰侯用事，高陵、涇陽佐之，卒無秦王。此亦淖齒、李兑之類已。臣今見王獨立於廟朝矣。且臣將恐後世之有秦國者非王之子孫也。』

秦王懼，於是乃廢太后，逐穰侯，出高陵，走涇陽於關外。

昭王謂范雎曰：『昔者齊公得管仲，時以爲仲父，今吾得子，亦以爲父。』

又 《應侯謂昭王章》 應侯謂昭王曰：『亦聞恒思有神叢與？恒思有悍少年，請與叢博，曰：「吾勝叢，叢籍我神三日；不勝叢，叢困我。」乃左手爲叢投，右手自爲投。勝叢。叢籍其神三日叢往求之，遂弗歸。五日而叢枯，七日而叢亡。今國者，王之叢，勢者，王之神，籍人以此，得無危乎？臣未嘗聞指大於臂，臂大於股。若有此，則病必甚矣。百人輿瓢而趨，不如一人持而走疾。百人誠輿瓢，瓢必裂。今秦國，華陽用之，穰侯用之，太后用之，王亦用之。不稱瓢爲器則已，稱瓢爲器，國必裂矣。

『臣聞之也，「木實繁者枝必披，枝之披者傷其心，都大者危其國，臣强者危其主。」其令邑中自斗食以上，至尉、內史及王左右，有非相國之人者乎？國無事則已，國有事臣必聞見王獨立於庭也。臣竊爲王恐，恐萬世之後有國者，非王之子孫也。

『臣聞古之善爲政也，其威內扶，其輔外布，四治政不亂不逆，使者直道而行，不敢爲非。今太后使者分裂諸侯。而符布天下，操大國之勢，强徵兵，伐諸侯。戰勝攻取，利盡歸於陶，國之幣帛，竭入太后之家，竟內之利，分移華陽。古之所謂危主滅國之道必從此起。三貴竭國以自安，然則令何得從王出，權何得毋分？是我王果處三分之一也。』

又 《秦攻韓圍陘章》 秦攻韓圍陘，范雎謂秦昭王曰：『有攻人者，有攻地者。穰侯十攻魏而不得傷者，非秦弱而魏强也，其所攻者地也。地者，人主所甚愛也，人主者，人臣之所樂爲死也。攻人主之所愛，與樂死者鬬，故十攻而弗能勝也。今王將攻韓圍陘，臣願王之毋獨攻其地，而攻其人也。王攻韓圍陘，以張儀爲言。張儀之力多，且削地而以自贖於王，幾割地而韓不盡？張儀之力少，則王逐張儀，而更與不如張儀者市，則王之所求於韓者，言可得也。』

又 《應侯曰鄭人謂玉未理者璞章》 應侯曰：『鄭人謂玉未理者璞；周人謂鼠未臘者朴。周人懷璞過鄭賈曰：「欲買朴乎？」鄭賈曰：「欲之。」出其朴，視之，乃鼠也。因謝不取。今平原君自以賢，顯名於天下，然降其主父沙丘而臣之，天下之王尚猶尊之，是天下之王不如鄭賈之智也。眩於名，不知其實也。』

又 《天下之士合從相聚於趙章》 天下之士合從相聚於趙，而欲攻秦。秦相應侯曰：『王勿憂也，請令廢之。秦於天下之士非有怨也，相聚而攻秦者，以己欲富貴耳。王見大王之狗：臥者臥，起者起，行者行，止者止，毋相與鬬者。投之一骨，輕起相牙者，何則？有爭意也。』於是，唐雎載音樂，予之五十金，居武安，高會相於飲。謂邯鄲人『誰來取

者？」於是，其謀者固未可得予也；其可得與者與之昆弟矣。

『公與秦計功者，不問金之所之，金盡者功多矣。今令人復載五十金隨公。』唐雎行，行至武安，散不能三千金，天下之士大相與鬬矣。

又《謂應侯曰君禽馬服乎章》 謂應侯曰：『君禽馬服乎？』曰：『然。』『又卽圍邯鄲乎？』曰：『然。』『趙亡，秦王王矣，武安君爲三公。武安君所以爲秦戰勝攻取者七十餘城，南亡鄢郢、漢中，禽馬服之軍，不亡一甲，雖周、呂望之功亦不過此矣。趙亡，秦王王，武安君爲三公，君能爲之下乎？雖欲無爲之下，固不得之矣。秦嘗攻韓邢，困於上黨，上黨之民皆返爲趙，天下之民不樂爲秦民之日固久矣。今攻趙，北地入燕，東地入齊，南地入楚、魏，則秦所得不一幾何。故不如因而割之，因以爲武安功。』

又《應侯失韓之汝南章》 應侯失韓之汝南，秦昭王謂應侯曰：『君亡國，其憂乎？』應侯曰：『臣不憂。』王曰：『何也？』曰：『梁人有東門吳者，其子死而不憂。其相室曰：「公之愛子也，天下無有，今子死不憂，何也？」東門吳曰：「吾嘗無子，無子之時不憂，今子死，乃卽與無子時同也。臣奚憂焉！」臣亦嘗爲子，爲子時不憂，今亡汝南，乃與卽爲梁餘子同也。臣何爲憂？』

秦王以爲不然，以告蒙傲曰：『今也寡人一城圍，食不甘味，臥不便席。今應侯亡地而言不憂，此其情也？』蒙傲曰：『臣請得其情。』

蒙傲乃往見應侯，曰：『傲欲死。』應侯曰：『何謂也？』曰：『秦王師君，天下莫不聞，而況於秦國乎？今傲勢得秦，爲王將將兵。臣以韓之細也，顯逆誅，奪君地。傲尚奚生？不若死。』應侯拜蒙傲曰：『願委之卿。』蒙傲以報於昭王。

又《秦攻邯鄲章》 秦攻邯鄲，十七月不下。莊謂王稽曰：『君何不賜軍吏乎？』王稽曰：『吾與王也，不用人言。』莊曰：『不然，父之於子也，令有必行者，必不行者。曰「去貴妻，賣愛妾。」此令必行者也，因曰：「毋敢思也。」此令必不行者也。守閭嫗曰，「其夕某懦子內某士。」貴妻已去，愛妾已賣，而心不有欲；教之者，人心固有。今君雖幸於王，不過父子之親；軍吏雖賤，不卑於守閭嫗。且君擅主輕下之日久矣。聞「三人成虎，十夫楺椎，衆口所移，毋翼而飛。」故曰：「不如賜軍吏而禮之」。』王稽不聽。軍吏窮，果惡王稽、杜摯以反。

秦王大怒，而欲兼誅范雎。范雎曰：『臣東鄙之賤人也，開罪於楚、魏，遁逃來奔。臣無諸侯之援，親習之故。王舉臣於羈旅之中，使職事，天下皆聞臣之身與王之舉也。今遇惑或與罪人同心，而王明誅之，是王過舉顯於天下，而爲諸侯所議也。臣願請藥賜死，而恩以相葬臣，王必不失臣之罪，而無過舉之名。』王曰：『有之。』遂弗殺而善遇之。

《史記》卷七九《范雎列傳》 范雎者，魏人也，字叔。遊説諸侯，欲事魏王，家貧無以自資，乃先事魏中大夫《索隱》按：《漢書·百官表》中大夫，秦官。此魏有中大夫，蓋古官也。須賈。《索隱》須，姓；賈，名也。須氏蓋密須之後。

須賈爲魏昭王《索隱》按：《系本》昭王名遫，襄王之子也。使於齊，范雎從。留數月，未得報。齊襄王《索隱》名法章。聞雎辯口，乃使人賜雎金十斤及牛酒，雎辭謝不敢受。須賈知之，大怒，以爲雎持魏國陰事告齊，故得此饋，令雎受其牛酒，還其金。既歸，心怒雎，以告魏相。魏相，魏之諸公子，曰魏齊。魏齊大怒，使舍人笞擊雎，折脅摺齒。《索隱》摺謂打折其脅而又拉折其齒也。雎詳死，卽卷以簀，《索隱》簀謂葦荻之薄也，用之以裹屍也。置廁中。賓客飲者醉，更溺雎，《索隱》溺卽溲也。《正義》溺，古『尿』字。故僇辱以懲後，令無妄言者。雎從簀中謂守者曰：『公能出我，我必厚謝公。』守者乃請出棄簀中死人。魏齊醉，曰：『可矣。』范雎得出。後魏齊悔，復召求之。魏人鄭安平聞之，乃遂操范雎亡，伏匿，更名姓曰張祿。

當此時，秦昭王使謁者王稽於魏。鄭安平詐爲卒，侍王稽。王稽問：『魏有賢人可與俱西遊者乎？』鄭安平曰：『臣里中有張祿先生，欲見君，言天下事。其人有仇，不敢晝見。』王稽曰：『夜與俱來。』鄭安平夜與張祿見王稽。語未究，王稽知范雎賢，謂曰：『先生待我於三亭之南。』《索隱》按：三亭，亭名，在魏境之邊，道亭也，今無其處。一云魏之郊境，總有三亭，皆祖餞之處。與期三亭之南，蓋送餞已畢，無人處。《正義》：《括地志》云：「三亭岡在汴州尉氏縣西南三十七里。」按：三亭岡在山部中名也，蓋「岡」字誤爲「南」。與私約而去。

王稽辭魏去，過載范雎入秦。至湖，《索隱》按：《地理志》京兆有湖縣，

本名胡，武帝更名湖，即今湖城縣也。《正義》今虢州湖城縣也。望見車騎從西來。范雎曰：『彼來者爲誰？』王稽曰：『秦相穰侯東行縣邑。』范雎曰：『吾聞穰侯專秦權，惡內諸侯客，《索隱》內者亦猶入也。此恐辱我，我寧且匿車中。』有頃，穰侯果至，勞王稽，因立車而語曰：『關東有何變？』曰：『無有。』又謂王稽曰：『謁君得無與諸侯客子俱來乎？無益，徒亂人國耳。』王稽曰：『不敢。』即別去。范雎曰：『吾聞穰侯智士也，其見事遲，鄉者疑車中有人，忘索之。』《索隱》索猶搜也。於是范雎下車走，曰：『此必悔之。』行十餘里，果使騎還索車中，無客，乃已。王稽遂與范雎入咸陽。

已報使，因言曰：『魏有張祿先生，天下辯士也。曰「秦王之國危於累卵，《正義》按：《說苑》云『晉靈公造九層之臺，費用千金，謂左右曰：「敢有諫者斬。」荀息聞之，上書求見。靈公張弩持矢見之。曰：「臣不敢諫也。臣能累十二博釘，加九雞子其上。」公曰：「子爲寡人作之。」荀息正顏色，定志意，以釘子置下，加九雞子其上。左右懼慴息，靈公氣息不續。公曰：「危哉，危哉！」荀息曰：「此殆不危也，復有危於此者。」公曰：「願見之。」荀息曰：「九層之臺三年不成，男不耕，女不織，國用空虛，鄰國謀議將興，社稷亡滅，君欲何望？」靈公曰：「寡人之過也乃至於此！」即壞九層臺也』。得臣則安。然不可以書傳也」。臣故載來。』秦王弗信，使舍食草具。《索隱》謂亦舍之，而食以下客之具。然草具謂食草萊之饌具。待命歲餘。

當是時，昭王已立三十六年。南拔楚之鄢郢，楚懷王幽死於秦。秦東破齊。湣王嘗稱帝，後去之。數困三晉。厭天下辯士，無所信。

穰侯，華陽君，《集解》徐廣曰：『華，一作「葉」。』《索隱》穰侯謂魏厓，宣太后之異父弟。穰，縣，在南陽。華陽君，芈戎，宣太后之同父弟，亦號爲新城君是也。昭王母宣太后之弟也；而涇陽君、高陵君皆昭王同母弟也。穰侯相，三人者更將，有封邑，以太后故，私家富重於王室。及穰侯爲秦將，且欲越韓、魏而伐齊綱壽，欲以廣其陶封。范雎乃上書曰：

臣聞明主立政，《索隱》按：《戰國策》『立』作『涖』也。有功者不得不賞，有能者不得不官，勞大者其祿厚，功多者其爵尊，能治衆者其官大。故無能者不敢當職焉，有能者亦不得蔽隱。使以臣之言爲可，原行而益利其道；以臣之言爲不可，久留臣無爲也。語曰：『庸主賞所愛而罰所惡；明主則不然，賞必加於有功，而刑必斷於有罪。』今臣之胸不足以當椹質，《索隱》按：椹者，莝椹也。質者，剉刃也。腰斬者當椹質也。而要不足以待斧鉞，豈敢以疑事嘗試於王哉！雖以臣爲賤人而輕辱，獨不重任臣者之無反復於王邪？

且臣聞周有砥砨，宋有結綠，梁有縣藜，《集解》薛綜曰：『縣藜一曰美玉。』楚有和璞，《正義》劉伯莊云珍玉璞也。此四寶者，土之所生，良工之所失也，而爲天下名器。然則聖王之所棄者，獨不足以厚國家乎？

臣聞善厚家者取之於國，善厚國者取之於諸侯。天下有明主則諸侯不得擅厚者，何也？爲其割榮也。《索隱》割榮即上之擅厚，謂擅權也。良醫知病人之死生，而聖主明於成敗之事，利則行之，害則舍之，疑則少嘗之，雖舜禹復生，弗能改已。語之至者，臣不敢載之於書，其淺者又不足聽也。意者臣愚而不概《集解》徐廣曰：『一作「溉」。』《索隱》按：《戰國策》『概』作『關』，謂關涉於於王心也。徐注『音同』，非也。於王心邪？亡其言《索隱》亡猶輕蔑也。臣者賤而不可用乎？自非然者，臣原得少賜遊觀之間，望見顏色。一語無效，請伏斧質。

於是秦昭王大說，乃謝王稽，使以傳車《集解》徐廣曰：『一云「使持車」。』《索隱》『使持車』，《戰國策》之文也。召范雎。

於是范雎乃得見於離宮，《正義》長安故城本秦離宮，在雍州長安北十三里也。詳爲不知永巷而入其中。《正義》永巷，宮中獄也。王來而宦者怒，逐之，曰：『王至！』范雎繆爲曰：『秦安得王？秦獨有太后、穰侯耳。』欲以感怒昭王。昭王至，聞其與宦者爭言，遂延迎，謝曰：『寡人宜以身受命久矣，會義渠之事急，寡人旦暮自請太后；今義渠之事已，寡人乃得受命。竊閔然不敏，《索隱》鄒誕本作『惛然』。又云一作『閔』。閔猶昏闇也。敬執賓主之禮。』范雎辭讓。是日觀范雎之見者，羣臣莫不灑然《索隱》鄭玄曰『灑然，肅敬之貌』也。變色易容者。

秦王屏左右，宮中虛無人。秦王跽《索隱》跽者，長跪，兩膝枝地。而請曰：『先生何以幸教寡人？』范雎曰：『唯唯。』有間，秦王復跽而請曰：『先生何以幸教寡人？』范雎曰：『唯唯。』若是者三。秦王跽曰：『先生卒不幸教寡人邪？』范雎曰：『非敢然也。臣聞昔者呂尚之遇文王也，身爲漁父而釣於渭濱耳。若是者，交疏也。已說而立爲太師，載與俱歸者，其言深也。故文王遂收功於呂尚而卒王天下。鄉使文王疏呂尚而不

與深言，是周無天子之德，而文武無與成其王業也。今臣羈旅之臣也，交疏於王，而所原陳者皆匡君之事，處人骨肉之間，原效愚忠而未知王之心也。此所以王三問而不敢對者也。臣非有畏而不敢言也。臣知今日言之於前而明日伏誅於後，然臣不敢避也。大王信行臣之言，死不足以爲臣患，亡不足以爲臣憂，漆身爲厲《索隱》癩病也。言漆塗身，生瘡如病癩。被髮爲狂不足以爲臣耻。且以五帝之聖焉而死，三王之仁焉而死，五伯之賢焉而死，烏獲、任鄙之力焉而死，成荆、《集解》徐廣曰：「一作『羌』。」孟賁、《集解》許慎曰：「成荆，古勇士。孟賁，衛人。」王慶忌、《集解》：《吴越春秋》曰：「吴王僚子慶忌。」夏育之勇焉而死。《集解》：《漢書·音義》曰：「或云夏育，衛人，力舉千鈞。」死者，人之所必不免也。處必然之勢，可以少有補於秦，此臣之所大原也，臣又何患哉！伍子胥橐載而出昭關，夜行晝伏，至於陵水，《索隱》劉氏云：「陵水即栗水也。」按：陵栗聲相近，故惑也。無以餬其口，厀行蒲伏，稽首肉袒，鼓腹吹篪，《集解》徐廣曰：「一作『簫』。」乞食於吴市，卒興吴國，闔閭爲伯。使臣得盡謀如伍子胥，加之以幽囚，終身不復見，是臣之説行也，臣又何憂？箕子、接輿漆身爲厲，被髮爲狂，無益於主。假使臣得同行於箕子，可以有補於所賢之主，是臣之大榮也，臣有何耻？臣之所恐者，獨恐臣死之後，天下見臣之盡忠而身死，因以是杜口裹足，莫肯鄉秦耳。足下上畏太后之嚴，下惑於奸臣之態，《索隱》按：態謂奸臣諂詐之志也。居深宫之中，不離阿保之手，終身迷惑，無與昭奸。《正義》昭，明也。無與明其姦惡。大者宗廟滅覆，小者身以孤危，此臣之所恐耳。若夫窮辱之事，死亡之患，臣不敢畏也。臣死而秦治，是臣死賢於生。』秦王跽曰：『先生是何言也！夫秦國辟遠，寡人愚不肖，先生乃幸辱至於此，是天以寡人慁先生《集解》徐廣曰：『亂先生也。』《索隱》慁猶汨亂之意。而存先王之宗廟也。寡人得受命於先生，是天所以幸先王，而不棄其孤也。先生奈何而言若是！事無小大，上及太后，下至大臣，原先生悉以教寡人，無疑寡人也。』范睢拜，秦王亦拜。

范睢曰：『大王之國，四塞以爲固，北有甘泉、谷口，《正義》：《括地志》云：『甘泉山一名鼓原，俗名磨石嶺，在雍州雲陽縣西北九十里。《關中記》云「甘泉宫在甘泉山上，年代永久，無復甘泉之名，失其實也。宫北云有連山，土人爲磨石嶺」。《郊祀志》公孫卿言黄帝得仙寒門，寒門者，谷口也。按：九嵕山西謂之谷口，即古寒門也。在雍州醴泉縣東北四十里。』南帶涇、渭，右隴、蜀，左關、阪，奮擊百萬，戰車千乘，利則出攻，不利則入守，此王者之地也。民怯於私鬥而勇於公戰，此王者之民也。王並此二者而有之。夫以秦卒之勇，車騎之衆，以治諸侯，譬若施韓盧而搏蹇兔也，《索隱》：《戰國策》云：『韓盧者，天下之壯犬也。』是韓呼盧爲犬，謂施韓盧而搏蹇兔，以喻秦彊，言取諸侯之易。霸王之業可致也，而羣臣莫當其位。至今閉關十五年，不敢窺兵於山東者，是穰侯爲秦謀不忠，而大王之計有所失也。』秦王跽曰：『寡人原聞失計。』

然左右多竊聽者，范睢恐，未敢言内，先言外事，以觀秦王之俯仰。因進曰：『夫穰侯越韓、魏而攻齊綱壽，非計也。少出師則不足以傷齊，多出師則害於秦。臣意王之計，欲少出師而悉韓、魏之兵也，則不義矣。今見與國之不親也，越人之國而攻，可乎？其於計疏矣。且昔齊湣王南攻楚，破軍殺將，再辟地千里，而齊尺寸之地無得焉者，豈不欲得地哉，形勢不能有也。諸侯見齊之罷弊，君臣之不和也，興兵而伐齊，大破之。士辱兵頓，皆咎其王，曰：「誰爲此計者乎？」王曰：「文子爲之。」《索隱》謂田文，即孟嘗君也。猶《戰國策》謂田肦、田嬰爲肦子、嬰子然也。大臣作亂，文子出走。攻齊所以大破者，以其伐楚而肥韓、魏也。此所謂借賊兵《索隱》借一作『籍』。而齎盗糧者也。《索隱》言爲盗齎糧也。王不如遠交而近攻，得寸則王之寸也，得尺亦王之尺也。今釋此而遠攻，不亦繆乎！且昔者中山之國地方五百里，趙獨吞之，功成名立而利附焉，天下莫之能害也。今夫韓、魏，中國之處而天下之樞也，王其欲霸，必親中國以爲天下樞，以威楚、趙。楚彊則附趙，趙彊則附楚，楚、趙皆附，齊必懼矣。齊懼，必卑辭重幣以事秦。齊附而韓、魏因可虜也。』昭王曰：『吾欲親魏久矣，而魏多變之國也，寡人不能親。請問親魏奈何？』對曰：『王卑詞重幣以事之；不可，則割地而賂之；不可，因舉兵而伐之。』王曰：『寡人敬聞命矣。』乃拜范睢爲客卿，謀兵事。卒聽范睢謀，使五大夫綰伐魏，拔懷。《集解》徐廣曰：『昭王三十九年。』後二歲，拔邢丘。

客卿范睢復説昭王曰：『秦韓之地形，相錯如繡。秦之有韓也，譬如木之有蠹也，《正義》柱蟲。人之有心腹之病也。天下無變則已，天下有變，其爲秦患者孰大於韓乎？王不如收韓。』昭王曰：『吾固欲收韓，韓不

聽，爲之奈何？』對曰：『韓安得無聽乎？王下兵而攻滎陽，則鞏、成皋之道不通；《正義》言宜陽、陝、虢之師不得下相救。北斷太行之道，則上黨之師不下。《正義》言澤、潞之師不得下太行相救。王一興兵而攻滎陽，則其國斷而爲三。《正義》新鄭已南一，宜陽二，澤、潞三。夫韓見必亡，安得不聽乎？若韓聽，而霸事因可慮矣。』王曰：『善。』且欲發使於韓。

范睢日益親，復説用數年矣，因請間説曰：『臣居山東時，聞齊之有田文，不聞其有王也；聞秦之有太后、穰侯、華陽、高陵、涇陽，不聞其有王也。夫擅國之謂王，能利害之謂王，制殺生之威之謂王。今太后擅行不顧，穰侯出使不報，華陽、涇陽等擊斷無諱，《集解》諱，畏也。《索隱》無諱猶無畏也。高陵進退不請。四貴備而國不危者，未之有也。爲此四貴者下，乃所謂無王也。然則權安得不傾，令安得從王出乎？臣聞善治國者，乃內固其威而外重其權。穰侯使者操王之重，決制於諸侯，剖符於天下，政適伐國，莫敢不聽。戰勝攻取則利歸於陶，國弊御於諸侯；《索隱》按：弊者，斷也。御，制也。言穰侯執權，以制御主斷於諸侯也。戰敗則結怨於百姓，而禍歸於社稷。《詩》曰「木實繁者披其枝，披其枝者傷其心；大其都者危其國，尊其臣者卑其主」。崔杼、淖齒管齊，《索隱》淖，姓也，漢有淖姬是也。高誘曰『管，典也』。言二人典齊權而行弑逆也。《正義》淖齒，楚人，齊湣王臣。射王股，擢王筋，《索隱》按：言『射王股』，誤也。崔杼射莊公之股，淖齒擢湣王之筋，是説二君事也。縣之於廟梁，宿昔而死。李兌管趙，囚主父於沙丘，《正義》沙丘臺在邢州平鄉縣東北三十里。百日而餓死。今臣聞秦太后、穰侯用事，高陵、華陽、涇陽佐之，卒無秦王，此亦淖齒、李兌之類也。且夫三代所以亡國者，君專授政，縱酒馳騁弋獵，不聽政事。其所授者，妒賢嫉能，御下蔽上，以成其私，不爲主計，而主不覺悟，故失其國。今自有秩以上至諸大吏，下及王左右，無非相國之人者。見王獨立於朝，臣竊爲王恐，萬世之後，有秦國者非王子孫也。』昭王聞之大懼，曰：『善。』於是廢太后，逐穰侯、高陵、華陽、涇陽君於關外。秦王乃拜范睢爲相。收穰侯之印，使歸陶，因使縣官給車牛以徙，千乘有餘。到關，關閱其寶器，寶器珍怪多於王室。

秦封范睢以應，《索隱》封范睢於應。案：劉氏云『河東臨晉縣有應亭』，則秦地有應也。又案：《本紀》以應爲太后養地，解者云『在潁川之應鄉』，未知孰是。《正義》：《括地志》云：『故應城，在汝州魯山縣東四十里也。』號爲應侯。當是時，秦昭王四十一年也。

范睢既相秦，秦號曰張祿，而魏不知，以爲范睢已死久矣。魏聞秦且東伐韓、魏，魏使須賈於秦。范睢聞之，爲微行，敝衣間步之邸，《正義》劉云『諸國客館』。見須賈。須賈見之而驚曰：『范叔固無恙乎！』范睢曰：『然。』須賈笑曰：『范叔有説於秦邪？』曰：『不也。睢前日得過於魏相，故亡逃至此，安敢説乎！』須賈曰：『今叔何事？』范睢曰：『臣爲人庸賃。』須賈意哀之，留與坐飲食，曰：『范叔一寒如此哉！』乃取其一綈袍以賜之。《索隱》按：綈，厚繒也，蓋今之絁也。《正義》今之粗袍。須賈因問曰：『秦相張君，公知之乎？吾聞幸於王，天下之事皆決於相君。今吾事之去留在張君。孺子《索隱》劉氏云：『蓋謂睢爲小子也。』豈有客習於相君者哉？』范睢曰：『主人翁習知之。唯睢亦得謁，睢請爲見君於張君。』須賈曰：『吾馬病，車軸折，非大車駟馬，吾固不出。』范睢曰：『原爲君借大車駟馬於主人翁。』

范睢歸取大車駟馬，爲須賈御之，入秦相府。府中望見，有識者皆避匿。須賈怪之。至相舍門，謂須賈曰：『待我，我爲君先入通於相君。』須賈待門下，持車良久，問門下曰：『范叔不出，何也？』門下曰：『無范叔。』須賈曰：『鄉者與我載而入者。』門下曰：『乃吾相張君也。』須賈大驚，自知見賣，乃肉袒厀行，因門下人謝罪。於是范睢盛帷帳，侍者甚衆，見之。須賈頓首言死罪，曰：『賈不意君能自致於青雲之上，賈不敢復讀天下之書，不敢復與天下之事。賈有湯鑊之罪，請自屏於胡貉之地，唯君死生之！』范睢曰：『汝罪有幾？』曰：『擢賈之髮以續賈之罪，尚未足。』范睢曰：『汝罪有三耳。昔者楚昭王時而申包胥爲楚卻吳軍，楚王封之以荆五千戶，包胥辭不受，爲丘墓之寄於荆也。今睢之先人丘墓亦在魏，公前以睢爲有外心於齊而惡睢於魏齊，公之罪一也。當魏齊辱我於廁中，公不止，罪二也。更醉而溺我，公其何忍乎？罪三矣。然公之所以得無死者，以綈袍戀戀，有故人之意，故釋公。』乃謝罷。入言之昭王，罷歸須賈。

須賈辭於范睢，范睢大供具，盡請諸侯使，與坐堂上，食飲甚設。而坐須賈於堂下，置莝豆其前，令兩黥徒夾而馬食之。數曰：『爲我告魏

王，急持魏齊頭來！不然者，我且屠大梁。』須賈歸，以告魏齊。魏齊恐，亡走趙。匿平原君所。

范睢既相，王稽謂范睢曰：『事有不可知者三，有不奈何者亦三。宮車一日晏駕，《集解》應劭曰：『天子當晨起早作，如方崩殞，故稱晏駕。』韋昭曰：『凡初崩爲「晏駕」者，臣子之心猶謂宮車當駕而晚出。』是事之不可知者一也。君卒然捐館舍，是事之不可知者二也。使臣卒然填溝壑，是事之不可知者三也。宮車一日晏駕，君雖恨於臣，無可奈何。君卒然捐館舍，君雖恨於臣，亦無可奈何。使臣卒然填溝壑，君雖恨於臣，亦無可奈何。』范睢不懌，乃入言於王曰：『非王稽之忠，莫能內臣於函谷關；非大王之賢聖，莫能貴臣。今臣官至於相，爵在列侯，王稽之官尚止於謁者，非其內臣之意也。』昭王召王稽，拜爲河東守，三歲不上計。《集解》司馬彪曰：『凡郡掌治民，進賢，勸功，決訟，檢奸。常以春行所至縣，勸民農桑，振救乏絶；秋冬遣無害吏案訊問諸囚，平其罪法，論課殿最；歲盡遣吏上計。』又任鄭安平，昭王以爲將軍。范睢於是散家財物，盡以報所嘗困戹者。一飯之德必償，睚眥之怨必報。《索隱》睚眥謂相嗔而怒目切齒。

范睢相秦二年，秦昭王之四十二年，東伐韓少曲、《集解》徐廣曰：『蘇代曰「起少曲，一日而斷大行」。』《索隱》按：蘇云『起少曲，一日而斷太行』，故劉氏以爲蓋在太行西南。高平，拔之。《正義》：《括地志》云：『南韓王故城在懷州河陽縣北四十里。俗謂之韓王城，非也。春秋時周桓王以與鄭。《紀年》云「鄭侯使辰歸晉陽向，更名高平，拔之」。則少曲當與高平相近。』

秦昭王聞魏齊在平原君所，欲爲范睢必報其仇，乃詳爲好書遺平原君曰：『寡人聞君之高義，原與君爲布衣之友，君幸過寡人，寡人原與君爲十日之飲。』平原君畏秦，且以爲然，而入秦見昭王。昭王與平原君飲數日，昭王謂平原君曰：『昔周文王得呂尚以爲太公，齊桓公得管夷吾以爲仲父，今范君亦寡人之叔父也。范君之仇在君之家，原使人歸取其頭來；不然，吾不出君於關。』平原君曰：『貴而爲交者，爲賤也；富而爲交者，爲貧也。《索隱》以言富貴而結交情深者，爲有貧賤之時，不可忘之也。夫魏齊者，勝之友也，在，固不出也，今又不在臣所。』昭王乃遺趙王書曰：『王之弟在秦，范君之仇魏齊在平原君之家。王使人疾持其頭來；不然，吾舉兵而伐趙，又不出王之弟於關。』趙孝成王乃發卒圍平原君家，急，魏齊夜亡出，見趙相虞卿。虞卿度趙王終不可説，乃解其相印，與魏齊亡，間行，念諸侯莫可以急抵者，乃復走大梁，欲因信陵君以走楚。信陵君聞之，畏秦，猶豫未肯見，曰：『虞卿何如人也？』時侯嬴在旁，曰：『人固未易知，知人亦未易也。夫虞卿躡屩檐簦，一見趙王，賜白璧一雙，黄金百鎰；再見，拜爲上卿；三見，卒受相印，封萬戶侯。當此之時，天下爭知之。夫魏齊窮困過虞卿，虞卿不敢重爵祿之尊，解相印，捐萬戶侯而間行。急士之窮而歸公子，公子曰「何如人」。人固不易知，知人亦未易也！』信陵君大慚，駕如野迎之。魏齊聞信陵君之初難見之，怒而自剄。趙王聞之，卒取其頭予秦。秦昭王乃出平原君歸趙。

昭王四十三年，秦攻韓汾陘，《索隱》陘蓋在韓之西界，與汾相近也。《正義》按：陘庭故城在絳州曲沃縣西北二十里汾水之陽。拔之，因城河上《索隱》劉氏云：『此河上蓋近河之地，本屬韓，今秦得而城。』廣武。

後五年，昭王用應侯謀，縱反間賣趙，趙以其故，令馬服子《索隱》趙括之號也。故虞喜《志林》云『馬，兵之首也。號曰「馬服」者，言能服馬也』。代廉頗將。秦大破趙於長平，遂圍邯鄲。已而與武安君白起有隙，言而殺之。《集解》徐廣曰：『在五十年。』《索隱》注徐云五十年，據《秦本紀》及《年表》而知之也。任鄭安平，使擊趙。鄭安平爲趙所圍，急，以兵二萬人降趙。應侯席藁請罪。秦之法，任人而所任不善者，各以其罪罪之。於是應侯罪當收三族。秦昭王恐傷應侯之意，乃下令國中：『有敢言鄭安平事者，以其罪罪之。』而加賜相國應侯食物日益厚，以順適其意。後二歲，王稽爲河東守，與諸侯通，坐法誅。《集解》徐廣曰：『五十二年。』而應侯日益以不懌。

昭王臨朝歎息，應侯進曰：『臣聞「主憂臣辱，主辱臣死」。今大王中朝而憂，臣敢請其罪。』昭王曰：『吾聞楚之鐵劍利而倡優拙。《正義》論士能善卒不戰。夫鐵劍利則士勇，倡優拙則思慮遠。夫以遠思慮而御勇士，吾恐楚之圖秦也。夫物不素具，不可以應卒，今武安君既死，而鄭安平等畔，內無良將而外多敵國，吾是以憂。』欲以激勵應侯。應侯懼，不知所出。蔡澤聞之，往入秦也。【略】

應侯曰：『善。吾聞「欲而不知，失其所以欲；有而不知，失其所以有」。先生幸教，睢敬受命。』於是乃延入坐，爲上客。

後數日，入朝，言於秦昭王曰：『客新有從山東來者曰蔡澤，其人辯士，明於三王之事，五伯之業，世俗之變，足以寄秦國之政。臣之見人甚衆，莫及，臣不如也。臣敢以聞。』秦昭王召見，與語，大説之，拜爲客卿。應侯因謝病請歸相印。昭王彊起應侯，應侯遂稱病篤。范睢免相，昭王新説蔡澤計畫，遂拜爲秦相，東收周室。

論説

《史記》卷七九《范睢列傳論》 韓子稱『長袖善舞，多錢善賈』，信哉是言也！范睢、蔡澤世所謂一切辯士，然游説諸侯至白首無所遇者，非計策之拙，所爲説力少也。及二人羈旅入秦，繼踵取卿相，垂功於天下者，固彊弱之勢異也。然士亦有偶合，賢者多如此二子，不得盡意，豈可勝道哉！然二子不困戹，惡能激乎？《索隱》二子，范睢、蔡澤也。睢厄於魏齊，折脅摺齒；澤困於趙，被逐弃鬲是也。

唐·司馬貞《史記索隱·范睢列傳述贊》 應侯始困，託載而西。説行計立，貴平寵稽。倚秦市趙，卒報魏齊。綱成辯智，范睢招攜。勢利傾奪，一言成蹊。

唐·釋道宣《廣弘明集》卷一四《通命二》 管仲釋囚而登相，李斯爲相而被刑，范睢先辱而後榮，鄧通始富而終餒，非初訥而末辯，豈昔愚而今智？由果熟而泰來，以福盡而迍及。

唐·李文饒《李文饒文集外集》卷一《張禹論》 夫社稷之計，安危之機，人君不能獨斷者，必啓於所敬之臣。然臣有忠邪，時有險易，交有淺深，義有厚薄。范睢，山東之匹夫也。入虎狼之秦，履不測之險，可謂交疎義薄矣。而能尊昭王，去穰侯，開秦霸業之基，以安固後嗣，可謂忠於昭王矣。

宋·司馬光《温國文正公文集》卷七三《史贊評議·范睢評》 穰侯相秦，秦益彊，宰制諸侯如嚴主之役僕夫，左右、前後無不如志，此穰侯之功也。范睢非能爲秦忠謀，亦非有怨於穰侯也。欲行其説，而穰侯適妨其路。故控其喉，拊其背，而奪之位。秦王視聽之不明，遂至於遷母、逐弟。況穰侯何有哉？穰侯雖擅權，未至如睢之所言。孔子惡夫佞者，豈以此夫？

元·戴表元《剡源戴先生文集》卷二二《范睢列傳》 范睢入秦，意在於急得秦權，以及時償，區區之私仇耳，豈有奇計爲秦哉？夫欲得秦權，則不容不急逐穰侯、白起；欲償私仇，則不容不以兵脅韓、魏。此如怒犬噬人，伺便捷中圖一決之快，君子蓋羞稱之。然而睢之所以言於秦者，則未爲非便秦之奇計也。雖秦之强，不專以睢，而昭襄以後諸國於秦，若附若離，卒能藉必成之資，以速得志於天下，則睢之助也。何也？穰侯之在秦，固有可議，而越韓魏以攻齊者，尤爲非計也。今夫欲有所圖於天下，而無一定之畫先断於胸中，或至緩其所先，而急其所後，則雖日屠一城，月墮一都，而無益於大計。使秦人竟守穰侯之策，近捨韓、魏而遠攻强齊，則齊地未必可卽得，韓、魏亦且共起而謀之。外讐日堅，内力日分，而秦事勞矣。自睢爲遠交近攻之説，秦人一如其教，日夜搏擊於韓、魏之郊，瘵朘蠹食腹心垂盡，而虜革不知，卒之三晉先亡，燕、楚踵服，而君王后之齊最遠、最親、最後，亦徐取之。若此者謂之睢謀，非耶？故曰：逐穰侯，攻韓、魏，雖出於范睢之私，而未必非便秦奇計也。嗚呼！睢以亡夫乞一生於萬死之中，出其困辱餘智，以報平生之仇，意得欲行，一聞蔡澤之言，卽納印去，本不切切於秦，而秦人竟賴其謀以帝。然則非睢之假權也。嘗觀六國，視秦初非强弱相絶之國，而秦能獨伯者，六國有客不能用，而秦能併六國之客用之也。六國之客入秦者多矣，而三人之策最爲有功於秦。其一，商鞅以富彊開業，振於諸侯。其次，張儀大破諸侯之從，以爲横。其後，則睢所謂遠交近攻者。若此三人，皆至自魏。諸客入秦，於其舊國，不能保其不亡，而此三人者，必至大毒於魏焉。而後爲重，張儀以姦，商鞅以欺，范睢以仇。要之，六國與秦皆無義客，而魏士尤薄也哉。

藝文

明·劉基《誠意伯劉文成公文集》卷一〇《古樂府·君子有所思》 晨上龍首山，徘徊望咸京。交衢錯萬井，甲第連公卿。鞍馬相照曜，冠蓋如雲行。扈從金宮歸，賜酒銀甕盈。前庭列騶騎，後苑羅傾城。寵極妬心

起，歡餘驕氣生。田竇巧相奪，蕭韓互摧傾。快意在一時，報復延戈兵。范雎掉柔舌，穰侯去强嬴。寧知幽燕客，接踵夸雄鳴。茫茫前車轍，遺迹猶未平。胡爲不自悟，坐使憂患并。二疏獨何人，千載垂令名？

清・陳維崧《陳迦陵文集・湖海樓詩集》卷四《宛城詠古其五》 穰侯太后弟，權大主亦震。性惡諸侯客，往往恣排擯。無何王稽車，陰載范雎進。危言悟昭王，抵巇復乘釁。倏忽封應侯，功名一朝振。詎知鶡鼻人，傍更睨其印。

雜録

北魏・酈道元《水經注》卷七《濟水一》 濟水又東，逕秦相魏冉冢南。冉，秦宣太后弟也，代客卿壽燭爲相，封于穰，益封于陶，號曰穰侯，富於王室。范雎説秦，秦王悟其擅權，免相，就封出關，輜車千乘，卒于陶，而因葬焉，世謂之安平陵，墓南崩碑尚存。

藺相如分部

傳記

《史記》卷八一《廉頗藺相如列傳》 藺相如者，趙人也，爲趙宦者令繆賢舍人。

趙惠文王時，得楚和氏璧。秦昭王聞之，使人遺趙王書，願以十五城請易璧。趙王與大將軍廉頗諸大臣謀：欲予秦，秦城恐不可得，徒見欺；欲勿予，即患秦兵之來。計未定，求人可使報秦者，未得。宦者令繆賢曰：『臣舍人藺相如可使。』王問：『何以知之？』對曰：『臣嘗有罪，竊計欲亡走燕，臣舍人相如止臣，曰：「君何以知燕王？」臣語曰：「臣嘗從大王與燕王會境上，燕王私握臣手，曰『願結友』。以此知之，故欲往。」相如謂臣曰：「夫趙彊而燕弱，而君幸於趙王，故燕王欲結於君。今君乃亡趙走燕，燕畏趙，其勢必不敢留君，而束君歸趙矣。君不如肉袒伏斧質請罪，則幸得脱矣。」臣從其計，大王亦幸赦臣。臣竊以爲其人勇士，有智謀，宜可使。』於是王召見，問藺相如曰：『秦王以十五城請易寡人之璧，可予不？』相如曰：『秦彊而趙弱，不可不許。』王曰：『取吾璧，不予我城，奈何？』相如曰：『秦以城求璧而趙不許，曲在趙。趙予璧而秦不予趙城，曲在秦。均之二策，寧許以負秦曲。』王曰：『誰可使者？』相如曰：『王必無人，臣願奉璧往使。城入趙而璧留秦；城不入，臣請完璧歸趙。』趙王於是遂遣相如奉璧西入秦。

秦王坐章臺見相如，相如奉璧奏秦王。秦王大喜，傳以示美人及左右，左右皆呼萬歲。相如視秦王無意償趙城，乃前曰：『璧有瑕，請指示王。』王授璧，相如因持璧卻立，倚柱，怒髮上衝冠，謂秦王曰：『大王欲得璧，使人發書至趙王，趙王悉召羣臣議，皆曰「秦貪，負其彊，以空言求璧，償城恐不可得」。議不欲予秦璧。臣以爲布衣之交尚不相欺，況大國乎！且以一璧之故逆彊秦之驩，不可。於是趙王乃齋戒五日，使臣奉璧，拜送書於庭。何者？嚴大國之威以修敬也。今臣至，大王見臣列觀，禮節甚倨；得璧，傳之美人，以戲弄臣。臣觀大王無意償趙王城邑，故臣復取璧。大王必欲急臣，臣頭今與璧俱碎於柱矣！』相如持其璧睨柱，欲以擊柱。秦王恐其破璧，乃辭謝固請，召有司案圖，指從此以往十五都予趙。相如度秦王特以詐詳爲予趙城，實不可得，乃謂秦王曰：『和氏璧，天下所共傳寶也，趙王恐，不敢不獻。趙王送璧時，齋戒五日，今大王亦宜齋戒五日，設九賓於廷，《集解》韋昭曰：『九賓則《周禮》九儀。』《索隱》：《周禮》大行人別九賓，謂九服之賓客也。《列士傳》云設九牢也。《正義》劉伯莊云：『九賓者，周王備之禮，天子臨軒，九服同會。秦、趙何得九賓？但亦陳設車輅文物耳。』臣乃敢上璧。』秦王度之，終不可彊奪，遂許齋五日，舍相如廣成傳。《索隱》廣成是傳舍之名。相如度秦王雖齋，決負約不償城，乃使其從者衣褐，懷其璧，從徑道亡，歸璧于趙。

秦王齋五日後，乃設九賓禮於廷，引趙使者藺相如。相如至，謂秦王曰：『秦自繆公以來二十餘君，未嘗有堅明約束者也。臣誠恐見欺於王而負趙，故令人持璧歸，間至趙矣。且秦彊而趙弱，大王遣一介之使至趙，趙立奉璧來。今以秦之彊而先割十五都予趙，趙豈敢留璧而得罪於大王

乎？臣知欺大王之罪當誅，臣請就湯鑊，唯大王與羣臣孰計議之。』秦王與羣臣相視而嘻。《索隱》乃驚而怒之辭也。左右或欲引相如去，秦王因曰：『今殺相如，終不能得璧也，而絶秦趙之驩，不如因而厚遇之，使歸趙，趙王豈以一璧之故欺秦邪！』卒廷見相如，畢禮而歸之。

相如既歸，趙王以爲賢大夫使不辱於諸侯，拜相如爲上大夫。秦亦不以城予趙，趙亦終不予秦璧。

其後秦伐趙，拔石城。《集解》徐廣曰：『惠文王十八年。』《索隱》劉氏云蓋謂石邑。《正義》故石城在相州林慮縣南九十里也。明年，復攻趙，殺二萬人。

秦王使使者告趙王，欲與王爲好會於西河外澠池。《索隱》在西河之南，故云『外』。案：《表》在趙惠文王二十年也。趙王畏秦，欲毋行。廉頗、藺相如計曰：『王不行，示趙弱且怯也。』趙王遂行，相如從。廉頗送至境，與王訣曰：『王行，度道里會遇之禮畢，還，不過三十日。三十日不還，則請立太子爲王，以絶秦望。』王許之，遂與秦王會澠池。《集解》徐廣曰：『二十年。』秦王飲酒酣，曰：『寡人竊聞趙王好音，請奏瑟。』趙王鼓瑟。秦御史前書曰『某年月日，秦王與趙王會飲，令趙王鼓瑟』。藺相如前曰：『趙王竊聞秦王善爲秦聲，請奏盆缻秦王，以相娛樂。』《集解》：《風俗通義》曰：『缶者，瓦器，所以盛酒漿，秦人鼓之以節歌也。』秦王怒，不許。於是相如前進缻，因跪請秦王。秦王不肯擊缻。相如曰：『五步之內，相如請得以頸血濺大王矣！』左右欲刃相如，相如張目叱之，左右皆靡。於是秦王不懌，爲一擊缻。相如顧召趙御史書曰『某年月日，秦王爲趙王擊缻』。秦之羣臣曰：『請以趙十五城爲秦王壽』。藺相如亦曰：『請以秦之咸陽爲趙王壽。』秦王竟酒，終不能加勝於趙。趙亦盛設兵以待秦，秦不敢動。

既罷歸國，以相如功大，拜爲上卿，位在廉頗之右。《索隱》王劭按：董勛《答禮》曰『職高者名録在上，於人爲右；職卑者名録在下，於人爲左，是以謂下遷爲左』。《正義》秦漢以前用右爲上。廉頗曰：『我爲趙將，有攻城野戰之大功，而藺相如徒以口舌爲勞，而位居我上，且相如素賤人，吾羞，不忍爲之下。』宣言曰：『我見相如，必辱之。』相如聞，不肯與會。相如每朝時，常稱病，不欲與廉頗爭列。已而相如出，望見廉頗，相如引車避匿。於是舍人相與諫曰：『臣所以去親戚而事君者，徒慕君之高義也。今君與廉頗同列，廉君宣惡言而君畏匿之，恐懼殊甚，且庸人尚羞之，況於將相乎！臣等不肖，請辭去。』藺相如固止之，曰：『公之視廉將軍孰與秦王？』曰：『不若也。』相如曰：『夫以秦王之威，而相如廷叱之，辱其羣臣，相如雖駑，獨畏廉將軍哉？顧吾念之，彊秦之所以不敢加兵於趙者，徒以吾兩人在也。今兩虎共鬬，其勢不俱生。吾所以爲此者，以先國家之急而後私讎也。』廉頗聞之，肉袒負荆，《索隱》肉袒者，謂袒衣而露肉也。負荆者，荆，楚也，可以爲鞭。因賓客至藺相如門謝罪。曰：『鄙賤之人，不知將軍寬之至此也。』卒相與驩，爲刎頸之交。《索隱》崔浩云：『言要齊生死而刎頸無悔也。』【略】

後四年，趙惠文王卒，子孝成王立。七年，秦與趙兵相距長平，時趙奢已死，《集解》張華曰：『趙奢冢在邯鄲界西山上，謂之馬服山。』而藺相如病篤，趙使廉頗將攻秦，秦數敗趙軍，趙軍固壁不戰。秦數挑戰，廉頗不肯。趙王信秦之閒。秦之閒言曰：『秦之所惡，獨畏馬服君趙奢之子趙括爲將耳。』趙王因以括爲將，代廉頗。藺相如曰：『王以名使括，若膠柱而鼓瑟耳。括徒能讀其父書傳，不知合變也。』趙王不聽，遂將之。

論　説

《史記》卷八一《廉頗藺相如列傳論》　知死必勇，非死者難也，處死者難。方藺相如引璧睨柱，及叱秦王左右，勢不過誅，然士或怯懦《集解》徐廣曰：『一作「掘懦」。』而不敢發。相如一奮其氣，威信敵國，退而讓頗，名重太山，其處智勇，可謂兼之矣！

南朝宋・劉義慶《世説新語》卷中之下《品藻第九》　庾道季云：『廉頗、藺相如雖千載上死人，懔懔恒如有生氣。曹蜍、李志雖見在，厭厭如九泉下人。人皆如此，便可結繩而治，但恐狐狸猯狢噉盡。』

唐・司馬貞《史記索隱・廉頗藺相如列傳述贊》　清飈凜凜，壯氣熊熊。各竭誠義，遞爲雌雄。和璧聘返，澠池好通。負荆知懼，屈節推工。安邊定策，頗、牧之功。

宋・司馬光《温國文正司馬公文集》卷七〇《廉頗論》　世稱藺相如以區區之趙抗虎狼之秦，秦雖彊暴，不能陵趙者，相如之功也，謂其賢於

廉頗。光竊疑之，何則？秦之所以不能陵趙者，以其國治兵强也，固非口舌之間所能抗也。然則國何以治兵，何以强，豈非廉頗在其位耶？

趙得和氏璧，秦王聞而欲之，請易之以土田。相如奉璧銜命而往。秦王欲强取之，相如抗節不撓，視死如歸，卒欺秦王，而歸璧於趙，以是爲相如之功。噫，又何足稱哉！

夫和氏之璧，懷握之玩，得之不足以爲重，失之不足以爲輕，而相如以死爭之，以詐取之，有如秦王赫然增怒，肆其强暴，逞其毒螫，葅醢相如，移兵攻趙。是爲趙王愛數寸之玉，喪國士之賢；貪無用之器，貽宗廟之憂。人臣愛君，果如是哉？

澠水之會，秦王請趙王鼓瑟，而詔史書之。相如進缶於秦王，秦王不可，則挺劍劫之，必得當而後止。是何異賈豎小人，矜豪恃氣，不能相下者，惡足言功哉？昔桀爲無道，湯幽囚於夏臺。戎狄侵豳，太王避之於岐。文王三分天下有其二，就拘於羑里。夫以幽拘之辱，弃國而逃，與一鼓瑟之間，孰難哉？然而三王忍耻行之，卒蹶夏商，撫綏四海。相如儻能相趙王示微弱以驕秦，忍小耻以怒趙，崇德修政，以須秦之可亡，從而仆之，濟黔首於塗炭，救赤子於虎狼，其功烈豈不煒燁光遠哉？而於罇俎之間，壇坫之上，爭言暴氣，取當而止，英偉之士不亦可羞哉？趙王不能遠觀，嘉其一命之不辱，賞其要劫之小策。一旦位諸功實之上，廉頗日夜憤憤，欲礪刃剌之。而相如能不與之校，此則賢矣。然亦不可用一善掩大功，世稱藺優於廉，非通論也。

宋·朱熹《朱子語類》卷八三《春秋》　問：夾谷之會，孔子數語何以能卻萊人之兵？曰：畢竟齊常常欺魯，魯常常不能與之爭，卻忽然被一箇人來以禮問他。他如何不動？如藺相如秦王擊缶，亦是秦常欺得趙過，忽然被一箇人恁地硬振他，如何不動？

又　卷一三四《歷代一》　義剛曰：『藺相如其始能勇於制秦，其終能和以待廉頗，可謂賢矣。但以義剛觀之，使相如能以待廉之術待秦，乃爲善謀。蓋柔乃能制剛，弱乃能勝强。今乃欲以匹夫之勇，恃區區之趙而鬬强秦。若秦奮其虎狼之威，將何以處之？今能使秦不加兵者，特幸而成事耳。』先生曰：『子由有一段說，大故取它。說它不是戰國之士，此說也太過。其實它只是戰國之士。龜山亦有一說，大槩與公說相似，說相如不合要與秦爭那璧。要之恁地說也不得。和氏璧也是趙國相傳以此爲寶，若當時驟然被人將去，則國勢也解不振。古人傳國皆以寶玉之屬爲重，若子孫不能謹守，便是不孝。當時秦也是强，但相如也是料得秦不敢殺他後，方恁地做。若其它人，則是怕秦殺了，便不敢去。如藺相如豈是孟浪恁地做？它須是料度得那秦過了。戰國時如此等也多。黄歇取楚太子，也是如此。當時被它取了，秦也不曾做聲，只恁休了。』

藝文

宋·晁補之《雞肋集》卷二〇《澠池道中》　虎狼敵國易良圖，望見將軍要引車。不畏秦彊畏廉鬬，古來只有藺相如。

又　卷二二《讀藺相如傳贈李甥師藺》　蚩蚩六國共憂秦，獨有相如智不羣。完璧東歸何足道，最賢能下怒將軍。

又　卷三五《李相如字師藺序》　司馬子慕藺相如之爲人，故以其名自名。藺相如面叱秦王，退讓廉頗，名重太山，使彊秦不敢加兵於趙，以兩人在也。吾甥李子慕昔人，以相如名。願吾甥文采如司馬子，忠孝節義凜凜似藺君，因以師藺字之。

宋·范成大《石湖居士詩集》卷一二《藺相如墓》　玉節經行虜障深，馬頭釃酒奠踈林。茲行璧重身如葉，天日應臨慕藺心。

清·王士禛《漁洋山人精華録》卷一〇《藺相如墓》　智勇存危趙，相如第一人。特書王擊缶，間道璧亡秦。

雜録

唐·李吉甫《元和郡縣圖志》卷一五《河東道四·磁州·邯鄲縣》　藺相如墓，在縣西南二十三里。

又　卷一七《河北道二·冀州·衡水縣》　藺相如臺，在縣東北十二里。

邦交總部

通紀概説部

綜　述

《周禮·春官·大宗伯》春見曰朝，夏見曰宗，秋見曰覲，冬見曰遇，時見曰會，殷見曰同。漢鄭玄注：此六禮者，以諸侯見王爲文，六服之内，四方以時分來，或朝春、或宗夏、或覲秋、或遇冬，名殊禮異，更遞而徧。朝，猶朝也，欲其來之早。宗，尊也，欲其尊王。覲之言勤也，欲其勤王之事。遇，偶也，欲其若不期而偶至。時見者，言無常期，諸侯有不順服者，王將有征討之事，則既朝覲，王爲壇於國外，合諸侯而命事焉。《春秋傳》曰：『有事而會，不協而盟』是也。殷，猶衆也。十二歲，王如不巡守，則六服盡朝。朝禮既畢，王亦爲壇，合諸侯以命政焉。所命之政，如王巡守。殷見，四方四時分來，終歲則徧。時聘曰問，殷覜曰視。注：時聘者，亦無常期，天子有事，乃聘之焉。境外之臣，既非朝歲，不敢瀆爲小禮。殷覜，謂一服朝之歲，以朝者少，諸侯乃使卿以大禮衆聘焉。一服朝在元年、七年、十一年。

又《秋官·大行人》掌大賓之禮，及大客之儀，以親諸侯。注：大賓，要服以内諸侯。大客，謂其孤卿。春朝諸侯而圖天下之事，秋覲以比邦國之功，夏宗以陳天下之謨，冬遇以協諸侯之慮，時會以發四方之禁，殷同以施天下之政。注：此六事者，以王見諸侯為文。圖、比、陳、協，皆考績之言。王者春見諸侯，則圖其事之可否；秋見諸侯，則比其功之高下；夏見諸侯，則陳其謀之是非；冬見諸侯，則合其慮之異同。六服以其朝歲，四時分來，更迭如此而徧。時會，即時見也，無常期。諸侯有不順服者，王將有征討之事，則既朝，王命為壇於國外，合諸侯而發禁命事焉。禁謂九伐之法，殷同即殷見也。王十二歲一巡守，若不巡守，則殷同。殷同者，六服盡朝，既朝，王亦命為壇於國外，合諸侯而命其政。政謂邦國之九法。殷同，四方四時分來，歲終則偏矣。九伐、九法，皆在《司馬》職。《司馬法》曰：春以禮朝諸侯，圖同事；夏以禮宗諸侯，陳同謀；秋以禮覲諸侯，比同功；冬以禮遇諸侯，圖同慮；時以禮會諸侯，施同政；殷以禮宗諸侯，發同禁。時聘以結諸侯之好，殷覜以除邦國之慝，間問以諭諸侯之志，歸脤以交諸侯之福，賀慶以贊諸侯之喜，致禬以補諸侯之栽。【略】

凡諸侯之邦交，歲相問也，殷相聘也，世相朝也。

又《秋官·小行人》掌邦國賓客之禮籍，以待四方之使者。注：禮籍，名位尊卑之書。使者，諸侯之臣使來者也。令諸侯春入貢，秋獻功，王親受之，各以其國之籍禮之。注：貢，六服所貢也。功，考績之功也。秋獻之，若今計文書斷於九月，其舊法。凡諸侯入王，則逆勞于畿，注：鄭司農云：『入王，朝於王也。』故《春秋傳》曰『宋公不王』，又曰『諸侯有王，王有巡守』。及郊勞、眡館、將幣，為承而擯。注：眡館，致館也。承猶丞也。王使勞賓於郊，致館於賓，至將幣，使宗伯為上擯，皆為之丞而擯之。凡四方之使者，大客則擯，小客則受其幣而聽其辭。注：擯者，擯而見之王，使得親言也。受其幣者，受之以入告其所爲來之事。使適四方，協九儀賓客之禮：朝、覲、宗、遇、會、同，君之禮也；存、頫、省、聘、問，臣之禮也。注：適，之也。協，合也。

《儀禮·覲禮》覲禮。至于郊，王使人皮弁用璧勞。侯氏亦皮弁迎于帷門之外，再拜。漢鄭玄注：郊謂近郊，去王城五十里。《小行人》職曰：『凡諸侯入王，則逆勞于畿。』則郊勞者，大行人也。皮弁者，天子之朝朝服也。璧無束帛者，天子之玉尊也。不言諸侯言侯氏者，明國殊舍異，禮不凡之也。郊舍狹寡，為帷宮以受勞。《掌舍》職曰：『為帷宮，設旌門。』使者不答拜，遂執玉，三揖。至于階，使者不讓，先升。侯氏升聽命，降，再拜稽首，遂升受玉。注：不答拜者，為人使不當其禮也。不讓先升，奉王命尊也。升者，升壇。使者東面致命，侯氏東階上西面聽之。使者左還而立，侯氏還璧，使者受。侯氏降，再拜稽首，使者乃出。注：左還，還南面，示將去也。立者，見侯氏將有事於己，俟之也。還玉，重禮。侯氏乃止使者，使者乃入。侯氏與之讓升。侯氏先升，授几。侯氏拜送几；使者設几，答拜。注：侯氏先升，賓禮統焉。几者安賓，所以崇優厚也。上介出止使者，則已布席也。侯氏用束帛、乘馬儐使者，使者再拜受。侯氏再拜送幣。注：儐使者，所以致尊敬也。拜者各於其階。使者降，以左驂出。侯氏送於門外，再拜。侯氏遂從之。注：騑馬曰驂。左驂，設在西者。其餘三馬，侯氏之士遂以出授使者之從者于外。從之者，遂隨使者以至朝。

天子賜舍，注：以其新至，道路勞苦，未受其禮，且使即安也。賜舍猶致館也，所使者司空與？小行人為承擯。今文『賜』作『錫』。曰：『伯父，女順命于王所。賜伯父舍！』注：此使者致館辭。侯氏再拜稽首，儐之束帛、乘馬。注：王使人以命致館，無禮猶儐之者，尊王使也。侯氏受館於外，既則儐使者於内。

天子使大夫戒，曰：『某日，伯父帥乃初事。』注：大夫者，卿為訝者也。《掌訝》職曰：『凡訝者，賓客至而往，詔相其事。』戒猶告也。其為告，使順循其事也。初猶故也。今文『帥』作『率』。侯氏再拜稽首。注：受覲日也。

諸侯前朝，皆受舍于朝。同姓西面北上，異姓東面北上。注：言諸侯者，明來朝者衆矣。顧其入覲，不得竝耳。受命于朝，受次于文王廟門之外。《聘禮·記》曰：『宗人授次，次以帷，少退於君之次。』則是次也。言舍者，尊舍也。天子使掌次為之。諸侯上介先朝受焉，此覲也，言朝者，覲、遇之禮雖簡，其來之心猶若朝也。分別同姓、異姓受之，將有先後也。《春秋傳》曰：『寡人若朝于薛，不敢與諸任齒。』則周禮先同姓。

侯氏裨冕，釋幣于禰。注：將覲，質明時也。裨冕者，衣裨衣而冠冕也。裨之為言埤也。天子六服，大裘為上，其餘為裨，以事尊卑服之，而諸侯亦服焉。上公衮無升龍，侯伯鷩，子男毳，孤絺，卿大夫玄。此差，『司服』所掌也。禰謂行主遷主矣，而云禰，親之也。釋幣者，告將覲也。其釋幣，如聘大夫將受命釋幣于禰之禮，既則祝藏其幣，歸乃埋之於祧西階之東。乘墨車，載龍旂、弧韣，乃朝以瑞玉，有繅。注：墨車，大夫制也。乘之者，入天子之國，車服不可盡同也。交龍為旂，諸侯之所建。弧，所以張縿之弓也。弓衣曰韣。瑞玉，謂公桓圭、侯信圭、伯躬圭、子穀璧、男蒲璧。繅，所以藉玉，以韋衣木，廣袤各如其玉之大小，以朱、白、蒼為六色。今文『玉』為『璧』，『繅』或為『璪』。天子設斧依於戶牖之閒，左右几。注：依，如今綈素屏風也，有繡斧文，所以示威也，斧謂之黼。几，玉几也。左右者，優至尊也。其席莞席紛純，加繅席畫純，加次席黼純。天子衮冕，負斧依。注：衮衣者，裨之上也，績之繡之為九章，其龍天子有升龍，有降龍。衣此衣而冠冕，南鄉而立，以俟諸侯見。嗇夫承命，告于天子。注：嗇夫，蓋司空之屬也。為末擯，承命於侯氏下介傳而上，上擯以告天子。天子見公，擯者五人；見侯、伯，擯者四人；見子、男，擯者三人，皆宗伯為上擯。《春秋傳》曰：『嗇夫馳』。天子曰：『非他，伯父實來，予一人嘉之。伯父其入，予一人將受之。』注：言非他者，親之辭；嘉之者，美之辭也。上擯又傳此而下至嗇夫，侯氏之下介受之傳而上，上介以告其君，君乃許入。今文『實』作『寔』，『嘉』作『賀』。侯氏入門右，坐奠圭，再拜稽首。注：入門右，執臣道，不敢由賓客位也。卑者見尊，奠摯而不授。擯者謁。注：謁猶告也。上擯告以天子前辭，欲親受之如賓客也。其辭所易者，曰『伯父其升』。侯氏坐取圭，升致命。王受之玉。侯氏降，階東北面再拜稽首。擯者延之，曰『升！』升成拜，乃出。注：擯者請之，侯氏坐取圭則遂左，降拜稽首，送玉也。從後詔禮曰延。延，進也。

又《聘禮》 聘禮。君與卿圖事，注：圖，謀也。謀聘故及可使者。謀事者必因朝，其位，君南面，卿西面，大夫北面，士東面。遂命使者。注：遂猶因也。既謀其人，因命之也。聘使卿。使者再拜稽首，辭。注：辭以不敏。君不許，乃退。注：退，反位也。受命者必進。既圖事，戒上介，亦如之。注：既，已也。戒猶命也。已謀事，乃命上介，難於使者易於介。宰命司馬戒衆介，衆介皆逆命，不辭。注：宰，上卿，貳君事者也。諸侯謂司徒為宰。衆介者，士也，士屬司馬。《周禮》司馬之屬，司士掌作士，適四方使為介。逆猶受也。

宰書幣，注：書聘所用幣多少也，宰又掌制國之用。命宰夫官具。注：宰夫，宰之屬也。命之使衆官具幣及所宜齎。及期，夕幣。注：及猶至也。夕幣，先行之日，夕陳幣而視之，重聘也。使者朝服，帥衆介夕。注：視其事也。古文『帥』皆作『率』。管人布幕於寢門外。注：管猶館也，館人謂掌次舍帷幕者也。布幕以承幣。寢門，外朝也。古文『管』作『官』，今文『布』作『敷』。官陳幣：皮北首西上，加其奉於左皮上；馬則北面，奠幣于其前。注：奉，所奉以致命，謂束帛及玄纁也。馬言則者，此享主用皮，或時用馬，馬入則在幕南，皮馬皆乘。古文『奉』為『卷』，今文無『則』。使者北面，衆介立于其左，東上。注：既受行，同位也。位在幕南。卿、大夫在幕東，西面北上。注：大夫西面，辟使者。宰入，告具于君。君朝服出門左，南鄉。注：入告，入路門而告。史讀書展幣。注：展猶校錄也。史幕東，西面讀書。賈人坐撫其幣，每者曰在，必西面者，欲君與使者俱見之也。宰執書，告備具于君，授使者。使者受書，授上介。注：史展幣畢，以書還授宰，宰既告備，以授使者，其受授皆北面。公揖入。注：揖，禮羣臣。官載其幣，舍于朝。注：待旦行也。上介視載者，注：監其安處之，畢乃出。所受書以行。注：爲當復展。

厥明，賓朝服釋幣于禰。注：告為君使也。賓，使者謂之賓，尊之也。天子、諸侯將出，告羣廟，大夫告禰而已。凡釋幣，設洗盥如祭。有司筵几于室中。祝先入，主人從入。主人在右，再拜，祝告，又再拜。注：更云主人者，廟中之稱也。祝告，告以主人將行也。釋幣，制玄纁束，奠于几下，出。注：祝釋之也。凡物十曰束。玄纁之率，玄居三，纁居二。《朝貢禮》云：純，四只。制，丈八尺。主人立于戶東，祝立于牖西。注：少頃之間，示有俟於神。又入，取幣，降；卷幣，實于笲，埋于西階東。注：又入者，祝也。埋幣必盛以器，若藏之然。又釋幣于行。注：告將行也。行者之先，其古人之名未聞。天子諸侯有常祀在冬。大夫三祀：曰門，曰行，曰厲。《喪禮》有『毀宗躐行，出于大門』，則行神之位在廟門外西方。不言埋幣，可知也。今時民春秋祭祀有行神，古之遺禮乎！遂受命。注：賓須介來，乃受命也。言遂

者，明自是出，不復入。上介釋幣亦如之。注：如其於禰與行。

上介及衆介俟于使者之門外。注：俟，待也。待於門外，東面北上。使者載旜，帥以受命于朝。注：旜，旌旗屬也。載之者，所以表識其事也。《周禮》曰『通帛為旜』，又曰『孤卿建旜』。至於朝門，使者北面東上。古文『旜』皆為『膳』。君朝服，南鄉。卿、大夫西面北上。君使卿進使者。注：進之者，使者謙，不敢必君之終使已。使者入，及衆介隨入，北面東上。君揖使者，進之；上介立于其左，接聞命。注：進之者，有命，宜相近也。接猶續也。賈人西面坐啓櫝，取圭垂繅，不起而授宰。注：賈人，在官知物賈者。繅，所以藉圭也。其或拜，則奠于其上。今文『繅』作『璪』。宰執圭屈繅，自公左授使者。注：屈繅者，斂之。禮以相變為敬也。自公左，贊幣之義。使者受圭，同面，垂繅以受命。注：同面者，宰就使者北面竝授之。既授之，而君出命矣。凡授受者，授由其右，受由其左。既述命，同面授上介。注：述命者，循君之言，重失誤。上介受圭屈繅，出授賈人，衆介不從。注：賈人，將行者，在門外北面。受享束帛加璧，受夫人之聘璋，享玄纁束帛加琮，皆如初。注：享，獻也。既聘又獻，所以厚恩惠也。帛，今之璧色繒也。夫人亦有聘享者，以其與己同體，為國小君也。其聘用璋，取其半圭也。君享用璧，夫人用琮，天地配合之象也。圭璋特達，瑞也；璧琮有加，往德也。《周禮》曰『瑑、圭、璋、璧、琮，以覜聘。』遂行，舍於郊。注：於此脫舍衣服，乃即道也。《曲禮》曰：『凡為君使，已受命君言，不宿於家。』斂旜。注：此行道耳，未有事也。斂，藏也。

若過邦，至于竟，使次介假道。束帛將命于朝，曰：『請帥。』奠幣。注：至竟而假道，諸侯以國為家，不敢直徑也。將猶奉也，帥猶道也，請道己道路所當由。下大夫取以入告，出許，遂受幣。注：言遂者，明受其幣，非為許故也。容其辭讓不得命也。餼之以其禮，上賓大牢，積唯芻禾，介皆有餼。注：凡賜人以牲，生曰餼。餼猶稟也，給也。以其禮者，尊卑有常差也。常差者，上賓、上介牲用大牢，羣介用少牢，米皆百筥。牲陳于門内之西，北面。米設于中庭。上賓、上介致之以束帛，羣介則牽羊焉。上賓有禾十車，芻二十車，禾以秣馬。士帥，沒其竟。注：沒，盡。誓于其竟，賓南面，上介西面，衆介北面，東上；史讀書，司馬執策立于其後。注：此使次介假道，止而誓也。賓南面，專威信也。史於衆介之前，北面讀書，以敕告士衆，為其犯禮暴掠也。禮，君行師從，卿行旅從。司馬，主軍法者，執策示罰。

未入竟，壹肄。注：謂於所聘之國竟也。肄，習也。習聘之威儀，重失誤。為壝壇，畫階，帷其北，無宮。注：壝土象壇也。帷其北，宜有所鄉依也。無宮，不壝土，畫外垣也。朝服無主，無執也。注：不立主人，主人尊也。不執玉，不敢褻也。徒習其威儀而已。介皆與，北面西上。注：入門左之位也。古文『與』作『豫』。習享，士執庭實。注：士，士介也。庭實必執之者，皮則有攝張之節。習夫人聘享，亦如之。習公事，不習私事。注：公事，致命者也。

及竟，張旜，誓。注：及，至也。張旜，明事在此國也。張旜，謂使人維之。乃謁關人。注：謁，告也。古者竟上為關，以幾異服，識異言。關人問從者幾人，注：欲知聘問，且為有司當共委積之具。以介對。注：以所與受命者對，謙也。《聘禮》：上公之使者七介，侯伯之使者五介，子男之使者三介。以其代君交於列國，是以貴之。《周禮》曰：『凡諸侯之卿，其禮各下其君二等。』君使士請事，遂以入竟。注：請猶問也，問所為來之故也。遂以入，因道之。

入竟，斂旜，乃展。注：復校錄幣，重其事。斂旜，變於始入。布幕，賓朝服立于幕東，西面；介皆北面，東上。賈人北面，坐拭圭，注：拭，清也。側幕而坐，乃開櫝。遂執展之。注：持之而立，告在。上介北面視之，退復位。注：言退復位，則視圭進違位。退圭。注：圭璋尊，不陳之。陳皮，北首，西上；又拭璧，展之；會諸其幣，加于左皮上。上介視之，退。注：會，合也。諸，於也。古文曰『陳幣北首』。馬則幕南、北面，奠幣于其前。注：前，當前幕上。展夫人之聘享，亦如之，賈人告于上介，上介告于賓。注：展夫人聘享，上介不視，貶於君也。賈人既拭璋琮，南面告於上介，上介於是乃東面以告賓，亦所謂『放而文』之類。有司展羣幣，以告。注：羣幣，私覿及大夫者。有司，載幣者，自展自告。及郊，又展，如初。注：郊，遠郊也。周制，天子畿内千里，遠郊百里。以此差之，遠郊上公五十里，侯伯三十里，子男十里也。近郊各半之。及館，展幣于賈人之館，如初。注：館，舍也。遠郊之内有侯館，可以小休止沐浴。展幣不于賓館者，為主國之人有勞問己者就焉，便疾也。

賓至于近郊，張旜。君使下大夫請行，反。君使卿朝服，用束帛勞。注：請行，問所之也。雖知之，謙不必也。士請事，大夫請行，卿勞，彌尊賓也。其服皆朝服。上介出請，入告。賓禮辭，迎于舍門之外，再拜。注：出請，出門西面，請所以來事也。入告，入北面告賓也。每所及至，皆有舍。其有來者，皆出請入告。于此言之者，賓彌尊，事彌錄。勞者不答拜。注：凡為人使，不當其禮。賓揖，先入，受於舍門內。注：不受于堂，此主於侯伯之臣也。公之臣，受勞於堂。勞者奉幣入，東面致命。注：東面，鄉賓。賓北面聽命，還，少退，再拜稽首，受幣。勞者出。注：北面聽命，若君南面然。少退，象降拜。授老幣。注：老，賓之臣。出迎勞者，

注：欲儐之。勞者禮辭。賓揖，先入，勞者從之。乘皮設。注：設於門内也。物四曰乘，皮，麋鹿皮也。賓用束錦儐勞者，注：言儐者，賓在公館如家之義，亦以來者為賓。勞者再拜稽首受。注：稽首，尊國賓也。賓再拜稽首，送幣。注：受、送，拜皆北面，象階上。勞者揖皮出，乃退。賓送再拜。注：揖皮出，東面揖執皮者而出。

夫人使下大夫勞以二竹簠方，玄被纁裏，有蓋。注：竹簠方者，器名也。以竹為之，狀如簠而方，如今寒具筥，筥者圜，此方耳。其實棗蒸栗擇，兼執之以進。注：兼猶兩也。右手執棗，左手執栗。賓受棗，大夫二手授栗。注：受授不游手，慎之也。賓之受，如初禮。注：如卿勞之儀。儐之如初。下大夫勞者遂以賓入。注：出以束錦授從者，因東面釋辭，請導之以入，然則賓送不拜。

至于朝，主人曰：『不腆先君之祧，既拚以俟矣。』注：賓至外門，下大夫入告。出釋此辭。主人者，公也。不言公而言主人，主人，接賓之辭，明至欲受之，不敢稽賓也。腆猶善也。遷主所在曰祧。周禮，天子七廟，文、武為祧，諸侯五廟。則祧，始祖也，是亦廟也。言祧者，祧尊而廟親。待賓客者，上尊者。賓曰：『俟閒。』注：賓之意不欲奄卒主人也，且以道路悠遠，欲沐浴齊戒。俟閒，未敢聞命。大夫帥至于館，卿致館。注：致，至也。賓至此館，主人以上卿禮致之，所以安之也。賓迎，再拜。卿致命，賓再拜稽首。卿退，賓送再拜。注：卿不俟設飧之畢，以不用束帛致故也。不用束帛致之者，明為新至，非大禮也。宰夫朝服設飧：注：食不備禮曰飧。《詩》云『不素飧兮』，《春秋傳》曰『方食魚飧』，皆謂是。飪一牢，在西，鼎九，羞鼎三；腥一牢，在東，鼎七。注：中庭之饌也。飪，熟也。熟在西，腥在東，象春、秋也。鼎西九東七。凡其鼎實與其陳，如陳饔餼。羞鼎則陪鼎也，以其實言之，則曰羞，以其陳言之，則曰陪。堂上之饌八，西夾六。注：八、六者，豆數也。凡饌以豆為本。堂上八豆、八簠、六鉶、兩簠、八壺。西夾六豆、六簠、四鉶、兩簠、六壺。其實與其陳，亦如饔餼。門外米、禾皆二十車，注：禾，稾實并刈者也。諸侯之禮，車米視生牢，禾視死牢。牢十車。大夫之禮，皆視死牢而已。雖有生牢，不取數焉。米陳門東，禾陳門西。薪芻倍禾。注：各四十車。凡此之陳，亦如饔餼。上介：飪一牢，在西，鼎七，羞鼎三；堂上之饌六；門外米、禾皆十車，薪芻倍禾。注：西鼎七，無鮮魚、鮮腊。衆介皆少牢。注：亦飪在西。鼎五：羊、豕、腸胃、魚、腊。新至尚熟。堂上之饌四豆、四簠、兩鉶、四壺，無簠。

厥明，訝賓于館。注：此訝下大夫也。以君命迎賓謂之訝。訝，迎也。亦皮弁。賓皮弁聘，至于朝。賓入于次，注：服皮弁者，朝聘主相尊敬也。諸侯視朔皮弁服。入于次者，俟辨也。次在大門外之西，以帷為之。乃陳幣。注：有司入于主國廟門外，以布幕陳幣，如展幣焉。圭璋，賈人執櫝而俟。卿為上擯，大夫為承擯，士為紹擯。擯者出請事。注：擯，謂主國之君所使出接賓者也。紹，繼也，其位相承繼而出也。主君，公也則擯者五人，侯伯也則擯者四人，子男也則擯者三人。《聘義》曰：『介紹而傳命，君子於其所尊不敢質，敬之至也。』既知其所為來之事，復請之者，賓來當與主君為禮，為其謙不敢斥尊者，啓發以進之。於是時，賓出次，直闑西，北面。上擯在闑東閾外，西面。其相去也，公之使者七十步，侯伯之使者五十步，子男之使者三十步。此旅擯耳，不傳命。上介在賓西北，東面。承擯在上擯東南，西面，各自次序而下。末介、末擯，旁相去三丈六尺。上擯之請事進，南面，揖賓俱前。賓至末介，上擯至末擯，亦相去三丈六尺。止揖而請事還，入告于公。天子諸侯朝覲，乃命介紹傳命耳。其儀，各鄉本受命，反面傳而下，及末，則卿受之，反面傳而上，又受命傳而下，亦如之。此三丈六尺者，門容二徹參个，旁加各一步也。今文無『擯』。公皮弁，迎賓于大門内。大夫納賓。注：公不出大門，降于待其君也。大夫，上擯也，謂之大夫者，上擯可知。從大夫，總無所别也。於是賓主人皆裼。賓入門左。注：内賓位也。衆介隨入，北面西上少退，擯者亦入門而右，北面東上，上擯進相君。公再拜，注：南面拜迎。賓辟，不答拜。注：辟位逡遁，不敢當其禮。公揖入，每門每曲揖。注：每門輒揖者，以相人偶為敬也。凡君與賓入門，賓必後君，介及擯者隨之，竝而鴈行。既入，則或左或右，相去如初。《玉藻》曰：『君入門，介拂闑，大夫中棖與闑之間，士介拂棖。賓入不中門，不履閾。』此賓，謂聘卿大夫也。門中，門之正也。不敢與君竝由之，敬也。介與擯者鴈行，卑不逾尊者之迹，亦敬也。賓之介，猶主人之擯。及廟門，公揖入，立于中庭。注：公揖先入，省内事也。既則立於中庭以俟賓，不復出。如此，得君行一臣行二，於禮可矣。公迎賓大門内，卿大夫以下入廟門即位而俟之。賓立接西塾。注：接猶近也。門側之堂謂之塾。立近塾者，已與主君交禮，將有出命，俟之於此。介在幣南，北面西上，上擯亦隨公入門東，東上，少進於士。几筵既設，擯者出請命。注：有几筵者，以其廟受，宜依神也。賓至廟門，司宫乃于依前設之，神尊，不豫事也。席西上，上擯待而出，請受賓所以來之命，重停賓也。至此言命，事彌至，言彌信也。《周禮》：『諸侯祭祀，席蒲筵，繢純，右雕几。』賈人東面坐啓櫝，取圭垂繅，不起而授上介。注：賈人鄉入陳幣，東面俟，於此言之，就有事也。授圭不起，賤不與為禮也。不言裼襲者，賤不裼也。繅有組繫也。上介不襲，執圭屈繅，授賓。注：上介北面受圭，進西面授賓。不襲者，以盛禮不在於己也。屈繅，并持之也。《曲禮》曰：『執玉，其有藉者則裼，無藉者則襲。』賓襲，執圭。注：執圭盛禮，而又盡飾，為其相蔽敬也。《玉藻》曰：『服之襲也，充美也。』是故尸襲，執玉龜襲』也。擯者入告，出辭玉。注：擯者，上擯也。入告公以賓執圭，將致其聘

命。圭，贄之重者，辭之，亦所以致尊讓也。納賓，賓入門左。注：公事自闑西。介皆入門左，北面，西上。注：隨賓入也。介無事，止於此。今文無『門』。三揖，注：君與賓也。入門將曲揖，既曲北面又揖，當碑揖。至于階，三讓。注：讓，升。公升二等，注：先賓升二等，亦欲君行一，臣行二。賓升，西楹西，東面。注：與主君相鄉。擯者退中庭。注：鄉公所立處，退者以公宜親受賓命，不用擯相也。賓致命。注：致其君之命也。公左還，北鄉。注：當拜。擯者進。注：進阼階西，釋辭於賓，相公拜也。公當楣再拜。注：拜貺也。貺，惠賜也。楣，謂之梁。賓三退，負序。注：三退，三逡遁也。不言辟者，以執圭將進授之。公側襲，受玉于中堂與東楹之間。注：側猶獨也，言獨見其尊賓也。他日公有事，必有贊爲之者。凡襲于隱者，公序坫之間可知也。中堂，南北之中也。入堂深，尊賓事也。東楹之間，亦以君行一，臣行二。擯者退，負東塾而立。注：反其等位，無事。賓降，介逆出。注：逆出，由便。賓出。注：聘事畢。公側授宰玉。注：使藏之，授於序端。裼，降立。注：裼者，免上衣，見裼衣。凡當盛禮者，以充美爲敬；非盛禮者，以見美爲敬，禮尚相變也。《玉藻》曰：『裘之裼也，見美也。』又曰：『麛裘青豻褎，絞衣以裼之。』《論語》曰：『素衣，麛裘。』皮弁時或素衣，其裘同，可知也。裘者爲温，表之，爲其褻也。寒暑之服，冬則裘，夏則葛。凡襢裼者左，降立，俟享也，亦於中庭，古文『裼』皆作『賜』。

擯者出請。注：不必賓事之有無。賓裼，奉束帛加璧享。擯者入告，出許。注：許受之。庭實，皮則攝之，毛在內；內攝之，入設也。注：皮，虎豹之皮。攝之者，右手幷執前足，左手幷執後足，毛在內，不欲文之豫見也。內攝之者，兩手相鄉也。入設，亦參分庭一在南。言則者，或以馬也。凡君於臣，臣於君，麋鹿皮可也。賓入門左，揖讓如初，升致命，張皮。注：張者，釋外足，見文也。公再拜受幣。士受皮者自後右客。注：自，由也。從東方來，由客後西，居其左受皮也。執皮者既授，亦自前西而出。賓出，當之坐攝之。注：象受于賓公。公側授宰幣，皮如入，右首而東。注：如入，左在前。皮右首者，變于生也。聘于夫人，用璋，享用琮，如初禮。注：如公立于中庭以下。若有言，則以束帛，如享禮。注：有言，有所告請，若有所問也。《記》曰：『有故，則束帛加書以將命。』《春秋》臧孫辰告糴于齊，公子遂如楚乞師，晉侯使韓穿來言汶陽之田，皆是也。無庭實也。擯者出請事，賓告事畢。注：公事畢。

賓奉束錦以請覿。注：覿，見也。鄉將公事，是欲交其歡敬也。不用羔，因使而見，非特來。擯者入告，出辭。注：客有大禮，未有以待之。請禮賓，賓禮辭，聽命。擯者入告。注：告賓許也。宰夫徹几改筵。注：宰夫，又主酒食者也。將禮賓，徹神几，改神席，更布也。賓席東上。《公食大夫禮》曰：『蒲筵常，緇布純，加萑席尋，玄帛純。』此筵上、下大夫也。《周禮》曰：『筵國賓于牖前，莞筵紛純，加繅席畫純，左彤几』者，則是筵孤也。孤，彤几，卿大夫其漆几與？公出，迎賓以入，揖讓如初。注：公出迎者，已之禮更端也。公升，側受几于序端。注：漆几也。今文無『升』。宰夫內拂几三，奉兩端以進。注：內拂几，不欲塵坋尊者。以進，自東箱來授君。公東南鄉，外拂几三，卒，振袂，中攝之，進，西鄉。注：進，就賓也。擯者告。注：告賓以公授几。賓進，訝受几于筵前，東面俟。注：未設也，今文『訝』為『梧』。公壹拜送。注：公尊也，古文『壹』作『一』。賓以几辟。注：辟位逡遁。北面設几，不降，階上答再拜稽首。注：不降，以主人禮未成也。凡賓左几。宰夫實觶以醴，加柶于觶，面枋。注：酌以授君也。君不自酌，尊也。宰夫亦洗升實觶，以醴自東箱來，不面擸，不訝受也。公側受醴。注：將以飲賓。賓不降，壹拜，進筵前受醴，復位。公拜送醴。注：賓壹拜者，醴質，以少為貴。宰夫薦籩豆脯醢，賓升筵，擯者退負東塾。注：事未畢，擯者不退中庭，以有宰夫也。賓祭脯醢，以柶祭醴三，庭實設。注：庭實，乘馬。降筵，北面，以柶兼諸觶，尚擸，坐啐醴。注：降筵，就階上。公用束帛。注：致幣也。言用，尊于下也。亦受之于序端。建柶，北面奠于薦東。注：糟醴不卒。擯者進相幣。注：贊以辭。賓降辭幣，公降一等辭。注：辭賓降也。栗階升，聽命。注：栗階，趨君命尚疾，不連步。降拜，注：拜受。公辭。注：不降一等，殺也。升，再拜稽首，受幣，當東楹，北面。注：亦訝受而北面者，禮主於己，己，臣也。退，東面俟。注：俟君拜也。不北面者，謙若不敢當階然。公壹拜，賓降也。公再拜。注：不俟公再拜者，不敢當公之盛也。公再拜者，事畢成禮也。賓執左馬以出。注：受尊者禮，宜親之也。效馬者幷左右靮授之，餘三馬，主人牽者從出也。上介受賓幣，從者訝受馬。注：從者，士介。

賓覿，奉束錦，總乘馬，二人贊。入門右，北面奠幣，再拜稽首。注：不請不辭，鄉時已請也。覿用束錦，辟享幣也。總者，總八轡牽之。贊者，居馬閒扣馬也。入門而右，私事自闑右，奠幣再拜，以臣禮見也。贊者，賈人之屬，介特覿也。擯者辭，注：辭其臣。賓出。注：事畢。擯者坐取幣出，有司二人牽馬以從，出門，西面于東塾南。注：將還之也。贊者有司受馬乃出。凡取幣于庭，北面。擯者請受。注：請以客禮受之。賓禮辭，聽命。注：賓受其幣，贊者受馬。牽馬，右之。入設。注：庭實先設，客禮也。右之，欲人居馬左，任右手便也。於是牽馬者四人，事得申

也。《曲禮》曰：『效馬效羊者右牽之。』賓奉幣，入門左，介皆入門左，西上。注：以客禮入，可從介。公揖讓如初，升。公北面再拜。注：公再拜者，以其初以臣禮見，新之也。賓三退，反還負序。注：反還者，不敢與授圭同。振幣進授，當東楹北面。注：不言君受，略之也。士受馬者，自前還牽者後，適其右，受。注：自，由也。適牽者之右而受之也。此亦並授者，不自前左，由便也，便其已授而去也。受馬自前，變於受皮。牽馬者自前西，乃出。注：自，由也。賓降階東拜送。君辭。注：拜送幣于階東，以君在堂鄉之。拜也，君降一等辭。注：君乃辭之，而賓由拜，敬也。擯者曰：『寡君從子，雖將拜，起也。』注：此禮固多有辭矣。未有著之者，是其志而煥乎？未敢明說。栗階升。公西鄉。賓階上再拜稽首。注：成拜。公少退。注：為敬。賓降出。公側授宰幣。馬出。注：廟中宜清。

公降立。擯者出請。上介奉束錦，士介四人皆奉玉錦束，請覿。注：玉錦，錦之文纖縟者也。禮有以少文為貴者。後言束，辭之便也。擯者入告，出許。上介奉幣，儷皮，二人贊。注：儷猶兩也。上介用皮，變於賓也。皮，麋鹿皮。皆入門右，東上，奠幣，皆再拜稽首。注：皆者，皆衆介也。贊者奠皮出。擯者辭，注：亦辭其臣。介逆出。注：亦事畢也。擯者執上幣，士執衆幣；有司二人舉皮，從其幣。出請受。注：此請受，請于上介也。擯者先即西面位請之，釋辭之時，衆執幣者隨立門中而俟。委皮南面，注：擯者既釋辭，執衆幣者進即位，有司乃得委之。南面，便其復入也。委皮當門。執幣者西面，北上。擯者請受。注：請于上介也。上言其次，此言其位，互約文也。介禮辭，聽命。皆進，訝受其幣。注：此言皆訝受者，嫌擯者一一授之。上介奉幣，皮先，入門左，奠皮。注：皮先者，介隨執皮者而入也。入門左，介至揖位而立。執皮者奠皮以有不敢授之義。古文重入。公再拜。注：拜中庭也，不受于堂，介賤也。介振幣，自皮西進，北面授幣，退復位，再拜稽首送幣。注：進者，北行，參分庭一而東行，當君乃復北行也。介出。宰自公左受幣。注：不側受，介禮輕。有司二人坐舉皮以東。

擯者又納士介。注：納者，出道入也。士介入門右，奠幣，再拜稽首。注：終不敢以客禮見。擯者辭，介逆出。擯者執上幣以出，禮請受，賓固辭。注：禮請受者，一請受而聽之也。賓為之辭，士介賤，不敢以言通於主君也。『固』，衍字，當如面大夫也。公答再拜。擯者出，立于門中以相拜，注：擯者以賓辭入告，還立門中閾外，西面。公乃遥答拜也，相者贊告之。士介皆辟。注：辟，於其東面位逡遁也。士三人，東上，坐取幣，立。注：俟擯者執上幣來也。擯者進。注：就公所也。宰夫受幣于中庭，以東。注：使宰夫受于士，士介幣輕也。受之于公左，賓幣，公側授宰，上介幣，宰受于公左，士介幣，宰夫受于士，敬之差。執幣者序從之。注：序從者，以宰夫當一一受之。

擯者出請，賓告事畢。注：賓既告事畢，衆介逆道賓而出也。擯者入告，公出送賓。注：公出，衆擯亦逆道。紹擯及賓並行，間亦六步。及大門內，公問君。注：鄉以公禮將事，無由問也。賓至始入門之位，北面，將揖而出，衆介亦在其右，少退西上。於此可以問君居處何如，序殷勤也。時承擯、紹擯亦於門東，北面東上，上擯往來傳君命，南面。蘧伯玉使人於孔子，孔子問曰：『夫子何為？』此公問君之類也。賓對，公再拜。注：拜其無恙。公拜，賓亦辟。公問大夫，賓對。公勞賓，賓再拜稽首，公答拜。注：勞以道路之勤。公勞介，介皆再拜稽首，公答拜。賓出，公再拜送，賓不顧。注：公既拜，客趨辟，君命上擯送賓出，反告賓不顧，於此君可以反路寢矣。《論語》說孔子之行曰：『君召使擯，色勃如也，足躩如也。賓退，必復命曰，賓不顧矣。』

賓請有事于大夫。注：請問，問卿也。不言問聘，聘亦問也，嫌近君也。上擯送賓出，賓東面而請之，擯者反命，因告之。公禮辭，許。注：禮辭，一辭。賓即館。注：小休息也。即，就也。卿、大夫勞賓，賓不見。注：以己公事未行，上介以賓辭辭之。大夫奠雁再拜，上介受。注：不言卿，卿與大夫同執鴈，下見于國君。《周禮》：凡諸侯之卿見朝君，皆執羔。勞上介，亦如之。

君使卿韋弁，歸饔餼五牢。注：變皮弁，服韋弁，敬也。韋弁，韎韋之弁，兵服也。而服之者，皮韋同類，取相近耳。其服蓋韎布以為衣而素裳。牲殺曰饔，生曰餼。今文『歸』或為『饋』。上介請事，賓朝服禮辭。注：朝服，示不受也。受之當以尊服。有司入陳。注：入賓所館之廟，陳其積。饔：注：謂飪與腥。飪一牢，鼎九，設于西階前，陪鼎當內廉，東面北上，上當碑，南陳。牛、羊、豕、魚、臘、腸、胃同鼎，膚、鮮魚、鮮臘，設扃鼏。膷、臐、膮，蓋陪牛、羊、豕。注：陪鼎三牲，臛、膷、臐、膮陪之，庶羞加也。當內廉，辟堂塗也。腸、胃次腊，以其出牛羊也。膚，豕肉也，唯燖者有膚。此饌先陳其位，後言其次，重大禮，詳其事也。宮必有碑，所以識日景，引陰陽也。凡碑引物者，宗廟則麗牲焉，以取毛血。其材，宮廟以石，窆用木。腥二牢，鼎二七，無鮮魚、鮮臘，設于阼階前，西面，南陳如飪鼎，二列。注：有腥者，所以優賓也。堂上八豆，設于戶西，西陳，皆二以竝，東上韭菹，其南醓醢，屈。注：戶，室戶也。東上，變乎親食賓也。醓醢，汁也。屈猶錯也。今文『竝』皆為『併』。八簋繼之，黍其南稷，錯。注：黍在北。六鉶繼之，牛以西羊、豕，豕南牛，以東羊、

家。注：銂，羹器也。兩簠繼之，粱在北。注：簠不次簋者，粱稻加也。凡饌屈錯要相變。八壺設于西序，北上，二以竝，南陳。注：壺，酒尊也。酒蓋稻酒、粱酒不錯者，酒不以雜錯為味。西夾六豆，設于西墉下，北上韭菹，其東醓醢，屈。六簋繼之，黍其東稷，錯。四銂繼之，牛以南羊，羊東豕，豕以北牛。兩簠繼之，粱在西。皆二以竝，南陳。六壺西上，二以竝，東陳。注：東陳，在北墉下，統於豆。饌于東方，亦如之，注：東方，東夾室。西北上。注：亦韭菹，其東醓醢也。壺東上，西陳。注：亦在北墉下，統於豆。醯醢百甕，夾碑，十以為列，醯在東。注：夾碑在鼎之中央也。醯在東，醯，穀，陽也；醢，肉，陰也。餼二牢，陳于門西，北面東上。牛以西羊、豕，豕西牛、羊、豕。注：餼，生也。牛羊右手牽之，豕束之寢右，亦居其左。米百筥，筥半斛，設于中庭，十以為列，北上。黍、粱、稻皆二行，稷四行。注：庭實固當庭中，言當中庭者，南北之中也。東西為列，列當醯醢南，亦相變也。此言中庭，則設碑近如堂深也。門外，米三十車；車，秉有五籔。設于門東，為三列，東陳。注：大夫之禮，米、禾皆視死牢。秉、籔，數名也。秉有五籔，二十四斛也。籔讀若『不數』之『數』。今文『籔』或為『逾』。禾三十車，車三秅。設于門西，西陳。注：秅，數名也。三秅，千二百秉。薪芻倍禾。注：倍禾者，以其用多也。薪從米，芻從禾，四者之車皆陳，北輈。凡此所以厚重禮也。《聘義》曰：『古之用財不能均如此，然而用財如此其厚者，言盡之於禮也。盡之於禮，則內君臣不相陵，而外不相侵，故天子制之，而諸侯務焉爾。』

賓皮弁迎大夫于外門外，再拜，大夫不答拜。注：大夫，使者，卿也。揖入。及廟門，賓揖入。注：賓與使者揖而入，使者止執幣，賓俟之于門內，謙也。古者天子適諸侯，必舍於大祖廟。諸侯行，舍于諸公廟。大夫行，舍于大夫廟。大夫奉束帛，注：執其所以將命。入，三揖，皆行。注：皆猶竝也，使者尊，不後主人。至于階，讓，大夫先升一等。注：讓不言三，不成三也。凡升者，主人讓于客三，敵者則客三辭，主人乃許升，亦道賓之義也。使者尊，主人三讓，則許升矣。今使者三讓，則是主人四讓也。公雖尊，亦三讓乃許升，不可以不下主人也。古文曰『三讓』。賓從，升堂，北面聽命。注：北面于階上也。大夫東面致命，賓降，階西再拜稽首，拜餼亦如之。注：大夫以束帛同致饔餼也，賓殊拜之，敬也，重君之禮也。大夫辭，升成拜。注：尊賓。受幣堂中西，北面。注：趨主君命也。堂中西，中央之西。大夫降，出。賓降，授老幣，出迎大夫。注：老，家臣也。賓出迎，欲儐之。大夫禮辭，許。入，揖讓如初。賓升一等，大夫從，升堂。注：賓先升，敵也，皆北面。庭實設，馬乘。注：乘，四馬也。賓降堂，受老束錦，大夫止。注：止，不降，使之餘尊。賓奉幣西面，大夫東面。賓致幣。注：不言致命，非君命也。大夫對，北面當楣，再拜稽首。注：稽首，尊君客也。致對，有辭也。受幣于楹間，南面，退，東面俟。注：賓北面授，尊君之使。賓再拜稽首送幣。大夫降，執左馬以出。注：出廟門，從者亦訝受之。賓送于外門外，再拜。明日，賓拜于朝，拜饔與餼，皆再拜稽首。注：拜謝主君之恩惠於大門外。《周禮》曰：『凡賓客之治令，訝聽之』。此拜亦皮弁服。

上介，饔餼三牢，飪一牢，在西，鼎七，羞鼎三；注：飪鼎七，無鮮魚、鮮腊也。賓、介皆異館。腥一牢，在東，鼎七。堂上之饌六。注：六者，賓西夾之數。西夾亦如之。筥及甕，如上賓。注：凡所不貶者，尊介也。言如上賓者，明此賓容介也。餼一牢。門外米、禾視死牢，牢十車，薪芻倍禾。凡其實與陳，如上賓。注：凡，凡飪以下。下大夫韋弁，用束帛致之。上介韋弁以受，如賓禮。注：介不皮弁者，以其受大禮似賓，不敢純如賓也。儐之兩馬束錦。士介四人，皆餼大牢，米百筥，設于門外。注：牢米不入門，略之也。米設當門，亦十為列，北上。牢在其南，西上。宰夫朝服，牽牛以致之。注：執紖牽之，東面致命。朝服無束帛，亦略之。士介西面拜迎。士介朝服，北面再拜稽首受。注：受，於牢東拜，自牢後適宰夫右受，由前東面授從者。無儐。注：既受，拜送之矣。明日，眾介亦各如其受之服，從賓拜於朝。

賓朝服問卿。注：不皮弁，別於主君。卿，每國三人。卿受于祖廟。注：重賓禮也。祖，王父也。下大夫擯。注：無士擯者，既接於君所，急見之。擯者出請事，大夫朝服迎于外門外，再拜，賓不答拜。揖，大夫先入，每門每曲揖。及廟門，大夫揖入。注：入者，省內事也。既而俟于宁也。擯者請命。注：亦從入而出請，不几筵，辟君也。庭實設四皮，注：麋鹿皮也。賓奉束帛入。三揖，皆行，至于階，讓。注：皆猶竝也。古文曰『三讓』。賓升一等；大夫從，升堂，北面聽命。注：賓先升，使者尊。賓東面致命。注：致其君命。大夫降，階西再拜稽首。賓辭，升成拜。受幣堂中西，北面。注：於堂中央之西受幣，趨聘君之命。賓降，出。大夫降，授老幣，無儐。注：不儐賓，辟君也。

擯者出請事。賓面，如覿幣。注：面亦見也。其謂之面，威儀質也。賓奉幣，庭實從，注：庭實，四馬。入門右。大夫辭。注：大夫於賓入，自階下辭迎之。賓遂左。注：見私事也。雖敵，賓猶謙，入門右，為若降等然。《曲禮》曰：『客若降

等，則就主人之階，主人固辭於客，然後客復就西階。』庭實設，揖讓如初。注：大夫至庭中，旋竝行。大夫升一等，賓從之。注：大夫先升，道賓。大夫西面，賓稱面。注：稱，舉也。舉相見之辭以相接。大夫對，北面當楣再拜，受幣于楹間，南面，退，西面立。注：受幣楹間，敵也。賓亦振幣進，北面授。賓當楣再拜送幣，降，出。大夫降，授老幣。

擯者出請事。上介特面，幣如覿。介奉幣。注：特面者，異於主君，士介不從而入也。君尊，衆介始覿不自別也。上賓則衆介皆從之。皮，二人贊。注：亦儷皮也。入門右，奠幣，再拜。注：降等也。大夫辭，擯者反幣。注：出還于上介也。庭實設，介奉幣入，大夫揖讓如初。注：大夫亦先升一等。今文曰『入設』。介升，大夫再拜受。注：亦於楹閒南面而受。介降拜，大夫降辭。介升，再拜送幣。注：介既送幣，降出也。大夫亦授老幣。擯者出請。衆介面，如覿幣。入門右，奠幣，皆再拜。大夫辭，介逆出。擯者執上幣出，禮請受，賓辭。注：賓亦為士介辭。大夫答再拜。擯者執上幣，立于門中以相拜，士介皆辟。老受擯者幣于中庭，士三人坐取羣幣以從之。擯者出請事。賓出，大夫送于外門外，再拜。賓不顧。注：不顧，言去。擯者退，大夫拜辱。注：拜送也。

下大夫嘗使至者，幣及之。注：嘗使至己國，則以幣問之也。君子不忘舊。上介朝服、三介，問下大夫，下大夫如卿受幣之禮。注：上介三介，下大夫使之禮也。其面，如賓面于卿之禮。

大夫若不見，注：有故也。君使大夫各以其爵為之受，如主人受幣禮，不拜。注：各以其爵，主人卿也則使卿，大夫也則使大夫。不拜，代受之耳，不當主人禮也。

夕，夫人使下大夫韋弁歸禮。注：夕，問卿之夕也。使下大夫，下君也。君使之云夫人者，以致辭當稱寡小君。堂上籩豆六，設于戶東，西上，二以竝，東陳。注：籩豆六者，下君禮也。設于戶東，又辟饌位也。其設脯，其南醢，屈，六籩六豆。壺設于東序，北上，二以竝，南陳。酙、黍、清，皆兩壺。注：酙，白酒也。凡酒，稻為上，黍次之，粱次之，皆有清白，以黍閒清白者互相備，明三酒六壺也。先言酙，白酒尊，先設之。大夫以束帛致之。注：致夫人命也。此禮無牢，下朝君也。賓如受饔之禮，儐之乘馬束錦。上介四豆、四籩、四壺，受之如賓禮。注：四壺，無稻酒也。不致牢，下於君也。儐之兩馬束錦。明日，賓拜禮於朝。注：於是乃言賓拜，明介從拜也。今文『禮』為『醴』。

大夫餼賓大牢，米八筐。賓迎，再拜。老牽牛以致之，賓再拜稽首受。老退，賓再拜送。上介亦如之。衆介皆少牢，米六筐，皆士牽羊以致之。

公於賓，壹食，再饗。燕與羞，俶獻，無常數。賓介皆明日拜于朝。上介壹食壹饗。若不親食，使大夫各以其爵、朝服致之以侑幣，如致饔，無儐。致饗以酬幣，亦如之。大夫於賓，壹饗壹食。上介，若食，若饗；若不親饗，則公作大夫致之以酬幣，致食以侑幣。

君使卿皮弁，還玉于館。賓皮弁，襲，迎于外門外，不拜，帥大夫以入。大夫升自西階，鉤楹。賓自碑内聽命，升自西階，自左，南面受圭，退負右房而立。大夫降中庭。賓降自碑内，東面，授上介于阼階東。上介出請，賓迎；大夫還璋，如初入。賓裼，迎。大夫賄用束紡。禮玉、束帛、乘皮，皆如還玉禮。大夫出，賓送，不拜。

公館賓，賓辟，上介聽命。聘享，夫人之聘享，問大夫，送賓，公皆再拜。公退，賓從，請命于朝。公辭，賓退。

賓三拜乘禽於朝，訝聽之。遂行，舍于郊。公使卿贈，如覿幣。受于舍門外，如受勞禮，無儐。使下大夫贈上介，亦如之。使士贈衆介，如其覿幣。大夫親贈，如其面幣，無儐。贈上介，亦如之。使人贈衆介，如其面幣。士送至于竟。

《禮記·曲禮下》 天子當依而立，諸侯北面而見天子，曰覲；天子當宁而立，諸公東面，諸侯西面，曰朝。漢鄭玄注：諸侯春見曰朝，受贄於朝，受享於廟，生氣文也。秋見曰覲，一受之於廟，殺氣質也。朝者位於内朝而序進，覲者位於廟門外而序入。王南面立於扆宁而受焉，夏宗依春，冬遇依秋。齊侯唁魯昭公以遇禮相見，取易略也。覲禮今存，朝、宗、遇禮今亡。諸侯未及期相見曰遇，相見於郤地曰會，諸侯使大夫問於諸侯曰聘，約信曰誓，涖牲曰盟。注：及，至也；郤，間也；涖，臨也。坎用牲，臨而讀其盟書。聘禮今存，遇、會、誓、盟禮亡。誓之辭，《尚書》見有六篇。

又《王制》 諸侯之於天子也，比年一小聘，三年一大聘，五年一朝。注：比年，每歲也。小聘使大夫，大聘使卿，朝則君自行。然此大聘與朝，晉文霸時所制也。虞夏之制，諸侯歲朝；周之制，侯甸男采衛要服，六者各以其服數來朝。

又《聘義》 聘禮，上公七介，侯、伯五介，子、男三介，所以明貴賤也。注：此皆使卿出聘之介數也。《大行人》職曰：『凡諸侯之卿，其禮各下其君二等。』介紹而傳命，君子于其所尊弗敢質，敬之至也。注：質，謂正自相當。

三讓而后傳命，三讓而后入廟門，三揖而后至階，三讓而后升，所以致尊讓也。注：此『揖』、『讓』，主謂賓也。『三讓而后傳命』，賓至廟門，主人請事時也。賓見主人陳擯，以大客禮當己，則三讓之，不得命，乃傳其君之聘命也。『三讓而後入廟門』，讓主人廟受也。《小行人》職曰：『凡四方之使者，大客則擯，小客則受其幣，聽其辭。』

君使士迎于竟，大夫郊勞，君親拜迎于大門之內而廟受，北面拜貺，拜君命之辱，所以致敬也。注：貺，賜也。賓致命，公當楣再拜，聘君之恩惠，辱命來聘者也。

敬讓也者，君子之所以相接也。故諸侯相接以敬讓，則不相侵陵。注：君子之相接，賓讓而主人敬也。

卿為上擯，大夫為承擯，士為紹擯。君親禮賓，賓私面、私覿，致饔餼，還圭璋，賄、贈、饗、食、燕，所以明賓客君臣之義也。注：設大禮，則賓客之也。或不親而使臣，則爲君臣也。

故天子制諸侯，比年小聘，三年大聘，相厲以禮。使者聘而誤，主君弗親饗食也。所以愧厲之也。諸侯相厲以禮，則外不相侵，內不相陵。此天子之所以養諸侯，兵不用而諸侯自為正之具也。注：『比年小聘』，所謂『歲相問』也。『三年大聘』，所謂『殷相聘』也。

以圭璋聘，重禮也。已聘而還圭璋，此輕財而重禮之義也。諸侯相厲以輕財重禮，則民作讓矣。注：圭，瑞也。尊圭、璋之類也。用之還之，皆爲重禮。禮必親之，不可以己之有，遥復之也。財，謂璧琮享幣也。受之爲輕財者，財可遥復，重賄反幣是也。

主國待客，出入三積，餼客於舍，五牢之具陳於內，米三十車，禾三十車，芻薪倍禾，皆陳於外，乘禽日五雙，羣介皆有餼牢，壹食，再饗，燕與時賜無數，所以厚重禮也。注：厚重禮，厚此聘禮也。

古之用財者不能均如此，然而用財如此其厚者，言盡之於禮也。盡之於禮，則內君臣不相陵，而外不相侵。故天子制之，而諸侯務焉爾。注：『不能均如此』，言無則從其實也。言『盡之於禮』，欲令富者不得過也。

聘、射之禮，至大禮也。質明而始行事，日幾中而後禮成，非强有力者弗能行也。故强有力者，將以行禮也。注：禮成，禮畢也。或曰行成。酒清人渴而不敢飲也，肉乾人饑而不敢食也，日莫人倦，齊莊正齊而不敢解惰，以成禮節，以正君臣，以親父子，以和長幼。此衆人之所難，而君子行之，故謂之有行。

《大戴禮記》卷一二《朝事》 古者聖王明義，以別貴賤，以序尊卑，以體上下，然後民知尊君敬上，而忠順之行備矣。是故古者天子之官，有典命官掌諸侯之儀，大行人掌諸侯之儀，以等其爵，故貴賤有別，尊卑有序，上下有差也。

典命諸侯之五儀，諸臣之五等，以定其爵，故貴賤有別，尊卑有序，上下有差也。命：上公九命為伯，其國家、宮室、車旌、衣服、禮儀皆以九為節；諸侯、諸伯七命，其國家、宮室、車旌、衣服、禮儀皆以七為節；子、男五命，其國家、宮室、車旌、衣服、禮儀皆以五為節。王之三公八命，其卿六命，其大夫四命。及其封也，皆加一等。其國家、宮室、車旌、衣服、禮儀亦如之。

凡諸侯之適子，省於天子，攝君，則下其君之禮一等；未省，則以皮帛繼子男。公之孤四命，以皮帛視小國之君，其卿三命，其大夫再命，士一命，其宮室、車旌、衣服、禮儀各視其命之數。侯伯之卿大夫士亦如之。子男之卿再命，其大夫一命，其士不命，其宮室、車旌、衣服、禮儀各如其命之數。

《禮》，大行人以九儀別諸侯之命，等諸臣之爵，以同域國之禮，而待其賓客。上公之禮，執桓圭九寸，繅藉九寸，冕服九章，建常九旒，樊纓九就，貳車九乘，介九人，禮九牢；其朝位，賓主之閒九十步；饗禮九獻，食禮九舉。諸侯之禮，執信圭七寸，繅藉七寸，冕服七章，建常七旒，樊纓七就，貳車七乘，介七人，禮七牢；其朝位，賓主之閒七十步；饗禮七獻，食禮七舉。諸伯執躬圭，其他皆如諸侯之禮。諸子執穀璧五寸，繅藉五寸，冕服五章，建常五旒，樊纓五就，貳車五乘，介五人，禮五牢；其朝位，賓主之閒五十步；饗禮五獻，食禮五舉。諸男執蒲璧，其他皆如諸子之禮。凡大國之孤，執皮帛以繼小國之君。諸侯之卿，禮各下其君二等，以下及大夫士皆如之。

天子之所以明章著此義者，以朝聘之禮。是故千里之內，歲一見；千里之外、千五百里之內，二歲一見；千五百里之外、二千里之內，三歲一見；二千里之外、二千五百里之內，四歲一見；二千五百里之外、三千里之內，五歲一見；三千里之外、三千五百里之內，六歲一見。各執其圭瑞，服其服，乘其輅，建其旌旂，施其樊纓，從其貳車，委積之以其牢禮之數，所以明別義也。然後天子冕而執鎮圭，尺有二寸，繅藉尺有二寸，搢大圭，乘大輅，建大常十有二旒，樊纓十有再就，貳車十有二乘，率諸侯而朝日東郊，所以教尊尊也。退而朝諸侯。為壇三成，宮旁一門。天子南鄉見諸侯，土揖庶

姓，時揖異姓，天揖同姓，所以別親疏外内也。公侯伯子男各以其旂就其位：諸公之國，中階之前，北面東上；諸侯之國，東階之東，西面北上；諸伯之國，西階之西，東面北上；諸子之國，門東，北面東上；諸男之國，門西，北面東上。及其將幣也，公於上等，所以別貴賤、字尊卑也。奠圭降拜，升，成拜，明臣禮也。奉國地所出重物而獻之，明臣職也。肉袒入門而右，以聽事也。明臣禮，職臣事，所以教臣也。率而祀天於南郊，配以先祖，所以教民報德不忘本也。率而享祀於太廟，所以教孝也。與之大射，以考其習禮樂，而觀其德行；與之圖事，以觀其能；儐而禮之，三饗三食三宴，以與之習立禮樂。是故一朝而近者三年，遠者六年，有德焉，禮樂為之益習，德行為之益脩，天子之命為之益行。然後使諸侯世相朝，交歲相問，殷相聘，以習禮考義，正刑一德，以崇天子。故曰朝聘之禮者，所以正君臣之義也。

諸侯相朝之禮，各執其圭瑞，服其服，乘其輅，建其旂旐，施其樊纓，從其貳車，委積之以其牢禮之數，所以別義也。介紹而相見，君子於其所尊，不敢質，敬之至也。君使大夫迎於境，卿勞於道，君親郊勞致館，及將幣，拜迎於大門外而廟受，北面拜貺，所以致敬也。三讓而後升，所以致尊讓也。敬讓也者，君子之所以相接也。諸侯相接以敬讓，則不相侵陵也。此天子之所以養諸侯，兵不用而諸侯自為正之具也。君親致饔既、還圭、饗食、致贈、郊送，所以相與習禮樂也。諸侯相與習禮樂，則德行修而不流也。故天子制之而諸侯務焉。

《左傳・僖公五年》　為文王卿士，勳在王室，藏於盟府。晉杜預注：盟府，司盟之官。

又《文公元年》　穆伯如齊，始聘焉，禮也。注：穆伯，公孫敖。凡君即位，卿出並聘，踐脩舊好，要結外援，注：踐猶履行也。好事鄰國，以衛社稷，忠信卑讓之道也。忠，德之正也；信，德之固也；卑讓，德之基也。

又《宣公十四年》　孟獻子言於公曰：『臣聞小國之免于大國也，聘而獻物，注：物，玉、帛、皮、幣也。於是有庭實旅百；注：主人亦設籩豆百品，實於庭以答賓。朝而獻功，注：獻其治國若征伐之功於牧伯。於是有容貌采章，嘉淑而有加貨，注：容貌，威儀容顏也。采章，車服文章也。嘉淑，令辭稱讚也。加貨，命宥幣帛也。言往共則來報亦備。謀其不免也。誅而薦賄，則無及也。注：薦，進也。見責而往，則不足解罪。今楚在宋，君其圖之！』公說。

又《襄公元年》　冬，衛子叔、晉知武子來聘，禮也。凡諸侯即位，小國朝之，注：小事大。大國聘焉，注：大字小。以繼好結信，謀事補闕，禮之大者也。注：闕猶過也。禮以安國家、利民人為大。

又《昭公三年》　子大叔曰：『【略】昔文、襄之霸也，注：晉文公、襄公。其務不煩諸侯。令諸侯三歲而聘，五歲而朝，有事而會，不協而盟。』

又《昭公四年》　六月丙午，楚子合諸侯于申。椒舉言於楚子曰：『臣聞諸侯無歸，禮以為歸。今君始得諸侯，其慎禮矣。霸之濟否，在此會也。夏啓有鈞臺之享，商湯有景亳之命，周武有孟津之誓，成有岐陽之蒐，康有酆宮之朝，穆有塗山之會，齊桓有召陵之師，晉文有踐土之盟。君其選焉。』王曰：『吾用齊桓。』

椒舉曰：『夫六王二公之事，皆所以示諸侯禮也，諸侯所由用命也。夏桀為仍之會，有緡叛之；商紂為黎之蒐，東夷叛之；周幽為大室之盟，戎狄叛之。皆所以示諸侯汰也，諸侯所由棄命也。今君以汰，無乃不濟乎？』王弗聽。

又《昭公十三年》　叔向曰：『國家之敗，有事而無業，事則不經；注：業，貢賦之業。有業而無禮，經則不序；注：須禮而有次序。有禮而無威，序則不共；注：禮須威嚴而後共。有威而不昭，共則不明。注：威須昭告神明而後信義著。不明棄共，百事不終，所由傾覆也。注：信義不明則棄威，不威棄禮。無禮無經，無經無業，故百事不成。是故明王之制，使諸侯歲聘以志業，注：志，識也。歲聘以脩其職業。間朝以講禮，注：三年而一朝，正班爵之義，率長幼之序。再朝而會以示威，注：六年而一會，以訓上下之則，制財用之節。再會而盟以顯昭明。注：十二年而一盟，所以昭信義也。凡八聘四朝再會，王一巡守，盟于方嶽之下。志業於好，注：聘也。講禮於等，注：朝也。示威於衆，注：會也。昭明於神，注：盟也。自古以來未之或失也。存亡之道，恒由是興。晉禮主盟，注：依先王、先公舊禮，主諸侯盟。懼有不治，奉承齊犧，注：齊盟之犧牲。而布諸君，求終事也。』注：終，竟也。

《公羊傳・莊公四年》　古者諸侯必有會聚之事，相朝聘之道，號辭必稱先君以相接，然則齊紀無説焉，不可以竝立乎天下。

《戰國策》卷首《〔漢〕劉向〈戰國策序〉》　及春秋時，已四五百載矣，然其餘業遺烈，流而未滅。五伯之起，尊事周室。五伯之後，時君雖無德，人臣輔其君者，若鄭之子產，晉之叔向，齊之晏嬰，挾君輔政，以並立於中國，猶以義相支持，歌詠以相感，聘覲以相交，期會以相一，盟誓以相救。天子之命，猶有所行。會享之國，猶有所恥。小國得有所依，百姓得有所息。孔子曰：『能以禮讓為國乎？何有？』周之流化，豈不大哉！

宋·王欽若等《冊府元龜》卷一六八《帝王部·却貢獻》　禹別九州，以任土實；周設九貢，以致邦用。量遠近之宜，制輕重之法，各以所有，陳之藝極。諸侯述職，非為重幣也；四海會同，非寶遠物也。歸於宰旅，賦之以時。其或獻未有程，人匪知禁，或以奇而入貢，或以貴而樂輸。遠方之珍，不足以登俎豆；非時之物，不足以充庖廚，徒罄下情，靡資國用。歷代王者知上之所好，下有甚者，故斥之而不御，還之而不有，書於簡冊，垂為軌範，玆亦有國之盛美也。

又　卷二四五《列國君部·朝聘》　《傳》曰：諸侯三歲而聘，五歲而朝。又曰：歲聘以志業，間朝以講禮。繇是評貢賦之職，講班爵之義，宴享以示惠，采章而慎儀。蓋小所以事大，大所以字小，乃周室之舊制，列國之遺範也。原夫竝建之始，胙土相繼，著之典法，納於軌物。其後力政專命，强弱異勢，以至獻物薦賄，旅百而有加；共職歸事，駿奔而不暇。當夫鄰國之繼好，霸令之不煩，固宜講信修睦，謀事補闕。其流風話言，可觀也已。

又　卷二四六《列國君部·盟會》　《傳》稱誥誓不及五帝，盟詛不及三王。自周室東遷，諸侯力政，彊陵弱，大侵小，或夷狄交亂於中國，或霸王臨長於庶邦，繇是坎牲歃血之事作矣。若夫稱之以先代，要之以明神，形於載書以著其信，誓及後世以圖其終，固宜守之而勿渝，奉之而可久。其或假璧易田，乃成於詐諼；捧盤執耳，或至於紛紜。可尋可寒，逮乎長亂；是糾是殛，垂之空言。自非仗仁義之名，保丹青之誓。恤病討貳，以存亡國而討不睦；勤王尊主，以翼天子而訓諸侯。苟異於斯，亦鮮以濟。

宋·葉夢得《春秋考》卷二《統論》　朝覲、會同皆見于廟，蓋推本祖考，不敢自享其禮之意。凡諸侯之有罪，或畏而不敢朝，其有疑而懟于王者；或懟之者在此，而被懟者在彼，皆不可得而遽治。所主者，尊天子之禮而已，故無所用盟。會同或和其乖爭，或討其叛亂，或施其政令，使各協心而竭其力。以人事不足盡則要之于神，故有盟會，天子不時見諸侯之禮也。雖諸侯且不得自相會，而況會戎乎？【略】

盟非先王之正禮也。故朝、覲、宗、遇，諸侯以四時見王于廟者，皆無盟。然自堯舜以來，未有能廢之者也。《書》曰『苗民弗用靈，制以刑；罔中于信，以覆詛盟。』蓋古之治民，不獨要以人事，凡山川百神與宗廟事其祖考者，歲無不有禱祠祭祀，以示其敬。故人事所不能盡者，亦必期之神。諸侯有非時而來朝者曰『會』。十有二歲，王不時巡，率諸侯而來朝者曰『同』。二者非朝之常禮，則為之築宮，為壇于國外，設方明而祀之，謂之盟。非時而來朝者，必有不協而請之王也，則為之盟以信之。王不時巡而朝諸侯者，必有戒之事而使守也，則為之盟以一之。其設官曰『司盟』。凡邦國有疑，則掌其盟約之載，而大司寇莅焉。大約書之宗彝，小約書之丹圖，此其細者也。若其大者，則各以其地域之衆庶共其牲，凡殺牲載書而不歃血者，會也；歃血坎其牲，加書于上而埋之者，盟也。然是非天子不可行。天子者，百神之所主，而天下之所聽焉者也。安有諸侯而可主神者乎？諸侯而有盟，皆僭也。春秋之初，隱公之罪，首見于邾儀父，蓋無國而不然。至齊小白霸，諸侯始從而受盟。《春秋》以為王法不行于天下，猶有鬼神焉，使知所事，而甘心其于弭亂息爭而驅之善，猶以為愈。故鄭伯逃盟，不免于誅。如是猶有口血未乾而渝之者，況并其神而欺之乎！故盟之罪，既書于《春秋》固不可逃，而所為盟者猶不盡廢也。

晉成虒祁，諸侯朝而歸者皆有二心。叔向曰『諸侯不可以不示威』，乃並徵會，遂會及盟于平丘。齊侯、鄭伯盟于鹹，亦徵會于衛，遂盟于沙。則霸主與大國之會與盟，未有不先令之，或求而與為期者。故晉為鄭服，欲修好于吳，將合諸侯，使士匄告于齊曰：『寡君使匄，以歲之不易，不虞之不戒，寡君願與一二兄弟相見，以謀不協，請君臨之。』楚人因鄭、許之朝，止之，以求諸侯，使椒舉致辭于晉，曰：『晉楚之從，交相見也。以歲之不易，寡君願結驩于二三君，使舉請間。君若苟無四方之虞，則願假寵以請于諸侯。』此求盟之辭也。《春秋》詳內，故凡書『公會某』、『盟于某』者，皆彼求而我會

之，以外為主也。書『公及某』、『盟于某』者，皆我求而及彼，以我為主也。若直盟者，皆外盟，彼我皆無與焉。以告則書爾。故會而盟者，猶言某會、某伐、某及而盟者，猶言某師及某師戰于某云爾。來盟者，彼請之；莅盟者，我從之，皆以一國言，亦若是而已。

周制，諸侯之盟，書皆登于天府而藏，其貳于太史、內史、司會及六官。齊師伐我，展喜犒師，言成王賜周公、太公之盟曰『世世子孫無相害也。』以為載在盟府，太師職之者是也。踐土之盟，蔡將先衛，祝佗記其載書『衛武、蔡甲午』，以為藏在盟府。此皆文公之霸，猶能舉舊禮而行之，則先王典法，雖春秋僭亂之世，或廢或存，亦未必其皆棄也。【略】

盟與會本一事，其所以異者，特歃血、不歃血爾。會而不盟者，有矣，未有盟而不會者也。故《經》有書直會，無書直盟；有書及盟，無書及會。會者，本相與為好者也。雖有為之主者，然此欲會而彼不從，亦何由合？故內會，公與內臣皆但言會于某；外會，但言某會于某而已。此記禮會，不別內外為志也。乃盟，則固在其間，然必有事焉，而後會盟。事之所主，不可以不別，或以會別外，或以及別內。既以是為辨，則盟之言會者，非謂會禮，謂其合也。會，一名而有二義。或以會禮言，則為直會；或以聚辭言，則為衆會；必有不得已，然後會與及參見。首止之會，公及齊侯、宋公、陳侯、衛侯、鄭伯、許男、曹伯會王世子。先言及，而後言會。諸侯尊王，世子不敢與同會，則以公及諸侯而殊王世子也。黃池之會，公會晉侯及吳子。先言會，而後言及。吳、晉兩皆霸，不可不先晉侯，則以公會晉侯而及吳子也。至吳鍾離、柤、向三會，又言會，乃以狄吳殊之，不以序。前會為聚辭，後會為會禮，非《春秋》之常。而學者不曉會盟為聚辭，皆謂會而後盟，及盟不會而盟。夫豈有不會而可為盟者，何必更言會？必以會盟為會禮，則會伐、會圍、會救之類，亦豈先講會禮而後為乎？

直會自不當與會盟、及盟同論。此學者所以迷而不悟也。凡盟未有不會者也。會本天子時見諸侯禮之名，因其有不協，天子為和解，故為盟以要之神，會本不為盟設也。故《周官》雖有『司盟』之官而無正盟之禮，以為因會而見，不得已而正諸侯，非所以禮諸侯也。是以天子以會為主而因為之盟，乃春秋諸侯不特霸主及强國與之和解，蓋有雜然命事而懼其不從者，皆盟以固之，如是猶有歃血未乾而叛者，何有于相見之禮乎？然盟非會無自而講，不得須為會，則未有盟而不會者，是以諸侯以盟為主而因為之會。以盟為主，故但書盟要之。會盟當與會圍、會伐、會救等同論，不當與直會同論也。不然，此四者亦當講會禮而後為乎？盟會之辨，惟在歃血、不歃血。左氏于虢會云『令尹請用牲』，讀舊書加于牲上，此不歃血也。其後復云『三月甲辰，盟。』若是，《經》何以不于三月盡盟？杜預知其失，强謂不歃血。若是，則會爾。盟、會左氏且不知，況後學哉！

盟、會之辨，度左氏似皆不了意。若以為會必有盟，盟未必有會者，始入經傳。公會戎于潛，不知其為直會也，則曰：『戎請盟，公辭。』此理或有之，故不書盟，猶云可也。至宋公、齊侯、衛侯瓦屋之盟，《經》但書盟，會自在其間。而左氏特出『秋，會于温，盟于瓦屋』，以温與瓦屋為兩地，則瓦屋為無會耶？至公會齊侯、鄭伯于中丘，復云『癸丑，盟于鄧，為師期。』夫會、盟若一事，則雖先會後盟，自當止書盟；會以盟設，自不必書也。若會、盟為二事，則會、自會，盟自盟，雖併日猶當各書，豈以前會而包後盟乎？此入《經》之初，憒憒自如此。故其後，凡會多益之以盟，亦特言會，大抵略同。則左氏不特不知經書盟會之義，雖當時盟會之事，自不能別也。

《禮》曰：『諸侯未及期相見曰「遇」，相見于郤地曰「會」，約信曰「誓」，莅牲曰「盟」。』此非知禮者之言，嘗聞乎《春秋》而不得其說者也。是四名者，皆非諸侯之所得為，吾固言之矣。則記禮者，將以是為先王之禮乎？為《春秋》言之乎？以為先王之禮，則未聞先王立經陳紀，以正萬世，而逆取諸侯之僭禮而為之名也。以為《春秋》言之，則禮何預于《春秋》也？然則是亦漢初諸侯竊取《春秋》之所書，不知其為僭，而妄意以為先王之制而載之《禮》，是故君子不可以不知《禮》也。【略】

有盟，有同盟。朝、覲、宗、遇者，四時而殊見也。會、同者，非時而衆見也。四時而殊見者，常也，故在廟而不盟。非時而衆見者，非常也，故在國外為宮，四門設壇，加方明于上，天子各于其方之門，祀方明而盟焉。何以有非時而衆見？《周官》曰『時見曰會，衆見曰同。』又曰『時會以發四方之禁，殷同以施天下之政。』二者非諸侯見王之節，王合諸侯而見之者也。朝、覲、宗、遇，以禮見王而已。若有征伐以討不然，則命方伯連帥而諸侯從焉。此之謂時會，故曰『發四方之禁。』王十二歲一巡守，諸侯會于方嶽之下而受命；王不巡守，則合諸侯受命于王國。此之謂殷同，故曰『施天下之政。』

禁與政，亦盟之以約信，故有盟則《司儀》所謂『將合諸侯，則令為壇三成，宮旁一門』，而《司盟》所謂『凡邦國有疑會同，則掌其盟約之載』者也。周衰，王政不行，諸侯不協，交相為盟，不請于天子。殺牲、載書、歃血，要之以神而已。此凡書盟而不言同者是也。自莊公以後，齊小白欲圖霸，猶未合諸侯也。及威令日伸，諸侯之從命者亦日衆，故請于天子，假殷同之禮而行焉。亦將施天下之政以奬王室，使諸侯知所重。此兩會幽，所以始書『同盟』歟？小白死，宋襄公欲圖霸，亦首為曹南之役，則追小白之志也。

同盟之禮，始于齊小白。蓋方圖霸，懼諸侯之未能皆聽己，亦將以假天子之令而申之，使相與共尊王室。故莊十六年同盟于幽，小白于是霸矣。至二十七年而再同盟于幽，歷十有二年，猶用天子巡守之節。吾是以知同盟之為用天子殷見之禮也。自是不復再舉，蓋霸業已成，天下諸侯皆尊信之，不必挾天子以為重。晉重耳温之會，天王在焉而不盟，蓋欲以己盟之則不可，欲使天子盟之則諸侯知其出于重耳，未必肯聽，故但會而已。明年而諸侯之大夫會王人，盟于翟泉，以尋踐土之盟。翟泉在王城之内，而不言同盟。是時王室微，重耳不能率諸侯以朝王，而以其大夫請于王而就為之，則亦與諸侯之自相盟者何異？又三年而重耳卒，故終重耳之世不為同盟。至文之新城，趙盾以大夫舉之，則與小白之志異矣。自是訖昭之平丘，凡十有三盟，皆不足言，但為僭而已。《公羊》、《穀梁》不知此為竊殷見之禮，或謂之同尊周，或謂之同外楚者，皆誤也。

又　卷一四《成公》　諸侯無事，歲以禮見乎天子。朝、覲、宗、遇，四時之常朝也。若夫時見之會，殷見之同，乃四時非常之間朝。《書》曰『六年，五服一朝』。蓋五服諸侯每歲一服入見，五服當朝之歲，四方各以時來，東方以春，南方以夏，西方以秋，北方以冬，至五年而一周，然後六年皆一朝焉。此周制諸侯朝王之節也。《春秋》之法，凡朝皆書『如』外；如不書，非其事也。而終魯之世十二公，其如京師，僅一見于成公而已。不應如是其疏。或曰『五服諸侯，各以其歲與時朝而不失節，皆常事，故不書』。此宜有之，然以桓公即位，至莊公而始錫命，是終桓之世，未嘗朝也，則不朝與朝不失節者，何以別乎？蓋桓之不朝，于無王既見之矣，不疑其為朝不失節也。然則周雖衰，魯之諸公非桓公皆不失其常朝之節矣。其于成公特書者，古者四時之朝，各以其孟月。吾何以知之？以朝廟推之。諸侯歲一朝廟，必以正月，謂之朝正。蓋作事，必于其始。事死猶然，而況于生！魯于五服為男服，三歲一朝，十三年五朝，朝之節也。不以正月朝而以三月，蓋是歲諸侯方約五月為伐秦之役，故緩之，即三月而朝，故特挈而見。如以為此非春朝，又非會同之朝，猶諸侯之相過自伐秦，過京師即之以見王，爾其慢上，孰甚此乎？

【略】

諸侯之邦交，所謂殷相聘者，殷之為言中也，猶『以殷仲春』之『殷』，故《禮記》有《聘義》，《儀禮》有《聘禮》。《聘義》曰：『天子制諸侯，比年小聘，三年大聘。』《聘禮》曰：『小聘曰問。』『久無事焉，則聘。若有故，則卒聘。束帛加書將命。』鄭氏以比年小聘為歲相問之聘，三年大聘為殷相聘之聘，近之矣。然大聘不必限以三年也。以無事之聘為無盟會之事，有故之聘為宋災之類，則因事而命使，亦謂之聘。是諸侯使客之往來，均謂之聘。無事而殷聘，在臣禮為最盛者，則正名之聘，包存省之類，則其禮之小或有故之之聘，則槩名之問。故問不享，有獻，不及夫人，主人不筵几，私而不升，不郊勞。其禮如大聘之上介而已。《禮》之所記，所以止存《聘義》、《聘禮》而略問禮，蓋舉大以見小，而或者乃謂存省之類，其禮亡者，非也。此周制之見于經者。然鄭游吉言文、襄之霸，『其務不煩諸侯，令諸侯三歲而聘，五歲而朝，有事而會，不協而盟』，則聘之禮簡而朝之禮數，固已異乎古矣。

宋·沈棐《春秋比事》卷一二《盟》　嘗讀《周官·司盟》掌盟詛之法。凡邦國有疑會同，則掌其盟約之載。初有疑於《周官》。夫當周全盛之時，聖王在上，方國諸侯同心協力以藩屏王室，朝覲、會同，各以時至。九伐之法，雖設而不施也。安得有疑會同哉？盟者，亂世之事，蓋出於衰周之際王德不競，信義不足以懷遠，威刑不足以制强，諸侯攜貳不能協一，是用假展牲歃血之事，以要一時之信，而背信産亂實起於此。《詩》曰：『君子屢盟，亂是用長。』此言不出於成、康而刺於《變雅》。夫使周公輔佐成王，建卜世之基，而虞人之不信，區區恃盟詛以時繩約之，蓋亦危矣。然則司盟之職，載於禮典，果可疑也。嗚呼！東遷之後，列國交盟紛然四起，或會諸侯而同盟，或合一國而自盟，其甚出於大夫，又其甚出於戎蠻。去古浸遠，盟約浸繁，頹波横潰不可禁制。雖或質之鬼神，鉗之以禍福，實之以載書，然口血未乾，兵刃已接，則回視前日之盟，適資狙詐之計耳。然則按《春秋》所書，以想觀先王之盛，則司盟之職載於典禮又可疑也。聖人傷信義之不復見，而諸侯變古

易常以滋亂後世，故自隱迄哀，凡盟詛之事皆備書於《春秋》，所以疾當時而律萬世也，請考《經》次第論之。夫《經》有書內盟者，有書外盟者。內盟謂魯於一國自盟也，其間有公盟，有大夫盟，有莅盟，有來盟，有聘而盟。外盟謂諸侯交盟也，其間有諸侯盟，有大夫盟，有戎蠻盟。此內外書盟之大要也。

又《總論》 夫總諸盟以論，同盟者十六，伐而盟者四，救而盟者一，會而盟者三，葵邱、新城、夷儀。盟王臣者八，盟于師者二。其間或諸侯，或大夫，或夷狄，或盟而合義，或盟而非正，皆已備言於前矣。就其中以等之，莫善於同盟。何則？隱、桓之間，不過列國諸侯自結盟好，營其私欲而已，未有大合諸侯以名義安中國也。小白之興，始有同盟之事，後世因之，晉國諸君遂得循其軌轍。凡繫中國之利病，必合諸侯而同盟其間，雖間有攜貳而駢肩接武，并力一心，亦足以維持中國，使不至於橫潰。故雖吳越之强橫，兵車馬跡交亂天下而不能亡天下者，繫同盟之力也。考之諸盟，在小白之時，莫盛貫之盟，至牡邱則稍衰矣。在景公時，莫盛於蟲牢之盟，至蒲則稍衰矣。在悼公時，莫盛於雞澤之盟，當時鄭已純服，二十一年叛晉，則是盟非特隆於一時，蓋自重耳之没未有也。自悼公没，歷平至昭霸業墮地，合國同盟雖間有之，然既不足以得鄭，又不足以敵楚，無復曩時强盛，雖盟無益也。然夷狄之國在春秋有三，惟楚之盟六見於《經》，至吳與秦則蔑然無聞。何也？蓋楚雖數病中國，而諸侯從之者，不過陳、蔡、鄭而已，況其往來晉、楚，服叛不常，其修盟之事，宜於罕見。至秦則僻處西土，鮮通中原。吳雖攝楚之迹，累會諸侯，然絕無與國以為肘腋之助，將誰與盟哉？嗚呼，向使《春秋》無齊、晉之君，齊、晉無同盟之事，主盟之柄歸於吳、楚，則中國之民被髮左衽久矣。然則障巨川狂瀾若二霸者，誠有功於衰周也。

又 卷一三《會》 會同之禮設於宗伯，掌於行人，周之常典也。成、康盛時，諸侯率服，因時而會，莫敢怠違。《頌》之所美，揚和鸞，鳴佩玉，以形容禮儀之盛而已，未嘗言會諸侯也。會諸侯不言者，以當周隆興，會同常禮，不以此為盛美也。厲王不道，周室顛危，宣王中興，鳩散討貳，復總諸侯而臣之，於是有東都之會。詩人紀之《車攻》，以善宣王復古，其後犬戎作難，周又不競。平王東播，權歸諸侯，時無宣王之賢以振皇綱，東都之會不可復見，始紛亂於方國矣。《傳》曰『諸侯有王，王有巡狩，以大習之，非是不舉』，則古者之會，一於宗王，非假禮文而遂私欲也。春秋衰世，王德不足以懷天下，法制刑威之柄又不足以鉗束之，於是諸侯傲然自張，無復為王而會。凡端委弁冕翬贊乎邦國者，非干戈敵仇則盟誓固黨，非窺人土地則保我疆邑，車輪四馳，蔑有寧歲。始也諸侯專之，其次大夫專之，其次吳、楚攘之。禮法變蕩不可扶持，回視西周之美無復翼其髣髴矣。聖人傷之，采摭舊史，具載筆削，使天下後世所尊者王。凡《春秋》書會，皆文、武、成、康之罪人也。謹按《經》所書，有內與一國自會者，有外與諸侯交會者，有合諸侯而大會者，或主於霸主，或主於大夫，或主於吳、楚，要不可以不辨。請次其說。

又《總論》 夫總諸侯以論之，霸主之會，齊莫盛於陽穀，晉莫盛於蕭魚。其最不善者，桓之時莫盛於稷，襄之時莫盛於澶淵。陽穀之會服江、黄，蕭魚之會純服鄭。考之前後，無與比者，實春秋非常之功也。至稷之會，成宋督之惡；澶淵之會，背歸宋之財。其不信不義甚矣，故《經》特書所會之事，曰『成宋亂』，曰『宋災故』者，顯著其惡也。嗟夫！列國之會，其盛如此，而合於義者不過一二數，然則當時諸侯、大夫所以修會之意，果何為哉？宜乎《春秋》屢書而不隱。

又 卷一四《朝》 古者邦國，惟諸侯入覲天子，歲有常禮。至於列國，必嗣君繼立，然後得以相朝，所以修先君之好，嚴謹始之禮也。春秋之時王綱不施，朝覲之禮浸以廢弛，孱君弱國無所宗嚮，區區欲保守疆土幸免并吞，苟其勢力强盛，足以肆凌轢者，莫不劚車重研，奔走而臣事之。是以魯國之君則朝於晉、齊，而邾、莒、滕、薛則朝於魯。蓋各以强弱相制，勢使然也。夫以先王盛時，方國諸侯所以朝事不懈者，唯天子一人而已，未聞有强國也。及周之衰，是禮不行於天子，而雄强之國侵權僭禮，偃然以王者自居，其於天子蔑無尊事之心，僅同一小國耳。聖人傷周之不振，而悼弱之無依，是以舉相朝之禮，具載筆削，請得而論之。

又《聘》 諸侯相聘，雖著於國典，然三代盛時，聘問之禮，玉帛之使，所以交通於京國者，蓋欲講信修睦，比小事大，同心協力以藩翰王室也。春秋以來，此禮雖存，大抵連衡合黨以相比周，非欲保我社稷則利彼疆土，是以藉縟儀，營私意，覬為緩急之援而已。非若先王時示恩結好，經營以衛上也。故聖人載於筆削，以傷其禮存而義廢焉。請備言之。《經》書晉聘十二：成三年，晉荀庚來聘；八年，晉士燮來聘；十一年，郤犫來聘；十八年士匄；襄元年荀罃；八年士匄；十二年士魴；二十六年荀吳；二十九

年士鞅；昭二年韓起；二十一年士鞅。齊聘五：隱七年弟年；桓三年弟年；僖三十三年齊國歸父；宣十年齊國佐襄；二十七年齊慶封。宋聘四：成四年華元；八年華元；襄十六年向戌；昭十二年華定。衛聘四：文四年寧俞；成二年孫良夫；襄元年公孫剽，七年孫林父。陳聘一：莊二十五年女叔。鄭聘一：襄五年公子發。楚聘三：莊二十三年荆人；文九年椒襄，三十年薳罷。秦聘一：文十一年術。吴聘一：襄二十九年，吴子使子札來聘。凡此三十一聘，或敵國内聘而相執，或大國因朝而下聘，或假聘以圖事，或因聘而結盟。左氏所載雖各有事實，然筆削之意大旨略同，無可深議。今摭其可言者而論之。

又《總論》 夫總中國而論之，則齊、晉於魯，大國也；宋、衛、陳、鄭，敵國也。吴、楚、秦，夷狄之强也。强大之國，勢足以陵我；比肩之國，勢足以抗我，故其交結於我者，止有來聘之文而無朝事之禮。蓋齊自隱七年以來聘魯，而晉自成三年始見《經》者，蓋晉以僖二年始入《春秋》，比之於齊，未甚强也。重耳興霸，晉文勢盛，然在位不久，此禮未舉。歷襄公及靈公，晉霸中微，魯方勤齊，交晉頗簡；至宣十七年景公即位，斷道之盟，始同晉會。明年，遣公孫歸父一聘于晉。成公即位，魯數被齊難，方堅晉之好。禮文綢繆，故二年敗齊于鞌，三年晉遂來聘，則知晉之於魯至是而始聘者，以魯奉事之謹，晉於是修聘以答其意也。自是以後，魯一於事晉，故晉之聘禮驟多於齊，而齊之聘魯，不過襄二十七年一聘而止耳。至陳則在隱、桓、莊、僖之間交通中國，其後脅制於楚，禮文疏絶，故莊二十五年一聘而止。鄭以小國介乎晉、楚，左右脅迫，干戈日侵，不敢一於所嚮，故於諸侯禮文稀濶。暨襄二年，悼公興霸，五年，城虎牢以逼鄭，鄭始歸服。中國舉曠絶之禮，求以自新，故特於襄五年來聘也。若夫衛、宋兩國，則自文、宣以來至襄、昭之間，始有聘禮。蓋前此者二霸迭興，諸侯一心服從霸主，盟會薦舉，信好敦固，不待聘問而相親也。後此者霸業不競，諸侯攜貳各懷異心，雖盟會之禮且猶墮廢，況玉帛之使乎！洎吴、楚、秦三國聘魯，先後抑又可言。蓋楚以莊九年始入春秋，是時小白雖經營霸業，而未成服楚之功，楚勢方張，欲收結諸侯，與齊為抗，故二十三年始來致聘。雖中更二霸，或盟或戰，足以挫其鋒鋭。二霸既没，楚復偃然有窺中國之心。至文九年，乘晉靈之驕暴，遂復修聘以求諸侯。及襄三十年晉悼即世，平公繼之，不能克修先烈，以張中原，故自襄二十七年以後，夷狄侵柄，與晉交盟，晉遂挈諸侯委屬於楚，曾莫之止，是以三十年又來一聘。吴自成七年躡楚之蹤，傲睨天下，當時諸侯病楚之强，力不能勝，方欲假吴為援，於是驅率同盟，屈意就會，故吴得以交通諸侯，復如强楚，此襄二十九年所以來聘魯也。若夫秦則僻居遐壤，罕援中土，故自僖以前，闃無聘問之文。及文公時與晉為仇，屢舉大戰，至十二年間其衰釁，交結諸侯，欲以解晉之援，故修聘禮。然則此二國者雖名聘好，原其心非服諸侯以逞志，則結諸侯以求援也。嗚呼，先王裁制聘禮以示後世，將要敦睦之實，不獨於區區之文也。春秋衰世，物具而意違，名侈而實喪，故交聘之禮雖舉行於邦國，當時諸侯規利背義，仇好不常，玉帛方加，兵刃已接，則繁文末禮，適以長禍亂耳。吁可歎歟！

元・趙汸《春秋屬辭》卷一五《朝聘類》 凡諸侯來朝，皆成禮而後書，故言朝。同時俱至，兼言之；滕侯、薛侯。同時異至，殊言之。穀伯、鄧侯。非朝則直言其事。獻戎捷，奔喪，會葬。畿内諸侯不言朝，祭伯、州公，魯以王臣之禮接之，不二尊也。外裔來不言朝，不能行朝禮。公在外不言朝。蕭叔。

凡王在外，曰公朝于王所。公在外，曰某君朝公。世子來朝，曰某君使其世子某來朝。内女以其子來，曰來朝其子。代父行朝禮，故曰使來朝。卒不成朝禮，故曰朝其子。

又《盟會類》 凡載書歃血曰盟，不相盟而結言曰胥命。凡内特相盟，内為志稱及，外為志稱會。《傳例》：君臣同辭。自參以上皆稱會。魯無事合諸侯之事，君臣同辭。公如伯國受盟稱及，公與外大夫盟稱及，與戎盟稱及。大夫與戎盟稱會。彼盟於我曰來盟，我盟於彼曰涖盟，聘而後盟曰及某盟。彼故不盟曰弗及盟，此不得盟曰不與盟。皆説見第一篇。

凡伯者服貳曰同盟。非為諸侯之叛服而盟者，皆不言同。請與曰乞盟，後期曰會盟，别盟稱及、又及。襄十三雞澤。

凡釋怨曰平，平亂曰成。内欲平曰及某平，外欲平曰暨某平。外相平曰某及某平，内平外曰平某及某。

凡以會禮相見曰會，不以會禮相見曰遇。

凡謀伐稱會。如桓會伐鄭，莊會伐衛之類。前定稱及。桓十二，公會鄭伯，盟于武父。十二月，及鄭師伐宋。既盟而後伐不言會。十七年秋，及宋人、衛人伐邾。微者受命于國不言會。僖四年秋，及江人、黄人伐陳。同受命於伯主不言會。

凡伯主避不敢主，言及以會。公及齊侯會王世子于首止，桓公帥諸侯以會王世子，而不自主會，乃禮之宜。非是特設以尊王世子，亦非夫子特筆。殊外裔言會又會。成十五鍾離，襄十柤，十四向。此與『及以會』異者，晉君臣既以主會之禮會諸侯，而後會吳也。陳氏均謂之殊會，誤矣。兩主之，言會以及。公會晉侯及吳子于黃池。【略】

凡主會者所序。《公羊傳》曰：『其序則主會者為之。』主會謂伯者。伯主序諸侯上，齊桓創伯，自單伯會諸侯于鄄以後，齊侯恒序宋公上，唯遇梁丘序爵。蓋見禮相見，書如其班，與主會不同。晉自文公以後，終春秋，序齊侯、宋公上。齊侯序宋公上，桓十三年，紀鄭之戰，齊侯始序宋公上。《外傳》：『齊僖於是乎小伯。』其先宋，蓋以彊大爾。自桓伯以後，終春秋，齊君序宋君上。陳侯序衛侯上，衛侯序蔡侯上。入春秋，皆以蔡、衛、陳為序。桓十六年伐鄭，衛侯、陳侯序蔡侯上。杜氏以為蔡後至，亦時衛彊，齊、宋皆以為黨故也。自後陳常先蔡。莊十五年齊桓會鄄而後，陳侯復先衛。杜氏以為陳介於齊、楚之間，為三恪之客，故桓公進之。今案：時蔡已從楚，故桓公進陳，以勉勵之，自後陳當在衛上。至襄、昭之世，陳侯從楚，恒序蔡侯下，蓋楚人以蔡先服，故先蔡。至定四年，會召陵侵楚，蔡侯始復從中國，故序衛侯上。子、男序侯、伯上，男序子上。莊十六年，同盟于幽，許男序滑伯上。僖四年伐楚以後，恒序曹伯上。十六年會淮，序邢侯上。成五年，同盟蟲牢，邾子序杞伯上。六年，同盟馬陵，莒子、邾子序杞伯上。以後莒、邾恒在杞上。世子序小國之君上。晉悼之會，齊世子光恒序薛伯、杞伯、小邾子下。襄十年，序滕子、薛伯上。十一年，序莒子、邾子上。《傳》以為先至，非也。齊，大國也，而每貳于晉，故悼公違禮，進其世子以説齊。【略】

凡楚主盟會，序諸侯上。楚得諸侯，與中國伯主待與國不同。陳、蔡以下服役，僅同縣鄙，其序於所從諸侯上，史文之實録也。唯其能用諸侯禮交於中國，故史從周制，四夷大者稱子以紀事。而孫氏、陳氏皆有與楚以伯之説，蓋不知《春秋》辭從主人，而或以變文見義，策書大體自若也。

明·唐順之《荆川集》卷一二《讀春秋》 《春秋》，王道也。天下無二尊，是王道也。禮樂、征伐、會盟、朝聘、生殺之權，一出於天子，而無有一人之敢衡行，無有一人之敢作好惡，作威福，是王道也。是故大宗伯以賓禮親邦國，而以間會發四方之志。天子巡守，諸侯既朝，則設方明而盟，是會盟者，天子之權也。其或不出於天子而私會、私盟者，罪也。故《春秋》凡書會、書盟者，皆罪之。諸侯朝於天子，而諸侯之自相與也，有聘禮，無朝禮。凡其不朝於天子而私相朝者，罪也。故凡《春秋》之書如、書朝者，皆以罪其朝者與其受朝者。【略】盟會有解讎，有固黨，有同欲相求，有同力相援，有同患相恤，有以吳、楚受盟，有以吳、楚主盟者，故會盟有彼善於此者，而要之無義會、義盟。

清·馬驌《左傳事緯前集》卷二《左氏辨例上·班序例》 齊桓公會盟之國十五。周、魯、宋、陳、衛、蔡、鄭、許、邢、曹、邾、滑、滕、江、黃。宋襄公會盟之國十一。周、魯、齊、宋、陳、蔡、鄭、衛、莒、邾、秦。莊王會盟之國四。魯、宋、陳、鄭。晉悼公會盟之國十六。周、魯、齊、宋、陳、衛、鄭、曹、莒、邾、滕、薛、小邾、吳、鄫。晉平公會盟之國十七。魯、楚、齊、秦、宋、蔡、衛、陳、鄭、、許、曹、莒、邾、滕、薛、小邾。楚靈王會盟之國十三。宋、蔡、陳、鄭、許、徐、越、滕、頓、胡、沈、小邾、淮夷。

春秋之盟會、侵伐，魯會他國者，皆序魯於『會』字之上，非尊魯也，從本國之辭，自書其事，於文宜然也。若會者往會不合書名於《經》，則會上無字，直言所為之事而已。莊十五年，會齊侯、宋公、陳侯、衛侯、鄭伯、許男、滑伯、滕子，同盟於幽是也。若魯人不與而諸侯相會，則但序列前後，雖伯主亦止序諸侯之上爾，不言伯主會某某也。莊十五年，齊侯、宋公、陳侯、衛侯、鄭伯會于鄄是也。若伯主遣大夫往會諸侯，雖政在伯國，猶序大夫於諸侯之下。文十四年，公會宋公、陳侯、衛侯、鄭伯、許男、曹伯、晉趙盾，同盟於新城是也。若王臣在會，不問尊卑，必序王臣於列國之上。僖八年，公會王人、齊侯、宋公、衛侯、許男、曹伯、陳世子款，盟于洮。九年，公會宰周公、齊侯、宋子、衛侯、鄭伯、許男、曹伯于葵丘是也。是皆《春秋》之常法，史氏之舊文，仲尼為其合於書法，因不革者。

春秋之國以大、小、彊、弱為班序。莊十四年以前，征伐、會盟之國十有六，時無伯主，未有成列，蔡常在衛上，唯桓十六年居陳下，意者其後至乎？桓文以來，伯主之所序，則為成例矣。齊桓盟幽，陳以小國班躋衛上，遂終《春秋》是其所序而進也。然而大夫不先正卿，臣子不先諸侯，故文十七年、襄二十七年，陳皆在衛下，公孫寧、孔奐，非正卿也。僖二十八年，衛在鄭下，叔武未成君也。班序雖定，而或先至、後至，伯主又得而升降之。襄十年，伐鄭。《傳》曰『齊大子光先至于師，故長於滕。』二十六年，會澶淵。《傳》曰『鄭先宋，不失所也。』此復一時之進退，而非常例矣。伯主所序，唯是土地、甲兵以為前後，不問其分封班爵、同異姓也。然而周之宗盟，異姓為後，故載書或與會次不同。踐土之盟，齊、宋先也，而定四年《傳》稱：其載

書云『晉重、魯申、衛武、蔡甲午、鄭捷、齊潘、宋王臣、莒期。』召陵之會，蔡先衛也，而《傳》稱萇弘告劉子，乃長衛侯。是二者，《傳》與《經》違，蓋皆王臣臨之，故會盟異序，其餘雜盟，未必盡然也。

列國有事，大國雖居諸侯之上，而主會、主兵者則小國或居大國之前。隱八年，宋公、齊侯、衛侯盟於瓦屋。齊尊宋，使主會也。隱五年，邾人、鄭人伐宋。邾主兵也。齊桓公之伐郳，伐鄭，伐徐，皆先宋後齊。蓋小國主兵，即伯主亦退序其下。史據實書之，以見事之所自起，舊法然爾。桓十年，齊侯、衛侯、鄭伯來，戰於郎。《傳》曰『先書齊、衛，王爵也。』僖二年，虞師、晉師滅下陽。《傳》曰『先書虞，賄故也。』鄭主兵而以王爵抑之，虞貪賄助晉而用主兵之例，此仲尼特示新意以正褒貶者，故左氏發《傳》以明之也。

會盟而以國地者，地主亦與其事。桓十四年，公會鄭伯于曹。《傳》曰『曹人致餼，禮也。』僖十九年，陳人、蔡人、楚人、鄭人盟於齊。《傳》曰『修桓公之好也。』推此為例，知諸以國地者，國亦與焉。僖二十七年，公會諸侯盟於宋。宋實不與盟而亦以國地者，宋方見圍，無嫌于同盟也。若此者，尋繹可知非地主之例矣。

殊會殊盟，先序列國而後言會某於某。僖五年，公及齊侯、宋公、陳侯、衛侯、鄭伯、許男、曹伯會王世子於首止。《傳》曰『謀寧周也。』成十五年，叔孫僑如會某某，會吳於鍾離。《傳》曰『始通吳也。』襄十年，公會某某，會吳於柤。《傳》曰『會吳子壽夢也。』十四年，季孫宿、叔老會某某，會吳於向。《傳》曰『為吳謀楚故也。』諸侯為其國動，故殊序之，以顯其事。若此者，就事立文之宜，《傳》是以但指歸趣，不發褒貶之義。《公》、《穀》謂尊王世子，既非其要，而云外吳，尤疏矣。戚之會，豈不猶是茲吳乎？

《春秋》之先會後盟者，於會既序列諸侯矣，於盟則不再序，從省文也。閒無異事，則不稱諸侯。昭十三年秋，公會某某於平丘，八月同盟於平丘是矣。閒有異事，則復總稱諸侯以明之。僖九年夏，公會某某於葵丘，秋七月伯姬卒，九月諸侯盟於葵丘是矣。首止之會盟，閒雖無事，然王世子會而不盟，故稱諸侯以別之。若此之總稱諸侯，皆非貶也。倘非前序後省之比，列國有事不終，則不加序列而輒稱諸侯以譏之。僖十四年，諸侯城緣陵。《傳》曰『不書其人，有闕也。』文十五年，諸侯盟於扈。《傳》曰『書曰諸侯，無能為也。』十七年，諸侯會於扈。《傳》曰『書曰諸侯，無功也。』此皆以不足序列而畧之，是知總稱諸侯者，皆仲尼變例之譏矣。

《春秋》自諸侯為政會列之所關遂重矣，諸侯而篡立者苟得與於諸侯之會，則以成君書爵。侯伯不復致討，臣子殺之，與弒君同。昭元年，莒展輿出奔吳。不稱爵，未列會也，故宣元年《傳》曰：『會於平州，以定公位。』成十六年《傳》曰：『先君若有罪，則君列諸會矣。』以此知列會則定位，定位則書爵，王政不行而諸侯自相推戴，誠變局哉！

又《朝聘例》 王使來聘七，公如京師一，公朝王所二，大夫如京師五，公如晉二十一，公如齊十一，桓莊四如，非朝不數。公如楚二，大夫如列國五十六，因事而如者不數。列國來朝四十四，內書來者四。列國來聘三十一，外相如四。

君行曰朝，卿行曰聘。朝者，諸侯朝於天子，小國朝於大國。聘者，使卿執玉帛，以相存問也。夫諸侯朝於天子，可也；而諸侯之自相朝，何也？《周禮・大行人》曰：『凡諸侯之邦交，歲相問也，殷相聘也，世相朝也。』是諸侯亦有相朝之制，皆所以習禮考義，正刑一德，以尊天子，非若春秋之世彊弱衆寡相制，使小國奔走不得寧也。父死子立曰世。新君初立，或彼來朝，或往朝之，皆為世相朝法。雖舊典廢闕，而《春秋》猶有行者。文十一年，曹伯來朝。《傳》曰『即位而來見也。』此彼新立而朝此也。襄元年，邾子來朝，衛侯使公孫剽來聘。《傳》曰『禮也。凡諸侯即位，小國朝之，大國聘焉，以繼好結信，謀事補闕，禮之大者也。』邾之來朝，是此新立而彼朝之也。此於《周禮》世相朝之制，蓋有合焉。文十五年，曹伯來朝。《傳》曰『禮也。諸侯五年再相朝，以修王命，古之制也。』既云古制，必亦周法，而《周禮》無其文，何也？蓋一世一朝疏濶太甚，其閒年必有相朝之法，且一新一舊，彼此未狎，於此之際，必須往朝，《周禮》特舉其大者爾。文元年，公孫敖如齊。《傳》曰『始聘焉，禮也。凡君即位，卿出竝聘，踐修舊好，要結外援，好事鄰國，以衛社稷，忠信卑讓之道也。』此曰即位而卿出聘。襄元年又曰『即位，大國聘焉。』是新君初立，復有交聘之法，一如朝禮，豈曰一世一聘而已？閒年之聘，又可類推也。

自霸主為政，因時制宜，非復周法之故。子大叔云『文、襄之霸也，其務不煩諸侯，令諸侯三歲而聘，五歲而朝。』蓋以五年再朝，往來大數，更制從簡，所以説諸侯也。霸主未能創制改物，諸侯或從或違，是以邾、曹之國尚有

率舊章、合《周禮》者。文、襄德衰，朝聘無復定準，悼公又從而更命之。襄八年《傳》曰『會于邢丘，以命朝聘之數。』是亦上同文、襄爾，而《周禮》不行久矣。

內之朝聘於列國，皆書曰如。如者，書其始事未知其終事否也。故朝一也，則有至河乃復者。聘一也，則有至黃乃復，不至而復奔莒者。安得於其始遂書曰朝、曰聘也？僖二十八年夏，公朝于王所；冬，公朝于王所。王不在京師，朝而後書，故不言如也。外之朝聘於魯，皆書曰來朝，來聘。彼固已朝已聘矣，書其終事也。諸朝魯者若偕至而同行朝禮，則總書來朝。隱十一年，滕侯、薛侯來朝；桓十五年，邾人、牟人、葛人來朝是矣。若各行朝禮，則各書來朝。桓七年，穀伯綏來朝，鄧侯吾離來朝是矣。莊二十三年，蕭叔朝公。就穀而朝，故不言來。僖二十九年春，介葛盧來；冬，介葛盧來。襄十八年，白狄來。皆來而不能行朝禮，故不言朝。若此之類，據實為文，非寓褒貶於字句也。《公羊》曰：『兼言之何？微國也。』夫穀、鄧之不大於滕、薛明矣，是故弗取也。桓五年冬，州公如曹。六年春，實來。《傳》曰『自曹來朝。書曰實來，不復其國也。』言奔則行朝禮，言朝則遂留不去，故變文言實來。不言州公，承上年省文也。《春秋》固有省文之書，若昭六年，齊侯伐北燕；七年，暨齊平之類是矣。《公羊》曰『慢之也，化我也。』《穀梁》曰『以其畫我，故簡言之也。』此亦偏執之論也。

外相朝亦曰如，告而後書。桓五年，齊侯、鄭伯如紀。齊、鄭借朝欲以襲紀，紀懼而告來也。州公如曹，為明年實來書也。文十四，單伯如齊，為魯如齊故書也。襄五年，叔孫豹、鄫世子巫如晉。《傳》曰『言比諸魯大夫也。』魯覿之於晉，故變例書之也。外相如，多矣，餘悉不書，以無關內事，又不告故爾。魯之朝聘於天子者八，而朝聘於列國者九十。魯之所朝者，晉、齊與楚；而朝魯者，曹、邾、滕、薛等數小國而已。春秋之世，唯利是視，尚何有於殷聘世朝之《周禮》哉？

又《會盟例》 會九十七，盟一百九，遇七，胥命一，平六。

合諸侯之謂會，昭神要言之謂盟。朝聘、會盟，皆所以睦鄰尊王，相信之道也。古者會盟於方岳，必出天子之命。春秋王政不行，故諸侯自相會盟也。會而不盟者，但書曰會；殺牲載書而後，書曰盟。齊桓以前，會盟之國十有五，或特或參，各從所好。自北杏以後，霸主為政，則推為會盟之首，而列國從之。其列序，亦唯霸主是命而已。五等之爵，公侯為尊，列國之卿當小國之君，故在會，卿不敢敵公侯而可以敵伯、子、男。僖二十九年，會王人、晉人、宋人、齊人、陳人、蔡人、秦人，盟於翟泉。《傳》曰『公會王子虎、晉狐偃、宋公孫固、齊國歸父、陳轅濤塗、秦小子慭，盟於翟泉。』卿不書，罪之也。在禮，卿不會公、侯，會伯、子、男可也。此其例也。王子虎下盟列國，以瀆大典；諸卿上敵公、侯，虧禮傷義。魯侯諱盟天子、大夫，故沒不書公，又皆稱人。所以知其然者，若止責卿，不應去公，又不宜貶王子虎。襄二十六年，公會晉人、鄭良霄、宋人、曹人於澶淵。《傳》曰『趙武不書，尊公也。鄭先宋，不失所也。』卿會公侯，皆應貶責，方示宋向戌『後期』，故書『良霄』以駁之。此責卿而不沒公，知沒公者，諱矣。文二年，及晉處父盟。《傳》曰『以厭之也。』晉欲辱公，使大夫盟于其都，陽處父不能匡君以正，親身盟公，削族存名，以彰其惡；去公言及，若使微者往會，不用稱人之例，以直厭其不直，仲尼之變例也。

卿嫌敵公，貶而稱人，何也？蓋人則微者，雖書於策，無嫌其敵。隱八年，公及莒人盟於浮來之類是也。若國內無君，雖大夫不嫌敵公。莊九年，公及齊大夫盟於蔇，《傳》曰『齊無君也』是也。若在會有君，可以敵公，則列國無貶。僖七年，公會齊侯、宋公、陳世子欵、鄭世子華，盟於寧母之類是也。會而有君，雖不在列，卿亦不貶。成二年，公會楚公子嬰齊於蜀，時有蔡、許之君，故嬰齊書名是也。若此者，因事立文，不違常例，既無關褒貶之義，左氏無譏焉。

內卿之會公侯者甚多，體例已舉，故內事據史成文，不復貶削。襄十六年，叔老會鄭伯、晉荀偃、衛寧殖、宋人伐許。《傳》曰『書曰會鄭伯，為夷故也。』會卿，鄭伯可以等夷，故於此示例，所謂會伯、子、男可也者，是矣。《春秋》互文見義，豈必事事發例哉？

王子虎翟泉之盟，何以謂之瀆大典也？諸侯會盟，所以共獎王室，天子使臣臨之爾。故往往同會而不同盟，以諸侯不敢盟王國也。僖二十八年，公會某某，盟於踐土。《傳》曰『王子虎盟諸侯于王庭。』宣七年，公會某某於黑壤。《傳》曰『盟於黑壤，王叔桓公臨之，以謀不睦。』哀十三年，公會晉侯及吳子於黃池。《傳》曰『公會單平公、晉定公、吳夫差於黃池。』『秋七月，盟，吳、晉爭先。』此三者，王臣皆不列盟，是尊之者，正法也。倘有王室不靖，命

使結盟於諸侯，則《經》無貶責。僖八年，王人盟洮。《傳》曰『謀王室也。』文十年，及蘇子盟於女栗。《傳》曰『頃王立故也。』襄三年，單子盟於雞澤。時亦靈王新立。此皆王命下盟，事勢宜然。唯翟泉諸侯新睦，王室無虞，子虎無故列盟，是以貶之。《春秋》王臣之會盟十餘事，咸依是而類推矣。

盟而稱同，服異之辭也。假神明以要不信，故載辭或稱同。春秋之同盟十六。《公羊》曰：『同者，同欲也。』《穀梁》曰：『同尊周也，同外楚也。』二說雖近是，而服異之說尤多。莊十六年于幽。《傳》曰『鄭成也。』二十七年于幽。《傳》曰『陳鄭服也。』文十四年于新城。《傳》曰『從於楚者服，且謀邾也。』成五年於蟲牢。《傳》曰『鄭服也。』七年於馬陵。《傳》曰『尋蟲牢之盟，且莒服故也。』襄三年於雞澤。《傳》曰『晉為鄭服，故合諸侯。』九年於戲。《傳》曰『鄭服也。』十一年於亳城北。《傳》曰『鄭人懼，乃行成。』二十五年於重丘。《傳》曰『齊成故也。』昭十三年於平丘。《傳》曰『齊服也。』此十盟者，皆先同而復異，故以服異為文。

若江、黃之盟貫，陳、許、頓、胡之盟皐鼬，原非同盟，故不用服異之例也。其似宜稱同而不稱者。僖五年盟於首止，鄭伯逃歸。七年於寧母，鄭大子華聽命於會，然《傳》言子華請去三族，管仲曰：『君其勿許，鄭必受盟。』是鄭猶未服也。八年於洮，鄭伯乞盟，然《傳》言『請服。』是鄭猶未列會也。文十五年郤缺入蔡，冬盟於扈，《傳》稱『蔡亦與盟。』是蔡新來服，然《傳》言郤缺入蔡，以城下之盟而還，是蔡已先服也。此皆不於盟服異，是以不用也。

宣十二年於清丘。《傳》曰『恤病討貳。』十七年於斷道。《傳》曰『討貳也。』成九年於蒲。《傳》曰『諸侯貳於晉。』十五年於戚。《傳》曰『討曹成公也。』十七年於柯陵。《傳》曰『尋戚之盟也。』十八年於虛朾。《傳》曰『謀救宋也。』此六盟，皆非服異而稱同盟者。清丘斷道與蒲，諸侯已有貳心，故同心討貳。戚與虛朾，同心疾惡。柯陵之盟，鄭人不服，欲令同心伐鄭，是以載書亦皆稱同。《公羊》所謂『同欲』是矣。

其他非諸侯之會而大夫盟於人國，則往曰涖盟，來曰來盟，與夫來聘而因與盟者，據事立文，非義例之所加也。諸會未有言其事者。襄三十年會於澶淵，宋災，故《傳》曰『尤之也。』宋人不克自責而出會求財，諸侯又無所歸，若但貶卿稱人，則疑於無功之類，故明繫其故以尤宋，仲尼特綴異文爾。桓二年會於稷，以成宋亂，《傳》曰『為賂故，立華氏也。』取郜大鼎於宋，納於大廟，《傳》曰『非禮也。』本欲平亂，竟立賊臣，四國黨惡，魯亦受賂，乃國惡之大者。史臣不便指斥，故遠述為會之意，後繫取鼎之文，若宋亂果成而取賂非禮者，實為魯諱，所謂『婉而成章』是已，且文亦連言所會之事，若會於袲，伐鄭之類，非如『宋災故』之丁寧其辭也。

遇者，草次之期，各簡其禮，若道路之逢遇，非如會之預謀閒地，克期聚集，故有未及會期而遇者，隱四年，公及宋公遇於清之類是也。有暫須相見而遇者，莊三十年，公及齊侯遇於魯濟是也。《曲禮》云：『未及期相見曰遇，相見於郤地曰會。』正指此類。而或謂用《周禮》『冬見曰遇者』，非矣。

申約言以相命而不歃血，謂之胥命。桓三年，齊侯、衛侯胥命於蒲。《傳》曰『不盟也。』春秋之胥命，止此一事，豈他遂不為哉？莊二十一年《傳》言『胥命於弭。』蓋事亦有之，特以不告，故不書爾。

和而不盟曰平。先有不平，今始釋怨修好。諸平皆舉國言平，總言二國和平之義，故不書公卿，其或曰人，與舉國一也。《穀梁》曰：『人，衆辭。平稱衆，上下欲之也。』然則彼不稱人者，豈國君一人之志而臣民皆不欲乎？其說陋矣。宣十五年，宋人及楚人平。《傳》有盟辭。昭七年，燕暨齊平。《傳》言『盟於濡上。』似平亦有盟者，然平實修好之事，非要盟也。定十一年『及鄭平』下，乃云『叔還如鄭涖盟。』知平後或別有盟，而盟非平事矣。其在《周禮·大宗伯》，以賓禮親邦國，而以盟會發四方之志。天子巡守，諸侯既朝，則設方明。是會盟者，天子之權也。春秋二百四十二年之間，盟會咸出，諸侯之志即有褒譏，亦曰彼善於此爾。《春秋》無義戰，《春秋》寧有義會盟哉？

清·毛奇齡《春秋屬辭比事記》卷一《朝聘》　朝聘、會盟，在《三禮》並無明文，惟《傳》有『歲聘、間朝』與『再朝而會、再會而盟』語。大率每年一聘，三年一朝，六年一會，十二年一盟，與《尚書》、《周官》『六年會朝，十二年又會朝』年數頗合。若諸侯相朝，禮則全無可考。《傳》謂『諸侯五年再相朝』，則似過密。李氏《周官經》謂『諸侯世相朝』，則又過疏。若晉自定制，謂三年一聘，五年一朝，有事而會，不協而盟，則朝聘較疏而盟會反密，皆與《周禮》不必合，且晉雖改制，强齊、魯共遵，而當時朝聘、會盟，其期與年數並不相準，則春秋禮也。惟『歲聘』諸語是周禮，他總非是也。

又　卷二《會盟》　會盟禮，見《朝聘門》，第分合不同，必設多部以析

之。舊例有殊會、兼會、殊盟、特盟、參盟諸名，以皆非經文所有，故不立部。按經文所有，惟來盟、涖盟、同盟、不盟類，可依立部名。其兼會一部，雖經文所有，如會盟、會成、會侵、會伐、會救、會次、會戰、會城、會葬類，然各有本部，其所重在本部之侵、伐、戰、救，而不在此一會，則仍歸本部，為至當矣。若遇與胥命、與平、與成，則皆盟會之別名。雖儀有增減，而禮無同異，故平、成多在戰、伐之後，而仍隸盟會門，與會盟、會伐諸兼會禮不同。

朝覲部

綜述

夏商西周

《竹書紀年》卷上《夏帝相》 七年，于夷來賓。

又《帝少康》 元年丙午，帝即位。諸侯來朝，賓虞公。二年，方夷來賓。

又《帝芬》 三年，九夷來御。

又《帝發》 元年乙酉，帝即位。諸夷賓于王門，再保墉。會于上池，諸夷入舞。

又《帝癸》 六年，岐踵戎來賓。十七年，商使伊尹來朝。二十三年，釋商侯履，諸侯遂賓于商。

又《殷太戊》 六十一年，東九夷來賓。

又《河亶甲》 五年，侁人入于班方。彭伯、韋伯，伐班方，侁人來賓。

又《盤庚》 七年，應侯來朝。

又《武丁》 三十四年，王師克鬼方。氐羌來賓。

又《祖甲》 十三年，西戎來賓。

又《武乙》 三十四年，周公季歷來朝。王賜地三十里，玉十瑴，馬十疋。

又《帝辛》 二十一年春正月，諸侯朝周。三十六年，春正月，諸侯朝于周，遂伐昆夷。

又 卷下《周武王》 十三年，巢伯來賓。十六年，箕子來賓。

又《周成王》 元年丁酉，春正月，王即位。命冢宰周文公總百官。庚午，周公誥諸侯于皇門。（七年三月）王如東都，諸侯來朝。（九年春正月）肅慎氏來朝，王使榮伯錫肅慎氏命。（十年）越裳氏來朝。二十四年，於越來賓。三十年，離戎來賓。

又《康王》 元年甲戌，春正月，王即位。命冢宰召康公總百官。諸侯朝于豐宮。

又《穆王》 六年春，徐子誕來朝，錫命為伯。（十三年）秋七月，西戎來賓。十五年春正月，留昆氏來賓。十七年，王西征，昆侖丘見西王母。其年，西王母來朝，賓于昭宮。十八年春正月，王在祇宮，諸侯來朝。

又《宣王》 四年，王命蹶父如韓，韓侯來朝。（八年）魯武公來朝，錫魯世子戲命。

春秋

《春秋・隱公十一年》 春，滕侯、薛侯來朝。

又《桓公二年》 春王正月，【略】滕子來朝。秋七月，杞侯來朝。

又《桓公五年》 夏，齊侯、鄭伯如紀。冬，州公如曹。

又《桓公六年》 春正月，寔來。冬，紀侯來朝。

又《桓公七年》 夏，穀伯綏來朝，鄧侯吾離來朝。

又《桓公九年》 冬，曹伯使其世子射姑來朝。

又《桓公十五年》 （五月）邾人、牟人、葛人來朝。

又《莊公五年》 秋，郳犂來來朝。

又《莊公二十三年》 （夏）蕭叔朝公。

又《莊公二十七年》 （冬）杞伯來朝。

又《僖公五年》 （春）杞伯姬來，朝其子。

又《僖公七年》 夏，小邾子來朝。

又《僖公十年》 春王正月，公如齊。

又《僖公十五年》春王正月，公如齊。

又《僖公十六年》夏六月，季姬及鄫子遇于防，使鄫子來朝。

又《僖公二十年》夏，郜子來朝。

又《僖公二十三年》冬，公子友如齊。

又《僖公二十七年》春，杞子來朝。

又《僖公二十八年》五月癸丑，【略】公朝于王所。壬申，公朝于王所。

又《僖公二十九年》春，介葛盧來。冬，介葛盧來。

又《僖公三十三年》冬十月，公如齊。

又《文公十一年》秋，曹伯來朝。

又《文公十二年》春王正月，【略】杞伯來朝。秋，滕子來朝。

又《文公十三年》冬，公如晉。

又《文公十五年》夏，曹伯來朝。

又《宣公元年》秋，邾子來朝。

又《宣公四年》秋，公如齊。

又《宣公五年》春，公如齊。

又《宣公九年》春王正月，公如齊。夏，仲孫蔑如京師。

又《宣公十年》春，公如齊。

又《成公四年》（三月）杞伯來朝。（夏四月）公如晉。

又《成公六年》夏六月，邾子來朝。

又《成公七年》夏五月，曹伯來朝。

又《成公十三年》三月，公如京師。

又《成公十八年》春王正月，【略】公如晉。秋，杞伯來朝。八月，邾子來朝。

又《襄公元年》（九月）邾子來朝。

又《襄公三年》（春）公如晉。

又《襄公六年》（秋）滕子來朝。

又《襄公七年》春，郯子來朝。（夏四月）小邾子來朝。

又《襄公八年》春王正月，公如晉。

又《襄公十二年》（冬）公如晉。

又《襄公十八年》春，白狄來。

又《襄公二十一年》春王正月，公如晉。（冬十月）曹伯來朝。

又《襄公二十八年》（夏）邾子來朝。十有一月，公如楚。

又《昭公三年》秋，小邾子來朝。

又《昭公五年》（春）公如晉。

又《昭公十七年》春，小邾穆公來朝。秋，郯子來朝。

又《哀公二年》（夏四月）滕子來朝。

《左傳・隱公六年》（冬）鄭伯如周，始朝桓王也。晉杜預注：桓王即位，周、鄭交惡，至是乃朝，故曰始。王不禮焉。周桓公言於王曰：『我周之東遷，晉、鄭焉依。注：周桓公，周公黑肩也。周，采地，扶風雍縣東北有周城。幽王為犬戎所殺，平王東徙，晉文侯、鄭武公左右王室，故曰晉、鄭焉依。善鄭以勸來者，猶懼不蔇，注：蔇，至也。況不禮焉。鄭不來矣！』

又《隱公七年》初，戎朝于周，發幣于公卿，凡伯弗賓。注：朝而發幣於公卿，如今計獻詣公府卿寺。

又《隱公八年》八月丙戌，鄭伯以齊人朝王，禮也。注：言鄭伯不以虢公得政而背王，故禮之。

又《隱公十一年》春，滕侯、薛侯來朝，爭長。注：薛，魯國薛縣。薛侯曰：『我先封。』注：薛祖奚仲，夏所封，在周之前。滕侯曰：『我，周之卜正也。注：卜正，卜官之長。薛，庶姓也。我不可以後之。』注：庶姓，非周之同姓。公使羽父請於薛侯曰：『君與滕君辱在寡人。周諺有之曰：「山有木，工則度之；賓有禮，主則擇之。」注：擇所宜而行之。周之宗盟，異姓為後。注：盟載書皆先同姓，例在定四年。寡人若朝于薛，不敢與諸任齒。注：薛，任姓。齒，列也。君若辱貺寡人，則願以滕君為請。』薛侯許之，乃長滕侯。

又《桓公二年》秋七月，杞侯來朝，不敬。杞侯歸，乃謀伐之。

又《桓公五年》冬，淳于公如曹，度其國危，遂不復。注：淳于，州國所都，城陽淳于縣也。國有危難，不能自安，故出朝而遂不還。

又《桓公六年》春，自曹來朝。書曰：『寔來』，不復其國也。注：亦承五年冬《傳》淳于公如曹也。言奔則來行朝禮，言朝則遂留不去，故變文，言寔來。

冬，紀侯來朝，請王命以求成于齊，公告不能。注：紀微弱，不能自通於天子，欲因公以請王命，公無寵於王，故告不能。

又《桓公七年》 春，穀伯、鄧侯來朝。名，賤之也。注：辟陋小國，賤之。禮不足，故經書夏書名。以春來，夏乃行朝禮。

又《桓公九年》 冬，曹大子來朝，賓之以上卿，禮也。注：諸侯之適子，未誓於天子而攝其君，則以皮帛繼子、男，故賓之以上卿，各當其國之上卿。

又《莊公五年》 秋，郳犂來來朝。名，未王命也。注：未受爵命為諸侯，《傳》發附庸稱名例也。其後數從齊桓以尊周室，王命以為小邾子。

又《莊公十八年》 春，虢公、晉侯朝王，王饗醴，命之宥，注：王之覲羣后，始則行饗禮，先置醴酒，示不忘古。飲宴則命以幣物。宥，助也，所以助歡敬之意，言備設。皆賜玉五瑴，馬三匹。非禮也。注：雙玉為瑴。王命諸侯，名位不同，禮亦異數，不以禮假人。注：侯而與公同賜，是借人禮。

又《僖公十六年》 鄫季姬來寧，公怒止之，以鄫子之不朝也。注：來寧不書，而後年書歸鄫，更嫁之文也。明公絕鄫昏，既來朝而還。夏，遇于防而使來朝。

又《僖公二十五年》 （四月）戊午，晉侯朝王，王饗醴，命之宥。注：既行饗禮而設醴酒，又加之以幣帛，以助歡也。宥，助也。

又《僖公二十七年》 春，杞桓公來朝，用夷禮，故曰子。注：杞，先代之後，而迫於東夷，風俗雜壞，言語衣服有時而夷，故杞子卒，《傳》言其夷也。今稱朝者，始於朝禮，終而不全，異於介葛盧，故唯貶其爵。

又《僖公二十八年》 壬申，公朝于王所。

又《僖公二十九年》 春，介葛盧來朝，舍于昌衍之上。注：魯縣東南有昌平城。公在會，饋之芻米，禮也。注：嫌公行不當致饋，故曰禮也。

冬，介葛盧來。以未見公，故復來朝。禮之，加燕好。注：燕，燕禮也。好，好貨也。一歲再來，故加之。

又《僖公三十三年》 冬，公如齊，朝且弔。有狄師也，反。

又《文公三年》 衛侯如陳，拜晉成也。注：二年，陳侯為衛請成于晉。

又《文公十一年》 秋，曹文公來朝，即位而來見也。

又《文公十二年》 （春）杞桓公來朝，始朝公也。注：公即位始來朝。

秋，滕昭公來朝，亦始朝公也。

又《文公十三年》 冬，公如晉，朝且尋盟。衛侯會公于沓，請平于晉。

又《文公十五年》 夏，曹伯來朝，禮也。諸侯五年再相朝，以修王命，古之制也。

又《宣公十年》 春，公如齊。齊侯以我服故，歸濟西之田。注：公比年朝齊故。

又《宣公十四年》 （夏）鄭伯如楚，謀晉故也。鄭以子良為有禮，故召之。注：有讓國之禮。

又《成公三年》 （十二月）齊侯朝于晉，將授玉。注：行朝禮。郤克趨進曰：『此行也，君為婦人之笑辱也，寡君未之敢任。』注：言齊侯之來，以謝婦人之笑，非為脩好，故云晉君不任當此惠。晉侯享齊侯。齊侯視韓厥，韓厥曰：『君知厥也乎？』齊侯曰：『服改矣。』注：戎朝異服也。言服改，明識其人。韓厥登，舉爵曰：『臣之不敢愛死，為兩君之在此堂也。』

又《成公四年》 （春）杞伯來朝，歸叔姬故也。注：將出叔姬，先脩禮朝魯，言其故。

夏，公如晉，晉侯見公不敬。季文子曰：『晉侯必不免。注：言將不能壽終也。後十年陷厠而死。《詩》曰：「敬之敬之！天惟顯思，命不易哉！」注：《詩頌》。言天道顯明，受其命甚難，不可不敬以奉之。夫晉侯之命，在諸侯矣，可不敬乎？』注：敬諸侯，則得天命。

又《成公七年》 夏，曹宣公來朝。

又《成公十三年》 三月，公如京師。宣伯欲賜，注：欲王賜也。請先使，王以行人之禮禮焉。注：不加厚。孟獻子從，王以為介而重賄之。注：介，輔相威儀者。獻子相公以禮，故王重賄之。公及諸侯朝王，遂從劉康公、成肅公會晉侯伐秦。

又《成公十八年》 （二月）公如晉，朝嗣君也。

秋，杞桓公來朝，勞公，且問晉故。公以晉君語之。注：語其德政。杞伯於是驟朝于晉而請為昏。

又《襄公元年》 九月，邾子來朝，禮也。注：邾宣公。

八月，邾宣公來朝，即位而來見也。

又《襄公三年》 （春）公如晉，始朝也。注：公即位而朝。

又《襄公四年》 冬，公如晉聽政，注：受貢賦多少之政。晉侯享公。公請屬鄫，注：鄫，小國也。欲得使屬魯，如須句、顓臾之比，使助魯出貢賦。公時年七歲，蓋相者為之言。鄫，今琅邪鄫縣。晉侯不許。孟獻子曰：『以寡君之密邇於仇

讎，而願固事君，無失官命。注：晉官徵發之命。鄫無賦於司馬。注：晉司馬，又掌諸侯之賦。為執事朝夕之命敝邑，敝邑褊小，闕而為罪，注：闕，不共也。朝夕，如字。寡君是以願借助焉！』注：借鄫以自助。晉侯許之。

又《襄公六年》秋，滕成公來朝，始朝公也。

又《襄公七年》春，郯子來朝，始朝公也。

（夏）小邾穆公來朝，亦始朝公也。注：亦郯子也。

又《襄公八年》春，公如晉，朝且聽朝聘之數。注：晉悼復脩霸業，故朝而稟其多少。

又《襄公十二年》公如晉，朝且拜士魴之辱，禮也。注：士魴聘在此年夏，嫌君臣不敵，故曰禮之。

又《襄公十八年》春，白狄始來。注：白狄，狄之別名。未嘗與魯接，故曰始。

又《襄公二十一年》冬，曹武公來朝，始見也。注：即位三年，始來見公。

又《襄公二十二年》夏，晉人徵朝于鄭，注：召鄭使朝。鄭人使少正公孫僑對。注：少正，鄭卿官也，公孫僑，子產。曰：『在晉先君悼公九年，我寡君於是即位。注：魯襄八年。即位八月，注：即位年之八月。而我先大夫子駟從寡君以朝于執事。執事不禮於寡君。注：言朝執事，謙不敢斥晉侯。寡君懼，因是行也，我二年六月朝于楚，注：因朝晉不見禮，生朝楚心。晉是以有戲之役。注：在九年。楚人猶競，而申禮於敝邑。敝邑欲從執事而懼為大尤，曰晉其謂我不共有禮，是以不敢攜貳於楚。我四年三月，先大夫子蟜又從寡君以觀釁於楚，注：實朝，言觀釁，飾辭也。言欲往視楚，知可去否。晉於是乎有蕭魚之役。注：在十一年。謂我敝邑，邇在晉國，譬諸草木，吾臭味也，注：晉、鄭同姓故。而何敢差池？注：差池，不齊一。楚亦不競，寡君盡其土實，注：土地所有。重之以宗器，注：宗廟禮樂之器，鐘磬之屬。以受齊盟。注：齊，同也。遂帥羣臣隨于執事以會歲終。注：朝正。貳於楚者，子侯石盂，歸而討之。注：石盂、石奐。溴梁之明年，注：溴梁在十六年。子蟜老矣，公孫夏從寡君以朝于君，見於嘗酎，注：酒之新熟，重者為酎。嘗新飲酒為嘗酎。與執燔焉。注：助祭。間二年，聞君將靖東夏，注：謂二十年澶淵盟。四月又朝，以聽事期。注：先澶淵二月往朝，以聽會期。不朝之間，無歲不聘，無役不從，以大國政令之無常，國家罷病，不虞荐至，注：荐，仍也。無日不惕，豈敢忘職？注：惕，懼也。大國若安定之，其朝夕在庭，何辱命焉？注：言自將往，不須來召。若不恤其患，而以為口實。注：口實，但有其言而已。其無乃不堪任命，而翦爲仇讎，注：翦，削也。謂見剝削不堪命，則成仇讎。敝邑是懼。其敢忘君命？委諸執事，執事實重圖之。』《傳》言子產有辭，所以免大國之討。

又《襄公二十三年》陳侯如楚。注：朝也。公子黃愬二慶於楚，楚人召之。注：二慶，虎及寅也。二十年，二慶譖黃，黃奔楚自理。今陳侯往，楚乃信黃。為召二慶。使慶樂往，殺之。注：慶樂，二慶之族。二慶畏誅，故不敢自往，使慶樂往。

又《襄公二十五年》夏五月，莒為且于之役故，莒子朝于齊。注：且于役在二十三年。

又《襄公二十六年》秋七月，齊侯、鄭伯為衛侯故，如晉，注：欲共請之。晉侯兼享之。晉侯賦《嘉樂》。注：《嘉樂》，《詩·大雅》。取其『嘉樂君子，顯顯令德，宜民宜人，受祿于天。』國景子相齊侯，注：景子，國弱。賦《蓼蕭》，注：《蓼蕭》，《詩·小雅》。言大平澤及遠，若露之在蕭。以喻晉君恩澤及諸侯。子展相鄭伯，賦《緇衣》。注：《緇衣》，《詩·鄭風》。義取『適子之館兮還，予授子之粲兮』。言不敢違遠於晉。叔向命晉侯拜二君曰：『寡君敢拜齊君之安我先君之宗祧也，敢拜鄭君之不貳也。』注：《蓼蕭》、《緇衣》二詩，所趣各不同，故拜二君辭異。

又《襄公二十八年》夏，齊侯、陳侯、蔡侯、北燕伯、杞伯、胡子、沈子、白狄朝于晉，宋之盟故也。

（夏）邾悼公來朝，時事也。

又《昭公三年》夏四月，鄭伯如晉，公孫段相，甚敬而卑，禮無違者。晉侯嘉焉，授之以策。注：策，賜命之書。曰：『子豐有勞於晉國，注：子豐，段之父。余聞而弗忘。賜女州田，注：州縣，今屬河內郡。以胙乃舊勳。』伯石再拜稽首，受策以出。君子曰：『禮，其人之急也乎！伯石之汰也，注：汰，驕也。一為禮於晉，猶荷其祿，況以禮終始乎？《詩》曰：「人而無禮，胡不遄死。」其是之謂乎！』

（秋七月）小邾穆公來朝。季武子欲卑之，注：不欲以諸侯禮待之。穆叔曰：『不可。曹、滕、二邾，實不忘我好。敬以逆之，猶懼其貳。又卑一睦焉，注：一睦，謂小邾。逆羣好也。其如舊而加敬焉！《志》曰「能敬無災。」

又曰「敬逆來者，天所福也。」』季孫從之。

又《昭公五年》 公如晉，注：即位而往見。自郊勞至于贈賄，注：往有郊勞，去有贈賄。無失禮。注：揖讓之禮。晉侯謂女叔齊曰：『魯侯不亦善於禮乎！』對曰：『魯侯焉知禮？』公曰：『何為？自郊勞至于贈賄，禮無違者，何故不知？』對曰：『是儀也，不可謂禮。禮所以守其國，行其政令，無失其民者也。』

又《昭公十二年》 （夏）齊侯、衛侯、鄭伯如晉，朝嗣君也。注：晉昭公新立。公如晉，注：亦欲朝嗣君。至河乃復。

又《昭公十三年》 （冬十月）公如晉。荀吳謂韓宣子曰：『諸侯相朝，講舊好也。執其卿而朝其君，有不好焉，不如辭之。』乃使士景伯辭公于河。注：景伯，士文伯之子彌牟也。

又《昭公十七年》 春，小邾穆公來朝，公與之燕。季平子賦《采叔》，注：《采叔》，《詩・小雅》。取其『君子來朝，何錫予之。』以穆公喻君子。穆公賦《菁菁者莪》。注：《菁菁者莪》，亦《詩・小雅》。取其『既見君子，樂且有儀』，以答《采叔》。昭子曰：『不有以國，其能久乎？』注：嘉其能答賦，言其賢，故能久有國。

秋，郯子來朝，公與之宴。

又《哀公二十四年》 閏月，公如越，得大子適郢。注：適郢，越王大子。得，相親說也。

《國語》卷二《周語中》 簡王八年，魯成公來朝。三國吳韋昭注：簡王八年，魯成公十三年。成公將與周、晉伐秦而朝也。使叔孫僑如先聘且告。注：使僑如先脩聘禮，且告周以成公將朝也。

《公羊傳・隱公十一年》 十有一年春，滕侯、薛侯來朝。《傳》：其言朝何？漢何休《解詁》：据內言如。諸侯來曰朝，大夫來曰聘。《解詁》：傳言來者，解內外也。《春秋》王魯，王者無朝諸侯之義，故內適外言如，外適內言朝聘，所以別外尊內也。不言朝公者，禮，朝受之於大廟，與聘同義。其兼言之何？《解詁》：据鄧、穀來朝不兼言朝。微國也。《解詁》：略小國也。稱侯者，《春秋》託隱公以為始受命王，滕、薛先朝隱公，故褒之。已於儀父見法，復出滕、薛者，儀父盟功淺，滕、薛朝功大，宿與微者盟功尤小，起行之當各有差也。滕序上者，《春秋》變周之文，從殷之質，質家親親，先封同姓。

又《桓公六年》 六年春正月，寔來。《傳》：實來者何？猶曰是人來也。《解詁》：猶曰是人來，不録何等人之辭。孰謂？謂州公也。曷為謂之寔來？慢之也。曷為慢之？化我也。《解詁》：行過無禮謂之化，齊人語也。諸侯相過，至竟必假塗，入都必朝，所以崇禮讓，絶慢易，戒不虞也。今州公過魯都不朝魯，是慢之為惡，故書寔來見其義也。

又《桓公七年》 夏，穀伯綏來朝，鄧侯吾離來朝。《傳》：皆何以名？失地之君也。其稱侯朝何？貴者無後，待之以初也。《解詁》：穀、鄧本與魯同貴為諸侯，今失爵亡土來朝，託寄也，義不可卑，故明當待之如初，所謂『故舊不遺，則民不偷。』無後者，施於所奔國也。獨妻得配夫，託衣食於公家，子孫當受田而耕，故云爾。

又《桓公九年》 冬，曹伯使其世子射姑來朝。《傳》：諸侯來曰朝，此世子也，其言朝何？《解詁》：据臣子一例當言聘。《春秋》有譏父老子代從政者，則未知其在齊與？在曹與？《解詁》：在齊者，世子光也。時曹伯年老有疾，使世子行聘禮，恐卑，故使自代朝，雖非禮，有尊厚魯之心。

又《桓公十五年》 邾婁人、牟人、葛人來朝。《傳》：皆何以稱人？夷狄之也。《解詁》：桓公行惡，而三人俱朝事之。三人為衆，衆足責，故夷狄之。

又《莊公五年》 秋，郳犂來來朝。《傳》：倪者何？小邾婁也。小邾婁則曷為謂之倪？未能以其名通也。《解詁》：倪者，小邾婁之都邑。時未能為附庸，不足以小邾婁名通，故略謂之倪。黎來者何？名也。其名何？微國也。

又《莊公二十三年》 （夏）蕭叔朝公。《傳》：其言朝公何？《解詁》：據公在內不言朝，公在外言會。公在外也。《解詁》：時公受朝於外，故言朝公，惡公不受於廟。

又《僖公五年》 杞伯姬來，朝其子。《傳》：其言來，朝其子何？內辭也。與其子俱來朝也。《解詁》：因其與子俱來。禮，外孫初冠，有朝外祖之道，故使若來朝其子，以殺直來之耻，所以辟教戒之不明也。

又《僖公十六年》 夏六月，季姬及鄫子遇于防，使鄫子來朝。《傳》：鄫子曷為使乎季姬來朝？內辭也。非使來朝，使來請己也。《解詁》：使來請娶己以為夫人，下書歸是也。禮，男不親求，女不親許。魯不防正其女，乃使要遮鄫子淫泆，使來請己，與禽獸無異，故卑鄫子使乎季姬，以絶賤之也。

又《僖公二十年》 夏，郜子來朝。《傳》：郜子者何？失地之君也。何以不名？兄弟辭也。

又《僖公二十八年》 （五月）公朝于王所。《傳》：曷為不言公如京師？《解詁》：据三月公如京師。天子在是也。天子在是，則曷為不言天子

在是？《解詁》：据狩于河陽。不與致天子也。《解詁》：時晉文公年老，恐霸功不成，故上白天子曰：『諸侯不可卒致，願王居踐土。』下謂諸侯曰：『天子在是，不可不朝。』迫使正君臣，明王法。雖非正，起時可與，故書朝，因正其義。不書諸侯朝者，外小惡不書，獨録内也。不書如，不言天王者，從外正君臣，所以見文公之功。

壬申，公朝于王所。《傳》：録乎内也。

又《僖公二十九年》 二十有九年春，介葛盧來。《傳》：介葛盧者何？夷狄之君也。何以不言朝？不能乎朝也。《解詁》：不能升降揖讓也。介者，國也。葛盧者，名也。進稱名者，能慕中國，朝賢君，明當扶勉以禮義。

冬，介葛盧來。《解詁》：前公圍許不在，故更來朝。不稱字者，一年再朝不中禮，故不復進也。

又《襄公十八年》 十有八年春，白狄來。《傳》：白狄者何？夷狄之君也。何以不言朝？不能朝也。

《穀梁傳·隱公十一年》 十有一年春，滕侯、薛侯來朝。《傳》：天子無事，諸侯相朝，正也。晉范寧《集解》：事謂巡守、崩葬、兵革之事。考禮脩德，所以尊天子也。諸侯來朝，時，正也。《集解》：朝宜以時，故書時則正也。特言，同時也。《集解》：特言，謂別言也。若『穀伯綏來朝，鄧侯吾離來朝』，同時來，不俱至。累數，皆至也。《集解》：累數，總言之也。若『滕侯、薛侯來朝』，同時俱至。

又《桓公二年》 秋七月，紀侯來朝。《傳》：朝時，此其月，何也？桓内弑其君，外成人之亂，於是為齊侯、陳侯、鄭伯討數日以賂。《集解》：桓既罪深責大，乃復為三國討數至日以責宋賂。己即是事而朝之，惡之，故謹而月之也。《集解》：己，紀也。桓與諸侯校數功勞，以取宋賂，不知非之為非，貪愚之甚。紀不擇其不肖而就朝之。

又《桓公六年》 六年春正月，寔來。《傳》：寔來者，《集解》：來朝例時，月者，謹其無禮。是來也。何謂是來？謂州公也。其謂之是來何也？以其畫我，故簡言之也。諸侯不以過相朝也。《集解》：畫是相過，去朝遠。

又《桓公七年》 夏，穀伯綏來朝，鄧侯吾離來朝。《傳》：其名，何也？失國也。《集解》：禮：諸侯不生名，失地則名。失國則其以朝言之，何也？嘗以諸侯與之接矣。雖失國，弗損吾異日也。《集解》：待之以初也。

冬，曹伯使其世子射姑來朝。《傳》：朝不言使，言使非正也。使世子伉諸侯之禮而來朝，曹伯失正矣。諸侯相見曰朝。以待人父之道待人之子，以内為失正矣。内失正，曹伯失正，世子可以已矣。則是放命也。《集解》：父有爭子，則身不陷於不義。射姑廢曹伯之命可。《尸子》曰：『夫已，多乎道。』《集解》：邵曰：『已，止也。止曹伯使朝之命，則曹伯不陷非禮之愆，世子無苟從之咎，魯無失正之譏。三者正，則合道多矣。』

又《莊公五年》 秋，郳犂來來朝。《傳》：郳，國也。黎來，微國之君，未爵命者也。

又《莊公二十三年》（夏）蕭叔朝公。《傳》：微國之君，未爵命者。其不言來，於外也。《集解》：言於穀朝公也。朝於廟，正也。於外，非正也。

又《僖公五年》（春）杞伯姬來，朝其子。《傳》：婦人既嫁，不踰竟。踰竟，非正也。諸侯相見曰朝，伯姬為志乎朝其子也。伯姬為志乎朝其子，則是杞伯失夫之道矣。《集解》：凱曰：『不能刑于寡妻。』諸侯相見曰朝，以待人父之道待人之子，非正也。故曰杞伯姬來，朝其子，參譏也。《集解》：參譏，謂伯姬、杞伯、魯侯也。桓九年『曹伯使其世子射姑來朝』，譏世子。此不譏者，明子隨母行，年尚幼弱，未可責以人子之道。伯姬以莊二十五年夏嫁，至今十三年，則子幼可知。

又《僖公十六年》 夏六月，季姬及繒子遇于防，使鄫子來朝。《傳》：遇者，同謀也。《集解》：魯女無故遠會諸侯，遂得淫通，此亦事之不然。《左傳》曰：繒季姬來寧，公怒之，以繒子不朝，遇于防，而使來朝。此近合人情。來朝者，來請己也。《集解》：使來朝，請己為妻。朝不言使，言使，非正也。以病繒子也。

又《僖公二十八年》（五月）公朝于王所。《傳》：朝不言所。言所者，非其所也。《集解》：非京師朝。

壬申，公朝于王所。《傳》：朝於廟，禮也；於外，非禮也。《集解》：諸侯朝王，王必於宗廟受之者，蓋欲尊祖禰，共其榮。獨公朝與？諸侯盡朝也。其日，以其再致天子，故謹而日之。主善以内，目惡以外。《集解》：主善以内，謂公朝于王所。目惡以外，言再致天子。言曰公朝，逆辭也，而尊天子。《集解》：鄭嗣曰：『若公朝于廟，則當言公如京師，而今言公朝，是逆常之辭。雖逆常而曰公朝王所，是尊天子。』會于溫，言小諸侯。溫，河北地，以河陽言之，大天子也。《集解》：溫、河陽同耳，小諸侯。故以一邑言之。尊天子，故以廣大言之。日繫於月，月繫於時。壬申，公朝于王所。其不月，失其所繫也。以為晉文公之行事為已傎矣。《集解》：以臣召君，傎倒上下。日不繫于月，猶諸侯不宗于天子。

又《僖公二十九年》 二十有九年春，介葛盧來。《傳》：介，國也。

葛盧，微國之君，未爵者也。其曰來，卑也。

又　《成公十三年》　三月，公如京師。《傳》：公如京師，不月。月，非如也。《集解》：時實會晉伐秦，過京師也。公行出竟，有危則月，朝聘京師，理無危懼，故不月。非如而曰如，不叛京師也。《集解》：因其過朝，故正其文，若使本自往。

《竹書紀年》卷下《惠王》　晉獻公朝王，如成周。

《史記》卷五《秦本紀》　（德公元年）梁伯、芮伯來朝。成公元年，梁伯、芮伯來朝。

又　卷三二《齊太公世家》　（莊公六年）五月，莒子朝齊，齊以甲戌饗之。

（頃公）十一年，晉初置六卿，賞鞌之功。齊頃公朝晉，欲尊王晉景公，晉景公不敢受，乃歸。

又　卷三三《魯周公世家》　（魯文公）三年，文公朝晉襄公。【略】（魯襄公）四年，襄公朝晉。【略】十二年，朝晉。【略】二十一年，朝晉平公。

又　卷三五《管蔡世家》　（蔡悼公）九年，悼公朝于宋。

又　卷三七《衛康叔世家》　（衛成公）十二年，成公朝晉襄公。

又　卷三九《晉世家》　（景公）十二年冬，齊頃公如晉，欲上尊晉景公為王，景公讓不敢。

又　卷四二《鄭世家》　（莊公）二十七年，始朝周桓王。【略】（成公三年）秋，成公朝晉。晉曰：『鄭私平於楚。』執之。【略】（簡公）二十七年夏，鄭簡公朝晉。冬，畏楚靈王之强，又朝楚，子產從。【略】

三十六年，簡公卒，子定公寧立。秋，定公朝晉昭公。

漢・劉向《說苑》卷一二《奉使》　子貢曰：『使吳責吾寶而與我師，是不可恃也。』於是以楊幹麻筋之弓六往。子貢謂吳王曰：『齊為無道，欲使周公之後不血食，且魯賦五百，邾賦三百，不識以此益齊，吳之利與？非與？』吳王懼，乃興師救魯。諸侯曰：『齊伐周公之後，而吳救之。』遂朝於吳。

又　卷一三《權謀》　楚莊王與晉戰，勝之，懼諸侯之畏己也，乃築為五仞之臺，臺成而觴諸侯，諸侯請約。莊王曰：『我，薄德之人也。』諸侯請為觴，乃仰而曰：『將將之臺，窅窅其謀。我言而不當，諸侯伐之。』於是遠者來朝，近者入賓。

漢・趙曄《吳越春秋》卷一《吳太伯傳》　凡從太伯至壽夢之世，與中國時通朝會，而國斯霸焉。

又　卷五《闔閭內傳》　十二年，夫差復北伐齊。越王聞之，率衆以朝於吳，而以重寶厚獻太宰嚭。

戰國

《戰國策》卷六《秦四》　齊王入朝，四國必從，頓子之說也。

又　卷八《齊一》　（威王）令初下，羣臣進諫，門庭若市；數月之後，時時而間進；期年之後，雖欲言，無可進者。燕、趙、魏聞之，皆朝於齊。此所謂戰勝於朝廷。

又　卷一二《齊五》　蘇秦說齊閔王曰：『【略】昔者魏王擁土千里，帶甲三十六萬，恃其强而拔邯鄲，西圍定陽，又從十二諸侯，朝天子。』

又　卷一三《齊六》　齊王建入朝於秦，雍門司馬前曰：『所為立王者，為社稷耶？為王立王耶？』王曰：『為社稷。』司馬曰：『為社稷立王，王何以去社稷而入秦？』齊王還車而反。

又　卷一九《趙二》　（趙王）乃以車三百乘入朝澠池，割河間以事秦。

又　卷二〇《趙三》　魯仲連曰：『昔齊威王嘗為仁義矣，率天下諸侯而朝周。周貧且微，諸侯莫朝而齊獨朝之。』

又　卷二二《魏一》　韓、趙相難。韓索兵於魏曰：『願得借師以伐趙。』魏文侯曰：『寡人與趙兄弟，不敢從。』趙又索兵以攻韓，文侯曰：『寡人與韓兄弟，不敢從。』二國不得兵，怒而反。已乃知文侯以講於己也，皆朝魏。

又　卷二三《魏二》　齊、魏戰於馬陵，齊大勝魏，殺太子申，覆十萬之軍。魏王召惠施而告之曰：『夫齊，寡人之讎也，怨之至死不忘。國雖小，吾常欲悉起兵而攻之，何如？』對曰：『不可。臣聞之，王者得度，而霸者知計。今王所以告臣者，疏於度而遠於計。王固先屬怨於趙，而後與齊戰。今戰不勝，國無守戰之備，王又欲悉起而攻齊，此非臣之所謂也。王若欲報

齊乎，則不如因變服折節而朝齊，楚王必怒矣。王游人而合其鬭，則楚必伐齊。以休楚而伐罷齊，則必為楚禽矣。是王以楚毀齊也。』魏王曰：『善。』乃使人報於齊，願臣畜而朝。

《竹書紀年》卷下《考王》 十二年，魯恭侯、宋桓侯、衛成侯、鄭釐侯來朝。

又《隱王》 （三年）秦王來，見于蒲坂關。

《史記》卷五《秦本紀》 （孝公）二十年，諸侯畢賀。秦使公子少官率師會諸侯逢澤，朝天子。【略】

惠文君元年，楚、韓、趙、蜀人來朝。【略】

（惠文王）三年，韓、魏太子來朝。【略】

（武王四年）魏太子來朝。【略】

（昭襄王）五年，魏王來朝應亭，復與魏蒲阪。【略】

（昭襄王）十七年，城陽君入朝，及東周君來朝。

又 卷四三《趙世家》 （肅侯）四年，朝天子。

又 卷四三《趙世家》 （武靈王元年）韓宣王與太子倉來朝信宮。

又 卷四四《魏世家》 （惠王）十五年，魯、衛、宋、鄭君來朝。【略】

（哀王）十二年，太子朝於秦。【略】

（襄王）十年，太子嬰朝秦而歸。

又 卷四五《韓世家》 （昭侯）十一年，昭侯如秦。

又 卷七〇《張儀列傳》 義渠君朝於魏。

論說

唐·陸淳《春秋集傳辨疑》卷四《公及齊侯遇于穀蕭叔朝公》 趙子曰：『若於國中，而不於廟，乃為非禮。若於境外，如何求廟乎？且諸侯朝於四岳之下，亦豈得求廟乎。』

又 卷六《冬介葛盧來》 趙氏曰：『啖云，不於廟受，故不言朝。』此說是也。或曰：『《公羊》此年《傳》云「何以不言朝，不能乎朝也。」』此義移用於此，豈不可乎？答曰：『桓十五年，邾人、牟人、葛人來朝。若以為能行朝禮，即儀父不應却貶稱人，故知用夷禮爾。但為廟受，故書朝。葛盧或但為事而來，本非來朝，所以不廟受，故直書來爾。』

又 卷七《夏曹伯來朝》 左氏曰：『諸侯五年再相朝，古之制也。』趙子曰：『按《周禮》，諸侯猶各以服數朝天子。若五年諸侯再相朝，即須四面而往，無停歇時矣。以理推之，諸侯除州伯之外，當無相朝之限，有事乃行。』

宋·張大亨《春秋五禮例宗》卷八《賓禮上·朝》 凡諸侯見天子謂之朝，亦謂之覲。《曲禮》曰：『天子當依而立，諸侯北面而見曰覲。天子當宁而立，諸公東面，諸侯西面曰朝。』鄭氏謂朝，受摯於朝，受享於廟，而覲則一受於廟。《大宗伯》曰：『春見曰朝，夏見曰宗，秋見曰覲，冬見曰遇。』由《曲禮》言之，則朝覲之別以位，由《宗伯》則朝覲之別以時。然書稱『歲二月，東巡守至於岱宗，肆覲東后。』又曰『五載一巡守，羣后四朝』，則朝覲不必以時為別。《明堂位》稱『周公朝諸侯，天子負扆而立』，則朝覲不必以位為別。《覲禮》稱諸侯前朝，則朝覲亦為通稱明矣。《論語》謂子退朝，則臣朝其君者也。《大行人》謂使諸侯世相朝，則諸侯交相見者也。夫諸侯交相見而以臣朝其君之名名之，所以崇敬讓、相親睦之道也。諸侯以君道臨人，則可以受人之朝而不為僭；敵國以敬讓相下，雖朝人之國而不為屈。如是則庶邦睦而王室寧矣。春秋之時，小國則朝，大國則否，故《經》所書朝事不一，皆以小事大之禮也。叔向曰：『明王之制，間朝以講禮。』而子太叔云『五歲一朝』，與《行人》之法固異。左氏獨以子太叔為正，必有據依。然考於《書》，成王命諸侯六年，五服一朝；又六年，王乃時巡，各朝於方岳。以諸侯朝王且猶六歲則間於天子之事，而相朝宜不能數於此。然則世相朝，殆先王之制矣。

又 《獨稱來》 凡書『來』，有來朝，有來聘，然不以朝聘名之，謂其禮不成也。

宋·陳則通《春秋提綱》卷五《朝聘門》 嗚呼！朝、宗、覲、遇，周制也。自天子不能錫命諸侯，而《采菽》之詩作。諸侯不欲朝王，而《菀柳》之刺興。春秋諸侯例不朝覲，自幽王始，豈特東遷之君為不振哉？鄭人交惡，驟爾朝桓，周桓公有善鄭以勸來者，猶懼不蔇之言，其視鄭莊之來，望外之幸也。嗣是而後，鄭不朝王者十年。無諸侯，何以為共主？無朝覲，何以為天子？王始不勝其忿，自將以伐鄭，將以號令諸侯也。鄭不服而至於戰，戰不

勝而至於敗，自此周人不敢以朝禮問諸侯矣。《禮》稱諸侯三年喪畢，以士服入見天子，天子錫之圭璧黻冕，然後歸。今也不然，文、成、襄、定以畢服而朝晉，昭以踰年而朝晉，則即位朝王之禮缺矣。《書》稱月正元日覲四岳羣牧，班瑞于羣后。今也不然，僖、宣以正月而朝齊，成、襄以正月而朝晉，則正月朝王之禮缺矣。愚按《春秋》之法，為諸侯而不朝天子，在春秋當服不恭之辠，而王室尚存也。為諸侯而復朝諸侯，在春秋當服無將之刑，而王室不存也。《春秋》義為魯諱。公之初如齊也，《春秋》有其事；公之初如晉也，《春秋》無其文。如齊、如晉而又如楚，聖人亦無如之何矣。

公如外國，《經》未有繁其辭者也。桓之十有八年，既曰『如齊矣』，又曰『與姜氏』，明公之與姜氏非專如齊也。莊之二十有二年，既曰『如齊矣』，又曰『納幣』，明公之為納幣非為如齊也。由是而觀社，由是而逆女，既曰如齊而又書其故，皆《春秋》筆法之所無者。大抵以婚姻之事譏公，未嘗以朝齊之事辠公也。聖人慎之重之而惡其犯之也。繼又僖之如齊者三，宣之如齊者五，雖欲慎之重之，而無其詞矣。公如外國，《經》未有不書者也。文二年之如晉，隱而不書，雖則諱處父之盟，其實諱公之始朝晉也，諱公之始朝晉而取是辱也。繼又公之如晉者二，成之如晉者三，襄之五，昭之九，定之一，諱之不可勝諱，則有書之者矣。如齊，其初也；如晉，其次也；如楚，其末也。《春秋》著其事於初，隱其文於次，皆不可得，則末流其可勝救哉！

考之周典，諸侯未嘗無殷聘世朝之法，然而有天子在，不朝王室而朝諸侯，意謂何哉？入《春秋》九十有二年，未嘗北面京師。踐土、河陽，天威咫尺，不得不朝。相距又五十有三年，伐秦之役，惟晉是從，不過先告晉侯之意。《經》書曰如，是魯以列國例京師矣。《經》書魯於諸侯之朝，例曰如，諱其朝也。於京師之朝，例曰如，辠其以列國例京師也。二百四十二年，書朝者二，如者一，迄未有公朝於京師之文，何周之衰耶！抑魯公之不朝，不特係王室之盛衰而亦係魯國之輕重焉。春秋甫降，齊伯未興，魯視諸侯為強，四十一年間，未嘗有事他國之禮。齊伯既興，魯何役不會，何盟不同？三十二年間，亦未嘗有專朝伯國之事。自僖之十年，移事周之禮而事齊，魯寖取輕於諸侯矣。僖公即世，晉人遽以不朝來討，則慢魯之始也。自是文之如晉也而見止，且有大夫之盟；宣之如齊也而見辱，且有叔姬之請；成之如晉也而又不敬，且有從楚之欲。襄公值晉悼方明，諸侯方睦，僅得免焉。推原其由，則文之二年移事齊之禮而事晉，魯寖取慢於諸侯矣。魯以周公、伯禽之後為望國，龜蒙鳧繹之封為不小，公車千乘之賦為不弱。昭公行禮於晉，見止者二，見辭者四，書疾以殺恥者一，以禮下人而人不容，以身事人而人不顧。迹所從來，襄之二十八年移事晉之禮而事楚，魯寖取厭於諸侯矣。

輕而至於慢，慢而至於厭，皆魯人不能秉禮之過也。抑魯公之朝，不特係魯國之輕重，其亦係世道之升降，伯業之盛衰强弱焉。僖之朝桓，乃會於葵丘之明年，王室之卑而齊伯之崇也。文之朝襄，乃戰於彭衙之歲，齊伯之絶而晉伯之續也。終宣公之世，事晉蔑如，晉不敢問。是時楚莊圖伯於南，齊惠結魯於東，晉方懼楚，不敢敵齊，晉伯之小弱也。晉悼方興，伯業猶競，盟宋以後，楚執牛耳，外而陳、鄭如楚，內而魯、衛如楚，至於章華落成，昭七年。楚大夫敢於有魯侯之召，則晉伯之已去也。夷考《春秋》書法之三變，其事專係於魯；考《春秋》世道之三變，其事不獨係於魯。予讀《經》至魯襄公之末，為之三歎。

又《小國來朝例》 嗚呼！禹合諸侯於塗山，執玉帛而朝者萬國。今其存者，無數十焉。松柏之下，其草不殖，國小而偪，其能久乎？是故諸侯之朝魯者衆而皆小國也。畏大國不獲已，是以來也。《春秋》録小國之朝，悲之也，悲其無以自存而依人以為安也。夫以弱國小衆介於大國之間，奔走於時命，困頓於兵役，不能自拔於微弱之中而列於諸侯之盟會者，滔滔皆是。齊桓始霸，曹、邾皆列衣裳之會者，幸也。滕子在盟，乍見而遽没，其餘小邾、薛、杞之屬，自成、襄以後，稍稍得通盟會於中國。前此魯史七君，《春秋》更一百二十年，皆無以自見者。若蕭，若介，若郯，終《春秋》咸無焉。此太陽當夕，微茫小星雖見而無光，或乍見而遽没，或埋没而不見，竟不得略列於三五次舍之地。諺曰『蕞爾小國』，未免類此。若來朝不書，誰知其有國矣。《春秋》書小國之朝，悲其無以自存而幸其猶未亡也。春秋之末，諸姬垂盡，曹，文昭也，不得免焉。視昔日之諸姬來朝魯者，獨有區區之滕。歷春秋而及戰國，微國之朝，始滕終滕。此夫子作《春秋》之微意。嗚呼！微國之朝，豈得已哉？鄭人曰：『曹畏宋，邾畏魯也。』宋人曰：『滕、薛、郳，吾役也。』晉人曰：『滕、薛、小邾之不至，皆齊故也。』嗚呼！不寧惟是也。鄫畏邾也，杞畏莒也，紀畏齊也，郜畏宋也，郯畏吳也，穀、鄧之畏楚也，

介葛牟之畏東夷也，畏大國不獲已，是以來也。《國風》始於《邶》、《鄘》，終於《曹》、《鄶》；《春秋》始於邾、宿，終於既滅之陳、許。此聖人拳拳於微國也。始於邾、宿，《春秋》崇明祀、保小寡之意也。終於既滅之陳、許，《春秋》興滅國，繼絶世之意也。嗚呼！《詩》亡而《春秋》作也！《春秋》亡而吾無復望矣！

元·舒天民《六藝綱目》卷上《六藝條目》 舊説時會、殷同者，諸侯非當朝覲之歲奔命而見天子之名也。時聘、殷覜者，諸侯間歲遣臣以聘天子之名也。剛中曰：聘則以財為禮，其名曰問，有問遺之意。覜則以見為禮，其名曰視，有省視之意。然以王而問遺省視乎諸侯，則於義為順。自諸侯而言，謂問遺省視乎天子，則其語不順也。以《大行人》之言曰：『時聘以結諸侯之好。殷覜以除邦國之慝』，此乃王見諸侯之文也。槩以為諸侯聘覜乎天子，則與《行人》之文不合。槩以為王者之禮，則又與《大宗伯》諸侯見王之文不合。嘗合二官以考之，蓋聘頫之禮，王與諸侯交用之，故其名不異。何以言之？時聘、殷覜繼於春朝、夏宗之下，則曰問，曰視，為諸侯問視乎天子之禮也。若以《行人》結好除慝之文例之，則又是王者聘以結諸侯之好，覜以除邦國之慝也。人徒見古者比年小聘，三年大聘，小聘使大夫，大聘使卿，皆臣聘乎君也，遂謂君无聘覜乎臣之理。殊不知《小行人》有曰：『王之所以撫諸侯者，歲徧存，三年徧覜，五年，徧省』，則王有覜禮於諸侯明矣。然諸侯行之則曰問曰視，天子行之則曰除慝結好，名雖同，不害其為異也。天子之覜見於《小行人》三歲之制，若夫聘禮則无傳。春秋之時，王臣來聘於魯者八，此亦可以為證。

元·趙汸《春秋屬辭》卷五《存策書之大體第一之五》 成十三年三月，公如京師。以上成公如京師者一，朝天王也。《周禮·大宗伯》以賓禮親邦國，春見曰朝，夏見曰宗，秋見曰覲，冬見曰遇，時見曰會，殷見曰同。《大行人》侯服歲一見，甸服二歲一見，男服三歲一見，采服四歲一見，衛服五歲一見，要服六歲一見。凡諸侯之邦，交世相朝而已。東遷諸侯不臣，小國朝大國，大國朝盟主而不復朝天王。魯君再書朝王所，一書如京師，皆以晉故而非特朝也。成公將會諸侯，假道京師，伐秦不可過天子而不朝，故始行則書如京師。凡内出朝聘但書『如』，始行則書之，未成禮之辭也。據魯君如晉至河而復者六，魯臣如京師，如齊不至而復者各一，始行不果彼國，必成其禮也。此杜氏説得之。或謂魯之朝聘非誠非禮，故但書『如』，由不知策書之體也。《春秋》存策書之大體，以屬辭比事見得失而不以褒貶脩辭。此下書『公自京師，遂會諸侯伐秦』，則非特朝可見。通十二公，唯成公一如京師，則魯君久闕朝覲之禮，亦可見不待變文而後為譏也。『如京師』特書月，明朝王為正，與他如不同。

僖二十八年五月癸丑，公朝于王所。蒙上盟日。冬，壬申，公朝于王所。以上僖公朝王所者二。晉文踐土、温二會，皆以天子在焉而諸侯就朝。既成禮而後書，故言朝。凡朝王例日，壬申其著例也。踐土不日者，與盟同日也。温會不月，故朝王有日而無月也。《春秋》有為下事月者，此不為朝王月，以見因會而朝，非會則不朝也。

僖十年春王正月，公如齊。十五年春王正月，公如齊。三十三年冬十月，公如齊。以上僖公如齊者三，一朝伯主，一繼齊好也。東遷諸侯，《大行人》殷聘世朝之禮久廢，唯以小朝大而已。故隱、桓、莊之世，小國之君往往來朝於魯，而魯未嘗往朝大國，以當時大國皆齊等故也。桓公創霸之初，未遑定制，故莊公三如齊，皆以事行。至僖七年公子友如齊，十年公如齊，十三年公子友如齊，十五年公如齊，合《傳》三歲而聘，五歲而朝之法。蓋齊桓伯業既成之後，會于寧毋，始定其制，以為諸侯朝伯主之禮。與《尚書》、《周官》六年五服一朝相類，不自知其僭也。僖十七年桓公卒，故僅再朝而已。晉文公伯業甫定而卒，故僖公未嘗朝晉。晚年一朝齊昭，復修齊好也。凡公外如不月，以四時首月行則書之；不書至，乃筆削之法。説在後篇。

文三年冬，公如晉。十三年冬，公如晉。以上文公如晉者二，朝伯主也。《傳》言晉文公季年，諸侯朝晉，衛成不朝。故文公元年，晉襄伐衛，二年亦以不朝來討。公如晉，晉人使陽處父盟公，魯人恥之。《經》没公如晉不書而處父去族。以晉文伯業之盛，踐土之盟、温之會，僖公皆在焉。又嘗受其曹田，嘗使大夫一聘一拜田而弗身朝之。晉文卒，乃朝齊。文公即位，亦聘齊以圖昏而不通晉好，於是見討而朝以取辱，則亦『比而不周』之過也。此在存策書大體中為變例之四，説見《變文篇》。三年，晉人悔其無禮於公，請改盟，公如晉。五年，公孫敖如晉。六年，行父如晉。八月，襄公卒，其後公一如晉，朝靈公。十五年，行父以齊難故，如晉者再，而晉侯

受賂，不克伐齊，公遂舍晉而屈於齊矣。此魯君於文、襄世伯朝聘之實也。而昭三年《傳》子大叔曰：『文、襄之霸，令諸侯三歲而聘，五歲而朝』，豈文、襄嘗舉齊桓之典而主盟日淺，故諸侯有不盡從其令者乎？文十五年，曹伯來朝。《傳》曰『禮也』。諸侯五年再相朝，以脩王命，古之制也。所謂古制，既與《周禮》不合。春秋之世，小國朝魯，魯朝大國，近或一二年，遠或十餘年，或閒世不朝，遲速皆無常準。左氏唯見十一年曹伯來朝，至此又來，適合子大叔五歲之數，遂以其説為《傳》，而不知其制實始於齊桓爾。又昭十三年叔向曰：『明王之制，使諸侯歲聘以致業，間朝以講禮，再朝而會以示威，再會而盟以顯昭明。』杜氏謂三年一朝，六年一會，十二年一盟。凡八聘、四朝、再會，王一巡守，盟于方岳之下。其朝聘之節大數，故先儒以《周禮·大行人》所職為得中。蓋成周之禮，非唯左氏不能詳，當時名大夫如叔向亦不得其真也。

明·卓爾康《春秋辯義》卷二《隱公二》 春，滕侯、薛侯來朝。滕、薛南鄰宋，魯伐宋取二邑，聲勢赫然，故二國來朝。穀梁氏謂考禮修德，以尊天子，非矣。諸侯無朝，然春秋小國于大國，附庸于屬國皆言朝，惟同等之國則否。凡諸侯朝，各書之。穀伯、鄧侯者，偕至而朝，禮不同日也，累數之。若邾、牟、葛及今滕、薛者同日行禮，惟天子可受之，諸侯則不可。隱于天子未嘗朝覲而滕、薛相率以朝之，又不特見之而使同日旅見。故臨江劉氏曰：『隱公之志已驕，一旦朝兩國之君，不能識其非禮也。』

高氏曰：同受天子土地，是同列也，乃班見于魯，豈有同列來朝而班見者乎？異姓為後，謂朝天子時耳。此諸侯朝魯之始，亦旅見之始。

又 卷一二《僖公四》 壬申，公朝于王所。廬陵李氏曰：《春秋》書魯之朝王者三：此年二，成十三年如京師是也。皆因伯事以行禮。然此雖在外而得書朝，彼雖至京師而反書如者，蓋此若書如，則無以見天王就朝之實。彼若書朝，則無以見諸侯之不臣，禮義各有在也。彼書朝于伐秦之先，此書朝于盟踐土之後者，蓋彼不先書朝無以見朝王之為重。此不後書朝無以見諱王之實，義亦各有在也。然此書朝猶為下事上之詞，彼書如則不過彼適此之例矣，亦微有分别。

清·毛奇齡《春秋屬辭比事記》卷一《朝·來朝》 （桓公）七年夏，穀伯綏來朝。鄧侯、吾離來朝。穀、鄧皆近楚小國名，綏與吾離，則兩君名也。諸侯來朝，無書名者，此以附庸例名之。胡氏謂貶其朝桓，則莊之郳黎來來朝、蕭叔來朝為不可通矣。

又 《朝晉》 成十有八年春，公如晉。諸侯相朝禮，大抵小國朝大國耳。故大國君新立則小國朝新君，小國君新立則新君朝大國。時晉悼新立，成公以朝新君如晉，其不書朝而書如者，史例也。夫以齊桓之伯，莊、僖每如齊而未嘗一朝，以齊、晉、魯、衛，本敵國也。至此，則齊、魯皆屬國矣。故曰《春秋》自文、宣以後，多志晉惡。非虚語也。

又 《朝楚》 襄二十八年冬十有一月，公如楚。楚與晉争伯，而宋公為向之盟以平之。至是，諸國各朝晉、楚，以成其事。《經》不書朝晉而獨書朝楚者，以朝楚而楚康王卒，公留楚送葬，踰年不歸，遂不能諱辱故也。

雜録

《竹書紀年》卷上《皇帝軒轅氏》 五十九年，貫胸氏來賓，長股氏來賓。

又 《帝堯陶唐氏》 八十六年，司空入覲，贄用圭。

《公羊傳·桓公元年》 （三月）鄭伯以璧假許田。《傳》：許田者何？魯朝宿之邑也。諸侯時朝乎天子，天子之郊，諸侯皆有朝宿之邑焉。此魯朝宿之邑也，則曷為謂之許田？諱取周田也。諱取周田，則曷為謂之許田？繫之許也。曷為繫之許？近許也。此邑也，其稱田何？田多邑少稱田，邑多田少稱邑。

漢·劉向《説苑》卷一《君道》 高宗者，武丁也，高而宗之，故號高宗。成湯之後，先王道缺，刑法違犯，桑穀俱生乎朝，七日而大拱，武丁召其相而問焉，其相曰：『吾雖知之，吾弗得言也。聞諸祖已，桑穀者野草也，而生於朝，意者國亡乎？』武丁恐駭，側身修行，思先王之政，興滅國，繼絶世；舉逸民，明養老。三年之後，蠻夷重譯而朝者七國，此之謂存亡繼絶之主，是以高而尊之也。

明·董説《七國考》卷六《韓羣禮·朝會·執珪》 《孔叢子》：『韓與魏仇敵之國，而鼇侯執珪見梁君，非好卑而惡尊。』執珪者，謂執珪而朝。

聘問部

綜　述

殷商西周

《竹書紀年》卷上《殷太戊》　二十六年，西戎來賓，王使王孟聘西戎。

又　卷下《周幽王》　九年，申侯聘西戎及鄫。

春秋

《春秋·隱公七年》　夏，城中丘。齊侯使其弟年來聘。冬，天王使凡伯來聘。

又《隱公九年》　九年春，天王使南季來聘。

又《桓公三年》　冬，齊侯使其弟年來聘。

又《桓公四年》　夏，天王使宰渠伯糾來聘。

又《桓公五年》　天王使仍叔之子來聘。

又《桓公八年》　天王使家父來聘。

又《莊公二十三年》　（夏）荊人來聘。

又《莊公二十五年》　春，陳侯使女叔來聘。冬，公子友如陳。

又《僖公七年》　公子友如齊。

又《僖公二十八年》　公子遂如齊。

又《僖公三十年》　冬，天王使周公來聘。

又《僖公三十一年》　公子遂如晉。

又《僖公三十三年》　齊侯使國歸父來聘。

又《文公四年》　衛侯使寧俞來聘。

又《文公六年》　夏，季孫行父如陳。秋，季孫行父如晉。

又《文公九年》　冬，楚子使椒來聘。

又《文公十一年》　公子遂如宋。

又《文公十二年》　秦伯使術來聘。

又《文公十五年》　春，季孫行父如晉。

又《文公十八年》　秋，公子遂、叔孫得臣如齊。

又《宣公十年》　秋，天王使王季子來聘。冬，季孫行父如齊。齊侯使國佐來聘。

又《宣公十八年》　（秋）公孫歸父如晉。

又《成公三年》　冬十有一月，晉侯使荀庚來聘。衛侯使孫良夫來聘。

又《成公四年》　春，宋公使華元來聘。

又《成公五年》　（春）仲孫蔑如宋。

又《成公六年》　冬，季孫行父如晉。

又《成公八年》　（春）宋公使華元來聘。（冬十月）晉侯使士燮來聘。

又《成公十一年》　夏，季孫行父如晉。秋，叔孫僑如如齊。

又《成公十八年》　（夏）晉侯使士匄來聘。

又《襄公二年》　（秋）叔孫豹如宋。

又《襄公五年》　夏，鄭伯使公子發來聘。叔孫豹、鄫世子巫如晉。

又《襄公六年》　冬，叔孫豹如邾。季孫宿如晉。

又《襄公七年》　秋，季孫宿如衛。冬十月，衛侯使孫林父來聘。

又《襄公八年》　（冬）晉侯使士匄來聘。

又《襄公九年》　夏，季孫宿如晉。

又《襄公十二年》　夏，晉侯使士魴來聘。

又《襄公十五年》　春，宋公使向戌來聘。

又《襄公十六年》　冬，叔孫豹如晉。

又《襄公十九年》　（春）季孫宿如晉。

又《襄公二十年》　（秋）叔老如齊。（冬）季孫宿如宋。

又《襄公二十四年》　春，叔孫豹如晉。（冬）叔孫豹如京師。

又《襄公二十六年》　夏，晉侯使荀吳來聘。

又《襄公二十七年》　春，齊侯使慶封來聘。

又《襄公二十八年》　（秋）仲孫羯如晉。

又《襄公二十九年》（夏）晉侯使士鞅來聘。【略】吳子使札來聘。冬，仲孫羯如晉。

又《襄公三十年》春王正月，楚子使薳罷來聘。

又《昭公二年》春，晉侯使韓起來聘。夏，叔弓如晉。

又《昭公六年》夏，季孫宿如晉。冬，叔弓如楚。

又《昭公八年》（夏）叔弓如晉。

又《昭公九年》秋，仲孫貜如齊。

又《昭公十二年》夏，宋公使華定來聘。

又《昭公二十一年》夏，晉侯使士鞅來聘。

又《昭公二十五年》春，叔孫婼如宋。

《左傳·隱公七年》（夏）齊侯使夷仲年來聘，結艾之盟也。冬，王使凡伯來聘。還，戎伐之于楚丘以歸。

又《桓公三年》冬，齊仲年來聘，致夫人也。注：古者女出嫁，又使大夫隨加聘問，存謙敬，序殷勤也。在魯而出，則曰致女；在他國而來，則總曰聘。故《傳》以致夫人釋之。

又《桓公四年》夏，周宰渠伯糾來聘。父在，故名。

又《桓公九年》（春）巴子使韓服告于楚，請與鄧爲好。注：韓服，巴行人。巴國，在巴郡江州縣。楚子使道朔將巴客以聘於鄧。注：道朔，楚大夫。巴客，韓服。

又《桓公十三年》鄭人來請脩好。

又《莊公二十五年》春，陳女叔來聘，始結陳好也。嘉之，故不名。注：季友相魯，原仲相陳，二人有舊，故女叔來聘，季友冬亦報聘。

又《閔公元年》冬，齊仲孫湫來省難。注：湫，仲孫名。書曰『仲孫』，亦嘉之也。仲孫歸曰：『不去慶父，魯難未已』。注：時慶父亦還魯。公曰：『若之何而去之？』對曰：『難不已，將自斃，注：斃，踣也。君其待之。』

又《僖公十年》（夏四月）於是丕鄭聘于秦，且謝緩賂，故不及。注：丕鄭，里克黨。以在秦，故不及里克俱死。【略】丕鄭之如秦也，言於秦伯曰：『呂甥、郤稱、冀芮實為不從，若重問以召之，臣出晉君，君納重耳，蔑不濟矣。』注：三子，晉大夫。不從，不與秦賂。問，聘問之幣。冬，秦伯使泠至報、問，且召三子。注：泠至，秦大夫。

又《僖公十三年》春，齊侯使仲孫湫聘于周，且言王子帶。注：前年王子帶奔齊，言欲復之。事畢，不與王言。注：不言子帶事。歸復命曰：『未可。王怒未怠，其十年乎！不十年，王弗召也。』

又《僖公十六年》春，隕石于宋五，隕，星也。六鷁退飛，過宋都，風也。周内史叔興聘于宋，宋襄公問焉，曰：『是何祥也？吉凶焉在？』注：祥，吉凶之先見者。襄公以爲石隕鷁退，能爲禍福之始，故問其所在。對曰：『今茲魯多大喪，注：今茲，此歲。明年齊有亂，君將得諸侯而不終。』

又《僖公三十年》冬，王使周公閱來聘，饗有昌歜、白、黑、形鹽。注：昌歜，昌蒲葅。白，熬稻。黑，熬黍。形鹽，鹽形象虎。辭曰：『國君文足昭也，武可畏也，則有備物之饗，以象其德。薦五味，羞嘉穀，鹽虎形，以獻其功。吾何以堪之？』

東門襄仲將聘于周，遂初聘于晉。注：公既命襄仲聘周，未行，故曰將。又命自周聘晉，故曰遂。自入春秋，魯始聘晉，故曰初。

又《僖公三十一年》（春）襄仲如晉，拜曹田也。

又《僖公三十三年》（春）齊國莊子來聘，自郊勞至於贈賄，禮成而加之以敏。注：迎來曰郊勞，送去曰贈賄。敏，審當於事。臧文仲言於公曰：『國子為政，齊猶有禮，君其朝焉。臣聞之，服於有禮，社稷之衛也。』

又《文公四年》（秋）衛寧武子來聘，公與之宴，為賦《湛露》及《彤弓》。注：非禮之常，公特命樂人以示意，故言為賦。《湛露》、《彤弓》，《詩·小雅》。不辭，又不答賦。使行人私焉。注：私問之。對曰：『臣以為肄業及之也。注：肄，習也。魯人失所賦，寗武子佯不知，此其愚不可及。昔諸侯朝正於王，注：朝而受政教也。王宴樂之，於是乎賦《湛露》，則天子當陽，諸侯用命也。注：《湛露》曰：『湛湛露斯，匪陽不晞。』晞，乾也。言露見日而乾，猶諸侯稟天子命而行。諸侯敵王所愾而獻其功，注：敵，猶當也。愾，恨怒也。王於是乎賜之彤弓一，彤矢百，玈弓矢千，以覺報宴。注：覺，明也。謂諸侯有四夷之功，王賜之弓矢，又為歌《彤弓》，以明報功宴樂。今陪臣來繼舊好，注：方論天子之樂，故自稱陪臣。君辱貺之，其敢干大禮以自取戾？』注：貺，賜也。干，犯也。戾，罪也。

又《文公五年》（冬）晉陽處父聘于衛，反過寗，寗嬴從之。注：寗，晉邑，汲郡修武縣也。嬴，逆旅大夫。

又《文公六年》 臧文仲以陳、衛之睦也，欲求好於陳。夏，季文子聘于陳，且娶焉。注：臣非君命不越竟，故因聘而自為娶。

秋，季文子將聘於晉，使求遭喪之禮以行。注：季文子，季孫行父也。聞晉侯疾故。其人曰：『將焉用之？』注：其人，從者。文子曰：『備豫不虞，古之善教也。求而無之，實難。注：難卒得。過求何害？』注：所謂文子三思。

又《文公九年》 冬，楚子越椒來聘，執幣傲。注：子越椒，令尹子文從子。傲，不敬。叔仲惠伯曰：『是必滅若敖氏之宗。傲其先君，神弗福也。』

又《文公十一年》 （秋）襄仲聘于宋，且言司城蕩意諸而復之，注：往年楚次厥貉，將以伐宋。八年，意諸來奔。歸不書，史失之。因賀楚師之不害也。

又《文公十二年》 （秋）秦伯使西乞術來聘，且言將伐晉。襄仲辭玉曰：『君不忘先君之好，照臨魯國，鎮撫其社稷，重之以大器，寡君敢辭玉。』注：大器，圭璋也。不欲與秦為好，故辭玉。對曰：『不腆敝器，不足辭也。』注：腆，厚也。主人三辭。賓客曰：『寡君願徼福于周公、魯公以事君，注：徼，要也。魯公，伯禽也。言願事君以幷蒙先君之福。不腆先君之敝器，使下臣致諸執事以為瑞節，注：節，信也。出聘必告廟，故稱先君之器。要結好命，所以藉寡君之命，結二國之好。注：藉，薦也。是以敢致之。』襄仲曰：『不有君子，其能國乎！國無陋矣。』厚賄之。注：賄，贈送也。

又《文公十五年》 春，季文子如晉，為單伯與子叔姬故也。注：因晉請齊。

又《文公十八年》 秋，襄仲、莊叔如齊，惠公立故，且拜葬也。注：襄仲賀惠公立，莊叔謝齊來會葬。

又《宣公九年》 春，王使來徵聘。注：徵，召也。言周徵也。夏，孟獻子聘於周，王以為有禮，厚賄之。

又《宣公十年》 秋，劉康公來報聘。注：報孟獻子之聘，即王季子也。其後食采於劉。【略】季文子初聘于齊。注：齊侯初即位。（冬）國武子來報聘。注：報文子也。

又《宣公十四年》 （夏）楚子使申舟聘于齊，曰：『無假道于宋。』注：申舟，無畏。亦使公子馮聘于晉，不假道于鄭。

又《宣公十八年》 公孫歸父以襄仲之立公也有寵，注：歸父，襄仲子。欲去三桓以張公室。注：時三桓彊，公室弱，故欲去之，以張大公室。與公謀而聘于晉，欲以晉人去之。冬，【略】子家還及笙，注：子家，歸父。壇帷，復命于介。注：除也。為壇而張帷。介，副也，將去使介反命於君。既復命，袒括髮，注：以麻約髮。即位哭，三踊而出。注：依在國喪禮設哭位，公薨故。遂奔齊。書曰：『歸父還自晉。』善之也。

又《成公三年》 冬十一月，晉侯使荀庚來聘，且尋盟。注：尋元年赤棘盟。荀庚，林父之子。衛侯使孫良夫來聘，且尋盟。注：尋宣七年盟。

又《成公四年》 春，宋華元來聘，通嗣君也。注：宋共公即位。

又《成公五年》 （春）孟獻子如宋，報華元也。注：前年宋華元來聘。

又《成公八年》 （冬）晉士燮來聘，言伐郯也，以其事吳故。注：七年郯與吳成。公賂之，請緩師。文子不可，注：文子，士燮。曰：『君命無貳，失信不立。禮無加貨，事無二成。注：公私不兩成。君後諸侯，是寡君不得事君也。』注：欲與魯絶。

又《成公十年》 春，晉侯使糴茷如楚，注：糴茷，晉大夫。報大宰子商之使也。注：子商，楚公子辰。使在前年。

又《成公十一年》 夏，季文子如晉報聘，且涖盟也。秋，宣伯聘于齊，以修前好。冬，華元如楚，遂如晉，合晉、楚之成。

又《成公十七年》 郤至聘于周，欒書使孫周見之。公使覘之，信。遂怨郤至。

又《成公十八年》 （夏六月）晉范宣子來聘，且拜朝也。注：拜謝公朝。君子謂：『晉於是乎有禮。』注：有卑讓之禮。

又《襄公二年》 （秋）穆叔聘于宋，通嗣君也。

又《襄公四年》 （春）穆叔如晉，報知武子之聘也，注：武子聘在元年。晉侯享之。金奏《肆夏》之三，不拜。注：《肆夏》，樂曲名。周禮以鐘鼓奏九《夏》，其二曰《肆夏》，一名《繁》。三曰《韶夏》，一名《遏》。四曰《納夏》，一名《渠》。蓋擊鐘而奏此三《夏》曲。工歌《文王》之三，又不拜。注：工，樂人也。《文王》之三，《大雅》之首，《文王》、《大明》、《緜》。歌《鹿鳴》之三，三拜。注：《小雅》之首，《鹿鳴》、《四牡》、《皇皇者華》。韓獻子使行人子員問之，注：行人，通使之官。曰：『子以君命，辱於敝邑。先君之禮，藉之以樂，以辱吾子。注：藉，薦也。吾子舍其大而重拜其細，敢問何禮也？』對曰：『三《夏》，天子所以享元侯也，

使臣弗敢與聞。注：元侯，牧伯。《文王》，兩君相見之樂也，臣不敢及。注：及，與也。《文王》之三，皆稱文王之德，受命作周。故諸侯會同以相樂。《鹿鳴》，君所以嘉寡君也，敢不拜嘉？注：晉以叔孫為嘉賓，故歌《鹿鳴》之詩，取其『我有嘉賓』。叔孫奉君命而來，嘉叔孫乃所以嘉魯君。《四牡》，君所以勞使臣也，敢不重拜？注：《詩》言使臣乘四牡，騑騑然行不止，勤勞也。晉以叔孫來聘，故以此勞之。《皇皇者華》，君教使臣曰：『必諮於周』。注：《皇皇者華》，君遣使臣之詩。言忠臣奉使，能光輝君命，如華之皇皇然。又當諮于忠信，以補己不及。忠信為周。其詩曰：『周爰諮諏』，『周爰諮謀』，『周爰諮度』，『周爰諮詢』。言必於忠信之人，諮此四事。臣聞之，訪問於善為咨，注：問善道。咨親為詢，注：問親戚之義。咨禮為度，注：問禮宜。咨事為諏，注：問政事。咨難為謀。注：問患難。臣獲五善，敢不重拜？』注：五善，謂諮、詢、度、諏、謀。

又《襄公五年》夏，鄭子國來聘，通嗣君也。注：鄭僖公初即位。穆叔覿鄫大子于晉，以成屬鄫。注：覿，見也。前年請屬鄫，故將鄫大子巫如晉以成之。書曰：『叔孫豹、鄫大子巫如晉。』言比諸魯大夫也。注：豹與巫俱受命於魯，故《經》不書及，比之魯大夫。

又《襄公六年》冬，穆叔如邾聘，且脩平。注：平四年狐駘戰。【略】季武子如晉，見且聽命。注：始代父為卿，見大國，且謝亡鄫。聽命受罪。

又《襄公七年》秋，季武子如衛，報子叔之聘，且辭緩報，非貳也。注：子叔聘在元年，言國家多難，故不時報。（冬）衛孫文子來聘，且拜武子之言，注：緩報非貳之言。而尋孫桓子之盟。注：盟在成三年。公登亦登。注：禮，登階，臣後君一等。叔孫穆子相，趨進曰：『諸侯之會，寡君未嘗後衛君。注：敵體竝登。今吾子不後寡君，寡君未知所過。吾子其少安！』注：安，徐也。孫子無辭，亦無悛容。注：悛，改也。穆叔曰：『孫子必亡。為臣而君，過而不悛，亡之本也。《詩》曰：「退食自公，委蛇委蛇。」注：委蛇，順貌。《詩·召南》。言人臣自公門入私門，無不順禮。謂從者也。注：從，順行。衡而委蛇必折。』注：衡，橫也。橫不順道，必毀折。

又《襄公八年》（冬）晉范宣子來聘，且拜公之辱，注：謝公此春朝。告將用師于鄭。公享之，宣子賦《摽有梅》。注：《摽有梅》，《詩·召南》。摽，落也。梅盛極則落。詩人以興女色盛則有衰，衆士求之，宜及其時。宣子欲魯及時共討鄭，取其汲汲相赴。季武子曰：『誰敢哉！注：言誰敢不從命。今譬於草木，寡君在君，君之臭味也。注：言同類。歡以承命，何時之有？』注：遲速無時。武子賦《角弓》。注：《角弓》，《詩·小雅》。取其『兄弟婚姻，無相遠矣』。賓將出，武子賦《彤弓》。注：《彤弓》，天子賜有功諸侯之詩。欲使晉君繼文之業，復受《彤弓》於王。宣子曰：『城濮之役，注：在僖二十八年。我先君文公獻功于衡雍，受《彤弓》于襄王，以為子孫藏。注：藏之，以示子孫。匄也，先君守官之嗣也，敢不承命？』注：言己嗣其父祖，為先君守官。不敢廢命，欲匡晉君。君子以為知禮。注：《彤弓》之義，義在晉君。故范匄受之，所謂知禮。

又《襄公九年》夏，季武子如晉，報宣子之聘也。注：宣子聘在八年。

又《襄公十二年》夏，晉士魴來聘，且拜師。注：謝前年伐鄭師。【略】楚司馬子庚聘于秦，為夫人寧，禮也。注：子庚，莊王子午也。諸侯夫人父母既沒，歸寧使卿，故曰禮。

又《襄公十五年》春，宋向戌來聘，且尋盟。注：報二年豹之聘，尋十一年亳之盟。見孟獻子，尤其室，尤，責過也。曰：『子有令聞而美其室，非所望也。』對曰：『我在晉，吾兄為之。毀之重勞，且不敢間。』注：《傳》言獻子友于兄，且不隱其實。

又《襄公十六年》冬，穆叔如晉聘，且言齊故。注：言齊再伐魯。晉人曰：『以寡君之未禘祀，注：禘祀，三年喪畢之吉祭。與民之未息。注：新伐許及楚。不然，不敢忘。』穆叔曰：『以齊人之朝夕釋憾於敝邑之地，是以大請。敝邑之急，朝不及夕，引領西望曰：「庶幾乎！」注：庶幾晉來救。比執事之間，恐無及也。』見中行獻子，賦《圻父》。注：《圻父》，《詩·小雅》。周司馬掌封畿之兵甲，故謂之圻父。詩人責圻父為王爪牙，不修其職，使百姓受困苦之憂，而無所止居。獻子曰：『偃知罪矣！敢不從執事以同恤社稷，而使魯及此？』注：及此憂。見范宣子，賦《鴻鴈》之卒章。注：《鴻鴈》，《詩·小雅》。卒章曰：『鴻鴈于飛，哀鳴嗸嗸。唯此哲人，謂我劬勞。』言魯憂困，嗸嗸然若鴻鴈之失所。大曰鴻，小曰鴈。宣子曰：『匄在此，敢使魯無鳩乎？』注：鳩，集也。

又《襄公十九年》（二月）季武子如晉拜師，注：謝討齊。晉侯享之。范宣子為政，注：代荀偃將中軍。賦《黍苗》。注：《黍苗》，《詩·小雅》。美召伯勞來諸侯，如陰雨之長黍苗也。喻晉君憂勞魯國猶召伯。季武子興，再拜稽首曰：『小國之仰大國也，如百穀之仰膏雨焉。若常膏之，其天下輯睦，豈唯敝邑？』賦《六月》。注：《六月》，尹吉甫佐天子征伐之詩。以晉侯比吉甫出征，以匡

王國。

又《襄公二十年》（夏）齊子初聘于齊，禮也。注：齊、魯有怨，朝聘禮絶，今始復通，故曰初。繼好息民，故曰禮。冬，季武子如宋，報向戌之聘也。

又《襄公二十四年》春，穆叔如晉。范宣子逆之。【略】（夏）齊侯既伐晉而懼，將欲見楚子。楚子使薳啓疆如齊聘，且請期。注：請會期。【略】（冬）穆叔如周聘，且賀城。王嘉其有禮也，賜之大路。注：大路，天子所賜車之總名。【略】鄭行人公孫揮如晉聘。注：揮，子羽也。

又《襄公二十六年》春，秦伯之弟鍼如晉脩成，注：脩會夷儀歲之成。叔向命召行人子員。注：欲使答秦命。行人子朱曰：『朱也當御。』注：御，進也。言次當行。三云，叔向不應。子朱怒曰：『班爵同，注：同為大夫。應對之應。何以黜朱於朝？』注：黜，退也。撫劍從之。注：從叔向也。叔向曰：『秦晉不和久矣！今日之事，幸而集，注：集，成也。晉國賴之。不集，三軍暴骨。子員道二國之言無私，子常易之。姦以事君者，吾所能御也。』拂衣從之。注：拂衣，褰裳也。人救之。平公曰：『晉其庶乎！注：庶幾於治。吾臣之所爭者大。』【略】

夏，中行穆子來聘，召公也。注：召公為澶淵會。【略】

（秋）鄭伯歸自晉，注：請衛侯歸。使子西如晉聘，辭曰：『寡君來煩執事，懼不免於戾。注：言自懼失敬於大國而得罪。使夏謝不敏。』注：夏，子西名。君子曰：『善事大國。』注：將求於人，必先下之。言鄭所以能自安。【略】

（十二月）晉韓宣子聘于周。王使請事，注：問何事來聘。對曰：『晉士起將歸時事於宰旅，無他事矣。』注：起，宣子名。禮：諸侯大夫入天子國稱士。時事，四時貢職。宰旅，冢宰之下士。言獻職貢於宰旅，不敢斥尊。王聞之曰：『韓氏其昌阜於晉乎！辭不失舊。』注：阜，大也。《傳》言周衰，諸侯莫能如禮，唯韓起不失舊。

又《襄公二十七年》（春）齊慶封來聘，其車美。孟孫謂叔孫曰：『慶季之車，不亦美乎？』注：季，慶封字。叔孫曰：『豹聞之：「服美不稱，必以惡終。」美車何為？』叔孫與慶封食，不敬。為賦《相鼠》，亦不知也。注：《相鼠》，《詩・鄘風》。曰：『相鼠有皮，人而無儀。人而無儀，不死何為？』慶封不知此詩為己，言其闇甚。

又《襄公二十八年》（秋八月）孟孝伯如晉，告將為宋之盟，故如楚也。注：魯，晉屬，故告晉而行。【略】九月，鄭游吉如晉，告將朝于楚，以從宋之盟。

又《襄公二十九年》（六月）范獻子來聘，拜城杞也。注：謝魯為杞城。公享之，展莊叔執幣。注：公將以酬賓。射者三耦，注：二人為耦。公臣不足，取於家臣。家臣展瑕、展玉父為一耦。公臣公巫召伯、仲顔莊叔為一耦。鄫鼓父，黨叔為一耦。注：言公室卑微，公臣不能備於三耦。【略】

吳公子札來聘，見叔孫穆子，説之。謂穆子曰：『子其不得死乎？注：不得以壽死。好善而不能擇人。吾聞「君子務在擇人。」吾子為魯宗卿而任其大政，不慎舉，何以堪之？禍必及子！』【略】

冬，孟孝伯如晉，報范叔也。注：范叔，士鞅也。此年夏來聘。

又《襄公三十年》春王正月，楚子使薳罷來聘，通嗣君也。注：郟敖即位。

又《襄公三十一年》（冬十月）鄭子皮使印段如楚，以適晉告，禮也。注：得事大國之禮。【略】吳子使屈狐庸聘于晉，注：狐庸，巫臣之子也。成十年，適吳為行人。通路也。注：通吳、晉之路。

又《昭公元年》春，楚公子圍聘于鄭，且娶於公孫段氏，伍舉為介。注：伍舉，椒舉。介，副也。將入館，注：就客舍。鄭人惡之。注：知楚懷詐。使行人子羽與之言，乃館於外。注：舍城外。既聘，將以衆逆。注：以兵入逆婦。【略】伍舉知其有備也，請垂橐而入。注：垂橐，示無弓。許之。【略】

（六月）晉侯有疾，鄭伯使公孫僑如晉聘，且問疾。【略】

冬，楚公子圍將聘于鄭，伍舉為介。未出竟，聞王有疾而還。伍舉遂聘。

又《昭公二年》春，晉侯使韓宣子來聘，注：公即位故。且告為政而來見，禮也。注：代趙武為政。雖盟主而修好同盟，故曰禮。觀書於大史氏，見《易象》與《魯春秋》，曰：『周禮盡在魯矣。注：《易象》，上下經之《象辭》。《魯春秋》，史記之策書。《春秋》遵周公之典以序事，故曰周禮盡在魯矣。吾乃今知周公之德，與周之所以王也。』注：《易象》、《春秋》，文王、周公之制。當此時，儒道廢，諸國多闕，唯魯備。故宣子適魯而説之。公享之。季武子賦《緜》之卒章。注：《緜》，《詩・大雅》。卒章取文王有四臣，故能以緜緜致興盛。以晉侯比文王，以韓子比四輔。韓子賦《角弓》。注：《角弓》，《詩・小雅》。取其『兄弟昏姻，無胥遠矣』，言兄弟之國宜相親。季武子拜曰：『敢拜子之彌縫敝邑，寡君有望矣。』注：彌

縫，猶補合也。謂以兄弟之義。武子賦《節》之卒章。注：《節》，《詩·小雅》。卒章取『式訛爾心，以畜萬邦』，以言晉德可以畜萬邦。既享，宴于季氏，有嘉樹焉，宣子譽之。注：譽其好也。武子曰：『宿敢不封殖此樹，以無忘《角弓》？』注：封，厚也。殖，長也。遂賦《甘棠》。注：《甘棠》，《詩·召南》。召伯息於甘棠之下，詩人思之而愛其樹。武子欲封殖嘉樹如甘棠，以宣子比召公。宣子曰：『起不堪也，無以及召公。』【略】

（夏）叔弓聘于晉，報宣子也。注：此春韓宣子來聘。晉侯使郊勞，《聘禮》：賓至近郊，君使卿勞之。辭曰：『寡君使弓來繼舊好，固曰「女無敢為賓！」徹命於執事，敝邑弘矣。注：徹，達也。敢辱郊使？請辭。』注：辭郊勞。致館，辭曰：『寡君命下臣來繼舊好，好合使成，臣之祿也。注：得通君命，則於己為榮祿。敢辱大館？』注：敢，不敢。叔向曰：『子叔子知禮哉！吾聞之曰：「忠信，禮之器也。卑讓，禮之宗也。」注：宗，猶主也。辭不忘國，忠信也。注：謂稱舊好。先國後己，卑讓也。注：始稱敝邑之弘，先國也；次稱臣之祿，後己也。《詩》曰：「敬慎威儀，以近有德。」夫子近德矣。』注：《詩·大雅》。

又《昭公六年》 夏，季孫宿如晉，拜莒田也。注：謝前年受牟夷邑，不見討。晉侯享之，有加籩。注：籩豆之數，多於常禮。武子退，使行人告曰：『小國之事大國也，苟免於討，不敢求貺。注：貺，賜也。得貺不過三獻。注：《周禮》：大夫三獻。今豆有加，下臣弗堪，無乃戾也。』注：懼以不堪為罪。韓宣子曰：『寡君以為驩也。』注：以加禮致驩心。對曰：『寡君猶未敢，注：未敢當此加也。況下臣，君之隸也，敢聞加貺？』固請徹加而後卒事。晉人以為知禮，重其好貨。注：宴好之貨。【略】

（六月）楚公子棄疾如晉，報韓子也。注：報前年送女。【略】

冬，叔弓如楚聘，且弔敗也。注：弔為吳所敗。

又《昭公七年》 鄭子產聘于晉。晉侯有疾。韓宣子逆客，私焉，注：私語。曰：『寡君寢疾，於今三月矣，竝走羣望，注：晉所望祀山川，皆走往祈禱。有加而無瘳。今夢黃熊入于寢門，其何厲鬼也？』對曰：『以君之明，子為大政，其何厲之有？【略】晉為盟主，其或者未之祀也乎？』注：言周衰，晉為盟主，得佐天子祀羣神。韓子祀夏郊。注：祀鯀。晉侯有間，注：間，差也。賜子產莒之二方鼎。注：方鼎，莒所貢。

又《昭公九年》 （秋八月）孟僖子如齊殷聘，禮也。注：自叔老聘齊至今二十年，禮意久曠。今脩盛聘，以無忘舊好，故曰禮。

又《昭公十二年》 夏，宋華定來聘，通嗣君也。注：宋元公新即位。享之，為賦《蓼蕭》，弗知，又不答賦。注：《蓼蕭》，《詩·小雅》。義取『燕笑語兮，是以有譽處兮』，樂與華定燕語也。又曰『既見君子，為龍為光』，欲以寵光賓也。又曰『宜兄宜弟，令德壽凱』，言賓有令德，可以壽樂也。又曰『和鸞雍雍，萬福攸同』，言欲與賓同福祿也。昭子曰：『必亡。宴語之不懷，注：懷，思也。寵光之不宣，注：宣，揚也。令德之不知，同福之不受，將何以在？』

又《昭公十三年》 使枝如子躬聘于鄭，且致犨、櫟之田。注：犨、櫟本鄭邑，楚中取之。平王新立，故還以賂鄭。事畢，弗致。注：知鄭自説服，不復須賂故。

又《昭公十六年》 三月，晉韓起聘于鄭，鄭伯享之。

又《昭公十九年》 （夏）令尹子瑕聘于秦，拜夫人也。

又《昭公二十一年》 夏，士鞅來聘，叔孫為政。注：叔孫昭子以二命為國政。季孫欲惡諸晉，注：憎叔孫在己上位，欲使得罪於晉。使有司以齊鮑國歸費之禮為士鞅。注：鮑國歸費，在十四年。牢禮各如其命數，魯人失禮，故為鮑國七牢。士鞅怒曰：『鮑國之位下，其國小，而使鞅從其牢禮，是卑敝邑也。將復諸寡君。』魯人恐，加四牢焉，為十一牢。

又《昭公二十五年》 春，叔孫婼聘于宋。【略】宋公享昭子，賦《新宮》。注：逸《詩》。昭子賦《車轄》。注：《詩·小雅》。周人思得賢女以配君子，昭子將為季孫迎宋公女，故賦之。明日宴，飲酒樂。宋公使昭子右坐，注：坐宋公右以相近，言改禮坐。語相泣也。樂祁佐，注：助宴禮。退而告人曰：『今茲君與叔孫，其皆死乎？吾聞之，哀樂，注：可樂而哀。而樂哀，注：可哀而樂。皆喪心也。心之精爽，是謂魂魄。魂魄去之，何以能久？』

又《哀公二十三年》 秋八月，叔青如越，始使越也。越諸鞅來聘，報叔青也。

《國語》卷二《周語中》 定王八年，使劉康公聘于魯，三國吳韋昭注：劉，畿內之國。康公，王卿士王季子也。發幣於大夫。注：發其禮幣於魯大夫。

晉侯使隨會聘于周，定王饗之殽烝。

定王使單襄公聘于宋，注：單襄公，王卿士單朝也。聘，問也。問者，王之所以

撫萬國，存省之。遂假道路於陳，以聘於楚。

又　卷三《周語下》　晉羊舌肸聘于周，發幣於大夫及單靖公。注：肸，晉大夫羊舌之子叔向之名也。靖公享之，儉而敬。賓禮贈餞，視其上而從之。燕無私，送不過郊，語説《昊天有成命》。

又　卷四《魯語上》　子叔聲伯如晉，謝季文子。郤犨欲與之邑，弗受也。

又　卷一一《晉語五》　郤獻子聘于齊，齊頃公使婦人觀而笑之。注：郤子跛，齊頃公帷婦人使觀之。郤子將升，婦人笑于房。郤獻子怒，歸請伐齊。

又　卷一八《楚語下》　王孫圉聘於晉，注：王孫圉，楚大夫也。定公饗之。趙簡子鳴玉以相。

《公羊傳・隱公七年》　（夏）齊侯使其弟年來聘。《傳》：其稱弟何？母弟稱弟，母兄稱兄。漢何休《解詁》：母弟，同母弟；母兄，同母兄。不言同母言母弟者，若謂不如為如矣，齊人語也。公別同母者。《春秋》變周之文，從殷之質。質家親親，明當親厚異於羣公子也。聘者，問也。來聘書者，皆喜内見聘事也。古者諸侯朝罷朝聘，為慕賢考禮，一法度，尊天子。不言聘公者，禮，聘受之於大廟，孝子謙，不敢以己當之，歸美於先君，且重賓也。【略】

冬，天王使凡伯來聘。戎伐凡伯于楚丘以歸。《傳》：凡伯者何？天子之大夫也。此聘也，其言伐之何？執之也。執之則其言伐之何？大之也。《解詁》：尊天王命，責當死位，故使與國同。曷為大之？不與夷狄之執中國也。《解詁》：因地不接京師，故以中國正之。中國者，禮義之國也。執者，治文也。君子不使無禮義制治有禮義，故絶不言執，正之言伐也。執天子大夫而以中國正之者，執中國尚不可，況執天子之大夫乎！所以降夷狄，尊天子，為順辭。其地何？大之也。《解詁》：順上伐文，使若楚丘為國者，猶慶父伐於餘丘也。不地以衛者，天子大夫銜王命至尊，顧在所諸侯有出入所在，赴其難，當與國君等也。録以歸者，惡凡伯不死位，以辱王命也。

又《桓公四年》　夏，天王使宰渠伯糾來聘。《傳》：宰渠伯糾者何？天子之大夫也。其稱宰渠伯糾何？下大夫也。《解詁》：天子下大夫，繫官氏名且字。繫官者卑，不得專官事也。稱伯者，上敬老也。

又《桓公五年》　（夏）天王使仍叔之子來聘。《傳》：仍叔之子者何？天子之大夫也。其稱仍叔之子何？譏。何譏爾？譏父老，子代從政也。《解詁》：禮，七十縣車致仕。不言氏者，起父在也，加之者，起子辟一人。

又《莊公二十三年》　（夏）荆人來聘。《傳》：荆何以稱人？始能聘也。《解詁》：《春秋》王魯，因其始來聘，明夷狄能慕王化，脩聘禮，受正朔者，當進之，故使稱人也。稱人當繫國而繫荆者，許夷狄者不一而足。

又《僖公三十年》　（冬）公子遂如京師，遂如晉。《傳》：大夫無遂事，此其言遂何？公不得為政爾。《解詁》：不從公政令也。時見使如京師而横生事，撟君命聘晉，故疾其驕蹇自專，當絶之。

又《文公九年》　冬，楚子使椒來聘。《傳》：椒者何？楚大夫也。楚無大夫，此何以書？始有大夫也。《解詁》：入文公所聞世，見升平，内諸夏以外夷狄也。屈完、子玉得臣者，以起霸事，此其正也。聘而與大夫者，本大國。始有大夫，則何以不氏？許夷狄者，不一而足也。《解詁》：許，與也。

又《文公十二年》　（秋）秦伯使遂來聘。《傳》：遂者何？秦大夫也。秦無大夫，此何以書？賢繆公也。何賢乎繆公？以為能變也。其為能變奈何？惟諓諓善竫言。《解詁》：諓諓，淺薄之貌。竫猶撰也。俾君子易怠，而況乎我多有之，惟一介斷斷焉無他技。《解詁》：一介猶一槩，斷斷猶專一也。他技，奇巧異端也。孔子曰：『攻乎異端，斯害也已。』其心休休，《解詁》：休休，美大貌。能有容，《解詁》：能含容賢者逆耳之言。是難也。《解詁》：是難行也。

又《宣公八年》　夏六月，公子遂如齊，至黄乃復。《傳》：其言至黄乃復何？有疾也。何言乎有疾乃復？譏。何譏爾？大夫以君命出，聞喪徐行而不反。《解詁》：聞喪者，聞父母之喪。徐行者，不忍疾行，又為君當使人追代之。以喪喻疾者，喪尚不當反，況於疾乎？順經文而重責之。

又《宣公十年》　秋，天王使王季子來聘。《傳》：王季子者何？天子之大夫也。其稱王季子何？貴也。其貴奈何？母弟也。

又《成公三年》　（冬十有一月）丁未，及孫良夫盟。《傳》：此聘也，其言盟何？聘而言盟者，尋舊盟也。《解詁》：尋猶尋繹也。以不舉重，連聘而言之，知尋繹舊故約誓也。書者，惡之。《詩》曰：『君子屢盟，亂是用長。』二國既脩禮相聘，不能相親信，反復相疑，故舉聘以非之。

又《襄公五年》　叔孫豹、鄫世子巫如晉。《傳》：外相如不書，此何以書？為叔孫豹率而與之俱也。《解詁》：以不殊鄫世子，俱言如也。

《穀梁傳・隱公七年》　（夏）齊侯使其弟年來聘。晉范寧《集解》：聘例時。凡聘，皆使卿執玉帛，以相存問。《傳》：諸侯之尊，兄弟不得以屬通。《集解》：《禮》，非始封之君，則臣諸父。昆弟，匹敵之稱。人臣不可以敵君，故不得以屬通，

所以遠別貴賤、尊君卑臣之義。其弟云者，以其來接於我，舉其貴者也。《集解》：弟是臣之親貴者，殊別於凡庶。【略】

冬，天王使凡伯來聘。戎伐凡伯于楚丘以歸。《傳》：凡伯者，何也？天子之大夫也。國而曰伐，此一人而曰伐，何也？大天子之命也。《集解》：伐一人而同一國，尊天子之命。戎者，衛也。戎衛者，為其伐天子之使，貶而戎之也。楚邱，衛之邑也。以歸，猶愈乎執也。《集解》：夫天子之使過諸侯，諸侯當候在疆埸，膳宰致飱，司里授館，猶懼不敬。今乃執天子之使，無禮莫大焉。昭十二年『晉伐鮮虞』《傳》曰：『晉，狄之也。』今不曰衛伐凡伯，乃變衛為戎者，伐中國之罪輕，故稱國以狄晉，執天子之使罪重，故變衛以戎之。以一人當一國，諱執，言以歸。皆尊尊之正義，《春秋》之微旨。

又《隱公九年》 春，天王使南季來聘。《傳》：南，氏姓也。季，字也。《集解》：南季，天子之上大夫，氏以為姓也。所以別姓者，經有『王季子來聘』，『祭伯來』，王、祭皆非姓也，嫌與同，故別之也。季云字者，明命為大夫，不以名通也。聘，問也。聘諸侯，非正也。《集解》：《周禮》：天子時聘以結諸侯之好，殷覜以除邦國之慝，間問以諭諸侯之志，歸脤以交諸侯之福，賀慶以贊諸侯之喜，致禬以補諸侯之災。許慎曰：『禮，臣病君親問之，天子有下聘之義。』《傳》曰『聘諸侯，非正』，寧所未詳。

又《桓公五年》 （夏）天王使任叔之子來聘。《傳》：任叔之子者，録父以使子也。故微其君臣而著其父子，不正父在子代仕之辭也。《集解》：録父使子，謂不氏名其人，稱父言子也。君闇劣於上，臣苟進於下，蓋參譏之。

又《莊公二十三年》 （春）祭叔來聘。《傳》：其不言使，何也？天子之内臣也。不正其外交，故不與使也。《集解》：何休曰：南季、宰渠伯糾、家父、宰周公來聘，皆稱使。獨于此奪之，何也？鄭君釋之曰：諸稱使者，是奉王命，其人無自來之意。今祭叔不一心於王，而欲外交，不得王命來，故去使以見之。

又《莊公二十三年》 （夏）荆人來聘。《傳》：善累而後進之。其曰人，何也？舉道不待再。《集解》：明聘問之禮，朝宗之道，非夷狄之所能，故一舉而進之。

又《莊公二十五年》 春，陳侯使女叔來聘。《傳》：其不名，何也？天子之命大夫也。

又《僖公三十年》 冬，天王使宰周公來聘。《傳》：天子之宰，通于四海。

又《文公九年》 冬，楚子使萩來聘。《傳》：楚無大夫，《集解》：無命卿。其曰萩，何也？以其來，我褒之也。

又《文公十八年》 秋，公子遂、叔孫得臣如齊。《傳》：使舉上客而不稱介，不正其同倫而相介，故列而數之也。《集解》：上客，聘主也。禮，大夫為卿介。遂與得臣俱為卿，是以同倫為副使，故兩言之，明無差降。

又《宣公八年》 夏六月，公子遂如齊，至黄乃復。《集解》：蓋有疾而還。黄，齊也。《傳》：乃者，亡乎人之辭也。《集解》：鄭嗣曰：『大夫受命而出，雖死以尸將事。』今遂以疾而還，失禮違命，故曰亡乎人，言魯使不得其人也。復者，事畢也，不專公命也。《集解》：遂以疾反，而加『事畢』之文者，是不使遂專命還。

又《宣公十年》 秋，天王使王季子來聘。《傳》：其曰王季子，王子也。其曰子，尊之也。《集解》：子者，人之貴稱。聘，問也。

又《成公三年》 （冬十有一月）丁未，及孫良夫盟。《傳》：其日，公也。來聘而求盟，不言及者，以國與之也。不言其人，亦以國與之也。《集解》：徐邈曰：『不言及，謂凡書來盟者也，若宣七年「衛孫良夫來盟」是也。以國與之，謂舉國為主，故直書外來爾。此先聘而後盟，故不言來盟，總言及而不復著其人，亦是舉國之辭。』不言求，兩欲之也。

又《襄公五年》 （夏）叔孫豹、繒世子巫如晉。《傳》：外不言如，而言如，為我事往也。《集解》：外相如不書，為魯事往，故同於内。

《史記》卷三一《吴太公世家》 （王餘祭）四年，吴使季札聘於魯。

又 卷三四《燕召公世家》 （惠公）四年，齊高偃如晉，請共伐燕，入其君。

漢·趙曄《吴越春秋》卷五《闔閭内傳》 未興師，會魯使子貢聘於吴。

戰國

《戰國策》卷六《秦四》 楚王使景鯉如秦。客謂秦王曰：『景鯉，楚王使景所甚愛，王不如留之以市地。楚王聽，則不用兵而得地；楚王不聽，則殺景鯉，更不與不如景鯉留，是便計也。』秦王乃留景鯉。

景鯉使人説秦王曰：『臣見王之權輕天下，而地不可得也。臣之來使也，聞齊、魏皆且割地以事秦。所以然者，以秦與楚為昆弟國。今大王留臣，是示天下無楚也。齊、魏有何重於孤國也？楚知秦之孤，不與地而外結交諸侯以圖，社稷必危。不如出臣。』秦王乃出之。

又　卷二二《魏一》　魏令公孫衍請和於秦，綦母恢教之語曰：「無多割。曰：和成，固有秦重和，以與王遇；和不成，則後必莫能以魏合於秦者矣。」

《史記》卷七〇《張儀列傳》　居秦期年，秦惠王終相張儀，而陳軫奔楚。楚未之重也，而使陳軫使於秦。

漢・劉向《說苑》卷一二《奉使》　楚使使聘於齊，齊王饗之梧宮。使者曰：「大哉梧乎！」王曰：「江漢之魚吞舟，大國之樹必巨。使何怪焉？」使者曰：「昔燕攻齊，遵雒路，渡濟橋，焚雍門，擊齊左而虛其右，王歜絕頸而死於杜山，公孫差格死於龍門，飲馬乎淄澠，定獲乎琅邪，王與太后奔于莒，逃於城陽之山，當此之時，則梧之大，何如乎？」

論說

唐・陸淳《春秋集傳辨疑》卷四《荊人來聘》　《公》、《穀》皆云「稱人，進之也。」啖子曰：「若言荊來聘，則似舉州皆來，故加人字以成文義爾，無他義。」

又　卷六《僖三十年公子遂如京師遂如晉》　公羊曰：「大夫無遂事。」趙子曰：「此亦受君命而行，何得指大夫也。」又云：「此其言遂何？公不得為政爾。」啖子曰：「按僖公未失政，此說非也。」

《穀梁》曰：「以尊遂乎卑，此言不敢叛京師也。」趙子曰：「京師迴，便如晉，故言遂爾。不敢叛京師，有何理乎？或曰書「遂」者，譏奉王不專使也。據先王室，後盟主，未為失禮，亦非譏也。凡「遂」者，繼事辭爾，皆以實書。其褒貶即觀其上下之文，乃辨之爾。此言「遂如晉」，直書也。遂及齊侯、宋公盟，褒也；遂逆王后于紀，貶也。不可直以「遂」字為義例。」

又　卷九《襄七年季孫宿如衛》　左氏曰：「報子叔之聘。」聘在元年。趙子曰：「豈有鄰國，經七年始報乎？但其間聘者已多。非卿故不書耳。左氏不達此說，諸稱尋某之盟，報某之聘，多此類也。」

唐・陸淳《春秋集傳微旨》卷下《五年春叔孫豹鄫世子巫如晉》　淳聞於師曰：「鄫，列國也。使其世子同於我大夫，魯與晉俱失正矣。鄫力不足者，故無譏焉。」

宋・張大亨《春秋五禮例宗》卷八《賓禮上・聘》　《曲禮》曰「諸侯使人問於諸侯曰聘」，而《大行人》稱「時聘以結諸侯之好」，《典瑞》稱「圭璋以覜聘」，則天子使人問諸侯，亦謂之聘。《王制》稱「諸侯之於天子，比年一小聘，三年一大聘。」則諸侯使人問於天子，亦謂之聘。《穀梁》曰：「聘諸侯非正」，誤矣。

叔向謂明王之制，歲聘以志業，而子太叔稱晉文之伯也，令諸侯三歲而聘。考於《禮經》，時聘無數，然則苟以事行焉，可也。春秋之時，伯者制其數疏，故合諸侯，以令朝聘之數。然魯襄、昭之間，使介不通於齊者凡二十年，則其疏數不足証也。

周之舊制，卿大夫出聘，略見於《司儀》、《掌客》之職，而具於《聘禮》。凡使介之來，入境則卿逆而勞之，至於朝則致館，既入則受於廟，致命則以圭，入享則以幣，私覿則以錦，加以勞問，申以享宴，好以貨賄，所以交隣國之道也。春秋之時，略有其實。故《傳》稱季武子聘于宋，褚師段逆之以受享。叔弓聘于晉，晉侯使郊勞，辭；使致館，又辭。秦西乞術來聘，襄仲辭玉。國莊子來聘，自郊勞，至於贈賄，禮成而加之以敏。晉士鞅來聘，季孫使饋七牢。而享宴之禮，則無國無之。雖未盡合於古，乃有先王之遺制焉。

宋・葉夢得《春秋左傳讞》卷二《桓公》　（四年）夏，天王使宰渠伯糾來聘。夏，周宰渠伯糾來聘，父在故名。

左氏以宰周公為例，故以此當言宰渠伯，不當糾以名，糾為父在之辭。凡《春秋》父喪而世其爵，如武氏子，父在而代之政；如仍叔之子，皆正其為子，未嘗貶以名。何獨於糾名之，以示貶乎？渠伯誠聘而得禮，雖父在何害，而必見名？蓋知必以聘桓之故，譏之也。

又　卷三《文公》　十有八年。秋，公子遂、叔孫得臣如齊。秋，襄仲、莊叔如齊，惠公立，故且拜葬也。

《經》書「公子遂、叔孫得臣如齊。」前未有兩使並書者，惟此與定六年書「季孫斯、仲孫何忌如晉」，兩見耳。遂審為賀惠公立，得臣為謝齊來會葬，自當各書，不應併而為一。《穀梁》以為「不正其同倫而相介，故列數之者」，幾是矣。然不見其事，亦非相介也。正以請宣公之事為重，故以兩卿並行，猶陽虎之以季孫斯、仲孫何忌請於齊也。

宋・沈棐《春秋比事》卷一《聘魯者八》　古者諸侯朝於天子，天子報聘

於諸侯，所以嚴君臣之分，通上下之情也。東遷以來，王綱不振，諸侯未嘗朝天子，而遣使聘魯者八。《春秋》備書之者，所以忿諸侯之不臣，而悼周室之弱也。然桓王在位，凡聘於魯者五。自隱七年凡伯來聘，至桓八年家父來聘是也。至若惠、襄、定三王，皆不過一聘而止耳。桓繼平而立，王室雖微，人心未厭，周德猶可興衰振治，統制四海，光昭文、武之業，使周道粲然復古，不亦美乎！不此之務，反同列國之君，下聘魯國，長諸侯傲易之心，寵桓公簒逆之志，造端于後，蓋自桓王始也。雖然，春秋自宣公十年，定王使王季子來聘之後，魯歷五公，周更四王，皆無來聘之文。何哉？蓋文、宣以前，周固微弱，然莊、僖之際，尚有二霸為之扶持，禮文猶足以交諸侯，爵命猶足以寵諸侯也。至文、宣之後，二霸既遠，王室多故，故定王初立，楚使問鼎，已有窺周室之心。而當時王臣有卿士而相賊，三公而出奔者，則周室之衰尤甚於前。是以《春秋》之書來聘，則止於宣公；來錫命，則止於成公；來求，則止於文公；來聘則止於宣公者，自宣以後，雖有禮文，不足以結諸侯也。來錫命則止於成公者，自成以後，雖有爵命，不足以寵諸侯也。來求則止於文公者，自文以後，天子雖求之諸侯，亦弗與也。然天子之聘，皆遣大夫，唯僖三十年，獨遣宰周公；皆稱天王使，惟莊二十三年，獨不稱天王使。蓋亦有説。魯之羣公，唯僖最賢，且與二霸盟會，扶奬王室，不為無助，故特以三公下聘者，加禮於僖公也。當莊十九年，五大夫作亂，立王子頹，王出奔温。至二十二年，鄭、虢納之，乃克歸周。故二十三年，祭叔來聘，不言天王使。蓋以天王之尊而見逐於臣下，傷其威柄，不足以使人也。嗚呼！遣使致聘諸侯，敵國之禮也。故《經》書外臣來聘者三十一。若宋、衛諸國與魯為敵，是以有聘問之好。至邾、莒、滕、薛則朝而不聘，莫敢抗魯矣。嗟夫！東周之初，自桓至定，交好諸侯，尚能同於列國；至其甚也，雖聘問且不敢致，僅若邾、莒等耳，不亦可痛也哉！

宋・陳則通《春秋提綱》卷五《朝聘門・王臣聘魯例》 嗚呼！先王聘問之禮陵遲而至於春秋極矣。蓋嘗上下春秋之世變而思其故。隱、桓之世，周不自知其為周，諸侯事天子之禮，周反用之於魯。莊、僖以下，周始知其所以為周，而天子令諸侯之權，周迭移之於伯，禮用於魯。魯惟知魯之尊而已，權一移於伯，則魯惟伯令之從，於周室何有哉！東周甫降，伯圖未興，周流列國，惟魯為强。首交邾、宋，次挾蔡、衛，與齊、鄭為敵國。鄭平以來，猶自持重，未嘗遣使如諸侯，而齊君之介弟實來；未嘗遣使如京師，而天王之貴卿踵至。當是時，大國莫如齊，太上莫如周，魯獨晏然受其聘而不報天下之尊，寧有二魯者乎？凡伯之來，隱之七年也。越二年，而南季來矣。此比年一聘之制也。伯糾之來，桓之四年也。越明年，而仍叔之子來矣，較比年一聘之制，又密也。仍叔之子來，則桓之五年也，越三年而家父來矣，此又三年一大聘之制也。上採之《禮》，下摭之《傳》，此皆諸侯事天子之文，周人不知，乃倒置而用於侯邦之魯。當時諸侯見天王之如此其尊魯也，上國之聘，不之周而之魯；小國之朝，不之周而之魯。周以周之權而假之魯，則諸侯固不得不尊魯也。周人疊五聘之勤，魯君無一介之報。周殷勤以通之，我傲惰以受之，周人始悔其不能自重之過。自此王臣不下聘者七十有四年，則治其不報之辠也。乃若莊之二十有四年，祭叔來聘，私來也，非天王使之也。嗚呼！今而後周人始知其為周矣，公不朝於踐土，則宰周公不來矣；仲孫不至京師，則王季子不至矣。奈何周始知其所以為周，而周復失其所以為周，齊、晉、楚、吳比次而起，諸侯奔走伯令之不暇，何暇問及東周哉？公如齊者十有二，大夫如齊者二十有三；公如晉者二十，大夫如晉者二十有五；公如楚者二，大夫如楚者一。寥寥二百四十二年之間，魯紀無聘周之文，亦無實聘周之意。公子遂之聘，非魯意也，報周公也。叔孫得臣之聘，非魯意也，因毛伯也。仲孫蔑之聘，亦非魯意也，因徵聘而往也。文九年之得臣，非聘也，襄王之葬，不得不往也。昭二十有二年之叔鞅，非聘也，景王之葬，不容不會也。考之《春秋》，經無聘周之文，而魯有聘周之實，獨襄之二十有四年叔孫豹之事耳。豹魯之忠臣也，謂魯不可以無禮於周，固請為是行矣。自宣以後，冠蓋不入天王之邦者五十有一年，既不合於古先王制聘之期，則巧為之辭曰『賀而已』。終春秋，何嘗有聘周之事哉！然而魯人卑周之辠，猶未著也。大夫之如京師者六，魯之冢宰曾不一往。季孫實執魯柄，周使於齊、晉諸侯之間二十有一，擇重而行。彼之視周，蔑如也。故《經》無季孫如京師之文，其使他卿，不過鄭人遣印段之意。若以《春秋》誅意之法繩之，則尤可辠也。嗚呼！吾故悲夫天子一失而用於魯，又悲夫天子之權再失而移於伯也。吾又重歎夫魯之卑周，曾不如曹、滕二邾也。雖然，吾幸而有《春秋》之斧鉞在。

又 卷六《朝聘門・衛魯交聘例》 嗚呼！魯、衛，兄弟也。入春秋

來，贄幣不交者百餘年。抑人亦有言太姒之子，惟周公、康叔為相睦也，何乃闊略如是邪？隱、桓之春秋，舍婚姻之國，未有書聘者也。齊伯興而陳始聘，晉伯興而衛、宋、鄭始聘。諸侯交聘，皆非邦交之常，未免役役於伯主之故。吾觀魯、衛交聘之文，而諸侯之事情瞭然矣。自文以來，晉數有憾於衛。季年，成公不朝，而衛見伐，衛人報之，而卿見執。我文公之四年，衛侯往謝於晉而怒未怠也，以百餘年間闊之。衛一旦寗子實來，豈無事於魯而聘於魯哉？此時魯於晉為睦，數會晉君于戚矣，數會晉卿于垂隴矣，公又如晉而及晉侯盟矣。公至自晉於是年之春，寗子來聘於是年之秋，不速之來者也，謀將藉魯以介於晉也。十有三年，公又如晉，衛侯遂會公于沓觀，此則寗子來聘之意，其謂不然邪？新城以後，衛又於晉為睦；宣公即政，我反不如之。我公之朝以齊故，我大夫之聘以齊故。昔也衛藉魯以事晉，今也又為晉以致魯。七年之冬，將為黑壤之會，則春使良夫來盟焉。衛之致魯，必曰：『君必來，我受其無咎。』已而盟，歃未乾，公反見辱，則良夫於魯為欺矣。季年，魯不能堪於齊而始自歸於晉。斷道之盟，我公與焉，衛侯與焉，始私要結以謀齊矣。越明年，而晉侯、衛世子臧伐齊。又二年，而晉、魯、衛之大夫戰齊于鞌，則良夫來盟之意，又謂不然邪？

我成公之三年，良夫又聘，則鞌戰之餘也，以捷齊而相慶，以事晉而相勉。自此魯、衛不生他心矣。此一聘也，衛良夫來，晉荀庚亦來，胡為乎？巧於相值也。我襄公即位之元年，晉悼之次年也，子叔之來，修舊好也。此一聘也，衛子叔來，晉荀罃亦來，胡為乎？巧於相值也。蓋衛在晉之宇下，行李之往來詳其動止，而與之俱耳。七年，我季孫報子叔之聘，衛林父拜武子之言，大抵晉親而魯、衛亦親也。設或衛從楚而魯聘之，則晉疑於魯；魯從楚而衛聘之，則晉疑於衛。疑甚而禍生，魯、衛各保其邑之不暇，何暇自相聘邪？衛人之來聘者四，來盟者一，魯獨使季孫一往報之，兄弟之情薄，報施之情忘矣。嗚呼！季孫之不往報猶可，季孫之往報，豈衛之幸也哉？抑吾於衛聘之始終，而有感焉。寗子來聘，成公復國之後也。衛有寗子之聘而國始安。孫林父來聘，獻公失國之先也，衛有林父之聘而國始危。良夫傲慢為臣，而君已不逃，叔孫穆子之所料。繼是而來魯者再，其結於魯者，深識者已懼其異日。公孫剽，何為者邪？孫林父，又何為者邪？又加季氏焉，二豎之黨合也。二豎之黨合，而獻公失國之禍已萌蘖於此矣。異時晉悼伯心已倦，會于戚以謀定衛君。其君則前日聘魯之人也，其與會之臣則魯、衛之二豎也。獻公之得居於夷儀者，幸也。吁！宿之志，成於意如；夷儀之事，豈獨於衛乎見邪？

又《鄭魯交聘例》 嗚呼！魯、鄭，東周之舊好也。自鄭語來盟以後，冠蓋不至魯者一百四十年。其始來之使書人，其繼來之使書名，其又來則鄭君之貴介弟也。鄭之加於魯者，愈繁而愈重；魯之待鄭者，愈簡而愈輕。抑春秋之初，魯甚持重。諸侯之媚魯者不惟鄭，雖齊君兩遣介弟之來，而猶不報也。齊桓始伯，魯始聘齊而又聘陳；晉文世伯，魯始聘晉而又聘宋。玉帛交於諸侯，其獨遺鄭乎？齊伯而逃盟，至勤新城之圍；晉伯而貳楚，至煩秦、晉之師。所幸城濮一戰，楚人不敢爭中國者十有五年。狼淵之役，鄭及楚平；辰陵以後，南、北兩屬。鄭之不信，諸侯之所聞也。當是時，鄭人犧牲玉帛待於二竟，以待來者，何暇修聘於諸侯？魯若遣一介以問於鄭，則取疑於晉，晉人不知，其謂寡君而固有外心也。以百有四十年間闊之鄭，一旦子發將命於魯，鄭胡為乎來哉？虎牢大城，鄭人大懼於晉；雞澤之會，鄭始決意於從晉。子發之來，蓋將藉魯以媒於晉也。會戚之役，鄭伯與焉；救陳之舉，鄭伯與焉。鄬之會，僖公將從役於諸侯，而卒不免於盜賊之手，蓋《春秋》之所悲也。向使僖公不決意於從晉，則子發安得奉命而聘魯？然則諸侯之邦交，大抵役役於伯主之故也。抑魯有鄭人之事五，未嘗不為之三太息焉。輸平、歸祊、來盟，隱、桓之《春秋》也，鄭方結齊而又致魯以從齊也。子發來聘，襄公之《春秋》也，鄭欲結晉而藉魯以從晉也。叔還如鄭，定公之《春秋》也，鄭又結齊而魯反藉鄭以從齊也。召陵侵楚以後，諸侯於晉敢離敢怨而不敢叛也。環視四顧，莫敢先動。而定之七年，齊、鄭首盟于鹹，以倡諸侯叛晉之舉。十年，我及齊平，公會齊侯于夾谷。十一年，又及鄭平，叔還如鄭莅盟，則藉鄭從齊之意瞭然矣，石門之事再見矣。吁！春秋之初，天下之無王，齊、鄭之罪也，而魯次之；春秋之末，天下之無伯，齊、鄭之罪也，而魯次之。吁！《春秋》之斧鉞猶凜凜也。

又《宋魯交聘例》 嗚呼！宋、魯，春秋之望國也。宋，王者之後；魯，周公之後。齊、晉二伯必先結宋、魯，而後可以圖諸侯。蓋卑於齊、晉而隆於衛、鄭、陳、蔡者也。終春秋，未嘗有魯、蔡交聘之事。自文六年以後，未

嘗有魯、陳交聘之文。鄭聘者一，魯迄不報。衛聘者四，魯獨一往。魯於諸侯之邦交，其闊略蓋如此。宋人來聘者四，來盟者一，而魯之聘宋者五，其禮畧有以相當者。何乃闊畧於衛、鄭、陳、蔡之諸侯，而獨拳拳於一宋哉？考之《春秋》，其初蓋出於晉、魯覘宋之謀，其後乃成宋、魯交聘之實。盟宿、遇垂，魯首親宋。輸平而後，黨鄭仇宋者十五六年。寤生既歿，會宋于虛，會宋于龜，驟合復離，蓋未始有成盟也。桓、文迭伯，旅進旅退於衣裳之會盟，未始有特聘也。文十一年，襄仲如宋。魯豈肯屈意而先下於宋哉？厥貉之役，楚謀弱宋，宋人請平，且道以田孟諸。宋及楚平，於晉罪也。是時魯方睦於晉，衡雍之盟，襄仲與晉盾為深交，親往聘宋。其為宋、魯邪，其專為晉邪？其謀蓋將以覵宋之從楚與否也。新城之盟，宋公首會，未必非襄仲一聘之力，華孫自知宋將有釁而定盟於魯，冀他日有一手之援。其來非特聘也。繼此華元不來，則宋、魯往來之使絶矣。我成公之四年，宋以華元來，我以仲孫報，則宋、魯之交始合。宋卿於是來聘，納幣，我卿於是如宋致女，則宋、魯之交始固。繼又宋之聘我者二，我之如宋者三，則宋、魯之交愈密。昭二十有五年之叔孫如宋，而宋不報。是年公在外而不獲報也。元公不顧婚姻為公如晉，至死不怠，仁也。景公即位，不遣一介以通嗣君，義也。《經》書宋、魯交聘，絶筆於昭公之二十有五年，隱然見宋公以仁義而結魯之意矣，隱然見宋公内魯君而外賊臣之意矣。樂祁利於納公，蓋亦成先公結魯之志歟？吾觀宋、魯之交，皆不偶魯於諸侯，自齊、晉以下皆畧之者，彼隨來聘，視其儀文之疏，辭命之陋，若浼焉未有如交宋之詳且悉者，蓋魯秉《周禮》而宋亦善守先代故也。荀偃有言：『諸侯宋、魯，於是乎觀禮。』晉且不可望，況他國乎！吁，仁義以結之也，禮以行之也。晉且不可望，而況乎衛、鄭、陳、蔡也。

又《陳魯交聘例》　嗚呼！《春秋》書内聘，莫詳於齊、晉，其次莫詳於宋，其次則衛。若鄭、若蔡、若許，我未有往聘之者也。余獨於陳焉疑之。文公以前，陳聘者一，我聘者二，而《經》遽於此而絶筆焉。嘗因是而思之。嗚呼！魯，秉禮之國也。中國而中國則内之，中國而外域則外之。齊伯之十有二年，陳使女叔來聘，我使季友報之。是時陳有獎齊之功，楚無争陳之事。陳猶中國之陳也，不為荆楚之陳也。從會盟征伐於諸侯，而又通聘問於諸侯，禮也。圍陳納頓，陳幾折入於荆楚。踐土如會，執玉帛以從諸侯，此出幽谷，遷喬木時也。我文公之六年，行父不忘先子之志，聘且結好焉。魯之待陳，猶前日也。自楚、宋伐陳見於《傳》，晉盾侵陳見於《經》，陳人已懷南北之志。辰陵一會，而楚盟之事作矣；鄢役逃歸，而晉討之文絶矣。陳始決然南面於楚，下喬木而入幽谷矣。秦術來聘，襄仲辭玉，以晉故也。陳貳於楚，雖其來聘，我肯受之乎？不來，我肯聘之乎？《經》書魯、陳交聘之文，絶筆於文公之年者，陳貳於楚故也。蔡、許不書聘，鄭來而不報聘，楚、秦、吳來而不報聘。吾故曰：魯，秉禮之國也。不然，魯何獨厚於齊、晉、宋、衛，而薄於陳、蔡、鄭、許哉？』

或曰：『子則失矣。魯以陳、蔡、鄭、許之從楚，而不往聘矣。』公如楚者二，大夫如楚者一，我復親往朝聘於楚者何？故曰：魯之秉禮，以從晉也。魯之從楚，誰之罪也？獨不見夫叔向告楚人之辭乎！『諸侯，君實有之，何辱命焉？』諸侯欲不從楚，不可得也。宋之會諸侯，兩屬於晉。楚申之會，諸侯偏屬於楚。魯恥不會，則非魯之罪也，諸侯之罪也。豈獨諸侯之罪哉？伯主之罪也。

又《楚來聘》　嗚呼！吳、楚來聘，許之乎？非中國之諸侯不會盟，不在會盟之國不通聘，《春秋》之法也。《經》書春秋諸侯之聘，魯未有不會不盟而後聘也。不與中國之會盟者，楚、吳也。倏然來聘，吾知其為何人哉？荆人來聘，君不書，不知其君也；臣不書，不知其臣也。不知其君臣，則曰人而已。齊桓之伯，内外之界限素嚴也。楚、吳之君臣，豈得使通於中國也？《春秋》第以其聘魯之善，猶愈於入蔡伐鄭之惡，書人進之矣，猶書荆以別之。乃若齊兵壓境，屈完來盟若自盟，然諸侯所不與也。屈完書氏，楚君之爵猶不見《經》也。齊桓之伯，内外之界限素嚴也。後此有書『楚子使椒聘』者矣，『秦伯使術聘』者矣，書『吳子使札聘』者矣。或者則曰：此《春秋》書楚、吳來聘之例也。吳來聘之文，《春秋》於此而絶筆焉。前此楚人兩遣聘而不報薳罷之聘，叔弓之往，純用中國報施之禮也。嗟夫！齊桓之伯，寧至於此哉？嗚呼！齊孝、宋襄，啓楚者也；晉文，啓秦者也；景、厲、悼，啓吳者也；平，以伯授楚者也。悲夫齊桓之不復見也。

元・趙汸《春秋屬辭》卷五《存策書之大體第一之五・六十七・外臣來聘皆稱使私相為好不稱使》　莊二十五年春，陳侯使女叔來聘。以上陳使

聘魯者一。說見前《公子友如陳》。

莊二十三年春，祭叔來聘。以上祭叔聘魯者一。祭與魯同出周公，故來聘魯。祭叔者，祭公之弟。不言天王使，則非王命矣。不言祭公使者，王臣無外交，無其禮則不得襲其文，與卿為君逆，不稱使同。或槩言王臣私相為好，非也。自非天子、諸侯，不得言聘。祭，畿内諸侯，故得以聘書，志其實也。

隱七年夏，齊侯使其弟年來聘。桓三年冬，齊侯使其弟年來聘。僖三十三年春，齊侯使國歸父來聘。宣十年冬，齊侯使國佐來聘。襄二十七年春，齊侯使慶封來聘。以上齊使聘魯者五。齊僖聘魯者再：隱七年結艾之盟，桓三年致夫人。故魯皆不答聘。齊昭來聘一，報公子遂之聘也。齊惠受賂立宣公，其結援以私而不交聘。齊頃來聘一，宣十年即位而魯往聘，故來報也。齊靈與魯有怨，朝聘禮絶。齊莊新立，魯始脩好于齊而莊不報，齊伐晉而魯為晉侵齊故也。齊景，襄二十七年立，即來聘，通嗣君也。

成三年冬，晉侯使荀庚來聘。為下盟月。八年冬，晉侯使士燮來聘。十一年春，晉侯使郤犨來聘。十八年夏，晉侯使士匄來聘。襄元年冬，晉侯使荀罃來聘。八年冬，晉侯使士匄來聘。十二年夏，晉侯使士魴來聘。二十六年夏，晉侯使荀吳來聘。二十九年夏，晉侯使士鞅來聘。昭二年春，晉侯使韓起來聘。二十一年夏，晉侯使士鞅來聘。以上晉使聘魯者十一。晉景來聘二：成三年尋盟，八年言伐郯。晉厲來聘一：十一年冬，涖盟。晉悼來聘四：十八年即位而拜朝，襄元年聘嗣君，八年拜公之辱，十二年拜師。晉平來聘三：二十六年召公討衛，二十九年拜城杞，昭二年韓宣子為政而聘與國也。頃公二十一年即位來聘，通嗣君也。晉自景而後，始來聘魯。文、襄之伯，雖受魯朝聘而不報也。

成四年，春宋公使華元來聘。八年春，宋公使華元來聘。襄十五年春，宋公使向戌來聘。昭十二年夏，宋公使華定來聘。以上宋使聘魯者四。共公來聘二：四年通嗣君，時成公立未久，故報其聘；八年聘共姬，為將納幣，因聘而納采也，故魯不報。襄十五年，平公來聘，尋盟。元公昭十一年即位來聘，通嗣君也。

文四年秋，衛侯使寧俞來聘。成三年冬，衛侯使孫良夫來聘。襄元年冬，衛侯使公孫剽來聘。七年冬，衛侯使孫林父來聘。為下盟月。以上衛使聘魯者四。成公來聘一：成公見執於伯主，幾不免焉，僖公為請於王與晉侯而釋之。數年之間，衛罹外患未已，於是衛始服於晉，國勢稍安而武子來聘，以拜僖公之賜，故魯不報。衛定，成三年立，來聘且尋盟。衛獻來聘新君，故七年報之，而林父來聘且尋盟，凡尋盟之聘，不報也。

襄五年夏，鄭伯使公子發來聘。以上鄭使聘魯者一。鄭僖以二年即位來聘，通嗣君也。終春秋，魯未嘗聘鄭。

文十二年秋，秦伯使術來聘。以上秦使聘魯者一。秦穆既使人來歸僖公成風之襚，於是又來聘，且言伐晉，故張氏謂其用遠交近攻之術，終春秋，魯不聘秦。

莊二十三年夏，荆人來聘。文九年冬，楚子使椒來聘。襄三十年春王正月，楚子使薳罷來聘。以上楚使聘魯者三。楚成即位，欲窺上國，故來聘，使介辭命，未能成禮，魯不廟受，故稱人。齊桓方有事於楚，故魯不報。楚穆欲圖中國，於是伐鄭，而魯會晉救鄭，故來聘，始能成禮，故書之同中國。魯方事晉，故不報。襄公二十八年如楚，楚康卒，郟敖立。又明年來聘，以聘報朝也。嫌於伯者，故特書月以異之。詳見《謹内外篇》。

襄二十九年夏，吳子使札來聘。以上吳使聘魯者一。晉既通吳，吳子餘祭欲窺上國，故來聘。未至魯，而吳子弒於閽，魯後雖服於吳，然有職貢而無聘。

明·卓爾康《春秋辯義》卷二《隱公二》（夏）齊侯使其弟年來聘。

【略】此列國來聘之始。

又 **卷七《莊公三》**（夏）荆人來聘。【略】楚交中國始此。

又 **卷一四《文公二》**（九年）冬，楚子使椒來聘。秦欲伐晉，楚將圖北方，故先為結好之計，以止其援。遠交近攻之策也。

《春秋》待秦、楚、吳之君，畧之耳。故執宋公而楚稱子，以後或皆稱人，無所進退也。待秦、楚、吳之臣，略之耳。故楚椒不稱大夫而吳札亦不稱公子，無未命、已命也。然楚至是，君臣同見于《經》矣，書楚子矣。向以執宋公故稱子，已仍書人。今稱子，定矣。夷狄而中國則中國之，雖謂《春秋》進之，亦可也。

（十二年）秦伯使術來聘。秦用遠交近攻之策，終春秋，魯未嘗聘秦，秦

子至是始稱伯。術者，大夫故名而不氏，非貶而去族也。秦將伐晉，魯主晉，故為之禮。外大夫來魯未命者，例書名。《公羊》云：『秦無大夫，此何以書？賢繆公也。』非也。

又　卷二四《昭公二》（二十一年）夏，晉侯使士鞅來聘。【略】書聘止此。

清・高士奇《左傳紀事本末》卷一《王朝交魯》　臣士奇曰：昔周公夾輔兩朝，有大勛勞于王室，伯禽封魯，土田附庸倍數諸姬，號稱望國。王后、王女之婦，皆得主之。是周之最親，莫如魯，而魯所宜翼戴者，莫如周也。十二公歷年二百四十，而王朝交魯書，來聘者七，錫命者三，歸脤者一，賵喪者四，金車赴告之役不與焉，亦綦勤矣。乃述職之紀，終春秋世，僅僖再朝王所，成一如京師。又因伐秦而往，非真有就日之誠者。其執禮殷勤，曾不及事齊、晉之萬一，何其慢也！夫時至戰國，權詐相高，君臣名分之際，等弁髦矣。乃齊威一朝周，而天下翕然賢之，幾于復伯。況春秋時，共主悉臣之義，猶在人心也。使魯能總帥諸姬，勤修聘覲之禮。天下其孰敢不謹臣節而王室不重於九鼎哉？《春秋》紀王禮之隆，所以深著魯侯之慢也。雖然，魯固有罪，而王亦未為得也。夫刑賞者，王者馭天下之大柄，賞僭而人不服，猶刑濫而人不懼也。周自平王之東，予奪廢置，天下所共聽覩，而所首加恩者，乃一文手之仲子與弒逆之桓公。至不朝者，貶爵削地之罰不加，而生則崇其號，没猶顯其稱。其他辱臨魯庭者，非私交之朋比，則取求之無厭也。來而不往，安知魯之不有以窺其間，而愈以長驕益惰哉？使當時能正仲子之名，問寫氏之故，則三綱九法，名義昭然。魯且震懼之不暇，不待徵聘，而春秋冠帶相望於周京矣。故曰魯固有罪，而周亦未為得也。載考十二公，自隱及僖，周、魯之往來猶數；文、宣以後，乃益寥寥。蓋其時三家漸强，專制魯國，彼不知有公，安知有王？修聘於王室者愈罕，而王禮亦因之以倦焉。上下之交，於是息矣。

會盟部

綜　述

夏商西周

《竹書紀年》卷上《帝禹夏后氏》　五年，巡狩，會諸侯于塗山。八年春，會諸侯于會稽。

又《帝癸》　十一年，會諸侯于仍。（二十八年）商會諸侯于景亳。

又《殷帝辛》　四年，大蒐于黎。二十二年冬，大蒐于渭。四十三年春，大閱。

又　卷下《周成王》　二十五年，王大會諸侯于東都，四夷來賓。

又《穆王》　三十九年，王會諸侯于塗山。

又《宣王》　九年，王會諸侯于東都，遂狩于甫。

又《幽王》　十年春，王及諸侯盟于太室。

春秋

《春秋・隱公元年》　三月，公及邾儀父盟于蔑。九月，及宋人盟于宿。

又《隱公二年》　春，公會戎于潛。秋八月庚辰，公及戎盟于唐。【略】（冬十月）紀子帛、莒子盟于密。

又《隱公三年》　冬十有二月，齊侯、鄭伯盟于石門。

又《隱公六年》　夏五月辛酉，公會齊侯，盟于艾。

又《隱公八年》　春，宋公、衛侯遇于垂。秋七月庚午，宋公、齊侯、衛侯盟于瓦屋。九月辛卯，公及莒人盟于浮來。

又《隱公九年》　冬，公會齊侯于防。

又《隱公十年》　春王二月，公會齊侯、鄭伯于中丘。

又《隱公十一年》　夏，公會鄭伯于時來。

又《桓公元年》 夏四月丁未，公及鄭伯盟于越。

又《桓公二年》 三月，公會齊侯、陳侯、鄭伯于稷，以成宋亂。（秋七月）蔡侯、鄭伯會于鄧。【略】（九月）公及戎盟于唐。

又《桓公三年》 春正月，公會齊侯于嬴。夏，齊侯、衛侯胥命于蒲。六月，公會杞侯于郕。

又《桓公十一年》 春正月，齊人、衛人、鄭人盟于惡曹。【略】（九月）柔會宋公、陳侯、蔡叔，盟于折。公會宋公于夫鍾。冬十有二月，公會宋公于闞。

又《桓公十二年》 夏六月壬寅，公會杞侯、莒子，盟于曲池。秋七月丁亥，公會宋公、燕人，盟于穀丘。【略】（八月）公會宋公于虛。冬十有一月，公會宋公于龜。丙戌，公會鄭伯，盟于武父。

又《桓公十三年》 春二月，公會紀侯、鄭伯。

又《桓公十四年》 春正月，公會鄭伯于曹。夏五，晉杜預注：不書月，闕文。鄭伯使其弟語來盟。

又《桓公十五年》 （五月）公會齊侯于艾。冬十有一月，公會宋公、衛侯、陳侯于袲，伐鄭。

又《桓公十六年》 春正月，公會宋公、蔡侯、衛侯于曹。

又《桓公十七年》 春正月丙辰，公會齊侯、紀侯，盟于黃。二月丙午，公會邾儀父，盟于趡。

又《桓公十八年》 春王正月，公會齊侯于濼。

又《莊公九年》 （春）公及齊大夫盟于蔇。

又《莊公十三年》 春，齊侯、宋人、陳人、蔡人、邾人會于北杏。冬，公會齊侯，盟于柯。

又《莊公十四年》 冬，單伯會齊侯、宋公、衛侯、鄭伯于鄄。

又《莊公十五年》 春，齊侯、宋公、陳侯、衛侯、鄭伯會于鄄。

又《莊公十六年》 冬十有二月，會齊侯、宋公、陳侯、衛侯、鄭伯、許男、滑伯、滕子，同盟于幽。

又《莊公二十二年》 秋七月丙申，及齊高傒盟于防。

又《莊公二十三年》 十有二月甲寅，公會齊侯，盟于扈。

又《莊公二十七年》 夏六月，公會齊侯、宋公、陳侯、鄭伯，同盟于幽。（冬）公會齊侯于城濮。

又《閔公元年》 秋八月，公及齊侯盟于落姑。

又《閔公二年》 冬，齊高子來盟。

又《僖公元年》 八月，公會齊侯、宋公、鄭伯、曹伯、邾人于檉。

又《僖公二年》 秋九月，齊侯、宋公、江人、黃人盟于貫

又《僖公三年》 秋，齊侯、宋公、江人、黃人會于陽穀。冬，公子友如齊涖盟。

又《僖公四年》 （夏）楚屈完來盟于師，盟于召陵。

又《僖公五年》 （夏）公及齊侯、宋公、陳侯、衛侯、鄭伯、許男、曹伯會王世子于首止。秋八月，諸侯盟于首止。

又《僖公七年》 秋七月，公會齊侯、宋公、陳世子款、鄭世子華，盟于寧母。

又《僖公八年》 春王正月，公會王人、齊侯、宋公、衛侯、許男、曹伯、陳世子款，盟于洮。

又《僖公九年》 夏，公會宰周公、齊侯、宋子、衛侯、鄭伯、許男、曹伯于葵丘。九月戊辰，諸侯盟于葵丘。

又《僖公十三年》 公會齊侯、宋公、陳侯、衛侯、鄭伯、許男、曹伯于鹹。

又《僖公十五年》 三月，公會齊侯、宋公、陳侯、衛侯、鄭伯、許男、曹伯，盟于牡丘。

又《僖公十六年》 冬十有二月，公會齊侯、宋公、陳侯、衛侯、鄭伯、許男、邢侯、曹伯于淮。

又《僖公十九年》 夏六月，宋公、曹人、邾人盟于曹南。鄫子會盟于邾。冬，會陳人、蔡人、楚人、鄭人，盟于齊。

又《僖公二十年》 秋，齊人、狄人盟于邢。

又《僖公二十一年》 （春）宋人、齊人、楚人盟于鹿上。秋，宋公、楚子、陳侯、蔡侯、鄭伯、許男、曹伯會于盂。十有二月癸丑，公會諸侯，盟于薄，釋宋公。

又《僖公二十五年》 冬十有二月癸亥，公會衛子、莒慶，盟于洮。

又《僖公二十六年》 春王正月己未，公會莒子、衛寧速，盟于向。

又《僖公二十七年》 十有二月甲戌，公會諸侯，盟于宋。

又《僖公二十八年》 五月癸丑，公會晉侯、齊侯、宋公、蔡侯、鄭伯、衛子、莒子，盟于踐土。陳侯如會。冬，公會晉侯、齊侯、宋公、蔡侯、鄭伯、陳子、莒子、邾人、秦人于溫。

又《僖公二十九年》 夏六月，會王人、晉人、宋人、齊人、陳人、蔡人、秦人，盟于翟泉。

又《僖公三十二年》 秋，衛人及狄盟。

又《文公元年》 秋，公孫敖會晉侯于戚。

又《文公二年》 三月乙巳，及晉處父盟。夏六月，公孫敖會宋公、陳侯、鄭伯、晉士縠，盟于垂隴。

又《文公三年》 十有二月己巳，公及晉侯盟。

又《文公七年》 秋八月，公會諸侯、晉大夫，盟于扈。【略】（冬）公孫敖如莒涖盟。

又《文公八年》 冬十月壬午，公子遂會晉趙盾，盟于衡雍。乙酉，公子遂會雒戎，盟于暴。

又《文公十年》（秋七月）及蘇子盟于女栗。

又《文公十一年》 夏，叔彭生會晉郤缺于承筐。

又《文公十三年》 十有二月己丑，公及晉侯盟。公還自晉，鄭伯會公于棐。

又《文公十四年》 六月，公會宋公、陳侯、衛侯、鄭伯、許男、曹伯、晉趙盾。癸酉，同盟于新城。

又《文公十五年》 三月，宋司馬華孫來盟。冬十有一月，諸侯盟于扈。

又《文公十六年》 春，季孫行父會齊侯于陽穀，齊侯弗及盟。六月戊辰，公子遂及齐侯盟于郪丘。

又《文公十七年》 六月癸未，公及齊侯盟于穀，諸侯會于扈。

又《宣公元年》（夏）公會齊侯于平州。

又《宣公七年》 春，衛侯使孫良夫來盟。夏，公會齊侯伐萊。冬，公會晉侯、宋公、衛侯、鄭伯、曹伯于黑壤。

又《宣公九年》 九月，晉侯、宋公、衛侯、鄭伯、曹伯會于扈。

又《宣公十一年》 夏，楚子、陳侯、鄭伯盟于辰陵。秋，晉侯會狄于欑函。

又《宣公十二年》（冬十有二月）晉人、宋人、衛人、曹人同盟于清丘。

又《宣公十四年》 冬，公孫歸父會齊侯于穀。

又《宣公十五年》 春，公孫歸父會楚子于宋。【略】（秋）仲孫蔑會齊高固于無婁。

又《宣公十七年》（六月）己未，公會晉侯、衛侯、曹伯、邾子，同盟于斷道。

又《成公元年》 夏，臧孫許及晉侯盟于赤棘。

又《成公二年》 秋七月，齊侯使國佐如師。己酉，及國佐盟于袁婁。十有一月，公會楚公子嬰齊于蜀。丙申，公及楚人、秦人、宋人、陳人、衛人、鄭人、齊人、曹人、邾人、薛人、鄫人盟于蜀。

又《成公三年》（冬十有一月）丙午，及荀庚盟。丁未，及孫良夫盟。

又《成公五年》 夏，叔孫僑如會晉荀首于穀。十有二月己丑，公會晉侯、齊侯、宋公、衛侯、鄭伯、曹伯、邾子、杞伯，同盟于蟲牢。

又《成公七年》 八月戊辰，同盟于馬陵。

又《成公九年》（春王正月）公會晉侯、齊侯、宋公、衛侯、鄭伯、曹伯、莒子、杞伯，同盟于蒲。

又《成公十一年》（春王三月）晉侯使郤犨來聘。己丑，及郤犨盟。

又《成公十二年》 夏，公會晉侯、衛侯于瑣澤。

又《成公十五年》（三月）癸丑，公會晉侯、衛侯、鄭伯、曹伯、宋世子成、齊國佐、邾人，同盟于戚。

又《成公十五年》 冬十有一月，叔孫僑如會晉士燮、齊高無咎、宋華元、衛孫林父、鄭公子鰌、邾人，會吳于鍾離。

又《成公十六年》 秋，公會晉侯、齊侯、衛侯、宋華元、邾人于沙隨。十有二月乙丑，季孫行父及晉郤犨盟于扈。

又《成公十七年》 六月乙酉，同盟于柯陵。

又《成公十八年》 十有二月，仲孫蔑會晉侯、宋公、衛侯、邾子、齊崔杼，同盟于虛朾。

又《襄公二年》 秋七月，仲孫蔑會晉荀罃、宋華元、衛孫林父、曹人、邾人于戚。冬，仲孫蔑會晉荀罃、宋華元、衛孫林父、曹人、邾人、滕人、薛人、小邾人于戚，遂城虎牢。

又《襄公三年》 夏四月壬戌，公及晉侯盟于長樗。

又《襄公三年》 六月，公會單子、晉侯、宋公、衛侯、鄭伯、莒子、邾子、齊世子光。己未，同盟于雞澤。陳侯使袁僑如會。戊寅，叔孫豹及諸侯之大夫及陳袁僑盟。

又《襄公五年》 （夏）仲孫蔑、衛孫林父會吳于善道。【略】（秋）公會晉侯、宋公、陳侯、衛侯、鄭伯、曹伯、莒子、邾子、滕子、薛伯、齊世子光、吳人、鄫人于戚。

又《襄公七年》 十有二月，公會晉侯、宋公、陳侯、衛侯、曹伯、莒子于鄬。

又《襄公八年》 （夏）季孫宿會晉侯、鄭伯、齊人、宋人、衛人、邾人于邢丘。

又《襄公九年》 十有二月己亥，同盟于戲。

又《襄公十年》 春，公會晉侯、宋公、衛侯、曹伯、莒子、邾子、滕子、薛伯、杞伯、小邾子、齊世子光，會吳于柤。

又《襄公十一年》 秋七月己未，同盟于亳城北。【略】公會晉侯、宋公、卫侯、曹伯、齐世子光、莒子、邾子、滕子、薛伯、杞伯、小邾子伐郑，會于蕭魚。

又《襄公十四年》 春王正月，季孫宿、叔老會晉士匄、齊人、宋人、衛人、鄭公孫蠆、曹人、莒人、邾人、滕人、薛人、杞人、小邾人，會吳于向。冬，季孫宿會晉士匄、宋華閲、衛孫林父、鄭公孫蠆、莒人、邾人于戚。

又《襄公十五年》 二月己亥，及向戌盟于劉。

又《襄公十六年》 三月，公會晉侯、宋公、衛侯、鄭伯、曹伯、莒子、邾子、薛伯、杞伯、小邾子于溴梁。戊寅，大夫盟。

又《襄公十九年》 春王正月，諸侯盟于祝柯。

又《襄公二十年》 春王正月辛亥，仲孫速會莒人，盟于向。夏六月庚申，公會晉侯、齊侯、宋公、衛侯、鄭伯、曹伯、莒子、邾子、滕子、薛伯、杞伯、小邾子，盟于澶淵。

又《襄公二十一年》 （冬十月）公會晉侯、齊侯、宋公、衛侯、鄭伯、曹伯、莒子、邾子于商任。

又《襄公二十二年》 冬，公會晉侯、齊侯、宋公、衛侯、鄭伯、曹伯、莒子、邾子、薛伯、杞伯、小邾子于沙隨。

又《襄公二十四年》 （八月）公會晉侯、宋公、衛侯、鄭伯、曹伯、莒子、邾子、滕子、薛伯、杞伯、小邾子于夷儀。

又《襄公二十五年》 （夏五月）公會晉侯、宋公、衛侯、鄭伯、曹伯、莒子、邾子、滕子、薛伯、杞伯、小邾子于夷儀。秋八月己巳，諸侯同盟于重丘。

又《襄公二十六年》 （夏）公會晉人、鄭良霄、宋人、曹人于澶淵。

又《襄公二十七年》 夏，叔孫豹會晉趙武、楚屈建、蔡公孫歸生、衛石惡、陳孔奐、鄭良霄、許人、曹人于宋。秋七月辛巳，豹及諸侯之大夫盟于宋。

又《襄公二十九年》 （夏五月）杞子來盟。

又《襄公三十年》 （冬十月）晉人、齊人、宋人、衛人、鄭人、曹人、莒人、邾人、滕人、薛人、杞人、小邾人會于澶淵，宋災故。

又《昭公元年》 （春王正月）叔孫豹會晉趙武、楚公子圍、齊國弱、宋向戌、衛齊惡、陳公子招、蔡公孫歸生、鄭罕虎、許人、曹人于虢。

又《昭公四年》 夏，楚子、蔡侯、陳侯、鄭伯、許男、徐子、滕子、頓子、胡子、沈子、小邾子、宋世子佐、淮夷會于申。

又《昭公七年》 （三月）叔孫婼如齊涖盟。

又《昭公九年》 春，叔弓會楚子于陳。

又《昭公十一年》 （五月）仲孫貜會邾子，盟于祲祥。秋，季孫意如會晉韓起、齊國弱、宋華亥、衛北宮佗、鄭罕虎、曹人、杞人于厥憖。

又《昭公十三年》 秋，公會劉子、晉侯、齊侯、宋公、衛侯、鄭伯、曹伯、莒子、邾子、滕子、薛伯、杞伯、小邾子于平丘。八月甲戌，同盟于平丘，

又《昭公二十五年》 夏，叔詣會晉趙鞅、宋樂大心、衛北宮喜、鄭游吉、曹人、邾人、滕人、薛人、小邾人于黃父。

又《昭公二十六年》 秋，公會齊侯、莒子、邾子、杞伯，盟于鄟陵。

又《昭公二十七年》 秋，晉士鞅、宋樂祁犂、衛北宮喜、曹人、邾人、滕人會于扈。

又《昭公三十一年》（春王正月）季孫意如會晉荀躒于適歷。

又《定公三年》冬，仲孫何忌及邾子盟于拔。

又《定公四年》三月，公會劉子、晉侯、宋公、蔡侯、衛侯、陳子、鄭伯、許男、曹伯、莒子、邾子、頓子、胡子、滕子、薛伯、杞伯、小邾子、齊國夏于召陵，侵楚。五月，公及諸侯盟于皋鼬。

又《定公七年》秋，齊侯、鄭伯盟于鹹。【略】齊侯、衛侯盟于沙。

又《定公八年》冬，衛侯、鄭伯盟于曲濮。

又《定公十年》夏，公會齊侯于夾谷。冬，齊侯、衛侯、鄭游速會于安甫。

又《定公十一年》冬，叔還如鄭涖盟。

又《定公十二年》冬十月癸亥，公會齊侯，盟于黃。

又《定公十四年》（五月）公會齊侯、衛侯于牽。秋，齊侯、宋公會于洮。【略】邾子來會公。

又《哀公二年》（春王二月）癸巳，叔孫州仇、仲孫何忌及邾子盟于句繹。

又《哀公六年》夏，叔還會吳于柤。

又《哀公七年》夏，公會吳于鄫。

又《哀公十二年》（夏五月）公會吳于橐皋。秋，公會衛侯、宋皇瑗于鄖。

又《哀公十三年》（夏）公會晉侯及吳子于黃池。

又《哀公二十七年》二月，盟于平陽。

《左傳·隱公元年》三月，公及邾儀父盟于蔑，邾子克也。晉杜預注：克，儀父名。未王命，故不書爵。曰儀父，貴之也。注：王未賜命以為諸侯，其後儀父服事齊桓以獎王室，王命以為邾子，故莊十六年《經》書邾子克卒。公攝位而欲求好於邾，故為蔑之盟。

九月，及宋人盟于宿，始通也。《經》無義例，故《傳》直言其歸宿而已，他皆倣此。

又《隱公二年》春，公會戎于潛，修惠公之好也。戎請盟，公辭。注：許其脩好而不許其盟，禦夷狄者不壹而足。戎請盟，秋，盟于唐，復脩戎好也。

冬，紀子帛、莒子盟于密，魯故也。

又《隱公三年》冬，齊、鄭盟于石門，尋盧之盟也。

又《隱公六年》夏，盟于艾，始平于齊也。注：春秋前，魯與齊不平，今乃棄惡結好，故言始平于齊。

又《隱公七年》秋，宋及鄭平。七月庚申，盟于宿。

陳及鄭平。十二月，陳五父如鄭涖盟。注：涖，臨也。壬申，及鄭伯盟，歃如忘。注：志不在於歃血也。洩伯曰：『五父必不免，不賴盟矣。』注：洩伯，鄭洩駕。鄭良佐如陳涖盟。注：良佐，鄭大夫。辛巳，及陳侯盟，亦知陳之將亂也。注：入其國，觀其政治，故總言之也。

又《隱公八年》春，齊侯將平宋、衛。注：平宋、衛於鄭。有會期。宋公以幣請於衛，請先相見。注：宋敬齊命。衛侯許之，故遇于犬丘。注：犬丘，垂也。地有兩名。

齊人卒平宋、衛于鄭。秋，會于溫，盟于瓦屋，以釋東門之役，禮也。注：會溫不書，不以告也。定國息民，故曰禮也。平宋、衛二國忿鄭之謀，鄭不與盟，故不書。

公及莒人盟于浮來，以成紀好也。注：二年，紀莒盟于密，為魯故。今公尋之，故曰以成紀好。

又《隱公九年》冬，公會齊侯于防，謀伐宋也。

又《隱公十年》春王正月，公會齊侯、鄭伯于中丘。癸丑，盟于鄧，為師期。注：尋九年會于防，謀伐宋也。公既會而盟，盟不書，非後也。蓋公還，告會而不告盟。鄧，魯地。

六月戊申，公會齊侯、鄭伯于老桃。注：會不書，不告於廟也。老桃，宋地。

又《桓公元年》夏四月丁未，公及鄭伯盟于越，結祊成也。注：結成易二田之事也。《傳》以經不書祊，故獨見祊。盟曰：『渝盟，無享國。』注：渝，變也。【略】冬，鄭伯拜盟。注：鄭伯若自來，則《經》不書；若遣使，則當言鄭人，不得稱鄭伯。疑謬誤。

又《桓公二年》（春）會于稷，以成宋亂，為賂故，立華氏也。注：《經》稱平宋亂者，蓋以魯君受賂立華氏，貪縱之甚，惡其指斥，故遠言始與齊、陳、鄭為會之本意也。《傳》言為賂故立華氏，明《經》本書平宋亂，為公諱，諱在受賂立華氏也。猶璧假許田為周公祊故。所謂婉而成章。

（秋七月）蔡侯、鄭伯會于鄧，始懼楚也。注：楚國，今南郡江陵縣北紀南城

也。楚武王始僭號稱王，欲害中國。蔡、鄭，姬姓，近楚故懼而會謀。【略】（九月）公及戎盟于唐，修舊好也。注：惠、隱之好。冬，公至自唐，告于廟也。【略】特相會，往來稱地，讓事也。注：特相會，公與一國會也。會必有主，二人獨會，則莫肯為主，兩讓會事不成，故但書地。自參以上則往稱地，來稱會，成事也。注：成會事。

又《桓公三年》 夏，齊侯、衛侯胥命于蒲，不盟也。公會杞侯于郕，杞求成也。注：二年入杞，故今來求成。

又《桓公八年》 夏，楚子合諸侯于沈鹿。注：沈鹿，楚地。秋，隨及楚平。楚子將不許，鬭伯比曰：『天去其疾矣，注：去疾，謂少師見獲而死。隨未可克也。』乃盟而還。

又《桓公十一年》 春，齊、衛、鄭、宋盟于惡曹。注：宋不書，《經》闕。

又《桓公十二年》 夏，盟于曲池，平杞、莒也。注：隱四年，莒人伐杞，自是遂不平。公欲平宋、鄭。秋，公及宋公盟于句瀆之丘。注：句瀆之丘，即穀丘也。宋以立厲公故，多責賂於鄭。鄭人不堪，故不平。宋成未可知也，故又會于虛。冬，又會于龜。宋公辭平，故與鄭伯盟于武父。注：宋公貪鄭賂，故與公三會，而卒辭不與鄭平。遂帥師而伐宋，戰焉，宋無信也。君子曰：『苟信不繼，盟無益也。《詩》云：「君子屢盟，亂是用長。」無信也。』注：《詩·小雅》。言無信故數盟，數盟則情疏，情疏而憾結，故云長亂。

又《桓公十四年》 春，會于曹，曹人致餼，禮也。注：熟曰饔，生曰餼。夏，鄭子人來尋盟，且脩曹之會。注：子人即弟語也，其後爲子人氏。

又《桓公十五年》 公會齊侯于艾，謀定許也。冬，會于袲，謀伐鄭，將納厲公也。弗克而還。

又《桓公十六年》 春正月，會于曹，謀伐鄭也。注：前年冬謀納厲公不克，故復更謀。

又《桓公十七年》 春，盟于黄，平齊、紀，且謀衛故也。注：齊欲滅紀，衛逐其君。及邾儀父盟于趡，尋蔑之盟也。注：蔑盟在隱元年。

又《莊公四年》（春王三月）莫敖以王命入盟隨侯，且請為會於漢汭而還。注：汭，内也，謂漢西。

又《莊公九年》 春，雍廩殺無知，公及齊大夫盟于蔇，齊無君也。

又《莊公十三年》 春，會于北杏，以平宋亂。注：宋有弒君之亂，齊桓欲偝霸業。遂人不至。夏，齊人滅遂而戍之。注：戍，守也。冬，盟于柯，始及齊平也。注：始與齊桓通好。

又《莊公十四年》 冬，會于鄄，宋服故也。

又《莊公十五年》 春，復會焉，齊始霸也。注：始為諸侯長。

又《莊公十六年》 冬，同盟于幽，鄭成也。

又《莊公二十七年》 夏，同盟于幽，陳、鄭服也。注：二十二年，陳亂而齊納敬仲；二十五年，鄭文公之四年，獲成於楚。皆有二心於齊，今始服也。

又《閔公元年》 秋八月，公及齊侯盟于落姑，請復季友也。注：閔公初立，國家多難，以季子忠賢，故請霸主而復之。

又《僖公元年》 秋，楚人伐鄭，鄭即齊故也。盟于犖，謀救鄭也。注：犖即檉也，地有二名。

又《僖公二年》 秋，盟于貫，服江、黄也。注：江、黄，楚與國也，始來服齊，故為合諸侯。

又《僖公三年》 秋，會于陽穀，謀伐楚也。注：二年楚侵鄭故。齊侯為陽穀之會，來尋盟。冬，公子友如齊涖盟。注：公時不會陽穀，故齊侯自陽穀遣人詣魯求尋盟，魯使上卿詣齊受盟，謙也。

又《僖公四年》 春，齊侯以諸侯之師侵蔡，蔡潰，遂伐楚。【略】夏，楚子使屈完如師。【略】屈完及諸侯盟。

又《僖公五年》（夏）會于首止，會王大子鄭，謀寧周也。注：惠王以惠后故，將廢大子鄭而立王子帶，故齊桓帥諸侯會王大子，以定其位。秋，諸侯盟。王使周公召鄭伯，曰：『吾撫女以從楚，輔之以晉，可以少安。注：周公，宰孔也。王恨齊桓定大子之位，故召鄭伯使叛齊也。晉楚不服於齊，故以鎮安鄭。』鄭伯喜於王命而懼其不朝於齊也，故逃歸不盟。孔叔止之曰：『國君不可以輕，輕則失親。注：孔叔，鄭大夫。親，黨援也。失親患必至，病而乞盟，所喪多矣，君必悔之。』弗聽，逃其師而歸。

又《僖公七年》 秋，盟于寧母，謀鄭故也。管仲言於齊侯曰：『臣聞之，招攜以禮，懷遠以德。德禮不易，無人不懷。』齊侯修禮於諸侯，諸侯官受方物。鄭伯使大子華聽命於會，言於齊侯曰：『洩氏、孔氏、子人氏三族，實違君命。若君去之以為成，我以鄭為内臣，君亦無所不利焉。』齊侯將許之，管仲曰：『君以禮與信屬諸侯，而以姦終之，無乃不可乎？子父不奸之謂禮，守命共時之謂信。違此二者，姦莫大焉。』公曰：『諸侯有討於

鄭未捷，今苟有釁，從之不亦可乎？』對曰：君若綏之以德，加之以訓辭，而帥諸侯以討鄭，鄭將覆亡之不暇，豈敢不懼？若總其罪人以臨之，鄭有辭矣，何懼？且夫合諸侯以崇德也，會而列姦，何以示後嗣？夫諸侯之會，其德刑禮義，無國不記。記姦之位，注：位，會位也。子華爲姦人而列在會位，將爲諸侯所記。君盟替矣。注：替，廢也。作而不記，非盛德也。注：君舉必書，雖復齊史隱諱，亦損盛德。君其勿許，鄭必受盟。夫子華既爲大子而求介於大國，以弱其國，亦必不免。注：介，因也。鄭有叔詹、堵叔、師叔三良爲政，未可間也。』齊侯辭焉。子華由是得罪於鄭。冬，鄭伯使請盟于齊。

又《**僖公八年**》春，盟於洮，謀王室也。鄭伯乞盟，請服也。襄王定位而後發喪。注：王人會洮，還而後王定位。

又《**僖公九年**》夏，會于葵丘，尋盟，且修好，禮也。【略】秋，齊侯盟諸侯于葵丘，曰：『凡我同盟之人，既盟之後，言歸于好。』注：義取脩好，故《傳》顯其盟辭。

又《**僖公十五年**》春，楚人伐徐，徐即諸夏故也。三月，盟于牡丘，尋葵丘之盟，且救徐也。【略】

十月，晉陰飴甥會秦伯，盟于王城。注：陰飴甥即呂甥也。食采於陰，故曰陰飴甥。王城，秦地，馮翊臨晉縣東有王城，今名武鄉。

又《**僖公十六年**》十二月會于淮，謀鄫，且東略也。注：鄫爲淮夷所病故。

又《**僖公十九年**》陳穆公請脩好於諸侯，以無忘齊桓之德。冬，盟于齊，脩桓公之好也。注：宋襄暴虐，故思齊桓。

又《**僖公二十年**》秋，齊、狄盟于邢，爲邢謀衛難也。

又《**僖公二十一年**》春，宋人爲鹿上之盟，以求諸侯於楚。楚人許之，公子目夷曰：『小國爭盟，禍也。宋其亡乎？幸而後敗。』注：謂軍敗。【略】秋，諸侯會宋公于盂。子魚曰：『禍其在此乎！君欲已甚，其何以堪之？』於是楚執宋公以伐宋。冬，會于薄以釋之。子魚曰：『禍猶未也，未足以懲君。』

又《**僖公二十四年**》（二月）辛丑，狐偃及秦、晉之大夫盟于郇。

又《**僖公二十五年**》衛人平莒于我。十二月，盟于洮，脩衛文公之好，且及莒平也。注：莒以元年酈之役怨魯，衛文公將平之，未及而卒。成公追成父志，降名以行事，故曰脩文公之好。

又《**僖公二十六年**》春王正月，公會莒茲丕公、注：茲丕，時君之號。莒，夷，無謚，以號爲稱。寧莊子，盟于向，尋洮之盟也。注：洮盟在前年。

又《**僖公二十八年**》（二月）晉侯、齊侯盟于斂盂。注：斂盂，衛地。（夏四月）鄭伯如楚，致其師，為楚師既敗而懼，使子人九行成于晉。晉欒枝入盟鄭伯。五月丙午，晉侯及鄭伯盟于衡雍。【略】癸亥，王子虎盟諸侯于王庭。要言曰：『皆奬王室，無相害也。有渝此盟，明神殛之，俾隊其師，無克祚國，及其玄孫，無有老幼。』君子謂是盟也信。

（六月）寧武子與衛人盟于宛濮。注：武子，寧俞也。陳留長垣縣西南有宛亭，近濮水。曰：『天禍衛國，君臣不協，以及此憂也。今天誘其衷，使皆降心，以相從也。不有居者，誰守社稷？不有行者，誰扞牧圉？不協之故，用昭乞盟，于爾大神，以誘天衷。自今日以往，既盟之後，行者無保其力，居者無懼其罪。有渝此盟，以相及也。明神先君，是糾是殛。』國人聞此盟也，而後不貳。

冬，會于温，討不服也。注：討衛、許。【略】公說，復曹伯，遂會諸侯于許。

又《**僖公二十九年**》夏，公會王子虎、晉狐偃、宋公孫固、齊國歸父、陳轅濤塗、秦小子憖，盟于翟泉。尋踐土之盟，且謀伐鄭也。注：《經》書蔡人而《傳》無名氏，即微者。秦小子憖在蔡下者，若宋向戌之後會。卿不書，罪之也。注：晉侯始霸，翼戴天子，諸侯輯睦，王室無虞，而王子虎下盟列國，以瀆大典，諸侯大夫上敵公侯，虧禮傷教，故貶諸大夫，諱公與盟。在禮，卿不會公、侯，會伯、子、男可也。注：大國之卿，當小國之君，故可以會伯、子、男。諸卿之見貶，亦兼有此闕，故《傳》重發之。

又《**僖公三十年**》九月甲午，晉侯、秦伯圍鄭，以其無禮於晉，注：文公亡過鄭，鄭不禮之。且貳於楚也。晉軍函陵，秦軍氾南。【略】（燭之武）夜縋而出，注：縋，縣城而下。見秦伯曰：『【略】夫晉何厭之有？既東封鄭，又欲肆其西封。注：封，疆也。肆，申也。若不闕秦，將焉取之？闕秦以利晉，唯君圖之。』秦伯說，與鄭人盟，使杞子、逢孫、楊孫戍之，乃還。注：三子，秦大夫，反為鄭守。

又《**僖公三十二年**》夏，狄有亂，衛人侵狄，狄請平焉。秋，衛人及

狄盟。

又《文公元年》秋，晉侯疆戚田，故公孫敖會之。注：晉取衛田，正其疆界。

又《文公二年》晉人以公不朝來討。公如晉。夏四月己巳，晉人使陽處父盟公以耻之。注：使大夫盟公，欲以恥辱魯也。書曰：『及晉處父盟。』以厭之也。注：厭，猶損也。晉以非禮盟公，故文厭之以示譏。適晉不書，諱之也。注：不書公如晉。

六月，穆伯會諸侯及晉司空士縠盟于垂隴，晉討衛故也。注：討元年衛人伐晉。士縠，士蔿子。書士縠，堪其事也。注：晉司空，非卿也，以士縠能堪卿事，故書。陳侯為衛請成于晉，執孔達以説。注：陳始與衛謀，謂可以强得免。今晉不聽，故更執孔達以苟免也。

又《文公三年》（冬）晉人懼其無禮於公也，請改盟。注：改二年處父之盟。公如晉，及晉侯盟。晉侯饗公，賦《菁菁者莪》，注：《菁菁者莪》，《詩・小雅》。取其『既見君子，樂且有儀。』莊叔以公降拜，注：謝其以公比君子也。曰：『小國受命於大國，敢不慎儀！君貺之以大禮，何樂如之？抑小國之樂，大國之惠也。』晉侯降辭，注：降階，辭讓公。登成拜。注：俱還上，成拜禮。公賦《嘉樂》。注：《嘉樂》，《詩・大雅》。義取其『顯顯令德，宜民宜人，受禄于天。』

又《文公七年》秋八月，齊侯、宋公、衛侯、鄭伯、許男、曹伯會晉趙盾盟于扈，晉侯立故也。公後至，故不書所會。凡會諸侯，不書所會，後也。注：不書所會，謂不具列公侯及卿大夫。後至不書其國，辟不敏也。注：此《傳》還自釋凡例之意。

冬，徐伐莒。莒人來請盟。注：見伐，故欲結援。穆伯如莒涖盟，且爲仲逆。及鄢陵，登城見之，美，注：鄢陵，莒邑。自爲娶之。

又《文公八年》冬，襄仲會晉趙孟，盟于衡雍，報扈之盟也。遂會伊、雒之戎。注：伊、雒之戎將伐魯，公子遂不及復君，故專命與之盟。書曰『公子遂』，珍之也。注：珍，貴也。大夫出竟，有可以安社稷，利國家者，專之可。

又《文公十年》秋七月，及蘇子盟于女栗，頃王立故也。注：僖十年，狄滅温，蘇子奔衛。今復見，蓋王復之。陳侯、鄭伯會楚子于息。

又《文公十一年》夏，叔仲惠伯會晉郤缺于承筐，謀諸侯之從於楚者。注：九年，陳、鄭及楚平。十年，宋聽楚命。

又《文公十四年》六月，同盟于新城，從於楚者服。注：從楚者，陳、鄭、宋。且謀邾也。注：謀納捷菑。

又《文公十五年》三月，宋華耦來盟，其官皆從之。書曰『宋司馬華孫』，貴之也。注：古之盟會，必備威儀，崇贄幣，賓主以成禮爲敬。故《傳》曰：卿行旅從。春秋時率多不能備儀，華孫能率其屬以從古典，所以敬事而自重。使重而事敬，則魯尊而禮篤，故貴而不名。公與之宴，辭曰：『君之先臣督，得罪於宋殤公，名在諸侯之策。臣承其祀，其敢辱君？注：耦，華督曾孫也。督弑殤公，在桓二年。耦自以罪人子孫，故不敢屈辱魯君對共宴會。請承命於亞旅。』注：亞旅，上大夫也。魯人以爲敏。注：無故揚其先祖之罪是不敏。魯人以爲敏，明君子所不與也。

冬十一月，晉侯、宋公、衛侯、蔡侯、陳侯、鄭伯、許男、曹伯盟于扈，尋新城之盟，且謀伐齊也。注：齊執王使，且數伐魯。齊人賂晉侯，故不克而還。於是有齊難，是以公不會。注：明令不序諸侯，不以公不會故。書曰：『諸侯盟于扈。』無能爲故也。注：惡受其賂，不能討齊。凡諸侯會，公不與，不書，諱君惡也。注：謂國無難，不會議事，故爲惡。不書，謂不國别序諸侯。與而不書，後也。注：謂後期也。今貶諸侯，以爲公諱，故《傳》發例以明之。

又《文公十六年》春王正月，及齊平。公有疾，使季文子會齊侯于陽穀，請盟，齊侯不肯，曰：『請俟君間。』注：間，疾瘳。夏五月，公四不視朔，疾也。公使襄仲納賂于齊侯，故盟于郪丘。【略】

（秋八月）秦人、巴人從楚師，羣蠻從楚子盟。注：蠻見楚强故。遂滅庸。注：《傳》言楚有謀臣，所以興。

又《文公十七年》襄仲請盟。六月，盟于穀。注：晉不能救魯，故請服。晉侯蒐于黄父，注：一名黑壤，晉地。遂復合諸侯于扈，平宋也。注：《傳》不列諸國而言復合，則如上十五年會扈之諸侯可知也。公不與會，齊難故也。書曰『諸侯』，無功也。注：刺欲平宋而復不能。【略】

（冬十月）襄仲如齊，拜穀之盟。復曰：『臣聞齊人將食魯之麥。以臣觀之，將不能。齊君之語偷。臧文仲有言曰：「民主偷必死。」』注：偷猶苟且。

又《宣公元年》夏，季文子如齊，納賂以請會。注：宣公簒立，未列於會，故以賂請之。【略】會于平州，以定公位。注：簒立者，諸侯既與之會，則不得復

討。臣子殺之，與弑君同。故公與齊會而位定。東門襄仲如齊拜成。注：謝得會也。

宋人之弑昭公也，注：在文十六年。晉荀林父以諸侯之師伐宋，宋及晉平。宋文公受盟于晉，又會諸侯于扈，將爲魯討齊，皆取賂而還。注：文十五年、十七年，二扈之盟，皆受賂。鄭穆公曰：『晉不足與也。』遂受盟于楚。陳共公之卒，楚人不禮焉。注：卒在文十三年。陳靈公受盟于晉。

又《宣公七年》春，衛孫桓子來盟，始通，且謀會晉也。注：公即位，衛始脩好。

鄭及晉平，公子宋之謀也，故相鄭伯以會。冬，盟于黑壤，注：王叔桓公臨之，以謀不睦。王叔桓公，周卿士，銜天子之命以監臨諸侯，不同歃者，尊卑之別也。晉侯之立也，注：在二年。公不朝焉，又不使大夫聘，晉人止公于會，盟于黄父。公不與盟，以賂免。注：黄父即黑壤。故黑壤之盟不書，諱之也。注：慢盟主以取執止之辱，故諱之。

又《宣公八年》（夏）楚為衆舒叛，故伐舒、蓼，滅之。楚子疆之，及滑汭，盟吳、越而還。注：吳國，今吳郡。越國，晉會稽山陰縣也。《傳》言楚彊，吳、越服從。

又《宣公九年》（秋）會于扈，討不睦也。注：謀齊、陳。

又《宣公十一年》夏，楚盟于辰陵，陳、鄭服也。注：《傳》言楚與晉狎主盟。

秋，會于欑函，衆狄服也。

又《宣公十二年》（冬）晉原縠、宋華椒、衛孔達、曹人同盟于清丘。注：原縠，先縠。曰：『恤病討貳』。於是卿不書，不實其言也。注：宋伐陳，衛救之，不討貳也。楚伐宋，晉不救，不恤病也。

又《宣公十四年》冬，公孫歸父會齊侯于穀。見晏桓子，與之言魯樂。桓子告高宣子，注：桓子，晏嬰父。宣子，高固。曰：『子家其亡乎！懷於魯矣。注：子家，歸父字。懷，思也。懷必貪，貪必謀人。謀人，人亦謀己。一國謀之，何以不亡？』

又《宣公十五年》春，公孫歸父會楚子于宋。

夏五月，楚師將去宋。【略】宋人懼，使華元夜入楚師，登子反之牀，起之曰：『寡君使元以病告，曰敝邑易子而食，析骸以爨。雖然，城下之盟，有以國斃，不能從也。注：寧以國斃，不從城下盟。去我三十里，唯命是聽。』子反懼，與之盟而告王。退三十里，宋及楚平，華元爲質。盟曰：『我無爾詐，爾無我虞。』注：楚不詐宋，宋不備楚。盟不書，不告。

又《宣公十七年》春，晉侯使郤克徵會于齊。注：徵，召也。欲爲斷道會。齊頃公帷婦人，使觀之。郤子登，婦人笑於房。注：跛而登階，故笑之。獻子怒，出而誓曰：『所不此報，無能涉河。』注：不復渡河而東。

夏，會于斷道，討貳也。盟于卷楚，注：卷楚即斷道。辭齊人。

又《宣公十八年》春，晉侯、衛大子臧伐齊，至于陽穀。齊侯會晉侯，盟于繒。

又《成公元年》（三月）聞齊將出楚師，夏，盟于赤棘。注：與晉盟，懼齊、楚。

又《成公二年》秋七月，晉師及齊國佐盟于爰婁，使齊人歸我汶陽之田。

十一月，公及楚公子嬰齊、蔡侯、許男、秦右大夫說、宋華元、陳公孫寧、衛孫良夫、鄭公子去疾及齊國之大夫盟于蜀。注：齊大夫不書其名，非卿也。卿不書，匱盟也。於是乎畏晉而竊與楚盟，故曰匱盟。注：匱，乏也。蔡侯、許男不書，乘楚車也，謂之失位。注：乘楚王車爲左右，則失位也。君子曰：『位其不可不慎也乎！蔡、許之君，一失其位不得列於諸侯，況其下乎？《詩》曰：「不解于位，民之攸塈。」』注：《詩·大雅》。言在上者勤正其位，則國安而民息也。攸，所也。塈，息也。其是之謂矣。』

又《成公三年》冬十一月，晉侯使荀庚來聘，且尋盟。衛侯使孫良夫來聘，且尋盟。公問諸臧宣叔曰：『仲行伯之於晉也，其位在三。注：下卿。孫子之於衛也，位為上卿。將誰先？』對曰：『次國之上卿當大國之中，中當其下，下當其上大夫。注：降一等。小國之上卿當大國之下卿，中當其上大夫，下當其下大夫。注：降大國二等。上下如是，古之制也。注：古制公為大國，侯伯為次國，子男為小國。衛在晉，不得爲次國。注：春秋時以强弱爲大小，故衛雖侯爵，猶爲小國。晉爲盟主，其將先之。』注：計等則二人位敵，以盟主，故先晉。丙午盟晉，丁未盟衛，禮也。

又《成公五年》秋八月，鄭伯及晉趙同盟于垂棘。注：垂棘，晉地。

冬，同盟于蟲牢，鄭服也。

又《成公七年》八月，同盟于馬陵，尋蟲牢之盟，且莒服故也。注：

蟲牢盟在五年。莒本屬齊，齊服，故莒從之。

又《成公九年》（春）爲歸汶陽之田故，諸侯貳於晉。注：歸田在前年。晉人懼，會於蒲，以尋馬陵之盟。注：馬陵盟在七年。季文子謂范文子曰：『德則不競，尋盟何爲？』注：競，强也。范文子曰：『勤以撫之，寬以待之，堅彊以御之，明神以要之，柔服而伐貳，德之次也。』

（二月）楚人以重賂求鄭，鄭伯會楚公子成于鄧。

又《成公十一年》春王三月，公至自晉。晉人以公為貳於楚，故止公，公請受盟，而後使歸。郤犨來聘，且涖盟。注：公請受盟，故使大夫來臨之。

（冬）秦、晉爲成，將會于令狐，晉侯先至焉。秦伯不肯涉河，次于王城，使史顆盟晉侯于河東。注：史顆，秦大夫。晉郤犨盟秦伯于河西。注：就盟王城。范文子曰：『是盟也何益？齊盟，所以質信也。注：齊，一心。質，成也。會所，信之始也。始之不從，其可質乎？』秦伯歸而背晉成。

又《成公十二年》宋華元克合晉、楚之成。注：終前年事。夏五月，晉士燮會楚公子罷、許偃。注：二子，楚大夫。癸亥，盟於宋西門之外，曰：『凡晉、楚無相加戎，好惡同之，同恤菑危，備救凶患。若有害楚，則晉伐之。在晉，楚亦如之。交贄往來，道路無壅。注：贄，幣也。謀其不協，而討不庭。注：討背叛不來在王庭者。有渝此盟，明神殛之，注：殛，誅也。俾隊其師，無克胙國。注：俾，使也。隊，失也。鄭伯如晉聽成，注：聽猶受也。晉、楚既成，鄭往受命。會于瑣澤，成故也。注：晉既與楚成，合諸侯以申成好。【略】晉郤至如楚聘，且涖盟。楚子享之，子反相，爲地室而縣焉。注：縣鐘鼓也。郤至將登。注：登堂。金奏作於下，注：擊鐘而奏樂。驚而走出。子反曰：『日云莫矣，寡君須矣，吾子其入也！』賓曰：『君不忘先君之好，施及下臣，貺之以大禮，重之以備樂。注：貺，賜也。如天之福，兩君相見，何以代此。下臣不敢。』【略】

冬，楚公子罷如晉聘，且涖盟。注：報郤至。十二月，晉侯及楚公子罷盟于赤棘。注：晉地。

又《成公十五年》春，會于戚，討曹成公也。注：討其殺大子而自立，事在十三年。

十一月，會吳于鍾離，始通吳也。注：始與中國接。

又《成公十六年》春，楚子自武城使公子成以汝陰之田求成于鄭。注：汝水之南，近鄭地。鄭叛晉，子駟從楚子盟于武城。

秋，會于沙隨，謀伐鄭也。

十二月，季孫及郤犨盟于扈。

又《成公十七年》（六月）乙酉，同盟于柯陵，尋戚之盟也。注：戚盟在十五年。

又《成公十八年》十二月，孟獻子會于虛朾，謀救宋也。

又《襄公二年》秋七月庚辰，鄭伯睔卒。於是子罕當國，注：攝君事。子駟爲政，注：爲政卿。子國爲司馬。晉師侵鄭，注：晉伐喪，非禮。諸大夫欲從晉。子駟曰：『官命未改。』注：成公未葬，嗣君未免喪，故言未改。不欲違先君意。會于戚，謀鄭故也。注：鄭人叛晉，謀討之。

冬，復會于戚，齊崔武子及滕、薛、小邾之大夫皆會，知武子之言故也。注：武子言事將在齊，齊人懼，帥小國而會之。遂城虎牢，鄭人乃成。注：如孟獻子之謀。

又《襄公三年》夏，盟于長樗。孟獻子相，公稽首。注：相儀也。稽首，首至地。知武子曰：『天子在，而君辱稽首，寡君懼矣。』注：稽首，事天子之禮。孟獻子曰：『以敝邑介在東表，密邇仇讎，注：仇讎，謂齊、楚與晉爭。寡君將君是望，敢不稽首。』注：《傳》言獻子能固事盟主。

晉為鄭服故，且欲修吳好，將合諸侯，使士匄告于齊曰：『寡君使匄，以歲之不易，不虞之不戒，寡君願與一二兄弟相見，以謀不協，請君臨之，使匄乞盟。』齊侯欲勿許，而難為不協，乃盟於耏外。注：與士匄盟。耏，水名。

六月，公會單頃公及諸侯。己未，同盟于雞澤。注：單頃公，王卿士。晉侯使荀會逆吳子于淮上，吳子不至。注：道遠多難。楚子辛爲令尹，侵欲於小國，陳成公使袁僑如會求成，注：患楚侵欲。袁僑，濤塗四世孫。晉侯使和組父告于諸侯，注：告陳服。秋，叔孫豹及諸侯之大夫及陳袁僑盟，陳請服也。注：其君不來，使大夫盟之，匹敵之宜。

又《襄公五年》（夏）吳子使壽越如晉，注：壽越，吳大夫。辭不會于雞澤之故，注：三年會雞澤，吳不至，今來謝之。且請聽諸侯之好。注：更請會。晉人將爲之合諸侯，使魯、衛先會吳，且告會期。注：以其道遠，故使魯、衛先告期。

故孟獻子、孫文子會吳于善道。注：二子皆受晉命而行。

九月丙午，盟于戚，會吳，且命戍陳也。注：公及其會，而不書盟，非公後會，

蓋不以盟告廟。穆叔以屬鄫爲不利，使鄫大夫聽命于會。注：鄫近魯竟，故欲以爲屬國，既而與莒有忿，魯不能救，恐致譴責，故復乞還之。《傳》言鄫人所以見於戚會。

又《襄公七年》 楚子囊圍陳，會于鄬，以救之。注：晉會諸侯。

又《襄公八年》 五月甲辰，會于邢丘，以命朝聘之數，使諸侯之大夫聽命。季孫宿、齊高厚、宋向戌、衛寧殖、邾大夫會之。注：晉難重煩諸侯，故使大夫聽命。鄭伯獻捷于會，故親聽命。注：獻蔡捷也。大夫不書，尊晉侯也。注：晉悼復文襄之業，制朝聘之節，儉而有禮，德義可尊，故退諸侯大夫以崇之。

又《襄公九年》 十一月己亥，同盟于戲，鄭服也。注：鄭服，故言同盟。將盟，鄭六卿公子騑、公子發、公子嘉、公孫輒、公孫蠆、公孫舍之及其大夫門子，皆從鄭伯。晉士莊子為載書曰：『自今日既盟之後，鄭國而不唯晉命是聽而或有異志者，有如此盟！』公子騑趨進曰：『天禍鄭國，使介居二大國之間。大國不加德音而亂以要之，使其鬼神不獲歆其禋祀，其民人不獲享其土利，夫婦辛苦墊隘，無所厎告。自今日既盟之後，鄭國而不唯有禮與彊可以庇民者是從，而敢有異志者，亦如之！』荀偃曰：『改載書。』公孫舍之曰：『昭大神，要言焉。注：要誓以告神。若可改也，大國亦可叛也。』知武子謂獻子曰：『我實不德，而要人以盟，豈禮也哉！非禮，何以主盟？姑盟而退，脩德息師而來，終必獲鄭，何必今日？我之不德，民將棄我，豈唯鄭？若能休和，遠人將至，何恃於鄭？』乃盟而還。注：遂兩用載書。

（十二月）楚子伐鄭，注：與晉成故。子駟將及楚平。子孔、子蟜曰：『與大國盟，口血未乾而背之，可乎？』子駟、子展曰：『吾盟固云：「唯彊是從。」今楚師至，晉不我救，則楚彊矣。盟誓之言，豈敢背之？且要盟無質，神弗臨也。注：質，主也。所臨唯信。信者，言之瑞也。注：瑞，符也。善之主也，是故臨之。注：神臨之。明神不蠲要盟，注：蠲，潔也。背之可也。』乃及楚平。公子罷戎入盟，同盟于中分。注：中分，鄭城中里名。罷戎，楚大夫。

又《襄公十年》 春，會于柤，會吳子壽夢也。注：壽夢，吳子乘。三月癸丑，齊高厚相大子光以先會諸侯于鍾離，不敬。注：吳子未至，光從東道與東諸侯會遇，非本期地，故不書會。高厚，高固子也。士莊子曰：『高子相大子以會諸侯，將社稷是衛，而皆不敬，注：厚與光俱不敬。棄社稷也，其將不免乎？』夏四月戊午，會于柤。

又《襄公十一年》 秋七月，同盟于亳。范宣子曰：『不慎，必失諸侯。注：慎，敬威儀，謹辭令。諸侯道敝而無成，能無貳乎？』注：數伐鄭，皆罷於道路。乃盟，載書曰：『凡我同盟：毋蘊年，注：蘊積年穀而不分災。毋壅利，注：專山川之利。毋保姦，注：藏罪人。毋留慝，注：速去惡。救災患，恤禍亂，同好惡，獎王室。注：獎，助也。或間茲命，司慎司盟，名山名川，注：二司，天神。羣神羣祀，注：羣祀，在祀典者。先王先公，注：先王，諸侯之大祖，宋祖帝乙、鄭祖厲王之比也。先公，始封君。七姓十二國之祖，注：七姓：晉、魯、衛、鄭、曹、滕、姬姓。邾、小邾，曹姓。宋，子姓。齊，姜姓。莒，己姓。杞，姒姓。薛，任姓。實十三國，言十二誤也。明神殛之。注：殛，誅也。俾失其民，隊命亡氏，踣其國家。』注：踣，斃也。

（九月）諸侯之師觀兵于鄭東門，鄭人使王子伯駢行成。甲戌，晉趙武入盟鄭伯。冬十月丁亥，鄭子展出盟晉侯。注：二盟不書，不告。十二月戊寅，會于蕭魚。注：《經》書秋，史失之。

又《襄公十四年》 春，吳告敗于晉。注：前年爲楚所敗。會于向，爲吳謀楚故也。注：謀爲吳伐楚。范宣子數吳之不德也，以退吳人。注：吳伐楚喪，故以為不德。數而遣之，卒不爲伐楚。執莒公子務婁，注：在會不書，非卿。以其通楚使也。注：莒貳於楚，故比年伐魯。

晉侯問衛故於中行獻子，注：問衛逐君當討否？獻子，荀偃。對曰：『不如因而定之，衛有君矣。注：謂剽已立。伐之，未可以得志而勤諸侯。史佚有言曰：「因重而撫之。」注：重不可移，就撫安之。仲虺有言曰：「亡者侮之，亂者取之，推亡固存，國之道也。」注：仲虺，湯左相。君其定衛，以待時乎！』注：待其昏亂之時，乃伐之。冬，會于戚，謀定衛也。注：定立剽。

又《襄公十六年》 春，葬晉悼公，平公即位。【略】警守而下，會於溴梁。注：順河東行，故曰下。【略】晉侯與諸侯宴于温，使諸大夫舞，曰歌詩必類。注：歌古詩，當使各從義類。齊高厚之詩不類。注：齊有二心故。荀偃怒，且曰：『諸侯有異志矣！』使諸大夫盟高厚，高厚逃歸。注：齊爲大國，高厚若此，知小國必當有從者。於是叔孫豹、晉荀偃、宋向戌、衛寧殖、鄭公孫蠆、小邾之大夫盟曰：『同討不庭。』注：自曹以下，大夫不書。故《傳》舉小邾以包之。

又《襄公十八年》 冬十月，會于魯濟，尋溴梁之言，同伐齊。注：溴梁在十六年。盟曰：同討不庭。

又《襄公十九年》 春，諸侯還自沂上，盟于督揚，曰：『大毋侵小。』注：督揚，即祝柯也。

又《襄公二十年》 春，及莒平。孟莊子會莒人，盟于向，督揚之盟故也。注：莒數伐魯，前年諸侯盟督揚以和解之。故二國自復共盟，結其好。

夏，盟于澶淵，齊成故也。注：齊與晉平。

又《襄公二十一年》（冬）會於商任，錮欒氏也。注：禁錮欒盈，使諸侯不得受。齊侯、衛侯不敬。叔向曰：『二君者，必不免。會朝，禮之經也。禮，政之輿也。注：政須禮而行。政，身之守也。注：政存則身安。怠禮失政，失政不立，是以亂也。』

又《襄公二十二年》 冬，會于沙隨，復錮欒氏也。注：晉知欒盈在齊，故復錮也。欒盈猶在齊，晏子曰：『禍將作矣！齊將伐晉，不可以不懼。』

又《襄公二十四年》（秋）會于夷儀，將以伐齊，水，不克。

又《襄公二十五年》（夏五月）辛巳，公與大夫及莒子盟。注：莒子朝齊，遇崔杼作亂，未去，故復與景公盟。【略】晉侯濟自泮，注：泮，闕。會于夷儀，伐齊，以報朝歌之役。齊人以莊公説，注：以弒莊公説晉也。

秋七月己巳，同盟于重丘，齊成故也。注：伐齊而稱同盟，以明齊亦同盟。

會于夷儀之歲，齊人城郟。注：在二十四年。不直言會夷儀者，别二十五年夷儀會。唐陸德明《音義》：此《傳》本爲後年修成，當續前卷二十五年之《傳》後，簡編爛脱，後人傳寫，因以在此耳。其五月，秦、晉爲成。晉韓起如秦涖盟，秦伯車如晉涖盟，注：伯車，秦伯之弟鍼也。成而不結。注：不結固也。《傳》為後年脩成起本，當繼前年之末，而特跳此者，傳寫失之。

又《襄公二十六年》 六月，公會晉趙武、宋向戌、鄭良霄、曹人于澶淵，以討衛，疆戚田。注：正戚之封疆。

又《襄公二十七年》 宋向戌善於趙文子，又善於令尹子木，欲弭諸侯之兵以為名，如晉告趙孟。趙孟謀於諸大夫，韓宣子曰：兵，民之殘也，財用之蠹，小國之大菑也。將或弭之，雖曰不可，必將許之。弗許，楚將許之，以召諸侯，則我失為盟主矣。晉人許之。如楚，楚亦許之。如齊，齊亦難之，陳文子曰：『晉楚許之，我焉得已？且人曰弭兵而我弗許，則固攜吾民矣，將焉用之？』齊人許之。告於秦，秦亦許之。皆告於小國，爲會於宋。五月甲辰，晉趙武至於宋。丙午，鄭良霄至。六月丁未朔，宋人享趙文子，叔向爲介。司馬置折俎，禮也。注：折俎，體解節折，升之於俎，合卿享宴之禮，故曰禮也。《周禮》：司馬掌會同之事。仲尼使舉是禮也，以爲多文辭。注：宋向戌自美弭兵之意，敬逆趙武。趙武、叔向因享宴之會，展賓主之辭。故仲尼以爲多文辭。戊申，叔孫豹、齊慶封、陳須無、衛石惡至。甲寅，晉荀盈從趙武至。丙辰，邾悼公至。壬戌，楚公子黑肱先至，成言於晉。丁卯，宋向戌如陳，從子木，成言於楚。戊辰，滕成公至。子木謂向戌：『請晉楚之從，交相見也。』庚午，向戌復於趙孟。趙孟曰：『晉、楚、齊、秦，匹也。晉之不能於齊，猶楚之不能於秦也。楚君若能使秦君辱於敝邑，寡君敢不固請於齊？』壬申，左師復言於子木，子木使馹謁諸王。王曰：『釋齊、秦，他國請相見也。』

秋七月戊寅，左師至。注：從陳還。是夜也，趙孟及子皙盟以齊言。庚辰，子木至自陳，陳孔奐、蔡公孫歸生至，曹、許之大夫皆至。以藩為軍，晉、楚各處其偏。伯夙謂趙孟曰：『楚氛甚惡，懼難。』趙孟曰：『吾左還，入於宋，若我何？』辛巳，將盟於宋西門之外。楚人衷甲，伯州犁曰：『合諸侯之師，以為不信，無乃不可乎？夫諸侯望信於楚，是以來服。若不信是棄，其所以服諸侯也。』固請釋甲。子木曰：『晉楚無信久矣，事利而已。苟得志焉，焉用有信？』大宰退，告人曰：『令尹將死矣，不及三年。求逞志而棄信，志將逞乎？志以發言，言以出信，信以立志，參以定之。信亡，何以及三？』趙孟患楚衷甲，以告叔向。叔向曰：『無害也。匹夫一為不信，猶不可單斃其死。若合諸侯之卿，以為不信，必不捷矣。食言者不病，非子之患也。夫以信召人而以僭濟之，必莫之與也，安能害我？且吾因宋以守病，則夫能致死，與宋致死，雖倍楚可也。子何懼焉？又不及是。曰弭兵以召諸侯，而稱兵以害我，吾庸多矣，非所患也。』

季武子使謂叔孫以公命曰：『視邾、滕。』注：两事晉、楚，則貢賦重，故欲比小國。武子恐叔孫不從其言，故假公命以敎之。既而齊人請邾，宋人請滕，皆不與盟。叔孫曰：『邾滕，人之私也，我，列國也。何故視之？宋衛，吾匹也。』乃盟。故不書其族，言違命也。晉楚爭先，晉人曰：『晉固為諸侯盟主，未有先晉者也。』楚人曰：『子言晉、楚匹也，若晉常先，是楚弱也。且晉、楚狎主諸侯之盟也久矣，豈專在晉？』叔向謂趙孟曰：『諸侯歸晉之德只，注：只，辭。非歸其尸盟也。子務德，無爭先，且諸侯盟，小國固必有尸盟者。楚為晉細，不亦可乎！』乃先楚人。書先晉，晉有信也。

壬午，宋公兼享晉、楚之大夫，趙孟為客。注：客，一坐所尊。子木與之言，弗能對；使叔向侍言焉，子木亦不能對也。乙酉，宋公及諸侯之大夫盟于蒙門之外。注：前盟，諸大夫不敢敵公，禮也。今宋公以近在其國，故謙而重盟。重盟，故不書。蒙門，宋城門。子木問於趙孟曰：『范武子之德何如？』注：士會賢，聞於諸侯，故問之。對曰：『夫子之家事治，言於晉國無隱情。其祝史陳信於鬼神，無愧辭。』注：祝陳馨香，德足副之，故不愧。子木歸，以語王。王曰：『尚矣哉！注：尚，上也。能歆神人，注：歆，享也。使神享其祭，人懷其德。宜其光輔五君，以爲盟主也。』注：五君，謂文、襄、靈、成、景。子木又語王曰：『宜晉之伯也。有叔向以佐其卿，楚無以當之，不可與爭。』晉荀盈遂如楚涖盟。注：重結晉楚之好。

（九月）楚薳罷如晉涖盟，注：罷，令尹子蕩。報荀盈也。晉侯享之，將出，賦《既醉》。注：《既醉》，《詩·大雅》。曰『既醉以酒，既飽以德，君子萬年，介爾景福。』以美晉侯，比之太平君子也。叔向曰：『薳氏之有後於楚國也，宜哉！承君命，不忘敏。子蕩將知政矣。敏以事君，必能養民。政其焉往？』注：言政必歸之。

又《襄公二十九年》（夏）杞文公來盟。注：魯歸其田，故來盟。書曰『子』，賤之也。注：賤其用夷禮。

又《襄公三十年》六月，鄭子產如陳涖盟。歸，復命。告大夫曰：『陳，亡國也，不可與也。注：不可與結好。聚禾粟，繕城郭，恃此二者，而不撫其民。其君弱植，公子侈，大子卑，大夫敖，政多門，注：政不由一人。以介於大國，注：介，間也。能無亡乎？不過十年矣。』

爲宋災故，諸侯之大夫會，以謀歸宋財。冬十月，叔孫豹會晉趙武、齊公孫蠆、宋向戌、衛北宮佗、鄭罕虎，及小邾之大夫，會于澶淵。既而無歸於宋，故不書其人。君子曰：『信其不可不慎乎！澶淵之會，卿不書，不信也。夫諸侯之上卿，會而不信，寵名皆棄。不信之不可也如是！注：寵，謂族也。《詩》曰：「文王陟降，在帝左右。」信之謂也。注：《詩·大雅》。言文王所以能上接天，下接人，動順帝者，唯以信。又曰：「淑慎爾止，無載爾僞。」不信之謂也。』注：逸《詩》也。言當善慎舉止，無載行詐僞。書曰：『某人某人會于澶淵，宋災故。』尤之也。注：《傳》云：既而無歸，所以釋諸侯大夫之不書也。又云：宋災故，尤之，所以釋向戌之并貶也。戌爲正卿，深致火災，燒殺其夫人，未聞克己之意，而以求財合諸侯，故與不歸財者同文。不書魯大夫，諱之也。注：向戌既以災求財，諸大夫許而不歸，客主皆貶。君子以尊尊之義也，君親有隱，故略不書魯大夫以示例。

又《昭公元年》正月乙未入，逆而出，遂會於虢，注：虢，鄭地。尋宋之盟也。注：宋盟在襄二十七年。祁午謂趙文子曰：『宋之盟，楚人得志於晉。注：得志，謂先歃。午，祁奚子。今令尹之不信，諸侯之所聞也。子弗戒，懼又如宋。注：恐楚復得志。子木之信，稱於諸侯，猶詐晉而駕焉。注：駕猶陵也。詐，謂衷甲。況不信之尤者乎！注：尤，甚也。楚重得志於晉，晉之恥也。子相晉國，以爲盟主，於今七年矣！注：襄二十五年始爲政。以春言，故云七年。再合諸侯，注：襄二十五年會夷儀，二十六年會澶淵。三合大夫，注：襄二十七年會于宋，三十年會澶淵及今會虢也。服齊、狄，寧東夏，注：襄二十八年，齊侯、白狄朝晉。平秦亂，城淳于，師徒不頓，國家不罷，民無謗讟，諸侯無怨，天無大災，子之力也。有令名矣，而終之以恥，午也是懼。吾子其不可以不戒。』文子曰：『武受賜矣。然宋之盟，子木有禍人之心，武有仁人之心，是楚所以駕於晉也。今武猶是心也，楚又行僭，非所害也。武將信以為本，循而行之，譬如農夫是穮是蔉，雖有饑饉，必有豐年。且吾聞之，能信不為人下。吾未能也。《詩》曰：「不僭不賊，鮮不為則。」信也。能為人則者，不為人下矣。吾不能是難，楚不為患。』楚令尹圍請用牲讀舊書，加于牲上而已，晉人許之。

三月甲辰，盟。楚公子圍設服離衛。叔孫穆子曰：『楚公子美矣，君哉！』鄭子皮曰：『二執戈者，前矣。』蔡子家曰：『蒲宮有前，不亦可乎！』楚伯州犁曰：『此行也，辭而假之寡君。』鄭行人揮曰：『假不反矣。』伯州犁曰：『子姑憂子晳之欲背誕也。』子羽曰：『當璧猶在，假而不反，子其無憂乎？』齊國子曰：『吾代二子愍矣。』陳公子招曰：『不憂何成？二子樂矣。』衛齊子曰：『苟或知之，雖憂何害？』宋合左師曰：『大國令，小國共，吾知共而已。』晉樂王鮒曰：『《小旻》之卒章善矣，吾從之。』

退會，子羽謂子皮曰：『叔孫絞而婉，宋左師簡而禮，樂王鮒字而敬，子與、子家持之，皆保世之主也。齊、衛、陳大夫，其不免乎！國子代人憂，子招樂憂，齊子雖憂弗害。夫弗及而憂，與可憂而樂，與憂而弗害，皆取憂之道也。憂必及之。《大誓》曰：「民之所欲，天必從之。」三大夫兆憂，憂能無至乎？言以知物，其是之謂矣。』

又《昭公四年》夏，諸侯如楚，魯、衛、曹、邾不會。曹、邾辭以難，公辭以時祭，衛侯辭以疾。鄭伯先待于申。注：自楚先至會地。六月丙午，楚子合諸侯于申。

又《昭公五年》（春）晉侯送女于邢丘。子産相鄭伯，會晉侯于邢丘。注：《傳》言楚强，諸侯畏敬其使。

又《昭公七年》二月戊午，盟于濡上。注：濡水出高陽縣東北，至河閒鄭縣入易水。燕人歸燕姬，注：嫁女與齊侯。賂以瑶罋、玉櫝、斝耳，不克而還。注：瑶，玉也。櫝，匱也。斝耳，玉爵。

又《昭公九年》春，叔弓、宋華亥、鄭游吉、衛趙黶會楚子于陳。注：楚子在陳，故四國大夫往。非盟主所召，不行會禮，故不總書。

又《昭公十一年》（五月）孟僖子會邾莊公，盟于祲祥，脩好，禮也。注：蒐非存亡之由，故臨喪不宜爲之。盟會以安社稷，故喪盟謂之禮。

秋，會于厥慭，謀救蔡也。注：不書救蔡，不果救。鄭子皮將行，子産曰：『行不遠，不能救蔡也。蔡小而不順，楚大而不德，天將棄蔡以壅楚。盈而罰之，注：盈楚惡。蔡必亡矣。且喪君而能守者，鮮矣。三年，王其有咎乎！美惡周必復，王惡周矣。』注：元年，楚子弑君而立，歲在大梁。後三年十三歲，歲星周，復於大梁。晉人使狐父請蔡于楚，弗許。注：狐父，晉大夫。

單子會韓宣子于戚，注：單子，單成公。視下言徐。叔向曰：『單子其將死乎！朝有著定，注：著定，朝内列位常處，謂之表著。會有表，注：野會，設表以爲位。衣有襘，帶有結。注：襘，領會；結，帶結也。會朝之言，必聞于表著之位，所以昭事序也。視不過結、襘之中，所以道容貌也。言以命之，容貌以明之，失則有闕。今單子爲王官伯而命事於會，視不登帶，言不過步，貌不道容，而言不昭矣。不道不共，不昭不從，注：貌正曰共，言順曰從。無守氣矣。』

又《昭公十三年》晉成虒祁，注：在八年。諸侯朝而歸者，皆有貳心。注：賤其奢也。為取郠故，注：取郠在十年。晉將以諸侯來討。叔向曰：『諸侯不可以不示威。』注：知晉德薄，欲以威服之。乃竝徵會，告于吳。秋，晉侯會吳子于良，水道不可，吳子辭，乃還。

七月丙寅，治兵于邾南，甲車四千乘，羊舌鮒攝司馬，遂合諸侯于平丘。子産、子大叔相鄭伯以會。子産以幄幕九張行，子大叔以四十，既而悔之，每舍損焉，及會，亦如之。

次于衛地，叔鮒求貨於衛，淫芻蕘者。衛人使屠伯饋叔向羹與一篋錦，曰：『諸侯事晉，未敢攜貳，況衛在君之宇下，而敢有異志？芻蕘者異於他日，敢請之。』叔向受羹反錦，曰：『晉有羊舌鮒者，瀆貨無厭，亦將及矣。為此役也，子若以君命賜之，其已。』客從之，未退而禁之。

晉人將尋盟，齊人不可。晉侯使叔向告劉獻公曰：『抑齊人不盟，若之何？』對曰：『盟以厎信。君苟有信，諸侯不貳，何患焉？告之以文辭，董之以武師，雖齊不許，君庸多矣。天子之老請帥王賦，「元戎十乘，以先啓行。」遲速唯君。』叔向告于齊曰：『諸侯求盟，已在此矣。今君弗利，寡君以為請。』對曰：『諸侯討貳，則有尋盟。若皆用命，何盟之尋？』叔向曰：『國家之敗，有事而無業，事則不經；有業而無禮，經則不序；有禮而無威，序則不共；有威而不昭，共則不明。不明棄共，百事不終，所由傾覆也。是故明王之制，使諸侯歲聘以志業，間朝以講禮，再朝而會以示威，再會而盟以顯昭明。志業於好，講禮於等，示威於衆，昭明於神。自古以來，未之或失也。存亡之道，恒由是興。晉禮主盟，懼有不治，奉承齊犧而布諸君，求終事也。君曰「余必廢之」，何齊之有？唯君圖之，寡君聞命矣。』齊人懼，對曰：『小國言之，大國制之，敢不聽從？既聞命矣，敬共以往，遲速唯君。』

叔向曰：『諸侯有間矣，不可以不示衆。』

八月辛未，治兵，建而不旆。壬申，復旆之。諸侯畏之。邾人、莒人愬于晉曰：『魯朝夕伐我，幾亡矣。我之不共，魯故之以。』晉侯不見公，使叔向來辭曰：『諸侯將以甲戌盟，寡君知不得事君矣。請君無勤。』子服惠伯對曰：『君信蠻夷之訴，以絶兄弟之國，棄周公之後，亦唯君。寡君聞命矣。』叔向曰：『寡君有甲車四千乘在，雖以無道行之，必可畏也。況其率道，其何敵之有？牛雖瘠，僨於豚上，其畏不死？南蒯、子仲之憂，其庸可棄乎？若奉晉之衆，用諸侯之師，因邾、莒、杞、鄫之怒，以討魯罪，間其二憂，何求而弗克？』魯人懼，聽命。甲戌，同盟于平丘，齊服也。

又《昭公十六年》二月丙申，齊師至于蒲隧。徐人行成，徐子及郯人、莒人會齊侯，盟于蒲隧，賂以甲父之鼎。注：甲父，古國名，高平昌邑縣東南有甲父亭。徐人得甲父鼎以賂齊。叔孫昭子曰：『諸侯之無伯，害哉！注：爲小國害。齊君之無道也，興師而伐遠方，會之有成而還，莫之亢也。注：無亢

禦，無伯也夫！《詩》曰：「宗周既滅，靡所止戾。正大夫離居，莫之我肄。」注：《詩·小雅》。戾，定也。肄，勞也。言周舊爲天下宗，今乃衰滅，亂無息定。執政大夫離居異心，無有念民勞者。其是之謂乎！』注：《傳》言晉之衰。

又《昭公十九年》（五月）邾人、郳人、徐人會宋公。乙亥，同盟于蟲。注：終宋公伐邾事。

又《昭公二十二年》（二月）齊侯伐莒，注：怒敗。莒子行成，司馬竈如莒涖盟。注：竈，齊大夫。莒子如齊涖盟，盟于稷門之外。注：稷門，齊城門也。莒於是乎大惡其君。

又《昭公二十五年》夏，會于黄父，謀王室也。注：王室有子朝亂，謀定之。趙簡子令諸侯之大夫，注：簡子，趙鞅。輸王粟，具戍人，曰：『明年將納王。』注：納王於王城。

又《昭公二十六年》秋，盟于鄟陵，謀納公也。注：齊侯謀。

又《昭公二十七年》秋，會于扈，令成周，且謀納公也。

又《昭公三十一年》季孫意如會晉荀躒于適歷。荀躒曰：『寡君使躒謂吾子，何故出君？有君不事，周有常刑。子其圖之！』季孫練冠麻衣跣行，注：示憂慼。伏而對曰：『事君，臣之所不得也，敢逃刑命？注：言願事君，君不肯還，不敢辟罪。君若以臣爲有罪，請囚于費，以待君之察也，亦唯君。若以先臣之故，不絶季氏而賜之死。雖賜以死，不絶其後。若弗殺弗亡，君之惠也，死且不朽。若得從君而歸，則固臣之願也。敢有異心？』注：君皆謂魯侯也。蓋季孫探言罪已輕重，以答荀躒。

又《定公三年》冬，盟于郯。注：郯即拔也。脩邾好也。注：公即位，故脩好。

又《定公四年》春三月，劉文公合諸侯于召陵，謀伐楚也。注：文公，王官伯也。晉人假王命以討楚之久留蔡侯，故曰文公合諸侯。

又《定公七年》秋，齊侯、鄭伯盟于鹹，徵會于衛。注：徵，召也。衛侯欲叛晉，注：屬齊、鄭也。諸大夫不可，使北宫結如齊，而私於齊侯曰：『執結以侵我。』注：欲以齊師懼諸大夫。齊侯從之，乃盟于瑣。注：瑣即沙也。

又《定公九年》春，宋公使樂大心盟于晉，且逆樂祁之尸。辭，僞有疾。乃使向巢如晉盟，且逆子梁之尸。注：巢，向戌曾孫。

又《定公十年》春，及齊平。夏，公會齊侯于祝其，實夾谷。注：夾谷，即祝其也。孔丘相。注：相會儀也。犂彌言於齊侯曰：『孔丘知禮而無勇，若使萊人以兵劫魯侯，必得志焉。』注：萊人，齊所滅萊夷也。齊侯從之。孔丘以公退，曰：『士兵之！注：以兵擊萊人。兩君合好，而裔夷之俘以兵亂之，注：裔，遠也。非齊君所以命諸侯也。裔不謀夏，夷不亂華，俘不干盟，兵不偪好。於神爲不祥，注：盟將告神，犯之爲不善。於德為愆義，於人爲失禮，君必不然。』齊侯聞之，遽辟之。注：辟去萊兵也。將盟，齊人加於載書曰：『齊師出竟，而不以甲車三百乘從我者，有如此盟！』注：如此盟詛之禍。孔丘使茲無還揖對曰：『而不反我汶陽之田，吾以共命者，亦如之。』注：須齊歸汶陽田，乃當共齊命。於是孔子以公退，賤者終其事。要盟不絜，故略不書。齊侯將享公，孔丘謂梁丘據曰：『齊、魯之故，吾子何不聞焉？注：故，舊典。事既成矣，注：會事成。而又享之，是勤執事也。且犧象不出門，嘉樂不野合。注：犧象，酒器，犧尊、象尊也。嘉樂，鍾磬也。饗而既具，是棄禮也。若其不具，用秕稗也。注：秕，穀不成者。稗，草之似穀者。言享不具禮，穢薄若秕稗。用秕稗君辱，棄禮名惡，子盍圖之？夫享，所以昭德也。不昭，不如其已也。』乃不果享。注：孔子知齊侯懷詐，故以禮距之。

又《哀公元年》（秋八月）齊侯、衛侯會于乾侯，救范氏也。

又《哀公七年》夏，公會吴于鄫。注：吴欲霸中國。吴來徵百牢，子服景伯對曰：『先王未之有也。』吴人曰：『宋百牢我，注：是時吴過宋，得百牢。魯不可以後宋。且魯牢晉大夫過十，注：晉大夫，范鞅也。在昭二十一年。吴王百牢，不亦可乎？』景伯曰：『晉范鞅貪而棄禮，以大國懼敝邑，故敝邑十一牢之。君若以禮命於諸侯，則有數矣。注：有常數。君亦棄禮，則有淫者矣。注：淫，過也。周之王也，制禮，上物不過十二，注：上物，天子之牢。以爲天之大數也。注：天有十二次，故制禮象之。今棄周禮，而曰必百牢，亦唯執事。』吴人弗聽。景伯曰：『吴將亡矣，棄天而背本。注：違周爲背本。不與，必棄疾於我。』注：放棄凶疾，來伐擊我。乃與之。

又《哀公八年》（三月）吴人行成，注：求與魯成。將盟。景伯曰：『楚人圍宋，易子而食，析骸而爨，注：在宣十五年。猶無城下之盟。我未及虧，而有城下之盟，是棄國也。吴輕而遠，不能久，將歸矣。請少待之。』弗從。景伯負載造於萊門，注：以言不見從，故負載書，將欲出盟。乃請釋子服何於吴，吴人許之。以王子姑曹當之而後止。注：釋，舍也。魯人不以盟為了，欲

因留景伯爲質於吳。既得吳之許，復求吳王之子以交質。吳人不欲留王子，故遂兩止。吳人盟而還。注：不書盟，恥吳夷。

秋，及齊平。九月，臧賓如如齊涖盟。注：賓如，臧會子。齊閭丘明來涖盟。注：明，閭丘嬰之子也。盟不書，諱略之。且逆季姬以歸，嬖。注：季姬，魴侯所通者。

又《哀公十二年》（夏五月）公會吳于橐皋。吳子使太宰嚭請尋盟。注：尋鄫盟。公不欲，使子貢對曰：『盟，所以周信也。注：周，固。故心以制之，注：制其義。玉帛以奉之，注：奉贄明神。言以結之，注：結其信。明神以要之。注：要以禍福。寡君以爲苟有盟焉，弗可改也已。若猶可改，日盟何益？今吾子曰必尋盟。若可尋也，亦可寒也。』注：尋，重也。寒，歇也。乃不尋盟。

秋，衛侯會吳于鄖。公及衛侯、宋皇瑗盟，注：盟不書，畏吳竊盟。而卒辭吳盟。吳人藩衛侯之舍。注：藩，籬。子服景伯謂子貢曰：『夫諸侯之會，事既畢矣，侯伯致禮，地主歸餼，注：侯伯致禮，以禮賓也。地主，所會主人也。餼，生物。以相辭也。注：各以禮相辭讓。今吳不行禮於衛，而藩其君舍以難之，注：難，苦困也。子盍見大宰？』乃請束錦以行。注：以賂吳。語及衛故，注：若本不爲衛請者。大宰嚭曰：『寡君願事衛君，衛君之來也緩，寡君懼，故將止之。』注：止，執。子貢曰：『衛君之來，必謀於其衆。其衆或欲或否，是以緩來。其欲來者，子之黨也。其不欲來者，子之讎也。若執衛君，是墮黨而崇讎也。注：墮，毁也。夫墮子者，得其志矣。且合諸侯而執衛君，誰敢不懼？墮黨崇讎而懼諸侯，或者難以霸乎！』大宰嚭說，乃舍衛侯。

又《哀公十三年》夏，公會單平公、晉定公、吳夫差于黄池。注：平公，周卿士也。

秋七月辛丑，盟，吳晉爭先。注：爭歃血先後。吳人曰：『於周室，我爲長。』注：吳爲大伯後，故爲長。晉人曰：『於姬姓，我爲伯。』注：爲侯伯。趙鞅呼司馬寅曰：『日旰矣，注：旰，晚矣。大事未成，二臣之罪也。注：大事，盟也。二臣，鞅與寅。建鼓整列，二臣死之，長幼必可知也。』對曰：『請姑視之。』反曰：『肉食者無墨，注：墨，氣色下。今吳王有墨，國勝乎？注：國爲敵所勝。大子死乎？且夷德輕，不忍久，請少待之。』注：少待，無與爭。乃先晉人。注：盟不書，諸侯恥之，故不録。

又《哀公十七年》（十二月）公會齊侯，盟于蒙。注：齊侯，簡公弟平公敬也。蒙在東莞蒙陰縣西，故蒙陰城也。孟武伯相。齊侯稽首，公拜。齊人怒，武伯曰：『非天子，寡君無所稽首。』武伯問於高柴曰：『諸侯盟，誰執牛耳？』注：執牛耳，尸盟者。季羔曰：『鄫衍之役，吳公子姑曹；注：季羔，高柴也。鄫衍在七年。發陽之役，衛石魋。』注：發陽，鄖也。在十二年。石魋，石曼姑之子。武伯曰：『然則彘也。』注：彘，武伯名也。鄫衍則大國執，發陽則小國執，據時執者，無常，故武伯自以爲可執。

又《哀公十九年》秋，楚沈諸梁伐東夷，注：報越。三夷男女及楚師盟于敖。注：從越之夷三種。敖，東夷地。

又《哀公二十年》春，齊人來徵會。夏，會于廩丘。爲鄭故，謀伐晉。注：十五年，晉伐鄭。

又《哀公二十一年》秋八月，公及齊侯、邾子盟于顧。齊人責稽首，注：責十七年齊侯爲公稽首，不見答。顧，齊地。因歌之曰：『魯人之皐，數年不覺，使我高蹈。注：皐，緩也。高蹈，猶遠行也。言魯人皐緩，數年不知答齊稽首，故使我高蹈來爲此會。唯其儒書，以爲二國憂。』注：二國，齊、邾也。言魯據周禮，不肯答稽首，令齊、邾遠至。

《國語》卷一《周語上》（襄王）二十一年，以諸侯朝于衡雝，且獻楚捷，遂為踐土之盟，於是乎始霸。

又 卷三《周語下》柯陵之會，單襄公見晉厲公視遠步高。晉郤錡見，其語犯。郤犨見，其語迂。郤至見，其語伐。齊國佐見，其語盡。魯成公見，言及晉難及郤犨之譖。單子曰：『君何患焉？晉將有亂，其君與三郤，其當之乎！』魯侯曰：『寡人懼不免於晉。今君曰將有亂，敢問天道乎？抑人故也？』對曰：『吾非瞽史，焉知天道？吾見晉君之容而聽三郤之語矣，殆必禍者也。夫君子，目以定體，足以從之，是以觀其容而知其心矣。目以處義，足以步目。今晉侯視遠而足高，目不在體而足不步目，其心必異矣。目體不相從，何以能久？夫合諸侯，國之大事也，於是乎觀存亡。故國將無咎，其君在會，步言視聽必皆無謫，則可以知德矣。視遠，日絶其義；足高，日棄其德；言爽，日反其信；聽淫，日離其名。夫目以處義，足以踐德，口以庇信，耳以聽名者也，故不可不慎也。偏喪有咎，既喪則國從之。晉侯爽二，吾是以云。』【略】魯侯歸，乃逐叔孫僑如。簡王十一年，諸侯

會柯陵。

又 卷五《魯語下》 虢之會，楚公子圍二人執戈先焉。蔡公孫歸生與鄭罕虎見叔孫穆子，穆子曰：『楚公子甚美，不大夫矣，抑君也。』鄭子皮曰：『有執戈之前，吾惑之。』蔡子家曰：『楚，大國也。公子圍，其令尹也。有執戈之前，不亦可乎？』穆子曰：『不然。天子有虎賁，習武訓也；諸侯有旅賁，禦災害也；大夫有貳車，備承事也；士有陪乘，告奔走也。今大夫而設諸侯之服，有其心矣。若無其心，而敢設服以見諸侯之大夫乎？將不入矣。夫服，心之文也。如龜焉，灼其中，必文於外。若楚公子不為君，必死，不合諸侯矣。』公子圍反，殺郟敖而代之。

又 卷一三《晉語七》 三年，公始合諸侯。四年，諸侯會於雞丘。於是乎布令，結援脩好，申盟而還。注：令謂朝聘之數，同好惡、救灾患之屬。申，尋也。

又 卷一四《晉語八》 虢之會，魯人食言，注：食，偽也。言魯使叔孫穆子如會尋宋之盟，欲以脩好弭兵，尋盟未退而魯伐莒取鄆，是爲虛偽其言。楚令尹圍將以魯叔孫穆子爲戮。樂王鮒求貨焉，弗與。注：鮒，晉大夫樂桓子也。趙文子謂叔孫曰：『夫楚令尹有欲於楚，注：欲，欲得楚國也。少懦於諸侯。注：懦，弱也。以諸侯爲弱。諸侯之故，求治之，不求致也。注：故，事也。必欲治之，非但求致之而已。其爲人也，剛而尚寵。注：尚，好也。好自尊寵。若及，必弗避也。注：以事及於皋者，必加治，戮無所避也。子盍逃之？不幸，必及於子。』對曰：『豹也受命於君，以從諸侯之盟，爲社稷也。注：爲欲衛社稷也。若魯有罪，而受盟者逃，魯必不免，注：不免於討。是吾出而危之也。若爲諸侯戮者，魯誅盡矣，必不加師，請爲戮也。夫戮出於身實難，注：難，難居也。自它及之何害？注：何害於義。苟可以安君利國，美惡一也。』注：美生惡死。文子將請之於楚，樂王鮒曰：『諸侯有盟未退，而魯背之，安用齊盟？注：齊，一也。縱不能討，又免其受盟者，晉何以爲盟主矣。注：言無以復齊一諸侯。必殺叔孫豹。』文子曰：『有人不難以死安利其國，可無愛乎！若皆卹國如是，則大不喪威，而小不見陵矣。若是道也果，注：果，必行也。可以教訓，何敗國之有？吾聞之曰：「善人在患，弗救不祥；惡人在位，弗去亦不祥。」必免叔孫。』固請於楚而免之。

宋之盟，注：弭兵之盟也。楚人固請先歃。注：楚人，子木也。歃，飲血也。叔向謂趙文子曰：『夫伯王之勢在德，不在先歃。子若能以忠信贊君，注：贊，佐也。而裨諸侯之闕，注：裨，補也。闕，缺也。歃雖後，諸侯將戴之，何爭於先？若違於德而以賄成事，注：政以賄成。今雖先歃，諸侯將棄之，何欲於先？昔成王盟諸侯于岐陽，注：岐山之陽。楚爲荆蠻，注：荆州之蠻也。置茅蕝，設望表，與鮮牟守燎，故不與盟。注：置，立也。蕝，謂束茅而立之，所以縮酒。望表，謂望祭山川，立木以為表，表其位也。鮮牟，東夷國。燎，庭燎也。今將與狎主諸侯之盟，唯有德也。注：狎，更也。子務德無争先，務德所以服楚也。』乃先楚人。注：讓使楚先。

《公羊傳·隱公元年》 三月，公及邾婁儀父盟于眛。《傳》：及者何？與也。漢·何休《解詁》：若曰公與邾婁盟也。會、及、暨，皆與也。《解詁》：都解經上會、及、暨也。曷為或言會，或言及，或言暨？會猶最也。《解詁》：最，聚也。直自若平時聚會，無也深淺意也。最之為言聚，若今聚民為投最。及猶汲汲也。暨猶暨暨也。及，我欲之。暨，不得已也。《解詁》：我者，謂魯也。內魯，故言我。舉及、暨者，明當隨意善惡而原之。欲之者，善重惡深；不得已者，善輕惡淺，所以原心定罪。儀父者何？邾婁之君也。《解詁》：以言『公及』不諱，知為君也。何以名？字也。曷為稱字？褒之也。《解詁》：以宿與微者盟書卒，知與公盟當褒之。有土嘉之曰褒，無土建國曰封。稱字所以為褒之者，儀父本在春秋前失爵，在名例爾。曷為褒之？為其與公盟也。《解詁》：為其始與公盟，盟者殺生歃血，詛命相誓，以盟約束也。與公盟者衆矣，曷為獨褒乎此？因其可褒而褒之。《解詁》：《春秋》王魯，託隱公以為始受命王，因儀父先與隱公盟，可假以見褒賞之法，故云爾。此其為可褒奈何？漸進也。《解詁》：漸者，物事之端，先見之辭。去惡就善曰進。譬若隱公受命而王，諸侯有倡始先歸之者，當進而封之，以率其後。不言先者，亦為所褒者法，明當積漸，深知聖德灼然之後乃往，不可造次，陷於不義。眛者何？地期也。《解詁》：會、盟、戰皆録地其所期處，重期也。

九月，及宋人盟于宿。《傳》：孰及之？內之微者也。《解詁》：內者，謂魯也。微者，謂士也，不名者，略微也。大者正，小者治，近者說，遠者來，是以《春秋》上刺王公，下譏卿大夫而逮士庶人。宋稱人，亦微者也。魯不稱人者，自內之辭也。

又 《隱公二年》 （冬十月）紀子伯、莒子盟于密。《傳》：紀子伯者何？無聞焉爾。《解詁》：言無聞者，《春秋》有改周受命之制，孔子畏時遠害，又知秦將燔《詩》、《書》，其説口授相傳，至漢公羊氏及弟子胡毋生等，乃始記于竹帛，故有所失也。

又《隱公八年》九月辛卯，公及莒人盟于包來。《傳》：公曷為與微者盟？稱人則從，不疑也。《解詁》：從者，隨從也，實莒子也。言莒子，則嫌公行微不肖，諸侯不肯隨從公盟，而公反隨從之。故使稱人，則隨從公不疑矣。

又《桓公二年》三月，公會齊侯、陳侯、鄭伯于稷，以成宋亂。《傳》：內大惡諱，此其目言之何？《解詁》：目，見也。斥見其惡，言成宋亂。遠也，所見異辭，所聞異辭，所傳聞異辭。《解詁》：所見之世，臣子恩其君父尤厚，故多微辭是也。所聞之世，恩王父少殺，故立煬宮不日，武宮日是也。所傳聞之世，恩高祖、曾祖又少殺，故子赤卒不日，子般卒日是也。

（秋七月）蔡侯、鄭伯會于鄧。《傳》：離不言會，此其言會何？蓋鄧與會爾。《解詁》：時因鄧都得與鄭會，自三國以上言會者，重其少從多也，能決事，定是非，立善惡。《尚書》曰：『三人議，則從二人之言』，蓋取諸此。

又《桓公三年》夏，齊侯、衛侯胥命于蒲。《傳》：胥命者何？相命也。《解詁》：胥，相也。時盟不歃血，但以命相誓。何言乎相命？《解詁》：据盟亦相命，不道也。近正也。此其為近正奈何？古者不盟，結言而退。《解詁》：善其近正，似於古而不相背，故書以撥亂也。

又《桓公十年》秋，公會衛侯于桃丘，弗遇。《傳》：會者何？期辭也。其言弗遇何？公不見要也。《解詁》：時實桓公欲要見衛侯，衛侯不肯見公，以非禮動，見拒有恥，故諱使若會而不相遇。言弗遇者，起公要之也。弗者，不之深也，起公見拒深。《傳》言公不見要者，順《經》諱文。

又《桓公十一年》（九月）柔會宋公、陳侯、蔡叔盟于折。《傳》：柔者何？吾大夫之未命者也。《解詁》：以俠卒也，輒發《傳》者，無氏嫌貶也。所以不卒柔者，深薄桓公，不與有恩禮於大夫也。

又《莊公九年》春，齊人殺無知。公及齊大夫盟于暨。《傳》：公曷爲與大夫盟？齊無君也。然則何以不名？爲其諱與大夫盟也，使若衆然。《解詁》：鄰國之臣，猶吾臣也。君之於臣，當告從命行，而反歃血約誓，故諱使若悉得齊諸大夫約束之者愈也。

又《莊公十三年》冬，公會齊侯，盟于柯。《傳》：何以不日？易也。《解詁》：易猶佼易也。相親信，無後患之辭。其易奈何？桓之盟不日，其會不致，信之也。其不日，何以始乎此？莊公將會乎桓，曹子進曰：『君之意何如？』《解詁》：進，前也。曹子見莊將會有慚色，故問之。莊公曰：『寡人之生，則不若死矣。』《解詁》：自傷與齊爲讎，不能復也。伐齊納糾不能納，反復爲齊所脅而殺之。曹子曰：『然則君請當其君，臣請當其臣。』《解詁》：當猶敵也。將劫之辭。莊公曰：『諾。』於是會乎桓。莊公升壇，《解詁》：土基三尺、土階三等曰壇。會必有壇者，爲升降揖讓，稱先君以相接，所以長其敬。曹子手劍而從之，《解詁》：從，隨也。隨莊公上壇，造桓公前而脅之。曹子本謀當其臣，更當其君者，見莊有不能之色。管子進曰：『君何求乎？』《解詁》：管子，管仲也。君，謂莊公也。桓公卒愕不能應，故管子進爲此言。曹子曰：《解詁》：莊公亦造次，不知所言，故任曹子。『城壞壓竟，《解詁》：齊數侵魯取邑，以喻侵深也。君不圖與？』《解詁》：圖，計也。猶曰君不當計侵魯太甚。管子曰：『然則君將何求？』《解詁》：所侵邑非一，欲求何者？曹子曰：『願請汶陽之田。』《解詁》：欲復魯竟。管子顧曰：『君許諾。』《解詁》：諸侯死國不死邑，故可許諾。桓公曰：『諾。』曹子請盟，桓公下與之盟。《解詁》：下壇與曹子定約，盟誓莊公也。必下壇者，爲殺牲不潔，又盟本非禮，故不于壇上也。已盟，曹子摽劍而去之。《解詁》：摽，辟也。時曹子端劍守桓公，已盟，乃摽劍置地，與桓公相去離，故云爾。要盟可犯，《解詁》：臣約其君曰要，彊見要脅而盟爾，故云可犯。而桓公不欺；曹子可讎，《解詁》：以臣劫君，罪可讎。而桓公不怨。桓公之信著乎天下，自柯之盟始焉。《解詁》：諸侯猶是翕然信鄉服從，再會于鄄，同盟于幽，遂成霸功，故云爾。劫桓公取汶陽田不書者，諱行詐劫人也。

又《莊公十六年》冬十有二月，公會齊侯、宋公、陳侯、衛侯、鄭伯、許男、曹伯、滑伯、滕子，同盟于幽。《傳》：同盟者何？同欲也。《解詁》：同心欲盟也，同心爲善，善必成；同心爲惡，惡必成；故重而言同心也。

又《莊公二十二年》秋七月丙申，及齊高傒盟于防。《傳》：齊高傒者何？貴大夫也。曷爲就吾微者而盟？公也。《解詁》：以其日，微者不得日，大夫盟當出名氏。公則曷為不言公？諱與大夫盟也。

又《莊公二十三年》十有二月甲寅，公會齊侯，盟于扈。《傳》：桓之盟不日，此何以日？危之也。何危爾？我貳也。魯子曰：『我貳者，非彼然，我然也。』

又《閔公二年》冬，齊高子來盟。《傳》：高子者何？齊大夫也。何以不稱使？我無君也。然則何以不名？喜之也。何喜爾？正我也。其正我奈何？莊公死，子般弒，閔公弒，比三君死，曠年無君。設以齊取魯，曾不興師，徒以言而已矣。桓公使高子將南陽之甲，立僖公而城魯，或曰自

鹿門至于爭門者是也，或曰自争門至于吏門者是也。魯人至今以為美談，曰『猶望高子也。』

又《僖公二年》秋九月，齊侯、宋公、江人、黄人盟于貫澤。《傳》：江人、黄人者何？遠國之辭也。遠國至矣，則中國曷爲獨言齊、宋至爾？大國言齊、宋，遠國言江、黄，則以其餘爲莫敢不至也。

又《僖公三年》秋，齊侯、宋公、江人、黄人會于陽穀。《傳》：此大會也，曷為末言爾？《解詁》：末者，淺耳但言會，不言盟。据貫澤言盟。桓公曰：『無障谷，無貯粟，無易樹子，注：樹，立本正辭，無易本正當立之子。無以妾爲妻。』

冬，公子友如齊涖盟。《傳》：莅盟者何？往盟乎彼也。《解詁》：猶曰往盟於齊。莅，臨也。時國齊都盟，主國主名不出者，《春秋》王魯，故言莅以見王義，使若王者遣使臨諸侯盟，飭以法度。其言來盟者何？來盟于我也。《解詁》：此亦因魯都以見王義，使若來之京師盟，白事于王。不加莅者，來就魯，魯已尊矣。

又《僖公四年》（夏）楚屈完來，盟于師，盟于召陵。《傳》：屈完者何？楚大夫也。何以不稱使？尊屈完也。曷爲尊屈完？以當桓公也。《解詁》：增倍使若得其君，以醇霸德，成王事也。其言盟于師，盟于召陵何？師在召陵也。《解詁》：時喜得屈完來服于陘，即退次召陵，與之盟，故言盟于師，盟于召陵。師在召陵，則曷爲再言盟？喜服楚也。何言乎喜服楚？楚有王者則後服，無王者則先叛，夷狄也而亟病中國。南夷與北狄交，中國不絕若綫。桓公救中國而攘夷狄，卒帖荆，以此爲王者之事也。其言來何？與桓爲主也。前此者有事矣，後此者有事矣，則曷爲獨於此焉？與桓公爲主，序績也。

又《僖公五年》（夏）公及齊侯、宋公、陳侯、衛侯、鄭伯、許男、曹伯會王世子于首戴。《傳》：曷為殊會王世子？世子貴也。世子，猶世世子也。《解詁》：解貴意也。言當世父位，儲君副主，不可以諸侯會之爲文，故殊之，使若諸侯爲世子所會也。自王者言之，以屈遠世子在三公下，《禮・喪服・斬衰》曰『公上大夫之衆臣』是也。自諸侯言之，世子尊於三公。此禮之威儀，各有所施。言及者，因其文可得見汲汲也。世子所以會者，時桓公德衰，諸侯背叛，故上假王世子，示以公義。

秋八月，諸侯盟于首戴。《傳》：諸侯何以不序？一事而再見者，前目而後凡也。《解詁》：會盟一事，不舉重者，時世子不與盟。

鄭伯逃歸不盟。《傳》：其言逃歸不盟者何？不可使盟也。《解詁》：時鄭伯内欲與楚，外依古不盟爲解，安居會上，不肯從桓公盟，故後言不盟。不可使盟，則其言逃歸何？魯子曰：『蓋不以寡犯衆也。』《解詁》：諸侯以義相約，而鄭伯懷二心，依古不肯盟，故言逃歸，所以抑一人之惡，申衆人之善，故云爾。

又《僖公八年》春王正月，公會王人、齊侯、宋公、衛侯、許男、曹伯、陳世子款、鄭世子華，盟于洮。《傳》：王人者何？微者也。曷為序乎諸侯之上？先王命也。《解詁》：銜王命會諸侯，諸侯當北面受之，故尊序於上。時桓公德衰，寧母之盟常會者不至，而陳、鄭又遣世子，故上假王人之重以自助。

鄭伯乞盟。《傳》：乞盟者何？處其所而請與也。《解詁》：以不序也。其處其所而請與奈何？蓋酌之也。《解詁》：酌，挹也。時鄭伯欲與楚，不肯自來盟，處其國，遣使挹取其血而請與之約束，無汲汲慕中國之心，故抑之，使若叩頭乞盟者也。

又《僖公九年》夏，公會宰周公、齊侯、宋子、衛侯、鄭伯、許男、曹伯于葵丘。《傳》：宰周公者何？天子之為政者也。《解詁》：宰猶治也。三公之職號尊名也。以加宰，知其職大尊重，當與天子參聽萬幾，而下為諸侯所會，惡不勝其任也。

又《僖公九年》九月戊辰，諸侯盟于葵丘。《傳》：桓之盟不日，此何以日？危之也。何危爾？貫澤之會，桓公有憂中國之心，不召而至者，江人、黄人也。葵丘之會，桓公震而矜之，叛者九國。震之者何？猶曰振振然。矜之者何？猶曰莫若我也。

又《僖公十九年》（夏六月）鄫子會盟于邾婁。《傳》：其言會盟何？後會也。《解詁》：説與會伐宋同義，君不會大夫，剌後會者，起實君也。地以邾婁者，起為邾婁事也。不言君者，為襄公諱也。

又《僖公二十八年》五月癸丑，公會晉侯、齊侯、宋公、蔡侯、鄭伯、衛子、莒子，盟于踐土。陳侯如會。《傳》：其言如會何？後會也。

又《文公二年》三月乙巳，及晉處父盟。《傳》：此晉陽處父也，何以不氏？諱與大夫盟也。《解詁》：諱去氏者，使若得其君，如經言邾婁儀父矣。不地者，起公就於晉也。

又《文公七年》秋八月，公會諸侯、晉大夫盟于扈。《傳》：諸侯何以不序？大夫何以不名？公失序也。公失序奈何？諸侯不可使與公盟。眣晉大夫使與公盟也。《解詁》：以目通指曰眣。文公内則欲，久喪而後不能，喪娶

逆祀，外則貪利取邑，為諸侯所薄賤，不見序，故深諱為不可知之辭。

又《文公十三年》　十有二月己丑，公及晉侯盟，還自晉。鄭伯會公于斐。《傳》：還者何？善辭也。何善爾？往黨，衛侯會公于沓。至，得與晉侯盟。反黨，鄭伯會公于斐。故善之也。《解詁》：黨，所也。所猶時，齊人語也。文公前扈之盟不見序，後能救鄭之難，不逆王者之求，上得尊尊之義，下得解患之恩。一出三爲諸侯所榮，故加録於其還時，皆深善之。

又《文公十六年》　春，季孫行父會齊侯于陽穀，齊侯弗及盟。《傳》：其言弗及盟何？不見與盟也。《解詁》：與齊期盟，爲叔姬故，中見簡賤，不見與盟，侮辱有恥，故諱使若行父會而去，齊侯不及得與盟，故言齊侯弗及，亦所以起齊侯不肯。

又《成公二年》　（十一月）丙申，公及楚人、秦人、宋人、陳人、衛人、鄭人、齊人、曹人、邾婁人、薛人、鄫人盟于蜀。《傳》：此楚公子嬰齊也，其稱人何？得壹貶焉爾。《解詁》：得一貶者，獨此一事得具見其惡，故貶之爾。

又《成公十五年》　冬十有一月，叔孫僑如會晉士燮、齊高無咎、宋華元、衛孫林父、鄭公子鰌、邾婁人，會吳于鍾離。《傳》：曷為殊會吳？外吳也。曷為外也？《春秋》內其國而外諸夏，內諸夏而外夷狄。《解詁》：內其國者，假魯以為京師也。諸夏，外土諸侯也。謂之夏者，大總下土言之辭也。不殊楚者，楚始見所傳聞世，尚外諸夏，未得殊也。至於所聞世可得殊，又卓然有君子之行。吳似夷狄差醇，而適見於可殊之時，故獨殊吳。王者欲一乎天下，曷為以外內之辭言之？《解詁》：据大一統。言自近者始也。《解詁》：明當先正京師，乃正諸夏，諸夏正，乃正夷狄，以漸治之。葉公問政於孔子，孔子曰：『近者説，遠者來。』季康子問政於孔子，孔子曰：『政者，正也。子帥以正，孰敢不正？』是也。

又《襄公三年》　（六月）陳侯使袁僑如會。《傳》：其言如會何？後會也。《解詁》：不直言會盟者，時諸侯不親與袁僑盟，又下方殊及之。

戊寅，叔孫豹及諸侯之大夫及陳袁僑盟。《傳》：曷爲殊及陳袁僑？《解詁》：据俱諸侯之大夫也。言之大夫者，辟諸侯與大夫皆盟。爲其與袁僑盟也。《解詁》：陳、鄭，楚之與國，陳侯有慕中國之心，有疾，使大夫會，諸侯欲附疏，不復備責，遂與之盟，共結和親，故殊之，起主爲與袁僑盟也。復出陳者，喜得陳國也。不重出地，有諸侯在，臣繫君，故因上地。

又《襄公五年》　（秋）公會晉侯、宋公、陳侯、衛侯、鄭伯、曹伯、莒子、邾婁子、滕子、薛伯、齊世子光、吳人、鄫人于戚。《傳》：吳何以稱人？吳、鄫人云則不辭。《解詁》：孔子曰：『言不順，則事不成。』方以吳抑鄫，國列在稱人上，不以順辭，故進吳稱人。

又《襄公十六年》　（三月）戊寅，大夫盟。《傳》：諸侯皆在是，其言大夫盟何？信在大夫也。《解詁》：故書大夫盟，不言諸侯之大夫者，起信在大夫。何言乎信在大夫？偏刺天下之大夫也。曷為偏刺天下之大夫？君若贅旒然。《解詁》：旒，旂旒；贅，繫屬之辭。若今俗名就壻為贅壻矣。

又《襄公二十七年》　秋七月辛巳，豹及諸侯之大夫盟于宋。《傳》：曷爲再言豹？殆諸侯也。《解詁》：殆，危也。危諸侯，故再出豹，懼録之。曷為殆諸侯？爲衛石惡在是也，曰惡人之徒在是矣。《解詁》：衛侯衎不信，而使惡臣石惡來，故深爲諸侯危，懼其將負約爲禍原。

又《襄公三十年》　（冬十月）晉人、齊人、宋人、衛人、鄭人、曹人、莒人、邾婁人、滕人、薛人、杞人、小邾婁人會于澶淵，宋災故。《傳》：宋災故者何？諸侯會于澶淵，凡爲宋災故也。會未有言其所爲者，此言所爲何？録伯姬也。《解詁》：重録伯姬之賢，爲諸侯所閔憂。諸侯相聚，《解詁》：聚，斂也。相聚斂財物。而更宋之所喪，《解詁》：更，復也。如今俗名解浣衣復之爲更衣。曰『死者不可復生，爾財復矣。』《解詁》：復者，如故時。諸侯共償復其所喪。此大事也，曷爲使微者？卿也。卿則其稱人何？貶。曷爲貶？卿不得憂諸侯也。

又《昭公元年》　春王正月，公即位。叔孫豹會晉趙武、楚公子圍、齊國酌、宋向戌、衛石惡、陳公子招、蔡公孫歸生、鄭軒虎、許人、曹人于漷。《傳》：此陳侯之弟招也，何以不稱弟？貶，曷爲貶？爲殺世子偃師貶，曰陳侯之弟招殺陳世子偃師。【略】今招之罪已重矣，曷爲復貶乎此？著招之有罪也。何著乎招之有罪？言楚之託乎討招以滅陳也。《解詁》：起楚託討招以滅陳意也。所以起之者，八年先言滅，後言執，託討招不明，故豫貶於此，明楚先以正罪討招，乃滅陳也。

又《昭公十三年》　八月甲戌，同盟于平丘。公不與盟。《傳》：公不與盟者何？公不見與盟也。《解詁》：時晉主會，疑公如楚，不肯與公盟，故諱使若公自不肯與盟。公不見與盟，大夫執，何以致會？《解詁》：据得意乃致會。不恥也。曷爲不恥？諸侯遂亂，反陳、蔡，君子不恥不與焉。《解詁》：時諸侯將征棄疾，棄疾乃封陳、蔡之君，使説諸侯，諸侯從陳、蔡之君言還反，不復討楚，楚亂遂成，故云爾。公不與盟，不書成楚亂者，時不受盟也。諸侯實不與公盟，而言公不與盟者，

遂亂，雖見與公猶不宜與也，故因爲公張義。

又《哀公十三年》（夏）公會晉侯及吳子于黄池。《傳》：吳何以稱子？吳主會也。《解詁》：以言及也，時吳彊而無道，敗齊臨菑，乘勝大會中國，齊、晉前驅，魯、衛驂乘，滕、薛俠轂而趨，以諸夏之衆，冠帶之國，反背天子而事夷狄，恥甚不可忍言。故深爲諱辭，使若吳大以禮義會天下諸侯，以尊事天子，故進稱子。吳主會，則曷爲先言晉侯？不與夷狄之主中國也。《解詁》：明其實自以夷狄之彊會諸侯爾，不行禮義，故序晉於上。其言及吳子何？會兩伯之辭也。《解詁》：晉序上者，主會文也。吳言及者，亦人往爲主之文也。方不與夷狄先主中國，而又事實當見，不可醇奪，故張兩伯辭。先晉，言及吳子，使若晉主會爲伯，吳亦主會爲伯，半抑半起，以奪見其事也。不與夷狄之主中國，則曷爲以會兩伯之辭言之？重吳也。《解詁》：其實重在吳，故言及，舉晉者，諱而不盈。曷爲重吳？吳在是，則天下諸侯莫敢不至也。《解詁》：以晉大國，尚猶汲汲於吳，則知諸侯莫敢不至也。不書諸侯者，爲微辭，使若天下盡會之，而魯侯蒙俗會之者，惡愈齊桓，兼舉遠明近，此但舉大者，非尊天子，故不得褒也。主書者，惡諸侯君事夷狄。

《穀梁傳・隱公元年》三月，公及邾儀父盟于眛。《傳》：及者何？内為志焉爾。晉范寧《集解》：内謂魯也。儀，字也；父，猶傅也。男子之美稱也。《集解》：傅，師傅。附庸之君未王命，例稱名。善其結信於魯，故以字配之。其不言邾子何也？邾之上古微，未爵命於周也。《集解》：邾自此以上是附庸國。不日，其盟渝也。《集解》：日者所以謹信盟，變故不日，七年『公伐邾』是也。眛，地名也。

九月，及宋人盟于宿。《傳》：及者何？内卑者也。宋人，外卑者也。卑者之盟不日。《集解》：卑者，謂非卿大夫也。凡非卿大夫盟信之與不，例不日。宿，邑名也。

又《隱公二年》春，公會戎于潛。《傳》：會者，外為主焉爾。知者慮，《集解》：察安審危。義者行，《集解》：臨事能斷。仁者守，《集解》：衆之所歸，守必堅固。有此三者，然後可以出會。會戎，危公也。《集解》：無此三者，不可以會，而況會戎乎！

（冬十月）紀子伯、莒子盟于密。《傳》：或曰紀子伯莒子，而與之盟。《集解》：紀子以莒子為伯，而與之盟。伯，長也。或曰年同爵同，故紀子以伯先也。《集解》：年爵雖同，紀子自以為伯而先。

又《隱公八年》秋七月庚午，宋公、齊侯、衛侯盟于瓦屋。《傳》：外盟不日，此其日，何也？諸侯之參盟於是始，故謹而日之也。《集解》：世道交喪，盟詛滋彰，非可以經世軌訓，故存日以記惡，蓋《春秋》之始也。誥誓不及五帝，《集解》：五帝，謂黄帝、顓頊、帝嚳、帝堯、帝舜也。誥誓，《尚書》六《誓》七《誥》是其遺文。五帝之世，道化淳備，不須誥誓而信自著。盟詛不及三王，《集解》：三王，謂夏、殷、周也。夏后有鈞臺之享，商湯有景亳之命，周武有盟津之會。衆所歸信，不盟詛也。交質子不及二伯。《集解》：二伯，謂齊桓、晉文。齊桓有召陵之師，晉文有踐土之盟。諸侯率服，不質任也。

九月辛卯，公及莒人盟于包來。《傳》：可言公及人，不可言公及大夫。《集解》：稱人，衆辭。可言公及人，若舉國之人皆盟也。不可言公及大夫，如以大夫敵公故也。

又《隱公九年》冬，公會齊侯于防。《傳》：會者，外為主焉爾。

又《桓公元年》三月，公會鄭伯于垂。《傳》：會者，外為主焉爾。《集解》：鄭伯所以欲為此會者，為易田故。

夏四月丁未，公及鄭伯盟于越。《傳》：及者，内為志焉爾。越，盟地之名也。

又《桓公二年》三月，公會齊侯、陳侯、鄭伯于稷，以成宋亂。《傳》：以者，内為志焉爾。公為志乎成是亂也。《集解》：欲會者，外也。欲受賂者，公也。此成矣，取不成事之辭而加之焉。於内之惡，而君子無遺焉爾。《集解》：取不成事之辭，謂以成宋亂也。桓，姦逆之人，故極言其惡，無所遺漏也。江熙曰：『《春秋》親尊皆諱，蓋患惡之不可掩，豈當取不成事之辭，以加君父之惡乎？案宣四年「公及齊侯平莒及郯」，《傳》曰：「平者，成也」，然則成亦平也。公與齊、陳、鄭欲平宋亂，而取其賂鼎，不能平亂，故書「成宋亂」。取郜大鼎納于太廟，微旨見矣。尋理推經，《傳》似失之。』徐邈曰：『宋雖已亂，治之則治，治亂成不，繫此一會。若諸侯討之，則有撥亂之功；不討，則受成亂之責。辭豈虚加也哉！《春秋》雖為親尊者諱，然亦不沒其實。故納鼎于廟，躋僖逆祀，及王室之亂，昭公之孫，皆指事而書。哀七年《傳》所謂有一國之道者，有天下之道者也。君失社稷，猶書而不隱，況今四國羣會，非一人之過，以義致譏，輕於自己兆亂。以此方彼，無所多怪。

又《桓公三年》夏，齊侯、衛侯胥命于蒲。《傳》：胥之為言，猶相也。相命而信諭，謹言而退，以是為近古也。《集解》：申約言以相達，不歃血而誓盟。古謂五帝時。是必一人先，其以相言之，何也？不以齊侯命衛侯也。《集解》：江熙曰：『夫相與親比，非一人之德，是以同聲相應，同氣相求。齊衛胥盟，雖

有先倡，倡和理均。若以齊命衛，則功歸于齊，以衛命齊，則齊僅隨從。言其相命，則泯然無際矣。』

又《桓公十年》 秋，公會衛侯于桃丘，弗遇。《傳》： 弗遇者，志不相得也。弗，内辭也。《集解》： 倡會者衛，魯至桃丘而衛不來，故書弗遇以殺恥。

又《桓公十一年》 （九月）柔會宋公、陳侯、蔡叔盟于折。《傳》： 柔者何？ 吾大夫之未命者也。

又《桓公十四年》 夏五。鄭伯使其弟禦來盟。《傳》： 諸侯之尊，弟兄不得以屬通。其弟云者，以其來我，舉其貴者也。來盟，前定也。不日，前定之盟不日。《集解》： 言信在前，非結於今。孔子曰：『聽遠音者，聞其疾而不聞其舒。《集解》： 疾謂激揚之聲，舒謂徐緩。望遠者，察其貌而不察其形。』《集解》： 貌，姿體。形，容色。立乎定、哀，以指隱、桓，隱、桓之日遠矣。夏五，傳疑也。《集解》： 孔子在於定、哀之世，而録隱、桓之事，故承闕文之疑不書月，明皆實録。

又《莊公九年》 （春）公及齊大夫盟于暨。《傳》： 公不及大夫。《集解》：《春秋》之義，内大夫可以會諸侯，公不可以盟外大夫，所以明尊卑，定内外也。今齊國無君，要當有任其權者，故不得不以權通。大夫不名，無君也。《集解》： 禮：君前臣名。齊無君，故大夫不名。盟，納子糾也。不日，其盟渝也。《集解》： 變盟立小白。當齊無君，制在公矣。當可納而不納，故惡内也。

又《莊公十三年》 春，齊侯、宋人、陳人、蔡人、邾人會于北杏。《傳》： 是齊侯、宋公也，其曰人，何也？ 疑之。何疑焉？ 桓非受命之伯也，將以事授之者也。《集解》： 言諸侯將權時推齊侯使行伯事。曰可矣乎？ 未乎？《集解》： 邵曰：『疑齊桓雖非受命之伯，諸侯推之，便可以為伯乎？ 未也？』舉人，衆之辭也。《集解》： 稱人，言非王命，衆授之以事。

冬，公會齊侯，盟于柯。《傳》： 曹劌之盟也，信齊侯也。《集解》： 曹劌之盟，經傳無文。蓋有信者也。《公羊傳》曰：『要盟可犯而桓公不欺，曹子可讐而桓公不怨。桓公之信著於天下，自柯之盟始。桓盟雖内與，不日，信也。《集解》： 公盟例日，外諸侯盟例不日，桓大信遠著，故雖公與盟猶不日。

又《莊公十四年》 冬，單伯會齊侯、宋公、衛侯、鄭伯于鄄。《傳》： 復同會也。《集解》： 諸侯欲推桓以為伯，故復同會于此以謀之。

又《莊公十五年》 春，齊侯、宋公、陳侯、衛侯、鄭伯會于鄄。《傳》： 復同會也。《集解》： 為欲推桓為伯，故復會於此。

又《莊公十六年》 冬十有二月，會齊侯、宋公、陳侯、衛侯、鄭伯、許男、曹伯、滑伯、滕子，同盟于幽。《傳》： 同者，有同也，同尊周也。不言公，外内寮一疑之也。《集解》： 十三年春會于北杏，諸侯俱疑齊桓非受命之伯，欲共以事推之，可乎？ 今于此年，諸侯同共推桓而魯與齊讎，外内同一疑公可事齊不。會不書公，以著疑焉。同官為寮，謂諸侯也。至二十七年，同盟于幽，遂伯齊侯。

又《莊公十九年》 秋，公子結媵陳人之婦于鄄。遂及齊侯、宋公盟。《傳》： 媵，淺事也，不志。此其志，何也？ 辟要盟也。《集解》： 魯實使公子結要二國之盟，欲自託於大國，未審得盟與不，故以媵婦爲名，得盟則盟，不則止，此行有辭也。何以見其辟要盟也？ 媵，禮之輕者也。盟，國之重也。以輕事遂乎國重，無説。《集解》： 以輕遂重，無他異説，故知辟要盟耳。其曰陳人之婦，略之也。《集解》： 但爲遂事，假録媵事耳，故略言『陳人之婦』，不處其主名。其不日，數渝，惡之也。

又《莊公二十二年》 秋七月丙申，及齊高傒盟于防。《傳》： 不言公，高傒伉也。《集解》： 書日，則公盟也。高傒驕伉，與公敵體，恥之，故不書公。

又《莊公二十七年》 夏六月，公會齊侯、宋公、陳侯、鄭伯，同盟于幽。《傳》： 同者，有同也，同尊周也。於是而後，授之諸侯也。其授之諸侯，何也？ 齊侯得衆也。桓會不致，安之也。桓盟不日，信之也。信其信，仁其仁。衣裳之會十有一，未嘗有歃血之盟也，信厚也。《集解》： 十三年會北杏，十四年會鄄，十五年又會鄄，十六年會幽，二十七年又會幽，僖元年會檉，二年會貫，三年會陽穀，五年會首戴，七年會寧毋，九年會葵丘。兵車之會四，未嘗有大戰也，愛民也。《集解》： 僖八年會洮，十三年會鹹，十五年會牡丘，十六年會淮。於末年乃言之，不道侵蔡伐楚者，方書其盛，不道兵車也。此則以兵車會，而不用征伐。

又《閔公元年》 秋八月，公及齊侯盟于洛姑。《傳》： 盟，納季子也。

又《閔公二年》 冬，齊高子來盟。《傳》： 其曰來，喜之也。其曰高子，貴之也。盟，立僖公也。不言使，何也？ 不以齊侯使高子也。《集解》： 齊侯不討慶父，使魯重罹其禍，今若高子自來，非齊侯所得使也，猶屈完不稱使也。江熙曰：『魯頻弑君，僖公非正也。桓公遣高傒立僖公以存魯，魯人德之，不名其使以貴之。貴其使，則其主重矣。』

又《僖公二年》 秋九月，齊侯、宋公、江人、黄人盟于貫。《傳》： 貫之盟，不期而至者，江人、黄人也。江人、黄人者，遠國之辭也。中國稱齊、

宋，遠國稱江、黃，以為諸侯皆來至也。

又《僖公三年》 秋，齊侯、宋公、江人、黃人會于陽穀。《傳》：陽穀之會，桓公委端搢笏而朝諸侯，《集解》：委，委貌之冠也。端，玄端之服。搢，插也。笏，以記事者也。所謂衣裳之會。諸侯皆諭乎桓公之志。

冬，公子友如齊涖盟。《傳》：莅者，位也。《集解》：盟誓之言素定，今但往其位而盟。其不日，前定也。不言及者，以國與之也。不言其人，亦以國與之也。

又《僖公四年》（夏）楚屈完來盟于師，盟于召陵。《傳》：楚無大夫，《集解》：無命卿也。其曰屈完，何也？以其來會桓，成之為大夫也。《集解》：尊齊桓，不欲令與卑者盟。其不言使，權在屈完也，《集解》：邵曰：『齊桓威陵江漢，楚人大懼，未能量敵，遣屈完如師，完權事之宜以義却齊，遂得與盟，以安竟內，功皆在完，故不言使。』則是正乎？曰，非正也。《集解》：臣無自專之道。以其來會諸侯，重之也。《集解》：重其宗中國，歸有道。來者何？內桓師也。《集解》：來者，內辭也。內桓師，故言來。于師，前定也。于召陵，得志乎桓公也。得志者，不得志也。《集解》：屈完來盟，桓公退于召陵，是屈完得其本志。屈完得志則桓公不得志。以桓公得志為僅矣，《集解》：桓為霸主，以會諸侯，楚子不來，屈完受盟，令問諸江，辭又不順，僅乃得志，言楚之難服。屈完曰：『大國之以兵向楚，何也？』桓公曰：『昭王南征不反，菁茅之貢不至。故周室不祭。』《集解》：菁茅，香草，所以縮酒，楚之職貢。屈完曰：『菁茅之貢不至，則諾。昭王南征不反，我將問諸江。』《集解》：問江邊之民，有見之者不。此不服罪之言，故退于召陵而與之盟。屈完所以得志，桓公之不得志爾。

又《僖公五年》（夏）公及齊侯、宋公、陳侯、衛侯、鄭伯、許男、曹伯會王世子于首戴。《傳》：及以會，尊之也。《集解》：言及諸侯，然後會王世子，不敢令世子與諸侯齊列。何尊焉？王世子云者，唯王之貳也。云可以重之右焉，尊之也。何重焉？天子世子，世天下也。

秋八月，諸侯盟于首戴。《傳》：無中事而復舉諸侯，何也？尊王世子而不敢與盟也。尊則其不敢與盟，何也？盟者，不相信也。故謹信也，不敢以所不信而加之尊者。桓，諸侯也，不能朝天子，是不臣也。王世子，子也，塊然受諸侯之尊己而立乎其位，是不子也。桓不臣，王世子不子，則其所善焉何也？是則變之正也。《集解》：雖非禮之正，而合當時之宜。天子微，諸侯不享覲，桓控大國，扶小國，統諸侯，不能以朝天子，亦不敢致天王，尊王世子于首戴，乃所以尊天王之命也。世子舍王命會齊桓，亦所以尊天王之命也。世子受之，可乎？是亦變之正也。天子微，諸侯不享覲，世子受諸侯之尊己，而天王尊矣，世子受之可也。

鄭伯逃歸不盟。《傳》：以其去諸侯，故逃之也。《集解》：專己背衆，故書逃。《傳例》曰：『逃義曰逃。』

又《僖公七年》 秋七月，公會齊侯、宋公、陳世子款、鄭世子華，盟于寗毋。《傳》：衣裳之會也。

又《僖公八年》 春王正月，公會王人、齊侯、宋公、衛侯、許男、曹伯、陳世子款，盟于洮。《傳》：王人之先諸侯，何也？貴王命也。朝服雖敝，必加於上；弁冕雖舊，必加於首；周室雖衰，必先諸侯。兵車之會也。

鄭伯乞盟。《傳》：以向之逃歸乞之也。《集解》：向謂五年逃首戴之盟，齊桓為兵車之會，于此乃震服，懼不得盟，故乞得與之。不録使者，使若鄭伯自來，所以抑一人之惡，申衆人之善。乞者，重辭也，《集解》：人道貴讓，故以乞為重。重是盟也。《集解》：悔前逃歸，故以重言。乞者，處其所而請與也。《集解》：言乞，知不自來。蓋汋之也。《集解》：汋血而與之。

又《僖公九年》 夏，公會宰周公、齊侯、宋子、衛侯、鄭伯、許男、曹伯于葵丘。《傳》：天子之宰，通于四海。《集解》：宰，天官冢宰，兼為三公者。三公論道之官，無事于會盟。冢宰掌建邦之六典，以佐王治邦國，故曰通于四海。宋其稱子，何也？未葬之辭也。禮：柩在堂上，孤無外事。今背殯而出會，以宋子為無哀矣。《集解》：欑木如椁，塗之曰殯。殷人殯于兩楹之間，周人殯于西階之上。宋，殷後也。

九月戊辰，諸侯盟于葵丘。《傳》：桓盟不日，此何以日？美之也。為見天子之禁，故備之也。《集解》：何休以為即日為美，其不日皆為惡也。桓公之盟不日，皆為惡邪？莊十三年柯之盟，不日為信，至此日以為美，義相反也。鄭君釋之曰：『柯之盟不日，固始信之。』自其後盟，以不日為平文。從陽穀以來，至此葵邱之盟，皆令諸侯以天子之禁。桓德極而將衰，故備日以美之，自此不復盟矣。葵丘之盟，陳牲而不殺。《集解》：所謂無歃血之盟，鄭君曰：『盟牲諸侯用牛，大夫用豭。』讀書加于牲上，壹明天子之禁，《集解》：壹猶專也。曰毋雍泉，《集解》：專水利以障谷。毋訖糴，《集解》：訖，止也，謂貯粟。毋易樹子，《集解》：樹子，嫡子。毋以

妾為妻，毋使婦人與國事。《集解》：女正位於內。

又《僖公十五年》 三月，公會齊侯、宋公、陳侯、衛侯、鄭伯、許男、曹伯，盟于牡丘。《傳》：兵車之會也。

又《僖公十九年》（夏六月）繒子會盟于邾。己酉，邾人執繒子，用之。《傳》：微國之君，因邾以求與之盟。人因己以求與之盟，己迎而執之，惡之，故謹而日之也。用之者，叩其鼻以衈社也。《集解》：衈者，釁也，取鼻血以釁祭社器。

又《僖公二十年》 秋，齊人、狄人盟于邢。《傳》：邢為主焉爾。邢小，其為主何也？其為主乎救齊。《集解》：十八年「邢人、狄人伐衛」以救齊是也。

又《僖公二十一年》 秋，宋公、楚子、陳侯、蔡侯、鄭伯、許男、曹伯會于雩。《傳》：執宋公以伐宋，以重辭也。《集解》：《傳例》曰：「以者，不以者也。」此《傳》及定七年「齊人執衛行人北宮結以侵衛」，《傳》皆曰：「以重辭也」，然則「以」有二義矣。國之所重，故曰重辭。

十有二月癸丑，公會諸侯，盟于薄。《傳》：會者，外為主焉爾。外釋不志，此其志何也？以公之與之盟目之也。不言楚，不與楚專釋也。《集解》：何休曰：「《春秋》以執之為罪，不以釋之為罪，責楚子專釋，非其理也。《公羊》以為公會諸侯釋之，故不復出楚耳。」鄭君釋之曰：「不與楚專釋者，非以責之也。」《傳》云：「外釋不志，此其志何也？以公之與之盟目之也。」言公與諸侯盟而釋宋公，公有功焉，與《公羊》義無違錯。

又《僖公二十五年》 冬十有二月癸亥，公會衛子、莒慶，盟于洮。《傳》：莒無大夫，其曰莒慶，何也？以公之會，目之也。《集解》：小國無大夫，以公與會，故進之。時有衛子，則無敵公之嫌。

又《僖公二十六年》 春王正月己未，公會莒子、衛寧速，盟于向。《傳》：公不會大夫，其曰寧速，何也？以其隨莒子，可以言會也。

又《僖公二十八年》 五月癸丑，公會晉侯、齊侯、宋公、蔡侯、鄭伯、衛子、莒子，盟于踐土。《傳》：諱會天王也。《集解》：實會天王，而文不言天王，若諸侯自共盟然，是諱之也，所謂譎而不正。

陳侯如會。《傳》：如會，外乎會也，於會受命也。《集解》：外乎會，不及序也。受命于會，故書如會。

冬，公會晉侯、宋公、蔡侯、鄭伯、陳子、莒子、邾子、秦人于溫。《傳》：諱會天王也。《集解》：復致天子。

又《文公二年》 三月乙巳，及晉處父盟。《傳》：不言公，處父伉也，爲公諱也。《集解》：諱公與大夫盟，去處父氏。公親如晉，使若與其君盟，如經言邾儀父矣。不書地者，公在晉也。莊二十二年「秋七月丙申，及齊高傒盟于防」，不去高傒氏者，公不親如齊，不與其君盟，於恥差降。何以知其與公盟？以其日也。何以不言公之如晉？所恥也。出不書，反不致也。

夏六月，公孫敖會宋公、陳侯、鄭伯、晉士縠，盟于垂斂。《傳》：內大夫可以會外諸侯。

又《文公七年》 秋八月，公會諸侯、晉大夫盟于扈。《傳》：其曰諸侯，略之也。《集解》：晉侯新立，公始往會，晉侯不盟，大夫受盟。既以喪娶，又取二邑，爲諸侯所賤，不得序于會，諱使若扈之盟，都不可知，故略之。

（冬）公孫敖如莒莅盟。《傳》：莅，位也。其曰位，何也？前定也。其不日，前定之盟不日也。

又《文公十三年》 十有二月己丑，公及晉侯盟，還自晉。《傳》：還者，事未畢也。自晉，事畢也。

又《文公十四年》 六月，公會宋公、陳侯、衛侯、鄭伯、許伯、曹伯、晉趙盾。癸酉，同盟于新城。《傳》：同者，有同也，同外楚也。

又《文公十五年》 三月，宋司馬華孫來盟。《傳》：司馬，官也。其以官稱，無君之辭也。來盟者何？前定也。不言及者，以國與之也。

又《文公十六年》 春，季孫行父會齊侯于陽穀，齊侯弗及盟。《傳》：弗及者，內辭也。行父失命矣，齊得內辭也。《集解》：行父出會失辭，義無可納，故齊侯以正道拒而弗受，不盟由齊，故得內辭。

六月戊辰，公子遂及齊侯盟于師丘。《傳》：復行父之盟也。《集解》：春，齊侯不與行父盟，故復使遂脩之。

又《宣公七年》 春，衛侯使孫良夫來盟。《傳》：來盟者，前定也。不言及者，以國與之。不言其人，亦以國與之。不日，前定之盟不日。

又《宣公十一年》 秋，晉侯會狄于欑函。《傳》：不言及，外狄也。《集解》：所以異之於諸夏。

又《宣公十七年》（六月）己未，公會晉侯、衛侯、曹伯、邾婁子，同盟于斷道。《傳》：同者，有同也，同外楚也。

又《成公二年》（十一月）丙申，公及楚人、秦人、宋人、陳人、衛人、鄭人、齊人、曹人、邾人、薛人、繒人盟于蜀。《傳》：楚其稱人，何也？《集解》：怪楚向稱公子今稱人。齊在鄭下，蓋時王所黜。於是而後，公得其所也。會與盟同月，則地會不地盟；不同月，則地會地盟。此其地會地盟，何也？以公得其所，申其事也。今之屈，向之驕也。

又《成公十五年》冬十有一月，叔孫僑如會晉士燮、齊高無咎、宋華元、衛孫林父、鄭公子鰌、邾人，會吳于鍾離。《傳》：會又會，外之也。《集解》：再書會，殊外夷狄。

又《成公十六年》秋，公會晉侯、齊侯、衛侯、宋華元、邾人于沙隨，不見公。《傳》：不見公者，可以見公也。可以見公而不見公，譏在諸侯也。

又《成公十七年》六月乙酉，同盟于柯陵。《傳》：柯陵之盟，謀復伐鄭也。

又《襄公二年》冬，仲孫蔑會晉荀罃、齊崔杼、宋華元、衛孫林父、曹人、邾人、滕人、薛人、小邾人于戚，遂城虎牢。《傳》：若言中國焉，內鄭也。《集解》：虎牢，鄭邑。鄭服罪，內之，故爲之城。不繫虎牢於鄭者，如中國之邑也。僖二年『城楚丘』，《傳》曰：『楚丘者何？衛之邑。國曰城，此邑也，其曰城何？封衛也。』然則非魯邑皆不言城。中國，猶國中也。

又《襄公三年》六月，公會單子、晉侯、宋公、衛侯、鄭伯、莒子、邾子、齊世子光。己未，同盟于雞澤。《傳》：同者，有同也，同外楚也。陳侯使袁僑如會。《傳》：如會，外乎會也。《集解》：外乎會者，明本非會內也。諸侯已會，乃至耳。於會受命也。

戊寅，叔孫豹及諸侯之大夫，及陳袁僑盟。《傳》：及以及，與之也。《集解》：諸侯在會而大夫又盟，是大夫執國之權，亢君之禮。陳君不會，袁僑受使來盟。袁僑之盟，得其義也。通言叔孫豹及諸侯之大夫，則無以表袁僑之得禮，故再言及，明獨與袁僑，不與諸侯之大夫。諸侯以爲可與則與之，不可與則釋之。諸侯盟，又大夫相與私盟，是大夫張也。故雞澤之會，諸侯始失正矣。大夫執國權，曰袁僑，異之也。

又《襄公五年》（夏）仲孫蔑、衛孫林父會吳于善稻。《傳》：吳謂善伊，謂稻緩。號從中國，名從主人。《集解》：夷狄所號地形及物類，當從中國言之，以教殊俗，故不言伊緩而言善稻。人名當從其本俗言。

又《襄公八年》（夏）季孫宿會晉侯、鄭伯、齊人、宋人、衛人、邾人于邢丘。《傳》：見魯之失正也，公在而大夫會也。

又《襄公九年》冬，公會晉侯、宋公、衛侯、曹伯、莒子、邾子、滕子、薛伯、杞伯、小邾子、齊世子光伐鄭。十有二月己亥，同盟于戲。《傳》：不異言鄭，善得鄭也。不致，恥不能據鄭也。《集解》：戲盟還而楚伐鄭，故恥不能終有鄭。

又《襄公十年》春，公會晉侯、宋公、衛侯、曹伯、莒子、邾子、滕子、薛伯、杞伯、小邾子、齊世子光，會吳于柤。《傳》：會又會，外之也。《集解》：五年會于戚，不殊會，今殊會吳者，復夷狄故。

又《襄公十六年》三月，公會晉侯、宋公、衛侯、鄭伯、曹伯、莒子、邾子、薛伯、杞伯、小邾子于溴梁。戊寅，大夫盟。《傳》：溴梁之會，諸侯失正矣。諸侯會而曰大夫盟，正在大夫也。諸侯在而不曰諸侯之大夫，大夫不臣也。

又《襄公十九年》春王正月，諸侯盟于祝柯。《傳》：《春秋》之義，已伐而盟。復伐者，則以伐致。《集解》：京城北之類是。盟不復伐者，則以會致。《集解》：會于蕭魚之類是。祝柯之盟，盟復伐齊與？《集解》：怪不以會致。曰，非也。《集解》：不復伐齊。然則何爲以伐致也？曰與人同事，或執其君，或取其地。

又《襄公二十七年》秋七月辛巳，豹及諸侯之大夫盟于宋。《傳》：溴梁之會，諸侯在而不曰諸侯之大夫，大夫不臣也，晉趙武恥之。豹云者，恭也。《集解》：不舉氏姓。諸侯不在而曰諸侯之大夫，大夫臣也，其臣恭也，晉趙武爲之會也。

又《襄公三十年》（冬）晉人、齊人、宋人、衛人、鄭人、曹人、莒人、邾人、滕人、薛人、杞人、小邾人會于澶淵。《傳》：澶淵之會，中國不侵伐夷狄，夷狄不入中國，無侵伐八年。善之也。晉趙武、楚屈建之力也。

又《昭公七年》（三月）叔孫婼如齊莅盟。《傳》：莅，位也。內之前定之辭，謂之莅。外之前定之辭，謂之來。

又《昭公十三年》秋，公會劉子、晉侯、齊侯、宋公、衛侯、鄭伯、曹伯、莒子、邾子、滕子、薛伯、杞伯、小邾子于平丘。八月甲戌，同盟于平丘，公不與盟。《傳》：同者，有同也，同外楚也。公不與盟者，可以與而不與，譏

在公也。其日，善是盟也。《集解》：公不與盟，當從外盟不日，今日之，善其會盟，因楚有難，而反陳、蔡之君。

又《定公四年》五月，公及諸侯盟于皋鼬。《傳》：後而再會，公志於後會也。後，志疑也。《集解》：公畏楚强，疑於侵之故，復會更謀也。不日者，後楚伐蔡，不能救故。

又《哀公二年》（二月）癸巳，叔孫州仇、仲孫何忌及邾子盟于句繹。《傳》：三人伐而二人盟，何也？各盟其得也。《集解》：季孫不得田，故不與盟。

又《哀公十三年》（夏）公會晉侯及吳子于黃池。《傳》：黃池之會，吳子進乎哉！遂子矣。《集解》：進遂稱子。吳，夷狄之國也，祝髮文身。《集解》：祝，斷也。文身，刻畫其身以爲文也。必自殘毀者，以辟蛟龍之害。欲因魯之禮，因晉之權，而請冠端而襲。《集解》：襲，衣冠。端，玄端。其藉于成周，《集解》：藉謂貢獻。以尊天王，吳進矣。吳，東方之大國也，累累致小國以會諸侯，以合乎中國。《集解》：累累，猶數數也。吳能爲之，則不臣乎！《集解》：言其臣也。吳進矣。王，尊稱也。子，卑稱也。辭尊稱而居卑稱，以會乎諸侯，以尊天王。吳王夫差曰：『好冠來！』孔子曰：『大矣哉！夫差未能言冠而欲冠也。』《集解》：不知冠有差等，唯欲好冠。

《竹書紀年》卷下《平王》四十九年，魯隱公及邾莊公盟于姑蔑。

又《釐王》元年庚子，春，齊桓公會諸侯于北杏，以平宋亂。

又《襄王》二十年，周襄王會諸侯于河陽。

又《簡王》（十二年）楚共王會宋平公于湖陽。

《史記》卷五《秦本紀》（繆公十五年）夷吾姊亦為繆公夫人，夫人聞之，乃衰絰跣曰：『妾兄弟不能相救，以辱君命。』繆公曰：『我得晉君以為功，今天子為請，夫人是憂。』乃與晉君盟，許歸之，更舍上舍，而饋之七牢。

（秦桓公十年）當是之時，楚霸，爲會盟，合諸侯。二十四年，晉厲公初立，與秦桓公夾河而盟。歸而秦倍盟，與翟合謀擊晉。

（景公）二十七年，景公如晉，與平公盟，已而背之

又卷三一《吳太公世家》（夫差）十三年，吳召魯、衛之君，會於橐皋。十四年春，吳王北會諸侯於黃池，欲霸中國，以全周室。

又卷三二《齊太公世家》（齐桓公）五年，伐魯，魯將師敗。魯莊公請獻遂邑以平，桓公許，與魯會柯而盟。魯將盟，曹沫以匕首劫桓公於壇上，曰：『反魯之侵地！』桓公許之。已而曹沫去匕首，北面就臣位。桓公後悔，欲無與魯地而殺曹沫。管仲曰：『夫劫許之而倍信殺之，愈一小快耳，而棄信於諸侯，失天下之援，不可。』於是遂與曹沫三敗所亡地於魯。諸侯聞之，皆信齊而欲附焉。七年，諸侯會桓公於甄，而桓公於是始霸焉。

（齊桓公）三十五年夏，會諸侯于葵丘。【略】秋，復會諸侯於葵丘，益有驕色。周使宰孔會，諸侯頗有叛者。

（齊靈公）十九年，立子光爲太子，高厚傅之，令會諸侯，盟於鍾離。

又卷三三《魯周公世家》（桓公）十六年，會于曹，伐鄭。

（莊公）十三年，魯莊公與曹沫會齊桓公於柯，曹沫劫齊桓公，求魯侵地，已盟而釋桓公。

（成公）十五年，始與吳王壽夢會鍾離。

（定公）十年，定公與齊景公會於夾谷。

又卷三五《管蔡世家》（昭侯）十三年春，與衛靈公會邵陵。

又卷三八《宋微子世家》三十一年春，太子兹甫立，是為襄公。【略】而齊桓公會諸侯于葵丘，襄公往會。【略】八年，齊桓公卒，宋欲為盟會。十二年春，宋襄公為鹿上之盟，以求諸侯於楚，楚人許之。【略】秋，諸侯會宋公盟于盂。目夷曰：『禍其在此乎？君欲已甚，何以堪之？』於是楚執宋襄公以伐宋。冬，會于亳，以釋宋公。

又卷三九《晉世家》（惠公）六年春，秦繆公將兵伐晉。【略】晉軍敗，遂失秦繆公，反獲晉公以歸。秦將以祀上帝。晉君姊為繆公夫人，衰絰涕泣。公曰：『得晉侯將以為樂，今乃如此。且吾聞箕子見唐叔之初封，曰：「其後必當大矣」，晉庸可滅乎？』乃與晉侯盟王城，而許之歸。

（文公五年）二月，晉侯、齊侯盟于斂盂。《集解》杜預曰：『衛地也。』【略】初，鄭助楚，楚敗，懼，使人請盟晉侯。晉侯與鄭伯盟。【略】冬，晉侯會諸侯於温，欲率之朝周。力未能，恐其有畔者，乃使人言周襄王狩于河陽。壬申，遂率諸侯朝王於踐土。

（靈公元年）秋，齊、宋、衛、鄭、曹、許君皆會趙盾，盟於扈。以靈公初立

故也。

（成公）七年，成公與楚莊王爭彊，會諸侯于扈。

厲公元年，初立，欲和諸侯，與秦桓公夾河而盟。

（悼公）三年，晉會諸侯。

（定公）三十年，定公與吳王夫差會黃池，爭長。趙鞅時從，卒長吳。

又　卷四二《鄭世家》　（襄公）七年，鄭與晉盟鄢陵。

成公三年，楚共王曰：『鄭成公，孤有德焉。』使人來與盟。成公私與盟。

（簡公）二年，晉伐鄭，鄭與盟，晉去。冬，又與楚盟。【略】二十八年，鄭君病，使子產會諸侯，與楚靈王盟於申。

漢·趙曄《吳越春秋》卷一〇《勾踐伐吳外傳》　勾踐已滅吳，乃以兵北渡江、淮，與齊、晉諸侯會於徐州。

二十五年，【略】勾踐乃使號令齊、楚、秦、晉皆輔周室，血盟而去。

戰國

《竹書紀年》卷下《孝王》　十四年，魯季孫會晉幽公于楚丘。

又　《顯王》　（七年）王會鄭釐侯于巫沙。

（十一年）王及鄭釐侯盟于巫沙，以釋宅陽之圍。

十三年，邯鄲成侯會燕成侯于安邑。

（二十三年）秦孝公會諸侯于逢澤。

（三十四年）王與諸侯會于徐州。

又　《隱王》　十五年，薛侯來會王于釜丘。

十六年，與齊王會于韓。

《史記》卷五《秦本紀》　（秦孝公）七年，與魏惠王會杜平。

武王元年，與魏惠王會臨晉。

（昭襄王）三年，王冠。與楚王會黃棘，與楚上庸。（二十二年）與楚王會宛。與趙王會中陽。（二十三年），王與魏王會宜陽，與韓王會新城。（二十四年），與楚王會鄢，又會穰。（二十五年），與韓王會新城，與魏王會新明邑。（二十九年），王與楚王會襄陵。

（秦惠文王）二年，張儀與齊、楚大臣會齧桑。

又　卷四〇《楚世家》　（懷王六年）燕、韓君初稱王。秦使張儀與楚、齊、魏相會，盟齧桑。【略】二十五年，懷王入與秦昭王盟，約於黃棘。

（頃襄王）十四年，楚頃襄王與秦昭王好會于宛，結和親。【略】十六年，與秦昭王好會於鄢。其秋，復與秦王會穰。

又　卷四三《趙世家》　（成侯）十九年，與齊、宋會平陸。（二十四年）與魏盟漳水上。

（趙武靈王）四年，與韓會于區鼠。

又　卷四四《魏世家》　悼公三年，會諸侯。

（惠王）五年，與韓會宅陽。（十四年）與趙會鄗。（十六年）與秦孝公會杜平。（二十年）歸趙邯鄲，與盟漳水上。（二十一年）與秦會彤。（三十五年）與齊宣王會平阿南。（三十六年）復與齊王會甄。

襄王元年，與諸侯會徐州，相王也。（十二年）諸侯執政與秦相張儀會齧桑。

（哀王）六年，【略】與秦會臨晉。九年，與秦王會臨晉。【略】十七年，與秦會臨晉。

（昭王）十二年，【略】與秦王會西周。

又　卷四五《韓世家》　（懿侯）五年，與魏惠王會宅陽。

（韓宣惠王）十一年，君號爲王。與趙會區鼠。

襄王四年，與秦武王會臨晉。

（釐王）十四年，與秦會兩周間。

又　卷四六《田敬仲完世家》　威王二十三年，與趙王會平陸。

（宣王）七年，與魏王會平阿南。明年，復會甄。明年，與魏襄王會徐州，諸侯相王也。

又　卷八一《廉頗藺相如列傳》　秦王使者告趙王，欲與王為好會於西河外澠池。趙王畏秦，欲毋行，廉頗、藺相如計曰：『王不行，示趙弱且怯也。』趙王遂行，相如從。廉頗送至境，與王訣曰：『王行，度道里會遇之禮畢，還不過三十日。三十日不還，則請立太子為王，以絶秦望。』王許之，遂與秦王會澠池。秦王飲酒酣，曰：『寡人竊聞趙王好音，請奏瑟。』趙王鼓瑟，秦御史前，書曰：『某年月日，秦王與趙王會飲，令趙王鼓瑟。』藺相如前，曰：『趙王竊聞秦王善為秦聲，請奉盆缻秦王，以相娛樂。』秦王怒，

不許。於是相如前，進缻，因跪請秦王。秦王不肯擊缻，相如曰：『五步之內，相如請得以頸血濺大王矣。』左右欲刃相如，相如張目叱之，左右皆靡。於是秦王不懌，為一擊缻。相如顧召趙御史，書曰：『某年月日，秦王為趙王擊缻。』秦之羣臣曰：『請以趙十五城為秦王壽。』藺相如亦曰：『請以秦之咸陽為趙王壽。』秦王竟酒，終不能加勝於趙，趙亦盛設兵以待秦，秦不敢動。既罷歸國，以相如功大，拜為上卿，位在廉頗之右。

論　說

唐・陸淳《春秋集傳微旨》卷上《桓公二年三月公會齊侯陳侯鄭伯于稷以成宋亂》　淳聞於師曰：『成猶平也。二百四十二年之間，列會多矣，唯此及襄三十年會于澶淵書事，何也？此言成宋亂者，所以譏公與三國本以平亂為會，反受賂以歸。澶淵之會本為宋灾故，既而無歸宋財者。此皆直書其事以示譏，所謂不待貶絕，而惡見者也。』

又　卷中《僖公四年夏楚屈完來盟于師盟于召陵》　趙氏云：『且言舉師與之盟也，盟于召陵，以禮服楚也。』啖氏云：『來盟于師，我在師也。』

淳聞於師曰：『楚，蠻夷之彊國也，未嘗與中國為會。屈完之佐楚子而能從善服義，得為臣之道，故聖人特書族以褒之，言其宜受天王之寵命也。不曰楚子使之者，明其能受命不受辭，得奉使之宜也。且褒完，則楚子善足見，稱楚子使，則屈完之義微。《春秋》之作，聖人所以明微也。此與齊高傒來盟義同。』

又《僖公九年夏公會宰周公齊侯宋子衛侯鄭伯許男曹伯于葵丘》　趙氏云：『凡諸侯在喪而出，以喪行者，稱子。以吉行者，稱爵。志惡之淺深也。』

淳聞於師曰：『君子不奪人之喪，齊為霸主，而使宋子與會，桓公失正，可知也。』

又《秋九月戊辰諸侯盟于葵丘》　淳聞於師曰：盟稱諸侯者，前目後凡之義，且明周公之不與盟也，不與盟，禮也。天子無疑諸侯之理。

唐・陸淳《春秋集傳辨疑》卷五《僖九年九月戊辰諸侯盟于葵丘》　《公羊》曰：貫澤之會，桓公有憂中國之心，不召而至者，江人、黃人也。葵丘之會，桓公震而矜之，叛者九國。趙子曰：『按此會唯有六國，至十三年，會于鹹，有七國。十五年，盟于牡丘，亦七國，並舊盟之國，寧有九國叛乎？』《穀梁》曰：『葵丘之會，陳牲而不殺，讀書加于牲上。』趙子曰：『按經無異文，安知不歃乎？《傳》次以日月為例，故穿鑿爾。』《傳》曰：桓盟不日。此其日者，美其陳牲也。

又　卷七《文十五年冬十有一月諸侯盟于扈》　趙子曰：『左氏說晉受齊賂而還，無能為故也。據二百四十二年中，盟會豈盡能有成？何獨貶此？蓋公當往會而不及，則不序諸侯，所以為公諱之，示諱也。如彼自盟會，公不合往者，則從告而序列之也。左氏又云：「於是有齊難，故公不會。」按此乃當往會以救難，何得不會乎？又云：「凡諸侯會，公不與即不書。」按諸侯與公不與，而列會者非一，則知左氏之說並非也。』

宋・劉敞《春秋權衡》卷三《莊公》　十四年，單伯會齊侯、宋公、衛侯、鄭伯于鄄。杜氏曰：『齊卒平宋亂，宋人服從，欲歸功天子，故赴以單伯會諸侯為文。』非也。本單伯者，魯之孤也。左氏見周有單子，遂誤以單伯亦為周大夫。凡王人出會諸侯，無不序公侯之上者，宰周公、劉子之類是也。既序公侯之上，則是主會之人矣，何必赴以單伯會諸侯，乃成主會乎？彼見《春秋》記外之盟會，無分別主會之人者，唯魯公及大夫會之則分別焉。左氏既誤以單伯為周大夫，杜氏因為之飾說，欲證單伯使，必為周人，而委曲求合，非解經之體也。

宋・張大亨《春秋五禮例宗》卷九《賓禮下・會・諸侯》　《傳》稱楚子合諸侯于申，問禮于宋左師、鄭子產，左師獻公合諸侯之禮六，子產獻伯子男會公之禮六。子服景伯曰：『王合諸侯，則伯帥侯牧以見于王；伯合諸侯，則侯帥子男以見於伯。』然則王、伯合諸侯之禮不同，今皆無之。惟《宗伯》稱『時會』，而《司儀》、《掌客》略具其儀耳，節則未之詳也。叔向以為明王之制，再朝而會以示威，將會而盟以顯昭明。然則六歲一會矣。以《宗伯》言之時會無數，則非有疏數，苟以事行焉，可也。春秋之時，朝聘會盟皆出强國之令，久而未至則徵之，亦未必有其節也。

《周官》國君命數，以次而殺，其別有五，其節惟三。公為上，侯、伯為次，子、男為下。若春秋之時，則伯、子、男合而為一。故子產謂『鄭，伯，男也，而共公、侯之貢。』孟子論周室班爵祿，則又曰『公一位，侯一位，伯一位，

子、男同一位』，與《周官》、《春秋》雖不合，然五等之高下，固自若也。先王以是稱諸侯之功而定其班列。及其衰也，强者并而五伯興，中國不競則又擅於夷狄，文、武所褒大封，皆威而服焉。《春秋》所書班列之次，率不與先王合。或主兵，或主會，或主謀，則雖小國有在大國之上者矣。或為伯所升，或為伯所黜，則雖大侯有在子、男之下者矣。叔孫曰：『宋、衛，吾匹也。』又曰：『諸侯之會，寡君未嘗後衛君。』則魯之班，先衛而下宋矣。《傳》曰『周之宗盟，異姓為後』，而子魚所稱踐土之盟，齊、宋皆下諸姬，則魯之班，又當在宋上矣。然《春秋》以魯為主，故凡公會諸侯，不復以班，皆為之冠。若外諸侯，則同姓亦宜為異姓之先，而經不然者，蓋當時先後，實以强弱為之次。聖人不皆正焉，所以示其非也。如踐土之盟子魚所稱，亦與經不合。豈當時載者與諸國所紀，異其文哉？豈聖人惡其文之正而實之違哉？

禮，諸侯世子誓於天子，攝其君則下其君之禮一等，未誓則以皮帛繼子男。而《春秋》所書諸侯世子，或在國君上下，一出於伯者所令而已矣。諸公之孤，其命數亦視子男侯伯之卿，下孤一等。子男之卿，下侯伯一等。臧宣叔曰：『次國之君當大國之中，中當其下，下當其上。大夫，小國之上卿當大國之下卿，中當其上大夫，下當其下大夫，古之制也。』叔孫婼又謂周制，列國之卿當小國之君；而《左氏》亦云卿不會公侯，會伯子男可也。按列國之卿與天子之元士，皆三命。元士受地，則得視子男，而列卿則無視子男之禮，其曰當小國之君，未之詳也。《周官》有卿而無上大夫，則上大夫謂卿也。今宣叔之言，則諸侯之國既有卿，又有上大夫，列國之大夫固足以當小國之卿，而其所謂上下次大之節，禮無其文。《春秋》所書卿大夫之次，徒以國之强弱班焉，未必皆古制也。惟魯大夫出會，則雖公侯，亦在其下。此與魯君先諸侯同義。若外大夫與國君相當，則或上或下，各因所書之實以示義，則其班，亦不可得而考也。

又《賓禮下・盟・諸侯》 古者天子巡守，諸侯入朝，王皆為壇於國門之外，加方明焉，天子祀之，蓋以為盟尸也。先王躬誠明之德以臨下，人孰不信而必有事乎？齊盟者，蓋在我者可以質諸鬼神而不疑，然後可以責人之信己；且在我可任，而在人者不可保，故也殺牲而歃其血，以示信之由衷。珠槃玉敦以奉之，以示意之精純，載書以示言之可復。雖然，不先以德，則神弗聽而誠弗固，凡春秋之盟是也。然以齊桓之德，葵丘之會猶能使諸侯束牲載書而不歃血，則先王躬誠明以涖之，可知矣。經有同盟者，杜氏謂異服也。有涖盟者，《穀梁》謂外前定之詞也。有來盟者，《穀梁》謂內前定之詞也。

宋・胡安國《春秋傳》卷一二《僖公中》 （十九年）冬，會陳人、蔡人、楚人、鄭人，盟于齊。盟、會，皆君之禮也。微者盟、會，不志於《春秋》。凡所志者，必有君與貴大夫居其間也。然則為此盟者，乃公與陳、蔡、楚、鄭之君，或其大夫矣。曷為內則沒公，外則人諸侯與其大夫，諱是盟也。楚人之得與中國會盟，自此始也。莊公十年，荆敗蔡師，始見於經。其後入蔡伐鄭，皆以號舉，夷狄之也。僖公元年改而稱楚，經亦書人，於是乎浸强矣。然終桓公世，皆止書人，而不得與中國盟會者，以齊修伯業，能制其强故也。桓公既沒，中國無伯，鄭伯首朝于楚，其後遂為此盟。故《春秋》沒公，人陳蔡諸侯，而以鄭列其下，蓋深罪之也。又二年，復盟于鹿上，至會于盂，遂執宋公以伐宋，而楚於是乎大張，列位於陳、蔡之上而書爵矣。聖人書此，豈與之乎？所以著蠻荆之强，傷中國之衰，莫能抗也。故深諱此盟，一以外夷狄，二以惡諸侯之失道，三以謹盟會之始也。

宋・葉夢得《春秋考》卷一《統論》 孔子曰：『書之重辭之復，不可不察也，其中必有美焉。』《公羊》曰：『《春秋》辭繁而不殺者，正也。』以《經》考之，會王世子既見首止矣，俄而復曰諸侯盟于首止；會宰周公既見葵丘矣，俄而復曰盟于葵丘。一地而再見。非止此也，宋之盟，平丘之會亦然。首止所以定世子，葵丘所以明王禁。宋以弭諸侯之兵，而平丘以申天子之制，皆君子所謂善焉而不能已者也。溴梁之盟，大夫固有名矣，略而暴之曰：『大夫盟』，而不目其人也。緣陵之城，諸侯固有列矣，略而總之曰：『諸侯城緣陵』，而不序其人也。非止此也，兩盟于扈，一會于扈亦然。溴梁，大夫之專命也。緣陵，諸侯之有闕。扈會，諸侯之無能為也。前扈大夫而專廢置，後扈諸侯不能討簒弒，皆君子所謂不善焉而不欲道者也。是君子所以善善而惡惡者也。

又卷一三《文公》 諸侯會晉大夫為扈盟，《傳》皆不載其事。凡春秋盟會，公預而總書諸侯者，《左氏》皆以為公後至，故不序。意謂盟會，皆以先至為序，公後至列于下，故併諸侯沒之。不知凡公外會，初未嘗序，則何嫌于後乎？此固非矣。《公羊》謂之失序，蓋與《左氏》同，惟《穀梁》曰『略

之』而不言其義，豈但《傳》之而不得其說乎？范寧以為以公喪娶，又取二邑，為諸侯所賤，不得序。蓋妄矣。公不得序，不可併諸侯而略之也。比事考之。此盟在戰令狐之後，晉大夫則趙盾也。盾舍公子雍而立靈公，雖不失為正。然初議之不審，背先蔑而禦秦師，畏諸侯有不然者，故合而與之盟。《春秋》之法，大夫以君命代盟，必有諸侯以敵公，而後乃得同序，向莒慶、洮衛寗速，垂隴晉士縠是也。今靈公猶在抱，固非可以出命者，而盾之為，是以大夫而當君，諸侯靡然從之而不敢違。茲所以略而不書乎！諸侯既不序，則盾自不得以名見矣。而或者乃以『公及齊大夫盟于蔇』同辭，以為權宜，與其得正，益誤矣。齊襄公弒而無知見討，齊內未有君，故大夫出盟，以謀其國，有不得已也。其可以靈公不能盟，而趙盾得主盟乎？故《春秋》有辭同義異者，必于其事觀之。學者不可不察也。

宋・葉夢得《春秋左傳讞》卷一《隱公》 及盟、會盟，皆內辭也。蓋以詳內以別公行，或內為志，或外為志爾。本不通於外，惟衛人及狄人盟，欲以殊夷狄。鄫子會盟于邾，蓋地邾，邾亦與盟，則不得不言會也。其他外盟，則未有書『及』與『會』者焉。今《經》但書『宋公、齊侯、衛侯盟于瓦屋』，若言乎宋、衛于鄭先會於溫，而後盟瓦屋，則鄭自當與宋盟，安能不見乎？杜預以為不告故不書。吾前固已言其非矣。大抵《左氏》初不曉會盟為內辭之意，凡《經》言會者必增盟，《經》言盟者必增會，或為義，或為不義。杜預每强為之說，要之皆不足據也。

又 卷三《僖公》 小白之會，莫盛於葵丘，既以為謀王室，則不當與伐山戎、伐楚，同為不務德而勤遠畧，其言不類矣。所謂君務靖亂，無勤於行者，意必指里克、丕鄭父之事，且里克欲納文公而殺奚齊，在晉獻公卒之後。是時獻公尚在，宰孔何由豫知其亂而戒之？此《傳》但見後書『諸侯盟』而不及宰周公，不知不敢盟王三公之意，妄謂宰孔先歸，因附會為之說爾。

又 卷四《宣公》 諸侯及大夫盟而後不能守者，固不一也。未嘗皆貶，何獨於清丘而責不實言乎？杜預謂宋伐陳，衛救之，為不討貳；楚伐宋，晉不救，為不恤病。然而亳城北之盟，晉侯、宋公、衛侯、曹伯、齊世子光、莒子、邾子、滕子、薛伯、小邾子皆在焉，其載書亦曰『救災患、恤禍亂。』然而冬秦人伐晉，明年楚公子貞侵宋，諸侯皆未有救之者，亦可謂不實『救災患、恤禍亂』之言矣。諸侯何以復序而不貶？且是歲宋以盟故，以陳貳於楚而伐陳，可謂討貳矣，則宋為無罪，華椒何以亦書人？《傳》於明年楚子伐宋，復言『君子曰：清丘之盟，唯宋可以免焉。』蓋自知其相戾，故復為說以救之。然而君子以為可免，而《春秋》不免，吾不知其說也。杜預彊為之辭，言華椒承羣偽之言，以誤其國，宋雖有守信之善而椒猶不免譏。《傳》嫌華椒之罪，累及其國，故曰『唯宋可免。』夫大夫將君命而出，褒貶即其國之事，安有與國為二者？其附會尤可見，蓋不知貶大夫同盟之始也。

宋・沈棐《春秋比事》卷一《周天王》 《春秋》自隱至閔，無王臣盟會之文，蓋是時齊、晉未霸，諸侯雖强，亦未敢伉王室也。至僖公五年，小白會王世子於首止，始有王臣會盟之事。晉文繼起，乃致天子，盟王人，其事有甚於小白者。然考二霸之會盟，皆在服楚之後，蓋其克服强楚，威振中國，霸業已盛，自矜其功，謂雖天子之尊，亦莫或忤矣。是以偃然致王臣於盟會，雖外假尊君之名而其實以尊己也。故僖五年小白會王世子，盟於首止，八年會王人，盟於洮，九年會宰周公於葵丘；二十八年重耳致天子於踐土、於溫，二十九年盟王人於翟泉。夫小白始會世子以定位，盟王人以尊周，雖不當召從盟會，然以扶奬王室，托於大義，則猶可言也。至葵丘之會，初非為周，而坐致天子之三公與己盟會，則其傲易之心尤甚於前矣。晉文襲其跡，侈其惡，是以踐土之盟、溫之會皆致天王，而翟泉之盟又以諸侯之大夫盟天子之大夫。小白雖致宰周公而未致召天王，雖盟王人而未敢以大夫敵之也。至晉則以己召君，以大夫敵王人，恃己威勢，直與天子等耳。其無君之罪尤有甚於小白也。馴致乎成、襄之後，晉主霸盟，更會王人以從侵伐。若成十六年會尹子伐鄭，十七年會尹子、單子伐鄭，襄三年會單子盟于雞澤，昭十三年會劉子盟于平邱，定四年會劉子侵楚，凡此皆晉主之。而雞澤之盟，以去年合諸國大夫城虎牢，平丘之盟，以楚公子比弒靈王，皆合諸侯以謀楚者也。蓋二霸盟會，則假周之名，率諸侯以尊己。厲公以來，則假周之名以伐楚、伐鄭，故王臣間見於《經》，然始而會盟，終而會伐，則以周室益衰，諸侯益强，其伉禮奸義，非止於二霸之時也。其他諸侯獨盟王人者，唯魯文十年及蘇子盟于女栗。《左氏》以謂頃王時欲以親魯，故與之盟。夫以霸主合諸侯，盟會王臣猶且不可，況魯國乎！然則文公之惡，可知矣。

宋・陳則通《春秋提綱》卷七《盟會門・王臣會盟例》 嗚呼！余讀《左氏春秋》，至周、鄭交質之事而深悲焉。曰：交質之始，下盟之漸也。

夫盟為疑起也，無疑固無盟也。諸侯有疑會同，則內史掌其盟，司寇莅其約，此王室所以待諸侯也，諸侯何疑於王室而輒敢與之盟哉？王臣下盟，見經者五：其一在齊，其四在晉。首止以来，齊有王室之故，則其盟專在于謀王室。翟泉以後，晉無王室之故，而其盟專在於謀一鄭。平丘之役，晉無王室之故，而其盟專在於謀諸侯。吾觀僖之八年盟洮之舉，又深悲夫齊桓不幸而首是盟也。或者之論則曰：首止之役，殊會世子也；葵丘之役，不盟宰周公也。洮之盟，王人之微，雖盟無傷也。是或者之為是説，非惟不知《春秋》，亦不知齊桓之本心也。盟洮，非美事也。其盟蓋春秋之所謹，其事則有不獲已焉。東宮之器，危在朝夕。首止之事，天子惡之。叔帶，王后之愛子也，公卿大夫半其黨與，天王即世，世子不發喪而告難于齊，此豈大得已者哉？喪不得立故也。公卿大夫皆不之遣而下士實行，此必世子私以為使令者也。當是時，王位未定，世子使令之私，得以王人序於諸侯之上，載於盟書之首，則世子之宜王，夫奚疑？嗚呼！此固齊侯為惠后、叔帶及在廷之公卿大夫而設是盟也。事不至此，我知齊侯不敢屈王人于盟矣。會洮之明年，周公實来，王位定矣。吾合諸侯以尊事周，可矣。使齊侯稍欲凌宗周，以宣示其侈，雖屈周公於葵丘之盟，其畏不從哉？會而不盟，其意可見。奈之何重耳不察齊所以盟王人之故，不諒齊所以定王室之心，始曰齊桓之伯，常與王人盟耳。既不憚於天王之召，又何憚於王子之盟？不思洮之盟為王室之故，翟泉之盟為鄭人之故，則諸侯自為盟可也，於王子虎何為哉？沒公而不書，人王子而不爵，人諸侯之大夫而不名，《春秋》蓋慎之而又慎之也。

後乎王臣下盟，則有例而書同者矣。鄢陵一捷，鄭人不来，大合諸侯于柯陵。經書曰同。同諸侯盟可也，同尹子盟不可也。虎牢大城，鄭即請服，大會諸侯于雞澤。經書曰同，同諸侯盟可也，同單子盟不可也。疊此二盟，皆以鄭故。至於平丘，晉君之憂不惟鄭，齊不與盟而齊貳，魯不與盟而魯貳，淫芻蕘於衛而衛亦貳。叔向曰『諸侯不可以不示威』，則平丘之會，經書曰同，志諸侯之不協而盟也。非有王室之不協，劉子何故而下同是盟邪？有王室之故而盟王室者，事之權也；無王室之故而盟王室者，事之變也。余固深悲夫齊桓不幸而首是盟也。嘗閲春秋世變而思其故。齊桓創伯之初，諸侯離而始合之時也。王室甫降，伯業良難，不尊王人以謀王室，不足以示伯主之義。晉文繼伯之後，諸侯乍離乍合之時也。晉得鄭則晉伯，楚得鄭則楚伯。不挾王臣以謀一鄭，不足以示伯主之功。晉昭紹伯之日，諸侯合而復離之機也。伯之存否，決在此盟。不挾王臣以謀諸侯，不足以示伯主之威。謀王室則齊伯强也，謀一鄭則晉、楚争也，謀諸侯則晉伯去而楚伯亦去也。故王臣之盟，至於平丘終焉。平丘以後，中國諸侯不復會盟者二十有三年。召陵之役，劉子在盟而不書盟；黄池之役，單子在會而不書會。此《春秋》終不與王臣會盟諸侯之意也。

抑吾於翟泉大夫之盟，猶有遺論焉。城濮以後，諸侯與晉周旋十有四年。文公末年，功成而志怠，有不復重勞於諸侯之意。翟泉之役，始使其大夫。不知罅隙一開，公室弱而大夫强，自此盟始。即世未幾，垂隴之盟，諸侯皆在，士穀主之。于扈之盟，諸侯皆往，盾實專之。士穀死而盾益强，晉人不知有公而知有盾，諸侯不聞有公而聞有盾。《春秋》會盟亦不書晉侯而書盾。新城之盟，大列七國之諸侯而書趙盾，且例之曰同。同，授趙盾以政也。桃園之事，識者已覘其後。當時諸侯之大夫，未有如晉盾之專者。晉首蒙禍，則翟泉之盟有以啓之也。嗚呼！此猶伯主之大夫而盟外諸侯者也。又其甚也，鄭伯及伯有盟，宋公及華氏盟，衛侯及析朱鉏、北宮喜盟，君從臣於盟者也。又其甚也，趙鞅盟于公宫，臣逼君於盟者也。迹其所從来，則翟泉之盟有以啓之也。嗚呼！盟而至此，《春秋》不復作，吾亦不復論也。

又《齊伯時王臣會盟例》 嗚呼！僖公以前，魯其宗盟之長乎！嘗讀衛子魚道踐土之盟曰：晉重耳、魯申、衛武、蔡甲午、鄭捷、齊潘、宋王臣、莒期。頗與《春秋》所敘之文異。因是思之：周之宗盟，異姓為後。晉為盟主，未有先晉者也。又因是疑之：晉之為伯，晉固常先，若齊尸盟，何以為序？若用宗盟之禮乎？齊序於後，不得以為伯主；若不用宗盟之禮乎？齊冠於先，宗周之禮蕩然矣。蕩宗周之禮典，率列國而同盟，周未改物，奚遽至此？春秋自盟蔑以来，有二國盟者，有三國盟者，極而至于四國盟者，第諸侯自相為盟也。隱公使告薛侯，凜然有先後次序之別，況小白之伯，率十數諸侯相與歃盟，廢同盟而行伯政。其書又不登之天府，齊之為齊，豈無可嫌疑之迹乎？何《春秋》獨予齊以伯也？

或曰：周室未衰，則權在周；周室既衰，則權在伯。魯以周班後鄭，而忽也怒小白之伯，其肯後諸侯乎？踐土之役，王子盟諸侯于王庭，子魚則有藏在盟府之言。若齊侯，則吾未見其為然也。吁！大不然。會鄄以来，

大盟有九，小盟有七。借曰於王室乎，何與？首止之盟，王世子實臨之；葵丘之盟，宰周公實臨之；洮之盟，王人實與之。謂不係之王室，可乎？若係之王室，其盟固為宗盟也，其書固藏之天府也。又因是而思之：周之宗盟，異姓為後，此諸侯載書之文。會先主會，盟先主盟，此聖人約史之文也。諸侯之盟，未嘗不推齊以為長；諸侯之史，未嘗不載齊以為長。故僖公之前，伯主齊侯，而魯為宗盟之長；僖公之末，伯主晉侯，而魯為宗盟之次。齊之伯也，書曰『公會齊侯、宋公』；晉之伯也，書曰『公會晉侯、齊侯』，皆《春秋》筆法也。不然，書公及公會，豈亦當時載書之文哉？

吾觀踐土之盟，於同姓則先書晉，次書魯，於異姓則先書齊，次書宋。此齊桓舊載書之瀼也。若前此齊、宋常在諸姬之先，一旦晉文遽列於諸姬之後，滕、薛之事不見於踐土乎？吾固知二幽以後之盟，即踐土之盟也。晉之世伯，日久日忘，宗周典禮，失不可復。宋之盟，晉人曰先晉，楚人曰先楚。叔向、子產、向戌皆諸侯之良，獨不舉隱公告薛侯之語，以折晉、楚之訟，遂使楚人得執牛耳，而晉失為伯矣。虢之會，再讀舊書。可勝歎哉！可勝歎哉！

又《伯主列國諸侯會盟始末例》 嗚呼！同盟者何？伯令也。何以書？志異也，同盟何以為異哉？我諸侯也，彼諸侯也，胡為乎我伯也？人不足以使人畏，惟神足以使人畏；賞罰不足以使人信，惟禍福足以使人信。于是率天下之諸侯而曰同盟。曰同盟者，蓋亦强其不同者而同之也。余嘗論春秋伯主之盟，獨書盟者，有諸侯之同；書同盟者，有諸侯之異。而書同者：二幽之同，天子之政，始自諸侯出也。以諸侯而從諸侯，其心未免有所疑。新城之同，諸侯之政，始自大夫出也。以諸侯而從大夫，其心必有所不欲。清丘之同，中國屈於荆楚也。以後之盟屢書同者，諸侯之異者猶可同也。平丘之同，諸侯厭于伯主也。以後之盟不書同者，諸侯之異者不可同也。春秋書盟一百一十有二，書同盟十有六。同盟之關於天下大變者有四，試以春秋之顛末評之。

盟蔑盟宿，不過為保社稷，守宗祧計。石門之盟，志不在小。盟艾以来，魯黨齊、鄭。有石門之盟則有瓦屋之盟，有瓦屋之盟則有惡曹之盟。終齊僖、鄭莊之世，所與周旋，惟一魯耳。最後失一魯而得一衛，終不得先桓、文以嗚，何也？諸侯不忍舍王室故也。小白之伯，豈不戛戛乎難哉？北杏之役，四國僅以微者至。鄄之役，假手於王官而魯不来。再役主會於齊侯，而魯不會。齊不得魯，不足以求諸侯。幽之役，羅致天下諸侯相與盟歃。前此春秋所無之事，諸侯疑之，齊侯亦自疑之，且曰同盟，伯主令諸侯之辭也。是盟魯始来，而猶以為諱。在盟諸侯，想不獨魯也。遲遲十載之期，再盟如初，諒伯功至久而後信，人心至久而後孚，然而衛又不来，則在盟諸侯必有勉强而盟者矣。諸侯之疑齊，非不欲從齊也。向也知有周，今胡為齊也？向也知事王，今胡為伯也？兩書同盟，志諸侯之異也。蓋自貫澤以来，諸侯始信齊桓公一匡之功；首止一會，諸侯始信齊桓公尊王之義。獄瀆諸侯，莫敢不来。鄭不相時而動，棄晉即楚，經書立異，獨舉其人，以見當時皆從齊之諸侯也。

自是大會者二，大盟者四，諸侯麇至，以為盟則盟矣，不曰同盟，誰敢不同哉？二幽之同，懼其不同也，齊侯創伯之始也。首止以後不書同，諸侯不期同而自同也，齊侯成伯之後也。曹南之君，不在伯列。盟鹿會盂，事已可羞。晉文繼齊，一呼吸間，精采頓異。召陵、城濮之績，前後輝煥。齊桓經營伯業三十餘年，不能致强大之晉。晉文一會，而齊亦来。三十餘年不能致蕞爾之莒，晉文一會，而莒亦至。諸侯厭楚人之甚，思齊伯之功，幸晉文之来，踐土、翟泉，不待令之同盟而後同矣。然自翟泉以後，罅隙一開，晉以大夫世其伯，亦以大夫世其患。士縠會諸侯于垂隴，有公孫敖在，書敖所以敵士縠也。趙盾會諸侯于扈，不序諸侯，不名大夫，不與諸侯，敵趙盾也。蓋自狼淵伐鄭，壺丘侵陳，厥貉臨宋，楚盡有諸侯，晉於是有新城之會。諸侯皆在，求晉君而得趙盾，能無疑乎？盾亦懼七國諸侯之不從，於是乎有同盟之令。同則同矣，不知置三尺之孤于何所也。禮樂征伐自大夫出，故晉之盟會無靈公，二扈之役不序諸侯，必趙盾在，《春秋》不忍再書其名，使若諸侯自盟會也。

嗚呼！公子結之盟齊，陳以為討；陽處父之盟魯，人以為辱。晉人屢以大夫敵諸侯，失陳失鄭，其不坐此邪？後乎書大夫盟，書諸侯之大夫盟，專利不顧，皆趙盾有以先之也。吾故謂天子之政自諸侯出，二幽乃世道之一變也；諸侯之政自大夫出，新城乃世道之再變也。城濮以後，楚人不敢窺中國者十五年，能有狼淵、壺丘、厥貉之師而不能止三國于新城之會。自文十有五年扈之盟，失齊賊而不討；十有七年扈之會，失宋賊而不討，諸侯已

有輕晉伯之心。宣十有一年欑函之會，又失陳賊而不問，荆楚遂敢竊晉伯之權，于是盟辰陵，于是討徵舒，于是入鄭而敗晉，而楚成為伯矣。邲之役，楚人得志，蓋與城濮之戰相當。克鄭而後，宋、魯、衛其危哉！晉人不能蓋仁賢，修政事，以保其國，惴惴然懼中國之從楚，要之同盟。清丘之言尚新，衛不旋踵而背之矣。是盟無得罪于伯主者，唯一宋耳。越三年，歸父會楚君于宋。又四年，公與諸侯盟楚卿于蜀。齊之盟，尚得以無伯藉口。諸侯有晉，何以至此？嗚呼！清丘之盟，非中國屈于荆楚歟？

繼是景公之同盟者四，厲公之同盟者二，悼公之同盟者四，大抵閉其從楚之路而驅其從晉之行。諸侯乍合乍離，乍去乍就，直至蕭魚之役不書同盟而書會，則晉于是再得諸侯也。是則清丘以後之盟屢書同，諸侯之異者猶可同也。繼是七合諸侯，三合大夫，徵會討貳，諸侯無缺。重丘之役，晉以賄賂失諸侯，同盟之令復起矣。越二年而為宋之盟，則中國從楚之勢始決。此一役也，晉人謹守楚盟敢會不敢盟者十有八年。陳、蔡之滅，晉當問罪而不問；乾谿之役，晉當討賊而不討；虢申之會，晉不當許諸侯而許之。諸侯乃信荆楚之訴，絶兄弟之國。叔向曰：『寡君有甲車四千乘在。』諸侯歸晉之德，只若總其兵威以臨之，魯有辭矣何懼？觀叔向告齊之語，讀之猶戟人喉，要人以盟，豈禮也哉？自此晉人不得盟諸侯者又二十有三年。諸侯之厭伯主也，皐鼬之盟伯主，諸侯於此乎始叛。鹹之盟，石門之舊會也。盟沙而衛叛，會夾谷而魯叛，會洮而宋叛。是則平丘以後之盟不書同，諸侯之異者不可同也。嗚呼！中國屈于荆蠻，清丘乃世道之三變也；諸侯厭於伯主，平丘乃世道之四變也。疊是四變，《春秋》同盟，於此而絶筆矣。

《穀梁》曰：『同盟，志同欲也。』愚則曰：同盟，志不同欲也，强其不同而同之也。祇以叔向告齊一事觀之，《穀梁》其有辭乎？或曰：子論齊、晉之同盟，而齊、晉、楚之爭盟，猶未之論也。曰：齊伯，會盟之國十有五；晉伯，會盟之國有二十。凡以藉手爭伯者，不過陳、蔡、鄭、許而已。此四國者，繫中國伯業之盛衰者也。齊桓失蔡，見於會盟者陳、鄭、許也；晉文失許，見於會盟者陳、蔡、鄭也。晉文即世，蔡速飛而不来，許一盟而不復。黽勉執玉帛以從諸侯者，獨陳、鄭而已。我宣公以来，鄭叛而陳服，陳叛而鄭服，二國且不純乎主晉。景公失陳，其見於蟲牢、馬陵、蒲、戚、鍾離之盟，僅僅一鄭悼公。救陳戍陳，終亦無可奈何而棄陳。于戚以後之五會，于戲以後之三駕，亦惟一鄭。大抵楚取三而晉取一耳。若鄭人純于主晉，猶可犧牲玉帛待於二境，晉何以宗諸侯？加以東方之齊，西方之秦，屢為伯主肘腋之患。斷道、祝柯、瑣澤等會，頗費經營。晉之世伯，正不易守也。楚人每有中國之事，則陳、蔡、鄭、許是攝是贊。齊之役，佐之盟齊；盂之會，佐之執宋；蜀之役，佐之盟宋。魯、衛誰倡譸謀作。宋之會，偃然致蔡歸生於宋、衛之上，陳、鄭、許皆在列焉。此荆蠻乘中國之大隙也，楚得之而晉始弱。後来召陵一會，陳、蔡、鄭、許昔楚而今晉；頓、胡小國，昔楚而今晉。此又中國勝荆蠻之一大機也。晉失之而吴始興，伯主不為而他人得以藉手耳。鍾離、善道、戚、相之四會，將致吴以抗楚，豈料黄池一役，反致吴以抗晉。設使召陵得志，天下事豈至此邪？讀經至此，太息而止。

元・趙汸《春秋屬辭》卷六《策書之大體第一之六・七十一・内特相盟内為志書及外為志書會》 《周官・大司寇》：『凡邦之大盟，約涖其盟，書而登之于天府。大史、内史、司會及六官皆受其貳而藏之。』《司盟》：『掌盟載之法。凡邦國有疑會同，則掌其盟約之載及其禮儀。』汸謂周監二代立法，常關盛衰，故盟約之禮掌於秋官而不廢。《春秋》之有離盟，則大司寇之所涖。其伯者之盟，則假會同之禮而為之，皆私相要結而不請於王朝，亂世之事也。隱攝位而欲求好於邾，故盟。桓弑隱而自結于鄭，故盟。文公以齊侯見伐，使襄仲請受盟，皆魯志也。《穀梁傳》曰：『及者，内為志焉爾。』於内特相盟得之。凡盟書日者，從其恒辭也。魯與邾有疆埸之交，以大求小，脩好息民，乃事之宜，故蔑盟不日，以別於穀盟之詘志與他盟之非義者。凡公及伯主盟于其國，及外臣盟、及戎盟，文同義異，皆別見。

又《七十五・公會諸侯使大夫盟》 《穀梁傳》曰：『諸侯會而大夫盟，正在大夫也。』《公羊傳》曰：『信在大夫也。』大夫專盟會久矣，而未有諸侯會而大夫盟者。案《左傳》則大夫者，晉荀偃、宋向戌、魯叔孫豹、衛寧殖、鄭公孫蠆也。是皆彊家專國者，故雖君會而大夫自盟，以其君不能為有無也。二《傳》之言，蓋得《春秋》言外之旨，不言諸侯之大夫者，閒無異事。

又《七十六・公與外裔盟稱及特會而後與盟稱及》 凡外裔舉號，君臣同辭，雖戎請盟，亦稱『及』者，不屈中國從外裔，故以公及之。隱盟則日，桓盟不日者，桓弑隱，嫌繼隱好，故不日以別之。

又《八十五・公會諸侯殊會外裔言會以會不殊會言會以及》 凡言

會吴者，皆其君從舉號，例以其稱號不典，未能以中國諸侯之禮相接。故諸侯自相與為會，然後會之，所謂會又會也。自晉厲公以大夫會吴，至悼公遂以諸侯會之，皆欲通吴以撓楚。

又　卷九《假筆削以行權第二之二·四十三·外特相盟會不書雖參以上不書必有關於天下之故而後書》　今案春秋之初，王綱既墜，有特相盟而後有參盟，諸侯合而為亂也。有參盟而後有主盟，則伯者興矣。自有主盟而後無外特相盟，故外特相盟，雖伯主不書，如僖二十八年晉侯、齊侯盟于斂盂，宣十八年齊侯會晉侯盟于繒之類是也。舍伯主亦無敢特相盟者，苟無盟主則參盟復作，又不但特相盟而已。曹南之盟，齊桓既卒，而宋襄圖伯以取敗，中國之勢為之一變。舍是諸侯無參盟矣，惟晉弗主盟而後有參盟，故昭十六年齊侯伐徐，徐子及郯人、莒人會齊侯盟于蒲隧。十九年宋公伐邾，邾人、郳人、徐人會宋公同盟于蟲。陳氏曰：『參盟再見也，於鄟陵始書之。』今案《經》書齊、宋二君伐徐、伐邾，則諸侯之散已可見矣。蒲隧與蟲雖專盟，一二小國猶夫叛盟主也，故不書至。鹹與沙則齊、衛、鄭皆叛晉矣。此特相盟所以復見於《經》。雖參以上不得有二義，鄟陵乃公會之，與有筆有削者不同。凡外參盟日，有微者不日。君稱人，同微者不日。離盟不日，苟諸侯復散則皆不月。

又　《四十六·王臣會盟有所諱則不書》　《周禮》『天子巡守則有方嶽之盟，不巡守則有殷同之盟』，皆謂諸侯既朝見，受政事乃退，而自相與盟，王官之伯臨之而已。伯猶不盟，而況卿士乎！夫盟以結信，非所以施於尊者，是以葵丘之盟，齊桓盛時也，宰周公不與。臯鼬之盟，晉弗伯久矣，劉子不與。其次則黑壤之盟，王叔桓公臨之，以謀不睦，猶為近之。《經》書王人與諸侯盟自洮始。天子將崩，世子近懼子帶之難，遠懲子頹之禍，王臣出盟諸侯，事非得已，不必諱也。晉文公一戰而伯，作王宫，致天子，天子命為侯伯，猶不能自信於諸侯，而親屈王臣於盟。襄王下勞晉侯，策命專征，猶不能委任方伯，而復使大臣盟諸侯于王所，是以天子與斯盟也。故《經》沒王子虎不書『使』。若諸侯自相與盟者，為王與晉侯諱之也。所謂不以天子與是盟者，義蓋在此。《傳》言王子虎實盟諸侯，故於翟泉釋曰：『尋踐土之盟也。』使踐土之盟，王子不與，則翟泉尋盟，王子何與焉？杜氏謂『踐土，王子不歃』，陳氏誤從之，非《傳》意也。柯陵，晉久不競而厲公有鄢陵之績。雞澤，悼公初興而未集平丘。晉不復伯，其請王臣出會，猶曰『假公義以建盟主而立中國』，庶幾天下知有王室而已。雖皆與盟，不足諱矣。至於黄池，魯君會晉侯及吴夫差，而單平公與焉，則未知何以為禮？何以為辭乎？故《經》沒單子不書，為周室諱也。蓋《春秋》於是終焉。

明·卓爾康《春秋辯義》卷首五《書義二·會盟》　春秋有特盟，有參盟，有同盟。石門、于鹹，特盟之始終也。瓦屋、鄟陵，參盟之始終也。凡伯之未起與伯之已衰，則特盟、參盟作。周盟則在伯之方起與伯之將衰者也。齊桓公定伯，先交魯，魯望國又援國也，得魯而天下可圖。十三年與魯有柯之盟，特盟也。至十六年而齊與八國同盟于幽，齊桓初合諸侯為盟主也，《左傳》『鄭成也。』前年秋，鄭伐宋；今年夏，諸侯伐鄭。鄭伯自櫟入，緩告于楚。秋，楚伐鄭，故鄭有此成也。二十七年，又與四國同盟于幽，有陳侯。蓋陳亂而齊納敬仲，鄭獲成于楚，皆有二心，以是再同盟焉。齊桓主伯四十餘年，惟此二盟言同。至僖公二年貫之盟，五年首止之盟，七年寧母之盟，八年洮之盟，九年葵丘之盟，十五年牡丘之盟，不必言同，蓋同者為不同而言也。伯業至此，不須言同矣。十七年而齊桓卒，晉文主伯八年，惟僖二十八年踐土，二十九年翟泉二盟耳。文公攘楚尊周，事業尤烈，豈友邦諸國有不同心乎？二盟不書同，何也？蓋齊桓當東周之初，諸侯草野，桓公經營收拾，必三十年而後就緒，為之甚難，故書同。若晉文緊接齊桓，人心未解，伯靈不歇，本無甚異，何必言同！此二盟所以不書同也。

文公十四年，為晉靈公之八年。靈公雖不君乎，然趙盾為政。《傳》載從于楚者服新城之盟，始復書同。自幽以來，未之有也。林氏曰：同盟至新城而再見，此後不曰同盟者寡矣。宣十二年，晉有邲之敗，楚莊欲伯，景公為是懼，而糾宋、衛二國為清丘之盟，則書同。十七年，魯與楚通，中國甚危，故為斷道之盟，則書同。晉與齊有鞌之戰，齊人敗績，諸侯畏晉而竊與楚盟。其成二年蜀之盟不書同者，主楚人也。成五年，鄭伯如楚，訴許不勝，歸成于晉，為蟲牢之盟則書同。七年，景公合八國之君親往救鄭，故七年為馬陵之盟則書同。汶陽之田，一與一奪，諸侯貳于晉。九年，晉會于蒲，以尋馬陵之盟則書同。成十五年，晉為戚之盟，以討曹負芻，誅弑逆，整綱常，大舉也故書同。是時為晉厲公之五年矣。十五年，同盟于柯陵，伐鄭而後盟，尋戚之盟也。十八年，楚子重救彭城伐宋。于是晉悼公初立，同盟于虛朾。悼公之

伯與桓、文同，諸侯無不誠服，可以不書同，然而襄三年同盟于雞澤，九年同盟于戲，十一年同盟于亳城北，皆書同。時至于此，人心岌岌，亦不得不書同也。十六年為晉平公之元年，會于溴梁，此晉新政也。然而令大夫盟矣，故不言同。前已言同，圍齊而後不言同，省文也，十九年祝柯之盟也。已言同圍齊而盟，止加一齊，仍是圍齊之諸侯而不言同者，二十年澶淵之盟也。晉、楚同主而不書同者，二十七年宋之盟也。若二十五年晉侯會十一國于夷儀伐齊，八月同盟于重丘，《左傳》『齊成故也』。說者謂晉平之盟不言同，此言同者，去楚從晉故也，然哉！昭十三年書同盟于平丘者，齊人不欲盟，要之乃可，故書同盟，晉復合諸侯也。晉合諸侯繇是止。鄢陵之後，參盟復作，晉非盟主矣。

齊氏曰：經書同盟者十有六：幽，幽，新城，清丘，斷道，蟲牢，馬陵，蒲，戚，柯陵，虛朾，雞澤，戲，亳城北，重丘，平丘。其載辭若曰『同救災患，同恤禍亂，同獎王室，同討不服』，皆天下之辭，所謂公言之也。其不書同者，若垂隴，若澶淵，若祝柯，若溴梁，若皋鼬，或以復仇，或以平怨，或專自大夫，或志于黷貨，或宋、楚主盟，或兩國特相盟，或侯伯不與盟，皆一國之辭，所謂私言之也。若夫天下之辭，公言之而不書同者，首止、寧母、洮、葵丘、牡丘、踐土、翟泉七盟是也，皆桓、文之盛而不書同，又有以見天下之一乎齊、晉也。故以十六盟視一時之不同者，則同盟為愈；以首止、葵丘、踐土七盟視十六盟之同盟者，則不同為盛。蓋以其有不同者，然後書同以別之。既曰無不同矣，夫又何書同之有？

胡傳同盟，或以為有三例：一則王臣預盟而書同，二則諸侯同欲而書同，三則惡其反覆而書同。夫惡其反覆與諸侯同欲而書同，信矣。王臣預盟而書同，義則未安。盟于女栗，及蘇子也而不書同。盟于洮，于翟泉，會王人也而不書同。會于柯陵之歲，夏伐鄭，楚人師于首止而諸侯還；冬伐鄭，楚人師于汝上而諸侯還。雞澤之盟，陳袁僑如會，楚師在繁陽，而韓獻子懼。平丘之行，楚棄疾立，復封陳、蔡而中國恐。是知此三盟者，諸侯皆有戒心而修盟，故稱同。不以尹子、單子、劉子亦預此盟而譏之也。即胡所言諸侯同欲，惡其反覆，亦未盡合。若有戒心者以該同盟，實為得之。人自為盟者三：桓十一年惡曹，中國未有伯而人自為盟也。僖二十一年鹿上，中國始無伯而人自為盟也。宣十二年清丘，中國又將無伯而人自為盟也。

又 卷一《隱公一》（元年）三月，公及邾儀父盟于蔑。【略】此私盟之始。

九月，及宋人盟于宿。【略】凡盟以國地者，國主亦與盟焉。說《春秋》者以為此參盟之始也。

（二年）春公會戎于潛。【略】此書會之始。

秋八月庚辰，公及戎盟于唐。【略】此盟戎狄之始。

冬十月，紀子帛、莒子盟于密。【略】此外相盟之始。

（三年）冬十有二月，齊侯、鄭伯盟于石門。【略】此外諸侯特相盟之始。

又 卷二《隱公二》（六年）夏五月辛酉，公會齊侯盟于艾。【略】此齊、魯交好之始。

（八年）九月辛卯，公及莒人盟于浮來。【略】此好莒之始，亦魯君特會大夫之始。

又 卷四《桓公二》（十一年）柔會宋公、陳侯、蔡叔，盟于折。【略】此內大夫會外諸侯盟之始。

又 卷六《莊公二》（十六年）冬十有二月，會齊侯、宋公、陳侯、衛侯、鄭伯、許男、滑伯、滕子，同盟于幽。【略】此書同盟之始。

又 卷一〇《僖公二》（十有九年）冬，會陳人、蔡人、楚人、鄭人，盟于齊。微者盟會，不志于《春秋》。凡所志者，必有君與貴大夫居其間也。曷為內則沒魯，外則人陳、蔡乎？此楚與盟之始，不與楚也。

又 卷一三《文公一》（元年）秋，公孫敖會晉侯于戚。【略】此大夫專會諸侯之始。

又 卷一七《宣公二》（十二年冬十二月）晉人、宋人、衛人、曹人同盟于清丘。【略】此大夫同盟之始。

又 卷一九《成公二》（十五年）冬十有一月，叔孫僑如會，晉士燮、齊高無咎、宋華元、衛孫林父、鄭公子鰌、邾人會吳于鍾離。【略】此會吳之始。

又 卷二三《昭公一》（四年）夏，楚子、蔡侯、陳侯、鄭伯、許男、徐子、滕子、頓子、胡子、沈子、小邾子、宋世子佐、淮夷會于申。【略】楚子專會諸侯始此。

明・程敏政《明文衡》卷二六《劉永之〈答梁孟敬書〉》　抑嘗考之，蓋史策之實録，而其紀載之體異焉爾。其凡有五：有據其事之離合而書之者，有重其終而録其始者，有重其始而録其終者，有承赴告之辭而書之者，有非承赴告之辭聞而知之而書之者。此五者，其凡也，而皆所以紀實也。或會而盟，盟而同日，是會之與盟合而為一事矣。或會而盟，盟而異日，是會之與盟離而為二事矣。合而一事，則同書；離而二事，則異書，固當然也。夫首止之與葵丘也，皆夏之會，而秋之盟。是離而為二事矣，故再書焉。此據其事之離合而書之者也。踐土之會，美矣，而盟不異書，同日也。平丘之會無美焉，而盟則異書，異日也。皆實之紀也。

明・黄道周《表記集傳》卷二《式穀章》　襄公二十有七年夏，叔孫豹會晉趙武、楚屈建、蔡公孫歸生、衛石惡、陳孔奂、鄭良霄、許人、曹人於宋。秋七月辛巳，豹及諸侯之大夫盟於宋。宋向戌善於趙文子，又善於令尹子木，欲弭諸侯之兵以為名。如晉告趙孟，趙孟謀於諸大夫，韓宣子曰：『兵民之殘也，財用之蠹，小國之大菑也，將或弭之，雖曰不可，必將許之。弗許，楚將許之，以召諸侯，則我失為盟主矣。』晉人許之。如齊，齊人難之。陳文子曰：『晉楚許之，我焉得已？且人曰弭兵，而我弗許，則固携吾民矣。將焉用之？』齊人許之。告於秦，秦亦許之。皆告於小國，為會於宋。五月甲辰，晉趙武至於宋。丙午，鄭良霄至。六月丁未朔，宋人享趙文子，叔向為介，司馬置折俎，禮也。仲尼謂是舉也，以為多文辭。故多文辭者，聖人所不尚也。及七月乙酉，宋公及諸侯之大夫盟於蒙門之外。子木問於趙孟曰：『范武子之德何如？』對曰：『夫子之家事治，言於晉國無隱情。其祝史陳信於鬼神，無愧辭。』子木歸，以語楚子。楚子曰：『尚矣哉！能歆神人，宜其光輔五君，以為盟主也。』故為要約而不信於人，為盟誓而不信於鬼神，雖小人不為之矣。

清・王夫之《春秋家説》卷一下《僖公》　君子惡佞人而謹禍始。于齊之盟，首陳卑鄭；于宋之盟，地以宋焉，當辜而不可辭也。生非義，胡與立？民非君，胡與戴？國非自立，胡與存？隳義則曰貴愛其生，墮國則曰保全其民，依敵以偷安則曰慎保其國。審此三者之為邪説，佞人遠矣。《書》曰：『讒説殄行，震驚朕師。』誠畏之也。

又　卷三上《襄公》　合十二國之諸侯，以伐鄭始，以會于蕭魚終；合十八國之諸侯，以侵楚始，以盟于皋鼬終。兩書曰『公至自會』，未畢其初事之詞也。召陵之侵，無救于蔡，無得于楚，蕭散無終，而以盟畢之信為未畢矣。蕭魚之會，鄭服也。鄭服而何為未畢邪？夫晉牽帥天下之君師暴露三年，未遑稅駕，祇以收薄賂于鄭而僅服之，其以是為可畢事也與？將欲畢之，入其都，俘其君，遷其國，無已而滅其社稷，于以收十二國三年四舉之威，而亦僅報其大勞。然而以此加鄭而固不得矣。夫鄭者，非天下大害之司也。深伐之而不可，淺伐之而徒勤。繇其蕭散無終，大會以解者觀之，晉人之不揣以爭鄭，自困于恩威，而失霸宜矣。

服鄭之道，德綏之，上也；立威于楚而鄭自來，次也。不能于楚則固不能于鄭矣。不能于楚僅能于鄭，是終無以有能于楚也；不能于楚僅能于鄭，而其能于鄭者亦僅也。故雖得鄭而終不敢問楚，既且授諸侯于楚，以戴之而長諸侯。晉悼之所成，概如此矣。譽之者乃曰推至誠以服鄭也。夫以至誠服人者，固必牽帥天下之君師，疲敝于道路者三四年而無稅駕，一猷再猷，姑弗獲已，而收功于纖芥之賄乎？會而不言鄭與，以伐鄭出而以會終。《春秋》之陋蕭魚，亦如其陋皋鼬也。説《春秋》者以悼公為復伯，吾不信也。無已，其齒諸宋襄而可乎！【略】

諸侯之盟會征伐，必親者也。委之大夫而權以替，國以不振，慮事者之所宜尤慎也。

又　卷三中《昭公》　申之會，不殊淮夷。《傳》曰：『在會之諸侯，皆狄也。』然則齊、魯、衛、曹、邾、莒免于狄乎？會于虢，弗會于申，以為猶賢矣。齊委賊于楚而假之討，魯固且亟覲于楚，而衛、曹、邾、莒可知已。其得免者弗獲已，而猶知避乎大惡，《剥》三之所以無咎也。陳、蔡、許之役于楚，舊矣。頓、胡、沈弱而不足以國，滕、小邾從宋者也。然則申之會，《春秋》所亟擯者，宋、鄭焉耳。乃宋、鄭之合楚也，于是而甚其離楚也，亦于是而始兩伐吳而不與從，會乎厥慭而不疑。《復》之初曰：『不遠復，無祇悔。』為《復》之初，不尤賢于《剥》之三邪，而又何狄也？

清・李光地《榕村語録》卷一五《春秋一》　載詞稱『同盟』，而以同盟告，則同盟之矣。其所謂『同尊周』，『同外楚』，或當日在盟諸侯有此意，因加此字於誓詞之上耳。非夫子所加也。自記。

貢納部

綜　述

殷商西周

《逸周書》卷七《王會解》　《伊尹朝獻・商書》，不《周書》，録中以事類來附。湯問伊尹曰：『諸侯來獻，或無馬牛之所生，而獻遠方之物，事實相反，不利。今吾欲因其地勢所有獻之，必易得而不貴，其為四方獻令。』伊尹受命，於是為四方令，曰：『臣請正東符婁、仇州、伊慮、漚深、九夷十蠻、越漚、鬋髮、文身，請令以魚支之鞞，□鰂之醬，鮫瞂利劍為獻。正南甌鄧、桂國、損子、産里、百濮、九菌，請令以珠璣、瑇瑁、象齒、文犀、翠羽、菌鶴、短狗為獻。正西崑崙、狗國、鬼親、枳已、闟耳、貫胸、雕題、離丘、漆齒，請令以丹青、白旄、紕罽、江歷、龍角、神龜為獻。正北空同、大夏、莎車、姑他、旦略、貌胡、戎翟、匈奴、樓煩、月氏、孅犁、其龍、東胡，請令以橐駞、白玉、野馬、騊駼、駃騠、良弓為獻。』湯曰：『善。』

《尚書・旅獒》　《序》：西旅獻獒，大保作《旅獒》。

惟克商，遂通道于九夷八蠻。西旅底貢厥獒，大保乃作《旅獒》，用訓于王。曰：『嗚呼！明王慎德，四夷咸賓。無有遠邇，畢獻方物，惟服食器用。王乃昭德之致于異姓之邦，無替厥服；分寶玉于伯叔之國，時庸展親。人不易物，惟德其物！德盛不狎侮。狎侮君子，罔以盡人心；狎侮小人，罔以盡其力。不役耳目，百度惟貞。玩人喪德，玩物喪志。志以道寧，言以道接。不作無益害有益，功乃成；不貴異物賤用物，民乃足。犬馬非其土性不畜，珍禽奇獸不育于國。不寶遠物，則遠人格；所寶惟賢，則邇人安。嗚呼！夙夜罔或不勤，不矜細行，終累大德。爲山九仞，功虧一簣。允廸兹，生民保厥居，惟乃世王。』

《國語》卷五《魯語下》　仲尼在陳，有隼集於陳侯之庭而死，楛矢貫之，石砮其長尺有咫。陳惠公使人以隼如仲尼之館問之，仲尼曰：『隼之來也遠矣！此肅慎氏之矢也。昔武王克商，通道于九夷百蠻，使各以其方賄來貢，使無忘職業。於是肅慎氏貢楛矢、石砮，其長尺有咫。先王欲昭其令德之致遠也，以示後人，使永監焉，故銘其括曰「肅慎氏之貢矢」，以分大姬，配虞胡公而封諸陳。古者，分同姓以珍玉，展親也；分異姓以遠方之職貢，使無忘服也。故分陳以肅慎氏之貢。君若使有司求諸故府，其可得也。』使求得之金櫝，如之。

《穆天子傳》卷二　壬申，天子西征。甲戌，至于赤烏，赤烏之人丌，獻酒千斛于天子，食馬九百，羊牛三千，穄麥百載。晉郭璞注：穄似黍而不粘。天子使祭父受之。【略】

辛巳，入于曹奴之人戲，觴天子于洋水之上，注：戲，國人名也，乃獻食馬九百，牛羊七千，穄米百車。天子使逢固受之。注：逢固，周大夫。【略】

孟秋丁酉，天子北征，□之人潛時，注：潛時，名也，觴天子于羽陵之上，乃獻良馬牛羊。天子以其邦之攻玉石也，不受其牢。注：重慎費其牢牲，禮也。【略】

己酉，天子大饗正公諸侯王吏，七萃之士于平衍之中。鄄韓之人無鳧，乃獻良馬百匹，用牛三百，注：可服用者，良犬七千，注：調習者，牥牛二百，野馬三百，牛羊二千，穄麥三百車。

《竹書紀年》卷上《殷商成湯》　（十九年）氐羌來貢。（二十五年）初巡狩，定獻令。

又　**《帝辛》**　三十年春三月，西伯率諸侯入貢。

又　**卷下《穆王》**　八年春，北唐來賓，獻一驪馬，是生騄耳。

又　**《孝王》**　五年，西戎來獻馬。

又　**《厲王》**　楚人來獻龜貝。

春秋

《左傳・莊公六年》　冬，齊人來歸衛寶，文姜請之也。晉杜預注：公親與齊共伐衛，事畢而還。文姜淫於齊侯，故求其所獲珍寶，使以歸魯，欲説魯以謝慚。

又　**《僖公十一年》**　黄人不歸楚貢。冬，楚人伐黄。注：黄人恃齊故。

又　**《定公十四年》**　大子蒯聵獻盂于齊，過宋野。注：蒯聵，衛靈公大

子。盂，邑名也。就會獻之，故自衛行而過宋野。

《**公羊傳・桓公十五年**》 春二月，天王使家父來求車。《傳》：何以書？譏。何譏爾？王者無求，求車非禮也。漢何休《解詁》：王者千里畿内租稅，足以共費；四方各以其職來貢，足以尊榮，當以至廉無為率先天下，不當求。求則諸侯貪，大夫鄙，士庶盜竊。

又《**莊公六年**》 冬，齊人來歸衛寶。《傳》：此衛寶也，則齊人曷為來歸之？衛人歸之也。衛人歸之，則其稱齊人何？讓乎我也。其讓乎我奈何？齊侯曰：『此非寡人之力，魯侯之力也。』《解詁》：時朔得國，後遣人賂齊，齊侯推功歸魯，使衛人持寶來，雖本非義賂，齊當以讓除惡，故善起其事。主書者，極惡魯犯命復貪利也。不為大惡者納，朔本不以賂行，事畢而見謝爾。寶者，玉物之凡名。

又《**文公九年**》 春，毛伯來求金。《傳》：毛伯者何？天子之大夫也。【**略**】毛伯來求金，何以書？譏。何譏爾？王者無求，求金非禮也。然則是王者與？《解詁》：据未稱王。曰：非也。非王者，則曷為謂之王者？王者無求，曰是子也。《解詁》：雖名為三年稱子者，其實非唯繼文王之體，守文王之法度。文王之法無求，而求，故譏之也。《解詁》：引文王者，文王始受命，制法度。

《**穀梁傳・桓公十五年**》 春二月，天王使家父來求車。《傳》：古者諸侯時獻于天子，以其國之所有，故有辭讓而無徵求。求車，非禮也。求金，甚矣。晉范寧《集解》：文九年，『毛伯來求金』。

又《**莊公六年**》 冬，齊人來歸衛寶。《傳》：以齊首之，分惡於齊也。使之如下齊而來我然，惡戰則殺矣。《集解》：若衛自歸寶於齊，過齊然後與我，齊首其事，則我與王人戰，罪差減。

又《**文公九年**》 春，毛伯來求金。《傳》：求車猶可，求金甚矣。《集解》：凱曰：『求俱不可，在喪尤甚。不稱使者，天子當喪未君也。』

《**國語**》**卷一三**《**晉語七**》 五年，無終子嘉父使孟樂因魏莊子納虎豹之皮，以龢諸戎。三國吳韋昭注：悼公五年，魯襄四年。無終，山戎之國，今為縣，在北平。子，爵也。嘉父，名也。孟樂，嘉父之臣。莊子，魏絳。和諸戎，諸戎欲服從於晉。公曰：『戎、翟無親而好得，不若伐之。』注：無親，無恩親。好得，貪貨財。』魏絳曰：『勞師於戎，而失諸華。注：諸華，華夏。用師於戎，不得存恤諸侯，諸侯必叛，故失之。雖有功，猶得獸而失人也，安用之？且夫戎、狄荐處。注：荐，聚也。貴貨而易土。注：貴，重也。易，輕也。予之貨而獲其土，其利一也；邊鄙耕農不儆，其利二也；戎、翟事晉，四鄰莫不震動，其利三也。注：震，懼也。君其圖之！』公說，故使魏絳撫諸戎，於是乎遂伯。

十二年，公伐鄭，軍於蕭魚。鄭伯嘉來納女、工、妾三十人，女樂二八，歌鐘二肆，注：歌鐘，歌時所奏。肆，列也。凡縣鐘磬，全為肆，半為堵。及寶鎛，注：鎛，小鐘也。寶，鄭所寶。輅車十五乘。注：輅，廣車也。車，軘車也。十五，各十五也。

《**戰國策**》**卷三二**《**衛**》 智伯欲伐衛，遺衛君野馬四百，白璧一。衛君大悅，羣臣皆賀。南文子有憂色，衛君曰：『大國大懽而子有憂色何？』文子曰：『無功之賞，無力之禮，不可不察也。野馬四百、璧一，此小國之禮也，而大國致之。君其圖之！』衛君以其言告邊境，智伯果起兵而襲衛，至境而反，曰：『衛有賢人，先知吾謀也。』

《**竹書紀年**》**卷下**《**釐王**》 三年，曲沃武公滅晉侯緡，以寶獻王。

又《**定王**》 十八年，齊國佐來獻玉磬、紀公之甗。

漢・劉向《**説苑**》**卷一三**《**權謀**》 楚公子午使於秦，秦囚之。其弟獻三百金於叔向，叔向謂平公曰：『何不城壺丘？秦楚患壺丘之城。若秦恐而歸公子午，以止吾城也，君乃止，難亦未構，楚必德君。』平公曰：『善。』乃城之。秦恐，遂歸公子午，使之晉，晉人輟城。楚獻晉賦三百車。

漢・趙曄《**吳越春秋**》**卷四**《**闔閭内傳**》 九年，【**略**】（子胥、孫武）二將曰：『昔蔡昭公朝於楚，有美裘二枚，善珮二枚，各以一枚獻之昭王。王服之以臨朝。昭公自服一枚，子常欲之，昭公不與，子常三年留之，不使歸國。唐成公朝楚，有二文馬，子常欲之，公不與，亦三年止之。唐成相與謀，從成公從者請馬以贖成公。飲從者酒，醉之，竊馬而獻子常。常乃遣成公歸國。羣臣誹謗曰：「君以一馬之故，三年自囚。願賞竊馬之功。」於是成公常思報楚，君臣未嘗絕口。蔡人聞之，固請獻裘、珮於子常。蔡侯得歸，如晉告訴，以子元與太子質而請伐楚。故曰：「得唐、蔡而可伐楚。」』

又 **卷八**《**勾踐歸國傳**》 越王曰：『吳王好服之離體，吾欲采葛，使女工織細布獻之，以求吳王之心，於子何如？』羣臣曰：『善。』乃使國中男女入山采葛，以作黃絲之布，欲獻之。未及遣使，吳王聞越王盡心自守，食不重味，衣不重綵，雖有五臺之游，未嘗一日登翫。吾欲因而賜之以書，增之以

封。東至於勾甬，西至於檇李，南至於姑末，北至於平原，縱横八百餘里。越王乃使大夫種索葛布十萬，甘蜜丸党，文笥七枚，狐皮五雙，晉竹十廋，以復封禮。吴王得之，曰：『以越僻狄之國無珍，今舉其貢貨而以復禮。此越小心念功，不忘吴之效也。夫越，本興國千里，吾雖封之，未盡其國。』子胥聞之，退臥於舍，謂侍者曰：『吾君失其石室之囚，縱於南林之中。今但因虎、豹之野而與荒外之草，於吾之心，其無損也。』吴王得葛布之獻，乃復增越之封，賜羽毛之飾、机杖、諸侯之服。越國大悦。

戰國

《戰國策》卷一四《楚一》 楚王曰：『楚國僻陋，託東海之上。寡人年幼，不習國家之長計。今上客幸教以明制，寡人聞之，敬以國從。』乃遣使車百乘，獻雞駭之犀、夜光之璧於秦王。

《竹書紀年》卷下《隱王》 四月，越王使公師隅來獻舟三百，箭五百萬，及犀角、象齒。

漢·劉向《説苑》卷一三《權謀》 趙簡子使人以明白之乘六，先以一璧，為遺於衛。衛叔文子曰：『見不意可以生故，此小之所以事大也。今我未以往，而簡子先以來，必有故。』於是斬林除圍，聚斂蓄積，積而後遣使者。簡子曰：『吾舉也，為不可知也。今既已知之矣，乃輟圍衛也。』

論説

宋·沈棐《春秋比事》卷一《來求者三》 先王制九等之賦貢以令天下，無有遠邇，畢獻方物，是以車服器用，非特供王之奉，而又可班寵邦國。蓋聞有錫諸侯而未有求於諸侯也。周室既東，封土之君各擅其利，貢賦不入，帑藏蕭然，雖喪紀之具，車服之用，且不能自給，切切然遣使以求之，蓋勢有不得已也。是以《經》書天王來求者三，在桓王時則求賻於隱公，求車於桓公，在頃王時則求金於文公。且天王即位，諸侯會葬，禮也。平王之崩，隱無痛君之心，輒隳此禮，至使天子大夫遠來求賻，其罪大矣！况隱元年惠公仲子之賵，天王尚使宰咺歸之，政使敵己，猶當復報，而况天子之尊乎！周知有魯，魯不知有周，則隱公之惡，不容誅也。及桓即位，數年之間，天子三聘，其待遇之禮，可謂厚矣。桓公曾無毫髮之奉，而致天子之使求車於魯，其不恭亦甚矣。且車服者，人君錫賜臣下，所以崇功德，隆寵眷也。今反求之於諸侯，則知四方之貢，久絶於王庭矣。雖然，求賻、求車猶可也，至於求金，則又甚焉。説者以為，襄王未葬而毛伯來求金，故《春秋》書之，以著其惡。夫賻不過用於喪禮，車不過用於出入禮，以不給而求之，猶未見其困弱也。至於金，則王之所資，莫急於此。今且求之，其困之不振，至是極矣。是以《經》於求金之文不稱天王使者，諱以王室之富而求金，若非天王之命也。

元·陳師凱《書蔡氏傳旁通》卷四《旅獒·謹德蓋一篇之綱領》 新安陳氏云：一篇皆自『明王慎德』一句推廣之。曰昭德之致，曰惟德其物，曰德盛不狎侮，曰玩人喪德，曰終累大德。德之一辭，諄諄焉。惟慎德，所以自能致貢物。惟所貢無異物，所以見其慎德。若奇玩之物，非所當獻，亦非所當受。一受之，則荒怠之心生，而慎德之意失矣。

明·王樵《尚書日記》卷一〇《旅獒》 按，首告以慎德，後戒以喪德、累德，聖賢于一事之幾，即兢兢如此。

清·王夫之《春秋家説》卷二上《文公》 諸侯不貢而天子有求，求賻求車，繼世而相仍以至也。求車以來，至於文公之中祀，七十餘年，諸侯安于不貢，王室亦安其不相貢矣。襄王之崩，毛伯求金，曠世而一舉焉，周有挾也。成風死，榮叔歸含賵，召伯會葬，周以是挾魯而望之償，知必得而後求焉。敖不終使，得臣繼往，於是而果如其望矣。嗚呼！君天下者之若此，不亡胡待焉！共主之威福，先王之典禮，及於非所及，而僅以責錙銖之報，福殫禮辱。此物亦安足繫人心哉？

清·張尚瑗《左傳折諸》卷二《諸侯不貢車服》 周道之盛，遠邇畢獻方物。密須之鼓，封父之繁弱，肅慎氏之楛矢，分寶玉以無替厥服者，皆自其列國之所供者也。故景王宴晉使，樽以魯壺；列國相賄，亦有郜鼎、紀甗。齊慶封奔魯，則獻車于季武子。安見諸侯之不可貢車于天子乎？《周禮》有器貢、服貢。不貢車服，顯背典故。求車者藉以為名，猶欒王鮒之請帶，范鞅之請冠耳。天子擁虚器，用度空乏，至于下求：求賻，求金，求車。泰山孫氏曰：『諸侯貢賦不入，財用不足。』斯得之矣。

雜録

《竹書紀年》卷上《帝堯陶唐氏》 二十九年春，僬僥氏來朝，貢沒羽。

又《帝堯有虞氏》 二十五年，息慎氏來朝，貢弓矢。四十二年，玄都氏來朝，貢寶玉。

政治思想總部

通紀概説部

論　説

《墨子・非儒下》　儒者曰：『親親有術，尊賢有等。』言親疏尊卑之異也。其禮曰：『喪父母三年，妻、後子三年，伯父、叔父、弟兄、庶子其，戚族人五月。』若以親疏爲歲月之數，則親者多而疏者少矣，是妻、後子與父同也。若以尊卑爲歲月數，則是尊其妻子與父母同，而親伯父、宗兄而卑子也。逆孰大焉？其親死，列尸弗斂，登屋，窺井，挑鼠穴，探滌器，而求其人焉。以爲實在，則贛愚甚矣。如其亡也，必求焉，僞亦大矣。

取妻身迎，祗褍爲僕，秉轡授綏，如仰嚴親。昏禮威儀，如承祭祀。顛覆上下，悖逆父母，下則妻子，妻子上侵。事親若此，可謂孝乎？儒者迎妻：妻之奉祭祀，子將守宗廟，故重之。應之曰：此誣言也。其宗兄守其先宗廟數十年，死，喪之其，兄弟之妻奉其先之祭祀，弗服。則喪妻子三年，必非以守奉祭祀也。夫憂妻子，以大負絫，有曰：『所以重親也。』爲欲厚所至私，輕所至重，豈非大姦也哉？

有强執有命以説議曰：『壽夭貧富，安危治亂，固有天命，不可損益。窮達賞罰，幸否有極，人之知力，不能爲焉。』羣吏信之，則怠於分職；庶人信之，則怠於從事。不治則亂，農事緩則貧，貧且亂政之本。而儒者以爲道教，是賊天下之人者也。

且夫繁飾禮樂以淫人，久喪僞哀以謾親，立命緩貧而高浩居，倍本棄事而安怠傲。貪於飲食，惰於作務，陷於飢寒，危於凍餒，無以違之。是苦人氣，鼸鼠藏，而羝羊視，賁彘起。君子笑之，怒曰：『散人，焉知良儒！』夫夏乞麥禾，五穀既收，大喪是隨，子姓皆從，得厭飲食，畢治數喪，足以至矣。因人之家以爲翠，恃人之野以爲尊，富人有喪，乃大説喜，曰：『此衣食之端也。』

儒者曰：『君子必古服言，然後仁。』應之曰：所謂古之服言者，皆嘗新矣，而古人服之、言之，則非君子也。然則必法非君子之服，言非君子之言，而後仁乎？

又曰：『君子循而不作。』應之曰：古者羿作弓，伃作甲，奚仲作車，巧垂作舟。然則今之鮑、函、車、匠皆君子也，而羿、伃、奚仲、巧垂皆小人邪？且其所循，人必或作之，然則其所循皆小人道也。

又曰：『君子勝不逐奔，揜函弗射，强則助之胥車。』應之曰：若皆仁人也，則無説而相與。仁人以其取舍是非之理相告，無故從有故也，弗知從有知也，無辭必服，見善必遷，何故相與？若兩暴交争，其勝者欲不逐奔，揜函弗射，施則助之胥車，雖盡能猶且不得爲君子也。意暴殘之國也，聖將爲世除害，興師誅罰，勝將因用儒術令士卒曰：『毋逐奔，揜函勿射，施則助之胥車。』暴亂之人也得活，天下害不除，是爲羣殘父母而深賊世也，不義莫大焉。

又曰：『君子若鐘，擊之則鳴，弗擊不鳴。』應之曰：夫仁人事上竭忠，事親得孝，務善則美，有過則諫，此爲人臣之道也。今擊之則鳴，弗擊不鳴，隱知豫力，恬漠待問而後對，雖有君親之大利，弗問不言。若將有大寇亂，盜賊將作，若機辟將發也，他人不知，己獨知之，雖其君親皆在，不問不言，是夫大亂之賊也。以是爲人臣不忠，爲子不孝，事兄不弟，交遇人不貞良。夫執後不言之朝，物見利使，己雖恐後言，君若言而未有利焉，則高拱下視，會噎爲深，曰：『惟其未之學也。』用誰急，遺行遠矣。

夫一道術學業，仁義也。皆大以治人，小以任官，遠用偏施，近以脩身，不義不處，非理不行，務興天下之利，曲直周旋，利則止，此君子之道也。以所聞孔丘之行，則本與此相反謬也。齊景公問晏子曰：『孔子爲人何如？』晏子不對，公又復問，不對。景公曰：『以孔丘語寡人者衆矣，俱以爲賢人也。今寡人問之，而子不對，何也？』晏子對曰：『嬰不肖，不足以知賢人。雖然，嬰聞所謂賢人者，入人之國，必務合其君臣之親，而弭其上下之怨。孔丘之荆，知白公之謀，而奉之以石乞，君身幾滅，而白公僇。嬰聞賢人得上不虚，得下不危，言聽於君必利人，教行下

必於上，是以言明而易知也，行易而易從也，行義可明乎民，謀慮可通乎君臣。今孔丘深慮同謀以奉賊，勞思盡知以行邪，勸下亂上，教臣殺君，非賢人之行也。入人之國，而與人之賊，非義之類也。知人不忠，趣之爲亂，非仁義之也。逃人而後謀，避人而后言，行義不可明於民，謀慮不可通於君，臣嬰不知孔丘之有異於白公也，是以不對。』景公曰：『嗚呼！貺寡人者衆矣，非夫子，則吾終身不知孔丘之與白公同也。』

《孟子・滕文公下》 公都子曰：『外人皆稱夫子好辯，敢問何也？』孟子曰：『予豈好辯哉？予不得已也。天下之生久矣，一治一亂。當堯之時，水逆行，氾濫於中國，蛇龍居之，民無所定；下者爲巢，上者爲營窟。《書》曰：「洚水警余。」洚水者，洪水也。使禹治之。禹掘地而注之海，驅蛇龍而放之菹；水由地中行，江、淮、河、漢是也。險阻既遠，鳥獸之害人者消，然後人得平土而居之。

『堯舜既没，聖人之道衰，暴君代作，壞宮室以爲汙池，民無所安息；棄田以爲園囿，使民不得衣食。邪説暴行又作，園囿、汙池、沛澤多而禽獸至。及紂之身，天下又大亂。周公相武王誅紂，伐奄三年討其君，驅飛廉於海隅而戮之，滅國者五十，驅虎、豹、犀、象而遠之，天下大悦。《書》曰：「丕顯哉，文王謨！丕承哉，武王烈！佑啓我後人，咸以正無缺。」

『世衰道微，邪説暴行有作，臣弑其君者有之，子弑其父者有之。孔子懼，作《春秋》。《春秋》，天子之事也；是故孔子曰：「知我者其惟《春秋》乎！罪我者其惟《春秋》乎！」

『聖王不作，諸侯放恣，處士橫議，楊朱、墨翟之言盈天下。天下之言不歸楊，則歸墨。楊氏爲我，是無君也；墨氏兼愛，是無父也。無父無君，是禽獸也。公明儀曰：「庖有肥肉，廐有肥馬，民有飢色，野有餓莩，此率獸而食人也。」楊墨之道不息，孔子之道不著，是邪説誣民，充塞仁義也。仁義充塞，則率獸食人，人將相食。吾爲此懼，閑先聖之道，距楊墨，放淫辭，邪説者不得作。作於其心，害於其事；作於其事，害於其政。聖人復起，不易吾言矣。

『昔者禹抑洪水而天下平，周公兼夷狄，驅猛獸而百姓寧，孔子成《春秋》而亂臣賊子懼。《詩》云：「戎狄是膺，荆舒是懲，則莫我敢承。」無父無君，是周公所膺也。我亦欲正人心，息邪説，距詖行，放淫辭，以承三聖者，豈好辯哉？予不得已也。能言距楊墨者，聖人之徒也。』

《莊子・天下》 天下之治方術者多矣，皆以其有爲不可加矣。古之所謂道術者，果惡乎在？曰：『無乎不在。』曰：『神何由降？明何由出？』『聖有所生，王有所成，皆原於一。』

不離於宗，謂之天人。不離於精，謂之神人。不離於真，謂之至人。以天爲宗，以德爲本，以道爲門，兆於變化，謂之聖人。以仁爲恩，以義爲理，以禮爲行，以樂爲和，薰然慈仁，謂之君子。以法爲分，以名爲表，以參爲驗，以稽爲決，其數一二三四是也，百官以此相齒，以事爲常，以衣食爲主，以蕃息畜藏爲意，老弱孤寡皆有以養，民之理也。

古之人其備乎！配神明，醇天地，育萬物，和天下，澤及百姓，明於本數，係於末度，六通四辟，小大精粗，其運無乎不在。其明而在數度者，舊法世傳之史，尚多有之。其在於《詩》、《書》、《禮》、《樂》者，鄒魯之士搢紳先生，多能明之。其數散於天下而設於中國者，百家之學時或稱而道之。

天下大亂，賢聖不明，道德不一，天下多得一察焉以自好。譬如耳目鼻口，皆有所明，不能相通。猶百家衆技也，皆有所長，時有所用。雖然，不該不徧，一曲之士也。判天地之美，析萬物之理，察古人之全，寡能備於天地之美，稱神明之容。是故内聖外王之道，闇而不明，鬱而不發，天下之人各爲其所欲焉以自爲方。悲夫，百家往而不反，必不合矣！後世之學者，不幸不見天地之純，古人之大體，道術將爲天下裂。

不侈於後世，不靡於萬物，不暉於數度，以繩墨自矯，而備世之急；古之道術有在於是者。墨翟禽滑釐聞其風而説之。爲之大過，已之大循。作爲《非樂》，命之曰《節用》；生不歌，死無服。墨子氾愛兼利而非鬬，其道不怒；又好學而博，不異，不與先王同，毁古之禮樂。

黄帝有《咸池》，堯有《大章》，舜有《大韶》，禹有《大夏》，湯有《大濩》，文王有《辟雍》之樂，武王周公作《武》。古之喪禮，貴賤有儀，上下有等，天子棺槨七重，諸侯五重，大夫三重，士再重。今墨子獨生不歌，死不服，桐棺三寸而無槨，以爲法式。以此教人，恐不愛人；以此自行，固不愛己。未敗墨子道，雖然，歌而非歌，哭而非哭，樂而非樂，

是果類乎？其生也勤，其死也薄，其道大觳；使人憂，使人悲，其行難爲也，恐其不可以爲聖人之道，反天下之心，天下不堪。墨子雖獨能任，奈天下何！離於天下，其去王也遠矣。

墨子稱道曰：『昔者禹之湮洪水，決江河而通四夷九州也，名川三百，支川三千，小者無數。禹親自操橐耜而九雜天下之川；腓無胈，脛無毛，沐甚雨，櫛疾風，置萬國。禹大聖也，而形勞天下也如此。』使後世之墨者，多以裘褐爲衣，以跂蹻爲服，日夜不休，以自苦爲極，曰：『不能如此，非禹之道也，不足謂墨。』

相里勤之弟子，五侯之徒，南方之墨者苦獲、已齒、鄧陵子之屬，俱誦《墨經》，而倍譎不同，相謂別墨；以堅白同異之辯相訾，以觭偶不仵之辭相應；以巨子爲聖人，皆願爲之尸，冀得爲其後世，至今不決。

墨翟、禽滑釐之意則是，其行則非也。將使後世之墨者，必自苦以腓無胈脛無毛，相進而已矣。亂之上也，治之下也。雖然，墨子真天下之好也，將求之不得也，雖枯槁不舍也，才士也夫！

不累於俗，不飾於物，不苟於人，不忮於衆，願天下之安寧以活民命，人我之養畢足而止，以此白心，古之道術有在於是者。宋鈃尹文聞其風而悅之。作爲華山之冠以自表，接萬物以別宥爲始；語心之容，命之曰心之行。以聏合驩，以調海内。請欲置之以爲主。見侮不辱，救民之鬭，禁攻寢兵，救世之戰。以此周行天下，上說下教，雖天下不取，强聒而不舍者也，故曰上下見厭而强見也。

雖然，其爲人太多，其自爲太少；曰：『請欲固置五升之飯足矣。』先生恐不得飽，弟子雖飢，不忘天下。日夜不休，曰：『我必得活哉！』圖傲乎救世之士哉！曰：『君子不爲苛察，不以身假物。』以爲無益於天下者，明之不如已也。以禁攻寢兵爲外，以情欲寡淺爲内，其小大精粗，其行適至是而止。

公而不黨，易而無私，決然無主，趣物而不兩，不顧於慮，不謀於知，於物無擇，與之俱往，古之道術有在於是者。彭蒙田駢慎到聞其風而悅之。齊萬物以爲首，曰：『天能覆之而不能載之，地能載之而不能覆之，大道能包之而不能辯之。』知萬物皆有所可，有所不可，故曰：『選則不徧，教則不至，道則無遺者矣。』

是故慎到棄知去己，而緣不得已，泠汰於物，以爲道理，曰：『知不知，將薄知而後鄰傷之者也。』謑髁無任，而笑天下之尚賢也；縱脫無行，而非天下之大聖。椎拍輐斷，與物宛轉，舍是與非，苟可以免。不師知慮，不知前後，魏然而已矣。推而後行，曳而後往，若飄風之還，若落羽之旋，若磨石之隧，全而無非，動靜無過，未嘗有罪。是何故？夫無知之物，無建己之患，無用知之累，動靜不離於理，是以終身無譽。故曰：『至於若無知之物而已，無用賢聖，夫塊不失道。』豪桀相與笑之曰：『慎到之道，非生人之行而至死人之理，適得怪焉。』

田駢亦然，學於彭蒙，得不教焉。彭蒙之師曰：『古之道人，至於莫之是莫之非而已矣。其風窢然，惡可而言？』常反人，不見觀，而不免於魭斷。其所謂道非道，而所言之韙不免於非。彭蒙田駢慎到不知道。雖然，概乎皆嘗有聞者也。

以本爲精，以物爲粗，以有積爲不足，澹然獨與神明居，古之道術有在於是者。關尹老聃聞其風而悅之。建之以常無有，主之以太一，以濡弱謙下爲表，以空虛不毀萬物爲實。

關尹曰：『在己無居，形物自著。其動若水，其靜若鏡，其應若響。芴乎若亡，寂乎若清。同焉者和，得焉者失。未嘗先人而常隨人。』

老聃曰：『知其雄，守其雌，爲天下谿；知其白，守其辱，爲天下谷。』人皆取先，己獨取後，曰受天下之垢；人皆取實，己獨取虛，無藏也故有餘；其行身也，徐而不費，無爲也而笑巧；人皆求福，己獨曲全，曰苟免於咎。以深爲根，以約爲紀，曰堅則毀矣，銳則挫矣。常寬於物，不削於人，可謂至極。關尹老聃乎！古之博大真人哉！

芴漠無形，變化無常，死與生與，天地並與，神明往與！芒乎何之，忽乎何適，萬物畢羅，莫足以歸，古之道術有在於是者。莊周聞其風而悅之。以謬悠之説，荒唐之言，無端崖之辭，時恣縱而不儻，不以觭見之也。以天下爲沈濁，不可與莊語，以卮言爲曼衍，以重言爲真，以寓言爲廣。獨與天地精神往來而不敖倪於萬物，不譴是非，以與世俗處。其書雖瓌瑋而連犿無傷也。其辭雖參差而諔詭可觀。彼其充實不可以已，上與造物者遊，而下與外死生無終始者爲友。其於本也，弘大而辟，深閎而肆；其於宗也，可謂稠適而上遂矣。雖然，其應於化而解於物也，其理不竭，

其來不蛻，芒乎昧乎，未之盡者。

惠施多方，其書五車，其道舛駁，其言也不中。厤物之意，曰：『至大無外，謂之大一；至小無內，謂之小一。無厚，不可積也，其大千里。天與地卑，山與澤平。日方中方睨，物方生方死。大同而與小同異，此之謂小同異；萬物畢同畢異，此之謂大同異。南方無窮而有窮，今日適越而昔來。連環可解也。我知天下之中央，燕之北越之南是也。氾愛萬物，天地一體也。』

惠施以此爲大，觀於天下而曉辯者，天下之辯者相與樂之。卵有毛；雞三足；郢有天下；犬可以爲羊；馬有卵；丁子有尾；火不熱；山出口；輪不蹍地；目不見；指不至，至不絶；龜長於蛇；矩不方，規不可以爲圓；鑿不圍枘；飛鳥之景未嘗動也；鏃矢之疾而有不行不止之時；狗非犬；黄馬驪牛三；白狗黑；孤駒未嘗有母；一尺之捶，日取其半，萬世不竭。辯者以此與惠施相應，終身無窮。

桓團公孫龍辯者之徒，飾人之心，易人之意，能勝人之口，不能服人之心，辯者之囿也。惠施日以其知與人之辯，特與天下之辯者爲怪，此其柢也。

然惠施之口談，自以爲最賢，曰天地其壯乎！施存雄而無術。南方有倚人焉曰黄繚，問天地所以不墜不陷，風雨雷霆之故。惠施不辭而應，不慮而對，徧爲萬物説，説而不休，多而無已，猶以爲寡，益之以怪。以反人爲實，而欲以勝人爲名，是以與衆不適也。弱於德，强於物，其塗隩矣。由天地之道觀惠施之能，其猶一蚊一虻之勞者也。其於物也何庸！夫充一尚可，曰愈貴道，幾矣！惠施不能以此自寧，散於萬物而不厭，卒以善辯爲名。惜乎！惠施之才，駘蕩而不得，逐萬物而不反，是窮響以聲，形與影競走也。悲夫！

《荀子·非十二子篇》　假今之世，飾邪説，交姦言，以梟亂天下，矞宇嵬瑣，使天下混然不知是非治亂之所存者有人矣。縱情性，安恣睢，禽獸行，不足以合文通治；然而其持之有故，其言之成理，足以欺惑愚衆，是它囂、魏牟也。忍情性，綦谿利跂，苟以分異人爲高，不足以合大衆，明大分；然而其持之有故，其言之成理，足以欺惑愚衆，是陳仲、史鰌也。不知壹天下、建國家之權稱，上功用，大儉約而僈差等，曾不足以容辨異，縣君臣；然而其持之有故，其言之成理，足以欺惑愚衆，是墨翟、宋鈃也。尚法而無法，下修而好作，上則取聽於上，下則取從於俗，終日言成文典，反紃察之，則倜然無所歸宿，不可以經國定分；然而其持之有故，其言之成理，足以欺惑愚衆，是慎到、田駢也。不法先王，不是禮義，而好治怪説，玩琦辭，甚察而不惠，辯而無用，多事而寡功，不可以爲治綱紀；然而其持之有故，其言之成理，足以欺惑愚衆，是惠施、鄧析也。略法先王而不知其統，猶然而材劇志大，聞見雜博。案往舊造説，謂之五行，甚僻違而無類，幽隱而無説，閉約而無解。案飾其辭而祇敬之曰：此真先君子之言也。子思唱之，孟軻和之，世俗之溝猶瞀儒，嚾嚾然不知其所非也，遂受而傳之，以爲仲尼、子游爲茲厚於後世，是則子思、孟軻之罪。也若夫總方略，齊言行，壹統類，而羣天下之英傑而告之以大古，教之以至順，奥窔之閒，簟席之上，斂然聖王之文章具焉，佛然平世之俗起焉，六説者不能入也，十二子者不能親也，無置錐之地而王公不能與之争名，在一大夫之位則一君不能獨畜，一國不能獨容，成名况乎諸侯，莫不願以爲臣，是聖人之不得埶者也，仲尼、子弓是也。一天下，財萬物，長養人民，兼利天下，通達之屬，莫不從服，六説者立息，十二子者遷化，則聖人之得埶者，舜、禹是也。今夫仁人也，將何務哉？上則法舜、禹之制，下則法仲尼、子弓之義，以務息十二子之説，如是則天下之害除，仁人之事畢，聖王之迹著矣。【略】

弟佗其冠，神禫其辭，禹行而舜趨，是子張氏之賤儒也。正其衣冠，齊其顔色，嗛然而終日不言，是子夏氏之賤儒也。偷儒憚事，無廉恥而耆飲食，必曰君子固不用力，是子游氏之賤儒也。彼君子則不然。佚而不惰，勞而不僈，宗原應變，曲得其宜，如是，然後聖人也。

《呂氏春秋·審分覽·不二》　聽羣衆人議以治國，國危無日矣。何以知其然也？老耽貴柔，孔子貴仁，墨翟貴廉，關尹貴清，子列子貴虛，陳駢貴齊，陽生貴己，孫臏貴勢，王廖貴先，兒良貴後，此十人者，皆天下之豪士也。有金鼓所以一耳。必同法令所以一心也。智者不得巧，愚者不得拙，所以一衆也。勇者不得先，懼者不得後，所以一力也。故一則治，異則亂；一則安，異則危。夫能齊萬不同，愚智工拙皆盡力竭能，如出乎一穴者，其唯聖人矣乎！無術之智，不教之能，而恃彊速貫習，

不足以成也。

《韓非子·顯學》　世之顯學，儒、墨也。儒之所至，孔丘也。墨之所至，墨翟也。自孔子之死也，有子張之儒，有子思之儒，有顔氏之儒，有孟氏之儒，有漆雕氏之儒，有仲良氏之儒，有孫氏之儒，有樂正氏之儒。自墨子之死也，有相里氏之墨，有相夫氏之墨，有鄧陵氏之墨。故孔、墨之後，儒分爲八，墨離爲三，取舍相反不同，而皆自謂真孔、墨，孔、墨不可復生，將誰使定世之學乎？孔子、墨子俱道堯、舜，而取舍不同，皆自謂真堯、舜，堯、舜不復生，將誰使定儒、墨之誠乎？殷、周七百餘歲，虞、夏二千餘歲，而不能定儒、墨之眞，今乃欲審堯、舜之道於三千歲之前，意者其不可必乎！無參驗而必之者愚也，弗能必而據之者誣也。故明據先王，必定堯、舜者，非愚則誣也。愚誣之學，雜反之行，明主弗受也。

墨者之葬也，冬日冬服，夏日夏服，桐棺三寸，服喪三月，世主以爲儉而禮之。儒者破家而葬，服喪三年，大毀扶杖，世主以爲孝而禮之。夫是墨子之儉，將非孔子之侈也；是孔子之孝，將非墨子之戾也。今孝戾侈儉俱在儒、墨，而上兼禮之。漆雕之議，不色撓，不目逃，行曲則違於臧獲，行直則怒於諸侯，世主以爲廉而禮之。宋榮子之議，設不鬬爭，取不隨仇，不羞囹圄，見侮不辱，世主以爲寬而禮之。夫是漆雕之廉，將非宋榮之恕也；是宋榮之寬，將非漆雕之暴也。今寬廉恕暴俱在二子，人主兼而禮之。自愚誣之學雜反之辭爭，而人主俱聽之，故海內之士，言無定術，行無常議。夫冰炭不同器而久，寒暑不兼時而至，雜反之學不兩立而治，今兼聽雜學繆行同異之辭，安得無亂乎？聽行如此，其於治人又必然矣。

今世之學士語治者多曰：『與貧窮地以實無資。』今夫與人相若也，無豐年旁入之利而獨以完給者，非力則儉也。與人相若也，無饑饉疾疚禍罪之殃獨以貧窮者，非侈則惰也。侈而惰者貧，而力而儉者富。今上徵斂於富人以布施於貧家，是奪力儉而與侈惰也。而欲索民之疾作而節用，不可得也。

今有人於此，義不入危城，不處軍旅，不以天下大利易其脛一毛，世主必從而禮之，貴其智而高其行，以爲輕物重生之士也。夫上所以陳良田大宅設爵祿，所以易民死命也，今上尊貴輕物重生之士而索民之出死而重殉上事，不可得也。藏書策、習談論、聚徒役、服文學而議説，世主必從而禮之，曰：『敬賢士，先王之道也。』夫吏之所稅，耕者也；而上之所養，學士也。耕者則重稅，學士則多賞，而索民之疾作而少言談，不可得也。立節參民，執操不侵，怨言過於耳必隨之以劍，世主必從而禮之，以爲自好之士。夫斬首之勞不賞，而家鬬之勇尊顯，而索民之疾戰距敵而無私鬬，不可得也。國平則養儒俠，難至則用介士，所養者非所用，所用者非所養，此所以亂也。且夫人主於聽學也，若是其言，宜布之官而用其身，若非其言，宜去其身而息其端。今以爲是也而弗布於官，以爲非也而不息其端，是而不用，非而不息，亂亡之道也。

澹臺子羽，君子之容也，仲尼幾而取之，與處久而行不稱其貌。宰予之辭，雅而文也，仲尼幾而取之，與處而智不充其辯。故孔子曰：『以容取人乎，失之子羽；以言取人乎，失之宰予。』故以仲尼之智而有失實之聲。今之新辯濫乎宰予，而世主之聽眩乎仲尼，爲悦其言，因任其身，則焉得無失乎？是以魏任孟卯之辯而有華下之患，趙任馬服之辯而有長平之禍；此二者，任辯之失也。夫視鍛錫而察青黃，區冶不能以必劍；水擊鵠雁，陸斷駒馬，則臧獲不疑鈍利。發齒吻形容，伯樂不能以必馬；授車就駕而觀其末塗，則臧獲不疑駑良。觀容服，聽辭言，仲尼不能以必士；試之官職，課其功伐，則庸人不疑於愚智。故明主之吏，宰相必起於州部，猛將必發於卒伍。夫有功者必賞，則爵祿厚而愈勸；遷官襲級，則官職大而愈治。夫爵祿大而官職治，王之道也。

磐石千里，不可謂富；象人百萬，不可謂强。石非不大，數非不衆也，而不可謂富强者，磐不生粟，象人不可使距敵也。今商官技藝之士亦不墾而食，是地不墾與磐石一貫也。儒俠毋軍勞顯而榮者則民不使，與象人同事也。夫禍知磐石象人，而不知禍商官儒俠爲不墾之地不使之民，不知事類者也。

故敵國之君王雖説吾義，吾弗入貢而臣；關內之侯雖非吾行，吾必使執禽而朝。是故力多則人朝，力寡則朝於人，故明君務力。夫嚴家無悍虜，而慈母有敗子，吾以此知威勢之可以禁暴，而德厚之不足以止亂也。

夫聖人之治國，不恃人之爲吾善也，而用其不得爲非也。恃人之爲吾

善也，境內不什數；用人不得爲非，一國可使齊。爲治者用衆而舍寡，故不務德而務法。夫必恃自直之箭，百世無矢；恃自圜之木，千世無輪矣。自直之箭、自圜之木，百世無有一，然而世皆乘車射禽者何也？隱栝之道用也。雖有不恃隱栝而有自直之箭、自圜之木，良工弗貴也，何則？乘者非一人，射者非一發也。不恃賞罰而恃自善之民，明主弗貴也，何則？國法不可失，而所治非一人也。故有術之君，不隨適然之善，而行必然之道。

今或謂人曰：『使子必智而壽。』則世必以爲狂。夫智，性也；壽，命也，性命者，非所學於人也，而以人之所不能爲説人，此世之所以謂之爲狂也。謂之不能，然則是諭也。夫諭，性也。以仁義教人，是以智與壽説也，有度之主弗受也。故善毛嗇、西施之美，無益吾面，用脂澤粉黛則倍其初。言先王之仁義，無益於治，明吾法度，必吾賞罰者，亦國之脂澤粉黛也。故明主急其助而緩其頌，故不道仁義。

今巫祝之祝人曰：『使若千秋萬歲。』千秋萬歲之聲聒耳，而一日之壽無徵於人，此人所以簡巫祝也。今世儒者之説人主，不善今之所以爲治，而語已治之功；不審官法之事，不察姦邪之情，而皆道上古之傳，譽先王之成功。儒者飾辭曰：『聽吾言則可以霸王。』此説者之巫祝，有度之主不受也。故明主舉實事，去無用；不道仁義者故，不聽學者之言。

今不知治者必曰：『得民之心。』欲得民之心而可以爲治，則是伊尹、管仲無所用也，將聽民而已矣。民智之不可用，猶嬰兒之心也。夫嬰兒不剔首則腹痛，不揊痤則寖益，剔首、揊痤必一人抱之，慈母治之，然猶啼呼不止，嬰兒子不知犯其所小苦致其所大利也。今上急耕田墾草以厚民產也，而以上爲酷；修刑重罰以爲禁邪也，而以上爲嚴；徵賦錢粟以實倉庫，且以救饑饉備軍旅也，而以上爲貪；境內必知介，而無私解，并力疾鬬所以禽虜也，而以上爲暴。此四者所以治安也，而民不知悦也。夫求聖通之士者，爲民知之不足師用。昔禹決江濬河而民聚瓦石，子產開畝樹桑鄭人謗訾。禹利天下，子產存鄭，皆以受謗，夫民智之不足用亦明矣。故舉士而求賢智，爲政而期適民，皆亂之端，未可與爲治也。

國家論部

天命論分部

論說

《尚書·甘誓》 大戰于甘，乃召六卿。王曰：『嗟！六事之人，予誓告汝。有扈氏威侮五行，怠棄三正，天用剿絶其命。今予惟共行天之罰。』

又 《湯誓》 王曰：『格爾衆庶，悉聽朕言，非台小子敢行稱亂，有夏多罪，天命殛之！今爾有衆，汝曰：「我后不恤我衆，舍我穡事而割正夏？」予惟聞汝衆言，夏氏有罪，予畏上帝，不敢不正。今汝其曰：「夏罪其如台？」夏王率遏衆力，率割夏邑，有衆率怠弗協，曰：「時日曷喪？予及汝皆亡！」夏德若茲，今朕必往。爾尚輔予一人，致天之罰，予其大賚汝。爾無不信，朕不食言。爾不從誓言，予則孥戮汝，罔有攸赦。』

又 《盤庚下》 盤庚既遷，奠厥攸居，乃正厥位，綏爰有衆，曰：『無戲怠，懋建大命！今予其敷心腹腎腸，歷告爾百姓：于朕志，罔罪爾衆；爾無共怒，協比讒言予一人。古我先王將多于前功，適于山用降我凶，德嘉績于朕邦。今我民用蕩析離居，罔有定極。爾謂朕：「曷震動萬民以遷？」肆上帝將復我高祖之德，亂越我家，朕及篤敬共承民命，用永地于新邑。肆予沖人，非廢厥謀，弔由靈各；非敢違卜，用宏茲賁。嗚呼！邦伯、師長、百執事之人，尚皆隱哉！予其懋簡相爾，念敬我衆。朕不肩好貨，敢共生生，鞠人謀人之保居敍欽。今我既羞告爾，于朕

志若否，罔有弗欽。無總于貨寶，生生自庸。式敷民德，永肩一心。』

又《盤庚上》 盤庚遷于殷，民不適有居。率籲衆戚出矢言曰：『我王來，既爰宅于茲，重我民，無盡劉。不能胥匡以生，卜稽曰其如台？先王有服，恪謹天命，茲猶不常寧；不常厥邑，于今五邦。今不承于古，罔知天之斷命，矧曰其克從先王之烈！若顛木之有由蘖，天其永我命于茲新邑，紹復先王之大業，厎綏四方。』

又《高宗肜日》 高宗肜日，越有雊雉。祖己曰：『惟先格王，正厥事。』乃訓于王曰：『惟天監下民，典厥義，降年有永有不永。非天夭民，民中絕命。民有不若德，不聽罪。天既孚命正厥德，乃曰其如台。嗚呼，王司敬民，罔非天胤，典祀無豐于尼。』

又《西伯戡黎》 西伯既戡黎，祖伊恐，奔告于王曰：『天子！天既訖我殷命，格人元龜，罔敢知吉。非先王不相我後人，惟王淫戲用自絕。故天棄我，不有康食，不虞天性，不迪率典。今我民罔弗欲喪，曰：「天曷不降威！」大命不摯，今王其如台？』王曰：『嗚呼！我生不有命在天？』祖伊反，曰：『嗚呼！乃罪多參在上，乃能責命于天？殷之即喪，指乃功，不無戮于爾邦？』

又《大誥》 王若曰：猷大誥爾多邦越爾御事：弗弔天降割于我家，不少延。洪惟我幼沖人嗣無疆大歷服，弗造哲，迪民康，矧曰其有能格知天命！【略】

天降威，用文王遺我大寶龜紹天明，即命曰：『有大艱于西土，西土人亦不靜，越茲蠢殷小腆，誕敢紀其敘；天降威，知我國有疵，民不康，曰：「予復！」反鄙我周邦。今蠢今翼日民獻有十夫予翼，以于敉文、武圖功。我有大事！休？』朕卜並吉！

肆予告我有邦君越尹氏、庶士、御事曰：予得吉卜，予惟以爾庶邦于伐殷逋播臣！

爾庶邦君越庶士、御事罔不反曰：『艱大，民亦不靜，亦惟在王宮，邦君室，越予小子考翼，不可征。王害不違卜？』

肆予沖人永思艱，曰：烏虖！允蠢，鰥寡哀哉！予造天役遺，大投艱于朕身。越予沖人不卬自卹，義爾邦君越爾多士、尹氏、御事綏予曰：『無毖于卹！不可不成乃文考圖功！』

已！予惟小子不敢僭上帝命。天休于文王，與我小邦周。文王惟卜用，克綏受茲命。今天其相民，王曰：爾惟舊人，爾丕克遠省？爾知文王若勤哉！天閟毖我成功所，予不敢不極卒文王圖事。肆予大化誘我有邦君：天棐忱辭，其考我民，予害其不于前文人圖功攸終！天亦惟用勤毖我民，若有疾，予害敢不于前文人攸受休畢！【略】

王曰：嗚呼！肆我告爾庶邦君越爾御事：爽邦由哲，亦惟十人迪知上帝命越天棐忱，爾時罔敢易定；矧今天降戾于周邦，惟大艱人誕以胥伐于厥室；爾亦不知天命不易。

予永念曰：天惟喪殷，若穡夫，予害敢不終朕畝！天亦惟休于前文人，予害其極卜？敢弗于從率文人有旨疆土，矧今卜並吉。肆朕誕以爾東征！天命不僭，卜陳惟若茲！

又《召誥》 太保乃以庶邦冢君出取幣，乃復入錫周公。（周公）曰：『拜手稽首，旅王若公，誥告庶殷越自乃御事：嗚呼，皇天上帝改厥元子，茲大國殷之命，惟王受命，無疆惟休，亦無疆惟恤。嗚呼，曷其奈何弗敬！天既遐終大邦殷之命，茲殷多先哲王在天。越厥後王後民，茲服厥命厥終，智藏，瘝在！夫知保抱攜持厥婦子以哀籲天：「徂，厥亡出執！」嗚呼，天亦哀于四方民，其眷命用懋！王其疾敬德！

『相古先民有夏，天迪從子保；面稽天若，今時既墜厥命。今相有殷，天迪格保；面稽天若，今時既墜厥命。今沖子嗣則無遺壽耇，曰：「其稽我古人之德，矧曰其有能稽謀自天。」嗚呼，有王雖小，元子哉！其丕能諴于小民！今休王不敢後。用顧畏于民碞。王來紹上帝，自服于土中。旦曰：「其作大邑，其自時配皇天。毖祀于上下，其自時中乂。」王厥有成命治民，今休。王先服殷御事，比介于我有周御事，節性惟日其邁。王敬作所，不可不敬德！

『我不可不監于有夏，亦不可不監于有殷。我不敢知曰有夏服天命惟有歷年，我不敢知曰不其延，惟不敬厥德乃早墜厥命。我不敢知曰有殷受天命惟有歷年，我不敢知曰不其延，惟不敬厥德乃早墜厥命。今王嗣受厥命，我亦惟茲二國命，嗣若功。

『王乃初服！嗚呼，若生子，罔不在厥初生，自貽哲命！今天其命哲？命吉凶？命歷年？知今我初服。宅新邑，肆惟王其疾敬德！王其

德之，用祈天永命！其惟王勿以小民淫用非彝；亦敢殄戮；用乂民若有功。其惟王位在德元，小民乃惟刑用于天下，越王顯。上下勤恤，其曰：「我受天命，丕若有夏歷年，式勿替有殷歷年！欲王以小民受天永命！」』

又《多士》 惟三月，周公初于新邑洛用告商王士。王若曰：『爾殷遺多士！弗弔旻天大降喪于殷；我有周佑命，將天明威致王罰勑，殷命終于帝。肆爾多士，非我小國敢弋（翼）殷命，惟天不畀，允罔，固亂弼我；我其敢求位！惟帝不畀，惟我下民秉爲，惟天明畏。我聞曰：上帝引逸，有夏不適逸則，惟帝降格嚮于時。夏弗克庸帝，大淫泆有辭。惟時天罔念聞，厥惟廢元命，降至罰。乃命爾先祖成湯革夏，俊民甸四方。自成湯至于帝乙，罔不明德恤祀，亦惟天丕建，保乂有殷；殷王亦罔敢失帝，罔不配天，其澤。在今後嗣王誕罔顯于天，矧曰其有聽念于先王勤家；誕淫厥泆，罔顧于天顯民祇。惟時上帝不保，降若茲大喪。惟天不畀，不明厥德。凡四方小大邦喪，罔非有辭于罰。』

王若曰：『爾殷多士！今惟我周王丕靈承帝事，有命曰「割殷」，告勑于帝。惟我事不貳適；惟爾王家我適。予其曰：惟爾洪無度，我不爾動，自乃邑。予亦念天即于殷大戾，肆不正。』

又《多方》 惟五月丁亥，王來自奄，至于宗周。周公曰王若曰：『猷告爾四國多方惟爾殷侯尹民，我惟大降爾命，爾罔不知。洪惟圖天之命，弗永寅念于祀。惟帝降格于夏。有夏誕厥逸，不肯慼言于民，乃大淫昏，不克終日勸于帝之迪。乃爾攸聞。厥圖帝之命，不克開于民之麗，乃大降罰，崇亂有夏因甲于内亂。不克靈承于旅，罔丕惟進之恭，洪舒于民。亦惟有夏之民，叨懫日欽，劓割夏邑。天惟時求民主，乃大降顯休命于成湯，刑殄有夏。惟天不畀，純，乃惟以爾多方之義民，不克永于多享。惟夏之恭多士，大不克明保享于民。乃胥惟虐于民，至于百爲，大不克開。乃惟成湯克以爾多方簡代夏作民主。慎厥麗乃勸，厥民刑用勸。以至于帝乙，罔不明德慎罰，亦克用勸。要囚，殄戮多罪，亦克用勸。開釋無辜，亦克用勸。今至于爾辟，弗克以爾多方享天之命。』

『嗚呼！』王若曰：『誥告爾多方，非天庸釋有夏，非天庸釋有殷，乃惟爾辟以爾多方大淫，圖天之命，屑有辭。乃惟有夏，圖厥政，不集于享；天降時喪，有邦間之。乃惟爾商後王，逸厥逸，圖厥政，不蠲烝，天惟降時喪。惟聖罔念作狂，惟狂克念作聖，天惟五年須暇（湯）之子孫，誕作民主，罔可念聽。天惟求爾多方，大動以威，開厥顧天，惟爾多方罔堪顧之。惟我周王靈承于旅，克堪用德，惟典神天。天惟式教我用休，簡畀殷命，尹爾多方。』

《清華大學藏戰國竹簡（壹）·程寤》 隹王元祀正月既生魄，太姒夢見商廷惟棘，廼小子發取周廷梓樹于厥間，化爲松柏棫柞。寤驚，告王。王弗敢占，詔太子發，俾靈名凶，祓。祝忻祓王，巫率祓太姒，宗丁祓太子發。幣告宗祊社稷，祈于六末山川，攻于商神望，烝，占于明堂。王及太子發並拜吉夢，受商命于皇上帝。興，曰：『發，汝敬聽吉夢。朋棘𢽳梓松，梓松柏副，棫覆柞柞，化爲䕶。嗚呼，何警非朋，何戒非商，何用非樹，樹因欲，不違材。如天降疾，旨味既用，不可藥，時不遠。惟商感在周，周感在商，欲惟柏夢，徒庶言迖，矧又勿亡秋明武威，如棫柞亡根。嗚呼，敬哉。朕聞周長不貳，務擇用周，果拜不忍，綏用多福。惟梓敝不義，芃于商，俾行量亡乏，明明在向，惟容納棘，億亡勿用，不忎使卑柔和順，生民不災，懷允。嗚呼，何監非時，何務非和，何褱非文，何保非道，何愛非身，何力非人。人謀彊，不可以藏。後戒，後［戒］，人用汝謀，愛曰不足。』

又《文侯之命》 王若曰：『父義和，丕顯文武，克慎明德，昭升于上，敷聞在下。惟時上帝，集厥命于文王。亦惟先正，克左右昭事厥辟，越小大謀猷罔不率從。肆先祖懷在位。』

《殷周金文集成釋文·大盂鼎》 王若曰：『盂丕顯文王受天有大命，在武王嗣文作邦闢厥慝，匍有四方，畯正厥民。』

《逸周書·商誓》 王曰：嗟爾衆！予言若敢顧天命，予來致上帝之威命明罰。今惟新誥命爾，敬諸。朕話言自一言至于十話言，其惟明命爾。王曰：在昔后稷，惟上帝之言，克播百穀，登禹之績。凡在天下之庶民，罔不惟后稷之元穀、用蒸享。在商先誓王，明祀上帝，□□□□亦惟我后稷之元穀、用告和，用胥飲食。肆商先誓王維厥故，斯用顯我西土。今在商紂，昏憂天下，弗顯上帝，昏虐百姓，棄天之命。上帝弗顯，乃命朕文考曰，殪商之多罪紂。肆予小子發，弗敢忘天命。朕考胥翕稷

政，肆上帝曰，必伐之。予惟甲子，克致天之大罰。

《詩經・大雅・文王》 文王在上，於昭于天。周雖舊邦，其命維新。有周不顯，帝命不時。文王陟降，在帝左右。亹亹文王，令聞不已。陳錫哉周，侯文王孫子。文王孫子，本支百世。凡周之士，不顯亦世。

又《皇矣》 皇矣上帝，臨下有赫。監觀四方，求民之莫。維此二國，其政不獲。維彼四國，爰究爰度。上帝耆之，憎其式廓。乃眷西顧，此維與宅。

作之屏之，其菑其翳。修之平之，其灌其栵。啓之辟之，其檉其椐。攘之剔之，其檿其柘。帝遷明德，串夷載路。天立厥配，受命既固。

帝省其山，柞棫斯拔，松柏斯兑。帝作邦作對，自大伯王季。維此王季，因心則友。則友其兄，則篤其慶，載錫之光。受禄無喪，奄有四方。維此王季，帝度其心，貊其德音。其德克明，克明克類，克長克君。王此大邦，克順克比。比于文王，其德靡悔。既受帝祉，施于孫子。

帝謂文王，無然畔援，無然歆羨，誕先登于岸。密人不恭，敢距大邦，侵阮徂共。王赫斯怒，爰整其旅，以按徂旅，以篤于周祜，以對于天下。

依其在京，侵自阮疆。陟我高岡，無矢我陵，我陵我阿；無飲我泉，我泉我池。度其鮮原，居岐之陽，在渭之將。萬邦之方，下民之王。

帝謂文王，予懷明德，不大聲以色，不長夏以革；不識不知，順帝之則。帝謂文王，詢爾仇方，同爾弟兄；以爾鉤援，與爾臨衝，以伐崇墉。

《國語・周語下・劉文公與萇弘欲城周》 敬王十年，劉文公與萇弘欲城周，爲之告晉。魏獻子爲政，説萇弘而與之。將合諸侯。

衛彪傒適周，聞之，見單穆公曰：『萇、劉其不歿乎？周詩有之曰：「天之所支，不可壞也。其所壞，亦不可支也。」昔武王克殷，而作此詩也，以爲飫歌，名之曰「支」，以遺後之人，使永監焉。夫禮之立成者爲飫，昭明大節而已，少典與焉。是以爲之日惕，其欲教民戒也。然則夫「支」之所道者，必盡知天地之爲也。不然，不足以遺後之人。今萇、劉欲支天之所壞，不亦難乎？自幽王而天奪之明，使迷亂棄德，而即慆淫，以亡其百姓，其壞之也久矣。而又將補之，殆不可矣！水火之所犯，猶不可救，而況天乎？諺曰：「從善如登，從惡如崩。」昔孔甲亂夏，四世而隕；玄王勤商，十有四世而興。帝甲亂之，七世而隕。后稷勤周，十有五世而興；幽王亂之，十有四世矣。守府之謂多，胡可興也？夫周，高山、廣川、大藪也，故能生是良材，而幽王蕩以爲魁陵、糞土、溝瀆，其有悛乎？』

單子曰：『其咎孰多？』曰：『萇叔必速及，將天以道補者也。夫天道導可而省否，萇叔反是，以誑劉子，必有三殃：違天，一也；反道，二也；誑人，三也。周若無咎，萇叔必爲戮。雖晉魏子亦將及焉。若得天福，其當身乎？若劉氏，則必子孫實有禍。夫子而棄常法，以從其私欲，用巧變以崇天災，勤百姓以爲己名，其殃大矣。』

又《晉語四・楚成王以周禮享重耳》 遂如楚，楚成王以周禮享之，九獻，庭實旅百。公子欲辭，子犯曰：『天命也，君其饗之。亡人而國薦之，非敵而君設之，非天，誰啓之心！』【略】

令尹子玉曰：『請殺晉公子。弗殺，而反晉國，必懼楚師。』王曰：『不可。楚師之懼，我不修也。我之不德，殺之何爲！天之祚楚，誰能懼之？楚不可祚，冀州之土，其無令君乎？且晉公子敏而有文，約而不諂，三材侍之，天祚之矣。天之所興，誰能廢之？』

又《秦伯納重耳於晉》 董因迎公於河，公問焉，曰：『吾其濟乎？』對曰：『歲在大梁，將集天行。元年始受，實沈之星也。實沈之墟，晉人是居，所以興也。今君當之，無不濟矣。君之行也，歲在大火。大火，閼伯之星也，是謂大辰。辰以成善，后稷是相，唐叔以封。瞽史記曰：嗣續其祖，如穀之滋，必有晉國。臣筮之，得《泰》之八。曰：是謂天地配亨，小往大來。今及之矣，何不濟之有？且以辰出而以參入，皆晉祥也，而天之大紀也。濟且秉成，必霸諸侯。子孫賴之，君無懼矣。』

《墨子・天志上》 子墨子言曰：今天下之士君子，知小而不知大。何以知之？以其處家者知之。若處家得罪於家長，猶有鄰家所避逃之。然且親戚兄弟所知識共相儆戒，皆曰：『不可不戒矣，不可不慎矣，惡有處家而得罪於家長而可爲也！』非獨處家者爲然，雖處國亦然。處國得罪於國君，猶有鄰國所避逃之。然且親戚兄弟所知識共相儆戒，皆曰：『不可不戒矣，不可不慎矣，誰亦有處國得罪於國君而可爲也！』此有所避逃

之者也，相儆戒猶若此其厚。況無所避逃之者，相儆戒豈不愈厚然後可哉？且語言有之曰：『焉而晏日，焉而得罪，將惡避逃之？』曰：無所避逃之。夫天不可爲林谷幽門無人，明必見之。然而天下之士君子之於天也，忽然不知以相儆戒，此我所以知天下士君子知小而不知大也。

然則天亦何欲何惡？天欲義而惡不義。然則率天下之百姓以從事於義，則我乃爲天之所欲也。我爲天之所欲，天亦爲我所欲。然則我何欲何惡？我欲福祿而惡禍祟。然則率天下之百姓以從事於不義，則我乃爲天之所不欲也。我爲天之所不欲，天亦爲我所不欲，則是我率天下之百姓以從事於禍祟中也。

然則何以知天之欲義而惡不義？曰：天下有義則生，無義則死；有義則富，無義則貧；有義則治，無義則亂。然則天欲其生而惡其死，欲其富而惡其貧，欲其治而惡其亂，此我所以知天欲義而惡不義也。

曰：且夫義者，政也。無從下之政上，必從上之政下。是故庶人竭力從事，未得次己而爲政，有士政之；士竭力從事，未得次己而爲政，有將軍大夫政之；將軍大夫竭力從事，未得次己而爲政，有三公諸侯政之；三公諸侯竭力聽治，未得次己而爲政，有天子政之；天子未得次己而爲政，有天政之。天子爲政於三公、諸侯、士、庶人，天下之士君子固明知之；天之爲政於天子，天下百姓未得之明知也。故昔三代聖王禹、湯、文、武，欲以天之爲政於天子明説天下之百姓，故莫不犓牛羊，豢犬彘，潔爲粢盛酒醴，以祭祀上帝鬼神，而求祈福於天。我未嘗聞天下之所求祈福於天子者也，我所以知天之爲政於天子者也。

故天子者，天下之窮貴也，天下之窮富也。故欲富且貴者，當天意而不可不順。順天意者，兼相愛、交相利，必得賞；反天意者，別相惡、交相賊，必得罰。然則是誰順天意而得賞者？誰反天意而得罰者？子墨子言曰：昔三代聖王禹、湯、文、武，此順天意而得賞者也；昔三代之暴王桀、紂、幽、厲，此反天意而得罰者也。然則禹、湯、文、武其得賞何以也？子墨子言曰：其事上尊天，中事鬼神，下愛人。故天意曰：『此之我所愛，兼而愛之；我所利，兼而利之。愛人者此爲博焉，利人者此爲厚焉。』故使貴爲天子，富有天下，業萬世子孫。傳稱其善，方施天下，至今稱之，謂之聖王。然則桀、紂、幽、厲得其罰何以也？子墨子言曰：其事上詬天，中誣鬼，下賊人。故天意曰：『此之我所愛，別而惡之；我所利，交而賊之。惡人者此爲之博也，賊人者此爲之厚也。』故使不得終其壽，不殁其世，至今毁之，謂之暴王。

然則何以知天之愛天下之百姓？以其兼而明之。何以知其兼而明之？以其兼而有之。何以知其兼而有之？以其兼而食焉。何以知其兼而食焉？曰：四海之内，粒食之民，莫不犓牛羊、豢犬彘，潔爲粢盛酒醴，以祭祀於上帝鬼神。天有邑人，何用弗愛也？且吾言殺一不辜者，必有一不祥。殺不辜者誰也？則人也。予之不祥者誰也？則天也。若以天爲不愛天下之百姓，則何故以人與人相殺，而天予之不祥？此我所以知天之愛天下之百姓也。

順天意者，義政也。反天意者，力政也。然義政將柰何哉？子墨子言曰：處大國不攻小國，處大家不篡小家，强者不劫弱，貴者不傲賤，多詐者不欺愚。此必上利於天，中利於鬼，下利於人。三利無所不利，故舉天下美名加之，謂之『聖王』。力政者則與此異，言非此，行反此，猶倖馳也。處大國攻小國，處大家篡小家，强者劫弱，貴者傲賤，多詐者欺愚。此上不利於天，中不利於鬼，下不利於人。三不利無所利，故舉天下惡名加之，謂之『暴王』。

子墨子言曰：我有天志，譬若輪人之有規，匠人之有矩。輪匠執其規矩，以度天下之方圜，曰：中者是也，不中者非也。今天下之士君子之書不可勝載，言語不可盡計，上説諸侯，下説列士，其於仁義則大相遠也。何以知之？曰：我得天下之明法以度之。

國家起源論分部

論説

《商君書·開塞》 天地設而民生之。當此之時也，民知其母而不知其父，其道親親而愛私。親親則別，愛私則險民而以別險爲務，則民亂。

當此之時，民務勝而力征。務勝則爭，力征則訟。訟而無正，則莫得其性也。故賢者立中正，設無私，而民説仁。當此時也，親親廢，上賢立矣。凡仁者以愛爲務，而賢者以相出爲道。民衆而無制，久而相出爲道，則有亂。故聖人承之，作爲土地貨財男女之分。分定而無制，不可，故立禁。禁立而莫之司，不可，故立官。官設而莫之一，不可，故立君。既立君，則上賢廢而貴貴立矣。然則上世親親而愛私，中世上賢而説仁，下世貴貴而尊官。上賢者，以道相出也；而立君者，使賢無用也。親親者，以私爲道也；而中正者，使私無行也。此三者非事相反也，民道弊而所重易也，世事變而行道異也。故曰：王道有繩。夫王道一端，而臣道亦一端；所道則異，而所繩則一也。

《文子・自然》 老子曰：『古之立帝王者，非以奉養其欲也，聖人踐位者，非以逸樂其身也；爲天下之民，强陵弱，衆暴寡，詐者欺愚，勇者侵怯；又爲其懷智不以相教，積財不以相分；故立天子以齊一之。爲一人之明，不能偏照海内，故立三公九卿以輔翼之。爲絶國殊俗，不得被澤，故立諸侯以教誨之。是以天地四時，無不應也。官無隱事，國無遺利，所以衣寒食飢，養老弱，息勞倦，無不以也。神農形悴，堯瘦癯，舜黧黑，禹胼胝，伊尹負鼎而干湯，呂望鼓刀而入周，百里奚傳賣，管仲束縛，孔子無黔突，墨子無煖席，非以貪禄慕位，將欲事起天下之利，除萬民之害也。自天子至於庶人，四體不勤，思慮不困，於事求贍者，未之聞也。』

又 《上禮》 老子曰：『昔者之聖王，仰取象於天，俯取度於地，中取法於人。調陰陽之氣，和四時之節，察陵陸水澤肥墽高下之宜，以立事生財，除飢寒之患，辟疾疢之災。中受人事，以制禮樂，行仁義之道，以治人倫，列金木水火土之性，以立父子之親而成家。聽五音清濁、六律相生之數，以立君臣之義而成國。察四時孟仲季之序，以立長幼之節而成官。列地而州之，分國而治之，立大學以教之，此治之綱紀也。得道則舉，失道則廢。夫物未嘗有張而不弛，盛而不敗者也。唯聖人可盛而不敗。聖人初作樂也，以歸神杜淫，反其天心。至其衰也，流而不反，淫而好色，不顧正法，流及後世，至於亡國。其作書也，以領理百事，愚者以不忘，智者以記事。及其衰也，爲姦僞以解有罪而殺不辜。其作囿也，以成宗廟之具，簡士卒以戒不虞。及其衰也，馳騁弋獵，以奪民時，以罷民力。其上賢也，以平教化，正獄訟，賢者在位，能者在職，澤施於下，萬民懷德。至其衰也，朋黨比周，各推其所與，廢公趨私，外内相舉，姦人在位，賢者隱處。天地之道，極則反，益則損。故聖人治弊而改制，事終而更爲。其美在和，其失在權。聖人之道曰，非修禮義，廉耻不立。民無廉耻，不可以治。不知禮義，法不能正。非崇善廢醜，不嚮禮義。無法不可以爲治，不知禮義不可以行法。法能殺不孝者，不能使人孝；能刑盜者，不能使人廉。聖王在上，明好惡以示人，經非譽以道之，親賢而進之，賤不肖而退之，刑錯而不用，禮義修而任賢德也。故天之高，以爲三公；一州之高，以爲九卿；一國之高，以爲二十七大夫；一鄉之高，以爲八十一元士。智過萬人者謂之英，千人者謂之儁，百人者謂之傑，十人者謂之豪。明於天道之道，通於人情之理，大足以容衆，惠足以懷遠，智足以知權，人英也。德足以教化，行足以隱義，信足以得衆，明足以照下，人儁也。行可以爲儀表，智足以決嫌疑，信可以守約，廉可以使分財，作事可法，出言可道，人傑也。守職不廢，處義不比，見難不苟免，見利不苟得，人豪也。英儁豪傑，各以大小之材處其位，由本流末，以重制輕，上唱下和，四海之内，一心同歸，背貪鄙，嚮仁義，其於化民，若風之靡草。今使不肖臨賢，雖嚴刑不能禁其姦。小不能制大，弱不能使强，天地之性也。故聖人舉賢以立功，不肖之主舉其所與同。觀其所舉，治亂分矣。察其黨與，賢不肖可論也。』

《呂氏春秋・恃君覽》 凡人之性，爪牙不足以自守衛，肌膚不足以扞寒暑，筋骨不足以從利辟害，勇敢不足以却猛禁悍，然且猶裁萬物，制禽獸，服狡蟲，寒暑燥溼弗能害，不唯先有其備，而以羣聚邪。羣之可聚也，相與利之也。利之出於羣也，君道立也，故君道立則利出於羣，而人備可完矣。

昔太古嘗無君矣，其民聚生羣處，知母不知父，無親戚兄弟夫妻男女之別，無上下長幼之道，無進退揖讓之禮，無衣服履帶宮室畜積之便，無器械舟車城郭險阻之備，此無君之患，故君臣之義不可不明也。自上世以來，天下亡國多矣，而君道不廢者，天下之利也。故廢其非君，而立其行君道者。君道何如？利而物利章。

非濱之東，夷、穢之鄉，大解、陵魚，其、鹿野、搖山、揚島、大人之居，多無君。揚、漢之南，百越之際，敝凱諸、夫風、餘靡之地，縛婁、陽禺、驩兜之國，多無君。氐、羌、呼唐、離水之西，僰人、野人、篇筰之川，舟人、送龍、突人之鄉，多無君。鴈門之北，鷹隼、所鷙、須窺之國，饕餮、窮奇之地，叔逆之所，儋耳之居，多無君。此四方之無君者也。其民麋鹿禽獸，少者使長，長者畏壯，有力者賢，暴傲者尊，日夜相殘，無時休息，以盡其類。聖人深見此患也，故爲天下長慮，莫如置天子也，爲一國長慮莫如置君也。置君非以阿君也，置天子非以阿天子也，置官長非以阿官長也。德衰世亂，然後天子利天下，國君利國，官長利官，此國所以遞興遞廢也，亂難之所以時作也。故忠臣廉士，内之則諫其君之過也，外之則死人臣之義也。

政論分部

論説

《國語・周語中・襄公拒杀衛成公》 温之會，晉人執衛成公歸之于周。晉侯請殺之，王曰「不可。夫政自上下者也，上作政，而下行之不逆，故上下無怨。今叔父作政而不行，無乃不可乎？夫君臣無獄，今元咺雖直，不可聽也。君臣皆獄，父子將獄，是無上下也。而叔父聽之，一逆矣。又爲臣殺其君，其安庸刑？布刑而不庸，再逆矣。一合諸侯，而有再逆政，余懼其無後。不然，余何私於衛侯？」晉人乃歸衛侯。

《禮記・禮運》 故政者，君之所以藏身也。是故夫政必本於天，殽以降命。命降于社之謂殽地，降于祖廟之謂仁義，降於山川之謂興作，降於五祀之謂制度。此聖人所以藏身之固也。故聖人參於天地，並於鬼神，以治政也。處其所存，禮之序也；玩其所樂，民之治也。故天生時而地生財，人其父生而師教之，四者君以正用之，故君者立於無過之地也。

又《哀公問》 孔子侍坐於哀公。哀公曰：「敢問人道誰爲大？」孔子愀然作色而對曰：「君之及此言也，百姓之德也，固臣敢無辭而對。人道政爲大。」公曰：「敢問何謂爲政？」孔子對曰：「政者，正也。君爲正，則百姓從政矣。君之所爲，百姓之所從也。君所不爲，百姓何從。」公曰：「敢問爲政如之何？」孔子對曰：「夫婦別，父子親，君臣嚴。三者正，則庶物從之矣。」公曰：「寡人雖無似也，願聞所以行三言之道，可得聞乎？」孔子對曰：「古之爲政，愛人爲大。所以治愛人，禮爲大。所以治禮，敬爲大。敬之至矣，大昏爲大，大昏至矣。大昏既至，冕而親迎，親之也。親之也者，親之也。是故君子興敬爲親，舍敬是遺親也。弗愛不親，弗敬不正。愛與敬，其政之本與！」

《大戴禮記・誥志》 公曰：「誥志無荒，以會民義，齊戒必敬，會時必節，犧牲必全，齊盛必潔，上下禋祀，外内無失節，其可以省怨遠災乎？」

子曰：「丘未知其可以省怨也。」

公曰：「然則何以事神？」

子曰：「以禮會時。夫民見其禮，則上下援，援則樂，樂斯毋憂，以此省怨而亂不作也。夫禮會其四時，四孟、四季，五牲、五穀，順至必時其節也，丘未知其可以爲遠災也。」

公曰：「然則爲此何以？」

子曰：「知仁合則天地成，天地成則庶物時，庶物時則民財敬，民財敬以時作，時作則節事，節事以動衆，動衆則有極，有極以使民則勸，勸則有功，有功則無怨，無怨則嗣世久，唯聖人。是故政以勝衆，非以陵衆；衆以勝事，非以傷事；事以靖民，非以徵民；故地廣而民衆，非以爲災，長之祿也。丘聞周太史曰：『政不率天，下不由人，則凡事易壞而難成。』虞史伯夷曰：『明，孟也。幽，幼也。明幽，雌雄也。雌雄迭興，而順至正之統也。』日歸于西，起明于東；月歸于東，起明于西。虞夏之麻，正建於孟春，於時冰泮，發蟄，百草權輿，瑞雉無釋。物乃歲俱生於東，以順四時，卒于冬分。於時雞三號，卒明。載于青色，撫十二月節，卒于丑。日月成歲麻，再閏以順天道，此謂歲虞汁月。天曰作明，曰與，惟天是戴；地曰作昌，曰與，惟地是事；人曰作樂，曰與，惟民是嬉。民之動能，不遠厥事；民之悲色，不遠厥德。此謂表裏時合，物之

所生，而蕃昌之道如此。天生物，地養物，物備興而時用常節，曰聖人；主祭于天，曰天子。天子崩，步于四川，代于四山，卒葬曰帝。天作仁，地作富，人作治，樂治不倦，財富時節，是故聖人嗣則治。文王治以俟時，湯治以伐亂，禹治以移衆，衆服以立天下；堯貴以樂治時，舉舜；舜治以德使力。在國統民如怨，在家撫官而國，安之勿變，勸之勿沮，民咸廢惡如進良，上誘善而行罰，百姓盡於仁而遂安之，此古之明制之治天下也。仁者爲聖，貴次，力次，美次，射御次，古之治天下者必聖人。聖人有國，則日月不食，星辰不隕，勃海不運，河不滿溢，川澤不竭，山不崩解，陵不施谷，川浴不處，深淵不涸。於時龍至不閉，鳳降忘翼，鷙獸忘攫，爪鳥忘距，蜂蠆不螫嬰兒，蝨虻不食夭駒，雒出服，河出圖。自上世以來，莫不降仁。國家之昌，國家之臧，信仁。是故不賞不罰，如民咸盡力，車不建戈，遠邇咸服，胤使來往，地賓畢極，無怨無惡，率惟懿德。此無空禮，無空名，賢人並憂，殘毒以時省，舉良良，舉善善，恤民使仁，日敎仁賓也。』

君主權力論分部

論說

《詩經·小雅·北山》　陟彼北山，言采其杞。偕偕士子，朝夕從事。王事靡盬，憂我父母。溥天之下，莫非王土。率土之濱，莫非王臣。大夫不均，我從事獨賢。四牡彭彭，王事傍傍。嘉我未老，鮮我方將。旅力方剛，經營四方。或燕燕居息，或盡瘁事國。或息偃在牀，或不已于行。或不知叫號，或慘慘劬勞。或棲遲偃仰，或王事鞅掌。或湛樂飲酒，或慘慘畏咎。或出入風議，或靡事不爲。

《左傳·昭公三十二年》　趙簡子問於史墨曰：『季氏出其君，而民服焉，諸侯與之，君死於外，而莫之或罪也。』對曰：『物生有兩，有三，有五，有陪貳，故天有三辰，地有五行，體有左右，各有妃耦，王有公，諸侯有卿，皆有貳也。天生季氏以貳魯侯，爲日久矣。民之服焉，不亦宜乎？魯君世從其失，季氏世修其勤，民忘君矣。雖死於外，其誰矜之？社稷無常奉，君臣無常位，自古以然。故詩曰：『高岸爲谷，深谷爲陵。』三后之姓，於今爲庶，主所知也。【略】是以爲君，愼器與名，不可以假人。』

《孟子·萬章上》　萬章曰：『堯以天下與舜，有諸？』

孟子曰：『否；天子不能以天下與人。』

『然則舜有天下也，孰與之？』

曰：『天與之。』

『天與之者，諄諄然命之乎？』

曰：『否；天不言，以行與事示之而已矣。』

曰：『以行與事示之者，如之何？』

曰：『天子能薦人於天，不能使天與之天下；諸侯能薦人於天子，不能使天子與之諸侯；大夫能薦人於諸侯，不能使諸侯與之大夫。昔者，堯薦舜於天，而天受之；暴之於民，而民受之；故曰，天不言，以行與事示之而已矣。』

曰：『敢問薦之於天，而天受之；暴之於民，而民受之，如何？』

曰：『使之主祭，而百神享之，是天受之；使之主事，而事治，百姓安之，是民受之也。天與之，人與之，故曰，天子不能以天下與人。舜相堯二十有八載，非人之所能爲也，天也。堯崩，三年之喪畢，舜避堯之子於南河之南，天下諸侯朝覲者，不之堯之子而之舜；訟獄者，不之堯之子而之舜；謳歌者，不謳歌堯之子而謳歌舜，故曰天也。夫然後之中國，踐天子位焉。而居堯之宮，逼堯之子，是篡也，非天與也。《太誓》曰：「天視自我民視，天聽自我民聽。」此之謂也。』

萬章問曰：『人有言，「至於禹而德衰，不傳於賢，而傳於子。」有諸？』

孟子曰：『否，不然也；天與賢，則與賢；天與子，則與子。昔者，舜薦禹於天，十有七年，舜崩，三年之喪畢，禹避舜之子於陽城，天下之民從之，若堯崩之後不從堯之子而從舜也。禹薦益於天，七年，禹崩，三年之喪畢，益避禹之子於箕山之陰。朝覲訟獄者不之益而之啓，

曰，「吾君之子也。」謳歌者不謳歌益而謳歌啓，曰，「吾君之子也。」丹朱之不肖，舜之子亦不肖。舜之相堯，禹之相舜也，歷年多，施澤於民久。啓賢，能敬承繼禹之道。益之相禹也，歷年少，施澤於民未久。舜、禹、益相去久遠，其子之賢不肖，皆天也，非人之所能爲也。莫之爲而爲者，天也；莫之致而至者，命也。匹夫而有天下者，德必若舜禹，而又有天子薦之者，故仲尼不有天下。繼世以有天下，天之所廢，必若桀紂者也，故益、伊尹、周公不有天下。伊尹相湯以王於天下，湯崩，太丁未立，外丙二年，仲壬四年，太甲顛覆湯之典刑，伊尹放之於桐，三年，太甲悔過，自怨自艾，於桐處仁遷義，三年，以聽伊尹之訓已也，復歸于亳。周公之不有天下，猶益之於夏、伊尹之於殷也。孔子曰：「唐虞禪，夏后殷周繼，其義一也。」」

國家體制論分部

論説

《國語・魯語下・公父文伯之母論内朝與外朝》 公父文伯之母如季氏，康子在其朝，與之言，弗應，從之及寢門，弗應而入。康子辭於朝而入見，曰：「肥也不得聞命，無乃罪乎？」曰：「子弗聞乎？天子及諸侯合民事於外朝，合神事於内朝；自卿以下，合官職於外朝，合家事於内朝；寢門之内，婦人治其業焉。上下同之。夫外朝，子將業君之官職焉；内朝，子將庀季氏之政焉，皆非吾所敢言也。」

又 《公父文伯之母論勞逸》 公父文伯退朝，朝其母，其母方績。文伯曰：「以歜之家而主猶績，懼忓季孫之怒也，其以歜爲不能事主乎！」

其母歎曰：「魯其亡乎！使僮子備官而未之聞耶？居，吾語女。昔聖王之處民也，擇瘠土而處之，勞其民而用之，故長王天下。夫民勞則思，思則善心生；逸則淫，淫則忘善，忘善則惡心生。沃土之民不材，逸也；瘠土之民莫不嚮義，勞也。是故天子大采朝日，與三公、九卿祖識地德；日中考政，與百官之政事，師尹維旅、牧、相宣序民事；少采夕月，與大史、司載糾虔天刑；日入監九御，使潔奉禘、郊之粢盛，而後卽安。諸侯朝修天子之業命，晝考其國職，夕省其典刑，夜儆百工，使無慆淫，而後卽安。卿大夫朝考其職，晝講其庶政，夕序其業，夜庀其家事，而後卽安。士朝受業，晝而講貫，夕而習復，夜而計過無憾，而後卽安。自庶人以下，明而動，晦而休，無日以怠。」

《大戴禮記・少閒》 公曰：「君度其上下，咸通之；權其輕重，居之；準民之色，目既見之；鼓民之聲，耳既聞之；動民之德，心既和之；通民之欲，兼而壹之；愛民親賢而教不能：民庶説乎？」

子曰：「説則説矣，可以爲家，不可以爲國。」

公曰：「可以爲家，胡爲不可以爲國？國之民，家之民也。」

子曰：「國之民，誠家之民也。然其名異，不可同也。同名同食曰同等，唯不同等，民以知極。故天子昭有神於天地之閒，以示威於天下也。諸侯修禮於封内，以事天子；大夫修官守職，以事其君；士修四衛，執技論力，以聽乎大夫；庶人仰視天文，俯視地理，力時使以聽乎父母。此唯不同等，民以可治也。」

公曰：「善哉！上與下不同乎？」

子曰：「將以時同時不同。上謂之閑，下謂之多疾。君時同於民，布政也；民時同於君，服聽也。上下相報而終於施。大猶已成，發其小者；遠猶已成，發其近者。將行重器，先其輕者。先清而後濁者，天地也。天政曰正，地政曰生，人政曰辨。苟本正，則華英必得其節以秀孚矣。此官民之道也。」

《孟子・滕文公上》 孟子曰：「【略】然則治天下獨可耕且爲與？有大人之事，有小人之事。且一人之身，而百工之所爲備，如必自爲而後用之，是率天下而路也。故曰，或勞心，或勞力；勞心者治人，勞力者治於人；治於人者食人，治人者食於人，天下之通義也。」

又 《盡心下》 孟子曰：「民爲貴，社稷次之，君爲輕。是故得乎丘民而爲天子，得乎天子爲諸侯，得乎諸侯爲大夫。諸侯危社稷，則變置。犧牲既成，粢盛既絜，祭祀以時，然而旱乾水溢，則變置社稷。」

天下爲公論分部

論說

《逸周書・殷祝》　湯放桀而復薄，三千諸侯大會。湯取天子之璽，置之天子之坐，左退而再拜，從諸侯之位。湯曰：此天子位，有道者可以處之。天下非一家之有也，有道者之有也。故天下者，唯有道者理之，唯有道者紀之，唯有道者宜久處之。湯以此三讓，三千諸侯莫敢卽位，然後湯卽天子之位。與諸侯誓曰：陰勝陽卽謂之變，而天弗施；雌勝雄卽謂之亂，而人弗行。故諸侯之治政，在諸侯之大夫治與從。

《呂氏春秋・孟春紀・貴公》　昔先聖王之治天下也必先公，公則天下平矣，平得於公。嘗試觀於《上志》，有得天下者衆矣，其得之以公，其失之必以偏。凡主之立也生於公，故《洪範》曰：『無偏無黨，王道蕩蕩。無偏無頗，遵王之義。無或作好，遵王之道。無或作惡，遵天下非一人之天下也，天下之天下也。陰陽之和，不長一類。甘露時雨，不私一物。萬民之主，不阿一人。伯禽將行，請所以治魯，周公曰：『利而勿利也。』荆人有遺弓者而不肯索，曰：『荆人遺之，荆人得之，又何索焉？』孔子聞之曰：『去其荆而可矣。』老聃聞之曰：『去其人而可矣。』故老聃則至公矣。天地大矣，生而弗子，成而弗有，萬物皆被其澤、得其利而莫知其所由始，此三皇、五帝之德也。

《六韜・文韜・文師》　文王曰：『立斂何若而天下歸之？』太公曰：『天下非一人之天下，乃天下之天下也。同天下之利者則得天下，擅天下之利者則失天下。天有時，地有財，能與人共之者仁也。仁之所在，天下歸之。免人之死，解人之難，救人之患，濟人之急者，德也。德之所在，天下歸之。與人同憂、同樂、同好、同惡者，義也。義之所在，天下赴之。凡人惡死而樂生，好德而歸利，能生利者，道也。道之所在，天下歸之。』

國家治亂論分部

論說

《左傳・襄公十三年》　君子曰：【略】周之興也，其詩曰：「儀刑文王，萬邦作孚。」言興善也。及其衰也，其詩曰：「大夫不均，我從事獨賢。」言不讓也。世之治也，君子尚能而讓其下，小人農力以事其上，是以上下有禮，而讒慝黜遠，由不爭也，謂之懿德。及其亂也，君子稱其功以加小人，小人伐其技以馮君子，是以上下無禮，亂虐並生，由爭善也，謂之昏德。國家之敝，恒必由之。」

《管子・八觀》　行其田野，視其耕芸，計其農事，而飢飽之國可以知也。其耕之不深，芸之不謹，地宜不任，草田多穢，耕者不必肥，荒者不必墝，以人猥計其野，草田多而辟田少者，雖不水旱，飢國之野也。若是而民寡，則不足以守其地，若是而民衆，則國貧民飢；以此遇水旱，則衆散而不收。彼民不足以守者，其城不固；民飢者，不可以使戰；衆散而不收，則國爲丘墟。故曰：有地君國，而不務耕芸，寄生之君也。故曰：行其田野，視其耕芸，計其農事，而飢飽之國可知也。

行其山澤，觀其桑麻，計其六畜之產，而貧富之國可知也。夫山澤廣大則草木易多也，壤地肥饒則桑麻易殖也，薦草多衍則六畜易繁也。山澤雖廣，草木毋禁，壤地雖肥，桑麻毋數，薦草雖多，六畜有征，閉貨之門也。故曰：時貨不遂，金玉雖多，謂之貧國也。故曰：行其山澤，觀其桑麻，計其六畜之產，而貧富之國可知也。

入國邑，視宮室，觀車馬衣服，而侈儉之國可知也。夫國城大而田野淺狹者，其野不足以養其民；城域大而人民寡者，其民不足以守其城；宮營大而室屋寡者，其室不足以實其宮；室屋衆而人徒寡者，其人不足以處其室；囷倉寡而臺榭繁者，其藏不足以共其費。故曰：主上無積而宮室美，氓家無積而衣服脩，乘車者飾觀望，步行者雜文采，本資少而末

用多者，侈國之俗也。國侈則用費，用費則民貧，民貧則姦智生，姦智生則邪巧作。故姦邪之所生，生於匱不足；匱不足之所生，生於侈；侈之所生，生於毋度。故曰：審度量，節衣服，儉財用，禁侈泰，爲國之急也。不通於若計者，不可使用國。故曰：入國邑，視宫室，觀車馬衣服，而侈儉之國可知也。

課凶饑，計師役，觀臺榭，量國費，而實虚之國可知也，凡田野，萬家之衆可食之地方五十里，可以爲足矣。萬家以下，則就山澤可矣。萬家以上，則去山澤可矣。彼野悉辟，而民無積者，國地小而食地淺也。田半墾，而民有餘食，而粟米多者，國地大而食地博也。國地大而野不辟者，君好貨而臣好利者也。辟地廣而民不足者，上賦重，流其藏者也。故曰：粟行於三百里，則國毋一年之積；粟行於四百里，則國毋二年之積；粟行於五百里，則衆有飢色。其稼亡三之一者，命曰小凶，小凶三年而大凶，大凶則衆有大遺苞矣。什一之師，什三毋事，則稼亡三之一，稼亡三之一而非有故蓋積也，則道有損瘠矣。什一之師，三年不解，非有餘食也，則民有鬻子矣。故曰：山林雖近，草木雖美，宫室必有度，禁發必有時。是何也？曰：大木不可獨伐也，大木不可獨舉也，大木不可獨運也，大木不可加之薄墻之上。故曰：山林雖廣，草木雖美，禁發必有時。國雖充盈，金玉雖多，宫室必有度。江海雖廣，池澤雖博，魚鼈雖多，罔罟必有正。船網不可一財而成也，非私草木，愛魚鼈也，惡廢民於生穀也。故曰：先王之禁山澤之作者，博民於生穀也。彼民非穀不食，穀非地不生，地非民不動，民非作力毋以致財。天下之所生，生於用力；用力之所生，生於勞身。是故主上用財毋已，是民用力毋休也。故曰：臺榭相望者，其上下相怨也。民毋餘積者，其禁不必止。衆有遺苞者，其戰不必勝。道有損瘠者，其守不必固。故令不必行，禁不必止，戰不必勝，守不必固，則危亡隨其後矣。故曰：課凶飢，計師役，觀臺榭，量國費，實虚之國可知也。

入州里，觀習俗，聽民之所以化其上，而治亂之國可知也。州里不鬲，閭閈不設，出入毋時，早晏不禁，則攘奪、竊盗、攻擊、殘賊之民毋自勝矣。食谷水，巷鑿井，場圃接，樹木茂，宫墻毀壞，門户不閉，外内交通，則男女之别毋自正矣。鄉毋長游，里毋士舍，時無會同，喪蒸不聚，禁罰不嚴，則齒長輯睦毋自生矣。故昏禮不謹則民不脩廉，論賢不鄉舉則士不及行，貨財行於國則法令毀於官，請謁得於上則黨與成於下。鄉官毋法制，百姓羣徒不從，此亡國弑君之所自生也。故曰：入州里，觀習俗，聽民之所以化其上者，而治亂之國可知也。

入朝廷，觀左右，本求朝之臣，論上下之所貴賤者，而彊弱之國可知也。功多爲上，禄賞爲下，則積勞之臣不務盡力。治行爲上，爵列爲下，則豪桀材臣不務竭能。便辟左右不論功能而有爵禄，則百姓疾怨非上，賤爵輕禄。金玉貨財，商賈之人不論而在爵禄，則上令輕，法制毀。權重之人不論才能而得尊位，則民倍本行而求外勢。彼積勞之人不務盡力，則兵士不戰矣。豪桀材人不務竭能，則内治不别矣。百姓疾怨非上，賤爵輕禄，則上毋以勸衆矣。上令輕，法制毀，則君毋以使臣，臣毋以事君矣。民倍本行而求外勢，則國之情僞竭在敵國矣。故曰：入朝廷，觀左右，本朝之臣，論上下之所貴賤者，而彊弱之國可知也。

置法出令，臨衆用民，計其威嚴寬惠，行於其民與不行於其民可知也。法虚立而害疏遠，令一布而不聽者存，賤爵禄而毋功者富，然則衆必輕令而上位危。故曰：良田不在戰士，三年而兵弱；賞罰不信，五年而破；上賣官爵，十年而亡；倍人倫而禽獸行，十年而滅。戰不勝，弱也。地四削，入諸侯，被也。離本國，徙都邑，亡也。有者異姓，滅也。故曰：置法出令，臨衆用民，計威嚴寬惠，而行於其民不行於其民可知也。

計敵與，量上意，察國本，觀民産之所有餘不足，而存亡之國可知也。敵國彊而與國弱，諫臣死而諛臣尊，私情行而公法毀，然則與國不恃其親，而敵國不畏其彊，豪傑不安其位，而積勞之人不懷其禄。悦商販而不務本貨，則民偷處而不事積聚；豪傑不安其位，則良臣出；積勞之人不懷其禄，則兵士不用。民偷處而不事積聚，則囷倉空虚。如是而君不爲變，然則攘奪、竊盗、殘賊、進取之人起矣。内者廷無良臣，兵士不用，囷倉空虚，而外有彊敵之憂，則國居而自毀矣。故曰：計敵與，量上意，察國本，觀民産之所有餘不足，而存亡之國可知也。故以此八者，觀人主之國，而人主毋所匿其情矣。

《尉繚子·治本》　夫謂治者，使民無私也。民無私，則天下爲一家，

無私耕私織，共寒其寒，共飢其飢。故如有子十人，不加一飯，有子一人，不損一飯，焉有喧呼酖酒以敗善類乎！

民相輕佻，則欲心與爭奪之患起矣。横生於一夫，則民私飯有儲食，私用有儲財，民有犯禁，而拘以刑治，烏有以爲人上也。善政執其制，使民無私，爲下不敢私，則無爲非者矣。

反本緣理，出乎一道，則欲心去，爭奪止，囹圄空，野充粟多，安民懷遠；外無天下之難，內無暴亂之事，治之至也。

《尹文子·大道下》　仁義禮樂，名法刑賞，凡此八者，五帝三王治世之術也。故仁以導之，義以宜之，禮以行之，樂以和之，名以正之，法以齊之，刑以威之，賞以勸之。故仁者所以博施於物，亦所以生偏私。義者所以立節行，亦所以成華僞。禮者所以行恭謹，亦所以生惰慢。樂者所以和情志，亦所以生淫放。名者所以正尊卑，亦所以生矜篡。法者所以齊衆異，亦所以生乖分。刑者所以威不服，亦所以生陵暴。賞者所以勸忠能，亦所以生鄙爭。凡此八術，無隱於人，而常存於世，非自顯於堯湯之時，非自逃於桀紂之朝，用得其道則天下治，失其道則天下亂。過此而往，雖彌綸天地，籠絡萬品，治道之外，非羣生所餐挹，聖人錯而不言也。凡國之存亡有六徵：有衰國，有亡國，有昌國，有彊國，有治國，有亂國。所謂亂亡之國者，凶虐殘暴不與焉。所謂彊治之國者，威力仁義不與焉。君年長多媵，少子孫，疏宗彊，衰國也。君寵臣，臣愛君，公法廢，私欲行，亂國也。國貧小，家富大，君權輕，臣勢重，亡國也。凡此三徵，不待凶虐殘暴而後弱也。雖曰見存，吾必謂之亡者也。內無專寵，外無近習，支庶繁字，長幼不亂，昌國也。農桑以時，倉廩充實，兵甲勁利，封疆修理，彊國也。上不勝其下，下不能犯其上，上下不相勝犯，故禁令行，人人無私，雖經險易而國不可侵，治國也。凡此三徵，不待威力仁義而後彊，雖曰見弱，吾必謂之存者。治主之典，必有所先誅，先誅者非謂盜，非謂姦，此二惡者，一時之大害，非亂政之本也。亂政之本，下侵上之權，臣用君之術，心不畏時之禁，行不軌時之法，此大亂之道也。

《馬王堆漢墓帛书·黄帝四經·經法·四度》　君臣易位謂之逆，賢不肖并立謂之亂，動静不時謂之逆，生殺不當謂之暴。逆則失本，亂則失職，逆則失天，［暴］則失人。失本則［損］，失職則侵，失天則（幾）［飢］，失人則疾。周遷動作，天爲之稽。天道不遠，入與處，出與反。

君臣當位謂之静，賢不肖當位謂之正，動静參於天地謂之文，誅［禁］時當謂之武。静則安，正［則］治，文［則］明，武則强。安［則］得本，治則得人，明則得天，强則威行。參於天地，合於民心。文武并立（蒞），命之曰上同。

審知四度，可以定天下，可安一國。順治其內，逆用於外，功成而傷。逆治其內，順用其〈於〉外，功成而亡。內外皆逆，是謂重殃，身危爲（有）戮，國危破亡。內外皆順，功成而不廢，後不逢殃。

聲華［實寡］者，用（庸）也。順者，動也。正者，事之根也。執道循理，必從本始，順爲經紀。禁伐當罪，必中天理。（伓）［倍］約則窘，達刑則傷。伓（倍）逆合當，爲若有事，雖無成功，亦無天殃。

毋［止生以死］，毋禦死以生，毋爲虚聲。聲溢於實，是謂滅名。極陽以殺，極陰以生，是謂逆陰陽之命。極陽殺於外，極陰生於內。已逆陰陽，又逆其位，大則國亡，小則身受其殃。［故因陽伐死，因陰］建生。當者有［數］，極而反，盛而衰：天地之道也，人之理也。逆順同道而異理，審知逆順，是謂道紀。以强下弱，何國不克，以貴下賤，何人不得。以賢下不肖，［何事］不［治］。

規之內曰圓，矩之內曰［方］，［懸］之下曰正，水之［上］曰平。尺寸之度曰小大短長，權衡之稱曰輕重不爽，斗石之量曰少多有數，［繩準之立曰曲直有度］。八度者，用之稽也。日月星辰之期，四時之度，［動静］之位，外內之處，天之稽也。高［下］不蔽其形，美惡不匿其情，地之稽也。君臣不失其位，士不失其處，任能毋過其所長，去私而立公，人之稽也。美惡有名，逆順有形，情僞有實，王公執［之］以爲天下正。

因天時，伐天毀，謂之武。武刃而以文隨其後，則有成功矣，用二文一武者王。其〈失〉主〈天〉道，離人理，處狂惑之位處［而］不悟，身必有戮。柔弱者無罪而幾，不及而翟（趯），是謂柔弱。剛正而［强］者［臨罪］而不究。名功相抱（孚），是故長久。名功不相抱（孚），名進實退，是謂失道，其卒必［有］身咎。黄金珠玉藏積，怨之本也。女樂玩好燔材（蕃載），亂之基也。守怨之本，養亂之基，雖有聖人，不能爲謀。

又 《亡論》 凡犯禁絶理，天誅必至。一國而服（備）六危者滅。一國而服（備）三不幸者死，廢令者亡。一國而服（備）三壅者，亡地更君。一國［之君］而服（備）三凶者，禍反［自］及也。上溢者死，下溢者刑。德薄而功厚者隋（墮），名禁而不王（匡）者死。抹（昧）利，襦（渝）傳（轉），達刑，爲亂首，爲怨媒，此五者，禍皆反自及也。

守國而恃其地險者削，用國而恃其强者弱。興兵失理，所伐不當，天降二殃。逆節不成，是謂得天。逆節果成，天將不盈其命而重其刑。贏極必靜，動舉必正。贏極而不靜，是謂失天。動舉而不正，［是］謂後命。大殺服民，戮降〈賢〉人，刑無罪，禍皆反自及也。所伐當罪，其禍〈福〉五之；所伐不當，其禍什之。

國受兵而不知固守，下邪（斜）恆（横）以地界爲私者［保］。救人而弗能存，反爲禍門。是謂危〈犯〉根〈禁〉。聲華實寡，危國亡土。夏起大土功，命曰絶理。犯禁絶理，天誅必至。六危：一曰嫡子父。二曰大臣主。三曰謀臣［外］其志。四曰聽諸侯之廢置。五曰左右比周以壅塞。六曰父兄黨以儨（拂）。［六］危不勝，禍及於身。［三］不幸：一曰妄殺賢。二曰殺服民。三曰刑無罪。此三不幸。

三壅：内位勝謂之塞，外位勝謂之儨（拂）；外内皆勝則君孤直（特）。以此有國，守不固，戰不克。此謂一壅。從中令外［謂之］惑，從外令中謂之［賊］。外内遂爭，則危都國。此謂二壅。一人擅主，命曰蔽光。從中外周，此謂重壅。外内爲一，國乃更。此謂三壅。三凶：一曰好凶器。二曰行逆德。三曰縱心欲。此謂［三凶］。

［昧］天［下之］利，受天下之患；昧一國之利者，受一國之禍。約而倍（背）之，謂之襦（渝）傳（轉）。伐當罪，見利而反（返），謂之達刑。上殺父兄，下走子弟，謂之亂首。外約不信，謂之怨媒。有國將亡，當［罪復］昌。

國家興亡論分部

論說

《逸周書·文傳》 文王受命之九年，時維莫春，在鄗，召太子發曰：嗚呼，我身老矣！吾語汝我所保與我所守，傳之子孫。吾厚德而廣惠，忠信而志愛。人君之行，不爲驕侈，不爲泰靡，不淫于美，括柱茅茨，爲民愛費。山林非時，不升斤斧，以成草木之長。川澤非時，不入網罟，以成魚鼈之長。不卵不蹼，以成鳥獸之長。畋獵唯時，不殺童羊，不夭胎，童牛不服，童馬不馳，不騖澤，不行害。土不失其宜，萬物不失其性，天下不失其時。土可犯，材可蓄。潤溼不穀，樹之竹、葦、莞、蒲。礫石不可穀，樹之葛木，以爲絺綌，以爲材用。故凡土地之閒者，聖人裁之，並爲民利。是以魚鼈歸其淵，鳥獸歸其林。孤寡辛苦，咸賴其生。山林以遂其材，工匠以爲其器，百物以平其利，商賈以通其貨。工不失其務，農不失其時，是謂和德。土多民少，非其土也。土少人多，非其人也。是故土多發政，以漕四方，四方流之。土少安帑，而外其務方輸。《夏箴》曰：中不容利，民乃外次。《開望》曰：土廣無守可襲伐，土狹無食可圍竭。二禍之來，不稱之災。天有四殃，水旱饑荒，其至無時，非務積聚，何以備之。《夏箴》曰：小人無兼年之食，遇天饑，妻子非其有也。大夫無兼年之食，遇天饑，臣妾輿馬非其有也。國無兼年之食，遇天饑，百姓非其有也。戒之哉！弗思弗行，禍至無日矣。明開塞禁舍者，其取天下如化。不明開塞禁舍者，其失天下如化。人各修其學而尊其名，聖人制之。故諸横生盡以養從生，從生盡以養一丈夫。無殺夭胎，無伐不成材，無墮四時。如此者十年。有十年之積者王，有五年之積者霸，無一年之積者亡。生十殺一者物十重，生一殺十者物頓空。十重者王，頓空者亡。兵强勝人，人强勝天。能制其有者，則能制人之有，不能制其有者，則人制之。令行禁止，王之始也。出一曰神明，出二曰分光，出三曰無適

異，出四曰無適與。無適與者亡。

又《史記》 維正月，王在成周。昧爽，召三公左史戎夫曰：今夕朕寤，遂事驚予。乃取遂事之要戒，俾戎夫主之，朔望以聞。信不行，義不立，則哲士淩君政。禁而生亂，皮氏以亡。諂諛日近，方正日遠，則邪人專國政。禁而生亂，華氏以亡。好貨財珍怪，則邪人進；邪人進，則賢良日蔽而遠。賞罰無位，隨財而行，夏后氏以亡。嚴兵而不仁者，其臣懾；其臣懾，則不敢忠；不敢忠，則民不親其吏。刑始於親，遠者寒心，殷商以亡。樂專於君者，權專於臣；權專於臣，則刑專於民。君娛於樂，臣爭於權，民盡於刑，有虞氏以亡。奉孤以專命者，謀主必畏其威而疑其前事。挾德而責數日疏，位均而爭，平林以亡。大臣有錮職譁誅者危。昔者質沙三卿，朝而無禮，君怒而久拘之，譁而弗加，三卿謀變，質沙以亡。外內相閒，下撓其民，民無所附，三苗以亡。弱小在彊大之閒，存亡將由之，則無天命矣，不知命者死。有夏之方興也，扈氏弱而不恭，身死國亡。嬖子兩重者亡。昔者義渠氏有兩子異母，皆重。君疾，大臣分黨而爭，義渠以亡。功大不賞者危。昔平州之臣，功大而不賞，諂臣日貴，功臣日怒而生變，平州之君以走出。召遠不親者危。昔有林氏召離戎之君而朝之，至而不禮，留而弗親，離戎逃而去之，林氏誅之，天下叛林氏。昔者曲集之君，伐智而專事，彊力而不信其臣，忠良皆伏。愉州氏伐之，君孤而無使，曲集以亡。昔者有巢氏有亂臣而貴，任之以國，假之以權，擅國而主斷，君已而奪之，臣怒而生變，有巢以亡。斧小不勝柯者亡。昔有鄶君嗇儉，減爵損祿，羣臣卑讓，上下不臨。後鄶小弱，禁罰不行，重氏伐之，鄶君以亡。久空重位者危。昔有共工自賢，自以無臣，久空大官，下官交亂，民無所附，唐氏伐之，共工以亡。犯難爭權疑者死。昔有林氏、上衡氏爭權，林氏再戰而勝，上衡氏僞義弗克，俱身死國亡。知能均而不親，並重事君者危。昔有南氏有二臣貴寵，力鈞勢敵，競進爭權，下爭朋黨，君弗能禁，南氏以分。昔有果氏好以新易故，故者疾怨，新故不和，內爭朋黨，陰事外權，有果氏以亡。爵重祿輕比囗不成者亡。昔有畢程氏，損祿增爵，羣臣貌匱，比而戾民，畢程氏以亡。好變故易常者亡。昔陽氏之君，自伐而好變，事無故業，官無定位，民運於下，陽氏以亡。業形而愎者危。昔穀平之君，愎類無親，破國弗克，業形用國，外內相援，穀平以亡。武不止者亡。昔阪泉氏用兵無已，誅戰不休，并兼無親，文無所立，智士寒心。徙居至于獨鹿，諸侯叛之，阪泉以亡。很而無親者亡。昔者縣宗之君，很而無聽，執事不從，宗職者疑，發大事，羣臣解體，國無立功，縣宗以亡。昔者玄都賢鬼道，廢人事天，謀臣不用，龜策是從，神巫用國，哲士在外，玄都以亡。文武不行者亡。昔者西夏性仁非兵，城郭不脩，武士無位，惠而好賞，財屈而無以賞。唐氏伐之，城郭不守，武士不用，西夏以亡。美女破國。昔者績陽，彊力四征，重丘遺之美女，績陽之君悅之。熒惑不治，大臣爭權，遠近不相聽，國分爲二。宮室破國。昔者有洛氏，宮室無常，池囿廣大，工功日進，以後更前，民不得休，農失其時，饑饉無食，成商伐之，有洛以亡。

《國語·周語下·西周三川皆震伯陽父論周將亡》 幽王二年，西周三川皆震。伯陽父曰：『周將亡矣！夫天地之氣，不失其序；若過其序，民亂之也。陽伏而不能出，陰迫而不能烝，於是有地震。今三川實震，是陽失其所而鎮陰也。陽失而在陰，川源必塞；源塞，國必亡。夫水土演而民用也。水土無所演，民乏財用，不亡何待？昔伊、洛竭而夏亡，河竭而商亡。今周德若二代之季矣，其川源又塞，塞必竭。夫國必依山川，山崩川竭，亡之徵也。川竭，山必崩。若國亡不過十年，數之紀也。夫天之所棄，不過其紀。』是歲也，三川竭，岐山崩。十一年，幽王乃滅，周乃東遷。

又《內史過論神》 十五年，有神降於莘，王問於內史過，曰：『是何故？固有之乎？』對曰：『有之。國之將興，其君齊明、衷正、精潔、惠和，其德足以昭其馨香，其惠足以同其民人。神饗而民聽，民神無怨，故明神降之，觀其政德而均布福焉。國之將亡，其君貪冒、辟邪、淫佚、荒怠、麤穢、暴虐；其政腥臊，馨香不登；其刑矯誣，百姓攜貳。明神不蠲而民有遠志，民神怨痛，無所依懷，故神亦往焉，觀其苛慝而降之禍。是以或見神以興，亦或以亡。昔夏之興也，融降于崇山；其亡也，回祿信於聆隧。商之興也，檮杌次於丕山；其亡也，夷羊在牧。周之興也，鸑鷟鳴於岐山；其衰也，杜伯射王於鄗。是皆明神之志者也。』

王曰：『今是何神也？』對曰：『昔昭王娶於房，曰房后，實有爽

德，協於丹朱，丹朱憑身以儀之，生穆王焉。是實臨照周之子孫而禍福之。夫神壹不遠徙遷，若由是觀之，其丹朱之神乎？」王曰：「其誰受之？」對曰：「在虢土。」王曰：「然則何爲？」對曰：「臣聞之：道而得神，是謂逢福；淫而得神，是謂貪禍。今虢少荒，其亡乎？」王曰：「吾其若之何？」對曰：「使太宰以祝、史帥狸姓，奉犧牲、粢盛、玉帛往獻焉，無有祈也。」

王曰：「虢其幾何？」對曰：「昔堯臨民以五，今其胄見，神之見也，不過其物。若由是觀之，不過五年。」王使太宰忌父帥傅氏及祝、史奉犧牲、玉鬯往獻焉。内史過從至虢，虢公亦使祝、史請土焉。内史過歸，以告王曰：「虢必亡矣，不禋於神而求福焉，神必禍之；不親於民而求用焉，人必違之。精意以享，禋也；慈保庶民，親也。今虢公動匱百姓以逞其違，離民怒神而求利焉，不亦難乎！」十九年，晉取虢。

政治主體論部

帝王國君論分部

論説

《尚書·皋陶謨》曰若稽古。皋陶曰：「允迪厥德，謨明弼諧。」禹曰：「俞！如何？」皋陶曰：「都！慎厥身修，思永。惇敘九族，庶明厲翼，邇可遠在兹。」禹拜昌言，曰：「俞。」

皋陶曰：「都！在知人，在安民。」禹曰：「吁！咸若時，惟帝其難之。知人則哲，能官人；安民則惠，黎民懷之。能哲而惠，何憂乎驩兜，何遷乎有苗，何畏乎巧言令色孔壬？」

「皋陶曰：『都，亦行有九德，亦言其人有德。』乃言曰：『載采采。』禹曰：『何？』皋陶曰：『寬而栗，柔而立，愿而恭，亂而敬，擾而毅，直而温，簡而廉，剛而塞，彊而義。彰厥有常，吉哉！日宣三德，夙夜浚明有家。日嚴祗敬六德，亮采有邦。翕受敷施，九德咸事，俊乂在官。百僚、師師，百工惟時，撫于五（長）［辰］，庶績其凝。無教逸欲有邦。兢兢業業，一日二日萬幾。無曠庶官，天工人其代之。天敘有典，勑我五典五惇哉；天秩有禮，自我五禮有庸哉；同寅協恭和衷哉；天命有德，五服五章哉；天討有罪，五刑五用哉；政事懋哉懋哉！天聰明，自我民聰明；天明畏，自我民明威。達于上下，敬哉有土。』」

皋陶曰：「朕言惠可厎行？」禹曰：「俞，乃言厎可績。」皋陶曰：「予未有知，思曰贊贊襄哉。」

又《無逸》周公曰：「嗚呼！君子所其無逸！先知稼穡之艱難乃逸，則知小人之依。相小人，厥父母勤勞稼穡，厥子乃不知稼穡之艱難，乃逸，乃諺，既誕，否則侮厥父母曰：『昔之人無聞知！』」

周公曰：「嗚呼！我聞曰：昔在殷王［太宗，不義惟王，舊爲小人；作其即位。爰知小人之依，能保惠于庶民，不敢侮鰥寡：肆太宗之享國三十有三年。其在］中宗，嚴恭寅畏，天命自度，治民祗懼，不敢荒寧：肆中宗之享國七十有五年。其在高宗，時舊勞于外，爰暨小人；作其即位，乃或亮陰，三年不言，其惟不言，言乃雍；不敢荒寧，嘉靖殷邦，至于小大，無時或怨：肆高宗之享國五十有九年。［其在祖甲，不義惟王，舊爲小人；作其即位。爰知小人之依，能保惠于庶民，不敢侮鰥寡：肆祖甲之享國三十有三年。］自時厥後立王，生則逸。生則逸不知稼穡之艱難，不聞小人之勞，惟耽樂之從。自時厥後亦罔或克壽，或十年，或七、八年，或五、六年，或四、三年。」

周公曰：「嗚呼！厥亦惟我周，太王、王季克自抑畏。文王卑服，即康功田功；徽柔懿恭，懷保小民，惠鮮于鰥寡；自朝至于日中昃，不遑暇食，用咸和萬民。文王不敢盤于遊田，以庶邦惟正之供。文王受命惟中身，厥享國五十年。」

周公曰：「嗚呼！繼自今嗣王則其無淫于觀，于逸，于遊，于田，

以萬民惟正之供。無皇曰：「今日耽樂。」乃非民攸訓，非天攸若，時人丕則有愆。無若殷王受之迷亂，酗于酒德哉！』

周公曰：『嗚呼！我聞曰：古之人猶胥訓告，胥保惠，胥教誨，民無或胥譸張爲幻。此厥不聽，人乃訓之，乃變亂先王之正刑，至于小大，民否則厥心違怨，否則厥口詛祝。』

周公曰：『嗚呼！自殷王［太宗及］中宗及高宗［及祖甲］及我周文王，茲四人迪哲。厥或告之曰：「小人怨汝詈汝。」則皇自敬德。厥愆，曰：「朕之愆！」允若時，不啻不敢含怒。此厥不聽，人乃或譸張爲幻，曰：「小人怨汝詈汝。」則信之，則若時，不永念厥辟，不寬綽厥心，亂罰無罪，殺無辜，怨有同，是叢于厥身！』

周公曰：『嗚呼！嗣王其監于茲！』

又《立政》 周公曰：『嗚呼！休茲知恤鮮哉！古之人迪惟有夏，乃有室大競，籲俊尊上帝，迪知忱恂于九德之行。乃敢告教厥后曰：拜手稽首后矣。曰：宅乃事，宅乃牧，宅乃準，茲惟后矣。謀面用丕訓德，則乃宅人，茲乃三宅無義民。桀德惟乃弗作往任，是惟暴德罔後。亦越成湯，陟丕釐上帝之耿命。乃用三有宅，克即宅。曰三有俊，克即俊。嚴惟丕式，克用三宅三俊。其在商邑，用協于厥邑；其在四方，用丕式見德。

『嗚呼！其在受德暋，惟羞刑暴德之人，同于厥邦。乃惟庶習逸德之人，同于厥政。帝欽罰之，乃伻我有夏，式商受命，奄甸萬姓。亦越文王、武王，克知三有宅心，灼見三有俊心，以敬事上帝，立民長伯。立政：任人、準夫、牧，作三事；虎賁、綴衣、趣馬、小尹、左右攜僕、百司、庶府，大都、小伯、藝人、表臣百司、太史、尹伯、庶常吉士；司徒、司馬、司空、亞、旅；夷、微、盧烝，三亳、阪尹。文王惟克厥宅心，乃克立茲常事、司牧人，以克俊有德。文王罔攸兼于庶言、庶獄、庶慎，惟有司之牧夫，是訓用違。庶獄庶慎，文王罔敢知于茲。亦越武王，率惟敉功，不敢替厥義德，率惟謀從容德，以並受此丕丕基。

『嗚呼！孺子王矣。繼自今我其立政：立事、準人、牧夫。我其克灼知厥若，丕乃俾亂，相我受民，和我庶獄庶慎，時則勿有間之，自一話一言，我則末惟成德之彥，以乂我受民。

『嗚呼！予旦已受人之徽言，咸告孺子王矣，繼自今文子文孫，其勿誤于庶獄庶慎，惟正是乂之。

『自古商人，亦越我周文王立政：立事、牧夫、準人，則克宅之，克由繹之，茲乃俾乂。國則罔有立政用憸人，不訓于德，是罔顯在厥世。繼自今立政，其勿以憸人，其惟吉士。用勱相我國家。今文子文孫孺子王矣，其勿誤于庶獄，惟有司之牧夫。其克詰爾戎兵，以陟禹之迹。方行天下，至于海表，罔有不服，以覲文王之耿光，以揚武王之大烈。

『嗚呼！繼自今後王立政，其惟克用常人。』

《逸周書·大戒》 維正月既生魄，王訪于周公曰：嗚呼！朕聞維時兆厥工，非不顯，朕實不明，以侻伯父。維士非不務，而不得助。大則驕，小則懾，懾謀不極。予重位與輕服，非共得福，厚用遺。庸止生郄，庸行信貳，衆輯羣政，不輯自匿。嗚呼！予夙勤之，無或告予，非不念，念不知。周公曰：於！敢稱乃武考之言曰，微言入心，夙喻動衆，大乃不驕。行惠于小，小乃不懾。連官集乘，同憂若一，謀有不行。予惟重告爾庸。厲□以餌士，權先伸之，明約必遺之，其位不尊，其謀不陽。我不畏敬，材在四方。無擅于人，塞匿勿行，惠戚咸服，孝悌乃明。明立威恥亂，使衆之道，撫之以惠，內姓無感，外姓無謫，人知其罪，上之明審，教幼乃勤，貧賤制□。設九備，乃無亂謀。九備：一、忠正不荒美好，乃不作惡；四、□說聲色，憂樂盈匿；五、碩信傷辯，曰費□□；六、出觀好怪，內方淫巧；七、□□謀躁，內乃荒異；八、□□好威，民衆日逃；九、富寵極足是大極，內心其離；九備既明，我貴寶之，應協以動，遠爾同功。謀和適用，覆以觀之，上明仁義，援貢有備。聚財多□，以援成功，克禁淫謀，衆匿乃雍。順得以動，人以立行，輯佐之道，上必盡其志，然後得其謀。無轉其信，雖危不動，貞信以昭，其乃得人。上危而轉，下乃不親。王拜曰：允哉，允哉！敬行天道。

《周易·乾·文言》 九二曰見龍在田，利見大人，何謂也？子曰，龍德而正中者也。庸言之信，庸言之謹。閑邪存其誠，善世而不伐，德博而化。《易》曰見龍在田，利見大人，君德也。

《左傳·桓公二年》 臧哀伯諫曰：『君人者將昭德塞違，以臨照百官，猶懼或失之，故昭令德以示子孫，是以清廟茅屋，大路越席，大羹不

致，粢食不鑿，昭其儉也。袞冕黻珽，帶裳幅舄，衡紞紘綖，昭其度也。藻率鞞鞛，鞶厲游纓，昭其數也。火龍黼黻，昭其文也。五色比象昭其物也，鍚鸞和鈴，昭其聲也，三辰旂旗昭其明也。夫德儉而有度，登降有數，文物以紀之，聲明以發之，以臨照百官，百官於是乎戒懼，而不敢易紀律。』

又《文公六年》（君子曰）『古之王者知命之不長，是以並建聖哲，樹之風聲，分之采物，著之話言，爲之律度，陳之藝極，引之表儀，予之法制，告之訓典，教之防利，委之常秩，導之以禮則，使毋失其土宜，衆隸賴之，而後即命，聖王同之。』

又《襄公十四年》 師曠侍於晉侯，晉侯曰：『衛人出其君，不亦甚乎？』對曰：『或者其君實甚！良君將賞善而刑淫，養民如子，蓋之如天，容之如地，民奉其君，愛之如父母，仰之如日月，敬之如神明，畏之如雷霆，其可出乎？夫君，神之主也，民之望也。若困民之主，匱神乏祀，百姓絶望，社稷無主，將安用之？弗去何爲？天生民而立之君，使司牧之，勿使失性。有君而爲之貳使師保之，勿使過度，是故天子有公，諸侯有卿，卿置側室，大夫有貳宗，士有朋友，庶人、工、商、皁、隸、牧圉皆有親暱，以相輔佐也。善則賞之，過則匡之，患則救之，失則革之，自王以下各有父兄子弟以補察其政，史爲書，瞽爲詩，工誦箴諫，大夫規誨，士傳言，庶人謗，商旅于市，百工獻藝。故夏書曰：「遒人以木鐸徇于路」官師相規，工執藝事以諫，正月孟春於是乎有之，諫失常也。天之愛民甚矣，豈其使一人肆於民上，以從其淫而棄天地之性，必不然矣。』

《國語・周語上・仲山父諫宣王立戲》 魯武公以括與戲見王，王立戲，樊仲山父諫曰：『不可立也！不順必犯，犯王命必誅，故出令不可不順也。令之不行，政之不立，行而不順，民將棄上。夫下事上，少事長，所以爲順也。今天子立諸侯而建其少，是教逆也。若魯從之而諸侯效之，王命將有所壅，若不從而誅之，是自誅王命也。是事也，誅亦失，不誅亦失，天子其圖之！』王卒立之。魯侯歸而卒，及魯人殺懿公而立伯御。

又《周語下・太子晉諫靈王壅穀水》 靈王二十二年，穀、洛鬬，將毀王宮。王欲壅之，太子晉諫曰：『不可。晉聞古之長民者，不墮山，不崇藪，不防川，不竇澤。夫山，土之聚也；藪，物之歸也；川，氣之導也；澤，水之鍾也。夫天地成而聚於高，歸物於下。疏爲川谷，以導其氣；陂塘汙庳，以鍾其美。是故聚不阤崩，而物有所歸；氣不沈滯，而亦不散越。是以民生有財用，而死有所葬。然則無夭、昬、札、瘥之憂，而無飢、寒、乏、匱之患，故上下能相固，以待不虞，古之聖王唯此之慎。

『昔共工棄此道也，虞于湛樂，淫失其身，欲壅防百川，墮高堙庳，以害天下。皇天弗福，庶民弗助，禍亂並興，共工用滅。其在有虞，有崇伯鮌，播其淫心，稱遂共工之過，堯用殛之于羽山。其後伯禹念前之非度，釐改制量，象物天地，比類百則，儀之于民，而度之于羣生，共之從孫四嶽佐之，高高下下，疏川導滯，鍾水豐物，封崇九山，決汩九川，陂鄣九澤，豐殖九穀，汩越九原，宅居九隩，合通四海。故天無伏陰，地無散陽，水無沈氣，火無災燀，神無閒行，民無淫心，時無逆數，物無害生。帥象禹之功，度之于軌儀，莫非嘉績，克厭帝心。皇天嘉之，祚以天下，賜姓曰「姒」，氏曰「有夏」，謂其能以嘉祉殷富生物也。祚四嶽國，命以侯伯，賜姓曰「姜」，氏曰「有呂」，謂其能爲禹股肱心膂，以養物豐民人也。

『此一王四伯，豈緊多寵？皆亡王之後也。唯能釐舉嘉義，以有胤在下，守祀不替其典。有夏雖衰，杞、鄫猶在；申、呂雖衰，齊、許猶在。唯有嘉功，以命姓受祀，迄于天下。及其失之也，必有慆淫之心閒之。故亡其氏姓，踣斃不振；絶後無主，湮替隸圉。夫亡者豈緊無寵？皆黄、炎之後也。唯不帥天地之度，不順四時之序，不度民神之義，不儀生物之則，以殄滅無胤，至于今不祀。及其得之也，必有忠信之心閒之。度於天地而順於時動，和於民神而儀於物則，故高朗令終，顯融昭明，命姓受氏，而附之以令名。若啓先王之遺訓，省其典圖刑法，而觀其廢興者，皆可知也。其興者，必有夏、呂之功焉；其廢者，必有共、鮌之敗焉。今吾執政無乃實有所避，而滑夫二川之神，使至於爭明，以妨王宮，王而飾之，無乃不可乎！

『人有言曰：「無過亂人之門。」又曰：「佐饍者嘗焉，佐鬬者傷焉。」

又曰：「禍不好，不能爲禍。」《詩》曰：「四牡騤騤，旟旐有翩，亂生不夷，靡國不泯。」又曰：「民之貪亂，寧爲荼毒。」夫見亂而不惕，所殘必多，其飾彌章。民有怨亂，猶不可遏，而況神乎？王將防鬬川以飾宮，是飾亂而佐鬬也，其無乃章禍且遇傷乎？自我先王厲、宣、幽、平而貪天禍，至于今未弭。我又章之，懼長及子孫，王室其愈卑乎？其若之何？

「自后稷以來寧亂，及文、武、成、康而僅克安民。自后稷之始基靖民，十五王而文始平之，十八王而康克安之，其難也如是。厲始革典，十四王矣。基德十五而始平，基禍十五其不濟乎！吾朝夕儆懼，曰：『其何德之修，而少光王室，以逆天休？』王又章輔禍亂，將何以堪之？王無亦鑑于黎、苗之王，下及夏、商之季，上不象天，而下不儀地，中不和民，而方不順時，不共神祇，而蔑棄五則。是以人夷其宗廟，而火焚其彝器，子孫爲隸，下夷於民，而亦未觀夫前哲令德之則。則此五者而受天之豐福，饗民之勤力，子孫豐厚，令聞不忘，是皆天子之所知也。

「天所崇之子孫，或在畎畝，由欲亂民也。畎畝之人，或在社稷，由欲靖民也。無有異焉！《詩》云：『殷鑑不遠，在夏后之世。』將焉用飾宫？其以徼亂也。度之天神，則非祥也。比之地物，則非義也。類之民則，則非仁也。方之時動，則非順也。咨之前訓，則非正也。觀之詩書，與民之憲言，則皆亡王之爲也。上下議之，無所比度，王其圖之！夫事大不從象，小不從文。上非天刑，下非地德，中非民則，方非時動而作之者，必不節矣。作又不節，害之道也。」

又 《魯語上·里革論君之過》 晉人殺厲公，邊人以告，成公在朝。公曰：「臣殺其君，誰之過也？」大夫莫對，里革曰：「君之過也。夫君人者，其威大矣。失威而至於殺，其過多矣。且夫君也者，將牧民而正其邪者也，若君縱私回而棄民事，民旁有慝無由省之，益邪多矣。若以邪臨民，陷而不振，用善不肯專，則不能使，至於殄滅而莫之恤也，將安用之？桀奔南巢，紂踣于京，厲流于彘，幽滅于戲，皆是術也。夫君也者，民之川澤也。行而從之，美惡皆君之由，民何能爲焉。」

又 《晉語六·范文子不欲伐鄭》 厲公將伐鄭，范文子不欲，曰：「若以吾意，諸侯皆叛，則晉可爲也。唯有諸侯，故擾擾焉。凡諸侯，難之本也。得鄭憂滋長，焉用鄭！」郤至曰：「然則王者多憂乎？」文子曰：「我王者也乎哉？夫王者成其德，而遠人以其方賄歸之，故無憂。今我寡德而求王者之功，故多憂。子見無土而欲富者，樂乎哉？」

又 《晉語六·范文子論外患與内憂》 鄢之役，晉伐鄭，荆救之。大夫欲戰，范文子不欲，曰：「吾聞之，君人者刑其民，成，而後振武於外，是以内和而外威。今吾司寇之刀鋸日弊，而斧鉞不行。内猶有不刑，而況外乎？夫戰，刑也，刑之過也。過由大，而怨由細，故以惠誅怨，以忍去過。細無怨而大不過，而後可以武，刑外之不服者。今吾刑外乎大人，而忍於小民，將誰行武？武不行而勝，幸也。幸以爲政，必有内憂。且唯聖人能無外患，又無内憂，詎非聖人，必偏而後可。偏而在外，猶可救也，疾自中起，是難。盍姑釋荆與鄭以爲外患乎。」

又 《晉語八·陽畢教平公滅欒氏》 平公六年，箕遺及黄淵、嘉父作亂，不克而死。公遂逐羣賊，謂陽畢曰：「自穆侯以至于今，亂兵不輟，民志不厭，禍敗無已。離民且速寇，恐及吾身，若之何？」陽畢對曰：「本根猶樹，枝葉益長，本根益茂，是以難已也。今若大其柯，去其枝葉，絶其本根，可以少閒。」

公曰：「子實圖之。」陽畢曰：「圖在明訓，明訓在威權，威權在君。君掄賢人之後有常位於國者而立之，亦掄逞志虧君以亂國者之後而去之，是遂威而遠權。民畏其威，而懷其德，莫能勿從。若從，則民心皆可畜。畜其心而知其欲惡，人孰偷生？若不偷生，則莫思亂矣。且夫欒氏之誣晉國久也，欒書實覆宗，弑厲公以厚其家，若滅欒氏，則民威矣。今吾若起瑕、原、韓、魏之後而賞立之，則民懷矣。威與懷各當其所，則國安矣，君治而國安，欲作亂者誰與？」

君曰：「欒書立吾先君，欒盈不獲罪，如何？」陽畢曰：「夫正國者，不可以暱於權，行權不可以隱於私。暱於權，則民不導；行權隱於私，則政不行。政不行，何以導民？民之不導，亦無君也，則其爲暱與隱也，復害矣，且勤身。君其圖之！若愛欒盈，則明逐羣賊，而以國倫數而遣之，厚箴戒圖以待之。彼若求逞志而報於君，罪孰大焉，滅之猶少。彼若不敢而遠逃，乃厚其外交而勉之，以報其德，不亦可乎？」

《老子·三十九章》 昔之得『一』者：天得『一』以清；地得

『一』以寧；神得『一』以靈；谷得『一』以盈，萬物得『一』以生；侯王得『一』以爲天下正。

其致之也，天無以清，將恐裂；地無以寧，將恐廢；神無以靈，將恐歇；谷無以盈，將恐竭；萬物無以生，將恐滅；侯王無以正，將恐蹶。

故貴以賤爲本，高以下爲基。是以侯王自稱孤、寡、不穀。此非以賤爲本邪？非乎？故至譽無譽。是故不欲琭琭如玉，珞珞如石。

《管子·牧民·六親五法》以家爲鄉，鄉不可爲也。以鄉爲國，國不可爲也。以國爲天下，天下不可爲也。以家爲家，以鄉爲鄉，以國爲國，以天下爲天下。毋曰不同生，遠者不聽。毋曰不同鄉，遠者不行。毋曰不同國，遠者不從。如地如天，何私何親？如月如日，唯君之節。御民之轡，在上之所貴。道民之門，在上之所先。召民之路，在上之所好惡。故君求之則臣得之，君嗜之則臣食之，君好之則臣服之，君惡之則臣匿之。毋蔽汝惡，毋異汝度，賢者將不汝助。言室滿室，言堂滿堂，是謂聖王。城郭溝渠不足以固守，兵甲彊力不足以應敵，博地多財不足以有衆。唯有道者能備患於未形也，故禍不萌。天下不患無臣，患無君以使之。天下不患無財，患無人以分之。故知時者可立以爲長，無私者可置以爲政。審於時而察於用而能備官者，可奉以爲君也。緩者後於事，吝於財者失所親，信小人者失士。

又《版法》凡將立事，正彼天植，風雨無違，遠近高下各得其嗣。三經既飭，君乃有國。喜無以賞，怒無以殺。喜以賞，怒以殺，怨乃起，令乃廢。驟令不行，民心乃外。外之有徒，禍乃始牙。衆之所忿，置不能圖。

舉所美必觀其所終，廢所惡必計其所窮。慶勉敦敬以顯之，富禄有功以勸之，爵貴有名以休之。兼愛無遺，謂君。必先順教，萬民鄉風。旦暮利之，衆乃勝任。取人以己，成事以質。審用財，慎施報，察稱量。故用財不可以嗇，用力不可以苦。用財嗇則費，用力苦則勞。民不足，令乃辱；民苦殃，令不行。施報不得，禍乃始昌；禍昌不寤，民乃自圖。正法直度，罪殺不赦。殺僇必信，民畏而懼。武威既明，令不再行。頓卒怠倦以辱之，罰罪宥過以懲之，殺僇犯禁以振之。植固不動，倚邪乃恐。倚革邪化，令往民移。法天合德，象地無親，參於日月，佐於四時。悅在施有，衆在廢私，召遠在修近，閉禍在除怨，修長在乎任賢，安高在乎同利。

又《樞言》管子曰：道之在天者，日也。其在人者，心也。故曰：有氣則生，無氣則死，有名則治，無名則亂，治者以其名。《樞言》曰：『愛之，利之，益之，安之。』四者道之出，帝王者用之而天下治矣。帝王者審所先所後，先民與地則得矣，先貴與驕則失矣。是故先王慎貴在所先所後。人主不可以不慎貴，不可以不慎民，不可以不慎富。慎貴在舉賢，慎民在置官，慎富在務地。故人主之卑尊輕重，在此三者，不可不慎。

國有寶，有器，有用。城郭、險阻、蓄藏，寶也。聖智，器也。珠玉，末用也。先王重其寶器而輕其用，故能爲天下。生而不死者二，立而不立者四。喜也者，怒也者，惡也者，欲也者，天下之敗也，而賢者寶之。爲善者，非善也，故善無以爲也，故先王貴善。王主積于民，霸主積于將戰士，衰主積于貴人，亡主積于婦女珠玉，故先王慎其所積。疾之疾之，萬物之師也。爲之爲之，萬物之時也。强之强之，萬物之脂也。

凡國有三制。有制人者，有爲人之所制者，有不能制人、人亦不能制者。何以知其然？德盛義尊而不好加名於人，人衆兵强而不以其國造難生患，天下有大事而好以其國後，如此者，制人者也。德不盛，義不尊，而好加名于人；人不衆，兵不强，而好以其國造難生患；恃與國，幸名利，如此者，人之所制也。人進亦進，人退亦退，人勞亦勞，人佚亦佚，進退勞佚，與人相胥，如此者，不能制人、人亦不能制也。

愛人甚而不能利也，憎人甚而不能害也，故先王貴當貴周。周者不出于口，不見于色，一龍一蛇，一日五化之謂周。故先王不以一過二。先王不獨舉，不擅功。先王不約束，不結紐。約束則解，結紐則絕，故親不在約束結紐。先王不貨交，不列地，以爲天下。天下不可改也，而可以鞭箠使也。時也，利也，出爲之也。餘目不明，餘耳不聰，是以能繼天子之容。官職亦然。時者得天，義者得人，既時且義，故能得天與人。先王不以勇猛爲邊竟則邊竟安，邊竟安則鄰國親，鄰國親則舉當矣。人故相憎也。人之心悍，故爲之法。法出于禮，禮出于治。治、禮，道也。萬物待

治、禮而後定。凡萬物陰陽兩生而參視，先王因其參而慎所入所出。以卑爲卑，卑不可得；以尊爲尊，尊不可得，桀、舜是也。先王之所以最重也，得之必生，失之必死者，何也？唯無得之，堯、舜、禹、湯、文、武、孝己斯待以成，天下必待以生，故先王重之。一日不食比歲歉，三日不食比歲飢，五日不食比歲荒，七日不食無國土，十日不食無疇類，盡死矣。先王貴誠信。誠信者，天下之結也。賢大夫不恃宗室，士不恃外權，坦坦之利不以功，坦坦之備不爲用，故存國家，定社稷，在卒謀之閒耳。聖人用其心，沌沌乎博而圜，豚豚乎莫得其門，紛紛乎若亂絲，遺遺乎若有從治。故曰：欲知者知之，欲利者利之，欲勇者勇之，欲貴者貴之。彼欲貴，我貴之，人謂我有禮。彼欲勇，我勇之，人謂我恭。彼欲利，我利之，人謂我仁。彼欲知，我知之，人謂我慜。戒之戒之，微而異之，動作必思之，無令人識之，卒來者必備之。信之者仁也，不可欺者智也。既智且仁，是謂成人。

賤固事貴，不肖固事賢。貴之所以能成其貴者，以其貴而事賤也。賢之所以能成其賢者，以其賢而事不肖也。惡者，美之充也；卑者，尊之充也；賤者，貴之充也，故先王貴之。天以時使，地以材使，人以德使，鬼神以祥使，禽獸以力使。所謂德者，先之之謂也。故德莫如先，應適莫如後。先王用一陰二陽者霸，盡以陽者王；以一陽二陰者削，盡以陰者亡。量之不以少多，稱之不以輕重，度之不以短長，不審此三者，不可舉大事。能戒乎？能勑乎？能隱而伏乎？能而稷乎？能而麥乎？春不生而夏無得乎？衆人之用其心也，愛者憎之始也，德者怨之本也。唯賢者不然。先王事以合交，德以合人。二者不合，則無成矣，無親矣。

凡國之亡也，以其長者也。人之自失也，以其所長者也。故善游者死于梁也，善射者死于中野。命屬于食，治屬于事，無善事而有善治者，自古及今未嘗之有。衆勝寡，疾勝徐，勇勝怯，智勝愚，善勝惡，有義勝無義，有天道勝無天道。凡此七勝者貴衆，用之終身者衆矣。人主好佚欲、亡其身、失其國者殆。其德不足以懷其民者，殆。明其刑而賤其士者，殆。諸侯假之威，久而不知極已者，殆。身彌老，不知敬其適子者，殆。蓄藏積陳朽腐，不以與人者，殆。凡人之名三：有治也者，有恥也者，有事也者。事之名二：正之，察之。五者而天下治矣。名正則治，名倚則亂，無名則死，故先王貴名。先王取天下，遠者以禮，近者以體。體、禮者，所以取天下；遠、近者，所以殊天下之際。日益之而患少者惟忠，日損之而患多者惟欲。多忠少欲，智也，爲人臣者之廣道也。爲人臣者，非有功勞于國也，家富而國貧，爲人臣者之大罪也。爲人臣者，非有功勞于國也，爵尊而主卑，爲人臣者之大罪也。無功勞于國而貴富者，其唯尚賢乎！

衆人之用其心也，愛者，憎之始也；德者，怨之本也。其事親也，妻子具則孝衰矣。其事君也，有好業、家室富足則行衰矣，爵禄滿則忠衰矣。唯賢者不然，故先王不滿也。人主操逆，人臣操順。先王重榮辱，榮辱在爲。天下無私愛也，無私憎也，爲善者有福，爲不善者有禍。禍福在爲，故先王重爲。明賞不費，明刑不暴，賞罰明則德之至者也，故先王貴明。天道大而帝王者用愛惡，愛惡天下可祕，愛惡重閉必固。釜鼓滿則人概之，人滿則天概之，故先王不滿也。先王之書，心之敬執也，而衆人不知也。故有事事也，毋事亦事也。吾畏事，不欲爲事；吾畏言，不欲爲言，故行年六十而老吃也。

又《法禁》 法制不議，則民不相私；刑殺毋赦，則民不偷於爲善；爵禄毋假，則下不亂其上。三者藏於官則爲法，施於國則成俗，其餘不彊而治矣。君壹置其儀，則百官守其法；上明陳其制，則下皆會其度矣。君之置其儀也不一，則下之倍法而立私理者必多矣。是以人用其私，廢上之制，而道其所聞，故下與官列法，而上與君分威，國家之危必自此始矣。昔者，聖王之治其民也不然，廢上之法制者必負以恥，財厚博惠，以私親於民者，正經而自正矣。亂國之道，易國之常，賜賞恣於己者，聖王之禁也。聖王既歿，受之者衰。君人而不能知立君之道，以爲國本，則大臣之贅下而射人心者必多矣。君不能審立其法以爲下制，則百姓之立私理而徑於利者必衆矣。

昔者，聖王之治人也，不貴其人博學也，欲其人之和同以聽令也。《泰誓》曰：『紂有臣億萬人，亦有億萬之心。武王有臣三千而一心。』故紂以億萬之心亡，武王以一心存。故有國之君，苟不能同人心，一國威，齊士義，通上之治，以爲下法，則雖有廣地衆民，猶不能以爲安也。君失其道，則大臣比權重以相舉於國，小臣必循利以相就也。故舉國之士以爲

亡黨，行公道以爲私惠。進則相推於君，退則相譽於民，各便其身，而忘社稷，以廣其居，聚徒威羣，上以蔽君，下以索民，此皆弱君亂國之道也。故國之危也，擅國權以深索於民者，聖王之禁也。其身毋任於上者，聖王之禁也。進則受祿於君，退則藏祿於室，毋事治職，但力事屬，私王官，私君事，去非其人而人私行者，聖王之禁也。

脩行則不以親爲本，治事則不以官爲主，舉毋能，進毋功者，聖王之禁也。交人則以爲己賜，舉人則以爲己勞，仕人則與分其祿者，聖王之禁也。交於利通而獲於貧窮，輕取於其民而重致於其君，削上以附下，枉法以求於民者，聖王之禁也。用不稱其人，家富於其列，其祿甚寡而資財甚多者，聖王之禁也。拂世以爲行，非上以爲名，常反上之法制，以成羣於國者，聖王之禁也。飾於貧窮，而發於勤勞，權於貧賤，身無職事，家無常姓，列上下之閒，議言爲民者，聖王之禁也。壹士以爲亡資，脩田以爲亡本，則生之養私不死，然後失矯以深，與上爲市者，聖王之禁也。審飾小節以示民，時言大事以動上，遠交以踰羣，假爵以臨朝者，聖王之禁也。卑身雜處，隱行辟倚，側入迎遠，遁上而遁民者，聖王之禁也。詭俗異禮，大言法行，難其所爲而高自錯者，聖王之禁也。守委閒居，博分以致衆，勤身遂行，説人以貨財，濟人以買譽，其身甚靜而使人求者，聖王之禁也。行辟而堅，言詭而辯，術非而博，順惡而澤者，聖王之禁也。以朋黨爲友，以蔽惡爲仁，以數變爲智，以重斂爲忠，以遂忿爲勇者，聖王之禁也。固國之本，其身務往於上，深附於諸侯者，聖王之禁也。

聖王之身，治世之時，德行必有所是，道義必有所明。故士莫敢詭俗異禮以自見於國，莫敢布惠緩行、脩上下之交以和親於民，故莫敢超等踰官、漁利蘇功以取順其君。聖王之治民也，進則使無由得其所利，退則使無由避其所害，必使反乎安其位，樂其羣，務其職，榮其名而後止矣。故踰其官而離其羣者，必使有害；不能其事而失其職者，必使有恥。是故聖王之教民也，以仁錯之，以恥使之，脩其能，致其所成而止。故曰：絶而定，靜而治，安而尊，舉錯而不變者，聖王之道也。

又 **《參患》** 凡人主者，猛毅則伐，懦弱則殺。猛毅者何也？輕誅殺人之謂猛毅。懦弱者何也？重誅殺人之謂懦弱。此皆有失彼此。凡輕誅者殺不辜，而重誅者失有罪。故上殺不辜，則道正者不安；上失有罪，則行邪者不變。道正者不安，則才能之人去亡。行邪者不變，則羣臣朋黨。才能之人去亡，則宜有外難。羣臣朋黨，則宜有內亂。故曰：猛毅者伐，懦弱者殺也。

又 **《侈靡》** 『事立而壞，何也？兵遠而畏，何也？民已聚而散，何也？輟安而危，何也？』『功成而不信者，殆。兵强而無義者，殘。不謹於附近，而欲求遠者，兵不信。略近臣合於其遠者，立。亡國之起，毁國之族，則兵遠而不畏。國小而脩大，仁而不利，猶有爭名者，累哉是也！樂聚之力，以兼人之强，以待其害，雖聚必散。大王不恃衆而自恃，百姓自聚，供而後利之，成而無害。疏戚而好外企，以仁而謀泄，賤寡而好大，此所以危。衆而約實，取而言讓，行陰而言陽。利人之有禍，言人之無患，吾欲獨有是，若何！』

『是故之時陳財之道，可以行令也。利散而民察，必放之身然後行。』公曰：『謂何？』『長喪以䵵其時，重送葬以起身財。一親往，一親來，所以合親也，此謂衆約。』問：『用之若何？』『巨瘞培，所以使貧民也。美壟墓，所以文明也。巨棺槨，所以起木工也。多衣衾，所以起女工也。猶不盡，故有次浮也。有差樊，有瘞藏，作此相食，然後民相利，守戰之備合矣。鄉殊俗，國異禮，則民不流矣。不同法，則民不困。鄉丘老不通，覩誅流散，則人不眺。安鄉樂宅，享祭而謳吟，稱號者皆誅，所以留民俗也。斷方井田之數，乘馬田之衆，制之。陵谿立鬼神而謹祭，皆以能別以爲食數，示重本也。故地廣千里者，祿重而祭尊。其君無餘。地與他若一者，從而艾之。君始者艾，若一者從乎殺，與于殺若一者。從者艾艾，若一者從于殺，與于殺若一者。從無封始，王事者上。王者上事，霸者生功，言重本。是爲十禺，分免而不爭，言先人而自後也。官禮之司，昭穆之離，先後功器事之治，尊鬼而守故，戰事之任，高功而下死本事，食功而省利勸臣。上義而不能與小利。五官者，人爭其職，然後君聞。祭之時，上賢者也，故君臣掌。君臣掌，則上下均。此以知上賢無益也，其亡兹適。上賢者亡，而役賢者昌。上義以禁暴，尊祖以敬祖，聚宗以朝殺，示不輕爲主也。』

『能摩故道新，道定國家，然後化時乎？』『國貧而貪鄙富，苴美於朝，市國。國富而鄙貧，莫盡如市。市也者，勸也，勸者所以起。本善而

末事起，不侈，本事不得立。選賢舉能不可得，惡得伐不服用？百夫無長，術可臨也。千乘有道，不可修也。夫紂在上，惡得伐不得？鈞則戰，守則攻。百蓋無築，千聚無社，謂之陋，一舉而取。天下有一，事之時也。萬諸侯鈞，萬民無聽。上位不能爲功更制，其能王乎？緣故脩法，以政治道，則約殺子，吾君故取夷吾謂替。』公曰：『何若？』對曰：『以同。其日久臨，可立而待。鬼神不明，囊槖之食無報，明厚德也。沉浮，示輕財也。先立象而定期，則民從之，故爲禱。朝縷綿明，輕財而重名。』公曰：『同臨，所謂同者，其以先後智諭者也。鈞同財，爭依則說。十則從服，萬則化。成功而不能識而民期，然後成形而更名，則臨矣。』

萬世之國，必有萬世之實。必因天地之道，無使其内，使其外，使其小，毋使其大，棄其國寶。使其大，貴一與而聖稱其實。使其小，可以爲道。能則專，專則佚。椽能踰則椽於逾，能宮則不守而不散。衆能伯，不然將見對。君子者，勉於糾人者也，非見糾者也。故輕者輕，重者重，前後不慈。凡輕者，操實也。以輕則可使，重不可起，輕重有齊。重以爲國，輕以爲死。毋全禄貧國而用不足，毋全賞好德，惡亡使常。

『請問先合於天下而無私怨，犯强而無私害，爲之若何？』對曰：『國雖强，令必忠以義。國雖弱，令必敬以哀。强弱不犯，則人欲聽矣。先人而自後，而無以爲仁也。加功於人而勿得，所槖者遠矣，所爭者外矣。明無私交，則無内怨。與大則勝，私交衆則怨殺。夷吾也，如以予人財者，不如無奪時；如以予人食者，不如毋奪其事。此謂無外内之患。』

又《正世》 古之欲正世調天下者，必先觀國政，料事務，察民俗，本治亂之所生，知得失之所在，然後從事。故法可立而治可行。夫萬民不和，國家不安，失非在上，則過在下。今使人君行逆不修道，誅殺不以理。重賦斂，得民財，急使令，罷民力。財竭則不能毋侵奪，力罷則不能毋墮倪。民已侵奪墮倪，因以法隨而誅之，則是誅罰重而亂愈起。夫民勞苦困不足，則簡禁而輕罪。如此，則失在上。失在上而上不變，則萬民無所託其命。今人主輕刑政，寬百姓，薄賦斂，緩使令，然民淫躁行私而不從制，飾智任詐，負力而爭，則是過在下。過在下，人君不廉而變，則暴人不勝，邪亂不止。暴人不勝，邪亂不止，則君人者勢傷而威日衰矣。故爲人君者，莫貴於勝。所謂勝者，法立令行之謂勝。法立令行，故羣臣奉法守職，百官有常，法不繁匿，萬民敦慤，反本而儉力。故賞必足以使，威必足以勝，然後下從。故古之所謂明君者，非一君也。其設賞有薄有厚，其立禁有輕有重，迹行不必同，非故相反也，皆隨時而變，因俗而動。夫民躁而行僻，則賞不可以不厚，禁不可以不重。故聖人設厚賞，非侈也；立重禁，非戾也。賞薄則民不利，禁輕則邪人不畏。設人之所不利，欲以使，則民不盡力。立人之所不畏，欲以禁，則邪人不止。是故陳法出令，而民不從，故賞不足勸，則士民不爲用；刑罰不足畏，則暴人輕犯禁。民者，服於威殺然後從，見利然後用，被治然後正，得所安然後靜者也。

夫盜賊不勝，邪亂不止，彊劫弱，衆暴寡，此天下之所憂，萬民之所患也。憂患不除，則民不安其居。民不安其居，則民望絶於上矣。夫利莫大於治，害莫大於亂。夫五帝三王所以成功立名顯於後世者，以爲天下致利除害也。事行不必同，所務一也。夫民貪行躁而誅罰輕，罪過不發，則是長淫亂而便邪僻也。有愛人之心，而實合於傷民，此二者不可不察也。夫盜賊不勝，則良民危。法禁不立，則姦邪繁。故事莫急於當務，治莫貴於得齊。制民，急則民迫，民迫則窘，窘則民失其所葆；緩則縱，縱則淫，淫則行私，行私則離公，離公則難用。故治之所以不立者，齊不得也，齊不得則治難行。故治民之齊，不可不察也。

聖人者，明於治亂之道，習於人事之終始者也。其治人民也，期於利民而止，故其位齊也。不慕古，不留今，與時變，與俗化。夫君人之道，莫貴於勝。勝故君道立，君道立然後下從，下從故教可立而化可成也。夫民不心服體從，則不可以禮義之文教也。君人者不可以不察也。

又《七臣七主》 或以平虛，請論七主之過，得六過一是，以還自鏡，以知得失。以繩七臣，得六過一是。呼鳴美哉，成事疾。申主任勢守數以爲常，周聽近遠以續明，皆要審則法令固，賞罰必則下服度，不備待而得和，則民反素也。惠主豐賞厚賜以竭藏，赦姦縱過以傷法。藏竭則主權衰，法傷則姦門闓。故曰：泰則反敗矣。侵主好惡反法以自傷，喜決難知以塞明，從狙而好小察，事無常而法令申。不許則國失勢。芒主目伸五色，耳常五聲，四鄰不計，司聲不聽，則臣下恣行，而國權大傾。不許則所惡及身。勞主不明分職，上下相干，臣主同則，刑振以豐，豐振以

刻，去之而亂，臨之而殆，則後世何得。振主喜怒無度，嚴誅無赦，臣下振怒，不知所錯，則人反其故。不許則法數日衰，而國失固。芒主通人情以質疑，故臣下無信，盡自治其事則事多，多則昏，昏則緩急俱植。不許則見所不善，餘力自失而罰。故主虞而安吏肅而嚴，民樸而親，官無邪吏，朝無姦臣，下無侵爭，世無刑民。

故一人之治亂在其心，一國之存亡在其主。天下得失，道一人出。主好本，則民好墾草萊。主好貨，則人賈市。主好宮室，則工匠巧。主好文采，則女工靡。夫楚王好小腰，而美人省食。吳王好劍，而國士輕死。死與不食者，天下之所共惡也，然而爲之者何也？從主之所欲也，而況愉樂音聲之化乎！

夫男不田，女不緇，工技力於無用，而欲土地之毛，倉庫滿實，不可得也。土地不毛，則人不足。人不足，則逆氣生。逆氣生，則令不行。然彊敵發而起，雖善者不能存。何以效其然也？曰：昔者桀、紂是也。誅賢忠，近讒賊之士，而貴婦人，好殺而不勇，好富而忘貧，馳獵無窮，鼓樂無厭，瑶臺玉餔不足处，馳車千駟不足乘材。女樂三千人，鍾石絲竹之音不絕。百姓罷乏，君子無死，卒莫有人，人有反心。遇周武王，遂爲周氏之禽。此營於物而失其情者也，愉於淫樂而忘後患者也。故設用無度，國家踣。舉爭不時，必受其菑。

夫倉庫非虛空也，商宦非虛壞也，法令非虛亂也，國家非虛亡也。彼時有春秋，歲有敗凶，政有急緩。政有急緩，故物有輕重。歲有敗凶，故民有義不足。時有春秋，故穀有貴賤，而上不調淫，故游商得以什伯其本也。百姓之不田，貧富之不訾，皆用此作。城郭不守，兵士不用，皆道此始。夫亡國踣家者，非無壤土也，其所事者，非其功也。夫凶歲雷旱，非無雨露也，其燥濕，非其時也。亂世煩政，非無法令也，其所誅賞者，非其人也。暴主迷君，非無心腹也，其所取舍，非其術也。

故明主有六務四禁。六務者何也？一曰節用，二曰賢佐，三曰法度，四曰必誅，五曰天時，六曰地宜。四禁者何也？春無殺伐，無割大陵，倮大衍，伐大木，斬大山，行大火，誅大臣，收穀賦。夏無遏水，達名川，塞大谷，動土功，射鳥獸。秋毋赦過釋罪緩刑。冬無賦爵賞禄，傷伐五藏。故春政不禁，則百長不生。夏政不禁，則五穀不成。秋政不禁，則姦邪不勝。冬政不禁，則地氣不藏。四者俱犯，則陰陽不和，風雨不時，大水漂州流邑，大風漂屋折樹，火暴焚，地燋草，天冬雷，地冬霆。草木夏落而秋榮，蟄蟲不藏，宜死者生，宜蟄者鳴，苴多螣蟇，山多蟲蟁。六畜不蕃，民多夭死，國貧法亂，逆氣下生。故曰：臺榭相望者，亡國之廡也。馳車充國者，追寇之馬也。羽劍珠飾者，斬生之斧也。文采纂組者，燔功之窑也。明王知其然，故遠而不近也。能去此取彼，則人主道備矣。

夫法者，所以興功懼暴也。律者，所以定分止爭也。令者，所以令人知事也。法律政令者，吏民規矩繩墨也。夫矩不正，不可以求方。繩不信，不可以求直。法令者，君臣之所共立也。權勢者，人主之所獨守也。故人主失守則危，臣吏失守則亂。罪決於吏則治，權斷於主則威，民信其法則親。是故明王審法慎權，下上有分。

夫凡私之所起，必生於主。夫上好本，則端正之士在前。上好利，則毀譽之士在側。上多喜善賞不隨其功，則士不爲用。數出重法而不克其罪，則姦不爲止。明王知其然，故見必然之政，立必勝之罰，故民知所必就，而知所必去。推則往，召則來，如墜重於高，如瀆水於地。故法不煩而吏不勞，民無犯禁。故有百姓無怨於上，上亦法臣法，斷名決，無誹譽。故君法則主位安，臣法則貨賂止，而民無姦。嗚呼美哉！名斷言澤。

又《禁藏》 禁藏於胸脅之內，而禍避於萬里之外，能以此制彼者，唯能以己知人者也。夫冬日之不濫，非愛冰也。夏日之不煬，非愛火也。爲不適於身，便於體也。夫明王不美宮室，非喜小也。不聽鐘鼓，非惡樂也。爲其傷於本事，而妨於教也。故先慎於己而後彼，官亦慎內而後外，民亦務本而去末。居民於其所樂，事之於其所利，賞之於其所善，罰之於其所惡，信之於其所餘財，功之於其所無誅。於下無誅者，必誅者也。有誅者，不必誅者也。以有刑至無刑者，其法易而民全。以無刑至有刑者，其刑煩而姦多。夫先易者後難，先難而後易，萬物盡然。明王知其然，故必誅而不赦，必賞而不遷者，非喜予而樂其殺也，所以爲人致利除害也。於以養老長弱，完活萬民，莫明焉。夫不法法則治。法者，天下之儀也，所以決疑而明是非也，百姓所縣命也，故明王慎之。不爲親戚故貴易其法，吏不敢以長官威嚴危其命，民不以珠玉重寶犯其禁。故主上視法

嚴於親戚，吏之舉令，敬於師長。民之承教，重於神寶。故法立而不用，刑設而不行也。夫施功而不鈞，位雖高，爲用者少。赦罪而不一，德雖厚，不譽者多。舉事而不時，力雖盡，其功不成。刑賞不當，斷斬雖多，其暴不禁。夫公之所加，罪雖重，下無怨氣。私之所加，賞雖多，士不爲歡。行法不道衆，民不能順。舉錯不當衆，民不能成。不攻不備，當今爲愚人。

故聖人之制事也，能節宮室、適車輿以實藏，則國必富，位必尊。能適衣服、去玩好以奉本，而用必贍，身必安矣。能移無益之事，無補之費，通幣行禮，而黨必多，交必親矣。夫衆人者，多營於物，而苦其力，勞其心，故困而不贍。大者以失其國，小者以危其身。凡人之情，得所欲則樂，逢所惡則憂，此貴賤之所同有也。近之不能勿欲，遠之不能勿忘，人情皆然，而好惡不同。各行所欲，而安危異焉，然后賢不肖之形見也。夫物有多寡，而情不能等。事有成敗，而意不能同。行有進退，而力不能兩也。故立身於中，養有節。宮室足以避燥濕，食飲足以和血氣，衣服足以適寒溫，禮儀足以別貴賤，游虞足以發歡欣，棺槨足以朽骨，衣衾足以朽肉，墳墓足以道記。不作無補之功，不爲無益之事，故意定而不營氣情。氣情不營，則耳目穀，衣食足。耳目穀，衣食足，則侵爭不生，怨怒無有，上下相親，兵刃不用矣。

故適身行義，儉約恭敬，其唯無福，禍亦不來矣。驕傲侈泰，離度絕理，其唯無禍，福亦不至矣。是故君予上觀絕理者，以自恐也。下觀不及者，以自隱也。故曰：譽不虛出，而患不獨生，福不擇家，禍不索人，此之謂也。能以所聞瞻察，則事必明矣。

故凡治亂之情，皆道上始。故善者圉之以害，牽之以利，能利害者，財多而過寡矣。夫凡人之情，見利莫能勿就，見害莫能勿避。其商人通賈，倍道兼行，夜以續日，千里而不遠者，利在前也。漁人之入海，海深萬仞，就彼逆流，乘危百里，宿夜不出者，利在水也。故利之所在，雖千仞之山，無所不上，深源之下，無所不入焉。故善者，勢利之在，而民自美安，不推而往，不引而來，不煩不擾，而民自富。如鳥之覆卵，無形無聲，而唯見其成。

夫爲國之本，得天之時而爲經，得人之心而爲紀。法令爲維綱，吏爲網罟，什伍以爲行列，賞誅爲文武。繕農具當器械，耕農當攻戰，推引銚耨以當劍戟，被蓑以當鎧鐳，菹笠以當盾櫓。故耕器具則戰器備，農事習則功戰巧矣。當春三月，萩室熯造，鑽燧易火，杼井易水，所以去茲毒也。舉春，祭塞久禱，以魚爲牲，以蘗爲酒，相召，所以屬親戚也。毋殺畜生，毋拊卵，毋伐木，毋夭英，毋拊竿，所以息百長也。賜鰥寡，振孤獨，貸無種，與無賦，所以勸弱民。發五正，赦薄罪，出拘民，解仇讎，所以建時功，施生穀也。夏賞五德，滿爵禄，遷官位，禮孝弟，復賢力，所以勸功也。秋行五刑，誅大罪，所以禁淫邪，止盜賊。冬收五藏，最萬物，所以內作民也。四時事備，而民功百倍矣。故春仁，夏忠，秋急，冬閉，順天之時，約地之宜，忠人之和。故風雨時，五穀實，草木美多，六畜蕃息，國富兵彊，民材而令行，內無煩擾之政，外無彊敵之患也。夫動靜順然後和也，不失其時然後富，不失其法然後治。故國不虛富，民不虛治。不治而昌，不亂而亡者，自古至今，未嘗有也。

故國多私勇者其兵弱，吏多私智者其法亂，民多私利者其國貧。故德莫若博厚，使民死之。賞罰莫若必成，使民信之。夫善牧民者，非以城郭也。輔之以什，司之以伍。伍無非其人，人無非其里，里無非其家。故奔亡者無所匿，遷徙者無所容。不求而約，不召而來，故民無流亡之意，吏無備追之憂。故主政可往於民，民心可繫於主。

夫法之制民也，猶陶之於埴，冶之於金也。故審利害之所在，民之去就，如火之於燥濕，水之於高下。夫民之所生，衣與食也。食之所生，水與土也。所以富民有要，食民有率。率三十畝而足於卒歲，歲兼美惡，畝取一石，則人有三十石。果蓏素食當十石，糠秕六畜當十石，則人有五十石。布帛麻絲，旁入奇利，未在其中也。故國有餘藏，民有餘食。夫敍鈞者，所以多寡也。權衡者，所以視重輕也。户籍田結者，所以知貧富之不訾也。故善者必先知其田，乃知其人。田備然後民可足也。

凡有天下者，以情伐者帝，以事伐者王，以政伐者霸。而謀有功者五：一曰視其所愛以分其威。一人兩心，其內必衰也。臣不用，其國可危。二曰視其陰所憎。厚其貨賂，得情可深。身內情外，其國可知。三曰聽其淫樂，以廣其心。遺以竽瑟美人，以塞其內。遺以諂臣文馬，以蔽其外。外內蔽塞，可以成敗。四曰必深親之，如典之同生。陰內辯士使圖其

計，內勇士使高其氣，內人他國使倍其約，絶其使，拂其意。是必士鬭，兩國相敵，必承其弊。五曰深察其謀。謹其忠臣，揆其所使，令內不信，使有離意，離氣不能令，必內自賊。忠臣已死，故政可奪。此五者，謀功之道也。

又《九守》　安徐而靜，柔節先定，虛心平意以待須。右主位。

目貴明，耳貴聰，心貴智。以天下之目視，則無不見也。以天下之耳聽，則無不聞也。以天下之心慮，則無不知也。輻湊並進，則明不塞矣。右主明。

聽之術，曰勿望而距，勿望而許。許之則失守，距之則閉塞。高山仰之，不可極也。深淵度之，不可測也。神明之德，正靜其極也。右主聽。

用賞者貴誠，用刑者貴必。刑賞信必於耳目之所見，則其所不見，莫不闇化矣。誠暢乎天地，通於神明，見姦僞也。右主賞。

一曰天之，二曰地之，三曰人之，四曰上下左右前後熒惑，其處安在？右主問。

心不爲九竅，九竅治。君不爲五官，五官治。爲善者君予之賞，爲非者君予之罰。君因其所以來，因而予之，則不勞矣。聖人因之，故能掌之。因之修理，故能長久。右主因。

人主不可不周，人主不周，則羣臣下亂。寂乎其無端也，外內不通，安知所怨？關閈不開，善否無原。右主周。

一曰長目，二曰飛耳，三曰樹明。明知千里之外，隱微之中，曰動姦。姦動則變更矣。右主參。

脩名而督實，按實而定名。名實相生，反相爲情。名實當則治，不當則亂。名生於實，實生於德，德生於理，理生於智，智生於當。右督名。

又《桓公問》　齊桓公問管子曰：『吾念有而勿失，得而勿忘，爲之有道乎？』對曰：『勿創勿作，時至而隨。毋以私好惡害公正，察民所惡，以自爲戒。黄帝立明臺之議者，上觀於賢也。堯有衢室之問者，下聽於人也。舜有告善之旌，而主不蔽也。禹立建鼓於朝，而備訊唉。湯有總街之庭，以觀人誹也。武王有靈臺之復，而賢者進也。此古聖帝明王所以有而勿失，得而勿忘者也。』桓公曰：『吾欲效而爲之，其名云何？』對曰：『名曰嘖室之議。曰法簡而易行，刑審而不犯，事約而易從，求寡而易足。人有非上之所過，謂之正士。內於嘖室之議，有司執事者，咸以厥事奉職，而不忘爲此嘖室之事也。請以東郭牙爲之，此人能以正事爭於君前者也。』桓公曰：『善。』

又《立政九敗解》　人君唯毋聽寢兵，則羣臣賓客莫敢言兵。然則內之不知國之治亂，外之不知諸侯强弱，如是則城郭毁壞，莫之築補，甲弊兵彫，莫之脩繕。如是則守圉之備毁矣。遼遠之地謀，邊竟之士脩，百姓無圉敵之心。故曰：寢兵之説勝，則險阻不守。

人君唯毋聽兼愛之説，則視天下之民如其民，視國如吾國，如是則無并兼攘奪之心，無覆軍敗將之事。然則射御勇力之士不厚禄，覆軍殺將之臣不貴爵，如是則射御勇力之士出在外矣。我能毋攻人，可也，不能令人毋攻我。彼求地而予之，非吾所欲也。不予而與戰，必不勝也。彼以教士，我以敺衆；彼以良將，我以無能，其敗必覆軍殺將。故曰：兼愛之説勝，則士卒不戰。

人君唯無好全生，則羣臣皆全其生，而生又養生。養何也？曰：滋味也，聲色也，然後爲養生。然則從欲妄行，男女無別，反於禽獸。然則禮義廉恥不立，人君無以自守也。故曰：全生之説勝，則廉恥不立。

人君唯無聽私議自貴，則民退靜隱伏，窟穴就山，非世間上，輕爵禄而賤有司。然則令不行，禁不止。故曰：私議自貴之説勝，則上令不行。

人君唯無好金玉貨財，必欲得其所好，然則必有以易之。所以易之者何也？大官尊位，不然則尊爵重禄也。如是則不肖者在上位矣。然則賢者不爲下，智者不爲謀，信者不爲約，勇者不爲死。如是則敺國而捐之也。故曰：金玉貨財之説勝，則爵服下流。

人君唯毋聽羣徒比周，則羣臣朋黨，蔽美揚惡，然則國之情僞不見於上。如是則朋黨者處前，寡黨者處後。夫朋黨者處前，賢不肖不分，則爭奪之亂起，而君在危殆之中矣。故曰：羣徒比周之説勝，則賢不肖不分。

人君唯毋聽觀樂玩好則敗。凡觀樂者，宮室臺池，珠玉聲樂也。此皆費財盡力，傷國之道也。而以此事君者，皆姦人也。而人君聽之，焉得毋敗！然則府倉虛，蓄積竭，且姦人在上，則壅遏賢者而不進也。然則國適有患，則優倡侏儒起而議國事矣，是敺國而捐之也。故曰：觀樂玩好之説勝，則姦人在上位。

人君唯毋聽請謁任譽，則羣臣皆相爲請，然則請謁得於上，黨與成於鄉。如是則貨財行於國，法制毀於官，羣臣務佼而求用，然則無爵而貴，無禄而富。故曰：請謁任譽之說勝，則繩墨不正。

人君唯無聽諂諛飾過之言則敗。奚以知其然也？夫諂臣者，常使其主不悔其過，不更其失者也，故主惑而不自知也。如是則謀臣死，而諂臣尊矣。故曰：諂讒飾過之說勝，則巧佞者用。

《禮記·曲禮下》 君天下，曰『天子』。朝諸侯，分職授政任功，曰『予一人』。踐阼，臨祭祀，内事曰『孝王某』，外事曰『嗣王某』。臨諸侯，畛於鬼神，曰『有天王某甫』。崩，曰『天王崩』。復，曰『天子復矣』。告喪，曰『天王登假』。措之廟，立之主，曰『帝』。天子未除喪，曰『予小子』。生名之，死亦名之。

又《檀弓下》 衛獻公出奔，反於衛，及郊，將班邑於從者而后入。柳莊曰：『如皆守社稷，則孰執羈靮而從？如皆從，則孰守社稷。君反其國而有私也，毋乃不可乎？』弗果班。

又《禮運》 故君者，所明也，非明人者也。君者，所養也，非養人者也。君者，所事也，非事人者也。故君明人則有過，養人則不足，事人則失位。故百姓則君以自治也，養君以自安也，事君以自顯也。故禮達而分定，故人皆愛其死而患其生。故用人之知，去其詐；用人之勇，去其怒；用人之仁，去其貪。故國有患，君死社稷謂之義，大夫死宗廟謂之變。

又《經解》 天子者，與天地參，故德配天地，兼利萬物，與日月並明，明照四海而不遺微小。其在朝廷則道仁聖禮義之序，燕處則聽《雅》、《頌》之音，行步則有環佩之聲，升車則有鸞和之音。居處有禮，進退有度，百官得其宜，萬事得其序。《詩》云：『淑人君子，其儀不忒。其儀不忒，正是四國。』此之謂也。

發號出令而民說謂之和，上下相親謂之仁，民不求其所欲而得之謂之信，除去天地之害謂之義。義與信，和與仁，霸王之器也。有治民之意而無其器，則不成。

又《孔子閒居》 子夏曰：『三王之德參於天地。敢問何如斯可謂參於天地矣？』孔子曰：『奉三無私以勞天下。』子夏曰：『敢問何謂三無私？』孔子曰：『天無私覆，地無私載，日月無私照。奉斯三者以勞天下，此之謂三無私。其在《詩》曰：「帝命不違，至于湯齊。湯降不遲，聖敬日齊。昭假遲遲，上帝是祗。帝命式于九圍。」是湯之德也。天有四時，春秋冬夏，風雨霜露，無非教也。地載神氣，神氣風霆，風霆流形，庶物露生，無非教也。清明在躬，氣志如神，耆欲將至，有開必先，天降時雨，山川出雲。其在《詩》曰：「嵩高惟嶽，峻極于天。惟嶽降神，生甫及申。惟申及甫，惟周之翰。四國于蕃，四方于宣。」此文武之德也。三代之王也，必先令聞。《詩》云：「明明天子，令聞不已。」三代之德也。「弛其文德，協此四國。」大王之德也。』子夏蹶然而起，負墻而立，曰：『弟子敢不承乎！』

又《表記》 子言之：『昔三代明王，皆事天地之神明，無非卜筮之用，不敢以其私褻事上帝。是故不犯日月，不違卜筮。卜、筮不相襲也。大事有時日，小事無時日，有筮。外事用剛日，内事用柔日。不違龜筮。』

又《緇衣》 子曰：『好賢如《緇衣》，惡惡如《巷伯》，則爵不瀆而民作愿，刑不試而民咸服。《大雅》曰：「儀刑文王，萬國作孚。」』

子曰：『夫民教之以德，齊之以禮，則民有格心。教之以政，齊之以刑，則民有遯心。故君民者子以愛之，則民親之；信以結之，則民不倍；恭以涖之，則民有孫心。《甫刑》曰：「苗民匪用命，制以刑，惟作五虐之刑，曰法。」是以民有惡德，而遂絶其世也。』

子曰：『下之事上也，不從其所令，從其所行。上好是物，下必有甚者矣。故上之所好惡不可不慎也，是民之表也。』

子曰：『禹立三年，百姓以仁遂焉，豈必盡仁？《詩》云：「赫赫師尹，民具爾瞻。」《甫刑》曰：「一人有慶，兆民賴之。」《大雅》曰：「成王之孚，下土之式。」』

子曰：『上好仁，則下之爲仁爭先人。故長民者章志、貞教、尊仁以子愛百姓，民致行己以說其上矣。《詩》云：「有梏德行，四國順之。」』

子曰：『王言如絲，其出如綸；王言如綸，其出如綍。故大人不倡游言。可言也，不可行，君子弗言也；可行也，不可言，君子弗行也。則民言不危行，而行不危言矣。《詩》云：「淑慎爾止，不諐于儀。」』

子曰：『君子道人以言，而禁人以行，故言必慮其所終，而行必稽其所敝，則民謹於言而慎於行。《詩》云：「慎爾出話，敬爾威儀。」《大雅》曰：「穆穆文王，於緝熙敬止。」』

子曰：『有國家者章義癉惡，以示民厚，則民情不貳。《詩》云：「靖共爾位，好是正直。」』【略】

子曰：『政之不行也，教之不成也，爵禄不足勸也，刑罰不足恥也，故上不可以褻刑而輕爵。《康誥》曰：「敬明乃罰。」《甫刑》曰：「播刑之不迪。」』

子曰：『大臣不親，百姓不寧，則忠敬不足而富貴已過也。大臣不治，而邇臣比矣。故大臣不可不敬也，是民之表也；邇臣不可不慎也，是民之道也。君毋以小謀大，毋以遠言近，毋以内圖外，則大臣不怨，邇臣不疾，而遠臣不蔽矣。葉公之顧命曰：「毋以小謀敗大作，毋以嬖御人疾莊后，毋以嬖御士疾莊士、大夫、卿士。」』

子曰：『大人不親其所賢，而信其所賤，民是以親失，而教是以煩。《詩》云：「彼求我則，如不我得。執我仇仇，亦不我力。」《君陳》曰：「未見聖，若已弗克見；既見聖，亦不克由聖。」』

子曰：『小人溺於水，君子溺於口，大人溺於民，皆在其所褻也。夫水近於人而溺人，德易狎而難親也，易以溺人。口費而煩，易出難悔，易以溺人；夫民閉於人而有鄙心，可敬不可慢，易以溺人。故君子不可以不慎也。《大甲》曰：「毋越厥命以自覆也。」「若虞機張，往省括于厥度則釋。」《兑命》曰：「惟口起羞，惟甲胄起兵，惟衣裳在笥，惟干戈省厥躬。」《大甲》曰：「天作孽，可違也；自作孽，不可以逭。」《尹吉》曰：「惟尹躬天見于西邑夏，自周有終，相亦惟終。」』

又《昏義》 古者天子后立六宮、三夫人、九嬪、二十七世婦、八十一御妻，以聽天下之内治，以明章婦順，故天下内和而家理。天子立六官、三公、九卿、二十七大夫、八十一元士，以聽天下之外治，以明章天下之男教，故外和而國治。故曰，天子聽男教，后聽女順；天子理陽道，后治陰德；天子聽外治，后聽内職。教順成俗，外内和順，國家理治，此之謂盛德。

是故男教不脩，陽事不得，適見於天，日爲之食；婦順不脩，陰事不得，適見於天，月爲之食。是故日食則天子素服而脩六官之職，蕩天下之陽事；月食則后素服而脩六宮之職，蕩天下之陰事。故天子之與后，猶日之與月，陰之與陽，相須而后成者也。天子脩男教，父道也；后脩女順，母道也。故曰，天子之與后，猶父之與母也。故爲天王服斬衰，服父之義也；爲后服資衰，服母之義也。

《大戴禮記・主言》 孔子曰：『參！女可語明主之道與？』

曾子曰：『不敢以爲足也。得夫子之閒也難，是以敢問。』

孔子曰：『吾語女。道者所以明德也，德者所以尊道也，是故非德不尊，非道不明。雖有國焉，不教不服，不可以取千里。雖有博地衆民，不以其地治之，不可以霸主。是故昔者明主内脩七教，外行三至。七教脩焉可以守，三至行焉可以征。七教不脩，雖守不固；三至不行，雖征不服。是故明主之守也，必折衝乎千里之外；其征也，衽席之上還師。是故内脩七教而上不勞，外行三至而財不費，此之謂明主之道也。』

曾子曰：『敢問不費不勞可以爲明乎？』

孔子愀然揚麋曰：『參！女以明主爲勞乎？昔者舜左禹而右皋陶，不下席而天下治。夫政之不中，君之過也。政之既中，令之不行，職事者之罪也。明主奚爲其勞也！昔者明主關譏而不征，市鄽而不税，税十取一，使民之力歲不過三日，入山澤以時，有禁而無征：此六者取財之路也。明主捨其四者而節其二者，明主焉取其費也！』

曾子曰：『敢問何謂七教？』

孔子曰：『上敬老則下益孝，上順齒則下益悌，上樂施則下益諒，上親賢則下擇友，上好德則下不隱，上惡貪則下恥争，上强果則下廉恥。民皆有别則貞，則正亦不勞矣。此謂七教。七教者，治民之本也，教定是正矣。上者，民之表也，表正則何物不正。是故君先立於仁，則大夫忠而士信，民敦，工璞，商愨，女憧，婦空空，七者教之志也。七者布諸天下而不窕，内諸尋常之室而不塞。是故聖人等之以禮，立之以義，行之以順，而民棄惡也如灌。』

曾子曰：『弟子則不足，道則至矣。』

孔子曰：『參！姑止，又有焉。昔者明主之治民有法，必别地以州之，分屬而治之，然後賢民無所隱，暴民無所伏。使有司日省如時考之，

歲誘賢焉，則賢者親，不肖者懼。使之哀鰥寡，養孤獨，恤貧窮，誘孝悌，選賢舉能。此七者脩，則四海之內無刑民矣。上之親下也如腹心，則下之親上也如保子之見慈母也。上下之相親如此，然後令則從，施則行。因民既邇者説，遠者來懷，然後布指知寸，布手知尺，舒肘知尋，十尋而索。百步而堵，三百步而里，千步而井，三井而句烈，三句烈而距，五十里而封，百里而有都邑，乃爲畜積衣裘焉，使處者恤行者有興亡。是以蠻夷諸夏，雖衣冠不同，言語不合，莫不來至，朝覲於王，故曰：無市而民不乏，無刑而民不違。畢弋田獵之得，不以盈宫室也；徵斂於百姓，非以充府庫也。慢怛以補不足，禮節以損有餘。故曰：多信而寡貌。其禮可守，其信可復，其迹可履。其於信也，如四時春秋冬夏；其博有萬民也，如飢而食，如渴而飲；下土之人信之夫！暑熱凍寒遠若邇，非道邇也，及其明德也。是以兵革不動而威，用利不施而親，此之謂明主之守也。折衝乎千里之外，此之謂也。』

曾子曰：『敢問何謂三至？』

孔子曰：『至禮不讓而天下治，至賞不費而天下之士説，至樂無聲而天下之民和。明主篤行三至，故天下之君可得而知也，天下之士可得而臣也，天下之民可得而用也。』

曾子曰：『敢問何謂也？』

孔子曰：『昔者明主以盡知天下良士之名，既知其名，又知其數，既知其數，又知其所在。明主因天下之爵以尊天下之士，此之謂至禮不讓而天下治；因天下之禄以富天下之士，此之謂至賞不費而天下之士説；天下之士説，則天下之明譽興，此之謂至樂無聲而天下之民和。故曰：所謂天下之至仁者，能合天下之至親者也；所謂天下之至知者，能用天下之至和者也；所謂天下之至明者，能選天下之至良者也。此三者咸通，然後可以征。是故仁者莫大於愛人，知者莫大於知賢，政者莫大於官賢。有士之君脩此三者，則四海之內拱而俟，然後可以征。明主之所征，必道之所廢者也。彼廢道而不行，然後誅其君，致其征，弔其民而不奪其財也。故曰明主之征也，猶時雨也，至則民説矣。是故行施彌博，得親彌衆，此之謂衽席之上乎還師。』

又《盛德》 聖王之盛德，人民不疾，六畜不疫，五穀不災，諸侯無兵而正，小民無刑而治，蠻夷懷服。

古者天子常以季冬考德，以觀治亂得失。凡德盛者治也，德不盛者亂也，德盛者得之也，德不盛者失之也。是故君子考德，而天下之治亂得失可坐廟堂之上而知也。德盛則脩法，德不盛則飾政，法政而德不衰，故曰王也。

凡人民疾、六畜疫、五穀災者，生於天，天道不順生於明堂不飾，故有天災即飾明堂也。凡民之爲姦邪竊盗歷法妄行者，生於不足，不足生於無度量也。無度量則小者偷墮，大者侈靡而不知足。故有度量則民足，民足則無爲姦邪竊盗歷法妄行者。故有姦邪竊盗歷法妄行之獄，則飾度量也。凡不孝生於不仁愛也，不仁愛生於喪祭之禮不明。喪祭之禮所以教仁愛也，致愛故能致喪祭，春秋祭祀之不絶，致思慕之心也。夫祭祀，致饋養之道也。死且思慕饋養，況於生而存乎？故曰：喪祭之禮明，則民孝矣。故有不孝之獄，則飾喪祭之禮也。凡弑上生於義不明。義者，所以等貴賤、明尊卑，貴賤有序，民尊上敬長矣。民尊上敬長而弑者，寡有之也。朝聘之禮所以明義也，故有弑獄，則飾朝聘之禮也。凡鬬辨生於相侵陵也，相侵陵生於長幼無序，而教以敬讓也。故有鬬辨之獄，則飾鄉飲酒之禮也。凡淫亂生於男女無別，夫婦無義。昏禮享聘者，所以別男女，明夫婦之義也。故有淫亂之獄，則飾昏禮享聘也。

故曰：刑罰之所從生有源，不務塞其源，而務刑殺之，是爲民設陷以賊之也。刑罰之源，生於嗜慾好惡不節。故明堂，天法也，禮度，德法也，所以御民之嗜慾好惡，以慎天法，以成德法也。刑法者，所以威不行德法者也。

故季冬聽獄論刑者，所以正法也。法正，論吏公行之。是故古者天子孟春論吏德行，能理功、能德法者爲有德，能行德法者爲有行，能理德法者爲有能，能成德法者爲有功。故論吏而法行，事治而功成。季冬正法，孟春論吏，治國之要也。

德法者御民之銜也，吏者轡也，刑者筴也，天子御者，内史太史左右手也。古者以法爲銜勒，以官爲轡，以刑爲筴，以人爲手，故御天下數百年而不懈墮。善御馬者，正銜勒，齊轡筴，均馬力，和馬心，故口無聲，手不搖，筴不用，而馬爲行也。善御民者，正其德法，飭其官，而均民

力，和民心，故聽言不出於口，刑不用而民治，是以民德美之。夫民善其德，必稱其人，故今之人稱五帝三王者，依然若猶存者，其法誠德，其德誠厚。夫民思其德，心稱其人，朝夕祝之，升聞於皇天，上帝歆焉，故永其世而豐其年。不能御民者，棄其德法，譬猶御馬，棄轡勒而專以筴御馬，馬必傷，車必敗，無德法而專以刑法御民，民心走，國必亡。亡德法，民心無所法循，迷惑失道，上必以爲亂無道，苟以爲亂無道，刑罰必不克，成其無道，上下俱無道。故今之稱惡者，必比之於夏桀、殷紂，何也？曰：法誠不德，其德誠薄。夫民惡之，必朝夕祝之，升聞於皇天，上帝不歆焉。故水旱並興，災害生焉。故曰：德法者，御民之本也。

古之御政以治天下者，冢宰之官以成道，司徒之官以成德，宗伯之官以成仁，司馬之官以成聖，司寇之官以成義，司空之官以成禮。故六官以爲轡，司會均入以爲軜，故御四馬，執六轡，御天地與人與事者，亦有六政。是故善御者，正身同轡，均馬力，齊馬心，惟其所引而之，以取長道，遠行可以之，急疾可以御。天地與人事，此四者聖人之所乘也。是故天子御者，太史內史左右手也，六官亦六轡也。天子三公合以執六官，均五政，齊五法，以御四者，故亦惟其所引而之。以之道則國治，以之德則國安，以之仁則國和，以之聖則國平，以之義則國成，以之禮則國定：此御政之體也。過，失也，人情莫不有過，過而改之，是不過也。是故官屬不理，分職不明，法政不一，百事失紀，曰亂也，亂則飭冢宰。地宜不殖，財物不蕃，萬民飢寒，教訓失道，風俗淫僻，百姓流亡，人民散敗，曰危也，危則飭司徒。父子不親，長幼無序，君臣上下相乘，曰不和也，不和則飭宗伯。賢能失官爵，功勞失賞禄，爵禄失則士卒疾怨，兵弱不用，曰不平也，不平則飭司馬。刑罰不中，暴亂姦邪不勝，曰不成也，不成則飭司寇。百度不審，立事失理，財物失量，曰貧也，貧則飭司空。

故曰，御者同是車馬，或以取千里，或數百里者，所進退緩急異也；治者同是法，或以治，或以亂者，亦所進退緩急異也。

又《虞戴德》 公曰：『昔有虞戴德何以？深慮何及？高舉安取？』

子曰：『君以聞之，唯丘無以更也。君之聞如未成也，黄帝慕脩之。』曰：『明法于天明，開施教于民，行此，以上明于天化也，物必起，是故民命而弗改也。』

公曰：『善哉！以天教于民，可以班乎？』

子曰：『可哉！雖可而弗由，此以上知所以行斧鉞也。父之於子，天也；君之於臣，天也。有子不事父，有臣不事君，是非反天而到行邪？故有子不事父，不順；有臣不事君，必刃。順天作刑，地生庶物。是故聖人之教于民也，率天如祖地，能用民德，是以高舉不過天，深慮不過地，質知而好仁，能用民力。此三常之禮明，而民不蹇。禮失則壞，名失則惛。是故上古不諱，正天名也。天子之宫四通，正地事也。天子御珽，諸侯御荼，大夫服笏，正民德也。斂此三者而一舉之，戴天履地，以順民事。天子告朔於諸侯，率天道而敬行之，以示威于天下也。諸侯內貢於天子，率名斅地實也。是以不至必誅。諸侯相見，卿爲介，以其教士畢行，使仁守，會朝於天子。天子以歲二月，爲壇於東郊，建五色，設五兵，具五味，陳六律，品奏五聲，聽明教。置離，抗大侯，規鵠，堅物。九卿佐三公，三公佐天子。天子踐位，諸侯各以其屬就位，乃升諸侯、諸侯之教士。教士執弓挾矢，揖讓而升，履物以射其地，心端色容正，時以斅伎。時有慶以地，不時有讓以地。天下之有道也，有天子存；國之有道也，君得其正；家之不亂也，有仁父存。是故聖人之教於民也，以其近而見者，稽其遠而明者。天事曰明，地事曰昌，人事曰比，兩以慶。違此三者，謂之愚民，愚民曰姦，姦必誅。是以天下平而國家治，民亦無貸，居小不約，居大則治；衆則集，寡則繆，祀則得福，以征則服，此唯官民之上德也。』

又《小辨》 公曰：『寡人欲學小辨，以觀於政，其可乎？』

子曰：『否，不可。社稷之主愛日，日不可得，學不可以辨，是故昔者先王學齊大道，以觀於政。天子學樂辨風，制禮以行政；諸侯學禮辨官政，以行事，以尊事天子；大夫學德別義，矜行以事君；士學順辨言以遂志；庶人聽長辨禁，農以行力。如此猶恐不濟，奈何其小辨乎？』

公曰：『不辨則何以爲政？』

子曰：『辨而不小。夫小辨破言，小言破義，小義破道。道小不通，通道必簡。是故循弦以觀於樂，足以辨風矣；《爾雅》以觀於古，足以辨言矣；傳言以象，反舌皆至，可謂簡矣。夫道不簡則不行，不行則不樂。

夫亦固十稘之變，由不不可既也，而況天下之言乎！」

曰：『微子之言，吾壹樂辨言。』

子曰：『辨言之樂，不若治政之樂。辨言之樂不下席，治政之樂皇於四海。夫政善則民說，民說則歸之如流水，親之如父母，諸侯初入而後臣之，安用辨言。』

公曰：『然則吾何學而可？』

子曰：『禮樂而力，忠信其君，其習可乎。』

公曰：『多與我言忠信，而不可以入患。』

子曰：『毋乃既明忠信之備，而口倦其君，則不可而有；明忠信之備，而又能行之，則可立待也。君朝而行忠信，百官承事，忠滿於中而發於外，刑於民而放於四海，天下其孰能患之。』

公曰：『請學忠信之備。』

子曰：『唯社稷之主，實知忠信。若丘也，綴學之徒，安知忠信。』

公曰：『非吾子問之而焉也？』

子三辭，將對，公曰：『彊避。』

子曰：『彊侍。丘聞大道不隱，丘言之，君發之於朝，行之於國，一國之人莫不知，何一之彊辟？丘聞之忠有九知，知忠必知中，知中必知恕，知恕必知外，知外必知德，知德必知政，知政必知官，知官必知事，知事必知患，知患必知備。若動而無備，患而弗知，死亡而弗知，安與知忠信？內思畢心曰知中，中以應實曰知恕，內恕外度曰知外，外內參意曰知德，德以柔政曰知政，正義辨方曰知官，官治物則曰知事，事戒不虞曰知備。毋患曰樂，樂義曰終。』

《晏子春秋·內篇諫上·景公欲使楚巫致五帝以明德晏子諫第十四》

楚巫微導裔款以見景公，侍坐三日，景公說之。楚巫曰：『公，明神之主，帝王之君也。公即位有七年矣，事未大濟者，明神未至也。請致五帝，以明君德。』景公再拜稽首。楚巫曰：『請巡國郊以觀帝位。』至于牛山而不敢登，曰：『五帝之位，在于國南，請齋而後登之。』公命百官供齋具于楚巫之所，裔款視事。晏子聞之而見于公曰：『公令楚巫齋牛山乎？』公曰：『然。致五帝以明寡人之德，神將降福于寡人，其有所濟乎？』晏子曰：『君之言過矣！古之王者，德厚足以安世，行廣足以容衆，諸侯戴之，以爲君長，百姓歸之，以爲父母。是故天地四時和而不失，星辰日月順而不亂，德厚行廣，配天象時，然後爲帝王之君，明神之主。古者不慢行而繁祭，不輕身而恃巫。今政亂而行僻，而求五帝之明德也？棄賢而用巫，而求帝王之在身也？夫民不苟德，福不苟降，君之帝王，不亦難乎！惜乎！君位之高，所論之卑也。』

又《內篇諫下·景公登路寢臺望國而歎晏子諫第十九》 景公與晏子登寢而望國，公愀然而歎曰：『使後嗣世世有此，豈不可哉！』晏子曰：『臣聞明君必務正其治，以事利民，然後子孫享之。《詩》云：「武王豈不事，貽厥孫謀，以燕翼子。」今君處佚怠，逆政害民有日矣，而猶出若言，不亦甚乎！』公曰：『然則後世孰將把齊國？』對曰：『服牛死，夫婦哭，非骨肉之親也，爲其利之大也。欲知把齊國者，則其利之者邪？』公曰：『然，何以易？』對曰：『移之以善政。今公之牛馬老于欄牢，不勝服也；車蠹于巨戶，不勝乘也；衣裘襦袴，朽弊于藏，不勝衣也；醯醢腐，不勝沽也；酒醴酸，不勝飲也；府粟鬱而不勝食；又厚藉斂于百姓，而不以分餒民。夫藏財而不用，凶也，財苟失守，下其報環至。其次昧財之失守，委而不以分人者，百姓必進自分也。故君人者與其請於人，不如請於己也。』

《尸子·分》 天地生萬物聖人裁之，裁物以制分，便事以立官。君臣父子上下長幼貴賤親疏皆得其分曰治，愛得分曰仁，施得分曰義，慮得分曰智，動得分曰適，言得分曰信，皆得其分而後爲成人。明王之治民也，事少而功立，身逸而國治，言寡而令行。事少而功多，守要也。身逸而國治，用賢也。言寡而令行，正名也。君人者苟能正名，愚智盡情，執一以靜，令名自正，令事自定。賞罰隨名，民莫不敬。周公之治天下也，酒肉不徹於前鐘，鼓不解於懸，聽樂而國治，勞無事焉。飲酒而賢舉，智無事焉。自爲而民富，仁無事焉。知此道也者，衆賢爲役，愚智盡情矣。明王之道易行也，勞不進一步，聽獄不後皐陶，食不損一味，富民不後虞舜，樂不損一日，用兵不後湯武，書之不盈尺簡，南面而立，一言而國治，堯舜復生弗能更也。身無變而治，國無變而王，湯武復生，弗能更也。執一之道，去智與巧。有虞之君天下也，使天下貢善。殷周之君天下也，使天下貢才。夫至衆賢而能用之，此有虞之盛德也。

《慎子・德立》 立天子者，不使諸侯疑焉。立諸侯者，不使大夫疑焉。立正妻者，不使嬖妾疑焉。立嫡子者，不使庶孽疑焉。疑則動，兩則爭，雜則相傷，害在有與不在獨也。故臣有兩位者國必亂，臣兩位而國不亂者，君在也。恃君而不亂矣，失君必亂。子有兩位者家必亂，子兩位而家不亂者，父在也。恃父而不亂矣，失父必亂。臣疑其君，無不危之國，孽疑其宗，無不危之家。

《孟子・離婁上》 孟子曰：『人不足與適也，政不足閒也；唯大人爲能格君心之非。君仁，莫不仁；君義，莫不義；君正，莫不正。一正君而國定矣。』

《莊子・則陽》 長梧封人問子牢曰：『君爲政焉勿鹵莽，治民焉勿滅裂。昔予爲禾，耕而鹵莽之，則其實亦鹵莽而報予；芸而滅裂之，其實亦滅裂而報予。予來年變齊，深其耕而熟耰之，其禾蘩以滋，予終年厭飧。』【略】

柏矩學於老聃，曰：『請之天下遊。』老聃曰：『已矣！天下猶是也。』又請之，老聃曰：『汝將何始？』曰：『始於齊。』至齊，見辜人焉，推而强之，解朝服而幕之，號天而哭之曰：『子乎子乎！天下有大菑，子獨先離之，曰莫爲盜！莫爲殺人！榮辱立，然後覩所病；貨財聚，然後覩所爭。今立人之所病，聚人之所爭，窮困人之身使無休時，欲無至此，得乎！古之君人者，以得爲在民，以失爲在己；以正爲在民，以枉爲在己；故一形有失其形者，退而自責。今則不然。匿爲物而過不識，大爲難而罪不敢，重爲任而罰不勝，遠其塗而誅不至。民知力竭，則以僞繼之，日出多僞，士民安取不僞！夫力不足則僞，知不足則欺，財不足則盜。盜竊之行，於誰責而可乎？』

又《説劍》 （莊子）曰：『天子之劍，以燕谿石城爲鋒，齊岱爲鍔，晉衛爲脊，周宋爲鐔，韓魏爲夾；包以四夷，裹以四時，繞以渤海，帶以恒山；制以五行，論以刑德；開以陰陽，持以春夏，行以秋冬。此劍，直之無前，舉之無上，案之無下，運之無旁，上決浮雲，下絶地紀。此劍一用，匡諸侯，天下服矣。此天子之劍也。』【略】

曰：『諸侯之劍，以知勇士爲鋒，以清廉士爲鍔，以賢良士爲脊，以忠聖士爲鐔，以豪桀士爲夾。此劍，直之亦無前，舉之亦無上，案之亦無下，運之亦無旁；上法圓天以順三光，下法方地以順四時，中和民意以安四鄉。此劍一用，如雷霆之震也，四封之內，無不賓服而聽從君命者矣。此諸侯之劍也。』

《文子・下德》 老子曰：『帝者體太一，王者法陰陽，霸者則四時，君者用六律。體太一者，明於天地之情，通於道德之倫，聰明照於日月，精神通於萬物，動靜調於陰陽，喜怒和於四時，覆露皆道，溥洽而無私，蜎飛蠕動，莫不依德而生，德流方外，名聲傳乎後世。法陰陽者，承天地之和，德與天地參，光明與日月並照，精神與鬼神齊靈，戴圓履方，抱表寢繩，內能理身，外得人心，發號施令，天下從風。則四時者，春生夏長，秋收冬藏，取與有節，出入有量，喜怒剛柔，不離其理，柔而不脆，剛而不折，寬而不肆，肅而不悖，優游委順，以養羣類，其德含愚而容不肖，無所私愛也。用六律者，生之與殺也，賞之與罰也，予之與奪也，非此無道也。伐亂禁暴，興賢良，廢不肖，匡邪以爲正，攘險以爲平，矯枉以爲直，明於施舍開塞之道，乘時因勢，以服役人心者也。帝者體陰陽即侵，王者法四時即削，霸者用六律即辱，君者失準繩即廢。故小而行大，即窮塞而不親；大而行小，即狹隘而不容。』

《荀子・君道篇》 有亂君，無亂國；有治人，無治法。羿之法非亡也，而羿不世中；禹之法猶存，而夏不世王。故法不能獨立，類不能自行，得其人則存，失其人則亡。法者，治之端也；君子者，法之原也。故有君子則法雖省，足以徧矣；無君子則法雖具，失先後之施，不能應事之變，足以亂矣。不知法之義而正法之數者，雖博，臨事必亂。故明主急得其人，而闇主急得其埶。急得其人，則身佚而國治，功大而名美，上可以王，下可以霸；不急得其人而急得其埶，則身勞而國亂，功廢而名辱，社稷必危。故君人者勞於索之，而休於使之。《書》曰：『惟文王敬忌，一人以擇。』此之謂也。

合符節，別契券者，所以爲信也；上好權謀，則臣下百吏誕詐之人乘是而後欺。探籌、投鉤者，所以爲公也；上好曲私，則臣下百吏乘是而後偏。衡石、稱縣者，所以爲平也；上好傾覆，則臣下百吏乘是而後險。斗、斛、敦、槩者，所以爲嘖也；上好貪利，則臣下百吏乘是而後豐取刻與，以無度取於民。故械數者，治之流也，非治之原也；君子者，

治之原也。官人守數，君子養原，原清則流清，原濁則流濁。故上好禮義，尚賢使能，無貪利之心，則下亦將綦辭讓，致忠信而謹於臣子矣。如是則雖在小民，不待合符節、別契券而信，不待探籌、投鉤而公，不待衡石、稱縣而平，不待斗、斛、敦、槩而嘖。故賞不用而民勸，罰不用而民服，有司不勞而事治，政令不煩而俗美，百姓莫敢不順上之法，象上之志，而勸上之事，而安樂之矣。故藉斂忘費，事業忘勞，寇難忘死，城郭不待飾而固，兵刃不待陵而勁，敵國不待服而詘，四海之民不待令而一。夫是之謂至平。《詩》曰：『王猶允塞，徐方既來。』此之謂也。

請問爲人君？曰：以禮分施，均徧而不偏。【略】

請問爲國？曰：聞修身，未嘗聞爲國也。君者，儀也，儀正而景正；君者，槃也，槃圓而水圓；君者，盂也，盂方而水方。君射則臣決。楚莊王好細腰，故朝有餓人。故曰：聞修身，未嘗聞爲國也。

君者，民之原也，原清則流清，原濁則流濁。故有社稷者而不能愛民，不能利民，而求民之親愛己，不可得也。民不親不愛，而求其爲己用，爲己死，不可得也。民不爲己用，不爲己死，而求兵之勁，城之固，不可得也。兵不勁，城不固，而求敵之不至，不可得也。敵至而求無危削，不滅亡，不可得也。危削滅亡之情舉積此矣，而求安樂，是狂生者也。狂生者不胥時而落。故人主欲彊固安樂，則莫若反之民；欲附下一民，則莫若反之政；欲修政美國，則莫若求其人。彼或蓄積而得之者不世絶，彼其人者，生乎今之世而志乎古之道。以天下之王公莫好之也，然而于是獨好之；以天下之民莫欲之也，然而于是獨爲之；好之者貧，爲之者窮，然而于是獨猶將爲之也，不爲少頃輟焉。曉然獨明於先王之所以得之，所以失之，知國之安危臧否若別白黑。是其人者也，大用之則天下爲一，諸侯爲臣，小用之則威行鄰敵，縱不能用，使無去其疆域，則國終身無故。故君人者愛民而安，好士而榮，兩者無一焉而亡。《詩》曰：『介人維藩，大師維垣。』此之謂也。

道者何也？曰：君道也。君者何也？曰：能羣也。能羣也者何也？曰：善生養人者也，善班治人者也，善顯設人者也，善藩飾人者也。善生養人者人親之，善班治人者人安之，善顯設人者人樂之，善藩飾人者人榮之。四統者俱而天下歸之，夫是之謂能羣。不能生養人者人不親也，不能班治人者人不安也，不能顯設人者人不樂也，不能藩飾人者人不榮也。四統者亡而天下去之，夫是之謂匹夫。故曰：道存則國存，道亡則國亡。省工賈，衆農夫，禁盜賊，除姦邪，是所以生養之也。天子三公，諸侯一相，大夫擅官，士保職，莫不法度而公，是所以班治之也。論德而定次，量能而授官，皆使其人載其事而各得其所宜。上賢使之爲三公，次賢使之爲諸侯，下賢使之爲士大夫，是所以顯設之也。修冠弁、衣裳、黼黻、文章、琱琢、刻鏤皆有等差，是所以藩飾之也。故由天子至於庶人也，莫不騁其能，得其志，安樂其事，是所同也。衣煖而食充，居安而游樂，事時制明而用足，是又所同也。若夫重色而成文章，重味而成珍備，是所衍也。聖王財衍以明辨異，上以飾賢良而明貴賤，下以飾長幼而明親疏，上在王公之朝，下在百姓之家，天下曉然皆知其非以爲異也，將以明分達治而保萬世也。故天子諸侯無靡費之用，士大夫無流淫之行，百吏官人無怠慢之事，衆庶百姓無姦怪之俗，無盜賊之罪，其能以稱義徧矣。故曰：『治則衍及百姓，亂則不足及王公。』此之謂也。

至道大形，隆禮至法則國有常，尚賢使能則民知方，纂論公察則民不疑，賞克罰偷則民不怠，兼聽齊明則天下歸之。然後明分職，序事業，材技官能，莫不治理，則公道達而私門塞矣，公義明而私事息矣。如是，則德厚者進而佞説者止，貪利者退而廉節者起。《書》曰：『先時者殺無赦，不逮時者殺無赦。』人習其事而固，人之百事如耳目鼻口之不可以相借官也，故職分而民不探，次定而序不亂，兼聽齊明而百姓不留。如是，則臣下百吏至於庶人莫不修己而後敢安正，誠能而後敢受職，百姓易俗，小人變心，姦怪之屬莫不反愨。夫是之謂政教之極。故天子不視而見，不聽而聰，不慮而知，不動而功，塊然獨坐而天下從之如一體，如四胑之從心。夫是之謂大形。《詩》曰：『温温恭人，維德之基。』此之謂也。

爲人主者，莫不欲彊而惡弱，欲安而惡危，欲榮而惡辱，是禹、桀之所同也。要此三欲，辟此三惡，果何道而便？曰：在慎取相，道莫徑是矣。故知而不仁不可，仁而不知不可，既知且仁，是人主之寶也，而王霸之佐也。不急得，不知；得而不用，不仁。無其人而幸有其功，愚莫大焉。今人主有六患：使賢者爲之，則與不肖者規之；使知者慮之，則與愚者論之；使修士行之，則與汙邪之人疑之。雖欲成功，得乎哉！譬之

是猶立直木而恐其景之枉也，惑莫大焉。語曰：『好女之色，惡者之孽也。公正之士，衆人之痤也。循乎道之人，汙邪之賊也。』今使汙邪之人論其怨賊而求其無偏，得乎哉！譬之是猶立枉木而求其景之直也，亂莫大焉。故古之人爲之不然。其取人有道，其用人有法。取人之道，參之以禮；用人之法，禁之以等。行義動静，度之以禮；知慮取舍，稽之以成；日月積久，校之以功。故卑不得以臨尊，輕不得以縣重，愚不得以謀知，是以萬舉不過也。故校之以禮，而觀其能安敬也；與之舉錯遷移，而觀其能應變也；與之安燕，而觀其能無流慆也；接之以聲色、權利、忿怒、患險，而觀其能無離守也。彼誠有之者與誠無之者，若白黑然，可詘邪哉！故伯樂不可欺以馬，而君子不可欺以人，此明王之道也。人主欲得善射，射遠中微者，縣貴爵重賞以招致之，內不可以阿子弟，外不可以隱遠人，能中是者取之，是豈不必得之之道也哉！雖聖人不能易也。欲得善馭速致遠者，一日而千里，縣貴爵重賞以招致之，內不可以阿子弟，外不可以隱遠人，能致是者取之，是豈不必得之之道也哉！雖聖人不能易也。欲治國馭民，調壹上下，將內以固城，外以拒難，治則制人，人不能制也，亂則危辱滅亡可立而待也。然而求卿相輔佐，則獨不若是其公也，案唯便嬖親比己者之用也，豈不過甚矣哉！故有社稷者莫不欲彊，俄則弱矣；莫不欲安，俄則危矣；莫不欲存，俄則亡矣。古有萬國，今有十數焉，是無它故，莫不失之是也。故明主有私人以金石珠玉，無私人以官職事業，是何也？曰：本不利於所私也。彼不能而主使之，則是主闇也；臣不能而誣能，則是臣詐也。主闇於上，臣詐於下，滅亡無日，俱害之道也。夫文王非無貴戚也，非無子弟也，非無便嬖也，倜然乃舉太公於州人而用之，豈私之也哉！以爲親邪？則周姬姓也。而彼姜姓也，以爲故邪？則未嘗相識也。以爲好麗邪？則夫人行年七十有二，齫然而齒墮矣。然而用之者，夫文王欲立貴道，欲白貴名，以惠天下，而不可以獨也，非于是子莫足以舉之，故舉是子而用之。於是乎貴道果立，貴名果明，兼制天下，立七十一國，姬姓獨居五十三人，周之子孫苟不狂惑者，莫不爲天下之顯諸侯，如是者，能愛人也。故舉天下之大道，立天下之大功，然後隱其所憐所愛，其下猶足以爲天下之顯諸侯。故曰：『唯明主爲能愛其所愛，闇主則必危其所愛。』此之謂也。

牆之外，目不見也；里之前，耳不聞也；而人主之守司，遠者天下，近者境內，不可不畧知也。天下之變，境內之事，有弛易齵差者矣，而人主無由知之，則是拘脅蔽塞之端也。耳目之明，如是其狹也；人主之守司，如是其廣也；其中不可以不知也，如是其危也。然則人主將何以知之？曰：便嬖左右者，人主之所以窺遠收衆之門戶牖嚮也，不可不早具也。故人主必將有便嬖左右足信者然後可，其知惠足使規物、其端誠足使定物然後可，夫是之謂國具。人主不能不有遊觀安燕之時，則不得不有疾病物故之變焉。如是國者，事物之至也如泉原，一物不應，亂之端也。故曰：人主不可以獨也。卿相輔佐，人主之基、杖也，不可不早具也。故人主必將有卿相輔佐足任者然後可，其德音足以填撫百姓、其知慮足以應待萬變然後可，夫是之謂國具。四鄰諸侯之相與，不可以不相接也，然而不必相親也。故人主必將有足使喻志決疑於遠方者然後可。其辯說足以解煩、其知慮足以決疑，其齊斷足以距難，不還秩、不反君，然而應薄扞患足以持社稷，然後可，夫是之謂國具。故人主無便嬖左右足信者謂之闇，無卿相輔佐足任者謂之獨，所使於四鄰諸侯者非其人謂之孤，孤獨而晻謂之危。國雖若存，古之人曰亡矣。《詩》曰：『濟濟多士，文王以寧。』此之謂也。

材人：愿愨拘録，計數纖嗇而無敢遺喪，是官人使吏之材也。修飭端正，尊法敬分而無傾側之心，守職循業，不敢損益，可傳世也，而不可使侵奪，是士大夫官師之材也。知隆禮義之爲尊君也，知好士之爲美名也，知愛民之爲安國也，知有常法之爲一俗也，知尚賢使能之爲長功也，知務本禁末之爲多材也，知無與下爭小利之爲便於事也，知明制度、權物稱用之爲不泥也，是卿相輔佐之材也，未及君道也。能論官此三材者而無失其次，是謂人主之道也。若是，則身佚而國治，功大而名美，上可以王，下可以霸，是人主之要守也。人主不能論此三材者，不知道此道，安值將卑埶出勞，併耳目之樂，而親自貫日而治詳，一內而曲辨之，慮與臣下爭小察而綦偏能，自古及今，未有如此而不亂者也。是所謂『視乎不可見，聽乎不可聞，爲乎不可成』，此之謂也。

又《正論篇》 世俗之爲說者曰：『桀、紂有天下，湯、武篡而奪之。』是不然。以桀、紂爲常有天下之籍則然，親有天下之籍則不然，天

下謂在桀、紂則不然。古者天子千官，諸侯百官。以是千官也，令行於諸夏之國，謂之王；以是百官也，令行於境內，國雖不安，不至於廢易遂亡，謂之君。聖王之子也，有天下之後也，埶籍之所在也，天下之宗室也；然而不材不中，內則百姓疾之，外則諸侯叛之，近者境內不一，遥者諸侯不聽，令不行於境內，甚者諸侯侵削之，攻伐之，若是，則雖未亡，吾謂之無天下矣。聖王没，有埶籍者罷不足以縣天下，天下無君，諸侯有能德明威積，海內之民莫不願得以爲君師，然而暴國獨侈，安能誅之，必不傷害無罪之民，誅暴國之君若誅獨夫，若是，則可謂能用天下矣。能用天下之謂王。湯、武非取天下也，修其道，行其義，興天下之同利，除天下之同害，而天下歸之也。桀、紂非去天下也，反禹、湯之德，亂禮義之分，禽獸之行，積其凶，全其惡，而天下去之也。天下歸之之謂王，天下去之之謂亡。故桀、紂無天下而湯、武不弑君，由此效之也。湯、武者，民之父母也；桀、紂者，民之怨賊也。今世俗之爲説者，以桀、紂爲君而以湯、武爲弑，然則是誅民之父母而師民之怨賊也，不祥莫大焉。以天下之合爲君，則天下未嘗合於桀、紂也。然則以湯、武爲弑，則天下未嘗有説也，直墮之耳。故天子唯其人。天下者，至重也，非至彊莫之能任；至大也，非至辨莫之能分；至衆也，非至明莫之能和。此三至者，非聖人莫之能盡。故非聖人莫之能王。聖人備道全美者也，是縣天下之權稱也。桀、紂者，其知慮至險也，其至意至闇也，其行之爲至亂也；親者疏之，賢者賤之，生民怨之，禹、湯之後也，而不得一人之與；刳比干，囚箕子，身死國亡，爲天下之大僇，後世之言惡者必稽焉；是不容妻子之數也。故至賢疇四海，湯、武是也；至罷不容妻子，桀、紂是也。今世俗之爲説者，以桀、紂爲有天下而臣湯、武，豈不過甚矣哉！譬之是猶傴巫、跛匡大自以爲有知也。故可以有奪人國，不可以有奪人天下；可以有竊國，不可以有竊天下也。可以奪之者可以有國，而不可以有天下，竊可以得國，而不可以得天下。是何也？曰：國，小具也，可以小人有也，可以小道得也，可以小力持也；天下者，大具也，不可以小人有也，不可以小道得也，不可以小力持也。國者，小人可以有之，然而未必不亡也，天下者，至大也，非聖人莫之能有也。

世俗之爲説者曰：『治古無肉刑而有象刑：墨黥；慅嬰；共，艾畢；菲，對屨；殺，赭衣而不純。治古如是。』是不然。以爲治邪？則人固莫觸罪，非獨不用肉刑，亦不用象刑矣。以爲人或觸罪矣，而直輕其刑，然則是殺人者不死，傷人者不刑也。罪至重而刑至輕，庸人不知惡矣，亂莫大焉。凡刑人之本，禁暴惡惡，且徵其未也。殺人者不死而傷人者不刑，是謂惠暴而寬賊也，非惡惡也。故象刑殆非生於治古，並起於亂今也。治古不然。凡爵列、官職、賞慶、刑罰，皆報也，以類相從者也。一物失稱，亂之端也。夫德不稱位，能不稱官，賞不當功，罰不當罪，不祥莫大焉。昔者武王伐有商，誅紂，斷其首，縣之赤旆。夫征暴誅悍，治之盛也。殺人者死，傷人者刑，是百王之所同也，未有知其所由來者也。刑稱罪則治，不稱罪則亂。故治則刑重，亂則刑輕，犯治之罪固重，犯亂之罪固輕也。《書》曰：『刑罰世輕世重。』此之謂也。

世俗之爲説者曰：『湯、武不能禁令，是何也？曰：楚、越不受制。』是不然。湯、武者，至天下之善禁令者也。湯居亳，武王居鄗，皆百里之地也，天下爲一，諸侯爲臣，通達之屬莫不振動從服以化順之，曷爲楚、越獨不受制也？彼王者之制也，視形埶而制械用，稱遠邇而等貢獻，豈必齊哉！故魯人以榶，衛人用柯，齊人用一革，土地刑制不同者，械用備飾不可不異也。故諸夏之國同服同儀，蠻、夷、戎、狄之國同服不同制。封內甸服，封外侯服，侯衛賓服，蠻夷要服，戎狄荒服。甸服者祭，侯服者祀，賓服者享，要服者貢，荒服者終王。日祭、月祀、時享、歲貢，夫是之謂視形埶而制械用，稱遠近而等貢獻，是王者之至也。彼楚、越者，且時享、歲貢、終王之屬也，必齊之日祭、月祀之屬然後曰受制邪？是規磨之説也，溝中之瘠也，則未足與及王者之制也。語曰：『淺不足與測深，愚不足與謀知，坎井之鼃不可與語東海之樂。』此之謂也。

世俗之爲説者曰：『堯、舜擅讓。』是不然。天子者，埶位至尊，無敵於天下，夫有誰與讓矣？道德純備，智惠甚明，南面而聽天下，生民之屬莫不振動從服以化順之，天下無隱士，無遺善，同焉者是也，異焉者非也，夫有惡擅天下矣？曰：『死而擅之。』是又不然。聖王在上，圖德而定次，量能而授官，皆使民載其事而各得其宜，不能以義制利，不能以僞飾性，則兼以爲民。聖王已没，天下無聖，則固莫足以擅天下矣。天下

有聖而在後者，則天下不離，朝不易位，國不更制，天下厭然與鄉無以異也，以堯繼堯，夫又何變之有矣？聖不在後子而在三公，則天下如歸，猶復而振之矣，天下厭然與鄉無以異也，以堯繼堯，夫又何變之有矣？唯其徒朝改制爲難。故天子生則天下一隆，致順而治，論德而定次；死則能任天下者必有之矣。夫禮義之分盡矣，擅讓惡用矣哉？曰：『老衰而擅。』是又不然。血氣筋力則有衰，若夫智慮取舍則無衰。曰：『老者不堪其勞而休也。』是又畏事者之議也。天子者，埶至重而形至佚，心至愉而志無所詘，而形不爲勞，尊無上矣。衣被則服五采，雜閒色，重文繡，加飾之以珠玉；食飲則重大牢而備珍怪，期臭味，曼而饋，代睪而食，《雍》而徹乎五祀，執薦者百人侍西房；居則設張容，負依而坐，諸侯趨走乎堂下；出户而巫覡有事，出門而宗祀有事，乘大路、趨越席以養安，側載睪芷以養鼻，前有錯衡以養目，和鸞之聲，步中《武》、《象》，趨中《韶》、《護》以養耳，三公奉軶持納，諸侯持輪挾輿先馬，大侯編後，大夫次之，小侯、元士次之，庶士介而夾道，庶人隱竄，莫敢視望：居如大神，動如天帝，持老養衰，猶有善於是者與不？老者，休也，休猶有安樂恬愉如是者乎？故曰：諸侯有老，天子無老，有擅國，無擅天下。古今一也。夫曰『堯、舜擅讓』，是虚言也，是淺者之傳，陋者之説也，不知逆順之理，小大、至不至之變者也，未可與及天下之大理者也。

世俗之爲説者曰：『堯、舜不能教化，是何也？曰：朱、象不化。』是不然也。堯、舜，至天下之善教化者也，南面而聽天下，生民之屬莫不振動從服以化順之；然而朱、象獨不化，是非堯、舜之過，朱、象之罪也。堯、舜者，天下之英也；朱、象者，天下之嵬，一時之瑣也。今世俗之爲説者不怪朱、象而非堯、舜，豈不過甚矣哉！夫是之謂嵬説。羿、逢門者，天下之善射者也，不能以撥弓、曲矢中；王梁、造父者，天下之善馭者也，不能以辟馬，毁輿致遠；堯、舜者，天下之善教化者也，不能使嵬瑣化。何世而無嵬？何時而無瑣？自太皞、燧人莫不有也。故作者不祥，學者受其殃，非者有慶。《詩》曰：『下民之孽，匪降自天，噂沓背憎，職競由人。』此之謂也。

又《君子篇》　天子無妻，告人無匹也。四海之内無客禮，告無適也。足能行，待相者然後進；口能言，待官人然後詔。不視而見，不聽而聰，不言而信，不慮而知，不動而功，告至備也。天子也者，埶至重，形至佚，心至愈，志無所詘，形無所勞，尊無上矣。《詩》曰：『普天之下，莫非王土；率土之濱，莫非王臣。』此之謂也。聖王在上，分義行乎下，則士大夫無流淫之行，百吏官人無怠慢之事，衆庶百姓無姦怪之俗，無盗賊之罪，莫敢犯大上之禁，天下曉然皆知夫盗竊之人不可以爲富也，皆知夫賊害之人不可以爲壽也，皆知夫犯上之禁不可以爲安也。由其道，則人得其所好焉；不由其道，則必遇其所惡焉：是故刑罰綦省而威行如流。世曉然皆知夫爲姦則雖隱竄逃亡之由不足以免也，故莫不服罪而請。《書》曰：『凡人自得罪。』此之謂也。故刑當罪則威，不當罪侮；爵當賢則貴，不當賢則賤。古者刑不過罪，爵不踰德，故殺其父而臣其子，殺其兄而臣其弟。刑罰不怒罪，爵賞不踰德，分然各以其誠通。是以爲善者勸，爲不善者沮，刑罰綦省而威行如流，政令致明而化易如神。傳曰：『一人有慶，兆民賴之。』此之謂也。亂世則不然：刑罰怒罪，爵賞踰德，以族論罪，以世舉賢。故一人有罪而三族皆夷，德雖如舜，不免刑均，是以族論罪也。先祖當賢，後子孫必顯，行雖如桀、紂，列從必尊，此以世舉賢也。以族論罪，以世舉賢，雖欲無亂，得乎哉！《詩》曰：『百川沸騰，山冢崒崩；高岸爲谷，深谷爲陵。哀今之人，胡憯莫懲！』此之謂也。論法聖王，則知所貴矣；以義制事，則知所利矣。論知所貴，則知所養矣；事知所利，則動知所出矣。二者，是非之本，得失之原也。故成王之於周公也，無所往而不聽，知所貴也。桓公之於管仲也，國事無所往而不用，知所利也。吳有伍子胥而不能用，國至於亡，倍道失賢也。故尊聖者王，貴賢者霸，敬賢者存，慢賢者亡，古今一也。故尚賢使能，等貴賤，分親疏，序長幼，此先王之道也。故尚賢、使能，則主尊下安；貴賤有等，則令行而不流；親疏有分，則施行而不悖，長幼有序，則事業捷成而有所休。故仁者，仁此者也；義者，分此者也；節者，死生此者也；忠者，惇慎此者也。兼此而能之，備矣。備而不矜，一自善也，謂之聖。不矜矣，夫故天下不與爭能而致善用其功。有而不有也，夫故爲天下貴矣。《詩》曰：『淑人君子，其儀不忒，其儀不忒，正是四國。』此之謂也。

《韓非子·主道》　道者，萬物之始，是非之紀也。是以明君守始以

知萬物之源，治紀以知善敗之端。故虛靜以待令，令名自命也，令事自定也。虛則知實之情，靜則知動者正。有言者自爲名，有事者自爲形，形名參同，君乃無事焉，歸之其情。故曰：君無見其所欲，君見其所欲，臣自將雕琢；君無見其意，君見其意，臣將自表異。故曰：去好去惡，臣乃見素，去舊去智，臣乃自備。故有智而不以慮，使萬物知其處；有行而不以賢，觀臣下之所因；有勇而不以怒，使羣臣盡其武。是故去智而有明，去賢而有功，去勇而有強。羣臣守職，百官有常，因能而使之，是謂習常。故曰：寂乎其無位而處，漻乎莫得其所。明君無爲於上，羣臣竦懼乎下。明君之道，使智者盡其慮，而君因以斷事，故君不窮於智；賢者敕其材，君因而任之，故君不窮於能；有功則君有其賢，有過則臣任其罪，故君不窮於名。是故不賢而爲賢者師，不智而爲智者正。臣有其勞，君有其成功，此之謂賢主之經也。

道在不可見，用在不可知。虛靜無事，以闇見疵。見而不見，聞而不聞，知而不知。知其言以往，勿變勿更，以參合閱焉。官有一人，勿令通言，則萬物皆盡。函，掩其迹，匿其端，下不能原；去其智，絕其能，下不能意。保吾所以往而稽同之，謹執其柄而固握之。絕其能望，破其意，毋使人欲之。不謹其閉，不固其門，虎乃將存。不慎其事，不掩其情，賊乃將生。弒其主，代其所，人莫不與，故謂之虎。處其主之側，爲姦臣，聞其主之忒，故謂之賊。散其黨，收其餘，閉其門，奪其輔，國乃無虎。大不可量，深不可測，同合刑名，審驗法式，擅爲者誅，國乃無賊。是故人主有五壅：臣閉其主曰壅，臣制財利曰壅，臣擅行令曰壅，臣得行義曰壅，臣得樹人曰壅。臣閉其主則主失位，臣制財利則主失德，臣擅行令則主失制，臣得行義則主失明，臣得樹人則主失黨。此人主之所以獨擅也，非人臣之所以得操也。

人主之道，静退以爲寶。不自操事而知拙與巧，不自計慮而知福與咎。是以不言而善應，不約而善增。言已應則執其契，事已增則操其符。符契之所合，賞罰之所生也。故羣臣陳其言，君以其言授其事，事以責其功。功當其事，事當其言則賞；功不當其事，事不當其言則誅。明君之道，臣不陳言而不當。是故明君之行賞也，暖乎如時雨，百姓利其澤；其行罰也，畏乎如雷霆，神聖不能解也。故明君無偷賞，無赦罰。賞偷則功臣墮其業，赦罰則姦臣易爲非。是故誠有功則雖疏賤必賞，誠有過則雖近愛必誅。近愛必誅，則疏賤者不怠，而近愛者不驕也。

又《功名》 明君之所以立功成名者四：一曰天時，二曰人心，三曰技能，四曰勢位。非天時雖十堯不能冬生一穗，逆人心雖賁、育不能盡人力。故得天時則不務而自生，得人心則不趣而自勸，因技能則不急而自疾，得勢位則不進而名成。若水之流，若船之浮，守自然之道，行毋窮之令，故曰明主。

夫有材而無勢，雖賢不能制不肖。故立尺材於高山之上，則臨千仞之谿，材非長也，位高也。桀爲天子，能制天下，非賢也，勢重也；堯爲匹夫，不能正三家，非不肖也，位卑也。千鈞得船則浮，錙銖失船則沈，非千鈞輕錙銖重也，有勢之與無勢也。故短之臨高也以位，不肖之制賢也以勢。人主者，天下一力以共載之，故安；衆同心以共立之，故尊。人臣守所長，盡所能，故忠。以尊主主御忠臣，則長樂生而功名成。名實相持而成，形影相應而立，故臣主同欲而異使。人主之患在莫之應，故曰：一手獨拍，雖疾無聲。人臣之憂在不得一，故曰：右手畫圓，左手畫方，不能兩成。故曰：至治之國，君若桴，臣若鼓，技若車，事若馬。故人有餘力易於應，而技有餘巧便於事。立功者不足於力，親近者不足於信，成名者不足於勢。近者已親，而遠者不結，則名不稱實者也。聖人德若堯、舜，行若伯夷，而位不載於世，則功不立，名不遂。故古之能致功名者，衆人助之以力，近者結之以成，遠者譽之以名，尊者載之以勢。如此，故太山之功長立於國家，而日月之名久著於天地。此堯之所以南面而守名，舜之所以北面而效功也。

又《内儲説上》 主之所用也七術，所察也六微。七術：一曰衆端參觀，二曰必罰明威，三曰信賞盡能，四曰一聽責下，五曰疑詔詭使，六曰挾知而問，七曰倒言反事。此七者，主之所用也。

觀聽不參則誠不聞，聽有門户則臣壅塞。其説在侏儒之夢見竈，哀公之稱莫衆而迷。故齊人見河伯，與惠子之言亡其半也。其患在豎牛之餓叔孫，而江乙之説荆俗也。嗣公欲治不知，故使有敵。是以明主推積鐵之類，而察一市之患。參觀一。

愛多者則法不立，威寡者則下侵上。是以刑罰不必則禁令不行。其説

在董子之行石邑，與子產之教游吉也。故仲尼説隕霜，而殷法刑棄灰；將行去樂池，而公孫鞅重輕罪。是以麗水之金不守，而積澤之火不救。成歡以太仁弱齊國，卜皮以慈惠亡魏王。管仲知之，故斷死人。嗣公知之，故買胥靡。必罰二。

賞譽薄而謾者下不用，賞譽厚而信者下輕死。其説在文子稱若獸鹿。故越王焚宮室，而吳起倚車轅，李悝斷訟以射，宋崇門以毀死。句踐知之，故式怒鼃。昭侯知之，故藏弊袴。厚賞之使人爲賁、諸也，婦人之拾蠶，漁者之握鱣，是以效之。賞譽三。

一聽則愚智不分，責下則人臣不參。其説在索鄭與吹竽。其患在申子之以趙紹、韓沓爲嘗試。故公子汜議割河東，而應侯謀弛上黨。一聽四。

數見久待而不任，姦則鹿散。使人問他則不鬻私。是以龐敬還公大夫，而戴讓詔視轀車。周主亡玉簪，商太宰論牛矢。詭使五。

挾智而問，則不智者至；深智一物，衆隱皆變。其説在昭侯之握一爪也。故必南門而三鄉得。周主索曲杖而羣臣懼，卜皮事庶子，西門豹詳遺轄。挾智六。

倒言反事以嘗所疑則姦情得。故陽山謾樛豎，淖齒爲秦使，齊人欲爲亂，子之以白馬，子產離訟者，嗣公過關市。倒言七。

又《内儲説下》 六微：一曰、權借在下，二曰、利異外借，三曰、託於似類，四曰、利害有反，五曰、參疑内爭，六曰、敵國廢置。此六者，主之所察也。

權勢不可以借人，上失其一，臣以爲百。故臣得借則力多，力多則内外爲用，内外爲用則人主壅。其説在老聃之言失魚也。是以人主久語，而左右鬻懷刷。其患在胥僮之諫厲公，與州侯之一言，而燕人浴矢也。權借一。

君臣之利異，故人臣莫忠，故臣利立而主利滅。是以姦臣者，召敵兵以内除，舉外事以眩主，苟成其私利，不顧國患。其説在衛人之夫妻禱祝也。故戴歇議子弟，而三桓攻昭公；公叔内齊軍，而翟黄召韓兵；太宰嚭説大夫種，大成牛教申不害；司馬喜告趙王，呂倉規秦、楚；宋石遺衛君書，白圭教暴譴。利異二。

似類之事，人主之所以失誅，而大臣之所以成私也。是以門人捐水而夷射誅，濟陽自矯而二人罪，司馬喜殺爰騫而季辛誅，鄭袖言惡臭而新人劓，費無忌教郄宛而令尹誅，陳需殺張壽而犀首走。故燒芻廥而中山罪，殺老儒而濟陽賞也。似類三。

事起而有所利，其尸主之；有所害，必反察之。是以明主之論也，國害則省其利者，臣害則察其反者。其説在楚兵至而陳需相，黍種貴而廩吏覆。是以昭奚恤執販茅，而不僖侯譙其次；文公髮繞炙，而穰侯請立帝。有反四。

參疑之勢，亂之所由生也，故明主慎之。是以晉驪姬殺太子申生，而鄭夫人用毒藥，衛州吁殺其君完，公子根取東周，王子職甚有寵，而商臣果作亂，嚴遂、韓廆爭而哀侯果遇賊，田常、闞止、戴驩、皇喜敵而宋君、簡公殺。其説在狐突之稱二好，與鄭昭之對未生也。參疑五。

敵之所務在淫察而就靡，人主不察則敵廢置矣。故文王資費仲，而秦王患楚使，黎且去仲尼，而干象沮甘茂。是以子胥宣言而子常用，内美人而虞、虢亡，佯遺書而萇宏死，用雞猳而鄶桀盡。廢置六。

參疑廢置之事，明主絶之於内而施之於外。資其輕者，輔其弱者，此謂廟攻。參伍既用於内，觀聽又行於外，則敵僞得。其説在秦侏儒之告惠文君也。故襄疵言襲鄴，而嗣公賜令蓆。廟攻。

又《外儲説左上》 一、明主之道，如有若之應密子也。明主之聽言也美其辯，其觀行也賢其遠，故羣臣士民之道言者迂弘，其行身也離世。其説在田鳩對荆王也。故墨子爲木鳶，謳癸築武宮。夫藥酒用言，明君聖主之以獨知也。

二、人主之聽言也，不以功用爲的，則説者多棘刺白馬之説；不以儀的爲關，則射者皆如羿也。人主於説也，皆如燕王學道也；而長説者，皆如鄭人爭年也。是以言有纖察微難而非務也，故李、惠、宋、墨皆畫策也；論有迂深閎大非用也，故畏震瞻車狀皆鬼魅也；言而拂難堅确非功也，故務、卞、鮑、介、墨翟皆堅瓠也。且虞慶詘匠也而屋壞，范且窮工而弓折。是故求其誠者，非歸餉也不可。

三、挾夫相爲則責望，自爲則事行。故父子或怨譟，取庸作者進美羹。説在文公之先宣言，與句踐之稱如皇也。故桓公藏蔡怒而攻楚，吳起懷瘳實而吮傷。且先王之賦頌，鐘鼎之銘，皆播吾之迹，華山之博也。然

先王所期者利也，所用者力也。築社之諺，目辭說也。請許學者而行宛曼於先王，或者不宜今乎？如是不能更也。鄭縣人得車厄也，衛人佐弋也，卜子妻寫弊袴也，而其少者也。先王之言，有其所爲小而世意之大者，有其所爲大而世意之小者，未可必知也。說在宋人之解書，與梁人之讀記也。故先王有郢書而後世多燕說。夫不適國事而謀先王，皆歸取度者也。

四、利之所在民歸之，名之所彰士死之。是以功外於法而賞加焉，則上不能得所利於下；名外於法而譽加焉，則士勸名而不畜之於君。故中章、胥己仕，而中牟之民弃田圃而隨文學者邑之半；平公腓痛足痺而不敢壞坐，晉國之辭仕託者國之錘。此三士者，言襲法則官府之籍也，行中事則如令之民也，二君之禮太甚；若言離法而行遠功，則繩外民也，二君又何禮之，禮之當亡。且居學之士，國無事不用力，有難不被甲；禮之則惰修耕戰之功，不禮則周主上之法；國安則尊顯，危則爲屈公之威；人主奚得於居學之士哉？故明王論李疵視中山也。

五、《詩》曰：『不躬不親，庶民不信。』傅說之以無衣紫，緩之以鄭簡、宋襄，責之以尊厚耕戰。夫不明分，不責誠，而以躬親位下，且爲下走睡臥，與夫揜弊微服。孔丘不知，故稱猶盂。鄒君不知，故先自僇。明主之道，如叔向賦獵，與昭侯之奚聽也。

六、小信成則大信立，故明主積於信。賞罰不信，則禁令不行。說在文公之攻原與箕鄭救餓也。是以吳起須故人而食，文侯會虞人而獵。故明主表信，如曾子殺彘也。患在尊厲王擊警鼓與李悝謾兩和也。

又《難三》 葉公子高問政於仲尼，仲尼曰：『政在悅近而來遠。』哀公問政於仲尼，仲尼曰：『政在選賢。』齊景公問政於仲尼，仲尼曰：『政在節財。』三公出，子貢問曰：『三公問夫子政一也，夫子對之不同，何也？』仲尼曰：『葉都大而國小，民有背心，故曰政在悅近而來遠。魯哀公有大臣三人，外障距諸侯四鄰之士，內比周而以愚其君，使宗廟不掃除，社稷不血食者，必是三臣也，故曰政在選賢。齊景公築雍門，爲路寢，一朝而以三百乘之家賜者三，故曰政在節財。』

或曰：仲尼之對，亡國之言也。葉民有倍心，而說之悅近而來遠，則是教民懷惠。惠之爲政，無功者受賞，而有罪者免，此法之所以敗也。法敗而政亂，以亂政治敗民，未見其可也。且民有倍心者，君上之明有所不及也。不紹葉公之明，而使之悅近而來遠，是舍吾勢之所能禁而使與不行惠以爭民，非能持勢者也。夫堯之賢，六王之冠也，舜一從而咸包，而堯無天下矣。有人無術以禁下，恃爲舜而不失其民，不亦無術乎！明君見小姦於微，故民無大謀；行小誅於細，故民無大亂；此謂圖難於其所易也，爲大者於其所細也。今有功者必賞，賞者不得君，力之所致也；有罪者必誅，誅者不怨上，罪之所生也。民知誅罰之皆起於身也，故疾功利於業，而不受賜於君。『太上、下智有之。』此言太上之下民無說也，安取懷惠之民？上君之民無利害，說以悅近來遠，亦可舍已。哀公有臣外障距內比周以愚其君，而說之以選賢，此非功伐之論也，選其心之所謂賢者也。使哀公知三子外障距內比周也，則三子不一日立矣。哀公不知選賢，選其心之所謂賢，故三子得任事。燕子噲賢子之而非孫卿，故身死爲僇。夫差智太宰嚭而愚子胥，故滅於越。魯君不必知賢，而說以選賢，是使哀公有夫差、燕噲之患也。明君不自舉臣，臣相進也；不自賢，功自徇也。論之於任，試之於事，課之於功。故羣臣公政而無私，不隱賢，不進不肖，然則人主奚勞於選賢？景公以百乘之家賜，而說以節財，是使景公無術以享厚樂，而獨儉於上，未免於貧也。有君以千里養其口腹，則雖桀、紂不侈焉。齊國方三千里，而桓公以其半自養，是侈於桀、紂也，然而能爲五霸冠者，知侈儉之地也。爲君不能禁下而自禁者謂之劫，不能飾下而自飾者謂之亂，不節下而自節者謂之貧。明君使人無私，以詐而食者禁；力盡於事，歸利於上者必聞，聞者必賞；污穢爲私者必知，知者必誅。然故忠臣盡忠於公，民士竭力於家，百官精剋於上，侈倍景公，非國之患也。然則說之以節財，非其急者也。夫對三公一言而三公可以無患，知下之謂也。知下明則禁於微，禁於微則姦無積，姦無積則無比周。無比周則公私分，分私分則朋黨散，朋黨散則無外障距內比周之患。知下明則見精沐；見精沐則誅賞明，誅賞明則國不貧，故曰一對而三公無患，知下之謂也。

又《八經》 力不敵衆，智不盡物。與其用一人，不如用一國。故智力敵而羣物勝，揣中則私勞，不中則在過。下君盡己之能，中君盡人之力，上君盡人之智。是以事至而結智，一聽而公會。聽不一則後悖於前，後悖於前則愚智不分；不公會則猶豫而不斷，不斷則事留。自取一，則

毋墮壑之累。故使之諷，諷定而怒。是以言陳之日，必有筴籍，結智者事發而驗，結能者功見而謀成敗，成敗有徵，賞罰隨之。事成則君收其功，規敗則臣任其罪。君人者合符猶不親，而況於力乎？事智猶不親，而況於懸乎？故非用人也不取同，同則君怒。使人相用則君神，君神則下盡。下盡下則臣，上不因君而主道畢矣。主道。

知臣主之異利者王，以爲同者劫，與共事者殺。故明主審公私之分，審利害之地，姦乃無所乘。亂之所生六也：主母，后姬，子姓，弟兄，大臣，顯賢。任吏責臣，主母不放。禮施異等，后姬不疑。分勢不貳，庶適不爭。權籍不失，兄弟不侵。下不一門，大臣不擁。禁賞必行，顯賢不亂。臣有二因，謂外內也。外曰畏，內曰愛。所畏之求得，所愛之言聽，此亂臣之所因也。外國之置諸吏者，結誅親暱重帑，則外不籍矣。爵禄循功，請者俱罪，則內不因矣。外不籍，內不因，則姦宄塞矣。官襲節而進，以至大任，智也。其位至而任大者，以三節持之，曰質、曰鎮、曰固。親戚妻子，質也。爵禄厚而必，鎮也。參伍責帑，固也。賢者止於質，貪饕化於鎮，姦邪窮於固。忍不制則下上，小不除則大誅，而名實當則徑之。生害事，死傷名，則行飲食；不然，而與其讎；此謂除陰姦也。醫曰詭，詭曰易。易功而賞，見罪而罰，而詭乃止。是非不泄，説諫不通，而易乃不用。父兄賢良播出曰遊禍，其患鄰敵多資。僇辱之人近習曰狎賊，其患發忿疑辱之心生。藏怒持罪而不發曰增亂，其患徼幸妄舉之人起。大臣兩重提衡而不踦曰卷禍，其患家隆劫殺之難作。脫易不自神曰彈威，其患賊夫酖毒之亂起。此五患者，人主之不知，則有劫殺之事。廢置之事，生於內則治，生於外則亂。是以明主以功論之內，而以利資之外，其故國治而敵亂。即亂之道，臣憎則起外若眩，臣愛則起內若藥。起亂。【略】

明主其務在周密。是以喜見則德償，怒見則威分。故明主之言隔塞而不通，周密而不見。故以一得十者下道也，以十得一者上道也。明主兼行上下，故姦無所失。伍、官、連、縣而鄰，謁過賞，失過誅。上之於下，下之於上，亦然。是故上下貴賤相畏以法，相誨以和。民之性，有生之實，有生之名。爲君者有賢知之名，有賞罰之實。名實俱至，故福善必聞矣。參言。

聽不參則無以責下，言不督乎用則邪説當上。言之爲物也以多信，不然之物，十人云疑，百人然乎，千人不可解也。吶者言之疑，辯者言之信。姦之食上也，取資乎衆，籍信乎辯，而以類飾其私。人主不饜忿而待合參，其勢資下也。有道之主，聽言督其用，課其功，功課而賞罰生焉，故無用之辯不留朝。任事者知不足以治職，則放官收。説大而誇則窮端，故姦得而怒。無故而不當爲誣，誣而罪，臣言必有報，説必責用也，故朋黨之言不上聞。凡聽之道，人臣忠論以聞姦，博論以內一，人主不智則姦得資。明主之道，己喜則求其所納；己怒則察其所搆；論於已變之後，以得毀譽公私之徵。衆諫以效智故，使君自取一以避罪。故衆之諫也，敗君之取也。無副言於上以設將然，今符言於後以知謾誠語。明主之道，臣不得兩諫，必任其一語；不得擅行，必合其參；故姦無道進矣。聽法。

官之重也，毋法也；法之息也，上闇也。上闇無度則官擅爲，官擅爲故奉重，無前則徵多，徵多故富。官之富重也，亂功之所生也。明主之道，取於任，賢於官，賞於功；言程主喜俱必利，不當主怒俱必害，則人不私父兄而進其仇讎。勢足以行法，奉足以給事，而私無所生，故民勞苦而輕官。任事也毋重，使其寵必在爵；處官者毋私，使其利必在祿；故民尊爵而重祿。爵祿所以賞也，民重所以賞也則國治。刑之煩也，名之繆也，賞譽不當則民疑。民之重名與其重賞也均。賞者有誹焉，不足以勸；罰者有譽焉，不足以禁。明主之道，賞必出乎公利，名必在乎爲上。賞譽同軌，非誅俱行，然則民無榮於賞之內。有重罰者必有惡名，故民畏。罰所以禁也，民畏所以禁則國治矣。類柄。

《呂氏春秋・審分覽・君守》得道者必靜，靜者無知。知乃無知，可以言君道也。故曰：中欲不出謂之扃，外欲不入謂之閉。既扃而又閉。天之用密，有准不以平，有繩不以正。天之大靜，既靜而又寧，可以爲天下正。身以盛心，心以盛智，智乎深藏，而實莫得窺乎。《洪範》曰：『惟天陰騭下民。』陰之者，所以發之也。故曰：『不出於戶而知天下，不窺於牖而知天道。其出彌遠者，其知彌少。』故博聞之人，彊識之士，闕矣；事耳目，深思慮之務，敗矣；堅白之察，無厚之辯，外矣。不出者，所以出之也。不爲者，所以爲之也。此之謂以陽召陽，以陰召陰。東海之極，水至而反。夏熱之下，化而爲寒。故曰：『天無形而萬物以成，

至精無象而萬物以化，大聖無事而千官盡能。』此乃謂不教之教，無言之詔。故有以知君之狂也，以其言之當也；有以知君之惑也，以其言之得也。君也者，以無當爲當，以無得爲得者也。當與得不在於君，而在於臣。故善爲君者無識，其次無事。有識則有不備矣，有事則有不恢矣，不備不恢，此官之所以疑，而邪之所從來也。今之爲車者，數官然後成。夫國豈特爲車哉！衆智衆能之所持也，不可以一物一方安車也。

又《知度》 明君者，非偏見萬物也，明於人主之所執也。有術之主者，非一自行之也，知百官之要也。知百官之要，故事省而國治也。明於人主之所執，故權專而姦止。姦止則說者不來，而情諭矣。情者不飾，而事實見矣。此謂之至治。至治之世，其民不好空言虛辭，不好淫學流說，賢不肖各反其質，行其情不雕其素，蒙厚純樸以事其上。若此，則工拙愚智勇懼可得以故易官，易官則各當其任矣。故有職者安其職不聽其議，無職者責其實以驗其辭。此二者審，則無用之言不入於朝矣。君服性命之情，去愛惡之心，用虛無爲本，以聽有用之言，謂之朝。凡朝也者，相與召理義也，相與植法則也。上服性命之情，則理義之士至矣，法則之用植矣，枉辟邪撓之人退矣，貪得僞詐之曹遠矣。故治天下之要存乎除姦，除姦之要存乎治官，治官之要存乎治道，治道之要存乎知性命。故子華子曰：『厚而不博，敬守一事，正性是喜。羣衆不周，而務成一能。盡能既成，四夷乃平。唯彼天符，不周而周。此神農之所以長，而堯、舜之所以章也。』人主自智而愚人，自巧而拙人，若此則愚拙者請矣，巧智者詔矣。詔多則請者愈多矣，請者愈多，且無不請也。主雖巧智，未無不知也。以未無不知應無不請，其道固窮。爲人主而數窮於其下，將何以君人乎？窮而不知其窮，其患又將反以自多，是之謂重塞之主，無存國矣。故有道之主，因而不爲，責而不詔，去想去意，靜虛以待，不伐之言，不奪之事，督名審實，官使自司，以不知爲道，以奈何爲實。

《郭店楚簡・教》 君子之於教也，其導民也不浸，則其淳也弗深矣。是故亡乎其身而存乎其辭，雖厚其命，民弗從之矣。是故威服刑罰之屢行也，由上之弗身也。昔者君子有言曰：戰與刑，人君之墜德也。是故上苟身服之，則民必有甚焉者。君袀冕而立於阼，一宮之人不勝其敬。君衰絰而處位，一宮之人不勝其［哀。君冠胄帶甲而立於軍］，一軍之人不勝其勇。上苟倡之，則民鮮不從矣。雖然，其存也不厚，其重也弗多矣。是故君子之求諸己也深。不求諸其本而攻諸其末，弗得矣。

是［故］君子之於言也，非從末流者之貴，窮源反本者之貴。苟不從其由，不反其本，未有可得也者。君上享成不唯本，功［弗就矣］。農夫務食，不強耕，糧弗足矣。士成言不行，名弗得矣。是故君子之於言也，非從末流者之貴，窮源反本者之貴。苟不從其由，不反其本，雖強之弗入矣。

上不以其道，民之從之也難。是以民可敬導也，而不可掩也；可御也，而不可牽也。故君子不貴庶物，而貴與民有同也。秩而比次，故民欲其秩之遂也。富而分賤，則民欲其富之大也。貴而能讓，則民欲其貴之上也。反此道也，民必因此重也以復之，可不慎乎？故君子所復之不多，所求之不遠，竊反諸己而可以知人。是故欲人之愛己也，則必先愛人；欲人之敬己也，則必先敬人。

天登大常，以理人倫，制爲君臣之義，作爲父子之親，分爲夫婦之辨。是故小人亂天常以逆大道，君子治人倫以順天德。《大禹》曰『余茲宅天心』何？此言也，言余之此而宅於天心也。是故君子，簟席之上，讓而受幼；朝廷之位，讓而處賤，所宅不遠矣。小人不逞人於恩，君子不逞人於禮。津梁爭舟，其先也不若其後也。言語嘷之，其勝也不若其已也。君子曰：從允釋過，則先者除，來者信。

《君奭》曰『襄我二人，毋有合在音』何？道不悅之辭也。君子曰『唯有其恒而可，能終之爲難。槁木三年，不必爲邦旗』何？言偃之也。是以君子貴成之。聞之曰：古之用民者，求之於己爲恒。行不信則命不從，信不著則言不樂。民不從上之命，不信其言，而能念德者，未之有也。故君子之蒞民也，身服善以先之，敬慎以守之，其所在者入矣，民孰弗從？形於中，發於色，其誠也固矣，民孰弗信？是以上之恒務，在信於衆。《詔命》曰『允師濟德』［何］？此言也，言信於衆之可以濟德也。

聖人之性與中人之性，其生而未有非志。次於而也，則猶是也。雖其於善道也亦非有懌，數以多也，及其博長而厚大也，則聖人不可由與墠之。此以民皆有性而聖人不可慕也。

是故凡物在疾之。《君奭》曰『唯冒丕單稱德』何？言疾也。君子曰：疾之，行之不疾，未有能深之者也。勉之遂也，强之工也；申之淹也，辭之工也。是以智而求之不疾，其去人弗遠矣；勇而行之不果，其疑也弗往矣。

唯君子道可近求，而［不］可遠借也。昔者君子有言曰『聖人天德』何？言慎求之於己，而可以至順天常矣。《康誥》曰『不還大戛，文王作罰，刑茲無赦』何？此言也，言不逆大常者，文王之型莫重焉。是故君子慎六位，以祀天常。

《鶡子·道符五帝三王傳政甲第五》　夫卿相無世，賢者有之，國無因治，智者理之。智者非一日之志也，治者非一日之謀也。治志治謀在於帝王，然後民知所保而知所避。發政施令，爲天下福者謂之道，上下相親謂之和，民不求而得所欲謂之信，除天下之害謂之仁，仁與信、和與道，帝王之器也。凡萬物皆有器，故欲有爲而不行其器者不成也。欲王者亦然。不用帝王之器者，亦不成也。

《上海博物館藏戰國竹簡（柒）·君人者何必安哉》　范曰：『君王有白玉三回而不殘，命爲君王賤之，敢告於見日。』王乃出而見之。王曰：『范乘，吾罕有白玉三回而不殘哉！』范乘曰：『楚邦之中有食田五鼎竽管擲於前。君王有楚，不聽鼓鐘之聲。此其一違也。珪玉之君，百姓之主，宮妾以十百數。君王有楚，侯子三人，一人杜門而不出。此其二違也。州徒之樂，而天下莫不語之，王之所以爲目觀也。君王隆其祭，而不爲其樂。此其三違也。先王爲此，人謂之安邦，謂之利民。今君王盡去耳目之欲，人以君王爲聚，以囂民有不能也，鬼亡不能也，民作而思譐之，君王唯不長年，何也？叟行年七十矣，言不敢斁身，君人者何必安哉！桀、紂、幽、厲戮死於人手，先君靈王姦繫員，爾君人者何必安哉！』

《馬王堆漢墓帛書·黃帝四經·經法·君正》　一年從其俗，二年用其德，三年而民有得。四年而發號令，［五年而以刑正，六年而］民畏敬，七年而可以（正）［征］。一年從其俗，則知民則。二年用［其德］，則民力。三年無賦斂，則民不（幸）［倖］。六年［民畏敬，則知刑罰］。［七］年而可以（正）［征］，則勝强（適）［敵］。俗者，順民心也。德者，愛勉之［也］。［有］得者，發禁（拕）［弛］關市之（正）［征］也。號令者，連爲什伍，（巽）［選］（練）［揀］賢不肖有別也。以刑正者，罪（殺）［誅］不赦也。［畏敬者，民不犯刑罰］也。可以（正）［征］者，民死節也。

若號令發，必廄而上九，壹道同心，［上］下不斿，民無它志，然後可以守戰矣。號令發必行，俗也。男女勸勉，愛也。動之靜之，民無不聽，時也。受賞無德，受罪無怨，當也。貴賤有別，賢不肖衰也。衣（備）［服］不相（緰）［逾］，貴賤等也。國無盜賊，詐僞不生，民無邪心，衣食足而刑伐（罰）必也。以有餘守，不可拔也。以不足攻，反自伐也。

天有死生之時，國有死生之正（政）。因天之生也以養生，謂之文；因天之殺也以伐死，謂之武；［文］武并行，則天下從矣。

人之本在地，地之本在宜，宜之生在時，時之用在民，民之用在力，力之用在節。知地宜，須時而樹，節民力以使，則財生，賦斂有度則民富，民富則有（佴）［恥］，有（佴）［恥］則號令成俗而刑（伐）［罰］不犯，號令成俗而刑（伐）［罰］不犯則守固戰勝之道也。

法度者，正之至也。而以法度治者，不可亂也。而生法度者，不可亂也。精公無私而賞罰信，所以治也。

［省］苛事，節賦斂，毋奪民時，治之安。無父之行，不得子之用；無母之德，不能盡民之力。父母之行備，則天地之德也。三者備，則事得矣。能收天下豪傑驃雄，則守禦之備具矣。審於行文武之道，則天下賓矣。號令合於民心，則民聽令。兼愛無私，則民親上。

又　《六分》　觀國者觀主，觀家［者］觀父。能爲國則能爲主，能爲家則能爲父。凡觀國，有六逆：其子父。其臣主。雖强大不王。其謀臣在外位者，其國不安，其主不悟，則社稷殘。其主失位則國無本，臣不失處則下有根，［國］憂而存；主失位則國荒，臣失處則令不行，此之謂頹國。［主暴則生殺不當，臣亂則賢不肖并立，此謂危國］。主兩則失其明，男女爭威，國有亂兵，此謂亡國。

（適）［嫡］子父，命曰上（曊）［怫］。羣臣離志。大臣主，命曰壅塞。在强國削，在中國破，在小國亡。謀臣［在］外位者，命曰逆成，

國將不寧；在强國危，在中國削，在小國破。主失位，臣不失處，命曰外根，將與禍（閵）［鄰］，在强國憂，在中國危，在小國削；主失位，臣失處，命曰無本，上下無根，國將大損；在强國破，在中國亡，在小國滅。主暴臣亂，命曰大荒，外戎內戎，天將降殃，國無小大，有者滅亡。主兩，男女分威，命曰大（麋）［迷］，國中有師；在强國破，在中國亡，在小國滅。

凡觀國，有（大）［六］順：主不失其位則國［有本，臣］失其處則下無根，國憂而存。主惠臣忠者，其國安。主主臣臣，上下不趚者，其國强。主執度，臣循理者，其國霸昌。主得［位］臣（楅）［輻］屬者王。

六順六逆［乃］存亡［興壞］之分也。主上執六分以生殺，以賞［罰］，以必伐。天下太平，正以明德，參之於天地，而兼覆載而無私也，故王天［下］。

王天下者之道，有天焉，有地焉，有人焉，三者參用之，［然後］而有天下矣。爲人主，南面而（立）［莅］。臣肅敬，不敢蔽其主。下比順，不敢蔽其上。萬民和輯而樂爲其主上用，地廣人衆兵强，天下無敵。

文德（廐）［究］於輕細，［武］刃於［當罪］，王之本也。然而不知王術，不王天下。知王［術］者，驅騁馳獵而不禽荒，飲食喜樂而不湎康，玩好嬛好而不惑心，俱與天下用兵，費少而用功，［戰勝而令行。故福生於內，則］國富而民［昌。聖人其留，天下］其［與］。［不］知王術者，驅騁馳獵則禽荒，飲食喜樂則湎康，玩好嬛好則惑心，俱與天下用兵，費多而無功，戰勝而令不［行。故福］失［於內，財去而倉廩］空［虛］，與天［相逆］，則國貧而民荒。［至］聖之人弗留，天下弗與。如此而又不能重士而師有道，則國人之國矣。

王天下者有玄德，有［玄德］獨知［王術］，［故而］王天下而天下莫知其所以。王天下者，輕縣國而重士，故國重而身安；賤財而貴有知，故功得而財生；賤身而貴有道，故身貴而令行。［故王］天下［者］天下則之。霸主積甲士而征不（備）［服］，誅禁當罪而不私其利，故令行天下而莫敢不聽。自此以下，兵戰力爭，危亡無日，而莫知其所從來。夫言霸王，其［無私也］，唯王者能兼覆載天下，物曲成焉。

又 《論》 人主者，天地之［稽］也，號令之所出也，［爲民］之命也。不天天則失其神，不重地則失其根，不順［四時之度］而民疾。不處外內之位，不應動靜之化，則事窘於內而舉窘於［外］。［八］正皆失，［與天地離］。［天天則得其神。重地］則得其根。順四［時之度］而民不［有］疾。［處］外［內之位，應動靜之化，則事］得於內而舉得於外。八正不失，則與天地總矣。

天執一，明［三，定］二，建八正，行七法，然後［施於四極，而四極］之中無不［聽命］矣。蚑行喙息，扇飛蠕動，無［不寧其心，而安其性，故而］不失其常者，天之一也。天執一以明三，日信出信入，南北有極，［度之稽也。月信生信］死，進退有常，數之稽也。列星有數，而不失其行，信之稽也。天明三以定二，則壹晦壹明，［壹陰壹陽，壹短壹長］。天定二以建八正，則四時有度，動靜有位，而外內有處。

天建八正以行七法：明以正者，天之道也。適者，天度也。信者，天之期也。極而［反］者，天之性也。必者，天之命也。［順正者，天之稽也。有常］者，天之所以爲物命也。此之謂七法。七法各當其名，謂之物。物各［合於道者］，謂之理。理之所在，謂之［順］。物有不合於道者，謂之失理。失理之所在，謂之逆。逆順各自命也，則存亡興壞可知［也］。

［强生威，威］生惠，惠生正，［正］生靜。靜則平，平則寧，寧則素，素則精，精則神。至神之極，［見］知不惑。帝王者，執此道也。是以守天地之極，與天俱見，盡［施］於四極之中，執六（枋）［柄］以令天下，審三名以爲萬事［稽］，察逆順以觀於霸王（危）［存］亡之理，知虛實動靜之所爲，達於名實［相］應，盡知情僞而不惑，然後帝王之道成。

六柄：一曰觀，二曰論，三曰（僮）［動］，四曰（槫）［專］，五曰變，六曰化。觀則知死生之國，論則知存亡興壞之所在，動則能破强興弱，（槫）［專］則不失（諱）［韙］非之［分］，變則伐死養生，化則能明德除害。六柄備則王矣。三名：一曰正名立而偃，二曰倚名（法）［廢］而亂，三曰無名而强主滅。三名察則事有應矣。

動靜不時，種樹失地之宜，［則天］地之道逆矣。臣不親其主，下不親其上，百族不親其事，則內理逆矣。逆之所在，謂之死國，［死國］伐

之。反此之謂順，[順]之所在，謂之生國，生國養之。逆順有理，則情僞密矣。實者（視）[示][人]虚，不足者（視）[示]人有餘。以其有事，起之則天下聽；以其無事，安之則天下静。名實相應則定，名實不相應則（静）[爭]。名自命也，物自正也，事自定也。三名察則盡知情僞而[不]惑矣。有國將昌，當罪先亡。

又《十大經・立命》 昔者黄宗，質始好信，作自爲象，方四面，傅一心，四達自中，前參後參，左參右參，踐位履參，是以能爲天下宗。『吾受命於天，定位於地，成名於人。唯余一人[德]乃配天，乃立王、三公，立國置君、三卿。數日、曆月、計歲，以當日月之行。[吾]允地廣裕，類天大明。

『吾畏天愛地親[民]，[立]（無）[有]命，執虚信。吾愛民而民不亡，吾愛地而地不（兄）[荒]。吾受民[而民不]死。吾位不[失]。吾苟能親親而興賢，吾不遺亦至矣。』

又《觀》 夫是故使民毋人（埶）[執]，舉事毋陽察，力地毋陰敝。陰敝者土荒，陽察者奪光，人（埶）[執]者（摐）[撞]兵。是故爲人主者，時（控）[適]三樂，毋亂民功，毋逆天時。然則五穀（溜）[秀]熟，民[乃]蕃滋。君臣上下，交得其志。天因而成之。夫（幷）[秉]時以養民功，先德後刑，順於天。其時贏而事絀，陰節（復）[愎]次，地（尤）[旡]（氣）復收。正名修刑，（執）[蟄]蟲不出，雪霜復清（清），孟穀乃（蕭）[肅]，此災[乃]生，如此者舉事將不成。其時絀而事贏，陽節（復）[愎]次，地（尤）[旡]（氣）不收。正名（施）[弛]刑，（執）[蟄]蟲發聲，草苴復榮。已陽而又陽，重時而無光，如此者舉事將不行。

天道已既，地物乃備。散流相成，聖人之事。聖人不巧，時反是守。優（未）[昧]愛民，與天同道。聖人正以待之，靜以須人。不達天刑，不（襦）[渝]不（傳）[轉]。當天時，與之皆斷；當斷不斷，反受其亂。

執政大臣論分部

論説

《荀子・儒效篇》 大儒之效：武王崩，成王幼，周公屏成王而及武王以屬天下，惡天下之倍周也。履天子之籍，聽天下之斷，偃然如固有之，而天下不稱貪焉；殺管叔，虚殷國，而天下不稱戾焉；兼制天下，立七十一國，姬姓獨居五十三人，而天下不稱偏焉。教誨開導成王，使諭於道，而能揜迹於文、武。周公歸周，反籍於成王，而天下不輟事周，然而周公北面而朝之。天子也者，不可以少當也，不可以假攝爲也。能則天下歸之，不能則天下去之，是以周公屏成王而及武王以屬天下，惡天下之離周也。成王冠，成人，周公歸周反籍焉，明不滅主之義也。周公無天下矣，鄉有天下，今無天下，非擅也；成王鄉無天下，今有天下，非奪也；變埶次序節然也。故以枝代主而非越也，以弟誅兄而非暴也，君臣易位而非不順也。因天下之和，遂文、武之業，明枝主之義，抑亦變化矣，天下厭然猶一也。非聖人莫之能爲，夫是之謂大儒之效。【略】

客有道曰：『孔子曰：「周公其盛乎！身貴而愈恭，家富而愈儉，勝敵而愈戒。」』應之曰：『是殆非周公之行，非孔子之言也。武王崩，成王幼，周公屏成王而及武王，履天子之籍，負扆而坐，諸侯趨走堂下。當是時也，夫又誰爲恭矣哉！兼制天下，立七十一國，姬姓獨居五十三人焉，周之子孫苟不狂惑者，莫不爲天下之顯諸侯，孰謂周公儉哉！武王之誅紂也，行之日以兵忌，東面而迎太歲，至汜而汎，至懷而壞，至共頭而山隧。霍叔懼曰：「出三日而五災至，無乃不可乎？」周公曰：「刳比干而囚箕子，飛廉、惡來知政，夫又惡有不可焉？」朝食於戚，暮宿於百泉，厭旦於牧之野，鼓之而紂卒易鄉，遂乘殷人而誅紂。蓋殺者非周人，因殷人也。故無首虜之獲，無蹈難之賞，反而定三革，偃五兵，合天下，立聲樂，於是《武》、《象》起而《韶》、《護》廢矣。四海之內，莫不變心

易慮以化順之，故外闔不閉，跨天下而無蕲。當是時也，夫又誰爲戒矣哉！』

造父者，天下之善御者也，無輿馬則無所見其能。羿者，天下之善射者也，無弓矢則無所見其巧。大儒者，善調一天下者也，無百里之地則無所見其功。輿固馬選矣，而不能以至遠一日而千里，則非造父也。弓調矢直矣，而不能以射遠中微，則非羿也。用百里之地，而不能以調一天下，制彊暴，則非大儒也。彼大儒者，雖隱於窮閻漏屋，無置錐之地，而王公不能與之爭名；在一大夫之位，則一君不能獨畜，一國不能獨容，成名況乎諸侯，莫不願得以爲臣；用百里之地而千里之國莫能與之爭勝，笞棰暴國，齊一天下，而莫能傾也。是大儒之徵也。其言有類，其行有禮，其舉事無悔，其持險應變曲當，與時遷徙，與世偃仰，千舉萬變，其道一也。是大儒之稽也。其窮也，俗儒笑之；其通也，英傑化之，嵬瑣逃之，邪說畏之，衆人媿之。通則一天下，窮則獨立貴名，天不能死，地不能埋，桀、跖之世不能汙，非大儒莫之能立，仲尼、子弓是也。故有俗人者，有俗儒者，有雅儒者，有大儒者。不學問，無正義，以富利爲隆，是俗人者也。逢衣淺帶，解果其冠，略法先王而足亂世術，繆學雜舉，不知法後王而一制度，不知隆禮義而殺《詩》、《書》；其衣冠行僞已同於世俗矣，然而不知惡者；其言議談說已無以異於墨子矣，然而明不能別；呼先王以欺愚者而求衣食焉，得委積足以揜其口則揚揚如也；隨其長子，事其便辟，舉其上客，億然若終身之虜而不敢有他志；是俗儒者也。法後王，一制度，隆禮義而殺《詩》、《書》，其言行已有大法矣，然而明不能齊法教之所不及，聞見之所未至，則知不能類也，知之曰知之，不知曰不知，內不自以誣，外不自以欺，以是尊賢畏法而不敢怠傲，是雅儒者也。法先王，統禮義，一制度，以淺持博，以古持今，以一持萬，苟仁義之類也，雖在鳥獸之中，若別白黑；倚物怪變，所未嘗聞也，所未嘗見也，卒然起一方，則舉統類而應之，無所儗怍，張法而度之，則晻然若合符節，是大儒者也。故人主用俗人則萬乘之國亡，用俗儒則萬乘之國存，用雅儒則千乘之國安，用大儒則百里之地久而後三年，天下爲一，諸侯爲臣，用萬乘之國則舉錯而定，一朝而伯。

又《臣道篇》 人臣之論：有態臣者，有篡臣者，有功臣者，有聖臣者。內不足使一民，外不足使距難，百姓不親，諸侯不信，然而巧敏佞說，善取寵乎上，是態臣者也。上不忠乎君，下善取譽乎民，不卹公道通義，朋黨比周，以環主圖私爲務，是篡臣者也。內足使以一民，外足使以距難，民親之，士信之，上忠乎君，下愛百姓而不倦，是功臣者也。上則能尊君，下則能愛民，政令教化，刑下如影，應卒遇變，齊給如響，推類接譽，以待無方，曲成制象，是聖臣者也。故用聖臣者王，用功臣者彊，用篡臣者危，用態臣者亡。態臣用則必死，篡臣用則必危，功臣用則必榮，聖臣用則必尊。故齊之蘇秦，楚之州侯，秦之張儀，可謂態臣者也。韓之張去疾，趙之奉陽，齊之孟嘗，可謂篡臣也。齊之管仲，晉之咎犯，楚之孫叔敖，可謂功臣矣。殷之伊尹，周之太公，可謂聖臣矣。是人臣之論也，吉凶賢不肖之極也，必謹志之而慎自爲擇取焉，足以稽矣。從命而利君謂之順，從命而不利君謂之諂；逆命而利君謂之忠，逆命而不利君謂之篡；不卹君之榮辱，不卹國之臧否，偷合苟容，以持祿養交而已耳，謂之國賊。君有過謀過事，將危國家、殞社稷之懼也，大臣父兄有能進言於君，用則可，不用則去，謂之諫；有能進言於君，用則可，不用則死，謂之爭；有能比知同力，率羣臣百吏而相與彊君撟君，君雖不安，不能不聽，遂以解國之大患，除國之大害，成於尊君安國，謂之輔；有能抗君之命，竊君之重，反君之事，以安國之危，除君之辱，功伐足以成國之大利，謂之拂。故諫、爭、輔、拂之人，社稷之臣也，國君之寶也，明君所尊厚也，而闇主惑君以爲己賊也。故明君之所賞，闇君之所罰也；闇君之所賞，明君之所殺也。伊尹、箕子，可謂諫矣；比干、子胥，可謂爭矣；平原君之於趙，可謂輔矣；信陵君之於魏，可謂拂矣。《傳》曰：『從道不從君。』此之謂也。故正義之臣設，則朝廷不頗；諫、爭、輔、拂之人信，則君過不遠；爪牙之士施，則仇讎不作；邊境之臣處，則疆垂不喪。故明主好同而闇主好獨，明主尚賢使能而饗其盛，闇主妬賢畏能而滅其功。罰其忠，賞其賊，夫是之謂至闇，桀、紂所以滅也。

【略】

有大忠者，有次忠者，有下忠者，有國賊者：以德復君而化之，大忠也；以德調君而補之，次忠也；以是諫非而怒之，下忠也；不卹君之榮辱，不卹國之臧否，偷合苟容，以之持祿養交而已耳，國賊也。若周

公之於成王也，可謂大忠矣；若管仲之於桓公，可謂次忠矣；若子胥之於夫差，可謂下忠矣；若曹觸龍之於紂者，可謂國賊矣。【略】

通忠之順，權險之平，禍亂之從聲，三者，非明主莫之能知也。争然後善，戾然後功，出死無私，致忠而公，夫是之謂通忠之順，信陵君似之矣。奪然後義，殺然後仁，上下易位然後貞，功參天地，澤被生民，夫是之謂權險之平，湯、武是也。過而通情，和而無經，不卹是非，不論曲直，偷合苟容，迷亂狂生，夫是之謂禍亂之從聲，飛廉、惡來是也。傳曰：『斬而齊，枉而順，不同而壹。』《詩》曰：『受小球大球，爲下國綴旒。』此之謂也。

世子論分部

論説

《國語·晉語一·獻公作二軍以伐霍》 十六年，公作二軍，公將上軍，太子申生將下軍以伐霍。師未出，士蔿言於諸大夫曰：『夫太子，君之貳也。恭以俟嗣，何官之有？今君分之土而官之，是左之也。吾將諫以觀之。』乃言於公曰：『夫太子，君之貳也，而帥下軍，無乃不可乎？』公曰：『下軍，上軍之貳也。寡人在上，申生在下，不亦可乎？』士蔿對曰：『下不可以貳上。』公曰：『何故？』對曰：『貳若體焉，上下左右，以相心目，用而不倦，身之利也。上貳代舉，下貳代履，周旋變動，以役心目，故能治事，以制百物。若下攝上，與上攝下，周旋不動，以違心目，其反爲物用也，何事能治？故古之爲軍也，軍有左右，闕從補之，成而不知，是以寡敗。若以下貳上，闕而不變，敗弗能補也。變非聲章，弗能移也。聲章過數則有釁，有釁則敵入，敵入而凶，救敗不暇，誰能退敵？敵之如志，國之憂也。可以陵小，難以征國。君其圖之！』公曰：『寡人有子而制焉，非子之憂也。』對曰：『太子，國之棟也。棟成乃制之，不亦危乎！』公曰：『輕其所任，雖危何害？』

士蔿出語人曰：『太子不得立矣。改其制而不患其難，輕其任而不憂其危，君有異心，又焉得立？行之克也，將以害之；若其不克，其因以罪之。雖克與否，無以避罪。與其勤而不入，不如逃之。君得其欲，太子遠死，且有令名，爲吳太伯，不亦可乎？』太子聞之，曰：『子輿之爲我謀，忠矣。然吾聞之：爲人子者，患不從，不患無名；爲人臣者，患不勤，不患無禄。今我不才而得勤與從，又何求焉？焉能及吳太伯乎？』太子遂行，克霍而反，讒言彌興。

又《申生伐東山》 十七年冬，公使太子伐東山。里克諫曰：『臣聞皋落氏將戰，君其釋申生也！』公曰：『行也！』里克對曰：『非故也。君行，太子居，以監國也；君行，太子從，以撫軍也。今君居，太子行，未有此也。』公曰：『非子之所知也。寡人聞之，立太子之道三：身鈞以年，年同以愛，愛疑決之以卜、筮。子無謀吾父子之間，吾以此觀之。』公不説。里克退，見太子。太子曰：『君賜我以偏衣、金玦，何也？』里克曰：『孺子懼乎？衣躬之偏，而握金玦，令不偷矣。孺子何懼！夫爲人子者，懼不孝，不懼不得。且吾聞之曰：「敬賢於請。」孺子勉之乎！』君子曰：『善處父子之間矣。』

又《晉語四·胥臣論教誨之力》 文公問於胥臣曰：『吾欲使陽處父傅讙也而教誨之，其能善之乎？』對曰：『是在讙也。蘧蒢不可使俯，戚施不可使仰，僬僥不可使舉，侏儒不可使援，矇瞍不可使視，嚚瘖不可使言，聾聵不可使聽，童昏不可使謀。質將善而賢良贊之，則濟可竢。若有違質，教將不入，其何善之爲！臣聞昔者大任娠文王不變，少溲於豕牢，而得文王不加疾焉。文王在母不憂，在傅弗勤，處師弗煩，事王不怒，孝友二虢，而惠慈二蔡，刑于大姒，比於諸弟。《詩》云：「刑于寡妻，至于兄弟，以御于家邦。」於是乎用四方之賢良。及其即位也，詢于「八虞」，而諮于「二虢」，度於閎夭而謀於南宫，諏於蔡、原而訪於辛、尹，重之以周、邵、畢、榮，憶寧百神，而柔和萬民。故《詩》云：「惠于宗公，神罔時恫。」若是，則文王非專教誨之力也。』公曰：『然則教無益乎？』對曰：『胡爲文，益其質。故人生而學，非學不入。』公曰：『奈夫八疾何！』對曰：『官師之所材也，戚施直鎛，蘧蒢蒙璆，侏儒扶盧，矇瞍修聲，

聾聵司火。童昏、嚚瘖、僬僥，官師之所不材也，以實裔土。夫教者，因體能質而利之者也。若川然有原，以卬浦而後大。』

又《楚語上·申叔時論傅太子之道》 莊王使士亹傅太子箴，辭曰：『臣不才，無能益焉。』王曰：『賴子之善善之也。』對曰：『夫善在太子，太子欲善，善人將至；若不欲善，善則不用。故堯有丹朱，舜有商均，啓有五觀，湯有太甲，文王有管、蔡。是五王者，皆有元德也，而有姦子。夫豈不欲其善，不能故也。若民煩，可教訓。蠻、夷、戎、狄，其不賓也久矣，中國所不能用也。』王卒使傅之。

問於申叔時，叔時曰：『教之春秋，而爲之聳善而抑惡焉，以戒勸其心；教之世，而爲之昭明德而廢幽昏焉，以休懼其動；教之詩，而爲之導廣顯德，以耀明其志；教之禮，使知上下之則；教之樂，以疏其穢而鎮其浮；教之令，使訪物官；教之語，使明其德，而知先王之務用明德於民也；教之故志，使知廢興者而戒懼焉；教之訓典，使知族類，行比義焉。

『若是而不從，動而不悛，則文詠物以行之，求賢良以翼之。悛而不攝，則身勤之，多訓典刑以納之，務慎惇篤以固之。攝而不徹，則明施舍以導之忠，明久長以導之信，明度量以導之義，明等級以導之禮，明恭儉以導之孝，明敬戒以導之事，明慈愛以導之仁，明昭利以導之文，明除害以導之武，明精意以導之罰，明正德以導之賞，明齊肅以耀之臨。若是而不濟，不可爲也。

『且夫誦詩以輔相之，威儀以先後之，體貌以左右之，明行以宣翼之，制節義以動行之，恭敬以臨監之，勤勉以勸之，孝順以納之，忠信以發之，德音以揚之，教備而不從者，非人也。其可興乎！夫子踐位則退，自退則敬，否則赧。』

《晏子春秋·內篇諫上·景公欲廢適子陽生而立荼晏子諫第十一》

淳于人納女于景公，生孺子荼，景公愛之。諸臣謀欲廢公子陽生而立荼，公以告晏子。晏子曰：『不可。夫以賤匹貴，國之害也；置大立少，亂之本也。夫陽生，生而長，國人戴之，君其勿易！夫服位有等，故賤不陵貴；立子有禮，故孽不亂宗。願君教荼以禮而勿陷于邪，導之以義而勿湛于利。長少行其道，宗孽得其倫。夫陽生敢毋使荼饜粱肉之味，玩金石之聲，而有患乎？廢長立少，不可以教下；尊孽卑宗，不可以利所愛。長少無等，宗孽無別，是設賊樹姦之本也。君其圖之！古之明君，非不知繁樂也，以爲樂淫則哀；非不知立愛也，以爲義失則憂。是故制樂以節，立子以道。若夫恃讒諛以事君者，不足以責信。今君用讒人之謀，聽亂夫之言也，廢長立少；臣恐後人之有因君之過以資其邪，廢少而立長以成其利者。君其圖之！』

民衆論分部

論說

《左傳·成公十三年》 劉子曰：『吾聞之，民受天地之中以生，所謂命也，是以有動作禮義威儀之則，以定命也。能者養之以福，不能者敗以取禍。是故君子勤禮，小人盡力。勤禮莫如致敬，盡力莫如敦篤，敬在養神，篤在守業。』

《論語·泰伯》 子曰：『民可使由之，不可使知之。』

《呂氏春秋·離俗覽·爲欲》 使民無欲，上雖賢，猶不能用。夫無欲者，其視爲天子也與爲輿隸同，其視有天下也與無立錐之地同，其視爲彭祖也與爲殤子同。天子至貴也，天下至富也，彭祖至壽也，誠無欲則是三者不足以勸。輿隸至賤也，無立錐之地至貧也，殤子至夭也，誠無欲則是三者不足以禁。會有一欲，則北至大夏，南至北戶，西至三危，東至扶木，不敢亂矣；犯白刃，冒流矢，趣水火，不敢却也；晨寤興，務耕疾庸，𣜬爲煩辱，不敢休矣。故人之欲多者，其可得用亦多；人之欲少者，其得用亦少；無欲者，不可得用也。人之欲雖多，而上無以令之，人雖得其欲，人猶不可用也。令人得欲之道，不可不審矣。

善爲上者，能令人得欲無窮，故人之可得用亦無窮也。蠻夷反舌殊俗異習之國，其衣服冠帶、宮室居處，舟車器械、聲色滋味皆異，其爲欲使一也。三王不能革，不能革而功成者，順其天也。桀、紂不

能離，不能離而國亡者，逆其天也。逆而不知其逆也，湛於俗也，久湛而不去則若性。性異非性，不可不熟。不聞道者，何以去非性哉？無以去非性，則欲未嘗正矣。欲不正，以治身則夭，以治國則亡。故古之聖王，審順其天而以行欲，則民無不令矣，功無不立矣。聖王執一，四夷皆至者，其此之謂也。執一者，至貴也。至貴者無敵。聖王託於無敵，故民命敵焉。

羣狗相與居，皆靜無爭。投以炙雞，則相與爭矣，或折其骨，或絶其筋，爭術存也。爭術存，因爭。不爭之術存，因不爭。取爭之術而相與爭，萬國無一。凡治國，令其民爭行義也。亂國，令其民爭爲不義也。彊國，令其民爭樂用也。弱國，令其民爭競不用也。夫爭行義、樂用，與爭爲不義、競不用，此其爲禍福也，天不能覆，地不能載。

《列子·楊朱篇》 楊朱曰：「生民之不得休息，爲四事故：一爲壽，二爲名，三爲位，四爲貨。有此四者，畏鬼，畏人，畏威，畏刑：此謂之遁民也。可殺可活，制命在外。不逆命，何羨壽？不矜貴，何羨名？不要勢，何羨位？不貪富，何羨貨？此之謂順民也。天下無對，制命在內。故語有之曰：人不婚宦，情欲失半；人不衣食，君臣道息。周諺曰：「田父可坐殺。」晨出夜入，自以性之恒；啜菽茹藿，自以味之極；肌肉麤厚，筋節腃急，一朝處以柔毛綈幕，薦以粱肉蘭橘，心痟體煩，內熱生病矣。商魯之君與田父侔地，則亦不盈一時而憊矣。故野人之所安，野人之所美，謂天下無過者。」

聖賢論分部

論說

《老子·七章》 天長地久。天地所以能長且久者，以其不自生，故能長生。是以聖人後其身而身先；外其身而身存。非以其無私邪？故能成其私。

又 《二十二章》 曲則全，枉則直，窪則盈，敝則新，少則得，多則惑。是以聖人抱一爲天下式。不自見，故明；不自是，故彰；不自伐，故有功；不自矜，故長。夫唯不爭，故天下莫能與之爭。古之所謂『曲則全』者，豈虛言哉！誠全而歸之。

又 《二十七章》 善行無轍迹；善言無瑕讁；善數不用籌策；善閉無關楗而不可開；善結無繩約而不可解。是以聖人常善救人，故無棄人；常善救物，故無棄物。是謂襲明。故善人者，不善人之師；不善人者，善人之資。不貴其師，不愛其資，雖智大迷，是謂要妙。

又 《四十七章》 不出戶，知天下；不闚牖，見天道。其出彌遠，其知彌少。是以聖人不行而知，不見而明，不爲而成。

又 《四十九章》 聖人常無心，以百姓心爲心。善者，吾善之；不善者，吾亦善之；德善。信者，吾信之；不信者，吾亦信之；德信。聖人在天下，歙歙焉，爲天下渾其心，百姓皆注其耳目，聖人皆孩之。

又 《七十章》 吾言甚易知，甚易行。天下莫能知，莫能行。言有宗，事有君。夫唯無知，是以不我知。知我者希，則我者貴。是以聖人被褐而懷玉。

又 《七十一章》 知不知，尚矣；不知知，病也。聖人不病，以其病病。夫唯病病，是以不病。

又 《七十二章》 民不畏威，則大威至。無狎其所居，無厭其所生。夫唯不厭，是以不厭。是以聖人自知不自見；自愛不自貴。故去彼取此。

又 《七十九章》 和大怨，必有餘怨；報怨以德，安可以爲善？是以聖人執左契，而不責於人。有德司契，無德司徹。天道無親，常與善人。

又 《八十一章》 信言不美，美言不信。善者不辯，辯者不善。知者不博，博者不知。聖人不積，既以爲人己愈有，既以與人己愈多。天之道，利而不害；聖人之道，爲而不爭。

《論語·八佾》 儀封人請見，曰：『君子之至於斯也，吾未嘗不得見也。』從者見之。出曰：『二三子何患於喪乎？天下之無道也久矣，天

將以夫子爲木鐸。」

又《顔淵》　司馬牛問君子。子曰：「君子不憂不懼。」曰：「不憂不懼，斯謂之君子已乎？」子曰：「内省不疚，夫何憂何懼？」

司馬牛憂曰：「人皆有兄弟，我獨亡。」子夏曰：「商聞之矣：死生有命，富貴在天。君子敬而無失，與人恭而有禮。四海之内，皆兄弟也。君子何患乎無兄弟也？」

棘子成曰：「君子質而已矣，何以文爲？」子貢曰：「惜乎，夫子之説君子也！駟不及舌。文猶質也，質猶文也。虎豹之鞟猶犬羊之鞟。」

又《子張》　叔孫武叔語大夫於朝曰：「子貢賢於仲尼。」子服景伯以告子貢。

子貢曰：「譬之宫牆，賜之牆也及肩，窺見室家之好。夫子之牆數仞，不得其門而入，不見宗廟之美，百官之富。得其門者或寡矣。夫子之云，不亦宜乎！」

叔孫武叔毁仲尼。子貢曰：「無以爲也！仲尼不可毁也。他人之賢者，丘陵也，猶可踰也；仲尼，日月也，無得而踰焉。人雖欲自絶，其何傷於日月乎？多見其不知量也。」

陳子禽謂子貢曰：「子爲恭也，仲尼豈賢於子乎？」

子貢曰：「君子一言以爲知，一言以爲不知，言不可不慎也。夫子之不可及也，猶天之不可階而升也。夫子之得邦家者，所謂立之斯立，道之斯行，綏之斯來，動之斯和。其生也榮，其死也哀，如之何其可及也？」

《禮記·禮運》　故聖人作則，必以天地爲本，以陰陽爲端，以四時爲柄，以日星爲紀，月以爲量，鬼神以爲徒，五行以爲質，禮義以爲器，人情以爲田，四靈以爲畜。以天地爲本，故物可舉也。以陰陽爲端，故情可睹也。以四時爲柄，故事可勸也。以日星爲紀，故事可列也。月以爲量，故功有藝也。鬼神以爲徒，故事有守也。五行以爲質，故事可復也。禮義以爲器，故事行有考也。人情以爲田，故人以爲奥也。四靈以爲畜，故飲食有由也。

又《雜記下》　君子有三患：未之聞，患弗得聞也；既聞之，患弗得學也；既學之，患弗能行也。君子有五恥：居其位，無其言，君子恥之；有其言，無其行，君子恥之；既得之而又失之，君子恥之；地有餘而民不足，君子恥之；衆寡均而倍焉，君子恥之。

又《表記》　子言之：「歸乎！君子隱而顯，不矜而莊，不厲而威，不言而信。」

子曰：「君子不失足於人，不失色於人，不失口於人。是故君子貌足畏也，色足憚也，言足信也。《甫刑》曰：『敬忌而罔有擇言在躬。』」

子曰：「君子慎以辟禍，篤以不揜，恭以遠恥。」

子曰：「君子莊敬日强，安肆日偷。君子不以一日使其躬儳焉如不終日。」

子曰：「狎侮死焉而不畏也。」

子曰：「仁之難成久矣，惟君子能之。是故君子不以其所能者病人，不以人之所不能者愧人。是故聖人之制行也，不制以己，使民有所勸勉愧恥，以行其言。禮以節之，信以結之，容貌以文之，衣服以移之，朋友以極之，欲民之有壹也。《小雅》曰：『不愧于人，不畏于天。』是故君子服其服則文以君子之容，有其容則文以君子之辭，遂其辭則實以君子之德。是故君子恥服其服而無其容，恥有其容而無其辭，恥有其辭而無其德，恥有其德而無其行。是故君子衰絰則有哀色，端冕則有敬色，甲胄則有不可辱之色。《詩》云：『惟鵜在梁，不濡其翼。彼記之子，不稱其服。』」

子言之：「君子之所謂義者，貴賤皆有事於天下。天子親耕，粢盛秬鬯以事上帝，故諸侯勤以輔事於天子。」【略】

子曰：「先生謚以尊名，節以壹惠，恥名之浮於行也。是故君子不自大其事，不自尚其功，以求處情；過行弗率，以求處厚；彰人之善而美人之功，以求下賢。是故君子雖自卑而民敬尊之。」子曰：「后稷，天下之爲烈也，豈一手一足哉！唯欲行之浮於名也，故自謂便人。」

子言之：「君子之所謂仁者，其難乎！《詩》云：『凱弟君子，民之父母。』凱以强教之，弟以説安之。樂而毋荒，有禮而親，威莊而安，孝慈而敬。使民有父之尊，有母之親。如此而后可以爲民父母矣，非至德其孰能如此乎？今父之親子也，親賢而下無能；母之親子也，賢則親之，無能則憐之。母親而不尊，父尊而不親。水之於民也，親而不尊，火尊而不親。土之於民也，親而不尊，天尊而不親。命之於民也，親而不尊，鬼

尊而不親。』**【略】**

子言之曰：『後世雖有作者，虞帝弗可及也已矣。君天下，生無私，死不厚其子，子民如父母，有憯怛之愛，有忠利之教，親而尊，安而敬，威而愛，富而有禮，惠而能散。其君子尊仁畏義，恥費輕實，忠而不犯，義而順，文而靜，寬而有辨。《甫刑》曰：「德威惟威，德明惟明。」非虞帝其孰能如此乎？』**【略】**

子曰：『后稷之祀易富也。其辭恭，其欲儉，其禄及子孫。《詩》曰：「后稷兆祀，庶無罪悔，以迄于今。」』

《大戴禮記・曾子天圓》 曾子曰：『天之所生上首，地之所生下首。上首之謂圓，下首之謂方。如誠天圓而地方，則是四角之不揜也。且來，吾語汝。參嘗聞之夫子曰：天道曰圓，地道曰方，方曰幽而圓曰明。明者，吐氣者也，是故外景；幽者，含氣者也，是故内景，故火日外景，而金水内景。吐氣者施，而含氣者化，是以陽施而陰化也。陽之精氣曰神，陰之精氣曰靈。神靈者，品物之本也，而禮樂仁義之祖也，而善否治亂所興作也。陰陽之氣各静其所，則静矣，偏則風，俱則靁，交則電，亂則霧，和則雨。陽氣勝則散爲雨露，陰氣勝則凝爲霜雪。陽之專氣爲雹，陰之專氣爲霰，霰雹者，一氣之化也。毛蟲毛而後生，羽蟲羽而後生，毛羽之蟲，陽氣之所生也。介蟲介而後生，鱗蟲鱗而後生，介鱗之蟲，陰氣之所生也。唯人爲倮匈而後生也，陰陽之精也。毛蟲之精者曰麟，羽蟲之精者曰鳳，介蟲之精者曰龜，鱗蟲之精者曰龍，倮蟲之精者曰聖人。龍非風不舉，龜非火不兆，此皆陰陽之際也。茲四者，所以役於聖人也，是故聖人爲天地主，爲山川主，爲鬼神主，爲宗廟主。』

《孟子・公孫丑上》 『敢問夫子惡乎長？』

曰：『我知言，我善養吾浩然之氣。』

『敢問何謂浩然之氣？』

曰：『難言也。其爲氣也，至大至剛，以直養而無害，則塞於天地之間。其爲氣也，配義與道；無是，餒也。是集義所生者，非義襲而取之也。行有不慊於心，則餒矣。我故曰，告子未嘗知義，以其外之也。必有事焉，而勿正，心勿忘，勿助長也。』**【略】**

曰：『伯夷、伊尹何如？』

曰：『不同道。非其君不事，非其民不使；治則進，亂則退，伯夷也。何事非君，何使非民；治亦進，亂亦進，伊尹也。可以仕則仕，可以止則止，可以久則久，可以速則速，孔子也。皆古聖人也，吾未能有行焉；乃所願，則學孔子也。』

『伯夷、伊尹於孔子，若是班乎？』

曰：『否；自有生民以來，未有孔子也。』

曰：『然則有同與？』

曰：『有。得百里之地而君之，皆能以朝諸侯，有天下；行一不義，殺一不辜，而得天下，皆不爲也。是則同。』

曰：『敢問其所以異。』

曰：『宰我、子貢、有若，智足以知聖人，汙不至阿其所好。宰我曰：「以予觀於夫子，賢於堯、舜遠矣。」子貢曰：「見其禮而知其政，聞其樂而知其德，由百世之後，等百世之王，莫之能違也。自生民以來，未有夫子也。」有若曰：「豈惟民哉？麒麟之於走獸，鳳凰之於飛鳥，太山之於丘垤，河海之於行潦，類也。聖人之於民，亦類也。出於其類，拔乎其萃，自生民以來，未有盛於孔子也。」』

又《離婁下》 孟子曰：『舜生於諸馮，遷於負夏，卒於鳴條，東夷之人也。文王生於岐周，卒於畢郢，西夷之人也。地之相去也，千有餘里；世之相後也，千有餘歲。得志行乎中國，若合符節，先聖後聖，其揆一也。』**【略】**

孟子曰：『禹惡旨酒而好善言。湯執中，立賢無方。文王視民如傷，望道而未之見。武王不泄邇，不忘遠。周公思兼三王，以施四事；其有不合者，仰而思之，夜以繼日；幸而得之，坐以待旦。』**【略】**

禹、稷當平世，三過其門而不入，孔子賢之。顔子當亂世，居於陋巷，一簞食，一瓢飲；人不堪其憂，顔子不改其樂，孔子賢之。孟子曰：『禹、稷、顔回同道。禹思天下有溺者，由己溺之也；稷思天下有飢者，由己飢之也，是以如是其急也。禹、稷、顔子易地則皆然。今有同室之人鬬者，救之，雖被髮纓冠而救之，可也；鄉鄰有鬬者，被髮纓冠而往救之，則惑也；雖閉户可也。』

又《萬章下》 孟子曰：『伯夷，目不視惡色，耳不聽惡聲。非其

君，不事；非其民，不使。治則進，亂則退。横政之所出，横民之所止，不忍居也。思與鄉人處，如以朝衣朝冠坐於塗炭也。當紂之時，居北海之濱，以待天下之清也。故聞伯夷之風者，頑夫廉，懦夫有立志。

『伊尹曰：「何事非君？何使非民？」治亦進，亂亦進，曰：「天之生斯民也，使先知覺後知，使先覺覺後覺。予，天民之先覺者也。予將以此道覺此民也。」思天下之民匹夫匹婦有不與被堯舜之澤者，若己推而内之溝中，其自任以天下之重也。

『柳下惠不羞汙君，不辭小官。進不隱賢，必以其道。遺佚而不怨，阨窮而不憫。與鄉人處，由由然不忍去也。「爾爲爾，我爲我，雖袒裼裸裎於我側，爾焉能浼我哉？」故聞柳下惠之風者，鄙夫寬，薄夫敦。

『孔子之去齊，接淅而行；去魯，曰：「遲遲吾行也，去父母國之道也。」可以速而速，可以久而久，可以處而處，可以仕而仕，孔子也。』

孟子曰：『伯夷，聖之清者也；伊尹，聖之任者也；柳下惠，聖之和者也；孔子，聖之時者也。孔子之謂集大成。集大成也者，金聲而玉振之也。金聲也者，始條理也；玉振之也者，終條理也。始條理者，智之事也；終條理者，聖之事也。智，譬則巧也；聖，譬則力也。由射於百步之外也，其至，爾力也；其中，非爾力也。』

又 《盡心上》 孟子曰：『形色，天性也；惟聖人然後可以踐形。』

又 《盡心下》 孟子曰：『聖人，百世之師也，伯夷、柳下惠是也。故聞伯夷之風者，頑夫廉，懦夫有立志；聞柳下惠之風者，薄夫敦，鄙夫寬。奮乎百世之上，百世之下，聞者莫不興起也。非聖人而能若是乎？而况於親炙之者乎？』

《莊子·胠篋》 世俗之所謂至知者，有不爲大盗積者乎？所謂至聖者，有不爲大盗守者乎？何以知其然邪？昔者龍逢斬，比干剖，萇弘胣，子胥靡，故四子之賢而身不免乎戮。故跖之徒問於跖曰：『盗亦有道乎？』跖曰：『何適而無有道邪！夫妄意室中之藏，聖也；入先，勇也；出後，義也；知可否，知也；分均，仁也。五者不備而能成大盗者，天下未之有也。』由是觀之，善人不得聖人之道不立，跖不得聖人之道不行；天下之善人少而不善人多，則聖人之利天下也少而害天下也多。故曰，脣竭則齒寒，魯酒薄而邯鄲圍，聖人生而大盗起。掊擊聖人，縱舍盗賊，而天下始治矣！夫谷虚而川竭，丘夷而淵實。聖人已死，則大盗不起，天下平而無故矣。

聖人不死，大盗不止。雖重聖人而治天下，則是重利盗跖也。爲之斗斛以量之，則並與斗斛而竊之；爲之權衡以稱之，則並與權衡而竊之；爲之符璽以信之，則並與符璽而竊之；爲之仁義以矯之，則並與仁義而竊之。何以知其然邪？彼竊鉤者誅，竊國者爲諸侯，諸侯之門而仁義存焉，則是非竊仁義聖知邪？故逐於大盗，揭諸侯，竊仁義並斗斛權衡符璽之利者，雖有軒冕之賞弗能勸，斧鉞之威弗能禁。此重利盗跖而使不可禁者，是乃聖人之過也。

又 《天地》 堯觀乎華。華封人曰：『嘻，聖人，請祝聖人。』『使聖人壽。』堯曰：『辭。』『使聖人富。』堯曰：『辭。』『使聖人多男子。』堯曰：『辭。』封人曰：『壽、富、多男子，人之所欲也，女獨不欲，何邪？』堯曰：『多男子則多懼，富則多事，壽則多辱。是三者，非所以養德也，故辭。』封人曰：『始也我以女爲聖人邪，今然君子也。天生萬民，必授之職，多男子而授之職，則何懼之有？富而使人分之，則何事之有！夫聖人，鶉居而鷇食，鳥行而無彰，天下有道，則與物皆昌；天下無道，則修德就閒；千歲厭世，去而上僊；乘彼白雲，至於帝鄉；三患莫至，身常無殃；則何辱之有！』

又 《天運》 孔子見老聃歸，三日不談，弟子問曰：『夫子見老聃，亦將何規哉？』孔子曰：『吾乃今於是乎見龍！龍，合而成體，散而成章，乘雲氣而養乎陰陽。予口張而不能嗋，予又何規老聃哉！』子貢曰：『然則人固有尸居而龍見，淵默而雷聲，發動如天地者乎？賜亦可得而觀乎？』遂以孔子聲見老聃。

老聃方將倨堂而應，微曰：『予年運而往矣，子將何以戒我乎？』子貢曰：『夫三皇五帝之治天下不同，其係聲名一也。而先生獨以爲非聖人，如何哉？』老聃曰：『小子少進！子何以謂不同？』對曰：『堯授舜，舜授禹，禹用力而湯用兵，文王順紂而不敢逆，武王逆紂而不肯順，故曰不同。』

老聃曰：『小子少進！余語汝三皇五帝之治天下。黄帝之治天下，

使民心一，民有其親死不哭而民不非也。堯之治天下，使民心親，民有爲其親殺其殺而民不非也。舜之治天下，使民心競，孕婦十月而生子，子生五月而能言，不至乎孩而始誰，則人始有夭矣。禹之治天下，使民心變，人有心而兵有順，殺盜非殺人，自爲種而天下耳，是以天下大駭，儒墨皆起。其作始有倫，而今乎歸，女何言哉！余語汝，三皇五帝之治天下，名曰治之，而亂莫甚焉。三皇之知，上悖日月之明，下睽山川之精，中墮四時之施，其知憯於蠣蠆之尾，鮮規之獸，莫得安其性命之情者，而猶自以爲聖人，不亦可恥乎，其無恥也？」

又《刻意》　若夫不刻意而高，無仁義而修，無功名而治，無江海而閒，不導引而壽，無不忘也，無不有也，澹然無極而衆美從之。此天地之道，聖人之德也。

故曰，夫恬惔寂漠虛無無爲，此天地之本而道德之質也。故聖人休焉，休則平易矣，平易則恬惔矣。平易恬惔，則憂患不能入，邪氣不能襲，故其德全而神不虧。

故曰，聖人之生也天行，其死也物化；静而與陰同德，動而與陽同波；不爲福先，不爲禍始；感而後應，迫而後動，不得已而後起。去知與故，遁天之理。故曰無天災，無物累，無人非，無鬼責。不思慮，不豫謀。光矣而不燿，信矣而不期。其寢不夢，其覺無憂。其生若浮，其死若休。其神純粹，其魂不罷。虛無恬惔，乃合天德。

《文子·微明》　老子曰：「人皆知治亂之機，而莫知全生之具。故聖人論世而爲之事，權事而爲之謀。聖人能陰能陽，能柔能剛，能弱能强，隨時動静，因資而立功，睹物往而知其反，事一而察其變，化則爲之象，運則爲之應，是以終身行之無所困。故事或可言而不可行者，或可行而不可言者，或易爲而難成者，或難成而易敗者。所謂可行而不可言者，取捨也。可言而不可行者，詐僞也。易爲而難成者，事也。難成而易敗者，名也。此四者，聖人之所留心也，明者之所獨見也。」

《子夏易傳》卷七　易有太極，是生兩儀，兩儀生四象，四象生八卦，八卦定吉凶，吉凶生大業。是故法象莫大乎天地，變通莫大乎四時，縣象著明莫大乎日月，崇高莫大乎富貴，備物致用立成器以爲天下利，莫大乎聖人。探賾索隱、鈎深致遠，以定天下之吉凶，成天下之亹亹者，莫大乎蓍龜。是故天生神物聖人則之，天地變化聖人效之，天垂象，見吉凶，聖人象之，河出圖，洛出書，聖人則之。

《列子·仲尼篇》　陳大夫聘魯，私見叔孫氏。叔孫氏曰：「吾國有聖人。」曰：「非孔丘邪？」曰：「是也。」「何以知其聖乎？」叔孫氏曰：「吾常聞之顔回曰：『孔丘能廢心而用形。』」陳大夫曰：「吾國亦有聖人，子弗知乎？」曰：「聖人孰謂？」曰：「老聃之弟子有亢倉子者，得聃之道，能以耳視而目聽。」魯侯聞之大驚，使上卿厚禮而致之。亢倉子應聘而至。魯侯卑辭請問之。亢倉子曰：「傳之者妄。我能視聽不用耳目，不能易耳目之用。」魯侯曰：「此增異矣。其道奈何？寡人終願聞之。」亢倉子曰：「我體合於心，心合於氣，氣合於神，神合於無。其有介然之有，唯然之音，雖遠在八荒之外，近在眉睫之内，來干我者，我必知之。乃不知是我七孔四支之所覺，心腹六藏之所知，其自知而已矣。」魯侯大悦。他日以告仲尼，仲尼笑而不答。【略】

商太宰見孔子曰：「丘聖者歟？」孔子曰：「聖則丘何敢，然則丘博學多識者也。」商太宰曰：「三王聖者歟？」孔子曰：「三王善任智勇者，聖則丘弗知。」曰：「五帝聖者歟？」孔子曰：「五帝善任仁義者，聖則丘弗知。」曰：「三皇聖者歟？」孔子曰：「三皇善任因時者，聖則丘弗知。」商太宰大駭，曰：「然則孰者爲聖？」孔子動容有閒，曰：「西方之人有聖者焉，不治而不亂，不言而自信，不化而自行，蕩蕩乎民無能名焉。丘疑其爲聖。弗知真爲聖歟？真不聖歟？」商太宰嘿然心計曰：「孔丘欺我哉！」

又《楊朱篇》　楊朱曰：「人肖天地之類，懷五常之性，有生之最靈者也。人者，爪牙不足以供守衛，肌膚不足以自捍禦，趨走不足以從利逃害，無毛羽以禦寒暑，必將資物以爲養，任智而不恃力。故智之所貴，存我爲貴；力之所賤，侵物爲賤。然身非我有也，既生，不得不全之；物非我有也，既有，不得而去之。身固生之主，物亦養之主。雖全生，不可有其身；雖不去物，不可有其物。有其物，有其身，是横私天下之身，横私天下之物。不横私天下之身，不横私天下物者，其唯聖人乎！公天下之身，公天下之物，其唯至人矣！此之謂至至者也。」

《晏子春秋·内篇問上·景公問君子常行曷若晏子對以三者第十六》

景公問晏子曰：『君子常行曷若？』晏子對曰：『衣冠不中，不敢以入朝；所言不義，不敢以要君；行己不順，治事不公，不敢以莅衆。衣冠無不中，故朝無奇僻之服；所言無不義，故下無僞上之報；身行順，治事公，故國無阿黨之義。三者，君子之常行者也。』

《荀子・非相》 凡言不合先王，不順禮義，謂之姦言，雖辯，君子不聽。法先王，順禮義，黨學者，然而不好言，不樂言，則必非誠士也。故君子之於言也，志好之，行安之，樂言之。故君子必辯。凡人莫不好言其所善，而君子爲甚。故贈人以言，重於金石珠玉；勸人以言，美於黼黻、文章；聽人以言，樂於鐘鼓琴瑟。故君子之於言無厭。鄙夫反是，好其實，不恤其文，是以終身不免埤汙傭俗。故《易》曰：『括囊，無咎無譽。』腐儒之謂也。

凡說之難，以至高遇至卑，以至治接至亂。未可直至也，遠舉則病繆，近世則病傭。善者於是閒也，亦必遠舉而不繆，近世而不傭，與時遷徙，與世偃仰，緩急嬴絀，府然若渠匽檃栝之於己也，曲得所謂焉，然而不折傷。故君子之度己則以繩，接人則用抴。度己以繩，故足以爲天下法則矣。接人用抴，故能寬容，因求以成天下之大事矣。故君子賢而能容罷，知而能容愚，博而能容淺，粹而能容雜，夫是之謂兼術。《詩》曰：『徐方既同，天子之功。』此之謂也。

談說之術：矜莊以莅之，端誠以處之，堅彊以持之，分別以喻之，譬稱以明之，欣驩芬薌以送之，寶之珍之，貴之神之，如是則說常無不受。雖不說人，人莫不貴，夫是之謂爲能貴其所貴。傳曰：『唯君子爲能貴其所貴。』此之謂也。

君子必辯。凡人莫不好言其所善，而君子爲甚焉。是以小人辯言險而君子辯言仁也。言而非仁之中也，則其言不若其默也，其辯不若其吶也；言而仁之中也，則好言者上矣，不好言者下也。故仁言大矣。起於上所以道於下，正令是也；起於下所以忠於上，謀救是也。故君子之行仁也無厭。志好之，行安之，樂言之，故言君子必辯。小辯不如見端，見端不如見本分。小辯而察，見端而明，本分而理，聖人士君子之分具矣。有小人之辯者，有士君子之辯者，有聖人之辯者：不先慮，不早謀，發之而當，成文而類，居錯遷徙，應變不窮，是聖人之辯者也。先慮之，早謀之，斯須之言而足聽，文而致實，博而黨正，是士君子之辯者也。聽其言則辭辯而無統，用其身則多詐而無功，上不足以順明王，下不足以和齊百姓，然而口舌之均，噡唯則節，足以爲奇偉偃卻之屬，夫是之謂姦人之雄，聖王起，所以先誅也。然後盜賊次之。盜賊得變，此不得變也。

又《賦篇》 皇天隆物，以示下民，或厚或薄，帝不齊均。桀、紂以亂，湯、武以賢。湣湣淑淑，皇皇穆穆，周流四海，曾不崇日。君子以修，跖以穿室。大參乎天，精微而無形。行義以正，事業以成。可以禁暴足窮，百姓待之而後寧泰。臣愚不識，願問其名。曰：此夫安寬平而危險隘者邪？脩潔之爲親而襍汙之爲狄者邪？甚深藏而外勝敵者邪？法禹、舜而能弇迹者邪？行爲動静，待之而後適者邪？血氣之精也，志意之榮也。百姓待之而後寧也，天下待之而後平也。明達純粹而無疵也，夫是之謂君子之知。

《鬻子・撰吏五帝三王傳政乙第五》 君子不與人之謀則已矣，若與人謀之，則非道無由也。故君子之謀，能必用道，而不能必見受也。能必忠，而不能必入也。能必信而不能必見信也。君子非仁者不出之於辭，而施之於行，故非非者行是，而惡惡者行善，而道諭矣。

政治關係論部

君臣關係論分部

論説

《尚書・皋陶謨》 禹曰：『都！帝慎在位。』帝曰：『俞！』禹曰：『安汝止，惟幾惟康；其弼（直）［悳］，惟動丕應。徯志以昭受上

帝，天其申命用休。』帝曰：『吁！臣哉鄰哉，鄰哉臣哉！』禹曰：『俞。』帝曰：『臣作朕股肱耳目。予欲左右有民，汝翼；予欲宣力四方，汝爲；予欲觀古人之象：日、月、星辰、山、龍、華蟲，作會，宗彝、藻、火、粉米、黼、黻、絺繡，以五采彰施于五色作服，汝明；予欲聞六律、五聲、八音、七始詠，以出納五言，汝聽；予違，汝弼。汝無面從，退有後言。欽四鄰，庶頑讒説，若不在時，侯以明之，撻以記之，書用識哉，欲並生哉，工以納言，時而颺之，格則承之、庸之，否則威之。』禹曰：『俞哉！帝光天之下，至于海隅蒼生，萬邦黎獻，共惟帝臣。惟帝時舉，敷納以言，明庶以功，車服以庸，誰敢不讓，敢不敬應。帝不時，敷同日奏罔功。』【略】

帝庸作歌曰：『勑天之命，惟時惟幾。』乃歌曰：『股肱喜哉，元首起哉，百工熙哉！』皋陶拜手稽首颺言曰：『念哉！率作興事，慎乃憲，欽哉！屢省乃成，欽哉！』乃賡載歌曰：『元首明哉！股肱良哉！庶事康哉！』又歌曰：『元首叢脞哉！股肱惰哉！萬事墮哉！』帝曰：『俞！往欽哉！』

《左傳・昭公二十年》 齊侯至自田，晏子侍于遄臺，子猶馳而造焉。公曰：『唯據與我和夫！』晏子對曰：『據亦同也，焉得爲和！』公曰：『和與同異乎？』對曰：『異，和如羹焉，水火醯醢鹽梅以烹魚肉，燀之以薪，宰夫和之，齊之以味，濟其不及，以洩其過，君子食之，以平其心。君臣亦然。君所謂可，而有否焉，臣獻其否，以成其可。君所謂否，而有可焉，臣獻其可，以去其否。是以政平而不干，民無爭心。故《詩》曰：「亦有和羹，既戒既平，鬷嘏無言，時靡有爭。」先王之濟五味，和五聲也，以平其心，成其政也。聲亦如味，一氣，二體，三類，四物，五聲，六律，七音，八風，九歌，以相成也。清濁、大小、短長、疾徐、哀樂、剛柔、遲速、高下、出入、周疏以相濟也。君子聽之以平其心，心平德和。故《詩》曰：「德音不瑕。」今據不然，君所謂可，據亦曰可。君所謂否，據亦曰否。若以水濟水，誰能食之？若琴瑟之專壹，誰能聽之？同之不可也如是！』

《國語・晉語五・趙宣子請師伐宋》 宋人弑昭公，趙宣子請師於靈公以伐宋，公曰：『非晉國之急也。』對曰：『大者天地，其次君臣，所以爲明訓也。今宋人弑其君，是反天地而逆民則也，天必誅焉。晉爲盟主，而不修天罰，將懼及焉。』公許之。乃發令于太廟，召軍吏而戒樂正，令三軍之鐘鼓必備。趙同曰：『國有大役，不鎭撫民而備鐘鼓，何也？』宣子曰：『大罪伐之，小罪憚之。襲侵之事，陵也。是故伐備鐘鼓，聲其罪也；戰以錞于、丁寧，儆其民也。襲侵密聲，爲蹔事也。今宋人弑其君，罪莫大焉！明聲之，猶恐其不聞也。吾備鐘鼓，爲君故也。』乃使旁告於諸侯，治兵振旅，鳴鐘鼓，以至于宋。

又《楚語下・鄖公辛與弟懷或禮於君或禮於父》 吳人入楚，昭王奔鄖，鄖公之弟懷將弑王，鄖公辛止之。懷曰：『平王殺吾父，在國則君，在外則讎也。見讎弗殺，非人也。』鄖公曰：『夫事君者，不爲外內行，不爲豐約舉，苟君之，尊卑一也。且夫自敵以下則有讎，非是不讎。下虐上爲弑，上虐下爲討，而況君乎！君而討臣，何讎之爲？若皆讎君，則何上下之有乎？吾先人以善事君，成名於諸侯，自鬭伯比以來，未之失也。今爾以是殃之，不可。』懷弗聽，曰：『吾思父，不能顧矣。』鄖公以王奔隨。

王歸而賞及鄖、懷，子西諫曰：『君有二臣，或可賞也，或可戮也。君王均之，羣臣懼矣。』王曰：『夫子期之二子耶？吾知之矣。或禮於君，或禮於父，均之，不亦可乎！』

《管子・君臣上》 爲人君者，修官上之道，而不言其中。爲人臣者，比官中之事，而不言其外。君道不明，則受令者疑。權度不一，則修義者惑。民有疑惑貳豫之心，而上不能匡，則百姓之與間，猶揭表而令之止也。是故能象其道於國家，加之於百姓，而足以飾官化下者，明君也。能上盡言於主，下致力於民，而足以修義從令者，忠臣也。上惠其道，下敦其業，上下相希，若望參表，則邪者可知也。吏嗇夫任事，人嗇夫任教。教在百姓，論在不橈，賞在信誠。體之以君臣，其誠也以守戰，如此則人嗇夫之事究矣。吏嗇夫盡有訾程事律，論法辟衡權斗斛，文劾不以私論，而以事爲正，如此則吏嗇夫之事究矣。人嗇夫成教，吏嗇夫成律，之後，則雖有敦愨忠信者不得善也，而戲豫怠傲者不得敗也，如此則人君之事究矣。是故爲人君者，因其業，乘其事，而稽之以度。有善者，賞之以列爵之尊，田地之厚，而民不慕也。有過者，罰之以廢亡之辱，僇死之刑，而

民不疾也。殺生不違，而民莫遺其親者，此唯上有明法，而下有常事也。

天有常象，地有常刑，人有常禮，一設而不更，此謂三常。兼而一之，人君之道也。分而職之，人臣之事也。君失其道，無以有其國。臣失其事，無以有其位。然則上之畜下不妄，而下之事上不虛矣。上之畜下不妄，所出法則制度者明也。下之事上不虛，則循義從令者審也。上明下審，上下同德，代相序也。君不失其威，下不曠其産，而莫相德也。是以上之人務德，而下之人守節。義禮成形於上，而善下通於民，則百姓上歸親於主，而下盡力於農矣。故曰：君明、相信、五官肅、士廉、農愚、商工愿，則上下體而外内别也。民性因而三族制也。夫爲人君者，廕德於人者也。爲人臣者，仰生於上者也。爲人上者，量功而食之以足。爲人臣者，受任而處之以教。布政有均，民足於産，則國家豐矣。以勞授禄，則民不幸生。刑罰不頗，則下無怨心。名正分明，則民不惑於道。道也者，上之所以導民也。是故道德出於君，制令傳於相事業程於官。百姓之力也，胥令而動者也。

是故君人也者，無貴如其言。人臣也者，無愛如其力。言下力上，而臣主之道畢矣。是故主畫之，相守之；相畫之，官守之；官畫之，民役之。則又有符節、印璽、典法、筴籍以相揆也，此明公道而滅姦僞之術也。論材量能，謀德而舉之，上之道也。專意一心，守職而不勞，下之事也。爲人君者，下及官中之事，則有司不任。爲人臣者，上共專於上，則人主失威。是故有道之君，正其德以莅民，而不言智能聰明。智能聰明者，下之職也。所以用智能聰明者，上之道也。上之人明其道，下之人守其職，上下之分不同任，而復合爲一體。是故知善，人君也。身善，人役也。君身善則不公矣。人君不公，常惠於賞而不忍於刑，是國無法也。治國無法，則民朋黨而下比，飾巧以成其私。法制有常，則民不散而上合，竭情以納其忠。是以不言智能，而順事治，國患解，大臣之任也。不言於聰明，而善人舉，姦僞誅，視聽者衆也。是以爲人君者，坐萬物之原，而官諸生之職者也。選賢論材而待之以法，舉而得其人，坐而收其福，不可勝收也。官不勝任，奔走而奉，其敗事不可勝救也。而國未嘗乏於勝任之士，上之明適不足以知之。是以明君審知勝任之臣者也。故曰：主道得，賢材遂，百姓治，治亂在主而已矣。故曰：主身者，正德之本也。官治者，耳目之制也。身立而民化，德正而官治。治官化民，其要在上。是故君子不求於民。是以上及下之事謂之矯，下及上之事謂之勝。爲上而矯，悖也。爲下而勝，逆也。國家有悖逆反迕之行，有土主民者失其紀也。

是故别交正分之謂理，順理而不失之謂道，道德定而民有軌矣。有道之君者，善明設法而不以私防者也。而無道之君，既已設法，則舍法而行私者也。爲人上者，釋法而行私，則爲人臣者，援私以爲公。公道不違，則是私道不違者也。行公道而託其私焉，寖久而不知，姦心得無積乎？姦心之積也，其大者有侵偪殺上之禍，其小者有比周内爭之亂。此其所以然者，由主德不立，而國無常法也。主德不立，則婦人能食其意。國無常法，則大臣敢侵其勢。大臣假於女之能以規主情，婦人嬖寵假於男之知以援外權，於是乎外夫人而危太子，兵亂内作，以召外寇，此危君之徵也。

是故有道之君，上有五官以牧其民，則衆不敢踰軌而行矣。下有五横以揆其官，則有司不敢離法而使矣。朝有定度衡儀以尊主位，衣服緷絻盡有法度，則君體法而立矣。君據法而出令，有司奉命而行事，百姓順上而成俗，著久而爲常，犯俗離教者，衆共姦之，則爲上者佚矣。天子出令於天下，諸侯受令於天子，大夫受令於君，子受令於父母，下聽其上，弟聽其兄，此至順矣。衡石一稱，斗斛一量，丈尺一綧制，戈兵一度，書同名，車同軌，此至正也。從順獨逆，從正獨辟，此猶夜有求而得火也。姦僞之人，無所伏矣，此先王之所以一民心也。是故天子有善，讓德於天。諸侯有善，慶之於天子。大夫有善，納之於君。民有善，本於父，慶之於長老。此道法之所從來，是治本也。是故歲一言者，君也。時省者，相也。月稽者，官也。務四支之力，修耕農之業以待令者，庶人也。是故百姓量其力於父兄之間，聽其言於君臣之義，而官論其德能而待之。大夫比官中之事，不言其外，而相爲常具以給之。相總要者，官謀士，量實義美，匡請所疑。而君發其明府之法瑞以稽之，立三階之上，南面而受要。是以上有餘日，而官勝其任，時令不淫，而百姓肅給，唯此上有法制，下有分職也。【略】而名爲明君者，君善用其臣，臣善納其忠也。信以繼信，善以傳善，是以四海之内，可得而治。是以明君之舉其下也，盡知其短長，知其所不能益，若任之以事。賢人之臣其主也，盡知短長，與身力之所不至，若量能而授官。上以此畜下，下以此事上，上下交期於正，則百

姓男女皆與治焉。

又《**君臣下**》古者未有君臣上下之別，未有夫婦妃匹之合，獸處羣居，以力相征。於是智者詐愚，强者凌弱，老幼孤獨不得其所。故智者假衆力以禁强虐，而暴人止。爲民興利除害，正民之德，而民師之。是故道術德行出於賢人，其從義理兆形於民心，則民反道矣。名物處違是非之分，則賞罰行矣。上下設，民生體，而國都立矣。是故國之所以爲國者，民體以爲國。君之所以爲君者，賞罰以爲君。致賞則匱，致罰則虐。財匱而令虐，所以失其民也。是故明君審居處之教，而民可使，居治戰勝守固者也。夫賞重則上不給也，罰虐則下不信也。是故明君飾食飲弔傷之禮，而物屬之者也。是故屬之以八政，旌之以衣服，富之以國裹，貴之以王禁，則民親君，可用也。民用，則天下可致也。

天下道其道則至，不道其道則不至也。夫水，波而上，盡其搖而復下，其勢固然者也。故德之以懷也，威之以畏也，則天下歸之矣。有道之國，發號出令，而夫婦盡歸親於上矣。布法出憲，而賢人列士盡功能於上矣。千里之内，束布之罰，一畝之賦，盡可知也。治斧鉞者不敢讓刑，治軒冕者不敢讓賞。墳然若一父之子，若一家之實，義禮明也。夫下不戴其上，臣不戴其君，則賢人不來。賢人不來，則百姓不用。百姓不用，則天下不至。故曰：德侵則君危，論侵則有功者危，令侵則官危，刑侵則百姓危，而明君者，審禁淫侵者也。上無淫侵之論，則下無異幸之心矣。

爲人君者，倍道棄法而好行私，謂之亂。爲人臣者，變故易常而巧官以諂上，謂之騰。亂至則虐，騰至則北。四者有一至，敗，敵人謀之。則故施舍優猶以濟亂，則百姓悦。選賢遂材而禮孝弟，則姦僞止。要淫佚，別男女，則通亂隔。貴賤有義，倫等不踰，則有功者勸。國有常式，故法不隱，則下無怨心。此五者，興德匡過，存國定民之道也。

夫君人者有大過，臣人者有大罪。國所有也，民所君也，有國君民，而使民所惡制之，此一過也。民有三務不布，其民非其民也。民非其民，則不可以守戰。此君人者二過也。夫臣人者，受君高爵重禄，治大官。倍其官，遺其事，穆君之色，從其欲，阿而勝之，此臣人之大罪也。君有過而不改謂之倒，臣當罪而不誅謂之亂。君爲倒君，臣爲亂臣，國家之衰也，可坐而待之。是故有道之君者執本，相執要，大夫執法，以牧其羣臣。羣臣盡智竭力，以役其上。四守者，得則治，易則亂，故不可不明設而守固。昔者，聖王本厚民生，審知禍福之所生，是故慎小事微，違非索辯以根之。然則躁作姦邪僞詐之人，不敢試也。此禮正民之道也。

古者有二言，牆有耳，伏寇在側。牆有耳者，微謀外泄之謂也。伏寇在側者，沈疑得民之道也。微謀之泄也，狡婦襲主之請而資游慝也。沈疑者，得民者也。前貴而後賤者，爲之驅也。明君在上，便僻不能食其意，刑罰亟近也。大臣不能侵其勢，比黨者誅，明也。爲人君者，能遠讒諂，廢比黨，淫悖行食之徒，無爵列於朝者，此止詐拘姦厚國存身之道也。爲人上者，制羣臣百姓，通中央之人和。是以中央之人，臣主之參，制令之布於民也，必由中央之人。中央之人，以緩爲急，急可以取威；以急爲緩，緩可以惠民。威惠遷於下，則爲人上者危矣。賢不肖之知於上，必由中央之人。財力之貢於上，必由中央之人。能易賢不肖，而可威黨於下。有能以民之財力，上陷其主，而可以爲勞於下。兼上下以環其私，爵制而不可加，則爲人上者危矣。

先其君以善者，侵其賞而奪之實者也。先其君以惡者，侵其刑而奪之威者也。訛言於外者，脅其君者也。鬱令而不出者，幽其君者也。四者一作，而上下不知也，則國之危可坐而待也。

神聖者王，仁智者君，武勇者長，此天之道，人之情也。天道人情，通者質，寵者從，此數之因也。是故始於患者，不與其事；親其事者，不規其道。是以爲人上者，患而不勞也；百姓，勞而不患也。君臣上下之分素，則禮制立矣。是故以人役上，以力役明，以刑役心，此物之理也。心道進退，而刑道滔赶。進退者主制，滔赶者主勞。主勞者方，主制者圓。圓者運，運者通，通則和。方者執，執者固，固則信。君以利和，臣以節信，則上下無邪矣。故曰：君人者制仁，臣人者守信，此言上下之禮也。【略】

國之所以亂者四，其所以亡者二。内有疑妻之妾，此宫亂也。庶有疑適之子，此家亂也。朝有疑相之臣，此國亂也。任官無能，此衆亂也。四者無別，主失其體，羣官朋黨以懷其私，則失族矣。國之幾臣，陰約閉謀以相待也，則失援矣。失族於内，失援於外，此二亡也。故妻必定，子必正，相必直立以聽，官必中信以敬。

又《侈靡》 事故也，君臣之際也。禮義者，人君之神也，且君臣之屬也。親戚之愛，性也。使君親之察同索，屬故也。使人君不安者，屬際也，不可不謹也。

《論語・八佾》 定公問：『君使臣，臣事君，如之何？』孔子對曰：『君使臣以禮，臣事君以忠。』

又《顏淵》 齊景公問政於孔子。孔子對曰：『君君，臣臣，父父，子子。』公曰：『善哉！信如君不君，臣不臣，父不父，子不子，雖有粟，吾得而食諸？』

《禮記・曲禮上》 凡爲君使者，已受命，君言不宿於家。君言至，則主人出拜君言之辱；使者歸，則必拜送於門外。若使人於君所，則必朝服而命之；使者反，則必下堂而受命。

又《檀弓上》 晉獻公將殺其世子申生，公子重耳謂之曰：『子蓋言子之志於公乎？』世子曰：『不可。君安驪姬，是我傷公之心也。』曰：『然則蓋行乎？』世子曰：『不可。君謂我欲弑君也。天下豈有無父之國哉！吾何行如之？』

又《檀弓下》 晉獻公之喪，秦穆公使人弔公子重耳，且曰：『寡人聞之，亡國恒於斯，得國恒於斯。雖吾子儼然在憂服之中，喪亦不可久也，時亦不可失也。孺子其圖之。』以告舅犯。舅犯曰：『孺子其辭焉。喪人無寶，仁親以爲寶。父死之謂何？又因以爲利，而天下其孰能説之？孺子其辭焉。』公子重耳對客曰：『君惠弔亡臣重耳，身喪父死，不得與於哭泣之哀，以爲君憂。父死之謂何？或敢有他志，以辱君義。』稽顙而不拜，哭而起，起而不私。子顯以致命於穆公。穆公曰：『仁夫公子重耳！夫稽顙而不拜，則未爲後也，故不成拜。哭而起，則愛父也；起而不私，則遠利也。』

又《郊特牲》 天子無客禮，莫敢爲主焉。君適其臣，升自阼階，不敢有其室也。覲禮，天子不下堂而見諸侯。下堂而見諸侯，天子之失禮也，由夷王以下。

又《祭義》 天子有善，讓德於天。諸侯有善，歸諸天子。卿大夫有善，薦於諸侯。士、庶人有善，本諸父母，存諸長老。禄爵慶賞，成諸宗廟，所以示順也。

又《表記》 子曰：『唯天子受命于天，士受命于君。故君命順則臣有順命，君命逆則臣有逆命。《詩》曰：「鵲之姜姜，鶉之賁賁。人之無良，我以爲君。」』

又《緇衣》 子曰：『爲上可望而知也，爲下可述而志也，則君不疑於其臣，而臣不惑於其君矣。《尹吉》曰：「惟尹躬及湯，咸有壹德。」《詩》云：「淑人君子，其儀不忒。」』

《尉繚子・原官》 守法稽斷，臣下之節也。明法稽驗，主上之操也。明主守，等輕重，臣主之權也。明賞賚，嚴誅責，止姦之術也。審開塞，守一道，爲政之要也。

《慎子・因循》 天道因則大，化則細。因也者，因人之情也。人莫不自爲也，化而使之爲我，則莫可得而用矣。是故先王見不受祿者不臣，祿不厚者，不與入難。人不得其所以自爲也，則上不取用焉。故用人之自爲，不用人之爲我，則莫不可得而用矣。此之謂因。

又《民雜》 君臣之道，臣事事而君無事。君逸樂而臣任勞，臣盡智力以善其事，而君無與焉，仰成而已。故事無不治，治之正道然也。人君自任，而務爲善以先下，則是代下負任蒙勞也，臣反逸矣。故曰：君人者，好爲善以先下，則下不敢與君爭爲善以先君矣，皆私其所知以自覆掩，有過則臣反責君，逆亂之道也。君之智，未必最賢於衆也。以未最賢而欲以善盡被下，則不贍矣。若使君之智最賢，以一君而盡贍下則勞，勞則有倦，倦則衰，衰則復反於不贍之道也。是以人君自任而躬事，則臣不事事，是君臣易位也。謂之倒逆，倒逆則亂矣。人君苟任臣而勿自躬，則臣皆事事矣。是君臣之順，治亂之分，不可不察也。

又《知忠》 亂世之中，亡國之臣，非獨無忠臣也。治國之中，顯君之臣，非獨能盡忠也。治國之人，忠不偏於其君，亂世之人，道不偏於其臣。然而治亂之世，同世有忠道之人，臣之欲忠者不絕世，而君未得寧其上，無遇比干子胥之忠，而毀瘁主君於闇墨之中，遂染溺滅名而死。由是觀之，忠未足以救亂世，而適足以重非。何以識其然也？曰：父有良子而舜放瞽叟，桀有忠臣而過盈天下。然則孝子不生慈父之家，而忠臣不生聖君之下。故明主之使其臣也，忠不得過職，而職不得過官。是以過修於身，而下不敢以善驕矜守職之吏。人務其治，而莫敢淫偷其事。官正以

敬其業，和順以事其上，如此。則至治已。亡國之君，非一人之罪也。治國之君，非一人之力也。將治亂，在乎賢使任職，而不在於忠也。故智盈天下，澤及其君，忠盈天下，害及其國。故桀之所以亡，堯不能以爲存。然而堯有不勝之善，而桀有運非之名，則得人與失人也。故廊廟之材，蓋非一木之枝也。粹白之裘，蓋非一狐之皮也。治亂安危，存亡榮辱之施，非一人之力也。

《孟子・公孫丑下》 景子曰：『內則父子，外則君臣，人之大倫也。父子主恩，君臣主敬。丑見王之敬子也，未見所以敬王也。』

曰：『惡！是何言也！齊人無以仁義與王言者，豈以仁義爲不美也？其心曰「是何足與言仁義也」云爾，則不敬莫大乎是。我非堯舜之道，不敢以陳於王前，故齊人莫如我敬王也。』

景子曰：『否！非此之謂也。禮曰：「父召，無諾；君命召，不俟駕。」固將朝也，聞王命而遂不果，宜與夫禮若不相似然。』

曰：『豈謂是與？曾子曰：「晉楚之富，不可及也；彼以其富，我以吾仁；彼以其爵，我以吾義，吾何慊乎哉？」夫豈不義而曾子言之？是或一道也。天下有達尊三：爵一，齒一，德一。朝廷莫如爵，鄉黨莫如齒，輔世長民莫如德。惡得有其一以慢其二哉？故將大有爲之君，必有所不召之臣；欲有謀焉，則就之。其尊德樂道，不如是，不足與有爲也。故湯之於伊尹，學焉而後臣之，故不勞而王；桓公之於管仲，學焉而後臣之，故不勞而霸。今天下地醜德齊，莫能相尚，無他，好臣其所教，而不好臣其所受教。湯之於伊尹，桓公之於管仲，則不敢召。管仲且猶不可召，而況不爲管仲者乎？』

又 《離婁下》 孟子告齊宣王曰：『君之視臣如手足，則臣視君如腹心；君之視臣如犬馬，則臣視君如國人；君之視臣如土芥，則臣視君如寇讎。』

王曰：『禮，爲舊君有服，何如斯可爲服矣？』

曰：『諫行言聽，膏澤下於民；有故而去，則君使人導之出疆，又先於其所往；去三年不反，然後收其田里。此之謂三有禮焉。如此，則爲之服矣。今也爲臣，諫則不行，言則不聽；膏澤不下於民；有故而去，則君搏執之，又極之於其所往；去之日，遂收其田里。此之謂寇讎。寇讎，何服之有？』

又 《萬章下》 齊宣王問卿。孟子曰：『王何卿之問也？』

王曰：『卿不同乎？』

曰：『不同；有貴戚之卿，有異姓之卿。』

王曰：『請問貴戚之卿。』

曰：『君有大過則諫；反覆之而不聽，則易位。』

王勃然變乎色。

曰：『王勿異也。王問臣，臣不敢不以正對。』

王色定，然後請問異姓之卿。

曰：『君有過則諫，反覆之而不聽，則去。』

《文子・上義》 老子曰：『臣道者，論是處當，爲事先倡，守職明分，以立成功。故君臣異道即治，同道即亂，各得其宜，處有其當，即上下有以相使也。故枝不得大於榦，末不得强於本，言輕重大小有以相制也。夫得威勢者，所持甚小，所任甚大；所守甚約，所制甚廣。十圍之木，持千鈞之屋，得所勢也。五寸之關，能制開闔，所居要也。下必行之令，順之者利，逆之者凶，天下莫不聽從者，順也。發號令行禁止者，以衆爲勢也。義者，非能盡利於天下之民也，利一人而天下從之；暴者，非能盡害於海內也，害一人而天下叛之。故舉措廢置，不可不審也。』

《鬼谷子・內揵》 君臣上下之事，有遠而親，近而疏；就之不用，去之反求；日進前而不御，遥聞聲而相思。事皆有內揵，素結本始。或結以道德，或結以黨友，或結以財貨，或結以采色。用其意，欲入則入，欲出則出；欲親則親，欲疏則疏；欲就則就，欲去則去；欲求則求，欲思則思。若蚨母之從其子也；出無間，入無朕。獨往獨來，莫之能止。

《荀子・成相篇》 請成相，世之殃，愚闇愚闇墮賢良。人主無賢，如瞽無相何倀倀！請布基，慎聖人，愚而自專事不治。主忌苟勝，羣臣莫諫必逢災。論臣過，反其施，尊主安國尚賢義。拒諫飾非，愚而上同國必禍。曷謂罷？國多私，比周還主黨與施。遠賢近讒，忠臣蔽塞主勢移。曷謂賢？明君臣，上能尊主愛下民。主誠聽之，天下爲一海內賓。主之孽，讒人達，賢能遁逃國乃蹷。愚以重愚，闇以重闇成爲桀。世之災，妬賢能，飛廉知政任惡來。卑其志意，大其園囿高其臺。武王怒師牧野，紂

卒易鄉啓乃下。武王善之，封之於宋立其祖。世之衰，讒人歸，比干見刳箕子累。武王誅之，呂尚招麾殷民懷。世之禍，惡賢士，子胥見殺百里徙。穆公任之，强配五伯六卿施。世之愚，惡大儒，逆斥不通孔子拘。展禽三絀，春申道綴基畢輸。請牧基，賢者思，堯在萬世如見之。讒人罔極，險陂傾側此之疑。基必施，辨賢、罷，文、武之道同伏戲。由之者治，不由者亂何疑爲？凡成相，辨法方，至治之極復後王。復慎、墨、季、惠，百家之説誠不詳。治復一，脩之吉，君子執之心如結。衆人貳之，讒夫棄之形是詰。水至平，端不傾，心術如此象聖人。而有執，直而用抴必參天。世無王，窮賢良，暴人芻豢仁人糟糠。禮樂滅息，聖人隱伏墨術行。治之經，禮與刑，君子以修百姓寧。明德慎罰，國家既治四海平。治之志，後埶富，君子誠之好以待。處之敦固，有深藏之能遠思。思乃精，志之榮，好而壹之神以成。精神相反，一而不貳爲聖人。治之道，美不老，君子由之佼以好。下以教誨子弟，上以事祖考。成相竭辭不蹷，君子道之順以達。宗其賢良，辨其殃孽。

請成相，道聖王，堯、舜尚賢身辭讓。許由、善卷，重義輕利行顯明。堯讓賢，以爲民，氾利兼愛德施均。辨治上下，貴賤有等明君臣。堯授能，舜遇時，尚賢推德天下治。雖有賢聖，適不遇世孰知之？堯不德，舜不辭，妻以二女任以事。大人哉舜！南面而立萬物備。舜授禹，以天下，尚得推賢不失序。外不避仇，內不阿親賢者予。禹勞心力，堯有德，干戈不用三苗服。舉舜甽畝，任之天下身休息。得后稷，五穀殖，夔爲樂正鳥獸服。契爲司徒，民知孝弟尊有德。禹有功，抑下鴻，辟除民害逐共工。北決九河，通十二渚疏三江。禹傅土，平天下，躬親爲民行勞苦。得益、皋陶、橫革、直成爲輔。契玄王，生昭明，居于砥石遷于商。十有四世，乃有天乙是成湯。天乙湯，論舉當，身讓卞隨舉牟光。道古賢聖基必張。

願陳辭，世亂惡善不此治。隱諱疾賢，良由姦詐鮮無災。患難哉！阪爲先，聖知不用愚者謀。前車已覆，後未知更何覺時！不覺悟，不知苦，迷惑失指易上下。中不上達，蒙揜耳目塞門戶。門戶塞，大迷惑，悖亂昏莫不終極。是非反易，比周欺上惡正直。正直惡，心無度，邪枉辟回失道途。己無郵人，我獨自美豈獨無故！不知戒，後必有，恨後遂過不肯悔。讒夫多進，反覆言語生詐態。人之態，不如備，爭寵嫉賢利惡忌。妒功毀賢，下斂黨與上蔽匿。上壅蔽，失輔埶，任用讒夫不能制。孰公長父之難，厲王流于彘。周幽、厲，所以敗，不聽規諫忠是害。嗟我何人，獨不遇時當亂世！欲衷對，言不從，恐爲子胥身離凶。進諫不聽，剄而獨鹿棄之江。觀往事，以自戒，治亂是非亦可識。託於成相以喻意。

請成相，言治方，君論有五約以明。君謹守之，下皆平正國乃昌。臣下職，莫游食，務本節用財無極。事業聽上，莫得相使一民力。守其職，足衣食，厚薄有等明爵服。利往卬上，莫得擅與孰私得？君法明，論有常，表儀既設民知方。進退有律，莫得貴賤孰私王？君法儀，禁不爲，莫不説教名不移。脩之者榮，離之者辱孰它師？刑稱陳，守其銀，下不得用輕私門。罪禍有律，莫得輕重威不分。請牧祺，明有基，主好論議必善謀。五聽修領，莫不理續主執持。聽之經，明其請，參伍明謹施賞刑。顯者必得，隱者復顯民反誠。言有節，稽其實，信、誕以分賞罰必。下不欺上，皆以情言明若日。上通利，隱遠至，觀法不法見不視。耳目既顯，吏敬法令莫敢恣。君教出，行有律，吏謹將之無鈹、滑。下不私請，各以宜舍巧拙。臣謹脩，君制變，公察善思論不亂。以治天下，後世法之成律貫。

《韓非子·孤憤》　智術之士，必遠見而明察，不明察不能燭私；能法之士，必强毅而勁直，不勁直不能矯姦。人臣循令而從事，案法而治官，非謂重人也。重人也者，無令而擅爲，虧法以利私，耗國以便家，力能得其君，此所爲重人也。智術之士，明察聽用，且燭重人之陰情；能法之士，勁直聽用，且矯重人之姦行。故智術能法之士用，則貴重之臣必在繩之外矣。是智法之士與當塗之人，不可兩存之仇也。

當塗之人擅事要，則外內爲之用矣。是以諸侯不因則事不應，故敵國爲之訟。百官不因則業不進，故羣臣爲之用。郎中不因則不得近主，故左右爲之匿。學士不因則養祿薄禮卑，故學士爲之談也。此四助者，邪臣之所以自飾也。重人不能忠主而進其仇，人主不能越四助而燭察其臣，故人主愈弊，而大臣愈重。凡當塗者之於人主也，希不信愛也，又且習故。若夫卽主心同乎好惡，固其所自進也。官爵貴重，朋黨又衆，而一國爲之訟。則法術之士欲干上者，非有所信愛之親，習故之澤也；又將以法術

之言矯人主阿辟之心，是與人主相反也。處勢卑賤，無黨孤特。夫以疏遠與近愛信爭，其數不勝也；以新旅與習故爭，其數不勝也；以反主意與同好爭，其數不勝也；以輕賤與貴重爭，其數不勝也；以一口與一國爭，其數不勝也。法術之士，操五不勝之勢，以歲數而又不得見；當塗之人，乘五勝之資，而旦暮獨說於前；故法術之士，奚道得進，而人主奚時得悟乎？故資必不勝而勢不兩存，法術之士焉得不危？其可以罪過誣者，以公法而誅之；其不可被以罪過者，以私劍而窮之。是明法術而逆主上者，不僇於吏誅，必死於私劍矣。

朋黨比周以弊主，言曲以便私者，必信於重人矣。故其可以功伐借者，以官爵貴之；其不可借以美名者，以外權重之。是以弊主上而趨於私門者，不顯於官爵，必重於外權矣。今人主不合參驗而行誅，不待見功而爵祿，故法術之士安能蒙死亡而進其說，姦邪之臣安肯乘利而退其身？故主上愈卑，私門益尊。夫越雖國富兵彊，中國之主皆知無益於己也，曰：『非吾所得制也。』今有國者雖地廣人衆，然而人主壅蔽，大臣專權，是國爲越也。智不類越，而不智不類其國，不察其類者也。人主所以謂齊亡者，非地與城亡也，呂氏弗制，而田氏用之。所以謂晉亡者，亦非地與城亡也，姬氏不制，而六卿專之也。今大臣執柄獨斷，而上弗知收，是人主不明也。與死人同病者，不可生也；與亡國同事者，不可存也。今襲迹於齊、晉，欲國安存，不可得也。

凡法術之難行也，不獨萬乘，千乘亦然。人主之左右不必智也，人主於人有所智而聽之，因與左右論其言，是與愚人論智也。人主之左右不必賢也，人主於人有所賢而禮之，因與左右論其行，是與不肖論賢也。智者決策於愚人，賢士程行於不肖，則賢智之士羞而人主之論悖矣。人臣之欲得官者，其修士且以精絜固身，其智士且以治辯進業。其修士不能以貨賂事人，恃其精潔，而更不能以枉法爲治，則修智之士，不事左右，不聽請謁矣。人主之左右，行非伯夷也，求索不得，貨賂不至，則精辯之功息，而毀誣之言起矣。治辯之功制於近習，精潔之行決於毀譽，則修智之吏廢，則人主之明塞矣。不以功伐決智行，不以參伍審罪過，而聽左右近習之言，則無能之士在廷，而愚污之吏處官矣。

萬乘之患大臣太重，千乘之患左右太信，此人主之所公患也。且人臣有大罪，人主有大失，臣主之利與相異者也。何以明之哉？曰：主利在有能而任官，臣利在無能而得事；主利在有勞而爵祿，臣利在無功而富貴；主利在豪傑使能，臣利在朋黨用私。是以國地削而私家富，主上卑而大臣重。故主失勢而臣得國，主更稱蕃臣，而相室剖符，此人臣之所以譎主便私也。故當世之重臣，主變勢而得固寵者，十無二三。是其故何也？人臣之罪大也。臣有大罪者，其行欺主也，其罪當死亡也。智士者遠見，而畏於死亡，必不從重人矣。賢士者修廉，而羞與姦臣欺其主，必不從重人矣。是當塗者之徒屬，非愚而不知患者，必污而不避姦者也。大臣挾愚污之人上與之欺主，下與之收利，侵漁朋黨，比周相與，一口惑主敗法，以亂士民，使國家危削，主上勞辱，此大罪也。臣有大罪而主弗禁，此大失也。使其主有大失於上，臣有大罪於下，索國之不亡者，不可得也。

又《姦劫弑臣》 凡姦臣皆欲順人主之心以取親幸之勢者也。是以主有所善，臣從而譽之；主有所憎，臣因而毀之。凡人之大體，取舍同者則相是也，取舍異者則相非也。今人臣之所譽者，人主之所是也，此之謂同取。人臣之所毀者，人主之所非也，此之謂同舍。夫取舍合而相與逆者，未嘗聞也，此人臣之所以取信幸之道也。夫姦臣得乘信幸之勢以毀譽進退羣臣者，人主非有術數以御之也，非參驗以審之也，必將以曩之合己信今之言，此幸臣之所以得欺主成私者也。故主必欺於上，而臣必重於下矣，此之謂擅主之臣。國有擅主之臣，則羣下不得盡其智力以陳其忠，百官之吏不得奉法以致其功矣。何以明之？夫安利者就之，危害者去之，此人之情也。今爲臣盡力以致功，竭智以陳忠者，其身困而家貧，父子罹其害；爲姦利以弊人主，行財貨以事貴重之臣者，身尊家富，父子被其澤；人焉能去安利之道而就危害之處哉？治國若此其過也，而上欲下之無姦，吏之奉法，其不可得亦明矣。故左右知貞信之不可以得安利也，必曰：『我以忠信事上積功勞而求安，是猶盲而欲知黑白之情，必不幾矣。若以道化行正理不趨富貴事上而求安，是猶聾而欲審清濁之聲也，愈不幾矣。二者不可以得安，我安能無相比周、蔽主上、爲姦私以適重人哉？』此必不顧人主之義矣。其百官之吏，亦知方正之不可以得安也，必曰：『我以清廉事上而求安，若無規矩而欲爲方圓也，必不幾矣。若以守法不

朋黨治官而求安，是猶以足搔頂也，愈不幾也。二者不可以得安，能無廢法行私以適重人哉？』此必不顧君上之法矣。故以私爲重人者衆，而以法事君者少矣。是以主孤於上而臣成黨於下，此田成之所以弑簡公者也。

夫有術者之爲人臣也，得效度數之言，上明主法，下困姦臣，以尊主安國者也。是以度數之言得效於前，則賞罰必用於後矣。人主誠明於聖人之術，而不苟於世俗之言，循名實而定是非，因參驗而審言辭。是以左右近習之臣，知僞詐之不可以得安也，必曰：『我不去姦私之行盡力竭智以事主，而乃以相與比周妄毁譽以求安，是猶負千鈞之重，陷於不測之淵而求生也，必不幾矣。』百官之吏，亦知爲姦利之不可以得安也，必曰：『我不以清廉方正奉法，乃以貪污之心枉法以取私利，是猶上高陵之顛，墮峻谿之下而求生，必不幾矣。』安危之道若此其明也，左右安能以虚言惑主，而百官安敢以貪漁下？是以臣得陳其忠而不弊，下得守其職而不怨。此管仲之所以治齊，而商君之所以强秦也。從是觀之，則聖人之治國也，固有使人不得不愛我之道，而不恃人之以愛爲我也。恃人之以愛爲我者危矣，恃吾不可不爲者安矣。夫君臣非有骨肉之親，正直之道可以得利，則臣盡力以事主；正直之道不可以得安，則臣行私以干上。明主知之，故設利害之道以示天下而已矣。夫是以人主雖不口教百官，不目索姦邪，而國已治矣。人主者，非目若離婁乃爲明也，非耳若師曠乃爲聰也。目必，不任其數，而待目以爲明，所見者少矣，非不弊之術也。耳必，不因其勢，而待耳以爲聰，所聞者寡矣，非不欺之道也。明主者，使天下不得不爲己視，天下不得不爲己聽。故身在深宫之中而明照四海之内，而天下弗能蔽，弗能欺者何也？闇亂之道廢，而聰明之勢興也。故善任勢者國安，不知因其勢者國危。古秦之俗，君臣廢法而服私，是以國亂兵弱而主卑。商君説秦孝公以變法易俗而明公道，賞告姦，困末作而利本事。當此之時，秦民習故俗之有罪可以得免、無功可以得尊顯也，故輕犯新法。於是犯之者其誅重而必，告之者其賞厚而信，故姦莫不得而被刑者衆，民疾怨而衆過日聞。孝公不聽，遂行商君之法，民後知有罪之必誅，而私姦者衆也，故民莫犯，其刑無所加。是以國治而兵强，地廣而主尊。此其所以然者，匿罪之罰重，而告姦之賞厚也。此亦使天下必爲己視聽之道也。至治之法術已明矣，而世學者弗知也。

且夫世之愚學，皆不知治亂之情，讘詼多誦先古之書，以亂當世之治；智慮不足以避穽井之陷，又妄非有術之士。聽其言者危，用其計者亂，此亦愚之至大，而患之至甚者也。俱與有術之士，有談説之名，而實相去千萬也，此夫名同而實有異者也。夫世愚學之人比有術之士也，猶螘垤之比大陵也，其相去遠矣。而聖人者，審於是非之實，察於治亂之情也。故其治國也，正明法，陳嚴刑，將以救羣生之亂，去天下之禍，使强不陵弱，衆不暴寡，耆老得遂，幼孤得長，邊境不侵，君臣相親，父子相保，而無死亡係虜之患，此亦功之至厚者也。愚人不知，顧以爲暴。愚者固欲治而惡其所以治，皆惡危而喜其所以危者。何以知之？夫嚴刑重罰者，民之所惡也，而國之所以治也；哀憐百姓、輕刑罰者，民之所喜，而國之所以危也。聖人爲法國者，必逆於世，而順於道德。知之者，同於義而異於俗；弗知之者，異於義而同於俗。天下知之者少，則義非矣。

處非道之位，被衆口之譖，溺於當世之言，而欲當嚴天子而求安，幾不亦難哉！此夫智士所以至死而不顯於世者也。楚莊王之弟春申君有愛妾曰余，春申君之正妻子曰甲，余欲君之棄其妻也，因自傷其身以視君而泣，曰：『得爲君之妾，甚幸。雖然，適夫人非所以事君也，適君非所以事夫人也。身故不肖，力不足以適二主，其勢不俱適，與其死夫人所者，不若賜死君前。妾以賜死，若復幸於左右，願君必察之，無爲人笑。』君因信妾余之詐，爲棄正妻。余又欲殺甲而以其子爲後，因自裂其親身衣之裏，以示君而泣，曰：『余之得幸君之日久矣，甲非弗知也，今乃欲强戲余，余與爭之，至裂余之衣，而此子之不孝，莫大於此矣。』君怒，而殺甲也。故妻以妾余之詐棄，而子以之死。從是觀之，父之愛子也，猶可以毁而害也。君臣之相與也，非有父子之親也，而羣臣之毁言非特一妾之口也，何怪夫賢聖之戮死哉！此商君之所以車裂於秦，而吳起之所以枝解於楚者也。凡人臣者，有罪固不欲誅，無功者皆欲尊顯。而聖人之治國也，賞不加於無功，而誅必行於有罪者也。然則有術數者之爲人也，固左右姦臣之所害，非明主弗能聽也。

世之學術者説人主，不曰『乘威嚴之勢以困姦邪之臣』，而皆曰『仁義惠愛而已矣』。世主美仁義之名而不察其實，是以大者國亡身死，小者地削主卑。何以明之？夫施與貧困者，此世之所謂仁義；哀憐百姓不忍

誅罰者，此世之所謂惠愛也。夫有施與貧困，則無功者得賞；不忍誅罰，則暴亂者不止。國有無功得賞者，則民不外務當敵斬首，內不急力田疾作，皆欲行貨財、事富貴、爲私善、立名譽以取尊官厚俸。故姦私之臣愈衆，而暴亂之徒愈勝，不亡何待？夫嚴刑者，民之所畏也；重罰者，民之所惡也。故聖人陳其所畏以禁其邪，設其所惡以防其姦。是以國安而暴亂不起。吾以是明仁義愛惠之不足用，而嚴刑重罰之可以治國也。無捶策之威，銜橛之備，雖造父不能以服馬。無規矩之法，繩墨之端，雖王爾不能以成方圓。無威嚴之勢，賞罰之法，雖堯、舜不能以爲治。今世主皆輕釋重罰、嚴誅，行愛惠，而欲霸王之功，亦不可幾也。故善爲主者，明賞設利以勸之，使民以功賞，而不以仁義賜；嚴刑重罰以禁之，使民以罪誅而不以愛惠免。是以無功者不望，而有罪者不幸矣。託於犀車良馬之上，則可以陸阪阻之患；乘舟之安，持檝之利，則可以水絶江河之難；操法術之數，行重罰嚴誅，則可以致霸王之功。治國之有法術賞罰，猶若陸行之有犀車良馬也，水行之有輕舟便檝也，乘之者遂得其成。伊尹得之湯以王，管仲得之齊以霸，商君得之秦以强。此三人者，皆明於霸王之術，察於治强之數，而不以牽於世俗之言；適當世明主之意，則有直任布衣之士，立爲卿相之處；處位治國，則有尊主廣地之實；此之謂足貴之臣。湯得伊尹，以百里之地立爲天子；桓公得管仲，立爲五霸主，九合諸侯，一匡天下；孝公得商君，地以廣，兵以强。故有忠臣者，外無敵國之患，內無亂臣之憂，長安於天下，而名垂後世，所謂忠臣也。若夫豫讓爲智伯臣也，上不能說人主使之明法術、度數之理，以避禍難之患，下不能領御其衆，以安其國；及襄子之殺智伯也，豫讓乃自黔劓，敗其形容，以爲智伯報襄子之仇；是雖有殘刑殺身以爲人主之名，而實無益於智伯若秋毫之末。此吾之所下也，而世主以爲忠而高之。古有伯夷、叔齊者，武王讓以天下而弗受，二人餓死首陽之陵；若此臣者，不畏重誅，不利重賞，不可以罰禁也，不可以賞使也。此之謂無益之臣也，吾所少而去也，而世主之所多而求也。

諺曰：『厲憐王。』此不恭之言也。雖然，古無虛諺，不可不察也。此謂劫殺死亡之主言也。人主無法術以御其臣，雖長年而美材，大臣猶將得勢擅事主斷，而各爲其私急。而恐父兄豪傑之士，借人主之力，以禁誅於己也，故弑賢長而立幼弱，廢正的而立不義。故《春秋》記之曰：『楚王子圍將聘於鄭，未出境，聞王病而反，因入問病，以其冠纓絞王而殺之，遂自立也。齊崔杼，其妻美，而莊公通之，數如崔氏之室，及公往，崔子之徒賈舉率崔子之徒而攻公，公入室，請與之分國，崔子不許，公請自刃於廟，崔子又不聽，公乃走踰於北牆，賈舉射公，中其股，公墜，崔子之徒以戈斫公而死之，而立其弟景公。』近之所見：李兌之用趙也，餓主父百日而死；卓齒之用齊也，擢湣王之筋，懸之廟梁，宿昔而死。故厲雖癰腫疕瘍，上比於《春秋》，未至於絞頸射股也；下比於近世，未至餓死擢筋也。故劫殺死亡之君，此其心之憂懼、形之苦痛也，必甚於厲矣。由此觀之，雖『厲憐王』可也。

又《三守》 人主有三守。三守完則國安身榮，三守不完則國危身殆。何謂三守？人臣有議當途之失、用事之過、舉臣之情，人主不心藏而漏之近習能人，使人臣之欲有言者，不敢不下適近習能人之心而乃上以聞人主，然則端言直道之人不得見，而忠直日疏。愛人不獨利也，待譽而後利之；憎人不獨害也，待非而後害之；然則人主無威而重在左右矣。惡自治之勞憚，使羣臣輻湊之變，因傳柄移藉，使殺生之機、奪予之要在大臣，如是者侵。此謂三守不完。三守不完則劫殺之徵也。

凡劫有三：有明劫，有事劫，有刑劫。人臣有大臣之尊，外操國要以資羣臣，使外內之事非己不得行。雖有賢良，逆者必有禍，而順者必有福。然則羣臣直莫敢忠主憂國以爭社稷之利害。人主雖賢不能獨計，而人臣有不敢忠主，則國爲亡國矣，此謂國無臣。國無臣者，豈郎中虛而朝臣少哉？羣臣持祿養交，行私道而不效公忠。此謂明劫。鬻寵擅權，矯外以勝內，險言禍福得失之形，以阿主之好惡，人主聽之，卑身輕國以資之，事敗與主分其禍，而功成則臣獨專之。諸用事之人，壹心同辭以語其美，則主言惡者必不信矣。此謂事劫。至於守司囹圄，禁制刑罰，人臣擅之，此謂刑劫。三守不完則三劫者起，三守完則三劫者止，三劫止塞則王矣。

又《備內》 人主之患在於信人，信人則制於人。人臣之於其君，非有骨肉之親也，縛於勢而不得不事也。故爲人臣者，窺覘其君心也無須臾之休，而人主怠慠處其上，此世所以有劫君弑主也。爲人主而大信其

子，則姦臣得乘於子以成其私，故李兌傅趙王而餓主父。爲人主而大信其妻，則姦臣得乘於妻以成其私，故優施傅麗姬，殺申生奚齊。夫以妻之近與子之親而猶不可信，則其餘無可信者矣。

且萬乘之主，千乘之君，后妃、夫人、適子爲太子者，或有欲其君之蚤死者。何以知其然？夫妻者，非有骨肉之恩也，愛則親，不愛則疏。語曰：『其母好者其子抱。』然則其爲之反也，其母惡者其子釋。丈夫年五十而好色未解也，婦人年三十而美色衰矣。以衰美之婦人事好色之丈夫，則身死見疏賤，而子疑不爲後，此后妃、夫人之所以冀其君之死者也。唯母爲后而子爲主，則令無不行，禁無不止，男女之樂不減於先君，而擅萬乘不疑，此鴆毒扼昧之所以用也。故《桃左春秋》曰：『人主之疾死者不能處半。』人主弗知則亂多資，故曰：利君死者衆則人主危。故王良愛馬，越王勾踐愛人，爲戰與馳。醫善吮人之傷，含人之血，非骨肉之親也，利所加也。故輿人成輿則欲人之富貴，匠人成棺則欲人之夭死也，非輿人仁而匠人賊也，人不貴則輿不售，人不死則棺不買，情非憎人也，利在人之死也。故后妃、夫人、太子之黨成而欲君之死也，君不死則勢不重，情非憎君也，利在君之死也。故人主不可以不加心於利己死者。故日月暈圍於外，其賊在內，備其所憎，禍在所愛。是故明王不舉不參之事，不食非常之食，遠聽而近視以審內外之失，省同異之言以知朋黨之分，偶參伍之驗以責陳言之實，執後以應前，按法以治衆，衆端以參觀，士無幸賞，無踰行，殺必當，罪不赦，則姦邪無所容其私。徭役多則民苦，民苦則權勢起，權勢起則復除重，復除重則貴人富，苦民以富貴人起勢，以藉人臣，非天下長利也。故曰徭役少則民安，民安則下無重權，下無重權則權勢滅，權勢滅則德在上矣。今夫水之勝火亦明矣，然而釜鬵間之，水煎沸竭盡其上，而火得熾盛焚其下，水失其所以勝者矣。今夫治之禁姦又明於此，然守法之臣爲釜鬵之行，則法獨明於胸中，而已失其所以禁姦者矣。上古之傳言，《春秋》所記，犯法爲逆以成大姦者，未嘗不從尊貴之臣也。然而法令之所以備，刑罰之所以誅，常於卑賤，是以其民絕望，無所告愬。大臣比周，蔽上爲一，陰相善而陽相惡，以示無私，相爲耳目，以候主隙，人主掩蔽，無道得聞，有主名而無實，臣專法而行之，周天子是也。偏借其權勢則上下易位矣，此言人臣之不可借權勢也。

又《南面》　人主之過，在己任在臣矣，又必反與其所不任者備之，此其說必與其所任者爲讎，而主反制於其所不任者。今所與備人者，且曩之所備也。人主不能明法而以制大臣之威，無道得小人之信矣。人主釋法而以臣備臣，則相愛者比周而相譽，相憎者朋黨而相非，非譽交爭，則主惑亂矣。人臣者，非名譽請謁無以進取，非背法專制無以爲威，非假於忠信無以不禁，三者，惛主壞法之資也。人主使人臣雖有智能不得背法而專制，雖有賢行不得踰功而先勞，雖有忠信不得釋法而不禁，此之謂明法。

人主有誘於事者，有壅於言者，二者不可不察也。人臣易言事者，少索資，以事誣主，主誘而不察，因而多之，則是臣反以事制主也，如是者謂之誘，誘於事者困於患。其進言少，其退費多，雖有功其進言不信，不信者有罪，事有功者必賞，則羣臣莫敢飾言以惛主。主道者，使人臣前言不復於後，後言不復於前，事雖有功，必伏其罪，謂之任下。人臣爲主設事而恐其非也，則先出說設言曰：『議是事者，妬事者也。』人主藏是言不更聽羣臣，羣臣畏是言不敢議事，二勢者用，則忠臣不聽而譽臣獨任，如是者謂之壅於言，壅於言者制於臣矣。主道者，使人臣必有言之責，又有不言之責。言無端末、辯無所驗者，此言之責也。以不言避責、持重位者，此不言之責也。人主使人臣言者必知其端以責其實，不言者必問其取舍以爲之責，則人臣莫敢妄言矣，又不敢默然矣，言默則皆有責也。人主欲爲事，不通其端末，而以明其欲，有爲之者，其爲不得利，必以害反，知此者，任理去欲。舉事有道，計其入多，其出少者，可爲也。惑主不然，計其入不計其出，出雖倍其入，不知其害，則是名得而實亡，如是者功小而害大矣。凡功者，其入多、其出少乃可謂功。今大費無罪而少得爲功，則人臣出大費而成小功，小功成而主亦有害。

不知治者，必曰：『無變古，毋易常。』變與不變，聖人不聽，正治而已。然則古之無變，常之毋易，在常古之可與不可。伊尹毋變殷，太公毋變周，則湯、武不王矣。管仲毋易齊，郭偃毋更晉，則桓、文不霸矣。凡人難變古者，憚易民之安也。夫不變古者，襲亂之迹；適民心者，恣姦之行也。民愚而不知亂，上懦而不能更，是治之失也。人主者，明能知治，嚴必行之，故雖拂於民心立其治。說在商君之內外而鐵殳，重盾而豫

戒也。故郭偃之始治也，文公有官卒；管仲始治也，桓公有武車；戒民之備也。是以愚贛窳墯之民，苦小費而忘大利也，故夤虎受阿謗。而輾小變而失長便，故鄒賈非載旅。狎習於亂而容於治，故鄭人不能歸。

又《外儲説左下》 一、以罪受誅，人不怨上，跀危坐子皋。以功受賞，臣不德君，翟璜操右契而乘軒。襄王不知，故昭卯五乘而履屩。上不過任，臣不誣能，即臣將爲失少室周。

二、恃勢而不恃信，故東郭牙議管仲。恃術而不恃信，故渾軒非文公。故有術之主，信賞以盡能，必罰以禁邪，雖有駁行，必得所利，簡主之相陽虎，哀公問一足。

三、失臣主之理，則文王自履而矜。不易朝燕之處，則季孫終身莊而遇賊。

四、利所禁，禁所利，雖神不行；譽所罪，毁所賞，雖堯不治。夫爲門而不使入，委利而不使進，亂之所以産也。齊侯不聽左右，魏主不聽譽者，而明察照羣臣，則鉅不費金錢，孱不用璧，西門豹請復治鄴足以知之。猶盜嬰兒之矜裘，與跀危子榮衣。子綽左右畫，去蟻驅蠅，安得無桓公之憂索官，與宣王之患臞馬也。

五、臣以卑儉爲行，則爵不足以觀賞；寵光無節，則臣下侵偪。説在苗賁皇非獻伯，孔子議晏嬰，故仲尼論管仲與叔孫敖。而出入之容變，陽虎之言見其臣也。而簡主之應人臣也失主術。朋黨相和，臣下得欲，則人主孤；羣臣公舉，下不相和，則人主明。陽虎將爲趙武之賢、解狐之公。而簡主以爲枳棘，非所以教國也。

六、公室卑則忌直言，私行勝則少公功。説在文子之直言，武子之用杖；子産忠諫，子國譙怒；梁車用法，而成侯收璽；管仲以公，而國人謗怨。

又《外儲説右上》 君所以治臣者有三： 一、勢不足以化則除之。師曠之對，晏子之説，皆合勢之易也而道行之難，是與獸逐走也，未知除患。患之可除，在子夏之説《春秋》也。善持勢者蚤絶其姦萌，故季孫讓仲尼以遇勢，而況錯之於君乎？是以太公望殺狂矞，而臧獲不乘驥。嗣公知之，故不駕鹿。薛公知之，故與二欒博。此皆知同異之反也。故明主之牧臣也，説在畜烏。

二、人主者，利害之軺轂也，射者衆，故人主共矣。是以好惡見則下有因，而人主惑矣；辭言通則臣難言，而主不神矣。説在申子之言六慎，與唐易之言弋也。患在國羊之請變，與宣王之太息也。明之以靖郭氏之獻十珥也，與犀首、甘茂之道穴聞也。堂谿公知術，故問玉巵。昭侯能術，故以聽獨寢。明主之道，在申子之勸獨斷也。

三、術之不行，有故。不殺其狗則酒酸。夫國亦有狗，且左右皆社鼠也。人主無堯之再誅，與莊王之應太子，而皆有薄媪之決蔡嫗也。知貴不能以教歌之法先揆之，吴起之出愛妻，文公之斬顛頡，皆違其情者也。故能使人彈疽者，必其忍痛者也。

又《外儲説右下》 一、賞罰共則禁令不行，何以明之，明之以造父、於期。子罕爲出彘，田恆爲圃池，故宋君、簡公弒。患在王良、造父之共車，田連、成竅之共琴也。

二、治强生於法，弱亂生於阿，君明於此，則正賞罰而非仁下也。爵祿生於功，誅罰生於罪，臣明於此，則盡死力而非忠君也。君通於不仁，臣通於不忠，則可以王矣。昭襄知主情，而不發五苑；田鮪知臣情，故教田章；而公儀辭魚。

三、明主者，鑑於外也，而外事不得不成，故蘇代非齊王。人主鑑於士也，而居者不適不顯，故潘壽言禹情。人主無所覺悟，方吾知之，故恐同衣於族，而況借於權乎？吴章知之，故説以佯，而況借於誠乎？趙王惡虎目而蓰；明主之道，如周行人之卻衛侯也。

四、人主者，守法責成以立功者也。聞有吏雖亂而有獨善之民，不聞有亂民而有獨治之吏，故明主治吏不治民。説在搖木之本，與引網之綱。故失火之嗇夫，不可不論也。救火者，吏操壺走火則一人之用也，操鞭使人則役萬夫。故所遇術者，如造父之遇驚馬，牽馬推車則不能進，代御執轡持筴則馬咸騖矣。是以説在椎鍛平夷，榜檠矯直。不然，敗在淖齒用齊戮閔王，李兑用趙餓主父也。

五、因事之理則不勞而成，故茲鄭之踞轅而歌以上高梁也。其患在趙簡主稅吏請輕重，薄疑之言國中飽；簡主喜而府庫虚，百姓餓而姦吏富也。故桓公巡民而管仲省腐財怨女。不然，則在延陵乘馬不得進，造父過之而爲之泣也。

又《難一》　管仲有病，桓公往問之，曰：『仲父病，不幸卒於大命，將奚以告寡人？』管仲曰：『微君言，臣故將謁之。願君去豎刁，除易牙，遠衛公子開方。易牙爲君主味，君惟人肉未嘗，易牙烝其子首而進之；夫人情莫不愛其子，今弗愛其子，安能愛君？君妒而好內，豎刁自宮以治內，人情莫不愛其身，身且不愛，安能愛君？聞開方事君十五年，齊、衛之間不容數日行，棄其母久宦不歸，其母不愛，安能愛君？臣聞之：「矜僞不長，蓋虛不久。」願君去此三子者也。』管仲卒死，桓公弗行，及桓公死，蟲出尸不葬。

或曰：管仲所以見告桓公者，非有度者之言也。所以去豎刁、易牙者，以不愛其身，適君之欲也。曰『不愛其身，安能愛君』，然則臣有盡死力以爲其主者，管仲將弗用也。曰『不愛其死力，安能愛君』，是君去忠臣也。且以不愛其身，度其不愛其君，是將以管仲之不能死公子糾度其不死桓公也，是管仲亦在所去之域矣。明主之道不然，設民所欲以求其功，故爲爵祿以勸之；設民所惡以禁其姦，故爲刑罰以威之。慶賞信而刑罰必，故君舉功於臣，而姦不用於上，雖有豎刁，其奈君何？且臣盡死力以與君市，君垂爵祿以與臣市，君臣之際，非父子之親也，計數之所出也。君有道，則臣盡力而姦不生；無道，則臣上塞主明而下成私。管仲非明此度數於桓公也，使去豎刁，一豎刁又至，非絶姦之道也。且桓公所以身死蟲流出尸不葬者，是臣重也；臣重之實，擅主也。有擅主之臣，則君令不下究，臣情不上通，一人之力能隔君臣之間，使善敗不聞，禍福不通，故有不葬之患也。明主之道，一人不兼官，一官不兼事。卑賤不待尊貴而進，論，大臣不因左右而見。百官修通，羣臣輻湊。有賞者君見其功，有罰者君知其罪。見知不悖於前，賞罰不弊於後，安有不葬之患？管仲非明此言於桓公也，使去三子，故曰管仲無度矣。

襄子圍於晉陽中，出圍，賞有功者五人，高赫爲賞首。張孟談曰：『晉陽之事，赫無大功，今爲賞首何也？』襄子曰：『晉陽之事，寡人國家危，社稷殆矣。吾羣臣無有不驕侮之意者，惟赫子不失君臣之禮，是以先之。』仲尼聞之曰：『善賞哉襄子！賞一人而天下爲人臣者莫敢失禮矣。』

或曰：仲尼不知善賞矣。夫善賞罰者，百官不敢侵職，羣臣不敢失禮。上設其法，而下無姦詐之心，如此，則可謂善賞罰矣。使襄子於晉陽也，令不行，禁不止，是襄子無國，晉陽無君也，尚誰與守哉？今襄子於晉陽也，知氏灌之，臼竈生鼃，而民無反心，是君臣親也；襄子有君臣親之澤，操令行禁止之法，而猶有驕侮之臣，是襄子失罰也。爲人臣者，乘事而有功則賞。今赫僅不驕侮而襄子賞之，是失賞也。明主賞不加於無功，罰不加於無罪。今襄子不誅驕侮之臣，而賞無功之赫，安在襄子之善賞也？故曰仲尼不知善賞。

晉平公與羣臣飲，飲酣，乃喟然歎曰：『莫樂爲人君！惟其言而莫之違。』師曠侍坐於前，援琴撞之，公披衽而避，琴壞於壁。公曰：『太師誰撞？』師曠曰：『今者有小人言於側者，故撞之。』公曰：『寡人也。』師曠曰：『啞！是非君人者之言也。』左右請除之。公曰：『釋之，以爲寡人戒。』

或曰：平公失君道，師曠失臣禮。夫非其行而誅其身，君之於臣也；非其行則陳其言，善諫不聽則遠其身者，臣之於君也。今師曠非平公之行，不陳人臣之諫，而行人主之誅，舉琴而親其體，是逆上下之位，而失人臣之禮也。夫爲人臣者，君有過則諫，諫不聽則輕爵祿以待之，此人臣之禮義也。今師曠非平公之過，舉琴而親其體，雖嚴父不加於子，而師曠行之於君，此大逆之術也。臣行大逆，平公喜而聽之，是失君道也。故平公之迹，不可明也，使人主過於聽而不悟其失。師曠之行亦不可明也，使姦臣襲極諫而飾弒君之道。不可謂兩明，此爲兩過。故曰：平公失君道，師曠亦失臣禮矣。

齊桓公時，有處士曰小臣稷，桓公三往而弗得見。桓公曰：『吾聞布衣之士，不輕爵祿，無以易萬乘之主；萬乘之主，不好仁義，亦無以下布衣之士。』於是五往乃得見之。

或曰：桓公不知仁義。夫仁義者，憂天下之害，趨一國之患，不避卑辱謂之仁義。故伊尹以中國爲亂，道爲宰于湯；百里奚以秦爲亂，道爲虜于穆公；皆憂天下之害，趨一國之患，不辭卑辱，故謂之仁義。今桓公以萬乘之勢，下匹夫之士，將欲憂齊國，而小臣不行，見小臣之忘民也，忘民不可謂仁義。仁義者，不失人臣之禮，不敗君臣之位者也。是故四封之內，執會而朝名曰臣，臣吏分職受事名曰萌。今小臣在民萌之衆，

而逆君上之欲，故不可謂仁義。仁義不在焉，桓公又從而禮之。使小臣有智能而遁桓公，是隱也，宜刑；若無智能而虛驕矜桓公，是誣也，宜戮；小臣之行，非刑則戮。桓公不能領臣主之理，而禮刑戮之人，是桓公以輕上侮君之俗教於齊國也，非所以爲治也。故曰：桓公不知仁義。

又《難二》 晉平公問叔向曰：『昔者齊桓公九合諸侯，一匡天下，不識臣之力也？君之力也？』叔向對曰：『管仲善制割，賓胥無善削縫，隰朋善純緣，衣成，君舉而服之，亦臣之力也，君何力之有？』師曠伏琴而笑之。公曰：『太師奚笑也？』師曠對曰：『臣笑叔向之對君也。凡爲人臣者，猶炮宰和五味而進之君，君弗食，孰敢强之也。臣請譬之：君者，壤地也，臣者，草木也，必壤地美然後草木碩大，亦君之力也，臣何力之有？』

或曰：叔向、師曠之對皆偏辭也。夫一匡天下，九合諸侯，美之大者也，非專君之力也，又非專臣之力也。昔者宮之奇在虞，僖負羈在曹，二臣之智，言中事，發中功，虞、曹俱亡者何也？此有其臣而無其君者也。且蹇叔處干而干亡，處秦而秦霸，非蹇叔愚於干而智於秦也，此有君與無臣也。向曰『臣之力也』不然矣。昔者桓宮中二市，婦閭二百，被髮而御婦人，得管仲爲五伯長，失管仲得豎刁，而身死，蟲流出尸不葬。以爲非臣之力也，且不以管仲爲霸；以爲君之力也，且不以豎刁爲亂。昔者晉文公慕於齊女而亡歸，咎犯極諫，故使反晉國。故桓公以管仲合，文公以舅犯霸，而師曠曰『君之力也』又不然矣。凡五霸所以能成功名於天下者，必君臣俱有力焉。故曰：叔向、師曠之對皆偏辭也。

齊桓公之時，晉客至，有司請禮，桓公曰『告仲父』者三。而優笑曰：『易哉爲君，一曰仲父，二曰仲父。』桓公曰：『吾聞君人者勞於索人，佚於使人。吾得仲父已難矣，得仲父之後，何爲不易乎哉！』

或曰：桓公之所應優，非君人者之言也。桓公以君人爲勞於索人，何索人爲勞哉？伊尹自以爲宰干湯，百里奚自以爲虜干穆公，虜所辱也，宰所羞也，蒙羞辱而接君上，賢者之憂世急也；然則君人者無逆賢而已矣，索賢不爲人主難。且官職所以任賢也，爵祿所以賞功也，設官職，陳爵祿，而士自至，君人者奚其勞哉！使人又非所佚也，人主雖使人必以度量準之，以刑名參之，以事；遇於法則行，不遇於法則止；功當其言則賞，不當則誅；以刑名收臣，以度量準下；此不可釋也，君人者焉佚哉？索人不勞，使人不佚，而桓公曰『勞於索人，佚於使人』者，不然。且桓公得管仲又不難，管仲不死其君而歸桓公，鮑叔輕官讓能而任之，桓公得管仲又不難明矣。已得管仲之後，奚遽易哉！管仲非周公旦，周公旦假爲天子七年，成王壯，授之以政，非爲天下計也，爲其職也。夫不奪子而行天下者，必不背死君而事其讎，背死君而事其讎者，必不難奪子而行天下，不難奪子而行天下者，必不難奪其君國矣。管仲，公子糾之臣也，謀殺桓公而不能，其君死而臣桓公，管仲之取舍非周公旦未可知也。若使管仲大賢也，且爲湯、武，湯、武，桀、紂之臣也，桀、紂作亂，湯、武奪之，今桓公以易居其上，是以桀、紂之行居湯、武之上，桓公危矣。若使管仲不肖人也，且爲田常，田常，簡公之臣也，而弑其君，今桓公以易居其上，是以簡公之易居田常之上也，桓公又危矣。管仲非周公旦以明矣，然爲湯、武與田常未可知也，爲湯、武有桀、紂之危，爲田常有簡公之亂也。已得仲父之後，桓公奚遽易哉！若使桓公之任管仲必知不欺己也，是知不欺主之臣也；然雖知不欺主之臣，今桓公以任管仲之專借豎刁、易牙，蟲流出尸而不葬，桓公不知臣欺主與不欺主已明矣，而任臣如彼其專也，故曰：桓公闇主。

又《難四》 魯陽虎欲攻三桓，不剋而奔齊，景公禮之。鮑文子諫曰：『不可。陽虎有寵於季氏而欲伐於季孫，貪其富也。今君富於季孫，而齊大於魯，陽虎所以盡詐也。』景公乃囚陽虎。

或曰：千金之家，其子不仁，人之急利甚也。桓公，五伯之上也，爭國而殺其兄，其利大也。臣主之間，非兄弟之親也。劫殺之功，制萬乘而享大利，則羣臣孰非陽虎也。事以微巧成，以疏拙敗。羣臣之未起難也，其備未具也。羣臣皆有陽虎之心，而君上不知，是微而巧也。陽虎貪，於天下，以欲攻上，是疏而拙也。不使景公加誅於拙虎，是鮑文子之說反也。臣之忠詐，在君所行也。君明而嚴則羣臣忠，君懦而闇則羣臣詐。知微之謂明，無赦之謂嚴。不知齊之巧臣而誅魯之成亂，不亦妄乎！

或曰：仁貪不同心。故公子目夷辭宋，而楚商臣弑父，鄭去疾予弟，而魯桓弑兄，五伯兼并，而以桓律人；則是皆無貞廉也。且君明而嚴則羣臣忠，陽虎爲亂於魯，不成而走，入齊而不誅，是承爲亂也。君明則

誅，知陽虎之可以濟亂也，此見微之情也。語曰：『諸侯以國爲親。』君嚴則陽虎之罪不可失，此無赦之實也。則誅陽虎，所以使羣臣忠也。未知齊之巧臣，而廢明亂之罰；責以未然，而不誅昭昭之罪；此則妄矣。今誅魯之罪亂以威羣臣之有姦心者，而可以得季、孟、叔孫之親，鮑文之説，何以爲反？

又《忠孝》　天下皆以孝悌忠順之道爲是也，而莫知察孝悌忠順之道而審行之，是以天下亂。皆以堯、舜之道爲是而法之，是以有弒君，有曲於父。堯、舜、湯、武，或反君臣之義，亂後世之教者也。堯爲人君而君其臣，舜爲人臣而臣其君，湯、武爲人臣而弒其主刑其尸，而天下譽之，此天下所以至今不治者也。夫所謂明君者，能畜其臣者也；所謂賢臣者，能明法辟治官職以戴其君者也。今堯自以爲明而不能以畜舜，舜自以爲賢而不能以戴堯，湯、武自以爲義而弒其君長，此明君且常與，而賢臣且常取也。故至今爲人子者有取其父之家，爲人臣者有取其君之國者矣。父而讓子，君而讓臣，此非所以定位一教之道也。臣之所聞曰：『臣事君，子事父，妻事夫，三者順則天下治，三者逆則天下亂，此天下之常道也，明王賢臣而弗易也。』則人主雖不肖，臣不敢侵也。今夫上賢任智無常，逆道也；而天下常以爲治，是故田氏奪呂氏齊，戴氏奪子氏於宋，此皆賢且智也，豈愚且不肖乎？是廢常上賢則亂，舍法任智則危。故曰：『上法而不上賢。』

記曰：『舜見瞽瞍，其容造焉。』孔子曰：『當是時也，危哉！天下岌岌，有道者父固不得而子，君固不得而臣也。』臣曰：孔子本未知孝悌忠順之道也。然則有道者，進不爲臣主，退不爲父子耶？父之所以欲有賢子者，家貧則富之，父苦則樂之；君之所以欲有賢臣者，國亂則治之，主卑則尊之。今有賢子而不爲父，則父之處家也苦；有賢臣而不爲君，則君之處位也危。然則父有賢子，君有賢臣，適足以爲害耳，豈得利哉！焉所謂忠臣不危其君，孝子不非其親？今舜以賢取君之國，而湯、武以義放弒其君，此皆以賢而危主者也，而天下賢之。古之烈士，進不臣君，退不爲家，是進則非其君，退則非其親者也。且夫進不臣君，退不爲家，亂世絕嗣之道也。是故賢堯、舜、湯、武而是烈士，天下之亂術也。瞽瞍爲舜父而舜放之，象爲舜弟而殺之。放父殺弟，不可謂仁；妻帝二女而取天下，不可謂義。仁義無有，不可謂明。《詩》云：『普天之下，莫非王土，率土之濱，莫非王臣。』信若《詩》之言也，是舜出則臣其君，入則臣其父，妾其母，妻其主女也。故烈士內不爲家，亂世絕嗣；而外矯於君，朽骨爛肉，施於土地，流於川谷，不避蹈水火，使天下從而效之，是天下偏死而願夭也，此皆釋世而不治是也。世之所爲烈士者，雖衆獨行，取異於人，爲恬淡之學而理恍惚之言。臣以爲恬淡，無用之教也；恍惚，無法之言也。言出於無法，教出於無用者，天下謂之察。臣以爲人生必事君養親，事君養親不可以恬淡；之人必以言論忠信法術，言論忠信法術不可以恍惚。恍惚之言，恬淡之學，天下之惑術也。孝子之事父也，非競取父之家也；忠臣之事君也，非競取君之國也。夫爲人子而常譽他人之親曰：『某子之親，夜寢早起，强力生財以養子孫臣妾』，是誹謗其親者也。爲人臣常譽先王之德厚而願之，是誹謗其君者也。非其親者知謂之不孝，而非其君者天下此賢之，此所以亂也。故人臣毋稱堯、舜之賢，毋譽湯、武之伐，毋言烈士之高，盡力守法，專心於事主者爲忠臣。

又《人主》　人主之所以身危國亡者，大臣太貴，左右太威也。所謂貴者，無法而擅行，操國柄而便私者也。所謂威者，擅權勢而輕重者也。此二者，不可不察也。夫馬之所以能任重引車致遠道者，以筋力也。萬乘之主千乘之君所以制天下而征諸侯者，以其威勢也。威勢者，人主之筋力也。今大臣得威，左右擅勢，是人主失力，人主失力而能有國者，千無一人。虎豹之所以能勝人執百獸者，以其爪牙也，當使虎豹失其爪牙，則人必制之矣。今勢重者，人主之爪牙也，君人而失其爪牙，虎豹之類也。宋君失其爪牙於子罕，簡公失其爪牙於田常，而不蚤奪之，故身死國亡。今無術之主，皆明知宋、簡之過也，而不悟其失，不察其事類者也。

且法術之士，與當途之臣，不相容也。何以明之？主有術士，則大臣不得制斷，近習不敢賣重，大臣左右權勢息，則人主之道明矣。今則不然，其當途之臣得勢擅事以環其私，左右近習朋黨比周以制疏遠，則法術之士奚時得進用，人主奚時得論裁？故有術不必用，而勢不兩立，法術之士焉得無危？故君人者非能退大臣之議，而背左右之訟，獨合乎道言也；則法術之士安能蒙死亡之危而進説乎？此世之所以不治也。明主者，推功而爵祿，稱能而官事，所舉者必有賢，所用者必有能，賢能之士

進，則私門之請止矣。夫有功者受重祿，有能者處大官，則私劍之士安得無離於私勇而疾距敵，游宦之士焉得無撓於私門而務於清潔矣？此所以聚賢能之士，而散私門之屬也。今近習者不必智，人主之於人也或有所知而聽之，入因與近習論其言，聽近習而不計其智，是與愚論智也。其當途者不必賢，人主之於人或有所賢而禮之，入因與當途者論其行，聽其言而不用賢，是與不肖論賢也。故智者決策於愚人，賢士程行於不肖，則賢智之士奚時得用，而主之明塞矣。昔關龍逢説桀而傷其四肢，王子比干諫紂而剖其心，子胥忠直夫差而誅於屬鏤。此三子者，爲人臣非不忠，而説非不當也。然不免於死亡之患者，主不察賢智之言，而蔽於愚不肖之患也。今人主非肯用法術之士，聽愚不肖之臣，則賢智之士孰敢當三子之危而進其智能者乎？此世之所以亂也。

《呂氏春秋・審分覽・任數》 三曰：凡官者，以治爲任，以亂爲罪。今亂而無責，則亂愈長矣。人主以好暴示能，以好唱自奮。人臣以不爭持位，以聽從取容。是君代有司爲有司也，是臣得後隨以進其業。君臣不定，耳雖聞不可以聽，目雖見不可以視，心雖知不可以舉，勢使之也。凡耳之聞也藉於靜，目之見也藉於昭，心之知也藉於理。君臣易操，則上之三官者廢矣。亡國之主，其耳非不可以聞也，其目非不可以見也，其心非不可以知也，君臣擾亂，上下不分別，雖聞曷聞，雖見曷見，雖知曷知！馳騁而因耳矣，此愚者之所不至也。不至則不知，不知則不信。無骨者不可令知冰。有士之君能察此言也，則災無由至矣。

《郭店楚簡・父無惡》 父無惡。君猶父也，其弗惡也，猶三軍之旌也正也。所以異於父，君臣不相戴也，則可已；不悅，可去也；不義而加諸己，弗受也。

父孝子愛，非有爲也。友，君臣之道也。長弟，孝之方也。

《六韜・文韜・大禮》 文王問太公曰：『君臣之禮如何？』太公曰：『爲上惟臨，爲下惟沉，臨而無遠，沉而無隱。爲上惟周，爲下惟定，周則天也，定則地也。或天或地，大禮乃成。』

文王曰：『主位如何？』太公曰：『安徐而靜，柔節先定，善與而不爭，虛心平志待物以正。』

文王曰：『主聽如何？』太公曰：『勿妄而許，勿逆而拒。許之則失守，拒之則閉塞。高山仰止，不可極也。深淵度之，不可測也。神明之德正靜其極。』

文王曰：『主明如何？』太公曰：『目貴明，耳貴聰，心貴智。以天下之目視則無不見也，以天下之耳聽則無不聞也，以天下之心慮則無不知也，輻輳並進則明不蔽矣。』

《鄧析子・無厚篇》 循名責實，君之事也。奉法宣令，臣之職也。下不得自擅，上操其柄而不理者，未之有也。君有三累，臣有四責。何謂三累，惟親所信，一累；以名取士，二累；近故親疎，三累。何謂四責？受重賞而無功，一責；居大位而不治，二責；理官而不干，三責；御軍陣而奔北，四責。君無三累，臣無四責，可以安國。

君民關係論分部

論説

《詩經・大雅・靈臺》 經始靈臺，經之營之。庶民攻之，不日成之。經始勿亟，庶民子來。

王在靈囿，麀鹿攸伏。麀鹿濯濯，白鳥翯翯。王在靈沼，於牣魚躍。

虡業維樅，賁鼓維鏞。於論鼓鍾，於樂辟廱。

於論鼓鐘，於樂辟廱。鼉鼓逢逢，矇瞍奏公。

《左傳・桓公六年》 季梁對曰：『夫民，神之主也，是以聖王先成民，而後致力於神，故奉牲以告曰：「博碩肥腯」，謂民力之普存也，謂其畜之碩大蕃滋也，謂其不疾瘯蠡也，謂其備腯咸有也。奉盛以告曰：「絜粢豐盛」，謂其三時不害，而民和年豐也。奉酒醴以告曰：「嘉栗旨酒」，謂其上下皆有嘉德而無違心也；所謂馨香無讒慝也，故務其三時，修其五教，親其九族，以致其禋祀，於是乎民和而神降之福。』

又**《文公十三年》** 邾文公卜遷于繹，史曰：『利於民，而不利於

君。』邾子曰：『苟利於民，孤之利也！天生民而樹之君，以利之也。民既利矣！孤必與焉。』左右曰：『命可長也，君何弗爲？』邾子曰：『命在養民，死之短長時也，民苟利矣遷也，吉莫如之！』

《論語・顔淵》 哀公問於有若曰：『年饑，用不足，如之何？』

有若對曰：『盍徹乎？』

曰：『二，吾猶不足，如之何其徹也？』

對曰：『百姓足，君孰與不足？百姓不足，君孰與足？』【略】

季康子問政於孔子。孔子對曰：『政者，正也。子帥以正，孰敢不正？』

季康子患盜，問於孔子。孔子對曰：『苟子之不欲，雖賞之不竊。』

季康子問政於孔子曰：『如殺無道，以就有道，何如？』孔子對曰：『子爲政，焉用殺？子欲善而民善矣。君子之德風，小人之德草。草上之風，必偃。』

又《憲問》 子曰：『上好禮，則民易使也。』

《禮記・緇衣》 子曰：『民以君爲心，君以民爲體。心莊則體舒，心肅則容敬。心好之，身必安之；君好之，民必欲之。心以體全，亦以體傷；君以民存，亦以民亡。《詩》云：「昔吾有先正，其言明且清，國家以寧，都邑以成，庶民以生。」「誰能秉國成？不自爲正，卒勞百姓。」《君雅》曰：「夏日暑雨，小民惟曰怨；資冬祁寒，小民亦惟曰怨。」』

《晏子春秋・内篇諫上・景公遊寒塗不恤死胔晏子諫第十九》 景公出遊于寒塗，睹死胔，默然不問。晏子諫曰：『昔吾先君桓公出游，睹饑者與之食，睹疾者與之財，使令不勞力，籍斂不費民。先君將游，百姓皆説曰：「君當幸游吾鄉乎！」今君游于寒塗，據四十里之氓，殫財不足以奉斂，盡力不能周役民氓，饑寒凍餒，死胔相望，而君不問，失君道矣。財屈力竭，下無以親上；驕泰奢侈，上無以親下。上下交離，君臣無親，此三代之所以衰也。今君行之，嬰懼公族之危，以爲異姓之福也。』

《孟子・梁惠王上》 孟子見梁惠王。王立於沼上，顧鴻鴈麋鹿，曰：『賢者亦樂此乎？』

孟子對曰：『賢者而後樂此，不賢者雖有此，不樂也。《詩》云：「經始靈臺，經之營之，庶民攻之，不日成之。經始勿亟，庶民子來。王在靈囿，麀鹿攸伏，麀鹿濯濯，白鳥鶴鶴。王在靈沼，於牣魚躍。」文王以民力爲臺爲沼，而民歡樂之，謂其臺曰靈臺，謂其沼曰靈沼，樂其有麋鹿魚鼈。古之人與民偕樂，故能樂也。《湯誓》曰：「時日害喪，予及女偕亡。」民欲與之偕亡，雖有臺池鳥獸，豈能獨樂哉？』

又《梁惠王下》 孟子曰：『【略】臣請爲王言樂。今王鼓樂於此，百姓聞王鐘鼓之聲，管籥之音，舉疾首蹙頞而相告曰：「吾王之好鼓樂，夫何使我至於此極也？父子不相見，兄弟妻子離散。」今王田獵於此，百姓聞王車馬之音，見羽旄之美，舉疾首蹙頞而相告曰：「吾王之好田獵，夫何使我至於此極也？父子不相見，兄弟妻子離散。」此無他，不與民同樂也。

「今王鼓樂於此，百姓聞王鐘鼓之聲，管籥之音，舉欣欣然有喜色而相告曰：「吾王庶幾無疾病與，何以能鼓樂也？」今王田獵於此，百姓聞王車馬之音，見羽旄之美，舉欣欣然有喜色而相告曰：「吾王庶幾無疾病與，何以能田獵也？」此無他，與民同樂也。今王與百姓同樂，則王矣。』

齊宣王問曰：『文王之囿方七十里，有諸？』

孟子對曰：『於傳有之。』

曰：『若是其大乎？』

曰：『民猶以爲小也。』

曰：『寡人之囿方四十里，民猶以爲大，何也？』

曰：『文王之囿方七十里，芻蕘者往焉，雉兔者往焉，與民同之。民以爲小，不亦宜乎？臣始至於境，問國之大禁，然後敢入。臣聞郊關之内有囿方四十里，殺其麋鹿者如殺人之罪，則是方四十里爲阱於國中。民以爲大，不亦宜乎？』【略】

齊宣王見孟子於雪宫。王曰：『賢者亦有此樂乎？』

孟子對曰：『有。人不得，則非其上矣。不得而非其上者，非也；爲民上而不與民同樂者，亦非也。樂民之樂者，民亦樂其樂；憂民之憂者，民亦憂其憂。樂以天下，憂以天下，然而不王者，未之有也。』

《戰國策・齊四・齊王使使者問趙威后》 齊王使使者問趙威后。書

未發，威后問使者曰：『歲亦無恙耶？民亦無恙耶？王亦無恙耶？』使者不說，曰：『臣奉使使威后，今不問王，而先問歲與民，豈先賤而後尊貴者乎？』威后曰：『不然。苟無歲，何以有民？苟無民，何以有君？故有問舍本而問末者耶？』

君臣民關係論分部

論説

《禮記・緇衣》 子曰：『上人疑則百姓惑，下難知則君長勞。故君民者章好以示民俗，慎惡以御民之淫，則民不惑矣。臣儀行，不重辭，不援其所不及，不煩其所不知，則君不勞矣。《詩》云：「上帝板板，下民卒癉。」《小雅》曰：「匪其止共，惟王之邛。」』

《商君書・君臣》 古者未有君臣上下之時，民亂而不治。是以聖人列貴賤，制爵位，立名號，以別君臣上下之義。地廣民衆萬物多，故分五官而守之。民衆而姦邪生，故立法制爲度量以禁之。是故有君臣之義，五官之分，法制之禁，不可不慎也。處君位而令不行則危，五官分而無常則亂，法制設而私善行則民不畏刑。君尊則令行，官修則有常事，法制明則民畏刑。法制不明而求民之行令也，不可得也。民不從令而求君之尊也，雖堯、舜之知不能以治。

《孟子・梁惠王下》 孟子見齊宣王，曰：『所謂故國者，非謂有喬木之謂也，有世臣之謂也。王無親臣矣，昔者所進，今日不知其亡也。』

王曰：『吾何以識其不才而舍之？』

曰：『國君進賢，如不得已，將使卑踰尊，疏踰戚，可不慎與？左右皆曰賢，未可也；諸大夫皆曰賢，未可也；國人皆曰賢，然後察之；見賢焉，然後用之。左右皆曰不可，勿聽；諸大夫皆曰不可，勿聽；國人皆曰不可，然後察之；見不可焉，然後去之。左右皆曰可殺，勿聽；諸大夫皆曰可殺，勿聽；國人皆曰可殺，然後察之；見可殺焉，然後殺之。故曰，國人殺之也。如此，然後可以爲民父母。』

又**《離婁下》** 孟子曰：『無罪而殺士，則大夫可以去；無罪而戮民，則士可以從。』

《郭店楚簡・説之道》 利木陰者，不折其枝。利其渚者，不塞其溪。善使其下，若蚈蛩之足，衆而不割，割而不仆。善事其上者，若齒之事舌，而終弗啗。善［事其君］者，若兩輪之相轉，而終不相敗。善使其民者，若四時，一遣一來，而民弗害也。

政治道德論部

君德論分部

論説

《尚書・梓材》 王曰：『封，以厥庶民暨厥臣達大家，以厥臣達王，惟邦君。汝若恒越曰：「我有師師：司徒、司馬、司空、尹、旅！」曰：「予罔厲殺人！亦厥君先敬勞，肆徂厥敬勞。肆往姦宄、殺人、歷人宥，肆亦見厥君事戕人宥。」王啓監厥亂爲民，曰：「無胥戕！無胥虐！至于敬寡，至於屬婦，合由以容。」王其效邦君越御事，厥命曷以？引養、引恬。自古王若兹監，罔攸辟。惟曰：若稽田，既勤敷菑，惟其陳修，爲厥疆畎。若作室家，既勤垣墉，惟其塗塈茨。若作梓材，既勤樸斲，惟其塗丹雘。今王惟曰：先王既勤用明德懷，爲夾庶邦享作。兄弟方來，亦既用明德，后式典集，庶邦丕享。皇天既付中國民越厥疆土于先王，肆王惟德用和懌先後迷民，用懌先王受命。已，若兹監！惟曰：欲至於萬年，惟王子子孫孫永保民。』

又　《洛誥》　周公曰：『王肇稱殷禮，祀于新邑，咸秩無文。予齊百工，伻從王于周，予惟曰「庶有事」。今王即命曰：「記功宗，以功作元祀。」惟命曰：「汝受命篤弼，丕視功載，乃汝其悉自教工。」孺子其朋，孺子其朋，其往！無若火始燄燄，厥攸灼，敘弗其絶厥若。彝及撫事如。予惟以在周工往新邑，伻嚮即有僚，明作有功，惇大成裕，汝永有辭。』

公曰：『已，汝惟沖子，惟終。汝其敬識百辟享，亦識其有不享。享多儀，儀不及物，惟曰不享，惟不役志于享。凡民惟曰不享，惟事其爽侮。乃惟孺子頒，朕不暇聽。朕教汝于棐民彝；汝乃是不蘉，乃時惟不永哉。篤敘乃正父，罔不若予；不敢廢乃命。汝往敬哉！茲予其明農哉！彼裕我民，無遠用戾。』

《逸周書・本典》　維四月既生魄，王在東宮，告周公曰：嗚呼！朕聞武考，不知乃問，不得乃學，俾資不肖，永無惑矣。今朕不知明德所則，政教所行，字民之道，禮樂所生。非不念，念而不知，敬問伯父。周公再拜稽首曰：臣聞之文考，能求士者，智也。與民利者，仁也。能收民獄者，義也。能督民過者，德也。爲民犯難者，武也。智能親智，仁能親仁，義能親義，德能親德，武能親武，五者昌于國，曰明。明能見物，高能致物，物備咸至曰帝。帝鄉在地曰本，本生萬物曰世，世可則□曰至。至德照天，百姓□驚。備有好醜，民無不戒。顯父登德，德降則信。信則民寧，爲畏爲極，民無淫慝。生民知常利之道則國彊，序明好醜□必固其務。均分以利之則民安，□用以資之則民樂，明德以師之則民讓。生之樂之，則母之禮也。政之教之，遂以成之，則父之禮也。父母之禮，以加于民，其慈□□。古之聖王，樂體其政。士有九等，皆得其宜曰材多。人有八政，皆得其則曰禮服。士樂其生而務其宜，是故奏鼓以章樂，奏舞以觀禮，奏歌以觀和。禮樂既和，其上乃不危。王拜曰：允哉！幼愚敬守，以爲本典。

又　《太子晉》　［師曠］曰：古之君子，其行可則，由舜而下，其孰有廣德？王子［晉］應之曰：如舜者天。舜居其所，以利天下，奉翼遠人，皆得已仁，此之謂天。如禹者聖，勞而不居，以利天下，好取不好與，必度其正，是之謂聖。如文王者，其大道仁，其小道惠，三分天下而有其二，敬人無方，服事于商。既有其衆，而返失其身，此之謂仁。如武王者義，殺一人而以利天下，異姓同姓，各得其所，是之謂義。師曠告善。又稱曰：宣辨名命，異姓惡方，王侯君公，何以爲尊，何以爲上。王子應之曰：人生而重丈夫，謂之胄子。胄子成人，能治上官，謂之士。士率衆時作，謂之伯。伯能移善於衆，與百姓同，謂之公。公能樹名生物，與天道俱，謂之侯。侯能成羣，謂之君。君有廣德，分任諸侯而敦信，曰予一人。善至于四海，曰天子。達于四荒，曰天王。四荒至，莫有怨訾，乃登爲帝。師曠罄然。又稱曰：温恭敦敏，方德不改，聞物□□，下學以起，尚登帝臣，乃參天子，自古誰？王子應之曰：穆穆虞舜，明明赫赫，立義治律，萬物皆作，分均天財，萬物熙熙，非舜而誰？

又　《王佩》　王者所佩在德，德在利民，民在順上。合爲在因時，應事則易成。謀成在周長，有功在力多。昌大在自克，不過在數懲。不困在豫慎，見禍在未形。除害在能斷，安民在知過，用兵在知時，勝大患在合人心。殃毒在信疑，孽子在聽內。化行在知和，施舍在平心。不幸在不聞其過，福在受諫，基在愛民，固在親賢。禍福在所密，利害在所近，存亡在所用，離合在出命。尊在慎威，安在恭己，危亡在不知時。見善而怠，時至而疑，亡正處邪，是弗能居，此得失之方也，不可不察。

《詩經・周頌・敬之》　敬之敬之！天維顯思，命不易哉。無曰高高在上，陟降厥士，日監在茲。維予小子，不聰敬止？日就月將，學有緝熙于光明。佛時仔肩，示我顯德行。

又　《小毖》　予其懲而毖後患。莫予荓蜂，自求辛螫。肇允彼桃蟲，拚飛維鳥。未堪家多難，予又集于蓼。

《左傳・宣公三年》　楚子伐陸渾之戎，遂至於雒，觀兵于周疆，定王使王孫滿勞楚子，楚子問鼎之大小輕重焉。對曰：『在德不在鼎。昔夏之方有德也，遠方圖物，貢金九牧，鑄鼎象物，百物而爲之備，使民知神姦，故民入川澤山林，不逢不若，螭魅罔兩，莫能逢之！用能協于上下，以承天休，桀有昏德，鼎遷于商，載祀六百。商紂暴虐，鼎遷于周。德之休明，雖小重也；其姦回昏亂，雖大輕也。天祚明德，有所底止。成王定鼎于郟鄏，卜世三十，卜年七百，天所命也。周德雖衰，天命未改。鼎之輕重，未可問也！』

《國語·晉語四·衛文公不禮重耳》 過衛，衛文公有邢、狄之虞，不能禮焉。寧莊子言於公曰：『夫禮，國之紀也；親，民之結也；善，德之建也。國無紀不可以終，民無結不可以固，德無建不可以立。此三者，君之所慎也。今君棄之，無乃不可乎！晉公子善人也，而衛親也，君不禮焉，棄三德矣。臣故云君其圖之。康叔，文之昭也。唐叔，武之穆也。周之大功在武，天祚將在武族。苟姬未絶周室，而俾守天聚者，必武族也。武族唯晉實昌，晉胤公子實德。晉仍無道，天祚有德，晉之守祀，必公子也。若復而修其德，鎮撫其民，必獲諸侯，以討無禮。君弗蚤圖，衛而在討。小人是懼，敢不盡心。』公弗聽。

又《楚語上·左史倚相儆申公子亹》 左史倚相廷見申公子亹，子亹不出，左史謗之，舉伯以告。子亹怒而出，曰：『女無亦謂我老耄而舍我，而又謗我！』

左史倚相曰：『唯子老耄，故欲見以交儆子。若子方壯，能經營百事，倚相將奔走承序，於是不給，而何暇得見？昔衛武公年數九十有五矣，猶箴儆於國，曰：「自卿以下至於師長士，苟在朝者，無謂我老耄而舍我，必恭恪於朝，朝夕以交戒我；聞一二之言，必誦志而納之，以訓導我。」在輿有旅賁之規，位宁有官師之典，倚几有誦訓之諫，居寢有褻御之箴，臨事有瞽史之導，宴居有師工之誦。史不失書，矇不失誦，以訓御之，於是乎作《懿》戒以自儆也。及其没也，謂之睿聖武公。子實不睿聖，於倚相何害。《周書》曰：「文王至於日中昃，不皇暇食。惠於小民，唯政之恭。」文王猶不敢驕。今子老楚國而欲自安也，以御數者，王將何爲？若常如此，楚其難哉！』子亹懼，曰：『老之過也。』乃驟見左史。

又《白公子張諷靈王宜納諫》 白公又諫，王如史老之言。對曰：『昔殷武丁能聳其德，至於神明，以入於河，自河徂亳，於是乎三年，默以思道。卿士患之，曰：「王言以出令也，若不言，是無所稟令也。」武丁於是作書，曰：「以余正四方，余恐德之不類，兹故不言。」如是而又使以象夢旁求四方之賢，得傅説以來，升以爲公，而使朝夕規諫，曰：「若金，用女作礪。若津水，用女作舟。若天旱，用女作霖雨。啓乃心，沃朕心。若藥不瞑眩，厥疾不瘳。若跣不視地，厥足用傷。」若武丁之神明也，其聖之睿廣也，其智之不疚也，猶自謂未乂，故三年默以思道。既得道，猶不敢專制，使以象旁求聖人。既得以爲輔，又恐其荒失遺忘，故使朝夕規誨箴諫，曰：「必交修余，無余棄也。」今君或者未及武丁，而惡規諫者，不亦難乎！

『齊桓、晉文，皆非嗣也，還軫諸侯，不敢淫逸，心類德音，以德有國。近臣諫，遠臣謗，輿人誦，以自誥也。是以其入也，四封不備一同，而至於有畿田，以屬諸侯，至於今爲令君。桓、文皆然，君不度憂於二令君，而欲自逸也，無乃不可乎？《周詩》有之曰：「弗躬弗親，庶民弗信。」臣懼民之不信君也，故不敢不言。不然，何急其以言取罪也？』

又《楚語下·藍尹亹論吴將斃》 子西歎於朝，藍尹亹曰：『吾聞君子唯獨居思念前世之崇替，與哀殯喪，於是有歎，其餘則否。君子臨政思義，飲食思禮，同宴思樂，在樂思善，無有歎焉。今吾子臨政而歎，何也？』子西曰：『闔廬能敗吾師。闔廬即世，吾聞其嗣又甚焉。吾是以歎。』

對曰：『子患政德之不修，無患吴矣。夫闔廬口不食嘉味，耳不樂逸聲，目不淫於色，身不懷於安，朝夕勤志，卹民之羸，聞一善若驚，得一士若賞，有過必悛，有不善必懼，是故得民以濟其志。今吾聞夫差好罷民力以成私好，縱過而翳諫，一夕之宿，臺榭陂池必成，六畜玩好必從。夫差先自敗也已，焉能敗人。子修德以待吴，吴將斃矣。』

《管子·戒》 管仲復於桓公曰：『任之重者莫如身，塗之畏者莫如口，期而遠者莫如年。以重任行畏塗，至遠期，唯君子乃能矣。』桓公退，再拜之曰：『夫子數以此言者教寡人。』管仲對曰：『滋味動靜，生之養也。好惡喜怒哀樂，生之變也。聰明當物，生之德也。是故聖人齊滋味而時動靜，御正六氣之變，禁止聲色之淫。邪行亡乎體，違言不存口，靜然定生，聖也。仁從中出，義從外作。仁，故不以天下爲利。義，故不以天下爲名。仁，故不代王。義，故七十而致政。是故聖人上德而下功，尊道而賤物。道德當身，故不以物惑。是故身在草茅之中，而無懾意。南面聽天下，而無驕色。如此而後可以爲天下王。所以謂德者，不動而疾，不相告而知，不爲而成，不召而至，是德也。故天不動，四時云下而萬物化。君不動，政令陳下而萬功成。心不動，使四枝耳目而萬物情。寡交多親，謂之知人。寡事成功，謂之知用。聞一言以貫萬物，謂之知道。多言而不當，不如其寡也。博學而不自反，必有邪。孝弟者，仁之祖也。忠信者，

交之慶也。內不考孝弟，外不正忠信，澤其四經而誦學者，是亡其身者也。』

又《四稱》 桓公問於管子：『寡人幼弱惛愚，不通諸侯四鄰之義，仲父不當盡語我昔者有道之君乎？吾亦鑑焉。』管子對曰：『夷吾之所能與所不能，盡在君所矣。君胡有辱令？』桓公又問曰：『仲父，寡人幼弱惛愚，不通四鄰諸侯之義，仲父不當盡告我昔者有道之君乎？吾亦鑑焉。』管子對曰：『夷吾聞之於徐伯曰：昔者有道之君，敬其山川、宗廟、社稷，及至先故之大臣，收聚以忠而大富之。固其武臣，宣用其力。聖人在前，貞廉在側，競稱於義，上下皆飾。形正明察，四時不貸，民亦不憂，五穀蕃殖。外內均和，諸侯臣伏，國家安寧，不用兵革。受其幣帛，以懷其德，昭受其令，以爲法式。此亦可謂昔者有道之君也。』桓公曰：『善哉。』

桓公曰：『仲父既已語我昔者有道之君矣，不當盡語我昔者無道之君乎？吾亦鑑焉。』管子對曰：『今若君之美好而宣通也，既官職美道，又何以聞惡爲？』桓公曰：『是何言邪？以繢緣繢，吾何以知其美也？以素緣素，吾何以知其善也？仲父已語我其善，而不語我其惡，吾豈知善之爲善也？』管子對曰：『夷吾聞之於徐伯曰：昔者無道之君，大其宮室，高其臺榭。良臣不使，讒賊是舍。有家不治，借人爲圖。政令不善，墨墨若夜。辟若野獸，無所朝處。不偱天道，不鑑四方。有家不治，辟若生狂。衆所怨詛，希不滅亡。進其諛優，繁其鍾鼓。流於博塞，戲其工瞽。誅其良臣，敖其婦女。獠獵畢弋，暴遇諸父。馳騁無度，戲樂笑語。式政既輮，刑罰則烈。內削其民，以爲攻伐。辟猶漏釜，豈能無竭？此亦可謂昔者無道之君矣。』桓公曰：『善哉。』

《論語·泰伯》 子曰：『巍巍乎，舜禹之有天下也而不與焉！』

子曰：『大哉堯之爲君也！巍巍乎！唯天爲大，唯堯則之。蕩蕩乎，民無能名焉。巍巍乎其有成功也，煥乎其有文章！』

子曰：『禹，吾無間然矣。菲飲食而致孝乎鬼神，惡衣服而致美乎黻冕，卑宮室而盡力乎溝洫。禹，吾無間然矣。』

又《子路》 定公問：『一言而可以興邦，有諸？』

孔子對曰：『言不可以若是其幾也。人之言曰：「爲君難，爲臣不易。」如知爲君之難也，不幾乎一言而興邦乎？』

曰：『一言而喪邦，有諸？』

孔子對曰：『言不可以若是其幾也。人之言曰：「予無樂乎爲君，唯其言而莫予違也。」如其善而莫之違也，不亦善乎？如不善而莫之違也，不幾乎一言而喪邦乎？』

又《堯曰》 堯曰：『咨！爾舜！天之曆數在爾躬，允執其中。四海困窮，天祿永終。』

舜亦以命禹。

曰：『予小子履敢用玄牡，敢昭告于皇皇后帝：有罪不敢赦。帝臣不蔽，簡在帝心。朕躬有罪，無以萬方；萬方有罪，罪在朕躬。』

周有大賚，善人是富。『雖有周親，不如仁人。百姓有過，在予一人。』

《晏子春秋·內篇諫上·景公燕賞無功而罪有司晏子諫第七》 晏子見，公謂晏子曰：『寡人聞君國者，愛人則能利之，惡人則能疏之。今寡人愛人不能利，惡人不能疏，失君道矣。』晏子曰：『嬰聞之，君正臣從謂之順，君僻臣從謂之逆。今君賞讒諛之民，而令吏必從，則是使君失其道，臣失其守也。先王之立愛，以勸善也，其立惡，以禁暴也。昔者三代之興也，利于國者愛之，害于國者惡之，故明所愛而賢良衆，明所惡而邪僻滅，是以天下治平，百姓和集。及其衰也，行安簡易，身安逸樂，順于己者愛之，逆于己者惡之，故明所愛而邪僻繁，明所惡而賢良滅，離散百姓，危覆社稷。君上不度聖王之興，而下不觀惰君之衰，臣懼君之逆政之行，有司不敢爭，以覆社稷，危宗廟。』

又《內篇問上·景公問明王之教民何若晏子對以先行禮義第十八》

景公問晏子曰：『明王之教民何若？』晏子對曰：『明其教令，而先之以行義；養民不苛，而防之以刑辟；所求于下者，不務于上；所禁于民者，不行于身。守于民財，無虧之以利，立于儀法，不犯之以邪，苟所求于民，不以身害之，故下之勸從其教也。稱事以任民，中聽以禁邪，不窮之以勞，不害之以實，苟所禁于民，不以事逆之，故下不敢犯其上也。古者百里而異習，千里而殊俗，故明王修道，一民同俗，上愛民爲法，下相親爲義，是以天下不相遺，此明王教民之理也。』

《韓非子・解老》 有道之君，外無怨讎於鄰敵，而內有德澤於人民。夫外無怨讎於鄰敵者，其遇諸侯也外有禮義。內有德澤於人民者，其治人事也務本。遇諸侯有禮義則役希起，治民事務本則淫奢止。凡馬之所以大用者，外供甲兵，而內給淫奢也。今有道之君，外希用甲兵，而內禁淫奢。上不事馬於戰鬭逐北，而民不以馬遠淫通物，所積力唯田疇，積力於田疇必且糞灌，故曰：『天下有道，卻走馬以糞也。』

官德論分部

論　説

《尚書・皋陶謨》 帝曰：『無若丹朱傲，惟慢遊是好，敖虐是作，罔晝夜頟頟，罔水行舟。朋淫于家，用殄厥世，予創若時。』

又 《洛誥》 王若曰：『公，明保予沖子。公稱丕顯德，以予小子揚文武烈，奉答天命，和恒四方民居師。惇宗將禮，稱秩元祀，咸秩無文。惟公德明光于上下，勤施于四方，旁作穆穆，(迓)[御]衡不迷，文武勤教，予沖子夙夜毖祀。』

王曰：『公功棐迪篤，罔不若時。(王曰：『公，予小子其退，即辟于周，命公後。』) 四方迪亂，未定于宗禮，亦未克敉公功。迪將其後，監我士師工，誕保文武受民，亂爲四輔。』

王曰：『公定，予往已公功肅將祇歡，公無困(哉我)[我哉]，惟無斁其康事。公勿替刑，四方其世享。』

周公拜手稽首曰：『王命予來，承保乃文祖受命民，越乃光烈考武王弘朕。恭孺子來相宅，其大惇典殷獻民，亂爲四方新闢，作周恭先。曰其自時中乂，萬邦咸休，惟王有成績。予旦以多子越御事篤前人成烈，荅其師，作周孚先。考朕昭子刑，乃單文祖德。伻來毖殷，乃命寧予，以秬鬯二卣，曰：「明禋，拜手稽首休享。」予不敢宿，則禋于文王武王；「惠篤敍，無有遘自疾，萬年猒于乃德，殷乃引考。」王伻殷，乃承敍，萬年其永觀朕子懷德。』

又 《君奭》 周公若曰：『君奭，弗弔天降喪于殷。殷既墜厥命，我有周既受，我不敢知曰厥基永孚于休。若天棐忱，我亦不敢知曰其終出于不祥。嗚呼！君已曰時我，我亦不敢寧于上帝命。弗永遠念天威越我民，罔尤違惟人(在)[哉]！我後嗣子孫大弗克恭上下，遏佚前人光在家，不知天命不易，天難諶，乃其墜命，弗克經歷嗣前人恭明德。在今予小子旦，非克有正，迪惟前人光，施于我沖子。』

又曰：『天不可信，我道惟寧王德延，天不庸釋于文王受命。』

公曰：『君奭，我聞在昔成湯既受命，時則有若伊尹，格于皇天。在太甲，時則有若保衡。在太戊，時則有若伊陟、臣扈，格于上帝；巫咸乂王家。在祖乙，時則有若巫賢。在武丁，時則有若甘盤。率惟茲有陳，保乂有殷，故殷禮陟配天，多歷年所。天惟純佑命，則商實百姓、王人，罔不秉德明恤。小臣、屏侯、甸，矧咸奔走。惟茲惟德稱，用乂厥辟。故一人有事于四方，若卜筮，罔不是孚。』

公曰：『君奭，天壽平格，保乂有殷，有殷嗣，天滅威。今汝永念，則有固命，厥亂明我新造邦。』

公曰：『君奭，在昔上帝割申勸寧王之德，其集大命于厥躬？惟文王尚克修和我有夏，亦惟有若虢叔，有若閎夭，有若散宜生，有若泰顛，有若南宮括。又曰無能往來茲迪彝教，文王蔑德降于國人。亦惟純佑秉德，迪知天威，乃惟時昭文王迪見，冒聞于上帝，惟時受有殷命哉！武王，惟茲四人，尚迪有祿。後暨武王誕將天威，咸劉厥敵，惟茲四人昭武王惟冒，丕單稱德。今在予小子旦，若游大川，予往暨汝奭其濟，小子同未在位，誕無我責，收罔勖不及，耇造德不降，我則鳴鳥不聞，矧曰其有能格。』

公曰：『前人敷乃心，乃悉命汝，作汝民極。曰：汝明勖偶王(在)[哉]！亶乘茲大命。惟文王德，丕承無疆之恤。』

公曰：『君！告汝，朕(允)[兄]保奭，其汝克敬以予監于殷喪大否。肆念我天威。予不(允)[兄]惟若茲誥。予惟曰：「襄我二人，汝有合哉！」言曰：「在時二人，天休滋至。」惟時二人弗戡。其汝克敬德，明我俊民(在)[哉]！讓後人于丕時。嗚呼！篤棐時二人，我式克至于

今日休。我咸成文王功于不怠，丕冒海隅出日，罔不率俾。』

公曰：『君！予不惠若茲多誥，予惟用閔于天越民。』

公曰：『嗚呼！君！惟乃知民德，亦罔不能厥初，惟其終。祇若茲，往敬用治。』

《殷周金文集成釋文·梁其鍾一》 梁其曰：『丕顯皇祖考，穆穆異異，克哲厥德，農臣先王，得純亡敃。梁其肇帥型皇祖考，秉明德，虔夙夕，辟天子。』

又《叔夷鍾一》 唯王五月，辰在戊寅，師于淄涶。公曰：『汝尸，余經乃先祖，余既尃乃心，汝小心畏忌，汝不墜夙夜，宦執而政事。余引厭乃心，余命女政于朕三軍，肅成朕師旟之政德，諫罰朕庶民，左右毋諱。』尸不敢弗憼戒，虔卹厥死事，戮龢三軍徒旟，雩厥行師，慎中厥罰。公曰：『尸，汝敬恭辞命，汝膺鬲公家，女婺勞朕行師，汝肇敏于戎功。』**【略】**公曰：『尸，汝康能乃有事，眔乃敵僚。余用登純厚，乃命汝尸，毋曰，余小子。汝尃余于艱卹，虔卹不愓，佐佑余一人。余命汝職佐卿，爲大事，兟命于外內之事，中尃盟刑。汝以尃戒公家，膺卹余于盟卹，汝以卹余朕身。』

《逸周書·皇門》 維正月庚午，周公格于左閎門，會羣臣。曰：嗚呼！下邑小國，克有耈老，據屏位，建沈人，罔不用明刑。維其開告予于嘉德之説，命我辟王小至于大。我聞在昔，有國誓王之不綏于卹，乃維其有大門宗子勢臣，罔不茂揚肅德，訖亦有孚，以助厥辟，勤王國王家。乃方求論擇元聖武夫，羞于王所。自其善臣以至有分私子，苟克有常，罔不允通，咸獻言在于王所。人斯是助王，恭明祀，敷明刑。王用有監，明憲朕命，用克和有成，用能承天嘏命。百姓兆民，用罔不茂在王庭，克用有勸。永有孚于上下。人斯既助厥辟，勤勞王家，先人神祇，報職用休，俾嗣在王家，四國用寧。小人用格，□能稼穡，咸祀天神，戎兵克慎，軍用克多。王用奄有四鄰，遠土丕承，萬子孫用末被先王之靈光。至于厥後嗣，弗見先王之明刑，維時乃胥學于非夷，以家相厥室，弗卹王國王家，維德是用。以昏臣作威，不詳，不屑惠聽無辜之辭，乃維不順之辭，是羞于王。王阜求良言于是人，斯乃非維直以應，維作誣以對，俾無依無助。譬若畋犬，驕用逐禽，其猶不克有獲，是人斯乃讒賊媢嫉，以不利于厥家國。譬若匹夫之有婚妻，曰予獨服在寢，以自露厥家。媢夫有邇無遠，乃食蓋善夫，俾莫通在于王所。乃維有奉狂夫，是陽是繩，是以爲上，是授司事于正長。命用迷亂，獄用無成。小民率穡，保用無用，壽亡以嗣，天用弗保。媢夫先受殄罰，國亦不寧。嗚呼，敬哉！監于茲，朕維其及朕藎臣，大明爾德，以助予一人憂，無維乃身之暴，皆卹爾，假予德憲，資告予元。譬若衆畋，常扶予險，乃而予于濟。汝無作。

《詩經·大雅·烝民》 天生烝民，有物有則。民之秉彝，好是懿德。天監有周，昭假于下。保茲天子，生仲山甫。仲山甫之德，柔嘉維則。令儀令色，小心翼翼。古訓是式，威儀是力。天子是若，明命使賦。王命仲山甫：式是百辟。纘戎祖考，王躬是保。出納王命，王之喉舌。賦政于外，四方爰發。

肅肅王命，仲山甫將之。邦國若否，仲山甫明之。既明且哲，以保其身。夙夜匪解，以事一人。

人亦有言：『德輶如毛，民鮮克舉之。』我儀圖之，維仲山甫舉之，愛莫助之。袞職有闕，維仲山甫補之。

仲山甫出祖，四牡業業，征夫捷捷，每懷靡及。四牡彭彭，八鸞鏘鏘。王命仲山甫，城彼東方。

四牡騤騤，八鸞喈喈。仲山甫徂齊，式遄其歸。吉甫作誦，穆如清風。仲山甫永懷，以慰其心。

《左傳·文公十八年》 莒紀公生大子僕，又生季佗。愛季佗而黜僕，且多行無禮於國。僕因國人以弒紀公。以其寶玉來奔，納諸宣公。公命與之邑，曰：『今日必授。』季文子使司寇出諸竟，曰：『今日必達。』公問其故，季文子使大史克對曰：『先大夫臧文仲教行父事君之禮，行父奉以周旋，弗敢失隊，曰，見有禮於其君者，事之如孝子之養父母也。見無禮於其君者，誅之如鷹鸇之逐鳥雀也。先君周公制周禮曰，則以觀德，德以處事，事以度功，功以食民。作誓命曰，毀則爲賊，掩賊爲藏，竊賄爲盜，盜器爲姦，主藏之名，賴姦之用，爲大凶德。有常無赦，在九刑，不忘。』

又《襄公二十五年》（晏子曰）：『君民者豈以陵民？社稷是主。臣君者豈爲其□實？社稷是養。故君爲之社稷死則死之，爲社稷亡

則亡之。若爲己死而爲己亡，非其私暱，誰敢任之？且人有君而弑之，吾焉得死之？而焉得亡之？將庸何歸？』【略】

子大叔問政於子產，子產曰：『政如農功，日夜思之，思其始而成其終，夕而行之，行無越思，如農之有畔，其過鮮矣。』

《國語·周語上·邵公以其子代宣王死》 彘之亂，宣王在邵公之宮，國人圍之。邵公曰：『昔吾驟諫王，王不從，是以及此難。今殺王子，王其以我爲懟而怒乎！夫事君者險而不懟，怨而不怒，況事王乎？』乃以其子代宣王，宣王長而立之。

又 《周語下·晉羊舌肹聘周論單靖公敬儉讓咨》 單之老送叔向，叔向告之曰：『異哉！吾聞之曰：「一姓不再興。」今周其興乎！其有單子也。昔史佚有言曰：「動莫若敬，居莫若儉，德莫若讓，事莫若咨。」單子之貺我，禮也，皆有焉。夫宮室不崇，器無彤鏤，儉也；身聳除潔，外內齊給，敬也；宴好享賜，不踰其上，讓也；賓之禮事，放上而動，咨也。如是，而加之以無私，重之以不殺，能避怨矣。居儉動敬，德讓事咨，而能避怨，以爲卿佐，其有不興乎！

『且其語説《昊天有成命》，頌之盛德也。其詩曰：「昊天有成命，二后受之，成王不敢康。夙夜基命宥密，於，緝熙！亶厥心肆其靖之。」是道成王之德也。成王能明文昭，能定武烈者也。夫道成命者，而稱昊天，翼其上也。二后受之，讓於德也。成王不敢康，敬百姓也。夙夜，恭也；基，始也。命，信也。宥，寬也。密，寧也。緝，明也。熙，廣也。亶，厚也。肆，固也。靖，龢也。其始也，翼上德讓，而敬百姓。其中也，恭儉信寬，帥歸於寧。其終也，廣厚其心，以固龢之。始於德讓，中於信寬，終於固和，故曰成。單子儉敬讓咨，以應成德。單若不興，子孫必蕃，後世不忘。

『《詩》曰：「其類維何？室家之壼。君子萬年，永錫祚胤。」類也者，不忝前哲之謂也。壼也者，廣裕民人之謂也。萬年也者，令聞不忘之謂也。胤也者，子孫蕃育之謂也。單子朝夕不忘成王之德，可謂不忝前哲矣。膺保明德，以佐王室，可謂廣裕民人矣。若能類善物，以混厚民人者，必有章譽蕃育之祚，則單子必當之矣。單若有闕，必茲君之子孫實續之，不出於他矣。』

又 《魯語上·子叔聲伯辭邑》 子叔聲伯如晉謝季文子，郤犨欲予之邑，弗受也。歸，鮑國謂之曰：『子何辭苦成叔之邑，欲信讓耶，抑知其不可乎？』對曰：『吾聞之，不厚其棟，不能任重。重莫如國，棟莫如德。夫苦成叔家欲任兩國而無大德，其不存也，亡無日矣。譬之如疾，余恐易焉。苦成氏有三亡：少德而多寵，位下而欲上政，無大功而欲大祿，皆怨府也。其君驕而多私，勝敵而歸，必立新家。立新家，不因民不能去舊；因民，非多怨民無所始。爲怨三府，可謂多矣。其身之不能定，焉能予人之邑！』鮑國曰：『我信不若子，若鮑氏有釁，吾不圖矣。今子圖遠以讓邑，必常立矣。』

又 《季文子論妾馬》 季文子相宣、成，無衣帛之妾，無食粟之馬。仲孫它諫曰：『子爲魯上卿，相二君矣，妾不衣帛，馬不食粟，人其以子爲愛，且不華國乎！』文子曰：『吾亦願之。然吾觀國人，其父兄之食麤而衣惡者猶多矣，吾是以不敢。人之父兄食麤衣惡，而我美妾與馬，無乃非相人者乎！且吾聞以德榮爲國華，不聞以妾與馬。』

文子以告孟獻子，獻子囚之七日。自是，子服之妾衣不過七升之布，馬餼不過稂莠。文子聞之，曰：『過而能改者，民之上也。』使爲上大夫。

又 《晉語一·武公代翼止欒共子無死》 武公伐翼，殺哀侯，止欒共子曰：『苟無死，吾以子見天子，令子爲上卿，制晉國之政。』辭曰：『成聞之：「民生於三，事之如一。」父生之，師教之，君食之。非父不生，非食不長，非教不知生之族也，故壹事之。唯其所在，則致死焉。報生以死，報賜以力，人之道也。臣敢以私利廢人之道，君何以訓矣？且君知成之從也，未知其待於曲沃也。從君而貳，君焉用之？』遂鬭而死。

又 《晉語五·趙宣子論比與黨》 趙宣子言韓獻子於靈公，以爲司馬。河曲之役，趙孟使人以其乘車干行，獻子執而戮之。衆咸曰：『韓厥必不没矣。其主朝升之，而暮戮其車，其誰安之！』宣子召而禮之，曰：『吾聞事君者比而不黨。夫周以舉義，比也；舉以其私，黨也。夫軍事無犯，犯而不隱，義也。吾言女於君，懼女不能也。舉而不能，黨孰大焉！事君而黨，吾何以從政？吾故以是觀女。女勉之。苟從是行也，臨長晉國者，非女其誰？』皆告諸大夫曰：『二三子可以賀我矣！吾舉厥也而中，吾乃今知免於罪矣。』

又《靈公使鉏麑殺趙宣子》 靈公虐，趙宣子驟諫，公患之，使鉏麑賊之，晨往，則寢門辟矣，盛服將朝，早而假寐。麑退，歎而言曰：『趙孟敬哉！夫不忘恭敬，社稷之鎮也。賊國之鎮不忠，受命而廢之不信，享一名於此，不如死。』觸庭之槐而死。

又《晉語六・范文子論內睦而後圖外》 鄢之役，晉人欲爭鄭，范文子不欲，曰：『吾聞之，爲人臣者，能內睦而後圖外，不睦內而圖外，必有內爭，盍姑謀睦乎！考訊其阜以出，則怨靖。』

又《晉語八・辛俞從欒氏出奔》 欒懷子之出，執政使欒氏之臣勿從，從欒氏者爲大戮施。欒氏之臣辛俞行，吏執之，獻諸公。公曰：『國有大令，何故犯之？』對曰：『臣順之也，豈敢犯之？執政曰「無從欒氏而從君」，是明令必從君也。臣聞之曰：「三世事家，君之；再世以下，主之。」事君以死，事主以勤，君之明令也。自臣之祖，以無大援於晉國，世隸於欒氏，於今三世矣，臣故不敢不君。今執政曰「不從君者爲大戮」，臣敢忘其死而叛其君，以煩司寇。』公說，固止之，不可，厚賂之。辭曰：『臣嘗陳辭矣，心以守志，辭以行之，所以事君也。若受君賜，是墮其前言。君問而陳辭，未退而逆之，何以事君？』君知其不可得也，乃遣之。

又《趙文子稱賢隨武子》 趙文子與叔向遊於九原，曰：『死者若可作也，吾誰與歸？』叔向曰：『其陽子乎！』文子曰：『夫陽子行廉直於晉國，不免其身，其知不足稱也。』叔向曰：『其舅犯乎！』文子曰：『夫舅犯見利而不顧其君，其仁不足稱也。其隨武子乎！納諫不忘其師，言身不失其友，事君不援而進，不阿而退。』

又《叔向論憂德不憂貧》 叔向見韓宣子，宣子憂貧，叔向賀之，宣子曰：『吾有卿之名，而無其實，無以從二三子，吾是以憂，子賀我何故？』對曰：『昔欒武子無一卒之田，其宮不備其宗器，宣其德行，順其憲則，使越于諸侯，諸侯親之，戎、狄懷之，以正晉國，行刑不疚，以免於難。及桓子驕泰奢侈，貪慾無藝，略則行志，假貸居賄，宜及於難，而賴武之德，以沒其身。及懷子改桓之行，而修武之德，可以免於難，而離桓之罪，以亡於楚。夫郤昭子，其富半公室，其家半三軍，恃其富寵，以泰于國，其身尸於朝，其宗滅於絳。不然，夫八郤，五大夫三卿，其寵大矣，一朝而滅，莫之哀也，唯無德也。今吾子有欒武子之貧，吾以爲能其德矣，是以賀。若不憂德之不建，而患貨之不足，將弔不暇，何賀之有？』宣子拜稽首焉，曰：『起也將亡，賴子存之，非起也敢專承之，其自桓叔以下嘉吾子之賜。』

又《晉語九・中行穆子帥師伐狄圍鼓》 中行穆子帥師伐狄，圍鼓。鼓人或請以城叛，穆子不受，軍吏曰：『可無勞師而得城，子何不爲？』穆子曰：『非事君之禮也。夫以城來者，必將求利於我。夫守而二心，姦之大者也；賞善罰姦，國之憲法也。許而弗予，失吾信也；若其予之，賞大姦也。姦而盈祿，善將若何？且夫狄之憾者以城來盈願，晉豈其無？是我以鼓教吾邊鄙貳也。夫事君者，量力而進，不能則退，不以安賈貳。』令軍吏呼城，儆將攻之，未傅而鼓降。中行伯既克鼓，以鼓子苑支來。令鼓人各復其所，非僚勿從。

鼓子之臣曰夙沙釐，以其孥行，軍吏執之，辭曰：『我君是事，非事土也。名曰君臣，豈曰土臣？今君實遷，臣何賴於鼓？』穆子召之，曰：『鼓有君矣，爾心事君，吾定而祿爵。』對曰：『臣委質於狄之鼓，未委質於晉之鼓也。臣聞之：委質爲臣，無有二心。委質而策死，古之法也。君有烈名，臣無叛質。敢即私利以煩司寇而亂舊法，其若不虞何！』穆子歎而謂其左右曰：『吾何德之務而有是臣也？』乃使行。既獻，言於公，與鼓子田於河陰，使夙沙釐相之。

又《史黯論良臣》 趙簡子曰：『吾願得范、中行之良臣。』史黯侍，曰：『將焉用之？』簡子曰：『良臣，人之所願也，又何問焉？』對曰：『臣以爲不良故也。夫事君者，諫過而賞善，薦可而替否，獻能而進賢，擇材而薦之，朝夕誦善敗而納之。道之以文，行之以順，勤之以力，致之以死。聽則進，否則退。今范、中行氏之臣不能匡相其君，使至於難；君出在外，又不能定，而棄之，則何良之爲？若弗棄，則主焉得之？夫二子之良，將勤營其君，復使立於外，死而後止，何日以來？若來，乃非良臣也。』簡子曰：『善。吾言實過矣。』

又《楚語上・左史倚相儆司馬子期唯道是從》 司馬子期欲以妾爲內子，訪之左史倚相，曰：『吾有妾而願，欲笄之，其可乎？』對曰：『昔先大夫子囊違王之命謚；子夕嗜芰，子木有羊饋而無芰薦。君子曰：

違而道。穀陽豎愛子反之勞也，而獻飲焉，以斃於鄢；芋尹申亥從靈王之欲，以隕於乾谿。君子曰：從而逆。君子之行，欲其道也，故進退周旋，唯道是從。夫子木能違若敖之欲，以之道而去芰薦，吾子經營楚國，而欲薦芰以干之，其可乎？」子期乃止。

又《楚語下・子常問蓄貨聚馬鬬且論其必亡》　鬬且廷見令尹子常，子常與之語，問蓄貨聚馬。歸以語其弟，曰：『楚其亡乎！不然，令尹其不免乎。吾見令尹，令尹問蓄聚積實，如餓豺狼焉，殆必亡者也。

『夫古者聚貨不妨民衣食之利，聚馬不害民之財用，國馬足以行軍，公馬足以稱賦，不是過也。公貨足以賓獻，家貨足以共用，不是過也。夫貨、馬郵則闕於民，民多闕則有離叛之心，將何以封矣。

『昔鬬子文三舍令尹，無一日之積，恤民之故也。成王聞子文之朝不及夕也，於是乎每朝設脯一束、糗一筐，以羞子文。至於今秩之。成王每出子文之祿，必逃，王止而後復。人謂子文曰：「人生求富，而子逃之，何也？」對曰：「夫從政者，以庇民也。民多曠者，而我取富焉，是勤民以自封也，死無日矣。我逃死，非逃富也。」故莊王之世，滅若敖氏，唯子文之後在，至於今處鄖，爲楚良臣。是不先恤民而後己之富乎？

『今子常，先大夫之後也，而相楚君無令名於四方。民之羸餒，日已甚矣。四境盈壘，道殣相望，盜賊司目，民無所放。是之不恤，而蓄聚不厭，其速怨於民多矣。積貨滋多，蓄怨滋厚，不亡何待。』

《管子・四稱》　桓公曰：『仲父既已語我昔者有道之君，與昔者無道之君矣，仲父不當盡語我昔者有道之臣乎？吾以鑑焉。』管子對曰：『夷吾聞之徐伯曰：昔者有道之臣，委質爲臣，不賓事左右。君知則仁，不知則已。若有事必圖國家，徧其發揮，循其祖德，辯其順逆。推育賢人，讒慝不作。事君有義，使下有禮。貴賤相親，若兄若弟。忠於國家，上下得體。居處則思義，語言則謀謨，動作則事。居國則富，處軍則克。臨難據事，雖死不悔。近君爲拂，遠君爲輔。義以與交，廉以與處。臨官則治，酒食則慈。不謗其君，不諱其辭。君若有過，進諫不疑。君若有憂，則臣服之。此亦可謂昔者有道之臣矣。』桓公曰：『善哉。』

桓公曰：『仲父既以語我昔者有道之臣矣，不當盡語我昔者無道之臣乎？吾亦鑑焉。』管子對曰：『夷吾聞之於徐伯曰：昔者無道之臣，委質爲臣，賓事左右，執說以進，不蘄亡已。遂進不退，假寵鬻貴。尊其貨賄，卑其爵位。進曰輔之，退曰不可。以敗其君，皆曰非我。不仁羣處，以攻賢者。見賢若貨，見賤若過。貪於貨賄，競於酒食。不與善人，唯其所事。倨敖不恭，不友善士。讒賊與鬬，不彌人爭，唯趣人詔。湛湎於酒，行義不從。不脩先故，變易國常。擅創爲令，迷或其君。生奪之政，保貴寵矜。遷損善士，捕援貨人。入則乘等，出則黨駢。貨賄相入，酒食相親。俱亂其君。君若有過，各奉其身。此亦謂昔者無道之臣。』桓公曰：『善哉。』

《論語・爲政》　子張學干祿。子曰：『多聞闕疑，慎言其餘，則寡尤；多見闕殆，慎行其餘，則寡悔。言寡尤，行寡悔，祿在其中矣。』

又《雍也》　仲弓曰：『居敬而行簡，以臨其民，不亦可乎？居簡而行簡，無乃大簡乎？』子曰：『雍之言然。』

季康子問：『仲由可使從政也與？』子曰：『由也果，於從政乎何有？』

曰：『賜也可使從政也與？』曰：『賜也達，於從政乎何有？』

曰：『求也可使從政也與？』曰：『求也藝，於從政乎何有？』

又《泰伯》　子曰：『恭而無禮則勞，慎而無禮則葸，勇而無禮則亂，直而無禮則絞。君子篤於親，則民興於仁；故舊不遺，則民不偷。』

又《顏淵》　子張問：『士何如斯可謂之達矣？』子曰：『何哉，爾所謂達者？』子張對曰『在邦必聞，在家必聞。』子曰：『是聞也，非達也。夫達也者，質直而好義，察言而觀色，慮以下人。在邦必達，在家必達。夫聞也者，色取仁而行違，居之不疑。在邦必聞，在家必聞。』

子張問政。子曰：『居之無倦，行之以忠。』

又《子路》　子路問政。子曰：『先之勞之。』請益。曰：『無倦。』

仲弓爲季氏宰，問政。子曰：『先有司，赦小過，舉賢才。』曰：『焉知賢才而舉之？』子曰：『舉爾所知；爾所不知，人其舍諸？』

子曰：『苟正其身矣，於從政乎何有？不能正其身，如正人何？』

子夏爲莒父宰，問政。子曰：『無欲速，無見小利。欲速，則不達；

見小利，則大事不成。』

子曰：『善人教民七年，亦可以即戎矣。』

子曰：『以不教民戰，是謂棄之。』

又《**堯曰**》　子張問於孔子曰：『何如斯可以從政矣？』

子曰：『尊五美，屏四惡，斯可以從政矣。』

子張曰：『何謂五美？』

子曰：『君子惠而不費，勞而不怨，欲而不貪，泰而不驕，威而不猛。』

子張曰：『何謂惠而不費？』

子曰：『因民之所利而利之，斯不亦惠而不費乎？擇可勞而勞之，又誰怨？欲仁而得仁，又焉貪？君子無衆寡，無小大，無敢慢，斯不亦泰而不驕乎？君子正其衣冠，尊其瞻視，儼然人望而畏之，斯不亦威而不猛乎？』

子張曰：『何謂四惡？』

子曰：『不教而殺謂之虐；不戒視成謂之暴；慢令致期謂之賊；猶之與人也，出納之吝謂之有司。』

又《**公冶長**》　子謂子產，『有君子之道四焉：其行己也恭，其事上也敬，其養民也惠，其使民也義。』

又《**憲問**》　子曰：『爲命，裨諶草創之，世叔討論之，行人子羽修飾之，東里子產潤色之。』

或問子產。子曰：『惠人也。』

問子西。曰：『彼哉！彼哉！』

問管仲。曰：『人也。奪伯氏駢邑三百，飯疏食，没齒無怨言。』

子曰：『臧武仲以防求爲後於魯，雖曰不要君，吾不信也。』

子言衛靈公之無道也，康子曰：『夫如是，奚而不喪？』孔子曰：『仲叔圉治賓客，祝鮀治宗廟，王孫賈治軍旅。夫如是，奚其喪？』

子路問事君。子曰：『勿欺也，而犯之。』

曾子曰：『君子思不出其位。』

又《**衛靈公**》　子曰：『直哉史魚！邦有道，如矢；邦無道，如矢。君子哉蘧伯玉！邦有道，則仕；邦無道，則可卷而懷之。』

子曰：『知及之，仁不能守之；雖得之，必失之。知及之，仁能守之。不莊以涖之，則民不敬。知及之，仁能守之，莊以涖之，動之不以禮，未善也。』

子曰：『事君，敬其事而後其食。』

又《**子張**》　子夏曰：『君子信而後勞其民；未信，則以爲厲己也。信而後諫；未信，則以爲謗己也。』

《**禮記·檀弓下**》　公叔文子卒，其子戍請謚於君曰：『日月有時，將葬矣，請所以易其名者。』君曰：『昔者衛國凶饑，夫子爲粥與國之餓者，是不亦惠乎！昔者衛國有難，夫子以其死衛寡人，不亦貞乎！夫子聽衛國之政，脩其班制，以與四鄰交，衛國之社稷不辱，不亦文乎！故謂夫子貞惠文子。』【略】

趙文子與叔譽觀乎九原。文子曰：『死者如可作也，吾誰與歸？』叔譽曰：『其陽處父乎？』文子曰：『行并植於晉國，不没其身，其知不足稱也。』『其舅犯乎？』文子曰：『見利不顧其君，其仁不足稱也。我則隨武子乎！利其君，不忘其身；謀其身，不遺其友。』晉人謂文子知人。文子其中退然如不勝衣，其言吶吶然如不出諸其口。所舉於晉國管庫之士七十有餘家，生不交利，死不屬其子焉。

又《**少儀**》　事君者量而后入，不入而后量。凡乞假於人，爲人從事者亦然。然，故上無怨而下遠罪也。【略】

爲人臣下者，有諫而無訕，有亡而無疾，頌而無諂，諫而無驕，怠則張而相之，廢則埽而更之，謂之社稷之役。

又《**雜記下**》　孔子曰：『管仲鏤簋而朱紘，旅樹而反坫，山節而藻棁，賢大夫也，而難爲上也。晏平仲祀其先人，豚肩不揜豆，賢大夫也，而難爲下也。君子上不僭上，下不偪下。』【略】

内亂不與焉，外患弗辟也。

又《**表記**》　子曰：『下之事上也，雖有庇民之大德，不敢有君民之心，仁之厚也。是故君子恭儉以求役仁，信讓以求役禮，不自尚其事，不自尊其身，儉於位而寡於欲，讓於賢，卑己而尊人，小心而畏義，求以事君，得之自是，不得自是，以聽天命。《詩》云：「莫莫葛藟，施于條枚。凱弟君子，求福不回。」其舜、禹、文王、周公之謂與？有君民之大

德，有事君之小心。《詩》云：「惟此文王，小心翼翼。昭事上帝，聿懷多福。厥德不回，以受方國。」』【略】

子言之：『事君先資其言，拜自獻其身，以成其信。是故君有責於其臣，臣有死於其言。故其受禄不誣，其受罪益寡。』

子曰：『事君，大言入則望大利，小言入則望小利。故君子不以小言受大禄，不以大言受小禄。《易》曰：「不家食，吉。」』

子曰：『事君不下達，不尚辭，非其人弗自。《小雅》曰：「靖共爾位，正直是與。神之聽之，式穀以女。」』

子曰：『事君遠而諫則讇也，近而不諫則尸利也。』子曰：『邇臣守和，宰正百官，大臣慮四方。』子曰：『事君欲諫不欲陳。《詩》云：「心乎愛矣，瑕不謂矣？中心藏之，何日忘之。」』

子曰：『事君難進而易退，則位有序；易進而難退，則亂也。故君子三揖而進，一辭而退，以遠亂也。』子曰：『事君三違而不出竟，則利禄也。人雖曰不要，吾弗信也。』

子曰：『事君慎始而敬終。』

子曰：『事君可貴可賤，可富可貧，可生可殺，而不可使爲亂。』

子曰：『事君，軍旅不辟難，朝廷不辭賤。處其位而不履其事，則亂也。故君使其臣，得志則慎慮而從之，否則孰慮而從之，終事而退，臣之厚也。《易》曰：「不事王侯，高尚其事。」』

又《緇衣》 子曰：『下之事上也，身不正，言不信，則義不壹，行無類也。』

《晏子春秋・内篇問下・景公問爲臣之道晏子對以九節第五》 景公問晏子曰：『請問爲臣之道。』晏子對曰：『見善必通，不私其利，慶善而不有其名；稱身居位，不爲苟進；稱事授禄，不爲苟得；體貴側賤，不逆其倫，居賢不肖，不亂其序；肥利之地，不爲私邑，賢質之士，不爲私臣；君用其所言，民得其所利，而不伐其功。此臣之道也。』

又《叔向問齊德衰子若何晏子對以進不失忠退不失行第十八》 叔向問晏子曰：『齊國之德衰矣，今子何若？』晏子對曰：『嬰聞事明君者，竭心力以没其身，行不逮則退，不以誣持禄；事惰君者，優游其身以没其世，力不能則去，不以諛持危。且嬰聞君子之事君也，進不失忠，退不失行。不苟合以隱忠，可謂不失忠；不持利以傷廉，可謂不失行。』

又《叔向問事君徒處之義奚如晏子對以大賢無擇第二十》 叔向問晏子曰：『事君之倫，徒處之義奚如？』晏子對曰：『事君之倫，知慮足以安國，譽厚足以導民，和柔足以懷衆，不廉上以爲名，不倍民以爲行，上也；潔于治己，不飾過以求先，不讒諛以求進，不阿以私，不誣所能，次也；盡力守職不怠，奉官從上不敢隋，畏上故不苟，忌罪故不辟，下也。三者，事君之倫也。及夫大賢，則徒處與有事無擇也，隨時宜者也。有所謂君子者，能不足以補上，退處不順上，治唐園，考菲履，共恤上令，弟長鄉里，不夸言，不愧行，君子也。不以上爲本，不以民爲憂，内不恤其家，外不顧其身游，夸言愧行，自勤于飢寒，不及醜儕，命之曰狂僻之民，明上之所禁也。進也不能及上，退也不能徒處，作窮于富利之門，畢志于畎畝之業，窮通行無常處之慮，佚于心，利通不能，窮業不成，命之曰處封之民，明上之所誅也。有智不足以補君，有能不足以勞民，俞身徒處，謂之傲上，苟進不擇所道，苟得不知所惡，謂之亂賊。身無以與君，能無以勞民，飾徒處之義，揚輕上之名，謂之亂國。明君在上，三者不免罪。』

《孟子・公孫丑下》 孟子之平陸，謂其大夫曰：『子之持戟之士，一日而三失伍，則去之否乎？』

曰：『不待三。』

『然則子之失伍也亦多矣。凶年饑歲，子之民，老羸轉於溝壑，壯者散而之四方者，幾千人矣。』

曰：『此非距心之所得爲也。』

曰：『今有受人之牛羊而爲之牧之者，則必爲之求牧與芻矣。求牧與芻而不得，則反諸其人乎？抑亦立而視其死與？』

曰：『此則距心之罪也。』

他日，見於王曰：『王之爲都者，臣知五人焉。知其罪者，惟孔距心。』爲王誦之。

王曰：『此則寡人之罪也。』

孟子謂蚳鼃曰：『子之辭靈丘而請士師，似也，爲其可以言也。今既數月矣，未可以言與？』

蚳鼃諫於王而不用，致爲臣而去。齊人曰：『所以爲蚳鼃則善矣；所以自爲，則吾不知也。』公都子以告。曰：『吾聞之也：有官守者，不得其職則去；有言責者，不得其言則去。我無官守，我無言責也，則吾進退，豈不綽綽然有餘裕哉？』

又《萬章上》 萬章問曰：『人有言，「伊尹以割烹要湯，」有諸？』

孟子曰：『否，不然；伊尹耕於有莘之野，而樂堯舜之道焉。非其義也，非其道也，祿之以天下，弗顧也；繫馬千駟，弗視也。非其義也，非其道也，一介不以與人，一介不以取諸人。湯使人以幣聘之，囂囂然曰：「我何以湯之聘幣爲哉？我豈若處畎畝之中，由是以樂堯舜之道哉？」湯三使往聘之，既而幡然改曰：「與我處畎畝之中，由是以樂堯舜之道，吾豈若使是君爲堯舜之君哉？吾豈若使是民爲堯舜之民哉？吾豈若於吾身親見之哉？天之生此民也，使先知覺後知，使先覺覺後覺也。予，天民之先覺者也；予將以斯道覺斯民也。非予覺之，而誰也？」思天下之民匹夫匹婦有不被堯舜之澤者，若己推而內之溝中。其自任以天下之重如此，故就湯而說之以伐夏救民。吾未聞枉己而正人者也，況辱己以正天下者乎？聖人之行不同也，或遠，或近；或去，或不去；歸潔其身而已矣。吾聞其以堯舜之道要湯，未聞以割烹也。《伊訓》曰：「天誅造攻自牧宮，朕載自亳。」』

又《盡心上》 公孫丑曰：『伊尹曰：「予不狎于不順，放太甲于桐，民大悅。太甲賢，又反之，民大悅。」賢者之爲人臣也，其君不賢，則固可放與？』

孟子曰：『有伊尹之志，則可；無伊尹之志，則篡也。』

《荀子·仲尼篇》 持寵處位終身不厭之術：主尊貴之，則恭敬而僔；主信愛之，則謹愼而嗛；主專任之，則拘守而詳；主安近之，則愼比而不邪；主疏遠之，則全一而不倍；主損絀之，則恐懼而不怨。貴而不爲夸，信而不處謙，任重而不敢專，財利至則善而不及也，必將盡辭讓之義然後受，福事至則和而理，禍事至則静而理，富則施廣，貧則用節，可貴可賤也，可富可貧也，可殺而不可使爲姦也，是持寵處位終身不厭之術也。雖在貧窮徒處之埶，亦取象於是矣，夫是之謂吉人。《詩》曰：『媚茲一人，應侯順德。永言孝思，昭哉嗣服。』此之謂也。

求善處大重，理任大事，擅寵於萬乘之國，必無後患之術：莫若好同之，援賢博施，除怨而無妨害人。能耐任之，則愼行此道也。能而不耐任，且恐失寵，則莫若早同之，推賢讓能而安隨其後。如是，有寵則必榮，失寵則必無罪，是事君者之寶而必無後患之術也。故知者之舉事也，滿則慮嗛，平則慮險，安則慮危，曲重其豫，猶恐及其旤，是以百舉而不陷也。孔子曰：『巧而好度必節，勇而好同必勝，知而好謙必賢。』此之謂也。愚者反是。處重擅權，則好專事而妒賢能，抑有功而擠有罪，志驕盈而輕舊怨，以吝嗇而不行施道乎上，爲重招權於下以妨害人，雖欲無危，得乎哉！是以位尊則必危，任重則必廢，擅寵則必辱，可立而待也，可炊而僓也。是何也？則墮之者衆而持之者寡矣。

天下之行術：以事君則必通，以爲仁則必聖，立隆而勿貳也。然後恭敬以先之，忠信以統之，愼謹以行之，端愨以守之，頓窮則從之疾力以申重之。君雖不知，無怨疾之心；功雖甚大，無伐德之色；省求，多功，愛敬不勌：如是，則常無不順矣。以事君則必通，以爲仁則必聖，夫是之謂天下之行術。少事長，賤事貴，不肖事賢，是天下之通義也。有人也，埶不在人上而羞爲人下，是姦人之心也。志不免乎姦心，行不免乎姦道，而求有君子聖人之名，辟之是猶伏而咶天，救經而引其足也。說必不行矣，俞務而俞遠。故君子時詘則詘，時伸則伸也。

《郭店楚簡·魯公問子思》 魯穆公問於子思曰：『何如而可謂忠臣？』子思曰：『恒稱其君之惡者，可謂忠臣矣。』公不悅，揖而退之。成孫弋見，公曰：『向者吾問忠臣於子思，子思曰：「恒稱其君之惡者，可謂忠臣矣。」寡人惑焉，而未之得也。』成孫弋曰：『噫，善哉言乎！夫爲其君之故殺其身者，嘗有之矣；恒稱其君之惡者，未之有也。夫爲其君之故殺其身者，效祿爵者也。恒［稱其君］之惡者，［遠］祿爵者也。（爲）義而遠祿爵，非子思，吾惡聞之矣。』

《列子·說符篇》 狐丘丈人謂孫叔敖曰：『人有三怨，子知之乎？』孫叔敖曰：『何謂也？』對曰：『爵高者，人妬之；官大者，主惡之；祿厚者，怨逮之。』孫叔敖曰：『吾爵益高，吾志益下；吾官益大，吾心

益小；吾禄益厚，吾施益博。以是免於三怨，可乎？』

士風士操論分部

論說

《國語・晉語九・董安于辭趙简子賞》下邑之役，董安于多。趙簡子賞之，辭，固賞之，對曰：『方臣之少也，進秉筆，贊爲名命，稱於前世，立義於諸侯，而主弗志。及臣之壯也，耆其股肱以從司馬，苛慝不產。及臣之長也，端委韠帶以隨宰人，民無二心。今臣一旦爲狂疾，而曰「必賞女」，與余以狂疾賞也，不如亡！』趨而出，乃釋之。

《論語・公冶長》子謂南容，『邦有道，不廢；邦無道，免於刑戮。』以其兄之子妻之。

子曰：『道不行，乘桴浮于海。從我者，其由與？』子路聞之喜。子曰：『由也好勇過我，無所取材。』

子曰：『甯武子，邦有道，則知；邦無道，則愚。其知可及也，其愚不可及也。』

又《雍也》子游爲武城宰。子曰：『女得人焉耳乎？』曰：『有澹臺滅明者，行不由徑，非公事，未嘗至於偃之室也。』

子曰：『孟之反不伐，奔而殿，將入門，策其馬，曰：「非敢後也，馬不進也。」』

又《泰伯》曾子曰：『可以託六尺之孤，可以寄百里之命，臨大節而不可奪也。君子人與？君子人也。』

曾子曰：『士不可以不弘毅，任重而道遠。仁以爲己任，不亦重乎？死而後已，不亦遠乎？』

子曰：『篤信好學，守死善道。危邦不入，亂邦不居。天下有道則見，無道則隱。邦有道，貧且賤焉，恥也；邦無道，富且貴焉，恥也。』

子曰：『不在其位，不謀其政。』

又《子罕》子畏於匡，曰：『文王既没，文不在茲乎？天之將喪斯文也，後死者不得與於斯文也；天之未喪斯文也，匡人其如予何？』

太宰問於子貢曰：『夫子聖者與？何其多能也？』子貢曰：『固天縱之將聖，又多能也。』

子聞之，曰：『太宰知我乎！吾少也賤，故多能鄙事。君子多乎哉？不多也。』

牢曰：『子云，「吾不試，故藝。」』

子曰：『吾有知乎哉？無知也。有鄙夫問於我，空空如也。我叩其兩端而竭焉。』

子曰：『鳳鳥不至，河不出圖，吾已矣夫！』

子見齊衰者，冕衣裳者與瞽者，見之，雖少，必作；過之，必趨。

子貢曰：『有美玉於斯，韞匵而藏諸？求善賈而沽諸？』子曰：『沽之哉！沽之哉！我待賈者也。』

子欲居九夷。或曰：『陋，如之何？』子曰：『君子居之，何陋之有？』

子曰：『出則事公卿，入則事父兄，喪事不敢不勉，不爲酒困，何有於我哉？』

子在川上，曰：『逝者如斯夫！不舍晝夜。』

子曰：『吾未見好德如好色者也。』

子曰：『譬如爲山，未成一簣，止，吾止也。譬如平地，雖覆一簣，進，吾往也。』

子曰：『語之而不惰者，其回也與！』

子謂顔淵，曰：『惜乎！吾見其進也，未見其止也。』

子曰：『後生可畏，焉知來者之不如今也？四十、五十而無聞焉，斯亦不足畏也已。』

子曰：『法語之言，能無從乎？改之爲貴。巽與之言，能無説乎？繹之爲貴。説而不繹，從而不改，吾末如之何也已矣。』

子曰：『主忠信，毋友不如己者，過則勿憚改。』

子曰：『三軍可奪帥也，匹夫不可奪志也。』

子曰：『衣敝緼袍，與衣狐貉者立，而不恥者，其由也與？「不忮不

求，何用不臧？」」子路終身誦之。子曰：『是道也，何足以臧？』

子曰：『歲寒，然後知松柏之後彫也。』

子曰：『知者不惑，仁者不憂，勇者不懼。』

子曰：『可與共學，未可與適道；可與適道，未可與立；可與立，未可與權。』

又《**子路**》 子貢問曰：『何如斯可謂之士矣？』子曰：『行己有恥，使於四方，不辱君命，可謂士矣。』

曰：『敢問其次。』曰：『宗族稱孝焉，鄉黨稱弟焉。』

曰：『敢問其次。』曰：『言必信，行必果，硜硜然小人哉！抑亦可以爲次矣。』

曰：『今之從政者何如？』子曰：『噫！斗筲之人，何足算也？』

子曰：『不得中行而與之，必也狂狷乎！狂者進取，狷者有所不爲也。』

子曰：『南人有言曰：「人而無恆，不可以作巫醫。」善夫！』

子貢問曰：『鄉人皆好之，何如？』子曰：『未可也。』『鄉人皆惡之，何如？』子曰：『未可也；不如鄉人之善者好之，其不善者惡之。』

子曰：『剛、毅、木、訥近仁。』

子路問曰：『何如斯可謂之士矣？』子曰：『切切偲偲，怡怡如也，可謂士矣。朋友切切偲偲，兄弟怡怡。』

又《**憲問**》 子曰：『士而懷居，不足以爲士矣。』

子曰：『邦有道，危言危行；邦無道，危行言孫。』

子曰：『有德者必有言，有言者不必有德。仁者必有勇，勇者不必有仁。』

子曰：『愛之，能勿勞乎？忠焉，能勿誨乎？』

子曰：『貧而無怨難，富而無驕易。』

子曰：『君子恥其言而過其行。』

子曰：『君子道者三，我無能焉：仁者不憂，知者不惑，勇者不懼。』子貢曰：『夫子自道也。』

微生畝謂孔子曰：『丘何爲是栖栖者與？無乃爲佞乎？』孔子曰：『非敢爲佞也，疾固也。』

子曰：『莫我知也夫！』子貢曰：『何爲其莫知子也？』子曰：『不怨天，不尤人，下學而上達。知我者其天乎！』

子曰：『賢者辟世，其次辟地，其次辟色，其次辟言。』

子擊磬於衛，有荷蕢而過孔氏之門者，曰：『有心哉，擊磬乎！』既而曰：『鄙哉，硜硜乎！莫己知也，斯己而已矣。深則厲，淺則揭。』

子曰：『果哉！末之難矣。』

又《**衛靈公**》 子曰：『賜也，女以予爲多學而識之者與？』對曰：『然，非與？』曰：『非也，予一以貫之。』

子張問行。子曰：『言忠信，行篤敬，雖蠻貊之邦，行矣。言不忠信，行不篤敬，雖州里，行乎哉？立則見其參於前也，在輿則見其倚於衡也，夫然後行。』子張書諸紳。

子曰：『可與言而不與之言，失人；不可與言而與之言，失言。知者不失人，亦不失言。』

子曰：『志士仁人，無求生以害仁，有殺身以成仁。』

子貢問爲仁。子曰：『工欲善其事，必先利其器。居是邦也，事其大夫之賢者，友其士之仁者。』

子曰：『君子義以爲質，禮以行之，孫以出之，信以成之。君子哉！』

子曰：『君子病無能焉，不病人之不己知也。』

子曰：『君子疾没世而名不稱焉。』

子曰：『君子矜而不爭，羣而不黨。』

子曰：『君子不以言舉人，不以人廢言。』

子曰：『君子謀道不謀食。耕也，餒在其中矣；學也，祿在其中矣。君子憂道不憂貧。』

子曰：『當仁，不讓於師。』

子曰：『君子貞而不諒。』

又《**陽貨**》 佛肸召，子欲往。子路曰：『昔者由也聞諸夫子曰：「親於其身爲不善者，君子不入也。」佛肸以中牟畔，子之往也，如之何？』

子曰：『然，有是言也。不曰堅乎，磨而不磷；不曰白乎，涅而不緇。吾豈匏瓜也哉？焉能繫而不食？』

子曰：『惡紫之奪朱也，惡鄭聲之亂雅樂也，惡利口之覆邦家者。』

子曰：『予欲無言。』子貢曰：『子如不言，則小子何述焉？』子曰：『天何言哉？四時行焉，百物生焉，天何言哉？』

子貢曰：『君子亦有惡乎？』子曰：『有惡：惡稱人之惡者，惡居下流而訕上者，惡勇而無禮者，惡果敢而窒者。』曰：『賜也亦有惡乎？』『惡徼以爲知者，惡不孫以爲勇者，惡訐以爲直者。』

子曰：『年四十而見惡焉，其終也已。』

又《子張》 子張曰：『士見危致命，見得思義，祭思敬，喪思哀，其可已矣。』

子張曰：『執德不弘，信道不篤，焉能爲有？焉能爲亡？』

子夏之門人問交於子張。子張曰：『子夏云何？』對曰：『子夏曰：「可者與之，其不可者拒之。」』子張曰：『異乎吾所聞：君子尊賢而容衆，嘉善而矜不能。我之大賢與，於人何所不容？我之不賢與，人將拒我，如之何其拒人也？』

子夏曰：『雖小道，必有可觀者焉，致遠恐泥，是以君子不爲也。』

子夏曰：『日知其所亡，月無忘其所能，可謂好學也已矣。』

子夏曰：『博學而篤志，切問而近思，仁在其中矣。』

子夏曰：『百工居肆以成其事，君子學以致其道。』

子夏曰：『君子有三變：望之儼然，既之也溫，聽其言也厲。』

子夏曰：『大德不踰閑，小德出入可也。』

子游曰：『子夏之門人小子，當洒掃應對進退，則可矣，抑末也。本之則無，如之何？』

子夏聞之，曰：『噫！言游過矣！君子之道，孰先傳焉？孰後倦焉？譬諸草木，區以別矣。君子之道，焉可誣也？有始有卒者，其惟聖人乎！』

子夏曰：『仕而優則學，學而優則仕。』

子游曰：『吾友張也爲難能也，然而未仁。』

曾子曰：『堂堂乎張也，難與並爲仁矣。』

曾子曰：『吾聞諸夫子：人未有自致者也，必也親喪乎！』

曾子曰：『吾聞諸夫子：孟莊子之孝也，其他可能也；其不改父之臣與父之政，是難能也。』

孟氏使陽膚爲士師，問於曾子。曾子曰：『上失其道，民散久矣。如得其情，則哀矜而勿喜！』

子貢曰：『紂之不善，不如是之甚也。是以君子惡居下流，天下之惡皆歸焉。』

子貢曰：『君子之過也，如日月之食焉：過也，人皆見之；更也，人皆仰之。』

衛公孫朝問於子貢曰：『仲尼焉學？』子貢曰：『文武之道，未墜於地，在人。賢者識其大者，不賢者識其小者。莫不有文武之道焉。夫子焉不學？而亦何常師之有？』

《禮記·檀弓上》 子夏問於孔子曰：『居父母之仇如之何？』夫子曰：『寢苫枕干，不仕，弗與共天下也。遇諸市朝，不反兵而鬭。』曰：『請問居昆弟之仇如之何？』曰：『仕弗與共國，銜君命而使，雖遇之不鬭。』曰：『請問居從父昆弟之仇如之何？』曰：『不爲魁，主人能，則執兵而陪其後。』【略】

君子曰：『謀人之軍師，敗則死之；謀人之邦邑，危則亡之。』

又《檀弓下》 齊大饑，黔敖爲食於路，以待餓者而食之。有餓者蒙袂輯屨，貿貿然來，黔敖左奉食，右執飲，曰：『嗟來食！』揚其目而視之，曰：『予唯不食嗟來之食，以至於斯也。』從而謝焉。終不食而死。曾子聞之，曰：『微與！其嗟也可去，其謝也可食。』

又《緇衣》 子曰：『言有物而行有格也，是以生則不可奪志，死則不可奪名。故君子多聞，質而守之；多志，質而親之；精知，略而行之。《君陳》曰：「出入自爾師虞，庶言同。」《詩》云：「淑人君子，其儀一也。」』【略】

子曰：『輕絶貧賤而重絶富貴，則好賢不堅而惡惡不著也。人雖曰不利，吾不信也。《詩》云：「朋友攸攝，攝以威儀。」』

子曰：『私惠不歸德，君子不自留焉。《詩》云：「人之好我，示我

周行。」』

子曰：『苟有車，必見其軾；苟有衣，必見其敝；人苟或言之，必聞其聲；苟或行之，必見其成。《葛覃》曰：「服之無射。」』【略】

子曰：『南人有言曰：「人而無恒，不可以爲卜筮。」古之遺言與！龜筮猶不能知也，而況於人乎！《詩》云：「我龜既厭，不我告猶。」《兑命》曰：「爵無及惡德，民立而正。」「事純而祭祀，是爲不敬。事煩則亂，事神則難。」《易》曰：「不恒其德，或承之羞。」「恒其德偵，婦人吉，夫子凶。」』

又《儒行》 魯哀公問於孔子曰：『夫子之服其儒服與？』孔子對曰：『丘少居魯，衣逢掖之衣；長居宋，冠章甫之冠。丘聞之也，君子之學也博，其服也鄉。丘不知儒服。』

哀公曰：『敢問儒行。』孔子對曰：『遽數之不能終其物，悉數之乃留，更僕未可終也。』

哀公命席，孔子侍，曰：

儒有席上之珍以待聘，夙夜强學以待問，懷忠信以待舉，力行以待取。其自立有如此者。

儒有衣冠中，動作慎；其大讓如慢，小讓如僞；大則如威，小則如愧；其難進而易退也，粥粥若無能也。其容貌有如此者。

儒有居處齊難，其坐起恭敬；言必先信，行必中正；道塗不爭險易之利，冬夏不爭陰陽之和；愛其死以有待也，養其身以有爲也。其備豫有如此者。

儒有不寶金玉，而忠信以爲寶；不祈土地，立義以爲土地；不祈多積，多文以爲富；難得而易禄也，易禄而難畜也。非時不見，不以難得乎？非義不合，不亦難畜乎？先勞而後禄，不亦易禄乎？其近人有如此者。

儒有委之以貨財，淹之以樂好，見利不虧其義；劫之以衆，沮之以兵，見死不更其守；鷙蟲攫搏，不程勇者；引重鼎，不程其力；往者不悔，來者不豫；過言不再，流言不極；不斷其威，不習其謀。其特立有如此者。

儒有可親而不可劫也，可近而不可迫也，可殺而不可辱也。其居處不淫，其飲食不溽，其過失可微辨而不可面數也。其剛毅有如此者。

儒有忠信以爲甲冑，禮義以爲干櫓；戴仁而行，抱義而處；雖有暴政，不更其所。其自立有如此者。

儒有一畝之宫，環堵之室，篳門圭窬，蓬戶甕牖；易衣而出，并日而食；上答之不敢以疑，上不荅不敢以諂。其仕有如此者。

儒有今人與居，古人與稽；今世行之，後世以爲楷；適弗逢世，上弗援，下弗推，讒諂之民有比黨而危之者；身可危也，而志不可奪也；雖危起居，竟信其志，猶將不忘百姓之病也。其憂思有如此者。

儒有博學而不窮，篤行而不倦，幽居而不淫，上通而不困；禮之以和爲貴，忠信之美，優游之法；慕賢而容衆，毁方而瓦合。其寬裕有如此者。

儒有内稱不辟親，外舉不辟怨；程功積事，推賢而進達之，不望其報，君得其志；苟利國家，不求富貴。其舉賢援能有如此者。

儒有聞善以相告也，見善以相示也；爵位相先也，患難相死也；久相待也，遠相致也。其任舉有如此者。

儒有澡身而浴德，陳言而伏，静而正之，上弗知也，麤而翹之，又不急爲也；不臨深而爲高，不加少而爲多；世治不輕，世亂不沮；同弗與，異弗非也。其特立獨行有如此者。

儒有上不臣天子，下不事諸侯；慎静而尚寬，强毅以與人，博學以知服；近文章，砥厲廉隅；雖分國，如錙銖，不臣不仕。其規爲有如此者。

儒有合志同方，營道同術；並立則樂，相下不厭；久不相見，聞流言不信；其行本方立義；同而進，不同而退。其交友有如此者。

温良者，仁之本也。敬慎者，仁之地也。寬裕者，仁之作也。孫接者，仁之能也。禮節者，仁之貌也。言談者，仁之文也。歌樂者，仁之和也。分散者，仁之施也。儒皆兼此而有之，猶且不敢言仁也。其尊讓有如此者。

儒有不隕穫於貧賤，不充詘於富貴，不慁君王，不累長上，不閔有司，故曰儒。今衆人之命儒也妄，常以儒相詬病。

孔子至舍，哀公館之，聞此言也，言加信，行加義，『終没吾世，不

敢以儒爲戲』。

《孟子・公孫丑上》　孟子曰：『伯夷，非其君，不事；非其友，不友。不立於惡人之朝，不與惡人言；立於惡人之朝，與惡人言，如以朝衣朝冠坐於塗炭。推惡惡之心，思與鄉人立，其冠不正，望望然去之，若將浼焉。是故諸侯雖有善其辭命而至者，不受也。不受也者，是亦不屑就已。柳下惠不羞汙君，不卑小官，進不隱賢，必以其道；遺佚而不怨，阨窮而不憫。故曰：「爾爲爾，我爲我，雖袒裼裸裎於我側，爾焉能浼我哉？」故由由然與之偕而不自失焉，援而止之而止。援而止之而止者，是亦不屑去已。』孟子曰：『伯夷隘，柳下惠不恭。隘與不恭，君子不由也。』

又《公孫丑下》　陳臻問曰：『前日於齊，王餽兼金一百，而不受；於宋，餽七十鎰而受；於薛，餽五十鎰而受。前日之不受是，則今日之受非也；今日之受是，則前日之不受非也。夫子必居一於此矣。』

孟子曰：『皆是也。當在宋也，予將有遠行，行者必以賮；辭曰：「餽賮。」予何爲不受？當在薛也，予有戒心；辭曰：「聞戒，故爲兵餽之。」予何爲不受？若於齊，則未有處也。無處而餽之，是貨之也。焉有君子而可以貨取乎？』【略】

孟子致爲臣而歸。王就見孟子，曰：『前日願見而不可得，得侍同朝，甚喜；今又棄寡人而歸，不識可以繼此而得見乎？』

對曰：『不敢請耳，固所願也。』

他日，王謂時子曰：『我欲中國而授孟子室，養弟子以萬鍾，使諸大夫國人皆有所矜式。子盍爲我言之！』

時子因陳子而以告孟子，陳子以時子之言告孟子。

孟子曰：『然；夫時子惡知其不可也？如使予欲富，辭十萬而受萬，是爲欲富乎？季孫曰：「異哉子叔疑！使己爲政，不用，則亦已矣，又使其子弟爲卿。人亦孰不欲富貴？而獨於富貴之中有私龍斷焉。」古之爲市也，以其所有易其所無者，有司者治之耳。有賤丈夫焉，必求龍斷而登之，以左右望，而罔市利。人皆以爲賤，故從而征之。征商自此賤丈夫始矣。』【略】

孟子去齊。尹士語人曰：『不識王之不可以爲湯武，則是不明也；識其不可，然且至，則是干澤也。千里而見王，不遇故去，三宿而後出晝，是何濡滯也？士則茲不悅。』

高子以告。

曰：『夫尹士惡知予哉？千里而見王，是予所欲也；不遇故去，豈予所欲哉？予不得已也。予三宿而出晝，於予心猶以爲速，王庶幾改之！王如改諸，則必反予。夫出晝，而王不予追也，予然後浩然有歸志。予雖然，豈舍王哉！王由足用爲善；王如用予，則豈徒齊民安，天下之民舉安。王庶幾改之！予日望之！予豈若是小丈夫然哉？諫於其君而不受，則怒，悻悻然見於其面，去則窮日之力而後宿哉？』

尹士聞之，曰：『士誠小人也。』【略】

孟子去齊，居休。公孫丑問曰：『仕而不受祿，古之道乎？』

曰：『非也；於崇，吾得見王，退而有去志，不欲變，故不受也。繼而有師命，不可以請。久於齊，非我志也。』

又《滕文公下》　陳代曰：『不見諸侯，宜若小然；今一見之，大則以王，小則以霸。且《志》曰：「枉尺而直尋。」宜若可爲也。』

孟子曰：『昔齊景公田，招虞人以旌，不至，將殺之。志士不忘在溝壑，勇士不忘喪其元。孔子奚取焉？取非其招不往也。如不待其招而往，何哉？且夫枉尺而直尋者，以利言也。如以利，則枉尋直尺而利，亦可爲與？昔者趙簡子使王良與嬖奚乘，終日而不獲一禽。嬖奚反命曰：「天下之賤工也。」或以告王良。良曰：「請復之。」强而後可，一朝而獲十禽。嬖奚反命曰：「天下之良工也。」簡子曰：「我使掌與女乘。」謂王良。良不可，曰：「吾爲之範我馳驅，終日不獲一；爲之詭遇，一朝而獲十。《詩》云：『不失其馳，舍矢如破。』我不貫與小人乘，請辭。」御者且羞與射者比；比而得禽獸，雖若丘陵，弗爲也。如枉道而從彼，何也？且子過矣：枉己者，未有能直人者也。』

景春曰：『公孫衍、張儀豈不誠大丈夫哉？一怒而諸侯懼，安居而天下熄。』

孟子曰：『是焉得爲大丈夫乎？子未學禮乎？丈夫之冠也，父命之；女子之嫁也，母命之，往送之門，戒之曰：「往之女家，必敬必戒，無違夫子！」以順爲正者，妾婦之道也。居天下之廣居，立天下之正位，

行天下之大道；得志，與民由之；不得志，獨行其道。富貴不能淫，貧賤不能移，威武不能屈，此之謂大丈夫。』

周霄問曰：『古之君子仕乎？』

孟子曰：『仕，《傳》曰：「孔子三月無君，則皇皇如也，出疆必載質。」公明儀曰：「古之人三月無君，則弔。」』

『三月無君則弔，不以急乎？』

曰：『士之失位也，猶諸侯之失國家也。《禮》曰：「諸侯耕助以供粢盛；夫人蠶繅，以爲衣服。犧牲不成，粢盛不絜，衣服不備，不敢以祭。惟士無田，則亦不祭。」牲殺、器皿、衣服不備，不敢以祭，則不敢以宴，亦不足弔乎？』

『出疆必載質，何也？』

曰：『士之仕也，猶農夫之耕也；農夫豈爲出疆舍其耒耜哉？』

曰：『晉國亦仕國也，未嘗聞仕如此其急。仕如此其急也，君子之難仕，何也？』

曰：『丈夫生而願爲之有室，女子生而願爲之有家；父母之心，人皆有之。不待父母之命、媒妁之言，鑽穴隙相窺，踰牆相從，則父母國人皆賤之。古之人未嘗不欲仕也，又惡不由其道。不由其道而往者，與鑽穴隙之類也。』

彭更問曰：『後車數十乘，從者數百人，以傳食於諸侯，不以泰乎？』

孟子曰：『非其道，則一簞食不可受於人；如其道，則舜受堯之天下，不以爲泰，子以爲泰乎？』

曰：『否；士無事而食，不可也。』

曰：『子不通功易事，以羨補不足，則農有餘粟，女有餘布；子如通之，則梓匠輪輿皆得食於子。於此有人焉，入則孝，出則悌，守先王之道，以待後之學者，而不得食於子；子何尊梓匠輪輿而輕爲仁義者哉？』

曰：『梓匠輪輿，其志將以求食也；君子之爲道也，其志亦將以求食與？』

曰：『子何以其志爲哉？其有功於子，可食而食之矣。且子食志乎？食功乎？』

曰：『食志。』

曰：『有人於此，毀瓦畫墁，其志將以求食也，則子食之乎？』

曰：『否。』

曰：『然則子非食志也，食功也。』【略】

公孫丑問曰：『不見諸侯何義？』

孟子曰：『古者不爲臣不見。段干木踰垣而辟之，泄柳閉門而不納，是皆已甚；迫，斯可以見矣。陽貨欲見孔子而惡無禮，大夫有賜於士，不得受於其家，則往拜其門。陽貨矙孔子之亡也，而饋孔子蒸豚；孔子亦矙其亡也，而往拜之。當是時，陽貨先，豈得不見？曾子曰：「脅肩諂笑，病于夏畦。」子路曰：「未同而言，觀其色赧赧然，非由之所知也。」由是觀之，則君子之所養，可知已矣。』【略】

匡章曰：『陳仲子豈不誠廉士哉？居於陵，三日不食，耳無聞，目無見也。井上有李，螬食實者過半矣，匍匐往，將食之，三咽，然後耳有聞，目有見。』

孟子曰：『於齊國之士，吾必以仲子爲巨擘焉。雖然，仲子惡能廉？充仲子之操，則蚓而後可者也。夫蚓，上食槁壤，下飲黃泉。仲子所居之室，伯夷之所築與？抑亦盜跖之所築與？所食之粟，伯夷之所樹與？抑亦盜跖之所樹與？是未可知也。』

曰：『是何傷哉？彼身織屨，妻辟纑，以易之也。』

曰：『仲子，齊之世家也；兄戴，蓋祿萬鍾；以兄之祿爲不義之祿而不食也，以兄之室爲不義之室而不居也，辟兄離母，處於於陵。他日歸，則有饋其兄生鵝者，己頻顣曰：「惡用是鶂鶂者爲哉？」他日，其母殺是鵝也，與之食之。其兄自外至，曰：「是鶂鶂之肉也。」出而哇之。以母則不食，以妻則食之；以兄之室則弗居，以於陵則居之，是尚爲能充其類也乎？若仲子者，蚓而後充其操者也。』

又《**離婁上**》　孟子謂樂正子曰：『子之從於子敖來，徒餔啜也。我不意子學古之道而以餔啜也。』

又《**離婁下**》　公都子曰：『匡章，通國皆稱不孝焉，夫子與之遊，又從而禮貌之，敢問何也？』

孟子曰：『世俗所謂不孝者五：惰其四支，不顧父母之養，一不孝

也；博弈好飲酒，不顧父母之養，二不孝也；好貨財，私妻子，不顧父母之養，三不孝也；從耳目之欲，以爲父母戮，四不孝也；好勇鬬很，以危父母，五不孝也。章子有一於是乎？夫章子，子父責善而不相遇也。責善，朋友之道也；父子責善，賊恩之大者。夫章子，豈不欲有夫妻子母之屬哉？爲得罪於父，不得近，出妻屏子，終身不養焉。其設心以爲不若是，是則罪之大者，是則章子而已矣。』

曾子居武城，有越寇。或曰：『寇至，盍去諸？』曰：『無寓人於我室，毁傷其薪木。』寇退，則曰：『修我牆屋，我將反。』寇退，曾子反。左右曰：『待先生如此其忠且敬也，寇至，則先去以爲民望，寇退，則反，殆於不可。』沈猶行曰：『是非汝所知也。昔沈猶有負芻之禍，從先生者七十人，未有與焉。』

子思居於衛，有齊寇。或曰：『寇至，盍去諸？』子思曰：『如伋去，君誰與守？』

孟子曰：『曾子、子思同道。曾子，師也，父兄也；子思，臣也，微也。曾子、子思易地則皆然。』

儲子曰：『王使人瞯夫子，果有以異於人乎？』

孟子曰：『何以異於人哉？堯舜與人同耳。』

又《萬章上》 萬章問曰：『或謂孔子於衛主癰疽，於齊主侍人瘠環，有諸乎？』

孟子曰：『否，不然也；好事者爲之也。於衛主顔讎由。彌子之妻與子路之妻，兄弟也。彌子謂子路曰：「孔子主我，衛卿可得也。」子路以告。孔子曰：「有命。」孔子進以禮，退以義，得之不得曰「有命」。而主癰疽與侍人瘠環，是無義無命也。孔子不悦於魯衛，遭宋桓司馬將要而殺之，微服而過宋。是時孔子當阨，主司城貞子，爲陳侯周臣。吾聞觀近臣，以其所爲主；觀遠臣，以其所主。若孔子主癰疽與侍人瘠環，何以爲孔子？』

又《萬章下》 萬章問曰：『敢問交際何心也？』

孟子曰：『恭也。』

曰：『「卻之卻之爲不恭」，何哉？』

曰：『尊者賜之，曰，「其所取之者義乎，不義乎？」而後受之，以是爲不恭，故弗卻也。』

曰：『請無以辭卻之，以心卻之，曰，「其取諸民之不義也」，而以他辭無受，不可乎？』

曰：『其交也以道，其接也以禮，斯孔子受之矣。』

萬章曰：『今有禦人於國門之外者，其交也以道，其餽也以禮，斯可受禦與？』

曰：『不可；《康誥》曰：「殺越人于貨，閔不畏死，凡民罔不譈。」是不待教而誅者也。殷受夏，周受殷，所不辭也；於今爲烈，如之何其受之？』

曰：『今之諸侯取之於民也，猶禦也。苟善其禮際矣，斯君子受之，敢問何説也？』

曰：『子以爲有王者作，將比今之諸侯而誅之乎？其教之不改而後誅之乎？夫謂非其有而取之者盗也，充類至義之盡也。孔子之仕於魯也，魯人獵較，孔子亦獵較。獵較猶可，而況受其賜乎？』

曰：『然則孔子之仕也，非事道與？』

曰：『事道也。』

『事道奚獵較也？』

曰：『孔子先簿正祭器，不以四方之食供簿正。』

曰：『奚不去也？』

曰：『爲之兆也。兆足以行矣，而不行，而後去，是以未嘗有所終三年淹也。孔子有見行可之仕，有際可之仕，有公養之仕。於季桓子，見行可之仕也；於衛靈公，際可之仕也；於衛孝公，公養之仕也。』【略】

孟子曰：『仕非爲貧也，而有時乎爲貧；娶妻非爲養也，而有時乎爲養。爲貧者，辭尊居卑，辭富居貧。辭尊居卑，辭富居貧，惡乎宜乎？抱關擊柝。孔子嘗爲委吏矣，曰：「會計當而已矣。」嘗爲乘田矣，曰：「牛羊茁壯長而已矣。」位卑而言高，罪也；立乎人之本朝，而道不行，恥也。』

萬章曰：『士之不託諸侯，何也？』

孟子曰：『不敢也。諸侯失國，而後託於諸侯，禮也；士之託於諸侯，非禮也。』

萬章曰：『君餽之粟，則受之乎？』

曰：『受之。』

『受之何義也？』

曰：『君之於氓也，固周之。』

曰：『周之則受，賜之則不受，何也？』

曰：『不敢也。』

曰：『敢問其不敢何也？』

曰：『抱關擊柝者皆有常職以食於上。無常職而賜於上者，以爲不恭也。』

曰：『君餽之，則受之，不識可常繼乎？』

曰：『繆公之於子思也，亟問，亟餽鼎肉。子思不悅。於卒也，摽使者出諸大門之外，北面稽首再拜而不受，曰：「今而後知君之犬馬畜伋。」蓋自是臺無餽也。悅賢不能舉，又不能養也，可謂悅賢乎？』

曰：『敢問國君欲養君子，如何斯可謂養矣？』

曰：『以君命將之，再拜稽首而受。其後廩人繼粟，庖人繼肉，不以君命將之。子思以爲鼎肉使己僕僕爾亟拜也，非養君子之道也。堯之於舜也，使其子九男事之，二女女焉，百官牛羊倉廩備，以養舜於畎畝之中，後舉而加諸上位，故曰，王公之尊賢者也。』

萬章曰：『敢問不見諸侯，何義也？』

孟子曰：『在國曰市井之臣，在野曰草莽之臣，皆謂庶人。庶人不傳質爲臣，不敢見於諸侯，禮也。』

萬章曰：『庶人，召之役，則往役；君欲見之，召之，則不往見之，何也？』

曰：『往役，義也；往見，不義也。且君之欲見之也，何爲也哉？』

曰：『爲其多聞也，爲其賢也。』

曰：『爲其多聞也，則天子不召師，而況諸侯乎？爲其賢也，則吾未聞欲見賢而召之也。繆公亟見於子思，曰：「古千乘之國以友士，何如？」子思不悅，曰：「古之人有言曰，事之云乎，豈曰友之云乎？」子思之不悅也，豈不曰，「以位，則子，君也；我，臣也；何敢與君友也？以德，則子事我者也，奚可以與我友？」千乘之君求與之友而不可得也，而況可召與？齊景公田，招虞人以旌，不至，將殺之。志士不忘在溝壑，勇士不忘喪其元。孔子奚取焉？取非其招不往也。』

曰：『敢問招虞人何以？』

曰：『以皮冠，庶人以旃，士以旂，大夫以旌。以大夫之招招虞人，虞人死不敢往；以士之招招庶人，庶人豈敢往哉？況乎以不賢人之招招賢人乎？欲見賢人而不以其道，猶欲其入而閉之門也。夫義，路也；禮，門也。惟君子能由是路，出入是門也。《詩》云：「周道如底，其直如矢；君子所履，小人所視。」』

萬章曰：『孔子，君命召，不俟駕而行；然則孔子非與？』

曰：『孔子當仕有官職，而以其官召之也。』

孟子謂萬章曰：『一鄉之善士斯友一鄉之善士，一國之善士斯友一國之善士，天下之善士斯友天下之善士。以友天下之善士爲未足，又尚論古之人。頌其詩，讀其書，不知其人，可乎？是以論其世也。是尚友也。』

又《告子下》 孟子居鄒，季任爲任處守，以幣交，受之而不報。處於平陸，儲子爲相，以幣交，受之而不報。他日，由鄒之任，見季子；由平陸之齊，不見儲子。屋廬子喜曰：『連得間矣。』問曰：『夫子之任，見季子；之齊，不見儲子，爲其爲相與？』

曰：『非也；《書》曰：「享多儀，儀不及物曰不享，惟不役志于享。」爲其不成享也。』

屋廬子悅。或問之。屋廬子曰：『季子不得之鄒，儲子得之平陸。』

淳于髡曰：『先名實者，爲人也；後名實者，自爲也。夫子在三卿之中，名實未加於上下而去之，仁者固如此乎？』

孟子曰：『居下位，不以賢事不肖者，伯夷也；五就湯，五就桀者，伊尹也；不惡汙君，不辭小官者，柳下惠也。三子者不同道，其趨一也。一者何也？曰，仁也。君子亦仁而已矣，何必同？』

曰：『魯繆公之時，公儀子爲政，子柳子思爲臣，魯之削也滋甚；若是乎，賢者之無益於國也！』

曰：『虞不用百里奚而亡，秦穆公用之而霸。不用賢則亡，削何可得與？』

曰：『昔者王豹處於淇，而河西善謳；緜駒處於高唐，而齊右善

歌；華周杞梁之妻善哭其夫而變國俗。有諸內，必形諸外。爲其事而無其功者，髡未嘗覩之也。是故無賢者也；有則髡必識之。」

曰：『孔子爲魯司寇，不用，從而祭，燔肉不至，不稅冕而行。不知者以爲爲肉也，其知者以爲爲無禮也。乃孔子則欲以微罪行，不欲爲苟去。君子之所爲，衆人固不識也。』【略】

孟子曰：『君子不亮，惡乎執？』【略】

陳子曰：『古之君子何如則仕？』

孟子曰：『所就三，所去三。迎之致敬以有禮；言，將行其言也，則就之。禮貌未衰，言弗行也，則去之。其次，雖未行其言也，迎之致敬以有禮，則就之。禮貌衰，則去之。其下，朝不食，夕不食，飢餓不能出門戶，君聞之，曰：「吾大者不能行其道，又不能從其言也，使飢餓於我土地，吾恥之。」周之，亦可受也，免死而已矣。』【略】

孟子曰：『教亦多術矣，予不屑之教誨也者，是亦教誨之而已矣。』

又《盡心上》　孟子曰：『古之賢王好善而忘勢；古之賢士何獨不然？樂其道而忘人之勢，故王公不致敬盡禮，則不得亟見之。見且由不得亟，而況得而臣之乎？』

孟子謂宋勾踐曰：『子好遊乎？吾語子遊。人知之，亦囂囂；人不知，亦囂囂。』

曰：『何如斯可以囂囂矣？』

曰：『尊德樂義，則可以囂囂矣。故士窮不失義，達不離道。窮不失義，故士得己焉；達不離道，故民不失望焉。古之人，得志，澤加於民；不得志，修身見於世。窮則獨善其身，達則兼善天下。』

孟子曰：『待文王而後興者，凡民也。若夫豪傑之士，雖無文王猶興。』【略】

孟子曰：『有事君人者，事是君則爲容悅者也；有安社稷臣者，以安社稷爲悅者也；有天民者，達可行於天下而後行之者也；有大人者，正己而物正者也。』

孟子曰：『君子有三樂，而王天下不與存焉。父母俱存，兄弟無故，一樂也；仰不愧於天，俯不怍於人，二樂也；得天下英才而教育之，三樂也。君子有三樂，而王天下不與存焉。』

孟子曰：『廣土衆民，君子欲之，所樂不存焉；中天下而立，定四海之民，君子樂之，所性不存焉。君子所性，雖大行不加焉，雖窮居不損焉，分定故也。君子所性，仁義禮智根於心，其生色也睟然，見於面，盎於背，施於四體，四體不言而喻。』【略】

孟子曰：『孔子登東山而小魯，登泰山而小天下，故觀於海者難爲水，遊於聖人之門者難爲言。觀水有術，必觀其瀾。日月有明，容光必照焉。流水之爲物也，不盈科不行；君子之志於道也，不成章不達。』【略】

孟子曰：『柳下惠不以三公易其介。』【略】

公孫丑曰：『《詩》曰：「不素餐兮。」君子之不耕而食，何也？』

孟子曰：『君子居是國也，其君用之，則安富尊榮；其子弟從之，則孝悌忠信。「不素餐兮」孰大於是？』

王子墊問曰：『士何事？』

孟子曰：『尚志。』

曰：『何謂尚志？』

曰：『仁義而已矣。殺一無罪非仁也，非其有而取之非義也。居惡在？仁是也；路惡在？義是也。居仁由義，大人之事備矣。』

孟子曰：『仲子，不義與之齊國而弗受，人皆信之，是舍簞食豆羹之義也。人莫大焉亡親戚君臣上下。以其小者信其大者，奚可哉？』

孟子曰：『君子之所以教者五：有如時雨化之者，有成德者，有達財者，有答問者，有私淑艾者。此五者，君子之所以教也。』

公孫丑曰：『道則高矣，美矣，宜若登天然，似不可及也；何不使彼爲可幾及而日孳孳也？』

孟子曰：『大匠不爲拙工改廢繩墨，羿不爲拙射變其彀率。君子引而不發，躍如也。中道而立，能者從之。』

孟子曰：『天下有道，以道殉身；天下無道，以身殉道；未聞以道殉乎人者也。』

公都子曰：『滕更之在門也，若在所禮，而不答，何也？』

孟子曰：『挾貴而問，挾賢而問，挾長而問，挾有勳勞而問，挾故而問，皆所不答也。滕更有二焉。』【略】

孟子曰：『君子之於物也，愛之而弗仁；於民也，仁之而弗親。親

親而仁民，仁民而愛物。』

孟子曰：『知者無不知也，當務之爲急；仁者無不愛也，急親賢之爲務。堯舜之知而不徧物，急先務也；堯舜之仁不徧愛人，急親賢也。不能三年之喪，而緦、小功之察；放飯流歠，而問無齒決，是之謂不知務。』

又《盡心下》 孟子曰：『孔子之去魯，曰：「遲遲吾行也，去父母國之道也。」去齊，接淅而行，去他國之道也。』

孟子曰：『君子之戹於陳蔡之間，無上下之交也。』

貉稽曰：『稽大不理於口。』

孟子曰：『無傷也。士憎茲多口。《詩》云：「憂心悄悄，愠于羣小。」孔子也。「肆不殄厥愠，亦不殞厥問。」文王也。』【略】

齊饑。陳臻曰：『國人皆以夫子將復爲發棠，殆不可復。』

孟子曰：『是爲馮婦也。晉人有馮婦者，善搏虎，卒爲善士。則之野，有衆逐虎。虎負嵎，莫之敢攖。望見馮婦，趨而迎之。馮婦攘臂下車。衆皆悅之，其爲士者笑之。』

孟子曰：『口之於味也，目之於色也，耳之於聲也，鼻之於臭也，四肢之於安佚也，性也，有命焉，君子不謂性也。仁之於父子也，義之於君臣也，禮之於賓主也，知之於賢者也，聖人之於天道也，命也，有性焉，君子不謂命也。』【略】

孟子之滕，館於上宮。有業屨於牖上，館人求之弗得。或問之曰：『若是乎從者之廋也？』

曰：『子以是爲竊屨來與？』

曰：『殆非也。夫子之設科也，往者不追，來者不拒。苟以是心至，斯受之而已矣。』

孟子曰：『言近而指遠者，善言也；守約而施博者，善道也。君子之言也，不下帶而道存焉；君子之守，修其身而天下平。人病舍其田而芸人之田，所求於人者重，而所以自任者輕。』

孟子曰：『堯舜，性者也；湯武，反之也。動容周旋中禮者，盛德之至也。哭死而哀，非爲生者也。經德不回，非以干祿也。言語必信，非以正行也。君子行法，以俟命而已矣。』

孟子曰：『説大人，則藐之，勿視其巍巍然。堂高數仞，榱題數尺，我得志，弗爲也。食前方丈，侍妾數百人，我得志，弗爲也。般樂飲酒，驅騁田獵，後車千乘，我得志，弗爲也。在彼者，皆我所不爲也；在我者，皆古之制也，吾何畏彼哉？』【略】

萬章問曰：『孔子在陳曰：「盍歸乎來！吾黨之小子狂簡，進取，不忘其初。」孔子在陳，何思魯之狂士？』

孟子曰：『孔子「不得中道而與之，必也狂獧乎！狂者進取，獧者有所不爲也」。孔子豈不欲中道哉？不可必得，故思其次也。』

『敢問何如斯可謂狂矣？』

曰：『如琴張、曾皙、牧皮者，孔子之所謂狂矣。』

『何以謂之狂也？』

曰：『其志嘐嘐然，曰：「古之人，古之人。」夷考其行，而不掩焉者也。狂者又不可得，欲得不屑不絜之士而與之，是獧也，是又其次也。孔子曰：「過我門而不入我室，我不憾焉者，其惟鄉原乎！鄉原，德之賊也。」』

曰：『何如斯可謂之鄉原矣？』

曰：『「何以是嘐嘐也？言不顧行，行不顧言，則曰，古之人，古之人。行何爲踽踽涼涼？生斯世也，爲斯世也，善斯可矣。」閹然媚於世也者，是鄉原也。』

萬子曰：『一鄉皆稱原人焉，無所往而不爲原人，孔子以爲德之賊，何哉？』

曰：『非之無舉也，刺之無刺也，同乎流俗，合乎污世，居之似忠信，行之似廉絜，衆皆悅之，自以爲是，而不可與入堯舜之道，故曰「德之賊」也。孔子曰：惡似而非者：惡莠，恐其亂苗也；惡佞，恐其亂義也；惡利口，恐其亂信也；惡鄭聲，恐其亂樂也；惡紫，恐其亂朱也；惡鄉原，恐其亂德也。君子反經而已矣。經正，則庶民興；庶民興，斯無邪慝矣。』

《莊子・徐無鬼》 知士無思慮之變則不樂，辯士無談説之序則不樂，察士無凌誶之事則不樂，皆囿於物者也。

招世之士興朝，中民之士榮官，筋力之士矜難，勇敢之士奮患，兵革

之士樂戰，枯槁之士宿名，法律之士廣治，禮教之士敬容，仁義之士貴際。農夫無草萊之事則不比，商賈無市井之事則不比。庶人有旦暮之業則勸，百工有器械之巧則壯。錢財不積則貪者憂，權勢不尤則夸者悲。勢物之徒樂變，遭時有所用，不能無爲也。此皆順比於歲，不易於物者也。馳其形性，潛之萬物，終身不反，悲夫！

又《讓王》 孔子窮於陳蔡之間，七日不火食，藜羹不糝，顔色甚憊，而猶弦歌於室。顔回擇菜於外，子路子貢相與言曰：『夫子再逐於魯，削迹於衛，伐樹於宋，窮於商周，圍於陳蔡，殺夫子者無罪，藉夫子者無禁。弦歌鼓琴，未嘗絶音，君子之無恥也若此乎？』

顔回無以應，入告孔子。孔子推琴喟然而歎曰：『由與賜，細人也。召而來，吾語之。』

子路子貢入。子路曰：『如此者可謂窮矣！』

孔子曰：『是何言也！君子通於道之謂通，窮於道之謂窮。今丘抱仁義之道以遭亂世之患，其何窮之爲！故内省而不疚於道，臨難而不失其德，大寒既至，霜雪既降，吾是以知松柏之茂也。陳蔡之隘，於丘其幸乎！』

孔子削然反琴而弦歌，子路扢然執干而舞。子貢曰：『吾不知天之高也，地之下也。』

古之得道者，窮亦樂，通亦樂。所樂非窮通也，道德於此，則窮通爲寒暑風雨之序矣。故許由娛於潁陽而共伯得志乎丘首。

《文子・上義》 老子曰：『屈者所以求申也，枉者所以求直也。屈寸申尺，小枉大直，君子爲之。百川並流，不注海者不爲谷。趨行殊方，不歸善者不爲君子。善言貴乎可行，善行貴乎仁義。夫君子之過，猶日月之蝕，不害於明。故智者不妄爲，勇者不妄殺。擇是而爲之，計禮而行之，故事成而功足恃也，身死而名足稱也。雖有智能，必以仁義爲本而後立，智能並行。聖人一以仁義爲準繩，中準繩者謂之君子，不中準繩者謂之小人。君子雖死亡，其名不滅；小人雖得勢，其罪不除。左手據天下之圖，而右手刎其喉，雖愚者不爲，身貴於天下也。死君親之難者，視死如歸，義重於身故也。天下，大利也，比之身即小；身，所重也，比之仁義即輕，此以仁義爲準繩者也。』

《郭店楚簡・窮達以時》 有天有人，天人有分。察天人之分，而知所行矣。有其人，無其世，雖賢弗行矣。苟有其世，何難之有哉？舜耕於歷山，陶埏於河滸，立而爲天子，遇堯也。邵繇衣枲蓋，冒絰蒙縷，釋板築而佐天子，遇武丁也。呂望爲臧棘津，戰監門來地，行年七十而屠牛於朝歌，舉而爲天子師，遇周文也。管夷吾拘繇束縛，釋械柙而爲諸侯相，遇齊桓也。百里轉鬻五羊，爲伯牧牛，釋板梏而爲朝卿，遇秦穆。

孫叔三射恒思少司馬，出而爲令尹，遇楚莊也。初韜晦，後名揚，非其德加。子胥前多功，後戮死，非其智衰也。驥厄張山，騏塞於邵來，非無體狀也，窮四海，致千里，遇造故也。遇不遇，天也。動非爲達也，故窮而不［怨。隱非］爲名也，故莫之知而不吝。［芝蘭生於幽谷］，［非以無人］嗅而不芳。無茖董，逾寶山，石不爲［開，非以其］善負己也。窮達以時，德行一也。譽毁在旁，聽之弋母。緇白不釐，窮達以時。幽明不再，故君子敦於反己。

民德民風論分部

論說

《論語・爲政》 季康子問：『使民敬、忠以勸，如之何？』子曰：『臨之以莊，則敬；孝慈，則忠；舉善而教不能，則勸。』

又《子路》 葉公語孔子曰：『吾黨有直躬者，其父攘羊，而子證之。』孔子曰：『吾黨之直者異於是：父爲子隱，子爲父隱。直在其中矣。』

又《衛靈公》 子曰：『民之於仁也，甚於水火。水火，吾見蹈而死者矣，未見蹈仁而死者也。』

《大戴禮記・曾子本孝》 曾子曰：忠者，其孝之本與！孝子不登高，不履危，痺亦弗憑，不苟笑，不苟訾，隱不命，臨不指，故不在尤之中也。孝子惡言死焉，流言止焉，美言興焉，故惡言不出於口，煩言不及

於己。

故孝子之事親也，居易以俟命，不興險行以儌幸。孝子游之，暴人違之。出門而使不以，或爲父母憂也。險塗隘巷，不求先焉，以愛其身，以不敢忘其親也。

孝子之使人也，不敢肆，行不敢自專也。父死三年，不敢改父之道。又能事父之朋友，又能率朋友以助敬也。

君子之孝也，以正致諫；士之孝也，以德從命；庶人之孝也，以力惡食。任善不敢臣三德。

故孝之於親也，生則有義以輔之，死則哀以莅焉，祭祀則莅之，以敬如此，而成於孝子也。

又《曾子立孝》 曾子曰：君子立孝，其忠之用，禮之貴。故爲人子而不能孝其父者，不敢言人父不能畜其子者；爲人弟而不能承其兄者，不敢言人兄不能順其弟者；爲人臣而不能事其君者，不敢言人君不能使其臣者也。故與父言，言畜子；與子言，言孝父；與兄言，言順弟；與弟言，言承兄；與君言，言使臣；與臣言，言事君。

君子之孝也，忠愛以敬，反是亂也。盡力而有禮，莊敬而安之，微諫不倦，聽從而不怠，懽欣忠信，咎故不生，可謂孝矣。盡力無禮，則小人也；致敬而不忠，則不入也。是故禮以將其力，敬以入其忠；飲食移味，居處溫愉，著心於此，濟其志也。

子曰：『可人也，吾任其過；不可人也，吾辭其罪。』《詩》云『有子七人，莫慰母心』，子之辭也。『夙興夜寐，無忝爾所生』，言不自舍也。不恥其親，君子之孝也。

是故未有君而忠臣可知者，孝子之謂也；未有長而順下可知者，弟弟之謂也；未有治而能仕可知者，先脩之謂也。故曰孝子善事君，弟弟善事長。君子一孝一弟，可謂知終矣。

又《曾子大孝》 曾子曰：『孝有三：大孝尊親，其次不辱，其下能養。』公明儀問於曾子曰：『夫子可謂孝乎？』曾子曰：『是何言與！是何言與！君子之所謂孝者，先意承志，諭父母以道。參直養者也，安能爲孝乎！身者，親之遺體也。行親之遺體，敢不敬乎！故居處不莊，非孝也；事君不忠，非孝也；莅官不敬，非孝也；朋友不信，非孝也；戰陳無勇，非孝也。五者不遂，災及乎身，敢不敬乎！故烹熟鮮香，嘗而進之，非孝也，養也。君子之所謂孝者，國人皆稱願焉，曰「幸哉！有子如此」，所謂孝也。民之本教曰孝，其行之曰養。養可能也，敬爲難；敬可能也，安爲難；安可能也，久爲難；久可能也，卒爲難。父母既殁，慎行其身，不遺父母惡名，可謂能終也。夫仁者，仁此者也；義者，宜此者也；忠者，中此者也；信者，信此者也；禮者，體此者也；行者，行此者也；彊者，彊此者也。樂自順此生，刑自反此作。夫孝者，天下之大經也。夫孝，置之而塞於天地，衡之而衡於四海，施諸後世，而無朝夕，推而放諸東海而準，推而放諸西海而準，推而放諸南海而準，推而放諸北海而準。《詩》云：「自西自東，自南自北，無思不服。」此之謂也。孝有三：大孝不匱，中孝用勞，小孝用力。博施備物，可謂不匱矣；尊仁安義，可謂用勞矣；慈愛忘勞，可謂用力矣。父母愛之，喜而不忘；父母惡之，懼而無怨；父母有過，諫而不逆。父母既殁，以哀祀之加之，如此謂禮終矣。』

又《曾子事父母》 單居離問於曾子曰：『事父母有道乎？』

曾子曰：『有。愛而敬。父母之行，若中道則從，若不中道則諫，諫而不用，行之如由己。從而不諫，非孝也；諫而不從，亦非孝也。孝子之諫，達善而不敢争辨。争辨者，作亂之所由興也。由己爲無咎則寧，由己爲賢人則亂。孝子無私樂，父母所憂憂之，父母所樂樂之。孝子唯巧變，故父母安之。若夫坐如尸，立如齊，弗訊不言，言必齊色，此成人之善者也，未得爲人子之道也。』

單居離問曰：『事兄有道乎？』

曾子曰：『有。尊事之以爲己望也，兄事之不遺其言。兄之行若中道，則兄事之；兄之行若不中道，則養之。養之內，不養於外，則是越之也；養之外，不養於內，則是疏之也；是故君子內外養之也。』

單居離問曰：『使弟有道乎？』

曾子曰：『有。嘉事不失時也。弟之行若中道，則正以使之；弟之行若不中道，則兄事之。詘事兄之道，若不可，然後舍之矣。』

曾子曰：『夫禮，大之由也，不與小之自也。飲食以齒，力事不讓，辱事不齒，執觴觚杯豆而不醉，和歌而不哀。夫弟者，不衡坐，不苟越，

不干逆色，趨翔周旋，俛仰從命，不見於顔色，未成於弟也。』

《孟子·盡心上》　孟子曰：『以佚道使民，雖勞不怨。以生道殺民，雖死不怨殺者。』【略】

孟子曰：『人之所不學而能者，其良能也；所不慮而知者，其良知也。孩提之童無不知愛其親者，及其長也，無不知敬其兄也。親親，仁也；敬長，義也；無他，達之天下也。』

又　《盡心下》　孟子曰：『吾今而後知殺人親之重也：殺人之父，人亦殺其父；殺人之兄，人亦殺其兄。然則非自殺之也，一間耳。』

政治信條論分部

論説

《郭店楚簡·五行》　五行：仁形於内謂之德之行，不形於内謂之行。義形於内謂之德之行，不形於内謂之行。禮形於内謂之德之行，不形於内謂之［行。智形］於内謂之德之行，不形於内謂之行。聖形於内謂之德之行，不形於内謂之行。

德之行五和謂之德，四行和謂之善。善，人道也。德，天道也。君子無中心之憂則無中心之智，無中心之智則無中心［之悅，無中心之悅則不］安，不安則不樂，不樂則無德。

五行皆形於内而時行之，謂之君［子］。士有志於君子道謂之志士。善弗爲無近，德弗志不成，智弗思不得。思不精不察，思不長［不得，思不輕］不形。不形不安，不安不樂，不樂無德。

不仁，思不能精。不智，思不能長。不仁不智，『未見君子，憂心不能惙惙；既見君子，心不能悅』；亦既見之，亦既覯之，我心則［悅］』，此之謂［也。不］仁，思不能精。不聖，思不能輕。不仁不聖，『未見君子，憂心不能忡忡；既見君子，心不能降。』

仁之思也精，精則察，察則安，安則温，温則悅，悅則戚，戚則親，親則愛，愛則玉色，玉色則形，形則仁。

智之思也長，長則得，得則不忘，不忘則明，明則見賢人，見賢人則玉色，玉色則形，形則智。

聖之思也輕，輕則形，形則不忘，不忘則聰，聰則聞君子道，聞君子道則玉音，玉音則形，形則聖。

『淑人君子，其儀一也』。能爲一，然後能爲君子，［君子］慎其獨也。『［瞻望弗及］，泣涕如雨』。能『差池其羽』，然後能至哀。君子慎其［獨也。］

［君］子之爲善也，有與始，有與終也。君子之爲德也，［有與始，有與］終也。金聲而玉振之，有德者也。

金聲，善也。玉音，聖也。善，人道也。德，天［道也］。唯有德者，然後能金聲而玉振之。不聰不明，［不明不聖］，不聖不智，不智不仁，不仁不安，不安不樂，不樂無德。

不變不悅，不悅不戚，不戚不親，不親不愛，不愛不仁。

不直不肆，不肆不果，不果不簡，不簡不行，不行不義。

不遠不敬，不敬不嚴，不嚴不尊，不尊不恭，不恭無禮。

未嘗聞君子道，謂之不聰。未嘗見賢人，謂之不明。聞君子道而不知其君子道也，謂之不聖。見賢人而不知其有德也，謂之不智。

見而知之，智也。聞而知之，聖也。明明，智也。赫赫，聖也。『明明在下，赫赫在上』，此之謂也。

聞君子道，聰也。聞而知之，聖也。聖人知天道也。知而行之，義也。行之而時，德也。見賢人，明也。見而知之，智也。知而安之，仁也。安而敬之，禮也。聖，知禮樂之所由生也，五［行之所和］也。和則樂，樂則有德，有德則邦家興。文王之示也如此。『文［王在上，於昭］於天』，此之謂也。

見而知之，智也。知而安之，仁也。安而行之，義也。行而敬之，禮也。仁，義禮所由生也，四行之所和也。和則同，同則善。

顔色容貌温變也。以其中心與人交，悅也。中心悅旃，遷於兄弟，戚也。戚而信之，親［也］。親而篤之，愛也。愛父，其繼愛人，仁也。

中心辯然而正行之，直也。直而遂之，肆也。肆而不畏强禦，果也。

不以小道害大道，簡也。有大罪而大誅之，行也。貴貴。其等尊賢，義也。

以其外心與人交，遠也。遠而莊之，敬也。敬而不懈，嚴也。嚴而畏之，尊也。尊而不驕，恭也。恭而博交，禮也。

不簡，不行。不匿，不辯於道。有大罪而大誅之，簡也。有小罪而赦之，匿也。有大罪而弗大誅也，不行也。有小罪而弗赦也，不辯於道也。簡之爲言猶練也，大而晏者也。匿之爲言也猶匿匿也，小而軫者也。簡，義之方也。匿，仁之方也。强，義之方。柔，仁之方也。『不强不絿，不剛不柔』，此之謂也。

君子集大成。能進之爲君子，弗能進也，各止於其裏。人而晏者，能有取焉。小而軫者，能有取焉。胥儢儢達諸君子道，謂之賢。君子知而舉之，謂之尊賢。知而事之，謂之尊賢者也。［前，王公之尊賢者也］；後，士之尊賢者也。

耳目鼻口手足六者，心之役也。心曰唯，莫敢不唯；諾，莫敢不諾；進，莫敢不進；後，莫敢不後；深，莫敢不深；淺，莫敢不淺。和則同，同則善。

目而知之謂之進之，喻而知之謂之進之，譬而知之謂之進之，幾而知之，天也。『上帝臨汝，毋貳爾心』，此之謂也。

天施諸其人，天也。其人施諸人，狎也。

聞道而悅者，好仁者也。聞道而畏者，好義者也。聞道而恭者，好禮者也。聞道而樂者，好德者也。

又《忠信之道》 不訛不孚，忠之至也。不欺弗知，信之至也。忠積則可親也，信積則可信也。忠信積而民弗親信者，未之有也。至忠如土，化物而不伐；至信如時，畢至而不結。忠人無訛，信人不倍。君子如此，故不忘生，不倍死也。

太久而不渝，忠之至也。陶而睹常，信之至也。至忠無訛，至信不倍，夫此之謂此。大忠不說，大信不期。不說而足養者，地也。不期而可遇者，天也。似天地也者，忠信之謂此。

口惠而實弗從，君子弗言爾；心［疏而貌］親，君子弗申爾。故行而爭悅民，君子弗由也。三者，忠人弗作，信人弗爲也。忠之爲道也，百工不楛，而人養皆足。信之爲道也，羣物皆成，而百善皆立。君子其施也忠，故蠻親附也；其言爾信，故徂而可受也。忠，仁之實也。信，義之期也。是故古之所以行乎閔嘍者，如此也。

《列子·說符篇》 孔子自衛反魯，息駕乎河梁而觀焉。有懸水三十仞，圜流九十里，魚鼈弗能游，黿鼉弗能居，有一丈夫方將厲之。孔子使人並涯止之，曰：『此懸水三十仞，圜流九十里，魚鼈弗能游，黿鼉弗能居也。意者難可以濟乎？』丈夫不以錯意，遂度而出。孔子問之曰：『巧乎？有道術乎？所以能入而出者，何也？』丈夫對曰：『始吾之入也，先以忠信；及吾之出也，又從以忠信。忠信錯吾軀於波流，而吾不敢用私，所以能入而復出者，以此也。』孔子謂弟子曰：『二三子識之！水且猶可以忠信誠身親之，而況人乎？』

修習論分部

論說

《尚書·酒誥》 王若曰：『明大命于妹邦。乃穆考文王肇國在西土，厥誥毖庶邦庶士越少正御事，朝夕曰：「祀茲酒。惟天降命，肇我民，惟元祀。天降威，我民用大亂喪德，亦罔非酒惟行；越小大邦用喪，亦罔非酒惟辜。」文王誥教小子：「有正、有事，無彝酒；越庶國，飲惟祀，德將無醉；惟曰我民迪。」小子！惟土物愛，厥心臧，聰聽祖孝之彝訓。越小大德。小子！惟一妹土，嗣爾股肱，純其藝黍稷，奔走事厥考厥長；肇牽車牛遠服賈，用孝養厥父母。厥父母慶，自洗腆致用酒。庶士、有正越庶伯、君子！其爾典聽朕教，爾大克羞耇惟君，爾乃飲食醉飽。丕惟曰：爾克永觀省，作稽中德。爾尚克羞饋祀，爾乃自介用逸。茲乃允惟王正、事之臣，茲亦惟天若元德，永不忘在王家！』

王曰：『封！我西土棐徂，邦君、御事、小子，尚克用文王教，不腆于酒，故我至于今，克受殷之命。』

王曰：『封！我聞惟曰：在昔殷先哲王，迪畏天顯小民，經德秉哲。自成湯咸至于帝乙，成王畏相。惟御事厥棐有恭，不敢自暇自逸，矧曰其敢崇飲。越在外服：侯、甸、男、衛邦伯；越在內服：百僚、庶尹、惟亞、惟服、宗工，越百姓、里（居）［君］：罔敢湎于酒。不惟不敢，亦不暇。惟助成王德顯，越尹人、祗辟。我聞亦惟曰：在今後嗣王酣身厥命，罔顯于民［祗］，保越怨不易。誕惟厥縱淫泆于非彝，用燕喪威儀，民罔不衋傷心。惟荒腆于酒，不惟自息乃逸。厥心疾很，不克畏死。［辜］在商邑越殷國滅無罹。弗惟德馨香、祀登聞于天，誕惟民怨，庶羣自酒，腥聞在上，故天降喪于殷，罔愛于殷，惟逸。天非虐，惟民自速辜！』

王曰：『封！予不惟若茲多誥。古人有言曰：「人無於水監，當於民監。」今惟殷墜厥命，我其可不大監撫於時！予惟曰：汝、劼毖殷獻臣，侯、甸、男、衛；矧太史友、內史友越獻臣百宗工；矧惟爾事，服休、服采；矧惟若疇：圻父薄違，農父若保，宏父定辟；矧汝剛制于酒。厥或誥曰「羣飲」汝勿佚，盡執拘以歸于周，予其殺。又惟殷之迪諸臣惟工乃湎于酒，勿庸殺之，姑惟教之。有斯明享，乃不用我教，辭惟我一人弗恤，弗蠲乃事，時同于殺。』

王曰：『封！汝典聽朕毖。勿辯乃司民湎于酒！』

《老子·八章》 上善若水。水善利萬物而不爭，處衆人之所惡，故幾於道。居善地，心善淵，與善仁，言善信，政善治，事善能，動善時。夫唯不爭，故無尤。

又 《九章》 持而盈之，不如其已；揣而鋭之，不可長保。金玉滿堂，莫之能守；富貴而驕，自遺其咎。功遂身退，天之道也。

又 《十三章》 寵辱若驚，貴大患若身。何謂寵辱若驚？寵爲下，得之若驚，失之若驚，是謂寵辱若驚。何謂貴大患若身？吾所以有大患者，爲吾有身，及吾無身，吾有何患？故貴以身爲天下，若可寄天下；愛以身爲天下，若可託天下。

又 《十六章》 致虛極，守靜篤。萬物並作，吾以觀復。夫物芸芸，各復歸其根。歸根曰靜，靜曰復命。復命曰常，知常曰明。不知常，妄作凶。知常容，容乃公，公乃全，全乃天，天乃道，道乃久，没身不殆。

又 《十七章》 太上，不知有之；其次，親而譽之；其次，畏之；其次，侮之。信不足焉，有不信焉。悠兮其貴言。功成事遂，百姓皆謂：

『我自然。』

又 《二十三章》 希言自然。故飄風不終朝，驟雨不終日。孰爲此者？天地。天地尚不能久，而況於人乎？故從事於『道』者，同於『道』；『德』者，同於『德』；失者，同於失。同於『道』者，『道』亦樂得之；同於『德』者，『德』亦樂得之；同於失者，失亦樂得之。信不足焉，有不信焉。

又 《二十四章》 企者不立；跨者不行；自見者不明；自是者不彰；自伐者無功；自矜者不長。其在道也，曰：餘食贅形。物或惡之，故有道者不處。

又 《二十六章》 重爲輕根，靜爲躁君。是以君子終日行不離輜重。雖有榮觀，燕處超然。奈何萬乘之主，而以身輕天下？輕則失根，躁則失君。

又 《四十四章》 名與身孰親？身與貨孰多？得與亡孰病？甚愛必大費；多藏必厚亡。故知足不辱，知止不殆，可以長久。

又 《五十二章》 天下有始，以爲天下母。既得其母，以知其子；既知其子，復守其母，没身不殆。塞其兑，閉其門，終身不勤。開其兑，濟其事，終身不救。見小曰明，守柔曰强。用其光，復歸其明，無遺身殃，是爲襲常。

又 《五十九章》 治人事天，莫若嗇。夫唯嗇，是謂早服；早服謂之重積德；重積德則無不克；無不克則莫知其極；莫知其極，可以有國；有國之母，可以長久；是謂深根固柢，長生久視之道。

又 《六十七章》 我有三寶，持而保之。一曰慈，二曰儉，三曰不敢爲天下先。慈故能勇；儉故能廣；不敢爲天下先，故能成器長。今舍慈且勇；舍儉且廣；舍後且先；死矣！夫慈以戰則勝，以守則固。天將救之，以慈衛之。

《國語·周語下·單襄公論晉周將得晉國》 晉孫談之子周適周，事單襄公，立無跛，視無還，聽無聳，言無遠；言敬必及天，言忠必及意，

言信必及身，言仁必及人，言義必及利，言智必及事，言勇必及制，言教必及辯，言孝必及神，言惠必及和，言讓必及敵；晉國有憂未嘗不戚，有慶未嘗不怡。

襄公有疾，召頃公而告之，曰：『必善晉周，將得晉國。其行也文，能文則得天地。天地所胙，小而後國。夫敬，文之恭也；忠，文之實也；信，文之孚也；仁，文之愛也；義，文之制也；智，文之輿也；勇，文之帥也；教，文之施也；孝，文之本也；惠，文之慈也；讓，文之材也。象天能敬，帥意能忠，思身能信，愛人能仁，利制能義，事建能智，帥義能勇，施辯能教，昭神能孝，慈和能惠，推敵能讓。此十一者，夫子皆有焉。

『天六地五，數之常也。經之以天，緯之以地。經緯不爽，交之象也。文王質文，故天胙之以天下。夫子被之矣，其昭穆又近，可以得國。且夫立無跛，正也；視無還，端也；聽無聳，成也；言無遠，慎也。夫正，德之道也；端，德之信也；成，德之終也；慎，德之守也。守終純固，道正事信，明令德矣。慎成端正，德之相也。爲晉休戚，不背本也。被文相德，非國何取！

『成公之歸也，吾聞晉之筮之也，遇《乾》之《否》，曰：「配而不終，君三出焉。」一既往矣，後之不知，其次必此。且吾聞成公之生也，其母夢神規其臀以墨，曰「使有晉國，三而畀驩之孫。」故名之曰「黑臀」，於今再矣。襄公曰驩，此其孫也。而令德孝恭，非此其誰？且其夢曰：「必驩之孫，實有晉國。」其卦曰：「必三取君於周。」其德又可以君國，三襲焉。吾聞之《大誓》，故曰：「朕夢協朕卜，襲于休祥，戎商必克。」以三襲也。晉仍無道而鮮胄，其將失之矣。必早善晉子，其當之也。』

頃公許諾。及厲公之亂，召周子而立之，是爲悼公。

《論語・學而》 子曰：『學而時習之，不亦説乎？有朋自遠方來，不亦樂乎？人不知，而不愠，不亦君子乎？』

有子曰：『其爲人也孝弟，而好犯上者，鮮矣；不好犯上，而好作亂者，未之有也。君子務本，本立而道生。孝弟也者，其爲仁之本與！』

子曰：『巧言令色，鮮矣仁！』

曾子曰：『吾日三省吾身，爲人謀而不忠乎？與朋友交而不信乎？傳不習乎？』

子曰：『弟子，入則孝，出則悌，謹而信，汎愛衆，而親仁。行有餘力，則以學文。』

子夏曰：『賢賢易色；事父母，能竭其力；事君，能致其身；與朋友交，言而有信。雖曰未學，吾必謂之學矣。』

子曰：『君子不重，則不威；學則不固。主忠信。無友不如己者。過，則勿憚改。』

子禽問於子貢曰：『夫子至於是邦也，必聞其政，求之與？抑與之與？』子貢曰：『夫子温、良、恭、儉、讓以得之。夫子之求之也，其諸異乎人之求之與？』

子曰：『父在，觀其志；父没，觀其行；三年無改於父之道，可謂孝矣。』

有子曰：『信近於義，言可復也。恭近於禮，遠恥辱也。因不失其親，亦可宗也。』

子曰：『君子食無求飽，居無求安，敏於事而慎於言，就有道而正焉，可謂好學也已。』

子貢曰：『貧而無諂，富而無驕，何如？』子曰：『可也；未若貧而樂，富而好禮者也。』

子貢曰：『《詩》云：「如切如磋，如琢如磨」，其斯之謂與？』子曰：『賜也，始可與言《詩》已矣，告諸往而知來者。』

子曰：『不患人之不己知，患不知人也。』

又 《爲政》 子曰：『吾十有五而志于學，三十而立，四十而不惑，五十而知天命，六十而耳順，七十而從心所欲，不踰矩。』

孟懿子問孝。子曰：『無違。』

樊遲御，子告之曰：『孟孫問孝於我，我對曰，無違。』樊遲曰：『何謂也？』子曰：『生，事之以禮；死，葬之以禮，祭之以禮。』

孟武伯問孝。子曰：『父母唯其疾之憂。』

子游問孝。子曰：『今之孝者，是謂能養。至於犬馬，皆能有養；不敬，何以别乎？』

子夏問孝。子曰：『色難。有事，弟子服其勞；有酒食，先生饌，曾是以爲孝乎？』

子曰：『吾與回言終日，不違，如愚。退而省其私，亦足以發，回也不愚。』

子曰：『温故而知新，可以爲師矣。』

子貢問君子。子曰：『先行其言而後從之。』

子曰：『由！誨女知之乎！知之爲知之，不知爲不知，是知也。』

子曰：『人而無信，不知其可也。大車無輗，小車無軏，其何以行之哉？』

子曰：『非其鬼而祭之，諂也。見義不爲，無勇也。』

又《里仁》 子曰：『不患無位，患所以立。不患莫己知，求爲可知也。』

子曰：『參乎！吾道一以貫之。』曾子曰：『唯。』

子出，門人問曰：『何謂也？』曾子曰：『夫子之道，忠恕而已矣。』

子曰：『見賢思齊焉，見不賢而内自省也。』

子曰：『事父母幾諫，見志不從，又敬不違，勞而不怨。』

子曰：『父母在，不遠遊，遊必有方。』

子曰：『三年無改於父之道，可謂孝矣。』

子曰：『父母之年，不可不知也。一則以喜，一則以懼。』

子曰：『古者言之不出，恥躬之不逮也。』

子曰：『以約失之者鮮矣。』

子曰：『君子欲訥於言而敏於行。』

子曰：『德不孤，必有鄰。』

子游曰：『事君數，斯辱矣；朋友數，斯疏矣。』

又《公冶長》 或曰：『雍也仁而不佞。』子曰：『焉用佞？禦人以口給，屢憎於人。不知其仁，焉用佞？』

子謂子貢曰：『女與回也孰愈？』對曰：『賜也何敢望回？回也聞一以知十，賜也聞一以知二。』子曰：『弗如也；吾與女弗如也。』

子貢曰：『我不欲人之加諸我也，吾亦欲無加諸人。』子曰：『賜也，非爾所及也。』

子路有聞，未之能行，唯恐有聞。

子貢問曰：『孔文子何以謂之「文」也？』子曰：『敏而好學，不恥下問，是以謂之「文」也。』

季文子三思而後行。子聞之，曰：『再，斯可矣。』

子曰：『巧言、令色、足恭，左丘明恥之，丘亦恥之。匿怨而友其人，左丘明恥之，丘亦恥之。』

顔淵季路侍。子曰：『盍各言爾志？』

子路曰：『願車馬衣輕裘與朋友共敝之而無憾。』

顔淵曰：『願無伐善，無施勞。』

子路曰：『願聞子之志。』

子曰：『老者安之，朋友信之，少者懷之。』

子曰：『已矣乎，吾未見能見其過而内自訟者也。』

子曰：『十室之邑，必有忠信如丘者焉，不如丘之好學也。』

又《雍也》 哀公問：『弟子孰爲好學？』孔子對曰：『有顔回者好學，不遷怒，不貳過。不幸短命死矣，今也則亡，未聞好學者也。』

子曰：『回也，其心三月不違仁，其餘則日月至焉而已矣。』

子曰：『賢哉，回也！一簞食，一瓢飲，在陋巷，人不堪其憂，回也不改其樂。賢哉，回也！』

子曰：『質勝文則野，文勝質則史。文質彬彬，然後君子。』

子曰：『人之生也直，罔之生也幸而免。』

子曰：『知之者不如好之者，好之者不如樂之者。』

樊遲問知。子曰：『務民之義，敬鬼神而遠之，可謂知矣。』

問仁。曰：『仁者先難而後獲，可謂仁矣。』

子曰：『知者樂水，仁者樂山。知者動，仁者静。知者樂，仁者壽。』

子曰：『中庸之爲德也，其至矣乎！民鮮久矣。』

又《述而》 子曰：『述而不作，信而好古，竊比於我老彭。』

子曰：『默而識之，學而不厭，誨人不倦，何有於我哉？』

子曰：『德之不修，學之不講，聞義不能徙，不善不能改，是吾憂也。』

子之燕居，申申如也，夭夭如也。

子曰：『志於道，據於德，依於仁，遊於藝。』

子曰：『不憤不啓，不悱不發。舉一隅不以三隅反，則不復也。』

子食於有喪者之側，未嘗飽也。

子於是日哭，則不歌。

子謂顔淵曰：『用之則行，舍之則藏，惟我與爾有是夫！』

子路曰：『子行三軍，則誰與？』

子曰：『暴虎馮河，死而無悔者，吾不與也。必也臨事而懼，好謀而成者也。』

子曰：『富而可求也，雖執鞭之士，吾亦爲之。如不可求，從吾所好。』

子之所慎：齊，戰，疾。

子在齊聞《韶》，三月不知肉味，曰：『不圖爲樂之至於斯也。』

子曰：『飯疏食飲水，曲肱而枕之，樂亦在其中矣。不義而富且貴，於我如浮雲。』

子曰：『加我數年，五十以學《易》，可以無大過矣。』

子所雅言，《詩》、《書》，執禮，皆雅言也。

葉公問孔子於子路，子路不對。子曰：『女奚不曰，其爲人也，發憤忘食，樂以忘憂，不知老之將至云爾。』

子曰：『我非生而知之者，好古，敏以求之者也。』

子不語怪，力，亂，神。

子曰：『三人行，必有我師焉：擇其善者而從之，其不善者而改之。』

子曰：『二三子以我爲隱乎？吾無隱乎爾。吾無行而不與二三子者，是丘也。』

子以四教：文，行，忠，信。

子曰：『善人，吾不得而見之矣；得見有恒者，斯可矣。亡而爲有，虛而爲盈，約而爲泰，難乎有恒矣。』

子釣而不綱，弋不射宿。

子曰：『蓋有不知而作之者，我無是也。多聞，擇其善者而從之；多見而識之；知之次也。』

子曰：『仁遠乎哉？我欲仁，斯仁至矣。』

子與人歌而善，必使反之，而後和之。

子曰：『文，莫吾猶人也。躬行君子，則吾未之有得。』

子曰：『若聖與仁，則吾豈敢？抑爲之不厭，誨人不倦，則可謂云爾已矣。』公西華曰：『正唯弟子不能學也。』

子曰：『奢則不孫，儉則固。與其不孫也，寧固。』

子曰：『君子坦蕩蕩，小人長戚戚。』

子溫而厲，威而不猛，恭而安。

又《泰伯》 曾子有疾，召門弟子曰：『啓予足！啓予手！《詩》云，「戰戰兢兢，如臨深淵，如履薄冰。」而今而後，吾知免夫！小子！』

曾子有疾，孟敬子問之。曾子言曰：『鳥之將死，其鳴也哀；人之將死，其言也善。君子所貴乎道者三：動容貌，斯遠暴慢矣；正顔色，斯近信矣；出辭氣，斯遠鄙倍矣。籩豆之事，則有司存。』

曾子曰：『以能問於不能，以多問於寡；有若無，實若虛，犯而不校，昔者吾友嘗從事於斯矣。』

子曰：『興於《詩》，立於禮，成於樂。』

子曰：『好勇疾貧，亂也。人而不仁，疾之已甚，亂也。』

子曰：『如有周公之才之美，使驕且吝，其餘不足觀也已。』

子曰：『三年學，不至於穀，不易得也。』

子曰：『狂而不直，侗而不愿，悾悾而不信，吾不知之矣。』

子曰：『學如不及，猶恐失之。』

又《子罕》 子罕言利與命與仁。

達巷黨人曰：『大哉孔子！博學而無所成名。』子聞之，謂門弟子曰：『吾何執？執御乎？執射乎？吾執御矣。』

子絶四：毋意，毋必，毋固，毋我。

又《鄉黨》 孔子於鄉黨，恂恂如也，似不能言者。

其在宗廟朝廷，便便言，唯謹爾。

朝，與下大夫言，侃侃如也；與上大夫言，誾誾如也。君在，踧踖如也，與與如也。

君召使擯，色勃如也，足躩如也。揖所與立，左右手，衣前後，襜如

也。趨進，翼如也。賓退，必復命曰：『賓不顧矣。』

入公門，鞠躬如也，如不容。

立不中門，行不履閾。

過位，色勃如也，足躩如也，其言似不足者。

攝齊升堂，鞠躬如也，屏氣似不息者。

出，降一等，逞顔色，怡怡如也。

没階，趨進，翼如也。

復其位，踧踖如也。

執圭，鞠躬如也，如不勝。上如揖，下如授。勃如戰色，足蹜蹜如有循。

享禮，有容色。

私覿，愉愉如也。

君子不以紺緅飾，紅紫不以爲褻服。

當暑，袗絺綌，必表而出之。

緇衣，羔裘；素衣，麑裘；黄衣，狐裘。

褻裘長，短右袂。

必有寢衣，長一身有半。

狐貉之厚以居。

去喪，無所不佩。

非帷裳，必殺之。

羔裘玄冠不以弔。

吉月，必朝服而朝。

齊，必有明衣，布。

齊必變食，居必遷坐。

食不厭精，膾不厭細。

食饐而餲，魚餒而肉敗，不食。色惡，不食。臭惡，不食。失飪，不食。不時，不食。割不正，不食。不得其醬，不食。

肉雖多，不使勝食氣。

唯酒無量，不及亂。

沽酒市脯不食。

不撤薑食，不多食。

祭於公，不宿肉。祭肉不出三日。出三日，不食之矣。

食不語，寢不言。

雖疏食菜羹，瓜祭，必齊如也。

席不正，不坐。

鄉人飲酒，杖者出，斯出矣。

鄉人儺，朝服而立於阼階。

問人於他邦，再拜而送之。

康子饋藥，拜而受之。曰：『丘未達，不敢嘗。』

廄焚。子退朝，曰：『傷人乎？』不問馬。

君賜食，必正席先嘗之。君賜腥，必熟而薦之。君賜生，必畜之。

侍食於君，君祭，先飯。

疾，君視之，東首，加朝服，拖紳。

君命召，不俟駕行矣。

入太廟，每事問。

朋友死，無所歸，曰：『於我殯。』

朋友之饋，雖車馬，非祭肉，不拜。

寢不尸，居不客。

見齊衰者，雖狎，必變。見冕者與瞽者，雖褻，必以貌。

凶服者式之。式負版者。

有盛饌，必變色而作。

迅雷風烈必變。

升車，必正立，執綏。

車中，不内顧，不疾言，不親指。

又《顔淵》子張問崇德辨惑。子曰：『主忠信，徙義，崇德也。愛之欲其生，惡之欲其死。既欲其生，又欲其死，是惑也。「誠不以富，亦祇以異。」』

子路無宿諾。

子曰：『博學於文，約之以禮，亦可以弗畔矣夫！』

樊遲從遊於舞雩之下，曰：『敢問崇德，修慝，辨惑。』子曰：『善

哉問！先事後得，非崇德與？攻其惡，無攻人之惡，非修慝與？一朝之忿，忘其身，以及其親，非惑與？』

子貢問友。子曰：『忠告而善道之，不可則止，毋自辱焉。』

曾子曰：『君子以文會友，以友輔仁。』

又《子路》 子曰：『誦《詩》三百，授之以政，不達；使於四方，不能專對；雖多，亦奚以爲？』

子謂衛公子荆，『善居室。始有，曰：「苟合矣。」少有，曰：「苟完矣。」富有，曰：「苟美矣。」』

樊遲問仁。子曰：『居處恭，執事敬，與人忠。雖之夷狄，不可棄也。』

又《憲問》 子曰：『其言之不怍，則爲之也難。』

子曰：『不患人之不己知，患其不能也。』

子曰：『不逆詐，不億不信，抑亦先覺者，是賢乎！』

或曰：『以德報怨，何如？』子曰：『何以報德？以直報怨，以德報德。』

原壤夷俟。子曰：『幼而不孫弟，長而無述焉，老而不死，是爲賊。』以杖叩其脛。

又《衛靈公》 子曰：『人無遠慮，必有近憂。』

子曰：『躬自厚而薄責於人，則遠怨矣。』

子貢問曰：『有一言而可以終身行之者乎？』子曰：『其恕乎！己所不欲，勿施於人。』

子曰：『吾之於人也，誰毁誰譽？如有所譽者，其有所試矣。斯民也，三代之所以直道而行也。』

子曰：『巧言亂德。小不忍，則亂大謀。』

子曰：『衆惡之，必察焉；衆好之，必察焉。』

子曰：『人能弘道，非道弘人。』

子曰：『過而不改，是謂過矣。』

子曰：『吾嘗終日不食，終夜不寢，以思，無益，不如學也。』

子曰：『道不同，不相爲謀。』

子曰：『辭達而已矣。』

又《季氏》 孔子曰：『益者三友，損者三友。友直，友諒，友多聞，益矣。友便辟，友善柔，友便佞，損矣。』

孔子曰：『益者三樂，損者三樂。樂節禮樂，樂道人之善，樂多賢友，益矣。樂驕樂，樂佚遊，樂宴樂，損矣。』

孔子曰：『侍於君子有三愆：言未及之而言謂之躁，言及之而不言謂之隱，未見顔色而言謂之瞽。』

孔子曰：『君子有三戒：少之時，血氣未定，戒之在色；及其壯也，血氣方剛，戒之在鬭；及其老也，血氣既衰，戒之在得。』

孔子曰：『生而知之者上也，學而知之者次也；困而學之，又其次也；困而不學，民斯爲下矣。』

孔子曰：『君子有九思：視思明，聽思聰，色思温，貌思恭，言思忠，事思敬，疑思問，忿思難，見得思義。』【略】

陳亢問於伯魚曰：『子亦有異聞乎？』

對曰：『未也。嘗獨立，鯉趨而過庭。曰：「學詩乎？」對曰：「未也。」「不學詩，無以言。」鯉退而學詩。他日，又獨立，鯉趨而過庭。曰：「學禮乎？」對曰：「未也。」「不學禮，無以立。」鯉退而學禮。聞斯二者。』

陳亢退而喜曰：『問一得三，聞詩，聞禮，又聞君子之遠其子也。』

又《陽貨》 子之武城，聞弦歌之聲。夫子莞爾而笑，曰：『割雞焉用牛刀？』

子游對曰：『昔者偃也聞諸夫子曰：「君子學道則愛人，小人學道則易使也。」』

子曰：『二三子！偃之言是也。前言戲之耳。』

子曰：『由也！女聞六言六蔽矣乎？』對曰：『未也。』

『居！吾語女。好仁不好學，其蔽也愚；好知不好學，其蔽也蕩；好信不好學，其蔽也賊；好直不好學，其蔽也絞；好勇不好學，其蔽也亂；好剛不好學，其蔽也狂。』

子曰：『小子何莫學夫詩？詩，可以興，可以觀，可以羣，可以怨。邇之事父，遠之事君；多識於鳥獸草木之名。』

子謂伯魚曰：『女爲《周南》、《召南》矣乎？人而不爲《周南》、

《召南》，其猶正牆面而立也與？』

子曰：『色厲而內荏，譬諸小人，其猶穿窬之盜也與？』

子曰：『鄉願，德之賊也。』

子曰：『道聽而塗説，德之棄也。』

子曰：『鄙夫可與事君也與哉？其未得之也，患得之。既得之，患失之。苟患失之，無所不至矣。』

子曰：『飽食終日，無所用心，難矣哉！不有博弈者乎？爲之，猶賢乎已。』

又《堯曰》 孔子曰：『不知命，無以爲君子也；不知禮，無以立也；不知言，無以知人也。』

《墨子·脩身》 君子戰雖有陳，而勇爲本焉；喪雖有禮，而哀爲本焉；士雖有學，而行爲本焉。是故置本不安者，無務豐末；近者不親，無務來遠；親戚不附，無務外交；事無終始，無務多業；舉物而闇，無務博聞。是故先王之治天下也，必察邇來遠。君子察邇，脩身也；脩身，見毁而反之身者也，此以怨省而行脩矣。

譖慝之言無入之耳，批扞之聲無出之口，殺傷人之孩無存之心，雖有詆訐之民，無所依矣。故君子力事日彊，願欲日逾，設壯日盛。

君子之道也，貧則見廉，富則見義，生則見愛，死則見哀。四行者，不可虛假反之身者也。藏於心者無以竭愛，動於身者無以竭恭，出於口者無以竭馴。暢之四支，接之肌膚，華髮隳顛而猶弗舍者，其唯聖人乎！

志不彊者智不達，言不信者行不果。據財不能以分人者，不足與友；守道不篤，偏物不博，辯是非不察者，不足與游。本不固者末必幾，雄而不脩者其後必惰，原濁者流不清，行不信者名必秏。名不徒生，而譽不自長，功成名遂，名譽不可虛假，反之身者也。務言而緩行，雖辯必不聽；多力而伐功，雖勞必不圖。慧者心辯而不繁説，多力而不伐功，此以名譽揚天下。言無務爲多而務爲智，無務爲文而務爲察。故彼智與察在身而情，反其路者也。善無主於心者不留，行莫辯於身者不立。名不可簡而成也，譽不可巧而立也，君子以身戴行者也。思利尋焉，忘名忽焉，可以爲士於天下者，未嘗有也。

《管子·小稱》 管子曰：『身不善之患，毋患人莫己知。丹青在山，民知而取之。美珠在淵，民知而取之。是以我有過爲，而民毋過命。民之觀也察矣，不可遁逃，以爲不善。故我有善則立譽我，我有過則立毁我。當民之毁譽也，則莫歸問於家矣。故先王畏民。操名從人，無不彊也。操名去人，無不弱也。雖有天子諸侯，民皆操名而去之，則捐其地而走矣。故先王畏民。在於身者孰爲利？氣與目爲利。聖人得利而託焉，故民重而名遂，我亦託焉。聖人託可好，我託可惡。我託可惡以來美名，又可得乎？愛且不能爲我能也。毛嬙、西施，天下之美人也。盛怨氣於面，不能以爲可好。我且惡面而盛怨氣焉。怨氣見於面，惡言出於口，去惡充以求美名，又可得乎？甚矣！百姓之惡人之有餘忌也，是以長者斷之，短者續之，滿者洫之，虛者實之。』

管子曰：『善罪身者，民不得罪也。不能罪身者，民罪之。故稱身之過者，强也。治身之節者，惠也。不以不善歸人者，仁也。故明王有過，則反之於身；有善，則歸之於民。有過而反之身，則身懼。有善而歸之民，則民喜。往喜民，來懼身，此明王之所以治民也。今夫桀、紂不然，有善則反之於身，有過則歸之於民。歸之於民則民怒，反之於身則身驕。往怒民，來驕身，此其所以失身也。故明王懼聲以感耳，懼氣以感目，以此二者有天下矣，可毋慎乎！匠人有以感斤欘，故繩可得料也。羿有以感弓矢，故彀可得中也。造父有以感轡筴，故遫獸可及，遠道可致。天下者，無常亂，無常治。不善人在則亂，善人在則治，在於既善所以感之也。』

管子曰：『修恭遜敬愛辭讓，除怨無爭，以相逆也，則不失於人矣。嘗試多怨爭利，相爲不遜，則不得其身。大哉！恭遜敬愛之道。吉事可以入察，凶事可以居喪，大以理天下而不益也，小以治一人而不損也。嘗試往之中國諸夏蠻夷之國，以及禽獸昆蟲，皆待此而爲治亂。澤之身則榮，去之身則辱。審行之身毋怠，雖夷貉之民，可化而使之愛。審去之身，雖兄弟父母，可化而使之惡。故之身者使之愛惡，名者使之榮辱。此其變名物也，如天如地，故先王曰道。』

《禮記·曲禮上》 《曲禮》曰：毋不敬，儼若思，安定辭，安民哉！

敖不可長，欲不可從，志不可滿，樂不可極。

賢者狎而敬之，畏而愛之。愛而知其惡，憎而知其善。積而能散，安安而能遷。臨財毋苟得，臨難毋苟免。很毋求勝，分毋求多。疑事毋質，直而勿有。

若夫坐如尸，立如齊。禮從宜，使從俗。【略】

博聞强識而讓，敦善行而不怠，謂之君子。君子不盡人之歡，不竭人之忠，以全交也。【略】

弔喪弗能賻，不問其所費；問疾弗能遺，不問其所欲；見人弗能館，不問其所舍。賜人者不曰來取，與人者不問其所欲。

又《表記》 子曰：『君子不以口譽人，則民作忠。故君子問人之寒則衣之，問人之飢則食之，稱人之美則爵之。《國風》曰：「心之憂矣，於我歸說。」』

子曰：『口惠而實不至，怨菑及其身。是故君子與其有諾責也，寧有已怨。《國風》曰：「言笑晏晏，信誓旦旦。不思其反。反是不思，亦已焉哉！」』

子曰：『君子不以色親人。情疏而貌親，在小人則穿窬之盜也與？』子曰：『情欲信，辭欲巧。』

《大戴禮記·武王踐阼》 武王踐阼，三日，召士大夫而問焉，曰：『惡有藏之約，行之行，萬世可以爲子孫恆者乎？』諸大夫對曰：『未得聞也。』

然後召師尚父而問焉，曰：『黄帝、顓頊之道存乎意，亦忽不可得見與？』

師尚父曰：『在丹書。王欲聞之，則齊矣。』三日，王端冕，師尚父亦端冕，奉書而入，負屏而立。王下堂，南面而立。師尚父曰：『先王之道，不北面。』王行西，折而南，東面而立。

師尚父西面道書之言，曰：『「敬勝怠者吉，怠勝敬者滅，義勝欲者從，欲勝義者凶。凡事不彊則枉，弗敬則不正，枉者滅廢，敬者萬世。」藏之約，行之行，可以爲子孫恆者，此言之謂也。且臣聞之，以仁得之，以仁守之，其量百世；以不仁得之，以仁守之，其量十世；以不仁得之，以不仁守之，必及其世。』

王聞書之言，惕若恐懼，退而爲戒書。於席之四端爲銘焉，於机爲銘焉，於鑑爲銘焉，於盥盤爲銘焉，於楹爲銘焉，於杖爲銘焉，於帶爲銘焉，於履屨爲銘焉，於觴豆爲銘焉，於户爲銘焉，於牖爲銘焉，於劍爲銘焉，於弓爲銘焉，於矛爲銘焉。席前左端之銘曰：『安樂必敬。』前右端之銘曰：『無行可悔。』後左端之銘曰：『一反一側，亦不可以忘。』後右端之銘曰：『所監不遠，視邇所代。』机之銘曰：『皇皇惟敬，口生听，口戕口。』鑑之銘曰：『見爾前，慮爾後。』盥盤之銘曰：『與其溺於人也，寧溺於淵。溺於淵猶可游也，溺於人不可救也。』楹之銘曰：『毋曰胡殘，其禍將然；毋曰胡害，其禍將大；毋曰胡傷，其禍將長。』杖之銘曰：『惡乎危？於忿疐。惡乎失道？於嗜慾。惡乎相忘？於富貴。』帶之銘曰：『火滅脩容，慎戒必恭，恭則壽。』履屨之銘曰：『慎之勞，勞則富。』觴豆之銘曰：『食自杖，食自杖，戒之憍，憍則逃。』户之銘曰：『夫名難得而易失。無懃弗志，而曰我知之乎？無懃弗及，而曰我杖之乎？擾阻以泥之，若風將至，必先搖搖，雖有聖人，不能爲謀也。』牖之銘曰：『隨天之時，以地之財，敬祀皇天，敬以先時。』劍之銘曰：『帶之以爲服，動必行德，行德則興，倍德則崩。』弓之銘曰：『屈伸之義，廢興之行，無忘自過。』矛之銘曰：『造矛造矛，少閒弗忍，終身之羞。』

予一人所聞，以戒後世子孫。

《尸子·四儀》 行有四儀，一曰志動不忘仁，二曰智用不忘義，三曰力事不忘忠，四曰口言不忘信。慎守四儀，以終其身，名功之從之也，猶形之有影聲之有響也。是故志不忘仁則中能寬裕，智不忘義則行有文理，力不忘忠則動無廢功，口不忘信則言若符節若中。寬裕而行文理，動有功而言可信也。雖古之有厚功大名見於四海之外知於萬世之後者，其行身也無以加於此矣。

《孟子·公孫丑上》 孟子曰：『子路，人告之以有過，則喜。禹聞善言，則拜。大舜有大焉，善與人同，捨己從人，樂取於人以爲善。自耕稼、陶、漁以至爲帝，無非取於人者。取諸人以爲善，是與人爲善者也。故君子莫大乎與人爲善。』

又《離婁上》 孟子曰：『不孝有三，無後爲大。舜不告而娶，爲無後也，君子以爲猶告也。』

孟子曰：『仁之實，事親是也；義之實，從兄是也；智之實，知斯

二者弗去是也；禮之實，節文斯二者是也；樂之實，樂斯二者，樂則生矣；生則惡可已也，惡可已，則不知足之蹈之手之舞之。』

孟子曰：『非禮之禮，非義之義，大人弗爲。』

又《離婁下》 孟子曰：『中也養不中，才也養不才，故人樂有賢父兄也。如中也棄不中，才也棄不才，則賢不肖之相去，其間不能以寸。』

孟子曰：『人有不爲也，而後可以有爲。』

孟子曰：『言人之不善，當如後患何？』

孟子曰：『仲尼不爲已甚者。』

孟子曰：『大人者，言不必信，行不必果，惟義所在。』

孟子曰：『大人者，不失其赤子之心者也。』

孟子曰：『養生者不足以當大事，惟送死可以當大事。』

孟子曰：『君子深造之以道，欲其自得之也。自得之，則居之安；居之安，則資之深；資之深，則取之左右逢其原，故君子欲其自得之也。』

孟子曰：『博學而詳説之，將以反説約也。』

孟子曰：『言無實不祥。不祥之實，蔽賢者當之。』

徐子曰：『仲尼亟稱於水，曰「水哉，水哉！」何取於水也？』

孟子曰：『源泉混混，不舍晝夜，盈科而後進，放乎四海。有本者如是，是之取爾。苟爲無本，七八月之閒雨集，溝澮皆盈；其涸也，可立而待也。故聲聞過情，君子恥之。』

孟子曰：『君子之澤五世而斬，小人之澤五世而斬。予未得爲孔子徒也，予私淑諸人也。』

孟子曰：『可以取，可以無取，取傷廉；可以與，可以無與，與傷惠；可以死，可以無死，死傷勇。』【略】

孟子曰：『君子所以異於人者，以其存心也。君子以仁存心，以禮存心。仁者愛人，有禮者敬人。愛人者，人恆愛之；敬人者，人恆敬之。有人於此，其待我以横逆，則君子必自反也：我必不仁也，必無禮也，此物奚宜至哉？其自反而仁矣，自反而有禮矣，其横逆由是也，君子必自反也，我必不忠。自反而忠矣，其横逆由是也，君子曰：「此亦妄人也已矣。如此，則與禽獸奚擇哉？於禽獸又何難焉？」是故君子有終身之憂，無一朝之患也。乃若所憂則有之：舜，人也；我，亦人也。舜爲法於天下，可傳於後世，我由未免爲鄉人也，是則可憂也。憂之如何？如舜而已矣。若夫君子所患則亡矣。非仁無爲也，非禮無行也。如有一朝之患，則君子不患矣。』

又《盡心上》 孟子曰：『盡其心者，知其性也。知其性，則知天矣。存其心，養其性，所以事天也。殀壽不貳，修身以俟之，所以立命也。』

孟子曰：『莫非命也，順受其正；是故知命者不立乎巖牆之下。盡其道而死者，正命也；桎梏死者，非正命也。』

孟子曰：『求則得之，舍則失之，是求有益於得也，求在我者也。求之有道，得之有命，是求無益於得也，求在外者也。』

孟子曰：『萬物皆備於我矣。反身而誠，樂莫大焉。强恕而行，求仁莫近焉。』

孟子曰：『行之而不著焉，習矣而不察焉，終身由之而不知其道者，衆也。』

孟子曰：『人不可以無恥，無恥之恥，無恥矣。』

孟子曰：『恥之於人大矣，爲機變之巧者，無所用恥焉。不恥不若人，何若人有？』【略】

孟子曰：『附之以韓魏之家，如其自視欿然，則過人遠矣。』

孟子曰：『無爲其所不爲，無欲其所不欲，如此而已矣。』【略】

孟子曰：『飢者甘食，渴者甘飲，是未得飲食之正也，飢渴害之也。豈惟口腹有飢渴之害？人心亦皆有害。人能無以飢渴之害爲心害，則不及人不爲憂矣。』【略】

孟子曰：『食而弗愛，豕交之也；愛而不敬，獸畜之也。恭敬者，幣之未將者也。恭敬而無實，君子不可虚拘。』【略】

孟子曰：『於不可已而已者，無所不已。於所厚者薄，無所不薄也。其進鋭者，其退速。』

又《盡心下》 孟子曰：『身不行道，不行於妻子；使人不以道，不能行於妻子。』

孟子曰：『周于利者凶年不能殺，周于德者邪世不能亂。』【略】

孟子曰：『人皆有所不忍，達之於其所忍，仁也；人皆有所不爲，達之於其所爲，義也。人能充無欲害人之心，而仁不可勝用也；人能充無穿踰之心，而義不可勝用也；人能充無受爾汝之實，無所往而不爲義也。士未可以言而言，是以言餂之也；可以言而不言，是以不言餂之也，是皆穿踰之類也。』【略】

孟子曰：『養心莫善於寡欲。其爲人也寡欲，雖有不存焉者，寡矣；其爲人也多欲，雖有存焉者，寡矣。』

《莊子・繕性》 繕性於俗學，以求復其初；滑欲於俗思，以求致其明；謂之蔽蒙之民。古之治道者，以恬養知；知生而無以知爲也，謂之以知養恬。知與恬交相養而和理出其性。［夫德，和也；道，理也。德無不容，仁也；道無不理，義也；義明而物親，忠也；中純實而反乎情，樂也；信行容體而順乎文，禮也。禮樂偏行，則天下亂矣。］彼正而蒙己德，德則不冒，冒則物必失其性也。

又《達生》 工倕旋而蓋規矩，指與物化而不以心稽，故其靈臺一而不桎。忘足，屨之適也；忘要帶之適也；忘是非，心之適也；不內變，不外從，事會之適也。始乎適而未嘗不適者，忘適之適也。

又《庚桑楚》 備物以將形，藏不虞以生心，敬中以達彼，若是而萬惡至者，皆天也，而非人也，不足以滑成，不可內於靈臺。靈臺者有持，而不知其所持，而不可持者也。

不見其誠己而發，每發而不當，業入而不舍，每更爲失。爲不善乎顯明之中者，人得而誅之；爲不善乎幽闇之中者，鬼得而誅之。明乎人，明乎鬼者，然後能獨行。

券內者，行乎無名；券外者，志乎期費。行乎無名者，唯庸有光；志乎期費者，唯賈人也，人見其跂，猶之魁然。與物窮者，物入焉；與物且者，其身之不能容，焉能容人！不能容人者無親，無親者盡人。兵莫憯於志，鏌鋣爲下；寇莫大於陰陽，無所逃於天地之間。非陰陽賊之，心則使之也。【略】

徹志之勃，解心之謬，去德之累，達道之塞。貴富顯嚴名利六者，勃志也。容動色理氣意六者，謬心也。惡欲喜怒哀樂六者，累德也。去就取與知能六者，塞道也。此四六者不盪胸中則正，正則靜，靜則明，明則虛，虛則無爲而無不爲也。道者，德之欽也；生者，德之光也；性者，生之質也。性之動，謂之爲；爲之僞，謂之失。知者，接也；知者，謨也；知者之所不知，猶睨也。動以不得已之謂德，動而非我之謂治，名相反而實相順也。【略】

介者侈畫，外非譽也；胥靡登高而不懼，遺死生也。夫復謵不餽而忘人，忘人，因以爲天人矣。故敬之而不喜，侮之而不怒者，唯同乎天和者爲然。出怒不怒，則怒出於不怒矣；出爲無爲，則爲出於無爲矣。欲靜則平氣，欲神則順心，有爲也欲當，則緣於不得已，不得已之類，聖人之道。

又《列禦寇》 賊莫大乎德有心而心有睫，及其有睫也而內視，內視而敗矣。凶德有五，中德爲首。何爲中德？中德也者，有以自好也而吡其所不爲者也。

窮有八極，達有三必，形有六府。美髯長大壯麗勇敢，八者俱過人也，因以是窮。緣循，偃佒，困畏不若人，三者俱通達。智慧外通，勇動多怨，仁義多責。達生之情者傀，達於知者肖；達大命者隨，達小命者遭。

《荀子・勸學篇》 君子曰：學不可以已。青，取之於藍而青於藍；冰，水爲之而寒於水。木直中繩，輮以爲輪，其曲中規，雖有槁暴，不復挺者，輮使之然也。故木受繩則直，金就礪則利，君子博學而日參省乎己，則知明而行無過矣。故不登高山，不知天之高也；不臨深谿，不知地之厚也；不聞先王之遺言，不知學問之大也。干、越、夷、貉之子，生而同聲，長而異俗，教使之然也。《詩》曰：『嗟爾君子，無恆安息。靖共爾位，好是正直。神之聽之，介爾景福。』神莫大於化道，福莫長於無禍。吾嘗終日而思矣，不如須臾之所學也。吾嘗跂而望矣，不如登高之博見也。登高而招，臂非加長也，而見者遠；順風而呼，聲非加疾也，而聞者彰。假輿馬者，非利足也，而致千里；假舟檝者，非能水也，而絕江河。君子生非異也，善假於物也。南方有鳥焉，名曰蒙鳩，以羽爲巢而編之以髮，繫之葦苕，風至苕折，卵破子死。巢非不完也，所繫者然也。西方有木焉，名曰射干，莖長四寸，生於高山之上而臨百仞之淵；木莖非能長也，所立者然也。蓬生麻中，不扶而直。蘭槐之根是爲芷。其

漸之滫，君子不近，庶人不服，其質非不美也，所漸者然也。故君子居必擇鄉，遊必就士，所以防邪僻而近中正也。物類之起，必有所始。榮辱之來，必象其德。肉腐出蟲，魚枯生蠹。怠慢忘身，禍災乃作。强自取柱，柔自取束。邪穢在身，怨之所構。施薪若一，火就燥也；平地若一，水就溼也。草木疇生，禽獸羣焉，物各從其類也。是故質的張而弓矢至焉，林木茂而斧斤至焉，樹成陰而衆鳥息焉，醯酸而蜹聚焉。故言有召禍也，行有招辱也，君子慎其所立乎！

積土成山，風雨興焉；積水成淵，蛟龍生焉；積善成德，而神明自得，聖心備焉。故不積跬步，無以至千里；不積小流，無以成江海。騏驥一躍，不能十步；駑馬十駕，功在不舍。鍥而舍之，朽木不折；鍥而不舍，金石可鏤。螾無爪牙之利，筋骨之强，上食埃土，下飲黄泉，用心一也。蟹六跪而二螯，非虵蟺之穴無可寄託者，用心躁也。是故無冥冥之志者無昭昭之明，無惛惛之事者無赫赫之功。行衢道者不至，事兩君者不容。目不能兩視而明，耳不能兩聽而聰。螣蛇無足而飛，梧鼠五技而窮。《詩》曰：『尸鳩在桑，其子七兮。淑人君子，其儀一兮。其儀一兮，心如結兮。』故君子結於一也。

昔者瓠巴鼓瑟而流魚出聽，伯牙鼓琴而六馬仰秣。故聲無小而不聞，行無隱而不形；玉在山而草木潤，淵生珠而崖不枯。爲善不積邪，安有不聞者乎？學惡乎始？惡乎終？曰：其數則始乎誦經，終乎讀禮；其義則始乎爲士，終乎爲聖人。真積力久則入，學至乎没而後止也。故學數有終，若其義則不可須臾舍也。爲之，人也；舍之，禽獸也。故《書》者，政事之紀也；《詩》者，中聲之所止也；《禮》者，法之大分，類之綱紀也，故學至乎《禮》而止矣。夫是之謂道德之極。《禮》之敬文也，《樂》之中和也，《詩》、《書》之博也，《春秋》之微也，在天地之間者畢矣。君子之學也，入乎耳，箸乎心，布乎四體，形乎動静，端而言，蝡而動，一可以爲法則。小人之學也，入乎耳，出乎口。口耳之閒則四寸耳，曷足以美七尺之軀哉！古之學者爲己，今之學者爲人。君子之學也，以美其身；小人之學也，以爲禽犢。故不問而告謂之傲，問一而告二謂之囋。傲，非也；囋，非也；君子如嚮矣。學莫便乎近其人。《禮》、《樂》法而不說，《詩》、《書》故而不切，《春秋》約而不速。方其人之習君子之說，則尊以徧矣，周於世矣。故曰學莫便乎近其人。學之經莫速乎好其人，隆禮次之。上不能好其人，下不能隆禮，安特將學雜識志，順《詩》、《書》而已耳，則末世窮年，不免爲陋儒而已。將原先王，本仁義，則禮正其經緯蹊徑也。若挈裘領，詘五指而頓之，順者不可勝數也。不道禮憲，以《詩》、《書》爲之，譬之猶以指測河也，以戈舂黍也，以錐飡壺也，不可以得之矣。故隆禮，雖未明，法士也；不隆禮，雖察辯，散儒也。問楛者勿告也，告楛者勿問也，說楛者勿聽也，有争氣者勿與辯也。故必由其道至，然後接之，非其道則避之。故禮恭而後可與言道之方，辭順而後可與言道之理，色從而後可與言道之致。故未可與言而言謂之傲，可與言而不言謂之隱，不觀氣色而言謂之瞽。故君子不傲，不隱，不瞽，謹順其《詩》曰：『匪交匪舒，天子所予。』此之謂也。

百發失一，不足謂善射；千里蹞步不至，不足謂善御；倫類不通，仁義不一，不足謂善學。學也者，固學一之也。一出焉，一入焉，涂巷之人也。其善者少，不善者多，桀、紂、盜跖也。全之盡之，然後學者也。君子知夫不全不粹之不足以爲美也，故誦數以貫之，思索以通之，爲其人以處之，除其害者以持養之，使目非是無欲見也，使耳非是無欲聞也，使口非是無欲言也，使心非是無欲慮也。及至其致好之也，目好之五色，耳好之五聲，口好之五味，心利之有天下。是故權利不能傾也，羣衆不能移也，天下不能蕩也。生乎由是，死乎由是，夫是之謂德操。德操然後能定，能定然後能應，能定能應，夫是之謂成人。天見其明，地見其光，君子貴其全也。

又《修身篇》　見善，修然必以自存也；見不善，愀然必以自省也。善在身，介然必以自好也；不善在身，菑然必以自惡也。故非我而當者，吾師也；是我而當者，吾友也；諂諛我者，吾賊也。故君子隆師而親友，以致惡其賊。好善無厭，受諫而能誡，雖欲無進，得乎哉！小人反是，致亂而惡人之非己也，致不肖而欲人之賢己也，心如虎狼、行如禽獸而又惡人之賊己也。諂諛者親，諫争者疏，修正爲笑，至忠爲賊，雖欲無滅亡，得乎哉！《詩》曰：『噏噏呰呰，亦孔之哀。謀之其臧，則具是違；謀之不臧，則具是依。』此之謂也。

扁善之度，以治氣養生則後彭祖，以修身自名則配堯、禹。宜於時

通，利以處窮，禮信是也。凡用血氣、志意、知慮，由禮則治通，不由禮則勃亂提慢；食飲、衣服、居處、動静，由禮則和節，不由禮則觸陷生疾；容貌、態度、進退、趨行，由禮則雅，不由禮則夷固僻違，庸衆而野。故人無禮則不生，事無禮則不成，國家無禮則不寧。《詩》曰：『禮儀卒度，笑語卒獲。』此之謂也。

以善先人者謂之教，以善和人者謂之順；以不善先人者謂之諂，以不善和人者謂之諛。是是、非非謂之知，非是、是非謂之愚。傷良曰讒，害良曰賊。是謂是、非謂非曰直。竊貨曰盜，匿行曰詐，易言曰誕，趣舍無定謂之無常，保利棄義謂之至賊。多聞曰博，少聞曰淺；多見曰閑，少見曰陋。難進曰偍，易忘曰漏。少而理曰治，多而亂曰秏。

治氣養心之術：血氣剛强，則柔之以調和；知慮漸深，則一之以易良；勇膽猛戾，則輔之以道順；齊給便利，則節之以動止；狹隘褊小，則廓之以廣大；卑溼、重遲、貪利，則抗之以高志；庸衆駑散，則刦之以師友；怠慢僄棄，則炤之以禍災；愚款端愨，則合之以禮樂，通之以思索。凡治氣養心之術，莫徑由禮，莫要得師，莫神一好。夫是之謂治氣養心之術也。

志意修則驕富貴，道義重則輕王公，内省而外物輕矣。傳曰：『君子役物，小人役於物。』此之謂矣。身勞而心安，爲之；利少而義多，爲之。事亂君而通，不如事窮君而順焉。故良農不爲水旱不耕，良賈不爲折閲不市，士君子不爲貧窮怠乎道。

體恭敬而心忠信，術禮義而情愛人，横行天下，雖困四夷，人莫不貴。勞苦之事則争先，饒樂之事則能讓，端愨誠信，拘守而詳，横行天下，雖困四夷，人莫不任。體倨固而心執詐，術順墨而精雜汙，横行天下，雖達四方，人莫不賤。勞苦之事則偷儒轉脱，饒樂之事則佞兑而不曲，辟違而不愨，程役而不録，横行天下，雖達四方，人莫不棄。

行而供冀，非漬淖也；行而俯項，非擊戾也；偶視而先俯，非恐懼也。然夫士欲獨修其身，不以得罪於比俗之人也。

夫驥一日而千里，駑馬十駕則亦及之矣。將以窮無窮，逐無極與？其折骨絶筋，終身不可以相及也。將有所止之，則千里雖遠，亦或遲或速、或先或後，胡爲乎其不可以相及也？不識步道者，將以窮無窮逐無極與？意亦有所止之與？夫堅白、同異、有厚無厚之察，非不察也，然而君子不辯，止之也；倚魁之行，非不難也，然而君子不行，止之也。故學曰：『遲彼止而待我，我行而就之，則亦或遲或速，或先或後，胡爲乎其不可以同至也？』故跬步而不休，跛鱉千里；累土而不輟，丘山崇成；厭其源，開其瀆，江河可竭；一進一退，一左一右，六驥不致。彼人之才性之相縣也，豈若跛鱉之與六驥足哉？然而跛鱉致之，六驥不致，是無他故焉，或爲之，或不爲爾。

道雖邇，不行不至；事雖小，不爲不成。其爲人也多暇日者，其出入不遠矣。好法而行，士也；篤志而體，君子也；齊明而不竭，聖人也。人無法，則倀倀然；有法而無志其義，則渠渠然；依乎法而又深其類，然後温温然。

禮者，所以正身也；師者，所以正禮也。無禮何以正身？無師，吾安知禮之爲是也？禮然而然，則是情安禮也；師云而云，則是知若師也。情安禮，知若師，則是聖人也。故非禮，是無法也；非師，是無師也。不是師法而好自用，譬之是猶以盲辨色，以聾辨聲也，舍亂妄無爲也。故學也者，禮法也。夫師，以身爲正儀而貴自安者也。《詩》云：『不識不知，順帝之則。』此之謂也。

端愨順弟，則可謂善少者矣；加好學遜敏焉，則有鈞無上，可以爲君子者矣。偷儒憚事，無廉恥而嗜乎飲食，則可謂惡少者矣；加惕悍而不順，險賊而不弟焉，則可謂不詳少者矣，雖陷刑戮可也。老老而壯者歸焉，不窮窮而通者積焉，行乎冥冥而施乎無報，而賢不肖一焉。人有此三行，雖有大過，天其不遂乎。

君子之求利也略，其遠害也早，其避辱也懼，其行道理也勇。君子貧窮而志廣，富貴而體恭，安燕而血氣不惰，勞勌在容貌不枯，怒不過奪，喜不過予。君子貧窮而志廣，隆仁也；富貴而體恭，殺埶也；安燕而血氣不惰，柬理也；勞倦而容貌不枯，好交也。怒不過奪，喜不過予，是法勝私也。《書》曰：『無有作好，遵王之道；無有作惡，遵王之路。』此言君子之能以公義勝私欲也。

又《榮辱篇》 憍泄者，人之殃也。恭儉者，偋五兵也。雖有戈矛之刺，不如恭儉之利也。故與人善言，煖於布帛；傷人之言，深於矛戟。

故薄薄之地，不得履之。非地不安也。危足無所履者，凡在言也。巨涂則讓，小涂則殆，雖欲不謹，若云不使。

快快而亡者，怒也；察察而殘者，忮也；博而窮者，訾也；清之而俞濁者，口也；豢之而俞瘠者，交也；辯而不説者，争也；直立而不見知者，勝也；廉而不見貴者，劌也；勇而不見憚者，貪也；信而不見敬者，好剸行也；此小人之所務而君子之所不爲也。

鬭者，忘其身者也，忘其親者也，忘其君者也。行其少頃之怒而喪終身之軀，然且爲之，是忘其身也；室家立殘，親戚不免乎刑戮，然且爲之，是忘其親也；君上之所惡也，刑法之所大禁也，然且爲之，是忘其君也。憂忘其身，内忘其親，上忘其君，是刑法之所不舍也，聖王之所不畜也。乳彘觸虎，乳狗不遠遊，不忘其親也。人也，憂忘其身，内忘其親，上忘其君，則是人也而曾狗彘之不若也。凡鬭者，必自以爲是而以人爲非也。己誠是也，人誠非也，則是己君子而人小人也，以君子與小人相賊害也。憂以忘其身，内以忘其親，上以忘其君，豈不過甚矣哉！是人也，所謂『以狐父之戈钃牛矢』也。將以爲智邪？則愚莫大焉。將以爲利邪？則害莫大焉。將以爲榮邪？則辱莫大焉。將以爲安邪？則危莫大焉。人之有鬭，何哉？我欲屬之狂惑疾病邪，則不可，聖王又誅之。我欲屬之鳥鼠禽獸邪，則不可，其形體又人，而好惡多同。人之有鬭，何哉？我甚醜之！

有狗彘之勇者，有賈盗之勇者，有小人之勇者，有士君子之勇者；争飲食，無廉恥，不知是非，不辟死傷，不畏衆彊，恈恈然唯利飲食之見，是猶彘之勇也。爲事利，争貨財，無辭讓，果敢而振，猛貪而戾，恈恈然唯利之見，是賈盗之勇也。輕死而暴，是小人之勇也。義之所在，不傾於權，不顧其利，舉國而與之不爲改視，重死持義而不橈，是士君子之勇也。

鯈𩵨者，浮陽之魚也，胠於沙而思水，則無逮矣。挂於患而欲謹，則無益矣。自知者不怨人，知命者不怨天，怨人者窮，怨天者無志。失之己，反之人，豈不迂乎哉！

榮辱之大分，安危利害之常體：先義而後利者榮，先利而後義者辱；榮者常通，辱者常窮；通者常制人，窮者常制於人：是榮辱之大分也。材慤者常安利，蕩悍者常危害；安利者常樂易，危害者常憂險，樂易者常壽長，憂險者常夭折：是安危利害之常體也。夫天生蒸民，有所以取之。志意致修，德行致厚，智慮致明，是天子之所以取天下也。政令法，舉措時，聽斷公，上則能順天子之命，下則能保百姓，是諸侯之所以取國家也。志行修，臨官治，上則能順上，下則能保其職，是士大夫之所以取田邑也。循法則、度量、刑辟、圖籍，不知其義，謹守其數，慎不敢損益也，父子相傳，以持王公，是故三代雖亡，治法猶存，是官人百吏之所以取禄秩也。孝弟原慤，軥録疾力，以敦比其事業而不敢怠傲，是庶人之所以取煖衣飽食，長生久視，以免於刑戮也。飾邪説，文姦言，爲倚事，陶誕、突盗，惕、悍、憍、暴，以偷生反側於亂世之閒，是姦人之所以取危辱死刑也。其慮之不深，其擇之不謹，其定取舍楛僈，是其所以危也。材性知能，君子小人一也。好榮惡辱，好利惡害，是君子小人之所同也，若其所以求之之道則異矣。小人也者，疾爲誕而欲人之信己也，疾爲詐而欲人之親己也，禽獸之行而欲人之善己也。慮之難知也，行之難安也，持之難立也，成則必不得其所好，必遇其所惡焉。故君子者，信矣，而亦欲人之信己也；忠矣，而亦欲人之親己也；修正治辨矣，而亦欲人之善己也。慮之易知也，行之易安也，持之易立也，成則必得其所好，必不遇其所惡焉。是故窮則不隱，通則大明，身死而名彌白。小人莫不延頸舉踵而願曰：『知慮材性，固有以賢人矣。』夫不知其與己無以異也，則君子注錯之當，而小人注錯之過也。故孰察小人之知能，足以知其有餘，可以爲君子之所爲也。譬之越人安越，楚人安楚，君子安雅，是非知能材性然也，是注錯習俗之節異也。仁義德行，常安之術也，然而未必不危也；汙僈、突盗，常危之術也，然而未必不安也。故君子道其常而小人道其怪。凡人有所一同：飢而欲食，寒而欲煖，勞而欲息，好利而惡害，是人之所生而有也，是無待而然者也，是禹、桀之所同也。目辨白黑美惡，耳辨音聲清濁，口辨酸鹹甘苦，鼻辨芬芳腥臊，骨體膚理辨寒暑疾養，是又人之所常生而有也，是無待而然者也，是禹、桀之所同也。可以爲堯、禹，可以爲桀、跖，可以爲工匠，可以爲農賈，在埶注錯習俗之所積耳，是又人之所生而有也，是無待而然者也，是禹、桀之所同也。則堯、禹則常安榮，爲桀、跖則常危辱；爲堯、禹則常愉佚，爲工匠農賈

則常煩勞。然而人力爲此而寡爲彼，何也？曰：陋也。堯、禹者，非生而具者也，夫起於變故，成乎修修之爲，待盡而後備者也。人之生固小人，無師無法則唯利之見耳。人之生固小人，又以遇亂世，得亂俗，是以小重小也，以亂得亂也。君子非得埶以臨之，則無由得開內焉。今是人之口腹，安知禮義？安知辭讓？安知廉恥隅積？亦呥呥而嚌，鄉鄉而飽已矣。人無師無法，則其心正其口腹也。今使人生而未嘗睹芻豢稻粱也，惟菽藿糟糠之爲睹，則以至足爲在此也。俄而粲然有秉芻豢稻粱而至者，則瞲然視之曰：『此何怪也？』彼臭之而無嗛於鼻，嘗之而甘於口，食之而安於體，則莫不棄此而取彼矣。今以夫先王之道，仁義之統，以相羣居，以相持養，以相藩飾，以相安固邪？以夫桀、跖之道，是其爲相懸也，幾直夫芻豢稻粱之縣糟糠爾哉！然而人力爲此而寡爲彼，何也？曰：陋也。陋也者，天下之公患也，人之大殃大害也。故曰：仁者好告示人。告之示之，靡之儇之，鈆之重之，則夫塞者俄且通也，陋者俄且僩也，愚者俄且知也。是若不行，則湯、武在上曷益？桀、紂在上曷損？湯、武存則天下從而治，桀、紂存則天下從而亂。如是者，豈非人之情固可與如此，可與如彼也哉！

人之情，食欲有芻豢，衣欲有文繡，行欲有輿馬，又欲夫餘財蓄積之富也，然而窮年累世不知不足，是人之情也。今人之生也，方知蓄雞狗猪彘，又蓄牛羊，然而食不敢有酒肉；餘刀布，有囷窌，然而衣不敢有絲帛；約者有筐篋之藏，然而行不敢有輿馬。是何也？非不欲也，幾不長慮顧後而恐無以繼之故也。於是又節用御欲，收斂蓄藏以繼之也，是於己長慮顧後，幾不甚善矣哉！今夫偷生淺知之屬，曾此而不知也，糧食大侈，不顧其後，俄則屈安窮矣，是其所以不免於凍餓，操瓢囊爲溝壑中瘠者也。況夫先王之道，仁義之統，《詩》、《書》、《禮》、《樂》之分乎。彼固天下之大慮也，將爲天下生民之屬長慮顧後而保萬世也，其㳅長矣，其温厚矣，其功盛姚遠矣，非孰修爲之君子莫之能知也。故曰：短綆不可以汲深井之泉，知不幾者不可與及聖人之言。夫《詩》、《書》、《禮》、《樂》之分，固非庸人之所知也。故曰：一之而可再也，有之而可久也，廣之而可通也，慮之而可安也，反鈆察之而俞可好也。以治情則利，以爲名則榮，以羣則和，以獨則足，樂意者其是邪？夫貴爲天子，富有天下，是人情之所同欲也。然則從人之欲則埶不能容，物不能贍也。故先王案爲之制禮義以分之，使有貴賤之等，長幼之差，知愚、能不能之分，皆使人載其事而各得其宜，然後使愨祿多少厚薄之稱，是夫羣居和一之道也。故仁人在上，則農以力盡田，賈以察盡財，百工以巧盡械器，士大夫以上至於公侯，莫不以仁厚知能盡官職，夫是之謂至平。故或祿天下而不自以爲多，或監門、御旅、抱關、擊柝而不自以爲寡。故曰：『斬而齊，枉而順，不同而一。』夫是之謂人倫。《詩》曰：『受小共大共，爲下國駿蒙。』此之謂也。

又《非相》 人有三不祥：幼而不肯事長，賤而不肯事貴，不肖而不肯事賢，是人之三不祥也。人有三必窮：爲上則不能愛下，爲下則好非其上，是人之一必窮也。鄉則不若，偝則謾之，是人之二必窮也。知行淺薄，曲直有以相縣矣，然而仁人不能推，知士不能明，是人之三必窮也。人有此三數行者，以爲上則必危，爲下則必滅。詩曰：『雨雪瀌瀌，宴然聿消。莫肯下隧，式居屢驕。』此之謂也。

《韓非子・解老》 人無愚智，莫不有趨舍。恬淡平安，莫不知禍福之所由來。得於好惡，怵於淫物，而後變亂。所以然者，引於外物，亂於玩好也。恬淡有趨舍之義，平安知禍福之計。而今也玩好變之，外物引之，引之而往，故曰：『拔。』至聖人不然，一建其趨舍，雖見所好之物不能引，不能引之謂不拔。一於其情，雖有可欲之類，神不爲動，神不爲動之謂不脫。爲人子孫者體此道，以守宗廟不滅之謂祭祀不絕。身以積精爲德，家以資財爲德，鄉國天下皆以民爲德。今治身而外物不能亂其精神，故曰：『脩之身，其德乃真。』真者，慎之固也。治家，無用之物不能動其計則資有餘，故曰：『脩之家，其德有餘。』治鄉者行此節，則家之有餘者益衆，故曰：『脩之鄉，其德乃長。』治邦者行此節，則鄉之有德者益衆，故曰：『脩之邦，其德乃豐。』莅天下者行此節，則民之生莫不受其澤，故曰：『脩之天下，其德乃普。』脩身者以此別君子小人，治鄉治邦莅天下者各以此科適觀息耗則萬不失一，故曰：『以身觀身，以家觀家，以鄉觀鄉，以邦觀邦，以天下觀天下，吾奚以知天下之然也以此。』

《列子・楊朱篇》 鬻子曰：『去名者無憂。』老子曰：『名者實之賓。』而悠悠者趨名不已。名固不可去，名固不可賓邪？今有名則尊榮，

亡名則卑辱。尊榮則逸樂，卑辱則憂苦。憂苦，犯性者也；逸樂，順性者也。斯實之所係矣。名胡可去？名胡可賓？但惡夫守名而累實。守名而累實，將恤危亡之不救，豈徒逸樂憂苦之間哉？

又《說符篇》　子列子學於壺丘子林。壺丘子林曰：『子知持後，則可言持身矣。』列子曰：『願聞持後。』曰：『顧若影，則知之。』列子顧而觀影：形枉則影曲，形直則影正。然則枉直隨形而不在影，屈申任物而不在我。此之謂持後而處先。關尹謂子列子曰：『言美則響美，言惡則響惡；身長則影長，身短則影短。名也者，響也；身也者，影也。故曰：慎爾言，將有和之；慎爾行，將有隨之。是故聖人見出以知入，觀往以知來，此其所以先知之理也。度在身，稽在人。人愛我，我必愛之；人惡我，我必惡之。湯武愛天下，故王；桀紂惡天下，故亡，此所稽也。稽度皆明而不道也，譬之出不由門，行不從徑也。以是求利，不亦難乎？嘗觀之《神農》、《有炎》之德，稽之虞、夏、商、周之書，度諸法士賢人之言，所以存亡廢興而非由此道者，未之有也。』嚴恢曰：『所爲問道者爲富。今得珠亦富矣，安用道？』子列子曰：『桀紂唯重利而輕道，是以亡。幸哉余未汝語也。人而無義，唯食而已，是雞狗也。彊食靡角，勝者爲制，是禽獸也。爲雞狗禽獸矣，而欲人之尊己，不可得也。人不尊己，則危辱及之矣。』

《馬王堆漢墓帛書・黄帝四經・十大經・雌雄節》　皇后（屯歷）［洞歷］吉凶之（常）［祥］，以辨雌雄之節，乃分過福之嚮。（憲）［顯］傲驕倨，是謂雄節；［晃濕］［委燮］恭儉，是謂雌節。夫雄節者，（涅）［盈］之徒也。雌節者，（兼）［謙］之徒也。夫雄節以得，乃不爲福；雌節以亡，必將有賞。夫雄節而數得，是謂積殃；凶憂重至，幾於死亡。雌節而數亡，是謂積德，慎戒毋法，大祿將極。

凡彼禍（難）［福］也，先者恆凶，後者恆吉。先而不凶者，恆備雌節存也。後［而不吉者，是］恆備雄節存也。先亦不凶，後亦不凶，是恆備雌節存也。先亦不吉，後亦不吉，是恆備雄節存也。

凡人好用雄節，是謂妨生。大人則毀，小人則亡。以守不寧，以作事［不成。以求不得，以戰不］克。厥身不壽，子孫不殖。是謂凶節，是謂散德。凡人好用［雌節］，是謂承祿。富者則昌，貧者則穀。以守則寧，以作事則成。以求則得，以戰則克。厥身則［壽，子孫則殖。是謂吉］節，是謂（絝）［洿］德。故德積者昌，［殃］積者亡。觀其所積，乃知［禍福］之嚮。

又《行守》　天有恆幹，地有恆常，與民共事，與神同［光］。驕（洫）［溢］好爭，陰謀不祥，刑於雄節，危於死亡。奪之而無予，其國乃不遂亡。近則將之，遠則行之。逆節萌生，其誰肯當之。天惡高，地惡廣，人惡苛。高而不已，天［將］（闕）［蹶］土〈之〉；廣而不已，地將絕之；苛而不已，人將殺之。

有人將來，唯止瞻之。言之壹，行之壹，得而勿失。［言］之采，行之（配）［枭］，得而勿以。是故言者心之符［也］，色者心之華也，氣者心之浮也。有一言，無一行，謂之誣。故言（寺）［持］首，行（志）［持］卒。直木伐，直人殺。無形無名，先天地生，至今未成。

中庸之道論分部

論説

《清華大學藏戰國竹簡・保訓》　隹王五十年，不豫。王念日之多歷，恐墜寶訓。戊子自靧水。己丑昧［爽］□□□□□□□□。［王］若曰：『發，朕疾壼甚，恐不汝及訓。昔前人傳寶，必受之以詷。今朕疾允病，恐弗堪終汝以書受之。欽哉！勿淫！昔舜舊作小人，親耕于歷丘，恐求中。自稽厥志，不違于庶萬姓之多欲。厥有施於上下遠邇，乃易位設稽，測陰陽之物，咸順不逆。舜既得中，言不易實變名，身茲備，隹允。翼翼不解，用作三降之德。帝堯嘉之，用授厥緒。嗚呼，祗之哉！昔微假中於河，以復有易，有易服厥罪。微無害，乃歸中于河。微志弗忘，傳貽子孫，至于成湯，祗服不解，用受大命。嗚呼！發，敬哉！朕聞茲不久，命未又所延，今汝祗服毋解，其有所由矣，不及爾身受大命，敬哉！毋淫！日不足隹宿不詳。』

《禮記・中庸》　天命之謂性，率性之謂道，脩道之謂教。道也者，不可須臾離也，可離非道也。是故君子戒慎乎其所不睹，恐懼乎其所不聞。莫見乎隱，莫顯乎微，故君子慎其獨也。喜怒哀樂之未發謂之中，發而皆中節謂之和。中也者，天下之大本也；和也者，天下之達道也。致中和，天地位焉，萬物育焉。

仲尼曰：『君子中庸，小人反中庸。君子之中庸也，君子而時中；小人之中庸也，小人而無忌憚也。』

子曰：『中庸其至矣乎！民鮮能久矣。』

子曰：『道之不行也，我知之矣：知者過之，愚者不及也。道之不明也，我知之矣：賢者過之，不肖者不及也。人莫不飲食也，鮮能知味也。』子曰：『道其不行矣夫！』

子曰：『舜其大知也與！舜好問而好察邇言，隱惡而揚善，執其兩端，用其中於民，其斯以爲舜乎！』

子曰：『人皆曰予知，驅而納諸罟擭陷阱之中，而莫之知辟也。人皆曰予知，擇乎中庸而不能期月守也。』

子曰：『回之爲人也，擇乎中庸，得一善，則拳拳服膺而弗失之矣。』

子曰：『天下國家可均也，爵禄可辭也，白刃可蹈也，中庸不可能也。』

子路問强，子曰：『南方之强與？北方之强與？抑而强與？寬柔以教，不報無道，南方之强也，君子居之。衽金革，死而不厭，北方之强也，而强者居之。故君子和而不流，强哉矯；中立而不倚，强哉矯；國有道不變塞焉，强哉矯；國無道至死不變，强哉矯。』

子曰：『素隱行怪，後世有述焉，吾弗爲之矣。君子遵道而行，半塗而廢，吾弗能已矣。君子依乎中庸，遁世不見知而不悔，唯聖者能之。』

君子之道費而隱，夫婦之愚可以與知焉；及其至也，雖聖人亦有所不知焉。夫婦之不肖，可以能行焉；及其至也，雖聖人亦有所不能焉。天地之大也，人猶有所憾。故君子語大，天下莫能載焉；語小，天下莫能破焉。《詩》云：『鳶飛戾天，魚躍于淵。』言其上下察也。君子之道，造端乎夫婦，及其至也，察乎天地。

子曰：『道不遠人，人之爲道而遠人，不可以爲道。《詩》云：「伐柯伐柯，其則不遠。」執柯以伐柯，睨而視之，猶以爲遠。故君子以人治人，改而止。忠恕違道不遠，施諸己而不願，亦勿施於人。君子之道四，丘未能一焉。所求乎子，以事父未能也；所求乎臣，以事君未能也；所求乎弟，以事兄未能也；所求乎朋友，先施之未能也。庸德之行，庸言之謹，有所不足，不敢不勉，有餘，不敢盡，言顧行，行顧言，君子胡不慥慥爾。』

君子素其位而行，不願乎其外。素富貴行乎富貴，素貧賤行乎貧賤，素夷狄行乎夷狄，素患難行乎患難，君子無入而不自得焉。在上位，不陵下；在下位，不援上。正己而不求於人，則無怨。上不怨天，下不尤人。故君子居易以俟命，小人行險以徼幸。子曰：『射有似乎君子，失諸正鵠，反求諸其身。』

君子之道，辟如行遠必自邇，辟如登高必自卑。《詩》曰：『妻子好合，如鼓瑟琴。兄弟既翕，和樂且耽。宜爾室家，樂爾妻帑。』子曰：『父母其順矣乎！』【略】

哀公問政。子曰：『文武之政，布在方策，其人存則其政舉，其人亡則其政息。人道敏政，地道敏樹。夫政也者，蒲盧也。故爲政在人，取人以身，脩身以道，脩道以仁。仁者，人也，親親爲大；義者，宜也，尊賢爲大。親親之殺，尊賢之等，禮所生也。在下位不獲乎上，民不可得而治矣。故君子不可以不脩身，思脩身不可以不事親，思事親不可以不知人，思知人不可以不知天。天下之達道五，所以行之者三。曰君臣也，父子也，夫婦也，昆弟也，朋友之交也，五者天下之達道也。知、仁、勇三者，天下之達德也，所以行之者一也。或生而知之，或學而知之，或困而知之，及其知之，一也。或安而行之，或利而行之，或勉强而行之，及其成功，一也。』

子曰：『好學近乎知，力行近乎仁，知恥近乎勇。知斯三者，則知所以脩身；知所以脩身，則知所以治人；知所以治人，則知所以治天下國家矣。凡爲天下國家有九經：曰脩身也，尊賢也，親親也，敬大臣也，體羣臣也，子庶民也，來百工也，柔遠人也，懷諸侯也。脩身則道立，尊賢則不惑，親親則諸父昆弟不怨，敬大臣則不眩，體羣臣則士之報禮重，子庶民則百姓勸，來百工則財用足，柔遠人則四方歸之，懷諸侯則天下

畏之。

齊明盛服，非禮不動，所以脩身也。去讒遠色，賤貨而貴德，所以勸賢也。尊其位，重其禄，同其好惡，所以勸親親也。官盛任使，所以勸大臣也。忠信重禄，所以勸士也。時使薄斂，所以勸百姓也。日省月試，既廩稱事，所以勸百工也。送往迎來，嘉善而矜不能，所以柔遠人也。繼絶世，舉廢國，治亂持危，朝聘以時，厚往而薄來，所以懷諸侯也。

凡爲天下國家有九經，所以行之者一也。凡事豫則立，不豫則廢。言前定則不跲，事前定則不困，行前定則不疚，道前定則不窮。

在下位不獲乎上，民不可得而治矣。獲乎上有道，不信乎朋友，不獲乎上矣。信乎朋友有道，不順乎親，不信乎朋友矣。順乎親有道，反諸身不誠，不順乎親矣。誠身有道，不明乎善，不誠乎身矣。

誠者，天之道也。誠之者，人之道也。誠者，不勉而中，不思而得，從容中道，聖人也。誠之者，擇善而固執之者也。博學之，審問之，慎思之，明辨之，篤行之。有弗學，學之弗能弗措也。有弗問，問之弗知弗措也；有弗思，思之弗得弗措也；有弗辨，辨之弗明弗措也；有弗行，行之弗篤弗措也。人一能之，己百之；人十能之，己千之。果能此道矣，雖愚必明，雖柔必强。

自誠明謂之性，自明誠謂之教。誠則明矣，明則誠矣。

唯天下至誠爲能盡其性，能盡其性則能盡人之性，能盡人之性則能盡物之性，能盡物之性則可以贊天地之化育，可以贊天地之化育則可以與天地參矣。

其次致曲。曲能有誠，誠則形，形則著，著則明，明則動，動則變，變則化，唯天下至誠爲能化。

至誠之道，可以前知。國家將興，必有禎祥；國家將亡，必有妖孽。見乎蓍龜，動乎四體。禍福將至，善必先知之，不善必先知之。故至誠如神。

誠者自成也，而道自道也。誠者物之終始，不誠無物，是故君子誠之爲貴。誠者非自成己而已也，所以成物也。成己，仁也；成物，知也。性之德也，合外內之道也，故時措之宜也。

故至誠無息。不息則久，久則徵，徵則悠遠，悠遠則博厚，博厚則高明。博厚所以載物也，高明所以覆物也，悠久所以成物也。博厚配地，高明配天，悠久無疆。如此者，不見而章，不動而變，無爲而成。

天地之道可壹言而盡也。其爲物不貳，則其生物不測。天地之道，博也，厚也，高也，明也，悠也，久也。今夫天，斯昭昭之多，及其無窮也，日月星辰繫焉，萬物覆焉。今夫地，一撮土之多，及其廣厚，載華嶽而不重，振河海而不洩，萬物載焉。今夫山，一卷石之多，及其廣大，草木生之，禽獸居之，寶藏興焉。今夫水，一勺之多，及其不測，黿鼉鮫龍魚鼈生焉，貨財殖焉。《詩》曰『惟天之命，於穆不已』，蓋曰天之所以爲天也。『於乎不顯，文王之德之純』，蓋曰文王之所以爲文也，純亦不已。

大哉聖人之道，洋洋乎發育萬物，峻極于天，優優大哉！禮儀三百，威儀三千，待其人然後行，故曰『苟不至德，至道不凝焉』。故君子尊德性而道問學，致廣大而盡精微，極高明而道中庸，温故而知新，敦厚以崇禮。是故居上不驕，爲下不倍，國有道其言足以興，國無道其默足以容。《詩》曰『既明且哲，以保其身』，其此之謂與！【略】

王天下有三重焉，其寡過矣乎！上焉者雖善無徵，無徵不信，不信民弗從；下焉者雖善不尊，不尊不信，不信民弗從。故君子之道，本諸身，徵諸庶民，考諸三王而不繆，建諸天地而不悖，質諸鬼神而無疑，百世以俟聖人而不惑。質諸鬼神而無疑，知天也。百世以俟聖人而不惑，知人也。是故君子動而世爲天下道，行而世爲天下法，言而世爲天下則，遠之則有望，近之則不厭。《詩》曰：『在彼無惡，在此無射。庶幾夙夜，以永終譽。』君子未有不如此而蚤有譽於天下者也。

仲尼祖述堯舜，憲章文武，上律天時，下襲水土。辟如天地之無不持載，無不覆幬，辟如四時之錯行，如日月之代明。萬物並育而不相害，道並行而不相悖，小德川流，大德敦化，此天地之所以爲大也。

唯天下至聖，爲能聰明叡知足以有臨也，寬裕温柔足以有容也，發强剛毅足以有執也，齊莊中正足以有敬也，文理密察足以有別也。溥博淵泉而時出之，溥博如天，淵泉如淵。見而民莫不敬，言而民莫不信，行而民莫不説。是以聲名洋溢乎中國，施及蠻貊，舟車所至，人力所通，天之所覆，地之所載，日月所照，霜露所隊，凡有血氣者莫不尊親，故曰配天。

唯天下至誠爲能經綸天下之大經，立天下之大本，知天地之化育。夫

焉有所倚？肫肫其仁，淵淵其淵，浩浩其天。苟不固聰明聖知達天德者，其孰能知之？

政治文化論部

政治價值觀分部

論説

《逸周書·謚法》 維三月既生魄，周公旦、大師望相嗣王發，既賦憲受臚于牧之野，將葬，乃製作謚。謚者。行之迹也。號者，功之表也。車服者，位之章也。是以大行受大名，細行受細名。行出於己，名生於人。民無能名曰神。稱善賦簡曰聖，敬賓厚禮曰聖。德象天地曰帝。靜民則法曰皇。仁義所在曰王。賞慶刑威曰君，從之成羣曰君。立制及衆曰公。執應八方曰侯。

《國語·楚語下·王孫圉論國三寶》 王孫圉聘於晉，定公饗之，趙簡子鳴玉以相，問於王孫圉曰：『楚之白珩猶在乎？』對曰：『然。』簡子曰：『其爲寶也，幾何矣。』

曰：『未嘗爲寶。楚之所寶者，曰觀射父，能作訓辭，以行事於諸侯，使無以寡君爲口實。又有左史倚相，能道訓典，以敍百物，以朝夕獻善敗於寡君，使寡君無忘先王之業；又能上下説於鬼神，順道其欲惡，使神無有怨痛於楚國。又有藪曰雲連徒洲，金木竹箭之所生也。龜、珠、角、齒、皮、革、羽、毛，所以備賦，以戒不虞者也。所以共幣帛，以賓享於諸侯者也。若諸侯之好幣具，而導之以訓辭，有不虞之備，而皇神相之，寡君其可以免罪於諸侯，而國民保焉。此楚國之寶也。若夫白珩，先王之玩也，何寶之焉？

『圉聞國之寶六而已。明王聖人能制議百物，以輔相國家，則寶之；玉足以庇蔭嘉穀，使無水旱之災，則寶之；龜足以憲臧否，則寶之；珠足以禦火災，則寶之；金足以禦兵亂，則寶之；山林藪澤足以備財用，則寶之。若夫譁囂之美，楚雖蠻夷，不能寶也。』

《論語·憲問》 子路曰：『桓公殺公子糾，召忽死之，管仲不死。』曰：『未仁乎？』子曰：『桓公九合諸侯，不以兵車，管仲之力也。如其仁，如其仁。』

子貢曰：『管仲非仁者與？桓公殺公子糾，不能死，又相之。』子曰：『管仲相桓公，霸諸侯，一匡天下，民到于今受其賜。微管仲，吾其被髮左衽矣。豈若匹夫匹婦之爲諒也，自經於溝瀆而莫之知也。』

《孟子·公孫丑上》 公孫丑問曰：『夫子當路於齊，管仲、晏子之功，可復許乎？』

孟子曰：『子誠齊人也，知管仲、晏子而已矣。或問乎曾西曰：「吾子與子路孰賢？」曾西蹵然曰：「吾先子之所畏也。」曰：「然則吾子與管仲孰賢？」曾西艴然不悦，曰：「爾何曾比予於管仲？管仲得君如彼其專也，行乎國政如彼其久也，功烈如彼其卑也；爾何曾比予於是？」』曰：『管仲，曾西之所不爲也，而子爲我願之乎？』

曰：『管仲以其君霸，晏子以其君顯。管仲、晏子猶不足爲與？』

曰：『以齊王，由反手也。』

曰：『若是，則弟子之惑滋甚。且以文王之德，百年而後崩，猶未洽於天下；武王、周公繼之，然後大行。今言王若易然，則文王不足法與？』

曰：『文王何可當也？由湯至於武丁，賢聖之君六七作，天下歸殷久矣，久則難變也。武丁朝諸侯，有天下，猶運之掌也。紂之去武丁未久也，其故家遺俗，流風善政，猶有存者；又有微子、微仲、王子比干、箕子、膠鬲皆賢人也，相與輔相之，故久而後失之也。尺地，莫非其有也；一民，莫非其臣也。』

又《離婁下》 孟子曰：『王者之迹熄而《詩》亡，《詩》亡然後《春秋》作。晉之《乘》，楚之《檮杌》，魯之《春秋》，一也：其事則齊

桓、晉文，其文則史。孔子曰：「其義則丘竊取之矣。」」

政治人格論分部

論説

《論語・憲問》 子路問成人。子曰：『若臧武仲之知，公綽之不欲，卞莊子之勇，冉求之藝，文之以禮樂，亦可以爲成人矣。』曰：『今之成人者何必然？見利思義，見危授命，久要不忘平生之言，亦可以爲成人矣。』

子問公叔文子於公明賈曰：『信乎，夫子不言，不笑，不取乎？』公明賈對曰：『以告者過也。夫子時然後言，人不厭其言；樂然後笑，人不厭其笑；義然後取，人不厭其取。』

子曰：『晉文公譎而不正，齊桓公正而不譎。』

又《季氏》 齊景公有馬千駟，死之日，民無德而稱焉。伯夷叔齊餓於首陽之下，民到于今稱之。其斯之謂與？

又《微子》 微子去之，箕子爲之奴，比干諫而死。孔子曰：『殷有三仁焉。』

柳下惠爲士師，三黜。人曰：『子未可以去乎？』曰：『直道而事人，焉往而不三黜？枉道而事人，何必去父母之邦？』

逸民：伯夷、叔齊、虞仲、夷逸、朱張、柳下惠、少連。子曰：『不降其志，不辱其身，伯夷、叔齊與！』謂『柳下惠、少連，降志辱身矣，言中倫，行中慮，其斯而已矣。』謂『虞仲、夷逸，隱居放言，身中清，廢中權。我則異於是，無可無不可。』

《孟子・滕文公上》 滕文公爲世子，將之楚，過宋而見孟子。孟子道性善，言必稱堯舜。

政治發展論部

進化論分部

論説

《論語・爲政》 子張問：『十世可知也？』子曰：『殷因於夏禮，所損益，可知也；周因於殷禮，所損益，可知也。其或繼周者，雖百世，可知也。』

又《八佾》 子曰：『周監於二代，郁郁乎文哉！吾從周。』

《管子・侈靡》 問曰：『古之時與今之時同乎？』曰：『同。』『其人同乎？不同乎？』曰：『不同。可與政其誅。俈、堯之時，混吾之美在下，其道非獨出人也。山不同而用掞，澤不幣而養足。耕以自養，以其餘應良天子，故平。牛馬之牧不相及，人民之俗不相知，不出百里而來足。故卿而不理，靜也。其獄一踦腓、一踦屨而當死。今周公斷滿稽，斷首滿稽，斷足滿稽，而死民不服，非人性也，敝之。地重人載，毀敝而養不足，事末作而民興之，是以下名而上實也。聖人者，省諸本而游諸樂。大昏也，博夜也。』

又《輕重戊》 桓公問於管子曰：『輕重安施？』管子對曰：『自理國虙戲以來，未有不以輕重而能成其王者也。』公曰：『何謂？』管子對曰：『虙戲作，造六峜以迎陰陽，作九九之數以合天道，而天下化之。神農作，樹五穀淇山之陽，九州之民乃知穀食，而天下化之。黃帝作，鑽鐩生火，以熟葷臊，民食之，無茲胃之病，而天下化之。黃帝之王，童山竭澤。有虞之王，燒曾藪，斬羣害，以爲民利，封土爲社，置木爲閭，始民

知禮也。當是其時，民無慍惡不服，而天下化之。夏人之王，外鑿二十碒，韘十七湛，疏三江，鑿五湖，道四涇之水，以商九州之高，以治九藪，民乃知城郭門閭室房之築，而天下化之。殷人之王，立帛牢，服牛馬以爲民利，而天下化之。周人之王，循六憃，合陰陽，而天下化之。』公曰：『然則當世之王者，何行而可？』管子對曰：『并用而毋俱盡也。』公曰：『何謂？』管子對曰：『帝王之道備矣，不可加也。公其行義而已矣。』公曰：『其行義奈何？』管子對曰：『天下幼弱，諸侯亢強，聘享不上。公其弱強繼絶，率諸侯以起周室之祀。』公曰：『善。』

《商君書・更法》　孝公平畫，公孫鞅、甘龍、杜摯三大夫御於君，慮世事之變，討正法之本，求使民之道。君曰：『代立不忘社稷，君之道也。錯法務民主張，臣之行也。今吾欲變法以治，更禮以教百姓，恐天下之議我也。』公孫鞅曰：『臣聞之，疑行無成，疑事無功。君亟定變法之慮，殆無顧天下之議之也。且夫有高人之行者，固見負於世；有獨知之慮者，必見驚於民。語曰：『愚者闇於成事，知者見於未萌。民不可與慮始，而可與樂成。』郭偃之法曰：『論至德者不和於俗，成大功者不謀於衆。』法者，所以愛民也；禮者，所以便事也。是以聖人苟可以彊國，不法其故；苟可以利民，不循其禮。』孝公曰：『善。』甘龍曰：『不然。臣聞之：聖人不易民而教，知者不變法而治。因民而教者，不勞而功成；據法而治者，吏習而民安。今若變法，不循秦國之故，更禮以教民，臣恐天下之議君。願孰察之。』公孫鞅曰：『子之所言，世俗之言也。夫常人安於故習，學者溺於所聞。此兩者，所以居官而守法，非所與論於法之外也。三代不同禮而王，五霸不同法而霸。故知者作法，而愚者制焉；賢者更禮，而不肖者拘焉。拘禮之人，不足與言事；制法之人，不足與論變。君無疑矣。』杜摯曰：『臣聞之：利不百，不變法；功不十，不易器。臣聞法古無過，循禮無邪。君其圖之。』公孫鞅曰：『前世不同教，何故之法？帝王不相復，何禮之循？伏羲、神農教而不誅，黄帝、堯、舜誅而不怒。及至文、武，各當時而立法，因事而制禮；禮法以時而定，制令各順其宜，兵甲器備各便其用。臣故曰：『治世不一道，便國不必法古。湯、武之王也，不脩古而興，夏殷之滅也，不易禮而亡。然則反古者未必可非，循禮者未足多是也。君無疑矣。』

《戰國策・齊四・齊宣王見顔斶》　（顔）斶對曰：『斶聞古大禹之時，諸侯萬國。何則？德厚之道，得貴士之力也。故舜起農畝，出於野鄙，而爲天子。及湯之時，諸侯三千。當今之世，南面稱寡者，乃二十四。』

又《趙二・武靈平晝間居》　（武靈）王曰：『古今不同俗，何古之法？帝王不相襲，何禮之循？宓戲、神農教而不誅，黄帝、堯、舜誅而不怒。及至三王，觀時而制法，因事而制禮，法度制令，各順其宜；衣服器械，各便其用。故禮世不必一其道，便國不必法古。聖人之興也，不相襲而王。夏、殷之衰也，不易禮而滅。然則反古未可非，而循禮未足多也。且服奇而志淫，是鄒、魯無奇行也；俗辟而民易，是吳、越無俊民也。是以聖人利身之謂服，便事之謂教，進退之謂節，衣服之制，所以齊常民，非所以論賢者也。故聖與俗流，賢與變俱。諺曰：「以書爲御者，不盡於馬之情。以古制今者，不達於事之變。」故循法之功，不足以高世；法古之學，不足以制今。子其勿反也。』

《韓非子・八説》　古人亟於德，中世逐於智，當今爭於力。古者寡事而備簡，樸陋而不盡，故有珧銚而推車者。古者人寡而相親，物多而輕利易讓，故有揖讓而傳天下者。然則行揖讓，高慈惠，而道仁厚，皆推政也。處多事之時，用寡事之器，非智者之備也；當大爭之世而遁揖讓之軌，非聖人之治也。故智者不乘推車，聖人不行推政也。

又《五蠹》　上古之世，人民少而禽獸衆，人民不勝禽獸蟲蛇，有聖人作，搆木爲巢以避羣害，而民悦之，使王天下，號曰有巢氏。民食果蓏蚌蛤，腥臊惡臭而傷害腹胃，民多疾病，有聖人作，鑽燧取火以化腥臊，而民説之，使王天下，號之曰燧人氏。中古之世，天下大水，而鯀、禹決瀆。近古之世，桀、紂暴亂，而湯、武征伐。今有搆木鑽燧於夏后氏之世者，必爲鯀、禹笑矣。有決瀆於殷、周之世者，必爲湯、武笑矣。然則今有美堯、舜、湯、武、禹之道於當今之世者，必爲新聖笑矣。是以聖人不期脩古，不法常可，論世之事，因爲之備。【略】

古者丈夫不耕，草木之實足食也；婦人不織，禽獸之皮足衣也。不事力而養足，人民少而財有餘，故民不爭。是以厚賞不行，重罰不用而民

自治。今人有五子不爲多，子又有五子，大父未死而有二十五孫，是以人民衆而貨財寡，事力勞而供養薄，故民爭，雖倍賞累罰而不免於亂。

堯之王天下也，茅茨不翦，采椽不斲，糲粢之食，藜藿之羹，冬日麑裘，夏日葛衣，雖監門之服養，不虧於此矣。禹之王天下也，身執耒臿以爲民先，股無胈，脛不生毛，雖臣虜之勞不苦於此矣。以是言之，夫古之讓天子者，是去監門之養而離臣虜之勞也，古傳天下而不足多也。今之縣令，一日身死，子孫累世絜駕，故人重之；是以人之於讓也，輕辭古之天子，難去今之縣令者，薄厚之實異也。夫山居而谷汲者，膢臘而相遺以水；澤居苦水者，買庸而決竇。故饑歲之春，幼弟不饟；穰歲之秋，疏客必食；非疏骨肉愛過客也，多少之實異也。是以古之易財，非仁也，財多也；今之爭奪，非鄙也，財寡也；輕辭天子，非高也，勢薄也；爭土橐，非下也，權重也。故聖人議多少論薄厚爲之政，故罰薄不爲慈，誅嚴不爲戾，稱俗而行也。故事因於世，而備適於事。

古者文王處豐、鎬之間，地方百里，行仁義而懷西戎，遂王天下。徐偃王處漢東，地方五百里，行仁義，割地而朝者三十有六國，荆文王恐其害己也，舉兵伐徐，遂滅之。故文王行仁義而王天下，偃王行仁義而喪其國，是仁義用於古而不用於今也。故曰：世異則事異。當舜之時，有苗不服，禹將伐之。舜曰：『不可。上德不厚而行武，非道也。』乃修教三年，執干戚舞，有苗乃服。共工之戰，鐵銛矩者及乎敵，鎧甲不堅者傷乎體，是干戚用於古不用於今也。故曰：事異則備變。上古競於道德，中世逐於智謀，當今爭於氣力。齊將攻魯，魯使子貢説之，齊人曰：『子言非不辯也，吾所欲者土地也，非斯言所謂也。』遂舉兵伐魯，去門十里以爲界。故偃王仁義而徐亡，子貢辯智而魯削。以是言之，夫仁義辯智，非所以持國也。去偃王之仁，息子貢之智，循徐、魯之力，使敵萬乘，則齊、荆之欲不得行於二國矣。

漢・袁康等《越絶書・外傳記寶劍》　楚王曰：『夫劍，鐵耳，固能有精神若此乎？』風胡子對曰：『時各有使然。軒轅、神農、赫胥之時，以石爲兵，斷樹木爲宫室，死而龍臧。夫神聖主使然。至黄帝之時，以玉爲兵，以伐樹木爲宫室，鑿地。夫玉，亦神物也，又遇聖主使然，死而龍臧。禹穴之時，以銅爲兵，以鑿伊闕，通龍門，決江導河，東注於東海。天下通平，治爲宫室，豈非聖主之力哉？當此之時，作鐵兵，威服三軍。天下聞之，莫敢不服。此亦鐵兵之神，大王有聖德。』

倒退論分部

論説

《老子・十八章》　大道廢，有仁義；智慧出，有大僞；六親不和，有孝慈；國家昏亂，有忠臣。

又《三十八章》　上『德』不德，是以有『德』；下『德』不失德，是以無『德』。上『德』無爲而無以爲；下『德』無爲而有以爲。上仁爲之而無以爲；上義爲之而有以爲。上禮爲之而莫之應，則攘臂而扔之。故失『道』而後『德』，失『德』而後仁，失仁而後義，失義而後禮。夫禮者，忠信之薄，而亂之首。前識者，『道』之華，而愚之始。是以大丈夫處其厚，不居其薄；處其實，不居其華。故去彼取此。

《論語・陽貨》　子曰：『古者民有三疾，今也或是之亡也。古之狂也肆，今之狂也蕩；古之矜也廉，今之矜也忿戾；古之愚也直，今之愚也詐而已矣。』

《孟子・告子下》　孟子曰：『五霸者，三王之罪人也；今之諸侯，五霸之罪人也；今之大夫，今之諸侯之罪人也。天子適諸侯曰巡狩，諸侯朝於天子曰述職。春省耕而補不足，秋省斂而助不給。入其疆，土地辟，田野治，養老尊賢，俊傑在位，則有慶；慶以地。入其疆，土地荒蕪，遺老失賢，掊克在位，則有讓。一不朝，則貶其爵；再不朝，則削其地；三不朝，則六師移之。是故天子討而不伐，諸侯伐而不討。五霸者，摟諸侯以伐諸侯者也，故曰，五霸者，三王之罪人也。五霸，桓公爲盛。葵丘之會，諸侯束牲載書而不歃血。初命曰，誅不孝，無易樹子，無

以妾爲妻。再命曰，尊賢育才，以彰有德。三命曰，敬老慈幼，無忘賓旅。四命曰，士無世官，官事無攝，取士必得，無專殺大夫。五命曰，無曲防，無遏糴，無有封而不告。曰，凡我同盟之人，既盟之後，言歸於好。今之諸侯皆犯此五禁，故曰，今之諸侯，五霸之罪人也。長君之惡其罪小，逢君之惡其罪大。今之大夫皆逢君之惡，故曰，今之大夫，今之諸侯之罪人也。』

又《盡心上》　孟子曰：『堯舜，性之也；湯武，身之也；五霸，假之也。久假而不歸，惡知其非有也。』

《莊子・繕性》　古之人，在混芒之中，與一世而得澹漠焉。當是時也，陰陽和靜，鬼神不擾，四時得節，萬物不傷，羣生不夭，人雖有知，無所用之，此之謂至一。當是時也，莫之爲而常自然。

逮德下衰，及燧人伏羲始爲天下，是故順而不一。德又下衰，及神農黄帝始爲天下，是故安而不順。德又下衰，及唐虞始爲天下，興治化之流，澆淳散朴，離道以爲，險德以行，然後去性而從於心。心與心識知，而不足以定天下，然後附之以文，益之以博。文滅質，博溺心，然後民始惑亂，無以反其性情而復其初。

由是觀之，世喪道矣，道喪世矣。世與道交相喪也，道之人何由興乎世，世亦何由興乎道哉！道無以興乎世，世無以興乎道，雖聖人不在山林之中，其德隱矣。【略】

古之存身者，不以辯飾知，不以知窮天下，不以知窮德，危然處其所而反其性已，又何爲哉！道固不小行，德固不小識。小識傷德，小行傷道。故曰，正己而已矣。樂全之謂得志。

古之所謂得志者，非軒冕之謂也，謂其無以益其樂而已矣。今之所謂得志者，軒冕之謂也。軒冕在身，非性命也，物之儻來，寄者也。寄之，其來不可圉，其去不可止。故不爲軒冕肆志，不爲窮約趨俗，其樂彼與此同，故無憂而已矣。今寄去則不樂，由是觀之，雖樂，未嘗不荒也。故曰，喪己於物，失性於俗者，謂之倒置之民。

又《庚桑楚》　老聃之役，有庚桑楚者，偏得老聃之道，以北居畏壘之山，其臣之畫然知者去之，其妾之挈然仁者遠之；擁腫之與居，鞅掌之爲使。居三年，畏壘大穰。畏壘之民相與言曰：『庚桑子之始來，吾洒然異之。今吾日計之而不足，歲計之而有餘。庶歲其聖人乎！子胡不相與尸而祝之，社而稷之乎？』

庚桑子聞之，南面而不釋然。弟子異之。庚桑子曰：『弟子何異於予？夫春氣發而百草生，正得秋而萬寶成。夫春與秋，豈無得而然哉？天道已行矣！吾聞至人，尸居環堵之室，而百姓猖狂不知所如往。今以畏壘之細民而竊竊焉欲俎豆予于賢人之間，我其杓之人邪！吾是以不釋於老聃之言。』

弟子曰：『不然。夫尋常之溝，巨魚無所還其體，而鯢鰌爲之制；步仞之丘，巨獸無所隱其軀，而孽狐爲之祥。且夫尊賢授能，先善與利，自古堯舜以然，而況畏壘之民乎！夫子亦聽矣！』

庚桑子曰：『小子來！夫函車之獸，介而離山，則不免於罔罟之患；吞舟之魚，碭而失水，則螻蟻能苦之。故鳥獸不厭高，魚鼈不厭深。夫全其形生之人，藏其身也，不厭深眇而已矣。

『且夫二子者，又何足以稱揚哉！是其於辯也，將妄鑿垣牆而殖蓬蒿也。簡髮而櫛，數米而炊，竊竊乎又何足以濟世哉！舉賢則民相軋，任知則民相盜。之數物者，不足以厚民。民之於利甚勤，子有殺父，臣有殺君，正晝爲盜，日中穴阫。吾語女，大亂之本，必生於堯舜之間，其末存乎千世之後。千世之後，其必有人與人相食者也！』

又《盜跖》　古者禽獸多而人少，於是民皆巢居以避之，晝拾橡栗，暮栖木上，故命之曰有巢氏之民。古者民不知衣服，夏多積薪，冬則煬之，故命之曰知生之民。神農之世，卧則居居，起則于于，民知其母，不知其父，與麋鹿共處，耕而食，織而衣，無有相害之心，此至德之隆也。然而黄帝不能致德，與蚩尤戰於涿鹿之野，流血百里。堯舜作，立羣臣，湯放其主，武王殺紂。自是以後，以强陵弱，以衆暴寡。湯武以來，皆亂人之徒也。

《文子・上禮》　老子曰：『上古真人，呼吸陰陽，而羣生莫不仰其德以和順。當此之時，領理隱密，自成純樸。純樸未散，而萬物大優。及世之衰也，至伏羲氏昧昧懋懋，皆欲離其童蒙之心，而覺悟乎天地之間，其德煩而不一。及至神農黄帝，覈領天下，紀綱四時，和調陰陽。於是萬民莫不竦身而思，戴聽而視，故治而不和。下至夏殷之世，嗜欲達於物，

聰明誘於外，性命失其真。施及周室，澆醇散樸，離道以爲僞，險德以爲行，智巧萌生，狙學以擬聖，華誣以脅衆，琢飾詩書，以賈名譽，各欲以行其智僞，以容於世，而失大宗之本，故世有喪性命，衰漸，所由來久矣。』

《戰國策・秦一・蘇秦始將連橫》　蘇秦曰：『臣固疑大王之不能用也。昔者神農伐補遂，黄帝伐涿鹿而禽蚩尤，堯伐驩兜，舜伐三苗，禹伐共工，湯伐有夏，文王伐崇，武王伐紂，齊桓任戰而伯天下。由此觀之，惡有不戰者乎？古者使車轂擊馳，言語相結，天下爲一，約從連橫，兵革不藏；文士並餝，諸侯亂惑；萬端俱起，不可勝理；科條既備，民多僞態；書策稠濁，百姓不足；上下相愁，民無所聊；明言章理，兵甲愈起；辯言偉服，戰攻不息；繁稱文辭，天下不治；舌弊耳聾，不見成功；行義約信，天下不親。於是，乃廢文任武，厚養死士，綴甲厲兵，效勝於戰場。夫徒處而致利，安坐而廣地，雖古五帝、三王、五伯，明主賢君，常欲坐而致之，其勢不能，故以戰續之。寬則兩軍相攻，迫則杖戟相橦，然後可建大功。是故兵勝於外，義强於內；威立於上，民服於下。今欲并天下，淩萬乘，詘敵國，制海內，子元元，臣諸侯，非兵不可！今之嗣主，忽於至道，皆惽於教，亂於治，迷於言，惑於語，沈於辯，溺於辭。以此論之，王固不能行也。』

循環論分部

論　說

漢・袁康等《越絶書・外傳枕中》　越王問范子曰：『春肅，夏寒，秋榮，冬泄，人治使然乎？將道也？』范子曰：『天道三千五百歲，一治一亂，終而復始，如環之無端，此天之常道也。四時易次，寒暑失常，治民然也。故天生萬物之時，聖人命之曰春。春不生遂者，故天下不重爲春。春者，夏之父也。故春生之，夏長之，秋成而殺之，冬受而藏之。春肅而不生者，王德不究也；夏寒而不長者，臣下不奉主命也；秋順而復榮者，百官刑不斷也；冬温而泄者，發府庫賞無功也。此所謂四時者，邦之禁也。』越王曰：『寒暑不時，治在於人，可知也。願聞歲之美惡，穀之貴賤，何以紀之？』范子曰：『夫陰陽錯繆，即爲惡歲；人生失治，既爲亂世。夫一亂一治，天道自然。八穀亦一賤一貴，極而復反。言亂三千歲，必有聖王也。八穀貴賤更相勝。故死凌生者，逆，大貴；生凌死者，順，大賤。』

理想社會模式論部

王道世界論分部

論　說

《國語・魯語下・孔丘非難季康子以田賦》　季康子欲以田賦，使冉有訪諸仲尼。仲尼不對，私於冉有曰：『求來！女不聞乎？先王制土，籍田以力，而砥其遠邇；賦里以入，而量其有無；任力以夫，而議其老幼。於是乎有鰥、寡、孤、疾，有軍旅之出則徵之，無則已。其歲，收田一井，出稯禾、秉芻、缶米，不是過也。先王以爲足。若子季孫欲其法也，則有周公之籍矣；若欲犯法，則苟而賦，又何訪焉！』

《孟子・梁惠王上》　梁惠王曰：『寡人之於國也，盡心焉耳矣。河內凶，則移其民於河東，移其粟於河內。河東凶亦然。察鄰國之政，無如寡人之用心者。鄰國之民不加少，寡人之民不加多，何也？』

孟子對曰：『王好戰，請以戰喻。填然鼓之，兵刃既接。棄甲曳兵而

走。或百步而後止，或五十步而後止。以五十步笑百步，則何如？」

曰：「不可，直不百步耳，是亦走也。」

曰：「王如知此，則無望民之多於鄰國也。

『不違農時，穀不可勝食也；數罟不入洿池，魚鼈不可勝食也；斧斤以時入山林，材木不可勝用也。穀與魚鼈不可勝食，材木不可勝用，是使民養生喪死無憾也。養生喪死無憾，王道之始也。

『五畝之宅，樹之以桑，五十者可以衣帛矣。雞豚狗彘之畜，無失其時，七十者可以食肉矣。百畝之田，勿奪其時，數口之家可以無飢矣。謹庠序之教，申之以孝悌之義，頒白者不負戴於道路矣。七十者衣帛食肉，黎民不飢不寒。然而不王者，未之有也。

『狗彘食人食而不知檢，塗有餓莩而不知發；人死，則曰，「非我也。歲也。」是何異於刺人而殺之，曰，「非我也。兵也。」王無罪歲。斯天下之民至焉。』

又《滕文公上》 滕文公問爲國。

孟子曰：「民事不可緩也。《詩》云：『晝爾于茅，宵爾索綯；亟其乘屋，其始播百穀。』民之爲道也，有恆產者有恆心，無恆產者無恆心。苟無恆心，放辟邪侈，無不爲已。及陷乎罪，然後從而刑之，是罔民也。焉有仁人在位罔民而可爲也？是故賢君必恭儉禮下，取於民有制。陽虎曰：『爲富不仁矣，爲仁不富矣。』

『夏后氏五十而貢，殷人七十而助，周人百畝而徹，其實皆什一也。徹者，徹也；助者，藉也。龍子曰：「治地莫善於助，莫不善於貢。」貢者，挍數歲之中以爲常。樂歲，粒米狼戾，多取之而不爲虐，則寡取之；凶年，糞其田而不足，則必取盈焉。爲民父母，使民盻盻然，將終歲勤動，不得以養其父母，又稱貸而益之，使老稚轉乎溝壑，惡在其爲民父母也？夫世祿，滕固行之矣。《詩》云：「雨我公田，遂及我私。」惟助爲有公田。由此觀之，雖周亦助也。

『設爲庠序學校以教之。庠者，養也；校者，教也；序者，射也。夏曰校，殷曰序，周曰庠；學則三代共之，皆所以明人倫也。人倫明於上，小民親於下。有王者起，必來取法，是爲王者師也。

『《詩》云：「周雖舊邦，其命惟新。」文王之謂也。子力行之，亦以新子之國！』

使畢戰問井地。

孟子曰：「子之君將行仁政，選擇而使子，子必勉之！夫仁政，必自經界始。經界不正，井地不鈞，穀祿不平，是故暴君汙吏必慢其經界。經界既正，分田制祿可坐而定也。

『夫滕，壤地褊小，將爲君子焉，將爲野人焉。無君子，莫治野人；無野人，莫養君子。請野九一而助，國中什一使自賦。卿以下必有圭田，圭田五十畝；餘夫二十五畝。死徙無出鄉，鄉田同井，出入相友，守望相助，疾病相扶持，則百姓親睦。方里而井，井九百畝，其中爲公田。八家皆私百畝，同養公田；公事畢，然後敢治私事，所以別野人也。此其大略也；若夫潤澤之，則在君與子矣。」

王制天下論分部

論説

《孟子・萬章下》 北宮錡問曰：「周室班爵祿也，如之何？」

孟子曰：「其詳不可得聞也，諸侯惡其害己也，而皆去其籍；然而軻也嘗聞其略也。天子一位，公一位，侯一位，伯一位，子、男同一位，凡五等也。君一位，卿一位，大夫一位，上士一位，中士一位，下士一位，凡六等。天子之制，地方千里，公侯皆方百里，伯七十里，子、男五十里，凡四等。不能五十里，不達於天子，附於諸侯，曰附庸。天子之卿受地視侯，大夫受地視伯，元士受地視子、男。大國地方百里，君十卿祿，卿祿四大夫，大夫倍上士，上士倍中士，中士倍下士，下士與庶人在官者同祿，祿足以代其耕也。次國地方七十里，君十卿祿，卿祿三大夫，大夫倍上士，上士倍中士，中士倍下士，下士與庶人在官者同祿，祿足以代其耕也。小國地方五十里，君十卿祿，卿祿二大夫，大夫倍上士，上士倍中士，中士倍下士，下士與庶人在官者同

祿，祿足以代其耕也。耕者之所獲，一夫百畝；百畝之糞，上農夫食九人，上次食八人，中食七人，中次食六人，下食五人。庶人在官者，其祿以是爲差。』

又《告子下》 魯欲使慎子爲將軍。孟子曰：『不教民而用之，謂之殃民。殃民者，不容於堯舜之世。一戰勝齊，遂有南陽，然且不可。』慎子勃然不悦曰：『此則滑釐所不識也。』

曰：『吾明告子。天子之地方千里；不千里，不足以待諸侯。諸侯之地方百里；不百里，不足以守宗廟之典籍。周公之封於魯，爲方百里也，地非不足，而儉於百里。太公之封於齊也，亦爲方百里也；地非不足也，而儉於百里。今魯方百里者五，子以爲有王者作，則魯在所損乎，在所益乎？徒取諸彼以與此，然且仁者不爲，況於殺人以求之乎？君子之事君也，務引其君以當道，志於仁而已。』

又《盡心上》 孟子曰：『伯夷辟紂，居北海之濱，聞文王作，興曰：「盍歸乎來，吾聞西伯善養老者。」太公辟紂，居東海之濱，聞文王作，興曰：「盍歸乎來，吾聞西伯善養老者。」天下有善養老，則仁人以爲己歸矣。五畝之宅，樹牆下以桑，匹婦蠶之，則老者足以衣帛矣。五母雞，二母彘，無失其時，老者足以無失肉矣。百畝之田，匹夫耕之，八口之家足以無飢矣。所謂西伯善養老者，制其田里。教之樹畜，導其妻子使養其老。五十非帛不煖，七十非肉不飽。不煖不飽，謂之凍餒。文王之民無凍餒之老者，此之謂也。』

《荀子・王制篇》 請問爲政？曰：賢能不待次而舉，罷不能不待須而廢，元惡不待教而誅，中庸民不待政而化。分未定也則有昭繆。雖王公士大夫之子孫，不能屬於禮義，則歸之庶人。雖庶人之子孫也，積文學，正身行，能屬於禮義，則歸之卿相士大夫。故姦言、姦說、姦事、姦能、遁逃反側之民，職而教之，須而待之，勉之以慶賞，懲之以刑罰，安職則畜，不安職則棄。五疾，上收而養之，材而事之，官施而衣食之，兼覆無遺。才行反時者死無赦。夫是之謂天德，王者之政也。聽政之大分：以善至者待之以禮，以不善至者待之以刑。兩者分別則賢不肖不雜，是非不亂。賢不肖不雜則英傑至，是非不亂則國家治。若是，名聲日聞，天下願，令行禁止，王者之事畢矣。凡聽，威嚴猛厲而不好假道人，則下畏恐而不親，周閉而不竭，若是，則大事殆乎弛，小事殆乎遂。和解調通，好假道人而無所凝止之，則姦言並至，嘗試之説鋒起，若是，則聽大事煩，是又傷之也。故法法而不議，則法之所不至者必廢；職而不通，則職之所不及者必隊。故法而議，職而通，無隱謀，無遺善，而百事無過，非君子莫能。故公平者，職之衡也；中和者，聽之繩也。其有法者以法行，無法者以類舉，聽之盡也；偏黨而無經，聽之辟也。故有良法而亂者有之矣；有君子而亂者，自古及今，未嘗聞也。傳曰：『治生乎君子，亂生乎小人。』此之謂也。

分均則不偏，執齊則不壹，衆齊則不使。有天有地而上下有差，明王始立而處國有制。夫兩貴之不能相事，兩賤之不能相使，是天數也。執位齊而欲惡同，物不能澹則必争，争則必亂，亂則窮矣。先王惡其亂也，故制禮義以分之，使有貧富貴賤之等，足以相兼臨者，是養天下之本也。《書》曰：『維齊非齊。』此之謂也。

馬駭輿則君子不安輿，庶人駭政則君子不安位。馬駭輿則莫若静之；庶人駭政則莫若惠之。選賢良，舉篤敬，興孝弟，收孤寡，補貧窮，如是，則庶人安政矣。庶人安政，然後君子安位。《傳》曰：『君者，舟也；庶人者，水也。水則載舟，水則覆舟。』此之謂也。故君人者欲安則莫若平政愛民矣，欲榮則莫若隆禮敬士矣，欲立功名則莫若尚賢使能矣，是君人者之大節也。三節者當，則其餘莫不當矣；三節者不當，則其餘雖曲當，猶將無益也。孔子曰：『大節是也，小節是也，上君也。大節是也，小節一出焉，一入焉，中君也。大節非也，小節雖是也，吾無觀其餘矣。』成侯、嗣公，聚斂計數之君也，未及取民也；子產，取民者也，未及爲政也；管仲，爲政者也，未及修禮也。故修禮者王，爲政者彊，取民者安，聚斂者亡。故王者富民，霸者富士，僅存之國富大夫，亡國富筐篋，實府庫。筐篋已富，府庫已實，而百姓貧，夫是之謂上溢而下漏，入不可以守，出不可以戰，則傾覆滅亡可立而待也。故我聚之以亡，敵得之以彊。聚斂者，召寇、肥敵、亡國、危身之道也，故明君不蹈也。

王奪之人，霸奪之與，彊奪之地。奪之人者臣諸侯，奪之與者友諸侯，奪之地者敵諸侯。臣諸侯者王，友諸侯者霸，敵諸侯者危。用彊者，人之城守，人之出戰，而我以力勝之也，則傷人之民必甚矣。傷人之民

甚，則人之民惡我必甚矣；人之民惡我甚，則日欲與我鬬。人之城守，人之出戰，而我以力勝之，則傷吾民必甚矣。傷吾民甚，則吾民之惡我必甚矣；吾民之惡我甚，則日不欲爲我鬬。人之民日欲與我鬬，吾民日不欲爲我鬬，是彊者之所以反弱也。地來而民去，累多而功少，雖守者益，所以守者損，是以大者之所以反削也。諸侯莫不懷交接怨而不忘其敵，伺彊大之閒，承彊大之敝，此彊大之殆時也。知彊大者不務彊也，慮以王命全其力，凝其德。力全則諸侯不能弱也，德凝則諸侯不能削也，天下無王霸主則常勝矣。是知彊道者也。彼霸者不然，辟田野，實倉廩，便備用，案謹募選閱材伎之士，然後漸慶賞以先之，嚴刑罰以糾之。存亡繼絕，衛弱禁暴，而無兼幷之心，則諸侯親之矣；修友敵之道以敬接諸侯，則諸侯説之矣。所以親之者，以不幷也，幷之見則諸侯疏矣；所以説之者，以友敵也，臣之見則諸侯離矣。故明其不幷之行，信其友敵之道，天下無王霸主，則常勝矣。是知霸道者也。閔王毁於五國，桓公劫於魯莊，無它故焉，非其道而慮之以王也。彼王者不然，仁眇天下，義眇天下，威眇天下。仁眇天下，故天下莫不親也；義眇天下，故天下莫不貴也；威眇天下，故天下莫敢敵也。以不敵之威，輔服人之道，故不戰而勝，不攻而得，甲兵不勞而天下服。是知王道者也。知此三具者，欲王而王，欲霸而霸，欲彊而彊矣。

王者之人：飾動以禮義，聽斷以類，明振毫末，舉措應變而不窮。夫是之謂有原。是王者之人也。

王者之制：道不過三代，法不貳後王。道過三代謂之蕩，法貳後王謂之不雅。衣服有制，宫室有度，人徒有數，喪祭械用皆有等宜，聲則凡非雅聲者舉廢，色則凡非舊文者舉息，械用則凡非舊器者舉毁，夫是之謂復古。是王者之制也。

王者之論：無德不貴，無能不官，無功不賞，無罪不罰，朝無幸位，民無幸生，尚賢使能而等位不遺，析愿禁悍而刑罰不過。百姓曉然皆知夫爲善於家而取賞於朝也，爲不善於幽而蒙刑於顯也。夫是之謂定論。是王者之論也。

王者之等賦、政事，財萬物，所以養萬民也。田野什一，關市幾而不征，山林澤梁以時禁發而不稅。相地而衰政，理道之遠近而致貢，通流財物粟米，無有滯留，使相歸移也。四海之内若一家。故近者不隱其能，遠者不疾其勞，無幽閒隱僻之國莫不趨使而安樂之。夫是之謂人師。是王者之法也。

北海則有走馬吠犬焉，然而中國得而畜使之；南海則有羽翮、齒革、曾青、丹干焉，然而中國得而財之；東海則有紫、紶、魚、鹽焉，然而中國得而衣食之；西海則有皮革、文旄焉，然而中國得而用之。故澤人足乎木，山人足乎魚，農夫不斲削、不陶冶而足械用，工賈不耕田而足菽粟。故虎豹爲猛矣，然君子剥而用之。故天之所覆，地之所載，莫不盡其美，致其用，上以飾賢良，下以養百姓而安樂之。夫是之謂大神。《詩》曰：『天作高山，大王荒之。彼作矣，文王康之。』此之謂也。

以類行雜，以一行萬，始則終，終則始，若環之無端也，舍是而天下以衰矣。天地者，生之始也；禮義者，治之始也；君子者，禮義之始也。爲之，貫之，積重之，致好之者，君子之始也。故天地生君子，君子理天地。君子者，天地之參也，萬物之揔也，民之父母也。無君子則天地不理，禮義無統，上無君師，下無父子，夫是之謂至亂。君臣、父子、兄弟、夫婦，始則終，終則始，與天地同理，與萬世同久，夫是之謂大本。故喪祭、朝聘、師旅一也，貴賤、殺生、與奪一也，君君、臣臣、父父、子子、兄兄、弟弟一也，農農、士士、工工、商商一也。

水火有氣而無生，草木有生而無知，禽獸有知而無義，人有氣、有生、有知，亦且有義，故最爲天下貴也。力不若牛，走不若馬，而牛馬爲用，何也？曰：人能羣，彼不能羣也。人何以能羣？曰：分。分何以能行？曰：義。故義以分則和，和則一，一則多力，多力則彊，彊則勝物，故宫室可得而居也。故序四時，裁萬物，兼利天下，無它故焉，得之分義也。故人生不能無羣，羣而無分則爭，爭則亂，亂則離，離則弱，弱則不能勝物，故宫室不可得而居也，不可少頃舍禮義之謂也。能以事親謂之孝，能以事兄謂之弟，能以事上謂之順，能以使下謂之君。君者，善羣也。羣道當則萬物皆得其宜，六畜皆得其長，羣生皆得其命。故養長時則六畜育，殺生時則草木殖，政令時則百姓一，賢良服。聖王之制也，草木榮華滋碩之時則斧斤不入山林，不夭其生，不絶其長也；黿鼉、魚鼈、

鰌鱣孕別之時，罔罟毒藥不入澤，不夭其生，不絶其長也；春耕、夏耘、秋收、冬藏四者不失時，故五穀不絶而百姓有餘食也；汙池、淵沼、川澤謹其時禁，故魚鼈優多而百姓有餘用也；斬伐養長不失其時，故山林不童而百姓有餘材也。聖王之用也，上察於天，下錯於地，塞備天地之閒，加施萬物之上，微而明，短而長，狹而廣，神明博大以至約。故曰：一與一是爲人者謂之聖人。

序官：宰爵知賓客、祭祀、饗食、犧牲之牢數，司徒知百宗、城郭、立器之數，司馬知師旅、甲兵、乘白之數。修憲命，審詩商，禁淫聲，以時順修，使夷俗邪音不敢亂雅，大師之事也。修隄梁，通溝澮，行水潦，安水臧，以時決塞，歲雖凶敗水旱，使民有所耘艾，司空之事也。相高下，視肥墝，序五種，省農功，謹蓄藏，以時順修，使農夫樸力而寡能，治田之事也。修火憲，養山林藪澤草木魚鱉百索，以時禁發，使國家足用而財物不屈，虞師之事也。順州里，定廛宅，養六畜，閒樹藝，勸教化，趨孝弟，以時順修，使百姓順命，安樂處鄉，鄉師之事也。論百工，審時事，辨功苦，尚完利，便備用，使雕琢文采不敢專造於家，工師之事也。相陰陽，占祲兆，鑽龜陳卦，主攘擇五卜，知其吉凶妖祥，傴巫、跛擊之事也。修採清，易道路，謹盜賊，平室律，以時順修，使賓旅安而貨財通，治市之事也。抃急禁悍，防淫除邪，戮之以五刑，使暴悍以變，姦邪不作，司寇之事也。本政教，正法則，兼聽而時稽之，度其功勞，論其慶賞，以時慎修，使百吏免盡而衆庶不偷，冢宰之事也。論禮樂，正身行，廣教化，美風俗，兼覆而調一之，辟公之事也。全道德，致隆高，綦文理，一天下，振毫末，使天下莫不順比從服，天王之事也。故政事亂則冢宰之罪也；國家失俗則辟公之過也；天下不一，諸侯俗反，則天王非其人也。

具具而王，具具而霸，具具而存，具具而亡。用萬乘之國者，威彊之所以立也，名聲之所以美也，敵人之所以屈也，國之所以安危臧否也，制與在此，亡乎人。王、霸、安存、危殆、滅亡，制與在我，亡乎人。夫威彊未足以殆鄰敵也，名聲未足以縣天下也，則是國未能獨立也，豈渠得免夫累乎！天下脅於暴國，而黨爲吾所不欲於是者，日與桀同事同行，無害爲堯，是非功名之所就也，非存亡安危之所墮也。功名之所就，存亡安危之所墮，必將於愉殷赤心之所。誠以其國爲王者之所，亦王；以其國爲危殆滅亡之所，亦危殆滅亡。殷之日，案以中立無有所偏而爲縱横之事，偃然案兵無動，以觀夫暴國之相卒也。案平政教，審節奏，砥礪百姓，爲是之日，而兵剸天下勁矣；案然修仁義，伉隆高，正法則，選賢良，養百姓，爲是之日，而名聲剸天下之美矣。權者重之，兵者勁之，名聲者美之。夫堯、舜者，一天下也，不能加毫末於是矣。權謀傾覆之人退，則賢良知聖之士案自進矣；刑政平，百姓和，國俗節，則兵勁城固，敵國案自詘矣；務本事，積財物，而勿忘棲遲薛越也，是使羣臣百姓皆以制度行，則財物積，國家案自富矣。三者體此而天下服，暴國之君案自不能用其兵矣。何則？彼無與至也。彼其所與至者，必其民也。其民之親我也歡若父母，好我芳如芝蘭；反顧其上則若灼黥，若仇讎。彼人之情性也雖桀、跖，豈有肯爲其所惡賊其所好者哉！彼以奪矣。故古之人有以一國取天下者，非往行之也，修政其所莫不願，如是而可以誅暴禁悍矣。故周公南征而北國怨，曰：『何獨不來也？』東征而西國怨，曰：『何獨後我也？』孰能有與是鬭者與？安以其國爲是者王。殷之日，安以靜兵息民，慈愛百姓，辟田野，實倉廩，便備用，安謹募選閱材伎之士；然後漸賞慶以先之，嚴刑罰以防之，擇士之知事者使相率貫也，是以厭然畜積修飾而物用之足也。兵革器械者，彼將日日暴露毀折之中原，我今將修飾之，拊循之，掩蓋之於府庫；貨財粟米者，彼將日日棲遲薛越之中野，我今將畜積并聚之於倉廩；材技股肱、健勇爪牙之士，彼將日日挫頓竭之於仇敵，我今將來致之、并閱之、砥礪之於朝廷。如是，則彼日積敝，我日積完；彼日積貧，我日積富；彼日積勞，我日積佚。君臣上下之間者，彼將厲厲焉日日相離疾也，我令將頓頓焉日日相親愛也，以是待其敝。安以其國爲是者霸。立身則從傭俗，事行則遵傭故，進退貴賤則舉傭士，之所以接下之人百姓者則庸寬惠，如是者則安存。立身則輕楛，事行則蠲疑，進退貴賤則舉佞侻，之所以接下之人百姓者則好取侵奪，如是者危殆。立身則憍暴，事行則傾覆，進退貴賤則舉幽險詐故，之所以接下之人百姓者，則好用其死力矣，而慢其功勞，好用其籍斂矣，而忘其本務，如是者滅亡。此五等者，不可不善擇也，王、霸、安存、危殆、滅亡之具也。善擇者制人，不善擇者人制之；善擇之者王，不善擇之者亡。

夫王者之與亡者，制人之與人制之也，是其爲相縣也亦遠矣。

有道之世論分部

論説

《論語・雍也》 子曰：「齊一變，至於魯；魯一變，至於道。」

又《季氏》 孔子曰：「天下有道，則禮樂征伐自天子出；天下無道，則禮樂征伐自諸侯出。自諸侯出，蓋十世希不失矣；自大夫出，五世希不失矣；陪臣執國命，三世希不失矣。天下有道，則政不在大夫。天下有道，則庶人不議。」

《管子・入國》 入國四旬，五行九惠之教：一曰老老、二曰慈幼、三曰恤孤、四曰養疾、五曰合獨、六曰問病、七曰通窮、八曰振困、九曰接絶。所謂老老者，凡國都皆有掌老。年七十已上，一子無征，三月有饋肉。八十已上，二子無征，月有饋肉。九十以上，盡家無征，日有酒肉。死，上共棺槨。勸子弟，精膳食，問所欲，求所嗜，此之謂老老。所謂慈幼者，凡國都皆有掌幼，士民有子，子有幼弱不勝養爲累者。有三幼者無婦征，四幼者盡家無征，五幼又予之葆，受二人之食，能事而後止，此之謂慈幼。所謂恤孤者，凡國都皆有掌孤，士人死，子孤幼，無父母，所養不能自生者，屬之其鄉黨知識故人，養一孤者，一子無征。養二孤者二子無征。養三孤者，盡家無征。掌孤數行問之，必知其食飲飢寒，身之膌胜而哀憐之，此之謂恤孤。所謂養疾者，凡國都皆有掌養疾，聾盲喑啞，跛躄偏枯握遞，不耐自生者，上收而養之。疾，官而衣食之，殊身而後止，此之謂養疾。所謂合獨者，凡國都皆有掌媒；丈夫無妻曰鰥，婦人無夫曰寡，取鰥寡而合和之，予田宅而家室之，三年然後事之，此之謂合獨。所謂問疾者，凡國都皆有掌病，士人有病者，掌病以上令問之；九十以上，日一問。八十以上，二日一問。七十以上，三日一問。衆庶五日一問。疾甚者以告，上身問之。掌病行於國中，以問病爲事，此之謂問病。所謂通窮者，凡國都皆有通窮，若有窮夫婦無居處，窮賓客絶糧食，居其鄉黨，以聞者有賞，不以聞者有罰。此之謂通窮。所謂振困者，歲凶，庸人訾厲，多死喪。弛刑罰，赦有罪，散倉粟以食之。此之謂振困。所謂接絶者，士民死上事，死戰事，使其知識故人受資於上而祠之。此之謂接絶也。

《列子・黄帝篇》 黄帝即位十有五年，喜天下戴己，養正命，娱耳目，供鼻口，焦然肌色皯黣，昏然五情爽惑。又十有五年，憂天下之不治，竭聰明，進智力，營百姓，焦然肌色皯黣，昏然五情爽惑。黄帝乃喟然讚曰：「朕之過淫矣。養一己其患如此，治萬物其患如此。」於是放萬機，舍宮寢，去直侍，徹鍾懸，減廚膳，退而間居大庭之館，齋心服形，三月不親政事。晝寢而夢，游於華胥氏之國。華胥氏之國在弇州之西，台州之北，不知斯齊國幾千萬里；蓋非舟車足力之所及，神游而已。其國無帥長，自然而已。其民無嗜慾，自然而已。不知樂生，不知惡死，故無夭殤；不知親己，不知疏物，故無愛憎；不知背逆，不知向順，故無利害：都無所愛惜，都無所畏忌。入水不溺，入火不熱。斫撻無傷痛，指擿無痟癢。乘空如履實，寢虚若處牀。雲霧不硋其視，雷霆不亂其聽，美惡不滑其心，山谷不躓其步，神行而已。黄帝既寤，怡然自得，召天老、力牧、太山稽，告之，曰：「朕閒居三月，齋心服形，思有以養身治物之道，弗獲其術。疲而睡，所夢若此。今知至道不可以情求矣。朕知之矣！朕得之矣！而不能以告若矣。」又二十有八年，天下大治，幾若華胥氏之國，而帝登假。百姓號之，二百餘年不輟。

大同小康説分部

論説

《禮記・禮運》 昔者仲尼與於蜡賓，事畢，出遊於觀之上，喟然而歎。仲尼之歎，蓋歎魯也。言偃在側，曰：「君子何歎？」孔子曰：「大

道之行也，與三代之英，丘未之逮也，而有志焉。大道之行也，天下爲公，選賢與能，講信脩睦。故人不獨親其親，不獨子其子，使老有所終，壯有所用，幼有所長，矜寡孤獨廢疾者皆有所養，男有分，女有歸。貨惡其棄於地也，不必藏於己；力惡其不出於身也，不必爲己。是故謀閉而不興，盜竊亂賊而不作，故外户而不閉。是謂大同。今大道既隱，天下爲家，各親其親，各子其子，貨力爲己，大人世及以爲禮，城郭溝池以爲固，禮義以爲紀；以正君臣，以篤父子，以睦兄弟，以和夫婦，以設制度，以立田里，以賢勇知，以功爲己。故謀用是作，而兵由此起。禹、湯、文、武、成王、周公，由此其選也。此六君子者，未有不謹於禮者也。以著其義，以考其信，著有過，刑仁講讓，示民有常。如有不由此者，在執者去，衆以爲殃。是謂小康。』

兼愛尚同説分部

論説

《墨子·法儀》 昔之聖王禹、湯、文、武，兼愛天下之百姓，率以尊天事鬼。其利人多，故天福之，使立爲天子，天下諸侯皆賓事之。暴王桀、紂、幽、厲，兼惡天下之百姓，率以詬天侮鬼，其賊人多，故天禍之，使遂失其國家，身死爲僇於天下，後世子孫毁之，至今不息。故爲不善以得禍者，桀、紂、幽、厲是也；愛人利人以得福者，禹、湯、文、武是也。愛人利人以得福者有矣，惡人賊人以得禍者亦有矣。

又《兼愛上》 聖人以治天下爲事者也，必知亂之所自起，焉能治之；不知亂之所自起，則不能治。譬之如醫之攻人之疾者然，必知疾之所自起，焉能攻之；不知疾之所自起，則弗能攻。治亂者何獨不然，必知亂之所自起，焉能治之；不知亂之所自起，則弗能治。

聖人以治天下爲事者也，不可不察亂之所自起。當察亂何自起？起不相愛。臣子之不孝君父，所謂亂也。子自愛不愛父，故虧父而自利；弟自愛不愛兄，故虧兄而自利；臣自愛不愛君，故虧君而自利。此所謂亂也。雖父之不慈子，兄之不慈弟，君之不慈臣，此亦天下之所謂亂也。父自愛也，不愛子，故虧子而自利；兄自愛也，不愛弟，故虧弟而自利；君自愛也，不愛臣，故虧臣而自利。是何也？皆起不相愛。雖至天下之爲盜賊者，亦然。盜愛其室，不愛異室，故竊異室以利其室；賊愛其身，不愛人，故賊人以利其身。此何也？皆起不相愛。雖至大夫之相亂家、諸侯之相攻國者，亦然。大夫各愛其家，不愛異家，故亂異家以利其家；諸侯各愛其國，不愛異國，故攻異國以利其國。天下之亂物，具此而已矣。

察此何自起？皆起不相愛。若使天下兼相愛，愛人若愛其身，猶有不孝者乎？視父兄與君若其身，惡施不孝？猶有不慈者乎？視子弟與臣若其身，惡施不慈？故不慈不孝亡。猶有盜賊乎？視人之室若其室，誰竊？視人身若其身，誰賊？故盜賊有亡。猶有大夫之相亂家、諸侯之相攻國者乎？視人家若其家，誰亂？視人國若其國，誰攻？故大夫之相亂家、諸侯之相攻國者有亡。若使天下兼相愛，國與國不相攻，家與家不相亂，盜賊無有，君臣父子皆能孝慈，若此則天下治。

故聖人以治天下爲事者，惡得不禁惡而勸愛。故天下兼相愛則治，交相惡則亂。故子墨子曰不可以不勸愛人者，此也。

又《兼愛中》 子墨子言曰：仁人之所以爲事者，必興天下之利，除去天下之害，以此爲事者也。然則天下之利何也？天下之害何也？子墨子言曰：今若國之與國之相攻，家之與家之相篡，人之與人之相賊，君臣不惠忠，父子不慈孝，兄弟不和調，則此天下之害也。然則崇此害亦何用生哉？以相愛生邪？子墨子言：以不相愛生。今諸侯獨知愛其國，不愛人之國，是以不憚舉其國以攻人之國；今家主獨知愛其家，而不愛人之家，是以不憚舉其家以篡人之家；今人獨知愛其身，不愛人之身，是以不憚舉其身以賊人之身。是故諸侯不相愛，則必野戰；家主不相愛，則必相篡；人與人不相愛，則必相賊；君臣不相愛，則不惠忠；父子不相愛，則不慈孝；兄弟不相愛，則不和調。天下之人皆不相愛，强必執弱，衆必劫寡，富必侮貧，貴必敖賤，詐必欺愚。凡天下禍篡怨恨，其所以起者，以不相愛生也，是以仁者非之。

既以非之，何以易之？子墨子言曰：以兼相愛、交相利之法易之。然則兼相愛、交相利之法將奈何哉？子墨子言：視人之國若視其國，視人之家若視其家，視人之身若視其身。是故諸侯相愛，則不野戰；家主相愛，則不相簒；人與人相愛，則不相賊；君臣相愛，則惠忠；父子相愛，則慈孝；兄弟相愛，則和調。天下之人皆相愛，强不執弱，衆不劫寡，富不侮貧，貴不敖賤，詐不欺愚。凡天下禍簒怨恨可使毋起者，以相愛生也，是以仁者譽之。

然而今天下之士君子曰：然，乃若兼則善矣。雖然，天下之難物于故也。子墨子言曰：天下之士君子，特不識其利、辯其故也。今若夫攻城野戰，殺身爲名，此天下百姓之所皆難也。苟君説之，則士衆能爲之。況於兼相愛、交相利，則與此異。夫愛人者，人必從而愛之；利人者，人必從而利之。惡人者，人必從而惡之；害人者，人必從而害之。此何難之有？特上弗以爲政，士不以爲行故也。

昔者晉文公好士之惡衣，故文公之臣皆牂羊之裘，韋以帶劍，練帛之冠，入以見於君，出以踐於朝。是其故何也？君説之，故臣爲之也。昔者楚靈王好士細要，故靈王之臣皆以一飯爲節，脅息然後帶，扶牆然後起，比期年，朝有黧黑之色。是其故何也？君説之，故臣能之也。昔越王句踐好士之勇，教馴其臣，和合之，焚舟失火，試其士曰：『越國之寶盡在此！』越王親自鼓其士而進之，其士聞鼓音，破碎亂行，蹈火而死者，左右百人有餘，越王擊金而退之。

是故子墨子言曰：乃若夫少食、惡衣、殺身而爲名，此天下百姓之所皆難也。若苟君説之，則衆能爲之。況兼相愛、交相利與此異矣。夫愛人者，人亦從而愛之；利人者，人亦從而利之；惡人者，人亦從而惡之；害人者，人亦從而害之。此何難之有焉？特上不以爲政，而士不以爲行故也。

然而今天下之士君子曰：然，乃若兼則善矣。雖然，不可行之物也，譬若挈太山越河濟也。子墨子言：是非其譬也。夫挈太山而越河濟，可謂畢劫有力矣。自古及今，未有能行之者也。況乎兼相愛、交相利則與此異，古者聖王行之。何以知其然？古者禹治天下，西爲西河、漁竇，以泄渠、孫、皇之水。北爲防、原、派，注后之邸、嘑池之竇，洒爲底柱，鑿爲龍門，以利燕代胡貉與西河之民。東方漏之陸，防孟諸之澤，灑爲九澮，以楗東土之水，以利冀州之民。南爲江、漢、淮、汝，東流之，注五湖之處，以利荆楚、干、越與南夷之民。此言禹之事，吾今行兼矣。昔者文王之治西土，若日若月，乍光于四方，于西土，不爲大國侮小國，不爲衆庶侮鰥寡，不爲暴勢奪穡人黍稷狗彘。天屑臨文王慈，是以老而無子者，有所得終其壽；連獨無兄弟者，有所雜於生人之間；少失其父母者，有所放依而長。此文王之事，則吾今行兼矣。昔者武王將事泰山，隧，《傳》曰：『泰山！有道曾孫周王有事，大事既獲，仁人尚作，以祗商夏蠻夷醜貉。雖有周親，不若仁人。萬方有罪，維予一人。』此言武王之事，吾今行兼矣。

是故子墨子言曰：今天下之士君子，忠實欲天下之富，而惡其貧；欲天下之治，而惡其亂，當兼相愛、交相利。此聖王之法，天下之治道也，不可不務爲也。

又《兼愛下》 子墨子言曰：仁人之事者，必務求興天下之利，除天下之害。然當今之時，天下之害孰爲大？曰：若大國之攻小國也，大家之亂小家也，强之劫弱，衆之暴寡，詐之謀愚，貴之敖賤，此天下之害也。又與爲人君者之不惠也，臣者之不忠也，父者之不慈也，子者之不孝也，此又天下之害也。又與今人之賤人，執其兵刃毒藥水火，以交相虧賊，此又天下之害也。姑嘗本原若衆害之所自生，此胡自生？此自愛人、利人生與？即必曰非然也，必曰從惡人、賊人生。分名乎天下惡人而賊人者，兼與？別與？即必曰別也。然即之交別者，果生天下之大害者與？是故別非也。

子墨子曰：非人者，必有以易之，若非人而無以易之，譬之猶以水救火也，其説將必無可焉。是故子墨子曰：兼以易別。然即兼之可以易別之故何也？曰：藉爲人之國若爲其國，夫誰獨舉其國以攻人之國者哉？爲彼者由爲己也。爲人之都若爲其都，夫誰獨舉其都以伐人之都者哉？爲彼猶爲己也。爲人之家若爲其家，夫誰獨舉其家以亂人之家者哉？爲彼猶爲己也。然即國都不相攻伐，人家不相亂賊，此天下之害與？天下之利與？即必曰天下之利也。姑嘗本原若衆利之所自生。此胡自生？此自惡人、賊人生與？即必曰非然也。必曰從愛人、利人生。分

名乎天下愛人而利人者，別與？兼與？卽必曰兼也。然卽之交兼者，果生天下之大利者與？是故子墨子曰：兼是也。

且鄉吾本言曰：仁人之事者，必務求興天下之利，除天下之害。今吾本原兼之所生天下之大利者也；吾本原別之所生天下之大害者也。是故子墨子曰：別非而兼是者，出乎若方也。今吾將正求興天下之利而取之，以兼爲正。是以聰耳明目相爲視聽乎，是以股肱畢强相爲動宰乎，而有道肆相教誨，是以老而無妻子者，有所侍養以終其壽；幼弱孤童之無父母者，有所放依以長其身。今唯毋以兼爲政，卽若其利也。不識天下之士所以皆聞兼而非之者，其故何也？

然而天下之士非兼者之言猶未止也，曰：『兼卽善矣，雖然，豈可用哉？』子墨子曰：『用而不可，雖我亦將非之。且焉有善而不可用者？』姑嘗兩而進之，設以爲二士，使其一士者執別，使其一士者執兼。是故別士之言曰：『吾豈能爲吾友之身若爲吾身，爲吾友之親若爲吾親。』是故退睹其友，饑卽不食，寒卽不衣，疾病不侍養，死喪不葬埋。別士之言若此，行若此。兼士之言不然，行亦不然。曰：『吾聞爲高士於天下者，必爲其友之身若爲其身，爲其友之親若爲其親。然後可以爲高士於天下。』是故退睹其友，饑則食之，寒則衣之，疾病侍養之，死喪葬埋之。兼士之言若此，行若此。若之二士者，言相非而行相反與？當使若二士者，言必信，行必果，使言行之合，猶合符節也，無言而不行也。然卽敢問：今有平原廣野於此，被甲嬰胄，將往戰，死生之權未可識也；又有君大夫之遠使於巴、越、齊、荆，往來及否未及否，未可識也。然卽敢問：不識將惡擇文也？家室奉承親戚、提挈妻子，而寄託之，不識於兼之有是乎？於別之有是乎？我以爲當其於此也，天下無愚夫愚婦，雖非兼之人，必寄託之於兼之有是也。此言而非兼，擇卽取兼，卽此言行費也。不識天下之士，所以皆聞兼而非之者，其故何也？

然而天下之士非兼者之言猶未止也，曰：『意可以擇士，而不可以擇君乎？』姑嘗兩而進之，設以爲二君，使其一君者執兼，使其一君者執別。是故別君之言曰：『吾惡能爲吾萬民之身若爲吾身，此泰非天下之情也。人之生乎地上之，無幾何也，譬之猶駟馳而過隙也。』是故退睹其萬民，饑卽不食，寒卽不衣，疾病不侍養，死喪不葬埋。別君之言若此，行若此。兼君之言不然，行亦不然，曰：『吾聞爲明君於天下者，必先萬民之身，後爲其身，然後可以爲明君於天下。』是故退睹其萬民，饑卽食之，寒卽衣之，疾病侍養之，死喪葬埋之。兼君之言若此，行若此。然卽交若之二君者，言相非而行相反與？常使若二君者，言必信，行必果，使言行之合，猶合符節也，無言而不行也。然卽敢問：今歲有癘疫，萬民多有勤苦凍餒，轉死溝壑中者，既已衆矣。不識將擇之二君者，將何從也？我以爲當其於此也，天下無愚夫愚婦，雖非兼者，必從兼君是也。言而非兼，擇卽取兼，卽此言行拂也。不識天下所以皆聞兼而非之者，其故何也。

然而天下之士非兼者之言猶未止也，曰：兼卽仁矣，義矣。雖然，豈可爲哉？吾譬兼之不可爲也，猶挈泰山以超江河也。故兼者，直願之也，夫豈可爲之物哉？子墨子曰：夫挈泰山以超江河，自古之及今，生民而來未嘗有也。今若夫兼相愛、交相利，此自先聖六王者親行之。何以知先聖六王之親行之也？子墨子曰：吾非與之並世同時，親聞其聲，見其色也。以其所書於竹帛，鏤於金石，琢於槃盂，傳遺後世子孫者知之。《泰誓》曰：『文王若日若月乍照，光于四方，于西土。』卽此言文王之兼愛天下之博大也，譬之日月，兼照天下之無有私也，卽此文王兼也。雖子墨子之所謂兼者，於文王取法焉。且不唯《泰誓》爲然，雖《禹誓》卽亦猶是也。禹曰：『濟濟有衆，咸聽朕言，非惟小子敢行稱亂，蠢茲有苗，用天之罰，若予既率爾羣對諸羣以征有苗。』禹之征有苗也，非以求以重富貴、干福祿、樂耳目也，以求興天下之利，除天下之害，卽此禹兼也。雖子墨子之所謂兼者，於禹求焉。且不唯《禹誓》爲然，雖《湯說》卽亦猶是也。湯曰：『惟予小子履，敢用玄牡，告於上天后曰：今天大旱，卽當朕身履，未知得罪于上下，有善不敢蔽，有罪不敢赦，簡在帝心。萬方有罪，卽當朕身。朕身有罪，無及萬方。』卽此言湯貴爲天子，富有天下，然且不憚以身爲犧牲，以祠說于上帝鬼神，卽此湯兼也。雖子墨子之所謂兼者，於湯取法焉。且不唯《誓命》與《湯說》爲然，周《詩》卽亦猶是也。周《詩》曰：『王道蕩蕩，不偏不黨。王道平平，不黨不偏。其直若矢，其易若底，君子之所履，小人之所視。』若吾言非語道之謂也？古者文武爲正，均分賞賢罰暴，勿有親戚弟兄之所阿，卽此文武兼也。雖子墨子之所謂兼者，於文武取法焉。不識天下之人所以皆聞兼而非之者，其故何也？

然而天下之非兼者之言猶未止，曰：意不忠親之利，而害爲孝乎？子墨子曰：姑嘗本原之孝子之爲親度者。吾不識孝子之爲親度者，亦欲人愛利其親與？意欲人之惡賊其親與？以説觀之，即欲人之愛利其親也。然即吾惡先從事即得此？若我先從事乎愛利人之親，然後人報我以愛利吾親乎？意我先從事乎惡賊人之親，然後人報我以愛利吾親乎？即必吾先從事乎愛利人之親，然後人報我以愛利吾親也。然即之交孝子者，果不得已乎毋先從事愛利人之親者與？意以天下之孝子爲遇，而不足以爲正乎？姑嘗本原之先王之所書，《大雅》之所道，曰：『無言而不讎，無德而不報。投我以桃，報之以李。』即此言愛人者必見愛也，而惡人者必見惡也。不識天下之士所以皆聞兼而非之者，其故何也？意以爲難而不可爲邪？嘗有難此而可爲者，昔荆靈王好小要，當靈王之身，荆國之士飯不逾乎一，固據而後興，扶垣而後行。故約食爲其難爲也，然後爲而靈王説之，未踰於世而民可移也，即求以鄉其上也。昔者越王句踐好勇，教其士臣三年，以其知爲未足以知之也，焚舟失火，鼓而進之，其士偃前列，伏水火而死者，不可勝數也。當此之時，不鼓而退也，越國之士可謂顫矣。故焚身爲其難爲也，然後爲而越王説之，未踰於世而民可移也，即求以鄉其上也。昔者晉文公好苴服。當文公之時，晉國之士大布之衣，牂羊之裘，練帛之冠，且苴之屨，入見文公，出以踐之朝。故苴服爲其難爲也，然後爲而文公説之，未踰於世而民可移也，即求以鄉其上也。是故約食、焚身、苴服，此天下之至難爲也，然後爲而上説之，未踰於世而民可移也，何故也？即求以鄉其上也。今若夫兼相愛、交相利，此其有利且易爲也，不可勝計也，我以爲則無有上説之者而已矣，苟有上説之者，勸之以賞譽，威之以刑罰，我以爲人之於就兼相愛、交相利也，譬之猶火之就上，水之就下也，不可防止於天下。

故兼者，聖王之道也，王公大人之所以安也，萬民衣食之所以足也，故君子莫若審兼而務行之，爲人君必惠，爲人臣必忠，爲人父必慈，爲人子必孝，爲人兄必友，爲人弟必悌。故君子莫若欲爲惠君、忠臣、慈父、孝子、友兄、悌弟，當若兼之不可不行也，此聖王之道而萬民之大利也。

又 《尚同上》 子墨子言曰：古者民始生未有刑政之時，蓋其語，人異義。是以一人則一義，二人則二義，十人則十義。其人茲衆，其所謂義者亦茲衆。是以人是其義，以非人之義，故交相非也。是以内者父子兄弟作怨惡，離散不能相和合。天下之百姓，皆以水火毒藥相虧害，至有餘力不能以相勞，腐死餘財不以相分，隱匿良道不以相教，天下之亂，至若禽獸然。

夫明虖天下之所以亂者，生於無政長。是故選天下之賢可者，立以爲天子。天子立，以其力爲未足，又選擇天下之賢可者，置立之以爲三公。天子三公既以立，以天下爲博大，遠國異土之民，是非利害之辯，不可一二而明知，故畫分萬國，立諸侯國君。諸侯國君既已立，以其力爲未足，又選擇其國之賢可者，置立之以爲正長。正長既已具，天子發政於天下之百姓，言曰：『聞善而不善，皆以告其上。上之所是必皆是之，上之所非必皆非之。上有過則規諫之，下有善則傍薦之。上同而不下比者，此上之所賞而下之所譽也。意若聞善而不善，不以告其上，上之所是弗能是，上之所非弗能非。上有過弗規諫，下有善弗傍薦。下比不能上同者，此上之所罰而百姓所毀也。』上以此爲賞罰，甚明察以審信。是故里長者，里之仁人也。里長發政里之百姓，言曰：『聞善而不善，必以告其鄉長。鄉長之所是必皆是之，鄉長之所非必皆非之。去若不善言，學鄉長之善言；去若不善行，學鄉長之善行。』則鄉何説以亂哉？察鄉之所以治者，何也？鄉長唯能壹同鄉之義，是以鄉治也。鄉長者，鄉之仁人也。鄉長發政鄉之百姓，言曰：『聞善而不善者，必以告國君。國君之所是必皆是之，國君之所非必皆非之。去若不善言，學國君之善言；去若不善行，學國君之善行。』則國何説以亂哉？察國之所以治者，何也？國君唯能壹同國之義，是以國治也。國君者，國之仁人也。國君發政國之百姓，言曰：『聞善而不善，必以告天子。天子之所是皆是之，天子之所非皆非之。去若不善言，學天子之善言；去若不善行，學天子之善行。』則天下何説以亂哉？察天下之所以治者，何也？天子唯能壹同天下之義，是以天下治也。

天下之百姓皆上同於天子，而不上同於天，則菑猶未去也。今若天飄風苦雨，溱溱而至者，此天之所以罰百姓之不上同於天者也。

是故子墨子言曰：古者聖王爲五刑，請以治其民。譬若絲縷之有紀，罔罟之有綱，所以連收天下之百姓不尚同其上者也。

又 《尚同中》 故古者聖王明天鬼之所欲，而辟天鬼之所憎，以求

興天下之利，除天下之害。是以率天下之萬民，齊戒沐浴，絜爲酒醴粢盛，以祭祀天鬼。其事鬼神也，酒醴粢盛不敢不蠲潔，犧牲不敢不腯肥，珪璧幣帛不敢不中度量，春秋祭祀不敢失時幾，聽獄不敢不中，分財不敢不均，居處不敢怠慢。曰：其爲正長若此，是故上者天鬼有厚乎其爲政長也，下者萬民有便利乎其爲政長也。天鬼之所深厚，而彊從事焉，則天鬼之福可得也；萬民之所便利，而能彊從事焉，則萬民之親可得也。其爲政若此，是以謀事得，舉事成，入守固，出誅勝。曰：何故之以也？曰：唯而以尚同爲政者也。故古者聖王之爲政若此。

今天下之人曰：方今之時，天下之正長猶未廢乎天下也，而天下之所以亂者，何故之以也？子墨子曰：方今之時之以正長，則本與古者異矣。譬之若有苗之以五刑然。昔者聖王制爲五刑，以治天下，逮至有苗之制五刑，以亂天下。則此豈刑不善哉？用刑則不善也。是以先王之書《呂刑》之道曰：『苗民否用練，折則刑，唯作五殺之刑，曰法。』則此言善用刑者以治民，不善用刑者以爲五殺。則此豈刑不善哉？用刑則不善，故遂以爲五殺。是以先王之書《術令》之道曰：『惟口出好興戎。』則此言善用口者出好，不善用口者以爲讒賊寇戎。則此豈口不善哉？用口則不善也，故遂以爲讒賊寇戎。

故古者之置正長也，將以治民也。譬之若絲縷之有紀，而罔罟之有綱也，將以運役天下淫暴而一同其義也。是以先王之書《相年》之道曰：『夫建國設都，乃作后王君公，否用泰也，卿大夫師長，否用佚也，維辯使治天均。』則此語古者上帝鬼神之建設國都立正長也，非高其爵、厚其祿，富貴佚而錯之也，將以爲萬民興利除害、富貧衆寡、安危治亂也。故古者聖王之爲政若此。

今王公大人之爲刑政，則反此。政以爲便譬宗族、父兄故舊，立以爲左右，置以爲正長。民知上置正長之非正以治民也，是以皆比周隱匿，而莫肯尚同其上，是故上下不同義。若苟上下不同義，賞譽不足以勸善，而刑罰不足以沮暴。何以知其然也？曰：上唯毋立而爲政乎國家，爲民正長，曰：『人可賞，吾將賞之。』若苟上下不同義，上之所賞，則衆之所非，曰：人衆與處，於衆得非。則是雖使得上之賞，未足以勸乎。上唯毋立而爲政乎國家，爲民正長，曰：『人可罰，吾將罰之。』若苟上下不同義，上之所罰，則衆之所譽。曰：人衆與處，於衆得譽，則是雖使得上之罰，未足以沮乎。若立而爲政乎國家，爲民正長，賞譽不足以勸善，而刑罰不足以沮暴，則是不與鄉吾本言民始生未有正長之時同乎？若有正長與無正長之時同，則此非所以治民一衆之道。

故古者聖王唯而以尚同以爲正長，是故上下情請爲通。上有隱事遺利，下得而利之；下有蓄怨積害，上得而除之。是以數千萬里之外有爲善者，其室人未徧知，鄉里未徧聞，天子得而賞之；數千萬里之外有爲不善者，其室人未徧知，鄉里未徧聞，天子得而罰之。是以舉天下之人皆恐懼振動惕慄，不敢爲淫暴，曰：『天子之視聽也神。』先王之言曰：『非神也，夫唯能使人之耳目助己視聽，使人之吻助己言談，使人之心助己思慮，使人之股肱助己動作。』助之視聽者衆，則其所聞見者遠矣，助之言談者衆，則其德音之所撫循者博矣，助之思慮者衆，則其談謀度速得矣；助之動作者衆，即其舉事速成矣。

故古者聖人之所以濟事成功，垂名於後世者，無他故異物焉，曰：唯能以尚同爲政者也。是以先王之書《周頌》之道之曰：『載來見彼王，聿求厥章。』則此語古者國君諸侯之以春秋來朝聘天子之廷，受天子之嚴教。退而治國，政之所加，莫敢不賓。當此之時，本無有敢紛天子之教者。《詩》曰：『我馬維駱，六轡沃若。載馳載驅，周爰咨度。』又曰：『我馬維騏，六轡若絲。載馳載驅，周爰咨謀。』即此語古者國君諸侯之聞見善與不善也，皆馳驅以告天子，是以賞當賢，罰當暴，不殺不辜，不失有罪，則此尚同之功也。

是故子墨子曰：今天下之王公大人士君子，請將欲富其國家，衆其人民，治其刑政，定其社稷，當若尚同之不可不察，此之本也。

又《尚同下》 子墨子言曰：知者之事，必計國家百姓所以治者，何而爲之，必計國家百姓之所以亂者而辟之。然計國家百姓之所以治者，何也？上之爲政，得下之情則治，不得下之情則亂。何以知其然也？上之爲政得下之情，則是明於民之善非也。若苟明於民之善非也，則得善人而賞之，得暴人而罰之也。善人賞而暴人罰，則國必治。上之爲政也，不得下之情，則是不明於民之善非也。若苟不明於民之善非，則是不得善人而賞之，不得暴人而罰之。善人不賞而暴人不罰，爲政若此，國衆必亂。故

賞罰不得下之情，而不可不察者也。

然計得下之情將奈何可？故子墨子曰：唯能以尚同一義爲政，然後可矣。何以知尚同一義之可而爲政於天下也？然胡不審稽古之治爲政之説乎？古者天之始生民，未有正長也，百姓爲人。若苟百姓爲人，是一人一義，十人十義，百人百義，千人千義，逮至人之衆不可勝計也，則其所謂義者亦不可勝計。此皆是其義而非人之義，是以厚者有鬬而薄者有争。是故天下之欲同一天下之義也，是故選擇賢者立爲天子。天子以其知力爲未足獨治天下，是以選擇其次立爲三公。三公又以其知力爲未足獨左右天子也，是以分國建諸侯。諸侯又以其知力爲未足獨治其四境之内也，是以選擇其次立爲卿之宰。卿之宰又以其知力爲未足獨左右其君也，是以選擇其次立而爲鄉長家君。是故古者天子之立三公、諸侯、卿之宰、鄉長家君，非特富貴游佚而擇之也，將使助治亂刑政也。故古者建國設都，乃立后王君公，奉以卿士師長，此非欲用説也，唯辯而使助治天助明也。

今此何爲人上而不能治其下，爲人下而不能事其上？則是上下相賊也。何故以然？則義不同也。若苟義不同者有黨，上以若人爲善，將賞之，百姓不刑，将毁之。若人唯使得上之賞，而辟百姓之毁，是以爲善者未必可使勸也。上以若人爲暴，將罰之，百姓姓付，将舉之。若人唯使得上之罰，而懷百姓之譽，是以爲暴者未必可使沮也。故計上之賞譽不足以勸善，計其毁罰不足以沮暴。此何故以然？則義不同也。

然則欲同一天下之義，將奈何可？故子墨子言曰：然胡不賞使家君試用家君發憲布令其家，曰：『若見愛利家者必以告，若見惡賊家者亦必以告。若見愛利家以告，亦猶愛利家者也，上得且賞之，衆聞則譽之；若見惡賊家不以告，亦猶惡賊家者也，上得且罰之，衆聞則非之。』是以徧若家之人，皆欲得其長上之賞譽，辟其毁罰。是以見善言之，見不善言之。家君得善人而賞之，得暴人而罰之。善人之賞而暴人之罰，則家必治矣。然計若家之所以治者，何也？唯以尚同一義爲政故也。

家既已治，國之道盡此已邪？則未也。國之爲家數也甚多，此皆是其家而非人之家，是以厚者有亂，而薄者有争。故又使家君總其家之義，以尚同於國君。國君亦爲發憲布令於國之衆，曰：『若見愛利國者必以告，若見惡賊國者亦必以告。若見愛利國以告者，亦猶愛利國者也，上得且賞之，衆聞則譽之；若見惡賊國不以告者，亦猶惡賊國者也，上得且罰之，衆聞則非之。』是以徧若國之人，皆欲得其長上之賞譽，避其毁罰。是以民見善者言之，見不善者言之。國君得善人而賞之，得暴人而罰之。善人賞而暴人罰，則國必治矣。然計若國之所以治者，何也？唯能以尚同一義爲政故也。

國既已治矣，天下之道盡此已邪？則未也。天下之爲國數也甚多，此皆是其國而非人之國，是以厚者有戰，而薄者有争。故又使國君選其國之義，以尚同於天子。天子亦爲發憲布令於天下之衆，曰：『若見愛利天下者必以告，若見惡賊天下者亦必以告。若見愛利天下以告者，亦猶愛利天下者也，上得則賞之，衆聞則譽之；若見惡賊天下不以告者，亦猶惡賊天下者也，上得且罰之，衆聞則非之。』是以徧天下之人，皆欲得其長上之賞譽，避其毁罰。是以見善者善之，見不善者告之。天子得善人而賞之，得暴人而罰之。善人賞而暴人罰，則天下必治矣。然計天下之所以治者，何也？唯而以尚同一義爲政故也。

天下既已治，天子又總天下之義，以尚同於天。故當尚同之爲説也，上用之天子，可以治天下矣；中用之諸侯，可而治其國矣；小用之家君，可而治其家矣。是故大用之治天下而不窕，小用之治一國一家而不横者，若道之謂也。故曰：治天下之國若治一家，使天下之民若使一夫。意獨子墨子有此而先王無此，其有邪？則亦然也。聖王皆以尚同爲政，故天下治。何以知其然也？於先王之書也《大誓》之言然，曰：『小人見姦巧乃聞，不言也，發罪鈞。』此言見淫辟不以告者，其罪亦猶淫辟者也。

故古之聖王治天下也，其所差論以自左右羽翼者皆良，外爲之人助之視聽者衆。故與人謀事，先人得之；與人舉事，先人成之；光譽令問，先人發之。唯信身而從事，故利若此。古者有語焉，曰：『一目之視也，不若二目之視也；一耳之聽也，不若二耳之聽也；一手之操也，不若二手之彊也。』唯能信身而從事，故利若此。是故古之聖王之治天下也，千里之外有賢人焉，其鄉里之人皆未之均聞見也，聖王得而賞之；千裏之外有暴人焉，其鄉里之人未之均聞見也，聖王得而罰之。故唯毋以聖王爲聰耳明目與？豈能一視而通見千里之外哉？一聽而通聞千里之外哉。聖王不往而視也，不就而聽也。然而使天下之爲寇亂盜賊者，周流天下無所

重足而立者，何也？其以尚同爲政善也。

是故子墨子曰：凡使民尚同者，愛民不疾，民無不使，曰：必疾愛而使之，致信而持之，富貴以道其前，明罰以率其後。爲政若此，唯欲毋與我同，將不可得也。是以子墨子曰：今天下王公大人士君子，中情將欲爲仁義，求爲上士，上欲中聖王之道，下欲中國家百姓之利，故當尚同之説而不可不察。尚同爲政之本，而治國之要也。

又《非攻上》 子墨子言曰：古者王公大人情欲得而惡失，欲安而惡危，故當攻戰而不可不非。今有一人，入人園圃，竊其桃李，衆聞則非之，上爲政者得則罰之。此何也？以虧人自利也。至攘人犬豕雞豚者，其不義又甚入人園圃竊桃李。是何故也？以虧人愈多，其不仁茲甚，罪益厚。至入人欄廄，取人馬牛者，其不仁義又甚攘人犬豕雞豚。此何故也？以其虧人愈多，苟虧人愈多，其不仁茲甚，罪益厚。至殺不辜人也，拖其衣裘，取戈劍者，其不義又甚入人欄廄取人馬牛。此何故也？以其虧人愈多，苟虧人愈多，其不仁茲甚矣，罪益厚。當此，天下之君子皆知而非之，謂之不義。今至大爲攻國，則弗知非，從而譽之，謂之義。此可謂知義與不義之別乎？

殺一人謂之不義，必有一死罪矣。若以此説往，殺十人十重不義，必有十死罪矣；殺百人百重不義，必有百死罪矣。當此，天下之君子皆知而非之，謂之不義。今至大爲不義攻國，則弗知而非，從而譽之，謂之義。情不知其不義也，故書其言以遺後世。若知其不義也，夫奚説書其不義以遺後世哉？

今有人於此，少見黑曰黑，多見黑曰白，則以此人不知白黑之辯矣；少嘗苦曰苦，多嘗苦曰甘，則必以此人爲不知甘苦之辯矣。今小爲非，則知而非之。大爲非攻國，則不知而非，從而譽之，謂之義。此可謂知義與不義之辯乎？是以知天下之君子也，辯義與不義之亂也。

又《非攻中》 子墨子言曰：古者王公大人爲政於國家者，情欲毁譽之審，賞罰之當，刑政之不過失，故當攻戰而不可爲也。今師徒唯毋興起，冬行恐寒，夏行恐暑，此不可以冬夏爲者也。春則廢民耕稼樹藝，秋則廢民獲斂。今唯毋廢一時，則百姓饑寒凍餒而死者，不可勝數。今嘗計軍上，竹箭、羽旄、幄幕、甲、盾、撥，劫往而靡弊腑冷不反者，不可勝數；又與矛、戟、戈、劍、乘車，其列住碎折靡弊而不反者，不可勝數；與其牛馬肥而往，瘠而反，往死亡而不反者，不可勝數；與其涂道之脩遠，糧食輟絶而不繼，百姓死者，不可勝數也；與其居處之不安，食飲之不時，饑飽之不節，百姓之道疾病而死者，不可勝數也。喪師多不可勝數，喪師盡不可勝計，則是鬼神之喪其主後，亦不可勝數。

國家發政，奪民之用，廢民之利若此甚衆，然而何爲爲之？曰：我貪伐勝之名，及得之利，故爲之。子墨子言曰：計其所自勝，無所可用也。計其所得，反不如所喪者之多。今攻三里之城，七里之郭，攻此不用鋭，且無殺而徒得，此然也。殺人多必數於萬，寡必數於千，然後三里之城、七里之郭且可得也。今萬之乘國，虚數於千，不勝而入，廣衍數於萬，不勝而辟。然則土地者，所有餘也；王民者，所不足也。今盡王民之死，嚴下上之患，以爭虚城，則是棄所不足，而重所有餘也。爲政若此，非國之務者也。

飾攻戰者也言曰：南則荆吴之王，北則齊晉之君，始封於天下之時，其土地之方，未至有數百里也；人徒之衆，未至有數十萬人也。以攻戰之故，土地之博至有數千里，人徒之衆至有數百萬人，是故攻戰之速也。子墨子言曰：雖四五國則得利焉，猶謂之非行道也。譬若醫之藥人之有病者然，今有醫於此，和合其祝藥之於天下之有病者而藥之，萬人食此，若醫四五人得利焉，猶謂之非行藥也。故孝子不以食其親，忠臣不以食其君。古者封國於天下，尚者以耳之所聞，近者以目之所見，以攻戰亡者不可勝數。何以知其然也？東方有莒之國者，其爲國甚小，閒於大國之閒，不敬事於大，大國亦弗之從而愛利。是以東者越人夾削其壤地，西者齊人兼而有之。計莒之所以亡於齊越之閒者，以是攻戰也。雖南者陳蔡，其所以亡於吴越之閒者，亦以攻戰。雖北者且一、不著何，其所以亡於燕代胡貊之閒者，亦以攻戰也。是故子墨子曰：古者有語：『謀而不得，則以往知來，以見知隱。』謀若此，可得而知矣。

飾攻戰者之言曰：彼不能收用彼衆，是故亡。我能收用我衆，以此攻戰於天下，誰敢不賓服哉！子墨子言曰：子雖能收用子之衆，子豈若古者吴闔閭哉？古者吴闔閭教七年，奉甲執兵，奔三百里而舍焉，次注林，出於冥隘之徑，戰於柏舉，中楚國而朝宋與魯。及至夫差之身，北

而攻齊，舍於汶上，戰於艾陵，大敗齊人而葆之大山。東而攻越，濟三江五湖，而葆之會稽。九夷之國莫不賓服。於是退不能賞孤，施舍羣萌，自恃其力，伐其功，譽其智，怠於教。遂築姑蘇之臺，七年不成。及若此，則吳有離罷之心。越王勾踐視吳上下不相得，收其衆以復其讎。入北郭，徙大內，圍王宮，而吳國以亡。昔者晉有六將軍，而智伯莫爲强焉。計其土地之博，人徒之衆，欲以抗諸侯，以爲英名。故差論其爪牙之士，比列其舟車之衆，以攻中行氏而有之。以其謀爲既已足矣，又攻茲范氏而大敗之。并三家以爲一家而不止，又圍趙襄子於晉陽。及若此，則韓魏亦相從而謀曰：『古者有語：「脣亡則齒寒。」趙氏朝亡，我夕從之；趙氏夕亡，吾朝從之。詩曰：「魚水不務，陸將何及乎？」』是以三主之君一心戮力，辟門除道，奉甲興士，韓魏自外，趙氏自內，擊智伯，大敗之。

是故子墨子言曰：古者有語曰：『君子不鏡於水，而鏡於人。鏡於水見面之容，鏡於人則知吉與凶。』今以攻戰爲利，則蓋嘗鑑之於智伯之事乎？此其爲不吉而凶，既可得而知矣。

又 《非攻下》 子墨子言曰：今天下之所譽善者，其說將何哉？爲其上中天之利，而中中鬼之利，而下中人之利，故譽之與？意亡非爲其上中天之利，而中中鬼之利，而下中人之利，故譽之與？雖使下之愚人，必曰：『將爲其上中天之利，而中中鬼之利，而下中人之利，故譽之。』今天下之所同義者，聖王之法也。今天下之諸侯將猶多皆免攻伐並兼，則是有譽義之名，而不察其實也。此譬猶盲者之與人同命白黑之名，而不能分其物也，則豈謂有別哉！是故古之知者之爲天下度也，必順慮其義而後爲之行。是以動則不疑，速通成，得其所欲，而順天鬼百姓之利，則知者之道也。是故古之仁人有天下者，必反大國之說，一天下之和，總四海之內，焉率天下之百姓，以農臣事上帝山川鬼神。利人多，功故又大，是以天賞之，鬼富之，人譽之，使貴爲天子，富有天下，名參乎天地，至今不廢。此則知者之道也，先王之所以有天下者也。

今王公大人、天下之諸侯則不然，將必皆差論其爪牙之士，比列其舟車之卒伍，於此爲堅甲利兵，以往攻伐無罪之國。入其國家邊境，芟刈其禾稼，斬其樹木，墮其城郭以湮其溝池，攘殺其牲牷，燔潰其祖廟，勁殺其萬民，覆其老弱，遷其重器。卒進而柱乎鬬，曰：『死命爲上，多殺次之，身傷者爲下。又況失列北橈乎哉，罪死無赦！』以譂其衆。夫無兼國覆軍，賊虐萬民，以亂聖人之緒。意將以爲利天乎？夫取天之人，以攻天之邑，此刺殺天民，剥振神之位，傾覆社稷，攘殺其犧牲，則此上不中天之利矣。意將以爲利鬼乎？夫殺之神，滅鬼神之主，廢滅先王，賊虐萬民，百姓離散，則此中不中鬼之利矣。意將以爲利人乎？夫殺之人，爲利人也博矣。又計其費，此爲害生之本，竭天下百姓之財用不可勝數也，則此下不中人之利矣。

今夫師者之相爲不利者也，曰將不勇，士不分，兵不利，教不習，師不衆，率不和，威不圉，害之不久，爭之不疾，孫之不强，植心不堅，與國諸侯疑。與國諸侯疑，則敵生慮而意羸矣。偏具此物，而致從事焉，則是國家失率，而百姓易務也。今不嘗觀其說好攻伐之國，若使中興師，君子庶人也必且數千，徒倍十萬，然後足以師而動矣。久者數歲，速者數月。是上不暇聽治，士不暇治其官府，農夫不暇稼穡，婦人不暇紡績織紝，則是國家失率，而百姓易務也。然而又與其車馬之罷斃也，幔幕帷蓋，三軍之用，甲兵之備，五分而得其一，則猶爲序疏矣。然而又與其散亡道路，道路遼遠，粮食不繼傺，食飲之時，厮役以此饑寒凍餒疾病而轉死溝壑中者，不可勝計也。此其爲不利於人也，天下之害厚矣。而王公大人樂而行之，則此樂賊滅天下之萬民也，豈不悖哉！今天下好戰之國齊晉楚越，若使此四國者得意於天下，此皆十倍其國之衆，而未能食其地也，是人不足而地有餘也。今又以爭地之故而反相賊也，然則是虧不足而重有餘也。

今逮夫好攻伐之君，又飾其說以非子墨子曰：以攻伐之爲不義，非利物與？昔者禹征有苗，湯伐桀，武王伐紂，此皆立爲聖王，是何故也？子墨子曰：子未察吾言之類，未明其故者也。彼非所謂攻，謂誅也。昔者有三苗大亂，天命殛之，日妖宵出，雨血三朝，龍生於廟，犬哭乎市，夏冰，地坼及泉，五穀變化，民乃大振。高陽乃命玄宮，禹親把天之瑞令，以征有苗。四電誘祇，有神人面鳥身，若瑾以侍，搤矢有苗之祥，苗師大亂，后乃遂幾。禹既已克有三苗，焉磨爲山川，別物上下，卿制大極，而神民不違，天下乃靜，則此禹之所以征有苗也。逮至乎夏王桀，天有誥命，日月不時，寒暑雜至，五穀焦死，鬼呼國，鶴鳴十夕餘。天乃命湯於鑣宮，用受夏之大命：『夏德大亂，予既卒其命於天矣，往而

誅之，必使汝堪之。』湯焉敢奉率其衆，是以鄉有夏之境，帝乃使陰暴毀有夏之城。少少，有神來告曰：『夏德大亂，往攻之，予必使汝大堪之。予既受命於天，天命融隆火于夏之城閒西北之隅。』湯奉桀衆以克有夏，屬諸侯於薄，薦章天命，通于四方，而天下諸侯莫敢不賓服。則此湯之所以誅桀也。逮至乎商王紂，天不序其德，祀用失時，兼夜中十日，雨土于薄，九鼎遷止，婦妖宵出，有鬼宵吟，有女爲男，天雨肉，棘生乎國道，王兄自縱也。赤鳥銜珪，降周之岐社，曰：『天命周文王伐殷有國。』泰顛來賓，河出綠圖，地出乘黃。武王踐功，夢見三神曰：『予既沈漬殷紂于酒德矣，往攻之，予必使汝大堪之。』武王乃攻狂夫，反商作周，天賜武王黄鳥之旗。王既已克殷，成帝之來，分主諸神，祀紂先王，通維四夷，而天下莫不賓，焉襲湯之緒，此卽武王之所以誅紂也。若以此三聖王者觀之，則非所謂攻也，所謂誅也。

則夫好攻伐之君，又飾其説以非子墨子曰：子以攻伐爲不義，非利物與？昔者楚熊麗始封此睢山之閒，越王繄虧出自有遽，始邦於越，唐叔與呂尚邦齊、晉。此皆地方數百里，今以并國之故，四分天下而有之。是故何也？子墨子曰：子未察吾言之類，未明其故者也。古者天子之始封諸侯也，萬有餘。今以并國之故，萬國有餘皆滅，而四國獨立。此譬猶醫之藥萬有餘人，而四人愈也。則不可謂良醫矣。

則夫好攻伐之君又飾其説曰：我非以金玉子女壤地爲不足也，我欲以義名立於天下，以德來諸侯也。子墨子曰：今若有能以義名立於天下、以德來諸侯者，天下之服可立而待也。夫天下處攻伐久矣，譬若傅子之爲馬然。今若有能信效先利天下諸侯者，大國之不義也，則同憂之；大國之攻小國也，則同救之；小國城郭之不全也，必使修之；布粟之絶則委之；幣帛不足，則共之。以此效大國，則小國之君説。人勞我逸，則我甲兵强，寬以惠，緩易急，民必移。易攻伐以治我國，攻必倍。量我師舉之費，以諍諸侯之斃，則必可得而享利焉。督以正，義其名，必務寬吾衆，信吾師，以此授諸侯之師，則天下無敵矣，其爲下不可勝數也。此天下之利，而王公大人不知而用，則此可謂不知利天下之巨務矣。

是故子墨子曰：今且天下之王公大人士君子，中情將欲求興天下之利，除天下之害，當若繁爲攻伐，此實天下之巨害也。今欲爲仁義，求爲上士，尚欲中聖王之道，下欲中國家百姓之利，故當若非攻之爲説，而將不可不察者此也。

小國寡民説分部

論説

《老子·八十章》 小國寡民。使有什伯之器而不用；使民重死而不遠徙。雖有舟輿，無所乘之，雖有甲兵，無所陳之。使民復結繩而用之。甘美食，美其服，安其居，樂其俗。鄰國相望，雞犬之聲相聞，民至老死，不相往來。

至德之世論分部

論説

《莊子·馬蹄》 馬，蹄可以踐霜雪，毛可以禦風寒，齕草飲水，翹足而陸，此馬之真性也。雖有義臺路寢，無所用之。及至伯樂，曰：『我善治馬。』燒之，剔之，刻之，雒之，連之以羈馽，編之以皁棧，馬之死者十二三矣；饑之，渴之，馳之，驟之，整之，齊之，前有橛飾之患，而後有鞭筴之威，而馬之死者已過半矣。陶者曰：『我善治埴，圓者中規，方者中矩。』匠人曰：『我善治木，曲者中鉤，直者應繩。』夫埴木之性，豈欲中規矩鉤繩哉？然且世世稱之曰『伯樂善治馬，而陶匠善治埴木』，此亦治天下者之過也。

吾意善治天下者不然。彼民有常性，織而衣，耕而食，是謂同德；一而不黨，命曰天放。故至德之世，其行填填，其視顛顛。當是時也，山

無蹊隧，澤無舟梁；萬物羣生，連屬其鄉；禽獸成羣，草木遂長。是故禽獸可系羈而遊，鳥鵲之巢可攀援而闚。夫至德之世，同與禽獸居，族與萬物並，惡乎知君子小人哉！同乎無知，其德不離；同乎無欲，是謂素樸；素樸而民性得矣。及至聖人，蹩躠爲仁，踶跂爲義，而天下始疑矣；澶漫爲樂，摘僻爲禮，而天下始分矣；故純樸不殘，孰爲犧樽！白玉不毀，孰爲珪璋！道德不廢，安取仁義！性情不離，安用禮樂！五色不亂，孰爲文采！五聲不亂，孰應六律！夫殘樸以爲器，工匠之罪也；毀道德以爲仁義，聖人之過也。

夫馬，陸居則食草飲水，喜則交頸相靡，怒則分背相踶。馬知已此矣。夫加之以衡扼，齊之以月題，而馬知介倪、闉扼、鷙曼、詭銜、竊轡。故馬之知而態至盜者，伯樂之罪也。

夫赫胥氏之時，民居不知所爲，行不知所之，含哺而熙，鼓腹而遊，民能以此矣。及至聖人，屈折禮樂以匡天下之形，縣跂仁義以慰天下之心，而民乃始踶跂好知，爭歸於利，不可止也。此亦聖人之過也。

又《胠篋》 昔者容成氏、大庭氏、伯皇氏、中央氏、栗陸氏、驪畜氏、軒轅氏、赫胥氏、尊盧氏、祝融氏、伏犧氏、神農氏，當是時也，民結繩而用之，甘其食，美其服，樂其俗，安其居，鄰國相望，雞狗之音相聞，民至老死而不相往來。若此之時，則至治已。

又《天地》 門無鬼與赤張滿稽觀於武王之師。赤張滿稽曰：『不及有虞氏乎！故離此患也。』門無鬼曰：『天下均治而有虞氏治之邪？其亂而後治之與？』赤張滿稽曰：『天下均治之爲願，而何計以有虞氏爲！有虞氏之藥瘍也，禿而施髢，病而求醫。孝子操藥以修慈父，其色燋然，聖人羞之。至德之世，不尚賢，不使能；上如標枝，民如野鹿，端正而不知以爲義，相愛而不知以爲仁，實而不知以爲忠，當而不知以爲信，蠢動而相使不以爲賜。是故行而無迹，事而無傳。』

《文子·道德》 老子曰：『至德之世，賈便其市，農樂其野，大夫安其職，處士修其道，人民樂其業。是以風雨不毀折，草木不夭死，河出圖，洛出書。及世之衰也，賦斂無度，殺戮無止，刑諫者，殺賢士，是以山崩川涸，蠕動不息，壄無百蔬。故世治則愚者不得獨亂，世亂則賢者不能獨治。聖人和愉寧靜，生也；至德道行，命也。故生遭命而後能行，命得時而後能明，必有其世而後有其人。』

又《自然》 老子曰：『天之所覆，地之所載，日月之所照，形殊性異，各有所安。樂所以爲樂者，乃所以爲悲也；安所以爲安者，乃所以爲危也。故聖人之牧民也，使各便其性，安其居，處其宜，爲其所能，周其所適，施其所宜，如此，卽萬物一齊，無由相過。天下之物，無貴無賤，因其所貴而貴之，物無不貴；因其所賤而賤之，物無不賤，故不尚賢者，言不放魚於木，不沈鳥於淵。昔堯之治天下也，舜爲司徒，契爲司馬，禹爲司空，后稷爲田疇，奚仲爲工師，其導民也，水處者漁，林處者採，谷處者牧，陵處者田，地宜其事，事宜其械，械宜其材，皐澤織網，陵坂耕田，如是，則民得以所有易所無，以所工易所拙。是以離叛者寡，聽從者衆，若風之過蕭，忽然而感之，各以清濁應。物莫不就其所利，避其所害。是以鄰國相望，雞狗之音相聞，而足迹不接於諸侯之境，車軌不結於千里之外，皆安其居也。故亂國若盛，治國若虛，亡國若不足，存國若有餘。虛者非無人也，各守其職也。盛者非多人也，皆徼於末也。有餘者非多財也，欲節事寡也。不足者非無貨也，民鮮而費多也。故先王之法，非所作也，所因也；其禁誅，非所爲也，所守也。上德之道也。』

治國指導思想部

德治論分部

論說

《左傳·昭公六年》 三月，鄭人鑄刑書，叔向使詒子產書曰：『始

吾有虞於子，今則已矣。昔先王議事以制，不爲刑辟，懼民之有爭心也，猶不可禁禦，是故閑之以義，糾之以政，行之以禮，守之以信，奉之以仁，制爲禄位，以勸其從，嚴斷刑罰以威其淫，懼其未也，故誨之以忠，聳之以行，教之以務，使之以和，臨之以敬，涖之以彊，斷之以剛。猶求聖哲之上，明察之官，忠信之長，慈惠之師，民於是乎可任使也，而不生禍亂。民知有辟，則不忌於上，並有爭心，以徵於書，而徼幸以成之，弗可爲矣。夏有亂政，而作禹刑。商有亂政，而作湯刑。周有亂政，而作九刑。三辟之興，皆叔世也。今吾子相鄭國，作封洫，立謗政，制參辟，鑄刑書，將以靖民，不亦難乎？《詩》曰：「儀式刑文王之德，日靖四方。」又曰：「儀刑文王，萬邦作孚。」如是何辟之有？民知爭端矣，將棄禮而徵於書，錐刀之末，將盡爭之，亂獄滋豐，賄賂並行，終子之世，鄭其敗乎。肸聞之，國將亡必多制，其此之謂乎。』

《國語・周語上・祭公諫穆王征犬戎》 穆王將征犬戎，祭公謀父諫曰：『不可。先王耀德不觀兵。夫兵戢而時動，動則威，觀則玩，玩則無震。是故周文公之《頌》曰：「載戢干戈，載櫜弓矢。我求懿德，肆于時夏，允王保之。」先王之於民也，懋正其德而厚其性，阜其財求而利其器用，明利害之鄉，以文修之，使務利而避害，懷德而畏威，故能保世以滋大。

『昔我先王世后稷，以服事虞、夏。及夏之衰也，棄稷不務，我先王不窋用失其官，而自竄于戎、狄之閒，不敢怠業，時序其德，纂修其緒，修其訓典，朝夕恪勤，守以敦篤，奉以忠信，奕世載德，不忝前人。至于武王，昭前之光明而加之以慈和，事神保民，莫弗欣喜。商王帝辛，大惡於民。庶民不忍，欣戴武王，以致戎于商牧。是先王非務武也，勤恤民隱而除其害也。

『夫先王之制：邦内甸服，邦外侯服，侯、衛賓服，蠻、夷要服，戎、狄荒服。甸服者祭，侯服者祀，賓服者享，要服者貢，荒服者王。日祭、月祀、時享、歲貢、終王，先王之訓也。有不祭則修意，有不祀則修言，有不享則修文，有不貢則修名，有不王則修德，序成而有不至則修刑。於是乎有刑不祭，伐不祀，征不享，讓不貢，告不王。於是乎有刑罰之辟，有攻伐之兵，有征討之備，有威讓之令，有文告之辭。布令陳辭而又不至，則增修於德而無勤民於遠，是以近無不聽，遠無不服。

『今自大畢、伯士之終也，犬戎氏以其職來王，天子曰：「予必以不享征之，且觀之兵。」其無乃廢先王之訓而王幾頓乎！吾聞夫犬戎樹惇，帥舊德而守終純固，其有以禦我矣！』

王不聽，遂征之，得四白狼，四白鹿以歸。自是荒服者不至。

又 《周語中・陽人不服晉侯》 王至自鄭，以陽樊賜晉文公。陽人不服，晉侯圍之。倉葛呼曰：『王以晉君爲能德，故勞之以陽樊，陽樊懷我王德，是以未從於晉。謂君其何德之布以懷柔之，使無有遠志？今將大泯其宗祊，而蔑殺其民人，宜吾不敢服也！夫三軍之所尋，將蠻、夷、戎、狄之驕逸不虔，於是乎致武。此羸者陽也，未狎君政，故未承命。君若惠及之，唯官是徵，其敢逆命，何足以辱師！君之武震，無乃玩而頓乎？臣聞之曰：「武不可覿，文不可匿。覿武無烈，匿文不昭。」陽不承獲甸，而祇以覿武，臣是以懼。不然，其敢自愛也？且夫陽，豈有裔民哉？夫亦皆天子之父兄甥舅也，若之何其虐之也？』晉侯聞之，曰：『是君子之言也。』乃出陽民。

《論語・學而》 曾子曰：『愼終，追遠，民德歸厚矣。』

又 《爲政》 子曰：『爲政以德，譬如北辰居其所而衆星共之。』

【略】

子曰：『道之以政，齊之以刑，民免而無恥；道之以德，齊之以禮，有恥且格。』

《管子・牧民・四維》 國有四維。一維絶則傾，二維絶則危，三維絶則覆，四維絶則滅。傾可正也，危可安也，覆可起也，滅不可復錯也。何謂四維？一曰禮，二曰義，三曰廉，四曰恥。禮不踰節，義不自進，廉不蔽惡，恥不從枉。故不踰節則上位安，不自進則民無巧詐，不蔽惡則行自全，不從枉則邪事不生。

《郭店楚簡・尊德義》 尊德義，明乎民倫，可以爲君。去忿戾，改惎勝，爲人上者之務也。

賞與刑，禍福之基也，或前之者矣。爵位，所以信其然也。征侵，所以攻□〔也〕。刑〔罰〕，所以□與也。殺戮，所以除害也。不由其道，不行。

仁爲可親也，義爲可尊也，忠爲可信也，學爲可益也，教爲可類也。

教非改道也，教之也。學非改倫也，學己也。禹以人道治其民，桀以人道亂其民。桀不易禹民而後亂之，湯不易桀民而後治之。聖人之治民，民之道也。禹之行水，水之道也。造父之御馬，馬之道也。后稷之藝地，地之道也。莫不有道焉，人道爲近。是以君子，人道之取先。

察者出，所以知己。知己所以知人，知人所以知命，知命而後知道，知道而後知行。由禮知樂，由樂知哀。有知己而不知命者，無知命而不知己者。有知禮而不知樂者，無知樂而不知禮者。善取，人能從之，上也。

爲古率民向方者，唯德可。德之流，速乎置郵而傳命。其載也無厚焉，交矣而弗知也，亡。德者，且莫大乎禮樂焉。治樂和哀，民不可惑也。反之此，枉矣。

刑不逮於君子，禮不逮於小人。

攻□往者復，依惠則民材足，不時則無勸也。不愛則不親，不□則弗懷，不賴則無威，不忠則不信，弗勇則無復。咎則民悭，正則民不吝，恭則民不怨。均不足以平政，埒不足以安民，勇不足以蔑衆，博不足以知善，決不足以知倫，殺不足以勝民。

下之事上也，不從其所命，而從其所行。上好是物也，下必有甚焉者。夫唯是，故德可易而施可轉也。有是施，小有利，轉而大有害者，有之。有是施，小有害，轉而大有利者，有之。行此敏也，然後可逾也。

因恒則固，察曲則無僻，不黨則無怨，尚思則□□。

夫生而有職事者也，非教所及也。教其政，不教其人，政弗行矣。故共是物也而有深焉者，可教也而不可疑也。可教也而不可迪其民，而民不可止也。

尊仁、親忠、敬莊、歸禮，行矣而無違，養心於子諒，忠信日益而不自知也。

民可使道之，而不可使知之。民可道也，而不可强也。桀不謂其民必亂，而民有爲亂矣。受不若也，可從也而不可及也。

君民者治民復禮，民除害智，悳勞之旬也。爲邦而不以禮，猶戹之無□也。非禮而民悅哉，此小人矣。非倫而民服，世此亂矣。治民非還生而已也，不以嗜欲害其義。

旬民愛，則慈也；弗愛，則讎也。民五之方格，十之方爭，百之而後服。

善者民必富，富未必和，不和不安，不安不樂。善者民必衆，衆未必治，不治不順，不順不平。是以爲政者教導之取先。教以禮，則民果以勁。教以樂，則民弗德爭將。教以辯說，則民藝陚長貴以忘。教以藝，則民野以爭。教以技，則民少以吝。教以言，則民訏以寡信。教以事，則民力嗇以湎利。教以權謀，則民淫昏，違禮無親仁。先人以德，則民進善焉。

故爲政者，或論之，或議之，或由中出，或設之外，論列其類。凡動民必順民心，民心有恒，求其永。重義集理，言此章也。

仁政論分部

論　說

《大戴禮記·千乘》　公曰：『千乘之國，受命於天子，通其四疆，教其書社，循其灌廟，建其宗主，設其四佐，列其五官，處其朝市，爲仁如何？』

子曰：『不仁國不化。』

公曰：『何如之謂仁？』

子曰：『不淫於色。』

子曰：『立妃設如太廟然，乃中治，中治不相陵，不相陵斯庶嬪遧，遧則事上靜，靜斯潔信在中。朝大夫必慎以恭，出會謀事必敬以慎，言長幼小大必中度。此國家之所以崇也。立子設如宗社，宗社先示威，威明顯見，辨爵集德，是以母弟官子咸有臣志，莫敢援於外，大夫中婦私謁不行，此所以使五官治執事政也。夫政以教百姓，百姓齊以嘉善，故蠱佞不生，此之謂良民。國有道則民昌，此國家之所以大遂也。卿設如大門，大門顯美，小大尊卑中度，開明閉幽，內祿出災，以順天道，近者閑焉，遠

者稽焉。君發禁，宰而行之以時，通於地，散布於小，理天之災祥，地寶豐省，及民共饗其禄，共任其災，此國家之所以和也。國有四輔，輔，卿也。卿設如四體，毋易事，毋假名，毋重食。凡事，尚賢進能使知事，爵不世，能之不愆。凡民，戴名以能，食力以時成，以事立。此所以使民讓也。民咸孝弟而安讓，此以怨省而亂不作也，此國之所以長也。下無用，則國家富；上有義，則國家治；長有禮，則民不争；立有神，則國家敬；兼而愛之，則民無怨心；以爲無命，則民不偷。昔者先王本此六者而樹之德，此國家之所以茂也。設其四佐而官之。司徒典春，以教民之不則時、不若、不令。成長幼老疾孤寡，以時通于四壇。有闔而不通，有煩而不治，則民不樂生，不利衣食。凡民之藏貯以及山川之神明加於民者，發國功謀，齋戒必敬，會時必節。日、厤、巫、祝，執伎以守官，俟命而作，祈王年，禱民命及畜穀、蜚征、庶虞草。方春三月，緩施生育，動作百物，於時有事，享于皇祖皇考，朝孤子八人，以成春事。司馬司夏，以教士車甲。凡士執伎論功，脩四衛，強股肱，質射御，才武聰慧，治衆長卒，所以爲儀綴於國。出可以爲率，誘於軍旅，四方諸侯之遊士，國中賢餘，秀興閱焉。方夏三月，養長秀，蕃庶物，於時有事，享于皇祖皇考，爵士之有慶者七人，以成夏事。司寇司秋，以聽獄訟，治民之煩亂，執權變民中。凡民之不刑，崩本以要閒，作起不敬，以欺惑憧愚。作於財賄、六畜、五穀曰盜；誘居室家有君子曰義；子女專，曰媄，鎊五兵及木石曰賊；以中情出，小曰閒，大曰講；利辭以亂屬，曰讒；以財投長，曰貸。凡犯天子之禁，陳刑制辟，以追國民之不率上教者。夫是故一家三夫道行，三人飲食，哀樂平，無獄。方秋三月，收斂以時，於時有事，嘗新于皇祖皇考，食農夫九人，以成秋事。司空司冬，以制度制地事。準揆山林，規表衍沃，畜水行衰濯浸，以節四時之事。治地遠近，以任民力，以節民食。太古食壯之食，攻老之事。』

公曰：『功事不少而餱糧不多乎？』

子曰：『太古之民，秀長以壽者，食也；在今之民，羸醜以胔者，事也。太古無遊民，食節事時，民各安其居，樂其宮室，服事信上，上下交信，地移民在。今之世上治不平，民治不和，百姓不安其居，不樂其宮，老疾用財，壯狡用力，於茲民游，薄事貪食，於茲民憂。古者殷書爲成男成女名屬，升于公門，此以氣食得節，作事得時，勸有功，夏服君事不及暍，冬服君事不及凍，是故年穀不成，天之饑饉，道無殣者。在今之世，男女屬散，名不升于公門，此以氣食不節，作事不成，天之饑饉，於時委民，不得以疾死。是故立民之居，必于中國之休地，因寒暑之和，六畜育焉，五穀宜焉。辨輕重，制剛柔，和五味，以節食時事。東辟之民曰夷，精以僥，至于大遠，有不火食者矣。南辟之民曰蠻，信以朴，至于大遠，有不火食者矣。西辟之民曰戎，勁以剛，至于大遠，有不火食者矣。北辟之民曰狄，肥以戾，至于大遠，有不火食者矣。及中國之民曰五方之民，有安民，和味，咸有實用利器，知通之，信令之。及量地度居，邑有城郭，立朝市，地以度邑，以度民，以觀安危。距封後利，先慮久固，依固可守，爲奧可久，能節四時之事，霜露時降。方冬三月，草木落，庶虞藏，五穀必入于倉，於時有事，蒸于皇祖皇考，息國老六人，以成冬事。民咸知孤寡之必不末也，咸知有大功之必進等也，咸知用勞力之必以時息也，推而內之水火，入也弗之顧矣；而況有强適在前，有君長正之者乎！』

公曰：『善哉！』

《孟子·公孫丑上》 孟子曰：『以力假仁者霸，霸必有大國；以德行仁者王，王不待大。湯以七十里，文王以百里。以力服人者，非心服也，力不贍也；以德服人者，中心悅而誠服也，如七十子之服孔子也。《詩》云：「自西自東，自南自北，無思不服。」此之謂也。』

孟子曰：『仁則榮，不仁則辱；今惡辱而居不仁，是猶惡濕而居下也。如惡之，莫如貴德而尊士，賢者在位，能者在職；國家閒暇，及是時，明其政刑。雖大國，必畏之矣。《詩》云：「迨天之未陰雨，徹彼桑土，綢繆牖戶。今此下民，或敢侮予？」孔子曰：「爲此詩者，其知道乎！能治其國家，誰敢侮之？」今國家閒暇，及是時，般樂怠敖，是自求禍也。禍福無不自己求之者。《詩》云：「永言配命，自求多福。」《太甲》曰：「天作孽，猶可違；自作孽，不可活。」此之謂也。』【略】

孟子曰：『尊賢使能，俊傑在位，則天下之士皆悅，而願立於其朝矣；市，廛而不征，法而不廛，則天下之商皆悅，而願藏於其市矣；關，譏而不征，則天下之旅皆悅，而願出於其路矣；耕者，助而不稅，

則天下之農皆悅，而願耕於其野矣；廛，無夫里之布，則天下之民皆悅，而願爲之氓矣。信能行此五者，則鄰國之民仰之若父母矣。率其子弟，攻其父母，自有生民以來未有能濟者也。如此，則無敵於天下。無敵於天下者，天吏也。然而不王者，未之有也。』

又《公孫丑下》 孟子曰：『天時不如地利，地利不如人和。三里之城，七里之郭，環而攻之而不勝。夫環而攻之，必有得天時者矣；然而不勝者，是天時不如地利也。城非不高也，池非不深也，兵革非不堅利也，米粟非不多也；委而去之，是地利不如人和也。故曰：域民不以封疆之界，固國不以山谿之險，威天下不以兵革之利。得道者多助，失道者寡助。寡助之至，親戚畔之；多助之至，天下順之。以天下之所順，攻親戚之所畔；故君子有不戰，戰必勝矣。』

又《梁惠王上》 孟子見梁惠王。王曰：『叟！不遠千里而來，亦將有以利吾國乎？』

孟子對曰：『王！何必曰利？亦有仁義而已矣。王曰：「何以利吾國？」大夫曰：「何以利吾家？」士庶人曰：「何以利吾身？」上下交征利而國危矣。萬乘之國，弑其君者，必千乘之家；千乘之國，弑其君者，必百乘之家。萬取千焉，千取百焉，不爲不多矣。苟爲後義而先利，不奪不饜。未有仁而遺其親者也，未有義而後其君者也。王亦曰仁義而已矣，何必曰利？』**【略】**

梁惠王曰：『晉國，天下莫强焉，叟之所知也。及寡人之身，東敗於齊，長子死焉；西喪地於秦七百里；南辱於楚。寡人恥之，願比死者壹洒之，如之何則可？』

孟子對曰：『地方百里而可以王。王如施仁政於民，省刑罰，薄稅斂，深耕易耨；壯者以暇日修其孝悌忠信，入以事其父兄，出以事其長上，可使制梃以撻秦楚之堅甲利兵矣。

『彼奪其民時，使不得耕耨以養其父母，父母凍餓，兄弟妻子離散。彼陷溺其民，王往而征之，夫誰與王敵？故曰：「仁者無敵。」王請勿疑！』

孟子見梁襄王。出，語人曰：『望之不似人君，就之而不見所畏焉。卒然問曰：「天下惡乎定？」

『吾對曰：「定於一。」

『「孰能一之？」

『對曰：「不嗜殺人者能一之。」

『「孰能與之？」

『對曰：「天下莫不與也。王知夫苗乎？七八月之間旱，則苗槁矣。天油然作雲，沛然下雨，則苗浡然興之矣。其如是，孰能禦之？今夫天下之人牧，未有不嗜殺人者也。如有不嗜殺人者，則天下之民皆引領而望之矣。誠如是也，民歸之，由水之就下，沛然誰能禦之？」』

齊宣王問曰：『齊桓、晉文之事可得聞乎？』

孟子對曰：『仲尼之徒無道桓文之事者，是以後世無傳焉。臣未之聞也。無以，則王乎？』

曰：『德何如則可以王矣？』

曰：『保民而王，莫之能禦也。』

曰：『若寡人者，可以保民乎哉？』

曰：『可。』

曰：『何由知吾可也？』

曰：『臣聞之胡齕曰，王坐於堂上，有牽牛而過堂下者，王見之，曰：「牛何之？」對曰：「將以釁鐘。」王曰：「舍之！吾不忍其觳觫，若無罪而就死地。」對曰：「然則廢釁鐘與？」曰：「何可廢也？以羊易之！」不識有諸？』

曰：『有之。』

曰：『是心足以王矣。百姓皆以王爲愛也，臣固知王之不忍也。』

王曰：『然。誠有百姓者。齊國雖褊小，吾何愛一牛？卽不忍其觳觫，若無罪而就死地，故以羊易之也。』

曰：『王無異於百姓之以王爲愛也。以小易大，彼惡知之？王若隱其無罪而就死地，則牛羊何擇焉？』

王笑曰：『是誠何心哉？我非愛其財而易之以羊也。宜乎百姓之謂我愛也。』

曰：『無傷也，是乃仁術也，見牛未見羊也。君子之於禽獸也，見其生，不忍見其死；聞其聲，不忍食其肉。是以君子遠庖廚也。』

王說曰：『《詩》云：「他人有心，予忖度之。」夫子之謂也。夫我乃行之，反而求之，不得吾心。夫子言之，於我心有戚戚焉。此心之所以合於王者，何也？』

曰：『有復於王者曰：「吾力足以舉百鈞」，而不足以舉一羽；明足以察秋毫之末，而不見輿薪，則王許之乎？』

曰：『否。』

『今恩足以及禽獸，而功不至於百姓者，獨何與？然則一羽之不舉，爲不用力焉；輿薪之不見，爲不用明焉；百姓之不見保，爲不用恩焉。故王之不王，不爲也，非不能也。』

曰：『不爲者與不能者之形何以異？』

曰：『挾太山以超北海，語人曰：「我不能。」是誠不能也。爲長者折枝，語人曰：「我不能。」是不爲也，非不能也。故王之不王，非挾太山以超北海之類也；王之不王，是折枝之類也。

『老吾老，以及人之老；幼吾幼，以及人之幼。天下可運於掌。《詩》云：「刑于寡妻，至于兄弟，以御于家邦。」言舉斯心加諸彼而已。故推恩足以保四海，不推恩無以保妻子。古之人所以大過人者，無他焉，善推其所爲而已矣。今恩足以及禽獸，而功不至於百姓者，獨何與？【略】

『今王發政施仁，使天下仕者皆欲立於王之朝，耕者皆欲耕於王之野，商賈皆欲藏於王之市，行旅皆欲出於王之塗，天下之欲疾其君者皆欲赴愬於王。其若是，孰能禦之？』

王曰：『吾惛，不能進於是矣。願夫子輔吾志，明以教我。我雖不敏，請嘗試之。』

曰：『無恆產而有恆心者，惟士爲能。若民，則無恆產，因無恆心。苟無恆心，放辟邪侈，無不爲已。及陷於罪，然後從而刑之，是罔民也。焉有仁人在位罔民而可爲也？是故明君制民之產，必使仰足以事父母，俯足以畜妻子，樂歲終身飽，凶年免於死亡；然後驅而之善，故民之從之也輕。

『今也制民之產，仰不足以事父母，俯不足以畜妻子；樂歲終身苦，凶年不免於死亡。此惟救死而恐不贍，奚暇治禮義哉？

『王欲行之，則盍反其本矣：五畝之宅，樹之以桑，五十者可以衣帛矣。雞豚狗彘之畜，無失其時，七十者可以食肉矣。百畝之田，勿奪其時，八口之家可以無飢矣。謹庠序之教，申之以孝悌之義，頒白者不負戴於道路矣。老者衣帛食肉，黎民不飢不寒，然而不王者，未之有也。』

又《梁惠王下》 齊宣王問曰：『交鄰國有道乎？』

孟子對曰：『有。惟仁者爲能以大事小，是故湯事葛，文王事昆夷。惟智者爲能以小事大，故太王事獯鬻，勾踐事吳。以大事小者，樂天者也；以小事大者，畏天者也。樂天者保天下，畏天者保其國。《詩》云：「畏天之威，于時保之。」』

王曰：『大哉言矣！寡人有疾，寡人好勇。』

對曰：『王請無好小勇。夫撫劍疾視曰：「彼惡敢當我哉！」此匹夫之勇，敵一人者也。王請大之！

『《詩》云：「王赫斯怒，爰整其旅，以遏徂莒，以篤周祜，以對于天下。」此文王之勇也。文王一怒而安天下之民。

『《書》曰：「天降下民，作之君，作之師，惟曰其助上帝寵之。四方有罪無罪惟我在，天下曷敢有越厥志？」一人衡行於天下，武王恥之。此武王之勇也。而武王亦一怒而安天下之民。今王亦一怒而安天下之民，民惟恐王之不好勇也。』【略】

齊宣王問曰：『人皆謂我毀明堂，毀諸？已乎？』

孟子對曰：『夫明堂者，王者之堂也。王欲行王政，則勿毀之矣。』

王曰：『王政可得聞與？』

對曰：『昔者文王之治岐也，耕者九一，仕者世祿，關市譏而不征，澤梁無禁，罪人不孥。老而無妻曰鰥，老而無夫曰寡，老而無子曰獨，幼而無父曰孤。此四者，天下之窮民而無告者。文王發政施仁，必先斯四者。《詩》云：「哿矣富人，哀此煢獨。」』

王曰：『善哉言乎！』

曰：『王如善之，則何爲不行？』

王曰：『寡人有疾，寡人好貨。』

對曰：『昔者公劉好貨，《詩》云：「乃積乃倉，乃裹餱糧，于橐于囊。思戢用光。弓矢斯張，干戈戚揚，爰方啓行」。故居者有積倉，行者有裹囊也，然後可以爰方啓行。王如好貨，與百姓同之，於王何有？』

王曰：『寡人有疾，寡人好色。』

對曰：『昔者太王好色，愛厥妃。《詩》云：「古公亶父，來朝走馬，率西水滸，至于岐下，爰及美女，聿來胥宇。」當是時也，內無怨女，外無曠夫。王如好色，與百姓同之，於王何有？』【略】

滕文公問曰：『齊人將築薛，吾甚恐，如之何則可？』

孟子對曰：『昔者大王居邠，狄人侵之，去之岐山之下居焉。非擇而取之，不得已也。苟爲善，後世子孫必有王者矣。君子創業垂統，爲可繼也。若夫成功，則天也。君如彼何哉？强爲善而已矣。』

滕文公問曰：『滕，小國也；竭力以事大國，則不得免焉，如之何則可？』

孟子對曰：『昔者大王居邠，狄人侵之。事之以皮幣，不得免焉；事之以犬馬，不得免焉；事之以珠玉，不得免焉。乃屬其耆老而告之曰：「狄人之所欲者，吾土地也。吾聞之也：君子不以其所以養人者害人。二三子何患乎無君？我將去之。」去邠，踰梁山，邑于岐山之下居焉。邠人曰：「仁人也，不可失也。」從之者如歸市。

「或曰：「世守也，非身之所能爲也。效死勿去。」

「君請擇於斯二者。」』

又 《滕文公下》 萬章問曰：『宋，小國也；今將行王政，齊楚惡而伐之，則如之何？』

孟子曰：『湯居亳，與葛爲鄰，葛伯放而不祀。湯使人問之曰：「何爲不祀？」曰：「無以供犧牲也。」湯使遺之牛羊。葛伯食之，又不以祀。湯又使人問之曰：「何爲不祀？」曰：「無以供粢盛也。」湯使亳衆往爲之耕，老弱饋食。葛伯率其民，要其有酒食黍稻者奪之，不授者殺之。有童子以黍肉餉，殺而奪之。《書》曰：「葛伯仇餉。」此之謂也。爲其殺是童子而征之，四海之內皆曰：「非富天下也，爲匹夫匹婦復讎也。」「湯始征，自葛載。」十一征而無敵於天下。東面而征，西夷怨；南面而征，北狄怨，曰：「奚爲後我？」民之望之，若大旱之望雨也。歸市者弗止，芸者不變，誅其君，弔其民，如時雨降，民大悅。《書》曰：「徯我后，后來其無罰！」「有攸不惟臣，東征，綏厥士女。篚厥玄黄，紹我周王見休，惟臣附于大邑周。」其君子實玄黄于篚以迎其君子，其小人簞食壺漿以迎其小人；救民於水火之中，取其殘而已矣。《太誓》曰：「我武惟揚，侵于之疆，則取于殘，殺伐用張，于湯有光。」不行王政云爾；苟行王政，四海之內皆舉首而望之，欲以爲君；齊楚雖大，何畏焉？』

又 《告子下》 宋牼將之楚，孟子遇於石丘，曰：『先生將何之？』

曰：『吾聞秦楚構兵，我將見楚王説而罷之。楚王不悅，我將見秦王説而罷之。二王我將有所遇焉。』

曰：『軻也請無問其詳，願聞其指。説之將何如？』

曰：『我將言其不利也。』

曰：『先生之志則大矣，先生之號則不可。先生以利説秦楚之王，秦楚之王悅於利，以罷三軍之師，是三軍之士樂罷而悅於利也。爲人臣者懷利以事其君，爲人子者懷利以事其父，爲人弟者懷利以事其兄，是君臣、父子、兄弟終去仁義，懷利以相接，然而不亡者，未之有也。先生以仁義説秦楚之王，秦楚之王悅於仁義，而罷三軍之師，是三軍之士樂罷而悅於仁義也。爲人臣者懷仁義以事其君，爲人子者懷仁義以事其父，爲人弟者懷仁義以事其兄，是君臣、父子、兄弟去利，懷仁義以相接也，然而不王者，未之有也。何必曰利？』

明德慎罰論分部

論説

《尚書·康誥》 王若曰：『孟侯，朕其弟小子封。惟乃丕顯考文王克明德慎罰，不敢侮鰥寡，庸庸祗祗威威顯民，用肇造我區夏，越我一二邦以修我西土。惟時怙冒聞于上帝，帝休，天乃大命文王殪戎殷，誕受厥命越厥邦厥民，惟時敍乃寡兄勖，肆汝小子封在茲東土。』

王曰：『嗚呼！封，汝念哉！今民將在，祗遹乃文考，紹聞衣德言。往敷求于殷先哲王，用保乂民；汝丕遠惟商耇成人，宅心知訓；別

求聞由古先哲王，用康保民。宏于天若德，裕乃身不廢在王命！」

王曰：『嗚呼！小子封，恫瘝乃身，敬哉！天畏棐忱，民情大可見，小人難保。往盡乃心，無康好逸，乃其乂民。我聞曰：「怨不在大，亦不在小。」惠不惠，懋不懋。已！汝惟小子，乃服惟弘，王應保殷民，亦惟助王宅天命，作新民。』

王曰：『嗚呼！封，敬明乃罰。人有小罪，非眚，乃惟終，自作不典，式爾；有厥罪小，乃不可不殺。乃有大罪，非終，乃惟眚灾，適爾，既道極厥辜，時乃不可殺。』

王曰：『嗚呼！封，有敘時，乃大明服，惟民其勑懋和。若有疾，惟民其畢棄咎。若保赤子，惟民其康乂。非汝封刑人殺人，無或刑人殺人；非汝封又曰劓刵人，無或劓刵人。』

王曰：『外事，汝陳時臬司，師茲殷罰有倫。又曰：要囚，服念五六日，至于旬時，丕蔽要囚。』

王曰：『汝陳時臬事，罰蔽殷彝，用其義刑義殺，勿庸以次汝封。乃汝盡遜，曰時敘，惟曰未有遜事。已！汝惟小子，未其有若汝封之心，朕心朕德，惟乃知。凡民自得罪，寇攘姦宄，殺越人于貨，暋不畏死，罔弗憝。』

王曰：『封！元惡大憝，矧惟不孝不友，子弗祗服厥父事，大傷厥考心；于父不能字厥子，乃疾厥子。于弟弗念天顯，乃弗克恭厥兄；兄亦不念鞠子哀，大不友于弟。惟弔茲不于我政人得罪，天惟與我民彝大泯亂。曰：乃其速由文王作罰，刑茲無赦。

『不率大戛，矧惟外庶子、訓人惟厥正人越小臣諸節，乃別播敷，造民大譽，弗念弗庸，瘝厥君，時乃引惡，惟朕憝。已！汝乃其速由茲義率殺。亦惟君惟長不能厥家人越厥小臣外正，惟威惟虐，大放王命，乃非德用乂，汝亦罔不克敬典乃由。裕民惟文王之敬忌，乃裕民曰：「我惟有及。」則予一人以懌。』

王曰：『封！爽惟民迪吉康，我時其惟殷先哲王德，用康乂民作求。矧今民罔迪，不適不迪，則罔政在厥邦。』

王曰：『封！予惟不可不監，告汝德之説于罰之行。今惟民不静，未戾厥心，迪屢未同；爽惟天其罰殛我，我其不怨，惟厥罪無在大，亦無在多，矧曰其尚顯聞于天。』

王曰：『嗚呼！封，敬哉！無作怨，勿用非謀非彝蔽時忱，丕則敏德。用康乃心，顧乃德，遠乃猷，裕乃以民寧，不汝瑕殄。』

王曰：『嗚呼！肆汝小子封。惟命不于常，汝念哉！無我殄享，明乃服命，高乃聽，用康乂民。』

王若曰：『往哉！封！勿替敬，典聽朕誥，汝乃以殷民世享。』

《左傳·襄公二十六年》（聲子曰）『善爲國者賞不僭而刑不濫。賞僭則懼及淫人，刑濫則懼及善人。若不幸而過，寧僭無濫。與其失善，寧其利淫，無善人則國從之。《詩》曰：「人之云亡，邦國殄瘁。」無善人之謂也。故《夏書》曰：「與其殺不辜，寧失不經。」懼失善也。《商頌》有之曰：「不僭不濫，不敢怠皇，命于下國，封建厥福。」此湯所以獲天福也。古之治民者勸賞而畏刑，恤民不倦，賞以春夏，刑以秋冬。是以將賞爲之加膳，加膳則飫賜，此以知其勸賞也。將刑爲之不舉，不舉則徹樂，此以知其畏刑也。夙興夜寐，朝夕臨政，此以知其恤民也。三者禮之大節也，有禮無敗。』

務得民心論分部

論説

《國語·周語下·單穆公諫景王鑄大錢》　景王二十一年，將鑄大錢。單穆公曰：『不可。古者，天災降戾，於是乎量資幣，權輕重，以振救民。民患輕，則爲作重幣以行之，於是乎有母權子而行，民皆得焉。若不堪重，則多作輕而行之，亦不廢重，於是乎有子權母而行，小大利之。

『今王廢輕而作重，民失其資，能無匱乎？若匱，王用將有所乏，乏則將厚取於民。民不給，將有遠志，是離民也。且夫備有未至而設之，有至而後救之，是不相入也。可先而不備，謂之怠；可後而先之，謂之召

災。周固羸國也，天未厭禍焉，而又離民以佐災，無乃不可乎？將民之與處而離之，將災是備禦而召之，則何以經國？國無經，何以出令？令之不從，上之患也，故聖人樹德於民以除之。

『《夏書》有之曰：「關石、和鈞，王府則有。」《詩》亦有之曰：「瞻彼旱麓，榛楛濟濟。愷悌君子，干禄愷悌。」夫旱麓之榛楛殖，故君子得以易樂干禄焉。若夫山林匱竭，林麓散亡，藪澤肆既，民力彫盡，田疇荒蕪，資用乏匱，君子將險哀之不暇，而何易樂之有焉？

『且絶民用以實王府，猶塞川原而爲潢汙也，其竭也無日矣。若民離而財匱，災至而備亡，王其若之何？吾周官之於災備也，其所怠棄者多矣，而又奪之資，以益其災，是去其藏而翳其人也。王其圖之！』

又　《魯語下·曹劌論戰》　長勺之役，曹劌問所以戰於莊公。公曰：『余不愛衣食於民，不愛牲玉於神。』對曰：『夫惠本而後民歸之志，民和而後神降之福。若布德于民而平均其政事，君子務治而小人務力；動不違時，財不過用；財用不匱，莫不能使共祀。是以用民無不聽，求福無不豐。今將惠以小賜，祀以獨恭。小賜不咸，獨恭不優。不咸，民不歸也；不優，神弗福也。將何以戰？夫民求不匱於財，而神求優裕於享者也，故不可以不本。』公曰：『余聽獄雖不能察，必以情斷之。』對曰：『是則可矣。知夫苟中心圖民，智雖弗及，必將至焉。』

又　《晉語三·秦薦晉饑晉不予秦糴》　晉饑，乞糴於秦。丕豹曰：『晉君無禮於君，衆莫不知。往年有難，今又薦饑。已失人，又失天，其有殃也多矣。君其伐之，勿予糴！』公曰：『寡人其君是惡，其民何罪？天殃流行，國家代有。補乏薦饑，道也，不可以廢道於天下。』謂公孫枝曰：『予之乎？』公孫枝曰：『君有施於晉君，晉君無施於其衆。今旱而聽於君，其天道也。君若弗予，而天予之。苟衆不説其君之不報也，則有辭矣。不若予之，以説其衆。衆説，必咎於其君。其君不聽，然後誅焉。雖欲禦我，誰與？』是故氾舟於河，歸糴於晉。

又　《晉語九·晉陽之圍》　晉陽之圍，張談曰：『先主爲重器也，爲國家之難也，盍姑無愛寶於諸侯乎？』襄子曰：『吾無使也。』張談曰：『地也可。』襄子曰：『吾不幸有疾，不夷於先子，不德而賄。夫地也求飲吾欲，是養吾疾而干吾禄也。吾不與皆斃。』襄子出，曰：『吾何走乎？』從者曰：『長子近，且城厚完。』襄子曰：『民罷力以完之，又斃死以守之，其誰與我？』從者曰：『邯鄲之倉庫實。』襄子曰：『浚民之膏澤以實之，又因而殺之，其誰與我？其晉陽乎！先主之所屬也，尹鐸之所寬也，民必和矣。』乃走晉陽，晉師圍而灌之，沈竈産鼃，民無叛意。

《論語·學而》　子曰：『道千乘之國，敬事而信，節用而愛人，使民以時。』

又　《爲政》　哀公問曰：『何爲則民服？』孔子對曰：『舉直錯諸枉，則民服；舉枉錯諸直，則民不服。』

禮治論分部

論説

《論語·學而》　有子曰：『禮之用，和爲貴。先王之道，斯爲美；小大由之。有所不行，知和而和，不以禮節之，亦不可行也。』

又　《八佾》　孔子謂季氏，『八佾舞於庭，是可忍也，孰不可忍也？』

三家者以《雍》徹。子曰：『「相維辟公，天子穆穆」，奚取於三家之堂？』

又　《里仁》　子曰：『能以禮讓爲國乎？何有？不能以禮讓爲國，如禮何？』

《禮記·禮運》　故聖王修義之柄、禮之序，以治人情。故人情者，聖王之田也，脩禮以耕之，陳義以種之，講學以耨之，本仁以聚之，播樂以安之。故禮也者，義之實也。協諸義而協，則禮雖先王未之有，可以義起也。義者，藝之分，仁之節也。協於藝，講於仁，得之者强。仁者，義

之本也，順之體也，得之者尊。故治國不以禮，猶無耜而耕也；爲禮不本於義，猶耕而弗種也；爲義而不講之以學，猶種而弗耨也；講之於學而不合之以仁，猶耨而弗獲也；合之以仁而不安之以樂，猶獲而弗食也；安之以樂而不達於順，猶食而弗肥也。

四體既正，膚革充盈，人之肥也。父子篤，兄弟睦，夫婦和，家之肥也。大臣法，小臣廉，官職相序，君臣相正，國之肥也。天子以德爲車，以樂爲御，諸侯以禮相與，大夫以法相序，士以信相考，百姓以睦相守，天下之肥也。是謂大順。大順者，所以養生、送死、事鬼神之常也。故事大積焉而不苑，並行而不繆，細行而不失，深而通，茂而有間，連而不相及也，動而不相害也。此順之至也。故明於順，然後能守危也。

故禮之不同也，不豐也，不殺也，所以持情而合危也。故聖王所以順，山者不使居川，不使渚者居中原，而弗敝也。用水、火、金、木，飲食必時，合男女，頒爵位必當年、德，用民必順，故無水旱昆蟲之灾，民無凶饑妖孽之疾。故天不愛其道，地不愛其寶，人不愛其情。故天降膏露，地出醴泉，山出器、車，河出馬圖，鳳皇、麒麟，皆在郊椒。龜、龍在宮沼，其餘鳥獸之卵胎，皆可俯而闚也。則是無故，先王能脩禮以達義，體信以達順故，此順之實也。

又《經解》 禮之於正國也，猶衡之於輕重也，繩墨之於曲直也，規矩之於方圜也。故衡誠縣，不可欺以輕重；繩墨誠陳，不可欺以曲直；規矩誠設，不可欺以方圓；君子審禮，不可誣以姦詐。是故隆禮、由禮謂之有方之士，不隆禮、不由禮謂之無方之民，敬讓之道也。故以奉宗廟則敬，以入朝廷則貴賤有位，以處室家則父子親、兄弟和，以處鄉里則長幼有序。孔子曰：『安上治民，莫善於禮。』此之謂也。

故朝覲之禮，所以明君臣之義也；聘問之禮，所以使諸侯相尊敬也；喪祭之禮，所以明臣子之恩也；鄉飲酒之禮，所以明長幼之序也；昏姻之禮，所以明男女之別也。夫禮禁亂之所由生，猶坊止水之所自來也。故以舊坊爲無所用而壞之者，必有水敗；以舊禮爲無所用而去之者，必有亂患。

故昏姻之禮廢，則夫婦之道苦，而淫辟之罪多矣。鄉飲酒之禮廢，則長幼之序失，而爭鬬之獄繁矣。喪祭之禮廢，則臣子之恩薄，而倍死忘生者衆矣。聘覲之禮廢，則君臣之位失，諸侯之行惡，而倍畔侵陵之敗起矣。

故禮之教化也微，其止邪也於未形，使人日徙善遠罪而不自知也。是以先王隆之也。《易》曰：『君子慎始，差若毫氂，繆以千里。』此之謂也。

又《哀公問》 哀公問於孔子曰：『大禮何如？君子之言禮，何其尊也？』孔子曰：『丘也小人，不足以知禮。』君曰：『否。吾子言之也。』孔子曰：『丘聞之，民之所由生，禮爲大。非禮無以節事天地之神也，非禮無以辨君臣、上下、長幼之位也，非禮無以別男女、父子、兄弟之親，昏姻、疏數之交也。君子以此之爲尊敬然。然後以其所能教百姓，不廢其會節。有成事，然後治其雕鏤、文章、黼黻以嗣。其順之，然後言其喪筭，備其鼎俎，設其豕腊，脩其宗廟，歲時以敬祭祀，以序宗族，即安其居，節醜其衣服，卑其宮室，車不雕幾，器不刻鏤，食不貳味，以與民同利。昔之君子之行禮者如此。』公曰：『今之君子胡莫行之也？』孔子曰：『今之君子好實無厭，淫德不倦，荒怠敖慢，固民是盡，午其衆以伐有道，求得當欲不以其所。昔之用民者由前，今之用民者由後。今之君子莫爲禮也。』

又《仲尼燕居》 子張問政。子曰：『師乎！前，吾語女乎？君子明於禮樂，舉而錯之而已。』子張復問。子曰：『師！爾以爲必鋪几筵，升降酌獻酬酢，然後謂之禮乎？爾以爲必行綴兆，興羽籥，作鐘鼓，然後謂之樂乎？言而履之，禮也。行而樂之，樂也。君子力此二者，以南面而立，夫是以天下太平也。諸侯朝，萬物服體，而百官莫敢不承事矣。禮之所興，衆之所治也；禮之所廢，衆之所亂也。目巧之室則有奧阼，席則有上下，車則有左右，行則有隨，立則有序，古之義也。室而無奧阼，則亂於堂室也。席而無上下，則亂於席上也。車而無左右，則亂於車也。行而無隨，則亂於塗也。立而無序，則亂於位也。昔聖帝、明王、諸侯辨貴賤、長幼、遠近、男女、外內，莫敢相逾越，皆由此塗出也。』三子者既得聞此言也於夫子，昭然若發蒙矣。

又《坊記》 子言之：『君子之道辟則坊與！坊民之所不足者也。大爲之坊，民猶踰之。故君子禮以坊德，刑以坊淫，命以坊欲。』

子云：『小人貧斯約，富斯驕。約斯盜，驕斯亂。禮者，因人之情而爲之節文，以爲民坊者也。故聖人之制富貴也，使民富不足以驕，貧不至於約，貴不慊於上，故亂益亡。』

子云：『貧而好樂，富而好禮，衆而以寧者，天下其幾矣。《詩》云：「民之貪亂，寧爲荼毒。」故制國不過千乘，都城不過百雉，家富不過百乘。以此坊民，諸侯猶有畔者。』

子云：『夫禮者，所以章疑別微，以爲民坊者也。故貴賤有等，衣服有別，朝廷有位，則民有所讓。』

子云：『天無二日，土無二王，家無二主，尊無二上，示民有君臣之別也。《春秋》不稱楚、越之王喪。禮，君不稱天，大夫不稱君，恐民之惑也。《詩》云：「相彼盍旦，尚猶患之。」』

子云：『君不與同姓同車，與異姓同車不同服，示民不嫌也。以此坊民，民猶得同姓以弑其君。』【略】

子云：『祭祀之有尸也，宗廟之主也，示民有事也。脩宗廟，敬祀事，教民追孝也。以此坊民，民猶忘其親。』

子云：『敬則用祭器，故君子不以菲廢禮，不以美没禮。故食禮，主人親饋則客祭，主人不親饋則客不祭。故君子苟無禮，雖美不食焉。《易》曰：「東鄰殺牛，不如西鄰之禴祭寔受其福。」《詩》云：「既醉以酒，既飽以德。」以此示民，民猶争利而忘義。』

子云：『七日戒，三日齊，承一人焉以爲尸，過之者趨走，以教敬也。醴酒在室，醍酒在堂，澄酒在下，示民不淫也。尸飲三，衆賓飲一，示民有上下也。因其酒肉，聚其宗族，以教民睦也。故堂上觀乎室，堂下觀乎上。《詩》云：「禮儀卒度，笑語卒獲。」』

子云：『賓禮每進以讓，喪禮每加以遠。浴於中霤，飯於牖下，小斂於戶內，大斂於阼，殯於客位，祖於庭，葬於墓，所以示遠也。殷人弔於壙，周人弔於家，示民不偝也。』

子云：『死，民之卒事也，吾從周。以此坊民，諸侯猶有薨而不葬者。』

子云：『升自客階，受弔於賓位，教民追孝也。未没喪，不稱君，示民不争也。故魯《春秋》記晋喪曰：「殺其君之子奚齊，及其君卓。」以此坊民，子猶有弑其父者。』

子云：『孝以事君，弟以事長，示民不貳也。故君子有君不謀仕，唯卜之日稱二君。喪父三年，喪君三年，示民不疑也。父母在，不敢有其身，不敢私其財，示民有上下也。故天子四海之內無客禮，莫敢爲主焉。故君適其臣，升自阼階，即位於堂，示民不敢有其室也。父母在，饋獻不及車馬，示民不敢專也。以此坊民，民猶忘其親而貳其君。』

子云：『禮之先幣帛也，欲民之先事而後禄也。先財而後禮則民利，無辭而行情則民争，故君子於有饋者弗能見，則不視其饋。《易》曰：「不耕穫，不菑畬，凶。」以此坊民，民猶貴禄而賤行。』【略】

子云：『夫禮，坊民所淫，章民之別，使民無嫌，以爲民紀者也。故男女無媒不交，無幣不相見，恐男女之無別也。以此坊民，民猶有自獻其身。《詩》云：「伐柯如之何？匪斧不克。取妻如之何？匪媒不得。蓺麻如之何？横從其畝。取妻如之何？必告父母。」』【略】

子云：『禮，非祭，男女不交爵。以此坊民，陽侯猶殺繆侯而竊其夫人，故大饗廢夫人之禮。』【略】

子云：『昏禮，壻親迎，見於舅姑，舅姑承子以授壻，恐事之違也。以此坊民，婦猶有不至者。』

《大戴禮記·哀公問於孔子》 公曰：『敢問何謂爲政？』

孔子對曰：『政者正也。君爲正，則百姓從政矣。君之所爲，百姓之所從也。君所不爲，百姓何從？』

公曰：『敢問爲政如之何？』

孔子對曰：『夫婦別，父子親，君臣嚴，三者正則庶民從之矣。』

公曰：『寡人雖無似也，願聞所以行三言之道。可得而聞乎？』

孔子對曰：『古之爲政，愛人爲大。所以治愛人，禮爲大；所以治禮，敬爲大；敬之至也，大昏爲大。大昏至矣！大昏既至，冕而親迎，親之也。親之也者，親之也。是故君子興敬爲親，舍敬是遺親也。弗愛不親，弗敬不正，愛與敬其政之本與！』

公曰：『寡人願有言。然冕而親迎，不已重乎？』

孔子愀然作色而對曰：『合二姓之好，以繼先聖之後，以爲天地社稷宗廟之主，君何謂已重乎？』

公曰：『寡人固，不固，焉得聞此言也。寡人欲問，不得其辭，請少進。』

孔子曰：『天地不合，萬物不生。大昏，萬世之嗣也，君何以謂已重焉？』

孔子遂有言曰：『內以治宗廟之禮，足以配天地之神明；出以治直言之禮，足以立上下之敬。物恥足以振之，國恥足以興之。爲政先禮，禮者，政之本與！』

孔子遂言曰：『昔三代明王之政，必敬其妻子也有道。妻也者，親之主也，敢不敬與？子也者，親之後也，敢不敬與？君子無不敬也，敬身爲大。身也者，親之枝也，敢不敬與？不能敬其身，是傷其親；傷其親，是傷其本；傷其本，枝從而亡。三者，百姓之象也。身以及身，子以及子，配以及配。君子行此三者，則愾乎天下矣。大王之道也如此，國家順矣。』

又《四代》 公曰：『長國治民恆幹，論政之大體以教民辨，歷大道以時地性，興民之陽德以教民事，上服周室之典以順事天子，脩政勤禮以交諸侯，大節無廢，小眇其後乎？』

子曰：『否，不可後也。《詩》云：「東有開明」，於時雞三號，以興庶虞，庶虞動，蜚征作。嗇民執功，百草咸淳，地傾水流之。是以天子盛服朝日于東堂，以教敬示威于天下也。是以祭祀昭有神明，燕食昭有慈愛，宗廟之事昭有義，率禮朝廷，昭有五官，無廢甲胄之戒，昭果毅以聽，天子曰崩，諸侯曰薨，大夫曰卒，士曰不禄，庶人曰死，昭哀。哀愛無失節，是以父慈子孝，兄愛弟敬。此昔先王之所先施於民也。君而後此，則爲國家失本矣。』

《荀子·議兵篇》 禮者，治辨之極也，强國之本也，威行之道也，功名之總也。王公由之，所以得天下也；不由，所以隕社稷也。故堅甲利兵不足以爲勝，高城深池不足以爲固，嚴令繁刑不足以爲威，由其道則行，不由其道則廢。楚人鮫革犀兕以爲甲，鞈如金石，宛鉅鐵釶，慘如蠭蠆，輕利僄遬，卒如飄風，然而兵殆於垂沙，唐蔑死，莊蹻起，楚分而爲三四。是豈無堅甲利兵也哉？其所以統之者非其道故也。汝、潁以爲險，江、漢以爲池，限之以鄧林，緣之以方城，然而秦師至而鄢、郢舉，若振槁然。是豈無固塞隘阻也哉？其所以統之者非其道故也。紂刳比干，囚箕子，爲炮烙刑，殺戮無時，臣下懔然莫必其命，然而周師至而令不行乎下，不能用其民。是豈令不嚴，刑不繁也哉？其所以統之者非其道故也。古之兵，戈矛弓矢而已矣，然而敵國不待試而詘；城郭不辨，溝池不拑，固塞不樹，機變不張，然而國晏然不畏外而明內者，無它故焉，明道而分鈞之，時使而誠愛之，下之和上也如影響，有不由令者然後誅之以刑。故刑一人而天下服，罪人不郵其上，知罪之在己也。是故刑罰省而威流，無它故焉，由其道故也。古者帝堯之治天下也，蓋殺一人、刑二人而天下治。傳曰：『威厲而不試，刑錯而不用。』此之謂也。

凡人之動也，爲賞慶爲之則見害傷焉止矣。故賞慶、刑罰、埶詐不足以盡人之力，致人之死。爲人主上者也，其所以接下之百姓者無禮義忠信，焉慮率用賞慶、刑罰、埶詐除阸其下，獲其功用而已矣。大寇則至，使之持危城則必畔，遇敵處戰則必北，勞苦煩辱則必犇，霍焉離耳，下反制其上。故賞慶、刑罰、埶詐之爲道者，傭徒鬻賣之道也，不足以合大衆，美國家，故古之人羞而不道也。故厚德音以先之，明禮義以道之，致忠信以愛之，尚賢使能以次之，爵服慶賞以申之，時其事、輕其任，以調齊之，長養之，如保赤子。政令以定，風俗以一，有離俗不順其上，則百姓莫不敦惡，莫不毒孽，若祓不祥，然後刑於是起矣。是大刑之所加也，辱孰大焉？將以爲利邪？則大刑加焉，身苟不狂惑戇陋，誰睹是而不改也哉！然後百姓曉然皆知修上之法，像上之志而安樂之。於是有能化善、修身、正行、積禮義、尊道德，百姓莫不貴敬，莫不親譽，然後賞於是起矣。是高爵豐禄之所加也，榮孰大焉？將以爲害邪？則高爵豐禄以持養之，生民之屬，孰不願也？雕雕焉縣貴爵重賞於其前，縣明刑大辱於其後，雖欲無化，能乎哉！故民歸之如流水，所存者神，所爲者化而順，暴悍勇力之屬爲之化而愿，旁辟曲私之屬爲之化而公，矜糾收繚之屬爲之化而調，夫是之謂大化至一。《詩》曰：『王猶允塞，徐方既來。』此之謂也。【略】

兼并易能也，唯堅凝之難焉。齊能并宋而不能凝也，故魏奪之；燕能并齊而不能凝也，故田單奪之；韓之上地，方數百里，完全富足而趨趙，趙不能凝也，故秦奪之。故能并之而不能凝，則必奪；不能并之又

不能凝其有，則必亡。能凝之，則必能幷之矣。得之則凝，兼幷無强。古者湯以薄，武王以滈，皆百里之地也，天下爲一，諸侯爲臣，無他故焉，能凝之也。故凝士以禮，凝民以政，禮修而士服，政平而民安。士服民安，夫是之謂大凝，以守則固，以征則强，令行禁止，王者之事畢矣。

又《賦篇》 爰有大物，非絲非帛，文理成章。非日非月，爲天下明。生者以壽，死者以葬，城郭以固，三軍以强。粹而王，駁而伯，無一焉而亡。臣愚不識，敢請之王。王曰：此夫文而不采者與？簡然易知而致有理者與？君子所敬而小人所不者與？性不得則若禽獸，性得之則甚雅似者與？匹夫隆之則爲聖人，諸侯隆之則一四海者與？致明而約，甚順而體，請歸之禮。

法治論分部

論說

《管子·法法》 不法法則事毋常，法不法則令不行。令而不行，則令不法也。法而不行，則脩令者不審也。審而不行，則賞罰輕也。重而不行，則賞罰不信也。信而不行，則不以身先之也。故曰：禁勝於身，則令行於民矣。聞賢而不舉，殆。聞善而不索，殆。見能而不使，殆。親人而不固，殆。同謀而離，殆。危人而不能，殆。廢人而復起，殆。可而不爲，殆。足而不施，殆。幾而不密，殆。人主不周密，則正言直行之士危；正言直行之士危，則人主孤而毋內；人主孤而毋內，則人臣黨而成羣。使人主孤而毋內，人臣黨而成羣者，此非人臣之罪也，人主之過也。

民毋重罪，過不大也。民毋大過，上毋赦也。上赦小過則民多重罪，積之所生也。故曰：赦出則民不敬，惠行則過日益。惠赦加於民，而囹圄雖實，殺戮雖繁，姦不勝矣。故曰：邪莫如蚤禁之。赦過遺善，則民不勵。有過不赦，有善不積，勵民之道，於此乎用之矣。故曰：明君者，事斷者也。

君有三欲於民，三欲不節，則上位危。三欲者何也？一曰求，二曰禁，三曰令。求必欲得，禁必欲止，令必欲行。求多者其得寡，禁多者其止寡，令多者其行寡。求而不得則威日損，禁而不止則刑罰侮，令而不行則下凌上。故未有能多求而多得者也，未有能多禁而多止者也，未有能多令而多行者也。故曰：上苛則下不聽，下不聽而彊以刑罰，則爲人上者衆謀矣。爲人上而衆謀之，雖欲毋危，不可得也。

號令已出又易之，禮義已行又止之，度量已制又遷之，刑法已錯又移之，如是，則慶賞雖重，民不勸也；殺戮雖繁，民不畏也。故曰：上無固植，下有疑心。國無常經，民力必竭，數也。明君在上位，民毋敢立私議自貴者。國毋怪嚴，毋雜俗，毋異禮，士毋私議。倨傲易令，錯儀畫制，作議者盡誅。故彊者折，銳者挫，堅者破。引之以繩墨，繩之以誅僇，故萬民之心皆服而從上。推之而往，引之而來，彼下有立其私議自貴，分爭而退者，則令自此不行矣。故曰：私議立則主道卑矣。況主倨傲易令，錯儀畫制，變易風俗，詭服殊說猶立。上不行君令，下不合於鄉里，變更自爲，易國之成俗者，命之曰不牧之民。不牧之民，繩之外也，繩之外誅。使賢者食於能，鬭士食於功。賢者食於能，則上尊而民從；鬭士食於功，則卒輕患而傲敵。上尊而民從，卒輕患而傲敵，二者設於國，則天下治而主安矣。

凡赦者，小利而大害者也，故久而不勝其禍。毋赦者，小害而大利者也，故久而不勝其福。故赦者，犇馬之委轡；毋赦者，痤雎之礦石也。爵不尊、禄不重者，不與圖難犯危，以其道爲未可以求之也。是故先王制軒冕足以著貴賤，不求其美；設爵禄所以守其服，不求其觀也。使君子食於道，小人食於力。君子食於道，則上尊而民順；小人食於力，則財厚而養足。上尊而民順，財厚而養足，四者備體則胥足，上尊時而王不難矣。文有三侑，武毋一赦。惠者，多赦者也，先易而後難，久而不勝其禍。法者，先難而後易，久而不勝其福。故惠者，民之仇讎也；法者，民之父母也。太上以制制度，其次失而能追之，雖有過亦不甚矣。明君制宗廟，足以設賓祀，不求其美；爲宮室臺榭，足以避燥濕寒暑，不求其大；爲雕文刻鏤，足以辨貴賤，不求其觀。故農夫不失其時，百工不失其功，商無廢利，民無游日，財無砥墆。故曰：儉其道乎！

令未布而民或爲之，而賞從之，則是上妄予也。上妄予則功臣怨，功臣怨而愚民操事於妄作，愚民操事於妄作，則大亂之本也。令未布而罰及之，則是上妄誅也。上妄誅則民輕生，民輕生則暴人興、曹黨起而亂賊作矣。令已布而賞不從，則是使民不勸勉，不行制，不死節。民不勸勉，不行制，不死節，則戰不勝而守不固，戰不勝而守不固，則國不安矣。令已布而罰不及，則是教民不聽。民不聽則彊者立，彊者立則主位危矣。故曰：憲律制度必法道，號令必著明，賞罰必信密，此正民之經也。

凡大國之君尊，小國之君卑。大國之君所以尊者何也？曰：爲之用者衆也。小國之君所以卑者何也？曰：爲之用者寡也。然則爲之用者衆則尊，爲之用者寡則卑，則人主安能不欲民之衆爲己用也！使民衆爲己用奈何？曰：法立令行，則民之用者衆矣；法不立，令不行，則民之用者寡矣。故法之所立，令之所行者多，而所廢者寡，則民不誹議，民不誹議則聽從矣。法之所立，令之所行，與其所廢者鈞，則國毋常經，國毋常經則民妄行矣。法之所立，令之所行者寡，而所廢者多，則民不聽，民不聽則暴人起而姦邪作矣。計上之所以愛民者，爲用之愛之也。爲愛民之故，不難毀法虧令，則是失所謂愛民矣。夫以愛民用民，則民之不用明矣。夫至用民者，殺之，危之，勞之，飢之，渴之。用民者將致之此極也，而民毋可與慮害己者。明王在上，道法行於國，民皆舍所好而行所惡。故善用民者，軒冕不下儗，而斧鉞不上因。如是則賢者勸而暴人止，賢者勸而暴人止，則功名立其後矣。蹈白刃，受矢石，入水火，以聽上令。上令盡行，禁盡止。引而使之，民不敢轉其力；推而戰之，民不敢愛其死。不敢轉其力，然後有功；不敢愛其死，然後無敵。進無敵，退有功，是以三軍之衆皆得保其首領，父母妻子完安於內。故民未嘗可與慮始，而可與樂成功。是故仁者、知者、有道者，不與大慮始。

國無以小與不幸而削亡者，必主與大臣之德行失於身也，官職、法制、政教失於國也，諸侯之謀慮失於外也，故地削而國危矣。國無以大與幸而有功名者，必主與大臣之德行得於身也，官職、法制、政教得於國也，諸侯之謀慮得於外也，然後功立而名成。然則國何可無道？人何可無求？得道而導之，得賢而使之，將有所大期於興利除害，期於興利除害，莫急於身，而君獨甚傷也，必先令之失。人主失令而蔽，已蔽而劫，已劫而弑。凡人君之所以爲君者，勢也，故人君失勢，則臣制之矣。勢在下，則君制於臣矣；勢在上，則臣制於君矣。故君臣之易位，勢在下也。在臣期年，臣雖不忠，君不能奪也。在子期年，子雖不孝，父不能服也。故《春秋》之記，臣有弑其君，子有弑其父者矣。故曰：堂上遠於百里，堂下遠於千里，門廷遠於萬里。今步者一日，百里之情通矣。堂上有事，十日而君不聞，此所謂遠於百里也。步者十日，千里之情通矣。堂下有事，一月而君不聞，此所謂遠於千里也。步者百日，萬里之情通矣。門廷有事，期年而君不聞，此所謂遠於萬里也。故請入而不出謂之滅，出而不入謂之絶，入而不至謂之侵，出而道止謂之壅。滅絶侵壅之君者，非杜其門而守其户也，爲政之有所不行也。故曰：令重於寶，社稷先於親戚，法重於民，威權貴於爵禄。故不爲重寶輕號令，不爲親戚後社稷，不爲愛民枉法律，不爲爵禄分威權。故曰：勢非所以予人也。

政者，正也。正也者，所以正定萬物之命也。是故聖人精德立中以生正，明正以治國，故正者所以止過而逮不及也。過與不及也，皆非正也。非正，則傷國一也。故勇而不義，傷兵；仁而不法，傷正。故軍之敗也，生於不義；法之侵也，生於不正。故言有辯而非務者，行有難而非善者。故言必中務，不苟爲辯；行必思善，不苟爲難。規矩者，方圜之正也。雖有巧目利手，不如拙規矩之正方圜也。故巧者能生規矩，不能廢規矩而正方圜；雖聖人能生法，不能廢法而治國。故雖有明智高行，倍法而治，是廢規矩而正方圜。

一曰：凡人君之德行威嚴，非獨能盡賢於人也。曰人君也，故從而貴之，不敢論其德行之高卑，有故爲其殺生急於司命也。富人貧人，使人相畜也；貴人賤人，使人相臣也。人主操此六者以畜其臣，人臣亦望此六者以事其君。君臣之會，六者謂之謀。六者在臣期年，臣不忠，君不能奪。在子期年，子不孝，父不能奪。故《春秋》之記，臣有弑其君，子有弑其父者。得此六者，而君父不智也。六者在臣，則主蔽矣。主蔽者，失其令也。故曰：令入而不出謂之蔽，令出而不入謂之壅，令出而不行謂之牽，令入而不至謂之瑕。牽瑕蔽壅之事君者，非敢杜其門而守其户也，爲令之有所不行也。此其所以然者，由賢人不至，而忠臣不用也。故人主不可以不慎其令。令者，人主之大寶也。一曰：賢人不至謂之蔽，忠臣

不用謂之塞，令而不行謂之障，禁而不止謂之逆。蔽塞障逆之君者，不敢杜其門而守其户也，爲賢者之不至，令之不行也。

凡民從上也，不從口之所言，從情之所好者也。上好勇則民輕死，上好仁則民輕財。故上之所好，民必甚焉。是故明君知民之必以上爲心也，故置法以自治，立儀以自正也。故上不行則民不從，彼民不服法死制，則國必亂矣。是以有道之君，行法脩制，先民服也。凡論人有要。矜物之人，無大士焉。彼矜者滿也，滿者虛也。滿虛在物，在物爲制也。矜者，細之屬也。凡論人而遠古者，無高士焉；既不知古而易其功者，無智士焉。德行成於身而遠古卑人也，事無資遇時而簡其業者，愚士也。釣名之人，無賢士焉；釣利之君，無王主焉。賢人之行其身也，忘其有名也；王主之行其道也，忘其成功也。賢人之行，王主之道，其所不能已也。明君公國一民，以聽於世；忠臣直進，以論其能。明君不以禄爵私所愛，忠臣不誣能以干爵禄。君不私國，臣不誣能，行此道者，雖未大治，正民之經也。今以誣能之臣，事私國之君，而能濟功名者，古今無之。誣能之人易知也。臣度之先王者，舜之有天下也，禹爲司空，契爲司徒，皋陶爲李，后稷爲田。此四士者，天下之賢人也，猶尚精一德，以事其君。今誣能之人，服事任官，皆兼四賢之能，自此觀之，功名之不立，亦易知也。故列尊禄重，無以不受也；勢利官大，無以不從也。以此事君，此所謂誣能篡利之臣者也。世無公國之君，則無直進之士；無論能之主，則無成功之臣。昔者，三代之相授也，安得二天下而殺之？貧民、傷財，莫大於兵；危國、憂主，莫速於兵。此四患者明矣，古今莫之能廢也。兵當廢而不廢，則古今惑也；此二者不廢而欲廢之，則亦惑也。此二者傷國一也。黄帝、唐、虞，帝之隆也，資有天下，制在一人，當此之時也，兵不廢。今德不及三帝，天下不順，而求廢兵，不亦難乎！故明君知所擅，知所患。國治而民務積，此所謂擅也；動與静，此所患也。是故明君審其所擅，以備其所患也。

猛毅之君，不免於外難；懦弱之君，不免於内亂。猛毅之君者輕誅，輕誅之流，道正者不安，道正者不安則材能之臣去亡矣。彼智者知吾情僞，爲敵謀我，則外難自是至矣。故曰：猛毅之君不免於外難。懦弱之君者重誅，重誅之過，行邪者不革，行邪者久而不革則羣臣比周，羣臣比周則蔽美揚惡，蔽美揚惡則内亂自是起。故曰：懦弱之君不免於内亂。明君不爲親戚危其社稷，社稷戚於親；不爲君欲變其令，令尊於君；不爲重寶分其威，威貴於寶；不爲愛民虧其法，法愛於民。

又《任法》 聖君任法而不任智，任數而不任説，任公而不任私，任大道而不任小物，然後身佚而天下治。失君則不然，舍法而任智，故民舍事而好譽；舍數而任説，故民舍實而好言；舍公而好私，故民離法而妄行；舍大道而任小物，故上勞煩，百姓迷惑，而國家不治。聖君則不然，守道要，處佚樂，馳騁弋獵，鐘鼓竽瑟，宫中之樂，無禁圉也。不思不慮，不憂不圖，利身體，便形軀，養壽命，垂拱而天下治。是故人主有能用其道者，不事心，不勞意，不動力，而土地自辟，囷倉自實，蓄積自多，甲兵自彊；羣臣無詐僞，百官無姦邪，奇術技藝之人，莫敢高言孟行，以過其情，以遇其主矣。

昔者堯之治天下也，猶埴己埏也，唯陶之所以爲；猶金之在鑪，恣治之所以鑄。其民引之而來，推之而往，使之而成，禁之而止。故堯之治也，善明法禁之令而已矣。黄帝之治天下也，其民不引而來，不推而往，不使而成，不禁而止。故黄帝之治也，置法而不變，使民安其法者也。

所謂仁義禮樂者，皆出於法，此先聖之所以一民者也。《周書》曰：國法法不一，則有國者不祥。民不道法則不祥。國更立法以典民則祥。羣臣不用禮義教訓則不祥。百官伏事者離法而治則不祥。故曰：法者，不可恒也，存亡治亂之所從出，聖君所以爲天下大儀也。君臣上下貴賤皆發焉。故曰：法古之法也。世無請謁任舉之人，無閒識博學辯説之士，無偉服，無奇行，皆囊於法，以事其主。

故明王之所恒者二：一曰明法而固守之，二曰禁民私而收使之。此二者，主之所恒也。夫法者，上之所以一民使下也。私者，下之所以侵法亂主也。故聖君置儀設法而固守之。然故諶杵習士聞識博學之人不可亂也，衆彊富貴私勇者不能侵也，信近親愛者不能離也，珍怪奇物不能惑也，萬物百事非在法之中者不能動也。故法者，天下之至道也，聖君之實用也。今天下則不然，皆有善法而不能守也。然故諶杵習士聞識博學之士能以其智亂法惑上，衆彊富貴私勇者能以其威犯法侵陵，鄰國諸侯能以其權置子立相，大臣能以其私附百姓、翦公財以禄私士。凡如是，而求法之

行，國之治，不可得也。聖君則不然，卿相不得翦其私，羣臣不得辟其所親愛。聖君亦明其法而固守之，羣臣修通輻湊，以事其主，百姓輯睦聽令，道法以從其事。故曰：有生法，有守法，有法於法。夫生法者，君也。守法者，臣也。法於法者，民也。君臣上下貴賤皆從法，此謂爲大治。

故主有三術。夫愛人，不私賞也。惡人，不私罰也。置儀設法，以度量斷者，上主也。愛人而私賞之，惡人而私罰之，倍大臣，離左右，專以其心斷者，中主也。臣有所愛而爲私賞之，有所惡而爲私罰之，倍其公法，損其正心，專聽其大臣者，危主也。故爲人主者，不重愛人，不重惡人。重愛曰失德，重惡曰失威。威德皆失，則主危也。

故明王之所操者六：生之，殺之，富之，貧之，貴之，賤之。此六柄者，主之所操也。主之所處者四：一曰文，二曰武，三曰威，四曰德。此四位者，主之所處也。藉人以其所操，命曰奪柄。藉人以其所處，命曰失位。奪柄失位，而求令之行，不可得也。法不平，令不全，是亦奪柄失位之道也。故有爲枉法，有爲毀令，此聖君之所以自禁也。故貴不能威，富不能祿，賤不能事，近不能親，美不能淫也。植固而不動，奇邪乃恐，奇革而邪化，令往而民移。故聖君失度量，置儀法，如天地之堅，如列星之固，如日月之明，如四時之信，然故令往而民從之。而失君則不然，法立而還廢之，令出而後反之，枉法而從私，毀令而不全，是貴能威之，富能祿之，賤能事之，近能親之，美能淫之也。此五者不禁於身，是以羣臣百姓人挾其私而幸其主。彼幸而得之，則主日侵。彼幸而不得，則怨日産。夫日侵而産怨，此失君之所慎也。

凡爲主而不得用其法，不能其意，顧臣而行，離法而聽貴臣，此所謂貴而威之也。富人用金玉事主而來焉，主因離法而聽之，此所謂富而祿之也。賤人以服約卑敬悲色告愬其主，主因離法而聽之，此所謂賤而事之也。近者以偪近親愛有求其主，主因離法而聽之，此謂近而親之也。美者以巧言令色請其主，主因離法而聽之，此所謂美而淫之也。治世則不然。不知親疏遠近貴賤美惡，以度量斷之，其殺戮人者不怨也，其賞賜人不德也。以法制行之，如天地之無私也，是以官無私論，士無私議，民無私說，皆虛其匈以聽其上。上以公正論，以法制斷，故任天下而不重也。今亂君則不然。有私視也，故有不見也。有私聽也，故有不聞也。有私慮也，故有不知也。夫私者，壅蔽失位之道也。上舍公法而聽私說，故羣臣百姓皆設私立方以教於國，羣黨比周以立其私，請謁任舉以亂公法，人用其心以幸於上。上無度量以禁之，是以私說日益，而公法日損，國之不治，從此産矣。

夫君臣者，天地之位也。民者，衆物之象也。各立其所職，以待君令。羣臣百姓安得各用其心而立私乎？故遵主令而行之，雖有傷敗，無罰。非主令而行之，雖有功利，罪死。然故下之事上也，如響之應聲也。臣之事主也，如影之從形也。故上令而下應，主行而臣從，此治之道也。夫非主令而行，有功利因賞之，是教妄舉也。主令而行之，有傷敗而罰之，是使民慮利害而離法也。羣臣百姓，人慮利害，而以其私心舉措，則法制毀而令不行矣。

又《明法》 所謂治國者，主道明也。所謂亂國者，臣術勝也。夫尊君卑臣，非計親也，以執勝也。百官識，非惠也，刑罰必也。故君臣共道則亂，專授則失。夫國有四亡，令求不出謂之滅，出而道留謂之擁，下情求不上通謂之塞，下情上而道止謂之侵。故夫滅侵塞擁之所生，從法之不立也。是故先王之治國也，不淫意於法之外，不爲惠於法之内也。動無非法者，所以禁過而外私也。

威不兩錯，政不二門。以法治國，則舉錯而已。是故有法度之制者，不可巧以詐僞。有權衡之稱者，不可欺以輕重。有尋丈之數者，不可差以長短。今主釋法以譽進能，則臣離上而下比周矣。以黨舉官，則民務交而不求用矣。是故官之失其治也，是主以譽爲賞，以毀爲罰也。然則喜賞惡罰之人，離公道而行私術矣。比周以相爲匿，是忘主死交，以進其譽。故交衆者譽多，外内朋黨，雖有大姦，其蔽主多矣。是以忠臣死於非罪，而邪臣起於非功。所死者非罪，所起者非功也，然則爲人臣者，重私而輕公矣。十至私人之門，不一至於庭，百慮其家，不一圖國，屬數雖衆，非以尊君也，百官雖具，非以任國也。此之謂國無人。國無人者，非朝臣之衰也。家與家務於相益，不務尊君也。大臣務相貴而不任國，小臣持祿養交不以官爲事，故官失其能。是故先王之治國也，使法擇人，不自舉也；使法量功，不自度也。故能匿而不可蔽，敗而不可飾也。譽者不能進，而

誹者不能退也。然則君臣之閒明別，明別則易治也。主雖不身下爲，而守法爲之可也。

又《明法解》 明主者，有術數而不可欺也，審於法禁而不可犯也，察於分職而不可亂也。故羣臣不敢行其私，貴臣不得蔽賤，近者不得塞遠，孤寡老弱不失其所職，竟內明辨而不相踰越。此之謂治國。故《明法》曰：所謂治國者，主道明也。

明主者，上之所以一民使下也。私術者，下之所以侵上亂主也。故法廢而私行，則人主孤特而獨立，人臣羣黨而成朋。如此則主弱而臣强，此之謂亂國。故《明法》曰：所謂亂國者，臣術勝也。

明主在上位，有必治之勢，則羣臣不敢爲非。是故羣臣之不敢欺主者，非愛主也，以畏主之威勢也。百姓之爭用，非以愛主也，以畏主之法令也。故明主操必勝之數，以治必用之民。處必尊之勢，以制必服之臣。故令行禁止，主尊而臣卑。故《明法》曰：尊君卑臣，非計親也，以勢勝也。

明主之治也，縣爵禄以勸其民，民有利於上，故主有以使之。立刑罰以威其下，下有畏於上，故主有以牧之。故無爵禄則主無以勸民，無刑罰則主無以威衆。故人臣之行理奉命者，非以愛主也，且以就利而避害也。百官之奉法無姦者，非以愛主也，欲以愛爵禄而避罰也。故《明法》曰：百官論職，非惠也，刑罰必也。

人主者，擅生殺，處威勢，操令行禁止之柄，以御其羣臣，此主道也。人臣者，處卑賤，奉主令，守本任，治分職，此臣道也。故主行臣道則亂，臣行主道則危。故上下無分，君臣共道，亂之本也。故《明法》曰：君臣共道則亂。

人臣之所以畏恐而謹事主者，以欲生而惡死也。使人不欲生，不惡死，則不可得而制也。夫生殺之柄，專在大臣而主不危者，未嘗有也。故治亂不以法斷，而決於重臣。生殺之柄，不制於主，而在羣下，此寄生之主也。故人主專以其威勢予人，則必有劫殺之患。專以其法制予人，則必有亂亡之禍。如此者，亡主之道也。故《明法》曰：專授則失。

凡爲主而不得行其令，廢法而恣羣臣，威嚴已廢，權勢已奪，令不得出，羣臣弗爲用，百姓弗爲使，竟內之衆不制，則國非其國，而民非其民。如此者，滅主之道也。故《明法》曰：令本不出謂之滅。

明主之道，卑賤不待尊貴而見，大臣不因左右而進，百官條通，羣臣顯見。有罰者，主見其罪。有賞者，主知其功。見知不悖，賞罰不差，有不蔽之術，故無壅遏之患。亂主則不然，法令不得至於民，疏遠鬲閉而不得聞。如此者，壅遏之道也。故《明法》曰：令出而留謂之壅。

人臣之所以乘而爲姦者，擅主也。臣有擅主者，則主令不得行，而下情不上通。人臣之力，能鬲君臣之閒，而使美惡之情不揚聞，禍福之事不通徹，人主迷惑而無從悟。如此者，塞主之道也。故《明法》曰：下情不上通謂之塞。

明主者，兼聽獨斷，多其門戶。羣臣之道，下得明上，賤得言貴，故姦人不敢欺。亂主則不然，聽無術數，斷事不以參伍，故無能之士上通，邪枉之臣專國，主明蔽而聰塞，忠臣之欲謀諫者不得進。如此者，侵主之道也。故《明法》曰：下情上而道止，謂之侵。

人主之治國也，莫不有法令，賞罰具。故其法令明，而賞罰之所立者當，則主尊顯而姦不生。其法令逆，而賞罰之所立者不當，則羣臣立私而壅塞之，朋黨而劫殺之。故《明法》曰：滅塞侵壅之所生，從法之不立也。

法度者，主之所以制天下而禁姦邪也，所以牧領海內而奉宗廟也。私意者，所以生亂長姦而害公正也，所以壅蔽失正而危亡也。故法度行則國治，私意行則國亂。明主雖心之所愛，而無功者不賞也。雖心之所憎，而無罪者弗罰也。案法式而驗得失，非法度不留意焉。故《明法》曰：先王之治國也，不淫意於法之外。

明主之治國也，案其當宜，行其正理。故其當賞者，羣臣不得辭也。其當罰者，羣臣不敢避也。夫賞功誅罪，所以爲天下致利除害也。草茅弗去則害禾穀，盜賊弗誅則傷良民。夫舍公法而行私惠，則是利姦邪而長暴亂也。行私惠而賞無功，則是使民偷幸而望於上也。行私惠而赦有罪，則是使民輕上而易爲非也。夫舍公法，用私惠，明主不爲也。故《明法》曰：不爲惠於法之內。

凡人主莫不欲其民之用也。使民用者，必法立而令行也。故治國使衆莫如法，禁淫止暴莫如刑。故貧者非不欲奪富者財也，然而不敢者，法不

使也。强者非不能暴弱也，然而不敢者，畏法誅也。故百官之事，案之以法，則姦不生。暴慢之人，誅之以刑，則禍不起。羣臣並進，筴之以數，則私無所立。故《明法》曰：動無非法者，所以禁過而外私也。

人主之所以制臣下者，威勢也。故威勢在下則主制於臣，威勢在上則臣制於主。夫蔽主者，非塞其門，守其戶也，然而令不行，禁不止，所欲不得者，失其威勢也。故威勢獨在於主則羣臣畏敬，法政獨出於主則天下服德。故威勢分於臣則令不行，法政出於臣則民不聽。故明主之治天下也，威勢獨在於主，而不與臣共；法政獨制於主，而不從臣出。故《明法》曰：威不兩錯，政不二門。

明主者，一度量，立表儀，而堅守之，故令下而民從。法者，天下之程式也，萬事之儀表也。吏者，民之所懸命也。故明主之治也，當於法者賞之，違於法者誅之。故以法誅罪，則民就死而不怨；以法量功，則民受賞而無德也。此以法舉錯之功也。故《明法》曰：以法治國，則舉錯而已。

明主者，有法度之制，故羣臣皆出於方正之治，而不敢爲姦。百姓知主之從事於法也，故吏之所使者，有法則民從之，無法則止。民以法與吏相距，下以法與上從事，故詐僞之人不得欺其主，嫉妬之人不得用其賊心，讒諛之人不得施其巧，千里之外不敢擅爲非。故《明法》曰：有法度之制者，不可巧以詐僞。

權衡者，所以起輕重之數也。然而人不事者，非心惡利也，權不能爲之多少其數，而衡不能爲之輕重其量也。人知事權衡之無益，故不事也。故明主在上位，則官不得枉法，吏不得爲私。民知事吏之無益，故財貨不行於吏。權衡平正而待物，故姦詐之人不得行其私。故《明法》曰：有權衡之稱者，不可欺以輕重。

尺寸尋丈者，所以得長短之情也。故以尺寸量短長，則萬舉而萬不失矣。是故尺寸之度，雖富貴衆强不爲益長，雖貧賤卑辱不爲損短，公平而無所偏，故姦詐之人不能誤也。故《明法》曰：有尋丈之數者，不可差以長短。

國之所以亂者，廢事情而任非譽也。故明主之聽也，言者責之以其實，譽人者試之以其官。言而無實者誅，吏而亂官者誅。是故虛言不敢進，不肖者不敢受官。亂主則不然，聽言而不督其實，故羣臣以虛譽進其黨；任官而不責其功，故愚汙之吏在庭。如此，則羣臣相推以美名，相假以功伐，務多其佼，而不爲主用。故《明法》曰：主釋法以譽進能，則臣離上而下比周矣。以黨舉官，則民務佼而不求用矣。

亂主不察臣之功勞，譽衆者則賞之；不審其罪過，毁衆者則罰之。如此者，則邪臣無功而得賞，忠正無罪而有罰。故功多而無賞，則臣不務盡力；行正而有罰，則賢聖無從竭能。行貨財而得爵禄，則汙辱之人在官。寄託之人不肖而位尊，則民倍公法而趨有勢。如此，則慤愿之人失其職，而廉潔之吏失其治。故《明法》曰：官之失其治也，是主以譽爲賞，而以毁爲罰也。

平吏之治官也，行法而無私，則姦臣不得其利焉，此姦臣之所務傷也。人主不參驗其罪過，以無實之言誅之，則姦臣不能無事貴重而求推譽，以避刑罰而受禄賞焉。故《明法》曰：喜賞惡罰之人，離公道而行私術矣。

姦臣之敗其主也，積漸積微，使主迷惑而不自知也。上則相爲候望於主，下則買譽於民。譽其黨而使主尊之，毁不譽者而使主廢之，其所利害者，主聽而行之。如此，則羣臣皆忘主而趨私佼矣。故《明法》曰：比周以相爲慝，是故忘主死佼以進其譽。

主無術數則羣臣易欺之，國無明法則百姓輕爲非。是故姦邪之人用國事，則羣臣仰利害也。如此，則姦人爲之視聽者多矣，雖有大義，主無從知之。故《明法》曰：佼衆譽多，外内朋黨，雖有大姦，其蔽主多矣。

凡所謂忠臣者，務明法術，日夜佐主，明於度數之理以治天下者也。姦邪之臣，知法術明之必治也，治則姦臣困而法術之士顯，是故邪之所務事者，使法無明，主無悟，而己得所欲也。故方正之臣得用，則姦邪之臣困傷矣。是方正之與姦邪不兩進之勢也。姦邪在主之側者，不能勿惡也。惟惡之，則必候主閒而日夜危之。人主不察而用其言，則忠臣無罪而困死，姦臣無功而富貴。故《明法》曰：忠臣死於非罪，而邪臣起於非功。

富貴尊顯，久有天下，人主莫不欲也。令行禁止，海内無敵，人主莫不欲也。蔽欺侵淩，人主莫不惡也。失天下，滅宗廟，人主莫不惡也。忠臣之欲明法術，以致主之所欲，而除主之所惡者，姦臣之擅主者有以私危

之，則忠臣無從進其公正之數矣。故《明法》曰：所死者非罪，所起者非功，然則爲人臣者重私而輕公矣。

亂主之行爵禄也，不以法令案功勞；其行刑罰也，不以法令案罪過，而聽重臣之所言。故臣有所欲賞，主爲賞之；臣欲有所罰，主爲罰之，廢其公法，專聽重臣。如此，故羣臣皆務其黨重臣而忘其主，趨重臣之門而不庭。故《明法》曰：十至於私人之門，不一至於庭。

明主之治也，明於分職而督其成事，勝其任者處官，不勝其任者廢免，故羣臣皆竭能盡力以治其事。亂主則不然，故羣臣處官位，受厚禄，莫務治國者，期於管國之重而擅其利，牧漁其民以富其家。故《明法》曰：百慮其家，不一圖國。

明主在上位，則竟内之衆盡力以奉其主，百官分職致治以安國家。亂主則不然，雖有勇力之士，大臣私之，而非以奉其主也；雖有聖智之士，大臣私之，非以治其國也。故屬數雖衆，不得進也；百官雖具，不得制也。如此者，有人主之名而無其實。故《明法》曰：屬數雖衆，非以尊君也。百官雖具，非以任國也。此之謂國無人。

明主者，使下盡力而守法分，故羣臣務尊主，而不敢顧其家。臣主之分明，上下之位審，故大臣各處其位，而不敢相貴。亂主則不然，法制廢而不行，故羣臣得務益其家。君臣無分，上下無別，故羣臣得務相貴。如此者，非朝臣少也，衆不爲用也。故《明法》曰：國無人者，非朝臣衰也。家與家務相益，不務尊君也；大臣務相貴，而不任國也。

人主之張官置吏也，非徒尊其身，厚奉之而已也，使之奉主之法，行主之令，以治百姓而誅盜賊也。是故其所任官者大，則爵尊而禄厚；其所任官者小，則爵卑而禄薄。爵禄者，人主之所以使吏治官也。亂主之治也，處尊位，受奉禄，養所與佼，而不以官爲務。如此者，則官失其能矣。故《明法》曰：小臣持禄養佼，不以官爲事，故官失職。

明主之擇賢人也，言勇者試之以軍，言智者試之以官。試於軍而有功者則舉之，試於官而事治者則用之。故以戰功之事定勇怯，以官職之治定愚智。故勇怯愚智之見也，如白黑之分。亂主則不然，聽言而不試，故妄言者得用；任人而不言，故不肖者不困。故明主以法案其言而求其實，以官任其身而課其功，專任法，不自舉焉。故《明法》曰：先王之治國也，使法擇人，不自舉也。

凡所謂功者，安主上，利萬民者也。夫破軍殺將，戰勝攻取，使主無危亡之憂，而百姓無死虜之患，此軍士之所以爲功者也。奉主法，治竟内，使强不淩弱，衆不暴寡，萬民驩盡其力，而奉養其主，此吏之所以爲功也。匡主之過，救主之失，明理義以道其主，主無邪僻之行，蔽欺之患，此臣之所以爲功也。故明主之治也，明分職而課功勞，有功者賞，亂治者誅。誅賞之所加，各得其宜，而主不自與焉。故《明法》曰：使法量功，不自度也。

明主之治也，審是非，察事情，以度量案之。合於法則行，不合於法則止。功充其言則賞，不充其言則誅。故言智能者，必有見功而後舉之。言惡敗者，必有見過而後廢之。如此，則士上通而莫之能妬，不肖者困廢而莫之能舉。故《明法》曰：能不可蔽，而敗不可飾也。

明主之道，立民所欲，以求其功，故爲爵禄以勸之；立民所惡，以禁其邪，故爲刑罰以畏之。故案其功而行賞，案其罪而行罰。如此，則羣臣之舉，無功者不敢進也；毁，無罪者不能退也。故《明法》曰：譽者不能進，而誹者不能退也。

制羣臣，擅生殺，主之分也。縣令仰制，臣之分也。威勢尊顯，主之分也。卑賤畏敬，臣之分也。令行禁止，主之分也。奉法聽從，臣之分也。故君臣相與，高下之處也，如天之與地也。其分畫之不同也，如白之與黑也。故君臣之閒明別，則主尊臣卑。如此，則下之從上也，如響之應聲；臣之法主也，如景之隨形。故上令而下應，主行而臣從。以令則行，以禁則止，以求則得，此之謂易治。故《明法》曰：君臣之閒，明別則易治。

明主操術任臣下，使羣臣效其智能，進其長技。故智者效其計，能者進其功，以前言督後事所效，當則賞之，不當則誅之。張官任吏治民，案法試課成功，守法而法之，身無煩勞而分職。故《明法》曰：主雖不身下爲，而守法爲之可也。

《商君書·錯法》 臣聞古之明君，錯法而民無邪，舉事而材自練，賞行而兵彊，此三者，治之本也。夫錯法而民無邪者，法明而民利之也。舉事而材自練者，功分明。功分明則民盡力，民盡力則材自練。行賞而兵

彊者，爵禄之謂也。爵禄者，兵之實也。是故人君之出爵禄也道明，道明則國日彊；道幽則國日削。故爵禄之所道，存亡之機也。夫削國亡主，非無爵禄也，其所道過也。三王五霸，其所道不過爵禄，而功相萬者，其所道明也。是以明君之使其臣也，用必出於其勞，賞必加於其功。功賞明則民競於功。爲國而能使其民盡力以競於功，則兵必彊矣。

同列而相臣妾者，貧富之謂也。同實而相幷兼者，彊弱之謂也。有地而君，或彊或弱者，亂治之謂也。苟有道里，地足容身，士民可致也。苟容市井，財貨可衆也。有土者不可以言貧，有民者不可以言弱。地誠任，不患無財；民誠用，不畏彊暴。德明教行，則能以民之有爲己用矣。故明主者，用非其有，使非其民，明王之所貴惟爵其實，爵其實，而榮顯之。不榮，則民不急。列位不顯，則民不事爵。爵易得也，則民不貴上爵。列爵禄賞不道其門，則民不以死爭位矣。人君而有好惡，故民可治也。人君不可以不審好惡。好惡者，賞罰之本也。夫人情好爵禄而惡刑罰，人君設二者以御民之志而立所欲焉。夫民力盡而爵隨之，功立而賞隨之，人君能使其民信於此如明日月，則兵無敵矣。

人君有爵行而兵弱者，有禄行而國貧者，有法立而亂者，此三者，國之患也。故人君者，先便請謁而後功力，則爵行而兵弱矣。民不死犯難而利禄可致也，則禄行而國貧矣。法無度數而治日煩，則法立而治亂矣。是以明君之使其民也，使必盡力以規其功，功立而富貴隨之，無私德也，故教流成。如此，則臣忠君明治著而兵彊矣。

故凡明君之治也，任其力，不在其德，是以不憂不勞而功可立也。度數已立而法可修，故人君者不可不慎己也。夫離朱見秋豪百步之外，而不能以明目易人；烏獲舉千斤之重，不能以多力易人。夫聖人之存體性，不可以易人，然而功可得者，法之謂也。

又《修權》 國之所以治者三：一曰法，二曰信，三曰權。法者，君臣之所共操也；信者，君臣之所共立也；權者，君之所獨制也。人主失守則危，君臣釋法任私必亂。故立法明分而不以私害法則治，權制獨斷於君則威，民信其賞則事功成，信其刑則姦無端。惟明主愛權重信而不以私害法。故多惠言而剋其賞，則下不用。數如嚴令而不致其刑，則民傲死。凡賞者，文也；刑者，武也；文武者，法之約也。故明主任法。明主不蔽之謂明，不欺之謂察。故賞厚而利，刑重而威必，不失疏遠，不違親近，故臣不蔽主而下不欺上。

世之爲治者多釋法而任私議，此國之所以亂也。先王縣權衡立尺寸而至今法之，其分明也。夫釋權衡而斷輕重，廢尺寸而意長短，雖察，商賈不用，爲其不必也。夫倍法度而任私議，皆不類者也。不以法論智、能、賢、不肖者惟堯，而世不盡爲堯。是故先王知自議私譽之不可任也，故立法明分，中程者賞之，毁公者誅之。誅賞之法不失其議，故民不爭。授官予爵不以其勞，則忠臣不進；行賞賦禄不稱其功，則戰士不用。

凡人臣之事君也，多以主所好事君。君好法則臣以法事君，君好言則臣以言事君。君好法則端正之士在前，君好言則毁譽之臣在側。公私之分明，則小人不疾賢而不肖者不妬功。故堯、舜之位天下也，非私天下之利也，爲天下位天下也。論賢舉能而傳焉，非疏父子親越人也，明於治亂之道也。故三王以義親，五伯以法正諸侯，皆非私天下之利也，爲天下治天下。是故擅其名而有其功，天下樂其政而莫之能傷也。今亂世之君臣，區區然皆擅一國之利，而管一官之重，以便其私，此國之所以危也。故公私之交，存亡之本也。夫廢法度而好私議，則姦臣鬻權以約禄，秩官之吏隱下而漁民。諺曰：『蠹衆而木折，隙大而牆壞。』故大臣爭於私而不顧其民，則下離上。下離上者，國之隙也。秩官之吏隱下以漁百姓，此民之蠹也。故有隙蠹而不亡者，天下鮮矣。是故明王任法去私，而國無隙蠹矣。

又《賞刑》 聖人之爲國也，壹賞，壹刑，壹教。壹賞則兵無敵，壹刑則令行，壹教則下聽上。夫明賞不費，明刑不戮，明教不變；而民知於民務，國無異俗。明賞之猶，至於無賞也。明刑之猶，至於無刑也，明教之猶，至於無教也。

所謂壹賞者，利禄官爵摶出於兵，無有異施也。夫固知愚、貴賤、勇怯、賢不肖皆盡其胸臆之知，竭其股肱之力，出死而爲上用也。天下豪傑賢良從之如流水，是故兵無敵而令行於天下，萬乘之國不敢蘇其兵中原，千乘之國不敢捍城。萬乘之國若有蘇其兵中原者，戰將覆其軍；千乘之國若有捍城者，攻將湊其城。戰必覆人之軍，攻必湊人之城，盡城而有之，盡賓而致，雖厚慶賞，何費匱之有矣？昔湯封於贊茅，文王封於岐周，方百里。湯與桀戰於鳴條之野，武王與紂戰於牧野之中，大破九軍，

卒裂土封諸侯，士卒坐陳者里有書社，車休息不乘，從馬華山之陽，從牛於農澤，從之老而不收。此湯、武之賞也。故曰：贊茅、岐周之粟，以賞天下之人，不人得一升；以其錢賞天下之人，不人得一錢。故曰：百里之君而封侯，其臣大其舊，自士卒坐陳者里有書社，賞之所加寬於牛馬者，何也？善因天下之貨，以賞天下之人。故曰：明賞不費。湯、武既破桀、紂，海内無害，天下大定，築五庫，藏五兵，偃武事，行文教，倒載干戈，搢笏作爲樂，以申其德。當此時也，禄賞不行而民整齊。故曰：明賞之猶，至於無賞也。

所謂壹刑者，刑無等級，自卿相、將軍以至大夫、庶人，有不從王令，犯國禁，亂上制者，罪死不赦。有功於前，有敗於後，不爲損刑；有善於前，有過於後，不爲虧法。忠臣孝子有過，必以其數斷。守法守職之吏有不行王法者，罪死不赦，刑及三族。周官之人知而訐之上者，自免於罪，無貴賤尸襲其官長之官爵田禄。故曰：重刑連其罪，則民不敢試。民不敢試，故無刑也。夫先王之禁，刺殺斷人之足，黥人之面，非求傷民也，以禁姦止過也。故禁姦止過莫若重刑。刑重而必得，則民不敢試，故國無刑民。國無刑民，故曰明刑不戮。晉文公將欲明刑以親百姓，於是合諸侯大夫於侍千宮。顛頡後至，請其罪。君曰：『用事焉。』吏遂斷顛頡之脊以殉。晉國之士稽焉皆懼，曰：『顛頡之有寵也，斷以殉，而況於我乎？』舉兵伐曹五鹿，及反鄭之埤，東徵之畝，勝荆人於城濮，三軍之士，止之如斬足，行之如流水；三軍之士無敢犯禁者。故一假道重輕於顛頡之脊而晉國治。昔者周公旦殺管叔，流霍叔，曰：『犯禁者也。』天下衆皆曰：『親昆弟有過不違，而況疏遠乎？』故天下知用刀鋸於周庭，而海内治。故曰：明刑之猶，至於無刑也。

所謂壹教者，博聞、辯慧、信廉、禮樂、修行、羣黨、任譽、清濁不可以富貴，不可以評刑，不可獨立私議以陳其上，堅者被，鋭者挫，雖曰聖知、巧佞、厚樸，則不能以非功罔上利然。富貴之門，要存戰而已矣。彼能戰者踐富貴之門。彊梗焉，有常刑而不赦。是父兄、昆弟、知識、婚姻、合同者皆曰：『務之所加，存戰而已矣。』夫故當壯者務於戰，老弱者務於守；死者不悔，生者務勸。此臣之所謂壹教也。民之欲富貴也共闔棺而後止。而富貴之門必出於兵，是故民聞戰而相賀也，起居飲食所歌謠者戰也。此臣之所謂『明教之猶，至於無教』也。此臣所謂參教也。

聖人非能通知萬物之要也。故其治國，舉要以致萬物，故寡教而多功。聖人治國也，易知而難行也。是故聖人不必加，凡主不必廢，殺人不爲暴，賞人不爲仁者，國法明也。聖人以功授官予爵，故賢者不憂，聖人不宥過，不赦刑，故姦無起。聖人治國也，審壹而已矣。

又《慎法》 凡世莫不以其所以亂者治，故小治而小亂，大治而大亂。人主莫能世治其民，世無不亂之國。奚謂以其所以亂者治？夫舉賢能，世之所治也，而治之所以亂。世之所謂賢者，言正也；所以爲善正也，黨也。聽其言也，則以爲能；問其黨，以爲然；故貴之不待其有功，誅之不待其有罪也；此其勢正使汙吏有資而成其姦險，小人有資而施其巧詐。初借吏民姦詐之本，而求端慤其末，禹不能以使十人之衆，庸君安能以御一國之民？彼而黨與人者，不待我而有成事者也。上舉一與民，民倍主位而嚮私交。民倍主位而嚮私交，則君弱而臣彊。君人者不察也，非侵於諸侯，必劫於百姓。彼言説之勢，愚知同學之；士學於言説之人，則民釋實事而誦虚詞。民釋實事而誦虚詞，則力少而非多。君人者不察也，以戰，必損其將；以守，必賣其城。故有明主忠臣産於今世而散領其國者，不可以須臾忘於法。破勝黨任，節去言談，任法而治矣。使吏非法無以守，則雖巧不得爲姦。使民非戰無以效其能，則雖險不得爲詐。夫以法相治，以數相舉者不能相益，訾言者不能相損；民見相譽無益，相管附惡。見訾言無損，習相憎不相害也。夫愛人者不阿，憎人者不害，愛惡各以其正，治之至也。臣故曰：法任而國治矣。

千乘能以守者自存也，萬乘能以戰者自完也，雖桀爲主，不肯詘半辭以下其敵。外不能戰，内不能守，雖堯爲主，不能以不臣諧所謂不若之國。自此觀之，國之所以重，主之所以尊者，力也。於此二者力本，而世主莫能致力者，何也？使民之所苦者無耕，危者無戰。二者，孝子難以爲其親，忠臣難以爲其君。今欲敺其衆民，與之孝子忠臣之所難，臣以爲非劫以刑而敺以賞莫可。而今夫世俗治者莫不釋法度而任辯慧，後功力而進仁義，民故不務耕戰。彼民不歸其力於耕，即食屈於内；不歸其節於戰，則兵弱於外。入而食屈於内，出而兵弱於外，雖有地萬里，帶甲百萬，與獨立平原一貫也。且先王能令其民蹈白刃，被矢石，其民之欲爲

之，非如學之，所以避害。故吾教令民之欲利者非耕不得，避害者非戰不免，境内之民莫不先務耕戰而後得其所樂。故地少粟多，民少兵彊。能行二者於境内，則霸王之道畢矣。

《慎子·君人》 君人者，舍法而以身治，則誅賞予奪從君心出矣。然則受賞者雖當，望多無窮，受罰者雖當，望輕無已。君舍法，而以心裁輕重，則同功殊賞，同罪殊罰矣，怨之所由生也。是以分馬者之用策，分田者之用鉤，非以鉤策爲過於人智也，所以去私塞怨也。故曰：大君任法而弗躬，則事斷於法矣。法之所加，各以其分，蒙其賞罰而無望於君也。是以怨不生而上下和矣。

又 《君臣》 爲人君者不多聽，據法倚數以觀得失。無法之言，不聽於耳，無法之勞，不圖於功，無勞之親，不任於官。官不私親，法不遺愛，上下無事，唯法所在。

《文子·上義》 文子問曰：『法安所生？』老子曰：『法生於義，義生於衆適，衆適合乎人心。此治之要也。法非從天下也，非從地出也，發乎人間，反己自正。誠達其本，不亂於末，知其要，不惑於疑。有諸己，不非於人；無諸己，不責於所立。立於下者，不廢於上；禁於民者，不行於身。故人主之制法也，先以自爲檢式，故禁勝於身，即令行於民。夫法者，天下之準繩也，人主之度量也；懸法者，法不法也。法定之後，中繩者賞，缺繩者誅。雖尊貴者不輕其賞，卑賤者不重其刑。犯法者雖賢必誅，中度者雖不肖無罪。是故公道而行私欲塞也。古之置有司也，所以禁民，使不得恣也。其立君也，所以制有司，使不得專行也。法度道術，所以禁君，使無得擅斷也。人莫得恣，即道勝而理得矣。故反樸無爲。無爲者，非謂其不動也，言其莫從己出也。

《韓非子·有度》 國無常强，無常弱。奉法者强則國强，奉法者弱則國弱。荆莊王幷國二十六，開地三千里；莊王之氓社稷也，而荆以亡。齊桓公幷國三十，啓地三千里，桓公之氓社稷也，而齊以亡。燕襄王以河爲境，以薊爲國，襲涿、方城，殘齊，平中山，有燕者重，無燕者輕，襄王之氓社稷也，而燕以亡。魏安釐王攻趙救燕，取地河東；攻盡陶、魏之地；加兵於齊，私平陸之都；攻韓拔管，勝於淇下；睢陽之事，荆軍老而走；蔡、召陵之事，荆軍破；兵四布於天下，威行於冠帶之國；安釐死而魏以亡。故有荆莊、齊桓則荆、齊可以霸，有燕襄、魏安釐則燕、魏可以强。今皆亡國者，其羣臣官吏皆務所以亂，而不務所以治也。其國亂弱矣，又皆釋國法而私其外，則是負薪而救火也，亂弱甚矣。

故當今之時，能去私曲就公法者，民安而國治；能去私行行公法者，則兵强而敵弱。故審得失有法度之制者加以羣臣之上，則主不可欺以詐僞；審得失有權衡之稱者以聽遠事，則主不可欺以天下之輕重。今若以譽進能，則臣離上而下比周；若以黨舉官，則民務交而不求用於法。故官之失能者其國亂。以譽爲賞，以毁爲罰也，則好賞惡罰之人，釋公行，行私術，比周以相爲也。忘主外交，以進其與，則其下所以爲上者薄也。交衆與多，外内朋黨，雖有大過，其蔽多矣。故忠臣危死於非罪，姦邪之臣安利於無功。忠臣危死而不以其罪，則良臣伏矣；姦邪之臣安利不以功，則姦臣進矣；此亡之本也。若是則羣臣廢法而行私重，輕公法矣。數至能人之門，不壹至主之廷；百慮私家之便，不壹圖主之國。屬數雖多，非所尊君也；百官雖具，非所以任國也。然則主有人主之名，而實託於羣臣之家也。故臣曰：亡國之廷無人焉。廷無人者，非朝廷之衰也。家務相益，不務厚國；大臣務相尊，而不務尊君；小臣奉禄養交，不以官爲事。此其所以然者，由主之不上斷於法，而信下爲之也。故明主使法擇人，不自舉也；使法量功，不自度也。能者不可弊，敗者不可飾，譽者不能進，非者弗能退，則君臣之間明辯而易治，故主讎法則可也。

賢者之爲人臣，北面委質，無有二心，朝廷不敢辭賤，軍旅不敢辭難，順上之爲，從主之法，虚心以待令而無是非也。故有口不以私言，有目不以私視，而上盡制之。爲人臣者，譬之若手，上以脩頭，下以脩足，清暖寒熱，不得不救，入鏌鋣傳體，不敢弗搏。無私賢哲之臣，無私事能之士。故民不越鄉而交，無百里之慼。貴賤不相踰，愚智提衡而立，治之至也。今夫輕爵禄，易去亡，以擇其主，臣不謂廉。詐説逆法，倍主强諫，臣不謂忠。行惠施利，收下爲名，臣不謂仁。離俗隱居，而以作非上，臣不謂義。外使諸侯，内耗其國，伺其危險之陂以恐其主曰：『交非我不親，怨非我不解』，而主乃信之，以國聽之，卑主之名以顯其身，毁國之厚以利其家，臣不謂智。此數物者，險世之説也，而先王之法所簡也。先王之法曰：『臣毋或作威，毋或作利，從王之指；無或作惡，從

王之路。』古者世治之民，奉公法，廢私術，專意一行，具以待任。

夫爲人主而身察百官，則日不足，力不給。且上用目則下飾觀，上用耳則下飾聲，上用慮則下繁辭。先王以三者爲不足，故舍己能，而因法數，審賞罰。先王之所守要，故法省而不侵。獨制四海之內，聰智不得用其詐，險躁不得關其佞，姦邪無所依。遠在千里外，不敢易其辭；勢在郎中，不敢蔽善飾非。朝廷羣下，直湊單微，不敢相踰越。故治不足而日有餘，上之任勢使然也。

夫人臣之侵其主也，如地形焉，即漸以往，使人主失端、東西易面而不自知。故先王立司南以端朝夕。故明主使其羣臣不遊意於法之外，不爲惠於法之內，動無非法。法所以淩過遊外私也，嚴刑所以遂令懲下也。威不貸錯，制不共門。威制共則衆邪彰矣，法不信則君行危矣，刑不斷則邪不勝矣。故曰：巧匠目意中繩，然必先以規矩爲度；上智捷舉中事，必以先王之法爲比。故繩直而枉木斲，準夷而高科削，權衡縣而重益輕，斗石設而多益少。故以法治國，舉措而已矣。法不阿貴，繩不撓曲。法之所加，智者弗能辭，勇者弗敢爭。刑過不避大臣，賞善不遺匹夫。故矯上之失，詰下之邪，治亂決繆，絀羨齊非，一民之軌，莫如法。屬官威民，退淫殆，止詐僞，莫如刑。刑重則不敢以貴易賤，法審則上尊而不侵，上尊而不侵則主强，而守要，故先王貴之而傳之。人主釋法用私，則上下不別矣。

又《飾邪》 古者先王盡力於親民，加事於明法。彼法明則忠臣勸，罰必則邪臣止。忠勸邪止而地廣主尊者，秦是也。羣臣朋黨比周以隱正道、行私曲而地削主卑者，山東是也。亂弱者亡，人之性也。治强者王，古之道也。越王勾踐恃大朋之龜與吳戰而不勝，身臣入宦於吳，反國棄龜，明法親民以報吳，則夫差爲擒。故恃鬼神者慢於法，恃諸侯者危其國。曹恃齊而不聽宋，齊攻荆而宋滅曹。荆恃吳而不聽齊，越伐吳而齊滅荆。許恃荆而不聽魏，荆攻宋而魏滅許。鄭恃魏而不聽韓，魏攻荆而韓滅鄭。今者韓國小而恃大國，主慢而聽秦魏恃齊荆爲用，而小國愈亡。故恃人不足以廣壤，而韓不見也。荆爲攻魏而加兵許、鄢，齊攻任扈而削魏，不足呂存鄭，而韓弗知也。此皆不明其法禁以治其國，恃外以滅其社稷者也。

臣故曰：明於治之數，則國雖小，富。賞罰敬信，民雖寡，强。賞罰無度，國雖大兵弱者，地非其地，民非其民也。無地無民，堯、舜不能以王，三代不能以强。人主又以過予，人臣又以徒取。舍法律而言先王明君之功者，上任之以國，臣故曰：是願古之功，以古之賞賞今之人也，主以是過予，而臣以此徒取矣。主過予則臣偷幸，臣徒取則功不尊。無功者受賞則財匱而民望，財匱而民望則民不盡力矣。故用賞過者失民，用刑過者民不畏。有賞不足以勸，有刑不足以禁，則國雖大，必危。故曰：小知不可使謀事，小忠不可使主法。荆恭王與晉厲公戰於鄢陵，荆師敗，恭王傷。酣戰而司馬子反渴而求飲，其友豎穀陽奉卮酒而進之，子反曰：『去之，此酒也。』豎穀陽曰：『非也。』子反受而飲之。子反爲人嗜酒，甘之，不能絶之於口，醉而臥。恭王欲復戰而謀事，使人召子反，子反辭以心疾，恭王駕而往視之，入幄中聞酒臭而還，曰：『今日之戰，寡人目親傷，所恃者司馬，司馬又如此，是亡荆國之社稷而不恤吾衆也，寡人無與復戰矣。』罷師而去之，斬子反以爲大戮。故曰：豎穀陽之進酒也，非以端惡子反也，實心以忠愛之而適足以殺之而已矣。此行小忠而賊大忠者也。故曰：小忠，大忠之賊也。若使小忠主法，則必將赦罪以相愛，是與下安矣，然而妨害於治民者也。

當魏之方明立辟、從憲令行之時，有功者必賞，有罪者必誅，强匡天下，威行四鄰；及法慢，妄予，而國日削矣。當趙之方明國律、從大軍之時，人衆兵强，辟地齊、燕；及國律慢，用者弱，而國日削矣。當燕之方明奉法、審官斷之時，東縣齊國，南盡中山之地；及奉法已亡，官斷不用，左右交爭，論從其下，則兵弱而地削，國制於鄰敵矣。故曰：明法者强，慢法者弱。强弱如是其明矣，而世主弗爲，國亡宜矣。語曰：『家有常業，雖饑不餓。國有常法，雖危不亡。』夫舍常法而從私意，則臣下飾於智能，臣下飾於智能則法禁不立矣。是妄意之道行，治國之道廢也。治國之道，去害法者，則不惑於智能、不矯於名譽矣。昔者舜使吏決鴻水，先令有功而舜殺之；禹朝諸侯之君會稽之上，防風之君後至而禹斬之。以此觀之，先令者殺，後令者斬，則古者先貴如令矣。故鏡執清而無事，美惡從而比焉；衡執正而無事，輕重從而載焉。夫搖鏡則不得爲明，搖衡則不得爲正，法之謂也。故先王以道爲常，以法爲本，本治者名

尊，本亂者名絶。凡智能明通，有以則行，無以則止。故智能單道，不可傳於人。而道法萬全，智能多失。夫懸衡而知平，設規而知圓，萬全之道也。明主使民飾於道之故，故佚而則功。釋規而任巧，釋法而任智，惑亂之道也。亂主使民飾於智，不知道之故，故勞而無功。

釋法禁而聽請謁，羣臣賣官於上，取賞於下，是以利在私家而威在羣臣。故民無盡力事主之心，而務爲交於上。民好上交則貨財上流，而巧説者用。若是，則有功者愈少。姦臣愈進而材臣退，則主惑而不知所行，民聚而不知所道，此廢法禁、後功勞、舉名譽、聽請謁之失也。凡敗法之人，必設詐託物以來親，又好言天下之所希有，此暴君亂主之所以惑也，人臣賢佐之所以侵也。故人臣稱伊尹、管仲之功，則背法飾智有資；稱比干、子胥之忠而見殺，則疾强諫有辭。夫上稱賢明，不稱暴亂，不可以取類，若是者禁。君子立法，以爲是也，今人臣多立其私智，以法爲非者是邪以智。過法立智，如是者禁，主之道也。禁主之道，必明於公私之分，明法制，去私恩。夫令必行，禁必止，人主之公義也；必行其私，信於朋友，不可爲賞勸，不可爲罰沮，人臣之私義也。私義行則亂，公義行則治，故公私有分。人臣有私心，有公義。修身潔白而行公行正，居官無私，人臣之公義也。汙行從欲，安身利家，人臣之私心也。明主在上則人臣去私心行公義，亂主在上則人臣去公義行私心，故君臣異心。君以計畜臣，臣以計事君，君臣之交，計也。害身而利國，臣弗爲也；富國而利臣，君不行也。臣之情，害身無利；君之情，害國無親。君臣也者，以計合者也。至夫臨難必死，盡智竭力，爲法爲之。故先王明賞以勸之，嚴刑以威之。賞刑明則民盡死，民盡死則兵强主尊。刑賞不察則民無功而求得，有罪而幸免，則兵弱主卑。故先王賢佐盡力竭智。故曰：公私不可不明，法禁不可不審，先王知之矣。

又《觀行》 天下有信數三：一曰智有所不能立，二曰力有所不能舉，三曰彊有所不能勝。故雖有堯之智，而無衆人之助，大功不立。有烏獲之勁，而不得人助，不能自舉。有賁、育之彊，而無法術，不得長生。故勢有不可得，事有不可成。故烏獲輕千鈞而重其身，非其身重於千鈞也，勢不便也；離朱易百步而難眉睫，非百步近而眉睫遠也，道不可也。故明主不窮烏獲，以其不能自舉；不困離朱，以其不能自見。因可勢，求易道，故用力寡而功名立。時有滿虛，事有利害，物有生死，人主爲三者發喜怒之色，則金石之士離心焉。聖賢之撲淺深矣。故明主觀人，不使人觀己。明於堯不能獨成，烏獲不能自舉，賁、育之不能自勝，以法術則觀行之道畢矣。

又《安危》 安術有七，危道有六。安術：一曰賞罰隨是非，二曰禍福隨善惡，三曰死生隨法度，四曰有賢不肖而無愛惡，五曰有愚智而無非譽，六曰有尺寸而無意度，七曰有信而無詐。危道：一曰斲削於繩之內，二曰斷割於法之外，三曰利人之所害，四曰樂人之所禍，五曰危人於所安，六曰所愛不親，所惡不疏。如此，則人失其所以樂生，而忘其所以重死，人不樂生則人主不尊，不重死則令不行也。

使天下皆極智能於儀表，盡力於權衡，以動則勝，以靜則安。治世使人樂生於爲是，愛身於爲非。小人少而君子多，故社稷常立，國家久安。奔車之上無仲尼，覆舟之下無伯夷。故號令者，國之舟車也。安則智廉生，危則爭鄙起。故安國之法，若饑而食，寒而衣，不令而自然也。先王寄理於竹帛，其道順，故後世服。今使人去饑寒，雖賁、育不能行；廢自然，雖順道而不立。强勇之所不能行，則上不能安。上以無厭責，已盡，則下對無有，無有則輕法，法所以爲國也而輕之，則功不立、名不成。聞古扁鵲之治其病也，以刀刺骨；聖人之救危國也，以忠拂耳。刺骨，故小痛在體而長利在身；拂耳，故小逆在心而久福在國。故甚病之人利在忍痛，猛毅之君以福拂耳。忍痛，故扁鵲盡巧；拂耳，則子胥不失；壽安之術也。病而不忍痛，則失扁鵲之巧；危而不拂耳，則失聖人之意。如此，長利不遠垂，功名不久立。

人主不自刻以堯而責人臣以子胥，是幸殷人之盡如比干，盡如比干則上不失、下不亡。不權其力而有田成，而幸其身盡如比干，故國不得一安。廢堯、舜而立桀、紂，則人不得樂所長而憂所短。失所長則國家無功，守所短則民不樂生，以無功御不樂生，不可行於齊民。如此，則上無以使下，下無以事上。

安危在是非，不在於强弱。存亡在虛實，不在於衆寡。故齊、萬乘也，而名實不稱，上空虛於國內，不充滿於名實，故臣得奪主。殺天子也，而無是非，賞於無功，使讒諛，以詐僞爲貴；誅於無罪，使傴以天

性剖背；以詐僞爲是，天性爲非，小得勝大。

明主堅內，故不外失。失之近而不亡於遠者無有。故周之奪殷也，拾遺於庭，使殷不遺於朝，則周不敢望秋毫於境，而況敢易位乎。

明主之道忠法，其法忠心，故臨之而法，去之而思。堯無膠漆之約於當世而道行，舜無置錐之地於後世而德結。能立道於往古，而垂德於萬世者之謂明主。

又《守道》 聖王之立法也，其賞足以勸善，其威足以勝暴，其備足以必完法。治世之臣，功多者位尊，力極者賞厚，情盡者名立。善之生如春，惡之死如秋，故民勸極力而樂盡情，此之謂上下相得。上下相得，故能使用力者自極於權衡，而務至於任鄙；戰士出死，而願爲賁、育；守道者皆懷金石之心，以死子胥之節。用力者爲任鄙，戰如賁、育，中爲金石，則君人者高枕而守己完矣。

古之善守者，以其所重禁其所輕，以其所難止其所易。故君子與小人俱正，盜跖與曾、史俱廉。何以知之？夫貪盜不赴谿而掇金，赴谿而掇金則身不全；賁、育不量敵則無勇名，盜跖不計可則利不成。

明主之守禁也，賁、育見侵於其所不能勝，盜跖見害於其所不能取。故能禁賁、育之所不能犯，守盜跖之所不能取，則暴者守愿，邪者反正。大勇愿，巨盜貞，則天下公平，而齊民之情正矣。

人主離法失人，則危於伯夷不妄取，而不免於田成、盜跖之耳可也。今天下無一伯夷，而姦人不絕世，故立法度量。度量信則伯夷不失是，而盜跖不得非。法分明則賢不得奪不肖，强不得侵弱，衆不得暴寡。託天下於堯之法，則貞士不失分，姦人不僥幸。寄千金於羿之矢，則伯夷不得亡，而盜跖不敢取。堯明於不失姦，故天下無邪；羿巧於不失發，故千金不亡。邪人不壽而盜跖止，如此，故圖不載宰予，不舉六卿；書不著子胥，不明夫差。孫、吳之略廢，盜跖之心伏。人主甘服於玉堂之中，而無瞋目切齒傾取之患。人臣垂拱於金城之內，而無扼腕聚脣嗟唶之禍。服虎而不以柙，禁姦而不以法，塞僞而不以符，此賁、育之所患，堯、舜之所難也。故設柙非所以備鼠也，所以使怯弱能服虎也；立法非所以備曾、史也，所以使庸主能止盜跖也；爲符非所以豫尾生也，所以使衆人不相謾也。不獨恃比干之死節，不幸亂臣之無詐也，恃怯之所能服，握庸主之所易守。當今之世，爲人主忠計，爲天下結德者，利莫長於此。故君人者無亡國之圖，而忠臣無失身之畫。明於尊位必賞，故能使人盡力於權衡，死節於官職。通賁、育之情，不以死易生；惑於盜跖之貪，不以財易身；則守國之道畢備矣。

又《問辯》 或問曰：『辯安生乎？』對曰：『生於上之不明也。』問者曰：『上之不明因生辯也何哉？』對曰：『明主之國，令者言最貴者也，法者事最適者也。言無二貴，法不兩適，故言行而不軌於法令者必禁。若其無法令而可以接詐應變生利揣事者，上必采其言而責其實，言當則有大利，不當則有重罪，是以愚者畏罪而不敢言，智者無以訟，此所以無辯之故也。亂世則不然，主有令而民以文學非之，官府有法民以私行矯之，人主顧漸其法令，而尊學者之智行，此世之所以多文學也。夫言行者，以功用爲之的彀者也。夫砥礪殺矢而以妄發，其端未嘗不中秋毫也，然而不可謂善射者，無常儀的也。設五寸之的，引十步之遠，非羿、逢蒙不能必中者，有常也。故有常則羿、逢蒙以五寸的爲巧，無常則以妄發之中秋毫爲拙。今聽言觀行，不以功用爲之的彀，言雖至察，行雖至堅，則妄發之說也。是以亂世之聽言也，以難知爲察，以博文爲辯；其觀行也，以離羣爲賢，以犯上爲抗。人主者說辯察之言，尊賢抗之行，故夫作法術之人，立取舍之行，別辭爭之論，而莫爲之正。是以儒服帶劍者衆，而耕戰之士寡；堅白無厚之詞章，而憲令之法息。故曰：上不明，則辯生焉。』

又《問田》 堂谿公謂韓子曰：『臣聞服禮辭讓，全之術也；修行退智，遂之道也。今先生立法術，設度數，臣竊以爲危於身而殆於軀。何以效之？所聞先生術曰：「楚不用吳起而削亂，秦行商君而富彊。二子之言已當矣，然而吳起支解而商君車裂者，不逢世遇主之患也。」逢遇不可必也，患禍不可斥也，夫舍乎全遂之道而肆乎危殆之行，竊爲先生無取焉。』韓子曰：『臣明先生之言矣。夫治天下之柄，齊民萌之度，甚未易處也。然所以廢先王之教，而行賤臣之所取者，竊以爲立法術，設度數，所以利民萌便衆庶之道也。故不憚亂主闇上之患禍，而必思以齊民萌之資利者，仁智之行也。憚亂主闇上之患禍，而避乎死亡之害，知明夫身而不見民萌之資利者，貪鄙之爲也。臣不忍嚮貪鄙之爲，不敢傷仁智之

行。先王有幸臣之意，然有大傷臣之實。』

又《八經》 行義示則主威分，慈仁聽則法制毁。民以制畏上，而上以勢卑下，故下肆很觸而榮於輕君之俗則主威分。民以法難犯上，而上以法撓慈仁，故下明愛施而務賕紋之政，是以法令隳。尊私行以貳主威，行賕紋以疑法，聽之則亂治，不聽則謗主，故君輕乎位而法亂乎官，此之謂無常之國。明主之道，臣不得以行義成榮，不得以家利爲功。功名所生，必出於官法；法之所外，雖有難行，不以顯焉；故民無以私名。設法度以齊民，信賞罰以盡民能，明誹譽以勸沮，名號、賞罰、法令三隅，故大臣有行則尊君，百姓有功則利上，此之謂有道之國也。

又《五蠹》 夫古今異俗，新故異備，如欲以寬緩之政治急世之民，猶無轡策而御駻馬，此不知之患也。今儒墨皆稱先王兼愛天下，則視民如父母。何以明其然也？曰：『司寇行刑，君爲之不舉樂；聞死刑之報，君爲流涕。』此所舉先王也。夫以君臣爲如父子則必治，推是言之，是無亂父子也。人之情性，莫先於父母，皆見愛而未必治也，雖厚愛矣，奚遽不亂？今先王之愛民，不過父母之愛子，子未必不亂也，則民奚遽治哉！且夫以法行刑而君爲之流涕，此以效仁，非以爲治也。夫垂泣不欲刑者仁也，然而不可不刑者法也，先王勝其法不聽其泣，則仁之不可以爲治亦明矣。且民者固服於勢，寡能懷於義。仲尼，天下聖人也，修行明道以遊海內，海內説其仁，美其義，而爲服役者七十人。蓋貴仁者寡，能義者難也。故以天下之大，而爲服役者七十人，而仁義者一人。魯哀公，下主也，南面君國，境内之民莫敢不臣。民者固服於勢，誠易以服人，故仲尼反爲臣，而哀公顧爲君。仲尼非懷其義，服其勢也。故以義則仲尼不服於哀公，乘勢則哀公臣仲尼。今學者之説人主也，不乘必勝之勢，而務行仁義則可以王，是求人主之必及仲尼，而以世之凡民皆如列徒，此必不得之數也。

今有不才之子，父母怒之弗爲改，鄉人譙之弗爲動，師長教之弗爲變。夫以父母之愛，鄉人之行，師長之智，三美加焉，而終不動其脛毛，不改；州部之吏，操官兵推公法而求索姦人，然後恐懼，變其節，易其行矣。故父母之愛不足以教子，必待州部之嚴刑者，民固驕於愛聽於威矣。故十仞之城，樓季弗能踰者，峭也；千仞之山，跛牂易牧者，夷也。故明王峭其法，而嚴其刑也。布帛尋常，庸人不釋；鑠金百溢，盜跖不掇。不必害則不釋尋常；必害手則不掇百溢，故明主必其誅也。是以賞莫如厚而信，使民利之；罰莫如重而必，使民畏之；法莫如一而固，使民知之。故主施賞不遷，行誅無赦。譽輔其賞，毁隨其罰，則賢不肖俱盡其力矣。

今則不然。以其有功也爵之，而卑其士官也；以其耕作也賞之，而少其家業也；以其不收也外之，而高其輕世也；以其犯禁也罪之，而多其有勇也。毁譽賞罰之所加者相與悖繆也，故法禁壞而民愈亂。今兄弟被侵必攻者廉也，知友被辱隨仇者貞也，廉貞之行成，而君上之法犯矣。人主尊貞廉之行，而忘犯禁之罪，故民程於勇而吏不能勝也。不事力而衣食則謂之能，不戰功而尊則謂之賢，賢能之行成而兵弱而地荒矣。人主説賢能之行，而忘兵弱地荒之禍，則私行立而公利滅矣。

儒以文亂法，俠以武犯禁，而人主兼禮之，此所以亂也。夫離法者罪，而諸先王以文學取；犯禁者誅，而羣俠以私劍養。故法之所非，君之所取；吏之所誅，上之所養也。法趣上下四相反也，而無所定，雖有十黄帝不能治也。故行仁義者非所譽，譽之則害功；文學者非所用，用之則亂法。楚之有直躬，其父竊羊而謁之吏，令尹曰：『殺之。』以爲直於君而曲於父，報而罪之。以是觀之，夫君之直臣，父之暴子也。魯人從君戰，三戰三北，仲尼問其故，對曰：『吾有老父，身死莫之養也。』仲尼以爲孝，舉而上之。以是觀之，夫父之孝子，君之背臣也。故令尹誅而楚姦不上聞，仲尼賞而魯民易降北。上下之利若是其異也，而人主兼舉匹夫之行，而求致社稷之福，必不幾矣。古者蒼頡之作書也，自環者謂之私，背私謂之公，公私之相背也，乃蒼頡固以知之矣。今以爲同利者，不察之患也。然則爲匹夫計者，莫如修行義而習文學。行義脩則見信，見信則受事；文學習則爲明師，爲明師則顯榮；此匹夫之美也。然則無功而受事，無爵而顯榮，爲有政如此，則國必亂，主必危矣。故不相容之事，不兩立也。斬敵者受賞，而高慈惠之行；拔城者受爵禄，而信廉愛之説；堅甲厲兵以備難，而美薦紳之飾；富國以農，距敵恃卒，而貴文學之士；廢敬上畏法之民，而養遊俠私劍之屬。舉行如此，治强不可得也。國平養儒俠，難至用介士，所利非所用，所用非所利。是故服事者簡其

業，而游學者日衆，是世之所以亂也。

且世之所謂賢者，貞信之行也。所謂智者，微妙之言也。微妙之言，上智之所難知也。今爲衆人法，而以上智之所難知，則民無從識之矣。故糟糠不飽者不務粱肉，短褐不完者不待文繡。夫治世之事，急者不得，則緩者非所務也。今所治之政，民間之事，夫婦所明知者不用，而慕上知之論，則其於治反矣。故微妙之言，非民務也。若夫賢良貞信之行者，必將貴不欺之士。不欺之士者，亦無不欺之術也。布衣相與交，無富厚以相利，無威勢以相懼也，故求不欺之士。今人主處制人之勢，有一國之厚，重賞嚴誅，得操其柄，以修明術之所燭，雖有田常、子罕之臣，不敢欺也，奚待於不欺之士？今貞信之士不盈於十，而境内之官以百數，必任貞信之士，則人不足官，人不足官則治者寡而亂者衆矣。故明主之道，一法而不求智，固術而不慕信，故法不敗，而羣官無姦詐矣。

今人主之於言也，説其辯而不求其當焉；其用於行也，美其聲而不責其功焉。是以天下之衆，其談言者務爲辨而不周於用，故舉先王言仁義者盈廷，而政不免於亂；行身者競於爲高而不合於功，故智士退處巖穴歸禄不受，而兵不免於弱，政不免於亂，此其故何也？民之所譽，上之所禮，亂國之術也。今境内之民皆言治，藏商、管之法者家有之，而國愈貧，言耕者衆，執耒者寡也；境内皆言兵，藏孫、吳之書者家有之，而兵愈弱，言戰者多，被甲者少也。故明主用其力，不聽其言；賞其功，必禁無用，故民盡死力以從其上。夫耕之用力也勞，而民爲之者，曰：可得以富也。戰之爲事也危，而民爲之者，曰：可得以貴也。今修文學習言談，則無耕之勞而有富之實，無戰之危而有貴之尊，則人孰不爲也？是以百人事智而一人用力，事智者衆則法敗，用力者寡則國貧，此世之所以亂也。故明主之國，無書簡之文，以法爲教；無先王之語，以吏爲師；無私劍之捍，以斬首爲勇。是境内之民，其言談者必軌於法，動作者歸之於功，爲勇者盡之於軍。是故無事則國富，有事則兵强，此之謂王資。既畜王資而承敵國之亹，超五帝，侔三王者，必此法也。

今則不然，士民縱恣於内，言談者爲勢於外，外内稱惡以待强敵，不亦殆乎！故羣臣之言外事者，非有分於從衡之黨，則有仇讎之忠，而借力於國也。從者，合衆弱以攻一强也；而衡者，事一强以攻衆弱也；皆非所以持國也。今人臣之言衡者皆曰：『不事大則遇敵受禍矣。』事大未必有實，則舉圖而委，效璽而請兵矣。獻圖則地削，效璽則名卑，地削則國削，名卑則政亂矣。事大爲衡未見其利也，而亡地亂政矣。人臣之言從者皆曰：『不救小而伐大則失天下，失天下則國危，國危而主卑。』救小未必有實，則起兵而敵大矣。救小未必能存，而交大未必不有疏，有疏則爲强國制矣。出兵則軍敗，退守則城拔，救小爲從未見其利，而亡地敗軍矣。是故事强則以外權士官於内，求小則以内重求利於外，國利未立，封土厚禄至矣；主上雖卑，人臣尊矣；國地雖削，私家富矣。事成則以權長重，事敗則以富退處。人主之於其聽説也，於其臣事未成則爵禄已尊矣；事敗而弗誅則游説之士孰不爲用矰繳之説而徼倖其後？故破國亡主以聽言談者之浮説，此其故何也？是人君不明乎公私之利，不察當否之言，而誅罰不必其後也。皆曰『外事大可以王，小可以安』。夫王者，能攻人者也；而安則不可攻也。强則能攻人者也；治則不可攻也。治强不可責於外，内政之有也。今不行法術於内，而事智於外，則不至於治强矣。鄙諺曰：『長袖善舞，多錢善賈。』此言多資之易爲工也。故治强易爲謀，弱亂難爲計。故用於秦者十變而謀希失，用於燕者一變而計希得，非用於秦者必智，用於燕者必愚也，蓋治亂之資異也。故周去秦爲從，期年而舉；衛離魏爲衡，半歲而亡。是周滅於從，衛亡於衡也。使周、衛緩其從衡之計，而嚴其境内之治，明其法禁，必其賞罰，盡其地力以多其積，致其民死以堅其城守，天下得其地則其利少，攻其國則其傷大，萬乘之國莫敢自頓於堅城之下，而使强敵裁其弊也，此必不亡之術也。舍必不亡之術而道必滅之事，治國者之過也。智困於内而政亂於外，則亡不可振也。

又《飭令》 飭令則法不遷，法平則吏無姦。法已定矣，不以善言售法。任功則民少言；任善則民多言。行法曲斷，以五里斷者王，以九里斷者强，宿治者削。

以刑治，以賞戰，厚禄以用術。行都之過，則都無姦市。物多末衆，農弛姦勝，則國必削。民有餘食，使以粟出，爵必以其力，則震不怠。三寸之管毋當，不可滿也。授官爵、出利禄不以功，是無當也。國以功授官與爵，此謂以成智謀，以威勇戰，其國無敵。國以功授官與爵，則治見者

省，言有塞，此謂以治去治，以言去言。以功與爵者也故國多力，而天下莫之能侵也。兵出必取，取必能有之；案兵不攻必富。朝廷之事，小者不毁，效功取官爵，廷雖有辟言，不得以相干也，是謂以數治。以力攻者，出一取十；以言攻者，出十喪百。國好力，此謂以難攻；國好言，此謂以易攻。其能，勝其害，輕其任，而道壞餘力於心，莫負乘宮之責於君，內無伏怨，使明者不相干，故莫訟；使士不兼官，故技長；使人不同功，故莫爭。言此謂易攻。

重刑少賞，上愛民，民死賞。多賞輕刑，上不愛民，民不死賞。利出一空者，其國無敵；利出二空者，其兵半用；利出十空者民不守。重刑明民大制使人則上利。行刑重其輕者，輕者不至，重者不來，此謂以刑去刑。罪重而刑輕，刑輕則事生，此謂以刑致刑，其國必削。

又《心度》 聖人之治民，度於本，不從其欲，期於利民而已。故其與之刑，非所以惡民，愛之本也。刑勝而民靜，賞繁而姦生，故治民者，刑勝治之首也，賞繁亂之本也。夫民之性，喜其亂而不親其法。故明主之治國也，明賞則民勸功，嚴刑則民親法。勸功則公事不犯，親法則姦無所萌。故治民者，禁姦於未萌；而用兵者，服戰於民心。禁先其本者治，兵戰其心者勝。聖人之治民也，先治者强，先戰者勝。夫國事務先而一民心，專舉公而私不從，賞告而姦不生，明法而治不煩，能用四者强，不能用四者弱。夫國之所以强者，政也；主之所以尊者，權也。故明君有權有政，亂君亦有權有政，積而不同，其所以立異也。故明君操權而上重，一政而國治。故法者，王之本也；刑者，愛之自也。

夫民之性，惡勞而樂佚，佚則荒，荒則不治，不治則亂而賞刑不行於天下者必塞。故欲舉大功而難致而力者，大功不可幾而舉也；欲治其法而難變其故者，民亂，不可幾而治也。故治民無常，唯治爲法。法與時轉則治，法與世宜則有功。故民樸而禁之以名則治，世知維之以刑則從。時移而治不易者亂，能治衆而禁不變者削。故聖人之治民也，法與時移而禁與能變。

能越力於地者富，能起力於敵者强，强不塞者王。故王道在所聞，在所塞。塞其姦者必王，故王術不恃外之不亂也，恃其不可亂也。恃外不亂而治立者削，恃其不可亂而行法者興。故賢君之治國也，適於不亂之術。貴爵則上重，故賞功爵任而邪無所關。好力者其爵貴，爵貴則上尊，上尊則必王。國不事力而恃私學者，其爵賤，爵賤則上卑，上卑者必削。故立國用民之道也，能閉外塞私而上自恃者，王可致也。

又《制分》 夫凡國博君尊者，未嘗非法重而可以至乎令行禁止於天下者也。是以君人者分爵制祿，則法必嚴以重之。夫國治則民安，事亂則邦危。法重者得人情，禁輕者失事實。且夫死力者，民之所有者也，情莫不出其死力以致其所欲。而好惡者，上之所制也，民者好利祿而惡刑罰。上掌好惡以御民力，事實不宜失矣，然而禁輕事失者，刑賞失也。其治民不秉法，爲善也如是，則是無法也。故治亂之理，宜務分刑賞爲急。治國者莫不有法，然而有存有亡，亡者其制刑賞不分也，治國者其刑賞莫不有分。有持以異爲分，不可謂分。至於察君之分，獨分也，是以其民重法而畏禁，願毋抵罪而不敢胥賞。故曰：不待刑賞而民從事矣。

是故夫至治之國，善以止姦爲務。是何也？其法通乎人情，關乎治理也。然則去微姦之道奈何？其務令之相規其情者也。則使相闚奈何？曰：蓋里相坐而已。禁尚有連於己者，理不得相闚，惟恐不得免。有姦心者不令得忘，闚者多也。如此，則慎己而闚彼。發姦之密，告過者免罪受賞，失姦者必誅連刑。如此，則姦類發矣。姦不容細，私告任坐使然也。

夫治法之至明者，任數不任人。是以有術之國，不用譽則毋適，境內必治，任數也；亡國使兵公行乎其地而弗能圉禁者，任人而無數也。自攻者人也，攻人者數也。故有術之國，去言而任法。凡畸功之循約者雖知，過刑之於言者難見也，是以刑賞惑乎貳。所謂循約難知者，姦功也；臣過之難見者，失根也。循理不見虛功，度情詭乎姦根，則二者安得無兩失也。是以虛士立名於內，而談者爲略於外，故愚怯勇慧相連而以虛道屬俗而容乎世，故其法不用，而刑罰不加乎僇人。如此，則刑賞安得不容其二？故實有所至，而理失其量，量之失，非法使然也，法定而任慧也。釋法而任慧者，則受事者安得其務？務不與事相得，則法安得無失而刑安得無煩？是以賞罰擾亂，邦道差誤，刑賞之不分白也。

又《定法》 問者曰：『申不害、公孫鞅，此二家之言孰急於國？』應之曰：『是不可程也。人不食，十日則死；大寒之隆，不衣亦

死。謂之衣食孰急於人，則是不可一無也，皆養生之具也。今申不害言術，而公孫鞅爲法。術者，因任而授官，循名而責實，操殺生之柄，課羣臣之能者也，此人主之所執也。法者，憲令著於官府，刑罰必於民心，賞存乎愼法，而罰加乎姦令者也，此臣之所師也。君無術則弊於上，臣無法則亂於下，此不可一無，皆帝王之具也。』

問者曰：『徒術而無法，徒法而無術，其不可何哉？』對曰：『申不害，韓昭侯之佐也。韓者，晉之別國也。晉之故法未息，而韓之新法又生；先君之令未收，而後君之令又下。申不害不擅其法，不一其憲令，則姦多。故利在故法，前令則道之，利在新法，後令則道之，利在故新相反，前後相勃。則申不害雖十使昭侯用術，而姦臣猶有所譎其辭矣。故託万乘之勁韓，七十年而不至於霸王者，雖用術於上，法不勤飾於官之患也。公孫鞅之治秦也，設告相坐而責其實，連什伍而同其罪，賞厚而信，刑重而必，是以其民用力勞而不休，逐敵危而不卻，故其國富而兵强。然而無術以知姦，則以其富强也資人臣而已矣。及孝公、商君死，惠王即位，秦法未敗也，而張儀以秦殉韓、魏。惠王死，武王即位，甘茂以秦殉周。武王死，昭襄王即位，穰侯越韓、魏而東攻齊，五年而秦不益尺土之地，乃城其陶邑之封；應侯攻韓八年，成其汝南之封；自是以來，諸用秦者皆應、穰之類也。故戰勝則大臣尊，益地則私封立，主無術以知姦也。商君雖十飾其法，人臣反用其資。故乘强秦之資，數十年而不至於帝王者，法不勤飾於官，主無術於上之患也。』

問者曰：『主用申子之術，而官行商君之法，可乎？』對曰：『申子未盡於法也。申子言：「治不踰官，雖知弗言」。治不踰官，謂之守職也可；知而弗言，是不謂過也。人主以一國目視，故視莫明焉；以一國耳聽，故聽莫聰焉。今知而弗言，則人主尚安假借矣？商君之法曰：「斬一首者爵一級，欲爲官者爲五十石之官；斬二首者爵二級，欲爲官者爲百石之官。」官爵之遷與斬首之功相稱也。今有法曰：斬首者令爲醫匠，則屋不成而病不已。夫匠者，手巧也；而醫者，齊藥也；而以斬首之功爲之，則不當其能。今治官者，智能也；今斬首者，勇力之所加也。以勇力之所加、而治智能之官，是以斬首之功爲醫匠也。故曰：二子之於法術，皆未盡善也。』

道治論分部

論説

《老子·二十五章》 有物混成，先天地生。寂兮寥兮，獨立而不改，周行而不殆，可以爲天地母。吾不知其名，强字之曰『道』，强爲之名曰『大』。大曰逝，逝曰遠，遠曰反。故『道』大，天大，地大，人亦大。域中有四大，而人居其一焉。人法地，地法天，天法『道』，『道』法自然。

又 《二十八章》 知其雄，守其雌，爲天下谿。爲天下谿，常德不離，復歸於嬰兒。知其白，守其辱，爲天下谷。爲天下谷，常德乃足，復歸於樸。樸散則爲器，聖人用之，則爲官長，故大制不割。

又 《三十二章》 『道』常無名樸。雖小，天下莫能臣。侯王若能守之，萬物將自賓。天地相合，以降甘露，民莫之令而自均。始制有名，名亦既有，夫亦將知止，知止可以不殆。譬『道』之在天下，猶川谷之於江海。

又 《三十七章》 『道』常無爲而無不爲。侯王若能守之，萬物將自化。化而欲作，吾將鎮之以無名之樸。鎮之以無名之樸，夫將不欲。不欲以靜，天下將自正。

又 《五十四章》 善建者不拔，善抱者不脱，子孫以祭祀不輟。修之於身，其德乃真；修之於家，其德乃餘；修之於鄉，其德乃長；修之於邦，其德乃豐；修之於天下，其德乃普。故以身觀身，以家觀家，以鄉觀鄉，以邦觀邦，以天下觀天下。吾何以知天下然哉？以此。

又 《六十章》 治大國，若烹小鮮。以道莅天下，其鬼不神；非其鬼不神，其神不傷人；非其神不傷人，聖人亦不傷人。夫兩不相傷，故德交歸焉。

又 《六十一章》 大邦者下流，天下之牝，天下之交也。牝常以靜勝牡，以靜爲下。故大邦以下小邦，則取小邦；小邦以下大邦，則取大

邦。故或下以取，或下而取。大邦不過欲兼畜人，小邦不過欲入事人。夫兩者各得所欲，大者宜爲下。

又《六十二章》 道者萬物之奥。善人之寶，不善人之所保。美言可以市尊，美行可以加人。人之不善，何棄之有？故立天子，置三公，雖有拱璧以先駟馬，不如坐進此道。古之所以貴此道者何？不曰：求以得，有罪以免邪？故爲天下貴。

又《六十六章》 江海之所以能爲百谷王者，以其善下之，故能爲百谷王。是以聖人欲上民，必以言下之；欲先民，必以身後之。是以聖人處上而民不重，處前而民不害。是以天下樂推而不厭。以其不爭，故天下莫能與之爭。

又《七十七章》 天之道，其猶張弓與？高者抑之，下者舉之；有餘者損之，不足者補之。天之道，損有餘而補不足。人之道，則不然，損不足以奉有餘。孰能有餘以奉天下，唯有道者。

《管子・形勢》 山高而不崩，則祈羊至矣。淵深而不涸，則沈玉極矣。天不變其常，地不易其則，春秋冬夏不更其節，古今一也。蛟龍得水而神可立也，虎豹託幽而威可載也，風雨無鄉而怨怒不及也。貴有以行令，賤有以忘卑，壽夭貧富無徒歸也。銜命者，君之尊也；受辭者，名之運也。

上無事則民自試，抱蜀不言而廟堂既脩。鴻鵠鏘鏘，唯民歌之。濟濟多士，殷民化之。紂之失也，飛蓬之問，不在所賓；燕雀之集，道行不顧。犧牷圭璧不足以享鬼神，主功有素，寶幣奚爲！羿之道非射也，造父之術非馭也，奚仲之巧非斲削也。召遠者使無爲焉，親近者言無事焉，唯夜行者獨有也。

平原之隰，奚有於高？大山之隈，奚有於深？訾讆之人，勿與任大。譕臣者可與遠舉，顧憂者可與致道。其計也速，而憂在近者，往而勿召也。舉長者，可遠見也。裁大者，衆之所比也。美人之懷，定服而勿厭也。必得之事不足賴也，必諾之言不足信也。小謹者不大立，訾食者不肥體。有無棄之言者，必參於天地也。

墜岸三仞，人之所大難也，而猿猱飲焉。故曰：伐矜好專，舉事之禍也。不行其野，不違其馬。能予而無取者，天地之配也。怠倦者不及，無廣者疑神。神者在内，不及者在門。在内者將假，在門者將待。曙戒勿怠，後穉逢殃。朝忘其事，夕失其功。邪氣襲内，正色乃衰。君不君則臣不臣，父不父則子不子。上失其位則下踰其節，上下不和，令乃不行。衣冠不正則賓者不肅，進退無儀則政令不行，且懷且威則君道備矣。

莫樂之則莫哀之，莫生之則莫死之。往者不至，來者不極。道之所言者一也，而用之者異。有聞道而好爲家者，一家之人也。有聞道而好爲鄉者，一鄉之人也。有聞道而好爲國者，一國之人也。有聞道而好爲天下者，天下之人也。有聞道而好定萬物者，天下之配也。道往者其人莫往，道來者其人莫來，道之所設，身之化也。持滿者與天，安危者與人。失天之度，雖滿必涸；上下不和，雖安必危。欲王天下而失天之道，天下不可得而王也。得天之道，其事若自然；失天之道，雖立不安。其道既得，莫知其爲之；其功既成，莫知其澤之。藏之無形，天之道也。

疑今者察之古，不知來者視之往。萬事之生也，異趣而同歸，古今一也。生棟覆屋，怨怒不及。弱子下瓦，慈母操箠。天道之極，遠者自親；人事之起，近親造怨。萬物之於人也，無私近也，無私遠也，巧者有餘，而拙者不足。其功順天者天助之，其功逆天者天圍之。天之所助，雖小必大；天之所圍，雖成必敗。順天者有其功，逆天者懷其凶，不可復振也。

烏鳥之狡，雖善不親。不重之結，雖固必解。道之用也，貴其重也。

毋與不可，毋彊不能，毋告不知。與不可，彊不能，告不知，謂之勞而無功。見與之交，幾於不親；見哀之役，幾於不結；見施之德，幾於不報。四方所歸，心行者也。獨王之國，勞而多禍。獨國之君，卑而不威。自媒之女，醜而不信。未之見而親焉，可以往矣。久而不忘焉，可以來矣。日月不明，天不易也。山高而不見，地不易也。言而不可復者，君不言也。行而不可再者，君不行也。凡言而不可復，行而不可再者，有國者之大禁也。

又《幼官》 若因夜虚守静，人物人物則皇。五和時節，君服黄色，味甘味，聽宫聲，治和氣，用五數，飲於黄后之井，以倮獸之火爨。藏温儒，行驅養，坦氣修通。

凡物開静，形生理，常至命。尊賢授德則帝，身仁行義、服忠用信則王，審謀章禮、選士利械則霸，定生處死，謹賢修伍則衆，信賞審罰，爵

材禄能則强，計凡付終，務本飭末則富，明法審數，立常備能則治，同異分官則安。

通之以道，畜之以惠，親之以仁，養之以義，報之以德，結之以信，接之以禮，和之以樂，期之以事，攻之以官，發之以力，威之以誠。一舉而上下得終，再舉而民無不從，三舉而地辟散成，四舉而農佚粟十，五舉而務輕金九，六舉而絜知事變，七舉而外內爲用，八舉而勝行威立，九舉而帝事成形。九本搏大，人主之守也。八分有職，卿相之守也。十官飾勝備威，將軍之守也。六紀審密，賢人之守也。五紀不解，庶人之守也。

動而無不從，靜而無不同。治亂之本三，卑尊之交四，富貧之終五，盛衰之紀六，安危之機七，强弱之應八，存亡之數九。練之以散羣傰署，凡數財署，殺僇以聚財，勸勉以遷衆，使二分具本。發善必審於密，執威必明於中。此居圖方中。

春行冬政肅，行秋政雷，行夏政閹。十二地氣發，戒春事。十二小卯，出耕。十二天氣下，賜與。十二義氣至，修門閭。十二清明，發禁。十二始卯，合男女。十二中卯，十二下卯，三卯同事。八舉時節，君服青色，味酸味，聽角聲，治燥氣，用八數，飲於青后之井，以羽獸之火爨。藏不忍，行敺養，坦氣修通。

凡物開靜，形生理。合內空周外，强國爲圈，弱國爲屬。動而無不從，靜而無不同。舉發以禮，時禮必得。和好不基，貴賤無司，事變日至。此居於圖東方方外。

夏行春政風，行冬政落，重則雨雹，行秋政水。十二小郢，至德。十二絶氣下，下爵賞。十二中郢，賜與。十二中絶，收聚。十二大暑至，盡善。十二中暑，十二大暑終，三暑同事。七舉時節，君服赤色，味苦味，聽羽聲，用七數，飲於赤后之井，以毛獸之火爨。藏薄純，行篤厚，坦氣修通。凡物開靜，形生理，定府官，明名分，而審責於羣臣有司，則下不乘上，賤不乘貴。法立數得，而無比周之民，則上尊而下卑，遠近不乖。此居於圖南方方外。

秋行夏政葉，行春政華，行冬政耗。十二期風至，戒秋事。十二小卯，薄百爵。十二白露下，收聚。十二復理，賜與。十二始節，賦事。十二始卯，合男女。十二中卯，十二下卯，三卯同事。九和時節，君服白色，味辛味，聽商聲，治濕氣，用九數，飲於白后之井，以介蟲之火爨。藏恭敬，行摶鋭，坦氣修通。凡物開靜，形生理，間男女之畜，修鄉閭之什伍，量委積之多寡，定府官之計數，養老弱而勿通，信利周而無私。此居於圖西方方外。

冬行秋政霧，行夏政雷，行春政烝泄。十二始寒，盡刑。十二小榆，賜予。十二中寒，收聚。十二中榆，大收。十二寒至，靜。十二大寒之陰，十二大寒終，三寒同事。六行時節，君服黑色，味鹹味，聽徵聲，治陰氣，用六數，飲於黑后之井，以鱗獸之火爨。藏慈厚，行薄純，坦氣修通。凡物開靜，形生理。器成於僇，教行於鈔，動靜不記，行止無量。戒審四時以別息，異出入以兩易，明養生以解固，審取予以總之。一會諸侯，令曰：『非玄帝之命，毋有一日之師役。』再會諸侯，令曰：『養孤老，食常疾，收孤寡。』三會諸侯，令曰：『田租百取五，市賦百取二，關賦百取一，毋乏耕織之器。』四會諸侯，令曰：『修道路，偕度量，一稱數，藪澤以時禁發之。』五會諸侯，令曰：『修春秋冬夏之常祭食，天壤山川之故祀必以時。』六會諸侯，令曰：『以爾壤生物共玄官，請四輔，將以禮上帝。』七會諸侯，令曰：『官處四體而無禮者，流之焉莠命。』八會諸侯，令曰：『立四義而毋議者，尚之于玄官，聽于三公。』九會諸侯，令曰：『以爾封內之財物，國之所有爲幣。』九會，大命焉出，常至。千里之外，二千里之內，諸侯三年而朝，習命；二年，三卿使四輔；一年，正月朔日，令大夫來修，受命三公。二千里之外，三千里之內，諸侯五年而會，至，習命；三年，名卿請事；二年，大夫通吉凶；十年，重適入正禮義；五年，大夫請受變。三千里之外，諸侯世一至，置大夫以爲廷安，入共受命焉。此居於圖北方方外。

必得文威武，官習勝務，時因勝之終，無方勝之幾，行義勝之理，名實勝之急，時分勝之事，察伐勝之行，備具勝之原，無象勝之本。定獨威勝，定計財勝，定聞知勝，定選士勝，定制禄勝，定方用勝，定綸理勝，定死生勝，定成敗勝，定依奇勝，定實虛勝，定盛衰勝。舉機誠要則敵不量，用利至誠則敵不校，明名章實則士死節，奇舉發不意則士歡用，交物因方則械器備，因能利備則求必得，執務明本則士不偷。備具無常，無方應也。聽於鈔故能聞未極，視於新故能見未形，思於濬故能知未始，發於

驚故能至無量，動於昌故能得其實，立於謀故能實不可故也。器成教守則不遠道里，號審教施則不險山河，博一純固則獨行而無敵，慎號審章則其攻不待權與，明必勝則慈者勇，器無方則愚者智，攻不守則拙者巧，數也。動慎十號，明審九章，飾習十器，善習五官，謹修三官，必設常主，計必先定。求天下之精材，論百工之銳器，器成角試否臧。收天下之豪傑，有天下之稱材，説行若風雨，發如雷電。此居於圖方中。

旗物尚青，兵尚矛，刑則交寒害釱。器成不守，經不知；教習不著，發不意。經不知，故莫之能圉；發不意，故莫之能應。莫之能應，故全勝而無害；莫之能害，故必勝而無敵。四機不明，不過九日而游兵驚軍；障塞不審，不過八日而外賊得閒；由守不慎，不過七日而內有讒謀；詭禁不脩，不過六日而竊盜者起；死亡不食，不過四日而軍財在敵。此居於圖東方方外。

旗物尚赤，兵尚戟，刑則燒交疆郊。必明其一，必明其將，必明其政，必明其士。四者備，則以治擊亂，以成擊敗。數戰則士疲，數勝則君驕。驕君使疲民，則國危。至善不戰，其次一之。大勝者積衆勝，無非義者，焉可以爲大勝。大勝，無不勝也。此居於圖南方方外。始乎無端，卒乎無窮。始乎無端，道也。卒乎無窮，德也。道不可量，德不可數。不可量則衆强不能圖，不可數則爲詐不敢鄉。兩者備施，動靜有功。畜之以道，養之以德。畜之以道則民和，養之以德則民合。故能習，習故能偕，偕習以悉，莫能傷也。此居於圖西方方外。

旗物尚黑，兵尚脅盾，刑則游仰灌流。察數而知治，審器而識勝，明謀而適勝，通德而天下定。定宗廟，育男女，官四分，則可以立威行德，制法儀，出號令。至善之爲兵也，非地是求也，罰人是君。立義而加之以勝，至威而實之以德，守之而後脩，勝心焚海內。民之所利，立之；所害，除之，則民人從。立爲六千里之侯，則大人從。使國君得其治，則人君從。會請命於天，地知氣和，則生物從。計緩急之事，則危危而無難。明於器械之利，則涉難而不變。察於先後之理，則兵出而不困。通於出入之度，則深入而不危。審於動靜之務，則功得而無害也。著於取與之分，則得地而不執。慎於號令之官，則舉事而有功。此居於圖北方方外。

又《心術上》 心之在體，君之位也。九竅之有職，官之分也。心處其道，九竅循理。嗜欲充益，目不見色，耳不聞聲。故曰：上離其道，下失其事。毋代馬走，使盡其力。毋代鳥飛，使弊其羽翼。毋先物動，以觀其則。動則失位，靜乃自得。道不遠而難極也，與人並處而難得也。虛其欲，神將入舍。掃除不絜，神乃留處。人皆欲智，而莫索其所以智乎？智乎智乎，投之海外無自奪，求之者不得處之者夫。正人無求之也，故能虛無。虛無無形謂之道。化育萬物謂之德。君臣父子人閒之事謂之義。登降揖讓，貴賤有等，親疏之體謂之禮。簡物小未一道，殺僇禁誅謂之法。大道可安而不可說。直人之言，不義不顧。不出於口，不見於色，四海之人，又孰知其則？

天曰虛，地曰靜，乃不伐。絜其宮，開其門，去私毋言，神明若存。紛乎其若亂，靜之而自治。强不能偏立，智不能盡謀。物固有形，形固有名，名當謂之聖人。故必知不言無爲之事，然後知道之紀。殊形異埶，不與萬物異理，故可以爲天下始。人之可殺，以其惡死也。其可不利，以其好利也。是以君子不怵乎好，不迫乎惡。恬愉無爲，去智與故。其應也，非所設也。其動也，非所取也。過在自用，罪在變化。是故有道之君，其處也若無知，其應物也若偶之。靜因之道也。

心之在體，君之位也。九竅之有職，官之分也。耳目者，視聽之官也。心而無與於視聽之事，則官得守其分矣。夫心有欲者，物過而目不見，聲至而耳不聞也。故曰：上離其道，下失其事。故曰：心術者，無爲而制竅者也，故曰君。無代馬走，無代鳥飛，此言不奪能能，不與下誠也。毋先物動者，搖者不定，趮者不靜，言動之不可以觀也。位者，謂其所立也。人主者立於陰，陰者靜，故曰動則失位。陰則能制陽矣，靜則能制動矣。故曰靜乃自得。道在天地之閒也，其大無外，其小無內，故曰不遠而難極也。虛之與人也無閒，唯聖人得虛道，故曰並處而難得。世人之所職者精也，去欲則宣，宣則靜矣，靜則精，精則獨立矣。獨則明，明則神矣。神者至貴也，故館不辟除，則貴人不舍焉。故曰：不潔則神不處。人皆欲知，而莫索之其所以知，彼也。其所以知，此也。不脩之此，焉能知彼。脩之此，莫能虛矣。虛者無藏也，故曰：去知則奚率求矣。無藏則奚設矣。無求無設則無慮，無慮則反復虛矣。

天之道，虛其無形。虛則不屈，無形則無所位赶。無所位赶，故偏流

萬物而不變。德者，道之舍，物得以生生，知得以職道之精。故德者，得也。得也者，其謂所得以然也。以無爲之謂道，舍之之謂德。故道之與德無閒，故言之者不別也。閒之理者，謂其所以舍也。義者，謂各處其宜也。禮者，因人之情，緣義之理，而爲之節文者也。故禮者，謂有理也。理也者，明分以諭義之意也。故禮出乎義，義出乎理，理因乎宜者也。法者，所以同出不得不然者也，故殺僇禁誅以一之也。故事督乎法，法出乎權，權出乎道。道也者，動不見其形，施不見其德，萬物皆以得，然莫知其極。故曰：可以安而不可説也。莫人言，至也。不宜言，應也。應也者，非吾所設，故能無宜也。不顧言，因也。因也者，非吾所顧，故無顧也。不出於口，不見於色，言無形也。四海之人，孰知其則？言深囿也。天之道虛，地之道靜。虛則不屈，靜則不變，不變則無過，故曰不伐。潔其宮，闕其門。宮者，謂心也。心也者，智之舍也，故曰宮。潔之者，去好過也。門者，謂耳目也。耳目者，所以聞見也。物固有形，形固有名，此言不得過實，實不得延名。姑形以形，以形務名，督言正名，故曰聖人。不言之言，應也。應也者，以其爲之人者也。執其名，務其應，所以成之，應之道也。無爲之道，因也。因也者，無益無損也。以其形，因爲之名，此因之術也。

名者，聖人之所以紀萬物也。人者，立於强，務於善，未於能，動於故者也。聖人無之，無之則與物異矣。異則虛，虛者，萬物之始也，故曰：可以爲天下始。人迫於惡則失其所好，怵於好則忘其所惡，非道也。故曰：不怵乎好，不迫乎惡。惡不失其理，欲不過其情，故曰：君子恬愉無爲。去智與故，言虛素也。其應，非所設也。其動，非所取也。此言因也。因也者，舍己而以物爲法者也。感而后應，非所設也。緣理而動，非所取也。過在自用，罪在變化。自用則不虛，不虛則仵於物矣。變化則爲生，爲生則亂矣。故道貴因。因者，因其能者，言所用也。君子之處也，若無知，言至虛也。其應物也，若偶之，言時適也。若影之象形，響之應聲也。故物至則應，過則舍矣。舍矣者，言復所於虛也。

又 《心術下》 形不正者德不來，中不精者心不治。正形飾德，萬物畢得。翼然自來，神莫知其極。昭知天下，通於四極。是故曰：無以物亂官，毋以官亂心，此之謂內德。是故意氣定然后反正。氣者，身之充也。行者，正之義也。充不美則心不得，行不正則民不服。是故聖人若天然，無私覆也；若地然，無私載也。私者，亂天下者也。凡物載名而來，聖人因而財之，而天下治；實不傷，不亂於天下，而天下治。

專於意，一於心，耳目端，知遠之證。能專乎？能一乎？能毋卜筮而知凶吉乎？能止乎？能已乎？能毋問於人而自得之於己乎？故曰：思之思之，不得，鬼神教之。非鬼神之力也，其精氣之極也。一氣能變曰精，一事能變曰智。慕選者，所以等事也。極變者，所以應物也。慕選而不亂，極變而不煩，執一之君子。執一而不失，能君萬物，日月之與同光，天地之與同理，聖人裁物，不爲物使。

治也者，心也。治心在中，治言出於口，治事加於民。故功作而民從，則百姓治矣。所以操者，非刑也。所以危者，非怒也。民人操，百姓治，道其本至也。至不至無，非所人而亂。凡在有司執制者之利，非道也。聖人之道，若存若亡。援而用之，歿世不亡，與時變而不化；應物而不移，日用之而不化。

人能正靜者，筋肕而骨强。能戴大圓者，體乎大方。鏡大清者，視乎大明。正靜不失，日新其德，昭知天下，通於四極。金心在中不可匿，外見於形容，可知於顏色。善氣迎人，親如弟兄；惡氣迎人，害於戈兵。不言之言，聞於雷鼓。金心之形，明於日月，察於父母。昔者明王之愛天下，故天下可附；暴王之惡天下，故天下可離。故貨之不足以爲愛，刑之不足以爲惡。貨者，愛之末也；刑者，惡之末也。

凡民之生也，必以正乎！所以失之者，必以喜樂哀怒。節怒莫若樂，節樂莫若禮，守禮莫若敬。外敬而內靜者，必反其性。豈無利事哉？我無利心。豈無安處哉？我無安心。心之中又有心，意以先言。意然後刑，刑然后思，思然后知。凡心之刑，過知先王，是故內聚以爲原。泉之不竭，表裏遂通；泉之不涸，四支堅固。能令用之，被服四固。是故聖人一言解之，上察於天，下察於地。

又 《白心》 建當立有，以靖爲宗，以時爲寶，以政爲儀，和則能久。非吾儀，雖利不爲。非吾當，雖利不行。非吾道，雖利不取。上之隨天，其次隨人。人不倡不和，天不始不隨，故其言也不廢，其事也不隨。原始計實，本其所生，知其象則索其刑，緣其理則知其情，索其端則知其

名。故苞物衆者莫大於天地，化物多者莫多於日月，民之所急莫急於水火。然而天不爲一物枉其時，明君聖人亦不爲一人枉其法。天行其所行而萬物被其利，聖人亦行其所行而百姓被其利，是故萬物均既誇衆矣。是以聖人之治也，靜身以待之，物至而名自治之。正名自治之，奇身名廢，名正法備，則聖人無事。不可常居也，不可廢舍也，隨變斷事也，知時以爲度。大者寬，小者局，物有所餘，有所不足。

兵之出，出於人。其人入，入於身。兵之勝，從於適。德之來，從於身。故曰：祥於鬼者義於人。兵不義，不可。强而驕者損其强，弱而驕者亟死亡。强而卑，義信其强。弱而卑，義免於罪。是故驕之餘卑，卑之餘驕。道者，一人用之，不聞有餘；天下行之，不聞不足。此謂道矣。小取焉則小得福，大取焉則大得福，盡行之而天下服。殊無取焉，則民反其身，不免於賊。左者，出者也。右者，入者也。出者而不傷人，入者自傷也。不日不月而事以從，不卜不筮而謹知吉凶。是謂寬乎刑，徒居而致名。去善之言，爲善之事，事成而顧反無名。能者無□，從事無事。審量出入，而觀物所載。孰能法無法乎？始無始乎？終無終乎？弱無弱乎？故曰：美哉弗弗。故曰：有中有中，孰能得夫中之衷乎？故曰：功成者隳，名成者虧。故曰：孰能棄名與功，而還與衆人同？孰能棄功與名，而還反無成？無成有貴其成也，有成貴其無成也。日極則仄，月滿則虧。極之徒仄，滿之徒虧，巨之徒滅。孰能已無已乎？效夫天地之紀。

人言善亦勿聽，人言惡亦勿聽。持而待之，空然勿兩之，淑然自清，無以旁言爲事成。察而徵之無聽辯，萬物歸之，美惡乃自見。天或維之，地或載之。天莫之維則天以墜矣，地莫之載則地以沉矣。夫天不墜，地不沉，夫或維而載之也夫。又況於人，人有治之，辟之若夫靁鼓之動也。夫不能自搖者，夫或搖之。夫或者何？若然者也。視則不見，聽則不聞，洒乎天下滿，不見其塞。集於顔色，知於肌膚，責其往來，莫知其時。薄乎其方也，韕乎其圜也，韕韕乎莫得其門。故口爲聲也，耳爲聽也，目有視也，手有指也，足有履也，事物有所比也。當生者生，當死者死，言有西有東，各死其鄉。

置常立儀，能守貞乎？常事通道，能官人乎？故書其惡者，言其薄者。上聖之人，口無虛習也，手無虛指也，物至而命之耳。發於名聲，凝於體色，此其可諭者也。不發於名聲，不凝於體色，此其不可諭者也。及至於至者，教存可也，教亡可也。故曰：濟於舟者，和於水矣。義於人者，祥其神矣。

事，有適而無適，若有適。觿，解不可解，而后解。故善舉事者，國人莫知其解。爲善乎，毋提提。爲不善乎，將陷於刑。善不善，取信而止矣。若左若右，正中而已矣。縣乎日月，無已也。愕愕者，不以天下爲憂，剌剌者，不以萬物爲筴。孰能棄剌剌而爲愕愕乎！

難言憲術，須同而出。無益言，無損言，近可以免。故曰：知何知乎？謀何謀乎？審而出者彼自來。自知曰稽，知人曰濟。知苟適，可爲天下周。內固之一，可爲長久，論而用之，可以爲天下王。天之視而精，四璧而知請。壤土而與生，能若夫風與波乎？唯其所欲適。故子而代其父曰義也，臣而代其君曰篡也。篡何能歌？武王是也。故曰：孰能去辯與巧？而還與衆人同道。故曰：思索精者明益衰，德行脩者王道狹，臥名利者寫生危。知周於六合之內者，吾知生之有爲阻也。持而滿之，乃其殆也。名滿於天下，不若其已也。名進而身退，天之道也。滿盛之國，不可以仕任。滿盛之家，不可以嫁子。驕倨傲暴之人，不可與交。

道之大如天，其廣如地，其重如石，其輕如羽。民之所以知者寡。故曰：何道之近而莫之與能服也！棄近而就遠，何以費力也？故曰：欲愛吾身，先知吾情。君親六合，以考內身。以此知象，乃知行情。既知行情，乃知養生。左右前後，周而復所。執儀服象，敬迎來者。今夫來者，必道其道。無遷無衍，命乃長久。和以反中，形性相葆。一以無貳，是謂知道。將欲服之，必一其端而固其所守。責其往來，莫知其時。索之於天，與之爲期。不失其期，乃能得之。故曰：吾語若，大明之極，大明之明，非愛人不予也。同則相從，反則相距也。吾察反相距，吾以故知古從之同也。

又《水地》 地者，萬物之本原，諸生之根菀也，美惡賢不肖愚俊之所生也。水者，地之血氣，如筋脉之通流者也。故曰：水具材也。何以知其然也？曰：夫水，淖弱以清，而好洒人之惡，仁也。視之黑而白，精也。量之不可使概，至滿而止，正也。唯無不流，至平而止，義

也。人皆赴高，己獨赴下，卑也。卑也者，道之室，王者之器也，而水以爲都居。準也者，五量之宗也。素也者，五色之質也。淡也者，五味之中也。是以水者，萬物之準也，諸生之淡也，違非得失之質也，是以無不滿，無不居也，集於天地，而藏於萬物，産於金石，集於諸生，故曰水神。集於草木，根得其度，華得其數，實得其量。鳥獸得之，形體肥大，羽毛豐茂，文理明著。萬物莫不盡其幾，反其常者，水之内度適也。夫玉之所貴者，九德出焉。夫玉温潤以澤，仁也。鄰以理者，知也。堅而不蹙，義也。廉而不劌，行也。鮮而不垢，絜也。折而不撓，勇也。瑕適皆見，精也。茂華光澤，並通而不相陵，容也。叩之其音清搏徹遠，純而不殺，辭也。是以人主貴之，藏以爲寶，剖以爲符瑞，九德出焉。人，水也。男女精氣合而水流形。三月如咀，咀者何？曰：五味。五味者何？曰五藏。酸主脾，鹹主肺，辛主腎，苦主肝，甘主心。五藏已具，而後生肉。脾生隔，肺生骨，腎生腦，肝生革，心生肉。五肉已具，而後發爲九竅。脾發爲鼻，肝發爲目，腎發爲耳，肺發爲竅。五月而成，十月而生。生而目視、耳聽、心慮。目之所以視，非特山陵之見也，察於荒忽。耳之所聽，非特雷鼓之聞也，察於淑湫。心之所慮，非特知於麤粗也，察於微眇，故脩要之精。是以水集於玉，而九德出焉。凝蹇而爲人，而九竅五慮出焉。此乃其精也。麤濁蹇，能存而不能亡者也。

伏闇能存而能亡者，蓍龜與龍是也。龜生於水，發之於火，於是爲萬物先，爲禍福正。龍生於水，被五色而游，故神。欲小則化如蠶蠋，欲大則藏於天下，欲上則淩於雲氣，欲下則入於深泉。變化無日，上下無時，謂之神。龜與龍，伏闇能存而能亡者也。

或世見，或世不見者，生蟡與慶忌。故涸澤數百歲，谷之不徙，水之不絶者，生慶忌。慶忌者，其狀若人，其長四寸。衣黄衣，冠黄冠，戴黄蓋，乘小馬，好疾馳。以其名呼之，可使千里外，一日反報。此涸澤之精也。涸川之精者生於蟡。蟡者，一頭而兩身，其形若虵，其長八尺。以其名呼之，可以取魚鼈。此涸川水之精也。

是以水之精，麤濁蹇，能存而不能亡者，生人與玉。伏闇能存而亡者，蓍龜與龍。或世見，或不見者，蟡與慶忌。故人皆服之，而管子則之。人皆有之，而管子以之。

是故具者何也？水是也。萬物莫不以生，唯知其託者能爲之正。具者，水是也。故曰：水者何也？萬物之本原也，諸生之宗室也，美惡賢不肖愚俊之所産也。何以知其然也？夫齊之水道躁而復，故其民貪麤而好勇。楚之水淖弱而清，故其民輕果而賊。越之水濁重而洎，故其民愚疾而垢。秦之水泔冣而稽，淤滯而雜，故其民貪戾，罔而好事齊。晋之水枯旱而運，淤滯而雜，故其民諂諛葆詐，巧佞而好利。燕之水萃下而弱，沈滯而雜，故其民愚戇而好貞，輕疾而易死。宋之水輕勁而清，故其民閒易而好正。是以聖人之化世也，其解在水。故水一則人心正，水清則民心易。一則欲不污，民心易則行無邪。是以聖人之治於世也，不人告也，不戸説也，其樞在水。

又《四時》 管子曰：令有時，無時則必視順天之所以來，五漫漫，六惛惛，孰知之哉！唯聖人知四時。不知四時，乃失國之基。不知五穀之故，國家乃路。故天曰信明，地曰信聖，四時曰正。其王信明聖，其臣乃正。何以知其王之信明信聖也？曰：慎使能，而善聽信之。使能之謂明，聽信之謂聖。信明聖者，皆受天賞，使不能爲惛，惛而忘也者，皆受天禍。是故上見成事而貴功，則民事接，勞而不謀。上見功而賤，則爲人下者直，爲人上者驕。是故陰陽者，天地之大理也。四時者，陰陽之大徑也。刑德者，四時之合也。刑德合於時則生福，詭則生禍。然則春夏秋冬將何行？

東方曰星，其時曰春，其氣曰風。風生木與骨，其德喜嬴而發出節時。其事號令，修除神位，謹禱弊梗。宗正陽，治堤防，耕芸樹藝，正津梁，修溝瀆，甃屋行水，解怨赦罪，通四方。然則柔風甘雨乃至，百姓乃壽，百蟲乃蕃，此謂星德。星者掌發爲風。是故春行冬政則雕，行秋政則霜，行夏政則欲。是故春三月，以甲乙之日發五政。一政曰：論幼孤，舍有罪。二政曰：賦爵列，授禄位。三政曰：凍解，修溝瀆，復亡人。四政曰：端險阻，修封疆，正千伯。五政曰：無殺麑夭，毋蹇華絶芋。五政苟時，春雨乃來。

南方曰日，其時曰夏，其氣曰陽。陽生火與氣，其德施舍修樂。其事號令，賞賜賦爵，受禄順鄉，謹修神祀，量功賞賢，以動陽氣。九暑乃至，時雨乃降，五穀百果乃登，此謂日德。中央曰土，土德實輔四時，入

出以風雨。節土益力，土生皮肌膚，其德和平用均，中正無私，實輔四時。春贏育，夏養長，秋聚收，冬閉藏。大寒乃極，國家乃昌，四方乃服，此謂歲德。日掌賞，賞爲暑。歲掌和，和爲雨。夏行春政則風，行秋政則水，行冬政則落。是故夏三月，以丙丁之日發五政。一政曰：求有功，發勞力者而舉之。二政曰：開久墳，發故屋，辟故窌以假貸。三政曰：令禁扇去笠，毋扱免，除急漏田廬。四政曰：求有德，賜布施於民者而賞之。五政曰：令禁罝設禽獸，毋殺飛鳥。五政苟時，夏雨乃至也。

西方曰辰，其時曰秋，其氣曰陰。陰生金與甲，其德憂哀，靜正嚴順，居不敢淫佚。其事號令，毋使民淫暴，順旅聚收。量民資以畜聚，賞彼羣幹，聚彼羣材，百物乃收。使民毋怠，所惡其察，所欲必得，我信則克，辰掌收，收爲陰。秋行春政則榮，行夏政則水，行冬政則耗。是故秋三月，以庚辛之日發五政。一政曰：禁博塞，圉小辯，鬬譯跽。二政曰：毋見五兵之刃。三政曰：慎旅農，趣聚收。四政曰：補缺塞坼。五政曰：修牆垣，周門閭。五政苟時，五穀皆入。

北方曰月，其時曰冬，其氣曰寒。寒生水與血，其德淳越，温怒周密。其事號令，修禁徙，民令靜止，地乃不泄，斷刑致罰，無赦有罪，以符陰氣。大寒乃至，甲兵乃强，五穀乃熟，國家乃昌，四方乃備，此謂月德。月掌罰，罰爲寒。冬行春政則泄，行夏政則靁，行秋政則旱。是故春凋，秋榮，冬雷，夏有霜雪，此皆氣之賊也。刑德易節，失次則賊氣遬至，賊氣遬至，則國多菑殃。是故聖王務時而寄政焉，作教而寄武焉，作祀而寄德焉。此三者，聖王所以合於天地之行也。日掌陽，月掌陰，星掌和。陽爲德，陰爲刑，和爲事。是故日食則失德之國惡之，月食則失刑之國惡之，彗星見則失和之國惡之，風與日爭明則失生之國惡之。是故聖王日食則修德，月食則修刑，彗星見則修和，風與日爭明則修生。此四者，聖王所以免於天地之誅也。信能行之，五穀蕃息，六畜殖而甲兵强。治積則昌，暴虐積則亡。是故冬三月，以壬癸之日發五政。一政曰：論孤獨，恤長老。二政曰：善順陰，修神祀，賦爵禄，授備位。三政曰：效會計，毋發山川之藏。四政曰：攝奸遁得盜賊者有賞。五政曰：禁遷徙，止流民，圉分異。五政苟時，冬事不過，所求必得，所惡必伏。

道生天地，德出賢人。道生德，德生正，正生事。是以聖王治天下，窮則反，終則始。德始於春，長於夏。刑始於秋，流於冬。刑德不失，四時如一。刑德離鄉，時乃逆行。作事不成，必有大殃。月有三政，王事必理。以爲久長，不中者死，失理者亡。國有四時，固執王事。四守有所，三政執輔。

又《五行》　一者本也，二者器也，三者充也，治者四也，教者五也，守者六也，立者七也，前者八也，終者九也，十者然後具五官於六府也，五聲於六律也。六月日至，是故人有六多，六多所以街天地也。天道以九制，地理以八制，人道以六制。以天爲父，以地爲母，以開乎萬物，以總一統。通乎九制、六府、三充而爲明天子。修槩水，上以待乎天堇。反五藏以視不親。治祀之，下以觀地位。貨曋神廬，合於精氣。已合而有常，有常而有經。審合其聲，修十二鐘，以律人情。人情已得，萬物有極，然后有德。故通乎陽氣，所以事天也，經緯日月，用之於民。通乎陰氣，所以事地也，經緯星曆，以視其離。通若道然后有行，然則神筮不靈，神龜衍不卜，黄帝澤參，治之至也。

昔者黄帝得蚩尤而明於天道，得大常而察於地利，得奢龍而辯於東方，得祝融而辯於南方，得大封而辯於西方，得后土而辯於北方。黄帝得六相而天地治，神明至。蚩尤明乎天道，故使爲當時。大常察乎地利，故使爲廩者。奢龍辯乎東方，故使爲土師，祝融辯乎南方，故使爲司徒。大封辯於西方，故使爲司馬。后土辯乎北方，故使爲李。是故春者土師也，夏者司徒也，秋者司馬也，冬者李也。昔黄帝以其緩急作五聲，以政五鐘。令其五鐘：一曰青鐘，大音。二曰赤鐘，重心。三曰黄鐘，洒光。四曰景鐘，昧其明。五曰黑鐘，隱其常。五聲既調，然后作立五行，以正天時，五官以正人位。人與天調，然后天地之美生。

日至，睹甲子木行御。天子出令，命左右士師内御。總別列爵，論賢不肖士吏，賦秘賜。賞於四境之内，發故粟以田數，出國衡，順山林，禁民斬木，所以愛草木也。然則水解而凍釋，草木區萌，贖蟄蟲，卯菱。春辟勿時，苗足本，不癘雛鷇，不夭麑麇，毋傳速，亡傷繈葆，時則不凋。七十二日而畢。

睹丙子，火行御。天子出令，命行人内御。令掘溝澮，津舊塗，發臧任君賜賞。君子修游馳以發地氣。出皮幣，命行人修春秋之禮於天下諸

侯，通天下，遇者兼和。然則天無疾風，草木發奮，鬱氣息，民不疾而榮華蕃。七十二日而畢。

睹戊子，土行御。天子出令，命左右司徒内御。不誅不貞，農事爲敬，大揚惠言，寬刑死，緩罪人。出國，司徒令命順民之功力，以養五穀。君子之静居，而農夫修其功力極。然則天爲粤宛，草木養長，五穀蕃實秀大，六畜犧牲具，民足財，國富，上下親，諸侯和。七十二日而畢。

睹庚子，金行御。天子出令，命祝宗選禽獸之禁，五穀之先熟者，而薦之祖廟與五祀。鬼神饗其氣焉，君子食其味焉。然則涼風至，白露下。天子出令，命左右司馬衍組甲厲兵，合什爲伍，以修於四境之内，諛然告民有事，所以待天地之殺斂也。然則晝炙陽，夕下露，地競環，五穀鄰熟，草木茂。實歲農豐，年大茂。七十二日而畢。

睹壬子，水行御。天子出令，命左右使人内御。其氣足則發而止，其氣不足則發撊瀆盜賊，數剶竹箭，伐檀柘，令民出獵禽獸，不釋巨少而殺之，所以貴天地之所閉藏也。然則羽卵者不段，毛胎者不贕，腞婦不銷棄，草木根本美。七十二日而畢。

不殺，太子危，家人夫人死，不然則長子死。七十二日而畢。睹丙子，火行御。天子敬行急政，旱札苗死，民厲。七十二日而畢。睹戊子，土行御。天子修宫室，築臺榭，君危。外築城郭，臣死。七十二日而畢。睹庚子，金行御。天子攻山擊石，有兵，作戰而敗，士死喪執政。七十二日而畢。睹壬子，水行御。天子決塞動大水，王后夫人薨。不然，則羽卵者段，毛胎者贕，腞婦銷棄，草木根本不美。七十二日而畢也。

又《内業》　凡物之精，此則爲生。下生五穀，上爲列星。流於天地之閒，謂之鬼神。藏於胸中，謂之聖人。是故民氣，杲乎如登於天，杳乎如入於淵，淖乎如在於海，卒乎如在於己。是故此氣也，不可止以力，而可安以德。不可呼以聲，而可迎以音。敬守勿失，是謂成德。德成而智出，萬物果得。

凡心之刑，自充自盈，自生自成。其所以失之，必以憂樂喜怒欲利。能去憂樂喜怒欲利，心乃反濟。彼心之情，利安以寧。勿煩勿亂，和乃自成。折折乎如在於側，忽忽乎如將不得，渺渺乎如窮無極。此稽不遠，日用其德。夫道者，所以充形也，而人不能固。其往不復，其來不舍。謀乎莫聞其音，卒乎乃在於心。冥冥乎不見其形，淫淫乎與我俱生。不見其形，不聞其聲，而序其成，謂之道。

凡道無所，善心安愛。心静氣理，道乃可止。彼道不遠，民得以産。彼道不離，民因以知。是故卒乎其如可與索，眇眇乎其如窮無所。被道之情，惡音與聲，脩心静音，道乃可得。道也者，口之所不能言也，目之所不能視也，耳之所不能聽也，所以脩心而正形也。人之所失以死，所得以生也。事之所失以敗，所得以成也。

凡道無根無莖，無葉無榮。萬物以生，萬物以成，命之曰道。天主正，地主平，人主安静。春秋冬夏，天之時也。山陵川谷，地之枝也。喜怒取予，人之謀也。是故聖人與時變而不化，從物而不移。能正能静，然後能定。定心在中，耳目聰明，四枝堅固，可以爲精舍。精也者，氣之精者也。氣，道乃生，生乃思，思乃知，知乃止矣。凡心之形，過知失生。一物能化謂之神，一事能變謂之智。化不易氣，變不易智。惟執一之君子能爲此乎！執一不失，能君萬物。君子使物，不爲物使，得一之理，治心在於中，治言出於口，治事加於人，然則天下治矣。一言得而天下服，一言定而天下聽，公之謂也。形不正，德不來，中不静，心不治。正形攝德，天仁地義，則淫然而自至。神明之極，照乎知萬物，中義守不忒。不以物亂官，不以官亂心，是謂中得。有神自在身，一往一來，莫之能思。失之必亂，得之必治。敬除其舍，精將自來。精想思之，寧念治之。嚴容畏敬，精將至定。得之而勿捨，耳目不淫，心無他圖。正心在中，萬物得度。道滿天下，普在民所，民不能知也。一言之解，上察於天，下極於地，蟠滿九州。何謂解之？在於心安。我心治，官乃治。我心安，官乃安。治之者心也，安之者心也。心以藏心，心之中又有心焉。彼心之心，音以先言。音然後形，形然後言，言然後使，使然後治。不治必亂，亂乃死。精存自生，其外安榮。内藏以爲泉原，浩然和平，以爲氣淵。淵之不涸，四體乃固。泉之不竭，九竅遂通。乃能窮天地，被四海。中無惑意，外無邪菑。心全於中，形全於外。不逢天菑，不遇人害，謂之聖人。人能正静，皮膚裕寬，耳目聰明，筋信而骨强，乃能戴大圜而履大方。鑑於大清，視於大明。敬慎無忒，日新其德，徧知天下，窮於四極。敬發其充，是謂内得。然而不反，此生之忒。

凡道必周必密，必寬必舒，必堅必固。守善勿舍，逐淫澤薄，既知其極，反於道德。全心在中，不可蔽匿。和於形容，見於膚色。善氣迎人，親於弟兄。惡氣迎人，害於戎兵。不言之聲，疾於雷鼓。心氣之形，明於日月，察於父母。賞不足以勸善，刑不足以懲過。氣意得而天下服，心意定而天下聽。摶氣如神，萬物備存。能摶乎？能一乎？能無卜筮而知吉凶乎？能止乎？能已乎？能勿求諸人而之己乎？思之思之，又重思之。思之而不通，鬼神將通之。非鬼神之力也，精氣之極也。四體既正，血氣既静，一意摶心，耳目不淫，雖遠若近。

思索生知，慢易生憂，暴傲生怨，憂鬱生疾，疾困乃死。思之而不捨，内困外薄。不蚤爲圖，生將巽舍。食莫若無飽，思莫若勿致。節適之齊，彼將自至。凡人之生也，天出其精，地出其形，合此以爲人。和乃生，不和不生。察和之道，其精不見，其徵不醜。平正擅匈，論治在心，此以長壽。忿怒之失度，乃爲之圖。節其五欲，去其二凶，不喜不怒，平正擅匈。

凡人之生也，必以平正，所以失之，必以喜怒憂患。是故止怒莫若詩，去憂莫若樂，節樂莫若禮，守禮莫若敬，守敬莫若静。内静外敬，能反其性，性將大定。凡食之道，大充傷而形不臧，大攝骨枯而血沍。充攝之間，此謂和成。精之所舍，而知之所生。飢飽之失度，乃爲之圖。飽則疾動，飢則廣思，老則長慮。飽不疾動，氣不通於四末。飢不廣思，飽而不廢。老不長慮，困乃遬竭。大心而敢，寬氣而廣。其形安而不移，能守一而棄萬苛，見利不誘，見害不懼，寬舒而仁，獨樂其身，是謂雲氣，意行似天。

凡人之生也，必以其歡。憂則失紀，怒則失端。憂悲喜怒，道乃無處。愛欲静之，遇亂正之。勿引勿推，福將自歸。彼道自來，可藉與謀。静則得之，躁則失之。靈氣在心，一來一逝。其細無内，其大無外。所以失之，以躁爲害。心能執静，道將自定。得道之人，理丞而屯泄，匈中無敗。節欲之道，萬物不害。

又《形勢解》　山者，物之高者也。惠者，主之高行也。慈者，父母之高行也。忠者，臣之高行也。孝者，子婦之高行也。故山高而不崩，則祈羊至。主惠而不解，則民奉養。父母慈而不解，則子婦順。臣下忠而不解，則爵禄至。子婦孝而不解，則美名附。故節高而不解，則所欲得矣，解則不得。故曰：山高而不崩，則祈羊至矣。

淵者，衆物之所生也，能深而不涸，則沈玉至。主者，人之所仰而生也，能寬裕純厚而不苛忮，則民人附。父母者，子婦之所受教也，能慈仁教訓而不失理，則子婦孝。臣下者，主之所用也，能盡力事上，則當於主。子婦者，親之所以安也，能孝弟順親，則當於親。故淵涸而無水，則沈玉不至。主苛而無厚，則萬民不附。父母暴而無恩，則子婦不親。臣下墮而不忠，則卑辱困窮。子婦不安親，則禍憂至。故淵不涸則所欲者至，涸則不至。故曰：淵深而不涸，則沈玉極。

天覆萬物，制寒暑，行日月，次星辰，天之常也。治之以理，終而復始。主牧萬民，治天下，莅百官，主之常也。治之以法，終而復始。和子孫，屬親戚，父母之常也。治之以義，終而復治。敦敬忠信，臣下之常也。以事其主，終而復始。愛親善養，思敬奉教，子婦之常也。以事其親，終而復始。故天不失其常，則寒暑得其時，日月星辰得其序。主不失其常，則羣臣得其義，百官守其事。父母不失其常，則子孫和順，親戚相驩。臣下不失其常，則事無過失，而官職政治。子婦不失其常，則長幼理而親疏和。故用常者治，失常者亂，天未嘗變其所以治也。故曰：天不變其常。

地生養萬物，地之則也。治安百姓，主之則也。教護家事，父母之則也。正諫死節，臣下之則也。盡力共養，子婦之則也。地不易其則，故萬物生焉。主不易其利，故百姓安焉。父母不易其則，故家事辦焉。臣下不易其則，故主無過失。子婦不易其則，故親養備具。故用則者安，不用則者危，地未嘗易其所以安也。故曰：地不易其則。

春者陽氣始上，故萬物生。夏者陽氣畢上，故萬物長。秋者陰氣始下，故萬物收。冬者陰氣畢下，故萬物藏。故春夏生長，秋冬收藏，四時之節也。賞賜刑罰，主之節也。四時未嘗不生殺也，主未嘗不賞罰也。故曰：春秋冬夏，不更其節也。

天覆萬物而制之，地載萬物而養之，四時生長萬物而收藏之，古以至今，不更其道。故曰：古今一也。【略】

明主之治天下也，静其民而不擾，佚其民而不勞。不擾則民自循，不

勞則民自試。故曰：上無事而民自試。

人主立其度量，陳其分職，明其法式，以莅其民，而不以言先之，則民循正。所謂抱蜀者，祠器也。故曰：抱蜀不言，而廟堂既脩。【略】

道行則君臣親，父子安，諸生育。故明主之務，務在行道，不顧小物。燕爵，物之小者也。故曰：燕爵之集，道行不顧。【略】

聖人擇可言而後言，擇可行而後行。偷得利而後有害，偷得樂而後有憂者，聖人不爲也。故聖人擇言必顧其累，擇行必顧其憂。故曰：顧憂者，可與致道。【略】

明主之舉事也，任聖人之慮，用衆人之力，而不自與焉，故事成而福生。亂主自智也，而不因聖人之慮，矜奮自功，而不因衆人之力，專用己而不聽正諫，故事敗而禍生。故曰：伐矜好專，舉事之禍也。【略】

道者，扶持衆物，使得生育而各終其性命者也。故或以治鄉，或以治國，或以治天下。故曰：道之所言者一也，而用之者異。聞道而以治一鄉，親其父子，順其兄弟，正其習俗，使民樂其上，安其土，爲一鄉主幹者，鄉之人也。故曰：有聞道而好爲鄉者，一鄉之人也。

民之從有道也，如飢之先食也，如寒之先衣也，如暑之先陰也。故有道則民歸之，無道則民去之。故曰：道往者其人莫來，道來者其人莫往。

道者，所以變化身而之正理者也。故道在身，則言自順，行自正，事君自忠，事父自孝，遇人自理。故曰：道之所設，身之化也。

天之道，滿而不溢，盛而不衰。明主法象天道，故貴而不驕，富而不奢，行理而不惰，故能長守貴富，久有天下而不失也。故曰：持滿者與天。【略】

行天道，出公理，則遠者自親。廢天道，行私爲，則子母相怨。故曰：天道之極，遠者自親。人事之起，近親造怨。

又《版法解》 版法者，法天地之位，象四時之行，以治天下。四時之行，有寒有暑，聖人法之，故有文有武。天地之位，有前有後，有左有右，聖人法之，以建經紀。春生於左，秋殺於右，夏長於前，冬藏於後。生長之事，文也。收藏之事，武也。是故文事在左，武事在右。聖人法之，以行法令，以治事理。凡法事者，操持不可以不正。操持不正，則聽治不公。聽治不公，則治不盡理，事不盡應。治不盡理，則疏遠微賤者無所告愬。事不盡應，則功利不盡舉。功利不盡舉，則國貧。疏遠微賤者無所告愬，則下饑。故曰：凡將立事，正彼天植。天植者，心也。天植正，則不私近親，不孽疏遠。不私近親，不孽疏遠，則無遺利，無隱治。無遺利，無隱治，則事無不舉，物無遺者。欲見天心，明以風雨。故曰：風雨無違，遠近高下各得其嗣。【略】

凡人君者，覆載萬民而兼有之，燭臨萬族而事使之，是故以天地日月四時爲主爲質以治天下。天覆而無外也，其德無所不在；地載而無棄也，安固而不動，故莫不生殖。聖人法之，以覆載萬民，故莫不得其職姓。得其職姓，則莫不爲用。故曰：法天合德，象地無親。日月之明無私，故莫不得光。聖人法之，以燭萬民，故能審察，則無遺善，無隱姦。無遺善，無隱姦，則刑賞信必。刑賞信必，則善勸而姦止。故曰：參於日月四時之行，信必而著明。聖人法之，以事萬民，故不失時功，故曰伍於四時。

又《輕重己》 清神生心，心生規，規生矩，矩生方，方生正，正生曆，曆生四時，四時生萬物。聖人因而理之，道徧矣。

《莊子・天運》 孔子行年五十有一而不聞道，乃南之沛見老聃。老聃曰：『子來乎？吾聞子，北方之賢者也，子亦得道乎？』孔子曰：『未得也。』老子曰：『子惡乎求之哉？』曰：『吾求之於度數，五年而未得也。』老子曰：『子又惡乎求之哉？』曰：『吾求之於陰陽，十有二年而未得。』老子曰：『然。使道而可獻，則人莫不獻之於其君；使道而可進，則人莫不進之於其親；使道而可以告人，則人莫不告其兄弟；使道而可以與人，則人莫不與其子孫。然而不可者，無它也，中無主而不止，外無正而不行。由中出者，不受於外，聖人不出；由外入者，無主於中，聖人不隱。名，公器也，不可多取。仁義，先王之蘧廬也，止可以一宿而不可久處，覯而多責。古之至人，假道於仁，託宿於義，以遊逍遥之墟，食於苟簡之田，立於不貸之圃。逍遥，無爲也；苟簡，易養也；不貸，無出也。古者謂是采真之遊。以富爲是者，不能讓禄；以顯爲是者，不能讓名；親權者，不能與人柄。操之則慄，舍之則悲，而一無所鑑，以闚其所不休者，是天之戮民也。怨恩取與諫教生殺，八者，正之器也，唯循大變無所湮者爲能用之。故曰，正者，正也。其心以爲不然者，天門弗

開矣。』

又《山木》 市南宜僚見魯侯，魯侯有憂色。市南子曰：『君有憂色，何也？』

魯侯曰：『吾學先王之道，脩先君之業；吾敬鬼尊賢，親而行之，無須臾居；然不免於患，吾是以憂。』

市南子曰：『君之除患之術淺矣！夫豐狐文豹，棲於山林，伏於巖穴，靜也；夜行晝居，戒也；雖飢渴隱約，猶且胥疏於江湖之上而求食焉，定也；然且不免於罔羅機辟之患。是何罪之有哉？其皮爲之災也。今魯國獨非君之皮邪？吾願君刳形去皮，洒心去欲，而遊於無人之野。南越有邑焉，名爲建德之國。其民愚而朴，少私而寡欲；知作而不知藏，與而不求其報；不知義之所適，不知禮之所將；倡狂妄行，乃蹈乎大方；其生可樂，其死可葬。吾願君去國捐俗，與道相輔而行。』

君曰：『彼其道遠而險，又有江山，我無舟車，奈何？』

市南子曰：『君無形倨，無留居，以爲君車。』

君曰：『彼其道幽遠而無人，吾誰與爲鄰？吾無糧，我無食，安得而至焉？』

市南子曰：『少君之費，寡君之欲，雖無糧而乃足。君其涉於江而浮於海，望之而不見其崖，愈往而不知其所窮。送君者皆自崖而反，君自此遠矣！故有人者累，見有於人者憂。故堯非有人，非見有於人也。吾願去君之累，除君之憂，而獨與道遊於大莫之國。方舟而濟於河，有虛船來觸舟，雖有惼心之人不怒；有一人在其上，則呼張歙之；一呼而不聞，再呼而不聞，於是三呼邪，則必以惡聲隨之。向也不怒而今也怒，向也虛而今也實。人能虛己以遊世，其孰能害之！』

《文子・道德》 文子問曰：『古之王者，以道莅天下，爲之柰何？』

老子曰：『執一無爲，因天地與之變化。天下，大器也，不可執也，不可爲也，爲者敗之，執者失之。執一者，見小也，見小故能成其大也。無爲者守靜也，守靜能爲天下正。處大滿而不溢，居高貴而無驕。處大不溢，盈而不虧，居上不驕，高而不危。盈而不虧，所以長守富也。高而不危，所以長守貴也。富貴不離其身，禄及子孫，古之王道，具於此矣。』

老子曰：『民有道所同道，有法所同守，義不能相固，威不能相必，故立君以一之。君執一即治，無常即亂。君道者，非所以有爲也，所以無爲也。智者不以德爲事，勇者不以力爲暴，仁者不以位爲惠，可謂一矣。一也者，無適之道也，萬物之本也。君數易法，國數易君，人以其位，達其好憎，下之任懼，不可勝理。故君失一，其亂甚於無君也。君必執一而後能羣矣。』

又《自然》 老子曰：『以道治天下，非易人性也，因其所有而條暢之。故因即大，作即小。古之瀆水者，因水之流也。生稼者，因地之宜也。征伐者，因民之欲也。能因則無敵於天下矣。物必有自然，而後人事有治也。故先王之制法，因民之性，而爲之節文，無其性，不可使順教；有其性，無其資，不可使遵道。人之性有仁義之資，其非聖人爲之法度，不可使向方，因其所惡以禁姦，故刑罰不用，威行如神。因其性，即天下聽從；怫其性，即法度張而不用。道德者，則功名之本也，民之所懷也，民懷之則功名立。古之善爲君者法江海，江海無爲以成其大，窊下以成其廣，故能長久。爲天下谿谷，其德乃足。無爲，故能取百川。不求故能得，不行故能至。是以取天下而無事。不自貴故富，不自見故明，不自矜故長，處不有之地，故爲天下王。不爭，故莫能與之爭。終不爲大，故能成其大。江海近於道，故能長久。與天地相保，王公修道則功成不有。不有即强固，强固而不以暴人。道深即德深，德深即功名遂成。此謂玄德，深矣遠矣，其與物反矣。天下有始，莫知其理，唯聖人能知所以。非雄非雌，非牝非牡。生而不死，天地以成，陰陽以形，萬物以生。故陰與陽，有圓有方，有短有長，有存有亡。道爲之命，幽沉而無事，於心甚微，於道甚當，死生同理，萬物變化，合於一道，簡生忘死，何往不壽？去事與言，慎無爲也。守道周密，於物不宰。至微無形，天地之始。萬物同於道而殊形，至微無物，故能周恤。至大無外，故爲萬物蓋；至細無內，故爲萬物貴。道以存生，德以安形。至道之度，去好去惡，無有知故，易意和心，無以道迕。夫天地專而爲一，分而爲二，反而合之，上下不失。專而爲一，分而爲五，反而合之，必中規矩。夫道至親不可疏，至近不可遠，求之遠者，往而復反。』

《韓非子・揚權》 天有大命，人有大命。夫香美脆味，厚酒肥肉，甘口而病形；曼理皓齒，說情而捐精。故去甚去泰，身乃無害。權不欲

見，素無爲也。事在四方，要在中央。聖人執要，四方來效。虛而待之，彼自以之。四海既藏，道陰見陽。左右既立，開門而當。勿變勿易，與二俱行，行之不已，是謂履理也。夫物者有所宜，材者有所施，各處其宜，故上下無爲。使雞司夜，令狸執鼠，皆用其能，上乃無事。上有所長，事乃不方。矜而好能，下之所欺。辯惠好生，下因其材。上下易用，國故不治。

用一之道，以名爲首。名正物定，名倚物徙。故聖人執一以静，使名自命，令事自定。不見其采，下故素正。因而任之，使自事之。因而予之，彼將自舉之。正與處之，使皆自定之。上以名舉之，不知其名，復脩其形。形名參同，用其所生。二者誠信，下乃貢情。謹脩所事，待命於天。毋失其要，乃爲聖人。聖人之道，去智與巧，智巧不去，難以爲常。民人用之，其身多殃，主上用之，其國危亡。因天之道，反形之理，督參鞠之，終則有始。虛以静後，未嘗用己。凡上之患，必同其端。信而勿同，萬民一從。

夫道者弘大而無形，德者覈理而普至。至於羣生，斟酌用之，萬物皆盛，而不與其寧。道者下周於事，因稽而命，與時生死。參名異事，通一同情。故曰道不同於萬物，德不同於陰陽，衡不同於輕重，繩不同於出入，和不同於燥溼，君不同於羣臣。凡此六者，道之出也。道無雙，故曰一。是故明君貴獨道之容。

又《大體》　上不天則下不偏覆，心不地則物不畢載。太山不立好惡，故能成其高；江海不擇小助，故能成其富。故大人寄形於天地而萬物備，歷心於山海而國家富。上無忿怒之毒，下無伏怨之患，上下交樸，以道爲舍。故長利積，大功立，名成於前，德垂於後，治之至也。

《馬王堆漢墓帛書·黄帝四經·經法·道法》　道生法。法者，引得失以繩，而明曲直者也。[故]執道者，生法而弗敢犯也，法立而弗敢廢[也]。[故]能自引以繩，然後見知天下而不惑矣。

虛無形，其(裻)[寂]冥冥，萬物之所從生。生有害，曰欲，曰不知足。生必動，動有害，曰不時，曰時而(伓)[倍]。動有事，事有害，曰逆，曰不稱，不知所爲用。事必有言，言有害，曰不信，曰不知畏人，曰自誣，曰虛誇，以不足爲有餘。

故同出冥冥，或以死，或以生；或以敗，或以成。禍福同道，莫知其所從生。見知之道，唯虛無有；虛無有，秋毫成之，必有形名；形名立，則黑白之分已。故執道者之觀於天下也，無執也，無處也，無爲也，無私也。是故天下有事，無不自爲形名聲號矣。形名已立，聲號已建，則無所逃迹匿正矣。

公者明，至明者有功。至正者静，至静者聖。無私者(知)[智]，至(知)[智]者爲天下稽。稱以權衡，參以天當，天下有事，必有(巧)[考]驗。事如(直)[植]木，多如倉粟。斗石已具，尺寸已陳，則無所逃其神。故曰：度量已具，則治而制之矣。絶而復屬，亡而復存，孰知其神。死而復生，以禍爲福，孰知其極。反索之無形，故知禍福之所從生。應化之道，平衡而(止)[已]。輕重不稱，是謂失道。

天地有恒常，萬民有恒事，貴賤有恒位，畜臣有恒道，使民有恒度。天地之恒常，四時、晦明、生殺、(輮)[柔]剛。萬民之恒事，男農、女工。貴之恒位，賢不肖不相(放)[方]。畜臣之恒道，任能毋過其所長。使民之恒度，去私而立公。變恒過度，以奇相禦。正、奇有位，而(名)[形]弗去。凡事無大小，物自爲舍。逆順死生，物自爲名。名形已定，物自爲正。

故唯執[道]者能上明於天之反，而中達君臣之半，密察於萬物之所終始，而弗爲主。故能至素至精，(悎)[浩]彌無形，然後可以爲天下正。

又《論約》　始於文而卒於武，天地之道也。四時有度，天地之(李)[理]也。日月星辰有數，天地之紀也。三時成功，一時刑殺，天地之道也。四時而定，不爽不(代)[忒]，常有法式，[天地之理也]。一立一廢，一生一殺，四時代正，終而復始，[人]事之理也。

逆順是守，功溢於天，故有死刑。功不及天，退而無名；功合於天，名乃大成，人事之理也。順則生，理則成，逆則死，失[則無]名。(伓)[倍]天之道，國乃無主，無主之國，逆順相攻。伐本(隋)[隳]功，亂生國亡。爲若(得)[失]天，亡地更君。不循天常，不節民力，周遷而無功。養死伐生，命曰逆成。不有人戮，必有天刑。逆節始生，愼毋(諶)[戡]正，彼且自抵其刑。

故執道者之觀於天下也，必審觀事之所始起，審其形名。形名已定，逆順有位，死生有分，存亡興壞有處，然後參之於天地之恆道，乃定禍福死生存亡興壞之所在。是故萬舉不失理，論天下無遺策。故能立天子，置三公，而天下化之。之謂有道。

又《名理》 道者，神明之原也。神明者，處於度之內而見於度之外者也。處於度之［內］者，不言而信；見於度之外者，言而不可易也。處於度之內者，靜而不可移也；見於度之外者，動而不可化也。靜而不移，動而不化，故曰神。神明者，見知之稽也。

有物始［生］，建於地而溢於天，莫見其形，大盈終天地之間而莫知其名。莫能見知，故有逆成；物乃下生，故有逆刑。禍及其身。養其所以死，伐其所以生。伐其本而離其親，伐其與而［敗其根］。後必亂而卒於無名。

如（燔）［蕃］如（卒）［倅］，事之反也；如（繇）［遙］如驕，生之反也。凡物羣（財）［材］，（絩）［超］長非恆者，其死必應之。三者皆動於度之外，而欲成功者也，功必不成，禍必反［自及也］。以剛爲柔者活，以柔爲剛者伐。重柔者吉，重剛者滅。諾者言之（符）［許］也，已者言之絶也。已諾不信，則知大惑矣。已諾必信，則處於度之內也。

天下有事，必審其名。名［理者］，循名究理之所之，是必爲福，非必爲（材）［災］。是非有分，以法斷之；虛靜謹聽，以法爲符。審察名理終始，是謂究理。唯公無私，見知不惑，乃知奮起。故執道者之觀於天下［也］，見正道循理，能與（舉）曲直，能（與）［舉］終始。故能循名究理。形名出聲，聲實調和。（禍）［福］（材）［災］廢立，如影之隨形，如響之隨聲，如衡之不藏重與輕。故唯執道者能虛靜公正，乃見［正道］，乃得名理之誠。

亂積於內而稱失於外者伐，亡（刑）［形］成於內而舉失於外者滅，逆則上溢而不知止者亡。國舉襲虛，其事若不成，是謂得天；其若果成，身必無名。重逆［以荒］，守道是行，國危有殃。兩逆相攻，交相爲殃，國皆危亡。

又《十大經・成法》 黄帝問力黑：唯余一人，兼有天下，（滑）［猾］民將生，（年）［佞］辯用（知）［智］，不可（法）［廢］（組）［沮］，吾恐或用之以亂天下。請問天下有成法可以正民者？力黑曰：然。昔天地既成，正若有名，合若有形，［乃］以守一名。上（捦）［淦］之天，下施之四海。吾聞天下成法，故曰不多，一言而（止）［已］。循名復一，民無亂紀。

黄帝曰：請問天下（猷）［猶］有一（虖）［乎］？力黑曰：然。昔者皇天使（馮）［風］下道一言而（止）［已］。五帝用之，以（朳）［八］天地，［以］揆四海，以（壞）［懷］下民，以正一世之士。夫是故讒民皆退，賢人咸起，五邪乃逃，（年）［佞］辯乃止。循名復一，民無亂紀。

黄帝曰：一者，一而已乎？其亦有長乎？力黑曰：一者，道其本也，胡爲而無長？［凡有］所失，莫能守一。一之解，察於天地；一之理，施於四海。何以知［一］之至，遠近之稽？夫唯一不失，一以（騶）［趨］化，少以知多。夫遠望四海，困極上下，四向相抱，各以其道。夫百言有本，千言有要，萬［言］有（蔥）［總］。萬物之多，皆閱一（空）［孔］。夫非正人也，孰能治此？（罷）［彼］必正人也，乃能操正以正奇，握一以知多，除民之所害，而持民之所宜。（紌）［抱］凡守一，與天地同極，乃可以知天地之禍福。

又《前道》 聖［人］舉事也，合於天地，順於民，（羊）［祥］於鬼神，使民同利，萬夫賴之，所謂義也。身載於前，主上用之，長利國家社稷，世利萬夫百姓。天下名軒執［國］士於是虛。壹言而利之者，士也；壹言而利國者，國士也。是故君子卑身以從道，（知）［智］以（辯）［辨］之，强以行之，責道以並世，柔身以待時。王公若知之，國家之幸也。

國大人衆，强國也。［若］身載於後，［主上不用之，則不利國家社稷、萬夫百姓。王公］而［不知之，乃國家之不］幸也。故王者不以幸［倖］治國，治國固有前道：上知天時，下知地利，中知人事。善陰陽□□□□□□□□□□□□□□□□［名］正者治，名（奇）［倚］者亂。正名不奇，（奇）［倚］名不立。正道不（台）［殆］，可後可始。乃可小夫，乃可國家。小夫得之以成，國家得之以寧。小國得之以守其野。大國［得之以］并兼天下。

道有原而無端，用（者）［則］實，弗用（者）［則］（雚）［窾］。合

之而涅於美，循之而有常。古之賢者，道是之行。知此道，地（且）［宜］天，鬼（且）［宜］人。以居軍［强］，以居國其國昌。古之賢者，道是之行。

又《順道》 黄帝問力黑曰：大（茔）［庭］氏之有天下也，不辨陰陽，不數日月，不志四時，而天開以時，地成以財。其爲之若何？力黑曰：大（茔）［庭］之有天下也，安徐正靜，柔節先定。（晁濕）［委燮］恭儉，卑約主柔，常後而不（失）［先］。體正信以仁，慈惠以愛人，端正（勇）［象］，弗敢以先人。

中（請）［靜］不（剌）［流］，執一毋求。刑於女節，所（生）［主］乃柔。［故安靜］正德，好德不爭。立於不敢，行於不能。戰示不敢，明（埶）［執］不能。守弱節而堅之，胥雄節之窮而因之。若此者其民勞不［優］，（几）［飢］不（飴）［怠］，死不（宛）［怨］。

不曠其衆，不爲兵（邾）［主］，不爲亂首，不爲怨媒，不陰謀，不擅斷疑，不謀削人之野，不謀劫人之宇。慎案其衆，以隨天地之從。不擅作事，以待逆節所窮。

（見）［俔］地奪力，天逆其時，因而（飾）［飭］之，事（環）［還］克之。若此者，戰勝不報，取地不反，戰勝於外，（福）［富］生於內，用力甚少，名聲章明，順之至也。

又《稱》 道無始而有應。其未來也，無之；其已來，如之。有物將來，其形先之。建以其形，名以其名。其言謂何？（環）［營］［刑］傷威，弛欲傷法，無隨傷道。數舉三者，有身弗能保，何國能守？

奇從奇，正從正，奇與正，恆不同廷。凡變之道，非益而損，非進而退。首變者凶。有儀而儀則不過，恃表而望則不惑，案法而治則不亂。聖人不爲始，不專己；不豫謀，［不棄時］；不爲得，不辭福。因天之則。失其天者死，欺其主者死，（翟）［佻］其上者危。心之所欲則志歸之，志之所欲則力歸之。故巢居者察風，穴處者知雨；憂存故也。憂之則［存］，安之則久；弗能（令）［領］者弗能有。

帝者臣，名臣，其實師也；王者臣，名臣，其實友也；霸者臣，名臣也，其實［賓也。危者］臣，名臣也，其實（庸）［傭］也；亡者臣，名臣也，其實虜也。自（光）［廣］者人绝之，［驕溢］人者其生危、其死辱（翳）［也］。居不犯凶，困不（擇）［釋］時。不受祿者，天子弗臣也；祿（泊）［薄］者，弗與犯難。故以人之自爲［也，不以人之爲我也］。不仕於盛盈之國，不嫁子於盛盈之家，不友［驕倨慢］易之［人］。

［聖人］不（埶）［執］偃兵，不（埶）［執］用兵；兵者不得已而行。知天之所始，察地之理，聖人（糜論）［靡淪］天地之紀，廣乎獨見，［卓乎］獨［知］，□［乎］獨□，□［乎］獨在。天子地方千里，諸侯百里，所以朕合之也。故立天子［者，不］使諸侯（疑）［擬］焉；立正嫡者，不使庶孽（疑）［擬］焉；立正妻者，不使（婢）［嬖］妾（疑）［擬］焉；（疑）［擬］則相傷，雜則相方。

時若可行，亟應勿言；［時］若未可，（涂）［杜］其門，毋見其端。天制寒暑，地制高下，人制取予。取予當，立爲［聖］王；取予不當，流之死亡。天有環刑，反受其殃。世恆不可（擇）［釋］法而用我，用我不可，是以生禍。有國存，天下弗能亡也；有國將亡，天下弗能存也。時極未至，而隱於德；既得其極，遠其德，（淺）［踐］［致］以力；既成其功，（環）［還］復其從（蹤），人莫能代（殆）。諸侯不報仇，不（修）［滌］恥，唯［義］所在。

隱忌妒（妹）［昧］賊（妾）［捷］，如此者，下其等而遠其身；不下其等不遠其身，禍乃將起。內事不和，不得言外；細事不察，不得言［大］。利不兼，賞不倍；戴角者無上齒。提正名以伐，得所欲而止。實穀不華，至言不飾，至樂不笑。華之屬，［必有實，實中］必有（覈）［核］，（覈）［核］中必有（意）［薏］。天地之道，有左有右，有牝有牡。（誥誥）［浩浩］作事，毋從我終始。雷［以］爲車，隆隆以爲馬。行而行，處而處。因地以爲資，因民以爲師；弗因無（犢）［神］也。

宮室過度，上帝所惡；爲者弗居，（唯）［雖］居必路。減衣衾，薄棺椁，禁也；疾役可。發澤，禁也；草（苁）［叢］可。（淺）［殘］林，禁也；聚［衆可］。墮高增下，禁也；大水至而可也。毋先天成，毋非時而榮。先天成則毀，非時而榮則不果。日爲明，月爲晦；昏而休，明而起。毋（失）［佚］天極，（廄）［究］數而止。强則令，弱則聽，敵則循繩而爭（靜）。行憎而索愛，父弗得子；行侮而索敬，君弗得臣。有宗將

興，如伐於［川］；有宗將壞，如伐於山。貞良而亡，先人餘殃；（商）［猖］（闕）［獗］而（栝）［活］，先人之（連）［烈］。（埤）［卑］而正者增，高而倚者傰（崩）。

山有木，其實屯屯。虎狼（爲）［雖］猛可揗，昆弟相居，不能相順。同則不肯，離則不能，傷國之神。［神胡不］來，胡不來相教（順）［訓］弟兄（茲）［哉］；昆弟之親，尚可易（戋）［哉］。天下有三死：忿不量力死，嗜欲無窮死，寡不避衆死。毋藉賊兵，毋（裹）［賨］盗（量）［糧］。藉賊兵，（裹）［賨］盗（量）［糧］，短者長，弱者强，贏絀變化，後將反（㐌）［施］。弗同而同，（舉）［與］而爲同；弗異而異，舉（與）而爲異；弗爲而自成，因而建事。

陽親而陰惡，謂外其膚而内其勮。不有内亂，必有外客。膚既爲膚，勮既爲勮；内亂不至，外客乃卻。得焉者不受其賜，亡［焉］者不怨（大其）［非］。［夫］天有明而不憂民之晦也，［百］姓闢其户牖而各取昭焉；天無事焉。地有［財］而不憂民之貧也，百姓斬木刜（刈）薪而各取富焉；地亦無事焉。諸侯有亂，正亂者失其理，亂國反行焉；其時未能也，至其子孫必行焉。故曰：制人而失其理，反制焉。

生人有居，［死］人有墓。令不得與死者從事。惑而（極）［亟］（反）［返］，［失］道不遠。臣有兩位者，其國必危；國若不危，君（臾）［猶］存也。失君必危，失君不危者，臣故（跂）［佐］也。子有兩位者，家必亂；家若不亂，親（臾）［猶］存也。［失親必］危［亂］，失親不亂，子故（跂）［佐］也。不用輔佐之助，不聽聖慧之慮，而恃其城郭之固，怙其勇力之（禦）［圉］，是謂身薄；身薄則貸（殆），以守不固，以戰不克。兩虎相爭，（奴）［駑］犬（制）［利］其餘。

善爲國者，（大）［太］上無刑，其［次正法］，［其］下鬥果訟果，（大）［太］下不鬥不訟（有）［又］不果。［夫］大（太）上爭於［化］，其次爭於明，其下（栽）［救］患禍。寒時而獨暑，暑時而獨寒，其生危，以其逆也。敬勝怠，敢勝疑。亡國之禍□□□□□□□□□□□□□□□□□□□□□□□□□□□□□□□□□□□□□□不信其［是］而不信其可也，不可矣；而不信其［非而不信其不可也，可矣。］□□□□□□□□□□□□□□□□□□□□□□□□□□□□□□□

□［故（莧）［觀］治以知亂］，（莧）［觀］前以知反（返）。故□□（莧）［觀］今之曲直，審其名，以稱斷之。積者積而居，胥時而用。（莧）［觀］主樹以知與治，合積化以知時；［以明奇］正貴［賤］存亡。

凡論必以陰陽［之］大義。天陽地陰，春陽秋陰，夏陽冬陰，晝陽夜陰。大國陽，小國陰，重國陽，輕國陰。有事陽而無事陰，（信）［伸］者陽而屈者陰。主陽臣陰，上陽下陰，男陽［女陰，父］陽［子］陰，兄陽弟陰，長陽少［陰］，貴［陽］賤陰，達陽窮陰。娶婦生子陽，有喪陰。制人者陽，制於人者陰。客陽主人陰。師陽役陰。言陽默陰。予陽受陰。諸陽者法天，天貴正；過正曰詭，□□□［過］（祭）［際］乃反。諸陰者法地，地［之］德安徐正静，柔節先定，善予不爭。此地之度而雌之節也。

又《道原》恆無之初，（迵）［洞］同（大）［太］虛。虛同爲一，恆一而（止）［已］。濕濕夢夢，未有明晦。神微周盈，精静不（配）［熙］。故未有以，萬物莫以。故無有形，大（迵）［同］無名。天弗能覆，地弗能載。小以成小，大以成大，盈四海之内，又包其外。在陰不腐，在陽不焦。一度不變，能適蚑蟯。鳥得而飛，魚得而（流）［游］，獸得而走。萬物得之以生，百事得之以成。人皆以之，莫知其名。人皆用之，莫見其形。

一者其號也，虛其舍也，無爲其素也，和其用也。是故（上）［夫］道高而不可察也，深而不可測也。顯明弗能爲名，廣大弗能爲形。獨立不偶，萬物莫之能（令）［離］。天地陰陽，［四］時日月，星辰雲氣，蚑行蟯（重）［動］，戴根之徒，皆取生，道弗爲益少；皆反焉，道弗爲益多。堅强而不（撌）［鞼］，柔弱而不可化。精微之所不能至，稽極之所不能過。

故唯聖人能察無形，能聽無［聲］。知虛之實，後能大虛；乃通天地之精，（通）［迵］同而無間，周襲而不盈。服此道者，是謂能精。明者固能察極，知人之所不能知，服人之所不能得。是謂察稽知極。聖王用此，天下服。

無好無惡，上用［察極］而民不（麋）［迷］惑。上虛下静而道得其正。信能無欲，可爲民命；信［能］無事，則萬物周（扁）［便］；分之

以其分，而萬民不爭；授之以其名，而萬物自定。不爲治勸，不爲亂（解）［懈］。廣大，弗務及也；深微，弗索得也。夫爲一而不化：得道之本，握少以知多；得事之要，操正以（政）［正］畸［奇］。前知（大）［太］古，後［能］精明。抱道執度，天下可一也。觀之大（太）古，周其所以；索之未無，得（之）［其］所以。

無爲而治論分部

論說

《老子·二章》 天下皆知美之爲美，斯惡已；皆知善之爲善，斯不善已。有無相生，難易相成，長短相形，高下相盈，音聲相和，前後相隨，恒也。是以聖人處『無爲』之事，行『不言』之教；萬物作而弗始，生而弗有，爲而弗恃，功成而弗居。夫唯弗居，是以不去。

又 **《三章》** 不尚賢，使民不爭；不貴難得之貨，使民不爲盜；不見可欲，使民心不亂。是以聖人之治，虛其心，實其腹，弱其志，强其骨。常使民無知無欲。使夫智者不敢爲也。爲無爲，則無不治。

又 **《十二章》** 五色令人目盲；五音令人耳聾；五味令人口爽；馳騁畋獵，令人心發狂；難得之貨，令人行妨。是以聖人爲腹不爲目，故去彼取此。

又 **《二十九章》** 將欲取天下而爲之，吾見其不得已。天下神器，不可爲也，不可執也。爲者敗之，執者失之。是以聖人無爲，故無敗；無執，故無失。夫物或行或隨；或歔或吹；或强或羸；或載或隳。是以聖人去甚，去奢，去泰。

又 **《四十五章》** 大成若缺，其用不弊。大盈若沖，其用不窮。大直若屈，大巧若拙，大辯若訥。靜勝躁，寒勝熱。清靜爲天下正。

又 **《四十八章》** 爲學日益，爲道日損。損之又損，以至於無爲。無爲而無不爲。取天下常以無事，及其有事，不足以取天下。

又 **《五十七章》** 以正治國，以奇用兵，以無事取天下。吾何以知其然哉？以此：天下多忌諱，而民彌貧；人多利器，國家滋昏；人多伎巧，奇物滋起；法令滋彰，盜賊多有。故聖人云：『我無爲，而民自化；我好靜，而民自正；我無事，而民自富；我無欲，而民自樸。』

又 **《五十八章》** 其政悶悶，其民淳淳；其政察察，其民缺缺。是以聖人方而不割，廉而不劌，直而不肆，光而不耀。

又 **《六十三章》** 爲無爲，事無事，味無味。圖難於其易，爲大於其細；天下難事，必作於易，天下大事，必作於細。是以聖人終不爲大，故能成其大。夫輕諾必寡信，多易必多難。是以聖人猶難之，故終無難矣。

又 **《七十五章》** 民之饑，以其上食稅之多，是以饑。民之難治，以其上之有爲，是以難治。民之輕死，以其上求生之厚，是以輕死。夫唯無以生爲者，是賢於貴生。

《論語·衛靈公》 子曰：『無爲而治者其舜也與？夫何爲哉？恭己正南面而已矣。』

《莊子·應帝王》 齧缺問於王倪，四問而四不知。齧缺因躍而大喜，行以告蒲衣子。蒲衣子曰：『而乃今知之乎？有虞氏不及泰氏。有虞氏，其猶藏仁以要人；亦得人矣，而未始出於非人。泰氏，其卧徐徐，其覺于于；一以己爲馬，一以己爲牛；其知情信，其德甚真，而未始入於非人。』

肩吾見狂接輿，狂接輿曰：『日中始何以語女？』肩吾曰：『告我君人者以己出經式義度，人孰敢不聽而化諸！』狂接輿曰：『是欺德也。其於治天下也，猶涉海鑿河，而使蚊負山也。夫聖人之治也，治外乎？正而後行，確乎能其事者而已矣。且鳥高飛以避矰弋之害，鼷鼠深穴乎神丘之下，以避熏鑿之患，而曾二蟲之無知！』

天根游於殷陽，至蓼水之上，適遭無名人而問焉，曰：『請問爲天下。』無名人曰：『去！汝鄙人也，何問之不豫也！予方將與造物者爲人，厭，則又乘夫莽眇之鳥，以出六極之外，而遊無何有之鄉，以處壙埌之野。汝又何帠以治天下感予之心爲？』又復問。無名人曰：『汝遊心於淡，合氣於漠，順物自然而無容私焉，而天下治矣。』

陽子居見老聃，曰：『有人於此，嚮疾强梁，物徹疏明，學道不勸。如是者，可比明王乎？』老聃曰：『是於聖人也，胥易技係，勞形怵心者也。且也虎豹之文來田，猨狙之便來藉。如是者，可比明王乎？』陽子居蹵然曰：『敢問明王之治。』老聃曰：『明王之治：功蓋天下而似不自己，化貸萬物而民弗恃；有莫舉名，使物自喜；立乎不測，而遊於無有者也。』

又《在宥》 聞在宥天下，不聞治天下也。在之也者，恐天下之淫其性也；宥之也者，恐天下之遷其德也。天下不淫其性，不遷其德，有治天下者哉！昔堯之治天下也，使天下欣欣焉人樂其性，是不恬也；桀之治天下也，使天下瘁瘁焉人苦其性，是不愉也。夫不恬不愉，非德也。非德也而可長久者，天下無之。

人大喜邪？毗於陽；大怒邪？毗於陰。陰陽並毗，四時不至，寒暑之和不成，其反傷人之形乎！使人喜怒失位，居處無常，思慮不自得，中道不成章，於是乎天下始喬詰卓鷙，而後有盜跖、曾、史之行。故舉天下以賞其善者不足，舉天下以罰其惡者不給，故天下之大，不足以賞罰。自三代以下者，匈匈焉終以賞罰爲事，彼何暇安其性命之情哉！

而且説明邪？是淫於色也；説聰邪？是淫於聲也；説仁邪？是亂於德也；説義邪？是悖於理也；説禮邪？是相於技也；説樂邪？是相於淫也；説聖邪？是相於藝也；説知邪？是相於疵也。天下將安其性命之情，之八者，存可也，亡可也；天下將不安其性命之情，之八者，乃始臠卷獊囊而亂天下也。而天下乃始尊之惜之，甚矣天下之惑也！豈直過也而去之邪！乃齋戒以言之，跪坐以進之，鼓歌以儛之，吾若是何哉！

故君子不得已而臨莅天下，莫若無爲。無爲也而後安其性命之情。故曰：『貴以身爲天下，則可以託天下；愛以身爲天下，則可以寄天下。』故君子苟能無解其五藏，無擢其聰明；尸居而龍見，淵默而雷聲，神動而天隨，從容無爲而萬物炊累焉。吾又何暇治天下哉！

崔瞿問於老聃曰：『不治天下，安臧人心？』

老聃曰：『女慎無攖人心。人心排下而進上，上下囚殺，淖約柔乎剛彊，廉劌雕琢，其熱焦火，其寒凝冰。其疾俛仰之間而再撫四海之外，其居也淵而靜，其動也縣而天。僨驕而不可係者，其唯人心乎！

『昔者黄帝始以仁義攖人之心，堯舜於是乎股無胈，脛無毛，以養天下之形，愁其五藏以爲仁義，矜其血氣以規法度。然猶有不勝也，堯於是放讙兜於崇山，投三苗於三峗，流共工於幽都，此不勝天下也。夫施及三王而天下大駭矣。下有桀跖，上有曾史，而儒墨畢起。於是乎喜怒相疑，愚知相欺，善否相非，誕信相譏，而天下衰矣；大德不同，而性命爛漫矣；天下好知，而百姓求竭矣。於是乎釿鋸制焉，繩墨殺焉，椎鑿決焉。天下脊脊大亂，罪在攖人心。故賢者伏處大山嵁巖之下，而萬乘之君憂慄乎廟堂之上。

『今世殊死者相枕也，桁楊者相推也，刑戮者相望也，而儒墨乃始離跂攘臂乎桎梏之間。意，甚矣哉！其無愧而不知恥也甚矣！吾未知聖知之不爲桁楊接槢也，仁義之不爲桎梏鑿枘也，焉知曾史之不爲桀跖嚆矢也！故曰：「絶聖棄知而天下大治。」』【略】

夫有土者，有大物也。有大物者，不可以物；物而不物，故能物物。明乎物物者之非物也，豈獨治天下百姓而已哉！出入六合，遊乎九州，獨往獨來，是謂獨有。獨有之人，是謂至貴。

又《天地》 天地雖大，其化均也；萬物雖多，其治一也；人卒雖衆，其主君也。君原於德而成於天，故曰，玄古之君天下，無爲也，天德而已矣。

以道觀言，而天下之名正；以道觀分，而君臣之義明；以道觀能，而天下之官治；以道汎觀，而萬物之應備。故通於天者，道也；順於地者，德也；行於萬物者，義也；上治人者，事也；能有所藝者，技也。技兼於事，事兼於義，義兼於德，德兼於道，道兼於天。故曰：古之畜天下者，無欲而天下足，無爲而萬物化，淵靜而百姓定。記曰：『通於一而萬事畢。無心得而鬼神服。』

夫子曰：『夫道，覆載萬物者也，洋洋乎大哉！君子不可以不刳心焉。無爲爲之之謂天，無爲言之之謂德，愛人利物之謂仁，不同同之之謂大，行不崖異之謂寬，有萬不同之謂富。故執德之謂紀，德成之謂立，循於道之謂備，不以物挫志之謂完。君子明於此十者，則韜乎其事心之大也，沛乎其爲萬物逝也。若然者，藏金於山，沈珠於淵，不利貨財，不近

貴富；不樂壽，不哀夭；不榮通，不醜窮；不拘一世之利以爲己私分，不以王天下爲己處顯。顯則明，萬物一府，死生同狀。』

夫子曰：『夫道，淵乎其居也，漻乎其清也。金石不得，無以鳴。故金石有聲，不考不鳴。萬物孰能定之！

『夫王德之人，素逝而恥通於事，立之本原而知通於神。故其德廣，其心之出，有物採之。故形非道不生，生非德不明。存形窮生，立德明道，非王德者邪！蕩蕩乎！忽然出，勃然動，而萬物從之乎！此謂王德之人。

『視乎冥冥，聽乎無聲。冥冥之中，獨見曉焉；無聲之中，獨聞和焉。故深之又深而能物焉，神之又神而能精焉；故其與萬物接也，至無而供其求，時騁而要其宿。大小，長短，修遠。』

又《天道》 天道運而無所積，故萬物成；帝道運而無所積，故天下歸；聖道運而無所積，故海內服。明於天，通於聖，六通四辟於帝王之德者，其自爲也，昧然無不靜者矣。聖人之靜也，非曰靜也善，故靜也；萬物無足以鐃心者，故靜也。水靜則明燭鬚眉，平中準，大匠取法焉。水靜猶明，而況精神！聖人之心靜乎！天地之鑑也，萬物之鏡也。夫虛靜恬淡寂漠無爲者，天地之本，而道德之至，故帝王聖人休焉。休則虛，虛則實，實者備矣。虛則靜，靜則動，動則得矣。靜則無爲，無爲也則任事者責矣。無爲則俞俞，俞俞者憂患不能處，年壽長矣。夫虛靜恬淡寂漠無爲者，萬物之本也。明此以南鄉，堯之爲君也；明此以北面，舜之爲臣也。以此處上，帝王天子之德也；以此處下，玄聖素王之道也。以此退居而閒遊，則江海山林之士服；以此進爲而撫世，則功大名顯而天下一也。靜而聖，動而王，無爲也而尊，樸素而天下莫能與之爭美。

夫明白於天地之德者，此之謂大本大宗，與天和者也；所以均調天下，與人和者也。與人和者，謂之人樂；與天和者，謂之天樂。

莊子曰：『吾師乎！吾師乎！韲萬物而不爲義，澤及萬世而不爲仁，長於上古而不爲壽，覆載天地刻雕衆形而不爲巧，此之爲天樂。故曰：「知天樂者，其生也天行，其死也物化。靜而與陰同德，動而與陽同波。」故知天樂者，無天怨，無人非，無物累，無鬼責。故曰：「其動也天，其靜也地，一心定而天地正；其魄不祟，其魂不疲，一心定而萬物服。」言以虛靜推於天地，通於萬物，此之謂天樂。天樂者，聖人之心，以畜天下也。』

昔者舜問於堯曰：『天王之用心何如？』堯曰：『吾不敖無告，不廢窮民，苦死者，嘉孺子而哀婦人。此吾所以用心已。』舜曰：『美則美矣，而未大也。』堯曰：『然則何如？』舜曰：『天德而土寧，日月照而四時行，若晝夜之有經，雲行而雨施矣。』堯曰：『膠膠擾擾乎！子，天之合也；我，人之合也。』夫天地者，古之所大也，而黄帝堯舜之所共美也。故古之王天下者，奚爲哉？天地而已矣。

夫子曰：『夫道，於大不終，於小不遺，故萬物備，廣廣乎其無不容也，淵淵乎其不可測也。形德仁義，神之末也，非至人孰能定之！夫至人有世，不亦大乎！而不足以爲之累。天下奮棅而不與之偕，審乎無假而不與利遷，極物之真，能守其本，故外天地，遺萬物，而神未嘗有所困也。通乎道，合乎德，退仁義，賓禮樂，至人之心有所定矣。』

又《知北遊》 天地有大美而不言，四時有明法而不議，萬物有成理而不說。聖人者，原天地之美而達萬物之理，是故至人無爲，大聖不作，觀於天地之謂也。

合彼神明至精，與彼百化，物已死生方圓，莫知其根也，扁然而萬物自古以固存。六合爲巨，未離其內；秋豪爲小，待之成體。天下莫不沉浮，終身不故；陰陽四時運行，各得其序。惛然若亡而存，油然不形而神，萬物畜而不知。此之謂本根，可以觀於天矣。

又《徐無鬼》 徐無鬼見武侯，武侯曰：『先生居山林，食芧栗，厭葱韭，以賓寡人，久矣夫！今老邪？其欲干酒肉之味邪？其寡人亦有社稷之福邪？』徐無鬼曰：『無鬼生於貧賤，未嘗敢飲食君之酒肉，將來勞君也。』君曰：『何哉，奚勞寡人？』曰：『勞君之神與形。』武侯曰：『何謂邪？』徐無鬼曰：『天地之養也一，登高不可以爲長，居下不可以爲短。君獨爲萬乘之主，以苦一國之民，以養耳目鼻口，夫神者不自許也。夫神者，好和而惡姦；夫姦，病也，故勞之。唯君所病之，何也？』武侯曰：『欲見先生久矣。吾欲愛民而爲義偃兵，其可乎？』徐無鬼曰：『不可。愛民，害民之始也；爲義偃兵，造兵之本也。君自此爲之，則殆不成。凡成美，惡器也；君雖爲仁義，幾且僞哉！形固造形，

成固有伐，變固外戰。君亦必無盛鶴列於麗譙之間，無徒驥於錙壇之宮，無藏逆於得，無以巧勝人，無以謀勝人，無以戰勝人。夫殺人之士民，兼人之土地，以養吾私與吾神者，其戰不知孰善？勝之惡乎在？君若勿已矣，脩胸中之誠，以應天地之情而勿攖。夫民死已脫矣，君將惡乎用夫偃兵哉！」

黃帝將見大隗乎具茨之山，方明爲御，昌寓驂乘，張若謵朋前馬，昆閽滑稽後車；至於襄城之野，七聖皆迷，無所問塗。適遇牧馬童子，問塗焉，曰：『若知具茨之山乎？』曰：『然。』『若知大隗之所存乎？』曰：『然。』

黃帝曰：『異哉小童！非徒知具茨之山，又知大隗之所存。請問爲天下。』小童曰：『夫爲天下者，亦若此而已矣，又奚事焉！予少而自遊於六合之內，予適有瞀病，有長者教予曰：「若乘日之車而遊於襄城之野。」今予病少痊，予又且復遊於六合之外。夫爲天下亦若此而已。予又奚事焉！』黃帝曰：『夫爲天下者，則誠非吾子之事。雖然，請問爲天下。』小童辭。黃帝又問。小童曰：『夫爲天下者，亦奚以異乎牧馬者哉！亦去其害馬者而已矣！』黃帝再拜稽首，稱天師而退。

又 《則陽》 少知問於大公調曰：『何謂丘里之言？』大公調曰：『丘里者，合十姓百名而以爲風俗也，合異以爲同，散同以爲異。今指馬之百體而不得馬，而馬係於前者，立其百體而謂之馬也。是故丘山積卑而爲高，江河合小而爲大，大人合并而爲公。是以自外入者，有主而不執；由中出者，有正而不距。四時殊氣，天不賜，故歲成；五官殊職，君不私，故國治；文武殊能，大人不賜，故德備；萬物殊理，道不私，故無名。無名故無爲，無爲而無不爲。時有終始，世有變化。禍福淳淳，至有所拂者而有所宜，自殉殊面，有所正者有所差。比於大澤，百材皆度；觀於大山，木石同壇。此之謂丘里之言。』

絶聖棄智論分部

論說

《老子·十九章》 絶聖棄智，民利百倍；絶仁棄義，民復孝慈；絶巧棄利，盜賊無有。此三者以爲文，不足。故令有所屬：見素抱樸，少私寡欲，絶學無憂。

又 《六十五章》 古之善爲道者，非以明民，將以愚之。民之難治，以其智多。故以智治國，國之賊；不以智治國，國之福。知此兩者亦稽式。常知稽式，是謂『玄德』。『玄德』深矣，遠矣，與物反矣，然後乃至大順。

《莊子·胠篋》 彼聖人者，天下之利器也，非所以明天下也。故絶聖棄知大盜乃止；擿玉毀珠，小盜不起；焚符破璽，而民朴鄙；掊斗折衡，而民不爭；殫殘天下之聖法，而民始可與論議。擢亂六律，鑠絶竽瑟，塞師曠之耳，而天下始人含其聰矣；滅文章，散五采，膠離朱之目，而天下始人含其明矣；毀絶鉤繩而棄規矩，攦工倕之指，而天下始人含其巧矣。削曾史之行，鉗楊墨之口，攘棄仁義，而天下之德始玄同矣。彼人含其明，則天下不鑠矣；人含其聰，則天下不累矣；人含其知，則天下不惑矣；人含其德，則天下不僻矣。彼曾、史、楊、墨、師曠、工倕、離朱，皆外立其德而以爚亂天下者也，法之所無用也。

上誠好知而無道，則天下大亂矣。何以知其然邪？夫弓弩畢弋機辟之知多，則鳥亂於上矣；鉤餌罔罟罾笱之知多，則魚亂於水矣；削格羅落罝罘之知多，則獸亂於澤矣；知詐漸毒頡滑堅白解垢同異之變多，則俗惑於辯矣。故天下每每大亂，罪在於好知。故天下皆知求其所不知而莫知求其所已知者，皆知非其所不善而莫知非其所已善者，是以大亂。故上悖日月之明，下爍山川之精，中墮四時之施；惴耎之蟲，肖翹之物，莫不失其性。甚矣夫好知之亂天下也！自三代以下者是已，舍夫種種之民

而悦夫役役之佞，釋夫恬淡無爲而悦夫啍啍之意，啍啍已亂天下矣。

勢治論分部

論說

《管子·勢》逆節萌生，天地未刑，先爲之政，其事乃不成，繆受其刑。天因人，聖人因天。天時不作，勿爲客。人事不起，勿爲始。慕和其衆，以修天地之從。人先生之，天地刑之，聖人成之，則與天同極。正靜不爭，動作不貳，素質不留，與地同極。未得天極，則隱於德。已得天極，則致其力。既成其功，順守其從，人不能代。成功之道，嬴縮爲寶。毋亡天極，究數而止。事若未成，毋改其刑，毋失其始。靜民觀時，待令而起。故曰：修陰陽之從，而道天地之常。嬴嬴縮縮，因而爲當。死死生生，因天地之形。天地之形，聖人成之。小取者小利，大取者大利。盡行之者有天下。

《商君書·禁使》人主之所以禁使者，賞罰也。賞隨功，罰隨罪。故論功察罪不可不審也。夫賞高罰下而上無必知其道也，與無道同也。凡知道者，勢數也。故先王不恃其彊而恃其勢，不恃其信而恃其數。今夫飛蓬遇飄風而行千里，乘風之勢也。探淵者知千仞之深，縣繩之數也。故託其勢者雖遠必至，守其數者雖深必得。今夫幽夜，山陵之大而離婁不見；清朝日鮨，則上別飛鳥，下察秋豪。故目之見也，託日之勢也。得勢之至，不參官而潔，陳數而物當。今恃多官衆吏，官立丞監。夫置丞立監者，且以禁人之爲利也，而丞監亦欲爲利，則何以相禁。故恃丞監而治者，僅存之治也。通數者不然也，別其勢，難其道。故曰：其勢難匿者，雖跖不爲非焉。故先王貴勢。

或曰：人主執虛後以應，則物應稽驗，稽驗則姦得。臣以爲不然。夫吏專制決事於千里之外，十二月而計書以定事，以一歲別計而主以一聽見所疑焉，不可，蔽員不足。夫物至則目不得不見，言薄則耳不得不聞；故物至則變，言至則論。故治國之制，民不得避罪如目不能以所見遁心。今亂國不然，恃多官衆吏。吏雖衆，同體一也。夫同體一者相不可。且夫利異而害不同者，先王所以爲保也。故至治，夫妻交友不能相爲棄惡蓋非而不害於親，民人不能相爲隱。上與吏也，事合而利異者也。今夫騶虞以相監，不可，事合而利異者也。□□□□□□□□□□若使馬馬能焉，則騶虞無所逃其惡矣，利異也。利合而惡同者，父不能以問子，君不能以問臣。吏之與吏，利合而惡同者。夫事合而利異者，先王之所以爲端也。民之蔽主而不害於蓋，賢者不能益，不肖者不能損。故遺賢去知，治之數也。

《愼子·威德》天有明，不憂人之暗也。地有財，不憂人之貧也。聖人有德，不憂人之危也。天雖不憂人之暗，闢户牖必取己明焉，則天無事也。地雖不憂人之貧，伐木刈草必取己富焉，則地無事也。聖人雖不憂人之危，百姓準上而比於下，其必取己安焉，則聖人無事也。故聖人處上，能無害人，不能使人無己害也，則百姓除其害矣。聖人之有天下也，受之也，非取之也。百姓之於聖人也，養之也，非使聖人養己也，則聖人無事矣。毛嬙、西施，天下之至姣也，衣之以皮倛，則見者皆走；易之以元緆，則行者皆止。由是觀之，則元緆色之助也。姣者辭之，則色厭矣。走背跋踚窮谷野走十里，藥也。走背辭藥則足廢。故騰蛇遊霧，飛龍乘雲，雲罷霧霽，與蚯蚓同，則失其所乘也。故賢而屈於不肖者，權輕也。不肖而服於賢者，位尊也。堯爲匹夫，不能使其鄰家，至南面而王，則令行禁止。由此觀之，賢不足以服不肖，而勢位足以屈賢矣。故無名而斷者，權重也。弩弱而矰高者，乘於風也。身不肖而令行者，得助於衆也。故舉重越高者，不慢於藥。愛赤子者，不慢於保。絶險歷遠者，不慢於御。此得助則成，釋助則廢矣。夫三王五伯之德，參於天地，通於鬼神，周於生物者，其得助博也。古者，工不兼事，士不兼官。工不兼事則事省，事省則易勝。士不兼官則職寡，職寡則易守。故士位可世，工事可常。百工之子，不學而能者，非生巧也，言有常事也。今也國無常道，官無常法，是以國家日繆。教雖成，官不足。官不足則道理匱，道理匱則慕賢智，慕賢智則國家之政要，在一人之心矣。古者，立天子而貴之者，非以利一人也。曰：天下無一貴，則理無由通。通理以爲天下也。故立天

子以爲天下，非立天下以爲天子也。立國君以爲國，非立國以爲君也。立官長以爲官，非立官以爲長也。法雖不善，猶愈於無法，所以一人心也。夫投鉤以分財，投策以分馬，非鉤策爲均也，使得美者，不知所以德；使得惡者，不知所以怨，此所以塞願望也。故著龜，所以立公識也。權衡，所以立公正也。書契，所以立公信也。度量，所以立公審也。法制禮籍，所以立公義也。凡立公，所以棄私也。明君動事分功必由慧，定賞分財必由法，行德制中必由禮。故欲不得干時，愛不得犯法，貴不得踰親，祿不得踰位，士不得兼官，工不得兼事。以能受事，以事受利。若是者，上無羨賞，下無羨財。

《韓非子・難三》 秦昭王問於左右曰：『今時韓、魏孰與始强？』左右對曰：『弱於始也。』『今之如耳、魏齊孰與曩之孟常、芒卯？』對曰：『不及也。』王曰：『孟常、芒卯率强韓、魏猶無奈寡人何也！』左右對曰：『甚然！』中期推琴而對曰：『王之料天下過矣！夫六晉之時，知氏最强，滅范、中行而從韓、魏之兵以伐趙，灌以晉水，城之未沈者三板。知伯出，魏宣子御，韓康子爲驂乘，知伯曰：「始吾不知水可以滅人之國，吾乃今知之。汾水可以灌安邑，絳水可以灌平陽。」魏宣子肘韓康子，康子踐宣子之足，肘足接乎車上，而知氏分於晉陽之下。今足下雖强，未若知氏；韓、魏雖弱，未至如其在晉陽之下也。此天下方用肘足之時，願王勿易之也。』

或曰：昭王之問也有失，左右中期之對也有過。凡明主之治國也，任其勢。勢不可害，則雖强天下無奈何也，而況孟常、芒卯、韓、魏能奈我何！其勢可害也，則不肖如如耳、魏齊，及韓、魏猶能害之。然則害與不侵，在自恃而已矣，奚問乎？自恃其不可侵，則强與弱奚其擇焉？失在不自恃，而問其奈何也，其不侵也幸矣！申子曰：『失之數而求之信則疑矣。』其昭王之謂也。知伯無度，從韓康、魏宣而圖以水灌滅其國，此知伯之所以國亡而身死、頭爲飲杯之故也。今昭王乃問孰與始强，其畏有水人之患乎？雖有左右非韓、魏之二子也，安有肘足之事，而中期曰『勿易』，此虛言也。且中期之所官，琴瑟也，絃不調，弄不明，中期之任也，此中期所以事昭王者也。中期善承其任，未慊昭王也，而爲所不知，豈不妄哉！左右對之曰『弱於始』與『不及』則可矣，其曰『甚然』則諛也。申子曰：『治不踰官，雖知不言。』今中期不知而尚言之。故曰昭王之問有失，左右中期之對皆有過也。

又《難勢》 慎子曰：『飛龍乘雲，騰蛇遊霧，雲罷霧霽，而龍蛇與螾螘同矣，則失其所乘也。賢人而詘於不肖者，則權輕位卑也；不肖而能服於賢者，則權重位尊也。堯爲匹夫不能治三人，而桀爲天子能亂天下，吾以此知勢位之足恃，而賢智之不足慕也。夫弩弱而矢高者，激於風也；身不肖而令行者，得助於衆也。堯教於隸屬而民不聽，至於南面而王天下，令則行，禁則止。由此觀之，賢智未足以服衆，而勢位足以詘賢者也。』

應慎子曰：飛龍乘雲，騰蛇遊霧，吾不以龍蛇爲不託於雲霧之勢也。雖然，夫釋賢而專任勢，足以爲治乎？則吾未得見也。夫有雲霧之勢，而能乘遊之者，龍蛇之材美也。今雲盛而螾弗能乘也，霧醲而螘不能遊也，夫有盛雲醲霧之勢而不能乘遊者，螾螘之材薄也。今桀、紂南面而王天下，以天子之威爲之雲霧，而天下不免乎大亂者，桀、紂之材薄也。且其人以堯之勢以治天下也，其勢何以異桀之勢也，亂天下者也。夫勢者，非能必使賢者用已，而不肖者不用已也，賢者用之則天下治，不肖者用之則天下亂。人之情性，賢者寡而不肖者衆，而以威勢之利濟亂世之不肖人，則是以勢亂天下者多矣，以勢治天下者寡矣。夫勢者，便治而利亂者也，故《周書》曰：『毋爲虎傅翼，將飛入邑，擇人而食之。』夫乘不肖人於勢，是爲虎傅翼也。桀、紂爲高臺深池以盡民力，爲炮烙以傷民性，桀、紂得乘四行者，南面之威爲之翼也。使桀、紂爲匹夫，未始行一而身在刑戮矣。勢者，養虎狼之心，而成暴亂之事者也，此天下之大患也。勢之於治亂，本末有位也，而語專言勢之足以治天下者，則其智之所至者淺矣。夫良馬固車，使臧獲御之則爲人笑，王良御之而日取千里，車馬非異也，或至乎千里，或爲人笑，則巧拙相去遠矣。今以國位爲車，以勢爲馬，以號令爲轡，以刑罰爲鞭筴，使堯、舜御之則天下治，桀、紂御之則天下亂，則賢不肖相去遠矣。夫欲追速致遠，不知任王良；欲進利除害，不知任賢能；此則不知類之患也。夫堯、舜亦治民之王良也。

復應之曰：其人以勢爲足恃以治官。客曰『必待賢乃治』，則不然矣。夫勢者，名一而變無數者也。勢必於自然，則無爲言於勢矣。吾所爲

言勢者，言人之所設也。今日堯、舜得勢而治，桀、紂得勢而亂，吾非以堯、桀爲不然也。雖然，非一人之所得設也。夫堯、舜生而在上位，雖有十桀、紂不能亂者，則勢治也；桀、紂亦生而在上位，雖有十堯、舜而亦不能治者，則勢亂也。故曰：『勢治者，則不可亂；而勢亂者，則不可治也。』此自然之勢也，非人之所得設也。若吾所言，謂人之所得勢也而已矣，賢何事焉？何以明其然也？客曰：『人有鬻矛與楯者，譽其楯之堅，物莫能陷也，俄而又譽其矛曰：「吾矛之利，物無不陷也。」人應之曰：「以子之矛陷子之楯何如？」其人弗能應也。』以爲不可陷之楯，與無不陷之矛，爲名不可兩立也。夫賢之爲勢不可禁，而勢之爲道也無不禁，以不可禁之勢，此矛楯之説也；夫賢勢之不相容亦明矣。且夫堯、舜、桀、紂千世而一出，是比肩隨踵而生也，世之治者不絶於中。吾所以爲言勢者，中也。中者，上不及堯、舜，而下亦不爲桀、紂，抱法處勢則治，背法去勢則亂。今廢勢背法而待堯、舜，堯、舜至乃治，是千世亂而一治也。抱法處勢而待桀、紂，桀、紂至乃亂，是千世治而一亂也。且夫治千而亂一，與治一而亂千也，是猶乘驥駬而分馳也，相去亦遠矣。夫棄隱栝之法，去度量之數，使奚仲爲車，不能成一輪。無慶賞之勸，刑罰之威，釋勢委法，堯、舜户説而人辯之，不能治三家。夫勢之足用亦明矣，而曰必待賢則亦不然矣。且夫百日不食以待粱肉，餓者不活；今待堯、舜之賢乃治當世之民，是猶待粱肉而救餓之説也。夫曰良馬固車，臧獲御之則爲人笑，王良御之則日取乎千里，吾不以爲然。夫待越人之善海遊者以救中國之溺人，越人善遊矣，而溺者不濟矣。夫待古之王良以馭今之馬，亦猶越人救溺之説也，不可亦明矣。夫良馬固車，五十里而一置，使中手御之，追速致遠，可以及也，而千里可日致也，何必待古之王良乎！且御，非使王良也，則必使臧獲敗之；治，非使堯、舜也，則必使桀、紂亂之。此味非飴蜜也，必苦菜亭歷也。此則積辯累辭，離理失術，兩末之議也，奚可以難，失道理之言乎哉！客議未及此論也。

中正論分部

論　説

《管子·正》　制斷五刑，各當其名。罪人不怨，善人不驚，曰刑。正之服之，勝之飾之，必嚴其令，而民則之，曰政。如四時之不貣，如星辰之不變，如宵如晝，如陰如陽，如日月之明，曰法。愛之生之，養之成之，利民不得，天下親之，曰德。無德無怨，無好無惡，萬物崇一，陰陽同度，曰道。刑以弊之，政以命之，法以遏之，德以養之，道以明之。刑以弊之，毋失民命。令之以終其欲，明之毋徑。遏之以絶其志意，毋使民幸。養之以化其惡，必自身始。明之以察其生，必修其理。致刑，其民庸心以蔽。致政，其民服信以聽。致德，其民和平以靜。致道，其民付而不爭。罪人當名曰刑，出令時當曰正，當故不改曰法，愛民無私曰德，會民所聚曰道。

立常行政，能服信乎？中和慎敬，能日新乎？正衡一靜，能守慎乎？廢私立公，能舉人乎？臨政官民，能後其身乎？能服信政，此謂正紀。能服日新，此謂行理。守慎正名，僞詐自止。舉人無私，臣德咸道。能後其身，上佐天子。

尚賢論分部

論　説

《墨子·尚賢上》　子墨子言曰：古者王公大人爲政於國家者，皆欲國家之富，人民之衆，刑政之治。然而不得富而得貧，不得衆而得寡，

不得治而得亂，則是本失其所欲，得其所惡，是其故何也？

子墨子言曰：是在王公大人爲政於國家者，不能以尚賢事能爲政也。是故國有賢良之士衆，則國家之治厚；賢良之士寡，則國家之治薄。故大人之務，將在於衆賢而已。

曰：然則衆賢之術將柰何哉？子墨子言曰：譬若欲衆其國之善射御之士者，必將富之貴之，敬之譽之，然後國之善射御之士將可得而衆也。況又有賢良之士厚乎德行、辯乎言談、博乎道術者乎？此固國家之珍，而社稷之佐也。亦必且富之貴之，敬之譽之，然後國之良士亦將可得而衆也。

是故古者聖王之爲政也，言曰：『不義不富，不義不貴，不義不親，不義不近。』是以國之富貴人聞之，皆退而謀曰：『始我所恃者，富貴也。今上舉義不辟貧賤，然則我不可不爲義。』親者聞之，亦退而謀曰：『始我所恃者，親也。今上舉義不辟親疏，然則我不可不爲義。』近者聞之，亦退而謀曰：『始我所恃者，近也。今上舉義不辟遠近，然則我不可不爲義。』遠者聞之，亦退而謀曰：『我始以遠爲無恃。今上舉義不辟遠，然則我不可不爲義。』逮至遠鄙郊外之臣、闕庭庶子、國中之衆、四鄙之萌人，聞之皆競爲義。是其故何也？曰：上之所以使下者，一物也；下之所以事上者，一術也。譬之富者，有高墻深宮，墻立既謹，上爲鑿一門。有盜人入，闔其自入而求之，盜其無自出。是其故何也？則上得要也。

故古者聖王之爲政，列德而尚賢，雖在農與工肆之人，有能則舉之，高予之爵，重予之祿，任之以事，斷予之令。曰：『爵位不高則民弗敬，蓄祿不厚則民不信，政令不斷則民不畏。』舉三者授之賢者，非爲賢賜也，欲其事之成。故當是時，以德就列，以官服事，以勞殿賞，量功而分祿。故官無常貴，而民無終賤，有能則舉之，無能則下之。舉公義，辟私怨，此若言之謂也。

故古者堯舉舜於服澤之陽，授之政，天下平；禹舉益於陰方之中，授之政，九州成；湯舉伊尹於庖厨之中，授之政，其謀得；文王舉閎夭、泰顛於罝罔之中，授之政，西土服。故當是時，雖在於厚祿尊位之臣，莫不敬懼而施，雖在農與工肆之人，莫不競勸而尚意。故士者，所以

爲輔相承嗣也。故得士則謀不困，體不勞，名立而功成，美章而惡不生，則由得士也。

是故子墨子言曰：得意，賢士不可不舉；不得意，賢士不可不舉。尚欲祖述堯舜禹湯之道，將不可不以尚賢。夫尚賢者，政之本也。

又《尚賢中》 子墨子言曰：今王公大人之君人民、主社稷、治國家，欲脩保而無失，故不察尚賢爲政之本也？何以知尚賢之爲政本也？曰：自貴且智者爲政乎愚且賤者則治，自愚且賤者爲政乎貴且智者則亂，是以知尚賢之爲政本也。故古者聖王甚尊尚賢而任使能，不黨父兄，不偏貴富，不嬖顔色。賢者舉而上之，富而貴之，以爲官長；不肖者抑而廢之，貧而賤之，以爲徒役。是以民皆勸其賞，畏其罰，相率而爲賢。者以賢者衆而不肖者寡，此謂進賢。然後聖人聽其言，迹其行，察其所能而慎予官，此謂事能。故可使治國者，使治國，可使長官者，使長官，可使治邑者，使治邑。凡所使治國家、官府、邑里，此皆國之賢者也。

賢者之治國也，蚤朝晏退，聽獄治政，是以國家治而刑法正。賢者之長官也，夜寢夙興，收斂關市、山林、澤梁之利，以實官府，是以官府實而財不散。賢者之治邑也，蚤出莫入，耕稼樹藝，聚菽粟，是以菽粟多而民足乎食。故國家治則刑法正，官府實則萬民富。上有以絜爲酒醴粢盛，以祭祀天鬼。外有以爲皮幣，與四鄰諸侯交接。內有以食飢息勞，將養其萬民，外有以懷天下之賢人。是故上者天鬼富之，外者諸侯與之，內者萬民親之，賢人歸之。以此謀事則得，舉事則成，入守則固，出誅則彊。故唯昔三代聖王堯舜禹湯文武之所以王天下、正諸侯者，此亦其法已。

既曰若法，未知所以行之術，則事猶若未成。是以必爲置三本。何謂三本？曰：爵位不高則民不敬也，蓄祿不厚則民不信也，政令不斷則民不畏也。故古聖王高予之爵，重予之祿，任之以事，斷予之令。夫豈爲賢臣賜哉？欲其事之成也。《詩》曰：『告女憂卹，誨女予爵，孰能執熱，鮮不用濯？』則此語古者國君諸侯之不可以不執善承嗣輔佐也，譬之猶執熱之有濯也，將休其手焉。古者聖王唯毋得賢人而使之，般爵以貴之，裂地以封之，終身不厭。賢人唯毋得明君而事之，竭四肢之力，以任君之

事，終身不倦。若有美善，則歸之上，是以美善在上，而所怨謗在下，寧樂在君，憂慼在臣。故古者聖王之爲政若此。

今王公大人亦欲效人以尚賢使能爲政，高予之爵，而祿不從也。夫高爵而無祿，民不信也。曰：『此非中實愛我也，假藉而用我也。』夫假藉之民，將豈能親其上哉？故先王言曰：『貪於政者，不能分人以事；厚於貨者，不能分人以祿。』事則不與，祿則不分，請問天下之賢人將何自至乎王公大人之側哉？若苟賢者不至乎王公大人之側，則此不肖者在左右也。不肖者在左右，則其所譽不當賢，而所毁不當暴。王公大人尊此以爲政乎國家，則賞亦必不當賢，而罰亦必不當暴。若苟賞不當賢而罰不當暴，則是爲賢者不勸，而爲暴者不沮矣。是以入則不慈孝父母，出則不長弟鄉里，居處無節，出入無度，男女無別。使治官府則盜竊，守城則倍畔，君有難則不死，出亡則不從。使斷獄則不中，分財則不均。與謀事不得，舉事不成，入守不固，出誅不彊。故雖昔者三代暴王桀紂幽厲之所以失措其國家，傾覆其社稷者，已此故也。何則？皆以明小物而不明大物也。

今王公大人有一衣裳不能制也，必藉良工；有一牛羊不能殺也，必藉良宰。故當若之二物者，王公大人皆知以尚賢使能爲政也。逮至其國家之亂，社稷之危，則不知使能以治之。親戚則使之，無故富貴，面目佼好則使之。夫無故富貴、面目佼好則使之，豈必智且有慧哉？若使之治國家，則此使不智慧者治國家也，國家之亂，既可得而知已。且夫王公大人有所愛其色而使，其心不察其知，而與其愛，是故不能治百人者，使處乎千人之官；不能治千人者，使處乎萬人之官。此其故何也？曰：『若處官者爵高而祿厚，故愛其色而使之焉。』夫不能治千人者，使處乎萬人之官，則此官什倍也。夫治之法將日至者也，日以治之，日不什脩，知以治之，知不什益，而予官什倍，則此治一而棄其九矣。雖日夜相接以治若官，官猶若不治。此其故何也？則王公大人不明乎以尚賢使能爲政也。故以尚賢使能爲政而治者，若吾言之謂也，以下賢爲政而亂者，若吾言之謂也。

今王公大人中實將欲治其國家，欲脩保而勿失，胡不察尚賢爲政之本也？且以尚賢爲政之本者，亦豈獨子墨子之言哉？此聖王之道，先王之書，距年之言也。傳曰：『求聖君哲人，以裨輔而身。』《湯誓》曰：『遂求元聖，與之戮力同心，以治天下。』則此言聖之不失以尚賢使能爲政也。故古者聖王唯能審以尚賢使能爲政，無異物雜焉，天下皆得其列。古者舜耕歷山，陶河瀕，漁雷澤，堯得之服澤之陽，舉以爲天子，與接天下之政，治天下之民。伊摯，有莘氏女之私臣，親爲庖人，湯得之，舉以爲己相，與接天下之政，治天下之民。傅説被褐帶索，庸築乎傅巖，武丁得之，舉以爲三公，與接天下之政，治天下之民。此何故始賤卒而貴，始貧卒而富？則王公大人明乎以尚賢使能爲政。是以民無飢而不得食、寒而不得衣、勞而不得息、亂而不得治者。故古聖王唯以審以尚賢使能爲政，而取法於天。雖天亦不辯貧富貴賤、遠邇親疏，賢者舉而尚之，不肖者抑而廢之。

然則富貴爲賢以得其賞者，誰也？曰：若昔者三代聖王堯舜禹湯文武者是也。所以得其賞何也？曰：其爲政乎天下也，兼而愛之，從而利之，又率天下之萬民以尚尊天事鬼，愛利萬民。是故天鬼賞之，立爲天子，以爲民父母，萬民從而譽之曰聖王，至今不已。則此富貴爲賢以得其賞者也。

然則富貴爲暴以得其罰者，誰也？曰：若昔者三代暴王桀紂幽厲者是也。何以知其然也？曰：其爲政乎天下也，兼而憎之，從而賊之，又率天下之民以上詬天侮鬼，賊殺萬民。是故天鬼罰之，使身死而爲刑戮，子孫離散，室家喪滅，絶無後嗣，萬民從而非之曰暴王，至今不已。則此富貴爲暴而以得其罰者也。

然則親而不善以得其罰者，誰也？曰：若昔者伯鯀，帝之元子，廢帝之德庸，既乃刑之于羽之郊，乃熱照無有及也，帝亦不愛。則此親而不善以得其罰者也。

然則天之所使能者，誰也？曰：若昔者禹稷皋陶是也。何以知其然也？先王之書《呂刑》道之曰：『皇帝清問下民，有辭有苗，曰：「羣后之肆在下，明明不常，鰥寡不蓋。德威維威，德明維明。」乃名三后，恤功於民。伯夷降典，哲民維刑。禹平水土，主名山川。稷隆播種，農殖嘉穀。三后成功，維假於民。』則此言三聖人者，謹其言，慎其行，精其思慮，索天下之隱事遺利以上事天，則天鄉其德。下施之萬民，萬民被其

利，終身無已。故先王之言曰：『此道也，大用之天下則不窕，小用之則不困，脩用之則萬民被其利，終身無已。』《周頌》道之曰：『聖人之德，若天之高，若地之普，其有昭於天下也。若地之固，若山之承，不坼不崩。若日之光，若月之明，與天地同常。』則此言聖人之德章明博大，埴固以脩久也。故聖人之德，蓋總乎天地者也。

今王公大人欲王天下、正諸侯，夫無德義，將何以哉？其説將必挾震威彊。今王公大人將焉取挾震威彊哉？傾者民之死也。民，生爲甚欲，死爲甚憎，所欲不得而所憎屢至，自古及今，未嘗能有以此王天下、正諸侯者也。今王大人欲王天下、正諸侯，將欲使意得乎天下，名成乎後世，故不察尚賢爲政之本也？此聖人之厚行也。

又《尚賢下》 子墨子言曰：天下之王公大人，皆欲其國家之富也，人民之衆也，刑法之治也。然而不識以尚賢爲政其國家百姓，王公大人本失尚賢爲政之本也。若苟王公大人本失尚賢爲政之本也，則不能毋舉物示之乎？今若有一諸侯於此，爲政其國家也，曰：『凡我國能射御之士，我將賞貴之；不能射御之士，我將罪賤之。』問於若國之士，孰喜孰懼？我以爲必能射御之士喜，不能射御之士懼。我賞因而誘之矣，曰：『凡我國之忠信之士，我將賞貴之；不忠信之士，我將罪賤之。』問於若國之士，孰喜孰懼？我以爲必忠信之士喜，不忠信之士懼。今唯毋以尚賢爲政其國家百姓，使國爲善者勸，爲暴者沮；大以爲政於天下，使天下之爲善者勸，爲暴者沮。然昔吾所以貴堯舜禹湯文武之道者，何故以哉？以其唯毋臨衆發政而治民，使天下之爲善者可而勸也，爲暴者可而沮也。然則此尚賢者也，與堯舜禹湯文武之道同矣。

而今天下之士君子，居處言語皆尚賢，逮至其臨衆發政而治民，莫知尚賢而使能，我以此知天下之士君子明於小而不明於大也。何以知其然乎？今王公大人有一牛羊之財，不能殺，必索良宰；有一衣裳之財，不能制，必索良工。當王公大人之於此也，雖有骨肉之親、無故富貴、面目美好者，實知其不能也，不使之也。是何故？恐其敗財也。當王公大人之於此也，則不失尚賢而使能。王公大人有一罷馬，不能治，必索良醫；有一危弓，不能張，必索良工。當王公大人之於此也，雖有骨肉之親、無故富貴、面目美好者，實知其不能也，必不使。是何故？恐其敗財也。當王公大人之於此也，則不失尚賢而使能。逮至其國家則不然，王公大人骨肉之親、無故富貴、面目美好者，則舉之。則王公大人之親其國家也，不若其親一危弓、罷馬、衣裳、牛羊之財與？我以此知天下之士君子皆明於小而不明於大也。此譬猶瘖者而使爲行人，聾者而使爲樂師。

是故古之聖王之治天下也，其所富，其所貴，未必王公大人骨肉之親、無故富貴、面目美好者也。是故昔者舜耕於歷山，陶於河瀕，漁於雷澤，灰於常陽，堯得之服澤之陽，立爲天子，使接天下之政，而治天下之民。昔伊尹爲莘氏女師僕，使爲庖人。湯得而舉之，立爲三公，使接天下之政，治天下之民。昔者傅説居北海之洲，圜土之上，衣褐帶索，庸築於傅巖之城，武丁得而舉之，立爲三公，使之接天下之政，而治天下之民。是故昔者堯之舉舜也，湯之舉伊尹也，武丁之舉傅説也，豈以爲骨肉之親、無故富貴、面目美好者哉？唯法其言，用其謀，行其道，上可而利天，中可而利鬼，下可而利人，是故推而上之。

古者聖王既審尚賢，欲以爲政，故書之竹帛，琢之槃盂，傳以遺後世子孫。於先王之書《呂刑》之書然，王曰：『於！來，有國有土，告女訟刑。在今而安百姓，女何擇言人？何敬不刑？何度不及？』能擇人而敬爲刑，堯舜禹湯文武之道可及也。是何也？則以尚賢及之。於先王之書、豎年之言然，曰：『晞夫聖武知人，以屏輔而身。』此言先王之治天下也，必選擇賢者，以爲其羣屬輔佐。

曰：今也天下之士君子，皆欲富貴而惡貧賤。然女何爲而得富貴而辟貧賤？曰：莫若爲賢。爲賢之道將柰何？曰：有力者疾以助人，有財者勉以分人，有道者勸以教人。若此，則飢者得食，寒者得衣，亂者得治。若飢則得食，寒則得衣，亂則得治，此安生生。今王公大人其所富，其所貴，皆王公大人骨肉之親、無故富貴、面目美好者也。今王公大人骨肉之親、無故富貴、面目美好者，焉故必知哉？若不知，使治其國家，則其國家之亂可得而知也。

今天下之士君子，皆欲富貴而惡貧賤。然女何爲而得富貴而辟貧賤哉？曰：莫若爲王公大人骨肉之親、無故富貴、面目美好者。王公大人骨肉之親、無故富貴、面目美好者，此非可學能者也。使不知辯，德行之

厚若禹湯文武，不加得也；王公大人骨肉之親，躄躄瘖聾，暴爲桀紂，不加失也。是故以賞不當賢，罰不當暴，其所賞者已無故矣，其所罰者亦無罪。是以使百姓皆放心解體，沮以爲善，垂其股肱之力，而不相勞來也；腐臭餘財，而不相分資也；隱匿良道，而不相教誨也。若此，則飢者不得食，寒者不得衣，亂者不得治。

是故昔者，堯有舜，舜有禹，禹有皋陶，湯有小臣，武王有閎夭、泰顛、南宫括、散宜生。得此推而上之，以而天下和，庶民阜。是以近者安之，遠者歸之，日月之所照，舟車之所及，雨露之所漸，粒食之民莫不勸譽。且今天下之王公大人士君子，中實將欲爲仁義，求爲上士，上欲中聖王之道，下欲中國家百姓之利，故尚賢之爲説，而不可不察此者也。尚賢者，天鬼百姓之利，而政事之本也。

王道霸道論分部

論説

《荀子・王霸篇》國者，天下之制利用也；人主者，天下之利埶也。得道以持之，則大安也，大榮也，積美之源也。不得道以持之，則大危也，大累也，有之不如無之，及其綦也，索爲匹夫不可得也，齊湣、宋獻是也。故人主，天下之利埶也，然而不能自安也，安之者必將道也。故用國者，義立而王，信立而霸，權謀立而亡。三者，明主之所謹擇也，仁人之所務白也。絜國以呼禮義而無以害之，行一不義，殺一無罪而得天下，仁者不爲也，擽然扶持心、國，且若是其固也。之所與爲之者之人，則舉義士也；之所以爲布陳於國家刑法者，則舉義法也；主之所極然帥羣臣而首鄉之者，則舉義志也。如是，則下仰上以義矣，是綦定也。綦定而國定，國定而天下定。仲尼無置錐之地，誠義乎志意，加義乎身行，著之言語，濟之日，不隱乎天下，名垂乎後世。今亦以天下之顯諸侯誠義乎志意，加義乎法則度量，著之以政事，案申重之以貴賤殺生，使襲然終始猶一也，如是，則夫名聲之部發於天地之閒也，豈不如日月雷霆然矣哉！故曰：以國齊義，一日而白，湯、武是也。湯以亳，武王以鄗，皆百里之地也，天下爲一，諸侯爲臣，通達之屬莫不從服，無它故焉，以濟義矣。是所謂義立而王也。德雖未至也，義雖未濟也，然而天下之理略奏矣，刑賞已、諾，信乎天下矣，臣下曉然皆知其可要也。政令已陳，雖覩利敗，不欺其民；約結已定，雖覩利敗，不欺其與。如是，則兵勁城固，敵國畏之，國一綦明，與國信之，雖在僻陋之國，威動天下，五伯是也。非本政教也，非致隆高也，非綦文理也，非服人之心也，鄉方略，審勞佚，謹畜積，修戰備，齺然上下相信，而天下莫之敢當。故齊桓、晉文、楚莊、吴闔閭、越句踐，是皆僻陋之國也，威動天下，彊殆中國，無它故焉，略信也。是所謂信立而霸也。絜國以呼功利，不務張其義，齊其信，唯利之求，内則不憚詐其民而求小利焉，外則不憚詐其與而求大利焉，内不修正其所以有，然常欲人之有，如是，則臣下百姓莫不以詐心待其上矣。上詐其下，下詐其上，則是上下析也，如是，則敵國輕之，與國疑之，權謀日行而國不免危削，綦之而亡，齊閔、薛公是也。故用彊齊，非以修禮義也，非以本政教也，非以一天下也，緜緜常以結引馳外爲務。故彊，南足以破楚，西足以詘秦，北足以敗燕，中足以舉宋。及以燕、趙起而攻之，若振槁然，而身死國亡，爲天下大戮，後世言惡則必稽焉。是無它故焉，唯其不由禮義而由權謀也。三者，明主之所以謹擇也，而仁人之所以務白也。善擇者制人，不善擇者人制之。國者，天下之大器也，重任也，不可不善爲擇所而後錯之，錯險則危；不可不善爲擇道然後道之，塗薉則塞，危塞則亡。彼國錯者，非封焉之謂也，何法之道，誰子之與也？故道王者之法與王者之人爲之，則亦王；道霸者之法與霸者之人爲之，則亦霸；道亡國之法與亡國之人爲之，則亦亡。三者，明主之所以謹擇也，而仁人之所以務白也。故國者，重任也，不以積持之則不立。故國者，世所以新者也，是憚憚，非變也，改王改行也。故一朝之日也，一日之人也，然而厭焉有千歲之固，何也？曰：援夫千歲之信法以持之也，安與夫千歲之信士爲之也。人無百歲之壽，而有千歲之信士，何也？曰：以夫千歲之法自持者，是乃千歲之信士矣。故與積禮義之君子爲之則王，與端誠信全之士爲之則霸，與權謀傾覆之人爲之則亡。三者，明主

之所以謹擇也，而仁人之所以務白也。善擇之者制人，不善擇之者人制之。彼持國者必不可以獨也，然則彊固榮辱在於取相矣。身能相能，如是者王；身不能，知恐懼而求能者，如是者彊；身不能，不知恐懼而求能者，安唯便僻左右親比己者之用，如是者危削，綦之而亡。國者，巨用之則大，小用之則小，綦大而王，綦小而亡，小巨分流者存。巨用之者，先義而後利，安不卹親疏，不卹貴賤，唯誠能之求，夫是之謂巨用之。小用之者，先利而後義，安不卹是非，不治曲直，唯便僻親比己者之用，夫是之謂小用之。巨用之者若彼，小用之者若此，小巨分流者亦一若彼，一若此也。故曰：『粹而王，駁而霸，無一焉而亡。』此之謂也。

國無禮則不正。禮之所以正國也，譬之猶衡之於輕重也，猶繩墨之於曲直也，猶規矩之於方圓也，既錯之而人莫之能誣也。《詩》云：『如霜雪之將將，如日月之光明，爲之則存，不爲則亡。』此之謂也。

國危則無樂君，國安則無憂民。亂則國危，治則國安。今君人者急逐樂而緩治國，豈不過甚矣哉！譬之是由好聲色而恬無耳目也，豈不哀哉！夫人之情，目欲綦色，耳欲綦聲，口欲綦味，鼻欲綦臭，心欲綦佚。此五綦者，人情之所必不免也。養五綦者有具，無其具則五綦者不可得而致也。萬乘之國，可謂廣大、富厚矣，加有治辨、彊固之道焉，若是，則恬愉無患難矣，然後養五綦之具具也。故百樂者生於治國者也，憂患者生於亂國者也，急逐樂而緩治國者，非知樂者也。故明君者必將先治其國，然後百樂得其中；闇君必將急逐樂而緩治國，故憂患不可勝校也，必至於身死國亡然後止也，豈不哀哉！將以爲樂，乃得憂焉；將以爲安，乃得危焉；將以爲福，乃得死亡焉：豈不哀哉！於乎！君人者亦可以察若言矣。故治國有道，人主有職。若夫貫日而治詳，一日而曲列之，是所使夫百吏官人爲也，不足以是傷游玩安燕之樂。若夫論一相以兼率之，使臣下百吏莫不宿道鄉方而務，是夫人主之職也。若是，則一天下，名配堯、禹。之主者，守至約而詳，事至佚而功，垂衣裳，不下簟席之上，而海內之人莫不願得以爲帝王。夫是之謂至約，樂莫大焉。人主者，以官人爲能者也；匹夫者，以自能爲能者也。人主得使人爲之，匹夫則無所移之。百畝一守，事業窮，無所移之也。今以一人兼聽天下，日有餘而治不足者，使人爲之也。大有天下，小有一國，必自爲之然後可，則勞苦秏顇莫甚焉，如是，則雖臧獲不肯與天子易埶業。以是縣天下，一四海，何故必自爲之？爲之者，役夫之道也，墨子之説也。論德使能而官施之者，聖王之道也，儒之所謹守也。傳曰：『農分田而耕，賈分貨而販，百工分事而勸，士大夫分職而聽，建國諸侯之君分土而守，三公摠方而議，則天子共己而已。』出若入若，天下莫不平均，莫不治辨，是百王之所同也，而禮法之大分也。百里之地，可以取天下，是不虛，其難者在人主之知之也。取天下者，非負其土地而從之之謂也，道足以壹人而已矣。彼其人苟壹，則其土地且奚去我而適它？故百里之地，其等位爵服足以容天下之賢士矣，其官職事業足以容天下之能士矣，循其舊法，擇其善者而明用之，足以順服好利之人矣。賢士一焉，能士官焉，好利之人服焉，三者具而天下盡，無有是其外矣。故百里之地足以竭埶矣，致忠信，著仁義，足以竭人矣，兩者合而天下取，諸侯後同者先危。《詩》曰：『自西自東，自南自北，無思不服。』一人之謂也。

羿、蠭門者，善服射者也；王良、造父者，善服馭者也；聰明君子者，善服人者也。人服而埶從之，人不服而埶去之，故王者已於服人矣。故人主欲得善射，射遠中微則莫若羿、蠭門矣；欲得善馭，及速致遠，則莫若王良、造父矣；欲得調壹天下，制秦、楚，則莫若聰明君子矣。其用知甚簡，其爲事不勞而功名致大，甚易處而綦可樂也，故明君以爲寶，而愚者以爲難。夫貴爲天子，富有天下，名爲聖王，兼制人，人莫得而制也，是人情之所同欲也，而王者兼而有是者也。重色而衣之，重味而食之，重財物而制之，合天下而君之，飲食甚厚，聲樂甚大，臺謝甚高，園囿甚廣，臣使諸侯，一天下，是又人情之所同欲也，而天子之禮制如是者也。制度以陳，政令以挾，官人失要則死，公侯失禮則幽，四方之國有侈離之德則必滅，名聲若日月，功績如天地，天下之人應之如景嚮，是又人情之所同欲也，而王者兼而有是者也。故人之情，口好味而臭味莫美焉，耳好聲而聲樂莫大焉，目好色而文章致繁婦女莫衆焉，形體好佚而安重閒靜莫愉焉，心好利而穀祿莫厚焉，合天下之所同願兼而有之，睪牢天下而制之若制子孫，人苟不狂惑戇陋者，其誰能睹是而不樂也哉！欲是之主並肩而存，能建是之士不世絶，千歲而不合，何也？曰：人主不公，人臣不忠也。人主則外賢而偏舉，人臣則爭職而妬賢，是其所以不合

之故也。人主胡不廣焉無卹親疏，無偏貴賤，唯誠能之求？若是，則人臣輕職業讓賢而安隨其後，如是，則舜、禹還至，王業還起。功壹天下，名配舜、禹，物由有可樂如是其美焉者乎？嗚呼！君人者亦可以察若言矣。楊朱哭衢涂，曰：『此夫過舉蹞步而覺跌千里者夫！』哀哭之。此亦榮辱安危存亡之衢已，此其爲可哀甚於衢涂。嗚呼哀哉！君人者千歲而不覺也。

無國而不有治法，無國而不有亂法；無國而不有賢士，無國而不有罷士；無國而不有愿民，無國而不有悍民；無國而不有美俗，無國而不有惡俗。兩者並行而國在，上偏而國安，在下偏而國危，上一而王，下一而亡。故其法治，其佐賢，其民愿，其俗美，而四者齊，夫是之謂上一。如是則不戰而勝，不攻而得，甲兵不勞而天下服。故湯以亳，武王以鄗，皆百里之地也，天下爲一，諸侯爲臣，通達之屬莫不從服，無它故焉，四者齊也。桀、紂卽序於有天下之埶，索爲匹夫而不可得也，是無它故焉，四者並亡也。故百王之法不同若是，所歸者一也。

上莫不致愛其下而制之以禮，上之於下，如保赤子。政令制度，所以接下之人百姓，有不理者如豪末，則雖孤獨鰥寡必不加焉。故下之親上歡如父母，可殺而不可使不順。君臣上下，貴賤長幼，至于庶人，莫不以是爲隆正。然後皆內自省以謹於分，是百王之所以同也，而禮法之樞要也。然後農分田而耕，賈分貨而販，百工分事而勸，士大夫分職而聽，建國諸侯之君分土而守，三公揔方而議，則天子共己而止矣。出若入若，天下莫不平均，莫不治辨，是百王之所同而禮法之大分也。若夫貫日而治平，權物而稱用，使衣服有制，宮室有度，人徒有數，喪祭械用皆有等宜，以是用挾於萬物，尺寸尋丈莫得不循乎制度數量然後行，則是官人使吏之事也，不足數於大君子之前。故君人者立隆政本朝而當，所使要百事者誠仁人也，則身佚而國治，功大而名美，上可以王，下可以霸；立隆正本朝而不當，所使要百事者非仁人也，則身勞而國亂，功廢而名辱，社稷必危：是人君者之樞機也。故能當一人而天下取，失當一人而社稷危，不能當一人而能當千人百人者，說無之有也。既能當一人，則身有何勞而爲，垂衣裳而天下定。故湯用伊尹，文王用呂尚，武王用召公，成王用周公旦。卑者五伯，齊桓公閨門之內，縣樂奢泰游抏之修，於天下不見謂修，然九合諸侯，一匡天下，爲五伯長，是亦無它故焉，知一政於管仲也，是君人者之要守也。知者易爲之興力而功名綦大，舍是而孰足爲也？故古之人有大功名者，必道是者也；喪其國，危其身者，必反是者也。故孔子曰：『知者之知，固以多矣，有以守少，能無察乎！愚者之知，固以少矣，有以守多，能無狂乎！』此之謂也。

治國者，分已定，則主相、臣下、百吏各謹其所聞，不務聽其所不聞；各謹其所見，不務視其所不見。所聞所見誠以齊矣，則雖幽閒隱辟，百姓莫敢不敬分安制以化其上，是治國之徵也。主道治近不治遠，治明不治幽，治一不治二。主能治近則遠者理，主能治明則幽者化，主能當一則百事正。夫兼聽天下，日有餘而治不足者如此也，是治之極也。既能治近，又務治遠；既能治明，又務見幽；既能當一，又務正百：是過者也。過，猶不及也，辟之是猶立直木而求其景之枉也。不能治近，又務治遠；不能察明，又務見幽；不能當一，又務正百：是悖者也，辟之是猶立枉木而求其景之直也。故明主好要而闇主好詳。主好要則百事詳，主好詳則百事荒。君者，論一相，陳一法，明一指，以兼覆之，兼炤之，以觀其盛者也。相者，論列百官之長，要百事之聽，以飾朝廷臣下百吏之分，度其功勞，論其慶賞，歲終奉其成功以效於君。當則可，不當則廢，故君人勞於索之，而休於使之。

用國者，得百姓之力者富，得百姓之死者彊，得百姓之譽者榮。三得者具而天下歸之，三得者亡而天下去之；天下歸之之謂王，天下去之之謂亡。湯、武者，循其道，行其義，興天下同利，除天下同害，天下歸之。故厚德音以先之，明禮義以道之，致忠信以愛之，賞賢使能以次之，爵服賞慶以申重之，時其事、輕其任以調齊之，潢然兼覆之，養長之，如保赤子。生民則致寬，使民則綦理，辯政令制度，所以接天下之人百姓，有非理者如豪末，則雖孤獨鰥寡必不加焉。是故百姓貴之如帝，親之如父母，爲之出死斷亡而不愉者，無它故焉，道德誠明，利澤誠厚也。亂世不然：汙漫、突盜以先之，權謀傾覆以示之，俳優、侏儒、婦女之請謁以悖之，使愚詔知，使不肖臨賢，生民則致貧隘，使民則綦勞苦。是故百姓賤之如尫，惡之如鬼，日欲司閒而相與投藉之，去逐之。卒有寇難之事，又望百姓之爲己死，不可得也，說無以取之焉。孔子曰：『審吾所以適

人，適人之所以來我也。』此之謂也。

傷國者何也？曰：以小人尚民而威，以非所取於民而巧，是傷國之大災也。大國之主也，而好見小利，是傷國；其於聲色、臺謝、園囿也，愈厭而好新，是傷國；不好循正其所以有，啖啖常欲人之有，是傷國。三邪者在匈中，而又好以權謀傾覆之人斷事其外，若是，則權輕名辱，社稷必危，是傷國者也。大國之主也，不隆本行，不敬舊法，而好詐故，若是，則夫朝廷羣臣亦從而成俗於不隆禮義而好傾覆也。朝廷羣臣之俗若是，則夫衆庶百姓亦從而成俗於不隆禮義而好貪利矣。君臣上下之俗莫不若是，則地雖廣，權必輕；人雖衆，兵必弱；刑罰雖繁，令不下通。夫是之謂危國，是傷國者也。儒者爲之不然，必將曲辨：朝廷必將隆禮義而審貴賤，若是，則士大夫莫不敬節死制者矣。百官則將齊其制度，重其官秩，若是，則百吏莫不畏法而遵繩矣。關市幾而不征，質律禁止而不偏，如是，則商賈莫不敦慤而無詐矣。百工將時斬伐，佻其期日而利其巧任，如是，則百工莫不忠信而不楛矣。縣鄙將輕田野之稅，省刀布之斂，罕舉力役，無奪農時，如是，則農夫莫不朴力而寡能矣。士大夫務節死制，然而兵勁。百吏畏法循繩，然後國常不亂。商賈敦慤無詐則商旅安，貨通財，而國求給矣。百工忠信而不楛，則器用巧便而財不匱矣。農夫朴力而寡能，則上不失天時，下不失地利，中得人和，而百事不廢。是之謂政令行，風俗美，以守則固，以征則彊，居則有名，動則有功。此儒之所謂曲辨也。

《文子·上義》 老子曰：『霸王之道，以謀慮之，以策圖之，扶義而動。非以圖存也，將以存亡也。故聞敵國之君有暴虐其民者，即舉兵而臨其境，責以不義，刺以過行。兵至其郊，令軍帥曰：「無伐樹木，無掘墳墓，無敗五穀，無焚積聚，無捕民虜，無聚六畜。」乃發號施令曰：「其國之君，逆天地，侮鬼神，決獄不平，殺戮無罪，天之所誅，民之所讎也。兵之來也，以廢不義而授有德也，有敢逆天道，亂民之賊者，身死族滅。以家聽者禄以家，以里聽者賞以里，以鄉聽者封以鄉，以縣聽者侯其縣。」剋其國不及其民，廢其君，易其政，尊其秀士，顯其賢良，振其孤寡，恤其貧窮，出其囹圄，賞其有功。百姓開户而內之，漬米而儲之，唯恐其不來也。義兵至於境，不戰而止。不義之兵，至於伏屍流血，相交以前。故爲地戰者，不能成其王；爲身求者，不能立其功。舉事以爲人者，衆助之；以自爲者，衆去之。衆之所助，雖弱必强；衆之所去，雖大必亡。』

憂患意識論分部

論說

《逸周書·程典》 維三月既生魄，文王合六州之侯，奉勤于商。商王用宗讒，震怒無疆，諸侯不娛，逆諸文王。文王弗忍，乃作程典，以命三忠。曰：助余體民，無小不敬，如毛在躬，拔之痛，無不省。政失患作，作而無備，死亡不誡，誡在往事。備必慎備，思地思地，慎制思制，慎人思人，慎德德開，乃無患。慎德必躬恕，恕以明德，德當天而慎下。下爲上貸，力競以讓，讓德乃行。慎下必翼上，上中立而下比爭，省和而順。攜乃爭，和乃比。比事無政，無政無選，無選民乃頑，頑乃害上。故選官以明訓，頑民乃順。慎守其教，小大有度，以備菑寇。協其三族，固其四援，明其伍候，習其武誡，依其山川，通其舟車，利其守務。士大夫不雜于工商。商不厚，工不巧，農不力，不可成治。士之子不知義，不可以長幼。工不族居，不足以給官。族不鄉別，不可以入惠。爲上不明，爲下不順，無醜。輕其行，多其愚，不智。慎地必爲之圖，以舉其物。物其善惡，度其高下，利其陂溝，愛其農時，脩其等列，務其土實，差其施賦。設得其宜，宜協其務，務應其趣。慎用必愛。工攻其材，商通其財，百物鳥獸魚鼈無不順時。生穡省用，不濫其度。津不行火，藪林不伐，牛羊不盡齒不屠。土勸不極美，美不害用。用乃思慎，□備不敬，不意多□。用寡立親，用勝懷遠，遠格而邇安。於安思危，於始思終，於邇思備，於遠思近，於老思行。不備，無違嚴戒。

又**《寤儆》** 維四月朔，王告儆，召周公旦曰：嗚呼，謀泄哉！今朕寤，有商驚予。欲與無□則，欲攻無庸，以王不足。戒乃不興，憂其

深矣！周公曰：天下不虞周，驚以寤王，王其敬命。奉若稽古，維王克明三德維則，戚和遠人維庸。致王禱，赦有罪，懷庶有，茲封福。監戒善敗，護守勿失。無爲虎傅翼，將飛入邑，擇人而食。不驕不吝，時乃無敵。王拜曰：允哉！余聞曰，維乃予謀，謀時用臧，不泄不竭，維天而已。余維與汝，監舊之葆，咸祇曰戒戒維宿。

《國語·晉語九·趙襄子使新稚穆子伐狄》　趙襄子使新稚穆子伐狄，勝左人、中人，遽人來告，襄子將食，尋飯有恐色。侍者曰：『狗之事大矣，而主之色不怡，何也？』襄子曰：『吾聞之：德不純而福祿並至，謂之幸。夫幸非福，非德不當雍，雍不爲幸，吾是以懼。』

《墨子·七患》　子墨子曰：國有七患。七患者何？城郭溝池不可守，而治宮室，一患也。邊國至境，四鄰莫救，二患也。先盡民力無用之功，賞賜無能之人，民力盡於無用，財寶虚於待客，三患也。仕者持祿，游者憂交，君脩法討臣，臣懾而不敢拂，四患也。君自以爲聖智而不問事，自以爲安彊而無守備，四鄰謀之不知戒，五患也。所信不忠，所忠不信，六患也。畜種菽粟不足以食之，大臣不足以事之，賞賜不能喜，誅罰不能威，七患也。以七患居國，必無社稷；以七患守城，敵至國傾。七患之所當，國必有殃。

凡五穀者，民之所仰也，君之所以爲養也。故民無仰則君無養，民無食則不可事。故食不可不務也，地不可不力也，用不可不節也。五穀盡收，則五味盡御於主；不盡收，則不盡御。一穀不收謂之饉，二穀不收謂之旱，三穀不收謂之凶，四穀不收謂之餽，五穀不收謂之饑。歲饉，則仕者大夫以下皆損祿五分之一；旱，則損五分之二；凶，則損五分之三；餽，則損五分之四；饑，則盡無祿，稟食而已矣。故凶饑存乎國，人君徹鼎食五分之三，大夫徹縣，士不入學，君朝之衣不革制，諸侯之客，四鄰之使，雍食而不盛，徹驂騑，塗不芸，馬不食粟，婢妾不衣帛，此告不足之至也。

今有負其子而汲者，隊其子於井中，其母必從而道之。今歲凶、民飢、道饉，此疚重於隊其子，其可無察邪？故時年歲善，則民仁且良；時年歲凶，則民吝且惡。夫民何常此之有？爲者寡，食者衆，則歲無豐。故曰：『財不足則反之時，食不足則反之用。』故先民以時生財，固本而用財，則財足。故雖上世之聖王，豈能使五穀常收，而旱水不至哉？然而無凍餓之民者，何也？其力時急，而自養儉也。故《夏書》曰『禹七年水』，《殷書》曰『湯五年旱』，此其離凶饑甚矣。然而民不凍餓者，何也？其生財密，其用之節也。

故倉無備粟，不可以待凶饑；庫無備兵，雖有義，不能征無義；城郭不備完，不可以自守；心無備慮，不可以應卒。是若慶忌無去之心，不能輕出。夫桀無待湯之備，故放；紂無待武王之備，故殺。桀紂貴爲天子，富有天下，然而皆滅亡於百里之君者，何也？有富貴而不爲備也。故備者，國之重也。

食者，國之寶也；兵者，國之爪也；城者，所以自守也。此三者，國之具也。故曰：以其極役，脩其城郭，則民勞而不傷；以其常正，收其租稅，則民費而不病。民所苦者，非此也。苦於厚作斂於百姓，賞以賜無功；虚其府庫，以備車馬衣裘奇怪；苦其役徒，以治宮室觀樂。死又厚爲棺椁，多爲衣裘，生時治臺榭，死又脩墳墓。故民苦於外，府庫單於內，上不厭其樂，下不堪其苦。故國離寇敵則傷，民見凶饑則亡，此皆備不具之罪也。且夫食者，聖人之所寶也。故《周書》曰：『國無三年之食者，國非其國也；家無三年之食者，子非其子也。』此之謂國備。

《孟子·告子下》　孟子曰：『舜發於畎畝之中，傅説舉於版築之間，膠鬲舉於魚鹽之中，管夷吾舉於士，孫叔敖舉於海，百里奚舉於市。故天將降大任於是人也，必先苦其心志，勞其筋骨，餓其體膚，空乏其身，行拂亂其所爲，所以動心忍性，曾益其所不能。人恆過，然後能改；困於心，衡於慮，而後作；徵於色，發於聲，而後喻。入則無法家拂士，出則無敵國外患者，國恆亡。然後知生於憂患而死于安樂也。』

又　《盡心上》　孟子曰：『人之有德慧術知者，恆存乎疢疾。獨孤臣孽子，其操心也危，其慮患也深，故達。』

《列子·説符篇》　趙襄子使新穉穆子攻翟，勝之，取左人中人；使遽人來謁之。襄子方食而有憂色。左右曰：『一朝而兩城下，此人之所喜也；今君有憂色。何也？』襄子曰：『夫江河之大也，不過三日；飄風暴雨不終朝，日中不須臾。今趙氏之德行無所施於積，一朝而兩城下，亡

其及我哉！」孔子聞之曰：『趙氏其昌乎！夫憂者所以爲昌也，喜者所以爲亡也。勝非其難者也，持之，其難者也。賢主以此持勝，故其福及後世。齊、楚、吳、越皆嘗勝矣，然卒取亡焉，不達乎持勝也。唯有道之主爲能持勝。』孔子之勁能拓國門之關，而不肯以力聞。墨子爲守攻，公輸般服，而不肯以兵知。故善持勝者以彊爲弱。

寬猛相濟論分部

論説

《左傳・昭公二十年》 鄭子産有疾，謂子大叔曰：『我死，子必爲政，唯有德者能以寬服民，其次莫如猛。夫火烈民望而畏之，故鮮死焉，水懦弱民狎而翫之，則多死焉，故寬難。』疾數月而卒。大叔爲政，不忍猛而寬。鄭國多盜，取人於萑苻之澤。大叔悔之曰：『吾早從夫子不及此。』興徒兵以攻萑苻之盜，盡殺之，盜少止。仲尼曰：『善哉，政寬則民慢，慢則糾之以猛，猛則民殘，殘則施之以寬。寬以濟猛，猛以濟寬，政是以和。《詩》曰：「民亦勞止，汔可小康，惠此中國，以綏四方。」施之以寬也。「毋從詭隨，以謹無良，式遏寇虐，憯不畏明。」糾之以猛也。「柔遠能邇，以定我王。」平之以和也。又曰：「不競不絿，不剛不柔，布政優優，百祿是遒。」和之至也。』

廣開言路分部

論説

《國語・周語上・邵公諫厲王弭謗》 厲王虐，國人謗王。邵公告曰：『民不堪命矣！』王怒，得衛巫，使監謗者，以告，則殺之。國人莫敢言，道路以目。王喜，告邵公曰：『吾能弭謗矣，乃不敢言。』邵公曰：『是障之也。防民之口，甚於防川。川壅而潰，傷人必多，民亦如之。是故爲川者決之使導，爲民者宣之使言。故天子聽政，使公卿至於列士獻詩，瞽獻曲，史獻書，師箴，瞍賦，矇誦，百工諫，庶人傳語，近臣盡規，親戚補察，瞽、史教誨，耆、艾修之，而後王斟酌焉，是以事行而不悖。民之有口，猶土之有山川也，財用於是乎出；猶其有原隰衍沃也，衣食於是乎生。口之宣言也，善敗於是乎興，行善而備敗，其所以阜財用、衣食者也。夫民慮之於心而宣之於口，成而行之，胡可壅也？若壅其口，其與能幾何？』王不聽，於是國莫敢出言，三年，乃流王於彘。

法先王論分部

論説

《孟子・離婁上》 孟子曰：『離婁之明、公輸子之巧，不以規矩，不能成方圓；師曠之聰，不以六律，不能正五音；堯舜之道，不以仁政，不能平治天下。今有仁心仁聞而民不被其澤，不可法於後世者，不行先王之道也。故曰，徒善不足以爲政，徒法不能以自行。《詩》云：「不愆不忘，率由舊章。」遵先王之法而過者，未之有也。聖人既竭目力焉，繼之以規矩準繩，以爲方員平直，不可勝用也；既竭耳力焉，繼之以六律正五音，不可勝用也；既竭心思焉，繼之以不忍人之政，而仁覆天下矣。故曰，爲高必因丘陵，爲下必因川澤。爲政不因先王之道，可謂智乎？是以惟仁者宜在高位。不仁而在高位，是播其惡於衆也。上無道揆也，下無法守也，朝不信道，工不信度，君子犯義，小人犯刑，國之所存者幸也。故曰，城郭不完，兵甲不多，非國之災也；田野不辟，貨財不聚，非國之害也。上無禮，下無學，賊民興，喪無日矣。《詩》曰：「天

之方蹶，無然泄泄。」泄泄猶沓沓也。事君無義，進退無禮，言則非先王之道者，猶沓沓也。故曰，責難於君謂之恭，陳善閉邪謂之敬，吾君不能謂之賊。』

孟子曰：『規矩，方員之至也；聖人，人倫之至也。欲爲君，盡君道；欲爲臣，盡臣道。二者皆法堯舜而已矣。不以舜之所以事堯事君，不敬其君者也；不以堯之所以治民治民，賊其民者也。孔子曰：「道二，仁與不仁而已矣。」暴其民甚，則身弒國亡；不甚，則身危國削，名之曰「幽」「厲」，雖孝子慈孫，百世不能改也。《詩》云「殷鑒不遠，在夏后之世」，此之謂也。』

法後王論分部

論說

《荀子·非相》 人之所以爲人者，何已也？曰：以其有辨也。飢而欲食，寒而欲煖，勞而欲息，好利而惡害，是人之所生而有也，是無待而然者也，是禹、桀之所同也。然則人之所以爲人者，非特以二足而無毛也，以其有辨也。今夫狌狌形笑，亦二足而毛也，然而君子啜其羹，食其胾。故人之所以爲人者，非特以其二足而無毛也，以其有辨也。夫禽獸有父子而無父子之親，有牝牡而無男女之別，故人道莫不有辨。辨莫大於分，分莫大於禮，禮莫大於聖王。聖王有百，吾孰法焉？故曰：文久而息，節族久而絶，守法數之有司極禮而褫。故曰：欲觀聖王之迹，則於其粲然者矣，後王是也。彼後王者，天下之君也，舍後王而道上古，譬之是猶舍己之君而事人之君也。故曰：欲觀千歲則數今日，欲知億萬則審一二，欲知上世則審周道，欲知周道則審其人所貴君子。故曰：以近知遠，以一知萬，以微知明，此之謂也。

夫妄人曰：『古今異情，其以治亂者異道。』而衆人惑焉。彼衆人者，愚而無說，陋而無度者也。其所見焉，猶可欺也，而況於千世之傳也！妄人者，門庭之間，猶可誣欺也，而況於千世之上乎！聖人何以不欺？曰：聖人者，以己度者也。故以人度人，以情度情，以類度類，以說度功，以道觀盡，古今一度也。類不悖，雖久同理，故鄉乎邪曲而不迷，觀乎雜物而不惑，以此度之。五帝之外無傳人，非無賢人也，久故也。五帝之中無傳政，非無善政也，久故也。禹、湯有傳政而不若周之察也，非無善政也，久故也。傳者久則論略，近則論詳，略則舉大，詳則舉小。愚者聞其略而不知其詳，聞其詳而不知其大也，是以文久而滅，節族久而絶。

正名論分部

論說

《論語·子路》 子路曰：『衛君待子而爲政，子將奚先？』

子曰：『必也正名乎！』

子路曰：『有是哉，子之迂也！奚其正？』

子曰：『野哉，由也！君子於其所不知，蓋闕如也。名不正，則言不順；言不順，則事不成；事不成，則禮樂不興；禮樂不興，則刑罰不中；刑罰不中，則民無所錯手足。故君子名之必可言也，言之必可行也。君子於其言，無所苟而已矣。』

《尸子·發蒙》 若夫名分，聖之所審也，造父之所以與交者，少操轡，馬之百節皆與。明王之所以與臣下交者少，審名分，羣臣莫敢不盡力竭智矣。天下之可治，分成也。是非之可辨，名定也。無過其實，罪也；弗及，愚也。是故情盡而不僞，質素而無巧，故有道之君其無易聽，此名分之所審也。若夫臨官治事者，案其法則民敬事，任士進賢者保其後則民愼舉，議國親事者，盡其實則民敬言。孔子曰：臨事而懼，希不濟。易曰：若履虎尾，終之吉。若羣臣之衆皆戒愼恐懼若履虎尾，則何不濟之有乎。君明則臣少罪。夫使衆者詔作則遲，分地則速，是何也？無所逃其罪也。言亦有地，不可不分也。君臣同地，則臣有所逃其罪矣。故陳繩

則木之枉者有罪，措準則地之險者有罪，審名分則羣臣之不審者有罪。夫愛民且利之也，愛而不利則非慈母之德也。好士且知之也，好而弗知，則衆而無用也。力於朝且治之也，力而弗治則勞而無功矣。三者雖異，道一也。是故曰：審一之經，百事乃成，審一之紀，百事乃理。名實判爲，兩合爲一，是非隨名實，賞罰隨是非。是則有賞，非則有罰，人君之所獨斷也。明君之立也，正其貌，莊其心，虛其視，不躁其聽，不淫審分，應辭以立於廷，則隱匿疏遠，雖有非焉，必不多矣。明君不用長耳目，不行閒諜，不强聞見，形至而觀，聲至而聽，事至而應，近者不過，則遠者治矣。明者不失，則微者敬矣。家人子姪和，臣妾力，則家富，丈人雖厚衣食，無傷也。而況於萬乘之君乎？國之所以不治者三，不知用賢，此其一也；雖知用賢，求不能得，此其二也；雖得賢不能盡，此其三也。正名以御之，則堯舜之智必盡矣。明分以示之，則桀紂之暴必止矣。賢者盡，暴者止，則治民之道不可以加矣。聽朝之道，使人有分。有大善者必問孰進之，有大過者必云孰任之，而行賞罰焉，且以觀賢不肖也。今有大善者不問孰進之，有大過者不問孰任之，則有分無益已。問孰任之而不行賞罰，則問之無益已。是非不得盡見謂之蔽，見而弗能知謂之虛，知而弗能賞謂之縱，三者亂之本也。明分則不蔽，正名則不虛，賞賢罰暴則不縱，三者治之道也。於羣臣之中，賢則貴之，不肖則賤之，治則使之，不治則□之，忠則愛之，不忠則罪之，賢不肖、治不治、忠不忠，由是觀之，猶白黑也。陳繩而斲之，則巧拙易知也。夫觀羣臣，亦有繩以名引之，則雖堯舜不服矣。慮事而當，不若進賢，進賢而當，不若知賢；知賢又能用之，備矣。治天下之要在於正名，正名去僞，事成若化。苟能正名，天成地平。爲人臣者以進賢爲功，爲人君者以用賢爲功。爲人臣者進賢是自爲置上也。自爲置上而無賞，是故不爲也。進不肖者是自爲置下也。自爲置下而無罪，是故爲之也。使進賢者必有賞，進不肖者必有罪，無敢進也者爲無能之人，若此則必多進賢矣。

《荀子・正名篇》　後王之成名：刑名從商，爵名從周，文名從《禮》。散名之加於萬物者，則從諸夏之成俗曲期，遠方異俗之鄉則因之而爲通。散名之在人者：生之所以然者謂之性。性之和所生，精合感應，不事而自然謂之性。性之好、惡、喜、怒、哀、樂謂之情。情然而心爲之擇謂之慮。心慮而能爲之動謂之僞。慮積焉、能習焉而後成謂之僞。正利而爲謂之事。正義而爲謂之行。所以知之在人者謂之知。知有所合謂之智。智所以能之在人者謂之能。能有所合謂之能。性傷謂之病。節遇謂之命。是散名之在人者也，是後王之成名也。故王者之制名，名定而實辨，道行而志通，則慎率民而一焉。故析辭擅作名以亂正名，使民疑惑，人多辨訟，則謂之大姦，其罪猶爲符節、度量之罪也。故其民莫敢託爲奇辭以亂正名。故其民愨，愨則易使，易使則公。其民莫敢託爲奇辭以亂正名，故壹於道法而謹於循令矣。如是，則其迹長矣。迹長功成，治之極也，是謹於守名約之功也。今聖王没，名守慢，奇辭起，名實亂，是非之形不明，則雖守法之吏，誦數之儒，亦皆亂也。若有王者起，必將有循於舊名，有作於新名。然則所爲有名，與所緣以同異，與制名之樞要，不可不察也。異形離心交喻，異物名實玄紐，貴賤不明，同異不別，如是則志必有不喻之患，而事必有困廢之禍。故知者爲之分別，制名以指實，上以明貴賤，下以辨同異。貴賤明，同異別，如是則志無不喻之患，事無困廢之禍，此所爲有名也。然則何緣而以同異？曰：緣天官。凡同類、同情者，其天官之意物也同，故比方之疑似而通，是所以共其約名以相期也。形體、色、理以目異，聲音清濁、調竽奇聲以耳異，甘、苦、鹹、淡、辛、酸、奇味以口異，香、臭、芬、鬱、腥、臊、洒、酸、奇臭以鼻異，疾、養、滄、熱、滑、鈹、輕、重以形體異，説、故、喜、怒、哀、樂、愛、惡、欲以心異。心有徵知。徵知則緣耳而知聲可也，緣目而知形可也，然而徵知必將待天官之當簿其類然後可也。五官簿之而不知，心徵之而無説，則人莫不然謂之不知，此所緣而以同異也。然後隨而命之：同則同之，異則異之，單足以喻則單，單不足以喻則兼，單與兼無所相避則共，雖共，不爲害矣。知異實者之異名也，故使異實者莫不異名也，不可亂也，猶使異實者莫不同名也。故萬物雖衆，有時而欲偏舉之，故謂之物。物也者，大共名也。推而共之，共則有共，至於無共然後止。有時而欲偏舉之，故謂之鳥獸。鳥獸也者，大別名也。推而別之，別則有別，至於無別然後止。名無固宜，約之以命。約定俗成謂之宜，異於約則謂之不宜。名無固實，約之以命實，約定俗成謂之實名。名有固善，徑易而不拂，謂之善名。物有同狀而異所者，有異狀而同所者，可別也。狀同而爲

異所者，雖可合，謂之二實。狀變而實無別而爲異者，謂之化。有化而無別，謂之一實。此事之所以稽實定數也，此制名之樞要也。後王之成名，不可不察也。

『見侮不辱』，『聖人不愛己』，『殺盜非殺人也』，此惑於用名以亂名者也。驗之所以爲有名而觀其孰行，則能禁之矣。『山淵平』，『情欲寡』，『芻豢不加甘，大鐘不加樂』，此惑於用實以亂名者也。驗之所緣無以同異而觀其孰調，則能禁之矣。『非而謁楹有牛，馬非馬也』，此惑於用名以亂實者也。驗之名約，以其所受悖其所辭，則能禁之矣。凡邪説辟言之離正道而擅作者，無不類於三惑者矣。故明君知其分而不與辨也。夫民易一以道而不可與共故，故明君臨之以執，道之以道，申之以命，章之以論，禁之以刑。故其民之化道也如神，辨執惡用矣哉！今聖王沒，天下亂，姦言起，君子無執以臨之，無刑以禁之，故辨説也。實不喻然後命，命不喻然後期，期不喻然後説，説不喻然後辨。故期、命、辨、説也者，用之大文也，而王業之始也。名聞而實喻，名之用也。累而成文，名之麗也。用、麗俱得，謂之知名。名也者，所以期累實也。辭也者，兼異實之名以論一意也。辨説也者，不異實名以喻動静之道也。期命也者，辨説之用也。辨説也者，心之象道也。心也者，道之工宰也。道也者，治之經理也。心合於道，説合於心，辭合於説，正名而期，質請而喻。辨異而不過，推類而不悖，聽則合文，辨則盡故。以正道而辨姦，猶引繩以持曲直，是故邪説不能亂，百家無所竄。有兼聽之明而無奮矜之容，有兼覆之厚而無伐德之色。説行則天下正，説不行則白道而冥窮，是聖人之辨説也。《詩》曰：『顒顒卬卬，如珪如璋，令聞令望，豈弟君子，四方爲綱。』此之謂也。

辭讓之節得矣，長少之理順矣，忌諱不稱，祆辭不出，以仁心説，以學心聽，以公心辨。不動乎衆人之非譽，不治觀者之耳目，不賂貴者之權執，不利傳辟者之辭，故能處道而不貳，吐而不奪，利而不流，貴公正而賤鄙爭，是士君子之辨説也。《詩》曰：『長夜漫兮，永思騫兮。大古之不慢兮，禮義之不愆兮，何恤人之言兮！』此之謂也。

君子之言，涉然而精，俛然而類，差差然而齊。彼正其名，當其辭，以務白其志義者也。彼名辭也者，志義之使也，足以相通則舍之矣；苟之，姦也。故名足以指實，辭足以見極，則舍之矣。外是者謂之訒，是君子之所棄，而愚者拾以爲己寶。故愚者之言，芴然而粗，嘖然而不類，誻誻然而沸。彼誘其名，眩其辭，而無深於其志義者也。故窮藉而無極，甚勞而無功，貪而無名。故知者之言也，慮之易知也，行之易安也，持之易立也，成則必得其所好而不遇其所惡焉。而愚者反是。《詩》曰：『爲鬼爲蜮，則不可得，有靦面目，視人罔極。作此好歌，以極反側。』此之謂也。

《呂氏春秋・審分覽・審分》　凡人主必審分，然後治可以至，姦僞邪辟之塗可以息，惡氣苛疾無自至。

夫治身與治國，一理之術也。今以衆地者，公作則遲，有所匿其力也。分地則速，無所匿遲也。主亦有地，臣主同地，則臣有所匿其邪矣。主無所避其累矣。凡爲善難，任善易。奚以知之？人與驥俱走，則人不勝驥矣。居於車上而任驥，則驥不勝人矣。人主好治人官之事，則是與驥俱走也，必多所不及矣。夫人主亦有居車，無去車，則衆善皆盡力竭能矣，諂諛詖賊巧佞之人無所竄其姦矣，堅窮廉直忠敦之士畢競勸騁騖矣。人主之車，所以乘物也。察乘物之理，則四極可有。不知乘物而自怙恃，奪其智能，多其教詔，而好自以，若此則百官恫擾，少長相越，萬邪並起，權威分移，不可以卒，不可以教，此亡國之風也。

王良之所以使馬者，約審之以控其轡，而四馬莫敢不盡力。有道之主，其所以使羣臣者亦有轡。其轡何如？正名審分，是治之轡已。故按其實而審其名，以求其情；聽其言而察其類，無使放悖。夫名多不當其實而事多不當其用者，故人主不可以不審名分也。不審名分，是惡壅而愈塞也。壅塞之任，不在臣下，在於人主。堯、舜之臣不獨義，湯、禹之臣不獨忠，得其數也。桀、紂之臣不獨鄙，幽、厲之臣不獨辟，失其理也。

今有人於此，求牛則名馬，求馬則名牛，所求必不得矣。而因用威怒，有司必誹怨矣，牛馬必擾亂矣。百官，衆有司也。萬物，羣牛馬也。不正其名，不分其職，而數用刑罰，亂莫大焉。夫説以智通而實以過悗，譽以高賢而充以卑下，贊以潔白而隨以汙德，任以公法而處以貪枉，用以勇敢而堙以罷怯，此五者，皆以牛爲馬，以馬爲牛，名不正也。故名不正則人主憂勞勤苦，而官職煩亂悖逆矣。國之亡也，名之傷也，從此生矣。

白之顧益黑，求之愈不得者，其此義邪！故至治之務在於正名，名正則人主不憂勞矣，不憂勞則不傷其耳目之主，問而不詔，知而不爲，和而不矜，成而不處。止者不行，行者不止，因形而任之，不制於物，無肯爲使，清静以公，神通乎六合，德耀乎海外，意觀乎無窮，譽流乎無止，此之謂定性於大湫，命之曰無有。故得道忘人，乃大得人也，夫其非道也？知德忘知，乃大得知也，夫其非德也？至知不幾，静乃明幾也，夫其不明也？大明不小事，假乃理事也，夫其不假也？莫人不能，全乃備能也，夫其不全也？是故於全乎去能，於假乎去事，於知乎去幾，所知者妙矣。若此則能順其天，意氣得游乎寂寞之宇矣，形性得安乎自然之所矣。全乎萬物而不宰，澤被天下而莫知其所自始，雖不備五者，其好之者是也。

節用論分部

論説

《墨子・辭過》　子墨子曰：古之民未知爲宮室時，就陵阜而居，穴而處。下潤濕傷民，故聖王作爲宮室，爲宮室之法，曰：高足以辟潤濕，邊足以圉風寒，上足以待雪霜雨露，宮牆之高，足以别男女之禮。謹此則止，凡費財勞力不加利者，不爲也。是故聖王作爲宮室，便於生，不以爲觀樂也；作爲衣服帶履，便於身，不以爲辟怪也。故節於身，誨於民，是以天下之民可得而治，財用可得而足。當今之主，其爲宮室則與此異矣。必厚作斂於百姓，暴奪民衣食之財，以爲宮室臺榭曲直之望，青黄刻鏤之飾。爲宮室若此，故左右皆法象之，是以其財不足以待凶饑、振孤寡，故國貧而民難治也。君實欲天下之治而惡其亂也，當爲宮室不可不節。

古之民未知爲衣服時，衣皮帶茭，冬則不輕而温，夏則不輕而清，聖王以爲不中人之情，故作誨婦人治絲麻、梱布絹，以爲民衣。爲衣服之法：冬則練帛之中，足以爲輕且煖；夏則絺綌之中，足以爲輕且清。謹此則止。故聖人爲衣服，適身體、和肌膚而足矣，非榮耳目而觀愚民也。當是之時，堅車良馬不知貴也，刻鏤文采不知喜也。何則？其所道之然。故民衣食之財，家足以待旱水凶饑者，何也？得其所以自養之情，而不感於外也。是以其民儉而易治，其君用財節而易贍也。府庫實滿，足以待不然；兵革不頓，士民不勞，足以征不服，故霸王之業可行於天下矣。當今之主，其爲衣服則與此異矣。冬則輕煗，夏則輕清，皆已具矣。必厚作斂於百姓，暴奪民衣食之財，以爲錦繡文采靡曼之衣。鑄金以爲鉤，珠玉以爲珮，女工作文采，男工作刻鏤，以爲身服。此非云益煗之情也，單財勞力，畢歸之於無用也。以此觀之，其爲衣服，非爲身體，皆爲觀好。是以其民淫僻而難治，其君奢侈而難諫也。夫以奢侈之君御好淫僻之民，欲用無亂，不可得也。君實欲天下之治而惡其亂，當爲衣服不可不節。

古之民未知爲飲食時，素食而分處。故聖人作誨男耕稼樹藝，以爲民食。其爲食也，足以增氣充虚、彊體適腹而已矣。故其用財節，其自養儉，民富國治。今則不然，厚作斂於百姓，以爲美食芻豢，蒸炙魚鼈，大國累百器，小國累十器，前方丈，目不能徧視，手不能徧操，口不能徧味，冬則凍冰，夏則餲饐。人君爲飲食如此，故左右象之，是以富貴者奢侈，孤寡者凍餒，雖欲無亂，不可得也。君實欲天下之治而惡其亂，當爲食飲不可不節。

古之民未知爲舟車時，重任不移，遠道不至。故聖王作爲舟車，以便民之事。其爲舟車也，完固輕利，可以任重致遠。其爲用財少，而爲利多，是以民樂而利之。故法令不急而行，民不勞而上足用，故民歸之。當今之主，其爲舟車與此異矣。完固輕利皆已具，必厚作斂於百姓，以飾舟車，飾車以文采，飾舟以刻鏤。女子廢其紡織而脩文采，故民寒；男子離其耕稼而脩刻鏤，故民飢。人君爲舟車若此，故左右象之，是以其民飢寒並至，故爲姦邪。姦邪多則刑罰深，刑罰深則國亂。君實欲天下之治而惡其亂，當爲舟車不可不節。

凡回於天地之閒，包於四海之内，天壤之情，陰陽之和，莫不有也，雖至聖不能更也。何以知其然？聖人有傳：天地也，則曰上下；四時也，則曰陰陽；人情也，則曰男女；禽獸也，則曰牡牝雄雌也。真天壤

之情，雖有先王，不能更也。雖上世至聖，必蓄私不以傷行，故民無怨。宫無拘女，故天下無寡夫。内無拘女，外無寡夫，故天下之民衆。當今之君，其蓄私也，大國拘女累千，小國累百，是以天下之男多寡無妻，女多拘無夫。男女失時，故民少。君實欲民之衆而惡其寡，當蓄私不可不節。

凡此五者，聖人之所儉節也，小人之所淫佚也。儉節則昌，淫佚則亡。此五者不可不節，夫婦節而天地和，風雨節而五穀孰，衣服節而肌膚和。

又 《節用上》 聖人爲政一國，一國可倍也；大之爲政天下，天下可倍也。其倍之，非外取地也，因其國家，去其無用，足以倍之。聖王爲政，其發令興事、使民用財也，無不加用而爲者。是故用財不費，民德不勞，其興利多矣。

其爲衣裘何以爲？冬以圉寒，夏以圉暑。凡爲衣裳之道，冬加温、夏加清者，芊䱉；不加者，去之。其爲宫室何以爲？冬以圉風寒，夏以圉暑雨。凡爲宫室，加固者，芊䱉；不加者，去之。其爲甲盾五兵何以爲？以圉寇亂盗賊，若有寇亂盗賊，有甲盾五兵者勝，無者不勝，是故聖人作爲甲盾五兵。凡爲甲盾五兵，加輕以利堅而難折者，芊䱉；不加者，去之。其爲舟車何以爲？車以行陵陸，舟以行川谷，以通四方之利。凡爲舟車之道，加輕以利者，芊䱉；不加者，去之。凡其爲此物也，無不加用而爲者，是故用財不費，民德不勞，其興利多矣。有去大人之好聚珠玉鳥獸犬馬，以益衣裳宫室甲盾五兵舟車之數，於數倍乎？若則不難倍。故孰爲難倍？唯人爲難倍。

然人有可倍也。昔者聖王爲法曰：『丈夫年二十，毋敢不處家，女子年十五，毋敢不事人。』此聖王之法也。聖王既没，於民次也。其欲蚤處家者，有所二十年處家；其欲晚處家者，有所四十年處家。以其蚤與其晚相踐，後聖王之法十年。若純三年而字，子生可以二三年矣。此不惟使民蚤處家而可以倍與？且不然已。

今天下爲政者，其所以寡人之道多。其使民勞，其籍斂厚，民財不足，凍餓死者不可勝數也。且大人惟毋興師以攻伐鄰國，久者終年，速者數月，男女久不相見，此所以寡人之道也。與居處不安、飲食不時、作疾病死者，有與侵就僾橐、攻城野戰死者，不可勝數。此不令爲政者所以寡人之道數術而起與？聖人爲政特無此，此不聖人爲政其所以衆人之道亦數術而起與？故子墨子曰：去無用之務，行聖王之道，天下之大利也。

又 《節用中》 子墨子言曰：古者明王聖人所以王天下、正諸侯者，彼其愛民謹忠，利民謹厚，忠信相連，又示之以利，是以終身不饜，殁世而不卷。古者明王聖人其所以王天下、正諸侯者，此也。

是故古者聖王制爲節用之法曰：『凡天下羣百工，輪、車、鞼、匏、陶、冶、梓、匠，使各從事其所能。』曰：『凡足以奉給民用諸，加費不加民利則止。』

古者聖王制爲飲食之法曰：『足以充虚繼氣，强股肱，使耳目聰明，則止。』不極五味之調、芬香之和，不致遠國珍怪異物。何以知其然？古者堯治天下，南撫交阯，北降幽都，東西至日所出入，莫不賓服，逮至其厚愛。黍稷不二，羹胾不重，飯於土塯，啜於土形，斗以酌。俛仰周旋威儀之禮，聖王弗爲。

古者聖王制爲衣服之法曰：『冬服紺緅之衣輕且暖；夏服絺綌之衣輕且清，則止諸。』加費不加於民利者，聖王弗爲。

古者聖王爲猛禽狡獸暴人害民，於是教民以兵行。日帶劍，爲刺則入，擊則斷，旁擊而不折，此劍之利也。甲爲衣則輕且利，動則兵且從，此甲之利也。車爲服重致遠，乘之則安，引之則利，安以不傷人，利以速至，此車之利也。古者聖王爲大川廣谷之不可濟，於是制爲舟楫，足以將之則止。雖上者三公諸侯至，舟楫不易，津人不飾，此舟之利也。

古者聖王制爲節葬之法曰：『衣三領，足以朽肉；棺三寸，足以朽骸。堀穴深不通於泉，流不發洩，則止。死者既葬，生者毋久喪用哀。』

古者人之始生未有宫室之時，因陵丘堀穴而處焉。聖王慮之，以爲堀穴曰，冬可以辟風寒。逮夏，下潤濕，上熏烝，恐傷民之氣，於是作爲宫室而利。然則爲宫室之法將奈何哉？子墨子言曰：『其旁可以圉風寒，上可以圉雪霜雨露，其中蠲潔，可以祭祀，宫牆足以爲男女之别，則止諸。加費不加民利者，聖王弗爲。』

神道設教論分部

論説

《禮記・曲禮上》 外事以剛日，內事以柔日。凡卜筮日，旬之外曰遠某日，旬之內曰近某日。喪事先遠日，吉事先近日。曰：爲日，假爾泰龜有常，假爾泰筮有常。卜筮不過三，卜筮不相襲。龜爲卜，筴爲筮。卜筮者，先聖王之所以使民信時日、敬鬼神、畏法令也；所以使民決嫌疑、定猶與也。故曰，疑而筮之，則弗非也；日而行事，則必踐之。

又 《祭義》 宰我曰：『吾聞鬼神之名，不知其所謂。』子曰：『氣也者，神之盛也。魄也者，鬼之盛也。合鬼與神，教之至也。

『衆生必死，死必歸土，此之謂鬼。骨肉斃于下，陰爲野土。其氣發揚于上，爲昭明，焄蒿悽愴，此百物之精也，神之著也。因物之精，制爲之極，明命鬼神，以爲黔首則，百衆以畏，萬民以服。聖人以是爲未足也，築爲宮室，設爲宗祧，以別親疏遠邇，教民反古復始，不忘其所由生也。衆之服自此，故聽且速也。二端既立，報以二禮。建設朝事，燔燎羶薌，見以蕭光，以報氣也，此教衆反始也。薦黍稷，羞肝肺首心，見間以俠甒，加以鬱鬯，以報魄也。教民相愛，上下用情，禮之至也。【略】

『昔者聖人建陰陽天地之情，立以爲《易》。易抱龜南面，天子卷冕北面。雖有明知之心，必進斷其志焉，示不敢專，以尊天也。善則稱人，過則稱己，教不伐以尊賢也。』

又 《表記》 子曰：『牲牷、禮樂、齊盛，是以無害乎鬼神，無怨乎百姓。』【略】

子曰：『大人之器威敬。天子無筮，諸侯有守筮。天子道以筮，諸侯非其國不以筮，卜宅寢室。天子不卜處大廟。』

子曰：『君子敬則用祭器。是以不廢日月，不違龜筮，以敬事其君長；是以上不瀆於民，下不褻於上。』

興學化民論分部

論説

《禮記・學記》 發慮憲，求善良，足以謏聞，不足以動衆。就賢體遠，足以動衆，未足以化民。君子如欲化民成俗，其必由學乎！

玉不琢，不成器；人不學，不知道。是故古之王者建國君民，教學爲先。《兑命》曰：『念終始典于學。』其此之謂乎！

雖有嘉肴，弗食，不知其旨也；雖有至道，弗學，不知其善也。是故學然後知不足，教然後知困。知不足，然後能自反也；知困，然後能自强也。故曰，教學相長也。《兑命》曰『學學半』，其此之謂乎！

古之教者，家有塾，黨有庠，術有序，國有學。比年入學，中年考校。一年視離經辨志，三年視敬業樂羣，五年視博習親師，七年視論學取友，謂之小成；九年知類通達，强立而不反，謂之大成。夫然後足以化民易俗，近者説服而遠者懷之，此大學之道也。《記》曰：『蛾子時術之。』其此之謂乎！

大學始教，皮弁祭菜，示敬道也。《宵雅》肄三，官其始也。入學鼓篋，孫其業也。夏楚二物，收其威也。未卜禘不視學，游其志也。時觀而弗語，存其心也。幼者聽而弗問，學不躐等也。此七者，教之大倫也。《記》曰：『凡學，官先事，士先志。』其此之謂乎！

大學之教也，時教必有正業，退息必有居學。不學操縵，不能安弦；不學博依，不能安詩；不學雜服，不能安禮；不興其藝，不能樂學。故君子之於學也，藏焉，脩焉，息焉，游焉。夫然，故安其學而親其師，樂其友而信其道，是以雖離師輔而不反也。《兑命》曰：『敬孫務時敏，厥脩乃來。』其此之謂乎！

今之教者，呻其佔畢，多其訊言，及于數進而不顧其安，使人不由其誠，教人不盡其材，其施之也悖，其求之也佛。夫然，故隱其學而疾其

師，苦其難而不知其益也。雖終其業，其去之必速。教之不刑，其此之由乎！

大學之法，禁於未發之謂豫，當其可之謂時，不陵節而施之謂孫，相觀而善之謂摩。此四者，教之所由興也。

發然後禁，則扞格而不勝；時過然後學，則勤苦而難成；雜施而不孫，則壞亂而不脩；獨學而無友，則孤陋而寡聞；燕朋逆其師；燕辟廢其學。此六者，教之所由廢也。

君子既知教之所由興，又知教之所由廢，然後可以爲人師也。故君子之教喻也，道而弗牽，强而弗抑，開而弗達。道而弗牽則和，强而弗抑則易，開而弗達則思。和易以思，可謂善喻矣。

學者有四失，教者必知之。人之學也，或失則多，或失則寡，或失則易，或失則止。此四者，心之莫同也。知其心，然後能救其失也。教也者，長善而救其失者也。

善歌者使人繼其聲，善教者使人繼其志。其言也約而達，微而臧，罕譬而喻，可謂繼志矣。

君子知至學之難易，而知其美惡，然後能博喻，能博喻然後能爲師，能爲師然後能爲長，能爲長然後能爲君。故師也者，所以學爲君也。是故擇師不可不慎也。《記》曰：『三王四代唯其師。』此之謂也。

凡學之道，嚴師爲難。師嚴然後道尊，道尊然後民知敬學。是故君之所不臣於其臣者二，當其爲尸則弗臣也，當其爲師則弗臣也。大學之禮，雖詔於天子，無北面，所以尊師也。

善學者，師逸而功倍，又從而庸之；不善學者，師勤而功半，又從而怨之。善問者，如攻堅木，先其易者，後其節目，及其久也，相說以解；不善問者反此。善待問者，如撞鐘，叩之以小者則小鳴，叩之以大者則大鳴，待其從容，然後盡其聲；不善答問者反此。此皆進學之道也。

記問之學，不足以爲人師。必也其聽語乎！力不能問，然後語之；語之而不知，雖舍之可也。

良冶之子必學爲裘，良弓之子必學爲箕，始駕馬者反之，車在馬前。君子察於此三者，可以有志於學矣。

古之學者，比物醜類。鼓無當於五聲，五聲弗得不和；水無當於五色，五色弗得不章；學無當於五官，五官弗得不治；師無當於五服，五服弗得不親。

君子曰：大德不官，大道不器，大信不約，大時不齊。察於此四者，可以有志於學矣。

孝治天下論分部

論說

《呂氏春秋・孝行覽・孝行》 凡爲天下，治國家，必務本而後末。所謂本者，非耕耘種植之謂，務其人也。務其人，非貧而富之，寡而衆之，務其本也。務本莫貴於孝。人主孝則名章榮，下服聽，天下譽。人臣孝則事君忠，處官廉，臨難死。士民孝則耕芸疾，守戰固，不罷北。夫孝，三皇五帝之本務，而萬事之紀也。

夫執一術而百善至、百邪去、天下從者，其惟孝也。故論人必先以所親而後及所疏，必先以所重而後及所輕。今有人於此，行於親重而不簡慢於輕疏，則是篤謹孝道，先王之所以治天下也。故愛其親不敢惡人，敬其親不敢慢人。愛敬盡於事親，光耀加於百姓，究於四海，此天子之孝也。曾子曰：『身者，父母之遺體也。行父母之遺體，敢不敬乎？居處不莊，非孝也。事君不忠，非孝也。莅官不敬，非孝也。朋友不篤，非孝也。戰陳無勇，非孝也。五行不遂，災及乎親，敢不敬乎？』《商書》曰：『刑三百，罪莫重於不孝。』曾子曰：『先王之所以治天下者五：貴德，貴貴，貴老，敬長，慈幼。此五者，先王之所以定天下也。所謂貴德，爲其近於聖也。所謂貴貴，爲其近於君也。所謂貴老，爲其近於親也。所謂敬長，爲其近於兄也。所謂慈幼，爲其近於弟也。』

順應時勢論分部

論説

《戰國策・趙三・趙惠文王三十年》　趙惠文王三十年，相都平君田單問趙奢曰：『吾非不説將軍之兵法也，所以不服者，獨將軍之用衆。用衆者，使民不得耕作，糧食輓賃不可給也。此坐而自破之道也，非單之所爲也。單聞之，帝王之兵，所用者不過三萬，而天下服矣。今將軍必負十萬、二十萬之衆乃用之，此單之所不服也。』

馬服曰：『君非徒不達於兵也，又不明其時勢。夫吳干之劍，肉試則斷牛馬，金試則截盤匜；薄之柱上而擊之，則折爲三，質之石上而擊之，則碎爲百。今以三萬之衆而應强國之兵，是薄柱擊石之類也。且夫吳干之劍材，難夫毋脊之厚，而鋒不入；無脾之薄，而刃不斷。兼有是兩者，無釣罕鐔蒙須之便，操其刃而刺，則未入而手斷。君無十餘、二十萬之衆，而爲此釣罕鐔蒙須之便，而徒以三萬行於天下，君焉能乎？且古者，四海之內，分爲萬國。城雖大，無過三百丈者；人雖衆，無過三千家者。而以集兵三萬，距此奚難哉！今取古之爲萬國者，分以爲戰國七，能具數十萬之兵，曠日持久，數歲，即君之齊已。齊以二十萬之衆攻荆，五年乃罷。趙以二十萬之衆攻中山，五年乃歸。今者，齊、韓相方，而國圍攻焉，豈有敢曰，我其以三萬救是者乎哉？今千丈之城，萬家之邑相望也，而索以三萬之衆，圍千丈之城，不存其一角，而野戰不足用也，君將以此何之？』

《呂氏春秋・慎大覽・察今》　上胡不法先王之法，非不賢也，爲其不可得而法。先王之法，經乎上世而來者也，人或益之，人或損之，胡可得而法？雖人弗損益，猶若不可得而法。東夏之命，古今之法，言異而典殊。故古之命多不通乎今之言者，今之法多不合乎古之法者。殊俗之民，有似於此。其所爲欲同，其所爲異。口惛之命不愉，若舟車衣冠滋味聲色之不同，人以自是，反以相誹。天下之學者多辯，言利辭倒，不求其實，務以相毀，以勝爲故。先王之法，胡可得而法？雖可得，猶若不可法。凡先王之法，有要於時也，時不與法俱至。法雖今而至，猶若不可法。故擇先王之成法，而法其所以爲法。先王之所以爲法者，何也？先王之所以爲法者，人也。而己亦人也，故察己則可以知人，察今則可以知古，古今一也，人與我同耳。有道之士，貴以近知遠，以今知古，以益所見，知所不見。故審堂下之陰，而知日月之行、陰陽之變；見瓶水之冰，而知天下之寒、魚鼈之藏也；嘗一脟肉，而知一鑊之味、一鼎之調。

荆人欲襲宋，使人先表澭水。澭水暴益，荆人弗知，循表而夜涉，溺死者千有餘人，軍驚而壞都舍。嚮其先表之時可導也，今水已變而益多矣，荆人尚猶循表而導之，此其所以敗也。今世之主，法先王之法也，有似於此。其時已與先王之法虧矣，而曰『此先王之法也』而法之，以此爲治，豈不悲哉！故治國無法則亂，守法而弗變則悖，悖亂不可以持國。世易時移，變法宜矣。譬之若良醫，病萬變，藥亦萬變。病變而藥不變，嚮之壽民，今爲殤子矣。故凡舉事必循法以動，變法者因時而化，若此論則無過務矣。

夫不敢議法者，衆庶也；以死守者，有司也；因時變法者，賢主也。是故有天下七十一聖，其法皆不同，非務相反也，時勢異也。故曰良劍期乎斷，不期乎鏌鋣；良馬期乎千里，不期乎驥驁。夫成功名者，此先王之千里也。楚人有涉江者，其劍自舟中墜於水，遽契其舟曰：『是吾劍之所從墜。』舟止，從其所契者入水求之。舟已行矣而劍不行，求劍若此，不亦惑乎！以此故法爲其國與此同。時已徙矣而法不徙，以此爲治，豈不難哉！

《列子・湯問》　均，天下之至理也，連於形物亦然。均髮均縣，輕重而髮絶，髮不均也。均也，其絶也，莫絶。人以爲不然，自有知其然者也。詹何以獨繭絲爲綸，芒鍼爲鉤，荆篠爲竿，剖粒爲餌，引盈車之魚於百仞之淵、汨流之中；綸不絶，鉤不伸，竿不撓。楚王聞而異之，召問其故。詹何曰：『臣聞先大夫之言，蒲且子之弋也，弱弓纖繳，乘風振之，連雙鶬青雲之際。用心專，動手均也。臣因其事，放而學釣。五年始盡其道。當臣之臨河持竿，心無雜慮，唯魚之念；投綸沈鉤，手無輕重，

物莫能亂。魚見臣之鉤餌，猶沈埃聚沫，吞之不疑。所以能以弱制彊，以輕致重也。大王治國誠能若此，則天下可運於一握，將亦奚事哉？」楚王曰：『善。』

政治戰略與政治策略部

征服民心論分部

論說

《論語·子路》 葉公問政。子曰：『近者悅，遠者來。』

《管子·牧民·四順》 政之所興，在順民心；政之所廢，在逆民心。民惡憂勞，我佚樂之；民惡貧賤，我富貴之；民惡危墜，我存安之；民惡滅絶，我生育之。能佚樂之則民爲之憂勞，能富貴之則民爲之貧賤，能存安之則民爲之危墜，能生育之則民爲之滅絶。故刑罰不足以畏其意，殺戮不足以服其心。故刑罰繁而意不恐，則令不行矣。殺戮衆而心不服，則上位危矣。故從其四欲，則遠者自親；行其四惡，則近者叛之。故知予之爲取者，政之寶也。

又《士經》 錯國於不傾之地，積於不涸之倉，藏於不竭之府，下令於流水之原。使民於不爭之官，明必死之路，開必得之門。不爲不可成，不求不可得，不處不可久，不行不可復。錯國於不傾之地者，授有德也。積於不涸之倉者，務五穀也。藏於不竭之府者，養桑麻、育六畜也。下令於流水之原者，令順民心也。使民於不爭之官者，使各爲其所長也。明必死之路者，嚴刑罰也。開必得之門者，信慶賞也。不爲不可成者，量民力也。不求不可得者，不彊民以其所惡也。不處不可久者，不偷取一世也。不行不可復者，不欺其民也。故授有德則國安，務五穀則食足，養桑麻、育六畜則民富，令順民心則威令行，使民各爲其所長則用備，嚴刑罰則民遠邪，信慶賞則民輕難。量民力則事無不成，不彊民以其所惡則詐僞不生，不偷取一世則民無怨心，不欺其民則下親其上。

又《小匡》 桓公又問曰：『寡人欲脩政以干時於天下，其可乎？』管子對曰：『可。』公曰：『安始而可？』管子對曰：『始於愛民。』公曰：『愛民之道奈何？』管子對曰：『公修公族，家修家族，使相連以事，相及以祿，則民相親矣。放舊罪，修舊宗，立無後，則民殖矣。省刑罰，薄賦斂，則民富矣。鄉建賢士，使教於國，則民有禮矣。出令不改，則民正矣。此愛民之道也。』公曰：『民富而以親，則可以使之乎？』管子對曰：『舉財長工，以止民用。陳力尚賢，以勸民知。加刑無苛，以濟百姓。行之無私，則足以容衆矣。出言必信，則令不窮矣。此使民之道也。』

桓公曰：『民居定矣，事已成矣，吾欲從事於天下諸侯，其可乎？』管子對曰：『未可。民心未吾安。』公曰：『安之奈何？』管子對曰：『脩舊法，擇其善者，舉而嚴用之。慈於民，予無財，寬政役，敬百姓，則國富而民安矣。』

又《霸形》 管子對曰：『君若將欲霸王，舉大事乎，則必從其本事矣。』桓公變躬遷席，拱手而問曰：『敢問何謂其本？』管子對曰：『齊國百姓，公之本也。人甚憂飢，而稅斂重。人甚懼死，而刑政險。人甚傷勞，而上舉事不時。公輕其稅斂，則人不憂飢。緩其刑政，則人不懼死。舉事以時，則人不傷勞。』桓公曰：『寡人聞仲父之言，此三者聞命矣。不敢擅也，將薦之先君。』於是令百官有司，削方墨筆，明日皆朝於太廟之門。朝定令於百吏。使稅者百一鍾，孤幼不刑，澤梁時縱，關譏而不征，市書而不賦。近者示之以忠信，遠者示之以禮義。行此數年，而民歸之如流水。

《孟子·梁惠王下》 齊人伐燕，勝之。宣王問曰：『或謂寡人勿取，或謂寡人取之。以萬乘之國伐萬乘之國，五旬而舉之，人力不至於此。不取，必有天殃。取之，何如？』

孟子對曰：『取之而燕民悅，則取之。古之人有行之者，武王是也。

取之而燕民不悅，則勿取。古之人有行之者，文王是也。以萬乘之國伐萬乘之國，簞食壺漿以迎王師，豈有他哉？避水火也。如水益深，如火益熱，亦運而已矣。』

齊人伐燕，取之。諸侯將謀救燕。宣王曰：『諸侯多謀伐寡人者，何以待之？』

孟子對曰：『臣聞七十里爲政於天下者，湯是也。未聞以千里畏人者也。《書》曰：「湯一征，自葛始。」天下信之，東面而征，西夷怨；南面而征，北狄怨。曰：「奚爲後我？」民望之，若大旱之望雲霓也。歸市者不止，耕者不變。誅其君而弔其民，若時雨降。民大悅。《書》曰：「徯我后，后來其蘇。」今燕虐其民，王往而征之，民以爲將拯己於水火之中也，簞食壺漿以迎王師。若殺其父兄，係累其子弟，毀其宗廟，遷其重器，如之何其可也？天下固畏齊之强也，今又倍地而不行仁政，是動天下之兵也。王速出令，反其旄倪，止其重器，謀於燕衆，置君而後去之，則猶可及止也。』

又《離婁上》 孟子曰：『桀紂之失天下也，失其民也；失其民者，失其心也。得天下有道：得其民，斯得天下矣；得其民有道：得其心，斯得民矣；得其心有道：所欲與之聚之，所惡勿施，爾也。民之歸仁也，猶水之就下、獸之走壙也。故爲淵敺魚者，獺也；爲叢敺爵者，鸇也；爲湯武敺民者，桀與紂也。今天下之君有好仁者，則諸侯皆爲之敺矣。雖欲無王，不可得已。今之欲王者，猶七年之病求三年之艾也。苟爲不畜，終身不得。苟不志於仁，終身憂辱，以陷於死亡。《詩》云：「其何能淑，載胥及溺。」此之謂也。』

又《離婁下》 孟子曰：『以善服人者，未有能服人者也；以善養人，然後能服天下。天下不心服而王者，未之有也。』

《六韜·文韜·國務》 文王問太公曰：『願聞爲國之大務，欲使主尊人安，爲之奈何？』太公曰：『愛民而已。』文王曰：『愛民奈何？』太公曰：『利而勿害，成而勿敗，生而勿殺，予而勿奪，樂而勿苦，喜而勿怒。』文王曰：『敢請釋其故。』太公曰：『民不失務則利之，農不失時則成之，不罰無罪則生之，薄賦斂則與之，儉宮室臺榭則樂之，吏清不苛擾則喜之。民失其務則害之，農失其時則敗之，無罪而罰則殺之，重賦斂則奪之，多營宮室臺榭以疲民力則苦之，吏濁苛擾則怒之。故善爲國者，馭民如父母之愛子，如兄之愛弟，見其饑寒則爲之憂，見其勞苦則爲之悲，賞罰如加於身，賦斂如取諸己。此愛民之道也。』

强國富民論分部

論說

《論語·子路》 子適衛，冉有僕。子曰：『庶矣哉！』冉有曰：『既庶矣，又何加焉？』曰：『富之。』曰：『既富矣，又何加焉？』曰：『教之。』

《管子·治國》 凡治國之道，必先富民。民富則易治也，民貧則難治也。奚以知其然也？民富則安鄉重家，安鄉重家則敬上畏罪，敬上畏罪則易治也。民貧則危鄉輕家，危鄉輕家則敢陵上犯禁，凌上犯禁則難治也。故治國常富，而亂國必貧。是以善爲國者，必先富民，然後治之。昔者七十九代之君，法制不一，號令不同，然俱王天下者，何也？必國富而粟多也。夫富國多粟，生於農，故先王貴之。

凡爲國之急者，必先禁末作文巧。末作文巧禁，則民無所游食，民無所游食，則必農。民事農則田墾，田墾則粟多，粟多則國富。國富者兵彊，兵彊者戰勝，戰勝者地廣。是以先王知衆民、彊兵、廣地、富國之必生於粟也，故禁末作，止奇巧，而利農事。今爲末作奇巧者，一日作而五日食。農夫終歲之作，不足以自食也。然則民舍本事而事末作。捨本事而事末作，則田荒而國貧矣。

凡農者，月不足而歲有餘者也。而上徵暴急無時，則民倍貸以給上之徵矣。耕耨者有時，而澤不必足，則民倍貸以取庸矣。秋糴以五，春糶以束，是又倍貸也。故以上之徵而倍取於民者四。關市之租，府庫之徵，粟什一，厮輿之事，此四時亦當一倍貸矣。夫以一民養四主，故逃徙者刑，而上不能止者，粟少而民無積也。常山之東，河、汝之閒，蚤生而晚殺，

五穀之所蓄孰也。四種而五獲，中年畝二石，一夫爲粟二百石。今也倉廩虛而民無積，農夫以粥子者，上無術以均之也。故先王使農士商工四民交能易作，終歲之利，無道相過也，是以民作一而得均。民作一則田墾，姦巧不生。田墾則粟多，粟多則國富。姦巧不生則民治。富而治，此王之道也。不生粟之國亡，粟生而死者霸，粟生而不死者王。粟也者，民之所歸也；粟也者，財之所歸也。粟也者，地之所歸也。粟多，則天下之物盡至矣。故舜一徙成邑，貳徙成都，參徙成國。舜非嚴刑罰，重禁令，而民歸之矣；去者必害，從者必利也。先王者，善爲民除害興利，故天下之民歸之。所謂興利者，利農事也。所謂除害者，禁害農事也。農事勝則入粟多，入粟多則國富，國富則安鄉重家。安鄉重家，則雖變俗易習，敺衆移民，至於殺之而民不惡也。此務粟之功也。上不利農則粟少，粟少則人貧，人貧則輕家，輕家則易去，易去則上令不能必行，上令不能必行，則禁不能必止，禁不能必止，則戰不必勝，守不必固矣。夫令不必行，禁不必止，戰不必勝，守不必固，命之曰寄生之君。此由不利農少粟之害也。粟者，王之本事也，人主之大務，有人之塗，治國之道也。

《孟子・盡心上》　孟子曰：『易其田疇，薄其稅斂，民可使富也。食之以時，用之以禮，財不可勝用也。民非水火不生活，昏暮叩人之門戶求水火，無弗與者，至足矣。聖人治天下，使有菽粟如水火。菽粟如水火，而民焉有不仁者乎？』

《荀子・富國篇》　萬物同宇而異體，無宜而有用爲人，數也。人倫並處，同求而異道，同欲而異知，生也。皆有可也，知愚同；所可異也，知愚分。埶同而知異，行私而無禍，縱欲而不窮，則民心奮而不可説也。如是，則知者未得治也，知者未得治則功名未成也，功名未成則羣衆未縣也，羣衆未縣則君臣未立也。無君以制臣，無上以制下，天下害生縱欲。欲惡同物，欲多而物寡，寡則必爭矣。故百技所成，所以養一人也。而能不能兼技，人不能兼官，離居不相待則窮，羣而無分則爭。窮者患也，爭者禍也。救患除禍，則莫若明分使羣矣。彊脅弱也，知懼愚也，民下違上，少陵長，不以德爲政，如是，則老弱有失養之憂，而壯者有分爭之禍矣。事業所惡也，功利所好也，職業無分，如是，則人有樹事之患，而有爭功之禍矣。男女之合，夫婦之分，婚姻娉內送逆無禮，如是，則人有失合之憂，而有爭色之禍矣。故知者爲之分也。

足國之道，節用裕民而善臧其餘。節用以禮，裕民以政。彼裕民，故多餘。裕民則民富，民富則田肥以易，田肥以易則出實百倍。上以法取焉，而下以禮節用之。餘若丘山，不時焚燒，無所臧之，夫君子奚患乎無餘？故知節用裕民，則必有仁義聖良之名，而且有富厚丘山之積矣。此無它故焉，生於節用裕民也。不知節用裕民則民貧，民貧則田瘠以穢，田瘠以穢則出實不半，上雖好取侵奪，猶將寡獲也，而或以無禮節用之，則必有貪利糾譑之名，而且有空虛窮乏之實矣。此無它故焉，不知節用裕民也。《康誥》曰：『弘覆乎天，若德裕乃身。』此之謂也。禮者，貴賤有等，長幼有差，貧富輕重皆有稱者也。故天子袾裷衣冕，諸侯玄裷衣冕，大夫裨冕，士皮弁服。德必稱位，位必稱祿，祿必稱用。由士以上則必以禮樂節之，衆庶百姓則必以法數制之。量地而立國，計利而畜民，度人力而授事，使民必勝事，事必出利，利足以生民，皆使衣食百用出入相揜，必時臧餘，謂之稱數。故自天子通於庶人，事無大小多少，由是推之。故曰：朝無幸位，民無幸生。此之謂也。輕田野之稅，平關市之征，省商賈之數，罕興力役，無奪農時，如是，則國富矣。夫是之謂以政裕民。

人之生，不能無羣，羣而無分則爭，爭則亂，亂則窮矣。故無分者，人之大害也；有分者，天下之本利也；而人君者，所以管分之樞要也。故美之者，是美天下之本也；安之者，是安天下之本也；貴之者，是貴天下之本也。古者先王分割而等異之也，故使或美或惡，或厚或薄，或佚或樂，或劬或勞，非特以爲淫泰夸麗之聲，將以明仁之文，通仁之順也。故爲之雕琢、刻鏤、黼黻、文章，使足以辨貴賤而已，不求其觀；爲之鐘鼓、管磬、琴瑟、竽笙，使足以辨吉凶，合歡定和而已，不求其餘；爲之宮室臺榭，使足以避燥溼，養德辨輕重而已，不求其外。《詩》曰：『雕琢其章，金玉其相。亹亹我王，綱紀四方。』此之謂也。若夫重色而衣之，重味而食之，重財物而制之，合天下而君之，非特以爲淫泰也，固以爲王天下，治萬變，材萬物，養萬民，兼制天下者，爲莫若仁人之善也夫！故其知慮足以治之，其仁厚足以安之，其德音足以化之，得之則治，失之則亂。百姓誠賴其知也，故相率而爲之勞苦以務佚之，以養其知也；誠美其厚也，故爲之出死斷亡以覆救之，以養其厚也；誠美其德也，故

爲之雕琢、刻鏤、黼黻、文章以藩飾之，以養其德也。故仁人在上，百姓貴之如帝，親之如父母，爲之出死斷亡而愉者，無它故焉，其所是焉誠美，其所得焉誠大，其所利焉誠多。《詩》曰：『我任我輦，我車我牛，我行既集，蓋云歸哉！』此之謂也。故曰：君子以德，小人以力。力者，德之役也。百姓之力，待之而後功；百姓之羣，待之而後和；百姓之財，待之而後聚；百姓之埶，待之而後安；百姓之壽，待之而後長。父子不得不親，兄弟不得不順，男女不得不歡，少者以長，老者以養。故曰：『天地生之，聖人成之。』此之謂也。今之世而不然：厚刀布之斂以奪之財，重田野之稅以奪之食，苛關市之征以難其事。不然而已矣，有掎挈伺詐，權謀傾覆，以相顛倒，以靡敝之，百姓曉然皆知其汙漫暴亂而將大危亡也。是以臣或弑其君，下或殺其上，粥其城，倍其節，而不死其事者，無它故焉，人主自取之。《詩》曰：『無言不讎，無德不報。』此之謂也。

兼足天下之道在明分。掩地表畝，刺中殖穀，多糞肥田，是農夫衆庶之事也。守時力民，進事長功，和齊百姓，使人不偷，是將率之事也。高者不旱，下者不水，寒暑和節而五穀以時孰，是天下之事也。若夫兼而覆之，兼而愛之，兼而制之，歲雖凶敗水旱，使百姓無凍餒之患，則是聖君賢相之事也。墨子之言，昭昭然爲天下憂不足。夫不足，非天下之公患也，特墨子之私憂過計也。今是土之生五穀也，人善治之則畝數盆，一歲而再獲之，然後瓜桃棗李一本數以盆鼓，然後葷菜百疏以澤量，然後六畜禽獸一而剸車，黿鼉、魚鼈、鰌鱣以時別，一而成羣，然後飛鳥鳧雁若烟海，然後昆蟲萬物主其閒，可以相食養者不可勝數也。夫天地之生萬物也，固有餘足以食人矣；麻葛、繭絲、鳥獸之羽毛齒革也，固有餘足以衣人矣。夫有餘不足，非天下之公患也，特墨子之私憂過計也。天下之公患，亂傷之也。胡不嘗試相與求亂之者誰也？我以墨子之『非樂』也則使天下亂，墨子之『節用』也則使天下貧，非將墮之也，說不免焉。墨子大有天下，小有一國，將蹙然衣麤食惡，憂戚而非樂，若是則瘠，瘠則不足欲，不足欲則賞不行。墨子大有天下，小有一國，將少人徒，省官職，上功勞苦，與百姓均事業，齊功勞，若是則不威，不威則罰不行。賞不行，則賢者不可得而進也；罰不行，則不肖者不可得而退也。賢者不可得而進也，不肖者不可得而退也，則能不能不可得而官也。若是則萬物失宜，事變失應，上失天時，下失地利，中失人和，天下敖然，若燒若焦。墨子雖爲之衣褐帶索，嚽菽飲水，惡能足之乎？既以伐其本，竭其原，而焦天下矣。故先王聖人爲之不然。知夫爲人主上者不美不飾之不足以一民也，不富不厚之不足以管下也，不威不强之不足以禁暴勝悍也。故必將撞大鐘、擊鳴鼓、吹笙竽、彈琴瑟以塞其耳，必將雕琢、刻鏤、黼黻、文章以塞其目，必將芻豢稻粱、五味芬芳以塞其口，然後衆人徒、備官職、漸慶賞、嚴刑罰以戒其心。使天下生民之屬皆知己之所願欲之舉在是于也，故其賞行；皆知己之所畏恐之舉在是于也，故其罰威。賞行罰威，則賢者可得而進也，不肖者可得而退也，能不能可得而官也。若是，則萬物得宜，事變得應，上得天時，下得地利，中得人和，則財貨渾渾如泉源，汸汸如河海，暴暴如丘山，不時焚燒，無所臧之，夫天下何患乎不足也？故儒術誠行，則天下大而富，使而功，撞鐘擊鼓而和。《詩》曰：『鐘鼓喤喤，管磬瑲瑲，降福穰穰。降福簡簡，威儀反反。既醉既飽，福禄來反。』此之謂也。故墨術誠行則天下尚儉而彌貧，非鬭而日爭，勞苦頓萃而愈無功，愀然憂戚非樂而日不和。《詩》曰：『天方薦瘥，喪亂弘多。民言無嘉，憯莫懲嗟。』此之謂也。

垂事養民，拊循之，唲嘔之，冬日則爲之饘粥，夏日則與之瓜麩，以偷取少頃之譽焉，是偷道也，可以少頃得姦民之譽，然而非長久之道也。事必不就，功必不立，是姦治者也。傮然要時務民，進事長功，輕非譽而恬失民，事進矣而百姓疾之，是又不可偷偏者也。徙壞墮落，必反無功，故垂事養譽不可，以遂功而忘民亦不可，皆姦道也。故古人爲之不然，使民夏不宛暍，冬不凍寒，急不傷力，緩不後時，事成功立，上下俱富，而百姓皆愛其上，人歸之如流水，親之歡如父母，爲之出死斷亡而愉者，無它故焉，忠信調和均辨之至也。故君國長民者欲趨時遂功，則和調累解，速乎急疾；忠信均辨，說乎賞慶矣；必先脩正其在我者，然後徐責其在人者，威乎刑罰。三德者誠乎上，則下應之如景嚮，雖欲無明達，得乎哉！《書》曰：『乃大明服，惟民其力懋和，而有疾。』此之謂也。故不教而誅，則刑繁而邪不勝；教而不誅，則姦民不懲；誅而不賞，則勤屬之民不勸；誅賞而不類，則下疑俗儉而百姓不一。故先王明禮義以壹之，

致忠信以愛之，尚賢使能以次之，爵服慶賞以申重之，時其事、輕其任以調齊之，潢然兼覆之，養長之，如保赤子。若是，故姦邪不作，盜賊不起，而化善者勸勉矣。是何邪？則其道易，其塞固，其政令一，其防表明。故曰：上一則下一矣，上二則下二矣，辟之若中木，枝葉必類本。此之謂也。

不利而利之，不如利而後利之之利也；不愛而用之，不如愛而後用之之功也。利而後利之，不如利而不利者之利也；愛而後用之，不如愛而不用者之功也。利而不利也，愛而不用也者，取天下矣。利而後利之，愛而後用之者，保社稷也。不利而利之，不愛而用之者，危國家也。

觀國之治亂臧否，至於疆易而端已見矣。其候徼支繚，其竟關之政盡察，是亂國已。入其境，其田疇穢，都邑露，是貪主已。觀其朝廷則其貴者不賢，觀其官職則其治者不能，觀其便嬖則其信者不愨，是闇主已。凡主相臣下百吏之俗，其於貨財取與計數也，須孰盡察，其禮義節奏也，芒軔僈楛，是辱國已。其耕者樂田，其戰士安難，其百吏好法，其朝廷隆禮，其卿相調議，是治國已。觀其朝廷則其貴者賢，觀其官職則其治者能，觀其便嬖則其信者愨，是明主已。凡主相臣下百吏之屬，其於貨財取與計數也，寬饒簡易，其於禮義節奏也，陵謹盡察，是榮國已。賢齊則其親者先貴，能齊則其故者先官，其臣下百吏，汙者皆化而修，悍者皆化而愿，躁者皆化而愨，是明主之功已。觀國之强弱貧富有徵：上不隆禮則兵弱，上不愛民則兵弱，已諾不信則兵弱，慶賞不漸則兵弱，將率不能則兵弱。上好功則國貧，上好利則國貧，士大夫衆則國貧，工商衆則國貧，無制數度量則國貧。下貧則上貧，下富則上富。故田野縣鄙者，財之本也；垣窌倉廩者，財之末也；百姓時和、事業得敍者，貨之源也；等賦府庫者，貨之流也。故明主必謹養其和，節其流，開其源，而時斟酌焉，潢然使天下必有餘而上不憂不足。如是則上下俱富，交無所藏之，是知國計之極也。故禹十年水，湯七年旱，而天下無菜色者，十年之後，年穀復孰而陳積有餘。是無它故焉，知本末源流之謂也。故田野荒而倉廩實，百姓虚而府庫滿，夫是之謂國蹷。伐其本，竭其源，而並之其末，然而主相不知惡也，則其傾覆滅亡可立而待也。以國持之而不足以容其身，夫是之謂至貪，是愚主之極也。將以求富而喪其國，將以求利而危其身。古有萬國，今有十數焉。是無它故焉，其所以失之一也。君人者亦可以覺矣。百里之國足以獨立矣。

凡攻人者，非以爲名，則案以爲利也，不然，則忿之也。仁人之用國，將修志意，正身行，伉隆高，致忠信，期文理。布衣紃屨之士誠是，則雖在窮閻漏屋，而王公不能與之爭名；以國載之，則天下莫之能隱匿也。若是，則爲名者不攻也。將辟田野，實倉廩，便備用，上下一心，三軍同力，與之遠舉極戰則不可。境内之聚也，保固視可，午其軍，取其將，若撥麷。彼得之不足以藥傷補敗。彼愛其爪牙，畏其仇敵，若是，則爲利者不攻也。將修小大强弱之義以持慎之，禮節將甚文，珪璧將甚碩，貨賂將甚厚，所以説之者，必將雅文辯慧之君子也。彼苟有人意焉，夫誰能忿之？若是，則忿之者不攻也。爲名者否，爲利者否，爲忿者否，則國安於盤石，壽於旗、翼。人皆亂，我獨治；人皆危，我獨安；人皆失喪之，我按起而治之。故仁人之用國，非特將持其有而已也，又將兼人。《詩》曰：『淑人君子，其儀不忒。其儀不忒，正是四國。』此之謂也。

持國之難易：事强暴之國難，使强暴之國事我易。事之以貨寶，則貨寶單而交不結；約信盟誓，則約定而畔無日；割國之錙銖以賂之，則割定而欲無猒。事之彌煩，其侵人愈甚，必至於資單國舉然後已。雖左堯而右舜，未有能以此道得免焉者也。辟之是猶使處女嬰寶珠，佩寶玉，負戴黄金而遇中山之盜也，雖爲之逢蒙視，詘要橈膕，君盧屋妾，由將不足以免也。故非有一人之道也，直將巧繁拜請而畏事之，則不足以持國安身，故明君不道也。必將修禮以齊朝，正法以齊官，平政以齊民，然後節奏齊於朝，百事齊於官，衆庶齊於下。如是，則近者競親，遠方致願，上下一心，三軍同力，名聲足以暴炙之，威强足以捶笞之，拱揖指揮，而强暴之國莫不趨使，譬之是猶烏獲與焦僥搏也。故曰：事强暴之國難，使强暴之國事我易。此之謂也。

又《彊國篇》 刑范正，金錫美，工冶巧，火齊得，剖刑而莫邪已。然而不剥脱，不砥厲，則不可以斷繩；剥脱之，砥厲之，則劙盤盂、刎牛馬忽然耳。彼國者，亦彊國之剖刑已。然而不教誨，不調一，則入不可以守，出不可以戰；教誨之，調一之，則兵勁城固，敵國不敢嬰也。彼國者亦有砥厲，禮義節奏是也。故人之命在天，國之命在禮。人君者隆

禮尊賢而王，重法愛民而霸，好利多詐而危，權謀、傾覆、幽險而亡。

威有三：有道德之威者，有暴察之威者，有狂妄之威者。此三威者，不可不孰察也。禮樂則修，分義則明，舉錯則時，愛利則形，如是，百姓貴之如帝，高之如天，親之如父母，畏之如神明，故賞不用而民勸，罰不用而威行。夫是之謂道德之威。禮樂則不修，分義則不明，舉錯則不時，愛利則不形；然而其禁暴也察，其誅不服也審，其刑罰重而信，其誅殺猛而必，黭然而雷擊之，如牆厭之，如是，百姓劫則致畏，嬴則敖上，執拘則最，得閒則散，敵中則奪，非劫之以形埶，非振之以誅殺，則無以有其下。夫是之謂暴察之威。無愛人之心，無利人之事，而日爲亂人之道，百姓讙敖則從而執縛之，刑灼之，不和人心。如是，下比周賁潰以離上矣，傾覆滅亡可立而待也。夫是之謂狂妄之威。此三威者，不可不孰察也。道德之威成乎安彊，暴察之威成乎危弱，狂妄之威成乎滅亡也。

公孫子曰：『子發將西伐蔡，克蔡，獲蔡侯，歸致命曰：「蔡侯奉其社稷而歸之楚，舍屬二三子而治其地。」既，楚發其賞，子發辭曰：「發誡布令而敵退，是主威也；徙舉相攻而敵退，是將威也；合戰用力而敵退，是衆威也。臣舍不宜以衆威受賞。」』譏之曰：『子發之致命也恭，其辭賞也固。夫尚賢使能，賞有功，罰有罪，非獨一人爲之也，彼先王之道也，一人之本也，善善惡惡之應也，治必由之，古今一也。古者明王之舉大事，立大功也，大事已博，大功已立，則君享其成，羣臣享其功，士大夫益爵，官人益秩，庶人益禄。是以爲善者勸，爲不善者沮，上下一心，三軍同力，是以百事成而功名大也。今子發獨不然，反先王之道，亂楚國之法，墮興功之臣，恥受賞之屬，無僇乎族黨而抑卑其後世，案獨以爲私廉，豈不過甚矣哉！故曰：子發之致命也恭，其辭賞也固。』荀卿子説齊相曰：『處勝人之埶，行勝人之道，天下莫忿，湯、武是也；處勝人之埶，不以勝人之道，厚於有天下之埶，索爲匹夫不可得也，桀、紂是也。然則得勝人之埶者，其不如勝人之道遠矣。夫主相者，勝人以埶也，是爲是，非爲非，能爲能，不能爲不能，併己之私欲，必以道夫公道通義之可以相兼容者，是勝人之道也。今相國上則得專主，下則得專國，相國之於勝人之埶，亶有之矣。然則胡不敺此勝人之埶赴勝人之道，求仁厚明通之君子而託王焉，與之參國政，正是非？如是，則國孰敢不爲義矣？君臣上下，貴賤長少，至於庶人，莫不爲義，則天下孰不欲合義矣？賢士願相國之朝，能士願相國之官，好利之民莫不願以齊爲歸，是一天下也。相國舍是而不爲，案直爲是世俗之所以爲，則女主亂之宫，詐臣亂之朝，貪吏亂之官，衆庶百姓皆以貪利爭奪爲俗，曷若是而可以持國乎？今巨楚縣吾前，大燕鰌吾後，勁魏鉤吾右，西壤之不絕若繩，楚人則乃有襄賁、開陽以臨吾左。是一國作謀則三國必起而乘我。如是，則齊必斷而爲四，三國若假城然耳，必爲天下大笑。曷若？兩者孰足爲也？夫桀、紂，聖王之後子孫也，有天下者之世也，埶籍之所存，天下之宗室也，土地之大，封内千里，人之衆數以億萬，俄而天下倜然舉去桀、紂而犇湯、武，反然舉惡桀、紂而貴湯、武，是何也？夫桀、紂何失而湯、武何得也？曰：是無它故焉，桀、紂者，善爲人所惡也；而湯、武者，善爲人所好也。人之所惡何也？曰：汙漫、爭奪、貪利是也。人之所好者何也？曰：禮義、辭讓、忠信是也。今君人者，辟稱比方則欲自並乎湯、武，若其所以統之，則無以異於桀、紂，而求有湯、武之功名可乎？故凡得勝者必與人也，凡得人者必與道也。道也者何也？曰：禮讓忠信是也。故自四五萬而往者彊勝，非衆之力也，隆在信矣；自數百里而往者安固，非大之力也，隆在修政矣。今已有數萬之衆者也，陶誕、比周以爭與；已有數百里之國者也，汙漫、突盜以爭地。然則是棄己之所安彊，而爭己之所以危弱也，損己之所不足，以重己之所有餘，若是其悖繆也，而求有湯、武之功名可乎？辟之是猶伏而咶天，救經而引其足也，説必不行矣，愈務而愈遠。爲人臣者不恤己行之不行，苟得利而已矣，是渠衝入穴而求利也，是仁人之所羞而不爲也。故人莫貴乎生，莫樂乎安，所以養生安樂者莫大乎禮義。人知貴生樂安而棄禮義，辟之是猶欲壽而歾頸也，愚莫大焉。故君人者愛民而安，好士而榮，兩者無一焉而亡。《詩》曰：『价人維藩，大師維垣。』此之謂也。

力術止，義術行。曷謂也？曰：秦之謂也。威彊乎湯、武，廣大乎舜、禹，然而憂患不可勝校也，諰諰然常恐天下之一合而軋己也，此所謂力術止也。曷謂乎威彊乎湯、武？湯、武也者，乃能使説己者使耳。今楚父死焉，國舉焉，負三王之廟而辟於陳、蔡之閒，視可、司閒，案欲剡其脛而以蹈秦之腹，然而秦使左案左，使右案右，是乃使讎人役也，此所

謂威彊乎湯、武也。曷謂廣大乎舜、禹也？曰：古者百王之一天下，臣諸侯也，未有過封內千里者也。今秦南乃有沙羡與俱，是乃江南也，北與胡、貉爲鄰，西有巴、戎，東在楚者乃界於齊，在韓者踰常山乃有臨慮，在魏者乃據圉津，既去大梁百有二十里耳，其在趙者剡然有苓而據松柏之塞，負西海而固常山，是地徧天下也。威動海內，彊殆中國，然而憂患不可勝校也，諰諰然常恐天下之一合而軋己也，此所謂廣大乎舜、禹也。然則奈何？曰：節威反文，案用夫端誠信全之君子治天下焉，因與之參國政，正是非，治曲直，聽咸陽，順者錯之，不順者而後誅之，若是，則兵不復出於塞外而令行於天下矣；若是，則雖爲之築明堂於塞外而朝諸侯，殆可矣。假今之世，益地不如益信之務也。

應侯問孫卿子曰：『入秦何見』？孫卿子曰：『其固塞險，形埶便，山林川谷美，天材之利多，是形勝也。入境，觀其風俗，其百姓樸，其聲樂不流汙，其服不挑，甚畏有司而順，古之民也。及都邑官府，其百吏肅然莫不恭儉、敦敬、忠信而不楛，古之吏也。入其國，觀其士大夫，出於其門，入於公門，出於公門，歸於其家，無有私事也，不比周，不朋黨，倜然莫不明通而公也，古之士大夫也。觀其朝廷，其閒聽決百事不留，恬然如無治者，古之朝也。故四世有勝，非幸也，數也。是所見也。故曰：佚而治，約而詳，不煩而功，治之至也。秦類之矣。雖然，則有其諰矣。兼是數具者而盡有之，然而縣之以王者之功名，則倜倜然其不及遠矣。是何也？則其殆無儒邪！故曰：粹而王，駁而霸，無一焉而亡。此亦秦之所短也。』

强國弱民論分部

論說

《商君書·農戰》　凡人主之所以勸民者，官爵也；國之所以興者，農戰也。今民求官爵皆不以農戰，而以巧言虛道，此謂勞民。勞民者，其國必無力；無力，則其國必削。善爲國者，其教民也，皆作壹而得官爵。是故不官無爵。國去言，則民樸；民樸則不淫。民見上利之從壹孔出也，則作壹；作壹，則民不偷營。民不偷營則多力，多力則國彊。【略】

凡治國者，患民之散而不可摶也，是以聖人作壹摶之也。國作壹一歲者十歲彊，作壹十歲者百歲彊，作壹百歲者千歲彊，千歲彊者王。君修賞罰以輔壹教，是以其教有所常而政有成也。王者得治民之要，故不待賞賜而民親上，不待爵禄而民從事，不待刑罰而民致死。國危主憂，說者成伍，無益於安危也。夫國危主憂也者，彊敵大國也。人君不能服彊敵破大國也，則修守備，便地形，摶民力，以待外事，然後患可以去而王可致也。是以明君修政作壹，去無用，止浮學事淫之民壹之農，然後國家可富而民力可摶也。今世主皆憂其國之危而兵之弱也，而彊聽說者。說者成伍，煩言飾辭而無實用。主好其辯，不求其實，說者得意，道路曲辯，輩輩成羣。民見其可以取王公大臣也，而皆學之。夫人聚黨與說議於國紛紛焉，小民樂之，大臣說之，故其民農者寡而游食者衆，衆則農者殆，農者殆則土地荒。學者成俗，則民舍農從事於談說，高言僞議，舍農游食而以言相高也。故民離上而不臣者成羣。此貧國弱兵之教也。夫國庸民之言，則民不畜於農。故惟明君知好言之不可以彊兵闢土也，惟聖人之治國，作壹摶之於農而已矣。

又《去彊》　以彊去彊者弱，以弱去彊者彊。

國爲善，姦必多。

國富而貧治，曰重富；重富者彊。國貧而富治，曰重貧；重貧者弱。

兵行敵所不敢行，彊；事興敵所羞爲，利。

主貴多變，國貴少變。

國多物，削；主少物，彊。千乘之國守千物者削。

戰事兵用曰彊，戰亂兵息而國削。

農、商、官三者，國之常官也。三官者生蝨官者六：曰歲、曰食、曰美、曰好、曰志、曰行。六者有樸，必削。三官之樸三人，六官之樸一人。

以治法者彊，以治政者削。常官治者遷官。治大，國小；治小，

國大。

彊之重，削；弱之重，彊。夫以彊攻彊者亡，以弱攻彊者王。

國彊而不戰，毒輸於內，禮樂蝨官生必削。國遂戰，毒輸於敵，國無禮樂蝨官，必彊。

舉榮任功曰彊，蝨官生必削。農少商多，貴人貧商貧農貧，三官貧必削。

國有禮、有樂、有《詩》、有《書》、有善、有修、有孝、有弟、有廉、有辯，國有十者，上無使戰，必削至亡；國無十者，上有使戰，必興至王。國以善民治姦民者，必亂至削；國以姦民治善民者，必治至彊。國用《詩》、《書》、禮、樂、孝、弟、善、修治者，敵至必削，國不至必貧。國不用八者治，敵不敢至，雖至必却。興兵而伐，必取，取必能有之；按兵而不攻，必富。

國好力，曰以難攻；國好言，曰以易攻。

國以難攻者，起一得十；以易攻者，出十亡百。

重罰輕賞，則上愛民，民死上；重賞輕罰，則上不愛民，民不死上。興國行罰，民利且畏；行賞，民利且愛。國無力而行知巧者必亡。

怯民使以刑，必勇；勇民使以賞，則死。怯民勇，勇以死，國無敵者彊。彊必王。

貧者使以刑則富，富者使以賞則貧。治國能令貧者富，富者貧，則國多力。多力者王。

王者刑九賞一，彊國刑七賞三，弱國刑五賞五。國作壹一歲，十歲彊；作壹十歲，百歲彊；作壹百歲，千歲彊。千歲彊者王。

威以一取十，以聲取實，故能威者王。能生不能殺，曰自攻之國，必削；能生能殺，曰攻敵之國，必彊。故攻官、攻力、攻敵，國用其二，舍其一，必彊；令用三者，威必王。

十里斷者國弱，九里斷者國彊。以日治則王，以夜治者彊，以宿治者削。

舉民衆口數，生者著，死者削。民無逃粟，野無荒草，則國富。國富則彊。以刑去刑，國治；以刑致刑，國亂。故曰：行刑重輕，刑去事成，國彊；重重而輕輕，刑至事生，國削。刑生力，力生彊，彊生威，威生惠，惠生於力。舉力以成勇戰，戰以成知謀。

金生而粟死，粟死而金生。本物賤，事者衆，買者少，農困而姦勸，其兵弱，國必削至亡。金一兩生於竟內，粟十二石死於竟外。粟十二石生於竟內，金一兩死於竟外。國好生金於竟內，則金粟兩死，倉府兩虛，國弱。國好生粟於竟內，則金粟兩生，倉府兩實，國彊。彊國知十三數：竟內倉口之數，壯男壯女之數，老弱之數，官士之數，以言說取食者之數，利民之數，馬牛芻藁之數，欲彊國，不知國十三數，地雖利，民雖衆，國愈弱至削。國無怨民，曰彊國。興兵而伐，則武爵武任，必勝；按兵而農，粟爵粟任，則國富。兵起而勝敵，按兵而國富者王。

又《弱民》 民弱，國彊；國彊，民弱。故有道之國務在弱民。樸則彊，淫則弱。弱則軌，淫則越志。弱則有用，越志則彊。故曰：『以彊去彊者弱，以弱去彊者彊。』

民善之則親，利之用則和，用則有任，和則匱，有任乃富於政。上舍法，任民之所善，故姦多。

民貧則力富，力富則淫，淫則有蝨。故民富而不用，則使民以食出各必有力，則農不偷。農不偷，六蝨無萌。故國富而民治，重彊。兵易弱難彊。民樂生安佚；死，難；難正。易之則彊。事有羞，多姦；寡賞，無失。多姦疑敵，失必利。兵至彊，威；事無羞，利。用兵久處利勢，必王。故兵行敵之所不敢行，彊；事興敵所羞爲，利。法有，民安其次；主變，事能得齊。國守，安；主操權，利。故主貴多變，國貴少變。

利出一孔則國多物，出十孔則國少物。守一則治，守十則亂。治則彊，亂則弱。彊則物來，弱則物去。故國致物則彊，去物則弱。

民辱則貴爵，弱則尊官，貧則重賞。以刑治民則樂用，以賞戰民則輕死。故戰事兵用曰彊。民有私榮則賤列卑官，富則輕賞。治民羞辱以刑戰，則戰民畏死。事亂而戰，故兵農怠而國弱。農商官三者，國之常食官也。農闢地，商物，官法民。三官生蝨六，曰歲，曰食，曰美，曰好，曰志，曰行。六者有樸，必削。農有餘食，則薄燕於歲。商有淫利，有美好傷器。官設而不用，志行爲卒。六蝨成俗，兵必大敗。

法枉，治亂；任善，言多。治衆，國亂；言多，兵弱。法明，治

省，任力，言息。治省，國治；言息，兵彊。故治大，國小；治小，國大。

政作民之所惡，民弱；政作民之所樂，民彊。民弱，國彊；民彊，國弱。故民之所樂，民彊。民彊而彊之，兵重弱。民之所樂，民彊。民彊而弱之，兵重彊。故以彊重弱，弱重彊。王。以彊政彊弱，弱存。以弱政弱彊，彊去。彊存則弱，彊去則王。故以彊政弱，以弱政彊，王也。

明主之使其臣也，用必加於功，賞必盡其勞。人主使其民信此如日月，則無敵矣。今離婁見秋豪之末，不能明目易人；烏獲舉千鈞之重，不能以多力易人；聖人在體性也，不能以相易也；今當世之用事者，皆欲爲上聖，舉法之謂也。背法而治，此任重道遠而無馬牛，濟大川而無舡楫也。今夫人衆兵强，此帝王之大資也；苟非明法以守之也，與危亡爲鄰。故明主察法，境内之民無辟淫之心，游處之壬迫於戰陣，萬民疾於耕戰。有以知其然也？楚國之民，齊疾而均，速若飄風。宛鉅鐵鉇，利若蜂蠆。脅鮫犀兕，堅若金石。江、漢以爲池，汝、潁以爲限，隱以鄧林，緣以方城。秦師至，鄢郢舉，若振槁。唐蔑死於垂沙，莊蹻發於内，楚分爲五。地非不大也，民非不衆也，甲兵財用非不多也，戰不勝，守不固，此無法之所生也。釋權衡而操輕重者。

强幹弱枝論分部

論説

《韓非子·愛臣》 愛臣太親，必危其身；人臣太貴，必易主位；主妾無等，必危嫡子；兄弟不服，必危社稷。臣聞千乘之君無備，必有百乘之臣在其側，以徙其民而傾其國；萬乘之君無備，必有千乘之家在其側，以徙其威而傾其國。是以姦臣蕃息，主道衰亡。是故諸侯之博大，天子之害也；羣臣之太富，君主之敗也。將相之管主而隆國家，此君人者所外也。萬物莫如身之至貴也，位之至尊也，主威之重，主勢之隆也。此四美者不求諸外，不請於人，議之而得之矣。故曰人主不能用其富，則終於外也。此君人者之所識也。

昔者紂之亡，周之卑，皆從諸侯之博大也；晉之分也，齊之奪也，皆以羣臣之太富也。夫燕、宋之所以弒其君者，皆以類也。故上比之殷、周，中比之燕、宋，莫不從此術也。是故明君之蓄其臣也，盡之以法，質之以備。故不赦死，不宥刑，赦死宥刑，是謂威淫，社稷將危，國家偏威。是故大臣之祿雖大，不得藉威城市；黨與雖衆，不得臣士卒。故人臣處國無私朝，居軍無私交，其府庫不得私貸於家。此明君之所以禁其邪。是故不得四從；不載奇兵；非傳非遽，載奇兵革，罪死不赦。此明君之所以備不虞者也。

修齊治平論分部

論説

《尚書·堯典》 曰若稽古。帝堯曰放勳，欽、明、文、思安安，允恭克讓，光被四表，格於上下。克明俊德，以親九族；九族既睦，平章百姓，百姓昭明，協和萬邦；黎民於變時雍。

《詩經·大雅·思齊》 刑于寡妻，至于兄弟，以御于家邦。

又**《抑》** 無競維人，四方其訓之。有覺德行，四國順之。訏謨定命，遠猶辰告。敬慎威儀，維民之則。

《周易·乾·象》 天行健，君子以自强不息。

又**《坤·象》** 地勢坤，君子以厚德載物。

《管子·中匡》 明日，管仲朝，公曰：『寡人願聞國君之信。』對曰：『民愛之，鄰國親之，天下信之，此國君之信。』公曰：『善。請問信安始而可？』對曰：『始於爲身，中於爲國，成於爲天下。』公曰：『請問爲身？』對曰：『道血氣以求長年，長心，長德，此爲身也。』公曰：『請問爲國。』對曰：『遠舉賢人，慈愛百姓，外存亡國，繼絶世，

起諸孤，薄稅斂，輕刑罰，此爲國之大禮也。法行而不苛，刑廉而不赦，有司寬而不淩，菀濁困滯，皆法度不亡，往行不來，而民游世矣，此爲天下也。』

《禮記·大學》 大學之道在明明德，在親民，在止於至善。知止而后有定，定而后能靜，靜而后能安，安而后能慮，慮而后能得。物有本末，事有終始，知所先後，則近道矣。

古之欲明明德於天下者先治其國，欲治其國者先齊其家，欲齊其家者先脩其身，欲脩其身者先正其心，欲正其心者先誠其意，欲誠其意者先致其知，致知在格物。物格而后知至，知至而后意誠，意誠而后心正，心正而后身脩，身脩后家齊，家齊而后國治，國治而后天下平。

自天子以至於庶人，壹是皆以脩身爲本。其本亂而末治者，否矣。其所厚者薄，而其所薄者厚，未之有也。此謂知本，此謂知之至也。

所謂誠其意者，毋自欺也。如惡惡臭，如好好色。此之謂自謙。故君子必慎其獨也。小人閒居爲不善，無所不至，見君子而后厭然揜其不善而著其善，人之視己如見其肺肝然，則何益矣。此謂誠於中，形於外，故君子必慎其獨也。曾子曰：『十目所視，十手所指，其嚴乎！』富潤屋，德潤身，心廣體胖，故君子必誠其意。

《詩》云：『瞻彼淇澳，菉竹猗猗。有斐君子，如切如磋，如琢如磨。瑟兮僩兮，赫兮喧兮。有斐君子，終不可諠兮。』如切如磋者，道學也。如琢如磨者，自脩也。瑟兮僩兮者，恂慄也。赫兮喧兮者，威儀也。有斐君子終不可諠兮者，道盛德至善，民之不能忘也。《詩》云：『於戲前王不忘。』君子賢其賢而親其親，小人樂其樂而利其利，此以没世不忘也。《康誥》曰『克明德』，《大甲》曰『顧諟天之明命』，《帝典》曰『克明峻德』，皆自明也。湯之《盤銘》曰：『苟日新，日日新，又日新。』《康誥》曰：『作新民。』《詩》曰：『周雖舊邦，其命惟新。』是故君子無所不用其極。《詩》云：『邦畿千里，惟民所止。』《詩》云：『緡蠻黃鳥，止於丘隅。』子曰：『於止，知其所止，可以人而不如鳥乎？』《詩》云：『穆穆文王，於緝熙敬止。』爲人君止於仁，爲人臣止於敬，爲人子止於孝，爲人父止於慈，與國人交止於信。子曰：『聽訟，吾猶人也，必也使無訟乎！』無情者不得盡其辭，大畏民志。此謂知本。

所謂脩身在正其心者，身有所忿懥則不得其正，有所恐懼則不得其正，有所好樂則不得其正，有所憂患則不得其正。心不在焉，視而不見，聽而不聞，食而不知其味。此謂脩身在正其心。

所謂齊其家在脩其身者，人之其所親愛而辟焉，之其所賤惡而辟焉，之其所畏敬而辟焉，之其所哀矜而辟焉，之其所敖惰而辟焉。故好而知其惡、惡而知其美者，天下鮮矣。故諺有之曰：『人莫知其子之惡，莫知其苗之碩。』此謂身不脩不可以齊其家。

所謂治國必先齊其家者，其家不可教而能教人者，無之。故君子不出家而成教於國。孝者所以事君也，弟者所以事長也，慈者所以使衆也。《康誥》曰：『如保赤子。』心誠求之，雖不中不遠矣。未有學養子而後嫁者也。一家仁，一國興仁；一家讓，一國興讓；一人貪戾，一國作亂。其機如此。此謂一言僨事，一人定國。堯舜率天下以仁而民從之，桀紂率天下以暴而民從之，其所令反其所好而民不從。是故君子有諸己而后求諸人，無諸己而后非諸人，所藏乎身不恕而能喻諸人者，未之有也。故治國在齊其家。《詩》云：『桃之夭夭，其葉蓁蓁。之子于歸，宜其家人。』宜其家人而后可以教國人。《詩》云：『宜兄宜弟。』宜兄宜弟而后可以教國人。《詩》云：『其儀不忒，正是四國。』其爲父子兄弟足法，而后民法之也。此謂治國在齊其家。

所謂平天下在治其國者，上老老而民興孝，上長長而民興弟，上恤孤而民不倍，是以君子有絜矩之道也。所惡於上毋以使下，所惡於下毋以事上，所惡於前毋以先後，所惡於後毋以從前，所惡於右毋以交於左，所惡於左毋以交於右，此之謂絜矩之道。《詩》云：『樂只君子，民之父母。』民之所好好之，民之所惡惡之，此之謂民之父母。《詩》云：『節彼南山，維石巖巖。赫赫師尹，民具爾瞻。』有國者不可以不慎，辟則爲天下僇矣。《詩》云：『殷之未喪師，克配上帝。儀監于殷，峻命不易。』道得衆則得國，失衆則失國。

是故君子先慎乎德。有德此有人，有人此有土，有土此有財，有財此有用。德者本也，財者末也。外本內末，爭民施奪。是故財聚則民散，財散則民聚。是故言悖而出者亦悖而入，貨悖而入者亦悖而出。《康誥》曰：『惟命不于常。』道善則得之，不善則失之矣。《楚書》曰：『楚國無

以爲寶，惟善以爲寶。』舅犯曰：『亡人無以爲寶，仁親以爲寶。』

《秦誓》曰：『若有一介臣，斷斷兮，無他技；其心休休焉，其如有容焉。人之有技，若己有之；人之彦聖，其心好之，不啻若自其口出，寔能容之。以能保我子孫黎民，尚亦有利哉！人之有技，媢嫉以惡之；人之彦聖，而違之，俾不通，寔不能容。以不能保我子孫黎民，亦曰殆哉！』唯仁人放流之，迸諸四夷，不與同中國。此謂唯仁人爲能愛人，能惡人。見賢而不能舉，舉而不能先，命也。見不善而不能退，退而不能遠，過也。好人之所惡，惡人之所好，是謂拂人之性，菑必逮夫身。是故君子有大道，必忠信以得之，驕泰以失之。

《孟子·離婁上》 孟子曰：『愛人不親，反其仁；治人不治，反其智；禮人不答，反其敬，行有不得者皆反求諸己，其身正而天下歸之。《詩》云：「永言配命，自求多福。」』

孟子曰：『人有恆言，皆曰：「天下國家。」天下之本在國，國之本在家，家之本在身。』【略】

孟子曰：『不仁者可與言哉？安其危而利其菑，樂其所以亡者。不仁而可與言，則何亡國敗家之有？有孺子歌曰：「滄浪之水清兮，可以濯我纓；滄浪之水濁兮，可以濯我足。」孔子曰：「小子聽之！清斯濯纓，濁斯濯足矣。自取之也。」夫人必自侮，然後人侮之；家必自毁，而後人毁之；國必自伐，而後人伐之。《太甲》曰：「天作孽，猶可違；自作孽，不可活。」此之謂也。』【略】

孟子曰：『自暴者，不可與有言也；自棄者，不可與有爲也。言非禮義，謂之自暴也；吾身不能居仁由義，謂之自棄也。仁，人之安宅也；義，人之正路也。曠安宅而弗居，舍正路而不由，哀哉！』

孟子曰：『道在邇而求諸遠，事在易而求諸難：人人親其親、長其長，而天下平。』

孟子曰：『居下位而不獲於上，民不可得而治也。獲於上有道，不信於友，弗獲於上矣。信於友有道，事親弗悦，弗信於友矣。悦親有道，反身不誠，不悦於親矣。誠身有道，不明乎善，不誠其身矣。是故誠者，天之道也；思誠者，人之道也。至誠而不動者，未之有也；不誠，未有能動者也。』【略】

公孫丑曰：『君子之不教子，何也？』

孟子曰：『勢不行也。教者必以正；以正不行，繼之以怒。繼之以怒，則反夷矣。「夫子教我以正，夫子未出於正也。」則是父子相夷也。父子相夷，則惡矣。古者易子而教之，父子之間不責善。責善則離，離則不祥莫大焉。』

孟子曰：『事，孰爲大？事親爲大；守，孰爲大？守身爲大。不失其身而能事其親者，吾聞之矣；失其身而能事其親者，吾未之聞也。孰不爲事？事親，事之本也；孰不爲守？守身，守之本也。曾子養曾晳，必有酒肉；將徹，必請所與；問有餘，必曰，「有。」曾晳死，曾元養曾子，必有酒肉；將徹，不請所與；問有餘，曰：「亡矣。」將以復進也。此所謂養口體者也。若曾子，則可謂養志也。事親若曾子者，可也。』【略】

孟子曰：『天下大悦而將歸己，視天下悦而歸己，猶草芥也，惟舜爲然。不得乎親，不可以爲人；不順乎親，不可以爲子。舜盡事親之道而瞽瞍厎豫，瞽瞍厎豫而天下化，瞽瞍厎豫而天下之爲父子者定，此之謂大孝。』

《馬王堆漢墓帛書·黄帝四經·十八經·五正》 黄帝問閹冉曰：吾欲布施五（正）［政］，焉止焉始？對曰：始在於身，中有正度，後及外人，外内交（綾）［接］，乃（正）［止］於事之所成。黄帝曰：吾既正既静，吾國家愈不定，若何？對曰：后中實而外正，何［患］不定？左執規，右執矩，何患天下？男女畢（迵）［同］，何患於國？五（正）［政］既布，以司五（明）［名］。左右執規，以待逆兵。

黄帝曰：吾身未自知，若何？對曰：后身未自知，乃深伏於淵，以求内刑。内刑已得，后［乃］自知屈其身。黄帝曰：吾欲屈吾身，屈吾身若何？對曰：道同者，其事同；道異者，其事異。今天下大爭，時至矣，後能慎勿爭乎？黄帝曰：勿爭若何？對曰：怒者血氣也，爭者外脂膚也。怒若不發，浸（廩）［淫］是爲癰疽。后能去四者，枯骨何能爭矣。黄帝於是辭其國大夫，上於博望之山，（談）［惔］臥三年以自求也。戰哉，閹冉乃上起黄帝曰：可矣。夫作爭者凶，不爭［者］亦無成功。何不可矣？

《列子・説符篇》　楚莊王問詹何曰：『治國奈何！』詹何對曰：『臣明於治身而不明於治國也。』楚莊王曰：『寡人得奉宗廟社稷，願學所以守之。』詹何對曰：『臣未嘗聞身治而國亂者也，又未嘗聞身亂而國治者也。故本在身，不敢對以末。』楚王曰：『善。』

剛柔相濟論分部

論説

《左傳・文公七年》　晉郤缺言於趙宣子曰：『日衛不睦，故取其地。今已睦矣，可以歸之。叛而不討，何以示威？服而不柔，何以示懷？非威非懷，何以示德？無德何以主盟？子爲正卿，以主諸侯，而不務德，將若之何？夏書曰：「戒之用休，董之用威，勸之以九歌勿使壞。」九功之德皆可歌也，謂之九歌。六府三事，謂之九功，水、火、金、木、土、穀謂之六府。正德，利用，厚生謂之三事。義而行之謂之德禮。無禮不樂所由叛也。若吾子之德，莫可歌也，其誰來之。盍使睦者歌吾子乎？』宣子説之。

《韓非子・二柄》　明主之所導制其臣者，二柄而已矣。二柄者，刑、德也。何謂刑德？曰：殺戮之謂刑，慶賞之謂德。爲人臣者畏誅罰而利慶賞，故人主自用其刑德，則羣臣畏其威而歸其利矣。故世之姦臣則不然，所惡則能得之其主而罪之，所愛則能得之其主而賞之。今人主非使賞罰之威利出於己也，聽其臣而行其賞罰，則一國之人皆畏其臣而易其君，歸其臣而去其君矣，此人主失刑德之患也。夫虎之所以能服狗者爪牙也，使虎釋其爪牙而使狗用之，則虎反服於狗矣。人主者以刑德制臣者也，今君人者釋其刑德而使臣用之，則君反制於臣矣。故田常上請爵祿而行之羣臣，下大斗斛而施於百姓，此簡公失德而田常用之也，故簡公見弑。子罕謂宋君曰：『夫慶賞賜予者，民之所喜也，君自行之；殺戮刑罰者，民之所惡也，臣請當之。』於是宋君失刑而子罕用之，故宋君見劫。田常徒用德而簡公弑，子罕徒用刑而宋君劫。故今世爲人臣者兼刑德而用之，則是世主之危甚於簡公、宋君也。故劫殺擁蔽之主，非失刑德而使臣用之而不危亡者，則未嘗有也。

嚴刑峻法論分部

論説

《商君書・説民》　辯慧，亂之贊也。禮樂，淫佚之徵也。慈仁，過之母也。任譽，姦之鼠也。亂有贊則行，淫佚有徵則用，過有母則生，姦有鼠則不止。八者有羣，民勝其政；國無八者，政勝其民。民勝其政，國弱；政勝其民，兵彊。故國有八者，上無以使守戰，必削至亡；國無八者，上有以使守戰，必興至王。

用善，則民親其親；任姦，則民親其制。合而復者，善也；別而規者，姦也。章善則過匿，任姦則罪誅。過匿則民勝法，罪誅則法勝民。民勝法，國亂；法勝民，兵彊。故曰：以良民治，必亂至削；以姦民治，必治至彊。

國以難攻，起一取十；國以易攻，起一亡百。國好力，曰以難攻；國好言，曰以易攻。民易爲言，難爲用；國法作民之所難，兵用民之所易，而以力攻者，起一得十；國法作民之所易，兵用民之所難，而以言攻者，出十必百。

罰重，爵尊；賞輕，刑威。爵尊，上愛民；刑威，民死上。故興國行罰則民利，用賞則上重。

法詳則刑繁，法繁則刑省。民治則亂；亂而治之，又亂。故治之於其治，則治；治之於其亂，則亂。民之情也治，其事也亂。故行刑重其輕者，輕者不生，則重者無從至矣。此謂治之於其治也。行刑重其重者，輕其輕者，輕者不止，則重者無從止矣。此謂治之於其亂也。故重輕，則刑去事成，國彊；重重而輕輕，則刑至而事生，國削。

民勇，則賞之以其所欲；民怯，則殺之以其所惡。故怯民使之以刑則勇，勇民使之以賞則死。怯民勇，勇民死，國無敵者，必王。

民貧則弱，國富則淫。淫則有蝨，有蝨則弱。故貧者益之以刑則富，富者損之以賞則貧。治國之舉，貴令貧者富，富者貧。貧者富，富者貧，國彊，三官無蝨。國久彊而無蝨者，必王。

刑生力，力生彊，彊生威，威生德，德生於刑。故刑多則賞重；賞少則刑重。民之有欲有惡也，欲有六淫，惡有四難。從六淫，國弱；行四難，兵彊。故王者刑於九而賞出一。刑於九則六淫止，賞出一則四難行。六淫止則國無姦，四難行則兵無敵。民之所欲萬，而利之所出一；民非一則無以致欲，故作一。作一則力摶，力摶則彊。彊而用，重彊。故能生力、能殺力，曰攻敵之國，必彊。塞私道以窮其志，啓一門以致其欲，使民必先行其所要，然後致其所欲，故力多。力多而不用則志窮，志窮則有私，有私則有弱。故能生力不能殺力，曰自攻之國，必削。故曰：『王者國不蓄力，家不積粟。』國不蓄力，下用也；家不積粟，上藏也。

國治：斷家王，斷官彊，斷君弱。重輕去刑，常官則治。省刑要保，賞不可倍也。有姦必告之，則民斷於心。上令而民知所以應，器成於家而行於官，則事斷於家。故王者刑賞斷於民心，器用斷於家。治明則同，治闇則異。同則行，異則止。行則治，止則亂。治則家斷，亂則君斷。治國者貴下斷，故以十里斷者弱，以五里斷者彊。家斷則有餘，故曰：『日治者王。』官斷則不足，故曰：『夜治則彊。』君斷則亂，故曰：『宿治則削。』故有道之國，治不聽君，民不從官。

又《開塞》　夫正民者，以其所惡，必終其所好；以其所好，必敗其所惡。治國刑多而賞少。故王者刑九而賞一，削國賞九而刑一。夫過有厚薄，則刑有輕重；善有大小，則賞有多少。此二者世之常用也。刑加於罪所終，則姦不去；賞施於民所義，則過不止。刑不能去姦而賞不能止過者，必亂。故王者刑用於將過，則大邪不生；賞施於告姦，則細過不失。治民能使大邪不生，細過不失，則國治。國治必彊。一國行之，境內獨治。二國行之，兵則少寢。天下行之，至德復立。此吾以殺刑之反於德而義合於暴也。古者民藂生而羣處，亂，故求有上也。然則天下之樂有上也，將以爲治也。今有主而無法，其害與無主同；有法不勝其亂，與不法同。天下不安無君而樂勝其法，則舉世以爲惑也。夫利天下之民者莫大於治，而治莫康於立君。立君之道，莫廣於勝法。勝法之務，莫急於去姦。去姦之本，莫深於嚴刑。故王者以賞禁，以刑勸，求過不求善，藉刑以去刑。

又《畫策》　國之亂也，非其法亂也，非法不用也。國皆有法，而無使法必行之法；國皆有禁姦邪刑盜賊之法，而無使姦邪盜賊必得之法。爲姦邪盜賊者死刑，而姦邪盜賊不止者，不必得。必得而尚有姦邪盜賊者，刑輕也。刑輕者，不得誅也；必得者，刑者衆也。故善治者刑不善而不賞善，故不刑而民善。不刑而民善，刑重也。刑重者，民不敢犯，故無刑也。而民莫敢爲非，是一國皆善也；故不賞善而民善。賞善之不可也，猶賞不盜。故善治者，使跖可信，而況伯夷乎？不能治者，使伯夷可疑，而況跖乎？勢不能爲姦，雖跖可信也；勢得爲姦，雖伯夷可疑也。

國或重治，或重亂。明主在上，所舉必賢，則法可在賢。法可在賢，則法在下，不肖不敢爲非，是謂重治。不明主在上，所舉必不肖，國無明法，不肖者敢爲非，是謂重亂。兵或重彊，或重弱。民固欲戰，又不得不戰，是謂重彊。民固不欲戰，又得無戰，是謂重弱。

《韓非子·難二》　景公過晏子曰：『子宮小，近市，請徙子家豫章之圃。』晏子再拜而辭曰：『且嬰家貧，待市食，而朝暮趨之，不可以遠。』景公笑曰：『子家習市，識貴賤乎？』是時景公繁於刑，晏子對曰：『踴貴而屨賤。』景公曰：『何故？』對曰：『刑多也。』景公造然變色曰：『寡人其暴乎！』於是損刑五。

或曰：晏子之貴踴，非其誠也，欲便辭以止多刑也，此不察治之患也。夫刑當無多，不當無少，無以不當聞，而以太多說，無術之患也。敗軍之誅以千百數，猶北不止。即治亂之刑如恐不勝，而姦尚不盡。今晏子不察其當否，而以太多爲說，不亦妄乎！夫惜草茅者耗禾穗，惠盜賊者傷良民。今緩刑罰，行寬惠，是利姦邪而害善人也，此非所以爲治也。

又《六反》　夫姦必知則備，必誅則止；不知則肆，不誅則行。夫陳輕貨於幽隱，雖曾、史可疑也；懸百金於市，雖大盜不取也。不知則曾、史可疑於幽隱，必知則大盜不取懸金於市。故明主之治國也衆其守

而重其罪，使民以法禁而不以廉止。母之愛子也倍父，父令之行於子者十母；吏之於民無愛，令之行於民也萬父。母積愛而令窮，吏用威嚴而民聽從，嚴愛之筴亦可決矣。且父母之所以求於子也，動作則欲其安利也，行身則欲其遠罪也；君上之於民也，有難則用其死，安平則盡其力。親以厚愛關子於安利而不聽，君以無愛利求民之死力而令行。明主知之，故不養恩愛之心而增威嚴之勢。故母厚愛處，子多敗，推愛也；父薄愛教笞，子多善，用嚴也。

今家人之治產也，相忍以飢寒，相强以勞苦，雖犯軍旅之難，饑饉之患，温衣美食者，必是家也；相憐以衣食，相惠以佚樂，天饑歲荒，嫁妻賣子者，必是家也。故法之爲道，前苦而長利；仁之爲道，偷樂而後窮。聖人權其輕重，出其大利，故用法之相忍，而棄仁人之相憐也。學者之言，皆曰輕刑，此亂亡之術也。凡賞罰之必者，勸禁也。賞厚則所欲之得也疾，罰重則所惡之禁也急。夫欲利者必惡害，害者，利之反也，反於所欲，焉得無惡。欲治者必惡亂，亂者，治之反也。是故欲治甚者，其賞必厚矣；其惡亂甚者，其罰必重矣。今取於輕刑者，其惡亂不甚也，其欲治又不甚也，此非特無術也，又乃無行。是故決賢不肖愚知之美，在賞罰之輕重。且夫重刑者，非爲罪人也。明主之法，揆也。治賊，非治所揆也；治所揆也者，是治死人也。刑盜，非治所刑也；治所刑也者，是治胥靡也。故曰重一姦之罪而止境内之邪，此所以爲治也。重罰者，盜賊也；而悼懼者，良民也；欲治者奚疑於重刑！若夫厚賞者，非獨賞功也，又勸一國。受賞者甘利，未賞者慕業，是報一人之功而勸境内之衆也，欲治者何疑於厚賞！今不知治者，皆曰重刑傷民，輕刑可以止姦，何必於重哉？此不察於治者也。夫以重止者，未必以輕止也；以輕止者，必以重止矣。是以上設重刑者而姦盡止，姦盡止則此奚傷於民也？所謂重刑者，姦之所利者細，而上之所加焉者大也；民不以小利蒙大罪，故姦必止者也。所謂輕刑者，姦之所利者大，上之所加焉者小也；民慕其利而傲其罪，故姦不止也。故先聖有諺曰：『不躓於山，而躓於垤。』山者大，故人順之，垤微小，故人易之也。今輕刑罰，民必易之。犯而不誅，是驅國而棄之也；犯而誅之，是爲民設陷也。是故輕罪者，民之垤也。是以輕罪之爲民道也，非亂國也則設民陷也，此則可謂傷民矣！

重令嚴罰論分部

論説

《管子·重令》 凡君國之重器，莫重於令。令重則君尊，君尊則國安。令輕則君卑，君卑則國危。故安國在乎尊君，尊君在乎行令，行令在乎嚴罰。罰嚴令行，則百吏皆恐。罰不嚴，令不行，則百吏皆喜。故明君察於治民之本，本莫要於令。故曰：虧令者死，益令者死，不行令者死，留令者死，不從令者死。五者死而無赦，唯令是視。故曰：令重而下恐。爲上者不明，令出雖自上，而論可與不可者在下。夫倍上令以爲威，則行恣於己以爲私，百吏奚不喜之有？且夫令出雖自上，而論可與不可者在下，是威下繫於民也。威下繫於民，而求上之毋危，不可得也。令出而留者無罪，則是教民不敬也。令出而不行者毋罪，行之者有罪，是皆教民不聽也。令出而論可與不可者在官，是威下分也。益損者毋罪，則是教民邪途也。如此，則巧佞之人，將以此成私爲交；比周之人，將以此阿黨取與；貪利之人，將以此收貨聚財；懦弱之人，將以此阿貴事富；便辟伐矜之人，將以此買譽成名。故令一出，示民邪途五衢，而求上之毋危，下之毋亂，不可得也。【略】

故國不虚重，兵不虚勝，民不虚用，令不虚行。凡國之重也，必待兵之勝也，而國乃重。凡兵之勝也，必待民之用也，而兵乃勝。凡民之用也，必待令之行，而民乃用。凡令之行也，必待近者之勝也，而令乃行。故禁不勝於親貴，罰不行於便辟，法禁不誅於嚴重而害於疏遠，慶賞不施於卑賤而求令之必行，不可得也。能不通於官，受祿賞不當於功，號令逆於民心，動靜詭於時變，有功不必賞，有罪不必誅，令焉不必行，禁焉不必止，在上位無以使下，而求民之必用，不可得也。將帥不嚴威，民心不專一，陣士不死制，卒士不輕敵，而求兵之必勝，不可得也。內守不能完，外攻不能服，野戰不能制敵，侵伐不能威四鄰，而求國之重，不可得

也。德不加於弱小，威不信於强大，征伐不能服天下，而求霸諸侯，不可得也。威有與兩立，兵有與分爭，德不能懷遠國，令不能一諸侯，而求王天下，不可得也。【略】

凡先王治國之器三，攻而毀之者六。明王能勝其攻，故不益於三者而自有國正天下；亂王不能勝其攻，故亦不損於三者而自有天下而亡。三器者何也？曰：號令也，斧鉞也，禄賞也。六攻者何也？曰：親也，貴也，貨也，色也，巧佞也，玩好也。三器之用何也？曰：非號令毋以使下，非斧鉞毋以威衆，非禄賞毋以勸民。六攻之敗何也？曰：雖不聽而可以得存者，雖犯禁而可以得免者，雖毋功而可以得富者。凡國有不聽而可以得存者，則號令不足以使下；有犯禁而可以得免者，則斧鉞不足以威衆；有毋功而可以得富者，則禄賞不足以勸民。號令不足以使下，斧鉞不足以威衆，禄賞不足以勸民，若此則民毋爲自用。民毋爲自用則戰不勝，戰不勝而守不固，守不固則敵國制之矣。然則先王將若之何？曰：不爲六者變更於號令，不爲六者疑錯於斧鉞，不爲六者益損於禄賞。若此則遠近一心，遠近一心則衆寡同力，衆寡同力則戰可以必勝，而守可以必固。非以并兼攘奪也，以爲天下政治也。此正天下之道也。

馭臣之道論分部

論説

《管子・侈靡》「强與短而立齊，國之若何？」「高予之名而舉之，重予之官而危之，因責其能以隨之。猶傶則疏之，毋使人圖之。猶疏則數之，毋使人曲之。此所以爲之也。」「大有臣甚大，將反爲害。吾欲優患除害，將小能察大，爲之奈何？」「潭根之，毋伐。固事之，毋入。深黨之，毋涸。不儀之，毋助。章明之，毋滅。生榮之，毋失。十言者不勝此一，雖凶必吉。故平以滿。」「無事而總，以待有事而爲之，若何？」「積者立餘食而侈，美車馬而馳，多酒醴而靡，千歲毋出食，此謂本事。」

「縣人有主，人此治用，然而不治，積之市。一人積之下，一人積之上，此謂利無常。百姓無寶，以利爲首。一上一下，唯利所處。利然後能通，通然後成國。利静而不化，觀其所出。從而移之，視其不可使，因以爲民等。擇其好名，因使長民，好而不已，是以爲國紀。功未成者，不可以獨名。事未道者，不可以言名。成功然後可以獨名，事道然後可以言名，然後可以承致酢。先其士者之爲自犯，後其民者之爲自贍。輕國位者國必敗，疏貴戚者謀將泄。毋仕異國之人，是爲經。毋數變易，是爲敗成。大臣得罪，勿出封外，是爲漏情。毋數據大臣之家而飲酒，是爲使國大消。三堯在，臧於縣，返於連比。若是者，必從是嚚亡乎！辟之若尊譚，未勝其本，亡流而下，不平。令苟下不治，高下者不足以相待，此謂殺。」

馭民之術論分部

論説

《管子・五輔》古之聖王所以取明名廣譽，厚功大業，顯於天下，不忘於後世，非得人者未之嘗聞。暴王之所以失國家，危社稷，覆宗廟，滅於天下，非失人者未之嘗聞。今有土之君，皆處欲安，動欲威，戰欲勝，守欲固。大者欲王天下，小者欲霸諸侯，而不務得人。是以小者兵挫而地削，大者身死而國亡。故曰：人不可不務也，此天下之極也。曰：然則得人之道，莫如利之。利之之道，莫如教之以政。故善爲政者，田疇墾而國邑實，朝廷閒而官府治，公法行而私曲止，倉廩實而囹圄空，賢人進而姦民退。其君子上中正而下諂諛，其士民貴武勇而賤得利，其庶人好耕農而惡飲食，於是財用足而飲食薪菜饒。是故上必寬裕而有解舍，下必聽從而不疾怨，上下和同而有禮義。故處安而動威，戰勝而守固，是以一戰而正諸侯。不能爲政者，田疇荒而國邑虛，朝廷凶而官府亂，公法廢而私曲行，倉廩虛而囹圄實，賢人退而姦民進。其君子上諂諛而下中正，其

士民貴得利而賤武勇，其庶人好飲食而惡耕農，於是財用匱而食飲薪菜乏。上彌殘苟而無解舍，下愈覆鷙而不聽從，上下交引而不和同。故處不安而動不威，戰不勝而守不固，是以小者兵挫而地削，大者身死而國亡。故以此觀之，則政不可不慎也。

德有六興，義有七體，禮有八經，法有五務，權有三度。所謂六興者何？曰：辟田疇，利壇宅，修樹蓺，勸士民，勉稼穡，修牆屋，此謂厚其生。發伏利，輸墆積，修道途，便關市，慎將宿，此謂輸之以財。導水潦，利陂溝，決潘渚，潰泥滯，通鬱閉，慎津梁，此謂遺之以利。薄徵斂，輕征賦，弛刑罰，赦罪戾，宥小過，此謂寬其政。養長老，慈幼孤，恤鰥寡，問疾病，弔禍喪，此謂匡其急。衣凍寒，食飢渴，匡貧窶，賑罷露，資乏絶，此謂賑其窮。凡此六者，德之興也。六者既布，則民之所欲無不得矣。夫民必得其所欲，然後聽上，聽上然後政可善爲也。故曰：德不可不興也。

曰：民知德矣，而未知義，然後明行以導之義。義有七體。七體者何？曰：孝悌慈惠以養親戚，恭敬忠信以事君上，中正比宜以行禮節，整齊撙詘以辟刑僇，纖嗇省用以備飢饉，敦懞純固以備禍亂，和協輯睦以備寇戎。凡此七者，義之體也。夫民必知義然後中正，中正然後和調，和調乃能處安，處安然後動威，動威乃可以戰勝而守固，故曰：義不可不行也。

曰：民知義矣，而未知禮，然後飾八經以導之禮。所謂八經者何？曰：上下有義，貴賤有分，長幼有等，貧富有度。凡此八者，禮之經也。故上下無義則亂，貴賤無分則爭，長幼無等則倍，貧富無度則失。上下亂，貴賤爭，長幼倍，貧富失，而國不亂者，未之嘗聞也。是故聖王飭此八禮，以導其民。八者各得其義，則爲人君者中正而無私，爲人臣者忠信而不黨，爲人父者慈惠以教，爲人子者孝悌以肅，爲人兄者寬裕以誨，爲人弟者比順以敬，爲人夫者敦懞以固，爲人妻者勸勉以貞。夫然，則下不倍上，臣不殺君，賤不踰貴，少不陵長，遠不閒親，新不閒舊，小不加大，淫不破義。凡此八者，禮之經也。夫人必知禮然後恭敬，恭敬然後尊讓，尊讓然後少長貴賤不相踰越，少長貴賤不相踰越，故亂不生而患不作。故曰：禮不可不謹也。

曰：民知禮矣，而未知務，然後布法以任力。任力有五務。五務者何？曰：君擇臣而任官，大夫任官辯事，官長任事守職，士修身功材，庶人耕農樹蓺。君擇臣而任官，則事不煩亂；大夫任官辯事，則舉措時；官長任事守職，則動作和；士修身功材，則賢良發；庶人耕農樹蓺，則財用足。故曰：凡此五者，力之務也。夫民必知務然後心一，心一然後意專，心一而意專，然後功足觀也。故曰：力不可不務也。

曰：民知務矣，而未知權，然後考三度以動之。所謂三度者何？曰：上度之天祥，下度之地宜，中度之人順，此所謂三度。故曰：天時不祥，則有水旱；地道不宜，則有飢饉；人道不順，則有禍亂。此三者之來也，政召之。曰：審時以舉事，以事動民，以民動國，以國動天下，天下動然後功名可成也。故民必知權然後舉錯得，舉錯得則民和輯，民和輯則功名立矣。故曰：權不可不度也。

故曰：五經既布，然後逐姦民，詰詐偽，屏讒慝，而毋聽淫辭，毋作淫巧。若民有淫行邪性，樹爲淫辭，作爲淫巧，以上諂君上，而下惑百姓，移國動衆，以害民務者，其刑死流。故曰：凡人君之所以內失百姓，外失諸侯，兵挫而地削，名卑而國虧，社稷滅覆，身體危殆，非生於諂淫者，未之嘗聞也。何以知其然也？曰：淫聲諂耳，淫觀諂目，耳目之所好諂心，心之所好傷民，民傷而身不危者，未之嘗聞也。

《呂氏春秋・離俗覽・用民》 凡用民，太上以義，其次以賞罰。其義則不足死，賞罰則不足去就，若是而能用其民者，古今無有。民無常用也，無常不用也，唯得其道爲可。

闔廬之用兵也不過三萬，吳起之用兵也不過五萬。萬乘之國，其爲三萬五萬尚多。今外之則不可以拒敵，內之則不可以守國，其民非不可用也，不得所以用之也。不得所以用之，國雖大，勢雖便，卒無衆，何益？古者多有天下而亡者矣，其民不爲用也。用民之論，不可不熟。劍不徒斷，車不自行，或使之也。夫種麥而得麥，種稷而得稷，人不怪也。用民亦有種，不審其種，而祈民之用，惑莫大焉。

當禹之時，天下萬國，至於湯而三千餘國，今無存者矣，皆不能用其民也。民之不用，賞罰不充也。湯、武因夏、商之民也，得所以用之也。管、商亦因齊、秦之民也，得所以用之也。民之用也有故，得其故，民無

所不用。用民有紀有綱，壹引其紀，萬目皆起，壹引其綱，萬目皆張。爲民紀綱者何也？欲也惡也。何欲何惡？欲榮利，惡辱害。辱害所以爲罰充也，榮利所以爲賞實也。賞罰皆有充實，則民無不用矣。闔廬試其民於五湖，劍皆加於肩，地流血幾不可止；句踐試其民於寢宫，民爭入水火，死者千餘矣，遽擊金而却之，賞罰有充也。莫邪不爲勇者興懼者變，勇者以工，懼者以拙，能與不能也。

夙沙之民，自攻其君，而歸神農。密須之民，自縛其主，而與文王。湯、武非徒能用其民也，又能用非己之民。能用非己之民，國雖小，卒雖少，功名猶可立。古昔多由布衣定一世者矣，皆能用非其有也。用非其有之心，不可察之本。三代之道無二，以信爲管。

宋人有取道者，其馬不進，倒而投之谿水。又復取道，其馬不進，又倒而投之谿水。如此者三。雖造父之所以威馬，不過此矣。不得造父之道，而徒得其威，無益於御。人主之不肖者，有似於此。不得其道，而徒多其威。威愈多，民愈不用。亡國之主，多以多威使其民矣。故威不可無有，而不足專恃。譬之若鹽之於味，凡鹽之用，有所託也，不適則敗託而不可食。威亦然，必有所託，然後可行。惡乎託？託於愛利。愛利之心諭，威乃可行。威太甚則愛利之心息，愛利之心息而徒疾行威，身必咎矣，此殷、夏之所以絶也。君，利勢也，次官也。處次官，執利勢，不可而不察於此。

居重馭輕論分部

論說

《韓非子·喻老》 制在己曰重，不離位曰靜。重則能使輕，靜則能使躁。故曰：「重爲輕根，靜爲躁君。」故曰君子終日行不離輜重也。」邦者，人君之輜重也。主父生傳其邦，此離其輜重者也。故雖有代、雲中之樂，超然已無趙矣。主父，萬乘之主，而以身輕於天下，無勢之謂輕，離位之謂躁，是以生幽而死。故曰：「輕則失臣，躁則失君。」主父之謂也。

勢重者，人君之淵也。君人者勢重於人臣之閒，失則不可復得矣。簡公失之於田成，晉公失之於六卿，而邦亡身死。故曰：「魚不可脱於深淵。」賞罰者，邦之利器也，在君則制臣，在臣則勝君。君見賞，臣則損之以爲德；君見罰，臣則益之以爲威。人君見賞則人臣用其勢，人君見罰而人臣乘其威。故曰：「邦之利器不可以示人。」

防微杜漸論分部

論說

《韓非子·喻老》 有形之類，大必起於小；行久之物，族必起於少。故曰：天下之難事必作於易，天下之大事必作於細。是以欲制物者於其細也，故曰：「圖難於其易也，爲大於其細也。」千丈之隄以螻蟻之穴潰，百尺之室以突隙之烟焚。故曰：白圭之行隄也塞其穴，丈人之慎火也塗其隙。是以白圭無水難，丈人無火患。此皆慎易以避難，敬細以遠大者也。扁鵲見蔡桓公，立有間。扁鵲曰：「君有疾在腠理，不治將恐深。」桓侯曰：「寡人無。」扁鵲出。桓侯曰：「醫之好治不病以爲功。」居十日，扁鵲復見曰：「君之病在肌膚，不治將益深。」桓侯不應。扁鵲出，桓侯又不悦。居十日，扁鵲復見曰：「君之病在腸胃，不治將益深。」桓侯又不應。扁鵲出，桓侯又不悦。居十日，扁鵲望桓侯而還走，桓侯故使人問之，扁鵲曰：「病在腠理，湯熨之所及也；在肌膚，鍼石之所及也；在腸胃，火齊之所及也；在骨髓，司命之所屬，無奈何也。今在骨髓，臣是以無請也。」居五日，桓公體痛，使人索扁鵲，已逃秦矣，桓侯遂死。故良醫之治病也，攻之於腠理。此皆爭之於小者也。夫事之禍福亦有腠理之地，故曰：「聖人蚤從事焉。」

必因民情論分部

論　說

《韓非子・八經》　凡治天下，必因人情。人情者，有好惡，故賞罰可用；賞罰可用則禁令可立而治道具矣。君執柄以處勢，故令行禁止。柄者，殺生之制也；勢者，勝衆之資也。廢置無度則權瀆，賞罰下共則威分。是以明主不懷愛而聽，不留說而計。故聽言不參則權分乎姦，智力不用則君窮乎臣。故明主之行制也天，其用人也鬼。天則不非，鬼則不困。勢行教嚴逆而不違，毀譽一行而不議。故賞賢罰暴，舉善之至者也；賞暴罰賢，舉惡之至者也；是謂賞同罰異。賞莫如厚，使民利之；譽莫如美，使民榮之；誅莫如重，使民畏之；毀莫如惡，使民恥之。然後一行其法，禁誅於私。家不害功罪，賞罰必知之，知之道盡矣。因情。

宏圖大計部

治國九條根本大法分部

論　說

《尚書・洪範》　惟十有三祀，王訪于箕子。王乃言曰：『嗚呼！箕子。惟天陰騭下民，相協厥居，我不知其彝倫攸敘。』

箕子乃言曰：『我聞在昔，鯀陻洪水，汨陳其五行，帝乃震怒，不畀洪範九疇，彝倫攸斁。鯀則殛死，禹乃嗣興，天乃錫禹洪範九疇，彝倫攸敘。』

初一，曰五行。次二，曰敬用五事。次三，曰農用八政。次四，曰協用五紀。次五，曰建用皇極。次六，曰乂用三德。次七，曰明用稽疑。次八，曰念用庶徵。次九，曰嚮用五福，威用六極。

一，五行：一曰水，二曰火，三曰木，四曰金，五曰土。水曰潤下，火曰炎上，木曰曲直，金曰從革，土爰稼穡。潤下作鹹，炎上作苦，曲直作酸，從革作辛，稼穡作甘。

二，五事：一曰貌，二曰言，三曰視，四曰聽，五曰思。貌曰恭，言曰從，視曰明，聽曰聰，思曰睿。恭作肅，從作乂，明作哲，聰作謀，睿作聖。

三，八政：一曰食，二曰貨，三曰祀，四曰司空，五曰司徒，六曰司寇，七曰賓，八曰師。

四，五紀：一曰歲，二曰月，三曰日，四曰星辰，五曰曆數。

五，皇極：皇建其有極。

斂時五福，用敷錫厥庶民；惟時厥庶民于汝極，錫汝保極。凡厥庶民，無有淫朋，人無有比德，惟皇作極。凡厥庶民，有猷有爲有守，汝則念之。不協于極，不罹于咎，皇則受之，而康而色。曰「予攸好德」，汝則錫之福。時人斯其惟皇之極。無虐煢獨，而畏高明。人之有能有爲，使羞其行，而邦其昌。凡厥正人，既富方穀；汝弗能使有好于而家，時人斯其辜。于其無好，汝雖錫之福，其作汝用咎。

無偏無頗，遵王之義。無有作好，遵王之道。無有作惡，遵王之路。無偏無黨，王道蕩蕩。無黨無偏，王道平平。無反無側，王道正直。會其有極，歸其有極。曰皇極之敷言，是彝是訓，于帝其訓。凡厥庶民極之敷言，是訓是行，以近天子之光。曰天子作民父母，以爲天下王。

六，三德：一曰正直，二曰剛克，三曰柔克。平康，正直；彊弗友，剛克；燮友，柔克。沈潛，剛克；高明，柔克。惟辟作福，惟辟作威，惟辟玉食。臣無有作福、作威、玉食。臣之有作福、作威、玉食，其害于而家，凶于而國。人用側頗僻，民用僭忒。

七，稽疑：擇建立卜筮人，乃命卜筮。曰雨，曰霽，曰圛，曰髳，曰克，曰貞，曰悔，凡七。卜五，占用二，衍忒。立時人作卜筮，三人占，則從二人之言。

汝則在有大疑，謀及乃心，謀及卿士，謀及庶人，謀及卜筮。汝則從，龜從，筮從，卿士從，庶民從，是之謂大同。身其康彊，子孫其逢，吉。汝則從，龜從，筮從，卿士逆，庶民逆，吉。卿士從，龜從，筮從，汝則逆，庶民逆，吉。庶民從，龜從，筮從，汝則逆，卿士逆，吉。汝則從，龜從，筮逆，卿士逆，庶民逆，作內，吉；作外，凶。龜筮共違于人，用靜，吉；用作，凶。

八，庶徵：曰雨，曰暘，曰燠，曰寒，曰風。曰時五者來備，各以其敍，庶草蕃廡。一極備，凶；一極無，凶。

曰休徵：曰肅，時雨若；曰乂，時暘若；曰哲，時燠若；曰謀，時寒若；曰聖，時風若。

曰咎徵：曰狂，恒雨若；曰僭，恒暘若；曰舒，恒燠若；曰急，恒寒若；曰霿，恒風若。

曰：王省惟歲，卿士惟月，師尹惟日。歲月日時無易，百穀用成，乂用明，俊民用章，家用平康。日月歲時既易，百穀用不成，乂用昏不明，俊民用微，家用不寧。

庶民惟星：星有好風，星有好雨。日月之行，則有冬有夏；月之從星，則以風雨。

九，五福：一曰壽，二曰富，三曰康寧，四曰攸好德，五曰考終命。六極：一曰凶短折，二曰疾，三曰憂，四曰貧，五曰惡，六曰弱。

治民六項法則分部

論説

《逸周書・文酌》　民生而有欲，有惡，有樂，有哀，有德，有則。則有九聚，德有五寳，哀有四忍，樂有三豐，惡有二咎，欲有一極。極有七事，咎有三尼，豐有三頻，忍有四教，寳有五大，聚有九酌。九酌：一、取允移人，二、宗傑以親，三、發滯以振民，四、貸官以屬，五、人□必禮，六、往來取比，七、商賈易資，八、農人美利，九、□寵可動。五大：一、大智率謀，二、大武劍勇，三、大功賦事，四、大商行賄，五、大農假貸。四教：一、守之以信，二、因親就年，三、取戚免梏，四、樂生身復。三頻：一、頻祿質潰，二、陰福靈極，三、留身散眞。三尼：一、除戎咎醜，二、申親考疏，三、假時權要。七事：一、騰咎信志，二、援拔瀆謀，三、鬻疑沮事，四、騰屬威衆，五、處寛身降，六、陵塞勝備，七、録兵免戎。一極，惟事昌道，開蓄伐。伐有三穆，七信，一幹，二御，三安，十二來。三穆：一、絶靈破城，二、筮奇昌爲，三、龜從惟凶。七信：一、仁之慎散，二、智之完巧，三、勇之精富，四、族之寡賄，五、商之淺資，六、農之少積，七、貴之爭寵。一幹：勝權輿。二御：一、樹惠不瘛，二、既用茲憂。三安：一、定居安帑，二、貢貴得布，三、刑罪布財。十二來：一弓二矢歸射；三輪四輿歸御；五鮑六魚歸蓄；七陶八冶歸竈；九柯十匠歸林；十一竹十二葦歸時。三穆，七信，一幹，二御，三安，十二來，伐道咸布，物無不落。落物取配，維有永究。急哉急哉，後失時。

持盈定傾節事論分部

論説

《國語・越語下・范蠡進諫句踐持盈定傾節事》　越王句踐即位三年而欲伐吳，范蠡進諫曰：『夫國家之事，有持盈，有定傾，有節事。』王曰：『爲三者，奈何？』對曰：『持盈者與天，定傾者與人，節事者與地。王不問，蠡不敢言。天道盈而不溢，盛而不驕，勞而不矜其功。夫聖人隨時以行，是謂守時。天時不作，弗爲人客；人事不起，弗爲之始。

今君王未盈而溢，未盛而驕，不勞而矜其功，天時不作而先爲人客，人事不起而創爲之始，此逆於天而不和於人。王若行之，將妨於國家，靡王躬身。』王弗聽。

范蠡進諫曰：『夫勇者，逆德也；兵者，凶器也；爭者，事之末也。陰謀逆德，好用凶器，始於人者，人之所卒也；淫佚之事，上帝之禁也，先行此者，不利。』王曰：『無是貳言也，吾已斷之矣！』果興師而伐吳，戰於五湖，不勝，棲於會稽。

王召范蠡而問焉，曰：『吾不用子之言，以至於此，爲之奈何？』范蠡對曰：『君王其忘之乎？持盈者與天，定傾者與人，節事者與地。』王曰：『與人奈何？』對曰：『卑辭尊禮，玩好女樂，尊之以名。如此不已，又身與之市。』王曰：『諾。』乃令大夫種行成於吳，曰：『請士女女於士，大夫女女於大夫，隨之以國家之重器。』吳人不許。大夫種來而復往，曰：『請委管籥屬國家，以身隨之，君王制之。』吳人許諾。王曰：『蠡爲我守於國。』對曰：『四封之內，百姓之事，蠡不如種也。四封之外，敵國之制，立斷之事，種亦不如蠡也。』王曰：『諾。』令大夫種守於國，與范蠡入宦於吳。

三年，而吳人遣之。歸及至於國，王問於范蠡曰：『節事奈何？』對曰：『節事者與地。唯地能包萬物以爲一，其事不失。生萬物，容畜禽獸，然後受其名而兼其利。美惡皆成，以養其生。時不至，不可彊生；事不究，不可彊成。自若以處，以度天下，待其來者而正之，因時之所宜而定之。同男女之功，除民之害，以避天殃。田野開闢，府倉實，民衆殷。無曠其衆，以爲亂梯。時將有反，事將有閒，必有以知天地之恆制，乃可以有天下之成利。事無閒，時無反，則撫民保教以須之。』

王曰：『不穀之國家，蠡之國家也，蠡其圖之！』對曰：『四封之內，百姓之事，時節三樂，不亂民功，不逆天時，五穀睦熟，民乃蕃滋，君臣上下交得其志，蠡不如種也。四封之外，敵國之制，立斷之事，因陰陽之恆，順天地之常，柔而不屈，彊而不剛，德虐之行，因以爲常；死生因天地之刑，天因人，聖人因天；人自生之，天地形之，聖人因而成之。是故戰勝而不報，取地而不反，兵勝於外，福生於內，用力甚少而名聲章明，種亦不如蠡也。』王曰：『諾。』令大夫種爲之。

四年，王召范蠡而問焉，曰：『先人就世，不穀即位。吾年既少，未有恆常，出則禽荒，入則酒荒。吾百姓之不圖，唯舟與車。上天降禍於越，委制於吳。吳人之那不穀，亦又甚焉。吾欲與子謀之，其可乎？』對曰：『未可也。蠡聞之，上帝不考，時反是守，彊索者不祥。得時不成，反受其殃。失德滅名，流走死亡。有奪，有予，有不予，王無蚤圖。夫吳，君王之吳也，王若蚤圖之，其事又將未可知也。』王曰：『諾。』

又一年，王召范蠡而問焉，曰：『吾與子謀吳，子曰「未可也」。今吳王淫於樂而忘其百姓，亂民功，逆天時；信讒喜優，憎輔遠弼，聖人不出，忠臣解骨；皆曲相御，莫適相非，上下相偷。其可乎？』對曰：『人事至矣，天應未也，王姑待之。』王曰：『諾。』

又一年，王召范蠡而問焉，曰：『吾與子謀吳，子曰「未可也」。今申胥驟諫其王，王怒而殺之，其可乎？』對曰：『逆節萌生。天地未形，而先爲之征，其事是以不成，雜受其刑。王姑待之。』王曰：『諾。』

又一年，王召范蠡而問焉，曰：『吾與子謀吳，子曰「未可也」。今其稻蟹不遺種，其可乎？』對曰：『天應至矣，人事未盡也，王姑待之。』王怒曰：『道固然乎，妄其欺不穀邪？吾與子言人事，子應我以天時；今天應至矣，子應我以人事。阿也？』范蠡對曰：『王姑勿怪。夫人事必將與天地相參，然後乃可以成功。今其禍新民恐，其君臣上下，皆知其資財之不足以支長久也，彼將同其力，致其死，猶尚殆。王其且馳騁弋獵，無至禽荒；宮中之樂，無至酒荒；肆與大夫觴飲，無忘國常。彼其上將薄其德，民將盡其力，又使之望而不得食，乃可以致天地之殛。王姑待之。』

至於玄月，王召范蠡而問焉，曰：『諺有之曰：「觥飯不及壺飧」。今歲晚矣，子將奈何？』對曰：『微君王之言，臣故將謁之。臣聞從時者，猶救火、追亡人也，蹶而趨之，唯恐弗及。』王曰：『諾。』遂興師伐吳，至於五湖。

綜合治理國家論分部

論　説

《逸周書·酆保》　維二十三祀庚子朔，九州之侯，咸格于周。王在酆，昧爽，立于少庭。王告周公旦曰：嗚呼！諸侯咸格來慶，辛苦役商，吾何保守，何用行？旦拜手稽首曰：商爲無道，棄德刑範，欺侮羣臣，辛苦百姓，忍辱諸侯，莫大之綱，福其亡，亡人惟庸。王其祀德純禮，明允無二，卑位柔色金聲以合之。王乃命三公九卿及百姓之人曰：恭敬齊潔，咸格而祀于上帝。商饋始于王，因饗諸侯，重禮庶吏，出送于郊，樹昬于崇。內備五祥，六衛，七厲，十敗，四葛；外用四蠹，五落，六容，七惡。五祥：一、君選擇，二、官得度，三、務不舍，四、不行賂，五、察民困。六衛：一、明仁懷恕，二、明智設謀，三、明戒攝勇，四、明才攝士，五、明德攝官，六、明命攝政。七厲：一、翼勤厲務，二、動正厲民，三、靜兆厲武，四、翼藝厲物，五、翼言厲復，六、翼敬厲衆，七翼智厲道。十敗：一、佞人敗樸，二、諂言毀積，三、陰資自舉，四、女貨速禍，五、比黨不揀，六、佞説鬻獄，七、神龜敗卜，八、賓祭推穀，九、忿言自辱，十、異姓亂族。四葛：一、葛其農時不移，二、費其土慮不化，三、正其賞罰獄無姦奇，四、葛其戎謀，族乃不罰。四蠹：一、美好怪奇以治之，二、淫言流説以服之，三、羣巧仍興以力之，四、神巫靈寵以惑之。五落：一、示吾貞以移其名，二、微降霜雪以取松柏，三、信蟜萠莫能安宅，四、厚其禱巫其謀乃獲，五、流德飄枉以明其惡。六容：一、游言，二、行商工，三、軍旅之庸，四、外風之所揚，五、困失而亡，作事應時時乃喪，六、厚使以往，來其所藏。七惡：一、以物角兵，二、令美其前而厚其傷，三、閒於大國，安得吉凶，四、交其所親，靜之以物則以流其身，五、率諸侯以朝賢人，而已猶不往，六、令之有求，遂以生尤，七、見親所親，勿與深謀，命友人疑。旦拜曰：嗚呼！王孫其尊，天下適無見過，過適無好自益，以明而迹。嗚呼，敬哉！視五祥，六衛，七厲，十敗，四葛，不修國乃不固。務周四蠹，五落，六容，七惡，不時不允，不率不綏，反以自薄。嗚呼，深念之哉重維之哉！不深乃權不重，從權乃慰，不從乃潰，潰不可復。戒後人其用汝謀。王曰：允哉！

又《大開》　維王二月既生魄，王在酆，立于少庭。兆暮九開，開厥後人。八儆五戒。八儆：一、□旦于開，二、躬修九過，三、族修九禁，四、無競維義，五、習用九教，六、□用守備，七、足用九利，八、寧用懷□。五戒：一、祇用謀宗，二、經內戒工，三、無遠親戚，四、雕無薄□，五、禱無憂玉，及爲人盡不足。王拜，儆我後，人謀競，不可以藏。戒後人，其用汝謀，維宿不悉，日不足。

又《小開》　維三十有五祀，王念曰：多□，正月丙子拜望，食無時，汝開後嗣謀。曰：嗚呼！于來後之人，余開在昔曰，明明非常，維德曰爲明。食無時。汝日夜何脩非躬，何慎非言，何擇非德？嗚呼，敬之哉！汝恭開不命，賈粥不讐謀，念之哉！不索禍招，無曰不免。不庸不茂不次，人菑不謀，迷弃非人。朕開用人不以謀説，説惡諂言。色不知適，適不知謀，謀泄，汝躬不允。嗚呼，敬之哉！後之人。朕開曰，謀有共軵，如乃而舍。人之好佚而無窮，貴而不傲，富而不驕，兩而不爭，聞而不遙，遠而不絕，窮而不匱者，鮮矣。汝謀斯何嚮非翼，維有共枳。枳亡重，大害小，不堪柯，引維德之用，用皆在國。謀大，鮮無害。嗚呼！汝何敬非時，何擇非德。德枳維大人，大人枳維公，公枳維卿，卿枳維大夫，大夫枳維士。登登皇皇。君枳維國，國枳維都，都枳維邑，邑枳維家，家枳維欲無疆。動有三極，用有九因，因有四戚五和。極明與與有畏勸。汝何異非義，何畏非世，何勸非樂。謀獲三極無疆，動獲九因無限。務用三德，順攻奸慝。言彼翼，翼春育生，素草肅，疏數滿。夏育長，美柯華。務水潦，秋初藝。木節落，冬大劉。倍信何謀。本□時，歲至天視。嗚呼！汝何監非時，何務非德，何興非因，何用非極。維周于民，人謀競，不可以。後戒，後戒。宿不悉，日不足。

又《大開武》　維王一祀二月，王在酆，密命訪於周公旦曰：嗚呼！余夙夜維商，密不顯，誰和？告歲之有秋，今余不獲，其落若何？

周公曰：兹在德敬。在周其維天命，王其敬命。遠戚無干和，無再失，維明德無佚，佚不可還。維文考恪勤戰戰，何敬何好何惡？時不敬，殆哉！王拜曰：允哉！余聞國有四戚，五和，七失，九因，十淫，非不敬，不知。今而言維格。余非廢善以自塞，維明戒是祗。周公拜曰：兹順天。天降寤于程，程降因于商，商今生葛，葛右有周。維王其明用開和之言，言孰敢不格。四戚：一、内同姓，二、外婚姻，三、官同師，四、哀同勞。五和：一、有天維國，二、有地維義，三、同好維樂，四、同惡維哀，五、遠方不爭。七失：一、立在廢，二、廢在祗，三、比在門，四、諂在内，五、私在外，六、私在公，七、公不違。九因：一、神有不饗，二、德有不守，三、才有不官，四、事有不均，五、兩有必爭，六、富有别，七、貪有匱，八、好有遂，九、敵有勝。十淫：一、淫政破國，動不時，民乃不保，二、淫好破義，言不協，民乃不和，三、淫樂破德，德不純，民乃失常，四、淫動破醜，醜不足，民乃不讓，五、淫中破禮，禮不同，民乃不協，六、淫采破服，服不度，民乃不順，七、淫文破典，典不式，教民乃不類，八、淫權破故，故不法，官民乃無法，九、淫貸破職，百官令不承，十、淫巧破用，用不足，百意不成。嗚呼！十淫不違，危哉！今商維茲。其唯弟茲命不承，殆哉！若人之有政令，廢令無赦。乃廢天之命，訖文考之功緒，忍民之苦，不祥。若農之服田，務耕而不耨，維草其宅之，既秋而不穫，維禽其饗之，人而獲飢，云誰哀之，王拜曰：格乃言。嗚呼！夙夜戰戰，何畏非道，何惡非是，不敬，殆哉！

又《寶典》 維王三祀二月丙辰朔，王在鄗，召周公旦曰：嗚呼，敬哉！朕聞曰，何脩非躬，躬有四位九德；何擇非人，人有十姦；何有非謀，謀有十散。不圂我哉！何慎非言，言有三信，信以生寶，寶以貴物，物周爲器。美好寶物無常，維其所貴，信無不行。行之以神，振之以寶，順之以事，明衆以備，改□以庸，庶格懷患。四位：一曰定，二曰正，三曰靜，四曰敬。敬位丕哉！靜乃時非。正位不廢，定得安宅。九德：一孝，孝子畏哉，乃不亂謀；二悌，悌乃知序，序乃倫，倫不騰上，乃不崩；三慈惠，知長幼，知長幼，樂養老；四忠恕，是謂四儀，風言大極，意定不移；五中正，是謂權斷，補損知選；六恭遜，是謂容德，以法從權，安上無慝；七寬弘，是謂寬宇，準德以義，樂獲純嘏，八温直，是謂明德，喜怒不郄，主人乃服；九兼武，是謂明刑，惠而能忍，尊天大經。九德廣備，次世有聲。十姦：一、窮□干靜，二、酒行干理，三、辯惠干智，四、移潔干清，五、死勇于武，六、展允干信，七、比譽干讓，八、阿衆干名，九、專愚干果，十、愎孤干貞。十散：一、廢□□□，□行乃泄；□、□□□□□□；三、淺薄閒瞞，其謀乃獲；四、説眺輕意，乃傷營立；五、行恕而不顧，弗憂其圖；六、極言不度，其謀乃費；七、以親爲疏，其謀乃虚；八、心私慮適，百事乃僻；九、愚而自信，不知所守；十、不釋大約，見利忘親。三信：一、春生夏長無私，民乃不迷；二、秋落冬殺有常，政乃盛行；三、人治百物，物德其德，是謂信極。信既極矣。嗜欲□在，在不知義，欲在美好有義，是謂生寶。周公拜手稽首興曰：既能生寶，恐未有臣，子孫其敗。既能生寶，未能生仁，恐無後親。王寶生之，恐失王會，道維其廢。王拜曰：格而言！維時余勸之以安位，教之廣。用寶而亂，亦非我咎。上設榮禄，不患莫仁。仁以愛禄，允惟典程。既得其禄，又增其名，上下咸勸，孰不競仁？維子孫之謀，寶以爲常。

又《武穆》 曰若稽古。曰昭天之道，熙帝之載，揆民之任，夷德之用。總之以咸殷，等之以□禁，成之以□和。咸康于民，卿格維時，監于列辟。敬惟三事，永有休哉！三事：一、倡德，二、和亂，三、終齊。德有七倫，亂有五遂，齊有五備。五備：一、同往路以揆遠邇，二、明要醜友德以衆爾庸，三、明辟章遠以肅民教，四、明義倡爾衆教之以服，五、要權文德不畏强寵。五遂：一、道其通以決其雍，二、絶□無赦不疑，三、挫鋭無赦不危，四、閑兵無用不害，五、復尊離羣不敵。七倫：一、毁城寡守不路，二、通道不戰，三、小國不凶不伐，四、正維昌靜不疑，五、睦忍寧于百姓，六、禁害求濟民，七、一德訓民民乃章。欽哉欽哉！余夙夜求之無射。

又《酆謀》 維王三祀，王在酆，謀言告聞。王召周公旦曰：嗚呼！商其咸辜，維日望謀建功，謀言多信，今如其何？周公曰：時至矣！乃興師循故。初用三同：一、戚取同，二、任用能，三、矢無聲。三讓：一、近市，二、賤粥，三、施資。三虞：一、邊不侵内，二、道

不敺牧，三、郊不留人。王曰：嗚呼！允從，三三無咈，厥徵可因。與周同愛，愛微無疾，疾取不取，疾至致備。曲禱不德，不德不成，害不在小，終維實大，悔後乃無。帝命不謟，應時作謀，不敏殆哉！周公曰：言斯允格！誰從己出，出而不允，乃菑。往而不往，乃弱。士卒咸若周一心。

又《大匡》　惟十有三祀，王在管。管叔自作殷之監。東隅之侯咸受賜于王。王乃旅之，以上陳誥。用大匡，順九則、八宅、六位。寬儉恭敬，夙夜有嚴。昭質非樸，樸有不明，明執於私，私回不中，中忠於欲，思慧醜詐。昭信非展，展盡不伊，伊言於允，思復醜譖。昭讓非背，背黨雍德，德讓於敬，思賢醜爭。昭位非忿，忿非□直，直立于衆，思直醜比。昭政非閑，閑非遠節，節進於政，思正醜殘。昭靜非窮，窮居非意，意動於行，思靜醜躁。昭潔非爲，爲窮非涓，涓潔於利，思義醜貪。昭因非疾，疾非不貞，貞固於事，思任醜誕。昭明九則，九醜自齊，齊則曰知，悖則死勇。勇如害上，則不登于明堂。明堂所以明道，明道惟法，明法惟人，人惟重老，重老惟寶。嗚呼！在昔文考，戰戰惟時祇祇，汝其。夙夜濟濟，無競惟人，惟允惟讓，不遠羣正，不邇讒邪。汝不時行，汝害于士。士惟都人，孝悌子孫。不官則不長，官戒有敬。官□朝道，舍賓祭器，曰八宅。綏比新、故、外、內、貴、賤曰六位。大官備武，小官承長。大匡封攝，外用和大。中匡用均，勞故禮新。小匡用惠，施舍靜衆。禁請無怨，順生分殺，不忘不憚。俾若九則，生敬在國，國咸順，順維敬，敬維讓，讓維禮。辟不及，寬有永假。

又《文政》　惟十有三祀，王在管。管蔡開宗循王。禁九慝，昭九行，濟九醜，尊九德，止九過，務九勝，傾九戒，固九守，順九典。九慝：一、不類，二、不服，三、不則，四、務有不功，五、外與內通，六、幼不觀國，七、閭不通徑，八、家不開刑，九、大禁不令。九行：一、仁，二、行，三、讓，四、信，五、固，六、治，七、義，八、意，九、勇。九醜：思勇醜忌，思意醜變，思義醜□，思治醜亂，思固醜轉，思信醜奸，思讓醜殘，思行醜頑，思仁醜讐。九德：一、忠，二、慈，三、祿，四、賞，五、民之利，六、商工受資，七、祗民之死，八、無奪農，九、足民之財。九過：一、視民傲，二、聽民暴，三、遠慎而近頷，四、法令□亂，五、仁善是誅，六、不察而好殺，七、不念而害行，八、□思前後，九、偸其身不路而助無漁。九勝：一、□□□□，二、□□□□，三、同惡潛謀，四、同好和固，五、師□征惡，六、迎旋便路，七、明賂施舍，八、幼子移成，九、迪名書新。九戒：一、內有柔成，二、示有危傾，三、旅有罷寘，四、亂有立信，五、教用康經，六、合詳毀成，七、邑守維人，八、飢有兆積，九、勞休無期。九守：一、仁守以均，二、智守以等，三、固守以典，四、信守維假，五、城溝守立，六、廉守以名，七、戒守以信，八、競守以備，九、國守以謀。九典：一、祇道以明之，二、稱賢以賞之，三、典師以教之，四、因戚以勞之，五、位長以遵之，六、羣長以老之，七、羣醜以移之，八、什長以行之，九、戒卒以將之。嗚呼！充虛爲害，無由不通，無虛不敗。

又《五權》　維王不豫，于五日召周公旦曰：嗚呼，敬之哉！昔天初降命于周，維在文考，克致天之命。汝惟敬哉，先後小子。勤在維政之，失政有三、機五權，汝敬格之哉！克中無苗，以保小子于位。三機：一、疑家，二、疑德，三、質士。疑家無授衆，疑德無舉士，質士無遠齊。吁，敬之哉！天命無常，敬在三機。五權：一曰地，地以權民；二曰物，物以權官；三曰鄙，鄙以權庶；四曰刑，刑以權常；五曰食，食以權爵。不遵承括，食不宣。極賞則淈，淈不得食。極刑則仇，仇至乃別。鄙庶則奴，奴乃不滅。國大則驕，驕乃不給。官庶則荷，荷至乃辛。物庶則攦，攦乃不和。地庶則荒，荒則聶。人庶則匱，匱乃匿。嗚呼，敬之哉！汝慎和稱五權，維中是以，以長小子于位，實維永寧。

又《成開》　成王元年，大開告用。周公曰：嗚呼！余夙夜之勤，今商孽競時逋播以輔，余何循，何循何慎？王其敬天命，無易天不虞。在昔文考，躬脩五典，勉茲九功，敬人畏天，教以六則、四守、五示、三極，祗應八方，立忠協義，乃作。三極：一、天有九列，別時陰陽；二、地有九州，別處五行；三、人有四佐，佐官維明。五示顯允明所望。五示：一、明位示士，二、明惠示衆，三、明主示寧，四、安宅示孥，五、利用示產。產足不窮，家懷思終，主爲之宗，德以撫衆，衆和乃同。四守：一、政盡人材，材盡致死；二、士守其城溝；三、障水以禦寇；四、大有沙炭之政。六則：一、和衆，二、發鬱，三、明

怨，四、轉怒，五、懼疑，六、因欲。九功：一、賓好在笥，二、淫巧破制，三、好危破事，四、任利敗功，五、神巫動衆，六、盡哀民匱，七、荒樂無别，八、無制破教，九、任謀生詐。五典：一、言父典祭，祭祀昭天，百姓若敬；二、顯父登德，德降爲則，則信民寧；三、正父登過，過慎於武，設備無盈；四、譏父登失，脩政戒官，官無不敬；五、□□□□，制哀節用，政治民懷。五典有常，政乃重開，內則順意，外則順敬，內外不爽，是曰明王。王拜曰：允哉！維予聞曰，何鄉非懷，懷人惟思，思若不及，禍格無日。式皇敬哉！余小子思繼厥常，以昭文祖之守，定武考之烈。嗚呼！余夙夜不寧。

又《武紀》 幣帛之間，有巧言令色，事不成。車甲之間，有巧言令色，事不捷。克□事而有武色，必失其德。臨權而疑，必離其災。□□不捷，智不可□。□於不足，幷於不幾，則始而施；幾而弗免，無功。國有三守：卑辭重幣以服之，弱國之守也。脩備以待戰，敵國之守也。循山川之險而固之，僻國之守也。伐服不祥，伐戰危，伐險難，故伐善者不伐三守。伐國有六時、五動、四順。閒其疏，薄其疑，推其危，扶其弱，乘其衰，暴其約，此謂六時。扶之而不讓，振之而不動，數之而不服，暴之而不革，威之而不恐，未可伐也。此謂五動。立之害，毀之利，克之易，幷之能，以時伐之，此謂四順。立之不害，毀之不利，唯克之易，幷之不能，可伐也。立之害，毀之未利，克之難，幷之不能，可動也。靜以待衆，力不與爭，權弗果據，德不肆國，若是而可毀也。地荒而不振，德衰而失與，無苦而危矣。求之以其道，□□無不得，爲之以其事，而時無不成，有利備，無患事。時至而不迎，大祿乃遷，延之不道，行事乃困。不作小□，動大殃。謀有不足者三：仁廢則文謀不足，勇廢則武謀不足，備廢則事謀不足。國有本、有幹、有權、有倫質、有樞體。土地，本也。人民，幹也。敵國侔交，權也。政教順成，倫質也。君臣和□，樞體也。土地未削，人民未散，國權未傾，倫質未移，雖有昏亂之君，國未亡也。國有幾失，居之不可阻，體之小也。不畏鄰家，難復飾也。封疆侵凌，難復振也。服國從失，難復扶也。大國之無養，小國之畏事。不可以本權失鄰家之交，不可以枉繩失鄰家之交。不據直以約，不虧體以陰。不可虞而奪也，不可策而服也，不可親而侵也，不可摩而測也，不可求而循也。施度於體，不慮費；事利於國，不計勞。失德喪服於鄰家，則不顧難矣；交體侵凌，則不顧權矣。封疆不時得其所，無爲養民矣；合同不得其位，無畏患矣；百姓屈急，無藏畜矣；擠社稷，失宗廟，離墳墓，困鬼神，殘宗族，無爲愛死矣。卑辭而不聽，□財而無枝，計戰而不足，近告而無顧，告過而不悔，請服而不得，然後絶好于閉門，循險近，說外援，以天命無爲，是定亡矣。凡有事，君民守社稷宗廟而先衰亡者，皆失禮也。大事不法弗可作，法而不時弗可行，時而失禮弗可長，得禮而無備弗可成。舉物不備而欲致大功於天下者，未之有也。勢不求周流，舉而不幾其成，亡。薄其事而求厚其功，亡。內無文道，外無武道，往不復來者，亡。有悔而求合者，亡。不難不費而致大功，古今未有。據名而不辱，應行而不困，唯禮。得之而無逆，失之而無咎，唯敬。成事而不難，序功而不費，唯時。勞而有成，費而不亡，唯當。施而不拂，成而有權，久之而能□，唯義。不知所取之量，不知所施之度，不知動靜之時，不知吉凶之事，不知困達之謀，疑此五者，未可以動大事。恃名不久，恃功不立，虛願不至，妄爲不祥。大上敬而服，其次欲而得，其次奪而得，其次爭而克，其下動而上資其力。凡建國君民，內事文而和，外事武而義，其形慎而殺，其政直而公。本之以禮，動之以時，正之以度，師之以法，成之以仁，此之謂也。

《管子·立政》 國之所以治亂者三，殺戮刑罰不足用也。國之所以安危者四，城郭險阻不足守也。國之所以富貧者五，輕稅租、薄賦斂不足恃也。治國有三本，而安國有四固，而富國有五事。五事，五經也。君之所審者三：一曰德不當其位，二曰功不當其祿，三曰能不當其官。此三本者，治亂之原也。故國有德義未明於朝者，則不可加于尊位；功力未見於國者，則不可授與重祿；臨事不信於民者，則不可使任大官。故德厚而位卑者謂之過，德薄而位尊者謂之失。寧過於君子，而毋失於小人。過於君子，其爲怨淺；失於小人，其爲禍深。是故國有德義未明於朝而處尊位者，則良臣不進；有功力未見於國而有重祿者，則勞臣不勸；有臨事不信於民而任大官者，則材臣不用。三本者審，則下不敢求。三本者不審，則邪臣上通，而便辟制威，如此則明塞於上而治壅於下，正道捐棄而邪事日長。三本者審，則便辟無威於國，道塗無行禽，疏遠無蔽獄，孤

寡無隱治。故曰：刑省治寡，朝不合衆。右三本。

君之所慎者四：一曰大德不至仁，不可以授國柄。二曰見賢不能讓，不可與尊位。三曰罰避親貴，不可使主兵。四曰不好本事，不務地利而輕賦斂，不可與都邑。此四務者，安危之本也。故曰：卿相不得衆，國之危也。大臣不和同，國之危也。兵主不足畏，國之危也。民不懷其產，國之危也。故大德至仁，則操國得衆；見賢能讓，則大臣和同；罰不避親貴，則威行於鄰敵；好本事，務地利，重賦斂，則民懷其產。右四固

君之所務者五：一曰山澤不救於火，草木不得成，國之貧也。二曰溝瀆不遂於隘，鄣水不安其藏，國之貧也。三曰桑麻不殖於野，五穀不宜其地，國之貧也。四曰六畜不育於家，瓜瓠葷菜百果不備具，國之貧也。五曰工事競於刻鏤，女事繁於文章，國之貧也。故曰：山澤救於火，草木殖成，國之富也。溝瀆遂於隘，障水安其藏，國之富也。桑麻殖於野，五穀宜其地，國之富也。六畜育於家，瓜瓠葷菜百果備具，國之富也。工事無刻鏤，女事無文章，國之富也。右五事。

分國以爲五鄉，鄉爲之師。分鄉以爲五州，州爲之長。分州以爲十里，里爲之尉。分里以爲十游，游爲之宗。十家爲什，五家爲伍，什伍皆有長焉。築障塞匿，一道路，博出入，審閭閈，慎筦鍵。筦藏于里尉，置閭有司，以時開閉。閭有司觀出入者，以復于里尉。凡出入不時，衣服不中，圈屬羣徒不順於常者，閭有司見之，復無時。若在長家子弟、臣妾、屬役、賓客，則里尉以譙于游宗，游宗以譙于什伍，什伍以譙于長家。譙敬而勿復，一再則宥，三則不赦。凡孝悌、忠信、賢良、儁材，若在長家子弟、臣妾、屬役、賓客，則什伍以復于游宗，游宗以復于里尉，里尉以復于州長，州長以計于鄉師，鄉師以著于士師。凡過黨，其在家屬，及于長家；其在長家，及于什伍之長；其在什伍之長，及于游宗；其在游宗，及于里尉；其在里尉，及于州長；其在州長，及于鄉師；其在鄉師，及于士師。三月一復，六月一計，十二月一著。凡上賢不過等，使能不兼官，罰有罪不獨及，賞有功不專與。孟春之朝，君自聽朝，論爵賞校官，終五日。季冬之夕，君自聽朝，論罰罪刑殺，亦終五日。正月之朔，百吏在朝，君乃出令布憲于國。五鄉之師，五屬大夫，皆受憲于太史。大朝之日，五鄉之師，五屬大夫，皆身習憲于君前。太史既布憲，入籍于太府，憲籍分于君前。五鄉之師出朝，遂于鄉官，致于鄉屬，及于游宗，皆受憲。憲既布，乃反致令焉，然後敢就舍。憲未布，令未致，不敢就舍，就舍謂之留令，死罪不赦。五屬大夫，皆以行車朝，出朝不敢就舍，遂行。至都之日，遂於廟，致屬吏，皆受憲。憲既布，乃發使者，致令以布憲之日，蚤晏之時。憲既布，使者以發，然後敢就舍。憲未布，使者未發，不敢就舍，就舍謂之留令，罪死不赦。憲既布，有不行憲者，謂之不從令，罪死不赦。考憲而有不合于太府之籍者，侈曰專制，不足曰虧令，罪死不赦。首憲既布，然後可以布憲。右首憲。

凡將舉事，令必先出。曰事將爲，其賞罰之數必先明之。立事者謹守令以行賞罰。計事致令，復賞罰之所加。有不合於令之所謂者，雖有功利，則謂之專制，罪死不赦。首事既布，然後可以舉事。右首事

脩火憲，敬山澤林藪積草。夫財之所出，以時禁發焉。使民於宮室之用，薪蒸之所積，虞師之事也。決水潦，通溝瀆，修障防，安水藏，使時水雖過度，無害於五穀，歲雖凶旱，有所秎穫，司空之事也。相高下，視肥墝，觀地宜，明詔期前後，農夫以時均脩焉，使五穀桑麻皆安其處，由田之事也。行鄉里，視宮室，觀樹藝，簡六畜，以時鈞脩焉，勸勉百姓，使力作毋偷，懷樂家室，重去鄉里，鄉師之事也。論百工，審時事，辯功苦，上完利，監壹五鄉，以時鈞脩焉，使刻鏤文采毋敢造於鄉，工師之事也。右省官。

度爵而制服，量禄而用財。飲食有量，衣服有制，宮室有度，六畜人徒有數，舟車陳器有禁。脩生則有軒冕、服位、穀禄、田宅之分，死則有棺槨、絞衾、壙壟之度。雖有賢身貴體，毋其爵不敢服其服；雖有富家多資，毋其禄不敢用其財。天子服文有章，而夫人不敢以燕以饗廟。將軍大夫以朝，官吏以命，士止于帶緣。散民不敢服雜采，百工商賈不得服長鬈貂，刑餘戮民不敢服絻，不敢畜連乘車。右服制。

寢兵之說勝，則險阻不守。兼愛之說勝，則士卒不戰。全生之說勝，則廉恥不立。私議自貴之說勝，則上令不行。羣徒比周之說勝，則賢不肖不分。金玉貨財之說勝，則爵服下流。觀樂玩好之說勝，則姦民在上位。請謁任舉之說勝，則繩墨不正。諂諛飾過之說勝，則巧佞者用。右九敗。

期而致，使而往，百姓舍己，以上爲心者，教之所期也。始於不足

見，終於不可及，一人服之，萬人從之，訓之所期也。未之令而爲，未之使而往，上不加勉而民自盡竭，俗之所期也。好惡形於心，百姓化于下，罰未行而民畏恐，賞未加而民勸勉，誠信之所期也。爲而無害，成而不議，得而莫之能爭，天道之所期也。爲之而成，求之而得，上之所欲，小大必舉，事之所期也。令則行，禁則止，憲之所及，俗之所被，如百體之從心，政之所期也。右七觀。

又《小問》　桓公問管子曰：『治而不亂，明而不蔽，若何？』管子對曰：『明分任職，則治而不亂，明而不蔽矣。』公曰：『請問富國奈何？』管子對曰：『力地而動於時，則國必富矣。』公又問曰：『吾欲行廣仁大義以利天下，奚爲而可？』管子對曰：『誅暴禁非，存亡繼絶而赦無罪，則仁廣而義大矣。』公曰：『吾聞之也。夫誅暴禁非而赦無罪者，必有戰勝之器，攻取之數，而後能誅暴禁非而赦無罪。』公曰：『請問戰勝之器。』管子對曰：『選天下之豪傑，致天下之精材，來天下之良工，則有戰勝之器矣。』公曰：『攻取之數何如？』管子對曰：『毁其備，散其積，奪之食，則無固城矣。』公曰：『然則取之若何？』管子對曰：『假而禮之，厚而勿欺，則天下之士至矣。』公曰：『致天下之精材若何？』管子對曰：『五而六之，九而十之，不可爲數。』公曰：『來工若何？』管子對曰：『三倍不遠千里。』桓公曰：『吾已知戰勝之器，攻取之數矣。請問行軍襲邑，舉錯而知先後，不失地利，若何？』管子對曰：『用貨察圖。』公曰：『野戰必勝，若何？』管子對曰：『以奇。』公曰：『吾欲徧知天下，若何？』管子對曰：『小以吾不識，則天下不足識也。』公曰：『守戰遠見有患，夫民不必死，則不可與出乎守戰之難。不必信，則不可恃而外知。夫恃不死之民，而求以守戰，恃不信之人，而求以外知，此兵之三闇也。使民必死必信，若何？』管子對曰：『明三本。』公曰：『何謂三本？』管子對曰：『三本者，一曰固，二曰尊，三曰質。』公曰：『何謂也？』管子對曰：『故國父母，墳墓之所在，固也。田宅爵禄，尊也。妻子，質也。三者備，然後大其威，厲其意，則民必死而不我欺也。』

桓公問治民於管子。管子對曰：『凡牧民者，必知其疾，而憂之以德，勿懼以罪，勿止以力。慎此四者，足以治民也。』桓公曰：『寡人睹其善也，何以爲寡也？』管仲對曰：『夫寡非有國者之患也。昔者天子中立，地方千里，四言者該焉，何爲其寡也？夫牧民不知其疾，則民疾。不憂以德，則民多怨。懼之以罪，則民多詐。止之以力，則往者不反，來者鷙距。故聖王之牧民也，不在其多也。』桓公曰：『善。勿已，如是又何以行之？』管仲對曰：『質信極忠，嚴以有禮，慎此四者，所以行之也。』桓公曰：『請聞其説。』管仲對曰：『信也者，民信之。忠也者，民懷之。嚴也者，民畏之。禮也者，民美之。語曰：「澤命不渝，信也。非其所欲，勿施於人，仁也。堅中外正，嚴也。質信以讓，禮也。」』桓公曰：『善哉！牧民何先？』管仲對曰：『有時先事，有時先政，有時先德，有時先怒。飄風暴雨，不爲人害，涸旱不爲民患。百川道，年穀熟，糴貸賤，禽獸與人聚食民食，民不疾疫，當此時也，民富且驕。牧民者，厚收善歲，以充倉廩，禁藪澤，此謂先之以事。隨之以刑，敬之以禮樂，以振其淫，此謂先之以政。飄風暴雨爲民害，涸旱爲民患，年穀不熟，歲飢糴貸貴，民疾疫，當此時也，民貧且罷。牧民者，發倉廩，山林藪澤以共其財，後之以事，先之以恕，以振其罷，此謂先之以德。其收之也，不奪民財。其施之也，不失有德。富上而足下，此聖王之至事也。』桓公曰：『善。』

又《七法》　言是而不能立，言非而不能廢，有功而不能賞，有罪而不能誅，若是而能治民者，未之有也。是必立，非必廢，有功必賞，有罪必誅，若是安治矣，未也。是何也？曰：形勢器械未具，猶之不治也。形勢器械具，四者備，治矣。不能治其民，而能彊其兵者，未之有也。能治其民矣，而不明於爲兵之數，猶之不可。不能彊其兵，而能必勝敵國者，未之有也。能彊其兵，而不明于勝敵國之理，猶之不勝也。兵不必勝敵國，而能正天下者，未之有也。兵必勝敵國矣，而不明正天下之分，猶之不可。故曰：『治民有器，爲兵有數，勝敵國有理，正天下有分』。則，象、法、化、決塞、心術、計數，根天地之氣，寒暑之和，水土之性。人民、鳥獸、草木之生物，雖不甚多，皆均有焉，而未嘗變也，謂之則。義也，名也，時也，似也，類也，比也，狀也，謂之象。尺寸也，繩墨也，規矩也，衡石也，斗斛也，角量也，謂之法。漸也，順也，靡也，久也，服也，習也，謂之化。予奪也，險易也，利害也，難易也，

開閉也，殺生也，謂之決塞。實也，誠也，厚也，施也，度也，恕也，謂之心術。剛柔也，輕重也，大小也，實虛也，遠近也，多少也，謂之計數。不明於則，而欲出號令，猶立朝夕於運均之上，擔竿而欲定其末。不明於象，而欲論材審用，猶絶長以爲短，續短以爲長。不明於法，而欲治民一衆，猶左書而右息之。不明於化，而欲變俗易教，猶朝揉輪而夕欲乘車。不明於決塞，而欲歐衆移民，猶使水逆流。不明於必術，而欲行令於人，猶倍招而必拘之。不明於計數，而欲舉大事，猶無舟楫而欲經於水險也。故曰：錯儀畫制，不知則，不可。論材審用，不知象，不可。和民一衆，不知法，不可。變俗易教，不知化，不可。歐衆移民，不知決塞，不可。布令必行，不知心術，不可。舉事必成，不知計數，不可。右四傷

百匿傷上威，姦吏傷官法，姦民傷俗教，賊盜傷國衆。衆傷則重在下，法傷則貨上流，教傷則從令者不輯，衆傷則百姓不安其居。重在下則令不行，貨上流則官徒毀，從令者不輯則百事無功，百姓不安其居則輕民處而重民散。輕民處、重民散則地不辟，地不辟則六畜不育，六畜不育則國貧而用不足，國貧而用不足則兵弱而士不厲，兵弱而士不厲則戰不勝而守不固，戰不勝而守不固則國不安矣。故曰：常令不審則百匿勝，官爵不審則姦吏勝，符籍不審則姦民勝，刑法不審則盜賊勝。國之四經敗，人君泄，見危。人君泄則言實之士不進，言實之士不進則國之情僞不竭於上。世主所貴者實也，所親者戚也，所愛者民也，所重者爵禄也。亡君則不然，致所貴非實也，致所親非戚也，致所愛非民也，致所重非爵禄也。故不爲重寶虧其命，故曰『令貴於寶』。不爲愛親危其社稷，故曰『社稷戚於親』。不爲愛人枉其法，故曰法愛於人。不爲重禄爵分其威，故曰威重於爵禄。不通此四者，則反於無有。故曰：治人如治水潦，養人如養六畜，用人如用草木。居身論道行理，則羣臣服教，百吏嚴斷，莫敢開私焉。論功計勞未嘗失法律也，便辟、左右、大族、尊貴大臣不得增其功焉，疏遠、卑賤、隱不知之人不忘其勞。故有罪者不怨上，愛賞者無貪心，則列陳之士皆輕其死而安難，以要上事，本兵之極也。右百匿

爲兵之數，存乎聚財而財無敵，存乎論工而工無敵，存乎制器而器無敵，存乎選士而士無敵，存乎政教而政教無敵，存乎服習而服習無敵，存乎偏知天下而偏知天下無敵，存乎明於機數而明於機數無敵。故兵未出境，而無敵者八。是以欲正天下，財不蓋天下，不能正天下。財蓋天下，而工不蓋天下，不能正天下。工蓋天下，而器不蓋天下，不能正天下。器蓋天下，而士不蓋天下，不能正天下。士蓋天下，而教不蓋天下，不能正天下。教蓋天下，而習不蓋天下，不能正天下。習蓋天下，而不偏知天下，不能正天下。偏知天下，而不明於機數，不能正天下。故明於機數者，用兵之勢也。大者，時也。小者，計也。王道非廢也，而天下莫敢窺者，王者之正也。衡庫者，天子之禮也。是故器成卒選，則士知勝矣。偏知天下，審御機數，則獨行而無敵矣。所愛之國而獨利之，所惡之國而獨害之，則令行禁止，是以聖王貴之，勝一而服百，則天下畏之矣。立少而觀多，則天下懷之矣。罰有罪，賞有功，則天下從之矣。故聚天下之精財，論百工之鋭器，春秋角試，以練精鋭爲右。成器不課不用，不試不臧。收天下之豪傑，有天下之駿雄，故舉之如飛鳥，動之如雷電，發之如風雨，莫當其前，莫害其後，獨出獨入，莫敢禁圉。成功立事，必順於理義，故不理不勝天下，不義不勝人。故賢知之君必立於勝地，故正天下而莫之敢御也。右爲兵之數

若夫曲制時舉，不失天時，毋壙地利，其數多少，其要必出於計數。故凡攻伐之爲道也，計必先定于內，然後兵出乎境。計未定於內，而兵出乎境，是則戰之自勝，攻之自毁也。是故張軍而不能戰，圍邑而不能攻，得地而不能實，三者見一焉，則可破毁也。故不明于敵人之政，不能加也。不明于敵人之情，不可約也。不明于敵人之將，不先軍也。不明于敵人之士，不先陣也。是故以衆擊寡，以治擊亂，以富擊貧，以能擊不能，以教卒練士擊敺衆白徒，故十戰十勝，百戰百勝。故事無備，兵無主，則不蚤知；野不辟，地無吏，則無蓄積；官無常，下怨上，而器械不功；朝無政，則賞罰不明；賞罰不明，則民幸生。故蚤知敵人如獨行，有蓄積則久而不匱，器械功則伐而不費，賞罰明則人不幸，人不幸則勇士勸之。故兵也者，審於地圖，謀十官，日量蓄積，齊勇士，偏知天下，審御機數，兵主之事也。故有風雨之行，故能不遠道里矣。有飛鳥之舉，故能不險山河矣。有雷電之戰，故能獨行而無敵矣。有水旱之功，故能攻國救邑。有金城之守，故能定宗廟，育男女矣。有一體之治，故能出號令，明憲法矣。風雨之行者，速也。飛鳥之舉者，輕也。雷電之戰者，士不齊

也。水旱之功者，野不收，耕不穫也。金城之守者，用貨財，設耳目也。一體之治者，去奇説，禁雕俗也。不遠道里，故能威絕域之民。不險山河，故能服恃固之國。獨行無敵，故令行而禁止。故攻國救邑，不恃權與之國。故所指必聽，定宗廟，育男女，天下莫之能傷，然後可以有國。制儀法，出號令，莫不嚮應，然後可以治民一衆矣。右選陳

《六韜・文韜・六守》　文王問太公曰：『君國主民者，其所以失之者，何也？』太公曰：『不謹所與也。人君有六守、三寶。』文王曰：『六守者何也？』太公曰：『一曰仁，二曰義，三曰忠，四曰信，五曰勇，六曰謀，是謂六守。』文王曰：『謹擇六守者何？』太公曰：『富之而觀其無犯，貴之而觀其無驕，付之而觀其無轉，使之而觀其無隱，危之而觀其無恐，事之而觀其無窮。富之而不犯者仁也，貴之而不驕者義也，付之而不轉者忠也，使之而不隱者信也，危之而不恐者勇也，事之而窮者謀也。人君無以三寶借人，借人則君失其威。』文王曰：『敢問三寶？』太公曰：『大農、大工、大商，謂之三寶。農一其鄉則國足，工一其鄉則器足，商一其鄉則貨足。三寶各安其處民乃不慮。無亂其鄉，無亂其族，臣無富于君，都無大于國。六守長則君昌，三寶全則國安。』

順道修身治國大法分部

論説

《管子・宙合》　左操五音，右執五味。懷繩與准鉤，多備規軸，減溜大成，是唯時德之節。春采生，秋采蓏，夏處陰，冬處陽，大賢之德長。明乃哲，哲乃明，奮乃苓，明哲乃大行。毒而無怒，怨而無言，欲而無謀。大揆度儀，若覺卧，若晦明，若敖之在堯也。毋訪於佞，毋蓄於諂，毋育於凶，毋監於讒，不正廣其荒，不用其區區，烏飛准繩，讂充末衡，易政利民。毋犯其凶，毋邇其求，而遠其憂。高爲其居，危顛莫之救。可淺可深，可浮可沈，可曲可直，可言可默。天不一時，地不一利，人不一事，可正而視，定而履，深而迹。夫天地一險一易，若鼓之有桴，擿擋則擊。天地萬物之橐，宙合有橐天地。

左操五音，右執五味，此言君臣之分也。君出令佚，故立于左；臣任力勞，故立于右。夫五音不同聲而能調，此言君之所出令無妄也，而無所不順，順而令行政成。五味不同物而能和，此言臣之所任力無妄也，而無所不得，得而力務財多。故君出令，正其國而無齊其欲，一其愛而無獨與是，王施而無私，則海內來賓矣。臣任力，同其忠而無爭其利，不失其事而無有其名，分敬而無妒，則夫婦和勉矣。君失音則風律必流，流則亂敗。臣離味則百姓不養，百姓不養則衆散亡。君臣各能其分，則國寧矣。故名之曰不德。

懷繩與准鉤，多備規軸，減溜大成，是唯時德之節。夫繩扶撥以爲正，准壞險以爲平，鉤入枉而出直。此言聖君賢佐之制舉也，博而不失，因以備能而無遺。國猶是國也，民猶是民也，桀、紂以亂亡，湯、武以治昌。章道以教，明法以期，民之興善也如化，湯、武之功是也。多備規軸者，成軸也。夫成軸之多也，其處大也不究，其入小也不塞，猶迹求覆之憲也，夫焉有不適善？適善，備也，僊也，是以無乏，故諭教者取辟焉。天淯陽，無計量；地化生，無法崖。所謂是而無非，非而無是，是非有，必交來。苟信是，以有不可先規之，必有不可識慮之。然將卒而不戒，故聖人博聞多見，畜道以待物，物至而對，形曲均存矣。減，盡也。溜，發也。言徧環畢，莫不備得，故曰：減溜大成。成功之術，必有巨獲，必周於德，審於時。時德之遇，事之會也，若合符然。故曰：是唯時德之節。

春采生，秋采蓏，夏處陰，冬處陽，此言聖人之動靜、開闔、詘信、浧儒，取與之必因於時也。時則動，不時則靜，是以古之士有意而未可陽也，故愁其治，言含愁而藏之也。賢人之處亂世也，知道之不可行，則沈抑以辟罰，靜默以侔免。辟之也，猶夏之就清，冬之就温焉，可以無反於寒暑之菑矣，非爲畏死而不忠也。夫强言以爲僇，而功澤不加，進傷爲人君嚴之義，退害爲人臣者之生，其爲不利彌甚。故退身不舍端，脩業不息版，以待清明。故微子不與於紂之難，而封於宋，以爲殷主，先祖不滅，後世不絕。故曰：大賢之德長。

明乃哲，哲乃明，奮乃苓，明哲乃大行，此言擅美主盛自奮也。以琅湯凌轢人，人之敗也常自此。是故聖人著之簡筴，傳以告後進曰：奮盛苓落也。盛而不落者，未之有也。故有道者不平其稱，不滿其量，不依其樂，不致其度。爵尊即肅士，禄豐則務施，功大而不伐，業明而不矜。夫名實之相怨久矣，是故絶而無交。惠者知其不可兩守，乃取一焉。故安而無憂，毒而無怒，此言止忿速，濟没法也。怨而無言，言不可不慎也。言不周密，反傷其身。故曰：欲而無謀。言謀不可以泄，謀泄菑極。夫行忿速，遂没法，賊發言，輕謀泄，菑必及於身。故曰：毒而無怒，怨而無言，欲而無謀。大揆度儀，若覺卧，若晦明，言淵色以自詰也。靜默以審慮，依賢可用也。仁良既明，通於可不利害之理，循發蒙也。故曰：若覺卧，若晦明，若敖之在堯也。

毋訪於佞，言毋用佞人也，用佞人則私多行。毋蓄于諂，言毋聽諂，聽諂則欺上。毋育于凶，言毋使暴，使暴則傷民。毋監于讒，言毋聽讒，聽讒則失士。夫行私、欺上、傷民、失士，此四者用，所以害君義失正也。夫爲君上者既失其義正，而倚以爲名譽，爲臣者不忠而邪，以趨爵禄，亂俗數世，以偷安懷樂，雖廣其威可須也。故曰：不正廣其荒。是以古之人阻其路，塞其遂，守而物修。故著之簡筴，傳以告後世人曰：其爲怨也深，是以威盡焉。

不用其區區者虚也，人而無良焉，故曰虚也。凡堅解而不動，陼陻而不行，其於時必失，失則廢而不濟。失植之正而不謬，不可賢也。植而無能，不可善也。所賢美於聖人者，以其與變隨化也。淵泉而不盡，微約而流施，是以德之流，潤澤均加於萬物。故曰：聖人參于天地。鳥飛准繩，此言大人之義也。夫鳥之飛也，必還山集谷，不還山則困，不集谷則死。山與谷之處也，不必正直，而還山集谷，曲則曲矣，而名繩焉。以爲鳥起於北，意南而至于南；起於南，意北而至于北。苟大意得，不以小缺爲傷。故聖人美而著之曰：「千里之路，不可扶以繩。萬家之都，不可平以准」。言大人之行，不必以先，帝常義立之謂賢。故爲上者之論其下也，不可以失此術也。

譡充，言心也，心欲忠。末衡，言耳目也，耳目欲端。中正者，治之本也。耳司聽，聽必順聞，聞審謂之聰。目司視，視必順見，見察謂之明。心司慮，慮必順言，言得謂之知。聰明以知則博，博而不惛，所以易政也。政易民利，利乃勸，勸則告。聽不慎不審不聰，不審不聰則繆。視不察不明，不察不明則過。慮不得不知，不得不知則昏。繆過以惛則憂，憂則所以伎苛，伎苛所以險政。政險民害，害乃怨。怨則凶。故曰：譡充末衡，言易政利民也。

毋犯其凶，言中正以蓄慎也。毋邇其求，言上之敗常貪於金玉馬女，而吝愛於粟米貨財也。厚藉斂於百姓，則萬民懟怨。遠其憂，言上之亡其國也。常邇其樂立優美，而外淫于馳騁田獵，內縱于美色淫聲，下乃解怠惰失，百吏皆失其端，則煩亂以亡其國家矣。高爲其居，危顛莫之救，此言尊高滿大，而好矜人以麗，主盛處賢而自予雄也。故盛必失而雄必敗。夫上既主盛處賢以操士民，國家煩亂，萬民心怨，此其必亡也。猶自萬仞之山，播而入深淵，其死而不振也必矣。故曰：毋邇其求，而遠其憂，高爲其居，危顛莫之救也。可淺可深，可沈可浮，可曲可直，可言可默。此言指意要功之謂也。

天不一時，地不一利，人不一事，是以著業不得不多，人之名位不得不殊。方明者察于事，故不官于物而旁通于道。道也者，通乎無上，詳乎無窮，運乎諸生。是故辨于一言，察于一治，攻于一事者，可以曲說，而不可以廣舉。聖人由此知言之不可兼也，故博爲之治而計其意；知事之不可兼也，故名爲之说而況其功。歲有春秋冬夏，月有上下中旬，日有朝暮，夜有昏晨半，星辰序各有其司，故曰：天不一時。山陵岑巖，淵泉閎流，泉踰瀷而不盡，薄承瀷不滿，高下肥墝，物有所宜，故曰：地不一利。鄉有俗，國有法，食飲不同味，衣服異采，世用器械，規矩繩准，稱量數度，品有所成，故曰：人不一事。此各事之儀，其詳不可盡也。

可正而視，言察美惡，審別良苦，不可以不審。操分不雜，故政治不悔。定而履，言處其位，行其路，爲其事，則民守其職而不亂，故葆統而好終。深而迹，言明墨章書，道德有常，則後世人人修理而不迷，故名聲不息。夫天地一險一易，若鼓之有桴，擿擋則擊，言苟有唱之，必有和之，和之不差，因以盡天地之道。景不爲曲物直，響不爲惡聲美，是以聖人明乎物之性者，必以其類來也。故君子繩繩乎慎其所先。天地，萬物之橐也，宙合有橐天地。天地苴萬物，故曰：萬物之橐。宙合之意，上通

於天之上，下泉於地之下，外出於四海之外，合絡天地以爲一裹，散之至于無閒，不可名而山，是大之無外，小之無內，故曰：有橐天地。其義不傳，一典品之，不極一薄，然而典品無治也。多內則富，時出則當，而聖人之道，貴富以當。奚謂當？本乎無妄之治，運乎無方之事，應變不失之謂當。變無不至，無有應，當本錯，不敢忿，故言而名之曰宙合。

霸王之道分部

論說

《管子·霸言》霸王之形，象天則地，化人易代，創制天下，等列諸侯，賓屬四海，時匡天下。大國小之，曲國正之，彊國弱之，重國輕之，亂國幷之，暴王殘之。僇其罪，卑其列，維其民，然後王之。夫豐國之謂霸，兼正之國之謂王。夫王者有所獨明，德共者不取也，道同者不王也。夫爭天下者，以威易危，暴王之常也。君人者有道，霸王者有時。國修而鄰國無道，霸王之資也。夫國之存也，鄰國有焉。國之亡也，鄰國有焉。鄰國有事，鄰國得焉。鄰國有事，鄰國亡焉。天下有事，則聖王利也。國危則聖人知矣。夫先王所以王者，資鄰國之舉不當也。舉而不當，此鄰敵之所以得意也。

夫欲用天下之權者，必先布德諸侯。是故先王有所取，有所與，有所詘，有所信，然後能用天下之權。夫兵幸於權，權幸於地。故諸侯之得地利者，權從之。失地利者，權去之。夫爭天下者，必先爭人。明大數者得人，審小計者失人。得天下之衆者王，得其半者霸。是故聖王卑禮以下天下之賢而王之，均分以釣天下之衆而臣之，故貴爲天子，富有天下，而伐不謂貪者，其大計存也。以天下之財，利天下之人。以明威之振，合天下之權。以遂德之行，結諸侯之親。以姦佞之罪，刑天下之心。因天下之威，以廣明王之伐。攻逆亂之國，賞有功之勞，封賢聖之德，明一人之行，而百姓定矣。

夫先王取天下也術。術乎，大德哉！物利之謂也。夫使國常無患，而名利並至者，神聖也。國在危亡，而能壽者，明聖也。是故先王之所師者，神聖也。其所賞者，明聖也。夫一言而壽國，不聽而國亡。若此者，大聖之言也。

夫明王之所輕者馬與玉，其所重者政與軍。若失主不然，輕與人政，而重予人馬；輕予人軍，而重予人玉。重宮門之營，而輕四竟之守，所以削也。夫權者，神聖之所資也。獨明者，天下之利器也。獨斷者，微密之營壘也。此三者，聖人之所則也。聖人畏微，而愚人畏明。聖人之憎惡也內，愚人之憎惡也外。聖人將動必知，愚人至危易辭。聖人能輔時，不能違時，知者善謀，不如當時。精時者，日少而功多。夫謀無主則困，事無備則廢。是以聖王務具其備，而慎守其時。以備待時，以時興事。時至而舉兵，絕堅而攻國，破大而制地，大本而小標，埊近而攻遠。以大牽小，以彊使弱，以衆致寡。德利百姓，威振天下，令行諸侯而不拂。近無不服，遠無不聽。

夫明王爲天下正理也，案彊助弱，圉暴止貪，存亡定危，繼絶世。此天下之所載也，諸侯之所與也，百姓之所利也。是故天下王之。知蓋天下，繼最一世，材振四海，王之佐也。千乘之國，可得其守，諸侯可得而臣，天下可得而有也。萬乘之國失其守，國非其國也。天下皆理，己獨亂，國非其國也。諸侯皆令，己獨孤，國非其國也。鄰國皆險，己獨易，國非其國也。此三者，亡國之徵也。夫國大而政小者，國從其政。國小而政大者，國益大。大而不爲者復小，彊而不理者復弱，衆而不理者復寡，貴而無禮者復賤，重而凌節者復輕，富而驕肆者復貧。故觀國者觀君，觀軍者觀將，觀備者觀野。其君如明而非明也，其將如賢而非賢也，其人如耕者而非耕也，三守既失，國非其國也。地大而不爲，命曰土滿。人衆而不理，命曰人滿。兵威而不止，命曰武滿。三滿而不止，國非其國也。地大而不耕，非其地也。卿貴而不臣，非其卿也。人衆而不親，非其人也。夫無土而欲富者憂，無德而欲王者危，施薄而求厚者孤。夫上夾而下苴，國小而都大者弑。主尊臣卑，上威下敬，令行人服，理之至也。使天下兩天子，天下不可理也。一國而兩君，一國不可理也。一家而兩父，一家不可理也。夫令不高不行，不摶不聽。堯、舜之人，非生而理也。桀、紂之

人，非生而亂也。故理亂在上也。夫霸王之所始也，以人爲本。本理則國固，本亂則國危。故上明則下敬，政平則人安，士教和則兵勝敵，使能則百事理，親仁則上不危，任賢則諸侯服。霸王之形，德義勝之，智謀勝之，兵戰勝之，地形勝之，動作勝之，故王之。夫善用國者，因其大國之重，以其勢小之，因彊國之權，以其勢弱之。因重國之形，以其勢輕之。弱國衆，合彊以攻弱，以圖霸。彊國少，合小以攻大，以圖王。彊國衆而言王勢者，愚人之智也。彊國少而施霸道者，敗事之謀也。夫神聖視天下之形，知動靜之時，視先後之稱，知禍福之門。彊國衆，先舉者危，後舉者利。彊國少，先舉者王，後舉者亡。戰國衆，後舉可以霸。戰國少，先舉可以王。夫王者之心方，而不最列，不讓賢賢，不齒弟擇衆，是貪大物也。是以王之形大也。夫先王之爭天下也以方心，其立之也以整齊，其理之也以平易。立政出令用人道，施爵禄用地道，舉大事用天道。是故先王之伐也，伐逆不伐順，伐險不伐易，伐過不伐及。四封之內，以正使之。諸侯之會，以權致之。近而不服者，以地患之。遠而不聽者，以刑危之。一而伐之，武也。服而舍之，文也。文武具滿，德也。

夫輕重彊弱之形，諸侯合則彊，孤則弱。驥之材而百馬伐之，驥必罷矣。彊最一伐而天下共之，國必弱矣。彊國得之也以收小，其失之也以恃彊。小國得之也以制節，其失之也以離彊。夫國小大有謀，彊弱有形。服近而彊遠，王國之形也。合小以攻大，敵國之形也。以負海攻負海，中國之形也。折節事彊以避罪，小國之形也。自古以至今，未嘗有能先作難，違時易形，以立功名者，無有。常先作難，違時易形，無不敗者也。夫欲臣伐君，正四海者，不可以兵獨攻而取也。必先定謀慮，便地形，利權稱，親與國。視時而動，王者之術也。夫先王之伐也，舉之必義，用之必暴，相形而知可，量力而知攻，攻得而知時。是故先王之伐也，必先戰而後攻，先攻而後取地。故善攻者，料衆以攻衆，料食以攻食，料備以攻備。以衆攻衆，衆存不攻。以食攻食，食存不攻。以備攻備，備存不攻。釋實而攻虛，釋堅而攻膬，釋難而攻易。夫搏國不在敦古，理世不在善攻，霸王不在成曲。夫舉失而國危，刑過而權倒，謀易而禍反，計得而彊信，功得而名從，權重而令行，固其數也。夫爭彊之國，必先爭謀，爭刑，爭權。令人主一喜一怒者，謀也。令國一輕一重者，刑也。令兵一進一退者，權也。故精於謀，則人主之願可得，而令可行也。精於刑，則大國之地可奪，彊國之兵可圉也。精於權，則天下之兵可齊，諸侯之君可朝也。夫神聖視天下之刑，知世之所謀，知兵之所攻，知地之所歸，知令之所加矣。夫兵攻所憎而利之，此鄰國之所不親也。權動所惡，而實寡歸者，彊。擅破一國，彊在後世者，王。擅破一國，彊在鄰國者，亡。

選人用人論部

治在得人論分部

論說

《墨子·親士》 入國而不存其士，則亡國矣；見賢而不急，則緩其君矣。非賢無急，非士無與慮國。緩賢忘士而能以其國存者，未曾有也。

昔者文公出走而正天下，桓公去國而霸諸侯，越王句踐遇吳王之醜，而尚攝中國之賢君。三子之能達名成功於天下也，皆於其國抑而大醜也。太上無敗，其次敗而有以成，此之謂用民。吾聞之曰：『非無安居也，我無安心也；非無足財也，我無足心也。』是故君子自難而易彼，衆人自易而難彼。君子進不敗其志，內究其情，雖雜庸民，終無怨心，彼有自信者也。

是故爲其所難言，必得其所欲焉；未聞爲其所欲，而免其所惡者也。是故偪臣傷君，諂下傷上。君必有所弗弗之臣，上必有詻詻之下。分議者延延，而交苟者詻詻，焉可以長生保國。臣下重其爵位而不言，近臣則喑，遠臣則唫，怨結於民心，諂諛在側，善議障塞，則國危矣。桀紂不以其無天下之士邪？殺其身而喪天下。故曰：『歸國寶，不若獻賢而

進士。』

今天有五錐，此其銛，銛者必先挫。有五刀，此其錯，錯者必先靡。是以甘井近竭，招木近伐，靈龜近灼，神蛇近暴。是故比干之殪，其抗也；孟賁之殺，其勇也；西施之沈，其美也；吳起之裂，其事也。故彼人者，寡不死其所長，故曰：『太盛難守』也。

故雖有賢君，不愛無功之臣；雖有慈父，不愛無益之子。是故不勝其任而處其位，非此位之人也；不勝其爵而處其禄，非此禄之主也。良弓難張，然可以及高入深；良馬難乘，然可以任重致遠；良才難令，然可以致君見尊。是故江河不惡小谷之滿己也，故能大。聖人者，事無辭也，物無違也，故能爲天下器。是故江河之水，非一原之流也；千鎰之裘，非一狐之白也。夫惡有同方取不取同而已者乎？蓋非兼王之道也。

是故天地不昭昭，大水不潦潦，大火不燎燎，王德不堯堯者，乃千人之長也。其直如矢，其平如砥，不足以覆萬物。是故谿陝者速涸，逝淺者速竭，墝埆者其地不育。王者淳澤，不出宮中，則不能流國矣。

《鶡冠子・道端》 天者，萬物所以得立也。地者，萬物所以得安也。故天定之，地處之，時發之；物受之，聖人象之。

夫寒温之變，非一精之所化也。天下之事，非一人之所能獨知也。海水廣大，非獨仰一川之流也。是以明主之治世也，急於求人，弗獨爲也。與天與地，建立四維，以輔國政。鉤繩相布，銜橛相制，參偶其備，立位乃固。

經氣有常理，以天地動。逆天時不祥，有祟。事不任賢，無功必敗。出究其道，入窮其變。張軍衛外，禍反在内；所備甚遠，賊在所愛。是以先王置士也，舉賢用能，無阿於世。仁人居左，忠臣居前，義臣居右，聖人居後。左法仁則春生殖，前法忠則夏功立，右法義則秋成熟，後法聖則冬閉藏。先王用之，高而不墜，安而不亡。此萬物之本薊，天地之門户，道德之益也。此四大夫者，君之所取於外也。

君者，天也。天不開門户，使下相害也。進賢受上賞，則下不相蔽。不待事人賢士顯不蔽之功，則任事之人莫不盡忠。鄉曲慕義，化坐自端。此其道之所致，德之所成也。本出一人，故謂之天。莫不受命，不可爲名，故謂之神。至神之極，見之不忒。匈乖不惑，務正一國。一國之刑，具在於身。以身老世，正以錯國。服義行仁，以一王業。

夫仁者，君之操也。義者，君之行也。忠者，君之政也。信者，君之教也。聖人者，君之師傅也。君道知人，臣術知事。故臨貨分財使仁，犯患應難使勇，受言結辭使辯，慮事定計使智，理民處平使謙，賓奏贄見使禮。用民獲衆使賢，出封越境適絶國使信，制天地御諸侯使聖。

夫仁之功，善與不爭。辯士之功，釋怨解難。智士之功，事至而治，難至而應。忠臣之功，正言直行，矯拂王過。義臣之功，存亡繼絶，救弱誅暴。信臣之功，正不易言。貞謙之功，廢私立公。禮臣之功，尊君卑臣。賢士之功，敵國憚之，四境不侵。聖人之功，定制於冥冥，求至欲得，言聽行從，近親遠附，明達四通。

内有挾度，然後有以量人。富者觀其所予，足以知仁；貴者觀其所舉，足以知忠。觀其大袢，長不讓少，貴不讓賤，足以之禮達。觀其所不行，足以知義；受官任治，觀其去就，足以知智；迫之不懼，足以知勇。口利辭巧，足以知辯；使之不隱，足以知信。貧者觀其所不取，足以知廉。賤者觀其所不爲，足以知賢。測深觀天，足以知聖。

第不失次，理不相舛。近塞遠閉，備元變成。明事知分，度數獨行。無道之君，任用么麽，動即煩濁。有道之君，任用後雄，動則明白。二者先定素立，白蓼明起，氣榮相宰。上合其符，下稽其實。

時君遇人有德，君子至門，不言而信，萬民附親；遇人暴驕，萬民流離，上下相疑。復而如環，日夜相撓。諫者弗受，言者危身，無從聞過，故大臣僞而不忠。是以爲人君親其民如子者，弗召自來。故曰：『有光』，卒於美名。不施而責，弗受而求親。故曰『有殃』，卒於不祥。

夫長者之事其君也，調而和之，士於純厚。引而化之，天下好之。其道日從，故卒必昌。夫小人之事其君也，務蔽其明，塞其聽，乘其威，以灼熱人。天下惡之，其崇日凶，故卒必敗，禍及族人。此君臣之變，治亂之分，興壞之關梁，國家之閲也。逆順利害，由此出生。

《韓非子・八説》 爲故人行私謂之不棄，以公財分施謂之仁人，輕禄重身謂之君子，枉法曲親謂之有行，棄官寵交謂之有俠，離世遁上謂之高傲，交爭逆令謂之剛材，行惠取衆謂之得民。不棄者吏有姦也，仁人者公財損也，君子者民難使也，有行者法制毁也，有俠者官職曠也，高傲者

民不事也，剛材者令不行也，得民者君上孤也。此八者匹夫之私譽，人主之大敗也。反此八者，匹夫之私毁，人主之公利也。人主不察社稷之利害，而用匹夫之私譽，索國之無危亂，不可得矣。

任人以事，存亡治亂之機也。無術以任人，無所任而不敗。人君之所在，非辯智則修潔也。任人者，使有勢也；智士者未必信也；爲多其智，因惑其信也；以智士之計，處乘勢之資而爲其私急，則君必欺焉。爲智者之不可信也，故任修士者，使斷事也，修士者未必智；爲潔其身，因惑其智；以愚人之所惛，處治事之官而爲其所然，則事必亂矣。故無術以用人，任智則君欺，任修則君事亂，此無術之患也。明君之道，賤德義貴，下必坐上，決誠以參，聽無門戶，故智者不得詐欺。計功而行賞，程能而授事，察端而觀失，有過者罪，有能者得，故愚者不任事。智者不敢欺，愚者不得斷，則事無失矣。

察士然後能知之，不可以爲令，夫民不盡察。賢者然後能行之，不可以爲法，夫民不盡賢。楊朱、墨翟，天下之所察也，千世亂而卒不決，雖察而不可以爲官職之令。鮑焦、華角，天下之所賢也，鮑焦木枯，華角赴河，雖賢不可以爲耕戰之士。故人主之察，智士盡其辯焉；人主之所尊，能士盡其行焉。今世主察無用之辯，尊遠功之行，索國之富强，不可得也。博習辯智如孔、墨，孔、墨不耕耨，則國何得焉？修孝寡欲如曾、史，曾、史不戰攻，則國何利焉？匹夫有私便，人主有公利。不作而養足，不仕而名顯，此私便也。息文學而明法度，塞私便而一功勞，此公利也。錯法以道民也而又貴文學，則民之所師法也疑。賞功以勸民也而又尊行修，則民之産利也惰。夫貴文學以疑法，尊行修以貳功，索國之富强，不可得也。【略】

明主之國，有貴臣無重臣。貴臣者，爵尊而官大也；重臣者，言聽而力多者也。明主之國，遷官襲級，官爵受功，故有貴臣。言不度行，而有偽必誅，故無重臣也。

《列子·説符篇》 晉國苦盜，有郄雍者，能視盜之貌，察其眉睫之間，而得其情。晉侯使視盜，千百無遺一焉。晉侯大喜，告趙文子曰：『吾得一人，而一國盜爲盡矣，奚用多焉？』文子曰：『吾君恃伺察而得盜，盜不盡矣，且郄雍必不得其死焉。』俄而羣盜謀曰：『吾所窮者郄雍也。』遂共盜而殘之。晉侯聞而大駭，立召文子而告之曰：『果如子言，郄雍死矣！然取盜何方？』文子曰：『周諺有言：察見淵魚者不祥，智料隱匿者有殃。且君欲無盜，莫若舉賢而任之；使教明於上，化行於下，民有恥心，則何盜之爲？』於是用隨會知政，而羣盜奔秦焉。

人才標準論分部

論說

《逸周書·銓法》 有三不遠，有三不近，有三不畜。敬謀、祗德、親同，三不遠也。聽讒自亂，聽諛自欺，近憝自惡，三不近也。有如忠言竭親以爲信，有如同好以謀易寇，有如同惡合計掬慮，慮泄事敗，是爲好害，三不畜也。

《國語·晉語七·祁奚薦子午以自代》 祁奚辭於軍尉，公問焉，曰：『孰可？』對曰：『臣之子午可。人有言曰：「擇臣莫若君，擇子莫若父。」午之少也，婉以從令，遊有鄉，處有所，好學而不戲。其壯也，彊志而用命，守業而不淫。其冠也，和安而好敬，柔惠小物，而鎮定大事，有直質而無流心，非義不變，非上不舉。若臨大事，其可以賢於臣。臣請薦所能擇而君比義焉。』公使祁午爲軍尉，殁平公，軍無秕政。

《大戴禮記·哀公問五義》 魯哀公問於孔子曰：『吾欲論吾國之士，與之爲政，何如者取之？』

孔子對曰：『生乎今之世，志古之道，居今之俗，服古之服，舍此而爲非者，不亦鮮乎！』

哀公曰：『然則今夫章甫、句屨、紳帶而搢笏者，此皆賢乎？』

孔子曰：『否！不必然。今夫端衣玄裳冕而乘路者，志不在於食葷；斬衰菅屨杖而歠粥者，志不在於飲食。故生乎今之世，志古之道，居今之俗，服古之服，舍此而爲非者，雖有，不亦鮮乎！』

哀公曰：『善！何如則可謂庸人矣？』

孔子對曰：『所謂庸人者，口不能道善言，而志不邑邑；不能選賢人善士而託其身焉，以爲己憂；勸行不知所務，止立不止所定；日選於物，不知所貴；從物而流，不知所歸；五鑿爲政，心從而壞。若此，則可謂庸人矣。』

哀公曰：『善！何如則可謂士矣？』

孔子對曰：『所謂士者，雖不能盡道術，必有所由焉，雖不能盡善盡美，必有所處焉。是故知不務多，而務審其所知；行不務多，而務審其所由；言不務多，而務審其所謂。知既知之，行既由之，言既順之，若夫性命肌膚之不可易也。富貴不足以益，貧賤不足以損。若此，則可謂士矣。』

哀公曰：『善！何如則可謂君子矣？』

孔子對曰：『所謂君子者，躬行忠信，其心不買；仁義在己，而不害不志；聞志廣博而色不伐，思慮明達而辭不爭。君子猶然如將可及也，而不可及也。如此可謂君子矣。』

哀公曰：『善！敢問何如可謂賢人矣？』

孔子對曰：『所謂賢人者，好惡與民同情，取舍與民同統，行中矩繩而不傷於本，言足法於天下而不害於其身，躬爲匹夫而願富，貴爲諸侯而無財。如此則可謂賢人矣。』

哀公曰：『善！敢問何如可謂聖人矣？』

孔子對曰：『所謂聖人者，知通乎大道，應變而不窮，能測萬物之情性者也。大道者，所以變化而凝成萬物者也。情性也者，所以理然不然取舍者也。故其事大，配乎天地，參乎日月，雜於雲蜺，總要萬物，穆穆純純，其莫之能循，若天之司，莫之能職，百姓淡然不知其善。若此，則可謂聖人矣。』

哀公曰：『善。』孔子出，哀公送之。

《郭店楚簡·六位》 君子如欲求人，道□［□□□□□□□□□□□□□□□］［□□□□□□□□□］賞慶焉，知其以有所歸也。材雖在草茅之中，苟賢［□□□□□□□□□□□□］［□□□□□□□］。苟不］由其道，雖堯求之弗得也。生民［斯必有夫婦、夫子、君臣，此］六位也。有率人者，有從人者；有使人者，有事人［者；有］教者，有學者，此六職也。既有夫六位也，以任此［六職］也。六職既分，以裕六德。六德者此。何謂六德？聖、智也，仁、義也，忠、信也。聖與智就矣，仁與義就矣，忠與信就［矣］。作禮樂，制刑法，教此民爾，使之有向也，非聖智者莫之能也。親父子，和大臣，寢四鄰之抵牾，非仁義者莫之能也。聚人民，任土地，足此民爾，生死之用，非忠信者莫不能也。君子不別，如道導人之［□□□□，大者以治］人民，小者以修其身，爲道者必由此。親戚遠近，唯其人所在。得其人則舉焉，不得其人則止也。［□□□□□□□□□□，任］諸父兄，任諸子弟，大材藝者大官，小材藝者小官，因而施祿焉，使之足以生，足以死，謂之君，以義使人多。義者，君德也。非我血氣之親，畜我如其子弟，故曰：苟濟夫人之善也，勞其臟腑之力弗敢憚也，危其死弗敢愛也，謂之［臣］，以忠事人多。忠者，臣德也。知可爲者，知不可爲者；知行者，知不行者，謂之夫，以智率人多。智也者，夫德也。一與之齊，終身弗改之矣。是故夫死有主，終身不嫁，謂之婦，以信從人多也。信也者，婦德也。既生畜之，又從而教誨之，謂之聖。聖也者，父德也。子也者，會埻長材以事上，謂之義；上共下之義，以睦□□，謂之孝；故人則爲［人也，謂之］仁。仁者，子德也。故夫夫，婦婦，父父，子子，君君，臣臣，六者各行其職，而讒諂無由作也。觀諸詩、書則亦在矣，觀諸禮、樂則亦在矣，觀諸易、春秋則亦在矣。親此多也，欽此多［也］，美此多也，道御止。

《六韜·文韜·上賢》 文王問太公曰：『王人者何上、何下、何取、何去、何禁、何止？』太公曰：『上賢下不肖，取誠信去詐僞，禁暴亂止奢侈。故王人者有六賊七害。』

文王曰：『願聞其道。』太公曰：『夫六賊者，一曰臣有大作宮室池榭，遊觀倡樂者，傷王之德。

二曰民有不事農桑，任氣游俠，犯歷法禁不從吏教者，傷王之化。

三曰臣有結朋黨，蔽賢智，障主明者，傷王之權。

四曰士有抗志高節以爲氣勢，外交諸侯不重其主者，傷王之威。

五曰臣有輕爵位，賤有司，羞爲上犯難者，傷功臣之勞。

六曰强宗侵奪，陵武貧弱，傷庶人之業。

七害者，一曰無智略權謀而重賞尊爵之，故强勇輕戰僥倖于外，王者

謹勿使爲將。

二曰有名無實，出入異言，掩善揚惡，進退爲巧，王者謹勿與謀。

三曰朴其身躬，惡其衣食，語無爲以求名，言無欲以求利，此僞人也，王者謹勿近。

四曰奇其冠帶，偉其衣服，博聞辯辭，虛論高議，以爲容美，窮居靜處而誹時俗，此姦人也，王者謹勿寵。

五曰説佞苟得以求官爵，果敢輕死以貪祿秩，不圖大事，貪利而動，以高談虛論説於人主，王者謹勿使。

六曰爲雕文刻鏤技巧華飾而傷農事，王者必禁。

七曰僞方異技，巫蠱左道，不祥之言，幻惑良民，王者必止之。

故民不盡力非吾民也，士不誠信非吾士也，臣不忠諫非吾臣也，吏不平潔愛人非吾吏也，相不能富國强兵、調和陰陽以安萬乘之主、正羣臣、定名實、明賞罰、樂萬民，非吾相也。

夫王者之道如龍，首高居而遠望，深視而審聽，示其形隱其情，若天之高不可極也，若淵之深不可測也。故可怒而不怒，姦臣乃作，可殺而不殺，大賊乃發，兵勢不行，敵國乃强。』文王曰：『善哉！』

人才識拔論分部

論説

《國語·楚語下·葉公子高論白公勝必亂楚國》 子西使人召王孫勝，沈諸梁聞之，見子西曰：『聞子召王孫勝，信乎？』曰：『然。』子高曰：『將焉用之？』曰：『吾聞之，勝直而剛，欲寘之境。』

子高曰：『不可。其爲人也，展而不信，愛而不仁，詐而不智，毅而不勇，直而不衷，周而不淑。復言而不謀身，展也；愛而不謀長，不仁也；以謀蓋人，詐也；彊忍犯義，毅也；直而不顧，不衷也；周言棄德，不淑也。是六德者，皆有其華而不實者也，將焉用之。

『彼其父爲戮於楚，其心又狷而不絜。若其狷也，不忘舊怨，而不以絜悛德，思報怨而已。則其愛也足以得人，其展也足以復之，其詐也足以謀之，其直也足以帥之，其周也足以蓋之，其不絜也足以行之，而加之以不仁，奉之以不義，蔑不克矣。

『夫造勝之怨者，皆不在矣。若來而無寵，速其怒也。若其寵之，毅貪無厭，既能得入，而耀之以大利，不仁以長之，思舊怨以修其心，苟國有釁，必不居矣。非子職之，其誰乎？彼將思舊怨而欲大寵，動而得人，怨而有術，若果用之，害可待也。余愛子與司馬，故不敢不言。』

子西曰：『德其忘怨乎！余善之，夫乃其寧。』子高曰：『不然。吾聞之，唯仁者可好也，可惡也，可高也，可下也。好之不偪，惡之不怨，高之不驕，下之不懼。不仁者則不然。人好之則偪，惡之則怨，高之則驕，下之則懼。驕有欲焉，懼有惡焉，欲惡怨偪，所以生詐謀也。子將若何？若召而下之，將戚而懼；爲人上者，將怒而怨。詐謀之心，無所靖矣。有一不義，猶敗國家，今壹五六，而必欲用之，不亦難乎？吾聞國家將敗，必用姦人，而嗜其疾味，其子之謂乎？

『夫誰無疾眚！能者早除之。舊怨滅宗，國之疾眚也，爲之關籥蕃籬而遠備閑之，猶恐其至也，是之爲日惕。若召而近之，死無日矣。人有言曰：『狼子野心，怨賊之人也。』其又何善乎？若子不我信，盍求若敖氏與子干、子晳之族而近之？安用勝也，其能幾何？

『昔齊騶馬繻以胡公入於具水，邴歜、閻職戕懿公於囿竹，晉長魚矯殺三郤於榭，魯圉人犖殺子般於次，夫是誰之故也，非唯舊怨乎？是皆子之所聞也。人求多聞善敗，以監戒也。今子聞而棄之，猶蒙耳也。吾語子何益，吾知逃也已。』

子西笑曰：『子之尚勝也。』不從，遂使爲白公。子高以疾閑居於蔡。及白公之亂，子西、子期死。葉公聞之，曰：『吾怨其棄吾言，而德其治楚國，楚國之能平均以復先王之業者，夫子也。以小怨寘大德，吾不義也，將入殺之。』帥方城之外以入，殺白公而定王室，葬二子之族。

《論語·爲政》 子曰：『視其所以，觀其所由，察其所安。人焉廋哉？人焉廋哉？』

又 《公冶長》 宰予晝寢。子曰：『朽木不可雕也，糞土之牆不可

朽也；於予與何誅？」子曰：「始吾於人也，聽其言而信其行；今吾於人也，聽其言而觀其行。於予與改是。」

又《**先進**》子曰：「先進於禮樂，野人也；後進於禮樂，君子也。如用之，則吾從先進。」

德行：顏淵，閔子騫，冉伯牛，仲弓。言語：宰我，子貢。政事：冉有，季路。文學：子游，子夏。

季康子問：「弟子孰爲好學？」孔子對曰：「有顏回者好學，不幸短命死矣，今也則亡。」

顏淵死。子曰：「噫！天喪予！天喪予！」

顏淵死，子哭之慟。從者曰：「子慟矣！」曰：「有慟乎？非夫人之爲慟而誰爲？」

閔子侍側，誾誾如也；子路，行行如也；冉有、子貢，侃侃如也。子樂。「若由也，不得其死然。」

魯人爲長府。閔子騫曰：「仍舊貫，如之何？何必改作？」子曰：「夫人不言，言必有中。」

子貢問：「師與商也孰賢？」子曰：「師也過，商也不及。」

曰：「然則師愈與？」子曰：「過猶不及。」

季氏富於周公，而求也爲之聚斂而附益之。子曰：「非吾徒也。小子鳴鼓而攻之，可也。」

柴也愚，參也魯，師也辟，由也喭。

子曰：「回也其庶乎，屢空。賜不受命，而貨殖焉，億則屢中。」

子張問善人之道。子曰：「不踐迹，亦不入於室。」

季子然問：「仲由、冉求可謂大臣與？」子曰：吾以子爲異之問，曾由與求之問。所謂大臣者，以道事君，不可則止。今由與求也，可謂具臣矣。」

曰：「然則從之者與？」子曰：「弑父與君，亦不從也。」

子路使子羔爲費宰。子曰：「賊夫人之子。」

子曰：「是故惡夫佞者。」

子路、曾晳、冉有、公西華侍坐。

子曰：「以吾一日長乎爾，毋吾以也。居則曰：「不吾知也！」如或知爾，則何以哉？」

子路率爾而對曰：「千乘之國，攝乎大國之間，加之以師旅，因之以饑饉；由也爲之，比及三年，可使有勇，且知方也。」

夫子哂之。

「求！爾何如？」

對曰：「方六七十，如五六十，求也爲之，比及三年，可使足民。如其禮樂，以俟君子。」

「赤！爾何如？」

對曰：「非曰能之，願學焉。宗廟之事，如會同，端章甫，願爲小相焉。」

「點！爾何如？」

鼓瑟希，鏗爾，舍瑟而作，對曰：「異乎三子者之撰。」

子曰：「何傷乎？亦各言其志也。」

曰：「莫春者，春服既成，冠者五六人，童子六七人，浴乎沂，風乎舞雩，詠而歸。」

夫子喟然歎曰：「吾與點也！」

三子者出，曾晳後。曾晳曰：「夫三子者之言何如？」

子曰：「亦各言其志也已矣。」

曰：「夫子何哂由也？」

曰：「爲國以禮，其言不讓，是故哂之。」

「唯求則非邦也與？」

「安見方六七十如五六十而非邦也者？」

「唯赤則非邦也與？」

「宗廟會同，非諸侯而何？赤也爲之小，孰能爲之大？」

《**管子·小匡**》正月之朝，鄉長復事。公親問焉，曰：「於子之鄉，有居處爲義好學，聰明質仁，慈孝於父母，長弟聞於鄉里者，有則以告。有而不以告，謂之蔽賢，其罪五。」有司已於事而竣。公又問焉，曰：「於子之鄉，有拳勇股肱之力，筋骨秀出於衆者，有則以告。有而不以告，謂之蔽才，其罪五。」有司已於事而竣。公又問焉，曰：「於子之鄉，有不慈孝於父母，不長弟於鄉里，驕躁淫暴，不用上令者，有則以告。有而

不以告，謂之下比，其罪五。』有司已於事而竣。於是乎鄉長退而脩德進賢明。公親見之，遂使役之官。公令官長期而書伐以告，且令選官之賢者而復之。曰：『有人居我官，有功，休德維順，端愨以待時使，使民恭敬以勸。其稱秉言，則足以補官之不善政。』公宣問其鄉里，而有考驗，乃召而與之坐，省相其質，以參其成功成事。可立而時，設問國家之患而不肉，退而察問其鄉里，以觀其所能，而無大過，登以爲上卿之佐。名之曰三選。高子、國子退而脩鄉，鄉退而脩連，連退而脩里，里退而脩軌，軌退而脩家。是故匹夫有善，故可得而舉也。匹夫有不善，可得而誅也。政既成，鄉不越長，朝不越爵。罷士無伍，罷女無家。十三出妻，逐於境外。女三嫁，入於舂穀。是故民皆勉爲善。士與其爲善於鄉，不如爲善於里。與其爲善於里，不如爲善於家。是故士莫敢言一朝之便，皆有終歲之計。莫敢以終歲爲議，皆有終身之功。正月之朝，五屬大夫復事於公，擇其寡功者而譙之，曰：『列地分民者若一，何故獨寡切？何以不及人？教訓不善，政事其不治。一再則宥，三則不赦。』公又問焉，曰：『於子之屬，有居處爲義好學，聰明賢仁，慈孝於父母，長弟聞於鄉里者，有則以告。有而不以告，謂之蔽賢，其罪五。』有司已事而竣。公又問焉，曰：『於子之屬，有拳勇股肱之力，秀出於衆者，有則以告。有而不以告，謂之蔽才，其罪五。』有司已事而竣。公又問焉，曰：『於子之屬，有不慈孝於父母，不長弟於鄉裡，驕躁淫暴，不用上令者，有則以告。有而不以告者，謂之下比，其罪五。』有司已事而竣。於是乎五屬大夫退而脩屬，屬退而脩連，連退而脩鄉，鄉退而脩卒，卒退而脩邑，邑退而脩家。是故匹夫有善，可得而舉。匹夫有不善，可得而誅。政成國安，以守則固，以戰則彊。封內治，百姓親，可以出征四方，立一霸王矣。

又《侈靡》 問曰：『多賢可云？』對曰：『魚鼈之不食咡者，不出其淵。樹木之不勝霜雪者，不聽於天。士能自治者，不從聖人。豈云哉？夷吾之聞之也，不欲强能，不服，智而不牧。若旬虛期於月津，若出於一明，然則可以虛矣。故阨其道而薄其所予，則士云矣。不擇人而予之，謂之好人。不擇人而取之，謂之好利。審此兩者以爲處行，則云矣。』

《大戴禮記·衛將軍文子》 衛將軍文子問於子贛曰：『吾聞夫子之施教也，先以詩，世道者孝悌，説之以義而觀諸體，成之以文德。蓋受教者七十有餘人，聞之孰爲賢也？』

子貢對，辭以不知。

文子曰：『吾子學焉，何謂不知也？』

子貢對曰：『賢人無妄，知賢則難。故君子曰「智莫難於知人」，此以難也。』

文子曰：『若夫知賢，人莫不難。吾子親游焉，是敢問也。』

子貢對曰：『夫子之門人，蓋三就焉。賜有逮及焉，有未及焉，不得辯知也。』

文子曰：『吾子之所及，請問其行也。』

子貢對曰：『夙興夜寐，諷誦崇禮，行不貳過，稱言不苟，是顔淵之行也。孔子説之以《詩》，《詩》云：「媚兹一人，應侯順德。永言孝思，孝思惟則。」故國一逢有德之君，世受顯命，不失厥名，以御于天子以申之。在貧如客，使其臣如藉，不遷怒，不探怨，不録舊罪，是冉雍之行也。孔子曰：「有土君子，有衆使也，有刑用也，然後怒；匹夫之怒，惟以亡其身。」《詩》云：「靡不有初，鮮克有終。」以告之。不畏强禦，不悔矜寡，其言曰性，都其富哉，人其戎，是仲由之行也。夫子未知以文也。《詩》云：「受小共大共，爲下國恂蒙。何天之寵，傅奏其勇。」夫强乎武哉，文不勝其質。恭老恤孤，不忘賓旅，好學省物而不懃，是冉求之行也。孔子因而語之曰：「好學則智，恤孤則惠，恭老則近禮，克篤恭以天下，其稱之也，宜爲國老。」志通而好禮，擯相兩君之事，篤雅其有禮節也，是公西赤之行也。孔子曰：「禮儀三百，可勉能也；威儀三千，則難也。」公西赤問曰：「何謂也？」孔子曰：「貌以擯禮，禮以擯辭，是之謂也。主人聞之以成。」孔子之語人也曰：「當賓客之事則通矣。」謂門人曰：「二三子欲學賓客之禮者，於赤也。」滿而不滿，實如虛，通之如不及，先生難之，不學其貌，竟其德，敦其言，於人也無所不信，其橋大人也常以皓皓，是以眉壽，是曾參之行也。孔子曰：「孝，德之始也；弟，德之序也；信，德之厚也；忠，德之正也。參也中夫四德者矣哉！」以此稱之也。業功不伐，貴位不善，不侮可侮，不佚可佚，不敖無告，是顓孫之行也。孔子言之曰：「其不伐則猶可能也，其不弊百姓者則仁也。《詩》云：『愷悌君子，民之父母。』夫子以其仁爲大也。學以深，

厲以斷，送迎必敬，上友下交，銀手如斷，是卜商之行也。孔子曰：《詩》云：『式夷式已，無小人殆。』而商也，其可謂不險也。貴之不喜，賤之不怒，苟於民利矣，廉於其事上也，以佐其下，是澹臺滅明之行也。孔子曰：『獨貴獨富，君子恥之，夫也中之矣。』先成其慮，及事而用之，是故不忘，是言偃之行也。孔子曰：『欲能則學，欲知則問，欲善則訊，欲給則豫，當是如偃也得之矣。』獨居思仁，公言言義，其聞之《詩》也，一日三復白圭之玷，是南宮縚之行也。夫子信其仁，以爲異姓。自見孔子，入戶未嘗越屨，往來過人不履影，開蟄不殺，方長不折，執親之喪，未嘗見齒，是高柴之行也。孔子曰：『高柴執親之喪，則難能也；開蟄不殺，則天道也；方長不折，則恕也。恕則仁也，湯恭以恕，是以日躋也。』此賜之所親睹也。吾子有命而訊，賜則不足以知賢。』

文子曰：『吾聞之也，國有道，則賢人興焉，中人用焉，百姓歸焉。若吾子之語審茂，則一諸侯之相也，亦未逢明君也。』

子貢既與衛將軍文子言，適魯，見孔子曰：『衛將軍問二三子之行於賜也，不一而三，賜也辭不獲命，以所見者對矣，未知中否，請嘗以告。』孔子曰：『言之。』子貢以其質告。

孔子既聞之，笑曰：『賜！汝偉爲知人，賜！』

子貢對曰：『賜也焉能知人，此賜之所親睹也。』

孔子曰：『是女所親也。吾語女耳之所未聞，目之所未見，思之所未至，智之所未及者乎？』

子貢曰：『賜得，則願聞之也。』

孔子曰：『不克不忌，不念舊惡，蓋伯夷、叔齊之行也。晉平公問於祁傒曰：「羊舌大夫，晉國之良大夫也。其行如何？」祁傒對，辭曰：「不知也。」公曰：「吾聞女少長乎其所，女其闔知之。」祁傒對曰：「其幼也恭而遜，恥而不使其過宿也。其爲侯大夫也悉善，而謙其端也。其爲公車尉也信，而好直其功也。至於其爲和容也，溫良而好禮，博聞而時出其志。」公曰：「嚮者問女，女何曰弗知也？」祁傒對曰：「每位改變，未知所止，是以不知。」蓋羊舌大夫之行也。畏天而敬人，服義而行信，孝乎父而恭於兄，好從善而斆往，蓋趙文子之行也。其事君也，不敢愛其死，然亦不忘其身，謀其身不遺其友，君陳則進，不陳則行而退，蓋隨武子之行也。其爲人之淵泉也，多聞而難誕也，不內辭，足以没世，國家有道，其言足以生，國家無道，其默足以容，蓋桐提伯華之行也。外寬而內直，自設於隱栝之中，直己而不直於人，以善存，亡汲汲，蓋蘧伯玉之行也。孝子慈幼，允德稟義，約貨去怨，蓋柳下惠之行也。其言曰：「君雖不量於臣，臣不可以不量於君。是故君擇臣而使之，臣擇君而事之，有道順君，無道橫命。」晏平仲之行也。德恭而行信，終日言，不在尤之內，在尤之外，貧而樂也，蓋老萊子之行也。易行以俟天命，居下位而不援其上，觀於四方也，不忘其觀，苟思其親，不盡其樂，以不能學爲己終身之憂，蓋介山子推之行也。』

又《四代》 公曰：『吾未能知人，未能取人。』

子曰：『君何爲不觀器視才。』

公曰：『視可明乎？』

子曰：『可以表儀。』

公曰：『願學之。』

子曰：『平原大藪，瞻其草之高豐茂者，必有怪鳥獸居之。且草可財也，如艾而夷之，其地必宜五穀。高山多林，必有怪虎豹蕃孕焉；深淵大川必有蛟龍焉。民亦如之，君察之，可以見器見才矣。』

公曰：『吾猶未也。』

子曰：『羣然，戚然，頤然，睪然，踖然，柱然，抽然，首然，僉然，湛然，淵淵然，淑淑然，齊齊然，節節然，穆穆然，皇皇然，』見才色脩聲不視聞，怪物恪命不改志，舌不更氣，君見之舉也。得之取之，有事事也。事必與食，食必與位，無相越踰。昔虞舜天德嗣堯，取相十有六人如此。

又《文王官人》 王曰：『太師！慎維深思，內觀民務，察度情僞，變官民能，歷其才藝，女維敬哉！女何慎乎非倫，倫有七屬，屬有九用，用有六徵：一曰觀誠，二曰考志，三曰視中，四曰觀色，五曰觀隱，六曰揆德。』

王曰：『於乎！女因方以觀之。富貴者，觀其禮施也；貧窮者，觀其有德守也；嬖寵者，觀其不驕奢也；隱約者，觀其不懾懼也。其少，觀其恭敬好學而能弟也；其壯，觀其絜廉務行而勝其私也；其老，觀其

意憲慎，强其所不足而不踰也。父子之閒，觀其孝慈也；兄弟之閒，觀其和友也；君臣之閒，觀其忠惠也；鄉黨之閒，觀其信憚也。省其居處，觀其義方；省其喪哀，觀其貞良；省其出入，觀其交友；省其交友，觀其任廉。考之，以觀其信；挈之，以觀其知；示之難，以觀其勇；煩之，以觀其治；淹之以利，以觀其不貪；藍之以樂，以觀其不寧；喜之以物，以觀其不輕；怒之，以觀其重；醉之，以觀其不失也；縱之，以觀其常；遠使之，以觀其不貳；邇之，以觀其不倦；探取其志，以觀其情；考其陰陽，以觀其誠；覆其微言，以觀其信；曲省其行，以觀其備成。此之謂觀誠也。二曰：方與之言，以觀其志。志殷何淩，其氣寬以柔，其色儉而不諂，其禮先人，其言後人，見其所不足，曰日益者也。如臨人以色，高人以氣，賢人以言，防其不足，伐其所能，曰日損者也。其貌直而不侮，其言正而不私，不飾其美，不隱其惡，不防其過，曰有質者也。其貌固嘔，其言工巧，飾其見物，務其小徵，以故自說，曰無質者也。喜怒以物而色不作，煩亂之而志不營，深道以利而心不移，臨懾以威而氣不卑，曰平心而固守者也。喜怒以物而變易知，煩亂之而志不裕，示之以利而易移，臨懾以威而易懾，曰鄙心而假氣者也。執之以物而遬驚，決之以卒而度料，不學而性辨，曰有慮者也。難投以物，難說以言，知一如不可以解也，困而不知其止，無辨而自慎，曰愚贛者也。營之以物而不虞，犯之以卒而不懼，置義而不可遷，臨之以貨色而不可營，曰絜廉而果敢者也。易移以言，存志不能守錮，已諾無斷，曰弱志者也。順與之弗爲喜，非奪之弗爲怒，沈靜而寡言，多稽而儉貌，曰質靜者也。辨言而不固行，有道而先困，自慎而不讓，當如强之，曰始妒誣者也。徵清而能發，度察而能盡，曰治志者也。華如誣，巧言令色，足恭，一也，皆以無爲有者也。此之爲考志也。三曰：誠在其中，此見於外，以其見，占其隱，以其細，占其大，以其聲，處其氣。初氣主物，物生有聲，聲有剛有柔，有濁有清，有好有惡，咸發於聲也。心氣華誕者，其聲流散；心氣順信者，其聲順節；心氣鄙戾者，其聲斯醜；心氣寬柔者，其聲温好。信氣中易，義氣時舒，智氣簡備，勇氣壯直。聽其聲，處其氣，考其所爲，觀其所由，察其所安，以其前，占其後，以其見，占其隱，以其小，占其大，此之謂視中也。四曰：民有五性，喜怒欲懼憂也。喜氣內畜，雖欲隱之，陽喜必見；怒氣內畜，雖欲隱之，陽怒必見；欲氣內畜，雖欲隱之，陽欲必見；懼氣內畜，雖欲隱之，陽懼必見；憂悲之氣內畜，雖欲隱之，陽憂必見。五氣誠於中，發形於外，民情不隱也。喜色由然以生，怒色拂然以侮，欲色嘔然以偷，懼色薄然以下，憂悲之色纍然而靜。誠智必有難盡之色，誠仁必有可尊之色，誠勇必有難懾之色，誠忠必有可親之色，誠絜必有難污之色，誠靜必有可信之色。質色皓然固以安，偽色縵然亂以煩，雖欲故之，中色不聽也。雖變可知，此之謂觀色也。五曰：生民有黔陽，人有多隱其情，飾其偽，以賴於物，以攻其名也。有隱於仁質者，有隱於知理者，有隱於文藝者，有隱於廉勇者，有隱於忠孝者，有隱於交友者。如此者，不可不察也。小施而好大得，小讓而好大事，言願以爲質，偽愛以爲忠，面寬而貌慈，假節以示之，故其行以攻其名：如此者，隱於仁質也。推前惡忠府知物焉，首成功，少其所不足，慮誠不及，佯爲不言，內誠不足，色示有餘，故知以動人，自順而不讓，錯辭而不遂，莫知其情：如是者，隱於知理者也。素動人以言，涉物而不終，問則不對，詳爲不窮，色示有餘有道而自順用之，物窮則爲深：如此者，隱於文藝者也。廉言以爲氣，驕厲以爲勇，內恐外悴，無所不至，敬再其說，以詐臨人：如此者，隱於廉勇者也。自事其親，好以告人，乞言勞醉而面於敬愛，飾其見物，故得其名，名揚於外，不誠於內，伐名以事其親戚，以故取利，分白其名，以私其身：如此者，隱於忠孝者也。陰行以取名，比周以相譽，明知賢可以徵，與左右不同而交，交必重己，心說之而身不近之，身近之而實不至，而懽忠不盡，懽忠盡見於衆而貌克：如此者，隱於交友者也。此之謂觀隱也。六曰：言行不類，終始相悖，陰陽克易，外內不合，雖有隱節見行，曰非誠質者也。其言甚忠，其行甚平，其志無私，施不在多，靜而寡類，莊而安人，曰有仁心者也。事變而能治，物善而能說，浚窮而能達，錯身立方而能遂，曰廣知者也。少言如行，恭儉以讓，有知而不伐，有施而不置，曰慎謙良者也。微忽之言，久而可復，幽閒之行，獨而不克，行其亡，如其存，曰順信者也。貴富雖尊，恭儉而能施，衆强嚴威，有禮而不驕，曰有德者也。隱約而不懾，安樂而不奢，勤勞之不變，喜怒之如度晰，曰守也。置方而不毀，廉絜而不戾，立强而無私，曰經正者也。正靜以待命，

不召不至，不問不言，言不過行，行不過道，曰沈靜者也。忠愛以事其親，歡欣以敬之，盡力而不面，敬以安人，以名故不生焉，曰忠孝者也。合志如同方，共其憂而任其難，行忠信而不相疑，迷隱遠而不相舍，曰至友者也。心色辭氣，其人人甚俞，進退工故，其與人甚巧，其就人其速，其叛人甚易，曰位志者也。飲食以親，貨賄以交，接利以合，故得望譽征利而依隱於物，曰貪鄙者也。質不斷，辭不至，少其所不足，謀而不已，曰僞詐者也。言行亟變，從容謬易，好惡無常，行身不類，曰無誠志者也。小知而不大決，小能而不大成，顧小物而不知大論，亟變而多私，曰華誕者也。規諫而不類，道行而不平，曰巧名者也。故事阻者不夷，畸鬼者不仁，面譽者不忠，飾貌者不情，隱節者不平，多私者不義，揚言者寡信：此之謂揆德。』

王曰：『太師！女推其往言，以揆其來行，聽其來言，以省往行，觀其陽以考其陰，察其內以揆其外，是故隱節者可知，僞飾無情者可辨，質誠居善者可得，忠惠守義者可見也。』

王曰：『於乎，敬哉！女何慎乎非心，何慎乎非人。人有六徵，六徵既成，以觀九用，九用既立。一曰取平仁而有慮者，二曰取慈惠而有理者，三曰取直愍而忠正者，四曰取順直而察聽者，五曰取臨事而絜正者，六曰取慎察而絜廉者，七曰取好謀而知務者，八曰取接給而廣中者，九曰取猛毅而度斷者：此之謂九用也。平仁而有慮者，使是治國家而長百姓。慈惠而有理者，使是長鄉邑而治父子。直愍而忠正者，使是莅百官而察善否。慎直而察聽者，使是長民之獄訟，出納辭令。臨事而絜正者，使是守內藏而治出入。慎察而絜廉者，使是分財臨貨主賞賜。好謀而知務者，使治壤地而長百工。接給而廣中者，使是治諸侯而待賓客。猛毅而度斷者，使是治軍事爲邊境。因方而用之，此之謂官能也。九用有徵，乃任七屬：一曰國則任貴，二曰鄉則任貞，三曰官則任長，四曰學則任師，五曰族則任宗，六曰家則任主，七曰先則任賢。』

正月，王親命七屬之人曰：『於乎！慎維深，內觀民務，本慎在人，女平心去私，慎用六證，論辨九用，以交一人，予亦不私。女廢朕命，亂我法，罪致不赦。』三戒然後及論，王親受而考之，然後論成。

《晏子春秋·內篇問上·景公問善爲國家者何如晏子對以舉賢官能第十三》 景公問晏子曰：『莅國治民，善爲國家者何如？』晏子對曰：『舉賢以臨國，官能以敕民，則其道也。舉賢官能，則民與若矣。』公曰：『雖有賢能，吾庸知乎？』晏子對曰：『賢而隱，庸爲賢乎，吾君亦不務乎是，故不知也。』公曰：『請問求賢。』對曰：『觀之以其游，說之以其行，君無以靡曼辯辭定其行，無以毀譽非議定其身，如此，則不爲行以揚聲，不掩欲以榮君。故通則視其所舉，窮則視其所不爲，富則視其所不取。夫上士，難進而易退也；其次，易進易退也；其下，易進難退也。以此數物者取人，其可乎！』

《孟子·離婁上》 孟子曰：『存乎人者，莫良於眸子，眸子不能掩其惡。胸中正，則眸子瞭焉；胸中不正，則眸子眊焉。聽其言也，觀其眸子，人焉廋哉？』

《莊子·徐無鬼》 管仲有病，桓公問之曰：『仲父之病病矣，可不諱云！至於大病，則寡人惡乎屬國而可？』管仲曰：『公誰欲與？』公曰：『鮑叔牙。』曰：『不可。其爲人，潔廉善士也，其於不己若者不比之，又一聞人之過，終身不忘。使之治國，上且鉤乎君，下且逆乎民。其得罪於君也，將弗久矣！』

公曰：『然則孰可？』對曰：『勿已，則隰朋可。其爲人也，上忘而下不畔，愧不若黃帝而哀不己若者。以德分人謂之聖，以財分人謂之賢。以賢臨人，未有得人者也；以賢下人，未有不得人者也。其於國有不聞也，其於家有不見也。勿已，則隰朋可。』

又**《列禦寇》** 孔子曰：『凡人心險於山川，難於知天；天猶有春秋冬夏旦暮之期，人者厚貌深情。故有貌愿而益，有長若不肖，有順懁而達，有堅而縵，有緩而釪。故其就義若渴者，其去義若熱。故君子遠使之而觀其忠，近使之而觀其敬，煩使之而觀其能，卒然問焉而觀其知，急與之期而觀其信，委之以財而觀其仁，告之以危而觀其節，醉之以酒而觀其則，雜之以處而觀其色。九徵至，不肖人得矣。』

《文子·上義》 老子曰：『自古及今，未有能全其行者也。故君子布責備於一人，方而不割，廉而不劌，直而不肆，博達而不訾，道德文武不責備。於人以力，自脩以道，而不責於人，易償也。自修以道，則無病

矣，夫夏后氏之璜，不能無瑕，明月之珠，不能無穢，然天下寶之者，不以小惡妨大美。今志人之所短，忘人之所長，而欲求賢於天下，即難矣。夫衆人之見位之卑，身之賤，事之洿辱，而不知其大略。故論人之道，貴即觀其所舉，富即觀其所施，窮即觀其所受，賤即觀其所爲，視其所患難，以知其所勇，動以喜樂，以觀其守，委以貨財，以觀其仁。振以恐懼，以觀其節。如此，則人情可得矣。」

《鬼谷子・飛箝》 凡度權量能，所以徵遠來近。立勢而制事，必先察同異［之黨］，別是非之語，見內外之辭，知有無之數，決安危之計，定親疏之事，然後乃權量之。其有隱括，乃可徵，乃可求，乃可用。引鉤箝之辭，飛而箝之。

《荀子・致士篇》 衡聽、顯幽、重明、退姦、進良之術：朋黨比周之譽，君子不聽；殘賊加累之譖，君子不用；隱忌雍蔽之人，君子不近；貨財禽犢之請，君子不許。凡流言、流說、流事、流謀、流譽、流訴，不官而衡至者，君子慎之。聞聽而明譽之，定其當而當，然後大其刑賞而還與之，如是則姦言、姦說、姦事、姦謀、姦譽、姦訴莫之試也，忠言、忠說、忠事、忠謀、忠譽、忠訴莫不明通，方起以尚盡矣。夫是之謂衡聽、顯幽、重明、退姦、進良之術。

川淵深而魚鼈歸之，山林茂而禽獸歸之，刑政平而百姓歸之，禮義備而君子歸之。故禮及身而行修，義及國而政明，能以禮挾而貴名白，天下願，令行禁止，王者之事畢矣。《詩》曰：「惠此中國，以綏四方。」此之謂也。川淵者，龍魚之居也；山林者，鳥獸之居也；國家者，士民之居也。川淵枯則龍魚去之，山林險則鳥獸去之，國家失政則士民去之。無土則人不安居，無人則土不守，無道法則人不至，無君子則道不舉。故土之與人也，道之與法也者，國家之本作也，君子也者，道法之總要也，不可少頃曠也。得之則治，失之則亂；得之則安，失之則危；得之則存，失之則亡。故有良法而亂者有之矣，有君子而亂者，自古及今，未嘗聞也。《傳》曰：「治生乎君子，亂生乎小人。」此之謂也。

得衆動天，美意延年。誠信如神，夸誕逐魂。

人主之患，不在乎不言用賢，而在乎誠必用賢。夫言用賢者口也，卻賢者行也，口行相反而欲賢者之至，不肖者之退也，不亦難乎！夫耀蟬者務在明其火，振其樹而已，火不明，雖振其樹，無益也。今人主能明其德，則天下歸之，若蟬之歸明火也。

臨事接民而以義，變應寬裕而多容，恭敬以先之，政之始也；然後中和察斷以輔之，政之隆也；然後進退誅賞之，政之終也。故一年與之始，三年與之終。用其終爲始，則政令不行而上下怨疾，亂所以自作也。《書》曰：「義刑義殺，勿庸以即，女惟曰『未有順事。』」言先教也。

程者，物之準也；禮者，節之準也。程以立數，禮以定倫，德以敍位，能以授官。凡節奏欲陵，而生民欲寬，節奏陵而文，生民寬而安。上文下安，功名之極也，不可以加矣。

君者，國之隆也；父者，家之隆也。隆一而治，二而亂，自古及今，未有二隆爭重而能長久者。

師術有四，而博習不與焉：尊嚴而憚，可以爲師；耆艾而信，可以爲師；誦說而不陵不犯，可以爲師；知微而論，可以爲師。故師術有四，而博習不與焉。水深而回，樹落則糞本，弟子通利則思師。《詩》曰：「無言不讎，無德不報。」此之謂也。

《呂氏春秋・季春紀・論人》 凡論人，通則觀其所禮，貴則觀其所進，富則觀其所養，聽則觀其所行，止則觀其所好，習則觀其所言，窮則觀其所不受，賤則觀其所不爲。喜之以驗其守，樂之以驗其僻，怒之以驗其節，懼之以驗其特，哀之以驗其人，苦之以驗其志，八觀六驗，此賢主之所以論人也。論人者又必以六戚四隱。何謂六戚？父、母、兄、弟、妻、子。何謂四隱？交友、故舊、邑里、門郭。內則用六戚四隱，外則用八觀六驗，人之情僞貪鄙美惡無所失矣，譬之若逃雨，汙無之而非是，此先聖王之所以知人也。

《列子・仲尼篇》 子夏問孔子曰：「顏回之爲人奚若？」子曰：「回之仁賢於丘也。」曰：「子貢之爲人奚若？」子曰：「賜之辯賢於丘也。」曰：「子路之爲人奚若？」子曰：「由之勇賢於丘也。」曰：「子張之爲人奚若？」子曰：「師之莊賢於丘也。」子夏避席而問曰：「然則四子者何爲事夫子？」曰：「居！吾語汝。夫回能仁而不能反，賜能辯而不能訥，由能勇而不能怯，師能莊而不能同。兼四子之有以易吾，吾弗許也。此其所以事吾而不貳也。」

又《説符篇》 列子曰：『色盛者驕，力盛者奮，未可以語道也。故不班白語道，失，而況行之乎？故自奮則人莫之告。人莫之告，則孤而無輔矣。賢者任人，故年老而不衰，智盡而不亂。故治國之難在於知賢而不在自賢。』【略】

秦穆公謂伯樂曰：『子之年長矣，子姓有可使求馬者乎？』伯樂對曰：『良馬可形容筋骨相也。天下之馬者，若滅若没，若亡若失。若此者絶塵弭𨇂。臣之子皆下才也，可告以良馬，不可告以天下之馬也。臣有所與共擔纆薪菜者，有九方皋，此其於馬非臣之下也。請見之。』穆公見之，使行求馬。三月而反報曰：『已得之矣，在沙丘。』穆公曰：『何馬也？』對曰：『牝而黄。』使人往取之，牡而驪。穆公不説，召伯樂而謂之曰：『敗矣，子所使求馬者！色物、牝牡尚弗能知，又何馬之能知也？』伯樂喟然太息曰：『一至於此乎！是乃其所以千萬臣而無數者也。若皋之所觀天機也，得其精而忘其麤，在其内而忘其外；見其所見，不見其所不見；視其所視，而遺其所不視。若皋之相者，乃有貴乎馬者也。』馬至，果天下之馬也。

《韓非子·説疑》 昔者有扈氏有失度，讙兜氏有孤男，三苗有成駒，桀有侯侈，紂有崇侯虎，晉有優施，此六人者，亡國之臣也。言是如非，言非如是，内險以賊其外，小謹以徵其善，稱道往古，使良事沮，善禪其主，以集精微，亂之以其所好，此夫郎中左右之類者也。往世之主，有得人而身安國存者，有得人而身危國亡者，得人之名一也，而利害相千万也，故人主左右不可不慎也。爲人主者誠明於臣子所言，則別賢不肖如黑白矣。

若夫許由、續牙、晉伯陽、秦顛頡、衛僑如、狐不稽、重明、董不識、卞隨、務光、伯夷、叔齊，此十二人者，皆上見利不喜，下臨難不恐，或與之天下而不取，有萃辱之名，則不樂食穀之利。夫見利不喜，上雖厚賞無以勸之；臨難不恐，上雖嚴行無以威之；此之謂不令之民也。此十二人者，或伏死於窟穴，或槁死於草木，或飢餓於山谷，或沉溺於水泉。有民如此，先古聖王皆不能臣，當今之世，將安用之？

若夫關龍逄、子子比干、隨季梁、陳泄冶、楚申胥、吴子胥，此六人者，皆疾爭强諫以勝其君。言聽事行，則如師徒之勢；一言而不聽，一事而不行，則陵其主以語，待之以其身，雖死家破，要領不屬，手足異處，不難爲也。如此臣者，先古聖王皆不能忍也，當今之時，將安用之？

若夫齊田恒、宋子罕、魯季孫意如、晉僑如、衛子南勁、鄭太宰欣、楚白公、周單荼、燕子之，此九人者之爲其臣也，皆朋黨比周以事其君，隱正道而行私曲，上逼君，下亂治，援外以撓内，親下以謀上，不難爲也。如此臣者，唯聖王智主能禁之，若夫昏亂之君，能見之乎？

若夫后稷、皋陶、伊尹、周公旦、太公望、管仲、隰朋、百里奚、蹇叔、舅犯、趙衰、范蠡、大夫種、逢同、華登，此十五人者爲其臣也，皆夙興夜寐，卑身賤體，竦心白意，明刑辟、治官職以事其君，進善言，通道法而不敢矜其善，有成功立事而不敢伐其勞，不難破家以便國，殺身以安主，以其主爲高天泰山之尊，而以其爲壑谷鬴洧之卑，主有明名廣譽於國，而身不難受壑谷鬴洧之卑。如此臣者，雖當昏亂之主尚可致功，況於顯明之主乎？此謂霸王之佐也。

若夫周滑之、鄭王孫申、陳公孫寧、儀行父、荆芋尹申亥、隨少師越、種干、吴王孫頟、晉陽成泄、齊豎刁、易牙，此十二人者爲其臣也，皆思小利而忘法義，進則揜蔽賢良以陰闇其主，退則撓亂百官而爲禍難，皆輔其君、共其欲，苟得一説於主，雖破國殺衆不難爲也。有臣如此，雖當聖王尚恐奪之，而況昏亂之君，其能無失乎？有臣如此者，皆身死國亡，爲天下笑。故周威公身殺，國分爲二；鄭子陽身殺，國分爲三；陳靈公身死於夏徵舒氏；荆靈王死於乾谿之上；隨亡於荆；吴併於越；智伯滅於晉陽之下；桓公身死七日不收。故曰，諂諛之臣，唯聖王知之，而亂主近之，故至身死國亡。

聖王明君則不然，内舉不避親，外舉不避讎。是在焉從而舉之，非在焉從而罰之。是以賢良遂進而姦邪并退，故一舉而能服諸侯。其在記曰：『堯有丹朱，而舜有商均，啓有五觀，商有太甲，武王有管、蔡』，五王之所誅者，皆父兄子弟之親也，而所殺亡其身殘破其家者何也？以其害國傷民敗法類也。觀其所舉，或在山林藪澤巖穴之間，或在囹圄緤紲纏索之中，或在割烹芻牧飯牛之事。然明主不羞其卑賤也，以其能爲可以明法，便國利民，從而舉之，身安名尊。

亂主則不然，不知其臣之意行，而任之以國。故小之名卑地削，大之

國亡身死，不明於用臣也。無數以度其臣者，必以其衆人之口斷之。衆之所譽，從而説之；衆之所非，從而憎之。故爲人臣者破家殘賥，内構黨與，外接巷族以爲譽，從陰約結以相固也，虚相與爵禄以相勸也。曰：『與我者將利之，不與我者將害之。』衆貪其利，劫其威。彼誠喜，則能利己，忌怒，則能害己。衆歸而民留之，以譽盈於國，發聞於主，主不能理其情，因以爲賢。彼又使譎詐之士，外假爲諸侯之寵使，假之以輿馬，信之以瑞節，鎮之以辭令，資之以幣帛，使諸侯淫説其主，微挾私而公議。所爲使者，異國之主也，所爲談者，左右之人也。主説其言而辯其辭，以此人者天下之賢士也。内外之於左右，其諷一而語同，大者不難卑身尊位以下之，小者高爵重禄以利之。夫姦人之爵禄重而黨與彌衆，又有姦邪之意，則姦臣愈反而説之，曰：『古之所謂聖君明王者，非長幼弱也及次序也。以其搆黨與，聚巷族，偪上弑君而求其利也。』彼曰：『何知其然也？』因曰：『舜偪堯，禹偪舜，湯放桀，武王伐紂，此四王者，人臣弑其君者也，而天下譽之。察四王之情，貪得人之意也；度其行，暴亂之兵也。然四王子廣措也，而天下稱大焉；自顯名也，而天下稱明焉。則威足以臨天下，利足以蓋世，天下從之。』又曰：『以今時之所聞田成子取齊，司城子罕取宋，太宰欣取鄭，單氏取周，易牙之取衛，韓、魏、趙三子分晉，此六人，臣之弑其君者也。』姦臣聞此，蹷然舉耳以爲是也。故内搆黨與，外攄巷族，親時發事，一舉而取國家。且夫内以黨與劫弑其君，外以諸侯以權矯易其國，隱敦適，持私曲，上禁君，下撓治者，不可勝數也。是何也？則不明於擇臣也。記曰：『周宣王以來，亡國數十，其臣弑其君而取國者衆矣。』然則難之從内起，與從外作者相半也。能一盡其民力，破國殺身者，尚皆賢主也。若夫轉法易位，全衆傳國，最其病也。

爲人主者，誠明於臣之所言，則雖畢弋馳騁，撞鐘舞女，國猶且存也。不明臣之所言，雖節儉勤勞，布衣惡食，國猶自亡也。趙之先君敬侯，不修德行，而好縱慾，適身體之所安，耳目之所樂，冬日畢弋，夏浮淫，爲長夜，數日不發御觴，不能飲者以筩灌其口，進退不肅應對不恭者斬於前。故居處飲食如此其不節也，制刑殺戮如此其無度也，然敬侯享國數十年，兵不頓於敵國，地不虧於四鄰，内無君臣百官之亂，外無諸侯鄰國之患，明於所以任臣也。燕君子噲，邵公奭之後也，地方数千里，持戟數十萬，不安子女之樂，不聽鍾石之聲，内不湮汙池臺榭，外不畢弋田獵，又親操耒耨以修畎畝，子噲之苦身以憂民如此其甚也，雖古之所謂聖王明君者，其勤身而憂世不甚於此矣。然而子噲身死國亡，奪於子之，而天下笑之，此其何故也？不明乎所以任臣也。故曰：人臣有五姦，而主不知也。爲人臣者，有侈用財貨賂以取譽者，有務慶賞賜予以移衆者，有務朋黨狗智尊士以擅逞者，有務解免赦罪獄以事威者，有務奉下直曲怪言偉服瑰稱以眩民耳目者。此五者明君之所疑也，而聖主之所禁也。去此五者，則譟詐之人不敢北面談立，文言多實行寡而不當法者不敢誣情以談説。是以羣臣居則修身，動則任力，非上之令、不敢擅作疾言誣事，此聖王之所以牧臣下也。彼聖主明君，不適疑物以闚其臣也。見疑物而無反者，天下鮮矣。故曰：孽有擬適之子，配有擬妻之妾，廷有擬相之臣，臣有擬主之寵，此四者國之所危也。故曰：内寵並后，外寵貳政，枝子配適，大臣擬主，亂之道也。故《周記》曰：『無尊妾而卑妻，無孽適子而尊小枝，無尊嬖臣而匹上卿，無尊大臣以擬其主也。』四擬者破，則上無意下無怪也。四擬不破，則隕身滅國矣。

人才使用論分部

論説

《國語・晉語五・臼季舉冀缺》 臼季使，舍於冀野。冀缺薅，其妻饁之，敬，相待如賓。從而問之，冀芮之子也，與之歸；既復命，而進之曰：『臣得賢人，敢以告。』文公曰：『其父有罪，可乎？』對曰：『國之良也，滅其前惡，是故舜之刑也殛鮌，其舉也興禹。今君之所聞也。齊桓公親舉管敬子，其賊也。』公曰：『子何以知其賢也？』對曰：『臣見其不忘敬也。夫敬，德之恪也。恪於德以臨事，其何不濟！』公見之，

使爲下軍大夫。

又《楚語・蔡聲子論楚材晉用》　椒舉娶於申公子牟，子牟有罪而亡，康王以爲椒舉遣之，椒舉奔鄭，將遂奔晉。蔡聲子將如晉，遇之於鄭，饗之以璧侑，曰：『子尚良食，二先子其皆相子，尚能事晉君以爲諸侯主。』辭曰：『非所願也。若得歸骨於楚，死且不朽。』聲子曰：『子尚良食，吾歸子。』椒舉降三拜，納其乘馬，聲子受之。

還見令尹子木，子木與之語，曰：『子雖兄弟於晉，然蔡吾甥也，二國孰賢？』對曰：『晉卿不若楚，其大夫則賢，其大夫皆卿材也，若杞梓、皮革焉，楚實遺之，雖楚有材，不能用也。』子木曰：『彼有公族甥、舅，若之何其遺之材也？』對曰：『昔令尹子元之難，或譖王孫啓於成王，王弗是，王孫啓奔晉，晉人用之。及城濮之役，晉將遁矣，王孫啓與於軍事。謂先軫曰：「是師也，唯子玉欲之，與王心違，故唯東宮與西廣寔來。諸侯之從者，叛者半矣，若敖氏離矣，楚師必敗，何故去之！」先軫從之，大敗楚師，則王孫啓之爲也。

『昔莊王方弱，申公子儀父爲師，王子燮爲傅，使師崇、子孔帥師以伐舒。燮及儀父施二帥而分其室。師還至，則以王如廬，廬戢黎殺二子而復王。或譖析公臣於王，王弗是，析公奔晉，晉人用之。寔讒敗楚，使不規東夏，則析公之爲也。

『昔雍子之父兄譖雍子於恭王，王弗是，雍子奔晉，晉人用之。及鄢之役，晉將遁矣，雍子與於軍事，謂欒書曰：「楚師可料也，在中軍王族而已。若易中下，楚必歆之。若合而臽吾中，吾上下必敗其左右，則三萃以攻其王族，必大敗之。」欒書從之，大敗楚師，王親面傷，則雍子之爲也。

『昔陳公子夏爲御叔娶於鄭穆公，生子南。子南之母亂陳而亡之，使子南戮於諸侯。莊王既以夏氏之室賜申公巫臣，則又畀之子反，卒於襄老。襄老死于邲，二子爭之，未有成。恭王使巫臣聘於齊，以夏姬行，遂奔晉。晉人用之，寔通吳、晉。使其子狐庸爲行人於吳，而教之射御，導之伐楚。至于今爲患，則申公巫臣之爲也。

『今椒舉娶於子牟，子牟得罪而亡，執政弗是，謂椒舉曰：「女實遣之。」彼懼而奔鄭，緬然引領南望。曰：「庶幾赦吾罪。」又不圖也，乃遂奔晉，晉人又用之矣。彼若謀楚，其亦必有豐敗也哉。』

子木愀然曰：『夫子何如，召之其來乎？』對曰：『亡人得生，又何不來爲？』子木曰：『不來，則若之何？』對曰：『夫子不居矣，春秋相事，以還軫於諸侯。若資東陽之盜使殺之，其可乎？不然，不來矣。』子木曰：『不可，我爲楚卿，而賂盜以賊一夫於晉，非義也。子爲我召之，吾倍其室。』乃使椒鳴召其父而復之。

《管子・小匡》　初，桓公郊迎管子而問焉。管仲辭讓，然後對以參國伍鄙，立五鄉以崇化，建五屬以厲武，寄兵於政，因罰備器械，加兵無道諸侯，以事周室。桓公大説，於是齊戒十日，將相管仲。管仲曰：『斧鉞之人也，幸以獲生，以屬其腰領。臣之禄也。若知國政，非臣之任也。』公曰：『子大夫受政，寡人勝任。子大夫不受政，寡人恐崩。』管仲許諾，再拜而受相。三日，公曰：『寡人有大邪三，其猶尚可以爲國乎？』對曰：『臣未得聞。』公曰：『寡人不幸而好田，晦夜而至禽側，田莫不見禽而後反。諸侯使者無致，百官有司無所復。』對曰：『惡則惡矣，然非其急者也。』公曰：『寡人不幸而好酒，日夜相繼，諸侯使者無所致，百官有司無所復。』對曰：『惡則惡矣，然非其急者也。』公曰：『寡人有汙行，不幸而好色，而姑姊有不嫁者。』對曰：『惡則惡矣，然非其急者也。』公作色曰：『此三者且可，則惡有不可者矣！』對曰：『人君唯優與不敏爲不可。優則亡衆，不敏不及事。』公曰：『善。吾子就舍，異日請與吾子圖之。』對曰：『時可將與夷吾，何待異日乎？』公曰：『奈何？』對曰：『公子舉，爲人博聞而知禮，好學而辭遜，請使游於魯，以結交焉。公子開方，爲人巧轉而兌利，請使游於衛，以結交焉。曹孫宿，其爲人也，小廉而苛忕，足恭而辭結，正荆之則也，請使往游，以結交焉。』遂立行三使者而後退。相三月，請論百官。公曰：『諾。』管仲曰：『升降揖讓，進退閑習，辨辭之剛柔，臣不如隰朋，請立爲大行。墾草入邑，辟土聚粟，多衆，盡地之利，臣不如寧戚，請立爲大司田。平原廣牧，車不結轍，士不旋踵，鼓之而三軍之士視死如歸，臣不如王子城父，請立爲大司馬。決獄折中，不殺不辜，不誣無罪，臣不如賓胥無，請立爲大司理。犯君顔色，進諫必忠，不辟死亡，不撓富貴，臣不如東郭牙，請立以爲大諫之官。此五子者，夷吾一不如，然而以易夷吾，夷吾不爲也。

君若欲治國彊兵，則五子者存矣。若欲霸王，夷吾在此。」桓公曰：『善。』

《孟子·梁惠王下》　孟子見齊宣王，曰：『爲巨室，則必使工師求大木。工師得大木，則王喜，以爲能勝其任也。匠人斲而小之，則王怒，以爲不勝其任矣。夫人幼而學之，壯而欲行之，王曰，「姑舍女所學而從我」，則何如？今有璞玉於此，雖萬鎰，必使玉人彫琢之。至於治國家，則曰「姑舍女所學而從我」，則何以異於教玉人彫琢玉哉？』

《列子·楊朱篇》　楊朱見梁王，言治天下如運諸掌。梁王曰：『先生有一妻一妾而不能治，三畝之園而不能芸，而言治天下如運諸掌，何也？』對曰：『君見其牧羊者乎？百羊而羣，使五尺童子荷箠而隨之，欲東而東，欲西而西。使堯牽一羊，舜荷箠而隨之，則不能前矣。且臣聞之：吞舟之魚不游枝流；鴻鵠高飛，不集汙池。何則？其極遠也。黄鐘大呂不可從煩奏之舞。何則？其音疏也。將治大者不治細，成大功者不成小，此之謂矣。』

《韓非子·和氏》　楚人和氏得玉璞楚山中，奉而獻之厲王，厲王使玉人相之，玉人曰：『石也。』王以和爲誑，而刖其左足。及厲王薨，武王卽位，和又奉其璞而獻之武王，武王使玉人相之，又曰：『石也。』王又以和爲誑，而刖其右足。武王薨，文王卽位，和乃抱其璞而哭於楚山之下，三日三夜，泣盡而繼之以血。王聞之，使人問其故，曰：『天下之刖者多矣，子奚哭之悲也？』和曰：『吾非悲刖也，悲夫寶玉而題之以石，貞士而名之以誑，此吾所以悲也。』王乃使玉人理其璞而得寶焉，遂命曰『和氏之璧』。

夫珠玉人主之所急也，和雖獻璞而未美，未爲主之害也，然猶兩足斬而寶乃論，論寶若此其難也。今人主之於法術也，未必和璧之急也，而禁羣臣士民之私邪；然則有道者之不僇也，特帝王之璞未獻耳。主用術則大臣不得擅斷，近習不敢賣重；官行法則浮萌趨於耕農，而游士危於戰陳。則法術者乃羣臣士民之所禍也。人主非能倍大臣之議，越民萌之誹，獨周乎道言也。則法術之士雖至死亡，道必不論矣。

昔者吴起教楚悼王以楚國之俗曰：『大臣太重，封君太衆，若此則上偪主而下虐民，此貧國弱兵之道也。不如使封君之子孫三世而收爵禄，絶滅百吏之禄秩，損不急之枝官，以奉選練之士。』悼王行之期年而薨矣，吴起枝解於楚。商君教秦孝公以連什伍，設告坐之過，燔《詩》、《書》而明法令，塞私門之請而遂公家之勞，禁游宦之民而顯耕戰之士。孝公行之，主以尊安，國以富强，八年而薨，商君車裂於秦。楚不用吴起而削亂，秦行商君法而富强，二子之言也已當矣，然而枝解吴起而車裂商君者何也？大臣苦法而細民惡治也。當今之世，大臣貪重，細民安亂，甚於秦、楚之俗，而人主無悼王、孝公之聽，則法術之士，安能蒙二子之危也而明己之法術哉！此世所以亂無霸王也。

政治批判部

暴君論分部

論説

《晏子春秋·内篇諫上·莊公矜勇力不顧行義晏子諫第一》　莊公奮乎勇力，不顧于行義。勇力之士，無忌于國，貴戚不薦善，逼邇不引過，故晏子見公。公曰：『古者亦有徒以勇力立於世者乎？』晏子對曰：『嬰聞之，輕死以行禮謂之勇，誅暴不避彊謂之力。故勇力之立也，以行其禮義也。湯武用兵而不爲逆，并國而不爲貪，仁義之理也。誅暴不避彊，替罪不避衆，勇力之行也。古之爲勇力者，行禮義也；今上無仁義之理，下無替罪誅暴之行，而徒以勇力立于世，則諸侯行之以國危，匹夫行之以家殘。昔夏之衰也，有推侈、大戲，殷之衰也，有費仲、惡來，足走千里，手裂兕虎，任之以力，淩轢天下，威戮無罪，崇尚勇力，不顧義理，是以桀紂以滅，殷夏以衰。今公自奪乎勇力，不顧乎行義，勇力之士，無

忌于國，身立威强，行本淫暴，貴戚不薦善，逼邇不引過，反聖王之德，而循滅君之行，用此存者，嬰未聞有也。』

《孟子・梁惠王下》 齊宣王問曰：『湯放桀，武王伐紂，有諸？』

孟子對曰：『於傳有之。』

曰：『臣弑其君，可乎？』

曰：『賊仁者謂之「賊」，賊義者謂之「殘」。殘賊之人謂之「一夫」。聞誅一夫紂矣，未聞弑君也。』

《韓非子・解老》 人君者無道，則內暴虐其民，而外侵欺其鄰國。內暴虐則民產絶，外侵欺則兵數起。民產絶則畜生少，兵數起則士卒盡。畜生少則戎馬乏，士卒盡則軍危殆。戎馬乏則將馬出，軍危殆則近臣役。馬者，軍之大用；郊者，言其近也。今所以給軍之具於將馬近臣，故曰：『天下無道，戎馬生於郊矣。』

昏君論分部

論説

《尚書・牧誓》 王曰：『古人有言曰：「牝雞無晨；牝雞之晨，惟家之索。」今商王受惟婦言是用，昏棄厥肆祀弗答，昏棄厥遺王父母弟不迪，乃惟四方之多罪逋逃是崇、是長，是信、是使，是以爲大夫卿士；俾暴虐于百姓，以姦宄于商邑。今予發惟共行天之罰。

《詩經・小雅・十月之交》 十月之交，朔月辛卯，日有食之，亦孔之醜。彼月而微，此日而微。今此下民，亦孔之哀。

日月告凶，不用其行。四國無政，不用其良。彼月而食，則維其常。此日而食，于何不臧！

爗爗震電，不寧不令。百川沸騰，山冢崒崩。高岸爲谷，深谷爲陵。哀今之人，胡憯莫懲。

皇父卿士，番維司徒，家伯維宰，仲允膳夫，聚子內史，蹶維趣馬，楀維師氏。豔妻煽方處。

抑此皇父，豈曰不時？胡爲我作，不卽我謀？徹我牆屋，田卒汙萊。曰『予不戕，禮則然矣。』

皇父孔聖，作都于向。擇三有事，亶侯多藏。不憖遺一老，俾守我王。擇有車馬，以居徂向。

黽勉從事，不敢告勞。無罪無辜，讒口囂囂。下民之孽，匪降自天。噂沓背憎，職競由人。

又 《雨無正》 浩浩昊天，不駿其德。降喪饑饉，斬伐四國。昊天疾威，弗慮弗圖。舍彼有罪，既伏其辜。若此無罪，淪胥以鋪。

周宗既滅，靡所止戾。正大夫離居，莫知我勩。三事大夫，莫肯夙夜。邦君諸侯，莫肯朝夕。庶曰式臧，覆出爲惡。

如何昊天，辟言不信。如彼行邁，則靡所臻。凡百君子，各敬爾身。胡不相畏？不畏於天？

戎成不退，饑成不遂。曾我暬禦，憯憯日瘁。凡百君子，莫肯用訊。聽言則答，譖言則退。

哀哉不能言，匪舌是出，維躬是瘁。哿矣能言，巧言如流，俾躬處休。

維曰于仕，孔棘且殆。云不何使，得罪于天子。亦云可使，怨及朋友。

《逸周書・芮良夫》 芮伯若曰：予小臣良夫，稽首謹告。天子惟民父母，致厥道，無遠不服；無道，左右臣妾乃違。民歸于德，德則民戴，否德民讐。茲言允效，于前不遠。商紂不改夏桀之虐，肆我有周有家。嗚呼！惟爾天子，嗣文武業。惟爾執政小子，同先王之臣，昏行罔顧，道王不若。專利作威，佐亂進禍，民將弗堪。治亂信乎其行，惟王暨爾執政小子攸聞。古人求多聞以監戒，不聞是惟弗知。爾聞爾知，弗改厥度，亦惟艱哉！后除民害，不惟民害；害民乃非后，惟其讐。后作類，后弗類，民不知后，惟其怨。民至億兆，后一而已，寡不敵衆，后其危哉。嗚呼！野禽馴服於人，家畜見人而奔，非禽畜之性，實惟人民亦如之。今爾執政小子，惟以貪諛事王，不勤德以備難，下民胥怨，財力單竭，手足靡措，弗堪戴上，不其亂而。以予小臣良夫，觀天下有土之君，厥德不

遠，罔有代德。時爲王之患，其惟國人。嗚呼！惟爾執政朋友小子，其惟洗爾心，改爾行，克憂往愆，以保爾居。爾乃聵禍翫烖，遂非不悛，余未知王之所定。矧乃小子，惟禍發於人之攸忽，於人之攸輕。心不存焉，變之，攸伏。爾執政小子，不圖大囏，偷生苟安，爵以賄成，賢智箝口，小人鼓舌，逃害要利，並得厥求，唯曰哀哉！我聞曰，以言取人，人飾其言，以行取人，人竭其行。飾言無庸，竭行有成。惟爾小子，飾言事王，寔蕃有徒。王貌受之，終弗獲用。面相誣蒙，及爾顛覆。爾自謂有餘，予謂爾弗足。敬思以德，備乃禍難。難至而悔，悔將安及？無曰予爲，惟爾之禍。

《孟子·梁惠王上》 梁惠王曰：『寡人願安承教。』

孟子對曰：『殺人以梃與刃，有以異乎？』

曰：『無以異也。』

曰：『以刃與政，有以異乎？』

曰：『無以異也。』

曰：『庖有肥肉，廄有肥馬，民有飢色，野有餓莩，此率獸而食人也。獸相食，且人惡之；爲民父母，行政，不免於率獸而食人，惡在其爲民父母也？仲尼曰：「始作俑者，其無後乎！」爲其象人而用之也。如之何其使斯民飢而死也？』

《莊子·則陽》 仲尼問於大史大弢、伯常騫、狶韋曰：『夫衛靈公飲酒湛樂，不聽國家之政；田獵畢弋，不應諸侯之際；其所以爲靈公者何邪？』

大弢曰：『是因是也。』

伯常騫曰：『夫靈公有妻三人，同濫而浴。史鰌奉御而進所，搏幣而扶翼。其慢若彼之甚也，見賢人若此其肅也，是其所以爲靈公也。』

《韓非子·難言》 故度量雖正，未必聽也；義理雖全，未必用也。大王若以此不信，則小者以爲毀訾誹謗，大者患禍災害死亡及其身。故子胥善謀而吳戮之，仲尼善説而匡圍之，管夷吾實賢而魯囚之。故此三大夫豈不賢哉？而三君不明也。上古有湯至聖也，伊尹至智也；夫至智説至聖，然且七十説而不受，身執鼎俎爲庖宰，昵近習親，而湯乃僅知其賢而用之。故曰以至智説至聖，未必至而見受，伊尹説湯是也；以智説愚必不聽，文王説紂是也。故文王説紂而紂囚之，翼侯炙，鬼侯腊，比干剖心，梅伯醢，夷吾束縛，而曹羈奔陳，伯里子道乞，傅説轉鬻，孫子臏脚於魏，吳起收泣於岸門、痛西河之爲秦、卒枝解於楚，公叔痤言國器、反爲悖，公孫鞅奔秦，關龍逢斬，萇宏分胣，尹子穽於棘，司馬子期死而浮於江，田明辜射，宓子賤、西門豹不鬬而死人手，董安于死而陳於市，宰予不免於田常，范雎折脅於魏。此十數人者，皆世之仁賢忠良有道術之士也，不幸而遇悖亂闇惑之主而死，然則雖賢聖不能逃死亡避戮辱者何也？則愚者難説也，故君子不少也。且至言忤於耳而倒於心，非賢聖莫能聽，願大王熟察之也。

荒淫之君論分部

論説

《國語·周語中·單襄公論陳必亡》 定王使單襄公聘於宋。遂假道於陳，以聘於楚。火朝覿矣，道茀不可行，候不在疆，司空不視塗，澤不陂，川不梁，野有庾積，場功未畢，道無列樹，墾田若蓺，膳宰不致餼，司里不授館，國無寄寓，縣無施舍，民將築臺於夏氏。及陳，陳靈公與孔寧、儀行父南冠以如夏氏，留賓不見。

單子歸，告王曰：『陳侯不有大咎，國必亡。』王曰：『何故？』對曰：『夫辰角見而雨畢，天根見而水涸，本見而草木節解，駟見而隕霜，火見而清風戒寒。故先王之教曰：「雨畢而除道，水涸而成梁，草木節解而備藏，隕霜而冬裘具，清風至而修城郭宮室。」故《夏令》曰：「九月除道，十月成梁。」其時儆曰：「收而場功，偫而畚梮，營室之中，土功其始。火之初見，期於司里。」此先王所以不用財賄，而廣施德於天下者也。今陳國火朝覿矣，而道路若塞，野場若棄，澤不陂障，川無舟梁，是廢先王之教也。

『周制有之曰：「列樹以表道，立鄙食以守路。國有郊牧，疆有寓望，

藪有圃草，囿有林池，所以禦災也。其餘無非穀土，民無懸耜，野無奧草。不奪民時，不蔑民功。有優無匱，有逸無罷。國有班事，縣有序民。」今陳國道路不可知，田在草間，功成而不收，民罷於逸樂，是棄先王之法制也。」

『周之《秩官》有之曰：「敵國賓至，關尹以告，行理以節逆之，候人爲導，卿出郊勞，門尹除門，宗祝執祀，司里授館，司徒具徒，司空視塗，司寇詰姦，虞人入材，甸人積薪，火師監燎，水師監濯，膳宰致饔，廩人獻餼，司馬陳芻，工人展車，百官各以物至，賓入如歸。是故小大莫不懷愛。其貴國之賓至，則以班加一等，益虔。至於王吏，則皆官正莅事，上卿監之。若王巡守，則君親監之。」今雖朝也不才，有分族於周，承王命以爲過賓於陳，而司事莫至，是蔑先王之官也。

『先王之令有之曰：「天道賞善而罰淫，故凡我造國，無從匪彝，無即慆淫，各守爾典，以承天休。」今陳侯不念胤續之常，棄其伉儷妃嬪，而帥其卿佐以淫於夏氏，不亦嬻姓矣乎？陳，我大姬之後也。棄袞冕而南冠以出，不亦簡彝乎？是又犯先王之令也。

『昔先王之教，懋帥其德也，猶恐殞越。若廢其教而棄其制，蔑其官而犯其令，將何以守國？居大國之間，而無此四者，其能久乎？』

六年，單子如楚。八年，陳侯殺於夏氏。九年，楚子入陳。

又《晉語八・醫和視平公疾》 平公有疾，秦景公使醫和視之，出曰：『不可爲也。是謂遠男而近女，惑以生蠱；非鬼非食，惑以喪志。良臣不生，天命不祐。若君不死，必失諸侯。』趙文子聞之曰：『武從二三子以佐君爲諸侯盟主，於今八年矣，內無苛慝，諸侯不二，子胡曰「良臣不生，天命不祐」？』對曰：『自今之謂。和聞之曰：「直不輔曲，明不規闇，拱木不生危，松柏不生埤。」吾子不能諫惑，使至於生疾，又不自退而寵其政，八年之謂多矣，何以能久！』文子曰：『醫及國家乎？』對曰：『上醫醫國，其次疾人，固醫官也。』文子曰：『子稱蠱，何實生之？』對曰：『蠱之慝，穀之飛實生之。物莫伏於蠱，莫嘉於穀，穀興蠱伏而章明者也。故食穀者，晝選男德以象穀明，宵靜女德以伏蠱慝，今君一之，是不饗穀而食蠱也，是不昭穀明而皿蠱也。夫文，「蟲」、「皿」爲「蠱」，吾是以云。』文子曰：『君其幾何？』對曰：『若諸侯服不過三年，不服不過十年，過是，晉之殃也。』是歲也，趙文子卒，諸侯叛晉，十年，平公薨。

庸君論分部

論說

《國語・周語上・芮良夫論榮夷公專利》 厲王說榮夷公，芮良夫曰：『王室其將卑乎！夫榮公好專利而不知大難。夫利，百物之所生也，天地之所載也，而或專之，其害多矣。天地百物，皆將取焉，胡可專也？所怒甚多，而不備大難，以是教王，王能久乎？夫王人者，將導利而布之上下者也，使神人百物無不得其極，猶日怵惕，懼怨之來也。故《頌》曰：「思文后稷，克配彼天。立我蒸民，莫匪爾極。」《大雅》曰：「陳錫載周。」是不布利而懼難乎？故能載周，以至于今。今王學專利，其可乎？匹夫專利，猶謂之盜，王而行之，其歸鮮矣。榮公若用，周必敗。』既，榮公爲卿士，諸侯不享，王流于彘。

奸佞論分部

論說

《詩經・小雅・節南山》 節彼南山，維石巖巖。赫赫師尹，民具爾瞻。憂心如惔，不敢戲談。國既卒斬，何用不監。

節彼南山，有實其猗。赫赫師尹，不平謂何？天方薦瘥，喪亂弘多。民言無嘉，憯莫懲嗟。

尹氏大師，維周之氏。秉國之均，四方是維，天子是毗，俾民不迷。

不弔昊天，不宜空我師。

弗躬弗親，庶民弗信。弗問弗仕，勿罔君子。式夷式已，無小人殆。瑣瑣姻亞，則無膴仕。

昊天不傭，降此鞠訩！昊天不惠，降此大戾。君子如屆，俾民心闋。君子如夷，惡怒是違。

不弔昊天，亂靡有定。式月斯生，俾民不寧。憂心如酲，誰秉國成？不自爲政，卒勞百姓。

駕彼四牡，四牡項領。我瞻四方，蹙蹙靡所騁。

方茂爾惡，相爾矛矣。既夷既懌，如相醻矣。

昊天不平，我王不寧。不懲其心，覆怨其正。

家父作誦，以究王訩。式訛爾心，以畜萬邦。

《韓非子・八姦》 凡人臣之所道成姦者有八術：一曰在同牀。何謂同牀？曰：貴夫人，愛孺子，便僻好色，此人主之所惑也。託於燕處之虞，乘醉飽之時，而求其所欲，此必聽之術也。爲人臣者內事之以金玉，使惑其主，此之謂同牀。二曰在旁。何謂在旁？曰優笑侏儒，左右近習，此人主未命而唯唯，未使而諾諾，先意承旨，觀貌察色以先主心者也。此皆俱進俱退，皆應皆對，一辭同軌以移主心者也。爲人臣者內事之以金玉玩好，外爲之行不法，使之化其主，此之謂在旁。三曰父兄。何謂父兄？曰側室公子，人主之所親愛也，大臣廷吏，人主之所與度計也，此皆盡力畢議，人主之所必聽也。爲人臣者事公子側室以音聲子女，收大臣廷吏以辭言，處約言事事成則進爵益祿，以勸其心使犯其主，此之謂父兄。四曰養殃。何謂養殃？曰人主樂美宮室臺池、好飾子女狗馬以娛其心，此人主之殃也。爲人臣者盡民力以美宮室臺池，重賦斂以飾子女狗馬，以娛其主而亂其心、從其所欲，而樹私利其間，此謂養殃。五曰民萌。何謂民萌？曰爲人臣者散公財以説民人，行小惠以取百姓，使朝廷市井皆勸譽己，以塞其主而成其所欲，此之謂民萌。六曰流行。何謂流行？曰人主者固壅其言談，希於聽論議，易移以辯説。爲人臣者求諸侯之辯士、養國中之能説者，使之以語其私，爲巧文之言，流行之辭，示之以利勢，懼之以患害，施屬虚辭以壞其主，此之謂流行。七曰威强。何謂威强？曰君人者以羣臣百姓爲威强者也。羣臣百姓之所善則君善之，非羣臣百姓之所善則君不善之。爲人臣者，聚帶劍之客，養必死之士以彰其威，明爲己者必利，不爲己者必死，以恐其羣臣百姓而行其私，此之謂威强。八曰四方。何謂四方？曰君人者國小則事大國，兵弱則畏强兵，大國之所索，小國必聽，强兵之所加，弱兵必服。爲人臣者，重賦斂，盡府庫，虚其國以事大國，而用其威求誘其君；甚者舉兵以聚邊境而制斂於內，薄者數內大使以震其君，使之恐懼，此之謂四方。凡此八者，人臣之所以道成姦，世主所以壅劫，失其所有也，不可不察焉。

明君之於內也，娛其色而不行其謁，不使私請。其於左右也，使其身必責其言，不使益辭。其於父兄大臣也，聽其言也必使以罰任於後，不令妄舉。其於觀樂玩好也，必令之有所出，不使擅進不使擅退，羣臣虞其意。其於德施也，縱禁財，發墳倉，利於民者，必出於君，不使人臣私其德。其於説議也，稱譽者所善，毁疵者所惡，必實其能，察其過，不使羣臣相爲語。其於勇力之士也，軍旅之功無逾賞，邑鬬之勇無赦罪，不使羣臣行私財。其於諸侯之求索也，法則聽之，不法則距之。

所謂亡君者，非莫有其國也，而有之者，皆非己有也。令臣以外爲制於內，則是君人者亡也。聽大國爲救亡也，而亡亟於不聽，故不聽。羣臣知不聽，則不外諸侯，諸侯之不聽則不受之，臣誣其君矣。

明主之爲官職爵祿也，所以進賢材勸有功也。故曰：賢材者，處厚祿任大官；功大者，有尊爵受重賞。官賢者量其能，賦祿者稱其功。是以賢者不誣能以事其主，有功者樂進其業，故事成功立。今則不然，不課賢不肖，論有功勞，用諸侯之重，聽左右之謁，父兄大臣上請爵祿於上，而下賣之以收財利及以樹私黨。故財利多者買官以爲貴，有左右之交者請謁以成重。功勞之臣不論，官職之遷失謬。是以吏偷官而外交，棄事而財親。是以賢者懈怠而不勸，有功者隳而簡其業，此亡國之風也。

政界沉疴痼疾論分部

論說

《詩經・小雅・青蠅》營營青蠅，止于樊。豈弟君子，無信讒言。

營營青蠅，止於棘。讒人罔極，交亂四國。

營營青蠅，止於榛。讒人罔極，構我二人。

《荀子・賦篇》天下不治，請陳佹詩：天地易位，四時易鄉。列星殞墜，旦暮晦盲。幽晦登昭，日月下藏。公正無私，反見從橫，志愛公利，重樓疏堂，無私罪人，憼革貳兵。道德純備，讒口將將。仁人絀約，敖暴擅彊，天下幽險，恐失世英。螭龍爲蝘蜓，鴟梟爲鳳皇。比干見刳，孔子拘匡。昭昭乎其知之明也，郁郁乎其遇時之不祥也。拂乎其欲禮義之大行也，闇乎天下之晦盲也，皓天不復，憂無疆也。千歲必反，古之常也。弟子勉學，天不忘也。聖人共手，時幾將矣。與愚以疑，願聞反辭。其《小歌》曰：念彼遠方，何其塞矣！仁人絀約，暴人衍矣。忠臣危殆，讒人服矣。

琁、玉、瑤、珠，不知佩也。襍布與錦，不知異也。閭娵、子奢，莫之媒也。嫫母、力父，是之喜也。以盲爲明，以聾爲聰，以危爲安，以吉爲凶。嗚呼上天，曷維其同！

《韓非子・十過》十過：一曰行小忠則大忠之賊也。二曰顧小利則大利之殘也。三曰行僻自用，無禮諸侯，則亡身之至也。四曰不務聽治而好五音，則窮身之事也。五曰貪愎喜利則滅國殺身之本也。六曰耽於女樂，不顧國政，則亡國之禍也。七曰離內遠遊而忽於諫士，則危身之道也。八曰過而不聽於忠臣，而獨行其意，則滅高名爲人笑之始也。九曰內不量力，外恃諸侯，則削國之患也。十曰國小無禮，不用諫臣，則絕世之勢也。

奚謂小忠？昔者楚共王與晉厲公戰於鄢陵，楚師敗，而共王傷其目。酣戰之時，司馬子反渴而求飲，豎穀陽操觴酒而進之。子反曰：『嘻，退！酒也。』穀陽曰：『非酒也。』子反受而飲之。子反之爲人也，嗜酒而甘之，弗能絕於口，而醉。戰既罷，共王欲復戰，令人召司馬子反，司馬子反辭以心疾。共王駕而自往，入其幄中，聞酒臭而還，曰：『今日之戰，不穀親傷，所恃者司馬也。而司馬又醉如此，是亡楚國之社稷而不恤吾衆也，不穀無複戰矣。』於是還師而去，斬司馬子反以爲大戮。故豎穀陽之進酒不以讎子反也，其心忠愛之而適足以殺之。故曰：行小忠則大忠之賊也。

奚謂顧小利？昔者晉獻公欲假道於虞以伐虢。荀息曰：『君其以垂棘之璧，與屈產之乘，賂虞公，求假道焉，必假我道。』君曰：『垂棘之璧，吾先君之寶也；屈產之乘，寡人之駿馬也。若受吾幣不假之道將奈何？』荀息曰：『彼不假我道，必不敢受我幣。若受我幣而假我道，則是寶猶取之內府而藏之外府也，馬猶取之內廄而著之外廄也。君勿憂。』君曰：『諾。』乃使荀息以垂棘之璧、與屈產之乘，賂虞公而求假道焉。虞公貪利其璧與馬而欲許之。宮之奇諫曰：『不可許。夫虞之有虢也，如車之有輔，輔依車，車亦依輔，虞、虢之勢正是也。若假之道，則虢朝亡而虞夕從之矣。不可，願勿許。』虞公弗聽，逐假之道。荀息伐虢之，還反處三年，興兵伐虞，又剋之。荀息牽馬操璧而報獻公，獻公說曰：『璧則猶是也。雖然，馬齒亦益長矣。』故虞公之兵殆而地削者何也？愛小利而不慮其害。故曰：顧小利則大利之殘也。

奚謂行僻？昔者楚靈王爲申之會，宋太子後至，執而囚之，狎徐君，拘齊慶封。中射士諫曰：『合諸侯不可無禮，此存亡之機也。昔者桀爲有戎之會，而有緡叛之；紂爲黎丘之蒐，而戎、狄叛之：由無禮也。君其圖之。』君不聽，遂行其意。居未期年，靈王南遊，羣臣從而劫之。靈王餓而死乾溪之上。故曰：行僻自用，無禮諸侯，則亡身之至也。

奚謂好音？昔者衛靈公將之晉，至濮水之上，稅車而放馬，設舍以宿，夜分而聞鼓新聲者而說之，使人問左右，盡報弗聞。乃召師涓而告之，曰：『有鼓新聲者，使人問左右，盡報弗聞，其狀似鬼神，子爲我聽而寫之。』師涓曰：『諾。』因靜坐撫琴而寫之。師涓明日報曰：『臣得之矣，而未習也，請複一宿習之。』靈公曰：『諾。』因復留宿。明日而習之，遂去之晉。晉平公觴之於施夷之臺，酒酣，靈公起，公曰：『有新

聲，願請以示。』平公曰：『善。』乃召師涓，令坐師曠之旁，援琴鼓之。未終，師曠撫止之，曰：『此亡國之聲，不可遂也。』平公曰：『此道奚出？』師曠曰：『此師延之所作，與紂爲靡靡之樂也，及武王伐紂，師延東走，至於濮水而自投，故聞此聲者必於濮水之上。先聞此聲者其國必削，不可遂。』平公曰：『寡人所好者音也，子其使遂之。』師涓鼓究之。平公問師曠曰：『此所謂何聲也？』師曠曰：『此所謂清商也。』公曰：『清商固最悲乎？』師曠曰：『不如清徵。』公曰：『清徵可得而聞乎？』師曠曰：『不可。古之聽清徵者皆有德義之君也，今吾君德薄，不足以聽。』平公曰：『寡人之所好者音也，願試聽之。』師曠不得已，援琴而鼓。一奏之，有玄鶴二八，道南方來，集於郎門之垝。再奏之而列。三奏之，延頸而鳴，舒翼而舞。音中宮商之聲，聲聞於天。平公大說，坐者皆喜。平公提觴而起爲師曠壽，反坐而問曰：『音莫悲於清徵乎？』師曠曰：『不如清角。』平公曰：『清角可得而聞乎？』師曠曰：『不可。昔者黄帝合鬼神於泰山之上，駕象車而六蛟龍，畢方並鎋，蚩尤居前，風伯進掃，雨師灑道，虎狼在前，鬼神在後，騰蛇伏地，鳳皇覆上，大合鬼神，作爲清角。今主君德薄，不足聽之，聽之將恐有敗。』平公曰：『寡人老矣，所好者音也，願遂聽之。』師曠不得已而鼓之。一奏之，有玄雲從西北方起；再奏之，大風至，大雨隨之，裂帷幕，破俎豆，隳廊瓦。坐者散走，平公恐懼，伏於廊室之間。晉國大旱，赤地三年。平公之身遂癃病。故曰：不務聽治，而好五音不已，則窮身之事也。

奚謂貪愎？昔者智伯瑤率趙、韓、魏而伐范、中行，滅之，反歸，休兵數年。因令人請地於韓，韓康子欲勿與。段規諫曰：『不可不與也。夫知伯之爲人也，好利而驁愎。彼來請地而弗與，則移兵於韓必矣。君其與之。與之彼狃，又將請地他國，他國且有不聽，不聽，則知伯必加之兵。如是韓可以免於患而待其事之變。』康子曰：『諾。』因令使者致萬家之縣一於知伯，知伯說。又令人請地於魏，宣子欲勿與，趙葭諫曰：『彼請地於韓，韓與之，今請地於魏，魏弗與，則是魏内自强，而外怒知伯也。如弗予，其措兵於魏必矣，不如予之。』宣子『諾』。因令人致萬家之縣一於知伯。知伯又令人之趙請蔡、臯狼之地，趙襄子弗與，知伯因陰約韓、魏將以伐趙。襄子召張孟談而告之曰：『夫知伯之爲人也，陽親而陰疏，三使韓、魏而寡人不與焉，其措兵於寡人必矣，今吾安居而可？』張孟談曰：『夫董閼於，簡主之才臣也，其治晉陽，而尹鐸循之，其餘教猶存，君其定居晉陽而已矣。』君曰：『諾。』乃召延陵生，令將車騎先至晉陽，君因從之。君至，而行其城郭及五官之藏，城郭不治，倉無積粟，府無儲錢，庫無甲兵，邑無守具，襄子懼，乃召張孟談曰：『寡人行城郭及五官之藏，皆不備具，吾將何以應敵？』張孟談曰：『臣聞聖人之治，藏於臣，不藏於府庫，務修其教不治城郭。君其出令，令民自遺三年之食，有餘粟者入之倉，遺三年之用，有餘錢者入之府，遺，有奇人者使治城郭之繕。』君夕出令，明日，倉不容粟，府無積錢，庫不受甲兵，居五日而城郭已治，守備已具。君召張孟談而問之曰：『吾城郭已治，守備已具，錢粟已足，甲兵有餘，吾奈無箭何？』張孟談曰：『臣聞董子之治晉陽也，公宮之垣皆以荻蒿楛楚牆之，其楛高至於丈，君發而用之。』於是發而試之，其堅則雖菌簵之勁弗能過也。君曰：『吾箭已足矣，奈無金何？』張孟談曰：『臣聞董子之治晉陽也，公宮令舍之堂，皆以鍊銅爲柱質，君發而用之。』於是發而用之，有餘金矣。號令已定，守備已具，三國之兵果至，至則乘晉陽之城，遂戰，三月弗能拔。因舒軍而圍之，決晉陽之水以灌之，圍晉陽三年。城中巢居而處，懸釜而炊，財食將盡，士大夫羸病。襄子謂張孟談曰：『糧食匱，財力盡，士大夫羸病，吾恐不能守矣，欲以城下，何國之可下？』張孟談曰：『臣聞之，亡弗能存，危弗能安，則無爲貴智矣，君失此計者。臣請試潛行而出，見韓、魏之君。』張孟談見韓、魏之君曰：『臣聞脣亡齒寒。今知伯率二君而伐趙，趙將亡矣。趙亡，則二君爲之次。』二君曰：『我知其然也。雖然，知伯之爲人也麤中而少親，我謀而覺，則其禍必至矣，爲之奈何？』張孟談曰：『謀出二君之口而入臣之耳，人莫之知也。』二君因與張孟談約三軍之反，與之期日。夜遣孟談入晉陽以報二君之反於襄子，襄子迎孟談而再拜之，且恐且喜。二君以約遣張孟談，因朝知伯而出，遇智過於轅門之外，智過怪其色，因入見知伯曰：『二君貌將有變。』君曰：『何如？』曰：『其行矜而意高，非他時之節也，君不如先之。』君曰：『吾與二主約謹矣，破趙而三分其地，寡人所以親之，必不侵欺。兵之著於晉陽三年，今旦暮將拔之而嚮其利，何乃將有他心，必不然，子釋勿憂，勿出於口。』明旦，

二主又朝而出，復見智過於轅門，智過入見曰：『君以臣之言告二主乎？』君曰：『何以知之？』曰：『今日二主朝而出，見臣而其色動，而視屬臣，此必有變，君不如殺之。』君曰：『子置勿復言。』智過曰：『不可，必殺之。若不能殺，遂親之。』君曰：『親之奈何？』智過曰：『魏宣子謀臣曰趙葭，韓康子之謀臣曰段規，此皆能移其君之計。君與其二君約，破趙國因封二子者各萬家之縣一，如是則二主之心可以無變矣。』知伯曰：『破趙而三分其地，又封二子者各萬家之縣一，則吾所得者少。不可。』智過見其言之不聽也，出，因更其族爲輔氏。至於期日之夜，趙氏殺其守隄之吏而決其水灌知伯軍，知伯軍救水而亂，韓、魏翼而擊之，襄子將卒犯其前，大敗知伯之軍而擒知伯。知伯身死軍破，國分爲三，爲天下笑。故曰：貪愎好利，則滅國殺身之本也。

奚謂耽於女樂？昔者戎王使由余聘於秦，穆公問之曰：『寡人嘗聞道而未得目見之也，願聞古之明主得國失國何常以？』由餘對曰：『臣嘗得聞之矣，常以儉得之，以奢失之。』穆公曰：『寡人不辱而問道於子，子以儉對寡人何也？』由餘對曰：『臣聞昔者堯有天下，飯於土簋，飲於土鉶。其地南至交趾，北至幽都，東西至日月所出入者，莫不賓服。堯禪天下，虞舜受之，作爲食器，斬山木而財之，削鋸修之迹，流漆墨其上，輸之於宮以爲食器，諸侯以爲益侈，國之不服者十三。舜禪天下而傳之於禹，禹作爲祭器，墨染其外，而朱畫其內，縵帛爲茵，蔣席頗緣，觴酌有采，而樽俎有飾，此彌侈矣，而國之不服者三十三。夏后氏没，殷人受之，作爲大路，而建九旒，食器雕琢，觴酌刻鏤，四壁堊墀，茵席雕文，此彌侈矣，而國之不服者五十三。君子皆知文章矣，而欲服者彌少，臣故曰儉其道也。』由餘出，公乃召內史廖而告之，曰：『寡人聞鄰國有聖人，敵國之憂也。今由餘，聖人也，寡人患之，吾將奈何？』內史廖曰：『臣聞戎王之居，僻陋而道遠，未聞中國之聲，君其遺之女樂，以亂其政，而後爲由餘請期，以疏其諫，彼君臣有間而後可圖也。』君曰：『諾。』乃使內史廖以女樂二八遺戎王，因爲由余請期，戎王許諾。見其女樂而説之，設酒張飲，日以聽樂，終幾不遷，牛馬半死。由餘歸，因諫戎王，戎王弗聽，由餘遂去之秦。秦穆公迎而拜之上卿，問其兵勢與其地形。既以得之，舉兵而伐之，兼國十二，開地千里。故曰：耽於女樂，不顧國政，亡國之禍也。

奚謂離內遠遊？昔者田成子遊於海而樂之，號令諸大夫曰：『言歸者死。』顏涿聚曰：『君遊海而樂之，奈臣有圖國者何？君雖樂之，將安得？』田成子曰：『寡人布令曰言歸者死，今子犯寡人之令。』援戈將擊之。顏涿聚曰：『昔桀殺關龍逢而紂殺王子比干，今君雖殺臣之身以三之可也。臣言爲國，非爲身也。』延頸而前曰：『君擊之矣！』君乃釋戈趣駕而歸，至三日，而聞國人有謀不內田成子者矣。田成子所以遂有齊國者，顏涿聚之力也。故曰：離內遠遊，則危身之道也。

奚謂過而不聽於忠臣？昔者齊桓公九合諸侯，一匡天下，爲五伯長，管仲佐之。管仲老，不能用事，休居於家，桓公從而問之曰：『仲父家居有病，即不幸而不起此病，政安遷之？』管仲曰：『臣老矣，不可問也。雖然，臣聞之，知臣莫若君，知子莫若父，君其試以心決之。』君曰：『鮑叔牙何如？』管仲曰：『不可。鮑叔牙爲人，剛愎而上悍。剛則犯民以暴，愎則不得民心，悍則下不爲用，其心不懼。非霸者之佐也。』公曰：『然則豎刁何如？』管仲曰：『不可。夫人之情莫不愛其身，公妬而好內，豎刁自獖，以爲治內，其身不愛，又安能愛君？』公曰：『然則衛公子開方何如？』管仲曰：『不可。齊、衛之間不過十日之行，開方爲事君，欲適君之故，十五年不歸見其父母，此非人情也，其父母之不親也，又能親君乎？』公曰：『然則易牙何如？』管仲曰：『不可。夫易牙爲君主味，君之所未嘗食唯人肉耳，易牙蒸其子首而進之，君所知也。人之情莫不愛其子，今蒸其子以爲膳於君，其子弗愛，又安能愛君乎？』公曰：『然則孰可？』管仲曰：『隰朋可。其爲人也，堅中而廉外，少欲而多信。夫堅中則足以爲表，廉外則可以大任，少欲則能臨其衆，多信則能親鄰國。此霸者之佐也，君其用之。』君曰：『諾。』居一年餘，管仲死，君遂不用隰朋而與豎刁。刁莅事三年，桓公南遊堂阜，豎刁率易牙、衛公子開方及大臣爲亂，桓公渴餒而死南門之寢、公守之室，身死三月不收，蟲出於戶。故桓公之兵橫行天下，爲五伯長，卒見弒於其臣，而滅高名，爲天下笑者，何也？不用管仲之過也。故曰：過而不聽於忠臣，獨行其意，則滅其高名爲人笑之始也。

奚謂內不量力？昔者秦之攻宜陽，韓氏急，公仲朋謂韓君曰：『與

國不可恃也，豈如因張儀爲和於秦哉？因賂以名都而南與伐楚，是患解於秦而害交於楚也。』公曰：『善。』乃警公仲之行，將西和秦。楚王聞之，懼，召陳軫而告之曰：『韓朋將西和秦，今將奈何？』陳軫曰：『秦得韓之都一，驅其練甲，秦、韓爲一以南鄉楚，此秦王之所以廟祠而求也，其爲楚害必矣，王其趣發信臣，多其車，重其幣，以奉韓曰：「不穀之國雖小，卒已悉起，願大國之信意於秦也。因願大國令使者入境視楚之起卒也。」』韓使人之楚，楚王因發車騎陳之下路，謂韓使者曰：『報韓君言弊邑之兵今將入境矣。』使者還報韓君，韓君大悅，止公仲，公仲曰：『不可。夫以實告我者秦也，以名救我者楚也，聽楚之虛言而輕誣强秦之實禍，則危國之本也。』韓君弗聽，公仲怒而歸，十日不朝。宜陽益急，韓君令使者趣卒於楚，冠蓋相望而卒無至者，宜陽果拔，爲諸侯笑。故曰：內不量力，外恃諸侯者，則國削之患也。

奚謂國小無禮？昔者晉公子重耳出亡過於曹，曹君袒裼而觀之。釐負羈與叔瞻侍於前，叔瞻謂曹君曰：『臣觀晉公子非常人也，君遇之無禮，彼若有時反國而起兵，卽恐爲曹傷，君不如殺之。』曹君弗聽。釐負羈歸而不樂，其妻問之曰：『公從外來而有不樂之色何也？』負羈曰：『吾聞之，有福不及，禍來連我，今日吾君召晉公子，其遇之無禮，我與在前，吾是以不樂。』其妻曰：『吾觀晉公子，萬乘之主也，其左右從者，萬乘之相也，今窮而出亡過於曹，曹遇之無禮，此若反國，必誅無禮，則曹其首也。子奚不先自貳焉。』負羈曰：『諾。』盛黄金於壺，充之以餐，加璧其上，夜令人遺公子。公子見使者，再拜受其餐而辭其璧。公子自曹入楚，自楚入秦。入秦三年，秦穆公召羣臣而謀曰：『昔者晉獻公與寡人交，諸侯莫弗聞，獻公不幸離羣臣，出入十年矣。嗣子不善，吾恐此將令其宗廟不祓除而社稷不血食也。如是弗定，則非與人交之道，吾欲輔重耳而入之晉，何如？』羣臣皆曰善。公因起卒，革車五百乘，疇騎二千，步卒五萬，輔重耳入之于晉，立爲晉君。重耳卽位三年，舉兵而伐曹矣，因令人告曹君曰：『懸叔瞻而出之，我且殺而以爲大戮。』又令人告釐負羈曰：『軍旅薄城，吾知子不違也，其表子之閭，寡人將以爲令，令軍勿敢犯。』曹人聞之，率其親戚而保釐負羈之閭者七百餘家，此禮之所用也。故曹小國也，而迫於晉、楚之間，其君之危猶累卵也，而以無禮莅之，此所以絶世也。故曰：國小無禮，不用諫臣，則絶世之勢也。

又《亡徵》 凡人主之國小而家大，權輕而臣重者，可亡也。簡法禁而務謀慮，荒封內而恃交援者，可亡也。羣臣爲學，門子好辯，商賈外積，小民右仗者，可亡也。好宮室臺榭陂池，事車服器玩好，罷露百姓，煎靡貨財者，可亡也。用時日，事鬼神，信卜筮，而好祭祀者，可亡也。聽以爵不待參驗，用一人爲門戶者，可亡也。官職可以重求，爵祿可以貨得者，可亡也。緩心而無成，柔茹而寡斷，好惡無決，而無所定立者，可亡也。饕貪而無饜，近利而好得者，可亡也。喜淫而不周於法，好辯說而不求其用，濫於文麗而不顧其功者，可亡也。淺薄而易見，漏泄而無藏，不能周密，而通羣臣之語者，可亡也。很剛而不和，愎諫而好勝，不顧社稷而輕爲自信者，可亡也。恃交援而簡近鄰，怙强大之救，而侮所迫之國者，可亡也。羈旅僑士，重帑在外，上閒謀計，下與民事者，可亡也。民信其相，下不能其上，主愛信之而弗能廢者，可亡也。境內之傑不事，而求封外之士，不以功伐課試，而好以各問舉錯，羈旅起貴以陵故常者，可亡也。輕其適正，庶子稱衡，太子未定而主卽世者，可亡也。大心而無悔，國亂而自多，不料境內之資而易其鄰敵者，可亡也。國小而不處卑，力少而不畏强，無禮而侮大鄰，貪愎而拙交者，可亡也。太子已置，而娶於强敵以爲后妻，則太子危，如是，則羣臣易慮，羣臣易慮者，可亡也。怯懾而弱守，蚤見而心柔懦，知有謂可，斷而弗敢行者，可亡也。出君在外而國更置，質太子未反而君易子，如是則國攜，國攜者，可亡也。挫辱大臣而狎其身，刑戮小民而逆其使，懷怒思恥而專習則賊生，賊生者，可亡也。大臣兩重，父兄衆强，內黨外援以爭事勢者，可亡也。婢妾之言聽，愛玩之智用，外內悲惋而數行不法者，可亡也。簡侮大臣，無禮父兄，勞苦百姓，殺戮不辜者，可亡也。好以智矯法，時以行襍公，法禁變易，號令數下者，可亡也。無地固，城郭惡，無畜積，財物寡，無守戰之備而輕攻伐者，可亡也。種類不壽，主數卽世，嬰兒爲君，大臣專制，樹羈旅以爲黨，數割地以待交者，可亡也。太子尊顯，徒屬衆强，多大國之交，而威勢蚤具者，可亡也。變褊而心急，輕疾而易動發，心悁忿而不訾前後者，可亡也。主多怒而好用兵，簡本教而輕戰攻者，可亡也。貴臣相妬，大臣隆盛，外藉敵國，內困百姓，以攻怨讎，而人主弗誅者，可亡

也。君不肖而側室賢，太子輕而庶子伉，官吏弱而人民桀，如此則國躁，國躁者，可亡也。藏怒而弗發，懸罪而弗誅，使羣臣陰憎而愈憂懼，而久未可知者，可亡也。出軍命將太重，邊地任守太尊，專制擅命，徑爲而無所請者，可亡也。后妻淫亂，主母畜穢，外內混通，男女無別，是謂兩主，兩主者，可亡也。后妻賤而婢妾貴，太子卑而庶子尊，相室輕而典謁重，如此則內外乖，內外乖者，可亡也。大臣甚貴，偏黨衆强，壅塞主斷而重擅國者，可亡也。私門之官用，馬府之世，鄉曲之善舉，官職之勞廢，貴私行而賤公功者，可亡也。公家虛而大臣實，正戶貧而寄寓富，耕戰之士困，末作之民利者，可亡也。見大利而不趨，聞禍端而不備，淺薄於爭守之事，而務以仁義自飾者，可亡也。不爲人主之孝，而慕匹夫之孝，不顧社稷之利，而聽主母之令，女子用國，刑餘用事者，可亡也。辭辯而不法，心智而無術，主多能而不以法度從事者，可亡也。親臣進而故人退，不肖用事而賢良伏，無功貴而勞苦賤，如是則下怨，下怨者，可亡也。父兄大臣祿秩過功，章服侵等，宮室供養大侈，而人主弗禁，則臣心無窮，臣心無窮者，可亡也。公壻公孫與民同門，暴慠其鄰者，可亡也。亡徵者，非曰必亡，言其可亡也。夫兩堯不能相王，兩桀不能相亡，亡王之機，必其治亂、其强弱相踦者也。木之折也必通蠹，牆之壞也必通隙。然木雖蠹，無疾風不折；牆雖隙，無大雨不壞。萬乘之主，有能服術行法以爲亡徵之君風雨者，其兼天下不難矣。

苛政論分部

論說

《禮記・檀弓下》　孔子過泰山側，有婦人哭於墓者而哀。夫子式而聽之，使子貢問之曰：『子之哭也，壹似重有憂者。』而曰：『然。昔者吾舅死於虎，吾夫又死焉，今吾子又死焉。』夫子曰：『何爲不去也？』曰：『無苛政。』夫子曰：『小子識之，苛政猛于虎也。』

政治理論辯駁部

王霸優劣論分部

論說

《荀子・仲尼篇》　仲尼之門人，五尺之豎子言羞稱乎五伯。是何也？曰：然。彼誠可羞稱也。齊桓，五伯之盛者也，前事則殺兄而爭國；內行則姑姊妹之不嫁者七人，閨門之內，般樂奢汰，以齊之分奉之而不足；外事則詐邾，襲莒，并國三十五。其事行也若是其險汙淫汰也，彼固曷足稱乎大君子之門哉！若是而不亡，乃霸，何也？曰：於乎！夫齊桓公有天下之大節焉，夫孰能亡之？倓然見管仲之能足以託國也，是天下之大知也。安忘其怒，出忘其讎，遂立以爲仲父，是天下之大決也。立以爲仲父，而貴戚莫之敢妒也；與之高、國之位，而本朝之臣莫之敢惡也；與之書社三百，而富人莫之敢距也。貴賤長少，秩秩焉莫不從桓公而貴敬之，是天下之大節也。諸侯有一節如是，則莫之能亡也；桓公兼此數節者而盡有之，夫又何可亡也？其霸也宜哉！非幸也，數也。然而仲尼之門人，五尺之豎子言羞稱乎五伯，是何也？曰：然。彼非本政教也，非致隆高也，非綦文理也，非服人之心也。鄉方略，審勞佚，畜積修鬬而能顛倒其敵者也。詐心以勝矣。彼以讓飾爭，依乎仁而蹈利者也，小人之傑也，彼固曷足稱乎大君子之門哉！彼王者則不然。致賢而能以救不肖，致彊而能以寬弱，戰必能殆之而羞與之鬬，委然成文以示之天下，而暴國安自化矣，有災繆者然後誅之。故聖王之誅也，綦省矣。文王誅四，武王誅二，周公卒業，至於成王則安以無誅矣。故道豈不

行矣哉！文王載百里地而天下一，桀、紂舍之，厚於有天下之勢而不得以匹夫老。故善用之，則百里之國足以獨立矣；不善用之，則楚六千里而爲讎人役。故人主不務得道而廣有其執，是其所以危也。

義利關係論分部

論說

《荀子·大略篇》 義與利者，人之所兩有也。雖堯、舜不能去民之欲利，然而能使其欲利不克其好義也。雖桀、紂亦不能去民之好義，然而能使其好義不勝其欲利也。故義勝利者爲治世，利克義者爲亂世。上重義則義克利，上重利則利克義。故天子不言多少，諸侯不言利害，大夫不言得喪，士不通貨財，有國之君不息牛羊，錯質之臣不息雞豚，冢卿不脩幣，大夫不爲場園，從士以上皆羞利而不與民爭業，樂分施而恥積臧。然故民不困財，貧窶者有所竄其手。

明君闇主論分部

論說

《文子·上仁》 老子曰：『君子之道，靜以修身，儉以養生。靜卽下不擾，下不擾卽民不怨。下擾卽政亂，民怨卽德薄。政亂，賢者不爲謀；德薄，勇者不爲鬬。亂主則不然，一日有天下之富，處一主之勢，竭百姓之力，以奉耳目之欲，志專於宮室臺榭，溝池苑囿，猛獸珍怪。貧民飢餓，虎狼厭芻豢；百姓凍寒，宮室衣綺繡。故人主畜茲無用之物，而天下不安其性命矣。』

老子曰：『非惔漠無以明德，非寧靜無以致遠，非寬大無以并覆，非正平無以制斷。以天下之目睎，以天下之耳聽，以天下之心慮，以天下之力爭。故號令能下究而臣情得上聞，百官修達，羣臣輳湊，喜不以賞賜，怒不以罪誅，法令察而不苛，耳目聰而不闇，善否之情，日陳於前而不逆。故賢者盡其智，不肖者竭其力，近者安其性，遠者懷其德，得用人之道也。夫乘輿馬者，不勞而致千里；乘舟楫者，不游而濟江海。使言之而是，雖商夫芻蕘，猶不可棄也；言之而非，雖在人君卿相，猶不可用也。是非之處，不可以貴賤尊卑論也。其計可用，不羞其位；其言可行，不責其辯。闇主則不然，羣臣盡誠效忠者，希不用其身也，而親習邪枉，賢者不能見也。疏遠卑賤，竭力盡忠者不能聞也。有言者窮之以辭，有諫者誅之以罪。如此，而欲安海內，存萬方，其離聰明，亦以遠矣。』【略】

老子曰：『古者，明君取下有節，自養有度，必計歲而收，量民積聚，知有餘不足之數，然後取奉，如此，卽得承所受於天地，而離於飢寒之患。其憯怛於民也，國有飢者，食不重味，民有寒者，冬不被裘。與民同苦樂，卽天下無哀民。闇主卽不然，取民不裁其力，求下不量其積。男女不得耕織之業，以供上求，力勤財盡，有旦無暮，君臣相疾。且人之爲生也，一人蹠耒而耕，不益十畝，中田之收，不過四石，妻子老弱仰之而食，或時有災害之患，無以供上求，卽人主愍之矣。貪主暴君，涸漁其下，以適無極之欲，則百姓不被天和、履地德矣。』

法治人治論分部

論說

《韓非子·用人》 聞古之善用人者，必循天順人而明賞罰。循天則用力寡而功立，順人則刑罰省而令行，明賞罰則伯夷、盜跖不亂。如此，則白黑分矣。治國之臣，效功於國以履位，見能於官以受職，盡力於權衡以任事。人臣皆宜其能，勝其官，輕其任，而莫懷餘力於心，莫負兼官之

責於君。故內無伏怨之亂，外無馬服之患。明君使事不相干，故莫訟；使士不兼官，故技長，使人不同功，故莫爭。爭訟止，技長立，則彊弱不鬬力，冰炭不合形，天下莫得相傷，治之至也。

釋法術而心治，堯不能正一國。去規矩而妄意度，奚仲不能成一輪。廢尺寸而差短長，王爾不能半中。使中主守法術，拙匠守規矩尺寸，則萬不失矣。君人者，能去賢巧之所不能，守中拙之所萬不失，則人力盡而功名立。

明主立可爲之賞，設可避之罰。故賢者勸賞而不見子胥之禍，不肖者少罪而不見傴剖背，盲者處平而不遇深谿，愚者守靜而不陷險危。如此，則上下之恩結矣。古之人曰：『其心難知，喜怒難中也。』故以表示目，以鼓語耳，以法教心。君人者釋三易之數而行一難知之心，如此，則怒積於上，而怨積於下，以積怒而御積怨則兩危矣。明主之表易見，故約立；其教易知，故言用；其法易爲，故令行。三者立而上無私心，則下得循法而治，望表而動，隨繩而斷，因攢而縫。如此，則上無私威之毒，而下無愚拙之誅。故上君明而少怒，下盡忠而少罪。

聞之曰：『舉事無患者，堯不得也。』而世未嘗無事也。君人者不輕爵祿，不易富貴，不可與救危國。故明主厲廉恥，招仁義。昔者介子推無爵祿而義隨文公，不忍口腹而仁割其肌，故人主結其德，書圖著其名。人主樂乎使人以公盡力，而苦乎以私奪威。人臣安乎以能受職，而苦乎以一負二。故明主除人臣之所苦，而立人主之所樂，上下之利，莫長於此。不察私門之內，輕慮重事，厚誅薄罪，久怨細過，長侮偷快，數以德追禍，是斷手而續以玉也，故世有易身之患。

人主立難爲而罪不及，則私怨生；人臣失所長而奉難給，則伏怨結。勞苦不撫循，憂悲不哀憐。喜則譽小人，賢不肖俱賞；怒則毀君子，使伯夷與盜跖俱辱；故臣有叛主。

使燕王內憎其民而外愛魯人，則燕不用而魯不附。民見憎，不能盡力而務功；魯見說，而不能離死命而親他主。如此，則人臣爲隙穴，而人主獨立。以隙穴之臣而事獨立之主，此之謂危殆。

釋儀的而妄發，雖中小不巧；釋法制而妄怒，雖殺戮而姦人不恐。罪生甲，禍歸乙，伏怨乃結。故至治之國，有賞罰，而無喜怒，故聖人極；有刑法而死，無螫毒，故姦人服。發矢中的，賞罰當符，故堯復生，羿復立。如此，則上無殷、夏之患，下無比干之禍，君高枕而臣樂業，道蔽天地，德極萬世矣。

夫人主不塞隙穴，而勞力於赭堊，暴雨疾風必壞。不去眉睫之禍，而慕賁、育之死；不謹蕭牆之患，而固金城於遠境；不用近賢之謀，而外結萬乘之交於千里。飄風一旦起，則賁、育不及救，而外交不及至，禍莫大於此。當今之世，爲人主忠計者，必無使燕王說魯人，無使近世慕賢於古，無思越人以救中國溺者。如此，則上下親，內功立，外名成。

凡聖關係論分部

論說

《管子・乘馬・聖人》　聖人之所以爲聖人者，善分民也。聖人不能分民，則猶百姓也，於己不足，安得名聖！是故有事則用，無事則歸之於民，唯聖人爲善託業於民。民之生也，辟則愚，閉則類。上爲一，下爲二。

君子與小人論分部

論說

《國語・晉語三・呂甥逆惠公於秦》　呂甥逆君於秦，穆公訊之曰：『晉國和乎？』對曰：『不和。』公曰：『何故？』對曰：『其小人不念其君之罪，而悼其父兄子弟之死喪者，不憚征繕以立孺子，曰：「必報讎，吾寧事齊、楚，齊、楚又交輔之。」其君子思其君，且知其罪，曰：「必

事秦，有死無他。」故不和。比其和之而來，故久。」公曰：「而無來，吾固將歸君。國謂君何？」對曰：「小人曰不免，君子則否。」公曰：「何故？」對曰：「小人忌而不思，願從其君而與報秦，是故云。其君子則否，曰：『吾君之入也，君之惠也。能納之，能執之，則能釋之。德莫厚焉，惠莫大焉。納而不遂，廢而不起，以德爲怨，君其不然？』」秦君曰：「然。」乃改館晉君，饋七牢焉。

《管子・小問》 桓公乘馬，虎望見之而伏。桓公問管仲曰：「今者寡人乘馬，虎望見寡人而不敢行，其故何也？」管仲對曰：「意者君乘駁馬而洀桓，迎日而馳乎？」公曰：「然。」管仲對曰：「此駁象也。駁食虎豹，故虎疑焉。」楚伐莒，莒君使人求救於齊，桓公將救之。管仲曰：「君勿救也。」公曰：「其故何也？」管仲對曰：「臣與其使者言，三辱其君，顔色不變。臣使官無滿其禮，三强。其使者争之以死。莒君，小人也，君勿救。」桓公果不救而莒亡。桓公放春三月觀於野。桓公曰：「何物可比於君子之德乎？」隰朋對曰：「夫粟，内甲以處，中有卷城，外有兵刃，未敢自恃，自命曰粟，此其可比於君子之德乎！」管仲曰：「苗，始其少也，眴眴乎，何其孺子也！至其壯也，莊莊乎何其士也！至其成也，由由乎兹免，何其君子也！天下得之則安，不得則危，故命之曰禾。此其可比於君子之德矣。」桓公曰：「善。」

《論語・爲政》 子曰：「君子不器。」

子曰：「君子周而不比，小人比而不周。」

又 《里仁》 子曰：「君子懷德，小人懷土；君子懷刑，小人懷惠。」

子曰：「君子喻於義，小人喻於利。」

又 《雍也》 子謂子夏曰：「女爲君子儒！無爲小人儒！」

宰我問曰：「仁者，雖告之曰，『井有仁焉。』其從之也？」子曰：「何爲其然也？君子可逝也，不可陷也；可欺也，不可罔也。」

子曰：「君子博學於文，約之以禮，亦可以弗畔矣夫！」

又 《顔淵》 子曰：「君子成人之美，不成人之惡。小人反是。」

又 《子路》 子曰：「君子和而不同，小人同而不和。」

子曰：「君子易事而難説也。説之不以道，不説也；及其使人也，器之。小人難事而易説也。説之雖不以道，説也；及其使人也，求備焉。」

子曰：「君子泰而不驕，小人驕而不泰。」

又 《憲問》 子曰：「君子而不仁者有矣夫，未有小人而仁者也。」

子曰：「君子上達，小人下達。」

又 《衛靈公》 在陳絶糧，從者病，莫能興。子路慍見曰：「君子亦有窮乎？」子曰：「君子固窮，小人窮斯濫矣。」

子曰：「君子求諸己，小人求諸人。」

子曰：「君子不可小知而可大受也，小人不可大受而可小知也。」

又 《季氏》 孔子曰：「君子有三畏：畏天命，畏大人，畏聖人之言。小人不知天命而不畏也，狎大人，侮聖人之言。」

又 《陽貨》 子路曰：「君子尚勇乎？」子曰：「君子義以爲上，君子有勇而無義爲亂，小人有勇而無義爲盜。」

子曰：「唯女子與小人爲難養也，近之則不孫，遠之則怨。」

又 《子張》 子夏曰：「小人之過也必文。」

《禮記・表記》 子曰：「君子不以辭盡人。故天下有道，則行有枝葉；天下無道，則辭有枝葉。是故君子於有喪者之側，不能賻焉，則不問其所費；於有病者之側，不能饋焉，則不問其所欲；有客不能館，則不問其所舍。故君子之接如水，小人之接如醴。君子淡以成，小人甘以壞。《小雅》曰：『盜言孔甘，亂是用餤。』」

又 《緇衣》 子曰：「唯君子能好其正，小人毒其正。故君子之朋友有鄉，其惡有方。是故邇者不惑而遠者不疑也。《詩》云：『君子好仇。』」

《晏子春秋・内篇問上・景公問佞人之事君何如晏子對以愚君所信也第二十一》 景公問：「佞人之事君如何？」晏子對曰：「意難，難不至也。明言行之以飾身，僞言無欲以説人，嚴其交以見其愛，觀上之所欲，而微爲之偶，求君逼邇，而陰爲之與；内重爵禄，而外輕之以誣行；下事左右，而面示正公以僞廉；求上采聽，而幸以求進；傲禄以求多，辭任以求重；工乎取，鄙乎予；歡乎新，慢乎故；悋乎財，薄乎施；覩貧窮若不識，趨利若不及；外交以自揚，背親以自厚；積豐義之養，而

聲矜衈之義；非譽乎情，而言不行身，涉時所議，而好論賢不肖；有之己，不難非之人，無之己，不難求之人；其言彊梁而信，其進敏遜而順；此佞人之行也。明君之所誅，愚君之所信也。』

又《內篇問下·叔向問正士邪人之行如何晏子對以使下順逆第十九》 叔向問晏子曰：『正士之義，邪人之行，何如？』晏子對曰：『正士處勢臨衆不阿私，行于國足養而不忘故；通則事上，使衈其下，窮則教下，使順其上；事君盡禮行忠，不正爵祿，不用則去而不議。其交友也，論身義行，不爲苟戚，不同則疏而不悱；不毀進于君，不以刻民尊于國。故用于上則民安，行于下則君尊；故得衆上不疑其身，用于君不悖于行。是以進不喪亡，退不危身，此正士之行也。邪人則不然，用于上則虐民，行于下則逆上；事君苟進不道忠，交友苟合不道行；持諛巧以正祿，比姦邪以厚養；矜爵祿以臨人，夸禮貌以華世；不任于上則輕議，不篤於友則好誹。故用于上則民憂，行于下則君危，是以其事君近于罪，其交友近于患，其得上辟于辱，其爲生僨于刑，故用于上則誅，行于下則弒。是故交通則辱，生患則危，此邪人之行也。』

《莊子·駢拇》 夫小惑易方，大惑易性。何以知其然邪？有虞氏招仁義以撓天下也，天下莫不奔命於仁義，是非以仁義易其性與？故嘗試論之，自三代以下者，天下莫不以物易其性矣。小人則以身殉利，士則以身殉名，大夫則以身殉家，聖人則以身殉天下。故此數子者，事業不同，名聲異號，其於傷性以身爲殉，一也。臧與穀二人相與牧羊而俱亡其羊。問臧奚事，則挾筴讀書；問穀奚事，則博塞以遊。二人者，事業不同，其於亡羊均也。伯夷死名於首陽之下，盜跖死利於東陵之上，二人者，所死不同，其於殘生傷性均也。奚必伯夷之是而盜跖之非乎！天下盡殉也，彼其所殉仁義也，則俗謂之君子；其所殉貨財也，則俗謂之小人。其殉一也，則有君子焉，有小人焉；若其殘生損性，則盜跖亦伯夷已，又惡取君子小人於其間哉！

又《山木》 孔子問子桑雽曰：『吾再逐于魯，伐樹於宋，削迹於衛，窮於商周，圍於陳蔡之間。吾犯此數患，親交益疏，徒友益散，何與？』

子桑雽曰：『子獨不聞假人之亡與？林回棄千金之璧，負赤子而趨。或曰：「爲其布與？赤子之布寡矣；爲其累與？赤子之累多矣；棄千金之璧，負赤子而趨，何也？」林回曰：「彼以利合，此以天屬也。」夫以利合者，迫窮禍患害相棄也；以天屬者，迫窮禍患害相收也。夫相收之與相棄亦遠矣。且君子之交淡若水，小人之交甘若醴；君子淡以親，小人甘以絶。彼無故以合者，則無故以離。』

又《外物》 賢人所以駴世，聖人未嘗過而問焉；君子所以駴國，賢人未嘗過而問焉；小人所以合時，君子未嘗過而問焉。

《荀子·不苟篇》 君子行不貴苟難，説不貴苟察，名不貴苟傳，唯其當之爲貴。故懷負石而赴河，是行之難爲者也，而申徒狄能之；然而君子不貴者，非禮義之中也。山淵平，天地比，齊、秦襲，入乎耳，出乎口，鉤有須，卵有毛，是説之難持者也，而惠施、鄧析能之；然而君子不貴者，非禮義之中也。盜跖吟口，名聲若日月，與舜、禹俱傳而不息；然而君子不貴者，非禮義之中也。故曰：君子行不貴苟難，説不貴苟察，名不貴苟傳，唯其當之爲貴。《詩》曰：『物其有矣，唯其時矣。』此之謂也。

君子易知而難狎，易懼而難脅，畏患而不避義死，欲利而不爲所非，交親而不比，言辯而不辭。蕩蕩乎，其有以殊於世也。

君子能亦好，不能亦好；小人能亦醜，不能亦醜。君子能則寬容易直以開道人，不能則恭敬縛絀以畏事人；小人能則倨傲僻違以驕溢人，不能則妬嫉怨誹以傾覆人。故曰：君子能則人榮學焉，不能則人樂告之；小人能則人賤學焉，不能則人羞告之。是君子小人之分也。

君子寬而不僈，廉而不劌，辯而不爭，察而不激，寡立而不勝，堅彊而不暴，柔從而不流，恭敬謹慎而容，夫是之謂至文。《詩》曰：『溫溫恭人，惟德之基。』此之謂矣。

君子崇人之德，揚人之美，非諂諛也；正義直指，舉人之過，非毀疵也；言己之光美，擬於舜、禹，參於天地，非夸誕也；與時屈伸，柔從若蒲葦，非懾怯也；剛强猛毅，靡所不信，非驕暴也。以義變應，知當曲直故也。《詩》曰：『左之左之，君子宜之；右之右之，君子有之。』此言君子能以義屈信變應故也。

君子，小人之反也。君子大心則天而道，小心則畏義而節；知則明

通而類，愚則端愨而法；見由則恭而止，見閉則敬而齊；喜則和而理，憂則靜而理；通則文而明，窮則約而詳。小人則不然，大心則慢而暴，小心則淫而傾，知則攫盜而漸，愚則毒賊而亂；見由則兑而倨，見閉則怨而險，喜則輕而翾，憂則挫而懾；通則驕而偏，窮則棄而儑。傳曰：『君子兩進，小人兩廢。』此之謂也。

君子治治，非治亂也。曷謂邪？曰：禮義之謂治，非禮義之謂亂也。故君子者，治禮義者也，非治非禮義者也。然則國亂將弗治與？曰：國亂而治之者，非案亂而治之之謂也，去亂而被之以治；人汙而修之者，非案汙而修之之謂也，去汙而易之以修。故去亂而非治亂也，去汙而非修汙也。治之爲名，猶曰君子爲治而不爲亂，爲修而不爲汙也。

君子絜其辯而同焉者合矣，善其言而類焉者應矣。故馬鳴而馬應之，非知也，其埶然也。故新浴者振其衣，新沐者彈其冠，人之情也。其誰能以己之潐潐，受人之掝掝者哉！

君子養心莫善於誠，致誠則無它事矣，唯仁之爲守，唯義之爲行。誠心守仁則形，形則神，神則能化矣；誠心行義則理，理則明，明則能變矣。變化代興，謂之天德。天不言而人推高焉，地不言而人推厚焉，四時不言而百姓期焉。夫此有常，以至其誠者也。君子至德，嘿然而喻，未施而親，不怒而威。夫此順命，以慎其獨者也。善之爲道者，不誠則不獨，不獨則不形，不形則雖作於心，見於色，出於言，民猶若未從也，雖從必疑。天地爲大矣，不誠則不能化萬物；聖人爲知矣，不誠則不能化萬民；父子爲親矣，不誠則疏；君上爲尊矣，不誠則卑。夫誠者，君子之所守也，而政事之本也。唯所居以其類至，操之則得之，舍之則失之。操而得之則輕，輕則獨行，獨行而不舍則濟矣。濟而材盡，長遷而不反其初則化矣。

君子位尊而志恭，心小而道大，所聽視者近而所聞見者遠。是何邪？則操術然也。故千人萬人之情，一人之情是也；天地始者，今日是也；百王之道，後王是也。君子審後王之道而論於百王之前，若端拜而議。推禮義之統，分是非之分，總天下之要，治海內之衆，若使一人，故操彌約而事彌大。五寸之矩，盡天下之方也。故君子不下室堂而海內之情舉積此者，則操術然也。

有通士者，有公士者，有直士者，有愨士者，有小人者。上則能尊君，下則能愛民，物至而應，事起而辨，若是，則可謂通士矣。不下比以闇上，不上同以疾下，分爭於中，不以私害之，若是，則可謂公士矣。身之所長，上雖不知，不以悖君，身之所短，上雖不知，不以取賞，長短不飾，以情自竭，若是，則可謂直士矣。庸言必信之，庸行必慎之，畏法流俗而不敢以其獨甚，若是，則可謂愨士矣。言無常信，行無常貞，唯利所在，無所不傾，若是，則可謂小人矣。

公生明，偏生闇，端愨生通，詐僞生塞，誠信生神，夸誕生惑。此六生者，君子慎之，而禹、桀所以分也。

又《非十二子篇》 信信，信也；疑疑，亦信也。貴賢，仁也；賤不肖，亦仁也。言而當，知也；默而當，亦知也。故知默猶知言也。故多言而類，聖人也；少言而法，君子也；多少無法而流湎然，雖辯，小人也。故勞力而不當民務謂之姦事，勞知而不律先王謂之姦心，辯説譬諭、齊給便利而不順禮義謂之姦説。此三姦者，聖王之所禁也。知而險，賊而神，爲詐而巧，言無用而辯，辯不惠而察，治之大殃也。行辟而堅，飾非而好，玩姦而澤，言辯而逆，古之大禁也。知而無法，勇而無憚，察辯而操僻淫，大而用之，好姦而與衆，利足而迷，負石而墜，是天下之所棄也。

兼服天下之心：高上尊貴不以驕人，聰明聖知不以窮人，齊給速通不爭先人，剛毅勇敢不以傷人；不知則問，不能則學，雖能必讓，然後爲德。遇君則修臣下之義，遇鄉則修長幼之義，遇長則修子弟之義，遇友則修禮節辭讓之義，遇賤而少者則修告導寬容之義。無不愛也，無不敬也，無與人爭也，恢然如天地之苞萬物，如是則賢者貴之，不肖者親之。如是而不服者，則可謂訞怪狡猾之人矣，雖則子弟之中，刑及之而宜。《詩》云：『匪上帝不時，殷不用舊。雖無老成人，尚有典刑。曾是莫聽，大命以傾。』此之謂也。

古之所謂士仕者，厚敦者也，合羣者也，樂富貴者也，樂分施者也，遠罪過者也，務事理者也，羞獨富者也。今之所謂士仕者，汙漫者也，賊亂者也，恣睢者也，貪利者也，觸抵者也，無禮義而唯權埶之嗜者也。古之所謂處士者，德盛者也，能靜者也，修正者也，知命者也，著是者也。

今之所謂處士者，無能而云能者也，無知而云知者也，利心無足而佯無欲者也，行僞險穢而彊高言謹慤者也，以不俗爲俗，離縱而跂訾者也。

士君子之所能不能爲：君子能爲可貴，不能使人必貴己；能爲可信，不能使人必信己；能爲可用，不能使人必用己。故君子恥不修，不恥見汙；恥不信，不恥不見信；恥不能，不恥不見用。是以不誘於譽，不恐於誹，率道而行，端然正己，不爲物傾側，夫是之謂誠君子。《詩》云：『温温恭人，維德之基。』此之謂也。

天人關係論分部

論説

天人合一論

《逸周書・時訓》立春之日，東風解凍。又五日，蟄蟲始振。又五日，魚上冰。風不解凍，號令不行；蟄蟲不振，陰氣奸陽；魚不上冰，甲胄私藏。驚蟄之日，獺祭魚。又五日，鴻雁來。又五日，草木萌動。獺不祭魚，國多盜賊；鴻雁不來，遠人不服；草木不萌動，果蔬不熟。雨水之日，桃始華。又五日，倉庚鳴。又五日，鷹化爲鳩。桃不始華，是謂陽否；倉庚不鳴，臣不從主；鷹不化鳩，寇戎數起。春分之日，玄鳥至。又五日，雷乃發聲。又五日，始電。玄鳥不至，婦人不娠；雷不發聲，諸侯失民；不始電，君無威震。穀雨之日，桐始華。又五日，田鼠化爲鴽。又五日，虹始見。桐不華，歲有大寒；田鼠不化鴽，國多貪殘；虹不見，婦人苞亂。清明之日，萍始生。又五日，鳴鳩拂其羽。又五日，戴勝降于桑。萍不生，陰氣憤盈；鳴鳩不拂其羽，國不治兵；戴勝不降于桑，政教不中。立夏之日，螻蟈鳴。又五日，蚯蚓出。又五日，王瓜生。螻蟈不鳴，水潦淫漫；蚯蚓不出，嬖奪后命；王瓜不生，困於百姓。小滿之日，苦菜秀。又五日，靡草死。又五日，小暑至。苦菜不秀，賢人潛伏；靡草不死，國縱盜賊；小暑不至，是謂陰慝。芒種之日，螳螂生。又五日，鵙始鳴。又五日，反舌無聲。螳螂不生，是謂陰息；鵙不始鳴，令姦雍偪；反舌有聲，佞人在側。夏至之日，鹿角解。又五日，蜩始鳴。又五日，半夏生。鹿角不解，兵革不息；蜩不鳴，貴臣放逸；半夏不生，民多厲疾。小暑之日，温風至。又五日，蟋蟀居辟。又五日，鷹乃學習。温風不生，國無寬教；蟋蟀不居辟，恒急迫之暴；鷹不學習，不備戎盜。大暑之日，腐草爲蠲。又五日，土潤溽暑。又五日，大雨時行。腐草不爲蠲，穀實鮮落；土潤不溽暑，物不應罰；大雨不時行，國無恩澤。立秋之日，涼風至。又五日，白露降。又五日，寒蟬鳴。涼風不至，國無嚴政；白露不降，民多欬病；寒蟬不鳴，人皆力爭。處暑之日，鷹乃祭鳥。又五日，天地始肅。又五日，禾乃登。鷹不祭鳥，師旅無功；天地不肅，君臣乃□；農不登穀，暖氣爲凶。白露之日，鴻雁來。又五日，玄鳥歸。又五日，羣鳥養羞。鴻雁不來，遠人背畔；玄鳥不歸，室家離散；羣鳥不養羞，下臣驕慢。秋分之日，雷始收聲。又五日，蟄蟲培戶。又五日，水始涸。雷不始收聲，諸侯淫佚；蟄蟲不培戶，民靡有賴；水不始涸，甲蟲爲害。寒露之日，鴻雁來賓。又五日，爵入大水爲蛤。又五日，菊有黄華。鴻雁不來，小民不服；爵不入大水，失時之極；菊無黄華，土不稼穡。霜降之日，豺乃祭獸。又五日，草木黄落。又五日，蟄蟲咸俯。豺不祭獸，爪牙不良；草木不黄落，是爲愆陽；蟄蟲不咸俯，民多流亡。立冬之日，水始冰。又五日，地始凍。又五日，雉入大水爲蜃。水不冰，是謂陰負；地不始凍，咎徵之咎；雉不入大水，國多淫婦。小雪之日，虹藏不見。又五日，天氣上騰，地氣下降。又五日，閉塞而成冬。虹不藏，婦不專一；天氣不上騰，地氣不下降，君臣相嫉；不閉塞而成冬，母后淫佚。大雪之日，鶡旦不鳴。又五日，虎始交。又五日，茘挺生。鶡旦猶鳴，國有訛言；虎不始交，將帥不和；茘挺不生，卿士專權。冬至之日，蚯蚓結。又五日，麋角解。又五日，水泉動。蚯蚓不結，君政不行；麋角不解，兵甲不藏；水泉不動，陰不承陽。小寒之日，雁北向。又五日，鵲始巢。又五日，雉始雊。雁不北向，民不懷主；鵲不始巢，國不寧；雉不始雊，國大水。大寒之日，雞始乳。又五日，鷙鳥厲疾。又五日，水澤腹堅。雞不始乳，淫女亂

男；鷙鳥不厲，國不除姦；水澤不腹堅，言乃不從。

《禮記·月令》 孟春之月，日在營室，昏參中，旦尾中。其日甲乙。其帝大皞，其神句芒。其蟲鱗。其音角，律中大蔟。其數八。其味酸，其臭羶。其祀户，祭先脾。東風解凍，蟄蟲始振，魚上冰，獺祭魚，鴻鴈來。天子居青陽左个，乘鸞路，駕倉龍，載青旂，衣青衣，服倉玉，食麥與羊，其器疏以達。是月也，以立春。先立春三日，大史謁之天子曰：『某日立春，盛德在木。』天子乃齊。立春之日，天子親帥三公、九卿、諸侯、大夫以迎春於東郊。還反，賞公、卿、諸侯、大夫於朝。命相布德和令，行慶施惠，下及兆民。慶賜遂行，毋有不當。乃命大史守典奉法，司天日月星辰之行，宿離不貸，毋失經紀，以初爲常。是月也，天子乃以元日祈穀于上帝。乃擇元辰，天子親載耒耜，措之于參保介之御間，帥三公、九卿、諸侯、大夫躬耕帝藉。天子三推，三公五推，卿、諸侯九推。反，執爵于大寢，三公、九卿、諸侯、大夫皆御，命曰勞酒。是月也，天氣下降，地氣上騰，天地和同，草木萌動。王命布農事，命田舍東郊，皆脩封疆，審端徑術，善相丘陵、阪險、原隰土地所宜，五穀所殖，以教道民，必躬親之。田事既飭，先定準直，農乃不惑。是月也，命樂正入學習舞。乃脩祭典，命祀山林川澤，犧牲毋用牝。禁止伐木。毋覆巢，毋殺孩蟲、胎、夭、飛鳥，毋麛，毋卵。毋聚大衆，毋置城郭。掩骼埋胔。是月也，不可以稱兵，稱兵必天殃。兵戎不起，不可從我始。毋變天之道，毋絶地之理，毋亂人之紀。孟春行夏令，則雨水不時，草木蚤落，國時有恐；行秋令，則其民大疫，猋風暴雨總至，藜莠蓬蒿並興；行冬令，則水潦爲敗，雪霜大摯，首種不入。

仲春之月，日在奎，昏弧中，旦建星中。其日甲乙。其帝大皞，其神句芒。其蟲鱗。其音角，律中夾鐘。其數八。其味酸，其臭羶。其祀户，祭先脾。始雨水，桃始華，倉庚鳴，鷹化爲鳩。天子居青陽大廟，乘鸞路，駕倉龍，載青旂，衣青衣，服倉玉，食麥與羊，其器疏以達。是月也，安萌芽，養幼少，存諸孤。擇元日，命民社。命有司省囹圄，去桎梏，毋肆掠，止獄訟。是月也，玄鳥至。至之日，以大牢祠于高禖，天子親往，后妃帥九嬪御。乃禮天子所御，帶以弓韣，授以弓矢，于高禖之前。是月也，日夜分，雷乃發聲，始電，蟄蟲咸動，啓户始出。先雷三日，奮木鐸以令兆民曰：『雷將發聲，有不戒其容止者，生子不備，必有凶災。』日夜分，則同度量，鈞衡石，角斗甬，正權概。是月也，耕者少舍，乃脩闔扇，寢廟畢備。毋作大事以妨農之事。毋竭川澤，毋漉陂池，毋焚山林。天子乃鮮羔開冰，先薦寢廟。上丁，命樂正習舞，釋菜。天子乃帥三公、九卿、諸侯、大夫親往視之。仲丁，又命樂正入學，習樂。是月也，祀不用犧牲，用圭璧，更皮幣。仲春行秋令，則其國大水，寒氣總至，寇戎來征；行冬令，則陽氣不勝，麥乃不孰，民多相掠；行夏令，則國乃大旱，煖氣早來，蟲螟爲害。

季春之月，日在胃，昏七星中，旦牽牛中。其日甲乙。其帝大皞，其神句芒。其蟲鱗。其音角，律中姑洗。其數八。其味酸，其臭羶。其祀户，祭先脾。桐始華，田鼠化爲鴽，虹始見，萍始生。天子居青陽右个，乘鸞路，駕倉龍，載青旂，衣青衣，服倉玉，食麥與羊，其器疏以達。是月也，天子乃薦鞠衣于先帝。命舟牧覆舟，五覆五反，乃告舟備具于天子焉。天子始乘舟，薦鮪于寢廟，乃爲麥祈實。是月也，生氣方盛，陽氣發泄，句者畢出，萌者盡達，不可以内。天子布德行惠，命有司發倉廩，賜貧窮，振乏絶；開府庫，出幣帛，周天下；勉諸侯，聘名士，禮賢者。是月也，命司空曰：『時雨將降，下水上騰，循行國邑，周視原野，修利堤防，道達溝瀆，開通道路，毋有障塞。田獵罝罘、羅罔、畢翳、餧獸之藥，毋出九門。』是月也，命野虞無伐桑柘。鳴鳩拂其羽，戴勝降于桑，具曲、植、籧、筐。后妃齊戒，親東鄉躬桑。禁婦女毋觀，省婦使，以勸蠶事。蠶事既登，分繭稱絲效功，以共郊廟之服，無有敢惰。是月也，命工師，令百工，審五庫之量，金、鐵，皮、革、筋，角、齒，羽、箭、幹，脂、膠、丹、漆，毋或不良。百工咸理，監工日號，毋悖于時，毋或作爲淫巧，以蕩上心。是月之末，擇吉日大合樂，天子乃帥三公、九卿、諸侯、大夫親往視之。是月也，乃合累牛騰馬，游牝于牧。犧牲、駒、犢，舉書其數。命國難，九門磔攘，以畢春氣。季春行冬令，則寒氣時發，草木皆肅，國有大恐；行夏令，則民多疾疫，時雨不降，山林不收；行秋令，則天多沈陰，淫雨蚤降，兵革並起。

孟夏之月，日在畢，昏翼中，旦婺女中。其日丙丁。其帝炎帝，其神祝融。其蟲羽。其音徵，律中中呂。其數七。其味苦，其臭焦。其祀竈，

祭先肺。螻蟈鳴，蚯蚓出，王瓜生，苦菜秀。天子居明堂左个，乘朱路，駕赤騮，載赤旂，衣朱衣，服赤玉，食菽與雞，其器高以粗。是月也，以立夏。先立夏三日，大史謁之天子曰：『某日立夏，盛德在火。』天子乃齊。立夏之日，天子親帥三公、九卿、大夫以迎夏於南郊。還反，行賞，封諸侯。慶賜遂行，無不欣説。乃命樂師習合禮樂。命大尉贊桀俊，遂賢良，舉長大，行爵出禄，必當其位。是月也，繼長增高，毋有壞墮，毋起土功，毋發大衆，毋伐大樹。是月也，天子始絺。命野虞出行田原，爲天子勞農勸民，毋或失時。命司徒巡行縣鄙，命農勉作，毋休于都。是月也，驅獸毋害五穀，毋大田獵。農乃登麥。天子乃以彘嘗麥，先薦寢廟。是月也，聚畜百藥。靡草死，麥秋至。斷薄刑，決小罪，出輕繫。蠶事畢，后妃獻繭。乃收繭税，以桑爲均，貴賤長幼如一，以給郊廟之服。是月也，天子飲酎，用禮樂。孟夏行秋令，則苦雨數來，五穀不滋，四鄙入保；行冬令，則草木蚤枯，後乃大水，敗其城郭；行春令，則蝗蟲爲灾，暴風來格，秀草不實。

仲夏之月，日在東井，昏亢中，旦危中。其日丙丁。其帝炎帝，其神祝融。其蟲羽。其音徵，律中蕤賓。其數七。其味苦，其臭焦。其祀竈，祭先肺。小暑至，螳蜋生，鵙始鳴，反舌無聲。天子居明堂大廟，乘朱路，駕赤騮，載赤旂，衣朱衣，服赤玉，食菽與雞，其器高以粗。養壯佼。是月也，命樂師脩鞀、鞞、鼓，均琴、瑟、管、簫，執干、戚、戈、羽，調竽、笙、篪、簧，飭鐘、磬、柷、敔。命有司爲民祈祀山川百源，大雩帝，用盛樂。乃命百縣雩祀百辟卿士有益於民者，以祈穀實。農乃登黍。是月也，天子乃以雛嘗黍，羞以含桃，先薦寢廟。令民毋艾藍以染，毋燒灰，毋暴布，門閭毋閉，關市毋索。挺重囚，益其食。遊牝別羣，則縶騰駒，班馬政。是月也，日長至，陰陽爭，死生分。君子齊戒，處必掩身，毋躁，止聲色，毋或進，薄滋味，毋致和，節耆欲，定心氣。百官靜事毋刑，以定晏陰之所成。鹿角解，蟬始鳴，半夏生，木堇榮。是月也，毋用火南方。可以居高明，可以遠眺望，可以升山陵，可以處臺榭。仲夏行冬令，則雹凍傷穀，道路不通，暴兵來至；行春令，則五穀晚孰，百螣時起，其國乃饑；行秋令，則草木零落，果實早成，民殃於疫。

季夏之月，日在柳，昏火中，旦奎中。其日丙丁。其帝炎帝，其神祝融。其蟲羽。其音徵，律中林鐘。其數七。其味苦，其臭焦。其祀竈，祭先肺。温風始至，蟋蟀居壁，鷹乃學習，腐草爲螢。天子居明堂右个，乘朱路，駕赤騮，載赤旂，衣朱衣，服赤玉，食菽與雞，其器高以粗。命漁師伐蛟，取鼉，登龜，取黿。命澤人納材葦。是月也，命四監大合百縣之秩芻，以養犧牲，令民無不咸出其力，以共皇天、上帝、名山、大川、四方之神，以祠宗廟、社稷之靈，以爲民祈福。是月也，命婦官染采，黼、黻、文、章必以法故，無或差貸，黑、黄、倉、赤莫不質良，毋敢詐僞，以給郊廟祭祀之服，以爲旗章，以别貴賤等給之度。是月也，樹木方盛，乃命虞人入山行木，毋有斬伐。不可以興土功，不可以合諸侯，不可以起兵動衆，毋舉大事以摇養氣，毋發令而待，以妨神農之事也。水潦盛昌，神農將持功，舉大事則有天殃。是月也，土潤溽暑，大雨時行，燒薙行水，利以殺草，如以熱湯，可以糞田疇，可以美土彊。季夏行春令，則穀實鮮落，國多風欬，民乃遷徙；行秋令，則丘隰水潦，禾稼不孰，乃多女灾；行冬令，則風寒不時，鷹隼蚤鷙，四鄙入保。

中央土，其日戊己。其帝黄帝，其神后土。其蟲倮。其音宫，律中黄鐘之宫。其數五。其味甘，其臭香。其祀中霤，祭先心。天子居大廟大室，乘大路，駕黄騮，載黄旂，衣黄衣，服黄玉，食稷與牛，其器圜以閎。

孟秋之月，日在翼，昏建星中，旦畢中。其日庚辛。其帝少皞，其神蓐收。其蟲毛。其音商，律中夷則。其數九。其味辛，其臭腥。其祀門，祭先肝。涼風至，白露降，寒蟬鳴，鷹乃祭鳥，用始行戮。天子居總章左个，乘戎路，駕白駱，載白旂，衣白衣，服白玉，食麻與犬，其器廉以深。是月也，以立秋。先立秋三日，大史謁之天子曰：『某日立秋，盛德在金。』天子乃齊。立秋之日，天子親帥三公、九卿、諸侯、大夫以迎秋於西郊。還反，賞軍帥、武人於朝。天子乃命將帥選士厲兵，簡練桀俊，專任有功，以征不義，詰誅暴慢，以明好惡，順彼遠方。是月也，命有司脩法制，繕囹圄，具桎梏，禁止姦，慎罪邪，務搏執。命理瞻傷，察創，視折，審斷，決獄訟必端平，戮有罪，嚴斷刑。天地始肅，不可以贏。是月也，農乃登穀。天子嘗新，先薦寢廟。命百官始收斂。完隄防，謹壅塞，以備水潦，脩宫室，坏牆垣，補城郭。是月也，毋以封諸侯、立大

官，毋以割地、行大使、出大幣。孟秋行冬令，則陰氣大勝，介蟲敗穀，戎兵乃來；行春令，則其國乃旱，陽氣復還，五穀無實；行夏令，則國多火災，寒熱不節，民多瘧疾。

仲秋之月，日在角，昏牽牛中，旦觜觿中。其日庚辛。其帝少皞，其神蓐收。其蟲毛。其音商，律中南吕。其數九。其味辛，其臭腥。其祀門，祭先肝。盲風至，鴻鴈來，玄鳥歸，羣鳥養羞。天子居總章大廟，乘戎路，駕白駱，載白旂，衣白衣，服白玉，食麻與犬，其器廉以深。是月也，養衰老，授几杖，行糜粥飲食。乃命司服具飭衣裳，文繡有恒，制有小大，度有長短，衣服有量，必循其故，冠帶有常。乃命有司申嚴百刑，斬殺必當，毋或枉橈；枉橈不當，反受其殃。是月也，乃命宰、祝循行犧牲，視全具，案芻豢，瞻肥瘠，察物色，必比類，量小大，視長短，皆中度。五者備當，上帝其饗。天子乃難，以達秋氣。以犬嘗麻，先薦寢廟。是月也，可以築城郭，建都邑，穿竇窖，修囷倉。乃命有司趣民收斂，務畜菜，多積聚。乃勸種麥，毋或失時。其有失時，行罪無疑。是月也，日夜分，雷始收聲。蟄蟲坏户，殺氣浸盛，陽氣日衰，水始涸。日夜分，則同度量，平權衡，正鈞石，角斗甬。是月也，易關市，來商旅，納貨賄，以便民事。四方來集，遠鄉皆至，則財不匱，上無乏用，百事乃遂。凡舉大事，毋逆大數，必順其時，慎因其類。仲秋行春令，則秋雨不降，草木生榮，國乃有恐；行夏令，則其國乃旱，蟄蟲不藏，五穀復生；行冬令，則風灾數起，收雷先行，草木蚤死。

季秋之月，日在房，昏虚中，旦柳中。其日庚辛。其帝少皞，其神蓐收。其蟲毛。其音商，律中無射。其數九。其味辛，其臭腥。其祀門，祭先肝。鴻鴈來賓，爵入大水爲蛤，鞠有黄華，豺乃祭獸戮禽。天子居總章右个，乘戎路，駕白駱，載白旂，衣白衣，服白玉，食麻與犬，其器廉以深。是月也，申嚴號令，命百官貴賤無不務內，以會天地之藏，無有宣出。乃命冢宰，農事備收，舉五穀之要，藏帝藉之收於神倉，祗敬必飭。是月也，霜始降，則百工休。乃命有司曰：『寒氣總至，民力不堪，其皆入室。』上丁，命樂正入學習吹。是月也，大饗帝，嘗，犧牲告備于天子。合諸侯，制百縣，爲來歲受朔日，與諸侯所稅於民輕重之法，貢職之數，以遠近土地所宜爲度，以給郊廟之事，無有所私。是月也，天子乃教於田獵，以習五戎，班馬政。命僕及七騶咸駕，載旌旐，授車以級，整設于屏外，司徒搢扑，北面誓之。天子乃厲飾，執弓挾矢以獵，命主祠祭禽于四方。是月也，草木黄落，乃伐薪爲炭。蟄蟲咸俯在内，皆墐其户。乃趣獄刑，毋留有罪。收禄秩之不當、供養之不宜者。是月也，天子乃以犬嘗稻，先薦寢廟。季秋行夏令，則其國大水，冬藏殃敗，民多鼽嚏；行冬令，則國多盜賊，邊竟不寧，土地分裂；行春令，則煖風來至，民氣解惰，師興不居。

孟冬之月，日在尾，昏危中，旦七星中。其日壬癸。其帝顓頊，其神玄冥。其蟲介。其音羽，律中應鐘。其數六。其味鹹，其臭朽。其祀行，祭先腎。水始冰，地始凍，雉入大水爲蜃，虹藏不見。天子居玄堂左个，乘玄路，駕鐵驪，載玄旂，衣黑衣，服玄玉，食黍與彘，其器閎以奄。是月也，以立冬。先立冬三日，太史謁之天子曰：『某日立冬，盛德在水。』天子乃齊。立冬之日，天子親帥三公、九卿、大夫以迎冬於北郊，還反，賞死事，恤孤寡。是月也，命大史釁龜筴，占兆審卦吉凶，是察阿黨，則罪無有掩蔽。是月也，天子始裘。命有司曰：『天氣上騰，地氣下降，天地不通，閉塞而成冬。』命百官謹蓋藏。命司徒循行積聚，無有不斂。坏城郭，戒門閭，修鍵閉，慎管籥，固封疆，備邊竟，完要塞，謹關梁，塞徯徑。飭喪紀，辨衣裳，審棺椁之薄厚，塋丘壟之大小、高卑、薄厚之度，貴賤之等級。是月也，命工師效功，陳祭器，案度程，毋或作爲淫巧，以蕩上心，必功致爲上。物勒工名，以考其誠，功有不當，必行其罪，以窮其情。是月也，大飲烝。天子乃祈來年于天宗，大割祠于公社及門閭，臘先祖、五祀，勞農以休息之。天子乃命將帥講武，習射御、角力。是月也，乃命水虞、漁師收水泉池澤之賦，毋或敢侵削衆庶兆民，以爲天子取怨于下。其有若此者，行罪無赦。孟冬行春令，則凍閉不密，地氣上泄，民多流亡；行夏令，則國多暴風，方冬不寒，蟄蟲復出；行秋令，則雪霜不時，小兵時起，土地侵削。

仲冬之月，日在斗，昏東壁中，旦軫中。其日壬癸。其帝顓頊，其神玄冥。其蟲介。其音羽，律中黄鍾。其數六。其味鹹，其臭朽。其祀行，祭先腎。冰益壯，地始坼，鶡旦不鳴，虎始交。天子居玄堂大廟，乘玄路，駕鐵驪，載玄旂，衣黑衣，服玄玉，食黍與彘，其器閎以奄。飭死

事。命有司曰：『土事毋作，慎毋發蓋，毋發室屋及起大衆，以固而閉。地氣且泄，是謂發天地之房，諸蟄則死，民必疾疫，又隨之以喪，命之曰暢月。』是月也，命奄尹申宮令，審門閭，謹房室，必重閉，省婦事，毋得淫。雖有貴戚近習，毋有不禁。乃命大酋，秫稻必齊，麴蘖必時，湛熾必絜，水泉必香，陶器必良，火齊必得。兼用六物，大酋監之，毋有差貸。天子命有司祈祀四海、大川、名源、淵澤、井泉。是月也，農有不收藏積聚者，馬牛畜獸有放佚者，取之不詰。山林藪澤，有能取蔬食、田獵禽獸者，野虞教道之。其有相侵奪者，罪之不赦。是月也，日短至。陰陽爭，諸生蕩。君子齊戒，處必掩身，身欲寧，去聲色，禁耆欲，安形性，事欲靜，以待陰陽之所定。芸始生，荔挺出，蚯蚓結，麋角解，水泉動。日短至，則伐木，取竹箭。是月也，可以罷官之無事、去器之無用者。塗闕廷、門閭，築囹圄，此所以助天地之閉藏也。仲冬行夏令，則其國乃旱，氛霧冥冥，雷乃發聲；行秋令，則天時雨汁，瓜瓠不成，國有大兵；行春令，則蝗蟲爲敗，水泉咸竭，民多疥癘。

季冬之月，日在婺女，昏婁中，旦氐中。其日壬癸。其帝顓頊，其神玄冥。其蟲介。其音羽，律中大呂。其數六。其味鹹，其臭朽。其祀行，祭先腎。鴈北鄉，鵲始巢，雉雊，雞乳。天子居玄堂右个，乘玄路，駕鐵驪，載玄旂，衣黑衣，服玄玉，食黍與彘，其器閎以奄。命有司大難，旁磔，出土牛，以送寒氣。征鳥厲疾。乃畢山川之祀及帝之大臣、天子神祇。是月也，命漁師始漁，天子親往，乃嘗魚，先薦寢廟。冰方盛，水澤腹堅，命取冰，冰以入。令告民出五種。命農計耦耕事，修耒耜，具田器。命樂師大合吹而罷。乃命四監收秩薪柴，以共郊廟及百祀之薪燎。是月也，日窮于次，月窮于紀，星回于天，數將幾終，歲且更始，專而農民，毋有所使。天子乃與公卿大夫共飭國典，論時令，以待來歲之宜。乃命大史次諸侯之列，賦之犧牲，以共皇天、上帝、社稷之饗。乃命同姓之邦共寢廟之芻豢。命宰歷卿大夫至于庶民土田之數，而賦犧牲，以共山林名川之祀。凡在天下九州之民者，無不咸獻其力，以共皇天、上帝、社稷、寢廟、山林、名川之祀。季冬行秋令，則白露蚤降，介蟲爲妖，四鄙入保；行春令，則胎夭多傷，國多固疾，命之曰逆；行夏令，則水潦敗國，時雪不降，冰凍消釋。

天人相分論

《國語・楚語下・觀射父論絕地天通》　昭王問於觀射父，曰：『《周書》所謂重、黎寔使天地不通者，何也？若無然，民將能登天乎？』

對曰：『非此之謂也。古者民神不雜。民之精爽不攜貳者，而又能齊肅衷正，其智能上下比義，其聖能光遠宣朗，其明能光照之，其聰能聽徹之，如是則明神降之，在男曰覡，在女曰巫。是使制神之處位次主，而爲之牲器時服，而後使先聖之後之有光烈，而能知山川之號、高祖之主、宗廟之事、昭穆之世、齊敬之勤、禮節之宜、威儀之則、容貌之崇、忠信之質、禋絜之服，而敬恭明神者，以爲之祝。使名姓之後，能知四時之生、犧牲之物、玉帛之類、采服之儀、彝器之量、次主之度、屏攝之位、壇場之所、上下之神、氏姓之出，而心率舊典者爲之宗。於是乎有天地神民類物之官，是謂五官，各司其序，不相亂也。民是以能有忠信，神是以能有明德，民神異業，敬而不瀆，故神降之嘉生，民以物享，禍災不至，求用不匱。』

『及少皞之衰也，九黎亂德，民神雜糅，不可方物。夫人作享，家爲巫史，無有要質。民匱於祀，而不知其福。烝享無度，民神同位。民瀆齊盟，無有嚴威。神狎民則，不蠲其爲。嘉生不降，無物以享。禍災薦臻，莫盡其氣。顓頊受之，乃命南正重司天以屬神，命火正黎司地以屬民，使復舊常，無相侵瀆，是謂絕地天通。』

『其後，三苗復九黎之德，堯復育重、黎之後，不忘舊者，使復典之。以至於夏、商，故重、黎氏世敘天地，而別其分主者也。其在周，程伯休父其後也，當宣王時，失其官守，而爲司馬氏。寵神其祖，以取威於民，曰：「重寔上天，黎寔下地。」遭世之亂，而莫之能禦也。不然，夫天地成而不變，何比之有？』

《荀子・天論篇》　天行有常，不爲堯存，不爲桀亡。應之以治則吉，應之以亂則凶。彊本而節用，則天不能貧；養備而動時，則天不能病；修道而不貳，則天不能禍。故水旱不能使之飢渴，寒暑不能使之疾，祆怪不能使之凶。本荒而用侈，則天不能使之富；養略而動罕，則天不能使之全；倍道而妄行，則天不能使之吉。故水旱未至而飢，寒暑未薄而疾，

祆怪未至而凶。受時與治世同，而殃禍與治世異，不可以怨天，其道然也。故明於天人之分，則可謂至人矣。不爲而成，不求而得，夫是之謂天職。如是者，雖深，其人不加慮焉；雖大，不加能焉；雖精，不加察焉：夫是之謂不與天爭職。天有其時，地有其財，人有其治，夫是之謂能參。舍其所以參而願其所參，則惑矣。列星隨旋，日月遞炤，四時代御，陰陽大化，風雨博施，萬物各得其和以生，各得其養以成，不見其事而見其功，夫是之謂神。皆知其所以成，莫知其無形，夫是之謂天。唯聖人爲不求知天。天職既立，天功既成，形具而神生，好惡、喜怒、哀樂臧焉，夫是之謂天情。耳目鼻口形能，各有接而不相能也，夫是之謂天官。心居中虛以治五官，夫是之謂天君。財非其類，以養其類，夫是之謂天養。順其類者謂之福，逆其類者謂之禍，夫是之謂天政。暗其天君，亂其天官，棄其天養，逆其天政，背其天情，以喪天功，夫是之謂大凶。聖人清其天君，正其天官，備其天養，順其天政，養其天情，以全其天功。如是，則知其所爲，知其所不爲矣，則天地官而萬物役矣。其行曲治，其養曲適，其生不傷，夫是之謂知天。故大巧在所不爲，大智在所不慮。所志於天者，已其見象之可以期者矣；所志於地者，已其見宜之可以息者矣；所志於四時者，已其見數之可以事者矣；所志於陰陽者，已其見和之可以治者矣。官人守天而自爲守道也。

治亂天邪？曰：日月、星辰、《瑞曆》，是禹、桀之所同也，禹以治，桀以亂，治亂非天也。時邪？曰：繁啓蕃長於春夏，畜積收臧於秋冬，是又禹、桀之所同也，禹以治，桀以亂，治亂非時也。地邪？曰：得地則生，失地則死，是又禹、桀之所同也，禹以治，桀以亂，治亂非地也。《詩》曰：『天作高山，大王荒之，彼作矣，文王康之。』此之謂也。

天不爲人之惡寒也輟冬，地不爲人之惡遼遠也輟廣，君子不爲小人匈匈也輟行。天有常道矣，地有常數矣，君子有常體矣。君子道其常而小人計其功。《詩》曰：『何恤人之言兮！』此之謂也。

楚王後車千乘，非知也；君子啜菽飲水，非愚也；是節然也。若夫心意修，德行厚，知慮明，生於今而志乎古，則是其在我者也。故君子敬其在己者，而不慕其在天者；小人錯其在己者，而慕其在天者。君子敬其在己者而不慕其在天者，是以日進也；小人錯其在己者而慕其在天者，是以日退也。故君子之所以日進與小人之所以日退，一也。君子小人之所以相縣者在此耳。

星隊、木鳴，國人皆恐。曰：是何也？曰：無何也，是天地之變，陰陽之化，物之罕至者也，怪之可也，而畏之非也。夫日月之有蝕，風雨之不時，怪星之黨見，是無世而不常有之。上明而政平，則是雖並世起，無傷也；上闇而政險，則是雖無一至者，無益也。夫星之隊，木之鳴，是天地之變，陰陽之化，物之罕至者也，怪之可也，而畏之非也。物之已至者，人祆則可畏也。楛耕傷稼，耘耨失歲，政險失民，田薉稼惡，糴貴民飢，道路有死人，夫是之謂人祆。政令不明，舉錯不時，本事不理，夫是之謂人祆。禮義不修，內外無別，男女淫亂，則父子相疑，上下乖離，寇難並至，夫是之謂人祆。祆是生於亂，三者錯，無安國。其説甚爾，其菑甚慘。勉力不時，則牛馬相生，六畜作祆，可怪也，而不可畏也。傳曰：『萬物之怪，書不説。無用之辯，不急之察，棄而不治。』若夫君臣之義，父子之親，夫婦之別，則日切瑳而不舍也。

雩而雨，何也？曰：無何也，猶不雩而雨也。日月食而救之，天旱而雩，卜筮然後決大事，非以爲得求也，以文之也。故君子以爲文，而百姓以爲神。以爲文則吉，以爲神則凶也。

在天者莫明於日月，在地者莫明於水火，在物者莫明於珠玉，在人者莫明於禮義。故日月不高，則光暉不赫；水火不積，則暉潤不博；珠玉不睹乎外，則王公不以爲寶；禮義不加於國家，則功名不白。故人之命在天，國之命在禮。君人者隆禮尊賢而王，重法愛民而霸，好利多詐而危，權謀、傾覆、幽險而盡亡矣。大天而思之，孰與物畜而制之？從天而頌之，孰與制天命而用之？望時而待之，孰與應時而使之？因物而多之，孰與騁能而化之？思物而物之，孰與理物而勿失之也？願於物之所以生，孰與有物之所以成？故錯人而思天，則失萬物之情。

百王之無變，足以爲道貫。一廢一起，應之以貫，理貫不亂。不知貫，不知應變，貫之大體未嘗亡也。亂生其差，治盡其詳。故道之所善，中則可從，畸則不可爲，匿則大惑。水行者表深，表不明則陷；治民者表道，表不明則亂。禮者，表也。非禮，昬世也。昬世，大亂也。故道無不明，外內異表，隱顯有常，民陷乃去。

萬物爲道一偏，一物爲萬物一偏，愚者爲一物一偏，而自以爲知道，無知也。慎子有見於後，無見於先；老子有見於詘，無見於信；墨子有見於齊，無見於畸；宋子有見於少，無見於多。有後而無先，則羣衆無門；有詘而無信，則貴賤不分；有齊而無畸，則政令不施；有少而無多，則羣衆不化。《書》曰：『無有作好，遵王之道；無有作惡，遵王之路。』此之謂也。

人性論分部

論說

性情論

《上博楚簡・性情》　凡人雖有性，心亡定志，待物而後作，待悅而後行，待習而後定。喜怒哀悲之氣，性也。及其見於外，則物取之。［性］自命出，命自天降。道始於情，情生於性。始者近情，終者近義。知情者能出之，知義者能入［之。好惡］［者，性也；所］好惡，物也。善不善，性也；所善所不善，勢也。

凡性爲主，物取之也。金石之有聲也，弗扣不鳴。［人之雖有性心，弗取不出。

凡心有志也，亡與不可。人之不可獨行，猶口之不可獨言也。牛生而長，雁生而伸，其性使然，人而學或使之也。

凡物亡不異也者，剛之樹也，剛取之也；柔之約也，柔取之也。四［海之］內，其性一也，其用心各異，教使然也。

凡性，或動之，或逆之，或交之，或厲之，或絀［之］，［或養之］，或長之。

凡動性者，物也；逆性者，悅也；交性者，故也；厲性者，義也；絀性者，勢也；養性者，習也；長性者，道也。

凡見者之謂物，快於己者之謂悅，物之設者之謂勢，有爲也［者］之謂故。義也者，羣善之蕝也。習也者，有以習其性也。道也者，羣物之道也。

凡道，心爲主。道四術也，唯人道爲可道也。其三術者，道之而已。詩書禮樂，其始出也，皆生於人。詩，有爲爲之也。書，有爲言之也。禮樂，有爲舉之也。聖人比其類而論會之，觀其先後而逆順之，體其義而節文之，理其情而出入之，然後復以教。教所以生德於中者也。禮［作於］情，或興之也。當事因方而制之，其先後之序則宜道也。又序爲之節，則文也。［致］容貌所以文，節也。君子美其情，貴其義，善其節，好其容，樂其道，悅其教，是以敬焉。拜，［所以□□］□其[illegible]敏也。幣帛，所以爲信與徵也，其辭宜道也。笑，喜之淺澤也。樂，喜之［深澤也。凡］聲，其出於情也信，然後其入撥人之心也夠。聞笑聲，則鮮如也斯喜。聞歌謠，［則陶如也斯］奮。聽琴瑟之聲，則悸如也斯歎。觀《賚》、《武》，則懠如也斯作。觀［《韶》、《夏》，則勉］［如也斯儉］。永思而動心，喟如也。其居次也久，其反善復始也慎，其出入也順，始其德［也。鄭衛］［之樂，非其］聲而從之也。【略】

凡［至樂］必悲，哭亦悲，皆至其情也。哀、樂，其性相近也，是故其心不遠。哭之動心也，浸焊，其［烈］戀戀如也，慼然以終。樂之動心也，濬深鬱陶，其烈流如也以悲，悠然以思。

凡憂思而後悲，［凡］樂思而後忻，凡思之用心爲甚。歎，思之方也。其聲變，則心從之矣。其心變，則其聲亦然。［凡吟，遊哀也］；噪，遊樂也；啾，游聲也；嘔，遊心也。

凡人情爲可悅也。苟以其情，雖過不惡。不以［其］情，雖難不貴。未言而信，有美情者也。未教而民恒，性善者也。未賞［而民勸，貪福者也］。［未刑］而民畏，有心畏者也。賤而民貴之，有德者也。貧而民聚焉，有道者也。獨居而樂，有內動者也。惡之而不可非者，達於義者也。非之而不可惡者，篤於仁者也。行之而不過，知道者［也］。不知己者不怨人，苟有其情，雖未之爲，斯人信之矣。未言［而信也，聞道反上，上交者也］。［聞道反下，下交］者也。聞道反己，修身者也。上交近事君，下交得衆近從政，修身近至仁。同方而交，以道者也。不同方而交，以故

者也。［同悦］而交，以德者也。不同悦而交，以猷者也。門內之治，欲其逸也。［門］外之治，欲其制也。

凡身欲静而勿羡，用心欲德而毋僞，慮欲淵而毋□，退欲肅而毋輕，［進］欲隨而有禮，言欲直而毋流，居處欲逸易而毋縵。君子執志必有夫柱柱之心，出言必有夫柬柬［之信］，賓客之禮必有夫齊齊之容，祭祀之禮必有夫臍臍之敬，居喪必有夫戀戀之哀。

凡悦人勿吝［也］，身必從之，言及則明舉之而毋僞。

凡交毋烈，必使有末。

凡於道路毋思，毋獨言獨居，則習［父］兄之所樂，苟毋害少枉，人之可也。已則勿復言也。

凡憂患之事欲任，樂事欲後。

凡教者求其心有僞也，弗得之矣。人之不能以僞也，可知也。不過十［舉，其心必在焉。察其見者，情焉失哉］？□，義之方也。義，敬之方也。敬，物之節也。篤，仁之方也。仁，性之方也，性或生之。［忠，信者，情之方也］，情出於性，愛類七，唯性愛爲近仁。智類五，唯義道爲近忠。惡類三，唯惡不仁爲［近義］。［爲道者四，唯人］道爲可道也。

凡用心之忭者，思爲甚。用智之疾者，患爲甚。用情之至［者，哀］樂爲甚。用身之忭者，悦爲甚。用力之盡者，利爲甚。目之好色，耳之樂聲，鬱陶之氣也，不［難］爲之死。有其爲人之侃侃如也，不有夫柬柬之心則采。有其爲人之柬柬如也，不有夫恒忻之志則縵。人之［巧］言利辭者，不有夫詘詘之心則流。人之豩然可與和安者，不有夫奮作之情則侮。有其爲人之快如也，弗牧不可。有其爲人之［葲］如也，弗輔不足。

凡人僞爲可惡也，僞斯吝矣，吝斯慮矣，慮斯莫與之結。慎，慮之方也，然而其過不惡。速，謀之方也，有過則咎。人不慎，［斯］有過，信矣。

人道論

《禮記·大傳》 上治祖禰，尊尊也。下治子孫，親親也。旁治昆弟，合族以食，序以昭繆，別之以禮義，人道竭矣。

聖人南面而聽天下，所且先者五，民不與焉：一曰治親，二曰報功，三曰舉賢，四曰使能，五曰存愛。五者一得於天下，民無不足，無不贍者。五者一物紕繆，民莫得其死。聖人南面而治天下，必自人道始矣。

立權度量，考文章，改正朔，易服色，殊徽號，異器械，別衣服，此其所得與民變革者也。其不可得變革者則有矣，親親也，尊尊也，長長也，男女有別，此其不可得與民變革者也。

同姓從宗，合族屬；異姓主名，治際會。名著而男女有別。其夫屬乎父道者，妻皆母道也；其夫屬乎子道者，妻皆婦道也。謂弟之妻婦者，是嫂亦可謂之母乎？名者，人治之大者也，可無慎乎！【略】

自仁率親，等而上之至于祖，自義率祖，順而下之至於禰，是故人道親親也。親親故尊祖，尊祖故敬宗，敬宗故收族，收族故宗廟嚴，宗廟嚴故重社稷，重社稷故愛百姓，愛百姓故刑罰中，刑罰中故庶民安，庶民安故財用足，財用足故百志成，百志成故禮俗刑，禮俗刑然後樂。《詩》云：『不顯不承，無斁於人斯。』此之謂也。

人性因於外物論

《禮記·王制》 凡居民材，必因天地寒煖燥濕。廣谷大川異制，民生其間者異俗，剛柔、輕重、遲速異齊，五味異和，器械異制，衣服異宜。脩其教，不易其俗；齊其政，不易其宜。

中國戎夷五方之民，皆有性也，不可推移。東方曰夷，被髮文身，有不火食者矣。南方曰蠻，雕題交趾，有不火食者矣。西方曰戎，被髮衣皮，有不粒食者矣。北方曰狄，衣羽毛穴居，有不粒食者矣。中國、夷、蠻、戎、狄，皆有安居、和味、宜服、利用、備器。五方之民，言語不通，嗜欲不同。達其志，通其欲，東方曰寄，南方曰象，西方曰狄鞮，北方曰譯。

又《禮運》 故人者，其天地之德，陰陽之交，鬼神之會，五行之秀氣也。故天秉陽，垂日星；地秉陰，竅於山川。播五行於四時，和而後月生也，是以三五而盈，三五而闕。五行之動，迭相竭也。五行、四時、十二月，還相爲本也。五聲、六律、十二管，還相爲宮也。五味、六和、十二食，還相爲質也。五色、六章、十二衣，還相爲質也。故人者，天地之心也，五行之端也，食味、別聲，被色而生者也。

人性本於自然論

《郭店楚簡・物由望生》　察天道以化民氣。凡有血氣者，皆有喜有怒，有慎有莊。其體有容，有色有聲，有嗅有味，有氣有志。凡物有本有[illegible]，有終有始。容色，目司也。聲，耳司也。嗅，鼻司也。味，口司也。氣，容司也。志，心司也。

《列子・湯問》　南國之人祝髮而裸，北國之人鞨巾而裘，中國之人冠冕而裳。九土所資，或農或商，或田或漁；如冬裘夏葛，水舟陸車。默而得之，性而成之。越之東有輒沐之國，其長子生，則鮮而食之，謂之宜弟。其大父死，負其大母而棄之，曰：鬼妻不可以同居處。楚之南有炎人之國，其親戚死，⿰歹丂其肉而棄之，然後埋其骨，迺成爲孝子。秦之西有儀渠之國者，其親戚死，聚柴積而焚之。燻則煙上，謂之登遐，然後成爲孝子。此上以爲政，下以爲俗，而未足爲異也。

人性本善論

《孟子・公孫丑上》　孟子曰：『人皆有不忍人之心。先王有不忍人之心，斯有不忍人之政矣。以不忍人之心，行不忍人之政，治天下可運之掌上。所以謂人皆有不忍人之心者，今人乍見孺子將入於井，皆有怵惕惻隱之心，非所以内交於孺子之父母也，非所以要譽於鄉黨朋友也，非惡其聲而然也。由是觀之，無惻隱之心，非人也；無羞惡之心，非人也；無辭讓之心，非人也；無是非之心，非人也。惻隱之心，仁之端也；羞惡之心，義之端也；辭讓之心，禮之端也；是非之心，智之端也。人之有是四端也，猶其有四體也。有是四端而自謂不能者，自賊者也；謂其君不能者，賊其君者也。凡有四端於我者，知皆擴而充之矣，若火之始然，泉之始達。苟能充之，足以保四海；苟不充之，不足以事父母。』

又《告子上》　告子曰：『性猶杞柳也，義猶桮棬也；以人性爲仁義，猶以杞柳爲桮棬。』

孟子曰：『子能順杞柳之性而以爲桮棬乎？將戕賊杞柳而後以爲桮棬也？如將戕賊杞柳而以爲桮棬，則亦將戕賊人以爲仁義與？率天下之人而禍仁義者，必子之言夫！』

告子曰：『性猶湍水也，決諸東方則東流，決諸西方則西流。人性之無分於善不善也，猶水之無分於東西也。』

孟子曰：『水信無分於東西，無分於上下乎？人性之善也，猶水之就下也。人無有不善，水無有不下。今夫水，搏而躍之，可使過顙；激而行之，可使在山。是豈水之性哉？其勢則然也。人之可使爲不善，其性亦猶是也。』

告子曰：『生之謂性。』

孟子曰：『生之謂性也，猶白之謂白與？』

曰：『然。』

『白羽之白也，猶白雪之白；白雪之白猶白玉之白與？』

曰：『然。』

『然則犬之性猶牛之性，牛之性猶人之性與？』

告子曰：『食色，性也。仁，内也，非外也；義，外也，非内也。』

孟子曰：『何以謂仁内義外也？』

曰：『彼長而我長之，非有長於我也；猶彼白而我白之，從其白於外也，故謂之外也。』

曰：『異於白馬之白也，無以異於白人之白也；不識長馬之長也，無以異於長人之長與？且謂長者義乎？長之者義乎？』

曰：『吾弟則愛之，秦人之弟則不愛也，是以我爲悅者也，故謂之内。長楚人之長，亦長吾之長，是以長爲悅者也，故謂之外也。』

曰：『耆秦人之炙，無以異於耆吾炙，夫物則亦有然者也，然則耆炙亦有外歟？』

孟季子問公都子曰：『何以謂義内也？』

曰：『行吾敬，故謂之内也。』

『鄉人長於伯兄一歲，則誰敬？』

曰：『敬兄。』

『酌則誰先？』

曰：『先酌鄉人。』

『所敬在此，所長在彼，果在外，非由内也。』

公都子不能答，以告孟子。

孟子曰：『敬叔父乎？敬弟乎？彼將曰，「敬叔父。」曰，「弟爲尸，則誰敬？」彼將曰，「敬弟。」子曰，「惡在其敬叔父也？」彼將曰，「在位故也。」子亦曰，「在位故也。庸敬在兄，斯須之敬在鄉人。」』

季子聞之，曰：『敬叔父則敬，敬弟則敬，果在外，非由内也。』

公都子曰：『冬日則飲湯，夏日則飲水，然則飲食亦在外也？』

公都子曰：『告子曰：「性無善無不善也。」或曰：「性可以爲善，可以爲不善；是故文武興，則民好善；幽厲興，則民好暴。」或曰：「有性善，有性不善；是故以堯爲君而有象；以瞽瞍爲父而有舜；以紂爲兄之子，且以爲君，而有微子啓、王子比干。」今曰「性善」，然則彼皆非與？』

孟子曰：『乃若其情，則可以爲善矣，乃所謂善也。若夫爲不善，非才之罪也。惻隱之心，人皆有之；羞惡之心，人皆有之；恭敬之心，人皆有之；是非之心，人皆有之。惻隱之心，仁也；羞惡之心，義也；恭敬之心，禮也；是非之心，智也。仁義禮智，非由外鑠我也，我固有之也，弗思耳矣。故曰，「求則得之，舍則失之。」或相倍蓰而無算者，不能盡其才者也。《詩》曰，「天生蒸民，有物有則。民之秉彝，好是懿德。」孔子曰：「爲此詩者，其知道乎！故有物必有則；民之秉彝也，故好是懿德。」』

孟子曰：『富歲，子弟多賴；凶歲，子弟多暴，非天之降才爾殊也，其所以陷溺其心者然也。今夫麰麥，播種而耰之，其地同，樹之時又同，浡然而生，至於日至之時，皆熟矣。雖有不同，則地有肥磽，雨露之養、人事之不齊也。故凡同類者，舉相似也，何獨至於人而疑之？聖人，與我同類者。故龍子曰：「不知足而爲屨，我知其不爲蕢也。」屨之相似，天下之足同也。口之於味，有同耆也；易牙先得我口之所耆者也。如使口之於味也，其性與人殊，若犬馬之與我不同類也，則天下何耆皆從易牙之於味也？至於味，天下期於易牙，是天下之口相似也。惟耳亦然。至於聲，天下期於師曠，是天下之耳相似也。惟目亦然。至於子都，天下莫不知其姣也。不知子都之姣者，無目者也。故曰，口之於味也，有同耆焉；耳之於聲也，有同聽焉；目之於色也，有同美焉。至於心，獨無所同然乎？心之所同然者何也？謂理也，義也。聖人先得我心之所同然耳。故理義之悅我心，猶芻豢之悅我口。』

孟子曰：『牛山之木嘗美矣，以其郊於大國也，斧斤伐之，可以爲美乎？是其日夜之所息，雨露之所潤，非無萌蘖之生焉，牛羊又從而牧之，是以若彼濯濯也。人見其濯濯也，以爲未嘗有材焉，此豈山之性也哉？雖存乎人者，豈無仁義之心哉？其所以放其良心者，亦猶斧斤之於木也，旦旦而伐之，可以爲美乎？其日夜之所息，平旦之氣，其好惡與人相近也者幾希，則其旦晝之所爲，有梏亡之矣。梏之反覆，則其夜氣不足以存；夜氣不足以存，則其違禽獸不遠矣。人見其禽獸也，而以爲未嘗有才焉者，是豈人之情也哉？故苟得其養，無物不長；苟失其養，無物不消。孔子曰：「操則存，舍則亡；出入無時，莫知其鄉。」惟心之謂與？』【略】

孟子曰：『魚，我所欲也，熊掌亦我所欲也；二者不可得兼，舍魚而取熊掌者也。生亦我所欲也，義亦我所欲也；二者不可得兼，舍生而取義者也。生亦我所欲，所欲有甚於生者，故不爲苟得也；死亦我所惡，所惡有甚於死者，故患有所不辟也。如使人之所欲莫甚於生，則凡可以得生者，何不用也？使人之所惡莫甚於死者，則凡可以辟患者，何不爲也？由是則生而有不用也，由是則可以辟患而有不爲也，是故所欲有甚於生者，所惡有甚於死者。非獨賢者有是心也，人皆有之，賢者能勿喪耳。一簞食，一豆羹，得之則生，弗得則死，嘑爾而與之，行道之人弗受；蹴爾而與之，乞人不屑也。萬鍾則不辯禮義而受之。萬鍾於我何加焉？爲宫室之美、妻妾之奉、所識窮乏者得我與？鄉爲身死而不受，今爲宫室之美爲之；鄉爲身死而不受，今爲妻妾之奉爲之；鄉爲身死而不受，今爲所識窮乏者得我而爲之，是亦不可以已乎？此之謂失其本心。』

孟子曰：『仁，人心也；義，人路也。舍其路而弗由，放其心而不知求，哀哉！人有雞犬放，則知求之；有放心而不知求。學問之道無他，求其放心而已矣。』【略】

孟子曰：『人之於身也，兼所愛。兼所愛，則兼所養也。無尺寸之膚不愛焉，則無尺寸之膚不養也。所以考其善不善者，豈有他哉？於己取之而已矣。體有貴賤，有小大。無以小害大，無以賤害貴。養其小者爲小人，養其大者爲大人。今有場師，舍其梧檟，養其樲棘，則爲賤場師焉。

養其一指而失其肩背，而不知也，則爲狼疾人也。飲食之人，則人賤之矣，爲其養小以失大也。飲食之人無有失也，則口腹豈適爲尺寸之膚哉？』

公都子問曰：『鈞是人也，或爲大人，或爲小人，何也？』

孟子曰：『從其大體爲大人，從其小體爲小人。』

曰：『鈞是人也，或從其大體，或從其小體，何也？』

曰：『耳目之官不思，而蔽於物。物交物，則引之而已矣。心之官則思，思則得之，不思則不得也。此天之所與我者。先立乎其大者，則其小者不能奪也。此爲大人而已矣。』

孟子曰：『有天爵者，有人爵者。仁義忠信，樂善不倦，此天爵也；公卿大夫，此人爵也。古之人修其天爵，而人爵從之。今之人修其天爵，以要人爵；旣得人爵，而棄其天爵，則惑之甚者也，終亦必亡而已矣。』

又《告子下》 曹交問曰：『人皆可以爲堯舜，有諸？』

孟子曰：『然。』

『交聞文王十尺，湯九尺，今交九尺四寸以長，食粟而已，如何則可？』

曰：『奚有於是？亦爲之而已矣。有人於此，力不能勝一匹雛，則爲無力人矣；今日舉百鈞，則爲有力人矣。然則舉烏獲之任，是亦爲烏獲而已矣。夫人豈以不勝爲患哉？弗爲耳。徐行後長者謂之弟，疾行先長者謂之不弟。夫徐行者，豈人所不能哉？所不爲也。堯舜之道，孝弟而已矣。子服堯之服，誦堯之言，行堯之行，是堯而已矣。子服桀之服，誦桀之言，行桀之行，是桀而已矣。』

人性本惡論

《荀子·性惡篇》 人之性惡，其善者僞也。今人之性，生而有好利焉，順是，故爭奪生而辭讓亡焉；生而有疾惡焉，順是，故殘賊生而忠信亡焉；生而有耳目之欲，有好聲色焉，順是，故淫亂生而禮義文理亡焉。然則從人之性，順人之情，必出於爭奪，合於犯分亂理而歸於暴。故必將有師法之化，禮義之道，然後出於辭讓，合於文理，而歸於治。用此觀之，然則人之性惡明矣，其善者僞也。故枸木必將待檃栝、烝、矯然後直，鈍金必將待礱、厲然後利。今人之性惡，必將待師法然後正，得禮義然後治。今人無師法則偏險而不正，無禮義則悖亂而不治。古者聖王以人之性惡，以爲偏險而不正，悖亂而不治，是以爲之起禮義，制法度，以矯飾人之情性而正之，以擾化人之情性而導之也。始皆出於治，合於道者也。今之人，化師法，積文學，道禮義者爲君子；縱性情，安恣睢，而違禮義者爲小人。用此觀之，然則人之性惡明矣，其善者，僞也。孟子曰：『人之學者，其性善。』曰：是不然。是不及知人之性，而不察乎人之性、僞之分者也。凡性者，天之就也，不可學，不可事；禮義者，聖人之所生也，人之所學而能，所事而成者也。不可學、不可事而在人者謂之性，可學而能、可事而成之在人者謂之僞。是性、僞之分也。今人之性，目可以見，耳可以聽。夫可以見之明不離目，可以聽之聰不離耳，目明而耳聰，不可學明矣。孟子曰：『今人之性善，將皆失喪其性故也。』曰：若是，則過矣。今人之性，生而離其朴，離其資，必失而喪之。用此觀之，然則人之性惡明矣。所謂性善者，不離其朴而美之，不離其資而利之也。使夫資朴之於美，心意之於善，若夫可以見之明不離目，可以聽之聰不離耳，故曰目明而耳聰也。今人之性，饑而欲飽，寒而欲煖，勞而欲休，此人之情性也。今人饑，見長而不敢先食者，將有所讓也；勞而不敢求息者，將有所代也。夫子之讓乎父，弟之讓乎兄，子之代乎父，弟之代乎兄，此二行者，皆反於性而悖於情也。然而孝子之道，禮義之文理也。故順情性則不辭讓矣，辭讓則悖於情性矣。用此觀之，然則人之性惡明矣，其善者僞也。

問者曰：『人之性惡，則禮義惡生？』應之曰：凡禮義者，是生於聖人之僞，非故生於人之性也。故陶人埏埴而爲器，然則器生於工人之僞，非故生於人之性也。故工人斲木而成器，然則器生於工人之僞，非故生於人之性也。聖人積思慮，習僞故，以生禮義而起法度，然則禮義法度者，是生於聖人之僞，非故生於人之性也。若夫目好色，耳好聽，口好味，心好利，骨體膚理好愉佚，是皆生於人之情性者也，感而自然，不待事而後生之者也。夫感而不能然，必且待事而後然者，謂之生於僞。是性、僞之所生，其不同之徵也。故聖人化性而起僞，僞起而生禮義，禮義生而制法度。然則禮義法度者，是聖人之所生也。故聖人之所以同於衆，

其不異於衆者，性也；所以異而過衆者，僞也。夫好利而欲得者，此人之情性也。假之人有弟兄資財而分者，且順情性，好利而欲得，若是，則兄弟相拂奪矣；且化禮義之文理，若是則讓乎國人矣。故順情性則弟兄爭矣，化禮義則讓乎國人矣。凡人之欲爲善者，爲性惡也。夫薄願厚，惡願美，狹願廣，貧願富，賤願貴，苟無之中者，必求於外；故富而不願財，貴而不願埶，苟有之中者，必不及於外。用此觀之，人之欲爲善者，爲性惡也。今人之性，固無禮義，故彊學而求有之也；性不知禮義，故思慮而求知之也。然則生而已，則人無禮義，不知禮義。人無禮義則亂，不知禮義則悖。然則生而已，則悖亂在己。用此觀之，人之性惡明矣，其善者僞也。

孟子曰：『人之性善。』曰：是不然。凡古今天下之所謂善者，正理平治也；所謂惡者，偏險悖亂也。是善惡之分也已。今誠以人之性固正理平治邪？則有惡用聖王，惡用禮義矣哉！雖有聖王禮義，將曷加於正理平治也哉！今不然，人之性惡。故古者聖人以人之性惡，以爲偏險而不正，悖亂而不治，故爲之立君上之埶以臨之，明禮義以化之，起法正以治之，重刑罰以禁之，使天下皆出於治，合於善也。是聖王之治，而禮義之化也。今當試去君上之埶，無禮義之化，去法正之治，無刑罰之禁，倚而觀天下民人之相與也，若是，則夫彊者害弱而奪之，衆者暴寡而譁之，天下之悖亂而相亡不待頃矣。用此觀之，然則人之性惡明矣，其善者僞也。故善言古者必有節於今，善言天者必有徵於人。凡論者，貴其有辨合，有符驗，故坐而言之，起而可設，張而可施行。今孟子曰：『人之性善』，無辨合符驗，坐而言之，起而不可設，張而不可施行，豈不過甚矣哉！故性善則去聖王，息禮義矣；性惡則與聖王，貴禮義矣。故檃栝之生，爲枸木也；繩墨之起，爲不直也；立君上，明禮義，爲性惡也。用此觀之，然則人之性惡明矣，其善者僞也。直木不待檃栝而直者，其性直也；枸木必將待檃栝、烝、矯然後直者，以其性不直也。今人之性惡，必將待聖王之治，禮義之化，然後皆出於治，合於善也。用此觀之，然則人之性惡明矣，其善者僞也。

問者曰：『禮義積僞者，是人之性，故聖人能生之也。』應之曰：是不然。夫陶人埏埴而生瓦，然則瓦埴豈陶人之性也哉？工人斲木而生器，然則器木豈工人之性也哉？夫聖人之於禮義也，辟則陶埏而生之也，然則禮義積僞者，豈人之本性也哉？凡人之性者，堯、舜之與桀、跖，其性一也；君子之與小人，其性一也。今將以禮義積僞爲人之性邪？然則有曷貴堯、禹，曷貴君子矣哉？凡所貴堯、禹、君子者，能化性，能起僞，僞起而生禮義。然則聖人之於禮義積僞也，亦猶陶埏而生之也。用此觀之，然則禮義積僞者，豈人之性也哉？所賤於桀、跖、小人者，從其性，順其情，安恣睢，以出乎貪利爭奪。故人之性惡明矣，其善者僞也。天非私曾、騫、孝已而外衆人也，然而曾、騫、孝已獨厚於孝之實而全於孝之名者，何也？以綦於禮義故也。天非私齊、魯之民而外秦人也，然而於父子之義，夫婦之别，不如齊、魯之孝具敬父者，何也？以秦人之從情性，安恣睢，慢於禮義故也。豈其性異矣哉？

『塗之人可以爲禹』，曷謂也？曰：凡禹之所以爲禹者，以其爲仁義法正也。然則仁義法正有可知可能之理，然而塗之人也，皆有可以知仁義法正之質，皆有可以能仁義法正之具，然則其可以爲禹明矣。今以仁義法正爲固無可知可能之理邪？然則唯禹不知仁義法正，不能仁義法正也。將使塗之人固無可以知仁義法正之質，而固無可以能仁義法正之具邪？然則塗之人也，且內不可以知父子之義，外不可以知君臣之正。不然。今塗之人者，皆內可以知父子之義，外可以知君臣之正，然則其可以知之質，可以能之具，其在塗之人明矣。今使塗之人者以其可以知之質，可以能之具，本夫仁義之可知之理，可能之具，然則其可以爲禹明矣。今使塗之人伏術爲學，專心一志，思索孰察，加日縣久，積善而不息，則通於神明，參於天地矣。故聖人者，人之所積而致矣。曰：『聖可積而致，然而皆不可積，何也？』曰：可以而不可使也。故小人可以爲君子而不肯爲君子，君子可以爲小人而不肯爲小人。小人、君子者，未嘗不可以相爲也，然而不相爲者，可以而不可使也。故塗之人可以爲禹則然，塗之人能爲禹，未必然也。雖不能爲禹，無害可以爲禹。足可以偏行天下，然而未嘗有能偏行天下者也。夫工匠、農、賈，未嘗不可以相爲事也，然而未嘗能相爲事也。用此觀之，然則可以爲，未必能也；雖不能，無害可以爲。然則能不能之與可不可，其不同遠矣，其不可以相爲明矣。堯問於舜曰：『人情何如？』舜對曰：『人情甚不美，又何問焉？妻子具而孝衰於親，

嗜欲得而信衰於友，爵祿盈而忠衰於君。人之情乎！人之情乎！甚不美，又何問焉？』唯賢者爲不然。有聖人知之者，有士君子之知者，有小人之知者，有役夫之知者；多言則文而類，終日議其所以，言之千舉萬變，其統類一也，是聖人之知也。少言則徑而省，論而法，若佚之以繩，是士君子之知也。其言也謟，其行也悖，其舉事多悔，是小人之知也。齊給、便敏而無類，雜能、旁魄而無用，析速、粹孰而不急，不恤是非，不論曲直，以期勝人爲意，是役夫之知也。有上勇者，有中勇者，有下勇者；天下有中，敢直其身；先王有道，敢行其意；上不循於亂世之君，下不俗於亂世之民；仁之所在無貧窮，仁之所亡無富貴；天下知之，則欲與天下同苦樂之，天下不知之，則傀然獨立天地之間而不畏；是上勇也。禮恭而意儉，大齊信焉而輕貨財，賢者敢推而尚之，不肖者敢援而廢之，是中勇也。輕身而重貨，恬禍而廣解，苟免，不恤是非、然不然之情，以期勝人爲意，是下勇也。繁弱、鉅黍，古之良弓也，然而不得排檠則不能自正。桓公之葱，大公之闕，文王之禄，莊君之曶，闔閭之干將、莫邪、鉅闕、辟閭，此皆古之良劍也，然而不加砥厲則不能利，不得人力則不能斷。驊騮、騹、驥、纖離、绿耳，此皆古之良馬也，然而前必有銜轡之制，後有鞭策之威，加之以造父之駛，然後一日而致千里也。夫人雖有性質美而心辯知，必將求賢師而事之，擇良友而友之。得賢師而事之，則所聞者堯、舜、禹、湯之道也；得良友而友之，則所見者忠信敬讓之行也。身日進於仁義而不自知也者，靡使然也。今與不善人處，則所聞者欺誣詐僞也，所見者汙漫、淫邪、貪利之行也，身且加於刑戮而不自知者，靡使然也。傳曰：『不知其子視其友，不知其君視其左右。』靡而已矣，靡而已矣。

人情惡侮論

《荀子·正論篇》　子宋子曰：『明見侮之不辱。使人不鬬。人皆以見侮爲辱，故鬬也；知見侮之爲不辱，則不鬬矣。』應之曰：然則亦以人之情爲不惡侮乎？曰：『惡而不辱也。』曰：若是，則必不得所求焉。凡人之鬬也，必以其惡之爲説，非以其辱之爲故也。今俳優、侏儒、狎徒詈侮而不鬬者，是豈鉅知見侮之爲不辱哉？然而不鬬者，不惡故也。今人或入其央瀆，竊其豬彘，則援劍戟而逐之，不避死傷，是豈以喪豬爲辱也哉？然而不憚鬬者，惡之故也。雖以見侮爲辱也，不惡則不鬬；雖知見侮爲不辱，惡之則必鬬。然則鬬與不鬬邪，亡於辱之與不辱也，乃在於惡之與不惡也。夫今子宋子不能解人之惡侮，而務説人以勿辱也，豈不過甚矣哉！金舌弊口，猶將無益也。不知其無益則不知；知其無益也，直以欺人則不仁。不仁不知，辱莫大焉。將以爲有益於人，則與無益於人也，則得大辱而退耳。説莫病是矣。子宋子曰：『見侮不辱。』應之曰：凡議，必將立隆正然後可也。無隆正，則是非不分而辨訟不決。故所聞曰：『天下之大隆，是非之封界，分職名象之所起，王制是也。』故凡言議期命，是非以聖王爲師，而聖王之分，榮辱是也。是有兩端矣：有義榮者，有埶榮者；有義辱者，有埶辱者。志意修，德行厚，知慮明，是榮之由中出者也，夫是之謂義榮。爵列尊，貢禄厚，形埶勝，上爲天子諸侯，下爲卿相士大夫，是榮之從外至者也，夫是之謂埶榮。流淫、汙僈，犯分、亂理，驕暴、貪利，是辱之由中出者也，夫是之謂義辱。詈侮捽搏，捶笞、臏腳，斬、斷、枯、磔，藉、靡、舌縪，是辱之由外至者也，夫是之謂埶辱。是榮辱之兩端也。故君子可以有埶辱，而不可以有義辱；小人可以有埶榮，而不可以有義榮。有埶辱無害爲堯，有埶榮無害爲桀。義榮、埶榮，唯君子然後兼有之；義辱、埶辱，唯小人然後兼有之。是榮辱之分也。聖王以爲法，士大夫以爲道，官人以爲守，百姓以爲成俗，萬世不能易也。

今子宋子案不然，獨詘容爲己，慮一朝而改之，説必不行矣。譬之是猶以塼塗塞江海也，以焦僥而戴太山也，蹎跌碎折不待頃矣。二三子之善於子宋子者，殆不若止之，將恐得傷其體也。子宋子曰：『人之情，欲寡，而皆以己之情爲欲多，是過也。』故率其羣徒，辨其談説，明其譬稱，將使人知情欲之寡也。應之曰：然則亦以人之情爲欲。目不欲綦色，耳不欲綦聲，口不欲綦味，鼻不欲綦臭，形不欲綦佚。此五綦者，亦以人之情爲不欲乎？曰：『人之情欲是已。』曰：若是，則説必不行矣。以人之情爲欲此五綦者而不欲多，譬之是猶以人之情爲欲富貴而不欲貨也，好美而惡西施也。古之人爲之不然。以人之情爲欲多而不欲寡，故賞以富厚而罰以殺損也，是百王之所同也。故上賢禄天下，次賢禄一國，下賢祿田邑，願慤

之民完衣食。今子宋子以是之情爲欲寡而不欲多也，然則先王以人之所不欲者賞而以人之所欲者罰邪？亂莫大焉。今子宋子嚴然而好説，聚人徒，立師學，成文曲，然而説不免於以至治爲至亂也，豈不過甚矣哉！

人性好利論

《韓非子・解老》 人有欲則計會亂，計會亂而有欲甚，有欲甚則邪心勝，邪心勝則事經絶，事經絶則禍難生。由是觀之，禍難生於邪心，邪心誘於可欲。可欲之類，進則教良民爲姦，退則令善人有禍。姦起則上侵弱君，禍至則民人多傷。然則可欲之類，上侵弱君而下傷人民。夫上侵弱君而下傷人民者，大罪也。故曰：『禍莫大於可欲。』是以聖人不引五色，不淫於聲樂，明君賤玩好而去淫麗。人無毛羽，不衣則不犯寒。上不屬天，而下不著地，以腸胃爲根本，不食則不能活。是以不免於欲利之心，欲利之心不除，其身之憂也。故聖人衣足以犯寒，食足以充虛，則不憂矣。衆人則不然，大爲諸侯，小餘千金之資，其欲得之憂不除也，胥靡有免，死罪時活，今不知足者之憂，終身不解，故曰：『禍莫大於不知足。』故欲利甚於憂，憂則疾生，疾生而智慧衰，智慧衰則失度量，失度量則妄舉動，妄舉動則禍害至，禍害至而疾嬰內，疾嬰內則痛禍薄外，痛禍薄外則苦痛雜於腸胃之間，苦痛雜於腸胃之間則傷人也憯，憯則退而自咎，退而自咎也生於欲利，故曰：『咎莫憯於欲利。』

人性可變論

《郭店楚簡・性・上》 凡人雖有性，心無定志，待物而後作，待悦而後行，待習而後定。喜怒哀悲之氣，性也。及其見於外，則物取之也。性自命出，命自天降。道始於情，情生於性。始者近情，終者近義。知情［者能］出之，知義者能入之。好惡，性也。所好所惡，物也。善不［善，性也］。所善所不善，勢也。

凡性爲主，物取之也。金石之有聲，［弗扣不］［鳴。人之］雖有性心，弗取不出。

凡心有志也，無與不［可。人之不可］獨行，猶口之不可獨言也。牛生而長，雁生而伸，其性［使然，人］而學或使之也。

凡物無不異也者，剛之樹也，剛取之也；柔之約，柔取之也。四海之內，其性一也，其用心各異，教使然也。

凡性，或動之，或逆之，或交之，或厲之，或絀之，或養之，或長之。

凡動性者，物也；逆性者，悦也；交性者，故也；厲性者，義也；絀性者，勢也；養性者，習也；長性者，道也。

凡見者之謂物，快於己者之謂悦，物之設者之謂勢，有爲也者之謂故。義也者，羣善之蕝也。習也者，有以習其性也。道者，羣物之道。

凡道，心術爲主。道四術，唯人道爲可道也。其三術者，道之而已。詩書禮樂，其始出皆生於人。詩，有爲爲之也。書，有爲言之也。禮樂，有爲舉之也。聖人比其類而論會之，觀其先後而逆訓之，體其義而節文之，理其情而出入之，然後復以教。教所以生德於中者也。禮作於情，或興之也。當事因方而制之，其先後之序則宜道也。又序爲之節，則文也。致容貌所以文，節也。君子美其情，貴［其義］，善其節，好其容，樂其道，悦其教，是以敬焉。拜，所以［□□□］其口敏也。幣帛，所以爲信與徵也，其辭宜道也。笑，禮之淺澤也。樂，禮之深澤也。

凡聲其出於情也信，然後其入撥人之心也夠。聞笑聲，則鮮如也斯喜。聞歌謠，則陶如也斯奮。聽琴瑟之聲，則悸如也斯歎。觀《賚》、《武》，則齊如也斯作。觀《韶》、《夏》，則勉如也斯斂。詠思而動心，喟如也，其居次也久，其反善復始也慎，其出入也順，始其德也。鄭衛之樂，則非其聲而從之也。

凡古樂龍心，益樂龍指，皆教其人者也。《賚》、《武》樂取，《韶》、《夏》樂情。

凡至樂必悲，哭亦悲，皆至其情也。哀、樂，其性相近也，是故其心不遠。哭之動心也，浸殺，其烈戀戀如也，慼然以終。樂之動心也，濬深鬱陶，其烈則流如也以悲，悠然以思。

凡憂思而後悲，凡樂思而後忻，凡思之用心爲甚。歎，思之方也。其聲變，則［心從之］。其心變，則其聲亦然。吟，遊哀也。噪，遊樂也。啾，遊聲［也］，嘔，遊心也。喜斯陶，陶斯奮，奮斯詠，詠斯猶，猶斯舞。舞，喜之終也。慍斯憂，憂斯慼，慼斯歎，歎斯辟，辟斯踴。踴，慍

之終也。

又《性·下》 凡學者求其心爲難，從其所爲，近得之矣，不如以樂之速也。雖能其事，不能其心，不貴。求其心有僞也，弗得之矣。人之不能以僞也，可知也。［不］過十舉，其心必在焉。察其見者，情焉失哉？誧，義之方也。義，敬之方也。敬，物之節也。篤，仁之方也。仁，性之方也，性或生之。忠，信之方也。信，情之方也，情出於性。愛類七，唯性愛爲近仁。智類五，唯義道爲近忠。惡類三，唯惡不仁爲近義。所爲道者四，唯人道爲可道也。

凡用心之躁者，思爲甚。用智之疾者，患爲甚。用情之至者，哀樂爲甚。用身之忭者，悦爲甚。用力之盡者，利爲甚。目之好色，耳之樂聲，鬱陶之氣也，人不難爲之死。有其爲人之節節如也，不有夫柬柬之心則采。有其爲人之柬柬如也，不有夫恒始之志則縵。人之巧言利辭者，不有夫詘詘之心則流。人之悦然可與和安者，不有夫奮作之情則侮。有其爲人之快如也，弗牧不可。有其爲人之葲如也，弗輔不足。

凡人僞爲可惡也。僞斯吝矣，吝斯慮矣，慮斯莫與之結矣。慎，仁之方也，然而其過不惡。速，謀之方也，有過則咎。人不慎，斯有過，信矣。

凡人情爲可悦也。苟以其情，雖過不惡。不以其情，雖難不貴。苟有其情，雖未之爲，斯人信之矣。未言而信，有美情者也。未教而民恒，性善者也。未賞而民勸，貪富者也。未刑而民畏，有心畏者也。賤而民貴之，有德者也。貧而民聚焉，有道者也。獨處而樂，有內豊者也。惡之而不可非者，達於義者也。非之而不可惡者，篤於仁者也。行之不過，知道者也。聞道反上，上交者也。聞道反下，下交者也。聞道反己，修身者也。上交近事君，下交得衆近從政，修身近至仁。同方而交，以道者也。不同方而〔交，以故者也〕。同悦而交，以德者也。不同悦而交，以猷者也。門內之治，欲其逸也。門外之治，欲其制也。

凡悦人勿吝也，身必從之，言及則明舉之而毋僞。

凡交勿烈，必使有末。

凡於路毋畏，毋獨言獨處，則習父兄之所樂。苟無大害，少枉入之可也，已則勿復言也。

凡憂患之事欲任，樂事欲後。身欲靜而勿羨，慮欲淵而毋僞，行欲勇而必至，貌欲莊而毋伐，［心］欲柔齊而泊，喜欲智而無末，樂欲懌而有志，憂欲斂而毋昏，怒欲盈而毋希，進欲遜而毋巧，退欲肅而毋輕，欲皆敏而毋僞。君子執志必有夫廣廣之心，出言必有夫柬柬之信。賓客之禮必有夫齊齊之容，祭祀之禮必有夫齊齊之敬，居喪必有夫戀戀之哀。君子身以爲主心。

人性乃性情之源論

《郭店楚簡·名數》 情生於性，禮生於情，嚴生於禮，敬生於嚴，望生於敬，恥生於望，悡生於恥，廉生於悡。

欲生於性，慮生於欲，倍生於慮，爭生於倍，黨生於爭。

愛生於性，親生於愛，忠生於親。

子生於性，易生於子，肆生於易，容生於肆。

喜生於性，樂生於喜，悲生於樂。

惡生於性，怒生於惡，勝生於怒，惎生於勝，賊生於惎。

慍生於性，憂生於慍，哀生於憂。

懼生於性，慊生於懼，望生於慊。

智生於性，卯生於智，悦生於卯，好生於悦，從生於好。

强生於性，立生於强，斷生於立。

弱生於性，疑生於弱，北生於疑。

貪生於欲，負生於貪，豨生於負。

喧生於欲，嘩生於喧，慌生於嘩。

浸生於欲，恧生於浸，逃生於恧。

急生於欲，侏生於急。

認知論分部

論　説

《荀子·解蔽篇》凡人之患，蔽於一曲而闇於大理。治則復經，兩疑則惑矣。天下無二道，聖人無兩心。今諸侯異政，百家異説，則必或是或非，或治或亂。亂國之君，亂家之人，此其誠心莫不求正而以自爲也，妬繆於道而人誘其所迨也。私其所積，唯恐聞其惡也；倚其所私，以觀異術，唯恐聞其美也。是以與治雖走而是己不輟也，豈不蔽於一曲而失正求也哉！心不使焉，則白黑在前而目不見，雷鼓在側而耳不聞，况於使者乎！德道之人，亂國之君非之上，亂家之人非之下，豈不哀哉！

故爲蔽：欲爲蔽，惡爲蔽，始爲蔽，終爲蔽，遠爲蔽，近爲蔽，博爲蔽，淺爲蔽，古爲蔽，今爲蔽。凡萬物異則莫不相爲蔽，此心術之公患也。昔人君之蔽者，夏桀、殷紂是也。桀蔽於末喜、斯觀，而不知關龍逢，以惑其心而亂其行；紂蔽於妲己、飛廉，而不知微子啓，以惑其心而亂其行。故羣臣去忠而事私，百姓怨非而不用，賢良退處而隱逃，此其所以喪九牧之地而虚宗廟之國也。桀死於亭山，紂縣於赤旆，身不先知，人又莫之諫，此蔽塞之禍也。成湯監於夏桀，故主其心而慎治之，是以能長用伊尹而身不失道，此其所以代夏王而受九有也。文王監於殷紂，故主其心而慎治之，是以能長用呂望而身不失道，此其所以代殷王而受九牧也。遠方莫不致其珍，故目視備色，耳聽備聲，口食備味，形居備宫，名受備號，生則天下歌，死則四海哭，夫是之謂至盛。《詩》曰：『鳳凰秋秋，其翼若干，其聲若簫。有鳳有凰，樂帝之心。』此不蔽之福也。昔人臣之蔽者，唐鞅、奚齊是也。唐鞅蔽於欲權而逐載子，奚齊蔽於欲國而罪申生，唐鞅戮於宋，奚齊戮於晉。逐賢相而罪孝兄，身爲刑戮，然而不知，此蔽塞之禍也。故以貪鄙、背叛、爭權而不危辱滅亡者，自古及今，未嘗有之也。鮑叔、寧戚、隰朋仁知且不蔽，故能持管仲而名利福禄與管仲齊；召公、呂望仁知且不蔽，故能持周公而名利福禄與周公齊。傳曰：『知賢之謂明，輔賢之謂能。勉之彊之，其福必長。』此之謂也。此不蔽之福也。昔賓孟之蔽者，亂家是也。墨子蔽於用而不知文，宋子蔽於欲而不知得，慎子蔽於法而不知賢，申子蔽於埶而不知知，惠子蔽於辭而不知實，莊子蔽於天而不知人。故由用謂之道，盡利矣；由俗謂之道，盡嗛矣；由法謂之道，盡數矣；由埶謂之道，盡便矣；由辭謂之道，盡論矣；由天謂之道，盡因矣：此數具者，皆道之一隅也。夫道者，體常而盡變。一隅不足以舉之。曲知之人，觀於道之一隅而未之能識也，故以爲足而飾之，内以自亂，外以惑人，上以蔽下，下以蔽上，此蔽塞之禍也。孔子仁知且不蔽，故學亂術，足以爲先王者也。一家得周道，舉而用之，不蔽於成積也。故德與周公齊，名與三王並，此不蔽之福也。聖人知心術之患，見蔽塞之禍，故無欲無惡，無始無終，無近無遠，無博無淺，無古無今，兼陳萬物而中縣衡焉。是故衆異不得相蔽以亂其倫也。何謂衡？曰：道。故心不可以不知道。心不知道，則不可道而可非道。人孰欲得恣而守其所不可，以禁其所可？以其不可道之心取人，則必合於不道人，而不知合於道人。以其不可道之心，與不道人論道人，亂之本也。夫何以知！曰：心知道，然後可道；可道，然後能守道以禁非道。以其可道之心取人，則合於道人，而不合於不道之人矣。以其可道之心，與道人論非道，治之要也。何患不知？故治之要在於知道。人何以知道？曰：心。心何以知？曰：虚壹而靜。心未嘗不臧也，然而有所謂虚；心未嘗不滿也，然而有所謂一；心未嘗不動也，然而有所謂靜。人生而有知，知而有志。志也者，臧也，然而有所謂虚，不以所已臧害所將受謂之虚。心生而有知，知而有異，異也者，同時兼知之。同時兼知之，兩也，然而有所謂一，不以夫一害此一謂之壹。心，臥則夢，偷則自行，使之則謀。故心未嘗不動也，然而有所謂靜，不以夢劇亂知謂之靜。未得道而求道者，謂之虚壹而靜。作之，則將須道者之虚則人，將事道者之壹則盡，盡將思道者靜則察。知道察，知道行，體道者也。虚壹而靜，謂之大清明。萬物莫形而不見，莫見而不論，莫論而失位。坐於室而見四海，處於今而論久遠，疏觀萬物而知其情，參稽治亂而通其度，經緯天地而材官萬物，制割大理，而宇宙裏矣。恢恢廣廣，孰知其極！睪睪廣廣，孰知

其德！涫涫紛紛，孰知其形！明參日月，大滿八極，夫是之謂大人。夫惡有蔽矣哉！心者，形之君也，而神明之主也，出令而無所受令。自禁也，自使也，自奪也，自取也，自行也，自止也。故口可劫而使墨云，形可劫而使詘申，心不可劫而使易意，是之則受，非之則辭。故曰：心容其擇也，無禁必自見，其物也襍博，其情之至也不貳。《詩》云：『采采卷耳，不盈頃筐。嗟我懷人，寘彼周行。』頃筐易滿也，卷耳易得也，然而不可以貳周行。故曰：心枝則無知，傾則不精，貳則疑惑。以贊稽之，萬物可兼知也。身盡其故則美，類不可兩也，故知者擇一而壹焉。農精於田而不可以爲田師，賈精於市而不可以爲賈師，工精於器而不可以爲器師。有人也，不能此三技而可使治三官，曰：精於道者也，精於物者以物物，精於道者兼物物。故君子壹於道而以贊稽物。壹於道則正，以贊稽物則察，以正志行察論，則萬物官矣。昔者舜之治天下也，不以事詔而萬物成。處一危之，其榮滿側；養一之微，榮矣而未知。故《道經》曰：『人心之危，道心之微。』危微之幾，惟明君子而後能知之。故人心譬如槃水，正錯而勿動，則湛濁在下而清明在上，則足以見鬒眉而察理矣。微風過之，湛濁動乎下，清明亂於上，則不可以得大形之正也。心亦如是矣。故導之以理，養之以清，物莫之傾，則足以定是非，決嫌疑矣。小物引之則其正外易，其心內傾，則不足以決庶理矣。故好書者衆矣，而倉頡獨傳者，壹也；好稼者衆矣，而后稷獨傳者，壹也；好樂者衆矣，而夔獨傳者，壹也；好義者衆矣，而舜獨傳者，壹也。倕作弓，浮游作矢，而羿精於射；奚仲作車，乘杜作乘馬，而造父精於御。自古及今，未嘗有兩而能精者也。曾子曰：『是其庭可以搏鼠，惡能與我歌矣！』空石之中有人焉，其名曰觙，其爲人也，善射以好思。耳目之欲接則敗其思，蚊蝱之聲聞則挫其精，是以闢耳目之欲，而遠蚊蝱之聲，閑居靜思則通。思仁若是，可謂微乎？孟子惡敗而出妻，可謂能自彊矣；有子惡臥而焠掌，可謂能自忍矣，未及好也。闢耳目之欲，可謂能自彊矣，未及思也。蚊蝱之聲聞則挫其精，可謂危矣，未可謂微也。夫微者，至人也。至人也，何彊，何忍，何危？故濁明外景，清明內景。聖人縱其欲，兼其情，而制焉者理矣。夫何彊，何忍，何危？故仁者之行道也，無爲也；聖人之行道也，無彊也。仁者之思也恭，聖人之思也樂。此治心之道也。

凡觀物有疑，中心不定，則外物不清，吾慮不清，則未可定然否也。冥冥而行者，見寢石以爲伏虎也，見植林以爲後人也，冥冥蔽其明也。醉者越百步之溝，以爲蹞步之澮也，俯而出城門，以爲小之閨也，酒亂其神也。厭目而視者，視一以爲兩；掩耳而聽者，聽漠漠而以爲哅哅：埶亂其官也。故從山上望牛者若羊，而求羊者不下牽也，遠蔽其大也；從山下望木者，十仞之木若箸，而求箸者不上折也，高蔽其長也。水動而景搖，人不以定美惡，水埶玄也。瞽者仰視而不見星，人不以定有無，用精惑也。有人焉，以此時定物，則世之愚者也。彼愚者之定物，以疑決疑，決必不當。夫苟不當，安能無過乎？夏首之南有人焉，曰涓蜀梁，其爲人也，愚而善畏。明月而宵行，俯見其影，以爲伏鬼也，卬視其髮，以爲立魅也，背而走，比至其家，失氣而死，豈不哀哉！凡人之有鬼也，必以其感忽之間、疑玄之時正之。此人之所以無有而有無之時也，而已以定事。故傷於濕而擊鼓鼓痹，則必有敝鼓喪豚之費矣，而未有俞疾之福也。故雖不在夏首之南，則無以異矣。

凡以知，人之性也；可以知，物之理也。以可以知人之性，求可以知物之理而無所疑止之，則沒世窮年不能偏也。其所以貫理焉雖億萬，已不足以浹萬物之變，與愚者若一。老身長子而與愚者若一，猶不知錯，夫是之謂妄人。故學也者，固學止之也。惡乎止之？曰：止諸至足。曷謂至足？曰：聖也。聖也者，盡倫者也；王也者，盡制者也。兩盡者，足以爲天下極矣。故學者，以聖王爲師，案以聖王之制爲法，法其法，以求其統類，以務象效其人。嚮是而務，士也；類是而幾，君子也；知之，聖人也。故有知非以慮是，則謂之懼；有勇非以持是，則謂之賊；察孰非以分是，則謂之篡；多能非以修蕩是，則謂之知；辯利非以言是，則謂之詍。傳曰：『天下有二：非察是，是察非。』謂合王制不合王制也。天下有不以是爲隆正也，然而猶有能分是非、治曲直者邪？若夫非分是非，非治曲直，非辨治亂，非治人道，雖能之無益於人，不能無損於人。案直將治怪說，玩奇辭，以相撓滑也；案彊鉗而利口，厚顏而忍詬，無正而恣睢，妄辨而幾利；不好辭讓，不敬禮節，而好相推擠：此亂世姦人之說也，則天下之治說者方多然矣。傳曰：『析辭而爲察，言物而爲辨，君子賤之；博聞彊志，不合王制，君子賤之。』此之謂也。爲之

無益於成也，求之無益於得也，憂戚之無益於幾也，則廣焉能棄之矣。不以自妨也，不少頃干之胸中。不慕往，不閔來，無邑憐之心，當時則動，物至而應，事起而辨，治亂可否，昭然明矣。

周而成，泄而敗，明君無之有也；宣而成，隱而敗，闇君無之有也。故君人者周則讒言至矣，直言反矣，小人邇而君子遠矣。《詩》云：『墨以爲明，狐狸而蒼。』此言上幽而下險也。君人者宣則直言至矣，而讒言反矣，君子邇而小人遠矣。《詩》曰：『明明在下，赫赫在上。』此言上明而下化也。

和戎論分部

論說

《國語・晉語七・魏絳諫悼公伐諸戎》 五年，無終子嘉父使孟樂因魏莊子納虎豹之皮以和諸戎。公曰：『戎、狄無親而好得，不若伐之。』魏絳曰：『勞師於戎，而失諸華，雖有功，猶得獸而失人也，安用之？且夫戎、狄荐處，貴貨而易土。予之貨而獲其土，其利一也；邊鄙耕農不儆，其利二也；戎、狄事晉，四鄰莫不震動，其利三也。君其圖之！』公說，故使魏絳撫諸戎，於是乎遂伯。

非命論分部

論說

《墨子・非命下》 子墨子言曰：凡出言談，則不可而不先立儀而言。若不先立儀而言，譬之猶運鈞之上而立朝夕焉也，我以爲雖有朝夕之辯，必將終未可得而從定也。是故言有三法。何謂三法？曰：有考之者，有原之者，有用之者。惡乎考之？考先聖大王之事。惡乎原之？察衆之耳目之請。惡乎用之？發而爲政乎國家萬民而觀之。此謂三法也。

故昔者三代聖王禹湯文武方爲政乎天下之時，曰：『必務舉孝子而勸之事親，尊賢良之人而教之爲善。』是故出政施教，賞善罰暴。且以爲若此，則天下之亂也，將屬可得而治也；社稷之危也，將屬可得而定也。若以爲不然，昔桀之所亂，湯治之；紂之所亂，武王治之。當此之時，世不渝而民不易，上變政而民改俗。存乎桀紂而天下亂，存乎湯武而天下治。天下之治也，湯武之力也；天下之亂也，桀紂之罪也。若以此觀之，夫安危治亂存乎上之爲政也，則夫豈可謂有命哉？故昔者禹湯文武方爲政乎天下之時，曰：『必使饑者得食，寒者得衣，勞者得息，亂者得治。』遂得光譽令問於天下，夫豈可以爲命哉？故以爲其力也。今賢良之人，尊賢而好功道術，故上得其王公大人之賞，下得其萬民之譽，遂得光譽令問於天下，亦豈以爲其命哉？又以爲力也。然今執有命者，不識昔也三代之聖善人與？意亡昔三代之暴不肖人與？若以說觀之，則必非昔三代聖善人也，必暴不肖人也。

然今以命爲有者，昔三代暴王桀紂幽厲，貴爲天子，富有天下。於此乎不而矯其耳目之欲，而從其心意之辟，外之敺騁田獵畢弋，內湛於酒樂，而不顧其國家百姓之政。繁爲無用，暴逆百姓，遂失其宗廟。其言不曰：『吾罷不肖，吾聽治不强。』必曰：『吾命固將失之。』雖昔也三代罷不肖之民，亦猶此也。不能善事親戚君長，甚惡恭儉而好簡易，貪飲食而惰從事，衣食之財不足，是以身有陷乎饑寒凍餒之憂。其言不曰：『吾罷不肖，吾從事不强。』必曰：『吾命固將窮。』昔三代僞民，亦猶此也。

昔者暴王作之，窮人術之，此皆疑衆遲樸，先聖王之患之也，固在前矣。是以書之竹帛，鏤之金石，琢之盤盂，傳遺後世子孫。曰：何書焉存？禹之《總德》有之，曰：『允不著惟天，民不而葆。既防凶心，天加之咎。不慎厥德，天命焉葆？』《仲虺之告》曰：『我聞有夏人矯天命于下，帝式是增，用爽厥師。』彼用無爲有，故謂矯。若有而謂有，夫豈謂矯哉？昔者桀執有命而行，湯爲《仲虺之告》以非之。《太誓》之言也，於《去發》曰：『惡乎君子，天有顯德，其行甚章。爲鑑不遠，在彼

重農抑商論分部

論說

《韓非子·五蠹》 民之故計，皆就安利如辟危窮。今爲之攻戰，進則死於敵，退則死於誅則危矣。棄私家之事而必汗馬之勞，家困而上弗論則窮矣。窮危之所在也，民安得勿避。故事私門而完解舍，解舍完則遠戰，遠戰則安。行貨賂而襲當塗者則求得，求得則私安，私安則利之所在，安得勿就？是以公民少而私人衆矣。夫明王治國之政，使其商工游食之民少而名卑，以寡趣本務而趨末作。今世近習之請行則官爵可買，官爵可買則商工不卑也矣；姦財貨賈得用於市則商人不少矣。聚斂倍農而致尊過耕戰之士，則耿介之士寡而高價之民多矣。

《呂氏春秋·士容論·上農》 古先聖王之所以導其民者，先務於農。民農非徒爲地利也，貴其志也。民農則樸，樸則易用，易用則邊境安，主位尊。民農則重，重則少私義，少私義則公法立，力專一。民農則其產復，其產復則重徙，重徙則死其處而無二慮。民舍本而事末則不令，不令則不可以守，不可以戰。民舍本而事末則其產約，其產約則輕遷徙，輕遷徙則國家有患皆有遠志，無有居心。民舍本而事末則好智，好智則多詐，多詐則巧法令，以是爲非，以非爲是。

后稷曰：『所以務耕織者，以爲本教也。』是故天子親率諸侯耕帝藉田，大夫士皆有功業，是故當時之務，農不見于國，以教民尊地產也。后妃率九嬪蠶於郊，桑於公田，是以春秋冬夏皆有麻枲絲繭之功，以力婦教也。是故丈夫不織而衣，婦人不耕而食，男女貿功以長生，此聖人之制也。故敬時愛日，非老不休，非疾不息，非死不舍。

上田，夫食九人。下田，夫食五人。可以益，不可以損。一人治之，十人食之，六畜皆在其中矣。此大任地之道也。故當時之務，不興土功，不作師徒，庶人不冠弁、娶妻、嫁女、享祀，不酒醴聚衆，農不上聞，不敢私籍於庸，爲害於時也。然後制野禁，苟非同姓，農不出御，女不外嫁，以安農也。

野禁有五：地未辟易，不操麻；不出糞；齒年未長，不敢爲園囿；量力不足，不敢渠地而耕；農不敢行賈，不敢爲異事，爲害於時也。然後制四時之禁：山不敢伐材下木，澤人不敢灰僇，繯網罝罦不敢出於門，罛罟不敢入於淵，澤非舟虞不敢緣名，爲害其時也。

若民不力田，墨乃家畜，國家難治，三疑乃極，是謂背本反則，失毀其國。凡民自七尺以上屬諸三官，農攻粟，工攻器，賈攻貨。時事不共，是謂大凶。奪之以土功，是謂稽，不絕憂唯，必喪其粃。奪之以水事，是謂籥，喪以繼樂，四鄰來虛。奪之以兵事，是謂厲，禍因胥歲，不舉銍艾。數奪民時，大饑乃來，野有寢耒，或談或歌，旦則有昏，喪粟甚多。皆知其末，莫知其本真。

政治思想家部

老聃分部

傳記

《史記》卷六三《老莊申韓列傳》 老子者，楚苦縣厲鄉曲仁里人也。姓李氏，名耳，字伯陽，謚曰聃。周守藏室之史也。孔子適周，將問禮於老子。老子曰：『子所言者，其人與骨皆已朽矣，獨其言在耳。且君子得其時則駕，不得其時則蓬累而行。吾聞之，良賈深藏若虛，君子盛德容貌若愚。去子之驕氣與多欲，態色與淫志，是皆無益於子之身。吾所以告子，若是而已。』孔子去，謂弟子曰：『鳥，吾知其能飛；魚，吾知其能

遊；獸，吾知其能走。走者可以爲罔，遊者可以爲綸，飛者可以爲矰。至於龍，吾不能知其乘風雲而上天。吾今日見老子，其猶龍邪！』老子修道德，其學以自隱無名爲務。居周久之，見周之衰，廼遂去。至關，關令尹喜曰：『子將隱矣，彊爲我著書。』於是老子乃著書上下篇，言道德之意五千餘言而去，莫知其所終。

或曰：老萊子亦楚人也，著書十五篇，言道家之用，與孔子同時云。蓋老子百有六十餘歲，或言二百餘歲，以其脩道而養壽也。自孔子死之後百二十九年，而史記周太史儋見秦獻公曰：『始秦與周合而離，離五百歲而復合，合七十歲而霸王者出焉。』或曰儋卽老子，或曰非也，世莫知其然否。老子，隱君子也。

老子之子名宗，宗爲魏將，封於段干。宗子注，注子宮，宮玄孫假，假仕於漢孝文帝，而假之子解爲膠西王卬太傅，因家於齊焉。世之學老子者則絀儒學，儒學亦絀老子。道不同，不相爲謀，豈謂是邪？李耳無爲自化，清靜自正。

漢·劉向《列仙傳》卷上《老子》 老子姓李名耳字伯陽，陳人也。生於殷時，爲周柱下史。好養精氣，貴接而不施。轉爲守藏史，積八十餘年。《史記》云二百餘年，時稱爲隱君子，謚曰聃。仲尼至周，見老子，知其聖人，乃師之。後周德衰，乃乘青牛車去入大秦。過西關，關令尹喜待而迎之，知真人也，乃强使著書，作《道德經》上下二卷。

老子無爲，而無不爲。道一生死，迹入靈奇。塞兑内鏡，冥神絶涯。德合元氣，壽同兩儀。

晉·皇甫謐《高士傳》卷上《老子李耳》 老子李耳字伯陽，陳人也。生於殷時，爲周柱下史。好養精氣，貴接而不施，轉爲守藏史，積八十餘年。《史記》云二百餘年，時稱爲隱君子，謚曰聃。仲尼至周，見老子，知其聖人，乃師之。後周德衰，乃乘青牛車去入大秦。過西關，關令尹喜望氣先知焉，乃物色遮候之。已而老子果至，乃强使著書，作《道德經》五千餘言，爲道家之宗。以其年老，故號其書爲《老子》。

綜　述

《論語·述而》 子曰：『述而不作，信而好古，竊比於我老彭。』三國魏何晏《集解》：包曰：老彭，殷賢大夫。好述古事，我若老彭，但述之耳。宋邢昺疏：王弼云：老是老聃，彭是彭祖。老子者，楚苦縣厲鄉曲仁里人也。姓李氏，名耳，字伯陽，謚曰聃。周守藏室之史也。云好述古事，我若老彭，但述之耳者，言老彭不自制作，好述古事，仲尼言我亦若老彭，但述之耳。

《莊子》卷二《德充符》 無趾語老聃曰：『孔丘之於至人，其未邪？彼何賓賓以學子爲？彼且蘄以諔詭幻怪之名聞，不知至人之以是爲己桎梏邪？』老聃曰：『胡不直使彼以死生爲一條，以可不可爲一貫者，解其桎梏，其可乎？』無趾曰：『天刑之，安可解？』

又 卷四《在宥》 崔瞿問於老聃曰：『不治天下，安臧人心？』老聃曰：『汝慎無攖人心。人心排下而進上，上下囚殺，淖約柔乎剛彊。廉劌雕琢，其熱焦火，其寒凝冰。其疾俛仰之間而再撫四海之外，其居也淵而静，其動也縣而天。僨驕而不可係者，其唯人心乎！昔者黄帝始以仁義攖人之心，堯舜於是乎股無胈，脛無毛，以養天下之形，愁其五藏以爲仁義，矜其血氣以規法度。然猶有不勝也，堯於是放讙兜於崇山，投三苗於三峗，流共工於幽都，此不勝天下也。夫施及三王，而天下大駭矣。下有桀、跖，上有曾、史，而儒、墨畢起。於是乎喜怒相疑，愚知相欺，善否相非，誕信相譏，而天下衰矣。大德不同而性命爛漫矣，天下好知而百姓求竭矣。於是乎釿鋸制焉，繩墨殺焉，椎鑿決焉。天下脊脊大亂，罪在攖人心。故賢者伏處大山嵁岩之下，而萬乘之君憂慄乎廟堂之上。今世殊死者相枕也，桁楊者相推也，刑戮者相望也，而儒墨乃始離跂攘臂乎桎梏之間。噫，甚矣哉！其無愧而不知恥也甚矣。吾未知聖知之不爲桁楊接槢也，仁義之不爲桎梏鑿枘也，焉知曾、史之不爲桀、跖嚆矢也？故曰：絶聖棄知而天下大治』

又 卷五《天道》 孔子西，藏書於周室。子路謀曰：『由聞周之徵藏史有老聃者，免而歸居。夫子欲藏書，則試往因焉。』孔子曰：『善。』往見老聃而老聃不許，於是繙十二經以説。老聃中其説曰：『大謾。願聞

其要。』孔子曰：『要在仁義。』老聃曰：『請問仁義，人之性邪？』孔子曰：『然。君子不仁則不成，不義則不生。仁義，真人之性也，又將奚爲矣。』老聃曰：『請問何謂仁義？』孔子曰：『中心物愷，兼愛無私，此仁義之情也。』老聃曰：『意，幾乎後言。夫兼愛不亦迂乎？無私焉，乃私也。夫子若欲使天下無失其牧乎，則天地固有常矣，日月固有明矣，星辰固有列矣，禽獸固有羣矣，樹木固有立矣。夫子亦放德而行，循道而趨，已至矣。又何偈偈乎揭仁義若擊鼓而求亡子焉。意，夫子亂人之性也。』

士成綺見老子而問曰：『吾聞夫子聖人也，吾固不辭遠道而來願見，百舍重趼而不敢息。今吾觀子，非聖人也。鼠壤有餘蔬而棄妹之者，不仁也。生熟不盡於前，而積斂無崖。』老子漠然不應。士成綺明日復見，曰：『昔者吾有刺於子，今吾心正郤矣。何故也？』老子曰：『夫巧知神聖之人，吾自以爲脱焉。昔者子呼我牛也而謂之牛，呼我馬也而謂之馬。苟有其實，人與之名而弗受，再受其殃。吾服也恒服，吾非以服有服。』士成綺雁行避影，履行遂進而問：『脩身若何？』老子曰：『而容崖然而目衝然，而顙頯然，而口闞然，而狀義然，似繫馬而止也。動而持，發也機，察而審，知巧而覩於泰，凡以爲不信。邊竟有人焉，其名爲竊。』

又《天運》 孔子行年五十有一而不聞道，乃南之沛，見老聃。老聃曰：『子來乎！吾聞子，北方之賢者也。子亦得道乎？』孔子曰：『未得也。』老子曰：『子惡乎求之哉？』曰：『吾求之於度數，五年而未得也。』老子曰：『子又惡乎求之哉？』曰：『吾求之於陰陽，十有二年而未得。』老子曰：『然。使道而可獻，則人莫不獻之於其君；使道而可進，則人莫不進之於其親；使道而可以告人，則人莫不告其兄弟；使道而可以與人，則人莫不與其子孫。然而不可者，無他也。中無主而不止，外無正而不行。由中出者，不受於外，聖人不出；由外入者，無主於中，聖人不隱。名，公器也，不可多取。仁義，先王之蘧廬也，止可以一宿而不可久處，覯而多責。古之至人，假道於仁，託宿於義，以遊逍遥之墟，食於苟簡之田，立於不貸之圃。逍遥，無爲也；苟簡，易養也；不貸，無出也。古者謂是采真之遊。以富爲是者，不能讓禄；以顯爲是者，不能讓名。親權者不能與人柄。操之則慄，舍之則悲，而一無所鑒，以闚其所不休者，是天之戮民也。怨、恩、取、與、諫、教、生、殺八者，正之器也。唯循大變無所湮者，爲能用之。故曰：正者，正也。其心以爲不然者，天門弗開矣。』

孔子見老聃而語仁義。老聃曰：『夫播穅眯目，則天地四方易位矣；蚊虻噆膚，則通昔不寐矣。夫仁義憯然乃憤吾心，亂莫大焉。吾子使天下無失其朴，吾子亦放風而動，總德而立矣。又奚傑然若負建鼓而求亡子者邪？夫鵠不日浴而白，烏不日黔而黑。黑白之朴，不足以爲辯；名譽之觀，不足以爲廣。泉涸，魚相與處於陸，相呴以溼，相濡以沫，不若相忘於江湖。』

孔子見老聃歸，三日不談。弟子問曰：『夫子見老聃，亦將何規哉？』孔子曰：『吾乃今於是乎見龍。龍，合而成體，散而成章，乘乎雲氣而養乎陰陽。予口張而不能嗋，予又何規老聃哉？』

子貢曰：『然則人固有尸居而龍見，淵默而雷聲發動如天地者乎？賜亦可得而觀乎？』遂以孔子聲見老聃。老聃方將倨堂而應，微曰：『予年運而往矣。子將何以戒我乎？』子貢曰：『夫三皇五帝之治天下不同，其係聲名一也。而先生獨以爲非聖人，如何哉？』老聃曰：『小子少進。子何以謂不同？』對曰：『堯授舜，舜授禹，禹用力而湯用兵，文王順紂而不敢逆，武王逆紂而不肯順，故曰不同。』老聃曰：『小子少進。余語汝：三皇五帝之治天下。黄帝之治天下，使民心一，民有其親死不哭而民不非也。堯之治天下，使民心親，民有爲其親殺其殺而民不非也。舜之治天下，使民心競，民孕婦十月生子，子生五月而能言，不至乎孩而始誰，則人始有天矣。禹之治天下，使民心變，人有心而兵有順，殺盗非殺人，自爲種而天下耳。是以天下大駭，儒、墨皆起。其作始有倫，而今乎歸，女何言哉？余語汝：三皇五帝之治天下，名曰治之，而亂莫甚焉。三皇之知，上悖日月之明，下睽山川之精，中墮四時之施。其知憯於蠣蠆之尾，鮮規之獸莫得安其性命之情者，而猶自以爲聖人，不可耻乎？其無耻也！』子貢蹵蹵然立不安。

孔子謂老聃曰：『丘治《詩》、《書》、《禮》、《樂》、《易》、《春秋》六經，自以爲久矣，孰知其故矣。以奸者七十二君，論先王之道而明周、召之迹，一君無所鉤用。甚矣，夫人之難説也！道之難明邪？』老子曰：

『幸矣，子之不遇治世之君也。夫六經，先王之陳迹也，豈其所以迹哉？今子之所言，猶迹也。夫迹，履之所出，而迹豈履哉？夫白鶂之相視，眸子不運而風化。蟲，雄鳴於上風，雌應於下風而風化。類自爲雌雄，故風化。性不可易，命不可變，時不可止，道不可壅。苟得於道，無自而不可；失焉者，無自而可。』孔子不出三月，復見曰：『丘得之矣。烏鵲孺，魚傅沫，細要者化。有弟而兄啼。久矣夫丘不與化爲人。不與化爲人，安能化人？』老子曰：『可。丘得之矣。』

又　卷七《田子方》　孔子見老聃，老聃新沐，方將被髮而乾，慹然似非人。孔子便而待之，少焉見，曰：『丘也眩與？其信然與？向者先生形體掘若槁木，似遺物離人而立於獨也。』老聃曰：『吾遊心於物之初。』孔子曰：『何謂邪？』曰：『心困焉而不能知，口辟焉而不能言，嘗爲汝議乎其將。至陰肅肅，至陽赫赫。肅肅出乎天，赫赫發乎地。兩者交通成和而物生焉，或爲之紀而莫見其形。消息滿虛，一晦一明，日改月化，日有所爲而莫見其功。生有所乎萌，死有所乎歸，始終相反乎無端而莫知乎其所窮。非是也，且孰爲之宗？』

孔子曰：『請問遊是。』老聃曰：『夫得是，至美至樂也。得至美而遊乎至樂，謂之至人。』孔子曰：『願聞其方。』曰：『草食之獸不疾易藪，水生之蟲不疾易淵，行小變而不失其大常也，喜怒哀樂不入於胸次。夫天下也者，萬物之所一也。得其所一而同焉，則四肢百體將爲塵垢，而死生終始將爲晝夜而莫之能滑，而況得喪禍福之所介乎！棄隸者若棄泥塗，知身貴於隸也。貴在於我而不失於變，且萬化而未始有極也，夫孰足以患心？已爲道者解乎此。』

孔子曰：『夫子德配天地而猶假至言以修心。古之君子，孰能脱焉？』老聃曰：『不然。夫水之於汋也，無爲而才自然矣。至人之於德也，不修而物不能離焉。若天之自高，地之自厚，日月之自明，夫何修焉？』孔子出，以告顔回曰：『丘之於道也，其猶醯雞與！微夫子之發吾覆也，吾不知天地之大全也。』

又　《知北遊》　孔子問於老聃曰：『今日晏閒，敢問至道。』老聃曰：『汝齋戒，疏瀹而心，澡雪而精神，掊擊而知。夫道，窅然難言哉！將爲汝言其崖略。夫昭昭生於冥冥，有倫生於無形，精神生於道。形本生於精，而萬物以形相生，故九竅者胎生，八竅者卵生。其來無迹，其往無崖，無門無房，四達之皇皇也。邀於此者，四肢强，思慮恂達，耳目聰明。其用心不勞，其應物無方。天不得不高，地不得不廣，日月不得不行，萬物不得不昌。此其道與？且夫博之不必知，辯之不必慧，聖人以斷之矣。若夫益之而不加益，損之而不加損者，聖人之所保也。淵淵乎其若海，巍巍乎其終則復始也，運量萬物而不匱。則君子之道，彼其外與？萬物皆往資焉而不匱，此其道與？中國有人焉，非陰非陽，處於天地之間，直且爲人，將反於宗。自本觀之，生者，暗醷物也。雖有壽夭，相去幾何？須臾之説也。奚足以爲堯、桀之是非？果蓏有理，人倫雖難，所以相齒。聖人遭之而不違，過之而不守。調而應之，德也；偶而應之，道也。帝之所興，王之所起也。人生天地之間，若白駒之過郤，忽然而已。注然勃然，莫不出焉；油然漻然，莫不入焉。已化而生，又化而死，生物哀之，人類悲之。解其天弢，墮其天袠，紛乎宛乎，魂魄將往，乃身從之，乃大歸乎！不形之形，形之不形，是人之所同知也。非將至之所務也，此衆人之所同論也。彼至則不論，論則不至。明見無值，辯不若默；道不可聞，聞不若塞。此之謂大得。』

又　卷九《寓言》　陽子居南之沛，老聃西遊於秦，邀於郊，至於梁而遇老子。老子中道仰天而歎曰：『始以汝爲可教，今不可也。』陽子居不答。至舍，進盥漱巾櫛，脱屨戶外，膝行而前曰：『向者弟子欲請夫子，夫子行不閒，是以不敢。今閒矣，請問其過。』老子曰：『而睢睢盱盱，而誰與居？大白若辱，盛德若不足。』陽子居蹵然變容曰：『敬聞命矣。』

又　卷一〇《天下》　以本爲精，以物爲粗，以有積爲不足，澹然獨與神明居，古之道術有在於是者。關尹、老聃聞其風而悦之。建之以常無有，主之以太一，以濡弱謙下爲表，以空虛不毁萬物爲實。關尹曰：『在己無居，形物自著。其動若水，其靜若鏡，其應若響。芴乎若亡，寂乎若清。同焉者和，得焉者失。未嘗先人而常隨人。』老聃曰：『知其雄，守其雌，爲天下谿；知其白，守其辱，爲天下谷。』人皆取先，己獨取後，曰受天下之垢。人皆取實，己獨取虛，無藏也，故有餘。其行身也徐而不費，無爲也而笑巧。人皆求福，己獨曲全，曰苟免於咎。以深爲根，以約

爲紀，曰堅則毀矣，鋭則挫矣。常寬於物，不削於人，可謂至極。關尹、老聃乎！古之博大真人哉！

又 卷二《養生主》 老聃死，秦失弔之，三號而出。弟子曰：『非夫子之友邪？』曰：『然。』『然則弔焉若此，可乎？』曰：『然。始也吾以爲其人也，而今非也。向吾入而弔焉，有老者哭之，如哭其子；少者哭之，如哭其母。彼其所以會之，必有不蘄言而言，不蘄哭而哭者。是遁天倍情，忘其所受。古者謂之遁天之刑。適來，夫子時也；適去，夫子順也。安時而處順，哀樂不能入也。古者謂是帝之縣解。指窮於爲薪，火傳也，不知其盡也。』

《列子》卷三《周穆王》 秦人逢氏有子，少而惠，及壯而有迷罔之疾，聞歌以爲哭，視白以爲黑，饗香以爲朽，嘗甘以爲苦，行非以爲是。意之所之，天地四方水火寒暑，無不倒錯者焉。楊氏告其父曰：『魯之君子多術藝，將能已乎！汝奚不訪焉？』其父之魯過陳，遇老聃，因告其子之證。老聃曰：『庸知汝子之迷乎？今天下之人皆惑於是非，昏於利害，同疾者多，固莫有覺者。且一身之迷不足傾一家，一家之迷不足傾一鄉，一鄉之迷不足傾一國，一國之迷不足傾天下。天下盡迷，孰傾之哉？向使天下之人其心盡如汝子，汝則反迷矣。哀樂聲色，臭味是非，孰能正之？且吾之言未必非迷，而況魯之君子迷之郵者，焉能解人之迷哉？榮汝之糧，不若遄歸也。』

《呂氏春秋》卷一七《不二》 老耽貴柔。

《孔子家語》卷三《觀周》 孔子謂南宮敬叔曰：『吾聞老聃博古知今，通禮樂之原，明道德之歸，則吾師也。今將往矣。』對曰：『謹受命。』遂言於魯君。【略】與孔子車一乘，馬二匹，豎子侍御，敬叔與俱。至周，問禮於老聃，訪樂於萇弘，歷郊社之所，考明堂之則，察廟朝之度，於是喟然曰：『吾乃今知周公之聖與周之所以王也。』及去周，老子送之，曰：『吾聞富貴者送人以財，仁者送人以言。吾雖不能富貴而竊仁者之號，請送子以言乎！凡當今之士，聰明深察而近於死者，好譏議人者也；博辯閎達而危其身，好發人之惡者也。無以有己爲人子者，無以惡己爲人臣者。』孔子曰：『敬奉教。』

《禮記・曾子問》 孔子曰：【略】『吾聞諸老聃曰：「天子崩，國君薨，則祝取羣廟之主而藏諸祖廟，禮也。卒哭成事而後主各反其廟。漢鄭玄注：老聃，古壽考者之號也，與孔子同時。藏諸主於祖廟，象有凶事者聚也。卒哭成事，先祔之祭名也。君去其國，大宰取羣廟之主以從，禮也。注：鬼神依人者也。祫祭於祖，則祝迎四廟之主，注：祝，接神者也。「主出廟入廟必蹕。」注：蹕，止行也。老聃云。』

孔子曰：『昔者吾從老聃助葬於巷黨，及堩，日有食之。老聃曰：「丘，止柩就道右，止哭以聽變」。既明，反而後行，曰「禮也。」注：巷黨，黨名也。就道右者，行相左也。變，日食也。反，復也。反葬，而丘問之曰：「夫柩，不可以反者也。日有食之，不知其已之遲數，則豈如行哉？」注：已，止也。『數』讀爲『速』。老聃曰：「諸侯朝天子，見日而行，逮日而舍奠。大夫使，見日而行，逮日而舍。注：舍奠，每將舍，奠行主。夫柩不蚤出，不莫宿，注：侵晨夜則近姦寇。見星而行者，唯罪人與奔父母之喪者乎！日有食之，安知其不見星也？注：爲無日而曆作豫止也。且君子行禮，不以人之親痁患。」注：痁，病也。以人之父母行禮而恐懼，其有患害不爲也。吾聞諸老聃云。』

孔子曰：『吾聞諸老聃曰：昔者史佚有子而死，下殤也墓遠。注：蓋欲葬墓如長殤從成人也。長殤有送葬車者，則棺載之矣。史佚，成王時賢史也。賢猶有所不知。召公謂之曰：「何以不棺斂於宮中？」注：欲其斂於宮中如成人也。斂於宮中則葬當載之。史佚曰：「吾敢乎哉？」注：畏知禮也。召公言於周公，注：爲史佚問。周公曰：「豈不可？」史佚行之。下殤用棺衣棺，自史佚始也。』

子夏曰：『金革之事無辟也者，非與？』孔子曰：『吾聞諸老聃曰：昔者魯公伯禽有爲爲之也。』注：伯禽，周公子，封於魯。有徐戎作難，喪卒哭而征之，急王事也。征之作《費誓》。

漢・孔鮒《孔叢子》卷上《記義》 秦莊子死，孟武伯問于孔子曰：『古者同寮有服乎？』答曰：『然。同寮有相友之義，貴賤殊等，不爲同官。聞諸老聃：昔者虢叔、閎夭、太顛、散宜生、南宮括五臣，同寮比德，以贊文、武。及虢叔死，四人者爲之服朋友之服，古之達理者行之也。』

漢・劉向《説苑》卷二〇《反質》 仲尼問老聃曰：『甚矣，道之於

今難行也。吾比執道委質以當世之君，而不我受也。道之於今難行也。」老子曰：『夫説者流於聽，言者亂於辭。如此二者，則道不可委矣。』

又 卷一〇《敬慎》 常摐有疾，老子往問焉，曰：『先生疾甚矣，無遺教可以語諸弟子者乎？』常摐曰：『子雖不問，吾將語子。』常摐曰：『過故鄉而下車，子知之乎？』老子曰：『過故鄉而下車，非謂其不忘故耶？』常摐曰：『嘻！是已。』常摐曰：『過喬木而趨，子知之乎？』老子曰：『過喬木而趨，非謂敬老耶？』常摐曰：『嘻！是已。』張其□而示老子曰：『吾舌存乎？』老子曰：『然。』『吾齒存乎？』老子曰：『亡。』常摐曰：『子知之乎？』老子曰：『夫舌之存也，豈非以其柔耶？齒之亡也，豈非以其剛耶？』常摐曰：『嘻！是已。天下之事已盡矣，無以復語子哉！』

《後漢書》卷七《桓帝紀》 （延熹）八年春正月，遣中常侍左悺之苦縣祠老子。

十一月壬子，【略】使中常侍管霸之苦縣祠老子。

（九年）秋七月【略】庚午，祠黄老於濯龍宫。

唐·陸德明《經典釋文》卷一《序録·注解傳述人》 老子者，姓李名耳，河上公云：名重耳。字伯陽，陳國苦縣厲鄉人也。《史記》云：字聃。又云曲里人，一云陳國相人。生而皓首，劉向《列仙傳》云：受學於容成，生於殷時。爲周柱下史。《史記》云：爲周守藏史。或言是老萊子。蓋百六十餘歲，或言二百餘歲。衆家皆云：先爲柱下史，轉爲守藏史。葛洪云：文王時爲主藏史，武王時爲柱下史。或云老子在黄帝時，爲廣成子，一云爲天老。在堯時，爲務光子。在殷時，爲彭祖。在周，爲柱下史。覩周之衰，乃西出關，周敬王時。爲關令尹喜説《道德》二篇，尚虚無無爲。劉向云：西過流沙，莫知所終。班固云：道家者，清虚以自守，卑弱以自持，此人君南面之術也。漢文帝、竇皇后好黄老言。有河上公者，居河之湄，結草爲菴，以老子教授。文帝徵之，不至，自詣河上責之。河上公乃踊身空中，文帝改容謝之。於是作《老子章句》四篇，以授文帝，言治身治國之要。其後談論者，莫不宗尚玄言。唯王輔嗣，妙得虚無之旨。今依王本，博采衆家以明同異。【略】右《老子》。近代有梁武帝父子及周弘正《講疏》，北學有杜弼注，世頗行之。

《舊唐書》卷五《高宗紀下》 麟德三年（二月）己未，次亳州，幸老君廟，追號曰太上玄元皇帝，創造祠堂，其廟置令、丞各一員。

又 卷九《玄宗紀下》 （開元）二十九年春正月丁丑制：兩京諸州各置玄元皇帝廟并崇玄學，置生徒，令習《老子》、《莊子》、《列子》、《文子》。每年準明經例考試。

（天寶元年九月丙寅）兩京玄元廟改爲太上玄元皇帝宫，天下準此。

二年春正月丙辰，追尊玄元皇帝爲大聖祖玄元皇帝，兩京崇玄學改爲崇玄館，博士爲學士。三月壬子，親祀玄元廟，以册尊號制，追尊聖祖玄元皇帝父、周上御史大夫敬曰先天太上皇，母益壽氏號先天太后，仍於譙郡本鄉置廟。【略】改西京玄元廟爲太清宫，東京爲太微宫，天下諸郡爲紫極宫。

又 卷二四《禮儀志四》 開元二十年正月己丑，詔兩京及諸州各置玄元皇帝廟一所，并置崇玄學。其生徒令習《道德經》及《莊子》、《列子》、《文子》等，每年準明經例舉送。至閏四月，玄宗夢京師城南山趾有天尊之像，求得之於盩厔樓觀之側。

至天寶元年正月癸丑，陳王府參軍田同秀稱於京永昌街空中見玄元皇帝，以『天下太平，聖壽無疆』之言傳於玄宗，仍云桃林縣故關令尹喜宅傍有靈寶符。發使求之，十七日獻於含元殿，於是置玄元廟於太寧坊，東都於積善坊舊邸。二月【略】辛卯，親祔玄元廟。丙申詔：《史記》、《古今人表》玄元皇帝昇入上聖。【略】亳州真源縣先天太后及玄元廟各置令一人。兩京崇玄學，各置博士、助教，又置學生一百員。桃林縣改爲靈寶縣。田同秀與五品官。四月詔：崇文習《道德經》。【略】九月，兩京玄元廟改爲太上玄元廟，天下準此。【略】

二年正月丙辰，加玄元皇帝尊號『大聖祖』三字，崇玄學改爲崇玄館，博士爲學士，助教爲直學士，更置大學士員。三月壬子，親謁玄元宫。聖祖母益壽氏號先天太后，仍於譙郡置廟。【略】西京玄元廟爲太清宫，東京爲太微宫，天下諸州爲紫極宫。九月，譙郡紫極宫宜準西京爲太清宫，先天太皇及太后廟亦並改爲宫。

三載三月，兩京及天下諸郡於開元觀、開元寺以金銅鑄玄元等身天尊及佛各一軀。七載【略】五月，玄宗御興慶殿，授册尊號曰開元天寶聖文神武應道皇帝。十二月，以玄元皇帝見於朝元閣，改爲降聖閣。改會昌縣

爲昭應縣，改會昌山爲昭應山，封昭應山神爲玄德公，立祠宇。初，太清宫成，命工人於太白山採白石爲玄元聖容，又採白石爲玄宗聖容，侍立於玄元之右。皆依王者衮冕之服，繒綵珠玉爲之。

宋·王溥《唐會要》卷五〇《尊崇道教》　武德三年五月，晉州人吉善行於羊角山見一老叟，乘白馬朱鬣，儀容甚偉，曰：『爲吾語唐天子，吾汝祖也。今年平賊後，子孫享國千歲。』高祖異之，乃立廟於其地。

乾封元年三月二十日，追尊老君爲太上玄元皇帝，至永昌元年，却稱老君。至神龍元年二月四日，依舊號太上玄元皇帝。至天寶二年正月十五日，加號太上玄元皇帝爲大聖祖玄元皇帝。八載六月十五日，加號爲大聖祖大道玄元皇帝。十三年二月七日，加號大聖高上大道金闕玄元皇帝。

（天寶元年）二月二十日敕曰：《古今人表》玄元皇帝升入上聖。

六月敕：大道先於兩儀，天地生於萬物，是以賢哲之後，咸竭其誠。今後應緣國家制、命、表、疏、簿書及所試制策文章一事已上，語指道教之事及天地乾坤之字者，並一切平闕，宜宣示中外。

九月二十五日敕：西京玄元廟改爲太上玄元皇帝宫，天下準此。至二年三月十二日制：聖祖所理，本在諸天，將欲降靈，固宜取象，況惟帝號，豈可名言？其在京玄元宫宜改爲太清宫，東都改爲太微宫，天下諸郡改爲紫極宫。

又　卷七五《貢舉上·明經》　上元元年十二月二十七日，天后上表曰：伏以聖緒出自玄元，五千之文實惟聖教，望請三公以下内外百官皆習《老子道德經》。其明經咸令集讀，一准《孝經》、《論語》，所司臨時策試，請施行之。至二年正月十四日，明經咸試老子策二條，進士試三條。

宋·宋敏求《唐大詔令集》卷七八《典禮·追尊祖先·追尊玄元皇帝制》　東臺：大道混成，先二儀以立稱；至仁虚己，妙萬物以爲言。粤若老君，朕之本系。爰自伏羲之始，洎乎姬周之末，靈應無像，變化多方，遊元氣以上昇，感星精而下降。或從容宇宙，吐納風雲；或師友帝王，丹青神化。譬陰陽之不測，與日月而俱懸。屬交喪在辰，晦迹柱下，大弘雅訓，垂訓將来。雖心齋於太虚，而理歸於真宰。若夫絶聖棄智，安神寡欲，寂寞窅冥之際，希夷視聽之表。澹爾無爲，翛然自得，酌之不竭，用之不盈。執大象而還淳，滌玄覽而遺累，邈乾坤而長久，跨陶鈞以亭育。至矣哉！故無得而稱也。況大道所宣，克昌寶祚；上德所履，允屬休期。朕嗣膺靈命，撫臨億兆，總三光之明而宿宵夤畏，居四大之重而寢興祇惕。盡孝敬於宗祧，罄懷柔於幽顯。行清静之化，成太平之業。登介丘而展采，坐明廷而受記。非烟結慶，重輪降祥，鶴應九歌，山稱萬歲，越振古而會休徵，冠帝先而爲稱首。大禮云畢，廻輿上京，駕駐瀨鄉，躬奠椒糈，仰瑞光而延佇，挹神泉而永歎。如在之思既深，敬始之情彌切。宜昭元本之奥，以章玄聖之功。可追上尊號曰太上玄元皇帝。祠堂廟宇，並令修創。廟制令、丞，以供薦饗。仍改谷陽縣爲真源縣，宗姓特給復一年。冀崇追遠之懷，用申尊祖之義。主者施行。乾封元年二月二十二日

又　《追尊先天太皇德明興聖皇帝等制》　門下：庇人生者必崇於大道，受成命者實賴於前烈。恭惟大聖祖玄元皇帝道光太極，首出渾元，弘敷妙門，廣運真化。雖乘時御氣，已超昇於上清；而儲神發祥，每敷祐於来裔。祚我寶運，格於皇天，爰自創業，迨於兹歲，頻彰景貺，屢覩真容，使夫天清地寧，物阜民庶，六氣時若，四夷来王，皆聖感之祖也，至道之應也。成功不宰，豈假於强名？降福無疆，敢忘於昭報！是用薦徽號，增禮册，蠲潔以盡敬，躬親以致誠。亦既昭格良深，感慶交至，宜因展事，更廣揚名。夫聖人之生，乃先天地；應變無體，其德猶龍。雖窅冥之初，不知誰子；而誕靈之後，亦必有先。聖祖父母，著在圖牒。母益壽氏，已崇徽號，曰先天太后；父周上御史大夫敬，追尊爲先天太皇，仍於譙郡置廟。自餘一事以上，準先天太后例。

又　《上聖祖大道玄元皇帝號并五聖加謚制》　握乾圖者，必禀於元命；宗道本者，允屬於强名。是知報功通昭感之德，尊祖貴叶崇之義。朕祇荷丕業，恭臨大寶，何嘗不宵衣滌慮，菲食齋心，奉玄聖之垂範，爲蒼生以祈福。自頃昊穹眷命，至道降休，玉芝再産，真容累見，嘉應薦来，罔知攸答。豈謂玄記陰隲，秘牒混成，懸徵造化之源，密紀仙靈之度。慶崇真籙，昭錫朕躬。初驗神傳，竟彰天授。幽深累迹，既殊於人代；朴略奇象，固絶於名言。緬覩皇圖，欽承道實，微旨有屬，寅畏增深，思申嚴敬之誠，以崇廣大之業。謹上玄元皇帝號曰聖祖大道玄元皇帝，仍以来月五日，朕親奉册禮。

又《加謚祖宗·聖祖大道玄元皇帝加號册》 維天寶八載，歲次己丑，閏六月癸亥朔，四日景寅，曾孫嗣皇帝臣隆基奉册大聖高祖玄元皇帝。臣聞有萬物者，本乎大道，稱謂所極，乃强名焉；通三才者，存乎大寶，敬教所底，唯崇號焉。伏惟象帝啓元，猶龍表聖，應代降迹，立言垂範。冲融之功，覆幬於天地；救濟之德，亭毒於生靈。垂裕邦家，克保丕業。顧以眇躬，纘承玄緒，永惟敷祐，以致太和。頃者玉芝再産，玄記陰騭，是用恭膺景命，肅事鴻名，既刻元辰，薦彰嘉貺，則有卿雲散彩，瑞日重輪，欽承降鑑，載深兢惕。謹上加尊號曰聖祖大道玄元皇帝。伏惟昭膺盛典，永貽休烈。

又 卷七五《太清宫·太清宫行禮官改用朝服幷停祝版敕》 尊祖奉先，必在于崇敬；辨儀正禮，所貴於緣情。伏以太聖玄元皇帝御氣昇天，長生久視，體重玄而不測，與元化而無窮，真容屢見，寶符仍集，恭惟玄祐，實表常存。比者太清宫行事官皆具冕服，爰及奏樂，未易舊名，幷告獻之時，仍陳策祝。既非事生之禮，皆是降神之儀。但真俗殊倫，幽明異數，理有非便，亦在從宜。自今以後，每於太清等宫行禮官，宜改用朝服，兼停祝版。其告獻辭及所奏樂章，朕當别自修撰。仍令所司，具儀注聞奏。

又《太清宫行事改爲薦獻制》 春、秋致享，用存昭敬；祝、史陳信，必在正辭。苟名謂之或乖，於上下而非便。經稱『崇事』，《易》載『顒若』，所以展祇肅，明等威。朕欽崇道本，嗣守丕業，每懷如在之誠，敢忘奉先之旨？禮或未達，情實匪寧。承前有事宗廟，皆稱告享。茲乃臨下之辭，頗虧尊上之義。静言斯稱，殊爲未允。自今已後，每親告獻太清宫、太微宫，改爲朝獻，有司行事爲薦獻。親告享宗廟爲朝享，有司行事爲薦享。親巡陵爲朝拜，有司行事爲陵拜。應緣諸事告宗廟者，改爲奏。其郊天后土及祝云『敢昭告』者，並改爲『敢昭薦』。烏乎！式崇専禮，庶表因心，宣示中外，令知朕意。天寶九年十一月

清·董誥等《全唐文》卷三一《玄宗〈爲玄元皇帝設像詔〉》 不離於精，不離於真，以天爲宗，以道爲門，兆於變化，謂之聖人。吾祖也太上玄元皇帝，嘗從事於斯矣。惟穹昊厥初，則配神明，饗天地，育萬物。惟皇受命，則師列辟，熙以大一。利澤施於四海，不言所利；德教加乎萬姓，不稱其德。將晦迹也，安乎守藏柱下；將行道也，適乎流沙關賓。所謂神無方而道無體，冲用可見矣。流長者慎其源，蔕固者深其根。猗歟那歟，克開厥後，翳我列祖，光啓大中。豈玄元私乎有唐，惟玄元邁乎種德。豈玄元式受唐命，惟玄元存乎其人。是以累聖緝熙，重光纘茂，大化漸被乎八表，淳德殷流乎萬國。則與天地，有與立焉。

惟小子多於前功，夙夜敬止，上承祖宗之餘慶，下膺侯王之樂推，惕然深居，凜若馭朽。以爲道德者，百家之首；清淨者，萬化之源；務本者，立極之要；無爲者，太和之門。恭承垂裕之業，敢忘燕翼之訓？故詳延博達，講諷精微。求所以理國理身，思至乎上行下效，亦云久矣。夫使天下萬姓，飲淳德，食太和，靡然迴心而向道，豈予寡薄，獨能致此？蓋凡百在位，所以咸熙。《書》曰：『元首康哉！股肱良哉！』又曰：『股肱惟人，良臣惟聖。』斯一德而共理也，豈至於今跤盭乎？

昔長纓紫衣，猶聞慕向；廣眉高髻，且云變俗。何至道之難明，而玄珠之久喪！古人有云：『王者之於天下，猶一堂之上也。』蓋謂同心同德，化流四裔，是誠在乎擊豖垂踵之惑，革面向隅之哀。故往年布令，各家藏《道德》，冀德立而風靡，道存而日用。則朕之承祖業，尚家書，出門同人，無媿於天下矣。

《易》曰：『象也者，像此者也。』經曰：『窈冥中有精。』則窈冥之精，可以尋象求，不可以名言得也。故考圖史，凡聖祖降代出處之迹，敢立象以盡其意焉。將自家而刑國，由中而及外也。庶乎知道者盈量而歸，迷方者不遠而復云。

宋·佚名《宋大詔令集》卷一三五《典禮二十·天神上·上太上老君混元上德皇帝聖號制大中祥符六年八月庚午》 二儀剖判，實本於洪濛；萬化弛張，聿宗於清淨。蓋體包於羣有，遂功冠於三才。洪惟教父之尊，克總帝先之妙。洞希夷之壼奥，挺三午之純精。自升降於靈區，乃慶流於遠裔。顧循菲德，夙慕真風，承穹昊之眷懷，恢祖宗之緒業。元符錫祚，薦披黄紫之文；毖祀潔誠，屢展煙燔之制。丹輿來格，寶訓昭垂。此皆上帝之所降衷，至真之所敷佑。載懷道蔭，敢怠寅威？旋飭庶工，考儀往册，俾涓吉序，仰達純誠。重念戩福是膺，徽章可舉。雖冲虚不宰，固絶於强名；而肸蠁無方，豈忘於昭事？式隆稱謂，以極推崇，謹奉上真元

皇帝聖號，曰太上老君混元上德皇帝。擇日備禮奉冊。

又 《**太上老君混元上德皇帝冊文**大中祥符七年正月戊申》 嗣天子臣諱，謹再拜稽首言。伏以先天地，母萬物，大道强名而混成；一希夷，總衆妙，元聖無私而獨運。肆結繩之上世，逮凝旒之應期，必敦清淨之風，乃洽淳熙之化。伏惟太上元元皇帝，神凝氣祖，粹藴帝先，絶學以闡真宗，襲明而聞道奥。聖母發祥於夢日，宣尼興歎於猶龍。微言闡幽，大象垂教。二儀長久，本清寧而不居；兆庶樂康，資恬淡而無欲。首出萬古，式是百王。天付烝民，運興有宋。烈祖之開創，神宗之治平，率慈儉爲永圖，遵樸素爲常道。慶鐘長發，猥及眇躬。寶籙薦蕤，惟新於先命；玉音昭晰，親遘於神期。諭皇世之有開，示高真之幽贊。上帝克享，妙本是依。仰止靈區，虔伸順拜。周爰徽稱，益表欽崇。夫恍惚無形，生三爲太，茲之謂混元；淵默守中，吹萬自化，茲之謂上德。雖善貸常存於不有，而可名恭薦於至誠。謹遣攝太尉、右僕射兼門下侍郎平章事王旦奉玉冊玉寶，上徽號曰太上老君混元上德皇帝。伏以因大成而曲全，循尊道而貴德。儲祉善建，保鴻基之配天；降鑑勤行，佑沖人之治國。萬方富壽，世祚千億，愛養蒸黎，永永無極。謹言。

又 卷一二三《**典禮八·恭謝壇殿·親祠亳州太清宫回日恭謝天地詔大中祥符六年八月庚申**》 朕以眇躬，纘茲大寶，荷樂康於穹壤，膺錫類於祖宗。明發之心，嘗增於勵翼；大同之俗，獲固於隆平。蓋積累於善祥，豈涼薄之能致？而自欽承瑞命，祗奉元符，陟元岱而上封，款魏脽而大報。再臨鞏洛，躬祀寢園，天監孔章，民和旁洽。暨太宫之歸格，乃宣室而凝神，屬以上真，薦回嘉貺。洪惟寶緒，逖悟於有開；復念休期，肇隆於無斁。故將協吉春序，卜勝神皋，恭建壇壝，親謝天地。竊思三才之始，是謂道精；萬化之宗，允惟教父。顧譙都之舊壤，峙曲里之珍祠。炎漢庶民，薦芬馨而祇肅；有唐繼孝，奉寶綬而尊崇。俾浹宇之咸康，實上清之幽贊。當乘法馭，順拜殊庭，方冀詢謀，未遑誕告。而景亳耆耋，趨丹闕而獻封；外朝官師，伏彤墀而抗疏。願修盛節，允契素懷，是用祇考元辰，緬遵令典。彼渦之曲，既奉於蕭薌；在國之陽，復薦於圭幣。朕以來年春，親詣亳州太清宫，行朝謁之禮，先於東京置壇，迴日恭謝天地，一如南郊之制。咨爾蕆事，及夫撰儀，勿曠攸司，各揚乃職。祀禮所用，必極於豐崇；乘輿所須，務敦於簡儉。應于費用，並從官給。一路但增修館驛，以備行宫，所用什物，亦官自營辦。不得輒有科率及差役丁夫。諸路長吏，不得擅離本任，來赴行在。及以修貢爲名，輒有率斂。兩京諸路起居章表，附驛以聞。

又 卷二二四《**政事七十七·道釋下·老子陞史記列傳之首在京神霄宫刻御注道德經御筆手詔**政和八年八月十二日》 周室衰，中國有聖人焉，體道而在下，窮神盡變，莫知所終。蓋嘗著書九九篇，以貽後世。其指遠，其意微，世之人罕能知。況其所以官天地，府萬物，澹然獨與神明居，豈得而窺之？自漢司馬遷、班固號稱大儒，皆小智自私，溺於流俗蹇淺之見。遷作《傳》，則同于韓非、申不害之徒。固敘《古今人表》，以爲第四等，列于游、夏之後。蓋歷歲千數百矣。朕萬機之暇，既讀其書，賾其指意之所歸，爲之訓解；間閲史氏，尤惜其序次之不倫，慨然于懷。豈天之將興斯文歟？表而揚之，實在今日。《史記·老子傳》陞於《列傳》之首，自爲一帙。《前漢·古今表》敘列於上聖。其舊本並行改正。昨所注《道德經》，可規倣唐制，命大臣分章句書寫，刻石於在京神霄玉清萬壽宫，以垂無窮。究觀老氏，深原道德之本，而黜太甚繁飾之華。蓋將捄文之弊，使天下毋失其樸，舉復於無爲恬淡之真。帝皇之治，何以越此？朕甚慕之。注經尊教，設科作宫，所以示欽崇之旨。布告天下，咸諭茲意。

宋·吴曾《**能改齋漫録**》**卷一三**《**記事·禁瀆侮混元皇帝名**》 政和八年八月御筆：太上混元上德皇帝名耳并字伯陽及謚聃，見今士庶多以此爲名字，甚爲瀆侮。自今並爲禁止。

又 《**詔學者治御注道德經**》 政和八年詔有司，使學者治《御注道德經》，間於其中出論題。

又 《**詔史記陞老子傳爲列傳首**》 政和八年詔：《史記·老子傳》陞於《列傳》之首，自爲一帙；《前漢·古今表》敘列於上聖。其舊本並行改正。

論　説

《荀子》卷一一《天論篇》　老子有見於詘，無見於信。【略】有詘而無信，則貴賤不分。

《史記》卷六三《老莊申韓列傳》　太史公曰：老子所貴道虛無，因應變化於無爲，故著書辭稱微妙難識。莊子散道德放論，要亦歸之自然。申子卑卑，南朝宋裴駰《集解》：駰案，自勉勵之意也。施之於名實，韓子引繩墨，切事情，明是非。其極慘礉少恩，皆原於道德之意，而老子深遠矣。

又　卷一三〇《太史公自序》　太史公仕於建元、元封之間，愍學者之不達其意而師悖，乃論六家之要指曰：【略】道家無爲，又曰無不爲。其實易行，其辭難知。其術以虛無爲本，以因循爲用，無成勢，無常形，故能究萬物之情。不爲物先，不爲物後，故能爲萬物主。有法無法，因時爲業，有度無度，因物與合，故曰聖人不朽，時變是守。虛者，道之常也；因者，君之綱也。羣臣並至，使各自明也。其實中其聲者，謂之端；實不中其聲者，謂之窾。窾言不聽，姦乃不生，賢不肖自分，白黑乃形。在所欲用耳，何事不成？乃合大道，混混冥冥。光耀天下，復反無名。凡人所生者，神也；所託者，形也。神大用則竭，形大勞則敝，形神離則死。死者不可復生，離者不可復反，故聖人重之。由是觀之，神者，生之本也；形者，生之具也。不先定其神，而曰我有以治天下，何由哉？

漢・揚雄《法言・問道篇》　老子之言道德，吾有取焉耳。及搥提仁義，絶滅禮學，吾無取焉耳。

《漢書》卷八七下《揚雄傳下》　時大司空王邑、納言嚴尤聞雄死，謂桓譚曰：『子常稱揚雄書，豈能傳於後世乎？』譚曰：『必傳。【略】昔老聃著虛無之言兩篇，薄仁義，非禮學，然後世好之者，尚以爲過於五經。自漢文、景之君及司馬遷，皆有是言。』

又　卷三〇《藝文志・道家》　道家者流，蓋出於史官。歷記成敗存亡、禍福古今之道，然後知秉要執本，清虛以自守，卑弱以自持，此君人南面之術也。合於堯之克攘，《易》之嗛嗛，一謙而四益，此其所長也。及放者爲之，則欲絶去禮學，兼棄仁義，曰獨任清虛，可以爲治。

三國魏・阮籍《阮步兵集・通老論》　聖人明於天人之理，達於自然之分，通於治化之體，審於大慎之訓。故君臣垂拱，完太素之樸；百姓熙怡，保性命之和。

道者法自然而爲化，侯王能守之，萬物將自化。《易》謂之『太極』，《春秋》謂之『元』，《老子》謂之『道』。

三皇依道，五帝仗德，三王施仁，五霸行義，强國任智。蓋優劣之異，薄厚之降也。

唐・釋道宣《廣弘明集》卷一《吳主敍佛道三宗出吳書》　孫權赤烏四年，【略】下敕問尚書令闞澤曰：『漢明已來，凡有幾年佛教？入漢既久，何緣始至江東？』澤曰：『自漢明永平十年，佛法初來，至今赤烏四年，則一百七十年矣。初，永平十四年，五嶽道士與摩騰角力之時，道士不如，南嶽道士褚善信、費叔才等在會，自憾而死，門徒弟子歸葬南嶽。不預出家，無人流布，後遭漢政陵遲，兵戎不息，經今多載，始得興行。』

又曰：『孔丘、李老，得與佛比對不？』澤曰：『臣聞魯孔君者，英才誕秀，聖德不羣，世號素王，制述經典，訓奬周道，教化來葉，師儒之風，澤潤今古。亦有逸民如許成子、原陽子、莊子、老子等百家子書，皆修身自翫，放暢山谷，縱佚其心，學歸澹泊，事乖人倫長幼之節，亦非安俗化民之風。至漢景帝，以黃子、老子義體尤深，改子爲經，始立道學，敕令朝野悉諷誦之。若以孔、老二教比方佛法，遠則遠矣。所以然者，孔、老二教法天制用，不敢違天；諸佛設教，天法奉行，不敢違佛。以此言之，實非比對。』吳主大悦，以澤爲太子太傅云云。

又　卷八《釋道安〈教論〉》　問：老子之教，蓋修身治國，絶棄貴尚，論大道則爲三才之元，辨上德則爲五事之本，猶陶埏之成造，譬橐籥之不窮。先生何爲抑在儒下？答曰：余聞恬志大和者，不務變常；安時處順者，不求反古。故詩曰：『不愆不亡，率由舊章。』唯藝文之盛，《易》最優矣。吾子謂《老》與《易》何若？昔宓羲氏仰觀象於天，俯察法於地，近取諸身，遠取諸物，於是始作八卦，以通神明之德，以類萬物之情。文王重六爻，孔子弘《十翼》，故曰易道深矣，人更三聖，世歷三古。故《繫辭》曰：『《易》有太極，是生兩儀。』《易》説曰：『夫有形

生於無形，故曰有太易，有太初，有太始，有太素。太易者，未見氣也；太初者，氣之始；太始者，形之始；太素者，質之始。夫氣形質而未相離，故曰渾混。視之不見，聽之不聞，修之不得，故曰《易》也。」《孝經》説曰：『奇者陽節，偶者陰基，得陽而成，合陰而居，數相配偶，乃爲道也。故曰「一陰一陽之謂道，陰陽不測之謂神。」』此而遐瞻，足賢於《老》也。子謂仁由失德而興，禮生忠信之薄。安其所習，毁所不見，且大樂與天地同和，大禮與天地同節，豈在飾敬之年、責報之歲哉？然老氏之旨，本救澆浪，虚柔善下，修身可矣。不尚賢能，於治何續？既扶《易》之一謙，更是儒之一派。幸勿同放，兼棄五德。

又《君爲教主》 問：孔子問禮於老聃，則師資之義存矣。又《論語》孔子自稱曰：『吾述而不作，信而好古，竊比於我老彭。』子云孔聖而云老賢，比類之義，義將焉在？褒貶乖中，諒爲侮聖？答曰：余既庸昧，奚敢穿鑿？廢智任誠，唯依謨典。《稽子》云：『老子就涓子學九仙之術。』尋乎練餌，斯或有之。至於聖也，則不云學。《論語》曰：『生而知之者，上也；學而知之者，次也。』依《前漢書》，品孔子爲上上類，皆是聖；以老氏爲中上流，並是賢。又何晏、王弼咸云：『老未及聖』。此皆典達所位，僕能異乎？孔子曰：『吾無常師。』問禮於老聃，斯其義也。有問農，云『吾不如老農』；又問圃，云『吾不如老圃』。入太廟，每事問。豈農、圃、守廟之人而賢於孔丘乎？『竊比』遜詞，斯其類也。故知他評近實，自謙則虚。侮聖之談，恐還自累。孔子問樂於萇弘，學琴於師襄子，豈弘子之流皆賢於孔丘乎？聖人之迹，於斯可見也。

晉·葛洪《抱朴子内篇》卷二《明本》 或問儒、道之先後。抱朴子答曰：道者，儒之本也；儒者，道之末也。夫以爲陰陽之術，衆於忌諱，使人拘畏；而儒者博而寡要，勞而少功；墨者儉而難遵，不可偏修；法者嚴而少恩，傷破仁義。唯道家之教，使人精神專一，動合無爲，包儒、墨之善，總名、法之要，與時遷移，應物變化，指約而易明，事少而功多，務在全大宗之朴，守真正之源者也。【略】老子既兼綜理教而又久視，則未可謂之爲減於周、孔也。故仲尼有竊比之歎，未聞有疵毁之辭。而末世庸民不得其門，修儒、墨而毁道家，何異子孫而駡詈祖考哉？是不識其所自來，亦已甚矣。

北齊·劉晝《劉子》卷一〇《九流》 道者，鬻熊、老聃、關尹、莊周之類也。以空虚爲本，清淨爲心，謙挹爲德，卑弱爲行。居無爲之事，行不言之教，裁成宇宙，不見其迹，亭毒萬物，不有其功。然而薄者全弃忠孝，杜絶仁義，專任清虚，欲以爲治也。【略】

道者，玄化爲本；儒者，德教爲宗。九流之中，二化爲最。夫道以無爲化世，儒以六藝濟俗；無爲以清虚爲心，六藝以禮教爲訓。若以教行於大同，則邪偽萌生；使無爲化於成、康，則氛亂競起。何者？澆淳時異則風化應殊，古今乖舛則政教宣隔。以此觀之，儒教雖非得真之説，然茲教可以導物；道家雖爲達情之論，而違禮復不可以救弊。今治世之賢，宜以禮教爲先；嘉遁之士，應以無爲是務，則操業俱遂，而身、名兩全也。

唐·韓愈《昌黎集》卷一一《原道》 老子之小仁義，非毁之也，其見者小也。坐井而觀天曰天小者，非天小也。彼以煦煦爲仁，孑孑爲義，其小之也則宜。其所謂道，道其所道，非吾所謂道也；其所謂德，德其所德，非吾所謂德也。凡吾所謂道德云者，合仁與義言之也，天下之公言也。老子所謂道德云者，去仁與義言之也，一人之私言也。周道衰，孔子没，火于秦，黄老于漢，佛于晉、魏、梁、隋之閒，其言道德仁義者，不入於楊則入於墨，不入於老則入於佛。入於彼，必出於此。入者主之，出者奴之，入者附之，出者汙之。噫！後之人其欲聞仁義道德之説，孰從而聽之？老者曰：孔子，吾師之弟子也。佛者曰：孔子，吾師之弟子也。爲孔子者習聞其説，樂其誕而自小也，亦曰：吾師亦嘗師之云爾。不惟舉之於其口，而又筆之於其書。噫？後之人雖欲聞仁義道德之説，其孰從而求之？甚矣，人之好怪也。不求其端，不訊其末，惟怪之欲聞。

唐·馬總《意林》卷首《[唐]柳伯存序》 六國時，莊老道宗起覆載之功，横日月之照，高視六經，爲天下式，故絶於稱言矣。

宋·張君房《雲笈七籤》卷一《道德部·總敘道德·[唐]陸希聲〈道德經傳序〉》 大道隱，世教衰，天下方大亂。當是時，天必生聖人。聖人憂斯民之不底於治，而扶衰救亂之術作。周之末世，其幾矣。於是仲尼闡三代之文，以扶其衰；老氏據三皇之質，以救其亂，其揆一也。蓋仲尼之術興於文，文以治情；老氏之術本於質，質以復性。性、情之極，

聖人所不能異；文、質之變，萬世所不能一也。《易》曰『顯諸仁』，以文爲教之謂也。文之爲教，其事彰，故坦然明白；坦然明白，則雅言者詳矣。《易》曰『藏諸用』，以質爲教之謂也。質之爲教，其理微，故深不可識；深不可識，則妄作者衆矣。

夫惟老氏之術，道以爲體，名以爲用，無爲無不爲，而格於皇極者也。楊朱宗老氏之體，失於不及，以至於貴身賤物。莊周術老氏之用，失於太過，故務欲絶聖棄智。申、韓失老氏之名，而弊於苛繳刻急；王、何失老氏之道，而流於虚無放誕。此六子者，皆老氏之罪人也。而世因謂老氏之指，其歸不合於仲尼，故訾其名則曰槌提仁義，絶滅禮學；病其道則曰獨任清虚，不可以爲治。於戲！世之迷，其來遠矣，是使老氏受誣於千載，道德不行於當世，良有以也。且老氏本原天地之始，歷陳古今之變，先明道德，次説仁義，下陳禮學之失，刑政之煩，言其馴致而然耳。其秉要執本，在乎情性之極。故其道始於身心，形於家國，終於天下，如此其備也。而惑者尚多云云，豈不謂厚誣哉？

昔伏羲氏畫八卦，象萬物，窮性命之理，順道德之和。老氏亦先天地，本陰陽，推性命之極，原道德之奥。此與伏羲，同其原也。文王觀《太易》『九六』之動，貴剛尚變，而要之以中；老氏亦察《太易》『七八』之正，致柔守静，而統之以大。此與文王，通其宗也。孔子祖述堯、舜，憲章文、武，導斯民以仁義之教；老氏亦擬議伏羲，彌綸黄帝，冒天下以道德之化。此與孔子，合其權也。此三君子者，聖人之極也。老氏皆變而通之，反而合之，研至變之機，探至精之歸，斯可謂至神者矣。而王弼以爲聖人與道合體，老氏未能體道。故阮籍謂之上賢亞聖之人，蓋同於輔嗣。豈以老氏經世之迹，未足充其所言耶？斯不然也。

於戲！聖人之在世也，有有迹，有無迹。故道之不行也，或危身歷聘，以天下爲其憂；或藏名飛遯，示世故不能累。有迹無迹，殊途同歸。斯實道義之門，非徒相反而已。然則仲尼之所以出，老氏之所以處；老氏之所以默，仲尼之所以語，蓋屈伸隱顯之極也。二子安能識之哉？司馬遷統序衆家，以道德爲首，可謂知本末矣。班固作《古今人表》，乃詘老氏於第三品。雖其名可詘，而道可貶乎哉？

於戲！老氏之術，見棄於當代久矣，斯數子者之由也。且仲尼親見老氏，歎其道曰：『猶龍乎！』從之問禮，誠無間然，著在記傳。後世不能探其意，是以異端之説紛然。蓋迷之者不窮其源，故非之者不盡其致。噫！斯《傳》之不作，則老氏之旨或幾乎息矣。今故極其致，顯其微，使昭昭然與羣聖人意相合。有能體其道，用其名，執古以御今，致理如反掌耳。自昔言老氏術者，獨太史公近之。爲治少得其道，唯漢文耳。其他皮傅詭説，皆不足取。

唐·佚名《無能子》卷中《老君説》　孔子定禮樂，明舊章，删《詩》、《書》修《春秋》，將以正人倫之序，杜亂臣賊子之心，往告於老聃。老聃曰：『夫治大國者，若烹小鮮，蹂於刀几，則爛矣。自昔聖人創物立事，誘動人情。人情失於自然而夭其性命者，紛然矣。今汝又文而縟之，以繁人情。人情繁則怠，怠則詐，詐則益亂。所謂伐天真而矜己者也，天禍必及。』孔子懼，然亦不能遂已。既而削迹於衛，伐樹於宋，餓於陳、蔡，圍於匡，皇皇汲汲，幾於不免。孔子顧謂顔回曰：『老聃之言，豈謂是乎！』

宋·羅從彦《豫章文集》卷三《遵堯録二·太宗》　太宗嘗曰：『人君致理之本，莫先簡易。老子，古之聖人也。立言垂訓，朕所景慕。經云：「天地不仁，以萬物爲芻狗；聖人不仁，以百姓爲芻狗。」是知覆燾之德，含容光大，本無情於仁愛，非責望於品類也。』

宋·王欽若等《册府元龜》卷五三《帝王部·尚黄老》　黄帝曰：『觀天之道，執天之行，盡矣。』老子曰：『我無爲而民自化，我好静而民自正。』信所謂知之修練，滌除冲覽，拱默垂衣而致治，猶龍變化而莫測，本其妙用，歸諸自然，故乃凝神御變，抱一執契，無可無不可者矣。自漢之世，崇其言於宮壺；孝武以降，混其術於神仙。或嚴祠於掖庭，或講議於斧扆，廣設壇醮，親受符録，肹蠁報應，與時偕行。雖崇奉之至，亦未能清淨如此也。唐稱景冑，茂暢真氣，靈宇相望，黄冠交暎，尊其虚無之論，列於儒學之科，與夫《大易》神道設教，《洪範》建用皇極，愛民治國之要，其歸一揆耳。

又　卷一九四《閏位部·崇釋老》　司馬遷之序六家，談大道之要，其論詳矣。自竺乾之典流于中夏，述苦空之旨，顯悲濟之用，奏其教者，又豈勝道哉！江表之世，崇尚斯篤，乃至增建浄刹，講求梵譯，度桑門

之衆，申血食之業，營齋造像，極其信向；而玄元之訓，亦資演暢。東魏北齊，暨于朱氏，何莫繇斯也已。其或冥符玄感，神期脗合，肸蠁之應，非可度思。若乃殖衆德之本，以濟於仁恕；洞無爲之妙，以臻于清浄。斯固有助於治者也。

又　卷八二二《總録部・尚黄老》　太史公之論六家，劉歆之奏《七略》，其敍黄老之旨，載篇籍之數，詳矣。世之學者，亦曷嘗無其人焉！乃有敦清浄之訓，以助治成化；捐利禄之累，以越世高蹈。聚徒教授，以傳述真宗；立言敷演，以發揚妙鍵。注釋以啓深趣，論議以極遠致。乃至霛仙通感，神期冥会，親受祕訣，以享遐算。豈誣也哉？其或業與時契，名參俊選，志存靈貺，力營玄館，波流頽靡，增華競逐，蓋與夫黜聰抱樸之説戾矣。

宋・歐陽修《文忠集》卷一二九《老氏説》　前後之相隨，長短之相形，推而廣之，萬物之理皆然也，不必更言其餘。然老子爲書，比其餘諸子已爲簡要也。其於覈見人情，尤爲精爾。非莊周、慎到之倫可擬其言。雖若虚無，而於治人之術至矣。

又　卷一二四《崇文總目敍釋・道家類》　道家者流，本清虚，去健羨，泊然自守，故曰我無爲而民自化，我好静而民自正。雖聖人南面之術，不可易也。至或不究其本，棄去仁義而歸之自然，以因循爲用，則儒者病之。

宋・楊時《二程粹言》卷上《論道篇》　子曰：老子語道德而雜權詐，本末舛矣。申、韓、蘇、張皆其流之弊也。申、韓原道德之意而爲刑名，後世猶或師之。蘇、張得權詐之説而爲縱横，其失益遠矣，今是以無傳焉。

宋・朱熹《二程遺書》卷一一《師訓》　老子之言，竊弄闔闢者也。

宋・王安石《臨川文集》卷六八《老子》　道有本有末。本者，萬物之所以生也；末者，萬物之所以成也。本者出之自然，故不假乎人之力而萬物以生也。末者涉乎形器，故待人力而後萬物以成也。夫其不假人之力而萬物以生，則是聖人可以無言也，無爲也。至乎有待於人力而萬物以成，則是聖人之所以不能無言也，無爲也。故昔聖人之在上而以萬物爲己任者，必制四術焉。四術者，禮、樂、刑、政是也，所以成萬物者也。故聖人唯務脩其成萬物者，不言其生萬物者。蓋生者尸之於自然，非人力之所得與矣。老子者獨不然，以爲涉乎形器者，皆不足言也，不足爲也，故抵去禮、樂、刑、政而唯道之稱焉。是不察於理而務高之過矣。

夫道之自然者，又何預乎？唯其涉乎形器，是以必待於人之言也，人之爲也。其書曰：『三十輻共一轂，當其無，有車之用。』夫轂輻之用，固在於車之無用，然工之琢削未嘗及於無者，蓋無出於自然之力，可以無與也。今之治車者，知治其轂輻而未嘗及於無也，然而車以成者，蓋轂輻具，則無必爲用矣。如其知無爲用而不治轂輻，則爲車之術固已疏矣。今知無之爲車用，無之爲天下用，然不知所以爲用也，故無之所以爲用者，以有轂輻也；無之所以爲天下用者，以有禮、樂、刑、政也。如其廢轂輻於車，廢禮、樂、刑、政於天下，而坐求其無之爲用也，則亦近於愚矣。

宋・蘇軾《東坡志林》卷五　昨日子由寄《老子新解》，讀之不盡卷而歎：使戰國時有此書，則無商鞅、韓非；使漢初有此書，則孔、老爲一；晉、宋間有此書，則佛、老不爲二。不意老年，見此奇特。

宋・蘇轍《古史》卷三三《老子列傳》　蘇子曰：孔子以仁義教人而以禮樂治天下。仁義禮樂之變無窮，而其稱曰：『吾道一以貫之。』苟無以貫之，則因變而行義，必有支離而不合者矣。《易》曰：『形而上者謂之道，形而下者謂之器。』《語》曰：『君子上達，小人下達。』而孔子自謂下學而上達者，洒埽應對，《詩》、《書》、《禮》、《樂》，皆所從學也。而君子由是以達其道，小人由是以得其器。達其道，故萬變而致一；得其器，故有守而不蕩。此孔子之所以兩得之也。蓋孔子之爲人也周，故示人以器而晦其道，使達者有見而未達者不眩也。老子之自爲也深，故示人以道而略其器，使達者易入而不恤其未達也。要之其實，皆志於道而所從施之有先後耳。三代之後，釋氏與孔、老並行於世。其所以異者，體道愈遠而立於世之表，指天下之所不見以示人，而不憂其不悟，曰要將有悟者。其説又老氏之眇也。《老子》八十一章，予嘗爲之解，其説如此。

宋・蘇轍《欒城應詔集》卷三《老聃論上》　善與人言者，因其人之言而爲之言，則天下之爲辯者服矣。與其里人言而曰吾父以爲不然，則誰肯信，以爲爾父之是？是故不若與之論其曲直，雖楚人可以與秦人言之

而無害。故夫天下之所爲多言以排夫異端，而終以不明者，唯不務其是非利害，而以父屈人也。夫聖人之所爲，尊於天下，爲其知夫理之所在也。而周公、仲尼之所爲，信於天下，以其弟子而知之也。故非其弟子，則天下有不知周公之爲周公，而仲尼之爲仲尼者矣。是故老聃、莊周其爲說，不可以周、孔辯也。何者？彼且以爲周、孔之不足信也。夫聖人之於言，譬如規矩之於方圓爾。天下之人信規矩之於方圓，而以規矩辯天下之不方不圓，則不若求其至方極圓，以陰合於規矩；使規而有不圓，矩而有不方，則亦無害於吾說。若此，則其勢易以折天下之異論。昔者天下之士，其論老聃、莊周與夫佛之道者，皆未嘗得其要也。

老聃之說曰：去仁義，絶禮樂，而後天下安。而吾之說曰：仁義禮樂，天下之所待以治安者。佛之說曰：棄父絶子，不爲夫婦，放鷄豚，食菜茹，而後萬物遂。而吾之說曰：父子夫婦食鷄豚，以遂萬物之性。夫彼且以其說，而吾亦以吾說；彼之不吾信，如吾之不彼信也。蓋天下之不從，莫急於未信而彊刧之。故夫仁以安人而行之以義，節之以禮而播之以樂，守之以君臣而維之以父子兄弟。食肉而飲酒，此明於孔子者之所知也。而欲以諭其所不知之人，而曰孔子則然，嗟夫難哉！愚則不然，曰天下之道，唯其辯之而無窮，攻之而無間。辯之而有窮，攻之而有間，則是不足以爲道。果孔子而有窮也，亦將舍而他之；惟其無窮，是以知其爲道而無疑。蓋天下有能平其心而觀焉，而不牽夫仲尼、老聃之名，而後可與語此也。

又《老聃論下》　天下之道，惟其辯之而無窮，攻之而無間。辯之而有窮，攻之而有間，則是不足以爲道。昔者六國之際，處士横議，以熒惑天下。楊氏爲我而墨氏兼愛，凡天下之有以君臣父子之親而不相顧者，舉皆歸於楊子；而道路之人皆可以爲父兄子弟者，舉皆歸於墨子也。夫天下之人，不可以絶其相屬之親而合其無故之歡，此其勢然矣。故老聃、莊周知夫天下之不從也，而起而承之，以爲兼愛、爲我之不足以收天下，是以不爲；爲我不爲兼愛，而處乎兼愛、爲我之際。此其意以爲：不兼愛則天下議其無親，不爲我則天下譏其爲人，故兩無所適處，而泛泛焉浮游其間，而我皆無所與以爲是，足以自免而逃天下之是非矣。夫天下之人，惟是其所是而非其所非，是以其說可得而考其終。今夫老莊無所是非，而其終歸於無有，此其思之亦已詳矣。楊氏之爲我，墨氏之兼愛，此其爲道，莫不有所執也。故爲我者，爲兼愛之所詆；而兼愛者，爲爲我之所毁。是二者其地皆不可居也。然而得其間而固守之，則可以杜天下之異端而絶其口。蓋古之聖人惟其得而居之，是以天下大服，而其道遂傳於後世。今老聃、莊周不得由其大道而見其隙，竊入於其間而執其機，是以其論縱横堅固而不可破也。

且夫天下之事，安可以一說治也？彼二子者，欲一之以兼愛，斷之以爲我，故其說有時焉而遂窮。夫惟聖人能處於其間，而制其當然。兼愛，爲我，亦莫棄也，而能用之，以無失乎道。處天下之紛紜而不失其當，故曰伯夷、叔齊，不降其志，不辱其身；而柳下惠、少連降志而辱身，言中倫，行中慮。虞仲、夷逸，隱居放言，身中清，廢中權。我則異於是，無可無不可。夫無可無不可，此老聃、莊周之所以爲辯也，而仲尼亦云，則夫老聃、莊周其思之不可以爲不深矣。蓋嘗聞之：聖人之道處於可不可之際，而遂從而實之，是以其說萬變而不可窮。老聃、莊周從而虚之，是以其說汗漫而不可詰。今將以求夫仲尼、老聃之是非者，惟能知虚實之可用與否而已矣。

蓋天下固有物也，有物而物相遭，則固亦有事矣。是故聖人從其有而制其御有之道，以治其有實之事，則天下夫亦何事之不可爲？而區區焉平其有以納之於無，則其用力不已甚勞矣哉！夫老聃、莊周則亦嘗自知其窮矣。夫其窮者何也？不若從其有而有之之爲易也。故曰常無欲，以觀其妙；而又曰常有欲，以觀其徼。既曰無之以爲用，而又曰有之以爲利。而至於佛者則亦曰斷滅，而又曰無斷無滅。夫既曰無矣，而又恐無之，反以爲窮；既曰斷滅矣，而又恐斷滅之，適以爲累。則夫其情，可以見矣。仲尼有言曰：『君子之中庸也，君子而時中；小人之中庸也，小人而無忌憚也。』夫老聃、莊周，其亦近於中庸而無忌憚者哉！

宋・張耒《柯山集》卷三九《老子議》　夫人之生，不殺之於袵席飲食之疾病，則殺之於盗賊刑戮者過半矣，則人之於死，實未嘗知畏也。而世之馭物者而欲物之畏，不過示之以死，亦惑矣。故曰『民不畏死，奈何以死懼之？』苟爲畏死耶，則吾取爲奇者而殺之，宜民之不復爲奇也。天下未嘗無刑，而爲奇者不止，則死之不足以懼物也，明矣。故曰若使人常

畏死，而爲奇者，吾得執而殺之，孰敢也？夫物不患夫殺之者也，萬物泯泯，必歸於滅盡而後止，則有常有司殺者殺之矣。竊司殺者之常理，而私之以行其畏，非徒不足以懼物，而未有不及者也。故曰常有司殺者殺之。夫代有司殺，是代大匠斲，代大斲匠，希有不傷其手矣。然則操政刑生死之柄，驅一世之民使從之，殆非也。

宋·陳師道《後山集》卷二二《理究》 世謂孔、老同時。非也。孟子闢楊、墨而不及老，荀子非墨、老而不及楊。莊子先六經而墨、宋、慎次之，關、老又次之，莊、惠終焉。其關、陽之後，孟、荀之間乎！

宋·唐庚《眉山文集》卷一〇《名小子説》 世疑老子西遊，以謂有慈有儉，有不爲天下先，持是道以遊于世，何所不容而猶有所去就耶？是大不然。惟其無往而不容，則雖蠻貊之邦行矣，此所以爲老氏。故名小子曰聃，字以景老。

宋·蘇籀《欒城遺言》 公爲籀講《老子》數篇，曰：高於《孟子》二三等矣。

公曰：莊周多是破執。言至道，無如五千文。

宋·李石《方舟集》卷一三《老子辯上》 道有嚴乎？曰：嚴唯其嚴，故渾然大矣。曰仁曰義云者，因人所不同，各一其道而自爲散亂。其大者故在，不小矣。韓子以老子爲小仁義。老子豈不知仁義與道渾然中物？因其失而致其嚴，以爲散亂之防，非小也。此不可以不辯。

又《老子辯下》 道有通乎？曰：通唯其通，故渾然大矣。曰清淨曰寡欲云者，豈唯老氏？聖人宅心於虛，以受萬物之託，寂然自冥於無所思慮，俾百姓日用以給而救其過者，此吾儒之正道。太史公乃始以爲老氏之學，自別於儒，寡欲清淨於是乎在。此不可以不辯。

宋·朱熹《晦庵集》卷三〇《書·答汪尚書》 龜山答胡迪功問中一段：『老子五千言以自然爲宗，謂之不作，可也。』熹亦疑此語。如《論語》『老彭』之説，只以《曾子問》中言禮數段證之，即述而不作，信而好古，皆可見。蓋老聃，周之史官，掌國之典籍，三皇五帝之書，故能述古事而信好之。如五千言，亦或古有是語而老子傳之，未可知也。蓋《列子》所引《黄帝書》即《老子·谷神不死章》也，豈所謂三皇五帝之書？即龜山之意，却似習於見聞，不以莊老爲非者，深所未喻也。

宋·黎靖德《朱子語類》卷一二五《老氏》 康節嘗言：老氏得《易》之體，孟子得《易》之用。非也。老子自有老子之體用，孟子自有孟子之體用。『將欲取之，必固與之』，此老子之體用也。存心養性，充廣其四端，此孟子之體用也。

老子之術，謙沖儉嗇，全不肯役精神。

老子之術，須自家占得十分穩便，方肯做。才有一毫於己不便，便不肯做。

老子之學，大抵以虛靜無爲、沖退自守爲事，故其爲説，常以懦弱謙下爲表，以空虛不毁萬物爲實。其爲治雖曰我無爲而民自化，然不化者則亦不之問也。其爲道每每如此，非特《載營魄》一章之指爲然也。若曰旁日月，扶宇宙，揮斥八極，神氣不變者，是乃莊生之荒唐。其曰光明寂照，無所不通，不動道場，徧周沙界者，則又瞿曇之幻語。老子則初曷嘗有是哉？今世人論老子者，必欲合二家之似而一之，以爲神常載魄而無所不之，則是莊、釋之所談而非老子之意矣。

伯豐問：程子曰：老子之言，竊弄闔闢者，何也？曰：如『將欲取之，必固與之』之類，是它亦窺得些道理，將來竊弄，如所謂代大匠斲則傷手者，謂如人之惡者，不必自去治它，自有別人與它理會，只是占便宜，不肯自犯手做。甾曰：此正推惡離己。曰：固是。

老子不犯手，張子房其學也，陶淵明亦只是老莊。

又《老子書·反者道之動章》 問：反者道之動，弱者道之用。曰：老子説話，都是這樣意思。緣他看得天下事變熟了，都於反處做起，且如人剛强，咆哮跳躑之不已，其勢必有時而屈，故他只務爲弱。人纔弱時却蓄得那精剛完全，及其發也，自然不可當。故張文潛説老子惟静，故能知變。然其勢必至於忍心無情，視天下之人皆如土偶爾，其心都冷冰冰地了，便是親人也不恤。故其流多入於變詐刑名。太史公將他與申、韓同《傳》，非是强安排，其源流實是如此。

又卷一三七《戰國漢唐諸子》 老子是箇占便宜不肯擔當做事底人。自守在裡，看你外面天翻地覆都不管。此豈不是少恩？

明·焦竑《老子翼》卷三《附録》 （宋）董思靖云：老子之道，以清淨無爲自然爲宗，以虛明應物不滯爲用，以慈儉謙下不爭爲行，以無

欲無事，不先天以開人爲治。其於治身治人也，至矣。如用之，則太古之治可復也。以其所值之時，俗尚文勝，淳朴之風無復存者，而老子抱純素之道，與時偕極，必待感而後應，故不得位，以推是於天下。蓋知夫時數之有所忤也，然終不能恝然道之無傳，是以有教無類，而且睠睠於西方之異俗，則其憫當時、慮後世之心，何如哉！猶幸斯文不墜，故西關伺駕，東魯見龍，而書與言之尚存也。河上丈人、黄石公、樂臣公、蓋公之徒，蓋能究其旨而體之，斂厥用於一身，則在我之天下，已羲皇矣。及其道之有所授，則孝文以之爲君，子房以之佐漢，曹參以之相齊。果能通一脉於苛秦之後，吁亦一驗也。然使又有進於是，如其人羲皇之，則羲皇矣。或者見是書詞意含洪寛大，而不知致察於虛極静篤之時，存乎體之至嚴至密者，以爲庶政庶事之本，乃徒務爲悶悶若昏之量而習弊，反墮於優游姑息，遂有清虛不及用之譏，故不經而子視之。嗚呼惜哉！

宋・羅璧《識遺》卷一《孔子師》 孔子師老聃之説，肇於莊子。莊子師老子，故其著書，譏侮古今聖賢，獨推老子，甚至假借孔子言語譽之。後來漢儒輯《禮記》，承其言曰：『聞諸老聃。』司馬遷《史記・老子傳》復增許多老子訓誨孔子言語。孔鮒作《家語》，著孔子事實，因據以爲證。《家語》後有晉王肅所加，故益難據信。由是益堅後學之信。不知《莊子》一書多駕空寓言，時去孔子未遠，知天下崇信其學，故託言世之最重者，尊其師，庶幾聃之道益隆。此莊子抑孔子、尊老子之迹也。後儒不察《禮記》、《家語》、《史記》出《莊子》後，見孔子萬世師表，不應禮樂無所自來，而『問禮老聃』一語，又備見諸書，未詳始自《莊子》，不知老子之教，主於清淨無爲，其著書厭薄禮樂，曰『禮者，忠信之薄而亂之首也』。莊子傳其學，從而有掊斗折衡，攘棄仁義，焚符破璽，絶聖棄知等論，則聃之學，何禮之可問耶？太史公謂道家以虛無爲本，因循爲用，有法無法，有度無度，故後之宗者蕩棄禮法，蓬首垢面，喪酒弔肉，晉代可證已。豈有以禮訓孔子而最其徒則廢棄耶？孔子於人之有善，若管仲之仁，子産之惠，皆亟稱不暇，豈有聃其師而故没之耶？故愚謂《莊子》寓言無疑。

金・王若虛《滹南集》卷三二《雜辨》 舊説孔子問禮於老聃，而聃所著書專薄禮學，論者疑別有老子。予謂聃雖不喜禮學，然以大賢而嘗仕于周，其於典故豈無所聞？亦猶萇弘之於樂，郯子之於官名，孔子問之，亦何足怪？但不知果嘗問與否耳。蓋自莊周寓言設老聃訓誨孔子事以自尊，而漢儒記《禮》有『聞諸老聃』之語，世遂信之。夫司馬遷最喜老子者，然其爲《傳》，尚不能詳其主名及生於何代，安知果與孔子同時哉？

元・郝經《續後漢書》卷八三下《録第一下・道術・異端・老莊》

老子，周守藏室柱下史，蓋隱君子也。周室之衰，西去至關，關令尹喜請著書，乃著上下篇，言道德之義，本於清淨無爲，要歸虛無，精於世變，静見物理，每以陰謀退郤爲術，冲嗇精神，絶物棄智，伏匿機要。故其言曰：『致虛極，守静篤。專氣致柔。』『知其雄，守其雌，爲天下谿；知其白，守其黑，爲天下谷。』『以正治國，以奇用兵，以無事取天下。』『將欲弱之，必固彊之；將欲取之，必固與之。』『剛彊者死之徒，柔弱者生之徒。』舉爲術數，申、韓之刻薄，儀、秦之傾危，孫、吳之詭譎，皆本于是。

夫道，天地之常經，古今之通義。在天爲命，在人爲心，在物爲理，成之爲德。凡仁、義、禮、智五性，皆其固有，齊一備具，初無先後，爲體爲用，皆本一道，故爲典常，號稱五帝，統紀萬世。老子之書乃謂『道可道，非常道；名可名，非常名。』以不可言名者爲常，可言名者爲非常。凡天地萬物可名言者非道，豈天地萬物之外，別有不可名言之道也哉？又謂『失道而後德，失德而後仁，失仁而後義，失義而後禮。禮者，忠信之薄而亂之首。』豈道之外別有德，德之外別有仁，仁之外別有義，義之外別有禮哉？一失其道，則凡仁、義、禮、智皆失之矣。又豈復有德與仁哉？禮者，忠信之則，所以厚德而隆治者也，豈薄與亂哉？乖離間斷，大非堯、舜、孔、周之道。

道不可以有無言，乃謂『有生於無。』命乃道之流行，陽之所爲，所以生生之謂《易》。乃謂『歸根曰静，静曰復命，復命曰常，知常曰明。』則以虛寂静死爲命而歸之陰，則不知命。又謂『一生二，二生三，三生萬物。』非道之一陰一陽，以一具兩，而爲太極生四、生八之本，則不知數。夫太極，祗天地萬物本然之理，生氣生形，具乎其中，爲之統紀，無乎不在，無所往而不爲之極，而無所不至其極，非天地萬物之外，別有一太極也。老氏乃曰：『有物混成，先天地生。』其徒列禦寇因之，乃曰『氣形

質具而未相離，故曰渾淪。』莊周又推大之曰：夫道有情有性，無爲無形，可傳而不可見。自本自根，未有天地，自古以固存。神鬼神帝，生天生地，在太極之先而不爲高，在六極之下而不爲深，先天地生而不爲久，長於上古而不爲老。直謂天地之外，别有一物在道之中，爲渾淪之形。

夫道卽太極，太極卽道。以其通行而言則謂之道，以其至極而言則謂之極。周乃謂道在太極之先，則以道爲虚無，以極爲形器。於是漢儒又爲太極涵三爲一之説，則不知極。列禦寇書又屢衍《黄帝書》，如曰『谷神不死，是謂玄牝。玄牝之門，是謂天地根。綿綿若存，用之不勤。』又曰『形動不生，形而生影；聲動不生，聲而生響；無動不生，無而生有。形必終者也，天地終乎與我皆終，終進乎不知也。』又曰『精神入其門，骨骸反其根，我尚奚存？』及《陰符經》等，大抵與老子同，故當世號爲『黄老』。蓋上古三皇之微言，傳之久而差者也，是以與周、孔不類。其偏駁術數，反害至道。當其時猶未盛行，及莊周宗其説著書，於是自爲道家矣。

元・胡祗遹《紫山大全集》卷二〇《論莊老》 以後世觀之，孔孟自孔孟，老莊爲老莊。又唐玄宗以老子爲祖，極尊榮之號，黄冠野服者師事之；儒者則宗孔孟，故岐而二之，若冰炭之不同。以當時觀之，老子、孔子同時，孟子、莊子同時，著書立言，略無一語相異同，相是非。老莊之書所以與吾儒異者，特見當時愚儒俗士束縛於名教禮法而不自得，惴惴戚戚於死生憂患而喪其神守，死生於功名富貴而意必固我，誇矜眩燿小知薄能，而以舉天下莫己若。棄道德仁義之大本而徇辭章文藻之末技，故矯其弊而爲言爾，但過直駁雜者有之。

元・李存《俟菴集》卷二六《題孔李圖後》 右仲尼問禮於老子。或疑孔子，聖之盛者也，顧乃問於老氏，豈記述者之謬歟？殊不思當其周流諸國時，如鄭之子産、衛之伯玉，皆所嚴事。善葬如季子，則往觀之；知紀官如郯子，則問之；況賢如老子者乎！今載之傳記者，一則曰『吾聞諸老聃云』，二則曰『吾聞諸老聃云』，其辭讓忠厚，不没於人蓋如此。嗟乎！斯其所以爲聖之盛者歟？是心也，又果而圖之也歟？

明・宋濂《文憲集》卷二七《諸子辨・老子》 周柱下史李耳撰。耳字伯陽，一字聃。聃，耳漫無輪也。或稱周平王四十二年，以其書授關尹喜。今按平王四十九年，入春秋，實魯隱公之元年。孔子則生於襄公二十二年，自入春秋，下距孔子之生已一百七十二年。老聃，孔子所嘗問禮者，何其壽歟？豈《史記》所言老子百有六十餘歲，及或言二百餘歲者，果可信歟？聃書所言，大抵斂守退藏，不爲物先，而壹返於自然。由其所該者甚廣，故後世多尊之行之。

『視之不見，名曰夷；聽之不聞，名曰希；搏之不得，名曰微。』道家祖之。『谷神不死，是謂玄牝。玄牝之門，是謂天地根。』神仙家祖之。『吾不敢爲主而爲客，不敢進寸而退尺，是謂行無行，攘無臂，仍無敵，執無兵。禍莫大於輕敵，輕敵幾喪吾寶。故抗兵相加，哀者勝矣。』兵家祖之。『道沖而用之，或不盈淵乎！似萬物之宗。挫其鋭，解其紛，和其光，同其塵，湛兮似若存，吾不知誰之子，象帝之先。』莊、列祖之。『將欲翕之，必固張之；將欲弱之，必固强之。將欲廢之，必固興之；將欲奪之，必固與之。』申、韓祖之。『以正治國，以奇用兵，以無事取天下。』張良祖之。『我無爲而民自化，我好静而民自正，我無事而民自富，我無欲而民自朴。』曹參祖之。聃亦豪傑士哉！傷其本之未正，而末流之弊，至貽士君子有『虚玄長而晉室亂』之言。雖聃立言之時，亦不自知其禍若斯之慘也。嗚呼！此姑置之。

道家宗黄老，黄帝書已不傳，而老聃亦僅有此五千言。爲其徒者乃棄而不習，反依倣釋氏經教以成書。《開元》所列《三洞瓊綱》，固多亡缺；而祥符《寳文統傳》所記，若『大洞真』，若『靈寳洞元』，若『太上洞神』，若『太真』，若『太平』，若『太清』，若『正一』諸部，總四千三百五十九卷，又多雜以符呪法籙、丹藥方技之屬，皆老氏所不道。米巫祭酒之流猶自號諸人曰：『吾蓋道家，吾蓋道家』云。

明・王褘《王忠文集》卷二〇《叢録》 老子之道，本於清静無爲，以無爲爲體，以無爲而無不爲爲用。《道德經》五千餘言，其要旨不越是矣。先漢以來，文帝之爲君，曹參之爲臣，常用其道以爲治，而民以寧一，則其道固可措之國家天下者也。自其學一變而爲神仙方技之術，再變而爲米巫祭酒之教，乃遂流爲異端矣。然而神仙方技之術又有二焉，曰鍊養也，曰服食也。此二者，今全真之教是矣。米巫祭酒之教亦有二焉，曰符籙也，曰科教也。此二者，今正一之教是矣。

明·程敏政《篁墩文集》卷一一《老氏論》　釋、老二氏，同禍天下，而人不知老氏之罪甚於釋者，不知老氏之本也。世之知老氏者有二焉。以其有禱晴雨，役鬼神，驅魍魎，與夫齋醮符水之説，則謂之正一之教。以其有長生久視之説，則謂之全真之教。是二者，皆非老氏之本也。

予考之《周禮》：『太祝』掌事鬼神，曰禬禜以除凶荒，禱水旱。『司巫』掌羣巫之政令。國大旱，則帥巫而舞雩。是禱晴雨之説也。『方相氏』帥百隸而時儺，以索室毆疫。大喪，以戈擊壙之四隅，毆方良。是役鬼神之説也。『壺涿氏』掌除水虫，以象骨午貫牡橭而沉之，則其神死淵爲陵。神謂龍、罔象之屬。『庭氏』掌射夭鳥，若神也，則以太陰之弓與枉矢射之。是驅魍魎之説也。『小祝』掌禳禱以祈福祥，遠辠疾；而《素問》亦曰：『往古之醫，祝由而已。』是齋醮符水之説也。凡是四者，在前古之時，多掌於官府；降及後世，官失其職，而老氏之徒竊取之，非老氏之本也。《河圖》、《洛書》見於火候之説，先天、後天之圖亦出於此。至陳、邵兩賢始表章之，遂爲萬世理學之正宗。而《參同契》一書至勤朱、蔡師生爲之注釋，蓋古者士窮無以自見而獨善其身者之所爲也。老氏之徒竊取之，非老氏之本也。

然則老氏之本何在？曰：先儒則有成説矣，而人莫之知也。權詐者，老氏之本也。當周之末世，先王之道不行而人心放溺，以孔、孟之賢聖而不得位以拯之，乃徒見諸筆舌之間，以望後世，則固付之無可奈何矣。老氏之徒窺見其幾，以爲人性之不能盡善，則陰爲不善而陽揜之，亦足以名世矣。夫老氏倡此道於人僞滋甚之時，人亦苦其陽爲不善之可耻也，則靡然從之。由是申、韓之刑名，蘇、張之縱横，良、平之陰謀，嵇、阮之曠達，羣起四出，以就功名。蓋不特迷暗者惑之，而高明者亦甘心焉。其平生之巧中詭遇，自喜以爲能事得計者，無不出於老氏。老氏之權詐，流毒至此，而人不知其罪者，不知其本也。

夫釋氏兼愛而老氏爲我。兼愛之道雖足以罔民，其意猶欲勉人之爲善。至於爲我，乃人人自便之計，而老氏倡之，遂至膠固纏綿於天下後世，而莫之能解，如色之迷人，豈惟陷其術中而不悟，雖悟矣而安處之，無如之何。此老氏之罪也。彼世之罪老氏者，乃猶指其禱晴雨，役鬼神魍魎，與夫齋醮符水、長生久視之説，亦見其末矣。

明·周琦《東溪日談録》卷五《祭祀談下》　老子，李其姓，耳其名，聃其字，老子其號。周定王二年丙辰二月十五日生，景王二十三年己卯八十四歲而卒。嘗爲周柱下史，至不仕，始出函谷關。尹喜留，著《道德經》五千言。孔子嘗見，而稱之其猶龍乎！莊周，宗其學者。復有玉清元始、上清靈寶、太清道德三清之分，蓋宗佛氏法身、報身、化身之説也。天地間則又多此一家之學，與佛氏並行，以亂吾道之眞也。

又　卷一二《著述談·道德經》　《道德經》是李耳出關時，尹喜應紫氣之占，留而著之者也。

《道德經》之言是退一步説話，其應於用，亦是退一步用。事不先人而施於事，乃後人而用其力，故用力不難而成功易矣。

張良成漢之業，雖得圯下老人之書，其權詐實學《道德經》也。

張良從赤松子遊，即老子功成名遂、身退之意。

《道德經》，周末之書。周末之人尚權詐，故是書之作，純用權詐之説。春秋、戰國、嬴秦之世，人皆宗之，爲應世之道。如孫、吳、黄石公習之而爲兵法，蘇秦、張儀、公孫衍習之而爲遊説，韓非、申不害習之而爲刑名。凡此皆權詐也，豈吾之所謂道哉？

《道德經》語如『失道而後德，失德而後仁，失仁而後義，失義而後禮』，非退一步乎？如谷而深，溪而卑，非深藏其機而詐者乎？

明·楊慎《升菴集》卷四六《老子論性》　《文子》引《老子》曰：『人生而靜，天之性也；感物而動，性之欲也。』漢儒取入《禮記》，遂爲經矣。若知其出於老氏，宋儒必曲爲譏評，但知其出於經，則護持交贊。此亦矮人之觀塲也。又如『澹泊明志，寧靜致遠』，本出於《淮南子》而諸葛稱之。若儒者知其爲劉安語，又肯取乎？仁義禮智，初非有二也。老氏之書乃曰『先道而後德，先德而後仁，先仁而後義，先義而後禮。』是豈誠老聃之言乎？且以老聃譬之：以其姓稱之則曰李氏，名稱之則曰耳，字稱之則曰伯陽，謚稱之則曰老聃。然其人實一人耳，謂李耳與伯陽爲二人，可乎？謂先李耳而後爲伯陽，先伯陽而後爲聃，可乎？使老聃誠知道，則是言非其言也，豈後人附益之辭耶？昔者曾子言孝，而曰『仁者，仁此者也；禮者，履此者也；義者，宜此者也。』孟子言仁義，而曰『智之實，知斯二者弗去是也；禮之實，節文斯二者是也。』以參與

軻之言，求之仁義禮智，初非有二；謂『先仁而後義，先義而後禮』，奚可哉？學者讀老書，宜慎所擇。

明・楊慎《丹鉛續録》卷三《老子述而不作》 楊龜山云：述而不作，信而好古，竊比於我老彭。老，老子也。老子五千言，以自然爲宗，謂之不作可也。朱子曰：某亦疑此語。只以《曾子問》中言禮數段證之，即述而不作，信而好古，皆可見。聃，周之史官，掌國之典籍，三皇五帝之書，如五千言，亦或古有是語而老子傳之，未可知也。蓋《列子》引《皇帝書》，即《老子・谷神不死章》也。此説見《朱子大全・答汪尚書書》。慎案：佛經《三教論》曰：五千文者，容成所説，老爲尹談，蓋述而不作也。又案《莊子》引容成氏曰：『除日無歲，無外無内。』則容成氏固有書矣。老子述而不作，此其明證。

明・高攀龍《高子遺書》卷八上《答涇陽論猶龍一語》 人性，一也。習之於聖人之道，則聖矣；習之於佛，則佛矣；習之於老，則老矣。維吾聖人之道亦然，習之於夷則夷矣，習之於惠則惠矣。孟子眼高千古，故曰『所願則學孔子也。』凡學以習生悦，以悦生悟，以悟成性，則不可回。蓋所見無非是物矣，是以君子慎所習也。天下無二道，聖人無兩心，此語誠然而習不同，不同則其應用全别，用處既别，合體全非，故學之至者，雖其反本還源之處，同歸於太極，而實則有霄壤之不侔。故曰『失之毫釐，謬以千里』也。

向者攀龍嘗思於三教異同之際，而頗見其微，故一言蔽之曰：『性相近也，習相遠也。』夫子謂老子曰：『鳥，吾知其能飛；獸，吾知其能走。今見老子，其猶龍乎！』天不可見，見之於時行物生；聖人之道不可見，見之於日用常行。凡天下之至道，皆愚夫愚婦之所能知者也。猶龍者，高之也，亦外之也。藏於淵，入於雲，在於不可知、不必知者，君子無庸心矣。他日子夏論及於三才之數，生物之細微，夫子曰：『然。吾昔聞之於老聃。』子夏出，曰：『論則美矣，非世之所急也。』夫子曰：『然。如女所言，亦各具所能。』由此觀之，聖人猶龍之意見矣。二氏之道，陰分中事也，故皆在杳冥之境。吾以可知者詰之，彼即以不可知者逃之，其誰得而窮之？以是知聖人猶龍一語之微而婉也。昨以對客，草草奉復，故詳其意如此。

清・馬驌《繹史》卷八三《老子道教》 史稱老子所貴道虚無，因應變化於無爲，故著書辭稱微妙難識。莊子稱：『以本爲精，以物爲粗，以有積爲不足，淡然獨與神明居。』蓋其道以無爲爲宗，以守柔藏虚爲質，清静澹泊，伏處遠禍，不與世競其紛華，史以爲隱君子者也。著書五千言，貴道德而薄仁義。後世道家者流，咸以是爲宗焉。世之言老子者，多神怪不經，謂壽且數百歲，或言生於周初；而神仙家言其先天地生，歷三皇五帝變易名號，神化莫測。孔子適周，過而問禮，故與弟子言禮，嘗以聃爲徵。聃博通好古，爲周守藏史，蓋在景、敬之世，前此未聞也，烏有所謂生於太古、壽考無窮者乎？道家稱爲老氏之書者，多附託，不具録，録其五千言焉。

清・閻若璩《四書釋地又續》卷下《老子》 陳幾亭曰：使孔子與佛相晤，佛必不滿孔子，孔子必與佛。佛、老雖皆至人，然皆自大者也，惟聖人終不自大者也。所以一晤老子，虚懷求教，老子頗加譏訕，聖人歎以猶龍。使晤釋迦達摩之倫，見其虚曠妙明，嘉賞必又在猶龍之上。後人見孔子歎服老子，而釋氏廣大，實又過之，遂疑孔不及老，老不及佛。不知道同者，未至之人必服至人，顔、孟服孔是也。道不同者，大能服小，小不能服大。老子不能服孔子者也，非過之也；孔子能服老子者也，非不及之也。仁人以大事小，亦此意。余謂即以詩人論，甫能服白，白不能服甫也。

清・陸世儀《思辨録輯要》卷三二《異學類》 昨偶看《老》、《莊》，識破他學問根蔕。人多以爲老子性陰，莊子性傲，故其學如此；又不知大道，故流爲偏僻。非也。兩人皆絶世聰明，且與孔、孟同時，文、武流風未遠，豈有不知大道之理？只是他脚跟不定，志氣不堅，爲世界所轉移，便要使乖。老子是周衰時人，正道已行不得，孔子所謂道大莫容也，他便收斂韜藏，以退爲進，所謂『知其雄，守其雌』；『知其白，守其黑』；『將欲取之，必姑與之』也。其謙沖儉嗇處，全是一團機心，故曰『無爲而無不爲』，又曰『以無事取天下』。所以其流爲申、韓，老子是藏形匿影的申、韓，申、韓是出頭露面的老子。若莊子則其時全不可爲矣，若要爲，便做申、韓，他又不屑做，儒又行不得，而又不甘自處于諸儒之下，故其言惝怳自恣，謂諸儒爲賤儒，而曰『聖人不死，大盗不止。』要

絶類離羣，更出聖人諸儒之上，不曰天下不可爲，而曰我不屑爲。要之，俱是使乖，俱是爲世界所轉，另尋一頭路透出。孔、孟則决不如此。

老莊之學，體用俱非，不可以治身心，并不可以治天下國家。蓋老子雖名清淨，其實陰毒，莊子則全無拘束，純是放曠，所謂不可以治身心者也。若以治天下國家，則老子之學非流爲申、韓慘刻，則必流爲王莽、曹操狐媚以取天下。莊子之學，則魏晉之風流而已。

問：老莊之學無用，反不如管、韓、申、商似有實際，可以治國。曰：若論實際，老子更勝諸子。他更做得不露形迹，《史記·老子贊》所謂虚無因應變化無窮也。其所以不及吾儒者，只是此心略有邪正之分。若諸子之實際，則只是粗迹。

清·惠士奇《禮説》卷一四《考工記》　吾以爲老子不知禮，猶告子不知義，而世稱孔子學禮于老聃，其不然乎！其不然乎！

清·愛新覺羅·玄燁《聖祖仁皇帝御製文第二集》卷三八《閱史緒論·唐高祖立老子廟》　唐高祖惑於誕妄之言，遂以老子爲祖而爲之立廟。至高宗、明皇復恢張其説，崇信不疑。何所見之？皆左耶！

清·方苞《望溪集》卷二《書老子傳後》　太史公傳老子，著其國焉，著其邑焉，著其鄉焉，著其里焉，外此無有也。著其氏焉，著其名焉，著其字焉，著其謚焉，著其官守焉，外此無有也。著其子焉，著其孫焉，著其孫之元來焉，於其子孫元來仍著其爵焉，著其封焉，著其仕之時與國焉，著其家之地焉，外此無有也。蓋世傳老子，多幻奇荒怪之迹，故特詳之，以見其生也有國邑鄉里名字，其仕也有官守，其終有謚，其身雖隱而子孫世有封爵里居，則衆説之誕，不辨而自熄矣。世傳所以多幻怪者，蓋因老子見周之衰而隱去，莫知所終，故不詳其年壽所極；而同時有老萊子言道家之用，後百餘年有周太史儋號爲能前知。『儋』、『聃』同音，故其傳與老子相混，世莫知其然否。列序及此，然後正言以斷之曰：『老子，隱君子也。』則非有幻怪明矣。終之曰：『李耳無爲自化，清静自正。』則著書言道德者乃李耳，而儋與老萊子别爲二人明矣。始吾友崑繩實爲是解，微崑繩不知太史公用意如此也；而崑繩既殁，其所述蓋無傳焉。由是言之，凡古書之存而後人不得其意與得之而其説無傳者，可勝道哉！

清·汪中《述學補遺·老子考異》　《史記·孔子世家》云：南宫敬叔與孔子俱，適周問禮，蓋見老子云。《老莊申韓列傳》云：孔子適周，將問禮于老子。按老子言行，今見于《曾子問》者凡四。是孔子之所從學者，可信也。夫助葬而遇日食，然且以見星爲嫌，止柩以聽變。其謹于禮也如是，至其書則曰：『禮者，忠信之薄而亂之首也。』下殤之葬，稱引周、召、史佚。其尊信前哲也如是，而其書則曰：『聖人不死，大盗不止。』彼此乖違甚矣，故鄭注謂古壽考者之稱，黄東發《日鈔》亦疑之，而皆無以輔其説。其疑一也。

本傳云：老子，楚苦縣厲鄉曲仁里人也。又云：周守藏室之史也。按周室既東，辛有入晉，《左傳》昭二十年。司馬適秦，《太史公自序》。史角在魯。《吕氏春秋·當染篇》。王官之族或流播于四方，列國之産惟晉悼嘗仕于周，其他固無聞焉。况楚之于周，聲教中阻，又非魯、鄭之比；且古之典籍舊聞，惟在瞽史，其人並世官宿業，羈旅無所置其身。其疑二也。本傳又云：老子，隱君子也。身爲王官，不可謂隱。其疑三也。

今按《列子·黄帝》、《説符》二篇，凡三載列子與關尹子荅問之語，《莊子·達生篇》與《列子·黄帝篇》文同，《吕氏春秋·審己篇》與《列子·説符篇》文同。而列子與鄭子陽同時見于本書。《六國表》鄭殺其相駟子陽，在韓列侯二年，上距孔子之殁凡八十二年。關尹子之年世既可考而知，則爲關尹著書之老子，其年世亦從可知矣。

《文子·精誠篇》引老子曰：『秦、楚、燕、魏之歌，異傳而皆樂。』按燕終春秋之世，不通盟會。《精誠篇》稱燕自文侯之後，始與冠帶之國。《燕世家》有兩文公。武公子文公，《索隱》引《世本》作『閔公』，其事蹟不見于《左氏春秋》，不得謂始與冠帶之國。桓公子亦稱文公，司馬遷稱其予車馬金帛以至趙，約六國爲從，與《文子》所稱時勢正合。文公元年，上距孔子之殁凡百二十六年。老子以燕與秦、楚、魏并稱，則老子已及見文公之始强矣。又魏之建國，上距孔子之殁凡七十五年，而老子以之與三國齒，則老子已及見其侯矣。《列子·黄帝篇》載老子教楊朱事。《莊子·寓言篇》文同，惟以『朱』作『子居』。今江東讀『朱』如『居』。張湛注《列子》云：朱字子居。非也。《楊朱篇》禽子曰：『以子之言問老聃、關尹，則子言當矣。以吾言問大禹、墨翟，則吾言當矣。』然則朱固老子之弟子也。又云端木叔者，子貢之世也。又

云其死也，無瘞埋之資。又云禽滑釐曰：『端木叔，狂人也，辱其祖矣。』段干生曰：『端木叔，達人也，德過其祖矣。』朱爲老子之弟子而及見子貢之孫之死，則朱所師之老子，不得與孔子同時也。《説苑·政理篇》：楊朱見梁王，言治天下如運諸掌。梁之稱王，自惠王始。惠王元年，上距孔子之殁凡百十八年。楊朱已及見其王，則朱所師事之老子，其年世可知矣。

本傳云：『見周之衰，乃遂去，至關。』《抱朴子》以爲散關，又以爲函谷關。按散關遠在岐州，秦函谷關在靈寶縣，正當周適秦之道；關尹又與鄭之列子相接，則以函谷爲是。函谷之置，書無明文。當孔子之世，二崤猶爲晉地。桃林之塞，詹瑕實守之。惟賈誼《新書·過秦篇》云：『秦孝公據崤、函之固』，則是舊有其地矣。秦自躁、懷以後，數世中衰，至獻公而始大。故《本紀》獻公二十一年，與晉戰于石門，斬首六萬。二十三年，與魏晉戰少梁，虜其將公孫痤。然則是關之置，實在獻公之世矣。由是言之，孔子所問禮者聃也，其人爲周守藏之史，言與行，則《曾子問》所載者是也。

周太史儋見秦獻公，《本紀》在獻公十一年，去魏文侯之殁十三年，而老子之子宗爲魏將，封于段干，《魏世家》安釐王四年，魏將段干子請予秦南陽以和。《國策》華軍之戰，魏不勝秦。明年，將使段干崇割地而講。《六國表》秦昭王三十四年，白起擊魏華陽軍。按是時上距孔子之卒，凡二百一十年。則爲儋之子無疑，而言道德之意五千餘言者，儋也。其入秦見獻公，即去周至關之事。本傳云：或曰儋即老子。其言韙矣。

至孔子稱老萊子，今見于太傅《禮·衛將軍文子篇》，《史記·仲尼弟子列傳》亦載其説，而所云『貧而樂』者，與『隱君子』之文正合。老萊子之爲楚人，又見《漢書·藝文志》，蓋即苦縣厲鄉曲仁里也。而老聃之爲楚人，則又因老萊子而誤。故本傳老子語孔子：『去子之驕色與多欲，態心與淫志』，而《莊子·外物篇》則曰：老萊子謂孔子：『去汝躬矜與汝容知。』《國策》載老萊子教孔子語，《孔叢子·抗志篇》以爲老萊子語子思，而《説苑·敬慎篇》則以爲常樅教老子。《吕氏春秋·慎大篇》『表商容之閭』，高誘注：商容，殷之賢人，老子師也。商、常，容、樅，音近而誤。《淮南·主術訓》『表商容之閭』注同。《繆稱訓》『老子學商容見舌，而知守柔矣。』《吕氏春秋·離謂篇》『箕子、商容以此窮。』注：商容，紂時賢人，老子所從學也。然則老萊子之稱老子也，舊矣。實則三人，不相蒙也。若《莊子》載老聃之言，率原于道德之意，而《天道篇》載『孔子西藏書于周室』，尤誤後人。『寓言十九』，固已自揭之矣。

章炳麟《訄書·儒道》 學者謂黄老足以治天下，莊氏足以亂天下。夫莊周憤世湛濁，已不勝其怨，而托卮言以自解，因以彌論萬物之聚散。其于治亂也何庸？

老氏之清静，效用于漢，然其言曰：『將欲取之，必固與之。』其所以制人者，雖范蠡、文種，不陰鷙于此矣。故吾謂儒與道辨，當先其陰鷙，而後其清静。韓嬰有言：『行一不義，殺一不辜，雖得國可恥。』儒道之辨，其揚搉在此耳。然自伊尹、大公，有撥亂之才，未嘗不以道家言爲急。《漢·藝文志》，道家有《伊尹》五十一篇，《大公》二百三十七篇。迹其行事，與湯、文王異術，而鉤距之用爲多。今可睹者，猶在《逸周書》。老聃爲柱下史，多識掌故，約《金版》、《六弢》之旨，箸五千言，以爲後世陰謀者法。其治天下同，其術甚異于儒者矣。故周公詆齊國之政，而仲尼不稱伊、吕，抑有由也。

且夫儒家之術，盜之不過爲新莽，而盜道家之術者，則不失爲田常、漢高祖。得木不求贏，財帛婦女不私取，其始與之，而終以取之，比于誘人以《詩》、《禮》者，其廟筭已多。夫不幸汙下以至於盜，而道猶勝于儒。然則憤嗚之夫，有訟言僞儒，無訟言僞道，固其所也。雖然，是亦可謂防竊鉤而逸大盜者也。

藝文

清·彭定求等《全唐詩》卷三《唐玄宗〈過老子廟〉》 仙居懷聖德，靈廟肅神心。草合人蹤斷，塵濃鳥迹深。流沙丹竈没，關路紫煙沈。獨傷千載後，空餘松柏林。

唐·杜甫《杜工部詩集》卷一《冬日洛城北謁玄元皇帝廟》 配極玄都閟，憑高禁籞長。守祧嚴具禮，掌節鎮非常。碧瓦初寒外，金莖一氣旁。山河扶繡戶，日月近雕梁。仙李盤根大，猗蘭奕葉光。世家遺舊史，

道德付今王。畫手看前輩，吳生遠擅塲。森羅移地軸，妙絶動宫牆。五聖連龍衮，千官列雁行。冕旒俱秀發，旌旆盡飛揚。翠柏深留景，紅梨迥得霜。風箏吹玉柱，露井凍銀牀。身退卑周室，經傳拱漢皇。谷神如不死，養拙更何鄉。

唐・王維《王右丞集》卷一一《奉和聖製慶玄元皇帝玉像之作應制》 明君夢帝先，寶命上齊天。秦后徒聞樂，周王恥卜年。玉京移大像，金籙會羣仙。承露調天供，臨空敞御筵。斗迴迎壽酒，山近起爐烟。願奉無爲化，齋心學自然。

唐・張九齡《曲江集》卷二《奉和聖製謁玄元皇帝廟齋》 興運昔有感，建祠北山巔。雲雷初締構，日月今悠然。紫氣尚蓊鬱，玄元如在焉。迨兹事追遠，輪奐復增鮮。洞府香林處，齋壇清漢邊。吾君乃尊祖，夙駕此留連。樂動人神會，鍾成律度圓。笙歌下鸞鶴，芝朮萃靈仙。曾是福黎庶，豈唯味虛玄？賡歌徒有作，微薄謝昭宣。

唐・吳筠《宗玄集》卷下《高士詠・混元皇帝》 玄元九仙主，道冠三氣初。應物方佐命，棲真亦歸居。遺篇訓終古，駕景還太虛。孔父歎猶龍，誰能知所如？

唐・白居易《白氏長慶集》卷三《新樂府・海漫漫・戒求仙也》 海漫漫，直下無底傍無邊。雲濤烟浪最深處，人傳中有三神山。山上多生不死藥，服之羽化爲天仙。秦皇漢武信此語，方士年年采藥去蓬萊。今古但聞名，煙水茫茫無覓處。海漫漫，風浩浩，眼穿不見蓬萊島。不見蓬萊不敢歸，童男丱女舟中老。徐福文成多誑誕，上元太一虛祈禱。君看驪山頂上茂陵頭，畢竟悲風吹蔓草。何況玄元聖祖五千言，不言藥，不言仙，不言白日昇青天。

唐・胡曾《咏史詩》卷上《流沙》 七雄戈戟亂如麻，四海無人得坐家。老氏却思天竺住，便將徐甲去流沙。

宋・楊傑《無爲集》卷六《老子度關圖送張會稽爲壽》 祕藏函谷關中子，持贈蓬萊閣上仙。願得髭鬚如此老，却教龜鶴羨長年。

宋・劉摯《忠肅集》卷一五《老子畫像》 敝周僕于文，老子談大道。仁義已末流，體法固行潦。虛無抱玄珠，清淨爲至寶。掊斗息羣競，死聖止大盜。謂可愚斯民，狂瀾復既倒。不知世大變，萬僞火就燥。欲以區區言，反俗入羲昊。渾淪五千言，道德何浩浩。漢嘗求其説，施用未深造。衣食已有滋，煩苛以能埽。惜哉衰世士，學術失探討。流而爲刑名，慘礉極枯槁。但見多申、韓，舉皆罪黄、老。聖人無常師，有善取輿皁。問禮固有然，誰謂孔徒小？遺貌知是非，君無論醜好。

宋・李綱《梁谿集》卷一二《題李伯時畫老子出關圖》 請説常無衆妙門，當時關尹意何勤。青牛西去連沙漠，紫氣東來見瑞氛。妙法不離三十輻，至言都在五千文。世人不解宗慈儉，只欲長生躡白雲。

宋・蘇泂《泠然齋詩集》卷二《青牛宫》 青牛宫中青草生，數間老屋徒欹傾。老人婆娑坐牛背，似怪關尹聞其名。東來萬里西遊客，倚遍宫前舊時柏。巫咸大招不可期，欲向青牛問消息。

宋・陸游《劍南詩稾》卷三四《讀老子傳》 巍巍闕里與天崇，禮樂詩書萬世宗。但説周公曾入夢，寧於老氏歎猶龍？

宋・劉克莊《後村集》卷一四《老子》 了不見矜色，睟然貞德容。先生新沐髮，弟子歎猶龍。

宋・陳普《石堂先生遺集》卷二〇《詠史上・老子》 瓜葛非徒李世民，牽藤引蔓百千身。周時柱下霜眉客，今作書符呪水人。

宋・謝翱《晞髮集》卷四《避暑城西觀吳道子畫老君像》 涇煙掛龍天海頭，角城溽暑如炎州。白氛翳景失樓閣，蓬萊縹緲不可求。解衣揮麈子城下，地湧青蓮隣古社。卷簾看畫人猶龍，矯首見龍還見畫。碧幢髮雪垂過耳，弄筆者誰吳氏子。

元・劉秉忠《藏春集》卷二《太清宫》 一簪鶴髮瑩童顔，喬木森森古殿寒。自駕白雲還帝闕，不傳紫氣映函關。五千《道德》留真誥，八百工夫鍊大丹。地老天荒無覓處，猶龍那復落人間。

元・侯克中《艮齋詩集》卷一《老子》 一讀遺書了，大綱好生毛。羽惡生，創華嵩，不曰千陵主江海，徒云百谷王。方訏儉慈求勇廣，更堪柔弱勝剛彊。一編《魯語》無窮意，誰謂宣尼尚伯陽？

元・汪澤民《宛陵羣英集》卷一二《〔元〕張思濂〈題關尹問道圖〉》 關門令尹苦紛紛，道德胡爲問老君？柱史習知周制度，不詢殘缺補經文。

元・虞集《道園學古録》卷三〇《題關尹問道圖》 身隱何爲更注書？區區關尹强留車。周公制作成殘缺，歎息何人問緒餘。

明・虞堪《希澹園詩集》卷一《老子騎青牛像》　孰知而傳？象帝之先。始生八十，終言五千。度關青牛，西邁不還。若有見者，乃猶龍然。

明・徐有貞《武功集》卷五《監古詩》　伯陽古聞人，初非異端士。仕周官柱下，明習先王禮。嘗與仲尼言，所趣本無二。胡爲著之書？謬盭乃如此。始雖矯世俗，終焉害名理。嗟彼莊列徒，拯溺繼以水。發源自濫觴，波瀾浩無涘。瑣瑣方技流，一云師老子。橫議日紛紜，誰辨非與是？

明・程敏政《篁墩文集》卷八二《題老子出關圖》　函谷關高高入雲，東來紫氣何繽紛。關頭或有異人過，令尹一日先知聞。青牛駕車出林莽，翠葆拂曉揚清芬。至人中坐雪垂領，神氣内守顔如醺。當時令尹亦奇士，衣冠奉候青山垠。車前再拜復長跪，局縮似禮雲中君。至人自是真天人，憫此濁世飛埃氛。出關定隱不復現，草衣木食甘隨羣。天書云篆倘有作，坐遺道德爲耕耘。停車揮扇相告語，爲爾啓鑰開玄文。致柔專氣五千字，劃然天地如初分。乃知至人與衆異，下視諸子皆蝱蚊。至人昔作柱下史，披誦亦自勞精勤。《三墳》、《五典》久在目，霞裾尚爾留香芸。尼父聖人敬問禮，逮今一一餘坑焚。至人至意人叵測，朱縢緑檢空云云。窺圖撫景三歎息，春風滿屋銷鑪薰。

清・胡文學《甬上耆舊詩》卷七《[明]張琦〈老子出關圖〉》　道大無傳受，騎牛西出關。剛留五千字，遺智滿人間。

明・石珤《熊峰集》卷二《題老子出關圖》　南山爽氣開秋晴，紫蜺抱天西北横。關門令尹早聞道，周柱下史能研精。青牛脚健風雨急，彤芝作蓋雲峥嶸。乾坤合放雙眼碧，河漢欲繞飈輪行。窪盈白黑萬物理，浩蕩廣莫真人情。無爲始知有至治，抱一可與言長生。崆峒山前逢廣成，海上舊結安期盟。露桃神棗共春色，雲際彷彿聞竽笙。江樓夜悄醉華月，文星焰屬三台明。瑶宫銀闕望縹緲，青騾誰識芙蓉城。大江東流秋水清，梧岡日上天雞鳴。千金爲壽未足貴，願逐羣仙歌太平。

明・張寧《方洲集》卷九《老君像》　太史傳疑迹未磨，猶龍人物更誰過？流沙西去青牛遠，函谷東來紫氣多。文字五千流絶簡，虚無八九藉餘波。元玄臺下孤松老，節錯根盤奈爾何。

清・朱彝尊《明詩綜》卷五九《王萱〈題青牛出關圖〉》　柱下藏名久，知希未足論。知榮翻守辱，體物必歸根。一望真人氣，應占大道存。若爲關令尹，乞得五千言。

清・王士禎《精華録》卷一〇《老子故宅》　北邙東望冢纍纍，上有玄元古廟基。莫以荒唐笑仙李，漢家先奉濯龍祠。

清・羅惇衍《集義軒詠史詩鈔》卷一《老耼》　一夜函關紫氣浮，東來奇迹跨青牛。宅心人壽持三寶，著眼天高隘九州。莊、列異時方外士，申、韓同《傳》法家流。故應尼父知龍德，何事虚無辯不休？

清・董誥等《全唐文》卷九二九《杜光庭〈紀道德賦〉》　道德清虚玄默，生帝先爲聖則。聽之不聞，摶之不得。至德本無爲，人中多自惑。在洗心而息慮，亦知白而守黑。百姓日用而不知，上士勤行而必克。既鼓鑄於乾坤品物，信充牣乎東西南北。三皇高拱兮，任以自然；五帝垂衣兮，修之不忒。以心體之者爲四海之主，以身輓之者爲萬夫之特。有皓齒青娥者爲伐命之斧，蘊奇謀廣智者爲盗國之賊。曾未若軒后順風兮，清靜自化；曾未若臯陶邁種兮，温恭允塞。故可以越圓清方濁兮，不始不終；何止乎居九流五常兮，理家理國。豈不聞乎？天地非道德也，無以清寧；豈不聞乎？道德於天地也，有踰繩墨。《語》不云乎？仲尼有言：『朝聞道，夕死可矣。』所以垂萬古，歷百王，不敢離之於頃刻。懷古今，云古今，感事傷心驚得喪。歎浮沈，風驅寒暑，川注光陰，始銜朱顔麗，俄悲白髮侵。嗟四豪之不返，痛七貴以難尋。夸父興懷於落照，田文起怨於鳴琴。雁足淒凉兮傳恨緒，鳳臺寂寞兮有遺音。朔漠幽囚兮天長地久，瀟湘隔別兮水闊煙深。誰能絶聖韜賢，餐芝餌术？誰能含光遯世，鍊石燒金？君不見屈大夫紉蘭而發諫，君不見賈太傅忌鵩而愁吟？君不見四皓避秦，峩峩戀商嶺？君不見二疏辭漢，飄飄歸故林？胡爲乎冒進貪名，踐危途與傾轍？胡爲乎怙權恃寵，顧華飾與雕簪？吾所以思抗迹忘機，用虚無爲師範；吾所以思去奢滅慾，保道德爲規箴。不能勞神效蘇子、張生兮，於時而縱辯；不能勞神效楊朱、墨翟兮，揮涕以沾襟。

宋・范仲淹《范文正集》卷二〇《老子猶龍賦元聖之德通變如此》　昔老氏以觀妙虚極，棲真渾元，握道樞而不測，譬龍德而彌尊。孰可伺珠？長存慈儉之寶；全疑在沼，不離清淨之源。宣尼之啓述嘉言，發揮至聖，

謂此真宗之德，若彼時乘之性。每去不祥之器，劍化同歸；常開衆妙之門，魚登比盛。莫不遺情寵辱，放志希夷，振淳風而騰驤有便，樂上善而游泳無疑。所謂性相近也，故可則而象之。知雄守雌，宛訏存身之際；絶聖弃智，潛疑勿用之時。至哲難偕，元功莫極，知止而過亢何有？善行而在田可則。彼飛昇於天路，此逍遥於聖域。流沙西去，曾無戰野之虞；紫氣東來，實有召雲之德。豈不以神龍之舉也，其變不窮；聖人之道也，無幽不通。一則致霖雨於天下，一則宣教化於區中。背偽歸真，豈逐葉公之好？長生久視，寧資豢氏之功！不然又安得深述杳冥，盛稱達變，忘機而沈梭是擬，著經而負圖可見。宋纖比聖，堪爲折角之流；尹喜依仁，自得攀髯之便。大道卷舒，非龍何如？言豹隱者，胡能比矣；稱虎變者，近可方諸？我名躋四大之間，五靈斯會；我道配二儀之際，三友非疏。故能作大匠之宗師，闡無爲之妙旨。惟尊道而貴德，自反古而復始。比於或躍之靈，蕩蕩乎其聖如此。

宋・范仲淹《范文正别集》卷三《聖人抱一爲天下式賦淳一敷教爲天下式**》**　巍巍聖人，其教如神，抱一而萬幾無事，爲式而庶彙有倫。秉乎天得之樞，羣氓作則；立乃道生之化，八表還淳。老氏有云：聖皇無失，保環中而可久，率天下而守一。蓋以一之妙也，冠四大而强名；式之用焉，正萬靈而咸秩。莫不冥符妙有，脗合虚無，察察之機悉去，淳淳之理誕敷。于以見清浄而不擾，于以見易簡而不踰。遵黄帝之求珠，我真未喪；契莊生之齊物，我化皆孚。無臭無聲，是則是傚，包自然之禮樂，畜無親之仁孝。去奢去泰，惟存至道之精；自西自東，咸被不言之教。豈不以一者，道之本；式者，治之筌？苟能持於罔象，自可制於普天。亦若大衍攸虚，爲四營之本也；太陽無二，作七政之首焉。豈比夫昧於希夷，煩其用捨，滋彰之法著矣，冲寂之猷遠也。曷若我静守權輿，克寧華夏！執此惟精之旨，得自窈冥；俾諸咸有之風，播於上下。大矣哉！上德不德，無爲而爲，保谷神而不宰，育芻狗以何私？政復結繩，罔有二三之令；理敦執契，自爲億兆之規。我后超五帝之功，邁三王之德，化育而四時爲柄，恭默而萬邦承式。故得兆人熙熙，登春臺而躋壽域。

清・陳元龍《歷代賦彙》卷一〇二《[明]馬中錫〈出關圖賦〉》　周綱解而莫理兮，哲人晦而弗華。念上士之同塵兮，將西入於流沙。紫氣浮而前驅兮，青牛駕而德車。風泠泠以爲御兮，天浩浩其無涯。徐甲詷於前塗兮，關尹出而稽首。五千言以留别兮，億萬世而不朽。詔蒙莊使接武兮，揖廣成而握其手。瑶編焕而神守兮，玉篆流而鬼泣。琅函貯而寶藏兮，金鐍緘而珍襲。與六籍同千古兮，嘅秦火之一燼而誰拾？豈山川寶藏兮，冥蛟龍之窟而俱蟄。夫何再傳而至河上兮，舉後世遂流爲異端？嗟予生之既晚兮，弗獲躬御之而返其和鸞。中國固亦樂境兮，至人隨寓而土安。倘道可伸於宗周兮，寧不勝蟻封之呼韓！不然容以造闕里兮，相删述於杏壇。胡爲强衰老之瞿瞿兮，涉萬里之漫漫？蓋釋氏以西方爲極樂兮，學仙者亦受其鼓簧。類推所學以彼附兮，甘與之並峙而頡頏。吾固知幻説之莫逃於洞識兮，迹乃近似於相方。夫孰肯外形骸以究衷情兮，固宜紛紛者之雌黄。豈慨慕於西周之全盛兮，思訪尋於舊都。厭濁世之秕糠兮，擇居而慎所如。夫尼父不陋於九夷兮，嘗欲觀海而乘桴。嗟吾道既不行兮，彼都人士其來蘇。神龍衰鳳趨舍固自不同兮，同自珍於長逝而遠飛。惟所述則莫能以盡同兮，不專於言弘大而指玄。微翼《易》明處豫之道兮，謂君子知諂瀆之幾。及藏史之戒止足兮，則又指殆辱以爲非。予既誦服古訓兮，敢跬步而或違。撫斯圖而永懷兮，舍吾土將安歸？

《全宋文》卷二六三《宋真宗〈老子度關銘〉》　夫聖達之心，無適無莫；神化之迹，或闇或章。儻遺烈之昭然，即生民之仰止。函谷關者，老君西昇之途也。若夫含真上悳，闡教彊名，居藏室以棲真，邁流沙而匿景。仲尼問禮，既吐于微言；文始受經，復占于真氣。斯幷存之前載，播厥方來。若乃萬壽之年，至神之道，臻乎妙有，豈易殫云。踐華之郊，疏河之境，僊馭所歷，車轍如存。揭以關梁，見崤函之阻；紀斯縣邑，彰靈寶之休。所謂人往而教存，世殊而地久。朕恭祠坤載，因舉時巡。淵默之風，永懷于瞻望；清静之治，靡捨于宗師。將振清塵，俾刊翠琰。銘曰：

教父潛真，神龍比德。方事神游，爰符默識，聖言聿昭，生民爲則。載望函關，永存軌蹟。玄玅無疆，清輝罔極。齋軺云經，貞珉迺刻。大中祥符四年，帝祀后土于汾陰，駕至函谷關，製文靳石。

清・愛新覺羅・玄燁《聖祖仁皇帝御製文集》卷二五《老子出關圖贊趙孟頫畫》　修身養壽，古隱君子。掌藏室書，爲柱下史。清静自正，是

其大旨。宗周式微，羣雄龍戰，逝將去此，八荒周徧。徐甲負笥，青牛服轝，關尹望氣，物色候門。和光抱一，目擊道存，少留著書，虛無是論。元文既宣，解人亦寡。入於無垠，廣莫之野，去住兩忘，物無害者。吳興學士，繪事肖神，既寫《道德》，又貌僊眞。高古肅穆，髣髴伊人。神龍見首，變化莫同，乘雲上下，孰知其終。至聖所名，斯言我從。

唐·歐陽詢等《藝文類聚》卷七八《靈異部上·仙道·［晉］牽秀〈老子頌〉》 深哉伯陽，誕此靈姿。研精元奧，幽贊神微。抱質懷素，藴寳藏輝。述而好古，儀聖作師。周衰道廢，厥猷匪宣。龍潛初九，亢志皓然。於邈高風，徽音永傳。

又《［晉］湛方生〈老子贊〉》 教由嚴宗，化必有資。深矣若人，乃作皇師。亦參儒訓，道實希夷。恂恂孔父，是敬是祇。

三國魏·阮籍《阮步兵集·老子贊》 陰陽不測，變化無倫。飄飖太素，歸虛反真。

晉·孫綽《孫廷尉集·老子贊》 李老無爲，而無不爲。道一堯、孔，迹又靈奇。塞關内鏡，冥神絶涯。永合元氣，契長兩儀。

清·董誥等《全唐文》卷一九《睿宗〈老子贊〉》 爰有上德，生而長年。白髮遺象，紫氣浮天。函關之右，經留五千。道非常道，玄之又玄。

又 卷四一《玄宗〈玄元皇帝像贊并序〉》 我大聖祖誕敷衆妙，光宅上清，貽厥孫謀，屢彰幽贊，晝現殊相，空浮瑞色。七耀五明之服，玉童金媛之儀，道釋人天，作禮瞻奉。昔《真誥》傳於羊角，寳祚無疆；今宸儀炳於龍巖，妖氛將殄。豈惟歷代師授，前王得一；斯乃宗社降祥，後昆惟萬。申命藻繪，示諸郡國，若對寥陽之宇，如臨太極之庭。贊曰：

猗我烈祖，闡教乘時。理身理國，曰希曰夷。上開仙洞，俯視靈姿。昭融至道，叶贊無爲。巖谷增麗，丹青罔追。神光爍爍，淑景遲遲。當朝稱慶，列郡來斯。福祚流衍，千齡在茲。

又 卷九四四《杜光庭〈老君讚〉》 無上元元，化身萬億。開闢乾坤，古今莫測。萬象之宗，帝王之則。先天地生，備全道德。

唐·司空圖《司空表聖文集》卷九《相國老君贊》 道尊教主，帝系仙源。牢籠天壤，施掌羲軒。施於孝孫，克隆聖祚。分祐攸宜，忠賢是護。

《全宋文》卷九八四《宋仁宗〈老子讚〉》 大哉至道，無爲自然。劫終劫始，先地先天。今光點點，永劫綿綿。東訓尼父，西化金僊。百王取則，累聖攸傳。衆教之祖，玄之又玄。

又 卷九八七《邵雍〈老子贊〉》 皇皇道德，古大宗師。爲天地根，人物範圍。

宋·陳深寧《極齋稿·老子贊》 超物先，妙自然。見之者，猶龍焉。貫三極，垂二篇。疇復識，玄之玄。

宋·劉辰翁《須溪集》卷七《老子像贊》 孔德之容，唯道之從。坦坦施施，温温恭恭。萬世之下，復有一夫子，而後識其猶龍。

宋·何夢桂《潛齋集》卷一〇《徐主簿仲修老子畫像贊》 頎然其顙，華然其顛，身有極後，心無極先。人謂爾生，壽八百年。孰知既死，壽亘乾坤。人謂爾教，經五千言。孰知一嘿，言滿八埏。無名可名，强號玄元。參前如見，在天地根。

元·虞集《道園學古録》卷四五《老子贊》 上古聖人，邈若羲黄。民之識知，休乎善忘。巍巍其成，皥皥其治。猶龍之歎，庶其在此。禮儀三百，威儀三千。不有遺老，吾何徵焉。熙兮春臺，泊兮淵水。孔德之容，是謂物始。

明·朱元璋《明太祖文集》卷一六《老子贊》 心淵泉而莫測，志無極而何量。惚恍其精而密，恍惚其智而良。宜乎千古聖人，務晦短而云長。

明·岳正《類博稿》卷八《老子贊》 老子，道家者宗，實見玄牝之根識者。謂其知道之體，其作用自是一家，其效至于手宇宙而身萬化，不虛矣。五千言略示梗概。其流派則爲符籙，爲醮祭，爲爐火，爲導引服食。於理也爲刑名，德也爲清淨，行也爲柔忍和同，冲虛淡泊。嗟乎衆矣。後之言老者，竟與釋氏並言，以抗吾道，稱爲三教。吾鄉道，然比丘，自釋究老，請贊茲像。贊曰：

握化機，司命門，摶日月兮倒乾坤。谷神不死儼常存，噫嘻苴土衆派分。

明·孫承恩《文簡集》卷四一《古像贊·老子聃》 履柔制剛，執虛

御實。窺測消長，竊弄闔闢。恍惚莫象，變通無窮。孔聖所歎，其猶如龍。

明·王世貞《弇州四部稿》卷一〇一《文部·敖士贊·老子》 昔有柱下，微言五千。吾師歎之，其猶龍焉。專氣致柔，嬰兒以全。不爲物先，物莫敢先。請謚曰敖，厥敖在玄。

隋·薛道衡《薛司隸集·老氏碑》 自太極權輿，上元開闢，舉天維而懸日月，横地角而載山河。一消一息之精靈，上生下生之氣候，固以財成庶類，亭毒羣品，有人民焉，有君長焉。至若上皇邃古，夏巢冬穴，靜神息智，鷃居鷇飲，大禮與天地同節，非析疑于俎豆；大樂與天地同和，豈考擊于鐘鼓？逮乎失道後德，失德後仁，皇王有步驟之殊，民俗有淳漓之變。于是儒、墨爭鶩，名、法並馳。禮經三百，不能檢其情性；刑典三千，未足息其奸宄。故知潔其流者澄其源，直其末者正其本。源源本本，其唯大道乎！

老君感星載誕，莫測受氣之由；指樹爲姓，未詳吹律之本。含靈在孕，七十餘年，生而白首，因以老子爲號。其狀也，三門雙柱，表耳鼻之奇；蹈五把十，影手足之異。爰自伏羲，至于周氏，綿祀歷代，見質變名。在文王、武王之時，居藏史、柱史之職。市朝屢易，容貌不改。宣尼一覩，歎龍德之難知；關尹四望，識真人之將隱。乃發揮衆妙，著書二篇，率性歸道，以無爲用。其辭簡而要，其旨深而遠。飛龍成卦，未足比其精微；獲麟筆削，不能方其顯晦。用之治身，則神清志靜；用之治國，則反朴還淳。既而錬形物表，卷迹方外，蜺裳鶴駕，往来紫府，金漿玉酒，讌衍清都，參日月之光華，與天地而終始。涉其流者則擯落囂塵，得其門者則騰驤雲霧。大椿凋茂，非蜉蝣之所知；溟渤淺深，豈馮夷之能測？盛矣哉！固無德而稱也。莊周云：『老聃死，秦佚弔之，三號而出，是謂遁天之形。』雖復傲史之寓言，抑亦蟬蛻之微旨。

皇帝誕靈縱叡，接統膺期，照春陵之赤光，發芒山之紫氣。珠衡月角，天表冠于百王；明鏡衢罇，聖德會於千祀。周道云季，多難在時，九鼎共海水同飛，兩日與洛川俱鬬。天齊地軸之所，蛇食鯨吞；銅陵玉壘之區，狼顧鴟跱。黄延奸宄，鄭阻兵禍，大縱毒螫，將遍函夏。神謀内斷，靈武外馳，應欃槍而掃除，仗旄鉞而斬伐。共工既翦，重立乾坤；蚩尤就戮，更調風雨。宰制同造化之功，生靈荷魂魄之賜。萬方欣戴，九服謳歌，乃允答天人，祇膺揖讓，升泰壇而禮上帝，坐明堂而朝羣后。

昔軒轅、顓頊，建國不同；大昊、少昊，邦畿各異。舜改堯都，夏遷虞邑，歷選前辟，義存創造。惜十家之産，愛兆民之力。經始帝君，不移天府，規摹紫極，仍據皇圖。下宇上棟，務存卑儉。右平左城，聿遵制度。朝夕正殿，不別起於鴛鸞；升降靈臺，豈更營于鳷鵲。憂勞庶績，矜育蒼生，念茲在茲，發于寤寐。棘林肺石，特降皇情；祝網泣辜，深存寬簡。草纓知恥，畫服興慚，天無入牢之星，地絶城牛之氣。延閣廣内，考集羣典，石渠璧水，闡揚儒業。綴五禮于將壞，正六樂于已崩。總章溺志之音，太師咸功之頌。承華養德，作貳東朝，外正萬邦，内弘三善。兩離炳曜，重日垂明，永固洪基，克隆鼎祚。重以維城磐石，多藝多才，良佐寶臣，允文允武。爲王室之藩屏，成神化之丹青，致世俗于潤塗，納烝民于壽域。旄頭垂象，窮變成形，獯獫作患，其来久矣。無上算以制之，用下策而難服。自我開運，耀德戢兵，感義懷仁，稱藩請朔，稽顙欵塞，匍匐投掌。牂牁、夜郎之所，靡漢、桑乾之地，咸被聲教，並入提封。閩越勾吳，不愆貢職；夫餘肅慎，無絶夷邸。遐邇禔福，文軌大同。

自三代之餘，六雄競逐，秦居閏位，漢雜霸道，魏氏則虐深華夏，有晉則化成戎狄。降斯以後，粹駁不分，帝迹皇風，寂寥千載。天命聖德，會昌神道，變億兆之視聽，復三五之規模。固以幽明贊協，符瑞彪炳。千年靈蔡，著天性以效徵；三足神烏，感陽精而表質。春泉如醴，出自京師；秋露凝甘，遍于竹葦。星光若月，雲氣飛烟，三農應銅爵之鳴，五緯叶珠囊之度。信可以揚鑾動蹕，肆覲東后，玉檢金繩，登封岱岳，而謙以自牧，爲而不宰，尚寢馬卿之書，未允梁松之奏。在青蒲之上，常若乘奔；處黄屋之下，無忘夕惕。雖蒼璧黄琮，事天事地，南正火正，屬神之禔，猶恐祀典未弘，秩宗廢禮，永言仁里，尚想玄極。壽宮靈座，麇鹿徙倚，華蓋罽壇，風霜凋弊。乃詔上開府儀同三司、亳州刺史武陵公元胄，考其故迹，營建祠堂。

皇上往因歷試，總斯藩部，猶漢光司隸之所，魏武兖州之地，對苦、相之兩城，繞渦、穀之三水。芝田柳路，北走梁園，沃野平皐，東連譙

國。望水置槷，揆景瞻星，擬玄圃以疏基，橫玉京而建宇。雕楹畫栱，磊砢相扶，方井員淵，參差交映。尊容肅穆，僊衞儼而無聲，神館虛閒，滴瀝降而成響。清心潔行之事，存玄守一之儔，四方輻湊，千里波屬。知如在之敬，申醮祀之禮，顯仁助于王者，冥福資于黎獻。允所謂天大、道大，難幾者矣。若夫名言頓絶，幽泉之路莫開；形器不陳，妙物之功難著。騰茂實，飛英聲，圖丹書，鏤金石，不可以已，而在茲乎！歲次敦牂，律中姑洗，大隋馭天下之六載也，乃詔下臣，建碑作頌。其詞曰：

悠哉振古，邈矣帝先。四夷紀地，八柱承天。叢生類聚，廣谷大川。至道靈運，神功自然。五精應感，三微相繼。樹以司牧，執其象契。帝迹暫皇，王猷謝帝。上德逾遠，淳風漸替。時乖澹泊，俗異冲和。尚賢飾智，懸法張羅。內修樽俎，外事干戈。魚驚網密，鳥亂弓多。真人出世，星精下斗。龍德在躬，鶴髮垂首。解紛挫鋭，去薄歸厚。日角月角，天長地久。小茲五嶽，隘此九州。逝將高蹈，超然遠遊。青牛已駕，紫氣光浮。玄門洞啓，神化潛流。

賴鄉舊里，渦川遺迹。古往今來，時移世易。靈廟凋毁，祠壇虛寂。九井生桐，雙碑碎石。惟皇受命，乃神乃聖。響發地鐘，光垂天鏡。宇宙開朗，妖氛蕩定。曜魄同尊，參神取正。流沙蟠木，鳳穴龜林。異類歸款，萬方宅心。鴻臚納贄，王會書琛。青雲干呂，薰風入琴。化致鼎平，家興禮讓。永言柱下，猶慙太上。乃建清祠，式圖靈狀。原隰爽塏，亭皋彌望。梅梁桂棟，曲檻叢楹。煙霞舒卷，風霧淒清。僊官就位，羽客來庭。穰穰簡簡，降福明靈。至神不測，理存繫象。大音希聲，時振高響。遐邇讚頌，幽明資仰。敬刊金石，永蟠天壤。

宋・楊億《武夷新集》卷八《重修亳州洞霄宮碑銘并序奉敕撰》 臣聞昔者大道之行，異人間出，洪惟柱史，實暢真宗。敘《道德》之二篇，述慈儉之三寶。玩志衆妙，理洞於帝先；垂訓方來，尊居於教父。故尹喜望氣，爰識真人；史遷編年，首推黃老。或謂之隱君子，著書五千文。或以爲太史儋，享壽二百歲。立言垂于不朽，乘化入于無間。惟苦縣厲鄉，即降神之地。土風雜乎南楚，郡境介於陳留。蓋尸而祝之，嵔壘作庚桑之社；思且愛矣，陝郊存召伯之棠。後人緬慕玄風，周爰舊壤，聿因靈迹，肇建嚴祠。歷代封崇，樵蘇之禁彌肅；昔賢讚述，金石之刻具存。又往者聖質誕祥，元符冥合，乘白鹿而下，爰自九天；感流星之精，生于左腋。指李樹以爲姓，由聃耳而立名。稟粹斗魁，發祥井脉，僉以爲塗山祀夏，式脩啓母之祠；后稷配天，乃建姜嫄之廟。恭惟聖母，實育至人，陵谷未移，光靈如在。又因遺址，别啓殊庭，目之爲李母祠，蓋有年矣。雖潔粢致享，不領天子之祠官；而問館棲神，具載職方之地志。歲月寖遠，遺構僅存。期運環周，祥符顯發。

施及唐室，系自仙源。乾封中以錫羡流光，肇開鴻緒，似續蕃衍，襲慶本支。且念太極之先，冠二儀而首出；盛德之後，垂百世以彌昌。追從長樂之名，用顯始基之迹。繇是追封聖母，爲先天太后。又以列真之宇，神光燭于宫壇；集靈之處，紫氣干乎霄極。琳房絳闕，窈窱重深，孔蓋翠旍，裵回戾止。蓋方輿之福地，乃虛皇之密都。由是改命祠宇，爲洞霄宫，香火無廢於熏修，棟宇益增于輪奐。南望吾子，飛觀凌雲；左帶靈溪，清流漱石。行人胥畏，頗類仙臺；遊者忘歸，更疑秦洞。至乃玄貺昭格，冥感彰聞，或旭景朝躋，非煙絢綵；或柔條夕勁，甘露垂滋。或千仞鳳翔，覽德輝而下集；或九井龍見，乘雲氣以上騰。往昔海縣塵飛，萑蒲蟻聚，流矢集屋，束蘊乘墉。即必黑氣塞川，愁霖貫序，凶黨不能肆毒，闔境率以寧居。當時降璽書以旌揚，垂方策而標紀。求諸故府，蓋圖牒之未刊；巋然靈光，實神明之所庇。

皇朝接千歲之統，按九州之圖，包舉海隅，並走羣望。講求祀典，咸秩無文，誕揚清浄之風，式契玄元之旨。深詔譙郡，崇奉靈場，繕究靡虧，焚脩彌潔。崇文廣武聖明仁孝皇帝之在宥天下也，恭默思道，齋栗事神，紹祖宗之耿光，集乾坤之景命。端拱南面，唯軫念于蒼生；問宴西清，乃娱情于玄牝。順風之拜，幾慕于崆峒；赤水之珍，靡徵于喫詬。歐民壽域，日用而不知；決事齋居，天行而彌健。乃至探求三五之載籍，致恭上下之神祇。黍稷犧牲，悉用先王之禮；壇場珪幣，無取方士之言。正違治煩，修弊起廢。陳信策告，蔑聞秘祝之官；備物薦嘗，奚餒若敖之鬼。乃至山川作鎮于地，出雲雨以嘉生；卿士有益于人，垂竹帛而悠久。莫不咨詢典故，彌縫闕瀝，豐潔苾芬而致用，聰明正直之是依。用能陟降泰畤，與三靈交歡；端委明堂，俾諸神受祀。帝錫純嘏，百祿是膺，洛出圖書，九疇式敘。盛德大業，光表格天，固非名言之所能及也。

乃眷亳社，時惟穀陽；仁里未遷，清都斯在。曩以神虬躍于沮澤，陰魄離于罕車，雩禜偶愆，水潦薦降，雲不待族，雨及我私。甫田或害于粢盛，樊圃幾勤于浸灌。是宫也，雖面勢爽塏，取規《大壯》。在山粢藻棁，予焉勝人？非麥麴鞠窮，何以禦濕？屋瓦斯漏，梁木其摧，本郡以聞，當陽太息。卽日降明詔，遣近臣，案行故墟，周視層搆，度費制用，庀徒僝工。之子于垣，百堵皆作，靈臺經始，不日而成。雲鍤募農隙之民，風斤得藝成之匠。朱扉洞呀于廣陌，紺殿崛起于中天。榱桷交持，見陰虬之騰倚；觚稜四注，狀名翬之翰飛。繪素彰施，模睟容而克肖；吉蠲享獻，表明德之惟馨。空歌洞章，蕭寥乎旦暮；飆輪欻駕，出入於虛無。固以昭戩穀于聖神，夸壯麗于方國，契宸心於妙有，躋氓俗于無何。行將追七十二君，告成功于日觀；享萬八千歲，比聖曆于天皇。玄同至真，永錫難老，如斯而已矣。

秋八月，新宫成。主者上言，願志能事。大君有命，允屬下臣。臣學古非優，聞道素淺。草寬大之詔，無東里潤色之才；談惚恍之宗，增吾黨狂簡之媿。躑躅燥吻，謹爲之銘。其辭曰：

至哉玄元，權輿太極。象帝之先，昧者奚覿？矯矯伯陽，自天生德。其道猶龍，人靡能測。厥初誕祥，時惟厲鄉。領垂縞髮，室炤神光。蹈十把五，舌衲而長。井泉湧脉，星精耀芒。集靈之址，玄祠崛起。檜亦手植，樹曾親指。聖母遺阡，右環渦水。福地旁連，清都對峙。瓜瓞其昌，錫羡于唐。寶冊追謚，雲篆龍章。金闕易號，丹臺絳房。明靈如存，祀典不忘。帝臨赤縣，乘正御辯，致恭神祇，大庇黎獻。德馨流聞，沼毛登薦。鬼有所歸，民亦不倦。帝居紫宸，味道全真。格天在宥，易俗還淳。陰陽大順，關石和鈞。亮采時敍，輝光日新。乃眷東顧，欽崇教父。定之方中，增修祠宇。閒館相望，飛軿攸駐。日蒲星回，池平樹古。申命中人，王言如綸。鳩工底法，卽舊謀新。三時之隙，百日之勤。怳若神化，以棲靈真。瞰鮮原兮靡迤，面皇州兮密邇。氣翁蔚兮上騰，波齋淪兮東委。唯列仙之殊庭，干青霄兮特起。竦金閣兮崔嵬，薦蘭蒸兮裵回。緘紫籙兮難見，秘靈符兮不開。伊九天之神母，御瓊輪兮下來。祝聖人兮富壽，延寶曆兮京垓。又何必迎年之館兮，通天之臺。

雜録

晉·王嘉《拾遺記》卷三《周靈王》 老聃在周之末，居反景日室之山，與世人絶迹。帷有黄髮老叟五人，或乘鴻鶴，或衣羽毛，耳出於頂，瞳子皆方，面色玉潔，手握青筠之杖，與聃共談天地之數。及聃退迹爲柱下史，求天下服道之術，四海名士莫不爭至。五老卽五方之精也。

南朝宋·劉義慶《世説新語》卷上之下《文學》 殷仲堪云：『三日不讀《道德經》，便覺舌本間强。』

《晉書》卷八四《殷仲堪傳》 仲堪能清言，善屬文。每云：『三日不讀《道德論》，便覺舌本間强。』

《魏書》卷一一四《釋老志》 太祖好老子之言，誦詠不倦。

又 卷一五《昭成子孫列傳·毗陵王順》 太祖好黄老，數召諸王及朝臣，親爲説之。

《舊唐書》卷一九二《隱逸傳·司馬承禎》 景雲二年，睿宗令其兄承禕就天台山追之，至京，引入宫中，問以陰陽術數之事。承禎對曰：『《道經》之旨，爲道日損，損之又損，以至於無爲。且心目所知見者，每損之，尚未能已，豈復攻乎異端而增其智慮哉？』帝曰：『理身無爲，則清高矣。理國無爲，如何？』對曰：『國猶身也。《老子》曰：「游心於澹，合氣於漠，順物自然而無私焉，而天下理。」《易》曰：「聖人者，與天地合其德。」是知天不言而信，無爲而成。無爲之旨，理國之道也。』睿宗歎息曰：『廣成之言，卽斯是也。』【略】

（開元）十五年，又召至都。玄宗令承禎於王屋山自選形勝，置壇室以居焉。【略】承禎頗善篆隸書，玄宗令以三體寫《老子經》，因刊正文句，定著五千三百八十言爲真本，以奏上之。

又 卷一四《憲宗紀上》 （元和五年八月）乙亥，上顧謂宰臣曰：『神仙之事，信乎？』李藩對曰：『神仙之説，出於道家所宗《老子》五千文爲本。《老子》指歸，與經無異。後代好怪之流，假託《老子》神仙之説，故秦始王遣方士，載男女入海求仙。漢武帝嫁女與方士，求不死藥。二主受惑，卒無所得。文皇帝服胡僧長生藥，遂致暴疾不救。古詩

云：「服食求神僊，多爲藥所誤。」誠哉是言也。君人者，但務求理，四海樂推，社稷延永，自然長年也。」上深然之。

《新五代史》卷三四《一行傳》 與（鄭）遨同時有張薦明者，燕人也。少以儒學遊河朔，後去爲道士，通老子莊周之説。高祖召見，問：『道家可以治國乎？』對曰：『道也者，妙萬物而爲言。得其極者，尸居衽席之間，可以治天地也。』高祖大其言，延入内殿，講《道德經》，拜以爲師。薦明聞宫中奏時鼓，曰：『陛下聞鼓乎？其聲一而已。五音十二律，鼓無一焉，然和之者，鼓也。夫一，萬事之本也。能守一者，可以治天下。』高祖善之。

宋·王稱《東都事略》卷一一八《隱逸傳·蘇澄隱》 太祖征太原，駐蹕鎮陽，召見於行宫，時年八十。太祖問以養生，澄隱對曰：『臣之養生，不過精思鍊氣爾。帝王養生則異於是。老子曰：「我無爲而民自化，我無欲而民自正。」無爲無欲，凝神太和。昔黄帝、唐堯享國永年，得此道也。』太祖説其言，賜以襲衣器幣。

宋·吕中《宋大事記講義》卷四《太宗皇帝》 太平興國八年，置侍讀官。上謂近臣曰：『朕每讀《老子》，至「佳兵不祥之器，聖人不得已而用之。」未嘗不三復以爲規戒。』

宋·徐兢《宣和奉使高麗圖經》卷一七《祠宇·福源觀》 福源觀在王府之北，大和門内，建於政和間。前榜曰『敷錫之門』，次榜曰『福源之觀』。嘗聞殿内繪三清像，而混元皇帝鬚髪皆紺色，偶合聖朝圖繪真聖貌像之意，亦可嘉也。前此，國俗未聞虚静之教，今則人人咸知歸仰云。

孔丘分部

傳記

《史記》卷四七《孔子世家》 孔子生魯昌平鄉陬邑。其先宋人也，曰孔防叔。防叔生伯夏，伯夏生叔梁紇。紇與顔氏女野合而生孔子，禱於尼丘得孔子。魯襄公二十二年而孔子生。生而首上圩頂，故因名曰丘云。字仲尼，姓孔氏。

丘生而叔梁紇死，葬於防山。防山在魯東，由是孔子疑其父墓處，母諱之也。孔子爲兒嬉戲，常陳俎豆，設禮容。孔子母死，乃殯五父之衢，蓋其慎也。郰人輓父之母誨孔子父墓，然後往合葬於防焉。

孔子要絰，季氏饗士，孔子與往。陽虎絀曰：『季氏饗士，非敢饗子也。』孔子由是退。

孔子年十七，魯大夫孟釐子病且死，誡其嗣懿子曰：『孔丘，聖人之後，滅於宋。其祖弗父何始有宋而嗣讓厲公。及正考父佐戴、武、宣公，三命茲益恭。故鼎銘云：「一命而僂，再命而傴，三命而俯，循牆而走，亦莫敢余侮。饘於是，粥於是，以餬余口。」其恭如是。吾聞聖人之後，雖不當世，必有達者。今孔丘年少好禮，其達者歟！吾即没，若必師之。』及釐子卒，懿子與魯人南宫敬叔往學禮焉。是歲，季武子卒，平子代立。

孔子貧且賤。及長，嘗爲季氏史，料量平；嘗爲司職吏，而畜蕃息。由是爲司空。已而去魯，斥乎齊，逐乎宋、衛，困於陳、蔡之閒，於是反魯。孔子長九尺有六寸，人皆謂之『長人』而異之。魯復善待，由是反魯。

魯南宫敬叔言魯君曰：『請與孔子適周。』魯君與之一乘車，兩馬，一豎子俱，適周問禮，蓋見老子云。辭去，而老子送之，曰：『吾聞富貴者送人以財，仁人者送人以言。吾不能富貴，竊仁人之號，送子以言，曰「聰明深察而近於死者，好議人者也。博辯廣大危其身者，發人之惡者也。爲人子者，毋以有己；爲人臣者，毋以有己。」』孔子自周反于魯，弟子稍益進焉。

是時也，晉平公淫，六卿擅權，東伐諸侯；楚靈王兵彊，陵轢中國；齊大而近於魯。魯小弱，附於楚則晉怒，附於晉則楚來伐；不備於齊，齊師侵魯。

魯昭公之二十年，而孔子蓋年三十矣。齊景公與晏嬰來適魯，景公問孔子曰：『昔秦穆公國小處辟，其霸何也？』對曰：『秦，國雖小，其志大；處雖辟，行中正。身舉五羖，爵之大夫，起纍紲之中，與語三日，

授之以政。以此取之，雖王可也，其霸小矣。」景公説。

孔子年三十五，而季平子與郈昭伯以鬭雞故，得罪魯昭公。昭公率師擊平子，平子與孟氏、叔孫氏三家共攻昭公，昭公師敗，奔於齊，齊處昭公乾侯。其後頃之，魯亂。孔子適齊，爲高昭子家臣，欲以通乎景公。與齊太師語樂，聞《韶》音，學之，三月不知肉味，齊人稱之。

景公問政孔子，孔子曰：『君君，臣臣，父父，子子。』景公曰：『善哉！信如君不君，臣不臣，父不父，子不子，雖有粟，吾豈得而食諸？』他日，又復問政於孔子，孔子曰：『政在節財。』景公説，將欲以尼谿田封孔子。晏嬰進曰：『夫儒者滑稽，而不可軌法；倨傲自順，不可以爲下；崇喪遂哀，破産厚葬，不可以爲俗；游説乞貸，不可以爲國。自大賢之息，周室既衰，禮樂缺有間。今孔子盛容飾，繁登降之禮，趨詳之節，累世不能殫其學，當年不能究其禮。君欲用之以移齊俗，非所以先細民也。』後，景公敬見孔子，不問其禮。異日，景公止孔子曰：『奉子以季氏，吾不能。』以季、孟之間待之。齊大夫欲害孔子，孔子聞之。景公曰：『吾老矣，弗能用也。』孔子遂行，反乎魯。

孔子年四十二，魯昭公卒於乾侯，定公立。定公立五年，夏，季平子卒，桓子嗣立。季桓子穿井得土缶，中若羊，問仲尼云『得狗』。仲尼曰：『以丘所聞，羊也。丘聞之，木石之怪夔、罔閬，水之怪龍、罔象，土之怪墳羊。』

吴伐越，墮會稽，得骨節專車。吴使使問仲尼：『骨何者最大？』仲尼曰：『禹致羣神於會稽山，防風氏後至，禹殺而戮之，其節專車，此爲大矣。』吴客曰：『誰爲神？』仲尼曰：『山川之神足以綱紀天下，其守爲神，社稷爲公侯，皆屬於王者。』客曰：『防風何守？』仲尼曰：『汪罔氏之君守封、禺之山，爲釐姓。在虞、夏、商爲汪罔，於周爲長翟，今謂之大人。』客曰：『人長幾何？』仲尼曰：『僬僥氏三尺，短之至也。長者不過十之，數之極也。』於是吴客曰：『善哉聖人！』

桓子嬖臣曰仲梁懷，與陽虎有隙。陽虎欲逐懷，公山不狃止之。其秋，懷益驕，陽虎執懷。桓子怒，陽虎因囚桓子，與盟而醳之。陽虎由此益輕季氏。季氏亦僭於公室，陪臣執國政，是以魯自大夫以下皆僭離於正道。故孔子不仕，退而修《詩》、《書》、《禮》、《樂》，弟子彌衆，至自遠方，莫不受業焉。

定公八年，公山不狃不得意於季氏，因陽虎爲亂，欲廢三桓之適，更立其庶孽陽虎素所善者，遂執季桓子。桓子詐之，得脱。定公九年，陽虎不勝，奔于齊。是時孔子年五十。

公山不狃以費畔季氏，使人召孔子。孔子循道彌久，温温無所試，莫能己用，曰：『蓋周文、武起豐、鎬而王，今費雖小，儻庶幾乎！』欲往，子路不説，止孔子。孔子曰：『夫召我者豈徒哉？如用我，其爲東周乎！』然亦卒不行。

其後，定公以孔子爲中都宰。一年，四方皆則之。由中都宰爲司空，由司空爲大司寇。

定公十年春，及齊平。夏，齊大夫黎鉏言於景公曰：『魯用孔丘，其勢危齊。』乃使使告魯爲好會，會於夾谷。魯定公且以乘車好往。孔子攝相事，曰：『臣聞有文事者必有武備，有武事者必有文備。古者諸侯出疆，必具官以從。請具左右司馬。』定公曰：『諾。』具左右司馬。會齊侯夾谷，爲壇位，土階三等，以會遇之禮相見，揖讓而登。獻酬之禮畢，齊有司趨而進曰：『請奏四方之樂。』景公曰：『諾。』於是旍旄羽袚矛戟劍撥鼓譟而至。孔子趨而進，歷階而登，不盡一等，舉袂而言曰：『吾兩君爲好會，夷狄之樂何爲於此？請命有司！』有司卻之，不去，則左右視晏子與景公。景公心怍，麾而去之。有頃，齊有司趨而進曰：『請奏宮中之樂。』景公曰：『諾。』優倡侏儒爲戲而前。孔子趨而進，歷階而登，不盡一等，曰：『匹夫而熒惑諸侯者，罪當誅！請命有司！』有司加法焉，手足異處。景公懼而動，知義不若，歸而大恐，告其羣臣曰：『魯以君子之道輔其君，而子獨以夷狄之道教寡人，使得罪於魯君，爲之奈何？』有司進對曰：『君子有過則謝以質，小人有過則謝以文。君若悼之，則謝以質。』於是齊侯乃歸所侵魯之鄆、汶陽、龜陰之田以謝過。

定公十三年夏，孔子言於定公曰：『臣無藏甲，大夫毋百雉之城。』使仲由爲季氏宰，將墮三都。於是叔孫氏先墮郈。季氏將墮費，公山不狃、叔孫輒率費人襲魯。公與三子入于季氏之宫，登武子之臺。費人攻之，弗克，入及公側。孔子命申句須、樂頎下伐之，費人北。國人追之，敗諸姑蔑。二子奔齊，遂墮費。將墮成，公斂處父謂孟孫曰：『墮成，齊

人必至于北門。且成，孟氏之保鄣，無成是無孟氏也。我將弗墮。』十二月，公圍成，弗克。

定公十四年，孔子年五十六，由大司寇行攝相事，有喜色。門人曰：『聞君子禍至不懼，福至不喜。』孔子曰：『有是言也。不曰「樂其以貴下人」乎？』於是誅魯大夫亂政者少正卯。與聞國政三月，粥羔豚者弗飾賈，男女行者別於塗，塗不拾遺，四方之客至乎邑者不求有司，皆予之以歸。

齊人聞而懼，曰：『孔子爲政必霸，霸則吾地近焉，我之爲先并矣。盍致地焉？』黎鉏曰：『請先嘗沮之，沮之而不可則致地，庸遲乎？』於是選齊國中女子好者八十人，皆衣文衣而舞《康樂》，文馬三十駟，遺魯君。陳女樂文馬於魯城南高門外。季桓子微服往觀再三，將受，乃語魯君爲周道游，往觀終日，怠於政事。子路曰：『夫子可以行矣。』孔子曰：『魯今且郊，如致膰乎大夫，則吾猶可以止。』桓子卒受齊女樂，三日不聽政；郊，又不致膰俎於大夫。孔子遂行，宿乎屯。而師己送，曰：『夫子則非罪。』孔子曰：『吾歌可夫？』歌曰：『彼婦之□，可以出走。彼婦之謁，可以死敗。蓋優哉游哉，維以卒歲！』師己反，桓子曰：『孔子亦何言？』師己以實告。桓子喟然歎曰：『夫子罪我以羣婢故也夫！』

孔子遂適衛，主於子路妻兄顏濁鄒家。衛靈公問孔子：『居魯得祿幾何？』對曰：『奉粟六萬。』衛人亦致粟六萬。居頃之，或譖孔子於衛靈公。靈公使公孫余假一出一入。孔子恐獲罪焉，居十月，去衛。

將適陳，過匡，顏刻爲僕，以其策指之曰：『昔吾入此，由彼缺也。』匡人聞之，以爲魯之陽虎。陽虎嘗暴匡人，匡人於是遂止孔子。孔子狀類陽虎，拘焉五日。顏淵後，子曰：『吾以汝爲死矣。』顏淵曰：『子在，回何敢死！』匡人拘孔子益急，弟子懼。孔子曰：『文王既没，文不在兹乎？天之將喪斯文也，後死者不得與于斯文也。天之未喪斯文也，匡人其如予何！』孔子使從者爲寧武子臣於衛，然後得去。

去卽過蒲。月餘，反乎衛，主蘧伯玉家。靈公夫人有南子者，使人謂孔子曰：『四方之君子不辱欲與寡君爲兄弟者，必見寡小君。寡小君願見。』孔子辭謝，不得已而見之。夫人在絺帷中。孔子入門，北面稽首。夫人自帷中再拜，環珮玉聲璆然。孔子曰：『吾鄉爲弗見，見之禮答焉。』子路不説。孔子矢之曰：『予所不者，天厭之！天厭之！』居衛月餘，靈公與夫人同車，宦者雍渠參乘，出，使孔子爲次乘，招摇市過之。孔子曰：『吾未見好德如好色者也。』於是醜之，去衛，過曹。是歲，魯定公卒。

孔子去曹適宋，與弟子習禮大樹下。宋司馬桓魋欲殺孔子，拔其樹。孔子去。弟子曰：『可以速矣。』孔子曰：『天生德於予，桓魋其如予何！』

孔子適鄭，與弟子相失，孔子獨立郭東門。鄭人或謂子貢曰：『東門有人，其顙似堯，其項類皋陶，其肩類子產，然自要以下不及禹三寸，纍纍若喪家之狗。』子貢以實告孔子。孔子欣然笑曰：『形狀，末也。而謂似喪家之狗，然哉！然哉！』

孔子遂至陳，主於司城貞子家。歲餘，吳王夫差伐陳，取三邑而去。趙鞅伐朝歌。楚圍蔡，蔡遷于吳。吳敗越王勾踐會稽。

有隼集于陳廷而死，楛矢貫之，石砮，矢長尺有咫。陳湣公使使問仲尼。仲尼曰：『隼來遠矣，此肅慎氏之矢也。昔武王克商，通道九夷八蠻，使各以其方賄來貢，使無忘職業。於是肅慎貢楛矢石砮，長尺有咫。先王欲昭其令德，以肅慎矢分大姬，配虞胡公而封諸陳。分同姓以珍玉，展親；分異姓以遠方職，使無忘服。故分陳以肅慎矢。』試求之故府，果得之。

孔子居陳三歲，會晉楚爭彊，更伐陳；及吳侵陳，陳常被寇。孔子曰：『歸與歸與！吾黨之小子狂簡，進取不忘其初。』於是孔子去陳。

過蒲，會公叔氏以蒲畔，蒲人止孔子。弟子有公良孺者，以私車五乘從孔子。其爲人長賢，有勇力，謂曰：『吾昔從夫子遇難於匡，今又遇難於此，命也已。吾與夫子再罹難，寧鬭而死。』鬭甚疾。蒲人懼，謂孔子曰：『苟毋適衛，吾出子。』與之盟，出孔子東門。孔子遂適衛。子貢曰：『盟可負邪？』孔子曰：『要盟也，神不聽。』

衛靈公聞孔子來，喜，郊迎。問曰：『蒲可伐乎？』對曰：『可。』靈公曰：『吾大夫以爲不可。今蒲，衛之所以待晉楚也。以衛伐之，無乃不可乎？』孔子曰：『其男子有死之志，婦人有保西河之志。吾所伐者，不過四五人。』靈公曰：『善。』然不伐蒲。靈公老，怠於政，不用孔子。

孔子喟然歎曰：『苟有用我者，朞月而已，三年有成。』孔子行。

佛肸爲中牟宰。趙簡子攻范、中行，伐中牟。佛肸畔，使人召孔子。孔子欲往，子路曰：『由聞諸夫子：「其身親爲不善者，君子不入也。」今佛肸親以中牟畔，子欲往，如之何？』孔子曰：『有是言也。不曰堅乎，磨而不磷；不曰白乎，涅而不淄。吾豈匏瓜也哉？焉能繫而不食？』

孔子擊磬。有荷蕢而過門者，曰：『有心哉，擊磬乎！硜硜乎，莫己知也夫而已矣。』

孔子學鼓琴師襄子，十日不進。師襄子曰：『可以益矣。』孔子曰：『丘已習其曲矣，未得其數也。』有間，曰：『已習其數，可以益矣。』孔子曰：『丘未得其志也。』有間，曰：『已習其志，可以益矣。』孔子曰：『丘未得其爲人也。』有間，（曰）有所穆然深思焉，有所怡然高望而遠志焉。曰：『丘得其爲人，黯然而黑，幾然而長，眼如望羊，如王四國，非文王其誰能爲此也！』師襄子辟席再拜，曰：『師蓋云《文王操》也。』

孔子既不得用於衛，將西見趙簡子。至於河而聞竇鳴犢、舜華之死也，臨河而歎曰：『美哉水，洋洋乎！丘之不濟此，命也夫！』子貢趨而進曰：『敢問何謂也？』孔子曰：『竇鳴犢、舜華，晉國之賢大夫也。趙簡子未得志之時，須此兩人而後從政；及其已得志，殺之乃從政。丘聞之也，刳胎殺夭則麒麟不至郊，竭澤涸漁則蛟龍不合陰陽，覆巢毀卵則鳳皇不翔。何則？君子諱傷其類也。夫鳥獸之於不義也，尚知辟之，而況乎丘哉！』乃還息乎陬鄉，作爲《陬操》以哀之。而反乎衛，入主蘧伯玉家。

他日，靈公問兵陳。孔子曰：『俎豆之事則嘗聞之，軍旅之事未之學也。』明日，與孔子語，見蜚雁，仰視之，色不在孔子。孔子遂行，復如陳。

夏，衛靈公卒，立孫輒，是爲衛出公。六月，趙鞅内太子蒯聵于戚。陽虎使太子絻，八人衰經，僞自衛迎者，哭而入，遂居焉。冬，蔡遷于州來。是歲魯哀公三年，而孔子年六十矣。齊助衛圍戚，以太子蒯聵在故也。

夏，魯桓、釐廟燔，南宮敬叔救火。孔子在陳聞之，曰：『災必於桓、釐廟乎！』已而果然。

秋，季桓子病，輦而見魯城，喟然歎曰：『昔此國幾興矣，以吾獲罪於孔子，故不興也。』顧謂其嗣康子曰：『我卽死，若必相魯；相魯，必召仲尼。』後數日，桓子卒，康子代立。已葬，欲召仲尼。公之魚曰：『昔吾先君用之不終，終爲諸侯笑。今又用之，不能終，是再爲諸侯笑。』康子曰：『則誰召而可？』曰：『必召冉求。』於是使使召冉求。冉求將行，孔子曰：『魯人召求，非小用之，將大用之也。』是日，孔子曰：『歸乎歸乎！吾黨之小子狂簡，斐然成章，吾不知所以裁之。』子贛知孔子思歸，送冉求，因誡曰『卽用，以孔子爲招』云。

冉求既去，明年，孔子自陳遷于蔡。蔡昭公將如吳，吳召之也。前昭公欺其臣遷州來，後將往，大夫懼復遷，公孫翩射殺昭公。楚侵蔡。秋，齊景公卒。

明年，孔子自蔡如葉。葉公問政，孔子曰：『政在來遠附邇。』他日，葉公問孔子於子路，子路不對。孔子聞之，曰：『由，爾何不對曰「其爲人也，學道不倦，誨人不厭，發憤忘食，樂以忘憂，不知老之將至」云爾。』

去葉，反于蔡。長沮、桀溺耦而耕，孔子以爲隱者，使子路問津焉。長沮曰：『彼執輿者爲誰？』子路曰：『爲孔丘。』曰：『是魯孔丘與？』曰：『然。』曰：『是知津矣。』桀溺謂子路曰：『子爲誰？』曰：『爲仲由。』曰：『子，孔丘之徒與？』曰：『然。』桀溺曰：『悠悠者天下皆是也，而誰以易之？且與其從辟人之士，豈若從辟世之士哉？』耰而不輟。子路以告孔子，孔子憮然曰：『鳥獸不可與同羣。天下有道，丘不與易也。』

他日，子路行，遇荷蓧丈人，曰：『子見夫子乎？』丈人曰：『四體不勤，五穀不分，孰爲夫子？』植其杖而芸。子路以告，孔子曰：『隱者也。』復往，則亡。

孔子遷于蔡三歲，吳伐陳。楚救陳，軍于城父。聞孔子在陳、蔡之閒，楚使人聘孔子。孔子將往拜禮，陳、蔡大夫謀曰：『孔子賢者，所刺譏皆中諸侯之疾。今者久留陳、蔡之閒，諸大夫所設行皆非仲尼之意。今楚，大國也，來聘孔子。孔子用於楚，則陳、蔡用事大夫危矣。』於是乃

相與發徒役圍孔子於野。不得行，絶糧。從者病，莫能興。孔子講誦絃歌不衰。子路愠見曰：『君子亦有窮乎？』孔子曰：『君子固窮，小人窮斯濫矣。』

子貢色作。孔子曰：『賜，爾以予爲多學而識之者與？』曰：『然。非與？』孔子曰：『非也。予一以貫之。』

孔子知弟子有愠心，乃召子路而問曰：『《詩》云「匪兕匪虎，率彼曠野。」吾道非邪？吾何爲於此？』子路曰：『意者吾未仁邪？人之不我信也。意者吾未知邪？人之不我行也。』孔子曰：『有是乎！由，譬使仁者而必信，安有伯夷、叔齊？使智者而必行，安有王子比干？』

子路出，子貢入見。孔子曰：『賜，《詩》云「匪兕匪虎，率彼曠野。」吾道非邪？吾何爲於此？』子貢曰：『夫子之道至大也，故天下莫能容夫子。夫子盍少貶焉？』孔子曰：『賜，良農能稼而不能爲穡，良工能巧而不能爲順。君子能脩其道，綱而紀之，統而理之，而不能爲容。今爾不脩爾道而求爲容。賜，而志不遠矣。』

子貢出，顔淵入見。孔子曰：『回，《詩》云「匪兕匪虎，率彼曠野。」吾道非邪？吾何爲於此？』顔回曰：『夫子之道至大，故天下莫能容。雖然，夫子推而行之，不容何病，不容然後見君子！夫道之不脩也，是吾醜也。夫道既已大修而不用，是有國者之醜也。不容何病，不容然後見君子！』孔子欣然而笑曰：『有是哉顔氏之子！使爾多財，吾爲爾宰。』於是使子貢至楚。楚昭王興師迎孔子，然後得免。

昭王將以書社地七百里封孔子。楚令尹子西曰：『王之使使諸侯有如子貢者乎？曰無有。王之輔相有如顔回者乎？曰無有。王之將率有如子路者乎？曰無有。王之官尹有如宰予者乎？曰無有。且楚之祖封於周，號爲子男五十里。今孔丘述三五之法，明周召之業，王若用之，則楚安得世世堂堂方數千里乎？夫文王在豐，武王在鎬，百里之君卒王天下。今孔丘得據土壤，賢弟子爲佐，非楚之福也。』昭王乃止。其秋，楚昭王卒于城父。

楚狂接輿歌而過孔子，曰：『鳳兮鳳兮，何德之衰！往者不可諫兮，來者猶可追也。已而已而，今之從政者殆而！』孔子下，欲與之言。趨而去，弗得與之言。於是孔子自楚反乎衛。是歲也，孔子年六十三，而魯哀公六年也。

其明年，吳與魯會繒，徵百牢。太宰嚭召季康子，康子使子貢往，然後得已。

孔子曰：『魯、衛之政，兄弟也。』是時，衛君輒父不得立，在外，諸侯數以爲讓。而孔子弟子多仕於衛，衛君欲得孔子爲政。子路曰：『衛君待子而爲政，子將奚先？』孔子曰：『必也正名乎！』子路曰：『有是哉，子之迂也！何其正也？』孔子曰：『野哉由也！夫名不正則言不順，言不順則事不成，事不成則禮樂不興，禮樂不興則刑罰不中，刑罰不中則民無所錯手足矣。故君子爲之必可名，言之必可行。君子於其言，無所苟而已矣。』

其明年，冉有爲季氏將師，與齊戰於郎，克之。季康子曰：『子之於軍旅，學之乎？性之乎？』冉有曰：『學之於孔子。』季康子曰：『孔子何如人哉？』對曰：『用之有名，播之百姓，質諸鬼神而無憾。求之至於此道，雖累千社，夫子不利也。』康子曰：『我欲召之，可乎？』對曰：『欲召之，則毋以小人固之，則可矣。』而衛孔文子將攻太叔，問策於仲尼。仲尼辭不知，退而命載而行，曰：『鳥能擇木，木豈能擇鳥乎！』文子固止。會季康子逐公華、公賓、公林，以幣迎孔子，孔子歸魯。孔子之去魯凡十四歲，而反乎魯。

魯哀公問政，對曰：『政在選臣。』季康子問政，曰：『舉直錯諸枉，則枉者直。』康子患盗，孔子曰：『苟子之不欲，雖賞之不竊。』然魯終不能用孔子，孔子亦不求仕。

孔子之時，周室微而禮樂廢，《詩》、《書》缺。追迹三代之禮，序《書傳》，上紀唐虞之際，下至秦繆，編次其事。曰：『夏禮吾能言之，杞不足徵也。殷禮吾能言之，宋不足徵也。足，則吾能徵之矣。』觀殷、夏所損益，曰：『後雖百世可知也，以一文一質。周監二代，郁郁乎文哉！吾從周。』故《書傳》、《禮記》自孔氏。

孔子語魯太師：『樂其可知也。始作翕如，縱之純如，皦如，繹如也，以成。』『吾自衛反魯，然後樂正，《雅》、《頌》各得其所。』

古者《詩》三千餘篇，及至孔子，去其重，取可施於禮義，上采契、后稷，中述殷、周之盛，至幽、厲之缺，始於衽席，故曰「《關雎》之亂

以爲《風》始，《鹿鳴》爲《小雅》始，《文王》爲《大雅》始，《清廟》爲《頌》始。」三百五篇，孔子皆弦歌之，以求合《韶》、《武》、《雅》、《頌》之音。禮樂自此可得而述，以備王道，成六藝。

孔子晚而喜《易》，序《彖》、《繫》、《象》、《説卦》、《文言》。讀《易》，韋編三絶，曰：『假我數年，若是，我於《易》則彬彬矣。』

孔子以《詩》、《書》、《禮》、《樂》教，弟子蓋三千焉，身通六藝者七十有二人。如顔濁鄒之徒，頗受業者甚衆。

孔子以四教：文、行、忠、信。絶四：無意，無必，無固，無我。所慎：齊，戰，疾。子罕言利與命與仁。不憤不啓，舉一隅不以三隅反，則弗復也。

其於鄉黨，恂恂似不能言者。其於宗廟朝廷，辯辯言，唯謹爾。朝，與上大夫言，誾誾如也；與下大夫言，侃侃如也。入公門，鞠躬如也；趨進，翼如也。君召使擯，色勃如也。君命召，不俟駕行矣。

魚餒，肉敗，割不正，不食。席不正，不坐。食於有喪者之側，未嘗飽也。是日哭，則不歌。見齊衰、瞽者，雖童子必變。

三人行，必得我師。德之不脩，學之不講，聞義不能徙，不善不能改，是吾憂也。使人歌，善，則使復之，然後和之。

子不語怪、力、亂、神。子貢曰：『夫子之文章，可得聞也。夫子言天道與性命，弗可得聞也已。』顔淵喟然歎曰：『仰之彌高，鑽之彌堅。瞻之在前，忽焉在後。夫子循循然善誘人，博我以文，約我以禮，欲罷不能。既竭我才，如有所立，卓爾。雖欲從之，蔑由也已。』達巷黨人（童子）曰：『大哉孔子，博學而無所成名。』子聞之，曰：『我何執？執御乎？執射乎？我執御矣。』牢曰：『子云「不試，故藝。」』

魯哀公十四年春，狩大野。叔孫氏車子鉏商獲獸，以爲不祥。仲尼視之，曰：『麟也。』取之，曰：『河不出圖，雒不出書，吾已矣夫！』顔淵死，孔子曰：『天喪予！』及西狩見麟，曰：『吾道窮矣。』喟然歎曰：『莫知我夫！』子貢曰：『何爲莫知子？』子曰：『不怨天，不尤人，下學而上達，知我者其天乎！』

『不降其志，不辱其身，伯夷、叔齊乎！』謂『柳下惠、少連降志辱身矣』。謂『虞仲、夷逸隱居放言，行中清，廢中權』。『我則異於是，無可無不可。』

子曰：『弗乎弗乎，君子病没世而名不稱焉。吾道不行矣，吾何以自見於後世哉？』乃因史記作《春秋》，上至隱公，下訖哀公十四年，十二公。據魯，親周，故殷，運之三代。約其文辭而指博。故吳、楚之君自稱王，而《春秋》貶之曰『子』；踐土之會實召周天子，而《春秋》諱之曰『天王狩於河陽』：推此類以繩當世。貶損之義，後有王者舉而開之。《春秋》之義行，則天下亂臣賊子懼焉。

孔子在位聽訟，文辭有可與人共者，弗獨有也。至於爲《春秋》，筆則筆，削則削，子夏之徒不能贊一辭。弟子受《春秋》，孔子曰：『後世知丘者以《春秋》，而罪丘者亦以《春秋》。』

明歲，子路死於衛。孔子病，子貢請見。孔子方負杖逍遥於門，曰：『賜，汝來何其晚也？』孔子因歎，歌曰：『太山壞乎！梁柱摧乎！哲人萎乎！』因以涕下。謂子貢曰：『天下無道久矣，莫能宗予。夏人殯於東階，周人於西階，殷人兩柱閒。昨暮予夢坐奠兩柱之閒，予始殷人也。』後七日卒。

孔子年七十三，以魯哀公十六年四月己丑卒。哀公誄之，曰：『旻天不弔，不慭遺一老，俾屏余一人以在位，煢煢予在疚。嗚呼哀哉！尼父，毋自律。』子貢曰：『君其不没於魯乎！夫子之言曰：「禮失則昏，名失則愆。失志爲昏，失所爲愆。」生不能用，死而誄之，非禮也。稱「余一人」，非名也。』

孔子葬魯城北泗上，弟子皆服三年。三年心喪畢，相訣而去，則哭，各復盡哀，或復留。唯子贛廬於冢上，凡六年，然後去。弟子及魯人往從冢而家者百有餘室，因命曰孔里。魯世世相傳以歲時奉祠孔子冢，而諸儒亦講禮鄉飲大射於孔子冢。孔子冢大一頃。故所居堂，弟子內，後世因廟，藏孔子衣冠琴車書，至于漢二百餘年不絶。高皇帝過魯，以太牢祠焉。諸侯卿相至，常先謁然後從政。

孔子生鯉，字伯魚。伯魚年五十，先孔子死。伯魚生伋，字子思，年六十二。嘗困於宋。子思作《中庸》。

綜述

《論語·八佾》 孔子謂季氏：「八佾舞於庭。是可忍也，孰不可忍也？」三國魏何晏《集解》：馬曰：孰，誰也。佾，列也。天子八佾，諸侯六，卿大夫四，士二。八人爲列，八八六十四人。魯以周公故，受王者禮樂，有八佾之舞。季桓子僭，於其家廟舞之，故孔子譏之。

子入太廟，每事問。或曰：「孰謂鄹人之子知禮乎？入太廟，每事問。」子聞之曰：「是禮也。」

又《子張》 衛公孫朝問於子貢曰：「仲尼焉學？」子貢曰：「文、武之道未墜於地，在人。賢者識其大者，不賢者識其小者，莫不有文、武之道焉。夫子焉不學？而亦何常師之有？」

又《憲問》 陳成子弑簡公。孔子沐浴而朝，告於哀公曰：「陳恒弑其君，請討之。」公曰：「告夫三子。」孔子曰：「以吾從大夫之後，不敢不告也。君曰『告夫三子』者！」之三子告，不可。孔子曰：「以吾從大夫之後，不敢不告也。」

又《陽貨》 陽貨欲見孔子，孔子不見，《集解》：陽貨，陽虎也。季氏家臣而專魯國之政，欲見孔子，使仕。歸孔子豚。孔子時其亡也，而往拜之。遇諸塗。謂孔子曰：「來！予與爾言。」曰：「懷其寶而迷其邦，可謂仁乎？」曰：「不可。」「好從事而亟失時，可謂知乎？」曰：「不可。」「日月逝矣，歲不我與。」孔子曰：「諾。吾將仕矣。」《集解》：孔曰：以順辭免。

《左傳·僖公二十八年》 是會也，晉侯召王，以諸侯見，且使王狩。仲尼曰：「以臣召君，不可以訓。故書曰『天王狩于河陽』，言非其地也，且明德也。」晉杜預注：隱其召君之闕，欲以明晉之功德。河陽之狩，趙盾之弑，泄冶之罪，皆違凡、變例，以起大義危疑之理，故特稱仲尼以明之。

又《文公二年》 仲尼曰：「臧文仲其不仁者三，不知者三。下展禽，注：展禽，柳下惠也。文仲知柳下惠之賢，而使在下位，非己欲立而立人之道。廢六關，注：塞關、陽關之屬，凡六關。所以禁絶末遊而廢之。妾織蒲，三不仁也。注：家人販席，言其與民爭利。作虛器，注：謂居蔡，山節藻棁也。有其器而無其位，故曰虛。縱逆祀，注：聽夏父，躋僖公。祀爰居，三不知也。」注：海鳥曰爰居，止於魯東門外。文仲以爲神，命國人祀之。

又《成公二年》 新築人仲叔于奚救孫桓子，桓子是以免。既，衛人賞之以邑。辭，請曲縣、繁纓以朝，許之。仲尼聞之，曰：「惜也，不如多與之邑。唯器與名，不可以假人，君之所司也。名以出信，信以守器，器以藏禮，禮以行義，義以生利，利以平民，政之大節也。若以假人，與人政也。政亡，則國家從之，弗可止也已。」

又《昭公十二年》 王揖而入，饋不食，寢不寐，數日不能自克，以及於難。仲尼曰：「古也有志：『克己復禮，仁也。』信善哉！楚靈王若能如是，豈其辱于乾谿？」

又《昭公十七年》 秋，郯子來朝，公與之宴。昭子問焉，曰：「少皞氏鳥名官，何故也？」郯子曰：「吾祖也，我知之。」【略】仲尼聞之，見於郯子而學之。注：於是仲尼年二十八。既而告人曰：「吾聞之：『天子失官，學在四夷。』猶信。」

又《昭公二十年》 琴張聞宗魯死，將往弔之。仲尼曰：「齊豹之盜，而孟縶之賊，女何弔焉？君子不食姦，不受亂，不爲利疚於回，不以回待人，不蓋不義，不犯非禮。」

鄭子產有疾，謂子大叔曰：「我死，子必爲政。唯有德者能以寬服民，其次莫如猛。夫火烈，民望而畏之，故鮮死焉。水懦弱，民狎而翫之，則多死焉。故寬難。」疾數月而卒。大叔爲政，不忍猛而寬。鄭國多盜，取人於萑苻之澤。大叔悔之，曰：「吾早從夫子，不及此。」興徒兵，以攻萑苻之盜，盡殺之，盜少止。仲尼曰：「善哉！政寬則民慢，慢則糾之以猛；猛則民殘，殘則施之以寬。寬以濟猛，猛以濟寬，政是以和。《詩》曰『民亦勞止，汔可小康。惠此中國，以綏四方』，施之以寬也。『毋從詭隨，以謹無良。式遏寇虐，慘不畏明』，糾之以猛也。『柔遠能邇，以定我王』，平之以和也。又曰『不競不絿，不剛不柔。布政優優，百祿是遒』，和之至也。」及子產卒，仲尼聞之，出涕曰：「古之遺愛也。」注：子產見愛，有古人之遺風。

又《昭公二十九年》 冬，晉趙鞅、荀寅帥師城汝濱，遂賦晉國一鼓鐵，以鑄刑鼎，著范宣子所爲刑書焉。仲尼曰：「晉其亡乎！失其度

矣。夫晉國將守唐叔之所受法度，以經緯其民，卿大夫以序守之，民是以能尊其貴，貴是以能守其業。貴賤不愆，所謂度也。文公是以作執秩之官，爲被廬之法，以爲盟主。今棄是度也，而爲刑鼎，民在鼎矣，何以尊貴？貴何業之守？貴賤無序，何以爲國？且夫宣子之刑，夷之蒐也，晉國之亂制也，若之何以爲法？』

又《定公十年》 夏，公會齊侯于祝其，實夾谷。孔丘相，犂彌言於齊侯曰：『孔丘知禮而無勇，若使萊人以兵劫魯侯，必得志焉。』齊侯從之。孔丘以公退，曰：『士兵之！兩君合好，而裔夷之俘以兵亂之，非齊君所以命諸侯也。裔不謀夏，夷不亂華，俘不干盟，兵不偪好，於神爲不祥，於德爲愆義，於人爲失禮，君必不然。』齊侯聞之，遽辟之。將盟，齊人加於載書曰：『齊師出竟而不以甲車三百乘從我者，有如此盟！』孔丘使茲無還揖對，曰：『而不反我汶陽之田，吾以共命者，亦如之。』齊侯將享公。孔丘謂梁丘據曰：『齊、魯之故，吾子何不聞焉？事既成矣，而又享之，是勤執事也。且犧、象不出門，嘉樂不野合。饗而既具，是棄禮也；若其不具，用秕稗也。用秕稗，君辱；棄禮，名惡。子盍圖之！夫享，所以昭德也。不昭，不如其已也。』乃不果享。齊人來歸鄆、讙、龜陰之田。

又《哀公十一年》 冬。【略】孔文子之將攻大叔也，訪於仲尼。仲尼曰：『胡簋之事，則嘗學之矣；甲兵之事，未之聞也。』退，命駕而行，曰：『鳥則擇木，木豈能擇鳥？』文子遽止之，曰：『圉豈敢度其私，訪衛國之難也。』將止，魯人以幣召之，乃歸。

季孫欲以田賦，使冉有訪於仲尼。仲尼曰：『丘不識也。』三發，卒曰：『子爲國老，待子而行，若之何子之不言也？』仲尼不對，而私於冉有曰：『君子之行也，度於禮：施取其厚，事舉其中，斂從其薄。如是，則以丘亦足矣。若不度於禮，而貪冒無厭，則雖以田賦，將又不足。且子季孫若欲行而法，則周公之典在；若欲苟而行，又何訪焉？』弗聽。

又《哀公十四年》 六月【略】甲午，齊陳恒弒其君壬于舒州。孔丘三日齊，而請伐齊三。公曰：『魯爲齊弱久矣，子之伐之，將若之何？』對曰：『陳恒弒其君，民之不與者半。以魯之衆，加齊之半，可克也。』公曰：『子告季孫。』孔子辭，退而告人曰：『吾以從大夫之後也，故不敢不言。』

《國語》卷五《魯語下》 季康子欲以田賦，使冉有訪諸仲尼。仲尼不對，私於冉有曰：『求，來！女不聞乎？先王制土，籍田以力而砥其遠邇，賦里以入而量其有無，任力以夫而議其老幼。於是乎有鰥寡孤疾，有軍旅之出則徵之，無則已。其歲，收田一井，出稯禾、秉芻、缶米，不是過也。先王以爲足。若子季孫欲其法也，則有周公之籍矣。若欲犯法，則苟而賦，又何訪焉？』

《公羊傳・昭公二十五年》 （九月）齊侯唁公于野井。《傳》：【略】昭公曰：『喪人其何稱？』漢何休《解詁》：行禮，賓主當各有所稱，時齊侯以諸侯遇禮接昭公，昭公自謙失國，不敢以故稱自稱，故執謙問之。景公曰：『孰君而無稱？』《解詁》：猶曰：誰爲君者而言無所稱乎？昭公非君乎？昭公於是噭然而哭，《解詁》：噭然，哭聲貌。感景公言而自傷。諸大夫皆哭。《解詁》：魯諸大夫從昭公者。既哭，以人爲菑，《解詁》：菑，周埒垣也，所以分別内外，衛威儀。以幦爲席，《解詁》：幦，車覆笭。以鞍爲几，以遇禮相見。《解詁》：以諸侯出相遇之禮相見。孔子曰：『其禮與！其辭足觀矣。』

又《定公十年》 夏，齊人來歸運、讙、龜陰田。《傳》：齊人曷爲來歸運、讙、龜陰田？孔子行乎季孫，三月不違，《解詁》：孔子仕魯，政事行乎季孫，三月之中不見違，過是違之也。不言政行乎定公者，政在季氏之家。齊人爲是來歸之。

又《定公十二年》 夏，季孫斯、仲孫何忌帥師墮費。《傳》：曷爲帥師墮郈，帥師墮費？孔子行乎季孫，三月不違，曰：『家不藏甲，邑無百雉之城。』於是帥師墮郈，帥師墮費。《解詁》：郈，叔孫氏所食邑。費，季氏所食邑。二大夫宰吏數叛，患之，以問孔子。孔子曰：『陪臣執國命，采長數叛者，坐邑有城池之固，家有甲兵之藏故也。』季氏説其言而墮之。故君子時，然後言，人不厭其言。書者，善定公任大聖，復古制，弱臣勢也。不書去甲者，舉墮城爲重。雉者何？五板而堵，五堵而雉，百雉而城。

又《哀公十四年》 春，西狩獲麟。《傳》：何以書？記異也。何異爾？非中國之獸也。然則孰狩之？薪采者也。薪采者則微者也，曷爲以狩言之？大之也。曷爲大之？爲獲麟大之也。曷爲爲獲麟大之？麟者，仁獸也。《解詁》：狀如麕，一角而戴肉，設武備而不爲害，所以爲仁也。《詩》

云『麟之角，振振公族』是也。有王者則至，無王者則不至。《解詁》：辟害遠也。當春秋時，天下散亂，不當至而至，故爲異。有以告者曰：『有麕而角者。』孔子曰：『孰爲来哉？孰爲来哉？』《解詁》：見時無聖帝明王，怪爲誰来。反袂拭面，涕沾袍。顔淵死，子曰：『噫！天喪予。』子路死，子曰：『噫！天祝予。』《解詁》：祝，斷也。天生顔淵、子路，爲夫子輔佐。皆死者，天將亡夫子之證。西狩獲麟，孔子曰：『吾道窮矣！』《春秋》何以始乎隱？《解詁》：据得麟乃作。祖之所逮聞也。所見異辭，所聞異辭，所傳聞異辭。何以終乎哀十四年？曰備矣。君子曷爲爲《春秋》？撥亂世，反諸正，莫近乎《春秋》。則未知其爲是與？其諸君子樂道堯舜之道與？末不亦樂乎堯舜之知君子也？制《春秋》之義，以俟後聖，以君子之爲，亦有樂乎此也。

《穀梁傳・桓公三年》 夫人姜氏至自齊。《傳》：其不言翬之以來，何也？公親受之于齊侯也。子貢曰：『冕而親迎，不已重乎？』孔子曰：『合二姓之好，以繼萬世之後，何謂已重乎？』

又《成公五年》（夏）梁山崩。晉范寧《集解》：梁山，晉之望也。不言晉者，名山大澤不以封也。許慎曰：山者陽位，君之象也。象君權壞。《傳》：【略】伯尊曰：『君爲此召我也，爲之奈何？』輦者曰：『天有山，天崩之；天有河，天壅之。雖召伯尊，如之何？』伯尊由忠問焉，《集解》：用忠誠之心問之。輦者曰：『君親素縞，帥羣臣而哭之，既而祠焉，斯流矣。』伯尊至，君問之曰：『梁山崩，壅遏河，三日不流。爲之奈何？』伯尊曰：『君親素縞，帥羣臣而哭之，既而祠焉，斯流矣。』孔子聞之，曰：『伯尊其無績乎！攘善也。』《集解》：績，功也。攘，盜也。取輦者之言而行之，非己之功也。『績』或作『續』，謂無繼嗣。

又《昭公四年》 秋七月，楚子【略】執齊慶封殺之。《傳》：【略】慶封弒其君而不以弒君之罪罪之者，慶封不爲靈王服也，不與楚討也。《春秋》之義，用貴治賤，用賢治不肖，不以亂治亂也。孔子曰：『懷惡而討，雖死不服。其斯之謂與！』

又《定公十年》 夏公會齊侯于頰谷。公至自頰谷。《傳》：離會不致，何爲致也？危之也。危之則以地致，何也？爲危之也。其危奈何？曰頰谷之會，孔子相焉。兩君就壇，兩相相揖。齊人鼓譟而起，欲以執魯君。孔子歷階而上，不盡一等，而視歸乎齊侯曰：『兩君合好，夷狄之民何爲来爲？』命司馬止之。齊侯逡巡而謝曰：『寡人之過也。』退而屬其二三大夫曰：『夫人率其君，與之行古人之道。二三子獨率我而入夷狄之俗，何爲？』《集解》：屬，語也。夫人，謂孔子也。齊人欲執魯君，是夷狄之行。罷會，齊人使優施舞於魯君之幕下。孔子曰：『笑君者，罪當死。』使司馬行法焉，首足異門而出。齊人来歸鄆、讙、龜陰之田者，蓋爲此也。因是以見雖有文事，必有武備。孔子於頰谷之會，見之矣。

又《哀公十三年》（夏）公會晉侯及吴子于黄池。《傳》：黄池之會，吴子進乎哉！遂子矣。吴，夷狄之國也，祝髮文身，欲因魯之禮，因晉之權而請冠端而襲。《集解》：襲，衣。冠端，玄端。其藉于成周，《集解》：藉謂貢獻。尊天王。吴進矣！【略】吴王夫差曰：『好冠來！』孔子曰：『大矣哉！夫差未能言冠而欲冠也。』

《墨子》卷九《非儒下》 齊景公問晏子曰：『孔子爲人何如？』晏子不對。公又復問，不對。景公曰：『以孔丘語寡人者衆矣，俱以賢人也。今寡人問之而子不對，何也？』晏子對曰：『嬰不肖，不足以知賢人。雖然，嬰聞所謂賢人者，入人之國必務合其君臣之親，而弭其上下之怨。孔丘之荆，知白公之謀而奉之以石乞，君身幾滅而白公僇。嬰聞賢人得上不虛，得下不危，言聽於君必利人，教行下必於上。是以言明而易知也，行易而從也，行義可明乎民，謀慮可通乎君臣。今孔丘深慮同謀以奉賊，勞思盡知以行邪，勸下亂上，教臣殺君，非賢人之行也。入人之國而與人之賊，非義之類也。知人不忠，趣之爲亂，非仁義之也。逃人而後謀，避人而後言，行義不可明於民，謀慮不可通於君，臣嬰不知孔丘之有異於白公也，是以不對。』景公曰：『嗚呼！貺寡人者衆矣，非夫子，則吾終身不知孔丘之與白公同也。』

孔丘之齊，見景公。景公説，欲封之以尼谿，以告晏子。晏子曰：『不可。夫儒，浩裾而自順者也，不可以教下。好樂而淫人，不可使親治。立命而怠事，不可使守職。宗喪循哀，不可使慈民。異服勉容，不可使導衆。孔丘盛容脩飾以蠱世，弦歌鼓舞以聚徒，繁登降之禮以示儀，務趨翔之節以觀衆，博學不可使議世，勞思不可以補民。絫壽不能盡其學，當年不能行其禮，積財不能贍其樂，繁飾邪術以營世君，盛爲聲樂以淫遇民。

其道不可以期世，其學不可以導衆。今君封之，以移齊俗，非所以導衆存民。』公曰：『善。』於是厚其禮，留其封，敬見而不問其道。孔丘乃志怒於景公與晏子，乃樹鴟夷子皮於田常之門，告南郭惠子以所欲爲，歸於魯。有頃，閒齊將伐魯，告子貢曰：『賜乎！舉大事於今之時矣。』乃遣子貢之齊，因南郭惠子以見田常，勸之伐吳。以教高、國、鮑、晏，使毋得害田常之亂，勸越伐吳。三年之內，齊、吳破國之難，伏尸以言術數，孔丘之誅也。

孔丘爲魯司寇，舍公家而於季孫，季孫相魯君而走，季孫與邑人争門關，决植。

孔丘窮於蔡、陳之間，藜羹不糂十日。子路爲亨豚，孔丘不問肉之所由來而食；褫人衣以酤酒，孔丘不問酒之所由來而飲。哀公迎孔丘，席不端弗坐，割不正弗食。子路進請曰：『何其與陳、蔡反也？』孔丘曰：來！吾語女。曩與女爲苟生，今與女爲苟義。夫饑約則不辭妄取以活身，嬴飽則僞行以自飾，汙邪詐僞，孰大於此？

孔丘與其門弟子閒坐，曰：『夫舜見瞽叟就然，此時天下岌乎！周公旦非其人也邪？何爲舍亓家室而託寓也！』孔丘所行，心術所至也。其徒屬弟子皆效孔丘。子貢、季路輔孔悝亂乎衛，陽虎亂乎齊，佛肸以中牟叛，桼雕刑殘，莫大焉。夫爲弟子，後生其師，必脩其言法其行，力不足、知弗及而後已。今孔丘之行如此，儒士則可以疑矣。

《晏子春秋》卷八《外篇下》　仲尼之齊，見景公而不見晏子。子貢曰：『見君不見其從政者，可乎？』仲尼曰：『吾聞晏子事三君而順焉，吾疑其爲人。』晏子聞之，曰：『嬰則齊之世民也，不維其行，不識其過，不能自立也。嬰聞之，有幸見愛，無幸見惡，誹譽爲類，聲響相應，見行而從之者也。嬰聞之，以一心事三君者，所以順焉；以三心事一君者，不順焉。今未見嬰之行，而非其順也。嬰聞之，君子獨立不慚于影，獨寢不慚于魂。孔子拔樹削迹，不自以爲辱；窮陳、蔡，不自以爲約。非人不得其故，是猶澤人之非斤斧，山人之非網罟也。出之其□，不知其困也。始吾望傳而貴之，今吾望傳而疑之。』仲尼聞之，曰：『語有之：「言發于邇，不可止于遠也；行存于身，不可掩于衆也。」吾竊議晏子而不中夫人之過，吾罪幾矣。丘聞君子過人以爲友，不及人以爲師。今丘失言于夫子，譏之，是吾師也。』因宰我而謝焉，然後仲尼見之。

仲尼相魯，景公患之，謂晏子曰：『隣國有聖人，敵國之憂也。今孔子相魯，若何？』晏子對曰：『君其勿憂。彼魯君，弱主也；孔子，聖相也。君不如陰重孔子，設以相齊，孔子强諫而不聽，必驕魯而有齊，君勿納也。夫絶于魯，無主于齊，孔子困矣。』居期年，孔子去魯之齊，景公不納，故困于陳、蔡之間。

《尸子》卷上《廣澤篇》　孔子貴公。

又　卷下　孔子曰：『誦《詩》讀《書》，與古人居；讀《書》誦《詩》，與古人謀。』

孔子至於勝母，暮矣而不宿；過於盜泉，渴矣而不飲：惡其名也。

《莊子》卷一〇《漁父》　孔子遊乎緇帷之林，休坐乎杏壇之上，弟子讀書，孔子弦歌鼓琴，奏曲未半。有漁父者，下船而來，須眉交白，被髮揄袂，行原以上，距陸而止，左手據膝，右手持頤以聽。曲終而招子貢、子路，二人俱對。客指孔子曰：『彼何爲者也？』子路對曰：『魯之君子也。』客問其族，子路對曰：『族孔氏。』客曰：『孔氏者，何治也？』子路未應，子貢對曰：『孔氏者，性服忠信，身行仁義，飾禮樂，選人倫，上以忠於世主，下以化於齊民，將以利天下。此孔氏之所治也。』又問曰：『有土之君與？』子貢曰：『非也。』『侯王之佐與？』子貢曰：『非也。』客乃笑而還行，言曰：『仁則仁矣，恐不免其身，苦心勞形，以危其真。嗚呼遠哉！其分於道也。』

《孟子·滕文公下》　周霄問曰：『古之君子仕乎？』孟子曰：『仕。《傳》曰：「孔子三月無君，則皇皇如也。出疆必載質。」公明儀曰：「古之人，三月無君則弔。」』

孟子曰：『**【略】**陽貨欲見孔子而惡無禮。大夫有賜於士，不得受於其家，則往拜其門。陽貨矙孔子之亡也，而饋孔子蒸豚。孔子亦矙其亡也，而往拜之。當是時，陽貨先，豈得不見？』

世衰道微，邪説暴行有作，臣弑其君者有之，子弑其父者有之。孔子懼，作《春秋》。《春秋》，天子之事也。是故孔子曰：『知我者，其惟《春秋》乎！罪我者，其惟《春秋》乎！』**【略】**孔子成《春秋》，而亂臣賊子懼。

又《離婁下》 孟子曰：『王者之迹熄而《詩》亡，《詩》亡然後《春秋》作。晉之《乘》，楚之《檮杌》，魯之《春秋》，一也。其事則齊桓、晉文，其文則史。孔子曰：「其義則丘竊取之矣。」』

孟子曰：『仲尼不爲已甚者。』

又《離婁上》 有孺子歌曰：『滄浪之水清兮，可以濯我纓。滄浪之水濁兮，可以濯我足。』孔子曰：『小子聽之！清斯濯纓，濁斯濯足矣，自取之也。』

孟子曰：『求也爲季氏宰，無能改於其德而賦粟倍他日。孔子曰：「求非我徒也，小子鳴鼓而攻之可也。」由此觀之，君不行仁政而富之，皆棄於孔子者也。』

又《萬章上》 萬章問曰：『或謂孔子於衛主癰疽，於齊主侍人瘠環。有諸乎？』孟子曰：『否，不然也。好事者爲之也。於衛主顔讎由，彌子之妻與子路之妻，兄弟也。彌子謂子路曰：「孔子主我，衛卿可得也。」子路以告。孔子曰：「有命。」孔子進以禮，退以義，得之不得曰有命，而主癰疽與侍人瘠環，是無義無命也。孔子不悦於魯、衛，遭宋桓司馬將要而殺之，微服而過宋。是時孔子當阨，主司城貞子，爲陳侯周臣。吾聞觀近臣，以其所爲主；觀遠臣，以其所主。若孔子主癰疽與侍人瘠環，何以爲孔子？』

又《萬章下》 （孟子）曰：【略】孔子之仕於魯也，魯人獵較，孔子亦獵較。獵較猶可，而況受其賜乎！』（萬章）曰：『然則孔子之仕也，非事道與？』曰：『事道也。』『事道，奚獵較也？』曰：『孔子先簿正祭器，不以四方之食供簿正。』曰：『奚不去也？』曰：『爲之兆也。兆足以行矣，而不行，而後去，是以未嘗有所終三年淹也。孔子有見行可之仕，有際可之仕，有公養之仕。於季桓子，見行可之仕也；於衛靈公，際可之仕也；於衛孝公，公養之仕也。』

孔子嘗爲委吏矣，曰『會計當而已矣』。嘗爲乘田矣，曰『牛羊茁壯長而已矣。』

萬章曰：『孔子君命召，不俟駕而行。然則孔子非與？』曰：『孔子當仕有官職，而以其官召之也。』

又《告子上》 《詩》曰：『天生蒸民，有物有則。民之秉彝，好是懿德。』孔子曰：『爲此《詩》者，其知道乎！故有物必有則；民之秉彝也，故好是懿德。』

又《告子下》 （孟子）曰：『孔子爲魯司寇，不用，從而祭，燔肉不至，不税冕而行。不知者以爲爲肉也，其知者以爲爲無禮也。乃孔子則欲以微罪行，不欲爲苟去。君子之所爲，衆人固不識也。』

又《盡心上》 孟子曰：『孔子登東山而小魯，登太山而小天下。故觀於海者難爲水，遊於聖人之門者難爲言。』

又《盡心下》 孟子曰：『孔子之去魯，曰「遲遲吾行也，去父母國之道也。」去齊，接淅而行，去他國之道也。』

萬章問曰：『孔子在陳曰：「盍歸乎來！吾黨之士狂簡，進取，不忘其初。」孔子在陳，何思魯之狂士？』孟子曰：『孔子不得中道而與之，必也狂獧乎！狂者進取，獧者有所不爲也。孔子豈不欲中道哉？不可必得，故思其次也。』『敢問何如斯可謂狂矣？』曰：『如琴張、曾皙、牧皮者，孔子之所謂狂矣。』『何以謂之狂也？』曰：『其志嘐嘐然，曰「古之人，古之人。」夷考其行，而不掩焉者也。狂者又不可得，欲得不屑不絜之士而與之，是獧也。是又其次也。孔子曰：「過我門而不入我室，我不憾焉者，其惟鄉原乎！鄉原，德之賊也。」』【略】

萬章曰：『一鄉皆稱原人焉，無所往而不爲原人。孔子以爲德之賊，何哉？』曰：『非之無舉也，刺之無刺也，同乎流俗，合乎汙世，居之似忠信，行之似廉絜，衆皆悦之，自以爲是，而不可與入堯舜之道，故曰德之賊也。孔子曰：惡似而非者：惡莠，恐其亂苗也；惡佞，恐其亂義也；惡利口，恐其亂信也；惡鄭聲，恐其亂樂也；惡紫，恐其亂朱也；惡鄉原，恐其亂德也。君子反經而已矣。經正，則庶民興；庶民興，斯無邪慝矣。』

《荀子》卷二〇《宥坐篇》 孔子觀於魯桓公之廟，有欹器焉。孔子問於守廟者曰：『此爲何器？』守廟者曰：『此蓋爲宥坐之器。』孔子曰：『吾聞宥坐之器者，虚則欹，中則正，滿則覆。』孔子顧謂弟子曰：『注水焉。』弟子挹水而注之，中而正，滿而覆，虚而欹。孔子喟然而歎曰：『吁！惡有滿而不覆者哉？』子路曰：『敢問持滿有道乎？』孔子曰：『聰明聖知，守之以愚；功被天下，守之以讓；勇力撫世，守之以

怯；富有四海，守之以謙。此所謂挹而損之之道也。』

孔子爲魯攝相，朝七日而誅少正卯。門人進問曰：『夫少正卯，魯之聞人也。夫子爲政而始誅之，得無失乎？』孔子曰：『居，吾語汝其故。人有惡者五，而盜竊不與焉：一曰心達而險，二曰行辟而堅，三曰言僞而辯，四曰記醜而博，五曰順非而澤。此五者，有一於人，則不得免於君子之誅，而少正卯兼有之。故居處足以聚徒成羣，言談足以飾邪營衆，强足以反是獨立。此小人之桀雄也，不可不誅也。是以湯誅尹諧，文王誅潘止，周公誅管叔，太公誅華仕，管仲誅付里乙，子産誅鄧析、史付。此七子者，皆異世同心，不可不誅也。《詩》曰「憂心悄悄，愠于羣小。小人成羣，斯足憂矣。」』

孔子爲魯司寇，有父子訟者。孔子拘之，三月不別。其父請止，孔子舍之。季孫聞之不説，曰：『是老也欺予，語予曰：「爲國家必以孝。」今殺一人以戮不孝，又舍之。』冉子以告。孔子慨然歎曰：『嗚呼！上失之，下殺之，其可乎？不教其民而聽其獄，殺不辜也。三軍大敗，不可斬也；獄犴不治，不可刑也。罪不在民故也。嫚令謹誅，賊也；今生也有時，斂也無時，暴也；不教而責成功，虐也。已此三者，然後刑可卽也。《書》曰「義刑義殺，勿庸以卽，予維曰未有順事。」言先教也。故先王既陳之以道，上先服之。若不可，尚賢以綦之；若不可，廢不能以單之，綦三年而百姓往矣。邪民不從，然後俟之以刑，則民知罪矣。《詩》曰「尹氏大師，維周之氐。秉國之均，四方是維。天子是庳，卑民不迷。」是以威厲而不試，刑錯而不用，此之謂也。今之世則不然：亂其教，繁其刑，其民迷惑而墮焉，則從而制之，是以刑彌繁而邪不勝。三尺之岸而虛車不能登也，百仞之山任負車登焉。何則？陵遲故也。數仞之牆而民不踰也，百仞之山而豎子馮而游焉，陵遲故也。今夫世之陵遲亦久矣，而能使民勿踰乎？《詩》曰「周道如砥，其直如矢。君子所履，小人所視。眷焉顧之，潸焉出涕。」豈不哀哉！』

《詩》曰：『瞻彼日月，悠悠我思。道之云遠，曷云能來？』子曰：『伊稽首，不其有來乎！』

孔子觀於東流之水，子貢問於孔子曰：『君子之所以見大水必觀焉者，是何？』孔子曰：『夫水，大徧與諸生而無爲也，似德。其流也埤下，裾拘必循其理，似義。其洸洸乎不淈盡，似道。若有決行之，其應佚若聲響，其赴百仞之谷不懼，似勇。主量必平，似法。盈不求概，似正。淖約微達，似察。以出以入，以就鮮絜，似善化。其萬折也必東，似志。是故君子見大水，必觀焉。』

孔子南適楚，戹於陳、蔡之閒，七日不火食，藜羹不糂，弟子皆有飢色。子路進問之曰：『由聞之：爲善者，天報之以福；爲不善者，天報之以禍。今夫子累德、積義、懷美，行之日久矣。奚居之隱也？』孔子曰：『由不識，吾語女。女以知者爲必用邪？王子比干不見剖心乎！女以忠者爲必用邪？關龍逢不見刑乎！女以諫者爲必用邪？吳子胥不磔姑蘇東門外乎！夫遇不遇者，時也；賢不肖者，材也。君子博學深謀不遇時者，多矣。由是觀之，不遇世者衆矣，何獨丘也哉？」且夫芷蘭生於深林，非以無人而不芳。君子之學，非爲通也，爲窮而不困，憂而意不衰也，知禍福終始而心不惑也。夫賢不肖者，材也；爲不爲者，人也；遇不遇者，時也；死生者，命也。今有其人不遇其時，雖賢，其能行乎？苟遇其時，何難之有？故君子博學深謀，脩身端行，以俟其時。」孔子曰：『由居，吾語女。昔晉公子重耳霸心生於曹，越王勾踐霸心生於會稽，齊桓公小白霸心生於莒。故居不隱者思不遠，身不佚者志不廣。女庸安知吾不得之桑落之下？』

又《子道篇》 魯哀公問於孔子曰：『子從父命，孝乎？臣從君命，貞乎？』三問，孔子不對。孔子趨出，以語子貢曰：『鄉者君問丘曰：「子從父命，孝乎？臣從君命，貞乎？」三問而丘不對。賜以爲何如？』子貢曰：『子從父命，孝矣。臣從君命，貞矣。夫子有奚對焉？』孔子曰：『小人哉！賜不識也。昔萬乘之國有爭臣四人，則封疆不削；千乘之國有爭臣三人，則社稷不危；百乘之家有爭臣二人，則宗廟不毀。父有爭子，不行無禮；士有爭友，不爲不義。故子從父，奚子孝？臣從君，奚臣貞？審其所以從之之謂孝，之謂貞也。』

又《哀公篇》 魯哀公問於孔子曰：『寡人生於深宮之中，長於婦人之手，寡人未嘗知哀也，未嘗知憂也，未嘗知勞也，未嘗知懼也，未嘗知危也。』孔子曰：『君之所問，聖君之問也。丘，小人也，何足以知之？』曰：『非吾子，無所聞之也。』孔子曰：『君入廟門而右，登自胙

階，仰視榱棟，俛見几筵，其器存，其人亡。君以此思哀，則哀將焉不至矣！君昧爽而櫛冠，平明而聽朝，一物不應，亂之端也。君以此思憂，則憂將焉不至矣！君平明而聽朝，日昃而退，諸侯之子孫必有在君之末庭者。君以此思勞，則勞將焉不至矣！君出魯之四門，以望魯四郊，亡國之虛則必有數蓋焉。君以此思懼，則懼將焉不至矣！且丘聞之：君者，舟也；庶人者，水也。水則載舟，水則覆舟。君以此思危，則危將焉不至矣！』

《韓非子》卷七《説林上》 子圉見孔子於商太宰。孔子出，子圉入，請問客。太宰曰：『吾已見孔子，則視子猶蚤蝨之細者也。吾今見之於君。』子圉恐孔子貴於君也，因請太宰曰：『君已見孔子，孔子亦將視子猶蚤蝨也。』太宰因弗復見也。

又 卷八《説林下》 孔子謂弟子曰：『孰能導子西之釣名也？』子貢曰：『賜也能。』乃導之，不復疑也。孔子曰：『寬哉，不被於利；絜哉，民性有恒。曲爲曲，直爲直。孔子曰子西不免。』白公之難，子西死焉。故曰『直於行者曲於欲。』

又 卷九《内儲説上・七術》 魯哀公問於孔子曰：『鄙諺曰：「莫衆而迷。」今寡人舉事，與羣臣慮之，而國愈亂。其故何也？』孔子對曰：『明主之問臣，一人知之，一人不知也。如是者，明主在上，羣臣直議於下。今羣臣無不一辭同軌乎季孫者，舉魯國盡化爲一，君雖問境内之人，猶不免於亂也。』

魯哀公問於仲尼曰：『《春秋》之記曰：「冬十二月，霣霜，不殺菽。」何爲記此？』仲尼對曰：『此言可以殺而不殺也。夫宜殺而不殺，桃李冬實，天失道，草木猶犯干之，而況於人君乎！』

魯人燒積澤，天北風，火南倚，恐燒國，哀公懼，自將衆趣救火者。左右無人，盡逐獸而火不救。乃召問仲尼。仲尼曰：『夫逐獸者樂而無罰，救火者苦而無賞，此火之所以無救也。』哀公曰：『善。』仲尼曰：『事急，不及以賞。救火者盡賞之，則國不足以賞於人。請徒行罰。』哀公曰：『善。』於是仲尼乃下令曰：『不救火者比降北之罪，逐獸者比入禁之罪。』令下未遍而火已救矣。

殷之法，刑弃灰於街者。子貢以爲重，問之仲尼。仲尼曰：『知治之道也。夫弃灰於街必掩人，掩人人必怒，怒則鬭，鬭必三族相殘也。此殘三族之道也，雖刑之可也。且夫重罰者，人之所惡也；而無弃灰，人之所易也。使人行之所易而無離所惡，此治之道。』

又 卷一〇《内儲説下・六微》 仲尼爲政於魯，道不拾遺。齊景公患之，黎且謂景公曰：『去仲尼，猶吹毛耳。君何不迎之以重祿高位，遺哀公女樂以驕榮其意？哀公新樂之，必怠於政。仲尼必諫，諫必輕絶於魯。』景公曰：『善。』乃令黎且以女樂六遺哀公，哀公樂之，果怠於政。仲尼諫，不聽，去而之楚。

又 卷一一《外儲説左上》 孔子曰：『爲人君者猶盂也，民猶水也。盂方水方，盂圜水圜。』

又 卷一二《外儲説左下》 孔子相衛，弟子子皐爲獄吏，刖人足，所刖者守門。人有惡孔子於衛君者曰：『尼欲作亂。』衛君欲執孔子。孔子走，弟子皆逃。

管仲相齊，曰：『臣貴矣，然而臣貧。』桓公曰：『使子有三歸之家。』曰：『臣富矣，然而臣卑。』桓公使立於高、國之上。曰：『臣尊矣，然而臣疏。』乃立爲仲父。孔子聞而非之曰：『泰侈偪上。』

一曰：管仲父出，朱蓋青衣；置鼓而歸，庭有陳鼎，家有三歸。孔子曰：『良大夫也，其侈偪上。』

又 卷一三《外儲説右上》 堯欲傳天下於舜，鯀諫曰：『不祥哉！孰以天下而傳之於匹夫乎？』堯不聽，舉兵而誅殺鯀於羽山之郊。共工又諫曰：『孰以天下而傳之於匹夫乎？』堯不聽，又舉兵而誅共工於幽州之都。於是天下莫敢言無傳天下於舜。仲尼聞之，曰：『堯之知舜之賢，非其難者也。夫至乎誅諫者，必傳之舜，乃其難也。』

季孫相魯，子路爲郈令。魯以五月，起衆爲長溝。當此之爲，子路以其私秩粟爲漿飯，要作溝者於五父之衢而飡之。孔子聞之，使子貢往覆其飯，擊毀其器，曰：『魯君有民，子奚爲乃飡之？』子路怫然怒，攘肱而入，請曰：『夫子疾由之爲仁義乎？所學於夫子者，仁義也。仁義者，與天下共其所有而同其利者也。今以由之秩粟而飡民，不可，何也？』孔子曰：『由之野也！吾以女知之，女徒未及也。女故如是之不知禮也！女之飡之，爲愛之也。夫禮，天子愛天下，諸侯愛境内，大夫愛官職，士

愛其家，過其所愛曰侵。今魯君有民而子擅愛之，是子侵也，不亦誣乎！』言未卒，而季孫使者至，讓曰：『肥也起民而使之，先生使弟子令徒役而飡之，將奪肥之民耶？』孔子駕而去魯。以孔子之賢，而季孫非魯君也；以人臣之資，假人主之術，蚤禁於未形，而子路不得行其私惠，而害不得生，況人主乎！

又 卷一四《外儲説右下》 衛君入朝於周，周行人問其號。對曰：『諸侯辟疆。』周行人却之，曰：『諸侯不得與天子同號。』衛君乃自更曰『諸侯燬』，而後内之。仲尼聞之，曰：『遠哉禁偪！虚名不以借人，況實事乎！』

又 卷一五《難一》 歷山之農者侵畔，舜往耕焉，朞年甽畝正。河濱之漁者爭坻，舜往漁焉，朞年而讓長。東夷之陶者器苦窳，舜往陶焉，朞年而器牢。仲尼歎曰：『耕、漁與陶，非舜官也，而舜往爲之者，所以救敗也。舜其信仁乎！乃躬耕處苦而民從之，故曰聖人之德化乎！』

或問儒者曰：『方此時也，堯安在？』其人曰：『堯爲天子。』『然則仲尼之聖堯奈何？』聖人明察在上位，將使天下無姦也。今耕漁不爭，陶器不窳，舜又何德而化？舜之救敗也，則是堯有失也。賢舜則去堯之明察，聖堯則去舜之德化，不可兩得也。

襄子圍於晉陽中，出圍，賞有功者五人，高赫爲賞首。張孟談曰：『晉陽之事，赫無大功。今爲賞首，何也？』襄子曰：『晉陽之事，寡人國危，社稷殆矣。吾羣臣無有不驕侮之意者，惟赫子不失君臣之禮，是以先之。』仲尼聞之，曰：『善賞哉！襄子賞一人，而天下爲人臣者莫敢失禮矣。』

或曰：仲尼不知善賞矣。夫善賞罰者，百官不敢侵職，羣臣不敢失禮，上設其法而下無姦詐之心，如此則可謂善賞罰矣。使襄子於晉陽也，令不行，禁不止，是襄子無國，晉陽無君也，尚誰與守哉？今襄子於晉陽也，知氏灌之，穴竈生鼃而民無反心，是君臣親也。襄子有君臣親之澤，操令行禁止之法，而猶有驕侮之臣，是襄子失罰也。爲人臣者，乘事而有功則賞。今赫僅不驕侮而襄子賞之，是失賞也。明主賞不加於無功，罰不加於無罪。今襄子不誅驕侮之臣而賞無功之赫，安在襄子之善賞也？故曰：仲尼不知善賞。

又 《難二》 昔者文王侵孟，克莒，舉酆，三舉事而紂惡之。文王乃懼，請入洛西之地、赤壤之國方千里，以請解炮烙之刑，天下皆説。仲尼聞之，曰：『仁哉文王！輕千里之國而請解炮烙之刑。智哉文王，出千里之地而得天下之心。』

或曰：仲尼以文王爲智也，不亦過乎！夫智者，知禍難之地而辟之者也，是以身不及於患也。使文王所以見惡於紂者，以其不得人心耶？則雖索人心以解惡，可也。紂以其大得人心而惡之，已又輕地以收人心，是重見疑也，固其所以桎梏，囚於羑里也。鄭長者有言：『體道，無爲無見也。』此最宜於文王矣，不使人疑之也。仲尼以文王爲智，未及此論也。

又 卷一六《難三》 葉公子高問政於仲尼，仲尼曰：『政在説近而来遠。』哀公問政於仲尼，仲尼曰：『政在選賢。』齊景公問政於仲尼，仲尼曰：『政在節財。』三公出，子貢問曰：『三公問夫子政，一也。夫子對之不同，何也？』仲尼曰：『葉都大而國小，民有背心，故曰悦近而来遠。魯哀公有大臣三人，外障距諸侯四隣之士，内比周而以愚於君，使宗廟不掃除，社稷不血食者，必是三臣也，故曰政在選賢。齊景公築雍門爲路寢，一朝而以三百乘之家賜者三，故曰政在節財。』

或曰：仲尼之對，亡國之言也。恐民有倍心而説之，悦近而来遠，則是教民懷惠。惠之爲政，無功者受賞而有罪者免，此法之所以敗也。法敗而政亂，以亂政，治敗民，未見其可也。且民有倍心者，君上之明有所不及也。不紹葉公之明而使之悦近而来遠，是舍吾勢之所能禁，而使與天下行惠以爭民，非能恃勢者也。夫堯之賢，六王之冠也。舜一從而咸包，而堯無天下矣。有人無術以禁下，恃爲舜而不失其民，不亦無術乎！明君見小姦於微，故民無大謀；行小誅於細，故民無大亂。此謂圖難者於其所易也，爲大者於其所細也。今有功者必賞，賞者不德君，力之所致也；有罪者必誅，誅者不怨上，罪之所生也。民知誅罰之皆起於身也，故習功力於業而不受賜於君。『太上，下智有之。』此言太上之下民無説也，安取懷惠之民？上君之民無利害，説以悦近來遠，亦可舍已。

哀公有臣外障距内，比周以愚其君，而説之以選賢，此非功伐之論也，選其心之所爲賢者也。使哀公知三子外障距内，比周也，則三子不一日立矣。哀公不知選賢選其心之所謂賢，故三子得任事。燕王噲賢子之而

非孫卿，故身死爲僇。夫差智太宰嚭而愚子胥，故滅於越。魯君不知賢而說以選賢，是使哀公有夫差、燕噲之患也。明君不自舉臣，臣相進也；不自賢功，功相徇也。論之於任，試之於事，課之於功，故羣臣公正而無私，不隱賢，不進不肖。然則人主奚勞於選賢？

景公以百乘之家賜，而說以節財，是使景公無術以享厚樂而獨儉於上，未免於貧也。有君以千里養其口腹，則雖桀、紂不侈焉。齊國方三千里，而桓公以其半自養，是侈於桀、紂也。然而能爲五霸冠者，知侈、儉之地也。爲君不能禁下而自禁者，謂之劫；不能飾下而自飾者，謂之亂；不節下而自節者，謂之貧。明君使人無私，以詐而食者禁。力盡於事，歸利於上者必聞，聞者必賞。汙穢爲私者必知，知者必誅。然故忠臣盡忠於方公，民士竭力於家，百官精剋於上，侈倍景公，非國之患也。然則說之以節財，非其急者也。

又 卷一九《五蠹》 魯人從君戰，三戰三北。仲尼問其故，對曰：『吾有老父，身死莫之養也。』仲尼以爲孝，舉而上之。以是觀之，夫父之孝子，君之背臣也。

又 《顯學》 澹臺子羽，君子之容也。仲尼幾而取之，與處久而行不稱其貌。宰予之辭，雅而文也。仲尼幾而取之，與處久而智不充其辯。故孔子曰：『以容取人乎！失之子羽。以言取人乎！失之宰予。』故以仲尼之智，而有失實之聲。

《呂氏春秋》卷一七《不二》 孔子貴仁。

又 卷三《先己》 孔子見魯哀公，哀公曰：『有語寡人曰：「爲國家者，爲之堂上而已矣。」寡人以爲迂言也。』孔子曰：『此非迂言也。丘聞之，得之於身者得之人，失之於身者失之人。不出於門戶而天下治者，其惟知反於己身者乎！』

又 卷一〇《異用》 孔子之弟子從遠方來者，孔子荷杖而問之曰：『子之公不有恙乎？』搏杖而揖之，問曰：『子之父母不有恙乎？』置杖而問曰：『子之兄弟不有恙乎？』杙步而倍之，問曰：『子之妻子不有恙乎？』故孔子以六尺之杖，諭貴賤之等，辨疏親之義，又況於以尊位厚祿乎！

又 卷一六《樂成》 孔子始用於魯，魯人鷖誦之曰：『麛裘而韠，投之無戾。韠而麛裘，投之無郵。』用三年，男子行乎塗右，女子行乎塗左。財物之遺者，民莫之舉。大智之用，固難踰也。

又 卷一九《舉難》 季孫氏劫公家，孔子欲諭術則見外，於是受養而便說，魯國以訾。孔子曰：『龍食乎清而游乎清，螭食乎清而游乎濁，魚食乎濁而游乎濁。今丘上不及龍，下不若魚，丘其螭邪！』夫欲立功者，豈得中繩哉？救溺者濡，追逃者趨。

《禮記・檀弓下》 孔子過泰山側，有婦人哭於墓者而哀。夫子式而聽之，使子路問之，曰：『子之哭也，壹似重有憂者。』而曰：『然。昔者吾舅死於虎，吾夫又死焉，今吾子又死焉。』夫子曰：『何爲不去也？』曰：『無苛政。』夫子曰：『小子識之，苛政猛於虎也。』

又 《玉藻》 孔子佩象環五寸而綦組綬。漢鄭玄注：謙不比德，亦不事也。象，有文理者也。環，取可循而無窮。元陳澔《集說》：象環，象牙之環也。其廣五寸。孔子謙不佩玉，故燕居佩之，非謂禮服之正佩也。

又 《中庸》 哀公問政，子曰：『文、武之政，布在方策。其人存則其政舉，其人亡則其政息。人道敏政，地道敏樹。夫政也者，蒲盧也。故爲政在人，取人以身，脩身以道，脩道以仁。仁者，人也，親親爲大。義者，宜也，尊賢爲大。親親之殺，尊賢之等，禮所生也。在下位不獲乎上，民不可得而治矣。故君子不可以不脩身，思脩身不可以不事親，思事親不可以不知人，思知人不可以不知天。天下之達道五，所以行之者三。曰君臣也，父子也，夫婦也，昆弟也，朋友之交也。五者，天下之達道也。知、仁、勇三者，天下之達德也。所以行之者，一也。或生而知之，或學而知之，或困而知之。及其知之，一也。或安而行之，或利而行之，或勉强而行之。及其成功，一也。』

又 《經解》 孔子曰：『入其國，其教可知也。其爲人也，溫柔敦厚，《詩》教也；疏通知遠，《書》教也；廣博易良，《樂》教也；絜靜精微，《易》教也；恭儉莊敬，《禮》教也；屬辭比事，《春秋》教也。故《詩》之失，愚；《書》之失，誣；《樂》之失，奢；《易》之失，賊；《禮》之失，煩；《春秋》之失，亂。其爲人也，溫柔敦厚而不愚，則深於《詩》者也；疏通知遠而不誣，則深於《書》者也；廣博易良而不奢，則深於《樂》者也；絜靜精微而不賊，則深於《易》者也；恭儉

莊敬而不煩，則深於《禮》者也；屬辭比事而不亂，則深於《春秋》者也。』

《孔子家語》卷一《相魯》 初，魯之販羊有沈猶氏者，常朝飲其羊，以詐市人。有公慎氏者，妻淫不制。有慎潰氏，奢侈踰法。魯之鬻六畜者，飾之以儲價。及孔子之爲政也，則沈猶氏不敢朝飲其羊，公慎氏出其妻，慎潰氏越境而徙；三月則鬻牛馬者不儲價，賣羔豚者不加飾；男女行者別其塗，道不拾遺，男尚忠信，女尚貞順；四方客至於邑者不求有司，皆如歸焉。

又 卷一《五儀解》 哀公問於孔子曰：『寡人欲吾國小而能守，大則無攻，其道如何？』孔子對曰：『使君朝廷有禮，上下和親，天下百姓皆君之民，將誰攻之？苟違此道，民畔如歸，皆君之讐也，將與誰守？』公曰：『善哉！』於是廢澤梁之禁，弛關市之稅，以惠百姓。

又 卷二《致思》 孔子謂伯魚曰：『鯉乎！吾聞可以與人終日不倦者，其唯學乎！其容體不足觀也，其勇力不足憚也，其先祖不足稱也，其族姓不足道也，終而有大名以顯聞四方、流聲後裔者，豈非學之效也？故君子不可以不學，其容不可以不飾。不飾無類，無類失親，失親不忠，不忠失禮，失禮不立。夫遠而有光者，飾也；近而愈明者，學也。譬之汙池水潦注焉，雚葦生焉，雖或以觀之，孰知其源乎？』

孔子之郯，遭程子於塗，傾蓋而語終日，甚相親。顧謂子路曰：『取束帛以贈先生。』子路屑然對曰：『由聞之：士不中間見，三國魏王肅注：中間，謂紹介也。女嫁無媒，君子不以交，禮也。』有間，又顧謂子路，子路又對如初。孔子曰：『由！詩不云乎？「有美一人，清揚宛兮。邂逅相遇，適我願兮。」今程子，天下賢士也。於斯不贈，則終身不能見也。小子行之！』

又 卷一〇《曲禮子貢問》 孔子在齊，齊大旱春饑。景公問於孔子曰：『如之何？』孔子曰：『凶年則乘駑馬，力役不興，馳道不修，祈以幣玉，祭事不懸，祀以下牲。此則賢君自貶以救民之禮也。』

漢·孔鮒《孔叢子》卷上《嘉言》 夫子適周，見萇弘，言終退。萇弘語劉文公曰：『吾觀孔仲尼有聖人之表，河目而隆顙，黃帝之形貌也。修肱而龜背，長九尺有六寸，成湯之容體也。然言稱先王，躬履謙讓。洽聞強記，博物不窮，抑亦聖人之興者乎！』劉子曰：『方今周室衰微而諸侯力爭，孔丘布衣，聖將安施？』萇弘曰：『堯、舜、文、武之道或弛而墜，禮樂崩喪，亦正其統紀而已矣。』既而夫子聞之，曰：『吾豈敢哉？亦好禮樂者也。』

陳惠公大城，因起凌陽之臺，未終而坐法死者數十人，又執三監吏。夫子適陳，聞之，見陳侯，與俱登臺而觀焉。夫子曰：『美哉斯臺！自古聖王之爲城臺，未有不戮一人而能致功若此者也。』陳侯默而退，遂竊赦所執吏。既而見夫子，問曰：『昔周作靈臺，亦戮人乎？』答曰：『文王之興，附者六州。六州之衆，各以子道來，故區區之臺，未及期日而已成矣。何戮之有乎？夫以少少之衆能立大大之功，惟君爾。』

又 《記義》 季桓子以粟千鍾餼夫子，夫子受之而不辭。既而以頒門人之無者，子貢進曰：『季孫以夫子貧，故致粟。夫子受之而以施人，無乃非季孫之意乎？』子曰：『何？』對曰：『季孫以爲惠也。』子曰：『然。吾得千鍾所以受而不辭者，爲季孫之惠，且以爲寵也。夫受人財，不以成富，與季孫之惠于一人，豈若惠數百人哉？』

孔子使宰予使于楚，楚昭王以安車象飾，因宰予以遺孔子焉。宰予曰：『夫子無以此爲也。』王曰：『何故？』對曰：『臣以其用，思其所在觀之，有以知其然。』王曰：『言之。』宰予對曰：『自臣侍從夫子以來，竊見其言不離道，動不違仁，貴義尚德，清素好儉，仕而有祿，不以爲積，不合則去，退無吝心。妻不服綵，妾不衣帛。車器不雕，馬不食粟。道行則樂其治，不行則樂其身。此所以爲夫子也。若夫觀目之麗靡，窈窕之淫音，夫子過之弗之視，遇之弗之聽也。故臣知夫子之無用此車也。』王曰：『然則夫子何欲而可？』對曰：『方今天下，道德寢息，其志欲興而行之。天下誠有欲治之君能行其道，則夫子雖使步以朝，固猶爲之，何必遠辱君之重賜乎！』王曰：『乃今而後，知孔子之德也大矣。』宰予歸，以告孔子。孔子曰：『二三子以予之言何如？』子貢對曰：『未盡夫子之美也。夫子德高則配天，深則配海。若予之言，行事之實也。』夫子曰：『夫言貴實，使人信之。舍實何稱乎？是賜之華，不若予之實也。』

又 《刑論》 孟氏之臣叛，武伯問孔子曰：『如之何？』答曰：

『臣人而叛，天下所不容也。其狀自反，子姑待之。』三旬，果自歸孟氏。武伯將執之，訪于夫子。夫子曰：『無也。子之于臣，禮意不至，是以去子。今其自反，罪以反除，又何執焉？子修禮以待之，則臣去子，將安往？』武伯乃止。

又《記問》 子思問于夫子曰：『爲人君者，莫不知任賢之逸也，而不能用賢，何故？』子曰：『非不欲也。所以官人任能者，由于不明也。其君以譽爲賞，以毀爲罰，賢者不居焉。』

趙簡子使聘夫子，夫子將至焉。及河，聞鳴犢與竇犨之見殺也，迴輿而旋之衛息鄹，遂爲《操》曰：『周道衰微，禮樂陵遲，文、武既墜，吾將焉歸？周遊天下，靡邦可依。鳳鳥不識，珍寶梟鴟。眷然顧之，慘然心悲。巾車命駕，將適唐都。黄河洋洋，攸攸之魚，臨津不濟，還轅息鄹。傷予道窮，哀彼無辜。翺翔于衛，復我舊廬。從吾所好，其樂只且。』

哀公使以幣如衛迎夫子，而卒不能賞用也。故夫子作《丘陵之歌》曰：登彼丘陵，峛崺其阪。仁道在邇，求之若遠。遂迷不復，自嬰屯蹇。喟然迴慮，題彼泰山。鬱確其高，梁甫迴連。枳棘充路，陟之無緣。將伐無柯，患兹蔓延。惟以永歎，涕霣潺湲。

楚王使使奉金幣聘夫子。宰予、冉有曰：『夫子之道，至是行矣。』遂請見，問夫子曰：『太公勤身苦志，八十而遇文王，孰與許由之賢？』夫子曰：『許由獨善其身者也，太公兼利天下者也。然今世無文王之君也，雖有太公，孰能識之？乃歌曰：『大道隱兮禮爲基，賢人竄兮將待時，天下如一欲何之？』

叔孫氏之車子曰鉏商，樵于野而獲獸焉。衆莫之識，以爲不祥，棄之五父之衢。冉有告夫子曰：『麕身而肉角，豈天之妖乎？』夫子曰：『今何在？吾將觀焉。』遂往，謂其御高柴曰：『若求之言，其必麟乎！』到視之，果信。言偃問曰：『飛者宗鳳，走者宗麟，爲其難致也。敢問今見，其誰應之？』子曰：『天子布德，將致太平，則麟、鳳、龜、龍先爲之祥。今宗周將滅，天下無主，孰爲來哉？』遂泣曰：『予之于人，猶麟之于獸也。麟出而死，吾道窮矣。』乃歌曰：『唐虞世兮麟鳳遊，今非其時吾何求？麟兮麟兮我心憂！』

漢·韓嬰《韓詩外傳》卷八 子賤治單父，其民附。孔子曰：『告丘之所以治之者。』對曰：『不齊時發倉廩，振困窮，補不足。』孔子曰：『是小人附耳，未也。』對曰：『賞有能，招賢才，退不肖。』孔子曰：『是士附耳，未也。』對曰：『所父事者三人，所兄事者五人，所友者十有二人，所師者一人。』孔子曰：『所父事者三人，所兄事者五人，足以教弟矣；所友者十有二人，足以袪壅蔽矣；所師者一人，足以慮無失策，舉無敗功矣。昔者堯、舜清微其身，以聽觀天下，務來賢人。夫舉賢者，百福之宗也，而神明之主也。惜乎不齊之所爲者小也，爲之大，功乃與堯、舜參矣。』

《史記》卷六七《仲尼弟子列傳》 孔子之所嚴事：於周則老子；於衛，蘧伯玉；於齊，晏平仲；於楚，老萊子；於鄭，子產；於魯，孟公綽。數稱臧文仲、柳下惠、銅鞮伯華、介山子然。孔子皆後之，不並世。

又 卷一四《十二諸侯年表》 齊、晉、秦、楚其在成周微甚，封或百里，或五十里。晉阻三河，齊負東海，楚介江、淮，秦因雍州之固，四國迭興，更爲伯主。文、武所褒大封，皆威而服焉。是以孔子明王道，干七十餘君，莫能用。故西觀周室，論史記舊聞，興於魯而次《春秋》，上記隱，下至哀之獲麟，約其辭文，去其煩重，以制義法，王道備，人事浹。

漢·劉向《説苑》卷一四《至公》 夫子行説七十諸侯，無定處，意欲使天下之民各得其所，而道不行，退而修《春秋》，采毫毛之善，貶纖介之惡，人事浹，王道備，精和聖制，上通於天而麟至，此天之知夫子也。

又 卷一《君道》 孔子曰：『夏道不亡，商德不作；商德不亡，周德不作；周德不亡，《春秋》不作。』《春秋》作而後君子知周道亡也。故上下相虧也，猶水火之相滅也。人君不可不察而大盛其臣下，此私門盛而公家毀也。人君不察焉，則國家危殆矣。

又 卷七《政理》 子貢問治民於孔子，孔子曰：『懔懔焉如以腐索御奔馬。』子貢曰：『何其畏也？』孔子曰：『夫通達之國，皆人也。以道導之則吾畜也，不以道導之則吾讐也。若何而毋畏？』

魯哀公問政於孔子，對曰：『政有使民富且壽。』哀公曰：『何謂

也？』孔子曰：『薄賦斂則民富，無事則遠罪，遠罪則民壽。』公曰：『若是，則寡人貧矣。』孔子曰：『詩云「凱悌君子，民之父母。」未見其子富而父母貧者也。』

仲尼見梁君，梁君問仲尼曰：『吾欲長有國，吾欲列都之得，吾欲使民安不惑，吾欲使士竭其力，吾欲使日月當時，吾欲使聖人自來，吾欲使官府治。爲之奈何？』仲尼對曰：『千乘之君，萬乘之主，問於丘者多矣，未嘗有如君問丘之術也，然而盡可得也。丘聞之：兩君相親，則長有國；君惠臣忠，則列都之得；毋殺不辜，毋釋罪人，則民不惑；益士祿賞，則竭其力；尊天敬鬼，則日月當時；善爲刑罰，則聖人自來；尚賢使能，則官府治。』梁君曰：『豈有不然哉！』

子路治蒲，見於孔子曰：『由願受教。』孔子曰：『蒲多壯士，又難治也。然吾語汝：恭以敬，可以攝勇；寬以正，可以容衆；恭以潔，可以親上。』

子貢爲信陽令，辭孔子而行，孔子曰：『力之順之，因天之時，無奪無伐，無暴無盜。』子貢曰：『賜少而事君子，君子固有盜者耶？』孔子曰：『夫以不肖伐賢，是謂奪也；以賢伐不肖，是謂伐也；緩其令，急其誅，是謂暴也；取人善以自爲己，是謂盜也。君子之盜，豈必當財幣乎？吾聞之曰：知爲吏者，奉法以利民；不知爲吏者，枉法以侵民。此皆怨之所由生也。臨官莫如平，臨財莫如廉。廉、平之守，不可攻也。匿人之善者，是謂蔽賢也；揚人之惡者，是謂小人也；不內相教而外相謗者，是謂不足親也。言人之善者，有所得而無所傷也；言人之惡者，無所得而有所傷也。故君子慎言語矣，毋先己而後人，擇言出之，令□如耳。』

孔子見季康子，康子未説，孔子又見之。宰予曰：『吾聞之夫子曰：「王公不聘不動。」今吾子之見司寇也，少數矣。』孔子曰：『魯國以衆相淩，以兵相暴之日久矣，而有司不治。聘我者，孰大乎於是？』魯人聞之曰：『聖人將治，可以不先自爲刑罰乎！』自是之後，國無爭者。孔子謂弟子曰：『違山十里，蟪蛄之聲猶尚存耳，政事無如膺之矣。』

漢·王充《論衡》卷一三《别通篇》 孔子病，商瞿卜期日中。孔子曰：『取書來。比至日中，何事乎？』聖人之好學也，且死不休，念在經書，不以臨死之故，棄忘道藝。其爲百世之聖，師法祖脩，蓋不虛矣。

《三國志》卷二《魏志·文帝紀》 （黄初二年春正月壬午）詔曰：昔仲尼資大聖之才，懷帝王之器，當衰周之末，無受命之運，在魯、衛之朝，教化乎洙、泗之上，悽悽焉，遑遑焉，欲屈己以存道，貶身以救世。于時王公，終莫能用之，乃退考五代之禮，修素王之事，因魯史而制《春秋》，就太師而正《雅》、《頌》，俾千載之後，莫不宗其文以述作，仰其聖以成謀。咨！可謂命世之大聖，億載之師表者也。遭天下大亂，百祀墮壞，舊居之廟，毁而不修，褒成之後，絶而莫繼。闕里不聞講頌之聲，四時不覩蒸嘗之位，斯豈所謂崇禮報功，盛德百世必祀者哉？其以議郎孔羨爲宗聖侯，邑百戶，奉孔子祀。令魯郡修起舊廟，置百戶吏卒，以守衛之。又於其外，廣爲室屋，以居學者。

《宋書》卷五《文帝紀》 （元嘉十九年）十二月丙申，詔曰：胄子始集，學業方興。自微言泯絶，逝將千祀，感事思人，意有慨然。奉聖之胤，可速議繼襲。於先廟地，特爲營造，依舊給祠直，令四時饗祀闕里。往經寇亂，黌校殘毁，并下魯郡，脩復學舍，採召生徒。昔之賢哲及一介之善，猶或衛其邱壟，禁其芻牧，況尼父德表生民，功被百代，而墳塋荒蕪，荆棘弗翦。可蠲墓側數戶，以掌洒掃。魯郡上民孔景等五戶，居近孔子墓側，蠲其課役，供給洒掃，并種松柏六百株。

又 卷六《武帝紀》 （孝建元年）冬十月戊寅，詔曰：仲尼體天降德，維周興漢，經緯三極，冠冕百王。爰自前代，咸加褒述，典司失人，用闕宗祀。先朝遠存遺範，有詔繕立，世故妨道，事未克就。國難頻深，忠勇奮厲，實憑聖義，大教所敦，永惟兼懷，無忘待旦。可開建廟制，同諸侯之禮，詳擇爽塏，厚給祭秩。

《南齊書》卷三《武帝紀》 （永明七年二月）己丑，詔曰：宣尼誕敷文德，峻極自天，發輝七代，陶鈞萬品，英風獨舉，素王誰匹？功隱於當年，道深於日月，感麟厭世，緬邈千祀，川竭谷虛，丘夷淵塞，非但洙泗湮淪，至乃饗嘗乏主。前王敬仰，崇修寢廟，歲月亟流，鞠爲茂草。今學斅興立，實禀洪規，撫事懷人，彌增欽屬。可改築宗祊，務在爽塏，量給祭秩，禮同諸侯，奉聖之爵，以時紹繼。

又 卷六《明帝紀》 （永泰元年三月）戊申，詔曰：仲尼明聖在

躬，允光上哲，弘厥雅道，大訓生民，師範百王，軌儀千載。立人斯仰，忠孝攸出，玄功潛被，至德彌闡。雖反袂遐曠而祧薦靡闕，時祭舊品，秩比諸侯。頃歲以來，祀典陵替，俎豆寂寥，牲奠莫舉，豈所以克昭盛烈，永隆風教者哉？可式循舊典，詳復祭秩，使牢餼備禮，欽饗兼申。

《梁書》卷六《敬帝紀》（太平）二年春正月壬寅，詔曰：夫子降靈體喆，經仁緯義，允光素王，載闡玄功，仰之者彌高，誨之者不倦。立忠立孝，德被蒸民；制禮作樂，道冠羣后。雖泰山頹峻，一簣不遺，而泗水餘瀾，千載猶在。自皇圖屯阻，祀薦不修，奉聖之門，胤嗣殲滅，敬神之寢，簟簋寂寥，永言聲烈，寔兼欽愴。外可搜舉魯國之族，以爲奉聖後。并繕廟堂，供備祀典，四時薦秩，一皆遵舊。

《陳書》卷六《後主紀》（至德三年）十一月己未，詔曰：宣尼誕膺上哲，體資至聖，祖述憲章之典，並天地而合德；樂正《雅》、《頌》之奧，與日月而偕明。垂後昆之訓範，開生民之耳目。梁季湮微，靈寢忘處，鞠爲茂草，三十餘年。敬仰如在，永惟愾息。今《雅》道雍熙，《由庚》得所，斷琴故履，零落不追，閱笥開書，無因循復。外可詳之禮典，改築舊廟，蕙房桂棟，咸使惟新，芳蘩潔潦，以時饗奠。

《魏書》卷七上《高祖紀上》（延興二年）二月乙巳，詔曰：尼父稟達聖之姿，體生知之量，窮理盡性，道光四海。頃者淮、徐未賓，廟隔非所，致令祠典寢頓，禮章殄滅，遂使女巫妖覡，淫進非禮，殺生鼓舞，倡優媟狎，豈所以尊明神，敬聖道者也？自今已後，有祭孔子廟，制用酒脯而已。不聽婦女合雜，以祈非望之福。犯者以違制論。其公家有事，自如常禮。犧牲粢盛，務盡豐潔。臨事致敬，令肅如也。牧司之官，明糾不法，使禁令必行。

又　卷一〇八之一《禮志四之一》（太和十六年二月）癸丑，帝臨宣文堂，引議曹尚書劉昶、鴻臚卿游明根、行儀曹事李韶授策孔子，崇文聖之謚，於是昶等就廟行事，既而帝齋中書省，親拜祭於廟。

《周書》卷七《宣帝紀》（大象二年）三月丁亥，【略】詔曰：盛德之後，是稱不絕；功施於民，義昭祀典。孔子德惟藏往，道實生知，以大聖之才，屬千古之運，載弘儒業，世敍彝倫。至如幽贊天人之理，裁成禮樂之務，故以作範百王，垂風萬葉。朕欽承寶曆，服膺教義，眷言洙泗，懷道滋深。且褒成啓號，雖彰故實，旌崇聖績，猶有闕如。可追封爲鄒國公，邑數准舊，并立後承襲。別於京師置廟，以時祭享。

《隋書》卷三《煬帝紀上》（大業四年）十月景午，詔曰：先師尼父，聖德在躬，誕發天縱之姿，憲章文、武之道，命世膺期，蘊茲素王。而頹山之歎，忽踰於千祀；盛德之美，不存於百代。永惟懿範，宜有優崇。可立孔子後爲紹聖侯，有司求其苗裔，録以申上。

《舊唐書》卷二四《禮儀志四》（玄宗開元）二十七年八月，又下制曰：弘我王化，在乎儒術。孰能發揮此道，啓迪含靈？則生人已来，未有如夫子者也。所謂自天攸縱，將聖多能，德配乾坤，身揭日月，故能立天下之大本，成天下之大經，美政教，移風俗，君君臣臣，父父子子，人到于今受其賜，不其猗歟？於戲！楚王莫封，魯公不用，俾夫大聖纔列陪臣，棲遲旅人，固可知矣。年祀寖遠，光靈益彰，雖代有褒稱而未爲崇峻，不副於實，人其謂何？朕以薄德，祗膺寶命，思闡文明，廣被華夏，時則異於今古，情每重於師資。既行其教，合旌厥德，爰申盛禮，載表徽猷。夫子既稱先聖，可追謚爲文宣王。

宋·孔傳《東家雜記》卷上《孔子追封謚號》　本朝眞宗皇帝大中祥符元年，加夫子號爲玄聖文宣王。《春秋孔演圖》曰：「孔子母感黑帝而生。」《莊子》亦云「玄聖素王。」故有是號。敕中書門下：王者順考古道，懋建大猷。崇四術以化民，昭宣教本；總百王而致治，丕變人文。方啓迪於素風，思丕揚於鴻烈。先聖文宣王道膺上聖，體自生知，以天縱之多能，實人倫之先覺，立功侔乎簡易，景鑠配乎貞明，惟列辟以尊崇，爲億載之師表。肆朕寡昧，欽承命曆，曷嘗不遵守彝訓，保乂中區？屬以祗若元符，告成喬嶽，觀風廣魯之地，飭駕數仞之牆；躬謁遺祠，緬懷遐躅，仰明靈之如在，肅奠獻以惟寅。是用證簡册之文，昭聰叡之德，聿舉追榮之禮，庶申嚴奉之心。備物典章，垂之不朽，誕告多士，昭示朕意，宜追謚曰玄聖文宣王。

先是，詔有司檢討漢武帝、唐高宗、明皇褒宣聖故事，且命輔臣議定。初欲追謚爲帝，或言宣父周之陪臣，周止稱王，不當加以帝號，故第增美名。續奉敕，改謚至聖文宣王。

元・蘇天爵《元文類》卷一一《閻復〈加封孔子制大德十一年九月〉》

蓋聞先孔子而聖者，非孔子無以明；後孔子而聖者，非孔子無以法。所謂祖述堯、舜，憲章文、武，儀範百王，師表萬世者也。朕纂承丕緒，敬仰休風，循治古之良規，舉追封之盛典，加號大成至聖文宣王，遣使闕里，祀以太牢。於戲！父子之親，君臣之義，永惟聖教之尊；天地之大，日月之明，奚罄明言之教？尚資神化，祚我皇元！

明・李之藻《頖宮禮樂疏》卷一《歷代褒崇疏》　漢高皇帝十二年，自淮南還，過魯，以太牢祀孔子。

元帝初元中，令太師褒成君霸，以食邑八百戶祀孔子。按：孔子子孫封爵奉祀，始此。

平帝元始元年六月，追謚孔子曰褒成宣尼公。改封孔均爲褒成侯，食邑二千戶。藻按：此後世尊崇孔子之始，亦孔子謚宣之始也。

光武皇帝建武五年，幸魯，遣大司空以太牢祠孔子。十月，還宮，幸太學。

明帝永平二年，躬養三老五更於辟雍。令郡縣道行鄉飲酒禮於學校，皆祀聖師周公、孔子。

十五年，東巡至魯，詣孔子宅廟，以太牢致祀及七十二弟子。親御講堂，命太子諸王説經。按：後世祀孔子弟子，始此。

章帝元和二年，過魯，幸闕里，祠孔子，作六代之樂，大會孔氏，命儒者講《論語》。藻按：祠孔子用樂，始此。

安帝延光三年三月戊戌，幸太學，如元和禮。

和帝永光四年，封孔子爲褒尊侯。

桓帝元嘉二年，詔孔子廟置百石卒史一人，掌領禮器。春、秋饗禮，出王家錢，給大酒直。河南尹給牛、羊、豕各一，大司農給米。

靈帝建寧三年，詔祀孔子，依社稷，出王家穀，春、秋行禮。按：此春、秋二祭之始。

光和元年，始置鴻都門學，畫先聖及七十二弟子像。按：漢以後辟雍外置學，始此。

魏主丕黄初二年，詔魯郡修孔子廟，封孔羡爲宗聖侯，奉祀。

魏主芳正始七年，令太常釋奠，以太牢祀孔子于辟雍，以顏淵配。按：釋奠及顏淵配，皆始此。講《論語通》也。五年，《尚書通》；七年，《禮記通》，亦如之。前此第祠闕里，至是始行於太學云。

晋武帝泰始二年，詔太學及魯國，四時以三牲祀孔子及七十二弟子。

七年，皇太子親釋奠于太學。講《孝經通》也。按，此太子釋奠之始。

惠帝元康二年春，皇太子講《論語通》，釋奠于太學。

元帝太興二年，皇太子講《論語通》，釋奠。

成帝咸康元年二月甲子，帝講《詩通》，親釋奠。

穆帝升平元年三月壬申，帝講《孝經通》，釋奠于中堂。

孝武帝寧康三年二月癸巳，帝講《孝經通》，釋奠于中堂。

宋文帝元嘉十九年十二月丙申，建孔子廟祀，置守墳戶。

二十二年，皇太子釋奠，舞六佾，設軒懸之樂，牲牢器用悉如上公。從裴松之之議也。按：釋奠用六佾軒懸，始此。

武帝孝建元年，詔建孔子廟，制同諸侯禮。

齊武帝永明三年正月，詔立學。是年秋，集有司議禮。冬十月，皇太子講《孝經》，親臨釋奠，車駕幸聽。

七年，詔修闕里，封孔子後。

明帝永泰元年三月，詔復孔子祭秩。

梁武帝天監四年六月，初立孔子廟于江左。

八年九月，皇太子釋奠。

大同七年，皇太子釋奠國學，表其子寧國臨城公入學。

敬帝太平二年，訪孔子後。修廟堂，備四時祭。

陳宣帝泰建三年八月辛丑，皇太子釋奠于太學。

後主至德三年，親行釋奠禮畢，設金石之樂，宴王公卿士。

北魏主拓跋珪始光三年，起太學于城東，祀孔子，以顏子配。

天興四年，命樂師入學習舞，釋奠于先聖先師。按：此祭用舞佾之始。然亦暫一舉之，而後未有繼也。所稱先聖先師，其詳不可考矣。顧崛起而能不忘師祀，且備禮樂焉，君子有取乎爾。

魏主燾太平真君十一年，南伐，至鄒山，以太牢祀先聖。

魏主濬詔：宣尼廟別敕有司行薦享之禮。按：此有司薦享之始。

魏主弘皇興二年，以青、徐既平，遣中書令高允以太牢祀孔子。

魏主弘延興二年春二月乙巳，詔崇祀孔子，禁巫覡媟狎。

太和十六年二月丁未，改謚宣尼爲文聖宣父。

十九年四月庚申，如魯城，親祠孔子。拜孔、顔二氏子孫官。

魏主詡正光三年，行講學之禮于國子寺，釋奠。

北齊主高洋天保元年，令魯郡修先聖先賢廟，遣使致祭。又制春秋二仲，釋奠于先聖先師，樂用軒懸，舞六佾。太子每通一經，必釋奠，以爲常。每朔日，祭酒領博士國子生、四門博士升堂，助教及大學諸生階下拜孔揖顔，日出行事。郡學則于坊内立孔顔廟，博士以下亦每月朝。此月朔行禮之始。

後周宣帝大象二年，視露門學，釋奠，追封孔子爲鄒國公。

隋文帝贈孔子爲先師尼父，制國子寺每歲以四仲月上丁釋奠先聖先師，州縣學以春秋仲月釋奠。按：元魏雖勑有司薦享，未有定期，亦未名爲釋奠。其州縣學春、秋二仲釋奠，實始于此，樂奏《咸夏》。

唐高祖武德二年六月戊戌，詔國子學立周公、孔子廟各一所，四時致祭。

七年二月丁巳，親臨釋奠。以周公爲先聖，孔子配。皇太子、王公皆從祭酒以下説經。

九年十二月，太宗皇帝卽位，詔立孔子後。

太宗貞觀二年，升孔子爲先聖，以顔子配，備俎豆干戚之容。按：孔子定稱先聖，始此。至高宗永徽中，復聖周公，師孔子。顯慶中，乃稱孔子先聖如故。

四年，詔州縣學皆作孔子廟。

十一年，尊孔子爲宣父，作廟于兗州，給戶二十奉之。

十四年二月丁丑，釋奠于國子學。

二十年，詔皇太子詣國學，釋奠先聖先師。皇太子初獻，國子祭酒張復胤亞獻，光州刺史趙弘智攝司業終獻。

高宗顯慶二年，以周公配武王，定孔子爲先聖。

三年，撰文宣王廟登歌，用宣和之舞。

乾封元年正月辛卯，追贈孔子爲太師。車駕發泰山，至曲阜，親幸祠廟。

武后天授元年十月，封孔子爲隆道公。

中宗景龍元年，皇太子釋奠于國學。

睿宗太極元年，製《宣聖贊》。皇太子釋奠，開講筵。藻按：贊吾夫子者，至『祖述』、『憲章』數語而盡。嗣雖代有褒頌，然而繪天難爲工也。玄宗有《孔子詩》、《顔子贊》。宋太祖、真宗、徽宗、高宗、理宗皆親製《贊》，今録其存者。南梁元帝初在荆州，起宣聖廟，自畫聖像，爲之贊而書之，時稱『三絶』。帝王作贊，始此。

玄宗開元七年，詔皇太子、諸王入國學，行齒胄禮，謁孔子。是年詔春、秋釋奠用牲牢，其屬縣用酒脯。

十三年，封禪迴，幸孔子宅，奠祭。又遣使以太牢祀墓。

二十六年，詔諸州貢舉人就冑監謁先師，官爲開講。按：此貢士謁廟之始。今釋褐必于國學，昉此。宋大觀中，强淵建議貢士始入辟雍，並以元日釋菜。

二十七年八月甲申，追謚孔子爲文宣王。二京國子監及州縣，始正南向位。丘濬曰：此孔子封王、弟子封公侯之始。夫自漢平帝追謚孔子爲宣尼公，後世因謂孔子爲宣父，爲宣尼。夫宣之爲謚，不過聖善周聞而已，豈足以盡吾聖人之大德哉！況北齊高洋、李元忠，南齊蕭子良，隋長孫賢，先有此謚。聖人萬世道德之宗，稱天以誄之，猶恐未稱。區區荒誕之稱，何足爲聖人重輕哉！

二十八年，詔以春、秋二仲月上丁，祭先聖先師。按：此祭用上丁之始。

代宗永泰二年，修國學祠堂成，行釋奠禮。

德宗貞元二年，釋奠，詔宰臣以下，畢集于國學。

宋太祖建隆元年二月，視國子監，詔加飾祠宇及塑繪先聖、先賢、先儒之像。親製《文宣王》及《兗公》二贊。十哲以下，分命宰臣兩制撰。

三年，詔祀文宣王用一品禮，廟門立戟十六。祭用永安之曲。

真宗咸平三年，幸曲阜，謁文宣王廟，追謚玄聖文宣王。

大中祥符二年，製《宣聖贊》，追封從祀諸賢。六月丙辰，頒《諸州釋奠儀注祭器圖》。是年，賜文宣王廟桓圭一。就廟立學，豫養孔氏子孫。按：此立學教聖裔之始。

五年十二月壬辰，改謚玄聖爲至聖文宣王。以玄聖犯聖祖諱也。丘濬曰：加謚用緯書異端之説，改謚因黥卒所言妖妄之神，而避其諱，要皆非禮之禮。

仁宗天聖元年，視國子監，奠謁先聖。退閲《七十二賢贊》，觀東序及禮器。

景祐元年，詔釋奠用登歌。

哲宗元祐六年，幸國子監，釋奠。

徽宗崇寧四年，詔辟雍文宣王殿名大成。幸國子監，謁拜，行酌獻禮。乃加文宣王冕十二旒，服九章。畫圖頒天下州縣學，依圖改正。

大觀元年，令貢士始入辟雍，並以元日，釋菜於先聖。

三年，更撰釋奠樂章。

政和元年，詔先聖廟用戟二十四，文宣王執鎮圭，並用王者之制。

三年，頒辟雍大成殿名于諸路州學。又御書『大學殿』額，頒闕里。

六年五月，賜堂上正聲大樂一部及禮器于闕里。

宣和四年，製《宣聖贊》。

高宗紹興十年七月甲子，復釋奠文宣王爲大祀，加籩豆十二，禮如社稷。

十四年三月己巳，視太學，謁先聖，製《像贊》及《七十二子贊》，刻石。

孝宗淳熙四年二月乙卯，視太學，御崇化堂。

理宗淳祐元年，視太學，以紹定所製伏羲、堯、舜、禹、湯、文、武、周、孔、顏、曾、思、孟《道統十三贊》，就賜國子監，宣示諸生。

金主完顏雍大定十四年，加宣聖像十二旒，十二章；兖國公、鄒國公像九章九旒，遷鄒國公像於宣聖之右，與兖國公相對。

元世祖忽必烈中統二年六月，申嚴廟祀，禁褻擾。

成宗鐵木耳大德十年，命江浙行省製宣聖廟樂。秋八月，用於廟祀。

武宗海山至大元年七月，加孔子號大成至聖文宣王。

三年冬十月，置曲阜宣聖廟登歌樂。

明・李東陽等《明會典》卷八四《禮部四十三・祭祀五・祭先師孔子》

春秋仲月上丁日，遣官行禮。國初，上如江淮，先謁孔子廟，幸學，崇儒重道之意已肇于此。後監前代瀆禮之失，既詔正嶽鎮海瀆與城隍之號，其歷代忠臣烈士亦止依當時封號，惟孔子封爵，特仍其舊。後四配、十哲兩廡，諸賢封爵亦仍舊不改。每歲二丁傳制，遣官致祭。列聖登極，皆遣官祭告闕里。又駕幸太學，行釋奠禮。每月朔望，遣内臣降香。

明・俞汝楫《禮部志稿》卷二九《祠祭司職掌・羣祀・先師孔子》

嘉靖九年，釐正祀典，始爲木主，題曰至聖先師孔子神位。改大成殿爲先師廟，殿門爲廟門。【略】凡籩豆、樂舞之數，皆更定焉。其内臣降香亦罷。

清・岳濬等［雍正］《山東通志》卷一一之三《闕里志三・歷代隆儀》

後唐明宗長興二年，修復文宣王廟祀。時朱梁喪亂，廟祀廢，至是復之。

後周太祖廣順二年，車駕親征。五月，入兖州。謁夫子廟，再拜。近臣言：『天子不當拜異代陪臣。』帝曰：『夫子，聖人也。百王取則，安得不拜？』六月，幸曲阜，祠孔子，再拜。詔留所獻銀酒器並爐於廟中。及詣聖林，又再拜。敕兖州脩葺祠廟，給復十戶爲灑掃戶。飭禁樵採。

【略】

遼太祖神册元年春，立皇太子。問侍臣曰：『受命之君，當祀天敬神，有大功德者。朕欲祀之，何先？』皇太子對曰：『孔子大聖，萬世所尊，祀宜先。』太祖大悦。

三年，詔建孔子廟，皇太子春秋釋奠。

四年，孔子廟告成，躬謁祭奠。

道宗清寧六年六月，命以時祭先聖先師。

金太宗天會八年，免文宣家賜田税課。從仙源縣主簿孔若鑑之請。

熙宗皇統元年二月，上詣文宣王廟奠祭，北面再拜，顧儒臣曰：『爲善不可不勉。孔子雖無位，以其道可尊，使萬世高仰如此。』

三年，敕免孔氏子孫賦役。

世宗大定十四年，依國子監言，定釋奠儀禮。行三獻，樂用登歌。考《周禮》冕服，聖像冕十二旒，服十二章。

二十二年，重修闕里孔子廟成，金貞祐之亂，廟貌盡燬，至是修復，制乃大備。遣兖州節度使孫康祭告。祝文曰：『國家禮崇儒術，道尊聖師。闕里廟貌，於以新之。雅樂具舉，法服章之。庶幾鑑格，永集繁禧！』

二十三年二月，遣尚書右丞張汝弼致祭文宣王廟。

章宗明昌元年三月，詔修曲阜孔子廟，增拓舊制。

三年四月，詔衍聖公可超遷中議大夫，永著于令。八月，定先聖春秋釋奠三獻官，以祭酒、司業、博士充。祝詞稱『皇帝謹遣某。』及登歌，改用太常樂工。其獻官幷執事與享者，並法服陪位。學官公服，學生儒服。十月，有司奏增修曲阜宣聖廟，敕翰林學士党懷英撰碑。

四年八月，釋奠孔子廟。前一日，諭宣徽院曰：『明日親釋奠，有司議肅揖。朕以宣聖萬世帝王師，恐汝等未喻，故備拜裀，朕將拜焉。』及謁廟，北面再拜。

六年夏四月，敕有司：以增修曲阜宣聖廟工畢，賜衍聖公以下三獻法服，及登歌一部。仍遣太常舊工往教孔氏子弟，以備祭禮。七月，命兗州長官以曲阜新修廟告成於先聖。

七年，行郊禮，召衍聖公赴闕侍祠，位在終獻之次。

承安二年春，帝視學，祀孔子，以親王攝亞、終獻，皇族陪祀，文武羣臣助奠。親爲贊文。

四年二月，詔刺史州郡無宣聖廟者，並增修之。

五年三月，諭有司：進士名有犯孔子諱者避之。仍著爲令。

宣宗貞祐三年，還汴。建宣聖廟于會朝門內，歲祀如儀。

哀宗天興元年八月，釋奠孔子。

清・嵇璜等《清文獻通考》卷七三《學校考十一・祠祭褒贈録後一》

國朝列聖相承，治法道統，遠邁唐虞，昭垂奕葉，猶復敬學崇儒，右文稽古。崇德初元，卽遣官致祭先師孔子。嗣是列祖列宗改定廟謚，詳定禮儀，若釋奠於春、秋，釋菜於朔、望，日講經筵先期別祭外，其有國家大慶，武功告成，厚澤覃敷，裔皇典制，靡不竭誠盡敬，命有司行事，興秩節焉。若乃臨雍親祭，謁闕里，酹孔林，展三跪九叩之文，行讀祝跪獻之禮，加先世五代之封，以追溯前徽。設曲阜執事之官，以肅將祀典。避聖諱以示尊，改詣學以示敬。自昔帝王幸學、議禮、考文、尊師、重道，未有如斯之盛者也。【略】

（順治）二年，【略】定文廟謚大成至聖文宣先師孔子。【略】十四年，復至聖先師孔子神位舊稱，通行直省各學。先是，順治二年，祭酒李若琳請易至聖先師孔子神位爲大成至聖文宣先師孔子。至是，給事中張文光奏言：『聖至孔子，贊美難以形容。考之古典，魯哀公誄文曰尼父，未嘗加一字之褒。漢平帝元始元年，始加謚曰「宣尼父」。後魏太和十六年，乃改謚「文」。唐太宗貞觀十一年，尊爲「宣聖尼父」。明皇開元二十一年，始進謚「文宣王」。明初因之。嘉靖九年，尊改爲「至聖先師孔子」神位，以孔子生不爲王歿，而王之於理未安，且以「文宣」之號，未足以盡孔子。曰「至聖」，則無所不該；曰「先師」，則名正而實稱，可不易矣。我朝順治二年，改定孔子神位爲「大成至聖文宣先師孔子」，不過仍元之舊謚，而不稱王耳。臣謂追王固屬誣聖，卽加「大成文宣」四字，亦豈足以盡孔子哉？皇上事事稽古，議禮、制度、考文務求至當，宜仍改主爲「至聖先師孔子」神位，庶質之先聖而無疑，傳之萬世而永遵矣。』從之。

論說

《論語・八佾》 儀封人請見，曰：『君子之至於斯也，吾未嘗不得見也。』從者見之，出曰：『二三子何患於喪乎？天下之無道也久矣，天將以夫子爲木鐸。』

又 《子罕》 大宰問於子貢曰：『夫子聖者與！何其多能也？』子貢曰：『固天縱之將聖，又多能也。』

顔淵喟然歎曰：『仰之彌高，鑽之彌堅，瞻之在前，忽焉在後。夫子循循然善誘人，博我以文，約我以禮，欲罷不能。既竭吾才，如有所立卓爾。雖欲從之，末由也已。』

又 《子張》 叔孫武叔語大夫於朝，曰：『子貢賢於仲尼。』子服景伯以告子貢。子貢曰：『譬之宮牆，賜之牆也及肩，窺見室家之好。夫子之牆數仞，不得其門而入，不見宗廟之美，百官之富；得其門者，或寡矣。夫子之云，不亦宜乎！』

叔孫武叔毀仲尼。子貢曰：『無以爲也，仲尼不可毀也。他人之賢者，丘陵也，猶可踰也。仲尼，日月也，無得而踰焉。人雖欲自絶，其何傷於日月乎？多見其不知量也。』

陳子禽謂子貢曰：『子爲恭也，仲尼豈賢於子乎？』子貢曰：『君子一言以爲知，一言以爲不知，言不可不慎也。夫子之不可及也，猶天之不可階而升也。夫子之得邦家者，所謂立之斯立，道之斯行，綏之斯來，動之斯和。其生也榮，其死也哀，如之何其可及也？』

《墨子》卷一二《公孟》 公孟子謂子墨子曰：『昔者聖王之列也，上聖立爲天子，其次立爲卿大夫。今孔子博於《詩》、《書》，察於禮樂，詳於萬物。若使孔子當聖王，則豈不以孔子爲天子哉？』子墨子曰：『夫

知者，必尊天事鬼，愛人用節，合焉爲知矣。今子曰「孔子博於《詩》、《書》，察於禮樂，詳於萬物」，而曰「可以爲天子」。是數人之齒而以爲富。」

子墨子與程子辯，稱於孔子。程子曰：『非儒，何故稱於孔子也？』子墨子曰：『是亦當而不可易者也。今鳥聞熱旱之憂則高，魚聞熱旱之憂則下。當此，雖禹、湯爲之謀，必不能易矣。魚、鳥可謂愚矣，禹、湯猶云因焉。今翟，曾無稱於孔子乎！』

《孟子·公孫丑上》（公孫丑）曰：『伯夷、伊尹何如？』（孟子）曰：『不同道，非其君不事，非其民不使，治則進，亂則退，伯夷也。何事非君？何使非民？治亦進，亂亦進，伊尹也。可以仕則仕，可以止則止，可以久則久，可以速則速，孔子也。皆古聖人也，吾未能有行焉。乃所願，則學孔子也。』

『伯夷、伊尹於孔子，若是班乎？』曰：『否。自有生民以來，未有孔子也。』曰：『然則有同與？』曰：『有。得百里之地而君之，皆能以朝諸侯，有天下；行一不義，殺一不辜而得天下，皆不爲也。是則同。』曰：『敢問其所以異。』曰：『宰我、子貢、有若，智足以知聖人，汙不至阿其所好。宰我曰：「以予觀於夫子，賢於堯舜遠矣。」子貢曰：「見其禮而知其政，聞其樂而知其德，由百世之後，等百世之王，莫之能違也。自生民以來，未有夫子也。」有若曰：「豈惟民哉！麒麟之於走獸，鳳凰之於飛鳥，泰山之於丘垤，河海之於行潦，類也。聖人之於民，亦類也。出於其類，拔乎其萃，自生民以來，未有盛於孔子也。」』

又《滕文公上》他日，子夏、子張、子游以有若似聖人，欲以所事孔子事之。彊曾子，曾子曰：『不可。江漢以濯之，秋陽以暴之，皜皜乎不可尚已。』漢趙岐注：有若之貌似孔子，此三子者思孔子而不可復見，故欲尊有若，以作聖人朝夕奉事之禮，如事孔子，以慰思也。曾子不肯，以爲聖人之潔白，如濯之江漢，暴之秋陽。秋陽，周之秋夏之五六月盛陽也。皜皜，白甚也。何可尚而乃欲以有若之質於聖人之坐席乎？尊師道，故不肯也。

又《萬章下》孟子曰：『伯夷，聖之清者也。伊尹，聖之任者也。柳下惠，聖之和者也。孔子，聖之時者也。孔子之謂集大成。集大成也者，金聲而玉振之也。金聲也者，始條理也；玉振之也者，終條理也。始條理者，智之事也；終條理者，聖之事也。』

孔子之去齊，接淅而行。去魯，曰『遲遲吾行也，去父母國之道也。』可以速而速，可以久而久，可以處而處，可以仕而仕，孔子也。

又《萬章上》孟子曰：【略】『匹夫而有天下者，德必若舜、禹，而又有天子薦之者。故仲尼不有天下。』

又《盡心下》《詩》云：『憂心悄悄，愠于羣小。』孔子也。『肆不殄厥愠，亦不隕厥問。』文王也。

又《離婁下》孟子曰：『君子之澤，五世而斬；小人之澤，五世而斬。予未得爲孔子徒也，予私淑諸人也。』

《莊子》卷五《天運》孔子西遊於衛。顏淵問師金曰：『以夫子之行爲奚如？』師金曰：『惜乎，而夫子其窮哉！』顏淵曰：『何也？』師金曰：『夫芻狗之未陳也，盛以篋衍，巾以文繡，尸祝齋戒以將之。及其已陳也，行者踐其首脊，蘇者取而爨之而已。將復取而盛以篋衍，巾以文繡，遊居寢卧其下，彼不得夢，必且數眯焉。今而夫子，亦取先王已陳芻狗，聚弟子游居寢卧其下。故伐樹於宋，削迹於衛，窮於商、周，是非其夢邪？圍於陳、蔡之間，七日不火食，死生相與鄰，是非其眯邪？夫水行莫如用舟，而陸行莫如用車。以舟之可行於水也而求推之於陸，則没世不行尋常。古今非水陸與？周、魯非舟車與？今蘄行周於魯，是猶推舟於陸也，勞而無功，身必有殃。彼未知夫無方之傳，應物而不窮者也。且子獨不見夫桔槔者乎？引之則俯，舍之則仰。彼人之所引，非引人也，故俯仰而不得罪於人。故夫三皇五帝之禮義法度，不矜於同而矜於治，故譬三皇五帝之禮義法度，其猶柤梨橘柚邪！其味相反而皆可於口。故禮義法度者，應時而變者也。今取猨狙而衣以周公之服，彼必齕齧挽裂，盡去而後慊。觀古今之異，猶猨狙之異乎周公也。故西施病心而矉其里，其里之醜人見之而美之，歸亦捧心而矉其里。其里之富人見之，堅閉門而不出；貧人見之，挈妻子而去走。彼知矉美，而不知矉之所以美。惜乎，而夫子其窮哉！』

《列子》卷四《仲尼篇》陳大夫聘魯，私見叔孫氏。叔孫氏曰：『吾國有聖人。』曰：『非孔丘邪？』曰：『是也。』『何以知其聖乎？』叔孫氏曰：『吾常聞之顏回曰：「孔丘能廢心而用形。」』

《荀子》卷三《非十二子篇》 若夫總方略，齊言行，壹統類，而羣天下之英傑而告之以太古，教之以至順。奧窔之間，簟席之上，斂然聖王之文章具焉，佛然平世之俗起焉，則六説者不能入也，十二子者不能親也。無置錐之地，而王公不能與之爭名；在一大夫之位，則一君不能獨畜，一國不能獨容。成名況乎諸侯，莫不願以爲臣。是聖人之不得勢者也，仲尼、子弓是也。

《韓非子》卷一九《五蠹》 仲尼，天下聖人也，脩行明道，以游海内，海内説其仁、美其義而爲服役者七十人。蓋貴仁者寡，能義者難也。故以天下之大，而爲服役者七十人，而爲仁義者一人。魯哀公，下主也。南面君國，境内之民莫敢不臣民者，固服於勢。勢誠易以服人，故仲尼反爲臣而哀公顧爲君。仲尼非懷其義，服其勢也，故以義，則仲尼不服於哀公；乘勢，則哀公臣仲尼。今學者之説人主也，不乘必勝之勢而務行仁義，則可以王，是求人主之必及仲尼，而以世之凡民皆如列徒，此必不得之數也。

又 《顯學》 世之顯學，儒、墨也。儒之所至，孔丘也；墨之所至，墨翟也。【略】孔子、墨子俱道堯、舜而取舍不同，皆自謂真堯、舜。堯、舜不復生，將誰使定儒、墨之誠乎？

《孔子家語》卷九《本姓解》 齊太史子與適魯，見孔子。孔子與之言道，子與悦曰：『吾，鄙人也。聞子之名，不覩子之形久矣，而未知寶貴也。乃今而後，知泰山之爲高，淵海爲大。惜乎夫子之不逢明王，道德不加於民，而將垂寶，以貽後世。』遂退而謂南宫敬叔曰：『今孔子先聖之嗣，自弗父何以來，世有德讓，天所祚也。成湯以武德王天下，其配在文，殷宗已下，未始有也。孔子生於衰周，先王典籍錯亂無紀，而乃論百家之遺記，考正其義，祖述堯、舜，憲章文、武，删《詩》述《書》，定禮理樂，制作《春秋》，讚明《易》道，垂訓後嗣，以爲法式。其文德著矣。然凡所教誨，束脩已上三千餘人，或者天將欲與素王之乎？夫何其盛也！』敬叔曰：『殆如吾子之言。夫物莫能兩大，吾聞聖人之後而非繼世之統，其必有興者焉。今孔子之道至矣，乃將施乎無窮，雖欲辭天之祚，故未得耳。』子貢聞之，以二子告孔子。子曰：『豈若是哉？亂而治之，滯而起之，自吾志，天何與焉？』

《禮記・中庸》 仲尼祖述堯、舜，憲章文、武，上律天時，下襲水土，辟如天地之無不持載，無不覆幬，辟如四時之錯行，如日月之代明，萬物並育而不相害，道並行而不相悖，小德川流，大德敦化，此天地之所以爲大也。

漢・韓嬰《韓詩外傳》卷五 孔子抱聖人之心，彷徨乎道德之域，逍遥乎無形之鄉，倚天理，觀人情，明終始，知得失，故興仁義，厭勢利，以持養之。于時周室微，王道絶，諸侯力政，强劫弱，衆暴寡，百姓靡安，莫之紀綱，禮義廢壞，人倫不理，於是孔子自東自西，自南自北，匍匐救之。

漢・劉安《淮南子》卷九《主術訓》 孔子之通，智過於萇弘，勇服於孟賁，足躡郊菟，力招城關，能亦多矣。然而勇力不聞，伎巧不知，專行孝道，以成素王，事亦鮮矣。春秋二百四十二年，亡國五十二，弑君三十六。采善鉏醜，以成王道，論亦博矣。然而圍於匡，顔色不變，絃歌不輟。臨死亡之地，犯患難之危，據義行理而志不懾，分亦明矣。然爲魯司寇，聽獄必爲斷。作爲《春秋》，不道鬼神，不敢專己。夫聖人之智，固已多矣。

又 卷二一《要略》 文王業之而不卒，武王繼文王之業，用太公之謀，悉索薄賦，躬擐甲冑，以伐無道而討不義，誓師牧野，以踐天子之位。天下未定，海内未輯，武王欲昭文王之令德，使夷狄各以其賄來貢。遼遠未能至，故治三年之喪，殯文王於兩楹之間，以俟遠方。武王立三年而崩，成王在褓襁之中，未能用事。蔡叔、管叔輔公子祿父而欲爲亂，周公繼文王之業，持天子之政，以股肱周室，輔翼成王。懼爭道之不塞，臣下之危上也，故縱馬華山，放牛桃林，敗鼓折枹，搢笏而朝，以寧静王室，鎮撫諸侯。成王既壯，能從政事，周公受封於魯，以此移風易俗。孔子修成、康之道，述周公之訓，以教七十子，使服其衣冠，修其篇籍，故儒者之學生焉。

《史記》卷四七《孔子世家》 太史公曰：《詩》有之：『高山仰止，景行行止。』雖不能至，然心鄉往之。余讀孔氏書，想見其爲人。適魯，觀仲尼廟堂車服禮器，諸生以時習禮其家，余祇迴留之不能去云。天下君王至于賢人衆矣，當時則榮，沒則已焉。孔子布衣，傳十餘世，學者宗

之。自天子王侯，中國言六藝者折中於夫子，可謂至聖矣。

又　卷一三〇《太史公自序》　太史公仕於建元、元封之間，愍學者之不達其意而師悖，乃論六家之要指曰：【略】夫儒者，以六蓺爲法。六蓺經傳以千萬數，累世不能通其學，當年不能究其禮。故曰博而寡要，勞而少功。若夫列君臣父子之禮，序夫婦長幼之別，雖百家弗能易也。【略】

上大夫壺遂曰：『昔孔子何爲而作《春秋》哉？』太史公曰：『余聞董生曰：「周道衰廢，孔子爲司寇，諸侯害之，大夫壅之。孔子知言之不用，道之不行也，是非二百四十二年之中，以爲天下儀表，貶天子，退諸侯，討大夫，以達王事而已矣。」子曰：「我欲載之空言，不如見之於行事之深切著明也。」夫《春秋》，上明三王之道，下辨人事之紀，別嫌疑，明是非，定猶豫，善善惡惡，賢賢賤不肖，存亡國，繼絶世，補敝起廢，王道之大者也。《易》著天地陰陽四時五行，故長於變；《禮》經紀人倫，故長於行；《書》記先王之事，故長於政；《詩》記山川谿谷禽獸草木牝牡雌雄，故長於風；《樂》樂所以立，故長於和；《春秋》辯是非，故長於治人。是故《禮》以節人，《樂》以發和，《書》以道事，《詩》以達意，《易》以道化，《春秋》以道義。撥亂世，反之正，莫近於《春秋》。《春秋》文成數萬，其指數千。萬物之散聚，皆在《春秋》。《春秋》之中，弑君三十六，亡國五十二，諸侯奔走不得保其社稷者不可勝數。察其所以，皆失其本已。故《易》曰「失之毫釐，差以千里」。故曰「臣弑君，子弑父，非一旦一夕之故也，其漸久矣」。故有國者不可以不知《春秋》，前有讒而弗見，後有賊而不知。爲人臣者不可以不知《春秋》，守經事而不知其宜，遭變事而不知其權。爲人君父而不通於《春秋》之義者，必蒙首惡之名；爲人臣子而不通於《春秋》之義者，必陷簒弑之誅，死罪之名。其實皆以爲善，爲之不知其義，被之空言而不敢辭。夫不通禮義之旨，至於君不君，臣不臣，父不父，子不子。夫君不君則犯，臣不臣則誅，父不父則無道，子不子則不孝。此四行者，天下之大過也。以天下之大過予之，則受而弗敢辭。故《春秋》者，禮義之大宗也。夫禮禁未然之前，法施已然之後；法之所爲用者易見，而禮之所爲禁者難知。」

周室既衰，諸侯恣行。仲尼悼禮廢樂崩，追脩經術，以達王道，匡亂世反之於正，見其文辭，爲天下制儀法，垂六蓺之統紀於後世。作《孔子世家》第十七。

漢·劉向《説苑》卷一四《至公》　孔子生於亂世，莫之能容也。故言行於君，澤加於民，然後仕；言不行於君，澤不加於民，則處。孔子懷天覆之心，挾仁聖之德，憫時俗之汙泥，傷紀綱之廢壞，服重歷遠，周流應聘，乃俟幸施道，以子百姓，而當世諸侯莫能任用。是以德積而不肆，大道屈而不伸，海內不蒙其化，羣生不被其恩。故喟然歎曰：『而有用我者，則吾其爲東周乎！』故孔子行說，非欲私身運德於一城，將欲舒之於天下，而建之於羣生者耳。

漢·揚雄《法言·學行篇》　『天之道，不在仲尼乎！仲尼，駕說者也。不在茲儒乎！如將復駕其所說，則莫若使諸儒金口而木舌。』

『七十子之肖仲尼也，學以治之，思以精之，朋友以磨之，名譽以崇之，不倦以終之，可謂好學也已矣。』

『孔子，習周公者也。顏淵，習孔子者也。』

或曰：『人可鑄歟？』曰：『孔子鑄顏淵矣。』

『堯、舜、禹、湯、文、武汲汲，仲尼皇皇，其已久矣。』

又　《吾子篇》　或曰：『有人焉，自姓孔而字仲尼。入其室，升其堂，伏其几，襲其裳，則可謂仲尼乎？』曰：『其文是也，其質非也。』『敢問質。』曰：『羊質而虎皮。見草而說，見豺而戰，忘其皮之虎也。聖人虎，別其文炳也；君子豹，別其文蔚也；辯人貍，別其文萃也。貍變則豹，豹變則虎。好書而不要諸仲尼，書肆也；好說而不見諸仲尼，說鈴也。君子言也無擇，聽也無淫，擇則亂，淫則辟。述正道而稍邪哆者有矣，未有述邪哆而稍正也。孔子之道，其較且易也。』

又　《修身篇》　或曰：『孔子之事多矣，不用則亦勤且憂乎？』曰：『聖人樂天知命。樂天則不勤，知命則不憂。』

或問：『治己。』曰：『治己以仲尼。』或曰：『治己以仲尼，仲尼奚寡也？』曰：『率馬以驥，不亦可乎！』

或曰：『魯人鮮德，奚其好問仲尼也？』曰：『魯未能好問仲尼故也。如其好問仲尼，則魯作東周矣。』

或問：『人有倚孔子之牆，絃鄭、衛之聲，誦韓、莊之書，則引諸門乎？』曰：『在夷貉則引之，倚門牆則麾之，惜乎衣未成而轉爲裳也。聖

人耳不順乎非，口不肄乎善。賢者耳擇口擇，衆人無擇焉。」

又《問神篇》 「敢問潛心於聖。」曰：「昔仲尼潛心於文王矣。達之顔淵，亦潛心於仲尼矣，未達一間耳。」

或曰：「經可損益歟？」曰：「《易》始八卦，而文王六十四，其益可知也。《詩》、《書》、《禮》、《春秋》或因或作，而成於仲尼乎！其益可知也。故夫道非天然，應時而造者，損益可知也。」

或問：「聖人之經，不可使易知歟？」曰：「不可。天俄而可度，則其覆物也淺矣；地俄而可測，則其載物也薄矣。大哉！天地之爲萬物郭，五經之爲衆説郛。」

或曰：「仲尼聖者歟！何不能居世也？曾范、蔡之不若。」曰：「聖人者，范蔡乎！若范、蔡，其如聖何？」

又《問明篇》 或謂：「仲尼事彌，其年蓋天勞諸，病矣夫？」曰：「天非獨勞仲尼，亦自勞也。天病乎哉？天樂天，聖樂聖。」

又《寡見篇》 或問：「五經有辯乎？」曰：「惟五經爲辯。説天者莫辯乎《易》，説事者莫辯乎《書》，説體者莫辯乎《禮》，説志者莫辯乎《詩》，説理者莫辯乎《春秋》。捨斯，辯亦小矣。」

或問：「司馬子長有言曰：「五經不如老子之約也。當年不能極其變，終身不能究其業。」」曰：「若是，則周公惑，孔子賊。古者之學耕且養，三年通一經。今之學也，非獨爲之華藻也，又從而繡其鞶帨，惡在《老》不《老》也？」

或問：「魯用儒而削，何也？」曰：「魯不用儒也。昔在姬公用於周，而四海皇皇，奠枕於京。孔子用於魯，齊人章章，歸其侵疆。魯不用真儒故也。如用真儒，無敵於天下，安得削？浩浩之海濟，樓航之力也。航人無楫，如航何？」

又《五百篇》 或問：「五百歲而聖人出，有諸？」曰：「堯、舜、禹，君臣也，而並。文、武、周公，父子也，而處。湯、孔子，數百歲而生。因往以推來，雖千一，不可知也。聖人有以擬天地而參諸身乎！」

或問：「聖人有詘乎？」曰：「有。」曰：「焉詘乎？」曰：「仲尼於南子，所不欲見也；於陽虎，所不欲敬也。見所不見，敬所不敬，不詘如何？」

或曰：「衛靈公問陳，則何以不詘？」曰：「詘身將以信道也。如詘道而信身，雖天下，不可爲也。聖人重其道而輕其禄，衆人輕其道而重其禄；聖人曰於道行歟！衆人曰於禄殖歟！」

曰：「若是，則仲尼之開迹諸侯也，非邪？」曰：「仲尼開迹，將以自用也。如委己而從人，雖有規矩準繩，焉得而用之？」

或問：「孔子之時，諸侯有知其聖者歟？」曰：「知之。」曰：「知之，則曷爲不用？」曰：「不能。」曰：「知聖而不能用也，可得聞乎？」曰：「用之則宜從之，從之則棄其所習，逆其所順，彊其所劣，捐其所能，衝衝如也。非天下之至德，孰能用之？」

或問：「孔子知其道之不用也則載，而惡乎之？」曰：「之後世君子。」曰：「賈如是，不亦鈍乎？」曰：「衆人愈利而後鈍，聖人愈鈍而後利。關百聖而不慚，蔽天地而不恥，能言之類，莫能加也。貴無敵，富無倫，利孰大焉？」

或曰：「孔子之道，不可小歟？」曰「小則敗聖，如何？」曰：「若是，則何爲去乎？」曰：「愛日。」曰：「愛日而去，何也？」曰：「由羣婢之故也，不聽政。諫而不用雉噫者，吾於觀庸邪，無爲飽食安坐而厭觀也。由此觀之，夫子之日，亦愛矣。」

或問：「天地簡易而聖人法之，何五經之支離？」曰：「支離，蓋其所以爲簡易也。已簡已易，焉支焉離？」

或曰：「聖人無益於庸也。」曰：「世人之益者，倉廩也，取之如單。仲尼，神明也，小以成小，大以成大。雖山川丘陵，草木鳥獸，裕如也。如不用也，神明亦末如之何矣。」

又《先知篇》 「聖人，文質者也。車服以彰之，藻色以明之，聲音以揚之，《詩》、《書》以光之。籩豆不陳，玉帛不分，琴瑟不鏗，鐘鼓不耘，吾則無以見聖人矣。」

或曰：「齊得夷吾而霸，仲尼曰小器。請問大器。」曰：「大器其猶規矩準繩乎！先自治而後治人，之謂大器。」

又《重黎篇》 或問：「仲尼大聖，則天曷不胙？」曰：「無土。」「然則舜、禹有土乎？」曰：「舜以堯作土，禹以舜作土。」

或問：『聖人表裏。』曰：『威儀文辭，表也；德行忠信，裏也。』

又《君子篇》 或問：『仲尼之術，周而不泰，大而不小，用之猶牛鼠也。』曰：『仲尼之道，猶四瀆也。經營中國，終入大海。他人之道者，西北之流也。綱紀夷貉，或入於沱，或淪於漢。』

《漢書》卷三〇《藝文志·儒家》 儒家者流，蓋出於司徒之官。助人君順陰陽、明教化者也。游文於六經之中，留意於仁義之際，祖述堯、舜，憲章文、武，宗師仲尼，以重其言，於道最爲高。孔子曰：『如有所譽，其有所試。』唐、虞之隆，殷、周之盛，仲尼之業，已試之效者也。然惑者既失精微，而辟者又隨時抑揚，違離道本，苟以譁衆取寵。後進循之，是以五經乖析，儒學寖衰，此辟儒之患。

漢·王充《論衡》卷九《問孔篇》 世儒學者，好信師而是古，以爲賢聖所言皆無非，專精講習，不知難問。夫賢聖下筆造文，用意詳審，尚未可謂盡得實，況倉卒吐言，安能皆是？不能皆是，時人不知難；或是，而意沉難見，時人不知問。案賢聖之言，上下多相違；其文，前後多相伐者。世之學者，不能知也。

論者皆云：『孔門之徒，七十子之才，勝今之儒。』此言妄也。彼見孔子爲師，聖人傳道，必授異才，故謂之殊。夫古人之才，今人之才也。今謂之英傑，古以爲聖神，故謂七十子歷世稀有。使當今有孔子之師，則斯世學者，皆顔、閔之徒也；使無孔子，則七十子之徒，今之儒生也。何以驗之？以學於孔子，不能極問也。聖人之言，不能盡解；説道陳義，不能輒形。不能輒形，宜問以發之；不能盡解，宜難以極之。皋陶陳道帝舜之前，淺略未極。禹問難之，淺言復深，略指復分。蓋起問難此説激而深切，觸而著明也。

孔子笑子游之弦歌，子游引前言以距孔子。自今案《論語》之文，孔子之言多若笑弦歌之辭，弟子寡若子游之難，故孔子之言遂結不解。以七十子不能難，世之儒生，不能實道是非也。

凡學問之法，不爲無才，難於距師，核道實義，證定是非也。問難之道，非必對聖人及生時也。世之解説説人者，非必須聖人教告，乃敢言也。苟有不曉解之問，（追）難孔子，何傷於義？誠有傳聖業之知，伐孔子之説，何逆於理？謂問孔子之言，難其不解之文，世間弘才大知生，能答問、解難之人，必將賢吾世間難問之言是非。

孟懿子問孝。子曰：『毋違。』樊遲御，子告之曰：『孟孫問孝於我，我對曰「毋違」。』樊遲曰：『何謂也？』子曰：『生，事之以禮；死，葬之以禮。』問曰：孔子之言毋違，毋違者，禮也。孝子亦當先意承志，不當違親之欲。孔子言毋違，不言違禮。懿子聽孔子之言，獨不爲嫌於毋違志乎。樊遲問何謂，孔子乃言『生，事之以禮；死，葬之以禮，祭之以禮。』使樊遲不問，毋違之説，遂不可知也。懿子之才，不過樊遲，故《論語》篇中不見言行。樊遲不曉，懿子必能曉哉？

孟武伯問孝，子曰：『父母，唯其疾之憂。』武伯善憂父母，故曰『唯其疾之憂』。武伯憂親，懿子違禮。攻其短，答武伯云『父母，唯其疾之憂』，對懿子亦宜言唯水火之變乃違禮。周公告小才敕，大材略。子游之大材也，孔子告之敕；懿子小才也，告之反略。違周公之志，攻懿子之短，失道理之宜。弟子不難，何哉？如以懿子權尊，不敢極言，則其對武伯亦宜但言毋憂而已。俱孟氏子也，權尊鈞同，敕武伯而略懿子，未曉其故也。使孔子對懿子極言毋違禮，何害之有？專魯莫過季氏，譏八佾之舞庭，刺太山之旅祭，不懼季氏增邑不隱諱之害，獨畏答懿子極言之罪，何哉？且問孝者非一，皆有御者，對懿子言，不但心服臆肯，故告樊遲。

孔子曰：『富與貴，是人之所欲也，不以其道得之，不居也；貧與賤，是人之所惡也，不以其道得之，不去也。』此言人當由道義得，不當苟取也；當守節安貧，不當妄去也。

夫言不以其道，得富貴不居，可也；不以其道，得貧賤如何？富貴顧可去，去貧賤何之？去貧賤，得富貴也。不得富貴，不去貧賤。如謂得富貴不以其道，則不去貧賤邪？則所得富貴，不得貧賤也。貧賤何故當言得之？顧當言貧與賤是人之所惡也，不以其道去之，則不去也。當言去，不當言得。得者，施於得之也。今去之，安得言得乎？獨富貴當言得耳。何者？得富貴，乃去貧賤也。是則以道去貧賤如何？修身行道，仕得爵禄、富貴。得爵禄、富貴，則去貧賤矣。不以其道去貧賤如何？毒苦貧賤，起爲奸盗，積聚貨財，擅相官秩，是爲不以其道。七十子既不問，世之學者亦不知難。使此言意不解而文不分，是謂孔子不能吐

辭也；使此言意結文又不解，是孔子相示未形悉也。弟子不問，世俗不難，何哉？

孔子曰：『公冶長可妻也，雖在縲絏之中，非其罪也。』以其子妻之。

問曰：孔子妻公冶長者，何據見哉？據年三十可妻邪，見其行賢可妻也？如據其年三十，不宜稱在縲絏；如見其行賢，亦不宜稱在縲絏。何則？諸入孔子門者，皆有善行，故稱備徒役。徒役之中無妻，則妻之耳，不須稱也。如徒役之中多無妻，公冶長尤賢，故獨妻之，則其稱之宜列其行，不宜言其在縲絏也。何則？世間強受非辜者多，未必盡賢人也。恒人見枉，衆多非一，必以非辜爲孔子所妻，則是孔子不妻賢，妻冤也。案孔子之稱公冶長，有非辜之言，無行能之文。實不賢，孔子妻之，非也；實賢，孔子稱之不具，亦非也。誠似妻南容云，國有道不廢，國無道免於刑戮，具稱之矣。

子謂子貢曰：『汝與回也，孰愈？』曰：『賜也，何敢望回？回也，聞一以知十；賜也，聞一以知二。』子曰：『弗如也，吾與汝俱不如也。』是賢顔淵試以問子貢也。

問曰：孔子所以教者，禮讓也。子路，爲國以禮，其言不讓，孔子非之。使子貢實愈顔淵，孔子問之，猶曰不如，使實不及，亦曰不如，非失對欺師，禮讓之言宜謙卑也。今孔子出言，欲何趣哉？使孔子知顔淵愈子貢，則不須問子貢。使孔子實不知，以問子貢，子貢謙讓亦不能知。使孔子徒欲表善顔淵，稱顔淵賢，門人莫及，於名多矣，何須問於子貢？子曰：『賢哉，回也！』又曰：『吾與回言終日，不違如愚。』又曰：『回也，其心三月不違仁。』三章皆直稱，不以他人激。至是一章，獨以子貢激之，何哉？

或曰：欲抑子貢也。當此之時，子貢之名淩顔淵之上，孔子恐子貢志驕意溢，故抑之也。夫名在顔淵之上，當時所爲，非子貢求勝之也。實子貢之知何如哉？使顔淵才在己上，己自服之，不須抑也。使子貢不能自知，孔子雖言，將謂孔子徒欲抑已。由此言之，問與不問，無能抑揚。

宰我晝寢。子曰：『朽木不可雕也，糞土之牆不可圬也，於予予何誅。』是惡宰予之晝寢。

問曰：晝寢之惡也，小惡也；朽木糞土，敗毀不可復成之物，大惡也。責小過以大惡，安能服人？使宰我性不善，如朽木糞土，不宜得入孔子之門，序在四科之列。使性善，孔子惡之，惡之太甚，過也；人之不仁，疾之已甚，亂也。孔子疾宰予，可謂甚矣。使下愚之人涉耐罪，獄吏令以大辟之罪，必冤而怨邪？將服而自咎也？使宰我愚，則與涉耐罪之人同志；使宰我賢，知孔子責人，幾微自改矣。明文以識之，流言以過之，以其言示端而已自改。自改不在言之輕重，在宰予能更與否。

《春秋》之義，采毫毛之善，貶纖介之惡，褒毫毛以巨大，以巨大貶纖介。觀《春秋》之義，肯是之乎？不是，則宰我不受；不受，則孔子之言棄矣。聖人之言與文相副，言出於口，文立於策，俱發於心，其實一也。孔子作《春秋》，不貶小以大。其非宰予也，以大惡細，文語相違，服人如何？

子曰：『始吾於人也，聽其言而信其行；今吾於人也，聽其言而觀其行。於予予改是。』蓋起宰予晝寢，更知人之術也。

問曰：人之晝寢，安足以毀行？毀行之人，晝夜不卧，安足以成善？以晝寢而觀人善惡，能得其實乎？案宰予在孔子之門，序於四科，列在賜上。如性情怠，不可雕琢，何以致此？使宰我以晝寢自致此，才復過人遠矣。如未成就，自謂已足，不能自知，知不明耳，非行惡也。曉敕而已，無爲改術也。如自知未足，倦極晝寢，是精神索也。精神索至於死亡，豈徒寢哉？且論人之法，取其行則棄其言，取其言則棄其行。今宰予雖無力行，有言語。用言，令行缺，有一概矣。今孔子起宰予晝寢，聽其言，觀其行，言行相應，則謂之賢。是孔子備取人也。毋求備於一人之義，何所施？

子張問：『令尹子文三仕爲令尹，無喜色；三已之，無愠色；舊令尹之政，必以告新令尹。何如？』子曰：『忠矣。』曰：『仁矣乎？』曰：『未知，焉得仁？』子文曾舉楚子玉代己位而伐宋，以百乘敗而喪其衆，不知如此，安得爲仁？

問曰：子文舉子玉，不知人也。智與仁，不相干也。有不知之性，何妨爲仁之行？五常之道，仁、義、禮、智、信也。五者各别，不相須而成。故有智人、有仁人者，有禮人、有義人者。人有信者未必智，智者未必仁，仁者未必禮，禮者未必義。子文智蔽於子玉，其仁何毀？謂仁，

焉得不可？且忠者，厚也。厚人，仁矣。孔子曰：『觀過，斯知仁矣。』子文有仁之實矣。孔子謂忠非仁，是謂父母非二親，配匹非夫婦也。

哀公問：『弟子孰謂好學？』孔子對曰：『有顏回者，不遷怒，不貳過，不幸短命死矣。今也則亡，未聞好學者也。』

夫顏淵所以死者，審何用哉？今自以短命，猶伯牛之有疾也。人生受命，皆全當潔。今有惡疾，故曰無命。人生皆當受天長命，今得短命，亦宜曰無命。如（命）有短長，則亦有善惡矣。言顏淵短命，則宜言伯牛惡命；言伯牛無命，則宜言顏淵無命。一死一病，皆痛云命。所稟不異，文語不同。未曉其故也。

哀公問孔子孰爲好學。孔子對曰：『有顏回者好學，今也則亡。不遷怒，不貳過。』何也？曰：并攻哀公之性，遷怒、貳過故也。因其問則并以對之，兼以攻上之短，不犯其罰。

問曰：康子亦問好學，孔子亦對之以顏淵。康子亦有短，何不并對以攻康子？康子，非聖人也，操行猶有所失。成事，康子患盜，孔子對曰：『苟子之不欲，雖賞之不竊。』由此言之，康子以欲爲短也。不攻，何哉？

孔子見南子，子路不悅。子曰：『予所鄙者，天厭之！天厭之！』南子，衛靈公夫人也，聘孔子，子路不說，謂孔子淫亂也。孔子解之曰：我所爲鄙陋者，天厭殺我。至誠自誓，不負子路也。

問曰：孔子自解，安能解乎？使世人有鄙陋之行，天曾厭殺之，可引以誓；子路聞之，可信以解；今未曾有爲天所厭者也，曰天厭之，子路肯信之乎？行事，雷擊殺人，水火燒溺人，牆屋壓填人。如曰雷擊殺我，水火燒溺我，牆屋壓填我，子路頗信之；今引未曾有之禍，以自誓於子路，子路安肯曉解而信之？行事，適有臥厭不悟者，謂此爲天所厭邪？案諸臥厭不悟者，未皆爲鄙陋也。子路入道雖淺，猶知事之實。事非實，孔子以誓，子路必不解矣。

孔子稱曰：『死生有命，富貴在天。』若此者，人之死生自有長短，不在操行善惡也。成事，顏淵蚤死，孔子謂之短命。由此知短命夭死之人，必有邪行也。子路入道雖淺，聞孔子之言，知死生之實。孔子誓以『予所鄙者，天厭之！』獨不爲子路言：夫子惟命未當死，天安得厭殺之乎？若此，誓子路以天厭之，終不見信。不見信，則孔子自解，終不解也。《尚書》曰：『毋若丹硃敖，惟慢遊是好。』謂帝舜敕禹毋子不肖子也。重天命，恐禹私其子，故引丹硃以敕戒之。禹曰：『予娶若時，辛壬癸甲，開呱呱而泣，予弗子。』陳已行事以往推來，以見卜隱，效己不敢私不肖子也。不曰天厭之者，知俗人誓，好引天也。孔子爲子路所疑，不引行事，效己不鄙，而云天厭之，是與俗人解嫌引天祝詛，何以異乎？

孔子曰：『鳳鳥不至，河不出圖，吾已矣夫。』夫子自傷不王也。己王，致太平；太平則鳳鳥至，河出圖矣。今不得王，故瑞應不至，悲心自傷，故曰『吾已矣夫。』

問曰：鳳鳥、河圖，審何據始起？始起之時，鳥、圖未至；如據太平，太平之帝，未必常致鳳鳥與河圖也。五帝、三王，皆致太平。案其瑞應，不皆鳳皇爲必然之瑞；於太平，鳳皇爲未必然之應。孔子，聖人也，思未必然以自傷，終不應矣。

或曰：孔子不自傷不得王也，傷時無明王，故己不用也。鳳鳥、河圖，明王之瑞也。瑞應不至，時無明王；明王不存，己遂不用矣。

夫致瑞應，何以致之？任賢使能，治定功成；治定功成，則瑞應至矣。瑞應至後，亦不須孔子。孔子所望，何其末也！不思其本而望其末也。不相其主而名其物，治有未定，物有不至，以至而效明王，必失之矣。孝文皇帝可謂明矣，案其《本紀》，不見鳳鳥與河圖。使孔子在孝文之世，猶曰『吾已矣夫。』

子欲居九夷，或曰：『陋，如之何？』子曰：『君子居之，何陋之有！』孔子疾道不行於中國，志恨失意，故欲之九夷也。或人難之曰：『夷狄之鄙陋無禮義，如之何？』孔子曰：『君子居之，何陋之有？』言以君子之道，居而教之，何爲陋乎？

問之曰：孔子欲之九夷者，何起乎？起道不行於中國，故欲之九夷。夫中國且不行，安能行於夷狄？『夷狄之有君，不若諸夏之亡。』言夷狄之難，諸夏之易也。不能行於易，能行於難乎？且孔子云：『以君子居之者，何謂陋邪？』謂修君子之道自容乎？謂以君子之道教之也？如修君子之道苟自容，中國亦可，何必之夷狄？如以君子之道教之，夷狄安可教乎？禹入裸國，裸入衣出，衣服之制不通於夷狄也。禹不能教

裸國衣服，孔子何能使九夷爲君子？或：『孔子實不欲往，患道不行，動發此言。或人難之，孔子知其陋，然而猶曰「何陋之有」者，欲遂已然，距或人之諫也。』

實不欲往，志動發言，是僞言也。君子於言無所苟矣。如知其陋，苟欲自遂，此子路對孔子以子羔也。子路使子羔爲費宰，子曰：『賊夫人之子。』子路曰：『有社稷焉，有民人焉，何必讀書，然後爲學？』子曰：『是故惡夫佞者。』子路知其不可，苟欲自遂，孔子惡之，比夫佞者。孔子亦知其不可，苟應或人。孔子、子路皆以佞也。

孔子曰：『賜不受命而貨殖焉，億則屢中。』何謂不受命乎？説曰：受當富之命，自以術知數億中時也。

夫人富貴，在天命乎？在人知也？如在天命，知術求之不能得；如在人，孔子何爲言『死生有命，富貴在天？』夫謂富不受命，而自知術得之，貴亦可不受命，而自以努力求之。世無不受貴命而自得貴，亦知無不受富命而自得富得者。成事，孔子不得富貴矣，周流應聘，行説諸侯，智窮策困，還定《詩》、《書》，望絶無冀，稱『已矣夫』自知無貴命，周流無補益也。孔子知已不受貴命，周流求之不能得，而謂賜不受富命，而以術知得富，言行相違，未曉其故。

或曰：『欲攻子貢之短也。子貢不好道德而徒好貨殖，故攻其短，欲令窮服而更其行節。』夫攻子貢之短，可言賜不好道德而貨殖焉，何必立不受命，與前言『富貴在天』相違反也？

顔淵死，子曰：『噫！天喪予！』此言人將起，天與之輔；人將廢，天奪其佑。孔子有四友，欲因而起，顔淵早夭，故曰『天喪予』。

問曰：顔淵之死，孔子不王，天奪之邪？不幸短命自爲死也？如短命不幸，不得不死，孔子雖王，猶不得生。輔之於人，猶杖之扶疾也。人有病，須杖而行；如斬杖本得短，可謂天使病人不得行乎？如能起行，杖短能使之長乎？夫顔淵之短命，猶杖之短度也。且孔子言『天喪予』者，以顔淵賢也。案賢者在世，未必爲輔也。夫賢者未必爲輔，猶聖人未必受命也。爲帝有不聖，爲輔有不賢。何則？禄命骨法，與才異也。由此言之，顔淵生未必爲輔，其死未必有喪。孔子云『天喪予』，何據見哉？且天不使孔子王者，本意如何？本稟性命之時，不使之王邪？將使之王，復中悔之也？如本不使之王，顔淵死，何喪？如本使之王，復中悔之，此王無骨法，便宜自在天也。且本何善所見，而使之王？後何惡所聞，中悔不命？天神論議，誤不諦也？

孔子之衛，遇舊館人之喪，入而哭之。出使子貢脱驂而賻之。子貢曰：『於門人之喪，未有所脱驂。脱驂於舊館，毋乃已重乎？』孔子曰：『予鄉者入而哭之，遇於一哀而出涕，予惡夫涕之無從也，小子行之。』

孔子脱驂以賻舊館者，惡情不副禮也。副情而行禮，情起而恩動，禮情相應，君子行之。顔淵死，子哭之慟。門人曰：『子慟矣。』『吾非斯人之慟而爲？』夫慟，哀之至也。哭顔淵慟者，殊之衆徒，哀痛之甚也。死有棺無椁，顔路請車以爲之椁，孔子不予，爲大夫不可以徒行也。吊舊館，脱驂以賻，惡涕無從；哭顔淵慟，請車不與，使慟無副。豈涕與慟殊，馬與車異邪？於彼則禮情相副，於此則恩義不稱，未曉孔子爲禮之意。

孔子曰：『鯉也死，有棺無椁，吾不徒行以爲之椁。』鯉之恩深於顔淵，鯉死無椁，大夫之儀，不可徒行也。鯉，子也；顔淵，他姓也。子死且不禮，況其禮他姓之人乎？

曰：是蓋孔子實恩之效也。副情於舊館，不稱恩於子，豈以前爲士，後爲大夫哉？如前爲士，士乘二馬；如爲大夫，大夫乘三馬。大夫不可去車徒行，何不截賣兩馬以爲椁，乘其一乎？爲士時乘二馬，截一以賻舊館，今亦何不截其二以副恩，乘一以解不徒行乎？不脱馬以賻舊館，未必亂制。葬子有棺無椁，廢禮傷法。孔子重賻舊人之恩，輕廢葬子之禮。此禮得於他人，制失於親子也。然則孔子不粥車以爲鯉椁，何以解於貪官好仕恐無車？而自云『君子殺身以成仁』，何難退位以成禮？

子貢問政，子曰：『足食，足兵，民信之矣。』曰：『必不得已而去，於斯三者何先？』曰：『去兵。』曰：『必不得已而去，於斯二者何先？』曰：『去食。自古皆有死，民無信不立。』信最重也。

問：使治國無食，民餓，棄禮義禮義棄，信安所立？傳曰：『倉稟實，知禮節；衣食足，知榮辱。』讓生於有餘，爭生於不足。今言去食，信安得成？春秋之時，戰國饑餓，易子而食析，骸而炊，口饑不食，不暇顧恩義也。夫父子之恩，信矣。饑餓棄信，以子爲食。孔子教子貢去食

存信，如何？夫去信存食，雖不欲信，信自生矣；去食存信，雖欲爲信，信不立矣。

子適衛，冉子僕，子曰：『庶矣哉！』曰：『既庶矣，又何加焉？』曰：『富之。』曰：『既富矣，又何加焉？』曰：『教之。』語冉子先富而後教之，教子貢去食而存信。食與富何別？信與教何異？二子殊教，所尚不同，孔子爲國，意何定哉？

蘧伯玉使人於孔子，孔子曰：『夫子何爲乎？』對曰：『夫子欲寡其過而未能也。』使者出，孔子曰：『使乎！使乎！』非之也。説《論語》者，曰：『非之者，非其代人謙也。』

夫孔子之問使者曰：『夫子何爲』，問所治爲，非問操行也。如孔子之問也，使者宜對曰『夫子爲某事，治某政』，今反言『欲寡其過而未能也』，何以知其對失指，孔子非之也？且實孔子何以非使者？非其代人謙之乎？其非乎對失指也？所非猶有一實，不明其過，而徒云『使乎使乎！』後世疑惑，不知使者所以爲過。韓子曰：『書約則弟子辨。』孔子之言『使乎』，何其約也？

或曰：『《春秋》之義也，爲賢者諱。蘧伯玉賢，故諱其使者。』夫欲知其子視其友，欲知其君，視其所使。伯玉不賢，故所使過也。《春秋》之義，爲賢者諱，亦貶纖介之惡。今不非而諱，貶纖介安所施哉？使孔子爲伯玉諱，宜默而已。揚言曰『使乎！使乎！』，時人皆知孔子之非也。出言如此，何益於諱？

佛肸召，子欲往。子路不説，曰：『昔者，由也聞諸夫子曰：「親於其身爲不善者，君子不入也。」佛肸以中牟畔，子之往也如之何？』子曰：『有是（言）也。不曰堅乎？磨而不磷；不曰白乎？涅而不淄。吾豈匏瓜也哉，焉能系而不食也？』

子路引孔子往時所言以非孔子也。往前孔子出此言，欲令弟子法而行之，子路引之以諫，孔子曉之，不曰『前言戲』，若非而不可行，而曰『有是言』者，審有當行之也。『不曰堅乎？磨而不磷；不曰白乎？涅而不淄』，孔子言此言者，能解子路難乎？『親於其身爲不善者，君子不入也』，解之，宜（曰）：佛肸未爲不善，尚猶可入。而曰『堅磨而不磷，白涅而不淄』。如孔子之言，有堅白之行者可以入之，君子之行軟而易汙邪，何以獨不入也？孔子不飲盜泉之水，曾子不入勝母之閭，避惡去汙，不以義恥辱名也。盜泉、勝母有空名，而孔、曾恥之；佛肸有惡實，而子欲往。不飲盜泉是，則欲對佛肸非矣。『不義而富且貴，於我如浮云』，枉道食篡畔之禄，所謂『浮云』者非也？或：『權時欲行道也卽權時行道，子路難之，當云『行道』，不（當）言食。有權時以行道，無權時以求食。『吾豈匏瓜也哉，焉能系而不食』？自比以匏瓜者，言人當仕而食禄。我非匏瓜系而不食，非子路也。孔子之言，不解子路之難。子路難孔子，豈孔子不當仕也哉？當擇善國而入之也。孔子自比匏瓜，孔子欲安食也。且孔之言，何其鄙也！何彼仕爲食哉？君子不宜言也。匏瓜系而不食，亦系而不仕等也。距子路可云：『吾豈匏瓜也哉，系而不仕也』？今吾『系而不食』，孔子之仕，不爲行道，徒求食也。人之仕也，主貪禄也。禮義之言，爲行道也。猶人之娶也，主爲欲也，禮義之言，爲供親也。仕而直言食，娶可直言欲乎？孔子之言，解情而無依違之意，不假義理之名，是則俗人，非君子也。儒者説孔子周流應聘不濟，閔道不行，失孔子情矣。

公山弗擾以費畔，召，子欲往。子路曰：『未如也已，何必公山氏之之也？』子曰：『夫召我者，而豈徒哉？如用我，吾其爲東周乎！』

爲東周，欲行道也。公山、佛肸俱畔者，行道於公山，求食於佛肸，孔子之言無定趨也。言無定趨，則行無常務矣。周流不用，豈獨有以乎？陽貨欲見之，不見；呼之仕，不仕，何其清也？公山、佛肸召之欲往，何其濁也？公山不擾與陽虎俱畔，執季桓子，二人同惡，呼召禮等。獨對公山，不見陽虎，豈公山尚可，陽虎不可乎？子路難公山之（召），孔子宜解以尚及佛肸未甚惡之狀也。

又　卷一三《超奇篇》　孔子作《春秋》，以示王意。然則孔子之《春秋》，素王之業也；諸子之傳書，素相之事也。觀《春秋》以見王意，讀諸子以睹相指。

南朝梁·沈約《沈隱侯集·辯聖論》　聖人蓋人中之含明德，盡照精粹凝玄者，或三聖並時，或千載寂蔑。聖人遺情忘己，常以兼濟爲念。若不登九五之位，則其道不行，非以黄屋玉璽爲尊貴也。文王造周而未集，武王集之而未成，周公雖無王禄，而父兄二聖之烈，不可以不終。若非表

以聖功，制禮作樂，則太平之基不著，二聖之美不彰。孔子當無祿之運，值自晦之時，而云『河不出圖，洛不出書，吾已矣夫。』欲以聖德示天下，垂來世。當仲尼在世之時，世人不言爲聖人也。伐樹削迹于七十君，而不一值。或以爲東家丘，或以爲喪家犬。若不高歎鳳鳥，稱夢周公，樂正，《雅》、《頌》各得其所，則當世安知其聖人乎？

唐・韓愈《昌黎集》卷一二《獲麟解》 麟之爲靈，昭昭也。詠於《詩》，書於《春秋》，雜出於傳記百家之書，雖婦人小子，皆知其爲祥也。然麟之爲物也，不畜於家，不恒有於天下。其爲形也不類，非若馬、牛、犬、豕、豺、狼、麋、鹿然。然則雖有麟，不可知。其爲麟也角者，吾知其爲牛鬣者，吾知其爲馬、犬、豕、豺、狼、麋、鹿。吾知其爲犬、豕、豺、狼、麋、鹿，惟麟也不可知。不可知，則其謂之不祥也，亦宜。雖然，麟之出，必有聖人在乎位，麟爲聖人出也。聖人者必知麟麟之果不爲不祥也，又曰麟之所以爲麟者，以德不以形。若麟之出，不待聖人，則其謂之不祥也，亦宜哉！

宋・王溥《唐會要》卷三五《學校》 貞觀二年十二月，尚書左僕射房玄齡、國子博士朱子奢建議云：『武德中，詔釋奠於太學，以周公爲先聖，孔子配享。臣以周公、尼父俱是聖人，庠序置奠，本緣夫子。故晉、宋、梁、陳及隋大業故事，皆以孔子爲先聖，顏回爲先師。歷代所行，古人通允。伏請停祭周公，升夫子爲先聖，以顏回配享。』詔從之。

宋・姚鉉《唐文粹》卷四六《盛均〈仲尼不歷聘解〉》 學者多稱仲尼歷聘不遇。吾謂仲尼觀禮行道，不歷聘不遇。吾謂仲尼觀禮也，夫二國交驩曰聘，以臣使於君亦曰聘，男輸財於女，國駕帛於士，皆曰聘。故無財與無君國之命，一不聘也。當德蝕衰周，道徂七國，蓋仲尼傷禮樂不起，是以學韶於齊，求師於周，將欲鑄義以鏡國，張仁以羅俗，使明筍爲宗資也。且去魯適衛，蓋辭在於仕矣。自宋之鄭，殆非臣矣。絶糧於陳、蔡，亦無財矣。官至司寇，果不爲士，安謂聘哉？吾聞夫子觀夏道則之杞，觀殷道則之宋。較是而言，雖他國可知也，安謂歷聘哉？

宋・王欽若等《册府元龜》卷四九《帝王部・崇儒術》 《周官・太宰》之職，以九兩繫邦國之民，其一曰儒，蓋六藝之謂也。而太史公以爲列君臣父子之禮，序夫婦長幼之别，雖百家不能易，故歷代致治之後，何莫繇斯道也已。乃有朝舍干戈，暮習俎豆，誠知夫天下之重，非可馬上而治；文、武之道，布在方策，有條不紊，可舉而行。至於變風易俗之端，長世字甿之術，荒懷來遠之略，邁德興仁之旨，鮮不出於是矣。繇是立庠塾，設學校，褒先儒以闡化，尊經典以立訓，咸用詮次，存諸軌範。

又 卷一九四《閏位部・崇儒》 昔魯哀公聞仲尼之對，終身不敢戲儒，言加信，行加義，故以區區小國，與周升降，蓋能重聖人之教而保世延祚者也。彼孫、劉而下，咸裂壤分王，歷世綿久，非獨山川之阻，甲兵之利，誠亦典刑不忘，風教可尚也。至若崇建學館，紹封聖緒，增嚴祀奠，申禁丘隴，以至詳延國胄，優其課試，精選鴻儒，職兹講授，其或親臨閱聽，推之宴賜，皆所以敦尚素業，潤色政典，考之遺籍，斯可舉矣。

又 卷二二八《僭偽部・崇儒》 夫設庠序之教，振洙泗之風，有國者所以化民成俗也。自晉室板蕩，羣雄競起，跨州連縣，僭竊大號，而或崇尚儒術，建設學校，明飲射之禮，旌鴻碩之才，亦區區之至也。

宋・蘇洵《嘉祐集》卷九《三子知聖人汙論》 孟子曰：『宰我、子貢、有若，智足以知聖人汙。』吾爲之説曰：汙，下也。宰我、子貢、有若三子者，其智不足以及聖人高深幽絶之境，而徒得其下者焉耳。宰我曰：『以予觀於夫子，賢於堯舜遠矣。』子貢曰：『由百世之後，等百世之王，莫之能違也。』有若曰：『出乎其類，拔乎其萃，自生民以來，未有夫子之盛也。』是知夫子之大矣，而未知夫子之所以大也，宜乎謂其知足以知聖人汙而已也。聖人之道，一也。大者見其大，小者見其小，高者見其高，下者見其下，而聖人不知也。苟有形乎吾前者，吾以爲無不見也，而離婁子必將有見吾之所不見焉，是非物罪也。

太山之高百里，有却走而不見者矣，有見而不至其趾者矣，有至其趾而不至其上者矣，而太山未始有變也，有高而已耳，有大而已耳。見之不逃，不見不求見；至之不拒，不至不求至。而三子者，至其趾也。顏淵從夫子游，出而告人曰：『吾有得於夫子矣。』宰我、子貢、有若從夫子游，出而告人曰：『吾有得於夫子矣。』夫子之道，一也。而顏淵得之以爲顏淵，宰我、子貢、有若得之以爲宰我、子貢、有若，夫子不知也。夫子之道有高而又有下，猶太山之有趾也。高則難知，下則易從。難知，故夫子之道尊；易從，故夫子之道行。非夫子下之而求行也，道固有下者

也。太山非能有趾而不能無趾也。子貢謂夫子曰：『夫子之道至大也，故天下莫能容夫子。夫子盍少貶焉？』夫子不悅夫有其大，而後能安其大；有其小焉，則亦不狹乎其小。夫子有其大而子貢有其小，然則無惑乎子貢之不能安夫夫子之大也。

宋·司馬光《傳家集》卷七三《疑孟·伯夷隘柳下惠不恭元豐五年作》

疑曰：孟子稱：『所願學者，孔子。』然則君子之行，孰先於孔子？孔子歷聘七十餘國，皆以道不合而去，豈非非其君不事乎？孺悲欲見孔子，孔子辭以疾，豈非非其友不友乎？陽虎爲政於魯，孔子不肯仕，豈非不立於惡人之朝乎？爲定、哀之臣，豈非不羞汙君乎？爲委吏，爲乘田，豈非不卑小官乎？舉世莫知之，不怨天，不尤人，豈非遺佚而不怨乎？飲水曲肱，樂在其中，豈非阨窮而不憫乎？居鄉黨，恂恂似不能言，豈非由由與之偕而不自失乎？是故君子邦有道則見，邦無道則隱，事其大夫之賢者，友其士之仁者，非隘也。和而不同，遯世無悶，非不恭也。苟毋失其中，雖孔子由之，何得云君子不由乎？

宋·王安石《臨川文集》卷六七《論議·夫子賢於堯舜》 宰我曰：『以予觀於夫子，賢於堯、舜遠矣。』而世之解者必曰：是爲門人之私言，而非天下公共之論也。而孟子亦曰：生民以來，未有如夫子。是豈亦門人之私言而非天下公共之論哉？爲是言者，蓋亦未之思也。夫所謂聖賢之言者，無一辭之苟。其發也，必有指焉。其指也，學者之所不可不思也。夫聖者，至乎道德之妙而後世莫之增焉者之稱也。苟有能加焉者，則豈聖也哉？然孟子、宰我之所以爲是說者，蓋亦言其時而已也。

昔者道發乎伏羲而成乎堯、舜，繼而大之於禹、湯、文、武。此數人者，皆居天子之位而使天下之道寖明寖備者也。而又有在下而繼之者焉，伊尹、伯夷、柳下惠、孔子是也。夫伏羲既發之也，而其法未成，至於堯而後成焉。堯雖能成聖人之法，未若孔子之備也。夫以聖人之盛用一人之知，足以備天下之法，而必待至於孔子者，何哉？蓋聖人之心，不求有爲於天下，待天下之變至焉，然後吾因其變而制之法耳。至孔子之時，天下之變備矣。故聖人之法亦自是而後備也。《易》曰：『通其變，使民不倦。』此之謂也。故其所以能備者，豈特孔子一人之力哉？蓋所謂聖人者，莫不預有力也。孟子曰：『孔子，集大成者。』蓋言集諸聖人之事而大成萬世之法耳，此其所以賢於堯、舜也。

又 卷七一《孔子世家議》 太史公敍帝王，則曰本紀；公侯傳國，則曰世家；公卿特起，則曰列傳。此其例也。其列孔子爲世家，奚其進退無所據耶？孔子，旅人也，棲棲衰季之世，無尺土之柄，此列之以傳宜矣，曷爲世家哉？豈以仲尼躬將聖之資，其教化之盛，舄奕萬世，故爲之世家以抗之，又非極摯之論也。夫仲尼之才，帝王可也，何特公侯哉？仲尼之道，世天下可也，何特世其家哉？處之世家，仲尼之道不從而大；置之列傳，仲尼之道不從而小。而遷也自亂其例，所謂多所抵牾者也。

宋·劉子翬《屏山集》卷一《聖傳論十首·孔子》 望室而知四隅者，必超室表；舉輿而知輕重者，必在輿外；游生死而知其終始者，必踐形理也。魂魄之變茫昧莫測，豈可以情識猜揣哉？知之必有道也。畏生死者未達也，達者不畏焉。不畏者猶未能踐形也，常流乎四勝之間。何謂四勝？或曰存亦樂，亡亦樂，是齊生死也。或曰聚則有，散則無，是泯生死也。或曰名立不朽，没而愈光，是輕生死也。或曰安時俟命，力不可爲，是任生死也。齊、泯、輕、任，是四勝也。簾窺壁聽，髣髴未真，姑立言廣意以勝之，終爲生死所囿。昔夫子讀《易》，三絶韋編，於是原始要終，知生死之説。其於《乾》、《坤》之藴，幽明之故，鬼神之情，狀如目辨蒼素，手數奇偶也。然當時弟子微言奥義，問答多矣。季路一發問，夫子拒之。學者遂謂吾儒所急，脩己治人而已，三綱五常而已。身外之事，何足預窮哉？是知聽夫子之言，而不知求夫子之心也。死生，亦大矣。聖人豈忽之哉？負手曳杖，逍遥而歌，往來之際，湛然如此。非平日有見焉，不能也。所以不切切言之者，懼學者守易曉之空言，而不聞至精至賾之道也。故曰『朝聞道，夕死可矣。』是夫子雖不切切言之，而常誨人以生死之大方也。

噫！聞學妙矣，其踐形梁徑與學者，何言之淺也？登堂親炙，佔畢領會，固曰聞所不聞矣。没身勉勵，莫際其極，不幸奄忽於桑陰未徙之間，政恐有惜乎之歎也。夕死可乎！因知聞學之妙，非口傳耳受，目睹心承，必有豁然開，怡然順者。故子貢曰：『夫子之言性與天道，不可得而聞也。』夫剖石者乘其璺，開鑰者透其簧。義有會，理有解，浮聰蔽聰，

雜見移見，弗省是焉。口勤誦，心勤記，目勤覘，耳勤剽，映螢雪，錐股髀，童髦兀兀，方寸不暫開焉，聞性何由發哉？予欲無言，其言雷震；未之或知，其知川決。引學者於中立不倚之地，可矣。

噫！踐形固非易事，得正之斃，君子之終，他人固有未能從容於此者矣。揚雄有投閣之駭，范滂有爲善之疑。大賢猶爾，況其下乎！蓋方其平日志充氣盛，自謂了了；及卒然當變，無以應之，盡失其素守矣。是以學者不可不自考於未然，且莫大於生死，莫小於違順，莫重於生死，莫輕於夢寐。違順之來，怵然驚怖，夢寐之間，紛然錯亂，莫知所主，況生死之變耶！學者未須論此，但當書驗之違順，夜察之夢寐，若湛然如一，無少動摇，則生死去來，直猶旦夜。苟爲未然，可不孜孜汲汲，如拯溺捕亡，以冀有聞耶？

宋・胡宏《五峰集》卷四《皇王大紀論・孔子去魯》 人之有德慧術智者，常存乎疢疾。陽虎在鄆，不狃在費，侯犯在郈，此三家之疢疾也。季孫斯幾於死，故發憤懣，思禮義，遵用孔子。孔子行乎季孫，三月不違，謂此時也。故能墮郈，又墮費。三家才損其死疾，而叔孫遂毁聖人，仲孫遂聽處父，季孫遂受女樂。惜哉！三子者期於苟安而不能遠謀，拘於小利而不知大慮，習於人欲而不能久於天理也。

又《孔子攝相事》 司馬遷載孔子墮三都之明年，由大司寇攝相事。夫聖人之仕所以大過人者，無他焉。如天之生物，遂其分限，無不可爲，而過者無可爲而不及者。爲委吏，則會計當；爲乘田，則畜養蕃；爲宰而親民，則制爲養生送死之節；爲司空而正封域，則溝合昭公之墓；爲司寇而治姦亂，則誅少正卯而墮三都。及成不墮，三家之慮變矣。故經文不言三家，直書曰公。聖人色斯舉矣，安有明年由大司寇攝相之事？所以必知其無者，考按經文，明年無更敗起廢之事，而築囿、大蒐，絶與墮都之意不侔故也。遷載孔子言行，不得其真者尤多，則未知其所以得『實録』之名者，何歟？

宋・胡仔《孔子編年》卷首《胡舜陟序》 聖人達而在上者，制治之法，成於周公。聖人窮而在下者，制行之法，成於孔子。周公之制度，其詳見於《周官》之書，與五經並行於世，可得而考。若夫孔子，動而世爲天下道，行而世爲天下法者，雜出於《春秋三傳》、《禮記》、《家語》與夫司馬遷《世家》，而又多僞妄；惟《論語》爲可信，足以證諸家之是非。余令小子仔采摭其可信者，而爲《編年》，凡五卷。起襄公二十二年，訖哀公十六年。自孔子始生而至於終，言動出處亦略具矣。

夫以天縱之將聖，生乎亂世，而時無賢君，莫能用之。故去魯凡十三年，適衛者五，適陳、適蔡者再，適曹、適宋、適鄭、適葉、適楚者一，而復自衛反魯。豈苟然哉？所以或仕或處，或久或速，莫非翔而後集，色斯舉矣。然轍環天下，卒老於行者，天也，非人也。如天欲平治天下，必有尊德樂道之君出焉，而吾夫子見用，周公之事業復顯於當世矣。故嘗嘆曰：『鳳鳥不至，河不出《圖》，吾已矣夫。』又曰：『甚矣！吾衰也久矣。吾不復夢見周公。』觀其爲魯中都宰一年，爲司空二年，爲司寇三年，經文緯武，更制定令，内以移風易俗，外以折衝禦侮，而大邦震懼，四方取則，則夫子所謂『苟有用我者，期月而已，可也。』豈欺我哉？惜乎未嘗有所終三年淹也，卒不見其有成，豈非天乎？

當時游於諸侯，有以致弟子之不説而起後世之疑者，莫不以見南子，從弗擾、佛肸爲非。此蓋未之思也。業已適其國而南子方用事，欲見而不見，則其取辱，必有甚於見矣。然使聖人屈己而見所不見，是天之厄也。違天不祥，故曰『予所否者，天厭之！』弗擾、佛肸之召，欲往而卒不往者，明聖人有可見之道，欲爲天下後世訓，則不必往矣。非從容中道者，能之乎？余嘗考《論語・鄉黨》一篇，見聖人動作威儀之則，至纖至悉。及其他篇，見其所謂『子之燕居，申申，夭夭』，『子温而厲，威而不猛』，『子與人歌』，『子所雅言』之類，皆弟子所記，而聖人動容周旋，中禮了然在人目前，學者得以取法也。今《編年》所書七十三年應世之行，有出處去就之大節。孟子所謂『集大成』、『金聲玉振』聖智之事，舉在是矣。善學聖人者，必有取於斯焉。紹興八年三月壬子，績溪胡舜陟序。

宋・林亦之《網山集》卷三《論・孔子》 以一世爲事業者，堯、舜、禹、湯、文、武是也。以萬世爲事業者，孔子是也。夫數聖人者，生而爲帝王，及夫異代，則血食所不及。孔子生無尺土，死之日，宫廟徧天下。以栖栖旅人，何爲而有是耶？唐虞之世，皋、夔、稷、契同時並出。湯之世，有一伊尹者。周之世，有太公、召公、閎夭、太顛、散宜生者，如雲蒸雨至，颯沓而出。是有天下者，乃可以收天下之士。洙泗之人，藜

羹不飽，一時英傑何所慕而俱至耶？況顔淵、閔子騫、曾參、原憲、冉伯牛之徒，是不獨爲三代人物，所謂唐虞氏人物也。以匹夫寒餒而羣賢並集，是豈不賢於堯、舜者乎？故嘗謂堯、舜事業，夫子其優爲之；夫子之事業，雖堯、舜不能自必也。

孔子之道，可以寒而死，可以餒而死。或僥倖爲一飽之計，仲尼不爲也。以是而施之堯、舜事業，何所不可？以一身爲萬世法，以空言爲萬世法，堯、舜其能自必乎？故堯、舜、禹之道，禹之後則無傳焉；湯之道，湯之後亦無傳焉；文、武之道，文、武之後亦絶而不傳。夫子恐吾道之絶於後，於是聚天下之豪傑而傳其所傳，此夫子之道所以至於今而未絶也。夫子之道不絶，則數聖人之道有所託。是豈不賢於堯、舜者乎！

雖然，千載之日，知其道者幾人哉？或索之簡牘之上，或求之簞篋之間。嗚呼！是皆所求者末也。夫子之道不在乎是也。予不意夫子不遇於一時，又不遇於後世也。然則夫子何求者乎哉？曰：夫子之不遇於魯，庶乎後世有知我者；或後世無知我者，吾又待乎後世也；終此天地，豈無知我者乎？此夫子之本心也，此夫子以萬世爲事業者也。人於少年不得志，則悲愁無聊，若不可以生，況能待其老乎！又況此生之不遇而能待其後世乎！又況後世之不遇而復待其後世乎！此夫子之道所以空天地，窮古今，前乎此無有也，後乎此無有也。作《孔子論》。

宋・黎靖德《朱子語類》卷五五《孟子五・滕文公下》 問：孔子作《春秋》，空言無補，亂臣賊子何緣便懼？且何足爲《春秋》之一治？曰：非説當時便一治，只是存得箇治法，使這道理光明燦爛，有能舉而行之，爲治不難。當時史書掌於史官，想人不得見；及孔子取而筆削之，而其義大明。孔子亦何嘗有意説用某字使人知勸，用某字使人知懼？用某字有甚微詞奥義，使人曉不得？足以褒貶榮辱人来，不過如今之史書，直書其事善者、惡者，了然在目。觀之者知所懲勸，故亂臣賊子有所畏懼而不犯耳。近世説《春秋》者太巧，皆失聖人之意。又立爲凡例，加某字其例爲如何，去某字其例爲如何，盡是胡説。

又 卷八三《春秋》 問：夾谷之會，孔子數語何以能却萊人之兵。曰：畢竟齊常常欺魯，魯常常不能與之爭，却忽然被一箇人來以禮問他，他如何不動？如藺相如，秦王擊缶，亦是秦常欺得趙過，忽然被一箇人恁地硬振，他如何不動？

又 卷九二《孔孟周程》 『天不生仲尼，萬古長如夜。』唐子西嘗於一郵亭梁間見此語。季通云：天先生伏羲、堯、舜、文王，後不生孔子，亦不得；後又不生孟子，亦不得；二千年後又不生二程，亦不得。

孔子，天地間甚事不理會過？若非許大精神，亦呑許多不得。

夫子度量極大，與堯同。門弟子中如某人輩皆不點檢，他如堯容四凶在朝相似。

問：孔子不是不欲仕，只是時未可仕。曰：聖人無求仕之義，君不見用，只得且恁地做。

或問：孔子當衰周時，可以有爲否？曰：聖人無有不可爲之事，只恐權柄不入手；若得權柄在手，則兵隨印轉，將逐符行。近温《左氏傳》，見定、哀時煞有可做底事。問：固是聖人無不可爲之事，聖人有不可爲之時否？曰：便是聖人無不可爲之時。若時節變了，聖人又自處之不同。

又問：孔子當衰周，豈不知時君必不能用己。曰：聖人却無此心，豈有逆料人君能用我與否？到得後來，説『吾不復夢見周公』與『鳳鳥不至，河不出圖，吾已矣夫。』時聖人亦自知其不可爲矣，但不知此等話是幾時説。據陳恒弑其君，孔子沐浴而朝，請討之。時是獲麟之年，那時聖人猶欲有爲也。

問：看聖人汲汲皇皇，不肯没身逃世，只是急於救世，不能廢君臣之義；至于可與不可，臨時依舊裁之以義。曰：固是。但未須説急于救世，自不可不仕。

又問：若據危邦不入，亂邦不居，有道則見，無道則隱等語，却似長沮、桀溺之徒做得是。曰：此爲學者言之。聖人做作，又自不同。

又問：聖人亦明知世之不可爲否。曰：也不是明知不可。但天下無不可爲之時，苟可以仕則仕，至不可處便止。如今時節臺諫，固不可做州縣也，自做得到。得居位守職，却教自家枉道廢法，雖一簿尉也做不得，便著去位。

某嘗疑誅少正卯，無此事。出於齊魯陋儒欲尊夫子之道，而造爲之説。若果有之，則《左氏》記載當時人物甚詳，何故有一人如許勞攘而略

不及之？史傳間不足信事，如此者甚多。

孔子在衛國，居得甚久，想是靈公有英雄之氣。孔子見其可與有爲，故久居而欲輔之。

或問：孔子當孟子時，如何？曰：孔子自有作用，然亦須稍加峻厲。

又問：孔子若見用，顏子還亦出否？曰：孔子若用，顏子亦須出來，做他次一等人。如孔子做宰相，顏子便做參政。

龜山謂孔子如知州，孟子如通判權州。也是如此。通判權州畢竟是別人事，須著些力去做，始得。

又　卷二一《論語三》　龜山言孔子似知州，孟子似通判權州。此喻甚好。通判權州也做得，只是不久長。

宋・羅大經《鶴林玉露》卷一　朱文公告陳同父云：『真正大英雄人，却從戰戰兢兢、臨深履薄處做將出来。若是氣血粗豪，却一點使不着也。』此論於同父，可謂頂門上一針矣。余觀大禹不矜不伐，愚夫愚婦皆謂一能勝予，而鑿龍門，排伊闕，明德美功，被千萬世。周公不驕不吝，勞謙下士，而東征三年，赤舄几几，履讒歷變，卒安周室。孔子恂恂於鄉黨，在宗廟、朝廷似不能言者，而却萊夷，墮三都，誅少正卯，便有一變至道氣象。此皆所謂真正大英雄也。

宋・魏天應《論學繩尺》卷六《陳傅良〈仲尼不爲已甚論〉》　論曰：聖人之道，欲行於天下，則亦不可孤而立也。蓋天下之望聖人也過高，則聖人之於天下，亦難乎責之以詳。夫其望我過高也，而吾又詳責之曰：『必如是而後可與行道。』使天下而皆如聖人之意，則亦奚不可者？惟聖人之不能盡如意也，故其勢將必至於拒絶，而人心亦重自疑畏矣。嚴拒絶之法，以離疑畏之心，而後聖人始孤。嗚呼！吾未見夫孤立於天下而後可以行道於斯世者也。此無意於天下恝然以自潔者之爲，而謂夫子爲之乎？故孟子曰：『仲尼不爲已甚。』夫子之道，所以至今不廢也。且天下均若人也，而聖人獨有以異，而舉世無與爲侶，此固天下之所望而震焉者也。幸而在上爲堯、舜，爲湯、武，以其震天下者而用於天下，其事便，其理宜，則亦可以徑行而無忌，勇爲而不屈。不幸而在下，無堯、舜、湯、武之位，以其震天下者而用於天下，其事逆，其理反，必委曲爲之，吾猶憂聖人之道大，天地不足以爲容，而終其身窮然而無所入矣。若是而猶甚焉，吾不知夫聖人之以道自累如此也。

夫道之不行也，未必皆天下之過也。或有道焉，而不善用之也。蓋立己於峻，則其迹固不可犯，而强人於太難者，中才皆有所弗堪焉。是不可犯之形，以求弗堪之情，則其道始不可行於天下。昔者子游謂曾子曰：『吾友張也，爲難能也，然而未仁。』曾子曰：『堂堂乎張也，難與並爲仁矣。』夫以其堂堂也，疑似足以拒人，則人雖有樂爲善之心，而不敢與之並立。使人有爲善之心，而不敢與我並立，則凡沮人之善心者，皆子張之爲也。彼子張，一賢者爾。子游、曾子皆其深交，而猶以其堂堂而病其難。況夫以夫子之聖而甚爲之，吾見天下之病夫子者，多於病子張者矣。是則夫子之所憂也。他日，子張之論交曰：『君子尊賢而容衆，嘉善而矜不能。』吁！是非子張之言也。其諸夫子之憂之而告之以是，而廣其介然之窒也與？其曰『異乎吾所聞』，蓋聞諸夫子而已。吾於此是以得聖人天地之爲量也。故其言曰：『鳥獸不可與同羣，吾非斯人之徒與而誰與？』聖人之憂，固至此也哉！且君子誠不可孤而立也。其出也，或爲之主，或爲之僚；其處也，又必或爲之徒。一出一處，未嘗一日離夫人也。不可一日而無人，而夫人未必皆明君，未必皆賢卿大夫，未必皆才子弟，吾則曰是皆不足與行道，惟遠之不暇，惟疾讎之不足，惟恐其影響之不幽，則人既不可與居，吾有羣鳥獸而已矣。夫舉斯人而不足與居，至於鳥獸焉是羣，是聖人之待人類薄於待鳥獸也。嗚呼！又烏有身爲仁義禮樂之主，而可以待人類薄於禽獸也哉？

是故夫子之於晚周，苟可以仕；不必皆明君也；苟可以交，不必皆賢卿大夫也；苟可以教，不必皆才子弟也。聖人之道，非固如此徇乎人也；不如是，則道之不行於天下，其過不專於人，而吾亦與有愧焉故也。夫惟其如是也，故雖春秋之時之人，猶能樂其實而用其情，愛其怨而安爲之黨。衛靈、魯哀之君，自忘其愚不肖，而願有所請。由、求數子，非不急於仕者，陳、蔡之厄極矣，寧忍於飢寒流落而不忍去。嗚呼！此夷、齊、沮、溺、段干木、泄柳之徒能致者哉？此孟子所以姑舍是而願學夫子也。仲子之兄，不義而受齊祿，猶盜跖也。戰國之諸侯，其取之民猶禦也。猶盜跖也不可以居，猶禦也不可以受，孟子則曰吾猶居之，猶受之，

不以仲子爲廉，且戒萬章勿郤也。其從容氣象，宛然孔氏家法也。噫！甚矣，軻之似夫子也；甚矣，軻之似夫子也。謹論。

又　卷九《余至道〈仲尼思存前聖之業論〉》　論曰：聖人無心於述作也，而道之所以絶續者，天也，非聖人也。聖人本心，初豈以區區述作，詔天下後世哉？天之未喪斯文也，聖人責也，聖人不能自已也。前聖之所以相傳者，至是絶矣而復續，人則曰是書也，聖人殆有心焉。夫聖人以天者自處，以扶世教爲己任，因史而經，豈求益於古聖人而爲是述作也？以道爲書，非吾本心，而帝王之行事，借是以考信，或者其天邪！仲尼於堯、舜、禹、湯、文、武、周公同道也，然其業待仲尼而存，人以爲數聖人幸也。愚則曰：前聖非亡也，仲尼非存也，《春秋》之作，仲尼所不得已而謂之思者，仲尼有心乎哉！吁可論矣。

班固志藝文，曰：『仲尼思存前聖之業。』是未知夫子之天者也。嗚呼！尼山未禱，木鐸未鳴，道誰寄邪？曰：堯也，舜也，禹也，湯也，文、武、周公也。然則是道也，歷萬世而無弊，而事業亦與之不泯，果有待吾仲尼耶？曰：存矣，未能保其常存也。然則聖人之作《春秋》，果有心乎？王轍未東，王綱未弛，賞罰公，名位尊，天下未有筆削之《春秋》，而人心之《春秋》未嘗無之。五三聖人，相爲前後，其行事者在斯民之耳目，不必載之空言而後存也。吁！此正堯、舜、禹、湯、文、武、周公之天也。仲尼之處斯時也，《春秋》不作，吾道自若。天下後世，亦莫見繼絶之功奈何。仲尼所遇之天，非堯、舜、禹、湯、文、武、周公所遇之天也。不知仲尼者曰：仲尼之於《春秋》，以匹夫之微，行天子之事，其殆有心焉。嗚呼！聖人之心，天也。天生仲尼，上不君之爲堯、舜、禹、湯、文、武，下不臣之爲周公，眇然而爲萬世仁義禮樂之宗主。《春秋》此時不作，何時而可作邪？前聖之業，此時而不存，何時而可存邪？

蓋自世變日下，聖人不作，道統失其傳，而事業不見於天下後世。大舜有苗之征，文、武采薇之役，周公東征之師，此事業之見於征伐者也。今存乎否乎？彼鄭人伐衛，莒人伐杞，何爲者乎？我是以書之，以示征伐之道廢。夏禹塗山之朝，商湯景亳之命，周武孟津之會，事業之寓於禮樂者也。今存乎否乎？彼齊會葵丘，晉盟河陽，何爲者乎？我是以書之，以見禮樂之道缺。田賦以改法，稅畝以益征，非前聖之規也。書之以存貢、助、徹之良制。致夫人於大廟，躋僖公於閔公之上，非前聖之典也。書之以存明人倫之大經。初未嘗述堯、舜、禹、湯、文、武、周公之事，而前數聖人之業自爾存，亦何所容其心哉？向也綱常湮斁，今因《春秋》而明向也；法度廢壞，今賴《春秋》而立。是道既絶而復續，是業既亡而復存，謂非聖人之功，可乎？吁！前數聖人之事業，固因世變而存亡，而仲尼豈求以强存之邪？

始乎獲麟，終乎獲麟，一筆一削，天假手也，仲尼不與也。道未墜地，豈非天乎？異時未喪斯文之歎而歸之天，於此益信仲尼之作《春秋》，天也，非人也。道統之絶續，非仲尼之本心也。前聖之業至於仲尼，不得不存也。班固之言，其有見於仲尼之功乎？惜夫思而存之之説，是殆以有心論聖人者耳。雖然，聖人非有心於《春秋》者也，抑亦有心於世道者邪！何者？舜之事業，莫大於四放之罰；周公之事業，特見於管、蔡之誅。夫子，匹夫也，其事業何所寓邪？周室衰微，王綱解紐，天下不可一日無賞罰。不得已，假天子之權，見之於書人、書名之微。舉前聖之業，寄之於載籍之間，是則夫子之本心也。使夫子果無心於世道，則亂臣賊子何爲而懼乎？然則前聖之業，至《春秋》而復存，而《春秋》之法所以常存者，庸非後聖維持之功乎！故曰『前聖後聖，其揆一也。』謹論。

又　卷一〇《黄龍友〈湯文孔子聞知如何論〉》　論曰：傳道而得不傳之傳，非此心之迭相遇，不能也。夫道何嘗一日不可傳哉！特患乎未有所遇爾。奚爲遇？以我之有，近彼之有耳。不可得而聞，所以聞者，心也。聞以心，故聞雖在於已傳之後，而知則在於未傳之先矣。是之謂遇，遇則不相拒，不遇則不相受，不相受而求以相傳，雖終日相接而恍若無知者，而又安可以不聞聞之也？聖人迭出而爲吾道宗主，不有遇之，何以傳之？苟遇矣，非以道傳道，以心傳道也。是雖上下數百載間，謦欬寂寥，影響不接，而一脈貫通，固已領會於無言之表。又何必口授耳聽而後謂之聞，目擊首肯而後謂之知也哉？

孟軻氏七篇之終，論湯、文、孔子相去五百餘載，皆謂其『聞而知之』，豈不以湯、文、孔子之聞道雖在五百載之下，湯、文、孔子之知道

則在於五百載之上！向使湯之心而不迭與堯、舜遇，文王之心而不迭與湯遇，孔子之心而不迭與文王遇，何以一聞之頃而遽知此道若是之微耶？遇之於心，萬古如一日；不遇於心，勿求於聞可也。此不傳之傳，所以爲傳之妙也。湯、文、孔子聞知如何，請得以廣其說。

嘗讀韓子《原道》一編，觀其論列聖相承所傳之道有曰：『堯以是傳之舜，舜以是傳之禹，禹以是傳之湯，湯以是傳之文、武、周公，文、武、周公傳之孔子。』竊怪夫堯、舜、禹聚會精神於一堂之上，文、武、周公啓佑繼承於一家之中，其見親見，其言親言，固可謂之傳矣。湯、文相去，世代逾遠；周、孔窮通，聲迹已殊。而亦謂之傳，何歟？吁，此其所以爲不傳之傳也。天下之事，從其有而近其有則易，取其無而納以有則難，況以道相傳而傳於不相遇者耶！舉珠玉以授無指，而責其不玩；指日月以示無目，而責其不仰，可乎？若夫手與目具者，惟恐吾之不授不示也。授則受，示則睹矣。不惟授而後受，示而後睹也。雖不授之，猶將取之；雖不示之，猶將窺之。何則？彼固有以遇之也。手與珠玉遇，則其取不可禁；目與日月遇，則其睹不可閉。大哉遇乎！其吾道一脈之所繫乎！夫心不遇焉，雖同堂合席，何啻藩牆爾汝之不相入。心苟遇焉，將神交意契於千萬世之下，而又安有毫髮之差也！何也？遇而非傳也。夫惟遇而非傳，是以傳而必遇。世固有終身疲道路，或不盡知其險要；而指山畫谷者，乃得於不出戶之儒。把手論交情者，或不盡知其辭色，而洞見肺腑者，乃出於未傾蓋之士。此所謂遇之真也。湯之於堯、舜，文王之於湯，孔子之於文王，其殆迭相遇之真歟！不然，何其遇而順，順而契也？彼其所謂遇者，非謂前者之言能啓人，而後者之聽能聽人也。言而能啓人之聽也，則丹朱聽之矣，商均聽之矣，管、蔡之徒聽之矣。何爲不傳之父子兄弟，而傳之五百載之後也？然則前聖之傳，傳不以言；後聖之傳，傳不以耳。傳不以言，則言者心也；傳不以耳，則耳者亦心也。以前聖之心觸後聖之心，是惟無合，合則遇矣。

精一允執，堯、舜未嘗口以授之湯也；而執中之旨，湯自與堯、舜不約劑而合。則湯之心，其所以知堯、舜者久矣。湯與堯、舜，固一遇也。日新又新，湯未嘗口以語之文王也，而不已之運，文王自與湯不符璽而契。則文王之心，其所以知湯者素矣。文王與湯，又一遇也。作《爻》重《易》，文王未嘗口以告之孔子也，而《繫辭》之作，孔子自與文王不印券而侔。則孔子之心，其所以知文王者，非一日矣。孔子與文王，又一遇也。不求堯、舜於堯、舜，而求此心之堯、舜；不求湯於湯，而求此心之湯；不求文王於文王，而求此心之文王；則遇者真，而傳亦得其真矣。五百載之前，此一道也；五百載之後，亦此一道也。已往之聖，此一道也；未來之聖，亦此一道也。有先知焉，知則無先；有後知焉，知則無後。此不傳之傳，所以常聞於不聞之聞也。

昔子貢常有言曰：『夫子之文章，可得而聞也。夫子之言性與天道，不可得而聞也。』夫文章，性、天，本非二道。子貢聞之以耳，而不聞之以心，此所以但知文章之可聞，遂謂性、天之不可聞也。性、天之外，豈有所謂文章也哉？吾甚悲夫子貢日與夫子相接，而日與夫子不相遇也。若夫如愚之回，則領會之，固已久矣。無他，回之心與夫子遇也。賜如回，則聞一以知十矣；參如回，則無《孝經》矣；門人如回，則無《論語》矣；人人皆如回，則無六經矣。有經而道猶不傳，何也？嗚呼！文王之後有孔子矣。孔子之後，斯道散於百家，蕩於末流耶！朋邪詖異，幅裂鼎沸，莫敢誰何。不有孟子，孰從而嗣其脈哉？其曰『我欲正人心，息邪說。』又曰『我欲承三聖。』此時此心，蓋不特與孔子遇，且與文王遇；不特與文王遇，且與湯遇，與堯、舜遇矣。『無有乎爾』，自知何甚明而自任何甚毅耶！軻之聞，蓋異乎人之所聞矣。不然，《原道》何以復繼之曰：『孔子傳之孟軻』？然『軻死，不得其傳』之言，則又驗矣。吾亦未敢以是而疵韓子之說也。

吾嘗謂道之傳與不傳，繫乎心之遇與不遇；而心之遇與不遇，有天焉。君子不徒謂人也。何者？道之大原出於天，天無心，以道爲心；聖人無心，以天爲心。惟其以天爲心，故亦與天相遇。五百載而聖人始生，非聖人之難遇也，心之難遇也；非心之難遇也，天之難遇也。故曰：孔子聞諸文王，文王聞諸湯，湯聞諸堯、舜，堯、舜聞諸天，各五百載而始以心遇，天豈嗇其遇哉！吾是以益悲夫此心之難遇，而聖人之不世出也。吁！聖人雖不世出，豈無迭遇聖人之心於千百世之下者？謹論。

宋·王應麟《困學紀聞》卷八《經說》

《家語》齊太史子餘歎美孔子云：『天其素王之乎！』素，空也，言無位而空王之也。董仲舒《對

策》云：『見素王之文。』賈逵《春秋序》云：『立素王之法。』鄭玄《六藝論》云：『自號素王。』盧欽《公羊序》云：『制素王之道。』皆因《家語》之言而失其義，所謂郢書燕説也。《莊子》云：『玄聖素王之道。』祥符中，謚孔子爲玄聖，後避聖祖名改至聖。

金·王若虛《滹南集》卷二《五經辨惑》 孔子誅少正卯事，誰所傳乎？其始見於荀卿之書，而《呂氏春秋》、劉向《説苑》、《家語》、《史記》皆取而載之。作《王制》者亦依倣其意，著爲必殺之令。後世遂信以爲聖人之大節而不復疑。以予觀之，殆妄焉耳。刑者，君子之所慎，不得已而後用者。罪不至於當死，其敢以意殺之乎？故曰：『與其殺不辜，寧失不經。』『殺一不辜，雖得天下而不爲。』此聖賢相傳，以爲忠厚之至者。若乃誣其疑似，發其隱伏，逆詐以爲明，徑行以爲果，按之無迹，加之無名，而曰吾以懲奸雄而防禍亂，是則申、商、曹、馬陰賊殘忍之術，而君子不貴也。

昔者四凶，天下之所同患，而帝堯亦固知之矣，然卒不誅。逮舜之世，而後有流竄放殛之事，猶不盡置之死。蓋古人之重殺如此。少正卯，魯之聞人，自子貢不知其罪，就如孔子之説，亦何遽至於當死，而乃一朝無故而尸諸朝？天下其能無議，而孔子之心亦豈得安乎！夫卯兼五者之惡，借或可除，而曰有一於人，皆所不免。然則世之被戮者，不勝其衆矣。尹諧、潘正之屬，不見於經傳，姑置無論。如管、蔡，王室之親，敢爲叛逆，罪孰大於是者？而卯與之同罰，無乃不倫乎！至於華士，尤非其比。韓非曰：『華士自言不臣天子，不友諸侯，耕而食，掘而飲，無求於人，不仕而事力。太公聞之曰：「不臣天子，是望不得而臣也；不友諸侯，是望不得而使也；無求於人，不仕而事力，是望不得以賞罰勸禁也。」遂執而殺之。』信斯言也，則華士特介潔之流，雖非中行，詎可殺之？王肅惟知韓子之不足憑，而不知荀卿所傳，亦自無稽也。東坡蘇氏曰：『此叟自知命薄，必不久在相位，故及其未去發之。苟少遲疑，已爲卯所圖矣。』夫君子循理而行，不可則止，寧人負我，毋我負人。使卯誠當死，自有常刑，豈必如仇敵相軋，以先舉爲得計哉？蘇氏常以晉武不殺劉元海，明皇不殺安祿山爲盛德事。其論甚高，可爲萬世法，顧復有此説，何邪？嗚呼！士生千載之後，不獲親見聖人，是非真僞無從而質之，則亦求乎義理之安，而合乎人情之常而已。自《三傳》而下，託聖賢以駕己説者，何可勝數？蓋不足盡信焉。三山林少穎，近代之名儒也。其於孔子兵萊人，墮三都等，皆排之而不取，且曰：『説者徒謂聖人嘗用於魯，必當有功，故欲以是加其美，而不知反污辱之。』可謂切中陋學之病矣。誅卯之事，亦此類也哉！

荀卿又曰：有父子訟者，孔子同狴執之，三月不別。其父請止，孔子舍之。季孫不説，孔子爲言教化不至、不當遂民之意，幾三百語。永嘉葉氏曰：『少正卯之誅，果於察姦，非先王之正刑。不治父子訟，以待其心之自回，所謂正刑也。』竊亦以爲不然。考諸《論語》，孔子之告子張曰：『不教而殺謂之虐。』曾子之戒陽膚曰：『上失其道，民散久矣。如得其情，則哀矜而勿喜。』荀卿之説，推此意而爲之耳。方之誅卯，固若近厚。至其過正而非人情，則一也。審可罪也，當卽刑之；審可恕也，當諭而遣之。幷執其父，三月不別，至於請止而後赦。吾不知彼之請止，果其心之回耶，抑不勝囚縶之苦而求脱也？使彼心不回而終莫之請，孔子將何以處之？且教化不至，非一日之故也。上未可責其遽行，下未可望其遽服，而凡有罪者，皆持此説以貸之，則小人得以藉口而益輕犯法矣。病痛發於身，而却藥投石，委之不治，曰是攝養之不至也。夫攝養不至，則信有罪矣，而已發之疾，亦安得不治乎？蓋《論語》云『不教而殺』者，謂其先務之不知，而專事其末耳，非以刑爲可廢也。『哀矜而勿喜』者，恐其以察慧爲能，而幸於殺人耳，非謂遂不治其罪也。荀卿因此設過正之事，以驚世俗，以爲衆疑於無罪者而遽誅之，疑於必殺者而卒赦之，操縱無常，開闔不測，此孔子所以異於凡人者，而不知聖人正不如是也。

元·郝經《續後漢書》卷八三上《録第一上·道術·正傳·孔子》 孔子以魯哀公十一年反魯，年幾七十矣。周行天下數十年，卒不能得位行道，如伏犧、堯、舜、禹、湯、文、武、周公之制度考文以經世，乃歎曰：『鳳鳥不至，河不出《圖》，吾已矣夫。』『文王既没，文不在茲乎！』於是乎始修經。時周室禮樂廢，《詩》、《書》缺，孔子乃推本始終運數，追迹二帝三王，討論《墳》、《典》，序《書》、《傳》，上紀唐虞之際，下迄周之秦穆，《典》、《謨》、《訓》、《誥》、《誓》、《命》之文，凡百篇，皆聖

賢義理精熟之格言，心傳口授，訏謨定命，建極垂世之要典，别爲《虞》、《夏》、《商》、《周》之《書》，帝王之制備矣。遂乃定禮樂，明舊章，就魯太師摯，考周樂，次《雅》、《頌》古詩三千餘篇。孔子去其重複，固陋不可以訓者，取其止於禮義、天理人情之正者，上采契、后稷，中述殷周，至於文、武、周、召、成、康之盛，極於幽、厲之衰，旁及列國，止於諸夏衰亂，五霸之末，陳靈之事，别爲四詩，《關雎》爲《風》始，《鹿鳴》爲《小雅》始，《文王》爲《大雅》始，《清廟》爲《頌》始。正風二國，變風十三國；正雅則文、武、成，變雅則厲、宣、幽；《王風》則平、桓、莊；《頌》則周、魯之後，終之以商。尊周親魯而本乎商，皆誦之歌之，弦之舞之，以求合《韶》、《武》之正音，以明中聲之所止，禮樂自此可得而述。乃始贊《易》，以伏犧、文王、周公之《易》爲經，爲經作《傳》，曰卦彖、卦象、爻象、《乾坤文言》、上下《繫辭》、《説卦》、《序卦》、《雜卦》。要終三聖之義，發道之藴，始言太極，以明天地萬物莫不本於理，立一易之根柢，爲造化之樞機。藏陰陽之首尾，統紀全體大用，運天極，奠地極，建皇極，敷人極。嚮之八卦之虚中，九章之寔中，堯、舜之執中，湯、武之建中，會而爲一中。凡《連山》之象，《歸藏》之理，不易之體，變易之用，大明始終，合爲一易。自太極推出動静、陰陽、剛柔、天地、人物，自人心推出命性、情欲、德行、事業，自卦畫推出奇耦、變動、意言、象數，自義理推出吉凶、悔吝、進退、存亡，爲死生之説，明幽明之故，指示鬼神情狀，言天地體數、大衍用數、乾坤策數。伏犧氏而上書所未有、世所未見者，則布濩攄泄，一無餘藴。伏犧氏而下書所浩疊、世所增益者，則皆芟夷振泐，但餘本真。於是外天地而無體之《易》，内天地而有體之《易》，外書契而無畫之《易》，内書契而有畫之《易》，不容辭説之《易》，辭説不盡之《易》，盡在於是。無非固有，莫不自然以爲道之大經，聖人之能事畢矣。

魯哀公十四年春，西狩大野，叔孫氏之車子鉏商獲麟，以爲不祥，以賜虞人。或告孔子，曰有麕而角者。孔子視之，曰：『麟也。孰爲來哉？孰爲來哉？』反袂拭面，涕霑袍曰：『吾道窮矣。弗乎弗乎！吾何以自見於後世哉？我欲載之空言，不如見諸行事之深切著明也。』乃即《魯史記》，修《春秋》，始於魯隱公之元年，終於魯哀公十四年之獲麟，凡十二公，二百四十二年。約其文辭而指博，萬六千餘言，以爲大經大法，明道之分而爲刑書。申侯以犬戎弑幽王，平王立於東都，不復父讎而反戍申，委文、武之宗廟，棄岐周以與秦，無恢復之志，絶王政之綱，自夷於列國而祇守虚位。及其末年，失道滋甚。以天王之尊，賵諸侯之妾。魯隱不請命而自立僞攝，以亂大倫，故於茲託始。皇一降而帝，帝一降而王，王一降而霸。平、桓而下，五霸迭興，禮樂征伐自諸侯出，故其事則齊桓、晉文。中於五霸之世，既而專於大夫，竊於陪臣，三綱淪，九法斁，名分委地而麟出非時，故以寓終。以『元年春王正月』六字如《乾》之六畫，以爲一經之綱。『元』即道體之『一』，猶《易》之太極也。『春』即道用之端，猶《乾》之『元』也。『王』者天位，惟皇作極也。『正』者人心，道之宰也。故君之始年，必書『元年』，以夏時冠周月，以正時加王於正，以大一統親魯尊周。尊王室，治諸侯，奪大夫，削陪臣，正君臣，篤父子，辨夫婦，定兄弟，曲爲絜矩，以篤忠、恕，要歸大公至正。災異變故則特書屢書，瑞慶常事則削而不録。行天子之事，以賞罰天下，纂承二帝三王之統，爲一王法。皆因事著義而無我。其間議而不辨，事而不辭，如天之不言，復乎伏犧氏無畫之初一，藏諸用。

《易》爲述道之書，《易》置兩畫，用六七十字而義理無窮。《春秋》爲用道之書，特書一『王』，筆削數十字而法制具備。故《易》如春，《書》如夏，《詩》如秋，《春秋》如冬。《易》、《書》爲陽，《詩》、《春秋》如陰。復如道體，分一乾坤。於是三皇五帝、三王五霸之運世，至此而終；禮樂刑政、紀綱法度之典籍，至此而備；男女夫婦、父子君臣之倫類，至此而明；王室諸侯之名分，至此而定；道德功力、聖賢才術之得失，至此而極；禪讓傳繼、征伐篡奪之變故，至此而周；性情形體、意言象數之藴蓄，至此而著；死生存亡、治亂安危之氣，至此而窮。有生之初，至於伏犧，則沉潛之極；書契以來，至於孔子，則表著之極。沉潛之極則散而託始，著見之極則聚而成終。故四經皆成於孔子，集列聖之大成，配天之四時，以爲萬世用。道爲無言之孔子，孔子爲能言之道。生民以來，復一太極也。

元·馬端臨《文獻通考》卷四三《學校考四·祠祭褒贈先聖先師》

按古者入學，則釋奠於先聖先師，明聖賢當祠之於學也。自唐以來，州縣

莫不有學，則凡學莫不有先聖之廟矣。然考之前賢文集，如柳子厚《柳州文宣王廟碑》與歐公此《記》及劉公是《新息縣鹽城縣夫子廟記》，皆言廟而不及學。蓋衰亂之後，荒陋之邦往往庠序頹圮，教養廢弛而文廟獨存。長吏之有識者，以興學立教，其事重而費鉅，故姑葺文廟，俾不廢夫子之祠，所謂猶賢乎已。然聖賢在天之靈，固非如釋、老二氏與典祀百神之以驚動禍福，炫耀愚俗爲神，而欲崇大其祠宇也。廟祀雖設而學校不修，果何益哉？

明·程敏政《明文衡》卷九《王廉〈迂論·孔子墮三都〉》　當定公時，三家專政久矣。昭公伐之不克，出亡八年，竟薨於乾侯。三家之不可去也，孔子豈不知之？知其不可去，顧爲大司寇，與之並立於朝，可謂知乎？吾知孔子之出仕也，不惟見用於定公，尤見信於三家，而三家聽孔子之行事也。不然，三家恐孔子之攻己，必沮孔子之進矣。何以知三家之聽孔子之行事也？吾見孔子行事而三家不疑，又使其徒季路爲之宰，而三家無間。十四年，孔子攝行相事，而三家又無沮意。由此而信之也。

既曰三家聽孔子之行事，則三都爲孔子之謀而自墮也，詎不信乎？朱子以爲三家自墮之，必不然矣。使其自墮三都，則三家之强也，爲何如哉！公室之弱也，爲何如哉！孔子畏其强而弱魯也，必有以沮之矣。夫三家憤陪臣之據其私邑，其欲墮之也，固三家之本心；又喜孔子以公義使己而墮之也。苟爲不然，孔子素知三家之擅政，不可以一旦奪，惡能以司寇之權而遽奪其三都而三家從之耶？是固勢不可行也。吾知孔子之爲是舉，其必有所恃矣。夫孔子以公義而使三家墮之者，非爲三家謀，爲魯謀也。魯墮三都，則三家弱而公室强矣。又何以知其非三家自墮之也？成叛。『十有二月，公圍成。公至自圍成。』信以爲三家自墮之，則三家自墮之矣，公何自圍之乎？而《春秋》又直以『公圍』、『公至自圍』書之乎？吾於是益信墮三都之事，爲孔子之謀也，非三家自墮之也，明矣。朱子以爲三家挾公而圍之。夫三家之勢至於挾公，則魯微矣，有甚於受女樂而怠於政事者。受女樂，怠於政事，他日，孔子猶託以微罪行，而於其挾公之日乃不去之，何哉？吾於是又益信非三家之挾公也，明矣。

夫三都墮，三家豈不知孔子之弱己？其意若曰，與其使陪臣之强爲己弱，孰若使公室之强以自贖哉？論至於此，而後知三家之從孔子之化矣，而後知三家之聽孔子之行事爲無疑也。《公羊》謂『孔子行乎季孫，三月不違』是也。惜乎其蔽已深，如僭禮樂者不能盡革之，矧孔子以司寇之任，視相爲輕也！孔子之仕魯而化魯之君臣，十得其二三焉，宜乎孔子之不久於魯也。抑墮郈書叔孫州仇，墮費書季孫斯、仲孫何忌，而不書公者，三家以公義帥師，謀出於公室，猶公之師也。十年再圍郈，亦然。孟孫不能墮成，及成叛，公乃自圍之耳。圍之不克，不可謂孔子爲失計也，《傳》曰『戰不正勝』是已。《左氏》以孟孫聽公斂處父之謀而不墮成，故公自圍之，容或有之。其曰『費人襲魯，公入於季氏之宫，登武子之臺。費人攻之，弗克，入及公側。仲尼命申句須、樂頎下，伐之，費人北。』使誠有之，孔子之謀，信亦疏矣；孔子之舉，信亦危矣。殊不知公山不狃以費叛，召孔子之時，按《史記》乃定公九年，在孔子爲中都宰之前。經不書費叛者，以費叛季氏，非叛魯也。十二年，季孫斯、仲孫何忌以公義一舉墮費，無叛事。如《左氏》所云，朱子反以《史記》爲妄，而信《左氏》，遂以墮三都爲非孔子之謀，而爲三家自墮之論。是年，孔子爲大司寇，方用事於魯，惡得欲赴費人之召？且費叛，而孔子乃欲舍魯之睦，背季氏而去，豈人情哉？

九年，孔子未仕，歎道未行，故有興周之念而欲赴費。然知其人終不可化，而卒不往，亦乘桴浮海之意。今已見用，而其化及於季氏矣。使於是時費果叛，孔子欲赴之，何哉？由是觀之，費叛在九年審矣。《左氏》之妄，又無疑矣。吁！千載之下，雖朱子之考覈精詳，猶爲《左氏》所惑，況他人乎！蘇子以晏嬰爲國以禮之事方之，蓋亦惑於《左氏》者也。予反覆推究其情，直據經史而以理折之如此。專經之士幸勿斥其妄而去取之，幸甚。

明·湛若水《格物通》卷六九《任相上》　臣若水通曰：鄆、讙、龜陰，皆魯舊三邑，所謂汶陽之田是也。歸者，復其舊物也。不曰歸而曰來歸者，齊人心服而歸之也。魯之田，入於齊久矣。一旦曷爲而來歸焉？蓋定公得孔子爲之攝相也，故能深服齊人之心，化强暴而爲效順耳。定公會齊侯于夾谷，孔子攝相，事具《左氏》。司馬以從，斬侏儒，却萊夷之兵，罷享禮于野，凜乎邪正内外之防。此齊人所以心服而還所侵之疆，相之得人之效也。使當時不用孔子，吾見魯其岌岌矣乎，況能復數十年之侵

疆耶？相之得人，其效有如此者，然而猶攝相之耳。使委心任之，舉國以聽，則魯之治，豈不爲東周哉！故國之有相，猶屋之有楹，所任重矣，可不慎歟？

明・黄訓《名臣經濟録》卷三〇《禮部祠祭下・吴沉〈孔子封王辯〉》　後世之禮，有甚似而實非者，不可不察也。且以追謚夫子爲王言之。夫子，聖人也，生不得位，没而以南面之禮尊之，其説似矣。然王，君之號也；夫子，人臣也。生非王爵，死而謚之，可乎哉？昔者吾夫子嘗有言曰：『必也正名乎！』又曰：『名不正則言不順。』臣而王之，于名正乎？于言順乎？春秋之時，列國有僭王稱者矣。《麟經》之筆，削而黜之。蓋名者，實之著。無其實，有其名，謂之淫名。夫子之生也，不獲有尺寸之土，今而以有天下之號，歸之在天之靈，其肯歆之乎？嗟夫！有德者必有位，理之常也。有其德而無其位，此則夫子之不幸也。曾謂無實之稱，而足以爲聖人榮乎？或曰：夫子之道，王者之道也。謂仲尼素王，其來久矣。奚至今封之而不可？曰：謂夫子有王者之道則可，謂夫子有王者之號則不可。昔夫子病，子路使門人爲臣。夫子責之曰：『久矣哉！由之行詐也。無臣而爲有臣。』夫無臣不可以有臣，非王而可以師稱王乎？聖人不敢欺天也，人其可以欺聖人乎？

然則當若之何？曰：夫子之澤，不被于當時；而其教，實垂于萬世。褒之以王者之貴，曷若事之以師之爲尊乎！《書》曰：『天降下民，作之君，作之師。』古者治、教之職不分，君卽師也，師卽君也。二帝三王，盡君、師之責者也。若夫子，則不得君而爲師者也。師也者，君之所不得而臣者也。故曰：『雖詔于天子，無北面，所以尊師也。』彼以王爵之貴爲隆，以稱師者習俗之見也。考之經，在當時聖門高弟之稱其師，有曰『孔子』，有曰『夫子』，其孫子思直字之曰『仲尼』。蓋夫子既無爵謚，則稱之者不曰『仲尼』，必曰『夫子』。觀其門人弟子之不敢過號其師，則知以無實之謚加于聖人，必非聖人之意也。

天下之論，每病于狗同惡異，而不本乎至公至當之理。談夫子之封王，則必相與和之，以爲誇大矣。謂夫子不當封王，則必相與咻之，以爲狂怪矣。吁！此所以行之數百年之久，而未有敢議其非者。彼之不敢議，必曰我畏聖人也。此非畏聖人也，畏天下之罪己也。若吾之説，則雖得罪于天下，不恨也，懼得罪于聖人而已。曰：請問今將何以尊聖人？曰：在明其道，不在乎王不王。

又《楊守陳〈論尊孔子帝號〉》　時有言者，請尊孔子以帝號，而加籩豆、舞佾，以稱其衮冕，一如天子制。有司沮之。乃遷其説，謂不加帝號猶可，而籩豆、舞佾在所必加，朝廷從之。加籩豆十二，舞佾八，此固追崇先聖之盛典矣，然猶未臻于極焉。孔子道德教化之盛，賢于堯、舜而配天地。自生民以至于今，一人而已。後世人君皆師之，則皆其弟子也，稱爲先師，固當矣。若追崇之典，必當臻乎極而後已焉。夫禮，因人情，以義起。周公制禮，追王其父、祖，前未有也。師生之義，與父子之恩同。子可以追王其父，則生亦可以追王其師。況孔子又萬世一人，後王實被罔極之恩者乎！近世人君，師孔子而追王之，固禮也，而未爲之至者。古之皇、帝、王，皆因時建號，非有等差。自秦始稱皇帝，而後世有天下者，無不稱帝。其祖父雖編氓伍卒，亦追帝之；而族屬功臣，則皆封之爲王。于是帝爲君號，王爲臣爵，懸絶矣。君于臣禮，當其爲師則不臣也。況異代之聖師，而可臣耶？王孔子而不帝，是猶臣之也，其可乎？必帝之，乃見不臣之禮，而爲尊崇之典之極焉。

在宋真宗，已欲帝之矣。其下不能將順而沮之，謂孔子，周之陪臣。周止稱王，不當加以帝號。夫謂之周陪臣，則雖公之與魯公班且不可，況王之與周埒乎！既王之，則固謂其爲萬世之聖師，而不以周之陪臣視之矣。于周何預而不當帝耶？故先儒羅從彦謂：可加以帝號而褒崇之。誠百世不易之至論也。今言者，遷就有司之説，謂孔子周人，當用周制。王乃天王之王，非國王之王，故不帝猶可。在後世，則帝之與王，猶天、澤之不可混，猶冠、履之不可殺矣，尚可以周制論哉？尊異代之聖師，而用當代之臣爵，曰此天王也，彼國王也，則亦非正名別嫌之禮矣，孰若初説帝號之爲確乎？

我太祖高皇帝之定祀禮也，凡岳鎮海瀆，皆革去舊制，止以山水本名稱其神，若所謂東岳泰山之神是已。至于忠臣烈士，亦止稱當時爵號，而革去後世之封，若所謂吴泰伯之神是已。獨孔子善明先王之道，爲天下師，以濟後世，非有功于一方一時者比，故不稱魯大司寇，而仍舊號大成至聖文宣王。其尊崇之意極至而無以加矣。但當時未有援宋真宗、羅從彦

告者，故未及帝之耳。今有司沮言者，迺謂舊制而不肯更。夫以太祖尊崇聖師之心，如彼其至，苟聞今議，有不幡然更耶？彼有司于異端與他政，弗能一一遵舊制也，而此獨曰舊制，豈舊制果不敢更耶？

又謂：孔子之道，惟在君臣身體而力行之；謚號器數，皆不足較。夫道在身體力行，是矣。餘亦安可置之？如彼其説，則明王但奉天道，繩祖武，足矣。而又尊稱上帝，追王先公，制爲郊社禘嘗之禮樂，皆必極其至而足爲萬世式者，何耶？有司之議，過矣。然自漢以至于今，儒之僻陋者豈獨不欲帝吾聖師？雖公之王之謚加數字，天子拜之，郡縣祀之，冕服、籩豆、舞佾如天子制，皆謂不可。甚而謂獻官以皇帝遣而北面揖，其禮太重，請改東面。此豈特不知禮而已，蓋亦無是非之心者也。然人心之天理，自久而明；萬世之公論，卒定于一。故既王之，又累字謚之；天子北面拜之，郡縣通祀之，而全用天子之禮樂矣。獨帝號未加，尚爲闕典。今若不加，後世亦必有加之者。聖皇良弼，豈容有缺典，待後世哉？行將舉此至極之盛典，超百王而憲萬世也歟？《鏡川文集》。

明·丘濬《大學衍義補》卷八〇《崇教化·崇師儒以重道》 臣按：孔子爲儒道之宗，萬代綱常之主，上焉而伏羲、神農、黄帝、堯、舜、禹、湯、文、武周公之道賴之以明。不有孔子之六經，則所謂十聖人者，世之人或有不得其詳者矣。孔子以身立教，以言垂教，使天下後世知有彝倫之理，中正之道。君子得以聞大道之要，小人得以蒙至治之澤，一皆吾聖人作經垂訓之功也。是以帝王有志於盛德大業者，固皆崇重其道，則雖幼冲之君如漢平帝，不學之主如周太祖，多欲之君如元武宗，皆知所以崇重焉。可見天理之在人心，其所以秉彝好德者，初不間於智愚、賢不肖與古今也。矧夫聰明睿智之君，而處夫崇高富貴之位，且又當夫重熙累洽之時，可不知所以崇重之哉！雖然，與其崇聖人以虚名，孰若遵聖人以實理！唐玄宗謚聖人以『文宣』，似矣，然而麀聚瀆倫，聖道安在？宋真宗加聖謚以『至聖』，似矣，然僞作天書，聖道如何？臣故曰：與其崇聖人之虚名，孰若遵聖人以實理！

明·何孟春《何文簡疏議》卷二《正祀疏》 奏爲崇正祀典事。【略】計開：一、考孔子廟祀，漢晉及隋，或號先師，或稱先聖，宣尼、宣父，不越公稱。至唐玄宗，始謚爲文宣王。而『至聖』之謚，加於宋真宗；『大成』之號，增於元成宗，國初未有改也。然則帝號之追謚，其不有待於今日耶？宋真宗未加謚前，嘗詔禮臣定議爲帝。李清臣曰：『周室稱王，陪臣不當爲帝。』其事遂止。清臣之言，豈無可易者哉？孔子大聖，有位無位，非所損益，而道則配乎天地，功則賢於堯舜。後世尊崇，惟知其爲萬世帝王之師，何與於周？異代陪臣，其何嫌疑之有？而李清臣徒以其位言之。必如所云，公亦不可稱矣。清臣得罪聖門，至今人心不能無筆誅之忿。

近時有建言者，或又爲之辭曰：周天子稱王。孔子，周人也，而稱王，是即尊以天子矣，不當再改稱帝。此論臣亦竊有未安。夫帝王，皆古天子之稱，誠非有差級。然自秦漢以來，天子稱皇帝，而分封其臣下有功者及宗支爲王，迄今然也。聖朝之制，既以王卑於帝，則在當時所以尊崇孔子者，又何必泥於周之所謂王者，而曰此周天子之稱哉？大聖無所假於位，至尊極徽之號，非在天之靈所有望於後世，而尊崇之典，則不容不隨代而致隆也。元成宗加以『大成』之號，出自孟子『集大成』之説，可謂尊孔子矣，而名位未加，尚不足以盡尊崇之道。孔子以帝王之道教萬世，獲大行於聖朝。列聖以帝王之道治天下，蓋有徵於孔子。國朝孔廟享祀，循舊樂，用六佾，憲宗皇帝益而爲八。百代之下，誰敢易焉？此追謚孔子爲帝之典，臣所以重有望於今日，梅福勉其君所謂不滅之名者也。

明·馮從吾《少墟集》卷七《寶慶語録》 以孔子自期，則可；以孔子自任，則不可。以孔子望人，則可；以孔子責人，則不可。只爭一念，遂隔千里。

宋儒云：天不生仲尼，萬古如長夜。余亦云：人不學仲尼，萬古如長夜。

明·李之藻《頖宮禮樂疏》卷一《聖朝釐正疏》 世宗肅皇帝嘉靖九年十二月，詔釐正祀典。御製《正孔子祀典説》曰：朕惟孔子之道，王者之道也；德，王者之德也；功，王者之功也；事，王者之事也。特其位也，非王者之位焉。昨輔臣少保張璁再疏，請正其號稱、服章等事，已命禮官集翰林諸臣議正外，惟號與服章二事，所關者重，亦關於朕者，不得不爲言之。朕惟我聖祖高皇帝應天作辟，以繼羲農堯舜而君天下，傳至我皇兄。皇兄升遐，以朕爲我皇考至親之子，命入奉大統，繼承宗祀，

以主郊廟百神爾。豈敢於義理不當爲者，而率爲之？茲所議祀典，亦未爲輕，而號稱、章服，實又重焉。

孔子當周家哀時，知其不能行王者之道耳，乃切切以王道望於魯、衛二國，二國之君竟不能明孔子之道。孔子既逝，後世至唐玄宗乃薦謚曰文宣，加以王號；至元又益其謚爲大成。夫孔子之於當時諸侯有僭王者，皆筆削而心誅之，故曰『孔子作春秋，而亂臣賊子懼。』孔子生如是，其死乃不體聖人之心，漫加其號。雖曰尊崇，其實目爲亂賊之徒，是何心哉？又我聖祖當首定天下之時，命天下崇祀孔子於學，不許祀於釋老宮；又除去塑像，止令設主；樂舞用六佾，籩豆以十。可謂尊崇孔子，極其至矣，無以加矣。特存其號，豈無望於後人哉！亦或當時草創，未暇歟？至我皇祖文皇帝，始建北京國學，因元人之舊，塑像猶存，蓋不忍毀之也。又至我皇祖考，用禮官之議，增樂，舞用八佾，籩豆用十二，牲用熟，而上擬乎事天之禮也，略無忌焉。夫孔子設或在今，肯安享之？昔不觀魯僭王之禮，寧肯自僭祀天之禮乎？果能體聖人之心，决當正之也。至於稱王，賊害聖人之甚。王者，己有是德宜居是位，堯、舜是也。無其德而居是位者，昏亂之君，如桀、紂、幽、厲是也。若至於後世之爲君而居王者之位者，其德於孔子，或二三肖之，十百肖之，未有能與之齊也。至我太祖高皇帝，雖道用孔子之道，而聖仁神智、武功文德宜與堯、舜並矣，恐有非孔子所可擬也。由是觀之，王者之名不宜僞稱，王者之德不容僞爲。僞稱者近於僭亂，僞爲者其實有未盡之也。

至於章服之加，因其位耳。孔子昔曰：『名不正則言不順，言不順則事不成。』何其不幸，身遭之哉！夫既以王者之名而横加於孔子，故使顔回、曾參、孔伋以子而並配於堂上，顔路、曾皙、孔鯉以父從列於下。安有子坐堂上而父食於下乎？此所謂名不正者焉，皆由綱領一紊，而百目因之以隳。傳至有宋，而程頤以親接道統之傳，遂主英宗不父濮王之禮。誠所謂『是可忍也，孰不可忍也』之明驗哉！今也不正，滋來世之非道，將見子不父其父，臣不君其君，内離外叛，可勝言哉！除待該部集議施行，茲朕不得不辨，亦不得不爲輔臣辨。璁也爲名分也，爲義理也，非諛君也，非滅師也。若朕所正者，亦如是，所以防閑於萬世之下也。設或有謂朕以位而凌先師，實非知原心者。是爲説。

明・黃淳耀《陶菴全集》卷四《史記評論・孔子世家》 甚矣，王安石之愎而不通，狠而不遜也。孔子適魯，適衛、齊、宋、鄭、陳、蔡，此以何爲哉？而安石曰：『烏在其爲行道？』太史公作《孔子世家》，附諸侯國之後，此特筆也。孔子龜蒙布衣，據魯親周，使列之本紀，則非其心也。然而大聖人梗概，又不可夷於列傳，故特爲世家以抗之。當西漢儒風尚微、黃老恣横之日，太史公能尊尚孔子，不遺餘力如此，豈非豪傑之士哉？安石乃曰：『處之世家，仲尼之道不從而大；置之列傳，仲尼之道不從而小。』甚矣，其愎而不通，狠而不遜也。

清・馬驌《繹史》卷八六之四《孔子類記四》 昔者夫子生於魯而不見用，唯定公能一用，用又弗終，以至周遊列國，列國亦弗克用，終老於魯。嗚呼！聖人之窮也。定公十年，及齊平，公會齊侯于夾谷。齊、魯之不協久矣，一旦以玉帛相見，實夫子司寇攝相之日。齊犂鉏之言曰：『魯用孔子，其勢危齊。』爲是變計而脩好，非畏魯國，蓋畏魯國之能用聖人焉。乃齊復懷詐，孔子歷階以却之，義正辭嚴，寓折衝於樽俎，罷會歸田，齊之君臣固心服焉。文事武備之説，猶其後矣。夫子爲政，化行俗美而章甫作誦，教施政治而賈鬻無欺，既而紬藏甲，墮私都，三桓乃滋懼矣。夫三家秉政，亟欲自樹，然而陪臣内叛，彊鄰外擾，安内攘外，謂非孔子不爲功而不虞其病己也。齊之君臣日謀所以去孔子而不得，而魯人且將自去之。女樂來饋，彼婦興歌，而孔子不果留矣。

前此爲委吏，宰中都，小試於魯，夫子不辭其卑；由司空而司寇，由司寇而攝相，是時夫子年五十餘矣。三年之内，若將大行而復中沮，於是適衛適鄭，適曹適楚，畏於匡，困於宋，厄於陳、蔡之間，皆非夫子所得已也。夫子所眷眷不忍去者，惟是父母之邦耳。轍環數載，興懷擇木，魯人召之而卒不能用也。夫子知天下之終不我用也，退而修《詩》、《書》，正禮樂，贊《易象》，作《春秋》。未幾，夫子卒矣。是時哀公微弱，三桓益彊，用田賦而不禁，討陳恒而不從，乃『煢煢』一誄，徒致慨於哲人。其萎之後，哀公之不振，是又昭、定之弗若也。嗚呼！使夫子而爲帝也，聖不過堯、舜；使夫子而爲王也，賢不過湯、文；使夫子而爲相也，功業不過稷、契、伊、周。若夫垂憲百王，作法萬世，天之篤生夫子，非區區魯國所得私也，則魯之不用夫子也固宜。

清·高士奇《左傳紀事本末》卷一五《孔子仕魯》 臣士奇曰：天之生孔子，爲天下萬世也，非爲魯也。故魯卒不得而用之，然而聖人大可爲之兆，已略見于魯矣。夾谷之會，犂彌言于齊侯曰：『孔丘知禮而無勇，若以萊人劫魯侯，必得志焉。』吁！孔子豈無勇者哉？聖人所以勝天下者，理而已。仁義足以爲甲胄，忠信足以爲干櫓。故曾子謂子襄曰：『吾嘗聞大勇于夫子矣：自反而不縮，雖褐寬博，吾不惴焉；自反而縮，千萬人，吾往矣。』大勇者，理勝之謂也。登壇數語，而裔俘卻，兵車拒，野享罷，久縕之三田，不待兵革而自歸魯，于時不誠赫然一變其積弱之舊哉？夫鄰封震慴，而內之蝥賊不除，則公室欲張而不得也。爲是申大都不耦國、家富不藏甲之制，隳三都，翦羽翼，揮申須之戈，從容以定變，誅亂政之首，次第以改絃。當是時，使不以彼婦之□，中沮其用，俾至于朞月、三年，東周之治，豈徒託諸空言哉？惜乎魯之不能用也。諸弟子多才多藝，文武兼資。由之信義，著于諸侯，至以千乘之國，不信于盟而重其言。三都之墮，由實左右之。賜也掉三寸之舌，屢抗長蛇之吻。康子不出門，敦槃不再設。藩舍之衛君，獲有寧宇。而于郊稷曲之役，遲也慫惥之，求也用矛以入之。柴雖懦，其儒行亦足以光重魯國，則不可謂聖賢之無益于時也。若夫田賦用而微詞以示箴，舒州弒而抗聲以請討，聖人雖老不得志，何嘗忘心當世者？傷麟道窮，兩楹告夢，生不能用，死乃誄之，誠可惜也。雖然，聖人之生，非爲魯也，爲天下萬世也。

清·顧棟高《春秋大事表》卷四五《亂賊表·孔子請討陳恒論》 案左氏續經傳：哀十四年，齊陳恒弒其君壬于舒州。孔子齊三日，而請伐齊。公曰：『魯爲齊弱久矣。子之伐之，將若之何？』對曰：『陳恒弒其君，民之不予者半。以魯之衆，加齊之半，可克也。』嗟乎！此誠知己知彼，乘機赴會，足徵大聖人經濟不外尋常理勢之中。而子程子顧絀之，謂如是，是以力，不以義。孔子之所以勝齊者，特其餘事耳。豈計魯人之衆寡？嗚呼！先生此言，殆失之矣。

夫興師討罪，兵凶戰危，必計出萬全而後可舉事。若不計其力之不能，則如王玄謨之伐魏，韓侂胄之伐金，何嘗不名正言順，而卒喪師辱國，蹙地千里。若謂名其爲賊，無憂不服，則如漢翟義之討莽，唐徐敬業之討武氏，海內翕然稱義舉，終于家族誅夷，身首異處。又其甚者，董承、伏完之于曹氏，毒流帝后，漢祚旋移。是皆無益于事而禍敗隨之。是以君子必審計利害，而不忍輕以民命爲嘗試也。且其言曰：上告天子，下告方伯。此尤迂緩不識時務之論。

夫陳氏之愚其民，久矣。獨當驟弒簡公，人心惶駭。齊之義士，尚有挾公憤而思食其肉者。簡公之人，尚有念故君而欲報其仇者。故其道可急取，不可緩圖；宜獨斷，不宜牽制。必若告于天子方伯，無論周天子守府，而當日之方伯則晉也，且聽命于韓、趙、魏，與陳氏唇齒耳，告之萬萬無益。而周、晉去魯俱二千餘里，往返動羈時日，徒令陳氏得以其間收合人心，誅鋤異己，雖復討之，勢必不克。且程子之謂告之者，豈謂其真能命將興討罪之師乎？抑明知其不可而姑告之，以爲名乎？不知其不可，是愚也；明知其不可而姑告之，是僞也。曾謂大聖人而出此？

然則孔子之志宜奈何？曰：魯之兵權在三子，而三子之兵權在家臣。觀陽貨、弗擾且能以其衆畔，而冉求、季路獨不可出其兵，以仗義討賊乎！孔子能使由、求墮費墮郈，而三子靡然聽從，豈孔子當日奉魯君之命，命家臣出其卒，而三子敢或梗令乎！誠得哀公一言聽許，委夫子以兵權，空魯國之甲，使家臣將之，此時子路雖仕衛而冉有自在也，加以樊遲、有若皆勇銳之士，移檄遠近，聲罪致討，吾知四鄰諸侯必有聞風響應，而齊之甲士且倒戈來迎。縱不能梟陳恒之首，亦當誅當日之推刃于齊君者，而更定齊嗣。如此，則國威可振，周道可興，夫豈空言而不可見諸實事者哉！宋之儒者以力爲諱，而但執正誼不謀利之說。謂事第當揆于義，不論其力之能不能。如此則《書》所謂『同力度德』，孔子『好謀而成』，非矣。孔明之成敗利鈍，非所逆睹，蓋謂其謀出萬全，至事之萬有一失，則聽之天耳，夫豈僥倖以嘗試者哉！余向惡夫世之詆訾宋儒者，至先生此論，心竊疑其有未然，故備論之。

黄楚望氏曰：陳恒之事，魯若任孔子，亦不得不用魯衆加齊半之說。蓋聖人德義雖孚于人，然亦須臨事而懼，好謀而成，豈得全然不論兵力？故當斟酌事情與彊弱之勢，以告君也。

清·李鍇《尚史》卷八二《孔子繫》 贊曰：孔子，至聖也。說者至衆，要皆揣摹之辭。謹采其切實，著之《傳》。嗚呼！天地不尸其生，聖人不專其名。世以一端測之，謬矣。

清·趙翼《陔餘叢考》卷二一《素王》　《莊子·天道篇》：「虛靜恬淡，以之處下，玄聖素王之道也。」《史記》：「伊尹見湯，言素王及九主之事。」注云：「素王者，太素之王，其道質素也。」是尚未以專屬孔子。蓋古來原有此語，謂聖人之窮而在下者耳。《家語》：「齊太史子與見孔子，退謂南宮敬叔曰：『天將欲與素王之乎？』」此孔子稱素王之始。王充《論衡·超奇篇》云：「孔子之《春秋》，素王之業也；諸子之傳書，素相之事也。」諸子謂陽成子作《樂經》，揚子云作《太玄經》也。又《定賢篇》云：「孔子素王之業在《春秋》，桓君山素丞相之迹在《新論》。」則又有素相、素丞相之稱。杜預《左傳序》謂：「孔子修《春秋》，立素王，左邱明爲素臣。」

藝文

南朝梁·蕭衍《梁武帝集·撰〈孔子正言〉竟述懷詩》　志學恥傳習，弱冠闕師友。愛悅夫子道，正言思善誘。刪次起實沈，殺青在建酉。孤陋乏多聞，獨學少擊叩。仲冬寒氣嚴，霜風折細柳，白水凝澗谿，黄落散堆阜。康哉信股肱，惟聖歸元首。獨歎予一人，端然無四友。

隋·牛弘《牛奇章集·先聖先師歌·誠夏》　經國立訓，學重教先。《三墳》肇册，《五典》留篇。開鑿理著，陶鑄功宣。東膠西序，春誦夏弦。芳塵載仰，祀典無騫。

宋·李昉等《文苑英華》卷三二〇《［隋］劉斌〈和謁孔子廟〉》　性與雖天縱，主世乃無由。何言太山毁，空驚逝水流。及門思往烈，入室想前脩。寂寞荒堦暮，摧殘古木秋。遺風煖如此，聊以慰蒸求。

又　卷一七一《唐玄宗〈經鄒魯祭孔子而歎之〉》　夫子何爲者？栖栖一代中。地猶鄹氏邑，宅即魯王宫。嘆鳳嗟身否，傷麟怨道窮。今看兩楹奠，當與夢時同。

唐·張説《張燕公集》卷三《應制奉和》　孔聖家鄒魯，儒風藹《典》、《墳》。龍驂迴舊宅，鳳德詠餘芬。入室神如在，升堂樂似聞。懸知一王法，今日待明君。

唐·張九齡《曲江集》卷二《奉和聖製經孔子舊宅》　孔門太山下，不見登封時。徒有先王法，今爲明主思。恩加萬乘幸，禮致一牢祠。舊宅千年外，光華空在茲。

唐·羅隱《羅昭諫集》卷三《謁文宣王廟》　晚來乘興謁先師，松柏凄凄人不知。九仞蕭牆堆瓦礫，三間茅殿走狐狸。雨霖狀似悲麟泣，露滴還同歎鳳悲。倘使小儒名儱立，豈教吾道受棲遲！

又　《代文宣王答》　三教之中儒最尊，止戈爲武武尊文。吾今尚自披蓑笠，爾等何須讀《典》、《墳》！釋氏寶樓侵碧漢，道家宫殿拂青雲。若教顔、閔英靈在，終不羞他李老君。

清·岳濬等［雍正］《山東通志》卷三五之一下《藝文志一·［宋］呂蒙正〈題闕里〉》　南沂西泗繞晴霞，北岱東蒙擁翠華。萬里冠裳王者會，千年鄒魯聖人家。高林蔽日無巢鳥，古碣埋雲半吐花。瞻望宫牆空佝僂，敢從滄海問津涯。

宋·邵雍《擊壤集》卷一二《思聖吟》　不逢聖人時，不見聖人面。聖人言可聞，聖人心可見。

又　《仲尼吟》　仲尼生魯在吾先，去聖千餘五百年。今日誰能知此道，當時人自比于天。皇王帝伯中原主，父子君臣萬世權。河不出圖吾已矣，脩經意思豈徒然！

又　卷一五《瞻禮孔子吟》　執卷何人不讀書，能知性者又何如。工居天下語言内，妙出世間繩墨餘。陶冶有無天事業，權衡治亂帝功夫。大哉贊《易》脩經意，料得生民以後無。

《全宋詩》卷一七九六《張九成〈論語絶句〉》　夫子當時議逸民，舉皆未必見其真。唯吾無可無不可，所以巍然號聖人。

宋·陳傅良《止齋集》卷四《教授李夢符惠宣聖畫像用韻奉酬》　一藝必有師，尚論襄與夔。一國必有師，尚論管與伊。信知師道尊，分與君父夷。吁嗟文王没，斯文屬之誰？微言二十篇，論次自學而。傳之者顔、曾，其後則子思。方當周之衰，諸子出怪奇。王公各師承，一語可解頤。見之擁篲迎，不見嚬其眉。孟子獨推尊，是惟聖之時。苟不本孔氏，皆放其淫詞。於是尊孔孟，誕作百世師。自非戎翟秦，孰背此道馳？本朝郡爲學，薄海尸祝之。往往屈萬乘，降升廟庭垂。我作暮春堂，《魯論》以自隨。扁題落天上，鬼遁蛟龍移。江山護昭回，誰敢或訕嗤？中有夫子

像，来從魯家兒。廣文以遺我，温厲尚可追。吾今得吾師，下視衆説卑。世世萬子孫，永此巢一枝。

宋・陳淳《北溪大全集》卷三《訓兒童八首・孔子》　孔子生東魯，斯文實在茲。六經垂訓法，萬世共宗師。

宋・陳普《石堂先生遺集》卷二〇《詠史上・孔子》　絶糧之慍鮮知德，浮海之喜無取材。子思、孟軻緣忘事，列之舜禹與顔回。

宋・王柏《魯齋集》卷一《疇依》　生民以来，未有孔子。金聲玉振，始終條理。五經之道，天地同流。立此人極，萬世東周。

金・元好問《遺山集》卷二《曲阜紀行十首（選三）》　荒城卧魯甸，寒日澹平蕪。千年素王宫，突兀此城隅。我昔入小學，首讀仲尼居。百讀百不曉，但有唾成珠。少長授《魯論》，稍與義理俱。攝齊念升堂，壞壁想藏書。翩翩七十子，佩服見舒徐。慨然望闕里，日思膏吾車。五原東北晉，因循迫桑榆。今日復何日，南冠預庭趍。隱隱金石聲，怳如夢清都。偉哉神明觀，欣幸當何如。

殿屋劫火餘，瓦礫埋荒基。入門拜壇下，儼然想光儀。憶當講授初，佩服何逶迤！登降幾何人，鸞鳳相追隨。千年仰階級，天險不可躋。文杏誰此栽，世世傳清規。植根得所託，在木將何知。

天地有至文，六籍留聖謨。聖師極善誘，小智秖自愚。文章何物技，不直咳唾餘。操戈競虚名，望塵拜高車。所得不毫髮，咎責滿八區。公論懸日星，豈直小人儒。喻彼失相者，倀不知所如。指南一授轡，聖門有修途。陽光照薄暮，尚堪補東隅。悠哉發深省，灑掃今其初。

元・楊奐《還山遺稿》卷下《謁聖廟》　會見春風入杏壇，奎文閣上獨凭欄。淵源自古尊洙、泗，祖述何人似孟、韓。竹簡不隨秦火冷，楷林空倚魯城寒。飄零踪迹千年後，無復東西老一簞。《闕里志》。

元・郝經《陵川集》卷三《曲阜懷古・杏壇》　天地一生意，孔門儘春風。喜聞夫子道，歌詠各雍容。當時説春王，元化開無窮。杏壇仁義香，不見花白紅。庭中手植檜，霜幹參青空。幾回比歲寒，亦指徂徠松。有席不暇暖，木鐸摇西東。桓魋怒拔樹，仗劍邀其窮。回車殺鳴犢，擇木視飛鴻。燕居都幾年，一世如斷蓬。誰知千萬世，遂爲吾道宗。枝葉今尤多，春來花更濃。昨朝上丁罷，醉殺守祠翁。

又《奎文閣》　新宫拜小寢，旋上奎文閣。欄龕紫苔深，簷傾青瓦落。佇立思聖人，音容儼如昨。臨深敢爲高，犇逸不可學。闕里泰山前，洙泗墳林脚。道德並流峙，鳶魚各飛躍。靈光秋草没，泮水清霜涸。返照入顔巷，無人有餘樂。舉手捫天星，絡繹光閃爍。何時五曜入，晃朗璧府廓。歸馬掃欃槍，勝殘沉貫索。忽聞金石聲，殷殷地中作。青天有太陽，莫漫螢火爝。

元・同恕《榘菴集》卷一五《獲麟圖》　靈物天開瑞聖符，手中有筆紹唐虞。九原若對桓文説，淚更多於反袂圖。

明・莊昶《定山集》卷五《謁孔廟》　萬里乾坤萬水東，偶從廟貌得瞻崇。六經此學千年外，萬古心香一瓣中。自有此天人不夜，雖無壇樹杏長紅。何人主静濂溪後，不到門牆自聖功。

明・陳獻章《陳白沙集》卷八《次韻莊定山謁孔廟》　六經如日朝出東，夫子之教百代崇。揆之千聖無不合，施之萬事無不中。水南新抽桃葉碧，山北亦放桃花紅。乾坤生意每如是，萬古不息誰爲功。

清・朱彝尊《明詩綜》卷一《憲宗純皇帝〈闕里孔子廟詩〉》　天生孔子，縱之爲聖。生知安行，仁義中正。師道興起，從游三千。往聖是繼，道統流傳。六經既明，以詔後世。三綱五常，昭然不替。道德高厚，教化無窮。人極斯立，天地同功。生民以來，卓乎獨盛。允集大成，實天所命。有天下者，是尊是崇。曰性聖道，曷敢勿宗？顧予眇躬，承此大業。惟聖之謨，于心乃愜。用之爲治，以康兆民。聖澤流被，萬世聿新。報典之隆，尤在闕里。廟宇巍巍，于茲重美。文諸貞石，以光于前。木鐸遺響，於千萬年。成化四年六月

又《孝宗敬皇帝〈闕里孔子廟詩〉》　聖人之生，天豈偶然？命之大君，俾贊化權。二帝三王，君焉克聖。繼天立極，道形於政。大化既洽，至治斯成。巍巍蕩蕩，渾乎難名。周政不綱，道隨時墜。孔子聖人，而不得位。乃稽羣聖，乃定六經。萬世之師，於焉足徵。自漢而下，數千餘歲。褒典代加，有隆無替。於皇吾祖，居正體元。六經是師，卓爾化原。列聖相承，先後一揆。逮及朕躬，思弘前軌。廟貌載崇，祀事孔禋。經言典訓，彌謹彌敦。俗化治成，日升川至。斯道之光，允垂萬世。弘治十七年閏四月

明・李東陽《懷麓堂集》卷九六《曲阜紀事》 天下衣冠仰聖門，舊邦風俗往來敦。一方烟火無菴觀，本縣，僧道不入境。三世絃歌有子孫。城郭已荒遺址在，書文半滅古碑存。憑誰更續東遊記，歸向中朝次第論。

明・張吉《古城集》卷五《曲阜謁孔廟》 三才本參列，人道鎮無虧。克肖二儀者，茫茫知爲誰。帝業至勳華，中天揚皎曦。寂寞千載後，空有高名垂。孤堅更無極，卓彼象尼師。俯仰均覆載，試占諸乳兒。乳猶在兒□，渾渾亦何知。所喻夫子聖，天與地高卑。古今同一轍，不假教詔爲。逮自立門戶，或操爐與錘。孰云不師孔，克自樹良規。我年涉衰邁，稍復念兒時。徒興望洋歎，奈此鬢成絲。靜念熱衷腸，拮据殆忘疲。宦轍指東魯，周遊洙泗涯。升堂肅瞻拜，懔懔無邪思。願言保終始，努力復奚疑。聖軌固云遠，躋攀方自茲。

明・林俊《見素續集》卷二《謁孔廟次壁間韻》 卽此虔分席，依光愜下堂。道風行有截，教思入無疆。繫《易》連三聖，爲邦備一王。晚酬天獨借，數仞見宫牆。

又 卷三《謁孔廟次劉忠宣公韻》 新祠古樹絶前觀，入室翻應老去難。萬里風雲在天地，一天星斗上迴瀾。直於世道占興替，深爲吾皇繫治安。佇結末由今借幸，禮成還覓舊碑看。

明・吳寬《家藏集》卷六《謁宣聖廟》 林立穹碑蝕古苔，廣庭端拜殿門開。玉封高並東山峙，聖澤長盈泗水洄。已冷阬灰科斗出，未行綿蕞太牢來。只今老樹成連抱，天遣森然愧宋魋。

明・唐順之《荆川集》卷二《奉命分祀孔廟作》 後聖禮先師，斯文今在茲。將陳百官富，詎止一牢祠。入室瞻遺器，圜橋展盛儀。樂堪三月聽，奠想兩楹時。執鬯元公肅，捧璋髦士宜。鄙儒叨小相，端甫奉前規。

明・于慎行《穀城山館集》卷一七《恭謁闕里聖廟二十韻》 運會皇風邈，乾坤聖宇開。文章苞六代，道德範三才。象應奎婁次，靈鍾海嶽限。人傳歌鳳去，地想泣麟迴。舊里僊源秘，遺宫帝制恢。樂聲存魯殿，車器出秦灰。羽籥諸生肄，牲牢萬乘來。兩楹儀紫闥，雙觀表璇臺。問禮庭猶在，藏書壁已頹。畫廊圖藻綠，寶閣寫瓊瑰。古檜當時植，新松幾代栽。唐碑鐘作篆，漢石繡成苔。黻冕三千侍，云仍百億陪。小儒慚朽質，微分篚羣材。鑪冶從甄鑄，章縫荷翦裁。繪天忘色相，望海隔沿洄。日月丹霄曜，江河晚世催。懷恩知罔極，不去久低佪。

明・胡應麟《少室山房集》卷一三《始入州謁宣尼廟二首》 猗歟大聖人，樹建實高厚。道苞羲農前，業擅堯舜右。茫茫滄海水，涓滴靡不受。儼若登岱宗，絶頂小宇宙。於戲七雄降，生民失領袖。九流競紛紜，百氏互馳驟。虛無駕猶龍，因果鑿靈鷲。駸尋天綱缺，疇補坤軸漏。龍飛歘淮甸，六合更造就。車書煥一統，譜系明授受。寰區設黌校，家掖仍戶誘。《詩》、《書》被華貊，狐兔伏林岫。遂令宣尼脉，炳耀絶先後。偉哉成周基，八百衍潢胄。

厥初水精帝，肇迹維山東。鄉閭表梟繹，胤冑延龜蒙。胡爲姑蔑墟，亦有文宣宫。時維趙宋末，兵戈競華戎。渡南實孔裔，大衍三衢宗。精靈動世主，錫命傳豐隆。沿流泊明代，奕葉馳皇封。創祠視曲阜，貤恩逮無窮。清華世世及，岳降齊申崧。兩宗峙南北，輝赫羅章縫。至今太末里，恍忽鄒尼風。我來謁遺像，三歎欽遐蹤。皇皇六藝軌，萬古侔穹窿。

清・施閏章《學餘堂詩集》卷五《闕里詩》 朝登泰岱巔，手探金泥策。莫宿曲阜阿，側身洙泗席。中庭維杏壇，檜柏參天碧。禮器陳鼎彝，圖書燦琮璧。雖非顏、閔徒，勉旃思踐迹。斯文今未衰，靈爽倘不隔。肅雍視几筵，四壁響金石。再誦高山詩，詠言矢無斁。

又 卷三七《謁闕里廟》 禮器千秋自杏壇，陰森夏木曙光寒。古牆定有書還在，講席猶疑語未闌。泗水迴波清俎豆，岱宗眞氣抱林巒。丈夫一到堪回首，誰謂吾生聞道難。

清・愛新覺羅・玄燁《聖祖仁皇帝御製文集》卷四〇《過闕里》 鸞輅來東魯，先登夫子堂。兩楹成俎豆，數仞見宫牆。道統唐虞接，儒宗洙泗長。入門撫松柏，瞻拜肅冠裳。

清・愛新覺羅・弘曆《御製詩初集》卷四《庚申仲秋丁祭先師孔子》 法祖恢文德，崇儒禮素王。晨光開輦輅，露氣浥旂常。寅祀心恒凜，丁辰日正陽。皇皇陳禮樂，肅肅對宫牆。言念百王後，身登夫子堂。君師誠有愧，仰止志方長。

清・愛新覺羅・弘曆《御製詩二集》卷三《恭依皇祖過闕里詩元韻》 素王遺故宅，實實復堂堂。道望惟驚若，心慚尚面牆。《詩》、《書》千載煥，禮樂百年長。御繖黄雲擁，闕里有皇祖當日所留御繖。文明仰舜裳。

又《闕里祭先師禮成因成八韻》 禮原尼父定，文是素王垂。用以將欽若，因希尚鑑茲。一貫天道性，萬古帝王師。過魯繩皇祖，思齊奉聖慈。黍其陳俎豆，升降式威儀。教澤常貽在，心傳竟屬誰？景行稍此遂，蠡管尚難窺。三子希踪後，安能贊一辭？

又 卷六二《再依皇祖過闕里詩元韻》 奠苑遵堯軌，攝齊升孔堂。家鄉自鄒魯，廟貌儼門牆。一貫心傳接，千秋德澤長。所希文教煥，佐我治垂裳。

又《至曲阜二首》 鳴梢重至聖人鄉，雨霽青郊正豔陽。元氣閭閻復前度，儒風經史表他方。八年歲月駒兮電，萬戶恬熙耕與桑。莅止叩瞻申積悃，素王教澤並天長。

彩煥金聲玉振坊，辭輿肅步意存莊。翼朝自式秩宗禮，此日虔申古鼎香。撫蹟還教每事問，致思合是不辭詳。堯題舜額欽瞻處，尊聖吾朝典益彰。

又《釋奠先師禮成述事》 莅止重瞻禮器遺，翕如既備協金絲。星霜倏隔八年序，日月同昭萬載師。芹藻獻功皇祖述，宮牆煥道素王垂。可封比戶吾恒願，教養均關恧自知。

清·愛新覺羅·弘曆《御製詩三集》卷九六《闕里祭先師禮成述事》 釋芹久闊爲高年，得遂瞻依慰倍虔。翟籥惟彬六佾備，笙鏞以間八音宣。右文列聖傳家法，望道微躬勵佛肩。必世後仁夫子訓，因之返己益慚然。

清·愛新覺羅·弘曆《御製詩四集》卷三六《闕里祭先師禮成述事疊辛卯舊作韻》 又得東巡奉大年，廟庭釋奠展殷虔。古今拔萃有若述，堯舜猶賢宰我宣。覺世崇文斯有志，牖民傳道那能肩。五春秋閲一承祭，蕆禮迴瞻意眷然。

清·愛新覺羅·弘曆《御製詩五集》卷五《謁孔子廟》 甫經廟貌拜闕里，復此宮牆謁古蘇。堯舜心傳直接彼，君師責重並殷吾。遷隅文正蹟可考，作記常宗事不誣。道塞乾坤神宇宙，底須南面論區區。

又 卷五三《仲春丁祭至聖先師禮成述事》 挈壺宣夜告時良，載奠椒芹禮素王。中祀八旬躬致敬，幼攻老勖志彌長。辟雍重建曾憑席，闕里將臨祇面牆。踐阼承天五十五，君師兼責愧難當。

又 卷五五《三月望日釋奠先師禮成述事》 爲君要事祭爲先，中祀躬親詣欲全，八度茲来八旬逮，奠芹昨過奠萁連。生民未有道垂世，宇宙以来德贊天。六歲一衷幸蕆禮，宮牆臨別意拳然。

又 卷九五《仲春丁祭至聖先師禮成述事》 踐阼年當天數慶，八旬五豈易爲望！幸蒙昊貺符心願，感謝師承叩已蕿。莅政臨民惕宵旰，志于心欲仰宮牆。石經覈準全刊壁，三一參差勝漢唐。

宋·李昉等《文苑英華》卷七五《［唐］呂温〈齊人歸女樂賦以題爲韻〉》 昔齊人饋魯傾城者八十人，瑰艷絶代，綺羅嬌春，洞橫波於慢臉，回流風於嫋身。蓋以仲尼定魯禮樂，制齊君臣，斬倡優於夾谷之會，復土田於汶水之濱。故遏雲與廻雪，實内圖而外親，將敗魯之政，弱齊之鄰。魯君臣果不端操，迷不先覺，聞進淫哇之聲，皆忘聖人之學。城南於是考雷鼓，獸雲幄，結齊、魯之歡，受鄭、衛之樂。感煩音之滮灂，成正聲之踳駮。夫子則不可救其失，復其迷，望龜山以命操，觀鳳凰而銜悽。痛王綱之蕩蕩，順天命之栖栖。魯侯若盛德是樹，古道是稽，抑麗靡而不納，見聖性以思齊，知季孫之僭，惟仲尼是與，足以受無疆之休，足以振將墜之緒。何敵國之敢抗，良霸功之可佇！悲夫，任權臣之傾國，納文馬與美女，薦神祇之所歆，誘耳目而不拒，荒笑語之啞啞，溺衣裳之楚楚。由是齊日以長，魯日以微。見鄰國之侵地，聞志士之沾衣。雖代祀則遠而德音不違，往者不可諫，来者猶可追。若監魯道之有蕩，放鄭、衛而不歸，則可以得域中之大，致天下之肥者矣。

又《［唐］佚名〈聞韶賦以宣父在齊三月忘味爲韻〉》 《韶》則盡美，德何可忘！況至德之斯過，聆奇音之孔揚。天縱多能，信以嘉乎擊拊；神資博學，知具美於典章。用而不匱，樂亦無荒。若充乎四門之術，不離乎數仞之墻，驗則足徵，用之可貴。聖者妙而合道，志者仰而自慰。悦五音而肆直，孰謂其聾？致六府之和平，自忘於味。省風而八風叶暢，觀德而九德昭宣。季子慚遊於魯地，穆公徒饗於鈞天。曷若觀率舞，聆薰絃，變態罔已，周流自然，可以深骨髓而期富壽，豈徒資視聽而娱聖賢！至若清磬虛徐，朱絃疏越，鼗鼓以之迭奏，笙鏞於焉間發，以感陰陽於宇宙，耀光明於日月。自表虞德之不衰，豈效文王之既没！是知《武》也未善，《濩》也有慚。鈞化歸於二八，讓德明乎再三。所以其道不窮，厥監斯在，驗率舞於百獸，想同和於四海。如其樂正非關，自衛而来；儻

俟風移有異，從周而改。愔愔不極，杳杳乍迷，俄將復矣，抑又揚兮。夢周公而不見，想聖德而思齊。聞斯行諸，厥不踰矩。感心駭目，是何其覩？悠然而往，三歎如在。大寥天滌爾，而施萬籟。已吟於九土，詎忘味於三月！諒永懷於千古，幸賦《韶》樂之遺音。美哉尼父！

又　卷六二《［唐］黎逢〈貢士謁文宣王賦以題爲韻〉》　聖人没而教在，明王興而道宣。命上公以陳信，展大禮以登賢。觴酒豆肉，金鏞筦懸，致克禋以如在，當質明而不愆。祁祁諸生，必恭敬止，廓廣庭以容衆，峩高冠以脩己。臨奠獻之筵，肅造秀之士。階間儼以成列，槐陰布以如市，將備禮於先師，遂儲精於祝史。于以致君，恢復王化，弘闡人文。磬音繼於夜柝，燭影迎於朝雲。見曲暢於和易，知具歆於苾芬。肅肅階戺，陰陰門闕，喬木棲於暮煙，前軒滿於行月。羣士沓而歲至，庶工齊而曉謁。上玄酒以清滌，間朱絃而疏越。齊百王於建號，歷千古而未歇。蓋以教俟天地而不朽，功格宇宙而不伐。不朽故可貴，不伐故彌彰。仰而不及，融然有光，實横被於歷代，獨崇輝於帝唐。德教不輟，王猷有昌，日尊師於朝，歲求士於鄉。教之於右塾，登之於上庠。知本末之可務，亦師師而不忘。將歷試於宗伯，必先謁於素王。古先哲君，任土以作貢；洪惟我后，嘉善而容衆。猶冀獲師於卜，獲相於夢。時哉康哉！宜阿閣之巢鳳。

宋・吕祖謙《宋文鑑》卷三〇《鮮于侁〈九誦・孔子〉》　曲阜兮遺墟，先師兮闕里。神髣髴兮如在，涕潺湲兮不已。窮天地兮一人，揭日月而照臨。生無萬乘之位兮，三千之徒心服而四來。嗟愚陋之不明兮，乃商、賜之爲疑。羌紛紛其妄作兮，悖道違義而弗自知。顧六藝之折衷兮，取捨縱横而協於道。後世苟輕肆於胸臆兮，必遽貽於詬病。三綱立而五教明兮，實治世之宏矩。履厚地而戴高天兮，胡一日之可捨！宜萬齡之廟貌兮，春、秋不乏其時祀。合仁義以爲冠兮，結忠信而爲佩。集道德以爲裳兮，服文章而爲帶。列籩豆爲左右兮，蘋藻牲牢而潔肥。酌玉醴以爲酒兮，錯瓊瑤而爲粢。升堂而北面兮，望冕旒之巍巍。惟神明之降鑑兮，洞精神其來歆。

宋・王禹偁《小畜集》卷二《仲尼爲素王賦儒素之道尊比王者》　鳳鳥不至兮，河不出圖；聖人無位兮，立教崇儒。道之將行，但棲遲而歷聘；民受其賜，猶南面以稱孤。有以見同乎？王者孰云乎？蓋出司徒者也。原其運屬陵遲，力興儒素，道將侔於皇極，化實被于黔庶。文、行、忠、信，設萬世之紀綱；禮、樂、《詩》、《書》，崇百王之法度。于時也，魯道有蕩，周德下衰，言念萬國，將同四夷。不有聖也，誰其救之？我所以行教化，序尊卑，造次顛沛兮于是，東西南北兮忘疲，用能定君臣父子之道，述皇王帝霸之基。夫如是，則土無二以並矣。位通三兮，偉而異夫！振乃素風，齊諸大寶。贊《易》象矣，奉天時；修《春秋》兮，行天討。講於洙泗，初彰化下之功；登彼泰山，爰契升高之道。自然其教斯廣，其號彌尊，豈止同明於日月，亦將比德於乾坤！居無求安，四載之勤勞是效；弋不射宿，三驅之田獵斯存。蓋由宅一畝以卑宫，佩五常而克己。其位也，困於陪臣；其道也，齊於天子。列四科而升十哲，八凱何殊？誅正卯而斬俳優，四凶竊比。聖德洋洋，同諸帝王，行束脩而陳玉帛，端縫掖而垂衣裳。夢見周公，求傅巖而允理；問於老子，師尚父而彌光。大哉！道濟古今，教流華夏，瞻不泯之廟貌，若無疆之宗社。悲夫！商辛夏癸兮號獨夫，又安得比于儒者？

宋・宋祁《景文集》卷三《志在春秋賦宣父之志因史成法》　志假文表，事由教宣，考彼信書之作，明乎素王之權。自顯惟微，舉一中而明歲；因初正末，包五始以承天。當其道闕東周，化興尼父，時不我用，仁非爾輔，由是約史法於當世，尊禮經于下古，素藴内發，遺章遠取。立誠不昧，方祖述于唐、虞；覃思無邪，遂憲章于文、武。志者孰爲？聖人之所之，欲成功於撥亂，非務麗于屬辭。筆靡藏弃，神無越思。隻字論褒，與山龍而並貴；一言示貶，將斧鉞以同施。莫不昭列異同，謹敷名器，賢雖小不能遜其善，惡雖大無所容其僞。動不遺策，舉皆善類。親則諱而賢則諱，互寫精衷；聞異辭而見異辭，迥分深意。得非聖人之道也，達加乎民；聖人之志也，窮止乎身。故我憫王政之弗著，抗策書而有倫。文豈虚設？教將有因。桓靡書『王』，所以謹明乎罰；豹惟稱『盜』，所以彰判乎人。是則吾志所存，存乎三代之美；吾志所極，極乎萬物之理。然建乃至道，卽乎舊史，赴告以之，不失盟會。爲之成紀，以宣盛德大業，以懼亂臣賊子。稱族舍族，見尊卑之不踰；傳信傳疑，示質文之有體。故得郊麟表應，斗玉告成，具四時而言備，大一統而化行。外略内

詳，游、夏之辭莫措；微顯志晦，隱、桓之日咸明。异哉肇述宏猷，敷施大業，既黜周而拒亂，終授劉而抗法。宜乎繼志之文，貫百王而不乏。

元·汪克寬《環谷集》卷一《夫子之牆賦》 敏學主人與博古先生遊於尼山之麓，曲阜之墟，造孔林之闕里，瞻玄聖之攸居。梗楠連雲而蓊鬱，檜柏參天而扶疏，蹕亭嵯峩而倚空，杏壇甃甓而荒蕪。列橫序之層構，峙鉅殿之中𡼏，屹崇門之突兀，繚周垣之迴紆。主人喟然而歎曰：『端木子所謂數仞之牆，其在茲乎！吾子衣蹁躚之逢掖，冠崔嵬之章甫，塗抹丹鉛，摹寫今古，行式淵、騫，言稱求、路，盍爲我抽思遈辭，飭章繪句，鋪張弘麗之規，緣飾高廣之度，極詞人之炫燿，亟援筆而爲賦！』

先生曰：『嘻！夫子之牆，豈今之所謂牆哉？粤自二龍繞室，五星降庭，萃大塊之清淑，會元氣之晶英，纘聖神之華胄，集條理之大成，拓天下之廣居，開異代之文明。夫是以覆泰宇以爲櫊，立人極以爲柱，存至誠而爲基，凝至道以爲土。文章爲之華飾，德業爲之培累。貫一理以爲楨，崇萬善而爲堵。仁義中正，乃其板載之方；《詩》、《書》、《禮》、《樂》，乃其畚插之具。不思不勉，初何事於經營？彌高彌堅，又奚煩於削鏤！悠久無疆，乃斯牆鞏固之迹；博厚配地，乃斯牆延袤之數。蓋非有馮馮之聲，俾人得而聞；又非有甍甍之形，俾人得而睹。子輿守約而獨詣，復聖瞻前而無方。衛贛及肩之淺室，仲由駐足而升堂。彼州仇之何人，固無惑乎？不足以窺聖域之渺茫。』

主人展然而笑曰：『繄尼父之誨人，若太虚之時雨；示後進之表儀，固無行而不與。夫豈强蔽於垣墉，岌岌乎城堞之扞禦，使升高而無階，漫顛顛而延佇？』先生曰：『非也。夫物理之不齊，亶鉅纖之異宜。凡藏蓄之廣博，必高深而難窺。倘其中之狹隘，外卑薄以奚疑？茍處下而睎高，曾何異乎斥鷃笑大鵬於藩籬！』主人於是與客躡高躒，眺清賞，闞重扃，披宿莽，歷石級而步趨，睇宮庭之峻廣，扣玲瓏之綺疏，拜蒙倛之遺像，覽碑碣之籀文，聆絲竹之絶響，爰從容而詠歸，挹清風之蕭爽。

元·楊維楨《麗則遺音》卷四《狩麟》 獲麟之説，諸家不同。或謂秦西興之瑞，或謂漢受命之符，或謂夫子將歿之徵，或謂夫子經成之祥。修母致子之説，蓋陋矣。近代傳經者，遂比於《韶》成之鳳。夫以麟爲應經而出，是麟之靈也。出而見獲，靈何在焉？故《公羊》以爲異。而杜氏謂《春秋》感麟而作，經因以爲終，其理爲長。吾夫子固嘗歎鳳鳥不至，蓋歎道之窮而帝王之瑞不出也。大野之麟，胡爲乎来哉？因獵而獲，則是麟混於羣獸而爲虞人之所擒耳。獲之云者，悼之之辭也。悼之者，悼其出非時而爲虞人之所擒也。故聖人感之作《春秋》，絶筆於獲麟之句。所感而作，因以爲終，故獲麟後二歲而孔子卒矣。何瑞之足云乎？王通氏謂以天道終者，即此意也。故今亦不能外是説而爲賦。

昔素王之作經也，其感乎麟之瑞乎！且天之未喪斯文兮，鳳鳥已不至也。天之將喪斯文兮，麟又胡爲而出也？于嗟麟兮，祥乎異也？吾聞玄枵之精，首四之靈，抱至仁之性，拔不類之形，心兮好生，趾兮不踶，角兮不觸，頷兮不抵，音純美兮協律呂，步周旋兮中規矩。出惟應期兮，居必擇所。不犯擭穽兮，不罹網罟。稽之在古，或遊於苑，或争於囿，或出於郊，或在於藪，匪家所蓄，不世而有。仁主在位，靈獸來擾，緊王風之下降，彼潛形其已久。嗟嗟玄聖，衰姬紱麟，負一角而困世，蹇蹩躠於風塵。削迹于衛兮，伐木于宋。接淅於齊兮，絶糧於陳。雒龜不出兮，儀鳥不至。周公無夢兮，亞聖隕身。驗天道兮如彼，察人事兮如此。道不行兮，吾其已矣。仁哉麟哉，胡爲来哉？生不逢聖虚其應，出非其時失其歸。西狩之獲世所疑，反袂拭面涕沾衣。《春秋》制作，亶在茲彼。以爲底文成之祥兮，何見踣於鉏商也？以爲悼將歿之徵兮，豈樂天之稱聖也？聖達乎其位兮，麟實瑞乎后皇！聖出非其時兮，麟遂異乎素王！彼大野之所獲兮，又何異夫犬羊。誶曰：時之治，麟爲瑞，吁嗟麟兮！時之否，麟爲異，吁嗟麟兮！爲《春秋》之所起，爲《春秋》之所止，吁嗟麟兮！

明·陶安《陶學士集》卷一〇《大成殿賦》 遭文明之盛世兮，流聲教以彌幅員。闢虎闈於璧水兮，示彝倫之所先。校庠布乎郡邑兮，咸在廟而清蠲。巍乎大成之禮殿兮，嚴報本於文宣。承皇后之嘉惠兮，詔徽稱以致崇。摭鄒儒之微言兮，盡成德之形容。總條貫於金玉兮，翕衆音之始終。是曰大成兮，視夷惠焉能同？著嘉名而有自兮，侔制作乎王宫。大江之南曰姑孰兮，面蒼翠之三峰。溪流繚乎城邑兮，藹洙泗之遺風。湛清波之半璧兮，循橋門而沄沄。蔚喬蔭於文檜兮，發秀色於蒼芹。歲冉冉其屢更兮，棟將撓而榱桷。蠹澹煙蕪於黄昏兮，恐佳期之不吾遇。茍作興之

有俟兮，亦何恨乎遲暮。思美人而忽見兮，羌邂逅於南土。駕五馬之翩翩兮，載雲旌而容與。指泮水以弭節兮，謇將觀夫靈宇。東階兮肅升，酌芳馨兮薦誠。華扆塵兮衮龍翳，中庭淒兮綠草生。憺觀者兮忘情，獨俟心兮靡寧。謂天地之廓大兮，惟聖道其服參。帝乘龍以撫運兮，儒化罔間於朔南。宜崇構以宅尊兮，夫豈卑圖之所堪？歲月逝而益圮兮，將承宣之我慚。萃縉紳以詢兮，恢新制而經營，協靈辰以遷主兮，命梓人使效能。擢良材於鄧林兮，輦巨石於巖扃。百工繽紛以雲集兮，隱斤斧之轟轟。寮屬協心以贊承兮，曾不日而告成。隆殿崛其山起兮，象紫微之法宮。旅楹植立而絢丹兮，飛梁駕乎長虹。朱甍采桷翼其如翬兮，仰之高而彌崇。信乎不可階而升兮，夫何岌嶪而嵸巃！橑木蘭而楣辛夷兮，煥玉題與金鋪。鏤蒼珉以爲礎兮，削文杏以爲櫨。敞寬平於赤墀兮，納光景於綺疏。碧參差其萬瓦兮，躍龍鱗於天衢。其勢出類而拔萃兮，蓋將與造物而爲徒。滃埃風兮棑雲，類特立兮無羣。干元氣兮絪緼，類太和兮萃於一身。赫奕兮輝煌，猶髣髴兮文章。倏雲譎而波詭兮，象神化之無方。具陰陽之闔闢兮，與日月其齊光。晨燎設兮獻殽醑，妥神居兮啓瑶戶。皇剡剡兮揚靈，率雲霓兮來御。肅上公兮列侑，被赤紱兮自天而下。心悒鬱而未舒兮，睠焉不能舍也。位門廉以協制兮，建雄宏之廈也。圭冕秩於東西兮，挹道德之遺芳。玉綵彰施於五色兮，粲繡繪於衣裳。列星布乎朱扉兮，爛昭昭其未央。士之誠敬有所瞻兮，儼素王之洋洋。

重曰：《春秋》紛其多故兮，傷周綱之久陵。嘉尼山之毓靈兮，胡唐虞之弗興？環遠轍以振鐸兮，嘅無人乎我聆。蹐祥麟於魯郊兮，淚浪浪其忽零。明王不作，孰宗予兮，歸闡教於遺經。開世道之隆平兮，示人主之儀刑。惟熙朝之累洽兮，躐漢唐而軼三代。恢帝德之如天兮，鼓皇風於無外。建人極以爲標準兮，孰若夫子事功之尤大？生民以來未有斯盛兮，亦何啻乎羣山之宗岱！宜悉心以興學兮，知化原之有在。峙壯觀乎江表兮，伊斯文之有賴。事畢兮功深，丹堊煥兮鴞林。登俎籩兮奏八音，吉日上丁兮神所歆。嚴齋宮兮集衿佩，播絃誦兮游六藝。雲飛騰兮雨滂沛，漸教澤兮被萬世。誶曰：孔子之道，集大成兮。新廟奕奕，揭鴻名兮。厥高造天，鬱崢嶸兮。龍章當陽，儼穆清兮。邦之具瞻，俟所營兮。億載文運，日月其明兮。

清·黃宗羲《明文海》卷一四《黃卿〈杏壇賦〉》 魯邦奕奕兮，少昊之遺。有阜隱起兮，維天作之。迺因迺壇兮，碩人築之。乃植之杏兮，厥壤之宜。陽噓陰吸兮，風雨維時。唐虞邈逖兮，西周聿衰。道堙《詩》亡兮，世不可爲。篤生先覺兮，文其在茲。眷茲堦址兮，木鐸其鍠。朋來四方兮，濟濟蹌蹌。函丈樂育兮，麗澤孔芳。瓊琚陟降兮，揖遜鏘鏘。琴瑟在御兮，雅歌洋洋。四教循循兮，兩端無餘。三才六籍兮，一貫萬殊。進之語上兮，反之三隅。何類之無誨兮，何材之不儲。謂宮蓋廣兮，歷級步趨。謂牆數仞兮，行之次且。彼杏之灼灼兮，卉木同春。彼實之有蕡兮，寢廟薦新。蕤蕤猗猗兮，言憇其陰居之。弗雕弗藻兮，存太古之淳。在洙之涘兮，維洙滮滮。在泗之上兮，泗之徵幽。遠有岱宗峻極兮，近有峩峩之尼丘。吁嗟隅圮壝陵兮，風樹遠而澤流萬方。多士之翹跂兮，沐私淑之餘休。彼土木之雄麗兮，曾何足以少侔！

清·張英《文端集》卷三七《駕幸闕里賦并序》 皇帝御極二十有三載，重熙累洽，區宇乂安，文德覃敷，聲教曁訖。乃稽古時邁，肇事岱宗，謁祠闕里，典禮崇重，恩澤優深，臣庶懽欣，遠邇嘉歎。夫元和盛年，咸平昌世，僅奏六代之樂，修再拜之文，猶垂式簡編，流輝今古。詎有遠御六龍，親詘萬乘，展隆儀于稽拜，施殊敬于儒先，聖德顯隆如今日者焉！洵足以超軼往牒，焜耀前紀也。臣幸際昌時，得瞻鉅典，雖固陋翦劣，不足以發揮鴻藻，然珥筆承明，職茲紀載，頌揚休嬿，敢曠司存？謹拜手稽首，而獻賦曰：

於爍惟皇，繼序纘光，本仁祖義，昭憲考章，奠玉衡于神軸，握金鏡于天閶，調四氣以通正，龢八風而協祥。于是西踰細柳，東跨扶桑，交河北徼，比景南鄉，靡不丹梯走傳，碧海浮航，輸琛太府，隸名職方，耀幽遐以日月，襲鱗介而衣裳，越萬里以入贄，重九譯而來王。是以化洽太和，道隆邃古，納九垠之管籥，總堪輿之扃戶，參天地之清寧，儷貞明之作覩，文軌合而謠俗同，跂喙恬而草木廡，軼埃壒而苞混茫，駕羲軒而凌三五焉。

天子迺高拱垂裳，中央運斗，容與義林，優游書藪，河實丕宣，洛符誕受，典學弘文，銘楹箴牖，探珠淵之秘筌，陟玉山之高阜，德蕩蕩以無名，治熙熙而何有。既則沖然永念，穆然深思曰：儀象肇啓，道法昭垂，

寖明寖熾，惟君惟師，羣聖一揆，六經同歸，王澤下竭，頌聲式微，孕星鈐于上瑞，錫麟紱于昌期，毓龍蹲之至德，挺鳳跱之殊姿，集大成于千古，開絶學于來茲，溯平鄉之懿躅，景闕里之崇規，庶幾哉聞見可接，羹牆在斯。舉時巡之墜典，秩釋奠之隆儀。爾乃乘大路，控金鍐，搴翠羽，捎文虹，屬車按節，繁吹鳴箾，七翠鱗附，千官景從，馳道則五里十里，旌門則一重再重，集于泗水之上，幸于尼山之宫。

斯時也，清羽司音，初陽應律，葭管煙霏，芸房露茁，氣不慄以時寒，序將周而朔易，撫景物之澄鮮，攬風雲之明瑟，旌旗捲而廣野回春，帳殿開而暮山凝色。遂乃肇舉吉祀，肅奉精禋，春卿贊采，祠官眡牲，朱火西蘊，元酒東陳，嘉籩廣豆，豐粢潔盛，振羽籥之六舞，合《咸英》之九成，薦祝號之明信，導神紘之降迎。穆穆宸容，廱廱天綷，殊禮展謁，隆文錫賚，覿靈爽之長存，儼哲人之如在，感神契以潛孚，體道真而昭對。洋洋乎，僾僾乎！與珠庭月角，授受于千載之間；玉節金鏗，疇答於一堂之内也。禮度有嚴，威儀告竣，登堂入奥，規周矩還，瞻聖里之屼峍，憩廣庭之静便。布兩楹以翼聳，峙雙闕以星懸，藉杏壇之修蔭，挹璧池之素漣。偃息于道德之府，遡泳于圖書之淵。於是芝蓋重葩，龍旂曲柄，貴擬一人，尊侔萬乘，述素王之嘉讚，發五言之睿詠，海嶽遜其高深，星雲並其輝暎。斯則聖天子藴道之淳風，崇儒之殊敬也。簪纓陪位，衿佩圜橋，長裾霧會，仙組雲彯，始横經以讐問，旋拊石而吹匏，誦遺言于姬孔，沐雅化于唐姚。禮讓之容，咸近光于黎獻；豈弟之澤，庶作人于譽髦。斯則聖天子風聲之四訖，文治之丕昭也。曲阜名區，魯原舊聚，陪敦土田，復除繇賦，增講肄之常員，沛匪頒之異數，推恩則徧及師儒，錫爵則旁流支庶。五經博士，不遺凡、蔣之封；九命上公，奚啻褒成之胙！斯則聖天子崇德之盛心，興賢之宏務也。

於是采甸侯衛，公卿大夫，期門式道，執戟荷殳。文學掌故之士，垂髫戴白之徒，縱觀典禮，蹌濟天衢，涵濡化澤，屬厭道腴，既雀躍而抃舞，亦鳧藻而歡愉。萬人一口，聲滿公車，惟我后之東巡，修百王之令式，答珍貺于三靈，聽衢謠于百室。卻瓊檢以勿祈，屏銀繩而詎飾。騶從清嚴，儀文簡質，吏不譏呵，民無供億。協時正律，埒虞氏之省方；納價陳詩，儷姬王之述職。既陟山以哀對，還翕河而問俗，採晳陽之舊歌，晞榮光之新燭。朝宗滙江漢之波，玉帛奉塗山之籙，非漢日之搴茭，乃堯年之刻玉。若乃慶惠殷流，湛恩四周，給租賜帛，省刑釋囚，虚衷清問，博延廣諏，如天光之下濟，如露濃之上浮，始汪濊于五土，旋霑淪于九州。今又茂明至道，導揚正學，虎炳龍章，金追玉琢，浴我以《詩》、《書》，弘我以禮樂。盛德登閎，大猷輝卓，幎六合而被英蕤，鼓八紘而排氛濁。誠振古之隆規，開天之偉略也。

天子方且回輿京室，倚佩軒墀，道岸先陟，德契自持，庀政考業，基命敕幾，辨色以臨黼扆，視夜而啓彤帷。定仁義中正之極，稽因革損益之宜，不解冰淵之念，彌勤韜鐸之思。所以泰階順軌，乾筴迎禧，上理隆洽，茂化雍熙，治方侔于砥屬，俗已進于循蜚。四海壽康，恬于鷇居之代；萬年鼎祚，鞏于鼇極之儀。

清·愛新覺羅·弘曆《御製樂善堂全集定本》卷一一《重修闕里文廟告成賦》　丕鑠惟清，聖祖神宗，既承顯之式穀，允精一而執中，欽明文思，克讓允恭，洋溢濊沕，萬國來同。皇上御極，是法是則，煥天下於文明，登九有於衽席。重道而先聖是欽，崇儒而素王惟式。天鑑孔昭，佑我一人。謂闕里之經營既久，斯尼山之廟貌宜新，藉締造於昭代，貽制作於聖君。天子乃命司空，敕匠作，爾經爾營，乃量乃度，走羣靈而驅八神，鳩工徒而諮衆略。劚無間、不注之巉巇，伐泰嶠、嵩高之參錯，良材川委，大木神輸。授模定式，審方辨隅，陶埴鍛厲之俱備，丹青圬冶之咸臚。凡工倕與匠石，莫不奏技而待須。爾乃日嘉時良，爰動鼛聲，鍤徒奮力，玃人充盈，既陾陾而薨薨，亦登登而馮馮。大冶耀兮金煙，霏屑噴兮瓊英。斧斤丁丁兮，觀捄度之胥法。繩墨綿綿兮，看約椽之咸平。矯枉兮既直，削腐兮用貞。曉畚橐橐，晝杵訇訇。俄而确輝玉碣，宋煥雲楣，豐融曼衍，揭橥陸離，秘殿聳兮盤鳳，傑閣矗兮卧螭。何巨麗之方建，乃卿喬之呈奇。曜藻流光兮，欝蓊而承日麗。懸華曳紫兮，糾縵以布天垂。斯固天文與人文並燦，聖居與聖澤偕丕者也。

若乃級層階於東西，拱修廡於左右。大成殿、大成門，實御筆之親書。聖時門、弘道門，更睿思之口授。圭瓚俎豆之式新，犧牲幣帛之加舊，添配祀之羣賢，增執事之奔走。色瓦頒自尚方，御碑摹以重鏤，丹楹列乎瓌材，采桷揭乎纖繡，則其爲狀也，邈穹窿以宏壯，亘砰磷而窅冥。

殖殖兮其庭，噲噲兮其正。宏卓爍以輝赫兮，若燭龍蜿蜒而鬖鬖。紛攢羅以崴碨兮，若巨鼇贔屭而峥嶸。斯翼斯棘兮，屬閣道之駊騀。如松如竹兮，衛鈎陳之縱横。倣巖廊而布象，準魏闕以爲程。礎磑既堅，知爲高之基下。綺疏交映，悟立誠之牖明。至夫既落既成，乃祭乃饗，命皇子而徂征，昭一人之敬仰。牲牷肥腯，黍稷豐穰，衣冠肅恭，進退雍容，籩豆既旅，樽罍斯崇。以間兮笙鏞，於論兮鼓鐘。神既安兮和冲，降多福兮隆隆。蓋尊聖之典無以尚，統前後而莫有或同者也。於是爲之歌曰：

堂皇靈宇，天子是新。既輪既奂，乃瑞乃璘。杏壇葱欝，檜幹繽紛。宣聖是安，佑我後人。歷億萬禩，丕焕斯文。

明・梅鼎祚《東漢文紀》卷二五《張超〈尼父頌〉》 巖巖孔聖，異世稱傑。量合乾坤，明參日月。德被八荒，名充遐外。終於獲麟，遺歌魯衛。

三國魏・曹植《曹子建集》卷七《孔子廟頌》 脩復舊廟，豐其甍宇。莘莘學徒，爰居爰處。王教既備，郡小遄沮。魯道以興，永作憲矩。洪聲登遐，神祇來祐。休徵雜沓，瑞我邦家。内光區域，外被荒遐。

又《學官頌》 自五帝典絶，三皇禮廢，應期命世，齊賢等聖者，莫高於孔子也。故有若曰『出乎類，拔乎萃』，誠所謂性與天道，不可得而聞矣。

由也務學，名在前志。宰予晝寢，糞土作誡。過庭子弟，《詩》、《禮》明記。歌以詠言，文以騁志。予今不述，后賢曷識？於鑠尼父！生民之傑。性與天成，該聖備藝。德倫三五，配皇作烈。玄鏡獨鑑，神明昭晰。仁塞宇宙，志凌雲霓。學者三千，莫不俊乂。唯仁是憑，惟道足恃。鑽仰彌高，請益不已。

晉・孫楚《孫子荆集・尼父頌》 皇矣尼父，聖哲之傑。德比天地，明齊日月。周室陵遲，大道蕪穢，禮樂崩阻，姦雄罔世。乃養門徒，廣延俊乂，垂訓列國，頌聲魯衛，威震夾谷，義厭陳蔡。德之休明，幽而彌泰。超美三代，風馳雲邁。

宋・趙汝騰《庸齋集》卷一《乙卯仲春丁奠畢作素王頌一首呈承祭之士》 於穆素王，天縱將聖。小用于魯，振挈綱領。萊兵面卻，齊人退聽。三都隳姦，兩觀鋤佞。市無飾賈，朝無亂政。少壯悉遜，道塗不競。曲阜大治，諸侯交儆。女樂間之，可以出迸。侯膰不至，于衛之境。留不煖席，去復俄頃。幾圍于匡，幸釋以甯。歸主蘧瑗，耻居次乘。彷徨過宋，流離在鄭。魋惡習禮，木不留影。立郭東門，纍然誰省？在陳徘徊，弗授寸柄。河水洋洋，不渡者命。蒲盟止兵，蔡懼設穽。楚尼書社，彼哉讒勝。輸環靡歸，不容何病。十有四年，魯復来聘，亦莫果用。六經是訂，《易》繫《禮》編，《詩》删《書》定。私淑三千，弦歌雩詠。維持太極，與天地並。賢於堯舜，功用之盛。專饗南面，此感彼應。籩豆牲牢，庭燎輝映。萬有千載，垂于祀令。承祭儒紳，孰敢不敬！何以事之？存心養性。

金・趙秉文《滏水集》卷一六《駕幸宣聖廟釋奠頌》 上即位之五年，内成外平，百揆時序。曠典墜章，以次蒐舉稽古。庠序之事，雅垂意焉。秋八月，乃展禮于宣聖廟廷，鸞輅順動，璧水增輝，都人士子，鼓舞頌歎，以爲此兩漢三代之主，曠世一舉。學士大夫被之聲歌，垂之史册，以爲皇王之上儀，太平之壯觀，而主上親行之，於皇休哉！天以玄聖之道，授之王者；王者以玄聖之道，被之天下。故新廟制則芝草生，孔，瑞聖也；用其道則尊其祀，聖，尊師也。孔瑞聖，聖尊師，前聖後聖，其揆一也。身屬于一時而祀光於百世，禮行于一日而化行于天下，此一舉也，二美具焉。唶無詩歌，以嘿聖朝之休光，臣則有罪，輒忘野老擊壤之陋，庶附儒館獻歌之末。謹稽首再拜，而獻頌曰：

木鐸聲寒，苔蕪杏壇。宫居釋、老，廟食申、韓。天將興文，伊睨明君。微我明君，孰知聖人？天子曰：『嘻！余謁先師，禮官議禮。王殺帝儀，帝曰先師，百王所尊，禮有北面，無諱朕勤。』禮官奉詔，幄次於廟。八月初吉，奉牲以告：『我廟俎豆，我王圭璋，日月漢儀，金石魯堂。丹青聖容，龍衮帝服，登降拜跪，冕服交輝。璧水湯湯，龍旂央央，天子戾止，儒林之光。璧水瀰瀰，龍旂靡靡，天子歸止，化流萬里。』大哉聖師！道無古今，昔惟陪臣，今親帝臨。畏匡厄陳，廟食茲辰，一時之屈，萬世之伸。思樂璧水，光揺帝裾，屬車一臨，化爲泗洙。四方其訓之！天子文明，萬壽無期。

三國魏・阮籍《阮步兵集・孔子誄》 養徒三千，升堂七十。潛神演思，因使作書。考混元於無形，本造化於太初。

晉・摯虞《摯太常集・孔子贊》 仲尼大聖，遭時昏荒。河圖沉翳，鳳鳥幽藏。爰整禮樂，以綜三綱。因史立法，是謂素王。

晉・陸機《陸平原集・孔子贊》 孔子叡聖，配天弘道。風扇玄流，思探神寶。明發懷周，興言《謨》、《老》。靈魄有行，言觀蒼昊。清歌先誡，《丹書》有造。

清・岳濬等［雍正］《山東通志》卷三十五之七《藝文志七・［晉］湛方生〈孔子贊〉》 文王既歿，微言將墜。邈哉孔子，龍見九二。闡化繫象，素王洙泗。發揮中葉，道映周季。

北周・庾信《庾子山集》卷一〇《夫子見程生讚》 程生夫子，一遇相知。薄言傾蓋，桑陰遂移。清揚共美，賢聖同羇。陳《詩》難別，贈絹傷離。

明・李之藻《頖宮禮樂疏》卷一《歷代褒崇疏》 （唐）睿宗太極元年，製《宣聖贊》。【略】《贊》曰：猗歟夫子，實有聖德。其道可尊，其儀不忒。刪《詩》定禮，百王取則。吾豈匏瓜？東西南北。

宋・晁説之《景迂生集》卷一八《先聖贊》 商人周人，執射執御。毋意毋必，毋我毋固。

宋・錢愐《錢氏私志》 （米元章）有《孔子贊》曰：孔子孔子，大哉孔子！孔子以前，未有孔子。孔子以後，更無孔子。孔子孔子，大哉孔子！

宋・孔傳《東家雜記》卷上《歷代崇奉》 本朝太祖皇帝建隆間賜御製《贊》曰：王澤下衰，文、武將墜。尼父挺生，河海標異。祖述堯舜，有德無位。哲人其萎，鳳鳥不至。

眞宗皇帝【略】（大中祥符元年）十一月三日，【略】又敕賜御製《贊》御書并篆額：若夫檢玉岱丘，迴輿闕里，緬懷于先聖，躬謁于嚴祠。易俗化民，既仰師於彝訓；宗儒重道，宜益峻于徽章。增薦崇名，聿陳明祀，思形容于盛德，爰刻鏤于斯文。讚曰：立言不朽，垂教無疆。昭然令德，偉哉素王！人倫之表，帝道之綱。厥功茂實，其用允臧。升中既畢，盛典載揚。洪名有赫，懿範彌彰。

（徽宗）宣和四年三月二日，車駕幸太學，賜御製《至聖文宣王贊》：太學教養多士，嚴奉先聖殿室。滋圮作而新之，命駕奠謁，系之以贊曰：厥初生民，自天有造。百世之師，立人之道。有彝有倫，垂世立教。爰集大成，千古允蹈。乃嚴斯所，乃瞻斯宮。瞻彼德容，云孰不宗？

宋・潛説友《咸淳臨安志》卷一一《宋高宗〈宣聖七十二賢贊并序〉》 朕自睦隣息兵，首開學校，教育多士，以遂忠良。繼幸太學，延見諸生，濟濟在庭，意甚嘉之。因作《文宣王贊》。機政餘閒，歷取顔回七十二人，亦爲製《贊》，用廣列聖崇儒右文之聲，復知師弟子間纓弁森森、覃精繹思之訓。其於治道，亦庶幾焉。

孔子字仲尼，魯人。開元十七年，謚爲文宣王。贊曰：大哉宣聖，斯文在茲。帝王之式，古今之師。志則《春秋》，道由忠恕。賢於堯舜，日月其譽。惟時載雍，戢此武功。肅昭盛儀，海宇聿崇。

又《宋理宗〈道統十三贊・孔子〉》 聖哉尼父！秉德在躬。應聘列國，道大莫容。六藝既作，文教聿崇。今古日月，萬代所宗。

宋・劉辰翁《須溪集》卷七《至聖像贊四則》 六經未足，孰爲夫子？天尊地卑，乾坤定矣。

如岳之隆，如日之威，如川之不測。周公未衰，曷不觀此？司寇衮衣，國不用儒，以儒目之。

岐山鳳逝，西極麟來。在陳去齊，失鯉慟回。匡人陽虎，武叔桓魋。轍環迹削，木壞山頹。生懷殷奠，没悼秦灰。論其衰暮，不見榮哀。孰知萬世，國祀家陪？孔林草木，鬱鬱佳哉！

六經萬世，如日在天。四時行焉，百物生焉。孰云軻死，不得其傳？

元・周南瑞《天下同文集》卷二八《姚燧〈先聖像贊〉》 趙集賢孟頫所貌。大德二年二月甲申，後學姚燧爲李侯肅政新齋，元讓盥手，再拜以贊：

憂世之志，固見於不遑寧居。樂天之心，當求之恭安而舒。從大夫之後而舍車，弟子三千踽踽而獨趨，其相失鄭東門之初乎！雞鳴爲善，猶舜之徒。耳順之年，對越是圖，窮朝以晡。誦其詩、讀其書于是新齋者，其願學孔子之徒歟！

明・王直《抑菴文後集》卷三七《宣聖贊》 於穆宣聖，道德尊崇。萬世之師，萬方之宗。以立天心，以建民極。佑我皇明，永永無斁。

明・李夢陽《空同集》卷六〇《孔子贊》 鳳鳥不至，人莫我知。行

廢嗟命，獲麟竟悲。已詘道信，萬世攸師。願學謂何？小子敬思。

明・孫承恩《文簡集》卷四一《古像贊・孔子》 道具太極，化行二氣。統合羣聖，參贊天地。刪述垂憲，日星炳明。立我綱常，萬世作程。天地非夫子，曷緯曷經？生民非夫子，曷範曷程？通天、地、人，爲三才主。三才有終，夫子之道乃已。

魯用夫子，道亦小試。天用夫子，道濟萬世。魯用非天，天用非魯。卒老於行，天意可覩。

明・高攀龍《高子遺書》卷三《聖賢論贊・先師》 顔之仰鑽瞻忽，曾之江漢秋陽，思之敦化川流，孟之金聲玉振。宰我謂賢於堯舜，子貢、有若謂自生民未有。是皆智足知聖，未若夫子自言：知我其天。天不可知，聖不可知，蕩蕩乎其孰能名之？

清・愛新覺羅・玄燁《聖祖仁皇帝御製文集》卷二五《至聖先師孔子贊并序》 蓋自三才建而天地不居其功，一中傳而聖人代宣其藴。有行道之聖，得位以綏猷；有明道之聖，立言以垂憲。此正學所以常明人心，所以不泯也。粤稽往緒，仰溯前徽，堯、舜、禹、湯、文、武達而在上，兼君、師之寄，行道之聖人也。孔子不得位，窮而在下，秉刪述之權，明道之聖人也。行道者勳業炳於一朝，明道者教思周於百世。堯、舜、文、武之後不有孔子，則學術紛淆，仁義湮塞，斯道之失傳也久矣。後之人而欲探二帝三王之心法，以爲治國平天下之準，其奚所取衷焉？然則孔子之爲萬古一人也，審矣。朕巡省東國，謁祀闕里，景企滋深，敬摛筆而爲之贊曰：

清濁有氣，剛柔有質。聖人參之，人極以立。行著習察，舍道莫由。惟皇建極，惟后綏猷。作君作師，垂統萬古。曰惟堯、舜，禹、湯、文、武，五百餘歲，至聖挺生。聲金振玉，集厥大成。序《書》刪《詩》，定禮正樂。既窮象繫，亦嚴筆削。上紹往緒，下示來型。道不終晦，秩然大經。百家紛紜，殊途異趣。日月無踰，羹牆可晤。孔子之道，惟中與庸。此心此理，千聖所同。孔子之德，仁義中正。秉彝之好，根本天性。庶幾夙夜，勗哉令圖。溯源洙、泗，景躅唐、虞。載歷庭除，式觀禮器。濡毫仰贊，心焉遐企。百世而上，以聖爲歸。百世而下，以聖爲師。非師夫子，惟師於道。統天御世，惟道爲寶。泰山巖巖，東海泱泱。牆高萬仞，夫子之堂。孰窺其藩，孰窺其徑？道不遠人，克念作聖。

明・賀復徵《文章辨體彙選》卷六五二《［漢］魯相晨〈孔子廟碑〉》 建寧二年三月癸卯朔，七日己酉，魯相臣晨、長史臣謙頓首死罪。臣蒙厚恩，受任符守，得在奎婁周孔舊寓，不能闡弘德政，恢崇一變，夙夜憂怖，累息屏營。臣晨頓首頓首，死罪死罪。臣以建寧元年到官，行秋饗，飲酒泮宮畢，復禮孔子宅，拜謁神坐，仰瞻榱桷，俯視几筵，靈所馮依，肅肅猶存，而無公出酒脯之祠。臣卽自以奉錢，修上案，食餟具，以敍小節，不敢空謁。臣伏念孔子，乾坤所挺，西狩獲麟，爲漢制作。故《孝經援神契》曰：『玄丘制命帝卯行。』又《尚書考靈耀》曰：『丘生蒼際，觸期稽度，爲志立制，故作《春秋》，以明文命，綴記撰書，修定禮儀。』臣以爲素王稽古，德亞皇代。雖有褒成世亨之封，四時來祭，畢卽歸國。

臣伏見臨辟雍日，祠孔子以太牢，長史備爵，所以尊先師，重教化也。夫封土爲社，立稷而祀，皆爲百姓興利除害，以祈豐穰。《月令》祀百辟卿士，有益於民。矧乃孔子玄德，煥炳光於上下，而本國舊居復禮之日，闕而不祀，誠朝廷聖恩所宜特加。臣寢息耿耿，情所思惟，臣輒依社稷，出王家穀，春、秋行禮，以供禋祀，餘胙賜先生。執事臣晨誠惶誠恐，頓首頓首，死罪死罪，上言太尉、司徒、司空、大司農府治所部從事府：

昔在仲尼，汁光之精，大帝所挺。顔母毓靈，承敝遭衰，黑不代蒼，周流歷聘，歎鳳不臻。自衛反魯，養徒三千，獲麟趣作，端門見徵，血書著紀，黄玉響應，主爲漢制。道審可行，乃作《春秋》。復演《孝經》，刪定六藝，象與天談，鈎河摘雒，却揆未然，巍巍蕩蕩，與《乾》比崇。

明・梅鼎祚《東漢文紀》卷二五《禰衡〈魯夫子碑〉》 受天至精，純粹睿哲，崇高足以長世，寬容足以廣包，幽明足以測神，文藻足以辯物。然而敏學以求之，下問以諏之，虚心以受之，深思以詠之。愍周道之迴遹，悼九疇之乖悖，故發憤忘食，應聘四方。魯以大夫之位，任以國政之權，譬若飛鴻鸞於中庭，騁騏驥於閭巷也。是以朞月之頃，五教克諧，移風易俗，邦國肅焉，無思不服。懿文德以紓餘，綴三五之紀綱，流洪耀之休赫，曠萬世而揚光。夫大明以動，天則也；廣大無疆，地德也；六經混成，洪式也。備此三者，聖極也。合吉凶于鬼神，遂殂落于夢寐。是以風烈流行，無所不通，故立石銘勳，以示昭明。其辭曰：

煌煌上天，篤降若人。邈矣悠哉，千祀一鄰。明德弘監，成性存存。奕奕純嘏，稽憲乾坤。曜彼靈祇，以訓黎元。終日乾乾，配天之行。在險而止，在困而亨。窮達之運，委諸穹蒼。日月則陰，天地不光。聖叡殂崩，大猷不綱。

三國魏·曹植《陳思王集·制命宗聖侯孔羡奉家祀碑》 維黃初元年，大魏受命，胤軒轅之高蹤，紹虞氏之遐統，應曆數以改物，揚仁風以作教。於是輯五瑞，班宗彝，鈞衡石，同度量，秩羣祀於無文，順天時以布化。既乃緝熙聖緒，紹顯上世，追存三代之禮，兼紹宣尼之後，以魯縣百戶，命孔子二十一世孫議郎孔羡爲宗聖侯，以奉孔子之祀。制詔三公曰：『昔仲尼負大聖之才，懷帝王之器，當衰周之末而無受命之運，在魯、衛之朝，教化洙、泗之上，栖栖焉，皇皇焉，欲屈己以存道，貶身以救世。於是王公，終莫能用之，乃退考五代之禮，修素王之事，因魯史而制《春秋》，就太師而正《雅》、《頌》，俾千載之後，莫不宗其文以述作，仰其聖以謀咨，可謂命世大聖，億載之師表者也。遭天下大亂，百祀墮壞，舊居之廟毀而不修，褒成之後絶而莫繼，闕里不聞講誦之聲，四時不睹蒸嘗之位。斯豈所謂崇禮報功，盛德必百世祀者哉？嗟乎！朕甚憫焉。其以議郎孔羡爲宗聖侯，邑百戶，奉孔子之祀。令魯郡修起舊廟，置百戶卒吏，以守衛之，又於其外，廣爲屋宇，以居學者。』於是魯之父老、諸生、遊士睹廟堂之始復，觀俎豆之初設，嘉聖靈於髣髴，想禎祥之來集，乃慨然而歎曰：大道衰廢，禮樂絶滅三十餘年，皇上懷仁聖之懿德，兼二儀之化育，廣大包於無方，淵深淪於不測，故自受命以來，天人咸和，神氣氤氲，嘉瑞踵武，休徵屢臻，殊俗解編髮而慕義，遐夷越險阻而來賓。雖太皥遊龍以君世，虞氏儀鳳以臨民，伯禹命玄宮而爲夏后，西伯由岐社而爲周文，尚何足稱於大魏哉！若乃紹繼微絶，興修廢官，疇咨稽古，崇配乾坤，況神明之所福祚，宇宙之所觀欣，豈徒魯邦而已哉！爾乃感殷人路寢之義，嘉先民泮宮之事，以爲高宗、僖公，蓋嗣世之王，諸侯之國耳，猶著德於《三頌》，騰聲於千載，況今聖王肇造區夏，創業垂統，受命之日，曾未下輿而褒美大聖。隆化如此，能無頌乎？乃作頌曰：

煌煌大魏，受命溥將，繼體黃、唐，包夏含商，降釐下土，廓清三光。羣祀咸秩，靡事不綱，嘉彼玄聖，有赫其靈，遭世霧亂，莫顯其榮。褒成既絶，寢廟斯傾，闕里蕭條，靡韶靡馨。我皇悼之，尋其世武，乃建宗聖，以紹厥後。修復舊堂，豐其甍宇，莘莘學徒，爰居爰處。王教既新，羣小遄沮，魯道以興，永作憲矩。洪聲豈遐，神祇來和，休徵雜遝，瑞我邦家。内光區域，外被荒遐，殊方慕義，搏拊揚歌。於赫四聖，運世應期，仲尼既没，文亦在兹。彬彬我后，越而五之，垂於億載，如山之基。

清·岳濬等［雍正］《山東通志》卷十一之七《闕里志七·［唐］虞世南〈孔子廟堂碑記武德十年〉》 微臣屬書東觀，預聞前史，若乃知幾其神，惟睿作聖，玄妙之境，希夷不測，然則三五迭興，《典》、《墳》斯著，神功聖迹，可得言焉。自肇立書契，初分爻象，委裘垂拱之風，革夏翦商之業，雖復質文殊致，進讓罕同，靡不拜洛觀河，膺符受命，名居域中之大，手握天下之圖，象雷電以施威刑，法陽春而流惠澤，然後化漸八方，令行四海。未有偃息鄉邑，棲遑道路，不預帝王之籙，遠迹圖史之儔，而德侔覆載，明兼日月，道藝微而復顯，禮樂弛而更張，窮理盡性，光前啓後，垂範於百王，遺風於萬代，猗歟偉歟，若斯盛者。

夫子膺五緯之精，踵千年之聖，固天縱以挺質，稟生德而降靈。載誕空桑，自標河海之狀；纔勝逢掖，克秀堯、禹之姿。知微知彰，可大可久。爲而不宰，合天道於無言；感而遂通，顯至仁於藏用。祖述先聖，憲章往哲。夫其道也，固以孕育陶鈞，包含造化，豈真席卷八代，并吞九丘而已哉！雖亞聖鄰幾之智，仰之而彌遠；亡吳霸越之辯，談之而不及。於時天曆浸微，地維將絶，周室大壞，魯道日衰，永歎時艱，實思濡足。遂迺降迹中都，俯臨司寇。道超三代，止乎季、孟之間；羞論五霸，終從大夫之後。固知栖皇弗已，志在於求仁；危遜從時，義存於拯溺。方且重反淳風，一匡末運。是以載贄以適諸侯，懷寶而遊列國，玄覽太極，應物如響，辯飛龜於石函，驗集隼於金櫝。觸舟既曉，專車能對，識罔象之在川，明商羊之興雨。知來藏往，一以貫之。但否泰有期，達人所以知命；卷舒惟道，明哲所以周身。羑里幽憂，方顯姬文之德；夏臺羈紲，弗累商王之武。陳、蔡爲幸，斯之謂歟！於是自衛反魯，删《書》定樂，贊《易》道以測精微，修《春秋》以正褒貶。故能使紫微降光，丹

書表瑞，濟濟焉，洋洋焉，充宇宙而洽幽明，動風雲而潤江海。斯皆紀乎竹素，懸諸日月。既而仁獸非時，鳴鳥弗至，哲人云逝，峻嶽已隤，尚使泗水却流，波瀾不息，魯堂餘響，絲竹猶傳。非夫體道窮神，至靈知化，其孰能與於此乎？

自是厥後，遺芳無絶，法被區宇，道濟天下。及金册斯誤，玉弩載驚，孔教已焚，秦宗亦墜。漢至元始，永言前烈，褒成爰建，用光祀典。魏之黄初，式尊故訓，宗聖疏爵，允輯舊章。金行水德，亦存斯義，而晦明匪一，屯亨遞有。筐筥蘋蘩，與時升降，靈宇虚廟，隨道廢興。炎精失御，蜂飛蝟起，羽檄交馳，經籍道息。屋壁無藏書之所，階基絶函丈之容。五禮六樂，翦焉煨燼。重弘至教，允屬聖期。

大唐運膺九五，基超七百，赫矣王猷，烝哉景命，鴻名盛烈，無得稱焉。皇帝欽明睿哲，參天兩地，迺聖迺神，允文允武。經綸云始，時惟龍戰，爰整戎衣，用扶興業。神謀不測，妙算無遺，弘濟艱難，平一區宇，納蒼生於仁壽，致君道於堯舜。職兼三相，位總六戎，玄珪乘石之尊，朱戶渠門之錫，禮優往代，事踰恒典。於是在三睠命，吹萬歸仁，允隆帝道，丕承鴻業，明玉鏡以式九圍，席蘿圖而御六合。寅奉上玄，肅恭清廟。宵衣昃食，視膳之禮無方；一日萬幾，問安之誠彌篤。孝治要道，於斯爲大。故能使地平天成，風淳俗厚，日月所照，無思不服。憬彼獯鬻，爲患自古，周道再興，僅得中算，漢圖方遠，纔聞下策。徒勤《六月》之戰，侵軼無厭；空盡貳師之兵，憑陵滋甚。皇威所被，犁顙厥角，空山盡漠，歸命闕庭，充牣藁街，填委外府，開闢以來，未之有也。靈臺偃伯，玉關虚候，江海無波，烽燧息警，非烟浮漢，榮光奠河，楛矢東歸，白環西入。猶且兢懷馭朽，興睠納隍，卑宮菲食，輕徭薄賦，斵琱反樸，抵璧藏金，革舄垂風，綈衣表化，歷選列辟，旁求邃古，克己思治，曾何等級！

於是眇屬聖謨，凝心大道，以爲栝羽成器，必在穆雍，道德潤身，皆資學校。矧乃入神妙義，析理微言，列以四科，明其七教，懿德高風，垂憲斯遠，而棟宇弗修，宗祧莫嗣，用紆聽覽，爰發絲綸。武德九年十二月二十九日有詔，立隋故紹聖侯孔嗣悊子德倫爲褒聖侯，乃命經營，惟新舊址。萬雉斯建，百堵皆興，揆日占星，式規大壯。鳳甍騫其特起，龍桷儼以臨空。霞入綺寮，日暉丹檻，窅窅崇邃，悠悠虚白。摹形寫狀，妙絶人功。象設已陳，肅焉如在。握文履度，復見儀形。鳳跱龍蹲，猶臨咫尺。莞爾微笑，若聽武城之絃；怡然動色，似聞簫《韶》之響。襜襜盛服，既覩仲由。侃侃禮容，仍觀衛賜。不疾而速，神其何遠！

至於仲春令序，時和景淑。皎潔璧池，圓流若鏡。青葱槐市，總翠成帷。清滌玄酒，致敬於茲日；合舞釋菜，無絶於終古。皇上以幾覽餘暇，遍該羣籍，乃製《金鏡述》一篇，永垂鑑戒。極聖人之用心，弘大訓之微旨，妙道天文，焕乎畢備。副君膺上嗣之尊，體元良之德，降情儒術，遊心經藝，楚《詩》盛於六藝，沛《易》明於九師。多士服膺，名儒接武，四海之内，靡然成俗。懷經鼓篋，攝齊趨奥，並鏡雲披，俱餐泉湧。素絲既染，白玉已彫，資覆簣以成山，導涓流而爲海，大矣哉！然後知達學之爲貴，而弘道之由人也。國子祭酒楊師道等，偃玄風於聖世，聞至道於先師，仰彼高山，願宣聖德。昔者楚國先賢，尚傳風範，荆州文學，猶鐫歌頌。況帝京赤縣之中，天街黄道之側，聿興壯觀，用崇明祀，宣文教於六學，闡皇風於千載。安可不贊述徽猷，被之雕篆！仍抗表陳奏，請勒貞碑。爰命庸虚，式揚茂實。敢陳蕪詠，乃作銘曰：

景緯垂象，川岳成形。挺生聖德，實稟英靈。神凝氣秀，月角珠庭。探賾索隱，窮極洞冥。述作爰備，《丘》、《墳》咸紀。表正十倫，章明四始。《繫》纘義《易》，書因魯史。懿此素王，邈焉高軌。三川削弱，六國從衡，鶉首兵利，龍文鼎輕。天垂伏鼈，海躍長鯨，解紱去佩，書爐儒坑。篡堯中葉，追尊大聖，乃建褒成，膺茲顯命。當塗創業，亦崇師敬，胙土錫圭，禮容斯盛。有晉崩離，維傾柱折，禮亡樂廢，《風》頹《雅》缺，戎夏交馳，星分地裂，蘋藻莫奠，山河已絶。隋風不競，龜玉淪亡，樽俎弗習，干戈載揚。露霑闕里，麥秀鄒鄉，修文繼絶，期之會昌。大唐撫運，率繇王道，赫赫元功，茫茫天造。奄有神器，光臨大寶，比蹤連陸，追風炎昊。於鑠元后，膺圖撥亂，天地合德，人神攸贊。麟鳳爲寶，光華再旦，繼聖崇儒，載修輪奐。義堂弘敞，經肆紆縈。重欒霧宿，洞戶風清。雲開春牖，日隱南榮。鏘鋐鐘律，蠲潔齊明。容範既備，德音無斁。肅肅升堂，兟兟讓席。獵纓訪道，横經請益。帝德儒風，永宣金石。

又《[宋]呂蒙正〈兗州文宣王廟碑銘并序太平興國八年〉》 聖人

之興也，能成天下之務，能通天下之志，然亦不能免窮通否泰之數。是故有其位則聖人之道泰，無其位則聖人之道否。大哉堯、舜、禹、湯，其有位之聖人與？我先師夫子，其無位之聖人與？昔者大道既隱，真風漸漓，有爲之迹雖彰，禪代之風未替。繇是堯、舜、禹、湯，抱至聖之德有其位，故德澤及於兆民。逮乎周室衰微，諸侯强盛，干戈靡戢，黔首疇依，繇是仲尼，有至聖之德無其位，所以道屈於季、孟。嗚呼！夫子以天生之德，智足以周乎萬物，道足以濟於天下，而棲遲列國，卒不見用，得非其道至大而天下莫能容乎！無乃當時之生民不幸乎！向使有其位，用其道，又何止夾谷之會，沮彼齊侯；兩觀之下，誅斯正卯；羵羊辯土木之祆，楛矢驗蠻夷之貢？必將恢聖人之道，功濟乎宇宙，澤及於黎庶矣。奚一中都宰、大司寇，可伸其盛哉！嗟夫，文王没而斯文未喪，時命屯而吾道不行，可爲長太息矣。洎乎《河圖》不出，鳳德云衰，爰困蔡以厄陳，遂自衛以反魯，於是刪《詩》、《書》，贊《易》象，因史記作《春秋》。大抵尊王者而黜霸道，威亂臣而懼賊子，然後損益三代之禮樂，褒貶百王之善惡，蕪而穢者芟而夷之，紊而亂者綱而紀之，建末俗之郛郭，垂萬世之楷則，遂使君臣父子，咸知揖讓之儀；貴賤親疏，皆識等彝之數。功均造化，德被生人，昭昭焉，蕩蕩焉，與日月高懸、天壤不朽者，夫子之道乎！故曰『自生民以來，未有如夫子者也。』非夫子之道，尊德貴微幾不測，孰能與於此乎？故天下奉其教，尊其像，祠廟相望者，豈徒然哉？

自唐季而下，晉漢以還，中原俶擾，寓縣分裂，四郊多壘，鞠爲戰鬬之場；五嶽飛塵，竟以干戈爲務。固惟經營四方，日不暇給，故我素王之道，將墜於地。光闡儒宗，屬在昌運。我宋應運統天睿文英武大聖至明廣孝皇帝之纘寶位也，以狥齊之德，兼睿哲之明，總覽英雄之心，包括夷夏之地，皇明有赫，聖政日新。解綱泣辜，示至仁於天下；侮亡取亂，清大憝於域中。復浙右之土疆，真王匍匐而聽命；伐幷汾之堅壘，凶寇倒戈而繫頸。戎車一駕，掃千里之妖氛；泰壇再陟，展三代之縟禮。拯亂則弔伐，非所以住兵也；懲惡則止殺，蓋所以遵法也。然後修禮以檢民，迹播樂以和民心。禮修樂舉，刑清俗阜，尚猶日慎一日，躬決萬幾，近甸絶禽荒之娱，後庭無遊宴之溺，遂得羣生亹亹，但樂於天時；萬彙熙熙，不知乎帝力。信可以高視千古，躪轢百王。謂皇道既以平，華夷又以寧，爾乃凝神太素，端拱穆清，闡希夷之風，詮真如之理。間則披皇《墳》而稽帝《典》，奮睿藻以抒宸章。哲王之能事備矣，太平之鴻業成矣。

居一日，乃御便殿，謂侍臣曰：朕嗣位以來，咸秩無文，遍修羣祀。金田之列刹崇矣，神仙之靈宇修矣，惟魯之夫子廟堂，未加營葺，闕孰甚焉！況像設卑而不廣，堂廡陋而毁頹，觸目荒凉，荆榛勿剪，階序有妨於函丈，室壁不可以藏書。既非大壯之規，但有巋然之勢。傾圮寢久，民何所觀？遂乃鼎新規，革舊制，遣使星而蒇事，募梓匠以僝功，經之營之，厥功告就。觀夫繚垣雲矗，飛簷翼張，重門谺其洞開，層闕欝其特起。綺疏瞰野，朱檻凌虚，眈眈之邃宇來風，巘巘之雕甍拂漢。迴廊複殿，一變維新。升其堂則藻火黼黻，昭其度也；登其筵則籩豆簠簋，潔其器也。春秋二仲，上丁佳辰，牢醴在庭，金石在列，侁侁衆賢，以配以侑，凜然生氣，瞻之如在。時或龜山雨霽，岱岳雲斂，則重櫨疊栱，丹青晃日月之光；龍桷雲楣，金碧焜烟霞之色。輪奐之制，振古莫儔，營繕之功，於今爲盛。繇是公卿庶尹、鴻儒碩生相與言曰：凡明君之作事也，不爲無益。害有益，必乃除千古之患，興萬世之利，然後納華夷於軌物，致黔首於仁壽。夫子無位立教，化人以文、行、忠、信，敦俗以冠、婚、喪、祭，爲民立防，與世垂範。是以上達君，下至民，用之則昌，不用則亡。我后應千年而出震，奄六合以爲家。一之日、二之日，訪蒸黎之疾苦；三之日、四之日，辨官材之淑慝。爾乃修武備，崇文教，輕徭薄賦，興廢繼絶，於是睠我先師，嚴其廟像，棟宇宏壯，僅罕比倫，遂使槐市杏壇之子，競鼓篋以知歸；褒衣博帶之儒，識横經之有所。矧乃不蠹民財，不耗民力，時以農隙，人以悦使。向謂興萬世之利者，斯之謂歟！夫秦修阿房，惟矜土木之麗；楚築章華，但營耳目之玩，可同年而語耶？將勒貞珉，合資鴻筆。臣詞慚體要，學謝大成，彤庭猥厠於英翹，内署謬司於綸誥。頌聖君之德業，雖效游揚；仰夫子之文章，誠慚狂簡。恭承睿旨，謹抒銘曰：

周室衰微兮，諸侯擅權。魯道有蕩兮，禮樂缺然。神降尼丘兮，德鍾於天。挺生夫子兮，喪亂之年。秀帝堯之姿兮，類子産之肩。抱聖人之德

兮，稟生知之賢。刪《詩》定禮兮，糾繆繩愆。智宣造化兮，功被陶甄。下學上達兮，仁、命罕言。將聖多能兮，名必正焉。道比四瀆兮，日月高懸。仰之彌高兮，鑽之彌堅。歷聘諸國兮，陳、蔡之間。時不見用兮，吾道迍邅。麟見非應兮，反袂漣漣。梁木其壞兮，歎彼逝川。王爵疏封兮，衮冕聯翩。百世嗣襲兮，慶及賞延。明明我后兮，化浹無邊。崇彼廟貌兮，其功曲全。高門有閎兮，虛堂八埏。吉日釋菜兮，陳彼豆籩。雕甍畫栱兮，旦暮含烟。海日一照兮，金翠相鮮。帝將東封兮，求福上玄。千乘萬騎兮，轟轟闐闐。謁我新廟兮，周覽蹁躚。肆覲羣后兮，岱宗之前。

又 《［金］党懷英〈重修至聖文宣王廟碑明昌六年〉》 皇朝誕膺天命，累聖相繼，平遼破虜，合天下爲一家。深仁厚澤，以福斯民。粵自太祖，暨於世宗，撫養生息，八十有餘年。庶且富矣，又將教化。而粹美之主上，紹休祖宗，以潤色洪業爲務。卽位以來，留神幾政，革其所當革，興其所當興。飭官厲俗，建學養士，詳刑法，議禮樂，舉遺修舊，新美百爲，期與萬方同歸於文明之治。以爲興化致理，必本於尊師重道。於是奠謁先生，以身先之。嘗謂侍臣曰：昔者夫子，立教於洙泗之上，有天下者所當取法。乃今遺祠，久不加葺，且甚隘陋，不足以稱聖師之居，其有以大作新之。有司承詔，度材庀工，計所當費，爲錢七萬六千四百緡。詔並賜之，仍命選擇幹臣，典領其役。役取於軍匠，傭於民，不責急成而責以可久，不期示侈而期於有制。凡爲殿堂、廊廡、門亭、齋厨、黌舍三百六十餘楹。位序有次，像設有儀，表以傑閣，周以崇垣。至於幄座欄楯、簾幌罘罳之屬，隨所宜設，莫不嚴具。三分其役，因舊以全，加葺者什居其一，而增剏者倍之。蓋經始於明昌二年春，踰年而土木基架成，越明年而髹漆彩繪成。先是，郡弟子及先儒像畫於兩廡，既又以捏塑易之。又明年，而衆功皆畢，罔有遺焉。

上既加恩闕里，又澤及嗣人。以其雖襲公爵而官職未稱，與夫祭祀之儀不備，特命自五十一代孫元措晉階中議大夫，職視四品，兼世宰曲阜縣。六年，又以祭服祭樂爲賜，遣使策祝，以崇奉之意告之。方役之興也，有芝生於林域及尼山廟與孔氏家園，凡九本。典役者采圖以聞，且言瑞芝之生，所以表聖德之至。廟成之日，宜有刊紀，敢請並書於石。又廟有層閣，以備庋書，願得賜名，揭諸其上，以觀示四方，詔以奎文名之，而命臣懷英記其事。臣，魯人也。杏壇舊宅，猶能想見其處。今幸以諸生備職藝苑，其可飾固陋之辭，絜楹計功，謹識歲月而已乎！敢竊敍上所以褒崇之意，備論而書之，而後係之以銘。

臣嘗謂唐虞三代致治之君，皆相授以道。至周末世，不得其傳。而夫子載諸六經，以俟後聖。降周迄漢，異端並起，儒、墨、道德、名、法、陰陽，分而名家，而以六藝經傳爲章句之學，歸之儒流。而不知六藝者，夫子所以傳唐虞三代之道，衆流之所從出，而儒爲之源也。後世偏尚曲聽，沿其流而莫達其本，用其偏而不得其醇。自是歷代治蹟，嘗與時政高下。洪惟聖上，以天縱之能，興學稽古，游心於唐虞三代之隆。故凡立功建事，必本六經爲正，而取信於夫子之言。夫惟信之者篤，則其尊奉之禮，宜其厚歟！臣觀漢魏以來，雖奉祠有封，洒掃有戶，給賜有田，禮則修矣，未有如今日之備也。初，廟傍得魯廢池，發取石甃，以爲柱礎、階砌之用。浚井得銅，以爲鋪首、浮漚諸飾。繇是省所費錢以千計者，萬四千有奇。方復規畫，爲他日繕治無窮之利。然則非獨今日之新，蓋將愈久而無弊也。銘曰：

惟古治時，以道相繼。不得其傳，粵自周季。天生將聖，遭世不綱。垂統六經，以俟後王。六經維何？爲世立道。有王者興，是惟治要。於鑠我皇，聖性自天，鋭意稽古，傳所不傳。建學弘文，崇明儒雅，躬禮聖師，率先天下。乃睠闕里，祠宇弗治，剏其舊制，既隘且庳。乃詔有司，乃疏泉府，揆材庀工，衆役具舉，梓人獻技，役夫效功。隘者以宏，庳者以崇，崇焉有制，宏焉有法。卽舊以新，增其什八。殖殖其正，翼翼其嚴。魯人來思，歎息仰瞻。魯人有言，惟今匪昔。豈惟魯人，四方是式。瞻彼尼山，及其林園，有芝煌煌，表我聖恩。聖恩之隆，施於後嗣，顯秩峻階，視舊加異。廟樂以雅，祭服有章，錫爾奉祠，名教是光。有貞斯石，有銘斯勒，揚厲鴻休，以詔無極。

元・蘇天爵《元文類》卷一九《閻復〈曲阜孔子廟碑〉》 聖上嗣服之初，述祖考之成訓，興學養士，嚴祀先聖，自曲阜始。制詔若曰：孔子之道，垂憲萬世，有國家者，所當崇奉。中外聞之，咸曰大哉王言！拭目太平文明之治。粵明年，元貞改元，先聖五十三代孫、密州尹治入朝，璽書錫命，中議大夫襲封衍聖公，月俸百千，秩視四品。孔氏世爵弗

傳者久，至是乃復申命有司，制考辟雍，作廟於京師。由是四方嚮風，崇建廟學，惟恐居後。闕里祠宇，燬於金季之亂。閣號奎文，若大中門闥，存者無幾。右轄嚴公忠齊保魯，嘗假清臺頒曆錢，佐營繕之費。歲戊申，始復鄆國後寢，以寓先聖、顔孟十哲像。至元丁卯，衍聖公治尹曲阜，主祀事，將圖起廢，奎文、杏壇、齋廳黌舍，卽其舊而新之，禮殿則未遑也。

國初封建宗室，晝濟、兗、單三州爲魯國大長公主駙馬濟寧王分地，置濟寧總管府，屬縣十六，曲阜其一也。濟寧守臣按檀不華恭承詔旨，會府尹僚佐鄉長者謀曰：『方今聖天子守成尚文，此鄉威化之源，禮義之所從出。爲守臣者，敢不對揚休命，以廟役爲任？』首出泉幣萬緡，衆翕然助之。傭工顧力，市木於河，輂石於山，掄材於野，宋棟、櫨桷、楹礎之屬悉具。又得泗水渠堰積石數百，石堊稱是。露階鉗砌，咸足用焉。郡政之暇，躬爲督視，甄陶鍛冶，丹雘髤漆以至工師廩積，各有司存。經始於大德二年之春，屬歲祲中止，蕆事於五年之秋，不期月而告成。殿矗重簷，亢以層基，繚以修廊。大成有門，七十二賢有廡，泗、沂二公有位。黼座既遷，更塑鄆國像於後寢。締構堅貞，規模壯麗，大小以楹計者百二十有六，貲用以緡計者十萬有畸。落成之旦，遠近助祭者衣冠輻湊，衆庶瞻顒，千祀祖庭頓還舊觀。於是衍聖公治遣其子曲阜令思誠奉表以聞，且以廟碑爲請。會選胄子入學，擢思誠國子監丞。特敕中書賜田五千畝，以供粢盛。復戶二十八，以應洒掃。仍下翰林，書其事於石。

臣復承命，踧踖既述興造始末，竊惟聖人之道與天地並，聖人之祀與天地無極。堯、舜、湯、文之君不作，而道在洙、泗。立言垂教，推明堯、舜、湯、文致治之由，模範百王，仁及天下，後世願治之主莫不宗之。廟貌相望，遠乎四海，聖人之道固無係於祀禮之隆殺。夫尊其道而毖其祀，蓋治古之恒規，王政之所先也。洪惟聖元，神武造邦，天兵傅汴，戎事方殷，不忘存敬先聖之祀，詔求五十一代孫衍聖公元措歸魯，裒集奉常禮樂於兵燼之餘，燕翼之謀肇於此矣。世祖聖德神功文武皇帝，仁霑義洽，九域混同，文物煥然可觀。內立國學，外置郡邑學官，而於先聖之後，尤所注意。遴選師儒，訓迪作成，需賢以嗣封爵。茲志未究，皇上纘而成之，故自紹膺景命，以敦化厲俗爲先務。至於博施濟衆，敷文來遠，哀矜庶獄，惠鮮鰥寡，由天縱之聖，見於設施，皆堯、舜、湯、武之舉。揆諸聖經之言，若合符契，用能張皇教本，光昭先業，以致魯國臣民，思樂泮水，如附靈臺子來之衆，至矣哉。觀文化下，必世後仁之效，豈特震曜一時，寔宗社無疆之福也。銘曰：

道之大原，實出於天。天何言哉？乃以聖傳。傳道維何？唐虞三代，儀範百王，萬世永賴。聖人之功，與天比隆。聖人之祀，垂之無窮。皇元肇基，撥亂右武。天兵趍汴，周禮在魯。烝哉世皇！載整乾綱，始定終綏，遂臣萬方。肅肅魯庭，嗣封有典，德音孔昭，聖謨丕顯。王者之作，必世後仁。繼序不忘，成於孝孫。遹觀厥成，是訓是則。思樂泮水，作廟翼翼，如矢斯棘，如翬斯飛。籩豆静嘉，陟降有儀，祀事孔嚴，世爵以延，汎掃有戶，粢盛有田。聖政聿新，希蹤治古。僉曰皇明，登三咸五。泰山巖巖，聖祀綿綿。與國無疆，於萬斯年。

元·程鉅夫《雪樓集》卷六《大元國學先聖廟碑》 皇慶二年春，皇帝若曰：我元胤百聖之統，建萬民之極，誕受厥命，作之君、師。世祖混一區宇，亟修文教。成宗建廟學，武宗追尊孔子，所以崇化育材也。朕纂丕圖，監前人成憲，期底于治，可樹碑於廟。詞臣文之臣某，拜手稽首，奉詔言曰：臣聞邃古之初，惟民生厚，風氣漸靡，聖人憂之，越有庠序學校之制。天下之治，胥此焉出。中統二年，以儒臣許衡爲國子祭酒，選朝臣子弟充弟子員。至元四年，作都城，畫地宮城之東爲廟學基。二十四年，備置監學官。元貞元年，詔立先聖廟。久未集。大德三年春，丞相臣哈喇哈遜達爾罕大懼，無以祇德意，乃身任之，飭五材，鳩衆工，責成工部郎中臣賈馴。馴心計指授，晨夕匪懈，工師用勸。十年秋，廟成，謀樹國子學，御史臺臣復以爲請，制可。至大元年冬，學成，廟度地頃之半，殿四阿，崇尺六十有五，廣倍之，深視崇之尺加十焉。配享有位，從祀有列。重門修廊，齋廬庖庫，爲楹四百七十有八。學在廟西，地遜於廟者十之二。中國子監東西六館，自堂徂門，環列鱗比，通教養之區，爲間百六十有七。制加孔子大成之號，祠以太牢，贊釋奠雅樂。江南復戶四十，肆之。春、秋二祀，先期必命大臣攝事。皇帝御極，陞先儒周敦頤、程顥、程頤、司馬光、張載、邵雍、朱熹、張栻、呂祖謙、許衡從祀。廣弟子員爲三百，進庶民子弟之俊秀，相觀而善，業精行成者歲舉從

政。又詔天下三歲一大比，興賢能。於是崇宇峻陛，陳器服冕，聖師巍然，如在其上。教有業，息有居，親師樂友，諸生各安其學。咸曰大哉天子之仁！至哉相臣之賢，工曹之勤！其知政治之本源矣。

臣竊謂天地至神，非風雨霜露，罔成其功；斯道至大，非聖君賢相，罔致其化；人性至善，非《詩》、《書》、禮、樂，罔就其器。列聖相承，謂天下可以武定，不可以武治，所以尊夫子，建辟雍，復科舉，誠欲人人被服儒行，爲天下國家用耳。然則黎民於變時雍，顧不在茲乎！於戲隆哉！臣某謹拜手稽首而獻頌曰：

皇元受命，誕惟作京，以撫萬邦。既訖武功，載修文教，登其俊良。於穆宣聖，垂範罔極，首尊而彰。曰爾冑子，弗典于學，曷風四方？學以聚之，廩以餼之，日就月將，大德嗣服。乃建孔廟，乃經辟雍，考制程材，審時相宜，適成厥功。辟雍洋洋，冕服皇皇，羣士景從。聖道既明，渙號既加，我皇御天，執道之中。軌物牖民，翼翼乾乾，帝學益宏。庶政惟和，我化用宣，躋祀儒師，賓興羣材，丕紹厥先。相古盛時，訏謨遠猶，罔不由賢。天錫皇祖，神聖文武，以有萬國。威何不加，令何不行，求何不獲？惟學是務，惟才是育，下民允迪，越厥左右，咸有一德。以匡乃辟，惟帝時憲，惟臣克念。濟濟茂碩，禮明樂備，永作神主，播頌無斁。

元·許有壬《至正集》卷四四《上都孔子廟碑》 至元二年丙子歲七月庚午，皇帝御洪禧殿，太師秦王、中書右丞相達爾罕、臣巴延率中書臣僚奏：上都，世祖皇帝所城，至元間作孔子廟。仁宗皇帝修其敝，增兩廡庖館。故事，當刻石，紀列聖崇文重道之實，以詔後世。石已具，擬中書參知政事臣有壬爲文，奎章閣侍書學士臣庫庫爲書，奎章閣承制學士臣師簡篆其額，留守臣董其樹立。制可。臣有壬被詔，悚慄罔知攸措。洪惟聖朝，肇造區宇，亭毒運用之大，功並開闢；而孔子之道，猶天地日月，人無能名。若臣之愚，其何以鋪張天休，闡揚至德？若夫列聖崇文重道之實，徵諸聞見，或可復明詔萬一，謹拜手稽首，昧死而言曰：

昔我太祖皇帝之應天啓運也，干戈中，徵耶律楚材，置左右，備諮訪，聞周、孔教，深用嘉納。知天下不可馬上治，立十路課稅使，副皆用儒者。國朝尊孔道，用文臣，實自是啓之。太宗嗣位，修曲阜廟，孔子五十一代孫元措仍襲封衍聖公。置編修所於燕經籍所，於揚以開儒治。輦曲阜雅樂、俎豆、祭服至日月山，王鶚以孔子像達北庭，命秋丁行釋奠禮，飲福均胙，歲以爲常。收羅儒士，俾轉教授。遣斷事官穆克德、山西東路課稅長官劉中，偏視儒人中者，與牧守議，停蠲其役，且將闢舉塲，以精入仕。擇筆且齊子十八人，學漢語文字，漢官子參學國語。弓矢擇師，分四隊以教，命中書令楊惟中主其事。作屋居之，餼廩育之，榎楚督之，迄定宗朝不輟。憲宗悉除漢地河西儒戶徭役。世祖在藩邸，招納儒士，撝謙問答，知草澤一士賢，飛書走幣，猶恐失之。燕廟學汨於道流，奪而歸之儒，增修敝陋。聞竇默三綱五常之言，聖見超詣，即謂人道，無大於此，失此則不名爲人，且無以立於世。及正大位，詔先聖廟國家致祭，宜恒修潔。官若使，若軍馬，毋泊其中，理訟、褻宴、營造者有罪。內設國子監學，外分提學教授，以職教。議行貢舉法，以取士。督有司以主領，責按察以勉勵。儒籍者復之，材成者擢之。分田制祿，以奉祭祀，以資營修，以祿其師，以廩其徒，而學政備舉矣。成宗首詔敦勸，且議貢舉。又特詔中外百司，申世祖之制，其略曰：孔子之道，垂憲萬世，有國家者所當崇奉；而曲阜、上都、大都，又專言之。聖意所注，可見矣。武宗、仁宗、英宗、文宗恪守祖訓，凡大播告，必首及此。武宗加號大成，遣使闕里，祀以太牢，示萬世無上之絶尊。仁宗行賓興法，先德行，尊五經，繼志述事有加焉。今上皇帝，三降德音，靡不懇切。此徵諸聞見，班班有据者也。尚論歷代之興，禮樂制度莫不相因，而我朝截然首出爲一王法，立經陳紀，大括宇宙，細盡事物，不資載籍，動合孔子之道，非天啓大聖爲斯文主，以康濟斯世，而能然耶？而天造草昧、一元坱圠之始，戡定雖武，文之用實行其中，猶秋之有春，藥之有食，所遇之時異，所施之偏有不免爾。天常人紀，自然之理，則無時無地而不載焉。

世祖既城開平，尋升上都，文治益修。至元六年，命留守臣顔蒙古岱作孔子廟都城東南。仁宗皇慶二年，命留守臣賀勝重葺舊殿，增廊廡、齋廳、庾廩、庖福門，閎垣墉西偏爲堂廬，以待國子。分學田坐雲州者六十頃五十九畝，興州又十四頃，以教以養，作人之盛，蔚乎首善之地矣。今上當宁，大臣協贊，益闡大猷，使萬世之遠，億兆之衆，皆知孔道之可尊；而祖宗功烈有萬可述，獨及此者，誠以斯道在天地間一日不可無，

一日而無，猶天運之或息，無以爲天地矣。而貽謀垂憲，舍是無大。後世尊而行之，其於治天下成規大法，特舉而措之爾。

臣聞道之大原出於天，其顯者謂之文。帝德廣運之文，經緯天地之謂也。天之未喪斯文，禮樂制度之謂也。刪《詩》定《書》，繫《周易》，作《春秋》，孔子之文也。彼深文小道，急近利，務末效，漸漬馴致，貽禍國家。雖以王文統之，才卒負任，使世祖明斷，罪人斯得，況下是萬萬者乎！均謂之文，可不知所辨哉？士之藏修於是，學者其慎擇從，自格物至於平天下，皆斯道也。繼自今萬億年，開太平之基，以上副列聖崇文重道、建學作人之意，顧不偉歟！臣有壬謹拜手稽首而獻頌曰：

聖神立極，順天應人。謀始斯臧，繼體惟寅。道有大原，顯者爲文。爰出萬化，茲其大鈞。金革土沸，弦歌載詢。考禮緜蕝，徵賢蒲輪。灤水之陽，龍岡作都。據其上游，建瓴中區。乃咨守成，大本在儒。國都閭巷，有師有徒。茲惟首善，盍示遠圖！咫尺象魏，作宮渠渠。南面圭衮，北庭《詩》、《書》。列聖繼明，顯承弗替。既極其稱，復新其敝。居以餼廩，蒐以科第。百年長育，四海漸被。教隆化洽，人有士風。引而伸之，萬世攸同。皇帝曰俞，汝臣有壬，紀載釋辭，後因有今。拜手稽首，天子萬年。斯文斯道，如日在天。天地位焉，萬物育焉。拜手稽首，天子萬年。

清·孔毓圻等《幸魯盛典》卷一四《附録》 成祖永樂十五年九月，御製《孔子廟碑文》曰：道原於天而畀於聖人。聖人者，繼天立極而統承乎斯道者也。若伏羲、神農、黄帝、堯、舜、禹、湯、文、武、周公歷聖相傳，一道而已。周公没又五百餘年，而生孔子，所以繼往聖，開來學，其功賢於堯、舜，故曰『自生民以來，未有盛於孔子者也。』夫四時流行，化生萬物，而高下散殊，咸遂其性者，天之道也。孔子參天地，贊化育，明王道，正彝倫，使君君臣臣、父父子子、夫夫婦婦各得以盡其分，與天道誠無間焉爾。故其徒曰：『夫子之不可及也，猶天之不可階而升也。』又曰：『仲尼日月也，無得而踰焉。』在當時之論如此，亘萬世無敢有異辭焉。於乎！此孔子之道所以爲盛也。天下後世之蒙其澤者，實與天地同其久遠矣。

自孔子没，於今千八百餘年。其間道之隆替，與時陟降。遇大有爲之君，克表章之，則其政治有足稱者。若漢、唐、宋致治之君，可見矣。朕皇考太祖高皇帝，天命聖智，爲天下君。武功告成，卽興文教，大明孔子之道。自京師以達天下，並建廟學，徧賜經籍，作養士類。儀文之備，超乎往昔。封孔氏子孫世襲衍聖公，秩視一品，世擇一人爲曲阜令。立學官，以教孔、顔、孟三氏子孫。嘗幸太學，釋奠孔子，竭其嚴敬。尊崇孔子之道，未有如斯之盛者也。朕纘承大統，丕法成憲，尚惟孔子之道，皇考之所以表章之者若此，其可忽乎？乃曲阜闕里在焉，道統之系，實由於茲；而廟宇歷久，漸見隳敝，弗稱瞻仰。往命有司，撤其舊而新之。今年畢工，宏邃壯觀，庶稱朕敬仰之意。俾凡觀於斯者，有所興起，致力於聖賢之學，敦其本而去其末，將見天下之士皆有可用之材，以贊輔太平悠久之治，以震耀孔子之道。朕於是有深望焉，遂書勒碑，樹之於廟，并系以詩曰：

巍巍元聖，古今之師。垂世立言，生民是資。天將木鐸，以教是畀。謂欲無言，示之者至。惟天爲高，惟道與參。惟地爲厚，惟德與含。生民以來，實曰未有。出類拔萃，難乎先後。示則不遠，日用攸趨。敦敘有彝，遵於聖模。仰惟皇考，聖道實崇。禮樂治平，身底厥功。曰予祗述，詎敢或懈？聖緒丕承，儀憲永賴。巖巖泰山，魯邦所瞻。新廟奕奕，飭祀有嚴。鼓鐘喤喤，璆磬戛擊。八音相宣，聖情怡懌。作我士類，世有才賢。佐我大明，於萬斯年。【略】

成化四年，御製《重修孔子廟碑》曰：朕惟孔子之道，天下不可一日無焉。何也？有孔子之道，則綱常正而倫理明，萬物各得其所矣。不然，則異端横起，邪説紛作，綱常何自而正，倫理何自而明，天下萬物又豈能各得其所哉？是以生民之休戚係焉，國家之治亂關焉。有天下者，誠不可一日無孔子之道也。蓋孔子之道，卽堯、舜、禹、湯、文、武之道，載於六經者是也。孔子則從而明之，以詔後世耳。故曰『天將以夫子爲木鐸。』使天不生孔子，則堯、舜、禹、湯、文、武之道，後世何從而知之？將必昏昏冥冥，無異於夢中，所謂萬古如長夜也。由此觀之，則天生孔子，實所以爲天地立心，爲生民立命，爲往聖繼絶學，爲萬世開太平者也。其功用之大，不但同乎天地而已。噫！盛矣哉，誠生民以來之所未有者。宜乎弟子形容其聖，不一而足；至於《中庸》一書而發明之，

無餘藴矣。自孔子以後，有天下者無慮十餘代。其君雖有賢否智愚之不同，孰不賴孔子之道以爲治？其尊崇之禮，愈久而愈彰，愈遠而愈盛。觀於漢魏以來褒贈加封，可見矣。

迨我祖宗，益興學校隆祀典。自京師以達於天下，郡邑無處無之，而在闕里者，尤加之意焉。故太祖高皇帝登極之初，卽遣官致祭，爲文以著其盛而立碑焉。太宗文皇帝重修廟宇，而一新之，亦爲文以紀其實而立碑焉。朕嗣位之日，躬詣太學，釋奠孔子；復因闕里之廟，歲久漸敝而重修之。至是畢工，有司以聞，深慰朕懷。嗚呼！孔子之道之在天下，如布帛菽粟，民生日用，不可暫闕。其深仁厚澤，所以流被於天下後世者，信無窮也。爲生民之主者，將何以報之哉！故新其廟貌而尊崇之。尊崇之者，豈徒然哉？冀其道之存焉爾。使孔子之道常存而不泯，則綱常無不正，倫理無不明，而萬物亦無有不得其所者。行將措斯世於雍熙太和之域，而無異於唐虞三代之盛也。久安長治之術，端在於斯。用是爲文勒石，樹於廟庭，以昭我朝崇儒重道之意焉。系以詩曰：

天生孔子，縱之爲聖。生知安行，仁義中正。師道興起，從游三千。往聖是繼，道統流傳。六經既明，以詔後世。三綱五常，昭然不替。道德高厚，教化無窮。人極斯立，天地同功。生民以來，卓乎獨盛。允集大成，實天所命。有天下者，是尊是崇。曰惟聖道，曷敢弗宗？顧予渺躬，承此大業。惟聖之謨，於心乃愜。用之爲治，以康兆民。聖澤流被，萬世聿新。報典之隆，尤在闕里。廟宇巍巍，於茲重美。文諸貞石，以光於前。木鐸遺響，餘千萬年。【略】

孝宗御製《碑文》曰：朕惟古之聖賢，功德及天下。後世立廟以祀者，多矣。然内而京師，外而郡邑，及其故鄉，靡不有廟；自天子至於郡邑長吏，通得祀之而致其嚴且敬，則惟孔子爲然。蓋孔子，天縱之聖，生當周季聖賢道否之日，而不得其位以行，乃歷考上古以來聖人之君天下者，曰堯曰舜，曰禹、湯、文、武已行之迹，并其至言要論，定爲六經，以垂法後世。自是凡有天下之君，遵之則治，違之則否，蓋有不能易者，真萬世帝王之師也。故自漢祖過魯之後，多爲之立廟。沿及唐、宋英明願治之君屢作，益尊而信之。孔子之廟，遂徧天下，爵號王公，禮視諸侯而加隆焉。蓋天理民彝之在人，有不能自泯也。

我皇祖以至神大聖，植綱常於淪斁之餘，武功方戢，卽遣人詣闕里，祀孔子，風示天下，規度可謂宏遠矣。列聖相傳，益嚴祀事，先後一軌。暨我皇考憲宗，詔增廟之舞佾爲八，籩豆十二，禮樂盡同於天子。褒崇之典，至是蓋無以加。我國家百有餘年之太平，端有自哉！闕里有廟，建自前代，規制尤盛。弘治己未六月，燬於火。朕聞之惕然，特敕山東巡撫、巡按暨布政、按察司官，聚財庀工，爲之重建。越五年甲子正月工畢，巡撫右都御史徐源、巡按監察御史陳璘以其狀來上。宏深壯麗，視舊規有加。朕懷乃慰，既遣内閣輔臣、太子太保、戶部尚書兼謹身殿大學士李東陽往告，復具顛末爲文，俾勒之廟，用昭我祖宗以來尊師重道之意，并繫之詩曰：

聖人之生，天豈偶然？命之大君，俾贊化權。二帝三王，君焉克聖。繼天立極，道形於政。大化既洽，至治斯成。巍巍蕩蕩，渾乎難名。周政不綱，道隨時墜。孔子聖人，而不得位，乃稽羣聖，乃定六經。萬世之師，於焉足徵。自漢而下，數千餘歲，褒典代加，有隆無替。於皇我祖，居正體元，六經是師，卓爾化原。列聖相承，先後一揆，逮及朕躬，思弘前軌。廟貌載崇，祀事孔禋，經言典訓，彌謹彌敦。俗化治成，日升川至，斯道之光，允垂萬世。

清·愛新覺羅·玄燁《聖祖仁皇帝御製文集》卷二三《至聖先師孔子廟碑》　朕惟道原於天，弘之者聖。自庖犧氏觀圖畫象，闡《乾》、《坤》之祕。堯、舜理析危微，厥中允執，禹親受其傳。湯與文、武、周公遞承其統，靡不奉若天道，建極綏猷，敻乎尚矣。孔子生周之季，韋布以老，非若伏羲、堯、舜之聖焉而帝，禹、湯、文、武之聖焉而王，周公之聖焉而相也。巋然以師道作則，與及門賢喆紹明絶業，教思所及，陶成萬世。伏羲、堯、舜、禹、湯、文、武、周公之統，惟孔子繼續而光大之矣。間嘗誦習《詩》、《書》之所刪述，《大易》之所演《繫》，《春秋》之所筆削，禮樂之所修明，本末一貫，根柢萬有，殆與覆載合其德，日月並其明，四時寒暑協其序焉。故曰仲尼之道，一天道也。朕敬法至聖，景仰宮牆，嚮往之誠，弗釋寤寐。歲甲子十有一月，時邁東魯，躬詣曲阜，展修祀事，復謁聖墓，循撫松栝，儀型在望，僾乎至德之親人也。朕忝作君，啓牖下民，深惟夫子師道所建，百王治理備焉。舍是而圖郅隆，曷所依據哉？

因勒文於石，彰朕尊崇聖教，以承天治民之意。系以辭曰：

遐哉三五，維辟之式。於皇尼山，師道允植。天畀木鐸，覺彼羣生。百行以正，六籍以明。賢邁唐、虞，聖則《河》、《洛》。綏和動來，文博禮約。性天峻極，倫教孔彰。學昌洙泗，統歸素王。炎漢崇儒，少牢用饗。厥後賢君，高山是仰。予懷至聖，涖彼東方。音徽云邈，道德彌光。鬱鬱塋林，峨峨祠殿，企慕安窮，羹牆如見。泰岱匪高，東海匪深，敬揚懿軌，終古式欽。

清・愛新覺羅・玄燁《聖祖仁皇帝御製文第二集》卷三四《重修闕里孔子廟碑》 朕惟大道昭垂，堯、舜啓中天之聖。禹、湯、文、武紹危微精一之傳，治功以成，道法斯著。至孔子雖不得位，而贊修刪定，闡精義於六經；祖述憲章，會衆理於一貫。爲往聖繼絕學，爲萬世正人心，使堯、舜、禹、湯、文、武之道燦然丕著於宇宙，與天地無終極焉。誠哉先賢所稱：『自生民以來，未有盛於孔子者也。』往歲甲子，朕巡省東方，躬詣闕里，登聖人之堂，祇將祀事，覩其車服禮器，金石絃歌，蓋徘徊久之，不能去焉。顧聖廟多歷年所，丹雘改色，榱桷漸圮，用是愍然於心，特發内帑，專官往董其役，鳩工庀材，重加葺治。經始於辛未之夏，事竣於壬申之秋。廟貌一新，觀瞻以肅。蓋深惟孔子之道，垂範古今，朕願學之志，時切於懷。每考天人性道之原，修齊治平之要，思以遠紹前緒，牖迪生民。凡所以尊崇褒顯者，靡不隆禮竭誠，以將景行仰止至意；而況廟庭之地，尤爲聖人神明所憑依者哉！今者登堂而陳俎豆，入室而習禮儀，營構既堅，采章彌煥，庶幾於朕心深有慰焉。用是特遣皇子胤祉，敬展禋祀，以告落成。凡我臣民，瞻仰宮牆，倍增嚴翼，尚益思敦崇德義，砥礪倫常，以不負朕尊師重道之意，豈不休與！因勒貞石，系以辭曰：

麟書啓瑞，素王挺生。上律下襲，玉振金聲。範圍百代，陶甄萬類。道備中和，德參天地。立型垂訓，師道昭宣。象懸七曜，海納百川。曩巡東魯，臨河登岱。峩峩尼山，羹牆斯在。虔恭展謁，至德是欽。宗風溥博，教澤閎深。洙泗之陽，殿寢翼翼。上棟下宇，神靈安宅。冬官特飭，締造維新。宏規大啓，肅奉明禋。聖人之居，永以觀德。千載傳心，四方式則。

清・愛新覺羅・胤禛《世宗憲皇帝御製文集》卷一六《修建闕里聖廟碑文》 朕惟上帝垂佑蒸民，篤生至聖先師孔子，以仁義道德啓迪萬世之人心，而三綱以正，五倫以明。後之繼天御宇，兼君、師之任者，有所則傚，以敷政立教，企及乎唐虞三代之隆。大矣哉！聖人之道，其爲福於羣黎也甚溥，而爲益於帝王也更宏，宜乎尊崇之典與天地同其悠久也。曲阜廟庭爲孔子里宅，毓聖鍾靈之地，神爽式憑，廟貌崇閎，由周而來，久且加盛。我皇考聖祖仁皇帝德符元化，悟徹性天，自羲、農、堯、舜、禹、湯、文、武、周公之道集成於孔子者，一一體於身心，宣爲政治，聖統在上，應運而承。康熙甲子，東廵狩，臨幸闕里，謁奠廟、林，殷禮隆儀，漢唐莫及。朕恭膺丕緒，志切羹牆，卽位之初，加封先師五代王爵，詣雍釋菜，題額歌詩，佩德報功之願，夙夜罔釋於懷。雍正二年，闕里聖廟不戒於火，有司奏告，朕怵惕靡寧，詣廟致祭，旋發帑興修，命大臣專董厥役。殿廡規模，悉準宮闕，製器備物，亦令繪圖呈式，裁酌協宜。數年來諄諭執事臣寮，經營周至，纖毫無憾，始愜朕衷。七年冬，有司具奏：大成殿上梁前二日，慶雲見於曲阜，合詞稱瑞。朕以天人感應，理固不爽，而誠敬微忱，詎能邀上帝先師之垂鑑？用是祇將祀事，倍增試額，俾普天率土被聖人之德化者，同心感慶，庶足以廣教澤而答嘉庥。而撫躬警勉，恒朝夕凜凜焉。

朕嘗謂帝王之尊聖，尊其道也。尊其道，貴行其道。居行道之位而能擴充光大，達之政令，俾齊治平得其要，紀綱法度合其宜，禮樂文章備其盛。舉凡聖道之未行於當時者，悉行於後世。雖去聖久遠而心源相接，不啻親授於一堂之上，默證於千載之前。如是欽崇褒顯，悉由於中心之誠服，而治化日盛，聖道斯尊。且夫聖人之道，一天道也。天以牖民之責，屬之聖人，刪定贊修，代天宣教，彝倫敦敍，禮法彰明。後之帝王奉其道以治世，師承罔斁，資益良多。然則尊天尊聖，理原合一。今茲之崇禮至聖，正所以欽若昊天；而於修建廟庭之重典，有不至誠至敬者哉！朕勤求上理，宵旰孜孜，冀以仰述皇考之鴻謨，丕揚先師之厚澤。爰敬推上天篤生聖人，與聖人承天立教，垂憲奕世之意，勒文碑石，以昭示臣民於無極，而系以辭曰：

天心覺世，聖治承天。治法、道法，聖聖相傳。三五之隆，以道致

治。峻德弘昭，豐功遠被。聞知續統，至聖挺生。中天復旦，文教昌明。經緯三才，陶融萬象。體具中和，功侔參兩。表揚六籍，程式五常。如會滄海，若揭秋陽。惟我皇考，聰明睿智，苞蕴圖書，滙宗洙泗，德與聖合，禮爲道崇，升堂容肅，過里恩隆。緒纘朕躬，勤圖紹述，至訓煌煌，箴銘宥密。維皇建極，惟聖時中。古今雖邈，心理攸同。作帝王師，與天地配。開闢一人，神靈如在。奕奕新廟，輝映尼防。金絲在御，車服盈堂。煥乎天文，五雲示慶。錫祜者天，承庥者聖。敢云瑞應，鑑厥微誠。普祈洪貺，永福編氓。文治光華，日星晶麗。木鐸揚聲，垂億萬世。

清·愛新覺羅·弘曆《御製文初集》卷一六《文廟碑文》 天生烝民，若有恒性，人道立焉。亶生聰明神聖，作之君，作之師，以厚其生，以正其德。綱常之所以不墜，倫類之所以相維相保於天地間者，斯焉是賴。古聖皇繼天立極，君、師之道兼隆，夐乎尚矣。繼是以来，雖代有君，而克盡其爲君之道者蓋寡。若夫同天地，亘今古，繼往聖，開来世，特立爲師之道於宇宙間者，則惟我先師孔子一人。敬維孔子，集羣聖之大成，祖述憲章，垂教萬世，使後之帝王建極綏猷，得有所遵循，以求治法、道法之大全，由之則治，悖之則亂。大哉孔子，功參乎覆載，明並乎日月，生民以来，未有盛焉者也。

我列祖撫御寰區，敍彝倫，明禮樂，誠民阜俗，一惟孔子所傳之大經大法是矩是式。微言奥義，悉推闡而表章之。統緒相承，心源符契，欽敬追崇之盛典，超越往代，具在彝章。予小子懋學書闈，景行志切，逮寅承丕緒，祗奉先猷，夙夜兢兢，繹思聖道。越乾隆三年季春上日，躬釋奠於先師。前期飭官庀材，崇飾廟貌，特命大成殿、大成門覆以黄瓦，崇聖祠覆以緑瓦，稱朕慕道崇師至意。《記》曰：『禮，時爲大，宜次之，稱次之。』先王之制禮也，順於鬼神，合於人心，惟其稱而已。太學者，帝王尊師之地。盡禮備物，以明尊也。稱其德而不爲過，宜莫大焉，抑非以炫耳目之觀也。欽崇至道，敷政教以淑羣黎。法祖隆師，罔敢或斁，俾薄海内外，無一夫不與被聖人之澤。斯朕志也夫！乾隆四年己未，用允廷臣之請，勒文紀事，以垂示於奕世。系以詩曰：

於昭道統，淵源三五。至聖挺生，立極萬古。贊修删定，爲帝王師。天地悠久，斯文在兹。惟我祖宗，惇崇典禮，爰謁林廟，爰封祖禰。予膺鴻緒，彝憲是承。釋奠視學，大昕鼓徵。萬仞宫牆，圜橋首善。笙鏞斯陳，俎豆斯薦。眈眈翼翼，鳥革翬飛。制符宸居，金碧流輝。丕煥宏模，神明所宅。玉振金聲，永揚教澤。式睞兆庶，式育才賢。光宣文治，億萬斯年。

雜録

《公羊傳·襄公二十一年》 十有一月庚子，孔子生。

《穀梁傳·襄公二十一年》 冬十月庚辰朔，【略】庚子，孔子生。

《左傳·哀公十六年》 夏四月己丑，孔丘卒。

《禮記·檀弓上》 孔子之喪，公西赤爲志焉。漢鄭玄注：志謂章識。飾棺牆，注：牆之障柩，猶垣牆障家。置翣，注：牆，柳衣。翣，以布衣木，如攝與？設披，周也。設崇，殷也。綢練設旐，夏也。注：夫子雖殷人，兼用三王之禮，尊之。披，柩行夾引棺者。崇，崇牙，旌旗飾也。綢練，以練綢旌之杠，此旌，葬乘車所建也。旌之旒，緇布廣充幅。長尋曰旐。《爾雅》説旌旗曰：『素錦綢杠。』

《列子》卷八《説符》 孔子之勁，能拓國門之關，而不肯以力聞。晉張湛注：勁，力也。拓，舉也。孔力能舉門關，而力名不聞者，不用其力也。

孔子自衛反魯，息駕乎河梁而觀焉。有懸水三十仞，圜流九十里，魚鼈弗能游，黿鼉弗能居。有一丈夫，方將厲之。孔子使人並涯止之曰：『此懸水三十仞，圜流九十里，魚鼈弗能游，黿鼉弗能居也。意者難可以濟乎？』丈夫不以錯意，遂度而出。孔子問之曰：『巧乎？有道術乎？所以能入而出者，何也？』丈夫對曰：『始吾之入也，先以忠信；及吾之出也，又從以忠信。忠信錯吾軀於波流，而吾不敢用私。所以能入而復出者，以此也。』孔子謂弟子曰：『二三子識之！水且猶可以忠信誠身親之，而況人乎！』

又 卷二《黄帝》 仲尼適楚，出於林中，見痀僂者承蜩，猶掇之也。仲尼曰：『子巧乎？有道邪！』曰：『我有道也。五六月，纍垸二而不墜，則失者錙銖；纍三而不墜，則失者十一；纍五而不墜，猶掇之也。吾處也，若橛株駒；吾執臂，若槁木之枝。雖天地之大，萬物之多，

而唯蜩翼之知。吾不反不側，不以萬物易蜩之翼，何爲而不得？』孔子顧謂弟子曰：『用志不分，乃凝於神。其痀僂丈人之謂乎！』丈人曰：『汝逢衣徒也，亦何知問是乎？脩汝所以，而後載言其上。』

又　卷五《湯問》　孔子東游，見兩小兒辯鬭，問其故。一兒曰：『我以日始出時去人近，而日中時遠也。一兒以日初出遠，而日中時近也。』一兒曰：『日初出，大如車蓋；及日中，則如盤盂。此不爲遠者小而近者大乎？』一兒曰：『日初出，滄滄涼涼；及其日中，如探湯。此不爲近者熱而遠者涼乎？』孔子不能決也。兩小兒笑曰：『孰爲汝多知乎？』均，天下之至理也，連於形物亦然。均髮均縣，輕重而髮絶，髮不均也。均也，其絶也莫絶。人以爲不然，自有知其然者也。

《韓非子》卷一二《外儲説左下》　孔子御坐於魯哀公，哀公賜之桃與黍。哀公請用，仲尼先飯黍而後啗桃。左右皆掩口而笑。哀公曰：『黍者，非飯之也，以雪桃也。』仲尼對曰：『丘知之矣。夫黍者，五穀之長也，祭先王爲上盛。果蓏有六，而桃爲下，祭先王不得入廟。丘之聞也，君子以賤雪貴，不聞以貴雪賤。今以五穀之長雪果蓏之下，是從上雪下也。丘以爲妨義，故不敢以先於宗廟之盛也。』

又　卷一九《顯學》　自孔子之死也，有子張之儒，有子思之儒，有顔氏之儒，有孟氏之儒，有漆雕氏之儒，有仲良氏之儒，有孫氏之儒，有樂正氏之儒。【略】儒分爲八。

漢·劉安《淮南子》卷一〇《繆稱訓》　夫子見禾之三變也，漢高誘注：夫子，孔子也。三變，始於粟，粟生於苗，苗成於穗也。滔滔然曰：『狐鄉丘而死。我其首禾乎！』注：禾穗垂而向根，君子不忘本也。

漢·劉向《説苑》卷八《尊賢》　介子推行年十五而相荆。仲尼聞之，使人往視。還曰：『廊下有二十五俊士，堂上有二十五老人。』仲尼曰：『合二十五人之智，智於湯、武；并二十五人之力，力於彭祖。以治天下，其固免矣乎！』

又　卷一〇《敬慎》　孔子見羅者，其所得者皆黄口也。孔子曰：『黄口盡得，大爵獨不得，何也？』羅者對曰：『黄口從大爵者不得，大爵從黄口者可得。』孔子顧謂弟子曰：『君子慎所從。不得其人，則有羅網之患。』

又　卷一八《辨物》　楚昭王渡江，有物大如斗，直觸王舟，止於舟中。昭王大怪之，使聘問孔子。孔子曰：『此名萍實，令剖而食之。惟霸者能獲之，此吉祥也。』其後齊有飛鳥，一足來下，止于殿前，舒翅而跳。齊侯大怪之，又使聘問孔子。孔子曰：『此名商羊，急告民趣治溝渠，天將大雨。』於是如之，天果大雨，諸國皆水，齊獨以安。孔子歸，弟子請問。孔子曰：『異時小兒謡曰：「楚王渡江得萍實，大如拳，赤如日，剖而食之美如蜜。」此楚之應也。兒又有兩兩相牽，屈一足而跳者曰：「天將大雨，商羊起舞。」今齊獲之，亦其應也。夫謡之後，未嘗不有應隨者也。』故聖人非獨守道而已也，睹物記也，即得其真矣。

晉·袁宏《後漢紀》卷二三《孝靈皇帝紀》　石雲考從容謂宋子俊曰：『吾與子不及郭生，譬諸由、賜不敢望回也。今卿言稱「宋、郭」，此河西之人疑卜商於夫子者也。若遇曾參之詰，何辭以對乎？』子俊曰：『魯人謂仲尼東家丘，蕩蕩體大，民不能名，子所明也。陳子禽以子貢賢于仲尼，淺見之言故，然有定邪？』

晉·陶潛《集聖賢羣輔録·八儒》　夫子没後，散於天下，設於中國，成百氏之源，爲綱紀之儒。居環堵之室，蓽門圭竇，甕牖繩樞，併日而食，以道自居者，有道之儒，子思氏之所行也。衣冠中，動作順，大讓如慢，小讓如僞者，子張氏之所行也。顔氏傳《詩》爲道，爲諷諫之儒。孟氏傳《書》爲道，爲疏通致遠之儒。漆雕氏傳《禮》爲道，爲恭儉莊敬之儒。仲梁氏傳《樂》爲道，以和陰陽，爲移風易俗之儒。樂正氏傳《春秋》爲道，爲屬辭比事之儒。公孫氏傳《易》爲道，爲潔淨精微之儒。

北齊·顔之推《顔氏家訓》卷上《慕賢篇》　世人多蔽，貴耳賤目，重遥輕近。少長周旋，如有賢哲，每相狎侮，不加禮敬。他鄉異縣，微藉風聲，延頸企踵，甚於饑渴，校長短，覈精麤，或彼不能如此矣。所以魯人謂孔子爲東家丘。

宋·王稱《東都事略》卷二六《列傳九·趙普》　普佐太祖、太宗定天下，平僭僞，大一統。當其爲相，每朝廷遇一大事，定一大議，纔歸第則亟闔户，自啓一篋，取一書而讀之，有終日者，雖家人不測也。及翌日出，則是事決矣，用是爲常。後普薨，家人始得開其篋而見之，則《論語》二十篇。

宋・趙善璙《自警編》卷一《學問》 太宗欲相趙普，或譖之曰：『普，山東學究，惟能讀《論語》耳。』太宗疑之，以告普。普曰：『臣實不知書，但能讀《論語》，佐藝祖，定天下，纔用得半部。尚有一半，可以輔陛下。』太宗釋然，卒相之。

宋・王觀國《學林》卷二《孔子誄》 《春秋》哀公十六年《左氏傳》曰：『孔丘卒。公誄之，曰：「旻天不弔，不憖遺一老，俾屏余一人以在位，煢煢余在疚。烏乎哀哉！尼父，無自律。」』《禮記・檀弓》曰：『魯哀公誄孔子曰：「天不遺耆老，莫相予位焉。嗚呼哀哉！尼父。」』《史記・孔子世家》曰：『孔子卒。哀公誄之，曰：「旻天不弔，不憖遺一老，俾屏余一人以在位，煢煢余在疚。嗚呼哀哉！尼父，毋自律。」』《前漢・五行志》曰：『哀公十六年，孔丘卒。公誄之，曰：「旻天不弔，不憖遺一老，俾屏余一人。」』觀國案：《節南山》詩曰：『不弔昊天。』《十月之交》詩曰：『不憖遺一老，俾守我王。』《閔予小子》詩曰：『嬛嬛在疚。』然則魯哀公誄孔子之辭，蓋集《詩》辭而爲誄辭耳。書史引《孔子誄》，惟《史記》與《左氏傳》辭同。蓋司馬遷采《左氏》作《史記》，則辭同可知也。《檀弓》所記，禮尚簡要。《漢書・五行志》記災異之迹而已。故所載誄辭，皆不全也。《字書》曰：『憖，魚覲切。且也，傷也，閑也。』『不憖遺一老』者，不且遺一老也。鄭氏箋《詩》曰：『憖者，心不欲自彊之辭。』所謂心不欲自彊之辭，亦『且』也。《春秋》昭公二十八年《左氏傳》曰：『憖使吾君聞勝與臧之死也，以爲快。』杜預注曰：『憖，發語之音。』觀國案：此『憖』字，亦『且』也。發語之音多端，不特此一字耳。又文公十二年《左氏傳》曰：『兩軍之士，皆未憖也。』杜預注曰：『憖，缺也。』觀國案：『憖，缺』者，卽《字書》所謂『傷』也。

宋・孔傳《東家雜記》卷下《先聖廟》 廟在曲阜縣西一里，西接魯城二百餘步，卽先聖舊宅，魯恭王聞金石絲竹之地也。累朝東封告成，行幸儒廟，皆駐蹕于此。

又 《先聖小影》 今家廟所藏畫像，衣燕居服、顏子從行者，世謂之小影，於聖像爲最眞。近世所傳，乃以先聖執玉麈，據曲几而坐，或侍以十哲，而有持櫻蓋、捧玉磬者。或列以七十二子，而有操弓矢、披卷軸者。又有乘車十哲從行圖，皆後人追寫，殆非先聖之眞像。闕里廟學教授尹復臻嘗作《小影贊》云：『夫子之像，其初孰傳？得於其家，幾二千年。仰聖人之容色，瞻古人之衣冠，信所謂温而厲，威而不猛，恭而安。若夫其道如神，其德如天，則自生民以來，未有如夫子，蓋無得而名。』言世之所傳，非小影，畫像皆爲贋本。唐劉禹錫作《許州新廟碑》，謂堯頭禹身、華冠象佩之容，取之自鄒魯，卽今之所傳小影是也。

宋・王楙《野客叢書》卷一八《孔門十哲》 四科者，夫子言陳、蔡一時所從之徒，非謂七十二弟子之中止有此十人而已。後人錯認夫子之意，遂以四科之人目爲十哲，而學宮之中，塐坐於夫子殿上，其餘弟子則繪立於兩廡之下。雖曾參之賢，亦不預殿上之列，謂參非十哲之數也。至於州縣每歲春、秋釋奠，亦以此爲升降之等，失夫子之意甚矣。考其制，自唐已然，承襲至今，而莫之革也。僕又推而上之，觀東漢末徐幹《中論》有曰：『人之行，莫大於孝，莫顯於清。曾參之孝，原憲之清，不得與游、夏列四行之科者，以其才不如也。』則知此說，自漢已然，不止於唐也。

明・黃佐《殿閣詞林記》卷二〇《毖祀》 嘉靖九年，【略】厝之主曰至聖先師孔子，顏子曰復聖，曾子曰宗聖，子思曰述聖，孟子曰亞聖。

清・顧炎武《日知録》卷三一《闕里》 《水經注》：孔廟東南五百步有雙石闕，故名闕里。按《春秋》定公二年夏五月壬辰，雉門及兩觀災。冬十月，新作雉門及兩觀。注：雉門，公宮之南門。兩觀，闕也。《禮記》：昔者仲尼與於蜡賓事畢，出游於觀之上。《史記・魯世家》：煬公築茅闕門。蓋闕門之下，其里卽名闕里，而夫子之宅在焉。亦謂之闕黨，《魯論》有闕黨童子，《荀子》『仲尼居於闕黨』是也。

清・岳濬等［雍正］《山東通志》卷一一之六《闕里志六・至聖廟》 在魯城內。本距曲阜縣八里，明正德中，從僉事潘珍之請，環聖廟爲城，遷縣於此，以衛之。按舊制，聖廟二門，榜曰大中門，宋仁宗御筆也。三門之後，曰書樓，藏賜書之樓也。卽今奎文閣。樓後御路，東西兩碑亭。次儀門，門內御贊殿。次杏壇，卽講堂遺趾。漢明帝幸孔子宅，御此說經，後世因以爲壇。壇之後，卽正殿，殿榜乃宋仁宗御製飛白書也。徽宗崇寧二年，詔殿名大成。其後爲鄆國夫人殿。殿東廡，祀泗水侯；西廡，祀沂水侯。

正殿廊西門外，齊國公殿。其後爲魯國太夫人殿。次後爲五賢堂，宋時所建。祀孟子、荀卿、揚雄、王通、韓愈。正殿廊東門外曰齋廳，卽宋真宗東封謁廟駐蹕之所。真宗回鑾，次兖州，詔去其殿，制賜本宗爲廳。族人遇祭，致齋於此，遂名爲齋廳。齋廳之東門外，其南客館，其北客位。齋廳之後客堂，孔氏接見賓客之所。由客位東一門直北，曰襲封視事廳。廳後恩慶堂，乃孔中丞道輔典鄉郡時，會内外親族之所。堂之西曰家廟。堂之東北隅，曰雙桂堂。孔氏舜亮、宗翰嘗讀書於此，皇祐元年同賜第，故名。廟左爲衍聖公第。第前爲闕里坊，古闕里也。

廟創於魯哀公十七年。漢、魏、唐、宋，代有修飾。至金皇統、大定間，制乃加備。元至元丁卯、大德戊戌、至元己卯，凡三修焉。明洪武初，奉詔重修。永樂十四年，又撤其舊而新之。成化十九年，始廣正殿爲九間，規制益宏。弘治十二年災，奉詔重進。嘉靖、隆慶以來，守臣屢加修葺。至國朝康熙二十八年，奉詔重修。雍正二年六月復災，奉詔大加鼎建，告成，規制如左：

金聲玉振坊。在櫺星門南。

櫺星門。在金聲玉振坊北。門前有水，環流如帶。

太和元氣坊。在櫺星門北。左側爲德侔天地坊，右側爲道貫古今坊。

至聖廟坊。在太和元氣坊北。

聖時門。在至聖廟坊北。三間環洞，如城門制，左右各有雁翅牆。

泮池。在聖時門北。上有三橋。池南左側爲快覩門，右側爲仰高門。每門三間，東西對峙，各通官道。

弘道門。在泮池北。五間。高一丈七尺，面闊五丈四尺，進深二丈八尺。四圍俱石柱，左右皆有掖門。

大中門。在弘道門北。五間。高二丈四尺，面闊六丈四尺，進深二丈四尺。左右各有掖門。

同文門。在弘道門北。五間。高二丈四尺，面闊六丈四尺，進深二丈四尺。左右各有掖門。

奎文閣。在同文門北。七間，三簷。高七丈四尺，面闊九丈，進深五丈五尺。前面擎簷俱石柱。閣兩傍各有便門，三間。門左右，各有屋十五間。左側爲宗子齋宿所。門一。正齋房五間，西向。南北房各三間。右側爲有司齋宿所。門一。正齋房五間。

大成門。在奎文閣北。五間。高二丈八尺，面闊六丈五尺，進深三丈五尺。前後擎簷，中間盤龍石柱，兩傍鐫花石柱。詔用黄琉璃瓦。簷下設罘罳，列戟二十四枝。恭懸御製御書對聯於明間中柱。兩掖門，左爲金聲門，右爲玉振門。與大成門並南向，每門各三間。左側爲毓粹門，右側爲觀德門。在奎文閣北，大成門南。東西對峙，各通官道。中列碑亭一十二座。奎文閣後八座，大成門前四座。有新建聖祖皇帝御製碑亭，皇上御製碑亭。

杏壇。在大成門北。蓋□綠色琉璃瓦。壇前東南有聖檜遺蹟。

大成殿。在杏壇北。九間，兩簷。高七丈八尺，面闊一十三丈五尺，進深八丈四尺。前面用盤龍石柱，兩山及後簷俱用鐫花石柱。詔蓋黄琉璃瓦。簷下設罘罳。兩廡。在大成殿左、右。各五十間，高二丈三尺。每廡闊五十五丈三尺，深二丈五尺。蓋□鑲砌黄瓦。正殿設至聖孔子像，南向。四配、十哲像，分侍左右。至聖殿内天花枋上，恭懸聖祖仁皇帝御書匾額。殿外門枋上，恭懸皇上御書匾額。殿外正間明枋，恭懸御書對聯。東廡祀先賢蘧瑗以下六十二位，西廡祀先賢林放以下六十三位。

寢殿。在大成殿北。七間，附簷。高六丈四尺，面闊九丈五尺，進深五丈。四圍擎簷，俱用鐫花石柱。蓋□鑲砌黄瓦，簷下設罘罳。兩配殿。在寢殿左、右，如兩廡制。正殿祀聖配鄆國夫人，左殿祀泗水侯伯魚，右殿祀沂國公子思。

聖蹟殿。在寢殿北。門一間，殿五間。高三丈八尺六寸，面闊九丈六尺一寸，進深三丈三尺。殿内石刻至聖事蹟。

清·董豐垣《識小編》卷下《孔子生日考》　孔子生日，諸儒所記不一。謂孔子生于魯襄公二十一年十一月庚子者，公羊子也。《左傳》林堯叟注主之。謂孔子生于魯襄公二十一年十月庚子者，穀梁子也。洪慶善《闕里譜系》、程登庸《年表辨正》、吳程《通考》、宋濂《孔子生卒歲月辨》主之。謂孔子生于魯襄公二十二年庚戌歲十一月庚子者，《史記·世家》也。《左傳注疏》、《釋文》、蘇轍《古史》、朱子《綱目》及《論語序》、金履祥《通鑑前編》主之。謂孔子生于魯襄公二十二年十月庚子，乃二十七日，周正，乃今之八月者，《孔子家譜》、《祖庭廣記》也。羅泌《路史》、夏洪基《孔子年譜》主之。愚按：襄公二十一年己酉冬十月，經書『庚辰朔』，則數至十一月，無庚子日。若謂十月二十一日，穀梁子

以孔子生年七十有三計之，當庚戌歲生，壬戌歲卒，其謂生于己酉者，亦誤也。《史記》謂生于襄公二十二年，當矣。然十一月係甲辰朔，亦無庚子日。惟《家譜》等書謂二十二年十月庚子，則庚戌歲十月二十七日，今八月二十七日，恰是庚子日。總而計之，《穀梁》得其月，《史記》得其年，《公羊》則年月俱失，《家譜》則年月俱得者也。蘇撫湯公斌奉部文，以蔣尹玉所上《孔子生日考》行各學，使各質所信。嘉定學生王晉陛上《孔子生日辨疑》，斷以孔子生于周靈王二十一年，魯襄公二十二年庚戌歲十月一十七日庚子日。周十月，夏正八月，爲今八月二十七日，而斥蔣尹玉所云九月十五之説。以周正考之，二十一年十一月十五是甲午，二十二年十一月十五是戊午，俱非庚子，其謬可知。湯公據以覆部，通行天下。今皆以八月二十七日爲孔子誕日，曲阜率于是日致祭。

清・錢大昕《十駕齋養新録》卷七《孔子諱》 大觀四年，避孔子諱，改瑕邱縣爲瑕縣，龔邱縣爲龔縣。《至正直記》：丘字，聖人諱也。子孫讀經史，凡云孔丘者，則讀作某，以丘字朱筆圈之。凡有丘字，讀若『區』。至如詩以爲韻者，皆讀作『休』，同義則如字。

清・趙翼《陔餘叢考》卷三六《夫子》 邢昺《疏》謂：『孔子所以稱夫子者，孔子嘗爲魯國大夫，子者，男子之稱，故弟子連官稱尊之，以別於餘人。』按此説非也。《左傳》：孟明之敗，或勸秦穆公殺之，公曰：『孤實貪，以禍夫子，夫子何罪？』寧嬴論陽處父曰：『夫子其不殁乎！』晉賈季奔狄，趙盾使臾駢送其帑。或勸駢殺之，曰：『夫子禮于賈季，我報私怨，不可。』楚薳子馮曰：『吾見申叔夫子，所謂生死而肉骨者。』韓宣子聘齊，齊大夫多笑之，晏子曰：『夫子，君子也。』鄭子皮死，子産哭曰：『惟夫子知我！』子産勸子大叔爲政以猛，不從，既而多盜，悔之，乃曰：『吾早從夫子，不及此。』孟僖子病，謂家臣曰：『必屬説與何忌於夫子。』《國語》：晉悼公初居于周，單襄公論之曰：『此十一德者，夫子皆有焉。』楚莊王以教太子之事問申叔時，申叔時曰：『夫子踐位則退。』夫子指太子也。屈到嗜芰，既卒，宗老將薦芰，曰：『夫子屬之。』夫子指到也。沈子高曰：『楚國之平均者，夫子也。』夫子謂子西也。是夫子本春秋時先生長者之稱，故孔門弟子稱孔子皆曰夫子。顔淵曰：『夫子循循善誘。』曾子曰：『夫子之道，忠恕。』子貢曰：『夫子之文章。』蓋皆沿當時之稱，非特創也。惟專稱曰子，則自孔門弟子之稱孔子始。如《論語》所記及《孟子》、《禮記》所引孔子之言，皆稱『子曰』。《中庸》雖有『仲尼曰』，然係首引孔子之言，以後卽皆稱『子曰』，明乎子卽仲尼也。此則孔門創例，孔子以前未有專稱子者也。然則專稱子乃孔門所創，而稱夫子則當時所同。邢昺所云以孔子嘗爲大夫而連官稱之以別於餘人者，乃臆説也。

厥後因孔門有夫子之稱，於是夫子遂爲師之專稱。如《史記・司馬相如傳》有嚴忌夫子，《鄒陽傳》亦曰枚先生、嚴夫子。注：當時尊尚。師稱之，《北史・斛斯徵傳》周武帝『命徵授皇子經，諸皇子皆呼徵夫子』是也。因孔門有專稱爲子之例，於是又有以子爲師之專稱者。《公羊傳序》有子公羊子、子司馬子。何休釋曰：『加子于姓上，名其爲師也；若非師而但有德者，不以子冠氏也。』《梁溪漫志》云：『《列子書》亦其門人所集，故曰子列子。子冠氏上，明其爲師也。不但言子者，所以避孔子也。』又陳後山以南豐瓣香稱爲子曾子，朱晦菴稱周、程曰子周子、子程子，亦自托於弟子之列也。此又皆因孔門之稱而援以爲例者也。

墨翟分部

傳記

《史记》卷七四《孟子荀卿列傳》 蓋墨翟，宋之大夫，善守禦，爲節用。或曰並孔子時，或曰在其後。

晉・葛洪《神仙傳》卷四《墨子》 墨子者，名翟，宋人也。仕宋爲大夫。外治經典，内修道術，著書十篇，號爲《墨子》，世多學之者。與儒家分塗，務尚儉約，頗毁孔子。尤善戰守之功。公輸班爲楚將，作雲梯之械，將以攻宋。墨子聞之，徒行詣楚，足乃壞裂，裳以裹之，七日七夜到楚。見公輸班，説之曰：『子爲雲梯，將以攻宋。宋何罪之有耶？楚餘於地而不足於民，殺所不足而爭所有餘，不可謂智；宋無罪而攻之，

不可謂仁；知而不爭，不可謂忠；爭而不得，不可謂強。』公輸班曰：『吾不可以已，言於王矣。』墨子曰：『子令見我於王。』公輸班曰：『諾。』

墨子見王，曰：『今有人舍其文軒，隣有弊轝而欲舍之；舍其錦繡，隣有短褐而欲舍之；舍其粱肉，隣有糟糠而欲舍之。此謂何若人也？』楚王曰：『若然者，必有狂疾。』翟曰：『楚有雲夢，麋鹿滿之，江漢魚鼈，爲天下富；宋無雉兔井鮒，此猶粱肉之與糟糠也。楚有柟梓松橡，宋無數尺之木，此猶有錦繡之與短褐也。臣聞大王吏議攻宋，與此同也。』王曰：『善哉！然公輸班已爲雲梯，謂必取宋。』於是見公輸班，攻宋：墨子解帶爲城，以幞爲械，公輸班乃設攻城之機，九變而墨子九拒之；公輸班之攻城械盡，而墨子之守有餘。公輸班屈曰：『吾知所以攻子矣，吾不言。』墨子曰：『吾知子所以攻我，吾不言矣。』楚王問其故，墨子曰：『公輸班之意，不過欲殺臣，謂宋莫能守耳。然臣之弟子禽滑釐等三百人，早已操臣守禦之器，在宋城之上而待楚寇至矣。雖殺臣，不能絶也。』楚乃止，不復攻宋焉。

墨子年八十有二，乃歎曰：『世事已可知矣。榮位非可長保，將委流俗，以從赤松遊矣。』乃謝遣門人，入山精思至道，想像神仙。於是夜常聞左右山間有誦書聲者，墨子卧後，又有人來，以衣覆之。墨子乃伺之，忽有一人，乃起問之曰：『君豈山嶽之靈氣乎？將度世之神仙乎？願且少留，誨以道教。』神人曰：『子有至德好道，故來相候。子欲何求？』墨子曰：『願得長生，與天地同畢耳。』於是神人授以素書、朱英丸方、道靈教戒、五行變化，凡二十五卷。告墨子曰：『子既有仙分緣，又聰明，得此便成，不必須師也。』墨子拜受合作，遂得其效。乃撰集其要，以爲《五行記》五卷，乃得地仙，隱居以避戰國。至漢武帝時，遂遣使者楊遼，束帛加璧以聘墨子。墨子不出，視其顏色常如五六十歲人。周遊五嶽，不止一處也。

綜　述

《墨子》卷一三《魯問》　子墨子遊，魏越曰：『既得見四方之君，子則將先語？』子墨子曰：『凡入國，必擇務而從事焉。國家昏亂，則語之尚賢、尚同；國家貧，則語之節用、節葬；國家憙音湛湎，則語之非樂、非命；國家淫僻無禮，則語之尊天、事鬼；國家務奪侵凌，則語之兼愛、非攻。故曰擇務而從事焉。』

又　卷一二《貴義》　子墨子南遊使衛，關中載書甚多。弦唐子見而怪之，曰：『吾夫子教公尚過曰：揣曲直而已。今夫子載書甚多，何有也？』子墨子曰：『昔者周公旦朝讀書百篇，夕見七十士，故周公旦佐相天子，其脩至於今。翟上無君上之事，下無耕農之難，吾安敢廢此？翟聞之，同歸之物，信有誤者，然而民聽不鈞，是以書多也。今若過之心者，數逆於精微，同歸之物，既已知其要矣，是以不教以書也。而子何怪焉？』

《莊子》卷一〇《天下》　不侈於後世，不靡於萬物，不暉於數度，以繩墨自矯而備世之急，古之道術有在於是者。墨翟、禽滑釐聞其風而説之。爲之大過，已之大順，作爲《非樂》，命之曰《節用》。生不歌，死無服。墨子氾愛兼利而非鬭，其道不怒；又好學而博不異，不與先王同，毁古之禮樂。

黄帝有《咸池》，堯有《大章》，舜有《大韶》，禹有《大夏》，湯有《大濩》，文王有《辟雍》之樂，武王、周公作《武》。古之喪禮，貴賤有儀，上下有等。天子棺椁七重，諸侯五重，大夫三重，士再重。今墨子獨生不歌，死不服，桐棺三寸而無椁，以爲法式。以此教人，恐不愛人；以此自行，固不愛己。未敗墨子道，雖然，歌而非歌，哭而非哭，樂而非樂，是果類乎？其生也勤，其死也薄，其道大觳，使人憂，使人悲，其行難爲也，恐其不可以爲聖人之道，反天下之心，天下不堪。墨子雖獨能任，奈天下何！離於天下，其去王也遠矣。

墨子稱道曰：『昔者禹之湮洪水，決江河，而通四夷九州也。名川三百，支川三千，小者無數。禹親自操橐耜而九雜天下之川，腓無胈，脛無毛，沐甚風，櫛疾雨，置萬國。禹，大聖也，而形勞天下也如此。』使後世之墨者，多以裘褐爲衣，以跂蹻爲服，日夜不休，以自苦爲極。曰『不能如此，非禹之道也，不足謂墨。』相里勤之弟子，五侯之徒，南方之墨者苦獲、已齒、鄧陵子之屬，俱誦《墨經》而倍譎不同，相謂別墨；以

堅白同異之辯相訾，以觭偶不仵之辭相應；以巨子爲聖人，晉郭象注：巨子最能辯其所是，以成其行。墨家號其道理成者爲鉅子，若儒家之碩儒。宋林希逸《□義》：巨子者，猶言上足弟子也，禪家謂法嗣是也。皆願爲之尸，冀得爲其後世，至今不決。墨翟、禽滑釐之意則是，其行則非也。將使後世之墨者必自苦以腓無胈，脛無毛，相進而已矣，亂之上也，治之下也。雖然，墨子真天下之好也，將求之不得也，雖枯槁不舍也。才士也夫！

《文子》卷下《自然》 孔子無黔突，墨子無煖席，非以貪祿慕位，將欲事起天下之利，除萬民之害也。

《列子》卷五《湯問》 夫班輸之雲梯，墨翟之飛鳶，自謂能之極也。弟子東門賈、禽滑釐聞偃師之巧，以告二子。二子終身不敢語藝，而時執規矩。

《晏子春秋》卷三《内篇·問上》 景公外傲諸侯，内輕百姓，好勇力，崇樂以從嗜欲，諸侯不説，百姓不親。公患之，問於晏子曰：『古之聖王，其行若何？』晏子對曰：『其行公正而無邪，故讒人不得入。不阿黨，不私色，故羣徒之卒不得容。薄身厚民，故聚斂之人不得行。不侵大國之地，不耗小國之民，故諸侯皆欲其尊。不劫人以甲兵，不威人以衆彊，故天下皆欲其彊。德行教訓加於諸侯，慈愛利澤加于百姓，故海内歸之若流水。今衰世君人者辟邪阿黨，故讒諂羣徒之卒繁；厚身養，薄視民，故聚斂之人行；侵大國之地，耗小國之民，故諸侯不欲其尊；劫人以兵甲，威人以衆强，故天下不欲其强。災害加於諸侯，勞苦施於百姓，故讐敵進伐，天下不救，貴戚離散，百姓不興。』公曰：『然則何若？』對曰：『請卑辭重幣以説于諸侯，輕罪省功以謝于百姓，其可乎！』公曰：『諾。』於是卑辭重幣而諸侯附，輕罪省功而百姓親，故小國入朝，燕、魯共貢。墨子聞之，曰：『晏子知道。道在爲人而失爲己。爲人者重，自爲者輕。景公自爲，而小國不與；爲人，而諸侯爲役。則道在爲人，而行在反己矣。故晏子知道矣。』

又 卷五《内篇·雜上》 景公與晏子立于曲潢之上，晏子稱曰：『衣莫若新，人莫若故。』公曰：『衣之新也，信善矣。人之故，相知情。』晏子歸，負載使人辭于公曰：『嬰故老耄無能也，請毋服壯者之事。』公自治國，身弱於高、國，百姓大亂。公恐，復召晏子。諸侯忌其威而高、國服其政，田疇墾辟，蠶桑豢牧之處不足，絲蠶于燕，牧馬于魯，共貢入朝。墨子聞之，曰：『晏子知道，景公知窮矣。』

《尸子》卷上《廣澤篇》 墨子貴兼。

又 卷下 繞梁之鳴，許史鼓之，非不樂也，墨子以爲傷義，是弗聽也。

《韓非子》卷一一《外儲説左上》 墨子爲木鳶，三年而成，蜚一日而敗。弟子曰：『先生之巧，至能使木鳶飛。』墨子曰：『不如爲車輗者巧也。用咫尺之木，不費一朝之事，而引三十石之任，致遠力多，久於歲數。今我爲鳶三年，成蜚一日而敗。』惠子聞之，曰：『墨子大巧。巧爲輗，拙爲鳶。』

《呂氏春秋》卷一五《貴因》 墨子見荆王，錦衣吹笙，因也。漢高誘注：墨子好儉非樂，錦與笙非其所服也而爲之，因荆王之所欲也。

又 卷一七《不二》 墨翟貴廉。

又 卷一九《高義》 子墨子游公上過於越，公上過語墨子之義，越王説之，謂公上過曰：『子之師苟肯過越，請以故吳之地陰江之浦書社三百，以封夫子。』公上過往復於子墨子，子墨子曰：『子之觀越王也，能聽吾言，用吾道乎？』公上過曰：『殆未能也。』墨子曰：『不惟越王不知翟之意，雖子亦不知翟之意。若越王聽吾言，用吾道，翟度身而衣，量腹而食，比於賓萌，未敢求仕。越王不聽吾言，不用吾道，雖全越以與我，吾無所用之。越王不聽吾言，不用吾道而受其國，是以義翟也。義翟，何必越！雖於中國亦可。』

又 卷二二《疑似》 使人大迷惑者，必物之相似也。玉人之所患，患石之似玉者；相劍者之所患，患劍之似吳干者；賢主之所患，患人之博聞辯言而似通者。亡國之主似智，亡國之臣似忠。相似之物，此愚者之所大惑，而聖人之所加慮也。故墨子見岐道而哭之。

又 卷二四《博志》 蓋聞孔丘、墨翟，晝日諷誦習業，夜親見文王、周公旦而問焉。用志如此，真精也，何事而不達？何爲而不成？故曰精而熟之，鬼將告之。非鬼告之也，精而熟之也。

又 卷二一《愛類》 公輸般爲高雲梯，欲以攻宋。墨子聞之，自魯往，裂裳裹足，日夜不休，十日十夜而至於郢。見荆王曰：『臣，北方之

鄗人也。聞大王將攻宋，信有之乎？』王曰：『然。』墨子曰：『必得宋，乃攻之乎？亡其不得宋且不義，猶攻之乎？』王曰：『必不得宋，且有不義，則曷爲攻之？』墨子曰：『甚善。臣以宋必不可得。』王曰：『公輸般，天下之巧工也，已爲攻宋之械矣。』墨子曰：『請令公輸般試攻之，臣請試守之。』於是公輸般設攻宋之械，墨子設守宋之備。九攻之，墨子九却之，不能入，故荆輟不攻宋。墨子能以術禦荆免宋之難者，此之謂也。

漢・賈誼《新書》卷二《審微》 事之適亂，如地形之惑人也。機漸而往，俄而東西易面，人不自知也。故墨子見衢路而哭之，悲一跬而繆千里也。

漢・劉安《淮南子》卷一六《説山訓》 曾子立孝，不過勝母之閭；墨子非樂，不入朝歌之邑；曾子立廉，不飲盜泉。所謂養志者也。

漢・桓寬《鹽鐵論》卷六《散不足》 《詩》云：『憂心如惔，不敢戲談。』孔子栖栖，疾固也；墨子遑遑，閔世也。

漢・劉向《説苑》卷二〇《反質》 禽滑釐問於墨子曰：『錦繡絺紵，將安用之？』墨子曰：『惡！是非吾用務也。古有無文者，得之矣，夏禹是也。卑小宫室，損薄飲食，土階三等，衣裳細布。當此之時，黻無所用而務在於完堅。殷之盤庚，大其先王之室而改遷於殷，茅茨不剪，采椽不斲，以變天下之視。當此之時，文采之帛，將安所施？夫品庶非有心也，以人主爲心。苟上不爲，下惡用之。二王者以化身先於天下，故化隆於其時，成名於今世也。且夫錦繡絺紵，亂君之所造也。其本皆興於齊景公喜奢而忘儉，幸有晏子以儉鐫之，然猶幾不能勝。夫奢，安可窮哉？紂爲鹿臺糟丘，酒池肉林，宫墻文畫，彫琢刻鏤，錦繡被堂，金玉珍瑋，婦女優倡，鐘鼓管絃，流漫不禁而天下愈竭，故卒身死國亡，爲天下戮。非惟錦繡絺紵之用耶？今當凶年，有欲予子隨侯之珠者，不得賣也，珍寶而以爲飾。又欲予子一鍾粟者。得珠者不得粟，得粟者不得珠，子將何擇？』禽滑釐曰：『吾取粟耳，可以救窮。』墨子曰：『誠然，則惡在事夫奢也？長無用，好末淫，非聖人之所急也。故食必常飽，然後求美；衣必常暖，然後求麗；居必常安，然後求樂。爲可常，行可久，先質而後文，此聖人之務。』禽滑釐曰：『善。』

《漢書》卷五一《鄒陽傳》 陽客游以讒見禽，恐死而負累，迺從獄中上書曰：【略】『昔魯聽季孫之説，逐孔子；宋任子冉之計，囚墨翟。夫以孔、墨之辯，不能自免於讒諛而二國以危，何則？衆口鑠金，積毁銷骨也。』

北魏・酈道元《水經注》卷九《淇水》 晉灼曰：《史記・樂書》：『紂作朝歌之音，朝歌者，歌不時也。』故墨子聞之，惡而迴車，不逕其邑。

唐・陸德明《經典釋文》卷二八《莊子音義下・天下》 墨翟，宋大夫。尚儉素。

論説

《孟子・滕文公下》 孟子曰：【略】『聖王不作，諸侯放恣，處士横議，楊朱、墨翟之言盈天下。天下之言不歸楊，則歸墨。楊氏爲我，是無君也；墨氏兼愛，是無父也；無父無君，是禽獸也。公明儀曰：「庖有肥肉，廏有肥馬，民有飢色，野有餓莩。此率獸而食人也。」楊墨之道不息，孔子之道不著，是邪説誣民，充塞仁義也。仁義充塞，則率獸食人，人將相食。吾爲此懼，閑先聖之道，距楊墨，放淫辭，邪説者不得作。作於其心，害於其事；作於其事，害於其政。聖人復起，不易吾言矣。昔者禹抑洪水而天下平，周公兼夷狄，驅猛獸而百姓寧，孔子成《春秋》而亂臣賊子懼。《詩》云：「戎狄是膺，荆舒是懲，則莫我敢承。」無父無君，是周公所膺也。我亦欲正人心，息邪説，距詖行，放淫辭，以承三聖者；豈好辯哉？予不得已也。能言距楊墨者，聖人之徒也。』

又《盡心上》 孟子曰：『楊子取爲我，拔一毛而利天下，不爲也。墨子兼愛，摩頂放踵利天下，爲之。子莫執中。執中爲近之。執中無權，猶執一也。所惡執一者，爲其賊道也，舉一而廢百也。』

又《盡心下》 孟子曰：『逃墨必歸於楊，逃楊必歸於儒。歸，斯受之而已矣。今之與楊墨辯者，如追放豚，既入其苙，又從而招之。』

《莊子》卷四《駢拇》 駢於辯者，纍瓦結繩竄句，遊心於堅白同異之間，而敝跬譽無用之言非乎？而楊墨是已。

《列子》卷二《黄帝》 惠盎見宋康王。【略】惠盎對曰：『孔、墨是已。孔丘、墨翟無地而爲君，無官而爲長，天下丈夫女子莫不延頸舉踵而願安利之。』

又 卷八《説符》 墨子爲守攻，公輸般服，而不肯以兵知。晉張湛注：公輸般善爲攻器，墨子設守能却之，爲般所服。而不稱知兵者，不有其能也。故善持勝者，以彊爲弱。注：得爲攻之母也。

《荀子》卷三《非十二子篇》 不知壹天下、建國家之權稱，上功用，大儉約而僈差等，曾不足以容辨異，縣君臣，然而其持之有故，其言之成理，足以欺惑愚衆，是墨翟、宋鈃也。

又 卷六《富國篇》 墨子之言，昭昭然爲天下憂不足。夫不足，非天下之公患也，特墨子之私憂過計也。今是土之生五穀也，人善治之，則畝數盆，一歲而再獲之，然後瓜桃棗李一本數以盆鼓，然後葷菜百疏以澤量，然後六畜禽獸一切而剸車，黿鼉魚鼈鰌鱣以時别，一而成羣，然後飛鳥鳧鴈若烟海，然後昆蟲萬物生其間，可以相食養者不可勝數也。夫天地之生萬物也，固有餘，足以食人矣；麻葛繭絲、鳥獸之羽毛齒革也，固有餘，足以衣人矣。夫有餘、不足，非天下之公患也，特墨子之私憂過計也。天下之公患，亂傷之也。胡不嘗試相與求亂之者誰也？我以墨子之『非樂』也，則使天下亂；墨子之『節用』也，則使天下貧；非將墮之也，説不免焉。墨子大有天下，小有一國，將蹙然衣麤食惡，憂戚而非樂，若是則瘠，瘠則不足欲，不足欲則賞不行。墨子大有天下，小有一國，將少人徒，省官職，上功勞苦，與百姓均事業，齊功勞。若是則不威，不威則賞罰不行，賞不行則賢者不可得而進也，罰不行則不肖者不可得而退也。賢者不可得而進也，不肖者不可得而退也，則能不能不可得而官也。若是則萬物失宜，事變失應，上失天時，下失地利，中失人和，天下敖然，若燒若焦。墨子雖爲之衣褐帶索，嚽菽飲水，惡能足之乎？既以伐其本，竭其原，而焦天下矣。【略】

撞鐘擊鼓而和。《詩》曰：『鐘鼓喤喤，磬筦將將。降福穰穰，降福簡簡，威儀反反。既醉既飽，福禄來反。』此之謂也。故墨術誠行，則天下尚儉而彌貧，非鬭而日爭，勞苦頓萃而愈無功，愀然憂戚非樂而日不和。《詩》曰：『天方薦瘥，喪亂弘多。民言無嘉，憯莫懲嗟。』此之謂也。

又 卷七《王霸篇》 今以一人兼聽天下，日有餘而治不足者，使人爲之也。大有天下，小有一國，必自爲之然後可，則勞苦耗顇莫甚焉。如是則雖臧獲，不肯與天子易勢業。以是縣天下，一四海，何故必自爲之？爲之者，役夫之道也。墨子之説也。唐楊倞注：墨子之説，必自勞苦。論德使能而官施之者，聖王之道也。儒之所謹守也。

又 卷一一《天論篇》 墨子有見於齊，無見於畸。唐楊倞注：畸謂不齊也。墨子著書，與上同，兼愛，是見齊而不見畸也。【略】有齊而無畸，則政令不施。

又 卷一四《樂論篇》 先王之道，禮樂正其盛者也，而墨子非之。故曰：墨子之於道也，猶瞽之於白黑也，猶聾之於清濁也，猶欲之楚而北求之也。【略】

且樂也者，和之不可變者也；禮也者，理之不可易者也。樂合同，禮别異。禮樂之統，管乎人心矣。窮本極變，樂之情也；著誠去僞，禮之經也。墨子非之，幾遇刑也。明王已没，莫之正也；愚者學之，危其身也。

又 卷一五《解蔽篇》 墨子蔽於用而不知文。注：欲使上下勤力，股無胈，脛無毛，而不知貴賤等級之文飾也。

《韓非子》卷一一《外儲説左上》 楚王謂田鳩曰：『墨子者，顯學也。其身體則可，其言多而不辯。何也？』曰：『昔秦伯嫁其女於晉公子，令晉爲之飾裝，從衣文之媵七十人。至晉，晉人愛其妾而賤公女。此可謂善嫁妾而未可謂善嫁女也。楚人有賣其珠於鄭者，爲木蘭之櫃，薰桂椒之櫝，綴以珠玉，飾以玫瑰，輯以羽翠。鄭人買其櫝而還其珠。此可謂善賣櫝矣，未可謂善鬻珠也。今世之談也，皆道辯説文辭之言，人主覽其文而忘有用。墨子之説，傳先王之道，論聖人之言，以宣告人。若辯其辭，則恐人懷其文，忘其直，以文害用也。此與楚人鬻珠、秦伯嫁女同類，故其言多不辯。』

又 卷一九《顯學》 墨者之葬也，冬日冬服，夏日夏服，桐棺三寸，服喪三月，世主以爲儉而禮之。儒者破家而葬，服喪三年，大毁扶杖，世主以爲孝而禮之。夫是墨子之儉，將非孔子之侈也；是孔子之孝，

將非墨子之戾也。

漢・孔鮒《孔叢子》卷中《詰墨》 墨子稱景公問晏子以孔子，而不對。又問三，皆不對。公曰：『以孔子語寡人者衆矣，俱以爲賢人。今問子而不對，何也？』晏子曰：『嬰聞孔子之荆，知白公謀而奉之以石乞。勸下亂上，教臣弑君，非聖賢之行也。』

詰之曰：楚昭王之世，夫子應聘如荆，不用而反，周旋乎陳、宋、齊、衛。楚昭王卒，惠王立。十年，令尹子西乃召王孫勝以爲白公。史云二年。是時魯哀公十五年也。夫子自衛反魯，居五年矣。白公立一年，然後乃謀作亂。亂作在哀公十六年秋也，夫子已卒十旬矣。墨子雖欲謗毁聖人，虚造妄言，奈此年世不相值何？

墨子曰：孔子之齊，見景公。公悦之，封之以尼谿。晏子曰：『不可。夫儒浩居而自順，立命而怠事，崇喪遂哀，盛用繁禮。其道不可以治國，其學不可以導家。』公曰：『善。』

詰之曰：即如此言，晏子爲非儒惡禮，不欲崇喪遂哀也。察傳記晏子之所行，未有以異於儒焉。又景公問所以爲政，晏子答以禮云。景公曰：『禮其可以治乎？』晏子曰：『禮於政，與天地並。』此則未有以惡於禮也。晏桓子卒，晏嬰斬衰枕草，苴絰帶杖，菅菲食粥，居於倚廬，遂哀三年。此又未有以異於儒也。若能以口非之而躬行之，晏子所弗爲。

墨子曰：孔子怒景公之不封己，乃樹鴟夷子皮於田常之門。

詰之曰：夫樹人爲信己也。《記》曰：『孔子適齊，惡陳常而終不見。常病之，亦惡孔子。』交相惡而又任事，其然矣。《記》又曰：『陳常弑其君，孔子齋戒沐浴而朝，請討之。』觀其終不樹子皮，審矣。

墨子曰：孔子爲魯司寇，舍公家而奉季孫。

詰之曰：若以季孫爲相，司寇統焉，奉之自法也。若附意季孫，季孫既受女樂，則孔子去之。季孫欲殺囚，則孔子赦之。非苟順之謂也。

墨子曰：孔子厄於陳、蔡之間，子路烹豚，孔子不問肉之所由來而食之。剝人之衣以沽酒，孔子不問酒之所由來而飲之。

詰之曰：所謂厄者，沽酒無處，藜藿不粒，乏食七日。若烹豚飲酒，則何言乎厄？斯不然矣。且子路爲人，勇於見義，縱有豚、酒，不以義不取之，可知也。又何問焉？

墨子曰：孔子諸弟子子貢、季路輔孔悝以亂衛，陽貨亂魯，佛肸以中牟畔，漆雕開形殘。

詰之曰：如此言，衛之亂，子貢、季路爲之耶？斯不待言而了矣。陽貨欲見孔子，孔子不見，何弟子之有？佛肸以中牟叛，召孔子，則有之矣。爲孔子弟子，未之聞也。且漆雕開形殘，非行己之致，何傷於德哉？

墨子曰：孔子相魯，齊景公患之，謂晏子曰：『鄰有聖人，國之憂也。今孔子相魯，爲之若何？』晏子對曰：『君其勿憂。彼魯君，弱主也；孔子，聖相也。不如陰重孔子，欲以相齊，則必强諫魯君，魯君不聽，將適齊，君勿受，則孔子困矣。』

詰之曰：按如此辭，則景公、晏子畏孔子之聖也。上乃云『非聖賢之行』，上下相反。若晏子悖，可也，否則不然矣。

墨子曰：孔子見景公，公曰：『先生素不見晏子乎？』對曰：『晏子事三君而得順焉，是有三心，所以不見也。』公告晏子。晏子曰：『三君皆欲其國安，是以嬰得順也。聞君子獨立，不慚於影。今孔子伐樹削迹，不自以爲辱；身窮陳、蔡，不自以爲約。始吾望儒貴之，今則疑之。』

詰之曰：若是乎，孔子、晏子交相毁也。小人有之，君子則否。孔子曰：『靈公汙而晏子事之以潔，莊公怯而晏子事之以勇，景公侈而晏子事之以儉。晏子，君子也。』梁丘據問晏子，曰：『事三君而不同，心而俱順焉。仁人固多心乎！』晏子曰：『一心可以事百君，百心不可以事一君。故三君之心，非一也；而嬰之心，非三也。』孔子聞之，曰：『小子記之！晏子以一心事三君，君子也。』如此則孔子譽晏子，非所謂毁而不見也。景公問晏子曰：『若人之衆，則有孔子乎？』對曰：『孔子者，君子行有節者也。』晏子又曰：『盈成匡，父之孝子，兄之弟弟也。其父尚爲孔子門人。門人且以爲貴，則其師亦不賤矣。』是則晏子亦譽孔子，可知也。夫德之不修，己之罪也。不幸而屈於人，己之命也。伐樹削迹，絶糧七日，何約乎哉？若晏子以此而疑儒，則晏子亦不足賢矣。

墨子曰：景公祭路寢，聞哭聲，問梁丘據，對曰：『魯孔子之徒也。其母死，服喪三年，哭泣甚哀。』公曰：『豈不可哉？』晏子曰：『古者

聖人，非不能也，而不爲者，知其無補於死者，而深害生事故也。」詰之曰：墨子欲以親死不服，三日哭而已。於意安者，卒自行之。空用晏子爲引，而同乎己，適證其非耳。且晏子服父禮，則無緣非行禮者也。

曹明問子魚曰：『觀子詰墨者之辭，事義相反，墨者妄矣。假使墨者復起，對之乎？』答曰：『苟得其理，雖百墨，吾益明白焉。失其正，雖一人，猶不能當前也。墨子之所引者，矯晏子。晏子之善吾先君，先君之善晏子，其事庸盡乎！』曹明曰：『可得聞諸？』子魚曰：『昔齊景公問晏子曰：「吾欲善治，可以霸諸侯乎？」對曰：「官未具也。臣亟以聞，而君未肯然也。臣聞孔子聖人，然猶居處勌惰，廉隅不修，則原憲、季羔侍；氣鬱而疾，志意不通，則仲由、卜商侍；德不盛，行不勤，則顏、閔、冉雍侍。今君之朝臣萬人，立車千乘，不善之政加於下民者衆矣，未能以聞者。臣故曰官未備也。」此又晏子之善孔子者也。子曰：「晏平仲善與人交，久而敬之。」此又孔子之貴晏子者也。』曹明曰：『吾始謂墨子可疑，今則决妄不疑矣。』

漢・劉安《淮南子》卷一二《道應訓》　夫弦歌鼓舞以爲樂，盤旋揖讓以修禮，厚葬久喪以送死，孔子之所立也，而墨子非之。兼愛，上賢，右鬼，非命，墨子之所立也，而楊子非之。全性保眞，不以物累形，楊子之所立也，而孟子非之。趨捨人異，各有曉心，故是非有處，得其處則無非，失其處則無是。

又　卷一一《齊俗訓》　夫三年之喪，是强人所不及也，而以僞輔情也。三月之服，是絶哀而迫切之性也。夫儒、墨不原人情之終始，而務以行相反之制。

《史記》卷一三〇《太史公自序》　太史公仕於建元、元封之間，愍學者之不達其意而師悖，乃論六家之要指曰：【略】墨者亦尚堯舜道，言其德行曰：『堂高三尺，土階三等，茅茨不翦，采椽不刮。食土簋，啜土刑，糲粱之食，藜藿之羹。夏日葛衣，冬日鹿裘。』其送死，桐棺三寸，舉音不盡其哀。教喪禮，必以此爲萬民之率。使天下法若此，則尊卑無別也。夫世異時移，事業不必同，故曰儉而難遵。要曰彊本節用，則人給家足之道也。此墨子之所長，雖百家弗能廢也。

漢・揚雄《法言・五百篇》　墨、晏儉而廢禮。

《漢書》卷三〇《藝文志・墨家》　墨家者流，蓋出於清廟之守。茅屋采椽，是以貴儉；養三老五更，是以兼愛；選士大射，是以上賢；宗祀嚴父，是以右鬼；順四時而行，是以非命；以孝視天下，是以上同：此其所長也。及蔽者爲之，見儉之利，因以非禮；推兼愛之意，而不知別親疏。

漢・王充《論衡》卷二九《案書篇》　儒家之宗孔子也，墨家之祖墨翟也。且案儒道傳而墨法廢者，儒之道義可爲，而墨之法議難從也。何以驗之？墨家薄葬右鬼，道乖相反，違其實，宜以難從也。乖違如何？使鬼非死人之精也，右之未可知。今墨家謂鬼，審〔死〕人之精也，厚其精而薄其屍，此於其神厚而於其體薄也。薄厚不相勝，華實不相副，則怒而降禍，雖有其鬼，終以死恨。人情欲厚惡薄，神心猶然。用墨子之法，事鬼求福，福罕至而禍常來也。以一況百，而墨家爲法，皆若此類也。廢而不傳，蓋有以也。

又　卷二三《薄葬篇》　聖賢之業，皆以薄葬省用爲務。然而世尚厚葬，有奢泰之失者，儒家論不明，墨家議之非故也。墨家之議右鬼，以爲人死輒爲神鬼而有知，能形而害人，故引杜伯之類以爲效驗。儒家不從，以爲死人無知，不能爲鬼，然而賻祭備物者，示不負死以觀生也。【略】若墨家之以杜伯爲據，則死無知之實可明，薄葬省財之教可立也。今墨家非儒，儒家非墨，各有所持，故乖不合，業難齊同，故二家爭論。【略】墨議不以心而原物，苟信聞見，則雖效驗章明，猶爲失實。失實之議難以教，雖得愚民之欲，不合知者之心，喪物索用，無益於世。此蓋墨術所以不傳也。

明・梅鼎祚《西晉文紀》卷二〇《魯勝〈注墨辨敍〉》　名者，所以別同異，明是非，道義之門，政化之準繩也。孔子曰：『必也正名。名不正則事不成。』墨子著書，作《辨經》，以立名本。惠施、公孫龍祖述其學，以正刑名，顯於世。孟子非墨子，其辨言正辭，則與墨同。荀卿、莊周等皆非毁名家，而不能易其議也。必有形察，莫如別色，故有堅白之辨。名必有分明，分明莫如有無，故有無序之辨，是有不是，可無不可，是名兩可。同而有異，異而有同，是之謂辨同異。至同無不同，至異無不

異，是謂辯同辯異。同異生是非，是非生吉凶。取辯於一物，而原極天下之汙隆，名之至也。自鄧析至秦時，名家者世有篇籍，率頗難知。後學莫復傳習，於今五百餘歲，遂亡絶。《墨辯》有上、下經，經各有《説》，凡四篇，與其書衆篇連第故獨存。今引《説》就經，各附其章，疑者闕之。又采諸衆雜集爲《刑名》二篇，略解指歸，以俟君子。其或興微繼絶者，亦有樂乎此也。

晉·葛洪《抱朴子外篇》卷三《省煩》 古人詢于芻蕘，博採童謡，狂夫之言猶在擇焉。至於墨子之論，不能非也。但其張刑網，開塗徑，浹人事，備王道，不能曲述耳，至於譏葬厚，刺禮煩，未可棄也。自建安之後，魏之文、武送終之制，務在儉薄。此則墨子之道，有可行矣。

北齊·劉晝《劉子》卷九《隨時》 墨子儉嗇而非樂者，往見荆王，衣錦吹笙，非苟違性，隨時好也。

又 卷一〇《惜時》 仲尼栖栖，突不暇黔。墨翟遑遑，席不及煖。皆行其德義，拯世危溺，立功垂楷，延芳百世。

又 卷一〇《九流》 墨者，尹佚、墨翟、禽滑、胡非之類也。儉嗇、謙愛，尚賢、右鬼、非命，薄葬無服，不怒俳鬭。然而薄者，其道大觳儉而難遵也。

唐·韓愈《昌黎集》卷一一《讀墨子》 儒譏墨以上同、兼愛、上賢、明鬼，而孔子畏大人，居是邦，不非其大夫。《春秋》譏專臣，不上同哉？孔子汎愛親仁，以博施濟衆爲聖，不兼愛哉？孔子賢賢，以四科進褒弟子，疾没世而名不稱，不上賢哉？孔子祭如在，譏祭如不祭者，曰『我祭則受福』，不明鬼哉？儒墨同是堯、舜，同非桀、紂，同脩身正心，以治天下國家，奚不相悦如是哉？余以爲辯生於末學，各務售其師之説，非二師之道本然也。孔子必用墨子，墨子必用孔子。不相用，不足爲孔墨。

唐·皮日休《文藪》卷九《鹿門隱書》 或曰：楊墨有道乎？曰：噫錢格簺，皆有道也，何啻乎楊墨哉！吾知夫今之人嗜楊墨之道者，其一夫之族耳。

宋·歐陽修《文忠集》卷一二四《崇文總目敍釋·墨家類》 墨家者流，其言貴儉兼愛，尊賢右鬼，非命上同，此墨家之所行也。孟子之時，墨與楊其道塞路，軻以墨子之術儉而難遵，兼愛而不知親疏，故辭而闢之。然其彊本嗇用之説，有足取焉。

宋·佚名《歷代名賢確論》卷三七《鄭獬〈論儒墨使人得失〉》 天下烏乎治？治於儒也。天下烏乎亂？亂於墨也。亂之曰吾禦之不固，盜其隙而乘之也。儒，何道也？聖人道也。芽于羲，蔓于黄，堯、舜實之禹，禹以實于周、孔矣。諸侯淫汙肆而相翦獵，塗汙棘塞，涅而不洗，獨夫子大攘中截其孽流，偃而築之，然不遂於用也。末俗人眊，百家始勝，嵬墨唱其徒，汩吾夫子之築。孟、荀懇惻，迨病此也。夫孰誨斯民也，君，師者司之也。敢原乎古，總總然而居，倀倀然而趨，燠寒渴饑擴于内，適知鳥獸穴土巢木，以養以處，不相用則决然怒，攫然鬭，强者奪，勇者殺。君、師者發於仁義，不忍其溺也。拱觀揉伏，必徐引而進之，不遽以刑迫也。男女有合，禮以婚聘；飲食有燕，禮以賓饗。哀也爲之喪葬，思也爲之祠祭。樂有金石，威有鈇鉞。凡所措注，一原於情性而閑以節奏，無過也，無不勉也。矩於家，繩於國，衡於天下，禮義明而情性定，是吾道所以兩得之也。

彼墨者，方且溝瞀固弊，不特泥其説本，儉刻於體，非鬭也，民孥而目爭；非樂也，民确而益不和；兼愛無父，上同漫等級。籍嵬墨相天下，戕滅禮樂，顓律以己，俾其君茅茨土階，啜土鉶，既耕且治，天下將槁然相與戾矣。啜菽飲水，曷充哉？禮義去則情性肆，是墨者所以兩失之也。禮義中也，大本也，情性之檢也。儉愈則陋，陋則性情有不能。其説不較，益可白已。嗚呼！楊墨不作邪，世今無有邪。老者獨善，不幾於楊乎！釋者兼愛，不幾於墨乎！是楊墨遺俗，尚狺狺於世，而又决其流而漲之，築無少完矣。吾民于于，日怵於邪，如炳禮義以曉之性，魁嵬墨使之潛化佛。然治平之迹繇今日起，是亦荀子之志也。

又 卷三七《[宋]黄垍〈反讀墨〉》 墨以尚同、兼愛、右鬼、非命、尚儉爲本。仲尼賢賢惡惡，褒貶是非，尚同乎哉！仲尼尊君卑臣，坐父伏子，内親外疎別遠近，以歸一本，兼愛乎哉！仲尼不語亂、神，又不對弟子問鬼神事，右鬼乎哉！仲尼教人遷善背惡，曰『性相近，習相遠』，又曰『困而不學，民斯爲下』，非命乎哉！仲尼曰『儉則固』，又譏晏子祭先，豚肩不掩豆；又曰『禮，與其奢也，寧儉。』蓋非中制，尚

儉乎哉？墨之道與儒者相戾，甚矣。使其人不爲夷狄禽獸，難矣哉！

或曰：韓子云墨與儒同是堯、舜，同非桀、紂。治心教人，奚不相合？如是何謂也？對曰：誰不克是堯、舜，非桀、紂？雖童子婦人聞堯、舜喜，桀、紂罵。自然之道也，顧其道何如爾。小堯、舜而大異端。又云：以非道治心教人，其能歸於正乎？儒，道之正者也。墨子反是，墨必戾儒，儒必譏墨，不譏不戾，不可謂之儒墨。

宋・朱熹《二程遺書》卷六　楊墨皆學仁義而流者也。墨子似子張，楊子似子夏。

又　卷一三　楊墨之害甚於申韓，佛老之害甚於楊墨。楊氏爲我疑於仁，墨氏兼愛疑於義，申韓則淺陋易見。故孟子則闢楊墨，爲其惑世之甚也。佛、老其言近理，又非楊墨之比，此所以害尤甚。楊墨之害，亦經孟子闢之，所以廓如也。

又　卷一五　墨子之道，雖有尚同、兼愛之説，然觀其書，亦不至於視鄰之子猶兄之子，蓋其流必至於此。

墨子之書，未至大有兼愛之意。及孟子之時，其流浸遠，乃至若是之差。楊子爲我，亦是義；墨子兼愛，則是仁。惟差之毫釐，繆以千里，直至無父無君，如此之甚。

楊子似出於子張，墨子似出於子夏。其中更有過不及，豈是師商不學於聖人之門？

又　卷一七　楊子拔一毛不爲，墨子又摩頂放踵爲之。此皆是不得中。

又　卷二五　墨子之德至矣，而君子弗學也，以其舍正道而之他也。

宋・王安石《臨川文集》卷六八《楊墨》　楊墨之道，得聖人之一而廢其百者是也。聖人之道，兼楊墨而無可無不可者是也。墨子之道，摩頂放踵，以利天下；而楊子之道，利天下，拔一毛而不爲也。夫禹之於天下，九年之間，三過其門，聞呱呱之泣而不一省其子，此亦可謂爲人矣。顔回之於身，簞食瓢飲，以獨樂於陋巷之間，視天下之亂若無見者，此亦可謂爲己矣。楊墨之道獨以爲人、爲己得罪於聖人者，何哉？此蓋所謂得聖人之一而廢其百者也。是故由楊子之道則不義，由墨子之道則不仁。於仁義之道無所遺，而用之不失其所者，其唯聖人之徒歟！二子之失於仁義，而不見天地之全，則同矣。及其所以得罪，則又有可論者也。

楊子之所執者，爲己。爲己，學者之本也。墨子之所學者，爲人。爲人，學者之末也。是以學者之事，必先爲己。其爲己有餘，而天下之勢可以爲人矣，則不可以不爲人。故學者之學也，始不在於爲人，而卒所以能爲人也。今夫始學之時，其道未足以爲己，而其志已在於爲人也，則亦可謂謬用其心矣。謬用其心者，雖有志於爲人，其能乎哉？由是言之，楊子之道雖不足以爲人，固知爲己矣。墨子之志雖在於爲人，吾知其不能也。嗚呼！楊子知爲己之爲務，而不能達於大禹之道也，則亦可謂惑矣。墨子者，廢人物親疏之別，而方以天下爲己任，是以所欲以利人者，適所以爲天下害患也，豈不過甚哉？故楊子近於儒而墨子遠於道。其異於聖人則同，而其得罪則宜有間也。

又　卷六八《讀墨》　諸子百家，並出于春秋之世。所以誣巇帝王聖喆者，無所不至。然于吾仲尼，未嘗不知所尊事也。特其學術偏陋，雖間引仲尼以自文，而踳駁不中，誕幻無稽，適所以誣巇之；然而未敢有昌言以排之，極論以毀之者。有之，蓋自墨翟始。翟書十五卷，今存。余嘗讀其《非儒》、《明鬼》、《公孟》諸篇，所爲囑授其徒、簧鼓其衆者，一以指摘仲尼爲事。莊周遠出翟後，蓋聞其風而興起焉耳。周之爲書，蕩乎禮法之外，自神農以至湯、武，靡不在其戲侮之列。其敢于非聖，蓋無足怪。而翟者，固是堯、舜非桀、紂，摩頂放踵，以爲天下，而獨甘心置喙于吾聖人，何哉？蓋其意欲與吾儒角立並驅，以上接二帝三王之統，故肆言以震驚一世，而冀其從；而又苦行以先之，聚徒以倡之，馴致儒墨之稱，雜然並立于衰周之世，正仲尼所謂『言僞而辨，行堅而僻』者。聖王有作，其無逃于橫議之刑，必矣。孟軻氏距楊墨。考楊之言論指歸，要以自爲，不至如墨之恣無忌憚也。貽禍之烈，唐儒如韓愈者，亦從而尊信之，彼未深考其言耳。竊其一二，則所以誅之絶之者，庸詎在二子後哉？

宋・王令《廣陵集》卷二〇《書墨後》　班固言墨書七十一篇，而今之傳墨者，財十三篇耳。又其書多非墨所素心。予嘗按書傳之雜出者，合質之，多無得也。然論其大概，亦時時取吾儒裼襲以自出，故同是堯、舜而非桀、紂，無足疑也。自司馬遷之博聞，而猶不知生於何時，故云或先、後孔子而未知也。予嘗評之，而謂使翟而先孔子以生，則翟之荒愚，

當得先矜哀而後誅；使翟而生孔子後，則元惡何待教耶？予讀其書，至其所謂《絲染篇》，則益憐翟之昏不明，而妄傷人之失習，而不知己將習人以失也，然後亦疑翟實生孔子前也。然翟學之興，雖翟固有罪，而所由亦時然。方周之衰，先王之法禁盡廢，天下之士爭出，而名家者甚衆，然翟亦其一爾。方此之時，先王之道息，天下之士皆不知自爲學。雖仲尼之先之後，而道未盡信天下，故翟于此時出與間會，故從翟者多也。然翟之能偷天下以自名，豈不爲幸耶？而予獨傷翟之不得後孔子，故不能自有知。又其書傳之不幸，而令人信以遲，永翟罪。以予觀之，翟乃不幸也。然予獨愛孟子之能第次人，曰逃墨必歸于楊。今而視之，雖害人者有殊差，而豈能一逃孟子之言！

予嘗病世之釋、老者，則思得楊墨之書，以校比其淺深。故嘗兼求之，而楊氏之言絶矣，豈害輕者去之易耶！而墨之書雖不完在，然要之世傳，不盡廢也。其書雖缺，而其大概固具存爾。夫楊氏爲我，拔一毛利天下不爲，豈老之謂耶！墨氏明鬼尚同，磨頂放踵而爲之，則佛矣。然佛、老之害，當世雖同，然當世之受害，則老輕于佛。以是計之，又豈逃楊歸墨之效耶！至于二夷之荒妄雄猾，所以資禍當世者，計楊墨則其倍又百矣。然世之學，多謂孟子之後，楊墨者空矣，而不知老楊、佛墨之闔合如此也。嗚呼！道之不行，自文、武而來，其已遠矣。然仲尼之後，數十年而墨，墨数十年而秦，秦数十年而老，老数百年而佛。佛今千有餘年矣，而其間特力獨抗，撥邪説而自正者，財孟子與韓二人爾。然又身立無由，道不及天下，財空言以待後世。則今其道得不絶泯者，抑亦二賢之言耶！而予嘗觀當世佛、老者，徒張誕以射愚，而人不知其爲害者，信亦幸矣，亦不幸。

吾儒之道不被，不爲却掃遠弃耳，而亦幸而釋、老之無人。不然，則孔子不復容于今，而暴秦不獨暴于古也。然世之學者，獨奮攘兩手，直進不旁顧，以鋭于入夷，非唯終自愚，更左右出，以牽獵當世，合羣起而助之攻。噫亦甚哉！予嘗視世之陷佛、老者，有道惟貪與懦，愚不思耳。貪故樂爲之逃墨歸楊誘，懦故易爲之懼，愚不思則自擇不明。合三者于一心，則何適而不入耶？今予之區區惜翟之不後孔子以生，而惡前孔子者，非徒愛翟也，欲學者之知今而學翟者，罪之過翟也；言學翟之罪過翟者，又欲其知釋、老之又甚之也。作《讀墨》。

宋・陳淵《默堂集》卷一二《十二月上殿劄子》　臣觀墨子之道，取茆茨土階之儉，悦手胼足胝之勤，摩頂放踵利天下爲之，則其所行，宜若與儒者無異矣。然孟子闢之，以爲兼愛無父，作於其心，害於其事，作於其事，害於其政，不可以訓。是豈儒者之所爲乎？故是堯、舜而非桀、紂，儒墨之所同。乃若堯、舜之所以爲堯、舜，墨固有所未知也。未知堯、舜而託於堯、舜，以行其私意，此孟子所以正名，其爲邪説而闢之與？

宋・胡宏《五峰集》卷四《皇王大紀論・孟子闢楊墨》　愚讀孟子書，謂楊朱、墨翟之言盈天下。及考諸史，則朱、翟未嘗用於時君，時君亦莫有信用其言者，安在其爲盈天下？而孟氏闢之，如此其力，似空言侈大，無益於實者。後人雖信誦其言，亦莫能究明其義。愚始而疑，中而惑，卒乃慨然長嘆，見孟氏指意深遠廣大，非苟爲誇辭而已也。何以言之？天下之道，爲人、爲己二端而已。惟聖人合内外之道，得時措之宜，故不塞不流，而王道行，百姓寧。舍是則或失於爲人太重，而不知立己；或失於爲己太重，而不知立人。失己與人，則天地否塞，而人之類頓滅矣。

五伯之末，仁義益不明。有志於爲己者，直欲高飛深入，不在人間，如接輿、沮、溺之徒是也。於是楊朱倡爲我之論，而此徒翕然是之矣。有志於爲人者，直欲自沽自獻，必行其説，如衛鞅、儀、秦之徒是矣。於是墨翟倡兼愛之説，而此徒翕然是之矣。此二氏之言，所以盈天下也。然孟子所以不闢沮、溺者，爲其無詞説，而楊朱之言近義故也；所以不闢儀、秦者，爲其事淺陋，而墨翟之言近仁故也。近於仁則不仁，近於義則不義，不仁不義近於禽獸，又將何以立於天地之間？故孟氏拔其本，塞其源，則末流將自正矣。有見於此，然後知孟氏闢楊、墨，承先聖，有大功於王道，而可以爲萬世法也。使齊、梁之君一行其言，豈至人之類自相殘滅？陳、吴、劉、項之際，死者十九而後止哉？

宋・羅泌《路史》卷三五《發揮四・益爲朕虞》　或曰墨氏兼愛，何不思之甚也！墨氏安能兼愛哉？先王之時，鴻水平矣，民粒食矣，又從而教之，墨者能之乎？蚩尤平矣，管、蔡定矣，又從而富之，墨者能之

乎？夫害已去，難已平，其愛之亦至矣，亦可已矣，而又富之，又教之，先王之心仁民而愛物者，其有既乎！吾知墨者之無是也，非無是也，實不能也，非徒不能也，實不知仁之方也。不知其仁而徒曰吾能兼愛，愛何從而兼之？不能仁民而惟以戒雞犬、護螻螘爲之兼愛，一何淺邪？吁！是特妾婢傳娼修小廉以惑衆者。先王之戒殺，不如是也。夫畜者未有不殺，而其所不殺者，非畜也。試以一劇之郡言之，螽屯螘聚，戶輒數萬，孰不雞，孰不狗，而孰有不殺之雞狗哉？彼墨氏者，其亦果能戒之邪？是以先王惟制禮以節之。

宋・曾丰《緣督集》卷一五《十論・楊墨》　蓋孔子嘗言：『言必慮其所終，行必稽其所弊。』夷、惠之行，稽焉而未詳者也；楊、墨之言，言焉而不慮者也。稽焉而未詳，雖未免於弊，猶可也；言焉而不慮，則吾不知其終。楊之言取爲我，墨之言取兼愛。夫取爲我，而至於一毛不拔；夫取兼愛，而至於摩頂放踵。所謂不知其終者，如斯而已乎？曰：未也。一毛而不拔，古之重用其身者也；摩頂放踵，古之輕用其身者也。古之重用其身者，豈獨楊而已？雖一髮之毀傷，孔子所不敢，曰吾受之父母。古之輕用其身者，豈獨墨而已？雖胼手胝足，禹所不顧，曰吾爲民也。爲民則仁也，爲父母則孝也。楊者曰均，重用也爾。聖人爲之則爲孝，我則爲無君。墨者曰均，輕用也爾。聖人爲之則爲仁，我則爲無父。非孟子之辯，無能詰之者矣。何則？其迹相似也。吾嘗意孟子之所以折服楊、墨，必有巧發而奇中者焉。蓋不止於其書之所言者，顧其門弟子録之不詳爾。於是代爲之説，以詰二氏。

曰：楊者來！汝師之言取爲我，大抵以古之舍國而隱耕者爲證也。汝謂古之舍國而隱耕者，復有加於伯成子高者乎？無也。而子高則未始爲我也。曰：墨者來！汝師之言取兼愛，大抵以古之養三老五更者爲證也。汝謂古之養三老五更者，復有加於武王者乎？無也。而武王則未始兼愛也。或問其故，曰：禹之時，子高舍國而隱耕，固也；然而向嘗爲堯之諸侯，則有出有處，孰曰爲我哉？武王之養三老五更，固也；然而父事三老，兄事五更，則有厚薄在其間矣，孰曰兼愛哉？嗚乎！楊、墨復生，將口呿而不能對矣。何則？武王之與子高，蓋二氏之所借以爲證者也，而今自叛之，則是其説自窮也。夫是之謂以楊、墨攻楊、墨。不然，徒曰爾爲我，是無君也；爾兼愛，是無父也。吾恐楊、墨爲有詞矣。蓋嘗論是非之難辨，莫甚於迹之相似；而君子之闢邪説也，莫難於使人之無詞。楊、墨以其迹之相似也而未服，今以其説之自窮也而無詞，則孟子之闢邪説，可謂巧發而奇中者哉！而其門弟子録之不詳，故吾有言焉。

一毛不拔，在孔子則爲孝，非重用也；楊者爲之，則爲重用。摩頂放踵，在禹則爲仁，非輕用也；墨者爲之，則爲輕用。吾豈私聖人而讎楊、墨哉？蓋聖人會逢其適而已矣，楊、墨則執一也。雖然，必不得已而輕重之，則不無毫釐之辨。楊失之重用者也，墨失之輕用者也。失之重用，雖曰賊道，苟知悔焉，猶可收也。失之輕用，雖悔莫收矣。故孟子以爲，逃墨必歸于楊。以孟子之所以權楊、墨者而權夷、惠，吾知逃惠必歸于夷。蓋其末流之勢然也。夷之心，雖非隘也，學夷而失焉者則爲隘，隘則似乎狷。惠之心，雖非不恭也，學惠而失焉者爲不恭，不恭則似乎鄉原。夫狷，雖孔子之所思，亦其不得已而思焉者。至於鄉原，雖過門不入無憾也。借有不得已，豈復思之也哉？故又爲之斷曰：君子之論，毫釐必計也。如毫釐之不必計，則不幸而失，與其惠也寧夷，與其墨也寧楊，與其楊也寧夷、惠。

宋・史堯弼《蓮峰集》卷七《墨翟論》　孔子没，楊墨始鼓其説，以率天下。當是時，人惟楊墨之知。至孟子，始奮而闢之，曰『楊氏爲我，是無君；墨氏兼愛，是無父；無父無君，是禽獸。』今天下之人亦從而和之曰：是禽獸也。夫墨與楊，其君子歟？其小人歟？其爲道必有所據依，其説亦必有所本矣。甚矣，瞽者之暗於明也。人曰此東西也，而謂爲東西；此黑白也，而謂爲黑白。彼蓋未睹其實也。今之從孟子者，亦猶爾矣。夫君子之斥邪説，豈苟然也哉？淫辭必求其所陷，邪辭必求其所離，而後得以致其攻。今也特隨人以闢楊墨，而實未能明知其所爲非也。使天下不幸復有楊墨而不能以自決，是將反爲其惑溺必矣。故夫君子者，必求曉然知其端，而無務爲相應和之説，庶乎其可以有守矣。且楊之道，不若墨之盛也。自戰國至秦漢，以孔、墨爲一，是以墨之書至于今不廢。故嘗求之墨氏之初，蓋學聖人而亦有所措於世者。惟其所見之頗僻，遂陷於邪途而不反，流於禽獸而不知也。

昔者上古之世，其人鄙陋質野，蕩然如獸之在壙，不知所適從，惟各

任其性情，而不知有上下、長幼、親疏之分。聖人惡其無間，憂其終之相賊殺也，故因其尊卑隆殺，而設爲綢繆委曲。其口腹耳目，周旋進退，以至於牀簀几席之間，無一不爲之等差，而人亦終日安行之，無以異於飲食起居者。是亦足以見夫禮義者，乃人之性情見於節文，而非節文之外復有性情也。彼墨子者，乃始患其然，而更欲合其愛，而使無差等。其意謂人之愛，一而已，不可分也，而不知其混幷以入於亂也。故孟子詆之曰：『天之生物，使之一本，而夷子二本故也。』荀卿亦曰：『一於禮義，則兩得之；一於性情，則兩失之。』儒者使人兩得，墨者使人兩失也。夫惟一本，故能兩得。惟其有二本，而始兩失之矣。聖人之道，雖一於內而必有別於外。此其所爲兩得，而彼乃欲以待人者而待禽獸，待於兄者而待途之人。兄爲親而途人爲疏，人爲貴而禽獸爲賤，各有分也。苟以待其兄與人者，而待途人與禽獸，既以失其分，反而論之，是以途人待其兄而禽獸待人，此不亦兩失歟？

孟子之時，申、商、儀、秦、惠施之徒非一矣，而孟子未嘗排之。其論儀、衍之爲非，蓋因問而發；獨於楊墨乃若是切齒，而於墨尤詳者，豈非以其兩失其本，以亂人之性情，破壞先王之禮義，爲天下禍至深也歟？

宋・洪邁《容齋續筆》卷一四《孔墨》 墨翟以兼愛無父之故，孟子辭而辟之，至比於禽獸，然一時之論。迨於漢世，往往以配孔子。《列子》載惠盎見宋康王曰：『孔丘、墨翟，無地而爲君，無官而爲長，天下丈夫女子莫不延頸舉踵而願安利之。』鄒陽上書於梁孝王曰：『魯聽季孫之説，逐孔子。宋任子冉之計，囚墨翟。以孔、墨之辯，不能自免於讒諛。』賈誼《過秦》云：『非有仲尼、墨翟之知。』徐樂云：『非有孔、曾、墨子之賢。』是皆以孔、墨爲一等。列、鄒之書不足議，而誼亦如此。韓文公最爲發明孟子之學，以爲功不在禹下者，正以辟楊、墨耳。而著《讀墨子》一篇，云『儒墨同是堯、舜同非桀、紂，同脩身正心，以治天下國家。孔子必用墨子，墨子必用孔子。不相用，不足爲孔墨。』此又何也？魏鄭公南史《梁論》亦有『抑揚孔墨』之語。

宋・朱熹《晦庵集》卷六一《答嚴時亨》 楊墨皆是邪説，無大輕重。但墨氏之説尤出於矯僞，不近人情而難行。故孟子之言如此，非以楊氏爲可取也。孔墨並稱，乃退之之謬，然亦未見得是與《原道》之作孰先孰後也。

宋・黎靖德《朱子語類》卷二九《論語十一・公冶長下》 仁民愛物，固是好事。若流入於墨氏摩頂放踵，而利天下爲之，則全不好了。此所以貴裁之也。

又 卷五二《孟子二・公孫丑上》 問詖、淫、邪、遁之辭，楊、墨似詖，莊、列似淫，儀、秦似邪，佛似遁。曰：不必如此分別。有則四者俱有，其序自如此。詖是偏陂不平，譬似路一邊高，一邊低，便不可行，便是蔽塞了。一邊既蔽塞，則其勢必至於放蕩而陷溺；淫而陷溺，必至於邪僻而叛道，才問着便遁而窮。且如楊墨爲我，兼愛之説，可謂是偏頗。至於摩頂放踵，拔一毛利天下不爲，便是不可行。夷之云愛無差等，施由親始，不是他本意，只爲被孟子勘破，其詞窮，遂爲此説，是遁也。如佛學者初有桑下一宿之説，及行不得，乃云種種營生，無非善法，皆是遁也。

又 卷五五《孟子五・滕文公下》 因居之，看《好辯》一章。曰：墨氏愛無差等，故視其父如路人。楊氏只理會自己，所謂修其身而外天下國家者，故至於無君。要之，楊墨即是逆理不循理耳。如一株木，順生向上去，是順理。今一枝乃逆下生來，是逆理也。

敬之問楊墨。曰：楊墨只是差了些子，其末流遂至於無父無君。蓋楊氏見世間人營營於名利，埋没其身而不自知，故獨潔其身以自高，如荷蕢、接輿之徒是也。然使人皆如此潔身而自爲，則天下事，教誰理會？此便是無君也。墨氏見世間人自私自利，不能及人，故欲兼天下之人人而盡愛之，然不知或有一患難，在君親則當先救，在他人則後救之。若君親與他人不分先後，則是待君親猶他人也，便是無父。此二者，之所以爲禽獸也。孟子之辯，只緣是放過不得。

問：墨氏兼愛，何遽至於無父？曰：人也只孝得一箇父母，那有七手八脚，愛得許多？能養其父無闕，則已難矣。想得他之所以養父母者，粗衣糲食，必不能堪。蓋他既欲兼愛，則其愛父母也，必疏其孝也，不周至，非無父而何？墨子尚儉惡樂，所以説里號朝歌，墨子回車。想得是個淡泊枯槁底人。其事父母也，可想見。

又問：率獸食人，亦探其弊而極言之，非真有此事也。曰：不然。卽他之道，便能如此。楊氏自是個退步愛身，不理會事底人。墨氏兼愛，又弄得没合殺，使天下倀倀然，必至於大亂而後已。非率獸食人而何？

宋·陸九淵《象山集》卷四《與劉淳叟書二》 摩頂放踵，利天下爲之。墨子非不力行也。其往也，使人讓竈讓席；其反也，人與之爭竈爭席。楊子非不自得也。二氏不至多言，而爲異端。顏、閔侍側，夫子無言可也。楊、墨交亂。告子、許行之徒，又各以其説，肆行於天下。則孟子之辨，豈得已哉？

又 卷二四《策問》 孟子闢楊墨，蓋自比於禹之治洪水，益之驅虎豹。夫楊朱、墨翟，皆當時賢者。自孟子視之，則爲先進。孟子之後人，猶曰孔、曾、墨子之賢。墨子之賢，蓋比于孔、曾。楊朱之道，能使舍者避席，煬者避竈，猶以爲未也。進而至于争席争竈，則其所得，豈淺淺者哉？而孟子闢之，至曰『無父無君，是禽獸也。』又曰『天下之言，不歸楊則歸墨。』夫兼愛之無父，爲我之無君，由孟子之言而辨釋之。雖五尺童子粗習書數者，立談之頃，亦可解了。豈有以大賢如楊朱、墨翟，其操履言論足以傾天下之士，而曾不知此？必待孟子之深言力闢，貽好辨之譏，而猶未得以盡白于天下而熄其説，何耶？若曰此皆聖賢之事，後學未敢妄措其説，則孟子固曰：『能言距楊墨者，聖人之徒』，必不敢少置其思，措其議。是不得爲聖人之徒矣，亦何以學爲？

宋·葉適《習學記言》卷一八《戰國策·趙魏韓》 墨子卑己尊人，以情愧之；論技考實，以能服之。用此輔其君，存其國。孟子責以大義，是矣。然戰國之士，固不及也。

宋·真德秀《西山讀書記》卷三五《吾道異端之辨上》 楊朱但知愛身而不復知有致身之義，故無君。墨子愛無差等而視其至親無異衆人，故無父。無父無君，則人道滅絶，是亦禽獸而已。充塞仁義，謂邪説遍滿，妨於仁義也。孟子引公明儀之言，以明楊墨道行，則人皆無父無君，以陷於禽獸，而大亂將起。是亦率獸食人，而人又相食也。此又一亂也。

愚按莊生所述諸子，墨翟、禽滑釐，其一也；宋鈃、尹文，其二也；彭蒙、田駢、慎到，其三也；關尹、老聃，其四也；莊周，其五也；惠施，其六也。異端之盛，莫甚於此時。而孟子獨深辨楊墨者，或曰楊墨之禍仁義，固也，必若何而後爲仁義耶？曰：孟子嘗言之矣，曰『君子親親而仁民，仁民而愛物』是也。蓋自親親而推之於民物，是其理之一也。明乎理之一，則心無不傳，而非楊氏之爲我矣。親親與仁民不同，仁民與愛物不同，是其分之殊也。明乎分之殊，則其施有序，而非墨氏之兼愛矣。聖賢正大之學，異端私邪之見，其霄壤也。學者徒知孟子之闢楊墨，而不知此章乃闢楊墨之本，故附見焉。

元·郝經《續後漢書》卷八三下《録第一下·道術·異端·楊墨》 楊朱，老子弟子，爲黄老術。墨翟，宋之大夫，節用尚儉，善守禦。皆出於春秋後，孟子前。楊朱取爲我，拔一毛而利天下不爲。墨翟兼愛，摩頂放踵利天下爲之。朱則足乎己而不爲利，似義而非義；翟則愛無差等，約乎己以利天下，似仁而非仁。極其至，則朱有己而無君，翟二本而無父。故孟子以爲亂人心，惑天下，害道爲甚。墨翟則有書，其弊病見于《孔叢子》；楊朱無書，其弊病見于《列禦寇書》中。【略】夫仁之爲德，發於道之元，爲天地生物之心，降而爲人心之德，愛物之理，體一而用殊。親親而後仁民，仁民而後愛物。本於明善，誠身以事親；達於明德，齊家治國平天下。墨翟則愛之以一而無序，齊之於末而無本，委之以利而無義，失己而爲人，喪心而膠物，大亂天下之心術而斲喪倫類。翟之禍，又甚也。故孟子謂：『楊、墨之道不息，孔子之道不著。邪説誣民，充塞仁義。』甚於老、莊、申、韓，故推爲異端之首云。

元·吴海《聞過齋集》卷八《讀墨》 韓退之稱墨翟與孔子同道，是何言之過歟？夫墨之于孔，猶紫之于朱也。退之未能深明夫子之道，徒見墨之言大，故從而惑之。墨之道愛而無本，孟子距之之嚴，懼其惑世害仁而誣學者，而退之所取，乃正在是。觀其書以《親士》爲首，而《修身》次之，既失先後之序。謂聖王率百姓以尊天、事鬼、尚賢者，天、鬼、百姓之利不上同，則天、鬼惡而罰之。言天必鬼，奚不專理哉？錐刀井木之喻，是其所長；大盛難守，則老氏之意，而自異于道矣。曰得意賢士可不舉，不得意賢士不可不舉。舉賢亦有異與？七經二論，究其旨歸，不過以力時急而自養，儉爲治國之本。墨翟生戰國之世，原其立心以愛，則固賢于申、韓、管、商之徒；謂其知道，則未可，烏敢以並孔子哉？退之晚歲乃能見道，《與孟簡書》言楊墨之害，蓋《讀墨》少作

也，編録者不知去之耳。因讀《墨》，并論之。

明・宋濂《文憲集》卷二七《諸子辨・墨子》 墨者，强本節用之術也。予嘗愛其聖王作爲宫室便於主，不以爲觀樂之言；又嘗愛其聖人爲衣服，適身體，和肌膚，非榮耳目而觀愚民之言；又嘗愛其飲食增氣充虚、强體適腹之言。墨子，其甚儉者哉！卑宫室，菲飲食，惡衣服，大禹之薄於自奉者。孔子亦曰：『奢則不遜，儉則固。』然則儉、固，孔子之所不棄哉！或曰：如子之言，則翟在所取而孟子辭而闢之，何也？曰：本二。

明・周琦《東溪日談録》卷一七《異端談》 墨氏學仁，失之兼愛，流至於無父；楊氏學義，失之爲我，流至於無君。無父無君，豈止於仁、義之差？初非有意而爲之，其差小，其失大，可不畏哉？

墨翟曰：『摩頂至頸，一身之間凡可以利天下者，皆不惜也。』楊朱曰：『伯子高不以一毫利物，舍國而隱耕。大禹不以一身自利，不以一體偏枯。古之人，損一毫，利天下，不與也。悉天下，奉一人，不取也。不損一毫，人人不利，天下治矣。』楊墨非不欲超然於聖賢之道，以垂一世之教也，其學謬而不自知矣。孟子以亞聖之才起，而有見於是焉，得不辭而闢之乎？孔子謂『師也過，商也不及。』過而不抑之，以復於中。至於兼愛則易也，不及者不引之，以歸於中。至於爲我，亦易也。聖人中道而立，以爲此中之主宰，其示人也亦至矣。

明・王守仁《王文成全書》卷二《答羅整菴少宰書》 孟子闢楊墨，至於無父無君。二子亦當時之賢者，使與孟子並世而生，未必不以之爲賢。墨子兼愛，行仁而過耳；楊子爲我，行義而過耳。此其爲説，亦豈滅理亂常之甚而足以眩天下哉？而其流之弊，孟子至比於禽獸食人，所謂以學術殺天下後世也。今世學術之弊，其謂之學仁而過者乎？謂之學義而過者乎？抑謂之學不仁不義而過者乎？吾不知其於洪水猛獸何如也。孟子云：『予豈好辨哉？予不得已也。』楊墨之道塞天下，孟子之時天下之尊信楊墨，當不下於今日之崇尚朱説，而孟子獨以一人呶呶於其間，噫可哀矣。

明・胡熿《拾遺録・論語》 《呂氏春秋・不苟論》云：孔丘、墨翟晝日諷誦習業，夜親見文王、周公旦而問焉。注引《論語》夢見周公。孔墨並稱，始於戰國之士，其流及於漢儒，雖韓退之亦不免。

明・王世貞《讀書後》卷一《讀墨子》 墨子，戰國一賢士大夫也。孟子闢之，以爲惑世誣民，若不可一日容於堯、舜之世者。而後世如韓昌黎輩，尚尊之，以與孔子並稱，而上媲於神。愚以爲皆過也。今讀其書，大抵皆平治天下國家之道，不甚悖於理。如所謂『入國必擇務而後從事。國家昏亂，則語之以尚賢、尚同；國家貧，則語之節用、節葬；國家憙音湛湎，則語之非樂、非命；國家淫僻無禮，則語之尊天、事鬼；國家務奪侵凌，則語之兼愛。』然則墨子之言，以救世主之藥石耳，非欲執而爲世主之準也。【略】且夫墨子之道行，則世主必不能安宫室之侈與聲音采色，狗馬田獵之奉，卿大夫必不能安趙孟、韓、魏之富，而説客游士必不能安華陽、碣石之居與後車數十乘，從者數百人。其辭而闢之者，蓋不止一孟子也。吾故曰：微孟子，墨子固不能久且大也。然而所謂塞路者，何也？貧乏失職之徒，假其説以干世主，用之則貴且顯，即不用而可以希冀賢豪富饒之匄施，一廛一畝足以終其身而已。此非墨子意也，爲墨子之徒而私之者意也。

明・王世貞《弇州四部稿》卷一三九《説部・劄記内篇》 孟子之功，在尊孔子之道而伸明之耳，不在闢楊墨也。墨子兼愛，摩頂放踵爲之，不便身也。楊氏爲我，拔一毛而利天下不爲，不便人也。夫不便身之與不便人，誰其聽之？其人雖至今存，可也。其戰國之爲説者百家，而皆不能久。非我之道有以勝之，其用自不能久也。

明・胡應麟《少室山房筆叢》卷一一《九流緒論上》 退之《讀墨》云：『孔子必用墨子，墨子必用孔子。不相用，不足爲孔墨。』余以退之未嘗讀《墨》也。公孟子謂墨子曰：『昔聖王之列也，上聖立爲天子，其次立爲公卿大夫。今孔子博于《詩》、《書》，察于禮樂，詳于萬物。若孔子當聖王，豈不以爲天子哉？』子墨子曰：『夫知者，必尊天事鬼，愛人節用，合焉爲知矣。今子曰「孔子博于《詩》、《書》，察于禮樂，詳于萬物」，而曰「可以爲天子」。是數人之齒而以爲富也。』凡翟與其徒擬議，概如此。使墨而遇孔，必將爲桓魋之要，爲武叔之毀；孔而遇墨，兩觀之誅，亡所事少正卯矣。

墨曰：『子貢、季路輔孔悝亂乎衛，陽虎亂乎齊，佛肸以中牟叛。夫

爲弟子後生，其師必修其言，法其行，力不足、知不及而後已。今孔丘之行如此，儒士則可以疑矣。』蓋以陽虎、佛肸皆仲尼弟子乎，胡妄之甚也！《非儒》一篇，始末皆斥吾夫子姓名，卽莊周之誕，不至是也。而諸家之論，皆以近理亂真爲辨，而忘其僭妄之大者。柳宗元掊擊百氏，不遺餘力，顧于墨闕焉，豈昌黎氏故耶？余故詳述其言，著于篇。

明・馮從吾《少墟集》卷三《疑思録六・讀孟子下》　問：逃墨歸楊，逃楊歸儒。曰：此二句，是就人情大較説，非低昂二氏之學。注謂墨氏『務外不情』，極是。謂楊氏『太簡近實』，尚有商量，或者未達。余因問：近世之人，摩頂放踵利天下爲之之人多乎？拔一毛而利天下不爲之人多乎？曰：拔一毛而利天下不爲之人多。余曰：如此，則孟子逃墨歸楊之言，已驗矣。只是學者不肯逃楊歸儒耳。二氏之病，一般。孟子謂逃墨歸楊，逃楊歸儒，是就人情大較説，安得謂楊氏爲近儒？彼謂楊氏爲近儒者，是逃墨歸楊而不自覺者也。

清・黄宗羲《明文海》卷九四《謝廷讚〈墨佛論〉》　世有消豪傑征邁之氣而柅愚不肖馳騖之心者，則墨、佛之教是也。今夫秦之爲長城也，至寢處人之骨，飲人之血而曾不姑息，故將曰使子孫萬世爲王。讖緯之説曰：亡秦者胡。而不知胡亥生於離裏。嗟夫！堯。舜之天下不傳於朱、均，而後世推聖。劉裕以儉，風其孫子，而後世之孫子且曰：『田舍翁得此已爲過也。』然則墨者之兼愛，非乎？《記》不曰『慈者所以使衆』乎！父子天性，雖不論報施，而爲蝎爲牛，少得錐刀之贏，以爲固然，此田舍翁之説也。故墨者兼愛，非曰使至親如路人也，執塗之人而親之也。四海兄弟豈弟？父母亦非邪？夫秦之長城，安在也？張禹之哀憐其少子，願補黑衣之數，又安在也？以爲蹠寔，故爲君者寧菅蒯其民爲長城，爲積貯；爲臣者寧朘削爲墨吏、拄吏。

議曰：爲其子孫，不知轉盼如截道之猋，試問桃源、天台諸人，陵谷變遷，遼東鶴返，子孫尚有涕泣而迎之者乎？孝者尚惻愴一抔之土，不肖者至市其陵寢，粥其題輳矣。此佛氏之所以空一切山河大地也。豈惟世界空，亦世念空，我不空之，自有空之者。故墨氏之兼，釋氏之空，猶賢於蟻之賁緣與夫蠅之羶聚者。彼賢智之士聞若説也者，必將絶聖棄智，而世界一切俱幻，故若語不可使聞於賢智愚不肖之人。聞若説也者曰：吾毁其身，污其名，競錐刀，以貽所。不知何人得我者，以爲固然，而吾殆幾於非人，其亦夫有悛心。故曰墨佛之説，不可爲而不可不爲也，是銷賢豪征邁之氣而柅愚不肖馳騖之心者也。

又　卷一一二《何炯〈楊墨辨〉》　甚矣，老氏之害道也。百家之學，實宗老氏。自其有老氏也，而後有楊、墨也；自其有老氏也，而後有申、韓也。申、韓求老氏之説而不得，得其所以輕天下、齊萬物之術，是以敢爲刑名而不疑。楊朱、墨翟求老氏之説而不得，各得其虛無淡泊之偏，而遂倡其猖狂浮游之論，是以流爲爲我、兼愛而不悟。太史公曰：『申子卑卑，施於名實；韓子引繩墨，切事情，其極慘礉少恩，皆原于道德之意。』夫道德、刑名之歸，相去遠矣。苟知刑名之原于道德，而道德之爲刑名也，則其爲我、兼愛，又何惑于老氏云。今夫天下之人，有以君臣、父子之親而不相顧者，舉皆歸楊；而道塗之人皆可以爲父子兄弟者，舉皆歸于墨也。而老氏不爲爲我，不爲兼愛，獨其于君臣父子之間，汎汎乎若萍浮于江湖，而適相值也。夫是以父不足愛，君不足忠，不忠其君則不復致其身，不愛其父則不復竭其力。此其勢之所必至者，特以老氏之道辨之而無所窮，攻之而無所間也。故常以翕張、取予之術玩弄天下，而天下之人卒莫辨其所歸，此其所以爲異端之尤惑人與？

老氏之道有三，曰慈，曰儉，曰不敢爲天下先。墨子得其慈與儉，故其學主于兼愛。其言曰：『慈故能勇，儉故能廣。』摩頂放踵，有所不愛，不亦勇乎！墨子思以易天下也，不亦廣乎！然而反天下之心，而天下不堪。縱彼能任，奈天下何哉？楊子得其不敢爲天下先，故其學主于爲我。其言曰：『不敢爲天下先，故能成器長。』拔一毛而不以利天下，則天下之故不以傷其身，不亦長乎！然而吾不以一毛利人，人亦不以一毛利吾也。雖欲久長，不可得矣。嗟乎！何楊、墨之不善學老氏也？老氏者，無所是，無所非，而卒歸于無有，故其縱橫堅固而不可破。而楊、墨者，是其所是，非其所非，故爲我者，爲兼愛之所詆；兼愛者，爲爲我之所議。其説有時而遂窮。噫！何老氏之譎而楊、墨之愚也？老氏以其全而兼二子之偏，二子以其偏而失老子之全。然則老子之不以利器示人，類如此；而二子者猶不免於悲絲泣岐之迷與？

嘗謂老氏之有楊、墨，猶吾夫子之有顔、曾。顔、曾各得聖人之一

體，而不害其爲聖人。楊、墨各得老氏之一偏，而遂别爲楊、墨。蓋聖人之道，雖一言一行，皆可以成其身，而老氏之術，則捭闔變化，反覆百端，不得其術，不可以相用。雖然，楊子有言矣：『生相憐也，死相捐也。相憐之道，勤能使佚，飢能使飽，寒能使温，窮能使達也。相捐之道，不含珠玉，不服文飾，不陳犧牲，不設明器也。』此其摩頂放踵，以薄治喪之遺意與？墨子貴儉，貴儉則不能兼愛；不能兼愛，則不得不復於爲我。故曰逃墨必歸楊，其此之謂也。世謂楊、墨之學，不相爲用也；又謂楊宗老氏，墨宗大禹。故吾有是辨也，以自附於太史公申、韓之議。

清・閻若璩《四書釋地又續》卷下《墨翟》　或問：墨子人方擬之以孔子，而孟子至比於禽獸，得毋甚與？余曰：莊子稱其教曰：死無服。蓋以服則傷生而害事。曰：相率强不食而爲飢，不衣而爲寒，使面目陷陬，顔色黧黑，耳目不聰明，手足不勁强，不可用也。又曰：使王公大人行此，則必不能早朝五官，六府辟草木，實倉廩。使農夫行此，則必不能早出夜入，耕稼樹藝。使百工行此，則必不能修舟車，爲器皿。使婦人行此，則必不能夙興夜寐，紡績織紝。是何言之悖也！竊以大鳥獸苟失喪其羣匹，越月踰時焉，則必反巡，過其故鄉，鳴號躑躅，然後乃能去之。小者至於燕雀，猶有啁噍之頃焉，然後乃能去。今墨子教若此，是禽獸之弗若矣。吾固以孟子猶寬言之也。

清・陸世儀《思辨録輯要》卷三二《異學類》　墨子願太大，行太苦。由其願大，故後世以孔墨並稱；由其行苦，故當時之人亦少有傳其學者。所謂逃墨必歸于楊，亦行苦而難學之一証也。

墨子之學，似非隨世界轉移，然于爲人工夫上太過一分，亦是趨世情之好，即《論語》或人所謂以德報怨之類也。若聖人則止是平心而行，無過不及。

問：楊朱多流弊，墨子却未見流弊。曰：戰國時俠烈之士，即墨子之流弊也。其究至于爲一人報仇，而皮面抉眼，燔妻子，沉七族。嗚呼甚哉！又奚止摩頂放踵而利天下乎？

清・允禄等《唐宋文醇》卷一《昌黎韓愈文一》　乾隆帝御評：朱子謂學者必知孟子『歸斯受之』之意，然後識公《讀墨》之旨。伊川程子則謂孔墨相用之説爲甚不可。蓋韓愈之意，慨後世經生家各務售其師之説，而不求諸心，不衷於理，距楊墨於門墻之外而爲楊墨於門墻之中，外猶恃其中之存，中則無復外之迹，其爲害也更有甚焉。是以著説以矯之，豈果賢墨而與孟子相剌謬哉？況夫墨爲孔用，則其墨亦孔；孔爲墨用，則是孔非墨。孔子爲魯司寇，魯諸臣自三家以下，安得盡易其位而後爲治耶？魯之諸臣尚猶可用，而有不用墨子者哉？

上同、兼愛、上賢、明鬼，皆本《漢書・藝文志》所著墨家者流之所長。

清・張惠言《茗柯文初編・書墨子經後》　墨子之言誖于理而逆于人心者，莫如非命、非樂、節葬。此三言者，偶識之士可以立折而孟子不及者，非墨之本也。墨之本在兼愛，而兼愛者，墨之所以自固而不可破。兼愛之言曰：愛人者，人亦愛之；利人者，人亦利之。仁君使天下聰明耳目相爲視聽，股肱畢强相爲動宰，此其與聖人所以治天下者復何以異？故凡墨氏之所以自託于堯、禹者，兼愛也。尊天、明鬼、尚同、節用者，其支流也。非命、非樂、節葬，激而不得不然者也。天下之人唯惑其兼愛之説，故雖他説之誖于理、不安于心者，皆從而則之，不以爲疑。孟子不攻其流而攻其本，不誅其説而誅其心，被之以無父之罪，而其説始無以自立。嗟夫！藉使墨子之書盡亡，至于今，何以見孟子之辨嚴而審、簡而有要如是哉！孟子曰：『我知言。』嗚呼！此其驗矣。

清・汪中《述學・内篇三・墨子序》　司馬遷云：『墨翟，宋大夫。或曰並孔子時，或曰在其後。』今按《耕柱》、《魯問》二篇，墨子於魯陽文子多所陳説。《楚語》：『惠王以梁與魯陽文子。』韋昭注：『文子，平王之孫，司馬子期之子。』其言實出《世本》。故《貴義》篇墨子南游於楚，見獻惠王，獻惠王以老辭。獻惠王之爲惠王，猶頃襄王之爲襄王。由是言之，墨子實與楚惠王同時。其仕宋，當景公、昭公之世。其年於孔子差後，或猶及見孔子矣，《藝文志》以爲在孔子後者是也。《非攻中》篇言知伯以好戰亡，事在春秋後二十七年；又言蔡亡，則爲楚惠王四十二年，墨子並當時及見其事。《非攻下》篇言今天下好戰之國齊、晉、楚、越，又言唐叔、呂尚邦齊、晉，今與楚、越四分天下。《節葬下》篇言諸侯力征，南有楚、越之王，北有齊、晉之君。明在句踐稱伯之後，《魯問》篇越王請裂故吳地方五百里以封墨子，亦一證。秦獻公未得志之前，全晉之時，三

家未分，齊未爲陳氏也。《檀弓下》季康子之母死，公輸般請以機封。此事不得其年。季康子之卒在哀公二十七年，楚惠王以哀公七年卽位，般固逮事惠王。《公輸》篇『楚人與越人舟戰於江，公輸子自魯南游楚，作鉤强以備越。』亦吳亡後，楚與越爲鄰國事。惠王在位五十七年，本書既載其以老辭墨子，則墨子亦壽考人與！【略】

傳曰：世之學老子者則絀儒學，儒學亦絀老子。惟儒、墨則亦然。儒之絀墨子者，孟氏、荀氏。《藝文志》：《董無心》一卷，非墨子，今亡。《孔叢·詰墨》僞書，不數之。荀之《禮論》、《樂論》，爲王者治定功成盛德之事；而墨之節葬、非樂，所以救衰世之敝，其意相反而相成也。若夫兼愛，特墨之一端。然其所謂兼者，欲國家愼其封守，而無虐其鄰之人民畜產也。雖昔先王制爲聘問、弔恤之禮，以睦諸侯之邦交者，豈有異哉？彼且以兼愛教天下之爲人子者，使以孝其親，而謂之無父，斯已過矣。後之君子日習孟子之說而未覩墨子之本書，衆口交攻，抑又甚焉。世莫不以其誣孔子爲墨子辠。雖然，自儒者言之，孔子之尊，固生民以來所未有矣。自墨者言之，則孔子，魯之大夫也；而墨子，宋之大夫也。其位相埒，其年又相近，其操術不同而立言務以求勝，此在諸子百家莫不如是。是故墨子之誣孔子，猶老子之絀儒學也，歸於不相爲謀而已矣。吾讀其書，惟以三年之喪爲敗男女之交，有悖於道。至其述堯、舜，陳仁義，禁攻暴，止淫用，感王者之不作而哀生人之長勤，百世之下，如見其心焉。《詩》所謂『凡民有喪，匍匐救之』之仁人也。其在九流之中，惟儒足與之相抗。

清·俞正燮《癸巳存稿》卷一二《墨子兼爱》 《孟子》載夷子之説云：『之則以爲愛無差等，施由親始。』因以兼愛爲無父。《管子·版法》云：『兼愛不遺，是謂君心。』《莊子·天道》引孔子云：『中心物愷，兼愛無私，此仁義之情也。』《論語》云：『泛愛衆。』《孟子》云：『仁者以其所愛，及其所不愛。』《記》云：『譬如天地之無不持載，無不覆幬。』又云：天子者『德配天地，利兼萬物。』謂兼愛卽無父，是險詖也。學者惡墨以繩墨自矯，不便私欲，爲遁辭以避之，謂聖人有差等。按《墨》書言兼愛，本之天與王者。天道、王政，豈無差等者？《藝文志》云：『蔽者爲之，推兼愛之意而不知別親疏。』非墨子之所謂兼愛也。

又《墨子之辯》 古人稱孔、墨之辨，言能敷暢厥旨。《墨子·修身篇》云：『言無務爲文而務爲察。』《貴義》篇云：『以其言非吾言者，是猶以卵投石也。盡天下之卵，其石猶是也，不可毁也。』墨子蓋有以自信。其《明鬼》、《尚同》，立一義必有一事爲證，實事求是，此其所長也。

又《墨子才》 《莊子》以墨子爲才士，言其巧也。古稱巧曰墨翟。今其書《守備》、《號令》，李靖以爲不便於用，因時之制有不同也。

藝文

唐·胡曾《咏史詩》卷上《朝歌》 長嗟墨翟少風流，急管繁絃似寇讎。若解聞《韶》知肉味，朝歌欲到肯迴頭？

唐·陸龜蒙《笠澤叢書》卷五《素絲》 園客麗獨繭，詩人吟五緵。如何墨子淚，反以悲途窮！我意豈於是？願參天地功。爲綫補君衮，爲絃繫君桐。左右脩闕職，宮商還古風。端然潔白心，可與神明通。

宋·邵雍《擊壤集》卷二《秋懷》 草綠露霑衣，草衰風切肌。物情非作異，人意强生疑。歧動楊朱泣，絲添墨子悲。知之何太晚，徒自淚淋漓。

宋·王安石《臨川文集》卷四《讀墨》 誰爲堯舜徒？孔子而已矣。人皆是堯舜，未必知孔子。伯夷不辱身，柳下援而止。孔子尚有言，我則異於是。兼愛爲無父，排斥固其理。孔墨必相用，自古寧有此？退之嘲魯連，顧未知之耳。如何蔽於斯，獨有見於彼？凡人工自私，翟也信奇偉。惜乎不見正，遂與中庸詭。退之醇孟軻，而駁荀揚氏。至其趣舍間，亦又蔽於己。化而不自知，此語孰云俚？詠言以自警，吾詩非好詆。

宋·呂祖謙《宋文鑑》卷二八《田晝〈墨子〉》 末學紛紛自有師，能言兼愛我猶疑。定知已駕雲梯後，却悔初心注染絲。

宋·劉克莊《後村集》卷一五《墨翟》 墨子城無恙，公輸械有窮。要須能壁立，未可恃梯攻。

元·吴澄《吴文正集》卷九一《感興詩》 墨翟名宗禹，楊朱實師老。本主雖不同，一是畔吾道。

元・張雨《句曲外史集補遺》卷上《古詩》　墨子歎染絲，所歎一何長！染於蒼則蒼，染於黄則黄。奚獨染絲然？染國在所當。有染如伊、皋，禹、湯稱聖王。殷紂染惡來，既染國亦亡。染士如孔、聃，死久道彌光。

明・徐有貞《武功集》卷五《監古詩》　楊朱老氏徒，世之狂狷者。雖令拔一毫，不以濟天下。宋有墨大夫，名與朱相亞。兼愛海内人，自視身可捨。哭歧與哀絲，各有清淚灑。仁義無君親，害道則一也。不有軻叟言，安能辨真假？

明・楊慎《升菴集》卷一六《續百一詩・其六》　大禹入裸邦，纍然解衣行。墨子見荆王，錦衣吹玉笙。豈不易性素？所重在全生。栖栖非余志，皦皦非余情。所愧先機者，飄然反柴荆。被褐懷珠玉，何人知姓名！

清・愛新覺羅・弘曆《御製詩初集》卷一四《素絲行》　陌桑葚落成枯杈，蓬屋咿軋鳴繅車。繅絲縷縷長且白，爲織吴綾與越紗。吴綾越紗薄似霧，美人中裙裁紵布。殷勤熨帖臨溪浣，惟恐纖塵或沾污。素絲素絲如君子，太初之色通表裏。云胡黄黑任人爲？墨子悲之良有以。

清・羅惇衍《集義軒詠史詩鈔》卷二《墨翟》　九攻九距智無雙，舟戰謀還制楚江。貴義只殊情恝置，非儒奚解語紛哤。筦吹一曲滎難絆，刃蹈千番志不降。道始愛親終愛物，未聞枯槁足經邦。

宋・李昉等《文苑英華》卷一二一《［唐］王起〈墨子迴車朝歌賦〉》

墨子慮厥居，慎所如，轉華轂，遊殷墟。疾朝歌爲名，知非良邑；惟時邁有度，用迴德車。將以擇樂國，重盛則舉足爲龜鏡，立身乎繩墨。每自西而自東，咸作範而作式。始其命駕徘徊，發軫員來，豈半途而有廢，將由逕而無猜。雜彼行人，初儦儦而同造；問於及境，終轞轞而獨迴。乃曰歌樂者，人必有度；朝夕者，天之所賦。苟名而不臧，曷邑之足顧！由是反征輪，遵大路，比危邦之不入，同覆轍之是懼。載脂載牽，却新逕而不疑；如輊如軒，乃舊蹊而是遡。諒無阻於寸進，實自懲於跬步。借如不戒乎謠，不恒乎朝，自然哀樂失節，威儀莫昭。何足以枉君子之車，瞻夫翼翼；來長者之轍，美以翹翹？是用處身於克正，示衆以不佻。雖大道甚夷，崒如九州之險；大都孔邇，邈成千里之遥。足以戒居人，警行子，革詠歌之俗，作道途之紀。改轅不爽於歸歟？反路自忘於勞止，亦將趨樂土，走仁里。彼邑之士，莫得式其軒；彼邑之塵，莫得及其軌。宜乎非禮勿動，惟貞是履，與孔門而齊教，將宋國而專美。莫不始於迴輪，而彰乎勵己。嗟乎！車之攸避也，尚戒乎歌；身之攸指也，矧至於頗。則懼柏人之不宿，恥勝母而不過。比車之旨也，未足居多。

雜録

《墨子》卷一二《公孟》　墨子有疾。跌鼻進而問曰：『先生以鬼神爲明，能爲禍福，爲善者賞之，爲不善罰之。今先生，聖人也，何故有疾？意者先生之言有不善乎？鬼神不明知乎？』子墨子曰：『雖使我有病，何遽不明？人之所得於病者多方，有得之寒暑，有得之勞苦。百門而閉一門焉，則盜何遽無從入哉？』

又　卷一三《公輸》　子墨子曰：【略】『然臣之弟子禽滑釐等三百人，已持臣守圉之器在宋城上，而待楚寇矣。』

《韓非子》卷一九《顯學》　自墨子之死也，有相里氏之墨，有相夫氏之墨，有鄧陵氏之墨。【略】墨離爲三。

《呂氏春秋》卷二《當染》　魯惠公使宰讓請郊廟之禮於天子，漢高誘注：惠公，魯孝公之子，隱公之父。桓王使史角往，惠公止之。注：止，留。其後在於魯，墨子學焉。注：其後，史角之後也，亦染墨翟。此二士者，無爵位以顯人，無賞禄以利人。注：二士，謂孔子、墨翟。舉天下之顯榮者，必稱此二士也。皆死久矣，從屬彌衆，弟子彌豐，充滿天下。注：彌，益；豐，盛也。言二士之徒顯榮者益盛散布，故曰充滿天下。王公大人從而顯之，有愛子弟者隨而學焉，無時乏絶。【略】禽滑釐學於墨子，許犯學於禽滑釐，田繫學於許犯。孔墨之後學，顯榮於天下者衆矣，不可勝數，皆所染者得當也。

又　卷二五《有度》　孔墨之弟子徒屬，充滿天下，皆以仁義之術，教導於天下。

又　卷一《去私》　墨者有鉅子腹𦾔居秦，其子殺人。秦惠王曰：『先生之年長矣，非有他子也。寡人已令吏弗誅矣，先生之以此聽寡人

也。』腹䵍對曰：『墨者之法曰：「殺人者死，傷人者刑。」此所以禁殺傷人也。夫禁殺傷人者，天下之大義也。王雖爲之賜而令吏弗誅，腹䵍不可不行墨者之法。』不許。惠王而遂殺之。子，人之所私也。忍所私以行大義，鉅子可謂公矣。

又 卷一九《上德》 墨者鉅子孟勝，善荆之陽城君，陽城君令守於國，毁璜以爲符，約曰：『符合聽之。』荆王薨，羣臣攻吳起，兵於喪所，陽城君與焉，荆罪之。陽城君走，荆收其國。孟勝曰：『受人之國，與之有符。今不見符，而力不能禁，不能死，不可。』其弟子徐弱諫孟勝曰：『死而有益陽城君，死之可矣。無益也，而絶墨者於世，不可。』孟勝曰：『不然。吾於陽城君也，非師則友也，非友則臣也。不死，自今以來，求嚴師必不於墨者矣，求賢友必不於墨者矣，求良臣必不於墨者矣。死之，所以行墨者之義而繼其業者也。我將屬鉅子於宋之田襄子。田襄子，賢者也，何患墨者之絶世也！』徐弱曰：『若夫子之言，弱請先死以除路。』還歿頭前於孟勝。因使二人傳鉅子於田襄子。孟勝死，弟子死之者百八十。三人以致令於田襄子，欲反死孟勝於荆。田襄子止之曰：『孟子已傳鉅子於我矣，當聽。』遂反死之。墨者以爲不聽鉅子不察，嚴罰厚賞不足以致此。

又 卷一六《去宥》 東方之墨者謝子將西見秦惠王，惠王問秦之墨者唐姑果。唐姑果恐王之親謝子賢於己也，對曰：『謝子，東方之辯士也。其爲人甚險，將奮於説，以取少主也。』王因藏怒以待之。謝子至，説王，王弗聽。謝子不説，遂辭而行。

又 卷一八《應言》 司馬喜難墨者師於中山王前以非攻，曰：『先生之所術，非攻夫？』墨者師曰：『然。』曰：『今王興兵而攻燕，先生將非王乎？』墨者師對曰：『然則相國是攻之乎？』司馬喜曰：『然。』墨者師曰：『今趙興兵而攻中山，相國將是之乎？』司馬喜無以應。

漢・劉安《淮南子》卷二〇《泰族訓》 墨子服役者百八十人，皆可使赴火蹈刃，死不還踵，化之所致也。

晉・陶潛《集聖賢羣輔録・三墨》 不累於俗，不飾於物，不尊於名，不忮於衆，此宋鈃、尹文之墨。裘褐爲衣，跂蹻爲服，日夜不休，以自苦爲極者，相里勤、五侯子之墨。俱稱經而背譎不同，相謂別墨以堅白，此苦獲、己齒、鄧陵子之墨。

宋・洪邁《容齋三筆》卷一五《隨巢胡非子》 《漢書・藝文志》墨家者流有《隨巢子》六篇，《胡非子》三篇，皆云墨翟弟子也。二書今不復存，馬總《意林》所述，各有一卷。隨巢之言曰：『大聖之行，兼愛萬民，疏而不絶，賢者欣之，不肖者憐之。賢而不欣，是賤德也；不肖不憐，是忍人也。』又有鬼神賢於聖人之論。其於兼愛、明鬼，爲墨之徒可知。胡非之言曰：『勇有五等：負長劍，赴榛薄，折兕豹，搏熊羆，此獵徒之勇也。負長劍，赴深淵，折蛟龍，搏黿鼉，此漁人之勇也。登高危之上，鵠立四望，顔色不變，此陶岳之勇也。剽必刺，視必殺，此五刑之勇也。齊威公以魯爲南境，魯憂之。曹劌匹夫之士，一怒而劫萬乘之師，存千乘之國。此君子之勇也。』其説亦卑陋，無過人處。

孟軻分部

傳記

《史記》卷七四《孟子荀卿列傳》 太史公曰：余讀《孟子》書，至梁惠王問『何以利吾國』，未嘗不廢書而歎也。曰：嗟乎！利，誠亂之始也。夫子罕言利者，常防其原也。故曰『放於利而行，多怨』。自天子至於庶人，好利之弊，何以異哉？

孟軻，騶人也。受業子思之門人。道既通，游事齊宣王，宣王不能用。適梁，梁惠王不果所言，則見以爲迂遠而闊於事情。當是之時，秦用商君，富國彊兵。楚、魏用吳起，戰勝弱敵。齊威王、宣王用孫子、田忌之徒，而諸侯東面朝齊。天下方務於合從連衡，以攻伐爲賢，而孟軻乃述唐虞、三代之德，是以所如者不合。退而與萬章之徒序《詩》、《書》，述仲尼之意，作《孟子》七篇。【略】

梁惠王謀欲攻趙，孟軻稱太王去邠。此豈有意阿世俗苟合而已哉？持方枘欲内圜鑿，其能入乎！

宋·蘇轍《古史》卷三四《孟子孫卿列傳》 孟子，鄒人也。名軻，魯公族孟孫之後也。學於孔子之孫子思，明孔之遺業。游事齊宣王，宣王始以爲卿，不用其言，孟子致爲臣而歸；又欲中國而授之室，養弟子以萬鍾，孟子不顧也。去齊適梁，梁惠王方東敗於齊，南辱於楚，西喪地於秦，折節下士，將以求報，問利國於孟子。孟子曰：『王何必曰利！亦有仁義而已矣。』惠王亦不能用。孟子往來齊、梁之間，見梁襄王、齊湣王，間適魯，適宋，適鄒，適滕，庶幾或用。魯平將見孟子，而嬖人臧倉沮止之。滕文公爲世子，將之楚，過宋見孟子，説之。及卽位，使然友見孟子於鄒，孟子誨之三年之喪，文公行之。既而之滕，教之井田、學校。四方之士聞滕行仁政，有相帥而從之者。後齊湣王聞燕噲之亂，將伐燕。沈同以問孟子，曰：『燕可伐歟？』孟子曰：『可。子噲不得與人燕，子之不得受燕於子噲。』齊人伐燕，克之。諸侯多謀救燕，或謂孟子勸齊伐燕，何也？孟子曰：『我言燕之可伐，而不言齊之可以伐燕也。』乃勸湣王反其耄倪，止其重器，爲燕立君而去。《史記·齊世家》言孟子勸齊湣王伐燕，是不考之《孟子》也。而孟子稱齊宣王伐燕，亦失之矣。是時秦已用商君，富國强兵。楚、魏用吴起，戰勝克敵。齊威、宣王用孫子、田忌，諸侯東面朝齊。秦、儀、軫、衍之徒合從連横，以欺詐苟得相高，游談之士得志於時，而楊朱、墨翟諸子雜學方熾。孟子推明孔氏，崇三代之故，所如不合，知世將大亂，恐周、孔之道絶而不續，退而與其弟子公孫丑、萬章之徒，記其平生荅問稱道之言，作《孟子》七篇，後世傳之。

明·陳士元《孟子雜記》卷一《補傳》 孟子名軻，字子車，鄒人也。其先魯桓公子慶父稱孟孫氏，孟孫激公宜，不知去慶父幾世矣，是爲孟子父。孟子生三歲，而父卒。母仉氏，或云魏公子仉脊女也，有賢德。孟子幼，母挾以居。始舍近墓，後徙舍市，又徙舍學宫之旁。孟子嬉戲，設俎豆揖讓進退，母曰：『此可以居吾子矣。』遂定居焉。世稱三徙之教云。孟子稍長，就學而歸，輟然中止。母方織，引刀斷織曰：『子之廢學，若吾斷斯織矣。』孟子懼，勤學不息。請見子思，子思悦，命子上侍坐，禮敬甚崇。既退，子思謂子上曰：『孟軻言稱堯舜，性樂仁義，世所稀有也。』孟子學於子思，道既通，待時而出，不肯枉道求合。

周顯王三十三年，魏惠王卑詞厚幣，《史記》『卑禮』，《通鑑》作『卑詞』。以聘賢士。孟子應聘至魏，見惠王，告以仁義王道，施仁政與民偕樂之説，而惠王不能用。惠王好戰，以土地之故，糜爛其民而戰之，大敗，又驅所愛子弟以殉之。東敗於齊，西喪地於秦，南辱於楚，以爲耻，欲一逞以快其忿，故以孟子迂遠而闊於事情，大不合。是時魏人公孫衍、張儀俱有寵於秦，名震諸侯。景春曰：『儀、衍誠大丈夫哉！』孟子曰：『妾婦之道也。是惡得爲大丈夫乎？』北宫錡問周室班爵禄，孟子告其略。白圭欲二十而取一。北宫錡，衛人；白圭，周人，皆在魏。孟子曰：『子之道，貉道也。』白圭曰：『丹之治水也，愈於禹。』孟子曰：『子過矣。禹以四海爲壑，子以鄰國爲壑，仁人之所惡也。』

孟子道不行，欲去魏不仕。周霄問曰：『古之君子，仕乎？』孟子曰：『古之人未嘗不欲仕也，又惡不由其道。』乃歸鄒，不見諸侯者蓋數年。陳代曰：『不見諸侯，宜若小然。枉尺而直尋，宜若可爲也。』孟子曰：『子過矣。枉己者，未有能直人者也。』公孫丑問：『不見諸侯，何義？』孟子曰：『古者不爲臣，不見。』萬章又問，孟子曰：『庶人不傳質，爲臣不敢見於諸侯，禮也。』

顯王三十七年，齊威王薨，宣王立。喜文學游説之士，聚稷下者七十六人，皆列上大夫，開第康莊之衢，以尊寵之。四十三年，孟子始至齊。宣王素聞孟子名，使人瞯孟子，果有以異於人否。儲子以告，孟子曰：『何以異於人哉！堯、舜與人同耳已。』而宣王以孟子爲上大夫。公孫丑問：『管仲、晏子之功，可復許乎？』孟子曰：『以齊王，由反手也。』又問：『動心否乎？』孟子曰：『否。』

孟子數數見宣王，有雪宫之對，明堂之對，大囿小囿之對，今樂古樂之對，仁智交鄰之對，世臣親臣之對，湯、武放伐之對，舊君有服之對，貴戚異姓卿之對，廣譬曲誘，非堯、舜之道不陳於前。而宣王忍於短喪，急於聞桓、文之事，其所嬖信又皆王驩、淳于髡之徒。孟子曰：『無惑乎？王之不智也！一暴十寒，吾如有萌焉，何哉？』孟子弔於滕，弔於公行子，皆不與驩言，而髡則負滑稽之口，不識君子之所爲，或肆意譏刺孟子。

孟子居齊年餘，無入乎宣王之側，乃擁楹而歎曰：『道不行矣。』母且老，欲奉母以歸。亡何，母遽卒。使充虞敦匠事，自齊葬母於魯。魯平

公欲見孟子，臧倉沮之，不果。魯欲使慎子爲將軍伐齊，孟子斥其殃民。初，孟子以齊卿之貴，得厚葬其母，乃反於齊，止於嬴，有答充虞請問語。

顯王末年，孟子居鄒。季任爲任處守，不得之鄒見孟子，乃以幣交孟子，受之而不報。魯欲使樂正子爲政，孟子聞之，喜而不寐，有公孫丑、浩生不害問答語。鄒與魯鬨，鄒穆公曰：『吾有司死者三十三人，而民莫之死也，如之何？』孟子曰：『君行仁政，斯民親其上，死其長矣。』曹交問曰：『人皆可以爲堯、舜，有諸？』孟子曰：『然。』交欲見鄒君，以假館，願留而受業於門。孟子曰：『夫道若大路然。子歸而求之，有餘師矣。』

周慎靚王元年，魏惠王薨，襄王立。明年，孟子欲適魏，乃過任，見季子。自任之魏，見襄王。襄王殊無人君之度，孟子出而鄙之，遂去魏。復適齊，處於平陸。齊相儲子不之平陸見孟子，徒以幣交孟子，受之而不報。平陸大夫孔距心聞孟子芻牧之詰，自知其罪；孟子至齊，爲宣王誦之。王曰：『寡人之罪也。』蚳鼃爲士師，孟子勉其盡職。齊饑，孟子請發棠。通國稱匡章不孝，孟子獨與之游，又禮貌之。陳仲子有廉士之稱，孟子曰：『仲子惡能廉？』盆成括小有才，孟子曰：『足以殺其軀。』後果見殺。其好惡，必察者哉！昔儲子施幣交之禮，孟子久不報。屋廬子問曰：『爲其爲相與？』孟子曰：『非也，爲其不成享也。』宣王託疾召孟子，孟子亦託疾不造朝。有出，弔東郭氏。宿景丑氏，語宣王。餽兼金一百鎰，孟子不受。其行止交際，不苟也若是。孟子自范之齊，見宣王之子，喟然歎曰：『居移氣，養移體，大哉居乎！』王子墊問：『士何事？』孟子曰：『尚志。』

慎靚王六年，宣王在崇，孟子見之。退，有去志。繼而有師命，不可以請。沈同私問伐燕，孟子未嘗勸之伐也。周赧王元年，齊人伐燕，勝之，既乃取之。諸侯謀救燕，孟子請置燕君，而宣王不聽。燕人畔，宣王乃慚，陳賈爲之解。孟子致爲臣而歸，宣王就見孟子，問：『可以繼此得見乎？』孟子曰：『不敢請耳，固所願也。』宣王又謂時子曰：『我欲中國而授孟子室，養弟子以萬鍾，使諸大夫、國人皆有所矜式。』時子因陳子以告孟子，孟子曰：『夫時子，惡知其不可也？』陳子曰：『古之君子，何如則仕？』孟子曰：『所就三，所去三。』

孟子去齊，居休，謂公孫丑曰：『久於齊，非我志也。』去休，宿於晝。有爲宣王留行者，坐而言，孟子不應，隱几而卧。三宿於晝，而宣王不能追，遂浩然有歸志。尹士語人，譏孟子。孟子謂高子曰：『夫尹士，豈知予哉？』又謂充虞曰：『夫天未欲平治天下也。如欲平治天下，當今之世，舍我其誰哉？』

赧王二年，孟子適宋，後車數十乘，從者數百人，以傳食於諸侯。彭更以爲泰，孟子曉之。孟子遇宋牼於石丘，勸以仁義説秦、楚之王。宋王偃欲興霸業，萬章問曰：『宋，小國也。今將行王政，齊、楚惡而伐之，則如之何？』孟子曰：『不行王政云爾。苟行王政，齊、楚雖大，何畏焉？』滕文公爲世子，將之楚，過宋，見孟子，孟子道性善，言必稱堯舜。世子自楚反，復見孟子，孟子曰：『夫道，一而已矣。』孟子居宋，與宋句踐、戴不勝、戴盈之及墨者夷之有問答語。宋君見孟子，將有遠行，餽金七十鎰，孟子受之。自宋之薛，有欲害孟子者，孟子有戒心。薛君餽金五十鎰，孟子受之。陳臻問曰：『前日在齊不受，今日在宋、薛受。夫子必有一非矣。』孟子曰：『皆是也。』

孟子歸鄒。滕定公薨，文公立，使然友之鄒問喪禮於孟子，然後行事。逾年，孟子自鄒之滕，館於上宫。文公問爲國，孟子曰：『民事不可緩也。』使畢戰問井地，孟子曰：『夫仁政，必自經界始。經界既正，分田制禄，可坐而定也。』滕間於齊、楚，文公竭力事之而不得免。齊人將築薛，文公甚恐。孟子曰：『彊爲善而已矣。』滕更在門，有所挾，孟子不答也。闢許行、陳相『並耕而食』之非，答公孫丑『君子不耕而食』之問。已乃自滕歸鄒，將終老焉。時諸侯放恣，處士横議，楊、墨之言盈天下，孔子之道不著。孟子距楊、墨，放淫辭。公都子曰：『外人皆稱夫子好辯。』孟子曰：『予不得已也。』乃與萬章之徒序《詩》、《書》，述孔子之意，作《孟子》七篇。

娶田氏，生子睪，字仲子。受學於公孫丑，著書論《詩》，毛萇《詩傳》引其語云。

元曰：余讀孟子書，服膺養氣養性之旨，淵乎約哉！非亞聖，孰能與於斯乎？七國時亂極矣，齊、梁之君能用其言，則經正庶民，興王業

運之掌上，七篇可無作。子思子曰：『文王囚於羑里，作《周易》；尼父屈於陳蔡，作《春秋》；吾困於宋，子思爲宋大夫樂朔所圍。乃作《中庸》。』於乎！七篇之作，不得已也，與《中庸》匹矣。

綜述

《孟子·盡心下》 孟子曰：「【略】由文王至於孔子，五百有餘歲。若太公望、散宜生，則見而知之。若孔子，則聞而知之。由孔子而來至於今，百有餘歲。去聖人之世，若此其未遠也；近聖人之居，若此其甚也。然而無有乎爾，則亦無有乎爾。」

《荀子》卷一九《大略篇》 孟子三見宣王，不言事。門人曰：『曷爲三遇齊王而不言事？』孟子曰：『我先攻其邪心。』

漢·孔鮒《孔叢子》卷上《雜訓》 孟子車尚幼，請見子思。子思見之，甚悦其志，命子上侍坐焉。禮敬子車甚崇，子上不願也。客退，子上請曰：『白聞士無介不見，女無媒不嫁。孟孺子無介而見，大人悦而敬之，白也未諭，敢問。』子思曰：『然。吾昔從夫子于郯，遇程子于塗，傾蓋而語，終日而別，命子路將束帛贈焉，以其道同于君子也。今孟子車，孺子也，言稱堯舜，性樂仁義，世所希有也。事之猶可，况加敬乎！非爾所及也。』

孟軻問：『牧民何先？』子思曰：『先利之。』曰：『君子之所以教民亦仁義，固所以利之乎？』子思曰：『上不仁則下不得。其所上不義，則樂爲亂也。此爲不利大矣。故《易》曰：「利者，義之和也。」又曰：「利用安身，以崇德也。」此皆利之大者也。』

又《居衛》 孟軻問子思曰：『堯、舜、文、武之道，可力而致乎？』子思曰：『彼，人也；我，人也。稱其言，履其行，夜思之，晝行之，滋滋焉，汲汲焉，如農之赴時，商之趨利，惡有不至者乎？』

子思謂孟軻曰：『自大而不修其所以大，不大矣；自異而不修其所以異，不異矣。故君子高其行，則人莫能階也；遠其志，則人莫能及也。禮接于人，人不敢慢；辭交于人，人不敢侮。其唯高遠乎！』

漢·韓嬰《韓詩外傳》卷九 孟子少時誦，其母方織，孟輟然中止，乃復進。其母知其諠也，呼而問之曰：『何爲中止？』對曰：『有所失，復得。』其母引刀裂其織，以此誡之。自是之後，孟子不復諠矣。

孟子少時，東家殺豚。孟子問其母曰：『東家殺豚，何爲？』母曰：『欲啖汝。』其母自悔而言曰：『吾懷妊是子，席不正不坐，割不正不食，胎教之也。今適有知而欺之，是教之不信也。』乃買東家豚肉以食之，明不欺也。《詩》曰：『宜爾子孫繩繩兮。』言賢母使子賢也。

孟子妻獨居，踞。孟子入戶，視之，白其母曰：『婦無禮，請去之。』母曰：『何也？』曰：『踞。』其母曰：『何知之？』孟子曰：『我親見之。』母曰：『乃汝無禮也，非婦無禮。禮不云乎？將入門，將上堂，聲必揚；將入戶，視必下，不掩人不備也。今汝往燕私之處，入戶不有聲，令人踞而視之，是汝之無禮也，非婦無禮也。』於是孟子自責，不敢去婦。《詩》曰：『采葑采菲，無以下體？』

又 卷六 孟子説齊宣王而不説。淳于髡侍。孟子曰：『今日説公之君，公之君不説，意者其未知善之爲善乎？』淳于髡曰：『夫子亦誠無善耳。昔者瓠巴鼓瑟而潛魚出聽，伯牙鼓琴而六馬仰秣。魚、馬猶知善之爲善，而况君人者也。』孟子曰：『夫電雷之起也，破竹折木，震驚天下，而不能使聾者卒有聞。日月之明，徧照天下，而不能使盲者卒有見。今公之君若此也。』淳于髡曰：『不然。昔者揖封生高商，齊人好歌。杞梁之妻悲哭，而人稱詠。夫聲無細而不聞，行無隱而不形。夫子苟賢，居魯而魯國之削，何也？』孟子曰：『不用賢。削何有也？吞舟之魚不居潛澤，度量之士不居汙世。夫蓺冬至必彫，吾亦時矣。《詩》曰：「不自我先，不自我後。」非遭彫世者歟？』

《史記》卷一五《六国年表·魏表》 惠王三十五年，孟子來，王問利國，對曰：『君不可言利。』

又 卷四四《魏世家》 惠王數敗於軍旅，卑禮厚幣以招賢者，鄒衍、淳于髡、孟軻皆至梁。梁惠王曰：『寡人不佞，兵三折於外，太子虜，上將死，國以空虛，以羞先君宗廟社稷，寡人甚醜之。叟不遠千里，辱幸至弊邑之廷，將何以利吾國？』孟軻曰：『君不可以言利若是。夫君欲利，則大夫欲利；大夫欲利，則庶人欲利；上下爭利，國則危矣。爲人君，仁義而已矣，何以利爲？』

又　卷三四《燕召公世家》　孟軻謂齊王曰：『今伐燕，此文、武之時，不可失也。』王因令章子將五都之兵，以因北地之衆以伐燕，士卒不戰，城門不閉，燕君噲死，齊大勝，燕子之亡。

漢・桓寬《鹽鐵論》卷三《論儒》　御史曰：【略】孟軻守舊術，不知世務，故困於梁、宋。

漢・劉向《古列女傳》卷一《母儀傳・鄒孟軻母》　鄒孟軻之母也，號孟母。其舍近墓。孟子之少也，嬉遊爲墓間之事，踴躍築埋。孟母曰：『此非吾所以居處子。』乃去，舍市傍，其嬉戲爲賈人衒賣之事。孟母又曰：『此非吾所以居處子也。』復徙，舍學宫之旁，其嬉遊乃設俎豆揖讓進退。孟母曰：『真可以居吾子矣。』遂居。及孟子長，學六藝，卒成大儒之名。君子謂孟母善以漸化。《詩》云：『彼姝者子，何以予之？』此之謂也。

孟子之少也，既學而歸，孟母方績。問曰：『學所至矣。』孟子曰：『自若也。』孟母以刀斷其織，孟子懼而問其故。孟母曰：『子之廢學，若吾斷斯織也。夫君子學以立名，問則廣知，是以居則安寧，動則遠害。今而廢之，是不免於斯役而無以離於禍患也，何以異於織績而食中道廢而不爲，寧能衣其夫、子而長不乏粮食哉？女則廢其所食，男則墮於修德，不爲竊盜則爲虜役矣。』孟子懼，旦夕勤學不息，師事子思，遂成天下之名儒。君子謂孟母知爲人母之道矣。《詩》云：『彼姝者子，何以告之？』此之謂也。

孟子既娶，將入私室，其婦袒而在內。孟子不悦，遂去不入。婦辭孟母而求去，曰：『妾聞夫婦之道，私室不與焉。今者妾竊惰在室，而夫子見妾，勃然不悦，是客妾也。婦人之義，蓋不客宿。請歸父母。』於是孟母召孟子，而謂之曰：『夫禮，將入門，問孰存，所以致敬也；將上堂，聲必揚，所以戒人也；將入戶，視必下，恐見人過也。今子不察於禮而責禮於人，不亦遠乎？』孟子謝，遂留其婦。君子謂孟母知禮，而明於姑母之道。

孟子處齊，而有憂色。孟母見之，曰：『子若有憂色，何也？』孟子曰：『不敢。』異日閒居，擁楹而歎。孟母見之，曰：『鄉見子有憂色，曰不也。今擁楹而歎，何也？』孟子對曰：『軻聞之，君子稱身而就位，不爲苟得而受賞，不貪榮祿。諸侯不聽，則不達其士；聽而不用，則不踐其朝。今道不用於齊，願行而母老，是以憂也。』孟母曰：『夫婦人之禮，精五飯，羃酒漿，養舅姑，縫衣裳而已矣。故有閨內之修，而無境外之志。《易》曰：「在中饋，無攸遂。」《詩》曰：「無非無儀，惟酒食是議。」以言婦人無擅制之義，而有三從之道也。故年少則從乎父母，出嫁則從乎夫，夫死則從乎子，禮也。今子成人也，而我老矣。子行乎子義，吾行乎吾禮。』君子謂孟母知婦道。《詩》云：『載色載笑，匪怒伊教。』此之謂也。

頌曰：孟子之母，教化列分。處子擇藝，使從大倫。子學不進，斷機示焉。子遂成德，爲當世冠。

《漢書》卷三〇《藝文志・儒家》　《孟子》十一篇。名軻，鄒人。子思弟子，有列傳。唐顔師古注：《聖證論》云：軻字子車。而此《志》無字，未詳其所得。

漢・趙岐《孟子注疏》卷首《孟子題辭》　《孟子題辭》者，所以題號《孟子》之書本末指義文辭之表也。孟，姓也；子者，男子之通稱也。此書孟子之所作也，故總謂之《孟子》，其篇目則各自有名。孟子，鄒人也，名軻，字則未聞也。鄒本春秋邾子之國，至孟子時改曰鄒矣。國近魯，後爲魯所幷；又言邾爲楚所幷，非魯也，今鄒縣是也。或曰孟子，魯公族孟孫之後，故孟子仕於齊，喪母而歸葬於魯也。三桓子孫既以衰微，分適他國。孟子生有淑質，夙喪其父，幼被慈母三遷之教。長師孔子之孫子思，治儒術之道，通五經，尤長於《詩》、《書》。周衰之末，戰國縱横，用兵爭强，以相侵奪。當世取士，務先權謀，以爲上賢。先王大道，陵遲隳廢，異端並起，若楊朱、墨翟放蕩之言，以干時惑衆者非一。孟子閔悼堯、舜、湯、文、周、孔之業將遂湮微，正塗壅底，仁義荒怠，佞偽馳騁，紅紫亂朱，於是則慕仲尼，周流憂世，遂以儒道遊於諸侯，思濟斯民。然由不肯枉尺直尋，時君咸謂之迂闊於事，終莫能聽納其說。孟子亦自知遭蒼姬之訖録，值炎劉之未奮，進不得佐興唐、虞雍熙之和，退不能信三代之餘風，恥没世而無聞焉，是故垂憲言，以詒後人。仲尼有云：『我欲託之空言，不如載之行事之深切著明也。』於是退而論集所與高第弟子公孫丑、萬章之徒難疑答問，又自撰其法度之言，著書七篇，二

百六十一章，三萬四千六百八十五字。包羅天地，揆敘萬類，仁義道德，性命禍福，粲然靡所不載。帝王公侯遵之，則可以致隆平，頌《清廟》。卿大夫士蹈之，則可以尊君父，立忠信。守志厲操者儀之，則可以崇高節，抗浮雲。有《風》人之託物，二《雅》之正言，可謂直而不倨，曲而不屈，命世亞聖之大才者也。宋孫奭《正義》：言孟子之才，比於上聖人之才，但相亞次而已，故謂亞聖大才。

漢・應劭《風俗通義》卷七《窮通》 孟軻受業於子思。既通，游於諸侯，所言皆以爲迂遠而闊於事情，然終不屈道趣勢，枉尺以直尋。嘗仕於齊，位至卿，後不能用，孟子去齊。尹士曰：『不識王之不可以爲湯、武，則是不明也。識其不可，然且至，則是干澤也。千里而見王，不遇故去，三宿而後出晝。是何濡滯也？』軻曰：『夫尹士，烏知予哉？千里而見王，是予所欲也。不遇故去，豈予所欲哉？予不得已也。予三宿而出晝，於予心猶以爲速。王庶幾改諸！王如改之，則必反予。夫出晝而王不予追也，予然後浩然有歸志。』魯平公駕，將見孟子。嬖人臧倉謂曰：『何哉，君所爲輕身以先於匹夫者，以爲賢乎？』樂正子曰：『克告於君，君將爲來見也。嬖人有臧倉者沮君，君是以不果。』曰：『行或使之，止或尼之。行、止，非人之所能也。吾不遇於魯侯，天也。臧氏之子，焉能使予不遇哉？』又絕糧於鄒薛，困殆甚。退與萬章之徒，序《詩》、《書》，述仲尼之意，作書中、外十一篇。以爲聖王不作，諸侯恣行，處士横議，楊朱、墨翟之言盈於天下，天下之言不歸楊則歸墨。楊氏爲我，是無君也；墨氏兼愛，是無父也；無父無君，是禽獸也。楊、墨之道不息，孔子之道不著，是邪説誣民，充塞仁義也。仁義充塞，則率獸食人，人將相食也。吾爲此懼，閑先王之道，距楊、墨，放淫辭，正人心，熄邪説，以承三聖者。予豈好辯哉？予不得已也。梁惠王復聘請之，以爲上卿。

北齊・劉晝《劉子》卷九《隨時》 昔秦攻梁，惠王謂孟軻曰：『先生不遠千里，辱幸敝邑。今秦攻梁，先生何以禦乎？』孟軻對曰：『昔太王居邠，狄人攻之，事之以玉帛，不可；大王不欲傷其民，乃去邠之岐。今王奚不去梁乎？』惠王不悦。夫梁所寳者，國也。今使去梁，非不能去也，非今日之所宜行也。故其言雖仁義，非惠王所須也，亦何異救餓而與之珠，拯溺而投之玉乎？

宋・范浚《香溪集》卷六《孟母三徙辨》 劉向傳列女，載孟母舍近墓，軻戲爲墓間事，孟母曰：『此非所以處吾子。』去，舍市旁，軻又爲賈衒。母又曰：『此非所以處吾子。』去，舍學官之側，軻乃戲設俎豆，進退揖讓。後世因曰孟母三徙。予疑之。夫生而神靈，聖人也；弱不好弄，賢者也。軻稟亞聖之姿，抱命世之才，固宜髫年岐嶷，與常兒不類，寧有戲爲墟冢、廛肆事耶？使孟母不徙舍，軻豈遂爲庸人耶？且聞母之娠，軻席不正不坐，割不正不食，胎教之也。安有知胎教之而不知擇於初者？理必不然。子思嘗曰：『孟孺子言稱堯舜，性樂仁義。』是軻方初歲，已卓然絕人遠矣。譬之麟角生肉，鳳毛成字，天與殊異，夫豈人爲？而曰由擇鄰乃賢，不亦異乎？趙岐知軻生有淑質，猶謂幼被三遷之訓，蓋因向承誤，初弗深考。予不可不辨。

宋・李燾《續資治通鑑長編》卷三四〇（神宗元豐六年冬十月戊子）詔封孟軻爲鄒國公，以吏部尚書曾孝寬言。孟軻有廟在鄒，屬兖州，未加爵命，故特封之。《新紀》特書『封孟軻爲鄒國公』。

又　卷三四五《神宗元豐七年》（夏五月壬戌）詔自今春、秋釋奠，以鄒國公孟軻配食文宣王，設位於兖國公之次。

《元史》卷七六《祭祀志五》 至順元年，【略】加封顔子兖國復聖公，曾子郕國宗聖公，子思沂國述聖公，孟子鄒國亞聖公。

明・俞汝楫《禮部志稿》卷二九《祠祭司職掌・先師孔子》 嘉靖九年，釐正祀典，始爲木主，題曰至聖先師孔子神位。改大成殿爲先師廟，殿門爲廟門。四配稱復聖顔子、宗聖曾子、述聖子思、亞聖孟子之位。

清・孔毓圻等《幸魯盛典》卷一四《附録》 宋神宗元豐六年，封孟子爲鄒國公。下制曰：自孔子没，先王之道不明，發揮微言，以紹三聖，功歸孟氏，萬世所宗。厥惟舊邦，實有祠宇，追加爵號，以示褒崇。

元文宗至順二年九月，加贈孟子爲鄒國亞聖公。制曰：孟子，百世之師也。方戰國之縱横，異端之充塞，不有君子，孰任斯文？觀夫七篇之書，惓惓乎致君澤民之心，凛凛乎拔本塞源之論，黜霸功而崇王道，距詖行而放淫辭，可謂有功聖門，追配神禹者矣。朕若稽聖學，祗服格言，乃著新稱，以彰渥典。於戲！誦《詩》、《書》而尚友，緬懷鄒魯之風，

非仁義則不陳，期底唐虞之治，英風千載，蔚有耿光。可加封鄒國亞聖公。

臣按：宋神宗元豐六年，朝散大夫、吏部尚書曾孝寬上言：孟軻氏自古嘗以其書置博士，朝廷亦以其書勸學取士，而未有封爵，載於祀典。章下禮官，禮官言孟子傳聖人之道，有功天下後世。今若止加廟額侯爵，恐未盡褒崇。檢會顔子封兖國公，十哲並封郡公。欲乞自朝省詳酌，特封公爵，以示褒顯。天子從之，封鄒國公。七年，以孟子配享孔子。度宗咸淳三年，升曾子、子思子並配孔子，位在孟子上。初，高、孝間洪邁嘗謂孟子配食與顔子並，而其師子思，子思之師曾子，皆在其下，於禮儀實爲未然。至是始以四子並配。此封爵配饗之原始也。

景祐間，龍圖閣學士孔道輔守兖州，求孟子墓於四基山，就墓旁立廟。元豐七年，知兖州軍事李梴請曰：『孟子廟在鄒鎮東北隅，制度極陋。下仙源縣勘會，有室七間，皆已倒塌。請於修文宣王廟剩錢内支錢三百貫，增修孟子廟，以稱今來爵命。』朝議從之。考鄒自熙寧五年地入仙源，此時廟猶在墓前。至後復爲縣，別營廟於邑之東郭，而今南門外之廟，則徽宗宣和四年所移置。此祠廟更置之本末也。子思子中庸書院與孟母斷機堂，則肇造於元鄒尹司居敬。夫鄒魯授受之迹，逈不可追，而講堂故址於一千六百餘年之後，人咸稱述弗忘。於斯見大道之不泯於人心，而守先待後，聞風興起之説，驗矣。兖守表祠墓於前，鄒尹修書院於後，桑梓敬止，几杖儼然。二賢之功，其可忘乎！

二千餘年後，幸遇我皇上秉大聖之制作，明斯道之淵源，推之孔子之前之後，而周、孟二碑同時並建。鄒魯之邦，御碑鼎峙，如日月之並行，五星之齊耀。風聲所樹，已足振起愚蒙，漸被九有，矧錫之敷言，發皇震動，凡厥庶民靡不是訓是行，以近天子之光者矣。

清·岳濬等［雍正］《山東通志》卷一一之三《闕里志三·歷代隆儀·歷代配祀賢儒》　（宋）仁宗景祐三年，建孟子廟于鄒之四基山。時孔道輔守兖州，求孟子墓于四基山，即墓建祠。

哲宗元祐元年，詔定鄒國公孟子服九旒，衣九章。

（徽宗政和）四年，詔修孟子廟，列一品戟于門。賜田百畝，以給守者。

宣和三年，改建孟子廟于鄒之南郊。四年，詔給孟子廟灑掃戶二十五戶，免其徭役。

度宗咸淳三年正月，封曾子爲郕國公，子思爲沂國公，配食大成殿，位于顔、孟之間，是爲四配。詔曰：孔子稱顔回好學，固非三千之徒所同也，而其學不傳。得聖傳者，獨曾子。曾子傳子思，子思傳孟軻。『忠、恕』兩語，深契一貫之旨；《中庸》一篇，丕闡前世之藴，而孔子之道益著。向非顔、曾、思、孟相繼衍繹，著書垂訓，中更管、商、楊、墨、佛、老，幾何其不遂泯哉？今大成惟顔、孟侑食，曾、思不與，尚爲缺典。先皇帝述道統之傳，自伏羲以來著《十三贊》，孔子而下，顔、曾、思、孟昭然具在，非以遺我後人乎！可令禮官、學官議，可升曾子、子思侑食。

金世宗大定十四年，詔遷孟子像於宣聖右，與顔子相對。改塑二賢冕服，用九旒九章。初，孟子像以燕服在後堂，至是遷於正殿。

章宗明昌五年，詔顔子、孟子後並免徭役。

（元仁宗）延祐三年，詔春、秋釋奠於先聖，以顔子、曾子、子思、孟子配。六月，追封亞聖鄒國公父爲邾國公，母爲邾國宣獻夫人。制曰：朕惟由孔子至於孟子百有餘歲，而道統之傳獨得其正。雖命世亞聖之才，亦資父母教養之方也。其父夙喪，母以三遷之教，勵天下後世。推原所自，功莫大焉。稽諸往代，實缺褒崇。夫功大而位不酬，實著而名不正，豈朕所以致懷賢之意哉？肆頒寵命，永賁神休。

晋王泰定五年，即致和元年。詔于顔、孟二廟各賜鄒縣牧地三十頃，徵其所入，以給常祀。

（順帝至正）二十六年，給孟子廟灑掃五戶。

（明太祖洪武）五年，罷孟子配享。六年，詔以孟子辨異端，闢邪説，發明孔子之道，宜從祀如故。

代宗景泰二年，【略】又以亞聖孟子後希文爲世襲五經博士。撥賜孟子廟祭田六頃。

（六年）十二月，詔復顔、孟二廟元時所賜祭田，各加撥二十頃，置佃戶各十戶。從都御史徐有貞之請。又欽設孟子廟禮生五十六名。

孝宗弘治九年，【略】詔修孟子廟。

熹宗天啓三年五月，遣太常寺少卿魏應嘉致祭亞聖孟子廟及博士孟承光。天啓二年，白蓮賊陷鄒邑，博士孟承光率子孔略禦賊，死之，故有是祭。御製祭文。其文曰：朕惟我朝追崇賢聖，恤及後昆，所以維世道，覺人心也。惟爾孟夫子七篇衛道心，長萬世，報功典重。豈意魯林遺樹，鳥不敢巢；鄒谷叢蘭，獸何忍剪！爾裔孫博士孟承光一門殉難，吾道奇窮。朕每覽守臣奏狀，殊切愴懷，是用遣官，敬陳籩豆，式念羹牆，暨孟承光母子，起爾哀魂，歆茲渥典。巖巖未謝，上妥亞聖在天之靈；烈烈如生，下慰博士九原之痛。於戲！天之未喪斯文，妖氛立殄；澤之不斬君子，奕葉彌昌。豈徒恩賚一時，庶冀光昭百代，尚享懷宗。

又 卷一一之四《闕里志四·國朝盛典·配祀賢儒盛典》（雍正）五年，御題聖廟四配匾額。顏子匾曰『德冠四科』，曾子匾曰『道傳一貫』，子思子匾曰『性天述祖』，孟子匾曰『守先待後』。

清·嵇璜等《清文獻通考》卷七五《學校考十三·祠祭褒贈録後三》
乾隆元年，命修周公、顏子、曾子、子思，孟子廟。

十三年，【略】遣官詣顏、曾、思、孟故里，專廟致祭，幷命以御製贊詞勒石。

二十七年，上南巡至鄒縣城外，展禮孟子廟。

清·和珅等［乾隆］《大清一統志》卷一三〇《兖州府古蹟二·亞聖孟子廟》 本朝康熙二十六年，聖祖幸魯，親撰碑文，令所司立之廟廷。乾隆二十二年二十七日，聖駕南巡，經鄒縣，上親詣行香，行一跪三叩頭。

論　說

《荀子》卷三《非十二子篇》 略法先王而不知其統，然而猶材劇志大，聞見雜博。案往舊造説，謂之五行，唐楊倞注：五行，五常，仁義禮智信是也。甚僻違而無類，幽隱而無説，閉約而無解。案飾其辭而祗敬之，曰此真先君子之言也。子思唱之，孟軻和之。世俗之溝瞀儒嚾嚾然不知其所非也，遂受而傳之，以爲仲尼、子游爲茲，厚於後世，是則子思、孟軻之罪也。

漢·桓寬《鹽鐵論》卷三《論儒》 御史曰：文學祖述仲尼，稱誦其德，以爲自古及今，未之有也。然孔子修道齊、魯之間，教化洙、泗之上，弟子不爲變，當世不爲治，魯國之削滋甚。齊宣王褒儒尊學，孟軻、淳于髡之徒受上大夫之祿，不任職而論國事。蓋齊稷下先生千有餘人，當此之時，非一公孫弘也，弱燕攻齊，長驅至臨淄，湣王遁逃，死於莒而不能救。王建禽於秦，與之俱虜而不能存。若此儒者之安國尊君，未始有效也。

文學曰：無鞭策，雖造父不能調駟馬；無勢位，雖舜禹不能治萬民。孔子曰：『鳳鳥不至，河不出《圖》，吾已矣夫！』故軺車良馬，無以馳之；聖德仁義，無所施之。齊宣之時，不顯賢進士，國家富强，威行敵國。及湣王，奮二世之餘烈，南舉楚淮，北幷巨宋，苞十二國，西摧三晉，卻强秦，五國賓從，鄒魯之君，泗上諸侯皆入臣，矜功不休，百姓不堪，諸侯諫不從，各分散。慎到、捷子亡去，田駢如薛而孫卿適楚，內無良臣，故諸侯合謀而伐之。王建聽流説，信反間，用后勝之計，不與諸侯從親以亡國，爲秦所禽，不亦宜乎！

漢·揚雄《法言·吾子篇》 古者楊、墨塞路，孟子辭而闢之，廓如也。後之塞路者有矣，竊自比於孟子。

又《問明篇》 孟子疾過我門而不入我室。或曰：『亦有疾乎？』曰：『摭我華而不食我實。』

又《淵騫篇》 或問勇。曰：『軻也。』曰：『何軻也』曰：『軻也者，謂孟軻也。若荆軻，君子盜諸！』『請問孟軻之勇。』曰：『勇於義而果於德，不以貧富、貴賤、死生動其心。於勇也，其庶乎！魯仲連傷而不制，藺相如制而不傷。』

又《君子篇》 或問孟子知言之要，知德之奧。曰：『非苟知之，亦允蹈之。』或曰：『子小諸子，孟子非諸子乎？』曰：『諸子者，以其知異於孔子者也。』『孟子異乎？』『不異。』

明·梅鼎祚《東漢文紀》卷一〇《班固〈答賓戲〉》 是以仲尼抗浮雲之志，孟軻養浩然之氣。彼豈樂爲迂闊哉！道不可以貳也。

漢·王充《論衡》卷一〇《刺孟篇》 孟子見梁惠王，王曰：『叟！不遠千里而來，將何以利吾國乎？』孟子曰：『仁義而已，何必曰利！』

夫利有二：有貨財之利，有安吉之利。惠王曰『何以利吾國？』何以知不欲安吉之利，而孟於徑難以貨財之利也？《易》曰：『利見大人』，『利涉大川』，『《乾》，元亨利貞』。《尚書》曰：『黎民亦尚有利哉？』皆安吉之利也。行仁義，得安吉之利。孟子〔必〕且語問惠王『何謂「利吾國」』，惠王言貨財之利，乃可答若設。令惠王之問未知何趣，孟子徑答以貨財之利。如惠王實問貨財，孟子無以驗效也；如問安吉之利，而孟子答以貨財之利，失對上之指，違道理之實也。

齊王問時子：『我欲中國而授孟子室，養弟子以萬鍾，使諸大夫、國人皆有所矜式。子盍爲我言之？』時子因陳子而以告孟子。孟子曰：『夫時子惡知其不可也？如使予欲富，辭十萬而受萬，是爲欲富乎？』

夫孟子辭十萬，失謙讓之理也。夫富貴者，人之所欲也，不以其道得之，不居也。故君子之於爵祿也，有所辭，有所不辭。豈以己不貪富貴之故，而以距逆宜當受之賜乎？

陳臻問曰：『於齊，王饋兼金一百鎰而不受；於宋，歸七十鎰而受；於薛，歸五十鎰而受取。前日之不受是，則今受之非也。今日之受是，則前日之不受非也。夫子必居一於此矣。』孟子曰：『皆是也。當在宋也，予將有遠行，行者必以贐，辭曰歸贐，予何爲不受？當在薛也，予有戒心，辭曰「聞戒，故爲兵戒歸之備乎！」予何爲不受？若於齊，則未有處也，無處而歸之，是貨之也，焉有君子而可以貨取乎？』

夫金歸或受或不受，皆有故。非受之時已貪，當不受之時己不貪也。金有受不受之義，而室亦宜有受不受之理。今不曰『己無功』，若『己致仕，受室非理，』而曰『己不貪富，』引前辭十萬以況後萬。前當受十萬之多，安得辭之？

彭更問曰：『後車數十乘，從者數百人，以傳食於諸侯，不亦泰乎？』孟子曰：『非其道，則一簞食而不可受於人；如其道，則舜受堯之天下，不以爲泰。』

受堯天下，孰與十萬？舜不辭天下者，是其道也。今不曰受十萬非其道，而曰己不貪富貴，失謙讓也。安可以爲戒乎？

沈同以其私問曰：『燕可伐與？』孟子曰：『可。子噲不得與人燕，子之不得受燕於子噲。有士於此，而子悅之，不告於王，而私與之子之爵祿。夫士也，亦無王命而私受之，於子，則可乎？何以異於是。』齊人伐燕，或問曰：『勸齊伐燕，有諸？』曰：『未也。沈同曰：「燕可伐與？」吾應之曰：「可。」彼然而伐之。如曰：「孰可以伐之？」則應之曰：「爲天吏則可以伐之。」今有殺人者，或問之曰：「人可殺與？」則將應之曰：「可。」彼如曰：「孰可以殺之？」則應之曰：「爲士師則可以殺之。」今以燕伐燕，何爲勸之也？』

夫或問孟子勸王伐燕，不誠是乎？沈同問『燕可伐與』，此挾私意欲自伐之也。知其意慊於是，宜曰：『燕雖可伐，須爲天吏，乃可以伐之。』沈同意絕，則無伐燕之計矣。不知有此私意而徑應之，不省其語，是不知言也。

公孫丑問曰：『敢問夫子惡乎長？』孟子曰：『我知言。』又問：『何謂知言？』曰：『詖辭知其所蔽，淫辭知其所陷，邪辭知其所離，遁辭知其所窮。生於其心，害於其政，發於其政，害於其事。雖聖人復起，必從吾言矣。』孟子知言者也，又知言之所起之禍，其極所致之〔害〕，見彼之問，則知其措辭所欲之矣。知其所之，則知其極所當害矣。

孟子有云：『民舉安，王庶幾改諸！予日望之。』孟子所去之王，豈前所不朝之王哉？而是，何其前輕之疾而後重之甚也？如非是前王，則不去，而於後去之，是後王不肖甚於前；而去三日宿，於前不甚，不朝而宿於景丑氏。何孟子之操，前後不同？所以爲王，終始不一也？

且孟子在魯，魯平公欲見之。嬖人臧倉毀孟子，止平公。樂正子以告。曰：『行，或使之；止，或尼之。行止非人所能也。予之不遇魯侯，天也！』前不遇於魯，後不遇於齊，無以異也。前歸之天，今則歸之於王。孟子論稱竟何定哉？夫不行於齊，王不用，則若臧倉之徒毀讒之也。此亦止或尼之也，皆天命不遇，非人所能也。去，何以不徑行而留三宿乎？天命不當遇於齊，王不用其言，天豈爲三日之間易命使之遇乎？在魯則歸之於天，絕意無冀；在齊則歸之於王，庶幾有望。夫如是，不遇之議一在人也。

或曰：初去，未可以定天命也。冀三日之間，王復追之，天命或時在三日之間故可也。夫言如是，齊王初使之去者，非天命乎？如使天命在三日之間，魯平公比三日亦時棄臧倉之議，更用樂正子之言，往見孟

子，孟子歸之於天，何其早乎？如三日之間，公見孟子，孟子奈前言何乎？

孟子去齊，充虞塗問曰：『夫子若不豫色然。前日，虞聞諸夫子曰：「君子不怨天，不尤人。」曰：『彼一時也，此一時也。五百年必有王者興，其間必有名世者矣。由周以來，七百有餘歲矣，以其數則過矣，以其時考之，則可矣。夫天未欲平治天下乎？如欲平治天下，當今之世，舍我而誰也？吾何爲不豫哉？』

夫孟子言五百年有王者興，何以見乎？帝嚳王者，而堯又王天下；堯傳於舜，舜又王天下；舜傳於禹，禹又王天下。四聖之王天下也，斷踵而興。禹至湯且千歲，湯至周亦然，始於文王，而卒傳於武王。武王崩，成王、周公共治天下。由周至孟子之時，又七百歲而無王者。五百歲必有王者之驗，在何世乎？云『五百歲必有王者』，誰所言乎？論不實事考驗，信浮淫之語；不遇去齊，有不豫之色；非孟子之賢效與俗儒無殊之驗也？

『五百年』者，以爲天出聖期也，又言以『天未欲平治天下也』，其意以爲天欲平治天下，當以五百年之間生聖王也。如孟子之言，是謂天故生聖人也。然則五百歲者，天生聖人之期乎？如是其期，天何不生聖？聖王非其期故不生。孟子猶信之，孟子不知天也。

『自周已來，七百餘歲矣，以其數則過矣；以其時考之，則可矣。』何謂數過？何謂『時可』乎？數則時，時則數矣。『數過』，過五百年也。從周到今七百餘歲，逾二百歲矣。設或王者，生失時矣，又言『時可』，何謂也？云『五百年必有王者興』，又言『其間必有名世』，與王者同乎？異也？如同，爲再言之？如異，『名世』者，謂何等也？謂孔子之徒、孟子之輩，教授後生，覺悟頑愚乎？已有孔子，己又以生矣。如謂聖臣乎？當與聖［王］同時。聖王出，聖臣見矣。言五百年而已，何爲言其間？如不謂五百年時，謂其中間乎？是謂二三百年之時也。［人］不與五百年時聖王相得。夫如是，孟子言其間必有名世者，竟謂誰也？『夫天未欲平治天下也。如欲治天下，舍予而誰也？』言若此者，不自謂當爲王者，有王者，若爲王臣矣。爲王者臣，皆天也。己命不當平治天下，不浩然安之於齊，懷恨有不豫之色，失之矣。

彭更問曰：『士無事而食，可乎？』孟子曰：『不通功易事，以羨補不足，則農有餘粟，女有餘布。子如通之，則梓匠輪輿，皆得食於子。於此有人焉，入則孝，出則悌，守先王之道，以待後世之學者，而不得食於子。子何尊梓匠輪輿，而輕爲仁義者哉？』曰：『梓匠輪輿，其志將以求食也。君子之爲道也，其志亦將以求食與？』孟子曰：『子何以其志爲哉？其有功於子，可食而食之矣。且子食志乎？食功乎？』曰：『食志。』曰：『有人於此，毀瓦畫墁，其志將以求食也，則子食之乎？』曰：『否。』曰：『然則子非食志，食功也。』

夫孟子引毀瓦畫墁者，欲以詰彭更之言也。知毀瓦畫墁無功而有志，彭更必不食也。雖然，引毀瓦畫墁，非所以詰彭更也。何則？諸志欲求食者，毀瓦畫墁者不在其中。不在其中，則難以詰人矣。夫人無故毀瓦畫墁，此不癡狂則遨戲也。癡狂人之，志不求食，遨戲之人，亦不求食。求食者，皆多人所〔共〕得利之事，以作此鬻賣於市，得賈以歸，乃得食焉。今毀瓦畫墁，無利於人，何志之有？有知之人，知其無利，固不爲也；無知之人，與癡狂比，固無其志。夫毀瓦畫墁，猶比童子擊壤於塗，何以異哉？擊壤於塗者，其志亦欲求食乎？此尚童子，未有志也。巨人博戲，亦畫墁之類也。博戲之人，其志復求食乎？博戲者尚有相奪錢財，錢財衆多，己亦得食，或時有志。夫投石超距，亦畫墁之類也。投石超距之人，其志有求食者乎？然則孟子之詰彭更也，未爲盡之也。如彭更以孟子之言，可謂禦人以口給矣。

匡章子曰：『陳仲子豈不誠廉士乎？居於於陵，三日不食，耳無聞，目無見也。井上有李，螬食實者過半，扶服往，將食之。三咽，然後耳有聞，目有見也。』孟子曰：『於齊國之士，吾必以仲子爲巨擘焉！雖然，仲子惡能廉？充仲子之操，則蚓而後可者也。夫蚓，上食槁壤，下飲黃泉。仲子之所居室，伯夷之所築與？抑亦盜蹠之所築與？所食之粟，伯夷之所樹與，抑亦盜蹠之所樹與？是未可知也。』曰：『是何傷哉？彼身織屨，妻辟纑，以易之也。』曰：『仲子，齊之世家，兄戴，蓋祿萬鍾。以兄之祿爲不義之祿，而不食也。以兄之室爲不義之室，而弗居也。辟兄離母，處於於陵。他日歸，則有饋其兄生鵝者也，己頻顣曰：「惡用是鶃鶃者爲哉？」他日，其母殺是鵝也，與之食之。其兄自外至，曰：「是鶃

鶃之肉也。」出而吐之。以母則不食，以妻則食之；以兄之室則不居，以於陵則居之。是尚能爲充其類也乎？若仲子者，蚓而後充其操者也。」

夫孟子之非仲子也，不得仲子之短矣。仲子之怪鵝如吐之者，豈爲在母不食乎？乃先譴鵝曰：『惡用鶃鶃者爲哉？』他日，其母殺以食之，其兄曰：『是鶃鶃之肉。』仲子恥負前言，卽吐而出之。而兄不告，則不吐；不吐，則是食於母也。謂之『在母則不食』，失其意矣。使仲子執不食於母，鵝膳至，不當食也。今既食之，知其爲鵝，怪而吐之。故仲子之吐鵝也，恥食不合己志之物也，非負親親之恩，而欲勿母食也。

又『仲子惡能廉？充仲子之性，則蚓而後可者也。夫蚓，上食槁壤，下飲黃泉』，是謂蚓爲至廉也。仲子如蚓，乃爲廉潔耳。今所居之宅，伯夷之所築；所食之粟，伯夷之所樹。仲子居而食之，於廉潔可也。或時食盜蹠之所樹粟，居盜蹠之所築室，汙廉潔之行矣。用此非仲子，亦復失之。室因人故，粟以屨纑易之，正使盜之所樹築，己不聞知。今兄之不義，有其操矣。操見於衆，昭晰議論，故避於陵，不處其宅，織屨辟纑，不食其祿也。而欲使仲子處於陵之地，避若兄之宅，吐若兄之祿，耳聞目見，昭晰不疑，仲子不處不食，明矣。今於陵之宅，不見築者爲誰，粟，不知樹者爲誰，何得成室而居之？得成粟而食之？孟子非之，是爲太備矣。仲子所居，或時盜之所築，仲子不知而居之，謂之不充其操，唯蚓然後可者也。夫盜室之地中，亦有蚓焉，食盜宅中之槁壤，飲盜宅中之黃泉，蚓惡能爲可乎？在仲子之操，滿孟子之議，魚然後乃可。夫魚處江海之中，食江海之土，海非盜所鑿，土非盜所聚也。

然則仲子有大非，孟子非之，不能得也。夫仲子之去母辟兄，與妻獨處於陵，以兄之宅爲不義之宅，以兄之祿爲不義之祿，故不處不食，廉潔之至也，然則其徒於陵歸候母也，宜自齎食而行。鵝膳之進也，必與飯俱。母之所爲飯者，兄之祿也。母不自有私粟。以食仲子，明矣。仲子食兄祿也。伯夷不食周粟，餓死於首陽之下，豈一食周粟而以汙其潔行哉？仲子之操，近不若伯夷，而孟子謂之若蚓乃可，失仲子之操所當比矣。

孟子曰：『莫非天命也，順受其正。是故知命者，不立乎岩牆之下。』盡其道而死者，爲正命也；桎梏而死者，非天命也。

夫孟子之言，是謂人無觸值之命也。順操行者得正命，妄行苟爲得非正〔命〕，是天命於操行也。夫子不王，顏淵早夭，子夏失明，伯牛爲癘。四者行不順與？何以不受正命？比干剖，子胥烹，子路葅，天下極戮，非徒桎梏也。必以桎梏效非正命，則比干、子胥行不順也。人稟性命，或當壓溺兵燒，雖或慎操修行，其何益哉？竇廣國與百人俱臥積炭之下，炭崩，百人皆死，廣國獨濟，命當封侯也。積炭與岩牆何以異？命不壓，雖岩崩，有廣國之命者，猶將脫免。行，或使之；止，或尼之。命當壓，猶或使之立於牆下。孔甲所入主人〔之〕子，天命當賤，雖載入宮，猶爲守者。不立岩牆之下，與孔甲載子入宮，同一實也。

唐·馬總《意林》卷四《士緯十卷姚信》 孟軻驅世事於仁義之域，行者步中正之塗。若使南海無採珠之氏，崑山無破玉之工，則明珠不御於椒室，美玉不佩於桂宮。

宋·李昉等《太平御覽》卷四四七《人事部八十八·品藻下》 （三國吳）姚信《士緯》曰：夫《孟子》之書，將門人所記，非自作也。故其志行多見，非唯教辭而已。或拒萬鍾之祿，或辭兼金之贈。或以周、漢禮殊，二子時異，不可責之於周。或曰帝納異言而子雲無正論，卒有投閣之異。孟軻昂昂其肯然。子雲，保家養智之士。孟軻，鳳峙高世之英也。

南朝梁·陸倕《陸太常集·答釋法雲書》 昔者異學爭途，孟子抗周公之法；小乘亂道，龍樹陳釋迦之教。於是楊墨之黨，舌擧口張；六師之徒，轍亂旗靡。

唐·韓愈《昌黎集》卷一一《原道》 夫所謂先王之教者，何也？博愛之謂仁，行而宜之之謂義。由是而之焉，之謂道；足乎己，無待於外，之謂德。其文《詩》、《書》、《易》、《春秋》，其法禮樂刑政，其民士農工賈，其位君臣父子，師友賓主，昆弟夫婦。其服絲麻，其居宮室，其食粟米、蔬果、魚肉。其爲道易明，而其爲教易行也。是故以之爲己，則順而祥；以之爲人，則愛而公；以之爲心，則和而平，以之爲天下國家，無所處而不當。是故生則得其情，死則盡其常，郊焉而天神假，廟焉而人鬼饗。曰：斯道何道也？曰：斯吾所謂道也，非向所謂老與佛之道也。堯以是傳之舜，舜以是傳之禹，禹以是傳之湯，湯以是傳之文、武、周公，文、武、周公傳之孔子，孔子傳之孟軻。軻之死，不得其傳焉。荀與揚也，擇焉而不精，語焉而不詳。

又《讀荀子》 始吾讀孟軻書，然後知孔子之道尊，聖人之道易行，王易王，霸易霸也。以爲孔子之徒没，尊聖人者，孟氏而已矣。晚得揚雄書，益尊信孟氏，因雄書而孟氏益尊，則雄者，亦聖人之徒歟！聖人之道，不傳于世。周之衰，好事者各以其説干時君，紛紛藉藉相亂，六經與百家之説錯雜，然老師大儒猶在。火于秦，黄老于漢，其存而醇者，孟軻氏而止耳。【略】孟氏，醇乎醇者也。荀與揚，大醇而小疵。

又 卷一八《與孟簡尚書書》 孟子有云：『今天下不之楊，則之墨。』楊、墨交亂而聖賢之道不明，聖賢之道不明則三綱淪而九法斁，禮樂崩而邪説横，幾何其不爲禽獸也？故曰『能言距楊、墨者，皆聖人之徒也。』揚子雲曰：『古者楊、墨塞路，孟子辭而闢之，廓如也。』夫楊、墨行，正道廢，且將數百年，以至於秦，卒滅先王之法，燒除經書，坑殺學士，天下遂大亂。及秦滅漢興，且百年，尚未知修明先王之道。其後始除挾書之律，稍求亡書，招學士。經雖少得，尚皆殘缺，十亡二三，故學士多老死，新者不見全經，不能盡知先王之事，各以所見爲守，分離乖隔，不合不公，二帝三王羣聖人之道於是大壞。後之學者無所尋逐，以至於今，泯泯也。其禍出於楊、墨肆行而莫之禁故也。孟子雖賢聖，不得位，空言無施，雖切何補？然賴其言，而今學者尚知宗孔氏，崇仁義，貴王賤霸而已。其大經大法皆亡滅而不救，壞爛而不收，所謂存十一於千百，安在其能廓如也！然向無孟氏，則皆服左衽而言侏離矣。故愈嘗推尊孟氏，以爲功不在禹下，爲此也。

又 卷二〇《送王塤秀才序》 吾常以爲孔子之道大而能博，門弟子不能徧觀而盡識也，故學焉而皆得其性之所近。其後離散，分處諸侯之國，又各以其所能授弟子，原遠而末益分。【略】孟軻師子思，子思之學蓋出曾子。自孔子没，羣弟子莫不有書，獨孟軻氏之傳得其宗。【略】故求觀聖人之道者，必自《孟子》始。

宋·姚鉉《唐文粹》卷四八《程晏〈窮達志〉》 君子寧小窮而大達，小人寧小達而大窮。小者人之役，大者人之道也。孟子論帝王之道於諸侯，諸侯不志我言則去之，豈不以小窮而大達歟？衛鞅論帝王之道於秦伯，秦伯寤，於是鞅乃易之以霸强之術而苟容之，豈不謂小達而大窮歟？君子不患乎無才，患乎不知窮達之理也。孟子大達，遠盜蹊而遵正路者也。衛鞅大窮，捨正路而趨盜蹊者也。秦不知蹊以問鞅，鞅指之趨盜蹊而强去也。我知盜之蹊而返然之，曷若遵正路而遠盜蹊哉！

宋·孫奭《孟子音義》卷首《孟子音義序》 夫總羣聖之道者，莫大乎六經；紹六經之教者，莫尚乎孟子。自昔仲尼既没，戰國初興，至化陵遲，異端並作，儀、衍肆其詭辯，楊、墨飾其淫辭，遂至王公納其謀，以紛亂於上；學者循其踵，以蔽惑於下。猶洚水懷山，時盡昏墊，繁蕪塞路，孰可芟夷？惟孟子挺名世之才，秉先覺之志，拔邪樹正，高行厲辭，導王化之源，以救時弊，開聖人之道，以斷羣疑。其言精而贍，其旨淵而通，致仲尼之教獨尊於千古。非聖賢之倫，安能至於此乎？

宋·歐陽修《文忠集》卷六六《與張秀才第二書》 孔子之後，惟孟軻最知道。然其言不過於教人樹桑麻，畜雞豚，以爲養生送死爲王道之本。夫二《典》之文，豈不爲文？孟軻之言道，豈不爲道？而其事乃世人之甚易知而近者，蓋切於事實而已。

宋·邵雍《皇極經世觀物外篇下之中》 孟子著書，未嘗及《易》。其間《易》道存焉，但人見之者鮮耳。人能用《易》，是爲知《易》。如孟子，可謂善用《易》者也。

宋·司馬光《傳家集》卷七三《疑孟·孟子將朝王元豐五年正月二十七日作》 疑曰：孔子，聖人也；定、哀，庸君也。然定、哀召孔子，孔子不俟駕而行。過位，色勃如也，足躩如也。過虚位且不敢不恭，况召之，有不往而佗適乎？孟子，學孔子者也。其道豈異乎？夫君臣之義，人之大倫也。孟子之德，孰與周公？其齒之長，孰與周公之於成王？成王幼，周公負之，以朝諸侯。及長而歸政，北面稽首，畏事之，與事文、武無異也。豈得云彼有爵，我有德、齒，可慢彼哉？

又《孟子謂蚳鼃居其位不可以不言言而不用不可以不去己無官守無言責進退可以有餘裕》 疑曰：孟子居齊，齊王師之。夫師者，導人以善而救其惡者也，豈得謂之無官守，無言責乎？若謂之爲貧而仕邪？則後車數十乘，從者數百人。仰食於齊，非抱關擊柝之比也。《詩》云：『彼君子兮，不素餐兮！』夫賢者所爲，百世之法也。余懼後之人挾其有以驕其君，無所事而貪禄位者，皆援孟子以自况，故不得不疑。

又《沈同問伐燕元豐五年正月二十八日作》 疑曰：孟子知燕之可

伐，而必待能行仁政者乃可伐之。齊無仁政，伐燕，非其任也。使齊之君臣不謀於孟子，孟子勿預知，可也。況同既以孟子之言勸王伐燕，孟子之言尚有懷而未盡者，安得不告王而止之哉？夫軍旅，大事也。民之死生，國之存亡，皆繫焉。苟動而不得其宜，則民殘而國危，仁者何忍坐視其終委乎？

又《性猶湍水元豐八年作》 疑曰：告子云：『性之無分於善不善，猶水之無分於東西。』此告子之言失也。水之無分於東西，謂平地也。使其地東高而西下，西高而東下，豈決導所能致乎？性之無分於善不善，謂中人也。瞽叟生舜，舜生商均，豈陶染所能變乎？孟子云：『人無有不善。』此孟子之言失也。丹朱、商均自幼及長，日所見者堯、舜也，不能移其惡。豈人之性，無不善乎？

又《生之謂性元豐八年作》 疑曰：孟子云：『白羽之白，猶白雪之白；白雪之白，猶白玉之白。』告子當應之云：色則同也，性則殊矣。羽性輕，雪性弱，玉性堅。而告子亦皆然之，此所以來犬、牛、人之難也。孟子亦可謂以辯勝人矣。

又《齊宣王問卿》 疑曰：禮，君不與同姓同車，與異姓同車，嫌其偪也。爲卿者無貴戚、異姓，皆人臣也。人臣之義，諫於君而不聽，去之可也，死之可也。若之何其以貴戚之故，敢易位而處也？孟子之言，過矣。若有大過，無若紂。紂之卿士，莫若王子比干、箕子、微子之親且貴也。微子去之，箕子爲之奴，比干諫而死。孔子曰：『商有三仁焉。』夫以紂之過大而三子之賢，猶且不敢易位也，況過不及紂而賢不及三子者乎？必也使後世有貴戚之臣諫其君而不聽，遂廢而代之曰：吾用孟子之言也，非篡也，義也。其可乎？

或曰：孟子之志，欲以懼齊王也。是又不然。齊王若聞孟子之言而懼，則將愈忌惡其貴戚，聞諫而誅之。貴戚聞孟子之言，又將起而蹈之。則孟子之言，不足以格驕君之非，而適足以爲篡亂之資也。其可乎？

又《所就三所去三》 疑曰：君子之仕，行其道也，非爲禮貌與飲食也。昔伊尹去湯就桀，桀豈能迎之以禮哉？孔子栖栖遑遑，周遊天下，佛肸召欲往，公山弗擾召欲往，彼豈爲禮貌與飲食哉？急於行道也。今孟子之言曰：『雖未行其言也，迎之有禮則就之，禮貌衰則去之。』是爲禮貌而仕也。又曰：『朝不食，夕不食，君曰「吾大者不能行其道，又不能從其言也，使饑餓於我土地，吾耻之。」周之，亦可受也。』是爲飲食而仕也。必如是，是不免於鬻先王之道以售其身也。古之君子之仕也，殆不如此。

又《堯舜性之也湯武身之也五霸假之也》 疑曰：所謂『性之』者，天與之也；『身之』者，親行之也；『假之』者，外有之而内實亡也。堯、舜、湯、武之於仁義也，皆性得而身行之也，五霸則强焉而已。夫仁義者，所以治國家而服諸侯也。皇、帝、王、霸皆用之，顧其所以殊者，大小高下、遠近多寡之間耳。假者，文具而實不從之謂也。文具而實不從，其國家且不可保，況能霸乎！雖久假而不歸，猶非其有也。

宋·張載《張子全書》卷一四《性理拾遺》 張子曰：孟子於聖人，猶是麄者。

宋·楊時《二程粹言》卷下《聖賢篇》 子曰：人有顔子之德，則有孟子之事功，孟子之事功，與禹、稷並。

或問：『孟子何以能知言？』子曰：『譬之坐乎堂上，則其辨堂下之聲如絲竹也；苟雜處乎衆言之間，羣音嘈嘈然，己且不能自明，尚何暇他人之知乎？』

孟子曰：『可以仕則仕，可以止則止，可以久則久，可以速則速，孔子也。孔子，聖之時者也。』知《易》者莫如孟子矣。孟子曰：『王者之迹熄而《詩》亡，《詩》亡然後《春秋》作。《春秋》，天子之事也。』知《春秋》者莫如孟子矣。

宋·朱熹《二程遺書》卷二上 學者全要識時。若不識時，不足以言學。顔子陋巷自樂，以有孔子在焉。若孟子之時，世既無人，安可不以道自任？

論心術，無如孟子也。

又 卷五 仲尼，元氣也；顔子，春生也；孟子並秋殺盡見。仲尼無所不包。顔子示不違如愚之學於後世，有自然之和氣，不言而化者也。孟子則露其才。蓋亦時然而已。仲尼，天地也；顔子，和風慶雲也；孟子，泰山巖巖之氣象也。觀其言，皆可以見之矣。仲尼無迹，顔子微有迹，孟子其迹著。

孔子言語，句句是自然。孟子言語，句句是實事。

孟子有功於道，爲萬世之師，其才雄。只見雄才，便是不及孔子處。

又　卷一一　有有德之言，有造道之言。孟子言己志者，有德之言也；言聖人之事，造道之言也。

又　卷一八　孟子有功於聖人，不可言。如仲尼只説一箇『仁』字，孟子開口便説『仁義』。仲尼只説一箇『志』，孟子便説許多『養氣』出來。只此二字，其功甚多。

孟子却寬舒，只是中間有些英氣。纔有英氣，便有圭角。英氣甚害事。如顔子，便渾厚不同。顔子去聖人，只毫髮之間。孟子大賢，亞聖之次也。

又　卷一九　鄧文孚問：孟子還可爲聖人否？曰：未敢便道他是聖人，然學已到至處。

宋·王安石《臨川文集》卷六四《論議·揚孟》　賢之所以賢，不肖之所以不肖，莫非性也。賢而尊榮壽考，不肖而厄窮死喪，莫非命也。論者曰：人之性善，不肖之所以不肖者，豈性也哉？此學乎孟子之言性而不知孟子之指也。又曰：人爲不爲，命也，不肖而厄窮死喪，豈命也哉？此學乎揚子之言命而不知揚子之指也。孟子之言性，曰性善。揚子之言性，曰善惡混。孟子之言命，曰莫非命也。揚子之言命，曰人爲不爲，命也。孟、揚之道未嘗不同，二子之説非有異也。此孔子所謂『言豈一端而已，各有所當』者也。孟子之所謂性者，正性也。揚子之所謂性者，兼性之不正者言之也。揚子之所謂命者，正命也。孟子之所謂命者，兼命之不正者言之也。

夫人之生，莫不有羞惡之性。有人於此，羞善行之不修，惡善名之不立，盡力乎善，以充其羞惡之性，則其爲賢也，孰禦哉？此得乎性之正者，而孟子之所謂性也。有人於此，羞利之不厚，惡利之不多，盡力乎利，以充羞惡之性，則其爲不肖也，孰禦哉？此得乎性之不正，而揚子之兼所謂性者也。有人於此，才可以賤而賤，罪可以死而死，是人之所自爲也。此得乎命之不正者，而孟子之所兼謂命者也。有人於此，才可以貴而賤，德可以生而死，是非人之所爲也。此得乎命之正者，而揚子之所謂命也。今夫羞利之不厚，惡利之不多，盡力乎利而至乎不肖，則揚子豈以謂人之性，而不以罪其人哉？亦必惡其失性之正也。才可以賤而賤，罪可以死而死，則孟子豈以謂人之命，而不以罪其人哉？亦必惡其失命之正也。

孟子曰：『口之於味也，目之於色也，耳之於聲也，鼻之於臭也，四支之於安逸也，性也，有命焉，君子不謂性也。仁之於父子也，義之於君臣也，禮之於賓主也，知之於賢者也，聖人之於天道也，命也，有性焉，君子不謂命也。』然則孟、揚之説，果何異乎！今學者是孟子則非揚子，是揚子則非孟子，蓋知讀其文而不知求其指耳，而曰我知性、命之理，誣哉！

宋·呂希哲《呂氏雜記》卷上　祖孔子而宗孟軻，學之正也。苟異於此，皆學之不正也。

宋·蘇軾《東坡全集》卷四三《孟軻論》　昔者仲尼自衛反魯，網羅三代之舊聞，蓋經禮三百，曲禮三千，終年不能究其説。夫子謂子貢曰：『賜，爾以吾爲多學而識之者歟？非也。予一以貫之。』天下苦其難而莫之能用也，不知夫子之有以貫之也，是故堯、舜、禹、湯、文、武、周公之法度禮樂刑政，與當世之賢人君子百氏之書，百工之技藝，九州之内、四海之外九夷八蠻之事，荒忽誕謾而不可考者，雜然皆列乎胸中，而有卓然不可亂者，此固有以一之也。是以博學而不亂，深思而不惑，非天下之至精，其孰能與於此？

蓋嘗求之於六經，至於《詩》與《春秋》之際，而後知聖人之道始終本末，各有條理。夫王化之本，始於天下之易行。天下固知有父子也，父子不相賊，而足以爲孝矣；天下固知有兄弟也，兄弟不相奪，而足以爲悌矣。孝悌足而王道備，此固非有深遠而難見，勤苦而難行者也。故《詩》之爲教也，使人歌舞佚樂，無所不至，要在於不失正焉而已矣。雖然，聖人固有所甚畏也。一失容者，禮之所由廢也；一失言者，義之所由亡也。君臣之相攘，上下之相殘，天下大亂，未嘗不始於此道。是故《春秋》力爭於毫釐之間，而深明乎疑似之際，截然其有所必不可爲也。不觀於《詩》，無以見王道之易；不觀於《春秋》，無以知王政之難。

自孔子沒，諸子各以所聞著書，而皆不得其源流，故其言無有統要。若孟子，可謂深於《詩》而長於《春秋》者矣。其道始於至粗而極於至

精，充乎天地，放乎四海而毫釐有所必計，至寬而不可犯，至密而可樂者，此其中必有所守，而後世或未之見也。且孟子嘗有言矣，『人能充其無欲害人之心，而仁不可勝用也。人能充其無欲爲穿窬之心，而義不可勝用也。』士未可以言而言，是以言餂之也；可以言而不言，是以不言餂之也。是皆穿窬之類也。唯其不爲穿窬也，而義至於不可勝用。唯其未可以言而言，可以言而不言也，而其罪遂至於穿窬。故曰其道始於至粗而極於至精，充乎天地，放乎四海而毫釐有所必計。嗚呼！此其所以爲孟子歟！後之觀孟子者，無觀之他，亦觀諸此而已矣。

宋・蘇轍《古史》卷三四《孟子孫卿列傳》　蘇子曰：孟子生於戰國，知仁義可以化服暴彊，以此游説諸侯，諄諄言之，冀其或信，而諸侯皆習於鄙詐，莫以爲然者。梁襄王問孟子：『天下烏乎定？』孟子對曰：『定于一。』曰：『孰能一之？』曰：『不嗜殺人者，能一之。』當是時，諸侯皆將以多殺人一天下。誠有不嗜殺人之君，招而撫之，天下必將歸之。孟子之言，非苟爲大而已也。然不深原其意而詳究其實，未有不以爲迂者矣。

予觀戰國之後，更始皇、項籍，殺人愈多而天下愈亂。及漢高帝雖以兵取天下，而心不在殺人，然後乃定，子孫享國二百餘年。王莽之亂，盜賊蜂起，光武復以不嗜殺人收之。及桓、靈之禍，曹公、孫、劉皆有蓋世之略，而以喜怒人，故天下卒於三分。司馬父子力能一之，而殺心益熾，故既一復散，裂爲五胡，離爲南北。隋文帝又能合之矣，而好殺不已，至子而敗。及唐太宗始復，不嗜殺人，天下乃定。其後五代之君，出於盜賊、乞養，屠戮生靈，如恐不及。數十年之間，天下五禪，皆不能有天下之半。及宋受命，藝祖皇帝雖以神武誅鉏僭僞，而不嗜殺人之心，神、民信之，未及十年而削平之功比於漢唐。天下既定，輕刑薄禁，凡所誅戮，一附於法。匹夫匹婦，無冤死之獄。其仁過於前代，是以百有餘年，兵革不試，戶口充溢，有死於癘疾而無死於兵亂。蓋自孟子以來，能一天下者四君，皆以不嗜殺人致之。由此觀之，孟子之言，豈偶然而已哉！

宋・徐積《節孝集》卷三一《語録》　公曰：孔子言其略，孟子言其詳。故曰：孟子者，孔子之解也。

宋・黃庭堅《山谷集》卷二〇《孟子斷篇》　由孔子已來，求其是非趨舍與孔子合者，唯孟子一人。孟子，聖人也。荀卿著書，號爲祖述孔氏而詆訾孟子，以爲略法三王而不知其統。蓋荀卿見孟子道性善，言必稱堯舜，義不見諸侯，其迹與孔子不合，故云爾。曾不知前聖後聖所謂若合符節者，要於歸潔其身者。觀之孟子論孔子去魯，不知者以爲爲肉，其知者以爲爲無禮，乃若孔子則欲以微罪行。以微罪行，此聖人之忠厚，非孟子不足以知之。學者欲知孟子，率以是觀之，其智不足以知孟子，安能知孔子？然則荀卿所謂知孔子者，特未可信。聖人無名，而淳于髡以名實求孟子，固不足以知之。荀卿曾未能遠過淳于髡也。揚子雲曰：『孟子勇於義而果於德。』『知言之要，知德之奥。非苟知之，亦允蹈之。』言雖不多，以子雲之言行反覆考之，足以發子雲之知言。司馬遷號稱博極羣書，至如論伊尹、百里奚，皆不信孟子。此所以得罪於子雲也。由孔子以來，力學者多矣，而未有揚雄，來者豈可不勉？方將講明養心治性之理，與諸君共學之，惟勉思古人所以任己者。

宋・謝良佐《上蔡語録》卷一　顔子擴充其學，孟子能爲其大。孟子之才甚高，顔子之學粹美。

宋・晁説之《景迂生集》卷一三《儒言・孔孟》　『孔孟』之稱，誰倡之者？漢儒猶未之有也。既不知尊孔子，是亦孟子之志歟？其學卒雜於異端而以爲孔子之儷者，亦不一人也，豈特孟子而可哉？如知《春秋》一王之制者，必不使其教有二上也。世有『荀孟』之稱，荀卿詆孟子『僻違而無類，幽隱而無統，閉約而不解』，未免爲諸子之徒，尚何配聖哉？

宋・劉子翬《屏山集》卷一《聖傳論十首・孟子》　學者必有用心，誠爲入門，僞滋情，真滋性也；虚爲入門，積生意，化生神也。克己爲入門，心勵心也；致知爲入門，物無遺照也。恕爲入門，求同於人也；静爲入門，撓而不變也。敬爲入門，内外肅也；慎爲入門，戢未形也。聖人標指，固非一途，前學以流布，後學以是進脩。孟子乃斷然言曰：『君子深造之以道，欲其自得之。』夫以聖人標指，拳拳服膺，自應有至，何復名自得耶？自得者，得之於心也。心無所得而蹈規守矩，終出勉强，不能從容優入聖域。是學也，父兄至愛，不能發其端；師友至密，不能進其道。必也靈襟中啓，獨見内融，洞洞然，屬屬然，如平昔之傳聞想像，一旦親睹焉，庶乎其可也。

夫學者之心，發於憒憒，其見必卓；開於冥冥，其詣必至。故拙魯愚鈍，爲道之資；智巧聰明，爲性之障。真志立於懦，真習養於徐，真用發於常，真樂生於淡。軒軒之志久必墮，皦皦之習久必疏，揭揭之用久必變，沾沾之樂久必渝。是以學貴終始也。千了萬通，愈失真宗，惟循惟默，乃能自得。回之愚，參之魯，在孔門所得最深，皆用心於無所用，若退而進者也。去聖已遠，自得之學湮没無聞，非惟學者之失也，亦教者之過焉。六經之言毫髮分辨，聖人之意極口宣揚，諄諄屑屑，無舉隅善誘之方，將以利之，反以害之。學者亦曰：如是足矣，理盡於此矣。拾前人之咳唾，遵舊轍以驅馳，故思學廢於箋解，省學廢於譏議，悟學廢於揣度，通學廢於偏黨，默學廢於領略，敏學廢於疑貳。六學廢而道衰矣，孰以孟子自得之言啓之哉？

孟子有自得之言，無自得之迹，但言『居之安，資之深，左右逢其原而已』，不可以意義形容也。檗唐大礪，金砮可以射矣，而飲羽之鏃，非勇引蹶張所能習，必自得於弓矢之外焉。精毫染嚴，程度可以書矣，而草聖之筆，非黝襟胝指所能造，必自得於筆墨之外焉。孟學孔於百年之後，超然領會，獨發奥藴，傳一心之妙用，發陳編之光燦，神而明之，使吾教益尊，不膠於言語畦徑之末，真聖門之輔佐，諸子之英雄也。使登乎孔堂，其蘊藉和粹，誠若劣於諸子，然其見處超詣，直自不羣，姑舍是之，言非夸大也，亦胸中自負，不碌碌耳。

噫！聖賢相傳，一道也。前乎堯、舜，傳有自來；後乎孔、孟，傳固不泯。韓子謂軻死不得其傳，言何峻哉！達如堯、舜、禹、湯，窮如孔、孟，人類超拔，固難儷也，道果不傳乎？顔、曾，傳道者也。軻死千餘年，果無顔、曾乎？時無孔子，顔子没於陋巷而少正卯爲聞人；時無孟子，匡章陷於不孝而仲子爲廉士。人豈易識真哉？蓽門圭竇，密契聖心，如相授受，政恐無世無之。孤聖人之道，絶學者之志。韓子之言，何峻哉！

宋・陳淵《默堂集》卷一四《學者以孔孟爲師》 昔者孟軻著書七篇，其末章歷敍堯、舜至於孔子，有見而知之者，有聞而知之者，而其終繼之以『去聖人之世，若此其未遠也；近聖人之居，若此其甚近也。然而無有乎爾，則亦無有乎爾。』其意以謂道之在天下，自古自今，無適不然，必有人焉，發明而推行之，然後傳之萬世而無弊。是數聖人者，道之所賴以傳者也。道固不窮，傳亦無盡，由孔子而來至於軻，猶可以耳目接也。得其傳者，非軻而誰？故自漢迄唐，知道之士如揚雄、韓愈，莫不推尊孟氏；而世之言道者，亦必曰孔孟。孔孟云者，明其無二致也，豈諸子百家之所可擬歟？

近者陛下詔天下學者，當以孔孟爲師，無所偏執。此誠萬世不可易之論也。然孔孟之言載在方策，昭如日星，有目者之所共睹，有心者之所共知，其要焉在？豈非所謂大中至正之道乎！大中至正之道，則孔孟之所以爲孔孟也。若夫諸子百家之學，或蔽於人而不知天，或蔽於天而不知人；或蔽於爲我而不足以及物，或蔽於兼愛而不足以成己。幽明殊歸，内外不合，於是詼詭譎怪之論興詖邪淫遁之詞勝，而大中至正之道始不行矣。今欲學者以孔孟爲師，則必使之知大中至正之道。自更科以來，天下學士無所適從。若朝廷尚不免以文章取人，謂宜明詔有司，審所去處，毋溺於諸子百家之説，唯大中至正之道是從，俾堯、舜、禹、湯、文、武、周公之志復行於今。豈唯今日學者之幸，將天下後世實幸。

宋・林之奇《拙齋文集》卷一三《史論・子思言利孟子不言利》 孟子之適魏，正當魏人敗於馬陵，秦人擄其公子卬，魏之爲國，可謂困矣。王曰：『叟不遠千里而來，亦將有以利吾國乎？』蓋其兵屢敗，意夫孟子之來，必有奇謀祕計以取勝於鄰國，而洗其屢敗之過也。故其言曰云云一灑之，如之何則可？所謂東敗於齊，長子死焉者，馬陵之敗，擄太子申是也。西喪地於秦七百里者，秦取西河之地也。南辱於楚，史傳失傳。惟其屢敗如此，故問孟子用兵，何若而利，何若而不利也。而孟子則曰：『王何必曰利？亦有仁義而已矣。』惟其言仁義，至於利之一言，則斷然以謂如虎狼之不可近，近之則噬人；如烏喙之不可食，食之則致死者。然孟子，學子思者也。嘗問『牧民之道何先？』子思曰：『先利之。』孟子曰：『君子之所以教人，亦仁義而已矣。何必曰利？』子思曰：『仁義，固所以利之也。上不仁則下不得其所，上不義則下樂爲詐也，此爲不利大矣。』孟子之學子思，既知夫仁義爲利之大，而其對梁王則終不以利言之，何哉？善夫温公之論：『子思、孟軻之言，一也。夫惟仁者，爲知仁義之利，不仁者不知也。故孟子之對梁惠王，直以仁義而不及利者，

所與言之人異故也。』此説可謂盡之矣。

蓋仁義非無利。仁義之利，可與智者道，難與俗人言也。與世俗而言仁義之利，彼將以利心而求於仁義，果何以得仁義之利哉？楊、墨之徒雖曰仁義，一則以利天下而不爲，一則以利天下而爲之。惟其以利心而求於仁義，雖近仁義而卒不免於利，故惟孟子則可以與之言。非孟子而與之言，則失之矣。蓋可與言而不與之言，則失人；不可與之言而與之言，則失言。知者不失人，亦不失言。孔子之所以罕言利者，罕與世之人言也。夫子之道傳之子思，子思之道傳之孟子。夫子罕言利而子思言之於孟子，此子思之所以爲善學夫子也。子思既言利而孟子則不言之於梁王，此孟子所以爲善學子思也。譬如醫家之用藥，此人所用之藥不可以用之於彼人也。君子不以天下儉其親，爲墨子而言則可，爲始皇而言之則不可。儉非聖人之中制，爲魏晉之君儉嗇言之則可，爲武帝言之則不可矣。

宋·楊時《龜山集》卷二五《孟子義序》 道之不行久矣。自周衰以來，處士横議，儒、墨異同之辯起，而是非相勝，非一日也。孟子以睿知剛明之材，出於道學陵夷之後，非堯、舜之道不陳於王前，非孔子之行不行於身，思以道援天下，紹復先王之令緒，其自任可謂至矣。當是之時，人不知存亡之理，恃强威弱，挾衆暴寡，以爲久安之勢，在此而已。夫由其道，則七十里而興；不由其道，雖天下而亡，古今之常理也。彼方恃强挾衆，而驟以仁義之言誘之，動逆其所順則不悟其理，宜其迂濶而不足用也。故轍環於齊、魯、晉、宋之郊，而道終不行，亦其勢然矣。雖膏澤不下於民，其志不施於事業，而世之賴其力，亦豈鮮哉！方世衰道微，使楊、墨之道息，而姦言詖行不得逞其志，無君無父之教不行於天下，而民免於禽獸，則其爲功非小矣。古人謂孟子之功，不在禹下，亦足爲知言也。

又　卷一九《書四·答陳瑩中·其六》 孟子之書，世儒未嘗深考之，故尊之者或過其實，疑之者或損其真。非灼知聖賢之心，未易以私意論也。世之尊孟子者多失其傳，非孟子過也，而遂疑之亦過矣。近見一書力詆孟子之非，恐非有所授，難遽以口舌爭也。謂鼂以道。無由展奉，一盡區區。

宋·邵博《聞見後録》卷一一 大賢如孟子，其可議，有或非、或疑、或辨、或黜者，何也？予不敢知，具列其説於下方，學者其折衷之。後漢王充有《刺孟》，近代何涉有《删孟》，文繁不録。王充《刺孟》出《論衡》，韓退之贊其『閉門潛思，《論衡》以修矣。』則退之於孟子『醇乎醇』之論，亦或不然也。

又　卷一三 毁我知之，譽我知之，是邪非邪？必求諸道，非道則已。孟子，吾知其有以曉然合於孔子者，《常語》不得不進之也。而謂『由湯至於武丁，賢聖之君六七作，天下久則難變，故文王未洽於天下，齊有千里之地，行仁政而王，莫之能禦。』『由周而來七百有餘歲矣，其數則過，其時考之則可。』『當今之世，舍我其誰？』是教諸侯以仁政叛天子者也，欲爲佐命者也，《常語》不得不絶之矣。夫天子，固不可叛也；六經，亦不可叛也。苟可叛之，則視孟之書，猶寇兵虎翼者也。孟既唱之，學者和之。劉歆以《詩》、《書》助王莽，荀文若説曹操以王伯，乃孟之一體耳。使後世之君卒不悦儒者，以此。《常語》之作，其不獲已。傷昔之人以其言叛天子，今之人又以其言叛六經，故曰天下無《孟子》則可，不可以無六經；無王道則可，不可以無天子。是有大功於名教，非苟言焉。右陳次公《述常語》。

孟軻誠學孔子者也，其有背而違之者，《常語》討之甚明。世之學者，不求其意，漠爾而非之，是亦有由然也。何也？由孔子百餘歲而有孟軻，由孟軻數百歲而及揚雄，又數百歲而及韓愈。揚與韓，賢人也。其所以推尊孟子，皆著於其書。今《常語》驟有異於二子，宜乎其學軻者相驚而譊譊也。然譊譊者豈知二子之尊軻處，《常語》亦尊之矣。所繆者，教諸侯以叛天子，以爲非孔子之志也。又以『盡信《書》，不如《無書》』之説，爲今之害。故今之儒者往往由此言而破六經，《常語》可不作邪？且由孟子没於數百年矣，初荀卿嘗一曰其非，而扼於揚子雲及退之『醇乎醇』之説行，而後之學子遂尊信之。至於今茲，其道乃高出於六經。《常語》不作，孰爲究明？或曰：子言則是矣，如衆口何？曰：顧與聖人如何爾，尚誰衆人之問哉？故曰人知之，非我利；人不知，非我害。右傅野《述常語》。

予讀韓愈書，知其斥楊、墨，排釋、老，以尊聖人之道，其志篤矣。自孟軻、揚雄没，傳其道而醇者，唯韓愈氏而已。然其言孟軻輔聖明之

功，不在禹下，斯亦過矣，得非美其流而忘其源乎！當堯之時，洪水浸天下，民病其害深矣。雖堯、舜之聖，猶咨嗟皇皇，未有以治之之道。禹乃決橫流而放於海，粒斯民而奠厥居。是天下之患，非禹不能去，昭昭然矣。雖百夔、离，又何益哉？孔子之道衣被天地，陶甄日月，萬類之性，人靈之本，孰不由其德而能存乎？苟一日失之，則鳥獸之不若也。當周之亡，辨詐暴橫，聖人之道偶不行於一時，亦猶天地之晦，日月之蝕，運之常也，復何傷乎？孟軻，學聖人者也，憤然而興，闢楊、墨，誅叛義，以尊周公、孔子，信有大功於世。然聖人之道，無可無不可。苟當時軻之徒不能力排楊、墨，止遏異端，明仁義以訓天下，則聖人之教，果從而廢乎？若使聖人之道遭楊、墨之害而遂衰微，則亦一家之小説爾，又烏足謂萬世之法哉？軻雖欲張大其教，天下可從而興乎？是聖人之道不爲一人而廢，一人而興，又昭昭然矣。其後嬴政肆虐，火其書，窒其途，愚天下之耳目，使不能通其説，其爲害，過楊、墨遠矣。然漢家之興，則孔氏之言雷震於海内，豈又由軻之辨之而後行邪？故曰：譽之不足益，毁之不足損，由其道大也。後之儒者有能立言著書，振揚其風，發明其旨則可矣。若曰隨其廢而興之，因其塞而通之，得非過矣乎！予謂楊、墨之禍未若洪水，然而九年之害，非禹不能平；孔子之道雖見侵毁，作不由軻而益尊。苟毁譽由軻而興，則不足謂之孔氏之道。使聖人復生，必不易予言也。右張俞《論韓愈稱孟子功不在禹下》。

宋·余允文《尊孟辯》卷首《自序》 道不明，由無公議也；議不公，由無真儒也。冠圓履方，孰不爲儒？誦《詩》讀《書》，孰不學道？必有得焉而後能自信，必自信焉而後信於人。目或蔽於所見，耳或蔽於所聞。耳目之蔽，心之蔽也，公議何有哉？《易》曰：『問以辯之。』《中庸》曰：『辯之弗明，弗措也。』道之不明久矣，辯其可已乎？昔戰國有孟軻氏，願學孔子，術儒術，道王道，言稱堯、舜，辭闢楊、墨，倡天下以仁義。聖人之道蝕而復明，孟子力也。孟氏没，斯道將晦，七篇之書幸免秦火。後之讀其書者，雖於時措之宜未能盡識，至其翕然稱曰孔孟，豈可厚誣？天下後世以爲無真儒，無公議哉？

噫！道同則相知，道不同則不相知。蘭陵荀卿，大儒也，以性爲惡，以禮爲僞，異哉！其所謂道，無惑乎？不知孟氏，併七十二子而非之也。本朝先正司馬温公與夫李君泰伯、鄭君叔友，皆一時名儒，意其交臂孟氏而篤信其書矣。温公則疑而不敢非，泰伯非之而近於詆，叔友詆之而逮乎罵。夫温公之疑，疑信也，俟後學有以辯明之。彼二君子昧是意，其失至此，人之譏誚不恤也，豈以少年豪邁之氣攻呵古人而追悔不及歟？伊川程先生謂孟子有泰山巖巖之氣象，乃知非而詆、詆而罵者，殆猶煙霧蓊興，時焉蔽之耳，何損於巖巖？余懼世之學者隨波逐流，蕩其心術，仁義之道益泯，於是取三家之説，折以公議而辯之。非敢必人之信，姑以自信而已。命之曰《尊孟辨》，俟有道者就而正焉。隆興紀元初春望日，建安余允文隱之序。

又 卷中《李公泰伯常語》 《常語》曰：堯傳之舜，舜傳之禹，禹傳之湯，湯傳之文、武、周公，文、武、周公傳之孔子，孔子傳之孟軻，軻之死，不得其傳焉。如何？曰：孔子死，不得其傳矣。彼孟子者，名學孔子而實倍之者也，焉得傳？敢問何謂也？曰：孔子之道，君君臣臣也。孟子之道，人皆可以爲君也。天下無王霸，言僞而辯者不殺，諸子得以行其意。孫、吳之智，蘇、張之詐，孟子之仁義，其原不同，其所以亂天下，一也。

余氏辯曰：大道之傳，至吾夫子然後大成。夫子没百餘歲，楊朱，墨翟各持所見，以惑後學。朱之爲我，則偏於爲義；翟之兼愛，則偏於爲仁。聖人之道，自是而晦。孟軻氏出，以仁義之言解其蔽，斯道復明。不幸六藝之文厄於秦火，由漢以來佛、老顯行，聖道不絶如綫。韓愈氏斷然號於世曰：『軻之死，不得其傳。』夫道不可斯須離，而其在於人心者固常自若，豈真不傳哉？蓋以道之大要，在乎仁義。自孟子没，未有唱爲仁義之説者，此道所以爲不傳也。謂孟子名學孔子而實倍之，妄矣。又謂孫、吳之智，蘇、張之詐，與孟子之仁義，一於亂天下。且仁義之與智詐，不啻冰炭之異，非可概而論，遂併以仁義爲亂天下，所見之謬如是，烏知帝王所傳之道哉？

又 卷下《鄭氏叔友藝圃折衷》 《折衷》曰：孟軻非賢人。仲尼之徒無道桓、文之事者，聞誅一夫紂矣，未聞弑君。三宿出晝，於予心猶以爲速。沈同問燕可伐歟？吾應之曰：『可。』此孟子之罪也。

余氏辨曰：周衰之末，戰國縱橫，用兵爭強，以相侵奪。當世處士，

務先權謀，以爲上賢，先王大道，陵遲隳廢，異端並起，若楊朱、墨翟放蕩之言，以干時惑衆者非一。此趙岐之説也。天下豈復有王道哉，豈復知有仁義哉？幸而有唱爲仁義之説者，猶足以使亂臣賊子逡廵畏縮，不敢自肆，而况孟子治儒術，承三聖，以仁義之道説於諸侯，思濟斯民！不幸而其説不行，而商周之盛治不可復見。其與假仁而行急於功利者，有間矣，可謂非賢人乎？又舉數條以爲孟子之罪，余於温公《疑孟》、李公《常語》辨之矣。誅一夫紂，卽《泰誓》所謂「獨夫紂」也。三宿出晝，卽孔子去魯之意也。如之何以爲孟子之罪乎？

宋·余允文《尊孟續辨》卷首《自序》　余作《尊孟辨》，出以示諸友。或曰：温公之疑，辨焉可也。李、鄭之説不根，奚足辨哉？余曰：子以李、鄭二子名位勳業之卑歟，何爲不足辨？彼亦文士也。今欲明大道，示至公，苟於貴賤尊卑有所汰擇，是亦徇時態之所爲，其心已不公矣，道胡爲而明？又况《常語》、《折衷》之文盛行於世。陳次公且謂劉歆以《詩》、《書》助王莽，荀文若説曹孟德以王伯，乃孟子一體，以《常語》有大功於名教。傳説亦謂孟子教諸侯叛天子，爲非孔子之志；「盡信《書》，不如無《書》」之説，爲今之害。以《常語》不作，孰爲究明？如温公之疑，曾無稱述之者。豈可謂此可辨而彼不足辨哉？

或又曰：近世如馮深之《刪孟》，晁説之《詆孟》，劉原父道原、張俞輩皆非議孟子，然皆不取信後學，茲固不足辨。如後漢王充著《論衡》而有《刺孟篇》，近世蘇公軾作《論語説》而與孟子辨者，學者誦習其書，以媒進取者總總也，可無辨乎？余曰：諾。遂取王之刺者十，蘇之辨者八，併辨之，以爲《尊孟續辨》。雖然，《孟子》之書如日星麗天，有目者皆知尊之，豈待余之辨而後尊耶？曰：「尊孟」云者，余自謂也。有見聞與余同者，當共尊之矣。乾道八年夏六月甲寅，寓東陽毋自欺齋書。

宋·黄震《黄氏日抄》卷三《讀孟子·盡心下》　中行之道，惟聖者能之。故顔子具體而微，其學猶無傳；傳者必其剛毅有立，如曾子、子思皆然，三傳而至孟子，遂能尊孔氏而闢楊、墨，明王道而黜霸功，卓然有功萬世焉。嗚呼盛矣，而世猶或譏之。然李泰伯以富國强兵爲學，其譏孟子宜也。如司馬公大儒亦譏之，豈非孟子説誘時君，變化百出，温公守樸，意見所不合歟？吁！此可與權之難也。

宋·周密《齊東野語》卷一六《性所不喜》　人各有好惡，於書亦然。前輩如杜子美不喜陶詩，歐陽公不喜杜詩，蘇明允不喜《揚子》，坡翁不喜《史記》。王充作《刺孟》，馮休著《刪孟》，司馬公作《疑孟》，李泰伯作《非孟》，晁以道作《詆孟》，黄次伋作《評孟》。若酸鹹嗜好，亦各自有所喜，非若今人之胸中無真識，隨時好惡，逐人步趨而然者。

宋·張九成《孟子傳》卷七《公孫丑章句上》　孟子居近墳墓則學治墳墓，至其母爲之三徙。使其無賢母，日以治墳墓爲業，是亦矢人、匠人者之心也。卒之學於子思，乃大明先王之道，毅然以聖賢救民爲事業，而不徇時君之好惡。雖當年不克施其志，而其《七篇》之書英辭偉論，至言妙道，所以排擊邪説，扶衛正道，其功與禹抑洪水，周公兼夷狄，驅猛獸，孔子成《春秋》一等，豈不偉哉！

清·朱彝尊《經義考》卷二三一《孟子一》　（宋）施德操曰：孟子有大功四：道性善，一也；明浩然之氣，二也；闢楊、墨，三也；黜五霸而尊三王，四也。是四者，發孔氏之所未談，述六經之所不載，遏邪説於横流，啓人心於方熾。嗚呼！堯、舜之道自孔子傳之曾子，曾子傳之子思，子思傳之孟子，孟子得其傳，然後孔子之道益尊，而曾子、子思之道益著。其所以發明斯人，開悟後世者，至深矣。

宋·韓元吉《南澗甲乙稿》卷一七《孟子論》　性者，所以受于生者也。自孟子道性善，天下之言性者猶惑之。夫惑之者，未能求之于天也。夫天之所以爲天，人之所以爲人，其有異者乎？人之所以不能知性者，以不能知天也。言天之道，莫辯乎《易》。欲知人之性，盍觀夫《易》之所謂天乎！欲知人性之善，盍觀夫天之所謂元乎！故《易》于《乾》則曰：「大哉乾元！」于《坤》則曰：「至哉坤元！」由元而後有亨，有利貞。然則元者，果何謂哉？太極之未判，陰陽之未形，于是而有理焉。天地萬物得之則生，不得則死。聖人無以表之，故曰元。是元者，善之所由出也。人之性，有以異此乎？喜、怒、哀、樂、愛、惡、欲者，人之情也。情發于性，而性非情也。性則本中，而情則有正。當喜、怒、哀、樂、愛、惡、欲之未見，于是而有理焉，足以見夫人之所受者矣。聖人無以表之，故曰善。是善者，出于元者也。而天下之言善者，皆以對惡而言，蓋無以表之云爾。

今夫天下之人指以爲性惡者，桀、紂、盜跖也。桀、紂、盜跖之惡者，不過于屠戮殘賊之暴而已。然其屠戮殘賊之暴，豈終食之間而無違哉？其終食之間，屠戮殘賊之暴有時而不作者，則其所謂善也，所謂性也。其作于屠戮殘賊之暴者，情奪之也。使其屠戮殘賊之暴終食之間而無違，則亦不可以爲人矣。知此，則知善之説矣。天下之所以不知者，止以善爲對惡而言，不知其所謂無以表之之説也。《書》不云乎？『惟皇上帝，降衷下民。』《詩》不云乎？『民之秉彝，好是懿德。』夫民之衷，天所降也；其好德者，秉其常也。是道也，惟《易》言之，孟子能明之耳。荀况、揚雄，其皆未達于《易》者乎！

宋・胡宏《知言》卷一 偉哉，孟氏之子！生世之大弊承道之至衰，藴經綸之大業，進退辭受，執極而不變，用極而不亂，屹然獨立於横流，使天下後世曉然知强大威力之不可用。士所以立身，大夫所以立家，諸侯所以立國，天王所以保天下，必本諸仁義也。偉哉，孟氏之子！

宋・高似孫《子略》卷三《尹文子》 嗚呼！士之生於春秋、戰國之間，其所以熏烝染習，變幻捭闔，求騁於一時而圖其所大欲者，往往一律而同歸。其能屹立中流，一掃羣異，學必孔氏，言必六經者，孟子一人而已。

宋・陳亮《龍川集》卷一〇《經書發題・孟子》 周道衰而王澤竭，利害興而人心動，計較作於中，思慮營於外，其始將計其便安，而其終至於争奪誅殺，毒流四方而未已。孟子生於是時，憫天下之至此極，謂其流不可勝救，惟人心一正，則各循其本而天下定矣，况其勢已窮而將變乎！變而通之，何啻反掌之易。孟子知其理之甚速而時君方以爲迂，吾是以知非斯道之難行，而人心之難正也。故善觀《孟子》之書者，當知其主於正人心，而求正人心之説者，當知其嚴義利之辨於毫釐之際。嘗試與諸君共之。

宋・朱熹《晦庵集》卷三三《書・答呂伯恭》 如孟子論愛牛、制産，本末雖殊，然亦罄其説於立談之間。大抵聖賢之言，隨機應物，初無理事精粗之别。其所以格君心者，自其精神力量有感動人處，非爲恐彼逆疑，吾説之迂而姑論無事之理，以嘗試之也。若必如此，則便是世俗較計利害之私，何處更有聖賢氣象耶？

又 卷四三《書・答林擇之》 近略整頓孟子説，見得此老直是把得定，但常放，教到極險處，方與一斡轉，斡轉後便見天理人欲，直是判然。非有命世之才，見道極分明，不能如此。然亦只此，便是英氣害事處，便是才高無可依據處。學者亦不可不知也。

又 卷三六《書・答陳同甫》 嘗論孟子説大人則藐之，孟子固未嘗不畏大人，但藐其巍巍然者耳。辨得此心，卽更掀却卧房，亦且露地睡，似此方是真正大英雄人。然此一種英雄，却是從戰戰兢兢，臨深履薄處做將出來。若是血氣粗豪，却一點使不著也。

又 卷七三《讀虞隱之尊孟辨・李公常語上》 孔子傳之孟軻，軻之死，不得其傳。此非深知所傳者何事，則未易言也。夫孟子之所傳者，何哉？曰：仁義而已矣。孟子之所謂仁義者，何哉？曰：仁，人心也；義，人路也。曰：惻隱之心，仁之端也；羞惡之心，義之端也。如斯而已矣。然則所謂仁義者，又豈外乎此心哉？堯、舜之所以爲堯、舜，以其盡此心之體而已。禹、湯、文、武、周公、孔子傳之，以至於孟子。其間相望有或數百年者，非得口傳耳授，密相付屬也，特此心之體，隱乎百姓日用之間，賢者識其大，不賢者識其小，而體其全且盡，則爲得其傳耳。雖窮天地，亘萬古，而其心之所同然若合符節，由是而出，宰制萬物，酬酢萬變，莫非此心之妙用，而其時措之宜，又不必同也。故堯、舜與賢而禹與子，湯放桀，文王事殷，武王殺受，孔子作《春秋》以翼衰周，孟子説諸侯以行王道，皆未嘗同也，又何害其相傳之一道？而孟子之所謂仁義者，亦不過使天下之人各得其本心之所同然者耳。李氏以蘇、張、孫、吳班焉，蓋不足以窺孟子之藩籬而妄議之也。推此觀之，則其所蔽，亦不難辨矣。

宋・黎靖德《朱子語類》卷五五《孟子五・滕文公下》 孟子苦死要與楊、墨辯，是如何？與他有甚冤惡？所以闢之如不共戴天之讎，能言距楊、墨者，聖人之徒也。才説道要距、楊墨，便是聖人之徒，如人逐賊，有人見了自不與捉，這便唤做是賊之黨。賊是人情之所當惡，若説道賊當捉當誅，這便是主人邊人。若説道賊也可捉可恕，這只唤做賊邊人。

問孟子好辯一節。曰：當時如縱横、刑名之徒，孟子却不管他，蓋他只壞得箇麤底。若楊、墨，則害了人心，須着與之辯。時舉謂當時人心

不正，趨向不一，非孟子力起而闢之，則聖人之道無自而明，是時真箇少孟子不得。曰：孟子於當時，只在私下恁地說。所謂楊、墨之徒也，未怕他。到後世，却因其言而知聖人之道爲是，知異端之學爲非，乃是孟子有功於後世耳。

又　卷九三《孔孟周程》　孟子比之孔門原憲，謹守必不似他，然他不足以及人，不足以任道，孟子便擔當得事。

孟子不甚細膩，如大匠把得繩墨定，千門萬戶自在。

又　卷九六《程子之書二》　問：孟子則露其才，蓋以時焉而已。直卿云：或曰非當如此，蓋時出之耳；或曰戰國之習俗如此；或曰世衰道微，孟子不得已焉耳：三者孰是？曰：恐只是習俗之說較穩。大抵自堯、舜以來，至於本朝，一代各自是一樣氣象不同。

問：孟子露其才，蓋亦時然而已。豈孟子亦有戰國之習否？曰：亦是戰國之習。如三代人物，自是一般氣象；《左傳》所載春秋人物，又是一般氣象；戰國人物，又是一般氣象。

宋·何垣《西疇老人常言·評古》　孟子不肯枉尺直尋，及說時君，則每因其所好而進說，何也？功利之與仁義，猶水火之相反，不乘其所樂聞而巽入之，則正論難以動其聽也。他日語齊王，方問以四境不治，則遽顧左右而言他矣。不仁者，可與言哉？

齊、梁之君地醜德齊，孟子以仁義游於其間，幸其聽用，則皆可以澤民也。卒乃謂齊王『足用爲善』，至梁惠，則以不仁斥之。非有適、莫也，志莫患乎自滿。至惟慮，可以受人。梁惠自矜其於國盡心，而齊宣猶能謂吾惛不敏。取齊棄梁，於此乎決矣。然而卒無成功者，天也。孟子亦自歎：『夫天未欲平治也。』

滕文公服膺孟子之教講明，凡一再而行之身、措之國者已有餘用。民之被澤未也，而仁心、仁聞已達乎四境，賢者聞風而悅之。許行自楚往，陳相自宋往，何其速哉！信乎饑渴者易爲飲食也。

梁襄，惠王之嗣也。孟子鄙之，謂望之不似人君。齊王之子，亦人子也。孟子一望見之，頃則興喟然之歎，爲『大哉』之稱。於此亦可見取齊棄梁之意也。

宋·王應麟《通鑑答問》卷一《孟軻至梁見惠王》　或曰：孟子不見諸侯，何以至梁見惠王？曰：《魏世家》云：『惠王數被兵，卑辭厚幣，以招賢者，故孟軻至梁。』《孟子》曰：『不爲臣不見，豈非其招而往哉？』自邪說詖行充塞仁義，戰國之君知有強弱衆寡，不知有惻隱羞惡，戰爭不息，惟利是謀，而仁義之言絶響。孟子不得不拔本塞源，深排而力閉之。仁義之效不遺其親，不後其君，利之禍至於不奪不饜，可謂深切著明矣。仁義，人之良心；利者，良心之稂莠。《大學》明辨於末章，《孟子》特嚴於首簡，不但世主不寤，而學者存良心而窒利欲者亦鮮焉。仁義有天爵之榮，放利有多怨之辱，宜知所擇矣。習俗移人，波頹風靡，合汙自賤，廉恥道喪。雖人誦七篇，家習《大學》，口耳聖賢之訓，身心市賈之行。董子正誼明道之言，皆嗤點以爲灰塵。《記》曰：『人化物者，滅天理而窮人欲也。』吾爲此懼。學者欲學聖賢，當自辨志始。辨志莫先於義利之趨舍。喻義爲君子，喻利爲小人。爲善則舜之徒，爲利則蹠之徒。人之爲人，以有仁義也，否則人化物矣。學者欲爲人乎？欲爲物乎？

宋·王應麟《困學紀聞》卷八《孟子》　孟子，學伊尹者也。『當今之世，舍我其誰也？』是亦聖之任。

金·王若虛《滹南集》卷九《史記辨惑·採摭之誤辨》　或疑孟子勸齊伐燕，《孟子》辨之甚明，而《燕世家》乃云：『孟軻謂宣王曰：「此文、武之時，不可失。」』何從得耶？此直以或疑而意之耳。茆璞曰：司馬遷不信真孟子，而信假孟子。誠中其病。

元·郝經《續後漢書》卷八三上《録第一上·道術·正傳·孟子》

孟子受業於子思，治儒術，通五經，資剛毅正大，子思以爲賢而傳其道。子思没，遂以其道游於諸侯。時秦用張儀，楚、魏用吳起，燕、趙用蘇秦，韓用申不害，齊用孫子、田忌。天下方務於合從連衡，以攻伐爲賢，而孟子乃述唐虞三代之德，導時君於王道，説以仁義，絀其功利，鄙其霸術，謂管仲、曾西之所不爲，是以所如不合。爲卿於齊，復致爲臣而去。且當孔子時，已有過不及、狂狷失中之偏。孔子没，諸弟子各以其學游於諸侯，道術已自不一，賴曾子、子思申明拓大，傳之孟子而正學不亡。其時有楊朱、墨翟、莊周、鄒衍、淳于髡、慎到、田駢，皆著書以自名。駁雜之説，不可勝紀。孟子乃與高第弟子公孫丑、萬章之徒，難疑答問，述仲尼之意，著書七篇。凡莊周諸人誕妄偏駁、於時惑衆之易見者，皆置不

論，獨楊朱爲我則似義，墨翟兼愛則似仁，似是而非，大亂人心，其弊必至於無父無君，壞倫類，滅人道，而爲禽獸。孟子乃爲辯明，闢其邪説。

或以爲好辯而譏之，孟子曰：『聖王不作，諸侯放恣，處士横議。楊朱、墨翟之言盈天下，天下之言不歸楊則歸墨。楊氏爲我，是無君也；墨氏兼愛，是無父也；無父無君，是禽獸也。楊、墨之道不息，孔子之道不著。是邪説誣民，充塞仁義也。仁義充塞，則率獸食人，人將相食。吾爲此懼，閑先生之道，距楊、墨，放淫辭邪説者不得作。昔者禹抑洪水而天下平。周公兼夷狄，驅猛獸而百姓寧。孔子成《春秋》而亂臣賊子懼。我亦欲正人心，息邪説，距詖行，放淫辭，以承三聖者。予豈好辯哉？予不得已也。能言距楊、墨者，聖人之徒也。』於是斥許行，譏匡章，蚓陳仲子，妾婦儀、秦，仲尼之道巍然復立。

其斷然以性爲善，而專言仁義。謂『君子深造之以道，欲其自得，自得則居之安，居之安則資之深，資之深則取之左右逢其原。』謂『可欲之謂善，有諸己之謂信，充實之謂美，充實而有光輝之謂大，大而化之之謂聖，聖而不可知之謂神。』謂『我善養吾浩然之氣。其爲氣也至大至剛，以直養而無害，則塞於天地之間，配義與道，是集義所生者。』又言夜氣、平旦氣，盡心知性，知天存心，養性事天，仁義皆内生之，非性等，皆孔氏之門未道者。

謂『堯、舜性之，湯、武身之，五霸假之。』『伯夷，聖之清；伊尹，聖之任；柳下惠，聖之和；孔子，聖之時，孔子之謂集大成。』『禹、稷、顔回同道。』聖賢地位自此而定。中間申明六經微意，《中庸》、《大學》之指要，《春秋》之作未有言其義者，獨著其傳，舉其綱領，使學者知聖人筆削之旨，高出《三傳》之上。抑邪辯異，禦侮衛道，廓清摧陷，芟夷蕴崇，折中於孔子。推廣伏犧、堯、舜、禹、湯、文、武、周公之傳，傳天下以一心，貫萬世以一道，塞天地以一氣，生萬物以一仁。自處聞知之地，以道自任，故顔子發孔子《大畜》之德，曾子著孔子正大之學，子思極孔子高明之道，而孟子建孔子中興之業。於是孔子之道，得孟子而益尊。

元・胡祗遹《紫山大全集》卷二〇《讀春秋》　宋儒以孟子有英氣，是徒以辭氣觀孟子，孟子之心則不知也。夫矯弊之言，不得不激烈。當孟子之時，天下趨慕者以公孫衍、張儀爲大丈夫；智者阿時從欲，導奸逢惡，以詐力相雄長，求富貴利達；愚者乞墦間之祭，脅肩諂笑，無所不至，紛然蟻虱蠅蚋之不若，人心之壞若是。高於此者，陷而爲蒙莊之流，荒唐悠繆，又非世教之中道。故孟子辭而闢之，曰：『人之所貴者，非良貴也。』『人人有貴於己者，弗思耳矣。』又曰：『彼以其富，我以吾仁。』又曰：『説大人則藐之，勿視其巍巍然。』其於立功樹業，窺伺攘奪，滅裂苟且，見小利而不圖大患，恃口舌而不修實德，俘爲奴妾而不羞，殺父辱母而不怒怨，視五霸之事以爲不可及，爲國者以至若是。故孟子明斥其惡曰：『今之大夫，今之諸侯之罪人也；今之諸侯，五霸之罪人；五霸，三王之罪人也。』又曰：『仲尼之徒，羞稱五霸，無道桓文之事者。』『無已則王乎！』又曰：『我非堯、舜之道，不敢以陳於王前。』在孟子之明王道，扶聖教於消亡絶滅之際，不得不然耳。譬於決癰破疽，救焚拯溺，舍砭石而示撫摩，恥奔赴而嚴步趨，可謂不知務矣。故孟子自明之曰：『予豈好辯哉？予不得已。』孟子之心，其在於此乎！言之若是，暴棄下流猶不足以振起之。甚矣，人之難曉也，哀哉！孔子作《春秋》，善惡明書之。孟子之書，輔翼《春秋》之箋注。故胡氏解《春秋》，專以《孟子》爲斷例。

元・吴萊《淵穎集》卷一一《孟子弟子列傳序》　太史公《孟子列傳》首孟軻，繼鄒衍、奭、淳于髡、慎到、荀卿、墨翟、尸佼、長盧子，曰皆在孔子後。荀卿可言也，彼數子者不同道，奈何同《傳》，將以孟子寘諸戰國辯士之流乎？是又非不知孟子者也，一則曰述唐、虞、三代之德，二則曰述仲尼之意。彼數子者，亦有一於此乎？當戰國之時，士多以游説縱横攻戰刑法之説行，而時君猶欲好儒自飾。吴起，戰士也，乃以儒服見魏武侯。武侯之子惠王與齊宣王，皆卑辭厚幣以聘孟子，然徒切於事功，卒以迂緩不合，人且謂其好辯而已。儒、墨並稱，百家雜説渾淆之矣。豈太史公狃見而溺聞若是乎！方其敍《孔子世家》，進之與十二諸侯同列。《周本紀》、十二諸侯《世家》則又皆書曰『孔丘卒』，尊之也至矣。及所載，多《左氏》、《國語》雜事，欲以明聖人多能。聖人豈果以多能稱哉？又作《七十弟子列傳》，則徒分裂《論語》問答以實之。餘徵《家語

・弟子解》，他悉無所徵，是亦《孟子列傳》類也。東漢趙岐始注《孟子》，其序曰：『孟子幼被慈母三遷之教。』史不載，今猶見《古列女傳》，且言孟子將去齊母老，擁楹而歎有憂色，母乃引《詩》、《易》詔之，似與充虞路問時意同。岐又曰：『有《外書》四篇，文不能弘深。』今猶略見劉向《説苑》。所謂『人知糞其田而不知糞其心』者，疑即《性善辨》中語。若他事之逸者，雖太史公不能具知，況後世乎！

蓋戰國以儒自名者八家，而四家最顯：子游氏，子夏氏，荀氏，孟氏。孟子學出於曾子、子思，荀卿猶從而譏之曰：世俗之溝愚瞀儒嚾嚾然，略法先王，案往舊造説，而不知其統。我則異焉，治則法後王而已矣。至於子游、子夏，亦曰是儒之賤者。所重必仲尼、子弓。子弓未審何人。《韓子》曰：仲尼弟子有馯臂子弓。《漢儒林傳》：商瞿受《易》仲尼，瞿傳魯橋庇子庸，子庸傳江東馯臂子弓。子弓與仲尼不同時，又行事無大卓卓，不足以配孔子。邢昺《論語疏》引王弼説：逸民朱張，字子弓。然弼説又不見有他據也。要之，孔子嘗稱冉雍『可使南面』，且在德行之科。雍字仲弓，蓋與子弓同是一人，如季路又稱子路然也。將荀卿之學，實出於子弓之門人，故尊其師之所自出，與聖人同列，亦已浸淫於異端矣。於是孟子之没者久，所謂溝愚瞀儒，正指萬章、公孫丑之徒也。荀卿在戰國號稱大儒，猶同門異戶者如此，又況鄒衍、奭、淳于髡、墨翟以下諸子違離怪誕者甚矣，何可與同《傳》哉？荀卿既死，李斯用事，孟子之徒黨盡矣，悲夫！予故本太史公《孟子列傳》，刪去諸子，且益以高第弟子萬章、公孫丑之徒，凡十有九人云。

明・太常寺官屬《太常續考》卷五《孔子幷啓聖公》　（洪武）五年，罷孟子配享。踰年，上曰：『我聞孟子辯異端，闢邪説，發明孔子之道，宜配享如故。』

明・薛瑄《讀書録》卷六　孟子論王政，大要不出乎教、養二端。

明・鄭瑗《井觀瑣言》卷一　世儒非孟子者，大意謂周王尚在，孟子不當勉諸侯以王業。辨之者不過謂：當時天命已改，雖代王革命，無傷也。是故然矣，然當時諸侯已皆自稱王，孟子不過勉之行仁義以救民，天下自悦而歸之。使衰周未亡，則亦因而存之，令從杞、宋之列耳。初未嘗勸之伐周而黜顯王也，庸何傷哉！

明・周琦《東溪日談録》卷一一《經傳談下・孟子》　孟子在戰國之時，人固知其爲賢，然亦不過視與常賢等耳。惠王以東敗於齊，龐涓、太子申死；南敗於楚，西喪地於秦，故三十五年，大召賢者。其意在富國强兵，以雪齊與秦、楚之恥，非行王道之意。故孟子至梁，一見惠王，備言求利之害與『不賢者有此不樂』等語，非惠王召賢初意，是以爲迂遠不用。當時之人，安知其爲亞聖之才也？

王政、仁政、仁心、仁聞與不忍人之政，古無是言，惟孟子始倡此説。蓋列國兵爭，世亂民疲，非有仁政固不足以收人心，非有仁心又何足以行仁政？故孟子於此之時，用『仁』之一字，以醫當世之不仁也。堯舜之道不以仁政，不能平治天下。蓋言平治天下必以仁政，不以仁政必不能平治也。

明・丘濬《大學衍義補》卷七七《崇教化・本經術以爲教下》　臣按：六經之外，書籍之在天地間者，《論語》之外有《孟子》。故先儒論儒道之書，必以《論》、《孟》並言，蓋此二書，六經之骨髓，儒道之根本也。爲學之要，出治之法，皆不外乎此。六經譬則海也，山也，《論語》譬則泛海之航，上山之階也，《孟子》其入海之潢，登山之徑乎！故學堯、舜、禹、湯、文、武、周公之道者，必自孔子入，而入孔子之門者，必自《孟子》始。

明・孫承恩《文簡集》卷四三《論・孟子出處》　軻以顯王十二年至魏，至某年始去，蓋在魏凡十有九年，而魏不能用也。彼其於欺罔之張儀，方且甘心委順，受其愚矣，若童豎然；至於軻，則略不能行其一語。蓋始焉利國之對，以至雪恥之問，皆魏君所謂迂闊者，而不知迂闊之言，足以致王也。然軻道既不合，方且遲遲，至魏君死後去。是時魏且多事，秦人攻伐無已，儀、秦遊説皆在是時，而三、四答問之外，未有聞焉。豈以言不見用不復有言耶？抑所言者不著耶？軻嘗以士而託於諸侯爲非禮，其久處於魏，何也？先儒謂軻未嘗受祿，特以道義，居賓師之位，爲國人矜式，而魏君亦能養賢者，故得從容於進退。士不知此而徒欲苟祿以自贍，則誤矣。此聖賢出處之大者，故不可不著。

明・海瑞《備忘集》卷八《孟子爲貧而仕議》　人生天地間，曰士，曰農，曰工，曰商，皆男子事也。其事雖一，然士在行道。天地間惟道最

大，故士居四民首。士當斯世，既貧而無養矣。曰農，曰工，曰商，無非資身策也。此其事之在我者，一仕於人則制於人，制於人則不得以自由。制於人而望於人者，惟祿焉，且云非出處之正。吁！非其正者而可以謂之出乎？以不正之出，懸望祿之思，此其心何如也？君子之仕，所以行其義。臣子之義，分無彼此，而以言高行道自諉，失君子出仕義矣。天地間無可以生此身者，爲之可也。舍農、工、商之養自己出，區區於抱關擊柝之祿，由人制者焉。大賢君子之所爲，寧若此哉？孔子平日進以禮，難於進也；退以義，易於退也。乘田委吏，安然受之而不辭，蓋亦順其舉授者而無容心焉，亦且行道之端所係耳。事君敬其事，而後其食；爲貧以進，寧復能後其食耶？孟子平日執不見諸侯之義，分庭抗禮，直若壁立萬仞之不可卽者，莫非剛且大者爲之。斯言一出，吾恐氣體亦有所不充，集義所生者，或不能長江大河浩浩然而來矣。

又《孟子道性善》 孔子論性，曰『性相近，習相遠。』雖未一一剖析，而天命、氣質實兼於中，程子所謂『二之則不是相近』，一言盡之矣。論性不論氣，無以見其生稟之異；論氣不論性，無以見夫義理之同。言性不可不析而爲二，無氣則此理無處安頓。曰理曰氣，無離合，無先後，性卽在氣質中，非二物也。言性又不可不合而爲一，合之而未嘗不分，渾然之中，燦然者著焉。聖人之言妙矣。孟子論性，區區然執一性善之説。夫人之所以信服於人，服其心也；服其心者，彼亦有所驗之於心，証之天下也。程、張生於戰國，一言而告子服矣。告子不爲孟子服者，實孟子言之執於一辯之不能詳使之，非告子諸人故屢變以求勝也。

説者謂：孟子時當戰國，人欲横流，不得不執性善之説矯焉。春秋時俗，較去戰國不遠，孔子稱『性相近』，繼之曰『惟上智與下愚不移』，周流不舍。孔子救世之心，亦均切矣，將不欲矯正之耶？不正言以屈其心，欲反言而矯其失，不可得而矯矣。告子所謂『仁内義外』，乃不知『仁、義』二字字義。所謂不知『仁、義』二字義，固欲反之。孟子不曰心之德愛之理謂之仁，心之制事之宜謂之義，區區執敬酌湯水之説，辯之不詳，亦徒多言而無益也。孟子有命也，有性焉，君子不謂命之説，於氣質之性既知之矣。答告子諸人，獨不一言及之，蓋孟子意欲伸此抑彼，如説夜氣，欲人知涵養此性；説四端，説擴充，欲人知體認此性，充廣此性。諄諄然不一而止，無非爲性善謀也。孟子之功大矣，然理、氣不相離，而離言之；知爲性善謀，不能使人信吾性善之説，是則孟子之過也。

又《鄉原亂德》 從古未有言及養氣者，而孟子言之。古有詭隨上容之説，卽鄉愿意也，亦無有若孟子之論剴切痛快者。蓋鄉愿餒其浩然之氣以從俗。浩然之氣，孟子身有之，見鄉愿若爲身害，故言之詳，惡之痛。今天下惟鄉愿之教入人最深，凡處己待人，事上治下，一以鄉愿道行之。世俗羣然稱僻性，稱所行大過者，多是中行之士。謂如此，然後得中道。善處世，則必鄉愿之爲而已。所稱賢士大夫，不免取道鄉愿，調停行之。鄉愿去大奸惡，不甚遠。今人不爲大惡，必爲鄉愿。事在一時，毒流後世，鄉愿之害如此。説者謂孟子擴前聖所未發，指養氣言也。孟子之功，不在禹下，當以惡鄉愿爲第一。

明・李贄《藏書》卷三二《德業儒臣・孟軻》 李生曰：『孟氏之學，識其大者，真若登孔子之堂而受衣鉢也，其足繼孔聖之傳無疑，其言性善亦甚是，然至盡排衆説，猶未免執定説以騁己見，而欲以死語活人也。夫人，本至活也。故其善爲至善，而其德爲明德也。至善者，無善無不善之謂也。惟無善無不善，乃爲至善；惟無可無不可，始爲當可耳。若執一定之説，持刊定死本，而欲印行以通天下後世，是執一也。執一便是害道，孟氏已自言之矣。惟夫子之善言性也。曰：『性相近也，習相遠也。』『上知與下愚不移。』不執一説，便可通行。不定死法，便足活世。故曰：孔子其太極乎，萬世之師之也，宜也。孟氏知尊夫子而願學之也，亦宜也。然以爲賢於堯、舜，以爲生民未有，則亦不自知其言之過矣。

夫孔子自謂好古敏求，學而後知之者矣，乃堯、舜，性之也，何易賢也？若謂舉作用而言，則孔子之舉措，分明是舜以下聖人之舉措也。觀其夢寐周公，可見矣。夫周公且非舜比也，而況堯乎！當堯之時，洪水之害極矣。衆方舉鯀，堯故知之，然且順衆而用之，不徒用之，用之且至于九載，至九載而績用弗成也，乃已。其舉禹，舉稷，舉皋陶，伯益，舉十六相而誅三凶，且殛鯀也，皆舜攝位以後事也。由此觀之，則堯之端拱成化，後世烏能知之哉？而以爲賢於堯，不過情乎？然此猶可委曰：弟子互相神聖其師云耳。

乃王霸之辨，則舛謬不通甚矣。夫稱天下之所歸往曰王。前此而王者

有三，故曰三王。王者不足爲天下之歸往，則方伯、連帥修其職業，佐王者以定諸侯，寧一天下。於是始稱方伯之任，故謂之伯，言其能任伯兄之事，率諸兄弟以宗周，無敢相攻伐也。此其借之之力，固所以修方伯之職，非分外舉也，何以得罪于三王乎？吾以爲正有功于三王者矣。故爲三王易，爲五伯難。

夫子曰：『微管仲，吾其披髮左衽矣。一匡天下，民到於今受其賜。』二百餘年之周，借是以延長不滅，誰之功耶？而以謂無道桓、文之事，可歟？蓋孟氏徒知夫子小管仲之器，而不知夫子實心服管仲之功也。其小仲之器者，亦大概爲門弟子云耳。當時如子貢不免以得邦家望夫子，故夫子曰：『待勢而彰。』其器小也，人亦何待功業烜赫，而後足以立於世哉？非以夫子之事功，爲能有加於仲也。

明・黄淳耀《陶菴全集》卷四《史記評論・孟子荀卿列傳》　黄子讀《孟子荀卿列傳》，歎曰：太史公之尊孔孟，闡儒術，至矣。漢人以孔子、墨翟並稱，而孟子者，當世與説士並稱者也。太史公出，孔子之道始獨尊，而孟子始得以繼孔矣。此《傳》始孟子，終荀卿，中騶忌、騶衍、淳于髡、愼到、騶奭之徒錯見焉，而其《傳》則以『孟荀』立名。孟荀雖並稱，而首引《孟子》書對梁王者先之，且以『夫子罕言利』爲比。《傳》即繼之云：『受業子思之門人。』又云：『孟軻乃述唐虞、三代之德，是以所如不合。』又云『序《詩》、《書》，述仲尼之意，作《孟子》七篇。』則孟子之源流較然，而此《傳》之爲尊孟子而作，無疑矣。

其下述騶衍之術迂誕不經，重爲時王所尊禮，以見孟子言王道而所如不合，乃有國者之醜也。因復以仲尼之困陳、蔡，伯夷之餓首陽，與孟子之在齊、梁間爲比，其歎息爲何如哉！繼又曰『或曰伊尹負鼎而王』云云，非以美騶衍也。太史公稱『或曰』者，皆甚不然之辭，觀《封禪書》及他《傳》中可見也。蓋當時之稱騶衍其論云云爾，此下即接淳于髡數子之學術，見時所尊尚不過此類，而以荀卿終之。荀雖非孟比，然其所著書切於事理，與騶衍等相反，則已爲當世所絀，廢死蘭陵矣。如孔孟者，又何望哉？末後敍公孫龍等數家，以見羣言殽亂，而孔孟之書足爲萬世法也。

太史公大旨如此，其文捭闔不羈，若滅若没，讀者類求之於筆墨蹊逕之内，故雖以譙允南之精識，而猶謂其好奇也。人固難與知言哉！嗚呼，黄老爭鳴之後，不眩不亂，毅然一之於孔孟，豈非豪傑之士哉！雖《孔子世家》、《仲尼弟子列傳》中不無踳駁，君子觀其大意可也。

明・馮從吾《少墟集》卷七《語録》　『皆古聖人也』，論人何其恕！『吾未能有行焉』，自處何其謙！『乃所願則學孔子也』，趨向又何其正！此正孟子之所以得統於孔子也。

清・黄宗羲《明儒學案》卷一《河東學案・文莊王凝齋先生鴻儒》　《凝齋筆語》：孟子之學，明在於事親事長而幽極於知性知天，上下本末，一以貫之，此所以爲醇乎醇之儒也。彼莊、老者，幽、明二致，首尾衡決，世儒方且尊以爲聖哲，豈知道之論乎？

又　卷三八《甘泉學案二・太僕呂巾石先生懷》　性、命合一，天、人不間，知而行之，此孟子之所以亞聖也。《答毛介川》。

清・黄宗羲《明文海》卷一六四《趙貞吉〈復廣西督學王敬所書〉》　予讀荀卿之譏孟子『略法先王而不知其統』，未嘗不駭也。及探道日久，心稍有知。回視孟子之禽獸楊墨，則竊謂持論之過嚴矣。夫二子之學，要有所本也。墨子本於禹，楊子本於黄帝、老子。二子皆當世高賢，其學本以救世；至其徒之失真，則非二子之罪也。遽極其討伐而擬諸禽獸焉，非不深究先王之學術，亦各有在之過乎？謂之『略法』者，以言不深考云耳。夫孟子，法孔子者。嘗謂『孔子自生民以來，未之有』，則於孔子之前上聖至人，誠亦有所不暇考。乃荀氏之言，亦未爲過。至謂『不知其統』，則雖予亦不以荀言爲然矣。

清・朱彝尊《經義考》卷二三一《孟子一》　（明）郝敬曰：戰國處士横議，楊朱、墨翟、鄒衍、鬼谷子、公孫龍之輩，百家簧鼓竽濫，不可勝聽。而孟子生當斯時，獨能守仁義性善、孝弟中庸之教，發明顯微博約、下學上達之旨，斬然歸於一。七篇之辭彰明較著，而其旨精融渾化，使當世由之而不知，後世習之而不察，嗚呼微已。

清・庫勒納等《日講四書解義》卷一三《孟子上之一》　孟子當戰國時，憫教化衰微，人心陷溺，於是發明孔子之學，以性善闢異端，以王道黜功利，進則告於列國諸侯，退則與及門萬章、公孫丑之徒反復論辨，總不離乎仁義者。是其道雖未大行，而其教已被於天下後世。故韓愈曰：

求觀聖人之道者，必自《孟子》始。書凡七篇。

清·張英《文端集》卷四四《恒産瑣言》 人家子弟，從小便讀《孟子》，每習焉而不察。夫孟子以王佐之才，説齊宣、梁惠，議論闊大，志趣高遠，然言病雖多端，用藥止一味，曰『有恒産者，有恒心』而已，曰『五畝之宅，百畝之田』而已，曰『富歲，子弟多賴』而已。重見疊出，一部《孟子》實落處，不過此數條，而終之曰：『諸侯之寶三：土地。』

清·魏裔介《兼濟堂文集》卷一四《孟子論》 吾讀孟子之書，而知千聖相傳之學，至是而有所會萃焉。蓋循蜚、禪通以前，固不可得而考已。自伏羲以開天之聖，仰觀俯察，遠取近取，直剖混沌之秘，而性學已露其端矣。然而不言者，《易》所謂默而成之，神而明之，存乎其人也。逮伊耆氏爲君，初不知其何所師授，而以『允執厥中』一語，傳之于舜：舜復以十六字，傳之于禹，則心之精妙著矣，而『性』之一字，猶未顯也。至湯而大闡厥宗，乃明告于天下曰：『惟皇降衷下民，厥有恒性。』性之説昭然著矣。然湯、文闡之而不足，桀、紂亂之而有餘。伊尹作《伊訓》，箕子衍九疇，呂望奉《丹書》，周公作《大誥》，諸聖人竭其心思，不憚文辭之紛紛者，無非爲此天命秉彝之理也。春秋之時，王迹既湮，道德壞裂，天乃誕生素王，爲萬古照長夜，以《大學》傳曾子，孟軻氏獨得其傳。

所傳者何？『天命之謂性』也，『不明乎善，不誠乎身』也。是以一生言性善，言仁義，言人皆可以爲堯舜，惓惓行道，無一息不在民生。雖以齊、梁庸主依戀之不忍遽捨，而知言養氣，發前聖之所未發。割烹自鬻之章，雪古人不白之誣于千載之上。彼楊、墨之凶德，告子之執拗，淳于髡、公都子、萬章諸人之反覆詰難，歷歷辨晰。若鴻鐘之在懸，大扣之則大應，小扣之則小應。如明鏡之在握，媸對之而見媸，妍對之而見妍。初不費思索，不事考証，披郤導窾，扼亢擣虚，投之所向，無不如意。自非天理精純之極，何以有此雄辨快論哉！

或問于程子曰『孟子還可謂聖人？』程子曰：『未敢便道他是聖人。然學已到至處。』我則曰：孟子，聖人也。昔人謂孟子若遇莊子，二人辨，未知孰勝。愚謂莊子幸而不遇孟子耳。彼雖剽剝儒、墨，汪洋自恣，然以孟子堂堂之陣，正正之旗，固非詭遇之師所能與之角勝也。自孟子之没，知孟子者莫若韓子。謂『求觀聖人之道，必自孟子始。』又謂『孟子之功，不在禹下。』豈不信哉？其自序『去聖未遠，居聖最近』，蓋將自負于顔、曾、思見知之列，而以聞而知之，望天下後世之人，衍仁義之緒於無窮。而後世之學者猶曰：聖人未嘗有一法與人，亦無有一法受于人。前無轍迹可循，後無典要可據，見無所見，聞無所聞，故曰『無有乎爾』。舉聖賢傳心要典，入于異教而不自知也，哀哉！奈何不反而求其放心也？

清·陸世儀《思辨録輯要》卷二九《諸儒類》 孟子之功，第一在闢楊、墨。蓋當時邪説誣民，充塞仁義，天地之間幾不復知有聖人之道矣；不惟不知有聖人之道，且以爲卽此是聖人之道。故至唐韓愈時，尚以『孔墨』並稱。使非孟子當時鳴鼓而攻，則後世誰復知有孔、墨之辨？《我亦欲正人心》一章，此孟子自敘一生功烈也。凡此等，俱是大頭顱處，須要識得。

孟子語有極奇闢者，非學問至絶頂，眼明口快，決不能道。如論性則曰：『人無有不善，可以爲堯舜。』論治則曰：『民爲貴，社稷次之，君爲輕。』『君有大過，則易位。』論湯、武則曰：『聞誅一夫紂矣，未聞弑君也。』論堯、舜則曰：『天子不能以天下與人。』皆極奇闢又極平正，後來儒者不能道，亦不敢道。此所以爲孟子。

又 卷三三《經子類》 《孟子》道理極平正，然議論却有機鋒，或直折，或接引，處處皆有作用。如『王何必曰利』及『仲尼之徒無道桓、文』，此直折之類也。『賢者而後樂此』及『愛牛、好貨、好色』，此接引之類也。雖是聖賢，實具有英雄作用，亦是資稟及時勢如此。

清·愛新覺羅·玄燁《聖祖仁皇帝御製文第四集》卷二四《文》 蓋孔門賢者，顔氏、曾氏傳得其宗，發揮性理之淵源，亦可謂見而知之者也。至於孟氏，雖隔百有餘歲，身居亂世，挺然以仁義爲心，以道德爲本，傳聖聖相承之奧，闢楊、墨異端之誣，後人始知有性善、養氣之説矣。孟氏之有功於聖門，起來學於後世，其功豈淺鮮！夫天道、人道，必待人而後興。古人云：堯、舜無優劣。禹、湯、文、武、周、孔、孟子之傳，互相發明。若使聖賢不作，風教凌敗不可問矣。後之學聖人之道者，必自《孟子》始。

清・朱軾《史傳三編》卷二《名儒傳二・漢趙岐》　論曰：當秦火時，以《孟子》下臚諸子，故得不燬。漢興，司馬遷始稱其述唐虞三代之德，以並孔子，然猶與荀卿合《傳》。惟岐值時衰亂，經籍道息，獨能抽博士所不講者，潛心畢業，且斷而置之，以爲命世亞聖，何其明也！

清・方苞《望溪集》卷一《讀孟子》　余讀《儀禮》，嘗以謂雖周公生秦漢以後，用此必有變通。及觀《孟子》，乃益信爲誠然。孟子之言養民也，曰制田里，教樹畜而已。其教民則謹庠序之教，申之以孝弟之義。凡昔之聖人所爲深微詳密者，無及焉。豈不知其美善哉？誠勢有所不暇也。然由其道層累而精之，則終亦可以至焉。其言性也亦然。所謂踐形養氣，事天立命，間一及之而數舉以示人者，則無放其良心以自異於禽獸而已。既揭五性，復開以四端，使知其實不越乎事親從兄，而擴而充之則自無欲害人，無爲穿窬之心始。蓋其憂世者深而拯其陷溺也迫，皆昔之聖人所未發之覆也。

嗚呼！周公之治，教備矣，然非因唐虞、夏殷之禮俗，層累而精之，不能用也。而孟子之言，則更亂世，承汚俗，旋舉而立有效焉。有宋諸儒之興，所以治其心性者，信微且密矣，然非士君子莫能喻也。而孟子之言，則雖婦人小子一旦反之於心，而可信爲誠然。然則自事其心與治天下國家者，一以孟子之言爲始事，可也

清・李鍇《尚史》卷八五《孔子繫五・孟子》　論曰：程子有言曰：『仲尼，元氣也。顔子春生，孟子秋殺，盡見。』又曰：『仲尼無迹，顔子微有迹，孟子其迹著。』可謂體聖賢之審者。然振聾昭昧，辟邪直枉，天生孟子，亦寓《復》於《剝》乎！四時之氣備，而後歲功成。孟子蓋董其成者也。

又　卷八六《諸子傳》　論曰：周末羣説蠭起，厥流濫觴。有道家，老子、列子、莊子、老成子、鶡冠子、環、田、接、慎諸子是也。有儒家，荀子是也。有名家，尹文子是也。有法家，申、韓是也。有兵家，尉繚子是也。有墨家，墨子是也。爝火燭夜，争光一隅。待孟子揭仲尼之説以正之，大然後昭昭乎賓朝日而歛羣陰矣。

清・戴震《孟子字義疏證》卷首《自序》　余少讀《論語》，端木氏之言曰：『夫子之文章，可得而聞也。夫子之言性與天道，不可得而聞也。』讀《易》，乃知言性與天道在是。周道衰，堯、舜、禹、湯、文、武、周公致治之法，焕乎有文章者，棄爲陳迹。孔子既不得位，不能垂諸制度禮樂，是以爲之正本溯源，使人於千百世治亂之故，制度禮樂因革之宜，如持權衡以御輕重，如規矩準繩之於方圜平直，言似高遠而不得不言。自孔子言之，實言前聖所未言。微孔子，孰從而聞之？故曰『不可得而聞』。

是後私智穿鑿者，亦警於亂世。或以其道全身而遠禍，或以其道能誘人心，有治無亂，而謬在大本，舉一廢百。意非不善，其言祇足以賊道。孟子於是不能已於與辯。當是時，羣共稱孟子好辯矣。《孟子》之書有曰『我知言』，曰『遊於聖人之門者難爲言』。蓋言之謬，非終於言也，將轉移人心，心受其蔽，必害於事，害於政。彼目之曰：小人之害天下後世也，顯而共見。目之曰：賢智君子之害天下後世也，相率趨之以爲美言，其入人心深，禍斯民也大，而終莫之或寤。辯惡可已哉？

孟子辯楊、墨，後人習聞楊、墨、老、莊、佛之言，且以其言汨亂孟子之言，是又後乎孟子者之不可已也。苟吾不能知之，亦已矣。吾知之而不言，是不忠也，是對古聖人賢人而自負其學，對天下後世之仁人而自遠於仁也。吾用是懼，述《孟子字義疏證》三卷。韓退之氏曰：『道於楊、墨、老、莊、佛之學而欲之聖人之道，猶航斷港絶潢，以望至於海也。故求觀聖人之道，必自《孟子》始。』嗚呼！不可易矣。休寧戴震。

清・趙翼《陔餘叢考》卷五《史記三》　孔子無公侯之位，而《史記》獨列於世家，尊孔子也。凡列國《世家》與孔子毫無相涉者，亦皆書『是歲，孔子相魯』，『孔子卒』，以其繫天下之重輕也。其傳孟子，雖與荀卿、鄒忌等同列，然敍忌等尊寵處，卽云『豈與仲尼菜色陳、蔡，孟軻困于齊、梁同乎哉！』又云：『衛靈公問陣，孔子不答；梁惠王謀攻趙，孟子稱「太王去邠」，豈有意阿世苟合而已哉！』皆以孔子、孟子並稱，是尊孟子，亦自史遷始也。

藝文

宋・王安石《臨川文集》卷三一《孟子》　沉魄浮魂不可招，遺編一

讀想風標。何妨舉世嫌迂闊，故有斯人慰寂寥。

宋・王令《廣陵集》卷一三《讀孟子》 去梁無故又辭齊，弟子紛紛益不知。天下未平雖我事，己身已枉更何爲。後來誰是聞風者，當世何嘗不召師。士要自高無顧世，遺編今亦有人疑。

宋・彭汝礪《鄱陽集》卷一一《讀孟子》 飽食無庸近素餐，低徊還恐似播間。黄昏一讀遺編盡，夢寐清風亦厚顔。

洙泗三千弟子賢，行藏獨許一顔淵。先生出處俱天意，無怪公孫尚間然。

宋・呂本中《東萊詩集》卷一九《即事六言》 游夏一辭不措，非關未究源流。直至孟軻没後，無人會讀《春秋》。

宋・趙與旹《賓退録》卷二 又有黄次伋者，不知何許人，賦《評孟詩》十九篇，極詆孟子，且及子思。漫紀一、二。

首篇《傳道》八句云：『此道曾參得最真，寥寥千載付何人？所傳伋也亦無母，誰覺軻乎倡不臣。忠孝缺來今已久，《中庸》到此盍惟新？願言爲子爲臣者，勿據悠悠紙上塵。』

《文王之囿方七十里》一絶云：『庇民德莫大文王，西伯都來百里强。園囿盤遊方七十，斯民何處事耕桑？』蚍蜉撼大木，多見不知量也。

宋・徐鈞《史詠詩集》卷上《諸儒・孟子》 戰國誰能識道真？故將性善覺生民。七篇切切言仁義，功利場中有此人。

宋・王柏《魯齋集》卷一《四言古詩・疇依》 惟孟軻氏，雄士絶識。伯仲禹功，力距楊墨。性善養氣，前所未聞。歷選諸子，實醇乎醇。

元・王惲《秋澗集》卷三三《孟母三遷圖卷贈新軒子張》 孟母三遷養聖功，芬芬千古振高風。披圖欲識頤齋意，人道神交管鮑同。

元・王結《文忠集》卷一《詠史》 孟氏命世賢，抱道思經邦。將隆堯舜業，千里遊齊梁。終老無遇合，遲遲尚徬徨。魯平何足云，讒夫有臧倉。燕石哂荆璧，魚目笑夜光。良寶竟棄捐，千載爲悲傷。

元・侯克中《艮齋詩集》卷一《讀孟子》 上下交征逐末流，力陳仁義説諸侯。衍、儀巧搆當時禍，楊、墨深貽後世憂。養氣每云無助長，放心惟恐不知求。吾儒尚有疑非論，所見皆偏恐未周。

元・張養浩《歸田類稿》卷二一《讀史有感自和》 季子縱横六印隨，張儀無語不投機。周衰遂使諸卿顯，孟出方知二子非。豈止古今知軌範，要令楊墨盡冠衣。理明天下無難事，可惜時君力量微。

明・錢子義《三華集》卷七《種菊菴集・續詠史詩上・雪宫》 孟子見齊王處，基在臨淄牛山之側。戰國興亡感客情，雪宫遺址幾秋螢。賢愚王霸皆塵土，不廢牛山萬古青。

明・凌雲翰《柘軒集》卷一《孟母斷機圖》 慈顔教子意何如，直至三遷始定居。一自寒機初斷後，經綸都在七篇書。

明・吴與弼《康齋集》卷一《讀孟子》 夜氣向虚朗，剪燭更已深。大哉仁義言，沃我萌蘖心。才質各高下，性命無古今。聖賢懇垂訓，而我何陸沉。

明・薛瑄《敬軒文集》卷一〇《孟子祠》 鄒國叢祠古道邊，滿林松柏帶蒼烟。遠同闕里千年祀，近接宣尼百世傳。獨引唐虞談善性，力排楊墨絶狂言。功成不讓湮洪水，萬古人思命世賢。

明・程敏政《篁墩文集》卷六七《鄒縣城南拜亞聖祠下》 萬年文運若循環，此道誰堪繼孔顔。但使七篇當世用，便應三代舊風還。子孫故里題鄒國，俎豆嚴祠對嶧山。下馬望塵修敬處，夕陽川上水潺潺。

明・孫承恩《文簡集》卷一二《展謁孟廟》 稽首孟夫子，萬古道學宗。七篇泝源流，乃與洙泗通。義利王伯辨，日星麗蒼穹。拳拳救世心，績視禹稷同。早年事咿唔，童子呫嗶功。及兹詠聖涯，鑽研愈無窮。兹晨出祠下，瞻謁展敬恭。巍巍泰山尊，恍若親德容。道術喪千載，異論方訩訩。無由起夫子，爲我摧其鋒。天理有至正，吾道惟大中。叩公公不言，涕淚沾心胸。

明・于慎行《穀城山館集》卷一二《鄒縣謁孟廟》 邾城舊里記三遷，廟貌弘開大道邊。行地江河疏聖派，談天奭衍閉言筌。洙流近映金鋪日，嶧嶂高含畫棟烟。北望孔門元咫尺，明禋終古侍雕筵。

明・楊巍《存家詩稿》卷三《鄒縣謁孟子廟》 濟溺微言在，論功並禹堪。經過瞻廟貌，氣象尚巖巖。泗水宫墻北，嶧山城郭南。祇因能直養，萬木與天參。

明・王世貞《弇州四部稿》卷一〇《詩部・謁孟廟敬述》 嗚呼五畝宫，茲實英氣聚。長楸徑天風，森然虯龍舞。豈無梟鴟托，噤嗉不能吐。

翔鸞翼丹桷，蟠螭綉文柱。中有貴者像，嶧碧流眉宇。禮猶素王亞，秩非客卿伍。楊、墨既廓如，儀、秦亦微沮。伊昔傳食時，天開齊梁主。其用不一究，歸乃成萬古。諸儈何爲者，瑱珠列周廡。三復仁義篇，悠然配神禹。

明・倪元璐《倪文貞詩集》卷下《瞻孟夫子廟先是爲妖賊所殘》 摳衣肅謁浩然堂，仰止高山並素王。嘆息千餘年廟貌，巋然不及魯靈光。

清・張豫章等《御選明詩》卷六五《方以智〈孟廟作〉》 陽關愁北望，草落嶧山空。野渡荆榛外，殘碑煙火中。塵飛不見日，廟古自生風。檜柏千餘歲，猶存鄒邑東。

清・施閏章《學餘堂詩集》卷七《孟廟》 磊磊嶧山巔，終古棲靈異。巖巖一人起，方寸塞天地。獨立張孔顔，諸儒息淫詖。榱棟洵煌煌，宮牆接洙泗。靈旗儼翱翔，古木聳寒翠。母氏斷機堂，石像何惴惴。下拜復徬徨，愴然墮我淚。灑掃何寂寥，門廡少倫次。佇望念前修，遺軌毋中墜。

清・張英《文端集》卷一三《過鄒縣謁孟廟恭賦十四韻》 尼山炳長夜，鄒邑振宗風。陷溺過堯水，疏排儷禹功。七篇垂道法，千禩格愚蒙。俎豆周區夏，精靈靄故宮。清晨起嚴肅，數里見崇隆。風土闕山左，絃歌接魯東。雕甍凌碧漢，丹壁映長虹。蔽日林陰密，盤花石柱工。垂旒簪白玉，披衮繡華蟲。蚪蚪豐碑壯，犧牛祭器充。及門諸弟子，從祀一堂中。還覓蟠松際，因知寢殿通。徽稱加孟母，遺像識邾公。肅拜軒楹側，瞻依闕里同。

清・朱彝尊《曝書亭集》卷七《鄒縣謁孟子廟二首》 井地連滕壤，《詩》、《書》近孔門。世儒多横議，夫子獨知言。楊墨歸斯受，齊梁道自尊。巖巖留氣象，千載肅心魂。

壞道殘碑卧，祠官異代虔。爵班公一位，里紀母三遷。叢木冬春冷，風燈卒史懸。空令布衣士，瞻拜獨淒然。

清・厲鶚《樊榭山房集》卷三《宿鄒縣謁孟子廟畢看嶧山夜月》 廟貌摳衣拜，機絲儼若新。月來邾子國，人宿孟家隣。翠嶧森侵漢，殘碑遠失秦。松風吹夜氣，壁立四無塵。廟有斷機堂。

明・梅鼎祚《西晉文紀》卷四《左芬〈孟軻母贊〉》 鄒母善導，三徒成教。鄰止庠序，俎豆是效。斷織激子，廣以墳奥。聰達知禮，敷述聖道。

宋・韓琦《安陽集》卷二三《五賢贊・孟子》 昔周之衰，仲尼已矣。戰國相圖，唯利之喜。諸子紛紛，乘弊而起。聖道之塞，實生荆枳。其誰闢之？獨我孟氏。堯舜吾吭，仁義吾齒，芟楊翦墨，路平如砥，驅彼後覺，一趨聖軌。惟先文公，盛道其美，存而醇者，孟氏而止。欲觀聖人，必自孟始，較其大功，蓋禹之比。嗚呼賢哉！道孰可擬？孔子之後，一人而已。

宋・潛説友《咸淳臨安志》卷一一《宋理宗〈道統十三贊・孟子〉》 生禀淑質，教被三遷。博通儒術，氣養浩然。深造自得，亞聖之賢。高揖孔氏。獨得其傳。

明・李之藻《頖宮禮樂疏》卷二《從祀沿革疏・亞聖孟子・宋理宗御製贊》 道術分裂，諸子爲書。既極而合，篤生真儒。詆訶楊墨，皇極是扶。較功論德，三聖之徒。

明・孫承恩《文簡集》卷四一《古像贊・孟子》 聖遠道塞，異端並興。巖巖子輿，三聖是承。命世大才，平治之具。用寧齊安，三代可致。

明・高攀龍《高子遺書》卷三《聖賢論贊・孟子》 何以必道性善！是人人本色也。何以必稱堯舜！是性善實證也。試看不學良知，不慮良能，塗之人與堯舜，有針芒不合否？非七篇昭揭，則人人寶藏，千古沉埋。

明・賀復徵《文章辨體彙選》卷四六五《文翔鳳〈孟子贊〉》 天以地持，日以月代。孔父素王，孟叟玄宰。

清・岳濬等［雍正］《山東通志》卷三五之七《藝文志七・［明］陳鳳梧〈聖賢贊・孟子贊〉》 哲人既萎，亞聖斯作。距詖闢邪，正論諤諤。堯舜之性，仁義之學。烈日秋霜，泰山喬嶽。

又 《藝文志七・［明］鄧原忠〈孟母祠贊〉》 古有胎教，實謹厥初。生焉而長，學可緩歟？學也者師，古訓是式。日就月將，允有令德。懿惟孟母，克教厥子。始而三遷，慎厥攸止。賢哉子輿，孔孫是師。師訓惟謹，母言敢違。母也惟賢，斷機以喻。中途輟學，曰猶此故。斷機難緒，輟學曷成？緝之熙之，底於光明。人誰無母？克教者稀。間或有

焉，孰喻以機？父而教子，且有未全。矧爲母者，教何能專？有母若孟，厥子乃賢。有子若孟，母德著焉。知言養氣，亦克允蹈。教明性學，治闡王道。人心斯正，楊墨斯闢。三聖是承，允矣宏績。著書七篇，垂訓遠而。不有賢母，曷克若兹！峩峩嶧山，鍾靈發祥，曰古邾國，苗裔其昌。斷機有碑，曝書有臺。肯搆肯堂，期爾後來。我矢厥詞，銘于堅石。世爲母者，是儆是則。

清·愛新覺羅·玄燁《聖祖仁皇帝御製文集》卷二五《孟子贊》 哲人既萎，楊墨昌熾。子興闢之，曰仁曰義。性善獨闡，知言養氣。道稱堯舜，學屏功利。煌煌七篇，並垂六藝。孔學攸傳，禹功作配。

清·張廷玉等《皇清文穎》卷一五《清高宗〈四賢贊·亞聖〉》 戰國春秋，又異其世。陷溺人心，豈惟功利。時君争雄，處士横議。爲我兼愛，簧鼓樹幟。魯連高風，陳仲廉士。所謂英賢，不過若是。於此有人，入孝出弟。一髪千鈞，道脉永繫。能不動心，知言養氣。治世之略，堯舜仁義。愛君澤民，惓惓餘意。欲入孔門，非孟何自？孟丁其難，顔丁其易。語默故殊，道無二致。卓哉亞聖，功在天地。

宋·孫復《孫明復小集·兖州鄒縣建孟廟記》 孔子既没，千古之下，駕邪怪之説，肆奇險之行，侵軼我聖人之道者，衆矣。而楊、墨爲之魁，故其罪劇。孔子既没，千古之下，攘邪怪之説，夷奇險之行，夾輔我聖人之道者，多矣。而孟子爲之首，故其功鉅。昔者二豎，去孔子之世未百年也，以無父、無君之教行於天下，天下惑而歸之。嗟乎！君君臣臣，父父子子，君國之大經也，人倫之大本也，不可斯須去矣，而彼皆無之，是敺天下之民，舍中國之夷狄也，禍孰甚焉！非孟子，莫能救之。故孟子慨然奮起，大陳堯、舜、禹、湯、文、武、周公、孔子之法，驅除之以絶其後，拔天下之民於夷狄之中，而復置之中國，俾我聖人之道炳焉不墜。故揚子雲有言曰：『古者楊、墨塞路，孟子辭而闢之，廓如也。』韓退之有言曰：『孟子之功，予以謂不在禹下。』然子雲述孟子之功，不若退之之言深且至也。何哉？洚水横流，大禹不作，則天下之民魚鱉矣。楊、墨暴行，孟子不作，則天下之民禽獸矣。諸謂此也。

景祐丁丑歲夕，拜龍圖孔公爲東魯之二年也。公，聖人之後，以恢張大教、興復斯文爲己任。嘗謂諸儒之有大功於聖門者，無先於孟子。孟子力平二豎之禍，而不得血食於後，兹其闕，已甚矣。《祭法》曰：『能禦大菑，則祀之；能捍大患，則祀之。』孟子可謂能禦大菑、能捍大患者也。且鄒昔以爲孟子之里，今爲所治之屬也。吾當訪其墓而表之，新其祠而祀之，以旌其烈。於是符下，仰其官吏博求之，果所邑之東北三十里，有山曰四基，四基之陽，得其墓焉。遂命去其榛莽，肇其堂宇，以公孫、萬章之徒配。越明年春，廟成，俾泰山孫復明而志之。復，學孔而希孟者也。世有蹈邪怪奇嶮之迹者，常思嗣而攻之，况承公命而志其廟，又何敢讓？嘻！子雲能述孟子之功而不能盡之，退之能盡之而不能祀之，惟公既能盡之又能祀之，不其美哉！故直筆以書之。景祐五年歲次戊寅三月日記。

清·岳濬等［雍正］《山東通志》卷一一之七《闕里志七·［元］張𩃀〈重修孟子廟碑元貞元年〉》 成宗元貞元年，縣尹司居敬重修孟子廟，三氏教授導江張𩃀記曰：鄒孟子廟，有宋景祐四年孔道輔守兖州，建於墓傍，後自墓傍徙縣東郭。宣和三年，令朱缶復徙南門外。金太和間，令王瑀葺之。甲戌，燬於兵，惟門垣在。歷八十年，孟氏有德昌者，資力四方，閱歲既久，僅成一堂。元貞元年，進義副尉達魯赤木忽難、從仕郎鄒縣尹司居敬、主簿兼尉趙國祥，以建學餘資，崇兩廡與堂稱，凡四十間，新其階庭級道。屬𩃀掌教，考《特牲饋食禮》，俾春、秋放而行焉。正配神西向之位，徹傍祀之不如法者。廟成，司侯請記。

𩃀讀墓傍《廟記》，舉闢楊、墨之一事；南門《廟記》，舉稱堯、舜之大綱。顧皆有孟子之一體，而未能得具體者。孟子學足以繼往聖之正傳，才足以立百王之大法，豈惟千餘載之後，莫能知之？雖當時及門之士，亦未能窺其奥。是以出處之際，仲子詭其説；辭受之間，陳臻致其疑。公孫丑、萬章之徒雖亦問答，未聞默契。蓋知言養氣，得天地之性善，擴前聖所未發者，其學也。談仁義，黜功利，貴王賤霸，以正人心者，其志也。周衰禮廢，諸侯惡其害己也，而去其籍。先王紀綱法度，辨上下，定民志者，未見存什一於千百。而三年之喪，井田之大略，班爵禄之等差，於文字廢缺之餘，本帝王之大經而合時措之宜，考諸三王而不謬，建諸天地而不悖，質諸鬼神而無疑，百世以俟聖人而不惑。即是而觀，以其才用天下，居帝者之世，則臯、夔、稷、契；居王者之世，則

伊尹、周、召。奈何無舜、禹也，無湯、文也？時君昏庸，謂迂闊於事情，宜矣。後世英明之主，亦指君臣一二語以爲言，豈能探其學，窺其志而知其才也哉？

世無真儒，斯民不復見三代之治。邪説誣民，充塞仁義之害，至斯極也。司馬遷取荀卿同《傳》，擬非其倫，又班以雕龍炙轂，譏以方枘圓鑿。趙岐釋其書，亦不過謂長於譬喻，長於《詩》、《書》而已。微韓愈一言，孰知孔子歿，獨孟子傳得其宗也邪？韓愈既有是言，宗孔氏者尚或非之，或疑之。嗚呼！知者過之，愚者不及，道之難明也久矣。然則欲知孟子，質諸閩、洛諸君子之言，庶幾信而有徵，固不在多言也。

元豐六年，封鄒國公。七年，定九章之服，配食孔子。政和五年，以樂正克配享，封利國侯。從祀十有七人：公孫丑壽光伯，萬章博興伯，浩生不害東阿伯，孟仲子新泰伯，陳臻蓬萊伯，充虞昌樂伯，屋廬連奉符伯，徐辟仙源伯，陳代沂水伯，彭更雷澤伯，公都子平陰伯，咸丘蒙須城伯，高子泗水伯，桃應膠水伯，盆成适萊陽伯，季孫豐陽伯，子叔永陽伯。舊别祀成都伯揚雄，昌黎伯韓愈，今遷祔焉。既釁廟，司侯命繪事如禮。銘曰：

天地儲精兮，聖賢所資。或厚或薄兮，錯揉不齊。虞、夏、商、周兮，會元之期。禹、皋、伊、呂兮，見知聞知。期月不用兮，空歎愁遺。其居甚近兮，世未遠而。天欲平治兮，舍我其誰？安得所遇兮，性之身之。無有乎爾兮，孰知我悲？書徒存兮旨則微，道在邇兮夫何疑！千六百祀兮此厥施，山嶧嶧兮水泗沂，廟奕奕兮神格思。春、秋饋食兮，歆或庶幾。有印於其心兮，載歌銘詩。

又 《闕里志七·［元］張䇓〈重修孟子墓碑元貞二年〉》 成宗元貞二年，縣尹司居敬重修孟子墓，立碑。張䇓記曰：有宋景祐四年歲在丁丑，孔公道輔守兖州，訪孟子墓，得於鄒縣東北三十里四基山之陽，即其地，廟而祀之。泰山先生孫復爲《記》，以闢揚、墨事，著孟子之功，可謂識其大者。後二百五十有九年乙未，是爲元元貞元年，東陽司居敬尹鄒，度爽塏以新學宫，復故宅以建精舍，導江張䇓爲述養浩之旨，稱命世之才，敍傳心之要，來遊來歌，有所興起。既而葺孟子墓齋廬，琢石爲危坐像，冠章甫，衣縫掖，俾觀者有考乎古。謂䇓曰：子三刻石，於孟子之學之志之才，論撰至矣。孟子出處大概，史傳不詳，盍考焉，以表諸墓。䇓以孫先生在前，固讓不敢。司侯請曰：子無所稱述記載，猶有闕焉。䇓不得謝，乃稽諸載籍：

孟子師子思，問『牧民之道何先？』子思曰：『先利之。』孟子曰：『君子教民，亦仁義而已矣。何必曰利？』此生平出處之本也。周顯王三十三年乙酉至魏，慎靚王二年壬寅去魏適齊，赧王二年戊申去齊。先儒朱熹作《資治通鑑綱目》，備書之，厥有旨哉！居魏十八年，居齊六年。當時西有秦，南有楚，以地則大，以力則强。從衡之士馳騖不暇，孟子曾無轍迹，豈智不及哉？所不爲耳。魏瑩、齊辟疆之於秦、楚，地醜德齊，莫能相尚，而『願安承教』、『願輔吾志』之言，視諸秦、楚，彼善於此斯言也，山徑之介然也，用之成路可也。故絶瑩之言利，而道之以仁義。對辟疆桓、文之問，而開其不忍人之心。將朝則稱疾，以全進退；出使則不言行事，以遠嬖倖。概舉乎此，他皆可知。其間不用茅塞之者，彼有取爾也。故曰『吾退而寒之者至矣，吾如有萌焉，何哉？』

其去魏也，瑩卒而赫立也。其去齊也，辟疆卒而地立也。《史記》顯王二十六年戊寅，載齊辟疆立，《通鑑》在三十六年戊子。《史記》顯王四十五年丁酉，載齊地立，《通鑑》在赧王元年丁未。史藏周室者既滅，《六國表》本之《秦記》，不載日月。《世本》多舛。《通鑑》據《汲冢竹書》，不經秦火，蓋可信也。《皇極經世書》載孟子去齊在顯王四十四年丙申，固辟疆之世去齊，或以伐燕故耶？伐燕，辟疆事也，《燕世家》謂在地時，誤矣。且謂孟子曰：『今伐燕，此文、武之時，不可失也。』又《廣記》備言之。又審者，其伐燕也，始則沈同之問，終則陳賈爲之辭。既有以解辟疆甚慚之心，孟子於是致爲臣而歸矣。人生幾何，遨遊齊、魏二十四年，如《經世書》所載，則十有八年矣。其間不過之魯、之宋與滕、薛數小國而已。

心則聖人，不敢忘天下之心。五百年必有王者興，我未見之。不得在名世之列者，時也。如廢繩墨，變彀率，枉尺直尋，吾恐反爲虞人、御者羞矣。司馬遷智不足以知孟子，盛誇諸侯郊迎、撤席、擁篲、前驅於騶子者，謂豈與孟子困於齊、梁同概？世知詭遇獲禽，而不知爲之範，無以見聖賢之志也。儀、衍得志當時，景春稱爲大丈夫，孟子直謂妾婦。故雖

不可三月無君，必出疆載質，又安肯鑽穴踰牆，以取國人之賤？宿晝居休，綽綽餘裕，在《易》『困而不失，其所亨』，此之謂也。由是而觀之，騶子、田忌之徒乃所謂邪説、詖行，淫辭。孟子於此則息之，則距之，則放之，以正人心者，豈所屑爲也？今千六百餘年矣，孟子之墓如岡如阜，萬世觀仰。彼佞僞馳騁，果安在乎？尚友古人之士，有考乎此，亦可知所自處矣。故因司侯之請，刻石墓旁，而記其大略如此。

又《闕里志七·［明］劉健〈詔賜孟子廟記弘治十年〉》 弘治十年丁巳，命守臣修孟子廟。大學士劉健記曰：鄒，孟子故鄉。故有廟專祀之，始自宋景祐四年孔道輔守兖州，建之墓側，其後徙縣之東郭，已而又徙之南門外，蓋卽今廟。我國家龍興，列聖相承，崇儒重道，卽正孟子鄒國亞聖公之號，配食孔子，而於是專祀，尤加意焉。洪武、永樂、正統間，屢嘗修葺。由正統迄今，歲久復敝。五十七代孫翰林院世襲五經博士元以爲言：我聖天子方弘文治於天下，特下有司命修之。時都察院右僉都御史光州熊公翀巡撫山東，奉命惟謹，而兖州知府龔君弘、同知余君濬實承委任，遂相與協謀卽事，始於弘治丙辰二月，明年丁巳三月，工乃訖。廟址拓於舊，其廣三十弓，縱百五十弓有奇。中爲殿寢，東西廡。殿祀孟子，以樂正克配，廡以祀他弟子公孫丑以下。左爲殿寢，祀邾國公。右孟氏之家廟，致嚴有堂，庖廩有舍，以及便戶重門，凡爲楹六十有四。俱仍舊規，易以新之，而輪奐壯麗有加焉。

熊公既率其屬落之，而以書來請記。余惟孟子廟而祀之，不但其故鄉，蓋通於天下，嘗考其所由矣。周衰，先王之道不行，孔子以聖人生其時而不得位，乃刪定六經，明其道於天下後世。蓋孔子之道，卽先王之道。孔子既没，未百年而異端大起，斯道復爲之晦。於時有孟子者生，著書七篇，起而明之。其爲力可謂至矣，然自是歷千有餘年，知之者尚鮮。在漢僅有揚雄氏，在唐僅有韓愈氏。二氏之言曰：『古者楊、墨塞路，孟子辭而闢之，廓如也。』曰：『孟子功不在禹下。』其言亦可謂明矣。然但於其事功，而未盡其藴奥，故聞之者或未卽喻，而猶有異論。至宋大儒程、朱二子者出，推其性善之稱，王霸之辯，知言養氣之論，以爲擴前聖所未發，有功於聖門；以爲見道極分明，得孔子之心。由是孟子之道，大明於天下，而其書遂與孔門之言，並列爲四，垂之萬世而無復異論焉。夫孟子之道明，則孔子之道益尊；孔子之道尊，則堯、舜、禹、湯、文、武、周公之傳爲有在矣。故自有宋迄今四百餘年，誦孟子之書，仰孟子之道者通於天下，而祀廟亦隨之。以是言之，則孟子之祀，蓋有非一鄉一邑可得而專者。然事必先其本，而物各有其源。先賢之鄉邑，乃其流風餘韻之所自，專祀之廟，豈可闕焉而不重哉！而熊公等今兹之後，仰遵明詔，齊心畢力，度材庀工之恐後，蓋有見乎是歟？故因記廟之成而歷叙其所由如此，以爲孟氏子孫及四方縫掖之士進謁者告焉。

清·愛新覺羅·玄燁《聖祖仁皇帝御製文集》卷二三《孟子廟碑》

自王迹熄於春秋，聖人之道或幾於泯滅。卒之晦而復明，歷千百世而不敝者，恃有孔子也。孔子没百有餘年，寖假及於戰國，楊、墨塞路，禍尤烈於曩時。子輿氏起而闢之，於是天下之人始知誦法孔子，率由仁義。斯道之有傳，至於今賴之。是以後世學者如韓愈、蘇軾之徒，咸推其功，以配大禹，而閩、洛之儒咸尊爲正學之宗傳。烏虖盛已！夫洪水之禍，止於人身已爾。楊、墨之禍，隱然直中於人心。不有孟子，使楊、墨濫觴於前，釋、老推波於後，後之人雖欲從千載之下，探尼山之遺緒，其孰從而求之？因推述厥義，刻文於石，俾揭於鄒之廟。其文曰：

尼聖既往，敻矣音徽。後百餘歲，聖緒寖微。尚異實繁，楊、墨競煽。陷溺之禍，酷於昏墊。惟子輿氏，距詖放淫。以承先聖，以正人心。述舜稱堯，私淑孔子。正學修明，百世以俟。不有是者，斯道孰傳？宇宙晦霾，萬物狂傎。我讀其書，曰仁曰義。遺澤未湮，聞風可企。嶽嶽亞聖，巖巖泰山。功邁禹、稷，德參孔、顔。刻石兹文，於祠之下。誦烈颺休，用告來者。

清·朱彝尊《曝書亭集》卷六九《鄒縣重修亞聖孟子廟碑》 堯、舜、禹、湯、文、武、周公之道，傳之孔子，孔子傳之孟子。昌黎韓子之言，天下之公言也。當其時，孔子没，微言絶；七十子没，而大義乖。曾子之徒有吳起，子夏之徒流爲莊周，周再傳而爲孫卿，蓋有以闕問于墨翟者。而孟子受業子思之門人，舍冉、閔、游、夏，願學孔子。其言醇乎醇，其色粹然見于面，盎于背，施于四體，其氣塞乎天地之間而毋餒。於滕世子道以性善，於齊王先攻其邪心，於梁去利而先仁義。《春秋》弟子不能贊，而孟子發其微。性與天道，弟子不得聞，而孟子暢其旨。此之謂

名世，此之謂大丈夫，此之謂豪傑之士。自韓子『功不在禹下』一言，百世之論定矣。乃世儒以其矯枉過直，有不知而續其書者，或刺之，或非之，或刪之，或詆之，或疑之，至或比于忍人辯士，儀、秦之流，幾于侮聖人之言也已。

明之太祖，頒其書于學官。當吳元年，即諭許存仁曰：『孟子專言仁義，使當時有賢君用其言，天下豈不定于一乎？』又敕文學之士曰：『朕聞孔、孟于世利濟之心，慮恐不及。』諭桂彦良曰：『孔、孟一聖一賢，自漢唐以來稱之。』諭趙晉曰：『孔孟之道，卿幼學壯履。』大哉王言！必孔、孟並舉。其命劉三吾節文者爲發題試士，恐啓諸生訕上之端爾。乃無稽之言。謂帝欲廢《孟子》，錢唐進諫，以腹受箭。野史近誣，不足信。

鄒縣爲亞聖故里，廟在縣南門外，由來已久。其初，褒崇之典未及。宋元豐六年，從吏部尚書曾孝寬之請，詔追封鄒國公。政和五年，太常議以弟子十八人配。其後季孫、子叔罷，祀配者堂上一人，廡下一十五人。彝尊三謁廟，見棟宇摧頹，久圮不治，心焉負疚，若疢疾之入于懷也。歲在乙丑，丹徒張公以右副都御史巡撫山東，始庀材以葺廟。明年工畢，遺彝尊書，大旨謂子之論文，六籍之外，七篇是宗。廟成，宜有碑，曷操奇觚以志歲月！彝尊不敢讓，謹以聞于師者，具書于石，兼取《外書》遺意，括爲歌詩。其辭曰：

大人藐之，白羽之白輕兮。楊、墨距之，白玉之白貞兮。萬鍾去之，白雪之白清兮。源泉混混，盈科後進。泰山巖巖，雲天是參。昔先王肇祀，三遷之里；春、秋俎豆，鄒嶧之趾。遺像在屋，坐以千年。林有灌木，井洌寒泉。懿矣張公，撫茲東土。維正學是崇，靡廢勿舉。生民以來，盛于尼父。聖克亞之，秩祀斯所。

雜　録

《荀子》卷一五《解蔽篇》 孟子惡敗而出妻，可謂能自彊矣。唐楊倞注：孟子惡其敗德而出其妻，可謂能自彊於修身也。

宋・李昉等《太平御覽》卷三六三《人事部四・字》 （三國魏王肅）《聖證論》曰：學者不知孟軻字。按《子思書》及《孔叢子》有『孟子居』，即軻也。軻少居坎軻，故名軻，字子居也。

宋・李心傳《建炎雜記乙集》卷四《典禮・孟子廟配享從祀》 自元豐以來，封爲鄒國公，配食先聖，而鄒國公廟在兗州之鄒縣，政和五年春，乃詔樂正子克配享，公孫丑以下從祀，加封爵焉。樂正子克，公孫丑，告子不害，孟仲子，陳臻，充虞，屋廬連，徐辟，陳代，彭更，公都子，咸丘蒙，高子，桃應，盆成括，季孫，子叔。自渡江以後，鄒魯隔絶，而孟子無廟，其配食從祀，學者多不及知，故表出之：利國侯，壽光伯，東阿伯，新秦伯，蓬萊伯，昌樂伯，奉符伯，仙源伯，沂水伯，雷澤伯，平陰伯，須城伯，泗水伯，膠水伯，萊陽伯，豐陽伯，子陽伯。

宋・佚名《靖康要録》卷八 （靖康元年八月七日）侍御史胡舜陟奏：伏見中書舍人晁説之奏乞皇太子講《孝經》，讀《論語》，間日讀《爾雅》而廢《孟子》；且曰國家設科，以《孟子》配六經，視古之黜百家而傳明孔氏六經者異矣；又曰以孟子配乎孔子，而學者發言，折中于《孟子》而略乎《論語》，固可歎矣。臣竊謂孔氏之後，深知聖人之道者，孟軻氏而止耳。漢之大儒無過于揚雄，雄之言曰：『諸子者，以其知異于孔子也。孟子異乎？不異。』又曰：『孟子知言之要，知德之奥。非苟知之，亦允蹈之。』唐之大儒無過于韓愈，而愈尤推尊孟子，以爲道者，堯傳之舜，舜傳禹、湯、文、武、周公、孔子，孔子傳之孟軻，軻之死，不得其傳焉。又曰：『孟氏醇乎醇，功不在禹下。』又曰：『求觀聖人之道者，必自《孟子》始。』本朝大儒無過于歐陽修、蘇洵與其子軾。修曰：『孔子之後，惟孟軻最知道。』洵曰：『孟子之道，語約而意深，不爲巉刻斬絶之言，而其鋒不可犯。』軾曰：『自孔子没，諸子各以其所聞著書，而皆不得其源流，故其言無有統要。若孟子，可謂深于《詩》而長于《春秋》矣。』又曰：『晚而讀《孟子》，而後觀乎百家小説而不亂。』至神宗皇帝聖學高明，尤好其書，故以之設科取士。夫以揚雄、韓愈、歐陽修、蘇洵、蘇軾千餘年間所謂大儒者，數人而已，皆以孟子之道同于孔子，稱曰『孔孟』。説之何人？乃敢非之！説之本州縣俗吏，初無學術，豈知孟子？若以孟子爲非，胡不數其戾六經者何事，異孔子者何説？既不知此，巧以爲百家而斥之，此特見今日不盡用王安石之學，而安石常自比于孟子，宗尚其書，遂使孟子亦得罪焉。其趨時過當，議論不公如此，不惟

欺罔聖聰，使皇太子不聞七篇之義，以開發智慮。臣恐此説一傳，惑天下學者，使後進相習成風，妄出臆見，詆經誚史，無所不至，害教甚矣。願陛下詔東宫官，依舊例先讀《論語》，次讀《孟子》。説之知識乖陋，豈宜輔導春宫？亦乞睿旨罷太子詹事。

奉聖旨：東宫依舊讀《孟子》。

元・于欽《齊乘》卷四《古蹟・鄒國公廟》　鄒縣城内，地名因利溝，謂卽孟子故宅。宋元豐五年封。政和五年詔孟子廟以樂正子配享，公孫丑以下從祀。其封爵：樂正子克利國侯，公孫丑壽光伯，萬章博興伯，浩生不害東阿伯，孟仲子新泰伯，陳臻蓬萊伯，充虞路樂昌伯，屋廬連奉符伯，徐辟仙源伯，陳代沂水伯，彭更雷澤伯，公都子平陰伯，咸丘蒙須城伯，高子泗水伯，桃應膠水伯，盆成括萊陽伯，季孫豐城伯，子叔承陽伯。

明・陳士元《孟子雜記》卷一《生卒》　孟子以周定王三十七年四月二日生，卽今之二月二日；赧王二十六年正月十五日卒，卽今之十一月十五日。壽八十四歲。墓在鄒縣四基山。《孟氏譜》。

元按：《史》、《鑑》並云周定王在位二十一年而崩，無三十七年也。考之長曆，定王二十一年乙亥至赧王二十六年壬午，凡二百九十八年。竊疑『定』或『安』字之訛。安王在位二十六年而崩，自安王二十六年乙巳至赧王壬午，凡八十八年。然《譜》謂孟子壽八十四歲，自赧王壬午逆推之，當生於烈王四年己酉也。然《年表》、《綱目》、《大事記》等書，並謂孟子於顯王三十三年乙酉至魏四十三年乙未，爲齊上卿。四十四年丙申，去齊復至魏。慎靚王二年壬寅，去魏復適齊。赧王元年丁未，致爲臣於齊，不復仕。若孟子果生於烈王己酉，至顯王乙酉應聘至魏，年甫三十七，未老也。魏惠王自烈王辛亥嗣國，歷三十五年而孟子始來見，是時惠王年不啻六七十，老矣，豈得反稱三十七歲之孟子爲『叟』哉？疑孟子或生於安王初年，卒於赧王初年，未可知也。按禮制，國君薨後，始得稱謚。魯平公薨於赧王二十年，而孟子稱之。若孟子生於安王初年，豈不百有餘歲乎？然則譜牒紀年，蓋不足據。或疑七篇非孟子自著，乃其弟子追述，以此。薛文清公瑄曰：孟子之書，齊、梁諸國之君皆稱謚，則成於役來弟子無疑。

《明史》卷一三九《錢唐傳》　帝（太祖）嘗覽《孟子》，至『草芥』、『寇讎』語，謂非臣子所宜言。議罷其配享，詔有諫者，以大不敬論。唐抗疏入諫曰：『臣爲孟軻死，死有餘榮。』時廷臣無不爲唐危。帝鑑其誠懇，不之罪。孟子配享亦旋復，然卒命儒臣修《孟子節文》云。

清・岳濬等［雍正］《山東通志》卷一一之六《闕里志六・四配廟祠》

亞聖孟子廟。在鄒縣城南道左。宋孔道輔知兖州，訪孟子墓，得於鄒縣東三十里四基山，因於墓旁建廟。政和四年，奉詔重修，賜祭田百畝，以給守者。後以距城遼遠，徙建東門之外。宣和四年，縣令朱缶又徙今地。金太和甲戌，燬於兵。元元貞間，縣尹司居敬重修。元末復燬於兵，明初知縣桂孟與宗子思諒復鼎建焉。弘治十年，詔巡撫熊翀大加修建。萬曆九年，縣令許守恩重修。

廟制：南爲欞星門，爲亞聖廟坊，左坊曰繼往聖，右坊曰開來學。北爲儀門，三間。次爲承聖門，三間。左側爲鍾靈門，三間。有碑亭。右側爲毓秀門。三間。通官道。自承聖門入，中爲正殿，七間。殿内祀亞聖孟子，以樂正克配。左右兩廡，各七間。分祀公孫丑以下十二人。後爲寢殿，祀亞聖夫人。廟左爲啓賢門，北爲邾國公殿，後爲孟母宣獻夫人殿。廟右爲致敬門，北爲致嚴堂，三間。後爲孟氏家廟，三間。倉庫、齋厨俱備。廟西路右爲博士宅，宗子居焉。春、秋仲月上丁，博士主祭。

又《四配林墓》　亞聖孟子墓。在鄒縣東北二十五里四基山下，介於鄒、魯。宋兖州守孔道輔立有神道碑，爲建廟於墓之西南。後廟移於縣，墓廟改爲墓祠。元元貞二年，縣尹司居敬重脩墓立碑，張[illegible]記。明宣德五年，魯惠王重建墓祠。嘉靖十一年，邑令張時鸞復建祠廟，始置祭田五十畝，植柏數千株。其制：正殿五楹，左右廂房各三楹，大門三楹，繚以周垣。萬曆十四年，縣令許守恩重脩。國朝康熙三十五年，通政使吴涵重脩享殿，額設守林人八名。

又　卷一一之三《闕里志三・歷代隆儀・歷代配祀賢儒》　（宋徽宗政和）五年三月，封樂正子克爲利國侯，配享孟子廟。敕曰：由孔子至于孟子，百有餘歲。去聖人之世，若此其近也；興聖人之道，若此其難也。孟子既殁，配享孔子之廟，血食于天下，亦可謂至矣。今於鄒獨推尊孟子，求其門人高弟，使得從祀配享，南面而處，如孔子之尊焉。克也，學古之道，好善優于天下，追以侯爵，其配食焉。斯文之光，萬古不泯，可特封利國侯。

又封公孫丑以下十七人爲伯，從祀孟子。敕曰：孟子既殁，孔道益

尊。今孔子廟食于天下，配享從祀，後世無並焉。肆朕命鄒國公，尊崇廟貌，使世世得祀，雖不及于天下，至于門人高弟配享從祀，自孔子以來，未有如孟子者也。爾等志不行于當時，而見録於後世，列爵疏封，亦可爲榮矣。可依前件，敕封鄒國公孟子諸弟子爲伯。從程振之請。

清・朱彝尊《曝書亭集》卷五七《孟子弟子考》 樂正子克，宋政和中贈利國侯。趙岐曰：孟子弟子，爲魯臣。

萬子章，宋贈博興伯。趙岐曰：孟子弟子。

公孫子丑，宋贈壽光伯。趙岐曰：孟子弟子。

浩生亦作「告」子不害，宋贈東阿伯。趙岐曰：齊人。

孟仲子，宋贈新蔡伯。趙岐曰：孟仲子，孟子之從昆弟，從學于孟子者也。

陳子臻，宋贈蓬萊伯。趙岐曰：孟子弟子。

充子虞，宋贈昌樂伯。趙岐曰：孟子弟子。

屋廬子連，宋贈奉符伯。趙岐曰：孟子弟子。

徐子辟，宋贈仙源伯。趙岐曰：孟子弟子。

陳子代，宋贈沂水伯。趙岐曰：孟子弟子。

彭子更，宋贈雷澤伯。趙岐曰：孟子弟子。

公都子，宋贈平陰伯。趙岐曰：孟子弟子。

咸丘子蒙，宋贈須城伯。趙岐曰：孟子弟子。

高子，宋贈泗水伯。趙岐曰：高子，齊人，嘗學于孟子。

桃子應，宋贈膠水伯。趙岐曰：孟子弟子。

盆成子括，宋贈萊陽伯。孫奭曰：盆成括，嘗學于孟子。

滕子更。趙岐曰：滕更，滕君之弟，來學于孟子。

吳萊曰：孟子學出于曾子、子思，荀卿猶從而譏曰：世俗之溝愚瞀儒嚾嚾然，略法先王，案往舊造説，而不知其統。我則異焉，治則法後王而已矣。所謂溝愚瞀儒，正指萬章、公孫丑之徒也。荀卿在戰國号稱大儒，猶同門異戶如此。

顧炎武曰：《史記索隱》以萬章、公明高等並孟子之門人。《廣韻注》又云：離婁，門人。不知其何所本。元吳萊著《孟子弟子列傳》，惜乎今不傳也。

按趙岐注《孟子》，以季孫、子叔二子爲孟子弟子。『季孫知孟子意不欲而心欲，使孟子就之，故曰「異哉！弟子之所聞也。」子叔心疑惑之，亦以爲可就之矣。』孫宣公奭猶因其説，故政和五年從太常議，贈季孫豐城伯，子叔承陽伯。自朱子《集注》出，乃始非之，世莫有從趙氏之説者矣。吳立夫氏撰《孟子弟子列傳》，書雖不傳，《序》稱一十九人，則未嘗依朱子去季孫、子叔二人，益以滕更，適合十九人之數。考《盡心篇》：公都子曰：『滕更之在門也。』趙岐注：滕更，滕君之弟，來學于孟子也。其爲弟子甚明，不知宋太常之議，何獨贈爵不及？有不可解者。至于《史記索隱》以公明高爲孟子弟子，而《廣韻注》謂離婁爲孟子門人，無稽之言，君子不信。又《廣韻注》詮『丘』字，引《孟子》『齊有曼丘不擇。』今七篇無其文。弟子與？其不謂之弟子與？吾不得而知之矣。

又按班氏《古今人表》，孟子居第二等，其弟子公孫丑居第三等，萬章、樂正子、告子、高子居第四等，徐子居第五等。餘不與焉。

清・全祖望《鮚埼亭集外編》卷三九《亞聖廟配享議上》 亞聖廟兩廡配享之位，乃宋政和五年所定，今鄒縣廟中粟主因之。但當時太常諸臣，未嘗一一考覈，奉行疏忽，遂多棼錯。亞聖弟子，其確然見於正經者甚少。如咸邱蒙、陳臻之徒，《正義》以爲有所問於孟子者，卽知爲弟子也，是固已在影響之閒。若其中有大不可信者。按陸德明《序録》謂高子受《詩》於子夏，稽之《毛傳・絲衣小序》與《孟子》『小弁章』所述，則其人原以《詩》學有聲者。夫子夏爲魏文侯師，高子及遊其門，是孟子之前輩也，所以有『高叟』之稱。邠卿不知何據，以爲弟子？《正義》遂謂其嘗學爲《詩》而不通，是塞其心之一端，以證邠卿『嚮道未堅』之語。夫『山徑』、『茅塞』，或出於鍼厲之辭，未可以定其爲及門。而古人稱謂最嚴，豈有以長老之名加之弟子者乎？

邠卿以告子爲弟子。愚觀論性諸章，岸然獨立門戶，必非登堂著録者。至浩生不害，則祇曰齊人而已。《正義》因其同名曰不害也，始疑浩生卽告子之字，然尚未敢堅其説。古無以字冠於名之上，連舉而稱之者，故《正義》亦自覺其難通，而依違言之。乃祀典竟爲合并，以成其謬。夫卽以浩生之於孟子，亦不過偶爾答問，乃今直以告子當之，而豈知兩人皆不可以言弟子乎？又一舛也。盆成括之見於晏子，以爲孔子門人，是固

郢書之説。邠卿則曰：『嘗欲學於孟子。』夫『欲學』，則未學也。曹交之請假館，亦欲學者流也。《正義》遂以爲弟子，亦無稽之言耳。其爲前儒所已及者，如以季孫、子叔並預贈祀，此出於注疏之謬。自朱子改正以來，相傳前代曾經罷享，特以沿襲未革。義烏吳萊更補一人，蓋滕更也。若以孔廟之例言之，則政和封爵在今日已不當用，宜改從先賢之稱，而去高子以下五人，補入滕更。夫嶧山俎豆，世載有司，其討論亦不容緩者。因具書所見，以質之當世知禮之君子。

清·焦循《孟子正義》卷三〇《孟子篇敘》按語 按孟子有不可詳者三：其一爲孟子先世，趙氏但云『鄒人。或曰：魯公族孟孫之後。』《列女傳》、《韓詩外傳》雖詳説孟母之事，而不言何氏。《孟氏譜》言『父曰激公宜，母仇氏。一云：孟子父名彦璞。』未知所據。其二爲孟子始生年月，陳士元《雜記》載《孟氏譜》曰：『孟子以周定王三十七年四月二日生，即今之二月二日。赧王二十六年正月十五日卒，即今之十一月十五日。壽八十四歲。』此《譜》不知定於何時，陳氏疑『定』爲『安』之譌。安王在位二十六年，是年乙巳；至赧王二十六年壬申，凡八十八年。《譜》謂『孟子壽八十四』，自壬申逆推之，當生於烈王己酉。周氏廣業《孟子出處時地考》駁之，以爲《譜》不足據，而擬爲生於安王十七年丙申，卒於赧王十三年乙未。其爲孟子作《年譜》者，紛紛更訂，或云年七十四，或云年九十七，大抵皆出於臆，全無實證可憑。其三爲孟子出遊，趙氏以爲先齊後梁，説者又以爲先梁後齊，或以梁惠王有後元，或以爲孟子先事齊宣，後事齊湣。考之《國策》、《史記》諸書，參差錯雜，殊難畫一。今撰《正義》，惟主趙氏，而衆説異同，亦略存録，以備參考而已，實未易折衷也。至居鄒、葬魯、之滕、過薛、游宋、往任，其先後歲月，或據七篇虚辭，以測實迹，彼此各一是非，多不足采。

孟子弟子，趙氏注十五人：樂正子、公孫丑、陳臻、公都子、充虞、季孫、子叔、高子、徐辟、咸丘蒙、陳代、彭更、萬章、屋廬子，桃應。學於孟子四人：孟仲子、告子、滕更、盆成括。宋政和五年從祀孟廟，去盆成括，詳《宋史·禮志》。國朝孟廟從祀，仍明制十八人，視宋政和無滕更，有盆成括。乾隆二十一年，禮部覆准去舊時侯伯封號，改題先賢先儒，以符禮制。内樂正克、公孫丑、萬章、公都子四人，皆稱『先賢某子』。陳臻、屋廬連、陳代、高子、孟仲子、充虞、徐辟、彭更、咸丘蒙、桃應、季孫、子叔、浩生不害、盆成括十四人，皆稱『先儒某氏某』。周氏廣業《孟子出處時地考》云：『張九韶《羣言拾唾》，孟子十七弟子，去季孫、子叔、滕更、盆成括，益以孟季子、周霄。』朱彝尊《經義考》亦去季孫、子叔，而謂告子與浩生不害是二人，因去告子而列浩生不害，餘並依趙氏。宫夢仁《讀書紀數略》則易滕更、浩生不害、盆成括爲孟季子、曹交、周霄。三書數同而又互異。竊謂曹、周二人，殊無取焉。高誘注《呂覽》云：『匡章，孟子弟子。』《藝文類聚》亦然。《呂覽》有匡章與惠王又惠施問答，列從游於梁者耶？而趙注却止言齊人。夷子逃墨歸儒，憮然受命，當在不距之科，而趙亦無明文。他若高注《淮南》有陳仲子，《史記索隱》有公明高，《廣韻》有離婁，其誤固不待辨。《通志》離氏注引《風俗通》云：『離婁，孟子門人。』則傳訛自漢矣。

荀況分部

傳記

《史記》卷七四《孟子荀卿列傳》 荀卿，趙人。年五十，始來游學於齊。騶衍之術迂大而閎辯；奭也文具難施；淳于髡久與處，時有得善言。故齊人頌曰：『談天衍，雕龍奭，炙轂過髡。』田駢之屬皆已死齊襄王時，而荀卿最爲老師。齊尚脩列大夫之缺，而荀卿三爲祭酒焉。唐司馬貞《索隱》：按：禮食必祭先，飲酒亦然。必以席中之尊者一人當祭耳，後因以爲官名，故吳王濞爲劉氏祭酒是也。而卿三爲祭酒者，謂荀卿出入前後三度處列大夫康莊之位，而皆爲其所尊，故云『三爲祭酒』也。齊人或讒荀卿，荀卿乃適楚，而春申君以爲蘭陵令。春申君死而荀卿廢，因家蘭陵。李斯嘗爲弟子，已而相秦。荀卿嫉濁世之政，亡國亂君相屬，不遂大道而營於巫祝，信禨祥，鄙儒小拘，如莊周等又猾稽亂俗，於是推儒、墨、道德之行事興壞，序列著數萬言而卒，因葬蘭陵。

宋·蘇轍《古史》卷三四《孟子孫卿列傳》 孫卿疾濁世君臣不知三代之正，而以變詐相怵，淫侈相説，士爭爲小説詭辯，以欺惑世俗，著書數萬言。其辭憤切反復。卒，因葬蘭陵。

明·朱睦㮮《授經圖義例》卷一一《諸儒傳略》 荀卿名況，趙人。從根牟子受《詩》，又從虞卿受《春秋》。【略】及廢，遂家蘭陵。著書數萬言，號曰《荀子》。

清·王先謙《荀子集解》卷首《考證下·［清］胡元儀〈郇卿别傳〉》 郇卿名況，趙人也，蓋周郇伯之遺苗。郇伯，公孫之後，或以孫爲氏，故又稱孫卿焉。昔孟子爲卿于齊，郇卿亦爲卿于齊。虞卿爲趙上卿，時人尊之，號曰虞卿，郇卿亦爲趙上卿，故人亦卿之而不名也。卿年十五，有秀才，當齊滑王之末年，遊學于齊。初，齊威王之世，淳于髡、鄒衍之屬相次至齊。威王卒，宣王立，喜文學，遊説之士來者益衆，居稷下。宣王十八年，尊寵之，如孟子、鄒衍、鄒爽、淳于髡、田駢、接子、慎到、環淵之徒七十六人，皆命曰列大夫，言爵比大夫也。開第康莊之衢，高門大屋，不治政事而議論焉，稷下之盛聞于諸侯。十九年，宣王卒，滑王立，學士更盛，且數萬人。滑王奮二世之餘烈，南舉楚、淮，北幷巨宋，苞十二國，西摧三晉，卻强秦，五國賓從，鄒、魯之君，泗上諸侯，皆入臣。晚年，矜功不休，百姓不堪。諸儒皆諫，滑王不聽，各分散。慎到、接子亡去，田駢如薛。郇卿亦説齊相曰：『處勝人之勢，行勝人之道，天下莫忿，湯、武是也。處勝人之勢，不以勝人之道，厚於有天下之勢，索爲匹夫，不可得也，桀、紂是也。然則得勝人之勢者，其不如勝人之道遠矣。夫主相者，勝人以勢也。是爲是，非爲非，能爲能，不能爲不能，併己之私欲必以道。夫公道通義之可相兼容者，是勝人之道也。今相國上則得專主，下則得專國，相國之於勝人之勢亶有之矣。然則胡不驅此勝人之勢赴勝人之道，求仁厚明通之君子而托王焉，與之參國政，正是非？如是則國孰敢不爲義矣？君臣上下貴賤長少至於庶人，莫不爲義，則天下孰不欲合義矣？賢士願相國之朝，能士願相國之官，好利『利』當作『義』。之民莫不願以齊爲歸，是一天下也。相國舍是而不爲，案直爲世俗之所爲，則女主亂之宫，詐臣亂之朝，貪吏亂之官，衆庶百姓皆以貪利爭奪爲俗，曷若是而可以持國乎？今巨楚縣吾前，大燕鰌吾後，勁魏鉤吾右，西壤之不絶若繩，楚人則乃有襄賁、開陽以臨吾左，是一國作謀，則三國必起而乘我。如是，則齊必斷而爲四三，國若假城然耳，必爲天下大笑，曷若兩者孰足爲也？夫桀、紂，聖王之後子孫也，有天下者之世也，勢籍之所存，天下之宗室也。土地之大，封內千里，人之衆，數以億萬；俄而天下倜然舉去桀、紂而奔湯、武，反然舉惡桀、紂而貴湯、武。是何也？夫桀、紂何失而湯、武何得也？曰：是無他故焉，桀、紂者善爲人之所惡，而湯、武者善爲人之所好也。人之所惡何也？曰：汙漫、爭奪、貪利是也。人之所好何也？曰：禮義、辭讓、忠信是也。今君人者辟稱比方則欲自並乎湯、武，若其所以統之則無以異桀、紂，而求有湯、武之功名，可乎？故凡得勝者必與人也，凡得人者必與道也。道者何也？曰：禮讓、忠信是也。故自四五萬而往者强勝，非衆之力也，隆在信矣。自數百里而往者安固，非人之力也，隆在修政矣。今已有數萬之衆者也，陶誕比周以爭與；已有數百里之國者也，汙漫、突盜以爭地。然則是棄己之所安强而爭己之所危弱也。損己之所不足以重己之所有餘，若是其悖繆也，而求有湯、武之功名，可乎？辟之猶伏而咶天，救經而引其足也，説必不行矣，愈務而愈遠。爲人臣者不恤己行之不行，苟得利而已矣，是渠衝入穴而求利也，是仁人之所羞而不爲也。故人莫貴乎生，莫樂乎安，所以養生安樂者莫大乎禮義。人知貴生樂安而棄禮義，辟之是猶欲壽而歾頸也，愚莫大焉。故君人者愛民而安，好士而榮，兩者無一焉而亡。《詩》曰：「价人維藩，大師維垣。」此之謂也。』齊相不能用其言，郇卿乃適楚。于是諸侯合謀，五國伐齊，滑王奔莒。楚使淖齒救齊，因爲齊相。淖齒欲與燕分齊地，乃執滑王，殺之於鼓里。田單起即墨，卒復齊所失七十餘城，迎滑王子法章于莒而立之，是爲襄王。襄王復國，尚修列大夫之缺，諸儒反稷下。其時田駢之屬已死，惟郇卿最爲老師，于是郇卿三爲祭酒焉。

後齊人或讒郇卿，卿乃適楚，楚相春申君相楚之八年，以卿爲蘭陵令。客説春申君曰：『湯以亳，武王以鄗，皆不過百里以有天下。今郇子天下賢人也，君藉以百里之勢，臣竊以爲不便，於君何如？』春申君曰：『善。』于是使人謝郇卿。卿去之趙，趙以爲上卿，與臨武君孫臏議兵於趙孝成王之前，臨武君爲變詐之兵，郇卿以王兵難之，不能對也。語詳《郇

卿子・議兵篇》。卒不用於趙，遂應聘于秦。

初見應侯范雎，應侯問以入秦何見，郇卿曰：『其固塞險，形勢便，山林川谷美，天材之利多，是形勝也。入境觀其風俗，其百姓朴，其聲樂不流汙，其服不挑，甚畏有司而順，古之民也。及都邑官府，其百吏肅然，莫不恭儉敦敬，忠信而不楛，古之吏也。入其國，觀其士大夫，出于其門，入于公門，出于公門，入于其家，無有私事也，不比周，不朋黨，倜然莫不明通而公也，古之士大夫也。觀其朝廷，其間聽決，百事不留，恬然如無治者，古之朝也。故四世有勝，非幸也，數也。是所見也。故曰：佚而治，約而詳，不煩而功，治之至也。秦類之矣。雖然，則有其偲矣，兼是數具者而盡有之，然而縣之以王者之功名，則倜倜然其不及遠矣。是何也？則其殆無儒邪！故曰：粹而王，駁而霸，無一焉而亡。此秦之所短也。』秦昭王聞其重儒也，因問曰：『儒無益於人國？』郇卿曰：『儒者法先王，隆禮義，謹乎臣子而致貴乎上者也。人主用之則勢在本朝而宜，不用則退編百姓而慤，必爲順下矣。雖窮困凍餓，必不以邪道爲貪，無置錐之地而明于持社稷之大義，嗚呼而莫之能應，然而通乎財萬物、養百姓之經紀。勢在人上則王公之材也，在人下則社稷之臣，國君之寶也。雖隱于窮閻漏屋，人莫不貴之，道誠存也。仲尼將爲司寇，沈猶氏不敢朝飲其羊，公慎氏出其妻。慎潰氏逾境而徙，魯之粥牛馬者不豫賈，必蚤正以待之也。居於闕里，闕里之子弟罔不分，有親者取多，孝弟以化之也。儒者在本朝則美政，在下位則美俗，儒之爲人下如是矣。』王曰：『然則其爲人上何如？』郇卿曰：『其爲人上也，廣大矣。志意定乎內，禮節修乎朝，法則度量出乎官，忠信愛利形乎下，行一不義、殺一無罪而得天下，不爲也。此君義信乎人矣，通于四海則天下應之如讙。是何也？則貴名白而天下治也。故近者歌謳而樂之，遠者竭蹶而趨之，四海之內若一家，通達之屬莫不服，夫是之謂人師。《詩》曰：「自西自東，自南自北。」此之謂也。夫其爲人下也如彼，其爲人上也如此，何謂其無益于人之國也？』昭王曰：『善』。然終不能用郇卿也。

郇卿在秦，知不見用，無何，由秦反趙。後春申君之客又說春申君曰：『昔伊尹去夏入殷，殷王而夏亡；管仲去魯入齊，魯弱而齊强。夫賢者所在，君未嘗不尊，國未嘗不榮也。今郇卿，天下賢人也，君何辭

之？』春申君又曰：『善。』于是使人請郇卿于趙，郇卿遺書謝之曰：『諺云：「癘人憐王。」此不恭之語也。雖然，不可不審察也，此爲劫弒死亡之主言也。夫人主年少而矜材，無法術以知奸，則大臣主斷圖私，以禁誅于己也，故弒賢長而立幼弱，廢正嫡而立不義。《春秋》記之曰：「楚王子圍聘于鄭，未出境，聞王病，反問疾，遂以冠纓絞王殺之，因自立也。」「一齊崔杼之妻美，莊公通之，崔杼帥其君党而攻莊公。莊公請與分國，崔杼不許；欲自刃于廟，崔杼不許。莊公走出，逾于外牆，射中股，遂殺之而立其弟景公。」近代所見，李兌用趙，餓主父于沙丘，百日而殺之；淖齒用齊，擢湣王之筋，縣于廟梁，宿昔而死。夫癘雖癰腫痂疵，上比前世，未至纓絞射股；下比近代，未至擢筋餓死也。夫劫弒死亡之主也，心之憂勞，形之困苦，必甚于癘矣。由此觀之，癘雖憐王可也。』蓋李園之包藏禍心，李園女弟之陰謀，郇卿早知其必發，故以書刺之也。又爲歌賦以遺春申君曰：『天下不治，請陳《佹詩》：天地易位，四時易鄉。列星殞墜，旦暮晦盲。幽晦登昭，日月下藏。公正無私，反見縱橫。志愛公利，重樓疏堂。無私罪人，憼革貳兵，道德純備，讒□將將。仁人絀約，敖暴擅强。天下幽險，恐失世英，螭龍爲蝘蜓，鴟梟爲鳳凰。比干見刳，孔子拘匡。昭昭乎其知之明也，鬱鬱乎其遇時之不祥也。拂乎其欲禮義之大行也，闇乎天下之晦盲也。皓天不復，憂無疆也。千歲必反，古之常也。弟子勉學，天不忘也。聖人共手，時幾將矣。與愚以疑，願聞反辭。』其《小歌》曰：『念彼遠方，何其塞矣。仁人絀約，暴人衍矣。忠臣危殆，讒人服矣。琁玉瑤珠，不知佩也。雜布與錦，不知異也。閭娵、子奢，莫之媒也。嫫母、力父，是之嘉也。以盲爲明，以聾爲聰，以危爲安，以吉爲凶。嗚呼上天，曷維其同！』春申君得書與歌賦，恨之，復固謝郇卿。卿不得已，乃行至楚，復爲蘭陵令。春申相楚之二十五年，楚考烈王卒，春申君果被李園所殺，而郇卿遂廢蘭陵令，因家蘭陵二十餘年。

秦始皇三十四年，李斯爲秦相，郇卿聞之，爲之不食，知其必敗也。後卒，年蓋八十餘矣，因葬于蘭陵。

方郇卿至稷下也，諸子咸作書刺世，諸子之事，皆以爲非先王之法也。蘇秦、張儀以邪道說諸侯，以大貴顯。郇卿退而笑曰：『夫不以其道進者，必不以其道亡。』孟子言人之性善，郇卿後孟子百餘年，以爲人之

性惡，作《性惡》一篇。疾濁世之政，亡國亂君相屬，不遂大道而營乎巫祝，信機祥，鄙儒小拘莊周等又滑稽亂俗，于是推本儒術，闡道德，崇禮勸學，著數萬言，凡三十二篇。又作《春秋公子血脈譜》。郇卿善爲《詩》、《禮》、《易》、《春秋》。從根牟子受《詩》，以傳毛亨，號《毛詩》；又傳浮丘伯，伯傳申公，號《魯詩》。從馯臂子弓受《易》，並傳其學。稱子弓比于孔子。從虞卿受《左氏春秋》，以傳張蒼，蒼傳賈誼。穀梁俶亦爲《經》作《傳》，傳郇卿，卿傳浮丘伯，伯傳申公，申公傳瑕丘江公，世爲博士。郇卿尤精于《禮》，書闕有間，受授莫詳。由是漢之治《易》、《詩》、《春秋》者皆源出于郇卿。郇卿弟子今知名者，韓非、李斯、陳囂、毛亨、浮丘伯、張蒼而已，當時甚盛也。至漢時，蘭陵人多善爲學，皆郇卿之門人也。漢人稱之曰：『蘭陵人喜字爲「卿」，法郇卿也。』教澤所及，蓋亦遠矣。後十一世孫遂，遂生淑，淑生子八人，時號『八龍』。卿之後甚著于東漢，迄魏、晉、六朝，知名之士不絶云。

論曰：劉向言：『漢興，董仲舒亦大儒，作書美郇卿。孟子、董先生皆小五伯，以爲仲尼之門，五尺童子皆羞稱五伯。如人君能用郇卿，庶幾于王，然世莫能用，而六國之君殘滅，秦國大亂，卒以亡。觀郇卿之書，其陳王道甚易行，疾世莫能用，其言悽愴，甚可痛也。嗚呼！使斯人卒終于閭巷而功業不得見於世，哀哉！可爲霣涕。其書可比于傳記，可以爲法。』諒哉斯言！向，故元王交之孫，交，郇卿再傳弟子也，其知之深矣，其哀痛有由矣，然而汙不至阿其所好也。向校讎中秘書，定著《郇卿子》三十二篇，傳之至今，向亦郇卿之功臣哉！唐儒楊倞復爲之注，表彰之功，亦向之亞矣。

綜述

《戰國策》卷一七《楚四》 客説春申君曰：『湯以亳，武王以鄗，皆不過百里，以有天下。今孫子，天下賢人也。君籍之以百里勢，臣竊以爲不便，於君何如？』春申君曰：『善。』於是使人謝孫子。孫子去之趙，趙以爲上卿。宋姚宏續注：荀子未嘗爲上卿。《後語》作『上客』，當是。客又説春申君曰：『昔伊尹去夏入殷，殷王而夏亡；管仲去魯入齊，魯弱而齊强。夫賢者之所在，其君未嘗不尊，國未嘗不榮也。今孫子，天下賢人也，君何辭之？』春申君又曰：『善。』於是使人請孫子於趙。孫子爲書謝曰：『癘人憐王，此不恭之語也。雖然，不可不審察也，此爲劫弒死亡之主言也。夫人主年少而矜材，無法術以知奸，則大臣主斷圖私，以禁誅於己也。故弒賢長而立幼弱，廢正適而立不義。《春秋》戒之曰：「楚王子圍聘於鄭，未出竟，聞王病，反問疾，遂以冠纓絞王殺之，因自立也。」「齊崔杼之妻美，莊公通之。崔杼帥其君黨而攻莊公，請與分國，崔杼不許；欲自刃於廟，崔杼不許。莊公走出，踰於外牆，射中其股，遂殺之，而立其弟景公。」近代所見：李兑用趙，餓主父於沙丘，百日而殺之。淖齒用齊，擢閔王之筋，縣於其廟梁，宿夕而死。夫癘雖癰腫胞疾，上比前世，未至絞纓射股；下比近代，未至擢筋而餓死也。夫劫弒死亡之主也，心之憂勞，形之困苦，必甚於癘矣。由此觀之，癘雖憐王，可也。』因爲賦曰：『寶珍隋珠不知佩兮，禕布與絲不知異兮，閭姝、子奢莫知媒兮，嫫母求之又甚喜之兮。以瞽爲明，以聾爲聰，以是爲非，以吉爲凶。嗚呼上天，曷惟其同！』《詩》曰：『上天甚神，無自瘵也。』

《韓非子》卷一六《難三》 燕王噲賢子之而非孫卿，故身死爲僇。

漢·韓嬰《韓詩外傳》卷三 孫卿與臨武君議兵於趙孝成王之前。王曰：『敢問兵之要。』臨武君曰：『夫兵之要，上得天時，下得地利，後之發，先之至，此兵之要也。』孫卿曰：『不然。夫兵之要，在附親士民而已。六馬不和，造父不能以致遠；弓矢不調，羿不能以中微；士民不親附，湯、武不能以戰勝。由此觀之，要在於附親士民而已矣。』臨武君曰：『不然。夫兵之用，變故也。其所貴，謀詐也。善用之者，猶脱兔莫知其出。孫、吳用之，無敵於天下。由此觀之，豈待親士民而後可哉？』孫卿曰：『不然。君之所道者，諸侯之兵，謀臣之事也。臣之所道者，仁人之兵，聖王之事也。彼可詐者，必怠慢者也，君臣上下之際突然有離德者也。夫以跖而詐桀，猶有工拙焉；以桀而詐堯，如以指撓沸，以卵投石，抱羽毛而赴烈火，入則燋也。夫何可詐也！且夫暴國，將孰與至哉？彼其與至者，必欺其民。民之親我也芬若椒蘭，歡如父子。彼顧其上如憯毒蜂蠆之人，雖桀、跖豈肯爲其所至惡，賊其所至愛哉？是猶使人之子孫自賊其父母也。彼則先覺其有失，何可詐哉？且仁人之兵，聚

則成卒，散則成列，延居則若莫邪之長刃，嬰之者斷；鋭居則若莫邪之利鋒，當之者潰；圓居則若丘山之不可移也，方居則若磐石之不可拔也，觸之摧角折節而退爾。夫何可詐也？《詩》曰「武王載旆，有虔秉鉞。如火烈烈，則莫我敢曷。」此謂湯、武之兵也。」孝成王避席仰首曰：『寡人雖不敏，請依先生之兵也。』

《史記》卷七八《春申君列傳》　春申君相楚八年，爲楚北伐滅魯，以荀卿爲蘭陵令。

又　卷八七《李斯列傳》　李斯者，楚上蔡人也。【略】乃從荀卿學帝王之術。學已成，度楚王不足事，而六國皆弱，無可爲建功者，欲西入秦，辭於荀卿曰：『斯聞得時無怠。今萬乘方爭時，遊者主事。今秦王欲吞天下，稱帝而治，此布衣馳騖之時而游説者之秋也。處卑賤之位而計不爲者，此禽鹿視肉，人面而能彊行者耳。故詬莫大於卑賤，而悲莫甚於窮困。久處卑賤之位，困苦之地，非世而惡利，自託於無爲，此非士之情也。故斯將西説秦王矣。』

又　卷一二一《儒林列傳》　自孔子卒後，七十子之徒散游諸侯，大者爲師傅卿相，小者友教士大夫，或隱而不見。【略】是時獨魏文侯好學。後陵遲以至于始皇，天下並爭於戰國，儒術既絀焉，然齊、魯之閒，學者獨不廢也。於威、宣之際，孟子、荀卿之列，咸遵夫子之業而潤色之，以學顯於當世。

漢·桓寬《鹽鐵論》卷三《論儒》　文學曰：【略】及湣王奮二世之餘烈，南舉楚淮北，并巨宋，苞十二國，西摧三晉，卻强秦，五國賓從，鄒、魯之君，泗上諸侯皆入臣，矜功不休，百姓不堪，諸侯諫不從，各分散。慎到、捷子亡去，田駢如薛而孫卿適楚。

又　卷五《毁學》　大夫曰：【略】昔李斯與包丘子俱事荀卿，既而李斯入秦，遂取三公，據萬乘以制海內，功侔伊、望，名巨太山，而包丘子不免於甕牖蒿廬，如潦歲之鼃，口非不衆也，然卒死於溝壑而已。【略】文學曰：方李斯之相秦也，始皇任之，人臣無二，然而荀卿爲之不食，覩其罹不測之禍也。

《荀子》卷二〇《［漢］劉向〈孫卿書録〉》　孫卿趙人，名況。方齊宣王、威王之時，聚天下賢士於稷下尊寵之，若鄒衍、田駢、淳于髡之屬甚衆，號曰列大夫，皆世所稱，咸作書刺世。是時孫卿有秀才，年五十始來游學。諸子之事，皆以爲非先王之法也。孫卿善爲《詩》、《禮》、《易》、《春秋》。至齊襄王時，孫卿最爲老師。齊尚脩列大夫之缺，而孫卿三爲祭酒焉。齊人或讒孫卿，乃適楚，楚相春申君以爲蘭陵令。人或謂春申曰：『湯以七十里，文王以百里。孫卿，賢者也。今與之百里地，楚其危乎！』春申君謝之，孫卿去之趙。後客或謂春申君曰：『伊尹去夏入殷，殷王而夏亡；管仲去魯入齊，魯弱而齊强。故賢者所在，君尊國安。今孫卿，天下賢人。所去之國，其不安乎？』春申君使人聘孫卿，孫卿遺春申君書，刺楚國，因爲歌賦，以遺春申君。春申君恨，復固謝孫卿，孫卿乃行，復爲蘭陵令。春申君死而孫卿廢，因家蘭陵。

李斯嘗爲弟子，而相秦；及韓非，號韓子；又浮丘伯皆受業，爲名儒。

孫卿之應聘於諸侯，見秦昭王。昭王方喜戰伐，而孫卿以三王之法説之，及秦相應侯，皆不能用也。至趙，與孫臏議兵趙孝成王前。孫臏爲變詐之兵，孫卿以王兵難之，不能對也，卒不能用。孫卿道守禮義，行應繩墨，安貧賤。孟子者，亦大儒，以人之性善。孫卿後孟子百餘年，孫卿以爲人性惡，故作《性惡》一篇，以非孟子。蘇秦、張儀以邪道説諸侯，以大貴顯。孫卿退而笑之曰：『夫不以其道進者，必不以其道亡。』至漢興，江都相董仲舒亦大儒，作書美孫卿。孫卿卒不用於世，老於蘭陵。疾濁世之政，亡國亂君相屬，不遂大道而營乎巫祝，信機祥，鄙儒小拘，如莊周等又滑稽，於是推儒、墨、道德之行事興壞，序列著數萬言而卒，葬蘭陵。而趙亦有公孫龍爲堅白同異之辨，處子之言，魏有李悝盡地力之教，楚有尸子、長盧子、芈子，皆著書，然非先王之法也，皆不循孔氏之術，唯孟軻、孫卿爲能尊仲尼。蘭陵多善爲學，蓋以孫卿也。長老至今稱之，曰『蘭陵人喜字爲「卿」』，蓋以法孫卿也。孟子、孫卿、董先生皆小五伯，以爲仲尼之門，五尺童子皆羞稱五伯。如人君能用孫卿，庶幾於王，然世終莫能用，而六國之君殘滅，秦國大亂，卒以亡。觀孫卿之書，其陳王道甚易行，疾世莫能用其言，悽愴甚可痛也。嗚呼！使斯人卒終於閭巷，而功業不得見於世，哀哉！可爲霣涕。其書比於記傳，可以爲法。

《漢書》卷三〇《藝文志·儒家》　《孫卿子》三十三篇。名況，趙

人。爲齊稷下祭酒，有列傳。唐顏師古注：本曰荀卿，避宣帝諱，故曰孫。

《荀子》卷二〇《〔宋〕唐仲友〈後序〉》 向博極羣書，序卿事，大氏本司馬遷，於遷書有三不合：春申君死，當齊王建二十八年，距宣王八十七年。向言卿以宣王時來游學，春申君死而卿廢。設以宣王末年游齊，年已百三十七矣。遷書記孟子以惠王三十五年至梁，當齊宣王七年。惠王以『叟』稱孟子，計亦五十餘。後二十三年，子之亂燕，孟子在齊。若卿來以宣王時，不得如向言『後孟子百餘歲』。田忌薦孫臏爲軍師，敗魏桂陵，當齊威王二十六年，距趙孝成王七十八年。臨武君與卿議兵於王前，向以爲孫臏，倞以敗魏馬陵，疑年馬陵去桂陵又十三年矣。《崇文總目》言卿楚人，楚禮爲客卿，與遷書、向《序》駮，益難信據。遷《傳》參卿書，其大略可睹。卿名況，趙人。以齊襄王時游稷下，距孟子至齊五十年矣。於列大夫，三爲祭酒。去之楚，春申君以爲蘭陵令。以讒去之趙，與臨武君議兵。入秦，見應侯、昭王。以聘反乎楚，復爲蘭陵令。既廢，家蘭陵以終。自戰國爭富彊，儒道絀，孟子學孔子，言王可反掌致，卒不見用。卿後孟子，亦尊孔氏。子思作《中庸》，孟子述之，道性善。至卿，以爲人性惡，故非子思、孟軻，揚雄以爲同門異戶。孟子與告子言性，卒絀告子。惜卿不見孟子，不免異。方説士徼時好，卿獨守儒，議兵以仁義，富以儒術，彊以道德之威，旨意與孟子同。見應侯，病秦無儒。昭王謂儒無益人之國，極明儒效。秦幷天下以力，意儒果無用，至於坑焚，滅不旋踵。漢奮布衣，終假儒以定。卿言不用，而後驗。自董仲舒、韓愈皆美卿書言王道，雖不及孟子，抑其流亞，廢於衰世，亦命矣。夫學者病卿以李斯、韓非。卿老師，學者已衆，二子適見世。晝寢餔啜，非師之過。使卿登孔門，去異意，書當與七篇比。此君子所爲太息。

宋·黄震《古今紀要》卷一《戰國諸臣·儒生》 荀卿，趙人。年五十始游學於齊，三爲祭酒。逃讒之楚，春申君以爲蘭陵令。當時士趍刑名者事變詐，言道德者事空虛，宗老氏，言王道者惟孟、荀。荀雖學識不及孟之醇，亦守道不變。

清·汪中《述學補遺·荀卿子年表》 謹據本書及《史記》、劉向《敍》，考定其文曰：荀子趙人，名況。年五十，始游學來齊，則當湣王之季，故《傳》云『田駢之屬皆已死也』，又云『及襄王時而荀卿最爲老師』。蓋復國之後，康莊舊人惟卿在也。襄王之十八年，當秦昭王四十一年，秦封范睢爲應侯。《儒效》、《彊國篇》有昭王、應侯答問，則自齊襄王十八年以後，荀卿去齊游秦也。其明年，趙孝成王元年。本書荀卿與臨武君議兵趙孝成王前，則荀子入秦不遇，復歸趙也。後十一年，當齊王建十年，爲楚考烈王八年，楚相黄歇以荀卿爲蘭陵令。本傳云：『齊人或讒荀卿，荀卿乃適楚，而春申君以爲蘭陵令。』則當王建初年，荀卿復自趙來齊，故曰『三爲祭酒』。是時春申君封于淮北，蘭陵乃其屬邑，故以卿爲令。後八年，春申君徙封于吳，而荀卿爲令如故。又十二年，考烈王卒，李園殺春申君，盡滅其族。本傳云：『春申君死而荀卿廢，因家蘭陵。列著數萬言而卒，因葬蘭陵。』荀卿之卒，不知何年。《堯問篇》云：『孫卿迫于亂世，鰌于嚴刑，上無賢主，下遇暴秦。』《鹽鐵論·毀學篇》：『方李斯之相秦也，始皇任之，人臣無二。然而荀卿爲之不食，覩其罹不測之禍也。』據《李斯傳》，斯之相，在秦幷天下之後，距春申君之死十八年，距齊湣王之死六十四年，是時荀卿蓋百餘歲矣。荀卿生于趙，游于齊，嘗一入秦而仕于楚，卒葬于楚。故以四國爲經，託始于趙惠文王、楚頃襄王之元，終于春申君之死，凡六十年。庶論世之君子，得其梗概云爾。

劉向《敍録》，卿以齊宣王時來游稷下，後仕楚，春申君死而卿廢。《史記·六國年表》載春申君之死，上距宣王之末，凡八十七年。《史記》稱卿年五十始游齊，則春申君死之年，卿年當一百三十七矣。晁公武《郡齋讀書志》謂《史記》所云『年五十』爲『年十五』之譌，然顏之推《家訓·勉學篇》『荀卿五十，始來游學。』之推所見《史記》古本已如此，未可遽以爲譌字也。且漢之張蒼，唐之曹憲，皆百有餘歲，何獨於卿而疑之？

荀子歸趙，疑當孝成王九年、十年時，故《臣道篇》亟稱平原、信陵之功。是時信陵故在趙也。以信陵君之好士，得之於毛公、薛公，而失之于荀卿。惜夫！

《韓非子·難四》篇：『燕王噲賢子之而非荀卿，故身死爲僇。』荀子游燕在游齊之前，事僅見此。

本書《彊國篇》：荀子説齊相國曰：『今巨楚縣吾前，大燕鰌吾後，

勁魏鉤吾右，西壤之不絶若繩，楚人則乃有襄賁、開陽以臨吾左，是一國作謀，三國必起而乘我。如是，則齊必斷而爲四三，國若假城耳。』其言正當湣王之世。湣王再攻破燕魏，留楚太子横，以割下東國，故荀卿爲是言。其後五國伐齊，燕入臨菑，楚、魏共取淮北，卒如荀卿言。荀子之爲齊，與樂毅之爲燕謀伐齊，所見正同，豈可謂儒者無益於人國乎？此齊相爲薛公田文，故曰『相國上則得專主，下則得專國。』《王伯篇》云：『權謀日行而國不免危削，綦之而亡，齊湣、薛公是也。』荀卿之爲是言者，疾田文之不能用士也。

清·王先謙《荀子集解》卷首《考證下·［清］胡元儀〈郇卿别傳·考異二十二事〉》 林寶《元和姓纂》：『郇，周文王十七子郇侯之後，以國爲氏。《詩》『郇伯勞之』，毛傳云：『郇伯，郇侯也。』郇本侯爵，郇侯曾爲二伯，《詩》舉重者言，故毛傳云然。後去「邑」爲「荀」。晉有荀林父，生庚，裔孫況。況十一代孫遂，遂生淑，生儉、緄、靖、燾、汪、爽、肅、專，時人謂之「八龍」。案《水經注》：涑水逕猗氏故城北，又西逕郇城。郇，伯國也。其地即今山西蒲州府猗氏縣之境。郇國，晉武公所滅，見《竹書紀年》。故郇伯之後仕于晉獻公之世，有荀息。魯僖二十七年，荀林父御戎，林父于息屬之親疏未詳。林父子庚，成三年聘魯。庚子偃，成十六年佐上軍。偃子吳，襄二十六年聘魯。吳子寅，昭二十九年與趙鞅城汝濱，定十三年入于朝歌叛魯，哀五年奔齊。由寅至郇卿幾二百年，由哀五年至周赧王十六年，得一百九十四年也。其間幾世不可詳矣。』林寶所云，皆據《郇氏家傳》，信而有徵者也。但《後漢書·荀淑傳》稱淑爲荀卿十一世孫，則遂當是十世孫，不知今本《元和姓纂》誤衍一字歟，抑今本《後漢書》『十一世』乃『十二世』之誤歟？無明據以證之也。云『後去邑爲荀』，此乃想當然之辭，殊非確論。何也？荀姓乃黄帝之後，《國語》司空季子言黄帝之子二十五宗，得姓者十二，姬、酉、祁、己、滕、葴、任、荀、僖、姞、儇、依是也。郇國之郇，《詩》『郇伯勞之』，《竹書紀年》『晉武公滅郇』，此據《漢書·地理志》臣瓚注所引《紀年》之文，今本《紀年》皆作『荀』，不作『郇』矣。《國語》訾祐言『范文子受以郇、櫟』，字皆作『郇』，并不作『荀』也。而《左傳》諸荀之在晉者字皆作『荀』，不復作『郇』。此蓋傳寫相承，久而不改，正如許國、許姓之『許』字作『鄦』，凡經典之中竟無『鄦』字，人遂相沿不改，是其證也，并非有故去『邑』爲『荀』明矣。今《别傳》中皆用『郇』字，以著受姓之源。

《史記》稱荀卿，《國策》、劉向、《漢書·藝文志》、應劭《風俗通》皆稱孫卿，司馬貞、顔師古皆以爲避宣帝諱詢，故改稱孫。謝東墅云：『漢不避嫌名，時人荀淑、荀爽俱用本字，《左傳》荀息至荀瑶亦不改字，何獨于荀卿反改之邪？蓋荀、孫二字同音，語遂移易，如荆軻謂之荆卿，又謂之慶卿。又如張良爲韓信都，信都，司徒也，俗音不正，曰信都。』案謝東墅駁郇卿之稱孫卿不因避諱，足破千古之惑；以爲俗音不正，若司徒、信都，則仍非也。郇卿之爲郇伯之後，以國爲氏，無可疑矣。且郇卿趙人，古郇國在今山西猗氏縣境，其地于戰國正屬趙，故爲趙人。又稱孫者，蓋郇伯，公孫之後，以孫爲氏也。王符《潛夫論·志姓氏篇》云：『王孫氏、公孫氏，國自有之，孫氏者，或王孫之班，或公孫之班也。』是各國公孫之後皆有孫氏矣。由是言之，郇也、孫也，皆氏也。戰國之末，宗法廢絶，姓氏混一，故人有兩姓并稱者，實皆古之氏也。如陳完奔齊，《史記》稱田完；陳恒見《論語》，《史記》作田常；陳仲子見《孟子》，《郇卿書》陳仲、田仲互見；田駢見《郇卿書》，《呂覽》作陳駢。陳、田皆氏，故兩稱之。推之荆卿之稱慶卿，亦是類耳。若以俗語不正，二字同音，遂致移易爲言，尚未達其所以然之故也。今《别傳》不稱孫者，以别族在當時宜稱孫，舉近者言也。孫氏各國皆有，不明所出，後人宜稱郇，以著所出，故《郇卿書》稱孫子，仍之不改。郇卿，自稱之辭也。自史公稱荀卿，其後裔荀淑等皆曰荀，相沿至今，皆曰郇子，故不復稱孫也。

齊宣王尊寵稷下諸子，號曰列大夫，言爵比大夫也。孟子，宣王時在齊居列大夫之中，而《孟子書》言孟子爲卿于齊，孟子自言『我無官守，我無言責』，與《史記·田完世家》云列大夫『不治而議論』者合。然不稱列大夫而曰爲卿，蓋卿即列大夫之長，所謂郇卿三爲祭酒是也。然則郇卿亦爲卿于齊矣。《史記·虞卿傳》：『虞卿説趙孝成王，再見，爲趙上卿，故號虞卿。』郇卿亦爲趙上卿，又從虞卿受《左氏春秋》，郇卿之稱卿，蓋法虞卿矣。劉向云：『蘭陵人喜字爲卿，以法孫卿也。』然則在齊人、趙人稱郇卿，尊之之辭也；蘭陵弟子稱郇卿，美之之辭也。

《史記》：『荀卿年五十始來遊學于齊。』劉向云：『孫卿有秀才，年

五十始來遊學。』應劭《風俗通・窮通篇》云：『孫卿有秀才，年十五始來遊學。』作『年十五』者是也，《史記》與劉向序皆傳寫誤倒耳。郇卿來齊在何時，史公、劉向、應劭皆未明言。桓寬《鹽鐵論・論儒篇》云：『湣王奮二世之餘烈，南舉楚、淮，北幷巨宋，苞十二國，西摧三晉，卻强秦，五國賓從，鄒、魯之君，泗上諸侯，皆入臣。矜功不休，百姓不堪，諸儒諫不從，各分散。慎到、接子亡去，田駢如薛，而孫卿適楚。內無良臣，故諸侯伐之。』是郇卿湣王末年至齊矣。今《郇卿書・强國篇》有説齊相一章，正諫湣王矜功，五國謀伐齊之事。蓋説之不從，遂之楚，五國旋果伐齊，湣王奔莒被殺。襄王復國，稷下諸子分散者復反稷下，郇卿適楚不久即反齊。是以《史記》、劉向、應劭皆云襄王時尚修列大夫之缺，言湣王末列大夫已散，襄王復聚之，尚能修列大夫之缺也。

劉向云：『威王、宣王之時，聚天下賢士於稷下，號曰列大夫。是時孫卿有秀才，年五十始來遊學。』應劭亦如此云，惟作『齊威王時』，無『宣王』，『年五十』作『十五』。『年十五』是也，無『宣王』，蓋脱去耳。應劭之文，全本劉向故也，説者遂疑郇卿齊威王時至齊，非也。稷下之士，實威王初年始聚之。《淳于髡傳》，齊威王八年，楚伐齊，髡使趙請兵，是其證也。威王在位三十六年，宣王立。據《田完世家》，宣十八年，乃尊崇稷下之七十六人，賜列第，爲上大夫，不治而議論，是以稷下之士復盛，且數萬人。宣王在位十九年，十八年始尊崇稷下之士，號曰列大夫，威王時並無列大夫之號也。即《史記》所云『是以稷下之士復盛，且數萬人』，皆終言其事，非宣王之世，在湣王之世也。劉向、應劭所云，皆溯稷下聚士之由，故統威王、宣王言之。云『是時孫卿有秀才』，非謂威王、宣王之時，指稷下之盛時，即湣王之世也。讀者不察，以辭害意，故繆爲之説耳。

《史記・春申君傳》：『考烈王元年，以黄歇爲相，封春申君。春申君相楚之八年，以荀卿爲蘭陵令。』然則郇卿被讒去齊入楚，在楚考烈王之八年，齊王建之十年也。客説春申君以『湯、武百里有天下，孫子賢人，藉以百里之勢，不便于君。』審其詞意，必郇卿爲蘭陵令不久之事。春申信客言，即謝郇卿，卿乃去而之趙，當在考烈王八九年，趙孝成王之十二三年，議兵于趙孝成之前，即此時矣。

劉向云：『孫卿應聘于諸侯，見秦昭王及秦相應侯。』今《郇卿書・儒效篇》有秦昭王問孫子儒無益于人國一章，《强國篇》有應侯問孫子入秦何見一章，是其事也。據《范雎傳》，雎爲相封侯在秦昭王四十一年。五十二年因王稽坐法誅，應侯懼，蔡澤説之，遂罷相。應侯罷相之年，即楚考烈王八年。郇卿爲蘭陵令時，應侯既罷相矣。劉向稱秦相應侯，約言之，《郇卿書》直稱應侯，不曰秦相，得其實矣。秦昭王在位盡五十六年。郇卿入趙，當昭王五十二三年，由趙入秦，不出秦昭王五十四至五十六三年中也。即由秦反趙，亦不出此三年中。

客再説春申君，春申君請郇卿于趙，《國策》不言在何時。考《春申君傳》：『春申君相楚二十二年，諸侯合從西伐秦，楚爲從長，春申君用事。至函谷關，諸侯兵皆敗走，楚考烈王以咎春申君，春申君以此益疏客。』言春申君以合從伐秦不利，歸咎諸客，疏而遠之，前讒郇卿之客必在所疏之中。于是春申君所聽信者惟觀津人朱英。春申君徙楚都壽春，一切所爲，皆朱英之謀。然則説春申君反郇卿于趙之客，蓋即朱英歟？由是言之，郇卿復爲蘭陵令，在楚考烈王二十二年之後矣。二十五年，春申被李園所殺，郇卿廢蘭陵令，計前後兩爲蘭陵令，不過三四年耳。

桓寬《鹽鐵論・毁學篇》云：『李斯之相秦也，始皇任之，人臣無二。然而郇卿爲之不食，睹其罹不測之禍也。』李斯相秦，據《始皇本紀》在三十四年，是年郇卿尚存，猶及見之，其卒也，必在是年之後矣。郇卿以湣王末年，年十五來齊。據《田完世家》，湣王三十八年，伐宋滅之。而郇卿説齊相之辭，但曰『巨楚縣吾前，大燕鰌吾後，勁魏鉤吾右』，不及宋國，時宋已滅明矣。説齊相不從，郇卿乃適楚，必湣王三十九年之事。蓋郇卿之來齊，亦即在是年歟？雖無明證，試以是年郇卿年十五推之，當生于周赧王十六年，計至始皇三十四年，得八十七年，故《別傳》云卒年蓋八十餘矣。

《李斯傳》：『斯長男由爲三川守，告歸咸陽，斯置酒于家，百官長皆前爲壽。李斯喟然而歎曰：「嗟乎！吾聞之郇卿曰物禁大盛。斯乃上蔡布衣，今人臣無居臣上者，物極則衰，吾未知所税駕也。」』所謂『郇卿爲之不食』，必有戒斯之詞。『物禁太盛』，其戒斯之詞歟？當由告歸，百官長上壽之時，追念師言，不覺而歎耳。史公紀由告歸在始皇三十五年之

後，敘此事畢，接書三十七年事，則由告歸，李斯之歎，在三十六年矣。是年，郇卿之存與卒不得而考，然可爲郇卿爲之不食之明證也。

劉向讎校中《孫卿書》凡三百二十二篇，以相校除複重二百九十篇，定著三十二篇，言中秘所藏孫卿之書共有三百二十二篇，實三十二篇，餘皆重複之篇也。而《漢書・藝文志》云『《孫卿子》三十三篇』，乃傳刊之誤，當作『三十二篇』，王伯厚《漢藝文志考證》已言之矣。然《漢志》既列《孫卿子》三十二篇于諸子儒家，又列孫卿賦十篇于詩賦，今《郇卿書・賦篇》僅有賦六篇，讀者莫明其故，蓋即《郇卿書》中之《賦篇》、《成相篇》也。《漢志》雜賦十二家，有《成相雜辭》十一篇。《藝文類聚》八十九卷引《成相篇》曰：『莊子貴支離，悲木槿。』注云，『《成相》出《淮南子》。』據此，則《淮南子》亦有《成相》之篇，今已久佚，《漢志》亦從本書別出。然則《成相雜辭》十一篇者，淮南王之所作也。賦者，古詩之流，《成相》亦賦之流也。今案《賦篇・禮》、《知》、《雲》、《蠶》、《箴》五賦之外，有《佹詩》一篇，凡六篇。《成相篇》自『請成相，世之殃』，至『不由者亂，何疑爲』，是第一篇。自『凡成相，辨法方』，至『宗其賢良，辨孽殃』，是第二篇。自『請成相，道聖王』，至『道古聖賢，基必張』，是第三篇。自『願陳辭』，『願陳辭』上脫『請成相』三字。至『托于成相以喻意』，是第四篇。自『請成相，言治方』，至『後世法之成律貫』，是第五篇。合之《賦》六篇，實十有一篇。今《漢志》云『孫卿賦十篇』者，亦脫『一』字，當作『十一篇』也。《隋書・經籍志》有楚蘭陵令《郇況集》一卷，注云：『殘闕，梁二卷。』《隋志》本之梁阮孝緒《七録》，蓋《七録》題二卷者，正謂《賦》一卷，《成相》一卷也。修《隋志》者不知《成相》亦賦也，徒見郇卿《賦篇》僅六賦，不可分爲二卷，疑有殘闕，故注其下曰『殘闕，梁二卷』，亦殊疏矣。至《舊唐書・經籍志》有《郇況集》二卷，《新唐書・藝文志》亦有《郇況集》二卷，皆據《隋志》『梁二卷』之文載之而已，非別有全本也。

王伯厚《玉海》引宋李淑《書目》云：『《春秋公子血脈譜》傳本曰郇卿撰。《秦譜》下及項滅子嬰之際，非郇卿作明矣。然枝分派別，如指諸掌，非殫見洽聞不能爲，其間不無訛繆。』案郇卿從虞卿受《左氏春秋》，故作《春秋公子血脉譜》，蓋據《左氏傳》文及左丘明《世本》之《姓氏篇》以成書也。《世本》，左丘明作，見《顔氏家訓》。《書證篇》云『出皇甫謐《帝王世紀》』。《世本》有《姓氏篇》，見《左傳・正義》引。李淑疑非郇卿作，不過因《秦公子譜》下及秦亡而已，不知郇卿卒於始皇三十四年之後，去秦亡、項滅子嬰才數年耳，下及子嬰之世，又何疑邪？據云『非殫見洽聞不能爲』，其書之善可知。又云『其間不無訛繆』，其中必有與《史記》諸書不合者。如皇甫謐《帝王世紀》亦據左丘明《世本》，其中有足考訂《史記》者，即其比也，不得因其不合遂指爲訛繆矣。其書不見引于羣籍，《七略》、《七録》皆不著其目，宋時猶存，競至亡佚，惜哉！虞荔《鼎録》云：『荀況在嵩溪作一鼎，大如五石甕，表裏皆紀兵法，大篆書，四足。』劉向云：『孟子以爲人性善，孫卿後孟子百餘年，以爲人性惡。』向必言『後孟子百餘年』者，以《史記》言『孟子所如不合，退而與萬章之徒述仲尼之意，作《孟子》七篇』，又言『郇卿著數萬言而卒』，是孟、郇著書皆在晚年，故據孟、郇之卒年相去百餘年爲言也。向偏讀中秘書，博覽參稽，其言信而有徵者也，故《別傳》從之。郇卿卒于始皇三十四年之後，逆推孟子之卒當在周赧王初年，方合百餘年之數。今世所傳《孟子譜》、《禮樂録》、《闕里志》等書，皆出宋、明人之手，記孟子生卒，言人人殊，均無據之遊辭，不足信者也。而説經者好稱之，誠末學所不解矣。

陸德明《經典釋文敘録》：『《毛詩》，子夏授高行子，高行子授薛倉子，薛倉子授帛妙子，帛妙子授河間大毛公，毛公爲《詩詁訓》，傳于家，以授趙人小毛公。一云：子夏授曾申，申傳魏人李克，克傳魯人孟仲子，孟仲子授根牟子，根牟子授趙人孫卿子，孫卿子傳魯人大毛公。』陸璣《毛詩草木蟲魚疏》云：『孔子刪《詩》，授卜商，商爲之序，以授魯人曾申，申授魏人李克，克授魯人孟仲子，孟仲子授根牟子，根牟子授趙人孫卿，卿授魯國毛亨，亨作《詁訓傳》以授趙國毛萇。時人謂亨爲大毛公，萇爲小毛公。』此《毛詩》得郇卿之傳也。

《漢書・楚元王傳》：『楚元王交嘗與魯穆生、白公、申公俱受《詩》于浮丘伯。『浮丘』一作『包丘』，見《鹽鐵論・毀學篇》。浮丘蓋齊地名，因以爲氏。『浮』、『包』同聲字，如《春秋》『浮來之地』，《左傳》『浮來』，《公》、《穀》皆作『包來』，是其例也。伯，孫卿之門人也。浮丘伯在長安，元王遣子郢客與申公卒業。文帝時，申公爲《詩》最精，以爲博士。申公始爲《詩》，號《魯

詩》。」此《魯詩》得郇卿之傳也。

劉向《別録》：《左傳正義》引。「左丘明授曾申，申授吳起，起授其子期，期授楚鐸椒，椒作《鈔撮》八卷授虞卿，卿作《鈔撮》九卷授孫卿，卿授張蒼。」《經典釋文》云：「左丘明作《傳》，以授曾申，申傳衛人吳起，起傳其子期，期傳楚人鐸椒，椒傳趙人虞卿，虞卿傳同郡郇卿，名況，況傳武威張蒼，陽武人，此云「武威」，傳寫之誤。張蒼，蒼傳洛陽賈誼。」此《左氏春秋》郇卿之傳也。

楊士勛《穀梁疏》：「穀梁子名俶，字元始，一名赤，魯人，受《經》于子夏，爲《經》作《傳》授孫卿，卿傳魯人申公，申公傳瑕丘江翁。」此疏有脱文，當云「卿傳浮丘伯，伯傳申公，申公傳瑕丘江翁」。《漢書·儒林傳》：「申公少與楚元王交俱事齊人浮丘伯，卒以《詩》、《春秋》授，而瑕丘江公盡能傳之。」是其證也。顏師古亦云：「穀梁授《經》于子夏，傳郇卿。」此《穀梁春秋》郇卿之傳也。

《史記·仲尼弟子列傳》：「商瞿字子木。孔子傳《易》于瞿，瞿傳楚人馯臂子弓，今本《史記》作「子弘」，張守節《正義》已正其誤。然韓昌黎云「《太史公書·弟子傳》有姓名馯臂子弓」，則昌黎所見之《史記》未誤也。張守節所據本誤，致令今本皆誤。子弓傳江東矯子庸庇。」《漢書·儒林傳》「商瞿受《易》仲尼，傳魯橋庇子庸，子庸傳江東馯臂子弓」，亦誤，當以《史記》爲正。今《漢書》子庸、子弓二名互易，幸留「江東」二字在中間不誤。然子弓，《史記》云「楚人」，《漢書》云「魯人」，未詳孰是也。郇卿善爲《易》，得子弓之傳也。郇卿傳《易》于何人，不可考。

郇卿尤善于《禮》，今授受源流不可考。然《漢書·儒林傳》東海蘭陵孟卿事蕭奮，以《禮》授后蒼，蒼説《禮》數萬言，號曰《曲臺記》，授戴德延君、戴聖次君。德號大戴，聖號小戴。據劉向云：「蘭陵人善爲學，蓋以孫卿也。長老至今稱之，曰：『蘭陵人喜字爲卿，蓋以法孫卿也。』」孟卿，蘭陵人，善爲《禮》，又字卿，必得郇卿之傳也，惜今未能知其詳耳。孟卿傳《士禮》十七篇于后蒼，蒼傳二戴，今大、小戴所傳《儀禮》篇次各殊。見賈公彥《儀禮》疏。由是言之，《儀禮》蓋亦郇卿之傳也。

郇卿之師子弓，韓昌黎以爲馯臂子弓。此説不起自昌黎。張守節作《史記正義》，所據本作「子弘」，辯之曰：「《荀子》作「子弓」。」楊倞注《非相篇》云：「馯臂子弓，受《易》者也，傳《易》之別外無聞，非馯臂也。」楊注力辯非馯臂子弓，則唐以前之説皆以《郇子》之子弓即馯臂矣，古説相傳，信而有徵者也。應劭云：「子弓，子夏之門人。」蓋子弓學無常師，學業必有異人者，故郇卿比之孔子，不得以典籍無傳而疑之也。楊倞以子弓爲仲弓，云子者，著其爲師。元人吳萊以爲子弓之爲仲弓，猶季路之爲子路。考其時世，郇卿不得受業于仲弓，不過因孔子稱仲弓可使南面，以爲必仲弓方可比孔子耳，殊乖事之實也。王弼注《論語》云：見《經典釋文》。「朱張字子弓，郇卿以比孔子者。」朱張字子弓，或有所據，以爲即郇卿所稱子弓，誣亦甚矣。朱張在孔子之前，郇卿不能受業，即以爲郇所受業，亦孔子前之聖人，何以郇卿動曰「孔子、子弓」，先孔子而後子弓邪？

劉向云：「董仲舒作書美郇卿。」案《漢書·藝文志》：「董仲舒百二十篇。」今惟存《春秋繁露》八十二篇，復多殘闕，不見美郇卿之文，其逸久矣。汪氏《述學》，極詆《國策》記郇卿之事，其言曰：「孫子謝春申書，去就曾不一言，泛引劫弑死亡之事，未知何屬。且靈王，楚之先君，豈宜斥言其罪？韓嬰誤以説《詩》，劉向不察，采入《國策》，失之矣。自「厲憐王」以下，乃《韓非子·奸劫弑臣篇》文，其言刻覈舞知以禦人，其詞賦乃《郇子·佹詩》之《小歌》。由二書雜采爲篇，文義不屬。孫卿自爲蘭陵令，逮春申君死，十八年，其間未嘗適趙。本傳稱齊人或讒郇卿，卿乃適楚。《詩外傳》、《國策》所載，即因此緣飾。末所引《詩》，乃《詩外傳》之文，《國策》亦並載之。」案汪氏此説殊武斷，因不達郇卿謝書之旨，遂妄言之耳。書之旨言春申將有劫殺之禍，指李園女弟之謀與親信李園也。故其詞隱，其意微，言外有去而不就之心，何得以去就不言爲疑邪？其説靈王也，直據《春秋》所記之事言，非斥其罪。《國策》載之，《韓詩外傳》載之，劉向校《孫卿書》，雖未載其謝書，然云「謝春申書，以刺楚國」，事必不誣也。韓非，郇卿弟子，其書援引師説，又何足怪。因韓非引之，即斥爲「刻覈舞知禦人」，今讀其書，心情悱惻，諷刺深遠，並無舞知禦人之事，何其誣也？且以爲郇卿此書乃劉向采自《韓非》以入《國策》。《韓非》之書雖全用其文，然未明言是郇卿謝春申書，而向遂割取以妄爲之。向之博學篤實，乃至荒唐若此乎？何其自信而輕

蔑古人邪？郇卿遺春申書，與歌賦本屬二事，何得云文義不屬邪？但《國策》所載歌賦不全，今《賦篇》末《佹詩》一篇皆是也。乃云『詞賦乃《郇子・佹詩》之《小歌》』，何其知二五而不知有十也？不信劉向，不信《國策》，徒拘守《史記》，漫不加考，窒莫甚焉。妄云『孫卿自爲蘭陵令，逮春申君死，十八年，未嘗適趙』，但據《春申君傳》『相楚八年，以郇卿爲蘭陵令』之文。計至春申君死，郇卿廢，其間十八年。『十八年』不誤，『未嘗適趙』，則繆之繆者也。此十八年中果在蘭陵，未之他國，而何時議兵于趙孝成王之前？何時入秦與秦昭王、應侯相問答邪？凡此皆見于《郇卿書》者，豈抑可誣爲劉向所爲乎？至以《國策》、《韓詩外傳》皆因《史記》『齊人或讒郇卿』之文緣飾而成，更屬駕誣之詞，直以莫須有斷獄矣。惟《國策》篇末所引《詩》實《韓詩外傳》之文，所見良是。然以爲劉向采自《韓詩外傳》則仍非，後人據《韓詩外傳》以竄入《國策》耳。今世所行《國策》，皆非劉向著定之舊，夫豈不知邪？汪氏以考據自命，雄視一時，不料其亦留此武斷之説於世也。

《宋史》卷五八《禮志八・吉禮八・文宣王廟》 熙寧七年，詔如禮部議，荀況封蘭陵伯，揚雄封成都伯，韓愈封昌黎伯。令學士院撰贊文。

明・俞汝楫《禮部志稿》卷二九《祠祭司職掌・羣祀・先師孔子》 嘉靖九年，釐正祀典。公伯寮、秦冉、顔何、荀況、戴聖、劉向、賈逵、馬融、何休、王肅、王弼、杜預、吴澄十三人俱罷祀。舊有堂邑侯顔何、蘭陵伯荀況、彭城伯劉向、司空王肅、司徒杜預。今黜。

清・顧炎武《日知録》卷一四《嘉靖更定從祀》 古人每事必祭其始之人。耕之祭先農也，桑之祭先蠶也，學之祭先師也，一也。【略】神宗元豐七年，始進荀況、楊雄、韓愈三人。此三人之書，雖有合於聖人，而無傳注之功，不當祀也。

論説

《荀子》卷二〇《堯問篇》 爲説者曰：孫卿不及孔子。是不然。孫卿迫於亂世，鰌於嚴刑，上無賢主，下遇暴秦，禮義不行，教化不成，仁者詘約，天下冥冥，行全刺之，諸侯大傾。當是時也，知者不得慮，能者不得治，賢者不得使。故君上蔽而無覩，賢人距而不受。然則孫卿將懷聖之心，蒙佯狂之色，視天下以愚。《詩》曰『既明且哲，以保其身』，此之謂也。是其所以名聲不白，徒與不衆，光輝不博也。今之學者得孫卿之遺言餘教，足以爲天下法式表儀，所存者神，所遇者化。觀其善行，孔子弗過，世不詳察，云非聖人，奈何？天下不治，孫卿不遇時也。德若堯、禹，世少知之；方術不用，爲人所疑；其知至明，循道正行，足以爲綱紀。嗚呼賢哉！宜爲帝王。天地不知，善桀、紂殺賢良，比干剖心。孔子拘匡，接輿辟世，箕子佯狂，田常爲亂，闔閭擅强。爲惡得福，善者有殃。今爲説者又不察其實，乃信其名。時世不同，譽何由生？不得爲政，功安能成？志修德厚，孰謂不賢乎！唐楊倞注：自『爲説者』已下，或荀卿弟子之辭也。

漢・揚雄《法言・君子篇》 或曰：『荀卿非數家之書，侻也；至於子思、孟軻，詭哉？』曰：『吾於荀卿歟！見同門而異户也。惟聖人爲不異。牛玄騂白，睟而角，其升諸廟乎！是以君子全德。』

漢・徐幹《中論》卷下《審大臣》 昔荀卿生乎戰國之際，而有叡哲之才，祖述堯、舜，憲章文、武，宗師仲尼，明撥亂之道，然而列國之君以爲迂闊，不達時變，終莫之肯用也。至於遊説之士謂其邪術，率其徒黨而名震乎諸侯，所如之國靡不盡禮郊迎，擁篲先驅，受賞爵爲上客者，不可勝數也。故名實之不相當也，其所從来尚矣，何世無之？天下有道，然後斯物廢矣。

《晉書》卷四八《段灼傳》 （灼）臨去，遣息上表曰：【略】『魏文帝率萬乘之衆，受禪於靡陂，而自以德同唐、虞，以爲漢獻即是古之堯，自謂即是今之舜，乃謂孟軻、孫卿不通禪代之變，遂作禪代之文，刻石垂戒，班示天下，傳之後世，亦安能使將來君子皆曉然心服其義乎？【略】孫卿曰：「堯、舜禪讓，是不然矣。天下者，至重也，非至彊莫之能任；至大也，非至辯莫之能分；至衆也，非至明莫之能見。此三至者，非聖人莫之能盡。」由此言之，孫卿、孟軻亦各有所不取焉。』

北齊・劉晝《劉子》卷一〇《九流》 儒者，晏嬰、子思、孟軻、荀卿之類也。順陰陽之性，明教化之本，遊心於六藝，留情於五常，厚葬文服，重樂有命，祖述堯、舜，憲章文、武，宗師仲尼，以尊敬其道。然而

薄者，流廣文繁，難可窮究也。

唐・韓愈《昌黎集》卷一一《讀荀子》　及得荀氏書，于是又知有荀氏者也。考其辭，時若不醇粹；要其歸，與孔子異者鮮矣。抑猶在軻、雄之間乎！孔子刪《詩》、《書》，筆削《春秋》，合于道者著之，離于道者黜之，故《詩》、《書》、《春秋》無疵。余欲削荀氏之不合者，附于聖人之籍，亦孔子之志歟？孟氏，醇乎醇者也。荀與揚，大醇而小疵。

又　卷一二《進學解》　昔者孟軻好辯，孔道以明，轍環天下，卒老於行。荀卿守正，大論是弘，逃讒於楚，廢死蘭陵。是二儒者，吐辭爲經，舉足爲法，絶類離倫，優入聖域，其遇於世，何如也？

唐・皇甫湜《皇甫持正集》卷二《孟子荀子言性論》　論曰：孟子曰：『人之性善。』荀卿曰：『其善者，僞也。』是於聖人，皆一偏之論也。推而言之，性之品有三，下愚、中人、上智是也。聖人言性之品亦有三，可上、可下、不移是也。黄帝生而神靈，幼而徇齊；文王在母不憂，在師不煩；后稷不坼不副，克岐克嶷，之謂上智矣。齊桓公以管仲輔之則理，以易牙輔之則亂；子夏出見紛華而悦，入聞仁義而樂，之謂中人矣。越椒之生，熊虎之狀；叔魚之生，谿壑之心，謂下愚矣。是故有生而惡者，得稱性善乎哉？有生而善者，得稱性惡乎哉？故曰：孟子、荀卿之言，其于聖人，皆一偏之説也。窮理盡性，惟聖人能之。宜乎微言絶而異端作，大義乖而偏説行。

孟子，大儒也；荀卿，亦大儒也。是豈特開異門，故持曲辯哉？蓋思有所未至，明有所不周耳。卽二子之説，原其始而要其終，其于輔教化，尊仁義，亦殊趨而一致，異派而同源也。何以明之？孟子以爲惻隱之心，人皆有之；是非之心，人皆有之；性之生善，由水之趨下，物誘于外，情動于中，然後之惡焉。是勸人汰心源、返天理者也。荀卿曰：『人之生，不知尊親長，習于教，然後知焉；人之幼，不知禮讓，長習于教，然後知焉。』是勸人黜嗜慾、求善良者也。一則舉本而推末，一則自葉而流根，故曰二子之説殊趨而一致，異派而同源也。雖然，孟子之心以人性皆如堯、舜，未至者斯勉矣。荀卿之言以人之性皆如桀、跖，則不及者斯怠矣。《書》曰：『唯人最靈。』《記》曰：『人生而静，感于物而動。』則軻之言，合經爲多益，故爲尤乎！

《荀子》卷首《〔唐〕楊倞〈荀子注序〉》　昔周公稽古三、五之道，損益夏、殷之典，制禮作樂，以仁義理天下，其德化刑政存乎《詩》。至于、幽厲失道，始《變風》、《變雅》作矣。平王東遷，諸侯分政，逮五霸之後，則王道不絶如綫。故仲尼定禮樂，作《春秋》，然後三代遺風弛而復張，而無時無位，功烈不得被于天下，但門人傳述而已。陵夷至于戰國，於是申、商苛虐，孫、吳變詐，以族論罪，殺人盈城。談説者又以慎、墨、蘇、張爲宗，則孔氏之道幾乎息矣，有志之士所爲痛心疾首也。故孟軻闡其前，荀卿振其後。觀其立言指事，根極理要，敷陳往昔，掎挈當世，撥亂興理，易於反掌，眞名世之士，王者之師。又其書亦所以羽翼六經，增光孔氏，非徒諸子之言也。蓋周公制作之，仲尼祖述之，荀、孟贊成之，所以膠固王道，至深至備。雖春秋之四夷交侵，戰國之三綱弛絶，斯道竟不墜矣。倞以末宦之暇，頗窺篇籍，竊感炎黄之風未洽於聖代，謂荀、孟有功於時政，尤所耽慕。

唐・杜牧《樊川集》卷三《三子言性辯》　孟子言人性善，荀子言性惡，楊子言人性善惡混，曰喜，曰哀，曰懼，曰惡，曰欲，曰愛，曰怒，夫七者情也，情出於性也。夫七情中，愛、怒二者生而能自。是二者，性之根，惡之端也。乳兒見乳必拏求，不得卽啼，是愛與怒與兒俱生也，夫豈知其五者焉？既壯，而五者隨而生焉，或有或無，或厚或薄。至於愛、怒，曾不須臾與乳兒相離，而至于壯也。君子之性，愛、怒淡然，不出於道。中人可以上下者，有愛拘於禮，有怒懼於法。世有禮、法，其有踰者不敢恣其情；世無禮、法，亦隨而熾焉。至於小人，雖有禮、法而不能制。愛則求之，有不得卽怒，怒則亂。故曰愛怒者，性之本，惡之端，與乳兒俱生相隨，而至於壯也。

凡言情性之善者，多引舜、禹；言不善者，多引丹朱、商均。夫舜、禹二君子，生人已來如二君子者凡有幾人？不可引以爲喻。丹朱、商均爲堯、舜子，夫生於堯、舜之世，被其化皆爲善人，況生於其室，親爲父子，蒸不能潤，灼不能熱，是其惡與堯、舜之善等耳。天止一日月耳，言光明者豈可引以爲喻？人之品類，可與上下者衆。可與上下之性，愛、怒居多。愛、怒者，惡之端也。荀言人之性惡，比於二子，荀得多矣。

唐・林愼思《伸蒙子》卷下《由天》　韓非、李斯，昔師于荀卿也，

後行其道，則反於荀卿焉。是師其運動也，清濁豈由於荀卿乎？若使人有能否，可褒責其師也，則姸醜清濁亦可移于人，不由天矣。

唐・陸龜蒙《笠澤叢書》卷一《大儒評》 世以孟軻、荀卿子爲大儒，觀其書不悖孔子之道，非儒而何？然李斯嘗學於荀卿，入秦干始皇帝，幷天下，用爲左丞相。一旦誘諸生聚而坑之，復下禁曰：『天下敢有藏百家語，詣守尉燒之。偶語《詩》、《書》者棄市。』昔孔子之於弟子也，自仲由、冉求已下，皆言其可使之才，及其仁，則曰不知也。斯聞孔子之道於荀卿，位至丞相，是行其道、得其志者也；反焚滅《詩》、《書》，坑殺儒士，爲不仁也甚矣。不知不仁，孰謂況賢？知而傳之以道，是昧觀聽也。雖斯具五刑，而況矧得稱大儒乎？吾以爲不如孟軻。

宋・釋智圓《閑居編》卷二五《辨荀卿子》 仲尼既没，異端叢起，正道焚如，天下生民不歸楊則歸墨。惟孟軻、荀卿子，著書以明乎聖道，周游以説其時君，志在黜霸而躋王也，驅澆而歸淳也。雖道不見用，而空言垂世，俾百代之下知去邪崇正，尊仁義，貴禮樂，有履而行者，則王道可復焉。故世謂大儒者，必以荀、孟配而稱之。陸魯望以李斯學于荀卿，入秦爲丞相，佞始皇，乃焚書坑儒，反責荀子不知斯之不仁而傳其道。是昧于觀聽，因謂荀子之不賢，非大儒也。予謂陸言之失也。果以斯之不仁知況之不賢者，唐、虞、周公皆聖人也，而子有丹朱、商均之不肖，弟有管叔、蔡叔之不仁，豈以子弟之不肖不仁，而謂勛華、姬旦非聖耶？果爲聖也，則安可以李之不仁，責荀之不賢耶？

或曰：唐、虞知子之不肖，遂禪位于舜、禹，豈比夫荀子不察斯之不仁而傳道耶？曰：禪位與傳道，豈類乎！夫傳道者，教誨之也；禪位者，授其名器也。虞舜之于朱、均也，豈無教誨乎？知不肖而不教者，豈曰聖人乎？倘荀子有位而傳乎斯者，可責之爲不賢也；教誨而責之，無乃不可乎！仲尼曰：『與其進也。』孟子曰：『來而不距。』此謂教誨之道也。或曰：李斯何人也？受況之教誨，而不仁至是乎！曰：下愚也。雖受其教誨，而以仁義禮樂止爲飾姦之具耳。踐而行之，不可也，及其得志于秦，焚書坑儒，又何怪也？仲尼曰：『惟上智與下愚不移。』蓋言下愚雖曰聞仁義，不可使之賢也。其李斯之謂歟！魯望誣荀，亦已甚矣。因辨之。

宋・呂祖謙《宋文鑑》卷一二五《賈同〈責荀〉》 荀況死，舊矣。其言存于書，亦聖人仁義禮樂之談也。然其作《非十二子篇》，則它囂、魏牟首之，陳仲、史鰌次之，墨翟、宋鈃又次之，慎到、田駢又次之，惠施、鄧析又次之，而子思、孟軻亦末其數，爲十二焉，而各序其道於下。謂子思、孟軻則曰：『略法先王而不知其統，然而材劇志大，聞見雜博。案往舊造説，謂之五行，甚僻而無類，幽隱而無説，閉約而不解。案飾其辭而祇敬之，曰此先君子之言也。子思唱之，孟軻和之。世俗之溝猶瞀儒嚾嚾然不知其所非也，遂受而傳之，以爲仲尼、子游爲兹，厚于後世，是則子思、孟軻之罪也。』又序其後以爲道之正者曰：『仲尼、子弓之義，以務息十二子説，如是而天下之害除，仁人之事畢。』其處子思、孟軻也何如？是之無謂乎！今《禮記・中庸》之篇存者，子思之述也；今《孟子》十四篇者，孟軻之述也。其言道，則孔氏而下未有似之者也。今以荀之書比之，而又出其後，則庶幾學之未能似之，微得其具體矣。故唐韓愈但儕之揚子雲而已。今反其若是，吾甚見其無謂也。又上十二子爲六偶者，咸均道而言之也，則子弓者，亦道均于仲尼乎？豈有聖人如仲尼，而獨言不垂于後世，事不顯于當時乎？何仲尼之徒未嘗稱之而泯滅若是乎！此又甚無謂也。且夫仲尼之道，孟軻學而行之，吾謂未有能出之者也；而荀亦以學仲尼之道，而反以孟比十子爲十二而復云云，此所謂是堯而非舜者也。荀非舜，則堯亦未足信矣。而曰『仲尼、子弓』者，吾不知子弓者何如人也，而荀謂仲尼者何如人也。噫！吾觀此，是吾不信荀也。故作《責荀》，以示來者。

宋・歐陽修《文忠集》卷四一《鄭荀改名序》 三代之衰，學廢而道不明，然後諸子出。自老子厭周之亂，用其小見，以爲聖人之術止於此，始非仁義而詆聖智。諸子因之，益得肆其異説。至於戰國，蕩而不反，然後山淵齊秦、堅白異同之論興，聖人之學幾乎其息。最後荀卿子，獨用《詩》、《書》之言，貶異扶正，著書以非諸子，尤以勸學爲急。荀卿楚人，嘗以學干諸侯，不用，退老蘭陵，楚人尊之。及戰國平，三代《詩》、《書》未盡出，漢諸大儒賈生、司馬遷之徒，莫不盡用荀卿子。蓋其爲説，最近於聖人而然也。

又　卷一二四《崇文總目敍釋・儒家類》 仲尼之業，垂之六經，其

道閎博。君人治物，百王之用，微是無以爲法。故自孟軻、揚雄、荀況之徒，又駕其説，扶而大之。歷世諸子，轉相祖述，自名一家，異端其言，或破碎於大道。然計其作者之意，要之孔氏，不有殊焉。

宋・呂陶《淨德集》卷一五《荀卿論》 孟子奔走戰國，開説諸侯，而善必稱堯、舜，政必陳三代，養生送死，必得其詳。其迹雖類迂闊，其心則仲尼，無異焉。惜乎荀卿之不出于此，而務爲毫説侈論，往往越于名教之外，而不知其歸也。爲仁義禮樂之宗主，萬世仰而師之者，聖人也。荀卿曰：『堯、舜、跖，其性耳。』又曰：『禮樂生于聖人之僞。』則萬世安所師乎？爲二帝三王之法度，萬世推而倣之者，皇極也。荀卿曰：『有治人，無治法。』又曰：『欲觀先王之迹，則于後王。』彼治而無法，不本于先王而本于後王，則萬世安所倣乎？失其宗主，忘其法度，則必越于名教之外也。越于名教之外，則何爲而不妄哉？斯言也，未足以適當時天下之用，而足以啓後世天下之害也。立説好異，誇辨太過，而不知其歸矣夫！

宋・鄭獬《鄖溪集》卷一八《讀荀孟》 孟子之法先王，荀子之法後王，二子未爲偏論也。孟子之法先王，必法其是者而去其非是者；荀子之法後王，亦必法其是者而去其非是者。俱法其是，又何先後之異哉？據其時而言，則唐、虞、商、周俱欲其民之仁壽，俱欲其賢不肖之辨，是先王與後王俱可以爲法也。唐、虞以禪，商、周以兵；唐、虞建官百，商、周數倍之；唐、虞以質，商、周極其文，禮樂、正朔、器服、名數各不同。是先王、後王，又未可以爲法也。蓋孟子見當世之戕賊仁義，謂古之爲仁義者無出于堯、舜，故其言必以堯、舜爲法。荀子犄其論，特爲孟子而發也，迺有私意矣。必格以聖人，則無先王，無後王，惟擇其是者取之云耳。孔子曰：『行夏之時，乘商之輅，服周之冕，樂則《韶》舞。』孔子之于正朔與樂，則法先王；于輅、冕，則法後王。不用虞、夏之輅、冕，則亦不法先王；不用商、周之時，正朔與舞則亦不法後王。又何先後之同乎？予以謂二子法雖不同，亦必俱法其是者也。因牽就之，使合于一，又折之以孔子之言，庸非通乎？

宋・司馬光《傳家集》卷一八《乞印行荀子揚子法言狀皇祐二年上》 臣伏以戰國以降，百家蠭起，先王之道荒塞不通，獨荀卿、揚雄排攘衆流，張大正術，使後世學者坦知去從。

漢・揚雄《揚子法言》卷首《[宋]司馬光〈注揚子法言序〉》 韓文公稱荀子，以爲在軻、雄之間。又曰：『孟子，醇乎醇者也。荀與揚，大醇而小疵。』三子皆大賢，祖六藝而師孔子。孟子好《詩》、《書》，荀子好禮，揚子好《易》。古今之人，共所宗仰。

宋・朱熹《二程遺書》卷一八 荀卿才高，其過多。揚雄才短，其過少。韓子稱其大醇，非也。若二子，可謂大駁矣。然韓子責人，甚恕。

又 卷一九 韓退之言孟子醇乎醇，此言極好。非見得孟子意，亦道不到。其言荀、揚大醇小疵，則非也。荀子極偏駁，只一句性惡，大本已失。

荀、揚性已不識，更説甚道？

又 卷二五 荀子，悖聖人者也，故列孟子於十二子。而謂人之性惡，性果惡邪？聖人何能反其性以至於斯邪？

宋・朱熹《二程外書》卷一〇 荀卿才高學陋，以禮爲僞，以性爲惡，不見聖賢。雖曰尊子弓，然而時相去甚遠。聖人之道至卿不傳，揚子雲仕莽賊，謂之旁燭無疆，可乎？隱，可也；仕，不可也。

宋・楊時《二程粹言》卷下《聖賢篇》 荀子謂博聞廣見，可以取道，欲力行堯、舜之所行，其所學，皆外也。

宋・王安石《臨川文集》卷六八《荀卿》 荀卿載孔子之言曰：『由！智者若何？仁者若何？』子路曰：『智者使人知己，仁者使人愛己。』子曰：『可謂士矣。』子曰：『賜！智者若何？仁者若何？』子貢曰：『智者知人，仁者愛人。』子曰：『可謂士君子矣。』子曰：『回！智者若何，仁者若何？』顔淵曰：『智者知己，仁者愛己。』子曰：『可謂明君子矣。』是誠孔子之言歟？吾知其非也。夫能近見而後能遠察，能利狹而後能澤廣，明天下之理也。故古之欲知人者，必先求知己；欲愛人者，必先求愛己，此亦理之所必然，而君子之所不能易者也。請以事之近而天下之所共知者論之。

今有人於此，不能見太山於咫尺之内者，則雖天下之至愚，知其不能察秋毫於百步之外也。蓋不能見於近則不能察於遠，明矣。而荀卿以謂知己者賢於知人者，是猶能察秋毫於百步之外者，爲不若見太山於咫尺之内

者之明也。今有人於此，食不足以厭其腹，衣不足以周其體者，則雖天下之至愚，知其不能以贍足鄉黨也。蓋不能利於狹則不能澤於廣，明矣。而荀卿以謂愛己者賢於愛人者，是猶以贍足鄉黨，爲不若食足以厭腹、衣足以周體者之富也。由是言之，荀卿之言，其不察理已甚矣。

故知己者，智之端也，可推以知人也；愛己者，仁之端也，可推以愛人也。夫能盡智、仁之道，然後能使人知己愛己。是故能使人知己愛己者，未有不能知人愛人者也；能知人愛人者，未有不能知己愛己者也。今荀卿之言，一切反之，吾是以知其非孔子之言而爲荀卿之妄矣。

揚子曰：『自愛，仁之至也。』蓋言能自愛之道，則足以愛人耳，非謂不能愛人而能愛己者也。噫！古之人愛人不能愛己者，有之矣，然非吾所謂愛人，而墨翟之道也。若夫能知人而不能知己者，亦非吾所謂知人矣。

宋・佚名《宋文選》卷一〇《王介甫文・荀卿論》 楊、墨之道，未嘗不稱堯、舜也，未嘗皆不合於堯、舜也。然而孟子之所以疾之若是其至者，蓋其言出入于道而已矣。荀卿之書，備仁義忠信之道，具禮樂政刑之紀，上祖堯、舜，下法周、孔，豈不美哉？然後世之名遂配孟子，則非所宜矣。夫堯、舜、周、孔之道，亦孟子之道也；孟子之道，亦堯、舜、周、孔之道也。荀卿能知堯、舜、周、孔之道，而乃以孟子雜于楊朱、墨翟之間，則何知彼而愚于此乎？昔墨子之徒亦譽堯、舜而非桀、紂，豈不至當哉！然禮樂者，堯、舜之所尚也，乃欲非而棄之，然則徒能尊其空名爾，烏能知其所以堯、舜乎？荀卿之尊堯、舜、周、孔，亦誠知所尊矣。然孟子者，堯、舜、周、孔之徒也，乃以雜于楊朱、墨翟而幷非之，是豈異于譽堯、舜而非禮樂者耶？

昔者聖賢之著書也，將以昭道德于天下，而揚教化于后世爾，豈可以託尊聖賢之空名而信其邪謬之説哉？今有人於此，殺其兄弟，戮其子孫，而能盡人子之道，以事其父母，則是豈得不爲罪人耶？荀卿之尊堯、舜、周、孔而非孟子，則亦近乎是矣。昔告子以爲性猶杞柳也，義猶桮棬也。孟子曰：『率天下之人而禍仁義者，必子之言矣。』夫杞柳之爲桮棬，是戕其性而後可以爲也。蓋孟子以爲人之爲仁義，非戕其性而後可爲，故以告子之言爲禍仁義矣。荀卿以爲人之性惡，則豈非所謂禍仁義者哉？顧孟子之生，不在荀卿之後焉爾。使孟子出其後，則辭而闢之矣。

宋・蘇軾《東坡全集》卷四三《荀卿論》 昔者常怪李斯事荀卿，既而焚滅其書，大變古先聖王之法，於其師之道，不啻若寇讎。及今觀荀卿之書，然後知李斯之所以事秦者，皆出於荀卿，而不足怪也。荀卿者，喜爲異説而不讓，敢爲高論而不顧者也。其言愚人之所驚，小人之所喜也。子思、孟軻，世之所謂賢人君子也。荀卿獨曰：『亂天下者，子思、孟軻也。』天下之人如此其衆也，仁人義士如此其多也。荀卿獨曰：『人性惡。桀、紂，性也；堯、舜，僞也。』由是觀之，意其爲人，必也剛愎不遜而自許太過。彼李斯者，又特甚者耳。今夫小人之爲不善，猶必有所顧忌。是以夏、商之亡，桀、紂之殘暴，而先王之法度、禮樂、刑政，猶未至於絶滅而不可考者，是桀、紂猶有所存而不敢盡廢也。彼李斯者，獨能奮而不顧，焚燒夫子之六經，烹滅三代之諸侯，破壞周公之井田，此亦必有所恃者矣。彼見其師歷詆天下之賢人，自是其愚，以爲古先聖王皆無足法者。不知荀卿特以快一時之論，而荀卿亦不知其禍之至於此也。其父殺人報仇，其子必且行劫。荀卿明王道，述禮樂，而李斯以其學亂天下，其高談異論有以激之也。孔、孟之論，未嘗異也，而天下卒無有及者。苟天下果無有及者，則尚安以求異爲哉？

宋・蘇轍《古史》卷三四《孟子孫卿列傳》 蘇子曰：《易》曰：『一陰一陽之謂道。』繼之者，善也；成之者，性也。一陰一陽，陰陽之未形也，猶喜怒哀樂之未發也。陰陽之未形也，謂之道；喜怒哀樂之未發也，謂之中。中則道也，其在人爲性，及其發而中節。仁義禮知之用，見於物，則所謂善，亦所謂和也。故孔子曰：『性相近也，習相遠也。』聖人之言性，止於是而已矣。孟子學於子思，得其説而漸失之，則指善以爲性。至於孫卿，自任而好異，因孟子而反之，則曰人性惡。夫善惡，皆習也。指習以爲性而不知其非，二子之失，一也。然而性之有習，習之有善惡，譬如火之能熟與其能焚也。孟子之所謂善，則火之能熟者也，是火之得其性者也。孫卿之所謂惡，則火之能焚者也，是火之失其性者也。孫卿之失則遠矣。

宋・徐積《節考集》卷二九《荀子辯》 荀子曰：『人之性惡，其善者僞也。古者聖人，以人之性惡，以爲偏險而不正，悖亂而不治，是以爲

之起禮義，制法度，以矯飾人之情性而正之，以擾化人之情性而道之也，使皆出於理，合於道也。』辯曰：荀子非也。且人之性既惡矣，又惡知惡之可矯而善之可爲也？矯性之矯，如矯木之矯，則是杞柳爲桮棬之類也，何異於告子哉？弗思而已矣。余以爲禮義者，所以充其未足之善；法制者，矯其已習之惡。

荀子曰：『凡性者，天之就也。不可學，不可事。』辯曰：荀子過矣。若如此論，則是上之教可廢而下之學可棄也，又烏用禮義爲哉？余以爲天能命人之性而不能就人之性，惟人能就其性。如此則與孔子之意合。孔子曰：『成性存存，道義之門。』

荀子曰：『今人之性，目可以見，耳可以聽。何以見之明不離目？何以聽之聰不離耳？目明而耳聰，不可學明矣。』辯曰：荀子過矣。夫奚物而不可學也？赤子之性也，不匍匐矣；既匍匐也，不能行，必須左右扶持，猶曰姑徐徐云耳。然而卒能之楚、之秦、之天下者，其故何哉？蓋曰學而已也。至於耳目，則何獨不然？其始也，目不能視矣，耳不能聽矣，然而明可以察秋毫之末，聰可以辯五聲之和。卒能如此者，其故何哉？亦曰學而已也。夫奚物而不可學耶？

荀子曰：『今人之性，飢而欲飽，寒而欲暖，勞而欲休，人之情性也。今人飢見長者而不敢先食者，將有所讓也；勞而不敢求息者，將有所代也。夫子之讓乎父，弟之讓乎兄；子之代乎父，弟之代乎兄，爲此行者，皆反於性而悖於情也。故順情性則不辭讓矣，辭讓則悖於情性矣。用此觀之，人之性惡明矣，其善僞也。』辯曰：荀子謬矣。夫飢而欲飽，寒而欲暖，勞而欲休，此人情之常也，雖聖人亦不免矣。至於子之讓乎父，弟之讓乎兄；子之代父，弟之代兄，此二行皆出於其性也，何反於性而悖於情哉？有是性卽有是行也，無是性卽無是行也。烏有性惡而能爲孝弟哉？弗思而已矣。

荀子曰：『凡禮義者，是生於聖人之僞，非故生於人之性也。故陶人合土而生瓦，然則瓦生於陶，人之僞，非故生於人之性。工人斲木而生器，然則器生於工人之僞，非故生於人之性也。』辯曰：荀子謬矣。夫欲行其實者，必先正其名，名正則教行矣。禮義之僞與作僞之僞，有以異乎，其無以異乎？在人者必皆謂之僞，則何事而不可言僞？言性惡者，將以貴禮義也。今乃以禮義而加之僞名，則是欲貴之而反賤之也。奚不曰陶人因土而生瓦，工人因木而生器，聖人因人而生禮義也？何必曰僞！

荀子曰：『薄願美，狹願廣，貧願富，賤願貴。苟無之中者，必求於外。故富而不願財，貴而不願勢。苟有之中者，不及於外。用此觀之，人之欲爲善者，爲性惡也。』辯曰：荀子過甚矣，何不顧孟子之意也？孟子以仁、義、禮、智謂之四端，夫端，亦微矣。其謂仁者，豈遂足用爲仁哉？其謂義者，豈遂足用爲義哉？是在其養而大之也。此所謂薄願美，狹願廣，貧願富，賤願貴，以其不足於中而必求於外也。安得曰富而不願財，貴而不願勢，苟有中而不求於外耶？故人之欲爲善，以其善之未足也，而有可充之資，可爲之質也。何必待性惡而後爲善哉？性惡而爲善，譬如搏水上山；善而爲善，如水之流而就濕也，火之始然而燥也，豈不順也？噫！荀子過矣。

荀子曰：『性善則去聖王，息禮義；性惡則興聖王，貴禮義。』辯曰：一陰一陽，天地之常道也。男有室，女有歸，人倫之常道也。君必有民，民必有君，所以爲天下也。不然，何以爲天下？聖王之興，豈爲性惡而已哉？故性善，得聖王則愈治，得禮義則愈興。安得曰去聖王，息禮義？性善而得禮義，如物萌而得膏雨也，勃然矣。有何不可哉？荀子過矣。

荀子曰：『凡人之性，堯、舜之與桀、跖，一也。君子之與小人，其性一也。』辯曰：天下之性，惡而已。堯、舜、盜跖，亦惡而已。是自生民以來，未嘗有一人性善也。未嘗有一人性善，其禮義曷從而有哉？其所謂聖人者，曷從而爲聖人哉？

荀子曰：『堯問於舜：「人情何如？」舜對：「人情甚不美。妻子具而孝衰於親，嗜欲得而信衰於友，爵祿盈而忠衰於君。」』辯曰：荀子載堯、舜之言，則吾不知也。至於妻子具而孝衰於親，則是妻子未具而嘗有孝矣；嗜欲得而信衰於友，則是嗜欲未得而嘗有信矣；爵祿盈而忠衰於君，則是爵祿未盈而嘗有忠矣。則是天下之性，未嘗無孝，未嘗無信，未嘗無忠，而人之性果善矣。其所以不善者，外物害之也，豈性之罪哉？學荀子者，以吾言爲如何。

宋・劉子翬《屏山集》卷五《送翁德功序》 書生輕議兵，自荀卿發

之。三至、五權、六術，雖略本仁義，然聖人不輕議兵。夾谷之會，田常之討，勇往直前，無如我夫子者。至於衛公、求、由之問，皆深閉固拒，不假以辭色，非沮之也，慎之也。卿談之，何容易乎！末世乃有長嘯却虜，圍棋破敵，揮扇靖烟塵，投筆取封侯，抵掌談笑，橫槊賦詩，視聖人之所甚慎，藐然輕肆焉。使書生讀之，激昂歆羨，袖書公卿之門，飛奏雲天之陛，莫不撫髀歎息，恨其試己之晚。是則鼓之舞之，荀卿爲之罪人也。

宋·王洋《東牟集》卷一〇《策問》 問：萬物莫不有之者，道也。聖人管道之樞要，六通四闢，無所不極，故言而世爲天下道，行而世爲天下法。後之學者惟折衷而已耳，心服而已耳，豈復有開其喙者哉？迨至諸子百家，得聖人道之一偏而不全不粹，故互相排擊，莫能統一。要其所宗，皆出於聖人之道，亦何相爲矛盾之甚歟？昔者荀卿著書，非十二子，自惠施、鄧析至於子思、孟軻，皆不能免。使十二子皆逆理而傷道，則可使其有合於聖人之道，而荀卿非之，當乎？自孔聖而下，善學夫子者，莫如孟子，而孟子猶且不免，則荀卿之論，謂之不當，可也。揚雄之言曰：『吾於荀卿歟，見同門而異戶也。』如是，卽荀卿於道，固爲同門。夫同門之士而相非若此，其說安在？諸君試辨明之。

宋·韓元吉《南澗甲乙稿》卷一七《荀子論》 天下之風，能變天下之士，而士之所守，要在不爲天下所移。夫天下之風皆善，而吾無移焉，非所謂士也。惟天下之風未善，宜吾有以易之，斯可以謂之士矣。吾之道不足以易之而返，懼其有不合也。假吾道以務爲合之之說，則未見其爲不移者也。當孔子之時，天下未知以儒爲貴也，而孔子必自貴其儒者之說。彼雖不吾聽，而吾亦未嘗屈焉。故孔子之道日尊。傳孔子之道曰孟子。當孟子之時，諸侯惟知以利爲急也，而孟子則曰『亦有仁義。』惟知以地爲廣也，而孟子則曰『闢土地者民賊。』惟知以兵爲事也，而孟子則曰『善戰者服上刑。』夫孔孟之說其于當世，不翅如水火之殊科，方圓之異鑿也。惟其所守不爲天下所移，而亦不務于求合，此後世之士跂望而不可及也。

若夫荀卿子之書，其亦未免于求合者歟！何則？卿所負者，儒術也；所遭者，戰國也。戰國之時，非富不安，非强不立，非兵不雄也。故世之游士持是三者，以要諸侯，曰吾足以富爾國，吾足以强爾國，吾足以用兵決勝而謀爾國。戰國之君非是三者，亦莫之聽焉。而卿之書，皆有之。卿之意以爲：吾所謂富國者，非彼之所謂富國者也；吾所謂强國者，非彼之所謂强國者也；吾所謂用兵者，非彼之所謂用兵者也。由吾之說，亦足致富强而善用兵矣。故富國之說曰：『節用裕民而善藏其餘。』强國之說曰：『道德之威，成乎安强。』用兵之說曰：『兵要在乎附民而已。』卿之言，非不正也；其所以爲言者，將以求合也。彼其見戰國之士以是得君，則亦懼其言之不入也，飾仁義之說，以附于三者焉。然其論雄深而辯博，此其所以使李斯之徒學之而失其所後先哉？然昔齊王好戰，而孟子請以戰喻；好勇，而孟子請無好小勇；好貨，而以爲公劉好貨；好色，而以爲太王好色。豈亦徇時乎？孟子之言，因事而有諷，以誘其君者，非著之書，以求合也。

宋·項安世《項氏家說》卷七《孟子道性善》 荀卿子之攻孟子也，其說曰：『性善則去聖王，息禮義矣；性惡則貴聖王，興禮義矣。』嗟乎！荀卿子此言，誠乃釋、老氏之學之病矣，特施之孟子、子思，則爲過耳。孟子、子思其于遵先王之法，服禮義之教，至明且習也。彼荀卿子者，習聞其說而未讀其書，輕于立論，勇于毀人，而不知併其天地父母之性，而自毀之也。然其所謂性善則去聖王，息禮義矣，則足以一言而蔽釋、老之學，而後之儒者欲攻二氏者，皆莫之及也。嗟乎！卿亦豪傑矣哉！

宋·陳傅良《止齋論祖》卷下《荀氏在軻雄之間論》 士君子之論人物，不可無一定之論也。無一定之論而依違於是非之間，將以爲是，恐天下或以爲非；將以爲非，恐天下或以爲是。是非可否雜于胸中而未決，於是立兩可之說而介乎是非之中，使天下後世聽其言而自擇焉，好之者不以吾言爲不及，惡之者不以吾言爲太過，庶幾吾之爲是論，可以免天下之譏議矣。論人如此，果可謂善論人者乎？韓愈之論荀氏，何其依違於是非也！荀氏本不鈍□，愈愛其文，嘉其辯，許之以軻則不足，稱之以雄則不救，是非無所決，故立論之際，不能斷然爲之去取，此『軻、雄之間』，其論所由發也。原愈之意，蓋欲免天下之議而已耳。□荀氏在軻、雄之間，請申其說。

世之論人物者，其患有二：品藻之不當也，議論之猶豫也。故其議

論之猶豫，寧若使品藻之不當耳。蓋君子之論人，非好論人也，論諸古所以訓諸今也。彼之所爲是耶，吾從而名其爲是也；彼之所爲非邪，吾從而名其爲非也。是非有一定之論，則天下之人因吾言知所去，知所就，則無愧於言矣。故孔子論帝堯、帝舜，則有「大哉」、「君哉」之别，不曰無優劣之異也。論顔回、子貢，則以子貢爲『弗如』，不曰在可否之間也。斷是非於一言之内，定優劣於數字之中，曾何議論之猶豫乎！然世之君子著書立言，懼後人之議己，則每依違其說。名其爲是不敢遽以爲是，名其爲非不敢遽以爲非。非與是不能斷，則其設辭不得不疑。如是而圖後議之苟免，何貴於立言哉？韓愈，唐之文宗也。其著書立言，每以明道爲己任。吾於《讀荀》之說，見其議論之不決也。

夫自孔子既没，大道湮廢，然卒以不泯者，緊誰之功？軻也，雄也，其力多矣。軻之七篇，仁義道德静然一出於正。雄之《法言》，論議端謹，温温乎有論□風。讀其書，考其文，究其所得，軻也無愧於雄，雄也無愧於軻。誠以其源流出於夫子，而所得者正也。彼荀氏何爲者？愈乃附名其中。以荀氏爲主盟吾道邪？然其非十二子，而子思、孟軻之徒略不暇顧，是不知所謂投鼠忌器者。以荀氏爲知性命邪？然其論人之性則以爲惡，是不知『民之秉彝，好是懿德』者也。以荀氏能通於禮邪？然其論禮之設，則以爲僞焉，是不知因人情之說也。惟其所學不純，所守不正，是以逃讒于楚，廢死蘭陵。其後門人李斯之徒，卒倡焚書之禍。

今愈讀其書，既知其有不合於聖人者矣。比之以軻不足，復比之以雄；比之以雄不足，復持之於軻、雄之間。抑何議論之不決耶！愈，知道者也，夫豈不知荀氏之非也？然其處心，則懼天下後世之議己也。吾將以荀爲軻之徒，後世讀其書，見其有不合於吾言，以爲太過也。吾將以荀爲雄之徒，然後世讀其書，荀惑其浮辭，則以吾言爲不及也。不若寄是非於不斷之内，含優劣於二賢之中，而使有識者自取焉。此則愈之心也，愈非不知荀之非也。嗚呼！君子之言重於金石，以金石之難動也。愈以立言自任，何是言之發，兀兀而無定邪？□□世如愈者出，讀荀書，觀愈文，則是邪非邪，固不逃乎心目。不幸所見未明者，因愈之文，求荀之書，爲軻乎，爲雄乎？吾見其雜乎胸中而莫知所適也。

然則愈之發言，抑何兀兀而靡定邪？嘗取愈之文而熟復之，以爲愈之所以立論大抵然也。其平居排斥佛、老，有如寇讎，以佛、老之道有異於吾儒之道也。至於《讀墨子》，則以爲孔、墨不相用。夫墨子之道，去佛、老無幾耳；去佛、老無幾，則其去吾儒也爲遠矣。愈既却其人，又從而招之。何哉？亦以其處心未定，故見於議論者如此。噫！立言如愈，見道如愈，天下之所任重如愈，豈可□而輕議之哉！吾獨惜其議論之猶豫，不能明□□下耳，是亦《春秋》責備賢者之意也。

宋·魏天應《論學繩尺》卷二《陳預〈孟荀名世之士〉》　名非君子之所尚也，而天下後世或以名歸之者，是必論其世也。夫舉世之所尚者名，而君子則無所尚乎！此豈其獨求以異於人哉？蓋君子之所自任者，知有道而已。道術分裂之際，出而身當斯責，凡所以闡微續絶，扶持其正而排斥其偏，在當世且不計其功，而於名乎何計？然君子之爲斯道也，雖能辭其名於當世，而或不能辭其名於後世，何則？是非莫公乎人心，而名之所由生也。異端之與吾道既久而論定，則卓然衛道之功，固萬世之所必推崇；有不謀而同辭者，又烏得以遁是名哉？故自當世而觀君子，則君子之於道，固無所事於名；由後世而論當世，則當世之名不容不歸之君子者，公也而非私也。孟、荀名世之士，是特以孟、荀之世論，而猶未足以見孟、荀之心也。請因楊倞之《序》而申其說。

嘗謂天下之至不容泯者，名也；至不可得而私者，亦名也。名之在當世，猶有出於一時議論之偏；而名之在後世，則終不能揜萬世是非之定。漢之世，非無儒也。由後世而論，則漢朝之儒，惟賈生而已。唐之世，非無文也，由後世而論，則唐文之一出於正，惟韓愈而已。夫誼以儒名，愈以文名，猶不能不以後世而論當世，則衛道如孟、荀，獨不尚論其世乎！況道無近功，君子之衛道且不計其功，功之不計，而又何計乎他日之名？方其義矛節介，出嬰邪說之鋒；禮防教範，力遏人欲之流，艱難齟齬，不合於當世者甚矣，況欲取必於來世哉？然君子雖未始取必於來世，而來世有不容不取正於當世，是必名之真僞，久而自定。所謂必有後世好之子雲，而非可欺以當世盛名之王衍者也。觀此，則孟、荀之所以稱名世者，思過半矣。

且當杏壇迹熄，木鐸聲沉，干時惑衆之徒，紛紛藉藉於當時者，名號何可勝數？在軻之世，楊、墨不論也。管、晏以其君伯，而公孫丑許

之；公孫衍、張儀以口舌自肆，而景春慕之。是世知有管、晏，知有儀、衍，又知有楊、墨，而不知有軻也。在卿之世，孫武、吳起不道也。縱情性，安恣睢，囂、牟持之而有故；上功用，大儉約，翟、鈃言之而成理。是世知有囂、牟，知有翟、鈃，又知有孫、吳，而不知有卿也。使孟、荀而果有名世之心也，方且區區然求與世競，必欲其名之我歸，則此亦一是非，彼亦一是非，名固未知其所歸也。而孟、荀之心，則不然也。然孟、荀固未嘗有心乎徇名，而千載之下名非孟，荀則不歸，是何也？道者，公天下之物而萬世之所共由也。孟、荀翼衛之功，以身當其難而使萬世得以享共由之福，日用飲食而不知焉，是則合世變以觀其時，本人心以公其予。諸子百家之視之也，譬之日月出矣而爝火不熄，時雨降矣而猶浸灌，不亦微乎淺哉！故自今觀之，以異端闢楊、墨，而後世信其爲異端；以權術斥孫、吳，而後世信其爲權術。以功烈之卑陋管、晏，以妾婦之道鄙儀、衍，以喬宇嵬瑣、梟亂天下之説非囂、牟、翟、鈃輩，而後世又莫不以其所排攘而鄙狹者爲可傳可信，亦惟非之不能以勝是，邪之不能以干正，一時之淫詖不能以奪萬世之正大而已。茲固孟、荀名世之稱不必在當世，而在後世也歟？

雖然，孟、荀固均爲名世者，而猶不可以無辯也。『當今之世，舍我其誰？』軻之自任者如此。其間名世之言猶退然，示不敢自居之意。卿之非十二子，舉一世以爲盡出己下，至併與孟子而詆之。好名之心，於是非軻比矣。名世之論序卿書者，合孟子而並稱。其將借孟以重荀歟？抑將托孟以形荀歟？識者其必能辯。

宋·朱熹《晦庵集》卷五九《答趙致道書》 荀子言性惡禮僞，其失蓋出於一。大要不知其所自來，而二者亦互相資也。其不識天命之懿而以人慾横流者爲性，不知天秩之自然而以出於人爲者爲禮，所謂不知所自來也。至於以性爲惡，則凡禮文之美，是聖人制此，以返人之性而防遏之，則禮之僞明矣。以禮爲僞，則凡人之爲禮皆反其性，矯揉以就之，則性之惡明矣。此所謂互相資也。告子杞柳之論，則性惡之意也。義外之論，則禮僞之意也，亦得之。

宋·黎靖德《朱子語類》卷五《性理二·性情心意等名義》 聖人只是識得性，百家紛紛只是不識性字。揚子鶻鶻突突，荀子又所謂隔靴爬癢。

又 卷一〇四《朱子一·自論爲學工夫》 子靜舊年也不如此，後來弄得直恁地差異。如今都教壞了後生，箇箇不肯去讀書，一味顛蹷没理會處，可惜可惜。正如荀子不睹，是逞快，胡罵亂罵，教得箇李斯出來，遂至焚書坑儒。若使荀卿不死，見斯所爲如此，必須自悔。使子靜今猶在，見後生輩如此顛蹷，亦須自悔其前日之非。

又 卷一三七《戰國漢唐諸子》 諸子百家書亦有説得好處。如《荀子》曰：『君子大心則天而道，小心則畏義而節。』此二句説得好。曰：看得荀子資質也，是箇剛明底人。曰：只是麁。他那物事，皆未成箇模樣，便將來説。

《荀子》儘有好處，勝似《揚子》，然亦難看。

惟是孟子説義理，説得來，精細明白活潑潑地。如荀子空説許多，使人看著，如喫糙米飯相似。

如世人説坑焚之禍起於荀卿。荀卿著書立説，何嘗教人焚書坑儒？只是觀它無所顧藉，敢爲異論，則其末流，便有坑焚之理。

宋·陸九淵《象山集》卷二四《策問》 問：異端之説，自周以前，不見于傳記。【略】孟子之後，以儒稱于當世者，荀卿、楊雄、王通、韓愈四子最著。《荀子》有《非十二子篇》，子思、孟軻與焉。荀子去孟子未遠，觀其言，甚尊孔子，嚴王霸之辨，隆師隆禮，則其學必有所傳，亦必自孔氏者也。而乃甚非子思、孟軻，何邪？至言子夏、子游、子張，又皆斥以賤儒。則其所師者果何人，而所傳者果何道邪？其所以排子思、孟軻、子夏、子游、子張者，果皆出其私意私説，而舉無足稽邪？抑亦有當考而論之者邪？

宋·陸九淵《象山語録》卷四 予舉《荀子·解蔽》『遠爲蔽，近爲蔽，輕爲蔽，重爲蔽』之類，説好。先生曰：是好，只是他無主人。有主人時，近亦不蔽，遠亦不蔽，輕、重皆然。

宋·陳亮《龍川集》卷九《揚雄度越諸子》 自昔聖賢之生於世也，豈以一身之故而求以自見於斯世哉？適會其時而人道之不可少者，待我而後具，則其責不可得而辭，進而經世，退而著書，亦惟所遇而已矣。六經待孔子而具者也，七篇之書待孟子而具者也，荀卿子之書出，而後儒者

之事業始發揮於世。彼其時之不可以無此人也，亦不可以無此書也，豈若諸子之譊譊然誦其所聞而求以自見哉？

宋・葉適《習學記言》卷四四《荀子》 傳説固已言學之要，孔子講之尤詳。道無内外，學則内外交相明。今在《書》、《論語》者，其指可以考索而獲也。荀卿累千數百餘言，比物引類，條端數十，爲辭甚苦，然終不能使人知學是何物，但雜舉泛稱，從此則彼背，外得則内失。其言學數有終，義則不可須臾離，全是於陋儒專門上立見識。又隆禮而貶《詩》、《書》，此最爲入道之害。

荀卿屢言爲治，當以後王爲法。後王者，周也，意誠不差。然周道在春秋時已自闕絶不繼，自一魯外，諸侯視之皆如弁髦。孔子盡力補拾其大者，十僅得七八，而小者不存多矣。況至荀卿，王法滅盡之餘，暴秦大并之日，孔氏子孫畏偪不敢，而獨倀倀然以無因難驗之説，叫呼於其間，有輕易之情，無哀思之意，徒以召侮而不能爲益也。自晨門荷蓧、楚狂接輿之流，猶以孔子爲病，而魯兩生、梁鴻尚謂漢人不足爲，況昭襄、始皇之際耶！

荀卿論治，多舉已然之迹，無自致之方，可觀而不可即也。惟言國具，差若有意。謂『無便嬖左右足信者，之謂闇；無卿相輔佐足任者，之謂獨；所使於四隣諸侯者非其人，之謂孤』也。然穆王命太僕，左右僕從侍御『無以便嬖側媚，其惟吉士。』是則嬖者不吉，吉者不嬖也。卿相輔佐，所以同起治功，臣雖專任其勞，君不獨有其逸，謂不能不有游觀安燕之時，欲倚之爲基杖，則用人之道狹矣。湯滅桀而自慚，仲虺誥而解之，德誠有餘，安用其臣喻志於四方？然則荀卿所言者，戰國之事，非帝王之治也。

讀荀卿與臨武君議兵，及四世有勝非幸。又入秦何見？以爲無儒，又與秦昭王辨儒有益於人之國，令人歎息。周衰，諸侯皆恣己自便，而秦以夷狄之治隳滅先王之典法，吞噬其天下，別治爲區域。孔子力不能救，不過能不入秦而已。子孫守其家法，故曰秦爲不義。義所不入，遂死於家。荀卿談王道若白黑，嗣孔氏如家嫡，不秦之讐，而望之以王，責之以儒，嗚呼！固哉秦惟不能自反也，不用荀卿而用李斯者歟。

荀卿議論之要有三：曰解蔽、正名、性惡而已。其言諸子莫不有蔽，而不蔽之理，莫如知道而治心。故曰『虚一而靜，謂之大清明。萬物莫形而不見，莫見而不論，莫論而失位。坐於室而見四海，處於今而論久遠，疏觀萬物而知其情，參稽治亂而通其度。至於參日月，滿八極，謂之大人，而無有蔽之者也。』雖然，難矣。蓋諸子之學，何嘗不曰知道而治心？使之虚靜而清明，以形天下萬物之理，而自謂不能蔽也。荀卿以己之所明而號人以蔽，人安得而受之？舜言『人心惟危，道心惟微』，不止於治心。箕子『思曰睿』，不在心。古之聖賢，無獨指心者。至孟子，始有盡心知性、心官賤耳目之説。然則辨士素隱之流，固多論心，而孟、荀爲甚焉。孔子曰：『學而時習之，不亦説乎！有朋自遠方來，不亦樂乎！人不知而不愠，不亦君子乎！』夫學常進，則得其養；同於人，則不偏於己；重於己，則不尤於人。捨是，吾未見其不蔽也。

孟子性善，荀卿性惡，皆切物理，皆關世教，未易輕重也。夫知其爲善，則固損夫惡矣；知其爲惡，則固進夫善矣。然而知其爲惡而後進夫善，以至於聖人，故能起僞以化性，使之終於爲善而不爲惡，則是聖人者，其性亦未嘗善歟？伊尹曰：『茲乃不義，習與性成。』孔子曰：『性相近也，習相遠也。惟上智與下愚不移。』嗚呼！古人固不以善惡論性也，而所以至於聖人者，必有道矣。

宋・孫奕《示兒編》卷一一《荀子反經》 三代以後，儒者敢於自信而好異，莫荀卿若也。堯、舜，揖遜之主，而以爲非禪。周公，恭儉之臣，而以爲不恭不儉。子思，人所不可非，則非之；孟子，人所不敢非，則非之。禮義本不僞，則以爲僞；人性本不惡，則以爲惡。六經有親出夫子之筆舌，有實載聖人之本文，卿猶一切反之。故《議兵篇》曰：『堯殺一人，刑二人，而天下治。』楊倞釋之，謂一人爲鯀，二人爲共工、驩兜矣。又自曰：『堯伐驩兜，禹伐共工。』非惟與《舜典》『四罪』、《左氏》『舜去四凶』之説異，又且自相背馳。甚者《正論》有曰：『象刑非生於治古，並起於亂。』今則又直不以《典》、《謨》『象刑惟明』之言爲可信，而好異甚矣。究而言之，象刑之制，即《周禮》『垂刑象之法于象魏』是也。畫刑爲象者，無非畫墨、劓、剕、宮、大辟之用刑，刀鋸斧鉞之狀，以示於人，使之懲於未然而知畏耳。苟知畏，則不復犯刑，乃刑期于無刑之本意矣。烏得謂之非生於治古者哉？就如卿言，是敢於殺人而不

敢於刑人也。然而李斯、韓非之慘刻，不當罪韓、李而當罪卿。其亦作俑者與！

宋・眞德秀《西山讀書記》卷一　愚按荀子曰：『水火有氣而無生，草木有生而無知，禽獸有知而無義，人有氣有生有知亦且有義，故最爲天下之貴也。』其論似矣。至其論性則以爲惡，論禮則以爲僞，何其自相戾耶！

宋・戴植《鼠璞》卷下《性善惡》　世之論性者二：善、惡而已。人往往取孟而闢荀。予合二書觀之：孟子自天性見所謂善，必指其正大者，欲加持養之功，《大學》『誠其意』之謂也。荀卿自氣性見所謂惡，必指其繆戾者，欲加修治之功，《中庸》『强哉矯』之謂也。氣性與天性不同。苟非上聖，得無過與不及之病？荀卿於是名之爲惡，曰柔膽猛戾也，曰齊給便利也，曰庸衆駑散也。或柔之以調和，或一之以易良，或輔或節，或抗或刦，力指其用力之要。然則孟子之學，澄其清而滓自去；荀子之學，去其滓而水自清。有補於後覺，則一。

宋・章如愚《羣書考索續集》卷五六《聖賢門》　孔子之論，多論其常；孟、荀之論，多論其變。然孟子則變孔子之論而歸於正，荀子則變孔子之論而流於邪。孔子曰：『言忠信，行篤敬，雖蠻貊之邦行矣。』至於孟子則曰：『言不忠信，行不篤敬，惟義所在。』斯不亦變而歸於正乎！孔子曰：『非禮勿視，非禮勿聽，非禮勿言，非禮勿動。』至於荀子則曰：『禮起於聖人之僞。』斯不亦變而流於邪乎！夫人之所守所學，不可因時而遷徙。觀二子同生戰國，而孟子歸於正，是無戰國之心；荀子流於邪，是有戰國之心也。石安世

宋・黄震《黄氏日抄》卷五五《讀諸子一・荀子》　余讀荀卿書，然後知昌黎公之不可及，雖歐陽子最尊昌黎公，其議論亦有時而異者。大抵誦述正論於義理開明之日易，辨明正理於是非迷謬之世難。自戰國縱横之說興，而處士横議之風熾，極而至於莊周，幷收一世之怪，大肆滑稽之口，以戲薄堯、舜、禹、湯、文、武、周公、孔子之道，而天下之正理，世無復知。于斯時也，知尊王而賤霸，知尊孔氏而黜異端，孟子之後，僅有荀子一人，而世不稱荀子，何哉？蓋嘗考其故。

由漢及唐，皆尊老、莊，其閒溢出而爲禪學者，亦莊、老之餘漲。而荀子嘗斥老聃爲『知詘而不知伸』，斥莊周爲『蔽於天而不知人』。其說正由由漢及唐之學者相背馳，宜其不之稱也。獨一昌黎公，奮自千載無傳之後，破除千載謬迷之說，尊孟子以續孔氏，而表荀子以次孟子。卓哉！正大之見，孔、孟以來，一人而已。其關繫正邪之辨，爲何如哉！迨至我朝，理學大明，三尺孺子亦知嚮方矣。老蘇以傑然不世出之才，反獨遠追戰國縱横之學，此與荀子正相南北。識者已疑之，歐陽子一見乃驚歎，以爲荀子。夫荀子明儒術於戰國縱横之時，而老蘇祖縱横於本朝崇儒之日，同耶異耶？而謂蘇爲荀耶？或者特於其文而言之耶？

又《後辯》　昌黎稱荀子大醇小疵，世之因而指實其小疵者，曰非子思、孟子也，曰謂性爲惡而謂爲善者僞也。若然，則豈止小疵而已哉？余觀其非子思、孟子，蓋其妄以知道自任，故欲排二子而去之，以自繼孔子之傳。其意盡於篇末可見，失正，坐不自量耳。至其以爲善爲僞，則其說雖可驚，其意猶可録。蓋彼所以僞者，人爲之名，人非詐僞之謂，若曰人性本惡，修爲斯善。其意專主習而不主性，其說遂墮一偏，而又古今字義，漸變不同。如古以『媚』爲深愛，而後世以爲邪；古以『佞』爲能言，而後世以爲諂。荀子之所謂僞，殆類《中庸》之所謂『矯』，而擇言不精，遂犯衆罵。不然，何至以爲善爲詐僞之僞也哉？惟其本意之所指，初不其然，此昌黎姑恕其說而指爲小疵歟？抑荀子之小疵，雖其議論之近理者亦或不免，不但非孟、言性而已也。

大抵荀子之所主者在禮，而曰『禮之敬，文也』，則禮之本於內心者，卿殆未之深考，故其議禮之效，惟欲辨分以足用。其於論王、伯，曰『粹而王，駁而伯』；曰『義立而王，信立而伯』。幾謂王、伯無異道，特在醇不醇之間，至於內心義、利之分，則略不之及。又謂能治其國，則文繡爲當然，而後葬爲無害。其與他日譏齊威淫泆，而猶許其有大節者，無以異。然則使荀卿而用於世，亦不過富國强兵，善致鄰國，成霸功爾。

宋・王應麟《通鑑答問》卷二《燒詩書百家語》　或問：李斯嘗事荀卿而焚滅經籍，亦荀卿之高談異論有以激之。此蘇氏之言也。弟子亦累其師歟？曰：荀卿著書，其失有三：曰性惡也，曰法後王也，曰非子思、孟子也。此李斯之罪所以分於荀卿也。雖然，斯之事荀卿，其猶吳起之事曾子歟？吳起無行而曾子絶之，然則荀卿絶李斯否乎？嘗觀《議兵

篇》：李斯問：『秦四世有勝兵，强海内，威行諸侯，非以仁義爲之也，以便從事而已。』荀卿曰：『女所謂便者，不便之便也；吾所謂仁義者，便之便也。今女不求之其本而索之於末，此世之所以亂也。』李斯薄仁義而以秦法爲便，荀卿已知其亂天下，非與之也。

且秦俗之爲戎，久矣。穆公問由余，謂『中國以《詩》、《書》、禮、樂、法度爲政。』由余笑曰：『此乃中國所以亂也。』穆公賢由余而用之，真以《詩》、《書》、禮、樂爲致亂之具矣。李斯焚書，豈非有所本祖歟？商鞅之變法，謂『苟可以彊國，不法其故；苟可以利民，不循其禮。』至昭王時，子楚不習於誦，《詩》、《書》焉得不廢乎？李斯相□□□□諱儒之名，棄其所學，逢君之惡□□□□謂以便從事者，何有於荀卿之學哉？其焚書也，因博士淳于越言殷、周封建，而斯以爲三代之事何足法，是亦由余、商鞅之説爾。豈荀卿之論激之乎？

昔者程、楊之學之醇，猶有邢恕、陸棠叛其師者焉。君子不以議程、楊也，於荀卿乎何尤？始皇方罷侯置守，盪滅三代之迹，惡言殷、周，遂并其書掃除之。阿意順指，以苟一時之富貴而已。韓非亦事荀卿，逃儒而學申商。其言曰：『無書簡之文，以法爲教；無先王之語，以吏爲師。』使其用於秦，是又一李斯也。荀卿之書曰：『非其人而教之，齎盜糧，借賊兵也。』卿亦悔是歟？荀氏門人多矣，浮丘伯所傳，是爲《魯詩》；大毛公所傳，是爲《毛詩》；張蒼所傳，是爲《左氏春秋》。三人經學，本於荀氏，世末有稱述者，徒以李斯爲荀氏之疵。吁！孟子設科，來者不距，豈以竊屨爲譏哉？

宋・王應麟《困學紀聞》卷一〇《諸子》 荀卿《非十二子》，《韓詩外傳》引之，止云十子，而無子思、孟子。愚謂荀卿非子思、孟子，蓋其門人如韓非、李斯之流託其師説，以毁聖賢。當以《韓詩》爲正。

元・郝經《續後漢書》卷八三下《録第一下・道術・諸子・荀子》 荀卿者，名況，趙人。齊威、宣好學，鄒衍、田駢之徒會于稷下，游學之士數百千人。荀卿年五十，始游于齊。時諸學士大夫皆乖離正道，獨荀卿之學宗孔氏，故其言道術，大抵以仁義禮樂爲宗。其謂純則王，雜則霸。真積力久，則入能定，然後能應君子。大心則天而道，小心則畏義而節，心居中以治五官。論心不如擇術。《詩》者，中聲之所止。及與臨武君論兵等，皆至言也。然而過高好奇，敢爲異論，悖理傷義，繆於聖人，而卒歸於申、韓。其大害道，誤天下後世者，以孟子言性善爲非，作性惡論。謂人之性惡，其善者僞。桀、紂，性也；堯、舜，僞也。

又特爲《非十二子篇》，謂『子思、孟子略法先王而不知其統，猶然而才劇志大，聞見雜博，案往舊造説，謂之五行，甚僻違而無類，幽隱而無説，閉約而無解，案飾其辭而祇敬之，曰此真先君子之言也。子思倡之，孟軻和之，世俗之溝猶瞀儒嚾嚾然，不知其所非也，遂受而傳之，以爲仲尼、子游爲兹，厚於後世。是則子思、孟軻之罪也。』二賢幾聖，親傳孔子之道，益推大之者也，而痛詆毁之。並夫他囂、魏牟、陳仲、史鰌、墨翟、宋鈃、慎到、田駢、惠施、鄧析之徒，詭辭彊辯，破壞道術，自況始。

其徒李斯見其師以惡爲性，以真儒爲非，顧天下典籍，凡堯、舜、禹、湯、文、武、周、孔之道，皆矯輮之僞。當世儒者不足以爲治，而適足以亂天下，乃敢倡爲焚書坑儒之舉。故秦滅學之禍，皆荀卿之高才喜異，反中庸而無忌憚者啓之也。

元・戴表元《剡源文集》卷二二《史論・孟子荀卿列傳》 古之君子，其學爲己也而不專乎爲己，蓋其得之也有餘，則推以與人也。不患於不足，成之也勞，則其事傳之於久而無弊。孔孟之道，自堯、舜、禹、湯、文、武、周公以來，莫之能尚也。惟其抱堯、舜、禹、湯、文、武、周公之道而不著於用，故鬱勃湮積於當時，而卒能徐出而大暢之，以及於百千萬世之遠，自其及門弟子既皆身被其傳，以立於世，又自諸子各有所傳，然受之淺深而行之久近，有不能以皆善，而要其大歸，荀出自孔氏之傳者，至其極衰大壞，猶賢於他事萬萬也。何也？孔氏之道可遠可近，可約可博，非若他事淫污辨雜以爲通，誕神僻異以爲高也。學他氏者，於己不必誠而常懼於無以徇人；學孔氏者，進可以及人而退亦不自辱其在己者也。故學孔氏者近勞，而什有八九焉，不失爲君子；學他氏者近佚，而什有一焉，不免陷於小人。孟子、荀卿之於鄒子、淳于、尸子，長盧之屬是也。

自夫孔氏既没，世亂道微，生民之命懸於談兵説利之口者若干年，而子思之學，再傳而爲孟子；子弓之學，亦一傳而得荀卿。荀卿之學，未

知出於子弓何如也；而孟子於子思，有光矣。夫當孔子之時，諸子不棄其師之窮，相與追隨，馳逐列國之郊，羈愁困餓而不忍去。一時能言之士與夫非誚孔氏而不爲其學者，聲華氣勢，計當十百過之，訖無所據託；而獨孔氏師友一綫之傳，屹然不墜，以爲儒者折衷，非止鄒子、淳于之徒不可度絜短長而已耳。自是而降，諸子愈散，其荀卿之學亦一傳而謬。天下異端曲説，愈熾於鄒子、淳于之徒，而孟子之所著書，遂與諸子之書之可傳者，共扶孔氏，以至於今日。由此言之，孔氏之道，世治則與之俱治，世亂則不與之俱亂，自古至今，固未嘗一日廢，而學何其勞而孤也。世言太史公不知孔子，吾讀《孟子荀卿列傳》，亦燦然知所趣舍哉！

元·劉因《静修續集》卷三《敘學》 荀子議論過高好奇，致有性惡之説。然其王霸之辨，仁義之言，不可廢也。

明·宋濂《文憲集》卷二七《諸子辨·荀子》 趙人荀卿撰。卿名況，《漢志》避宣帝諱，作孫卿。【略】其論殊精絶。然況之爲人，才甚高而不見道者也。由其才甚高，故立言或弗悖於孔氏；由其不見道，故極言性惡及譏訕子思、孟軻不少置。學者其亦務知道哉！至若李斯雖師卿，於卿之學懵乎未之有聞，先儒遂以爲病，指卿爲剛愎不遜、自許太過之人，則失之矣。

明·方孝孺《遜志齋集》卷四《讀荀子》 道之不明，好勝者害之也。周衰，先王之遺言大法漫滅浸微，孔子出而修之，斯道皎然復章。聖人之業，焕然與天地同功。彼處士者，生於其後，務懷誹訕之心，以求異於前人。其心以爲堯、舜之道，孔子既言之矣，復附而重言之，何以云云爲哉？於是各馳意於險怪詭僻、渙散浩博之論，排擊破碎先聖人之道，以伸其嵬瑣一曲之偏。智若楊朱、墨翟、宋鈃、列禦寇、莊周、慎到之徒是也。孟子生乎其時，懼聖人之道敗壞於邪説，乃敷揚孔子之意而攻黜之，然後復定。蓋彼之説偏駁易辨，故其入人也淺，可指其過而聲之也。

若荀卿者，剽掠聖人之餘言，發爲近似中正之論，肆然自居於孔子之道而不疑，沛乎若有所宗，淵乎執之而無窮，尊王而賤霸，援堯、舜，摭湯、武，鄙桀、紂，儼若儒者也。及要其大旨，則謂人之性惡，以仁義爲僞也。妄爲蔓衍不經之辭，以蛆蠹孟子之道。其區區之私心，不過欲求異於人，而不自知卒爲斯道讒賊也。蓋數家者偏駁不倫，故去之也易。荀卿似乎中正，故世多惑之。惜無孟子者，出以糾其謬，故其書相傳至今。孔子曰：『惡紫，爲其亂朱也。惡鄭聲，爲其亂雅樂也。』夫欲擯悖道之書而不用，必自荀卿始。何者？其言似是而實非也。

明·倪岳《青谿漫稿》卷一一《奏議·祀典一》 臣嘗觀國學及郡縣學從祀儒先有當黜者，而後之真儒有當入者。若蘭陵伯荀況，言或近於黄老，術實雜於申、韓。身託黄歇，不羞悖亂之人；學傳李斯，遂基坑焚之禍。以性爲惡，以禮爲僞，以堯、舜爲矯飾，以子、思孟軻爲亂天下者。是以程子譏其甚偏駁，而朱子書爲蘭陵令，乃係之以楚，以深鄙之也。【略】豈宜列諸從祀哉？

明·胡居仁《居業録》卷一《心性》 荀子只『性惡』一句，諸事壞了，是源頭已錯，末流無一是處。故其以禮義教化爲聖人所造作僞爲，以矯人之性而化人之惡。殊不知天高地下，萬物散殊而禮制行矣，此皆吾性中所具之禮，聖人因而品節制作之。禮義教化既成，又足以正其情，養其性，節其欲，成其德。此足見禮樂教化自吾性中出，聖人因而成之，則性善無疑矣。孟子言性善，在本源上見得是，故百事皆是；荀子在本源上見錯，故百事皆錯。

明·鄭瑗《井觀瑣言》卷一 孟子説道理明白正大，但比孔門猶失之粗。荀子言語暗，使學者不得其門而入。孟子是從大路上行，荀卿是從旁蹊曲徑裏尋路頭。

明·周琦《東溪日談録》卷一二《著述談·荀子書》 荀子以性爲惡，只此一句，便見其不識道。道在日用之常，性爲根本，根本既失，其著爲書，道存乎否乎？荀卿之書其近理者，如《非相》等篇，意亦正當。『能定而後應』等説，言亦切實。與夫『水火有氣而無生，草木有生而無知，禽獸有知而無義，人有氣而生亦且有義，故最爲天下之貴』；又『君子大心則天而道，小心則畏義而節』，皆先儒之所取者，然不免爲放蕩之詞也。

李斯學荀卿之道，相秦以燒《詩》、《書》、諸子百家語，坑儒生四百六十餘人，非秦之罪也。李斯之相，非其道也；李斯以此相秦，非斯罪也。學荀卿之道，非其道也，學之不正，其禍如此。可不畏哉？

明·王守仁《王文成全書》卷一《語録一》 志道問：荀子云：

『養心莫善於誠。』先儒非之，何也？先生曰：此亦未可便以爲非。『誠』字有以工夫説者。誠是心之本體，求復其本體，便是思誠的工夫。明道説『以誠敬存之』，亦是此意。《大學》：『欲正其心，先誠其意。』荀子之言固多病，然不可一例吹毛求疵。大凡看人言語，若先有箇意見，便有過當處。『爲富不仁』之言，孟子有取於陽虎。此便見聖賢大公之心。

明·楊慎《升菴集》卷四六《宋人譏荀卿》 宋人譏荀卿云：卿之學不醇，故一傳於李斯，而有坑焚之禍。此言過矣。孔子曰：『與其進也，不與其退也。』弟子爲惡而罪及師，有是理乎？若李斯可以累荀卿，則吴起亦可以累曾子矣。劉向《别録》云：『吴起始事曾子，而受《春秋》於曾申。』《鹽鐵論》曰：『李斯與苞丘子同事荀卿。苞丘子脩道白屋之下。』二事人皆引用而罕知其原，故及之。

又 卷五一《荀卿李斯吴公》 以荀卿大儒而弟子有焚書坑儒之李斯，以李斯爲師而弟子有治行第一之吴公。信乎人之賢否，在乎自立，不係乎師友也。

明·楊慎《丹鉛餘録》卷五 孟子之言性善，興起人之善也，其蔽也或使人驕。荀子之言性惡，懲創人之惡，其蔽也或使人阻。孔子曰：『性相近也，習相遠也。』『惟上智與下愚不移。』又曰：『有教無類。』又曰：『繼之者善也，成之者性也。仁者見之謂之仁，知者見之謂之知。百姓日用而不知，故君子之道鮮矣。』未嘗曰善以驕人之志也，未嘗曰惡以阻人之進也。此所以爲聖人之言，非賢人之所及也。曰：若是，則混與三品之説是乎？曰：又非也。知孔子之言性，異乎孟、荀、揚、韓四子，始可與言性也已。

明·崔銑《洹詞》卷九《松窗寤言》 荀卿，其傑儒哉！衆晦而獨明之也難，羣倡而往和之也易。戰國，何時也？荀子宗孔氏，談王道，解蔽言心，不墮空寂，屢困而不易守。先儒疾其性惡之憤言，乃右揚雄，非決衡之論乎？

明·陸粲《陸子餘集》卷一《注荀卿子序》 陸子曰：吾讀荀卿子書，高其文辭而怪今之君子之好之何少也。或曰：荀卿者，意廣而爲學闊疏，議論大抵矯亢失中，又時譏切孟子，以故近世儒者或頗黜其書。吾亦甚恨卿之不遭孟子也。使夫得游從焉，與相切磋而去其蔽，則卿固可爲醇儒哉！然自孔氏没，七十子之徒散亡既盡，教益衰，學士大夫爭騖於權利，而卿獨脩先王之言，卓然不阿時好。彼所謂豪傑士也，非耶？戰國之世，儒者阨窮，孟子既困於齊、梁以終，而卿亦老無所遇，晚乃適楚。楚既衰矣，而黄歇當國，未見其有可仕者也。方天下日被秦虐，吴之故墟去中國稍闊遠，兵車不及，卿將託焉以卒老歟？非有意於干歇也。卿没後，李斯相秦，以并天下。斯雖嘗游其門，而卒叛去，乃用異説以殘民，廢先王之道，蓋其徒之不肖者也。而或者謂卿之學有以使之。夫學焉而失其真，自孔氏之門不能無雜，而獨卿歟？其師善醫，其弟子蓄蠱以殺人，非師之罪也。議者以斯故病卿，亦良過矣。

明·婁堅《學古緒言》卷三《贈明府韓侯擢兵部序》 昔者孟、荀二子，同時號爲大儒，而一則追論唐虞三代，一則曰法後王。二子者，豈誠有異耶？夫古今勢殊，譬猶江河之不可挽而西也。然而古人之所以待其身與推而用之當世者，其意終不可失也。是猶水之坊也，以舊坊爲無用，而壞之者必有水患。士之鋭於集事而不能深惟其後者，豈不自負以爲一世之才傷哉？彼其中之所守，與學道之君子異矣。

又 卷二一《上督學王御史書》 戰國之季，士之言仁義，尊孔氏，不苟以求用，退而著書，傳之其徒，以有聞於後世，孟、荀氏而已耳。所不爲揣摩捭闔、没没於榮利者，幾何人哉？顧二子之書，亦自不同。孟子稱堯舜，而舉世以爲闊遠；荀卿言法後王，而秦以郡縣天下，至於今不可改也。蓋孟子見其本原，而荀卿審於事勢，所從言之異耳，實非有不同也。

明·李贄《藏書》卷三二《德業儒臣·荀卿》 李生曰：荀與孟同時，其才俱美，其文更雄傑，其用之更通達而不迂，不曉當時何以獨抑荀而揚孟軻也？中間亦尊周、孔，然非俗所以尊者；亦排墨子，亦非十二子，然亦非世俗之所以排、所以非者，故曰荀孟。吁！得之矣。

明·李贄《焚書》卷五《荀卿李斯吴公》 升庵先生曰：『以荀卿大儒，而弟子有焚書坑儒之李斯，以李斯爲師，而弟子有治行第一之吴公。人之賢否，信在自立，不系師友也。』卓吾子曰：能自立者，必有骨也。有骨則可藉以行立。苟無骨，雖百師友左提右挈，其奈之何？一刻無人，一刻站不得矣。然既能行立，則自能奔走求師，如顔、曾輩之於孔子然，

謂其不系師友，亦非也。

又《宋人譏荀卿》 卓吾子曰：使李斯可以累荀卿，則苞丘子亦當請封荀子矣。

明·王世貞《弇州四部稿》卷一一二《文部·讀荀子》 吾讀荀氏書，其言性惡禮矯，大氐多憤嫉過中之旨，則豈唯小疵已哉？至云『養心莫善乎誠。』有味乎！其言之也。夫誠者，其實不妄也。對誠之者而言，則聖人事也。偏而言之，則徹上下語也。宋儒舉而非之曰：既誠矣，心安用養耶？如以辭而已矣。孔子之告哀公曰：『思事親，不可以不知人；思知人，不可以不知天。』其爲荀氏語也。宋儒當復舉非之曰：是天親而外鑠也，是上達而下學也。抑何謬戾失序也！宋儒之好刺非古而顯其尊若此。

又 卷一三九《説部·劄記·内篇》 荀卿之危態臣也，甚於篡；孟獻之罪聚斂臣也，甚於盜。噫！其真有所警矣夫。

向、歆，學父子而人夷夏者也。孫卿、李斯，業師生而行人禽者也。故曰有言者不必有德。

明·馮從吾《少墟集》卷一四《論荀卿非十二子閣試》 昔荀卿以儒自命，而立言指事壹禀於仲尼，可謂偉矣。然仲尼之徒惟思、孟獨得其宗，而卿之非十二子也，以思、孟爲聞見雜博，猥與墨翟、惠施輩同類而共譏之。是何敢于高論異説而不讓邪？胡其誖也！卿之言曰：它、魏不可合文通治，陳、史不可合衆明分，墨、宋不可容辨異，縣君臣，慎、田不可經國定分，惠、鄧不可爲治綱紀，似也，而猶曰『持之有故，言之成理』，若有不盡非者。何至以『僻違無類，幽隱無説，閉約無解』乃歸之思、孟，而以唱、和爲有罪哉？孔氏既没，異端棼如。戰國以來，從衡捭闔之習盛，而吾道不絕如綫矣。仲尼之道燦然復明於世者，唱、和之力也，而可曰罪也邪？卿固尊信仲尼者，正宜以思、孟爲津筏，而後可以窺洙、泗之源委。『案飾其辭而祇敬之，曰此先君子之言也。』繇斯以觀，卿顧不當祇敬先君子哉？果爾，則卿亦世俗之溝猶瞀儒嚾嚾莫知其非者矣，豈不自言而自誖之邪？尊仲尼而非仲尼之徒，亦太惑矣。

或謂卿妄以道自任，明知思、孟之學，故爲排之，以自繼仲尼之統。不知有此一念之勝心，而已不可與入道矣，何足爲思、孟損益哉？且卿之尊信仲尼也甚篤，而子弓雖賢，與仲尼並稱，已失低昂之實，又何論思、孟！卿受學于子弓，意推尊子弓，以彰己學所從來，故不得不與仲尼並稱。是卿之尊信仲尼，亦桓、文之尊周室，不過陽浮慕之已耳。不然，子弓固不在仲尼下，而思、孟豈遂在子弓下哉？是仲尼而非思、孟，余誠不知其何説矣。大抵卿懲叔季不學之弊，而歸咎於性惡。見霸功之算計見效也，而曰法後王。故聞思、孟之稱性善而談法古，不翅如枘鑿然，此其詆思、孟之根，不可捄藥者也。獨不思『相近』之訓，安所稱惡？而堯、舜、湯、文豈不惓惓於垂訓？無乃仲尼非乎！它、魏、慎、墨之流，仲尼之徒羞稱之。至如史鰌之直，固其所深嘉樂與者，亦不可概例於諸子。老、莊輩詆聖侮法，不遺餘力，乃置之不論。甚矣！卿之好奇也。然則卿之非十二子也，其誠敢爲高論異説而不顧者哉？

或又謂後世儒者，借喙思、孟，行實誖之。才無可用世而竊儒名，以蓋其愆。卿誠有激乎！其言之者，不知果有激而言也。非其竊儒名者，可矣。併真儒而非之，可乎哉？昔人稱卿才高而不見道，諒矣。嗚呼！卿一非思、孟，而李斯遂焚書坑儒，以促秦二世之亡。非學而遂以亡人之國也，學可非乎哉？禍秦者斯，而禍斯者卿也。此古今治亂得失之林也。

清·馮班《鈍吟雜録》卷四《讀古淺説》 荀子言殺《詩》、《書》，焚書之漸也；歷詆諸儒，坑儒之漸也。荀子好言禮，實不知禮。禮者，非從天降也，非從地出也，生於人心者也。先王因人心而制禮，豈以其違性者强之乎？荀子言性惡，則其所謂禮者，政刑之末耳，非禮也，古人所以制惡人者也。李斯之學全出於荀卿，坡公論之不詳也。

清·陸世儀《思辨録輯要》卷三二《異學類》 問：荀子或以爲儒，或以爲異端，何如？曰：荀子純粹不及孟子，力量不及楊墨，徒以性惡禮僞之言取譏於後世。雖其書略有可取之語，不足道也。

清·李光地《榕村語録》卷二〇《諸子》 見得性善，則人、我一也，便能感化人，成就人，故曰盡己性，則能盡人物性。荀卿當日聲勢大于孟子，孟子日漸尊崇，荀卿日就消歇。至今孟子爲吾教宗祖，而擯荀卿如路人別派，以此。

清·愛新覺羅·玄燁《庭訓格言》 荀子云：『身勞而心安者爲之，利少而義多者爲之。』此二語簡而要。人之一世能依此二語行之，過差何

由而生？

清·邵泰衢《史記疑問》卷上《秦始皇》　然而焚書之禍，其由来之漸，當繆公之世。由余入秦，乃曰『《詩》、《書》、禮樂、法度爲政，中國所以爲亂也。』邪説之作，始矣。至孝公，而商鞅變法修刑，此焚書之先聲也。至荀卿著論，欲人毋貳後王而迂法先王。其徒韓非、李斯皆師事卿，而非之言曰：『世之愚學，不知治亂之情，多誦先古之書，以亂當世之治。』李斯介之入秦，乃爲滅學毁儒之説。極本遡原，由余、衛鞅開其先，而荀卿爲之創；韓非爲之導，而斯竟行之。荀卿曷勝誅哉！死于蘭陵，幸矣。

又　卷下《孟子荀卿列傳》　荀卿之與孟子，爝火之同皎日也。荀卿者，李斯、韓非之師。非、斯之焚書滅學，至今日而禮樂淪亡，幾使二氏異端並爲三教者，皆非、斯之罪，而實非、斯之本，荀卿也，安得與吾孟子距楊、墨邪説者之可同年語哉！至云『天下方務合從連衡，以攻伐爲賢，孟子乃述唐虞、三代之德，是以所如不合，退而與萬章之徒序《詩》、《書》，述仲尼之意，作《孟子》七篇。』未嘗不知之也。且唐虞、三代之德，荀卿知之乎？更以騶忌、騶衍與夫淳于髡、慎到等，亦列之一《傳》，遷可謂不知類矣。荀子性惡而孟子性善，是荀子早已外於聖人之教。至騶衍之言，大類佛氏南贍、西牛之荒，而曰『見尊禮如此』，豈與夫子菜色陳、蔡，孟氏困于齊、梁者同哉？又：『自騶衍與齊之稷下先生如淳于髡、慎到、環淵、接子、田駢、騶奭之徒各著書，言治亂之事，以干世主，豈可勝道？』遷未嘗不知尊孟子也，而與荀卿輩同《傳》者，何哉？豈漢儒淺陋，謂孟子不過荀卿流乎？

清·任啓運《清芬樓遺稿》卷三《荀卿論》　韓退之曰：『孟、荀以道鳴。』又曰：『孟氏醇乎醇者也，荀與楊大醇而小疵』。其説當矣。余觀楊氏，身爲莽大夫，其説亦比附影響，少精實，如是而撤去從祀，宜也。獨惜荀子，特以『性惡』一言，遂與楊氏並撤，而曾不察其意。孔子曰：『繼之者善，成之者性。』子思曰『天命』，孟子曰『性善』，而荀子獨曰『性惡』，且甚其詞曰：『亂天下者子思、孟子。』其立説誠過，然吾以爲荀子特欲矯子思、孟子之偏，而不自知其言之過者也。性之文，從生從心，言生而有此心也。夫生固不能有道心而無人心，則口之於味，目之於色，詎得謂之非性？荀子誠懼率性之説一倡天下，後世必有任其欲味之性而至於紾兄，任其欲色之性而至於摟處子，且曰此吾性之真，此即吾性之善。直以惡爲善，而先王之禮樂名教直以爲苦人之具，必至盡蕩滅而後已。故遂謂性爲惡，而謂必從先聖人仁義之訓，然後可以爲人。故曰：『善者僞也。』僞也者，人爲之謂也。後人不解荀子之意，而以僞爲假，夫亦昧乎其義矣。且夫荀子之意，未嘗不以性爲善也。其言曰：『今人之性，生而有好利焉。順是，故爭奪生而辭讓亡。生而有疾惡焉，順是，故殘賊生而忠信亡。』亡之爲言固有而失之之謂也。然則荀子以辭讓忠信爲固有，明矣。彼蓋以辭讓忠信爲孔子所云『繼之』之善，以好利疾惡爲『成之』之性也。子思、孟子之言性，由『繼善』而更上之。荀子之言性，自『成性』而又下之。其所謂性者不同，則其所謂善惡亦異，而其意則未嘗異也。雖然，由子思、孟子之説，人之爲仁義也樂之。由荀子之説，人之爲仁義也苦之。使人以仁義爲苦，非荀子之意也。然其弊，必至於此也。立言而弊是，固荀子之過也夫。

清·范家相《詩瀋》卷二《總論下·荀子》　古儒者之名，盛於始而替於後者，在漢莫如揚雄，在周莫如荀子，實則荀非揚比也。古禮多傳於荀，如《勸學》、《三年問》等篇，幾於有大醇而無小疵矣；而傳《詩》之功，尤莫大於聖門。魯申公少從楚元王，事浮丘伯學《詩》，而浮丘伯受《詩》於荀子。毛萇之學受之毛亨，而亨亦受之荀子。惟《齊》、《韓》不知所傳，先儒謂韓之《外傳》引荀最多，疑其亦出於荀，而《齊詩》亦可知矣。《漢志》言《三百篇》遭秦而存者，以諷誦，不徒在竹帛也。然四家之外，不聞别有《詩》家。設非荀門弟子，則《詩》之存否，殆未可知，後學何由得而諷誦之乎？

太史公曰：『威、宣之際，孟子、孫卿咸道夫子之業，潤色之，以學顯於當時。』蓋孟荀並稱，由來已久。自性惡之説與孟子牴牾，而眉山蘇氏文致此語，謂李斯學於荀子，因弟子而傳成師罪，豈爲定論？夫性惡之論，意在勸人復善，以警人之暴棄。雖有違於性善之旨，尚無背於道義之歸，但不免矯枉過正耳。若《非十二子》一篇，《韓詩外傳》止云十子，並無子思、孟子，此出其門人之僞作無疑，宋王伯厚辨之審矣。予竊怪學者日誦《詩》而不知傳《詩》之人，何異於日衣布帛而不知藝麻樹桑之

有？自不禁深爲古人歎也。

清・方苞《望溪集》卷二《書孟子荀卿傳後》　騶衍以下十一人，錯出《孟子荀卿傳》，若無倫次。及推其意義，然後知其不苟然也。蓋戰國時，守孔子之道而不志乎利者，孟子一人耳，其次惟荀卿，而少駁矣。故首論商鞅、吳起、田忌以及從横之徒，著仁義所由充塞也。自騶衍至騶奭，説猶近正而著書以干世主爲志，則已騖於功利矣。其序荀卿於衍、奭諸人後者，非獨以時相次也。荀卿之學雖不能無駁，而著書則非以干世，所以别之於衍、奭之倫也。自公孫龍至吁子，則舛雜鄙近，視衍、奭而又下矣。至篇之終，忽著墨子之地與時，而不一言其道術，蓋世以儒墨並稱久矣，其傳已見於荀卿所序列，而不必更詳也。

夫自漢及唐，莊、列皆列於學官，而孟子猶未興。以韓子之明始，猶曰『孔、墨必相爲用』，而較孟子於荀、揚之間。子長獨以並孔子，一篇之中其文四見。至荀卿受業於孔氏之門人，則弗之著也。老、莊、申、韓、衍、奭諸人皆有傳，而墨子則無之，蓋孟子拒而放之之義。然則子長於道，豈概乎未有聞者哉？

清・張惠言《茗柯文初編・讀荀子》　一言而本末具者，聖人之言也。有所操，有所遺，然而不虚言，言以救世者，賢人之言也。操其本者不弊，操其末者未有不甚弊者也。孔子之言性，曰『性相近，習相遠。上知與下愚不移。』所謂一言而本末具者也。孟子之言性善，所謂操其本也；荀子之言性惡，所謂操其末也。其言殊，其所以救世之意，一也。孟子曰：『口之于味，目之于色，鼻之于臭，耳之于聲，四肢之于安佚，是性也』，不亦與荀子言『人之性，飢而欲飽，寒而欲暖，勞而欲休』者同乎哉！荀子曰：『無性則僞之無所加，無僞則性不能自美』，又曰『義與利者，人之所兩有也。雖堯、舜，不能去民之欲利；雖桀、紂，亦不能去民之好義』，不亦與孟子言『民之秉彝，故好是懿德』者同乎哉！

公都子問孟子曰：『告子曰：「性無善，無不善。」或曰性可以爲善，可以爲不善。或曰有性善，有性不善。』三説皆非歟？孟子曰：『乃若其情，則可以爲善矣，乃所謂善也。』然則孟子不以三説皆非者，豈不以上知之性善，下愚之性不善，而中人可以爲善，可以爲不善者哉？雖然，由孟子之説，則人得自用其爲善之才，而道甚邇，事甚易。由荀子之説，則道者，聖人所以撟揉天下之具，而人將厭苦而去之。故荀子之意與告子異，而其禍仁義與告子同。則操其末者之弊，必至于此也。雖然，孔子言仁，而孟子益之以義，荀子則約仁義而歸之禮。夫義者，人之裁制也；禮者，仁義之檢繩也。孟子之教，反身也切；荀子之教，檢身也詳。韓子曰：『求觀孔子之道，必自《孟子》始。』後之學者，欲求其途于《孟子》，自《荀子》始焉，可也。

清・汪中《述學補遺・荀卿子通論》　荀卿之學出於孔氏，而尤有功於諸經。《經典敘録・毛詩》：『徐整云：子夏授高行子，高行子授薛倉子，薛倉子授帛妙子，帛妙子授河閒人大毛公。毛公爲《詩故訓》，傳于家，以授趙人小毛公。一云：子夏傳曾申，申傳魏人李克，克傳魯人孟仲子，孟仲子傳根牟子，根牟子傳趙人孫卿子，孫卿子傳魯人大毛公。』由是言之，《毛詩》，荀卿子之傳也。《漢書・楚元王交傳》：『少時嘗與魯穆生、白生、申公同受《詩》於浮邱伯。伯者，孫卿門人也。』《鹽鐵論》云：『包邱子與李斯，俱事荀卿。』包邱子即浮邱伯。劉向《敘》云：『浮邱伯受業，爲名儒。』《漢書・儒林傳》：『申公，魯人也。少與楚元王交俱事齊人浮邱伯，受《詩》。』又云：『申公卒，以《詩》、《春秋》授，而瑕邱江公盡能傳之。』由是言之，《魯詩》，荀卿子之傳也。《韓詩》之存者，《外傳》而已。其引荀卿子以説《詩》者四十有四。由是言之，《韓詩》，荀卿子之别子也。

《經典敘録》云：『左邱明作《傳》，以授曾申。申傳衛人吳起，起傳其子期，期傳楚人鐸椒，椒傳趙人虞卿，卿傳同郡荀卿名況，況傳武威（武威，據《史記・張丞相傳》，當作「陽武」。）張蒼，蒼傳洛陽賈誼。』由是言之，《左氏春秋》，荀卿子之傳也。《儒林傳》云：『瑕邱江公受《穀梁春秋》及《詩》于魯申公，傳子至孫，爲博士。』由是言之，《穀梁春秋》，荀卿子之傳也。荀卿所學，本長于禮。《儒林傳云》：『東海蘭陵孟卿善爲《禮》、《春秋》，授后蒼、疏廣。』劉向《敘》云：『蘭陵多善爲學，蓋以荀卿也。長老至今稱之，曰「蘭陵人喜字爲『卿』」，蓋以法荀卿。』又《二戴禮》，並傳自孟卿。《大戴・曾子立事篇》載《修身》、《大略》二篇文，《小戴・樂記》、《三年問》、《鄉飲酒義》篇載《禮論》、《樂論篇》文。由是言之，《曲臺》之禮，荀卿之支與餘裔也。

蓋自七十子之徒既殁，漢諸儒未興，中更戰國、暴秦之亂，六藝之傳賴以不絶者，荀卿也。周公作之，孔子述之，荀卿子傳之，其揆一也。故其説『霜降逆女』，與毛同義。《禮論》、《大略》二篇，《穀梁》義具在。又《解蔽篇》説《卷耳》，《儒效篇》説風、雅、頌，《大略篇》説《魚麗》，《國風》好色，並先師之逸典。又《大略篇》：《春秋》賢穆公，善胥命，則爲《公羊春秋》之學。楚元王交本學於浮邱伯，故劉向傳《魯詩》、《穀梁春秋》，劉歆治《毛詩》、《左氏春秋》。董仲舒治《公羊春秋》，故作書美荀卿。其學皆有所本。劉向又稱荀卿善爲《易》，其義亦見《非相》、《大略》二篇。蓋荀卿於諸經無不通，而古籍闕亡，其授受不可盡知矣。

《史記》載孟子受業於子思之門人，於荀卿則未詳焉。今考其書，始於《勸學》，終於《堯問》，劉向所編《堯問》第三十，其下仍有《君子》、《賦》二篇，然《堯問》下附荀卿弟子之詞，則爲末篇無疑。當以楊倞改訂爲是。篇次實仿《論語》。《六藝論》云：『《論語》，子夏、仲弓合撰。』《風俗通》云：『穀梁爲子夏門人。』而《非相》、《非十二子》、《儒效》三篇，每以仲尼、子弓並稱。子弓之爲仲弓，猶子路之爲季路。知荀卿之學，實出於子夏、仲弓也。《宥坐》、《子道》、《法行》、《哀公》、《堯問》五篇，雜記孔子及諸弟子言行。蓋據其平日之聞於師友者，亦由淵源所漸，傳習有素而然也。故曰：荀卿之學出於孔氏，而尤有功於諸經。

清·趙翼《陔餘叢考》卷四一《李斯本學帝王之術》 吴起嘗學於曾子，後乃殘忍好殺，爲名將。所學與所用有如此之相反者，而尤莫甚於李斯。《史記·李斯傳》：『斯少時從荀卿學帝王之術』，而《賈誼傳》：『河南守吴公治行爲天下第一，故與李斯同邑而嘗師事焉。』然則李斯之師乃大儒，而斯之弟子又能以經術飾吏事，獨斯則焚《詩》、《書》，嚴法令，爲禍於天下，何也？蓋斯本學帝王之術，以戰國時非可以此干世，乃反而爲急功近名之術，以佐秦定天下。及功既成，自知非爲治之正道，恐人援古以議己，故盡毁諸書，以滅帝王之迹，欲使己獨擅名耳。

清·譚嗣同《仁學一·二十九》 孔之不幸，又不寧惟是。孔雖當據亂之世，而黜古學，改今制，托詞寄義于昇平、太平，未嘗不三致意焉。今第觀其據亂之雅言，既不足以盡孔教矣。況其學數傳而絶，乃並至粗極淺者，亦爲荀學攙雜，而變本加厲，胥失其真乎。孔學衍爲兩大支：一爲曾子傳子思而至孟子，孟故暢宣民主之理，以竟孔之志；一由子夏傳田子方而至莊子，莊故痛詆君主，自堯、舜以上，莫或免焉。不幸此兩支皆絶不傳，荀乃乘間冒孔之名，以敗孔之道。曰：『法後王，尊君統。』以傾孔學也。曰：『有治人，無治法。』陰防後人之變其法也。又喜言禮樂政刑之屬，惟恐箝制束縛之具之不繁也。一傳而爲李斯，而其爲禍亦暴著於世矣。然而其爲學也，在下者術之，又疾遂其苟富貴取容悦之心，公然爲卑諂側媚奴顔婢膝而無傷於臣節，反以其助紂爲虐者名之曰『忠義』；在上者術之，尤利取以尊君卑臣愚黔首，自放縱横暴而塗錮天下之人心。

又《書簡·致唐才常二》 荀卿生孟子後，倡法後王而尊君統，務反孟子民主之説，嗣同嘗斥爲鄉愿矣。然荀卿究天人之際，多發前人所未發，上可補孟子之闕，下則衍爲王仲任一派，此其可非乎？

清·吴汝綸《桐城吴先生文集》卷一《讀荀子》 自太史公以孟、荀合傳，其後劉向、揚雄、韓愈、歐陽修之徒，皆并稱孟荀。程朱繼出，孟子之傳始尊。而初漢之時，荀氏獨爲言禮之宗，其傳尤盛。荀氏宗旨，亦歸於聖人，其異孟子者，惟謂人性惡，以善爲僞耳。然世言孟子論性，本有未備，故宋儒輔以氣質之説，實已兼用荀子。要之聖人，皆未言此。吾謂孟子固嘗以聲色臭味安佚爲性矣。其言性善，蓋本氣質純美，又病學者外仁義不爲，而溺於聲色臭味安佚之中，故曰『君子不謂性』，是亦榜檠矯直之意。而荀子則氣質不如孟子，由困勉而得，遂專以化性教人，夫亦各言其性之所近而已。且孟荀之言皆貴學，不恃性。孟子曰：『人皆可以爲堯舜。』荀子亦曰：『塗之人可爲禹。』其以善爲僞，而自釋以可學而能，可事而成，又即孟子『孜孜爲善』之指。此其所以同也。

昔孔子罕言命、仁，以《詩》、《書》、執禮爲教，當時列徒親炙聖人，一傳而後，言禮者已各不同。其與聞性、道，則曾氏一人而已。孟子晚出，私淑而得其宗，然於禮樂之意，鮮所論列。而荀卿則以爲人不能生而爲聖人，必由勉强積漸而至；勉强積漸，必以禮爲之經緯蹊徑。故其爲學達乎禮樂之原，明乎先王以禮制治天下之意。其言皆程於檃括，非知和無節、明自然、流極放恣者比。而謂養欲給求、知通統類，又未嘗以禮爲

桎梏也。非得聞於孔子之文章者歟！至其非十二子，或據《韓詩外傳》，無子思、孟子，此又非荀氏之舊，且其言不足爲卿病也。

夫學者之傳，源遠則末益分，故孔子之後，儒分爲八。當孫卿之世，吾意子思、孟子之儒，必有索性、道之解不得，遂流爲微妙不測之論者，故以『僻違閉約』非之。又其時鄒衍之徒皆自托儒家，故《史記》以附孟子。卿與共處稷下，所謂聞見博雜，案往舊造説五行者，謂是類也。卿又言法後王，與其平日小五霸、師聖王之意不合。然謂『五帝之外無傳人，五帝之中無傳政』，則亦病鄒衍之徒遠推上古，窈冥怪迂而爲是説耳。所謂後王，即三代之聖王也。豈嘗繆于聖人哉？

大抵孟荀之學皆出孔子，故子雲譏其同門異戶。荀子好言仲尼、子弓，子弓特其傳《易》師；而卿之學，要爲深於禮。其非十二子，又並稱仲尼、子游，子游亦深於禮。吾意卿者，其學於子游之徒歟？孟氏傳自曾子，而《檀弓》記子游論禮，曾子每不能逮。此孟荀之傳，所自分也。

又《讀荀子二》　荀子之書，凡所爲論議之文，總爲《正論篇》；凡所爲賦，總爲《賦篇》；類其徒所集録者。其與秦昭王、趙孝成王、臨武君、應侯、齊相所言，及其弟子陳囂、李斯所問答，皆稱『孫卿子』，其爲門弟子所記無疑。蓋孫卿既歿，其徒乃編次其書，故頗有附益散亂，非其書本然也。昔韓退之嘗稱荀子吐辭爲經，又欲削其不合者，以附聖人之籍。今就其書考之，《堯問篇》末言『孫卿，一孔子不過』，世皆知其徒所爲矣。其他與卿言不類者，亦皆其徒之言也。夫卿既言『治生於君子，亂生於小人』矣，顧又言『便嬖左右，爲窺遠收衆之門戶。』既言『巧敏佞説，善取寵爲態臣』矣，又言『事聖君之義，以順志爲上。』安得一人之言，詭易如此？凡此類必韓非、李斯之徒所竄益者。其非卿言，決也。退之能辨古書正僞，意其欲削者，其此類也歟？

其書篇弟，亦失其舊。劉向、楊倞兩定之，皆未當。如《序官》一篇，乃采取古制，非其自作。故《樂論》引之，曰『其在《序官》』云云，是《序官》舊必自爲篇題。今以合《王制篇》，誤矣。又《戰國策》載《遺春申賦》前仍有《書》。今其賦具存，而書乃佚在《韓子》中。此必編次所遺，而韓非獨收存之者。是亦集録於弟子之一證也。要之，今《荀子》非完書。漢時，中《孫卿》三百廿二篇。劉向所校讎者，卅二篇而已。此又非集録時本然也。

當周秦之間，孫卿最爲老儒，善《詩》、《禮》、《易》、《春秋》。漢初經師，皆承卿學，故爭掇其書。二戴記《禮》，韓嬰説《詩》爲尤甚。卿好引《詩》、《書》自證其言。今《戴記》及《韓詩外傳》率如此。吾疑其間，仍有《荀子》逸篇。賈誼引學禮教諭太子之言，《大戴》亦載之。當時言禮制，率本《荀子》。賈生受《左氏春秋》於張蒼，蒼受之孫卿。然則生之言，亦孫卿所傳歟？又向所芟除複重二百九十篇，其中亦必有脱誤難讀，而向自蒐獵，以爲《説苑》、《新序》之屬者，惜乎其文不見於今，莫得而詳考也。

清・王先謙《荀子集解》卷首《自序》　昔唐韓愈氏以《荀子書》爲『大醇小疵』，逮宋，攻者益衆。推其由，以言性惡故。余謂性惡之説，非荀子本意也。其言曰：『直木不待櫽栝而直者，其性直也；枸木必待櫽栝、烝、矯然後直者，以其性不直也。今人性惡，必待聖王之治，禮義之化，然後皆出於治，合於善也。』夫使荀子而不知人性有善惡，則不知木性有枸直矣。然而其言如此，豈真不知性邪？余因以悲荀子遭世大亂，民胥泯棼，感激而出此也。荀子論學論治，皆以禮爲宗，反復推詳，務明其指趣，爲千古修道立教所莫能外。其曰：『倫類不通，不足謂善學。』又曰：『一物失稱，亂之端也。』探聖門一貫之精，洞古今成敗之故，論議不越几席，而思慮浹於無垠；身未嘗一日加民，而行事可信其放推而皆準。而刻覈之徒，詆諆横生，擯之不得與於斯道。余又以悲荀子術不用於當時，而名滅裂於後世流俗人之口爲重屈也。國朝儒學昌明，《欽定四庫全書提要》首列《荀子》儒家，斥好惡之詞，通訓詁之誼，定論昭然，學者始知崇尚。

蔡元培《蔡元培全集》卷一《荀卿論》　維周師儒，賢道得民，時無官表，名氏不彰。景敬之間，孔氏崛起，差等百王，譯著六籍，揭日而行，亦世衷焉。七十二賢，顓若晝一，綿褫六國，稍稍陵遲，鄒嶧老師，稷下祭酒，肇震董之，吾道干城，傑于華岱。孟紆救時之策，荀宏存古之烈，先後一揆，功足相埒，史公列傳，各爲題目，至精讜矣。同門異戶，佹于子雲，擇精語詳，嗛于昌黎，孟書大明，而荀學絀焉。夫説詩逆志，

喪禮末學，舜禹之事，理在不疑，班爵井田，聞其大略，孟氏所長，春秋而已，主于變文，從質爲後，製作明經掌故，我則未暇樂正，孟仲廁名八儒，學派中輟。荀子極論禮樂，反復學修，大小戴記，資爲邛壓，詩會韓毛，春秋左穀，推本蘭陵，幷有流别，賦篇成相，霸國風之附庸，脈京都之岷嶓，儒林文苑，是之自出，厥功巨矣。孟氏達情性之原，嚴義利之辨，操存梏亡，擴充然達，孔氏之門，功參殆庶。荀子以繕性爲本，以隆禮爲質，以積微爲强，以解蔽爲明，變化質氣，克治私欲，有宋以來，儒先精語，多胎於是，説者謂陸王學派，掇孟之真，程朱語録，擷荀之粹，衡量功候，良非矯誣。而幡帋學案，拒陸之説，多於違朱，繩荀之篇，寂於申孟。喬抑無律，所未詳也。諸子之原，推本官守，祖師著録，相生相成。及周之季，末流波靡，騖辟刻蕩，蠭午幷作，攻乎異端，先師所歎。孟氏立言，專辟楊墨，放豚入苙，歸斯受之。荀子修儒效之本，推異家之長，正名議兵，富國天論，刑名從商，君子必辨，固已括囊名法，陶鑄兵農，而非樂詰墨應宋，非十子，解六蔽，正論世俗之七略，所云舍短取長，荀子有焉。夫其張皇經教則如彼，發揮道術則如此。此誠六藝之大師，百慮之要歸也。而論者或摘其片言指爲巨創，豈知韓嬰《外傳》不著非孟之辭，董生《察名》未引性惡之説。流傳别本，容有增加，韓非、李斯，固優爲之。集矢本師，未爲通論。若乃其父殺人報仇，其子行劫，蘇子文致之辭，又其枝也，可無辨焉。

章炳麟《訄書・尊荀》 使文質興廢，若畫丹之與墨，若大山之與深壑，雖驟變可矣。變不斗絶，故與之莎隨以道古；荀子之道古：聲，則凡非雅聲者舉廢；色，則凡非舊文者舉息；械用，則凡非舊器者舉毁。以是不過三代，不貳後王。法後王矣，何古之足道？曰：近古曰古，大古曰新，綦文理于新，不能無因近古。曰後王，所謂後王者，上非文武，下非始皇帝。何者？一棲七雄，共和之令廢。秦雖得陳寶，六國未一拱球，未斠郊號，未稱帝，彼天下之君安在？仲尼有言：夏道不亡，商德不作；商德不亡，周德不作；周德不亡，《春秋》不作。《春秋》之作，以黑緑不足代蒼黄，故反夏政于魯，爲新王制，非爲漢制也。其所規摹，則政令粲然示于禘矣。故荀子所謂後王者，則素王是；所謂法後王者，則法《春秋》是。《春秋》作新法，而譏上變古易常。

使文質興廢，若畫丹之與墨，若大山之與深壑，雖驟變可矣。變不斗絶，故與之莎隨以道古。古也者，近古也，可因者也。漢因于秦，唐因于周、隋，宋因于周，因之日以其法爲金錫，而己形笵之，或益而宜，或損而宜，損益曰變，因之曰不變。仲尼、荀卿之于周法，視此矣。其儳古也，禔以便新也。

自東周之季以至禹，《連山》息，《汨作》廢，《九共》絶。絶政雖在，不能無小鰢，節奏無鰢，惟近古之周。苟作新法而棄近古，剸以夏爲萬。夏，大古之屬也。名不爾雅，政不樂易，其所謂新者，民無與爲新矣。墨翟眩于是，故師禹暂。李斯眩于是，滌蕩周舊，而一從秦制。厲其唇吻，以爲法泰皇。夫泰皇誠古也，畔周世之隨俗雅化，而以殊瑰臨民。其儳古也，其儳新也，其儳新也。禔以害新也。

是以君子行政若鉤匠然，鎔冶自京室，而礦埴自勝國。由是則治，不由是則亂，後有改作者，雖百世可知也。

藝 文

宋・鄭獬《鄖溪集》卷二七《勉學者》 繞座羣書如累玉，夜燈忘睡晝忘飢。文章須用聖賢斷，議論要通今古疑。孟子豈無仁義國，荀卿猶作帝王師。太平歧路安於掌，好跨大宛萬里馳。

宋・蘇洵《嘉祐集》卷一六《答陳公美》 仲尼爲羣婢，一走十四年。荀卿老不出，五十干諸田。顧彼二夫子，豈其陷狂顛！出處固無定，不失稱聖賢。彼亦誠自信，誰能恤多言？

宋・劉克莊《後村集》卷一四《荀卿》 歷歷非諸子，駸駸及聖儔。乃知焚籍相，亦自有源流。

宋・徐鈞《史詠詩集》卷上《諸子・荀卿》 老廢蘭陵已可悲，著書强欲曉當時。一言性惡真成繆，讀者何云但小疵？

金・元好問《中州集》卷四《屏山李先生純甫〈孫卿子〉》 諸儒談性盡歸情，誰信黄河徹底清？未到崑崙源上見，且休容易小荀卿。

元・侯克中《艮齋詩集》卷一《荀子》 荀卿意欲祖宣尼，立論胡爲自背馳？雜伯純王如有見，議兵彊國似無知。當時言性非鄒、孟，繼世

傳心是李斯。天理不明人事謬，更將何處較醇疵？

清・史簡《鄱陽五家集》卷一一《[元]葉懋〈僅存詩・感興〉》 荀卿語性惡，秦皇遂焚書。李斯悍而愎，竟不逃嚴誅。寒瓜熟坑土，機穽坑羣儒。激水乃過顙，順流豈長趨？天下可立取，諸侯血相屠。舜、禹不足法，伊、臯真鄙夫。驪山骨未朽，咸陽已丘墟。惜哉蘭陵老，巍冠講唐虞。萬古闕《墳》、《典》，大妖豈其徒！片言有失謬，斂卷吾長吁。

明・胡儼《頤庵文選》卷下《述古》 閎辯談天衍，文具雕龍奭。公孫持堅白，李悝盡地力。荀卿獨老師，著論推儒墨。紛紛溷濁世，龍虎互吞食。大道隱不遂，居然心惻惻。金骨豈易銷？奈此衆□蝕。向使無春申，焉能免匍匐？汨汨數萬言，性惡殊道德。遂令上蔡兒，西遊爲鬼蜮。寄語昌黎生，匪惟不精擇。

明・周瑛《翠渠摘稿》卷六《後感興》 戰國荀卿子，原自不識性。爲國張四維，其言較純正。四維性中物，世人或未知。反躬自點檢，不覺生忸怩。

明・薛瑄《敬軒文集》卷二《蘭陵懷古》 早發郯子國，午至蘭陵邑。蘭陵久已荒，禾黍帶荆棘。惟有古寺存，逕入林影密。老僧知我來，出門遠候立。下馬問往事，爲我指遺迹。蒼茫古城東，墓有荀卿石。我欲往尋之，還爲野水隔。憶昔周室卑，蠻荆凌上國。茲邑乃其疆，人物殊烜赫。寂寞千載餘，浮雲空古色。如何當日賢，重有逃讒責。只今文字存，尚爲人指摘。鞭馬舍之去，極目遠天碧。

清・羅惇衍《集義軒詠史詩鈔》卷四《荀卿》 孟荀師範並雲軀，濁世波頹隻手扶。稷下三徵齊重士，蘭陵一謫楚輕儒。刑名誤啓秦丞相，學術終慚莽大夫。何況著書論性惡，杯棬仁義蹈歧途。

清・陳元龍《歷代賦彙外集》卷一九《[晉]祖台之〈荀子耳賦〉》 在瘠土夫惡勞而希逸，實萬物之至誠。何斯耳之不辰？託荀子而宅形。在瘠土而長勤，無須臾之閒寧。預清譚而閉塞，聞鄙穢而聰明。竭微聽於門閣，採羣下之風聲。

又《補遺》卷八《[晉]仲長敖〈覈性賦〉》 趙荀卿著書，言人性之惡。弟子李斯、韓非顧而相謂曰：夫子之言性惡，當矣。未詳才之善否何如，願聞其說。荀卿曰：天地之間，兆族羅列，同稟氣質，無有區別。倮蟲三百，人最爲劣。爪牙皮毛，不足自衛。唯賴詐僞，迭相嚼齧。總而言之，少堯多桀。但見商鞅，不聞稷、契。父子兄弟，殊情異計。君臣朋友，志乖怨結。鄰國鄉黨，務相吞噬。臺隸僮豎，唯盜唯竊。面從背違，意與口戾。言如飴蜜，心如蠆厲。未知勝負，便相凌蔑。正路莫踐，竟赴邪轍。利害交爭，豈顧憲制？懷仁抱義，衹受其斃。周、孔徒勞，名教虛設。蠢爾一概，智不相絶。推此而譚，孰癡孰黠？法術之士，能不嘊齘。仰則扼腕，俯則攘袂。

荀卿之言未終，韓非越席起舞，李斯擊節長歌。其辭曰：形生有極，嗜欲莫限。達鼻耳，開口眼，納衆惡，距羣善，方寸地，九折坂。爲人作嶮易，俄頃成此蹇。多謝悠悠子，悟之不亦晚。

宋・楊傑《無爲集》卷一《荀揚大醇而小疵賦》 周漢運否，荀、揚教傳，雖曰醇之大者，亦有疵之小焉。皆命世以爲文，言非不粹；與生知而較美，道未能全。嘗聞人異禽魚，性鍾天地，全而稟者曰聖哲，偏而得者曰賢智。聖無不通，賢有未至。是以周公、尼父，率臻大道之醇；荀況、子雲，未免纖瑕之累。蜀國宗匠，齊王老師，雖抱重器，不逢盛時，欲卷道以自處，疾没世而無知。由是簡冊其蘊瓊瓌爾，辭立大功於是矣，未盡善者有之。著書三十二篇，義差而駮；準《易》八十一首，理失而醨。至如論性之淵源，談道之極致，或曰善惡一而混，或曰理義皆其僞。以禮義爲僞，則堯、舜之法歸乎詐；以善惡相混，則鯀、禹之心何以異？兩賢於道擇不精而語不詳，三子之間得其一而失其二。又若對臨武以問兵之術，推子淵以希聖之徒，遠罪特愚於鼂錯，談經私美於童烏。是所謂珠不無纇，瑕無掩瑜，雖無傷於大義，實有累於名儒。非倡道之子思，將何以教？美不臣之新室，幾近於誣。向使親承鄒、魯之範模，獲偶淵、騫而論討，然後善得以盡，辨無不早，數萬言皆造修途，千百世以爲至寶。雜乎其雜，當殊太史之書；醇乎其醇，可擬孟軻之道。奈何智有失慮，人無全能，一則晦名於天祿，一則朽骨於蘭陵。俱有篆雕之雜，難全粹美之稱。亦猶務涉獵者賈山，醇儒不足；悅紛華者子夏，具體何曾。噫！荀也倡之於前，揚也和之於後。助《詩》、《書》、禮、樂之化，謹父、子、君、臣之守。斯文未喪，大疵則否。何韓愈氏重而責之，蓋責賢人也厚。

宋・樓鑰《攻媿集》卷八〇《孟荀以道鳴賦以二子皆以其道而鳴爲韻》

周、孔既遠，孟、荀挺生，以斯道而自任，在當時而善鳴。仰兹名世之賢，同宗一聖；抱此覺民之術，茂著英聲。當六國之下衰，有二賢之可考。以亞聖之才，而無所施用；以宗王之學，而終于窮老。其遇于世，何如也！既不逢辰，不得其平則鳴焉，獨能以道觀。夫名重楚國，學傳子思，優入聖人之域，卓稱王者之師。恐斯文之喪也，振吾道以鳴。其顧二儒仁義之言，一根于正；用六藝、《詩》、《書》之教，大警于時。兹蓋二百餘章兮，皆立教之文；三十二篇兮，悉綴文之美。闡其前而振其後，著乎心而入乎耳。蔑千載未光之病，豈没世無聞之恥？時將駕説，鼓木舌于諸儒；經本吐辭，和金聲于夫子。誠以軻之辯也，非出于得已；況之説也，不貴于難持。奈何承道傳之弊也，歎德衰之已而。如草木無聲，而風或撓矣；如金石無聲，而人或擊之。苟非一鳴之善，曷能萬世之知？久而益盈，固異震雷之喻；大而且遠，允同木鐸之爲。寧不由别王、霸之尊卑，明禮、義之統紀！一時衛道也，信同聲之相應；後世聞風也，有德音之不已。顧響應以能然，非言揚而何以？假于《韶》樂，鄙弗能之后夔；鏘若《鈞天》，小爲文之韓氏。故能倡正道以相和，詆異端而力排。南蠻之鴂兮，豈巧舌之能騁？天下之鴞兮，豈好音之孔懷？俾衆議之不惑，由大聲之孔皆。且異夫卿、雲最其善焉，文徒稱于壯麗；魏、晉未嘗純也，辭只見于淫哇。噫！大醇小疵也，雖或不同；立言指事也，未嘗有二。羣儒敢飾于邪説，處士不容于横議。然則先王之道，至今在人耳者無他，由孟、荀之不墜。

宋・韓琦《安陽集》卷二三《五賢贊・荀子》 諸子之興，實自周季。各持其言，求售於世。六國好權，遂甘其説。或嵬而師，或瑣而位。吾道日昏，斯文將墜。時則荀卿，力攘衆僞。述數萬言，以見其志。區判儒墨，統維仁義。時或用焉，至王則易。文公之篇，論亦云至。始考其辭，若不醇粹。及其要歸，鮮與孔異。雖小疵焉，道則奚累？軻、雄之間，在我無愧。

元・劉將孫《養吾齋集》卷二七《夫子孟荀揚王圖贊》 天何言哉，而況性命！何善不善？二説交競。天禄草玄，河汾高擬。紛然六經，孰爲夫子？

清・淩廷堪《校禮堂文集》卷一〇《荀卿頌并序》 夫人有性必有情，有情必有欲，故曰『饮食男女，人之大欲存焉。』聖人知其然也，制禮以節之，自少壯以至耆耄，無一日不囿於禮，而莫之敢越也。制禮以防之，自冠昏以逮飲射，無一事不依乎禮，而莫之敢潰也。然後優柔厭飫，徐以復性，而至乎道。周公作之，孔子述之，别無所謂性道也。劉康公曰：『民受天地之中以生，所謂命也。』是以有動作禮義威儀之則，以定命也。故曰『子所雅言，《詩》、《書》、執禮。』又曰『约之以禮，亦可以弗畔矣夫。』夫舍禮而言道，則空無所附；舍禮而復性，則茫無所從。蓋禮者，身心之矩則，即性道之所寄焉矣。時至春秋，即升降襲裼之節，鼎俎籩豆之數，士大夫已漸不能詳言之，況禮之深焉者乎！降而七雄並争，六籍皆闕，而禮爲尤甚。從横捭闔之说，堅白異同之辨，殽然而不可紀，雜出而不可窮。守聖人之道者，孟、荀二子而已。孟子長於《詩》、《書》，七篇之中，稱引甚廣，至於禮經，第曰『嘗聞其略。』考其父命厥子，已與《士冠》相違；往送之門，又與《士昏》不合。盖僅得禮之大端焉耳。若夫荀卿氏之書也，所述者皆禮之逸文，所推者皆禮之精意。故戴氏取之以作《記》，鄭氏據之以釋經。遺編具在，不可誣也。夫孟氏言仁必申之以義，荀氏言仁必推本於禮。推本於禮者，譬諸梟栗之有模范焉，輪梓之有繩墨焉。其與聖人節性防淫之旨，威儀定命之原，庶幾近之。然而節文器數，委曲繁重。循之者難則絀之者便，好之者鮮則議之者衆。於是乎荀氏漸絀性道，始麗於虚，而仁爲杳渺不可知之物矣。孔子之論仁曰：『克己復禮。』又曰：『非禮勿視，非禮勿聽，非禮勿言，非禮勿動。』顔淵曰：『夫子循循然善誘人。博我以文，約我以禮。』然則荀氏之學，其不戾於聖人，可知也。後人尊孟而抑荀，無乃自放於禮法之外乎？頌曰：

七姓虎争，禮去其籍。異學競鳴，榛無疇闢。卓哉荀卿，取法後王，著書蘭陵，儒術以昌。本禮言仁，厥性乃復。如笵笵金，如繩繩木。金或離笵，木或失繩，徒手成器，良工不能。韓氏有言，大醇小疵。不學羣起，厲聲詬之。孟曰性善，荀曰性惡，折衷至聖，其理非鑿。善固上智，惡亦下愚。各成一是，均屬大儒。小夫咋舌，妄分軒輊，中風狂走，是謂自棄。史遷合傳，垂之千年。敬告後人，毋岐視焉。

宋・姚鉉《唐文粹》卷八九《劉軻〈代荀卿與楚相春申君書〉》 前

蘭陵令臣況謹奉書於相國春申君足下：前者不識事機，冠宋章，襲儒衣，以廉軸駕贏駑，應聘於諸侯。始入秦，見秦應侯，會侯方以六國啗其君，且曰吾方角虎以鬭，又何儒爲？故去秦之趙，會孝成王喜兵法，方築壇，拜孫臏，欲磨牙而西。臣以湯、武之兵鉗其口於前，趙王亦不少孫臏而多臣。臣以是去趙之齊，會宣王方沽賢市名，達諸侯閒人聚稷下，若鄒子、田駢、淳于髡皆號客卿，故臣得翺翔於諸子間。自威王至襄王，三爲祭酒，號爲老師。然憫諸生少年，皆不登闕里，不浴沂水，各掉寸舌，得紆朱垂組，自以爲高絜莫我若也。臣以乳兒輩畜之，何虞其蝎蠆之爲毒也？由是讒言塞路，臣之肉，幾爲齊人所食。

伏念相君與平原、孟嘗、信陵齊名，故游談者謂從成則楚王，衡成則秦帝，以相君之相楚故也。不然，楚何以得是名？以是去齊歸相君。相君果不以臣孱固，俾臣爲蘭陵令。臣始下車，方弦琴調軫，欲蘭陵之人心和且富，既富且教，必使三年有成，然後報政於相君。此臣效相君者希以是，不意稷下之謗又起於左右，俾臣之醜聲直聞於執事。執事果亦疑棄臣如脱故屣，臣之去蘭陵，豈不知相君之棄臣邪？臣尚念古者交絶，不出惡聲，臣慰楚而怨相君也哉！頃相君徒欲人之賢己，曾不如楚國前事。臣不遠引三代洎春秋，今雖戰國，亦不敢以他事白，直道今楚國盛衰之尤者，冀相君擇焉。自重黎爲火正，光融天下。鬻熊有歸德，教西伯弟子。洎蚡冒，熊繹蓽路藍縷，以啓荆蠻；歷武、文、成，始臣妾江漢；至莊王，始與中國爭伯。此數君，皆郢之祖宗而代亦稱臣之術。五尺童子，羞稱五伯，臣又何必獨爲相君道哉！然楚君但成、莊而已矣。自莊而下，楚亟不競。平王嗣位，耳目倒置，伍奢以諫死，費無極以讒用，亡太子，走昭王，污楚宫，鞭郢墓，豈不以一讒而至乎爾！下及懷王，知左徒屈原忠賢，始能付以楚政，當諸侯盛以遊説交鬭，猶以楚爲有人。無何，爲上官靳尚所短，王怒，疏屈平。平既疏，秦果爲張儀計，陷楚之商於地。儀計行，秦果欺楚，是以有藍田之役，丹徒之敗，懷王囚不出咸陽，亡不越魏境，客死而屍歸，至今爲楚痛。豈不曰疏屈平，親靳尚而至于爾！人亦謂令尹子蘭不得嚼然無非，己不能疾讒，又從而惜之，俾屈生溺，《離騷》爲之作。襄王以前事，歷目切骨。雖有宋玉、唐勒、景差輩子弟，賦風弔屈而已，又何能免王於矢石哉？今相君自左徒爲令尹，封以號春申君。楚於相君，設不能引伍奢、屈平以輔政，復不能拒無極、靳尚之口弭臣。臣見泗上諸侯不北轅，不來矣。夫如是，漢水雖深，不爲楚塹；方城雖高，不爲楚險。相君雖賢，欲捨楚而安之也。今有李園者，世以諛媚薦寵，喜以陰計中上，根結枝布，寖爲難拔。相君若不以此時去之，則王之左右前後，不靳尚則無極，詎獨臣之不再用也？前月相君聘至，跪書受命，且曰若惡若仇，若善若師，眞宰相之心。脱李園，何至費、靳方試？何害臣之不再罷蘭陵也哉？敢輒盡布諸執事，而無遂子蘭之非，況之望也，楚國之幸也。

宋・晁補之《雞肋集》卷六〇《北京國子監奉詔封孟荀揚韓告先聖文》 維元豐七年月日，河南府左軍巡判官、充北京國子監教授晁補之，謹以清酌庶羞之奠，敢昭告于至聖文宣王曰：昔周失厥道，紀綱用微，惟時夫子，杲杲出日，披其重浸，爲萬世明。夫子既没，楊、墨是肆，爰有孟氏，詞而闢之。荼蓼既薅，嘉苗孔殖，于今其功，人以配禹，俾遇夫子，蓋顔淵徒。自時百家，蠭午並作，承孟氏後，荀況、揚雄，降秦終漢，教用不隕，俾夫子道，炳然復彰。魏晉而還，文事滋落，學不爲己，其舌肆好。猗歟韓愈，始以文顯，厦屋將覆，勇於敢扶。唐三百年，斯人惟偉。天啓我宋，咸秩無文，追求四賢，崇以爵號。從夫子後，不瑕有光，更千萬年，學者咸仰。今有司承詔，封孟軻爲鄒國公，與兖國公同配食。荀況爲蘭陵伯，揚雄爲成都伯，韓愈爲昌黎伯，並從祀。謹撰吉日，以告尚饗！

雜録

漢・徐幹《中論》卷首《自序》 予以荀卿子、孟軻懷亞聖之才，著一家之法，繼明聖人之業，皆以姓名自書，猶至於今，厥字不傳。原思其故，皆由戰國之世樂賢者寡，同時之人不早記録。

南朝陳・虞荔《鼎録》 荀況在嵩溪作一鼎，大如五石甕，表裏皆紀兵法，大篆書，四足。

唐・李吉甫《元和郡縣志》卷一三《河南道八・琅琊郡》 蘭陵縣城在縣東六十里。《史記》曰：荀卿以儒者適楚，楚春申君以爲蘭陵令，因

家焉。

宋・樂史《太平寰宇記》卷二三《河南道二三・沂州》 郚城。魯莊公五年，郚犂來朝。附庸國也。楚荀卿墓在縣東六十二里。

宋・吳曾《能改齋漫録》卷一二《荀卿爲孫卿》 戰國時荀卿，姓荀名況，趙人，所著書號《荀子》。後有跋尾云：爲説者曰：『孫卿不如孔子，是不然也。』其後又稱孫卿者四。唐楊倞注云：『爲説者已下，荀卿弟子之辭。』嘗疑以『荀』爲『孫』，未曉所謂。偶見孔穎達曰：漢宣帝諱『詢』，故轉爲『孫』。

宋・樓鑰《攻媿集》卷三六《外制・國子司業彭椿年除祭酒敕》 具官某。祭酒，尊者之稱也。荀卿任齊，最爲老師，蓋三爲之。後世遂以名胄監之長。非夫儒先哲艾，德齒俱尊者，豈輕畀哉！

元・吳師道《禮部集》卷一八《書荀子後》 再考荀卿歲月。春申君死，當楚考烈王二十五年，齊王建之二十七年。自齊宣王至此，爲八十六年。據《鑑》、《大事記》，宣王在位二十九年，則爲七十六年，上至宣王元年，凡一百年。《大事記》宣王十八年，書『聚學士稷下』。卿年五十始遊齊，必在此後。逮春申君死，當九十餘，不可謂卿不及見宣王也。唐氏又以孟子在宣王時，卿何不相值？按《通鑑》宣王二十四年，孟子適齊；二十九年，去齊。首尾六年。卿來，或在孟子之先。難執此爲斷也。且齊襄王元年至王建二十七年，凡四十六年。若卿以五十遊齊，至此亦九十餘歲月，無以異也。《大事記》：襄王五年，卿爲祭酒。

清・汪中《述學補遺・荀卿子通論》 按春申君請孫子，孫子荅書，或去或就，曾不一言，而泛引前世刼殺死亡之事，未知其意何屬。且靈王雖無道，固楚之先君也，豈宜向其臣子斥言其罪？不知何人鑿空爲此，韓嬰誤以説《詩》。劉向不察，采入《國策》，其敍《荀子新書》又載之，斯失之矣。此書自『厲憐王』以下，乃《韓非子・姦刼弑臣》篇文。其言刻覈，舞知以御人，固非之本志。其賦詞乃《荀子・佹詩》之《小歌》，見於《賦篇》。由二書雜采成篇，故文義前後不屬。幸本書具在，其妄不難破爾。孫卿自爲蘭陵令，逮春申之死，凡十八年。其閒實未嘗適趙，亦無以荀卿爲上卿之事。本傳稱『齊人或讒荀卿，荀卿乃適楚。』《詩外傳》、《國策》所載，或説春申君之詞，卽因此以爲緣飾。周秦閒記載，若是者多矣。至引事説《詩》，韓嬰書之成例。《國策》載其文而不去其詩，此故奏之葛龔也。

漢・揚雄《揚子法言》卷首《［宋］司馬光〈注揚子法言序〉》 孟子之文直而顯，荀子之文富而麗，揚子之文簡而奧。

宋・陳造《江湖長翁集》卷三一《題荀子》 理以文爲顯晦，而其渾厚之氣，嚴密之法，至西漢始衰。西漢似未衰也，校之先秦書，有間矣。雖謂之衰，可也。書出乎秦之前，六經之外，惟《孟》、《荀》理之寓乎文，渾厚嚴密，與經表裏。其他書，言非不工，然不自儒出，故舛駁雜亂，過目之具爾，習之則疵。吾學荀子之書，違道百一，孟氏之流歟？楊雄固多愧，況王通氏乎！予窮經攻文也久，知玩是書，而此本字大少差，甚快老境。姑齊其句讀，藏示子孫。有未善，未能以意斷者甚多，此則有待焉。

宋・陸九淵《象山語録》卷四 文以理爲主。荀子與理有蔽，所以文不雅馴。

宋・李如箎《東園叢説》卷下《荀卿史遷作文之體》 詩家用古人意造語，謂之脱胎。著書作文，亦有之。如《書》云：『甲子昧爽，至於商郊。前徒倒戈，攻于後，以北。』《荀子》則云：『朝食於戚，暮宿於百泉，壓旦於牧之野，鼓之而紂卒易鄕。』言壓旦於牧之野，卽昧爽至於商郊也。言鼓之而紂卒易鄕，卽前徒倒戈也。是脱胎法也。荀卿此一篇，自『周公相武王以伐紂』一段，其文極佳。又《堯典》云：『釐降二女於嬀汭，嬪於虞。帝曰：「欽哉！」』司馬遷《史記》則云：『二女不敢貴驕，事舜親戚，甚有婦道。』卽《堯典》嬪于虞之意。蓋將『嬪于虞』三字衍爲十餘字，以敷暢厥旨，亦自好也。

宋・王應麟《困學紀聞》卷八《孟子》 《論語》終於《堯曰》篇，《孟子》終於堯、舜、湯、文、孔子，而《荀子》亦終於《堯問》，其意一也。

清・馮班《鈍吟雜録》卷四《讀古淺説》 《論語》，醇乎醇者也。《孟子》，大醇而小疵。《揚子》，醇疵半。《荀子》，時有可採耳。

清・汪由敦《松泉集》卷一五《讀荀子書後》 《荀子》言根乎道，而行文委曲紆徐，以暢其旨。《孟子》而外，卓乎爲諸家冠。蓋《老子》

謹嚴，《莊》、《列》恣肆，惟荀氏理近正而辭大醇。不獨唐宋名家多從此出，卽漢京賈、董，亦多依仿其文辭。愚謂學文之士讀六經、《論語》而外，當讀《荀子》。《荀子》熟，秦漢以及八家，舉包孕其中矣。

清・李光地《榕村語録》卷二〇《諸子》　荀子文字比揚子還條暢，其論事甚精采，但説性惡太可厭。

韓非分部

傳記

《史記》卷六三《老莊申韓列傳》　韓非者，韓之諸公子也。喜刑名法術之學，而其歸本於黃老。非爲人口吃，不能道説而善著書，與李斯俱事荀卿，斯自以爲不如非。非見韓之削弱，數以書諫韓王，韓王不能用。於是韓非疾治國不務脩明其法制，執勢以御其臣下，富國彊兵而以求人任賢，反舉浮淫之蠹而加之於功實之上。以爲儒者用文亂法，而俠者以武犯禁。寬則寵名譽之人，急則用介胄之士。今者所養非所用，所用非所養。悲廉直不容於邪枉之臣，觀往者得失之變，故作《孤憤》、《五蠹》、《內外儲》、《説林》、《説難》十餘萬言。然韓非知説之難，爲《説難》書甚具，終死於秦，不能自脱。【略】

人或傳其書至秦，秦王見《孤憤》、《五蠹》之書，曰：「嗟乎！寡人得見此人與之游，死不恨矣。」李斯曰：「此韓非之所著書也。」秦因急攻韓。韓王始不用非，及急，迺遣非使秦。秦王悦之，未信用。李斯、姚賈害之，毀之曰：「韓非，韓之諸公子也。今王欲幷諸侯，非終爲韓不爲秦，此人之情也。今王不用，久留而歸之，此自遺患也，不如以過法誅之。」秦王以爲然，下吏治非。李斯使人遺非藥，使自殺。韓非欲自陳，不得見。秦王後悔之，使人赦之，非已死矣。

申子、韓子皆著書，傳於後世，學者多有。余獨悲韓子爲《説難》，而不能自脱耳。

綜述

《戰國策》卷七《秦五》　秦王大悦，賈封千戶，以爲上卿。【略】韓非知之，曰：「賈以珍珠重寶，南使荆、吳，北使燕、代之間。三年，四國之交未必合也，而珍珠重寶盡於內。是賈以王之權，國之寶，外自交於諸侯。願王察之。且梁監門子，嘗盜於梁，臣於趙而逐。取世監門子，梁之大盜，趙之逐臣，與同知社稷之計，非所以厲羣臣也。」王召姚賈而問曰：「吾聞子以寡人財交於諸侯，有諸？」對曰：「有。」王曰：「有何面目復見寡人？」對曰：【略】今王聽讒，則無忠臣矣。【略】故可以存社稷者，雖有外誹者不聽；雖有高世之名，無咫尺之功者不賞。是以羣臣莫敢以虛願望於上。」秦王曰：「然。」乃復使姚賈而誅韓非。

《史記》卷六《秦始皇本紀》　十年，【略】大索，逐客。李斯上書説，乃止逐客令。李斯因説秦王，請先取韓，以恐他國，於是使斯下韓。韓王患之，與韓非謀弱秦。【略】十四年，【略】韓非使秦。秦用李斯謀，留非，非死雲陽。韓王請爲臣。

又　卷一五《六國年表・秦表》　始皇帝十四年，【略】韓使非來，我殺非。韓王請爲臣。

又　卷四五《韓世家》　王安五年，秦攻韓。韓急使韓非使秦，秦留非，因殺之。

《漢書》卷三〇《藝文志・法家》　《韓子》五十五篇。名非，韓諸公子。使秦，李斯害而殺之。

論説

漢・孔鮒《孔叢子》卷中《答問》　陳人有武臣謂子鮒曰：「夫聖人者，誠高材美稱也。吾謂聖人之知，必見未形之前，功垂於身後，立教而戾夫弗犯，吐言而辯士不破也。子之先君，可謂當之矣。然韓子立法，其所以異夫子之謂者，紛如也。予每探其意而校其事，持久歷遠，遏姦勸善，韓氏未必非，孔子未必得也。吾今而後，乃知聖人無世不有，前聖後

聖，法制固不一也。若韓非者，亦當世之聖人也。』子鮒曰：『子信之爲然，是固未免凡俗也。今世人有言高者，必以極天爲稱；言下者，必以深淵爲名。是資勢之談而無其實者也，好事而未必鑿也。必言經以自輔，援聖以自賢，欲以取信於羣愚，而度其説也。若諸子之書，其義皆然。吾先君之所自志也，請略説一隅，而君子審其信否焉。』武臣曰：『諾。』

子鮒曰：『乃者趙、韓共幷知氏，趙襄子之行賞，先加具臣而後有功。韓非書云：「夫子善之。」引以張本，然後難之。豈有不似哉？然實詐也。何以明其然？昔我先君以春秋哀公十六年四月己丑卒，至二十七年，荀瑶與韓、趙、魏伐鄭，遇東垣而還。是時夫子卒，已十一年矣，而晉四卿皆在也。後悼公十四年，知氏乃亡。此先後甚遠，而韓非公稱之，曾無怍意，是則世多好事之徒，皆非之罪也。故吾以是默口於小道，塞耳於諸子，久矣。而子立尺表以度天，植寸指以測淵，矇大道而不悟，信誣説以疑聖，殆非所望也。』武臣叉手跪謝，施施而退，遂告人曰：『吾自以爲學之博矣，而可否於孔氏，方知學不在多，要在精之也。』

漢·劉安《淮南子》卷六《覽冥訓》　今若夫申、韓、商鞅之爲治也，挬拔其根，蕪棄其本，而不窮究其所由生何以至此也。鑿五刑爲刻削，乃背道德之本，而爭於錐刀之末，斬艾百姓，殫盡太半，而忻忻然常自以爲治。是猶抱薪而救火，鑿竇而出水。

又　卷二〇《泰族訓》　五帝三王之道，天下之綱紀，治之儀表也。今商鞅之《啓塞》，申子之《三符》，韓非之《孤憤》，張儀、蘇秦之從衡，皆掇取之權，一切之術也，非治之大本，事之恒常可博聞而世傳者也。

《史記》卷六三《老莊申韓列傳》　太史公曰：【略】申子卑卑，施之于名實。韓子引繩墨，切事情，明是非，其極慘礉少恩，皆原于道德之意，而老子深遠矣。

又　卷一三〇《太史公自序》　太史公仕於建元、元封之間，愍學者之不達其意而師悖，乃論六家之要指曰：【略】法家不別親疏，不殊貴賤，一斷於法，則親親、尊尊之恩絶矣。可以行一時之計，而不可長用也，故曰嚴而少恩。若尊主卑臣，明分職，不得相踰越，雖百家弗能改也。

漢·桓寬《鹽鐵論》卷一一《刑德》　文學曰：【略】夫爲君者法三王，爲相者法周公，爲術者法孔子。此百世不易之道也。韓非非先王而不遵，舍正令而不從，卒蹈陷穽身幽囚，客死於秦。本夫不通大道而小辯，斯足以害其身而已。

漢·揚雄《法言·修身篇》　『申韓之術，不仁之至矣，若何牛羊之用人也？若牛羊用人，則狐狸、螻螾不膢臘也歟！』

或曰：『申韓之法，非法歟？』曰：『法者，謂唐虞、成周之法也。如申韓！如申韓！莊周、申韓不乖寡聖人而漸諸篇，則顔氏之子、閔氏之孫其如台！』

又　《問明篇》　或問：『韓非作《説難》之書，而卒死乎《説難》。敢問何反也？』曰：『《説難》蓋其所以死乎！』曰：『何也？』曰：『君子以禮動，以義止，合則進，否則退，確乎不憂其不合也。夫説人而憂其不合，則亦無所不至矣。』

又　《五百篇》　申、韓險而無化。

《漢書》卷三〇《藝文志·法家》　法家者流，蓋出於理官。信賞必罰，以輔禮制。《易》曰『先王以明罰飭法』，此其所長也。及刻者爲之，則無教化，去仁愛，專任刑法而欲以致治，至於殘害至親，傷恩薄厚。

漢·王充《論衡》卷一〇《非韓篇》　韓子之術，明法尚功。賢無益於國不加賞；不肖無害於治不施罰。責功重賞，任刑用誅。故其論儒也，謂之不耕而食，比之於一蠹；論有益與無益也，比之於鹿馬。馬之似鹿者千金，天下有千金之馬，無千金之鹿，鹿無益，馬有用也。儒者猶鹿，有用之吏猶馬也。

夫韓子知以鹿馬喻，不知以冠履譬。使韓子不冠，徒履而朝，吾將聽其言也。加冠於首而立於朝，受無益之服，增無益之〔行〕，言與服相違，行與術相反，吾是以非其言而不用其法也。煩勞人體，無益於人身，莫過跪拜。使韓子逢人不拜，見君父不謁，未必有賊於身體也。然須拜謁以尊親者，禮義至重，不可失也。故禮義在身，身未必肥；而禮義去身，身未必瘠而化衰。以謂有益，禮義不如飲食。使韓子賜食君父之前，不拜而用，肯爲之乎？夫拜謁，禮義之效，非益身之實也，然而韓子終不失者，不廢禮義以苟益也。夫儒生，禮義也；耕戰，飲食也。貴耕戰而賤儒生，是棄禮義求飲食也。使禮義廢，綱紀敗，上下亂而陰陽繆，水旱失時，五

穀不登，萬民饑死，農不得耕，士不得戰也。子貢去告朔之餼羊，孔子曰：『賜也！爾愛其羊，我愛其禮。』子貢惡費羊，孔子重廢禮也。故以舊防爲無益而去之，必有水災；以舊禮爲無補而去之，必有亂患。

儒者之在世，禮義之舊防也，有之無益，無之有損。庠序之設，自古有之。重本尊始，故立官置吏。官不可廢，道不可棄。儒生，道官之吏也，以爲無益而廢之，是棄道也。夫道無成效於人，成效者須道而成。然足蹈路而行，所蹈之路，須不蹈者。身須手足而動，待不動者。故事或無益，而益者須之；無效，而效者待之。儒生，耕戰所須待也，棄而不存，如何也？

韓子非儒，謂之無益有損，蓋謂俗儒無行操，舉措不重禮，以儒名而俗行，以實學而偽説，貪官尊榮，故不足貴。夫志潔行顯，不徇爵祿，去卿相之位若脱躧者，居位治職，功雖不立，此禮義爲業者也。國之所以存者，禮義也。民無禮義，傾國危主。今儒者之操，重禮愛義，率無禮義士，激無義之人。人民爲善，愛其主上，此亦有益也。聞伯夷風者，貪夫廉，懦夫有立志；聞柳下惠風者，薄夫敦，鄙夫寬。此上化也，非人所見。段干木闔門不出，魏文敬之，表式其閭，秦軍聞之，卒不攻魏。使魏無干木，秦兵入境，境土危亡。秦，强國也，兵無不勝，兵加於魏，魏國必破，三軍兵頓，流血千里。今魏文式闔門之士，卻强秦之兵，全魏國之境，濟三軍之衆，功莫大焉，賞莫先焉。齊有高節之士，曰狂譎、華士，二人昆弟也，義不降志，不仕非其主。太公封於齊，以此二子解沮齊衆，開不爲上用之路，同時誅之。韓子善之，以爲二子無益而有損也。夫狂譎、華士，段干木之類也，太公誅之，無所卻到；魏文侯式之，卻强秦而全魏。功孰大者？使韓子善干木闔門高節，魏文式之，是也；狂譎、華士之操，干木之節也，善太公誅之，非也。使韓子非干木之行，下魏文之式，則干木以此行而有益，魏文用式之道爲有功；是韓子不賞功尊有益也。

論者或曰：『魏文式段干木之閭，秦兵爲之不至，非法度之功；一功特然，不可常行，雖全國有益，非所貴也。』夫法度之功者，謂何等也？養三軍之士，明賞罰之命，嚴刑峻法，富國强兵，此法度也。案秦之强，肯爲此乎？六國之亡，皆滅於秦兵。六國之兵非不鋭，士衆之力非不勁也，然而不勝，至於破亡者，强弱不敵，衆寡不同，雖明法度，其何益哉？使童子變孟賁之意，孟賁怒之，童子操刃與孟賁戰，童子必不勝，力不如也。孟賁怒，而童子修禮盡敬，孟賁不忍犯也。秦之與魏，孟賁之與童子也。魏有法度，秦必不畏，猶童子操刃，孟賁不避也。其尊士式賢者之閭，非徒童子修禮盡敬也。夫力少則修德，兵强則奮威。秦以兵强，威無不勝，卻軍還衆，不犯魏境者，賢干木之操，高魏文之禮也。夫敬賢，弱國之法度，力少之强助也。謂之非法度之功，如何？

高皇帝議欲廢太子，呂后患之，即召張子房而取策。子房教以敬迎四皓而厚禮之，高祖見之，心消意沮，太子遂安。使韓子爲呂后議，進不過强諫，退不過勁力。以此自安，取誅之道也，豈徒易哉？夫太子敬厚四皓以消高帝之議，猶魏文式段干木之閭，卻强秦之兵也。

治國之道，所養有二：一曰養德，二曰養力。養德者，養名高之人，以示能敬賢；養力者，養氣力之士，以明能用兵。此所謂文、武張設，德、力具足者也，事或可以德懷，或可以力摧。外以德自立，内以力自備。慕德者不戰而服，犯德者畏兵而卻。徐偃王修行仁義，陸地朝者三十二國，强楚聞之，舉兵而滅之。此有德守，無力備者也。夫德不可獨任以治國，力不可直任以禦敵也。韓子之術不養德，偃王之操不任力。二者偏駁，各有不足。偃王有無力之禍，知韓子必有無德之患。凡人稟性也，清濁貪廉，各有操行，猶草木異質，不可復變易也。狂譎、華士不仕於齊，猶段干木不仕於魏矣。性行清廉，不貪富貴，非時疾世，義不苟仕，雖不誅此人，此人行不可隨也。太公誅之，韓子是之，是謂人無性行，草木無質也。太公誅二子，使齊有二子之類，必不爲二子見誅之故，不清其身；使無二子之類，雖養之，終無其化。堯不誅許由，唐民不皆樔處；武王不誅伯夷，周民不皆隱餓；魏文侯式段干木之閭，魏國不皆闔門。由此言之，太公不誅二子，齊國亦不皆不仕。何則？清廉之行，人所不能爲也。夫人所不能爲，養使爲之，不能使勸；人所能爲，誅以禁之，不能使止。然則太公誅二子，無益於化，空殺無辜之民。賞無功，殺無辜，韓子所非也。太公殺無辜，韓子是之，以韓子之術殺無辜也。夫執不仕者，未必有正罪也，太公誅之。如出仕未有功，太公肯賞之乎？賞須功而加，罰待罪而施。使太公不賞出仕未有功之人，則其誅不仕未有罪之民，非

也；而韓子是之，失誤之言也。

且不仕之民，性廉寡欲；好仕之民，性貪多利。利欲不存於心，則視爵祿猶糞土矣。廉則約省無極，貪則奢泰不止；奢泰不止，則其所欲不避其主。案古篡畔之臣，希清白廉潔之人。貪，故能立功；驕，故能輕生。積功以取大賞，奢泰以貪主位。太公遺此法而去，故齊有陳氏劫殺之患。太公之術，致劫殺之法也；韓子善之，是韓子之術亦危亡也。

周公聞太公誅二子，非而不是，然而身執贄以下白屋之士。白屋之士，二子之類也，周公禮之，太公誅之，二子之操，孰爲是者？宋人有御馬者不進，拔劍剄而棄之於溝中；又駕一馬，馬又不進，又剄而棄之於溝。若是者三。以此威馬，至矣，然非王良之法也。王良登車，馬無罷駑。堯、舜治世，民無狂悖。王良馴馬之心，堯、舜順民之意。人同性，馬殊類也。王良能調殊類之馬，太公不能率同性之士。然則周公之所下白屋，王良之馴馬也；太公之誅二子，宋人之剄馬也。舉王良之法與宋人之操，使韓子平之，韓子必是王良而非宋人矣。王良全馬，宋人賊馬也。馬之賊，則不若其全；然則，民之死，不若其生。使韓子非王良，自同於宋人，賊善人矣。如非宋人，宋人之術與太公同。非宋人，是太公，韓子好惡無定矣。

治國猶治身也。治一身，省恩德之行，多傷害之操，則交黨疏絕，恥辱至身。推治身以況治國，治國之道當任德也。韓子任刑獨以治世，是則治身之人任傷害也。韓子豈不知任德之爲善哉？以爲世衰事變，民心靡薄，故作法術，專意於刑也。夫世不乏於德，猶歲不絕於春也。謂世衰難以德治，可謂歲亂不可以春生乎？人君治一國，猶天地生萬物。天地不爲亂歲去春，人君不以衰世屏德。孔子曰：『斯民也，三代所以直道而行也。』

周穆王之世，可謂衰矣，任刑治政，亂而無功。甫侯諫之，穆王存德，享國久長，功傳於世。夫穆王之治，初亂終治，非知昏於前，才妙於後也，前任蚩尤之刑，後用甫侯之言也。夫治人不能舍恩，治國不能廢德，治物不能去春。韓子欲獨任刑用誅，如何？

魯繆公問於子思曰：『吾聞龐捫是子不孝，不孝其行奚如？』子思對曰：『君子尊賢以崇德，舉善以勸民。若夫過行，是細人之所識也，臣不知也。』子思出，子服厲伯見。君問龐是子，子服厲伯對以其過，皆君（之）所未曾聞。自是之後，君貴子思而賤子服厲伯。韓子聞之，以非繆公，以爲明君求姦而誅之，子思不以姦聞，而厲伯以姦對，厲伯宜貴，子思宜賤。今繆公貴子思，賤厲伯，失貴賤之宜，故非之也。

夫韓子所尚者，法度也。人爲善，法度賞之；惡，法度罰之。雖不聞善惡於外，善惡有所制矣。夫聞惡不可以行罰，猶聞善不可以行賞也。非人不舉姦者，非韓子之術也。使韓子聞善，必將試之；試之有功，乃肯賞之。夫聞善不輒加賞，虛言未必可信也。若此，聞善與不聞，無以異也。夫聞善不輒賞，則聞惡不輒罰矣。聞善必試之，聞惡必考之。試有功乃加賞，考有驗乃加罰。虛聞空見，實試未立，賞罰未加。賞罰未加，善惡未定，未定之事，須術乃立，則欲耳聞之，非也。

鄭子產晨出，過東匠之宮，聞婦人之哭也，撫其僕之手而聽之。有間，使吏執而問之，手殺其夫者也。翼日，其僕問曰：『夫子何以知之？』子產曰：『其聲不慟。凡人於其所親愛也，知病而憂，臨死而懼，已死而哀。今哭夫已死，不哀而懼，是以知其有姦也。』韓子聞而非之曰：『子產不亦多事乎？姦必待耳目之所及而後知之，則鄭國之得姦寡矣。不任典城之吏，察參伍之正，不明度量，待盡聰明、勞知慮而以知姦，不亦無術乎！』韓子之非子產，是也。其非繆公，非也。夫婦人之不哀，猶龐〔是〕子不孝也。非子產持耳目以知姦，獨欲繆公須問以定邪。子產不任典城之吏，而以耳〔聞〕定實；繆公亦不任吏，而以□問立誠。夫耳聞口問，一實也，俱不任吏，皆不參伍。厲伯之對不可以立實，猶婦人之哭不可以定誠矣。不可定誠，使吏執而問之。不可以立實，不使吏考，獨信厲伯口，以罪不考之姦，如何？

韓子曰：『子思不以過聞，繆公貴之。子服厲伯以姦聞，繆公賤之。人情皆喜貴而惡賤，故季氏之亂成而不上聞。此魯君之所以劫也。』夫魯君所以劫者，以不明法度邪，以不早聞姦也？夫法度明，雖不聞姦，姦無由生；法度不明，雖日求姦，決其源鄣之以掌也。御者無銜，見馬且奔，無以制也。使王良持轡，馬無欲奔之心，御之有數也。今不言魯君無術，而曰『不聞姦』；不言（不）審法度，而曰『不通下情』，韓子之非繆公也，與術意而相違矣。

龐撊是子不孝，子思不言，繆公貴之。韓子非之，以爲明君求善而賞之，求姦而誅之。夫不孝之人，下愚之才也。下愚無禮，順情從欲，與鳥獸同，謂之惡，可也，謂姦，非也。姦人外善內惡，色厲內荏，作爲操止象類賢行，以取升進，容媚於上，安肯作不孝、著身爲惡，以取棄殉之咎乎？龐撊是子可謂不孝，不可謂姦。韓子謂之姦，失姦之實矣。

韓子曰：『布帛尋常，庸人不擇；爍金百鎰，盜蹠不搏。』以此言之，法明，民不敢犯也。設明法於邦，有盜賊之心，不敢犯矣；不測之者，不敢發矣。姦心藏於胸中，不敢以犯罪法，罪法恐之也。明法恐之，則不須考姦求邪於下矣。使法峻，民無姦者；使法不峻，民多爲姦。而不言明王之嚴刑峻法，而云求姦而誅之。言求姦，是法不峻，民或犯之也。世不專意於明法，而專心求姦。韓子之言，與法相違。

人之釋溝渠也，知者必溺身。不塞溝渠而繕船楫者，知水之性不可闕，其勢必溺人也。臣子之性欲姦君父，猶水之性溺人也。不教所以防姦，而非其不聞知，是猶不備水之具，而徒欲早知水之溺人也。溺於水，不責水而咎己者，己失防備也。然則人君劫於臣，己失法也。備溺不闕水源，防劫不求臣姦，韓子所宜用教己也。水之性勝火，如裹之以釜，水煎而不得勝，必矣。夫君猶火也，臣猶水也，法度釜也。火不求水之姦，君亦不宜求臣之罪也。

唐·趙蕤《長短經》卷三《適變》注引［三國魏］桓範《世要論》

夫商鞅、申、韓之徒，貴尚譎詐，務行苛剋，廢禮義之教，任刑名之數，不師古始，敗俗傷化，此則伊尹、周、召之罪人也。然其尊君卑臣，富國强兵，守法持術，有可取焉。

晉·袁宏《後漢紀》卷六《光武皇帝紀第六》 袁宏曰：自古在昔，有治之始，聖人順人心以濟亂，因去亂以立法。故濟亂所以爲安，而兆衆仰其德；立法所以成治，而民氓悅其理。是以有法有理，以通乎樂治之心而順人、物之情者，豈有使法逆人心而可使衆兆仰德，治與法違而可使民氓悅服哉？由是言之，資大順以臨民，上古之道也；通分理以統物，不易之數也。降逮中世，政繁民敝，牧之者忘簡易之可以致治，御之者忽逆順之所以爲理，遂隳先王之大務，營一時之私議，於是乎變詐攻奪之事興，而巧僞姦吏之俗長矣。陵遲至於戰國，商鞅設連坐之令以治秦，韓非論捐灰之禁以教國，而修之者不足以濟一時，持之者不能以經易世。何則？彼誠任一切之權利而不通分理之至數也。故論法治之大體，必以聖人爲準；格聖人之所務，必以大道通其法。考之上世則如彼，論之末世則如此，然則非理分而可以成治者，未之聞也。若乃變詐攻奪之事興，而飾智謀權策以勝之；巧僞姦利之俗長，而設禁網陷穽以餌之。患時世之莫從，懸財賞行罰以驅之；毒爲下之訐逆，厚威網殺伐以服之，斯所謂勢利苟合之末事，焉可論之以治哉？

晉·葛洪《抱朴子外篇》卷一《用刑》 抱朴子曰：【略】世人薄申、韓之實事，嘉老、莊之誕談，然而爲政莫能錯刑，殺人者原其死，傷人者赦其罪，所謂土拌瓦胾，無救朝饑者也。

北齊·劉晝《劉子》卷一〇《九流》 法者，慎到、李悝、韓非、商鞅之類也。其術在於明罰，討陣整法，誘善懲惡，俾順軌度，以爲治本。然而薄者，削仁廢義，專任刑法，風俗刻薄，嚴而少恩也。

唐·李翱《李文公集》卷六《答朱載言書》 六經之後，百家之言興，【略】荀況、韓非、李斯，【略】皆足以自成一家之文，學者之所師歸也。

宋·歐陽修《文忠集》卷一二四《崇文總目敘釋·法家類》 法家者流，以法繩天下，使一本於其術。商君、申、韓之徒乃推而大之，挾其説以干世主，收取功名。至其尊君抑臣，辨職分，輔禮制，於王治不爲無益。然或狃細苛，持刻深，不可不察者也。

宋·李邦獻《省心雜言》 韓非作《説難》而卒斃於説，豈非所謂多言數窮之戒耶？屈己者能處衆，好勝者必遇敵。

宋·司馬光《資治通鑑》卷六《秦紀一·始皇帝上·十四年》 臣光曰：臣聞君子親其親，以及人之親；愛其國，以及人之國。是以功大名美而享有百福也。今非爲秦畫謀，而首欲覆其宗國，以售其言，罪固不容於死矣，烏足愍哉！

宋·蘇軾《東坡全集》卷四三《韓非論》 聖人之所爲，惡夫異端，盡力而排之者，非異端之能亂天下，而天下之亂所由出也。昔周之衰，有老聃、莊周、列禦寇之徒，更爲虛無淡泊之言，而治其猖狂浮游之説，紛紜顛倒而卒歸於無有。由其道者，蕩然莫得其當，是以忘乎富貴之樂而齊

乎死生之分。此不得志於天下、高世遠舉之人所以放心而無憂。雖非聖人之道，而其用意固亦無惡於天下。自老聃之死百餘年，有商鞅、韓非著書，言治天下無若刑名之賢。及秦用之，終於勝廣之亂，教化不足而法有餘，秦以不祀，而天下被其毒。後世之學者知申、韓之罪而不知老聃、莊周之使然，何者？仁義之道起於夫婦、父子、兄弟相愛之間，而禮法、刑政之原出於君臣上下相忌之際。相愛則有所不忍，相忌則有所不敢。夫不敢與不忍之心合，而後聖人之道得存乎其中。今老聃、莊周論君臣、父子之間，汎汎乎若萍浮於江湖而適相値也。夫是以父不足愛，而君不足忌。不忌其君，不愛其父，則仁不足以懷，義不足以勸，禮、樂不足以化。此四者皆不足用，而欲置天下於無有，夫無有，豈誠足以治天下哉？

商鞅、韓非求爲其說而不得，得其所以輕天下而齊萬物之術，是以敢爲殘忍而無疑。今夫不忍殺人而不足以爲仁，而仁亦不足以治民，則是殺人不足以爲不仁，而不仁亦不足以亂天下。如此則舉天下唯吾之所爲，刀鋸斧鉞何施而不可？昔者夫子未嘗一日敢易其言，雖天下之小物，亦莫不有所畏。今其視天下眇然若不足爲者，此其所以輕殺人歟？太史遷曰：『申子卑卑，施於名實。韓子引繩墨，切事情，明是非，其極慘覈少恩，皆原於道德之意。』嘗讀而思之，事固有不相謀而相感者。莊、老之後，其禍爲申、韓。由三代之衰至於今，凡所以亂聖人之道者，其弊固已多矣，而未知其所終，奈何其不爲之所也。

宋·蘇轍《古史》卷三三《韓非列傳》　蘇子曰：商鞅以法治秦，而申不害以術治韓。憲令著於官府，刑罰必於民心，賞存乎慎法，罰加乎奸令，所謂法也。因任而授官，循名而責實，操生殺之柄，課羣臣之能，所謂術也。法者，臣之所師，而術者，君之所執也。及韓非之學，並取申、商而兼用法、術。法之所止，雖有聖智，不用也；術之所操，雖有父子，不信也。使人君據法、術之自然而無所復爲，此申、韓所謂老子之道而實非也，彼申、商各行其說耳。然秦、韓之治行於一時，而其害見於久遠。使非不幸獲用於世，其害將有不可勝言者矣。太史公悲韓非知說之難，而卒以說死，故載其《說難》於篇。然古之君子循理而言，言之利害不存乎心，故言出而必合，雖有不合，要己無愧於中矣，豈復立法而求其必售耶？今非先立法而後說人，既已不知說矣，而況非之所以說秦，蓋求禍之道乎！太史公以李陵之事不合於漢武，終身廢辱，是以深悲之歟？

宋·林之奇《拙齋文集》卷一三《史論·論楊墨申韓之害》　韓退之之論，以爲孟子闢楊、墨，功不在禹下。夫禹之功，能使地平天成，六府三事允治，爲萬世之所永賴。其功之在天下，見於行事之深切著明；而孟子之闢楊、墨，乃空言無實，其何足以配禹哉？蓋楊、墨之害，甚於洪水之害。惟楊、墨之說，遭孟子之辭而闢之，此其害所以不可得而見。使楊、墨之言而無孟子闢之，則其害豈減洪水之害哉？孟子之闢楊、墨，以爲楊氏爲我，是無君也；墨氏兼愛，是無父也。無父無君，是禽獸也。以戰國之世而觀之，未見楊、墨之害，則孟子之言，誠若過矣。然以申、韓之術而觀之，則孟子之言，不爲過也。

申子之說曰：『有天下而不恣睢，命之曰桎梏。』韓子之言曰：『堯、舜之有天下也，堂高三尺，采椽不斲。雖逆旅之宿，不勤於此矣。冬日鹿裘，夏日葛衣，飯土簋，啜土鉶。雖監門之養，不觳於此矣。禹鑿龍門，通大海，股無胈，脛無毛，手足胼胝，面目黎黑。雖民役之勞，不烈於此矣。凡所貴於有天下者，豈欲苦形勞神，身處逆旅之宿，口食監門之養，手持重困之作哉？』要在肆意極欲，主重明法，下不敢爲非，以制御海内爾。當申、韓之爲此說，是亦無實之空言耳。及秦人用之，督責益嚴，刑者相望天，下之人側目而視，惟恐不得其死，至於無所措手足。山東羣盜既起，民之從亂如歸，而海内塗炭者數十年。此皆申、韓之說，有以使之然也。

夫楊、墨之說，使無孟子而闢之，則必至於申、韓之害。申、韓之說，使見闢於孟子，則亦廢而爲楊、墨之空言矣。蓋疾在腠理血脉，其治之也易，故無可見之功；及其在腸胃骨髓而治之，則雖有功之可見，亦難乎其爲功矣，孟子之闢楊、墨，所謂疾在腠理血脉而治之，雖其功不可得而見，其實莫大之功也。申、韓之禍秦，所謂疾在骨髓而不可復救。當此之時，雖使孟子復生，其告之也，亦艱乎其爲力哉！

又《史論·李斯殺韓非》　甚矣，李斯之傾覆也。當秦人下逐客之令，己在逐中，則上書，以爲秦之所以霸者以客，而客之自諸侯來者，皆有益於秦也。及其妬韓非而欲殺之，則又以非韓之公子，非終爲韓不爲

秦。其與前日之謀，何其相反如此也！當李斯遭逐上書之時，使有一如李斯者，而云斯，楚人也，今欲并諸侯，斯終爲楚不爲秦，則斯不免於害矣。爲己而言，則以爲諸侯之客有益於秦，至於陷韓非，則以爲非終爲韓不爲秦。傾覆如此，則李斯之不終於秦，豈非所謂『出乎爾者，反乎爾者』乎？雖然，李斯之陷韓非，信可罪矣；非之見害，亦有以取之也。

孟子曰：『矢人惟恐不傷人，函人惟恐傷人，故術不可不慎也。』君子之所學者仁義，故親其親，以及他人之親；愛其國，以及他人之國，無適而非忠厚也。苟其所學者刑名，則不知有己之親，而親他人之親；不愛己之國，而謀他人之國，無適而非刻薄也。非之所學者，刑名法術之學。故其出使於秦，乃爲秦畫謀，以首覆其宗國而售其言。雖作《說難》之書十餘萬言，而卒死乎說難者，其操術有以取之也。司馬温公曰：『君子親其親，以及人之親；愛其國，以及人之國。是以功大名美而享百福。今非爲秦畫謀，而首欲覆其宗國，以售其言，罪固不容於死矣，烏足愍哉？』蓋其於所厚者薄，則無所不薄，此李斯所以得入其譖也。韓非、張良，皆韓人也。張良當秦人滅韓之後，散家財以求刺客，欲爲韓報仇，以五世相韓，故卒得力士，爲鐵椎，擊秦帝於博浪沙中，雖冒死而不悔。而非當韓之未亡，乃爲秦人謀破韓之策。人之智識，其相去之遠，一至於此！

宋·呂祖謙《大事記解題》卷六《秦始皇帝》　十四年。【略】韓非。《解題》曰：按《新序》：申子之書號曰術，商鞅之書號曰法。太史公謂非喜刑名法術之學，則兼治之也。六經，孔孟之教，與人之公心合，故治世宗之。申、商、韓非之說，與人之私情合，故末世宗之。彼各有所合也。

宋·高似孫《子略》卷三《韓非子》　士生戰國，才不一伸，抱智懷謀，其求售殊切切，亦可憐也。商鞅以法治秦，李斯又以法治秦。秦之立國，一出於刑罰法律，而士以求合者，非此不可。始皇一見韓非之書，喟然歎曰：『寡人得見斯人與之游，死不恨矣。』始皇所以惓惓於非者，其有所契乎！今讀其書，往往尚法以神其用，薄仁義，厲刑名，背《詩》、《書》，課名實。心術辭旨，皆商鞅、李斯治秦之法，而非又欲凌跨之。此始皇之所投合，而李斯之所忌者。非迄坐是爲斯所殺，而秦卽以亡，固不待始皇之用其言也。《說難》一篇，蓋爲切於事情者。惟其切之於求售，是以先爲之說而後說於人，亦庶幾萬一焉耳。太史公以其說之難，固嘗悲之。太史公之所以悲之者，抑亦有所感慨焉而後發歟？嗚呼！士生不遇，視時以趨。使其盡遇，固無足道，而況《說難》、《孤憤》之作有如非之不遇者乎？揚雄氏曰：『秦之士，賤而拘。』信哉！

宋·黎靖德《朱子語類》卷一三四《歷代一》　術至韓非《說難》，精密至矣，蘇、張亦尚疏。

宋·黃震《黃氏日抄》卷四六《讀史·史記一·老子韓非》　老子與韓非同《傳》，論者非之。然余觀太史公之旨意，豈苟然哉？於老子曰『無爲自化』，於莊子曰『其要本歸於老子之言』，於申不害曰『本於黃老而主刑名』，於韓非曰『喜刑名法術之學，而其歸本於黃老』。夫無爲自化，去刑名，固霄壤也。然聖人所以納天下於善者，政教也。世非太古矣，無爲安能自化？政教不施，則其弊不得不出於刑名。此太史公自源徂流，詳著之，爲後世戒也。

老子、孔子，皆布衣也。太史公列孔子世家，贊其爲至聖；至老子則傳之管、晏之次，而窮其弊於申、韓。豈不以申、韓刑名之學又在管、晏功利之下，而老子則申、韓之發源歟？班固謂遷『論大道則先黃老而後六經』，或者未之深察也。

又　卷五五《讀諸子一·韓非子》　韓非盡斥堯、舜、湯、武、孔子，凡先王之道爲亂，而兼取申不害、商鞅法術之說，加深刻焉。至謂妻子亦害己者，而不可信。蓋自謂獨智，足舞一世矣。然以疏遠，一旦說人之國，乃欲其主首去貴近，誰將汝容耶？送死秦獄，愚莫與比，何物惡氣，鍾此醜類？老聃氏自全自利，一切無情之流弊，亦詎料至此？嘻！亦可悲矣。然觀其書，猶有足警後世之惑者。方是時，先王道熄，處士橫議，往往故爲無稽寓言，以相戲劇。彼其爲是言者，亦未嘗自謂真有是事也。後世襲取其餘而神之，流俗因信以爲真，而異端之說遂至禍天下。奈何韓非之辨具在，而不察耶？

非之言曰：『白馬非馬，齊稷下之辯者屈焉。及乘白馬之賦而籍之，不見其非白也。蓋虛辭空辯，可以勝一國；考實按形，不能漫一人。』今人於異端，有嘗拈其實者否耶？非之言曰：『宋人有欲爲燕王削棘刺之

端爲猿母者，必三月齋，然後能見。知王之必不能久齋而紿之爾。王乃養之三乘。冶工言王曰：「果然，則其所以削者必小。今臣，冶人也，無以爲削此不然物也。」王因囚而問之，果妄，乃殺之。』今人於異端，果嘗有訊其妄者否耶？『鄭人爭年者，謂我與黄帝之兄同年。』非能笑之。今異端自謂出於無始之前，其爲黄帝之兄，甚矣，而人莫不信。『趙主父施鈎梯，而緣播吾，刻人迹其上，廣三尺，長五尺，而勒之曰「主父常遊此。」』非能笑之。今異端往往鑿迹崖石之巔，其爲播吾之迹，愈悖矣，而人反以爲神。非之辨誣，若此者衆，姑取節焉，以告惑者。

宋・王應麟《困學紀聞》卷一〇《諸子》 吏者，民之本綱也。『聖人治吏不治民』，斯言不可以韓非廢。

元・郝經《續後漢書》卷八三下《録第一下・道術・異端・申韓》 申不害，鄭之賤臣，學術以干韓昭侯，用以爲相，國治兵强。其學本於黄老而主刑名，著書二篇，號曰《申子》。韓非，韓之諸公子，喜刑名法術之學，而本於黄老，與李斯俱事荀卿，斯自知不如。非見韓之削弱，數以書諫韓王，韓王不用，於是非疾治國不務修明其法，執勢以御其臣下，富國彊兵而以求人任賢，反舉浮淫之蠹加之功實之上，以爲儒者用文亂法，而俠者以武犯禁，寬則寵名譽之人，急則用介胄之士，所養非所用，所用非所養。悲廉直不容於邪枉之臣，作《孤憤》、《五蠹》、《内外儲》、《説林》、《説難》十餘萬言。終以説，死於秦。劉向《新序》謂：申子之書號曰術，商鞅之書號曰法，非喜刑名法術之學，則兼治之也。司馬遷以申、韓與老子同《傳》，曰申子卑卑，施之於名實；韓子引繩墨，切事情，明是非。其極慘礉少恩，皆原於《道德》之意。故二子之學，皆曰本於黄老。

夫法者，道之則，天命本然之分也。其文爲禮，其數爲度，其聲爲律，其制爲法，所以綱紀道妙，爲天下之用也。故《詩》曰：『天生烝民，有物有則。』一物有一道，則一物有一法。在身爲心法，在家爲家法，在天下爲王法，所以立經陳紀，建極設教，平天下之本也。其裁成制作，始於宓犧，成於堯、舜，盛於周、孔，定于六經。其作用施設，原於仁義，稽於典禮，行於公恕，成天地生育之德，躋斯民於仁壽者也。故六經之法，本於堯、舜，篤於人情，視民於如傷，而唯恐其不寬且厚也。

申、商之法本於黄老，與物無情，其視殺人若無所與，以爲當然，惟恐其不深且嚴也。法本出於好生不忍之仁，學術之差，乃爲忍而好殺之具，使戰國孤秦以殺人爲務。今日斬首幾十萬，明日幾十萬者，百有餘年。原野厭人之肉，川谷流人之血，二帝三王之遺民盡矣。漢興，賈誼、鼂錯復治申、韓，而景帝亦好之，於是激成七國之禍。孝武用張湯、杜周，一以刑法爲治。峻文深詆，酷吏在所殺人，號稱屠伯，幾於鞅、斯之世。至孝宣復好讀《申子・君臣篇》，所用多文法吏，以刑名繩下，敢於殺戮，有趙、蓋、楊、韓之誅，去秦人亦不遠矣。法術之害，深矣哉！

元・劉壎《隱居通議》卷二五《老韓》 老、韓同《傳》，論者多矣。太史公以爲老子所貴道虛無，因應變化於無爲，故著書辭稱微妙難識。韓子引繩墨，切事情，明是非，其極慘覈少恩，皆原於道德之意，而老子深遠矣。夫道德之於刑名，相去遠矣，流弊乃爾，何哉！

元・吴萊《淵穎集》卷六《讀韓非子》 予讀《韓非子》書，蓋法家也。至《顯學》篇乃言八儒三墨，皆足以蠹國而害政，必欲盡去乎是而後能治。墨不足言也，儒者之學通古今，徹上下，有國者無不賴之，而非獨不以爲然，是又荀卿子弟子也，一何迂誣怪誕若此耶！豈以荀卿子之學，猶習於戰國之俗而不純於堯、舜、周、孔之道，或有以召之故耶？昔者孔子嘗謂子夏曰：『女爲君子儒，毋爲小人儒。』荀卿子則曰：『大儒，天子三公；小儒，諸侯大夫士。』猶嚮君子、小人之辨，然又非也。夫儒者，本學士之稱也。荀儒矣，雖其居一國大夫之職，而其爲天下平治之器，舉在我，惟治有廣狹，則其德之所及者有遠邇。今也大儒之效，必以歸之周公；小儒之爲害，若子思、孟軻且譏之。或言王，或言霸，或言强國，務使世主擇焉以爲政，則又時變其道以曲從之。道可變乎？是徒苟冒而窳惰，繆學而飾説，既病乎人，且厲己也。仁義必堯、舜，征伐必湯、武。子思、孟軻之道，將不粲然明白，爲後王法乎！奈何欲法後王而反譏之也？

當周之衰也，孔子自其先代廢壞之餘，修衣冠，正禮樂，明文章，而以之教七十子也，未始曰吾儒者也，猶曰是有君子，有小人。所謂君子、小人，一義、利之間耳，又豈有大儒、小儒云云者耶？然以戰國之世，去聖日遠而諸子之説紛起，私意揣摩，强辨相勝。荀卿子號爲儒者，而未

純於聖人；及其弟子，又自叛去。夫然，故人視儒者之學輕而非也，亦陷於形名法術之末。且曰八儒三墨，皆足以蠹國而害政，至欲絀儒生，去經籍，自以其形名法術之學而施之於天下。此其罪，誠不在李斯後矣。荀卿子豈或有以召之故耶？

雖然，先王之世，先王之道，無非儒也。所以爲儒之名者，未見於天下也。粤無鎛，魯無削，秦無廬，胡無弓車。非無也，秦、魯、胡、粤之人類能之而不有其名也。夫既儒者之名立，而後百家異説，歲聒日鬭，嘵嘵然矣。其昧於私，溺於一偏之見，浸淫蔓衍而不知返。其詆者且謂吾道爲無益，必欲煨燼滅裂以盡之，而自快其所欲爲，於是周公、孔子之法秏矣。故秦人之言曰：《詩》、《書》不如律令，仁義不如刑罰。《詩》、《書》仁義蕩焉無餘，卒至於危急敗亡，而曾不少寤也。嗚呼！荀卿子亦不爲無過也哉？

明·宋濂《文憲集》卷二七《諸子辨·韓子》 《韓子》二十卷者，韓非所撰。非，韓之諸公子也。喜刑名法術之學，而歸其本於黄老，與李斯同事荀卿，以書干韓王不用，乃觀往者得失之變，作《孤憤》、《五蠹》、《内外諸》、《説林》、《説難》五十五篇，計十餘萬言。秦王見而悦之，急攻韓得非。斯自以不如非，忌之，譖于秦王，下吏，使自殺。非，慘激人也。君臣、父子、夫婦之間，一任以法，其視仁義蔑如也。法之所及，雖刀鋸日加，不以爲寡恩也。其無忌憚，至謂孔子未知孝悌忠信之道；謂賢堯、舜、湯、武，乃天下亂術；謂父有賢子，君有賢臣，適足以爲害；謂人君藏術胸中，以倡衆端而潛御羣臣。噫！是何言歟？是何言歟？是亦足以殺其身矣。

明·方孝孺《遜志齋集》卷六《雜問》 申、韓、鄧、慎，世之虺乎！刻削巧苛暴者，奚喜乎？用法如流，奚不怛乎？操刀終身，寧不自割乎？

明·周琦《東溪日談録》卷一二《著述談·韓非五難》 韓公子非善刑名，其學與鄭人申不害皆善刑名，同學黄老之術。不害以是相韓昭侯，非口吃不能言，故著爲書。及使秦，上書説秦滅韓，故以所著書獻秦，秦悦之。李斯嘗與共學，疾而間之，遂下吏斯，遺之藥，令自殺。以予觀之，韓國本非宗族，誘外國滅之，有不容誅之罪矣。其所著書并所抱學，卒無見用，爲李斯所殺，豈非天假之手而遺之藥乎？

明·楊慎《丹鉛總録》卷一三《焚書起於韓非》 秦焚書坑儒，起於李斯乎？斯之先，固有爲此説於秦者矣，韓非是也。非之言曰：『世之愚學，皆不知治亂之情，讘詼多誦先古之書，以亂當世之治。又妄非有術之士，聽其言者危，用其計者亂。』又曰：『羣臣爲學，門子好辯，可亡也。』又言：『舍法律而言先王者，上任之以國。主以是過予，而臣以此徒取矣。』此與斯所言是古非今，若合符節。作俑者乃韓非，匪斯也。凡爲異説者，一則駭，再則習；始則疑，終則行矣。宋儒有過求者，乃謂斯之學出於荀卿，焚坑之禍，卿有以啓之。卿嘗入秦見應侯，譏秦之無士矣。舍非而罪卿，所謂洗垢而索瘢者耶！

明·崔銑《士翼》卷三《述言下》 不言常而言變，異端皆然。雖申、韓之法皆防人之欺，疑人之叛，夫將置秉彝於何地耶？

明·賀復徵《文章辯體彙選》卷二九二《[明]劉鳳〈刻韓非子序〉》 《韓非子》書，學者多有之。太史公悲其知説之難而不自免。夫非之言，則足以死而已，尚安咎乎！始非與李斯俱學，斯自以爲不如。斯顯於秦矣，而求入焉，一棲兩雄，是將欲免乎哉？且其言智術能法之士與重人者，不兩存也。可以寵過誣者，公法而誅之；不可寵過誣者，私劍而窮之。斯者，非重人耶？非於立談間，遂欲矯其情行而退之，斯又安得不逞其憾而隱忍爲也？故非者，刻覈人也，并其身而不顧。

其論進説者之情備矣，俟上之所向而以吾説當之，是愈疑主而不敢輕任吾説也，可危也。謂人主之左右，舉非伯夷而與愚不肖論賢智，是顯言樹怨羣臣而不自圖，可危也。謂人主所以馭臣，當操法術如束濕，如御奔，可危也。深言人主以所不任備所任，所使備者即所備也，可危也。謂君失一臣得百，上下之間，惟以先發爲務，可危也。夫察見至隱語，及上之所諱，皆可畏忌者，而非盡之，欲自全也，難矣。故率非之説，使人主備臣下如嚴敵，雖甚驕惰之主，苟得聞之，未有不懼者也。懼則思，思則不敢委其枋於下，使專壅己，是其庶乎哉！故名、法家言，大抵能强主心而忍其下，厚於猜而不敢自恃，臣子之恩薄而疑畏之迹深，有以刻而失之者矣，未有以懦而蔽焉者也。是名、法之所長也。

今夫玉巵，至貴也，通而無當，則不可以盛酒。瓦甒之賤而不漏，則

人將安注漿哉？故王道者，玉巵也，而不能如刑名之易效者，謂無當，則不可徒貴也。商、申、韓三子，皆大略同術。獨申不害者，用韓之小國，而能終其身，治强且無患。鞅雖以其身覆，而秦遂日以興。韓則徒托之空言而已。嗚呼！亦其遇不遇耶？然非者，韓之孽子也，而卒欲覆韓。其不務維城，抑何甚也！鞅，魏人也，欺公子卬而虜之。推是心也，固吳起、樂羊之不若也。其疑人主而自薄也，術之敝若此，何怪也？惜不害書久逸，故申子者，吾不得而見之。得見二子者，亦可以明名、法之利害矣。

又　《〔明〕趙用賢〈韓非子序〉》　予讀《韓非子》書，蓋喟然而歎曰：世道之趨於權譎也，君臣之間相御以智，而相傾奪以捭闔抵巇之説也，其至秦而極乎！先王之道既熄，諸侯各競於詐力，而列國之士各騁其機略辨數，以務尊安其國而榮顯其身。當春秋之季，所號稱良大夫者，如晏嬰、叔向、公孫僑之徒，其馳詞執禮，往往相厲以仁義，而相訓飭以忠儉信惠，是猶先王之遺也。至戰國，而儀、秦之徒始以其縱横之説勝。言從親之固，則諱其善敗之端；語衡合之利，則匿其恐喝之迹。雖其揣摩馳騖，務出於奇詭而要之，陳形勢之便利，規情事之變合，天下猶各以其説提衡而立。故當時之君，得士者昌，而士之設智能、批患難者，亦使世主蒙其益而顯功名於天下。蓋稍蠶食，而及於始皇之身，關東諸國既皆削弱，無可倚以抗秦，而士之争趨秦者，非得秦權，則無以震讋諸侯而快其志；非訐激其詞，亦無以當王意而盡闔游士之口，故干秦之説愈相軋而愈不勝，卒足以亡其身。予於非子，有深慨焉。

夫非子，固嘗與李斯師事荀卿，斯自視以爲不如非矣。及斯已柄秦，盡用其所學，非固以量斯之在吾術中，而他所獨制恣睢，上以塞聰掩明而下以拂世摩俗，非之智，又足以先斯而逆其所必至。故斯方以一法制，明主威，而非則曰：當途之臣擅勢而環其私。斯方以遏黨與，絶異趨，而非則曰：獨之過，將乘賢而劫其君。當人臣憂死之不暇，而虞其有田常、子罕之厄。且以大臣之一詞，同軌於近習，將使之行不法而化其主。是皆斯之所醖釀鬱積，以基亡秦之禍，而非乃以疏遠，一旦斥而言之。宜乎犯斯之所甚忌，而死不旋踵也。

昔者范睢羈旅入秦，一言而合，繼踵卿相。夫昭王之明，不及秦皇；李斯之專，不及魏冉。非又始皇之願得與同遊者，其才出睢遠甚，而卒不免僇辱，爲天下笑者。睢當秦之一親，猶數年而始得盡發太后穰侯之私，故其主信之不疑，而讒邪不得以投其間。非徒知振暴其短，可以傾斯説而奪之柄，而不知斯以干寵忌前之心，挾狼戾無親之主，乃欲自奮於説難而卒不能以自免。予以爲非之持説者甚工，而其所以用術者則甚悖，是其所以死也。使非而幸緩須臾，秦皇方且回慮易聽，當有深計而不疑，交争而不罪者，何以成沙丘之禍，而鑿鑿一中非之所料如此哉？

非子書，大抵薄仁義，厲刑禁，盡斥堯、舜、禹、湯、孔子而兼取申、商慘刻之説。其言恢詭叛道，無足多取。然其意則悲廉直不容於邪枉，一切欲反浮淫之蠹，而覈之功罪之當，要亦有足采者。嗟乎！三代而後，申、韓之説常勝。世之言治者操其術而恒諱其迹。予以爲彼其盡絀聖賢之旨，而獨能以其説擊排詆訾，歷千百年而不廢，蓋必有所以爲《韓非子》者在矣。惡可忽哉？惡可忽哉？

明・王世貞《弇州四部稿續稿》卷四四《文部・合刻管子韓非子序》　夫敬仲欲存糾於齊不得，改而縛於小白，卒相之，爲天下萬世榮。非子欲存韓於秦不得，改而走秦，卒受僇，爲天下後世笑。夫見榮之與見笑於人也，奚啻隔霄淵？雖然，是二君子者，其始寧不欲出奇捐生，以殉所事哉？然而奇有所不得不屈，奇屈而生，有所不得不愛，愛生而欲有所自見，則不得終避讐敵，甘心焉而臣事之。夫二君子者，其所以愛生，一也，然而有相有僇者，何也？齊不成霸形，而桓公之霸心發，則機合；機合，仲不得不重。秦并天下之形成，亡所事非，而非以并天下説之，欲勝其素所任之臣而自擅功，則機不合；機不合，非不得不輕。夫豈唯輕而已？秦之幸非之利秦，以不若虞非之利韓遠也。今夫始皇者，固暴伉嗜殺人也。然其明智，寧出齊桓下？鮑子一薦仲而立相，李斯一間非而立僇，非二子之工於薦與間若是也，勢也。夫勢之所在，則天也。天不欲南洚楚，北洚戎狄而蠶食周，故委仲於齊，以爲周屏翰。天不欲碩果韓，芽五國，弃而授之秦，而轉授漢，故聽非子之庚紲仰藥而不之恤。夫鮑子者，助天爲福者也，非能爲福者也；李斯者，助天爲虐者也，非能爲虐者也。

然則管子與非子，材班乎？曰：惡乎班？夫管子者，太公亞也。

太公所毘父子皆聖辟，其用國，三分之二也，而以當必渙之受。管子之毘，中人也，其用國，九分之一也，而以當方勁之楚與戎狄。然則太公伸而周王，管子抑而齊霸。周不太公不廢王，齊不管子不爲霸，固也。不然，而管子之書尚在，其論四維，辨心術，亦寧無敬怠、義欲之微旨一二乎哉？孔子蓋深知之，故慨然而歎曰：『如其仁，如其仁！』世固未有不仁其德而仁其功者。非子之所爲言，雖鑿鑿辨悍，衡名實，推見至隱，而其伎殫於富强而已。秦不用非，不害爲并天下，以秦之守守之，必亡。用非可以并天下，并天下而以秦之守守之，無救亡。夫并天下之與亡俱等，亦安所博非子？是故非子之於霸若不足，而管子之於霸蓋有餘也。

然則文殊乎？曰：不殊也。管子，齊鉅卿也。諸法語名蹟，門人家老能筆之，稷下之學士大夫能飾之。其於文也辨而覈，肆而典，能爲戰國始者也。韓非子，韓之疏屬公子也。有所著述，以發其蓄而鳴其不平。其於文也峭而深，奇而破的，能以戰國終者也。毋論吾洙泗家言，以較魯儒之左準右繩，差不類。然何至權名、法家苛察皦繞，錯若惠施、公孫龍之汜濫詭誇哉？其言各十餘萬而羸，度不能無傳而小有益者。要之，非西京以後傳益也，吾故曰不殊也。蓋管子之言，後見汰於孟氏而極於宋。韓子之言，太史公若心喜之而列之《老子傳》。唐以尊老子，故析之；宋以絀老子，故復合之。其析其合，要非以爲韓非子也。嗟夫！儒至宋而衰矣。彼其睥睨三代之後，以末世無一可者，而不能不心折於孔明。乃孔明則自比於管子，而勸後主讀《韓非子》之書，何以故？宋儒之所得淺，而孔明之所得深故也。宋以名舍之，是故小遇遼，小不振；大遇金，大不振。孔明以實取之，是故蕞爾之蜀與强魏角，而恒踞其上。

明·胡應麟《少室山房筆叢》卷一一《九流緒論上》　余讀韓非書，若《孤憤》、《五蠹》、《八姦》、《十過》諸篇，亡論文詞瑰偉，其抉摘隱微，朗如懸鏡，實天下之奇作也。太史悲其作《説難》，而卒自罹于禍。余以戰國所稱游説之士，若儀、秦、睢、衍之類，率揣摩時事，以行其術，外則挾諸侯强大之勢，内則結羣小昵嬖之援，恫疑怵喝，激諷詭隨，故捷若轉圜而亡弗嚮應。非之道，迺欲一切劇剔而掃除之。其與縱横家言，正如冰炭之反，若之何其弗至于殺其身也！卽微斯、賈之譖，秦用非，以取天下而相之，亦必不免商君、吳起是已，夫又何疑焉？

明·魏學洢《茅簷集》卷七《韓非論》　魏子曰：韓非其衛鞅乎！鞅，天資刻薄人也，相秦霸秦，車裂于秦，而韓非乃繼起，生韓非，死衛鞅也。鞅入秦而相，非入秦而死，然吾不以置軒輊也，死韓非，生衛鞅也。獨李斯之譖行，而天下傷之者以爲非業不及鞅，又曰非才過斯，而卒以斯故死。非遇不及斯，斯相久矣。非以羈旅入秦，輒思翹其失而奪之位，非策也，則又曰非智不及應侯睢。惡！是何言哉？應侯入秦，昭王方失勢，而倚任爲獨尊，故得遲之數年而一朝發之。始皇時，天下既定矣，擬一再嘬而啗，其全矣，而主臣相得，斯又方自託于摯望之儔。非新從韓來，苟不效蔡澤之逐應侯，且奪之旦夕間，而敢幾幸于曠日持久之後哉？故非入秦而死，天也。天必死之，未有能生之者也。

不爲應侯死，爲應侯亦死，未已也；爲應侯死，卽爲衛鞅亦必死，卽甚焉。而爲當日殺韓非之李斯，亦必死。曷言之？非，韓人也。韓人入秦，卽微斯，將無猜乎？就使始皇見《説難》、《孤憤》、《五蠹》之書，而慨然與之游，逐李斯，授之上相，不一年而爲韓之情形，必自敗也，敗則非亦必不得其死。故曰非之死，未有能生之者也。欲勿死，則莫若用之韓，用之韓則藉弱韓之資，而信賞焉，必罰焉，堅城而廣蓄焉。今其書具在，固灼然備成畫于胸中者也。或從或衡，借十年之暇，以内脩之國中。韓雖僊，尚足當天下之衝，而茲又已矣。不得已，乃思存宗國於秦廷，不亦難乎？吾不能不三歎焉。

清·陸世儀《思辨録輯要》卷三二《異學類》　申、韓、商三子之學，雖有實際，然苟行其術，必至殺身而後已。

清·陸隴其《三魚堂文集》卷四《讀呻吟語疑》　一條謂：『申、韓亦王道之一體，聖人何嘗廢刑名，不綜核？四凶之誅，舜之申、韓也。少正卯之誅，侏儒之斬，三都之墮，孔子之申、韓也。卽雷霆霜雪，天亦何嘗不申、韓哉？』愚謂王道之與，申、韓，猶珷玞之與美玉也。王道未嘗無刑罰，然非申、韓之刑罰也。其體則仁，其用則義，故曰天討。若申、韓則以殘酷之心，行殘酷之事而已。故謂聖人不廢刑罰則可，謂聖人不廢申、韓則不可。舜、孔子之事，豈可與申、韓同日論哉？舜、孔子，所行王道也。申、韓者，王道之罪人也。若以申、韓之刑罰爲王道之一體，則桑、孔之理財，亦王道之一體歟？

清・愛新覺羅・弘曆《御製文二集》卷三三《讀韓子》 韓非著《說難》，其於人情世態，亦既知之悉而言之詳矣。而其所稱周文王、晉文公之結韤結履，何其謬之甚哉！韤履之有帶，古制姑弗論，而文王、文公之事如出一轍，一之爲甚，再何堪焉？夫伐與戰，嚴裝時也。臨陣而帶繫解，已屬烏有之事，而二君者方且周旋道古，以爲無可使結帶之人，則一國之臣孰非先君之臣乎！上者、中者固不必，其下者亦不敢使，則二君之於其國，竟無一人可使。孰賤役者將厠腧浣滌，亦皆自親之乎？夫重士，理也。重士而失之諂，文公之譎或偶爲之，孰謂文王之聖而爲是乎？予故斥其謬之甚，而明示重士之有常經也。

清・梅曾亮《柏梘山房文集》卷一《韓非論》 太史公謂韓非引繩墨，切事情，悲其爲《說難》，而不能自脫。嗟夫！非之爲《說難》，非之所以死也。今人君無賢智愚不肖，莫不欲制人而不制於人，測物而不爲物所測。然卒爲揣摩智士之所中，而不能脫其要領者，彼士也陰用其術，而主不知，故因勢而抵其巇。使知有人焉玩吾於股掌之上，而吾莫之遁，雖無信臣左右之讒，其不能一日容之也決矣。且古今著書立說之士，多出於功成之後者，不然，則無意於世以潛其身。今非方皇皇焉入世之網羅，獨舉世主之所忌諱者縱言之，而使吾畏，亦可謂不善藏其用者矣。不然，非之術，固士陰挾以結主取濟者，非獨以發其覆而爲禍首，豈不悲哉！吾觀老子之書，以柔爲剛，以予爲取，處萬物所不勝。而視天下不嬰兒處女若，宜有難免於雄猜之世者。然則老子之不知所終，其已智及此哉！

清・俞樾《賓萌集》卷一《申韓論》 自太史公有申、韓原於《道德》之說，而宋蘇氏論之曰：『不殺人不足爲仁，則殺人不足爲不仁。刀鋸斧鉞，何施而不可？』斯言也，如獄吏治獄，鍛鍊周內而已，烏足以服老、莊之徒哉？然則老、莊之爲申、韓，其故何也？曰：聖人之治天下，必本於仁義。仁者，天下之所以生；義者，天下之所以成。仁義之道行，而天下之性，剛柔皆得其中。婦人女子皆有難犯之容，介胄匹夫皆有可親之色。何者？所以感之者得其平也。老、莊之學，一死生，齊物我，舉天下之大，而歸之空虛。充其意，君臣父子之名可以不立，禮樂刑政可以不設，善可以無賞，惡可以無罰，天下之治亂可以不知，相與以無事爲安而已矣。嗟夫！後世之天下，能遂如大庭、庸成之世乎？不能也。有國家者，不幸而用其說，法敝而不知修，事廢而不知舉，天下靡然不可爲矣。大風之起也，行乎空中而已；一遇崇山峻領遏之而使回，則走巨石，摧叢柯，扶搖乎數十里之外，未盡其怒也。水之注而東也，渾渾浩浩而已；一遇危磯險陝折之而使回，則潰隄防，毁城郭，奔騰乎數百里之外，未盡其怒也。天下之勢，無異於此。老、莊之說用於天下，則所以感之者，豈得其平哉？智久不用，人有餘智；勇久不用，人有餘勇。鬱之也深，蓄之也固，其發之也愈烈，而申、韓之徒出其間矣。吾觀漢初曹參用蓋公言，清靜無爲，文、景因之，而閭閻富溢，無復限制。武、宣之世，乃復尚嚴。夫文、景之後，不能不爲武、宣，則知老、莊之後，不能不焉申、韓也。史公之論，其以此發歟？彼蘇氏者，固未得其恉也。

清・吴汝綸《桐城吴先生文集》卷四《讀韓非子》 太史公傳周末諸子，皆不載所爲書，以爲世多有，故不論也。及爲《韓非傳》，獨取《說難》著於篇。或曰：以非之智而不自脫於秦，子長蓋深傷之。余謂不然。非之咎在好持高論，實不能行其所言，而《說難》則本誦師說，非其自作，故背棄尤甚，卒所以不能自脫者，其本不足也。非烏得爲智士哉！當戰國之世，諸子紛紛著書于世，其言各有指要，及考其行事，往往不合。太史公病之，故於《孫吴傳》見其義曰：能言者未必能行。然亦未有言行相背如韓非之於《說難》者。非爲《說難》，有曰：周澤未渥而語極知者身危。又曰：辭言無所擊排。今非初見秦，遂歷詆謀臣不忠，雖意主於存韓，而說則疏矣。至進退人才，尤不宜輕易干與。非一韓客耳，奈何沮姚賈上卿之封！此非《說難》所稱宋人壞牆之說耶？其卒不自脫，蓋其術有以取之。嗚呼！其亦不智甚矣。不然，秦王始見非書，恨不與遊，及非來，且欲大用，何爲聽李斯、姚賈一言，遽欲殺非哉？夫《說難》之指，類有智術者之言，由其道足以自全於亂世，固明哲保身之君子也。何非之所爲如此？余嘗求其說不得。及讀孫卿《非相》篇，有所謂凡說之難，以至高遇至卑，以至治接至亂，未可直至云云者，然後深明其故。蓋非嘗受學孫卿，後雖大變其師之術，而猶掇拾緒言，以自佐其論議。孫卿遺春申書，見於《戰國策》，今《荀子》無此篇，而非書有之。

然則非書之本於孫卿者，蓋亦夥矣。《説難》之作，則其誦師説而爲之者也。第孫卿言略，非乃就而衍之，加詳密耳。然亦豈知言愈詳密而愈不能自用哉！非他篇多切究情狀，窮極事類物態，持論之高，當時李斯已自謂不及。然由《説難》推之，使非得志，亦必不能自行其言，無疑也。嗚呼！此太史公所爲獨著《説難》以見義歟？獨是非爲《説難》，雖本誦師説，使不出而説秦，人亦未知其智術短淺如此。世之閉戶著書，以立言自期許，幸而身廢不用，無由自暴其短者，蓋亦不可勝道矣。若非者，其亦不幸矣夫。

清・王先愼《韓非子集解》卷首《王先謙序》 韓非處弱韓危極之時，以宗屬疏遠，不得進用。目擊游説縱横之徒，顛倒人主以取利，而奸猾賊民，恣爲暴亂，莫可救止。因痛嫉夫操國柄者，不能伸其自有之權力，斬割禁斷，肅朝野而謀治安。其身與國爲體，又燭弊深切，無繇見之行事，爲書以著明之。故其情迫，其言覈，不與戰國文學諸子等。迄今覽其遺文，推迹當日國勢，苟不先以非之言，殆亦無可爲治者。仁惠者臨民之要道，然非以待奸暴也。孟子導時王以仁義而惡言利。今非之言曰：『世之學術者説人主，不曰乘威嚴以困姦邪，而皆曰仁義惠愛。世主亦美仁義之名，而不察其實。』蓋世主所美，非孟子所謂仁義，説士所言，非仁義即利耳。至勸人主用威，唯非宗屬乃敢言之，非論説固有偏激。然其云明法嚴刑，救羣生之亂，去天下之禍，使强不陵弱，衆不暴寡，耆老得遂，幼孤得長。此則重典之用而張弛之宜，與孟子所稱及閒暇，明政刑，用意豈異也？既不能行之於韓，而秦法闇與之同，遂以鉏羣雄，有天下。而董子迺曰：『秦行韓非之説。』考非奉使時，秦政立勢成，非往即見殺，何謂行其説哉！

藝文

晉・陶潛《陶淵明集》卷五《讀史述九章・韓非》 豐狐隱穴，以文自殘。君子失時，白首抱關。巧行居災，忮辨召患。哀矣韓生，竟死説難。

宋・釋文珦《潛山集》卷五《讀韓非子》 非本韓國諸公子，胡乃人形心蝮虺？身既入秦而媚秦，肆無忌憚浮商李。狂言著書三十篇，讀者能無汙唇齒！且言仁義不足用，唯有嚴刑堪致治。斯言豈足稱人言，反悖經常滅天理。助秦爲虐猶庶幾，名教不容良可耻。昔者韓虔嘗簒晉，遠遡其源固應爾。吾欲火書而人人，周孔之道不如是。

宋・徐鈞《史詠詩集》卷上《諸子・韓非》 見書恨不見斯人，見後翻令自殺身。畢竟立心多慘刻，少恩莫怨虎狼秦。

明・倪元璐《倪文貞詩集》卷上《韓非子有五蠹篇》 與倉帝爭力，系出祖龍餘。脉望艱成就，芸香費袚除。青苗配字説，封禪倚天書。謀國文心盡，銷光月蟾蜍。

清・愛新覺羅・弘曆《御製詩二集》卷三八《讀説難率詠》 《説難》説盡説人情，姚賈猶然數語傾。不及周昌心口一，機權百出究何成？

清・愛新覺羅・弘曆《御製詩三集》卷七八《讀韓非子》 楚莊涖三年，無令無政爲。司馬隱進諫，王亦隱答辭。飛有沖天日，鳴有驚人時。廢十起者九，誅舉邦大治。是蓋效殷宗，夢築吾固疑。向評《通鑑輯覽》，以殷高宗圖像傅巖事，致疑傷誕。或居民間時，物色已久，特託之神道設教而已。一之已爲甚，其可再乎斯！皋陶亦有言，一二日萬幾。三年罔稟令，叢脞萬事墮。逮其起捄正，害久民受之。非非達政者，泥古兼好奇。

清・愛新覺羅・弘曆《御製詩四集》卷五八《讀韓非説難》 韓非曾著《説難》辭，世態揣摩竟莫遺。寄語聽人之説者，破其術祇在無私。

清・羅惇衍《集義軒詠史詩鈔》卷四《韓非》 著書欲把憤全消，口吃人非愧立朝。學騖功名心太燥，法嚴繩墨氣何驕！略同申子崇黄、老，可惜秦君寵李、姚。終日説難難自脱，背韓不解禍機招。

雜録

漢・王充《論衡》卷三〇《自紀篇》 韓非之書，一條無異。篇以十第，文以萬數。

《漢書》卷六五《東方朔傳》 久之，朔上書陳農戰彊國之計，因自訟獨不得大官，欲求試用。其言專商鞅、韓非之語也，指意放蕩，頗復詼諧，辭數萬言，終不見用。

《三國志》卷三二《蜀志・先主傳》裴松之注 《諸葛亮集》載先主遺詔，勑後主曰：「【略】可讀《漢書》、《禮記》，閑暇歷觀諸子及《六韜》、《商君書》，益人意智。聞丞相爲寫《申》、《韓》、《管子》、《六韜》一通已畢，未送道亡，可自更求聞達。」

《晉書》卷七三《庾亮傳》 時帝方任刑法，以《韓子》賜皇太子。亮諫以申、韓刻薄傷化，不足留聖心。太子甚納焉。

《魏書》卷三三《公孫表傳》 初，太祖以慕容垂諸子分據勢要，權柄推移，遂至亡滅，且國俗敦樸，嗜欲寡少，不可啓其機心而導其巧利，深非之。表承指上韓非書二十卷。太祖稱善。

《北史》卷二七《李先傳》 明元即位，問左右：「舊臣中誰爲先帝所親信？」新息公王洛兒曰：「有李先者，爲先帝所知。」俄而召先，讀《韓子・連珠論》二十二篇，《太公兵法》十一事。詔有司曰：「先所知者，皆軍國大事。自今當宿於内。」

《周書》卷二三《蘇綽傳》 遂留綽，至夜，問以治道，太祖臥而聽之。綽於是指陳帝王之道，兼述申、韓之要。太祖乃起，整衣危坐，不覺膝之前席語，遂達曙不厭。

宋・蘇頌《蘇魏公文集》卷五三《孫公神道碑銘》 治平三年，諸王出閤建府，選公爲侍讀。神宗初潛，好學不倦。一日，出新録《韓非子》，屬府僚讎校。公進白曰：「韓非險薄刻覈，背六經帝王之旨。願勿留意。」神宗曰：「録此，聊以備藏書之數，非所好也。」

宋・唐庚《三國雜事》卷上《諸葛丞相爲後主寫申韓管子六韜各一道》 學者責孔明不以經書輔道少主，乃用《六韜》、《管子》、《申》、《韓》之書。吾謂不然。人君不問撥亂守文，要以知略爲先。後主寬厚仁義，襟量有餘，而權略智調，是其所短。當時識者，咸以爲憂。《六韜》述兵權奇計，《管子》貴輕重權衡，《申子》覈名實，《韓子》引繩墨，切事情。施之後主，正中其病矣。藥無善惡，要以對病爲妙。萬金良藥，與疾不相值，亦復何補哉？

宋・張鎡《仕學規範》卷三四《作文》 居仁云：文章須要説盡事情，如韓非諸書，大略可見。

宋・李耆卿《文章精義》 《韓非子》文字絶妙。

元・王惲《秋澗集》卷七八《擇術》 臣惲按：申、韓之學非惟刻薄而已，且導人君以驕淫放恣，李斯嘗以誤二世矣，豈可以教儲貳者邪？庾亮雖清談之徒，然斯言則有益於世，故取焉。

明・湛若水《格物通》卷三七《養太子下》 臣若水通曰：韓非，刑名之學也。王衍、何晏祖尚其説，已致禍亂。元帝中興，亦可監矣，顧乃教誨太子以韓非刻薄之書，庾亮雖諫以止之，特救弊補偏者爾。使進《丹書》之訓，則刑名邪説不能入矣。三代教養太子之道不講，中原不復，有由然哉！

明・楊慎《升菴集》卷四六《孔明爲後主寫申韓》 宋儒論孔明爲後主寫《申》、《韓》、《管子》、《六韜》，曰孔明不以經術輔導少主，而乃以刑名兵法，何邪？唐子因言：「人君不問撥亂守文，要以制略爲貴。後主寬厚襟量有餘而權略知謀不足，當時識者咸以爲憂。《六韜》述兵權，多奇計；《管子》責輕重，慎權衡；《申子》覈名實，《韓子》攻事情。施之後主，正中其病。藥無高下，要在對病。萬金良藥，與病不對，亦何補哉？」此言當矣。予又觀《古文苑》載先主臨終，勑後主曰：「《申》、《韓》之書，益人意智，可觀誦之。」《三國志》載孟孝裕問郤正太子情尚，正以虔恭仁恕答之。孝裕曰：「如君所道，皆家門所有耳。吾今所問，欲知其權略知調何如耳。」然則孝裕之見，蓋與孔明合，而後主之觀《申》、《韓》書，亦先主遺命也。獨以是病孔明，不惟不成人之美，亦不識時務矣。

又 卷五二《韓子連珠論》 《北史・李先傳》：「魏帝召先，讀《韓子・連珠》二十二篇。」韓子，韓非子。韓非書中有連語，先列其目而後著其解，謂之連珠。據此，則連珠之體，兆于韓非。任昉《文章緣起》謂連珠始於揚雄，非也。

《先秦政治分典》引用書目

周易	四部叢刊本
尚書	四部叢刊本
詩經	四部叢刊本
儀禮	四部叢刊本
周禮	四部叢刊本
論語	四部叢刊本
左傳	四部叢刊本
公羊傳	四部叢刊本
穀梁傳	四部叢刊本
國語	上海古籍出版社點校本
孫子兵法	四部叢刊本
老子	四部叢刊本
墨子	中華書局點校本
鄧析子	四部叢刊本
慎子	四部叢刊本
司馬法	四部叢刊本
吳子	四部叢刊本
管子	四部叢刊本
晏子春秋	四部叢刊本
尸子	二十二子汪繼培輯本
商君書	四部叢刊本
孟子	四部叢刊本
莊子	四部叢刊本
文子	四部叢刊本
尹文子	四部叢刊本
關尹子	四部叢刊本
鶡冠子	四部叢刊本
尉繚子	文淵閣四庫全書本
公孫龍子	文淵閣四庫全書本
荀子	四部叢刊本
韓非子	四部叢刊本
呂氏春秋	四部叢刊本
鬻子	文淵閣四庫全書本
亢倉子	四部叢刊本
子華子	文淵閣四庫全書本
六韜	四部叢刊本
戰國策	上海古籍出版社點校本
戰國縱横家書　帛書整理組	文物出版社一九七六年本

逸周書	四部叢刊本
穆天子傳	四部叢刊本
山海經	四部叢刊本
世本	商務印書館世本八種茆泮林輯本
古本竹書紀年	上海古籍出版社輯證本
今本竹書紀年	四部叢刊本
黄帝内經素問	四部叢刊本
靈樞經	四部叢刊本
列子	四部叢刊本
孝經	四部叢刊本
大戴禮記　戴德　漢	四部叢刊本
禮記　戴聖　漢	四部叢刊本
楚辭	四部叢刊本
爾雅	四部叢刊本
孔子家語	四部叢刊本
子夏易傳	文淵閣四庫全書本
甲骨文合集釋文	中國社會科學出版社釋文本
殷周金文集成釋文	香港中文大學釋文本
銀雀山漢墓竹簡（壹）	文物出版社考釋本
包山楚簡	文物出版社考釋本
睡虎地秦墓竹簡	文物出版社考釋本
散見簡牘合輯	文物出版社輯釋本
上海博物館藏戰國楚竹書（二）	上海古籍出版社考釋本
清華大學藏戰國竹簡（壹）	中西書局考釋本
尚書大傳　伏勝　漢	四部叢刊本
孔叢子　孔鮒　漢	四部叢刊本
新語　陸賈　漢	四部叢刊本
韓詩外傳　韓嬰　漢	四部叢刊本
黄石公三略　黄石公　漢	文淵閣四庫全書本
周髀算經	四部叢刊本
新書　賈誼　漢	四部叢刊本
淮南子　劉安　漢	中華書局點校本
春秋繁露　董仲舒　漢	中華書局點校本
董膠西集　董仲舒　漢	明張溥漢魏六朝百三家集本
史記　司馬遷　漢	中華書局點校本
道德指歸論　嚴遵　漢	文淵閣四庫全書本
司馬文園集　司馬相如　漢	明張溥漢魏六朝百三家集本
鹽鐵論　桓寬　漢	四部叢刊本
法言　揚雄　漢	四部叢刊本
太玄經　揚雄　漢	四部叢刊本
方言　揚雄　漢	四部叢刊本
説苑　劉向　漢	四部叢刊本
新序　劉向　漢	四部叢刊本
古列女傳　劉向　漢	四部叢刊本
西京雜記　劉歆　漢	四部叢刊本
劉子政集　劉歆　漢	明張溥漢魏六朝百三家集本
焦氏易林　焦贛　漢	四部叢刊本
周易乾鑿度　佚名　漢	文淵閣四庫全書本
易緯通卦驗　佚名　漢	文淵閣四庫全書本
易緯坤靈圖　佚名　漢	文淵閣四庫全書本
中候雒師謀　佚名　漢	文淵閣四庫全書本
尚書帝命驗　佚名　漢	文淵閣四庫全書本
尚書考靈曜　佚名　漢	文淵閣四庫全書本
尚書旋璣鈐　佚名　漢	文淵閣四庫全書本
詩緯含神霧　佚名　漢	文淵閣四庫全書本

春秋元命苞　佚名　漢　文淵閣四庫全書本
春秋運斗樞　佚名　漢　文淵閣四庫全書本
春秋説題辭　佚名　漢　文淵閣四庫全書本
春秋演孔圖　佚名　漢　文淵閣四庫全書本
春秋保乾圖　佚名　漢　文淵閣四庫全書本
春秋合成圖　佚名　漢　文淵閣四庫全書本
春秋感精符　佚名　漢　文淵閣四庫全書本
春秋文耀鉤　佚名　漢　文淵閣四庫全書本
春秋佐助期　佚名　漢　文淵閣四庫全書本
禮緯斗威儀　佚名　漢　文淵閣四庫全書本
禮緯稽命徵　佚名　漢　文淵閣四庫全書本
禮緯含文嘉　佚名　漢　文淵閣四庫全書本
樂緯叶圖徵　佚名　漢　文淵閣四庫全書本
樂緯稽耀嘉　佚名　漢　文淵閣四庫全書本
河圖　佚名　漢　文淵閣四庫全書本
河圖括地象　佚名　漢　文淵閣四庫全書本
河圖始開圖　佚名　漢　文淵閣四庫全書本
洛書靈準聽　佚名　漢　文淵閣四庫全書本
孝經援神契　佚名　漢　文淵閣四庫全書本
孝經鉤命訣　佚名　漢　文淵閣四庫全書本
論語撰考讖　佚名　漢　文淵閣四庫全書本
論語摘衰聖　佚名　漢　文淵閣四庫全書本
新論　桓譚　漢　中華書局輯校本
漢書　班固　漢　中華書局點校本
白虎通義　班固　漢　中華書局點校本
論衡　王充　漢　中華書局點校本
張河間集　張衡　漢　明張溥漢魏六朝百三家集本
潛夫論　王符　漢　四部叢刊本
越絶書　袁康　漢　四部叢刊本
吳越春秋　趙煜　漢　四部叢刊本
太平經　干吉等　漢　中華書局點校本
正部論　王逸　漢　文淵閣四庫全書本
氾勝之書　中華書局輯釋本
説文解字　許慎　漢　鳳凰出版社段注整理本
釋名　劉熙　漢　四部叢刊本
風俗通義　應劭　漢　四部叢刊本
駁五經異義　鄭玄　漢　文淵閣四庫全書本
發墨守　鄭玄　漢　文淵閣四庫全書本
箴膏肓　鄭玄　漢　文淵閣四庫全書本
毛詩譜　鄭玄　漢　文淵閣四庫全書本
鄭志　鄭小同　三國魏　文淵閣四庫全書本
周易鄭康成注　王應麟　宋　文淵閣四庫全書本
蔡中郎集　蔡邕　漢　明張溥漢魏六朝百三家集本
獨斷　蔡邕　漢　四部叢刊本
申鑒　荀悦　漢　四部叢刊本
荀侍中集　荀悦　漢　明張溥漢魏六朝百三家集本
中論　徐幹　漢　四部叢刊本
孔少府集　孔融　漢　明張溥漢魏六朝百三家集本
劉公幹集　劉楨　漢　明張溥漢魏六朝百三家集本
三輔黃圖　佚名　漢　四部叢刊本
東漢文紀　梅鼎祚　明　文淵閣四庫全書本
魏文帝集　曹丕　三國魏　明張溥漢魏六朝百三家集本
皇覽　劉劭等　三國魏　（臺北）影印叢書集成續編本

三國志　陳壽　晉　中華書局點校本
廣雅　張揖　三國魏　文淵閣四庫全書本
阮步兵集　阮籍　晉　明張溥漢魏六朝百三家集本
博物志　張華　晉　中華書局點校本
張茂先集　張華　晉　明張溥漢魏六朝百三家集本
帝王世紀　皇甫謐　晉　中華書局輯校本
春秋釋例　杜預　晉　文淵閣四庫全書本
法訓　譙周　晉　文淵閣四庫全書本
後漢紀　袁宏　晉　四部叢刊本
續漢書志　司馬彪　晉　中華書局點校本
華陽國志　常璩　晉　四部叢刊本
搜神記　干寶　晉　中華書局點校本
拾遺記　王嘉　晉　中華書局點校本
古今注　崔豹　晉　四部叢刊本
洛陽記　陸機　晉　文淵閣四庫全書本
陸平原集　陸機　晉　明張溥漢魏六朝百三家集本
夏侯常侍集　夏侯湛　晉　明張溥漢魏六朝百三家集本
成公子安集　成公綏　晉　明張溥漢魏六朝百三家集本
傅子　傅玄　晉　文淵閣四庫全書本
傅鶉觚集　傅玄　晉　明張溥漢魏六朝百三家集本
郭弘農集　郭璞　晉　明張溥漢魏六朝百三家集本
玄中記　郭璞　晉　文淵閣四庫全書本
抱朴子外篇　葛洪　晉　中華書局點校本

孫廷尉集　孫綽　晉　明張溥漢魏六朝百三家集本
世説新語　劉義慶　南朝宋　四部叢刊本
後漢書　范曄　南朝宋　中華書局點校本
三國志注　裴松之　南朝宋　中華書局點校本
異苑　劉敬叔　南朝宋　文淵閣四庫全書本
何衡陽集　何承天　南朝宋　明張溥漢魏六朝百三家集本
沈隱侯集　沈約　南朝梁　明張溥漢魏六朝百三家集本
宋書　沈約　南朝梁　中華書局點校本
南齊書　蕭子顯　南朝梁　中華書局點校本
論語集解義疏　皇侃　南朝梁　文淵閣四庫全書本
吳朝請集　吳均　南朝梁　明張溥漢魏六朝百三家集本
金樓子　蕭繹　南朝梁　文淵閣四庫全書本
梁簡文集　蕭綱　南朝梁　明張溥漢魏六朝百三家集本
續漢書郡國志補注　劉昭　南朝梁　中華書局點校本
述異記　任昉　南朝梁　文淵閣四庫全書本
文選　蕭統　南朝梁　四部叢刊本
江令君集　江總　南朝陳　明張溥漢魏六朝百三家集本
鼎録　虞荔　南朝陳　文淵閣四庫全書本
十六國春秋　崔鴻　北魏　文淵閣四庫全書本
齊民要術　賈思勰　北魏　農業出版社點校本
水經注　酈道元　北魏　四部叢刊本
魏書　魏收　北齊　中華書局點校本
顏氏家訓　顏之推　北齊　中華書局點校本
李懷州集　李德林　隋　明張溥漢魏六朝百三家

集本
隋煬帝集　楊廣　隋　明張溥漢魏六朝百三家集本
三國志文類　佚名　宋　文淵閣四庫全書本
西晉文紀　梅鼎祚　明　文淵閣四庫全書本
宋文紀　梅鼎祚　明　文淵閣四庫全書本
梁文紀　梅鼎祚　明　文淵閣四庫全書本
北齊文紀　梅鼎祚　明　文淵閣四庫全書本
古文苑　四部叢刊本
中説　王通　隋　四部叢刊本
經典釋文　陸德明　唐　四部叢刊本
帝範　李世民　唐　文淵閣四庫全書本
晉書　房玄齡等　唐　中華書局點校本
梁書　姚思廉　唐　中華書局點校本
陳書　姚思廉　唐　中華書局點校本
北齊書　李百藥　唐　中華書局點校本
周書　令狐德棻　唐　中華書局點校本
隋書　魏徵等　唐　中華書局點校本
南史　李延壽　唐　中華書局點校本
北史　李延壽　唐　中華書局點校本
匡謬正俗　顔師古　唐　文淵閣四庫全書本
括地志　李泰等　唐　中華書局輯校本
王子安集　王勃　唐　四部叢刊本
駱丞集　駱賓王　唐　四部叢刊本
貞觀政要　吳兢　唐　四部叢刊本
唐律疏議　長孫無忌等　唐　中華書局點校本
陳拾遺集　陳子昂　唐　四部叢刊本
廣弘明集　釋道宣　唐　四部叢刊本
長短經　趙蕤　唐　文淵閣四庫全書本
史通　劉知幾　唐　上海古籍出版社點校本
唐六典　李林甫等　唐　中華書局點校本
壠上記　蘇頲　唐　文淵閣四庫全書本
李太白集　李白　唐　四部叢刊本
杜工部詩集　杜甫　唐　四部叢刊本
高常侍集　高適　唐　四部叢刊本
儲光羲詩集　儲光羲　唐　文淵閣四庫全書本
劉隨州集　劉長卿　唐　四部叢刊本
昌黎文集　韓愈　唐　四部叢刊本
柳河東集　柳宗元　唐　四部叢刊本
春秋集傳纂例　陸淳　唐　文淵閣四庫全書本
毛詩指説　成伯璵　唐　文淵閣四庫全書本
皇甫持正集　皇甫湜　唐　四部叢刊本
劉夢得文集　劉禹錫　唐　四部叢刊本
白氏長慶集　白居易　唐　四部叢刊本
元氏長慶集　元稹　唐　四部叢刊本
通典　杜佑　唐　中華書局點校本
翰苑集　陸贄　唐　四部叢刊本
元和郡縣志　李吉甫　唐　中華書局點校本
吳地記　陸廣微　唐　文淵閣四庫全書本
渚宮舊事　余知古　唐　文淵閣四庫全書本
封氏聞見記　封演　唐　中華書局點校本
蘇氏演義　蘇鶚　唐　中華書局點校本
毘陵集　獨孤及　唐　四部叢刊本
丁卯詩集　許渾　唐　四部叢刊本
李義山文集　李商隱　唐　四部叢刊本
李義山詩集　李商隱　唐　四部叢刊本
文藪　皮日休　唐　四部叢刊本
倕蒙子　林慎思　唐　文淵閣四庫全書本
素履子　張弧　唐　文淵閣四庫全書本
酉陽雜俎　段成式　唐　四部叢刊本

咏史詩　胡曾　唐　四部叢刊本
浣花集　韋莊　唐　四部叢刊本
兼明書　丘光庭　唐　文淵閣四庫全書本
徐正字詩賦　徐寅　唐　四部叢刊本
女孝經　鄭氏　唐　文淵閣四庫全書本
兩同書　羅隱　唐　文淵閣四庫全書本
中華古今注　馬縞　後唐　中華書局點校本
舊唐書　刘昫　後晉　中華書局點校本
文苑英華　李昉等　宋　中華書局影印本
唐文粹　姚鉉　宋　四部叢刊本
唐百家詩選　王安石　宋　文淵閣四庫全書本
萬首唐人絶句　洪邁　宋　文淵閣四庫全書本
唐詩品彙　高棅　明　文淵閣四庫全書本
全唐詩　彭定求等　清　中華書局點校本
全唐詩補逸　中華書局整理本
唐會要　王溥　宋　上海古籍出版社點校本
舊五代史　薛居正等　宋　中華書局點校本
新唐書　歐陽修　宋祁　宋　中華書局點校本
太平寰宇記　樂史　宋　中華書局點校本
騎省集　徐鉉　宋　四部叢刊本
册府元龜　王欽若等　宋　文淵閣四庫全書本
雲笈七籤　張君房　宋　四部叢刊本
廣韻　陳彭年等　宋　四部叢刊本
春秋皇綱論　王晳　宋　文淵閣四庫全書本
河東集　柳開　宋　四部叢刊本
徂徠集　石介　宋　文淵閣四庫全書本
孫明復小集　孫復　宋　文淵閣四庫全書本
春秋尊王發微　孫復　宋　文淵閣四庫全書本
盱江集　李覯　宋　四部叢刊本
文莊集　夏竦　宋　文淵閣四庫全書本
樂全集　張方平　宋　文淵閣四庫全書本
武經總要前集　曾公亮等　宋　文淵閣四庫全書本
范文正別集　范仲淹　宋　四部叢刊本
春秋經解　孫覺　宋　文淵閣四庫全書本
歐陽文忠公集　歐陽修　宋　四部叢刊本
景文集　宋祁　宋　文淵閣四庫全書本
鄖溪集　鄭獬　宋　文淵閣四庫全書本
咸平集　田錫　宋　文淵閣四庫全書本
武溪集　余靖　宋　文淵閣四庫全書本
唐史論斷　孫甫　宋　文淵閣四庫全書本
擊壤集　邵雍　宋　四部叢刊本
皇極經世書　邵雍　宋　文淵閣四庫全書本
公是七經小傳　劉敞　宋　四部叢刊本
春秋傳　劉敞　宋　文淵閣四庫全書本
春秋意林　劉敞　宋　文淵閣四庫全書本
春秋權衡　劉敞　宋　文淵閣四庫全書本
春秋傳説例　劉敞　宋　文淵閣四庫全書本
公是弟子記　劉敞　宋　文淵閣四庫全書本
公是集　劉敞　宋　文淵閣四庫全書本
彭城集　劉攽　宋　文淵閣四庫全書本
資治通鑑　司馬光　宋　中華書局點校本
傳家集　司馬光　宋　四部叢刊本
資治通鑑外紀　劉恕　宋　四部叢刊本
帝學　范祖禹　宋　文淵閣四庫全書本
范太史集　范祖禹　宋　文淵閣四庫全書本
長安志　宋敏求　宋　文淵閣四庫全書本
毛詩名物解　蔡卞　宋　文淵閣四庫全書本
澠水燕談録　王闢之　宋　中華書局點校本
書傳　蘇軾　宋　文淵閣四庫全書本
東坡志林　蘇軾　宋　中華書局點校本

東坡全集　蘇軾　宋　文淵閣四庫全書本
古史　蘇轍　宋　文淵閣四庫全書本
詩集傳　蘇轍　宋　文淵閣四庫全書本
欒城應詔集　蘇轍　宋　四部叢刊本
論語拾遺　蘇轍　宋　文淵閣四庫全書本
儒志編　王開祖　宋　文淵閣四庫全書本
春秋臣傳　王當　宋　文淵閣四庫全書本
續後漢書　蕭常　宋　文淵閣四庫全書本
雲溪居士集　華鎮　宋　文淵閣四庫全書本
周官新義　王安石　宋　文淵閣四庫全書本
臨川文集　王安石　宋　四部叢刊本
元豐類藁　曾鞏　宋　四部叢刊本
柯山集　張耒　宋　四部叢刊本
唐鑑　范祖禹　宋　文淵閣四庫全書本
夢溪筆談　沈括　宋　四部叢刊本
宗伯集　孔武仲　宋　文淵閣四庫全書本
伊川易傳　程頤　宋　文淵閣四庫全書本
伊川文集　程頤　宋　文淵閣四庫全書本
程氏經説　程頤　宋　文淵閣四庫全書本
二程粹言　楊時　宋　文淵閣四庫全書本
二程遺書　朱熹　宋　文淵閣四庫全書本
二程外書　朱熹　宋　文淵閣四庫全書本
鐔津集　釋契嵩　宋　四部叢刊本
玉壺野史　釋文瑩　宋　文淵閣四庫全書本
廣陵集　王令　宋　文淵閣四庫全書本
蓮峰集　史堯弼　宋　文淵閣四庫全書本
雪山集　王質　宋　文淵閣四庫全書本
周易新講義　耿南仲　宋　文淵閣四庫全書本
讀易詳説　李光　宋　文淵閣四庫全書本
周易義海撮要　李衡　宋　文淵閣四庫全書本
潛山集　釋文珦　宋　文淵閣四庫全書本
儒言　晁以道　宋　文淵閣四庫全書本
雞肋集　晁補之　宋　四部叢刊本
三禮圖集注　聶崇義　宋　文淵閣四庫全書本
禮書　陳祥道　宋　文淵閣四庫全書本
論語全解　陳祥道　宋　文淵閣四庫全書本
樂書　陳暘　宋　文淵閣四庫全書本
周禮詳解　王昭禹　宋　文淵閣四庫全書本
帝王經世圖譜　唐仲友　宋　文淵閣四庫全書本
陶山集　陸佃　宋　文淵閣四庫全書本
埤雅　陸佃　宋　文淵閣四庫全書本
尚書全解　林之奇　宋　文淵閣四庫全書本
六經圖　楊甲　宋　文淵閣四庫全書本
春秋五禮例宗　張大亨　宋　文淵閣四庫全書本
春秋通訓　張大亨　宋　文淵閣四庫全書本
宣和博古圖　王黼　宋　文淵閣四庫全書本
浪語集　薛季宣　宋　文淵閣四庫全書本
毛詩集解　李樗　黄櫄　宋　文淵閣四庫全書本
鶴林玉露　羅大經　宋　中華書局點校本
涉齋集　許綸　宋　文淵閣四庫全書本
輿地廣記　歐陽忞　宋　文淵閣四庫全書本
苕溪集　劉一止　宋　文淵閣四庫全書本
宋文鑑　呂祖謙　宋　四部叢刊本
宋名臣奏議　趙汝愚　宋　文淵閣四庫全書本
六書故　戴侗　宋　文淵閣四庫全書本
西塘集　鄭介夫　宋　文淵閣四庫全書本
少陽集　陳東　宋　文淵閣四庫全書本
歐陽修撰集　歐陽澈　宋　文淵閣四庫全書本
項氏家説　項安世　宋　文淵閣四庫全書本
東園叢説　李如篪　宋　文淵閣四庫全書本

能改齋漫録　吳曾　宋　上海古籍出版社點校本
春秋考　葉夢得　宋　文淵閣四庫全書本
春秋左傳讞　葉夢得　宋　文淵閣四庫全書本
春秋公羊傳讞　葉夢得　宋　文淵閣四庫全書本
春秋穀梁傳讞　葉夢得　宋　文淵閣四庫全書本
通志　鄭樵　宋　中華書局點校本
六經奥論　鄭樵　宋　文淵閣四庫全書本
春秋傳　胡安國　宋　四部叢刊本
澹菴文集　胡銓　宋　文淵閣四庫全書本
五峰集　胡宏　宋　文淵閣四庫全書本
皇王大紀　胡宏　宋　文淵閣四庫全書本
知言　胡宏　宋　文淵閣四庫全書本
香溪集　范浚　宋　四部叢刊本
橫浦集　張九成　宋　文淵閣四庫全書本
梅溪前集　王十朋　宋　四部叢刊本
歷代制度詳説　呂祖謙　宋　文淵閣四庫全書本
左氏傳説　呂祖謙　宋　文淵閣四庫全書本
左氏傳續説　呂祖謙　宋　文淵閣四庫全書本
左氏博議　呂祖謙　宋　文淵閣四庫全書本
大事記解題　呂祖謙　宋　文淵閣四庫全書本
呂氏家塾讀詩記　呂祖謙　宋　四部叢刊本
路史　羅泌　宋　四部備要本
隸釋　洪适　宋　文淵閣四庫全書本
翰苑羣書　洪遵　宋　文淵閣四庫全書本
容齋隨筆　洪邁　宋　上海古籍出版社點校本
容齋續筆　洪邁　宋　上海古籍出版社點校本
容齋三筆　洪邁　宋　上海古籍出版社點校本
容齋四筆　洪邁　宋　上海古籍出版社點校本
學林　王觀國　宋　文淵閣四庫全書本
野客叢書　王楙　宋　上海古籍出版社點校本

禹貢論　程大昌　宋　文淵閣四庫全書本
禹貢山川地理圖　程大昌　宋　文淵閣四庫全書本
雍録　程大昌　宋　文淵閣四庫全書本
北邊備對　程大昌　宋　文淵閣四庫全書本
演繁露　程大昌　宋　文淵閣四庫全書本
演繁露續集　程大昌　宋　文淵閣四庫全書本
考古編　程大昌　宋　文淵閣四庫全書本
緯略　高似孫　宋　文淵閣四庫全書本
西溪叢語　姚寛　宋　文淵閣四庫全書本
考古質疑　葉大慶　宋　文淵閣四庫全書本
歷代兵制　陳傅良　宋　文淵閣四庫全書本
止齋集　陳傅良　宋　四部叢刊本
慈湖遺書　楊簡　宋　文淵閣四庫全書本
論語解　張栻　宋　文淵閣四庫全書本
孟子説　張栻　宋　文淵閣四庫全書本
南軒集　張栻　宋　文淵閣四庫全書本
賓退録　趙與旹　宋　文淵閣四庫全書本
詩集傳　朱熹　宋　文淵閣四庫全書本
周易本義　朱熹　宋　文淵閣四庫全書本
論語集注　朱熹　宋　中華書局點校本
四書或問　朱熹　宋　文淵閣四庫全書本
儀禮經傳通解　朱熹　宋　文淵閣四庫全書本
資治通鑑綱目　朱熹　宋　文淵閣四庫全書本
晦庵集　朱熹　宋　四部叢刊本
朱子語類　黎靖德　宋　中華書局點校本
象山集　陸九淵　宋　四部叢刊本
絜齋集　袁燮　宋　文淵閣四庫全書本
龍川集　陳亮　宋　文淵閣四庫全書本
水心集　葉適　宋　中華書局點校本
習學記言　葉適　宋　中華書局點校本

劍南詩稾	陸游	宋	四部叢刊本
漢上易傳	朱震	宋	文淵閣四庫全書本
郭氏傳家易説	郭雍	宋	文淵閣四庫全書本
周易經傳集解	林栗	宋	文淵閣四庫全書本
童溪易傳	王宗傳	宋	文淵閣四庫全書本
易通	趙以夫	宋	文淵閣四庫全書本
吳郡圖經續記	朱長文	宋	文淵閣四庫全書本
吳郡志	范成大	宋	文淵閣四庫全書本
石湖詩集	范成大	宋	四部叢刊本
誠齋易傳	楊萬里	宋	文淵閣四庫全書本
誠齋集	楊萬里	宋	四部叢刊本
南澗甲乙稿	韓元吉	宋	文淵閣四庫全書本
絜齋家塾書鈔	袁燮	宋	文淵閣四庫全書本
洪氏春秋説	洪咨夔	宋	文淵閣四庫全書本
經幄管見	曹彥約	宋	文淵閣四庫全書本
昌谷集	曹彥約	宋	文淵閣四庫全書本
桯史	岳珂	宋	四部叢刊本
論語意原	鄭汝諧	宋	文淵閣四庫全書本
尚書詳解	陳經	宋	文淵閣四庫全書本
蠹齋鉛刀編	周孚	宋	文淵閣四庫全書本
羅鄂州小集	羅願	宋	文淵閣四庫全書本
松隱集	曹勳	宋	文淵閣四庫全書本
涉齋集	許及之	宋	文淵閣四庫全書本
緣督集	曾丰	宋	文淵閣四庫全書本
藏一話腴外編	陳郁	宋	文淵閣四庫全書本
嘉泰會稽志	施宿等	宋	文淵閣四庫全書本
會稽續志	張淏	宋	文淵閣四庫全書本
雲谷雜紀	張淏	宋	文淵閣四庫全書本
會稽掇英總集	孔延之	宋	文淵閣四庫全書本
雞肋編	莊綽	宋	文淵閣四庫全書本
雲麓漫鈔	趙彥衛	宋	中華書局點校本
尚書講義	史浩	宋	文淵閣四庫全書本
尊白堂集	虞儔	宋	文淵閣四庫全書本
示兒編	孫奕	宋	文淵閣四庫全書本
漢濱集	王之望	宋	文淵閣四庫全書本
文忠集	周必大	宋	文淵閣四庫全書本
東宮備覽	陳模	宋	文淵閣四庫全書本
寓簡	沈作喆	宋	文淵閣四庫全書本
釣磯立談	史虛白	宋	文淵閣四庫全書本
百官箴	許月卿	宋	文淵閣四庫全書本
古今姓氏書辯證	鄧名世	宋	文淵閣四庫全書本
宜齋野乘	吳枋	宋	文淵閣四庫全書本
禹貢説斷	傅寅	宋	文淵閣四庫全書本
增修東萊書説	時瀾	宋	文淵閣四庫全書本
絜齋家塾書鈔	袁燮	宋	文淵閣四庫全書本
周禮訂義	王與之	宋	文淵閣四庫全書本
洺水集	程珌	宋	文淵閣四庫全書本
春秋分記	程公説	宋	文淵閣四庫全書本
春秋王霸列國世紀編	李琪	宋	文淵閣四庫全書本
木鍾集	陳埴	宋	文淵閣四庫全書本
書經集傳	蔡沈	宋	文淵閣四庫全書本
書集傳或問	陳大猷	宋	文淵閣四庫全書本
禮經會元	葉時	宋	文淵閣四庫全書本
尚書要義	魏了翁	宋	文淵閣四庫全書本
龜山集	楊時	宋	文淵閣四庫全書本
儀禮要義	魏了翁	宋	文淵閣四庫全書本
春秋左傳要義	魏了翁	宋	文淵閣四庫全書本
古今考	魏了翁	宋	文淵閣四庫全書本
鶴山集	魏了翁	宋	四部叢刊本
大學衍義	真德秀	宋	文淵閣四庫全書本

西山讀書記　真德秀　宋　文淵閣四庫全書本
西山文集　真德秀　宋　四部叢刊本
春秋比事　沈棐　宋　文淵閣四庫全書本
雪坡集　姚勉　宋　文淵閣四庫全書本
石鼓論語答問　戴溪　宋　文淵閣四庫全書本
融堂書解　錢時　宋　文淵閣四庫全書本
融堂四書管見　錢時　宋　文淵閣四庫全書本
兩漢筆記　錢時　宋　文淵閣四庫全書本
縉雲文集　馮時行　宋　文淵閣四庫全書本
露香拾藁　黄大受　宋　文淵閣四庫全書本
暇日記　劉跂　宋　文淵閣四庫全書本
學齋佔畢　史繩祖　宋　文淵閣四庫全書本
詩補傳　范處義　宋　文淵閣四庫全書本
毛詩講義　林岊　宋　文淵閣四庫全書本
禮記集説　衛湜　宋　文淵閣四庫全書本
詩緝　嚴粲　宋　文淵閣四庫全書本
羣書考索　章如愚　宋　文淵閣四庫全書本
羣書考索續集　章如愚　宋　文淵閣四庫全書本
羣書考索别集　章如愚　宋　文淵閣四庫全書本
古今源流至論續集　林駉　宋　文淵閣四庫全書本
灌園集　呂南公　宋　文淵閣四庫全書本
六書故　戴侗　宋　文淵閣四庫全書本
周官總義　易祓　宋　文淵閣四庫全書本
職官分紀　孫逢吉　宋　文淵閣四庫全書本
潁川語小　陳叔方　宋　文淵閣四庫全書本
春秋辨疑　蕭楚　宋　文淵閣四庫全書本
春秋提綱　陳則通　宋　文淵閣四庫全書本
愛日齋叢抄　葉寘　宋　文淵閣四庫全書本
淨德集　呂陶　宋　文淵閣四庫全書本
山房集　周南　宋　文淵閣四庫全書本
論學繩尺　魏天應　宋　文淵閣四庫全書本
十先生奧論注續集　佚名　宋　文淵閣四庫全書本
北溪大全集　陳淳　宋　文淵閣四庫全書本
春秋集義　李明復　宋　文淵閣四庫全書本
春秋通説　黄仲炎　宋　文淵閣四庫全書本
春秋集注　高閌　宋　文淵閣四庫全書本
春秋經筌　趙鵬飛　宋　文淵閣四庫全書本
經説　熊朋來　宋　文淵閣四庫全書本
周易輯聞　趙汝楳　宋　文淵閣四庫全書本
同話録　曾三異　宋　文淵閣四庫全書本
天原發微　鮑雲龍　宋　文淵閣四庫全書本
太平經國書　鄭伯謙　宋　文淵閣四庫全書本
邇言　劉炎　宋　文淵閣四庫全書本
尚書精義　黄倫　宋　文淵閣四庫全書本
恥堂存稿　高斯得　宋　文淵閣四庫全書本
端平詩雋　周弼　宋　文淵閣四庫全書本
咸淳臨安志　潛説友　宋　文淵閣四庫全書本
後村詩話　劉克莊　宋　文淵閣四庫全書本
黄氏日抄　黄震　宋　文淵閣四庫全書本
齊東野語　周密　宋　中華書局點校本
浩然齋視聽抄　周密　宋　文淵閣四庫全書本
志雅堂雜抄　周密　宋　文淵閣四庫全書本
碧梧玩芳集　馬廷鸞　宋　文淵閣四庫全書本
春秋集傳詳説　家鉉翁　宋　文淵閣四庫全書本
仁山文集　金履祥　宋　文淵閣四庫全書本
資治通鑑綱目前編　金履祥　宋　文淵閣四庫全書本
識遺　羅璧　宋　文淵閣四庫全書本
通鑑地理通釋　王應麟　宋　文淵閣四庫全書本
詩地理考　王應麟　宋　文淵閣四庫全書本
困學紀聞　王應麟　宋　四部叢刊本

通鑑答問　王應麟　宋　文淵閣四庫全書本
四明文獻集　王應麟　宋　文淵閣四庫全書本
宋詩紀事　厲鶚　清　上海古籍出版社整理本
滏水集　趙秉文　金　四部叢刊本
滹南集　王若虛　金　四部叢刊本
中州集　元好問　金　四部叢刊本
遺山集　元好問　金　四部叢刊本
陵川集　郝經　元　文淵閣四庫全書本
續後漢書　郝經　元　文淵閣四庫全書本
文獻通考　馬端臨　元　文淵閣四庫全書本
桐江續集　方回　元　文淵閣四庫全書本
續古今考　方回　元　文淵閣四庫全書本
隱居通議　劉壎　元　文淵閣四庫全書本
水雲村稾　劉壎　元　文淵閣四庫全書本
魯齋遺書　許衡　元　文淵閣四庫全書本
十一經問對　何異孫　元　文淵閣四庫全書本
秋澗集　王惲　元　四部叢刊本
玉堂嘉話　王惲　元　文淵閣四庫全書本
石田文集　馬祖常　元　文淵閣四庫全書本
滋溪文稿　蘇天爵　元　文淵閣四庫全書本
治世龜鑑　蘇天爵　元　文淵閣四庫全書本
元文類　蘇天爵　元　四部叢刊本
待制集　柳貫　元　四部叢刊本
陳剛中詩集　陳孚　元　文淵閣四庫全書本
傅與礪詩集　傅若金　元　文淵閣四庫全書本
楊仲弘集　楊載　元　四部叢刊本
玩齋集　貢師泰　元　文淵閣四庫全書本
松巢漫稿　徐瑞　元　文淵閣四庫全書本
瓢泉吟稿　朱晞顔　元　文淵閣四庫全書本
鶴年詩集　丁鶴年　元　文淵閣四庫全書本
雲陽集　李祁　元　文淵閣四庫全書本
讀書叢説　許謙　元　文淵閣四庫全書本
讀四書叢説　許謙　元　四部叢刊本
詩集傳名物鈔　許謙　元　文淵閣四庫全書本
書纂言　吳澄　元　文淵閣四庫全書本
禮記纂言　吳澄　元　文淵閣四庫全書本
吳文正集　吳澄　元　文淵閣四庫全書本
春秋纂言總例　吳澄　元　文淵閣四庫全書本
淵穎集　吳萊　元　四部叢刊本
中庵集　劉敏中　元　文淵閣四庫全書本
至正集　許有壬　元　文淵閣四庫全書本
環谷集　汪克寬　元　文淵閣四庫全書本
經禮補逸　汪克寬　元　文淵閣四庫全書本
春秋胡傳附録纂疏　汪克寬　元　文淵閣四庫全書本
春秋本義　程端學　元　文淵閣四庫全書本
春秋或問　程端學　元　文淵閣四庫全書本
三傳辨疑　程端學　元　文淵閣四庫全書本
禮部集　吳師道　元　文淵閣四庫全書本
石門集　梁寅　元　文淵閣四庫全書本
禁扁　王士點　元　文淵閣四庫全書本
清容居士集　袁桷　元　四部叢刊本
農書　王禎　元　文淵閣四庫全書本
敬齋古今黈　李治　元　文淵閣四庫全書本
詩經疑問　朱倬　元　文淵閣四庫全書本
書傳輯録纂注　董鼎　元　文淵閣四庫全書本
春秋闕疑　鄭玉　元　文淵閣四庫全書本
師山遺文　鄭玉　元　文淵閣四庫全書本
春秋讞義　王元杰　元　文淵閣四庫全書本
詩傳旁通　梁益　元　文淵閣四庫全書本
儀禮集説　敖繼公　元　文淵閣四庫全書本

史纂通要　胡一桂　元　文淵閣四庫全書本
四書通　胡炳文　元　文淵閣四庫全書本
春秋諸國統紀　齊履謙　元　文淵閣四庫全書本
春秋集傳釋義大成　俞皐　元　文淵閣四庫全書本
佛祖歷代通載　釋念常　元　文淵閣四庫全書本
四書辨疑　陳天祥　元　文淵閣四庫全書本
四書通旨　朱公遷　元　文淵閣四庫全書本
詩經疏義會通　朱公遷　元　文淵閣四庫全書本
齊乘　于欽　元　文淵閣四庫全書本
周官集傳　毛應龍　元　文淵閣四庫全書本
詩傳通釋　劉瑾　元　文淵閣四庫全書本
九靈山房集　戴良　元　四部叢刊本
西巖集　張之翰　元　文淵閣四庫全書本
蛻菴集　張翥　元　四部叢刊本
静修集　劉因　元　四部叢刊本
稼村類藁　王義山　元　文淵閣四庫全書本
剡源文集　戴表元　元　四部叢刊本
日聞録　李翀　元　文淵閣四庫全書本
書蔡氏傳旁通　陳師凱　元　文淵閣四庫全書本
周易程朱傳義折衷　趙采　元　文淵閣四庫全書本
周易衍義　胡震　元　文淵閣四庫全書本
周易爻變易緼　陳應潤　元　文淵閣四庫全書本
文獻集　黄溍　元　四部叢刊本
讀書管見　王充耘　元　文淵閣四庫全書本
書義矜式　王充耘　元　文淵閣四庫全書本
四書經疑貫通　王充耘　元　文淵閣四庫全書本
書集傳纂疏　陳櫟　元　文淵閣四庫全書本
尚書通考　黄鎮成　元　文淵閣四庫全書本
秋聲集　黄鎮成　元　文淵閣四庫全書本
太平金鏡策　趙天麟　元　文淵閣四庫全書本

宋史　脱脱等　元　中華書局點校本
遼史　脱脱等　元　中華書局點校本
金史　脱脱等　元　中華書局點校本
東山存稿　趙汸　元　文淵閣四庫全書本
周易文詮　趙汸　元　文淵閣四庫全書本
春秋屬辭　趙汸　元　文淵閣四庫全書本
春秋師説　趙汸　元　文淵閣四庫全書本
輟耕録　陶宗儀　元　四部叢刊本
南邨詩集　陶宗儀　元　文淵閣四庫全書本
麗則遺音　楊維楨　元　四部叢刊本
復古詩集　楊維楨　元　文淵閣四庫全書本
鐵崖古樂府　楊維楨　元　四部叢刊本
乾坤清氣　偶桓　明　文淵閣四庫全書本
元音遺響　佚名　明　文淵閣四庫全書本
明太祖文集　朱元璋　明　文淵閣四庫全書本
王忠文集　王褘　明　文淵閣四庫全書本
文憲集　宋濂　明　四部叢刊本
元史　宋濂等　明　中華書局點校本
洪武正韻　樂韶鳳等　明　文淵閣四庫全書本
歷代名臣奏議　楊士奇等　明　上海古籍出版社影印本
書經大全　胡廣等　明　文淵閣四庫全書本
古今列女傳　解縉等　明　文淵閣四庫全書本
鳳池吟稿　汪廣洋　明　文淵閣四庫全書本
密菴集　謝肅　明　四部叢刊本
劉彦昺集　劉炳　明　文淵閣四庫全書本
白雲樵唱集　王恭　明　文淵閣四庫全書本
鳧藻集　高啓　明　四部叢刊本
本語　高拱　明　文淵閣四庫全書本
滄螺集　孫作　明　文淵閣四庫全書本
伐檀齋集　張元凱　明　文淵閣四庫全書本

高子遺書　高攀龍　明　文淵閣四庫全書本
震澤集　王鏊　明　文淵閣四庫全書本
震澤長語　王鏊　明　文淵閣四庫全書本
皇甫司勳集　皇甫汸　明　文淵閣四庫全書本
宋布衣集　宋登春　明　文淵閣四庫全書本
山齋文集　鄭岳　明　文淵閣四庫全書本
海壑吟稿　趙完璧　明　文淵閣四庫全書本
閩中十子詩　袁表　明　文淵閣四庫全書本
東里續集　楊士奇　明　文淵閣四庫全書本
遜志齋集　方孝孺　明　四部叢刊本
五經稽疑　朱睦㮮　明　文淵閣四庫全書本
少墟集　馮從吾　明　文淵閣四庫全書本
見素集　林俊　明　文淵閣四庫全書本
何文簡疏議　何孟春　明　文淵閣四庫全書本
春秋事義全考　姜寶　明　文淵閣四庫全書本
胡文敬集　胡居仁　明　文淵閣四庫全書本
篁墩文集　程敏政　明　文淵閣四庫全書本
洹詞　崔銑　明　文淵閣四庫全書本
士翼　崔銑　明　文淵閣四庫全書本
經典稽疑　陳耀文　明　文淵閣四庫全書本
見素集　林俊　明　文淵閣四庫全書本
春秋明志録　熊過　明　文淵閣四庫全書本
莊渠遺書　魏校　明　文淵閣四庫全書本
春秋胡傳考誤　袁仁　明　文淵閣四庫全書本
詩經世本古義　何楷　明　文淵閣四庫全書本
文簡集　孫承恩　明　文淵閣四庫全書本
大復集　何景明　明　文淵閣四庫全書本
明一統志　李賢等　明　文淵閣四庫全書本
草木子　葉子奇　明　中華書局點校本
整菴存稿　羅欽順　明　文淵閣四庫全書本
蘇門集　高叔嗣　明　文淵閣四庫全書本
山海漫談　任環　明　文淵閣四庫全書本
敬軒文集　薛瑄　明　文淵閣四庫全書本
簡端録　邵寶　明　文淵閣四庫全書本
學史　邵寶　明　文淵閣四庫全書本
容春堂前集　邵寶　明　文淵閣四庫全書本
容春堂續集　邵寶　明　文淵閣四庫全書本
大學衍義補　丘濬　明　文淵閣四庫全書本
格物通　湛若水　明　文淵閣四庫全書本
中庸衍義　夏良勝　明　文淵閣四庫全書本
世緯　袁袠　明　文淵閣四庫全書本
春秋質疑　楊于庭　明　文淵閣四庫全書本
菽園雜記　陸容　明　文淵閣四庫全書本
尚書疑義　馬明衡　明　文淵閣四庫全書本
懷麓堂集　李東陽　明　文淵閣四庫全書本
白雲稿　朱右　明　文淵閣四庫全書本
四書因問　呂柟　明　文淵閣四庫全書本
涇野子内篇　呂柟　明　文淵閣四庫全書本
東溪日談録　周琦　明　文淵閣四庫全書本
王文成全書　王守仁　明　四部叢刊本
升菴集　楊慎　明　文淵閣四庫全書本
丹鉛總録　楊慎　明　文淵閣四庫全書本
丹鉛續録　楊慎　明　文淵閣四庫全書本
丹鉛餘録　楊慎　明　文淵閣四庫全書本
譚苑醍醐　楊慎　明　文淵閣四庫全書本
空同集　李夢陽　明　文淵閣四庫全書本
椒邱文集　何喬新　明　文淵閣四庫全書本
石洞集　葉春及　明　文淵閣四庫全書本
三禮圖　劉績　明　文淵閣四庫全書本
論語類考　陳士元　明　文淵閣四庫全書本

孟子雜記　陳士元　明　文淵閣四庫全書本
江漢叢談　陳士元　明　文淵閣四庫全書本
名疑　陳士元　明　文淵閣四庫全書本
全蜀藝文志　周復俊　明　文淵閣四庫全書本
易經蒙引　蔡清　明　文淵閣四庫全書本
南園漫録　張志淳　明　文淵閣四庫全書本
備忘集　海瑞　明　文淵閣四庫全書本
震川集　歸有光　明　四部叢刊本
震川别集　歸有光　明　四部叢刊本
詩故　朱謀㙔　明　文淵閣四庫全書本
荆川集　唐順之　明　四部叢刊本
東園文集　鄭紀　明　文淵閣四庫全書本
青谿漫稿　倪岳　明　文淵閣四庫全書本
具茨文集　王立道　明　文淵閣四庫全書本
具茨遺藁　王立道　明　文淵閣四庫全書本
北河紀餘　謝肇淛　明　文淵閣四庫全書本
左氏釋　馮時可　明　文淵閣四庫全書本
六家詩名物疏　馮復京　明　文淵閣四庫全書本
名義考　周祈　明　文淵閣四庫全書本
沙溪集　孫緒　明　文淵閣四庫全書本
困知記　羅欽順　明　文淵閣四庫全書本
春秋左傳屬事　傅遜　明　文淵閣四庫全書本
詩説解頤正釋　季本　明　文淵閣四庫全書本
易經存疑　林希元　明　文淵閣四庫全書本
周易像象述　吴桂森　明　文淵閣四庫全書本
周禮全經釋原　柯尚遷　明　文淵閣四庫全書本
周禮傳　王應電　明　文淵閣四庫全書本
周禮圖説　王應電　明　文淵閣四庫全書本
儼山集　陸深　明　文淵閣四庫全書本
蠛蠓集　盧柟　明　文淵閣四庫全書本
温恭毅集　温純　明　文淵閣四庫全書本
存家詩稿　楊巍　明　文淵閣四庫全書本
尚書疏衍　陳第　明　文淵閣四庫全書本
讀春秋略記　朱朝瑛　明　文淵閣四庫全書本
春秋四傳質　王介之　明　文淵閣四庫全書本
小辨齋偶存　顧允成　明　文淵閣四庫全書本
四書留書　章世純　明　文淵閣四庫全書本
論語商　周宗建　明　文淵閣四庫全書本
金薤琳琅　都穆　明　文淵閣四庫全書本
息園存稿詩　顧璘　明　文淵閣四庫全書本
吴都文粹續集　錢穀　明　文淵閣四庫全書本
弇州四部稿　王世貞　明　文淵閣四庫全書本
方洲集　張寧　明　文淵閣四庫全書本
陶菴全集　黄淳耀　明　文淵閣四庫全書本
幔亭集　徐熥　明　文淵閣四庫全書本
圖書編　章潢　明　文淵閣四庫全書本
尚書日記　王樵　明　文淵閣四庫全書本
春秋輯傳　王樵　明　文淵閣四庫全書本
方麓集　王樵　明　文淵閣四庫全書本
巵林　周嬰　明　文淵閣四庫全書本
海岱會集　石存禮等　明　文淵閣四庫全書本
滄溟集　李攀龍　明　文淵閣四庫全書本
玉芝堂談薈　徐應秋　明　文淵閣四庫全書本
石倉歷代詩選　曹學佺　明　文淵閣四庫全書本
焚書　李贄　明　中華書局點校本
少室山房集　胡應麟　明　文淵閣四庫全書本
少室山房筆叢　胡應麟　明　上海書店整理本
廣博物志　董斯張　明　文淵閣四庫全書本
説略　顧起元　明　文淵閣四庫全書本
謚法通考　王圻　明　文淵閣四庫全書本

疑耀　張萱　明　文淵閣四庫全書本
春秋辯義　卓爾康　明　文淵閣四庫全書本
農政全書　徐光啓　明　文淵閣四庫全書本
劉蕺山集　劉宗周　明　文淵閣四庫全書本
論語學案　劉宗周　明　文淵閣四庫全書本
山堂肆考　彭大翼　明　文淵閣四庫全書本
楓山語録　章懋　明　文淵閣四庫全書本
文章辨體彙選　賀復徵　明　文淵閣四庫全書本
通雅　方以智　明　文淵閣四庫全書本
七國考　董説　明　上海古籍出版社訂補本
明臣奏議　乾隆帝敕編　清　文淵閣四庫全書本
明詩綜　朱彝尊　清　文淵閣四庫全書本
化治四書文　方苞　清　文淵閣四庫全書本
正嘉四書文　方苞　清　文淵閣四庫全書本
隆萬四書文　方苞　清　文淵閣四庫全書本
春明夢餘録　孫承澤　清　文淵閣四庫全書本
四書近指　孫奇逢　清　文淵閣四庫全書本
鈍吟雜録　馮班　清　文淵閣四庫全書本
繹史　馬驌　清　中華書局點校本
左傳事緯前集　馬驌　清　文淵閣四庫全書本
左傳事緯　馬驌　清　文淵閣四庫全書本
尚書埤傳　朱鶴齡　清　文淵閣四庫全書本
讀左日鈔　朱鶴齡　清　文淵閣四庫全書本
讀左日鈔補　朱鶴齡　清　文淵閣四庫全書本
愚菴小集　朱鶴齡　清　文淵閣四庫全書本
日知録　顧炎武　清　文淵閣四庫全書本
歷代帝王宅京記　顧炎武　清　中華書局點校本
左傳杜解補正　顧炎武　清　文淵閣四庫全書本
亭林詩集　顧炎武　清　四部叢刊本
尚書稗疏　王夫之　清　文淵閣四庫全書本
讀通鑑論　王夫之　清　中華書局點校本
明儒學案　黄宗羲　清　中華書局點校本
明文海　黄宗羲　清　文淵閣四庫全書本
梅村集　吳偉業　清　四部叢刊本
學餘堂詩集　施閏章　清　文淵閣四庫全書本
松桂堂全集　彭孫遹　清　文淵閣四庫全書本
古歡堂集　田雯　清　文淵閣四庫全書本
禹貢錐指　胡渭　清　文淵閣四庫全書本
大學翼真　胡渭　清　文淵閣四庫全書本
明史紀事本末　谷應泰　清　中華書局點校本
内則衍義　傅以漸　清　文淵閣四庫全書本
經史講義　蔣溥等　清　文淵閣四庫全書本
尚書古文疏證　閻若璩　清　文淵閣四庫全書本
四書釋地　閻若璩　清　文淵閣四庫全書本
四書釋地續　閻若璩　清　文淵閣四庫全書本
四書釋地又續　閻若璩　清　文淵閣四庫全書本
四書釋地三續　閻若璩　清　文淵閣四庫全書本
潛邱劄記　閻若璩　清　文淵閣四庫全書本
藝林彙考　沈自南　清　文淵閣四庫全書本
儀禮商　萬斯大　清　文淵閣四庫全書本
學禮質疑　萬斯大　清　文淵閣四庫全書本
廟制圖考　萬斯同　清　文淵閣四庫全書本
經問　毛奇齡　清　文淵閣四庫全書本
經問補　毛奇齡　清　文淵閣四庫全書本
尚書廣聽録　毛奇齡　清　文淵閣四庫全書本
詩傳詩説駁義　毛奇齡　清　文淵閣四庫全書本
春秋屬辭比事記　毛奇齡　清　文淵閣四庫全書本
春秋毛氏傳　毛奇齡　清　文淵閣四庫全書本
四書賸言　毛奇齡　清　文淵閣四庫全書本
西河集　毛奇齡　清　文淵閣四庫全書本

白田雜著　王懋竑　清　文淵閣四庫全書本
皇極經世書解　王植　清　文淵閣四庫全書本
尚書地理今釋　蔣廷錫　清　文淵閣四庫全書本
三魚堂文集　陸隴其　清　文淵閣四庫全書本
四書講義困勉録　陸隴其　清　文淵閣四庫全書本
讀禮志疑　陸隴其　清　文淵閣四庫全書本
參讀禮志疑　汪紱　清　文淵閣四庫全書本
歷代建元考　鍾淵映　清　文淵閣四庫全書本
讀詩質疑　嚴虞惇　清　文淵閣四庫全書本
榕村集　李光地　清　文淵閣四庫全書本
榕村語録　李光地　清　文淵閣四庫全書本
讀論語劄記　李光地　清　文淵閣四庫全書本
注解正蒙　李光地　清　文淵閣四庫全書本
湛園札記　姜宸英　清　文淵閣四庫全書本
湛園集　姜宸英　清　文淵閣四庫全書本
字詁　黄生　清　文淵閣四庫全書本
別雅　吳玉搢　清　文淵閣四庫全書本
思辨録輯要　陸世儀　清　文淵閣四庫全書本
戴名世集　戴名世　清　中華書局點校本
讀書齋偶存稿　葉方藹　清　文淵閣四庫全書本
孝經衍義　葉方藹等　清　文淵閣四庫全書本
日講書經解義　葉方藹等　清　文淵閣四庫全書本
林蕙堂全集　吳綺　清　文淵閣四庫全書本
精華録　王士禎　清　文淵閣四庫全書本
居易録　王士禎　清　文淵閣四庫全書本
詩疑辨證　黄中松　清　文淵閣四庫全書本
堯峰文鈔　汪琬　清　四部叢刊本
午亭文編　陳廷敬　清　文淵閣四庫全書本
日講四書解義　陳廷敬等　清　文淵閣四庫全書本
明史　張廷玉等　清　中華書局點校本
讀禮通考　徐乾學　清　文淵閣四庫全書本
陳氏禮記集説補正　納蘭性德　清　文淵閣四庫全書本
春秋地名考略　高士奇　清　文淵閣四庫全書本
詩瀋　范家相　清　文淵閣四庫全書本
毛詩稽古編　陳啓源　清　文淵閣四庫全書本
讀史方輿紀要　顧祖禹　清　中華書局點校本
兼濟堂文集　魏裔介　清　中華書局點校本
周官禄田考　沈彤　清　文淵閣四庫全書本
果堂集　沈彤　清　文淵閣四庫全書本
讀史記十表　汪越　清　文淵閣四庫全書本
聖祖仁皇帝御製文集　愛新覺羅・玄燁　清　文淵閣四庫全書本
聖祖仁皇帝御製文第二集　愛新覺羅・玄燁　清　文淵閣四庫全書本
聖祖仁皇帝御製文第三集　愛新覺羅・玄燁　清　文淵閣四庫全書本
詩序補義　姜炳璋　清　文淵閣四庫全書本
存研樓文集　儲大文　清　文淵閣四庫全書本
十三經義疑　吳浩　清　文淵閣四庫全書本
小峴山人續文集　秦瀛　清　文淵閣四庫全書本
書經衷論　張英　清　文淵閣四庫全書本
治河奏績書　靳輔　清　文淵閣四庫全書本
古今釋疑　方中履　清　文淵閣四庫全書本
禮説　惠士奇　清　文淵閣四庫全書本
春秋説　惠士奇　清　文淵閣四庫全書本
羣經補義　江永　清　文淵閣四庫全書本
鄉黨圖考　江永　清　文淵閣四庫全書本
春秋地理考實　江永　清　文淵閣四庫全書本
周禮疑義舉要　江永　清　文淵閣四庫全書本
禮記訓義擇言　江永　清　文淵閣四庫全書本
識小編　董豐垣　清　文淵閣四庫全書本
四書逸箋　程大中　清　文淵閣四庫全書本
古經解鉤沉　余蕭客　清　文淵閣四庫全書本

全史日至源流　許伯政　清　文淵閣四庫全書本
春秋隨筆　顧奎光　清　文淵閣四庫全書本
史記疑問　邵泰衢　清　文淵閣四庫全書本
春秋識小録　程廷祚　清　文淵閣四庫全書本
左傳折諸　張尚瑗　清　文淵閣四庫全書本
公羊折諸　張尚瑗　清　文淵閣四庫全書本
穀梁折諸　張尚瑗　清　文淵閣四庫全書本
曝書亭集　朱彝尊　清　四部叢刊本
槜李詩繫　沈季友　清　文淵閣四庫全書本
安雅堂詩　宋琬　清　文淵閣四庫全書本
敬業堂詩集　查慎行　清　四部叢刊本
宫室考　任啓運　清　文淵閣四庫全書本
四書劄記　楊名時　清　文淵閣四庫全書本
春秋管窺　徐廷垣　清　文淵閣四庫全書本
周易玩辭困學記　張次仲　清　文淵閣四庫全書本
詩識名解　姚炳　清　文淵閣四庫全書本
世宗憲皇帝御製文集　愛新覺羅·胤禛　清　文淵閣四庫全書本
世宗憲皇帝聖訓　乾隆帝敕編　清　文淵閣四庫全書本
[雍正]畿輔通志　李衛等　清　文淵閣四庫全書本
[雍正]河南通志　田文鏡等　清　文淵閣四庫全書本
[雍正]山西通志　覺羅石麟等　清　文淵閣四庫全書本
[雍正]山東通志　岳濬等　清　文淵閣四庫全書本
[雍正]陝西通志　劉於義等　清　文淵閣四庫全書本
[雍正]湖廣通志　邁柱等　清　文淵閣四庫全書本
[雍正]甘肅通志　許容等　清　文淵閣四庫全書本
此木軒四書説　焦袁熹　清　文淵閣四庫全書本
春秋闕如編　焦袁熹　清　文淵閣四庫全書本
因園集　趙執信　清　文淵閣四庫全書本
御製文初集　愛新覺羅·弘曆　清　文淵閣四庫全書本
御製文二集　愛新覺羅·弘曆　清　文淵閣四庫全書本
御製文三集　愛新覺羅·弘曆　清　文淵閣四庫全書本
御製樂善堂全集定本　愛新覺羅·弘曆　清　文淵閣四庫全書本
御製詩初集　愛新覺羅·弘曆　清　文淵閣四庫全書本
御製詩二集　愛新覺羅·弘曆　清　文淵閣四庫全書本
御製詩三集　愛新覺羅·弘曆　清　文淵閣四庫全書本
欽定禮記義疏　愛新覺羅·弘曆　清　文淵閣四庫全書本
周易述義　愛新覺羅·弘曆　清　文淵閣四庫全書本
日知薈説　愛新覺羅·弘曆　清　文淵閣四庫全書本
評鑑闡要　愛新覺羅·弘曆　清　文淵閣四庫全書本
御纂詩義折中　愛新覺羅·弘曆　清　文淵閣四庫全書本
御選唐宋文醇　愛新覺羅·弘曆　清　文淵閣四庫全書本
義門讀書記　何焯　清　文淵閣四庫全書本
開卷偶得　林春溥　清　文淵閣四庫全書本
尚史　李鍇　清　文淵閣四庫全書本
春秋大事表　顧棟高　清　中華書局點校本
毛詩類釋　顧棟高　清　文淵閣四庫全書本
五禮通考　秦蕙田　清　文淵閣四庫全書本
續通志　嵇璜等　清　文淵閣四庫全書本
清文獻通考　乾隆敕撰　清　文淵閣四庫全書本
日講易經解義　牛鈕等　清　文淵閣四庫全書本
大易通解　魏荔彤　清　文淵閣四庫全書本
經咫　陳祖范　清　文淵閣四庫全書本
儀禮析疑　方苞　清　文淵閣四庫全書本
春秋通論　方苞　清　文淵閣四庫全書本
本朝四書文　方苞　清　文淵閣四庫全書本
望溪集　方苞　清　四部叢刊本
惜抱軒詩文集　姚鼐　清　上海古籍出版社點校本
劉大櫆集　劉大櫆　清　上海古籍出版社點校本
歷代職官表　紀昀等　清　文淵閣四庫全書本
春秋傳説彙纂　王掞等　清　文淵閣四庫全書本

禹貢會箋　徐文靖　清　文淵閣四庫全書本
竹書統箋　徐文靖　清　文淵閣四庫全書本
管城碩記　徐文靖　清　文淵閣四庫全書本
九經古義　惠棟　清　文淵閣四庫全書本
春秋左傳補注　惠棟　清　文淵閣四庫全書本
粵西文載　汪森　清　文淵閣四庫全書本
歷代賦彙　陳元龍　清　文淵閣四庫全書本
古今儲貳金鑑　上書房總師傅等　清　文淵閣四庫全書本
春秋直解　傅恆等　清　文淵閣四庫全書本
歷代通鑑輯覽　傅恆等　清　文淵閣四庫全書本
周官義疏　鄂爾泰等　清　文淵閣四庫全書本
校刻二十一史考證　弘晝等　清　文淵閣四庫全書本
春秋究遺　葉酉　清　文淵閣四庫全書本
鮚埼亭集外編　全祖望　清　四部叢刊本
鄭板橋全集　鄭燮　清　世界書局影印本
戴東原集　戴震　清　中華書局點校本
潛研堂文集　錢大昕　清　上海古籍出版社點校本
十七史商榷　王鳴盛　清　上海書店點校本
陔餘叢考　趙翼　清　商務印書館整理本
大雲山房文稾初集　惲敬　清　四部叢刊本
忠雅堂詩集　蔣士詮　清　上海古籍出版社點校本
卷施閣文甲集　洪亮吉　清　四部叢刊本
卷施閣詩　洪亮吉　清　四部叢刊本
更生齋文甲集　洪亮吉　清　四部叢刊本
汪中詩集　汪中　清　四部叢刊本
瓶水齋詩集　舒位　清　上海古籍出版社點校本
岱南閣集　孫星衍　清　叢書集成初編本
問字堂集　孫星衍　清　叢書集成初編本
明堂考　孫星衍　清　續修四庫全書本
揅經室一集　阮元　清　四部叢刊本
周書集訓校釋　朱右曾　清　續修四庫全書本
癸巳類稿　俞正燮　清　商務印書館整理本
唐虞考信録　崔述　清　上海古籍出版社崔東壁遺書本
夏考信録　崔述　清　上海古籍出版社崔東壁遺書本
戰國策釋地　張琦　清　叢書集成初編本
左海經辨　陳壽祺　清　續修四庫全書本
禮經宮室答問　洪頤煊　清　續修四庫全書本
求古録禮説　金鶚　清　續修四庫全書本
歷代諱名考　劉錫信　清　續修四庫全書本
經史避名彙考　周廣業　清　續修四庫全書本
國策地名考　程恩澤等　清　叢書集成初編本
吳疆域圖説　范本禮　清　（臺北）影印叢書集成續編本
春秋會要　姚彦渠　清　中華書局點校本
張之洞詩文集　張之洞　清　上海古籍出版社整理本
秦會要　孫楷　清　中華書局點校本

《中華大典》辦公室

主　任：于永湛

副主任：伍　傑　姜學中

編　審：趙含坤　崔望雲　馮寶志　宋志英　谷笑鵬

封面裝幀設計：章耀達

《中華大典·政治典·先秦政治分典》

責任編輯：王　萍　邵永忠　劉志江　沈　偉　詹　奪　黃煦明

美術編輯：肖　輝　王歡歡

圖書在版編目（CIP）數據

中華大典. 政治典. 先秦政治分典 ：全三冊 /《中華大典》工作委員會，《中華大典》編纂委員會編纂. —北京：人民出版社，2016.12
ISBN 978-7-01-017186-9

Ⅰ. ①中… Ⅱ. ①中… ②中… Ⅲ. ①百科全書－中國 ②政治制度史—中國—先秦時代 Ⅳ. ①Z227 ②D69

中國版本圖書館CIP數據核字(2016)第303959號

中華大典·政治典·先秦政治分典

編纂：《中華大典》工作委員會
《中華大典》編纂委員會
出版：人民出版社
（北京市東城區隆福寺街99號　郵政編碼 100706）
印刷：北京墨閣印刷有限公司
經銷：全國新華書店
開本：787毫米×1092毫米　1/16
印張：199　　字數：6300千字
2016年12月第1版　2016年12月北京第1次印刷
書號：ISBN 978-7-01-017186-9
定價：1400.00圓（全三冊）

ISBN 978-7-01-017186-9
9 787010 171869 >